Die ideale Ergänzung zu diesem Handbuch:
Lexikon für das Lohnbüro

PERSONAL INFO : TOP

2007

Liebe Leserin, lieber Leser,

das Steuerhandbuch für das Lohnbüro enthält die bundeseinheitlich geltenden Rechtsgrundlagen, die Sie ab 1.1.2007 für den Lohnsteuerabzug benötigen (Gesetze, Verordnungen, amtliche Lohnsteuer-Richtlinien 2007, Verwaltungserlasse). Die Verbindung zur Lohnabrechnung in der Praxis liefert Ihnen das **Lexikon für das Lohnbüro – Ausgabe 2007.** Unter mehr als **800 Stichworten** finden Sie anschauliche Erläuterungen und eine Vielzahl von Beispielen – immer mit einem **klaren Ja oder Nein, ob lohnsteuerpflichtig bzw. sozialversicherungspflichtig.** Mit diesem Werk arbeiten auch die Außenprüfer vom Finanzamt – als Grundlage für Entscheidungen und Berichte.

Die **PC-Version** bietet Ihnen die kompletten Inhalte des Lexikons für das Lohnbüro und des Steuerhandbuchs für das Lohnbüro. **Zusätzlich:** Besprechungsergebnisse der Spitzenverbände der Sozialversicherungsträger zum Versicherungs- und Beitragsrecht.

Ihre Vorteile sind zum Beispiel:
> perfekte Stichwortsuche
> vielfältige Verknüpfungen
> praxisgerechte Zuordnung der einzelnen Vorschriften und Richtlinien.
> Wichtig: Alle zitierten BFH-Urteile sind im Volltext abrufbar.

☒ Am besten gleich mit Aktualisierungs-Service.
So haben Sie Ihre Jahresausgaben ganz automatisch rechtzeitig auf dem Schreibtisch!

Ob gedruckte Fassung oder PC-Version – am besten gleich mit der anhängenden Karte anfordern!

Die Arbeitshilfen erscheinen jährlich neu, damit Sie bei den gesetzlichen Neuerungen und Änderungen immer auf dem Laufenden bleiben.

Als Abonnent erhalten Sie die neuen Ausgaben ganz automatisch zum jeweils gültigen Preis.

Einfach auf der Bestellkarte ankreuzen.

Selbstverständlich können Sie diesen Service jederzeit stoppen.

Ja, ich bestelle bei der umseitig genannten Buchhandlung bzw. bei der Verlagsgruppe Hüthig Jehle Rehm GmbH, Postfach 50 06 99, 80976 München:

Expl.	Aktualisierungs-Service	Titel/ISBN-Nr.
_____	☐	**Lexikon für das Lohnbüro – Ausgabe 2007** ISBN 978-3-8073-2345-9, € 43,50
_____	☐	**PC-Lexikon für das Lohnbüro 2007 mit Steuertexten und BFH-Urteilen** Grundversion: ISBN 978-3-8073-2346-6, € 54,00

::rehm

Preise zzgl. Versandkosten. Die Lieferung erfolgt auf Rechnung und Gefahr des Käufers. Bis zur vollständigen Bezahlung behalten wir uns das Eigentum an den gelieferten Produkten vor. Im Übrigen gelten die Geschäftsbedingungen des Verkäufers. Preisänderungen vorbehalten.

Schönfeld

Lexikon für das Lohnbüro

Ausgabe 2007

PERSONAL INFO : TOP

Arbeitslohn, Lohnsteuer
und Sozialversicherung von A–Z
Mit CD-ROM zu allen Tabellenwerten

Als Buch:
49. Auflage, 2007,
ca. 900 Seiten, DIN A4,
kartoniert, € 43,50
ISBN 978-3-8073-2345-9

Als Software:
Grundversion: € 54,00
ISBN 978-3-8073-2346-6
Weitere Zugriffe sind erhältlich

Eingearbeitet sind natürlich vor allem:

> Neuer Lohnsteuertarif 2007
> Änderungen bei der betrieblichen Altersversorgung
> Neue Pauschalierungsvorschrift für Sachbezüge
> Änderungen bei den Fahrkostenzuschüssen und Job-Tickets
> Neuer Vordruck für die elektronische Lohnsteuerbescheinigung 2007
> Neuer Beitragssatz zur Rentenversicherung 19,9 %
> Neuer Beitragssatz zur Arbeitslosenversicherung 4,2 %
> Neue Sachbezugswerte für Unterkunft und Verpflegung
> Neue Beitragsbemessungsgrenzen in den neuen Bundesländern

Absenderangaben: 511367

Besteller/in Vorname/Name

Straße/Hausnummer

PLZ/Ort

Kunden-Nr. (falls vorhanden)

Telefon

E-Mail

X Datum/Unterschrift

Falls nebenstehend keine Anschrift angegeben ist,
senden Sie die Karte bitte an die
Verlagsgruppe
Hüthig Jehle Rehm GmbH
Postfach 50 06 99, 80976 München

Antwortkarte

Bitte mit Postkartenporto frankieren

::rehm

Steuerhandbuch für das Lohnbüro

Alle für den Lohnsteuerabzug durch den Arbeitgeber benötigten Gesetzestexte, Richtlinien, bundeseinheitlich geltenden Verwaltungserlasse und amtlichen Vordruckmuster

Rechtsstand 1.1.2007

Wolfgang Schönfeld
Regierungsdirektor a. D. Bayerisches Staatsministerium der Finanzen
Diplom-Finanzwirt (FH)

13. Auflage, 2007

::rehm

Bibliografische Information Der Deutschen Nationalbibliothek

Die Deutsche Nationalbibliothek verzeichnet diese Publikation in der Deutschen Nationalbibliografie; detaillierte bibliografische Daten sind im Internet über http://dnb.d-nb.de abrufbar.

ISBN 978-3-8073-2347-3

Verlagsgruppe Hüthig Jehle Rehm GmbH

Heidelberg/München/Landsberg/Berlin

Inhaltsverzeichnis

	Seite
A. Einkommensteuergesetz – geschlossene Wiedergabe des gesamten Gesetzes	17
B. Einkommensteuergesetz, Lohnsteuer-Durchführungsverordnung, Lohnsteuer-Richtlinien und Verwaltungserlasse	123

I. Steuerpflicht

§ 1 Steuerpflicht ... 123
- R 1 Einkommensteuerpflicht – unbesetzt –
- Anlage: Anwendungserlass des BMF zur Abgabenordnung §§ 8, 9 AO – Wohnsitz und gewöhnlicher Aufenthalt ... 123

§ 1a Grenzpendler ... 124
- Anlage 1: BMF-Schreiben zur Steuerklasse bei Grenzpendlern ... 125
- Anlage 2: BMF-Schreiben zur Umsetzung des EuGH-Urteils vom 14. 2. 1995 (Schumacker-Urteil) ... 125
- Anlage 3: BMF-Schreiben zur Billigkeitsregelung für Grenzpendler ... 126

II. Einkommen

§ 2 Umfang der Besteuerung, Begriffsbestimmungen ... 127
- R 2 Ermittlung des zu versteuernden Einkommens und der festzusetzenden Einkommensteuer – unbesetzt –
- R 3 – unbesetzt –

§ 3 Steuerfreie Einnahmen ... 127
- R 4 Leistungen nach dem Arbeitsförderungsgesetz (§ 3 Nr. 2 EStG) ... 128
- R 5 Kapitalabfindungen auf Grund der Beamten-(Pensions-)gesetze (§ 3 Nr. 3 EStG) – unbesetzt – ... 128
- R 6 Überlassung von Dienstkleidung und andere Leistungen an bestimmte Angehörige des öffentlichen Dienstes (§ 3 Nr. 4 EStG) ... 129
- R 7 Geld- und Sachbezüge an Wehrpflichtige und Zivildienstleistende (§ 3 Nr. 5 EStG) ... 129
- R 8 Gesetzliche Bezüge der Wehr- und Zivildienstbeschädigten, Kriegsbeschädigten, ihrer Hinterbliebenen und der ihnen gleichgestellten Personen (§ 3 Nr. 6 EStG) ... 129
- R 9 Abfindungen wegen Auflösung des Dienstverhältnisses (§ 3 Nr. 9 EStG) ... 130
- Anlage 1: BMF-Schreiben zur Behandlung von Vorruhestandsgeld als steuerfreie Abfindung ... 131
- Anlage 2: Bundeseinheitliche Regelung zur Abfindung unverfallbarer Pensionsanwartschaften ... 131
- Anlage 3: Bundeseinheitliche Regelung zur steuerlichen Behandlung von Abfindungszahlungen für Pensionsanwartschaften ... 131
- Anlage 4: BMF-Schreiben zur steuerlichen Behandlung von Entlassungsentschädigungen ... 131
- R 10 Übergangsgelder, Übergangsbeihilfen (§ 3 Nr. 10 EStG) ... 135
- R 11 Beihilfen und Unterstützungen, die wegen Hilfsbedürftigkeit gewährt werden (§ 3 Nr. 11 EStG) ... 136
- R 12 Beihilfen aus öffentlichen Mitteln für Zwecke der Erziehung, Ausbildung, Forschung, Wissenschaft oder Kunst (§ 3 Nr. 12 und 44 EStG) – unbesetzt –
- R 13 Aufwandsentschädigungen aus öffentlichen Kassen (§ 3 Nr. 12 EStG) ... 137
- Anlage 1: Bundeseinheitliche Regelung zur steuerlichen Behandlung von Entschädigungen, die den ehrenamtlichen Mitgliedern kommunaler Vertretungen gezahlt werden ... 139
- Anlage 2: BMF-Schreiben zur steuerlichen Behandlung von Aufwandsentschädigungen aus öffentlichen Kassen; Übertragung nicht ausgeschöpfter steuerfreier Monatsbeträge ... 139
- R 14 Reisekostenvergütungen, Umzugskostenvergütungen und Trennungsgelder aus öffentlichen Kassen (§ 3 Nr. 13 EStG) ... 140
- R 14a Öffentliche Kassen – unbesetzt – ... 141
- R 15 Heiratsbeihilfen und Geburtsbeihilfen (§ 3 Nr. 15 EStG) ... 141
- R 16 Erstattung von Reisekosten, Umzugskosten und Mehraufwendungen bei doppelter Haushaltsführung außerhalb des öffentlichen Dienstes (§ 3 Nr. 16 EStG) ... 141
- R 17 Aufwandsentschädigungen für nebenberufliche Tätigkeiten (§ 3 Nr. 26 EStG) ... 142
- R 18 Leistung nach dem Altersteilzeitgesetz (§ 3 Nr. 28 EStG) ... 143
- Anlage 1: BMF-Schreiben zur Steuerfreiheit der Aufstockungsbeträge in sog. Störfällen ... 144
- Anlage 2: BMF-Schreiben zur Steuerfreiheit der Zuschläge für Sonntags-, Feiertags- und Nachtarbeit bei Blockzeitmodellen ... 145
- Anlage 3: BMF-Schreiben zu Entlassungsabfindungen im Zusammenhang mit Altersteilzeitmodellen ... 145
- Anlage 4: Bundeseinheitliche Regelung zur Rückzahlung von Arbeitslohn bei rückwirkender Inanspruchnahme von Altersteilzeit ... 145
- Anlage 5: BMF-Schreiben zur Steuerfreiheit von Aufstockungsbeträgen bei Arbeitsunfähigkeit ... 145
- R 19 Werkzeuggeld (§ 3 Nr. 30 EStG) ... 146
- Anlage 1: Bundeseinheitliche Regelung zur lohnsteuerlichen Behandlung der an Orchestermitglieder gezahlten Instrumenten-, Saiten-, Rohr- und Blattgelder ... 146
- Anlage 2: Bundeseinheitliche Regelung zum Motorsägegeld für Waldarbeiter ... 146
- Anlage 3: Bundeseinheitliche Regelung zur steuerlichen Behandlung der den Waldarbeitern nach § 33a des Manteltarifvertrags für Waldarbeiter (MTW) gezahlten Transportentschädigungen ... 146
- R 20 Überlassung typischer Berufskleidung (§ 3 Nr. 31 EStG) ... 146
- Anlage 1: Bundeseinheitliche Regelung zur steuerlichen Behandlung des tariflichen Kleidergeldes für Orchestermusiker ... 147
- Anlage 2: Bundeseinheitliche Regelung zur steuerlichen Behandlung der an Privatforstbedienstete gezahlten Entschädigungen ... 147
- Anlage 3: Bundeseinheitliche Regelung zur Dienstkleidung im öffentlichen Dienst als Berufskleidung; Anwendung des BFH-Urteils vom 19. 1. 1996, BStBl. II S. 202 ... 147
- R 21 Sammelbeförderung von Arbeitnehmern zwischen Wohnung und Arbeitsstätte (§ 3 Nr. 32 EStG) ... 147

Inhaltsverzeichnis

		Seite
R 21a	Unterbringung und Betreuung von nicht schulpflichtigen Kindern (§ 3 Nr. 33 EStG) ...	148
R 21b	Fahrtkostenzuschüsse (§ 3 Nr. 34 EStG) – unbesetzt –	
Anlage:	BMF-Schreiben zur steuerlichen Behandlung von Job-Tickets	148
R 21c	Zusätzlich zum ohnehin geschuldeten Arbeitslohn erbrachte Arbeitgeberleistungen ...	149
R 21d	Arbeitslohn für geringfügige Beschäftigungsverhältnisse – aufgehoben –	149
R 21e	Betriebliche Personalcomputer und Telekommunikationsgeräte (§ 3 Nr. 45 EStG)	149
Anlage 1:	Bundeseinheitliche Regelung zur Steuerfreiheit der Vorteile des Arbeitnehmers aus der Privatnutzung von betrieblichen Telekommunikationsgeräten	150
Anlage 2:	BMF-Schreiben zur umsatzsteuerlichen Behandlung der privaten Nutzung von Personalcomputern und Telekommunikationsgeräten	150
R 22	Durchlaufende Gelder, Auslagenersatz (§ 3 Nr. 50 EStG)	151
Anlage 1:	Bundeseinheitliche Regelung zur lohnsteuerlichen Behandlung von Futter- und Wartungskosten für Wachhunde	151
Anlage 2:	Bundeseinheitliche Regelung zur lohnsteuerlichen Behandlung tariflicher Waschgelder an Kaminkehrergesellen	151
Anlage 3:	Bundeseinheitliche Regelung zur steuerlichen Behandlung der an Privatforstbedienstete gezahlten Entschädigungen ...	152
Anlage 4:	Bundeseinheitliche Regelung zur steuerlichen Behandlung der Entschädigungen, die von der Deutschen Post AG an Posthalter für die Überlassung von Räumen zu Dienstzwecken gezahlt werden	152
Anlage 5:	Erlass des Bayer. Staatsministeriums der Finanzen zur Übernahme der Aufwendungen für den Führerschein bei Feuerwehrleuten durch die Gemeinde	152
Anlage 6:	Erlass NRW zur Übernahme der Aufwendungen für den Erwerb eines Führerscheins durch den Arbeitgeber bei einem Straßenanwärter/einer Straßenanwärterin	152
R 22a	Übertragung der betrieblichen Altersversorgung (§ 3 Nr. 55 EStG) – unbesetzt –	
R 23	Zuschüsse und Zinsvorteile aus öffentlichen Haushalten (§ 3 Nr. 58 EStG)	153
R 23a	Steuerfreie Mietvorteile (§ 3 Nr. 59 EStG) ...	153
Anlage:	BMF-Schreiben zur Steuerbefreiung von Mietvorteilen nach § 3 Nr. 59 zweiter Halbsatz EStG	154
R 24	Zukunftssicherungsleistungen (§ 3 Nr. 62 EStG)	154
Anlage:	OFD-Verfügung zum rückwirkenden Wegfall der Sozialversicherungspflicht bei beherrschendem Gesellschafter-Geschäftsführer einer GmbH	156
R 25	Steuerfreie Beträge zur betrieblichen Altersversorgung (§ 3 Nr. 63 EStG) – unbesetzt –	
R 26	Kaufkraftausgleich (§ 3 Nr. 64 EStG)	157
R 27	Insolvenzsicherung (§ 3 Nr. 65 EStG)	158
R 28	Übertragung von Versorgungsverpflichtungen oder -anwartschaften (§ 3 Nr. 66 EStG) – unbesetzt –	
Anlage:	BMF-Schreiben zu Übertragung von Versorgungsanwartschaften auf Pensionsfonds nach § 3 Nr. 66 EStG	158

		Seite
R 29	Steuerbefreiungen nach anderen Gesetzen und nach Verträgen (§ 3 Nr. 69 EStG) – unbesetzt –	159
§ 3b	**Steuerfreiheit von Zuschlägen für Sonntags-, Feiertags- oder Nachtarbeit**	160
R 30	Steuerfreiheit der Zuschläge für Sonntags-, Feiertags- oder Nachtarbeit	160
Anlage 1:	Bundeseinheitliche Regelung zur steuerlichen Behandlung der Zuschläge für Prozentempfänger im Hotel- und Gaststättengewerbe	163
Anlage 2:	Bundeseinheitliche Regelung zur steuerlichen Behandlung von Spätschichtzulagen als Zuschläge für Sonntags-, Feiertagsoder Nachtarbeit	163
Anlage 3:	BMF-Schreiben zur Steuerfreiheit von Zuschlägen für Sonntags-, Feiertags- und Nachtarbeit; hier: Anwendung des BFH-Urteils vom 13. 10. 1989 (BStBl. 1991 II S. 8)	163
Anlage 4:	Bundeseinheitliche Regelung zur steuerlichen Behandlung von Nachtarbeitszuschlägen in der Druckindustrie	164
Anlage 5:	OFD-Verfügung zur Wechselschichtzulage im Bankgewerbe	164
Anlage 6:	OFD-Verfügung zur lohnsteuerlichen Behandlung der nach § 22 Abs. 5 Sätze 1 und 2 Erschwerniszulagenverordnung gezahlten Schichtzulage	164
Anlage 7:	BMF-Schreiben zu den Überstundenvergütungen für Gesellschafter-Geschäftsführer; hier: Anwendung des BFH-Urteils vom 19. 3. 1997 (BStBl. II S. 577)	164
Anlage 8:	BMF-Schreiben zur Steuerfreiheit von Feiertagszuschlägen im Ausland	165
Anlage 9:	OFD-Verfügung zu den Zuschlägen für Sonntags-, Feiertags- und Nachtarbeit bei Gesellschafter-Geschäftsführern	165
§ 3c	Anteilige Abzüge	165
§ 4	**Gewinnbegriff im Allgemeinen** (auszugsweise)	165
§ 4b	**Direktversicherung**	166
§ 4c	**Zuwendungen an Pensionskassen**	166
§ 4d	**Zuwendungen an Unterstützungskassen**	167
Anlage:	Tabelle zur Errechnung des Deckungskapitals für lebenslängliche Leistungen von Unterstützungskassen	168
§ 4e	**Beiträge zu Pensionsfonds**	168
§ 6	**Bewertung** (auszugsweise)	168
§ 8	**Einnahmen**	170
R 31	Absätze 1 bis 4, Bewertung der Sachbezüge . .	171
Anlage 1:	BMF-Schreiben zur Anwendung der 44-Euro-Freigrenze für Sachbezüge	172
Anlage 2:	OFD-Verfügung zur Anwendung der 44-Euro-Freigrenze bei Warengutscheinen	173
R 31	Absätze 5 und 6, Unterkunft oder Wohnung ...	173
Anlage 1:	Bundeseinheitliche Regelung zur lohnsteuerlichen Behandlung von Aufwendungen der Arbeitgeber zur Wohnungsbeschaffung für Arbeitnehmer	173
Anlage 2:	Bundeseinheitliche Regelung zur lohnsteuerlichen Behandlung der Vermietung von Wohnungen ehemals gemeinnütziger Wohnungsunternehmen an Arbeitnehmer verbundener Unternehmen	174
Anlage 3:	BMF-Schreiben zur lohnsteuerlichen Behandlung der Aufwendungen des Arbeitgebers für Sicherheitsmaßnahmen in der Wohnung des Arbeitnehmers	175

Inhaltsverzeichnis

	Seite
R 31 Absatz 7, Kantinenmahlzeiten und Essensmarken	175
Anlage: BMF-Schreiben zu den Sachbezugswerten für Mahlzeiten ab 1.1.2006	177
R 31 Absatz 8, Mahlzeiten aus besonderem Anlass	177
R 31 Absätze 9 und 10, Gestellung von Kraftfahrzeugen	178
Anlage 1: BMF-Schreiben zur steuerlichen Behandlung der Überlassung eines betrieblichen Kraftfahrzeugs an Arbeitnehmer	181
Anlage 2: BMF-Schreiben zur ertragsteuerlichen Erfassung der Nutzung eines betrieblichen Kraftfahrzeugs zu Privatfahrten, zu Fahrten zwischen Wohnung und Betriebsstätte sowie zu Familienheimfahrten	183
Anlage 3: OFD-Verfügung zur Ertragssteuerlichen Erfassung der Nutzung betrieblicher Kraftfahrzeuge zu Privatfahrten, Fahrten zwischen Wohnung und Betriebsstätte sowie Familienheimfahrten – Kostendeckelung bei Kostenerstattungen Dritter	183
Anlage 4: OFD-Verfügung zur Privatnutzung geleaster Kraftfahrzeuge im sog. Zwei-Vertrags-Modell	184
Anlage 5: BMF-Schreiben zur umsatzsteuerlichen Behandlung der Überlassung sog. Firmenwagen an Arbeitnehmer, wenn diese Zuzahlungen leisten	184
Anlage 6: BMF-Schreiben zur umsatzsteuerlichen Bemessungsgrundlage bei sonstigen Leistungen	185
Anlage 7: BMF-Schreiben zur umsatzsteuerlichen Behandlung der Überlassung von Fahrzeugen an das Personal zur privaten Nutzung	186
R 31 Absatz 11, Zinsersparnisse	187
Anlage 1: Bundeseinheitliche Regelung zur Anwendung des Abschnitts 31 Abs. 8 LStR 1993; hier: Arbeitgeberdarlehen (Bausparmodell)	187
Anlage 2: Bundeseinheitliche Regelung zu Zinsersparnissen und Aufwendungszuschüssen aus Wohnungsfürsorgemitteln	187
R 32 Bezug von Waren und Dienstleistungen (Rabattfreibetrag)	187
Anlage 1: OFD-Verfügung zu Warengutscheinen als Sachbezug	189
Anlage 2: Bundeseinheitliche Regelung zur Überlassung von Rundfunk- und Fernsehgeräten sowie von Videorekordern	189
Anlage 3: BMF-Schreiben zur steuerlichen Behandlung der Personalrabatte bei Arbeitnehmern von Kreditinstituten	190
Anlage 4: Bundeseinheitliche Regelung zur steuerlichen Behandlung der von Luftverkehrsgesellschaften gewährten unentgeltlichen oder verbilligten Mitarbeiterflüge	190
Anlage 5: BMF-Schreiben zur steuerlichen Behandlung unentgeltlicher oder verbilligter Reiseleistungen bei Mitarbeitern von Reisebüros und Reiseveranstaltern	191
Anlage 6: Bundeseinheitliche Regelung zur lohnsteuerlichen Behandlung ersparter Abschlussgebühren bei Abschluss eines Bausparvertrages	192
Anlage 7: BMF-Schreiben zur steuerlichen Behandlung der Rabatte, die Arbeitnehmern von dritter Seite eingeräumt werden	192
Anlage 8: BMF-Schreiben zur lohnsteuerlichen Behandlung von Rabatten bei Gruppen- und Sammelversicherungen	193
Anlage 9: BMF-Schreiben zur Bewertung von beschädigten oder gebrauchten Waren zur Anwendung der Rabattregelung	193
Anlage 10: BMF-Schreiben zur steuerlichen Behandlung von Nutzungsüberlassungen; Anwendung der Grundsätze des BFH-Urteils vom 4. November 1994 (BStBl. 1995 II S. 338)	194
Anlage 11: BMF-Schreiben zur Ermittlung des geldwerten Vorteils beim Erwerb von Kraftfahrzeugen vom Arbeitgeber in der Automobilindustrie (§ 8 Abs. 3 EStG)	195
Anlage 12: BMF-Schreiben zur Bewertung von Preisnachlässen, die Arbeitnehmern beim Kauf von Kraftfahrzeugen aufgrund von Rahmenabkommen eingeräumt werden	195
Anlage 13: OFD-Verfügung zu ersparten Abschlussgebühren bei Abschluss eigener Bausparverträge durch Arbeitnehmer von Kreditinstituten	195
Anlage 14: Bundeseinheitliche Regelung zur lohnsteuerlichen Behandlung der verbilligten Energielieferungen an Arbeitnehmer von Versorgungsunternehmen	196
Anlage 15: OFD-Verfügung zur lohnsteuerlichen Behandlung der verbilligten Energielieferungen an Arbeitnehmer von Versorgungsunternehmen	196
Anlage 16: BMF-Schreiben zur steuerlichen Behandlung von Zinsvorteilen aus Arbeitgeberdarlehen	197
§ 9 Werbungskosten	198
R 33 Werbungskosten	198
Anlage 1: BMF-Schreiben zu den Aufwendungen für kombinierte Rechtsschutzversicherungen als Werbungskosten	200
Anlage 2: Bundeseinheitliche Regelung zu den Aufwendungen für einen privat angeschafften Computer und Internetzugang	200
R 34 Aufwendungen für die Aus- und Fortbildung	201
Anlage: BMF-Schreiben zur Neuregelung der einkommensteuerlichen Behandlung von Berufsausbildungskosten	202
R 35 Studienreisen, Fachkongresse – unbesetzt –	
R 36 Ausgaben im Zusammenhang mit Berufsverbänden	204
R 37 Reisekosten	204
Anlage 1: Bundeseinheitliche Regelung zu den Reisekosten bei Verbandsprüfern	206
Anlage 2: BMF-Schreiben zur steuerrechtlichen Beurteilung der mit der Prüfungstätigkeit verbundenen Fahrten der Mitarbeiter genossenschaftlicher Prüfungsverbände	206
Anlage 3: BMF-Schreiben zum Ausschluss des Vorsteuerabzugs bei Reisekosten und Umzugskosten	206
Anlage 4: BMF-Schreiben zur Anwendung der Dreimonatsfrist bei Einsatzwechseltätigkeit	207
Anlage 5: BMF-Schreiben zum Werbungskostenabzug und Arbeitgeberersatz bei Arbeitnehmern mit Auswärtstätigkeit an ständig wechselnden Tätigkeitsstätten (Einsatzwechseltätigkeit)	207
R 38 Fahrtkosten als Reisekosten	208
Anlage 1: BMF-Schreiben zu Absetzungen für Abnutzung (AfA) bei Pkw und Kombifahrzeugen	210

Inhaltsverzeichnis

		Seite
Anlage 2:	BMF-Schreiben zur Anwendung pauschaler Kilometersätze ab 1. Januar 2002 – bei Benutzung eines Privatfahrzeugs zu Dienstreisen, Einsatzwechseltätigkeit oder Fahrtätigkeit – bei der Berücksichtigung der tatsächlichen Fahrtkosten in anderen Fällen	210
Anlage 3:	BMF-Schreiben zur Dienstreise-Kaskoversicherung des Arbeitgebers für Kraftfahrzeuge des Arbeitnehmers und steuerfreier Fahrtkostenersatz; hier: BFH-Urteil vom 27.6.1991 – VI R 3/87 – (BStBl. 1992 II S. 365)	210
Anlage 4:	Bundeseinheitliche Regelung zur steuerlichen Behandlung des Arbeitgeberersatzes der Anschaffungskosten einer „Bahncard"	210
R 39	Verpflegungsmehraufwendungen als Reisekosten	211
Anlage:	BMF-Schreiben zur lohnsteuerlichen Erfassung steuerpflichtiger Teile von Reisekostenvergütungen; hier: Auswirkungen des Jahressteuergesetzes 1996	212
R 40	Übernachtungskosten	212
R 40a	Reisenebenkosten	212
Anlage:	BMF-Schreiben zur Benutzung von Firmenkreditkarten bei Dienstreisen	213
R 41	Umzugskosten	213
Anlage 1:	BMF-Schreiben zur steuerlichen Anerkennung von Umzugskosten nach R 41 Abs. 2; Änderung der maßgebenden Beträge für umzugsbedingte Unterrichtskosten und sonstige Umzugsauslagen ab 1. Januar 2002	214
Anlage 2:	BMF-Schreiben zur steuerlichen Anerkennung von Umzugskosten nach R 41 Abs. 2 LStR; Änderung der maßgebenden Beträge für Kosten von Umzügen bei Beendigung nach dem 30. Juni 2003, 31. März und 31. Juli 2004	215
R 42	Aufwendungen für Fahrten zwischen Wohnung und Arbeitsstätte	215
Anlage:	Einführungsschreiben zu den Entfernungspauschalen ab 1.1.2007	216
R 43	Absätze 1 bis 5, Mehraufwendungen bei doppelter Haushaltsführung	219
R 43	Absätze 6 bis 12, Mehraufwendungen bei doppelter Haushaltsführung	220
R 44	Arbeitsmittel	222
R 45	Häusliches Arbeitszimmer – unbesetzt –	
Anlage 1:	BMF-Schreiben zur einkommensteuerlichen Behandlung der Aufwendungen für ein häusliches Arbeitszimmer ab 1.1.2007	224
Anlage 2:	BMF-Schreiben zur Vermietung eines Büroraums an den Arbeitgeber	226
R 46	Werbungskosten bei Heimarbeitern	226
R 47	Werbungskosten bei bestimmten Berufsgruppen – unbesetzt –	
§ 9a	Pauschbeträge für Werbungskosten	227
R 48	Pauschbeträge für Werbungskosten – unbesetzt –	
§ 10	Sonderausgaben	228
R 49	Sonderausgaben – unbesetzt –	
R 50–59	– unbesetzt –	
R 60	Kürzung des Vorwegabzugs – unbesetzt –	

		Seite
§ 10a	Zusätzliche Altersvorsorge	229
§ 10b	Steuerbegünstigte Zwecke	230
R 61–63	– unbesetzt –	
§ 10c	Sonderausgaben-Pauschbetrag, Vorsorgepauschale	231
R 64	Berechnung der Vorsorgepauschale bei Ehegatten – unbesetzt –	
§ 10d	Verlustabzug	231
§ 11	Vereinnahmung und Verausgabung	232
Anlage:	Bundeseinheitliche Regelung zur Rückzahlung von Arbeitslohn	232
§ 12	Nicht abzugsfähige Ausgaben	233
§ 18	Selbständige Arbeit	234
§ 19	Nichtselbständige Arbeit	235
R 66	Arbeitgeber	236
R 67	Arbeitnehmer – unbesetzt –	
Anlage 1:	BMF-Schreiben zum Steuerabzug vom Arbeitslohn bei unbeschränkt einkommensteuer(lohnsteuer-)pflichtigen Künstlern und verwandten Berufen	238
Anlage 2:	Bundeseinheitliche Regelung zur Arbeitnehmereigenschaft von Mitgliedern einer Musikkapelle	241
Anlage 3:	Bundeseinheitliche Regelung für Ordensangehörige, Diakonissen und Angehörige ähnlicher Gemeinschaften	241
Anlage 4:	Bundeseinheitliche Regelung zum Arbeitsentgelt an Strafgefangene	242
Anlage 5:	Bundeseinheitliche Regelung zur Beschäftigung von Behinderten in Werkstätten für Behinderte	242
R 68	Nebentätigkeit und Aushilfstätigkeit	242
Anlage:	Bundeseinheitliche Regelung zu nebenamtlichen Kirchenbediensteten	243
R 69	Dienstverhältnisse von Ehegatten – unbesetzt –	
Anlage 1:	R 4.8 EStR Rechtsverhältnisse zwischen Angehörigen	243
Anlage 2:	H 4.8 EStH Hinweise zu R 4.8 EStR Rechtsverhältnisse zwischen Angehörigen – Auszug –	243
Anlage 3:	Betriebliche Altersversorgung; Überversorgung bei einem Ehegatten-Arbeitsverhältnis (§ 3 Nr. 63, § 40b EStG)	247
Anlage 4:	Bundeseinheitliche Regelung zur Überversorgung bei Ehegatten-Arbeitsverhältnissen	247
R 70	Arbeitslohn	248
Anlage 1:	Bundeseinheitliche Regelung zu Dienstbelohnungen	250
Anlage 2:	BMF-Schreiben zu den Anteilen der Assistenz- und Oberärzte sowie des übrigen Krankenhauspersonals an den Liquidationseinnahmen der Chefärzte	250
Anlage 3:	Bundeseinheitliche Regelung zu den Anteilen der Assistenz- und Oberärzte sowie des übrigen Krankenhauspersonals an den Liquidationseinnahmen der Chefärzte	250
Anlage 4:	Bundeseinheitliche Regelung zur steuerlichen Behandlung des Versorgungszuschlags für Beamte bei Beurlaubung ohne Dienstbezüge	251
Anlage 5:	BMF-Schreiben zur einkommensteuerlichen Behandlung von Preisgeldern	251
Anlage 6:	BMF-Schreiben zur ertragsteuerlichen Behandlung von Incentive-Reisen	251

Inhaltsverzeichnis

		Seite
Anlage 7:	BMF-Schreiben zur lohnsteuerlichen Behandlung von Directors & Officers-Versicherungen (D&O)	251
Anlage 8:	Bundeseinheitliche Regelung zu den steuerlichen Maßnahmen zur Unterstützung der Opfer der Hochwasser-Katastrophe im August 2005 in Süddeutschland	252
Anlage 9:	Vermietung eines Büroraums an den Arbeitgeber	252
R 71	Vermittlungsprovisionen	253
Anlage:	OFD-Verfügung zu Provisionszahlungen von Bausparkassen und Versicherungen an Arbeitnehmer von Kreditinstituten	253
R 72	Zuwendungen bei Betriebsveranstaltungen	254
R 73	Aufmerksamkeiten	255
Anlage 1:	Bundeseinheitliche Regelung zur Überlassung von Theaterkarten durch den Arbeitgeber	256
Anlage 2:	OFD-Verfügung zur unentgeltlichen oder verbilligten Überlassung von Eintrittskarten der Theaterunternehmen an ihre Arbeitnehmer und deren Angehörige	256
Anlage 3:	Bundeseinheitliche Regelung zum Parken während der Arbeitszeit	256
Anlage 4:	Bundeseinheitliche Regelung zur Übernahme der Jahresgebühr für Firmenkreditkarten durch den Arbeitgeber	256
Anlage 5:	Bundeseinheitliche Regelung zur Übernahme von Kreditkartengebühren durch den Arbeitgeber	256
Anlage 6:	Steuerliche Behandlung von Aufwendungen für VIP-Logen in Sportstätten	257
R 74	Berufliche Fort- oder Weiterbildungsleistungen des Arbeitgebers	257
Anlage 1:	Bundeseinheitliche Regelung zur Auslegung des Abschnitts 74 Abs. 1 LStR	258
Anlage 2:	BMF-Schreiben zur ertragsteuerlichen Behandlung von Incentive-Reisen	258
Anlage 3:	BMF-Schreiben zur einkommensteuerlichen Behandlung für Auslandssprachkurse als Werbungskosten	259
R 75	Versorgungsbezüge	259
R 76	Zahlung von Arbeitslohn an die Erben oder Hinterbliebenen eines verstorbenen Arbeitnehmers	260
Anlage:	Bundeseinheitliche Regelung zur steuerlichen Behandlung von Bezügen, die für den Sterbemonat gezahlt werden	261
§ 19a	Überlassung von Vermögensbeteiligungen an Arbeitnehmer	262
R 77	Steuerbegünstigte Überlassung von Vermögensbeteiligungen	262
§ 22	Arten der sonstigen Einkünfte	264
§ 24	Gemeinsame Vorschriften	266
Anlage 1:	Bundeseinheitliche Regelung zu Abfindungen für unverfallbare Pensionsanwartschaften	265
Anlage 2:	Bundeseinheitliche Regelung zur einkommensteuerlichen Behandlung von Abfindungszahlungen für Pensionsanwartschaften	266
§ 24a	Altersentlastungsbetrag	266
R 78	Altersentlastungsbetrag – unbesetzt –	

		Seite
§ 24b	Entlastungsbetrag für Alleinerziehende	267
R 78a	Entlastungsbetrag für Alleinerziehende – unbesetzt –	
Anlage:	BMF-Schreiben zum Entlastungsbetrag für Alleinerziehende	267

III. Veranlagung

§ 25	Veranlagungszeitraum, Steuererklärungspflicht	269
§ 26	Veranlagung von Ehegatten	269
§ 26a	Getrennte Veranlagung von Ehegatten	269
§ 26b	Zusammenveranlagung von Ehegatten	269
§ 26c	Besondere Veranlagung für den Veranlagungszeitraum der Eheschließung	270

IV. Tarif

§ 31	Familienleistungsausgleich	270
§ 32	Kinder, Freibeträge für Kinder	270
R 79	Zur Berücksichtigung von Kindern und zu den Freibeträgen für Kinder – unbesetzt –	
R 80 – 90	– unbesetzt –	
§ 32a	Einkommensteuertarif	271
§ 32b	Progressionsvorbehalt	271
R 91	Anwendung des Progressionsvorbehalts auf Lohn- und Einkommensersatzleistungen – unbesetzt –	
§ 33	Außergewöhnliche Belastungen	272
R 92	Außergewöhnliche Belastungen allgemeiner Art – unbesetzt –	
R 93 – 95	– unbesetzt –	
§ 33a	Außergewöhnliche Belastung in besonderen Fällen	273
R 96	Aufwendungen für den Unterhalt und eine etwaige Berufsausbildung – unbesetzt –	
Anlage 1:	Ländergruppeneinteilung zur Berücksichtigung ausländischer Verhältnisse	274
Anlage 2:	Ländergruppeneinteilung; Ergänzung um Hongkong und Taiwan	274
Anlage 3:	BMF-Schreiben zu den Unterhaltsaufwendungen für Personen im Ausland als außergewöhnliche Belastung	274
R 97 – 99	– unbesetzt –	
§ 33b	Pauschbeträge für behinderte Menschen, Hinterbliebene und Pflegepersonen	281
R 100	Pauschbeträge für Behinderte, Hinterbliebene und Pflegepersonen – unbesetzt –	
Anlage:	§ 65 EStDV, Nachweis der Behinderung	281
§ 33c	Kinderbetreuungskosten	282
R 101	– unbesetzt –	
§ 34	Außerordentliche Einkünfte	282
R 102	Entschädigungen und Vergütungen für mehrjährige Tätigkeiten – unbesetzt –	
Anlage:	BMF-Schreiben zu Zweifelsfragen im Zusammenhang mit der ertragsteuerlichen Behandlung von Entlassungsentschädigungen	282

V. Steuerermäßigungen

§ 34c	Steuerermäßigung bei ausländischen Einkünften	283
Anlage:	BMF-Schreiben zur steuerlichen Behandlung von Arbeitnehmereinkünften bei Auslandstätigkeiten (Auslandstätigkeitserlass)	283
§ 34g	Steuerermäßigung bei Zuwendungen an politische Parteien und an unabhängige Wählervereinigungen	284

Inhaltsverzeichnis

		Seite
§ 35 a	**Steuerermäßigung bei Aufwendungen für haushaltsnahe Beschäftigungsverhältnisse und für die Inanspruchnahme haushaltsnaher Dienstleistungen**	285
R 103 a	Steuerermäßigung bei Aufwendungen für haushaltsnahe Beschäftigungsverhältnisse und für die Inanspruchnahme haushaltsnaher Dienstleistungen – unbesetzt –	
Anlage:	BMF-Schreiben zu Zweifelsfragen bei der Anwendung des § 35 a EStG	285

VI. Steuererhebung

§ 36	**Entstehung und Tilgung der Einkommensteuer**	288
§ 37	**Einkommensteuer-Vorauszahlung**	288
§ 37 a	**Pauschalierung der Einkommensteuer durch Dritte**	289
Anlage:	Bundeseinheitliche Regelung zur Pauschalierung der Einkommensteuer durch Dritte gemäß § 37 a EStG	289
§ 37 b	**Pauschalierung der Einkommensteuer bei Sachzuwendungen**	289
§ 38	**Erhebung der Lohnsteuer**	290
R 104	Steuerabzug vom Arbeitslohn	290
R 104 a	Zufluss von Arbeitslohn	290
Anlage 1:	Bundeseinheitliche Regelung zur Rückzahlung von Arbeitslohn	291
Anlage 2:	Bundeseinheitliche Regelung zur Rückzahlung von Arbeitslohn bei rückwirkender Inanspruchnahme von Altersteilzeit	291
R 105	Einbehaltungspflicht des Arbeitgebers	291
R 106	Lohnzahlung durch Dritte	292
R 106 a	Lohnsteuerabzug durch Dritte	292
§ 38 a	**Höhe der Lohnsteuer**	293
§ 38 b	**Lohnsteuerklassen**	293
R 107	Familienstand – unbesetzt –	
§ 38 c	**Lohnsteuertabellen** – weggefallen –	
§ 39	**Lohnsteuerkarte**	294
R 108	Verfahren bei der Ausstellung der Lohnsteuerkarte	295
Anlage:	BMF-Schreiben zur Ausstellung der Lohnsteuerkarten 2007	296
R 109	Änderungen und Ergänzungen der Lohnsteuerkarte	299
R 110	Nachträgliche Ausstellung von Lohnsteuerkarten	301
§ 39 a	**Freibetrag, Hinzurechnungsbetrag und Freistellung beim Lohnsteuerabzug**	302
R 111	Verfahren bei der Eintragung eines Freibetrags oder eines Hinzurechnungsbetrags auf der Lohnsteuerkarte	302
Anlage:	Bundeseinheitliche Regelung zum DBA-Frankreich; Freibetrag auf der Lohnsteuerkarte bei Leiharbeitnehmern	304
R 112	Freibetrag wegen negativer Einkünfte	304
R 113	Freibeträge für Ehegatten	304
§ 39 b	**Durchführung des Lohnsteuerabzugs für unbeschränkt einkommensteuerpflichtige Arbeitnehmer**	306
R 114	Aufbewahrung der Lohnsteuerkarte	307
R 115	Laufender Arbeitslohn und sonstige Bezüge	307
R 116	Freibeträge für Versorgungsbezüge	307
R 117	Altersentlastungsbetrag	307
R 118	Einbehaltung der Lohnsteuer vom laufenden Arbeitslohn	308

		Seite
R 119	Einbehaltung der Lohnsteuer von sonstigen Bezügen	308
Anlage 1:	BMF-Schreiben zur Anwendung der Fünftelregelung im Lohnsteuerabzugsverfahren	310
Anlage 2:	BMF-Schreiben zur Anwendung der Fünftelregelung bei negativem Arbeitslohn	310
R 120	Berücksichtigung der Vorsorgepauschale beim Lohnsteuerabzug	310
Anlage 1:	Bundeseinheitliche Regelung zum Lohnsteuerabzug bei ausländischen Arbeitnehmern; hier: Anwendung der allgemeinen (A) oder der besonderen (B) Lohnsteuertabelle	311
Anlage 2:	Bundeseinheitliche Regelung zum Lohnsteuerabzug bei ausländischen Arbeitnehmern; hier: Anwendung der allgemeinen (A) oder der besonderen (B) Lohnsteuertabelle	312
R 121	Permanenter Lohnsteuer-Jahresausgleich	312
R 122	Besteuerung des Nettolohns	312
R 123	Anwendung von Doppelbesteuerungsabkommen	313
Anlage 1:	BMF-Schreiben zum Stand der Doppelbesteuerungsabkommen und der Doppelbesteuerungsverhandlungen am 1. Januar 2006	313
Anlage 2:	BMF-Schreiben zur steuerlichen Behandlung des Arbeitslohns nach den Doppelbesteuerungsabkommen	321
Anlage 3:	BMF-Schreiben zur Besteuerung von Gastlehrkräften nach den Doppelbesteuerungsabkommen (DBA)	332
Anlage 4:	BMF-Schreiben zur steuerlichen Behandlung des von Organen der EU gezahlten Tagegeldes für in ihrem Bereich verwendete Beamte	333
Anlage 5:	BMF-Schreiben zur Umstellung der DM-Beträge in den Doppelbesteuerungsabkommen auf den Euro	334
Anlage 6:	BMF-Schreiben zur Steuerlichen Behandlung von Berufskraftfahrern nach dem deutsch-luxemburgischen Doppelbesteuerungsabkommen	337
Anlage 7:	BMF-Schreiben zum Außer-Kraft-Treten des deutsch-brasilianischen Doppelbesteuerungsabkommens vom 27. Juni 1975	337
Anlage 8:	Bundeseinheitliche Regelung zum DBA-Frankreich; Freibetrag auf der Lohnsteuer-Karte bei Leiharbeitnehmern	338
Anlage 9:	Merkblatt zur Steuerfreistellung ausländischer Einkünfte gemäß § 50 d Abs. 8 EStG	338
Anlage 10:	BMF-Schreiben zur Verständigungsvereinbarung zum DBA-Frankreich	340
§ 39 c	**Durchführung des Lohnsteuerabzugs ohne Lohnsteuerkarte**	342
R 124	Nichtvorlage der Lohnsteuerkarte	342
R 124 a	Durchführung des Lohnsteuerabzugs bei erweiterter unbeschränkter Einkommensteuerpflicht	342
§ 39 d	**Durchführung des Lohnsteuerabzugs für beschränkt einkommensteuerpflichtige Arbeitnehmer**	344

Inhaltsverzeichnis

		Seite
R 125	Durchführung des Lohnsteuerabzugs für beschränkt einkommensteuerpflichtige Arbeitnehmer	344
Anlage 1:	BMF-Schreiben zur Besteuerung der Einkünfte aus nichtselbständiger Arbeit bei beschränkt einkommensteuerpflichtigen Künstlern	345
Anlage 2:	BMF-Schreiben zur Abzugssteuer bei künstlerischen, sportlichen, artistischen oder ähnlichen Darbietungen	346
Anlage 3:	Muster der Bescheinigung für beschränkt steuerpflichtige Arbeitnehmer	347

§ 40 Pauschalierung der Lohnsteuer in besonderen Fällen 349

R 126	Bemessung der Lohnsteuer nach besonderen Pauschsteuersätzen	349
Anlage 1:	Bundeseinheitliche Regelung zur Ermittlung der Kirchensteuer in Pauschalierungsfällen	350
Anlage 2:	Bundeseinheitliche Regelung zur Ermittlung des Solidaritätszuschlags in Pauschalierungsfällen	350
Anlage 3:	Bundeseinheitliche Regelung zum vereinfachten Verfahren in Pauschalierungsfällen	351
R 127	Bemessung der Lohnsteuer nach einem festen Pauschsteuersatz	351
Anlage 1:	Bundeseinheitliche Regelung zur Pauschalierung steuerpflichtiger Teile von Reisekostenvergütungen	352
Anlage 2:	BMF-Schreiben zur Abwälzung der pauschalen Lohnsteuer auf den Arbeitnehmer	352
Anlage 3:	BMF-Schreiben zur Pauschalierung von Fahrkostenzuschüssen und Job-Tickets	353

§ 40a Pauschalierung der Lohnsteuer für Teilzeitbeschäftigte und geringfügig Beschäftigte 354

R 128	Kurzfristig Beschäftigte und Aushilfskräfte in der Land- und Forstwirtschaft	354
Anlage 1:	Bundeseinheitliche Regelung zum vereinfachten Verfahren in Pauschalierungsfällen	356
Anlage 2:	BMF-Schreiben zur Abwälzung der pauschalen Lohnsteuer und Annexsteuern auf den Arbeitnehmer	356
R 128 a	Geringfügig entlohnte Beschäftigte	356

§ 40b Pauschalierung der Lohnsteuer bei bestimmten Zukunftssicherungsleistungen 358

R 129	Pauschalierung der Lohnsteuer bei Beiträgen zu Direktversicherungen und Pensionskassen für Versorgungszusagen, die vor dem 1. Januar 2005 erteilt wurden	358
Anlage 1:	Bundeseinheitliche Regelung zur Abfindung nach § 3 Abs. 1 des Gesetzes zur Verbesserung der betrieblichen Altersversorgung (BetrAVG)	362
Anlage 2:	BMF-Schreiben zur Abtretung oder Beleihung der Ansprüche aus einer Direktversicherung nach § 40 b EStG durch den Arbeitnehmer bei unwiderruflichem Bezugsrecht	363
Anlage 3:	Bundeseinheitliche Regelung zur Direktversicherung für Gesellschafter-Geschäftsführer	363
Anlage 4:	Bundeseinheitliche Regelung zur Insolvenzsicherung der Altersversorgung für Gesellschafter-Geschäftsführer von Kapitalgesellschaften durch Verpfändung der Ansprüche aus einer Rückdeckungsversicherung	363

		Seite
Anlage 5:	Bundeseinheitliche Regelung zur Anwendung der Vervielfältigungsregelung des § 40 b Abs. 2 Satz 3 und 4 EStG	363
Anlage 6:	Bundeseinheitliche Regelung zum eherechtlichen Versorgungsausgleich; hier: Steuerliche Behandlung der Abfindung des Versorgungsanspruchs durch Abschluss einer Lebensversicherung zugunsten des ausgleichsberechtigten Ehegatten	364
Anlage 7:	Bundeseinheitliche Regelung zu Beiträgen an ausländische Versicherungsunternehmen	364
Anlage 8:	BMF-Schreiben zur arbeitnehmerfinanzierten betrieblichen Altersversorgung	364
Anlage 9:	Bundeseinheitliche Regelung zur Erhebung der Kirchensteuer in den Fällen der Pauschalierung der Lohnsteuer	364
Anlage 10:	BMF-Schreiben zur Anhebung der Beiträge zu Direktversicherungen im Zusammenhang mit der Änderung des § 40 b EStG ab 1996	364
Anlage 11:	BMF-Schreiben zur Einkommen- bzw. lohnsteuerrechtlichen Behandlung von freiwilligen Unfallversicherungen der Arbeitnehmer	364
Anlage 12:	BMF-Schreiben zur einkommen- bzw. lohnsteuerrechtlichen Behandlung von freiwilligen Unfallversicherungen der Arbeitnehmer (ergänzende Regelung zu Anlage 11)	366
Anlage 13:	BMF-Schreiben zur Abwälzung der pauschalen Lohnsteuer und Annexsteuern auf den Arbeitnehmer nach dem Steuerentlastungsgesetz 1999/2000/2001	366
Anlage 14:	Bundeseinheitliche Regelung zur Überversorgung bei Ehegatten-Arbeitsverhältnissen (§ 3 Nr. 63, § 40 b EStG)	366
R 129a	Pauschalierung der Lohnsteuer von Zuwendungen an nicht kapitalgedeckte Pensionskassen für Versorgungszulagen, die nach dem 31. Dezember 2004 erteilt werden – unbesetzt –	366
R 129b	Pauschalierung der Lohnsteuer bei Beiträgen zu einer Gruppenunfallversicherung	366

§ 41 Aufzeichnungspflichten beim Lohnsteuerabzug 367

R 130	Aufzeichnungserleichterungen, Aufzeichnung der Religionsgemeinschaft	367
Anlage:	Bundeseinheitliche Regelung zu Aufzeichnungserleichterungen beim Haustrunk	367
R 131	Aufzeichnung des Großbuchstabens U	368
R 132	Betriebsstätte	368

§ 41a Anmeldung und Abführung der Lohnsteuer ... 369

R 133	Lohnsteuer-Anmeldung	369
Anlage 1:	BMF-Schreiben zur Bekanntmachung des Vordruckmusters für die Lohnsteuer-Anmeldung 2007	370
Anlage 2:	BMF-Schreiben zur Zulassung von Vordrucken, die von den amtlich vorgeschriebenen Vordrucken im Umsatzsteuer-Voranmeldungs- und Lohnsteuer-Anmeldungsverfahren abweichen	374
R 134	Abführung der Lohnsteuer	376

§ 41b Abschluss des Lohnsteuerabzugs 377

R 135	Lohnsteuerbescheinigung	377
R 136	Lohnsteuerbescheinigungen von öffentlichen Kassen	378

Inhaltsverzeichnis

			Seite
	Anlage:	BMF-Schreiben zur Ausschreibung von elektronischen Lohnsteuerbescheinigungen und Besonderen Lohnsteuerbescheinigungen durch den Arbeitgeber für das Kalenderjahr 2007	378
§ 41 c		Änderung des Lohnsteuerabzugs	383
	Anlage:	Bundeseinheitliches Vordruckmuster für die Anzeige nach § 41 c EStG	384
	R 137	Änderung des Lohnsteuerabzugs	385
	R 138	Anzeigepflichten des Arbeitgebers	385
	R 139	Nachforderung von Lohnsteuer	385
§ 42 b		Lohnsteuer-Jahresausgleich durch den Arbeitgeber	387
	R 143	Durchführung des Lohnsteuer-Jahresausgleichs durch den Arbeitgeber	387
§ 42 d		Haftung des Arbeitgebers und Haftung bei Arbeitnehmerüberlassung	388
	R 145	Inanspruchnahme des Arbeitgebers	388
	R 146	Haftung bei Arbeitnehmerüberlassung	391
	R 146 a	Haftung bei Lohnsteuerabzug durch einen Dritten	392
§ 42 e		Anrufungsauskunft	393
	R 147	Anrufungsauskunft	393
§ 42 f		Lohnsteuer-Außenprüfung	393
	R 148	Lohnsteuer-Außenprüfung	393
	Anlage 1:	BMF-Schreiben zu den Hinweisen auf die wesentlichen Rechte und Mitwirkungspflichten des Steuerpflichtigen bei der Außenprüfung	394
	Anlage 2:	BMF-Schreiben zu den Grundsätzen zum Datenzugriff und zur Prüfbarkeit digitaler Unterlagen (GDPdU)	394
§ 46		Veranlagung bei Bezug von Einkünften aus nichtselbständiger Arbeit	396
	R 149	Veranlagung nach § 46 Abs. 2 Nr. 8 EStG – unbesetzt –	
	R 150	Beseitigung von Härten in bestimmten Fällen des § 46 Abs. 2 EStG – unbesetzt –	

VII. Steuerabzug bei Bauleistungen

		Seite
§ 48	Steuerabzug	397
§ 48 a	Verfahren	398
§ 48 b	Freistellungsbescheinigung	398
§ 48 c	Anrechnung	398
§ 48 d	Besonderheiten im Fall von Doppelbesteuerungsabkommen	399

VIII. Besteuerung beschränkt Steuerpflichtiger

			Seite
§ 49		Beschränkt steuerpflichtige Einkünfte	399
§ 50		Sondervorschriften für beschränkt Steuerpflichtige	400
	Anlage:	BMF-Schreiben zum vereinfachten Steuererstattungsverfahren gemäß § 50 Abs. 5 Satz 2 Nr. 3 EStG	401
§ 50 a		Steuerabzug bei beschränkt Steuerpflichtigen	402
§ 50 e		Bußgeldvorschriften; Nichtverfolgung von Steuerstraftaten bei geringfügiger Beschäftigung in Privathaushalten	402

IX. Sonstige Vorschriften, Bußgeld-, Ermächtigungs- und Schlussvorschriften

		Seite
§ 51	Ermächtigung	403
§ 51 a	Festsetzung und Erhebung von Zuschlagsteuern	403

X. Kindergeld

		Seite
§ 62	Anspruchsberechtigte	403
§ 63	Kinder	404
§ 64	Zusammentreffen mehrerer Ansprüche	404
§ 65	Andere Leistungen für Kinder	404
§ 66	Höhe des Kindergeldes, Zahlungszeitraum	404
§ 67	Antrag	405
§ 68	Besondere Mitwirkungspflichten	405
§ 69	Überprüfung des Fortbestehens von Anspruchsvoraussetzungen durch Meldedaten-Übermittlung	405
§ 70	Festsetzung und Zahlung des Kindergeldes	405
§ 71	Zahlungszeitraum	405
§ 72	Festsetzung und Zahlung des Kindergeldes an Angehörige des öffentlichen Dienstes	405
§ 73	– weggefallen –	
§ 74	Zahlung des Kindergeldes in Sonderfällen	406
§ 75	Aufrechnung	406
§ 76	Pfändung	406
§ 77	Erstattung von Kosten im Vorverfahren	406
§ 78	Übergangsregelungen	407

XI. Altersvorsorgezulage

		Seite
§ 79	Zulageberechtigte	407
§ 80	Anbieter	407
§ 81	Zentrale Stelle	407
§ 82	Altersvorsorgebeiträge	407
§ 83	Altersvorsorgezulage	407
§ 84	Grundzulage	407
§ 85	Kinderzulage	407
§ 86	Mindesteigenbeitrag	408
§ 87	Zusammentreffen mehrerer Verträge	408
§ 88	Entstehung des Anspruchs auf Zulage	408
§ 89	Antrag	408
§ 90	Verfahren	409
§ 90 a	Anmeldeverfahren	409
§ 91	Datenabgleich	409
§ 92	Bescheinigung	409
§ 92 a	Verwendung für eine eigenen Wohnzwecken dienende Wohnung im eigenen Haus	410
§ 92 b	Verfahren bei Verwendung für eine eigenen Wohnzwecken dienende Wohnung im eigenen Haus	410
§ 93	Schädliche Verwendung	410
§ 94	Verfahren bei schädlicher Verwendung	411
§ 95	Beendigung der unbeschränkten Einkommensteuerpflicht des Zulageberechtigten	411
§ 96	Anwendung der Abgabenordnung, allgemeine Vorschriften	412
§ 97	Übertragbarkeit	412
§ 98	Rechtsweg	412
§ 99	Ermächtigung	412

C. Anhänge

		Seite
Anhang 1	Lohnsteuer-Durchführungsverordnung	415
Anhang 2	Sozialversicherungsentgeltverordnung	417
Anhang 3	Solidaritätszuschlaggesetz	419
Anhang 4	Fünftes Vermögensbildungsgesetz	421
Anhang 5	Verordnung zur Durchführung des 5. Vermögensbildungsgesetzes	429
Anhang 6	BMF-Schreiben zur Anwendung des 5. Vermögensbildungsgesetzes	433

Inhaltsverzeichnis

		Seite
Anhang 7	Bundesumzugskostengesetz	445
Anhang 8	Allgemeine Verwaltungsvorschrift zum Bundesumzugskostengesetz	451
Anhang 9	Auslandsumzugskostenverordnung	455
Anhang 10	Programmablaufplan für die maschinelle Berechnung der vom laufenden Arbeitslohn einzubehaltenden Lohnsteuer, des Solidaritätszuschlags und der Maßstabsteuer für die Kirchenlohnsteuer 2007	463
Anhang 11	Tabelle zur Steuerklassenwahl 2007	483
Anhang 12	Altersteilzeitgesetz	485
Anhang 13	Gesetz zur Verbesserung der betrieblichen Altersversorgung (Betriebsrentengesetz)	491
Anhang 13a	Gesetz über die Zertifizierung von Altersvorsorgeverträgen	499
Anhang 13b	Versicherungsaufsichtsgesetz (auszugsweise)	503
Anhang 13c	Steuerliche Förderung der privaten Altersvorsorge und betrieblichen Altersversorgung	505
Anhang 13d	Altersvorsorge-Durchführungsverordnung – AltvDV	529
Anhang 13e	Hinterbliebenenversorgung für die Lebensgefährtin und den Lebensgefährten	533
Anhang 13f	Aufteilung von Leistungen bei der nachgelagerten Besteuerung	534
Anhang 13g	Steuerliche Behandlung von Altersvorsorgeaufwendungen und Altersbezügen	535
Anhang 13h	Neufassung der Randziffer 128 des BMF-Schreibens vom 24.2.2005 (BStBl. I S. 429)	550
Anhang 14	Umsatzsteuerliche Behandlung von Sachbezügen (Abschnitt 12 Umsatzsteuer-Richtlinien)	551
Anhang 15	Amtliches Arbeitgebermerkblatt zu den Rechtsänderungen beim Steuerabzug vom Arbeitslohn	554
Anhang 16	Geringfügigkeits-Richtlinien	59x
Anhang 17	Verordnung zur elektronischen Übermittlung von Steuererklärungen und sonstigen für das Besteuerungsverfahren erforderliche Daten (Steuerdaten-Übermittlungsverordnung – StDÜV)	580
Anhang 18	Einführungsschreiben Lohnsteuer zum Steueränderungsgesetz 2003 und Haushaltsbegleitgesetz 2004	581
Anhang 19	Auslandsreisekosten 2007	587
Stichwortverzeichnis		589

Abkürzungsverzeichnis

a. a. O.	am angegebenen Ort
AfA	Absetzungen für Abnutzung
AFG	Arbeitsförderungsgesetz
AktG	Aktiengesetz
AltvDV	Altersvorsorge-Durchführungsverordnung
AltZertG	Gesetz über die Zertifizierung von Altersvorsorgeverträgen
AO	Abgabenordnung
AOK	Allgemeine Ortskrankenkasse
ArEV	Arbeitsentgeltverordnung
AstG	Außensteuergesetz
AtG	Altersteilzeitgesetz
ATE	Auslandstätigkeitserlass
AÜG	Arbeitnehmerüberlassungsgesetz
AUV	Auslandsumzugskostenverordnung
AVmG	Altersvermögensgesetz
BA	Bundesanstalt für Arbeit
BAföG	Bundesausbildungsförderungsgesetz
BAG	Bundesarbeitsgericht
BAT	Bundes-Angestelltentarifvertrag
BB	Betriebsberater (Zeitschrift)
BBesG	Bundesbesoldungsgesetz
BBG	Beitragsbemessungsgrenze
BerlinFG	Berlinförderungsgesetz
BetrAVG	Gesetz zur Verbesserung der betrieblichen Altersversorgung
BewG	Bewertungsgesetz
BfA	Bundesversicherungsanstalt für Angestellte
BFH	Bundesfinanzhof
BFH/NV	Sammlung amtlich nicht veröffentlichter Entscheidungen des Bundesfinanzhofs (Zeitschrift)
BFH-Urteil	Urteil des Bundesfinanzhofs
BGB	Bürgerliches Gesetzbuch
BGBl. I	Bundesgesetzblatt Teil I
BGH	Bundesgerichtshof
BKK	Betriebskrankenkasse
BMF-Schreiben	Schreiben des Bundesministeriums der Finanzen
BRKG	Bundesreisekostengesetz
BSG	Bundessozialgericht
BSGE	Entscheidungen des Bundessozialgerichts
BSHG	Bundessozialhilfegesetz
BStBl. II (I)	Bundessteuerblatt Teil II (Teil I)
BUKG	Bundesumzugskostengesetz
BVerfG	Bundesverfassungsgericht
BVerwG	Bundesverwaltungsgericht
DB	Der Betrieb (Zeitschrift)
DBA	Doppelbesteuerungsabkommen
DEUV	Datenerfassungs- und -übermittlungsverordnung
d. h.	das heißt
DStR	Deutsches Steuerrecht (Zeitschrift)
DStRE	Deutsches Steuerrecht/Entscheidungen (Zeitschrift)
DStZ	Deutsche Steuer-Zeitung (Zeitschrift)
DStZ/E	Deutsche Steuer-Zeitung/Eildienst (Zeitschrift)
DÜVO	Datenübertragungsverordnung
EFG	Entscheidungen der Finanzgerichte (Zeitschrift)
EFZG	Entgeltfortzahlungsgesetz
EStDV	Einkommensteuer-Durchführungsverordnung
EStG	Einkommensteuergesetz
EStH	Einkommensteuer-Hinweis
EStR	Einkommensteuer-Richtlinien
EU	Europäische Union
EuGH	Europäischer Gerichtshof
EWR	Europäischer Wirtschaftsraum
FA	Finanzamt
FG	Finanzgericht
FR	Finanz-Rundschau (Zeitschrift)
FRG	Fremdrentengesetz
GbR	Gesellschaft bürgerlichen Rechts
GenG	Genossenschaftsgesetz
GewO	Gewerbeordnung
GG	Grundgesetz
GmbH	Gesellschaft mit beschränkter Haftung
GVBl.	Gesetz- und Verordnungsblatt
HAG	Heimarbeitergesetz
HFR	Höchstrichterliche Finanzrechtsprechung (Zeitschrift)
HGB	Handelsgesetzbuch
IKK	Innungskrankenkasse
i. d. F.	in der Fassung
i. S.	im Sinne
i. V. m.	in Verbindung mit
JAEG	Jahresarbeitsentgeltgrenze
KG	Kommanditgesellschaft
KiSt	Kirchensteuer
KStG	Körperschaftsteuergesetz
KStR	Körperschaftsteuer-Richtlinien
KSVG	Künstlersozialversicherungsgesetz
KV	Krankenversicherung
KWG	Kreditwesengesetz
LFZG	Lohnfortzahlungsgesetz
LKK	Landwirtschaftliche Krankenkasse
LSG	Landessozialgericht
LSt	Lohnsteuer
LStDV	Lohnsteuer-Durchführungsverordnung
LStH	Lohnsteuer-Hinweis
LStR	Lohnsteuer-Richtlinien
LVA	Landesversicherungsanstalt
m. E.	meines Erachtens
NWB	Neue Wirtschafts-Briefe (Zeitschrift)
OFD	Oberfinanzdirektion
RStBl.	Reichssteuerblatt
RVO	Reichsversicherungsordnung
SachBezV	Sachbezugsverordnung
SchwbG	Schwerbehindertengesetz
SFN-Zuschläge	Zuschläge für Sonntags-, Feiertags- und Nachtarbeit
SGB I	Sozialgesetzbuch – Allgemeiner Teil
SGB III	Sozialgesetzbuch – Arbeitsförderung
SGB IV	Sozialgesetzbuch – Gemeinsame Vorschriften für die Sozialversicherung
SGB V	Sozialgesetzbuch – Gesetzliche Krankenversicherung
SGB VI	Sozialgesetzbuch – Gesetzliche Rentenversicherung
SGB VII	Sozialgesetzbuch – Gesetzliche Unfallversicherung
SGB VIII	Sozialgesetzbuch – Kinder- und Jugendhilfe

Abkürzungsverzeichnis

SGB IX	Sozialgesetzbuch – Rehabilitation und Teilhabe behinderter Menschen	VA	Verwaltungsanweisung
SGB X	Sozialgesetzbuch – Verwaltungsverfahren	VAG	Versicherungsaufsichtsgesetz
SGB XI	Sozialgesetzbuch – Soziale Pflegeversicherung	VBL	Versorgungsanstalt des Bundes und der Länder
SolZ	Solidaritätszuschlag	VermBDV	Durchführungsverordnung zum Vermögensbildungsgesetz
SV-Tage	Sozialversicherungstage	VermBG	Vermögensbildungsgesetz
SvEV	Sozialversicherungsentgeltverordnung	VO	Verordnung
USG	Unterhaltssicherungsgesetz	VRG	Vorruhestandsgesetz
USK	Urteilssammlung für die gesetzliche Krankenversicherung	VStR	Vermögensteuer-Richtlinien
		VVG	Versicherungsvertragsgesetz
UStDV	Umsatzsteuer-Durchführungsverordnung	VZ	Veranlagungszeitraum
UStG	Umsatzsteuergesetz	WoPG	Wohnungsbau-Prämiengesetz
UStR	Umsatzsteuer-Richtlinien	WoPR	Richtlinien zum Wohnnungsbau-Prämiengesetz
u. a.	unter anderem	z. B.	zum Beispiel
u. U.	unter Umständen	ZPO	Zivilprozessordnung

Einführung

Das **Steuerhandbuch für das Lohnbüro** enthält die für das Kalenderjahr **2007** geltenden Vorschriften des Einkommensteuergesetzes, der Lohnsteuer-Durchführungsverordnung, der Lohnsteuer-Richtlinien und der Hinweise zu den Lohnsteuer-Richtlinien. Im Einzelnen gilt Folgendes:

Diesem Handbuch liegt das **Einkommensteuergesetz** in der Fassung der Bekanntmachung vom 19. Oktober 2002 (BGBl. I S. 4210) zugrunde, geändert durch

- das Zweite Gesetz für moderne Dienstleistungen am Arbeitsmarkt vom 23. Dezember 2002 (BGBl. I S. 4621);
- das Gesetz zur Einbeziehung beurlaubter Beamter in die kapitalgedeckte Altersversorgung vom 15. Januar 2003 (BGBl. I S. 58);
- das Steuervergünstigungsabbaugesetz – StVergAbG – vom 16. Mai 2003 (BGBl. I S. 660);
- das Gesetz zur Förderung von Kleinunternehmern und zur Verbesserung der Unternehmensfinanzierung (Kleinunternehmerförderungsgesetz) vom 31. Juli 2003 (BGBl. I S. 1550);
- das Steueränderungsgesetz 2003 vom 15. Dezember 2003 (BGBl. I S. 2645);
- das Investmentmodernisierungsgesetz vom 15. Dezember 2003 (BStBl. I S. 2676);
- das Gesetz zur Umsetzung der Protokollerklärung der Bundesregierung zur Vermittlungsempfehlung zum Steuervergünstigungsabbaugesetz vom 22. Dezember 2003 (BGBl. I S. 2840);
- das Dritte Gesetz für moderne Dienstleistungen am Arbeitsmarkt vom 23. 12. 2003 (BGBl. I S. 2848);
- das Gesetz zur Änderung des Gewerbesteuergesetzes und anderer Gesetze vom 23. 12. 2003 (BGBl. I S. 2922);
- das Vierte Gesetz für moderne Dienstleistungen am Arbeitsmarkt vom 24. 12. 2003 (BGBl. I S. 2954);
- das Dritte Gesetz zur Änderung des Sechsten Buches Sozialgesetzbuch und anderer Gesetze vom 27. 12. 2003 (BGBl. I S. 3019);
- das Gesetz zur Einordnung des Sozialhilferechts in das Sozialgesetzbuch vom 27. 12. 2003 (BGBl. I S. 3022);
- das Haushaltsbegleitgesetz vom 29. 12. 2003 (BGBl. I S. 3076);
- das Alterseinkünftegesetz vom 5. 7. 2004 (BGBl. I S. 1427);
- das Gesetz zur Änderung der Abgabenordnung und weiterer Gesetze vom 21. 7. 2004 (BGBl. I S. 1753);
- das Gesetz zur Intensivierung der Bekämpfung der Schwarzarbeit und damit zusammenhängender Steuerhinterziehung vom 23. 7. 2004 (BGBl. I S. 1842);
- das Zuwanderungsgesetz vom 30. 7. 2004 (BGBl. I S. 1950);
- das Gesetz zur Förderung von Wagniskapital vom 30. 7. 2004 (BGBl. I S. 2013);
- das EG-Amtshilfe-Anpassungsgesetz vom 2. 12. 2004 (BGBl. I S. 3112);
- das Gesetz zur Organisationsreform in der gesetzlichen Rentenversicherung vom 9. 12. 2004 (BGBl. I S. 3242);
- das Gesetz zur Umsetzung von EU-Richtlinien in nationales Steuerrecht und zur Änderung weiterer Vorschriften vom 9. 12. 2004 (BGBl. I S. 3310), Berichtigung vom 27. 12. 2004 (BGBl. I S. 3843);
- das Gesetz zu dem Dritten Zusatzprotokoll vom 4. Juni 2004 zum Abkommen vom 16. Juni 1959 zwischen der Bundesrepublik Deutschland und dem Königreich der Niederlande zur Vermeidung der Doppelbesteuerung auf dem Gebiete der Steuern vom Einkommen und vom Vermögen sowie verschiedener sonstiger Steuern und zur Regelung anderer Fragen auf steuerlichem Gebiete vom 15. 12. 2004 (BGBl. I S. 1653);
- das Gesetz zur Umbenennung des Bundesgrenzschutzes in Bundespolizei vom 21. 6. 2005 (BGBl. I S. 1818);
- das Gesetz zur Neuorganisation der Bundesfinanzverwaltung und zur Schaffung eines Refinanzierungsregisters vom 22. 9. 2005 (BGBl. I S. 2809);
- das Gesetz zum Einstieg in ein steuerliches Sofortprogramm vom 22. 12. 2005 (BGBl. I S. 3682);
- das Gesetz zur Beschränkung der Verlustrechnung im Zusammenhang mit Steuerstundungsmodellen vom 22. 12. 2005 (BGBl. I S. 3683);
- das Gesetz zur steuerlichen Förderung von Wachstum und Beschäftigung vom 26. 4. 2006 (BGBl. I S. 1091);
- das Gesetz zur Eindämmung missbräuchlicher Steuergestaltungen vom 26. 4. 2006 (BGBl. I S. 1095);
- das Gesetz zur Modernisierung des Schuldenwesens des Bundes (Bundesschuldenwesenmodernisierungsgesetz) vom 12. 7. 2006 (BGBl. I S. 1466);
- das Steueränderungsgesetz 2007 vom 19. 7. 2006 (BGBl. I S. 1652);
- das Gesetz zur Fortentwicklung der Grundsicherung für Arbeitsuchende vom 20. 7. 2006 (BGBl. I S. 1706);
- das Föderalismusreform-Begleitgesetz vom 5. 9. 2006 (BGBl. I S. 2098);
- die Neunte Zuständigkeitsanpassungsverordnung vom 31. 10. 2006 (BGBl. I S. 2407);
- das Gesetz zur Umsetzung der neu gefassten Bankenrichtlinie und der neu gefassten Kapitaladäquanzrichtlinie vom 17. 11. 2006 (BGBl. I S. 2606);
- das Gesetz zur Einführung des Elterngeldes vom 5. 12. 2006 (BGBl. I S. 2748);
- das Gesetz über steuerliche Begleitmaßnahmen zur Einführung der Europäischen Gesellschaft und zur Änderung weiterer steuerrechtlicher Vorschriften (SEStEG) vom 7. 12. 2006 (BGBl. I S. 2782);
- das Jahressteuergesetz 2007 vom 13. 12. 2006 (BGBl. I S. 2878);
- das Gesetz zur Anspruchberechtigung von Ausländern wegen Kindergeld, Erziehungsgeld und Unterhaltsvorschuss vom 13. 12. 2006 (BGBl. I S. 2915).

Des Weiteren liegt diesem Handbuch die **Lohnsteuer-Durchführungsverordnung** zugrunde, geändert durch

- das Steuerbereinigungsgesetz 1999 vom 22. Dezember 1999 (BGBl. I S. 2601);
- das Gesetz zur Umrechnung und Glättung steuerlicher Euro-Beträge (Steuer-Euroglättungsgesetz – StEuglG) vom 19. Dezember 2000 (BGBl. I S. 1790);
- das Steueränderungsgesetz 2001 vom 20. Dezember 2001 (BGBl. I S. 3794);
- das Steueränderungsgesetz 2003 vom 15. Dezember 2003 (BGBl. I S. 2645);
- das Alterseinkünftegesetz vom 5. 7. 2004 (BGBl. I S. 1427);
- das Jahressteuergesetz 2007 vom 13. 12. 2006 (BGBl. I S. 2878).

Außerdem liegen diesem Handbuch die **Lohnsteuer-Änderungsrichtlinien 2005** – LStÄR 2005 – vom 21. Oktober 2004 (BStBl. I S. 965) zugrunde.

Für **2007** sind **neue Hinweise** zu den Lohnsteuer-Richtlinien von den **obersten Finanzbehörden des Bundes und der Länder** beschlossen worden. Sie machen den Rechtsanwender aufmerksam auf höchstrichterliche Rechtsprechung, BMF-Schreiben und Rechtsquellen außerhalb des Einkommensteuerrechts, die in das Einkommensteuerrecht hineinwirken. Sie enthalten den ausgewählten aktuellen Stand

- der höchstrichterlichen Rechtsprechung und
- der Verwaltungsvorschriften der Länder, die auf Grund von im Bundessteuerblatt veröffentlichten BMF-Schreiben ergangen sind.

Die in den **amtlichen Hinweisen 2007** zitierten BMF-Schreiben sind im Volltext im Steuerhandbuch für das Lohnbüro abgedruckt. Darüber hinaus enthält das Handbuch die aktuellen BMF-Schreiben, die nicht im Bundessteuerblatt veröffentlicht worden sind sowie die aktuellen **Ländererlasse** und **OFD-Verfügungen** zum Lohnsteuerabzug durch den Arbeitgeber.

Einführung

Die im Bundessteuerblatt veröffentlichte **Rechtsprechung des Bundesfinanzhofs** ist für die Finanzverwaltung verbindlich, soweit nicht ein Nichtanwendungserlass ergangen ist. Nicht im Bundessteuerblatt veröffentlichte BFH-Entscheidungen (z. B. veröffentlicht in BFH/NV) können, soweit sie nicht im Widerspruch zu veröffentlichten Entscheidungen stehen, in gleichgelagerten Fällen herangezogen werden.

Das Steuerhandbuch für das Lohnbüro 2007 erhalten Sie zusammen mit dem Lexikon für das Lohnbüro 2007 auch als **PC-Version.** Diese PC-Version hat den großen Vorteil, dass Sie **alle BFH-Urteile** und die aktuellen Rundschreiben und Niederschriften der Spitzenverbände der Sozialversicherung mit Mausklick **im Volltext** abrufen und ausdrucken können. Eine Bestellkarte finden Sie vorne im Steuerhandbuch.

A. Einkommensteuergesetz
– geschlossene Wiedergabe des gesamten Gesetzes –

Einkommensteuergesetz (EStG)

i. d. F. der Bek. vom 19.10.2002 (BGBl. I S. 4210, ber. 2003 S. 179), zuletzt geändert durch das Jahressteuergesetz 2007 vom 13.12.2006 (BGBl. I S. 2878) und das Gesetz zur Anspruchberechtigung von Ausländern wegen Kindergeld, Erziehungsgeld und Unterhaltsvorschuss vom 13.12.2006 (BGBl. I S. 2915)

Inhaltsübersicht

I. Steuerpflicht

§ 1
§ 1a

II. Einkommen

1. Sachliche Voraussetzungen für die Besteuerung

§ 2	Umfang der Besteuerung, Begriffsbestimmungen
§ 2a	Negative Einkünfte mit Auslandsbezug
§ 2b	– weggefallen –

2. Steuerfreie Einnahmen

§ 3	
§ 3a	– weggefallen –
§ 3b	Steuerfreiheit von Zuschlägen für Sonntags-, Feiertags- oder Nachtarbeit
§ 3c	Anteilige Abzüge

3. Gewinn

§ 4	Gewinnbegriff im Allgemeinen
§ 4a	Gewinnermittlungszeitraum, Wirtschaftsjahr
§ 4b	Direktversicherung
§ 4c	Zuwendungen an Pensionskassen
§ 4d	Zuwendungen an Unterstützungskassen
§ 4e	Beiträge an Pensionsfonds
§ 4f	Erwerbsbedingte Kinderbetreuungskosten
§ 4g	Bildung eines Ausgleichspostens bei Entnahme nach § 4 Abs. 1 Satz 3
§ 5	Gewinn bei Kaufleuten und bei bestimmten anderen Gewerbetreibenden
§ 5a	Gewinnermittlung bei Handelsschiffen im internationalen Verkehr
§ 6	Bewertung
§ 6a	Pensionsrückstellung
§ 6b	Übertragung stiller Reserven bei der Veräußerung bestimmter Anlagegüter
§ 6c	Übertragung stiller Reserven bei der Veräußerung bestimmter Anlagegüter, bei der Ermittlung des Gewinns nach § 4 Abs. 3 oder nach Durchschnittssätzen
§ 6d	Euroumrechnungsrücklage
§ 7	Absetzung für Abnutzung oder Substanzverringerung
§ 7a	Gemeinsame Vorschriften für erhöhte Absetzungen und Sonderabschreibungen
§ 7b	Erhöhte Absetzungen für Einfamilienhäuser, Zweifamilienhäuser und Eigentumswohnungen
§ 7c	Erhöhte Absetzungen für Baumaßnahmen an Gebäuden zur Schaffung neuer Mietwohnungen
§ 7d	Erhöhte Absetzungen für Wirtschaftsgüter, die dem Umweltschutz dienen
§ 7e	– weggefallen –
§ 7f	Bewertungsfreiheit für abnutzbare Wirtschaftsgüter des Anlagevermögens privater Krankenhäuser
§ 7g	Sonderabschreibungen und Ansparabschreibungen zur Förderung kleiner und mittlerer Betriebe
§ 7h	Erhöhte Absetzungen bei Gebäuden in Sanierungsgebieten und städtebaulichen Entwicklungsbereichen
§ 7i	Erhöhte Absetzungen bei Baudenkmalen
§ 7k	Erhöhte Absetzungen für Wohnungen mit Sozialbindung

4. Überschuss der Einnahmen über die Werbungskosten

§ 8	Einnahmen
§ 9	Werbungskosten
§ 9a	Pauschbeträge für Werbungskosten

4A. Umsatzsteuerrechtlicher Vorsteuerabzug

§ 9b	

5. Sonderausgaben

§ 10	
§ 10a	Zusätzliche Altersvorsorge
§ 10b	Steuerbegünstigte Zwecke
§ 10c	Sonderausgaben-Pauschbetrag, Vorsorgepauschale
§ 10d	Verlustabzug
§ 10e	Steuerbegünstigung der zu eigenen Wohnzwecken genutzten Wohnung im eigenen Haus
§ 10f	Steuerbegünstigung für zu eigenen Wohnzwecken genutzte Baudenkmale und Gebäude in Sanierungsgebieten und städtebaulichen Entwicklungsbereichen
§ 10g	Steuerbegünstigung für schutzwürdige Kulturgüter, die weder zur Einkunftserzielung noch zu eigenen Wohnzwecken genutzt werden
§ 10h	Steuerbegünstigung der unentgeltlich zu Wohnzwecken überlassenen Wohnung im eigenen Haus
§ 10i	Vorkostenabzug bei einer nach dem Eigenheimzulagengesetz begünstigten Wohnung

6. Vereinnahmung und Verausgabung

§ 11	
§ 11a	Sonderbehandlung von Erhaltungsaufwand bei Gebäuden in Sanierungsgebieten und städtebaulichen Entwicklungsbereichen
§ 11b	Sonderbehandlung von Erhaltungsaufwand bei Baudenkmalen

7. Nicht abzugsfähige Ausgaben

§ 12

8. Die einzelnen Einkunftsarten

a) Land- und Forstwirtschaft (§ 2 Abs. 1 Satz 1 Nr. 1)

§ 13	Einkünfte aus Land- und Forstwirtschaft
§ 13a	Ermittlung des Gewinns aus Land- und Forstwirtschaft nach Durchschnittssätzen
§ 14	Veräußerung des Betriebs
§ 14a	Vergünstigungen bei der Veräußerung bestimmter land- und forstwirtschaftlicher Betriebe

b) Gewerbebetrieb (§ 2 Abs. 1 Satz 1 Nr. 2)

§ 15	Einkünfte aus Gewerbebetrieb
§ 15a	Verluste bei beschränkter Haftung
§ 15b	Verluste im Zusammenhang mit Steuerstundungsmodellen
§ 16	Veräußerung des Betriebs
§ 17	Veräußerung von Anteilen an Kapitalgesellschaften

c) Selbständige Arbeit (§ 2 Abs. 1 Satz 1 Nr. 3)

§ 18

EStG – Gesetzestext

d) Nichtselbständige Arbeit (§ 2 Abs. 1 Satz 1 Nr. 4)

§ 19
§ 19a Überlassung von Vermögensbeteiligungen an Arbeitnehmer

e) Kapitalvermögen (§ 2 Abs. 1 Satz 1 Nr. 5)

§ 20

f) Vermietung und Verpachtung (§ 2 Abs. 1 Satz 1 Nr. 6)

§ 21

g) Sonstige Einkünfte (§ 2 Abs. 1 Satz 1 Nr. 7)

§ 22   Arten der sonstigen Einkünfte
§ 22a Rentenbezugsmitteilungen an die zentrale Stelle
§ 23   Private Veräußerungsgeschäfte

h) Gemeinsame Vorschriften

§ 24
§ 24a Altersentlastungsbetrag
§ 24b Entlastungsbetrag für Alleinerziehende
§ 24c Jahresbescheinigung über Kapitalerträge und Veräußerungsgewinne aus Finanzanlagen

III. Veranlagung

§ 25   Veranlagungszeitraum, Steuererklärungspflicht
§ 26   Veranlagung von Ehegatten
§ 26a Getrennte Veranlagung von Ehegatten
§ 26b Zusammenveranlagung von Ehegatten
§ 26c Besondere Veranlagung für den Veranlagungszeitraum der Eheschließung
§ 27   – weggefallen –
§ 28   Besteuerung bei fortgesetzter Gütergemeinschaft
§§ 29 und 30 – weggefallen –

IV. Tarif

§ 31   Familienleistungsausgleich
§ 32   Kinder, Freibeträge für Kinder
§ 32a Einkommensteuertarif
§ 32b Progressionsvorbehalt
§ 32c Tarifbegrenzung bei Gewinneinkünften
§ 33   Außergewöhnliche Belastungen
§ 33a Außergewöhnliche Belastung in besonderen Fällen
§ 33b Pauschbeträge für behinderte Menschen, Hinterbliebene und Pflegepersonen
§ 33c – weggefallen –
§ 34   Außerordentliche Einkünfte
§ 34a – weggefallen –
§ 34b Außerordentliche Einkünfte aus Forstwirtschaft

V. Steuerermäßigungen

1. Steuerermäßigung bei ausländischen Einkünften

§ 34c – weggefallen –
§ 34d Ausländische Einkünfte

2. Steuerermäßigung bei Einkünften aus Land- und Forstwirtschaft

§ 34e

2A. Steuerermäßigung für Steuerpflichtige mit Kindern bei Inanspruchnahme erhöhter Absetzungen für Wohngebäude oder der Steuerbegünstigungen für eigengenutztes Wohneigentum

§ 34f

2B. Steuerermäßigung bei Zuwendungen an politische Parteien und an unabhängige Wählervereinigungen

§ 34g

3. Steuerermäßigung bei Einkünften aus Gewerbebetrieb

§ 35

4. Steuerermäßigung bei Aufwendungen für haushaltsnahe Beschäftigungsverhältnisse und für die Inanspruchnahme haushaltsnaher Dienstleistungen

§ 35a

VI. Steuererhebung

1. Erhebung der Einkommensteuer

§ 36   Entstehung und Tilgung der Einkommensteuer
§ 37   Einkommensteuer-Vorauszahlung
§ 37a Pauschalierung der Einkommensteuer durch Dritte
§ 37b Pauschalierung der Einkommensteuer bei Sachzuwendungen

2. Steuerabzug vom Arbeitslohn (Lohnsteuer)

§ 38   Erhebung der Lohnsteuer
§ 38a Höhe der Lohnsteuer
§ 38b Lohnsteuerklassen
§ 39   Lohnsteuerkarte
§ 39a Freibetrag und Hinzurechnungsbetrag
§ 39b Durchführung des Lohnsteuerabzugs für unbeschränkt einkommensteuerpflichtige Arbeitnehmer
§ 39c Durchführung des Lohnsteuerabzugs ohne Lohnsteuerkarte
§ 39d Durchführung des Lohnsteuerabzugs für beschränkt einkommensteuerpflichtige Arbeitnehmer
§ 40   Pauschalierung der Lohnsteuer in besonderen Fällen
§ 40a Pauschalierung der Lohnsteuer für Teilzeitbeschäftigte und geringfügig Beschäftigte
§ 40b Pauschalierung der Lohnsteuer bei bestimmten Zukunftssicherungsleistungen
§ 41   Aufzeichnungspflichten beim Lohnsteuerabzug
§ 41a Anmeldung und Abführung der Lohnsteuer
§ 41b Abschluss des Lohnsteuerabzugs
§ 41c Änderung des Lohnsteuerabzugs
§§ 42 und 42a – weggefallen –
§ 42b Lohnsteuer-Jahresausgleich durch den Arbeitgeber
§ 42c – weggefallen –
§ 42d Haftung des Arbeitgebers und Haftung bei Arbeitnehmerüberlassung
§ 42e Anrufungsauskunft
§ 42f Lohnsteuer-Außenprüfung

3. Steuerabzug vom Kapitalertrag (Kapitalertragsteuer)

§ 43   Kapitalerträge mit Steuerabzug
§ 43a Bemessung der Kapitalertragsteuer
§ 43b Bemessung der Kapitalertragsteuer bei bestimmten Gesellschaften
§ 44   Entrichtung der Kapitalertragsteuer
§ 44a Abstandnahme vom Steuerabzug
§ 44b Erstattung der Kapitalertragsteuer
§ 44c – weggefallen –
§ 45   Ausschluss der Erstattung von Kapitalertragsteuer
§ 45a Anmeldung und Bescheinigung der Kapitalertragsteuer
§ 45b Erstattung von Kapitalertragsteuer auf Grund von Sammelanträgen

§ 45c	Erstattung von Kapitalertragsteuer in Sonderfällen	§ 68	Besondere Mitwirkungspflichten
§ 45d	Mitteilungen an das Bundeszentralamt für Steuern	§ 69	Überprüfung des Fortbestehens von Anspruchsvoraussetzungen durch Meldedaten-Übermittlung
§ 45e	Ermächtigung für Zinsinformationsverordnung		

4. Veranlagung von Steuerpflichtigen mit steuerabzugspflichtigen Einkünften

§ 46	Veranlagung bei Bezug von Einkünften aus nichtselbständiger Arbeit	§ 70	Festsetzung und Zahlung des Kindergeldes
§ 47	– weggefallen –	§ 71	Zahlungszeitraum
		§ 72	Festsetzung und Zahlung des Kindergeldes an Angehörige des öffentlichen Dienstes

VII. Steuerabzug bei Bauleistungen

§ 48	Steuerabzug	§ 73	– weggefallen –
§ 48a	Verfahren	§ 74	Zahlung des Kindergeldes in Sonderfällen
§ 48b	Freistellungsbescheinigung	§ 75	Aufrechnung
§ 48c	Anrechnung	§ 76	Pfändung
§ 48d	Besonderheiten im Fall von Doppelbesteuerungsabkommen	§ 77	Erstattung von Kosten im Vorverfahren
		§ 78	Übergangsregelungen

VIII. Besteuerung beschränkt Steuerpflichtiger

XI. Altersvorsorgezulage

§ 49	Beschränkt steuerpflichtige Einkünfte	§ 79	Zulageberechtigte
§ 50	Sondervorschriften für beschränkt Steuerpflichtige	§ 80	Anbieter
§ 50a	Steuerabzug bei beschränkt Steuerpflichtigen	§ 81	Zentrale Stelle
		§ 81a	Zuständige Stelle

IX. Sonstige Vorschriften, Bußgeld-, Ermächtigungs- und Schlussvorschriften

		§ 82	Altersvorsorgebeiträge
		§ 83	Altersvorsorgezulage
§ 50b	Prüfungsrecht	§ 84	Grundzulage
§ 50c	– weggefallen –	§ 85	Kinderzulage
§ 50d	Besonderheiten im Fall von Doppelbesteuerungsabkommen und der §§ 43b und 50g	§ 86	Mindesteigenbeitrag
		§ 87	Zusammentreffen mehrerer Verträge
§ 50e	Bußgeldvorschriften; Nichtverfolgung von Steuerstraftaten bei geringfügiger Beschäftigung in Privathaushalten	§ 88	Entstehung des Anspruchs auf Zulage
		§ 89	Antrag
§ 50f	Bußgeldvorschriften	§ 90	Verfahren
§ 50g	Zahlungen von Zinsen und Lizenzgebühren zwischen verbundenen Unternehmen verschiedener Mitgliedstaaten der Europäischen Union – Richtlinie 2003/49/EG des Rates vom 3. Juni 2003 (ABl. EU Nr. L 157 S. 49), geändert durch die Richtlinie 2004/66/EG des Rates vom 26. April 2004 (ABl. EU Nr. L 168 S. 35) –	§ 90a	Anmeldeverfahren
		§ 91	Datenerhebung und Datenabgleich
		§ 92	Bescheinigung
		§ 92a	Verwendung für eine eigenen Wohnzwecken dienende Wohnung im eigenen Haus
		§ 92b	Verfahren bei Verwendung für eine eigenen Wohnzwecken dienende Wohnung im eigenen Haus
§ 50h	Bestätigung für Zwecke der Entlastung von Quellensteuern in einem anderen Mitgliedstaat der Europäischen Union oder der Schweizerischen Eidgenossenschaft	§ 93	Schädliche Verwendung
		§ 94	Verfahren bei schädlicher Verwendung
§ 51	Ermächtigung	§ 95	Beendigung der unbeschränkten Einkommensteuerpflicht des Zulageberechtigten
§ 51a	Festsetzung und Erhebung von Zuschlagsteuern	§ 96	Anwendung der Abgabenordnung, allgemeine Vorschriften
§ 52	Anwendungsvorschriften	§ 97	Übertragbarkeit
§ 53	Sondervorschrift zur Steuerfreistellung des Existenzminimums eines Kindes in den Veranlagungszeiträumen 1983 bis 1995	§ 98	Rechtsweg
		§ 99	Ermächtigung
§ 54	– weggefallen –	Anlage 1	Tabelle für die Errechnung des Deckungskapitals für lebenslänglich laufende Leistungen von Unterstützungskassen
§ 55	Schlussvorschriften (Sondervorschriften für die Gewinnermittlung nach § 4 oder nach Durchschnittssätzen bei vor dem 1. Juli 1970 angeschafftem Grund und Boden)		
		Anlage 2	Gesellschaften im Sinne der Richtlinie 90/435/EWG
§ 56	Sondervorschriften für Steuerpflichtige in dem in Artikel 3 des Einigungsvertrages genannten Gebiet	Anlage 3	– auf nach dem 31. Dezember 2003 und vor dem 1. Mai 2004 erfolgende Zahlungen anzuwenden –
§ 57	Besondere Anwendungsregeln aus Anlass der Herstellung der Einheit Deutschlands	Anlage 3a	– auf nach dem 30. April 2004 erfolgende Zahlungen anzuwenden –
§ 58	Weitere Anwendung von Rechtsvorschriften, die vor Herstellung der Einheit Deutschlands in dem in Artikel 3 des Einigungsvertrages genannten Gebiet gegolten haben		
§§ 59 bis 61	– weggefallen –		

X. Kindergeld

I. Steuerpflicht

§ 1

(1) ¹Natürliche Personen, die im Inland einen Wohnsitz oder ihren gewöhnlichen Aufenthalt haben, sind unbeschränkt einkommensteuerpflichtig. ²Zum Inland im Sinne dieses Gesetzes gehört auch der der Bundesrepublik Deutschland zustehende Anteil am Festlandsockel, soweit dort Naturschätze des Meeresgrundes und des Meeresuntergrundes erforscht oder ausgebeutet werden.

(2) ¹Unbeschränkt einkommensteuerpflichtig sind auch deutsche Staatsangehörige, die

§ 62	Anspruchsberechtigte
§ 63	Kinder
§ 64	Zusammentreffen mehrerer Ansprüche
§ 65	Andere Leistungen für Kinder
§ 66	Höhe des Kindergeldes, Zahlungszeitraum
§ 67	Antrag

1. im Inland weder einen Wohnsitz noch ihren gewöhnlichen Aufenthalt haben und
2. zu einer inländischen juristischen Person des öffentlichen Rechts in einem Dienstverhältnis stehen und dafür Arbeitslohn aus einer inländischen öffentlichen Kasse beziehen

sowie zu ihrem Haushalt gehörende Angehörige, die die deutsche Staatsangehörigkeit besitzen oder keine Einkünfte oder nur Einkünfte beziehen, die ausschließlich im Inland einkommensteuerpflichtig sind. ²Dies gilt nur für natürliche Personen, die in dem Staat, in dem sie ihren Wohnsitz oder ihren gewöhnlichen Aufenthalt haben, lediglich in einem der beschränkten Einkommensteuerpflicht ähnlichen Umfang zu einer Steuer vom Einkommen herangezogen werden.

(3) ¹Auf Antrag werden auch natürliche Personen als unbeschränkt einkommensteuerpflichtig behandelt, die im Inland weder einen Wohnsitz noch ihren gewöhnlichen Aufenthalt haben, soweit sie inländische Einkünfte im Sinne des § 49 haben. ²Dies gilt nur, wenn ihre Einkünfte im Kalenderjahr mindestens zu 90 Prozent der deutschen Einkommensteuer unterliegen oder die nicht der deutschen Einkommensteuer unterliegenden Einkünfte nicht mehr als 6136 Euro im Kalenderjahr betragen; dieser Betrag ist zu kürzen, soweit es nach den Verhältnissen im Wohnsitzstaat des Steuerpflichtigen notwendig und angemessen ist. ³Inländische Einkünfte, die nach einem Abkommen zur Vermeidung der Doppelbesteuerung nur der Höhe nach beschränkt besteuert werden dürfen, gelten hierbei als nicht der deutschen Einkommensteuer unterliegend. ⁴Weitere Voraussetzung ist, dass die Höhe der nicht der deutschen Einkommensteuer unterliegenden Einkünfte durch eine Bescheinigung der zuständigen ausländischen Steuerbehörde nachgewiesen wird. ⁵Der Steuerabzug nach § 50a ist ungeachtet der Sätze 1 bis 4 vorzunehmen.

(4) Natürliche Personen, die im Inland weder einen Wohnsitz noch ihren gewöhnlichen Aufenthalt haben, sind vorbehaltlich der Absätze 2 und 3 und des § 1a beschränkt einkommensteuerpflichtig, wenn sie inländische Einkünfte im Sinne des § 49 haben.

§ 1a

(1) ¹Für Staatsangehörige eines Mitgliedstaates der Europäischen Union oder eines Staates, auf den das Abkommen über den Europäischen Wirtschaftsraum anwendbar ist, die nach § 1 Abs. 1 unbeschränkt einkommensteuerpflichtig sind und die Voraussetzungen des § 1 Abs. 3 Satz 2 bis 4 erfüllen, oder die nach § 1 Abs. 3 als unbeschränkt einkommensteuerpflichtig zu behandeln sind, gilt bei Anwendung von § 10 Abs. 1 Nr. 1 und § 26 Abs. 1 Satz 1 hinsichtlich des Ehegatten und der Kinder Folgendes:
1. Unterhaltsleistungen an den geschiedenen oder dauernd getrennt lebenden Ehegatten (§ 10 Abs. 1 Nr. 1) sind auch dann als Sonderausgaben abziehbar, wenn der Empfänger nicht unbeschränkt einkommensteuerpflichtig ist. ²Voraussetzung ist, dass der Empfänger seinen Wohnsitz oder gewöhnlichen Aufenthalt im Hoheitsgebiet eines anderen Mitgliedstaates der Europäischen Union oder eines Staates hat, auf den das Abkommen über den Europäischen Wirtschaftsraum Anwendung findet. ³Weitere Voraussetzung ist, dass die Besteuerung der Unterhaltszahlungen beim Empfänger durch eine Bescheinigung der zuständigen ausländischen Steuerbehörde nachgewiesen wird;
2. der nicht dauernd getrennt lebende Ehegatte ohne Wohnsitz oder gewöhnlichen Aufenthalt im Inland wird auf Antrag für die Anwendung des § 26 Abs. 1 Satz 1 als unbeschränkt einkommensteuerpflichtig behandelt. ²Nummer 1 Satz 2 gilt entsprechend. ³Bei Anwendung des § 1 Abs. 3 Satz 2 ist auf die Einkünfte beider Ehegatten abzustellen und der Betrag von 6136 Euro zu verdoppeln.

(2) Für unbeschränkt einkommensteuerpflichtige Personen im Sinne des § 1 Abs. 2, die die Voraussetzungen des § 1 Abs. 3 Satz 2 bis 4 erfüllen, und für unbeschränkt einkommensteuerpflichtige Personen im Sinne des § 1 Abs. 3, die die Voraussetzungen des § 1 Abs. 2 Satz 1 Nr. 1 und 2 erfüllen und an einem ausländischen Dienstort tätig sind, gilt die Regelung des Absatzes 1 Nr. 2 entsprechend mit der Maßgabe, dass auf Wohnsitz, gewöhnlichen Aufenthalt, Wohnung oder Haushalt im Staat des ausländischen Dienstortes abzustellen ist.

II. Einkommen

1. Sachliche Voraussetzungen für die Besteuerung

§ 2
Umfang der Besteuerung, Begriffsbestimmungen

(1) ¹Der Einkommensteuer unterliegen
1. Einkünfte aus Land- und Forstwirtschaft,
2. Einkünfte aus Gewerbebetrieb,
3. Einkünfte aus selbständiger Arbeit,
4. Einkünfte aus nichtselbständiger Arbeit,
5. Einkünfte aus Kapitalvermögen,
6. Einkünfte aus Vermietung und Verpachtung,
7. sonstige Einkünfte im Sinne des § 22,

die der Steuerpflichtige während seiner unbeschränkten Einkommensteuerpflicht oder als inländische Einkünfte während seiner beschränkten Einkommensteuerpflicht erzielt. ²Zu welcher Einkunftsart die Einkünfte im einzelnen Fall gehören, bestimmt sich nach den §§ 13 bis 24.

(2) Einkünfte sind
1. bei Land- und Forstwirtschaft, Gewerbebetrieb und selbständiger Arbeit der Gewinn (§§ 4 bis 7k),
2. bei den anderen Einkunftsarten der Überschuss der Einnahmen über die Werbungskosten (§§ 8 bis 9a).

(3) Die Summe der Einkünfte, vermindert um den Altersentlastungsbetrag, den Entlastungsbetrag für Alleinerziehende und den Abzug nach § 13 Abs. 3, ist der Gesamtbetrag der Einkünfte.

(4) Der Gesamtbetrag der Einkünfte, vermindert um die Sonderausgaben und die außergewöhnlichen Belastungen, ist das Einkommen.

(5) ¹Das Einkommen, vermindert um die Freibeträge nach § 32 Abs. 6 und um die sonstigen vom Einkommen abzuziehenden Beträge, ist das zu versteuernde Einkommen; dieses bildet die Bemessungsgrundlage für die tarifliche Einkommensteuer. ²Knüpfen andere Gesetze an den Begriff des zu versteuernden Einkommens an, ist für deren Zweck das Einkommen in allen Fällen des § 32 um die Freibeträge nach § 32 Abs. 6 zu vermindern.

(5a) Knüpfen außersteuerliche Rechtsnormen an die in den vorstehenden Absätzen definierten Begriffe (Einkünfte, Summe der Einkünfte, Gesamtbetrag der Einkünfte, Einkommen, zu versteuerndes Einkommen) an, erhöhen sich für deren Zwecke diese Größen um die nach § 3 Nr. 40 steuerfreien Beträge und mindern sich um die nach § 3c Abs. 2 nicht abziehbaren Beträge.

(6) ¹Die tarifliche Einkommensteuer, vermindert um den Entlastungsbetrag nach § 32c, die anzurechnenden ausländischen Steuern und die Steuerermäßigungen, vermehrt um die Steuer nach § 34c Abs. 5, die Nachsteuer nach § 10 Abs. 5 und den Zuschlag nach § 3 Abs. 4 Satz 2 des Forstschäden-Ausgleichsgesetzes, ist die festzusetzende Einkommensteuer. ²Wurde der Gesamtbetrag der Einkünfte in den Fällen des § 10a Abs. 2 um Sonderausgaben nach § 10a Abs. 1 gemindert, ist für die Ermittlung der festzusetzenden Einkommensteuer der Anspruch auf Zulage nach Abschnitt XI der tariflichen Einkommensteuer hinzuzurechnen. ³Gleiches gilt für das Kindergeld, wenn das Einkommen in den Fällen des § 31 um die Freibeträge nach § 32 Abs. 6 gemindert wurde.

(7) ¹Die Einkommensteuer ist eine Jahressteuer. ²Die Grundlagen für ihre Festsetzung sind jeweils für ein Kalenderjahr zu ermitteln. ³Besteht während eines Kalenderjahres sowohl unbeschränkte als auch beschränkte Einkommensteuerpflicht, so sind die während der beschränkten Einkommensteuerpflicht erzielten inländischen Einkünfte in eine Veranlagung zur unbeschränkten Einkommensteuerpflicht einzubeziehen.

§ 2a
Negative Einkünfte mit Auslandsbezug

(1) ¹Negative Einkünfte
1. aus einer in einem ausländischen Staat belegenen land- und forstwirtschaftlichen Betriebsstätte,

2. aus einer in einem ausländischen Staat belegenen gewerblichen Betriebsstätte,

3. a) aus dem Ansatz des niedrigeren Teilwerts eines zu einem Betriebsvermögen gehörenden Anteils an einer Körperschaft, die weder ihre Geschäftsleitung noch ihren Sitz im Inland hat (ausländische Körperschaft), oder

   b) aus der Veräußerung oder Entnahme eines zu einem Betriebsvermögen gehörenden Anteils an einer ausländischen Körperschaft oder aus der Auflösung oder Herabsetzung des Kapitals einer ausländischen Körperschaft,

4. in den Fällen des § 17 bei einem Anteil an einer Kapitalgesellschaft, die weder ihre Geschäftsleitung noch ihren Sitz im Inland hat,

5. aus der Beteiligung an einem Handelsgewerbe als stiller Gesellschafter und aus partiarischen Darlehen, wenn der Schuldner Wohnsitz, Sitz oder Geschäftsleitung in einem ausländischen Staat hat,

6. a) aus der Vermietung oder der Verpachtung von unbeweglichem Vermögen oder von Sachinbegriffen, wenn diese in einem ausländischen Staat belegen sind, oder

   b) aus der entgeltlichen Überlassung von Schiffen, sofern der Überlassende nicht nachweist, dass diese ausschließlich oder fast ausschließlich im Inland eingesetzt worden sind, es sei denn, es handelt sich um Handelsschiffe, die

   aa) von einem Vercharterer ausgerüstet überlassen, oder

   bb) an im Inland ansässige Ausrüster, die die Voraussetzungen des § 510 Abs. 1 des Handelsgesetzbuchs erfüllen, überlassen, oder

   cc) insgesamt nur vorübergehend an im Ausland ansässige Ausrüster, die die Voraussetzungen des § 510 Abs. 1 des Handelsgesetzbuchs erfüllen, überlassen

   worden sind, oder

   c) aus dem Ansatz des niedrigeren Teilwerts oder der Übertragung eines zu einem Betriebsvermögen gehörenden Wirtschaftsguts im Sinne der Buchstaben a und b,

7. a) aus dem Ansatz des niedrigeren Teilwerts, der Veräußerung oder Entnahme eines zu einem Betriebsvermögen gehörenden Anteils an

   b) aus der Auflösung oder Herabsetzung des Kapitals

   c) in den Fällen des § 17 bei einem Anteil an

   einer Körperschaft mit Sitz oder Geschäftsleitung im Inland, soweit die negativen Einkünfte auf einen der in den Nummern 1 bis 6 genannten Tatbestände zurückzuführen sind,

dürfen nur mit positiven Einkünften der jeweils selben Art und – mit Ausnahme der Fälle der Nummer 6 Buchstabe b – aus demselben Staat, in den Fällen der Nummer 7 auf Grund von Tatbeständen der jeweils selben Art aus demselben Staat, ausgeglichen werden; sie dürfen auch nicht nach § 10d abgezogen werden. ²Den negativen Einkünften sind Gewinnminderungen gleichgestellt. ³Soweit die negativen Einkünfte nicht nach Satz 1 ausgeglichen werden können, mindern sie die positiven Einkünfte der jeweils selben Art, die der Steuerpflichtige in den folgenden Veranlagungszeiträumen aus demselben Staat, in den Fällen der Nummer 7 auf Grund von Tatbeständen der jeweils selben Art aus demselben Staat, erzielt. ⁴Die Minderung ist nur insoweit zulässig, als die negativen Einkünfte in den vorangegangenen Veranlagungszeiträumen nicht berücksichtigt werden konnten (verbleibende negative Einkünfte). ⁵Die am Schluss eines Veranlagungszeitraums verbleibenden negativen Einkünfte sind gesondert festzustellen; § 10d Abs. 4 gilt sinngemäß.

(2) ¹Absatz 1 Satz 1 Nr. 2 ist nicht anzuwenden, wenn der Steuerpflichtige nachweist, dass die negativen Einkünfte aus einer gewerblichen Betriebsstätte im Ausland stammen, die ausschließlich oder fast ausschließlich die Herstellung oder Lieferung von Waren, außer Waffen, die Gewinnung von Bodenschätzen sowie die Bewirkung gewerblicher Leistungen zum Gegenstand hat, soweit diese nicht in der Errichtung oder dem Betrieb von Anlagen, die dem Fremdenverkehr dienen, oder in der Vermietung oder der Verpachtung von Wirtschaftsgütern einschließlich der Überlassung von Rechten, Plänen, Mustern, Verfahren, Erfahrungen und Kenntnissen bestehen; das unmittelbare Halten einer Beteiligung von mindestens einem Viertel am Nennkapital einer Kapitalgesellschaft, die ausschließlich oder fast ausschließlich die vorgenannten Tätigkeiten zum Gegenstand hat, sowie die mit dem Halten der Beteiligung in Zusammenhang stehende Finanzierung gilt als Bewirkung gewerblicher Leistungen, wenn die Kapitalgesellschaft weder ihre Geschäftsleitung noch ihren Sitz im Inland hat. ²Absatz 1 Satz 1 Nr. 3 und 4 ist nicht anzuwenden, wenn der Steuerpflichtige nachweist, dass die in Satz 1 genannten Voraussetzungen bei der Körperschaft entweder seit ihrer Gründung oder während der letzten fünf Jahre vor und in dem Veranlagungszeitraum vorgelegen haben, in dem die negativen Einkünfte bezogen werden.

§ 2b

– weggefallen –

2. Steuerfreie Einnahmen

§ 3

¹Steuerfrei sind

1. a) Leistungen aus einer Krankenversicherung, aus einer Pflegeversicherung und aus der gesetzlichen Unfallversicherung,

   b) Sachleistungen und Kinderzuschüsse aus den gesetzlichen Rentenversicherungen einschließlich der Sachleistungen nach dem Gesetz über die Alterssicherung der Landwirte,

   c) Übergangsgeld nach dem Sechsten Buch Sozialgesetzbuch und Geldleistungen nach den §§ 10, 36 bis 39 des Gesetzes über die Alterssicherung der Landwirte,

   d) das Mutterschaftsgeld nach dem Mutterschutzgesetz, der Reichsversicherungsordnung und dem Gesetz über die Krankenversicherung der Landwirte, die Sonderunterstützung für im Familienhaushalt beschäftigte Frauen, der Zuschuss zum Mutterschaftsgeld nach dem Mutterschutzgesetz sowie der Zuschuss nach § 4a der Mutterschutzverordnung oder einer entsprechenden Landesregelung;

2. das Arbeitslosengeld, das Teilarbeitslosengeld, das Kurzarbeitergeld, das Winterausfallgeld, die Arbeitslosenhilfe, der Zuschuss zum Arbeitsentgelt, das Übergangsgeld, das Unterhaltsgeld, die Eingliederungshilfe, das Überbrückungsgeld, der Gründungszuschuss, der Existenzgründungszuschuss nach dem Dritten Buch Sozialgesetzbuch oder dem Arbeitsförderungsgesetz sowie das aus dem Europäischen Sozialfonds finanzierte Unterhaltsgeld und die aus Landesmitteln ergänzten Leistungen aus dem Europäischen Sozialfonds zur Aufstockung des Überbrückungsgeldes nach dem Dritten Buch Sozialgesetzbuch oder dem Arbeitsförderungsgesetz und die übrigen Leistungen nach dem Dritten Buch Sozialgesetzbuch und dem Arbeitsförderungsgesetz und den entsprechenden Programmen des Bundes und der Länder, soweit sie Arbeitnehmern oder Arbeitsuchenden oder zur Förderung der Ausbildung oder Fortbildung der Empfänger gewährt werden, sowie Leistungen auf Grund der in § 141m Abs. 1 und § 141n Abs. 2 des Arbeitsförderungsgesetzes oder § 187 und § 208 Abs. 2 des Dritten Buches Sozialgesetzbuch genannten Ansprüche, Leistungen auf Grund der in § 115 Abs. 1 des Zehnten Buches Sozialgesetzbuch in Verbindung mit § 117 Abs. 4 Satz 1 oder § 134 Abs. 4, § 160 Abs. 1 Satz 1 und § 166a des Arbeitsförderungsgesetzes oder in Verbindung mit § 143 Abs. 3 oder § 198 Satz 2 Nr. 6, § 335 Abs. 3 des Dritten Buches Sozialgesetzbuch genannten Ansprüche, wenn über das Vermögen des ehemaligen Arbeitgebers des Arbeitslosen das Konkursverfahren, Gesamtvollstreckungsverfahren oder Insolvenzverfahren eröffnet worden ist oder einer der Fälle des § 141b Abs. 3 des Arbeitsförderungsgesetzes oder des § 183 Abs. 1 Nr. 2 oder 3 des Dritten Buches Sozialgesetzbuch vorliegt, und der Altersübergangsgeld-Ausgleichsbetrag nach § 249e Abs. 4a des Arbeitsförderungsgesetzes in der bis zum 31. Dezember 1997 geltenden Fassung;

2a. die Arbeitslosenbeihilfe und die Arbeitslosenhilfe nach dem Soldatenversorgungsgesetz;

2b. Leistungen zur Sicherung des Lebensunterhalts und zur Eingliederung in Arbeit nach dem Zweiten Buch Sozialgesetzbuch;

3. a) Rentenabfindungen nach § 107 des Sechsten Buches Sozialgesetzbuch, nach § 21 des Beamtenversorgungsgesetzes oder entsprechendem Landesrecht und nach § 43 des Soldatenversorgungsgesetzes in Verbindung mit § 21 des Beamtenversorgungsgesetzes,
    b) Beitragserstattungen an den Versicherten nach den §§ 210 und 286d des Sechsten Buches Sozialgesetzbuch sowie nach den §§ 204, 205 und 207 des Sechsten Buches Sozialgesetzbuch, Beitragserstattungen nach den §§ 75 und 117 des Gesetzes über die Alterssicherung der Landwirte und nach § 26 des Vierten Buches Sozialgesetzbuch,
    c) Leistungen aus berufsständischen Versorgungseinrichtungen, die den Leistungen nach den Buchstaben a und b entsprechen,
    d) Kapitalabfindungen und Ausgleichszahlungen nach § 48 des Beamtenversorgungsgesetzes oder entsprechendem Landesrecht und nach den §§ 28 bis 35 und 38 des Soldatenversorgungsgesetzes;
4. bei Angehörigen der Bundeswehr, der Bundespolizei, des Zollfahndungsdienstes, der Bereitschaftspolizei der Länder, der Vollzugspolizei und der Berufsfeuerwehr der Länder und Gemeinden und bei Vollzugsbeamten der Kriminalpolizei des Bundes, der Länder und Gemeinden
    a) der Geldwert der ihnen aus Dienstbeständen überlassenen Dienstkleidung,
    b) Einkleidungsbeihilfen und Abnutzungsentschädigungen für die Dienstkleidung der zum Tragen oder Bereithalten von Dienstkleidung Verpflichteten und für dienstlich notwendige Kleidungsstücke der Vollzugsbeamten der Kriminalpolizei und der Zollfahndungsbeamten,
    c) im Einsatz gewährte Verpflegung oder Verpflegungszuschüsse,
    d) der Geldwert der auf Grund gesetzlicher Vorschriften gewährten Heilfürsorge;
5. die Geld- und Sachbezüge sowie die Heilfürsorge, die Soldaten auf Grund des § 1 Abs. 1 Satz 1 des Wehrsoldgesetzes und Zivildienstleistende auf Grund des § 35 des Zivildienstgesetzes erhalten;
6. Bezüge, die auf Grund gesetzlicher Vorschriften aus öffentlichen Mitteln versorgungshalber an Wehrdienstbeschädigte und Zivildienstbeschädigte oder ihre Hinterbliebenen, Kriegsbeschädigte, Kriegshinterbliebene und ihnen gleichgestellte Personen gezahlt werden, soweit es sich nicht um Bezüge handelt, die auf Grund der Dienstzeit gewährt werden;
7. Ausgleichsleistungen nach dem Lastenausgleichsgesetz, Leistungen nach dem Flüchtlingshilfegesetz, dem Bundesvertriebenengesetz, dem Reparationsschädengesetz, dem Vertriebenenzuwendungsgesetz, dem NS-Verfolgentenentschädigungsgesetz sowie Leistungen nach dem Entschädigungsgesetz und nach dem Ausgleichsleistungsgesetz, soweit sie nicht Kapitalerträge im Sinne des § 20 Abs. 1 Nr. 7 und Abs. 2 sind;
8. Geldrenten, Kapitalentschädigungen und Leistungen im Heilverfahren, die auf Grund gesetzlicher Vorschriften zur Wiedergutmachung nationalsozialistischen Unrechts gewährt werden. ²Die Steuerpflicht von Bezügen aus einem aus Wiedergutmachungsgründen neu begründeten oder wieder begründeten Dienstverhältnis sowie von Bezügen aus einem früheren Dienstverhältnis, die aus Wiedergutmachungsgründen neu gewährt oder wieder gewährt werden, bleibt unberührt;
9. – weggefallen –
10. – weggefallen –
11. Bezüge aus öffentlichen Mitteln oder aus Mitteln einer öffentlichen Stiftung, die wegen Hilfsbedürftigkeit oder als Beihilfe zu dem Zweck bewilligt werden, die Erziehung oder Ausbildung, die Wissenschaft oder Kunst unmittelbar zu fördern. ²Darunter fallen nicht Kinderzuschläge und Kinderbeihilfen, die auf Grund der Besoldungsgesetze, besonderer Tarife oder ähnlicher Vorschriften gewährt werden. ³Voraussetzung für die Steuerfreiheit ist, dass der Empfänger mit den Bezügen nicht zu einer bestimmten wissenschaftlichen oder künstlerischen Gegenleistung oder zu einer bestimmten Arbeitnehmertätigkeit verpflichtet wird;
12. ¹aus einer Bundeskasse oder Landeskasse gezahlte Bezüge, die in einem Bundesgesetz oder Landesgesetz oder einer auf bundesgesetzlicher oder landesgesetzlicher Ermächtigung beruhenden Bestimmung oder von der Bundesregierung oder einer Landesregierung als Aufwandsentschädigung festgesetzt sind und als Aufwandsentschädigung im Haushaltsplan ausgewiesen werden. ²Das Gleiche gilt für andere Bezüge, die als Aufwandsentschädigung aus öffentlichen Kassen an öffentliche Dienste leistende Personen gezahlt werden, soweit nicht festgestellt wird, dass sie für Verdienstausfall oder Zeitverlust gewährt werden oder den Aufwand, der dem Empfänger erwächst, offenbar übersteigen;
13. ¹die aus öffentlichen Kassen gezahlten Reisekostenvergütungen, Umzugskostenvergütungen und Trennungsgelder. ²Die als Reisekostenvergütungen gezahlten Vergütungen für Verpflegungsmehraufwendungen sind nur insoweit steuerfrei, als sie die Pauschbeträge nach § 4 Abs. 5 Satz 1 Nr. 5 nicht übersteigen; Trennungsgelder sind nur insoweit steuerfrei, als sie die nach § 9 Abs. 1 Satz 3 Nr. 5, Abs. 2 Satz 7 bis 9 und Abs. 5 sowie § 4 Abs. 5 Satz 1 Nr. 5 abziehbaren Aufwendungen nicht übersteigen;
14. Zuschüsse eines Trägers der gesetzlichen Rentenversicherung zu den Aufwendungen eines Rentners für seine Krankenversicherung;
15. – weggefallen –
16. die Vergütungen, die Arbeitnehmer außerhalb des öffentlichen Dienstes von ihrem Arbeitgeber zur Erstattung von Reisekosten, Umzugskosten oder Mehraufwendungen bei doppelter Haushaltsführung erhalten, soweit sie die beruflich veranlassten Mehraufwendungen, bei Verpflegungsmehraufwendungen die Pauschbeträge nach § 4 Abs. 5 Satz 1 Nr. 5 und bei Familienheimfahrten mit dem eigenen oder außerhalb des Dienstverhältnisses zur Nutzung überlassenen Kraftfahrzeug die Pauschbeträge nach § 9 Abs. 2 nicht übersteigen; Vergütungen zur Erstattung von Mehraufwendungen bei doppelter Haushaltsführung sind nur insoweit steuerfrei, als sie die nach § 9 Abs. 1 Satz 3 Nr. 5 und Abs. 5 sowie § 4 Abs. 5 Satz 1 Nr. 5 abziehbaren Aufwendungen nicht übersteigen;
17. Zuschüsse zum Beitrag nach § 32 des Gesetzes über die Alterssicherung der Landwirte;
18. das Aufgeld für ein an die Bank für Vertriebene und Geschädigte (Lastenausgleichsbank) zugunsten des Ausgleichsfonds (§ 5 des Lastenausgleichsgesetzes) gegebenes Darlehen, wenn das Darlehen nach § 7f des Gesetzes in der Fassung der Bekanntmachung vom 15. September 1953 (BGBl. I S. 1355) im Jahr der Hingabe als Betriebsausgabe abzugsfähig war;
19. Entschädigungen auf Grund des Gesetzes über die Entschädigung ehemaliger deutscher Kriegsgefangener;
20. die aus öffentlichen Mitteln des Bundespräsidenten aus sittlichen oder sozialen Gründen gewährten Zuwendungen an besonders verdiente Personen oder ihre Hinterbliebenen;
21. Zinsen aus Schuldbuchforderungen im Sinne des § 35 Abs. 1 des Allgemeinen Kriegsfolgengesetzes in der im Bundesgesetzblatt Teil III, Gliederungsnummer 653-1, veröffentlichten bereinigten Fassung;
22. der Ehrensold, der auf Grund des Gesetzes über Titel, Orden und Ehrenzeichen in der im Bundesgesetzblatt Teil III, Gliederungsnummer 1132-1, veröffentlichten bereinigten Fassung, zuletzt geändert durch Gesetz vom 24. April 1986 (BGBl. I S. 560), gewährt wird;
23. die Leistungen nach dem Häftlingshilfegesetz, dem Strafrechtlichen Rehabilitierungsgesetz, dem Verwaltungsrechtlichen Rehabilitierungsgesetz und dem Beruflichen Rehabilitierungsgesetz;
24. Leistungen, die auf Grund des Bundeskindergeldgesetzes gewährt werden;
25. Entschädigungen nach dem Infektionsschutzgesetz vom 20. Juli 2000 (BGBl. I S. 1045);
26. Einnahmen aus nebenberuflichen Tätigkeiten als Übungsleiter, Ausbilder, Erzieher, Betreuer oder vergleichbaren nebenberuf-

lichen Tätigkeiten, aus nebenberuflichen künstlerischen Tätigkeiten oder der nebenberuflichen Pflege alter, kranker oder behinderter Menschen im Dienst oder im Auftrag einer inländischen juristischen Person des öffentlichen Rechts oder einer unter § 5 Abs. 1 Nr. 9 des Körperschaftsteuergesetzes fallenden Einrichtung zur Förderung gemeinnütziger, mildtätiger und kirchlicher Zwecke (§§ 52 bis 54 der Abgabenordnung) bis zur Höhe von insgesamt 1848 Euro im Jahr. ²Überschreiten die Einnahmen für die in Satz 1 bezeichneten Tätigkeiten den steuerfreien Betrag, dürfen die mit den nebenberuflichen Tätigkeiten in unmittelbarem wirtschaftlichen Zusammenhang stehenden Ausgaben abweichend von § 3c nur insoweit als Betriebsausgaben oder Werbungskosten abgezogen werden, als sie den Betrag der steuerfreien Einnahmen übersteigen;

27. der Grundbetrag der Produktionsaufgaberente und das Ausgleichsgeld nach dem Gesetz zur Förderung der Einstellung der landwirtschaftlichen Erwerbstätigkeit bis zum Höchstbetrag von 18 407 Euro;

28. die Aufstockungsbeträge im Sinne des § 3 Abs. 1 Nr. 1 Buchstabe a sowie die Beiträge und Aufwendungen im Sinne des § 3 Abs. 1 Nr. 1 Buchstabe b und des § 4 Abs. 2 des Altersteilzeitgesetzes, die Zuschläge, die versicherungsfrei Beschäftigte im Sinne des § 27 Abs. 1 Nr. 1 bis 3 des Dritten Buches Sozialgesetzbuch zur Aufstockung der Bezüge bei Altersteilzeit nach beamtenrechtlichen Vorschriften oder Grundsätzen erhalten sowie die Zahlungen des Arbeitgebers zur Übernahme der Beiträge im Sinne des § 187a des Sechsten Buches Sozialgesetzbuch, soweit sie 50 vom Hundert der Beiträge nicht übersteigen;

29. das Gehalt und die Bezüge,
    a) die die diplomatischen Vertreter ausländischer Staaten, die ihnen zugewiesenen Beamten und die in ihren Diensten stehenden Personen erhalten. ²Dies gilt nicht für deutsche Staatsangehörige oder für im Inland ständig ansässige Personen;
    b) der Berufskonsuln, der Konsulatsangehörigen und ihres Personals, soweit sie Angehörige des Entsendestaates sind. ²Dies gilt nicht für Personen, die im Inland ständig ansässig sind oder außerhalb ihres Amtes oder Dienstes einen Beruf, ein Gewerbe oder eine andere gewinnbringende Tätigkeit ausüben;

30. Entschädigungen für die betriebliche Benutzung von Werkzeugen eines Arbeitnehmers (Werkzeuggeld), soweit sie die entsprechenden Aufwendungen des Arbeitnehmers nicht offensichtlich übersteigen;

31. die typische Berufskleidung, die der Arbeitgeber seinem Arbeitnehmer unentgeltlich oder verbilligt überlässt; dasselbe gilt für eine Barablösung eines nicht nur einzelvertraglichen Anspruchs auf Gestellung von typischer Berufskleidung, wenn die Barablösung betrieblich veranlasst ist und die entsprechenden Aufwendungen des Arbeitnehmers nicht offensichtlich übersteigt;

32. die unentgeltliche oder verbilligte Sammelbeförderung eines Arbeitnehmers zwischen Wohnung und Arbeitsstätte mit einem vom Arbeitgeber gestellten Beförderungsmittel, soweit die Sammelbeförderung für den betrieblichen Einsatz des Arbeitnehmers notwendig ist;

33. zusätzlich zum ohnehin geschuldeten Arbeitslohn erbrachte Leistungen des Arbeitgebers zur Unterbringung und Betreuung von nicht schulpflichtigen Kindern der Arbeitnehmer in Kindergärten oder vergleichbaren Einrichtungen;

34. – weggefallen –

35. die Einnahmen der bei der Deutsche Post AG, Deutsche Postbank AG oder Deutsche Telekom AG beschäftigten Beamten, soweit die Einnahmen ohne Neuordnung des Postwesens und der Telekommunikation nach den Nummern 11 bis 13 und 64 steuerfrei wären;

36. Einnahmen für Leistungen zur Grundpflege oder hauswirtschaftlichen Versorgung bis zur Höhe des Pflegegeldes nach § 37 des Elften Buches Sozialgesetzbuch, wenn diese Leistungen von Angehörigen des Pflegebedürftigen oder von anderen Personen, die damit eine sittliche Pflicht im Sinne des § 33 Abs. 2 gegenüber dem Pflegebedürftigen erfüllen, erbracht werden. ²Entsprechendes gilt, wenn der Pflegebedürftige Pflegegeld aus privaten Versicherungsverträgen nach den Vorgaben des Elften Buches Sozialgesetzbuch oder eine Pauschalbeihilfe nach Beihilfevorschriften für häusliche Pflege erhält;

37. der Unterhaltsbeitrag und der Maßnahmebeitrag nach dem Aufstiegsfortbildungsförderungsgesetz, soweit sie als Zuschuss geleistet werden;

38. Sachprämien, die der Steuerpflichtige für die persönliche Inanspruchnahme von Dienstleistungen von Unternehmen unentgeltlich erhält, die diese zum Zwecke der Kundenbindung im allgemeinen Geschäftsverkehr in einem jedermann zugänglichen planmäßigen Verfahren gewähren, soweit der Wert der Prämien 1080 Euro im Kalenderjahr nicht übersteigt;

39. – weggefallen –

40. die Hälfte
    a) der Betriebsvermögensmehrungen oder Einnahmen aus der Veräußerung oder der Entnahme von Anteilen an Körperschaften, Personenvereinigungen und Vermögensmassen, deren Leistungen beim Empfänger zu Einnahmen im Sinne des § 20 Abs. 1 Nr. 1 gehören, oder an einer Organgesellschaft im Sinne der §§ 14, 17 oder 18 des Körperschaftsteuergesetzes oder aus deren Auflösung oder Herabsetzung von deren Nennkapital oder aus dem Ansatz eines solchen Wirtschaftsguts mit dem Wert, der sich nach § 6 Abs. 1 Nr. 2 Satz 3 ergibt, soweit sie zu den Einkünften aus Land- und Forstwirtschaft, aus Gewerbebetrieb oder aus selbständiger Arbeit gehören. ²Dies gilt nicht, soweit der Ansatz des niedrigeren Teilwertes in vollem Umfang zu einer Gewinnminderung geführt hat und soweit diese Gewinnminderung nicht durch Ansatz eines Wertes, der sich nach § 6 Abs. 1 Nr. 2 Satz 3 ergibt, ausgeglichen worden ist. ³Satz 1 gilt außer für Betriebsvermögensmehrungen aus dem Ansatz mit dem Wert, der sich nach § 6 Abs. 1 Nr. 2 Satz 3 ergibt, ebenfalls nicht, soweit Abzüge nach § 6b oder ähnliche Abzüge voll steuerwirksam vorgenommen worden sind,
    b) des Veräußerungspreises im Sinne des § 16 Abs. 2, soweit er auf die Veräußerung von Anteilen an Körperschaften, Personenvereinigungen und Vermögensmassen entfällt, deren Leistungen beim Empfänger zu Einnahmen im Sinne des § 20 Abs. 1 Nr. 1 gehören, oder an einer Organgesellschaft im Sinne der §§ 14, 17 oder 18 des Körperschaftsteuergesetzes. ²Satz 1 ist in den Fällen des § 16 Abs. 3 entsprechend anzuwenden. ³Buchstabe a Satz 3 gilt entsprechend,
    c) des Veräußerungspreises oder des gemeinen Wertes im Sinne des § 17 Abs. 2. ²Satz 1 ist in den Fällen des § 17 Abs. 4 entsprechend anzuwenden,
    d) der Bezüge im Sinne des § 20 Abs. 1 Nr. 1 und der Einnahmen im Sinne des § 20 Abs. 1 Nr. 9. ²Dies gilt für sonstige Bezüge im Sinne des § 20 Abs. 1 Nr. 1 Satz 2 und der Einnahmen im Sinne des § 20 Abs. 1 Nr. 9 zweiter Halbsatz nur, soweit sie das Einkommen der leistenden Körperschaft nicht gemindert haben (§ 8 Abs. 3 Satz 2 des Körperschaftsteuergesetzes). ³Satz 1 Buchstabe d Satz 2 gilt nicht, soweit die verdeckte Gewinnausschüttung das Einkommen einer dem Steuerpflichtigen nahe stehenden Person erhöht hat und § 32a des Körperschaftsteuergesetzes auf die Veranlagung dieser nahe stehenden Person keine Anwendung findet,
    e) der Bezüge im Sinne des § 20 Abs. 1 Nr. 2,
    f) der besonderen Entgelte oder Vorteile im Sinne des § 20 Abs. 2 Satz 1 Nr. 1, die neben den in § 20 Abs. 1 Nr. 1 und Abs. 2 Satz 1 Nr. 2 Buchstabe a bezeichneten Einnahmen oder an deren Stelle gewährt werden,
    g) der Einnahmen aus der Veräußerung von Dividendenscheinen und sonstigen Ansprüchen im Sinne des § 20 Abs. 2 Satz 1 Nr. 2 Buchstabe a,
    h) der Einnahmen aus der Abtretung von Dividendenansprüchen oder sonstigen Ansprüchen im Sinne des § 20 Abs. 2 Satz 2,

EStG – Gesetzestext § 3

i) der Bezüge im Sinne des § 22 Nr. 1 Satz 2, soweit diese von einer nicht von der Körperschaftsteuer befreiten Körperschaft, Personenvereinigung oder Vermögensmasse stammen,

j) des Veräußerungspreises im Sinne des § 23 Abs. 3 bei der Veräußerung von Anteilen an Körperschaften, Personenvereinigungen oder Vermögensmassen, deren Leistungen beim Empfänger zu Einnahmen im Sinne des § 20 Abs. 1 Nr. 1 gehören.

²Dies gilt für Satz 1 Buchstabe d bis h auch in Verbindung mit § 20 Abs. 3.

³Satz 1 Buchstabe a, b und d bis h ist nicht anzuwenden für Anteile, die bei Kreditinstituten und Finanzdienstleistungsinstituten nach § 1a des Kreditwesengesetzes dem Handelsbuch zuzurechnen sind; Gleiches gilt für Anteile, die von Finanzunternehmen im Sinne des Gesetzes über das Kreditwesen mit dem Ziel der kurzfristigen Erzielung eines Eigenhandelserfolges erworben werden. ⁴Satz 1 zweiter Halbsatz gilt auch für Kreditinstitute, Finanzdienstleistungsinstitute und Finanzunternehmen mit Sitz in einem anderen Mitgliedstaat der Europäischen Gemeinschaft oder in einem anderen Vertragsstaat des EWR-Abkommens;

40a. die Hälfte der Vergütungen im Sinne des § 18 Abs. 1 Nr. 4;

41. a) Gewinnausschüttungen, soweit für das Kalenderjahr oder Wirtschaftsjahr, in dem sie bezogen werden, oder für die vorangegangenen sieben Kalenderjahre oder Wirtschaftsjahre aus einer Beteiligung an derselben ausländischen Gesellschaft Hinzurechnungsbeträge (§ 10 Abs. 2 des Außensteuergesetzes) der Einkommensteuer unterlegen haben, § 11 Abs. 1 und 2 des Außensteuergesetzes in der Fassung des Artikels 12 des Gesetzes vom 21. Dezember 1993 (BGBl. I S. 2310) nicht anzuwenden war und der Steuerpflichtige dies nachweist; § 3c Abs. 2 gilt entsprechend;

b) Gewinne aus der Veräußerung eines Anteils an einer ausländischen Kapitalgesellschaft sowie aus deren Auflösung oder Herabsetzung ihres Kapitals, soweit für das Kalenderjahr oder Wirtschaftsjahr, in dem sie bezogen werden, oder für die vorangegangenen sieben Kalenderjahre oder Wirtschaftsjahre aus einer Beteiligung an derselben ausländischen Gesellschaft Hinzurechnungsbeträge (§ 10 Abs. 2 des Außensteuergesetzes) der Einkommensteuer unterlegen haben, § 11 Abs. 1 und 2 des Außensteuergesetzes in der Fassung des Artikels 12 des Gesetzes vom 21. Dezember 1993 (BGBl. I S. 2310) nicht anzuwenden war, der Steuerpflichtige dies nachweist und der Hinzurechnungsbetrag ihm nicht als Gewinnanteil zugeflossen ist.

²Die Prüfung, ob Hinzurechnungsbeträge der Einkommensteuer unterlegen haben, erfolgt im Rahmen der gesonderten Feststellung nach § 18 des Außensteuergesetzes;

42. die Zuwendungen, die auf Grund des Fulbright-Abkommens gezahlt werden;

43. der Ehrensold für Künstler sowie Zuwendungen aus Mitteln der Deutschen Künstlerhilfe, wenn es sich um Bezüge aus öffentlichen Mitteln handelt, die wegen der Bedürftigkeit des Künstlers gezahlt werden;

44. Stipendien, die unmittelbar aus öffentlichen Mitteln oder von zwischenstaatlichen oder überstaatlichen Einrichtungen, denen die Bundesrepublik Deutschland als Mitglied angehört, zur Förderung der Forschung oder zur Förderung der wissenschaftlichen oder künstlerischen Ausbildung oder Fortbildung gewährt werden. ²Das Gleiche gilt für Stipendien, die zu den in Satz 1 bezeichneten Zwecken von einer Einrichtung, die von einer Körperschaft des öffentlichen Rechts errichtet ist oder verwaltet wird, oder von einer Körperschaft, Personenvereinigung oder Vermögensmasse im Sinne des § 5 Abs. 1 Nr. 9 des Körperschaftsteuergesetzes gegeben werden. ³Voraussetzung für die Steuerfreiheit ist, dass

a) die Stipendien einen für die Erfüllung der Forschungsaufgabe oder für die Bestreitung des Lebensunterhalts und die Deckung des Ausbildungsbedarfs erforderlichen Betrag nicht übersteigen und nach den von dem Geber erlassenen Richtlinien vergeben werden,

b) der Empfänger im Zusammenhang mit dem Stipendium nicht zu einer bestimmten wissenschaftlichen oder künstlerischen Gegenleistung oder zu einer bestimmten Arbeitnehmertätigkeit verpflichtet ist;

45. die Vorteile des Arbeitnehmers aus der privaten Nutzung von betrieblichen Personalcomputern und Telekommunikationsgeräten;

46. Bergmannsprämien nach dem Gesetz über Bergmannsprämien;

47. Leistungen nach § 14a Abs. 4 und § 14b des Arbeitsplatzschutzgesetzes;

48. Leistungen nach dem Unterhaltssicherungsgesetz, soweit sie nicht nach dessen § 15 Abs. 1 Satz 2 steuerpflichtig sind;

49. laufende Zuwendungen eines früheren alliierten Besatzungssoldaten an seine im Geltungsbereich des Grundgesetzes ansässige Ehefrau, soweit sie auf diese Zuwendungen angewiesen ist;

50. die Beträge, die der Arbeitnehmer vom Arbeitgeber erhält, um sie für ihn auszugeben (durchlaufende Gelder), und die Beträge, durch die Auslagen des Arbeitnehmers für den Arbeitgeber ersetzt werden (Auslagenersatz);

51. Trinkgelder, die anlässlich einer Arbeitsleistung dem Arbeitnehmer von Dritten freiwillig und ohne dass ein Rechtsanspruch auf sie besteht, zusätzlich zu dem Betrag gegeben werden, der für diese Arbeitsleistung zu zahlen ist;

52. – weggefallen –

53. – weggefallen –

54. Zinsen aus Entschädigungsansprüchen für deutsche Auslandsbonds im Sinne der §§ 52 bis 54 des Bereinigungsgesetzes für deutsche Auslandsbonds in der im Bundesgesetzblatt Teil III, Gliederungsnummer 4139-2, veröffentlichten bereinigten Fassung, soweit die Entschädigungsansprüche sich gegen den Bund oder die Länder richten. ²Das Gleiche gilt für die Zinsen aus Schuldverschreibungen und Schuldbuchforderungen, die nach den §§ 9, 10 und 14 des Gesetzes zur näheren Regelung der Entschädigungsansprüche für Auslandsbonds in der im Bundesgesetzblatt Teil III, Gliederungsnummer 4139-3, veröffentlichten bereinigten Fassung vom Bund oder von den Ländern für Entschädigungsansprüche erteilt oder eingetragen werden;

55. der in den Fällen des § 4 Abs. 2 Nr. 2 und Abs. 3 des Betriebsrentengesetzes vom 19. Dezember 1974 (BGBl. I S. 3610), das zuletzt durch Artikel 8 des Gesetzes vom 5. Juli 2004 (BGBl. I S. 1427) geändert worden ist, in der jeweils geltenden Fassung geleistete Übertragungswert nach § 4 Abs. 5 des Betriebsrentengesetzes, wenn die betriebliche Altersversorgung beim ehemaligen und neuen Arbeitgeber über einen Pensionsfonds, eine Pensionskasse oder ein Unternehmen der Lebensversicherung durchgeführt wird. ²Satz 1 gilt auch, wenn der Übertragungswert vom ehemaligen Arbeitgeber oder von einer Unterstützungskasse an den neuen Arbeitgeber oder eine andere Unterstützungskasse geleistet wird. ³Die Leistungen des neuen Arbeitgebers, der Unterstützungskasse, des Pensionsfonds, der Pensionskasse oder des Unternehmens der Lebensversicherung auf Grund des Betrages nach Satz 1 und 2 gehören zu den Einkünften, zu denen die Leistungen gehören würden, wenn die Übertragung nach § 4 Abs. 2 Nr. 2 und Abs. 3 des Betriebsrentengesetzes nicht stattgefunden hätte;

56. Zuwendungen des Arbeitgebers nach § 19 Abs. 1 Satz 1 Nr. 3 Satz 1 aus dem ersten Dienstverhältnis an eine Pensionskasse zum Aufbau einer nicht kapitalgedeckten betrieblichen Altersversorgung, bei der eine Auszahlung der zugesagten Alters-, Invaliditäts- oder Hinterbliebenenversorgung in Form einer Rente oder eines Auszahlungsplans (§ 1 Abs. 1 Satz 1 Nr. 4 des Altersvorsorgeverträge-Zertifizierungsgesetzes) vorgesehen ist, soweit diese Zuwendungen im Kalenderjahr 1 Prozent der Beitragsbemessungsgrenze in der allgemeinen Rentenversicherung nicht übersteigen. Der in Satz 1 genannte Höchstbetrag erhöht sich ab 1. Januar 2014 auf 2 Prozent, ab 1. Januar 2020 auf 3 Prozent und ab 1. Januar 2025 auf 4 Prozent der Beitragsbemessungsgrenze in der allgemeinen Rentenversicherung. Die Beträge nach den Sätzen 1 und 2 sind

jeweils um die nach § 3 Nr. 63 Satz 1, 3 oder Satz 4 steuerfreien Beträge zu mindern;

57. die Beträge, die die Künstlersozialkasse zugunsten des nach dem Künstlersozialversicherungsgesetz Versicherten aus dem Aufkommen von Künstlersozialabgabe und Bundeszuschuss an einen Träger der Sozialversicherung oder an den Versicherten zahlt;

58. das Wohngeld nach dem Wohngeldgesetz und dem Wohngeldsondergesetz, die sonstigen Leistungen zur Senkung der Miete oder Belastung im Sinne des § 38 des Wohngeldgesetzes sowie öffentliche Zuschüsse zur Deckung laufender Aufwendungen und Zinsvorteile bei Darlehen, die aus öffentlichen Haushalten gewährt werden, für eine zu eigenen Wohnzwecken genutzte Wohnung im eigenen Haus oder eine zu eigenen Wohnzwecken genutzte Eigentumswohnung, soweit die Zuschüsse und Zinsvorteile die Vorteile aus einer entsprechenden Förderung mit öffentlichen Mitteln nach dem Zweiten Wohnungsbaugesetz, dem Wohnraumförderungsgesetz oder einem Landesgesetz zur Wohnraumförderung nicht überschreiten, der Zuschuss für die Wohneigentumsbildung in innerstädtischen Altbauquartieren nach den Regelungen zum Stadtumbau Ost in den Verwaltungsvereinbarungen über die Gewährung von Finanzhilfen des Bundes an die Länder nach Artikel 104a Abs. 4 des Grundgesetzes zur Förderung städtebaulicher Maßnahmen;

59. die Zusatzförderung nach § 88e des Zweiten Wohnungsbaugesetzes und nach § 51f des Wohnungsbaugesetzes für das Saarland und Geldleistungen, die ein Mieter zum Zwecke der Wohnkostenentlastung nach dem Wohnraumförderungsgesetz oder einem Landesgesetz zur Wohnraumförderung erhält, soweit die Einkünfte dem Mieter zuzurechnen sind, und die Vorteile aus einer mietweisen Wohnungsüberlassung im Zusammenhang mit einem Arbeitsverhältnis, soweit sie die Vorteile aus einer entsprechenden Förderung nach dem Zweiten Wohnungsbaugesetz, nach dem Wohnraumförderungsgesetz oder einem Landesgesetz zur Wohnraumförderung nicht überschreiten;

60. Leistungen aus öffentlichen Mitteln an Arbeitnehmer des Steinkohlen-, Pechkohlen- und Erzbergbaues, des Braunkohlentiefbaues und der Eisen- und Stahlindustrie aus Anlass von Stilllegungs-, Einschränkungs-, Umstellungs- oder Rationalisierungsmaßnahmen;

61. Leistungen nach § 4 Abs. 1 Nr. 2, § 7 Abs. 3, §§ 9, 10 Abs. 1, §§ 13, 15 des Entwicklungshelfer-Gesetzes;

62. Ausgaben des Arbeitgebers für die Zukunftssicherung des Arbeitnehmers, soweit der Arbeitgeber dazu nach sozialversicherungsrechtlichen oder anderen gesetzlichen Vorschriften oder nach einer auf gesetzlicher Ermächtigung beruhenden Bestimmung verpflichtet ist. ²Den Ausgaben des Arbeitgebers für die Zukunftssicherung, die auf Grund gesetzlicher Verpflichtung geleistet werden, werden gleichgestellt Zuschüsse des Arbeitgebers zu den Aufwendungen des Arbeitnehmers

   a) für eine Lebensversicherung,

   b) für die freiwillige Versicherung in der gesetzlichen Rentenversicherung,

   c) für eine öffentlich-rechtliche Versicherungs- oder Versorgungseinrichtung seiner Berufsgruppe,

   wenn der Arbeitnehmer von der Versicherungspflicht in der gesetzlichen Rentenversicherung befreit worden ist. ³Die Zuschüsse sind nur insoweit steuerfrei, als sie insgesamt bei Befreiung von der Versicherungspflicht in der allgemeinen Rentenversicherung die Hälfte und bei Befreiung von der Versicherungspflicht in der knappschaftlichen Rentenversicherung zwei Drittel der Gesamtaufwendungen des Arbeitnehmers nicht übersteigen und nicht höher sind als der Betrag, der als Arbeitgeberanteil bei Versicherungspflicht in der allgemeinen Rentenversicherung oder in der knappschaftlichen Rentenversicherung zu zahlen wäre. ⁴Die Sätze 2 und 3 gelten sinngemäß für Beiträge des Arbeitgebers zu einer Pensionskasse, wenn der Arbeitnehmer bei diesem Arbeitgeber nicht im Inland beschäftigt ist und der Arbeitgeber keine Beiträge zur gesetzlichen Rentenversicherung im Inland leistet; Beiträge des Arbeitgebers zu einer Rentenversicherung auf Grund gesetzlicher Verpflichtung sind anzurechnen;

63. Beiträge des Arbeitgebers aus dem ersten Dienstverhältnis an einen Pensionsfonds, eine Pensionskasse oder für eine Direktversicherung zum Aufbau einer kapitalgedeckten betrieblichen Altersversorgung, bei der eine Auszahlung der zugesagten Alters-, Invaliditäts- oder Hinterbliebenenversorgungsleistungen in Form einer Rente oder eines Auszahlungsplans (§ 1 Abs. 1 Satz 1 Nr. 4 des Altersvorsorgeverträge-Zertifizierungsgesetzes vom 26. Juni 2001 (BGBl. I S. 1310, 1322), das zuletzt durch Artikel 7 des Gesetzes vom 5. Juli 2004 (BGBl. I S. 1427) geändert worden ist, in der jeweils geltenden Fassung vorgesehen ist, soweit die Beiträge im Kalenderjahr 4 Prozent der Beitragsbemessungsgrenze in der allgemeinen Rentenversicherung nicht übersteigen. ²Dies gilt nicht, soweit der Arbeitnehmer nach § 1a Abs. 3 des Betriebsrentengesetzes verlangt hat, dass die Voraussetzungen für eine Förderung nach § 10a oder Abschnitt XI erfüllt werden. ³Der Höchstbetrag nach Satz 1 erhöht sich um 1800 Euro, wenn die Beiträge im Sinne des Satzes 1 auf Grund einer Versorgungszusage geleistet werden, die nach dem 31. Dezember 2004 erteilt wurde. ⁴Aus Anlass der Beendigung des Dienstverhältnisses geleistete Beiträge im Sinne des Satzes 1 sind steuerfrei, soweit sie 1800 Euro vervielfältigt mit der Anzahl der Kalenderjahre, in denen das Dienstverhältnis des Arbeitnehmers zu dem Arbeitgeber bestanden hat, nicht übersteigen; der vervielfältigte Betrag vermindert sich um die nach den Sätzen 1 und 3 steuerfreien Beiträge, die der Arbeitgeber in dem Kalenderjahr, in dem das Dienstverhältnis beendet wird, und in den sechs vorangegangenen Kalenderjahren erbracht hat; Kalenderjahre vor 2005 sind dabei jeweils nicht zu berücksichtigen;

64. bei Arbeitnehmern, die zu einer inländischen juristischen Person des öffentlichen Rechts in einem Dienstverhältnis stehen und dafür Arbeitslohn aus einer inländischen öffentlichen Kasse beziehen, die Bezüge für eine Tätigkeit im Ausland insoweit, als sie den Arbeitslohn übersteigen, der dem Arbeitnehmer bei einer gleichwertigen Tätigkeit am Ort der zahlenden öffentlichen Kasse zustehen würde. ²Satz 1 gilt auch, wenn das Dienstverhältnis zu einer anderen Person besteht, die den Arbeitslohn entsprechend den im Sinne des Satzes 1 geltenden Vorschriften ermittelt, der Arbeitslohn aus einer öffentlichen Kasse gezahlt wird und ganz oder im Wesentlichen aus öffentlichen Mitteln aufgebracht wird. ³Bei anderen für einen begrenzten Zeitraum in das Ausland entsandten Arbeitnehmern, die dort einen Wohnsitz oder gewöhnlichen Aufenthalt haben, ist der ihnen von einem inländischen Arbeitgeber gewährte Kaufkraftausgleich steuerfrei, soweit er den für vergleichbare Auslandsdienstbezüge nach § 54 des Bundesbesoldungsgesetzes zulässigen Betrag nicht übersteigt;

65. a) Beiträge des Trägers der Insolvenzsicherung (§ 14 des Betriebsrentengesetzes) zugunsten eines Versorgungsberechtigten und seiner Hinterbliebenen an eine Pensionskasse oder ein Unternehmen der Lebensversicherung zur Ablösung von Verpflichtungen, die der Träger der Insolvenzsicherung im Sicherungsfall gegenüber dem Versorgungsberechtigten und seinen Hinterbliebenen hat,

   b) Leistungen zur Übernahme von Versorgungsleistungen oder unverfallbaren Versorgungsanwartschaften durch eine Pensionskasse oder ein Unternehmen der Lebensversicherung in den in § 4 Abs. 4 des Betriebsrentengesetzes bezeichneten Fällen und

   c) der Erwerb von Ansprüchen durch den Arbeitnehmer gegenüber einem Dritten im Falle der Eröffnung des Insolvenzverfahrens oder in den Fällen des § 7 Abs. 1 Satz 4 des Betriebsrentengesetzes, soweit der Dritte neben dem Arbeitgeber für die Erfüllung von Ansprüchen auf Grund bestehender Versorgungsverpflichtungen oder Versorgungsanwartschaften gegenüber dem Arbeitnehmer und dessen Hinterbliebenen einsteht; dies gilt entsprechend, wenn der Dritte für Wertguthaben aus einer Vereinbarung über die Altersteilzeit nach dem Altersteilzeitgesetz vom 23. Juli 1996 (BGBl. I S. 1078), zuletzt geändert durch Artikel 234 der Verordnung vom 31. Oktober 2006 (BGBl. I S. 2407), in der jeweils geltenden Fassung oder auf Grund von Wertguthaben aus einem Arbeitszeitkonto in den im ersten Halbsatz genannten Fällen für den Arbeitgeber einsteht.

²In den Fällen nach Buchstabe a, b und c gehören die Leistungen der Pensionskasse, des Unternehmens der Lebensversicherung oder des Dritten zu den Einkünften, zu denen jene Leistungen gehören würden, die ohne Eintritt eines Falles nach Buchstabe a, b und c zu erbringen wären. ³Soweit sie zu den Einkünften aus nichtselbständiger Arbeit im Sinne des § 19 gehören, ist von ihnen Lohnsteuer einzubehalten. ⁴Für die Erhebung der Lohnsteuer gelten die Pensionskasse, das Unternehmen der Lebensversicherung oder der Dritte als Arbeitgeber und der Leistungsempfänger als Arbeitnehmer;

66. Leistungen eines Arbeitgebers oder einer Unterstützungskasse an einen Pensionsfonds zur Übernahme bestehender Versorgungsverpflichtungen oder Versorgungsanwartschaften durch den Pensionsfonds, wenn ein Antrag nach § 4d Abs. 3 oder § 4e Abs. 3 gestellt worden ist;

67. das Erziehungsgeld nach dem Bundeserziehungsgeldgesetz und vergleichbare Leistungen der Länder, das Elterngeld nach dem Bundeselterngeld- und Elternzeitgesetz und vergleichbare Leistungen der Länder sowie Leistungen für Kindererziehung an Mütter der Geburtsjahrgänge vor 1921 nach den §§ 294 bis 299 des Sechsten Buches Sozialgesetzbuch und die Zuschläge nach den §§ 50a bis 50e des Beamtenversorgungsgesetzes oder den §§ 70 bis 74 des Soldatenversorgungsgesetzes;

68. die Hilfen nach dem Gesetz über die Hilfe für durch Anti-D-Immunprophylaxe mit dem Hepatitis-C-Virus infizierte Personen vom 2. August 2000 (BGBl. I S. 1270);

69. die von der Stiftung „Humanitäre Hilfe für durch Blutprodukte HIV-infizierte Personen" nach dem HIV-Hilfegesetz vom 24. Juli 1995 (BGBl. I S. 972) gewährten Leistungen.

§ 3a
– weggefallen –

§ 3b
Steuerfreiheit von Zuschlägen für Sonntags-, Feiertags- oder Nachtarbeit

(1) Steuerfrei sind Zuschläge, die für tatsächlich geleistete Sonntags-, Feiertags- oder Nachtarbeit neben dem Grundlohn gezahlt werden, soweit sie

1. für Nachtarbeit 25 Prozent,
2. vorbehaltlich der Nummern 3 und 4 für Sonntagsarbeit 50 Prozent,
3. vorbehaltlich der Nummer 4 für Arbeit am 31. Dezember ab 14 Uhr und an den gesetzlichen Feiertagen 125 Prozent,
4. für Arbeit am 24. Dezember ab 14 Uhr, am 25. und 26. Dezember sowie am 1. Mai 150 Prozent

des Grundlohns nicht übersteigen.

(2) ¹Grundlohn ist der laufende Arbeitslohn, der dem Arbeitnehmer bei der für ihn maßgebenden regelmäßigen Arbeitszeit für den jeweiligen Lohnzahlungszeitraum zusteht; er ist in einen Stundenlohn umzurechnen und mit höchstens 50 Euro anzusetzen. ²Nachtarbeit ist die Arbeit in der Zeit von 20 Uhr bis 6 Uhr. ³Sonntagsarbeit und Feiertagsarbeit ist die Arbeit in der Zeit von 0 Uhr bis 24 Uhr des jeweiligen Tages. ⁴Die gesetzlichen Feiertage werden durch die am Ort der Arbeitsstätte geltenden Vorschriften bestimmt.

(3) Wenn die Nachtarbeit vor 0 Uhr aufgenommen wird, gilt abweichend von den Absätzen 1 und 2 Folgendes:

1. Für Nachtarbeit in der Zeit von 0 Uhr bis 4 Uhr erhöht sich der Zuschlagssatz auf 40 Prozent,
2. als Sonntagsarbeit und Feiertagsarbeit gilt auch die Arbeit in der Zeit von 0 Uhr bis 4 Uhr des auf den Sonntag oder Feiertag folgenden Tages.

§ 3c
Anteilige Abzüge

(1) Ausgaben dürfen, soweit sie mit steuerfreien Einnahmen in unmittelbarem wirtschaftlichen Zusammenhang stehen, nicht als Betriebsausgaben oder Werbungskosten abgezogen werden; Absatz 2 bleibt unberührt.

(2) ¹Betriebsvermögensminderungen, Betriebsausgaben, Veräußerungskosten oder Werbungskosten, die mit den dem § 3 Nr. 40 zugrunde liegenden Betriebsvermögensmehrungen oder Einnahmen in wirtschaftlichem Zusammenhang stehen, dürfen unabhängig davon, in welchem Veranlagungszeitraum die Betriebsvermögensmehrungen oder Einnahmen anfallen, bei der Ermittlung der Einkünfte nur zur Hälfte abgezogen werden; Entsprechendes gilt, wenn bei der Ermittlung der Einkünfte der Wert des Betriebsvermögens oder des Anteils am Betriebsvermögen oder die Anschaffungs- oder Herstellungskosten oder der an deren Stelle tretende Wert mindernd zu berücksichtigen sind. ²Satz 1 gilt auch für Wertminderungen des Anteils an einer Organgesellschaft, die nicht auf Gewinnausschüttungen zurückzuführen sind.

3. Gewinn

§ 4
Gewinnbegriff im Allgemeinen

(1) ¹Gewinn ist der Unterschiedsbetrag zwischen dem Betriebsvermögen am Schluss des Wirtschaftsjahres und dem Betriebsvermögen am Schluss des vorangegangenen Wirtschaftsjahres, vermehrt um den Wert der Entnahmen und vermindert um den Wert der Einlagen. ²Entnahmen sind alle Wirtschaftsgüter (Barentnahmen, Waren, Erzeugnisse, Nutzungen und Leistungen), die der Steuerpflichtige dem Betrieb für sich, für seinen Haushalt oder für andere betriebsfremde Zwecke im Laufe des Wirtschaftsjahres entnommen hat. ³Einer Entnahme für betriebsfremde Zwecke steht der Ausschluss oder die Beschränkung des Besteuerungsrechts der Bundesrepublik Deutschland hinsichtlich des Gewinns aus der Veräußerung oder der Nutzung eines Wirtschaftsguts gleich. ⁴Satz 3 gilt nicht für Anteile an einer Europäischen Gesellschaft oder Europäischen Genossenschaft in den Fällen

1. einer Sitzverlegung der Europäischen Gesellschaft nach Artikel 8 der Verordnung (EG) Nr. 2157/2001 des Rates vom 8. Oktober 2001 über das Statut der Europäischen Gesellschaft (SE) (ABl. EG Nr. L 294 S. 1), zuletzt geändert durch die Verordnung (EG) Nr. 885/2004 des Rates vom 26. April 2004 (ABl. EU Nr. L 168 S. 1), und

2. einer Sitzverlegung der Europäischen Genossenschaft nach Artikel 7 der Verordnung (EG) Nr. 1435/2003 des Rates vom 22. Juli 2003 über das Statut der Europäischen Genossenschaft (SCE) (ABl. EU Nr. L 207 S. 1).

⁵Ein Wirtschaftsgut wird nicht dadurch entnommen, dass der Steuerpflichtige zur Gewinnermittlung nach § 13a übergeht. ⁶Eine Änderung der Nutzung eines Wirtschaftsguts, die bei Gewinnermittlung nach Satz 1 keine Entnahme ist, ist auch bei Gewinnermittlung nach § 13a keine Entnahme. ⁷Einlagen sind alle Wirtschaftsgüter (Bareinzahlungen und sonstige Wirtschaftsgüter), die der Steuerpflichtige dem Betrieb im Laufe des Wirtschaftsjahres zugeführt hat; einer Einlage steht die Begründung des Besteuerungsrechts der Bundesrepublik Deutschland hinsichtlich des Gewinns aus der Veräußerung eines Wirtschaftsguts gleich. ⁸Bei der Ermittlung des Gewinns sind die Vorschriften über die Betriebsausgaben, über die Bewertung und über die Absetzung für Abnutzung oder Substanzverringerung zu befolgen.

(2) ¹Der Steuerpflichtige darf die Vermögensübersicht (Bilanz) auch nach ihrer Einreichung beim Finanzamt ändern, soweit sie den Grundsätzen ordnungsmäßiger Buchführung unter Befolgung der Vorschriften dieses Gesetzes nicht entspricht; diese Änderung ist nicht zulässig, wenn die Vermögensübersicht (Bilanz) einer Steuerfestsetzung zugrunde liegt, die nicht mehr aufgehoben oder geändert werden kann. ²Darüber hinaus ist eine Änderung der Vermögensübersicht (Bilanz) nur zulässig, wenn sie in einem engen zeitlichen und sachlichen Zusammenhang mit einer Änderung nach Satz 1 steht und soweit die Auswirkung der Änderung nach Satz 1 auf den Gewinn reicht.

§ 4 EStG – Gesetzestext

(3) ¹Steuerpflichtige, die nicht auf Grund gesetzlicher Vorschriften verpflichtet sind, Bücher zu führen und regelmäßig Abschlüsse zu machen, und die auch keine Bücher führen und keine Abschlüsse machen, können als Gewinn den Überschuss der Betriebseinnahmen über die Betriebsausgaben ansetzen. ²Hierbei scheiden Betriebseinnahmen und Betriebsausgaben aus, die im Namen und für Rechnung eines anderen vereinnahmt und verausgabt werden (durchlaufende Posten). ³Die Vorschriften über die Absetzung für Abnutzung oder Substanzverringerung sind zu befolgen. ⁴Die Anschaffungs- oder Herstellungskosten für nicht abnutzbare Wirtschaftsgüter des Anlagevermögens, für Anteile an Kapitalgesellschaften, für Wertpapiere und vergleichbare nicht verbriefte Forderungen und Rechte, für Grund und Boden sowie Gebäude des Umlaufvermögens sind erst im Zeitpunkt des Zuflusses des Veräußerungserlöses oder bei Entnahme im Zeitpunkt der Entnahme als Betriebsausgaben zu berücksichtigen. ⁵Die Wirtschaftsgüter des Anlagevermögens und Wirtschaftsgüter des Umlaufvermögens im Sinne des Satzes 4 sind unter Angabe des Tages der Anschaffung oder Herstellung und der Anschaffungs- oder Herstellungskosten oder des an deren Stelle getretenen Werts in besondere, laufend zu führende Verzeichnisse aufzunehmen.

(4) Betriebsausgaben sind die Aufwendungen, die durch den Betrieb veranlasst sind.

(4a) ¹Schuldzinsen sind nach Maßgabe der Sätze 2 bis 4 nicht abziehbar, wenn Überentnahmen getätigt worden sind. ²Eine Überentnahme ist der Betrag, um den die Entnahmen die Summe des Gewinns und der Einlagen des Wirtschaftsjahrs übersteigen. ³Die nicht abziehbaren Schuldzinsen werden typisiert mit 6 Prozent der Überentnahme des Wirtschaftsjahres zuzüglich der Überentnahmen vorangegangener Wirtschaftsjahre und abzüglich der Beträge, um die in den vorangegangenen Wirtschaftsjahren der Gewinn und die Einlagen die Entnahmen überstiegen haben (Unterentnahmen), ermittelt; bei der Ermittlung der Überentnahme ist vom Gewinn ohne Berücksichtigung der nach Maßgabe dieses Absatzes nicht abziehbaren Schuldzinsen auszugehen. ⁴Der sich dabei ergebende Betrag, höchstens jedoch der um 2050 Euro verminderte Betrag der im Wirtschaftsjahr angefallenen Schuldzinsen, ist dem Gewinn hinzuzurechnen. ⁵Der Abzug von Schuldzinsen für Darlehen zur Finanzierung von Anschaffungs- oder Herstellungskosten von Wirtschaftsgütern des Anlagevermögens bleibt unberührt. ⁶Die Sätze 1 bis 5 sind bei Gewinnermittlung nach § 4 Abs. 3 sinngemäß anzuwenden; hierzu sind Entnahmen und Einlagen gesondert aufzuzeichnen.

(5) ¹Die folgenden Betriebsausgaben dürfen den Gewinn nicht mindern:

1. Aufwendungen für Geschenke an Personen, die nicht Arbeitnehmer des Steuerpflichtigen sind. ²Satz 1 gilt nicht, wenn die Anschaffungs- oder Herstellungskosten der dem Empfänger im Wirtschaftsjahr zugewendeten Gegenstände insgesamt 35 Euro nicht übersteigen;

2. Aufwendungen für die Bewirtung von Personen aus geschäftlichem Anlass, soweit sie 70 Prozent der Aufwendungen übersteigen, die nach der allgemeinen Verkehrsauffassung als angemessen anzusehen und deren Höhe und betriebliche Veranlassung nachgewiesen sind. ²Zum Nachweis der Höhe und der betrieblichen Veranlassung der Aufwendungen hat der Steuerpflichtige schriftlich die folgenden Angaben zu machen: Ort, Tag, Teilnehmer und Anlass der Bewirtung sowie Höhe der Aufwendungen. ³Hat die Bewirtung in einer Gaststätte stattgefunden, so genügen Angaben zu dem Anlass und den Teilnehmern der Bewirtung; die Rechnung über die Bewirtung ist beizufügen;

3. Aufwendungen für Einrichtungen des Steuerpflichtigen, soweit sie der Bewirtung, Beherbergung oder Unterhaltung von Personen, die nicht Arbeitnehmer des Steuerpflichtigen sind, dienen (Gästehäuser) und sich außerhalb des Orts eines Betriebs des Steuerpflichtigen befinden;

4. Aufwendungen für Jagd oder Fischerei, für Segeljachten oder Motorjachten sowie für ähnliche Zwecke und für die hiermit zusammenhängenden Bewirtungen;

5. Mehraufwendungen für die Verpflegung des Steuerpflichtigen, soweit in den folgenden Sätzen nichts anderes bestimmt ist. ²Wird der Steuerpflichtige vorübergehend von seiner Wohnung und dem Mittelpunkt seiner dauerhaft angelegten betrieblichen Tätigkeit entfernt betrieblich tätig, ist für jeden Kalendertag, an dem der Steuerpflichtige wegen dieser vorübergehenden Tätigkeit von seiner Wohnung und seinem Tätigkeitsmittelpunkt

   a) 24 Stunden abwesend ist, ein Pauschbetrag von 24 Euro,
   b) weniger als 24 Stunden, aber mindestens 14 Stunden abwesend ist, ein Pauschbetrag von 12 Euro,
   c) weniger als 14 Stunden, aber mindestens 8 Stunden abwesend ist, ein Pauschbetrag von 6 Euro

   abzuziehen; eine Tätigkeit, die nach 16 Uhr begonnen und vor 8 Uhr des nachfolgenden Kalendertags beendet wird, ohne dass eine Übernachtung stattfindet, ist mit der gesamten Abwesenheitsdauer dem Kalendertag der überwiegenden Abwesenheit zuzurechnen. ³Wird der Steuerpflichtige bei seiner individuellen betrieblichen Tätigkeit typischerweise nur an ständig wechselnden Tätigkeitsstätten oder auf einem Fahrzeug tätig, gilt Satz 2 entsprechend; dabei ist allein die Dauer der Abwesenheit von der Wohnung maßgebend. ⁴Bei einer Tätigkeit im Ausland treten an die Stelle der Pauschbeträge nach Satz 2 länderweise unterschiedliche Pauschbeträge, die für die Fälle der Buchstaben a, b und c mit 120, 80 und 40 Prozent der höchsten Auslandstagegelder nach dem Bundesreisekostengesetz vom Bundesministerium der Finanzen im Einvernehmen mit den obersten Finanzbehörden der Länder aufgerundet auf volle Euro festgesetzt werden; dabei bestimmt sich der Pauschbetrag nach dem Ort, den der Steuerpflichtige vor 24 Uhr Ortszeit zuletzt erreicht, oder, wenn dieser Ort im Inland liegt, nach dem letzten Tätigkeitsort im Ausland. ⁵Bei einer längerfristigen vorübergehenden Tätigkeit an derselben Tätigkeitsstätte beschränkt sich der pauschale Abzug nach Satz 2 auf die ersten drei Monate. ⁶Die Abzugsbeschränkung nach Satz 1, die Pauschbeträge nach den Sätzen 2 und 4 sowie die Dreimonatsfrist nach Satz 5 gelten auch für den Abzug von Verpflegungsmehraufwendungen bei einer aus betrieblichem Anlass begründeten doppelten Haushaltsführung; dabei ist für jeden Kalendertag innerhalb der Dreimonatsfrist, an dem gleichzeitig eine Tätigkeit im Sinne des Satzes 2 oder 3 ausgeübt wird, nur der jeweils höchste in Betracht kommende Pauschbetrag abzuziehen und die Dauer einer Tätigkeit im Sinne des Satzes 2 an dem Beschäftigungsort, der zur Begründung der doppelten Haushaltsführung geführt hat, auf die Dreimonatsfrist anzurechnen, wenn sie ihr unmittelbar vorausgegangen ist;

6. – weggefallen –

6a. – weggefallen –

6b. Aufwendungen für ein häusliches Arbeitszimmer sowie die Kosten der Ausstattung. ²Dies gilt nicht, wenn das Arbeitszimmer den Mittelpunkt der gesamten betrieblichen und beruflichen Betätigung bildet;

7. andere als die in den Nummern 1 bis 6 und 6b bezeichneten Aufwendungen, die die Lebensführung des Steuerpflichtigen oder anderer Personen berühren, soweit sie nach allgemeiner Verkehrsauffassung als unangemessen anzusehen sind;

8. von einem Gericht oder einer Behörde im Geltungsbereich dieses Gesetzes oder von Organen der Europäischen Gemeinschaften festgesetzte Geldbußen, Ordnungsgelder und Verwarnungsgelder. ²Dasselbe gilt für Leistungen zur Erfüllung von Auflagen oder Weisungen, die in einem berufsgerichtlichen Verfahren erteilt werden, soweit die Auflagen oder Weisungen nicht lediglich der Wiedergutmachung des durch die Tat verursachten Schadens dienen. ³Die Rückzahlung von Ausgaben im Sinne der Sätze 1 und 2 darf den Gewinn nicht erhöhen. ⁴Das Abzugsverbot für Geldbußen gilt nicht, soweit der wirtschaftliche Vorteil, der durch den Gesetzesverstoß erlangt wurde, abgeschöpft worden ist, wenn die Steuern vom Einkommen und Ertrag, die auf den wirtschaftlichen Vorteil entfallen, nicht abgezogen worden sind; Satz 3 ist insoweit nicht anzuwenden;

8a. Zinsen auf hinterzogene Steuern nach § 235 der Abgabenordnung;

9. Ausgleichszahlungen, die in den Fällen der §§ 14, 17 und 18 des Körperschaftsteuergesetzes an außenstehende Anteilseigner geleistet werden;

10. die Zuwendung von Vorteilen sowie damit zusammenhängende Aufwendungen, wenn die Zuwendung der Vorteile eine rechts-

widrige Handlung darstellt, die den Tatbestand eines Strafgesetzes oder eines Gesetzes verwirklicht, das die Ahndung mit einer Geldbuße zulässt. ²Gerichte, Staatsanwaltschaften oder Verwaltungsbehörden haben Tatsachen, die sie dienstlich erfahren und die den Verdacht einer Tat im Sinne des Satzes 1 begründen, der Finanzbehörde für Zwecke des Besteuerungsverfahrens und zur Verfolgung von Steuerstraftaten und Steuerordnungswidrigkeiten mitzuteilen. ³Die Finanzbehörde teilt Tatsachen, die den Verdacht einer Straftat oder einer Ordnungswidrigkeit im Sinne des Satzes 1 begründen, der Staatsanwaltschaft oder der Verwaltungsbehörde mit. ⁴Diese unterrichten die Finanzbehörde von dem Ausgang des Verfahrens und den zugrunde liegenden Tatsachen.

11. Aufwendungen, die mit unmittelbaren oder mittelbaren Zuwendungen von nicht einlagefähigen Vorteilen an natürliche oder juristische Personen oder Personengesellschaften zur Verwendung in Betrieben in tatsächlichem oder wirtschaftlichen Zusammenhang stehen, deren Gewinn nach § 5a Abs. 1 ermittelt wird;

12. Zuschläge nach § 162 Abs. 4 der Abgabenordnung.

²Das Abzugsverbot gilt nicht, soweit die in den Nummern 2 bis 4 bezeichneten Zwecke Gegenstand einer mit Gewinnabsicht ausgeübten Betätigung des Steuerpflichtigen sind. ³§ 12 Nr. 1 bleibt unberührt.

(5a) ¹Keine Betriebsausgaben sind die Aufwendungen für die Wege zwischen Wohnung und Betriebsstätte und für Familienheimfahrten. ²Bei der Nutzung eines Kraftfahrzeugs sind die nicht als Betriebsausgaben abziehbaren Aufwendungen für Fahrten zwischen Wohnung und Betriebsstätte mit 0,03 Prozent des inländischen Listenpreises im Sinne des § 6 Abs. 1 Nr. 4 Satz 2 des Kraftfahrzeugs im Zeitpunkt der Erstzulassung je Kalendermonat für jeden Entfernungskilometer sowie für Familienheimfahrten mit 0,002 Prozent des inländischen Listenpreises im Sinne des § 6 Abs. 1 Nr. 4 Satz 2 des Kraftfahrzeugs im Zeitpunkt der Erstzulassung für jeden Entfernungskilometer zu ermitteln. ³Ermittelt der Steuerpflichtige die private Nutzung des Kraftfahrzeugs nach § 6 Abs. 1 Nr. 4 Satz 1 oder Satz 4, sind die auf diese Fahrten entfallenden tatsächlichen Aufwendungen maßgebend. ⁴§ 9 Abs. 2 ist entsprechend anzuwenden.

(6) Aufwendungen zur Förderung staatspolitischer Zwecke (§ 10b Abs. 2) sind keine Betriebsausgaben.

(7) ¹Aufwendungen im Sinne des Absatzes 5 Satz 1 Nr. 1 bis 4, 6b und 7 sind einzeln und getrennt von den sonstigen Betriebsausgaben aufzuzeichnen. ²Soweit diese Aufwendungen nicht bereits nach Absatz 5 vom Abzug ausgeschlossen sind, dürfen sie bei der Gewinnermittlung nur berücksichtigt werden, wenn sie nach Satz 1 besonders aufgezeichnet sind.

(8) Für Erhaltungsaufwand bei Gebäuden in Sanierungsgebieten und städtebaulichen Entwicklungsbereichen sowie bei Baudenkmalen gelten die §§ 11a und 11b entsprechend.

§ 4a
Gewinnermittlungszeitraum, Wirtschaftsjahr

(1) ¹Bei Land- und Forstwirten und bei Gewerbetreibenden ist der Gewinn nach dem Wirtschaftsjahr zu ermitteln. ²Wirtschaftsjahr ist

1. bei Land- und Forstwirten der Zeitraum vom 1. Juli bis zum 30. Juni. ²Durch Rechtsverordnung kann für einzelne Gruppen von Land- und Forstwirten ein anderer Zeitraum bestimmt werden, wenn das aus wirtschaftlichen Gründen erforderlich ist;

2. bei Gewerbetreibenden, deren Firma im Handelsregister eingetragen ist, der Zeitraum, für den sie regelmäßig Abschlüsse machen. ²Die Umstellung des Wirtschaftsjahres auf einen vom Kalenderjahr abweichenden Zeitraum ist steuerlich nur wirksam, wenn sie im Einvernehmen mit dem Finanzamt vorgenommen wird;

3. bei anderen Gewerbetreibenden das Kalenderjahr. ²Sind sie gleichzeitig buchführende Land- und Forstwirte, so können sie mit Zustimmung des Finanzamts den nach Nummer 1 maßgebenden Zeitraum als Wirtschaftsjahr für den Gewerbebetrieb bestimmen, wenn sie für den Gewerbebetrieb Bücher führen und für diesen Zeitraum regelmäßig Abschlüsse machen.

(2) Bei Land- und Forstwirten und bei Gewerbetreibenden, deren Wirtschaftsjahr vom Kalenderjahr abweicht, ist der Gewinn aus Land- und Forstwirtschaft oder aus Gewerbebetrieb bei der Ermittlung des Einkommens in folgender Weise zu berücksichtigen:

1. ¹Bei Land- und Forstwirten ist der Gewinn des Wirtschaftsjahrs auf das Kalenderjahr, in dem das Wirtschaftsjahr beginnt, und auf das Kalenderjahr, in dem das Wirtschaftsjahr endet, entsprechend dem zeitlichen Anteil aufzuteilen. ²Bei der Aufteilung sind Veräußerungsgewinne im Sinne des § 14 auszuscheiden und dem Gewinn des Kalenderjahres hinzuzurechnen, in dem sie entstanden sind;

2. bei Gewerbetreibenden gilt der Gewinn des Wirtschaftsjahrs als in dem Kalenderjahr bezogen, in dem das Wirtschaftsjahr endet.

§ 4b
Direktversicherung

¹Der Versicherungsanspruch aus einer Direktversicherung, die von einem Steuerpflichtigen aus betrieblichem Anlass abgeschlossen wird, ist dem Betriebsvermögen des Steuerpflichtigen nicht zuzurechnen, soweit am Schluss des Wirtschaftsjahres hinsichtlich der Leistungen des Versicherers die Person, auf deren Leben die Lebensversicherung abgeschlossen ist, oder ihre Hinterbliebenen bezugsberechtigt sind. ²Das gilt auch, wenn der Steuerpflichtige die Ansprüche aus dem Versicherungsvertrag abgetreten oder beliehen hat, sofern er sich der bezugsberechtigten Person gegenüber schriftlich verpflichtet, sie bei Eintritt des Versicherungsfalls so zu stellen, als ob die Abtretung oder Beleihung nicht erfolgt wäre.

§ 4c
Zuwendungen an Pensionskassen

(1) ¹Zuwendungen an eine Pensionskasse dürfen von dem Unternehmen, das die Zuwendungen leistet (Trägerunternehmen), als Betriebsausgaben abgezogen werden, soweit sie auf einer in der Satzung oder im Geschäftsplan der Kasse festgelegten Verpflichtung oder auf einer Anordnung der Versicherungsaufsichtsbehörde beruhen oder der Abdeckung von Fehlbeträgen bei der Kasse dienen. ²Soweit die allgemeinen Versicherungsbedingungen und die fachlichen Geschäftsunterlagen im Sinne des § 5 Abs. 3 Nr. 2 Halbsatz 2 des Versicherungsaufsichtsgesetzes nicht zum Geschäftsplan gehören, gelten diese als Teil des Geschäftsplans.

(2) Zuwendungen im Sinne des Absatzes 1 dürfen als Betriebsausgaben nicht abgezogen werden, soweit die Leistungen der Kasse, wenn sie vom Trägerunternehmen unmittelbar erbracht würden, bei diesem nicht betrieblich veranlasst wären.

§ 4d
Zuwendungen an Unterstützungskassen

(1) ¹Zuwendungen an eine Unterstützungskasse dürfen von dem Unternehmen, das die Zuwendungen leistet (Trägerunternehmen), als Betriebsausgaben abgezogen werden, soweit die Leistungen der Kasse, wenn sie vom Trägerunternehmen unmittelbar erbracht würden, bei diesem betrieblich veranlasst wären und sie die folgenden Beträge nicht übersteigen:

1. bei Unterstützungskassen, die lebenslänglich laufende Leistungen gewähren:

   a) das Deckungskapital für die laufenden Leistungen nach der dem Gesetz als Anlage 1 beigefügten Tabelle. ²Leistungsempfänger ist jeder ehemalige Arbeitnehmer des Trägerunternehmens, der von der Unterstützungskasse Leistungen erhält; soweit die Kasse Hinterbliebenenversorgung gewährt, ist Leistungsempfänger der Hinterbliebene eines ehemaligen Arbeitnehmers des Trägerunternehmens, der von der Kasse Leistungen erhält. ³Dem ehemaligen Arbeitnehmer stehen andere Personen gleich, denen Leistungen der Alters-, Invaliditäts- oder Hinterbliebenenversorgung aus Anlass ihrer ehemaligen Tätigkeit für das Trägerunternehmen zugesagt worden sind;

   b) in jedem Wirtschaftsjahr für jeden Leistungsanwärter,

      aa) wenn die Kasse nur Invaliditätsversorgung oder nur Hinterbliebenenversorgung gewährt, jeweils 6 Prozent, bb) wenn die Kasse Altersversorgung mit oder ohne Einschluss von Invaliditätsversorgung oder Hinterbliebenenversorgung gewährt, 25 Prozent

der jährlichen Versorgungsleistungen, die der Leistungsanwärter oder, wenn nur Hinterbliebenenversorgung gewährt wird, dessen Hinterbliebene nach den Verhältnissen am Schluss des Wirtschaftsjahres der Zuwendung im letzten Zeitpunkt der Anwartschaft, spätestens im Zeitpunkt der Vollendung des 65. Lebensjahres erhalten können. ²Leistungsanwärter ist jeder Arbeitnehmer oder ehemalige Arbeitnehmer des Trägerunternehmens, der von der Unterstützungskasse schriftlich zugesagte Leistungen erhalten kann und am Schluss des Wirtschaftsjahres, in dem die Zuwendung erfolgt, das 28. Lebensjahr vollendet hat; soweit die Kasse nur Hinterbliebenenversorgung gewährt, gilt als Leistungsanwärter jeder Arbeitnehmer oder ehemalige Arbeitnehmer des Trägerunternehmens, der am Schluss des Wirtschaftsjahres, in dem die Zuwendung erfolgt, das 28. Lebensjahr vollendet hat und dessen Hinterbliebene die Hinterbliebenenversorgung erhalten können. ³Das Trägerunternehmen kann bei der Berechnung nach Satz 1 statt des dort maßgebenden Betrages den Durchschnittsbetrag der von der Kasse im Wirtschaftsjahr an Leistungsempfänger im Sinne des Buchstabens a Satz 2 gewährten Leistungen zugrunde legen. ⁴In diesem Fall sind Leistungsanwärter im Sinne des Satzes 2 nur die Arbeitnehmer oder ehemaligen Arbeitnehmer des Trägerunternehmens, die am Schluss des Wirtschaftsjahres, in dem die Zuwendung erfolgt, das 50. Lebensjahr vollendet haben. ⁵Dem Arbeitnehmer oder ehemaligen Arbeitnehmer als Leistungsanwärter stehen andere Personen gleich, denen schriftlich Leistungen der Alters, Invaliditäts- oder Hinterbliebenenversorgung aus Anlass ihrer Tätigkeit für das Trägerunternehmen zugesagt worden sind;

c) den Betrag des Beitrages, den die Kasse an einen Versicherer zahlt, soweit sie sich die Mittel für ihre Versorgungsleistungen, die der Leistungsanwärter oder Leistungsempfänger nach den Verhältnissen am Schluss des Wirtschaftsjahres der Zuwendung erhalten kann, durch Abschluss einer Versicherung verschafft. ²Bei Versicherungen für einen Leistungsanwärter ist der Abzug des Beitrages nur zulässig, wenn der Leistungsanwärter die in Buchstabe b Satz 2 und 5 genannten Voraussetzungen erfüllt, die Versicherung für die Dauer bis zu dem Zeitpunkt abgeschlossen ist, für den erstmals Leistungen der Altersversorgung vorgesehen sind, mindestens jedoch bis zu dem Zeitpunkt, an dem der Leistungsanwärter das 55. Lebensjahr vollendet hat, und während dieser Zeit jährlich Beiträge gezahlt werden, die der Höhe nach gleich bleiben oder steigen. ³Das Gleiche gilt für Leistungsanwärter, die das 28. Lebensjahr noch nicht vollendet haben, für Leistungen der Invaliditäts- oder Hinterbliebenenversorgung, für Leistungen der Altersversorgung unter der Voraussetzung, dass die Leistungsanwartschaft bereits unverfallbar ist. ⁴Ein Abzug ist ausgeschlossen, wenn die Ansprüche aus der Versicherung der Sicherung eines Darlehens dienen. ⁵Liegen die Voraussetzungen der Sätze 1 bis 4 vor, sind die Zuwendungen nach den Buchstaben a und b in dem Verhältnis zu vermindern, in dem die Leistungen der Kasse durch die Versicherung gedeckt sind;

d) den Betrag, den die Kasse einem Leistungsanwärter im Sinne des Buchstabens b Satz 2 und 5 vor Eintritt des Versorgungsfalls als Abfindung für künftige Versorgungsleistungen gewährt, den Übertragungswert nach § 4 Abs. 5 des Betriebsrentengesetzes oder den Betrag, den sie an einen anderen Versorgungsträger zahlt, der eine ihr obliegende Versorgungsverpflichtung übernommen hat.

²Zuwendungen dürfen nicht als Betriebsausgaben abgezogen werden, wenn das Vermögen der Kasse ohne Berücksichtigung künftiger Versorgungsleistungen am Schluss des Wirtschaftsjahres das zulässige Kassenvermögen übersteigt. ³Bei der Ermittlung des Vermögens der Kasse ist am Schluss des Wirtschaftsjahres vorhandener Grundbesitz mit 200 Prozent der Einheitswerte anzusetzen, die zu dem Feststellungszeitpunkt maßgebend sind, der dem Schluss des Wirtschaftsjahres folgt; Ansprüche aus einer Versicherung sind mit dem Wert des geschäftsplanmäßigen Deckungskapitals zuzüglich der Guthaben aus Beitragsrückerstattung am Schluss des Wirtschaftsjahres anzusetzen, und das übrige Vermögen ist mit dem gemeinen Wert am Schluss des Wirtschaftsjahres zu bewerten. ⁴Zulässiges Kassenvermögen ist die Summe aus dem Deckungskapital für alle am Schluss des Wirtschaftsjahres laufenden Leistungen nach der dem Gesetz als Anlage 1 beigefügten Tabelle für Leistungsempfänger im Sinne des Satzes 1 Buchstabe a und dem Achtfachen der nach Satz 1 Buchstabe b abzugsfähigen Zuwendungen. ⁵Soweit sich die Kasse die Mittel für ihre Leistungen durch Abschluss einer Versicherung verschafft, ist, wenn die Voraussetzungen für den Abzug des Beitrages nach Satz 1 Buchstabe c erfüllt sind, zulässiges Kassenvermögen der Wert des geschäftsplanmäßigen Deckungskapitals aus der Versicherung am Schluss des Wirtschaftsjahres; in diesem Fall ist das zulässige Kassenvermögen nach Satz 4 in dem Verhältnis zu vermindern, in dem die Leistungen der Kasse durch die Versicherung gedeckt sind. ⁶Soweit die Berechnung des Deckungskapitals nicht zum Geschäftsplan gehört, tritt an die Stelle des geschäftsplanmäßigen Deckungskapitals der nach § 176 Abs. 3 des Gesetzes über den Versicherungsvertrag berechnete Zeitwert, beim zulässigen Kassenvermögen ohne Berücksichtigung des Guthabens aus Beitragsrückerstattung. ⁷Gewährt eine Unterstützungskasse an Stelle von lebenslänglich laufenden Leistungen eine einmalige Kapitalleistung, so gelten 10 Prozent der Kapitalleistung als Jahresbetrag einer lebenslänglich laufenden Leistung;

2. bei Kassen, die keine lebenslänglich laufenden Leistungen gewähren, für jedes Wirtschaftsjahr 0,2 Prozent der Lohn- und Gehaltsumme des Trägerunternehmens, mindestens jedoch den Betrag der von der Kasse in einem Wirtschaftsjahr erbrachten Leistungen, soweit dieser Betrag höher ist als die in den vorangegangenen fünf Wirtschaftsjahren vorgenommenen Zuwendungen abzüglich der in dem gleichen Zeitraum erbrachten Leistungen. ²Diese Zuwendungen dürfen nicht als Betriebsausgaben abgezogen werden, wenn das Vermögen der Kasse am Schluss des Wirtschaftsjahres das zulässige Kassenvermögen übersteigt. ³Als zulässiges Kassenvermögen kann 1 Prozent der durchschnittlichen Lohn- und Gehaltsumme der letzten drei Jahre angesetzt werden. ⁴Hat die Kasse bereits zehn Wirtschaftsjahre bestanden, darf das zulässige Kassenvermögen zusätzlich die Summe der in den letzten zehn Wirtschaftsjahren gewährten Leistungen nicht übersteigen. ⁵Für die Bewertung des Vermögens der Kasse gilt Nummer 1 Satz 3 entsprechend. ⁶Bei der Berechnung der Lohn- und Gehaltsumme des Trägerunternehmens sind Löhne und Gehälter von Personen, die von der Kasse keine nicht lebenslänglich laufenden Leistungen erhalten können, auszuscheiden.

²Gewährt eine Kasse lebenslänglich laufende und nicht lebenslänglich laufende Leistungen, so gilt Satz 1 Nr. 1 und 2 nebeneinander. ³Leistet ein Trägerunternehmen Zuwendungen an mehrere Unterstützungskassen, so sind diese Kassen bei der Anwendung der Nummern 1 und 2 als Einheit zu behandeln.

(2) ¹Zuwendungen im Sinne des Absatzes 1 sind von dem Trägerunternehmen in dem Wirtschaftsjahr als Betriebsausgaben abzuziehen, in dem sie geleistet werden. ²Zuwendungen, die bis zum Ablauf eines Monats nach Aufstellung oder Feststellung der Bilanz des Trägerunternehmens für den Schluss eines Wirtschaftsjahres geleistet werden, können von dem Trägerunternehmen noch für das abgelaufene Wirtschaftsjahr durch eine Rückstellung gewinnmindernd berücksichtigt werden. ³Übersteigen die in einem Wirtschaftsjahr geleisteten Zuwendungen die nach Absatz 1 abzugsfähigen Beträge, so können die übersteigenden Beträge im Wege der Rechnungsabgrenzung auf die folgenden drei Wirtschaftsjahre vorgetragen und im Rahmen der für diese Wirtschaftsjahre abzugsfähigen Beträge als Betriebsausgaben behandelt werden. ⁴§ 5 Abs. 1 Satz 2 ist nicht anzuwenden.

(3) ¹Abweichend von Absatz 1 Satz 1 Nr. 1 Satz 1 Buchstabe d und Absatz 2 können auf Antrag die insgesamt erforderlichen Zuwendungen an die Unterstützungskasse für den Betrag, den die Kasse an einen Pensionsfonds zahlt, der eine ihr obliegende Versorgungsverpflichtung ganz oder teilweise übernommen hat, nicht im Wirtschaftsjahr der Zuwendung, sondern erst in den dem Wirtschafts-

jahr der Zuwendung folgenden zehn Wirtschaftsjahren gleichmäßig verteilt als Betriebsausgaben abgezogen werden. ²Der Antrag ist unwiderruflich; der jeweilige Rechtsnachfolger ist an den Antrag gebunden.

§ 4e
Beiträge an Pensionsfonds

(1) Beiträge an einen Pensionsfonds im Sinne des § 112 des Versicherungsaufsichtsgesetzes dürfen von dem Unternehmen, das die Beiträge leistet (Trägerunternehmen), als Betriebsausgaben abgezogen werden, soweit sie auf einer festgelegten Verpflichtung beruhen oder der Abdeckung von Fehlbeträgen bei dem Fonds dienen.

(2) Beiträge im Sinne des Absatzes 1 dürfen als Betriebsausgaben nicht abgezogen werden, soweit die Leistungen des Fonds, wenn sie vom Trägerunternehmen unmittelbar erbracht würden, bei diesem nicht betrieblich veranlasst wären.

(3) ¹Der Steuerpflichtige kann auf Antrag die insgesamt erforderlichen Leistungen an einen Pensionsfonds zur teilweisen oder vollständigen Übernahme einer bestehenden Versorgungsverpflichtung oder Versorgungsanwartschaft durch den Pensionsfonds erst in den dem Wirtschaftsjahr der Übertragung folgenden zehn Wirtschaftsjahren gleichmäßig verteilt als Betriebsausgaben abziehen. ²Der Antrag ist unwiderruflich; der jeweilige Rechtsnachfolger ist an den Antrag gebunden. ³Ist eine Pensionsrückstellung nach § 6a gewinnerhöhend aufzulösen, ist Satz 1 mit der Maßgabe anzuwenden, dass die Leistungen an den Pensionsfonds im Wirtschaftsjahr der Übertragung in Höhe der aufgelösten Rückstellung als Betriebsausgaben abgezogen werden können; der die aufgelöste Rückstellung übersteigende Betrag ist in den dem Wirtschaftsjahr der Übertragung folgenden zehn Wirtschaftsjahren gleichmäßig verteilt als Betriebsausgaben abzuziehen. ⁴Satz 3 gilt entsprechend, wenn es im Zuge der Leistungen des Arbeitgebers an den Pensionsfonds zu Vermögensübertragungen einer Unterstützungskasse an den Arbeitgeber kommt.

§ 4f
Erwerbsbedingte Kinderbetreuungskosten

¹Aufwendungen für Dienstleistungen zur Betreuung eines zum Haushalt des Steuerpflichtigen gehörenden Kindes im Sinne des § 32 Abs. 1, die wegen einer Erwerbstätigkeit des Steuerpflichtigen anfallen, können bei Kindern, die das 14. Lebensjahr noch nicht vollendet haben oder wegen einer vor Vollendung des 25. Lebensjahres eingetretenen körperlichen, geistigen oder seelischen Behinderung außerstande sind, sich selbst zu unterhalten, in Höhe von zwei Dritteln der Aufwendungen, höchstens 4000 Euro je Kind, bei der Ermittlung der Einkünfte aus Land- und Forstwirtschaft, Gewerbebetrieb oder selbständiger Arbeit wie Betriebsausgaben abgezogen werden. ²Im Falle des Zusammenlebens der Elternteile gilt Satz 1 nur, wenn beide Elternteile erwerbstätig sind. ³Satz 1 gilt nicht für Aufwendungen für Unterricht, die Vermittlung besonderer Fähigkeiten sowie für sportliche und andere Freizeitbetätigungen. ⁴Ist das zu betreuende Kind nicht nach § 1 Abs. 1 oder Abs. 2 unbeschränkt einkommensteuerpflichtig, ist der in Satz 1 genannte Betrag zu kürzen, soweit es nach den Verhältnissen im Wohnsitzstaat des Kindes notwendig und angemessen ist. ⁵Voraussetzung für den Abzug nach Satz 1 ist, dass der Steuerpflichtige die Aufwendungen durch Vorlage einer Rechnung und die Zahlung auf das Konto des Erbringers der Leistung nachweist.

§ 4g
Bildung eines Ausgleichspostens bei Entnahme nach § 4 Abs. 1 Satz 3

(1) ¹Ein unbeschränkt Steuerpflichtiger kann in Höhe des Unterschiedsbetrags zwischen dem Buchwert und dem nach § 6 Abs. 1 Nr. 4 Satz 1 zweiter Halbsatz anzusetzenden Wert eines Wirtschaftsguts des Anlagevermögens auf Antrag einen Ausgleichsposten bilden, soweit das Wirtschaftsgut infolge seiner Zuordnung zu einer Betriebsstätte desselben Steuerpflichtigen in einem anderen Mitgliedstaat der Europäischen Union gemäß § 4 Abs. 1 Satz 3 als entnommen gilt. ²Der Ausgleichsposten ist für jedes Wirtschaftsgut getrennt auszuweisen. ³Das Antragsrecht kann für jedes Wirtschaftsjahr nur einheitlich für sämtliche Wirtschaftsgüter ausgeübt werden. ⁴Der Antrag ist unwiderruflich. ⁵Die Vorschriften des Umwandlungssteuergesetzes bleiben unberührt.

(2) ¹Der Ausgleichsposten ist im Wirtschaftsjahr der Bildung und in den vier folgenden Wirtschaftsjahren zu jeweils einem Fünftel gewinnerhöhend aufzulösen. ²Er ist in vollem Umfang gewinnerhöhend aufzulösen,

1. wenn das als entnommen geltende Wirtschaftsgut aus dem Betriebsvermögen des Steuerpflichtigen ausscheidet,
2. wenn das als entnommen geltende Wirtschaftsgut aus der Besteuerungshoheit der Mitgliedstaaten der Europäischen Union ausscheidet oder
3. wenn die stillen Reserven des als entnommen geltenden Wirtschaftsguts im Ausland aufgedeckt werden oder in entsprechender Anwendung der Vorschriften des deutschen Steuerrechts hätten aufgedeckt werden müssen.

(3) ¹Wird die Zuordnung eines Wirtschaftsguts zu einer anderen Betriebsstätte des Steuerpflichtigen in einem anderen Mitgliedstaat der Europäischen Union im Sinne des Absatzes 1 innerhalb der tatsächlichen Nutzungsdauer, spätestens jedoch vor Ablauf von fünf Jahren nach Änderung der Zuordnung, aufgehoben, ist der für dieses Wirtschaftsgut gebildete Ausgleichsposten ohne Auswirkungen auf den Gewinn aufzulösen und das Wirtschaftsgut mit den fortgeführten Anschaffungskosten, erhöht um zwischenzeitlich gewinnerhöhend berücksichtigte Auflösungsbeträge im Sinne der Absätze 2 und 5 Satz 2 und um den Unterschiedsbetrag zwischen dem Rückführungswert und dem Buchwert im Zeitpunkt der Rückführung, höchstens jedoch mit dem gemeinen Wert, anzusetzen. ²Die Aufhebung der geänderten Zuordnung ist ein Ereignis im Sinne des § 175 Abs. 1 Nr. 2 der Abgabenordnung.

(4) ¹Die Absätze 1 bis 4 finden entsprechende Anwendung bei der Ermittlung des Überschusses der Betriebseinnahmen über die Betriebsausgaben gemäß § 4 Abs. 3. ²Wirtschaftsgüter, für die ein Ausgleichsposten nach Absatz 1 gebildet worden ist, sind in ein laufend zu führendes Verzeichnis aufzunehmen. ³Der Steuerpflichtige hat darüber hinaus Aufzeichnungen zu führen, aus denen die Bildung und Auflösung der Ausgleichsposten hervorgeht. ⁴Die Aufzeichnungen nach den Sätzen 2 und 3 sind der Steuererklärung beizufügen.

(5) ¹Der Steuerpflichtige ist verpflichtet, der zuständigen Finanzbehörde die Entnahme oder ein Ereignis im Sinne des Absatzes 2 unverzüglich anzuzeigen. ²Kommt der Steuerpflichtige dieser Anzeigepflicht, seinen Aufzeichnungspflichten nach Absatz 4 oder seinen sonstigen Mitwirkungspflichten im Sinne des § 90 der Abgabenordnung nicht nach, ist der Ausgleichsposten dieses Wirtschaftsguts gewinnerhöhend aufzulösen.

§ 5
Gewinn bei Kaufleuten und bei bestimmten anderen Gewerbetreibenden

(1) ¹Bei Gewerbetreibenden, die auf Grund gesetzlicher Vorschriften verpflichtet sind, Bücher zu führen und regelmäßig Abschlüsse zu machen, oder die ohne eine solche Verpflichtung Bücher führen und regelmäßig Abschlüsse machen, ist für den Schluss des Wirtschaftsjahres das Betriebsvermögen anzusetzen (§ 4 Abs. 1 Satz 1), das nach den handelsrechtlichen Grundsätzen ordnungsmäßiger Buchführung auszuweisen ist. ²Steuerrechtliche Wahlrechte bei der Gewinnermittlung sind in Übereinstimmung mit der handelsrechtlichen Jahresbilanz auszuüben.

(1a) Die Ergebnisse der in der handelsrechtlichen Rechnungslegung zur Absicherung finanzwirtschaftlicher Risiken gebildeten Bewertungseinheiten sind auch für die steuerliche Gewinnermittlung maßgeblich.

(2) Für immaterielle Wirtschaftsgüter des Anlagevermögens ist ein Aktivposten nur anzusetzen, wenn sie entgeltlich erworben wurden.

(2a) Für Verpflichtungen, die nur zu erfüllen sind, soweit künftig Einnahmen oder Gewinne anfallen, sind Verbindlichkeiten oder Rückstellungen erst anzusetzen, wenn die Einnahmen oder Gewinne angefallen sind.

(3) ¹Rückstellungen wegen Verletzung fremder Patent, Urheber- oder ähnlicher Schutzrechte dürfen erst gebildet werden, wenn

1. der Rechtsinhaber Ansprüche wegen der Rechtsverletzung geltend gemacht hat oder
2. mit einer Inanspruchnahme wegen der Rechtsverletzung ernsthaft zu rechnen ist.

²Eine nach Satz 1 Nr. 2 gebildete Rückstellung ist spätestens in der Bilanz des dritten auf ihre erstmalige Bildung folgenden Wirtschaftsjahres gewinnerhöhend aufzulösen, wenn Ansprüche nicht geltend gemacht worden sind.

(4) Rückstellungen für die Verpflichtung zu einer Zuwendung anlässlich eines Dienstjubiläums dürfen nur gebildet werden, wenn das Dienstverhältnis mindestens zehn Jahre bestanden hat, das Dienstjubiläum das Bestehen eines Dienstverhältnisses von mindestens 15 Jahren voraussetzt, die Zusage schriftlich erteilt ist und soweit der Zuwendungsberechtigte seine Anwartschaft nach dem 31. Dezember 1992 erwirbt.

(4a) ¹Rückstellungen für drohende Verluste aus schwebenden Geschäften dürfen nicht gebildet werden. ²Das gilt nicht für Ergebnisse nach Absatz 1a.

(4b) ¹Rückstellungen für Aufwendungen, die in künftigen Wirtschaftsjahren als Anschaffungs- oder Herstellungskosten eines Wirtschaftsguts zu aktivieren sind, dürfen nicht gebildet werden. ²Rückstellungen für die Verpflichtung zur schadlosen Verwertung radioaktiver Reststoffe sowie ausgebauter oder abgebauter radioaktiver Anlagenteile dürfen nicht gebildet werden, soweit Aufwendungen im Zusammenhang mit der Bearbeitung oder Verarbeitung von Kernbrennstoffen stehen, die aus der Aufarbeitung bestrahlter Kernbrennstoffe gewonnen worden sind und keine radioaktiven Abfälle darstellen.

(5) ¹Als Rechnungsabgrenzungsposten sind nur anzusetzen
1. auf der Aktivseite Ausgaben vor dem Abschlussstichtag, soweit sie Aufwand für eine bestimmte Zeit nach diesem Tag darstellen;
2. auf der Passivseite Einnahmen vor dem Abschlussstichtag, soweit sie Ertrag für eine bestimmte Zeit nach diesem Tag darstellen.

²Auf der Aktivseite sind ferner anzusetzen
1. als Aufwand berücksichtigte Zölle und Verbrauchsteuern, soweit sie auf am Abschlussstichtag auszuweisende Wirtschaftsgüter des Vorratsvermögens entfallen,
2. als Aufwand berücksichtigte Umsatzsteuer auf am Abschlussstichtag auszuweisende Anzahlungen.

(6) Die Vorschriften über die Entnahmen und die Einlagen, über die Zulässigkeit der Bilanzänderung, über die Betriebsausgaben, über die Bewertung und über die Absetzung für Abnutzung oder Substanzverringerung sind zu befolgen.

§ 5a
Gewinnermittlung bei Handelsschiffen im internationalen Verkehr

(1) ¹An Stelle der Ermittlung des Gewinns nach § 4 Abs. 1 oder § 5 ist bei einem Gewerbebetrieb mit Geschäftsleitung im Inland der Gewinn, soweit er auf den Betrieb von Handelsschiffen im internationalen Verkehr entfällt, auf unwiderruflichen Antrag des Steuerpflichtigen nach der in seinem Betrieb geführten Tonnage zu ermitteln, wenn die Bereederung dieser Handelsschiffe im Inland durchgeführt wird. ²Der im Wirtschaftsjahr erzielte Gewinn beträgt pro Tag des Betriebs für jedes im internationalen Verkehr betriebene Handelsschiff für jeweils volle 100 Nettotonnen (Nettoraumzahl)

0,92 Euro bei einer Tonnage bis zu 1000 Nettotonnen,

0,69 Euro für die 1000 Nettotonnen übersteigende Tonnage bis zu 10 000 Nettotonnen,

0,46 Euro für die 10 000 Nettotonnen übersteigende Tonnage bis zu 25 000 Nettotonnen,

0,23 Euro für die 25 000 Nettotonnen übersteigende Tonnage.

(2) ¹Handelsschiffe werden im internationalen Verkehr betrieben, wenn eigene oder gecharterte Seeschiffe, die im Wirtschaftsjahr überwiegend in einem inländischen Seeschiffsregister eingetragen sind, in diesem Wirtschaftsjahr überwiegend zur Beförderung von Personen oder Gütern im Verkehr mit oder zwischen ausländischen Häfen, innerhalb eines ausländischen Hafens oder zwischen einem ausländischen Hafen und der Hohen See eingesetzt werden. ²Zum Betrieb von Handelsschiffen im internationalen Verkehr gehören auch ihre Vercharterung, wenn sie vom Vercharterer ausgerüstet worden sind, und die unmittelbar mit ihrem Einsatz oder ihrer Vercharterung zusammenhängenden Neben- und Hilfsgeschäfte einschließlich der Veräußerung der Handelsschiffe und der unmittelbar ihrem Betrieb dienenden Wirtschaftsgüter. ³Der Einsatz und die Vercharterung von gecharterten Handelsschiffen gilt nur dann als Betrieb von Handelsschiffen im internationalen Verkehr, wenn gleichzeitig eigene oder ausgerüstete Handelsschiffe im internationalen Verkehr betrieben werden. ⁴Sind gecharterte Handelsschiffe nicht in einem inländischen Seeschiffsregister eingetragen, gilt Satz 3 unter der weiteren Voraussetzung, dass im Wirtschaftsjahr die Nettotonnage der gecharterten Handelsschiffe das Dreifache der nach den Sätzen 1 und 2 im internationalen Verkehr betriebenen Handelsschiffe nicht übersteigt; für die Berechnung der Nettotonnage sind jeweils die Nettotonnen pro Schiff mit der Anzahl der Betriebstage nach Absatz 1 zu vervielfältigen. ⁵Dem Betrieb von Handelsschiffen im internationalen Verkehr ist gleichgestellt, wenn Seeschiffe, die im Wirtschaftsjahr überwiegend in einem inländischen Seeschiffsregister eingetragen sind, in diesem Wirtschaftsjahr überwiegend außerhalb der deutschen Hoheitsgewässer zum Schleppen, Bergen oder zur Aufsuchung von Bodenschätzen oder zur Vermessung von Energielagerstätten unter dem Meeresboden eingesetzt werden; die Sätze 2 bis 4 sind sinngemäß anzuwenden.

(3) ¹Der Antrag auf Anwendung der Gewinnermittlung nach Absatz 1 ist im Wirtschaftsjahr der Anschaffung oder Herstellung des Handelsschiffs (Indienststellung) mit Wirkung ab Beginn dieses Wirtschaftsjahres zu stellen. ²Vor Indienststellung des Handelsschiffs durch den Betrieb von Handelsschiffen im internationalen Verkehr erwirtschaftete Gewinne sind in diesem Fall nicht zu besteuern; Verluste sind weder ausgleichsfähig noch verrechenbar. ³Bereits erlassene Steuerbescheide sind insoweit zu ändern. ⁴Das gilt auch dann, wenn der Steuerbescheid unanfechtbar geworden ist; die Festsetzungsfrist endet insoweit nicht, bevor die Festsetzungsfrist für den Veranlagungszeitraum abgelaufen ist, in dem der Gewinn erstmals nach Absatz 1 ermittelt wird. ⁵Wird der Antrag auf Anwendung der Gewinnermittlung nach Absatz 1 nicht nach Satz 1 im Wirtschaftsjahr der Anschaffung oder Herstellung des Handelsschiffs (Indienststellung) gestellt, kann er erstmals in dem Wirtschaftsjahr gestellt werden, das jeweils nach Ablauf eines Zeitraumes von zehn Jahren, vom Beginn des Jahres der Indienststellung gerechnet, endet. ⁶Die Sätze 2 bis 4 sind insoweit nicht anwendbar. ⁷Der Steuerpflichtige ist an die Gewinnermittlung nach Absatz 1 vom Beginn des Wirtschaftsjahres an, in dem er den Antrag stellt, zehn Jahre gebunden. ⁸Nach Ablauf dieses Zeitraums kann er den Antrag mit Wirkung für den Beginn jedes folgenden Wirtschaftsjahres bis zum Ende dieses Jahres unwiderruflich zurücknehmen. ⁹An die Gewinnermittlung nach allgemeinen Vorschriften ist der Steuerpflichtige ab dem Beginn des Wirtschaftsjahres, in dem er den Antrag zurücknimmt, zehn Jahre gebunden.

(4) ¹Zum Schluss des Wirtschaftsjahres, das der erstmaligen Anwendung des Absatzes 1 vorangeht (Übergangsjahr), ist für jedes Wirtschaftsgut, das unmittelbar dem Betrieb von Handelsschiffen im internationalen Verkehr dient, der Unterschiedsbetrag zwischen Buchwert und Teilwert in ein besonderes Verzeichnis aufzunehmen. ²Der Unterschiedsbetrag ist gesondert und bei Gesellschaften im Sinne des § 15 Abs. 1 Satz 1 Nr. 2 einheitlich festzustellen. ³Der Unterschiedsbetrag nach Satz 1 ist dem Gewinn hinzuzurechnen:
1. in dem letzten Jahr der Anwendung des Absatzes 1 folgenden fünf Wirtschaftsjahren jeweils in Höhe von mindestens einem Fünftel,
2. in dem Jahr, in dem das Wirtschaftsgut aus dem Betriebsvermögen ausscheidet oder in dem es nicht mehr unmittelbar dem Betrieb von Handelsschiffen im internationalen Verkehr dient,
3. in dem Jahr des Ausscheidens eines Gesellschafters hinsichtlich des auf ihn entfallenden Anteils.

⁴Die Sätze 1 bis 3 sind entsprechend anzuwenden, wenn der Steuerpflichtige Wirtschaftsgüter des Betriebsvermögens dem Betrieb von Handelsschiffen im internationalen Verkehr zuführt.

(4a) ¹Bei Gesellschaften im Sinne des § 15 Abs. 1 Satz 1 Nr. 2 tritt für die Zwecke dieser Vorschrift an die Stelle des Steuerpflichtigen die Gesellschaft. ²Der nach Absatz 1 ermittelte Gewinn ist den Gesellschaftern entsprechend ihrem Anteil am Gesellschaftsvermögen zuzurechnen. ³Vergütungen im Sinne des § 15 Abs. 1 Satz 1 Nr. 2 und Satz 2 sind hinzuzurechnen.

(5) ¹Gewinne nach Absatz 1 umfassen auch Einkünfte nach § 16. ²Die §§ 34, 34c Abs. 1 bis 3 und § 35 sind nicht anzuwenden. ³Rücklagen nach den §§ 6b, 6d und 7g sind beim Übergang zur Gewinnermittlung nach Absatz 1 dem Gewinn im Erstjahr hinzuzurechnen. ⁴Für die Anwendung des § 15a ist der nach § 4 Abs. 1 oder § 5 ermittelte Gewinn zugrunde zu legen.

(6) In der Bilanz zum Schluss des Wirtschaftsjahres, in dem Absatz 1 letztmalig angewendet wird, ist für jedes Wirtschaftsgut, das unmittelbar dem Betrieb von Handelsschiffen im internationalen Verkehr dient, der Teilwert anzusetzen.

§ 6
Bewertung

(1) Für die Bewertung der einzelnen Wirtschaftsgüter, die nach § 4 Abs. 1 oder nach § 5 als Betriebsvermögen anzusetzen sind, gilt das Folgende:

1. ¹Wirtschaftsgüter des Anlagevermögens, die der Abnutzung unterliegen, sind mit den Anschaffungs- oder Herstellungskosten oder dem an deren Stelle tretenden Wert, vermindert um die Absetzungen für Abnutzung, erhöhte Absetzungen, Sonderabschreibungen, Abzüge nach § 6b und ähnliche Abzüge, anzusetzen. ²Ist der Teilwert auf Grund einer voraussichtlich dauernden Wertminderung niedriger, so kann dieser angesetzt werden. ³Teilwert ist der Betrag, den ein Erwerber des ganzen Betriebs im Rahmen des Gesamtkaufpreises für das einzelne Wirtschaftsgut ansetzen würde; dabei ist davon auszugehen, dass der Erwerber den Betrieb fortführt. ⁴Wirtschaftsgüter, die bereits am Schluss des vorangegangenen Wirtschaftsjahres zum Anlagevermögen des Steuerpflichtigen gehört haben, sind in den folgenden Wirtschaftsjahren gemäß Satz 1 anzusetzen, es sei denn, der Steuerpflichtige weist nach, dass ein niedrigerer Teilwert nach Satz 2 angesetzt werden kann.

1a. ¹Zu den Herstellungskosten eines Gebäudes gehören auch Aufwendungen für Instandsetzungs- und Modernisierungsmaßnahmen, die innerhalb von drei Jahren nach der Anschaffung des Gebäudes durchgeführt werden, wenn die Aufwendungen ohne die Umsatzsteuer 15 Prozent der Anschaffungskosten des Gebäudes übersteigen (anschaffungsnahe Herstellungskosten). ²Zu diesen Aufwendungen gehören nicht die Aufwendungen für Erweiterungen im Sinne des § 255 Abs. 2 Satz 1 des Handelsgesetzbuchs sowie Aufwendungen für Erhaltungsarbeiten, die jährlich üblicherweise anfallen.

2. ¹Andere als die in Nummer 1 bezeichneten Wirtschaftsgüter des Betriebs (Grund und Boden, Beteiligungen, Umlaufvermögen) sind mit den Anschaffungs- oder Herstellungskosten oder dem an deren Stelle tretenden Wert, vermindert um Abzüge nach § 6b und ähnliche Abzüge, anzusetzen. ²Ist der Teilwert (Nummer 1 Satz 3) auf Grund einer voraussichtlich dauernden Wertminderung niedriger, so kann dieser angesetzt werden. ³Nummer 1 Satz 4 gilt entsprechend.

2a. ¹Steuerpflichtige, die den Gewinn nach § 5 ermitteln, können für den Wertansatz gleichartiger Wirtschaftsgüter des Vorratsvermögens unterstellen, dass die zuletzt angeschafften oder hergestellten Wirtschaftsgüter zuerst verbraucht oder veräußert worden sind, soweit dies den handelsrechtlichen Grundsätzen ordnungsmäßiger Buchführung entspricht. ²Der Vorratsbestand am Schluss des Wirtschaftsjahres, das der erstmaligen Anwendung der Bewertung nach Satz 1 vorangeht, gilt mit seinem Bilanzansatz als erster Zugang des neuen Wirtschaftsjahres. ³Von der Verbrauchs- oder Veräußerungsfolge nach Satz 1 kann in den folgenden Wirtschaftsjahren nur mit Zustimmung des Finanzamts abgewichen werden.

3. ¹Verbindlichkeiten sind unter sinngemäßer Anwendung der Vorschriften der Nummer 2 anzusetzen und mit einem Zinssatz von 5,5 Prozent abzuzinsen. ²Ausgenommen von der Abzinsung sind Verbindlichkeiten, deren Laufzeit am Bilanzstichtag weniger als zwölf Monate beträgt, und Verbindlichkeiten, die verzinslich sind oder auf einer Anzahlung oder Vorausleistung beruhen.

3a. ¹Rückstellungen sind höchstens insbesondere unter Berücksichtigung folgender Grundsätze anzusetzen:

a) bei Rückstellungen für gleichartige Verpflichtungen ist auf der Grundlage der Erfahrungen in der Vergangenheit aus der Abwicklung solcher Verpflichtungen die Wahrscheinlichkeit zu berücksichtigen, dass der Steuerpflichtige nur zu einem Teil der Summe dieser Verpflichtungen in Anspruch genommen wird;

b) Rückstellungen für Sachleistungsverpflichtungen sind mit den Einzelkosten und den angemessenen Teilen der notwendigen Gemeinkosten zu bewerten;

c) künftige Vorteile, die mit der Erfüllung der Verpflichtung voraussichtlich verbunden sein werden, sind, soweit sie nicht als Forderung zu aktivieren sind, bei ihrer Bewertung wertmindernd zu berücksichtigen;

d) Rückstellungen für Verpflichtungen, für deren Entstehen im wirtschaftlichen Sinne der laufende Betrieb ursächlich ist, sind zeitanteilig in gleichen Raten anzusammeln. ²Rückstellungen für gesetzliche Verpflichtungen zur Rücknahme und Verwertung von Erzeugnissen, die vor Inkrafttreten entsprechender gesetzlicher Verpflichtungen in Verkehr gebracht worden sind, sind zeitanteilig in gleichen Raten bis zum Beginn der jeweiligen Erfüllung anzusammeln; Buchstabe e ist insoweit nicht anzuwenden. ³Rückstellungen für die Verpflichtung, ein Kernkraftwerk stillzulegen, sind ab dem Zeitpunkt der erstmaligen Nutzung bis zum Zeitpunkt, in dem mit der Stilllegung begonnen werden muss, zeitanteilig in gleichen Raten anzusammeln; steht der Zeitpunkt der Stilllegung nicht fest, beträgt der Zeitraum für die Ansammlung 25 Jahre; und

e) Rückstellungen für Verpflichtungen sind mit einem Zinssatz von 5,5 Prozent abzuzinsen; Nummer 3 Satz 2 ist entsprechend anzuwenden. ²Für die Abzinsung von Rückstellungen für Sachleistungsverpflichtungen ist der Zeitraum bis zum Beginn der Erfüllung maßgebend. ³Für die Abzinsung von Rückstellungen für die Verpflichtung, ein Kernkraftwerk stillzulegen, ist der sich aus Buchstabe d Satz 3 ergebende Zeitraum maßgebend.

4. ¹Entnahmen des Steuerpflichtigen für sich, für seinen Haushalt oder für andere betriebsfremde Zwecke sind mit dem Teilwert anzusetzen; in den Fällen des § 4 Abs. 1 Satz 3 ist die Entnahme mit dem gemeinen Wert anzusetzen. ²Die private Nutzung eines Kraftfahrzeugs, das zu mehr als 50 Prozent betrieblich genutzt wird, ist für jeden Kalendermonat mit 1 vom Hundert des inländischen Listenpreises im Zeitpunkt der Erstzulassung zuzüglich der Kosten für Sonderausstattungen einschließlich der Umsatzsteuer anzusetzen. ³Bei der Ermittlung der Nutzung im Sinne des Satzes 2 gelten die Fahrten zwischen Wohnung und Betriebsstätte und die Familienheimfahrten als betriebliche Nutzung. ⁴Die private Nutzung kann abweichend von Satz 2 mit den auf Privatfahrten entfallenden Aufwendungen angesetzt werden, wenn die für das Kraftfahrzeug insgesamt entstehenden Aufwendungen durch Belege und das Verhältnis der privaten zu den übrigen Fahrten durch ein ordnungsgemäßes Fahrtenbuch nachgewiesen werden. ⁵Wird ein Wirtschaftsgut unmittelbar nach seiner Entnahme einer nach § 5 Abs. 1 Nr. 9 des Körperschaftsteuergesetzes von der Körperschaftsteuer befreiten Körperschaft, Personenvereinigung oder Vermögensmasse oder einer juristischen Person des öffentlichen Rechts zur Verwendung für steuerbegünstigte Zwecke im Sinne des § 10b Abs. 1 Satz 1 unentgeltlich überlassen, so kann die Entnahme mit dem Buchwert angesetzt werden. ⁶Dies gilt für Zuwendungen im Sinne des § 10b Abs. 1 Satz 3 entsprechend. ⁷Die Sätze 5 und 6 gelten nicht für die Entnahme von Nutzungen und Leistungen.

5. ¹Einlagen sind mit dem Teilwert für den Zeitpunkt der Zuführung anzusetzen; sie sind jedoch höchstens mit den Anschaffungs- oder Herstellungskosten anzusetzen, wenn das zugeführte Wirtschaftsgut

a) innerhalb der letzten drei Jahre vor dem Zeitpunkt der Zuführung angeschafft oder hergestellt worden ist oder

b) ein Anteil an einer Kapitalgesellschaft ist und der Steuerpflichtige an der Gesellschaft im Sinne des § 17 Abs. 1 oder 6 beteiligt ist; § 17 Abs. 2 Satz 4 gilt entsprechend.

²Ist die Einlage ein abnutzbares Wirtschaftsgut, so sind die Anschaffungs- oder Herstellungskosten um Absetzungen für Abnutzung zu kürzen, die auf den Zeitraum zwischen der Anschaffung oder Herstellung des Wirtschaftsguts und der Einlage entfallen. ³Ist die Einlage ein Wirtschaftsgut, das vor der Zuführung aus einem Betriebsvermögen des Steuerpflichtigen entnommen worden ist, so tritt an die Stelle der Anschaffungs- oder Herstellungskosten der Wert, mit dem die Entnahme angesetzt worden ist, und an die Stelle des Zeitpunkts der Anschaffung oder Herstellung der Zeitpunkt der Entnahme.

5a. In den Fällen des § 4 Abs. 1 Satz 7 zweiter Halbsatz ist das Wirtschaftsgut mit dem gemeinen Wert anzusetzen.

6. Bei Eröffnung eines Betriebs ist Nummer 5 entsprechend anzuwenden.

7. Bei entgeltlichem Erwerb eines Betriebs sind die Wirtschaftsgüter mit dem Teilwert, höchstens jedoch mit den Anschaffungs- oder Herstellungskosten anzusetzen.

(2) ¹Die Anschaffungs- oder Herstellungskosten oder der nach Absatz 1 Nr. 5 bis 6 an deren Stelle tretende Wert von abnutzbaren beweglichen Wirtschaftsgütern des Anlagevermögens, die einer selbständigen Nutzung fähig sind, können im Wirtschaftsjahr der Anschaffung, Herstellung oder Einlage des Wirtschaftsguts oder der Eröffnung des Betriebs in voller Höhe als Betriebsausgaben abgesetzt werden, wenn die Anschaffungs- oder Herstellungskosten, vermindert um einen darin enthaltenen Vorsteuerbetrag (§ 9b Abs. 1), oder der nach Absatz 1 Nr. 5 bis 6 an deren Stelle tretende Wert für das einzelne Wirtschaftsgut 410 Euro nicht übersteigen. ²Ein Wirtschaftsgut ist einer selbständigen Nutzung nicht fähig, wenn es nach seiner betrieblichen Zweckbestimmung nur zusammen mit anderen Wirtschaftsgütern des Anlagevermögens genutzt werden kann und die in den Nutzungszusammenhang eingefügten Wirtschaftsgüter technisch aufeinander abgestimmt sind. ³Das gilt auch, wenn das Wirtschaftsgut aus dem betrieblichen Nutzungszusammenhang gelöst und in einen anderen betrieblichen Nutzungszusammenhang eingefügt werden kann. ⁴Satz 1 ist nur bei Wirtschaftsgütern anzuwenden, die unter Angabe des Tages der Anschaffung, Herstellung oder Einlage des Wirtschaftsguts oder der Eröffnung des Betriebs und der Anschaffungs- oder Herstellungskosten oder des nach Absatz 1 Nr. 5 bis 6 an deren Stelle tretenden Werts in einem besonderen, laufend zu führenden Verzeichnis aufgeführt sind. ⁵Das Verzeichnis braucht nicht geführt zu werden, wenn diese Angaben aus der Buchführung ersichtlich sind.

(3) ¹Wird ein Betrieb, ein Teilbetrieb oder der Anteil eines Mitunternehmers an einem Betrieb unentgeltlich übertragen, so sind bei der Ermittlung des Gewinns des bisherigen Betriebsinhabers (Mitunternehmers) die Wirtschaftsgüter mit den Werten anzusetzen, die sich nach den Vorschriften über die Gewinnermittlung ergeben; dies gilt auch bei der unentgeltlichen Aufnahme einer natürlichen Person in ein bestehendes Einzelunternehmen sowie bei der unentgeltlichen Übertragung eines Teils eines Mitunternehmeranteils auf eine natürliche Person. ²Satz 1 ist auch anzuwenden, wenn der bisherige Betriebsinhaber (Mitunternehmer) Wirtschaftsgüter, die weiterhin zum Betriebsvermögen derselben Mitunternehmerschaft gehören, nicht überträgt, sofern der Rechtsnachfolger den übernommenen Mitunternehmeranteil über einen Zeitraum von mindestens fünf Jahren nicht veräußert oder aufgibt. ³Der Rechtsnachfolger ist an die in Satz 1 genannten Werte gebunden.

(4) Wird ein einzelnes Wirtschaftsgut außer in den Fällen der Einlage (§ 4 Abs. 1 Satz 7) unentgeltlich in das Betriebsvermögen eines anderen Steuerpflichtigen übertragen, gilt sein gemeiner Wert für das aufnehmende Betriebsvermögen als Anschaffungskosten.

(5) ¹Wird ein einzelnes Wirtschaftsgut von einem Betriebsvermögen in ein anderes Betriebsvermögen desselben Steuerpflichtigen überführt, ist bei der Überführung der Wert anzusetzen, der sich nach den Vorschriften über die Gewinnermittlung ergibt, sofern die Besteuerung der stillen Reserven sichergestellt ist. ²Satz 1 gilt auch für die Überführung aus einem eigenen Betriebsvermögen des Steuerpflichtigen in dessen Sonderbetriebsvermögen bei einer Mitunternehmerschaft und umgekehrt sowie für die Überführung zwischen verschiedenen Sonderbetriebsvermögen desselben Steuerpflichtigen bei verschiedenen Mitunternehmerschaften. ³Satz 1 gilt entsprechend, soweit ein Wirtschaftsgut

1. unentgeltlich oder gegen Gewährung oder Minderung von Gesellschaftsrechten aus einem Betriebsvermögen des Mitunternehmers in das Gesamthandsvermögen einer Mitunternehmerschaft und umgekehrt,

2. unentgeltlich oder gegen Gewährung oder Minderung von Gesellschaftsrechten aus dem Sonderbetriebsvermögen eines Mitunternehmers in das Gesamthandsvermögen derselben Mitunternehmerschaft oder einer anderen Mitunternehmerschaft, an der er beteiligt ist, und umgekehrt oder

3. unentgeltlich zwischen den jeweiligen Sonderbetriebsvermögen verschiedener Mitunternehmer derselben Mitunternehmerschaft

übertragen wird. ⁴Wird das nach Satz 3 übertragene Wirtschaftsgut innerhalb einer Sperrfrist veräußert oder entnommen, ist rückwirkend auf den Zeitpunkt der Übertragung der Teilwert anzusetzen, es sei denn, die bis zur Übertragung entstandenen stillen Reserven sind durch Erstellung einer Ergänzungsbilanz dem übertragenden Gesellschafter zugeordnet worden; diese Sperrfrist endet drei Jahre nach Abgabe der Steuererklärung des Übertragenden für den Veranlagungszeitraum, in dem die in Satz 3 bezeichnete Übertragung erfolgt ist. ⁵Der Teilwert ist auch anzusetzen, soweit in den Fällen des Satzes 3 der Anteil einer Körperschaft, Personenvereinigung oder Vermögensmasse an dem Wirtschaftsgut unmittelbar oder mittelbar begründet wird oder dieser sich erhöht. ⁶Soweit innerhalb von sieben Jahren nach der Übertragung des Wirtschaftsguts nach Satz 3 der Anteil einer Körperschaft, Personenvereinigung oder Vermögensmasse an dem übertragenen Wirtschaftsgut aus einem anderen Grund unmittelbar oder mittelbar begründet wird oder dieser sich erhöht, ist rückwirkend auf den Zeitpunkt der Übertragung ebenfalls der Teilwert anzusetzen.

(6) ¹Wird ein einzelnes Wirtschaftsgut im Wege des Tausches übertragen, bemessen sich die Anschaffungskosten nach dem gemeinen Wert des hingegebenen Wirtschaftsguts. ²Erfolgt die Übertragung im Wege der verdeckten Einlage, erhöhen sich die Anschaffungskosten der Beteiligung an der Kapitalgesellschaft um den Teilwert des eingelegten Wirtschaftsguts. ³In den Fällen des Absatzes 1 Nr. 5 Satz 1 Buchstabe a erhöhen sich die Anschaffungskosten im Sinne des Satzes 2 um den Einlagewert des Wirtschaftsguts. ⁴Absatz 5 bleibt unberührt.

(7) Im Fall des § 4 Abs. 3 sind bei der Bemessung der Absetzungen für Abnutzung oder Substanzverringerung die sich bei Anwendung der Absätze 3 bis 6 ergebenden Werte als Anschaffungskosten zugrunde zu legen.

§ 6a
Pensionsrückstellung

(1) Für eine Pensionsverpflichtung darf eine Rückstellung (Pensionsrückstellung) nur gebildet werden, wenn und soweit

1. der Pensionsberechtigte einen Rechtsanspruch auf einmalige oder laufende Pensionsleistungen hat,

2. die Pensionszusage keine Pensionsleistungen in Abhängigkeit von künftigen gewinnabhängigen Bezügen vorsieht und keinen Vorbehalt enthält, dass die Pensionsanwartschaft oder die Pensionsleistung gemindert oder entzogen werden kann, oder ein solcher Vorbehalt sich nur auf Tatbestände erstreckt, bei deren Vorliegen nach allgemeinen Rechtsgrundsätzen unter Beachtung billigen Ermessens eine Minderung oder ein Entzug der Pensionsanwartschaft oder der Pensionsleistung zulässig ist, und

3. die Pensionszusage schriftlich erteilt ist; die Pensionszusage muss eindeutige Angaben zu Art, Form, Voraussetzungen und Höhe der in Aussicht gestellten künftigen Leistungen enthalten.

(2) Eine Pensionsrückstellung darf erstmals gebildet werden

1. vor Eintritt des Versorgungsfalls für das Wirtschaftsjahr, in dem die Pensionszusage erteilt wird, frühestens jedoch für das Wirtschaftsjahr, bis zu dessen Mitte der Pensionsberechtigte das 28. Lebensjahr vollendet, oder für das Wirtschaftsjahr, in dessen Verlauf die Pensionsanwartschaft gemäß den Vorschriften des Betriebsrentengesetzes unverfallbar wird,

2. nach Eintritt des Versorgungsfalls für das Wirtschaftsjahr, in dem der Versorgungsfall eintritt.

(3) ¹Eine Pensionsrückstellung darf höchstens mit dem Teilwert der Pensionsverpflichtung angesetzt werden. ²Als Teilwert einer Pensionsverpflichtung gilt

1. vor Beendigung des Dienstverhältnisses des Pensionsberechtigten der Barwert der künftigen Pensionsleistungen am Schluss des Wirtschaftsjahres abzüglich des sich auf denselben Zeitpunkt ergebenden Barwertes betragsmäßig gleich bleibender Jahresbeträge, bei einer Entgeltumwandlung im Sinne des § 1 Abs. 2 des Betriebsrentengesetzes mindestens jedoch der Barwert der gemäß den Vorschriften des Betriebsrentengesetzes unverfallbaren künftigen Pensionsleistungen am Schluss des Wirtschaftsjahres. ²Die Jahresbeträge sind so zu bemessen, dass am Beginn des Wirtschaftsjahres, in dem das Dienstverhältnis begonnen hat, ihr Barwert gleich dem Barwert der künftigen Pensionsleistungen ist; die künftigen Pensionsleistungen sind dabei mit dem Betrag anzusetzen, der sich nach den Verhältnissen am Bilanzstichtag ergibt. ³Es sind die Jahresbeträge zugrunde zu legen, die vom Beginn des Wirtschaftsjahres, in dem das Dienstverhältnis begonnen hat, bis zu dem in der Pensionszusage vorgesehenen Zeitpunkt des Eintritts des Versorgungsfalls rechnungsmäßig aufzubringen sind. ⁴Erhöhungen oder Verminderungen der Pensionsleistungen nach dem Schluss des Wirtschaftsjahres, die hinsichtlich des Zeitpunkts ihres Wirksamwerdens oder ihres Umfangs ungewiss sind, sind bei der Berechnung des Barwertes der künftigen Pensionsleistungen und der Jahresbeträge erst zu berücksichtigen, wenn sie eingetreten sind. ⁵Wird die Pensionszusage erst nach dem Beginn des Dienstverhältnisses erteilt, so ist die Zwischenzeit für die Berechnung der Jahresbeträge nur insoweit als Wartezeit zu behandeln, als sie in der Pensionszusage als solche bestimmt ist. ⁶Hat das Dienstverhältnis schon vor der Vollendung des 28. Lebensjahres des Pensionsberechtigten bestanden, so gilt es als zu Beginn des Wirtschaftsjahres begonnen, bis zu dessen Mitte der Pensionsberechtigte das 28. Lebensjahr vollendet; in diesem Fall gilt für davor liegende Wirtschaftsjahre als Teilwert der Barwert der gemäß den Vorschriften des Betriebsrentengesetzes unverfallbaren künftigen Pensionsleistungen am Schluss des Wirtschaftsjahres;

2. nach Beendigung des Dienstverhältnisses des Pensionsberechtigten unter Aufrechterhaltung seiner Pensionsanwartschaft oder nach Eintritt des Versorgungsfalls der Barwert der künftigen Pensionsleistungen am Schluss des Wirtschaftsjahres; Nummer 1 Satz 4 gilt sinngemäß.

³Bei der Berechnung des Teilwertes der Pensionsverpflichtung sind ein Rechnungszinsfuß von 6 Prozent und die anerkannten Regeln der Versicherungsmathematik anzuwenden.

(4) ¹Eine Pensionsrückstellung darf in einem Wirtschaftsjahr höchstens um den Unterschied zwischen dem Teilwert der Pensionsverpflichtung am Schluss des Wirtschaftsjahres und am Schluss des vorangegangenen Wirtschaftsjahres erhöht werden. ²Soweit der Unterschiedsbetrag auf der erstmaligen Anwendung neuer oder geänderter biometrischer Rechnungsgrundlagen beruht, kann er nur auf mindestens drei Wirtschaftsjahre gleichmäßig verteilt der Pensionsrückstellung zugeführt werden; Entsprechendes gilt beim Wechsel auf andere biometrische Rechnungsgrundlagen. ³In dem Wirtschaftsjahr, in dem mit der Bildung einer Pensionsrückstellung frühestens begonnen werden darf (Erstjahr), darf die Rückstellung bis zur Höhe des Teilwertes der Pensionsverpflichtung am Schluss des Wirtschaftsjahres gebildet werden; diese Rückstellung kann auf das Erstjahr und die beiden folgenden Wirtschaftsjahre gleichmäßig verteilt werden. ⁴Erhöht sich in einem Wirtschaftsjahr gegenüber dem vorangegangenen Wirtschaftsjahr der Barwert der künftigen Pensionsleistungen um mehr als 25 Prozent, so kann die für dieses Wirtschaftsjahr zulässige Erhöhung der Pensionsrückstellung auf dieses Wirtschaftsjahr und die beiden folgenden Wirtschaftsjahre gleichmäßig verteilt werden. ⁵Am Schluss des Wirtschaftsjahres, in dem das Dienstverhältnis des Pensionsberechtigten unter Aufrechterhaltung seiner Pensionsanwartschaft endet oder der Versorgungsfall eintritt, darf die Pensionsrückstellung stets bis zur Höhe des Teilwertes der Pensionsverpflichtung gebildet werden; die für dieses Wirtschaftsjahr zulässige Erhöhung der Pensionsrückstellung kann auf dieses Wirtschaftsjahr und die beiden folgenden Wirtschaftsjahre gleichmäßig verteilt werden. ⁶Satz 2 gilt in den Fällen der Sätze 3 bis 5 entsprechend.

(5) Die Absätze 3 und 4 gelten entsprechend, wenn der Pensionsberechtigte zu dem Pensionsverpflichteten in einem anderen Rechtsverhältnis als einem Dienstverhältnis steht.

§ 6b
Übertragung stiller Reserven bei der Veräußerung bestimmter Anlagegüter

(1) ¹Steuerpflichtige, die

Grund und Boden,

Aufwuchs auf Grund und Boden mit dem dazugehörigen Grund und Boden, wenn der Aufwuchs zu einem land- und forstwirtschaftlichen Betriebsvermögen gehört,

Gebäude oder Binnenschiffe

veräußern, können im Wirtschaftsjahr der Veräußerung von den Anschaffungs- oder Herstellungskosten der in Satz 2 bezeichneten Wirtschaftsgüter, die im Wirtschaftsjahr der Veräußerung oder im vorangegangenen Wirtschaftsjahr angeschafft oder hergestellt worden sind, einen Betrag bis zur Höhe des bei der Veräußerung entstandenen Gewinns abziehen. ²Der Abzug ist zulässig bei den Anschaffungs- oder Herstellungskosten von

1. Grund und Boden,

   soweit der Gewinn bei der Veräußerung von Grund und Boden entstanden ist,

2. Aufwuchs auf Grund und Boden mit dem dazugehörigen Grund und Boden, wenn der Aufwuchs zu einem land- und forstwirtschaftlichen Betriebsvermögen gehört,

   soweit der Gewinn bei der Veräußerung von Grund und Boden oder der Veräußerung von Aufwuchs auf Grund und Boden mit dem dazugehörigen Grund und Boden entstanden ist,

3. Gebäuden,

   soweit der Gewinn bei der Veräußerung von Grund und Boden, von Aufwuchs auf Grund und Boden mit dem dazugehörigen Grund und Boden oder Gebäuden entstanden ist, oder

4. Binnenschiffen,

   soweit der Gewinn bei der Veräußerung von Binnenschiffen entstanden ist.

³Der Anschaffung oder Herstellung von Gebäuden steht ihre Erweiterung, ihr Ausbau oder ihr Umbau gleich. ⁴Der Abzug ist in diesem Fall nur von dem Aufwand für die Erweiterung, den Ausbau oder den Umbau der Gebäude zulässig.

(2) ¹Gewinn im Sinne des Absatzes 1 Satz 1 ist der Betrag, um den der Veräußerungspreis nach Abzug der Veräußerungskosten den Buchwert übersteigt, mit dem das veräußerte Wirtschaftsgut im Zeitpunkt der Veräußerung anzusetzen gewesen wäre. ²Buchwert ist der Wert, mit dem ein Wirtschaftsgut nach § 6 anzusetzen ist.

(3) ¹Soweit Steuerpflichtige den Abzug nach Absatz 1 nicht vorgenommen haben, können sie im Wirtschaftsjahr der Veräußerung eine den steuerlichen Gewinn mindernde Rücklage bilden. ²Bis zur Höhe dieser Rücklage können sie von den Anschaffungs- oder Herstellungskosten der in Absatz 1 Satz 2 bezeichneten Wirtschaftsgüter, die in den folgenden vier Wirtschaftsjahren angeschafft oder hergestellt worden sind, im Wirtschaftsjahr ihrer Anschaffung oder Herstellung einen Betrag unter Berücksichtigung der Einschränkungen des Absatzes 1 Satz 2 bis 4 abziehen. ³Die Frist von vier Jahren verlängert sich bei neu hergestellten Gebäuden auf sechs Jahre, wenn mit ihrer Herstellung vor dem Schluss des vierten auf die Bildung der Rücklage folgenden Wirtschaftsjahres begonnen worden ist. ⁴Die Rücklage ist in Höhe des abgezogenen Betrags gewinnerhöhend aufzulösen. ⁵Ist eine Rücklage am Schluss des vierten auf ihre Bildung folgenden Wirtschaftsjahres noch vorhanden, so ist sie in diesem Zeitpunkt gewinnerhöhend aufzulösen, soweit nicht ein Abzug von den Herstellungskosten von Gebäuden in Betracht kommt, mit deren Herstellung bis zu diesem Zeitpunkt begonnen worden ist; ist die Rücklage am Schluss des sechsten auf ihre Bildung folgenden Wirtschaftsjahres noch vorhanden, so ist sie in diesem Zeitpunkt gewinnerhöhend aufzulösen.

(4) ¹Voraussetzung für die Anwendung der Absätze 1 und 3 ist, dass

1. der Steuerpflichtige den Gewinn nach § 4 Abs. 1 oder § 5 ermittelt,

§§ 6c, 6d EStG – Gesetzestext

2. die veräußerten Wirtschaftsgüter im Zeitpunkt der Veräußerung mindestens sechs Jahre ununterbrochen zum Anlagevermögen einer inländischen Betriebsstätte gehört haben,

3. die angeschafften oder hergestellten Wirtschaftsgüter zum Anlagevermögen einer inländischen Betriebsstätte gehören,

4. der bei der Veräußerung entstandene Gewinn bei der Ermittlung des im Inland steuerpflichtigen Gewinns nicht außer Ansatz bleibt und

5. der Abzug nach Absatz 1 und die Bildung und Auflösung der Rücklage nach Absatz 3 in der Buchführung verfolgt werden können.

²Der Abzug nach den Absätzen 1 und 3 ist bei Wirtschaftsgütern, die zu einem land- und forstwirtschaftlichen Betrieb gehören oder der selbständigen Arbeit dienen, nicht zulässig, wenn der Gewinn bei der Veräußerung von Wirtschaftsgütern eines Gewerbebetriebs entstanden ist.

(5) An die Stelle der Anschaffungs- oder Herstellungskosten im Sinne des Absatzes 1 tritt in den Fällen, in denen das Wirtschaftsgut im Wirtschaftsjahr vor der Veräußerung angeschafft oder hergestellt worden ist, der Buchwert am Schluss des Wirtschaftsjahres der Anschaffung oder Herstellung.

(6) ¹Ist ein Betrag nach Absatz 1 oder 3 abgezogen worden, so tritt für die Absetzungen für Abnutzung oder Substanzverringerung oder in den Fällen des § 6 Abs. 2 im Wirtschaftsjahr des Abzugs der verbleibende Betrag an die Stelle der Anschaffungs- oder Herstellungskosten. ²In den Fällen des § 7 Abs. 4 Satz 1 und Abs. 5 sind die um den Abzugsbetrag nach Absatz 1 oder 3 geminderten Anschaffungs- oder Herstellungskosten maßgebend.

(7) Soweit eine nach Absatz 3 Satz 1 gebildete Rücklage gewinnerhöhend aufgelöst wird, ohne dass ein entsprechender Betrag nach Absatz 3 abgezogen wird, ist der Gewinn des Wirtschaftsjahres, in dem die Rücklage aufgelöst wird, für jedes volle Wirtschaftsjahr, in dem die Rücklage bestanden hat, um 6 Prozent des aufgelösten Rücklagenbetrags zu erhöhen.

(8) ¹Werden Wirtschaftsgüter im Sinne des Absatzes 1 zum Zweck der Vorbereitung oder Durchführung von städtebaulichen Sanierungs- oder Entwicklungsmaßnahmen an einen der in Satz 3 bezeichneten Erwerber übertragen, sind die Absätze 1 bis 7 mit der Maßgabe anzuwenden, dass

1. die Fristen des Absatzes 3 Satz 2, 3 und 5 sich jeweils um drei Jahre verlängern und

2. an die Stelle der in Absatz 4 Nr. 2 bezeichneten Frist von sechs Jahren eine Frist von zwei Jahren tritt.

²Erwerber im Sinne des Satzes 1 sind Gebietskörperschaften, Gemeindeverbände, Verbände im Sinne des § 166 Abs. 4 des Baugesetzbuchs, Planungsverbände nach § 205 des Baugesetzbuchs, Sanierungsträger nach § 157 des Baugesetzbuchs, Entwicklungsträger nach § 167 des Baugesetzbuchs sowie Erwerber, die städtebauliche Sanierungsmaßnahmen als Eigentümer selbst durchführen (§ 147 Abs. 2 und § 148 Abs. 1 des Baugesetzbuchs).

(9) Absatz 8 ist nur anzuwenden, wenn die nach Landesrecht zuständige Behörde bescheinigt, dass die Übertragung der Wirtschaftsgüter zum Zweck der Vorbereitung oder Durchführung von städtebaulichen Sanierungs- oder Entwicklungsmaßnahmen an einen der in Absatz 8 Satz 2 bezeichneten Erwerber erfolgt ist.

(10) ¹Steuerpflichtige, die keine Körperschaften, Personenvereinigungen oder Vermögensmassen sind, können Gewinne aus der Veräußerung von Anteilen an Kapitalgesellschaften bis zu einem Betrag von 500 000 Euro auf die im Wirtschaftsjahr der Veräußerung oder in den folgenden zwei Wirtschaftsjahren angeschafften Anteile an Kapitalgesellschaften oder angeschafften oder hergestellten abnutzbaren beweglichen Wirtschaftsgüter oder auf die im Wirtschaftsjahr der Veräußerung oder in den folgenden vier Wirtschaftsjahren angeschafften oder hergestellten Gebäude nach Maßgabe der Sätze 2 bis 11 übertragen. ²Wird der Gewinn im Jahr der Veräußerung auf Gebäude oder abnutzbare bewegliche Wirtschaftsgüter übertragen, so kann ein Betrag bis zur Höhe des bei der Veräußerung entstandenen und nicht nach § 3 Nr. 40 Satz 1 Buchstabe a und b in Verbindung mit § 3c Abs. 2 steuerbefreiten Betrags von den Anschaffungs- oder Herstellungskosten für Gebäude oder abnutzbare bewegliche Wirtschaftsgüter abgezogen werden. ³Wird der Gewinn im Jahr der Veräußerung auf Anteile an Kapitalgesellschaften übertragen, mindern sich die Anschaffungskosten der Anteile an Kapitalgesellschaften in Höhe des Veräußerungsgewinns einschließlich des nach § 3 Nr. 40 Satz 1 Buchstabe a und b in Verbindung mit § 3c Abs. 2 steuerbefreiten Betrages. ⁴Absatz 2, Absatz 4 Satz 1 Nr. 1, 2, 3, 5 und Satz 2 sowie Absatz 5 sind sinngemäß anzuwenden. ⁵Soweit Steuerpflichtige den Abzug nach den Sätzen 1 bis 4 nicht vorgenommen haben, können sie eine Rücklage nach Maßgabe des Satzes 1 einschließlich des nach § 3 Nr. 40 Satz 1 Buchstabe a und b in Verbindung mit § 3c Abs. 2 steuerbefreiten Betrages bilden. ⁶Bei der Auflösung der Rücklage gelten die Sätze 2 und 3 sinngemäß. ⁷Im Fall des Satzes 2 ist die Rücklage in gleicher Höhe um den nach § 3 Nr. 40 Satz 1 Buchstabe a und b in Verbindung mit § 3c Abs. 2 steuerbefreiten Betrag aufzulösen. ⁸Ist eine Rücklage am Schluss des vierten auf ihre Bildung folgenden Wirtschaftsjahres noch vorhanden, so ist sie in diesem Zeitpunkt gewinnerhöhend aufzulösen. ⁹Soweit der Abzug nach Satz 6 nicht vorgenommen wurde, ist der Gewinn des Wirtschaftsjahres, in dem die Rücklage aufgelöst wird, für jedes volle Wirtschaftsjahr, in dem die Rücklage bestanden hat, um 6 Prozent des nicht nach § 3 Nr. 40 Satz 1 Buchstabe a und b in Verbindung mit § 3c Abs. 2 steuerbefreiten aufgelösten Rücklagenbetrags zu erhöhen. ¹⁰Für die zum Gesamthandsvermögen von Personengesellschaften oder Gemeinschaften gehörenden Anteile an Kapitalgesellschaften gelten die Sätze 1 bis 9 nur, soweit an den Personengesellschaften und Gemeinschaften keine Körperschaften, Personenvereinigungen oder Vermögensmassen beteiligt sind.

§ 6c
Übertragung stiller Reserven bei der Veräußerung bestimmter Anlagegüter, bei der Ermittlung des Gewinns nach § 4 Abs. 3 oder nach Durchschnittssätzen

(1) ¹§ 6b mit Ausnahme des § 6b Abs. 4 Nr. 1 ist entsprechend anzuwenden, wenn der Gewinn nach § 4 Abs. 3 oder die Einkünfte aus Land- und Forstwirtschaft nach Durchschnittssätzen ermittelt werden. ²Soweit nach § 6b Abs. 3 eine Rücklage gebildet werden kann, ist ihre Bildung als Betriebsausgabe (Abzug) und ihre Auflösung als Betriebseinnahme (Zuschlag) zu behandeln; der Zeitraum zwischen Abzug und Zuschlag gilt als Zeitraum, in dem die Rücklage bestanden hat.

(2) ¹Voraussetzung für die Anwendung des Absatzes 1 ist, dass die Wirtschaftsgüter, bei denen ein Abzug von den Anschaffungs- oder Herstellungskosten oder von dem Wert nach § 6b Abs. 5 vorgenommen worden ist, in besondere, laufend zu führende Verzeichnisse aufgenommen werden. ²In den Verzeichnissen sind der Tag der Anschaffung oder Herstellung, die Anschaffungs- oder Herstellungskosten, der Abzug nach § 6b Abs. 1 und 3 in Verbindung mit Absatz 1, die Absetzungen für Abnutzung, die Abschreibungen sowie die Beträge nachzuweisen, die nach § 6b Abs. 3 in Verbindung mit Absatz 1 als Betriebsausgaben (Abzug) oder Betriebseinnahmen (Zuschlag) behandelt worden sind.

§ 6d
Euroumrechnungsrücklage

(1) ¹Ausleihungen, Forderungen und Verbindlichkeiten im Sinne des Artikels 43 des Einführungsgesetzes zum Handelsgesetzbuch, die auf Währungseinheiten der an der Europäischen Währungsunion teilnehmenden anderen Mitgliedstaaten oder auf die ECU im Sinne des Artikels 2 der Verordnung (EG) Nr. 1103/97 des Rates vom 17. Juni 1997 (ABl. EG Nr. L 162 S. 1) lauten, sind am Schluss des ersten nach dem 31. Dezember 1998 endenden Wirtschaftsjahres mit dem vom Rat der Europäischen Union gemäß Artikel 109l Abs. 4 Satz 1 des EG-Vertrages unwiderruflich festgelegten Umrechnungskurs umzurechnen und mit dem sich danach ergebenden Wert anzusetzen. ²Der Gewinn, der sich aus diesem jeweiligen Ansatz für das einzelne Wirtschaftsgut ergibt, kann in eine den steuerlichen Gewinn mindernde Rücklage eingestellt werden. ³Die Rücklage ist gewinnerhöhend aufzulösen, soweit das Wirtschaftsgut, aus dessen Bewertung sich der in die Rücklage eingestellte Gewinn ergeben hat, aus dem Betriebsvermögen ausscheidet. ⁴Die Rücklage ist spätestens am Schluss des fünften nach dem 31. Dezember 1998 endenden Wirtschaftsjahres gewinnerhöhend aufzulösen.

(2) ¹In die Euroumrechnungsrücklage gemäß Absatz 1 Satz 2 können auch Erträge eingestellt werden, die sich aus der Aktivierung von Wirtschaftsgütern auf Grund der unwiderruflichen Festlegung der Umrechnungskurse ergeben. ²Absatz 1 Satz 3 gilt entsprechend.

(3) Die Bildung und Auflösung der jeweiligen Rücklage müssen in der Buchführung verfolgt werden können.

§ 7
Absetzung für Abnutzung oder Substanzverringerung

(1) ¹Bei Wirtschaftsgütern, deren Verwendung oder Nutzung durch den Steuerpflichtigen zur Erzielung von Einkünften sich erfahrungsgemäß auf einen Zeitraum von mehr als einem Jahr erstreckt, ist jeweils für ein Jahr der Teil der Anschaffungs- oder Herstellungskosten abzusetzen, der bei gleichmäßiger Verteilung dieser Kosten auf die Gesamtdauer der Verwendung oder Nutzung auf ein Jahr entfällt (Absetzung für Abnutzung in gleichen Jahresbeträgen). ²Die Absetzung bemisst sich hierbei nach der betriebsgewöhnlichen Nutzungsdauer des Wirtschaftsguts. ³Als betriebsgewöhnliche Nutzungsdauer des Geschäfts- oder Firmenwerts eines Gewerbebetriebs oder eines Betriebs der Land- und Forstwirtschaft gilt ein Zeitraum von 15 Jahren. ⁴Im Jahr der Anschaffung oder Herstellung des Wirtschaftsguts vermindert sich für dieses Jahr der Absetzungsbetrag nach Satz 1 um jeweils ein Zwölftel für jeden vollen Monat, der dem Monat der Anschaffung oder Herstellung vorangeht. ⁵Bei Wirtschaftsgütern, die nach einer Verwendung zur Erzielung von Einkünften im Sinne des § 2 Abs. 1 Nr. 4 bis 7 in ein Betriebsvermögen eingelegt worden sind, mindern sich die Anschaffungs- oder Herstellungskosten um die Absetzungen für Abnutzung oder Substanzverringerung, Sonderabschreibungen oder erhöhte Absetzungen, die bis zum Zeitpunkt der Einlage vorgenommen worden sind. ⁶Bei beweglichen Wirtschaftsgütern des Anlagevermögens, bei denen es wirtschaftlich begründet ist, die Absetzung für Abnutzung nach Maßgabe der Leistung des Wirtschaftsguts vorzunehmen, kann der Steuerpflichtige dieses Verfahren statt der Absetzung für Abnutzung in gleichen Jahresbeträgen anwenden, wenn er den auf das einzelne Jahr entfallenden Umfang der Leistung nachweist. ⁷Absetzungen für außergewöhnliche technische oder wirtschaftliche Abnutzung sind zulässig; soweit der Grund hierfür in späteren Wirtschaftsjahren entfällt, ist in den Fällen der Gewinnermittlung nach § 4 Abs. 1 oder nach § 5 eine entsprechende Zuschreibung vorzunehmen.

(2) ¹Bei beweglichen Wirtschaftsgütern des Anlagevermögens kann der Steuerpflichtige statt der Absetzung für Abnutzung in gleichen Jahresbeträgen die Absetzung für Abnutzung in fallenden Jahresbeträgen bemessen. ²Die Absetzung für Abnutzung in fallenden Jahresbeträgen kann nach einem unveränderlichen Prozentsatz vom jeweiligen Buchwert (Restwert) vorgenommen werden; der dabei anzuwendende Prozentsatz darf höchstens das Doppelte des bei der Absetzung für Abnutzung in gleichen Jahresbeträgen in Betracht kommenden Prozentsatzes betragen und 20 Prozent nicht übersteigen. ³Abweichend von Satz 2 darf bei beweglichen Wirtschaftsgütern des Anlagevermögens, die nach dem 31. Dezember 2005 und vor dem 1. Januar 2008 angeschafft oder hergestellt worden sind, der anzuwendende Prozentsatz höchstens das Dreifache des bei der Absetzung für Abnutzung in gleichen Jahresbeträgen in Betracht kommenden Prozentsatzes betragen und 30 Prozent nicht übersteigen. ⁴Absatz 1 Satz 4 und § 7a Abs. 8 gelten entsprechend. ⁵Bei Wirtschaftsgütern, bei denen die Absetzung für Abnutzung in fallenden Jahresbeträgen bemessen wird, sind Absetzungen für außergewöhnliche technische oder wirtschaftliche Abnutzung nicht zulässig.

(3) ¹Der Übergang von der Absetzung für Abnutzung in fallenden Jahresbeträgen zur Absetzung für Abnutzung in gleichen Jahresbeträgen ist zulässig. ²In diesem Fall bemisst sich die Absetzung für Abnutzung vom Zeitpunkt des Übergangs an nach dem dann noch vorhandenen Restwert und der Restnutzungsdauer des einzelnen Wirtschaftsguts. ³Der Übergang von der Absetzung für Abnutzung in gleichen Jahresbeträgen zur Absetzung für Abnutzung in fallenden Jahresbeträgen ist nicht zulässig.

(4) ¹Bei Gebäuden sind abweichend von Absatz 1 als Absetzung für Abnutzung die folgenden Beträge bis zur vollen Absetzung abzuziehen:

1. bei Gebäuden, soweit sie zu einem Betriebsvermögen gehören und nicht Wohnzwecken dienen und für die der Bauantrag nach dem 31. März 1985 gestellt worden ist, jährlich 3 Prozent,
2. bei Gebäuden, soweit sie die Voraussetzungen der Nummer 1 nicht erfüllen und die
   a) nach dem 31. Dezember 1924 fertig gestellt worden sind, jährlich 2 Prozent,
   b) vor dem 1. Januar 1925 fertig gestellt worden sind, jährlich 2,5 Prozent

der Anschaffungs- oder Herstellungskosten; Absatz 1 Satz 5 gilt entsprechend. ²Beträgt die tatsächliche Nutzungsdauer eines Gebäudes in den Fällen des Satzes 1 Nr. 1 weniger als 33 Jahre, in den Fällen des Satzes 1 Nr. 2 Buchstabe a weniger als 50 Jahre, in den Fällen des Satzes 1 Nr. 2 Buchstabe b weniger als 40 Jahre, so können an Stelle der Absetzungen nach Satz 1 die der tatsächlichen Nutzungsdauer entsprechenden Absetzungen für Abnutzung vorgenommen werden. ³Absatz 1 letzter Satz bleibt unberührt. ⁴Bei Gebäuden im Sinne der Nummer 2 rechtfertigt die für Gebäude im Sinne der Nummer 1 geltende Regelung weder die Anwendung des Absatzes 1 letzter Satz noch den Ansatz des niedrigeren Teilwerts (§ 6 Abs. 1 Nr. 1 Satz 2).

(5) ¹Bei im Inland belegenen Gebäuden, die vom Steuerpflichtigen hergestellt oder bis zum Ende des Jahres der Fertigstellung angeschafft worden sind, können abweichend von Absatz 4 als Absetzung für Abnutzung die folgenden Beträge abgezogen werden:

1. bei Gebäuden im Sinne des Absatzes 4 Satz 1 Nr. 1, die vom Steuerpflichtigen auf Grund eines vor dem 1. Januar 1994 gestellten Bauantrags hergestellt oder auf Grund eines vor diesem Zeitpunkt rechtswirksam abgeschlossenen obligatorischen Vertrags angeschafft worden sind,
   – im Jahr der Fertigstellung und in den folgenden 3 Jahren   jeweils 10 Prozent,
   – in den darauf folgenden 3 Jahren   jeweils 5 Prozent,
   – in den darauf folgenden 18 Jahren   jeweils 2,5 Prozent,
2. bei Gebäuden im Sinne des Absatzes 4 Satz 1 Nr. 2, die vom Steuerpflichtigen auf Grund eines vor dem 1. Januar 1995 gestellten Bauantrags hergestellt oder auf Grund eines vor diesem Zeitpunkt rechtswirksam abgeschlossenen obligatorischen Vertrags angeschafft worden sind,
   – im Jahr der Fertigstellung und in den folgenden 7 Jahren   jeweils 5 Prozent,
   – in den darauf folgenden 6 Jahren   jeweils 2,5 Prozent,
   – in den darauf folgenden 36 Jahren   jeweils 1,25 Prozent,
3. bei Gebäuden im Sinne des Absatzes 4 Satz 1 Nr. 2, soweit sie Wohnzwecken dienen, die vom Steuerpflichtigen
   a) auf Grund eines nach dem 28. Februar 1989 und vor dem 1. Januar 1996 gestellten Bauantrags hergestellt oder nach dem 28. Februar 1989 auf Grund eines nach dem 28. Februar 1989 und vor dem 1. Januar 1996 rechtswirksam abgeschlossenen obligatorischen Vertrags angeschafft worden sind,
   – im Jahr der Fertigstellung und in den folgenden 3 Jahren   jeweils 7 Prozent,
   – in den darauf folgenden 6 Jahren   jeweils 5 Prozent,
   – in den darauf folgenden 6 Jahren   jeweils 2 Prozent,
   – in den darauf folgenden 24 Jahren   jeweils 1,25 Prozent,
   b) auf Grund eines nach dem 31. Dezember 1995 und vor dem 1. Januar 2004 gestellten Bauantrags hergestellt oder auf Grund eines nach dem 31. Dezember 1995 und vor dem 1. Januar 2004 rechtswirksam abgeschlossenen obligatorischen Vertrags angeschafft worden sind,

§§ 7a, 7b EStG – Gesetzestext

- im Jahr der Fertigstellung
  und in den folgenden
  7 Jahren   jeweils 5 Prozent,
- in den darauf
  folgenden 6 Jahren   jeweils 2,5 Prozent,
- in den darauf
  folgenden 36 Jahren   jeweils 1,25 Prozent,

c) auf Grund eines nach dem 31. Dezember 2003 und vor dem 1. Januar 2006 gestellten Bauantrags hergestellt oder auf Grund eines nach dem 31. Dezember 2003 und vor dem 1. Januar 2006 rechtswirksam abgeschlossenen obligatorischen Vertrags angeschafft worden sind,

- im Jahr der Fertigstellung
  und in den folgenden
  9 Jahren   jeweils 4 Prozent,
- in den darauf
  folgenden 8 Jahren   jeweils 2,5 Prozent,
- in den darauf
  folgenden 32 Jahren   jeweils 1,25 Prozent,

der Anschaffungs- oder Herstellungskosten. [2]Im Fall der Anschaffung kann Satz 1 nur angewendet werden, wenn der Hersteller für das veräußerte Gebäude weder Absetzungen für Abnutzung nach Satz 1 vorgenommen noch erhöhte Absetzungen oder Sonderabschreibungen in Anspruch genommen hat. [3]Absatz 1 Satz 4 gilt nicht.

(5a) Die Absätze 4 und 5 sind auf Gebäudeteile, die selbständige unbewegliche Wirtschaftsgüter sind, sowie auf Eigentumswohnungen und auf im Teileigentum stehende Räume entsprechend anzuwenden.

(6) Bei Bergbauunternehmen, Steinbrüchen und anderen Betrieben, die einen Verbrauch der Substanz mit sich bringen, ist Absatz 1 entsprechend anzuwenden; dabei sind Absetzungen nach Maßgabe des Substanzverzehrs zulässig (Absetzung für Substanzverringerung).

§ 7a
Gemeinsame Vorschriften für erhöhte Absetzungen und Sonderabschreibungen

(1) [1]Werden in dem Zeitraum, in dem bei einem Wirtschaftsgut erhöhte Absetzungen oder Sonderabschreibungen in Anspruch genommen werden können (Begünstigungszeitraum), nachträgliche Herstellungskosten aufgewendet, so bemessen sich vom Jahr der Entstehung der nachträglichen Herstellungskosten an bis zum Ende des Begünstigungszeitraums die Absetzungen für Abnutzung, erhöhten Absetzungen und Sonderabschreibungen nach den um die nachträglichen Herstellungskosten erhöhten Anschaffungs- oder Herstellungskosten. [2]Entsprechendes gilt für nachträgliche Anschaffungskosten. [3]Werden im Begünstigungszeitraum die Anschaffungs- oder Herstellungskosten eines Wirtschaftsguts nachträglich gemindert, so bemessen sich vom Jahr der Minderung an bis zum Ende des Begünstigungszeitraums die Absetzungen für Abnutzung, erhöhten Absetzungen und Sonderabschreibungen nach den geminderten Anschaffungs- oder Herstellungskosten.

(2) [1]Können bei einem Wirtschaftsgut erhöhte Absetzungen oder Sonderabschreibungen bereits für Anzahlungen auf Anschaffungskosten oder für Teilherstellungskosten in Anspruch genommen werden, so sind die Vorschriften über erhöhte Absetzungen und Sonderabschreibungen mit der Maßgabe anzuwenden, dass an die Stelle der Anschaffungs- oder Herstellungskosten die Anzahlungen auf Anschaffungskosten oder die Teilherstellungskosten und an die Stelle des Jahres der Anschaffung oder Herstellung das Jahr der Anzahlung oder Teilherstellung treten. [2]Nach Anschaffung oder Herstellung des Wirtschaftsguts sind erhöhte Absetzungen oder Sonderabschreibungen nur zulässig, soweit sie nicht bereits für Anzahlungen auf Anschaffungskosten oder für Teilherstellungskosten in Anspruch genommen worden sind. [3]Anzahlungen auf Anschaffungskosten sind im Zeitpunkt der tatsächlichen Zahlung aufgewendet. [4]Werden Anzahlungen auf Anschaffungskosten durch Hingabe eines Wechsels geleistet, so sind sie in dem Zeitpunkt aufgewendet, in dem dem Lieferanten durch Diskontierung oder Einlösung des Wechsels das Geld tatsächlich zufließt. [5]Entsprechendes gilt, wenn an Stelle von Geld ein Scheck hingegeben wird.

(3) Bei Wirtschaftsgütern, bei denen erhöhte Absetzungen in Anspruch genommen werden, müssen in jedem Jahr des Begünstigungszeitraums mindestens Absetzungen in Höhe der Absetzungen für Abnutzung nach § 7 Abs. 1 oder 4 berücksichtigt werden.

(4) Bei Wirtschaftsgütern, bei denen Sonderabschreibungen in Anspruch genommen werden, sind die Absetzungen für Abnutzung nach § 7 Abs. 1 oder 4 vorzunehmen.

(5) Liegen bei einem Wirtschaftsgut die Voraussetzungen für die Inanspruchnahme von erhöhten Absetzungen oder Sonderabschreibungen auf Grund mehrerer Vorschriften vor, so dürfen erhöhte Absetzungen oder Sonderabschreibungen nur auf Grund einer dieser Vorschriften in Anspruch genommen werden.

(6) Erhöhte Absetzungen oder Sonderabschreibungen sind bei der Prüfung, ob die in § 141 Abs. 1 Nr. 4 und 5 der Abgabenordnung bezeichneten Buchführungsgrenzen überschritten sind, nicht zu berücksichtigen.

(7) [1]Ist ein Wirtschaftsgut mehreren Beteiligten zuzurechnen und sind die Voraussetzungen für erhöhte Absetzungen oder Sonderabschreibungen nur bei einzelnen Beteiligten erfüllt, so dürfen die erhöhten Absetzungen und Sonderabschreibungen nur anteilig für diese Beteiligten vorgenommen werden. [2]Die erhöhten Absetzungen oder Sonderabschreibungen dürfen von den Beteiligten, bei denen die Voraussetzungen dafür erfüllt sind, nur einheitlich vorgenommen werden.

(8) [1]Erhöhte Absetzungen oder Sonderabschreibungen sind bei Wirtschaftsgütern, die zu einem Betriebsvermögen gehören, nur zulässig, wenn sie in ein besonderes, laufend zu führendes Verzeichnis aufgenommen werden, das den Tag der Anschaffung oder Herstellung, die Anschaffungs- oder Herstellungskosten, die betriebsgewöhnliche Nutzungsdauer und die Höhe der jährlichen Absetzungen für Abnutzung, erhöhten Absetzungen und Sonderabschreibungen enthält. [2]Das Verzeichnis braucht nicht geführt zu werden, wenn diese Angaben aus der Buchführung ersichtlich sind.

(9) Sind für ein Wirtschaftsgut Sonderabschreibungen vorgenommen worden, so bemessen sich nach Ablauf des maßgebenden Begünstigungszeitraums die Absetzungen für Abnutzung bei Gebäuden und bei Wirtschaftsgütern im Sinne des § 7 Abs. 5a nach dem Restwert und dem nach § 7 Abs. 4 unter Berücksichtigung der Restnutzungsdauer maßgebenden Prozentsatz, bei anderen Wirtschaftsgütern nach dem Restwert und der Restnutzungsdauer.

§ 7b
Erhöhte Absetzungen für Einfamilienhäuser, Zweifamilienhäuser und Eigentumswohnungen

(1) [1]Bei im Inland belegenen Einfamilienhäusern, Zweifamilienhäusern und Eigentumswohnungen, die zu mehr als 66⅔ Prozent Wohnzwecken dienen und die vor dem 1. Januar 1987 hergestellt oder angeschafft worden sind, kann abweichend von § 7 Abs. 4 und 5 der Bauherr im Jahr der Fertigstellung und in den sieben folgenden Jahren jeweils bis zu 5 Prozent der Herstellungskosten oder ein Erwerber im Jahr der Anschaffung und in den sieben folgenden Jahren jeweils bis zu 5 Prozent der Anschaffungskosten absetzen. [2]Nach Ablauf dieser acht Jahre sind als Absetzung für Abnutzung bis zur vollen Absetzung jährlich 2,5 Prozent des Restwerts abzuziehen; § 7 Abs. 4 Satz 2 gilt entsprechend. [3]Übersteigen die Herstellungskosten oder die Anschaffungskosten bei einem Einfamilienhaus oder einer Eigentumswohnung 200 000 Deutsche Mark, bei einem Zweifamilienhaus 250 000 Deutsche Mark, bei einem Anteil an einem dieser Gebäude oder einer Eigentumswohnung den entsprechenden Teil von 200 000 Deutsche Mark oder von 250 000 Deutsche Mark, so ist auf den übersteigenden Teil der Herstellungskosten oder der Anschaffungskosten § 7 Abs. 4 anzuwenden. [4]Satz 1 ist nicht anzuwenden, wenn der Steuerpflichtige das Einfamilienhaus, Zweifamilienhaus, die Eigentumswohnung oder einen Anteil an einem dieser Gebäude oder an einer Eigentumswohnung

1. von seinem Ehegatten anschafft und bei den Ehegatten die Voraussetzungen des § 26 Abs. 1 vorliegen;

2. anschafft und im zeitlichen Zusammenhang mit der Anschaffung an den Veräußerer ein Einfamilienhaus, Zweifamilienhaus oder eine Eigentumswohnung oder einen Anteil an einem dieser Gebäude oder an einer Eigentumswohnung veräußert; das gilt

auch, wenn das veräußerte Gebäude, die veräußerte Eigentumswohnung oder der veräußerte Anteil dem Ehegatten des Steuerpflichtigen zuzurechnen war und bei den Ehegatten im Zeitpunkt der Anschaffung und im Zeitpunkt der Veräußerung die Voraussetzungen des § 26 Abs. 1 vorliegen;

3. nach einer früheren Veräußerung durch ihn wieder anschafft; das gilt auch, wenn das Gebäude, die Eigentumswohnung oder der Anteil im Zeitpunkt der früheren Veräußerung dem Ehegatten des Steuerpflichtigen zuzurechnen war und bei den Ehegatten die Voraussetzungen des § 26 Abs. 1 vorliegen.

(2) ¹Absatz 1 gilt entsprechend für Herstellungskosten, die für Ausbauten und Erweiterungen an einem Einfamilienhaus, Zweifamilienhaus oder an einer Eigentumswohnung aufgewendet worden sind und der Ausbau oder die Erweiterung vor dem 1. Januar 1987 fertig gestellt worden ist, wenn das Einfamilienhaus, Zweifamilienhaus oder die Eigentumswohnung vor dem 1. Januar 1964 fertig gestellt und nicht nach dem 31. Dezember 1976 angeschafft worden ist. ²Weitere Voraussetzung ist, dass das Gebäude oder die Eigentumswohnung im Inland belegen ist und die ausgebauten oder neu hergestellten Gebäudeteile zu mehr als 80 Prozent Wohnzwecken dienen. ³Nach Ablauf des Zeitraums, in dem nach Satz 1 erhöhte Absetzungen vorgenommen werden können, ist der Restwert der Anschaffungs- oder Herstellungskosten des Gebäudes oder dem an deren Stelle tretenden Wert hinzuzurechnen; die weiteren Absetzungen für Abnutzung sind einheitlich für das gesamte Gebäude nach dem sich hiernach ergebenden Betrag und dem für das Gebäude maßgebenden Prozentsatz zu bemessen.

(3) ¹Der Bauherr kann erhöhte Absetzungen, die er im Jahr der Fertigstellung und in den zwei folgenden Jahren nicht ausgenutzt hat, bis zum Ende des dritten auf das Jahr der Fertigstellung folgenden Jahres nachholen. ²Nachträgliche Herstellungskosten, die bis zum Ende des dritten auf das Jahr der Fertigstellung folgenden Jahres entstehen, können abweichend von § 7a Abs. 1 vom Jahr ihrer Entstehung an so behandelt werden, als wären sie bereits im ersten Jahr des Begünstigungszeitraums entstanden. ³Die Sätze 1 und 2 gelten für den Erwerber eines Einfamilienhauses, eines Zweifamilienhauses oder einer Eigentumswohnung und bei Ausbauten und Erweiterungen im Sinne des Absatzes 2 entsprechend.

(4) ¹Zum Gebäude gehörende Garagen sind ohne Rücksicht auf ihre tatsächliche Nutzung als Wohnzwecken dienend zu behandeln, soweit in ihnen nicht mehr als ein Personenkraftwagen für jede in dem Gebäude befindliche Wohnung untergestellt werden kann. ²Räume für die Unterstellung weiterer Kraftwagen sind stets als nicht Wohnzwecken dienend zu behandeln.

(5) ¹Erhöhte Absetzungen nach den Absätzen 1 und 2 kann der Steuerpflichtige nur für ein Einfamilienhaus oder für ein Zweifamilienhaus oder für eine Eigentumswohnung oder für den Ausbau oder die Erweiterung eines Einfamilienhauses, eines Zweifamilienhauses oder einer Eigentumswohnung in Anspruch nehmen. ²Ehegatten, bei denen die Voraussetzungen des § 26 Abs. 1 vorliegen, können erhöhte Absetzungen nach den Absätzen 1 und 2 für insgesamt zwei der in Satz 1 bezeichneten Gebäude, Eigentumswohnungen, Ausbauten oder Erweiterungen in Anspruch nehmen. ³Den erhöhten Absetzungen nach den Absätzen 1 und 2 stehen die erhöhten Absetzungen nach § 7b in der jeweiligen Fassung ab Inkrafttreten des Gesetzes vom 16. Juni 1964 (BGBl. I S. 353) und nach § 15 Abs. 1 bis 4 des Berlinförderungsgesetzes in der Fassung des Gesetzes vom 11. Juli 1977 (BGBl. I S. 1213) gleich. ⁴Ist das Einfamilienhaus, das Zweifamilienhaus oder die Eigentumswohnung (Erstobjekt) dem Steuerpflichtigen nicht bis zum Ablauf des Begünstigungszeitraums zuzurechnen, so kann der Steuerpflichtige abweichend von den Sätzen 1 bis 3 erhöhte Absetzungen bei einem weiteren Einfamilienhaus, Zweifamilienhaus oder einer weiteren Eigentumswohnung im Sinne des Absatzes 1 Satz 1 (Folgeobjekt) in Anspruch nehmen, wenn er das Folgeobjekt innerhalb eines Zeitraums von zwei Jahren vor und drei Jahren nach Ablauf des Veranlagungszeitraums, in dem ihm das Erstobjekt letztmals zugerechnet worden ist, anschafft oder herstellt; Entsprechendes gilt bei einem Ausbau oder einer Erweiterung eines Einfamilienhauses, Zweifamilienhauses oder einer Eigentumswohnung. ⁵Im Fall des Satzes 4 ist der Begünstigungszeitraum für das Folgeobjekt um die Anzahl der Veranlagungszeiträume zu kürzen, in denen das Erstobjekt dem Steuerpflichtigen zugerechnet worden ist; hat der Steuerpflichtige das Folgeobjekt in einem Veranlagungszeitraum, in dem ihm das Erstobjekt noch zuzurechnen ist, hergestellt oder angeschafft oder einen Ausbau oder eine Erweiterung vorgenommen, so beginnt der Begünstigungszeitraum für das Folgeobjekt abweichend von Absatz 1 mit Ablauf des Veranlagungszeitraums, in dem das Erstobjekt dem Steuerpflichtigen letztmals zugerechnet worden ist.

(6) ¹Ist ein Einfamilienhaus, ein Zweifamilienhaus oder eine Eigentumswohnung mehreren Steuerpflichtigen zuzurechnen, so ist Absatz 5 mit der Maßgabe anzuwenden, dass der Anteil des Steuerpflichtigen an einem dieser Gebäude oder an einer Eigentumswohnung einem Gebäude, einem Einfamilienhaus, einem Zweifamilienhaus oder einer Eigentumswohnung gleichsteht; Entsprechendes gilt bei dem Ausbau oder der Erweiterung von Einfamilienhäusern, Zweifamilienhäusern oder Eigentumswohnungen, die mehreren Steuerpflichtigen zuzurechnen sind. ²Satz 1 ist nicht anzuwenden, wenn ein Einfamilienhaus, ein Zweifamilienhaus oder eine Eigentumswohnung ausschließlich dem Steuerpflichtigen und seinem Ehegatten zuzurechnen ist und bei den Ehegatten die Voraussetzungen des § 26 Abs. 1 vorliegen.

(7) Der Bauherr von Kaufeigenheimen, Trägerkleinsiedlungen und Kaufeigentumswohnungen kann abweichend von Absatz 5 für alle von ihm vor dem 1. Januar 1987 erstellten Kaufeigenheime, Trägerkleinsiedlungen und Kaufeigentumswohnungen im Jahr der Fertigstellung und im folgenden Jahr erhöhte Absetzungen bis zu jeweils 5 Prozent vornehmen.

(8) Führt eine nach § 7c begünstigte Baumaßnahme dazu, dass das bisher begünstigte Objekt kein Einfamilienhaus, Zweifamilienhaus und keine Eigentumswohnung mehr ist, kann der Steuerpflichtige die erhöhten Absetzungen nach den Absätzen 1 und 2 bei Vorliegen der übrigen Voraussetzungen für den restlichen Begünstigungszeitraum unter Einbeziehung der Herstellungskosten für die Baumaßnahme nach § 7c in Anspruch nehmen, soweit er diese Herstellungskosten nicht in die Bemessungsgrundlage nach § 7c einbezogen hat.

§ 7c
Erhöhte Absetzungen für Baumaßnahmen an Gebäuden zur Schaffung neuer Mietwohnungen

(1) Bei Wohnungen im Sinne des Absatzes 2, die durch Baumaßnahmen an Gebäuden im Inland hergestellt worden sind, können abweichend von § 7 Abs. 4 und 5 im Jahr der Fertigstellung und in den folgenden vier Jahren Absetzungen jeweils bis zu 20 Prozent der Bemessungsgrundlage vorgenommen werden.

(2) Begünstigt sind Wohnungen,

1. für die der Bauantrag nach dem 2. Oktober 1989 gestellt worden ist oder, falls ein Bauantrag nicht erforderlich ist, mit deren Herstellung nach diesem Zeitpunkt begonnen worden ist,

2. die vor dem 1. Januar 1996 fertig gestellt worden sind und

3. für die keine Mittel aus öffentlichen Haushalten unmittelbar oder mittelbar gewährt werden.

(3) ¹Bemessungsgrundlage sind die Aufwendungen, die dem Steuerpflichtigen durch die Baumaßnahme entstanden sind, höchstens jedoch 60 000 Deutsche Mark je Wohnung. ²Sind durch die Baumaßnahmen Gebäudeteile hergestellt worden, die selbständige unbewegliche Wirtschaftsgüter sind, gilt für die Herstellungskosten, für die keine Absetzungen nach Absatz 1 vorgenommen werden, § 7 Abs. 4; § 7b Abs. 8 bleibt unberührt.

(4) Die erhöhten Absetzungen können nur in Anspruch genommen werden, wenn die Wohnung vom Zeitpunkt der Fertigstellung bis zum Ende des Begünstigungszeitraums fremden Wohnzwecken dient.

(5) ¹Nach Ablauf des Begünstigungszeitraums ist ein Restwert den Anschaffungs- oder Herstellungskosten des Gebäudes oder dem an deren Stelle tretenden Wert hinzuzurechnen; die weiteren Absetzungen für Abnutzung sind einheitlich für das gesamte Gebäude nach dem sich hiernach ergebenden Betrag und dem für das Gebäude maßgebenden Prozentsatz zu bemessen. ²Satz 1 ist auf Gebäudeteile, die selbständige unbewegliche Wirtschaftsgüter sind, und auf Eigentumswohnungen entsprechend anzuwenden.

§ 7d
Erhöhte Absetzungen für Wirtschaftsgüter, die dem Umweltschutz dienen

(1) ¹Bei abnutzbaren beweglichen und unbeweglichen Wirtschaftsgütern des Anlagevermögens, bei denen die Voraussetzungen des Absatzes 2 vorliegen und die nach dem 31. Dezember 1974 und vor dem 1. Januar 1991 angeschafft oder hergestellt worden sind, können abweichend von § 7 im Wirtschaftsjahr der Anschaffung oder Herstellung bis zu 60 Prozent und in den folgenden Wirtschaftsjahren bis zur vollen Absetzung jeweils bis zu 10 Prozent der Anschaffungs- oder Herstellungskosten abgesetzt werden. ²Nicht in Anspruch genommene erhöhte Absetzungen können nachgeholt werden. ³Nachträgliche Anschaffungs- oder Herstellungskosten, die vor dem 1. Januar 1991 entstanden sind, können abweichend von § 7a Abs. 1 so behandelt werden, als wären sie im Wirtschaftsjahr der Anschaffung oder Herstellung entstanden.

(2) Die erhöhten Absetzungen nach Absatz 1 können nur in Anspruch genommen werden, wenn

1. die Wirtschaftsgüter in einem im Inland belegenen Betrieb des Steuerpflichtigen unmittelbar und zu mehr als 70 Prozent dem Umweltschutz dienen und
2. die von der Landesregierung bestimmte Stelle bescheinigt, dass
   a) die Wirtschaftsgüter zu dem in Nummer 1 bezeichneten Zweck bestimmt und geeignet sind und
   b) die Anschaffung oder Herstellung der Wirtschaftsgüter im öffentlichen Interesse erforderlich ist.

(3) ¹Die Wirtschaftsgüter dienen dem Umweltschutz, wenn sie dazu verwendet werden,

1. a) den Anfall von Abwasser oder
   b) Schädigungen durch Abwasser oder
   c) Verunreinigungen der Gewässer durch andere Stoffe als Abwasser oder
   d) Verunreinigungen der Luft oder
   e) Lärm oder Erschütterungen
   zu verhindern, zu beseitigen oder zu verringern oder
2. Abfälle nach den Grundsätzen des Abfallbeseitigungsgesetzes zu beseitigen.

²Die Anwendung des Satzes 1 ist nicht dadurch ausgeschlossen, dass die Wirtschaftsgüter zugleich für Zwecke des innerbetrieblichen Umweltschutzes verwendet werden.

(4) ¹Die Absätze 1 bis 3 sind auf nach dem 31. Dezember 1974 und vor dem 1. Januar 1991 entstehende nachträgliche Herstellungskosten bei Wirtschaftsgütern, die dem Umweltschutz dienen und die vor dem 1. Januar 1975 angeschafft oder hergestellt worden sind, mit der Maßgabe entsprechend anzuwenden, dass im Wirtschaftsjahr der Fertigstellung der nachträglichen Herstellungsarbeiten erhöhte Absetzungen bis zur vollen Höhe der nachträglichen Herstellungskosten vorgenommen werden können. ²Das Gleiche gilt, wenn bei Wirtschaftsgütern, die nicht dem Umweltschutz dienen, nachträgliche Herstellungskosten nach dem 31. Dezember 1974 und vor dem 1. Januar 1991 dadurch entstehen, dass ausschließlich aus Gründen des Umweltschutzes Veränderungen vorgenommen werden.

(5) ¹Die erhöhten Absetzungen nach Absatz 1 können bereits für Anzahlungen auf Anschaffungskosten und für Teilherstellungskosten in Anspruch genommen werden. ²§ 7a Abs. 2 ist mit der Maßgabe anzuwenden, dass die Summe der erhöhten Absetzungen 60 Prozent der bis zum Ende des jeweiligen Wirtschaftsjahres insgesamt aufgewendeten Anzahlungen oder Teilherstellungskosten nicht übersteigen darf. ³Satz 1 gilt in den Fällen des Absatzes 4 sinngemäß.

(6) Die erhöhten Absetzungen nach den Absätzen 1 bis 5 werden unter der Bedingung gewährt, dass die Voraussetzung des Absatzes 2 Nr. 1

1. in den Fällen des Absatzes 1 mindestens fünf Jahre nach der Anschaffung oder Herstellung der Wirtschaftsgüter,
2. in den Fällen des Absatzes 4 Satz 1 mindestens fünf Jahre nach Beendigung der nachträglichen Herstellungsarbeiten

erfüllt wird.

(7) ¹Steuerpflichtige, die nach dem 31. Dezember 1974 und vor dem 1. Januar 1991 durch Hingabe eines Zuschusses zur Finanzierung der Anschaffungs- oder Herstellungskosten von abnutzbaren Wirtschaftsgütern im Sinne des Absatzes 2 ein Recht auf Mitbenutzung dieser Wirtschaftsgüter erwerben, können bei diesem Recht abweichend von § 7 erhöhte Absetzungen nach Maßgabe des Absatzes 1 oder 4 Satz 1 vornehmen. ²Die erhöhten Absetzungen können nur in Anspruch genommen werden, wenn der Empfänger

1. den Zuschuss unverzüglich und unmittelbar zur Finanzierung der Anschaffung oder Herstellung der Wirtschaftsgüter oder der nachträglichen Herstellungsarbeiten bei den Wirtschaftsgütern verwendet und
2. dem Steuerpflichtigen bestätigt, dass die Voraussetzung der Nummer 1 vorliegt und dass für die Wirtschaftsgüter oder die nachträglichen Herstellungsarbeiten eine Bescheinigung nach Absatz 2 Nr. 2 erteilt ist.

³Absatz 6 gilt sinngemäß.

(8) ¹Die erhöhten Absetzungen nach den Absätzen 1 bis 7 können nicht für Wirtschaftsgüter in Anspruch genommen werden, die in Betrieben oder Betriebsstätten verwendet werden, die in den letzten zwei Jahren vor dem Beginn des Kalenderjahres, in dem das Wirtschaftsgut angeschafft oder hergestellt worden ist, errichtet worden sind. ²Die Verlagerung von Betrieben oder Betriebsstätten gilt nicht als Errichtung im Sinne des Satzes 1, wenn die in Absatz 2 Nr. 2 bezeichnete Behörde bestätigt, dass die Verlagerung im öffentlichen Interesse aus Gründen des Umweltschutzes erforderlich ist.

§ 7e
– weggefallen –

§ 7f
Bewertungsfreiheit für abnutzbare Wirtschaftsgüter des Anlagevermögens privater Krankenhäuser

(1) Steuerpflichtige, die im Inland ein privates Krankenhaus betreiben, können unter den Voraussetzungen des Absatzes 2 bei abnutzbaren Wirtschaftsgütern des Anlagevermögens, die dem Betrieb dieses Krankenhauses dienen, im Jahr der Anschaffung oder Herstellung und in den vier folgenden Jahren Sonderabschreibungen vornehmen, und zwar

1. bei beweglichen Wirtschaftsgütern des Anlagevermögens bis zur Höhe von insgesamt 50 Prozent,
2. bei unbeweglichen Wirtschaftsgütern des Anlagevermögens bis zur Höhe von insgesamt 30 Prozent

der Anschaffungs- oder Herstellungskosten.

(2) Die Abschreibungen nach Absatz 1 können nur in Anspruch genommen werden, wenn bei dem privaten Krankenhaus im Jahr der Anschaffung oder Herstellung der Wirtschaftsgüter und im Jahr der Inanspruchnahme der Abschreibungen die in § 67 Abs. 1 oder 2 der Abgabenordnung bezeichneten Voraussetzungen erfüllt sind.

(3) Die Abschreibungen nach Absatz 1 können bereits für Anzahlungen auf Anschaffungskosten und für Teilherstellungskosten in Anspruch genommen werden.

(4) ¹Die Abschreibungen nach den Absätzen 1 und 3 können nur für Wirtschaftsgüter in Anspruch genommen werden, die der Steuerpflichtige vor dem 1. Januar 1996 bestellt oder herzustellen begonnen hat. ²Als Beginn der Herstellung gilt bei Baumaßnahmen, für die eine Baugenehmigung erforderlich ist, der Zeitpunkt, in dem der Bauantrag gestellt worden ist.

§ 7g
Sonderabschreibungen und Ansparabschreibungen zur Förderung kleiner und mittlerer Betriebe

(1) Bei neuen beweglichen Wirtschaftsgütern des Anlagevermögens können unter den Voraussetzungen des Absatzes 2 im Jahr der Anschaffung oder Herstellung und in den vier folgenden Jahren neben den Absetzungen für Abnutzung nach § 7 Abs. 1 oder 2 Sonderabschreibungen bis zu insgesamt 20 Prozent der Anschaffungs- oder Herstellungskosten in Anspruch genommen werden.

(2) ¹Die Sonderabschreibungen nach Absatz 1 können nur in Anspruch genommen werden, wenn

1. a) das Betriebsvermögen des Gewerbebetriebs oder des der selbständigen Arbeit dienenden Betriebs, zu dessen Anlagevermögen das Wirtschaftsgut gehört, zum Schluss des der Anschaffung oder Herstellung des Wirtschaftsgutes vorangehenden Wirtschaftsjahres nicht mehr als 204 517 Euro beträgt; diese Voraussetzung gilt bei Betrieben, die den Gewinn nach § 4 Abs. 3 ermitteln, als erfüllt;

   b) der Einheitswert des Betriebs der Land- und Forstwirtschaft, zu dessen Anlagevermögen das Wirtschaftsgut gehört, im Zeitpunkt der Anschaffung oder Herstellung des Wirtschaftsgutes nicht mehr als 122 710 Euro beträgt;

2. das Wirtschaftsgut

   a) mindestens ein Jahr nach seiner Anschaffung oder Herstellung in einer inländischen Betriebsstätte dieses Betriebs verbleibt und

   b) im Jahr der Inanspruchnahme von Sonderabschreibungen im Betrieb des Steuerpflichtigen ausschließlich oder fast ausschließlich betrieblich genutzt wird und

3. für die Anschaffung oder Herstellung eine Rücklage nach den Absätzen 3 bis 7 gebildet worden ist. ²Dies gilt nicht bei Existenzgründern im Sinne des Absatzes 7 für das Wirtschaftsjahr, in dem mit der Betriebseröffnung begonnen wird.

(3) ¹Steuerpflichtige können für die künftige Anschaffung oder Herstellung eines Wirtschaftsguts im Sinne des Absatzes 1 eine den Gewinn mindernde Rücklage bilden (Ansparabschreibung). ²Die Rücklage darf 40 Prozent der Anschaffungs- oder Herstellungskosten des begünstigten Wirtschaftsgutes nicht überschreiten, das der Steuerpflichtige voraussichtlich bis zum Ende des zweiten auf die Bildung der Rücklage folgenden Wirtschaftsjahres anschaffen oder herstellen wird. ³Eine Rücklage darf nur gebildet werden, wenn

1. der Steuerpflichtige den Gewinn nach § 4 Abs. 1 oder § 5 ermittelt;

2. der Betrieb am Schluss des Wirtschaftsjahres, das dem Wirtschaftsjahr der Bildung der Rücklage vorangeht, das in Absatz 2 genannte Größenmerkmal erfüllt;

3. die Bildung und Auflösung der Rücklage in der Buchführung verfolgt werden können und

4. der Steuerpflichtige keine Rücklagen nach § 3 Abs. 1 und 2a des Zonenrandförderungsgesetzes vom 5. August 1971 (BGBl. I S. 1237), zuletzt geändert durch Artikel 5 des Gesetzes vom 24. Juni 1991 (BGBl. I S. 1322), ausweist.

⁴Eine Rücklage kann auch gebildet werden, wenn dadurch ein Verlust entsteht oder sich erhöht. ⁵Die am Bilanzstichtag insgesamt nach Satz 1 gebildeten Rücklagen dürfen je Betrieb des Steuerpflichtigen den Betrag von 154 000 Euro nicht übersteigen.

(4) ¹Sobald für das begünstigte Wirtschaftsgut Abschreibungen vorgenommen werden dürfen, ist die Rücklage in Höhe von 40 Prozent der Anschaffungs- oder Herstellungskosten gewinnerhöhend aufzulösen. ²Ist eine Rücklage am Ende des zweiten auf ihre Bildung folgenden Wirtschaftsjahres noch vorhanden, so ist sie zu diesem Zeitpunkt gewinnerhöhend aufzulösen.

(5) Soweit die Auflösung einer Rücklage nicht auf Absatz 4 Satz 1 beruht, ist der Gewinn des Wirtschaftsjahres, in dem die Rücklage aufgelöst wird, für jedes volle Wirtschaftsjahr, in dem die Rücklage bestanden hat, um 6 Prozent des aufgelösten Rücklagenbetrages zu erhöhen.

(6) Ermittelt der Steuerpflichtige den Gewinn nach § 4 Abs. 3, so sind die Absätze 3 bis 5 mit Ausnahme von Absatz 3 Nr. 1 mit der Maßgabe entsprechend anzuwenden, dass die Bildung der Rücklage als Betriebsausgabe (Abzug) und ihre Auflösung als Betriebseinnahme (Zuschlag) zu behandeln ist; der Zeitraum zwischen Abzug und Zuschlag gilt als Zeitraum, in dem die Rücklage bestanden hat.

(7) ¹Wird eine Rücklage von einem Existenzgründer im Wirtschaftsjahr der Betriebseröffnung und den fünf folgenden Wirtschaftsjahren (Gründungszeitraum) gebildet, sind die Absätze 3 bis 6 mit der Maßgabe anzuwenden, dass

1. das begünstigte Wirtschaftsgut vom Steuerpflichtigen voraussichtlich bis zum Ende des fünften auf die Bildung der Rücklage folgenden Wirtschaftsjahres angeschafft oder hergestellt wird;

2. der Höchstbetrag in Absatz 3 Satz 5 für im Gründungszeitraum gebildete Rücklagen 307 000 Euro beträgt und

3. die Rücklage spätestens am Ende des fünften auf ihre Bildung folgenden Wirtschaftsjahres gewinnerhöhend aufzulösen ist;

bei diesen Rücklagen findet Absatz 5 keine Anwendung. ²Existenzgründer im Sinne des Satzes 1 ist

1. eine natürliche Person, die innerhalb der letzten fünf Jahre vor dem Wirtschaftsjahr der Betriebseröffnung weder an einer Kapitalgesellschaft unmittelbar oder mittelbar zu mehr als einem Zehntel beteiligt gewesen ist noch Einkünfte im Sinne des § 2 Abs. 1 Nr. 1 bis 3 erzielt hat;

2. eine Gesellschaft im Sinne des § 15 Abs. 1 Satz 1 Nr. 2, bei der alle Mitunternehmer die Voraussetzungen der Nummer 1 erfüllen. ²Ist Mitunternehmer eine Gesellschaft im Sinne des § 15 Abs. 1 Satz 1 Nr. 2, gilt Satz 1 für alle an dieser unmittelbar oder mittelbar beteiligten Gesellschafter entsprechend; oder

3. eine Kapitalgesellschaft im Sinne des § 1 Abs. 1 Nr. 1 des Körperschaftsteuergesetzes, an der nur natürliche Personen beteiligt sind, die die Voraussetzungen der Nummer 1 erfüllen.

³Die Übernahme eines Betriebes im Wege der vorweggenommenen Erbfolge gilt nicht als Existenzgründung; Entsprechendes gilt bei einer Betriebsübernahme im Wege der Auseinandersetzung einer Erbengemeinschaft unmittelbar nach dem Erbfall.

(8) ¹Absatz 7 ist nur anzuwenden, soweit in sensiblen Sektoren die Förderfähigkeit nicht ausgeschlossen ist. ²Sensible Sektoren sind:

1. Stahlindustrie (Multisektoraler Regionalbeihilferahmen für große Investitionsvorhaben vom 13. Februar 2002 in Verbindung mit Anhang B (ABl. EG Nr. C 70 S. 8), geändert durch Mitteilung der Kommission vom 1. November 2003 (ABl. EU Nr. C 263 S. 3)),

2. Schiffbau (Mitteilung der Kommission „Rahmenbestimmungen für Beihilfen an den Schiffbau" vom 30. Dezember 2003 (ABl. EU Nr. C 317 S. 11), geändert durch Berichtigung vom 30. April 2004 (ABl. EU Nr. C 104 S. 71)),

3. Kraftfahrzeugindustrie (Multisektoraler Regionalbeihilferahmen vom 13. Februar 2002 in Verbindung mit Anhang C),

4. Kunstfaserindustrie (Multisektoraler Regionalbeihilferahmen vom 13. Februar 2002 in Verbindung mit Anhang D),

5. Landwirtschaftssektor (Gemeinschaftsrahmen für staatliche Beihilfen im Agrarsektor, ABl. EG Nr. C 28 S. 2 vom 1. Februar 2000),

6. Fischerei- und Aquakultursektor (Leitlinien für die Prüfung der einzelstaatlichen Beihilfen im Fischerei- und Aquakultursektor vom 20. Januar 2001 (ABl. EG Nr. C 19 S. 7)),

7. Verkehrssektor (Verordnung (EWG) Nr. 1107/70 des Rates vom 4. Juni 1970 über Beihilfen im Eisenbahn-, Straßen- und Binnenschiffsverkehr, ABl. EG Nr. L 130 S. 1, in der Fassung der Verordnung (EG) Nr. 543/97 des Rates vom 17. März 1997, ABl. EG Nr. L 84 S. 6, Mitteilung der Kommission „Leitlinien der Gemeinschaft für staatliche Beihilfen im Seeverkehr" vom 17. Januar 2004 (ABl. EU Nr. C 13 S. 3) und Anwendung der Artikel 92 und 93 des EG-Vertrages sowie des Artikels 61 des EWR-Abkommens auf staatliche Beihilfen im Luftverkehr, ABl. EG Nr. C 350 S. 5 vom 10. Dezember 1994)) und

8. Steinkohlenbergbau (Entscheidung Nr. 3632/93/EGKS der Kommission vom 28. Dezember 1993 über die Gemeinschaftsregelung für staatliche Beihilfen zugunsten des Steinkohlenbergbaus, ABl. EG Nr. L 329 S. 12).

³Der Umfang der Förderfähigkeit ergibt sich aus den in Satz 2 genannten Rechtsakten.

§ 7h
Erhöhte Absetzungen bei Gebäuden in Sanierungsgebieten und städtebaulichen Entwicklungsbereichen

(1) ¹Bei einem im Inland belegenen Gebäude in einem förmlich festgelegten Sanierungsgebiet oder städtebaulichen Entwicklungsbereich kann der Steuerpflichtige abweichend von § 7 Abs. 4 und 5 im Jahr der Herstellung und in den folgenden sieben Jahren jeweils bis zu 9 Prozent und in den folgenden vier Jahren jeweils bis zu 7 Prozent der Herstellungskosten für Modernisierungs- und Instandsetzungsmaßnahmen im Sinne des § 177 des Baugesetzbuchs absetzen. ²Satz 1 ist entsprechend anzuwenden auf Herstellungskosten

für Maßnahmen, die der Erhaltung, Erneuerung und funktionsgerechten Verwendung eines Gebäudes im Sinne des Satzes 1 dienen, das wegen seiner geschichtlichen, künstlerischen oder städtebaulichen Bedeutung erhalten bleiben soll, und zu deren Durchführung sich der Eigentümer neben bestimmten Modernisierungsmaßnahmen gegenüber der Gemeinde verpflichtet hat. ³Der Steuerpflichtige kann die erhöhten Absetzungen im Jahr des Abschlusses der Maßnahme und in den folgenden elf Jahren auch für Anschaffungskosten in Anspruch nehmen, die auf Maßnahmen im Sinne der Sätze 1 und 2 entfallen, soweit diese nach dem rechtswirksamen Abschluss eines obligatorischen Erwerbsvertrags oder eines gleichstehenden Rechtsakts durchgeführt worden sind. ⁴Die erhöhten Absetzungen können nur in Anspruch genommen werden, soweit die Herstellungs- oder Anschaffungskosten durch Zuschüsse aus Sanierungs- oder Entwicklungsförderungsmitteln nicht gedeckt sind. ⁵Nach Ablauf des Begünstigungszeitraums ist ein Restwert den Herstellungs- oder Anschaffungskosten des Gebäudes oder dem an deren Stelle tretenden Wert hinzuzurechnen; die weiteren Absetzungen für Abnutzung sind einheitlich für das gesamte Gebäude nach dem sich hiernach ergebenden Betrag und dem für das Gebäude maßgebenden Prozentsatz zu bemessen.

(2) ¹Der Steuerpflichtige kann die erhöhten Absetzungen nur in Anspruch nehmen, wenn er durch eine Bescheinigung der zuständigen Gemeindebehörde die Voraussetzungen des Absatzes 1 für das Gebäude und die Maßnahmen nachweist. ²Sind ihm Zuschüsse aus Sanierungs- oder Entwicklungsförderungsmitteln gewährt worden, so hat die Bescheinigung auch deren Höhe zu enthalten; werden ihm solche Zuschüsse nach Ausstellung der Bescheinigung gewährt, so ist diese entsprechend zu ändern.

(3) Die Absätze 1 und 2 sind auf Gebäudeteile, die selbständige unbewegliche Wirtschaftsgüter sind, sowie auf Eigentumswohnungen und auf im Teileigentum stehende Räume entsprechend anzuwenden.

§ 7i
Erhöhte Absetzungen bei Baudenkmalen

(1) ¹Bei einem im Inland belegenen Gebäude, das nach den jeweiligen landesrechtlichen Vorschriften ein Baudenkmal ist, kann der Steuerpflichtige abweichend von § 7 Abs. 4 und 5 im Jahr der Herstellung und in den folgenden sieben Jahren jeweils bis zu 9 Prozent und in den folgenden vier Jahren jeweils bis zu 7 Prozent der Herstellungskosten für Baumaßnahmen, die nach Art und Umfang zur Erhaltung des Gebäudes als Baudenkmal oder zu seiner sinnvollen Nutzung erforderlich sind, absetzen. ²Eine sinnvolle Nutzung ist nur anzunehmen, wenn das Gebäude in der Weise genutzt wird, dass die Erhaltung der schützenswerten Substanz des Gebäudes auf die Dauer gewährleistet ist. ³Bei einem im Inland belegenen Gebäudeteil, das nach den jeweiligen landesrechtlichen Vorschriften ein Baudenkmal ist, sind die Sätze 1 und 2 entsprechend anzuwenden. ⁴Bei einem im Inland belegenen Gebäude oder Gebäudeteil, das für sich allein nicht die Voraussetzungen für ein Baudenkmal erfüllt, aber Teil einer Gebäudegruppe oder Gesamtanlage ist, die nach den jeweiligen landesrechtlichen Vorschriften als Einheit geschützt ist, kann der Steuerpflichtige die erhöhten Absetzungen von den Herstellungskosten für Baumaßnahmen vornehmen, die nach Art und Umfang zur Erhaltung des schützenswerten äußeren Erscheinungsbildes der Gebäudegruppe oder Gesamtanlage erforderlich sind. ⁵Der Steuerpflichtige kann die erhöhten Absetzungen im Jahr des Abschlusses der Baumaßnahme und in den folgenden elf Jahren auch für Anschaffungskosten in Anspruch nehmen, die auf Baumaßnahmen im Sinne der Sätze 1 bis 4 entfallen, soweit diese nach dem rechtswirksamen Abschluss eines obligatorischen Erwerbsvertrags oder eines gleichstehenden Rechtsakts durchgeführt worden sind. ⁶Die Baumaßnahmen müssen in Abstimmung mit der in Absatz 2 bezeichneten Stelle durchgeführt worden sein. ⁷Die erhöhten Absetzungen können nur in Anspruch genommen werden, soweit die Herstellungs- oder Anschaffungskosten nicht durch Zuschüsse aus öffentlichen Kassen gedeckt sind. ⁸§ 7h Abs. 1 Satz 5 ist entsprechend anzuwenden.

(2) ¹Der Steuerpflichtige kann die erhöhten Absetzungen nur in Anspruch nehmen, wenn er durch eine Bescheinigung der nach Landesrecht zuständigen oder von der Landesregierung bestimmten Stelle die Voraussetzungen des Absatzes 1 für das Gebäude oder Gebäudeteil und für die Erforderlichkeit der Aufwendungen nachweist. ²Hat eine der für Denkmalschutz oder Denkmalpflege zuständigen Behörden ihm Zuschüsse gewährt, so hat die Bescheinigung auch deren Höhe zu enthalten; werden ihm solche Zuschüsse nach Ausstellung der Bescheinigung gewährt, so ist diese entsprechend zu ändern.

(3) § 7h Abs. 3 ist entsprechend anzuwenden.

§ 7k
Erhöhte Absetzungen für Wohnungen mit Sozialbindung

(1) ¹Bei Wohnungen im Sinne des Absatzes 2 können abweichend von § 7 Abs. 4 und 5 im Jahr der Fertigstellung und in den folgenden vier Jahren jeweils bis zu 10 Prozent und in den folgenden fünf Jahren jeweils bis zu 7 Prozent der Herstellungskosten oder Anschaffungskosten abgesetzt werden. ²Im Fall der Anschaffung ist Satz 1 nur anzuwenden, wenn der Hersteller für die veräußerte Wohnung weder Absetzungen für Abnutzung nach § 7 Abs. 5 vorgenommen noch erhöhte Absetzungen oder Sonderabschreibungen in Anspruch genommen hat. ³Nach Ablauf dieser zehn Jahre sind als Absetzungen für Abnutzung bis zur vollen Absetzung jährlich 3⅓ Prozent des Restwerts abzuziehen; § 7 Abs. 4 Satz 2 gilt entsprechend.

(2) Begünstigt sind Wohnungen im Inland,

1. a) für die der Bauantrag nach dem 28. Februar 1989 gestellt worden ist und die vom Steuerpflichtigen hergestellt worden sind oder

   b) die vom Steuerpflichtigen nach dem 28. Februar 1989 auf Grund eines nach diesem Zeitpunkt rechtswirksam abgeschlossenen obligatorischen Vertrags bis zum Ende des Jahres der Fertigstellung angeschafft worden sind,

2. die vor dem 1. Januar 1996 fertig gestellt worden sind,

3. für die keine Mittel aus öffentlichen Haushalten unmittelbar oder mittelbar gewährt werden,

4. die im Jahr der Anschaffung oder Herstellung und in den folgenden neun Jahren (Verwendungszeitraum) dem Steuerpflichtigen zu fremden Wohnzwecken dienen und

5. für die der Steuerpflichtige für jedes Jahr des Verwendungszeitraums, in dem er die Wohnungen vermietet hat, durch eine Bescheinigung nachweist, dass die Voraussetzungen des Absatzes 3 vorliegen.

(3) ¹Die Bescheinigung nach Absatz 2 Nr. 5 ist von der nach § 3 des Wohnungsbindungsgesetzes zuständigen Stelle, im Saarland von der durch die Landesregierung bestimmten Stelle (zuständigen Stelle), nach Ablauf des jeweiligen Jahres des Begünstigungszeitraums für Wohnungen zu erteilen,

1. a) die der Steuerpflichtige nur an Personen vermietet hat, für die

   aa) eine Bescheinigung über die Wohnberechtigung nach § 5 des Wohnungsbindungsgesetzes, im Saarland eine Mieteranerkennung, dass die Voraussetzungen des § 14 des Wohnungsbaugesetzes für das Saarland erfüllt sind, ausgestellt worden ist, oder

   bb) eine Bescheinigung ausgestellt worden ist, dass sie die Voraussetzungen des § 88a Abs. 1 Buchstabe b des Zweiten Wohnungsbaugesetzes, im Saarland des § 51b Abs. 1 Buchstabe b des Wohnungsbaugesetzes für das Saarland, erfüllen,

   und wenn die Größe der Wohnung die in dieser Bescheinigung angegebene Größe nicht übersteigt, oder

   b) für die der Steuerpflichtige keinen Mieter im Sinne des Buchstabens a gefunden hat und für die ihm die zuständige Stelle nicht innerhalb von sechs Wochen nach seiner Anforderung einen solchen Mieter nachgewiesen hat,

   und

2. bei denen die Höchstmiete nicht überschritten worden ist. ²Die Landesregierungen werden ermächtigt, die Höchstmiete in Anlehnung an die Beträge nach § 72 Abs. 3 des Zweiten Wohnungsbaugesetzes, im Saarland unter Berücksichtigung der Besonderheiten des Wohnungsbaugesetzes für das Saarland durch Rechtsverordnung festzusetzen. ³In der Rechtsverordnung ist eine Erhöhung der Mieten in Anlehnung an die Erhö-

hung der Mieten im öffentlich geförderten sozialen Wohnungsbau zuzulassen. [4]§ 4 des Gesetzes zur Regelung der Miethöhe bleibt unberührt.

[2]Bei Wohnungen, für die der Bauantrag nach dem 31. Dezember 1992 gestellt worden ist und die vom Steuerpflichtigen hergestellt worden sind oder die vom Steuerpflichtigen auf Grund eines nach dem 31. Dezember 1992 rechtswirksam abgeschlossenen obligatorischen Vertrags angeschafft worden sind, gilt Satz 1 Nr. 1 Buchstabe a mit der Maßgabe, dass der Steuerpflichtige die Wohnungen nur an Personen vermietet hat, die im Jahr der Fertigstellung zu ihm in einem Dienstverhältnis gestanden haben, und ist Satz 1 Nr. 1 Buchstabe b nicht anzuwenden.

4. Überschuss der Einnahmen über die Werbungskosten

§ 8
Einnahmen

(1) Einnahmen sind alle Güter, die in Geld oder Geldeswert bestehen und dem Steuerpflichtigen im Rahmen einer der Einkunftsarten des § 2 Abs. 1 Satz 1 Nr. 4 bis 7 zufließen.

(2) [1]Einnahmen, die nicht in Geld bestehen (Wohnung, Kost, Waren, Dienstleistungen und sonstige Sachbezüge), sind mit den um übliche Preisnachlässe geminderten üblichen Endpreisen am Abgabeort anzusetzen. [2]Für die private Nutzung eines betrieblichen Kraftfahrzeugs zu privaten Fahrten gilt § 6 Abs. 1 Nr. 4 Satz 2 entsprechend. [3]Kann das Kraftfahrzeug auch für Fahrten zwischen Wohnung und Arbeitsstätte genutzt werden, erhöht sich der Wert in Satz 2 für jeden Kalendermonat um 0,03 Prozent des Listenpreises im Sinne des § 6 Abs. 1 Nr. 4 Satz 2 für jeden Kilometer der Entfernung zwischen Wohnung und Arbeitsstätte. [4]Der Wert nach den Sätzen 2 und 3 kann mit dem auf die private Nutzung und die Nutzung zu Fahrten zwischen Wohnung und Arbeitsstätte entfallenden Teil der gesamten Kraftfahrzeugaufwendungen angesetzt werden, wenn die durch das Kraftfahrzeug insgesamt entstehenden Aufwendungen durch Belege und das Verhältnis der privaten Fahrten und der Fahrten zwischen Wohnung und Arbeitsstätte zu den übrigen Fahrten durch ein ordnungsgemäßes Fahrtenbuch nachgewiesen werden. [5]Die Nutzung des Kraftfahrzeugs zu einer Familienheimfahrt im Rahmen einer doppelten Haushaltsführung ist mit 0,002 Prozent des Listenpreises im Sinne des § 6 Abs. 1 Nr. 4 Satz 2 für jeden Kilometer der Entfernung zwischen dem Ort des eigenen Hausstands und dem Beschäftigungsort anzusetzen; dies gilt nicht, wenn für diese Fahrt ein Abzug wie Werbungskosten nach § 9 Abs. 2 in Betracht käme; Satz 4 ist sinngemäß anzuwenden. [6]Bei Arbeitnehmern, für deren Sachbezüge durch Rechtsverordnung nach § 17 Abs. 1 Nr. 4 des Vierten Buches Sozialgesetzbuch Werte bestimmt worden sind, sind diese Werte maßgebend. [7]Die Werte nach Satz 6 sind auch bei Steuerpflichtigen anzusetzen, die nicht der gesetzlichen Rentenversicherungspflicht unterliegen. [8]Die oberste Finanzbehörde eines Landes kann mit Zustimmung des Bundesministeriums der Finanzen für weitere Sachbezüge der Arbeitnehmer Durchschnittswerte festsetzen. [9]Sachbezüge, die nach Satz 1 zu bewerten sind, bleiben außer Ansatz, wenn die sich nach Anrechnung der vom Steuerpflichtigen gezahlten Entgelte ergebenden Vorteile insgesamt 44 Euro im Kalendermonat nicht übersteigen.

(3) [1]Erhält ein Arbeitnehmer auf Grund seines Dienstverhältnisses Waren oder Dienstleistungen, die vom Arbeitgeber nicht überwiegend für den Bedarf seiner Arbeitnehmer hergestellt, vertrieben oder erbracht werden und deren Bezug nicht nach § 40 pauschal versteuert wird, so gelten als deren Werte abweichend von Absatz 2 die um 4 Prozent geminderten Endpreise, zu denen der Arbeitgeber oder der dem Abgabeort nächstansässige Abnehmer die Waren oder Dienstleistungen fremden Letztverbrauchern im allgemeinen Geschäftsverkehr anbietet. [2]Die sich nach Abzug der vom Arbeitnehmer gezahlten Entgelte ergebenden Vorteile sind steuerfrei, soweit sie aus dem Dienstverhältnis insgesamt 1080 Euro im Kalenderjahr nicht übersteigen.

§ 9
Werbungskosten

(1) [1]Werbungskosten sind Aufwendungen zur Erwerbung, Sicherung und Erhaltung der Einnahmen. [2]Sie sind bei der Einkunftsart abzuziehen, bei der sie erwachsen sind. [3]Werbungskosten sind auch

1. Schuldzinsen und auf besonderen Verpflichtungsgründen beruhende Renten und dauernde Lasten, soweit sie mit einer Einkunftsart in wirtschaftlichem Zusammenhang stehen. [2]Bei Leibrenten kann nur der Anteil abgezogen werden, der sich nach § 22 Nr. 1 Satz 3 Buchstabe a Doppelbuchstabe bb ergibt.

2. Steuern vom Grundbesitz, sonstige öffentliche Abgaben und Versicherungsbeiträge, soweit solche Ausgaben sich auf Gebäude oder auf Gegenstände beziehen, die dem Steuerpflichtigen zur Einnahmeerzielung dienen;

3. Beiträge zu Berufsständen und sonstigen Berufsverbänden, deren Zweck nicht auf einen wirtschaftlichen Geschäftsbetrieb gerichtet ist;

4. – aufgehoben –

5. notwendige Mehraufwendungen, die einem Arbeitnehmer wegen einer aus beruflichem Anlass begründeten doppelten Haushaltsführung entstehen, und zwar unabhängig davon, aus welchen Gründen die doppelte Haushaltsführung beibehalten wird. [2]Eine doppelte Haushaltsführung liegt nur vor, wenn der Arbeitnehmer außerhalb des Ortes, in dem er einen eigenen Hausstand unterhält, beschäftigt ist und auch am Beschäftigungsort wohnt;

6. Aufwendungen für Arbeitsmittel, zum Beispiel für Werkzeuge und typische Berufskleidung. [2]Nummer 7 bleibt unberührt;

7. Absetzungen für Abnutzung und für Substanzverringerung und erhöhte Absetzungen. [2]§ 6 Abs. 2 Satz 1 bis 3 ist in Fällen der Anschaffung oder Herstellung von Wirtschaftsgütern entsprechend anzuwenden.

(2) [1]Keine Werbungskosten sind die Aufwendungen des Arbeitnehmers für die Wege zwischen Wohnung und regelmäßiger Arbeitsstätte und für Familienheimfahrten. [2]Zur Abgeltung erhöhter Aufwendungen für die Wege zwischen Wohnung und regelmäßiger Arbeitsstätte ist ab dem 21. Entfernungskilometer für jeden Arbeitstag, an dem der Arbeitnehmer die Arbeitsstätte aufsucht, für jeden vollen Kilometer der Entfernung eine Entfernungspauschale von 0,30 Euro wie Werbungskosten anzusetzen, höchstens jedoch 4500 Euro im Kalenderjahr; ein höherer Betrag als 4500 Euro ist anzusetzen, soweit der Arbeitnehmer einen eigenen oder ihm zur Nutzung überlassenen Kraftwagen benutzt. [3]Die Entfernungspauschale gilt nicht für Flugstrecken und Strecken mit steuerfreier Sammelbeförderung nach § 3 Nr. 32; in diesen Fällen sind Aufwendungen des Arbeitnehmers wie Werbungskosten anzusetzen, bei Sammelbeförderung der auf Strecken ab dem 21. Entfernungskilometer entfallende Teil. [4]Für die Bestimmung der Entfernung ist die kürzeste Straßenverbindung zwischen Wohnung und Arbeitsstätte maßgebend; eine andere als die kürzeste Straßenverbindung kann zugrunde gelegt werden, wenn diese offensichtlich verkehrsgünstiger ist und vom Arbeitnehmer regelmäßig für die Wege zwischen Wohnung und Arbeitsstätte benutzt wird. [5]Nach § 8 Abs. 3 steuerfreie Sachbezüge für Fahrten zwischen Wohnung und Arbeitsstätte mindern den nach Satz 2 abziehbaren Betrag; ist der Arbeitgeber selbst der Verkehrsträger, ist der Preis anzusetzen, den ein dritter Arbeitgeber an den Verkehrsträger zu entrichten hätte. [6]Hat ein Arbeitnehmer mehrere Wohnungen, so sind die Wege von einer Wohnung, die nicht der Arbeitsstätte am nächsten liegt, nur zu berücksichtigen, wenn sie den Mittelpunkt der Lebensinteressen des Arbeitnehmers bildet und nicht nur gelegentlich aufgesucht wird. [7]Aufwendungen für die Wege vom Beschäftigungsort zum Ort des eigenen Hausstands und zurück (Familienheimfahrten) können jeweils nur für eine Familienheimfahrt wöchentlich wie Werbungskosten abgezogen werden. [8]Zur Abgeltung der Aufwendungen für eine Familienheimfahrt ist eine Entfernungspauschale von 0,30 Euro für jeden vollen Kilometer der Entfernung zwischen dem Ort des eigenen Hausstands und dem Beschäftigungsort anzusetzen; die Sätze 3 bis 5 sind entsprechend anzuwenden. [9]Aufwendungen für Familienheimfahrten mit einem dem Steuerpflichtigen im Rahmen einer Einkunftsart überlassenen Kraftfahrzeug werden nicht berücksichtigt. [10]Durch die Entfernungspauschalen sind sämt-

liche Aufwendungen abgegolten, die durch die Wege zwischen Wohnung und Arbeitsstätte und durch die Familienheimfahrten veranlasst sind. ¹¹Behinderte Menschen,

1. deren Grad der Behinderung mindestens 70 beträgt,
2. deren Grad der Behinderung von weniger als 70, aber mindestens 50 beträgt und die in ihrer Bewegungsfähigkeit im Straßenverkehr erheblich beeinträchtigt sind,

können an Stelle der Entfernungspauschalen die tatsächlichen Aufwendungen für die Wege zwischen Wohnung und Arbeitsstätte und für die Familienheimfahrten ansetzen. ¹²Die Voraussetzungen der Nummern 1 und 2 sind durch amtliche Unterlagen nachzuweisen.

(3) Absatz 1 Satz 3 Nr. 5 und Absatz 2 gelten bei den Einkunftsarten im Sinne des § 2 Abs. 1 Satz 1 Nr. 5 bis 7 entsprechend.

(4) – weggefallen –

(5) ¹§ 4 Abs. 5 Satz 1 Nr. 1 bis 5, 6b bis 8a, 10, 12 und Abs. 6 sowie § 4f gelten sinngemäß. ²§ 6 Abs. 1 Nr. 1a gilt entsprechend.

§ 9a
Pauschbeträge für Werbungskosten

¹Für Werbungskosten sind bei der Ermittlung der Einkünfte die folgenden Pauschbeträge abzuziehen, wenn nicht höhere Werbungskosten nachgewiesen werden:

1. a) von den Einnahmen aus nichtselbständiger Arbeit vorbehaltlich Buchstabe b:

    ein Arbeitnehmer-Pauschbetrag von 920 Euro; daneben sind Aufwendungen nach § 4f gesondert abzuziehen;

    b) von den Einnahmen aus nichtselbständiger Arbeit, soweit es sich um Versorgungsbezüge im Sinne des § 19 Abs. 2 handelt:

    ein Pauschbetrag von 102 Euro;

2. von den Einnahmen aus Kapitalvermögen:

    ein Pauschbetrag von 51 Euro;

    bei Ehegatten, die nach den §§ 26, 26b zusammen veranlagt werden, erhöht sich dieser Pauschbetrag auf insgesamt 102 Euro;

3. von den Einnahmen im Sinne des § 22 Nr. 1, 1a und 5:

    ein Pauschbetrag von insgesamt 102 Euro.

²Der Pauschbetrag nach Satz 1 Nr. 1 Buchstabe b darf nur bis zur Höhe der um den Versorgungsfreibetrag einschließlich des Zuschlags zum Versorgungsfreibetrag (§ 19 Abs. 2) geminderten Einnahmen, die Pauschbeträge nach Satz 1 Nr. 1 Buchstabe a, Nr. 2 und 3 dürfen nur bis zur Höhe der Einnahmen abgezogen werden.

4A. Umsatzsteuerrechtlicher Vorsteuerabzug

§ 9b

(1) Der Vorsteuerbetrag nach § 15 des Umsatzsteuergesetzes gehört, soweit er bei der Umsatzsteuer abgezogen werden kann, nicht zu den Anschaffungs- oder Herstellungskosten des Wirtschaftsguts, auf dessen Anschaffung oder Herstellung er entfällt.

(2) Wird der Vorsteuerabzug nach § 15a des Umsatzsteuergesetzes berichtigt, so sind die Mehrbeträge als Betriebseinnahmen oder Einnahmen, die Minderbeträge als Betriebsausgaben oder Werbungskosten zu behandeln; die Anschaffungs- oder Herstellungskosten bleiben unberührt.

5. Sonderausgaben

§ 10

(1) ¹Sonderausgaben sind die folgenden Aufwendungen, wenn sie weder Betriebsausgaben noch Werbungskosten sind oder wie Betriebsausgaben oder Werbungskosten behandelt werden:

1. Unterhaltsleistungen an den geschiedenen oder dauernd getrennt lebenden unbeschränkt einkommensteuerpflichtigen Ehegatten, wenn der Geber dies mit Zustimmung des Empfängers beantragt, bis zu 13 805 Euro im Kalenderjahr. ²Der Antrag kann jeweils nur für ein Kalenderjahr gestellt und nicht zurückgenommen werden. ³Die Zustimmung ist mit Ausnahme der nach § 894 Abs. 1 der Zivilprozessordnung als erteilt geltenden bis auf Widerruf wirksam. ⁴Der Widerruf ist vor Beginn des Kalenderjahres, für das die Zustimmung erstmals nicht gelten soll, gegenüber dem Finanzamt zu erklären. ⁵Die Sätze 1 bis 4 gelten für Fälle der Nichtigkeit oder der Aufhebung der Ehe entsprechend;

1a. auf besonderen Verpflichtungsgründen beruhende Renten und dauernde Lasten, die nicht mit Einkünften in wirtschaftlichem Zusammenhang stehen, die bei der Veranlagung außer Betracht bleiben. ²Bei Leibrenten kann nur der Anteil abgezogen werden, der sich nach § 22 Nr. 1 Satz 3 Buchstabe a Doppelbuchstabe bb ergibt;

2. a) Beiträge zu den gesetzlichen Rentenversicherungen oder landwirtschaftlichen Alterskassen sowie zu berufsständischen Versorgungseinrichtungen, die den gesetzlichen Rentenversicherungen vergleichbare Leistungen erbringen;

    b) Beiträge des Steuerpflichtigen zum Aufbau einer eigenen kapitalgedeckten Altersversorgung, wenn der Vertrag nur die Zahlung einer monatlichen auf das Leben des Steuerpflichtigen bezogenen lebenslangen Leibrente nicht vor Vollendung des 60. Lebensjahres oder die ergänzende Absicherung des Eintritts der Berufsunfähigkeit (Berufsunfähigkeitsrente), der verminderten Erwerbsfähigkeit (Erwerbsminderungsrente) oder von Hinterbliebenen (Hinterbliebenenrente) vorsieht; Hinterbliebene in diesem Sinne sind der Ehegatte des Steuerpflichtigen und die Kinder, für die er Anspruch auf Kindergeld oder einen Freibetrag nach § 32 Abs. 6 hat; der Anspruch auf Waisenrente darf längstens für den Zeitraum bestehen, in dem der Rentenberechtigte die Voraussetzungen für die Berücksichtigung als Kind im Sinne des § 32 erfüllt; die genannten Ansprüche dürfen nicht vererblich, nicht übertragbar, nicht beleihbar, nicht veräußerbar und nicht kapitalisierbar sein und es darf darüber hinaus kein Anspruch auf Auszahlungen bestehen.

    ²Zu den Beiträgen nach den Buchstaben a und b ist der nach § 3 Nr. 62 steuerfreie Arbeitgeberanteil zur gesetzlichen Rentenversicherung und ein diesem gleichgestellter steuerfreier Zuschuss des Arbeitgebers hinzuzurechnen.

3. a) Beiträge zu Versicherungen gegen Arbeitslosigkeit, zu Erwerbs- und Berufsunfähigkeitsversicherungen, die nicht unter Nummer 2 Satz 1 Buchstabe b fallen, zu Kranken-, Pflege-, Unfall- und Haftpflichtversicherungen sowie zu Risikoversicherungen, die nur für den Todesfall eine Leistung vorsehen;

    b) Beiträge zu Versicherungen im Sinne des § 10 Abs. 1 Nr. 2 Buchstabe b Doppelbuchstabe bb bis dd in der am 31. Dezember 2004 geltenden Fassung, wenn die Laufzeit dieser Versicherungen vor dem 1. Januar 2005 begonnen hat und ein Versicherungsbeitrag bis zum 31. Dezember 2004 entrichtet wurde; § 10 Abs. 1 Nr. 2 Satz 2 bis 6 und Abs. 2 Satz 2 in der am 31. Dezember 2004 geltenden Fassung ist in diesen Fällen weiter anzuwenden.

4. gezahlte Kirchensteuer;

5. zwei Drittel der Aufwendungen für Dienstleistungen zur Betreuung eines zum Haushalt des Steuerpflichtigen gehörenden Kindes im Sinne des § 32 Abs. 1, welches das dritte Lebensjahr vollendet, das sechste Lebensjahr aber noch nicht vollendet hat, höchstens 4000 Euro je Kind, sofern die Beiträge nicht nach Nummer 8 zu berücksichtigen sind. ²Satz 1 gilt nicht für Aufwendungen für Unterricht, die Vermittlung besonderer Fähigkeiten sowie für sportliche und andere Freizeitbetätigungen. ³Ist das zu betreuende Kind nicht nach § 1 Abs. 1 oder Abs. 2 unbeschränkt einkommensteuerpflichtig, ist der in Satz 1 genannte Betrag zu kürzen, soweit es nach den Verhältnissen im Wohnsitzstaat des Kindes notwendig und angemessen ist. ⁴Voraussetzung für den Abzug nach Satz 1 ist, dass der Steuerpflichtige die Aufwendungen durch Vorlage einer Rechnung und die Zahlung auf das Konto des Erbringers der Leistungen nachweist.

6. – weggefallen –

EStG – Gesetzestext § 10a

7. Aufwendungen für die eigene Berufsausbildung bis zu 4000 Euro im Kalenderjahr. ²Bei Ehegatten, die die Voraussetzungen des § 26 Abs. 1 Satz 1 erfüllen, gilt Satz 1 für jeden Ehegatten. ³Zu den Aufwendungen im Sinne des Satzes 1 gehören auch Aufwendungen für eine auswärtige Unterbringung. ⁴§ 4 Abs. 5 Satz 1 Nr. 5 und 6b, § 9 Abs. 1 Satz 3 Nr. 5 und Abs. 2 sind bei der Ermittlung der Aufwendungen anzuwenden.

8. zwei Drittel der Aufwendungen für Dienstleistungen zur Betreuung eines zum Haushalt des Steuerpflichtigen gehörenden Kindes im Sinne des § 32 Abs. 1, welches das 14. Lebensjahr noch nicht vollendet hat oder wegen einer vor Vollendung des 25. Lebensjahres eingetretenen körperlichen, geistigen oder seelischen Behinderung außerstande ist, sich selbst zu unterhalten, höchstens 4000 Euro je Kind, wenn der Steuerpflichtige sich in Ausbildung befindet, körperlich, geistig oder seelisch behindert oder krank ist. ²Erwachsen die Aufwendungen wegen Krankheit des Steuerpflichtigen, muss die Krankheit innerhalb eines zusammenhängenden Zeitraums von mindestens drei Monaten bestanden haben, es sei denn, der Krankheitsfall tritt unmittelbar im Anschluss an eine Erwerbstätigkeit oder Ausbildung ein. ³Bei zusammenlebenden Eltern ist Satz 1 nur dann anzuwenden, wenn bei beiden Elternteilen die Voraussetzungen nach Satz 1 vorliegen oder ein Elternteil erwerbstätig ist und der andere Elternteil sich in Ausbildung befindet, körperlich, geistig oder seelisch behindert oder krank ist. ⁴Satz 1 gilt nicht für Aufwendungen für Unterricht, die Vermittlung besonderer Fähigkeit sowie für sportliche und andere Freizeitbetätigungen. ⁵Ist das zu betreuende Kind nicht nach § 1 Abs. 1 oder Abs. 2 unbeschränkt einkommensteuerpflichtig, ist der in Satz 1 genannte Betrag zu kürzen, soweit es nach den Verhältnissen im Wohnsitzstaat des Kindes notwendig und angemessen ist. ⁶Voraussetzung für den Abzug nach Satz 1 ist, dass der Steuerpflichtige die Aufwendungen durch Vorlage einer Rechnung und die Zahlung auf das Konto des Erbringers der Leistung nachweist.

9. 30 vom Hundert des Entgelts, das der Steuerpflichtige für ein Kind, für das er Anspruch auf einen Kinderfreibetrag nach § 32 Abs. 6 oder auf Kindergeld hat, für den Besuch einer gemäß Artikel 7 Abs. 4 des Grundgesetzes staatlich genehmigten oder nach Landesrecht erlaubten Ersatzschule sowie einer nach Landesrecht anerkannten allgemein bildenden Ergänzungsschule entrichtet mit Ausnahme des Entgelts für Beherbergung, Betreuung und Verpflegung.

(2) Voraussetzung für den Abzug der in Absatz 1 Nr. 2 und 3 bezeichneten Beträge (Vorsorgeaufwendungen) ist, dass sie

1. nicht in unmittelbarem wirtschaftlichen Zusammenhang mit steuerfreien Einnahmen stehen,

2. a) an Versicherungsunternehmen, die ihren Sitz oder ihre Geschäftsleitung in einem Mitgliedstaat der Europäischen Gemeinschaft oder einem anderen Vertragsstaat des Europäischen Wirtschaftsraums haben und das Versicherungsgeschäft im Inland betreiben dürfen, und Versicherungsunternehmen, denen die Erlaubnis zum Geschäftsbetrieb im Inland erteilt ist,

   b) an berufsständische Versorgungseinrichtungen,

   c) an einen Sozialversicherungsträger oder

   d) an einen Anbieter im Sinne des § 80

   geleistet werden.

(3) ¹Vorsorgeaufwendungen nach Absatz 1 Nr. 2 Satz 2 sind bis zu 20 000 Euro zu berücksichtigen. ²Bei zusammenveranlagten Ehegatten verdoppelt sich der Höchstbetrag. ³Der Höchstbetrag nach Satz 1 oder 2 ist bei Steuerpflichtigen, die zum Personenkreis des § 10c Abs. 3 Nr. 1 und 2 gehören oder Einkünfte im Sinne des § 22 Nr. 4 erzielen und die ganz oder teilweise ohne eigene Beitragsleistungen einen Anspruch auf Altersversorgung erwerben, um den Betrag zu kürzen, der, bezogen auf die Einnahmen aus der Tätigkeit, die die Zugehörigkeit zum genannten Personenkreis begründen, dem Gesamtbeitrag (Arbeitgeber- und Arbeitnehmeranteil) zur allgemeinen Rentenversicherung entspricht. ⁴Im Kalenderjahr 2005 sind 60 Prozent der nach den Sätzen 1 bis 3 ermittelten Vorsorgeaufwendungen anzusetzen. ⁵Der sich danach ergebende Betrag, vermindert um den nach § 3 Nr. 62 steuerfreien Arbeitgeberanteil zur gesetzlichen Rentenversicherung und einen diesem gleichgestellten steuerfreien Zuschuss des Arbeitgebers, ist als Sonderausgabe abziehbar. ⁶Der Prozentsatz in Satz 4 erhöht sich in den folgenden Kalenderjahren bis zum Kalenderjahr 2025 um je 2 Prozentpunkte je Kalenderjahr.

(4) ¹Vorsorgeaufwendungen im Sinne des Absatzes 1 Nr. 3 können je Kalenderjahr bis 2400 Euro abgezogen werden. ²Der Höchstbetrag beträgt 1500 Euro bei Steuerpflichtigen, die ganz oder teilweise ohne eigene Aufwendungen einen Anspruch auf vollständige oder teilweise Erstattung oder Übernahme von Krankheitskosten haben oder für deren Krankenversicherung Leistungen im Sinne des § 3 Nr. 62 oder § 3 Nr. 14 erbracht werden. ³Bei zusammenveranlagten Ehegatten bestimmt sich der gemeinsame Höchstbetrag aus der Summe der jedem Ehegatten unter den Voraussetzungen der Sätze 1 und 2 zustehenden Höchstbeträge.

(4a) ¹Ist in den Kalenderjahren 2005 bis 2019 der Abzug der Vorsorgeaufwendungen nach Absatz 1 Nr. 2 Buchstabe a und 3 in der für das Kalenderjahr 2004 geltenden Fassung des § 10 Abs. 3 mit folgenden Höchstbeträgen für den Vorwegabzug

Kalenderjahr	Vorwegabzug für den Steuerpflichtigen	Vorwegabzug im Falle der Zusammenveranlagung von Ehegatten
2005	3068	6136
2006	3068	6136
2007	3068	6136
2008	3068	6136
2009	3068	6136
2010	3068	6136
2011	2700	5400
2012	2400	4800
2013	2100	4200
2014	1800	3600
2015	1500	3000
2016	1200	2400
2017	900	1800
2018	600	1200
2019	300	600

zuzüglich des Erhöhungsbetrags nach Satz 3 günstiger, ist der sich danach ergebende Betrag anstelle des Abzugs nach Absatz 3 und 4 anzusetzen. ²Mindestens ist bei Anwendung des Satzes 1 der Betrag anzusetzen, der sich ergeben würde, wenn zusätzlich noch die Vorsorgeaufwendungen nach Absatz 1 Nr. 2 Buchstabe b in die Günstigerprüfung einbezogen werden würden; der Erhöhungsbetrag nach Satz 3 ist nicht hinzuzurechnen. ³Erhöhungsbetrag sind die Beiträge nach Absatz 1 Nr. 2 Buchstabe b, soweit sie nicht den um die Beiträge nach Absatz 1 Nr. 2 Buchstabe a und den nach § 3 Nr. 62 steuerfreien Arbeitgeberanteil zur gesetzlichen Rentenversicherung und einen diesem gleichgestellten steuerfreien Zuschuss verminderten Höchstbetrag nach Absatz 3 Satz 1 bis 3 überschreiten; Absatz 3 Satz 4 und 6 gilt entsprechend.

(5) Nach Maßgabe einer Rechtsverordnung ist eine Nachversteuerung durchzuführen bei Versicherungen im Sinne des Absatzes 1 Nr. 3 Buchstabe b, wenn die Voraussetzungen für den Sonderausgabenabzug nach Absatz 2 Satz 2 in der am 31. Dezember 2004 geltenden Fassung nicht erfüllt sind.

§ 10a
Zusätzliche Altersvorsorge

(1) ¹In der gesetzlichen Rentenversicherung Pflichtversicherte können Altersvorsorgebeiträge (§ 82) zuzüglich der dafür nach Abschnitt XI zustehenden Zulage

in den Veranlagungszeiträumen
2002 und 2003 bis zu   525 Euro,

in den Veranlagungszeiträumen
2004 und 2005 bis zu   1050 Euro,

§ 10b EStG – Gesetzestext

in den Veranlagungszeiträumen
2006 und 2007 bis zu 1575 Euro,
ab dem Veranlagungszeitraum
2008 jährlich bis zu 2100 Euro
als Sonderausgaben abziehen; das Gleiche gilt für

1. Empfänger von Besoldung nach dem Bundesbesoldungsgesetz,
2. Empfänger von Amtsbezügen aus einem Amtsverhältnis, deren Versorgungsrecht die entsprechende Anwendung des § 69e Abs. 3 und 4 des Beamtenversorgungsgesetzes vorsieht,
3. die nach § 5 Abs. 1 Satz 1 Nr. 2 und 3 des Sechsten Buches Sozialgesetzbuch versicherungsfrei Beschäftigten, die nach § 6 Abs. 1 Satz 1 Nr. 2 oder nach § 230 Abs. 2 Satz 2 des Sechsten Buches Sozialgesetzbuch von der Versicherungspflicht befreiten Beschäftigten, deren Versorgungsrecht die entsprechende Anwendung des § 69e Abs. 3 und 4 des Beamtenversorgungsgesetzes vorsieht,
4. Beamte, Richter, Berufssoldaten und Soldaten auf Zeit, die ohne Besoldung beurlaubt sind, für die Zeit einer Beschäftigung, wenn während der Beurlaubung die Gewährleistung einer Versorgungsanwartschaft unter den Voraussetzungen des § 5 Abs. 1 Satz 1 des Sechsten Buches Sozialgesetzbuch auf diese Beschäftigung erstreckt wird und
5. Steuerpflichtige im Sinne der Nummern 1 bis 4, die beurlaubt sind und deshalb keine Besoldung, Amtsbezüge oder Entgelt erhalten, sofern sie eine Anrechnung von Kindererziehungszeiten nach § 56 des Sechsten Buches Sozialgesetzbuch in Anspruch nehmen könnten, wenn die Versicherungsfreiheit in der gesetzlichen Rentenversicherung nicht bestehen würde,

wenn sie spätestens bis zum Ablauf des zweiten Kalenderjahres, das auf das Beitragsjahr (§ 88) folgt, gegenüber der zuständigen Stelle (§ 81a) schriftlich eingewilligt haben, dass diese der zentralen Stelle (§ 81) jährlich mitteilt, dass der Steuerpflichtige zum begünstigten Personenkreis gehört, dass die zuständige Stelle der zentralen Stelle die für die Ermittlung des Mindesteigenbeitrags (§ 86) und die Gewährung der Kinderzulage (§ 85) erforderlichen Daten übermittelt und die zentrale Stelle diese Daten für das Zulageverfahren verwenden darf. ²Bei der Erteilung der Einwilligung ist der Steuerpflichtige darauf hinzuweisen, dass er die Einwilligung vor Beginn des Kalenderjahres, für das sie erstmals nicht mehr gelten soll, gegenüber der zuständigen Stelle widerrufen kann. ³Versicherungspflichtige nach dem Gesetz über die Alterssicherung der Landwirte sowie Personen, die wegen Arbeitslosigkeit bei einer inländischen Agentur für Arbeit als Arbeitsuchende gemeldet sind und der Versicherungspflicht in der Rentenversicherung nicht unterliegen, weil sie eine Leistung nach dem Zweiten Buch Sozialgesetzbuch nur wegen des zu berücksichtigenden Einkommens oder Vermögens nicht beziehen, stehen Pflichtversicherten gleich.

(1a) Sofern eine Zulagennummer (§ 90 Abs. 1 Satz 2) durch die zentrale Stelle oder eine Versicherungsnummer nach § 147 des Sechsten Buches Sozialgesetzbuch noch nicht vergeben ist, haben die in Absatz 1 Satz 1 Nr. 1 bis 5 genannten Steuerpflichtigen über die zuständige Stelle eine Zulagennummer bei der zentralen Stelle zu beantragen.

(2) ¹Ist der Sonderausgabenabzug nach Absatz 1 für den Steuerpflichtigen günstiger als der Anspruch auf die Zulage nach Abschnitt XI, erhöht sich die unter Berücksichtigung des Sonderausgabenabzugs ermittelte tarifliche Einkommensteuer um den Anspruch auf Zulage. ²In den anderen Fällen scheidet der Sonderausgabenabzug aus. ³Die Günstigerprüfung wird von Amts wegen vorgenommen.

(3) ¹Der Abzugsbetrag nach Absatz 1 steht im Fall der Veranlagung von Ehegatten nach § 26 Abs. 1 jedem Ehegatten unter den Voraussetzungen des Absatzes 1 gesondert zu. ²Gehört nur ein Ehegatte zu dem nach Absatz 1 begünstigten Personenkreis und ist der andere Ehegatte nach § 79 Satz 2 zulageberechtigt, sind bei dem nach Absatz 1 abzugsberechtigten Ehegatten die von beiden Ehegatten geleisteten Altersvorsorgebeiträge und die dafür zustehenden Zulagen bei der Anwendung der Absätze 1 und 2 zu berücksichtigen. ³Gehören beide Ehegatten zu dem nach Absatz 1 begünstigten Personenkreis und liegt ein Fall der Veranlagung nach § 26 Abs. 1 vor, ist bei der Günstigerprüfung nach Absatz 2 der Anspruch auf Zulage beider Ehegatten anzusetzen.

(4) ¹Im Fall des Absatzes 2 Satz 1 stellt das Finanzamt die über den Zulageanspruch nach Abschnitt XI hinausgehende Steuerermäßigung gesondert fest und teilt diese der zentralen Stelle (§ 81) mit; § 10d Abs. 4 Satz 3 bis 5 gilt entsprechend. ²Sind Altersvorsorgebeiträge zugunsten von mehreren Verträgen geleistet worden, erfolgt die Zurechnung im Verhältnis der nach Absatz 1 berücksichtigten Altersvorsorgebeiträge. ³Ehegatten ist der nach Satz 1 festzustellende Betrag auch im Falle der Zusammenveranlagung jeweils getrennt zuzurechnen; die Zurechnung erfolgt im Verhältnis der nach Absatz 1 berücksichtigten Altersvorsorgebeiträge. ⁴Werden Altersvorsorgebeiträge nach Absatz 3 Satz 2 berücksichtigt, die der nach § 79 Satz 2 zulageberechtigte Ehegatte zugunsten eines auf seinen Namen lautenden Vertrages geleistet hat, ist die hierauf entfallende Steuerermäßigung dem Vertrag zuzurechnen, zu dessen Gunsten die Altersvorsorgebeiträge geleistet wurden. ⁵Die Übermittlung an die zentrale Stelle erfolgt unter Angabe der Vertrags- und Steuernummer sowie der Zulage- oder Versicherungsnummer nach § 147 des Sechsten Buches Sozialgesetzbuch. ⁶Die Feststellungsfrist endet nicht, bevor die Festsetzungsfrist für den Veranlagungszeitraum abgelaufen ist, auf dessen Schluss der verbleibende Verlustvortrag gesondert festzustellen ist; § 181 Abs. 5 der Abgabenordnung ist nur anzuwenden, wenn die zuständige Finanzbehörde die Feststellung des Verlustvortrags pflichtwidrig unterlassen hat.

(5) ¹Der Steuerpflichtige hat die zu berücksichtigenden Altersvorsorgebeiträge durch eine vom Anbieter auszustellende Bescheinigung nach amtlich vorgeschriebenem Vordruck nachzuweisen. ²Diese Bescheinigung ist auch auszustellen, wenn im Falle der mittelbaren Zulageberechtigung (§ 79 Satz 2) keine Altersvorsorgebeiträge geleistet wurden. ³Die übrigen Voraussetzungen für den Sonderausgabenabzug nach den Absätzen 1 bis 3 werden im Wege der Datenerhebung und des automatisierten Datenabgleichs nach § 91 überprüft.

§ 10b
Steuerbegünstigte Zwecke

(1) ¹Ausgaben zur Förderung mildtätiger, kirchlicher, religiöser, wissenschaftlicher und der als besonders förderungswürdig anerkannten gemeinnützigen Zwecke sind bis zur Höhe von insgesamt 5 Prozent des Gesamtbetrags der Einkünfte oder 2 vom Tausend der Summe der gesamten Umsätze und der im Kalenderjahr aufgewendeten Löhne und Gehälter als Sonderausgaben abzugsfähig. ²Für wissenschaftliche, mildtätige und als besonders förderungswürdig anerkannte kulturelle Zwecke erhöht sich der Prozentsatz von 5 um weitere 5 Prozent. ³Zuwendungen an Stiftungen des öffentlichen Rechts und an nach § 5 Abs. 1 Nr. 9 des Körperschaftsteuergesetzes steuerbefreite Stiftungen des privaten Rechts zur Förderung steuerbegünstigter Zwecke im Sinne der §§ 52 bis 54 der Abgabenordnung mit Ausnahme der Zwecke, die nach § 52 Abs. 2 Nr. 4 der Abgabenordnung gemeinnützig sind, sind darüber hinaus bis zur Höhe von 20 450 Euro, abziehbar. ⁴Überschreitet eine Einzelzuwendung von mindestens 25 565 Euro zur Förderung wissenschaftlicher, mildtätiger oder als besonders förderungswürdig anerkannter kultureller Zwecke diese Höchstsätze, ist sie im Rahmen der Höchstsätze im Veranlagungszeitraum der Zuwendung, im vorangegangenen und in den fünf folgenden Veranlagungszeiträumen abzuziehen. ⁵§ 10d gilt entsprechend.

(1a) ¹Zuwendungen im Sinne des Absatzes 1, die anlässlich der Neugründung in den Vermögensstock einer Stiftung des öffentlichen Rechts oder einer nach § 5 Abs. 1 Nr. 9 des Körperschaftsteuergesetzes steuerbefreiten Stiftung des privaten Rechts geleistet werden, können im Jahr der Zuwendung und in den folgenden neun Veranlagungszeiträumen nach Antrag des Steuerpflichtigen bis zu einem Betrag von 307 000 Euro, neben den als Sonderausgaben im Sinne des Absatzes 1 zu berücksichtigenden Zuwendungen und über den nach Absatz 1 zulässigen Umfang hinaus abgezogen werden. ²Als anlässlich der Neugründung einer Stiftung nach Satz 1 geleistet gelten Zuwendungen bis zum Ablauf eines Jahres nach Gründung der Stiftung. ³Der besondere Abzugsbetrag nach Satz 1 kann der Höhe nach innerhalb des Zehnjahreszeitraums nur einmal in Anspruch genommen werden. ⁴§ 10d Abs. 4 gilt entsprechend.

(2) ¹Zuwendungen an politische Parteien im Sinne des § 2 des Parteiengesetzes sind bis zur Höhe von insgesamt 1650 Euro und im

Falle der Zusammenveranlagung von Ehegatten bis zur Höhe von insgesamt 3300 Euro im Kalenderjahr abzugsfähig. ²Sie können nur insoweit als Sonderausgaben abgezogen werden, als für sie nicht eine Steuerermäßigung nach § 34g gewährt worden ist.

(3) ¹Als Ausgabe im Sinne dieser Vorschrift gilt auch die Zuwendung von Wirtschaftsgütern mit Ausnahme von Nutzungen und Leistungen. ²Ist das Wirtschaftsgut unmittelbar vor seiner Zuwendung einem Betriebsvermögen entnommen worden, so darf bei der Ermittlung der Ausgabenhöhe der bei der Entnahme angesetzte Wert nicht überschritten werden. ³In allen übrigen Fällen bestimmt sich die Höhe der Ausgabe nach dem gemeinen Wert des zugewendeten Wirtschaftsguts. ⁴Aufwendungen zugunsten einer zum Empfang steuerlich abzugsfähiger Zuwendungen berechtigten Körperschaft sind nur abzugsfähig, wenn ein Anspruch auf die Erstattung der Aufwendungen durch Vertrag oder Satzung eingeräumt und auf die Erstattung verzichtet worden ist. ⁵Der Anspruch darf nicht unter der Bedingung des Verzichts eingeräumt worden sein.

(4) ¹Der Steuerpflichtige darf auf die Richtigkeit der Bestätigung über Spenden und Mitgliedsbeiträge vertrauen, es sei denn, dass er die Bestätigung durch unlautere Mittel oder falsche Angaben erwirkt hat oder dass ihm die Unrichtigkeit der Bestätigung bekannt oder infolge grober Fahrlässigkeit nicht bekannt war. ²Wer vorsätzlich oder grob fahrlässig eine unrichtige Bestätigung ausstellt oder wer veranlasst, dass Zuwendungen nicht zu den in der Bestätigung angegebenen steuerbegünstigten Zwecken verwendet werden, haftet für die entgangene Steuer. ³Diese ist mit 40 Prozent des zugewendeten Betrags anzusetzen.

§ 10c
Sonderausgaben-Pauschbetrag, Vorsorgepauschale

(1) Für Sonderausgaben nach § 10 Abs. 1 Nr. 1, 1a, 4, 5, 7 bis 9 und nach § 10b wird ein Pauschbetrag von 36 Euro abgezogen (Sonderausgaben-Pauschbetrag), wenn der Steuerpflichtige nicht höhere Aufwendungen nachweist.

(2) ¹Hat der Steuerpflichtige Arbeitslohn bezogen, wird für die Vorsorgeaufwendungen (§ 10 Abs. 1 Nr. 2 und 3) eine Vorsorgepauschale abgezogen, wenn der Steuerpflichtige nicht Aufwendungen nachweist, die zu einem höheren Abzug führen. ²Die Vorsorgepauschale ist die Summe aus

1. dem Betrag, der bezogen auf den Arbeitslohn, 50 Prozent des Beitrags in der allgemeinen Rentenversicherung entspricht, und
2. 11 Prozent des Arbeitslohns, jedoch höchstens 1500 Euro.

³Arbeitslohn im Sinne der Sätze 1 und 2 ist der um den Versorgungsfreibetrag (§ 19 Abs. 2) und den Altersentlastungsbetrag (§ 24a) verminderte Arbeitslohn. ⁴In den Kalenderjahren 2005 bis 2024 ist die Vorsorgepauschale mit der Maßgabe zu ermitteln, dass im Kalenderjahr 2005 der Betrag, der sich nach Satz 2 Nr. 1 ergibt, auf 20 Prozent begrenzt und dieser Prozentsatz in jedem folgenden Kalenderjahr um je 4 Prozentpunkte erhöht wird.

(3) Für Arbeitnehmer, die während des ganzen oder eines Teils des Kalenderjahres

1. in der gesetzlichen Rentenversicherung versicherungsfrei oder auf Antrag des Arbeitgebers von der Versicherungspflicht befreit waren und denen für den Fall ihres Ausscheidens aus der Beschäftigung auf Grund des Beschäftigungsverhältnisses eine lebenslängliche Versorgung oder an deren Stelle eine Abfindung zusteht oder die in der gesetzlichen Rentenversicherung nachzuversichern sind oder
2. nicht der gesetzlichen Rentenversicherungspflicht unterliegen, eine Berufstätigkeit ausgeübt und im Zusammenhang damit auf Grund vertraglicher Vereinbarungen Anwartschaftsrechte auf eine Altersversorgung ganz oder teilweise ohne eigene Beitragsleistung oder durch Beiträge, die nach § 3 Nr. 63 steuerfrei waren, erworben haben oder
3. Versorgungsbezüge im Sinne des § 19 Abs. 2 Satz 2 Nr. 1 erhalten haben oder
4. Altersrente aus der gesetzlichen Rentenversicherung erhalten haben,

beträgt die Vorsorgepauschale 11 Prozent des Arbeitslohns, jedoch höchstens 1500 Euro.

(4) ¹Im Fall der Zusammenveranlagung von Ehegatten zur Einkommensteuer sind die Absätze 1 bis 3 mit der Maßgabe anzuwenden, dass die Euro-Beträge nach Absatz 1, 2 Satz 2 Nr. 2 sowie Absatz 3 zu verdoppeln sind. ²Wenn beide Ehegatten Arbeitslohn bezogen haben, ist Absatz 2 Satz 3 auf den Arbeitslohn jedes Ehegatten gesondert anzuwenden und eine Vorsorgepauschale abzuziehen, die sich ergibt aus der Summe

1. der Beträge, die sich nach Absatz 2 Satz 2 Nr. 1 in Verbindung mit Satz 4 für nicht unter Absatz 3 fallende Ehegatten ergeben, und
2. 11 Prozent der Summe der Arbeitslöhne beider Ehegatten, höchstens jedoch 3000 Euro.

³Satz 1 gilt auch, wenn die tarifliche Einkommensteuer nach § 32a Abs. 6 zu ermitteln ist.

(5) Soweit in den Kalenderjahren 2005 bis 2019 die Vorsorgepauschale nach der für das Kalenderjahr 2004 geltenden Fassung des § 10c Abs. 2 bis 4 günstiger ist, ist diese mit folgenden Höchstbeträgen anzuwenden:

Kalenderjahr	Betrag nach § 10c Abs. 2 Satz 2 Nr. 1 in Euro	Betrag nach § 10c Abs. 2 Satz 2 Nr. 2 in Euro	Betrag nach § 10c Abs. 2 Satz 2 Nr. 3 in Euro	Betrag nach § 10c Abs. 3 in Euro
2005	3068	1334	667	1134
2006	3068	1334	667	1134
2007	3068	1334	667	1134
2008	3068	1334	667	1134
2009	3068	1334	667	1134
2010	3068	1334	667	1134
2011	2700	1334	667	1134
2012	2400	1334	667	1134
2013	2100	1334	667	1134
2014	1800	1334	667	1134
2015	1500	1334	667	1134
2016	1200	1334	667	1134
2017	900	1334	667	1134
2018	600	1334	667	1134
2019	300	1334	667	1134.

§ 10d
Verlustabzug

(1) ¹Negative Einkünfte, die bei der Ermittlung des Gesamtbetrags der Einkünfte nicht ausgeglichen werden, sind bis zu einem Betrag von 511 500 Euro, bei Ehegatten, die nach den §§ 26, 26b zusammen veranlagt werden, bis zu einem Betrag von 1 023 000 Euro vom Gesamtbetrag der Einkünfte des unmittelbar vorangegangenen Veranlagungszeitraums vorrangig vor Sonderausgaben, außergewöhnlichen Belastungen und sonstigen Abzugsbeträgen abzuziehen (Verlustrücktrag). ²Ist für den unmittelbar vorangegangenen Veranlagungszeitraum bereits ein Steuerbescheid erlassen worden, so ist er insoweit zu ändern, als der Verlustrücktrag zu gewähren oder zu berichtigen ist. ³Das gilt auch dann, wenn der Steuerbescheid unanfechtbar geworden ist; die Festsetzungsfrist endet insoweit nicht, bevor die Festsetzungsfrist für den Veranlagungszeitraum abgelaufen ist, in dem die negativen Einkünfte nicht ausgeglichen werden. ⁴Auf Antrag des Steuerpflichtigen ist ganz oder teilweise von der Anwendung des Satzes 1 abzusehen. ⁵Im Antrag ist die Höhe des Verlustrücktrags anzugeben.

(2) ¹Nicht ausgeglichene negative Einkünfte, die nicht nach Absatz 1 abgezogen worden sind, sind in den folgenden Veranlagungszeiträumen bis zu einem Gesamtbetrag der Einkünfte von 1 Million Euro unbeschränkt, darüber hinaus bis zu 60 Prozent des 1 Million Euro übersteigenden Gesamtbetrags der Einkünfte vorrangig vor Sonderausgaben, außergewöhnlichen Belastungen und sonstigen Abzugsbeträgen abzuziehen (Verlustvortrag). ²Bei Ehegatten, die nach §§ 26, 26b zusammen veranlagt werden, tritt an die Stelle des Betrags von 1 Million Euro ein Betrag von 2 Millionen

§ 10e EStG – Gesetzestext

Euro. ³Der Abzug ist nur insoweit zulässig, als die Verluste nicht nach Absatz 1 abgezogen worden sind und in den vorangegangenen Veranlagungszeiträumen nicht nach Satz 1 und 2 abgezogen werden konnten.

(3) – aufgehoben –

(4) ¹Der am Schluss eines Veranlagungszeitraums verbleibende Verlustvortrag ist gesondert festzustellen. ²Verbleibender Verlustvortrag sind die bei der Ermittlung des Gesamtbetrags der Einkünfte nicht ausgeglichenen negativen Einkünfte, vermindert um die nach Absatz 1 abgezogenen und die nach Absatz 2 abziehbaren Beträge und vermehrt um den auf den Schluss des vorangegangenen Veranlagungszeitraums festgestellten verbleibenden Verlustvortrag. ³Zuständig für die Feststellung ist das für die Besteuerung zuständige Finanzamt. ⁴Feststellungsbescheide sind zu erlassen, aufzuheben oder zu ändern, soweit sich die nach Satz 2 zu berücksichtigenden Beträge ändern und deshalb der entsprechende Steuerbescheid zu erlassen, aufzuheben oder zu ändern ist. ⁵Satz 4 ist entsprechend anzuwenden, wenn der Erlass, die Aufhebung oder die Änderung des Steuerbescheids mangels steuerlicher Auswirkungen unterbleibt.

§ 10e
Steuerbegünstigung der zu eigenen Wohnzwecken genutzten Wohnung im eigenen Haus

(1) ¹Der Steuerpflichtige kann von den Herstellungskosten einer Wohnung in einem im Inland belegenen eigenen Haus oder einer im Inland belegenen eigenen Eigentumswohnung zuzüglich der Hälfte der Anschaffungskosten für den dazugehörenden Grund und Boden (Bemessungsgrundlage) im Jahr der Fertigstellung und in den drei folgenden Jahren jeweils bis zu 6 Prozent, höchstens jeweils 10 124 Euro, und in den vier darauf folgenden Jahren jeweils bis zu 5 Prozent, höchstens jeweils 8437 Euro, wie Sonderausgaben abziehen. ²Voraussetzung ist, dass der Steuerpflichtige die Wohnung hergestellt und in dem jeweiligen Jahr des Zeitraums nach Satz 1 (Abzugszeitraum) zu eigenen Wohnzwecken genutzt hat und die Wohnung keine Ferienwohnung oder Wochenendwohnung ist. ³Eine Nutzung zu eigenen Wohnzwecken liegt auch vor, wenn Teile einer zu eigenen Wohnzwecken genutzten Wohnung unentgeltlich zu Wohnzwecken überlassen werden. ⁴Hat der Steuerpflichtige die Wohnung angeschafft, so sind die Sätze 1 bis 3 mit der Maßgabe anzuwenden, als an die Stelle des Jahres der Fertigstellung das Jahr der Anschaffung und an die Stelle der Herstellungskosten die Anschaffungskosten treten; hat der Steuerpflichtige die Wohnung nicht bis zum Ende des zweiten auf das Jahr der Fertigstellung folgenden Jahres angeschafft, kann er von der Bemessungsgrundlage im Jahr der Anschaffung und in den drei folgenden Jahren höchstens jeweils 4602 Euro und in den vier darauf folgenden Jahren höchstens jeweils 3835 Euro abziehen. ⁵§ 6b Abs. 6 gilt sinngemäß. ⁶Bei einem Anteil an der zu eigenen Wohnzwecken genutzten Wohnung kann der Steuerpflichtige den entsprechenden Teil der Abzugsbeträge nach Satz 1 wie Sonderausgaben abziehen. ⁷Werden Teile der Wohnung nicht zu eigenen Wohnzwecken genutzt, ist die Bemessungsgrundlage um den auf den nicht zu eigenen Wohnzwecken entfallenden Teil zu kürzen. ⁸Satz 4 ist nicht anzuwenden, wenn der Steuerpflichtige die Wohnung oder einen Anteil daran von seinem Ehegatten anschafft und bei den Ehegatten die Voraussetzungen des § 26 Abs. 1 vorliegen.

(2) Absatz 1 gilt entsprechend für Herstellungskosten zu eigenen Wohnzwecken genutzter Ausbauten und Erweiterungen an einer im Inland belegenen, zu eigenen Wohnzwecken genutzten Wohnung.

(3) ¹Der Steuerpflichtige kann die Abzugsbeträge nach den Absätzen 1 und 2, die er in einem Jahr des Abzugszeitraums nicht ausgenutzt hat, bis zum Ende des Abzugszeitraums abziehen. ²Nachträgliche Herstellungskosten oder Anschaffungskosten, die bis zum Ende des Abzugszeitraums entstehen, können vom Jahr ihrer Entstehung an für die Veranlagungszeiträume, in denen der Steuerpflichtige Abzugsbeträge nach den Absätzen 1 und 2 hätte abziehen können, so behandelt werden, als wären sie zu Beginn des Abzugszeitraums entstanden.

(4) ¹Die Abzugsbeträge nach den Absätzen 1 und 2 kann der Steuerpflichtige nur für eine Wohnung oder für einen Ausbau oder eine Erweiterung abziehen. ²Ehegatten, bei denen die Voraussetzungen des § 26 Abs. 1 vorliegen, können die Abzugsbeträge nach den Absätzen 1 und 2 für insgesamt zwei der in Satz 1 bezeichneten Objekte abziehen, jedoch nicht gleichzeitig für zwei in räumlichem Zusammenhang belegene Objekte, wenn bei den Ehegatten im Zeitpunkt der Herstellung oder Anschaffung der Objekte die Voraussetzungen des § 26 Abs. 1 vorliegen. ³Den Abzugsbeträgen stehen die erhöhten Absetzungen nach § 7b in der jeweiligen Fassung ab Inkrafttreten des Gesetzes vom 16. Juni 1964 (BGBl. I S. 353) und nach § 15 Abs. 1 bis 4 des Berlinförderungsgesetzes in der jeweiligen Fassung ab Inkrafttreten des Gesetzes vom 11. Juli 1977 (BGBl. I S. 1213) gleich. ⁴Nutzt der Steuerpflichtige die Wohnung im eigenen Haus oder die Eigentumswohnung (Erstobjekt) nicht bis zum Ablauf des Abzugszeitraums zu eigenen Wohnzwecken und kann er deshalb die Abzugsbeträge nach den Absätzen 1 und 2 nicht mehr in Anspruch nehmen, so kann er die Abzugsbeträge nach Absatz 1 bei einer weiteren Wohnung im Sinne des Absatzes 1 Satz 1 (Folgeobjekt) in Anspruch nehmen, wenn er das Folgeobjekt innerhalb von zwei Jahren vor und drei Jahren nach Ablauf des Veranlagungszeitraums, in dem er das Erstobjekt letztmals zu eigenen Wohnzwecken genutzt hat, anschafft oder herstellt; Entsprechendes gilt bei einem Ausbau oder einer Erweiterung einer Wohnung. ⁵Im Fall des Satzes 4 ist der Abzugszeitraum für das Folgeobjekt um die Anzahl der Veranlagungszeiträume zu kürzen, in denen der Steuerpflichtige für das Erstobjekt die Abzugsbeträge nach den Absätzen 1 und 2 hätte abziehen können; hat der Steuerpflichtige das Folgeobjekt in einem Veranlagungszeitraum, in dem er das Erstobjekt noch zu eigenen Wohnzwecken genutzt hat, hergestellt oder angeschafft oder ausgebaut oder erweitert, so beginnt der Abzugszeitraum für das Folgeobjekt mit Ablauf des Veranlagungszeitraums, in dem der Steuerpflichtige das Erstobjekt letztmals zu eigenen Wohnzwecken genutzt hat. ⁶Für das Folgeobjekt sind die Prozentsätze der vom Erstobjekt verbliebenen Jahre maßgebend. ⁷Dem Erstobjekt im Sinne des Satzes 4 steht ein Erstobjekt im Sinne des § 7b Abs. 5 Satz 4 sowie des § 15 Abs. 1 und des § 15b Abs. 1 des Berlinförderungsgesetzes gleich. ⁸Ist für den Steuerpflichtigen Objektverbrauch nach den Sätzen 1 bis 3 eingetreten, kann er die Abzugsbeträge nach den Absätzen 1 und 2 für ein weiteres, in dem in Artikel 3 des Einigungsvertrages genannten Gebiet belegenes Objekt abziehen, wenn der Steuerpflichtige oder dessen Ehegatte, bei denen die Voraussetzungen des § 26 Abs. 1 vorliegen, in dem in Artikel 3 des Einigungsvertrages genannten Gebiet zugezogen ist und

1. seinen ausschließlichen Wohnsitz in diesem Gebiet zu Beginn des Veranlagungszeitraums hat oder ihn im Laufe des Veranlagungszeitraums begründet oder

2. bei mehrfachem Wohnsitz einen Wohnsitz in diesem Gebiet hat und sich dort überwiegend aufhält.

⁹Voraussetzung für die Anwendung des Satzes 8 ist, dass die Wohnung im eigenen Haus oder die Eigentumswohnung vor dem 1. Januar 1995 hergestellt oder angeschafft oder der Ausbau oder die Erweiterung vor diesem Zeitpunkt fertig gestellt worden ist. ¹⁰Die Sätze 2 und 4 bis 6 sind für im Satz 8 bezeichnete Objekte sinngemäß anzuwenden.

(5) ¹Sind mehrere Steuerpflichtige Eigentümer einer zu eigenen Wohnzwecken genutzten Wohnung, so ist Absatz 4 mit der Maßgabe anzuwenden, dass der Anteil des Steuerpflichtigen an der Wohnung einer Wohnung gleichsteht; Entsprechendes gilt bei dem Ausbau oder bei der Erweiterung einer zu eigenen Wohnzwecken genutzten Wohnung. ²Satz 1 ist nicht anzuwenden, wenn Eigentümer der Wohnung der Steuerpflichtige und sein Ehegatte sind und bei den Ehegatten die Voraussetzungen des § 26 Abs. 1 vorliegen. ³Erwirbt im Fall des Satzes 2 ein Ehegatte infolge Erbfalls einen Miteigentumsanteil an der Wohnung hinzu, so kann er die auf diesen Anteil entfallenden Abzugsbeträge nach den Absätzen 1 und 2 weiter in der bisherigen Höhe abziehen; Entsprechendes gilt, wenn im Fall des Satzes 2 während des Abzugszeitraums die Voraussetzungen des § 26 Abs. 1 wegfallen und ein Ehegatte den Anteil des anderen Ehegatten an der Wohnung erwirbt.

(5a) ¹Die Abzugsbeträge nach den Absätzen 1 und 2 können nur für die Veranlagungszeiträume in Anspruch genommen werden, in denen der Gesamtbetrag der Einkünfte 61 355 Euro, bei nach § 26b zusammen veranlagten Ehegatten 122 710 Euro nicht übersteigt. ²Eine Nachholung von Abzugsbeträgen nach Absatz 3 Satz 1 ist nur für Veranlagungszeiträume möglich, in denen die in Satz 1 genannten Voraussetzungen vorgelegen haben; Entsprechendes gilt für nachträgliche Herstellungskosten oder Anschaffungskosten im Sinne des Absatzes 3 Satz 2.

(6) ¹Aufwendungen des Steuerpflichtigen, die bis zum Beginn der erstmaligen Nutzung einer Wohnung im Sinne des Absatzes 1 zu eigenen Wohnzwecken entstehen, unmittelbar mit der Herstellung oder Anschaffung des Gebäudes oder der Eigentumswohnung oder der Anschaffung des dazugehörenden Grund und Bodens zusammenhängen, nicht zu den Herstellungskosten oder Anschaffungskosten der Wohnung oder zu den Anschaffungskosten des Grund und Bodens gehören und die im Fall der Vermietung oder Verpachtung der Wohnung als Werbungskosten abgezogen werden könnten, können wie Sonderausgaben abgezogen werden. ²Wird eine Wohnung bis zum Beginn der erstmaligen Nutzung zu eigenen Wohnzwecken vermietet oder zu eigenen beruflichen oder eigenen betrieblichen Zwecken genutzt und sind die Aufwendungen Werbungskosten oder Betriebsausgaben, können sie nicht wie Sonderausgaben abgezogen werden. ³Aufwendungen nach Satz 1, die Erhaltungsaufwand sind und im Zusammenhang mit der Anschaffung des Gebäudes oder der Eigentumswohnung stehen, können insgesamt nur bis zu 15 Prozent der Anschaffungskosten des Gebäudes oder der Eigentumswohnung, höchstens bis zu 15 Prozent von 76 694 Euro, abgezogen werden. ⁴Die Sätze 1 und 2 gelten entsprechend bei Ausbauten und Erweiterungen an einer zu Wohnzwecken genutzten Wohnung.

(6a) ¹Nimmt der Steuerpflichtige Abzugsbeträge für ein Objekt nach den Absätzen 1 oder 2 in Anspruch oder ist er auf Grund des Absatzes 5a zur Inanspruchnahme von Abzugsbeträgen für ein solches Objekt nicht berechtigt, so kann er die mit diesem Objekt in wirtschaftlichem Zusammenhang stehenden Schuldzinsen, die für die Zeit der Nutzung zu eigenen Wohnzwecken entstehen, im Jahr der Herstellung oder Anschaffung und in den beiden folgenden Kalenderjahren bis zur Höhe von jeweils 12 000 Deutsche Mark wie Sonderausgaben abziehen, wenn er das Objekt vor dem 1. Januar 1995 fertig gestellt oder vor diesem Zeitpunkt bis zum Ende des Jahres der Fertigstellung angeschafft hat. ²Soweit der Schuldzinsenabzug nach Satz 1 nicht in vollem Umfang im Jahr der Herstellung oder Anschaffung in Anspruch genommen werden kann, kann er in dem dritten auf das Jahr der Herstellung oder Anschaffung folgenden Kalenderjahr nachgeholt werden. ³Absatz 1 Satz 6 gilt sinngemäß.

(7) ¹Sind mehrere Steuerpflichtige Eigentümer einer zu eigenen Wohnzwecken genutzten Wohnung, so können die Abzugsbeträge nach den Absätzen 1 und 2 und die Aufwendungen nach den Absätzen 6 und 6a gesondert und einheitlich festgestellt werden. ²Die für die gesonderte Feststellung von Einkünften nach § 180 Abs. 1 Nr. 2 Buchstabe a der Abgabenordnung geltenden Vorschriften sind entsprechend anzuwenden.

§ 10f
Steuerbegünstigung für zu eigenen Wohnzwecken genutzte Baudenkmale und Gebäude in Sanierungsgebieten und städtebaulichen Entwicklungsbereichen

(1) ¹Der Steuerpflichtige kann Aufwendungen an einem eigenen Gebäude im Kalenderjahr des Abschlusses der Baumaßnahme und in den neun folgenden Kalenderjahren jeweils bis zu 9 Prozent wie Sonderausgaben abziehen, wenn die Voraussetzungen des § 7h oder des § 7i vorliegen. ²Dies gilt nur, soweit er das Gebäude in dem jeweiligen Kalenderjahr zu eigenen Wohnzwecken nutzt und die Aufwendungen nicht in die Bemessungsgrundlage nach § 10e oder dem Eigenheimzulagengesetz einbezogen hat. ³Für Zeiträume, für die der Steuerpflichtige erhöhte Absetzungen von Aufwendungen nach § 7h oder § 7i abgezogen hat, kann er für diese Aufwendungen keine Abzugsbeträge nach Satz 1 in Anspruch nehmen. ⁴Eine Nutzung zu eigenen Wohnzwecken liegt auch vor, wenn Teile einer zu eigenen Wohnzwecken genutzten Wohnung unentgeltlich zu Wohnzwecken überlassen werden.

(2) ¹Der Steuerpflichtige kann Erhaltungsaufwand, der an einem eigenen Gebäude entsteht und nicht zu den Betriebsausgaben oder Werbungskosten gehört, im Kalenderjahr des Abschlusses der Maßnahme und in den neun folgenden Kalenderjahren jeweils bis zu 9 Prozent wie Sonderausgaben abziehen, wenn die Voraussetzungen des § 11a Abs. 1 in Verbindung mit § 7h Abs. 2 oder des § 11b Satz 1 oder 2 in Verbindung mit § 7i Abs. 1 Satz 2 und Abs. 2 vorliegen. ²Dies gilt nur, soweit der Steuerpflichtige das Gebäude in dem jeweiligen Kalenderjahr zu eigenen Wohnzwecken nutzt und diese Aufwendungen nicht nach § 10e Abs. 6 oder § 10i abgezogen hat. ³Soweit der Steuerpflichtige das Gebäude während des Verteilungszeitraums zur Einkunftserzielung nutzt, ist der noch nicht berücksichtigte Teil des Erhaltungsaufwands im Jahr des Übergangs zur Einkunftserzielung wie Sonderausgaben abzuziehen. ⁴Absatz 1 Satz 4 ist entsprechend anzuwenden.

(3) ¹Die Abzugsbeträge nach den Absätzen 1 und 2 kann der Steuerpflichtige nur bei einem Gebäude in Anspruch nehmen. ²Ehegatten, bei denen die Voraussetzungen des § 26 Abs. 1 vorliegen, können die Abzugsbeträge nach den Absätzen 1 und 2 bei insgesamt zwei Gebäuden in Anspruch nehmen. ³Gebäuden im Sinne der Absätze 1 und 2 stehen Gebäude gleich, für die Abzugsbeträge nach § 52 Abs. 21 Satz 6 in Verbindung mit § 51 Abs. 1 Nr. 2 Buchstabe x oder Buchstabe y des Einkommensteuergesetzes 1987 in der Fassung der Bekanntmachung vom 27. Februar 1987 (BGBl. I S. 657) in Anspruch genommen worden sind; Entsprechendes gilt für Abzugsbeträge nach § 52 Abs. 21 Satz 7.

(4) ¹Sind mehrere Steuerpflichtige Eigentümer eines Gebäudes, so ist Absatz 3 mit der Maßgabe anzuwenden, dass der Anteil des Steuerpflichtigen an einem solchen Gebäude dem Gebäude gleichsteht. ²Erwirbt ein Miteigentümer, der für seinen Anteil bereits Abzugsbeträge nach Absatz 1 oder Absatz 2 abgezogen hat, einen Anteil an demselben Gebäude hinzu, kann er für danach von ihm durchgeführte Maßnahmen im Sinne der Absätze 1 oder 2 auch die Abzugsbeträge nach den Absätzen 1 und 2 in Anspruch nehmen, die auf den hinzuerworbenen Anteil entfallen. ³§ 10e Abs. 5 Satz 2 und 3 sowie Abs. 7 ist sinngemäß anzuwenden.

(5) Die Absätze 1 bis 4 sind auf Gebäudeteile, die selbständige unbewegliche Wirtschaftsgüter sind, und auf Eigentumswohnungen entsprechend anzuwenden.

§ 10g
Steuerbegünstigung für schutzwürdige Kulturgüter, die weder zur Einkunftserzielung noch zu eigenen Wohnzwecken genutzt werden

(1) ¹Der Steuerpflichtige kann Aufwendungen für Herstellungs- und Erhaltungsmaßnahmen an eigenen schutzwürdigen Kulturgütern im Inland, soweit sie öffentliche oder private Zuwendungen oder etwaige aus diesen Kulturgütern erzielte Einnahmen übersteigen, im Kalenderjahr des Abschlusses der Maßnahme und in den neun folgenden Kalenderjahren jeweils bis zu 9 Prozent wie Sonderausgaben abziehen. ²Kulturgüter im Sinne des Satzes 1 sind

1. Gebäude oder Gebäudeteile, die nach den jeweiligen landesrechtlichen Vorschriften ein Baudenkmal sind,

2. Gebäude oder Gebäudeteile, die für sich allein nicht die Voraussetzungen für ein Baudenkmal erfüllen, aber Teil einer nach den jeweiligen landesrechtlichen Vorschriften als Einheit geschützten Gebäudegruppe oder Gesamtanlage sind,

3. gärtnerische, bauliche und sonstige Anlagen, die keine Gebäude oder Gebäudeteile und nach den jeweiligen landesrechtlichen Vorschriften unter Schutz gestellt sind,

4. Mobiliar, Kunstgegenstände, Kunstsammlungen, wissenschaftliche Sammlungen, Bibliotheken oder Archive, die sich seit mindestens 20 Jahren im Besitz der Familie des Steuerpflichtigen befinden oder in das Verzeichnis national wertvollen Kulturgutes oder das Verzeichnis national wertvoller Archive eingetragen sind und deren Erhaltung wegen ihrer Bedeutung für Kunst, Geschichte oder Wissenschaft im öffentlichen Interesse liegt,

wenn sie in einem den Verhältnissen entsprechenden Umfang der wissenschaftlichen Forschung oder der Öffentlichkeit zugänglich gemacht werden, es sei denn, dem Zugang stehen zwingende Gründe des Denkmal- oder Archivschutzes entgegen. ³Die Maßnahmen müssen nach Maßgabe der geltenden Bestimmungen der Denkmal- und Archivpflege erforderlich und in Abstimmung mit der in Absatz 3 genannten Stelle durchgeführt worden sein; bei Aufwendungen für Herstellungs- und Erhaltungsmaßnahmen an Kulturgütern im Sinne des Satzes 2 Nr. 1 und 2 ist § 7i Abs. 1 Satz 1 bis 4 sinngemäß anzuwenden.

(2) ¹Die Abzugsbeträge nach Absatz 1 Satz 1 kann der Steuerpflichtige nur in Anspruch nehmen, soweit er die schutzwürdigen

Kulturgüter im jeweiligen Kalenderjahr weder zur Erzielung von Einkünften im Sinne des § 2 noch Gebäude oder Gebäudeteile zu eigenen Wohnzwecken nutzt und die Aufwendungen nicht nach § 10e Abs. 6, § 10h Satz 3 oder § 10i abgezogen hat. ²Für Zeiträume, für die der Steuerpflichtige von Aufwendungen Absetzungen für Abnutzung, erhöhte Absetzungen, Sonderabschreibungen oder Beträge nach § 10e Abs. 1 bis 5, den §§ 10f, 10h, 15b des Berlinförderungsgesetzes oder § 7 des Fördergebietsgesetzes abgezogen hat, kann er für diese Aufwendungen keine Abzugsbeträge nach Absatz 1 Satz 1 in Anspruch nehmen; Entsprechendes gilt, wenn der Steuerpflichtige für Aufwendungen die Eigenheimzulage nach dem Eigenheimzulagengesetz in Anspruch genommen hat. ³Soweit die Kulturgüter während des Zeitraums nach Absatz 1 Satz 1 zur Einkunftserzielung genutzt werden, ist der noch nicht berücksichtigte Teil der Aufwendungen, die auf Erhaltungsarbeiten entfallen, im Jahr des Übergangs zur Einkunftserzielung wie Sonderausgaben abzuziehen.

(3) ¹Der Steuerpflichtige kann den Abzug vornehmen, wenn er durch eine Bescheinigung der nach Landesrecht zuständigen oder von der Landesregierung bestimmten Stelle die Voraussetzungen des Absatzes 1 für das Kulturgut und für die Erforderlichkeit der Aufwendungen nachweist. ²Hat eine der für Denkmal- oder Archivpflege zuständigen Behörden ihm Zuschüsse gewährt, so hat die Bescheinigung auch deren Höhe zu enthalten; werden ihm solche Zuschüsse nach Ausstellung der Bescheinigung gewährt, so ist diese entsprechend zu ändern.

(4) ¹Die Absätze 1 bis 3 sind auf Gebäudeteile, die selbständige unbewegliche Wirtschaftsgüter sind, sowie auf Eigentumswohnungen und im Teileigentum stehende Räume entsprechend anzuwenden. ²§ 10e Abs. 7 gilt sinngemäß.

§ 10h
Steuerbegünstigung der unentgeltlich zu Wohnzwecken überlassenen Wohnung im eigenen Haus

¹Der Steuerpflichtige kann von den Aufwendungen, die ihm durch Baumaßnahmen zur Herstellung einer Wohnung entstanden sind, im Jahr der Fertigstellung und in den drei folgenden Jahren jeweils bis zu 6 Prozent, höchstens jeweils 10 124 Euro, und in den vier darauf folgenden Jahren jeweils bis zu 5 Prozent, höchstens jeweils 8437 Euro, wie Sonderausgaben abziehen. ²Voraussetzung ist, dass

1. der Steuerpflichtige nach dem 30. September 1991 den Bauantrag gestellt oder mit der Herstellung begonnen hat,

2. die Baumaßnahmen an einem Gebäude im Inland durchgeführt worden sind, in dem der Steuerpflichtige im jeweiligen Jahr des Zeitraums nach Satz 1 eine eigene Wohnung zu eigenen Wohnzwecken nutzt,

3. die Wohnung keine Ferienwohnung oder Wochenendwohnung ist,

4. der Steuerpflichtige die Wohnung insgesamt im jeweiligen Jahr des Zeitraums nach Satz 1 voll unentgeltlich an einen Angehörigen im Sinne des § 15 Abs. 1 Nr. 3 und 4 der Abgabenordnung auf Dauer zu Wohnzwecken überlassen hat und

5. der Steuerpflichtige die Aufwendungen nicht in die Bemessungsgrundlage nach den §§ 10e, 10f Abs. 1, §§ 10g, 52 Abs. 21 Satz 6 oder nach § 7 des Fördergebietsgesetzes einbezogen hat.

³§ 10e Abs. 1 Satz 5 und 6, Abs. 3, 5a, 6 und 7 gilt sinngemäß.

§ 10i
Vorkostenabzug bei einer nach dem Eigenheimzulagengesetz begünstigten Wohnung

(1) ¹Der Steuerpflichtige kann nachstehende Vorkosten wie Sonderausgaben abziehen:

1. eine Pauschale von 1790 Euro im Jahr der Fertigstellung oder Anschaffung, wenn er für die Wohnung im Jahr der Herstellung oder Anschaffung oder in einem der zwei folgenden Jahre eine Eigenheimzulage nach dem Eigenheimzulagengesetz in Anspruch nimmt, und

2. Erhaltungsaufwendungen bis zu 11 504 Euro, die

a) bis zum Beginn der erstmaligen Nutzung einer Wohnung zu eigenen Wohnzwecken entstanden sind oder

b) bis zum Ablauf des auf das Jahr der Anschaffung folgenden Kalenderjahres entstanden sind, wenn der Steuerpflichtige eine von ihm bisher als Mieter genutzte Wohnung anschafft.

²Die Erhaltungsaufwendungen nach Satz 1 Nr. 2 müssen unmittelbar mit der Herstellung oder Anschaffung des Gebäudes oder der Eigentumswohnung zusammenhängen, dürfen nicht zu den Herstellungskosten oder Anschaffungskosten der Wohnung oder zu den Anschaffungskosten des Grund und Bodens gehören und müssten im Fall der Vermietung und Verpachtung der Wohnung als Werbungskosten abgezogen werden können. ³Wird eine Wohnung bis zum Beginn der erstmaligen Nutzung zu eigenen Wohnzwecken vermietet oder zu eigenen beruflichen oder eigenen betrieblichen Zwecken genutzt und sind die Erhaltungsaufwendungen Werbungskosten oder Betriebsausgaben, können sie nicht wie Sonderausgaben abgezogen werden. ⁴Bei einem Anteil an der zu eigenen Wohnzwecken genutzten Wohnung kann der Steuerpflichtige den entsprechenden Teil der Abzugsbeträge nach Satz 1 wie Sonderausgaben abziehen. ⁵Die vorstehenden Sätze gelten entsprechend bei Ausbauten und Erweiterungen an einer zu eigenen Wohnzwecken genutzten Wohnung.

(2) ¹Sind mehrere Steuerpflichtige Eigentümer einer zu eigenen Wohnzwecken genutzten Wohnung, können die Aufwendungen nach Absatz 1 gesondert und einheitlich festgestellt werden. ²Die für die gesonderte Feststellung von Einkünften nach § 180 Abs. 1 Nr. 2 Buchstabe a der Abgabenordnung geltenden Vorschriften sind entsprechend anzuwenden.

6. Vereinnahmung und Verausgabung

§ 11

(1) ¹Einnahmen sind innerhalb des Kalenderjahres bezogen, in dem sie dem Steuerpflichtigen zugeflossen sind. ²Regelmäßig wiederkehrende Einnahmen, die dem Steuerpflichtigen kurze Zeit vor Beginn oder kurze Zeit nach Beendigung des Kalenderjahres, zu dem sie wirtschaftlich gehören, zugeflossen sind, gelten als in diesem Kalenderjahr bezogen. ³Der Steuerpflichtige kann Einnahmen, die auf einer Nutzungsüberlassung im Sinne des Absatzes 2 Satz 3 beruhen, insgesamt auf den Zeitraum gleichmäßig verteilen, für den die Vorauszahlung geleistet wird. ⁴Für Einnahmen aus nichtselbständiger Arbeit gilt § 38a Abs. 1 Satz 2 und 3 und § 40 Abs. 3 Satz 2. ⁵Die Vorschriften über die Gewinnermittlung (§ 4 Abs. 1, § 5) bleiben unberührt.

(2) ¹Ausgaben sind für das Kalenderjahr abzusetzen, in dem sie geleistet worden sind. ²Für regelmäßig wiederkehrende Ausgaben gilt Absatz 1 Satz 2 entsprechend. ³Werden Ausgaben für eine Nutzungsüberlassung von mehr als fünf Jahren im Voraus geleistet, sind sie insgesamt auf den Zeitraum gleichmäßig zu verteilen, für den die Vorauszahlung geleistet wird. ⁴Satz 3 ist auf ein Damnum oder Disagio nicht anzuwenden, soweit dieses marktüblich ist. ⁵§ 42 der Abgabenordnung bleibt unberührt. ⁶Die Vorschriften über die Gewinnermittlung (§ 4 Abs. 1, § 5) bleiben unberührt.

§ 11a
Sonderbehandlung von Erhaltungsaufwand bei Gebäuden in Sanierungsgebieten und städtebaulichen Entwicklungsbereichen

(1) ¹Der Steuerpflichtige kann durch Zuschüsse aus Sanierungs- oder Entwicklungsförderungsmitteln nicht gedeckten Erhaltungsaufwand für Maßnahmen im Sinne des § 177 des Baugesetzbuchs an einem im Inland belegenen Gebäude in einem förmlich festgelegten Sanierungsgebiet oder städtebaulichen Entwicklungsbereich auf zwei bis fünf Jahre gleichmäßig verteilen. ²Satz 1 ist entsprechend anzuwenden auf durch Zuschüsse aus Sanierungs- oder Entwicklungsförderungsmitteln nicht gedeckten Erhaltungsaufwand für Maßnahmen, die der Erhaltung, Erneuerung und funktionsgerechten Verwendung eines Gebäudes im Sinne des Satzes 1 dienen, das wegen seiner geschichtlichen, künstlerischen oder städtebaulichen Bedeutung erhalten bleiben soll, und zu deren Durchführung

sich der Eigentümer neben bestimmten Modernisierungsmaßnahmen gegenüber der Gemeinde verpflichtet hat.

(2) ¹Wird das Gebäude während des Verteilungszeitraums veräußert, ist der noch nicht berücksichtigte Teil des Erhaltungsaufwands im Jahr der Veräußerung als Betriebsausgaben oder Werbungskosten abzusetzen. ²Das Gleiche gilt, wenn ein nicht zu einem Betriebsvermögen gehörendes Gebäude in ein Betriebsvermögen eingebracht oder wenn ein Gebäude aus dem Betriebsvermögen entnommen oder wenn ein Gebäude nicht mehr zur Einkunftserzielung genutzt wird.

(3) Steht das Gebäude im Eigentum mehrerer Personen, ist der in Absatz 1 bezeichnete Erhaltungsaufwand von allen Eigentümern auf den gleichen Zeitraum zu verteilen.

(4) § 7h Abs. 2 und 3 ist entsprechend anzuwenden.

§ 11b
Sonderbehandlung von Erhaltungsaufwand bei Baudenkmalen

¹Der Steuerpflichtige kann durch Zuschüsse aus öffentlichen Kassen nicht gedeckten Erhaltungsaufwand für ein im Inland belegenes Gebäude oder Gebäudeteil, das nach den jeweiligen landesrechtlichen Vorschriften ein Baudenkmal ist, auf zwei bis fünf Jahre gleichmäßig verteilen, soweit die Aufwendungen nach Art und Umfang zur Erhaltung des Gebäudes oder Gebäudeteils als Baudenkmal oder zu seiner sinnvollen Nutzung erforderlich und die Maßnahmen in Abstimmung mit der in § 7i Abs. 2 bezeichneten Stelle vorgenommen worden sind. ²Durch Zuschüsse aus öffentlichen Kassen nicht gedeckten Erhaltungsaufwand für ein im Inland belegenes Gebäude oder Gebäudeteil, das für sich allein nicht die Voraussetzungen für ein Baudenkmal erfüllt, aber Teil einer Gebäudegruppe oder Gesamtanlage ist, die nach den jeweiligen landesrechtlichen Vorschriften als Einheit geschützt ist, kann der Steuerpflichtige auf zwei bis fünf Jahre gleichmäßig verteilen, soweit die Aufwendungen nach Art und Umfang zur Erhaltung des schützenswerten äußeren Erscheinungsbildes der Gebäudegruppe oder Gesamtanlage erforderlich und die Maßnahmen in Abstimmung mit der in § 7i Abs. 2 bezeichneten Stelle vorgenommen worden sind. ³§ 7h Abs. 3 und § 7i Abs. 1 Satz 2 und Abs. 2 sowie § 11a Abs. 2 und 3 sind entsprechend anzuwenden.

7. Nicht abzugsfähige Ausgaben

§ 12

¹Soweit in den §§ 4f, 10 Abs. 1 Nr. 1, 2 bis 5, 7 bis 9, §§ 10a, 10b und den §§ 33 bis 33b nichts anderes bestimmt ist, dürfen weder bei den einzelnen Einkunftsarten noch vom Gesamtbetrag der Einkünfte abgezogen werden

1. die für den Haushalt des Steuerpflichtigen und für den Unterhalt seiner Familienangehörigen aufgewendeten Beträge. ²Dazu gehören auch die Aufwendungen für die Lebensführung, die die wirtschaftliche oder gesellschaftliche Stellung des Steuerpflichtigen mit sich bringt, auch wenn sie zur Förderung des Berufs oder der Tätigkeit des Steuerpflichtigen erfolgen;

2. freiwillige Zuwendungen, Zuwendungen auf Grund einer freiwillig begründeten Rechtspflicht und Zuwendungen an eine gegenüber dem Steuerpflichtigen oder seinem Ehegatten gesetzlich unterhaltsberechtigte Person oder deren Ehegatten, auch wenn diese Zuwendungen auf einer besonderen Vereinbarung beruhen;

3. die Steuern vom Einkommen und sonstige Personensteuern sowie die Umsatzsteuer für Umsätze, die Entnahmen sind, und die Vorsteuerbeträge auf Aufwendungen, für die das Abzugsverbot der Nummer 1 oder des § 4 Abs. 5 Satz 1 Nr. 1 bis 5, 7 oder Abs. 7 gilt; das gilt auch für die auf diese Steuern entfallenden Nebenleistungen;

4. in einem Strafverfahren festgesetzte Geldstrafen, sonstige Rechtsfolgen vermögensrechtlicher Art, bei denen der Strafcharakter überwiegt, und Leistungen zur Erfüllung von Auflagen oder Weisungen, soweit die Auflagen oder Weisungen nicht lediglich der Wiedergutmachung des durch die Tat verursachten Schadens dienen;

5. Aufwendungen des Steuerpflichtigen für seine erstmalige Berufsausbildung und für ein Erststudium, wenn diese nicht im Rahmen eines Dienstverhältnisses stattfinden.

8. Die einzelnen Einkunftsarten

a) Land- und Forstwirtschaft (§ 2 Abs. 1 Satz 1 Nr. 1)

§ 13
Einkünfte aus Land- und Forstwirtschaft

(1) ¹Einkünfte aus Land- und Forstwirtschaft sind

1. Einkünfte aus dem Betrieb von Landwirtschaft, Forstwirtschaft, Weinbau, Gartenbau und aus allen Betrieben, die Pflanzen und Pflanzenteile mit Hilfe der Naturkräfte gewinnen. ²Zu diesen Einkünften gehören auch die Einkünfte aus der Tierzucht und Tierhaltung, wenn im Wirtschaftsjahr

für die ersten 20 Hektar	nicht mehr als 10 Vieheinheiten,
für die nächsten 10 Hektar	nicht mehr als 7 Vieheinheiten,
für die nächsten 20 Hektar	nicht mehr als 6 Vieheinheiten,
für die nächsten 50 Hektar	nicht mehr als 3 Vieheinheiten,
und für die weitere Fläche	nicht mehr als 1,5 Vieheinheiten

je Hektar der vom Inhaber des Betriebs regelmäßig landwirtschaftlich genutzten Flächen erzeugt oder gehalten werden. ³Die Tierbestände sind nach dem Futterbedarf in Vieheinheiten umzurechnen. ⁴§ 51 Abs. 2 bis 5 des Bewertungsgesetzes ist anzuwenden. ⁵Die Einkünfte aus Tierzucht und Tierhaltung einer Gesellschaft, bei der die Gesellschafter als Unternehmer (Mitunternehmer) anzusehen sind, gehören zu den Einkünften im Sinne des Satzes 1, wenn die Voraussetzungen des § 51a des Bewertungsgesetzes erfüllt sind und andere Einkünfte der Gesellschafter aus dieser Gesellschaft zu den Einkünften aus Land- und Forstwirtschaft gehören;

2. Einkünfte aus sonstiger land- und forstwirtschaftlicher Nutzung (§ 62 des Bewertungsgesetzes);

3. Einkünfte aus Jagd, wenn diese mit dem Betrieb einer Landwirtschaft oder einer Forstwirtschaft im Zusammenhang steht;

4. Einkünfte von Hauberg-, Wald-, Forst- und Laubgenossenschaften und ähnlichen Realgemeinden im Sinne des § 3 Abs. 2 des Körperschaftsteuergesetzes.

(2) ¹Zu den Einkünften im Sinne des Absatzes 1 gehören auch

1. Einkünfte aus einem land- und forstwirtschaftlichen Nebenbetrieb. ²Als Nebenbetrieb gilt ein Betrieb, der dem land- und forstwirtschaftlichen Hauptbetrieb zu dienen bestimmt ist;

2. der Nutzungswert der Wohnung des Steuerpflichtigen, wenn die Wohnung die bei Betrieben gleicher Art übliche Größe nicht überschreitet und das Gebäude oder der Gebäudeteil nach den jeweiligen landesrechtlichen Vorschriften ein Baudenkmal ist;

3. die Produktionsaufgaberente nach dem Gesetz zur Förderung der Einstellung der landwirtschaftlichen Erwerbstätigkeit.

(3) ¹Die Einkünfte aus Land- und Forstwirtschaft werden bei der Ermittlung des Gesamtbetrags der Einkünfte nur berücksichtigt, soweit sie den Betrag von 670 Euro übersteigen. ²Satz 1 ist nur anzuwenden, wenn die Summe der Einkünfte 30 700 Euro nicht übersteigt. ³Im Fall der Zusammenveranlagung von Ehegatten verdoppeln sich die Beträge der Sätze 1 und 2.

(4) ¹Absatz 2 Nr. 2 findet nur Anwendung, sofern im Veranlagungszeitraum 1986 bei einem Steuerpflichtigen für die von ihm zu eigenen Wohnzwecken oder zu Wohnzwecken des Altenteilers genutzte Wohnung die Voraussetzungen für die Anwendung des § 13 Abs. 2 Nr. 2 des Einkommensteuergesetzes in der Fassung der Bekanntmachung vom 16. April 1997 (BGBl. I S. 821) vorlagen. ²Der Steuerpflichtige kann für einen Veranlagungszeitraum nach dem Veranlagungszeitraum 1998 unwiderruflich beantragen, dass Absatz 2 Nr. 2 ab diesem Veranlagungszeitraum nicht mehr angewendet wird. ³§ 52 Abs. 21 Satz 4 und 6 des Einkommensteuergesetzes in der Fassung der Bekanntmachung vom 16. April 1997 (BGBl. I S. 821) ist entsprechend anzuwenden. ⁴Im Fall des Satzes 2 gelten die Wohnung des Steuerpflichtigen und die Altenteilerwohnung sowie der dazugehörende Grund und Boden zu dem Zeitpunkt als entnommen, bis zu dem Absatz 2 Nr. 2 letztmals angewendet wird.

⁵Der Entnahmegewinn bleibt außer Ansatz. ⁶Werden

1. die Wohnung und der dazugehörende Grund und Boden entnommen oder veräußert, bevor sie nach Satz 4 als entnommen gelten, oder
2. eine vor dem 1. Januar 1987 einem Dritten entgeltlich zur Nutzung überlassene Wohnung und der dazugehörende Grund und Boden für eigene Wohnzwecke oder für Wohnzwecke eines Altenteilers entnommen,

bleibt der Entnahme- oder Veräußerungsgewinn ebenfalls außer Ansatz; Nummer 2 ist nur anzuwenden, soweit nicht Wohnungen vorhanden sind, die Wohnzwecken des Eigentümers des Betriebs oder Wohnzwecken eines Altenteilers dienen und die unter Satz 4 oder unter Nummer 1 fallen.

(5) Wird Grund und Boden dadurch entnommen, dass auf diesem Grund und Boden die Wohnung des Steuerpflichtigen oder eine Altenteilerwohnung errichtet wird, bleibt der Entnahmegewinn außer Ansatz; der Steuerpflichtige kann die Regelung nur für eine zu eigenen Wohnzwecken genutzte Wohnung und für eine Altenteilerwohnung in Anspruch nehmen.

(6) ¹Werden einzelne Wirtschaftsgüter eines land- und forstwirtschaftlichen Betriebs auf einen der gemeinschaftlichen Tierhaltung dienenden Betrieb im Sinne des §34 Abs. 6a des Bewertungsgesetzes einer Erwerbs- und Wirtschaftsgenossenschaft oder eines Vereins gegen Gewährung von Mitgliedsrechten übertragen, so ist die auf den dabei entstehenden Gewinn entfallende Einkommensteuer auf Antrag in jährlichen Teilbeträgen zu entrichten. ²Der einzelne Teilbetrag muss mindestens ein Fünftel dieser Steuer betragen.

(7) § 15 Abs. 1 Satz 1 Nr. 2, Abs. 1a, Abs. 2 Satz 2 und 3, §§ 15a und 15b sind entsprechend anzuwenden.

§ 13a
Ermittlung des Gewinns aus Land- und Forstwirtschaft nach Durchschnittssätzen

(1) ¹Der Gewinn ist für einen Betrieb der Land- und Forstwirtschaft nach den Absätzen 3 bis 6 zu ermitteln, wenn

1. der Steuerpflichtige nicht auf Grund gesetzlicher Vorschriften verpflichtet ist, Bücher zu führen und regelmäßig Abschlüsse zu machen, und
2. die selbst bewirtschaftete Fläche der landwirtschaftlichen Nutzung (§ 34 Abs. 2 Nr. 1 Buchstabe a des Bewertungsgesetzes) ohne Sonderkulturen (§ 52 des Bewertungsgesetzes) nicht 20 Hektar überschreitet und
3. die Tierbestände insgesamt 50 Vieheinheiten (Anlage 1 zum Bewertungsgesetz) nicht übersteigen und
4. der Wert der selbst bewirtschafteten Sondernutzungen nach Absatz 5 nicht mehr als 2000 Deutsche Mark je Sondernutzung beträgt.

²Der Gewinn ist letztmalig für das Wirtschaftsjahr nach Durchschnittssätzen zu ermitteln, das nach Bekanntgabe der Mitteilung endet, durch die die Finanzbehörde auf den Beginn der Buchführungspflicht (§ 141 Abs. 2 der Abgabenordnung) oder den Wegfall einer anderen Voraussetzung des Satzes 1 hingewiesen hat.

(2) ¹Auf Antrag des Steuerpflichtigen ist für einen Betrieb im Sinne des Absatzes 1 der Gewinn für vier aufeinander folgende Wirtschaftsjahre nicht nach den Absätzen 3 bis 6 zu ermitteln. ²Wird der Gewinn eines dieser Wirtschaftsjahre durch den Steuerpflichtigen nicht durch Betriebsvermögensvergleich oder durch Vergleich der Betriebseinnahmen mit den Betriebsausgaben ermittelt, ist der Gewinn für den gesamten Zeitraum von vier Wirtschaftsjahren nach den Absätzen 3 bis 6 zu ermitteln. ³Der Antrag ist bis zur Abgabe der Steuererklärung, jedoch spätestens zwölf Monate nach Ablauf des ersten Wirtschaftsjahres, auf das er sich bezieht, schriftlich zu stellen. ⁴Er kann innerhalb dieser Frist zurückgenommen werden.

(3) ¹Durchschnittssatzgewinn ist die Summe aus
1. dem Grundbetrag (Absatz 4),
2. den Zuschlägen für Sondernutzungen (Absatz 5),
3. den nach Absatz 6 gesondert zu ermittelnden Gewinnen,
4. den vereinnahmten Miet- und Pachtzinsen,
5. den vereinnahmten Kapitalerträgen, die sich aus Kapitalanlagen von Veräußerungserlösen im Sinne des Absatzes 6 Satz 1 Nr. 2 ergeben.

²Abzusetzen sind verausgabte Pachtzinsen und diejenigen Schuldzinsen und dauernden Lasten, die Betriebsausgaben sind. ³Die abzusetzenden Beträge dürfen insgesamt nicht zu einem Verlust führen.

(4) ¹Die Höhe des Grundbetrags richtet sich bei der landwirtschaftlichen Nutzung ohne Sonderkulturen nach dem Hektarwert (§ 40 Abs. 1 Satz 3 des Bewertungsgesetzes) der selbst bewirtschafteten Fläche. ²Je Hektar der landwirtschaftlichen Nutzung sind anzusetzen

1. bei einem Hektarwert
   bis 300 Deutsche Mark — 205 Euro,
2. bei einem Hektarwert
   über 300 Deutsche Mark
   bis 500 Deutsche Mark — 307 Euro,
3. bei einem Hektarwert
   über 500 Deutsche Mark
   bis 1000 Deutsche Mark — 358 Euro,
4. bei einem Hektarwert
   über 1000 Deutsche Mark
   bis 1500 Deutsche Mark — 410 Euro,
5. bei einem Hektarwert
   über 1500 Deutsche Mark
   bis 2000 Deutsche Mark — 461 Euro,
6. bei einem Hektarwert
   über 2000 Deutsche Mark — 512 Euro.

(5) ¹Als Sondernutzungen gelten die in § 34 Abs. 2 Nr. 1 Buchstabe b bis e des Bewertungsgesetzes genannten Nutzungen, die in § 34 Abs. 2 Nr. 2 des Bewertungsgesetzes genannten Wirtschaftsgüter, die Nebenbetriebe (§ 34 Abs. 2 Nr. 3 des Bewertungsgesetzes) und die Sonderkulturen (§ 52 des Bewertungsgesetzes). ²Die Werte der Sondernutzungen sind aus den jeweils zuletzt festgestellten Einheitswerten oder den nach § 125 des Bewertungsgesetzes ermittelten Ersatzwirtschaftswerten abzuleiten. ³Bei Sondernutzungen, deren Werte jeweils 500 Deutsche Mark übersteigen, ist für jede Sondernutzung ein Zuschlag von 512 Euro zu machen. ⁴Satz 3 ist bei der forstwirtschaftlichen Nutzung nicht anzuwenden.

(6) ¹In den Durchschnittssatzgewinn sind über die nach den Absätzen 4 und 5 zu ermittelnden Beträge hinaus auch Gewinne, soweit sie insgesamt 1534 Euro übersteigen, einzubeziehen aus

1. der forstwirtschaftlichen Nutzung,
2. der Veräußerung oder Entnahme von Grund und Boden und Gebäuden sowie der im Zusammenhang mit einer Betriebsumstellung stehenden Veräußerung oder Entnahme von Wirtschaftsgütern des übrigen Anlagevermögens,
3. Dienstleistungen und vergleichbaren Tätigkeiten, sofern diese dem Bereich der Land- und Forstwirtschaft zugerechnet und nicht für andere Betriebe der Land- und Forstwirtschaft erbracht werden,
4. der Auflösung von Rücklagen nach § 6c und von Rücklagen für Ersatzbeschaffung.

²Bei der Ermittlung der Gewinne nach den Nummern 1 und 2 ist § 4 Abs. 3 entsprechend anzuwenden. ³Der Gewinn aus den in Nummer 3 genannten Tätigkeiten beträgt 35 Prozent der Einnahmen.

§ 14
Veräußerung des Betriebs

¹Zu den Einkünften aus Land- und Forstwirtschaft gehören auch Gewinne, die bei der Veräußerung eines land- oder forstwirtschaftlichen Betriebs oder Teilbetriebs oder eines Anteils an einem land- und forstwirtschaftlichen Betriebsvermögen erzielt werden. ²§ 16 gilt entsprechend mit der Maßgabe, dass der Freibetrag nach § 16 Abs. 4 nicht zu gewähren ist, wenn der Freibetrag nach § 14a Abs. 1 gewährt wird.

§ 14a
Vergünstigungen bei der Veräußerung bestimmter land- und forstwirtschaftlicher Betriebe

(1) ¹Veräußert ein Steuerpflichtiger nach dem 30. Juni 1970 und vor dem 1. Januar 2001 seinen land- und forstwirtschaftlichen Betrieb im Ganzen, so wird auf Antrag der Veräußerungsgewinn (§ 16

Abs. 2) nur insoweit zur Einkommensteuer herangezogen, als er den Betrag von 150 000 Deutsche Mark übersteigt, wenn

1. der für den Zeitpunkt der Veräußerung maßgebende Wirtschaftswert (§ 46 des Bewertungsgesetzes) des Betriebs 40 000 Deutsche Mark nicht übersteigt,
2. die Einkünfte des Steuerpflichtigen im Sinne des § 2 Abs. 1 Satz 1 Nr. 2 bis 7 in den dem Veranlagungszeitraum der Veräußerung vorangegangenen beiden Veranlagungszeiträumen jeweils den Betrag von 35 000 Deutsche Mark nicht überstiegen haben. ²Bei Ehegatten, die nicht dauernd getrennt leben, gilt Satz 1 mit der Maßgabe, dass die Einkünfte beider Ehegatten zusammen jeweils 70 000 Deutsche Mark nicht überstiegen haben.

²Ist im Zeitpunkt der Veräußerung ein nach Nummer 1 maßgebender Wirtschaftswert nicht festgestellt oder sind bis zu diesem Zeitpunkt die Voraussetzungen für eine Wertfortschreibung erfüllt, so ist der Wert maßgebend, der sich für den Zeitpunkt der Veräußerung als Wirtschaftswert ergeben würde.

(2) ¹Der Anwendung des Absatzes 1 und des § 34 Abs. 1 steht nicht entgegen, wenn die zum land- und forstwirtschaftlichen Vermögen gehörenden Gebäude mit dem dazugehörigen Grund und Boden nicht mitveräußert werden. ²In diesem Fall gelten die Gebäude mit dem dazugehörigen Grund und Boden als entnommen. ³Der Freibetrag kommt auch dann in Betracht, wenn zum Betrieb ein forstwirtschaftlicher Teilbetrieb gehört und dieser nicht mitveräußert, sondern als eigenständiger Betrieb vom Steuerpflichtigen fortgeführt wird. ⁴In diesem Falle ermäßigt sich der Freibetrag auf den Teil, der dem Verhältnis des tatsächlich entstandenen Veräußerungsgewinns zu dem bei einer Veräußerung des ganzen land- und forstwirtschaftlichen Betriebs erzielbaren Veräußerungsgewinn entspricht.

(3) ¹Als Veräußerung gilt auch die Aufgabe des Betriebs, wenn
1. die Voraussetzungen des Absatzes 1 erfüllt sind und
2. der Steuerpflichtige seinen land- und forstwirtschaftlichen Betrieb zum Zweck der Strukturverbesserung abgegeben hat und dies durch eine Bescheinigung der nach Landesrecht zuständigen Stelle nachweist.

²§ 16 Abs. 3 Satz 4 und 5 gilt entsprechend.

(4) ¹Veräußert oder entnimmt ein Steuerpflichtiger nach dem 31. Dezember 1979 und vor dem 1. Januar 2006 Teile des zu einem land- und forstwirtschaftlichen Betrieb gehörenden Grund und Bodens, so wird der bei der Veräußerung oder der Entnahme entstehende Gewinn auf Antrag nur insoweit zur Einkommensteuer herangezogen, als er den Betrag von 61 800 Euro übersteigt. ²Satz 1 ist nur anzuwenden, wenn

1. der Veräußerungspreis nach Abzug der Veräußerungskosten oder der Grund und Boden innerhalb von zwölf Monaten nach der Veräußerung oder Entnahme in sachlichem Zusammenhang mit der Hoferbfolge oder Hofübernahme zur Abfindung weichender Erben verwendet wird und
2. das Einkommen des Steuerpflichtigen ohne Berücksichtigung des Gewinns aus der Veräußerung oder Entnahme und des Freibetrags in dem dem Veranlagungszeitraum der Veräußerung oder Entnahme vorangegangenen Veranlagungszeitraum den Betrag von 18 000 Euro nicht überstiegen hat; bei Ehegatten, die nach den §§ 26, 26b zusammen veranlagt werden, erhöht sich der Betrag von 18 000 Euro auf 36 000 Euro.

³Übersteigt das Einkommen den Betrag von 18 000 Euro, so vermindert sich der Betrag von 61 800 Euro nach Satz 1 je angefangene 250 Euro des übersteigenden Einkommens um 10 300 Euro; bei Ehegatten, die nach den §§ 26, 26b zusammen veranlagt werden und deren Einkommen den Betrag von 36 000 Euro übersteigt, vermindert sich der Betrag von 61 800 Euro nach Satz 1 je angefangene 500 Euro des übersteigenden Einkommens um 10 300 Euro. ⁴Werden mehrere weichende Erben abgefunden, so kann der Freibetrag mehrmals, jedoch insgesamt nur einmal je weichender Erbe geltend gemacht werden, auch wenn die Abfindung in mehreren Schritten oder durch mehrere Inhaber des Betriebs vorgenommen wird. ⁵Weichender Erbe ist, wer gesetzlicher Erbe eines Inhabers eines land- und forstwirtschaftlichen Betriebs ist oder bei gesetzlicher Erbfolge wäre, aber nicht zur Übernahme des Betriebs berufen ist; eine Stellung als Mitunternehmer des Betriebs bis zur Auseinandersetzung steht einer Behandlung als weichender Erbe nicht entgegen, wenn sich die Erben innerhalb von zwei Jahren nach dem Erbfall auseinandersetzen. ⁶Ist ein zur Übernahme des Betriebs berufener Miterbe noch minderjährig, beginnt die Frist von zwei Jahren mit Eintritt der Volljährigkeit.

(5) ¹Veräußert ein Steuerpflichtiger nach dem 31. Dezember 1985 und vor dem 1. Januar 2001 Teile des zu einem land- und forstwirtschaftlichen Betrieb gehörenden Grund und Bodens, so wird der bei der Veräußerung entstehende Gewinn auf Antrag nur insoweit zur Einkommensteuer herangezogen, als er den Betrag von 90 000 Deutsche Mark übersteigt, wenn

1. der Steuerpflichtige den Veräußerungspreis nach Abzug der Veräußerungskosten zur Tilgung von Schulden verwendet, die zu dem land- und forstwirtschaftlichen Betrieb gehören und vor dem 1. Juli 1985 bestanden haben, und
2. die Voraussetzungen des Absatzes 4 Satz 2 Nr. 2 erfüllt sind.

²Übersteigt das Einkommen den Betrag von 35 000 Deutsche Mark, so vermindert sich der Betrag von 90 000 Deutsche Mark nach Satz 1 für jede angefangenen 500 Deutsche Mark des übersteigenden Einkommens um 15 000 Deutsche Mark; bei Ehegatten, die nach den §§ 26, 26b zusammen veranlagt werden und bei denen das Einkommen den Betrag von 70 000 Deutsche Mark übersteigt, vermindert sich der Betrag von 90 000 Deutsche Mark nach Satz 1 für jede angefangenen 1000 Deutsche Mark des übersteigenden Einkommens um 15 000 Deutsche Mark. ³Der Freibetrag von höchstens 90 000 Deutsche Mark wird für alle Veräußerungen im Sinne des Satzes 1 insgesamt nur einmal gewährt.

(6) Verwendet der Steuerpflichtige den Veräußerungspreis oder entnimmt er den Grund und Boden nur zum Teil zu den in den Absätzen 4 und 5 angegebenen Zwecken, so ist nur der entsprechende Teil des Gewinns aus der Veräußerung oder Entnahme steuerfrei.

(7) Auf die Freibeträge nach Absatz 4 in dieser Fassung sind die Freibeträge, die nach Absatz 4 in den vor dem 1. Januar 1986 geltenden Fassungen gewährt worden sind, anzurechnen.

b) Gewerbebetrieb (§ 2 Abs. 1 Satz 1 Nr. 2)

§ 15
Einkünfte aus Gewerbebetrieb

(1) ¹Einkünfte aus Gewerbebetrieb sind

1. Einkünfte aus gewerblichen Unternehmen. ²Dazu gehören auch Einkünfte aus gewerblicher Bodenbewirtschaftung, z. B. aus Bergbauunternehmen und aus Betrieben zur Gewinnung von Torf, Steinen und Erden, soweit sie nicht land- oder forstwirtschaftliche Nebenbetriebe sind;
2. die Gewinnanteile der Gesellschafter einer Offenen Handelsgesellschaft, einer Kommanditgesellschaft und einer anderen Gesellschaft, bei der der Gesellschafter als Unternehmer (Mitunternehmer) des Betriebs anzusehen ist, und die Vergütungen, die der Gesellschafter von der Gesellschaft für seine Tätigkeit im Dienst der Gesellschaft oder für die Hingabe von Darlehen oder für die Überlassung von Wirtschaftsgütern bezogen hat. ²Der mittelbar über eine oder mehrere Personengesellschaften beteiligte Gesellschafter steht dem unmittelbar beteiligten Gesellschafter gleich; er ist als Mitunternehmer des Betriebs der Gesellschaft anzusehen, an der er mittelbar beteiligt ist, wenn er und die Personengesellschaften, die seine Beteiligung vermitteln, jeweils als Mitunternehmer der Betriebe der Personengesellschaften anzusehen sind, an denen sie unmittelbar beteiligt sind;
3. die Gewinnanteile der persönlich haftenden Gesellschafter einer Kommanditgesellschaft auf Aktien, soweit sie nicht auf Anteile am Grundkapital entfallen, und die Vergütungen, die der persönlich haftende Gesellschafter von der Gesellschaft für seine Tätigkeit im Dienst der Gesellschaft oder für die Hingabe von Darlehen oder für die Überlassung von Wirtschaftsgütern bezogen hat.

²Satz 1 Nr. 2 und 3 gilt auch für Vergütungen, die als nachträgliche Einkünfte (§ 24 Nr. 2) bezogen werden. ³§ 13 Abs. 5 gilt entsprechend, sofern das Grundstück im Veranlagungszeitraum 1986 zu einem gewerblichen Betriebsvermögen gehört hat.

(1a) ¹In den Fällen des § 4 Abs. 1 Satz 4 ist der Gewinn aus einer späteren Veräußerung der Anteile ungeachtet der Bestimmungen eines Abkommens zur Vermeidung der Doppelbesteuerung in der gleichen Art und Weise zu besteuern, wie die Veräußerung dieser Anteile an der Europäischen Gesellschaft oder Europäischen Genossenschaft zu besteuern gewesen wäre, wenn keine Sitzverlegung stattgefunden hätte. ²Dies gilt auch, wenn später die Anteile verdeckt in eine Kapitalgesellschaft eingelegt werden, die Europäische Gesellschaft oder Europäische Genossenschaft aufgelöst wird oder wenn ihr Kapital herabgesetzt und zurückgezahlt wird oder wenn Beträge aus dem steuerlichen Einlagenkonto im Sinne des § 27 des Körperschaftsteuergesetzes ausgeschüttet oder zurückgezahlt werden.

(2) ¹Eine selbständige nachhaltige Betätigung, die mit der Absicht, Gewinn zu erzielen, unternommen wird und sich als Beteiligung am allgemeinen wirtschaftlichen Verkehr darstellt, ist Gewerbebetrieb, wenn die Betätigung weder als Ausübung von Land- und Forstwirtschaft noch als Ausübung eines freien Berufs noch als eine andere selbständige Arbeit anzusehen ist. ²Eine durch die Betätigung verursachte Minderung der Steuern vom Einkommen ist kein Gewinn im Sinne des Satzes 1. ³Ein Gewerbebetrieb liegt, wenn seine Voraussetzungen im Übrigen gegeben sind, auch dann vor, wenn die Gewinnerzielungsabsicht nur ein Nebenzweck ist.

(3) ¹Als Gewerbebetrieb gilt in vollem Umfang die mit Einkünfteerzielungsabsicht unternommene Tätigkeit

1. einer offenen Handelsgesellschaft, einer Kommanditgesellschaft oder einer anderen Personengesellschaft, wenn die Gesellschaft auch eine Tätigkeit im Sinne des Absatzes 1 Satz 1 Nr. 1 ausübt oder gewerbliche Einkünfte im Sinne des Absatzes 1 Satz 1 Nr. 2 bezieht,

2. einer Personengesellschaft, die keine Tätigkeit im Sinne des Absatzes 1 Satz 1 Nr. 1 ausübt und bei der ausschließlich eine oder mehrere Kapitalgesellschaften persönlich haftende Gesellschafter sind und nur diese oder Personen, die nicht Gesellschafter sind, zur Geschäftsführung befugt sind (gewerblich geprägte Personengesellschaft). ²Ist eine gewerblich geprägte Personengesellschaft als persönlich haftender Gesellschafter an einer anderen Personengesellschaft beteiligt, so steht für die Beurteilung, ob die Tätigkeit dieser Personengesellschaft als Gewerbebetrieb gilt, die gewerblich geprägte Personengesellschaft einer Kapitalgesellschaft gleich.

(4) ¹Verluste aus gewerblicher Tierzucht oder gewerblicher Tierhaltung dürfen weder mit anderen Einkünften aus Gewerbebetrieb noch mit Einkünften aus anderen Einkunftsarten ausgeglichen werden; sie dürfen auch nicht nach § 10d abgezogen werden. ²Die Verluste mindern jedoch nach Maßgabe des § 10d die Gewinne, die der Steuerpflichtige in dem unmittelbar vorangegangenen und in den folgenden Wirtschaftsjahren aus gewerblicher Tierzucht oder gewerblicher Tierhaltung erzielt. ³Die Sätze 1 und 2 gelten entsprechend für Verluste aus Termingeschäften, durch die der Steuerpflichtige einen Differenzausgleich oder einen durch den Wert einer veränderlichen Bezugsgröße bestimmten Geldbetrag oder Vorteil erlangt. ⁴Satz 3 gilt nicht für die Geschäfte, die zum gewöhnlichen Geschäftsbetrieb bei Kreditinstituten, Finanzdienstleistungsinstituten und Finanzunternehmen im Sinne des Gesetzes über das Kreditwesen gehören oder die der Absicherung von Geschäften des gewöhnlichen Geschäftsbetriebs dienen. ⁵Satz 4 gilt nicht, wenn es sich um Geschäfte handelt, die der Absicherung von Aktiengeschäften dienen, bei denen der Veräußerungsgewinn nach § 3 Nr. 40 Satz 1 Buchstabe a und b in Verbindung mit § 3c Abs. 2 teilweise steuerfrei ist, oder die nach § 8b Abs. 2 des Körperschaftsteuergesetzes bei der Ermittlung des Einkommens außer Ansatz bleiben. ⁶Verluste aus stillen Gesellschaften, Unterbeteiligungen oder sonstigen Innengesellschaften an Kapitalgesellschaften, bei denen der Gesellschafter oder Beteiligte als Mitunternehmer anzusehen ist, dürfen weder mit Einkünften aus Gewerbebetrieb noch aus anderen Einkunftsarten ausgeglichen werden; sie dürfen auch nicht nach § 10d abgezogen werden. ⁷Die Verluste mindern jedoch nach Maßgabe des § 10d die Gewinne, die der Gesellschafter oder Beteiligte in dem unmittelbar vorangegangenen Wirtschaftsjahr oder in den folgenden Wirtschaftsjahren aus derselben stillen Gesellschaft, Unterbeteiligung oder sonstigen Innengesellschaft bezieht. ⁸Satz 6 und 7 gelten nicht, soweit der Verlust auf eine natürliche Person als unmittelbar oder mittelbar beteiligter Mitunternehmer entfällt.

§ 15a
Verluste bei beschränkter Haftung

(1) ¹Der einem Kommanditisten zuzurechnende Anteil am Verlust der Kommanditgesellschaft darf weder mit anderen Einkünften aus Gewerbebetrieb noch mit Einkünften aus anderen Einkunftsarten ausgeglichen werden, soweit ein negatives Kapitalkonto des Kommanditisten entsteht oder sich erhöht; er darf insoweit auch nicht nach § 10d abgezogen werden. ²Haftet der Kommanditist am Bilanzstichtag den Gläubigern der Gesellschaft auf Grund des § 171 Abs. 1 des Handelsgesetzbuchs, so können abweichend von Satz 1 Verluste des Kommanditisten bis zur Höhe des Betrags, um den die im Handelsregister eingetragene Einlage des Kommanditisten seine geleistete Einlage übersteigt, auch ausgeglichen oder abgezogen werden, soweit durch den Verlust ein negatives Kapitalkonto entsteht oder sich erhöht. ³Satz 2 ist nur anzuwenden, wenn derjenige, dem der Anteil zuzurechnen ist, im Handelsregister eingetragen ist, das Bestehen der Haftung nachgewiesen wird und eine Vermögensminderung auf Grund der Haftung nicht durch Vertrag ausgeschlossen oder nach Art und Weise des Geschäftsbetriebs unwahrscheinlich ist.

(2) Soweit der Verlust nach Absatz 1 nicht ausgeglichen oder abgezogen werden darf, mindert er die Gewinne, die dem Kommanditisten in späteren Wirtschaftsjahren aus seiner Beteiligung an der Kommanditgesellschaft zuzurechnen sind.

(3) ¹Soweit ein negatives Kapitalkonto des Kommanditisten durch Entnahmen entsteht oder sich erhöht (Einlageminderung) und soweit nicht auf Grund der Entnahmen eine nach Absatz 1 Satz 2 zu berücksichtigende Haftung besteht oder entsteht, ist dem Kommanditisten der Betrag der Einlageminderung als Gewinn zuzurechnen. ²Der nach Satz 1 zuzurechnende Betrag darf den Betrag der Anteile am Verlust der Kommanditgesellschaft nicht übersteigen, der im Wirtschaftsjahr der Einlageminderung und in den zehn vorangegangenen Wirtschaftsjahren ausgleichs- oder abzugsfähig gewesen ist. ³Wird der Haftungsbetrag im Sinne des Absatzes 1 Satz 2 gemindert (Haftungsminderung) und sind im Wirtschaftsjahr der Haftungsminderung und den zehn vorangegangenen Wirtschaftsjahren Verluste nach Absatz 1 Satz 2 ausgleichs- oder abzugsfähig gewesen, so ist dem Kommanditisten der Betrag der Haftungsminderung, vermindert um auf Grund der Haftung tatsächlich geleistete Beträge, als Gewinn zuzurechnen; Satz 2 gilt sinngemäß. ⁴Die nach den Sätzen 1 bis 3 zuzurechnenden Beträge mindern die Gewinne, die dem Kommanditisten im Wirtschaftsjahr der Zurechnung oder in späteren Wirtschaftsjahren aus seiner Beteiligung an der Kommanditgesellschaft zuzurechnen sind.

(4) ¹Der nach Absatz 1 nicht ausgleichs- oder abzugsfähige Verlust eines Kommanditisten, vermindert um die nach Absatz 2 abzuziehenden und vermehrt um die nach Absatz 3 hinzuzurechnenden Beträge (verrechenbarer Verlust), ist jährlich gesondert festzustellen. ²Dabei ist von dem verrechenbaren Verlust des vorangegangenen Wirtschaftsjahres auszugehen. ³Zuständig für den Erlass des Feststellungsbescheids ist das für die gesonderte Feststellung des Gewinns und Verlustes der Gesellschaft zuständige Finanzamt. ⁴Der Feststellungsbescheid kann nur insoweit angegriffen werden, als der verrechenbare Verlust gegenüber dem verrechenbaren Verlust des vorangegangenen Wirtschaftsjahres sich verändert hat. ⁵Die gesonderten Feststellungen nach Satz 1 können mit der gesonderten und einheitlichen Feststellung der einkommensteuerpflichtigen und körperschaftsteuerpflichtigen Einkünfte verbunden werden. ⁶In diesen Fällen sind die gesonderten Feststellungen des verrechenbaren Verlustes einheitlich durchzuführen.

(5) Absatz 1 Satz 1, Absatz 2, Absatz 3 Satz 1, 2 und 4 sowie Absatz 4 gelten sinngemäß für andere Unternehmer, soweit deren Haftung der eines Kommanditisten vergleichbar ist, insbesondere für

1. stille Gesellschafter einer stillen Gesellschaft im Sinne des § 230 des Handelsgesetzbuchs, bei der der stille Gesellschafter als Unternehmer (Mitunternehmer) anzusehen ist,

2. Gesellschafter einer Gesellschaft im Sinne des Bürgerlichen Gesetzbuchs, bei der der Gesellschafter als Unternehmer (Mitunternehmer) anzusehen ist, soweit die Inanspruchnahme des Gesellschafters für Schulden in Zusammenhang mit dem Betrieb durch Vertrag ausgeschlossen oder nach Art und Weise des Geschäftsbetriebs unwahrscheinlich ist,

3. Gesellschafter einer ausländischen Personengesellschaft, bei der der Gesellschafter als Unternehmer (Mitunternehmer) anzusehen ist, soweit die Haftung des Gesellschafters für Schulden in Zusammenhang mit dem Betrieb der eines Kommanditisten oder eines stillen Gesellschafters entspricht oder soweit die Inanspruchnahme des Gesellschafters für Schulden in Zusammenhang mit dem Betrieb durch Vertrag ausgeschlossen oder nach Art und Weise des Geschäftsbetriebs unwahrscheinlich ist,

4. Unternehmer, soweit Verbindlichkeiten nur in Abhängigkeit von Erlösen oder Gewinnen aus der Nutzung, Veräußerung oder sonstigen Verwertung von Wirtschaftsgütern zu tilgen sind,

5. Mitreeder einer Reederei im Sinne des § 489 des Handelsgesetzbuchs, bei der der Mitreeder als Unternehmer (Mitunternehmer) anzusehen ist, wenn die persönliche Haftung des Mitreeders für die Verbindlichkeiten der Reederei ganz oder teilweise ausgeschlossen oder soweit die Inanspruchnahme des Mitreeders für Verbindlichkeiten der Reederei nach Art und Weise des Geschäftsbetriebs unwahrscheinlich ist.

§ 15b
Verluste im Zusammenhang mit Steuerstundungsmodellen

(1) ¹Verluste im Zusammenhang mit einem Steuerstundungsmodell dürfen weder mit Einkünften aus Gewerbebetrieb noch mit Einkünften aus anderen Einkunftsarten ausgeglichen werden; sie dürfen auch nicht nach § 10d abgezogen werden. ²Die Verluste mindern jedoch die Einkünfte, die der Steuerpflichtige in den folgenden Wirtschaftsjahren aus derselben Einkunftsquelle erzielt. ³§ 15a ist insoweit nicht anzuwenden.

(2) ¹Ein Steuerstundungsmodell im Sinne des Absatzes 1 liegt vor, wenn auf Grund einer modellhaften Gestaltung steuerliche Vorteile in Form negativer Einkünfte erzielt werden sollen. ²Dies ist der Fall, wenn dem Steuerpflichtigen auf Grund eines vorgefertigten Konzepts die Möglichkeit geboten werden soll, zumindest in der Anfangsphase der Investition Verluste mit übrigen Einkünften zu verrechnen. ³Dabei ist es ohne Belang, auf welchen Vorschriften die negativen Einkünfte beruhen.

(3) Absatz 1 ist nur anzuwenden, wenn innerhalb der Anfangsphase das Verhältnis der Summe der prognostizierten Verluste zur Höhe des gezeichneten und nach dem Konzept auch aufzubringenden Kapitals oder bei Einzelinvestoren des eingesetzten Eigenkapitals 10 Prozent übersteigt.

(4) ¹Der nach Absatz 1 nicht ausgleichsfähige Verlust ist jährlich gesondert festzustellen. ²Dabei ist von dem verrechenbaren Verlust des Vorjahres auszugehen. ³Der Feststellungsbescheid kann nur insoweit angegriffen werden, als der verrechenbare Verlust gegenüber dem verrechenbaren Verlust des Vorjahres sich verändert hat. ⁴Handelt es sich bei dem Steuerstundungsmodell um eine Gesellschaft oder Gemeinschaft im Sinne des § 180 Abs. 1 Nr. 2 Buchstabe a der Abgabenordnung, ist das für die gesonderte und einheitliche Feststellung der einkommensteuerpflichtigen und körperschaftsteuerpflichtigen Einkünfte aus dem Steuerstundungsmodell zuständige Finanzamt für den Erlass des Feststellungsbescheids nach Satz 1 zuständig; anderenfalls ist das Betriebsfinanzamt (§ 18 Abs. 1 Nr. 2 der Abgabenordnung) zuständig. ⁵Handelt es sich bei dem Steuerstundungsmodell um eine Gesellschaft oder Gemeinschaft im Sinne des § 180 Abs. 1 Nr. 2 Buchstabe a der Abgabenordnung, können die gesonderten Feststellungen nach Satz 1 mit der gesonderten und einheitlichen Feststellung der einkommensteuerpflichtigen und körperschaftsteuerpflichtigen Einkünfte aus dem Steuerstundungsmodell verbunden werden; in diesen Fällen sind die gesonderten Feststellungen nach Satz 1 einheitlich durchzuführen.

§ 16
Veräußerung des Betriebs

(1) ¹Zu den Einkünften aus Gewerbebetrieb gehören auch Gewinne, die erzielt werden bei der Veräußerung

1. des ganzen Gewerbebetriebs oder eines Teilbetriebs. ²Als Teilbetrieb gilt auch die das gesamte Nennkapital umfassende Beteiligung an einer Kapitalgesellschaft; im Fall der Auflösung der Kapitalgesellschaft ist § 17 Abs. 4 Satz 3 sinngemäß anzuwenden;

2. des gesamten Anteils eines Gesellschafters, der als Unternehmer (Mitunternehmer) des Betriebs anzusehen ist (§ 15 Abs. 1 Satz 1 Nr. 2);

3. des gesamten Anteils eines persönlich haftenden Gesellschafters einer Kommanditgesellschaft auf Aktien (§ 15 Abs. 1 Satz 1 Nr. 3).

²Gewinne, die bei der Veräußerung eines Teils eines Anteils im Sinne von Satz 1 Nr. 2 oder 3 erzielt werden, sind laufende Gewinne.

(2) ¹Veräußerungsgewinn im Sinne des Absatzes 1 ist der Betrag, um den der Veräußerungspreis nach Abzug der Veräußerungskosten den Wert des Betriebsvermögens (Absatz 1 Satz 1 Nr. 1) oder den Wert des Anteils am Betriebsvermögen (Absatz 1 Satz 1 Nr. 2 und 3) übersteigt. ²Der Wert des Betriebsvermögens oder des Anteils ist für den Zeitpunkt der Veräußerung nach § 4 Abs. 1 oder nach § 5 zu ermitteln. ³Soweit auf der Seite des Veräußerers und auf der Seite des Erwerbers dieselben Personen Unternehmer oder Mitunternehmer sind, gilt der Gewinn insoweit jedoch als laufender Gewinn.

(3) ¹Als Veräußerung gilt auch die Aufgabe des Gewerbebetriebs sowie eines Anteils im Sinne des Absatzes 1 Satz 1 Nr. 2 oder 3. ²Werden im Zuge der Realteilung einer Mitunternehmerschaft Teilbetriebe, Mitunternehmeranteile oder einzelne Wirtschaftsgüter in das jeweilige Betriebsvermögen der einzelnen Mitunternehmer übertragen, so sind bei der Ermittlung des Gewinns der Mitunternehmerschaft die Wirtschaftsgüter mit den Werten anzusetzen, die sich nach den Vorschriften über die Gewinnermittlung ergeben, sofern die Besteuerung der stillen Reserven sichergestellt ist; der übernehmende Mitunternehmer ist an diese Werte gebunden. ³Dagegen ist für den jeweiligen Übertragungsvorgang rückwirkend der gemeine Wert anzusetzen, soweit bei einer Realteilung, bei der einzelne Wirtschaftsgüter übertragen worden sind, zum Buchwert übertragener Grund und Boden, übertragene Gebäude oder andere übertragene wesentliche Betriebsgrundlagen innerhalb einer Sperrfrist nach der Übertragung veräußert oder entnommen werden; diese Sperrfrist endet drei Jahre nach Abgabe der Steuererklärung der Mitunternehmerschaft für den Veranlagungszeitraum der Realteilung. ⁴Satz 2 ist bei einer Realteilung, bei der einzelne Wirtschaftsgüter übertragen werden, nicht anzuwenden, soweit die Wirtschaftsgüter unmittelbar oder mittelbar auf eine Körperschaft, Personenvereinigung oder Vermögensmasse übertragen werden; in diesem Fall ist bei der Übertragung der gemeine Wert anzusetzen. ⁵Soweit einzelne dem Betrieb gewidmete Wirtschaftsgüter im Rahmen der Aufgabe des Betriebs veräußert werden und soweit auf der Seite des Veräußerers und auf der Seite des Erwerbers dieselben Personen Unternehmer oder Mitunternehmer sind, gilt der Gewinn aus der Aufgabe des Gewerbebetriebs als laufender Gewinn. ⁶Werden die einzelnen dem Betrieb gewidmeten Wirtschaftsgüter im Rahmen der Aufgabe des Betriebs veräußert, so sind die Veräußerungspreise anzusetzen. ⁷Werden die Wirtschaftsgüter nicht veräußert, so ist der gemeine Wert im Zeitpunkt der Aufgabe anzusetzen. ⁸Bei Aufgabe eines Gewerbebetriebs, an dem mehrere Personen beteiligt waren, ist für jeden einzelnen Beteiligten der gemeine Wert der Wirtschaftsgüter anzusetzen, die er bei der Auseinandersetzung erhalten hat.

(4) ¹Hat der Steuerpflichtige das 55. Lebensjahr vollendet oder ist er im sozialversicherungsrechtlichen Sinne dauernd berufsunfähig, so wird der Veräußerungsgewinn auf Antrag zur Einkommensteuer nur herangezogen, soweit er 45 000 Euro übersteigt. ²Der Freibetrag ist dem Steuerpflichtigen nur einmal zu gewähren. ³Er ermäßigt sich um den Betrag, um den der Veräußerungsgewinn 136 000 Euro übersteigt.

(5) Werden bei einer Realteilung, bei der Teilbetriebe auf einzelne Mitunternehmer übertragen werden, Anteile an einer Körperschaft, Personenvereinigung oder Vermögensmasse unmittelbar oder mittelbar von einem nicht von § 8b Abs. 2 des Körperschaftsteuergesetzes begünstigten Steuerpflichtigen auf einen von § 8b Abs. 2 des Körperschaftsteuergesetzes begünstigten Mitunternehmer übertragen, ist abweichend von Absatz 3 Satz 2 rückwirkend auf den Zeitpunkt der Realteilung der gemeine Wert anzusetzen, wenn der übernehmende Mitunternehmer die Anteile innerhalb eines Zeitraums von sieben Jahren nach der Realteilung unmittelbar oder mittelbar veräußert oder durch einen Vorgang nach § 22 Abs. 1 Satz 6 Nr. 1 bis 5 des Umwandlungssteuergesetzes weiter überträgt; § 22 Abs. 2 Satz 3 des Umwandlungssteuergesetzes gilt entsprechend.

§ 17
Veräußerung von Anteilen an Kapitalgesellschaften

(1) ¹Zu den Einkünften aus Gewerbebetrieb gehört auch der Gewinn aus der Veräußerung von Anteilen an einer Kapitalgesellschaft, wenn der Veräußerer innerhalb der letzten fünf Jahre am Kapital der Gesellschaft unmittelbar oder mittelbar zu mindestens 1 Prozent beteiligt war. ²Die verdeckte Einlage von Anteilen an einer Kapitalgesellschaft in eine Kapitalgesellschaft steht der Veräußerung der Anteile gleich. ³Anteile an einer Kapitalgesellschaft sind Aktien, Anteile an einer Gesellschaft mit beschränkter Haftung, Genussscheine oder ähnliche Beteiligungen und Anwartschaften auf solche Beteiligungen. ⁴Hat der Veräußerer den veräußerten Anteil innerhalb der letzten fünf Jahre vor der Veräußerung unentgeltlich erworben, so gilt Satz 1 entsprechend, wenn der Veräußerer zwar nicht selbst, aber der Rechtsvorgänger oder, sofern der Anteil nacheinander unentgeltlich übertragen worden ist, einer der Rechtsvorgänger innerhalb der letzten fünf Jahre im Sinne von Satz 1 beteiligt war.

(2) ¹Veräußerungsgewinn im Sinne des Absatzes 1 ist der Betrag, um den der Veräußerungspreis nach Abzug der Veräußerungskosten die Anschaffungskosten übersteigt. ²In den Fällen des Absatzes 1 Satz 2 tritt an die Stelle des Veräußerungspreises der Anteile ihr gemeiner Wert. ³Weist der Veräußerer nach, dass ihm die Anteile bereits im Zeitpunkt der Begründung der unbeschränkten Steuerpflicht nach § 1 Abs. 1 zuzurechnen waren und dass der bis zu diesem Zeitpunkt entstandene Vermögenszuwachs auf Grund gesetzlicher Bestimmungen des Wegzugsstaats im Wegzugsstaat einer der Steuer nach § 6 des Außensteuergesetzes vergleichbaren Steuer unterlegen hat, tritt an die Stelle der Anschaffungskosten der Wert, den der Wegzugsstaat bei der Berechnung der der Steuer nach § 6 des Außensteuergesetzes vergleichbaren Steuer angesetzt hat, höchstens jedoch der gemeine Wert. ⁴Satz 3 ist in den Fällen des § 6 Abs. 3 des Außensteuergesetzes nicht anzuwenden. ⁵Hat der Veräußerer den veräußerten Anteil unentgeltlich erworben, so sind als Anschaffungskosten des Anteils die Anschaffungskosten des Rechtsvorgängers maßgebend, der den Anteil zuletzt entgeltlich erworben hat. ⁶Ein Veräußerungsverlust ist nicht zu berücksichtigen, soweit er auf Anteile entfällt,

a) die der Steuerpflichtige innerhalb der letzten fünf Jahre unentgeltlich erworben hatte. ²Dies gilt nicht, soweit der Rechtsvorgänger an Stelle des Steuerpflichtigen den Veräußerungsverlust hätte geltend machen können;

b) die entgeltlich erworben worden sind und nicht innerhalb der gesamten letzten fünf Jahre zu einer Beteiligung des Steuerpflichtigen im Sinne von Absatz 1 Satz 1 gehört haben. ²Dies gilt nicht für innerhalb der letzten fünf Jahre erworbene Anteile, deren Erwerb zur Begründung einer Beteiligung des Steuerpflichtigen im Sinne von Absatz 1 Satz 1 geführt hat oder die nach Begründung der Beteiligung im Sinne von Absatz 1 Satz 1 erworben worden sind.

(3) ¹Der Veräußerungsgewinn wird zur Einkommensteuer nur herangezogen, soweit er den Teil von 9060 Euro übersteigt, der dem veräußerten Anteil an der Kapitalgesellschaft entspricht. ²Der Freibetrag ermäßigt sich um den Betrag, um den der Veräußerungsgewinn den Teil von 36 100 Euro übersteigt, der dem veräußerten Anteil an der Kapitalgesellschaft entspricht.

(4) ¹Als Veräußerung im Sinne des Absatzes 1 gilt auch die Auflösung einer Kapitalgesellschaft, die Kapitalherabsetzung, wenn das Kapital zurückgezahlt wird, und die Ausschüttung oder Zurückzahlung von Beträgen aus dem steuerlichen Einlagekonto im Sinne des § 27 des Körperschaftsteuergesetzes. ²In diesen Fällen ist als Veräußerungspreis der gemeine Wert des dem Steuerpflichtigen zugeteilten oder zurückgezahlten Vermögens der Kapitalgesellschaft anzusehen. ³Satz 1 gilt nicht, soweit die Bezüge nach § 20 Abs. 1 Nr. 1 oder Nr. 2 zu den Einnahmen aus Kapitalvermögen gehören.

(5) ¹Die Beschränkung oder der Ausschluss des Besteuerungsrechts der Bundesrepublik Deutschland hinsichtlich des Gewinns aus der Veräußerung der Anteile an einer Kapitalgesellschaft im Fall der Verlegung des Sitzes oder des Orts der Geschäftsleitung der Kapitalgesellschaft in einen anderen Staat stehen der Veräußerung der Anteile zum gemeinen Wert gleich. ²Dies gilt nicht in den Fällen der Sitzverlegung einer Europäischen Gesellschaft nach Artikel 8 der Verordnung (EG) Nr. 2157/2001 und der Sitzverlegung einer anderen Kapitalgesellschaft in einen anderen Mitgliedstaat der Europäischen Union. ³In diesen Fällen ist der Gewinn aus einer späteren Veräußerung der Anteile ungeachtet der Bestimmungen eines Abkommens zur Vermeidung der Doppelbesteuerung in der gleichen Art und Weise zu besteuern, wie die Veräußerung dieser Anteile zu besteuern gewesen wäre, wenn keine Sitzverlegung stattgefunden hätte. ⁴§ 15 Abs. 1a Satz 2 ist entsprechend anzuwenden.

(6) Als Anteile im Sinne des Absatzes 1 Satz 1 gelten auch Anteile an Kapitalgesellschaften, an denen der Veräußerer innerhalb der letzten fünf Jahre am Kapital der Gesellschaft nicht unmittelbar oder mittelbar zu mindestens 1 Prozent beteiligt war, wenn

1. die Anteile auf Grund eines Einbringungsvorgangs im Sinne des Umwandlungssteuergesetzes, bei dem nicht der gemeine Wert zum Ansatz kam, erworben wurden und

2. zum Einbringungszeitpunkt für die eingebrachten Anteile die Voraussetzungen von Absatz 1 Satz 1 erfüllt waren oder die Anteile auf einer Sacheinlage im Sinne von § 20 Abs. 1 des Umwandlungssteuergesetzes vom 7. Dezember 2006 (BGBl. I S. 2782, 2791) in der jeweils geltenden Fassung beruhen.

(7) Als Anteile im Sinne des Absatzes 1 Satz 1 gelten auch Anteile an einer Genossenschaft einschließlich der Europäischen Genossenschaft.

c) Selbständige Arbeit (§ 2 Abs. 1 Satz 1 Nr. 3)

§ 18

(1) ¹Einkünfte aus selbständiger Arbeit sind

1. Einkünfte aus freiberuflicher Tätigkeit. ²Zu der freiberuflichen Tätigkeit gehören die selbständig ausgeübte wissenschaftliche, künstlerische, schriftstellerische, unterrichtende oder erzieherische Tätigkeit, die selbständige Berufstätigkeit der Ärzte, Zahnärzte, Tierärzte, Rechtsanwälte, Notare, Patentanwälte, Vermessungsingenieure, Ingenieure, Architekten, Handelschemiker, Wirtschaftsprüfer, Steuerberater, beratenden Volks- und Betriebswirte, vereidigten Buchprüfer, Steuerbevollmächtigten, Heilpraktiker, Dentisten, Krankengymnasten, Journalisten, Bildberichterstatter, Dolmetscher, Übersetzer, Lotsen und ähnliche Berufe. ³Ein Angehöriger eines freien Berufs im Sinne der Sätze 1 und 2 ist auch dann freiberuflich tätig, wenn er sich der Mithilfe fachlich vorgebildeter Arbeitskräfte bedient; Voraussetzung ist, dass er auf Grund eigener Fachkenntnisse leitend und eigenverantwortlich tätig wird. ⁴Eine Vertretung im Fall vorübergehender Verhinderung steht der Annahme einer leitenden und eigenverantwortlichen Tätigkeit nicht entgegen;

2. Einkünfte der Einnehmer einer staatlichen Lotterie, wenn sie nicht Einkünfte aus Gewerbebetrieb sind;

3. Einkünfte aus sonstiger selbständiger Arbeit, z. B. Vergütungen für die Vollstreckung von Testamenten, für Vermögensverwaltung und für die Tätigkeit als Aufsichtsratsmitglied;

4. Einkünfte, die ein Beteiligter an einer vermögensverwaltenden Gesellschaft oder Gemeinschaft, deren Zweck im Erwerb, Halten und in der Veräußerung von Anteilen an Kapitalgesellschaften besteht, als Vergütung für Leistungen zur Förderung des Gesellschafts- oder Gemeinschaftszwecks erzielt, wenn der Anspruch auf die Vergütung unter der Voraussetzung einge-

EStG – Gesetzestext § 19

räumt worden ist, dass die Gesellschafter oder Gemeinschafter ihr eingezahltes Kapital vollständig zurückerhalten haben; § 15 Abs. 3 ist nicht anzuwenden.

(2) Einkünfte nach Absatz 1 sind auch dann steuerpflichtig, wenn es sich nur um eine vorübergehende Tätigkeit handelt.

(3) ¹Zu den Einkünften aus selbständiger Arbeit gehört auch der Gewinn, der bei der Veräußerung des Vermögens oder eines selbständigen Teils des Vermögens oder eines Anteils am Vermögen erzielt wird, das der selbständigen Arbeit dient. ²§ 16 Abs. 1 Satz 1 Nr. 1 und 2 und Abs. 1 Satz 2 sowie Abs. 2 bis 4 gilt entsprechend.

(4) ¹§ 13 Abs. 5 gilt entsprechend, sofern das Grundstück im Veranlagungszeitraum 1986 zu einem der selbständigen Arbeit dienenden Betriebsvermögen gehört hat. ²§ 15 Abs. 1 Satz 1 Nr. 2, Abs. 1a, Abs. 2 Satz 2 und 3, §§ 15a und 15b sind entsprechend anzuwenden.

d) Nichtselbständige Arbeit (§ 2 Abs. 1 Satz 1 Nr. 4)

§ 19

(1) ¹Zu den Einkünften aus nichtselbständiger Arbeit gehören

1. Gehälter, Löhne, Gratifikationen, Tantiemen und andere Bezüge und Vorteile für eine Beschäftigung im öffentlichen oder privaten Dienst;
2. Wartegelder, Ruhegelder, Witwen- und Waisengelder und andere Bezüge und Vorteile aus früheren Dienstleistungen;
3. laufende Beiträge und laufende Zuwendungen des Arbeitgebers aus einem bestehenden Dienstverhältnis an einen Pensionsfonds, eine Pensionskasse oder für eine Direktversicherung für eine betriebliche Altersversorgung. ²Zu den Einkünften aus nichtselbständiger Arbeit gehören auch Sonderzahlungen, die der Arbeitgeber neben den laufenden Beiträgen und Zuwendungen an eine solche Versorgungseinrichtung leistet, mit Ausnahme der Zahlungen des Arbeitgebers zur Erfüllung der Solvabilitätsvorschriften nach §§ 53c und 114 des Versicherungsaufsichtsgesetzes, Zahlungen des Arbeitgebers in der Rentenbezugszeit nach § 112 Abs. 1a des Versicherungsaufsichtsgesetzes oder Sanierungsgelder, Sonderzahlungen des Arbeitgebers sind insbesondere Zahlungen an eine Pensionskasse anlässlich

   a) seines Ausscheidens aus einer nicht im Wege der Kapitaldeckung finanzierten betrieblichen Altersversorgung oder

   b) des Wechsels von einer nicht im Wege der Kapitaldeckung zu einer anderen nicht im Wege der Kapitaldeckung finanzierten betrieblichen Altersversorgung.

   ³Von Sonderzahlungen im Sinne des Satzes 2 Buchstabe b ist bei laufenden und wiederkehrenden Zahlungen entsprechend dem periodischen Bedarf nur auszugehen, soweit die Bemessung der Zahlungsverpflichtungen des Arbeitgebers in das Versorgungssystem nach dem Wechsel die Bemessung der Zahlungsverpflichtung zum Zeitpunkt des Wechsels übersteigt. ⁴Sanierungsgelder sind Sonderzahlungen des Arbeitgebers an eine Pensionskasse anlässlich der Systemumstellung einer nicht im Wege der Kapitaldeckung finanzierten betrieblichen Altersversorgung auf der Finanzierungs- oder Leistungsseite, die der Finanzierung der zum Zeitpunkt der Umstellung bestehenden Versorgungsverpflichtungen oder Versorgungsanwartschaften dienen; bei laufenden und wiederkehrenden Zahlungen entsprechend dem periodischen Bedarf ist nur von Sanierungsgeldern auszugehen, soweit die Bemessung der Zahlungsverpflichtungen des Arbeitgebers in das Versorgungssystem nach der Systemumstellung die Bemessung der Zahlungsverpflichtung zum Zeitpunkt der Systemumstellung übersteigt.

²Es ist gleichgültig, ob es sich um laufende oder um einmalige Bezüge handelt und ob ein Rechtsanspruch auf sie besteht.

(2) ¹Von Versorgungsbezügen bleiben ein nach einem Prozentsatz ermittelter, auf einen Höchstbetrag begrenzter Betrag (Versorgungsfreibetrag) und ein Zuschlag zum Versorgungsfreibetrag steuerfrei. ²Versorgungsbezüge sind

1. das Ruhegehalt, Witwen- oder Waisengeld, der Unterhaltsbeitrag oder ein gleichartiger Bezug

   a) auf Grund beamtenrechtlicher oder entsprechender gesetzlicher Vorschriften,

   b) nach beamtenrechtlichen Grundsätzen von Körperschaften, Anstalten oder Stiftungen des öffentlichen Rechts oder öffentlich-rechtlichen Verbänden von Körperschaften

   oder

2. in anderen Fällen Bezüge und Vorteile aus früheren Dienstleistungen wegen Erreichens einer Altersgrenze, verminderter Erwerbsfähigkeit oder Hinterbliebenenbezüge; Bezüge wegen Erreichens einer Altersgrenze gelten erst dann als Versorgungsbezüge, wenn der Steuerpflichtige das 63. Lebensjahr oder, wenn er schwerbehindert ist, das 60. Lebensjahr vollendet hat.

³Der maßgebende Prozentsatz, der Höchstbetrag des Versorgungsfreibetrags und der Zuschlag zum Versorgungsfreibetrag sind der nachstehenden Tabelle zu entnehmen:

Jahr des Versorgungsbeginns	Versorgungsfreibetrag		Zuschlag zum Versorgungsfreibetrag in Euro
	in % der Versorgungsbezüge	Höchstbetrag in Euro	
bis 2005	40,0	3000	900
ab 2006	38,4	2880	864
2007	36,8	2760	828
2008	35,2	2640	792
2009	33,6	2520	756
2010	32,0	2400	720
2011	30,4	2280	684
2012	28,8	2160	648
2013	27,2	2040	612
2014	25,6	1920	576
2015	24,0	1800	540
2016	22,4	1680	504
2017	20,8	1560	468
2018	19,2	1440	432
2019	17,6	1320	396
2020	16,0	1200	360
2021	15,2	1140	342
2022	14,4	1080	324
2023	13,6	1020	306
2024	12,8	960	288
2025	12,0	900	270
2026	11,2	840	252
2027	10,4	780	234
2028	9,6	720	216
2029	8,8	660	198
2030	8,0	600	180
2031	7,2	540	162
2032	6,4	480	144
2033	5,6	420	126
2034	4,8	360	108
2035	4,0	300	90
2036	3,2	240	72
2037	2,4	180	54
2038	1,6	120	36
2039	0,8	60	18
2040	0,0	0	0

⁴Bemessungsgrundlage für den Versorgungsfreibetrag ist

a) bei Versorgungsbeginn vor 2005

   das Zwölffache des Versorgungsbezugs für Januar 2005,

b) bei Versorgungsbeginn ab 2005

   das Zwölffache des Versorgungsbezugs für den ersten vollen Monat,

jeweils zuzüglich voraussichtlicher Sonderzahlungen im Kalenderjahr, auf die zu diesem Zeitpunkt ein Rechtsanspruch besteht.
⁵Der Zuschlag zum Versorgungsfreibetrag darf nur bis zur Höhe

der um den Versorgungsfreibetrag geminderten Bemessungsgrundlage berücksichtigt werden. ⁶Bei mehreren Versorgungsbezügen mit unterschiedlichem Bezugsbeginn bestimmen sich der insgesamt berücksichtigungsfähige Höchstbetrag des Versorgungsfreibetrags und der Zuschlag zum Versorgungsfreibetrag nach dem Jahr des Beginns des ersten Versorgungsbezugs. ⁷Folgt ein Hinterbliebenenbezug einem Versorgungsbezug, bestimmen sich der Prozentsatz, der Höchstbetrag des Versorgungsfreibetrags und der Zuschlag zum Versorgungsfreibetrag für den Hinterbliebenenbezug nach dem Jahr des Beginns des Versorgungsbezugs. ⁸Der nach den Sätzen 3 bis 7 berechnete Versorgungsfreibetrag und Zuschlag zum Versorgungsfreibetrag gelten für die gesamte Laufzeit des Versorgungsbezugs. ⁹Regelmäßige Anpassungen des Versorgungsbezugs führen nicht zu einer Neuberechnung. ¹⁰Abweichend hiervon sind der Versorgungsfreibetrag und der Zuschlag zum Versorgungsfreibetrag neu zu berechnen, wenn sich der Versorgungsbezug wegen Anwendung von Anrechnungs-, Ruhens-, Erhöhungs- oder Kürzungsregelungen erhöht oder vermindert. ¹¹In diesen Fällen sind die Sätze 3 bis 7 mit dem geänderten Versorgungsbezug als Bemessungsgrundlage im Sinne des Satzes 4 anzuwenden; im Kalenderjahr der Änderung ist der höchste Versorgungsfreibetrag und Zuschlag zum Versorgungsfreibetrag maßgebend. ¹²Für jeden vollen Kalendermonat, für den keine Versorgungsbezüge gezahlt werden, ermäßigen sich der Versorgungsfreibetrag und der Zuschlag zum Versorgungsfreibetrag in diesem Kalenderjahr um je ein Zwölftel.

§ 19a
Überlassung von Vermögensbeteiligungen an Arbeitnehmer

(1) Erhält ein Arbeitnehmer im Rahmen eines gegenwärtigen Dienstverhältnisses unentgeltlich oder verbilligt Sachbezüge in Form von Vermögensbeteiligungen im Sinne des § 2 Abs. 1 Nr. 1 und Abs. 2 bis 5 des Fünften Vermögensbildungsgesetzes in der Fassung des Gesetzes vom 19. Dezember 2000 (BGBl. I S. 1790), so ist der Vorteil steuerfrei, soweit er nicht höher als der halbe Wert der Vermögensbeteiligung (Absatz 2) ist und insgesamt 135 Euro im Kalenderjahr nicht übersteigt.

(2) ¹Als Wert der Vermögensbeteiligung ist der gemeine Wert anzusetzen. ²Werden einem Arbeitnehmer Vermögensbeteiligungen im Sinne des § 2 Abs. 1 Nr. 1 Buchstabe a, b und f des Fünften Vermögensbildungsgesetzes überlassen, die am Tag der Beschlussfassung über die Überlassung an einer deutschen Börse zum amtlichen Handel zugelassen sind, so werden diese mit dem niedrigsten an diesem Tag für sie im amtlichen Handel notierten Kurs angesetzt, wenn am Tag der Überlassung nicht mehr als neun Monate seit dem Tag der Beschlussfassung über die Überlassung vergangen sind. ³Liegt am Tag der Beschlussfassung über die Überlassung eine Notierung nicht vor, so werden diese Vermögensbeteiligungen mit dem letzten innerhalb von 30 Tagen vor diesem Tag im amtlichen Handel notierten Kurs angesetzt. ⁴Die Sätze 2 und 3 gelten entsprechend für Vermögensbeteiligungen im Sinne des § 2 Abs. 1 Nr. 1 Buchstabe a, b und f des Fünften Vermögensbildungsgesetzes, die im Inland zum geregelten Markt zugelassen oder in den Freiverkehr einbezogen sind oder in einem anderen Staat des Europäischen Wirtschaftsraums zum Handel an einem geregelten Markt im Sinne des Artikels 1 Nr. 13 der Richtlinie 93/22/EWG des Rates vom 10. Mai 1993 über Wertpapierdienstleistungen (ABl. EG Nr. L 141 S. 27) zugelassen sind. ⁵Sind am Tag der Überlassung von Vermögensbeteiligungen im Sinne des § 2 Abs. 1 Nr. 1 Buchstabe a, b und f des Fünften Vermögensbildungsgesetzes mehr als neun Monate seit dem Tag der Beschlussfassung über die Überlassung vergangen, so tritt an die Stelle des Tages der Beschlussfassung über die Überlassung im Sinne der Sätze 2 bis 4 der Tag der Überlassung. ⁶Der Wert von Vermögensbeteiligungen im Sinne des § 2 Abs. 1 Nr. 1 Buchstabe c des Fünften Vermögensbildungsgesetzes wird mit dem Ausgabepreis am Tag der Überlassung angesetzt. ⁷Der Wert von Vermögensbeteiligungen im Sinne des § 2 Abs. 1 Nr. 1 Buchstabe g, i, k und l des Fünften Vermögensbildungsgesetzes wird mit dem Nennbetrag angesetzt, wenn nicht besondere Umstände einen höheren oder niedrigeren Wert begründen.

e) Kapitalvermögen (§ 2 Abs. 1 Satz 1 Nr. 5)

§ 20

(1) ¹Zu den Einkünften aus Kapitalvermögen gehören

1. Gewinnanteile (Dividenden), Ausbeuten und sonstige Bezüge aus Aktien, Genussrechten, mit denen das Recht am Gewinn und Liquidationserlös einer Kapitalgesellschaft verbunden ist, aus Anteilen an Gesellschaften mit beschränkter Haftung, an Erwerbs- und Wirtschaftsgenossenschaften sowie an bergbautreibenden Vereinigungen, die die Rechte einer juristischen Person haben. ²Zu den sonstigen Bezügen gehören auch verdeckte Gewinnausschüttungen. ³Die Bezüge gehören nicht zu den Einnahmen, soweit sie aus Ausschüttungen einer Körperschaft stammen, für die Beträge aus dem steuerlichen Einlagekonto im Sinne des § 27 des Körperschaftsteuergesetzes als verwendet gelten. ⁴Als sonstige Bezüge gelten auch Einnahmen, die an Stelle der Bezüge im Sinne des Satzes 1 von einem anderen als dem Anteilseigner nach Absatz 2a bezogen werden, wenn die Aktien mit Dividendenberechtigung erworben, aber ohne Dividendenanspruch geliefert werden;

2. Bezüge, die nach der Auflösung einer Körperschaft oder Personenvereinigung im Sinne der Nummer 1 anfallen und die nicht in der Rückzahlung von Nennkapital bestehen; Nummer 1 Satz 3 gilt entsprechend. ²Gleiches gilt für Bezüge, die auf Grund einer Kapitalherabsetzung oder nach der Auflösung einer unbeschränkt steuerpflichtigen Körperschaft oder Personenvereinigung im Sinne der Nummer 1 anfallen und die als Gewinnausschüttung im Sinne des § 28 Abs. 2 Satz 2 und 4 des Körperschaftsteuergesetzes gelten;

3. – weggefallen –

4. Einnahmen aus der Beteiligung an einem Handelsgewerbe als stiller Gesellschafter und aus partiarischen Darlehen, es sei denn, dass der Gesellschafter oder Darlehensgeber als Mitunternehmer anzusehen ist. ²Auf Anteile des stillen Gesellschafters am Verlust des Betriebes sind § 15 Abs. 4 Satz 6 bis 8 und § 15a sinngemäß anzuwenden;

5. Zinsen aus Hypotheken und Grundschulden und Renten aus Rentenschulden. ²Bei Tilgungshypotheken und Tilgungsgrundschulden ist nur der Teil der Zahlungen anzusetzen, der als Zins auf den jeweiligen Kapitalrest entfällt;

6. der Unterschiedsbetrag zwischen der Versicherungsleistung und der Summe der auf sie entrichteten Beiträge (Erträge) im Erlebensfall oder bei Rückkauf des Vertrags bei Rentenversicherungen mit Kapitalwahlrecht, soweit nicht die lebenslange Rentenzahlung gewährt und erbracht wird, und bei Kapitalversicherungen mit Sparanteil, wenn der Vertrag nach dem 31. Dezember 2004 abgeschlossen worden ist. ²Wird die Versicherungsleistung nach Vollendung des 60. Lebensjahres des Steuerpflichtigen und nach Ablauf von zwölf Jahren seit dem Vertragsabschluss ausgezahlt, ist die Hälfte des Unterschiedsbetrags anzusetzen. ³Die Sätze 1 und 2 sind auf Erträge aus fondsgebundenen Lebensversicherungen, auf Erträge im Erlebensfall bei Rentenversicherungen ohne Kapitalwahlrecht, soweit keine lebenslange Rentenzahlung vereinbart und erbracht wird, und auf Erträge bei Rückkauf des Vertrages bei Rentenversicherungen ohne Kapitalwahlrecht entsprechend anzuwenden;

7. Erträge aus sonstigen Kapitalforderungen jeder Art, wenn die Rückzahlung des Kapitalvermögens oder ein Entgelt für die Überlassung des Kapitalvermögens zur Nutzung zugesagt oder gewährt worden ist, auch wenn die Höhe des Entgelts von einem ungewissen Ereignis abhängt. ²Dies gilt unabhängig von der Bezeichnung und der zivilrechtlichen Ausgestaltung der Kapitalanlage;

8. Diskontbeträge von Wechseln und Anweisungen einschließlich der Schatzwechsel;

9. Einnahmen aus Leistungen einer nicht von der Körperschaftsteuer befreiten Körperschaft, Personenvereinigung oder Vermögensmasse im Sinne des § 1 Abs. 1 Nr. 3 bis 5 des Körperschaftsteuergesetzes, die Gewinnausschüttungen im Sinne der Nummer 1 wirtschaftlich vergleichbar sind, soweit sie nicht bereits zu den Einnahmen im Sinne der Nummer 1 gehören; Nummer 1 Satz 2, 3 und Nummer 2 gelten entsprechend;

10. a) Leistungen eines nicht von der Körperschaftsteuer befreiten Betriebs gewerblicher Art im Sinne des § 4 des Körperschaftsteuergesetzes mit eigener Rechtspersönlichkeit, die zu mit Gewinnausschüttungen im Sinne der Nummer 1 Satz 1 wirtschaftlich vergleichbaren Einnahmen führen; Nummer 1 Satz 2, 3 und Nummer 2 gelten entsprechend;

b) der nicht den Rücklagen zugeführte Gewinn und verdeckte Gewinnausschüttungen eines nicht von der Körperschaftsteuer befreiten Betriebs gewerblicher Art im Sinne des § 4 des Körperschaftsteuergesetzes ohne eigene Rechtspersönlichkeit, der den Gewinn durch Betriebsvermögensvergleich ermittelt oder Umsätze einschließlich der steuerfreien Umsätze, ausgenommen die Umsätze nach § 4 Nr. 8 bis 10 des Umsatzsteuergesetzes, von mehr als 350 000 Euro im Kalenderjahr oder einen Gewinn von mehr als 30 000 Euro im Wirtschaftsjahr hat, sowie der Gewinn im Sinne des § 22 Abs. 4 des Umwandlungssteuergesetzes. ^{2}Die Auflösung der Rücklagen zu Zwecken außerhalb des Betriebs gewerblicher Art führt zu einem Gewinn im Sinne des Satzes 1; in Fällen der Einbringung nach dem Achten Teil des Umwandlungssteuergesetzes gelten die Rücklagen als aufgelöst. ^{3}Bei dem Geschäft der Veranstaltung von Werbesendungen der inländischen öffentlich-rechtlichen Rundfunkanstalten gelten drei Viertel des Einkommens im Sinne des § 8 Abs. 1 Satz 2 des Körperschaftsteuergesetzes als Gewinn im Sinne des Satzes 1. ^{4}Die Sätze 1 und 2 sind bei wirtschaftlichen Geschäftsbetrieben der von der Körperschaftsteuer befreiten Körperschaften, Personenvereinigungen oder Vermögensmassen entsprechend anzuwenden. ^{5}Nummer 1 Satz 3 gilt entsprechend.

(2) ^{1}Zu den Einkünften aus Kapitalvermögen gehören auch

1. besondere Entgelte oder Vorteile, die neben den in den Absätzen 1 und 2 bezeichneten Einnahmen oder an deren Stelle gewährt werden;

2. Einnahmen aus der Veräußerung

   a) von Dividendenscheinen und sonstigen Ansprüchen durch den Inhaber des Stammrechts, wenn die dazugehörigen Aktien oder sonstigen Anteile nicht mitveräußert werden. ^{2}Diese Besteuerung tritt an die Stelle der Besteuerung nach Absatz 1;

   b) von Zinsscheinen und Zinsforderungen durch den Inhaber oder ehemaligen Inhaber der Schuldverschreibung, wenn die dazugehörigen Schuldverschreibungen nicht mitveräußert werden. ^{2}Entsprechendes gilt für die Einlösung von Zinsscheinen und Zinsforderungen durch den ehemaligen Inhaber der Schuldverschreibung;

3. Einnahmen aus der Veräußerung von Zinsscheinen und Zinsforderungen, wenn die dazugehörigen Schuldverschreibungen mitveräußert werden und das Entgelt für die auf den Zeitraum bis zur Veräußerung der Schuldverschreibung entfallenden Zinsen des laufenden Zinszahlungszeitraums (Stückzinsen) besonders in Rechnung gestellt ist;

4. Einnahmen aus der Veräußerung oder Abtretung von

   a) abgezinsten oder aufgezinsten Schuldverschreibungen, Schuldbuchforderungen und sonstigen Kapitalforderungen durch den ersten und jeden weiteren Erwerber,

   b) Schuldverschreibungen, Schuldbuchforderungen und sonstigen Kapitalforderungen ohne Zinsscheine und Zinsforderungen oder von Zinsscheinen und Zinsforderungen ohne Schuldverschreibungen, Schuldbuchforderungen und sonstige Kapitalforderungen durch den zweiten und jeden weiteren Erwerber zu einem abgezinsten oder aufgezinsten Preis,

   c) Schuldverschreibungen, Schuldbuchforderungen und sonstigen Kapitalforderungen mit Zinsscheinen oder Zinsforderungen, wenn Stückzinsen nicht besonders in Rechnung gestellt werden oder bei denen die Höhe der Erträge von einem ungewissen Ereignis abhängt,

   d) Schuldverschreibungen, Schuldbuchforderungen und sonstigen Kapitalforderungen mit Zinsscheinen oder Zinsforderungen, bei denen Kapitalerträge in unterschiedlicher Höhe oder für unterschiedlich lange Zeiträume gezahlt werden,

soweit sie der rechnerisch auf die Besitzzeit entfallenden Emissionsrendite entsprechen. ^{2}Haben die Wertpapiere und Kapitalforderungen keine Emissionsrendite oder weist der Steuerpflichtige sie nicht nach, gilt der Unterschied zwischen dem Entgelt für den Erwerb und den Einnahmen aus der Veräußerung, Abtretung oder Einlösung als Kapitalertrag; bei Wertpapieren und Kapitalforderungen in einer ausländischen Währung ist der Unterschied in dieser Währung zu ermitteln. ^{3}Die Besteuerung der Zinsen und Stückzinsen nach Absatz 1 Nr. 7 und Satz 1 Nr. 3 bleibt unberührt; die danach der Einkommensteuer unterliegenden, dem Veräußerer bereits zugeflossenen Kapitalerträge aus den Wertpapieren und Kapitalforderungen sind bei der Besteuerung nach der Emissionsrendite abzuziehen. ^{4}Die Sätze 1 bis 3 gelten für die Einlösung der Wertpapiere und Kapitalforderungen bei deren Endfälligkeit entsprechend. ^{5}Die Sätze 1 bis 4 sind nicht auf Zinsen aus Gewinnobligationen und Genussrechten im Sinne des § 43 Abs. 1 Satz 1 Nr. 2 anzuwenden.

^{2}Die Nummern 2 und 3 gelten sinngemäß für die Einnahmen aus der Abtretung von Dividenden- oder Zinsansprüchen oder sonstigen Ansprüchen im Sinne der Nummer 2, wenn die dazugehörigen Anteilsrechte oder Schuldverschreibungen nicht in einzelnen Wertpapieren verbrieft sind. ^{3}Satz 2 gilt auch bei der Abtretung von Zinsansprüchen aus Schuldbuchforderungen, die in ein öffentliches Schuldbuch eingetragen sind.

(2a) ^{1}Einkünfte aus Kapitalvermögen im Sinne des Absatzes 1 Nr. 1 und 2 erzielt der Anteilseigner. ^{2}Anteilseigner ist derjenige, dem nach § 39 der Abgabenordnung die Anteile an dem Kapitalvermögen im Sinne des Absatzes 1 Nr. 1 im Zeitpunkt des Gewinnverteilungsbeschlusses zuzurechnen sind. ^{3}Sind einem Nießbraucher oder Pfandgläubiger die Einnahmen im Sinne des Absatzes 1 Nr. 1 oder 2 zuzurechnen, gilt er als Anteilseigner.

(2b) ^{1}§ 15 b ist sinngemäß anzuwenden. ^{2}Ein vorgefertigtes Konzept im Sinne des § 15 b Abs. 2 Satz 2 liegt auch vor, wenn die positiven Einkünfte nicht der tariflichen Einkommensteuer unterliegen.

(3) Soweit Einkünfte der in den Absätzen 1 und 2 bezeichneten Art zu den Einkünften aus Land- und Forstwirtschaft, aus Gewerbebetrieb, aus selbständiger Arbeit oder aus Vermietung und Verpachtung gehören, sind sie diesen Einkünften zuzurechnen.

(4) ^{1}Bei der Ermittlung der Einkünfte aus Kapitalvermögen ist nach Abzug der Werbungskosten ein Betrag von 750 Euro abzuziehen (Sparer-Freibetrag). ^{2}Ehegatten, die zusammen veranlagt werden, wird ein gemeinsamer Sparer-Freibetrag von 1500 Euro gewährt. ^{3}Der gemeinsame Sparer-Freibetrag ist bei der Einkunftsermittlung bei jedem Ehegatten je zur Hälfte abzuziehen; sind die um die Werbungskosten geminderten Kapitalerträge eines Ehegatten niedriger als 750 Euro, so ist der anteilige Sparer-Freibetrag insoweit, als er die um die Werbungskosten geminderten Kapitalerträge dieses Ehegatten übersteigt, beim anderen Ehegatten abzuziehen. ^{4}Der Sparer-Freibetrag und der gemeinsame Sparer-Freibetrag dürfen nicht höher sein als die um die Werbungskosten einschließlich einer abzuziehenden ausländischen Steuer geminderten Kapitalerträge.

f) Vermietung und Verpachtung (§ 2 Abs. 1 Satz 1 Nr. 6)

§ 21

(1) ^{1}Einkünfte aus Vermietung und Verpachtung sind

1. Einkünfte aus Vermietung und Verpachtung von unbeweglichem Vermögen, insbesondere von Grundstücken, Gebäuden, Gebäudeteilen, Schiffen, die in ein Schiffsregister eingetragen sind, und Rechten, die den Vorschriften des bürgerlichen Rechts über Grundstücke unterliegen (z. B. Erbbaurecht, Mineralgewinnungsrecht);

2. Einkünfte aus Vermietung und Verpachtung von Sachinbegriffen, insbesondere von beweglichem Betriebsvermögen;

3. Einkünfte aus zeitlich begrenzter Überlassung von Rechten, insbesondere von schriftstellerischen, künstlerischen und gewerblichen Urheberrechten, von gewerblichen Erfahrungen und von Gerechtigkeiten und Gefällen;

4. Einkünfte aus der Veräußerung von Miet- und Pachtzinsforderungen, auch dann, wenn die Einkünfte im Veräußerungspreis von Grundstücken enthalten sind und die Miet- oder Pachtzinsen sich auf einen Zeitraum beziehen, in dem der Veräußerer noch Besitzer war.

²§§ 15a und 15b sind sinngemäß anzuwenden.

(2) Beträgt das Entgelt für die Überlassung einer Wohnung zu Wohnzwecken weniger als 56 Prozent der ortsüblichen Marktmiete, so ist die Nutzungsüberlassung in einen entgeltlichen und einen unentgeltlichen Teil aufzuteilen.

(3) Einkünfte der in den Absätzen 1 und 2 bezeichneten Art sind Einkünften aus anderen Einkunftsarten zuzurechnen, soweit sie zu diesen gehören.

g) Sonstige Einkünfte (§ 2 Abs. 1 Satz 1 Nr. 7)

§ 22
Arten der sonstigen Einkünfte

¹Sonstige Einkünfte sind

1. ¹Einkünfte aus wiederkehrenden Bezügen, soweit sie nicht zu den in § 2 Abs. 1 Nr. 1 bis 6 bezeichneten Einkunftsarten gehören; § 15b ist sinngemäß anzuwenden. ²Werden die Bezüge freiwillig oder auf Grund einer freiwillig begründeten Rechtspflicht oder einer gesetzlich unterhaltsberechtigten Person gewährt, so sind sie nicht dem Empfänger zuzurechnen, wenn der Geber unbeschränkt einkommensteuerpflichtig oder unbeschränkt körperschaftsteuerpflichtig ist; dem Empfänger sind dagegen zuzurechnen

   a) Bezüge, die von einer unbeschränkt steuerpflichtigen Körperschaft, Personenvereinigung oder Vermögensmasse außerhalb der Erfüllung steuerbegünstigter Zwecke im Sinne der §§ 52 bis 54 der Abgabenordnung gewährt werden, und

   b) Bezüge im Sinne des § 1 der Verordnung über die Steuerbegünstigung von Stiftungen, die an die Stelle von Familienfideikommissen getreten sind, in der im Bundesgesetzblatt Teil III, Gliederungsnummer 611-4-3, veröffentlichten bereinigten Fassung.

   ³Zu den in Satz 1 bezeichneten Einkünften gehören auch

   a) Leibrenten und andere Leistungen,

      aa) die aus den gesetzlichen Rentenversicherungen, den landwirtschaftlichen Alterskassen, den berufsständischen Versorgungseinrichtungen und aus Rentenversicherungen im Sinne des § 10 Abs. 1 Nr. 2 Buchstabe b erbracht werden, soweit sie jeweils der Besteuerung unterliegen. ²Bemessungsgrundlage für den der Besteuerung unterliegenden Anteil ist der Jahresbetrag der Rente.

      ³Der der Besteuerung unterliegende Anteil ist nach dem Jahr des Rentenbeginns und dem in diesem Jahr maßgebenden Prozentsatz aus der nachstehenden Tabelle zu entnehmen:

Jahr des Rentenbeginns		Besteuerungsanteil in %
bis	2005	50
ab	2006	52
	2007	54
	2008	56
	2009	58
	2010	60
	2011	62
	2012	64
	2013	66
	2014	68
	2015	70
	2016	72
	2017	74
	2018	76
	2019	78
	2020	80
	2021	81
	2022	82
	2023	83
	2024	84
	2025	85
	2026	86
	2027	87
	2028	88
	2029	89
	2030	90
	2031	91
	2032	92
	2033	93
	2034	94
	2035	95
	2036	96
	2037	97
	2038	98
	2039	99
	2040	100

⁴Der Unterschiedsbetrag zwischen dem Jahresbetrag der Rente und dem der Besteuerung unterliegenden Anteil der Rente ist der steuerfreie Teil der Rente. ⁵Dieser gilt ab dem Jahr, das dem Jahr des Rentenbeginns folgt, für die gesamte Laufzeit des Rentenbezugs. ⁶Abweichend hiervon ist der steuerfreie Teil der Rente bei einer Veränderung des Jahresbetrags der Rente in dem Verhältnis anzupassen, in dem der veränderte Jahresbetrag der Rente zum Jahresbetrag der Rente steht, der der Ermittlung des steuerfreien Teils der Rente zugrunde liegt. ⁷Regelmäßige Anpassungen des Jahresbetrags der Rente führen nicht zu einer Neuberechnung und bleiben bei einer Neuberechnung außer Betracht. ⁸Folgen nach dem 31. Dezember 2004 Renten aus derselben Versicherung einander nach, gilt für die spätere Rente Satz 3 mit der Maßgabe, dass sich der Vomhundertsatz nach dem Jahr richtet, das sich ergibt, wenn die Laufzeit der vorhergehenden Renten von dem Jahr des Beginns der späteren Rente abgezogen wird; der Prozentsatz kann jedoch nicht niedriger bemessen werden als der für das Jahr 2005;

bb) die nicht solche im Sinne des Doppelbuchstaben aa sind und bei denen in den einzelnen Bezügen Einkünfte aus Erträgen des Rentenrechts enthalten sind. ²Dies gilt auf Antrag auch für Leibrenten und andere Leistungen, soweit diese auf bis zum 31. Dezember 2004 geleisteten Beiträgen beruhen, welche oberhalb des Betrags des Höchstbetrags zur gesetzlichen Rentenversicherung gezahlt wurden; der Steuerpflichtige muss nachweisen, dass der Betrag des Höchstbeitrags mindestens zehn Jahre überschritten wurde. ³Als Ertrag des Rentenrechts gilt für die gesamte Dauer des Rentenbezugs der Unterschiedsbetrag zwischen dem Jahresbetrag der Rente und dem Betrag, der sich bei gleichmäßiger Verteilung des Kapitalwerts der Rente auf ihre voraussichtliche Laufzeit ergibt; dabei ist der Kapitalwert nach dieser Laufzeit zu berechnen. ⁴Der Ertrag des Rentenrechts (Ertragsanteil) ist aus der nachstehenden Tabelle zu entnehmen:

Bei Beginn der Rente vollendetes Lebensjahr des Rentenberechtigten	Ertragsanteil in %	Bei Beginn der Rente vollendetes Lebensjahr des Rentenberechtigten	Ertragsanteil in %
0 bis 1	59	51 bis 52	29
2 bis 3	58	53	28
4 bis 5	57	54	27
6 bis 8	56	55 bis 56	26
9 bis 10	55	57	25
11 bis 12	54	58	24
13 bis 14	53	59	23
15 bis 16	52	60 bis 61	22
17 bis 18	51	62	21
19 bis 20	50	63	20
21 bis 22	49	64	19
23 bis 24	48	65 bis 66	18
25 bis 26	47	67	17
27	46	68	16
28 bis 29	45	69 bis 70	15
30 bis 31	44	71	14
32	43	72 bis 73	13
33 bis 34	42	74	12
35	41	75	11
36 bis 37	40	76 bis 77	10
38	39	78 bis 79	9
39 bis 40	38	80	8
41	37	81 bis 82	7
42	36	83 bis 84	6
43 bis 44	35	85 bis 87	5
45	34	88 bis 91	4
46 bis 47	33	92 bis 93	3
48	32	94 bis 96	2
49	31	ab 97	1
50	30		

⁵Die Ermittlung des Ertrags aus Leibrenten, die vor dem 1. Januar 1955 zu laufen begonnen haben, und aus Renten, deren Dauer von der Lebenszeit mehrerer Personen oder einer anderen Person als des Rentenberechtigten abhängt, sowie aus Leibrenten, die auf eine bestimmte Zeit beschränkt sind, wird durch eine Rechtsverordnung bestimmt;

b) Einkünfte aus Zuschüssen und sonstigen Vorteilen, die als wiederkehrende Bezüge gewährt werden;

1a. Einkünfte aus Unterhaltsleistungen, soweit sie nach § 10 Abs. 1 Nr. 1 vom Geber abgezogen werden können;

2. Einkünfte aus privaten Veräußerungsgeschäften im Sinne des § 23;

3. Einkünfte aus Leistungen, soweit sie weder zu anderen Einkunftsarten (§ 2 Abs. 1 Satz 1 Nr. 1 bis 6) noch zu den Einkünften im Sinne der Nummern 1, 1a, 2 oder 4 gehören, z. B. Einkünfte aus gelegentlichen Vermittlungen und aus der Vermietung beweglicher Gegenstände. ²Solche Einkünfte sind nicht einkommensteuerpflichtig, wenn sie weniger als 256 Euro im Kalenderjahr betragen haben. ³Übersteigen die Werbungskosten die Einnahmen, so darf der übersteigende Betrag bei Ermittlung des Einkommens nicht ausgeglichen werden; er darf auch nicht nach § 10d abgezogen werden. ⁴Die Verluste mindern jedoch nach Maßgabe des § 10d die Einkünfte, die der Steuerpflichtige in dem unmittelbar vorangegangenen Veranlagungszeitraum oder in den folgenden Veranlagungszeiträumen aus Leistungen im Sinne des Satzes 1 erzielt hat oder erzielt; § 10d Abs. 4 gilt entsprechend;

4. Entschädigungen, Amtszulagen, Zuschüsse zu Kranken- und Pflegeversicherungsbeiträgen, Übergangsgelder, Überbrückungsgelder, Sterbegelder, Versorgungsabfindungen, Versorgungsbezüge, die auf Grund des Abgeordnetengesetzes oder des Europaabgeordnetengesetzes, sowie vergleichbare Bezüge, die auf Grund der entsprechenden Gesetze der Länder gezahlt werden. ²Werden zur Abgeltung des durch das Mandat veranlassten Aufwandes Aufwandsentschädigungen gezahlt, so dürfen die durch das Mandat veranlassten Aufwendungen nicht als Werbungskosten abgezogen werden. ³Wahlkampfkosten zur Erlangung eines Mandats im Bundestag, im Europäischen Parlament oder im Parlament eines Landes dürfen nicht als Werbungskosten abgezogen werden. ⁴Es gelten entsprechend

a) für Nachversicherungsbeiträge auf Grund gesetzlicher Verpflichtung nach den Abgeordnetengesetzen im Sinne des Satzes 1 und für Zuschüsse zu Kranken- und Pflegeversicherungsbeiträgen § 3 Nr. 62,

b) für Versorgungsbezüge § 19 Abs. 2 nur bezüglich des Versorgungsfreibetrags; beim Zusammentreffen mit Versorgungsbezügen im Sinne des § 19 Abs. 2 Satz 2 bleibt jedoch insgesamt höchstens ein Betrag in Höhe des Versorgungsfreibetrags nach § 19 Abs. 2 Satz 3 im Veranlagungszeitraum steuerfrei,

c) für das Übergangsgeld, das in einer Summe gezahlt wird, und für die Versorgungsabfindung § 34 Abs. 1.

5. Leistungen aus Altersvorsorgeverträgen, Pensionsfonds, Pensionskassen und Direktversicherungen. ²Soweit die Leistungen nicht auf Beiträgen, auf die § 3 Nr. 63, § 10a oder Abschnitt XI angewendet wurden, nicht auf Zulagen im Sinne des Abschnitts XI, nicht auf steuerfreien Leistungen nach § 3 Nr. 66 und nicht auf Ansprüchen beruhen, die durch steuerfreie Zuwendungen nach § 3 Nr. 56 erworben wurden,

a) ist bei lebenslangen Renten sowie bei Berufsunfähigkeits-, Erwerbsminderungs- und Hinterbliebenenrenten Nummer 1 Satz 3 Buchstabe a entsprechend anzuwenden,

b) ist bei Leistungen aus Versicherungsverträgen, Pensionsfonds, Pensionskassen und Direktversicherungen, die nicht solche nach Buchstabe a sind, § 20 Abs. 1 Nr. 6 in der jeweils für den Vertrag geltenden Fassung entsprechend anzuwenden,

c) unterliegt bei anderen Leistungen der Unterschiedsbetrag zwischen der Leistung und der Summe der auf sie entrichteten Beiträge der Besteuerung; § 20 Abs. 1 Nr. 6 Satz 2 gilt entsprechend.

³In den Fällen des § 93 Abs. 1 Satz 1 und 2 gilt das ausgezahlte geförderte Altersvorsorgevermögen nach Abzug der Zulagen im Sinne des Abschnitts XI als Leistung im Sinne des Satzes 2. ⁴Dies gilt auch in den Fällen des § 92a Abs. 3 und 4 Satz 1 und 2; darüber hinaus gilt in diesen Fällen als Leistung im Sinne des Satzes 1 der Betrag, der sich aus der Verzinsung (Zins und Zinseszins) des nicht zurückgezahlten Altersvorsorge-Eigenheimbetrags mit 5 Prozent für jedes volle Kalenderjahr zwischen dem Zeitpunkt der Verwendung des Altersvorsorge-Eigenheimbetrags (§ 92a Abs. 2) und dem Eintritt des Zahlungsrückstandes oder dem Zeitpunkt ergibt, ab dem die Wohnung auf Dauer nicht mehr zu eigenen Wohnzwecken dient. ⁵Bei erstmaligem Bezug von Leistungen, in den Fällen des § 93 Abs. 1 sowie bei Änderung der im Kalenderjahr auszuzahlenden Leistung hat der Anbieter (§ 80) nach Ablauf des Kalenderjahres dem Steuerpflichtigen nach amtlich vorgeschriebenem Vordruck den Betrag der im abgelaufenen Kalenderjahr zugeflossenen Leistungen im Sinne der Sätze 1 bis 4 je gesondert mitzuteilen.

§ 22a
Rentenbezugsmitteilungen an die zentrale Stelle

(1) ¹Die Träger der gesetzlichen Rentenversicherung, der Gesamtverband der landwirtschaftlichen Alterskassen für die Träger der Alterssicherung der Landwirte, die berufsständischen Versorgungseinrichtungen, die Pensionskassen, die Pensionsfonds, die Versicherungsunternehmen, die Unternehmen, die Verträge im Sinne des § 10 Abs. 1 Nr. 2 Buchstabe b anbieten, und die Anbieter im Sinne des § 80 (Mitteilungspflichtige) haben der zentralen Stelle (§ 81) bis zum 1. März des Jahres, das auf das Jahr folgt, in dem

eine Leibrente oder andere Leistung nach § 22 Nr. 1 Satz 3 Buchstabe a und § 22 Nr. 5 einem Leistungsempfänger zugeflossen ist, folgende Daten zu übermitteln (Rentenbezugsmitteilung):

1. Identifikationsnummer (§ 139b der Abgabenordnung), Familienname, Vorname, Geburtsdatum und Geburtsort des Leistungsempfängers;
2. je gesondert den Betrag der Leibrenten und anderen Leistungen im Sinne des § 22 Nr. 1 Satz 3 Buchstabe a Doppelbuchstabe aa, bb Satz 4 und Doppelbuchstabe bb Satz 5 in Verbindung mit § 55 Abs. 2 der Einkommensteuer-Durchführungsverordnung 2000 sowie im Sinne des § 22 Nr. 5. Der im Betrag der Rente enthaltene Teil, der ausschließlich auf einer Anpassung der Rente beruht, ist gesondert mitzuteilen;
3. Zeitpunkt des Beginns und des Endes des jeweiligen Leistungsbezugs; folgen nach dem 31. Dezember 2004 Renten aus derselben Versicherung einander nach, ist auch die Laufzeit der vorhergehenden Renten mitzuteilen;
4. Bezeichnung und Anschrift des Mitteilungspflichtigen.

²Die Datenübermittlung hat nach amtlich vorgeschriebenem Datensatz durch Datenfernübertragung zu erfolgen. ³Im Übrigen ist § 150 Abs. 6 der Abgabenordnung entsprechend anzuwenden.

(2) ¹Der Leistungsempfänger hat dem Mitteilungspflichtigen seine Identifikationsnummer mitzuteilen. ²Teilt der Leistungsempfänger die Identifikationsnummer dem Mitteilungspflichtigen trotz Aufforderung nicht mit, übermittelt das Bundeszentralamt für Steuern dem Mitteilungspflichtigen auf dessen Anfrage die Identifikationsnummer des Leistungsempfängers; weitere Daten dürfen nicht übermittelt werden. ³In der Anfrage dürfen nur die in § 139b Abs. 3 der Abgabenordnung genannten Daten des Leistungsempfängers angegeben werden, soweit sie dem Mitteilungspflichtigen bekannt sind. ⁴Für die Anfrage gilt Absatz 1 Satz 2 und 3 entsprechend. ⁵Der Mitteilungspflichtige darf die Identifikationsnummer nur verwenden, soweit dies für die Erfüllung der Mitteilungspflicht nach Absatz 1 Satz 1 erforderlich ist.

(3) Der Mitteilungspflichtige hat den Leistungsempfänger jeweils darüber zu unterrichten, dass die Leistung der zentralen Stelle mitgeteilt wird.

§ 23
Private Veräußerungsgeschäfte

(1) ¹Private Veräußerungsgeschäfte (§ 22 Nr. 2) sind

1. Veräußerungsgeschäfte bei Grundstücken und Rechten, die den Vorschriften des bürgerlichen Rechts über Grundstücke unterliegen (z. B. Erbbaurecht, Mineralgewinnungsrecht), bei denen der Zeitraum zwischen Anschaffung und Veräußerung nicht mehr als zehn Jahre beträgt. ²Gebäude und Außenanlagen sind einzubeziehen, soweit sie innerhalb dieses Zeitraums errichtet, ausgebaut oder erweitert werden; dies gilt entsprechend für Gebäudeteile, die selbständige unbewegliche Wirtschaftsgüter sind, sowie für Eigentumswohnungen und im Teileigentum stehende Räume. ³Ausgenommen sind Wirtschaftsgüter, die im Zeitraum zwischen Anschaffung oder Fertigstellung und Veräußerung ausschließlich zu eigenen Wohnzwecken oder im Jahr der Veräußerung und in den beiden vorangegangenen Jahren zu eigenen Wohnzwecken genutzt wurden;
2. Veräußerungsgeschäfte bei anderen Wirtschaftsgütern, insbesondere bei Wertpapieren, bei denen der Zeitraum zwischen Anschaffung und Veräußerung nicht mehr als ein Jahr beträgt. ²Bei vertretbaren Wertpapieren, die einem Verwahrer zur Sammelverwahrung im Sinne des § 5 des Depotgesetzes anvertraut worden sind, ist zu unterstellen, dass die zuerst angeschafften Wertpapiere zuerst veräußert wurden. ³Entsprechendes gilt bei Anschaffung und Veräußerung mehrerer gleichartiger Fremdwährungsbeträge;
3. Veräußerungsgeschäfte, bei denen die Veräußerung der Wirtschaftsgüter früher erfolgt als der Erwerb;
4. Termingeschäfte, durch die der Steuerpflichtige einen Differenzausgleich oder einen durch den Wert einer veränderlichen Bezugsgröße bestimmten Geldbetrag oder Vorteil erlangt, sofern der Zeitraum zwischen Erwerb und Beendigung des Rechts auf einen Differenzausgleich, Geldbetrag oder Vorteil nicht mehr als ein Jahr beträgt. ²Zertifikate, die Aktien vertreten, und Optionsscheine gelten als Termingeschäfte im Sinne des Satzes 1.

²Als Anschaffung gilt auch die Überführung eines Wirtschaftsguts in das Privatvermögen des Steuerpflichtigen durch Entnahme oder Betriebsaufgabe. ³Bei unentgeltlichem Erwerb ist dem Einzelrechtsnachfolger für Zwecke dieser Vorschrift die Anschaffung, die Überführung des Wirtschaftsguts in das Privatvermögen oder der Erwerb eines Rechts aus Termingeschäften durch den Rechtsvorgänger zuzurechnen. ⁴Die Anschaffung oder Veräußerung einer unmittelbaren oder mittelbaren Beteiligung an einer Personengesellschaft gilt als Anschaffung oder Veräußerung der anteiligen Wirtschaftsgüter. ⁵Als Veräußerung im Sinne des Satzes 1 Nr. 1 gilt auch

1. die Einlage eines Wirtschaftsguts in das Betriebsvermögen, wenn die Veräußerung aus dem Betriebsvermögen innerhalb eines Zeitraums von zehn Jahren seit Anschaffung des Wirtschaftsguts erfolgt, und
2. die verdeckte Einlage in eine Kapitalgesellschaft.

(2) ¹Einkünfte aus privaten Veräußerungsgeschäften der in Absatz 1 bezeichneten Art sind den Einkünften aus anderen Einkunftsarten zuzurechnen, soweit sie zu diesen gehören. ²§ 17 ist nicht anzuwenden, wenn die Voraussetzungen des Absatzes 1 Satz 1 Nr. 2 vorliegen.

(3) ¹Gewinn oder Verlust aus Veräußerungsgeschäften nach Absatz 1 Satz 1 Nr. 1 bis 3 ist der Unterschied zwischen Veräußerungspreis einerseits und den Anschaffungs- oder Herstellungskosten und den Werbungskosten andererseits. ²In den Fällen des Absatzes 1 Satz 5 Nr. 1 tritt an die Stelle des Veräußerungspreises der für den Zeitpunkt der Einlage nach § 6 Abs. 1 Nr. 5 angesetzte Wert, in den Fällen des Absatzes 1 Satz 5 Nr. 2 der gemeine Wert. ³In den Fällen des Absatzes 1 Satz 2 tritt an die Stelle der Anschaffungs- oder Herstellungskosten der nach § 6 Abs. 1 Nr. 4, § 16 Abs. 3 angesetzte Wert. ⁴Die Anschaffungs- oder Herstellungskosten mindern sich um Absetzungen für Abnutzung, erhöhte Absetzungen und Sonderabschreibungen, soweit sie bei der Ermittlung der Einkünfte im Sinne des § 2 Abs. 1 Satz 1 Nr. 4 bis 6 abgezogen worden sind. ⁵Gewinn oder Verlust bei einem Termingeschäft nach Absatz 1 Satz 1 Nr. 4 ist der Differenzausgleich oder der durch den Wert einer veränderlichen Bezugsgröße bestimmte Geldbetrag oder Vorteil abzüglich der Werbungskosten. ⁶Gewinne bleiben steuerfrei, wenn der aus den privaten Veräußerungsgeschäften erzielte Gesamtgewinn im Kalenderjahr weniger als 512 Euro betragen hat. ⁷In den Fällen des Absatzes 1 Satz 5 Nr. 1 sind Gewinne oder Verluste für das Kalenderjahr, in dem der Preis für die Veräußerung aus dem Betriebsvermögen zugeflossen ist, in den Fällen des Absatzes 1 Satz 5 Nr. 2 für das Kalenderjahr der verdeckten Einlage anzusetzen. ⁸Verluste dürfen nur bis zur Höhe des Gewinns, den der Steuerpflichtige im gleichen Kalenderjahr aus privaten Veräußerungsgeschäften erzielt hat, ausgeglichen werden; sie dürfen nicht nach § 10d abgezogen werden. ⁹Die Verluste mindern jedoch nach Maßgabe des § 10d die Einkünfte, die der Steuerpflichtige in dem unmittelbar vorangegangenen Veranlagungszeitraum oder in den folgenden Veranlagungszeiträumen aus privaten Veräußerungsgeschäften nach Absatz 1 erzielt hat oder erzielt; § 10d Abs. 4 gilt entsprechend.

h) Gemeinsame Vorschriften

§ 24

Zu den Einkünften im Sinne des § 2 Abs. 1 gehören auch

1. Entschädigungen, die gewährt worden sind
   a) als Ersatz für entgangene oder entgehende Einnahmen oder
   b) für die Aufgabe oder Nichtausübung einer Tätigkeit, für die Aufgabe einer Gewinnbeteiligung oder einer Anwartschaft auf eine solche;
   c) als Ausgleichszahlungen an Handelsvertreter nach § 89b des Handelsgesetzbuchs;
2. Einkünfte aus einer ehemaligen Tätigkeit im Sinne des § 2 Abs. 1 Satz 1 Nr. 1 bis 4 oder aus einem früheren Rechtsverhältnis im Sinne des § 2 Abs. 1 Satz 1 Nr. 5 bis 7, und zwar auch dann, wenn sie dem Steuerpflichtigen als Rechtsnachfolger zufließen;

3. Nutzungsvergütungen für die Inanspruchnahme von Grundstücken für öffentliche Zwecke sowie Zinsen auf solche Nutzungsvergütungen und auf Entschädigungen, die mit der Inanspruchnahme von Grundstücken für öffentliche Zwecke zusammenhängen.

§ 24a
Altersentlastungsbetrag

¹Der Altersentlastungsbetrag ist bis zu einem Höchstbetrag im Kalenderjahr ein nach einem Prozentsatz ermittelter Betrag des Arbeitslohns und der positiven Summe der Einkünfte, die nicht solche aus nichtselbständiger Arbeit sind. ²Versorgungsbezüge im Sinne des § 19 Abs. 2, Einkünfte aus Leibrenten im Sinne des § 22 Nr. 1 Satz 3 Buchstabe a und Einkünfte im Sinne des § 22 Nr. 4 Satz 4 Buchstabe b bleiben bei der Bemessung des Betrags außer Betracht. ³Der Altersentlastungsbetrag wird einem Steuerpflichtigen gewährt, der vor dem Beginn des Kalenderjahres, in dem er sein Einkommen bezogen hat, das 64. Lebensjahr vollendet hatte. ⁴Im Fall der Zusammenveranlagung von Ehegatten zur Einkommensteuer sind die Sätze 1 bis 3 für jeden Ehegatten gesondert anzuwenden. ⁵Der maßgebende Prozentsatz und der Höchstbetrag des Altersentlastungsbetrags sind der nachstehenden Tabelle zu entnehmen:

Das auf die Vollendung des 64. Lebensjahres folgende Kalenderjahr	Altersentlastungsbetrag	
	in % der Einkünfte	Höchstbetrag in Euro
2005	40,0	1900
2006	38,4	1824
2007	36,8	1748
2008	35,2	1672
2009	33,6	1596
2010	32,0	1520
2011	30,4	1444
2012	28,8	1368
2013	27,2	1292
2014	25,6	1216
2015	24,0	1140
2016	22,4	1064
2017	20,8	988
2018	19,2	912
2019	17,6	836
2020	16,0	760
2021	15,2	722
2022	14,4	684
2023	13,6	646
2024	12,8	608
2025	12,0	570
2026	11,2	532
2027	10,4	494
2028	9,6	456
2029	8,8	418
2030	8,0	380
2031	7,2	342
2032	6,4	304
2033	5,6	266
2034	4,8	228
2035	4,0	190
2036	3,2	152
2037	2,4	114
2038	1,6	76
2039	0,8	38
2040	0,0	0.

§ 24b
Entlastungsbetrag für Alleinerziehende

(1) ¹Allein stehende Steuerpflichtige können einen Entlastungsbetrag in Höhe von 1308 Euro im Kalenderjahr von der Summe der Einkünfte abziehen, wenn zu ihrem Haushalt mindestens ein Kind gehört, für das ihnen ein Freibetrag nach § 32 Abs. 6 oder Kindergeld zusteht. ²Die Zugehörigkeit zum Haushalt ist anzunehmen, wenn das Kind in der Wohnung des allein stehenden Steuerpflichtigen gemeldet ist. ³Ist das Kind bei mehreren Steuerpflichtigen gemeldet, steht der Entlastungsbetrag nach Satz 1 demjenigen Alleinstehenden zu, der die Voraussetzungen auf Auszahlung des Kindergeldes nach § 64 Abs. 2 Satz 1 erfüllt oder erfüllen würde in Fällen, in denen nur ein Anspruch auf einen Freibetrag nach § 32 Abs. 6 besteht.

(2) ¹Allein stehend im Sinne des Absatzes 1 sind Steuerpflichtige, die nicht die Voraussetzungen für die Anwendung des Splitting-Verfahrens (§ 26 Abs. 1) erfüllen oder verwitwet sind und keine Haushaltsgemeinschaft mit einer anderen volljährigen Person bilden, es sei denn, für diese steht ihnen ein Freibetrag nach § 32 Abs. 6 oder Kindergeld zu oder es handelt sich um ein Kind im Sinne des § 63 Abs. 1 Satz 1, das einen Dienst nach § 32 Abs. 5 Satz 1 Nr. 1 und 2 leistet oder eine Tätigkeit nach § 32 Abs. 5 Satz 1 Nr. 3 ausübt. ²Ist die andere Person mit Haupt- oder Nebenwohnsitz in der Wohnung des Steuerpflichtigen gemeldet, wird vermutet, dass sie mit dem Steuerpflichtigen gemeinsam wirtschaftet (Haushaltsgemeinschaft). ³Diese Vermutung ist widerlegbar, es sei denn, der Steuerpflichtige und die andere Person leben in einer eheähnlichen Gemeinschaft oder in einer eingetragenen Lebenspartnerschaft.

(3) Für jeden vollen Kalendermonat, in dem die Voraussetzungen des Absatzes 1 nicht vorgelegen haben, ermäßigt sich der Entlastungsbetrag um ein Zwölftel.

§ 24c
Jahresbescheinigung über Kapitalerträge und Veräußerungsgewinne aus Finanzanlagen

Kreditinstitute oder Finanzdienstleistungsinstitute, die nach § 45a zur Ausstellung von Steuerbescheinigungen berechtigt sind, sowie Wertpapierhandelsunternehmen und Wertpapierhandelsbanken haben dem Gläubiger der Kapitalerträge oder dem Hinterleger der Wertpapiere für alle bei ihnen geführten Wertpapierdepots und Konten eine zusammenfassende Jahresbescheinigung nach amtlich vorgeschriebenem Muster auszustellen, die die für die Besteuerung nach den §§ 20 und 23 Abs. 1 Satz 1 Nr. 2 bis 4 erforderlichen Angaben enthält.

III. Veranlagung

§ 25
Veranlagungszeitraum, Steuererklärungspflicht

(1) Die Einkommensteuer wird nach Ablauf des Kalenderjahres (Veranlagungszeitraum) nach dem Einkommen veranlagt, das der Steuerpflichtige in diesem Veranlagungszeitraum bezogen hat, soweit nicht nach § 46 eine Veranlagung unterbleibt.

(2) – weggefallen –

(3) ¹Der Steuerpflichtige hat für den abgelaufenen Veranlagungszeitraum eine Einkommensteuererklärung abzugeben. ²Ehegatten haben für den Fall der Zusammenveranlagung (§ 26b) eine gemeinsame Einkommensteuererklärung abzugeben. ³Wählt einer der Ehegatten die getrennte Veranlagung (§ 26a) oder wählen beide Ehegatten die besondere Veranlagung für den Veranlagungszeitraum der Eheschließung (§ 26c), hat jeder der Ehegatten eine Einkommensteuererklärung abzugeben. ⁴Der Steuerpflichtige hat die Einkommensteuererklärung eigenhändig zu unterschreiben. ⁵Eine gemeinsame Einkommensteuererklärung ist von beiden Ehegatten eigenhändig zu unterschreiben.

§ 26
Veranlagung von Ehegatten

(1) ¹Ehegatten, die beide unbeschränkt einkommensteuerpflichtig im Sinne des § 1 Abs. 1 oder 2 oder des § 1a sind und nicht dauernd

getrennt leben und bei denen diese Voraussetzungen zu Beginn des Veranlagungszeitraums vorgelegen haben oder im Laufe des Veranlagungszeitraums eingetreten sind, können zwischen getrennter Veranlagung (§ 26a) und Zusammenveranlagung (§ 26b) wählen; für den Veranlagungszeitraum der Eheschließung können sie stattdessen die besondere Veranlagung nach § 26c wählen. ²Eine Ehe, die im Laufe des Veranlagungszeitraums aufgelöst worden ist, bleibt für die Anwendung des Satzes 1 unberücksichtigt, wenn einer der Ehegatten in demselben Veranlagungszeitraum wieder geheiratet hat und bei ihm und dem neuen Ehegatten die Voraussetzungen des Satzes 1 ebenfalls vorliegen. ³Satz 2 gilt nicht, wenn eine Ehe durch Tod aufgelöst worden ist und die Ehegatten der neuen Ehe die besondere Veranlagung nach § 26c wählen.

(2) ¹Ehegatten werden getrennt veranlagt, wenn einer der Ehegatten getrennte Veranlagung wählt. ²Ehegatten werden zusammen veranlagt oder – für den Veranlagungszeitraum der Eheschließung – nach § 26c veranlagt, wenn beide Ehegatten die betreffende Veranlagungsart wählen. ³Die zur Ausübung der Wahl erforderlichen Erklärungen sind beim Finanzamt schriftlich oder zu Protokoll abzugeben.

(3) Werden die nach Absatz 2 erforderlichen Erklärungen nicht abgegeben, so wird unterstellt, dass die Ehegatten die Zusammenveranlagung wählen.

§ 26a
Getrennte Veranlagung von Ehegatten

(1) ¹Bei getrennter Veranlagung von Ehegatten in den in § 26 bezeichneten Fällen sind jedem Ehegatten die von ihm bezogenen Einkünfte zuzurechnen. ²Einkünfte eines Ehegatten sind nicht allein deshalb zum Teil dem anderen Ehegatten zuzurechnen, weil dieser bei der Erzielung der Einkünfte mitgewirkt hat.

(2) ¹Sonderausgaben nach § 10 Abs. 1 Nr. 5 und 8 und außergewöhnliche Belastungen (§§ 33 bis 33b) werden in Höhe des bei einer Zusammenveranlagung in Betracht kommenden Betrags bei beiden Veranlagungen jeweils zur Hälfte abgezogen, wenn die Ehegatten nicht gemeinsam eine andere Aufteilung beantragen. ²Die nach § 33b Abs. 5 übertragbaren Pauschbeträge stehen den Ehegatten insgesamt nur einmal zu; sie werden jedem Ehegatten zur Hälfte gewährt. ³Die nach § 34f zu gewährende Steuerermäßigung steht den Ehegatten in dem Verhältnis zu, in dem sie erhöhte Absetzungen nach § 7b oder Abzugsbeträge nach § 10e Abs. 1 bis 5 oder nach § 15b des Berlinförderungsgesetzes in Anspruch nehmen. ⁴Die nach § 35a zu gewährende Steuerermäßigung steht den Ehegatten jeweils zur Hälfte zu, wenn die Ehegatten nicht gemeinsam eine andere Aufteilung beantragen.

(3) Die Anwendung des § 10d für den Fall des Übergangs von der getrennten Veranlagung zur Zusammenveranlagung und von der Zusammenveranlagung zur getrennten Veranlagung, wenn bei beiden Ehegatten nicht ausgeglichene Verluste vorliegen, wird durch Rechtsverordnung der Bundesregierung mit Zustimmung des Bundesrates geregelt.

§ 26b
Zusammenveranlagung von Ehegatten

Bei der Zusammenveranlagung von Ehegatten werden die Einkünfte, die die Ehegatten erzielt haben, zusammengerechnet, den Ehegatten gemeinsam zugerechnet und, soweit nichts anderes vorgeschrieben ist, die Ehegatten sodann gemeinsam als Steuerpflichtiger behandelt.

§ 26c
Besondere Veranlagung für den Veranlagungszeitraum der Eheschließung

(1) ¹Bei besonderer Veranlagung für den Veranlagungszeitraum der Eheschließung werden Ehegatten so behandelt, als ob sie diese Ehe nicht geschlossen hätten. ²§ 12 Nr. 2 bleibt unberührt. ³§ 26a Abs. 1 gilt sinngemäß.

(2) Bei der besonderen Veranlagung ist das Verfahren nach § 32a Abs. 5 anzuwenden, wenn der zu veranlagende Ehegatte zu Beginn des Veranlagungszeitraums verwitwet war und bei ihm die Voraussetzungen des § 32a Abs. 6 Nr. 1 vorgelegen hatten.

§ 27
– weggefallen –

§ 28
Besteuerung bei fortgesetzter Gütergemeinschaft

Bei fortgesetzter Gütergemeinschaft gelten Einkünfte, die in das Gesamtgut fallen, als Einkünfte des überlebenden Ehegatten, wenn dieser unbeschränkt steuerpflichtig ist.

§§ 29 und 30
– weggefallen –

IV. Tarif

§ 31
Familienleistungsausgleich

¹Die steuerliche Freistellung eines Einkommensbetrags in Höhe des Existenzminimums eines Kindes einschließlich der Bedarfe für Betreuung und Erziehung oder Ausbildung wird im gesamten Veranlagungszeitraum entweder durch die Freibeträge nach § 32 Abs. 6 oder durch Kindergeld nach dem Abschnitt X bewirkt. ²Soweit das Kindergeld dafür nicht erforderlich ist, dient es der Förderung der Familie. ³Im laufenden Kalenderjahr wird Kindergeld als Steuervergütung monatlich gezahlt. ⁴Bewirkt der Anspruch auf Kindergeld für den gesamten Veranlagungszeitraum die nach Satz 1 gebotene steuerliche Freistellung nicht vollständig und werden deshalb bei der Veranlagung zur Einkommensteuer die Freibeträge nach § 32 Abs. 6 vom Einkommen abgezogen, erhöht sich die unter Abzug dieser Freibeträge ermittelte tarifliche Einkommensteuer um den Anspruch auf Kindergeld für den gesamten Veranlagungszeitraum; bei nicht zusammenveranlagten Eltern wird der Kindergeldanspruch im Umfang des Kinderfreibetrags angesetzt. ⁵Satz 4 gilt entsprechend für mit dem Kindergeld vergleichbare Leistungen nach § 65. ⁶Besteht nach ausländischem Recht Anspruch auf Leistungen für Kinder, wird dieser insoweit nicht berücksichtigt, als er das inländische Kindergeld übersteigt.

§ 32
Kinder, Freibeträge für Kinder

(1) Kinder sind

1. im ersten Grad mit dem Steuerpflichtigen verwandte Kinder,

2. Pflegekinder (Personen, mit denen der Steuerpflichtige durch ein familienähnliches, auf längere Dauer berechnetes Band verbunden ist, sofern er sie nicht zu Erwerbszwecken in seinen Haushalt aufgenommen hat und das Obhuts- und Pflegeverhältnis zu den Eltern nicht mehr besteht).

(2) ¹Besteht bei einem angenommenen Kind das Kindschaftsverhältnis zu den leiblichen Eltern weiter, ist es vorrangig als angenommenes Kind zu berücksichtigen. ²Ist ein im ersten Grad mit dem Steuerpflichtigen verwandtes Kind zugleich ein Pflegekind, ist es vorrangig als Pflegekind zu berücksichtigen.

(3) Ein Kind wird in dem Kalendermonat, in dem es lebend geboren wurde, und in jedem folgenden Kalendermonat, zu dessen Beginn es das 18. Lebensjahr noch nicht vollendet hat, berücksichtigt.

(4) ¹Ein Kind, das das 18. Lebensjahr vollendet hat, wird berücksichtigt, wenn es

1. noch nicht das 21. Lebensjahr vollendet hat, nicht in einem Beschäftigungsverhältnis steht und bei einer Agentur für Arbeit im Inland als Arbeitsuchender gemeldet ist oder

2. noch nicht das 25. Lebensjahr vollendet hat und

   a) für einen Beruf ausgebildet wird oder

   b) sich in einer Übergangszeit von höchstens vier Monaten befindet, die zwischen zwei Ausbildungsabschnitten oder zwischen einem Ausbildungsabschnitt und der Ableistung des gesetzlichen Wehr- oder Zivildienstes, einer vom Wehr- oder Zivildienst befreienden Tätigkeit als Entwicklungshelfer oder als Dienstleistender im Ausland nach § 14b des Zivildienstgesetzes oder der Ableistung eines freiwilligen Dienstes im Sinne des Buchstaben d liegt, oder

EStG – Gesetzestext § 32a

    c) eine Berufsausbildung mangels Ausbildungsplatzes nicht beginnen oder fortsetzen kann oder

    d) ein freiwilliges soziales Jahr im Sinne des Gesetzes zur Förderung eines freiwilligen sozialen Jahres, ein freiwilliges ökologisches Jahr im Sinne des Gesetzes zur Förderung eines freiwilligen ökologischen Jahres oder einen Freiwilligendienst im Sinne des Beschlusses Nr. 1031/2000/EG des Europäischen Parlaments und des Rates vom 13. April 2000 zur Einführung des gemeinschaftlichen Aktionsprogramms „Jugend" (ABl. EG Nr. L 117 S. 1) oder einen anderen Dienst im Ausland im Sinne von § 14b des Zivildienstgesetzes leistet oder

3. wegen körperlicher, geistiger oder seelischer Behinderung außerstande ist, sich selbst zu unterhalten; Voraussetzung ist, dass die Behinderung vor Vollendung des 25. Lebensjahres eingetreten ist.

[2]Nach Satz 1 Nr. 1 und 2 wird ein Kind nur berücksichtigt, wenn es Einkünfte und Bezüge, die zur Bestreitung des Unterhalts oder der Berufsausbildung bestimmt oder geeignet sind, von nicht mehr als 7680 Euro im Kalenderjahr hat. [3]Dieser Betrag ist zu kürzen, soweit es nach den Verhältnissen im Wohnsitzstaat des Kindes notwendig und angemessen ist. [4]Zu den Bezügen gehören auch steuerfreie Gewinne nach den §§ 14, 16 Abs. 4, § 17 Abs. 3 und § 18 Abs. 3, die nach § 19 Abs. 2 und § 20 Abs. 4 steuerfrei bleibenden Einkünfte sowie Sonderabschreibungen und erhöhte Absetzungen, soweit sie die höchstmöglichen Absetzungen für Abnutzung nach § 7 übersteigen. [5]Bezüge, die für besondere Ausbildungszwecke bestimmt sind, bleiben hierbei außer Ansatz; Entsprechendes gilt für Einkünfte, soweit sie für solche Zwecke verwendet werden. [6]Liegen die Voraussetzungen nach Satz 1 Nr. 1 oder 2 nur in einem Teil des Kalendermonats vor, sind Einkünfte und Bezüge nur insoweit anzusetzen, als sie auf diesen Teil entfallen. [7]Für jeden Kalendermonat, in dem die Voraussetzungen nach Satz 1 Nr. 1 oder 2 an keinem Tag vorliegen, ermäßigt sich der Betrag nach Satz 2 oder 3 um ein Zwölftel. [8]Einkünfte und Bezüge des Kindes, die auf diese Kalendermonate entfallen, bleiben außer Ansatz. [9]Ein Verzicht auf Teile der zustehenden Einkünfte und Bezüge steht der Anwendung der Sätze 2, 3 und 7 nicht entgegen. [10]Nicht auf Euro lautende Beträge sind entsprechend dem für Ende September des Jahres vor dem Veranlagungszeitraum von der Europäischen Zentralbank bekannt gegebenen Referenzkurs umzurechnen.

(5) [1]In den Fällen des Absatzes 4 Satz 1 Nr. 1 oder Nr. 2 Buchstabe a und b wird ein Kind, das

1. den gesetzlichen Grundwehrdienst oder Zivildienst geleistet hat, oder

2. sich an Stelle des gesetzlichen Grundwehrdienstes freiwillig für die Dauer von nicht mehr als drei Jahren zum Wehrdienst verpflichtet hat, oder

3. eine vom gesetzlichen Grundwehrdienst oder Zivildienst befreiende Tätigkeit als Entwicklungshelfer im Sinne des § 1 Abs. 1 des Entwicklungshelfer-Gesetzes ausgeübt hat,

für einen der Dauer dieser Dienste oder der Tätigkeit entsprechenden Zeitraum, höchstens für die Dauer des inländischen gesetzlichen Grundwehrdienstes oder bei anerkannten Kriegsdienstverweigerern für die Dauer des inländischen gesetzlichen Zivildienstes über das 21. oder 25. Lebensjahr hinaus berücksichtigt. [2]Wird der gesetzliche Grundwehrdienst oder Zivildienst in einem Mitgliedstaat der Europäischen Union oder einem Staat, auf den das Abkommen über den Europäischen Wirtschaftsraum Anwendung findet, geleistet, so ist die Dauer dieses Dienstes maßgebend. [3]Absatz 4 Satz 2 bis 10 gilt entsprechend.

(6) [1]Bei der Veranlagung zur Einkommensteuer wird für jedes zu berücksichtigende Kind des Steuerpflichtigen ein Freibetrag von 1824 Euro für das sächliche Existenzminimum des Kindes (Kinderfreibetrag) sowie ein Freibetrag von 1080 Euro für den Betreuungs- und Erziehungs- oder Ausbildungsbedarf des Kindes vom Einkommen abgezogen. [2]Bei Ehegatten, die nach den §§ 26, 26b zusammen zur Einkommensteuer veranlagt werden, verdoppeln sich die Beträge nach Satz 1, wenn das Kind zu beiden Ehegatten in einem Kindschaftsverhältnis steht. [3]Die Beträge nach Satz 2 stehen dem Steuerpflichtigen auch dann zu, wenn

1. der andere Elternteil verstorben oder nicht unbeschränkt einkommensteuerpflichtig ist oder

2. der Steuerpflichtige allein das Kind angenommen hat oder das Kind nur zu ihm in einem Pflegekindschaftsverhältnis steht.

[4]Für ein nicht nach § 1 Abs. 1 oder 2 unbeschränkt einkommensteuerpflichtiges Kind können die Beträge nach den Sätzen 1 bis 3 nur abgezogen werden, soweit sie nach den Verhältnissen seines Wohnsitzstaates notwendig und angemessen sind. [5]Für jeden Kalendermonat, in dem die Voraussetzungen für einen Freibetrag nach den Sätzen 1 bis 4 nicht vorliegen, ermäßigen sich die dort genannten Beträge um ein Zwölftel. [6]Abweichend von Satz 1 wird bei einem unbeschränkt einkommensteuerpflichtigen Elternpaar, bei dem die Voraussetzungen des § 26 Abs. 1 Satz 1 nicht vorliegen, auf Antrag eines Elternteils der dem anderen Elternteil zustehende Kinderfreibetrag auf ihn übertragen, wenn er, nicht jedoch der andere Elternteil seiner Unterhaltspflicht gegenüber dem Kind für das Kalenderjahr im Wesentlichen nachkommt; bei minderjährigen Kindern wird der dem Elternteil, in dessen Wohnung das Kind nicht gemeldet ist, zustehende Freibetrag für den Betreuungs- und Erziehungs- oder Ausbildungsbedarf auf Antrag des anderen Elternteils auf diesen übertragen. [7]Die den Eltern nach den Sätzen 1 bis 6 zustehenden Freibeträge können auf Antrag auch auf einen Stiefelternteil oder Großelternteil übertragen werden, wenn dieser das Kind in seinen Haushalt aufgenommen hat; dies kann auch mit Zustimmung des berechtigten Elternteils geschehen, die nur für künftige Kalenderjahre widerrufen werden kann.

§ 32a
Einkommensteuertarif

(1) [1]Die tarifliche Einkommensteuer bemisst sich nach dem zu versteuernden Einkommen. [2]Sie beträgt vorbehaltlich der §§ 32b, 34, 34b und 34c jeweils in Euro für zu versteuernde Einkommen

1. bis 7664 Euro (Grundfreibetrag):
   0;

2. von 7665 Euro bis 12 739 Euro:
   $(883{,}74 \cdot y + 1500) \cdot y$;

3. von 12 740 Euro bis 52 151 Euro:
   $(228{,}74 \cdot z + 2397) \cdot z + 989$;

4. von 52 152 Euro bis 250 000 Euro:
   $0{,}42 \cdot x - 7914$;

5. von 250 001 Euro an:
   $0{,}45 \cdot x - 15\,414$.

„y" ist ein Zehntausendstel des 7664 Euro übersteigenden Teils des auf einen vollen Euro-Betrag abgerundeten zu versteuernden Einkommens. [3]„z" ist ein Zehntausendstel des 12 739 Euro übersteigenden Teils des auf einen vollen Euro-Betrag abgerundeten zu versteuernden Einkommens. [4]„x" ist das auf einen vollen Euro-Betrag abgerundete zu versteuernde Einkommen. [5]Der sich ergebende Steuerbetrag ist auf den nächsten vollen Euro-Betrag abzurunden.

(2) – weggefallen –

(3) – weggefallen –

(4) – weggefallen –

(5) Bei Ehegatten, die nach den §§ 26, 26b zusammen zur Einkommensteuer veranlagt werden, beträgt die tarifliche Einkommensteuer vorbehaltlich der §§ 32b, 34, 34b und 34c das Zweifache des Steuerbetrags, der sich für die Hälfte ihres gemeinsam zu versteuernden Einkommens nach Absatz 1 ergibt (Splitting-Verfahren).

(6) [1]Das Verfahren nach Absatz 5 ist auch anzuwenden zur Berechnung der tariflichen Einkommensteuer für das zu versteuernde Einkommen

1. bei einem verwitweten Steuerpflichtigen für den Veranlagungszeitraum, der dem Kalenderjahr folgt, in dem der Ehegatte verstorben ist, wenn der Steuerpflichtige und sein verstorbener Ehegatte im Zeitpunkt seines Todes die Voraussetzungen des § 26 Abs. 1 Satz 1 erfüllt haben;

2. bei einem Steuerpflichtigen, dessen Ehe in dem Kalenderjahr, in dem er sein Einkommen bezogen hat, aufgelöst worden ist, wenn in diesem Kalenderjahr

   a) der Steuerpflichtige und sein bisheriger Ehegatte die Voraussetzungen des § 26 Abs. 1 Satz 1 erfüllt haben,

b) der bisherige Ehegatte wieder geheiratet hat und

c) der bisherige Ehegatte und dessen neuer Ehegatte ebenfalls die Voraussetzungen des § 26 Abs. 1 Satz 1 erfüllen.

²Dies gilt nicht, wenn eine Ehe durch Tod aufgelöst worden ist und die Ehegatten der neuen Ehe die besondere Veranlagung nach § 26c wählen.

²Voraussetzung für die Anwendung des Satzes 1 ist, dass der Steuerpflichtige nicht nach den §§ 26, 26a getrennt zur Einkommensteuer veranlagt wird.

§ 32b
Progressionsvorbehalt

(1) Hat ein zeitweise oder während des gesamten Veranlagungszeitraums unbeschränkt Steuerpflichtiger oder ein beschränkt Steuerpflichtiger, auf den § 50 Abs. 5 Satz 2 Nr. 2 Anwendung findet,

1. a) Arbeitslosengeld, Teilarbeitslosengeld, Zuschüsse zum Arbeitsentgelt, Kurzarbeitergeld, Winterausfallgeld, Insolvenzgeld, Arbeitslosenhilfe, Übergangsgeld, Altersübergangsgeld, Altersübergangsgeld-Ausgleichsbetrag, Unterhaltsgeld als Zuschuss, Eingliederungshilfe nach dem Dritten Buch Sozialgesetzbuch oder dem Arbeitsförderungsgesetz, das aus dem Europäischen Sozialfonds finanzierte Unterhaltsgeld sowie Leistungen nach § 10 des Dritten Buches Sozialgesetzbuch, die dem Lebensunterhalt dienen; Insolvenzgeld, das nach § 188 Abs. 1 des Dritten Buches Sozialgesetzbuch einem Dritten zusteht, ist dem Arbeitnehmer zuzurechnen,

   b) Krankengeld, Mutterschaftsgeld, Verletztengeld, Übergangsgeld oder vergleichbare Lohnersatzleistungen nach dem Fünften, Sechsten oder Siebten Buch Sozialgesetzbuch, dem Gesetz über die Krankenversicherung der Landwirte oder dem Zweiten Gesetz über die Krankenversicherung der Landwirte,

   c) Mutterschaftsgeld, Zuschuss zum Mutterschaftsgeld, die Sonderunterstützung nach dem Mutterschutzgesetz sowie den Zuschuss nach § 4a der Mutterschutzverordnung oder einer entsprechenden Landesregelung,

   d) Arbeitslosenbeihilfe oder Arbeitslosenhilfe nach dem Soldatenversorgungsgesetz,

   e) Entschädigungen für Verdienstausfall nach dem Infektionsschutzgesetz vom 20. Juli 2000 (BGBl. I S. 1045),

   f) Versorgungskrankengeld oder Übergangsgeld nach dem Bundesversorgungsgesetz,

   g) nach § 3 Nr. 28 steuerfreie Aufstockungsbeträge oder Zuschläge,

   h) Verdienstausfallentschädigung nach dem Unterhaltssicherungsgesetz,

   i) Vorruhestandsgeld nach der Verordnung über die Gewährung von Vorruhestandsgeld vom 8. Februar 1990 (GBl. I Nr. 7 S. 42), die nach Anlage II Kapitel VIII Sachgebiet E Abschnitt III Nr. 5 des Einigungsvertrages vom 31. August 1990 in Verbindung mit Artikel 1 des Gesetzes vom 23. September 1990 (BGBl. 1990 II S. 885, 1209) mit Änderungen und Maßgaben fortgilt,

   j) Elterngeld nach dem Bundeselterngeld- und Elternzeitgesetz oder

2. ausländische Einkünfte, die im Veranlagungszeitraum nicht der deutschen Einkommensteuer unterlegen haben; dies gilt nur für Fälle der zeitweisen unbeschränkten Steuerpflicht einschließlich der in § 2 Abs. 7 Satz 3 geregelten Fälle; ausgenommen sind Einkünfte, die nach einem sonstigen zwischenstaatlichen Übereinkommen im Sinne der Nummer 4 steuerfrei sind und die nach diesem Übereinkommen nicht unter dem Vorbehalt der Einbeziehung bei der Berechnung der Einkommensteuer stehen,

3. Einkünfte, die nach einem Abkommen zur Vermeidung der Doppelbesteuerung steuerfrei sind,

4. Einkünfte, die nach einem sonstigen zwischenstaatlichen Übereinkommen unter dem Vorbehalt der Einbeziehung bei der Berechnung der Einkommensteuer steuerfrei sind,

5. Einkünfte, die bei Anwendung von § 1 Abs. 3 oder § 1a oder § 50 Abs. 5 Satz 2 Nr. 2 im Veranlagungszeitraum bei der Ermittlung des zu versteuernden Einkommens unberücksichtigt bleiben, weil sie nicht der deutschen Einkommensteuer oder einem Steuerabzug unterliegen, wenn deren Summe positiv ist; ausgenommen sind Einkünfte, die nach einem sonstigen zwischenstaatlichen Übereinkommen im Sinne der Nummer 4 steuerfrei sind und die nach diesem Übereinkommen nicht unter dem Vorbehalt der Einbeziehung bei der Berechnung der Einkommensteuer stehen,

bezogen, so ist auf das nach § 32a Abs. 1 zu versteuernde Einkommen ein besonderer Steuersatz anzuwenden.

(1a) Als unmittelbar von einem unbeschränkt Steuerpflichtigen bezogene ausländische Einkünfte im Sinne des Absatzes 1 Nr. 3 gelten auch die ausländischen Einkünfte, die eine Organgesellschaft im Sinne des § 14 oder des § 17 des Körperschaftsteuergesetzes bezogen hat und die nach einem Abkommen zur Vermeidung der Doppelbesteuerung steuerfrei sind, in dem Verhältnis, in dem dem unbeschränkt Steuerpflichtigen das Einkommen der Organgesellschaft bezogen auf das gesamte Einkommen der Organgesellschaft im Veranlagungszeitraum zugerechnet wird.

(2) ¹Der besondere Steuersatz nach Absatz 1 ist der Steuersatz, der sich ergibt, wenn bei der Berechnung der Einkommensteuer das nach § 32a Abs. 1 zu versteuernde Einkommen vermehrt oder vermindert wird um

1. im Fall des Absatzes 1 Nr. 1 die Summe der Leistungen nach Abzug des Arbeitnehmer-Pauschbetrags (§ 9a Satz 1 Nr. 1), soweit er nicht bei der Ermittlung der Einkünfte aus nichtselbständiger Arbeit abziehbar ist;

2. im Fall des Absatzes 1 Nr. 2 bis 5 die dort bezeichneten Einkünfte, wobei die darin enthaltenen außerordentlichen Einkünfte mit einem Fünftel zu berücksichtigen sind. ²Bei der Ermittlung der Einkünfte im Fall des Absatzes 1 Nr. 2 bis 5

   a) ist der Arbeitnehmer-Pauschbetrag (§ 9a Satz 1 Nr. 1 Buchstabe a) abzuziehen, soweit er nicht bei der Ermittlung der Einkünfte aus nichtselbständiger Arbeit abziehbar ist;

   b) sind Werbungskosten nur insoweit abzuziehen, als sie zusammen mit den bei der Ermittlung der Einkünfte aus nichtselbständiger Arbeit abziehbaren Werbungskosten den Arbeitnehmer-Pauschbetrag (§ 9a Satz 1 Nr. 1 Buchstabe a) übersteigen.

²Ist der für die Berechnung des besonderen Steuersatzes maßgebende Betrag höher als 250 000 Euro und sind im zu versteuernden Einkommen Einkünfte im Sinne des § 2 Abs. 1 Satz 1 Nr. 1 bis 3 enthalten, ist für den Anteil dieser Einkünfte am zu versteuernden Einkommen der Steuersatz im Sinne des Satzes 1 nach § 32a mit der Maßgabe zu berechnen, dass in Absatz 1 Satz 2 die Angabe „§ 32b" und die Nummer 5 entfallen sowie die Nummer 4 in folgender Fassung anzuwenden ist:

„4. von 52 152 Euro an: 0,42 • x – 7.914."

³Für die Bemessung des Anteils im Sinne des Satzes 2 gilt § 32c Abs. 1 Satz 2 und 3 entsprechend.

(3) ¹Die Träger der Sozialleistungen im Sinne des Absatzes 1 Nr. 1 haben bei Einstellung der Leistung oder spätestens am Ende des jeweiligen Kalenderjahres dem Empfänger die Dauer des Leistungszeitraums sowie Art und Höhe der während des Kalenderjahres gezahlten Leistungen mit Ausnahme des Insolvenzgeldes zu bescheinigen. ²In der Bescheinigung ist der Empfänger auf die steuerliche Behandlung dieser Leistungen und seine Steuererklärungspflicht hinzuweisen.

(4) ¹Die Bundesagentur für Arbeit hat die Daten über das im Kalenderjahr gewährte Insolvenzgeld für jeden Empfänger bis zum 28. Februar des Folgejahres nach amtlich vorgeschriebenem Datensatz durch Datenfernübertragung an die amtlich bestimmte Übermittlungsstelle zu übermitteln; § 41b Abs. 2 gilt entsprechend. ²Der Arbeitnehmer ist entsprechend zu informieren und auf die steuerliche Behandlung des Insolvenzgeldes und seine Steuererklärungspflicht hinzuweisen. ³In den Fällen des § 188 Abs. 1 des Dritten Buches Sozialgesetzbuch ist Empfänger des an Dritte ausgezahlten Insolvenzgeldes der Arbeitnehmer, der seinen Arbeitsentgeltanspruch übertragen hat.

§ 32c
Tarifbegrenzung bei Gewinneinkünften

(1) ¹Sind in dem zu versteuernden Einkommen Einkünfte im Sinne des § 2 Abs. 1 Nr. 1 bis 3 (Gewinneinkünfte) enthalten, ist von der tariflichen Einkommensteuer nach § 32a ein Entlastungsbetrag für den Anteil dieser Einkünfte am zu versteuernden Einkommen abzuziehen. ²Dieser Anteil bemisst sich nach dem Verhältnis der Gewinneinkünfte zur Summe der Einkünfte. ³Er beträgt höchstens 100 Prozent. ⁴Einkünfte, die nach den §§ 34, 34b ermäßigt besteuert werden, gelten nicht als Gewinneinkünfte im Sinne der Sätze 1 und 2.

(2) ¹Zur Ermittlung des Entlastungsbetrags im Sinne des Absatzes 1 wird der nach Absatz 1 Satz 2 ermittelte Anteilssatz auf den Teil des zu versteuernden Einkommens angewandt, der 250 000 Euro übersteigt. ²Der Entlastungsbetrag beträgt 3 Prozent dieses Betrags. ³Der Entlastungsbetrag ist auf den nächsten vollen Euro-Betrag aufzurunden.

(3) ¹Bei Ehegatten, die zusammen zur Einkommensteuer veranlagt werden, beträgt der Entlastungsbetrag das Zweifache des Entlastungsbetrags, der sich für die Hälfte ihres gemeinsam zu versteuernden Einkommens nach den Absätzen 1 und 2 ergibt. ²Die Ehegatten sind bei der Verhältnisrechnung nach Absatz 1 Satz 2 gemeinsam als Steuerpflichtiger zu behandeln. ³Satz 1 gilt entsprechend bei Steuerpflichtigen, deren Einkommensteuer nach § 32a Abs. 6 zu ermitteln ist.

(4) Die Absätze 1 bis 3 sind nicht anzuwenden, wenn der Steuersatz nach § 32b zu ermitteln ist.

§ 33
Außergewöhnliche Belastungen

(1) Erwachsen einem Steuerpflichtigen zwangsläufig größere Aufwendungen als der überwiegenden Mehrzahl der Steuerpflichtigen gleicher Einkommensverhältnisse, gleicher Vermögensverhältnisse und gleichen Familienstands (außergewöhnliche Belastung), so wird auf Antrag die Einkommensteuer dadurch ermäßigt, dass der Teil der Aufwendungen, der die dem Steuerpflichtigen zumutbare Belastung (Absatz 3) übersteigt, vom Gesamtbetrag der Einkünfte abgezogen wird.

(2) ¹Aufwendungen erwachsen dem Steuerpflichtigen zwangsläufig, wenn er sich ihnen aus rechtlichen, tatsächlichen oder sittlichen Gründen nicht entziehen kann und soweit die Aufwendungen den Umständen nach notwendig sind und einen angemessenen Betrag nicht übersteigen. ²Aufwendungen, die zu den Betriebsausgaben, Werbungskosten oder Sonderausgaben gehören oder unter § 4f oder § 9 Abs. 5 fallen, bleiben dabei außer Betracht; das gilt für Aufwendungen im Sinne des § 10 Abs. 1 Nr. 7 und 9 nur insoweit, als sie als Sonderausgaben abgezogen werden können. ³Aufwendungen, die durch Diätverpflegung entstehen, können nicht als außergewöhnliche Belastung berücksichtigt werden.

(3) ¹Die zumutbare Belastung beträgt

bei einem Gesamtbetrag der Einkünfte	bis 15 340 EUR	über 15 340 EUR bis 51 130 EUR	über 51 130 EUR
1. bei Steuerpflichtigen, die keine Kinder haben und bei denen die Einkommensteuer			
a) nach § 32a Abs. 1,	5	6	7
b) nach § 32a Abs. 5 oder 6 (Splitting-Verfahren)	4	5	6
zu berechnen ist;			
2. bei Steuerpflichtigen mit			
a) einem Kind oder zwei Kindern,	2	3	4
b) drei oder mehr Kindern	1	1	2
	Prozent des Gesamtbetrags der Einkünfte.		

²Als Kinder des Steuerpflichtigen zählen die, für die er Anspruch auf einen Freibetrag nach § 32 Abs. 6 oder auf Kindergeld hat.

§ 33a
Außergewöhnliche Belastung in besonderen Fällen

(1) ¹Erwachsen einem Steuerpflichtigen Aufwendungen für den Unterhalt und eine etwaige Berufsausbildung einer dem Steuerpflichtigen oder seinem Ehegatten gegenüber gesetzlich unterhaltsberechtigten Person, so wird auf Antrag die Einkommensteuer dadurch ermäßigt, dass die Aufwendungen bis zu 7680 Euro im Kalenderjahr vom Gesamtbetrag der Einkünfte abgezogen werden. ²Der gesetzlich unterhaltsberechtigten Person gleichgestellt ist eine Person, wenn bei ihr zum Unterhalt bestimmte inländische öffentliche Mittel mit Rücksicht auf die Unterhaltsleistungen des Steuerpflichtigen gekürzt werden. ³Voraussetzung ist, dass weder der Steuerpflichtige noch eine andere Person Anspruch auf einen Freibetrag nach § 32 Abs. 6 oder auf Kindergeld für die unterhaltene Person hat und die unterhaltene Person kein oder nur ein geringes Vermögen besitzt. ⁴Hat die unterhaltene Person andere Einkünfte oder Bezüge im Sinne des § 32 Abs. 4 Satz 2 und 4, so vermindert sich der Betrag von 7680 Euro um den Betrag, um den diese Einkünfte und Bezüge den Betrag von 624 Euro im Kalenderjahr übersteigen, sowie um die von der unterhaltenen Person als Ausbildungshilfe aus öffentlichen Mitteln oder von Förderungseinrichtungen, die hierfür öffentliche Mittel erhalten, bezogenen Zuschüsse. ⁵Ist die unterhaltene Person nicht unbeschränkt einkommensteuerpflichtig, so können die Aufwendungen nur abgezogen werden, soweit sie nach den Verhältnissen des Wohnsitzstaates der unterhaltenen Person notwendig und angemessen sind, höchstens jedoch der Betrag, der sich nach den Sätzen 1 bis 4 ergibt; ob der Steuerpflichtige zum Unterhalt gesetzlich verpflichtet ist, ist nach inländischen Maßstäben zu beurteilen. ⁶Werden die Aufwendungen für eine unterhaltene Person von mehreren Steuerpflichtigen getragen, so wird bei jedem der Teil des sich hiernach ergebenden Betrags abgezogen, der seinem Anteil am Gesamtbetrag der Leistungen entspricht.

(2) ¹Zur Abgeltung des Sonderbedarfs eines sich in Berufsausbildung befindenden, auswärtig untergebrachten, volljährigen Kindes, für das Anspruch auf einen Freibetrag nach § 32 Abs. 6 oder Kindergeld besteht, kann der Steuerpflichtige einen Freibetrag in Höhe von 924 Euro je Kalenderjahr vom Gesamtbetrag der Einkünfte abziehen. ²Dieser Freibetrag vermindert sich um die eigenen Einkünfte und Bezüge im Sinne des § 32 Abs. 4 Satz 2 und 4 des Kindes, soweit diese 1848 Euro im Kalenderjahr übersteigen, sowie um die von dem Kind als Ausbildungshilfe aus öffentlichen Mitteln oder von Förderungseinrichtungen, die hierfür öffentliche Mittel erhalten, bezogenen Zuschüsse. ³Für ein nicht unbeschränkt einkommensteuerpflichtiges Kind mindern sich die vorstehenden Beträge nach Maßgabe des Absatzes 1 Satz 5. ⁴Erfüllen mehrere Steuerpflichtige für dasselbe Kind die Voraussetzungen nach Satz 1, so kann der Freibetrag insgesamt nur einmal abgezogen werden. ⁵Jedem Elternteil steht grundsätzlich die Hälfte des Abzugsbetrags nach den Sätzen 1 bis 3 zu. ⁶Auf gemeinsamen Antrag der Eltern ist eine andere Aufteilung möglich.

(3) ¹Erwachsen einem Steuerpflichtigen Aufwendungen durch die Beschäftigung einer Hilfe im Haushalt, so können sie bis zu den folgenden Höchstbeträgen vom Gesamtbetrag der Einkünfte abgezogen werden:

1. 624 Euro im Kalenderjahr, wenn

   a) der Steuerpflichtige oder sein nicht dauernd getrennt lebender Ehegatte das 60. Lebensjahr vollendet hat oder

   b) wegen Krankheit des Steuerpflichtigen oder seines nicht dauernd getrennt lebenden Ehegatten oder eines zu seinem Haushalt gehörigen Kindes, für das er oder sein nicht dauernd getrennt lebender Ehegatte Anspruch auf einen Freibetrag nach § 32 Abs. 6 oder auf Kindergeld hat, oder einer anderen zu seinem Haushalt gehörigen unterhaltenen Person, für die eine Ermäßigung nach Absatz 1 gewährt wird, die Beschäftigung einer Hilfe im Haushalt erforderlich ist,

2. 924 Euro im Kalenderjahr, wenn eine der in Nummer 1 Buchstabe b genannten Personen hilflos im Sinne des § 33b oder schwer behindert ist.

²Erwachsen einem Steuerpflichtigen wegen der Unterbringung in einem Heim oder zur dauernden Pflege Aufwendungen, die Kosten für Dienstleistungen enthalten, die mit denen einer Hilfe im Haus-

halt vergleichbar sind, so können sie bis zu den folgenden Höchstbeträgen vom Gesamtbetrag der Einkünfte abgezogen werden:
1. 624 Euro, wenn der Steuerpflichtige oder sein nicht dauernd getrennt lebender Ehegatte in einem Heim untergebracht ist, ohne pflegebedürftig zu sein,
2. 924 Euro, wenn die Unterbringung zur dauernden Pflege erfolgt.

³Die jeweiligen Höchstbeträge der Sätze 1 und 2 können auch bei Ehegatten, bei denen die Voraussetzungen des § 26 Abs. 1 vorliegen, insgesamt nur einmal abgezogen werden, es sei denn, die Ehegatten sind wegen Pflegebedürftigkeit eines der Ehegatten an einer gemeinsamen Haushaltsführung gehindert.

(4) ¹Für jeden vollen Kalendermonat, in dem die in den Absätzen 1 bis 3 bezeichneten Voraussetzungen nicht vorgelegen haben, ermäßigen sich die dort bezeichneten Beträge um je ein Zwölftel. ²Eigene Einkünfte und Bezüge der unterhaltenen Person oder des Kindes, die auf diese Kalendermonate entfallen, vermindern die nach Satz 1 ermäßigten Höchstbeträge und Freibeträge nicht. ³Als Ausbildungshilfe bezogene Zuschüsse mindern nur die zeitanteiligen Höchstbeträge und Freibeträge der Kalendermonate, für die die Zuschüsse bestimmt sind.

(5) In den Fällen der Absätze 1 bis 3 kann wegen der in diesen Vorschriften bezeichneten Aufwendungen der Steuerpflichtige eine Steuerermäßigung nach § 33 nicht in Anspruch nehmen.

§ 33b
Pauschbeträge für behinderte Menschen, Hinterbliebene und Pflegepersonen

(1) Wegen der außergewöhnlichen Belastungen, die einem behinderten Menschen unmittelbar infolge seiner Behinderung erwachsen, kann er an Stelle einer Steuerermäßigung nach § 33 einen Pauschbetrag nach Absatz 3 geltend machen (Behinderten-Pauschbetrag).

(2) Die Pauschbeträge erhalten
1. behinderte Menschen, deren Grad der Behinderung auf mindestens 50 festgestellt ist;
2. behinderte Menschen, deren Grad der Behinderung auf weniger als 50, aber mindestens auf 25 festgestellt ist, wenn
   a) dem behinderten Menschen wegen seiner Behinderung nach gesetzlichen Vorschriften Renten oder andere laufende Bezüge zustehen, und zwar auch dann, wenn das Recht auf die Bezüge ruht oder der Anspruch auf die Bezüge durch Zahlung eines Kapitals abgefunden worden ist, oder
   b) die Behinderung zu einer dauernden Einbuße der körperlichen Beweglichkeit geführt hat oder auf einer typischen Berufskrankheit beruht.

(3) ¹Die Höhe des Pauschbetrags richtet sich nach dem dauernden Grad der Behinderung. ²Als Pauschbeträge werden gewährt bei einem Grad der Behinderung

von 25 und 30	310 Euro,
von 35 und 40	430 Euro,
von 45 und 50	570 Euro,
von 55 und 60	720 Euro,
von 65 und 70	890 Euro,
von 75 und 80	1060 Euro,
von 85 und 90	1230 Euro,
von 95 und 100	1420 Euro.

³Für behinderte Menschen, die hilflos im Sinne des Absatzes 6 sind, und für Blinde erhöht sich der Pauschbetrag auf 3700 Euro.

(4) ¹Personen, denen laufende Hinterbliebenenbezüge bewilligt worden sind, erhalten auf Antrag einen Pauschbetrag von 370 Euro (Hinterbliebenen-Pauschbetrag), wenn die Hinterbliebenenbezüge geleistet werden
1. nach dem Bundesversorgungsgesetz oder einem anderen Gesetz, das die Vorschriften des Bundesversorgungsgesetzes über Hinterbliebenenbezüge für entsprechend anwendbar erklärt, oder
2. nach den Vorschriften über die gesetzliche Unfallversicherung oder
3. nach den beamtenrechtlichen Vorschriften an Hinterbliebene eines an den Folgen eines Dienstunfalls verstorbenen Beamten oder
4. nach den Vorschriften des Bundesentschädigungsgesetzes über die Entschädigung für Schäden an Leben, Körper oder Gesundheit.

²Der Pauschbetrag wird auch dann gewährt, wenn das Recht auf die Bezüge ruht oder der Anspruch auf die Bezüge durch Zahlung eines Kapitals abgefunden worden ist.

(5) ¹Steht der Behinderten-Pauschbetrag oder der Hinterbliebenen-Pauschbetrag einem Kind zu, für das der Steuerpflichtige Anspruch auf einen Freibetrag nach § 32 Abs. 6 oder auf Kindergeld hat, so wird der Pauschbetrag auf Antrag auf den Steuerpflichtigen übertragen, wenn ihn das Kind nicht in Anspruch nimmt. ²Dabei ist der Pauschbetrag grundsätzlich auf beide Elternteile je zur Hälfte aufzuteilen. ³Auf gemeinsamen Antrag der Eltern ist eine andere Aufteilung möglich. ⁴In diesen Fällen besteht für Aufwendungen, für die der Behinderten-Pauschbetrag gilt, kein Anspruch auf eine Steuerermäßigung nach § 33.

(6) ¹Wegen der außergewöhnlichen Belastungen, die einem Steuerpflichtigen durch die Pflege einer Person erwachsen, die nicht nur vorübergehend hilflos ist, kann er an Stelle einer Steuerermäßigung nach § 33 einen Pauschbetrag von 924 Euro im Kalenderjahr geltend machen (Pflege-Pauschbetrag), wenn er dafür keine Einnahmen erhält. ²Zu diesen Einnahmen zählt unabhängig von der Verwendung nicht das von den Eltern eines behinderten Kindes für dieses Kind empfangene Pflegegeld. ³Hilflos im Sinne des Satzes 1 ist eine Person, wenn sie für eine Reihe von häufig und regelmäßig wiederkehrenden Verrichtungen zur Sicherung ihrer persönlichen Existenz im Ablauf eines jeden Tages fremder Hilfe dauernd bedarf. ⁴Diese Voraussetzungen sind auch erfüllt, wenn die Hilfe in Form einer Überwachung oder einer Anleitung zu den in Satz 3 genannten Verrichtungen erforderlich ist oder wenn die Hilfe zwar nicht dauernd geleistet werden muss, jedoch eine ständige Bereitschaft zur Hilfeleistung erforderlich ist. ⁵Voraussetzung ist, dass der Steuerpflichtige die Pflege im Inland entweder in seiner Wohnung oder in der Wohnung des Pflegebedürftigen persönlich durchführt. ⁶Wird ein Pflegebedürftiger von mehreren Steuerpflichtigen im Veranlagungszeitraum gepflegt, wird der Pauschbetrag nach der Zahl der Pflegepersonen, bei denen die Voraussetzungen der Sätze 1 bis 5 vorliegen, geteilt.

(7) Die Bundesregierung wird ermächtigt, durch Rechtsverordnung mit Zustimmung des Bundesrates zu bestimmen, wie nachzuweisen ist, dass die Voraussetzungen für die Inanspruchnahme der Pauschbeträge vorliegen.

§ 33c
– weggefallen –

§ 34
Außerordentliche Einkünfte

(1) ¹Sind in dem zu versteuernden Einkommen außerordentliche Einkünfte enthalten, so ist die auf alle im Veranlagungszeitraum bezogenen außerordentlichen Einkünfte entfallende Einkommensteuer nach den Sätzen 2 bis 4 zu berechnen. ²Die für die außerordentlichen Einkünfte anzusetzende Einkommensteuer beträgt das Fünffache des Unterschiedsbetrags zwischen der Einkommensteuer für das um diese Einkünfte verminderte zu versteuernde Einkommen (verbleibendes zu versteuerndes Einkommen) und der Einkommensteuer für das verbleibende zu versteuernde Einkommen zuzüglich eines Fünftels dieser Einkünfte. ³Ist das verbleibende zu versteuernde Einkommen negativ und das zu versteuernde Einkommen positiv, so beträgt die Einkommensteuer das Fünffache der auf ein Fünftel des zu versteuernden Einkommens entfallenden Einkommensteuer. ⁴Die Sätze 1 bis 3 gelten nicht für außerordentliche Einkünfte im Sinne des Absatzes 2 Nr. 1, wenn der Steuerpflichtige auf diese Einkünfte ganz oder teilweise § 6b oder § 6c anwendet.

(2) Als außerordentliche Einkünfte kommen nur in Betracht:
1. Veräußerungsgewinne im Sinne der §§ 14, 14a Abs. 1, der §§ 16 und 18 Abs. 3 mit Ausnahme des steuerpflichtigen Teils der Veräußerungsgewinne, die nach § 3 Nr. 40 Buchstabe b in Verbindung mit § 3c Abs. 2 teilweise steuerbefreit sind;

2. Entschädigungen im Sinne des § 24 Nr. 1;
3. Nutzungsvergütungen und Zinsen im Sinne des § 24 Nr. 3, soweit sie für einen Zeitraum von mehr als drei Jahren nachgezahlt werden;
4. Vergütungen für mehrjährige Tätigkeiten; mehrjährig ist eine Tätigkeit, soweit sie sich über mindestens zwei Veranlagungszeiträume erstreckt und einen Zeitraum von mehr als zwölf Monaten umfasst;
5. Einkünfte aus außerordentlichen Holznutzungen im Sinne des § 34b Abs. 1 Nr. 1.

(3) ¹Sind in dem zu versteuernden Einkommen außerordentliche Einkünfte im Sinne des Absatzes 2 Nr. 1 enthalten, so kann auf Antrag abweichend von Absatz 1 die auf den Teil dieser außerordentlichen Einkünfte, der den Betrag von insgesamt 5 Millionen Euro nicht übersteigt, entfallende Einkommensteuer nach einem ermäßigten Steuersatz bemessen werden, wenn der Steuerpflichtige das 55. Lebensjahr vollendet hat oder wenn er im sozialversicherungsrechtlichen Sinne dauernd berufsunfähig ist. ²Der ermäßigte Steuersatz beträgt 56 Prozent des durchschnittlichen Steuersatzes, der sich ergäbe, wenn die tarifliche Einkommensteuer nach dem gesamten zu versteuernden Einkommen zuzüglich der dem Progressionsvorbehalt unterliegenden Einkünfte zu bemessen wäre, mindestens jedoch 15 Prozent. ³Auf das um die in Satz 1 genannten Einkünfte verminderte zu versteuernde Einkommen (verbleibendes zu versteuerndes Einkommen) sind vorbehaltlich des Absatzes 1 die allgemeinen Tarifvorschriften anzuwenden. ⁴Die Ermäßigung nach den Sätzen 1 bis 3 kann der Steuerpflichtige nur einmal im Leben in Anspruch nehmen. ⁵Erzielt der Steuerpflichtige in einem Veranlagungszeitraum mehr als einen Veräußerungs- oder Aufgabegewinn im Sinne des Satzes 1, kann er die Ermäßigung nach den Sätzen 1 bis 3 nur für einen Veräußerungs- oder Aufgabegewinn beantragen. ⁶Absatz 1 Satz 4 ist entsprechend anzuwenden.

§ 34a

– weggefallen –

§ 34b
Außerordentliche Einkünfte aus Forstwirtschaft

(1) Außerordentliche Einkünfte aus Forstwirtschaft sind:
1. Gewinne aus Land- und Forstwirtschaft, die aus außerordentlichen Holznutzungen entstanden sind. ²Das sind Nutzungen, die außerhalb des festgesetzten Nutzungssatzes (Absatz 4 Nr. 1) anfallen, wenn sie aus wirtschaftlichen Gründen erfolgt sind. ³Bei der Bemessung ist die außerordentliche Nutzung des laufenden Wirtschaftsjahres um die in den letzten drei Wirtschaftsjahren eingesparten Nutzungen (nachgeholte Nutzungen) zu kürzen. ⁴Außerordentliche Nutzungen und nachgeholte Nutzungen liegen nur insoweit vor, als die um die Holznutzungen infolge höherer Gewalt (Nummer 2) verminderte Gesamtnutzung den Nutzungssatz übersteigt;
2. Gewinne aus Land- und Forstwirtschaft, die aus Holznutzungen infolge höherer Gewalt (Kalamitätsnutzungen) entstanden sind. ²Das sind Nutzungen, die durch Eis-, Schnee-, Windbruch oder Windwurf, Erdbeben, Bergrutsch, Insektenfraß, Brand oder ein anderes Naturereignis, das in seinen Folgen den angeführten Ereignissen gleichkommt, verursacht werden. ³Zu diesen rechnen nicht die Schäden, die in der Forstwirtschaft regelmäßig entstehen.

(2) Bei der Ermittlung der außerordentlichen Einkünfte aus Forstwirtschaft sind
1. die persönlichen und sachlichen Verwaltungskosten, Grundsteuer und Zwangsbeiträge, soweit sie zu den festen Betriebsausgaben gehören, bei den Einnahmen aus ordentlichen Holznutzungen und Holznutzungen infolge höherer Gewalt, die innerhalb des Nutzungssatzes (Absatz 4 Nr. 1) anfallen, zu berücksichtigen. ²Sie sind entsprechend der Höhe der Einnahmen aus den bezeichneten Holznutzungen auf diese zu verteilen;
2. die anderen Betriebsausgaben entsprechend der Höhe der Einnahmen aus allen Holznutzungsarten auf diese zu verteilen.

(3) ¹Die Einkommensteuer bemisst sich bei Einkünften aus Kalamitätsnutzungen,
1. soweit sie den Nutzungssatz (Absatz 4 Nr. 1) übersteigen, nach der Hälfte des durchschnittlichen Steuersatzes, der sich ergäbe, wenn die tarifliche Einkommensteuer nach dem gesamten zu versteuernden Einkommen zuzüglich der dem Progressionsvorbehalt unterliegenden Einkünfte zu bemessen wäre;
2. soweit sie den doppelten Nutzungssatz übersteigen, nach dem halben Steuersatz der Nummer 1.

²Treffen verschiedene Holznutzungsarten innerhalb eines Wirtschaftsjahres zusammen, sind diese auf die Kalamitätsnutzungen und auf die übrigen Holznutzungen aufzuteilen. ³Sind die übrigen Holznutzungen nicht geringer als der Nutzungssatz, sind die ermäßigten Steuersätze des Satzes 1 Nr. 1 und 2 auf die gesamten Kalamitätsnutzungen anzuwenden. ⁴Sind die übrigen Holznutzungen geringer als der Nutzungssatz, ergibt sich ein Restbetrag, um den die Kalamitätsnutzungen zu mindern sind. ⁵Die ermäßigten Steuersätze des Satzes 1 Nr. 1 und 2 finden in diesem Fall nur Anwendung auf die Einkünfte aus den geminderten Kalamitätsnutzungen.

(4) Außerordentliche Einkünfte aus Forstwirtschaft sind nur unter den folgenden Voraussetzungen anzuerkennen:
1. ¹Auf Grund eines amtlich anerkannten Betriebsgutachtens oder durch ein Betriebswerk muss periodisch für zehn Jahre ein Nutzungssatz festgesetzt sein. ²Dieser muss den Nutzungen entsprechen, die unter Berücksichtigung der vollen Ertragsfähigkeit des Waldes in Festmetern nachhaltig erzielbar sind;
2. die in einem Wirtschaftsjahr erzielten verschiedenen Nutzungen müssen mengenmäßig nachgewiesen werden;
3. Schäden infolge höherer Gewalt müssen unverzüglich nach Feststellung des Schadensfalls dem zuständigen Finanzamt mitgeteilt werden.

V. Steuerermäßigungen

1. Steuerermäßigung bei ausländischen Einkünften

§ 34c

(1) ¹Bei unbeschränkt Steuerpflichtigen, die mit ausländischen Einkünften in dem Staat, aus dem die Einkünfte stammen, zu einer der deutschen Einkommensteuer entsprechenden Steuer herangezogen werden, ist die festgesetzte und gezahlte und um einen entstandenen Ermäßigungsanspruch gekürzte ausländische Steuer auf die deutsche Einkommensteuer anzurechnen, die auf die Einkünfte aus diesem Staat entfällt. ²Die auf diese ausländischen Einkünfte entfallende deutsche Einkommensteuer ist in der Weise zu ermitteln, dass die sich bei der Veranlagung des zu versteuernden Einkommens – einschließlich der ausländischen Einkünfte – nach den §§ 32a, 32b, 32c, 34 und 34b ergebende deutsche Einkommensteuer im Verhältnis dieser ausländischen Einkünfte zur Summe der Einkünfte aufgeteilt wird. ³Bei der Ermittlung der ausländischen Einkünfte sind die ausländischen Einkünfte nicht zu berücksichtigen, die in dem Staat, aus dem sie stammen, nach dessen Recht nicht besteuert werden. ⁴Gehören ausländische Einkünfte der in § 34d Nr. 3, 4, 6, 7 und 8 Buchstabe c genannten Art zum Gewinn eines inländischen Betriebes, sind bei ihrer Ermittlung Betriebsausgaben und Betriebsvermögensminderungen abzuziehen, die mit den diesen Einkünften zugrunde liegenden Einnahmen in wirtschaftlichem Zusammenhang stehen. ⁵Die ausländischen Steuern sind nur insoweit anzurechnen, als sie auf die im Veranlagungszeitraum bezogenen Einkünfte entfallen.

(2) Statt der Anrechnung (Absatz 1) ist die ausländische Steuer auf Antrag bei der Ermittlung der Einkünfte abzuziehen, soweit sie auf ausländische Einkünfte entfällt, die nicht steuerfrei sind.

(3) Bei unbeschränkt Steuerpflichtigen, bei denen eine ausländische Steuer vom Einkommen nach Absatz 1 nicht angerechnet werden kann, weil die Steuer nicht der deutschen Einkommensteuer entspricht oder nicht in dem Staat erhoben wird, aus dem die Einkünfte stammen, oder weil keine ausländischen Einkünfte vorliegen, ist die festgesetzte und gezahlte und um einen entstandenen Ermäßigungsanspruch gekürzte ausländische Steuer bei der

Ermittlung der Einkünfte abzuziehen, soweit sie auf Einkünfte entfällt, die der deutschen Einkommensteuer unterliegen.

(4) – *weggefallen* –

(5) Die obersten Finanzbehörden der Länder oder die von ihnen beauftragten Finanzbehörden können mit Zustimmung des Bundesministeriums der Finanzen die auf ausländische Einkünfte entfallende deutsche Einkommensteuer ganz oder zum Teil erlassen oder in einem Pauschbetrag festsetzen, wenn es aus volkswirtschaftlichen Gründen zweckmäßig ist oder die Anwendung des Absatzes 1 besonders schwierig ist.

(6) [1]Die Absätze 1 bis 3 sind vorbehaltlich der Sätze 2 bis 6 nicht anzuwenden, wenn die Einkünfte aus einem ausländischen Staat stammen, mit dem ein Abkommen zur Vermeidung der Doppelbesteuerung besteht. [2]Soweit in einem Abkommen zur Vermeidung der Doppelbesteuerung die Anrechnung einer ausländischen Steuer auf die deutsche Einkommensteuer vorgesehen ist, sind Absatz 1 Satz 2 bis 5 und Absatz 2 entsprechend auf die nach dem Abkommen anzurechnende ausländische Steuer anzuwenden; bei nach dem Abkommen als gezahlt geltenden ausländischen Steuerbeträgen sind Absatz 1 Satz 3 und Absatz 2 nicht anzuwenden. [3]Absatz 1 Satz 3 gilt auch dann entsprechend, wenn die Einkünfte in dem ausländischen Staat nach dem Abkommen zur Vermeidung der Doppelbesteuerung mit diesem Staat nicht besteuert werden können. [4]Bezieht sich ein Abkommen zur Vermeidung der Doppelbesteuerung nicht auf eine Steuer vom Einkommen dieses Staates, so sind die Absätze 1 und 2 entsprechend anzuwenden. [5]In den Fällen des §50d Abs. 9 sind die Absätze 1 bis 3 und Satz 6 entsprechend anzuwenden. [6]Absatz 3 ist anzuwenden, wenn der Staat, mit dem ein Abkommen zur Vermeidung der Doppelbesteuerung besteht, Einkünfte besteuert, die nicht aus diesem Staat stammen, es sei denn, die Besteuerung hat ihre Ursache in einer Gestaltung, für die wirtschaftliche oder sonst beachtliche Gründe fehlen, oder das Abkommen gestattet dem Staat die Besteuerung dieser Einkünfte.

(7) Durch Rechtsverordnung können Vorschriften erlassen werden über

1. die Anrechnung ausländischer Steuern, wenn die ausländischen Einkünfte aus mehreren fremden Staaten stammen,
2. den Nachweis über die Höhe der festgesetzten und gezahlten ausländischen Steuern,
3. die Berücksichtigung ausländischer Steuern, die nachträglich erhoben oder zurückgezahlt werden.

§ 34d
Ausländische Einkünfte

[1]Ausländische Einkünfte im Sinne des §34c Abs. 1 bis 5 sind

1. Einkünfte aus einer in einem ausländischen Staat betriebenen Land- und Forstwirtschaft (§§ 13 und 14) und Einkünfte der in den Nummern 3, 4, 6, 7 und 8 Buchstabe c genannten Art, soweit sie zu den Einkünften aus Land- und Forstwirtschaft gehören;
2. Einkünfte aus Gewerbebetrieb (§§ 15 und 16),
    a) die durch eine in einem ausländischen Staat belegene Betriebsstätte oder durch einen in einem ausländischen Staat tätigen ständigen Vertreter erzielt werden, und Einkünfte der in den Nummern 3, 4, 6, 7 und 8 Buchstabe c genannten Art, soweit sie zu den Einkünften aus Gewerbebetrieb gehören,
    b) die aus Bürgschafts- und Avalprovisionen erzielt werden, wenn der Schuldner Wohnsitz, Geschäftsleitung oder Sitz in einem ausländischen Staat hat, oder
    c) die durch den Betrieb eigener oder gecharterter Seeschiffe oder Luftfahrzeuge aus Beförderungen zwischen ausländischen oder von ausländischen zu inländischen Häfen erzielt werden, einschließlich der Einkünfte aus anderen mit solchen Beförderungen zusammenhängenden, sich auf das Ausland erstreckenden Beförderungsleistungen;
3. Einkünfte aus selbständiger Arbeit (§ 18), die in einem ausländischen Staat ausgeübt oder verwertet wird oder worden ist, und Einkünfte der in den Nummern 4, 6, 7 und 8 Buchstabe c genannten Art, soweit sie zu den Einkünften aus selbständiger Arbeit gehören;
4. Einkünfte aus der Veräußerung von
    a) Wirtschaftsgütern, die zum Anlagevermögen eines Betriebs gehören, wenn die Wirtschaftsgüter in einem ausländischen Staat belegen sind,
    b) Anteilen an Kapitalgesellschaften, wenn die Gesellschaft Geschäftsleitung oder Sitz in einem ausländischen Staat hat;
5. Einkünfte aus nichtselbständiger Arbeit (§ 19), die in einem ausländischen Staat ausgeübt oder, ohne im Inland ausgeübt zu werden oder worden zu sein, in einem ausländischen Staat verwertet wird oder worden ist, und Einkünfte, die von ausländischen öffentlichen Kassen mit Rücksicht auf ein gegenwärtiges oder früheres Dienstverhältnis gewährt werden. [2]Einkünfte, die von inländischen öffentlichen Kassen einschließlich der Kassen der Deutschen Bundesbahn und der Deutschen Bundesbank mit Rücksicht auf ein gegenwärtiges oder früheres Dienstverhältnis gewährt werden, gelten auch dann als inländische Einkünfte, wenn die Tätigkeit in einem ausländischen Staat ausgeübt wird oder worden ist;
6. Einkünfte aus Kapitalvermögen (§ 20), wenn der Schuldner Wohnsitz, Geschäftsleitung oder Sitz in einem ausländischen Staat hat oder das Kapitalvermögen durch ausländischen Grundbesitz gesichert ist;
7. Einkünfte aus Vermietung und Verpachtung (§ 21), soweit das unbewegliche Vermögen oder die Sachinbegriffe in einem ausländischen Staat belegen oder die Rechte zur Nutzung in einem ausländischen Staat überlassen worden sind;
8. sonstige Einkünfte im Sinne des § 22, wenn
    a) der zur Leistung der wiederkehrenden Bezüge Verpflichtete Wohnsitz, Geschäftsleitung oder Sitz in einem ausländischen Staat hat,
    b) bei privaten Veräußerungsgeschäften die veräußerten Wirtschaftsgüter in einem ausländischen Staat belegen sind,
    c) bei Einkünften aus Leistungen einschließlich der Einkünfte aus Leistungen im Sinne des § 49 Abs. 1 Nr. 9 der zur Vergütung der Leistung Verpflichtete Wohnsitz, Geschäftsleitung oder Sitz in einem ausländischen Staat hat.

2. Steuerermäßigung bei Einkünften aus Land- und Forstwirtschaft

§ 34e

(1) [1]Die tarifliche Einkommensteuer ermäßigt sich in den Veranlagungszeiträumen 1999 und 2000 vorbehaltlich des Absatzes 2 um die Einkommensteuer, die auf den Gewinn dieser Veranlagungszeiträume aus einem land- und forstwirtschaftlichen Betrieb entfällt, höchstens jedoch um 1000 Deutsche Mark, wenn der Gewinn der in diesen Veranlagungszeiträumen beginnenden Wirtschaftsjahre weder geschätzt noch nach § 13a ermittelt worden ist und den Betrag von 40 000 Deutsche Mark nicht übersteigt. [2]Beträgt der Gewinn mehr als 40 000 Deutsche Mark, so vermindert sich der Höchstbetrag für die Steuerermäßigung um 10 Prozent des Betrags, um den der Gewinn den Betrag von 40 000 Deutsche Mark übersteigt. [3]Sind an einem solchen land- und forstwirtschaftlichen Betrieb mehrere Steuerpflichtige beteiligt, so ist der Höchstbetrag für die Steuerermäßigung auf die Beteiligten nach ihrem Beteiligungsverhältnis aufzuteilen. [4]Die Anteile der Beteiligten an dem Höchstbetrag für die Steuerermäßigung sind gesondert festzustellen (§ 179 der Abgabenordnung).

(2) [1]Die Steuerermäßigung darf beim Steuerpflichtigen nicht mehr als insgesamt 1000 Deutsche Mark betragen. [2]Die auf den Gewinn des Veranlagungszeitraums nach Absatz 1 Satz 1 entfallende Einkommensteuer bemisst sich nach dem durchschnittlichen Steuersatz der tariflichen Einkommensteuer; dabei ist dieser Gewinn um den Teil des Freibetrags nach § 13 Abs. 3 zu kürzen, der dem Verhältnis des Gewinns zu den Einkünften des Steuerpflichtigen aus Land- und Forstwirtschaft vor Abzug des Freibetrags entspricht. [3]Werden Ehegatten nach den §§ 26, 26b zusammen veranlagt, wird die Steuerermäßigung jedem der Ehegatten gewährt, soweit sie Inhaber oder Mitinhaber verschiedener land- und forstwirtschaftlicher Betriebe im Sinne des Absatzes 1 Satz 1 sind.

2A. Steuerermäßigung für Steuerpflichtige mit Kindern bei Inanspruchnahme erhöhter Absetzungen für Wohngebäude oder der Steuerbegünstigungen für eigengenutztes Wohneigentum

§ 34f

(1) ¹Bei Steuerpflichtigen, die erhöhte Absetzungen nach § 7b oder nach § 15 des Berlinförderungsgesetzes in Anspruch nehmen, ermäßigt sich die tarifliche Einkommensteuer, vermindert um die sonstigen Steuerermäßigungen mit Ausnahme der §§ 34g und 35, auf Antrag um je 600 Deutsche Mark für das zweite und jedes weitere Kind des Steuerpflichtigen oder seines Ehegatten. ²Voraussetzung ist,

1. dass der Steuerpflichtige das Objekt, bei einem Zweifamilienhaus mindestens eine Wohnung, zu eigenen Wohnzwecken nutzt oder wegen des Wechsels des Arbeitsortes nicht zu eigenen Wohnzwecken nutzen kann und

2. dass es sich einschließlich des ersten Kindes um Kinder im Sinne des § 32 Abs. 1 bis 5 oder 6 Satz 7 handelt, die zum Haushalt des Steuerpflichtigen gehören oder in dem für die erhöhten Absetzungen maßgebenden Begünstigungszeitraum gehört haben, wenn diese Zugehörigkeit auf Dauer angelegt ist oder war.

(2) ¹Bei Steuerpflichtigen, die die Steuerbegünstigung nach § 10e Abs. 1 bis 5 oder nach § 15b des Berlinförderungsgesetzes in Anspruch nehmen, ermäßigt sich die tarifliche Einkommensteuer, vermindert um die sonstigen Steuerermäßigungen mit Ausnahme des § 34g, auf Antrag um je 512 Euro für jedes Kind des Steuerpflichtigen oder seines Ehegatten im Sinne des § 32 Abs. 1 bis 5 oder 6 Satz 7. ²Voraussetzung ist, dass das Kind zum Haushalt des Steuerpflichtigen gehört oder in dem für die Steuerbegünstigung maßgebenden Zeitraum gehört hat, wenn diese Zugehörigkeit auf Dauer angelegt ist oder war.

(3) ¹Bei Steuerpflichtigen, die die Steuerbegünstigung nach § 10e Abs. 1, 2, 4 und 5 in Anspruch nehmen, ermäßigt sich die tarifliche Einkommensteuer, vermindert um die sonstigen Steuerermäßigungen, auf Antrag um je 512 Euro für jedes Kind des Steuerpflichtigen oder seines Ehegatten im Sinne des § 32 Abs. 1 bis 5 oder 6 Satz 7. ²Voraussetzung ist, dass das Kind zum Haushalt des Steuerpflichtigen gehört oder in dem für die Steuerbegünstigung maßgebenden Zeitraum gehört hat, wenn diese Zugehörigkeit auf Dauer angelegt ist oder war. ³Soweit sich der Betrag der Steuerermäßigung nach Satz 1 bei der Ermittlung der festzusetzenden Einkommensteuer nicht steuerentlastend auswirkt, ist er von der tariflichen Einkommensteuer der zwei vorangegangenen Veranlagungszeiträume abzuziehen. ⁴Steuerermäßigungen, die nach den Sätzen 1 und 3 nicht berücksichtigt werden können, können bis zum Ende des Abzugszeitraums im Sinne des § 10e und in den zwei folgenden Veranlagungszeiträumen abgezogen werden. ⁵Ist für einen Veranlagungszeitraum bereits ein Steuerbescheid erlassen worden, so ist er insoweit zu ändern, als die Steuerermäßigung nach den Sätzen 3 und 4 zu gewähren oder zu berichtigen ist; die Verjährungsfristen enden insoweit nicht, bevor die Verjährungsfrist für den Veranlagungszeitraum abgelaufen ist, für den die Steuerermäßigung nach Satz 1 beantragt worden ist.

(4) ¹Die Steuerermäßigungen nach den Absätzen 2 oder 3 kann der Steuerpflichtige insgesamt nur bis zur Höhe der Bemessungsgrundlage der Abzugsbeträge nach § 10e Abs. 1 oder 2 in Anspruch nehmen. ²Die Steuerermäßigung nach den Absätzen 1, 2 und 3 Satz 1 kann der Steuerpflichtige im Kalenderjahr nur für ein Objekt in Anspruch nehmen.

2B. Steuerermäßigung bei Zuwendungen an politische Parteien und an unabhängige Wählervereinigungen

§ 34g

¹Die tarifliche Einkommensteuer, vermindert um die sonstigen Steuerermäßigungen mit Ausnahme des § 34f Abs. 3, ermäßigt sich bei Zuwendungen an

1. politische Parteien im Sinne des § 2 des Parteiengesetzes und
2. Vereine ohne Parteicharakter, wenn
   a) der Zweck des Vereins ausschließlich darauf gerichtet ist, durch Teilnahme mit eigenen Wahlvorschlägen an Wahlen auf Bundes-, Landes- oder Kommunalebene bei der politischen Willensbildung mitzuwirken, und
   b) der Verein auf Bundes-, Landes- oder Kommunalebene bei der jeweils letzten Wahl wenigstens ein Mandat errungen oder der zuständigen Wahlbehörde oder dem zuständigen Wahlorgan angezeigt hat, dass er mit eigenen Wahlvorschlägen auf Bundes, Landes- oder Kommunalebene an der jeweils nächsten Wahl teilnehmen will.

²Nimmt der Verein an der jeweils nächsten Wahl nicht teil, wird die Ermäßigung nur für die bis zum Wahltag an ihn geleisteten Beiträge und Spenden gewährt. ³Die Ermäßigung für Beiträge und Spenden an den Verein wird erst wieder gewährt, wenn er sich mit eigenen Wahlvorschlägen an einer Wahl beteiligt hat. ⁴Die Ermäßigung wird in diesem Falle nur für Beiträge und Spenden gewährt, die nach Beginn des Jahres, in dem die Wahl stattfindet, geleistet werden.

²Die Ermäßigung beträgt 50 Prozent der Ausgaben, höchstens jeweils 825 Euro für Ausgaben nach den Nummern 1 und 2, im Fall der Zusammenveranlagung von Ehegatten höchstens jeweils 1650 Euro. ³§ 10b Abs. 3 und 4 gilt entsprechend.

3. Steuerermäßigung bei Einkünften aus Gewerbebetrieb

§ 35

(1) Die tarifliche Einkommensteuer, vermindert um die sonstigen Steuerermäßigungen mit Ausnahme der §§ 34f und 34g, ermäßigt sich, soweit sie anteilig auf im zu versteuernden Einkommen enthaltene gewerbliche Einkünfte entfällt,

1. bei Einkünften aus gewerblichen Unternehmen im Sinne des § 15 Abs. 1 Satz 1 Nr. 1

   um das 1,8fache des jeweils für den dem Veranlagungszeitraum entsprechenden Erhebungszeitraum nach § 14 des Gewerbesteuergesetzes für das Unternehmen festgesetzten Steuermessbetrags (Gewerbesteuer-Messbetrag); Absatz 2 Satz 5 ist entsprechend anzuwenden;

2. bei Einkünften aus Gewerbebetrieb als Mitunternehmer im Sinne des § 15 Abs. 1 Satz 1 Nr. 2 und 3

   um das 1,8fache des jeweils für den dem Veranlagungszeitraum entsprechenden Erhebungszeitraum festgesetzten anteiligen Gewerbesteuer-Messbetrags.

(2) ¹Bei Mitunternehmerschaften im Sinne des § 15 Abs. 1 Satz 1 Nr. 2 und 3 ist der Betrag des Gewerbesteuer-Messbetrags und der auf die einzelnen Mitunternehmer entfallende Anteil gesondert und einheitlich festzustellen. ²Der Anteil eines Mitunternehmers am Gewerbesteuer-Messbetrag richtet sich nach seinem Anteil am Gewinn der Mitunternehmerschaft nach Maßgabe des allgemeinen Gewinnverteilungsschlüssels; Vorabgewinnanteile sind nicht zu berücksichtigen. ³Wenn auf Grund der Bestimmungen in einem Abkommen zur Vermeidung der Doppelbesteuerung bei der Festsetzung des Gewerbesteuer-Messbetrags für eine Mitunternehmerschaft nur der auf einen Teil der Mitunternehmer entfallende anteilige Gewerbeertrag berücksichtigt wird, ist der Gewerbesteuer-Messbetrag nach Maßgabe des allgemeinen Gewinnverteilungsschlüssels in voller Höhe auf diese Mitunternehmer entsprechend ihrer Anteile am Gewerbeertrag der Mitunternehmerschaft aufzuteilen. ⁴Der anteilige Gewerbesteuer-Messbetrag ist als Prozentsatz mit zwei Nachkommastellen gerundet zu ermitteln. ⁵Bei der Feststellung nach Satz 1 sind anteilige Gewerbesteuer-Messbeträge, die aus einer Beteiligung an einer Mitunternehmerschaft stammen, einzubeziehen.

(3) ¹Zuständig für die gesonderte Feststellung nach Absatz 2 ist das für die gesonderte Feststellung der Einkünfte zuständige Finanzamt. ²Für die Ermittlung der Steuerermäßigung nach Absatz 1 sind die Festsetzung des Gewerbesteuer-Messbetrags und die Feststellung des Anteils an dem festzusetzenden Gewerbesteuer-Messbetrag nach Absatz 2 Satz 1 Grundlagenbescheide. ³Für die Ermittlung des anteiligen Gewerbesteuer-Messbetrags nach Absatz 2 sind die Festsetzung des Gewerbesteuer-Messbetrags und die Festsetzung des anteiligen Gewerbesteuer-Messbetrags aus der Beteiligung an einer Mitunternehmerschaft Grundlagenbescheide.

§§ 35a–37 EStG – Gesetzestext

4. Steuerermäßigung bei Aufwendungen für haushaltsnahe Beschäftigungsverhältnisse und für die Inanspruchnahme haushaltsnaher Dienstleistungen

§ 35a

(1) ¹Für haushaltsnahe Beschäftigungsverhältnisse, die in einem inländischen Haushalt des Steuerpflichtigen ausgeübt werden, ermäßigt sich die tarifliche Einkommensteuer, vermindert um die sonstigen Steuerermäßigungen, auf Antrag um

1. 10 Prozent, höchstens 510 Euro, bei geringfügiger Beschäftigung im Sinne des § 8a des Vierten Buches Sozialgesetzbuch,
2. 12 Prozent, höchstens 2400 Euro, bei anderen haushaltsnahen Beschäftigungsverhältnissen, für die auf Grund der Beschäftigungsverhältnisse Pflichtbeiträge zur gesetzlichen Sozialversicherung entrichtet werden und die keine geringfügige Beschäftigung im Sinne des § 8 Abs. 1 Nr. 1 des Vierten Buches Sozialgesetzbuch darstellen,

der Aufwendungen des Steuerpflichtigen, die nicht Betriebsausgaben oder Werbungskosten darstellen oder unter die §§ 4f, 9 Abs. 5, § 10 Abs. 1 Nr. 5 oder Nr. 8 fallen und soweit sie nicht als außergewöhnliche Belastung berücksichtigt worden sind. ²Für jeden Kalendermonat, in dem die Voraussetzungen nach Satz 1 nicht vorgelegen haben, ermäßigen sich die dort genannten Höchstbeträge um ein Zwölftel.

(2) ¹Für die Inanspruchnahme von haushaltsnahen Dienstleistungen, die nicht Dienstleistungen nach Satz 2 sind und in einem inländischen Haushalt des Steuerpflichtigen erbracht werden, ermäßigt sich die tarifliche Einkommensteuer, vermindert um die sonstigen Steuerermäßigungen, auf Antrag um 20 Prozent, höchstens 600 Euro, der Aufwendungen des Steuerpflichtigen; dieser Betrag erhöht sich für die Inanspruchnahme von Pflege- und Betreuungsleistungen für Personen, bei denen ein Schweregrad der Pflegebedürftigkeit im Sinne des § 14 des Elften Buches Sozialgesetzbuch besteht oder die Leistungen der Pflegeversicherung beziehen, die in einem inländischen Haushalt des Steuerpflichtigen oder im Haushalt der vorstehend genannten gepflegten oder betreuten Person erbracht werden, auf 1200 Euro. ²Für die Inanspruchnahme von Handwerkerleistungen für Renovierungs-, Erhaltungs- und Modernisierungsmaßnahmen, die in einem inländischen Haushalt des Steuerpflichtigen erbracht werden, mit Ausnahme der nach dem CO_2-Gebäudesanierungsprogramm der KfW Förderbank geförderten Maßnahmen, ermäßigt sich die tarifliche Einkommensteuer, vermindert um die sonstigen Steuerermäßigungen, auf Antrag um 20 Prozent, höchstens 600 Euro, der Aufwendungen des Steuerpflichtigen. ³Der Abzug von der tariflichen Einkommensteuer nach den Sätzen 1 und 2 gilt nur für Arbeitskosten und nur für Aufwendungen, die nicht Betriebsausgaben, Werbungskosten oder Aufwendungen für eine geringfügige Beschäftigung im Sinne des § 8 des Vierten Buches Sozialgesetzbuch darstellen oder unter die §§ 4f, 9 Abs. 5, § 10 Abs. 1 Nr. 5 oder Nr. 8 fallen und soweit sie nicht als Sonderausgaben oder außergewöhnliche Belastung berücksichtigt worden sind. ⁴In den Fällen des Absatzes 1 ist die Inanspruchnahme der Steuerermäßigung nach den Sätzen 1 und 2 ausgeschlossen. ⁵Voraussetzung für die Steuerermäßigung nach den Sätzen 1 und 2 ist, dass der Steuerpflichtige die Aufwendungen durch Vorlage einer Rechnung und die Zahlung auf das Konto des Erbringers der haushaltsnahen Dienstleistung, der Handwerkerleistung oder der Pflege- oder Betreuungsleistung durch Beleg des Kreditinstituts nachweist.

(3) Leben zwei Alleinstehende in einem Haushalt zusammen, können sie die Höchstbeträge nach den Absätzen 1 und 2 insgesamt jeweils nur einmal in Anspruch nehmen.

VI. Steuererhebung

1. Erhebung der Einkommensteuer

§ 36
Entstehung und Tilgung der Einkommensteuer

(1) Die Einkommensteuer entsteht, soweit in diesem Gesetz nichts anderes bestimmt ist, mit Ablauf des Veranlagungszeitraums.

(2) ¹Auf die Einkommensteuer werden angerechnet:

1. die für den Veranlagungszeitraum entrichteten Einkommensteuer-Vorauszahlungen (§ 37);
2. die durch Steuerabzug erhobene Einkommensteuer, soweit sie auf die bei der Veranlagung erfassten Einkünfte oder auf die nach § 3 Nr. 40 dieses Gesetzes oder nach § 8b Abs. 1 und 6 Satz 2 des Körperschaftsteuergesetzes bei der Ermittlung des Einkommens außer Ansatz bleibenden Bezüge entfällt und nicht die Erstattung beantragt oder durchgeführt worden ist. ²Die durch Steuerabzug erhobene Einkommensteuer wird nicht angerechnet, wenn die in § 45a Abs. 2 oder 3 bezeichnete Bescheinigung nicht vorgelegt worden ist. ³In den Fällen des § 8b Abs. 6 Satz 2 des Körperschaftsteuergesetzes ist es für die Anrechnung ausreichend, wenn die Bescheinigung nach § 45a Abs. 2 und 3 vorgelegt wird, die dem Gläubiger der Kapitalerträge ausgestellt worden ist.

(3) ¹Die Steuerbeträge nach Absatz 2 Satz 2 Nr. 2 sind auf volle Euro aufzurunden. ²Bei den durch Steuerabzug erhobenen Steuern ist jeweils die Summe der Beträge einer einzelnen Abzugsteuer aufzurunden.

(4) ¹Wenn sich nach der Abrechnung ein Überschuss zuungunsten des Steuerpflichtigen ergibt, hat der Steuerpflichtige (Steuerschuldner) diesen Betrag, soweit er den fällig gewordenen, aber nicht entrichteten Einkommensteuer-Vorauszahlungen entspricht, sofort, im Übrigen innerhalb eines Monats nach Bekanntgabe des Steuerbescheids zu entrichten (Abschlusszahlung). ²Wenn sich nach der Abrechnung ein Überschuss zugunsten des Steuerpflichtigen ergibt, wird dieser an den Steuerpflichtigen nach Bekanntgabe des Steuerbescheids ausgezahlt. ³Bei Ehegatten, die nach den §§ 26, 26b zusammen zur Einkommensteuer veranlagt worden sind, wirkt die Auszahlung an einen Ehegatten auch für und gegen den anderen Ehegatten.

§ 37
Einkommensteuer-Vorauszahlung

(1) ¹Der Steuerpflichtige hat am 10. März, 10. Juni, 10. September und 10. Dezember Vorauszahlungen auf die Einkommensteuer zu entrichten, die er für den laufenden Veranlagungszeitraum voraussichtlich schulden wird. ²Die Einkommensteuer-Vorauszahlung entsteht jeweils mit Beginn des Kalendervierteljahres, in dem die Vorauszahlungen zu entrichten sind, oder, wenn die Steuerpflicht erst im Laufe des Kalendervierteljahres begründet wird, mit Begründung der Steuerpflicht.

(2) ¹Die Oberfinanzdirektionen können für Steuerpflichtige, die überwiegend Einkünfte aus Land- und Forstwirtschaft erzielen, von Absatz 1 Satz 1 abweichende Vorauszahlungszeitpunkte bestimmen. ²Das Gleiche gilt für Steuerpflichtige, die überwiegend Einkünfte oder Einkunftsteile aus nichtselbständiger Arbeit erzielen, die der Lohnsteuer nicht unterliegen.

(3) ¹Das Finanzamt setzt die Vorauszahlungen durch Vorauszahlungsbescheid fest. ²Die Vorauszahlungen bemessen sich grundsätzlich nach der Einkommensteuer, die sich nach Anrechnung der Steuerabzugsbeträge und der Körperschaftsteuer (§ 36 Abs. 2 Nr. 2 und 3) bei der letzten Veranlagung ergeben hat. ³Das Finanzamt kann bis zum Ablauf des auf den Veranlagungszeitraum folgenden 15. Kalendermonats die Vorauszahlungen an die Einkommensteuer anpassen, die sich für den Veranlagungszeitraum voraussichtlich ergeben wird; dieser Zeitraum verlängert sich auf 21 Monate, wenn die Einkünfte aus Land- und Forstwirtschaft bei der erstmaligen Steuerfestsetzung die anderen Einkünfte voraussichtlich überwiegen werden. ⁴Wird der Gewinn durch Bestandsvergleich ermittelt, kommt eine Herabsetzung der Vorauszahlungen wegen der Änderungen durch das Steuerentlastungsgesetz 1999/2000/2002 vom 24. März 1999 (BGBl. I S. 402) nur dann in Betracht, wenn der Steuerpflichtige die Herabsetzung nach amtlich vorgeschriebenem Vordruck beantragt. ⁵Bei der Anwendung der Sätze 2 und 3 bleiben Aufwendungen im Sinne des § 10 Abs. 1 Nr. 1, 1a, 4, 5, 7 bis 9, der §§ 10b und 33 sowie die abziehbaren Beträge nach § 33a, wenn die Aufwendungen und abziehbaren Beträge insgesamt 600 Euro nicht übersteigen, außer Ansatz. ⁶Bei der Anwendung der Sätze 2 und 3 bleibt der Sonderausgabenabzug nach § 10a Abs. 1 außer Ansatz. ⁷Außer Ansatz bleiben bis zur Anschaffung oder Fertigstellung der

Objekte im Sinne des § 10e Abs. 1 und 2 und § 10h auch die Aufwendungen, die nach § 10e Abs. 6 und § 10h Satz 3 wie Sonderausgaben abgezogen werden; Entsprechendes gilt auch für Aufwendungen, die nach § 10i für nach dem Eigenheimzulagengesetz begünstigte Objekte wie Sonderausgaben abgezogen werden. [8]Negative Einkünfte aus der Vermietung oder Verpachtung eines Gebäudes im Sinne des § 21 Abs. 1 Satz 1 Nr. 1 werden bei der Festsetzung der Vorauszahlungen nur für Kalenderjahre berücksichtigt, die nach der Anschaffung oder Fertigstellung dieses Gebäudes beginnen. [9]Wird ein Gebäude vor dem Kalenderjahr seiner Fertigstellung angeschafft, tritt an die Stelle der Anschaffung die Fertigstellung. [10]Satz 8 gilt nicht für negative Einkünfte aus der Vermietung oder Verpachtung eines Gebäudes, für das erhöhte Absetzungen nach den §§ 14a, 14c oder 14d des Berlinförderungsgesetzes oder Sonderabschreibungen nach § 4 des Fördergebietsgesetzes in Anspruch genommen werden. [11]Satz 8 gilt für negative Einkünfte aus der Vermietung oder Verpachtung eines anderen Vermögensgegenstandes im Sinne des § 21 Abs. 1 Satz 1 Nr. 1 bis 3 entsprechend mit der Maßgabe, dass an die Stelle der Anschaffung oder Fertigstellung die Aufnahme der Nutzung durch den Steuerpflichtigen tritt. [12]In den Fällen des § 31, in denen die gebotene steuerliche Freistellung eines Einkommensbetrags in Höhe des Existenzminimums eines Kindes durch das Kindergeld nicht in vollem Umfang bewirkt wird, bleiben bei der Anwendung der Sätze 2 und 3 Freibeträge nach § 32 Abs. 6 und zu verrechnendes Kindergeld außer Ansatz.

(4) [1]Bei einer nachträglichen Erhöhung der Vorauszahlungen ist die letzte Vorauszahlung für den Veranlagungszeitraum anzupassen. [2]Der Erhöhungsbetrag ist innerhalb eines Monats nach Bekanntgabe des Vorauszahlungsbescheids zu entrichten.

(5) [1]Vorauszahlungen sind nur festzusetzen, wenn sie mindestens 200 Euro im Kalenderjahr und mindestens 50 Euro für einen Vorauszahlungszeitpunkt betragen. [2]Festgesetzte Vorauszahlungen sind nur zu erhöhen, wenn sich der Erhöhungsbetrag im Fall des Absatzes 3 Satz 2 bis 5 für einen Vorauszahlungszeitpunkt auf mindestens 50 Euro, im Fall des Absatzes 4 auf mindestens 2500 Euro beläuft.

§ 37a
Pauschalierung der Einkommensteuer durch Dritte

(1) [1]Das Finanzamt kann auf Antrag zulassen, dass das Unternehmen, das Sachprämien im Sinne des § 3 Nr. 38 gewährt, die Einkommensteuer für den Teil der Prämien, der nicht steuerfrei ist, pauschal erhebt. [2]Bemessungsgrundlage der pauschalen Einkommensteuer ist der gesamte Wert der Prämien, die den im Inland ansässigen Steuerpflichtigen zufließen. [3]Der Pauschsteuersatz beträgt 2,25 Prozent.

(2) [1]Auf die pauschale Einkommensteuer ist § 40 Abs. 3 sinngemäß anzuwenden. [2]Das Unternehmen hat die Prämienempfänger von der Steuerübernahme zu unterrichten.

(3) [1]Über den Antrag entscheidet das Betriebsstättenfinanzamt des Unternehmens (§ 41a Abs. 1 Satz 1 Nr. 1). [2]Hat das Unternehmen mehrere Betriebsstättenfinanzämter, so ist das Finanzamt der Betriebsstätte zuständig, in der die für die pauschale Besteuerung maßgebenden Prämien ermittelt werden. [3]Die Genehmigung zur Pauschalierung wird mit Wirkung für die Zukunft erteilt und kann zeitlich befristet werden; sie erstreckt sich auf alle im Geltungszeitraum ausgeschütteten Prämien.

(4) Die pauschale Einkommensteuer gilt als Lohnsteuer und ist von dem Unternehmen in der Lohnsteuer-Anmeldung der Betriebsstätte im Sinne des Absatzes 3 anzumelden und spätestens am zehnten Tag nach Ablauf des für die Betriebsstätte maßgebenden Lohnsteuer-Anmeldungszeitraums an das Betriebsstättenfinanzamt abzuführen.

§ 37b
Pauschalierung der Einkommensteuer bei Sachzuwendungen

(1) [1]Steuerpflichtige können die Einkommensteuer einheitlich für alle innerhalb eines Wirtschaftsjahres gewährten

1. betrieblich veranlassten Zuwendungen, die zusätzlich zur ohnehin vereinbarten Leistung oder Gegenleistung erbracht werden, und
2. Geschenke im Sinne des § 4 Abs. 5 Satz 1 Nr. 1,

die nicht in Geld bestehen, mit einem Pauschsteuersatz von 30 Prozent erheben. [2]Bemessungsgrundlage der pauschalen Einkommensteuer sind die Aufwendungen des Steuerpflichtigen einschließlich Umsatzsteuer; bei Zuwendungen an Arbeitnehmer verbundener Unternehmen ist Bemessungsgrundlage mindestens der sich nach § 8 Abs. 3 Satz 1 ergebende Wert. [3]Die Pauschalierung ist ausgeschlossen,

1. soweit die Aufwendungen je Empfänger und Wirtschaftsjahr oder
2. wenn die Aufwendungen für die einzelne Zuwendung

den Betrag von 10 000 Euro übersteigen.

(2) [1]Absatz 1 gilt auch für betrieblich veranlasste Zuwendungen an Arbeitnehmer des Steuerpflichtigen, soweit sie nicht in Geld bestehen und zusätzlich zum ohnehin geschuldeten Arbeitslohn erbracht werden. [2]In den Fällen des § 8 Abs. 2 Satz 2 bis 8, Abs. 3, § 19a sowie § 40 Abs. 2 ist Absatz 1 nicht anzuwenden; Entsprechendes gilt, soweit die Zuwendungen nach § 40 Abs. 1 pauschaliert worden sind. [3]§ 37a Abs. 1 bleibt unberührt.

(3) [1]Die pauschal besteuerten Sachzuwendungen bleiben bei der Ermittlung der Einkünfte des Empfängers außer Ansatz. [2]Auf die pauschale Einkommensteuer ist § 40 Abs. 3 sinngemäß anzuwenden. [3]Der Steuerpflichtige hat den Empfänger von der Steuerübernahme zu unterrichten.

(4) [1]Die pauschale Einkommensteuer gilt als Lohnsteuer und ist von dem die Sachzuwendung gewährenden Steuerpflichtigen in der Lohnsteuer-Anmeldung der Betriebsstätte nach § 41 Abs. 2 anzumelden und spätestens am zehnten Tag nach Ablauf des für die Betriebsstätte maßgebenden Lohnsteuer-Anmeldungszeitraums an das Betriebsstättenfinanzamt abzuführen. [2]Hat der Steuerpflichtige mehrere Betriebsstätten im Sinne des Satzes 1, so ist das Finanzamt der Betriebsstätte zuständig, in der die für die pauschale Besteuerung maßgebenden Sachbezüge ermittelt werden.

2. Steuerabzug vom Arbeitslohn (Lohnsteuer)

§ 38
Erhebung der Lohnsteuer

(1) [1]Bei Einkünften aus nichtselbständiger Arbeit wird die Einkommensteuer durch Abzug vom Arbeitslohn erhoben (Lohnsteuer), soweit der Arbeitslohn von einem Arbeitgeber gezahlt wird, der

1. im Inland einen Wohnsitz, seinen gewöhnlichen Aufenthalt, seine Geschäftsleitung, seinen Sitz, eine Betriebsstätte oder einen ständigen Vertreter im Sinne der §§ 8 bis 13 der Abgabenordnung hat (inländischer Arbeitgeber) oder
2. einem Dritten (Entleiher) Arbeitnehmer gewerbsmäßig zur Arbeitsleistung im Inland überlässt, ohne inländischer Arbeitgeber zu sein (ausländischer Verleiher).

[2]Inländischer Arbeitgeber im Sinne des Satzes 1 ist in den Fällen der Arbeitnehmerentsendung auch das in Deutschland ansässige aufnehmende Unternehmen, das den Arbeitslohn für die ihm geleistete Arbeit wirtschaftlich trägt; Voraussetzung hierfür ist nicht, dass das Unternehmen dem Arbeitnehmer den Arbeitslohn im eigenen Namen und für eigene Rechnung auszahlt. [3]Der Lohnsteuer unterliegt auch der im Rahmen des Dienstverhältnisses von einem Dritten gewährte Arbeitslohn, wenn der Arbeitgeber weiß oder erkennen kann, dass derartige Vergütungen erbracht werden; dies ist insbesondere anzunehmen, wenn Arbeitgeber und Dritter verbundene Unternehmen im Sinne von § 15 des Aktiengesetzes sind.

(2) [1]Der Arbeitnehmer ist Schuldner der Lohnsteuer. [2]Die Lohnsteuer entsteht in dem Zeitpunkt, in dem der Arbeitslohn dem Arbeitnehmer zufließt.

(3) [1]Der Arbeitgeber hat die Lohnsteuer für Rechnung des Arbeitnehmers bei jeder Lohnzahlung vom Arbeitslohn einzubehalten. [2]Bei juristischen Personen des öffentlichen Rechts hat die öffentliche Kasse, die den Arbeitslohn zahlt, die Pflichten des Arbeitgebers.

(3a) [1]Soweit sich aus einem Dienstverhältnis oder einem früheren Dienstverhältnis tarifvertragliche Ansprüche des Arbeitnehmers auf Arbeitslohn unmittelbar gegen einen Dritten mit Wohnsitz, Geschäftsleitung oder Sitz im Inland richten und von diesem durch

§§ 38a–39 EStG – Gesetzestext

die Zahlung von Geld erfüllt werden, hat der Dritte die Pflichten des Arbeitgebers. ²In anderen Fällen kann das Finanzamt zulassen, dass ein Dritter mit Wohnsitz, Geschäftsleitung oder Sitz im Inland die Pflichten des Arbeitgebers im eigenen Namen erfüllt. ³Voraussetzung ist, dass der Dritte

1. sich hierzu gegenüber dem Arbeitgeber verpflichtet hat,
2. den Lohn auszahlt oder er nur Arbeitgeberpflichten für von ihm vermittelte Arbeitnehmer übernimmt und
3. die Steuererhebung nicht beeinträchtigt wird.

⁴Die Zustimmung erteilt das Betriebsstättenfinanzamt des Dritten auf dessen Antrag im Einvernehmen mit dem Betriebsstättenfinanzamt des Arbeitgebers; sie darf mit Nebenbestimmungen versehen werden, die die ordnungsgemäße Steuererhebung sicherstellen und die Überprüfung des Lohnsteuerabzugs nach § 42f erleichtern sollen. ⁵Die Zustimmung kann mit Wirkung für die Zukunft widerrufen werden. ⁶In den Fällen der Sätze 1 und 2 sind die das Lohnsteuerverfahren betreffenden Vorschriften mit der Maßgabe anzuwenden, dass an die Stelle des Arbeitgebers der Dritte tritt; der Arbeitgeber ist von seinen Pflichten befreit, soweit der Dritte diese Pflichten erfüllt hat. ⁷Erfüllt der Dritte die Pflichten des Arbeitgebers, kann er den Arbeitslohn, der einem Arbeitnehmer in demselben Lohnabrechnungszeitraum aus mehreren Dienstverhältnissen zufließt, für die Lohnsteuerermittlung und in der Lohnsteuerbescheinigung zusammenrechnen.

(4) ¹Wenn der vom Arbeitgeber geschuldete Barlohn zur Deckung der Lohnsteuer nicht ausreicht, hat der Arbeitnehmer dem Arbeitgeber den Fehlbetrag zur Verfügung zu stellen oder der Arbeitgeber einen entsprechenden Teil der anderen Bezüge des Arbeitnehmers zurückzubehalten. ²Soweit der Arbeitnehmer seiner Verpflichtung nicht nachkommt und der Arbeitgeber den Fehlbetrag nicht durch Zurückbehaltung von anderen Bezügen des Arbeitnehmers aufbringen kann, hat der Arbeitgeber dies dem Betriebsstättenfinanzamt (§ 41a Abs. 1 Satz 1 Nr. 1) anzuzeigen. ³Der Arbeitnehmer hat dem Arbeitgeber die von einem Dritten gewährten Bezüge (Absatz 1 Satz 3) am Ende des jeweiligen Lohnzahlungszeitraums anzugeben; wenn der Arbeitnehmer keine Angabe oder eine erkennbar unrichtige Angabe macht, hat der Arbeitgeber dies dem Betriebsstättenfinanzamt anzuzeigen. ⁴Das Finanzamt hat die zu wenig erhobene Lohnsteuer vom Arbeitnehmer nachzufordern.

§ 38a
Höhe der Lohnsteuer

(1) ¹Die Jahreslohnsteuer bemisst sich nach dem Arbeitslohn, den der Arbeitnehmer im Kalenderjahr bezieht (Jahresarbeitslohn). ²Laufender Arbeitslohn gilt in dem Kalenderjahr als bezogen, in dem der Lohnzahlungszeitraum endet; in den Fällen des § 39b Abs. 5 Satz 1 tritt der Lohnabrechnungszeitraum an die Stelle des Lohnzahlungszeitraums. ³Arbeitslohn, der nicht als laufender Arbeitslohn gezahlt wird (sonstige Bezüge), wird in dem Kalenderjahr bezogen, in dem er dem Arbeitnehmer zufließt.

(2) Die Jahreslohnsteuer wird nach dem Jahresarbeitslohn so bemessen, dass sie der Einkommensteuer entspricht, die der Arbeitnehmer schuldet, wenn er ausschließlich Einkünfte aus nichtselbständiger Arbeit erzielt.

(3) ¹Vom laufenden Arbeitslohn wird die Lohnsteuer jeweils mit auf den Lohnzahlungszeitraum fallenden Teilbetrag der Jahreslohnsteuer erhoben, die sich bei Umrechnung des laufenden Arbeitslohns auf einen Jahresarbeitslohn ergibt. ²Von sonstigen Bezügen wird die Lohnsteuer mit dem Betrag erhoben, der zusammen mit der Lohnsteuer für den laufenden Arbeitslohn des Kalenderjahres und für etwa im Kalenderjahr bereits gezahlte sonstige Bezüge die voraussichtliche Jahreslohnsteuer ergibt.

(4) Bei der Ermittlung der Lohnsteuer werden die Besteuerungsgrundlagen des Einzelfalls durch die Einreihung der Arbeitnehmer in Steuerklassen (§ 38b), Ausstellung von entsprechenden Lohnsteuerkarten (§ 39) sowie Feststellung von Freibeträgen und Hinzurechnungsbeträgen (§ 39a) berücksichtigt.

§ 38b
Lohnsteuerklassen

¹Für die Durchführung des Lohnsteuerabzugs werden unbeschränkt einkommensteuerpflichtige Arbeitnehmer in Steuerklassen eingereiht. ²Dabei gilt Folgendes:

1. In die Steuerklasse I gehören Arbeitnehmer, die
   a) ledig sind,
   b) verheiratet, verwitwet oder geschieden sind und bei denen die Voraussetzungen für die Steuerklasse III oder IV nicht erfüllt sind;
2. in die Steuerklasse II gehören die unter Nummer 1 bezeichneten Arbeitnehmer, wenn bei ihnen der Entlastungsbetrag für Alleinerziehende (§ 24b) zu berücksichtigen ist;
3. in die Steuerklasse III gehören Arbeitnehmer,
   a) die verheiratet sind, wenn beide Ehegatten unbeschränkt einkommensteuerpflichtig sind und nicht dauernd getrennt leben und
      aa) der Ehegatte des Arbeitnehmers keinen Arbeitslohn bezieht oder
      bb) der Ehegatte des Arbeitnehmers auf Antrag beider Ehegatten in die Steuerklasse V eingereiht wird,
   b) die verwitwet sind, wenn sie und ihr verstorbener Ehegatte im Zeitpunkt seines Todes unbeschränkt einkommensteuerpflichtig waren und in diesem Zeitpunkt nicht dauernd getrennt gelebt haben, für das Kalenderjahr, das dem Kalenderjahr folgt, in dem der Ehegatte verstorben ist,
   c) deren Ehe aufgelöst worden ist, wenn
      aa) im Kalenderjahr der Auflösung der Ehe beide Ehegatten unbeschränkt einkommensteuerpflichtig waren und nicht dauernd getrennt gelebt haben und
      bb) der andere Ehegatte wieder geheiratet hat, von seinem neuen Ehegatten nicht dauernd getrennt lebt und er und sein neuer Ehegatte unbeschränkt einkommensteuerpflichtig sind,
   für das Kalenderjahr, in dem die Ehe aufgelöst worden ist;
4. in die Steuerklasse IV gehören Arbeitnehmer, die verheiratet sind, wenn beide Ehegatten unbeschränkt einkommensteuerpflichtig sind und nicht dauernd getrennt leben und der Ehegatte des Arbeitnehmers ebenfalls Arbeitslohn bezieht;
5. in die Steuerklasse V gehören die unter Nummer 4 bezeichneten Arbeitnehmer, wenn der Ehegatte des Arbeitnehmers auf Antrag beider Ehegatten in die Steuerklasse III eingereiht wird;
6. die Steuerklasse VI gilt bei Arbeitnehmern, die nebeneinander von mehreren Arbeitgebern Arbeitslohn beziehen, für die Einbehaltung der Lohnsteuer vom Arbeitslohn aus dem zweiten und weiteren Dienstverhältnis.

³Als unbeschränkt einkommensteuerpflichtig im Sinne der Nummern 3 und 4 gelten nur Personen, die die Voraussetzungen des § 1 Abs. 1 oder 2 oder des § 1a erfüllen.

§ 39
Lohnsteuerkarte

(1) ¹Die Gemeinden haben den nach § 1 Abs. 1 unbeschränkt einkommensteuerpflichtigen Arbeitnehmern für jedes Kalenderjahr unentgeltlich eine Lohnsteuerkarte nach amtlich vorgeschriebenem Muster auszustellen und zu übermitteln. ²Steht ein Arbeitnehmer nebeneinander bei mehreren Arbeitgebern in einem Dienstverhältnis, so hat die Gemeinde eine entsprechende Anzahl Lohnsteuerkarten unentgeltlich auszustellen und zu übermitteln. ³Wenn eine Lohnsteuerkarte verlorengegangen, unbrauchbar geworden oder zerstört worden ist, hat die Gemeinde eine Ersatz-Lohnsteuerkarte auszustellen. ⁴Hierfür kann die ausstellende Gemeinde von dem Arbeitnehmer eine Gebühr bis 5 Euro erheben; das Verwaltungskostengesetz ist anzuwenden. ⁵Die Gemeinde hat die Ausstellung einer Ersatz-Lohnsteuerkarte dem für den Arbeitnehmer örtlich zuständigen Finanzamt unverzüglich mitzuteilen.

(2) ¹Für die Ausstellung der Lohnsteuerkarte ist die Gemeinde örtlich zuständig, in deren Bezirk der Arbeitnehmer am 20. September des dem Kalenderjahr, für das die Lohnsteuerkarte gilt, vorangehenden Jahres oder erstmals nach diesem Stichtag seine Hauptwohnung oder in Ermangelung einer Wohnung seinen gewöhnlichen Aufenthalt hatte. ²Bei verheirateten Arbeitnehmern gilt als Hauptwohnung die Hauptwohnung der Familie oder in Ermangelung einer solchen die Hauptwohnung des älteren Ehegatten, wenn beide Ehegatten unbeschränkt einkommensteuerpflichtig sind und nicht dauernd getrennt leben.

(3) ¹Die Gemeinde hat auf der Lohnsteuerkarte insbesondere einzutragen:
1. die Steuerklasse (§ 38b) in Buchstaben,
2. die Zahl der Kinderfreibeträge bei den Steuerklassen I bis IV, und zwar für jedes nach § 1 Abs. 1 unbeschränkt einkommensteuerpflichtige Kind im Sinne des § 32 Abs. 1 Nr. 1 und Abs. 3
   a) den Zähler 0,5, wenn dem Arbeitnehmer der Kinderfreibetrag nach § 32 Abs. 6 Satz 1 zusteht, oder den Zähler 1, wenn dem Arbeitnehmer der Kinderfreibetrag zusteht, weil
   b) den Zähler 1, wenn dem Arbeitnehmer der Kinderfreibetrag zusteht, weil
      aa) die Voraussetzungen des § 32 Abs. 6 Satz 2 vorliegen,
      bb) der andere Elternteil vor dem Beginn des Kalenderjahres verstorben ist (§ 32 Abs. 6 Satz 3 Nr. 1) oder
      cc) der Arbeitnehmer allein das Kind angenommen hat (§ 32 Abs. 6 Satz 3 Nr. 2).

²Für die Eintragung der Steuerklasse III ist das Finanzamt zuständig, wenn der Ehegatte des Arbeitnehmers nach § 1a Abs. 1 Nr. 2 als unbeschränkt einkommensteuerpflichtig zu behandeln ist.

(3a) ¹Soweit dem Arbeitnehmer Kinderfreibeträge nach § 32 Abs. 1 bis 6 zustehen, die nicht nach Absatz 3 von der Gemeinde auf der Lohnsteuerkarte einzutragen sind, ist vorbehaltlich des § 39a Abs. 1 Nr. 6 die auf der Lohnsteuerkarte eingetragene Zahl der Kinderfreibeträge sowie im Fall des § 38b Nr. 2 die Steuerklasse vom Finanzamt auf Antrag zu ändern. ²Das Finanzamt kann auf nähere Angaben des Arbeitnehmers verzichten, wenn der Arbeitnehmer höchstens die auf seiner Lohnsteuerkarte für das vorangegangene Kalenderjahr eingetragene Zahl der Kinderfreibeträge beantragt und versichert, dass sich die maßgebenden Verhältnisse nicht wesentlich geändert haben. ³In den Fällen des § 32 Abs. 6 Satz 6 gelten die Sätze 1 und 2 nur, wenn nach den tatsächlichen Verhältnissen zu erwarten ist, dass die Voraussetzungen auch im Laufe des Kalenderjahres bestehen bleiben. ⁴Der Antrag kann nur nach amtlich vorgeschriebenem Vordruck gestellt werden.

(3b) ¹Für die Eintragungen nach den Absätzen 3 und 3a sind die Verhältnisse zu Beginn des Kalenderjahres maßgebend, für das die Lohnsteuerkarte gilt. ²Auf Antrag des Arbeitnehmers kann eine für ihn ungünstigere Steuerklasse oder Zahl der Kinderfreibeträge auf der Lohnsteuerkarte eingetragen werden. ³In den Fällen der Steuerklassen III und IV sind bei der Eintragung der Zahl der Kinderfreibeträge auch Kinder des Ehegatten zu berücksichtigen. ⁴Die Eintragungen sind die gesonderte Feststellung von Besteuerungsgrundlagen im Sinne des § 179 Abs. 1 der Abgabenordnung, die unter dem Vorbehalt der Nachprüfung steht. ⁵Den Eintragungen braucht eine Belehrung über den zulässigen Rechtsbehelf nicht beigefügt zu werden.

(4) ¹Der Arbeitnehmer ist verpflichtet, die Eintragung der Steuerklasse und der Zahl der Kinderfreibeträge auf der Lohnsteuerkarte umgehend ändern zu lassen, wenn die Eintragung auf der Lohnsteuerkarte von den Verhältnissen zu Beginn des Kalenderjahres zugunsten des Arbeitnehmers abweicht oder in den Fällen, in denen die Steuerklasse II bescheinigt ist, die Voraussetzungen für die Berücksichtigung des Entlastungsbetrags für Alleinerziehende (§ 24b) im Laufe des Kalenderjahres entfallen; dies gilt nicht, wenn eine Änderung als Folge einer nach Absatz 3a Satz 3 durchgeführten Übertragung des Kinderfreibetrags in Betracht kommt. ²Die Änderung von Eintragungen im Sinne des Absatzes 3 ist bei der Gemeinde, die Änderung von Eintragungen im Sinne des Absatzes 3a beim Finanzamt zu beantragen. ³Kommt der Arbeitnehmer seiner Verpflichtung nicht nach, so hat die Gemeinde oder das Finanzamt die Eintragung von Amts wegen zu ändern; der Arbeitnehmer hat die Lohnsteuerkarte der Gemeinde oder dem Finanzamt auf Verlangen vorzulegen. ⁴Unterbleibt die Änderung der Eintragung, hat das Finanzamt zu wenig erhobene Lohnsteuer vom Arbeitnehmer nachzufordern, wenn diese 10 Euro übersteigt; hierzu hat die Gemeinde dem Finanzamt die Fälle mitzuteilen, in denen eine von ihr vorzunehmende Änderung unterblieben ist.

(5) ¹Treten bei einem Arbeitnehmer im Laufe des Kalenderjahres, für das die Lohnsteuerkarte gilt, die Voraussetzungen für eine ihm günstigere Steuerklasse oder höhere Zahl der Kinderfreibeträge ein, so kann der Arbeitnehmer bis zum 30. November bei der Gemeinde, in den Fällen des Absatzes 3a beim Finanzamt die Änderung der Eintragung beantragen. ²Die Änderung ist mit Wirkung von dem Tage an vorzunehmen, an dem erstmals die Voraussetzungen für die Änderung vorlagen. ³Ehegatten, die beide in einem Dienstverhältnis stehen, können im Laufe des Kalenderjahres einmal, spätestens bis zum 30. November, bei der Gemeinde beantragen, die auf ihren Lohnsteuerkarten eingetragenen Steuerklassen in andere nach § 38b Satz 2 Nr. 3 bis 5 in Betracht kommende Steuerklassen zu ändern. ⁴Die Gemeinde hat die Änderung mit Wirkung vom Beginn des auf die Antragstellung folgenden Kalendermonats an vorzunehmen.

(5a) ¹Ist ein Arbeitnehmer, für den eine Lohnsteuerkarte ausgestellt worden ist, zu Beginn des Kalenderjahres beschränkt einkommensteuerpflichtig oder im Laufe des Kalenderjahres beschränkt einkommensteuerpflichtig geworden, hat er dies dem Finanzamt unter Vorlage der Lohnsteuerkarte unverzüglich anzuzeigen. ²Das Finanzamt hat die Lohnsteuerkarte vom Zeitpunkt des Eintritts der beschränkten Einkommensteuerpflicht an ungültig zu machen. ³Absatz 3b Satz 4 und 5 gilt sinngemäß. ⁴Unterbleibt die Anzeige, hat das Finanzamt zu wenig erhobene Lohnsteuer vom Arbeitnehmer nachzufordern, wenn diese 10 Euro übersteigt.

(6) ¹Die Gemeinden sind insoweit, als sie Lohnsteuerkarten auszustellen, Eintragungen auf den Lohnsteuerkarten vorzunehmen und zu ändern haben, örtliche Landesfinanzbehörden. ²Sie sind insoweit verpflichtet, den Anweisungen des örtlich zuständigen Finanzamts nachzukommen. ³Das Finanzamt kann erforderlichenfalls Verwaltungsakte, für die eine Gemeinde sachlich zuständig ist, selbst erlassen. ⁴Der Arbeitnehmer, der Arbeitgeber oder andere Personen dürfen die Eintragung auf der Lohnsteuerkarte nicht ändern oder ergänzen.

§ 39a
Freibetrag und Hinzurechnungsbetrag

(1) ¹Auf der Lohnsteuerkarte wird als vom Arbeitslohn abzuziehender Freibetrag die Summe der folgenden Beträge eingetragen:
1. Werbungskosten, die bei den Einkünften aus nichtselbständiger Arbeit anfallen, soweit sie den Arbeitnehmer-Pauschbetrag (§ 9a Satz 1 Nr. 1 Buchstabe a) oder bei Versorgungsbezügen den Pauschbetrag (§ 9a Satz 1 Nr. 1 Buchstabe b) übersteigen,
2. Sonderausgaben im Sinne des § 10 Abs. 1 Nr. 1, 1a, 4, 5, 7 bis 9 und des § 10b, soweit sie den Sonderausgaben-Pauschbetrag von 36 Euro übersteigen,
3. der Betrag, der nach den §§ 33, 33a und 33b Abs. 6 wegen außergewöhnlicher Belastungen zu gewähren ist,
4. die Pauschbeträge für behinderte Menschen und Hinterbliebene (§ 33b Abs. 1 bis 5),
5. die folgenden Beträge, wie sie nach § 37 Abs. 3 bei der Festsetzung von Einkommensteuer-Vorauszahlungen zu berücksichtigen sind:
   a) die Beträge, die nach § 10d Abs. 2, §§ 10e, 10f, 10g, 10h, 10i nach § 15b des Berlinförderungsgesetzes oder nach § 7 des Fördergebietsgesetzes abgezogen werden können,
   b) die negative Summe der Einkünfte im Sinne des § 2 Abs. 1 Satz 1 Nr. 1 bis 3, 6 und 7 und der negativen Einkünfte im Sinne des § 2 Abs. 1 Satz 1 Nr. 5,
   c) das Vierfache der Steuerermäßigung nach den §§ 34f und 35a,
6. die Freibeträge nach § 32 Abs. 6 für jedes Kind im Sinne des § 32 Abs. 1 bis 4, für das kein Anspruch auf Kindergeld besteht. ²Soweit für diese Kinder Kinderfreibeträge nach § 39 Abs. 3 auf der Lohnsteuerkarte eingetragen worden sind, ist die eingetragene Zahl der Kinderfreibeträge entsprechend zu vermindern,
7. ein Betrag auf der Lohnsteuerkarte für ein zweites oder weiteres Dienstverhältnis insgesamt bis zur Höhe des auf volle Euro abgerundeten zu versteuernden Jahresbetrags nach § 39b Abs. 2 Satz 6, bis zu dem nach der Steuerklasse des Arbeitnehmers, die für den Lohnsteuerabzug vom Arbeitslohn aus dem ersten Dienstverhältnis anzuwenden ist, Lohnsteuer nicht zu erheben ist. ²Voraussetzung ist, dass der Jahresarbeitslohn aus dem ersten Dienstverhältnis den nach Satz 1 maßgebenden Eingangsbetrag unterschreitet und dass in Höhe des Betrags zugleich auf der Lohnsteuerkarte für das erste Dienstverhältnis ein dem Arbeitslohn hinzuzurechnender Betrag (Hinzurech-

§ 39b EStG – Gesetzestext

nungsbetrag) eingetragen wird. ³Soll auf der Lohnsteuerkarte für das erste Dienstverhältnis auch ein Freibetrag nach den Nummern 1 bis 6 eingetragen werden, so ist nur der diesen Freibetrag übersteigende Betrag als Hinzurechnungsbetrag einzutragen; ist der Freibetrag höher als der Hinzurechnungsbetrag, so ist nur der den Hinzurechnungsbetrag übersteigende Freibetrag einzutragen,

8. der Entlastungsbetrag für Alleinerziehende (§ 24b) bei Verwitweten, die nicht in Steuerklasse II gehören.

(2) ¹Die Gemeinde hat nach Anweisung des Finanzamts die Pauschbeträge für behinderte Menschen und Hinterbliebene bei der Ausstellung der Lohnsteuerkarten von Amts wegen einzutragen; dabei ist der Freibetrag durch Aufteilung in Monatsfreibeträge, erforderlichenfalls Wochen- und Tagesfreibeträge, jeweils auf das Kalenderjahr gleichmäßig zu verteilen. ²Der Arbeitnehmer kann beim Finanzamt die Eintragung der nach Absatz 1 insgesamt in Betracht kommenden Freibeträge beantragen. ³Der Antrag kann nur nach amtlich vorgeschriebenem Vordruck bis zum 30. November des Kalenderjahres gestellt werden, für das die Lohnsteuerkarte gilt. ⁴Der Antrag ist hinsichtlich eines Freibetrags aus der Summe der nach Absatz 1 Nr. 1 bis 3 und 8 in Betracht kommenden Aufwendungen und Beträge unzulässig, wenn die Aufwendungen im Sinne des § 9, soweit sie den Arbeitnehmer-Pauschbetrag übersteigen, die Aufwendungen im Sinne des § 10 Abs. 1 Nr. 1, 1a, 4, 5, 7 bis 9, der §§ 10b und 33 sowie die abziehbaren Beträge nach den §§ 24b, 33a und 33b Abs. 6 insgesamt 600 Euro nicht übersteigen. ⁵Das Finanzamt kann auf nähere Angaben des Arbeitnehmers verzichten, wenn der Arbeitnehmer höchstens den auf seiner Lohnsteuerkarte für das vorangegangene Kalenderjahr eingetragenen Freibetrag beantragt und versichert, dass sich die maßgebenden Verhältnisse nicht wesentlich geändert haben. ⁶Das Finanzamt hat den Freibetrag durch Aufteilung in Monatsfreibeträge, erforderlichenfalls Wochen- und Tagesfreibeträge, jeweils auf die der Antragstellung folgenden Monate des Kalenderjahres gleichmäßig zu verteilen. ⁷Abweichend hiervon darf ein Freibetrag, der im Monat Januar eines Kalenderjahres beantragt wird, mit Wirkung vom 1. Januar dieses Kalenderjahres an eingetragen werden. ⁸Die Sätze 5 bis 7 gelten für den Hinzurechnungsbetrag nach Absatz 1 Nr. 7 entsprechend.

(3) ¹Für Ehegatten, die beide unbeschränkt einkommensteuerpflichtig sind und nicht dauernd getrennt leben, ist jeweils die Summe der nach Absatz 1 Nr. 2 bis 5 und 8 in Betracht kommenden Beträge gemeinsam zu ermitteln; der in Absatz 1 Nr. 2 genannte Betrag ist zu verdoppeln. ²Für die Anwendung des Absatzes 2 Satz 4 ist die Summe der für beide Ehegatten in Betracht kommenden Aufwendungen im Sinne des § 9, soweit sie jeweils den Arbeitnehmer-Pauschbetrag übersteigen, und der Aufwendungen im Sinne des § 10 Abs. 1 Nr. 1, 1a, 4, 5, 7 bis 9, der §§ 10b und 33 sowie der abziehbaren Beträge nach den §§ 24b, 33a und 33b Abs. 6 maßgebend. ³Die nach Satz 1 ermittelte Summe ist je zur Hälfte auf die Ehegatten aufzuteilen, wenn für jeden Ehegatten eine Lohnsteuerkarte ausgeschrieben worden ist und die Ehegatten keine andere Aufteilung beantragen. ⁴Für einen Arbeitnehmer, dessen Ehe in dem Kalenderjahr, für das die Lohnsteuerkarte gilt, aufgelöst worden ist und dessen bisheriger Ehegatte in demselben Kalenderjahr wieder geheiratet hat, sind die nach Absatz 1 in Betracht kommenden Beträge ausschließlich auf Grund der in seiner Person erfüllten Voraussetzungen zu ermitteln. ⁵Satz 1 zweiter Halbsatz ist auch anzuwenden, wenn die tarifliche Einkommensteuer nach § 32a Abs. 6 zu ermitteln ist.

(4) ¹Die Eintragung eines Freibetrags oder eines Hinzurechnungsbetrags auf der Lohnsteuerkarte ist die gesonderte Feststellung einer Besteuerungsgrundlage im Sinne des § 179 Abs. 1 der Abgabenordnung, die unter dem Vorbehalt der Nachprüfung steht. ²Der Eintragung braucht eine Belehrung über den zulässigen Rechtsbehelf nicht beigefügt zu werden. ³Ein mit einer Belehrung über den zulässigen Rechtsbehelf versehener schriftlicher Bescheid ist jedoch zu erteilen, wenn dem Antrag des Arbeitnehmers nicht in vollem Umfang entsprochen wird. ⁴§ 153 Abs. 2 der Abgabenordnung ist anzuwenden.

(5) Ist zu wenig Lohnsteuer erhoben worden, weil auf der Lohnsteuerkarte ein Freibetrag unzutreffend eingetragen worden ist, hat das Finanzamt den Fehlbetrag vom Arbeitnehmer nachzufordern, wenn er 10 Euro übersteigt.

(6) – *weggefallen* –

§ 39b
Durchführung des Lohnsteuerabzugs für unbeschränkt einkommensteuerpflichtige Arbeitnehmer

(1) ¹Für die Durchführung des Lohnsteuerabzugs hat der unbeschränkt einkommensteuerpflichtige Arbeitnehmer seinem Arbeitgeber vor Beginn des Kalenderjahres oder beim Eintritt in das Dienstverhältnis eine Lohnsteuerkarte vorzulegen. ²Der Arbeitgeber hat die Lohnsteuerkarte während des Dienstverhältnisses aufzubewahren. ³Er hat sie dem Arbeitnehmer während des Kalenderjahres zur Vorlage beim Finanzamt oder bei der Gemeinde vorübergehend zu überlassen sowie innerhalb angemessener Frist nach Beendigung des Dienstverhältnisses herauszugeben. ⁴Der Arbeitgeber darf die auf der Lohnsteuerkarte eingetragenen Merkmale nur für die Einbehaltung der Lohnsteuer verwerten; er darf sie ohne Zustimmung des Arbeitnehmers nur offenbaren, soweit dies gesetzlich zugelassen ist.

(2) ¹Für die Einbehaltung der Lohnsteuer vom laufenden Arbeitslohn hat der Arbeitgeber die Höhe des laufenden Arbeitslohns und den Lohnzahlungszeitraum festzustellen. ²Vom Arbeitslohn sind der auf den Lohnzahlungszeitraum entfallende Anteil des Versorgungsfreibetrags und des Zuschlags zum Versorgungsfreibetrag (§ 19 Abs. 2) sowie des Altersentlastungsbetrags (§ 24a) abzuziehen, wenn die Voraussetzungen für den Abzug dieser Beträge jeweils erfüllt sind. ³Außerdem ist der Arbeitslohn nach Maßgabe der Eintragungen auf der Lohnsteuerkarte des Arbeitnehmers um einen etwaigen Freibetrag (§ 39a Abs. 1) zu vermindern oder um einen etwaigen Hinzurechnungsbetrag (§ 39a Abs. 1 Nr. 7) zu erhöhen. ⁴Der verminderte oder erhöhte Arbeitslohn des Lohnzahlungszeitraums ist auf einen Jahresarbeitslohn hochzurechnen. ⁵Dabei ist der Arbeitslohn eines monatlichen Lohnzahlungszeitraums mit 12, der Arbeitslohn eines wöchentlichen Lohnzahlungszeitraums mit $360/7$ und der Arbeitslohn eines täglichen Lohnzahlungszeitraums mit 360 zu vervielfältigen. ⁶Der hochgerechnete Jahresarbeitslohn, vermindert um

1. den Arbeitnehmer-Pauschbetrag (§ 9a Satz 1 Nr. 1 Buchstabe a) oder bei Versorgungsbezügen den Pauschbetrag (§ 9a Satz 1 Nr. 1 Buchstabe b) in den Steuerklassen I bis V,

2. den Sonderausgaben-Pauschbetrag (§ 10c Abs. 1) in den Steuerklassen I, II und IV und den verdoppelten Sonderausgaben-Pauschbetrag in der Steuerklasse III,

3. die Vorsorgepauschale
   a) in den Steuerklassen I, II und IV nach Maßgabe des § 10c Abs. 2 oder Abs. 3, jeweils in Verbindung mit § 10c Abs. 5,
   b) in der Steuerklasse III nach Maßgabe des § 10c Abs. 2 oder Abs. 3, jeweils in Verbindung mit § 10c Abs. 4 Satz 1 und Abs. 5,

4. den Entlastungsbetrag für Alleinerziehende (§ 24b) in der Steuerklasse II,

ergibt den zu versteuernden Jahresbetrag. ⁷Für den zu versteuernden Jahresbetrag ist die Jahreslohnsteuer in den Steuerklassen I, II und IV nach § 32a Abs. 1 sowie in der Steuerklasse III nach § 32a Abs. 5 zu berechnen. ⁸In den Steuerklassen V und VI ist die Jahreslohnsteuer zu berechnen, die sich aus dem Zweifachen des Unterschiedsbetrags zwischen dem Steuerbetrag für das Eineinviertelfache und dem Steuerbetrag für das Dreiviertelfache des zu versteuernden Jahresbetrags nach § 32a Abs. 1 ergibt; die Jahreslohnsteuer beträgt jedoch mindestens 15 Prozent des Jahresbetrags, für den 9144 Euro übersteigenden Teil des Jahresbetrags höchstens 42 Prozent und für den 25 812 Euro übersteigenden Teil des zu versteuernden Jahresbetrags jeweils 42 Prozent sowie für den 200 000 Euro übersteigenden Teil des zu versteuernden Jahresbetrags jeweils 45 Prozent. ⁹Für die Lohnsteuerberechnung ist die auf der Lohnsteuerkarte eingetragene Steuerklasse maßgebend. ¹⁰Die monatliche Lohnsteuer ist $1/12$, die wöchentliche Lohnsteuer ist $7/360$ und die tägliche Lohnsteuer ist $1/360$ der Jahreslohnsteuer. ¹¹Bruchteile eines Cents, die sich bei der Berechnung nach den Sätzen 5 und 10 ergeben, bleiben jeweils außer Ansatz. ¹²Die auf den Lohnzahlungszeitraum entfallende Lohnsteuer ist vom Arbeitslohn einzubehalten. ¹³Das Betriebsstättenfinanzamt kann allgemein oder auf Antrag zulassen, dass die Lohnsteuer unter den Voraussetzungen des § 42b Abs. 1 nach dem voraussichtlichen Jahresarbeitslohn ermittelt wird, wenn gewährleistet ist, dass die zutreffende Jahreslohnsteuer (§ 38a Abs. 2) nicht unterschritten wird.

(3) ¹Für die Einbehaltung der Lohnsteuer von einem sonstigen Bezug hat der Arbeitgeber den voraussichtlichen Jahresarbeitslohn ohne den sonstigen Bezug festzustellen. ²Hat der Arbeitnehmer Lohnsteuerbescheinigungen aus früheren Dienstverhältnissen des Kalenderjahres nicht vorgelegt, so ist bei der Ermittlung des voraussichtlichen Jahresarbeitslohns der Arbeitslohn für Beschäftigungszeiten bei früheren Arbeitgebern mit dem Betrag anzusetzen, der sich ergibt, wenn der laufende Arbeitslohn im Monat der Zahlung des sonstigen Bezugs entsprechend der Beschäftigungsdauer bei früheren Arbeitgebern hochgerechnet wird. ³Von dem voraussichtlichen Jahresarbeitslohn sind der Versorgungsfreibetrag und der Zuschlag zum Versorgungsfreibetrag (§ 19 Abs. 2) sowie der Altersentlastungsbetrag (§ 24a), wenn die Voraussetzungen für den Abzug dieser Beträge jeweils erfüllt sind, sowie nach Maßgabe der Eintragungen auf der Lohnsteuerkarte ein etwaiger Jahresfreibetrag abzuziehen und ein etwaiger Jahreshinzurechnungsbetrag zuzurechnen. ⁴Für den so ermittelten Jahresarbeitslohn (maßgebender Jahresarbeitslohn) ist die Jahreslohnsteuer nach Maßgabe des Absatzes 2 Satz 6 bis 8 zu ermitteln. ⁵Außerdem ist die Jahreslohnsteuer für den maßgebenden Jahresarbeitslohn unter Einbeziehung des sonstigen Bezugs zu ermitteln. ⁶Dabei ist der sonstige Bezug, soweit es sich nicht um einen sonstigen Bezug im Sinne des Satzes 9 handelt, um den Versorgungsfreibetrag, den Zuschlag zum Versorgungsfreibetrag und den Altersentlastungsbetrag zu vermindern, wenn die Voraussetzungen für den Abzug dieser Beträge jeweils erfüllt sind und soweit sie nicht bei der Steuerberechnung für den maßgebenden Jahresarbeitslohn berücksichtigt worden sind. ⁷Für die Lohnsteuerberechnung ist die auf der Lohnsteuerkarte eingetragene Steuerklasse maßgebend. ⁸Der Unterschiedsbetrag zwischen den ermittelten Jahreslohnsteuerbeträgen ist die Lohnsteuer, die vom sonstigen Bezug einzubehalten ist. ⁹Die Lohnsteuer ist bei einem sonstigen Bezug im Sinne des § 34 Abs. 1 und 2 Nr. 2 und 4 in der Weise zu ermäßigen, dass der sonstige Bezug bei der Anwendung des Satzes 5 mit einem Fünftel anzusetzen und der Unterschiedsbetrag im Sinne des Satzes 8 zu verfünffachen ist; § 34 Abs. 1 Satz 3 ist sinngemäß anzuwenden.

(4) – weggefallen –

(5) ¹Wenn der Arbeitgeber für den Lohnzahlungszeitraum lediglich Abschlagszahlungen leistet und eine Lohnabrechnung für einen längeren Zeitraum (Lohnabrechnungszeitraum) vornimmt, kann er den Lohnabrechnungszeitraum als Lohnzahlungszeitraum behandeln und die Lohnsteuer abweichend von § 38 Abs. 3 bei der Lohnabrechnung einbehalten. ²Satz 1 gilt nicht, wenn der Lohnabrechnungszeitraum fünf Wochen übersteigt oder die Lohnabrechnung nicht innerhalb von drei Wochen nach dessen Ablauf erfolgt. ³Das Betriebsstättenfinanzamt kann anordnen, dass die Lohnsteuer von den Abschlagszahlungen einzubehalten ist, wenn die Erhebung der Lohnsteuer sonst nicht gesichert erscheint. ⁴Wenn wegen einer besonderen Entlohnungsart weder ein Lohnzahlungszeitraum noch ein Lohnabrechnungszeitraum festgestellt werden kann, gilt als Lohnzahlungszeitraum die Summe der tatsächlichen Arbeitstage oder Arbeitswochen.

(6) ¹Ist nach einem Abkommen zur Vermeidung der Doppelbesteuerung der von einem Arbeitgeber (§ 38) gezahlte Arbeitslohn von der Lohnsteuer freizustellen, so erteilt das Betriebsstättenfinanzamt auf Antrag des Arbeitnehmers oder des Arbeitgebers eine entsprechende Bescheinigung. ²Der Arbeitgeber hat diese Bescheinigung als Beleg zum Lohnkonto (§ 41 Abs. 1) aufzubewahren.

(7) – weggefallen –

(8) Das Bundesministerium der Finanzen hat im Einvernehmen mit den obersten Finanzbehörden der Länder auf der Grundlage der Absätze 2 und 3 einen Programmablaufplan für die maschinelle Berechnung der Lohnsteuer aufzustellen und bekannt zu machen.

§ 39c
Durchführung des Lohnsteuerabzugs ohne Lohnsteuerkarte

(1) ¹Solange der unbeschränkt einkommensteuerpflichtige Arbeitnehmer dem Arbeitgeber eine Lohnsteuerkarte schuldhaft nicht vorlegt oder die Rückgabe der ihm ausgehändigten Lohnsteuerkarte schuldhaft verzögert, hat der Arbeitgeber die Lohnsteuer nach der Steuerklasse VI zu ermitteln. ²Weist der Arbeitnehmer nach, dass er die Nichtvorlage oder verzögerte Rückgabe der Lohnsteuerkarte nicht zu vertreten hat, so hat der Arbeitgeber für die Lohnsteuerberechnung die ihm bekannten Familienverhältnisse des Arbeitnehmers zugrunde zu legen.

(2) ¹Der Arbeitgeber kann die Lohnsteuer von dem Arbeitslohn für den Monat Januar eines Kalenderjahres abweichend von Absatz 1 auf Grund der Eintragungen auf der Lohnsteuerkarte für das vorhergehende Kalenderjahr ermitteln, wenn der Arbeitnehmer eine Lohnsteuerkarte für das neue Kalenderjahr bis zur Lohnabrechnung nicht vorgelegt hat. ²Nach Vorlage der Lohnsteuerkarte ist die Lohnsteuerermittlung für den Monat Januar zu überprüfen und erforderlichenfalls zu ändern. ³Legt der Arbeitnehmer bis zum 31. März keine Lohnsteuerkarte vor, ist nachträglich Absatz 1 anzuwenden. ⁴Die zu wenig oder zu viel einbehaltene Lohnsteuer ist jeweils bei der nächsten Lohnabrechnung auszugleichen.

(3) ¹Für Arbeitnehmer, die nach § 1 Abs. 2 unbeschränkt einkommensteuerpflichtig sind, hat der Arbeitgeber die Lohnsteuer unabhängig von einer Lohnsteuerkarte zu ermitteln. ²Dabei ist die Steuerklasse maßgebend, die nach § 39 Abs. 3 bis 5 auf einer Lohnsteuerkarte des Arbeitnehmers einzutragen wäre. ³Auf Antrag des Arbeitnehmers erteilt das Betriebsstättenfinanzamt (§ 41a Abs. 1 Satz 1 Nr. 1) über die maßgebende Steuerklasse, die Zahl der Kinderfreibeträge und einen etwa in Betracht kommenden Freibetrag oder Hinzurechnungsbetrag (§ 39a) eine Bescheinigung, für die die Vorschriften über die Eintragung auf der Lohnsteuerkarte sinngemäß anzuwenden sind.

(4) ¹Arbeitnehmer, die nach § 1 Abs. 3 als unbeschränkt einkommensteuerpflichtig behandelt werden, haben ihrem Arbeitgeber vor Beginn des Kalenderjahres oder beim Eintritt in das Dienstverhältnis eine Bescheinigung vorzulegen. ²Die Bescheinigung wird auf Antrag des Arbeitnehmers vom Betriebsstättenfinanzamt (§ 41a Abs. 1 Satz 1 Nr. 1) des Arbeitgebers erteilt. ³In die Bescheinigung, für die die Vorschriften über die Eintragung auf der Lohnsteuerkarte sinngemäß anzuwenden sind, trägt das Finanzamt die maßgebende Steuerklasse, die Zahl der Kinderfreibeträge und einen etwa in Betracht kommenden Freibetrag oder Hinzurechnungsbetrag (§ 39a) ein. ⁴Ist der Arbeitnehmer gleichzeitig bei mehreren inländischen Arbeitgebern tätig, ist für die Erteilung jeder weiteren Bescheinigung das Betriebsstättenfinanzamt zuständig, das die erste Bescheinigung ausgestellt hat. ⁵Bei Ehegatten, die beide Arbeitslohn von einem inländischen Arbeitgeber beziehen, ist für die Erteilung der Bescheinigungen das Betriebsstättenfinanzamt des älteren Ehegatten zuständig.

(5) In den Fällen des § 38 Abs. 3a Satz 1 kann der Dritte die Lohnsteuer für einen sonstigen Bezug mit 20 Prozent unabhängig von einer Lohnsteuerkarte ermitteln, wenn der maßgebende Jahresarbeitslohn nach § 39b Abs. 3 zuzüglich des sonstigen Bezugs 10 000 Euro nicht übersteigt; bei der Feststellung des maßgebenden Jahresarbeitslohns sind nur die Lohnzahlungen des Dritten zu berücksichtigen.

§ 39d
Durchführung des Lohnsteuerabzugs für beschränkt einkommensteuerpflichtige Arbeitnehmer

(1) ¹Für die Durchführung des Lohnsteuerabzugs werden beschränkt einkommensteuerpflichtige Arbeitnehmer in die Steuerklasse I eingereiht. ²§ 38b Satz 2 Nr. 6 ist anzuwenden. ³Das Betriebsstättenfinanzamt (§ 41a Abs. 1 Satz 1 Nr. 1) erteilt auf Antrag des Arbeitnehmers über die maßgebende Steuerklasse eine Bescheinigung, für die die Vorschriften über die Eintragungen auf der Lohnsteuerkarte mit der Maßgabe sinngemäß anzuwenden sind, dass der Arbeitnehmer eine Änderung der Bescheinigung bis zum Ablauf des Kalenderjahres, für das sie gilt, beim Finanzamt beantragen kann.

(2) ¹In die nach Absatz 1 zu erteilende Bescheinigung trägt das Finanzamt für einen Arbeitnehmer, bei dem § 50 Abs. 1 Satz 5 anzuwenden ist, auf Antrag Folgendes ein:

1. Werbungskosten, die bei den Einkünften aus nichtselbständiger Arbeit anfallen (§ 9), soweit sie den Arbeitnehmer-Pauschbetrag (§ 9a Satz 1 Nr. 1 Buchstabe a) oder bei Versorgungsbezügen den Pauschbetrag (§ 9a Satz 1 Nr. 1 Buchstabe b) übersteigen,

2. Sonderausgaben im Sinne des § 10b, soweit sie den Sonderausgaben-Pauschbetrag (§ 10c Abs. 1) übersteigen, und die wie

Sonderausgaben abziehbaren Beträge nach § 10e oder § 10i, jedoch erst nach Fertigstellung oder Anschaffung des begünstigten Objekts oder nach Fertigstellung der begünstigten Maßnahme,

3. den Freibetrag oder den Hinzurechnungsbetrag nach § 39a Abs. 1 Nr. 7.

²Der Antrag kann nur nach amtlich vorgeschriebenem Vordruck bis zum Ablauf des Kalenderjahres gestellt werden, für das die Bescheinigung gilt. ³Das Finanzamt hat die Summe der eingetragenen Beträge durch Aufteilung in Monatsbeträge, erforderlichenfalls Wochen- und Tagesbeträge, jeweils auf die voraussichtliche Dauer des Dienstverhältnisses im Kalenderjahr gleichmäßig zu verteilen. ⁴§ 39a Abs. 4 und 5 ist sinngemäß anzuwenden.

(3) ¹Der Arbeitnehmer hat die nach Absatz 1 erteilte Bescheinigung seinem Arbeitgeber vor Beginn des Kalenderjahres oder beim Eintritt in das Dienstverhältnis vorzulegen. ²Der Arbeitgeber hat die Bescheinigung aufzubewahren. ³§ 39b Abs. 1 Satz 3 und 4 gilt sinngemäß. ⁴Der Arbeitgeber hat im Übrigen den Lohnsteuerabzug nach Maßgabe des § 39b Abs. 2 bis 6, des § 39c Abs. 1, 2 und 5 und des § 41c durchzuführen; dabei tritt die nach Absatz 1 erteilte Bescheinigung an die Stelle der Lohnsteuerkarte. ⁵Auf Verlangen des beschränkt einkommensteuerpflichtigen Arbeitnehmers hat der Arbeitgeber bei Beendigung des Dienstverhältnisses oder am Ende des Kalenderjahres eine Lohnsteuerbescheinigung zu übermitteln oder auszustellen; § 41b ist sinngemäß anzuwenden.

§ 40
Pauschalierung der Lohnsteuer in besonderen Fällen

(1) ¹Das Betriebsstättenfinanzamt (§ 41a Abs. 1 Satz 1 Nr. 1) kann auf Antrag des Arbeitgebers zulassen, dass die Lohnsteuer mit einem unter Berücksichtigung der Vorschriften des § 38a zu ermittelnden Pauschsteuersatz erhoben wird, soweit

1. von dem Arbeitgeber sonstige Bezüge in einer größeren Zahl von Fällen gewährt werden oder

2. in einer größeren Zahl von Fällen Lohnsteuer nachzuerheben ist, weil der Arbeitgeber die Lohnsteuer nicht vorschriftsmäßig einbehalten hat.

²Bei der Ermittlung des Pauschsteuersatzes ist zu berücksichtigen, dass die in Absatz 3 vorgeschriebene Übernahme der pauschalen Lohnsteuer durch den Arbeitgeber für den Arbeitnehmer eine in Geldeswert bestehende Einnahme im Sinne des § 8 Abs. 1 darstellt (Nettosteuersatz). ³Die Pauschalierung ist in den Fällen der Nummer 1 ausgeschlossen, soweit der Arbeitgeber einem Arbeitnehmer sonstige Bezüge von mehr als 1000 Euro im Kalenderjahr gewährt. ⁴Der Arbeitgeber hat dem Antrag eine Berechnung beizufügen, aus der sich der durchschnittliche Steuersatz unter Zugrundelegung der durchschnittlichen Jahresarbeitslöhne und der durchschnittlichen Jahreslohnsteuer in jeder Steuerklasse für diejenigen Arbeitnehmer ergibt, denen die Bezüge gewährt werden sollen oder gewährt worden sind.

(2) ¹Abweichend von Absatz 1 kann der Arbeitgeber die Lohnsteuer mit einem Pauschsteuersatz von 25 Prozent erheben, soweit er

1. arbeitstäglich Mahlzeiten im Betrieb an die Arbeitnehmer unentgeltlich oder verbilligt abgibt oder Barzuschüsse an ein anderes Unternehmen leistet, das arbeitstäglich Mahlzeiten an die Arbeitnehmer unentgeltlich oder verbilligt abgibt. ²Voraussetzung ist, dass die Mahlzeiten nicht als Lohnbestandteile vereinbart sind,

2. Arbeitslohn aus Anlass von Betriebsveranstaltungen zahlt,

3. Erholungsbeihilfen gewährt, wenn diese zusammen mit Erholungsbeihilfen, die in demselben Kalenderjahr früher gewährt worden sind, 156 Euro für den Arbeitnehmer, 104 Euro für dessen Ehegatten und 52 Euro für jedes Kind nicht übersteigen und der Arbeitgeber sicherstellt, dass die Beihilfen zu Erholungszwecken verwendet werden,

4. Vergütungen für Verpflegungsmehraufwendungen anlässlich einer Tätigkeit im Sinne des § 4 Abs. 5 Satz 1 Nr. 5 Satz 2 bis 4 zahlt, soweit diese die dort bezeichneten Pauschbeträge um nicht mehr als 100 Prozent übersteigen,

5. den Arbeitnehmern zusätzlich zum ohnehin geschuldeten Arbeitslohn unentgeltlich oder verbilligt Personalcomputer übereignet; das gilt auch für Zubehör und Internetzugang. ²Das Gleiche gilt für Zuschüsse des Arbeitgebers, die zusätzlich zum ohnehin geschuldeten Arbeitslohn zu den Aufwendungen des Arbeitnehmers für die Internetnutzung gezahlt werden.

²Der Arbeitgeber kann die Lohnsteuer mit einem Pauschsteuersatz von 15 Prozent für Sachbezüge in Form der unentgeltlichen oder verbilligten Beförderung eines Arbeitnehmers zwischen Wohnung und Arbeitsstätte und für zusätzlich zum ohnehin geschuldeten Arbeitslohn geleistete Zuschüsse zu den Aufwendungen des Arbeitnehmers für Fahrten zwischen Wohnung und Arbeitsstätte erheben, soweit diese Bezüge den Betrag nicht übersteigen, den der Arbeitnehmer nach § 9 Abs. 2 wie Werbungskosten geltend machen könnte, wenn die Bezüge nicht pauschal besteuert würden. ³Die nach Satz 2 pauschal besteuerten Bezüge mindern die nach § 9 Abs. 2 abziehbaren Beträge; sie bleiben bei der Anwendung des § 40a Abs. 1 bis 4 außer Ansatz.

(3) ¹Der Arbeitgeber hat die pauschale Lohnsteuer zu übernehmen. ²Er ist Schuldner der pauschalen Lohnsteuer; auf den Arbeitnehmer abgewälzte pauschale Lohnsteuer gilt als zugeflossener Arbeitslohn und mindert nicht die Bemessungsgrundlage. ³Der pauschal besteuerte Arbeitslohn und die pauschale Lohnsteuer bleiben bei einer Veranlagung zur Einkommensteuer und beim Lohnsteuer-Jahresausgleich außer Ansatz. ⁴Die pauschale Lohnsteuer ist weder auf die Einkommensteuer noch auf die Jahreslohnsteuer anzurechnen.

§ 40a
Pauschalierung der Lohnsteuer für Teilzeitbeschäftigte und geringfügig Beschäftigte

(1) ¹Der Arbeitgeber kann unter Verzicht auf die Vorlage einer Lohnsteuerkarte bei Arbeitnehmern, die nur kurzfristig beschäftigt werden, die Lohnsteuer mit einem Pauschsteuersatz von 25 Prozent des Arbeitslohns erheben. ²Eine kurzfristige Beschäftigung liegt vor, wenn der Arbeitnehmer bei dem Arbeitgeber gelegentlich, nicht regelmäßig wiederkehrend beschäftigt wird, die Dauer der Beschäftigung 18 zusammenhängende Arbeitstage nicht übersteigt und

1. der Arbeitslohn während der Beschäftigungsdauer 62 Euro durchschnittlich je Arbeitstag nicht übersteigt oder

2. die Beschäftigung zu einem unvorhersehbaren Zeitpunkt sofort erforderlich wird.

(2) Der Arbeitgeber kann unter Verzicht auf die Vorlage einer Lohnsteuerkarte die Lohnsteuer einschließlich Solidaritätszuschlag und Kirchensteuern (einheitliche Pauschsteuer) für das Arbeitsentgelt aus geringfügigen Beschäftigungen im Sinne des § 8 Abs. 1 Nr. 1 oder des § 8a des Vierten Buches Sozialgesetzbuch, für das er Beiträge nach § 168 Abs. 1 Nr. 1b oder 1c (geringfügig versicherungspflichtig Beschäftigte) oder nach § 172 Abs. 3 oder 3a (versicherungsfrei geringfügig Beschäftigte) des Sechsten Buches Sozialgesetzbuch zu entrichten hat, mit einem einheitlichen Pauschsteuersatz in Höhe von insgesamt 2 Prozent des Arbeitsentgelts erheben.

(2a) Hat der Arbeitgeber in den Fällen des Absatzes 2 keine Beiträge nach § 168 Abs. 1 Nr. 1b oder 1c oder nach § 172 Abs. 3 oder 3 a des Sechsten Buches Sozialgesetzbuch zu entrichten, kann er unter Verzicht auf die Vorlage einer Lohnsteuerkarte die Lohnsteuer mit einem Pauschsteuersatz in Höhe von 20 Prozent des Arbeitsentgelts erheben.

(3) ¹Abweichend von den Absätzen 1 und 2a kann der Arbeitgeber unter Verzicht auf die Vorlage einer Lohnsteuerkarte bei Aushilfskräften, die in Betrieben der Land- und Forstwirtschaft im Sinne des § 13 Abs. 1 Nr. 1 bis 4 ausschließlich mit typisch land- oder forstwirtschaftlichen Arbeiten beschäftigt werden, die Lohnsteuer mit einem Pauschsteuersatz von 5 Prozent des Arbeitslohns erheben. ²Aushilfskräfte im Sinne dieser Vorschrift sind Personen, die für die Ausführung und für die Dauer von Arbeiten, die nicht ganzjährig anfallen, beschäftigt werden; eine Beschäftigung mit anderen land- und forstwirtschaftlichen Arbeiten ist unschädlich, wenn deren Dauer 25 Prozent der Gesamtbeschäftigungsdauer nicht überschreitet. ³Aushilfskräfte sind nicht Arbeitnehmer, die zu den land- und forstwirtschaftlichen Fachkräften gehören oder die der Arbeitgeber mehr als 180 Tage im Kalenderjahr beschäftigt.

(4) Die Pauschalierungen nach den Absätzen 1 und 3 sind unzulässig

1. bei Arbeitnehmern, deren Arbeitslohn während der Beschäftigungsdauer durchschnittlich je Arbeitsstunde 12 Euro übersteigt,
2. bei Arbeitnehmern, die für eine andere Beschäftigung von demselben Arbeitgeber Arbeitslohn beziehen, der nach den §§ 39b bis 39d dem Lohnsteuerabzug unterworfen wird.

(5) Auf die Pauschalierungen nach den Absätzen 1 bis 3 ist § 40 Abs. 3 anzuwenden.

(6) ¹Für die Erhebung der einheitlichen Pauschsteuer nach Absatz 2 ist die Deutsche Rentenversicherung Knappschaft-Bahn-See/Verwaltungsstelle Cottbus zuständig. ²Die Regelungen zum Steuerabzug vom Arbeitslohn sind entsprechend anzuwenden. ³Für die Anmeldung, Abführung und Vollstreckung der einheitlichen Pauschsteuer gelten dabei die Regelungen für die Beiträge nach § 168 Abs. 1 Nr. 1b oder 1c oder nach § 172 Abs. 3 oder 3a des Sechsten Buches Sozialgesetzbuch. ⁴Die Deutsche Rentenversicherung Knappschaft-Bahn-See/Verwaltungsstelle Cottbus hat die einheitliche Pauschsteuer auf die erhebungsberechtigten Körperschaften aufzuteilen; dabei entfallen aus Vereinfachungsgründen 90 Prozent der einheitlichen Pauschsteuer auf die Lohnsteuer, 5 Prozent auf den Solidaritätszuschlag und 5 Prozent auf die Kirchensteuern. ⁵Die erhebungsberechtigten Kirchen haben sich auf eine Aufteilung des Kirchensteueranteils zu verständigen und diesen der Deutschen Rentenversicherung Knappschaft-Bahn-See/Verwaltungsstelle Cottbus mitzuteilen. ⁶Die Deutsche Rentenversicherung Knappschaft-Bahn-See/Verwaltungsstelle Cottbus ist berechtigt, die einheitliche Pauschsteuer nach Absatz 2 zusammen mit den Sozialversicherungsbeiträgen beim Arbeitgeber einzuziehen.

§ 40b
Pauschalierung der Lohnsteuer bei bestimmten Zukunftssicherungsleistungen

(1) Der Arbeitgeber kann die Lohnsteuer von den Zuwendungen zum Aufbau einer nicht kapitalgedeckten betrieblichen Altersversorgung an eine Pensionskasse mit einem Pauschsteuersatz von 20 Prozent der Zuwendungen erheben.

(2) ¹Absatz 1 gilt nicht, soweit die zu besteuernden Zuwendungen des Arbeitgebers für den Arbeitnehmer 1752 Euro im Kalenderjahr übersteigen oder nicht aus seinem ersten Dienstverhältnis bezogen werden. ²Sind mehrere Arbeitnehmer gemeinsam in der Pensionskasse versichert, so gilt als Zuwendung für den einzelnen Arbeitnehmer der Teilbetrag, der sich bei einer Aufteilung der gesamten Zuwendungen durch die Zahl der begünstigten Arbeitnehmer ergibt, wenn dieser Teilbetrag 1752 Euro nicht übersteigt; hierbei sind Arbeitnehmer, für die Zuwendungen von mehr als 2148 Euro im Kalenderjahr geleistet werden, nicht einzubeziehen. ³Für Zuwendungen, die der Arbeitgeber für den Arbeitnehmer aus Anlass der Beendigung des Dienstverhältnisses erbracht hat, vervielfältigt sich der Betrag von 1752 Euro mit der Anzahl der Kalenderjahre, in denen das Dienstverhältnis des Arbeitnehmers zu dem Arbeitgeber bestanden hat; in diesem Fall ist Satz 2 nicht anzuwenden. ⁴Der vervielfältigte Betrag vermindert sich um die nach Absatz 1 pauschal besteuerten Zuwendungen, die der Arbeitgeber in dem Kalenderjahr, in dem das Dienstverhältnis beendet wird, und in den sechs vorangegangenen Kalenderjahren erbracht hat.

(3) Von den Beiträgen für eine Unfallversicherung des Arbeitnehmers kann der Arbeitgeber die Lohnsteuer mit einem Pauschsteuersatz von 20 Prozent der Beiträge erheben, wenn mehrere Arbeitnehmer gemeinsam in einem Unfallversicherungsvertrag versichert sind und der Teilbetrag, der sich bei einer Aufteilung der gesamten Beiträge nach Abzug der Versicherungsteuer durch die Zahl der begünstigten Arbeitnehmer ergibt, 62 Euro im Kalenderjahr nicht übersteigt.

(4) In den Fällen des § 19 Abs. 1 Satz 1 Nr. 3 Satz 2 hat der Arbeitgeber die Lohnsteuer mit einem Pauschsteuersatz in Höhe von 15 Prozent der Sonderzahlungen zu erheben.

(5) ¹§ 40 Abs. 3 ist anzuwenden. ²Die Anwendung des § 40 Abs. 1 Satz 1 Nr. 1 auf Bezüge im Sinne des Absatzes 1, des Absatzes 3 und des Absatzes 4 ist ausgeschlossen.

§ 41
Aufzeichnungspflichten beim Lohnsteuerabzug

(1) ¹Der Arbeitgeber hat am Ort der Betriebsstätte (Absatz 2) für jeden Arbeitnehmer und jedes Kalenderjahr ein Lohnkonto zu führen. ²In das Lohnkonto sind die für den Lohnsteuerabzug und die Lohnsteuerzerlegung erforderlichen Merkmale aus der Lohnsteuerkarte oder aus einer entsprechenden Bescheinigung zu übernehmen. ³Bei jeder Lohnzahlung für das Kalenderjahr, für das das Lohnkonto gilt, sind im Lohnkonto die Art und Höhe des gezahlten Arbeitslohns einschließlich der steuerfreien Bezüge sowie die einbehaltene oder übernommene Lohnsteuer einzutragen; an die Stelle der Lohnzahlung tritt in den Fällen des § 39b Abs. 5 Satz 1 die Lohnabrechnung. ⁴Ist die einbehaltene oder übernommene Lohnsteuer unter Berücksichtigung der Vorsorgepauschale nach § 10c Abs. 3 ermittelt worden, so ist dies durch die Eintragung des Großbuchstabens B zu vermerken. ⁵Ferner sind das Kurzarbeitergeld, das Schlechtwettergeld, das Winterausfallgeld, der Zuschuss zum Mutterschaftsgeld nach dem Mutterschutzgesetz, der Zuschuss nach § 4a der Mutterschutzverordnung oder einer entsprechenden Landesregelung, die Entschädigungen für Verdienstausfall nach dem Infektionsschutzgesetz vom 20. Juli 2000 (BGBl. I S. 1045) sowie die nach § 3 Nr. 28 steuerfreien Aufstockungsbeträge oder Zuschläge einzutragen. ⁶Ist während der Dauer des Dienstverhältnisses in anderen Fällen als in denen des Satzes 5 der Anspruch auf Arbeitslohn für mindestens fünf aufeinander folgende Arbeitstage im Wesentlichen weggefallen, so ist dies jeweils durch Eintragung des Großbuchstabens U zu vermerken. ⁷Hat der Arbeitgeber die Lohnsteuer von einem sonstigen Bezug im ersten Dienstverhältnis berechnet und ist dabei der Arbeitslohn aus früheren Dienstverhältnissen des Kalenderjahres außer Betracht geblieben, so ist dies durch Eintragung des Großbuchstabens S zu vermerken. ⁸Die Bundesregierung wird ermächtigt, durch Rechtsverordnung mit Zustimmung des Bundesrates vorzuschreiben, welche Einzelangaben im Lohnkonto aufzuzeichnen sind. ⁹Dabei können für Arbeitnehmer mit geringem Arbeitslohn und für die Fälle der §§ 40 bis 40b Aufzeichnungserleichterungen sowie für steuerfreie Bezüge Aufzeichnungen außerhalb des Lohnkontos zugelassen werden. ¹⁰Die Lohnkonten sind bis zum Ablauf des sechsten Kalenderjahres, das auf die zuletzt eingetragene Lohnzahlung folgt, aufzubewahren.

(2) ¹Betriebsstätte ist der Betrieb oder Teil des Betriebs des Arbeitgebers, in dem der für die Durchführung des Lohnsteuerabzugs maßgebende Arbeitslohn ermittelt wird. ²Wird der maßgebende Arbeitslohn nicht in dem Betrieb oder einem Teil des Betriebs des Arbeitgebers oder nicht im Inland ermittelt, so gilt als Betriebsstätte der Mittelpunkt der geschäftlichen Leitung des Arbeitgebers im Inland; im Fall des § 38 Abs. 1 Satz 1 Nr. 2 gilt als Betriebsstätte der Ort im Inland, an dem die Arbeitsleistung ganz oder vorwiegend stattfindet. ³Als Betriebsstätte gilt auch der inländische Heimathafen deutscher Handelsschiffe, wenn die Reederei im Inland keine Niederlassung hat.

§ 41a
Anmeldung und Abführung der Lohnsteuer

(1) ¹Der Arbeitgeber hat spätestens am zehnten Tag nach Ablauf eines jeden Lohnsteuer-Anmeldungszeitraums

1. dem Finanzamt, in dessen Bezirk sich die Betriebsstätte (§ 41 Abs. 2) befindet (Betriebsstättenfinanzamt), eine Steuererklärung einzureichen, in der er die Summen der im Lohnsteuer-Anmeldungszeitraum einzubehaltenden und zu übernehmenden Lohnsteuer angibt (Lohnsteuer-Anmeldung),
2. die im Lohnsteuer-Anmeldungszeitraum insgesamt einbehaltene und übernommene Lohnsteuer an das Betriebsstättenfinanzamt abzuführen.

²Die Lohnsteuer-Anmeldung ist nach amtlich vorgeschriebenem Vordruck auf elektronischem Weg nach Maßgabe der Steuerdaten-Übermittlungsverordnung zu übermitteln. ³Auf Antrag kann das Finanzamt zur Vermeidung von unbilligen Härten auf eine elektronische Übermittlung verzichten; in diesem Fall ist die Lohnsteuer-Anmeldung vom Arbeitgeber oder von einer zu seiner Vertretung berechtigten Person zu unterschreiben. ⁴Der Arbeitgeber wird von der Verpflichtung zur Abgabe weiterer Lohnsteuer-Anmeldungen befreit, wenn er Arbeitnehmer, für die er Lohnsteuer einzubehalten

oder zu übernehmen hat, nicht mehr beschäftigt und das dem Finanzamt mitteilt.

(2) ¹Lohnsteuer-Anmeldungszeitraum ist grundsätzlich der Kalendermonat. ²Lohnsteuer-Anmeldungszeitraum ist das Kalendervierteljahr, wenn die abzuführende Lohnsteuer für das vorangegangene Kalenderjahr mehr als 800 Euro, aber nicht mehr als 3000 Euro betragen hat; Lohnsteuer-Anmeldungszeitraum ist das Kalenderjahr, wenn die abzuführende Lohnsteuer für das vorangegangene Kalenderjahr nicht mehr als 800 Euro betragen hat. ³Hat die Betriebsstätte nicht während des ganzen vorangegangenen Kalenderjahres bestanden, so ist die für das vorangegangene Kalenderjahr abzuführende Lohnsteuer für die Feststellung des Lohnsteuer-Anmeldungszeitraums auf einen Jahresbetrag umzurechnen. ⁴Wenn die Betriebsstätte im vorangegangenen Kalenderjahr noch nicht bestanden hat, ist die auf einen Jahresbetrag umgerechnete für den ersten vollen Kalendermonat nach der Eröffnung der Betriebsstätte abzuführende Lohnsteuer maßgebend.

(3) ¹Die oberste Finanzbehörde des Landes kann bestimmen, dass die Lohnsteuer nicht dem Betriebsstättenfinanzamt, sondern einer anderen öffentlichen Kasse anzumelden und an diese abzuführen ist; die Kasse erhält insoweit die Stellung einer Landesfinanzbehörde. ²Das Betriebsstättenfinanzamt oder die zuständige andere öffentliche Kasse können anordnen, dass die Lohnsteuer abweichend von dem nach Absatz 1 maßgebenden Zeitpunkt anzumelden und abzuführen ist, wenn die Abführung der Lohnsteuer nicht gesichert erscheint.

(4) ¹Arbeitgeber, die eigene oder gecharterte Handelsschiffe betreiben, dürfen vom Gesamtbetrag der anzumeldenden und abzuführenden Lohnsteuer einen Betrag von 40 Prozent der Lohnsteuer der auf solchen Schiffen in einem zusammenhängenden Arbeitsverhältnis von mehr als 183 Tagen beschäftigten Besatzungsmitglieder abziehen und einbehalten. ²Die Handelsschiffe müssen in einem inländischen Seeschiffsregister eingetragen sein, die deutsche Flagge führen und zur Beförderung von Personen oder Gütern im Verkehr mit oder zwischen ausländischen Häfen, innerhalb eines ausländischen Hafens oder zwischen einem ausländischen Hafen und der Hohen See betrieben werden. ³Die Sätze 1 und 2 sind entsprechend anzuwenden, wenn Seeschiffe im Wirtschaftsjahr überwiegend außerhalb der deutschen Hoheitsgewässer zum Schleppen, Bergen oder zur Aufsuchung von Bodenschätzen oder zur Vermessung von Energielagerstätten unter dem Meeresboden eingesetzt werden. ⁴Ist für den Lohnsteuerabzug die Lohnsteuer nach der Steuerklasse V oder VI zu ermitteln, so bemisst sich der Betrag nach Satz 1 nach der Lohnsteuer der Steuerklasse I.

§ 41b
Abschluss des Lohnsteuerabzugs

(1) ¹Bei Beendigung eines Dienstverhältnisses oder am Ende des Kalenderjahres hat der Arbeitgeber das Lohnkonto des Arbeitnehmers abzuschließen. ²Auf Grund der Eintragungen im Lohnkonto hat der Arbeitgeber spätestens bis zum 28. Februar des Folgejahres nach amtlich vorgeschriebenem Datensatz durch Datenfernübertragung an die amtlich bestimmte Übermittlungsstelle insbesondere folgende Angaben zu übermitteln (elektronische Lohnsteuerbescheinigung):

1. Name, Vorname, Geburtsdatum und Anschrift des Arbeitnehmers, die auf der Lohnsteuerkarte oder der entsprechenden Bescheinigung eingetragenen Besteuerungsmerkmale, den amtlichen Schlüssel der Gemeinde, die die Lohnsteuerkarte ausgestellt hat, die Bezeichnung und die Nummer des Finanzamts, an das die Lohnsteuer abgeführt worden ist sowie die Steuernummer des Arbeitgebers,
2. die Dauer des Dienstverhältnisses während des Kalenderjahres sowie die Anzahl der nach § 41 Abs. 1 Satz 6 vermerkten Großbuchstaben U,
3. die Art und Höhe des gezahlten Arbeitslohns sowie den nach § 41 Abs. 1 Satz 7 vermerkten Großbuchstaben S,
4. die einbehaltene Lohnsteuer, den Solidaritätszuschlag und die Kirchensteuer sowie zusätzlich den Großbuchstaben B, wenn der Arbeitnehmer für einen abgelaufenen Lohnzahlungszeitraum oder Lohnabrechnungszeitraum des Kalenderjahres unter Berücksichtigung der Vorsorgepauschale nach § 10c Abs. 3 zu besteuern war,
5. das Kurzarbeitergeld, das Schlechtwettergeld, das Winterausfallgeld, den Zuschuss zum Mutterschaftsgeld nach dem Mutterschutzgesetz, die Entschädigungen für Verdienstausfall nach dem Infektionsschutzgesetz vom 20. Juli 2000 (BGBl. I S. 1045), zuletzt geändert durch Artikel 11 § 3 des Gesetzes vom 6. August 2002 (BGBl. I S. 3082), in der jeweils geltenden Fassung, sowie die nach § 3 Nr. 28 steuerfreien Aufstockungsbeträge oder Zuschläge,
6. die auf die Entfernungspauschale anzurechnenden steuerfreien Arbeitgeberleistungen für Fahrten zwischen Wohnung und Arbeitsstätte,
7. die pauschal besteuerten Arbeitgeberleistungen für Fahrten zwischen Wohnung und Arbeitsstätte,
8. den Großbuchstaben V, wenn steuerfreie Beiträge nach § 3 Nr. 63 geleistet wurden,
9. für die steuerfreie Sammelbeförderung nach § 3 Nr. 32 den Großbuchstaben F,
10. die nach § 3 Nr. 13 und 16 steuerfrei gezahlten Verpflegungszuschüsse und Vergütungen bei doppelter Haushaltsführung,
11. Beiträge zu den gesetzlichen Rentenversicherungen und an berufsständische Versorgungseinrichtungen, getrennt nach Arbeitgeber- und Arbeitnehmeranteil,
12. die nach § 3 Nr. 62 gezahlten Zuschüsse zur Kranken- und Pflegeversicherung,
13. den Arbeitnehmeranteil am Gesamtsozialversicherungsbeitrag ohne den Arbeitnehmeranteil an den Beiträgen nach Nummer 11 und die Zuschüsse nach Nummer 12.

³Der Arbeitgeber hat dem Arbeitnehmer einen nach amtlich vorgeschriebenem Muster gefertigten Ausdruck der elektronischen Lohnsteuerbescheinigung mit Angabe des lohnsteuerlichen Ordnungsmerkmals (Absatz 2) auszuhändigen oder elektronisch bereitzustellen. ⁴Wenn das Dienstverhältnis vor Ablauf des Kalenderjahres beendet wird, hat der Arbeitgeber dem Arbeitnehmer die Lohnsteuerkarte auszuhändigen. ⁵Nach Ablauf des Kalenderjahres darf der Arbeitgeber die Lohnsteuerkarte nur aushändigen, wenn sie eine Lohnsteuerbescheinigung enthält und der Arbeitnehmer zur Einkommensteuer veranlagt wird. ⁶Dem Arbeitnehmer nicht ausgehändigte Lohnsteuerkarten ohne Lohnsteuerbescheinigungen kann der Arbeitgeber vernichten; nicht ausgehändigte Lohnsteuerkarten mit Lohnsteuerbescheinigungen hat er dem Betriebsstättenfinanzamt einzureichen.

(2) ¹Für die Datenfernübertragung hat der Arbeitgeber aus dem Namen, Vornamen und Geburtsdatum des Arbeitnehmers ein Ordnungsmerkmal nach amtlich festgelegter Regel für den Arbeitnehmer zu bilden und zu verwenden. ²Das lohnsteuerliche Ordnungsmerkmal darf nur erhoben, gebildet, verarbeitet oder genutzt werden zur Zuordnung der elektronischen Lohnsteuerbescheinigung oder sonstiger für das Besteuerungsverfahren erforderlicher Daten zu einem bestimmten Steuerpflichtigen und für Zwecke des Besteuerungsverfahrens.

(3) ¹Ein Arbeitgeber ohne maschinelle Lohnabrechnung, der ausschließlich Arbeitnehmer im Rahmen einer geringfügigen Beschäftigung in seinem Privathaushalt im Sinne des § 8a des Vierten Buches Sozialgesetzbuch beschäftigt und keine elektronische Lohnsteuerbescheinigung erteilt, hat an Stelle der elektronischen Lohnsteuerbescheinigung eine entsprechende Lohnsteuerbescheinigung auf der Lohnsteuerkarte des Arbeitnehmers zu erteilen. ²Liegt dem Arbeitgeber eine Lohnsteuerkarte des Arbeitnehmers nicht vor, hat er die Lohnsteuerbescheinigung nach vorgeschriebenem Muster zu erteilen. ³Der Arbeitgeber hat dem Arbeitnehmer die Lohnsteuerbescheinigung auszuhändigen, wenn das Dienstverhältnis vor Ablauf des Kalenderjahres beendet wird oder der Arbeitnehmer zur Einkommensteuer veranlagt wird. ⁴In den übrigen Fällen hat der Arbeitgeber die Lohnsteuerbescheinigung dem Betriebsstättenfinanzamt einzureichen.

(4) Die Absätze 1 bis 3 gelten nicht für Arbeitnehmer, soweit sie Arbeitslohn bezogen haben, der nach den §§ 40 bis 40b pauschal besteuert worden ist.

§ 41c
Änderung des Lohnsteuerabzugs

(1) Der Arbeitgeber ist berechtigt, bei der jeweils nächstfolgenden Lohnzahlung bisher erhobene Lohnsteuer zu erstatten oder noch nicht erhobene Lohnsteuer nachträglich einzubehalten,

1. wenn ihm der Arbeitnehmer eine Lohnsteuerkarte mit Eintragungen vorlegt, die auf einen Zeitpunkt vor Vorlage der Lohnsteuerkarte zurückwirken, oder
2. wenn er erkennt, dass er die Lohnsteuer bisher nicht vorschriftsmäßig einbehalten hat; dies gilt auch bei rückwirkender Gesetzesänderung.

(2) ¹Die zu erstattende Lohnsteuer ist dem Betrag zu entnehmen, den der Arbeitgeber für seine Arbeitnehmer insgesamt an Lohnsteuer einbehalten oder übernommen hat. ²Wenn die zu erstattende Lohnsteuer aus dem Betrag nicht gedeckt werden kann, der insgesamt an Lohnsteuer einzubehalten oder zu übernehmen ist, wird der Fehlbetrag dem Arbeitgeber auf Antrag vom Betriebsstättenfinanzamt ersetzt.

(3) ¹Nach Ablauf des Kalenderjahres oder, wenn das Dienstverhältnis vor Ablauf des Kalenderjahres endet, nach Beendigung des Dienstverhältnisses, ist die Änderung des Lohnsteuerabzugs nur bis zur Übermittlung oder Ausschreibung der Lohnsteuerbescheinigung zulässig. ²Bei Änderung des Lohnsteuerabzugs nach Ablauf des Kalenderjahres ist die nachträglich einzubehaltende Lohnsteuer nach dem Jahresarbeitslohn zu ermitteln. ³Eine Erstattung von Lohnsteuer ist nach Ablauf des Kalenderjahres nur im Wege des Lohnsteuer-Jahresausgleichs nach § 42b zulässig.

(4) ¹Der Arbeitgeber hat die Fälle, in denen er von seiner Berechtigung zur nachträglichen Einbehaltung von Lohnsteuer nach Absatz 1 keinen Gebrauch macht oder die Lohnsteuer nicht nachträglich einbehalten werden kann, weil

1. Eintragungen auf der Lohnsteuerkarte eines Arbeitnehmers, die nach Beginn des Dienstverhältnisses vorgenommen worden sind, auf einen Zeitpunkt vor Beginn des Dienstverhältnisses zurückwirken,
2. der Arbeitnehmer vom Arbeitgeber Arbeitslohn nicht mehr bezieht oder
3. der Arbeitgeber nach Ablauf des Kalenderjahres bereits die Lohnsteuerbescheinigung übermittelt oder ausgeschrieben hat,

dem Betriebsstättenfinanzamt unverzüglich anzuzeigen. ²Das Finanzamt hat die zu wenig erhobene Lohnsteuer vom Arbeitnehmer nachzufordern, wenn der nachzufordernde Betrag 10 Euro übersteigt. ³§ 42d bleibt unberührt.

§§ 42 und 42a

– weggefallen –

§ 42b
Lohnsteuer-Jahresausgleich durch den Arbeitgeber

(1) ¹Der Arbeitgeber ist berechtigt, seinen unbeschränkt einkommensteuerpflichtigen Arbeitnehmern, die während des abgelaufenen Kalenderjahres (Ausgleichsjahr) ständig in einem Dienstverhältnis gestanden haben, die für das Ausgleichsjahr einbehaltene Lohnsteuer insoweit zu erstatten, als sie die auf den Jahresarbeitslohn entfallende Jahreslohnsteuer übersteigt (Lohnsteuer-Jahresausgleich). ²Er ist zur Durchführung des Lohnsteuer-Jahresausgleichs verpflichtet, wenn er am 31. Dezember des Ausgleichsjahres mindestens zehn Arbeitnehmer beschäftigt. ³Voraussetzung für den Lohnsteuer-Jahresausgleich ist, dass dem Arbeitgeber die Lohnsteuerkarte und Lohnsteuerbescheinigungen aus etwaigen vorangegangenen Dienstverhältnissen vorliegen. ⁴Der Arbeitgeber darf den Lohnsteuer-Jahresausgleich nicht durchführen, wenn

1. der Arbeitnehmer es beantragt oder
2. der Arbeitnehmer für das Ausgleichsjahr oder für einen Teil des Ausgleichsjahres nach den Steuerklassen V oder VI zu besteuern war oder
3. der Arbeitnehmer für einen Teil des Ausgleichsjahres nach den Steuerklassen II, III oder IV zu besteuern war oder
3a. bei der Lohnsteuerberechnung ein Freibetrag oder Hinzurechnungsbetrag zu berücksichtigen war oder
4. der Arbeitnehmer im Ausgleichsjahr Kurzarbeitergeld, Schlechtwettergeld, Winterausfallgeld, Zuschuss zum Mutterschaftsgeld nach dem Mutterschutzgesetz, Zuschuss nach § 4a der Mutterschutzverordnung oder einer entsprechenden Landesregelung, Entschädigungen für Verdienstausfall nach dem Infektionsschutzgesetz vom 20. Juli 2000 (BGBl. I S. 1045) oder nach § 3 Nr. 28 steuerfreie Aufstockungsbeträge oder Zuschläge bezogen hat oder
4a. die Anzahl der im Lohnkonto oder in der Lohnsteuerbescheinigung eingetragenen Großbuchstaben U mindestens eins beträgt oder
5. der Arbeitslohn im Ausgleichsjahr unter Berücksichtigung der Vorsorgepauschale nach § 10c Abs. 2 und der Vorsorgepauschale nach § 10c Abs. 3 zu besteuern war oder
6. der Arbeitnehmer im Ausgleichsjahr ausländische Einkünfte aus nichtselbständiger Arbeit bezogen hat, die nach einem Abkommen zur Vermeidung der Doppelbesteuerung oder unter Progressionsvorbehalt nach § 34c Abs. 5 von der Lohnsteuer freigestellt waren.

(2) ¹Für den Lohnsteuer-Jahresausgleich hat der Arbeitgeber den Jahresarbeitslohn aus dem zu ihm bestehenden Dienstverhältnis und nach den Lohnsteuerbescheinigungen zu etwaigen vorangegangenen Dienstverhältnissen festzustellen. ²Dabei bleiben Bezüge im Sinne des § 34 Abs. 1 und 2 Nr. 2 und 4 außer Ansatz, wenn der Arbeitnehmer nicht jeweils die Einbeziehung in den Lohnsteuer-Jahresausgleich beantragt. ³Vom Jahresarbeitslohn sind der etwa in Betracht kommende Versorgungsfreibetrag und Zuschlag zum Versorgungsfreibetrag und der etwa in Betracht kommende Altersentlastungsbetrag abzuziehen. ⁴Für den so geminderten Jahresarbeitslohn ist nach Maßgabe der auf der Lohnsteuerkarte zuletzt eingetragenen Steuerklasse die Jahreslohnsteuer nach § 39b Abs. 2 Satz 6 und 7 zu ermitteln. ⁵Den Betrag, um den die sich hiernach ergebende Jahreslohnsteuer die Lohnsteuer unterschreitet, die von dem zugrunde gelegten Jahresarbeitslohn insgesamt erhoben worden ist, hat der Arbeitgeber dem Arbeitnehmer zu erstatten. ⁶Bei der Ermittlung der insgesamt erhobenen Lohnsteuer ist die Lohnsteuer auszuscheiden, die von den nach Satz 2 außer Ansatz gebliebenen Bezügen einbehalten worden ist.

(3) ¹Der Arbeitgeber darf den Lohnsteuer-Jahresausgleich frühestens bei der Lohnabrechnung für den letzten im Ausgleichsjahr endenden Lohnzahlungszeitraum, spätestens bei der Lohnabrechnung für den letzten Lohnzahlungszeitraum, der im Monat März des dem Ausgleichsjahr folgenden Kalenderjahres endet, durchführen. ²Die zu erstattende Lohnsteuer ist dem Betrag zu entnehmen, den der Arbeitgeber für seine Arbeitnehmer für den Lohnzahlungszeitraum insgesamt an Lohnsteuer erhoben hat. ³§ 41c Abs. 2 Satz 2 ist anzuwenden.

(4) ¹Der Arbeitgeber hat im Lohnkonto für das Ausgleichsjahr den Inhalt etwaiger Lohnsteuerbescheinigungen aus vorangegangenen Dienstverhältnissen des Arbeitnehmers einzutragen. ²Im Lohnkonto für das Ausgleichsjahr ist die im Lohnsteuer-Jahresausgleich erstattete Lohnsteuer gesondert einzutragen. ³In der Lohnsteuerbescheinigung für das Ausgleichsjahr ist der sich nach Verrechnung der erhobenen Lohnsteuer mit der erstatteten Lohnsteuer ergebende Betrag als erhobene Lohnsteuer einzutragen.

§ 42c

– weggefallen –

§ 42d
Haftung des Arbeitgebers und Haftung bei Arbeitnehmerüberlassung

(1) Der Arbeitgeber haftet

1. für die Lohnsteuer, die er einzubehalten und abzuführen hat,
2. für die Lohnsteuer, die er beim Lohnsteuer-Jahresausgleich zu Unrecht erstattet hat,
3. für die Einkommensteuer (Lohnsteuer), die auf Grund fehlerhafter Angaben im Lohnkonto oder in der Lohnsteuerbescheinigung verkürzt wird,
4. für die Lohnsteuer, die in den Fällen des § 38 Abs. 3a der Dritte zu übernehmen hat.

(2) Der Arbeitgeber haftet nicht, soweit Lohnsteuer nach § 39 Abs. 4 oder § 39a Abs. 5 nachzufordern ist und in den vom Arbeitgeber angezeigten Fällen des § 38 Abs. 4 Satz 2 und 3 und des § 41c Abs. 4.

(3) ¹Soweit die Haftung des Arbeitgebers reicht, sind der Arbeitgeber und der Arbeitnehmer Gesamtschuldner. ²Das Betriebsstättenfinanzamt kann die Steuerschuld oder Haftungsschuld nach pflichtgemäßem Ermessen gegenüber jedem Gesamtschuldner geltend machen. ³Der Arbeitgeber kann auch dann in Anspruch genommen werden, wenn der Arbeitnehmer zur Einkommensteuer veranlagt wird. ⁴Der Arbeitnehmer kann im Rahmen der Gesamtschuldnerschaft nur in Anspruch genommen werden,

1. wenn der Arbeitgeber die Lohnsteuer nicht vorschriftsmäßig vom Arbeitslohn einbehalten hat,
2. wenn der Arbeitnehmer weiß, dass der Arbeitgeber die einbehaltene Lohnsteuer nicht vorschriftsmäßig angemeldet hat.

⁵Dies gilt nicht, wenn der Arbeitnehmer den Sachverhalt dem Finanzamt unverzüglich mitgeteilt hat.

(4) ¹Für die Inanspruchnahme des Arbeitgebers bedarf es keines Haftungsbescheids und keines Leistungsgebots, soweit der Arbeitgeber

1. die einzubehaltende Lohnsteuer angemeldet hat oder
2. nach Abschluss einer Lohnsteuer-Außenprüfung seine Zahlungsverpflichtung schriftlich anerkennt.

²Satz 1 gilt entsprechend für die Nachforderung zu übernehmender pauschaler Lohnsteuer.

(5) Von der Geltendmachung der Steuernachforderung oder Haftungsforderung ist abzusehen, wenn diese insgesamt 10 Euro nicht übersteigt.

(6) ¹Soweit einem Dritten (Entleiher) Arbeitnehmer gewerbsmäßig zur Arbeitsleistung überlassen werden, haftet er mit Ausnahme der Fälle, in denen eine Arbeitnehmerüberlassung nach § 1 Abs. 3 des Arbeitnehmerüberlassungsgesetzes vorliegt, neben dem Arbeitgeber. ²Der Entleiher haftet nicht, wenn der Überlassung eine Erlaubnis nach § 1 des Arbeitnehmerüberlassungsgesetzes in der Fassung der Bekanntmachung vom 3. Februar 1995 (BGBl. I S. 158), das zuletzt durch Artikel 11 Nr. 21 des Gesetzes vom 30. Juli 2004 (BGBl. I S. 1950) geändert worden ist, in der jeweils geltenden Fassung zugrunde liegt und soweit er nachweist, dass er den nach § 51 Abs. 1 Nr. 2 Buchstabe d vorgesehenen Mitwirkungspflichten nachgekommen ist. ³Der Entleiher haftet ferner nicht, wenn er über das Vorliegen einer Arbeitnehmerüberlassung ohne Verschulden irrte. ⁴Die Haftung beschränkt sich auf die Lohnsteuer für die Zeit, für die ihm der Arbeitnehmer überlassen worden ist. ⁵Soweit die Haftung des Entleihers reicht, sind der Arbeitgeber, der Entleiher und der Arbeitnehmer Gesamtschuldner. ⁶Der Entleiher darf auf Zahlung nur in Anspruch genommen werden, soweit die Vollstreckung in das inländische bewegliche Vermögen des Arbeitgebers fehlgeschlagen ist oder keinen Erfolg verspricht; § 219 Satz 2 der Abgabenordnung ist entsprechend anzuwenden. ⁷Ist durch die Umstände der Arbeitnehmerüberlassung die Lohnsteuer schwer zu ermitteln, so ist die Haftungsschuld mit 15 Prozent des zwischen Verleiher und Entleiher vereinbarten Entgelts ohne Umsatzsteuer anzunehmen, solange der Entleiher nicht glaubhaft macht, dass die Lohnsteuer, für die er haftet, niedriger ist. ⁸Die Absätze 1 bis 5 sind entsprechend anzuwenden. ⁹Die Zuständigkeit des Finanzamts richtet sich nach dem Ort der Betriebsstätte des Verleihers.

(7) Soweit der Entleiher Arbeitgeber ist, haftet der Verleiher wie ein Entleiher nach Absatz 6.

(8) ¹Das Finanzamt kann hinsichtlich der Lohnsteuer der Leiharbeitnehmer anordnen, dass der Entleiher einen bestimmten Teil des mit dem Verleiher vereinbarten Entgelts einzubehalten und abzuführen hat, wenn dies zur Sicherung des Steueranspruchs notwendig ist; Absatz 6 Satz 4 ist anzuwenden. ²Der Verwaltungsakt kann auch mündlich erlassen werden. ³Die Höhe des einzubehaltenden und abzuführenden Teils des Entgelts bedarf keiner Begründung, wenn der in Absatz 6 Satz 7 genannte Prozentsatz nicht überschritten wird.

(9) ¹Der Arbeitgeber haftet auch dann, wenn ein Dritter nach § 38 Abs. 3a dessen Pflichten trägt. ²In diesen Fällen haftet der Dritte neben dem Arbeitgeber. ³Soweit die Haftung des Dritten reicht, sind der Arbeitgeber, der Dritte und der Arbeitnehmer Gesamtschuldner. ⁴Absatz 3 Satz 2 bis 4 ist anzuwenden; Absatz 4 gilt auch für die Inanspruchnahme des Dritten. ⁵Im Fall des § 38 Abs. 3a Satz 2 beschränkt sich die Haftung des Dritten auf die Lohnsteuer, die für die Zeit zu erheben ist, für die er sich gegenüber dem Arbeitgeber zur Vornahme des Lohnsteuerabzugs verpflichtet hat; der maßgebende Zeitraum endet nicht, bevor der Dritte seinem Betriebsstättenfinanzamt die Beendigung seiner Verpflichtung gegenüber dem Arbeitgeber angezeigt hat. ⁶In den Fällen des § 38 Abs. 3a Satz 7 ist als Haftungsschuld der Betrag zu ermitteln, um den die Lohnsteuer, die für den gesamten Arbeitslohn des Lohnzahlungszeitraums zu berechnen und einzubehalten ist, die insgesamt tatsächlich einbehaltene Lohnsteuer übersteigt. ⁷Betrifft die Haftungsschuld mehrere Arbeitgeber, so ist sie bei fehlerhafter Lohnsteuerberechnung nach dem Verhältnis der Arbeitslöhne und für nachträglich zu erfassende Arbeitslohnbeträge nach dem Verhältnis dieser Beträge auf die Arbeitgeber aufzuteilen. ⁸In den Fällen des § 38 Abs. 3a ist das Betriebsstättenfinanzamt des Dritten für die Geltendmachung der Steuer- oder Haftungsschuld zuständig.

§ 42e
Anrufungsauskunft

¹Das Betriebsstättenfinanzamt hat auf Anfrage eines Beteiligten darüber Auskunft zu geben, ob und inwieweit im einzelnen Fall die Vorschriften über die Lohnsteuer anzuwenden sind. ²Sind für einen Arbeitgeber mehrere Betriebsstättenfinanzämter zuständig, so erteilt das Finanzamt die Auskunft, in dessen Bezirk sich die Geschäftsleitung (§ 10 der Abgabenordnung) des Arbeitgebers im Inland befindet. ³Ist dieses Finanzamt kein Betriebsstättenfinanzamt, so ist das Finanzamt zuständig, in dessen Bezirk sich die Betriebsstätte mit den meisten Arbeitnehmern befindet. ⁴In den Fällen der Sätze 2 und 3 hat der Arbeitgeber sämtliche Betriebsstättenfinanzämter, das Finanzamt der Geschäftsleitung und erforderlichenfalls die Betriebsstätte mit den meisten Arbeitnehmern anzugeben sowie zu erklären, für welche Betriebsstätten die Auskunft von Bedeutung ist.

§ 42f
Lohnsteuer-Außenprüfung

(1) Für die Außenprüfung der Einbehaltung oder Übernahme und Abführung der Lohnsteuer ist das Betriebsstättenfinanzamt zuständig.

(2) ¹Für die Mitwirkungspflicht des Arbeitgebers bei der Außenprüfung gilt § 200 der Abgabenordnung. ²Darüber hinaus haben die Arbeitnehmer des Arbeitgebers dem mit der Prüfung Beauftragten jede gewünschte Auskunft über Art und Höhe ihrer Einnahmen zu geben und auf Verlangen die etwa in ihrem Besitz befindlichen Lohnsteuerkarten sowie die Belege über bereits entrichtete Lohnsteuer vorzulegen. ³Dies gilt auch für Personen, bei denen es streitig ist, ob sie Arbeitnehmer des Arbeitgebers sind oder waren.

(3) ¹In den Fällen des § 38 Abs. 3a ist für die Außenprüfung das Betriebsstättenfinanzamt des Dritten zuständig; § 195 Satz 2 der Abgabenordnung bleibt unberührt. ²Die Außenprüfung ist auch beim Arbeitgeber zulässig; dessen Mitwirkungspflichten bleiben neben den Pflichten des Dritten bestehen.

3. Steuerabzug vom Kapitalertrag (Kapitalertragsteuer)

§ 43
Kapitalerträge mit Steuerabzug

(1) ¹Bei den folgenden inländischen und in den Fällen der Nummer 7 Buchstabe a und Nummer 8 sowie Satz 2 auch ausländischen Kapitalerträgen wird die Einkommensteuer durch Abzug vom Kapitalertrag (Kapitalertragsteuer) erhoben:

1. Kapitalerträgen im Sinne des § 20 Abs. 1 Nr. 1 und 2. ²Entsprechendes gilt für Kapitalerträge im Sinne des § 20 Abs. 2 Satz 1 Nr. 2 Buchstabe a und Satz 2;

2. Zinsen aus Teilschuldverschreibungen, bei denen neben der festen Verzinsung ein Recht auf Umtausch in Gesellschaftsanteile (Wandelanleihen) oder eine Zusatzverzinsung, die sich nach der Höhe der Gewinnausschüttungen des Schuldners richtet (Gewinnobligationen), eingeräumt ist, und Zinsen aus

Genussrechten, die nicht in § 20 Abs. 1 Nr. 1 genannt sind. ²Zu den Gewinnobligationen gehören nicht solche Teilschuldverschreibungen, bei denen der Zinsfuß nur vorübergehend herabgesetzt und gleichzeitig eine von dem jeweiligen Gewinnergebnis des Unternehmens abhängige Zusatzverzinsung bis zur Höhe des ursprünglichen Zinsfußes festgelegt worden ist. ³Zu den Kapitalerträgen im Sinne des Satzes 1 gehören nicht die Bundesbankgenussrechte im Sinne des § 3 Abs. 1 des Gesetzes über die Liquidation der Deutschen Reichsbank und der Deutschen Golddiskontbank in der im Bundesgesetzblatt Teil III, Gliederungsnummer 7620-6, veröffentlichten bereinigten Fassung, das zuletzt durch das Gesetz vom 17. Dezember 1975 (BGBl. I S. 3123) geändert worden ist;

3. Einnahmen aus der Beteiligung an einem Handelsgewerbe als stiller Gesellschafter und Zinsen aus partiarischen Darlehen (§ 20 Abs. 1 Nr. 4);

4. Kapitalerträgen im Sinne des § 20 Abs. 1 Nr. 6. ²Der Steuerabzug vom Kapitalertrag ist in den Fällen des § 20 Abs. 1 Nr. 6 Satz 4 in der am 31. Dezember 2004 geltenden Fassung nur vorzunehmen, wenn das Versicherungsunternehmen auf Grund einer Mitteilung des Finanzamts weiß oder infolge der Verletzung eigener Anzeigeverpflichtungen nicht weiß, dass die Kapitalerträge nach dieser Vorschrift zu den Einkünften aus Kapitalvermögen gehören;

5. – weggefallen –

6. – weggefallen –

7. Kapitalerträgen im Sinne des § 20 Abs. 1 Nr. 7, außer bei Kapitalerträgen im Sinne der Nummer 2, wenn

   a) es sich um Zinsen aus Anleihen und Forderungen handelt, die in ein öffentliches Schuldbuch oder in ein ausländisches Register eingetragen oder über die Sammelurkunden im Sinne des § 9a des Depotgesetzes oder Teilschuldverschreibungen ausgegeben sind;

   b) der Schuldner der nicht in Buchstabe a genannten Kapitalerträge ein inländisches Kreditinstitut oder ein inländisches Finanzdienstleistungsinstitut im Sinne des Gesetzes über das Kreditwesen ist. ²Kreditinstitut in diesem Sinne ist auch die Kreditanstalt für Wiederaufbau, eine Bausparkasse, ein Versicherungsunternehmen für Erträge aus Kapitalanlagen, die mit Einlagegeschäften bei Kreditinstituten vergleichbar sind, die Deutsche Postbank AG, die Deutsche Bundesbank bei Geschäften mit jedermann einschließlich ihrer Betriebsangehörigen im Sinne der §§ 22 und 25 des Gesetzes über die Deutsche Bundesbank und eine inländische Zweigstelle eines ausländischen Kreditinstituts oder eines ausländischen Finanzdienstleistungsinstituts im Sinne der §§ 53 und 53b des Gesetzes über das Kreditwesen, nicht aber eine ausländische Zweigstelle eines inländischen Kreditinstituts oder eines inländischen Finanzdienstleistungsinstituts. ³Die inländische Zweigstelle gilt an Stelle des ausländischen Kreditinstituts oder des ausländischen Finanzdienstleistungsinstituts als Schuldner der Kapitalerträge. ⁴Der Steuerabzug muss nicht vorgenommen werden, wenn

      aa) auch der Gläubiger der Kapitalerträge ein inländisches Kreditinstitut oder ein inländisches Finanzdienstleistungsinstitut im Sinne des Gesetzes über das Kreditwesen einschließlich der inländischen Zweigstelle eines ausländischen Kreditinstituts oder eines ausländischen Finanzdienstleistungsinstituts im Sinne der §§ 53 und 53b des Gesetzes über das Kreditwesen, eine Bausparkasse, die Deutsche Postbank AG, die Deutsche Bundesbank oder die Kreditanstalt für Wiederaufbau ist,

      bb) es sich um Kapitalerträge aus Sichteinlagen handelt, für die kein höherer Zins oder Bonus als 1 Prozent gezahlt wird,

      cc) es sich um Kapitalerträge aus Guthaben bei einer Bausparkasse auf Grund eines Bausparvertrags handelt und wenn für den Steuerpflichtigen im Kalenderjahr der Gutschrift oder im Kalenderjahr vor der Gutschrift dieser Kapitalerträge für Aufwendungen an die Bausparkasse eine Arbeitnehmer-Sparzulage oder eine Wohnungsbauprämie festgesetzt oder von der Bausparkasse ermittelt worden ist oder für die Guthaben kein höherer Zins oder Bonus als 1 Prozent gezahlt wird,

      dd) die Kapitalerträge bei den einzelnen Guthaben im Kalenderjahr nur einmal gutgeschrieben werden und 10 Euro nicht übersteigen;

7a. Kapitalerträgen im Sinne des § 20 Abs. 1 Nr. 9;

7b. Kapitalerträgen im Sinne des § 20 Abs. 1 Nr. 10 Buchstabe a;

7c. Kapitalerträgen im Sinne des § 20 Abs. 1 Nr. 10 Buchstabe b;

8. Kapitalerträgen im Sinne des § 20 Abs. 2 Satz 1 Nr. 2 Buchstabe b und Nr. 3 und 4 außer bei Zinsen aus Wandelanleihen im Sinne der Nummer 2. ²Bei der Veräußerung von Kapitalforderungen im Sinne der Nummer 7 Buchstabe b gilt Nummer 7 Buchstabe b Doppelbuchstabe aa entsprechend.

²Dem Steuerabzug unterliegen auch Kapitalerträge im Sinne des § 20 Abs. 2 Satz 1 Nr. 1, die neben den in den Nummern 1 bis 8 bezeichneten Kapitalerträgen oder an deren Stelle gewährt werden. ³Der Steuerabzug ist ungeachtet des § 3 Nr. 40 und des § 8b des Körperschaftsteuergesetzes vorzunehmen.

(2) Der Steuerabzug ist außer in den Fällen des Absatzes 1 Satz 1 Nr. 7c nicht vorzunehmen, wenn Gläubiger und Schuldner der Kapitalerträge (Schuldner) oder die auszahlende Stelle im Zeitpunkt des Zufließens dieselbe Person sind.

(3) ¹Kapitalerträge sind inländische, wenn der Schuldner Wohnsitz, Geschäftsleitung oder Sitz im Inland hat. ²Kapitalerträge im Sinne des Absatzes 1 Satz 1 Nr. 1 Satz 2 sind inländische, wenn der Schuldner der veräußerten Ansprüche die Voraussetzungen des Satzes 1 erfüllt. ³Kapitalerträge im Sinne des § 20 Abs. 1 Nr. 1 Satz 4 sind inländische, wenn der Emittent der Aktien Geschäftsleitung oder Sitz im Inland hat.

(4) Der Steuerabzug ist auch dann vorzunehmen, wenn die Kapitalerträge beim Gläubiger zu den Einkünften aus Land- und Forstwirtschaft, aus Gewerbebetrieb, aus selbständiger Arbeit oder aus Vermietung und Verpachtung gehören.

§ 43a
Bemessung der Kapitalertragsteuer

(1) Die Kapitalertragsteuer beträgt

1. in den Fällen des § 43 Abs. 1 Satz 1 Nr. 1:

   20 Prozent des Kapitalertrags, wenn der Gläubiger die Kapitalertragsteuer trägt,

   25 Prozent des tatsächlich ausgezahlten Betrags, wenn der Schuldner die Kapitalertragsteuer übernimmt;

2. in den Fällen des § 43 Abs. 1 Satz 1 Nr. 2 bis 4:

   25 Prozent des Kapitalertrags, wenn der Gläubiger die Kapitalertragsteuer trägt,

   33 ⅓ Prozent des tatsächlich ausgezahlten Betrags, wenn der Schuldner die Kapitalertragsteuer übernimmt;

3. in den Fällen des § 43 Abs. 1 Satz 1 Nr. 7 und 8 sowie Satz 2:

   30 Prozent des Kapitalertrags (Zinsabschlag), wenn der Gläubiger die Kapitalertragsteuer trägt,

   42,85 Prozent des tatsächlich ausgezahlten Betrags, wenn der Schuldner die Kapitalertragsteuer übernimmt;

   in den Fällen des § 44 Abs. 1 Satz 4 Nr. 1 Buchstabe a Doppelbuchstabe bb erhöhen sich der Prozentsatz von 30 auf 35 und der Prozentsatz von 42,85 auf 53,84;

4. in den Fällen des § 43 Abs. 1 Satz 1 Nr. 7a:

   20 Prozent des Kapitalertrags, wenn der Gläubiger die Kapitalertragsteuer trägt,

   25 Prozent des tatsächlich ausgezahlten Betrags, wenn der Schuldner die Kapitalertragsteuer übernimmt;

5. in den Fällen des § 43 Abs. 1 Satz 1 Nr. 7b:

   10 Prozent des Kapitalertrags, wenn der Gläubiger die Kapitalertragsteuer trägt,

   11 ⅑ Prozent des tatsächlich ausgezahlten Betrags, wenn der Schuldner die Kapitalertragsteuer übernimmt;

6. in den Fällen des § 43 Abs. 1 Satz 1 Nr. 7c:

   10 Prozent des Kapitalertrags.

(2) ¹Dem Steuerabzug unterliegen die vollen Kapitalerträge ohne jeden Abzug. ²In den Fällen des § 20 Abs. 2 Satz 1 Nr. 4 bemisst sich der Steuerabzug nach dem Unterschied zwischen dem Entgelt für den Erwerb und den Einnahmen aus der Veräußerung oder Einlösung der Wertpapiere und Kapitalforderungen, wenn sie von der die Kapitalerträge auszahlenden Stelle erworben oder veräußert und seitdem verwahrt oder verwaltet worden sind. ³Ist dies nicht der Fall, bemisst sich der Steuerabzug nach 30 Prozent der Einnahmen aus der Veräußerung oder Einlösung der Wertpapiere und Kapitalforderungen. ⁴Hat die auszahlende Stelle die Wertpapiere und Kapitalforderungen vor dem 1. Januar 1994 erworben oder veräußert und seitdem verwahrt oder verwaltet, kann sie den Steuerabzug nach 30 Prozent der Einnahmen aus der Veräußerung oder Einlösung der Wertpapiere und Kapitalforderungen bemessen. ⁵Die Sätze 3 und 4 gelten auch in den Fällen der Einlösung durch den Ersterwerber. ⁶Abweichend von den Sätzen 2 bis 5 bemisst sich der Steuerabzug bei Kapitalerträgen aus nicht für einen marktmäßigen Handel bestimmten schuldbuchfähigen Wertpapieren des Bundes und der Länder oder bei Kapitalerträgen im Sinne des § 43 Abs. 1 Satz 1 Nr. 7 Buchstabe b aus nicht in Inhaber- oder Orderschuldverschreibungen verbrieften Kapitalforderungen nach dem vollen Kapitalertrag ohne jeden Abzug. ⁷Bei Wertpapieren und Kapitalforderungen in einer ausländischen Währung ist der Unterschied im Sinne des Satzes 2 in der ausländischen Währung zu ermitteln.

(3) ¹Von Kapitalerträgen im Sinne des § 43 Abs. 1 Satz 1 Nr. 7 Buchstabe a und Nr. 8 sowie Satz 2 kann die auszahlende Stelle Stückzinsen, die ihr der Gläubiger im Kalenderjahr des Zuflusses der Kapitalerträge gezahlt hat, bis zur Höhe der Kapitalerträge abziehen. ²Dies gilt nicht in den Fällen des § 44 Abs. 1 Satz 4 Nr. 1 Buchstabe a Doppelbuchstabe bb.

(4) ¹Die Absätze 2 und 3 Satz 1 gelten entsprechend für die das Bundesschuldbuch führende Stelle oder eine Landesschuldenverwaltung als auszahlende Stelle, im Fall des Absatzes 3 Satz 1 jedoch nur, wenn die Wertpapiere oder Forderungen von einem Kreditinstitut oder einem Finanzdienstleistungsinstitut mit der Maßgabe der Verwahrung und Verwaltung durch die das Bundesschuldbuch führende Stelle oder eine Landesschuldenverwaltung erworben worden sind. ²Das Kreditinstitut oder das Finanzdienstleistungsinstitut hat der das Bundesschuldbuch führenden Stelle oder einer Landesschuldenverwaltung zusammen mit den im Schuldbuch einzutragenden Wertpapieren und Forderungen den Erwerbszeitpunkt und den Betrag der gezahlten Stückzinsen sowie in Fällen des Absatzes 2 Satz 2 bis 5 den Erwerbspreis der für einen marktmäßigen Handel bestimmten schuldbuchfähigen Wertpapiere des Bundes oder der Länder und außerdem mitzuteilen, dass es diese Wertpapiere und Forderungen erworben oder veräußert und seitdem verwahrt oder verwaltet hat.

§ 43b
Bemessung der Kapitalertragsteuer bei bestimmten Gesellschaften

(1) ¹Auf Antrag wird die Kapitalertragsteuer für Kapitalerträge im Sinne des § 20 Abs. 1 Nr. 1, die einer Muttergesellschaft, die weder ihren Sitz noch ihre Geschäftsleitung im Inland hat, oder einer in einem anderen Mitgliedstaat der Europäischen Union gelegenen Betriebsstätte dieser Muttergesellschaft, aus Ausschüttungen einer Tochtergesellschaft zufließen, nicht erhoben. ²Satz 1 gilt auch für Ausschüttungen einer Tochtergesellschaft, die einer in einem anderen Mitgliedstaat der Europäischen Union gelegenen Betriebsstätte einer unbeschränkt steuerpflichtigen Muttergesellschaft zufließen. ³Ein Zufluss an die Betriebsstätte liegt nur vor, wenn die Beteiligung an der Tochtergesellschaft tatsächlich zu dem Betriebsvermögen der Betriebsstätte gehört. ⁴Die Sätze 1 bis 3 gelten nicht für Kapitalerträge im Sinne des § 20 Abs. 1 Nr. 1, die anlässlich der Liquidation oder Umwandlung einer Tochtergesellschaft zufließen.

(2) ¹Muttergesellschaft im Sinne des Absatzes 1 ist jede Gesellschaft, die die in der Anlage 2 zu diesem Gesetz bezeichneten Voraussetzungen erfüllt und nach Artikel 3 Abs. 1 Buchstabe a der Richtlinie 90/435/EWG des Rates vom 23. Juli 1990 über das gemeinsame Steuersystem der Mutter- und Tochtergesellschaften verschiedener Mitgliedstaaten (ABl. EG Nr. L 225 S. 6, Nr. L 266 S. 20, 1997 Nr. L 16 S. 98), zuletzt geändert durch die Richtlinie 2003/123/EG des Rates vom 22. Dezember 2003 (ABl. EU 2004 Nr. L 7 S. 41), im Zeitpunkt der Entstehung der Kapitalertragsteuer gemäß § 44 Abs. 1 Satz 2 nachweislich mindestens zu 20 Prozent unmittelbar am Kapital der Tochtergesellschaft (Mindestbeteiligung) beteiligt ist. ²Ist die Mindestbeteiligung zu diesem Zeitpunkt nicht erfüllt, ist der Zeitpunkt des Gewinnverteilungsbeschlusses maßgeblich. ³Tochtergesellschaft im Sinne des Absatzes 1 sowie des Satzes 1 ist jede unbeschränkt steuerpflichtige Gesellschaft, die die in der Anlage 2 zu diesem Gesetz und in Artikel 3 Abs. 1 Buchstabe b der Richtlinie 90/435/EWG bezeichneten Voraussetzungen erfüllt. ⁴Weitere Voraussetzung ist, dass die Beteiligung nachweislich ununterbrochen zwölf Monate besteht. ⁵Wird dieser Beteiligungszeitraum nach dem Zeitpunkt der Entstehung der Kapitalertragsteuer gemäß § 44 Abs. 1 Satz 2 vollendet, ist die einbehaltene und abgeführte Kapitalertragsteuer nach § 50d Abs. 1 zu erstatten; das Freistellungsverfahren nach § 50d Abs. 2 ist ausgeschlossen.

(2a) Betriebsstätte im Sinne der Absätze 1 und 2 ist eine feste Geschäftseinrichtung in einem anderen Mitgliedstaat der Europäischen Union, durch die die Tätigkeit der Muttergesellschaft ganz oder teilweise ausgeübt wird, wenn das Besteuerungsrecht für die Gewinne dieser Geschäftseinrichtung nach dem jeweils geltenden Abkommen zur Vermeidung der Doppelbesteuerung dem Staat, in dem sie gelegen ist, zugewiesen wird und diese Gewinne in diesem Staat der Besteuerung unterliegen.

(3) Absatz 1 in Verbindung mit Absatz 2 gilt auch, wenn die Beteiligung der Muttergesellschaft am Kapital der Tochtergesellschaft mindestens 10 Prozent beträgt und der Staat, in dem die Muttergesellschaft nach einem mit einem anderen Mitgliedstaat der Europäischen Union abgeschlossenen Abkommen zur Vermeidung der Doppelbesteuerung als ansässig gilt, dieser Gesellschaft für Ausschüttungen der Tochtergesellschaft eine Steuerbefreiung oder eine Anrechnung der deutschen Körperschaftsteuer auf die Steuer der Muttergesellschaft gewährt und seinerseits Ausschüttungen an eine unbeschränkt steuerpflichtige Muttergesellschaft ab der gleichen Beteiligungshöhe von der Kapitalertragsteuer befreit.

(4) – weggefallen –

§ 44
Entrichtung der Kapitalertragsteuer

(1) ¹Schuldner der Kapitalertragsteuer ist in den Fällen des § 43 Abs. 1 Satz 1 Nr. 1 bis 7b und 8 sowie Satz 2 der Gläubiger der Kapitalerträge. ²Die Kapitalertragsteuer entsteht in dem Zeitpunkt, in dem die Kapitalerträge dem Gläubiger zufließen. ³In diesem Zeitpunkt haben in den Fällen des § 43 Abs. 1 Satz 1 Nr. 1 bis 4 sowie 7a und 7b der Schuldner der Kapitalerträge, in den Fällen des § 20 Abs. 1 Nr. 1 Satz 4 jedoch das für den Verkäufer der Aktien den Verkaufsauftrag ausführende inländische Kreditinstitut oder Finanzdienstleistungsinstitut im Sinne des § 43 Abs. 1 Satz 1 Nr. 7 Buchstabe b (den Verkaufsauftrag ausführende Stelle), und in den Fällen des § 43 Abs. 1 Satz 1 Nr. 7 und 8 sowie Satz 2 die die Kapitalerträge auszahlende Stelle den Steuerabzug für Rechnung des Gläubigers der Kapitalerträge vorzunehmen. ⁴Die die Kapitalerträge auszahlende Stelle ist

1. in den Fällen des § 43 Abs. 1 Satz 1 Nr. 7 Buchstabe a und Nr. 8 sowie Satz 2

  a) das inländische Kreditinstitut oder das inländische Finanzdienstleistungsinstitut im Sinne des § 43 Abs. 1 Satz 1 Nr. 7 Buchstabe b,

    aa) das die Teilschuldverschreibungen, die Anteile an einer Sammelschuldbuchforderung, die Wertrechte oder die Zinsscheine verwahrt oder verwaltet und die Kapitalerträge auszahlt oder gutschreibt,

    bb) das die Kapitalerträge gegen Aushändigung der Zinsscheine oder der Teilschuldverschreibungen einem anderen als einem ausländischen Kreditinstitut oder einem ausländischen Finanzdienstleistungsinstitut auszahlt oder gutschreibt;

  b) der Schuldner der Kapitalerträge in den Fällen des Buchstabens a, wenn kein inländisches Kreditinstitut oder kein inländisches Finanzdienstleistungsinstitut die die Kapitalerträge auszahlende Stelle ist;

2. in den Fällen des § 43 Abs. 1 Satz 1 Nr. 7 Buchstabe b das inländische Kreditinstitut oder das inländische Finanzdienstleistungsinstitut, das die Kapitalerträge als Schuldner auszahlt oder gutschreibt.

⁵Die innerhalb eines Kalendermonats einbehaltene Steuer ist jeweils bis zum zehnten des folgenden Monats an das Finanzamt abzuführen, das für die Besteuerung

1. des Schuldners der Kapitalerträge,
2. der den Verkaufsauftrag ausführenden Stelle oder
3. der die Kapitalerträge auszahlenden Stelle

nach dem Einkommen zuständig ist; bei Kapitalerträgen im Sinne des § 43 Abs. 1 Satz 1 Nr. 1 ist die einbehaltene Steuer, soweit es sich nicht um Kapitalerträge im Sinne des § 20 Abs. 1 Nr. 1 Satz 4 handelt, in dem Zeitpunkt abzuführen, in dem die Kapitalerträge dem Gläubiger zufließen. ⁶Dabei sind die Kapitalertragsteuer und der Zinsabschlag, die zu demselben Zeitpunkt abzuführen sind, jeweils auf den nächsten vollen Euro-Betrag abzurunden. ⁷Wenn Kapitalerträge ganz oder teilweise nicht in Geld bestehen (§ 8 Abs. 2) und der in Geld geleistete Kapitalertrag nicht zur Deckung der Kapitalertragsteuer ausreicht, hat der Gläubiger der Kapitalerträge dem zum Steuerabzug Verpflichteten den Fehlbetrag zur Verfügung zu stellen. ⁸Soweit der Gläubiger seiner Verpflichtung nicht nachkommt, hat der zum Steuerabzug Verpflichtete dies dem für ihn zuständigen Betriebsstättenfinanzamt anzuzeigen. ⁹Das Finanzamt hat die zu wenig erhobene Kapitalertragsteuer vom Gläubiger der Kapitalerträge nachzufordern.

(2) ¹Gewinnanteile (Dividenden) und andere Kapitalerträge, deren Ausschüttung von einer Körperschaft beschlossen wird, fließen dem Gläubiger der Kapitalerträge an dem Tag zu (Absatz 1), der im Beschluss als Tag der Auszahlung bestimmt worden ist. ²Ist die Ausschüttung nur festgesetzt, ohne dass über den Zeitpunkt der Auszahlung ein Beschluss gefasst worden ist, so gilt als Zeitpunkt des Zufließens der Tag nach der Beschlussfassung. ³Für Kapitalerträge im Sinne des § 20 Abs. 1 Nr. 1 Satz 4 gelten diese Zuflusszeitpunkte entsprechend.

(3) ¹Ist bei Einnahmen aus der Beteiligung an einem Handelsgewerbe als stiller Gesellschafter in dem Beteiligungsvertrag über den Zeitpunkt der Ausschüttung keine Vereinbarung getroffen, so gilt als Kapitalertrag am Tag nach der Aufstellung der Bilanz oder einer sonstigen Feststellung des Gewinnanteils des stillen Gesellschafters, spätestens jedoch sechs Monate nach Ablauf des Wirtschaftsjahres, für das der Kapitalertrag ausgeschüttet oder gutgeschrieben werden soll, als zugeflossen. ²Bei Zinsen aus partiarischen Darlehen gilt Satz 1 entsprechend.

(4) Haben Gläubiger und Schuldner der Kapitalerträge vor dem Zufließen ausdrücklich Stundung des Kapitalertrags vereinbart, weil der Schuldner vorübergehend zur Zahlung nicht in der Lage ist, so ist der Steuerabzug erst mit Ablauf der Stundungsfrist vorzunehmen.

(5) ¹Die Schuldner der Kapitalerträge, die den Verkaufsauftrag ausführenden Stellen oder die die Kapitalerträge auszahlenden Stellen haften für die Kapitalertragsteuer, die sie einzubehalten und abzuführen haben, es sei denn, sie weisen nach, dass sie die ihnen auferlegten Pflichten weder vorsätzlich noch grob fahrlässig verletzt haben. ²Der Gläubiger der Kapitalerträge wird nur in Anspruch genommen, wenn

1. der Schuldner, die den Verkaufsauftrag ausführenden Stelle oder die die Kapitalerträge auszahlende Stelle die Kapitalerträge nicht vorschriftsmäßig gekürzt hat,
2. der Gläubiger weiß, dass der Schuldner, die den Verkaufsauftrag ausführende Stelle oder die die Kapitalerträge auszahlende Stelle die einbehaltene Kapitalertragsteuer nicht vorschriftsmäßig abgeführt hat, und dies dem Finanzamt nicht unverzüglich mitteilt oder
3. das die Kapitalerträge auszahlende inländische Kreditinstitut oder das inländische Finanzdienstleistungsinstitut die Kapitalerträge zu Unrecht ohne Abzug der Kapitalertragsteuer ausgezahlt hat.

³Für die Inanspruchnahme des Schuldners der Kapitalerträge, der den Verkaufsauftrag ausführenden Stelle und der die Kapitalerträge auszahlenden Stelle bedarf es keines Haftungsbescheids, soweit der Schuldner, die den Verkaufsauftrag ausführende Stelle oder die die Kapitalerträge auszahlende Stelle die einbehaltene Kapitalertragsteuer richtig angemeldet hat oder soweit sie ihre Zahlungsverpflichtungen gegenüber dem Finanzamt oder dem Prüfungsbeamten des Finanzamts schriftlich anerkennen.

(6) ¹In den Fällen des § 43 Abs. 1 Satz 1 Nr. 7c gilt die juristische Person des öffentlichen Rechts und die von der Körperschaftsteuer befreite Körperschaft, Personenvereinigung oder Vermögensmasse als Gläubiger und der Betrieb gewerblicher Art und der wirtschaftlichen Geschäftsbetrieb als Schuldner der Kapitalerträge. ²Die Kapitalertragsteuer entsteht, auch soweit sie auf verdeckte Gewinnausschüttungen entfällt, die im abgelaufenen Wirtschaftsjahr vorgenommen worden sind, im Zeitpunkt der Bilanzerstellung; sie entsteht spätestens acht Monate nach Ablauf des Wirtschaftsjahres, in den Fällen des § 20 Abs. 1 Nr. 10 Buchstabe b Satz 2 am Tag nach der Beschlussfassung über die Verwendung und in den Fällen des § 22 Abs. 4 des Umwandlungssteuergesetzes am Tag nach der Veräußerung. ³Die Kapitalertragsteuer entsteht in den Fällen des § 20 Abs. 1 Nr. 10 Buchstabe b Satz 3 zum Ende des Wirtschaftsjahres. ⁴Die Absätze 1 bis 4 und 5 Satz 2 sind entsprechend anzuwenden. ⁵Der Schuldner der Kapitalerträge haftet für die Kapitalertragsteuer, soweit sie auf verdeckte Gewinnausschüttungen und auf Veräußerungen im Sinne des § 22 Abs. 4 des Umwandlungssteuergesetzes entfällt.

(7) ¹In den Fällen des § 14 Abs. 3 des Körperschaftsteuergesetzes entsteht die Kapitalertragsteuer in dem Zeitpunkt der Feststellung der Handelsbilanz der Organgesellschaft; sie entsteht spätestens acht Monate nach Ablauf des Wirtschaftsjahrs der Organgesellschaft. ²Die entstandene Kapitalertragsteuer ist an dem auf den Entstehungszeitpunkt nachfolgenden Werktag an das Finanzamt abzuführen, das für die Besteuerung der Organgesellschaft nach dem Einkommen zuständig ist. ³Im Übrigen sind die Absätze 1 bis 4 entsprechend anzuwenden.

§ 44a
Abstandnahme vom Steuerabzug

(1) Bei Kapitalerträgen im Sinne des § 43 Abs. 1 Satz 1 Nr. 3, 4, 7 und 8 sowie Satz 2, die einem unbeschränkt einkommensteuerpflichtigen Gläubiger zufließen, ist der Steuerabzug nicht vorzunehmen,

1. soweit die Kapitalerträge zusammen mit den Kapitalerträgen, für die die Kapitalertragsteuer nach § 44b zu erstatten ist, den Sparer-Freibetrag nach § 20 Abs. 4 und den Werbungskosten-Pauschbetrag nach § 9a Satz 1 Nr. 2 nicht übersteigen,
2. wenn anzunehmen ist, dass für ihn eine Veranlagung zur Einkommensteuer nicht in Betracht kommt.

(2) ¹Voraussetzung für die Abstandnahme vom Steuerabzug nach Absatz 1 ist, dass dem nach § 44 Abs. 1 zum Steuerabzug Verpflichteten in den Fällen

1. des Absatzes 1 Nr. 1 ein Freistellungsauftrag des Gläubigers der Kapitalerträge nach amtlich vorgeschriebenem Vordruck oder
2. des Absatzes 1 Nr. 2 eine Nichtveranlagungs-Bescheinigung des für den Gläubiger zuständigen Wohnsitzfinanzamts

vorliegt. ²In den Fällen des Satzes 1 Nr. 2 ist die Bescheinigung unter dem Vorbehalt des Widerrufs auszustellen. ³Ihre Geltungsdauer darf höchstens drei Jahre betragen und muss am Schluss eines Kalenderjahres enden. ⁴Fordert das Finanzamt die Bescheinigung zurück oder erkennt der Gläubiger, dass die Voraussetzungen für ihre Erteilung weggefallen sind, so hat er dem Finanzamt die Bescheinigung zurückzugeben.

(3) Der nach § 44 Abs. 1 zum Steuerabzug Verpflichtete hat in seinen Unterlagen das Finanzamt, das die Bescheinigung erteilt hat, den Tag der Ausstellung der Bescheinigung und die in der Bescheinigung angegebene Steuer- und Listennummer zu vermerken sowie die Freistellungsaufträge aufzubewahren.

(4) ¹Ist der Gläubiger

1. eine von der Körperschaftsteuer befreite inländische Körperschaft, Personenvereinigung oder Vermögensmasse oder
2. eine inländische juristische Person des öffentlichen Rechts,

so ist der Steuerabzug bei Kapitalerträgen im Sinne des § 43 Abs. 1 Satz 1 Nr. 4, 7 und 8 sowie Satz 2 nicht vorzunehmen. ²Dies gilt auch, wenn es sich bei den Kapitalerträgen um Bezüge im Sinne des § 20 Abs. 1 Nr. 1 und 2 handelt, die der Gläubiger von einer von der Körperschaftsteuer befreiten Körperschaft bezieht. ³Voraussetzung ist, dass der Gläubiger dem Schuldner oder dem die Kapitalerträge auszahlenden inländischen Kreditinstitut oder inländischen Finanzdienstleistungsinstitut durch eine Bescheinigung des für seine Geschäftsleitung oder seinen Sitz zuständigen Finanzamts nachweist, dass er eine Körperschaft, Personenvereinigung oder Vermögensmasse im Sinne des Satzes 1 Nr. 1 oder 2 ist. ⁴Absatz 2 Satz 2 bis 4 und Absatz 3 gelten entsprechend. ⁵Die in Satz 3 bezeichnete Bescheinigung wird nicht erteilt, wenn die Kapitalerträge in den Fällen des Satzes 1 Nr. 1 in einem wirtschaftlichen Geschäftsbetrieb anfallen, für den die Befreiung von der Körperschaftsteuer ausgeschlossen ist, oder wenn sie in den Fällen des Satzes 1 Nr. 2 in einem nicht von der Körperschaftsteuer befreiten Betrieb gewerblicher Art anfallen.

(5) ¹Bei Kapitalerträgen im Sinne des § 43 Abs. 1 Satz 1 Nr. 7 und 8 sowie Satz 2, die einem unbeschränkt oder beschränkt einkommensteuerpflichtigen Gläubiger zufließen, ist der Steuerabzug nicht vorzunehmen, wenn die Kapitalerträge Betriebseinnahmen des Gläubigers sind und die Kapitalertragsteuer bei ihm auf Grund der Art seiner Geschäfte auf Dauer höher wären als die gesamte festzusetzende Einkommensteuer oder Körperschaftsteuer. ²Dies ist durch eine Bescheinigung des für den Gläubiger zuständigen Finanzamts nachzuweisen. ³Die Bescheinigung ist unter dem Vorbehalt des Widerrufs auszustellen.

(6) ¹Voraussetzung für die Abstandnahme vom Steuerabzug nach den Absätzen 1, 4 und 5 bei Kapitalerträgen im Sinne des § 43 Abs. 1 Satz 1 Nr. 7 und 8 sowie Satz 2 ist, dass die Teilschuldverschreibungen, die Anteile an der Sammelschuldbuchforderung, die Wertrechte oder die Einlagen und Guthaben im Zeitpunkt des Zufließens der Einnahmen unter den Namen des Gläubigers der Kapitalerträge bei der die Kapitalerträge auszahlenden Stelle verwahrt oder verwaltet werden. ²Ist dies nicht der Fall, ist die Bescheinigung nach § 45a Abs. 2 durch einen entsprechenden Hinweis zu kennzeichnen.

(7) ¹Ist der Gläubiger eine inländische
1. Körperschaft, Personenvereinigung oder Vermögensmasse im Sinne des § 5 Abs. 1 Nr. 9 des Körperschaftsteuergesetzes oder
2. Stiftung des öffentlichen Rechts, die ausschließlich und unmittelbar gemeinnützigen oder mildtätigen Zwecken dient, oder
3. juristische Person des öffentlichen Rechts, die ausschließlich und unmittelbar kirchlichen Zwecken dient,

so ist der Steuerabzug bei Kapitalerträgen im Sinne des § 43 Abs. 1 Satz 1 Nr. 7a bis 7c nicht vorzunehmen. ²Der Steuerabzug vom Kapitalertrag ist außerdem nicht vorzunehmen bei Kapitalerträgen im Sinne des § 43 Abs. 1 Satz 1 Nr. 1, soweit es sich um Erträge aus Anteilen an Gesellschaften mit beschränkter Haftung, Namensaktien nicht börsennotierter Aktiengesellschaften und Anteilen an Erwerbs- und Wirtschaftsgenossenschaften sowie aus Genussrechten handelt, und bei Kapitalerträgen im Sinne des § 43 Abs. 1 Satz 1 Nr. 2 und 3; Voraussetzung für die Abstandnahme bei Kapitalerträgen aus Genussrechten im Sinne des § 43 Abs. 1 Satz 1 Nr. 1 und Kapitalerträgen im Sinne des § 43 Abs. 1 Satz 1 Nr. 2 ist, dass die die Kapitalerträge auszahlende Stelle nicht Sammelantragsberechtigter im Sinne des § 45b ist. ³Bei allen übrigen Kapitalerträgen nach § 43 Abs. 1 Satz 1 Nr. 1 und 2 ist § 45b sinngemäß anzuwenden. ⁴Voraussetzung für die Anwendung der Sätze 1 und 2 ist, dass der Gläubiger durch eine Bescheinigung des für seine Geschäftsleitung oder seinen Sitz zuständigen Finanzamts nachweist, dass er eine Körperschaft, Personenvereinigung oder Vermögensmasse nach Satz 1 ist. ⁵Absatz 4 gilt entsprechend.

(8) ¹Ist der Gläubiger
1. eine nach § 5 Abs. 1 mit Ausnahme der Nummer 9 des Körperschaftsteuergesetzes oder nach anderen Gesetzen von der Körperschaftsteuer befreite Körperschaft, Personenvereinigung oder Vermögensmasse oder
2. eine inländische juristische Person des öffentlichen Rechts, die nicht in Absatz 7 bezeichnet ist,

so ist der Steuerabzug bei Kapitalerträgen im Sinne des § 43 Abs. 1 Satz 1 Nr. 1, soweit es sich um Erträge aus Anteilen an Gesellschaften mit beschränkter Haftung, Namensaktien nicht börsennotierter Aktiengesellschaften und Erwerbs- und Wirtschaftsgenossenschaften handelt, sowie von Erträgen aus Genussrechten im Sinne des § 43 Abs. 1 Satz 1 Nr. 1 unter der Voraussetzung, dass die die Kapitalerträge auszahlende Stelle nicht Sammelantragsberechtigter nach § 45b ist, und bei Kapitalerträgen im Sinne des § 43 Abs. 1 Satz 1 Nr. 7a nur hälftig vorzunehmen. ²Bei allen übrigen Kapitalerträgen nach § 43 Abs. 1 Satz 1 Nr. 1 ist § 45b in Verbindung mit Satz 1 sinngemäß anzuwenden (Erstattung der Hälfte der gesetzlich in § 43a vorgeschriebenen Kapitalertragsteuer). ³Voraussetzung für die Anwendung des Satzes 1 ist, dass der Gläubiger durch eine Bescheinigung des für seine Geschäftsleitung oder seinen Sitz zuständigen Finanzamts nachweist, dass er eine Körperschaft, Personenvereinigung oder Vermögensmasse im Sinne des Satzes 1 ist. ⁴Absatz 4 gilt entsprechend.

§ 44b
Erstattung der Kapitalertragsteuer

(1) ¹Bei Kapitalerträgen im Sinne des § 43 Abs. 1 Satz 1 Nr. 1 und 2, die einem unbeschränkt einkommensteuerpflichtigen und in den Fällen des § 44a Abs. 5 auch einem beschränkt einkommensteuerpflichtigen Gläubiger zufließen, wird auf Antrag die einbehaltene und abgeführte Kapitalertragsteuer unter den Voraussetzungen des § 44a Abs. 1, 2 und 5 in dem dort bestimmten Umfang unter Berücksichtigung des § 3 Nr. 40 Buchstabe d, e und f erstattet. ²Dem Antrag auf Erstattung sind

a) der Freistellungsauftrag nach § 44a Abs. 2 Satz 1 Nr. 1 oder die Nichtveranlagungs-Bescheinigung nach § 44a Abs. 2 Satz 1 Nr. 2 sowie eine Steuerbescheinigung nach § 45a Abs. 3 oder

b) die Bescheinigung nach § 44a Abs. 5 sowie eine Steuerbescheinigung nach § 45a Abs. 2 oder Abs. 3 beizufügen.

(2) ¹Für die Erstattung ist das Bundeszentralamt für Steuern zuständig. ²Der Antrag ist nach amtlich vorgeschriebenem Muster zu stellen und zu unterschreiben.

(3) ¹Die Antragsfrist endet am 31. Dezember des Jahres, das dem Kalenderjahr folgt, in dem die Einnahmen zugeflossen sind. ²Die Frist kann nicht verlängert werden.

(4) Die Erstattung ist ausgeschlossen, wenn
1. die Erstattung nach § 45c beantragt oder durchgeführt worden ist,
2. die vorgeschriebenen Steuerbescheinigungen nicht vorgelegt oder durch einen Hinweis nach § 44a Abs. 6 Satz 2 gekennzeichnet worden sind.

(5) ¹Ist Kapitalertragsteuer einbehalten und abgeführt worden, obwohl eine Verpflichtung hierzu nicht bestand, oder hat der Gläubiger im Fall des § 44a dem nach § 44 Abs. 1 zum Steuerabzug Verpflichteten den Freistellungsauftrag oder die Nichtveranlagungs-Bescheinigung oder die Bescheinigungen nach § 44a Abs. 4 oder 5 erst in einem Zeitpunkt vorgelegt, in dem die Kapitalertragsteuer bereits abgeführt war, so ist auf Antrag des nach § 44 Abs. 1 zum Steuerabzug Verpflichteten die Steueranmeldung (§ 45a Abs. 1) insoweit zu ändern; stattdessen kann der zum Steuerabzug Verpflichtete bei der folgenden Steueranmeldung die abzuführende Kapitalertragsteuer entsprechend kürzen. ²Erstattungsberechtigt ist der Antragsteller.

§ 45
Ausschluss der Erstattung von Kapitalertragsteuer

¹In den Fällen, in denen die Dividende an einen anderen als an den Anteilseigner ausgezahlt wird, ist die Erstattung von Kapitalertragsteuer an den Zahlungsempfänger ausgeschlossen. ²Satz 1 gilt nicht für den Erwerber eines Dividendenscheins in den Fällen des § 20 Abs. 2 Satz 1 Nr. 2 Buchstabe a. ³In den Fällen des § 20 Abs. 2 Satz 1 Nr. 2 Buchstabe b ist die Erstattung von Kapitalertragsteuer an den Erwerber von Zinsscheinen nach § 37 Abs. 2 der Abgabenordnung ausgeschlossen.

§ 45a
Anmeldung und Bescheinigung der Kapitalertragsteuer

(1) ¹Die Anmeldung der einbehaltenen Kapitalertragsteuer ist dem Finanzamt innerhalb der in § 44 Abs. 1 oder Abs. 7 bestimmten Frist nach amtlich vorgeschriebenem Vordruck einzureichen. ²Satz 1 gilt

entsprechend, wenn ein Steuerabzug nicht oder nicht in voller Höhe vorzunehmen ist. ³Der Grund für die Nichtabführung ist anzugeben. ⁴Die Anmeldung ist mit der Versicherung zu versehen, dass die Angaben vollständig und richtig sind. ⁵Die Anmeldung ist von dem Schuldner, der den Verkaufsauftrag ausführenden Stelle, der auszahlenden Stelle oder einer vertretungsberechtigten Person zu unterschreiben.

(2) ¹In den Fällen des § 43 Abs. 1 Satz 1 Nr. 1 bis 4, 7a und 7b sind der Schuldner der Kapitalerträge und in den Fällen des § 43 Abs. 1 Satz 1 Nr. 7 und 8 sowie Satz 2 die die Kapitalerträge auszahlende Stelle vorbehaltlich der Absätze 3 und 4 verpflichtet, dem Gläubiger der Kapitalerträge auf Verlangen die folgenden Angaben nach amtlich vorgeschriebenem Muster zu bescheinigen:

1. den Namen und die Anschrift des Gläubigers;
2. die Art und Höhe der Kapitalerträge unabhängig von der Vornahme eines Steuerabzugs;
3. den Zahlungstag;
4. den Betrag der nach § 36 Abs. 2 Nr. 2 anrechenbaren Kapitalertragsteuer getrennt nach
   a) Kapitalertragsteuer im Sinne des § 43a Abs. 1 Nr. 1 und 2,
   b) Kapitalertragsteuer im Sinne des § 43a Abs. 1 Nr. 3 (Zinsabschlag) und
   c) Kapitalertragsteuer im Sinne des § 43a Abs. 1 Nr. 4 und 5;
5. das Finanzamt, an das die Steuer abgeführt worden ist.

²Bei Kapitalerträgen im Sinne des § 43 Abs. 1 Satz 1 Nr. 2 bis 4, 7 bis 7b und 8 sowie Satz 2 ist außerdem die Zeit anzugeben, für welche die Kapitalerträge gezahlt worden sind. ³Die Bescheinigung braucht nicht unterschrieben zu werden, wenn sie in einem maschinellen Verfahren ausgedruckt worden ist und den Aussteller erkennen lässt. ⁴Ist die auszahlende Stelle nicht Schuldner der Kapitalerträge, hat sie zusätzlich den Namen und die Anschrift des Schuldners der Kapitalerträge anzugeben. ⁵§ 44a Abs. 6 gilt sinngemäß; über die zu kennzeichnenden Bescheinigungen haben die genannten Institute und Unternehmen Aufzeichnungen zu führen. ⁶Diese müssen einen Hinweis auf den Buchungsbeleg über die Auszahlung an den Empfänger der Bescheinigung enthalten.

(3) ¹Werden Kapitalerträge für Rechnung des Schuldners durch ein inländisches Kreditinstitut oder ein inländisches Finanzdienstleistungsinstitut gezahlt, so hat an Stelle des Schuldners das Kreditinstitut oder das Finanzdienstleistungsinstitut die Bescheinigung zu erteilen. ²Aus der Bescheinigung des Kreditinstituts oder des Finanzdienstleistungsinstituts muss auch der Schuldner hervorgehen, für den die Kapitalerträge gezahlt werden; die Angabe des Finanzamts, an das die Kapitalertragsteuer abgeführt worden ist, kann unterbleiben. ³Die Sätze 1 und 2 gelten in den Fällen des § 20 Abs. 1 Nr. 1 Satz 4 entsprechend; der Emittent der Aktien gilt insoweit als Schuldner der Kapitalerträge.

(4) ¹Eine Bescheinigung nach Absatz 2 oder 3 ist nicht zu erteilen, wenn in Vertretung des Gläubigers ein Antrag auf Erstattung der Kapitalertragsteuer nach den §§ 44b und 45c gestellt worden ist oder gestellt wird. ²Satz 1 gilt entsprechend, wenn nach § 44a Abs. 8 Satz 1 der Steuerabzug nur hälftig vorgenommen worden ist.

(5) ¹Eine Ersatzbescheinigung darf nur ausgestellt werden, wenn die Urschrift nach den Angaben des Gläubigers abhanden gekommen oder vernichtet ist. ²Die Ersatzbescheinigung muss als solche gekennzeichnet sein. ³Über die Ausstellung von Ersatzbescheinigungen hat der Aussteller Aufzeichnungen zu führen.

(6) ¹Eine Bescheinigung, die den Absätzen 2 bis 5 nicht entspricht, hat der Aussteller zurückzufordern und durch eine berichtigte Bescheinigung zu ersetzen. ²Die berichtigte Bescheinigung ist als solche zu kennzeichnen. ³Wird die zurückgeforderte Bescheinigung nicht innerhalb eines Monats nach Zusendung der berichtigten Bescheinigung an den Aussteller zurückgegeben, hat der Aussteller das nach seinen Unterlagen für den Empfänger zuständige Finanzamt schriftlich zu benachrichtigen.

(7) ¹Der Aussteller einer Bescheinigung, die den Absätzen 2 bis 5 nicht entspricht, haftet für die auf Grund der Bescheinigung verkürzten Steuern oder zu Unrecht gewährten Steuervorteile. ²Ist die Bescheinigung nach Absatz 3 durch ein inländisches Kreditinstitut oder ein inländisches Finanzdienstleistungsinstitut auszustellen, so haftet der Schuldner auch, wenn er zum Zweck der Bescheinigung unrichtige Angaben macht. ³Der Aussteller haftet nicht

1. in den Fällen des Satzes 2,
2. wenn er die ihm nach Absatz 6 obliegenden Verpflichtungen erfüllt hat.

§ 45b
Erstattung von Kapitalertragsteuer auf Grund von Sammelanträgen

(1) ¹Wird in den Fällen des § 44b Abs. 1 der Antrag auf Erstattung von Kapitalertragsteuer in Vertretung des Anteilseigners durch ein inländisches Kreditinstitut oder durch eine inländische Zweigniederlassung eines der in § 53b Abs. 1 oder 7 des Gesetzes über das Kreditwesen genannten Institute oder Unternehmen gestellt, so kann von der Übersendung des Freistellungsauftrags nach § 44a Abs. 2 Satz 1 Nr. 1, der Nichtveranlagungs-Bescheinigung nach § 44a Abs. 2 Satz 1 Nr. 2 oder der Bescheinigung nach § 44a Abs. 5 sowie der Steuerbescheinigung nach § 45a Abs. 2 oder 3 abgesehen werden, wenn das inländische Kreditinstitut oder die inländische Zweigniederlassung eines der in § 53b Abs. 1 oder 7 des Gesetzes über das Kreditwesen genannten Institute oder Unternehmen versichert, dass

1. eine Bescheinigung im Sinne des § 45a Abs. 2 oder 3 nicht ausgestellt oder als ungültig gekennzeichnet oder nach den Angaben des Gläubigers der Kapitalerträge abhanden gekommen oder vernichtet ist,
2. die Wertpapiere oder die Kapitalforderungen im Zeitpunkt des Zufließens der Einnahmen in einem auf den Namen des Gläubigers lautenden Wertpapierdepot bei dem inländischen Kreditinstitut oder bei der inländischen Zweigniederlassung eines der in § 53b Abs. 1 oder 7 des Gesetzes über das Kreditwesen genannten Institute oder Unternehmen verzeichnet waren,
3. ein Freistellungsauftrag nach § 44a Abs. 2 Satz 1 Nr. 1 oder eine Nichtveranlagungs-Bescheinigung nach § 44a Abs. 2 Satz 1 Nr. 2 oder eine Bescheinigung nach § 44a Abs. 5 vorliegt und
4. die Angaben in dem Antrag wahrheitsgemäß nach bestem Wissen und Gewissen gemacht worden sind.

²Über Anträge, in denen ein inländisches Kreditinstitut oder eine inländische Zweigniederlassung eines der in § 53b Abs. 1 oder 7 des Gesetzes über das Kreditwesen genannten Institute oder Unternehmen versichert, dass die Bescheinigung im Sinne des § 45a Abs. 2 oder 3 als ungültig gekennzeichnet oder nach den Angaben des Anteilseigners abhanden gekommen oder vernichtet ist, haben die Kreditinstitute und Zweigniederlassungen eines der in § 53b Abs. 1 oder 7 des Gesetzes über das Kreditwesen genannten Institute oder Unternehmen Aufzeichnungen zu führen.

(2) ¹Absatz 1 gilt entsprechend für Anträge, die

1. eine Kapitalgesellschaft in Vertretung ihrer Arbeitnehmer stellt, soweit es sich um Einnahmen aus Anteilen handelt, die den Arbeitnehmern von der Kapitalgesellschaft überlassen worden sind und von ihr, einem inländischen Kreditinstitut oder einer inländischen Zweigniederlassung eines der in § 53b Abs. 1 oder 7 des Gesetzes über das Kreditwesen genannten Institute oder Unternehmen verwahrt werden;
2. der von einer Kapitalgesellschaft bestellte Treuhänder in Vertretung der Arbeitnehmer dieser Kapitalgesellschaft stellt, soweit es sich um Einnahmen aus Anteilen handelt, die den Arbeitnehmern von der Kapitalgesellschaft überlassen worden sind und von dem Treuhänder, einem inländischen Kreditinstitut oder einer inländischen Zweigniederlassung eines der in § 53b Abs. 1 oder 7 des Gesetzes über das Kreditwesen genannten Institute oder Unternehmen verwahrt werden;
3. eine Erwerbs- oder Wirtschaftsgenossenschaft in Vertretung ihrer Mitglieder stellt, soweit es sich um Einnahmen aus Anteilen an dieser Genossenschaft handelt und nicht die Abstandnahme gemäß § 44a Abs. 8 durchgeführt wurde.

²Den Arbeitnehmern im Sinne des Satzes 1 Nr. 1 und 2 stehen Arbeitnehmer eines mit der Kapitalgesellschaft verbundenen Unternehmens (§ 15 des Aktiengesetzes) sowie frühere Arbeitnehmer der Kapitalgesellschaft oder eines mit ihr verbundenen Unternehmens gleich. ³Den von der Kapitalgesellschaft überlassenen Anteilen stehen Aktien gleich, die den Arbeitnehmern bei einer Kapitaler-

§§ 45c, 45d EStG – Gesetzestext

höhung auf Grund ihres Bezugsrechts aus den von der Kapitalgesellschaft überlassenen Aktien zugeteilt worden sind oder die den Arbeitnehmern auf Grund einer Kapitalerhöhung aus Gesellschaftsmitteln gehören.

(2a) ¹Sammelanträge auf volle oder hälftige Erstattung können auch Gesamthandsgemeinschaften für ihre Mitglieder im Sinne von § 44a Abs. 7 und 8 stellen. ²Absatz 1 ist entsprechend anzuwenden.

(3) ¹Erkennt der Vertreter des Gläubigers der Kapitalerträge vor Ablauf der Festsetzungsfrist im Sinne der §§ 169 bis 171 der Abgabenordnung, dass die Erstattung ganz oder teilweise zu Unrecht festgesetzt worden ist, so hat er dies dem Bundeszentralamt für Steuern anzuzeigen. ²Das Bundeszentralamt für Steuern hat die zu Unrecht erstatteten Beträge von dem Gläubiger zurückzufordern, für den sie festgesetzt worden sind. ³Der Vertreter des Gläubigers haftet für die zurückzuzahlenden Beträge.

(4) ¹§ 44b Abs. 1 bis 4 gilt entsprechend. ²Die Antragsfrist gilt als gewahrt, wenn der Gläubiger die beantragende Stelle bis zu dem in § 44b Abs. 3 bezeichneten Zeitpunkt schriftlich mit der Antragstellung beauftragt hat.

(5) Die Vollmacht, den Antrag auf Erstattung von Kapitalertragsteuer zu stellen, ermächtigt zum Empfang der Steuererstattung.

§ 45c
Erstattung von Kapitalertragsteuer in Sonderfällen

(1) ¹In den Fällen des § 45b Abs. 2 wird die Kapitalertragsteuer an den dort bezeichneten Vertreter unabhängig davon erstattet, ob für den Gläubiger der Kapitalerträge eine Veranlagung in Betracht kommt und ob eine Nichtveranlagungs-Bescheinigung nach § 44a Abs. 2 Satz 1 Nr. 2 vorgelegt wird, wenn der Vertreter sich in einem Sammelantrag bereit erklärt hat, den Erstattungsbetrag für den Gläubiger entgegenzunehmen. ²Die Erstattung nach Satz 1 wird nur für Gläubiger gewährt, deren Bezüge im Sinne des § 20 Abs. 1 Nr. 1 und 2 im Wirtschaftsjahr 51 Euro nicht überstiegen haben.

(2) ¹Werden in den Fällen des § 45b Abs. 2 Satz 1 Nr. 1 oder 2 die Anteile von einem inländischen Kreditinstitut oder einer inländischen Zweigniederlassung eines der in § 53b Abs. 1 oder 7 des Gesetzes über das Kreditwesen genannten Institute oder Unternehmen in einem Wertpapierdepot verwahrt, das auf den Namen des Gläubigers lautet, setzt die Erstattung nach Absatz 1 zusätzlich voraus:

1. Das inländische Kreditinstitut oder die inländische Zweigniederlassung eines der in § 53b Abs. 1 oder 7 des Gesetzes über das Kreditwesen genannten Institute oder Unternehmen hat die Überlassung der Anteile durch die Kapitalgesellschaft an den Gläubiger kenntlich gemacht;
2. es handelt sich nicht um Aktien, die den Arbeitnehmern bei einer Kapitalerhöhung auf Grund ihres Bezugsrechts aus den von der Kapitalgesellschaft überlassenen Aktien zugeteilt worden sind oder die den Arbeitnehmern auf Grund einer Kapitalerhöhung aus Gesellschaftsmitteln gehören;
3. der Gläubiger hat dem inländischen Kreditinstitut oder der inländischen Zweigniederlassung eines der in § 53b Abs. 1 oder 7 des Gesetzes über das Kreditwesen genannten Institute oder Unternehmen für das Wertpapierdepot eine Nichtveranlagungs-Bescheinigung nach § 44a Abs. 2 Satz 1 Nr. 2 nicht vorgelegt und
4. die Kapitalgesellschaft versichert, dass
    a) die Bezüge aus den von ihr insgesamt überlassenen Anteilen bei keinem der Gläubiger den Betrag von 51 Euro überstiegen haben können und
    b) das inländische Kreditinstitut oder die inländische Zweigniederlassung eines der in § 53b Abs. 1 oder 7 des Gesetzes über das Kreditwesen genannten Institute oder Unternehmen schriftlich erklärt hat, dass die in den Nummern 1 bis 3 bezeichneten Voraussetzungen erfüllt sind.

²Ist die in Satz 1 Nr. 4 Buchstabe b bezeichnete Erklärung des inländischen Kreditinstituts oder der inländischen Zweigniederlassung eines der in § 53b Abs. 1 oder 7 des Gesetzes über das Kreditwesen genannten Institute oder Unternehmen unrichtig, haften diese für die auf Grund der Erklärung zu Unrecht gewährten Steuervorteile.

(3) ¹Das Finanzamt kann einer unbeschränkt steuerpflichtigen Körperschaft auch in anderen als den in § 45b Abs. 2 bezeichneten Fällen gestatten, in Vertretung ihrer unbeschränkt steuerpflichtigen Gläubiger einen Sammelantrag auf Erstattung von Kapitalertragsteuer zu stellen, wenn

1. die Zahl der Gläubiger, für die der Sammelantrag gestellt werden soll, besonders groß ist,
2. die Körperschaft den Gewinn ohne Einschaltung eines inländischen Kreditinstituts oder einer inländischen Zweigniederlassung eines der in § 53b Abs. 1 oder 7 des Gesetzes über das Kreditwesen genannten Institute oder Unternehmen an die Gläubiger ausgeschüttet hat und
3. im Übrigen die Voraussetzungen des Absatzes 1 erfüllt sind.

²In diesen Fällen ist nicht erforderlich, dass die Anteile von einer der in § 45b bezeichneten Stellen verwahrt werden.

(4) ¹Für die Erstattung ist das Finanzamt zuständig, dem die Besteuerung des Einkommens des Vertreters obliegt. ²Das Finanzamt kann die Erstattung an Auflagen binden, die die steuerliche Erfassung der Kapitalerträge sichern sollen. ³Im Übrigen ist § 45b sinngemäß anzuwenden.

(5) ¹Ist der Gläubiger von Kapitalerträgen im Sinne des § 43 Abs. 1 Satz 1 Nr. 2 ein unbeschränkt einkommensteuerpflichtiger Arbeitnehmer und beruhen die Kapitalerträge auf Teilschuldverschreibungen, die ihm von seinem gegenwärtigen oder früheren Arbeitgeber überlassen worden sind, so wird die Kapitalertragsteuer unter entsprechender Anwendung der Absätze 1 bis 4 an den Arbeitgeber oder an einen von ihm bestellten Treuhänder erstattet, wenn der Arbeitgeber oder Treuhänder in Vertretung des Gläubigers sich in einem Sammelantrag bereit erklärt hat, den Erstattungsbetrag für den Gläubiger entgegenzunehmen. ²Die Erstattung wird nur für Gläubiger gewährt, deren Kapitalerträge im Sinne des Satzes 1 allein oder, in den Fällen des Absatzes 1, zusammen mit den dort bezeichneten Kapitalerträgen im Wirtschaftsjahr 51 Euro nicht überstiegen haben.

§ 45d
Mitteilungen an das Bundeszentralamt für Steuern

(1) ¹Wer nach § 44 Abs. 1 dieses Gesetzes und § 7 des Investmentsteuergesetzes zum Steuerabzug verpflichtet ist oder auf Grund von Sammelanträgen nach § 45b Abs. 1 und 2 die Erstattung von Kapitalertragsteuer beantragt, hat dem Bundeszentralamt für Steuern bis zum 31. Mai des Jahres, das auf das Jahr folgt, in dem die Kapitalerträge den Gläubigern zufließen, folgende Daten zu übermitteln:

1. Vor- und Zunamen sowie das Geburtsdatum der Person – gegebenenfalls auch des Ehegatten –, die den Freistellungsauftrag erteilt hat (Auftraggeber),
2. Anschrift des Auftraggebers,
3. bei den Kapitalerträgen, für die ein Freistellungsauftrag erteilt worden ist,
    a) die Zinsen und ähnlichen Kapitalerträge, bei denen vom Steuerabzug Abstand genommen worden ist,
    b) die Dividenden und ähnlichen Kapitalerträge, bei denen die Erstattung von Kapitalertragsteuer und die Vergütung von Körperschaftsteuer beim Bundeszentralamt für Steuern beantragt worden ist,
    c) die Kapitalerträge im Sinne des § 43 Abs. 1 Nr. 2, bei denen die Erstattung von Kapitalertragsteuer beim Bundeszentralamt für Steuern beantragt worden ist,
    d) die Hälfte der Dividenden und ähnlichen Kapitalerträge, bei denen nach § 44b Abs. 1 in der Fassung des Gesetzes vom 23. Oktober 2000 (BGBl. I S. 1433) die Erstattung von Kapitalertragsteuer beim Bundeszentralamt für Steuern beantragt worden ist,
4. Namen und Anschrift des Empfängers des Freistellungsauftrags.

²Die Datenübermittlung hat nach amtlich vorgeschriebenem Datensatz auf amtlich vorgeschriebenen maschinell verwertbaren Datenträgern zu erfolgen. ³Im Übrigen findet § 150 Abs. 6 der Abgabenordnung entsprechende Anwendung. ⁴Das Bundeszentralamt für Steuern kann auf Antrag eine Übermittlung nach amtlich vorge-

schriebenem Vordruck zulassen, wenn eine Übermittlung nach Satz 2 eine unbillige Härte mit sich bringen würde.

(2) ¹Das Bundeszentralamt für Steuern darf den Sozialleistungsträgern die Daten nach Absatz 1 mitteilen, soweit dies zur Überprüfung des bei der Sozialleistung zu berücksichtigenden Einkommens oder Vermögens erforderlich ist oder der Betroffene zustimmt. ²Für Zwecke des Satzes 1 ist das Bundeszentralamt für Steuern berechtigt, die ihm von den Sozialleistungsträgern übermittelten Daten mit den vorhandenen Daten nach Absatz 1 im Wege des automatisierten Datenabgleichs zu überprüfen und das Ergebnis den Sozialleistungsträgern mitzuteilen.

§ 45e
Ermächtigung für Zinsinformationsverordnung

¹Die Bundesregierung wird ermächtigt, durch Rechtsverordnung mit Zustimmung des Bundesrates die Richtlinie 2003/48/EG des Rates vom 3. Juni 2003 (ABl. EU L 157 S. 38) in der jeweils geltenden Fassung im Bereich der Besteuerung von Zinserträgen umzusetzen. ²§ 45d Abs. 1 Satz 2 bis 4 und Absatz 2 sind entsprechend anzuwenden.

4. Veranlagung von Steuerpflichtigen mit steuerabzugspflichtigen Einkünften

§ 46
Veranlagung bei Bezug von Einkünften aus nichtselbständiger Arbeit

(1) – weggefallen –

(2) ¹Besteht das Einkommen ganz oder teilweise aus Einkünften aus nichtselbständiger Arbeit, von denen ein Steuerabzug vorgenommen worden ist, so wird eine Veranlagung nur durchgeführt,

1. wenn die positive Summe der einkommensteuerpflichtigen Einkünfte, die nicht dem Steuerabzug vom Arbeitslohn zu unterwerfen waren, vermindert um die darauf entfallenden Beträge nach § 13 Abs. 3 und § 24a, oder die positive Summe der Einkünfte und Leistungen, die dem Progressionsvorbehalt unterliegen, jeweils mehr als 410 Euro beträgt;
2. wenn der Steuerpflichtige nebeneinander von mehreren Arbeitgebern Arbeitslohn bezogen hat; das gilt nicht, soweit nach § 38 Abs. 3a Satz 7 Arbeitslohn von mehreren Arbeitgebern für den Lohnsteuerabzug zusammengerechnet worden ist;
3. wenn für einen Steuerpflichtigen, der zu dem Personenkreis des § 10c Abs. 3 gehört, die Lohnsteuer im Veranlagungszeitraum oder für einen Teil des Veranlagungszeitraums nach den Steuerklassen I bis IV unter Berücksichtigung der Vorsorgepauschale nach § 10c Abs. 2 zu erheben war;
3a. wenn von Ehegatten, die nach den §§ 26, 26b zusammen zur Einkommensteuer zu veranlagen sind, beide Arbeitslohn bezogen haben und einer für den Veranlagungszeitraum oder einen Teil davon nach der Steuerklasse V oder VI besteuert worden ist;
4. wenn auf der Lohnsteuerkarte eines Steuerpflichtigen ein Freibetrag im Sinne des § 39a Abs. 1 Nr. 1 bis 3, 5 oder 6 eingetragen worden ist; dasselbe gilt für einen Steuerpflichtigen, der zum Personenkreis des § 1 Abs. 2 gehört, wenn diese Eintragungen auf einer Bescheinigung nach § 39c erfolgt sind;
4a. wenn bei einem Elternpaar, bei dem die Voraussetzungen des § 26 Abs. 1 Satz 1 nicht vorliegen,
   a) – weggefallen –
   b) – weggefallen –
   c) – weggefallen –
   d) im Fall des § 33a Abs. 2 Satz 6 das Elternpaar gemeinsam eine Aufteilung des Abzugsbetrags in einem anderen Verhältnis als je zur Hälfte beantragt oder
   e) im Fall des § 33b Abs. 5 Satz 3 das Elternpaar gemeinsam eine Aufteilung des Pauschbetrags für behinderte Menschen oder des Pauschbetrags für Hinterbliebene in einem anderen Verhältnis als je zur Hälfte beantragt.

   ²Die Veranlagungspflicht besteht für jeden Elternteil, der Einkünfte aus nichtselbständiger Arbeit bezogen hat;

5. wenn bei einem Steuerpflichtigen die Lohnsteuer für einen sonstigen Bezug im Sinne des § 34 Abs. 1 und 2 Nr. 2 und 4 nach § 39b Abs. 3 Satz 9 oder für einen sonstigen Bezug nach § 39c Abs. 5 ermittelt wurde;
5a. wenn der Arbeitgeber die Lohnsteuer von einem sonstigen Bezug berechnet hat und dabei der Arbeitslohn aus früheren Dienstverhältnissen des Kalenderjahres außer Betracht geblieben ist (§ 39b Abs. 3 Satz 2, § 41 Abs. 1 Satz 7, Großbuchstabe S);
6. wenn die Ehe des Arbeitnehmers im Veranlagungszeitraum durch Tod, Scheidung oder Aufhebung aufgelöst worden ist und er oder sein Ehegatte der aufgelösten Ehe im Veranlagungszeitraum wieder geheiratet hat;
7. wenn
   a) für einen unbeschränkt Steuerpflichtigen im Sinne des § 1 Abs. 1 auf der Lohnsteuerkarte ein Ehegatte im Sinne des § 1a Abs. 1 Nr. 2 berücksichtigt worden ist oder
   b) für einen Steuerpflichtigen, der zum Personenkreis des § 1 Abs. 3 oder des § 1a gehört, das Betriebsstättenfinanzamt eine Bescheinigung nach § 39c Abs. 4 erteilt hat; dieses Finanzamt ist dann auch für die Veranlagung zuständig;
8. wenn die Veranlagung beantragt wird, insbesondere zur Anrechnung von Lohnsteuer auf die Einkommensteuer. ²Der Antrag ist bis zum Ablauf des auf den Veranlagungszeitraum folgenden zweiten Kalenderjahres durch Abgabe einer Einkommensteuererklärung zu stellen. ³Wird der Antrag zur Berücksichtigung von Verlustabzügen nach § 10d gestellt, ist er für den unmittelbar vorangegangenen Veranlagungszeitraum bis zum Ablauf des diesem folgenden dritten Kalenderjahres zu stellen. ⁴Wird der Antrag zur Berücksichtigung einer Steuerermäßigung nach § 34f Abs. 3 gestellt, ist er für den zweiten vorangegangenen Veranlagungszeitraum bis zum Ablauf des diesem folgenden vierten Kalenderjahres und für den ersten vorangegangenen Veranlagungszeitraum bis zum Ablauf des diesem folgenden dritten Kalenderjahres zu stellen.

(3) ¹In den Fällen des Absatzes 2 ist ein Betrag in Höhe der einkommensteuerpflichtigen Einkünfte, von denen der Steuerabzug vom Arbeitslohn nicht vorgenommen worden ist, vom Einkommen abzuziehen, wenn diese Einkünfte insgesamt nicht mehr als 410 Euro betragen. ²Der Betrag nach Satz 1 vermindert sich um den Altersentlastungsbetrag, soweit dieser 40 Prozent des Arbeitslohns mit Ausnahme der Versorgungsbezüge im Sinne des § 19 Abs. 2 übersteigt, und um den nach § 13 Abs. 3 zu berücksichtigenden Betrag.

(4) ¹Kommt nach Absatz 2 eine Veranlagung zur Einkommensteuer nicht in Betracht, so gilt die Einkommensteuer, die auf die Einkünfte aus nichtselbständiger Arbeit entfällt, für den Steuerpflichtigen durch den Lohnsteuerabzug als abgegolten, soweit er nicht für zu wenig erhobene Lohnsteuer in Anspruch genommen werden kann. ²§ 42b bleibt unberührt.

(5) Durch Rechtsverordnung kann in den Fällen des Absatzes 2 Nr. 1, in denen die einkommensteuerpflichtigen Einkünfte, von denen der Steuerabzug vom Arbeitslohn nicht vorgenommen worden ist, den Betrag von 410 Euro übersteigen, die Besteuerung so gemildert werden, dass auf die volle Besteuerung dieser Einkünfte stufenweise übergeleitet wird.

§ 47
– weggefallen –

VII. Steuerabzug bei Bauleistungen

§ 48
Steuerabzug

(1) ¹Erbringt jemand im Inland eine Bauleistung (Leistender) an einen Unternehmer im Sinne des § 2 des Umsatzsteuergesetzes oder an eine juristische Person des öffentlichen Rechts (Leistungsempfänger), ist der Leistungsempfänger verpflichtet, von der Gegenleistung einen Steuerabzug in Höhe von 15 Prozent für Rechnung des Leistenden vorzunehmen. ²Vermietet der Leistungsempfänger Wohnungen, so ist Satz 1 nicht auf Bauleistungen für diese Wohnungen anzuwenden, wenn er nicht mehr als zwei Woh-

nungen vermietet. ³Bauleistungen sind alle Leistungen, die der Herstellung, Instandsetzung, Instandhaltung, Änderung oder Beseitigung von Bauwerken dienen. ⁴Als Leistender gilt auch derjenige, der über eine Leistung abrechnet, ohne sie erbracht zu haben.

(2) ¹Der Steuerabzug muss nicht vorgenommen werden, wenn der Leistende dem Leistungsempfänger eine im Zeitpunkt der Gegenleistung gültige Freistellungsbescheinigung nach § 48b Abs. 1 Satz 1 vorlegt oder die Gegenleistung im laufenden Kalenderjahr den folgenden Betrag voraussichtlich nicht übersteigen wird:

1. 15 000 Euro, wenn der Leistungsempfänger ausschließlich steuerfreie Umsätze nach § 4 Nr. 12 Satz 1 des Umsatzsteuergesetzes ausführt,
2. 5000 Euro in den übrigen Fällen.

²Für die Ermittlung des Betrags sind die für denselben Leistungsempfänger erbrachten und voraussichtlich zu erbringenden Bauleistungen zusammenzurechnen.

(3) Gegenleistung im Sinne des Absatzes 1 ist das Entgelt zuzüglich Umsatzsteuer.

(4) Wenn der Leistungsempfänger den Steuerabzugsbetrag angemeldet und abgeführt hat,
1. ist § 160 Abs. 1 Satz 1 der Abgabenordnung nicht anzuwenden,
2. sind § 42d Abs. 6 und 8 und § 50a Abs. 7 nicht anzuwenden.

§ 48a
Verfahren

(1) ¹Der Leistungsempfänger hat bis zum 10. Tag nach Ablauf des Monats, in dem die Gegenleistung im Sinne des § 48 erbracht wird, eine Anmeldung nach amtlich vorgeschriebenem Vordruck abzugeben, in der er den Steuerabzug für den Anmeldungszeitraum selbst zu berechnen hat. ²Der Abzugsbetrag ist am 10. Tag nach Ablauf des Anmeldungszeitraums fällig und an das für den Leistenden zuständige Finanzamt für Rechnung des Leistenden abzuführen. ³Die Anmeldung des Abzugsbetrags steht einer Steueranmeldung gleich.

(2) Der Leistungsempfänger hat mit dem Leistenden unter Angabe
1. des Namens und der Anschrift des Leistenden,
2. des Rechnungsbetrags, des Rechnungsdatums und des Zahlungstags,
3. der Höhe des Steuerabzugs und
4. des Finanzamts, bei dem der Abzugsbetrag angemeldet worden ist,

über den Steuerabzug abzurechnen.

(3) ¹Der Leistungsempfänger haftet für einen nicht oder zu niedrig abgeführten Abzugsbetrag. ²Der Leistungsempfänger haftet nicht, wenn ihm im Zeitpunkt der Gegenleistung eine Freistellungsbescheinigung (§ 48b) vorgelegen hat, auf deren Rechtmäßigkeit er vertrauen konnte. ³Er darf insbesondere dann nicht auf eine Freistellungsbescheinigung vertrauen, wenn diese durch unlautere Mittel oder durch falsche Angaben erwirkt wurde und ihm dies bekannt oder infolge grober Fahrlässigkeit nicht bekannt war. ⁴Den Haftungsbescheid erlässt das für den Leistenden zuständige Finanzamt.

(4) § 50b gilt entsprechend.

§ 48b
Freistellungsbescheinigung

(1) ¹Auf Antrag des Leistenden hat das für ihn zuständige Finanzamt, wenn der zu sichernde Steueranspruch nicht gefährdet erscheint und ein inländischer Empfangsbevollmächtigter bestellt ist, eine Bescheinigung nach amtlich vorgeschriebenem Vordruck zu erteilen, die den Leistungsempfänger von der Pflicht zum Steuerabzug befreit. ²Eine Gefährdung kommt insbesondere dann in Betracht, wenn der Leistende
1. Anzeigepflichten nach § 138 der Abgabenordnung nicht erfüllt,
2. seiner Auskunfts- und Mitwirkungspflicht nach § 90 der Abgabenordnung nicht nachkommt,
3. den Nachweis der steuerlichen Ansässigkeit durch Bescheinigung der zuständigen ausländischen Steuerbehörde nicht erbringt.

(2) Eine Bescheinigung soll erteilt werden, wenn der Leistende glaubhaft macht, dass keine zu sichernden Steueransprüche bestehen.

(3) In der Bescheinigung sind anzugeben:
1. Name, Anschrift und Steuernummer des Leistenden,
2. Geltungsdauer der Bescheinigung,
3. Umfang der Freistellung sowie der Leistungsempfänger, wenn sie nur für bestimmte Bauleistungen gilt,
4. das ausstellende Finanzamt.

(4) Wird eine Freistellungsbescheinigung aufgehoben, die nur für bestimmte Bauleistungen gilt, ist dies den betroffenen Leistungsempfängern mitzuteilen.

(5) Wenn eine Freistellungsbescheinigung vorliegt, gilt § 48 Abs. 4 entsprechend.

(6) ¹Das Bundeszentralamt für Steuern erteilt dem Leistungsempfänger im Sinne des § 48 Abs. 1 Satz 1 im Wege einer elektronischen Abfrage Auskunft über die beim Bundesamt für Finanzen gespeicherten Freistellungsbescheinigungen. ²Mit dem Antrag auf die Erteilung einer Freistellungsbescheinigung stimmt der Antragsteller zu, dass seine Daten nach § 48b Abs. 3 beim Bundeszentralamt für Steuern gespeichert werden und dass über die gespeicherten Daten an die Leistungsempfänger Auskunft gegeben wird.

§ 48c
Anrechnung

(1) ¹Soweit der Abzugsbetrag einbehalten und angemeldet worden ist, wird er auf vom Leistenden zu entrichtende Steuern nacheinander wie folgt angerechnet:
1. die nach § 41a Abs. 1 einbehaltene und angemeldete Lohnsteuer,
2. die Vorauszahlungen auf die Einkommen- oder Körperschaftsteuer,
3. die Einkommen- oder Körperschaftsteuer des Besteuerungs- oder Veranlagungszeitraums, in dem die Leistung erbracht worden ist, und
4. die vom Leistenden im Sinne der §§ 48, 48a anzumeldenden und abzuführenden Abzugsbeträge.

²Die Anrechnung nach Satz 1 Nr. 2 kann nur für Vorauszahlungszeiträume innerhalb des Besteuerungs- oder Veranlagungszeitraums erfolgen, in dem die Leistung erbracht worden ist. ³Die Anrechnung nach Satz 1 Nr. 2 darf nicht zu einer Erstattung führen.

(2) ¹Auf Antrag des Leistenden erstattet das nach § 20a Abs. 1 der Abgabenordnung zuständige Finanzamt den Abzugsbetrag. ²Die Erstattung setzt voraus, dass der Leistende nicht zur Abgabe von Lohnsteueranmeldungen verpflichtet ist und eine Veranlagung zur Einkommen- oder Körperschaftsteuer nicht in Betracht kommt oder der Leistende glaubhaft macht, dass im Veranlagungszeitraum keine zu sichernden Steueransprüche entstehen werden. ³Der Antrag ist nach amtlich vorgeschriebenem Muster bis zum Ablauf des zweiten Kalenderjahres zu stellen, das auf das Jahr folgt, in dem der Abzugsbetrag angemeldet worden ist; weitergehende Fristen nach einem Abkommen zur Vermeidung der Doppelbesteuerung bleiben unberührt.

(3) Das Finanzamt kann die Anrechnung ablehnen, soweit der angemeldete Abzugsbetrag nicht abgeführt worden ist und Anlass zu der Annahme besteht, dass ein Missbrauch vorliegt.

§ 48d
Besonderheiten im Fall von Doppelbesteuerungsabkommen

(1) ¹Können Einkünfte, die dem Steuerabzug nach § 48 unterliegen, nach einem Abkommen zur Vermeidung der Doppelbesteuerung nicht besteuert werden, so sind die Vorschriften über die Einbehaltung, Abführung und Anmeldung der Steuer durch den Schuldner der Gegenleistung ungeachtet des Abkommens anzuwenden. ²Unberührt bleibt der Anspruch des Gläubigers der Gegenleistung auf Erstattung der einbehaltenen und abgeführten Steuer. ³Der Anspruch ist durch Antrag nach § 48c Abs. 2 geltend zu machen. ⁴Der Gläubiger der Gegenleistung hat durch eine Bestätigung der für ihn zuständigen Steuerbehörde des anderen Staates nachzuweisen, dass er dort ansässig ist. ⁵§ 48b gilt entsprechend. ⁶Der

Leistungsempfänger kann sich im Haftungsverfahren nicht auf die Rechte des Gläubigers aus dem Abkommen berufen.

(2) Unbeschadet des § 5 Abs. 1 Nr. 2 des Finanzverwaltungsgesetzes liegt die Zuständigkeit für Entlastungsmaßnahmen nach Absatz 1 bei dem nach § 20a der Abgabenordnung zuständigen Finanzamt.

VIII. Besteuerung beschränkt Steuerpflichtiger

§ 49
Beschränkt steuerpflichtige Einkünfte

(1) ¹Inländische Einkünfte im Sinne der beschränkten Einkommensteuerpflicht (§ 1 Abs. 4) sind

1. Einkünfte aus einer im Inland betriebenen Land- und Forstwirtschaft (§§ 13, 14);
2. Einkünfte aus Gewerbebetrieb (§§ 15 bis 17),
    a) für den im Inland eine Betriebsstätte unterhalten wird oder ein ständiger Vertreter bestellt ist,
    b) die durch den Betrieb eigener oder gecharterter Seeschiffe oder Luftfahrzeuge aus Beförderungen zwischen inländischen und von inländischen zu ausländischen Häfen erzielt werden, einschließlich der Einkünfte aus anderen mit solchen Beförderungen zusammenhängenden, sich auf das Inland erstreckenden Beförderungsleistungen,
    c) die von einem Unternehmen im Rahmen einer internationalen Betriebsgemeinschaft oder eines Pool-Abkommens, bei denen ein Unternehmen mit Sitz oder Geschäftsleitung im Inland die Beförderung durchführt, aus Beförderungen und Beförderungsleistungen nach Buchstabe b erzielt werden,
    d) die, soweit sie nicht zu den Einkünften im Sinne der Nummern 3 und 4 gehören, durch im Inland ausgeübte oder verwertete künstlerische, sportliche, artistische oder ähnliche Darbietungen erzielt werden, einschließlich der Einkünfte aus anderen mit diesen Leistungen zusammenhängenden Leistungen, unabhängig davon, wem die Einnahmen zufließen,
    e) die unter den Voraussetzungen des § 17 erzielt werden, wenn es sich um Anteile an einer Kapitalgesellschaft handelt,
        aa) die ihren Sitz oder ihre Geschäftsleitung im Inland hat oder
        bb) bei deren Erwerb auf Grund eines Antrags nach § 13 Abs. 2 oder § 21 Abs. 2 Satz 3 Nr. 2 des Umwandlungssteuergesetzes nicht der gemeine Wert der eingebrachten Anteile angesetzt worden ist oder auf die § 17 Abs. 5 Satz 2 anzuwenden war, oder
    f) die, soweit sie nicht zu den Einkünften im Sinne des Buchstaben a gehören, durch Veräußerung von inländischem unbeweglichen Vermögen, von Sachinbegriffen oder Rechten, die im Inland belegen oder in ein inländisches öffentliches Buch oder Register eingetragen sind oder deren Verwertung in einer inländischen Betriebsstätte oder anderen Einrichtung erfolgt, erzielt werden. ²Als Einkünfte aus Gewerbebetrieb gelten auch die Einkünfte aus Tätigkeiten im Sinne dieses Buchstabens, die von einer Körperschaft im Sinnes des § 2 Nr. 1 des Körperschaftsteuergesetzes erzielt werden, die mit einer Kapitalgesellschaft oder sonstigen juristischen Person im Sinne des § 1 Abs. 1 Nr. 1 bis 3 des Körperschaftsteuergesetzes vergleichbar ist;
3. Einkünfte aus selbständiger Arbeit (§ 18), die im Inland ausgeübt oder verwertet wird oder worden ist, oder für die im Inland eine feste Einrichtung oder eine Betriebsstätte unterhalten wird;
4. Einkünfte aus nichtselbständiger Arbeit (§ 19), die
    a) im Inland ausgeübt oder verwertet wird oder worden ist,
    b) aus inländischen öffentlichen Kassen einschließlich der Kassen des Bundeseisenbahnvermögens und der Deutschen Bundesbank mit Rücksicht auf ein gegenwärtiges oder früheres Dienstverhältnis gewährt werden, ohne dass ein Zahlungsanspruch gegenüber der inländischen öffentlichen Kasse bestehen muss,
    c) als Vergütung für eine Tätigkeit als Geschäftsführer, Prokurist oder Vorstandsmitglied einer Gesellschaft mit Geschäftsleitung im Inland bezogen werden;
    d) als Entschädigung im Sinne des § 24 Nr. 1 für die Auflösung eines Dienstverhältnisses gezahlt werden, soweit die für die zuvor ausgeübte Tätigkeit bezogenen Einkünfte der inländischen Besteuerung unterlegen haben;
    e) an Bord eines im internationalen Luftverkehr eingesetzten Luftfahrzeugs ausgeübt wird, das von einem Unternehmen mit Geschäftsleitung im Inland betrieben wird;
5. Einkünfte aus Kapitalvermögen im Sinne des
    a) § 20 Abs. 1 Nr. 1, mit Ausnahme der Erträge aus Investmentanteilen im Sinne des § 2 des Investmentsteuergesetzes, Nr. 2, 4, 6 und 9, wenn der Schuldner Wohnsitz, Geschäftsleitung oder Sitz im Inland hat oder es sich um Fälle des § 44 Abs. 1 Satz 4 Nr. 1 Buchstabe a Doppelbuchstabe bb dieses Gesetzes handelt; dies gilt auch für Erträge aus Wandelanleihen und Gewinnobligationen,
    b) § 20 Abs. 1 Nr. 1 in Verbindung mit den §§ 2 und 7 des Investmentsteuergesetzes,
        aa) bei Erträgen im Sinne des § 7 Abs. 3 Investmentsteuergesetzes,
        bb) bei Erträgen im Sinne des § 7 Abs. 1, 2 und 4 des Investmentsteuergesetzes, wenn es sich um Fälle des § 44 Abs. 1 Satz 4 Nr. 1 Buchstabe a Doppelbuchstabe bb dieses Gesetzes handelt,
    c) § 20 Abs. 1 Nr. 5 und 7, wenn
        aa) das Kapitalvermögen durch inländischen Grundbesitz, durch inländische Rechte, die den Vorschriften des bürgerlichen Rechts über Grundstücke unterliegen, oder durch Schiffe, die in ein inländisches Schiffsregister eingetragen sind, unmittelbar oder mittelbar gesichert ist. ²Ausgenommen sind Zinsen aus Anleihen und Forderungen, die in ein öffentliches Schuldbuch eingetragen oder über die Sammelurkunden im Sinne des § 9a des Depotgesetzes oder Teilschuldverschreibungen ausgegeben sind, oder
        bb) das Kapitalvermögen aus Genussrechten besteht, die nicht in § 20 Abs. 1 Nr. 1 genannt sind, oder
        cc) Kapitalerträge im Sinne des § 43 Abs. 1 Satz 1 Nr. 7 Buchstabe a und Nr. 8 sowie Satz 2 von einem Schuldner oder von einem inländischen Kreditinstitut oder einem inländischen Finanzdienstleistungsinstitut im Sinne des § 43 Abs. 1 Satz 1 Nr. 7 Buchstabe b gegen Aushändigung der Zinsscheine einem anderen als einem ausländischen Kreditinstitut oder einem ausländischen Finanzdienstleistungsinstitut ausgezahlt oder gutgeschrieben werden und die Teilschuldverschreibungen nicht von dem Schuldner, dem inländischen Kreditinstitut oder dem inländischen Finanzdienstleistungsinstitut verwahrt werden.

    ²§ 20 Abs. 2 gilt entsprechend;
6. Einkünfte aus Vermietung und Verpachtung (§ 21), wenn das unbewegliche Vermögen, die Sachinbegriffe oder Rechte im Inland belegen oder in ein inländisches öffentliches Buch oder Register eingetragen sind oder in einer inländischen Betriebsstätte oder in einer anderen Einrichtung verwertet werden;
7. sonstige Einkünfte im Sinne des § 22 Nr. 1 Satz 3 Buchstabe a, die von den inländischen gesetzlichen Rentenversicherungsträgern, den inländischen landwirtschaftlichen Alterskassen, den inländischen berufsständischen Versorgungseinrichtungen, den inländischen Versicherungsunternehmen oder sonstigen inländischen Zahlstellen gewährt werden;
8. sonstige Einkünfte im Sinne des § 22 Nr. 2, soweit es sich um private Veräußerungsgeschäfte handelt, mit
    a) inländischen Grundstücken,
    b) inländischen Rechten, die den Vorschriften des bürgerlichen Rechts über Grundstücke unterliegen, oder

c) Anteilen an Kapitalgesellschaften

aa) mit Geschäftsleitung oder Sitz im Inland oder

bb) bei deren Erwerb auf Grund eines Antrags nach § 13 Abs. 2 oder § 21 Abs. 2 Satz 3 Nr. 2 des Umwandlungssteuergesetzes nicht der gemeine Wert der eingebrachten Anteile angesetzt worden ist oder auf die § 17 Abs. 5 Satz 2 anzuwenden war

bei Beteiligung im Sinne des § 17 Abs. 1 oder Abs. 6;

8a. sonstige Einkünfte im Sinne des § 22 Nr. 4;

9. sonstige Einkünfte im Sinne des § 22 Nr. 3, auch wenn sie bei Anwendung dieser Vorschrift einer anderen Einkunftsart zuzurechnen wären, soweit es sich um Einkünfte aus der Nutzung beweglicher Sachen im Inland oder aus der Überlassung der Nutzung oder des Rechts auf Nutzung von gewerblichen, technischen, wissenschaftlichen und ähnlichen Erfahrungen, Kenntnissen und Fertigkeiten, z. B. Plänen, Mustern und Verfahren, handelt, die im Inland genutzt werden oder worden sind; dies gilt nicht, soweit es sich um steuerpflichtige Einkünfte im Sinne der Nummern 1 bis 8 handelt.

(2) Im Ausland gegebene Besteuerungsmerkmale bleiben außer Betracht, soweit bei ihrer Berücksichtigung inländische Einkünfte im Sinne des Absatzes 1 nicht angenommen werden könnten.

(3) ¹Bei Schifffahrt- und Luftfahrtunternehmen sind die Einkünfte im Sinne des Absatzes 1 Nr. 2 Buchstabe b mit 5 Prozent der für diese Beförderungsleistungen vereinbarten Entgelte anzusetzen. ²Das gilt auch, wenn solche Einkünfte durch eine inländische Betriebsstätte oder einen inländischen ständigen Vertreter erzielt werden (Absatz 1 Nr. 2 Buchstabe a). ³Das gilt nicht in den Fällen des Absatzes 1 Nr. 2 Buchstabe c oder soweit das deutsche Besteuerungsrecht nach einem Abkommen zur Vermeidung der Doppelbesteuerung ohne Begrenzung des Steuersatzes aufrechterhalten bleibt.

(4) ¹Abweichend von Absatz 1 Nr. 2 sind Einkünfte steuerfrei, die ein beschränkt Steuerpflichtiger mit Wohnsitz oder gewöhnlichem Aufenthalt in einem ausländischen Staat durch den Betrieb eigener oder gecharterter Schiffe oder Luftfahrzeuge aus einem Unternehmen bezieht, dessen Geschäftsleitung in dem ausländischen Staat befindet. ²Voraussetzung für die Steuerbefreiung ist, dass dieser ausländische Staat Steuerpflichtigen mit Wohnsitz oder gewöhnlichem Aufenthalt im Geltungsbereich dieses Gesetzes eine entsprechende Steuerbefreiung für derartige Einkünfte gewährt und dass das Bundesministerium für Verkehr, Bau und Stadtentwicklung die Steuerbefreiung nach Satz 1 für verkehrspolitisch unbedenklich erklärt hat.

§ 50
Sondervorschriften für beschränkt Steuerpflichtige

(1) ¹Beschränkt Steuerpflichtige dürfen Betriebsausgaben (§ 4 Abs. 4 bis 8) oder Werbungskosten (§ 9) nur insoweit abziehen, als sie mit inländischen Einkünften in wirtschaftlichem Zusammenhang stehen. ²10d ist nur anzuwenden, wenn Verluste in wirtschaftlichem Zusammenhang mit inländischen Einkünften stehen und sich aus Unterlagen ergeben, die im Inland aufbewahrt werden. ³34 ist nur insoweit anzuwenden, als er sich auf Gewinne aus der Veräußerung eines land- und forstwirtschaftlichen Betriebs (§ 14), eines Gewerbebetriebs (§ 16) oder auf Veräußerungsgewinne im Sinne des § 18 Abs. 3 bezieht. ⁴Die übrigen Vorschriften des § 34 und die §§ 4f, 9 Abs. 5 Satz 1, soweit er § 4f für anwendbar erklärt, die §§ 9a, 10, 10a, 10c, 16 Abs. 4, § 20 Abs. 4, §§ 24a, 24b, 32, 32a Abs. 6, §§ 33, 33a und 33b sind nicht anzuwenden. ⁵Abweichend von Satz 4 sind bei beschränkt steuerpflichtigen Arbeitnehmern, die Einkünfte aus nichtselbständiger Arbeit im Sinne des § 49 Abs. 1 Nr. 4 beziehen, § 9a Satz 1 Nr. 1, § 10c Abs. 1 mit der Möglichkeit, die tatsächlichen Aufwendungen im Sinne des § 10b nachzuweisen, sowie § 10c Abs. 2 und 3 jeweils in Verbindung mit § 10c Abs. 5 ohne Möglichkeit, die tatsächlichen Aufwendungen nachzuweisen, anzuwenden. ⁶Die Jahres- und Monatsbeträge der Pauschalen nach § 9a Satz 1 Nr. 1 und § 10c Abs. 1 und § 10c Abs. 2 und 3, jeweils in Verbindung mit § 10c Abs. 5, ermäßigen sich zeitanteilig, wenn Einkünfte im Sinne des § 49 Abs. 1 Nr. 4 nicht während eines vollen Kalenderjahres oder Kalendermonats zugeflossen sind.

(2) ¹Bei Einkünften, die dem Steuerabzug unterliegen, und bei Einkünften im Sinne des § 20 Abs. 1 Nr. 5 und 7 ist für beschränkt Steuerpflichtige ein Ausgleich mit Verlusten aus anderen Einkunftsarten nicht zulässig. ²Einkünfte im Sinne des Satzes 1 dürfen bei einem Verlustabzug (§ 10d) nicht berücksichtigt werden.

(3) ¹Die Einkommensteuer bemisst sich bei beschränkt Steuerpflichtigen, die veranlagt werden, nach § 32a Abs. 1. ²Die Einkommensteuer beträgt mindestens 25 Prozent des Einkommens; dies gilt nicht in den Fällen des Absatzes 1 Satz 5.

(4) – weggefallen –

(5) ¹Die Einkommensteuer für Einkünfte, die dem Steuerabzug vom Arbeitslohn oder vom Kapitalertrag oder dem Steuerabzug auf Grund des § 50a unterliegen, gilt bei beschränkt Steuerpflichtigen durch den Steuerabzug als abgegolten. ²Satz 1 gilt nicht, wenn die Einkünfte Betriebseinnahmen eines inländischen Betriebs sind oder

1. nachträglich festgestellt wird, dass die Voraussetzungen der unbeschränkten Einkommensteuerpflicht im Sinne des § 1 Abs. 2 oder 3 oder des § 1a nicht vorgelegen haben; § 39 Abs. 5a ist sinngemäß anzuwenden;

2. ein beschränkt steuerpflichtiger Arbeitnehmer, der Einkünfte aus nichtselbständiger Arbeit im Sinne des § 49 Abs. 1 Nr. 4 bezieht und Staatsangehöriger eines Mitgliedstaates der Europäischen Union oder eines Staates ist, auf den das Abkommen über den Europäischen Wirtschaftsraum Anwendung findet, und im Hoheitsgebiet eines dieser Staaten seinen Wohnsitz oder gewöhnlichen Aufenthalt hat, eine Veranlagung zur Einkommensteuer beantragt. ²In diesem Fall wird die Veranlagung durch das Betriebsstättenfinanzamt, das die Bescheinigung nach § 39d Abs. 1 Satz 3 erteilt hat, nach § 46 Abs. 2 Nr. 8 durchgeführt. ³Bei mehreren Betriebsstättenfinanzämtern ist das Betriebsstättenfinanzamt zuständig, in dessen Bezirk der Arbeitnehmer zuletzt beschäftigt war. ⁴Bei Arbeitnehmern mit Steuerklasse VI ist das Betriebsstättenfinanzamt zuständig, in dessen Bezirk der Arbeitnehmer zuletzt unter Anwendung der Steuerklasse I beschäftigt war. ⁵Absatz 1 Satz 6 ist nicht anzuwenden. ⁶Einkünfte, die dem Steuerabzug vom Kapitalertrag oder dem Steuerabzug auf Grund des § 50a unterliegen, werden nur im Rahmen des § 32b berücksichtigt; oder

3. ein beschränkt Steuerpflichtiger, dessen Einnahmen dem Steuerabzug nach § 50a Abs. 4 Nr. 1 oder 2 unterliegen, die völlige oder teilweise Erstattung der einbehaltenen und abgeführten Steuer beantragt. ²Die Erstattung setzt voraus, dass die mit diesen Einnahmen in unmittelbarem wirtschaftlichen Zusammenhang stehenden Betriebsausgaben oder Werbungskosten höher sind als die Hälfte der Einnahmen. ³Die Steuer wird erstattet, soweit sie 50 Prozent des Unterschiedsbetrags zwischen den Einnahmen und mit diesen in unmittelbarem wirtschaftlichem Zusammenhang stehenden Betriebsausgaben oder Werbungskosten übersteigt, im Fall einer Veranstaltungsreihe erst nach deren Abschluss. ⁴Der Antrag ist bis zum Ablauf des Kalenderjahres, das dem Kalenderjahr des Zuflusses der Vergütung folgt, nach amtlich vorgeschriebenem Muster beim Bundeszentralamt für Steuern zu stellen und zu unterschreiben; die Bescheinigung nach § 50a Abs. 5 Satz 7 ist beizufügen. ⁵Über den Inhalt des Erstattungsantrags und den Erstattungsbetrag kann das Bundeszentralamt für Steuern dem Wohnsitzstaat des beschränkt Steuerpflichtigen Auskunft geben. ⁶Abweichend von § 117 Abs. 4 der Abgabenordnung ist eine Anhörung des Beteiligten nicht erforderlich. ⁷Mit dem Erstattungsantrag gilt die Zustimmung zur Auskunft an den Wohnsitzstaat als erteilt. ⁸Das Bundeszentralamt für Steuern erlässt über den Steuererstattungsbetrag einen Steuerbescheid.

(6) § 34c Abs. 1 bis 3 ist bei Einkünften aus Land- und Forstwirtschaft, Gewerbebetrieb oder selbständiger Arbeit, für die im Inland ein Betrieb unterhalten wird, entsprechend anzuwenden, soweit darin nicht Einkünfte aus einem ausländischen Staat enthalten sind, mit denen der beschränkt Steuerpflichtige dort in einem der unbeschränkten Steuerpflicht ähnlichen Umfang zu einer Steuer vom Einkommen herangezogen wird.

(7) Die obersten Finanzbehörden der Länder oder die von ihnen beauftragten Finanzbehörden können mit Zustimmung des Bundesministeriums der Finanzen die Einkommensteuer bei beschränkt

Steuerpflichtigen ganz oder zum Teil erlassen oder in einem Pauschbetrag festsetzen, wenn es aus volkswirtschaftlichen Gründen zweckmäßig ist oder eine gesonderte Berechnung der Einkünfte besonders schwierig ist.

§ 50a
Steuerabzug bei beschränkt Steuerpflichtigen

(1) Bei beschränkt steuerpflichtigen Mitgliedern des Aufsichtsrats (Verwaltungsrats) von inländischen Aktiengesellschaften, Kommanditgesellschaften auf Aktien, Berggewerkschaften, Gesellschaften mit beschränkter Haftung und sonstigen Kapitalgesellschaften, Genossenschaften und Personenvereinigungen des privaten und des öffentlichen Rechts, bei denen die Gesellschafter nicht als Unternehmer (Mitunternehmer) anzusehen sind, unterliegen die Vergütungen jeder Art, die ihnen von den genannten Unternehmungen für die Überwachung der Geschäftsführung gewährt werden (Aufsichtsratsvergütungen), dem Steuerabzug (Aufsichtsratsteuer).

(2) Die Aufsichtsratsteuer beträgt 30 Prozent der Aufsichtsratsvergütungen.

(3) ^{1}Dem Steuerabzug unterliegt der volle Betrag der Aufsichtsratsvergütung ohne jeden Abzug. ^{2}Werden Reisekosten (Tagegelder und Fahrtauslagen) besonders gewährt, so gehören sie zu den Aufsichtsratsvergütungen nur insoweit, als sie die tatsächlichen Auslagen übersteigen.

(4) ^{1}Die Einkommensteuer wird bei beschränkt Steuerpflichtigen im Wege des Steuerabzugs erhoben

1. bei Einkünften, die durch im Inland ausgeübte oder verwertete künstlerische, sportliche, artistische oder ähnliche Darbietungen erzielt werden, einschließlich der Einkünfte aus anderen mit diesen Leistungen zusammenhängenden Leistungen, unabhängig davon, wem die Einnahmen zufließen (§ 49 Abs. 1 Nr. 2 Buchstabe d),

2. bei Einkünften aus der Ausübung oder Verwertung einer Tätigkeit als Künstler, Berufssportler, Schriftsteller, Journalist oder Bildberichterstatter einschließlich solcher Tätigkeiten für den Rundfunk oder Fernsehfunk (§ 49 Abs. 1 Nr. 2 bis 4), es sei denn, es handelt sich um Einkünfte aus nichtselbständiger Arbeit, die dem Steuerabzug vom Arbeitslohn nach § 38 Abs. 1 Satz 1 Nr. 1 unterliegen,

3. bei Einkünften, die aus Vergütungen für die Nutzung beweglicher Sachen oder für die Überlassung der Nutzung oder des Rechts auf Nutzung von Rechten, insbesondere von Urheberrechten und gewerblichen Schutzrechten, von gewerblichen, technischen, wissenschaftlichen und ähnlichen Erfahrungen, Kenntnissen und Fertigkeiten, z. B. Plänen, Mustern und Verfahren, herrühren (§ 49 Abs. 1 Nr. 2, 3, 6 und 9); das Gleiche gilt für die Veräußerung von Rechten im Sinne des § 49 Abs. 1 Nr. 2 Buchstabe f.

^{2}Dem Steuerabzug unterliegt der volle Betrag der Einnahmen einschließlich der Beträge im Sinne des § 3 Nr. 13 und 16. ^{3}Abzüge, z. B. für Betriebsausgaben, Werbungskosten, Sonderausgaben und Steuern, sind nicht zulässig. ^{4}Der Steuerabzug beträgt 20 Prozent der Einnahmen. ^{5}Bei im Inland ausgeübten künstlerischen, sportlichen, artistischen oder ähnlichen Darbietungen beträgt er bei Einnahmen

1. bis 250 Euro
   0 Prozent;
2. über 250 Euro bis 500 Euro
   10 Prozent der gesamten Einnahmen;
3. über 500 Euro bis 1000 Euro
   15 Prozent der gesamten Einnahmen;
4. über 1000 Euro
   20 Prozent der gesamten Einnahmen.

(5) ^{1}Die Steuer entsteht in dem Zeitpunkt, in dem die Aufsichtsratsvergütungen (Absatz 1) oder die Vergütungen (Absatz 4) dem Gläubiger der Aufsichtsratsvergütungen oder der Vergütungen zufließen. ^{2}In diesem Zeitpunkt hat der Schuldner der Aufsichtsratsvergütungen oder der Vergütungen den Steuerabzug für Rechnung des beschränkt steuerpflichtigen Gläubigers (Steuerschuldner) vorzunehmen. ^{3}Er hat die innerhalb eines Kalendervierteljahres einbehaltene Steuer jeweils bis zum 10. des dem Kalendervierteljahr folgenden Monats an das für ihn zuständige Finanzamt abzuführen. ^{4}Der beschränkt Steuerpflichtige ist beim Steuerabzug von Aufsichtsratsvergütungen oder von Vergütungen Steuerschuldner. ^{5}Der Schuldner der Aufsichtsratsvergütungen oder der Vergütungen haftet aber für die Einbehaltung und Abführung der Steuer. ^{6}Der Steuerschuldner wird nur in Anspruch genommen,

1. wenn der Schuldner der Aufsichtsratsvergütung oder der Vergütungen diese nicht vorschriftsmäßig gekürzt hat oder

2. wenn der beschränkt steuerpflichtige Gläubiger weiß, dass der Schuldner die einbehaltene Steuer nicht vorschriftsmäßig abgeführt hat, und dies dem Finanzamt nicht unverzüglich mitteilt.

^{7}Der Schuldner der Vergütungen ist verpflichtet, dem beschränkt steuerpflichtigen Gläubiger auf Verlangen die folgenden Angaben nach amtlich vorgeschriebenem Muster zu bescheinigen:

1. den Namen und die Anschrift des beschränkt steuerpflichtigen Gläubigers;
2. die Art der Tätigkeit und Höhe der Vergütung in Euro;
3. den Zahlungstag;
4. den Betrag der einbehaltenen und abgeführten Steuer nach § 50a Abs. 4;
5. das Finanzamt, an das die Steuer abgeführt worden ist.

(6) Durch Rechtsverordnung kann bestimmt werden, dass bei Vergütungen für die Nutzung oder das Recht auf Nutzung von Urheberrechten (Absatz 4 Nr. 3), wenn die Vergütungen nicht unmittelbar an den Gläubiger, sondern an einen Beauftragten geleistet werden, an Stelle des Schuldners der Vergütung der Beauftragte die Steuer einzubehalten und abzuführen hat und für die Einbehaltung und Abführung haftet.

(7) ^{1}Das Finanzamt des Vergütungsgläubigers kann anordnen, dass der Schuldner der Vergütung für Rechnung des beschränkt steuerpflichtigen Gläubigers (Steuerschuldner) die Einkommensteuer von beschränkt steuerpflichtigen Einkünften, soweit diese nicht bereits dem Steuerabzug unterliegen, im Wege des Steuerabzugs einzubehalten und abzuführen hat, wenn dies zur Sicherung des Steueranspruchs zweckmäßig ist. ^{2}Der Steuerabzug beträgt 25 Prozent der gesamten Einnahmen, wenn der beschränkt steuerpflichtige Gläubiger nicht glaubhaft macht, dass die voraussichtlich geschuldete Steuer niedriger ist. ^{3}Absatz 5 gilt entsprechend mit der Maßgabe, dass die Steuer bei dem Finanzamt anzumelden und abzuführen ist, das den Steuerabzug angeordnet hat. ^{4}§ 50 Abs. 5 Satz 1 ist nicht anzuwenden.

IX. Sonstige Vorschriften, Bußgeld-, Ermächtigungs- und Schlussvorschriften

§ 50b
Prüfungsrecht

^{1}Die Finanzbehörden sind berechtigt, Verhältnisse, die für die Anrechnung oder Vergütung von Körperschaftsteuer, für die Anrechnung oder Erstattung von Kapitalertragsteuer, für die Nichtvornahme des Steuerabzugs, für die Ausstellung der Jahresbescheinigung nach § 24c oder für die Mitteilungen an das Bundeszentralamt für Steuern nach § 45e von Bedeutung sind oder der Aufklärung bedürfen, bei den am Verfahren Beteiligten zu prüfen. ^{2}Die §§ 193 bis 203 der Abgabenordnung gelten sinngemäß.

§ 50c
– weggefallen –

§ 50d
Besonderheiten im Fall von Doppelbesteuerungsabkommen und der §§ 43b und 50g

(1) ^{1}Können Einkünfte, die dem Steuerabzug vom Kapitalertrag oder dem Steuerabzug auf Grund des § 50a unterliegen, nach den §§ 43b, 50g oder nach einem Abkommen zur Vermeidung der Doppelbesteuerung nicht oder nur nach einem niedrigeren Steuersatz besteuert werden, so sind die Vorschriften über die Einbehaltung, Abführung und Anmeldung der Steuer durch den Schuldner der Kapitalerträge oder Vergütungen im Sinne des § 50a ungeachtet der §§ 43b und 50g und des Abkommens anzuwenden. ^{2}Unberührt

bleibt der Anspruch des Gläubigers der Kapitalerträge oder Vergütungen auf völlige oder teilweise Erstattung der einbehaltenen und abgeführten oder der auf Grund Haftungsbescheid oder Nachforderungsbescheid entrichteten Steuer. ³Die Erstattung erfolgt auf Antrag des Gläubigers der Kapitalerträge oder Vergütungen auf der Grundlage eines Freistellungsbescheids; der Antrag ist nach amtlich vorgeschriebenem Vordruck bei dem Bundeszentralamt für Steuern zu stellen. ⁴Der zu erstattende Betrag wird nach Bekanntgabe des Freistellungsbescheids ausgezahlt. ⁵Hat der Gläubiger der Vergütungen im Sinne des § 50a nach § 50a Abs. 5 Steuern für Rechnung beschränkt steuerpflichtiger Gläubiger einzubehalten, kann die Auszahlung des Erstattungsanspruchs davon abhängig gemacht werden, dass er die Zahlung der von ihm einzubehaltenden Steuer nachweist, hierfür Sicherheit leistet oder unwiderruflich die Zustimmung zur Verrechnung seines Erstattungsanspruchs mit seiner Steuerzahlungsschuld erklärt. ⁶Das Bundeszentralamt für Steuern kann zulassen, dass Anträge auf maschinell verwertbaren Datenträgern gestellt werden. ⁷Die Frist für den Antrag auf Erstattung beträgt vier Jahre nach Ablauf des Kalenderjahres, in dem die Kapitalerträge oder Vergütungen bezogen worden sind. ⁸Die Frist nach Satz 7 endet nicht vor Ablauf von sechs Monaten nach dem Zeitpunkt der Entrichtung der Steuer. ⁹Für die Erstattung der Kapitalertragsteuer gilt § 45 entsprechend. ¹⁰Der Schuldner der Kapitalerträge oder Vergütungen kann sich vorbehaltlich des Absatzes 2 nicht auf die Rechte des Gläubigers aus dem Abkommen berufen.

(1a) ¹Der nach Absatz 1 in Verbindung mit § 50g zu erstattende Betrag ist zu verzinsen. ²Der Zinslauf beginnt zwölf Monate nach Ablauf des Monats, in dem der Antrag auf Erstattung und alle für die Entscheidung erforderlichen Nachweise vorliegen, frühestens am Tag der Entrichtung der Steuer durch den Schuldner der Kapitalerträge oder Vergütungen. ³Er endet mit Ablauf des Tages, an dem der Freistellungsbescheid wirksam wird. ⁴Wird der Freistellungsbescheid aufgehoben, geändert oder nach § 129 der Abgabenordnung berichtigt, ist eine bisherige Zinsfestsetzung zu ändern. ⁵§ 233a Abs. 5 der Abgabenordnung gilt sinngemäß. ⁶Für die Höhe und Berechnung der Zinsen gilt § 238 der Abgabenordnung. ⁷Auf die Festsetzung der Zinsen ist § 239 der Abgabenordnung sinngemäß anzuwenden. ⁸Die Vorschriften dieses Absatzes sind nicht anzuwenden, wenn der Steuerabzug keine abgeltende Wirkung hat (§ 50 Abs. 5).

(2) ¹In den Fällen der §§ 43b, 50a Abs. 4, § 50g kann der Schuldner der Kapitalerträge oder Vergütungen den Steuerabzug nach Maßgabe von § 43b oder § 50g oder des Abkommens unterlassen oder nach einem niedrigeren Steuersatz vornehmen, wenn das Bundeszentralamt für Steuern dem Gläubiger auf Grund eines von ihm nach amtlich vorgeschriebenem Vordruck gestellten Antrags bescheinigt, dass die Voraussetzungen dafür vorliegen (Freistellung im Steuerabzugsverfahren); dies gilt auch bei Kapitalerträgen, die einer nach einem Abkommen zur Vermeidung der Doppelbesteuerung im anderen Vertragsstaat ansässigen Kapitalgesellschaft, die am Nennkapital einer unbeschränkt steuerpflichtigen Kapitalgesellschaft im Sinne des § 1 Abs. 1 Nr. 1 des Körperschaftsteuergesetzes zu mindestens einem Zehntel unmittelbar beteiligt ist und im Staat ihrer Ansässigkeit den Steuern vom Einkommen oder Gewinn unterliegt, ohne davon befreit zu sein, von der unbeschränkt steuerpflichtigen Kapitalgesellschaft zufließen. ²Die Freistellung kann unter dem Vorbehalt des Widerrufs erteilt und von Auflagen oder Bedingungen abhängig gemacht werden. ³Sie kann in den Fällen des § 50a Abs. 4 von der Bedingung abhängig gemacht werden, dass die Erfüllung der Verpflichtungen nach § 50a Abs. 5 nachgewiesen werden, soweit die Vergütungen an andere beschränkt Steuerpflichtige weitergeleitet werden. ⁴Die Geltungsdauer der Bescheinigung nach Satz 1 beginnt frühestens an dem Tag, an dem der Antrag beim Bundeszentralamt für Steuern eingeht; sie beträgt mindestens ein Jahr und darf drei Jahre nicht überschreiten; der Gläubiger der Kapitalerträge oder der Vergütungen ist verpflichtet, den Wegfall der Voraussetzungen für die Freistellung unverzüglich dem Bundeszentralamt für Steuern mitzuteilen. ⁵Voraussetzung für die Abstandnahme vom Steuerabzug ist, dass dem Schuldner der Kapitalerträge oder Vergütungen die Bescheinigung nach Satz 1 vorliegt. ⁶Über den Antrag ist innerhalb von drei Monaten zu entscheiden. ⁷Die Frist beginnt mit der Vorlage aller für die Entscheidung erforderlichen Nachweise. ⁸Bestehende Anmeldeverpflichtungen bleiben unberührt.

(3) ¹Eine ausländische Gesellschaft hat keinen Anspruch auf völlige oder teilweise Entlastung nach Absatz 1 oder Absatz 2, soweit Personen an ihr beteiligt sind, denen die Erstattung oder Freistellung nicht zustände, wenn sie die Einkünfte unmittelbar erzielten, und

1. für die Einschaltung der ausländischen Gesellschaft wirtschaftliche oder sonst beachtliche Gründe fehlen oder

2. die ausländische Gesellschaft nicht mehr als 10 Prozent ihrer gesamten Bruttoerträge des betreffenden Wirtschaftsjahres aus eigener Wirtschaftstätigkeit erzielt oder

3. die ausländische Gesellschaft nicht mit einem für ihren Geschäftszweck angemessen eingerichteten Geschäftsbetrieb am allgemeinen wirtschaftlichen Verkehr teilnimmt.

²Maßgebend sind ausschließlich die Verhältnisse der ausländischen Gesellschaft; organisatorische, wirtschaftliche oder sonst beachtliche Merkmale der Unternehmen, die der ausländischen Gesellschaft nahe stehen (§ 1 Abs. 2 des Außensteuergesetzes), bleiben außer Betracht. ³An einer eigenen Wirtschaftstätigkeit fehlt es, soweit die ausländische Gesellschaft ihre Bruttoerträge aus der Verwaltung von Wirtschaftsgütern erzielt oder ihre wesentlichen Geschäftstätigkeiten auf Dritte überträgt. ⁴Die Sätze 1 bis 3 sind nicht anzuwenden, wenn mit der Hauptgattung der Aktien der ausländischen Gesellschaft ein wesentlicher und regelmäßiger Handel an einer anerkannten Börse stattfindet oder für die ausländische Gesellschaft die Vorschriften des Investmentsteuergesetzes gelten.

(4) ¹Der Gläubiger der Kapitalerträge oder Vergütungen im Sinne des § 50a hat nach amtlich vorgeschriebenem Vordruck durch eine Bestätigung der für ihn zuständigen Steuerbehörde des anderen Staates nachzuweisen, dass er dort ansässig ist oder die Voraussetzungen des § 50g Abs. 3 Nr. 5 Buchstabe c erfüllt sind. ²Das Bundesministerium der Finanzen kann im Einvernehmen mit den obersten Finanzbehörden der Länder erleichterte Verfahren oder vereinfachte Nachweise zulassen.

(5) ¹Abweichend von Absatz 2 kann das Bundeszentralamt für Steuern in den Fällen des § 50a Abs. 4 Satz 1 Nr. 2 und 3 den Schuldner der Vergütung auf Antrag allgemein ermächtigen, den Steuerabzug zu unterlassen oder nach einem niedrigeren Steuersatz vorzunehmen (Kontrollmeldeverfahren). ²Die Ermächtigung kann in Fällen geringer steuerlicher Bedeutung erteilt und mit Auflagen verbunden werden. ³Einer Bestätigung nach Absatz 4 Satz 1 bedarf es im Kontrollmeldeverfahren nicht. ⁴Inhalt der Auflage kann die Angabe des Namens, des Wohnortes oder des Ortes des Sitzes oder der Geschäftsleitung des Schuldners und des Gläubigers, der Art der Vergütung, des Bruttobetrags und des Zeitpunkts der Zahlungen sowie des einbehaltenen Steuerbetrags sein. ⁵Mit dem Antrag auf Teilnahme am Kontrollmeldeverfahren gilt die Zustimmung des Gläubigers und des Schuldners zur Weiterleitung der Angaben des Schuldners an den Wohnsitz- oder Sitzstaat des Gläubigers als erteilt. ⁶Die Ermächtigung ist als Beleg aufzubewahren. ⁷Absatz 2 Satz 8 gilt entsprechend.

(6) Soweit Absatz 2 nicht anwendbar ist, gilt Absatz 5 auch für Kapitalerträge im Sinne des § 43 Abs. 1 Satz 1 Nr. 1 und 4, wenn sich im Zeitpunkt der Zahlung des Kapitalertrags der Anspruch auf Besteuerung nach einem niedrigeren Steuersatz ohne nähere Ermittlungen feststellen lässt.

(7) Werden Einkünfte im Sinne des § 49 Abs. 1 Nr. 4 aus einer Kasse einer juristischen Person des öffentlichen Rechts im Sinne der Vorschrift eines Abkommens zur Vermeidung der Doppelbesteuerung über den öffentlichen Dienst gewährt, so ist diese Vorschrift bei Bestehen eines Dienstverhältnisses mit einer anderen Person in der Weise auszulegen, dass die Vergütungen für der erstgenannten Person geleistete Dienste gezahlt werden, wenn sie ganz oder im Wesentlichen aus öffentlichen Mitteln aufgebracht werden.

(8) ¹Sind Einkünfte eines unbeschränkt Steuerpflichtigen aus nichtselbständiger Arbeit (§ 19) nach einem Abkommen zur Vermeidung der Doppelbesteuerung von der Bemessungsgrundlage der deutschen Steuer auszunehmen, wird die Freistellung bei der Veranlagung ungeachtet des Abkommens nur gewährt, soweit der Steuerpflichtige nachweist, dass der Staat, dem nach dem Abkommen das Besteuerungsrecht zusteht, auf dieses Besteuerungsrecht verzichtet hat oder dass die in diesem Staat auf die Einkünfte festgesetzten Steuern entrichtet wurden. ²Wird ein solcher Nachweis erst

geführt, nachdem die Einkünfte in eine Veranlagung zur Einkommensteuer einbezogen wurden, ist der Steuerbescheid insoweit zu ändern. ³§ 175 Abs. 1 Satz 2 der Abgabenordnung ist entsprechend anzuwenden.

(9) ¹Sind Einkünfte eines unbeschränkt Steuerpflichtigen nach einem Abkommen zur Vermeidung der Doppelbesteuerung von der Bemessungsgrundlage der deutschen Steuer auszunehmen, so wird die Freistellung der Einkünfte ungeachtet des Abkommens nicht gewährt, wenn

1. der andere Staat die Bestimmungen des Abkommens so anwendet, dass die Einkünfte in diesem Staat von der Besteuerung auszunehmen sind oder nur zu einem durch das Abkommen begrenzten Steuersatz besteuert werden können, oder

2. die Einkünfte in dem anderen Staat nur deshalb nicht steuerpflichtig sind, weil sie von einer Person bezogen werden, die in diesem Staat nicht auf Grund ihres Wohnsitzes, ständigen Aufenthalts, des Ortes ihrer Geschäftsleitung, des Sitzes oder eines ähnlichen Merkmals unbeschränkt steuerpflichtig ist.

²Nummer 2 gilt nicht für Dividenden, die nach einem Abkommen zur Vermeidung der Doppelbesteuerung von der Bemessungsgrundlage der deutschen Steuer auszunehmen sind, es sei denn, die Dividenden sind bei der Ermittlung des Gewinns der ausschüttenden Gesellschaft abgezogen worden. ³Bestimmungen eines Abkommens zur Vermeidung der Doppelbesteuerung, die die Freistellung von Einkünften in einem weitergehenden Umfang einschränken, sowie Absatz 8 und § 20 Abs. 2 bleiben unberührt.

§ 50e
Bußgeldvorschriften; Nichtverfolgung von Steuerstraftaten bei geringfügiger Beschäftigung in Privathaushalten

(1) ¹Ordnungswidrig handelt, wer vorsätzlich oder leichtfertig entgegen § 45d Abs. 1 Satz 1, der nach § 45e erlassenen Rechtsverordnung oder den unmittelbar geltenden Verträgen mit den in Artikel 17 der Richtlinie 2003/48/EG genannten Staaten und Gebieten eine Mitteilung nicht, nicht richtig, nicht vollständig oder nicht rechtzeitig abgibt. ²Die Ordnungswidrigkeit kann mit einer Geldbuße bis zu fünftausend Euro geahndet werden.

(2) ¹Liegen die Voraussetzungen des § 40a Abs. 2 vor, werden Steuerstraftaten (§§ 369 bis 376 der Abgabenordnung) als solche nicht verfolgt, wenn der Arbeitgeber in den Fällen des § 8a des Vierten Buches Sozialgesetzbuch entgegen § 41a Abs. 1 Nr. 1, auch in Verbindung mit Abs. 2 und 3 und § 51a, und § 40a Abs. 6 Satz 3 dieses Gesetzes in Verbindung mit § 28a Abs. 7 Satz 1 des Vierten Buches Sozialgesetzbuch für das Arbeitsentgelt die Lohnsteuer-Anmeldung und die Anmeldung der einheitlichen Pauschsteuer nicht oder nicht rechtzeitig durchführt und dadurch Steuern verkürzt oder für sich oder einen anderen nicht gerechtfertigte Steuervorteile erlangt. ²Die Freistellung von der Verfolgung nach Satz 1 gilt auch für den Arbeitnehmer einer in Satz 1 genannten Beschäftigung, der die Finanzbehörde pflichtwidrig über steuerlich erhebliche Tatsachen aus dieser Beschäftigung in Unkenntnis lässt. ³Die Bußgeldvorschriften der §§ 377 bis 384 der Abgabenordnung bleiben mit der Maßgabe anwendbar, dass § 378 der Abgabenordnung auch bei vorsätzlichem Handeln anwendbar ist.

§ 50f
Bußgeldvorschriften

(1) Ordnungswidrig handelt, wer vorsätzlich oder leichtfertig entgegen § 22a Abs. 2 Satz 5 die Identifikationsnummer für andere als die dort genannten Zwecke verwendet.

(2) Die Ordnungswidrigkeit kann mit einer Geldbuße bis zu zehntausend Euro geahndet werden.

§ 50g
Zahlungen von Zinsen und Lizenzgebühren zwischen verbundenen Unternehmen verschiedener Mitgliedstaaten der Europäischen Union – Richtlinie 2003/49/EG des Rates vom 3. Juni 2003 (ABl. EU Nr. L 157 S. 49), geändert durch die Richtlinie 2004/66/EG des Rates vom 26. April 2004 (ABl. EU Nr. L 168 S. 35) –

(1) ¹Auf Antrag werden die Kapitalertragsteuer für Zinsen und die Steuer auf Grund des § 50a für Lizenzgebühren, die von einem Unternehmen der Bundesrepublik Deutschland oder einer dort gelegenen Betriebsstätte eines Unternehmens eines anderen Mitgliedstaates der Europäischen Union als Schuldner an ein Unternehmen eines anderen Mitgliedstaates der Europäischen Union oder an eine in einem anderen Mitgliedstaat der Europäischen Union gelegene Betriebsstätte eines Unternehmens eines Mitgliedstaates der Europäischen Union als Gläubiger gezahlt werden, nicht erhoben. ²Erfolgt die Besteuerung durch Veranlagung, werden die Zinsen und Lizenzgebühren bei der Ermittlung der Einkünfte nicht erfasst. ³Voraussetzung für die Anwendung der Sätze 1 und 2 ist, dass der Gläubiger der Zinsen oder Lizenzgebühren ein mit dem Schuldner verbundenes Unternehmen oder dessen Betriebsstätte ist. ⁴Die Sätze 1 bis 3 sind nicht anzuwenden, wenn die Zinsen oder Lizenzgebühren an eine Betriebsstätte eines Unternehmens eines Mitgliedstaates der Europäischen Union als Gläubiger gezahlt werden, die in einem Staat außerhalb der Europäischen Union oder im Inland gelegen ist und in der die Tätigkeit des Unternehmens ganz oder teilweise ausgeübt wird.

(2) Absatz 1 ist nicht anzuwenden auf die Zahlung von

1. Zinsen,
    a) die nach deutschem Recht als Gewinnausschüttung behandelt werden (§ 20 Abs. 1 Nr. 1 Satz 2) oder
    b) die auf Forderungen beruhen, die einen Anspruch auf Beteiligung am Gewinn des Schuldners begründen;

2. Zinsen oder Lizenzgebühren, die den Betrag übersteigen, den der Schuldner und der Gläubiger ohne besondere Beziehungen, die zwischen den beiden oder einem von ihnen und einem Dritten auf Grund von Absatz 3 Nr. 5 Buchstabe b bestehen, vereinbart hätten.

(3) Für die Anwendung der Absätze 1 und 2 gelten die folgenden Begriffsbestimmungen und Beschränkungen:

1. ¹Der Gläubiger muss der Nutzungsberechtigte sein. ²Nutzungsberechtigter ist

    a) ein Unternehmen, wenn es die Einkünfte im Sinne von § 2 Abs. 1 erzielt;
    b) eine Betriebsstätte, wenn

        aa) die Forderung, das Recht oder der Gebrauch von Informationen, auf Grund derer/dessen Zahlungen von Zinsen oder Linzenzgebühren geleistet werden, tatsächlich zu der Betriebsstätte gehört und

        bb) die Zahlungen der Zinsen oder Linzenzgebühren Einkünfte darstellen, auf Grund derer die Gewinne der Betriebsstätte in dem Mitgliedstaat der Europäischen Union, in dem sie gelegen ist, zu einer der in Nummer 5 Buchstabe a Doppelbuchstabe cc genannten Steuer beziehungsweise im Fall Belgiens dem „impôt des non-résidents/belasting der nietverblijfhouders" beziehungsweise im Fall Spaniens dem „Impuesto sobre la Renta de no Residentes" beziehungsweise zu einer mit diesen Steuern identischen oder weitgehend ähnlichen Steuer herangezogen werden, die nach dem Zeitpunkt des Inkrafttretens der Richtlinie 2003/49/EG des Rates vom 3. Juni 2003 über eine gemeinsame Steuerregelung für Zahlungen von Zinsen und Lizenzgebühren zwischen verbundenen Unternehmen verschiedener Mitgliedstaaten (ABl. EU Nr. L 157 S. 49) und der Richtlinie 2004/66/EG des Rates vom 26. April 2004 zur Anpassung der Richtlinien 1999/45/EG, 2002/83/EG, 2003/37/EG und 2003/59/EG des Europäischen Parlaments und des Rates und der Richtlinien 77/388/EWG, 91/414/EWG, 96/26/EG, 2003/48/EG und 2003/49/EG des Rates in den Bereichen freier Warenverkehr, freier Dienstleistungsverkehr, Landwirtschaft, Verkehrspolitik und Steuern wegen des Beitritts der Tschechischen Republik, Estlands, Zyperns, Lettlands, Litauens, Ungarns, Maltas, Polens, Sloweniens und der Slowakei (ABl. EU Nr. L 168 S. 35) anstelle der bestehenden Steuern oder ergänzend zu ihnen eingeführt wird.

2. Eine Betriebsstätte gilt nur dann als Schuldner der Zinsen oder Lizenzgebühren, wenn die Zahlung bei der Ermittlung des Gewinns der Betriebsstätte eine steuerlich abzugsfähige Betriebsausgabe ist.

3. Gilt eine Betriebsstätte eines Unternehmens eines Mitgliedstaates der Europäischen Union als Schuldner oder Gläubiger von Zinsen oder Linzenzgebühren, so wird kein anderer Teil des Unternehmens als Schuldner oder Gläubiger der Zinsen oder Linzenzgebühren angesehen.

4. Im Sinne des Absatzes 1 sind

   a) „Zinsen" Einkünfte aus Forderungen jeder Art, auch wenn die Forderungen durch Pfandrechte an Grundstücken gesichert sind, insbesondere Einkünfte aus öffentlichen Anleihen und aus Obligationen einschließlich der damit verbundenen Aufgelder und der Gewinne aus Losanleihen; Zuschläge für verspätete Zahlung und die Rückzahlung von Kapital gelten nicht als Zinsen;

   b) „Lizenzgebühren" Vergütungen jeder Art, die für die Nutzung oder für das Recht auf Nutzung von Urheberrechten an literarischen, künstlerischen oder wissenschaftlichen Werken, einschließlich kinematografischer Filme und Software, von Patenten, Marken, Mustern oder Modellen, Plänen, geheimen Formeln oder Verfahren oder für die Mitteilung gewerblicher, kaufmännischer oder wissenschaftlicher Erfahrungen gezahlt werden; Zahlungen für die Nutzung oder das Recht auf Nutzung gewerblicher, kaufmännischer oder wissenschaftlicher Ausrüstungen gelten als Lizenzgebühren.

5. Die Ausdrücke „Unternehmen eines Mitgliedstaates der Europäischen Union", „verbundenes Unternehmen" und „Betriebsstätte" bedeuten:

   a) „Unternehmen eines Mitgliedstaates der Europäischen Union" jedes Unternehmens, das

      aa) eine der in Anlage 3 Nr. 1 oder Anlage 3a Nr. 1 zu diesem Gesetz aufgeführten Rechtsformen aufweist und

      bb) nach dem Steuerrecht eines Mitgliedstaates in diesem Mitgliedstaat ansässig ist und nicht nach einem zwischen dem betreffenden Staat und einem Staat außerhalb der Europäischen Union geschlossenen Abkommen zur Vermeidung der Doppelbesteuerung von Einkünften für steuerliche Zwecke als außerhalb der Gemeinschaft ansässig gilt und

      cc) einer der in Anlage 3 Nr. 2 und Anlage 3a Nr. 2 zu diesem Gesetz aufgeführten Steuern oder einer mit diesen Steuern identischen oder weitgehend ähnlichen Steuer, die nach dem Zeitpunkt des Inkrafttretens der Richtlinie 2003/49/EG des Rates vom 3. Juni 2003 (ABl. EU Nr. L 157 S. 49) und der Richtlinie 2004/66/EG des Rates vom 26. April 2004 (ABl. EU Nr. L 168 S. 35) anstelle der bestehenden Steuern oder ergänzend zu ihnen eingeführt wird, unterliegt, ohne von ihr befreit zu sein.

   b) „Verbundenes Unternehmen" jedes Unternehmen, das dadurch mit einem zweiten Unternehmen verbunden ist, dass

      aa) das erste Unternehmen unmittelbar mindestens zu 25 Prozent an dem Kapital des zweiten Unternehmens beteiligt ist oder

      bb) das zweite Unternehmen unmittelbar mindestens zu 25 Prozent an dem Kapital des ersten Unternehmens beteiligt ist oder

      cc) ein drittes Unternehmen unmittelbar mindestens zu 25 Prozent an dem Kapital des ersten Unternehmens und dem Kapital des zweiten Unternehmens beteiligt ist.

   Die Beteiligungen dürfen nur zwischen Unternehmen bestehen, die in einem Mitgliedstaat der Europäischen Union ansässig sind.

   c) „Betriebsstätte" eine feste Geschäftseinrichtung in einem Mitgliedstaat der Europäischen Union, in der die Tätigkeit eines Unternehmens eines anderen Mitgliedstaates der Europäischen Union ganz oder teilweise ausgeübt wird.

6. Ein Unternehmen ist im Sinne von Nummer 5 Buchstabe a Doppelbuchstabe bb in einem Mitgliedstaat der Europäischen Union ansässig, wenn es der unbeschränkten Steuerpflicht im Inland oder einer vergleichbaren Besteuerung in einem anderen Mitgliedstaat der Europäischen Union nach dessen Rechtsvorschriften unterliegt.

(4) ¹Die Entlastung nach Absatz 1 ist zu versagen oder zu entziehen, wenn der hauptsächliche Beweggrund oder einer der hauptsächlichen Beweggründe für Geschäftsvorfälle die Steuervermeidung oder der Missbrauch sind. ²§ 50d Abs. 3 bleibt unberührt.

(5) Entlastungen von der Kapitalertragsteuer für Zinsen und der Steuer auf Grund des § 50a nach einem Abkommen zur Vermeidung der Doppelbesteuerung, die weiter gehen als die nach Absatz 1 gewährten, werden durch Absatz 1 nicht eingeschränkt.

(6) ¹Ist im Fall des Absatzes 1 Satz 1 eines der Unternehmen ein Unternehmen der Schweizerischen Eidgenossenschaft oder ist eine in der Schweizerischen Eidgenossenschaft gelegene Betriebsstätte eines Unternehmens eines anderen Mitgliedstaates der Europäischen Union Gläubiger der Zinsen oder Lizenzgebühren, gelten die Absätze 1 bis 5 entsprechend mit der Maßgabe, dass die Schweizerische Eidgenossenschaft insoweit einem Mitgliedstaat der Europäischen Union gleichgestellt ist. ²Absatz 3 Nr. 5 Buchstabe a gilt entsprechend mit der Maßgabe, dass ein Unternehmen der Schweizerischen Eidgenossenschaft jedes Unternehmen ist, das

1. eine der folgenden Rechtsformen aufweist:

   – Aktiengesellschaft/société anonyme/società anonima;

   – Gesellschaft mit beschränkter Haftung/société à responsabilité limitée/società a responsabilità limitata;

   – Kommanditaktiengesellschaft/société en commandite par actions/società in accomandita per azioni, und

2. nach dem Steuerrecht der Schweizerischen Eidgenossenschaft dort ansässig ist und nicht nach einem zwischen der Schweizerischen Eidgenossenschaft und einem Staat außerhalb der Europäischen Union geschlossenen Abkommen zur Vermeidung der Doppelbesteuerung von Einkünften für steuerliche Zwecke als außerhalb der Gemeinschaft oder der Schweizerischen Eidgenossenschaft ansässig gilt, und

3. unbeschränkt der schweizerischen Körperschaftsteuer unterliegt, ohne von ihr befreit zu sein.

§ 50h
Bestätigung für Zwecke der Entlastung von Quellensteuern in einem anderen Mitgliedstaat der Europäischen Union oder der Schweizerischen Eidgenossenschaft

Auf Antrag hat das Finanzamt, das für die Besteuerung eines Unternehmens der Bundesrepublik Deutschland oder einer dort gelegenen Betriebsstätte eines Unternehmens eines anderen Mitgliedstaats der Europäischen Union im Sinne des § 50g Abs. 3 Nr. 5 oder eines Unternehmens der Schweizerischen Eidgenossenschaft im Sinne des § 50g Abs. 6 Satz 2 zuständig ist, für die Entlastung von der Quellensteuer dieses Staats auf Zinsen oder Lizenzgebühren im Sinne des § 50g zu bescheinigen, dass das empfangende Unternehmen steuerlich im Inland ansässig ist oder die Betriebsstätte im Inland gelegen ist.

§ 51
Ermächtigung

(1) ¹Die Bundesregierung wird ermächtigt, mit Zustimmung des Bundesrates

1. zur Durchführung dieses Gesetzes Rechtsverordnungen zu erlassen, soweit dies zur Wahrung der Gleichmäßigkeit bei der Besteuerung, zur Beseitigung von Unbilligkeiten in Härtefällen, zur Steuerfreistellung des Existenzminimums oder zur Vereinfachung des Besteuerungsverfahrens erforderlich ist, und zwar:

   a) über die Abgrenzung der Steuerpflicht, die Beschränkung der Steuererklärungspflicht auf die Fälle, in denen eine Veranlagung in Betracht kommt, über die den Einkommensteuererklärungen beizufügenden Unterlagen und über die Beistandspflichten Dritter,

   b) über die Ermittlung der Einkünfte und die Feststellung des Einkommens einschließlich der abzugsfähigen Beträge,

   c) über die Höhe von besonderen Betriebsausgaben-Pauschbeträgen für Gruppen von Betrieben, bei denen hinsichtlich der Besteuerungsgrundlagen annähernd gleiche Verhältnisse vorliegen, wenn der Steuerpflichtige Einkünfte aus Gewerbebetrieb (§ 15) oder selbständiger Arbeit (§ 18) erzielt, in Höhe eines Prozentsatzes der Umsätze im Sinne des § 1 Abs. 1 Nr. 1 des Umsatzsteuergesetzes; Umsätze aus der Veräußerung von Wirtschaftsgütern des Anlagevermögens sind nicht zu berücksichtigen. ²Einen besonderen Betriebsausgaben-Pauschbetrag dürfen nur Steuerpflichtige in Anspruch nehmen, die ihren Gewinn durch Einnahme-Überschussrechnung nach § 4 Abs. 3 ermitteln. ³Bei der Festlegung der Höhe des besonderen Betriebsausgaben-Pauschbetrags ist der Zuordnung der Betriebe entsprechend der Klassifikation der Wirtschaftszweige, Fassung für Steuerstatistiken, Rechnung zu tragen. ⁴Bei der Ermittlung der besonderen Betriebsausgaben-Pauschbeträge sind alle Betriebsausgaben mit Ausnahme der an das Finanzamt gezahlten Umsatzsteuer zu berücksichtigen. ⁵Bei der Veräußerung oder Entnahme von Wirtschaftsgütern des Anlagevermögens sind die Anschaffungs- oder Herstellungskosten, vermindert um die Absetzungen für Abnutzung nach § 7 Abs. 1 oder 4 sowie die Veräußerungskosten neben dem besonderen Betriebsausgaben-Pauschbetrag abzugsfähig. ⁶Der Steuerpflichtige kann im folgenden Veranlagungszeitraum zur Ermittlung der tatsächlichen Betriebsausgaben übergehen. ⁷Wechselt der Steuerpflichtige zur Ermittlung der tatsächlichen Betriebsausgaben, sind die abnutzbaren Wirtschaftsgüter des Anlagevermögens mit ihren Anschaffungs- oder Herstellungskosten, vermindert um die Absetzungen für Abnutzung nach § 7 Abs. 1 oder 4, in ein laufend zu führendes Verzeichnis aufzunehmen. ⁸§ 4 Abs. 3 Satz 5 bleibt unberührt. ⁹Nach dem Wechsel zur Ermittlung der tatsächlichen Betriebsausgaben ist eine erneute Inanspruchnahme des besonderen Betriebsausgaben-Pauschbetrags erst nach Ablauf der folgenden vier Veranlagungszeiträume zulässig; die §§ 140, 141 der Abgabenordnung bleiben unberührt,

d) über die Veranlagung, die Anwendung der Tarifvorschriften und die Regelung der Steuerentrichtung einschließlich der Steuerabzüge,

e) über die Besteuerung der beschränkt Steuerpflichtigen einschließlich eines Steuerabzugs;

2. Vorschriften durch Rechtsverordnung zu erlassen

a) über die sich aus der Aufhebung oder Änderung von Vorschriften dieses Gesetzes ergebenden Rechtsfolgen, soweit dies zur Wahrung der Gleichmäßigkeit bei der Besteuerung oder zur Beseitigung von Unbilligkeiten in Härtefällen erforderlich ist;

b) – weggefallen –

c) über eine Beschränkung des Abzugs von Ausgaben zur Förderung steuerbegünstigter Zwecke im Sinne des § 10b auf Zuwendungen an bestimmte Körperschaften, Personenvereinigungen oder Vermögensmassen, über den Ausschluss des Abzugs von Mitgliedsbeiträgen sowie über eine Anerkennung gemeinnütziger Zwecke als besonders förderungswürdig;

d) über Verfahren, die in den Fällen des § 38 Abs. 1 Satz 1 Nr. 2 den Steueranspruch der Bundesrepublik Deutschland sichern oder die sicherstellen, dass bei Befreiungen im Ausland ansässiger Leiharbeitnehmer von der Steuer der Bundesrepublik Deutschland auf Grund von Abkommen zur Vermeidung der Doppelbesteuerung die ordnungsgemäße Besteuerung im Ausland gewährleistet ist. ²Hierzu kann nach Maßgabe zwischenstaatlicher Regelungen bestimmt werden, dass

aa) der Entleiher in dem hierzu notwendigen Umfang an derartigen Verfahren mitwirkt,

bb) er sich im Haftungsverfahren nicht auf die Freistellungsbestimmungen des Abkommens berufen kann, wenn er seine Mitwirkungspflichten verletzt;

e) bis m)

– weggefallen –

n) über Sonderabschreibungen

aa) im Tiefbaubetrieb des Steinkohlen-, Pechkohlen-, Braunkohlen- und Erzbergbaues bei Wirtschaftsgütern des Anlagevermögens unter Tage und bei bestimmten mit dem Grubenbetrieb unter Tage in unmittelbarem Zusammenhang stehenden, der Förderung, Seilfahrt, Wasserhaltung und Wetterführung sowie der Aufbereitung des Minerals dienenden Wirtschaftsgütern des Anlagevermögens über Tage, soweit die Wirtschaftsgüter

für die Errichtung von neuen Förderschachtanlagen, auch in Form von Anschlussschachtanlagen,

für die Errichtung neuer Schächte sowie die Erweiterung des Grubengebäudes und den durch Wasserzuflüsse aus stillliegenden Anlagen bedingten Ausbau der Wasserhaltung bestehender Schachtanlagen,

für Rationalisierungsmaßnahmen in der Hauptschacht-, Blindschacht-, Strecken- und Abbauförderung, im Streckenvortrieb, in der Gewinnung, Versatzwirtschaft, Seilfahrt, Wetterführung und Wasserhaltung sowie in der Aufbereitung,

für die Zusammenfassung von mehreren Förderschachtanlagen zu einer einheitlichen Förderschachtanlage und

für den Wiederaufschluss stillliegender Grubenfelder und Feldesteile,

bb) im Tagebaubetrieb des Braunkohlen- und Erzbergbaues bei bestimmten Wirtschaftsgütern des beweglichen Anlagevermögens (Grubenaufschluss, Entwässerungsanlagen, Großgeräte sowie Einrichtungen des Grubenrettungswesens und der ersten Hilfe und im Erzbergbau auch Aufbereitungsanlagen), die

für die Erschließung neuer Tagebaue, auch in Form von Anschlusstagebauen, für Rationalisierungsmaßnahmen bei laufenden Tagebauen,

beim Übergang zum Tieftagebau für die Freilegung und Gewinnung der Lagerstätte und

für die Wiederinbetriebnahme stillgelegter Tagebaue

von Steuerpflichtigen, die den Gewinn nach § 5 ermitteln, vor dem 1. Januar 1990 angeschafft oder hergestellt werden. ²Die Sonderabschreibungen können bereits für Anzahlungen auf Anschaffungskosten und für Teilherstellungskosten zugelassen werden. ³Hat der Steuerpflichtige vor dem 1. Januar 1990 die Wirtschaftsgüter bestellt oder mit ihrer Herstellung begonnen, so können die Sonderabschreibungen auch für nach dem 31. Dezember 1989 und vor dem 1. Januar 1991 angeschaffte oder hergestellte Wirtschaftsgüter sowie für vor dem 1. Januar 1991 geleistete Anzahlungen auf Anschaffungskosten und entstandene Teilherstellungskosten in Anspruch genommen werden. ⁴Voraussetzung für die Inanspruchnahme der Sonderabschreibungen ist, dass die Förderungswürdigkeit der bezeichneten Vorhaben von der obersten Landesbehörde für Wirtschaft im Einvernehmen mit dem Bundesministerium für Wirtschaft und Technologie bescheinigt worden ist. ⁵Die Sonderabschreibungen können im Wirtschaftsjahr der Anschaffung oder Herstellung und in den vier folgenden Wirtschaftsjahren in Anspruch genommen werden, und zwar bei beweglichen Wirtschaftsgütern des Anlagevermögens bis zu insgesamt 50 Prozent, bei unbeweglichen Wirtschaftsgütern des Anlagevermögens bis zu insgesamt 30 Prozent der Anschaffungs- oder Herstellungskosten. ⁶Bei den begünstigten Vorhaben im Tagebaubetrieb des Braunkohlen und Erzbergbaues kann außerdem zugelassen werden, dass die vor dem 1. Januar 1991 aufgewendeten Kosten für den Vorabraum bis zu 50 Prozent als sofort abzugsfähige Betriebsausgaben behandelt werden;

o) – weggefallen –

p) über die Bemessung der Absetzungen für Abnutzung oder Substanzverringerung bei nicht zu einem Betriebsvermögen gehörenden Wirtschaftsgütern, die vor dem 21. Juni 1948 angeschafft oder hergestellt oder die unentgeltlich erworben sind. ²Hierbei kann bestimmt werden, dass die Absetzungen für Abnutzung oder Substanzverringerung nicht nach den Anschaffungs- oder Herstellungskosten, sondern nach Hilfswerten (am 21. Juni 1948 maßgebender Einheitswert, Anschaffungs- oder Herstellungskosten des Rechtsvorgängers abzüglich der von ihm vorgenommenen Absetzungen, fiktive Anschaffungskosten an einem noch zu bestimmenden Stichtag) zu bemessen sind. ³Zur Vermeidung von Härten kann zugelassen werden, dass an Stelle der Absetzungen für Abnutzung, die nach dem am 21. Juni 1948 maßgebenden Einheitswert zu bemessen sind, der Betrag abgezogen wird, der für das Wirtschaftsgut in dem Veranlagungszeitraum 1947 als Absetzung für Abnutzung geltend gemacht werden konnte. ⁴Für das Land Berlin tritt in den Sätzen 1 bis 3 an die Stelle des 21. Juni 1948 jeweils der 1. April 1949;

q) über erhöhte Absetzungen bei Herstellungskosten

aa) für Maßnahmen, die für den Anschluss eines im Inland belegenen Gebäudes an eine Fernwärmeversorgung einschließlich der Anbindung an das Heizsystem erforderlich sind, wenn die Fernwärmeversorgung überwiegend aus Anlagen der Kraft-Wärme-Kopplung, zur Verbrennung von Müll oder zur Verwertung von Abwärme gespeist wird,

bb) für den Einbau von Wärmepumpenanlagen, Solaranlagen und Anlagen zur Wärmerückgewinnung in einem im Inland belegenen Gebäude einschließlich der Anbindung an das Heizsystem,

cc) für die Errichtung von Windkraftanlagen, wenn die mit diesen Anlagen erzeugte Energie überwiegend entweder unmittelbar oder durch Verrechnung mit Elektrizitätsbezügen des Steuerpflichtigen von einem Elektrizitätsversorgungsunternehmen zur Versorgung eines im Inland belegenen Gebäudes des Steuerpflichtigen verwendet wird, einschließlich der Anbindung an das Versorgungssystem des Gebäudes,

dd) für die Errichtung von Anlagen zur Gewinnung von Gas, das aus pflanzlichen oder tierischen Abfallstoffen durch Gärung unter Sauerstoffabschluss entsteht, wenn dieses Gas zur Beheizung eines im Inland belegenen Gebäudes des Steuerpflichtigen oder zur Warmwasserbereitung in einem solchen Gebäude des Steuerpflichtigen verwendet wird, einschließlich der Anbindung an das Versorgungssystem des Gebäudes,

ee) für den Einbau einer Warmwasseranlage zur Versorgung von mehr als einer Zapfstelle und einer zentralen Heizungsanlage oder bei einer zentralen Heizungs- und Warmwasseranlage für den Einbau eines Heizkessels, eines Brenners, einer zentralen Steuereinrichtung, einer Wärmeabgabeeinrichtung und eine Änderung der Abgasanlage in einem im Inland belegenen Gebäude oder in einer im Inland belegenen Eigentumswohnung, wenn mit dem Einbau nicht vor Ablauf von zehn Jahren seit Fertigstellung dieses Gebäudes begonnen worden ist und der Einbau nach dem 30. Juni 1985 fertig gestellt worden ist; Entsprechendes gilt bei Anschaffungskosten für neue Einzelöfen, wenn keine Zentralheizung vorhanden ist.

²Voraussetzung für die Gewährung der erhöhten Absetzungen ist, dass die Maßnahmen vor dem 1. Januar 1992 fertig gestellt worden sind; in den Fällen des Satzes 1 Doppelbuchstabe aa müssen die Gebäude vor dem 1. Juli 1983 fertig gestellt worden sein, es sei denn, dass der Anschluss nicht schon im Zusammenhang mit der Errichtung des Gebäudes möglich war. ³Die erhöhten Absetzungen dürfen jährlich 10 Prozent der Aufwendungen nicht übersteigen. ⁴Sie dürfen nicht gewährt werden, wenn für dieselbe Maßnahme eine Investitionszulage in Anspruch genommen wird. ⁵Sind die Aufwendungen Erhaltungsaufwand und entstehen sie bei einer zu eigenen Wohnzwecken genutzten Wohnung im eigenen Haus, für die der Nutzungswert nicht mehr besteuert wird, und liegen in den Fällen des Satzes 1 Doppelbuchstabe aa die Voraussetzungen des Satzes 2 zweiter Halbsatz vor, so kann der Abzug dieser Aufwendungen wie Sonderausgaben mit gleichmäßiger Verteilung auf das Kalenderjahr, in dem die Arbeiten abgeschlossen worden sind, und die neun folgenden Kalenderjahre zugelassen werden, wenn die Maßnahme vor dem 1. Januar 1992 abgeschlossen worden ist;

r) nach denen Steuerpflichtige größere Aufwendungen

aa) für die Erhaltung von nicht zu einem Betriebsvermögen gehörenden Gebäuden, die überwiegend Wohnzwecken dienen,

bb) zur Erhaltung eines Gebäudes in einem förmlich festgelegten Sanierungsgebiet oder städtebaulichen Entwicklungsbereich, die für Maßnahmen im Sinne des § 177 des Baugesetzbuchs sowie für bestimmte Maßnahmen, die der Erhaltung, Erneuerung und funktionsgerechten Verwendung eines Gebäudes dienen, das wegen seiner geschichtlichen, künstlerischen oder städtebaulichen Bedeutung erhalten bleiben soll, und zu deren Durchführung sich der Eigentümer neben bestimmten Modernisierungsmaßnahmen gegenüber der Gemeinde verpflichtet hat, aufgewendet worden sind,

cc) zur Erhaltung von Gebäuden, die nach den jeweiligen landesrechtlichen Vorschriften Baudenkmale sind, soweit die Aufwendungen nach Art und Umfang zur Erhaltung des Gebäudes als Baudenkmal und zu seiner sinnvollen Nutzung erforderlich sind,

auf zwei bis fünf Jahre gleichmäßig verteilen können. ²In den Fällen der Doppelbuchstaben bb und cc ist Voraussetzung, dass der Erhaltungsaufwand vor dem 1. Januar 1990 entstanden ist. ³In den Fällen von Doppelbuchstabe cc sind die Denkmaleigenschaft des Gebäudes und die Voraussetzung, dass die Aufwendungen nach Art und Umfang zur Erhaltung des Gebäudes als Baudenkmal und zu seiner sinnvollen Nutzung erforderlich sind, durch eine Bescheinigung der nach Landesrecht zuständigen oder von der Landesregierung bestimmten Stelle nachzuweisen;

s) nach denen bei Anschaffung oder Herstellung von abnutzbaren beweglichen und bei Herstellung von abnutzbaren unbeweglichen Wirtschaftsgütern des Anlagevermögens auf Antrag ein Abzug von der Einkommensteuer für den Veranlagungszeitraum der Anschaffung oder Herstellung bis zur Höhe von 7,5 Prozent der Anschaffungs- oder Herstellungskosten dieser Wirtschaftsgüter vorgenommen werden kann, wenn eine Störung des gesamtwirtschaftlichen Gleichgewichts eingetreten ist oder sich abzeichnet, die eine nachhaltige Verringerung der Umsätze oder der Beschäftigung zur Folge hatte oder erwarten lässt, insbesondere bei einem erheblichen Rückgang der Nachfrage nach Investitionsgütern oder Bauleistungen. ²Bei der Bemessung des von der Einkommensteuer abzugsfähigen Betrags dürfen nur berücksichtigt werden

aa) die Anschaffungs- oder Herstellungskosten von beweglichen Wirtschaftsgütern, die innerhalb eines jeweils festzusetzenden Zeitraums, der ein Jahr nicht übersteigen darf (Begünstigungszeitraum), angeschafft oder hergestellt werden,

bb) die Anschaffungs- oder Herstellungskosten von beweglichen Wirtschaftsgütern, die innerhalb des Begünstigungszeitraums bestellt und angezahlt werden oder mit deren Herstellung innerhalb des Begünstigungszeitraums begonnen wird, wenn sie innerhalb eines Jahres, bei Schiffen innerhalb zweier Jahre nach Ablauf des Begünstigungszeitraums geliefert oder fertig gestellt werden. ²Soweit bewegliche Wirtschaftsgüter im Sinne des Satzes 1 mit Ausnahme von Schiffen nach Ablauf eines Jahres, aber vor Ablauf zweier Jahre nach dem Ende des Begünstigungszeitraums geliefert oder fertig gestellt werden, dürfen bei Bemessung des Abzugs von der Einkommensteuer die bis zum Ablauf eines Jahres nach dem Ende des Begünstigungszeitraums aufgewendeten Anzahlungen und Teilherstellungskosten berücksichtigt werden,

cc) die Herstellungskosten von Gebäuden, bei denen innerhalb des Begünstigungszeitraums der Antrag auf Baugenehmigung gestellt wird, wenn sie bis zum Ablauf von zwei Jahren nach dem Ende des Begünstigungszeitraums fertig gestellt werden;

dabei scheiden geringwertige Wirtschaftsgüter im Sinne des § 6 Abs. 2 und Wirtschaftsgüter, die in gebrauchtem Zustand erworben werden, aus. ³Von der Begünstigung können außerdem Wirtschaftsgüter ausgeschlossen werden, für die Sonderabschreibungen, erhöhte Absetzungen oder die Investitionszulage nach § 19 des Berlinförderungsgesetzes in Anspruch genommen werden. ⁴In den Fällen

EStG – Gesetzestext § 51

des Satzes 2 Doppelbuchstabe bb und cc können bei Bemessung des von der Einkommensteuer abzugsfähigen Betrags bereits die im Begünstigungszeitraum, im Fall des Satzes 2 Doppelbuchstabe bb Satz 2 auch die bis zum Ablauf eines Jahres nach dem Ende des Begünstigungszeitraums aufgewendeten Anzahlungen und Teilherstellungskosten berücksichtigt werden; der Abzug von der Einkommensteuer kann insoweit schon für den Veranlagungszeitraum vorgenommen werden, in dem die Anzahlungen oder Teilherstellungskosten aufgewendet worden sind. ^{5}Übersteigt der von der Einkommensteuer abzugsfähige Betrag die für den Veranlagungszeitraum der Anschaffung oder der Herstellung geschuldete Einkommensteuer, so kann der übersteigende Betrag von der Einkommensteuer für den darauf folgenden Veranlagungszeitraum abgezogen werden. ^{6}Entsprechendes gilt, wenn in den Fällen des Satzes 2 Doppelbuchstabe bb und cc der Abzug von der Einkommensteuer bereits für Anzahlungen oder Teilherstellungskosten geltend gemacht wird. ^{7}Der Abzug von der Einkommensteuer darf jedoch die für den Veranlagungszeitraum der Anschaffung oder Herstellung und den folgenden Veranlagungszeitraum insgesamt zu entrichtende Einkommensteuer nicht übersteigen. ^{8}In den Fällen des Satzes 2 Doppelbuchstabe bb Satz 2 gilt dies mit der Maßgabe, dass an die Stelle des Veranlagungszeitraums der Anschaffung oder Herstellung der Veranlagungszeitraum tritt, in dem zuletzt Anzahlungen oder Teilherstellungskosten aufgewendet worden sind. ^{9}Werden begünstigte Wirtschaftsgüter von Gesellschaften im Sinne des § 15 Abs. 1 Satz 1 Nr. 2 und 3 angeschafft oder hergestellt, so ist der abzugsfähige Betrag nach dem Verhältnis der Gewinnanteile einschließlich der Vergütungen aufzuteilen. ^{10}Die Anschaffungs- oder Herstellungskosten der Wirtschaftsgüter, die bei Bemessung des von der Einkommensteuer abzugsfähigen Betrags berücksichtigt worden sind, werden durch den Abzug von der Einkommensteuer nicht gemindert. ^{11}Rechtsverordnungen auf Grund dieser Ermächtigung bedürfen der Zustimmung des Bundestages. ^{12}Die Zustimmung gilt als erteilt, wenn der Bundestag nicht binnen vier Wochen nach Eingang der Vorlage der Bundesregierung die Zustimmung verweigert hat;

t) – *weggefallen* –

u) über Sonderabschreibungen bei abnutzbaren Wirtschaftsgütern des Anlagevermögens, die der Forschung oder Entwicklung dienen und nach dem 18. Mai 1983 und vor dem 1. Januar 1990 angeschafft oder hergestellt werden. ^{2}Voraussetzung für die Inanspruchnahme der Sonderabschreibungen ist, dass die beweglichen Wirtschaftsgüter ausschließlich und die unbeweglichen Wirtschaftsgüter zu mehr als 33 1/3 Prozent der Forschung oder Entwicklung dienen. ^{3}Die Sonderabschreibungen können auch für Ausbauten und Erweiterungen an bestehenden Gebäuden, Gebäudeteilen, Eigentumswohnungen oder im Teileigentum stehenden Räumen zugelassen werden, wenn die ausgebauten oder neu hergestellten Gebäudeteile zu mehr als 33 1/3 Prozent der Forschung oder Entwicklung dienen. ^{4}Die Wirtschaftsgüter dienen der Forschung oder Entwicklung, wenn sie verwendet werden

aa) zur Gewinnung von neuen wissenschaftlichen oder technischen Erkenntnissen und Erfahrungen allgemeiner Art (Grundlagenforschung) oder

bb) zur Neuentwicklung von Erzeugnissen oder Herstellungsverfahren oder

cc) zur Weiterentwicklung von Erzeugnissen oder Herstellungsverfahren, soweit wesentliche Änderungen dieser Erzeugnisse oder Verfahren entwickelt werden.

^{5}Die Sonderabschreibungen können im Wirtschaftsjahr der Anschaffung oder Herstellung und in den vier folgenden Wirtschaftsjahren in Anspruch genommen werden, und zwar

aa) bei beweglichen Wirtschaftsgütern des Anlagevermögens bis zu insgesamt 40 Prozent,

bb) bei unbeweglichen Wirtschaftsgütern des Anlagevermögens, die zu mehr als 66 2/3 Prozent der Forschung oder Entwicklung dienen, bis zu insgesamt 15 Prozent, die nicht zu mehr als 66 2/3 Prozent, aber zu mehr als 33 1/3 Prozent der Forschung oder Entwicklung dienen, bis zu insgesamt 10 Prozent,

cc) bei Ausbauten und Erweiterungen an bestehenden Gebäuden, Gebäudeteilen, Eigentumswohnungen oder im Teileigentum stehenden Räumen, wenn die ausgebauten oder neu hergestellten Gebäudeteile zu mehr als 66 2/3 Prozent der Forschung oder Entwicklung dienen, bis zu insgesamt 15 Prozent, zu nicht mehr als 66 2/3 Prozent, aber zu mehr als 33 1/3 Prozent der Forschung oder Entwicklung dienen, bis zu insgesamt 10 Prozent

der Anschaffungs- oder Herstellungskosten. ^{6}Sie können bereits für Anzahlungen auf Anschaffungskosten und für Teilherstellungskosten zugelassen werden. ^{7}Die Sonderabschreibungen sind nur unter der Bedingung zuzulassen, dass die Wirtschaftsgüter und die ausgebauten oder neu hergestellten Gebäudeteile mindestens drei Jahre nach ihrer Anschaffung oder Herstellung in dem erforderlichen Umfang der Forschung oder Entwicklung in einer inländischen Betriebsstätte des Steuerpflichtigen dienen;

v) – *weggefallen* –

w) über Sonderabschreibungen bei Handelsschiffen, die auf Grund eines vor dem 25. April 1996 abgeschlossenen Schiffbauvertrags hergestellt, in einem inländischen Seeschiffsregister eingetragen und vor dem 1. Januar 1999 von Steuerpflichtigen angeschafft oder hergestellt worden sind, die den Gewinn nach § 5 ermitteln. ^{2}Im Fall der Anschaffung eines Handelsschiffes ist weitere Voraussetzung, dass das Schiff vor dem 1. Januar 1996 in ungebrauchtem Zustand vom Hersteller oder nach dem 31. Dezember 1995 auf Grund eines vor dem 25. April 1996 abgeschlossenen Kaufvertrags bis zum Ablauf des vierten auf das Jahr der Fertigstellung folgenden Jahres erworben worden ist. ^{3}Bei Steuerpflichtigen, die in eine Gesellschaft im Sinne des § 15 Abs. 1 Satz 1 Nr. 2 und Abs. 3 nach Abschluss des Schiffbauvertrags (Unterzeichnung des Hauptvertrags) eingetreten sind, dürfen Sonderabschreibungen nur zugelassen werden, wenn sie der Gesellschaft vor dem 1. Januar 1999 beitreten. ^{4}Die Sonderabschreibungen können im Wirtschaftsjahr der Anschaffung oder Herstellung und in den vier folgenden Wirtschaftsjahren bis zu insgesamt 40 Prozent der Anschaffungs- oder Herstellungskosten in Anspruch genommen werden. ^{5}Sie können bereits für Anzahlungen auf Anschaffungskosten und für Teilherstellungskosten zugelassen werden. ^{6}Die Sonderabschreibungen sind nur unter der Bedingung zuzulassen, dass die Handelsschiffe innerhalb eines Zeitraums von acht Jahren nach ihrer Anschaffung oder Herstellung nicht veräußert werden; für Anteile an einem Handelsschiff gilt dies entsprechend. ^{7}Die Sätze 1 bis 6 gelten für Schiffe, die der Seefischerei dienen, entsprechend. ^{8}Für Luftfahrzeuge, die vom Steuerpflichtigen hergestellt oder in ungebrauchtem Zustand vom Hersteller erworben worden sind und die zur gewerbsmäßigen Beförderung von Personen oder Sachen im internationalen Luftverkehr oder zur Verwendung zu sonstigen gewerblichen Zwecken im Ausland bestimmt sind, gelten die Sätze 1 bis 4 und 6 mit der Maßgabe entsprechend, dass an die Stelle der Eintragung in einem inländischen Seeschiffsregister die Eintragung in die deutsche Luftfahrzeugrolle, an die Stelle des Höchstsatzes von 40 Prozent ein Höchstsatz von 30 Prozent und bei der Vorschrift des Satzes 6 an die Stelle des Zeitraums von acht Jahren ein Zeitraum von sechs Jahren treten;

x) über erhöhte Absetzungen bei Herstellungskosten für Modernisierungs- und Instandsetzungsmaßnahmen im Sinne des § 177 des Baugesetzbuchs sowie für bestimmte Maßnahmen, die der Erhaltung, Erneuerung und funktionsgerechten Verwendung eines Gebäudes dienen, das wegen seiner geschichtlichen, künstlerischen oder städtebaulichen Bedeutung erhalten bleiben soll, und zu deren Durchführung sich der Eigentümer neben bestimmten Modernisierungsmaßnahmen gegenüber der Gemeinde verpflichtet hat, die für Gebäude in einem förmlich festgelegten Sanierungsgebiet oder städtebaulichen Entwicklungsbereich aufgewendet worden sind; Voraussetzung ist, dass die Maßnahmen vor dem 1. Januar 1991 abgeschlossen worden sind. ²Die erhöhten Absetzungen dürfen jährlich 10 Prozent der Aufwendungen nicht übersteigen;

y) über erhöhte Absetzungen für Herstellungskosten an Gebäuden, die nach den jeweiligen landesrechtlichen Vorschriften Baudenkmale sind, soweit die Aufwendungen nach Art und Umfang zur Erhaltung des Gebäudes als Baudenkmal und zu seiner sinnvollen Nutzung erforderlich sind; Voraussetzung ist, dass die Maßnahmen vor dem 1. Januar 1991 abgeschlossen worden sind. ²Die Denkmaleigenschaft des Gebäudes und die Voraussetzung, dass die Aufwendungen nach Art und Umfang zur Erhaltung des Gebäudes als Baudenkmal und zu seiner sinnvollen Nutzung erforderlich sind, sind durch eine Bescheinigung der nach Landesrecht zuständigen oder von der Landesregierung bestimmten Stelle nachzuweisen. ³Die erhöhten Absetzungen dürfen jährlich 10 Prozent der Aufwendungen nicht übersteigen;

3. die in § 4a Abs. 1 Satz 2 Nr. 1, § 10 Abs. 5, § 22 Nr. 1 Satz 3 Buchstabe a, § 26a Abs. 3, § 34c Abs. 7, § 46 Abs. 5 und § 50a Abs. 6 vorgesehenen Rechtsverordnungen zu erlassen.

(2) ¹Die Bundesregierung wird ermächtigt, durch Rechtsverordnung Vorschriften zu erlassen, nach denen die Inanspruchnahme von Sonderabschreibungen und erhöhten Absetzungen sowie die Bemessung der Absetzung für Abnutzung in fallenden Jahresbeträgen ganz oder teilweise ausgeschlossen werden können, wenn eine Störung des gesamtwirtschaftlichen Gleichgewichts eingetreten ist oder sich abzeichnet, die erhebliche Preissteigerungen mit sich gebracht hat oder erwarten lässt, insbesondere, wenn die Inlandsnachfrage nach Investitionsgütern oder Bauleistungen das Angebot wesentlich übersteigt. ²Die Inanspruchnahme von Sonderabschreibungen und erhöhten Absetzungen sowie die Bemessung der Absetzung für Abnutzung in fallenden Jahresbeträgen darf nur ausgeschlossen werden

1. für bewegliche Wirtschaftsgüter, die innerhalb eines jeweils festzusetzenden Zeitraums, der frühestens mit dem Tage beginnt, an dem die Bundesregierung ihren Beschluss über die Verordnung bekannt gibt, und der ein Jahr nicht übersteigen darf, angeschafft oder hergestellt werden. ²Für bewegliche Wirtschaftsgüter, die vor Beginn dieses Zeitraums bestellt und angezahlt worden sind oder mit deren Herstellung vor Beginn dieses Zeitraums angefangen worden ist, darf jedoch die Inanspruchnahme von Sonderabschreibungen und erhöhten Absetzungen sowie die Bemessung der Absetzung für Abnutzung in fallenden Jahresbeträgen nicht ausgeschlossen werden;

2. für bewegliche Wirtschaftsgüter und für Gebäude, die in dem in Nummer 1 bezeichneten Zeitraum bestellt werden oder mit deren Herstellung in diesem Zeitraum begonnen wird. ²Als Beginn der Herstellung gilt bei Gebäuden der Zeitpunkt, in dem der Antrag auf Baugenehmigung gestellt wird.

³Rechtsverordnungen auf Grund dieser Ermächtigung bedürfen der Zustimmung des Bundestages und des Bundesrates. ⁴Die Zustimmung gilt als erteilt, wenn der Bundesrat nicht binnen drei Wochen, der Bundestag nicht binnen vier Wochen nach Eingang der Vorlage der Bundesregierung die Zustimmung verweigert hat.

(3) ¹Die Bundesregierung wird ermächtigt, durch Rechtsverordnung mit Zustimmung des Bundesrates Vorschriften zu erlassen, nach denen die Einkommensteuer einschließlich des Steuerabzugs vom Arbeitslohn, des Steuerabzugs vom Kapitalertrag und des Steuerabzugs bei beschränkt Steuerpflichtigen

1. um höchstens 10 Prozent herabgesetzt werden kann. ²Der Zeitraum, für den die Herabsetzung gilt, darf ein Jahr nicht übersteigen; er soll sich mit dem Kalenderjahr decken. ³Voraussetzung ist, dass eine Störung des gesamtwirtschaftlichen Gleichgewichts eingetreten ist oder sich abzeichnet, die eine nachhaltige Verringerung der Umsätze oder der Beschäftigung zur Folge hatte oder erwarten lässt, insbesondere bei einem erheblichen Rückgang der Nachfrage nach Investitionsgütern und Bauleistungen oder Verbrauchsgütern;

2. um höchstens 10 Prozent erhöht werden kann. ²Der Zeitraum, für den die Erhöhung gilt, darf ein Jahr nicht übersteigen; er soll sich mit dem Kalenderjahr decken. ³Voraussetzung ist, dass eine Störung des gesamtwirtschaftlichen Gleichgewichts eingetreten ist oder sich abzeichnet, die erhebliche Preissteigerungen mit sich gebracht hat oder erwarten lässt, insbesondere, wenn die Nachfrage nach Investitionsgütern und Verbrauchsgütern das Angebot wesentlich übersteigt.

²Rechtsverordnungen auf Grund dieser Ermächtigung bedürfen der Zustimmung des Bundestages.

(4) ¹Das Bundesministerium der Finanzen wird ermächtigt,

1. im Einvernehmen mit den obersten Finanzbehörden der Länder die Vordrucke für

   a) – weggefallen –

   b) – weggefallen –

   c) die Erklärungen zur Einkommensbesteuerung sowie die in § 39 Abs. 3a Satz 4 und § 39a Abs. 2 vorgesehenen Anträge,

   d) die Lohnsteuer-Anmeldung (§ 41a Abs. 1),

   e) die Anmeldung der Kapitalertragsteuer (§ 45a Abs. 1) und den Freistellungsauftrag nach § 44a Abs. 2 Satz 1 Nr. 1,

   f) die Anmeldung des Abzugsbetrags (§ 48a),

   g) die Erteilung der Freistellungsbescheinigung (§ 48b),

   h) die Anmeldung der Abzugsteuer (§ 50a),

   i) die Entlastung von der Kapitalertragsteuer und vom Steuerabzug nach § 50a auf Grund von Abkommen zur Vermeidung der Doppelbesteuerung

und die Muster der Lohnsteuerkarte (§ 39), der Bescheinigungen nach den §§ 39c und 39d, des Ausdrucks der elektronischen Lohnsteuerbescheinigung (§ 41b Abs. 1), der so zu gestalten ist, dass er als vereinfachte Einkommensteuererklärung verwendet werden kann, das Muster der Lohnsteuerbescheinigung nach § 41b Abs. 3 Satz 2, der Anträge auf Erteilung einer Bescheinigung nach den §§ 39c und 39d, der in § 45a Abs. 2 und 3 und § 50a Abs. 5 Satz 7 vorgesehenen Bescheinigungen und des Erstattungsantrags nach § 50 Abs. 5 Satz 2 Nr. 3 zu bestimmen;

1a. im Einvernehmen mit den obersten Finanzbehörden der Länder auf der Basis der §§ 32a und 39b einen Programmablaufplan für die Herstellung von Lohnsteuertabellen zur manuellen Berechnung der Lohnsteuer aufzustellen und bekannt zu machen. ²Der Lohnstufenabstand beträgt bei den Jahrestabellen 36. ³Die in den Tabellenstufen auszuweisende Lohnsteuer ist aus der Obergrenze der Tabellenstufen zu berechnen und muss an der Obergrenze mit der maschinell berechneten Lohnsteuer übereinstimmen. ⁴Die Monats-, Wochen- und Tagestabellen sind aus den Jahrestabellen abzuleiten.

2. den Wortlaut dieses Gesetzes und der zu diesem Gesetz erlassenen Rechtsverordnungen in der jeweils geltenden Fassung satzweise nummeriert mit neuem Datum und in neuer Paragraphenfolge bekannt zu machen und dabei Unstimmigkeiten im Wortlaut zu beseitigen.

§ 51a
Festsetzung und Erhebung von Zuschlagsteuern

(1) Auf die Festsetzung und Erhebung von Steuern, die nach der Einkommensteuer bemessen werden (Zuschlagsteuern), sind die Vorschriften dieses Gesetzes entsprechend anzuwenden.

(2) ¹Bemessungsgrundlage ist die Einkommensteuer, die abweichend von § 2 Abs. 6 unter Berücksichtigung von Freibeträgen nach § 32 Abs. 6 in allen Fällen des § 32 festzusetzen wäre. ²Zur Ermittlung der Einkommensteuer im Sinne des Satzes 1 ist das zu versteuernde Einkommen um die nach § 3 Nr. 40 steuerfreien Beträge zu erhöhen und um die nach § 3c Abs. 2 nicht abziehbaren Beträge zu mindern. ³§ 35 ist bei der Ermittlung der festzusetzenden Einkommensteuer nach Satz 1 nicht anzuwenden.

(2a) ¹Vorbehaltlich des § 40a Abs. 2 in der Fassung des Gesetzes vom 23. Dezember 2002 (BGBl. I S. 4621) ist beim Steuerabzug vom Arbeitslohn Bemessungsgrundlage die Lohnsteuer; beim Steuerabzug vom laufenden Arbeitslohn und beim Jahresausgleich ist die Lohnsteuer maßgebend, die sich ergibt, wenn der nach § 39b Abs. 2 Satz 6 zu versteuernde Jahresbetrag für die Steuerklassen I, II und III um den Kinderfreibetrag von 3648 Euro sowie den Freibetrag für den Betreuungs- und Erziehungs- oder Ausbildungsbedarf von 2160 Euro und für die Steuerklasse IV um den Kinderfreibetrag von 1824 Euro sowie den Freibetrag für den Betreuungs- und Erziehungs- oder Ausbildungsbedarf von 1080 Euro für jedes Kind vermindert wird, für das eine Kürzung der Freibeträge für Kinder nach § 32 Abs. 6 Satz 4 nicht in Betracht kommt. ²Bei der Anwendung des § 39b für die Ermittlung der Zuschlagsteuern ist die auf der Lohnsteuerkarte eingetragene Zahl der Kinderfreibeträge maßgebend.

(3) Ist die Einkommensteuer für Einkünfte, die dem Steuerabzug unterliegen, durch den Steuerabzug abgegolten oder werden solche Einkünfte bei der Veranlagung zur Einkommensteuer oder beim Lohnsteuer-Jahresausgleich nicht erfasst, gilt dies für die Zuschlagsteuer entsprechend.

(4) ¹Die Vorauszahlungen auf Zuschlagsteuern sind gleichzeitig mit den festgesetzten Vorauszahlungen auf die Einkommensteuer zu entrichten; § 37 Abs. 5 ist nicht anzuwenden. ²Solange ein Bescheid über die Vorauszahlungen auf Zuschlagsteuern nicht erteilt worden ist, sind die Vorauszahlungen ohne besondere Aufforderung nach Maßgabe der für die Zuschlagsteuern geltenden Vorschriften zu entrichten. ³§ 240 Abs. 1 Satz 3 der Abgabenordnung ist insoweit nicht anzuwenden; § 254 Abs. 2 der Abgabenordnung gilt insoweit sinngemäß.

(5) ¹Mit einem Rechtsbehelf gegen die Zuschlagsteuer kann weder die Bemessungsgrundlage noch die Höhe des zu versteuernden Einkommens angegriffen werden. ²Wird die Bemessungsgrundlage geändert, ändert sich die Zuschlagsteuer entsprechend.

§ 52
Anwendungsvorschriften

(1) ¹Diese Fassung des Gesetzes ist, soweit in den folgenden Absätzen nichts anderes bestimmt ist, erstmals für den Veranlagungszeitraum 2007 anzuwenden. ²Beim Steuerabzug vom Arbeitslohn gilt Satz 1 mit der Maßgabe, dass diese Fassung erstmals auf den laufenden Arbeitslohn anzuwenden ist, der für einen nach dem 31. Dezember 2006 endenden Lohnzahlungszeitraum gezahlt wird, und auf sonstige Bezüge, die nach dem 31. Dezember 2006 zufließen.

(2) § 1a Abs. 1 ist für Staatsangehörige eines Mitgliedstaates der Europäischen Union auf Antrag auch für Veranlagungszeiträume vor 1996 anzuwenden, soweit Steuerbescheide noch nicht bestandskräftig sind; für Staatsangehörige und für das Hoheitsgebiet Finnlands, Islands, Norwegens, Österreichs und Schwedens gilt dies ab dem Veranlagungszeitraum 1994.

(2a) § 2 Abs. 3 in der Fassung des Artikels 1 des Gesetzes vom 22. Dezember 2003 (BGBl. I S. 2840) ist erstmals für den Veranlagungszeitraum 2004 anzuwenden.

(3) ¹§ 2a Abs. 1 Satz 1 Nr. 6 Buchstabe b in der Fassung der Bekanntmachung vom 22. Dezember 1999 (BGBl. I S. 2601) ist erstmals auf negative Einkünfte eines Steuerpflichtigen anzuwenden, die er aus einer entgeltlichen Überlassung von Schiffen auf Grund eines nach dem 31. Dezember 1999 rechtswirksam abgeschlossenen obligatorischen Vertrags oder gleichstehenden Rechtsakts erzielt. ²§ 2a Abs. 3 und 4 in der Fassung der Bekanntmachung vom 16. April 1997 (BGBl. I S. 821) ist letztmals für den Veranlagungszeitraum 1998 anzuwenden. ³§ 2a Abs. 3 Satz 3, 5 und 6 in der Fassung der Bekanntmachung vom 16. April 1997 (BGBl. I S. 821) ist für die Veranlagungszeiträume 1999 bis 2008 weiter anzuwenden, soweit sich ein positiver Betrag im Sinne des § 2a Abs. 3 Satz 3 ergibt oder soweit eine in einem ausländischen Staat belegene Betriebsstätte im Sinne des § 2a Abs. 4 in der Fassung des Satzes 5 in eine Kapitalgesellschaft umgewandelt, übertragen oder aufgegeben wird. ⁴Insoweit ist in § 2a Abs. 3 Satz 5 letzter Halbsatz die Bezeichnung „§ 10d Abs. 3" durch „§ 10d Abs. 4" zu ersetzen. ⁵§ 2a Abs. 4 ist für die Veranlagungszeiträume 1999 bis 2005 in der folgenden Fassung anzuwenden:

„(4) Wird eine in einem ausländischen Staat belegene Betriebsstätte

1. in eine Kapitalgesellschaft umgewandelt oder
2. entgeltlich oder unentgeltlich übertragen oder
3. aufgegeben, jedoch die ursprünglich von der Betriebsstätte ausgeübte Geschäftstätigkeit ganz oder teilweise von einer Gesellschaft, an der der inländische Steuerpflichtige zu mindestens 10 Prozent unmittelbar oder mittelbar beteiligt ist, oder von einer ihm nahe stehenden Person im Sinne des § 1 Abs. 2 des Außensteuergesetzes in der Fassung der Bekanntmachung vom 20. Dezember 1996 (BGBl. I S. 2049) fortgeführt,

so ist ein nach Absatz 3 Satz 1 und 2 abgezogener Verlust, soweit er nach Absatz 3 Satz 3 nicht wieder hinzugerechnet worden ist oder nicht noch hinzuzurechnen ist, im Veranlagungszeitraum der Umwandlung, Übertragung oder Aufgabe in entsprechender Anwendung des Absatzes 3 Satz 3 dem Gesamtbetrag der Einkünfte hinzuzurechnen."

⁶§ 2a Abs. 4 ist für die Veranlagungszeiträume 2006 bis 2008 in der folgenden Fassung anzuwenden:

„(4) ¹Wird eine in einem ausländischen Staat belegene Betriebsstätte

1. in eine Kapitalgesellschaft umgewandelt oder
2. entgeltlich oder unentgeltlich übertragen oder
3. aufgegeben, jedoch die ursprünglich von der Betriebsstätte ausgeübte Geschäftstätigkeit ganz oder teilweise von einer Gesellschaft, an der der inländische Steuerpflichtige zu mindestens 10 Prozent unmittelbar oder mittelbar beteiligt ist, oder von einer ihm nahe stehenden Person im Sinne des § 1 Abs. 2 des Außensteuergesetzes fortgeführt,

so ist ein nach Absatz 3 Satz 1 und 2 abgezogener Verlust, soweit er nach Absatz 3 Satz 3 nicht wieder hinzugerechnet worden ist oder nicht noch hinzuzurechnen ist, im Veranlagungszeitraum der Umwandlung, Übertragung oder Aufgabe in entsprechender Anwendung des Absatzes 3 Satz 3 dem Gesamtbetrag der Einkünfte hinzuzurechnen. ²Satz 1 gilt entsprechend bei Beendigung der unbeschränkten Einkommensteuerpflicht (§ 1 Abs. 1) durch Aufgabe des Wohnsitzes oder des gewöhnlichen Aufenthalts oder bei Beendigung der unbeschränkten Körperschaftsteuerpflicht (§ 1 Abs. 1 des Körperschaftsteuergesetzes) durch Verlegung des Sitzes oder des Orts der Geschäftsleitung sowie bei unbeschränkter Einkommensteuerpflicht (§ 1 Abs. 1) oder unbeschränkter Körperschaftsteuerpflicht (§ 1 Abs. 1 des Körperschaftsteuergesetzes) bei Beendigung der Ansässigkeit im Inland auf Grund der Bestimmungen eines Abkommens zur Vermeidung der Doppelbesteuerung."

(4) § 2b in der Fassung der Bekanntmachung vom 19. Oktober 2002 (BGBl. I S. 4210, 2003 I S. 179) ist weiterhin für Einkünfte aus einer Einkunftsquelle im Sinne des § 2b anzuwenden, die der Steuerpflichtige nach dem 4. März 1999 und vor dem 11. November 2005 rechtswirksam erworben oder begründet hat.

(4a) ¹§ 3 Nr. 9 in der bis zum 31. Dezember 2005 geltenden Fassung ist weiter anzuwenden für vor dem 1. Januar 2006 entstandene Ansprüche der Arbeitnehmer auf Abfindungen oder für Abfindungen wegen einer vor dem 1. Januar 2006 getroffenen Gerichtsentscheidung oder einer am 31. Dezember 2005 anhängigen Klage, soweit die Abfindungen dem Arbeitnehmer vor dem 1. Januar 2008 zufließen. ²§ 3 Nr. 10 in der bis zum 31. Dezember 2005 geltenden Fassung ist weiter anzuwenden für Entlassungen vor dem 1. Januar 2006, soweit die Übergangsgelder und Übergangsbeihilfen dem Arbeitnehmer vor dem 1. Januar 2008 zufließen, und für an Soldatinnen auf Zeit und Soldaten auf Zeit vor dem 1. Januar 2009 gezahlte Übergangsbeihilfen, wenn das Dienstverhältnis vor dem 1. Januar 2006 begründet wurde.

(4b) ¹§ 3 Nr. 40 ist erstmals anzuwenden für

1. Gewinnausschüttungen, auf die bei der ausschüttenden Körperschaft der nach Artikel 3 des Gesetzes vom 23. Oktober 2000 (BGBl. I S. 1433) aufgehobene Vierte Teil des Körperschaftsteuergesetzes nicht mehr anzuwenden ist; für die übrigen in § 3 Nr. 40 genannten Erträge im Sinne des § 20 gilt Entsprechendes;
2. Erträge im Sinne des § 3 Nr. 40 Satz 1 Buchstabe a, b, c und j nach Ablauf des ersten Wirtschaftsjahres der Gesellschaft, an der die Anteile bestehen, für das das Körperschaftsteuergesetz in der Fassung des Artikels 3 des Gesetzes vom 23. Oktober 2000 (BGBl. I S. 1433) erstmals anzuwenden ist.

²§ 3 Nr. 40 Satz 3 und 4 in der am 12. Dezember 2006 geltenden Fassung ist für Anteile, die einbringungsgeboren im Sinne des § 21 des Umwandlungssteuergesetzes in der am 12. Dezember 2006 geltenden Fassung sind, weiter anzuwenden. ³§ 3 Nr. 40 Satz 1

Buchstabe d in der Fassung des Artikels 1 des Gesetzes vom 13. Dezember 2006 (BGBl. I S. 2878) ist erstmals auf Bezüge im Sinne des § 20 Abs. 1 Nr. 1 und auf Einnahmen im Sinne des § 20 Abs. 1 Nr. 9 anzuwenden, die nach dem 18. Dezember 2006 zugeflossen sind.

(4c) § 3 Nr. 40a in der Fassung des Gesetzes vom 30. Juli 2004 (BGBl. I S. 2013) ist auf Vergütungen im Sinne des § 18 Abs. 1 Nr. 4 anzuwenden, wenn die vermögensverwaltende Gesellschaft oder Gemeinschaft nach dem 31. März 2002 gegründet worden ist oder soweit die Vergütungen in Zusammenhang mit der Veräußerung von Anteilen an Kapitalgesellschaften stehen, die nach dem 7. November 2003 erworben worden sind.

(4d) § 3 Nr. 41 ist erstmals auf Gewinnausschüttungen oder Gewinne aus der Veräußerung eines Anteils an einer ausländischen Kapitalgesellschaft sowie aus deren Auflösung oder Herabsetzung ihres Kapitals anzuwenden, wenn auf die Ausschüttung oder auf die Gewinne aus der Veräußerung § 3 Nr. 40 Satz 1 Buchstabe a, b, c und d des Einkommensteuergesetzes in der Fassung des Artikels 3 des Gesetzes vom 23. Oktober 2000 (BGBl. I S. 1433) anwendbar wäre.

(5) § 3 Nr. 56 in der Fassung des Artikels 1 des Gesetzes vom 13. Dezember 2006 (BGBl. I S. 2878) ist erstmals auf laufende Zuwendungen des Arbeitgebers anzuwenden, die für einen nach dem 31. Dezember 2007 endenden Lohnzahlungszeitraum gezahlt werden und auf Zuwendungen in Form eines sonstigen Bezuges, die nach dem 31. Dezember 2007 geleistet werden.

(6) ^{1}§ 3 Nr. 63 ist bei Beiträgen für eine Direktversicherung nicht anzuwenden, wenn die entsprechende Versorgungszusage vor dem 1. Januar 2005 erteilt wurde und der Arbeitnehmer gegenüber dem Arbeitgeber für diese Beiträge auf die Anwendung des § 3 Nr. 63 verzichtet hat. ^{2}Der Verzicht gilt für die Dauer des Dienstverhältnisses; er ist bis zum 30. Juni 2005 oder bei einem späteren Arbeitgeberwechsel bis zur ersten Beitragsleistung zu erklären. ^{3}§ 3 Nr. 63 Satz 3 und 4 ist nicht anzuwenden, wenn § 40b Abs. 1 und 2 in der am 31. Dezember 2004 geltenden Fassung angewendet wird.

(7) § 3 Nr. 65 in der Fassung des Artikels 1 des Gesetzes vom 13. Dezember 2006 (BGBl. I S. 2878) ist in allen Fällen anzuwenden, in denen die Einkommensteuer noch nicht bestandskräftig festgesetzt ist.

(8) – weggefallen –

(8a) ^{1}§ 3c Abs. 2 ist erstmals auf Aufwendungen anzuwenden, die mit Erträgen im wirtschaftlichen Zusammenhang stehen, auf die § 3 Nr. 40 erstmals anzuwenden ist. ^{2}§ 3c Abs. 2 Satz 3 und 4 in der am 12. Dezember 2006 geltenden Fassung ist für Anteile, die einbringungsgeboren im Sinne des § 21 des Umwandlungssteuergesetzes in der am 12. Dezember 2006 geltenden Fassung sind, weiter anzuwenden.

(8b) § 4 Abs. 1 in der Fassung des Artikels 1 des Gesetzes vom 7. Dezember 2006 (BGBl. I S. 2782) ist erstmals für nach dem 31. Dezember 2005 endende Wirtschaftsjahre anzuwenden.

(9) § 4 Abs. 2 Satz 2 in der Fassung des Gesetzes vom 22. Dezember 1999 (BGBl. I S. 2601) ist auch für Veranlagungszeiträume vor 1999 anzuwenden.

(10) ^{1}§ 4 Abs. 3 Satz 4 ist nicht anzuwenden, soweit die Anschaffungs- oder Herstellungskosten vor dem 1. Januar 1971 als Betriebsausgaben abgesetzt worden sind. ^{2}§ 4 Abs. 3 Satz 4 und 5 in der Fassung des Artikels 1 des Gesetzes vom 28. April 2006 (BGBl. I S. 1095) ist erstmals für Wirtschaftsgüter anzuwenden, die nach dem 5. Mai 2006 angeschafft, hergestellt oder in das Betriebsvermögen eingelegt werden. ^{3}Die Anschaffungs- oder Herstellungskosten für nicht abnutzbare Wirtschaftsgüter des Anlagevermögens, die vor dem 5. Mai 2006 angeschafft, hergestellt oder in das Betriebsvermögen eingelegt wurden, sind erst im Zeitpunkt des Zuflusses des Veräußerungserlöses oder im Zeitpunkt der Entnahme als Betriebsausgaben zu berücksichtigen.

(11) ^{1}§ 4 Abs. 4a in der Fassung des Gesetzes vom 22. Dezember 1999 (BGBl. I S. 2601) ist erstmals für das Wirtschaftsjahr anzuwenden, das nach dem 31. Dezember 1998 endet. ^{2}Über- und Unterentnahmen vorangegangener Wirtschaftsjahre bleiben unberücksichtigt. ^{3}Bei vor dem 1. Januar 1999 eröffneten Betrieben sind im Fall der Betriebsaufgabe bei der Überführung von Wirtschaftsgütern aus dem Betriebsvermögen in das Privatvermögen die Buchwerte nicht als Entnahme anzusetzen; im Fall der Betriebsveräußerung ist nur der Veräußerungsgewinn als Entnahme anzusetzen. ^{4}Die Aufzeichnungspflichten im Sinne des § 4 Abs. 4a Satz 6 sind erstmals ab dem 1. Januar 2000 zu erfüllen.

(12) ^{1}§ 4 Abs. 5 Satz 1 Nr. 1 Satz 2 in der Fassung des Artikels 9 des Gesetzes vom 29. Dezember 2003 (BGBl. I S. 3076) ist erstmals für Wirtschaftsjahre anzuwenden, die nach dem 31. Dezember 2003 beginnen. ^{2}§ 4 Abs. 5 Satz 1 Nr. 2 Satz 1 in der Fassung des Artikels 9 des Gesetzes vom 29. Dezember 2003 (BGBl. I S. 3076) ist erstmals für Wirtschaftsjahre anzuwenden, die nach dem 31. Dezember 2003 beginnen. ^{3}§ 4 Abs. 5 Satz 1 Nr. 6 Satz 3 in der Fassung des Artikels 1 des Gesetzes vom 28. April 2006 (BGBl. I S. 1095) ist erstmals für Wirtschaftsjahre anzuwenden, die nach dem 31. Dezember 2005 beginnen. ^{4}§ 4 Abs. 5 Satz 1 Nr. 6a in der Fassung der Bekanntmachung vom 19. Oktober 2002 (BGBl. I S. 4210) ist letztmals für den Veranlagungszeitraum 2002 anzuwenden. ^{5}In den Fällen, in denen die Einkommensteuer für die Veranlagungszeiträume bis einschließlich 2002 noch formell bestandskräftig oder hinsichtlich der Aufwendungen für eine betrieblich veranlasste doppelte Haushaltsführung vorläufig festgesetzt ist, ist § 9 Abs. 1 Satz 3 Nr. 5 in der Fassung des Artikels 1 des Gesetzes vom 15. Dezember 2003 (BGBl. I S. 2645) anzuwenden; dies gilt auch für unter dem Vorbehalt der Nachprüfung ergangene Einkommensteuerbescheide für Veranlagungszeiträume bis einschließlich 2002, soweit nicht bereits Festsetzungsverjährung eingetreten ist. ^{6}§ 4 Abs. 5 Satz 1 Nr. 11 in der Fassung des Artikels 1 des Gesetzes vom 22. Dezember 2003 (BGBl. I S. 2840) ist für das Wirtschaftsjahr anzuwenden, das nach dem 31. Dezember 2003 endet.

(12a) § 4d Abs. 1 Satz 1 Nr. 1 Satz 1 Buchstabe b Satz 2 und Buchstabe c Satz 3 in der Fassung des Artikels 6 des Gesetzes vom 26. Juni 2001 (BGBl. I S. 1310) ist bei Begünstigten anzuwenden, denen das Trägerunternehmen erstmals nach dem 31. Dezember 2000 Leistungen der betrieblichen Altersversorgung zugesagt hat.

(12b) § 4e in der Fassung des Artikels 6 des Gesetzes vom 26. Juni 2001 (BGBl. I S. 1310) ist erstmals für das Wirtschaftsjahr anzuwenden, das nach dem 31. Dezember 2001 endet.

(12c) ^{1}§ 4f ist erstmals für im Veranlagungszeitraum 2006 geleistete Aufwendungen anzuwenden, soweit die den Aufwendungen zu Grunde liegenden Leistungen nach dem 31. Dezember 2005 erbracht worden sind. ^{2}§ 4f Satz 1 in der Fassung des Artikels 1 des Gesetzes vom 19. Juli 2006 (BGBl. I S. 1652) ist erstmals für Kinder anzuwenden, die im Veranlagungszeitraum 2007 wegen einer vor Vollendung des 25. Lebensjahres eingetretenen körperlichen, geistigen oder seelischen Behinderung außerstande sind, sich selbst zu unterhalten; für Kinder, die wegen einer vor dem 1. Januar 2007 in der Zeit ab Vollendung des 25. Lebensjahres und vor Vollendung des 27. Lebensjahres eingetretenen körperlichen, geistigen oder seelischen Behinderung außerstande sind, sich selbst zu unterhalten, ist § 4f Satz 1 weiterhin in der bis zum 31. Dezember 2006 gültigen Fassung anzuwenden.

(13) ^{1}§ 5 Abs. 4a ist erstmals für das Wirtschaftsjahr anzuwenden, das nach dem 31. Dezember 1996 endet. ^{2}Rückstellungen für drohende Verluste aus schwebenden Geschäften, die am Schluss des letzten vor dem 1. Januar 1997 endenden Wirtschaftsjahres zulässigerweise gebildet worden sind, sind in den Schlussbilanzen des ersten nach dem 31. Dezember 1996 endenden Wirtschaftsjahres und der fünf folgenden Wirtschaftsjahre mit mindestens 25 Prozent im ersten und jeweils mindestens 15 Prozent im zweiten bis sechsten Wirtschaftsjahr gewinnerhöhend aufzulösen.

(14) Soweit Rückstellungen für Aufwendungen, die Anschaffungs- oder Herstellungskosten für ein Wirtschaftsgut sind, in der Vergangenheit gebildet worden sind, sind sie in dem ersten Veranlagungszeitraum, dessen Veranlagung noch nicht bestandskräftig ist, in vollem Umfang aufzulösen.

(15) ^{1}Für Gewerbebetriebe, in denen der Steuerpflichtige vor dem 1. Januar 1999 bereits Einkünfte aus dem Betrieb von Handelsschiffen im internationalen Verkehr erzielt hat, kann der Antrag nach § 5a Abs. 3 Satz 1 auf Anwendung der Gewinnermittlung nach § 5a

EStG – Gesetzestext § 52

Abs. 1 in dem Wirtschaftsjahr, das nach dem 31. Dezember 1998 endet, oder in einem der beiden folgenden Wirtschaftsjahre gestellt werden (Erstjahr). ²§ 5a Abs. 3 in der Fassung des Artikels 9 des Gesetzes vom 29. Dezember 2003 (BGBl. I S. 3076) ist erstmals für das Wirtschaftsjahr anzuwenden, das nach dem 31. Dezember 2005 endet. ³§ 5a Abs. 3 Satz 1 in der am 31. Dezember 2003 geltenden Fassung ist weiterhin anzuwenden, wenn der Steuerpflichtige im Fall der Anschaffung das Handelsschiff auf Grund eines vor dem 1. Januar 2006 rechtswirksam abgeschlossenen schuldrechtlichen Vertrags oder gleichgestellten Rechtsaktes angeschafft oder im Fall der Herstellung mit der Herstellung des Handelsschiffs vor dem 1. Januar 2006 begonnen hat. ⁴In Fällen des Satzes 3 muss der Antrag auf Anwendung des § 5a Abs. 1 spätestens bis zum Ablauf des Wirtschaftsjahres gestellt werden, das vor dem 1. Januar 2008 endet.

(16) ¹§ 6 Abs. 1 in der Fassung des Artikels 1 des Gesetzes vom 7. Dezember 2006 (BGBl. I S. 2782) ist erstmals für nach dem 31. Dezember 2005 endende Wirtschaftsjahre anzuwenden. ²§ 6 Abs. 1 in der Fassung des Gesetzes vom 24. März 1999 (BGBl. I S. 402) ist erstmals für das erste nach dem 31. Dezember 1998 endende Wirtschaftsjahr (Erstjahr) anzuwenden. ³In Höhe von vier Fünfteln des im Erstjahr durch die Anwendung des § 6 Abs. 1 Nr. 1 und 2 in der Fassung des Gesetzes vom 24. März 1999 (BGBl. I S. 402) entstehenden Gewinns kann im Erstjahr eine den steuerlichen Gewinn mindernde Rücklage gebildet werden, die in den dem Erstjahr folgenden vier Wirtschaftsjahren jeweils mit mindestens einem Viertel gewinnerhöhend aufzulösen ist (Auflösungszeitraum). ⁴Scheidet ein der Regelung nach den Sätzen 1 bis 3 unterliegendes Wirtschaftsgut im Auflösungszeitraum ganz oder teilweise aus, ist im Wirtschaftsjahr des Ausscheidens der für das Wirtschaftsgut verbleibende Teil der Rücklage nach Satz 3 in vollem Umfang oder teilweise gewinnerhöhend aufzulösen. ⁵Soweit ein der Regelung nach den Sätzen 1 bis 3 unterliegendes Wirtschaftsgut im Auflösungszeitraum erneut auf den niedrigeren Teilwert abgeschrieben wird, ist der für das Wirtschaftsgut verbleibende Teil der Rücklage nach Satz 3 in Höhe der Abschreibung gewinnerhöhend aufzulösen. ⁶§ 3 Nr. 40 Satz 1 Buchstabe a Satz 2 in der Fassung des Gesetzes vom 23. Oktober 2000 (BGBl. I S. 1433) und § 8b Abs. 2 Satz 2 des Körperschaftsteuergesetzes in der Fassung des Gesetzes vom 23. Oktober 2000 (BGBl. I S. 1433) sind in den Fällen der Sätze 3 bis 5 entsprechend anzuwenden. ⁷§ 6 Abs. 1 Nr. 1a in der Fassung des Artikels 1 des Gesetzes vom 15. Dezember 2003 (BGBl. I S. 2645) ist erstmals für Baumaßnahmen anzuwenden, mit denen nach dem 31. Dezember 2003 begonnen wird. ⁸Als Beginn gilt bei Baumaßnahmen, für die eine Baugenehmigung erforderlich ist, der Zeitpunkt, in dem der Bauantrag gestellt wird, bei baugenehmigungsfreien Bauvorhaben, für die Bauunterlagen einzureichen sind, der Zeitpunkt, in dem die Bauunterlagen eingereicht werden. ⁹Sämtliche Baumaßnahmen im Sinne des § 6 Abs. 1 Nr. 1a Satz 1 an einem Objekt gelten als eine Baumaßnahme im Sinne des Satzes 7. ¹⁰§ 6 Abs. 1 Nr. 3 in der Fassung des Gesetzes vom 24. März 1999 (BGBl. I S. 402) ist auch für Verbindlichkeiten, die bereits zum Ende eines vor dem 1. Januar 1999 endenden Wirtschaftsjahres angesetzt worden sind, anzuwenden. ¹¹Für den Gewinn, der sich aus der erstmaligen Anwendung des § 6 Abs. 1 Nr. 3 bei den in Satz 10 genannten Verbindlichkeiten ergibt, kann jeweils in Höhe von neun Zehnteln eine den Gewinn mindernde Rücklage gebildet werden, die in den folgenden neun Wirtschaftsjahren jeweils mit mindestens einem Neuntel gewinnerhöhend aufzulösen ist (Auflösungszeitraum); scheidet die Verbindlichkeit während des Auflösungszeitraumes aus dem Betriebsvermögen aus, ist die Rücklage zum Ende des Wirtschaftsjahres des Ausscheidens in vollem Umfang gewinnerhöhend aufzulösen. ¹²§ 6 Abs. 1 Nr. 3a in der Fassung des Gesetzes vom 24. März 1999 (BGBl. I S. 402) ist auch auf Rückstellungen, die bereits zum Ende eines vor dem 1. Januar 1999 endenden Wirtschaftsjahres gebildet worden sind, anzuwenden. ¹³Steht am Schluss des Erstjahres der Zeitpunkt des Beginns der Stilllegung des Kernkraftwerkes nicht fest, sind bisher gebildete Rückstellungen bis zu dem Betrag gewinnerhöhend aufzulösen, der sich bei Anwendung des § 6 Abs. 1 Nr. 3a Buchstabe d Satz 2 und Buchstabe e Satz 3 in der Fassung des Gesetzes vom 24. März 1999 (BGBl. I S. 402) ergibt. ¹⁴Satz 11 ist für die in Satz 12 genannten Rückstellungen entsprechend anzuwenden. ¹⁵§ 6 Abs. 1 Nr. 4 Satz 2 in der Fassung des Artikels 1 des Gesetzes vom 28. April 2006 (BGBl. I S. 1095) ist erstmals für Wirtschaftsjahre anzuwenden, die nach dem 31. Dezember 2005 beginnen. ¹⁶§ 6 Abs. 1 Nr. 4 Satz 5 und 6 in der Fassung des Gesetzes vom 14. Juli 2000 (BGBl. I S. 1034) ist auf Entnahmen anzuwenden, die nach dem 31. Dezember 1999 erfolgen. ¹⁷§ 6 Abs. 4, 5 und 6 Satz 1 ist erstmals auf den Erwerb von Wirtschaftsgütern anzuwenden, bei denen der Erwerb auf Grund eines nach dem 31. Dezember 1998 rechtswirksam abgeschlossenen obligatorischen Vertrags oder gleichstehenden Rechtsakts erfolgt. ¹⁸§ 6 Abs. 6 Satz 2 und 3 ist erstmals für Einlagen anzuwenden, die nach dem 31. Dezember 1998 vorgenommen werden.

(16a) ¹§ 6 Abs. 5 Satz 3 bis 5 in der Fassung des Gesetzes vom 20. Dezember 2001 (BGBl. I S. 3858) ist erstmals auf Übertragungsvorgänge nach dem 31. Dezember 2000 anzuwenden. ²§ 6 Abs. 5 Satz 6 in der Fassung des Gesetzes vom 20. Dezember 2001 (BGBl. I S. 3858) ist erstmals auf Anteilsbegründungen und Anteilserhöhungen nach dem 31. Dezember 2000 anzuwenden.

(16b) § 6a Abs. 2 Nr. 1 erste Alternative und Abs. 3 Satz 2 Nr. 1 Satz 6 erster Halbsatz in der Fassung des Artikels 6 des Gesetzes vom 26. Juni 2001 (BGBl. I S. 1310) ist bei Pensionsverpflichtungen gegenüber Berechtigten anzuwenden, denen der Pensionsverpflichtete erstmals eine Pensionszusage nach dem 31. Dezember 2000 erteilt hat; § 6a Abs. 2 Nr. 1 zweite Alternative sowie § 6a Abs. 3 Satz 2 Nr. 1 Satz 1 und § 6a Abs. 3 Satz 2 Nr. 1 Satz 6 zweiter Halbsatz sind bei Pensionsverpflichtungen anzuwenden, die auf einer nach dem 31. Dezember 2000 vereinbarten Entgeltumwandlung im Sinne von § 1 Abs. 2 des Betriebsrentengesetzes beruhen.

(17) ¹§ 6a Abs. 4 Satz 2 und 6 ist erstmals für das Wirtschaftsjahr anzuwenden, das nach dem 30. September 1998 endet. ²In 1998 veröffentlichte neue oder geänderte biometrische Rechnungsgrundlagen sind erstmals für das Wirtschaftsjahr anzuwenden, das nach dem 31. Dezember 1998 endet; § 6a Abs. 4 Satz 2 und 6 ist in diesen Fällen mit der Maßgabe anzuwenden, dass die Verteilung gleichmäßig auf drei Wirtschaftsjahre vorzunehmen ist. ³Satz 2 erster Halbsatz ist bei der Bewertung von anderen Rückstellungen, bei denen ebenfalls anerkannte Grundsätze der Versicherungsmathematik zu berücksichtigen sind, entsprechend anzuwenden.

(18) ¹§ 6b in der Fassung des Gesetzes vom 24. März 1999 (BGBl. I S. 402) ist erstmals auf Veräußerungen anzuwenden, die nach dem 31. Dezember 1998 vorgenommen werden. ²Für Veräußerungen, die vor diesem Zeitpunkt vorgenommen worden sind, ist § 6b in der im Veräußerungszeitpunkt geltenden Fassung weiter anzuwenden.

(18a) ¹§ 6b in der Fassung des Artikels 1 des Gesetzes vom 20. Dezember 2001 (BGBl. I S. 3858) ist erstmals auf Veräußerungen anzuwenden, die nach dem 31. Dezember 2001 vorgenommen werden. ²Für Veräußerungen, die vor diesem Zeitpunkt vorgenommen worden sind, ist § 6b in der im Veräußerungszeitpunkt geltenden Fassung weiter anzuwenden.

(18b) ¹§ 6b in der Fassung des Artikels 1 des Gesetzes vom 26. April 2006 (BGBl. I S. 1091) ist erstmals auf Veräußerungen nach dem 31. Dezember 2005 und letztmals auf Veräußerungen vor dem 1. Januar 2011 anzuwenden. ²Für Veräußerungen, die vor diesem Zeitpunkt vorgenommen werden, ist § 6b in der im Veräußerungszeitpunkt geltenden Fassung weiter anzuwenden. ³§ 6b Abs. 10 Satz 11 in der am 12. Dezember 2006 geltenden Fassung ist für Anteile, die einbringungsgeboren im Sinne des § 21 des Umwandlungssteuergesetzes in der am 12. Dezember 2006 geltenden Fassung sind, weiter anzuwenden.

(19) ¹§ 6c in der Fassung des Gesetzes vom 24. März 1999 (BGBl. I S. 402) ist erstmals auf Veräußerungen anzuwenden, die nach dem 31. Dezember 1998 vorgenommen werden. ²Für Veräußerungen, die vor diesem Zeitpunkt vorgenommen worden sind, ist § 6c in der im Veräußerungszeitpunkt geltenden Fassung weiter anzuwenden.

(20) § 6d ist erstmals für das Wirtschaftsjahr anzuwenden, das nach dem 31. Dezember 1998 endet.

(21) ¹§ 7 Abs. 1 Satz 4 in der Fassung des Gesetzes vom 24. März 1999 (BGBl. I S. 402) ist erstmals für Einlagen anzuwenden, die nach dem 31. Dezember 1998 vorgenommen werden. ²§ 7 Abs. 1 Satz 6 in der Fassung des Gesetzes vom 24. März 1999 (BGBl. I S. 402) ist erstmals für das nach dem 31. Dezember 1998 endende Wirtschaftsjahr anzuwenden. ³§ 7 Abs. 1 Satz 4 in der Fassung des Artikels 9 des Gesetzes vom 29. Dezember 2003 (BGBl. I

§ 52 EStG – Gesetzestext

S. 3076) ist erstmals bei Wirtschaftsgütern anzuwenden, die nach dem 31. Dezember 2003 angeschafft oder hergestellt worden sind.

(21a) ¹§ 7 Abs. 2 Satz 2 in der Fassung des Gesetzes vom 23. Oktober 2000 (BGBl. I S. 1433) ist erstmals bei Wirtschaftsgütern anzuwenden, die nach dem 31. Dezember 2000 angeschafft oder hergestellt worden sind. ²Bei Wirtschaftsgütern, die vor dem 1. Januar 2001 angeschafft oder hergestellt worden sind, ist § 7 Abs. 2 Satz 2 des Einkommensteuergesetzes in der Fassung des Gesetzes vom 22. Dezember 1999 (BGBl. I S. 2601) weiter anzuwenden.

(21b) ¹Bei Gebäuden, soweit sie zu einem Betriebsvermögen gehören und nicht Wohnzwecken dienen, ist § 7 Abs. 4 Satz 1 und 2 in der Fassung des Gesetzes vom 22. Dezember 1999 (BGBl. I S. 2601) weiter anzuwenden, wenn der Steuerpflichtige im Fall der Herstellung vor dem 1. Januar 2001 mit der Herstellung des Gebäudes begonnen hat oder im Fall der Anschaffung das Objekt auf Grund eines vor dem 1. Januar 2001 rechtswirksam abgeschlossenen obligatorischen Vertrags oder gleichstehenden Rechtsakts angeschafft hat. ²Als Beginn der Herstellung gilt bei Gebäuden, für die eine Baugenehmigung erforderlich ist, der Zeitpunkt, in dem der Bauantrag gestellt wird; bei baugenehmigungsfreien Gebäuden, für die Bauunterlagen einzureichen sind, der Zeitpunkt, in dem die Bauunterlagen eingereicht werden.

(22) § 7a Abs. 6 des Einkommensteuergesetzes 1979 in der Fassung der Bekanntmachung vom 21. Juni 1979 (BGBl. I S. 721) ist letztmals für das Wirtschaftsjahr anzuwenden, das dem Wirtschaftsjahr vorangeht, für das § 15a erstmals anzuwenden ist.

(23) § 7g Abs. 8 Satz 2 in der Fassung des Artikels 1 des Gesetzes vom 9. Dezember 2004 (BGBl. I S. 3310) ist erstmals für Wirtschaftsjahre anzuwenden, die nach dem 31. Dezember 2003 enden.

(23a) ¹§ 7h Abs. 1 Sätze 1 und 3 in der Fassung des Artikels 9 des Gesetzes vom 29. Dezember 2003 (BGBl. I S. 3076) sind erstmals für Modernisierungs- und Instandsetzungsmaßnahmen anzuwenden, mit denen nach dem 31. Dezember 2003 begonnen wird. ²Als Beginn gilt bei Baumaßnahmen, für die eine Baugenehmigung erforderlich ist, der Zeitpunkt, in dem der Bauantrag gestellt wird, bei baugenehmigungsfreien Bauvorhaben, für die Bauunterlagen einzureichen sind, der Zeitpunkt, in dem die Bauunterlagen eingereicht werden.

(23b) ¹§ 7i Abs. 1 Sätze 1 und 5 in der Fassung des Artikels 9 des Gesetzes vom 29. Dezember 2003 (BGBl. I S. 3076) sind erstmals für Baumaßnahmen anzuwenden, mit denen nach dem 31. Dezember 2003 begonnen wird. ²Als Beginn gilt bei Baumaßnahmen, für die eine Baugenehmigung erforderlich ist, der Zeitpunkt, in dem der Bauantrag gestellt wird, bei baugenehmigungsfreien Bauvorhaben, für die Bauunterlagen einzureichen sind, der Zeitpunkt, in dem die Bauunterlagen eingereicht werden."

(23c) ¹§ 9 Abs. 5 in der Fassung des Gesetzes vom 22. Dezember 1999 (BGBl. I S. 2601) ist erstmals ab dem Veranlagungszeitraum 1999 anzuwenden. ²Für die Anwendung des § 9 Abs. 5 Satz 2 in der Fassung des Artikels 1 des Gesetzes vom 15. Dezember 2003 (BGBl. I S. 2645) gilt Absatz 16 Satz 7 bis 9 entsprechend. ³§ 9 Abs. 5 Satz 1 in der Fassung des Artikels 1 des Gesetzes vom 26. April 2006 (BGBl. I S. 1091) ist erstmals für im Veranlagungszeitraum 2006 geleistete Aufwendungen anzuwenden, soweit die den Aufwendungen zu Grunde liegenden Leistungen nach dem 31. Dezember 2005 erbracht worden sind.

(23d) § 9 Abs. 1 Satz 3 Nr. 5 in der Fassung des Artikel 1 des Gesetzes vom 15. Dezember 2003 (BGBl. I S. 2645) ist erstmals ab dem Veranlagungszeitraum 2003 anzuwenden und in Fällen, in denen die Einkommensteuer noch nicht formell bestandskräftig oder hinsichtlich der Aufwendungen für eine beruflich veranlasste doppelte Haushaltsführung vorläufig festgesetzt ist.

(24) ¹§ 10 Abs. 1 Nr. 5 und 8 in der Fassung des Artikel 1 des Gesetzes vom 26. April 2006 (BGBl. I S. 1091) ist erstmals für im Veranlagungszeitraum 2006 geleistete Aufwendungen anzuwenden, soweit die den Aufwendungen zu Grunde liegenden Leistungen nach dem 31. Dezember 2005 erbracht worden sind. ²§ 10 Abs. 1 Nr. 8 in der Fassung des Artikels 1 des Gesetzes vom 19. Juli 2006 (BGBl. I S. 1652) ist erstmals für Kinder anzuwenden, die im Veranlagungszeitraum 2007 wegen einer vor Vollendung des 25. Lebensjahres eingetretenen körperlichen, geistigen oder seelischen Behinderung außerstande sind, sich selbst zu unterhalten; für Kinder, die wegen einer vor dem 1. Januar 2007 in der Zeit ab Vollendung des 25. Lebensjahres und vor Vollendung des 27. Lebensjahres eingetretenen körperlichen, geistigen oder seelischen Behinderung außerstande sind, sich selbst zu unterhalten, ist § 10 Abs. 1 Nr. 8 weiterhin in der bis zum 31. Dezember 2006 gültigen Fassung anzuwenden.

(24a) § 10a in der Fassung des Gesetzes vom 15. Januar 2003 ist erstmals für den Veranlagungszeitraum 2002 anzuwenden.

(24b) § 10b Abs. 1 Satz 3 und Abs. 1a in der Fassung des Gesetzes vom 14. Juli 2000 (BGBl. I S. 1034) sind auf Zuwendungen anzuwenden, die nach dem 31. Dezember 1999 geleistet werden.

(24c) – weggefallen –

(25) ¹Auf den am Schluss des Veranlagungszeitraums 1998 festgestellten verbleibenden Verlustabzug ist § 10d in der Fassung des Gesetzes vom 16. April 1997 (BGBl. I S. 821) anzuwenden. ²Satz 1 ist letztmals für den Veranlagungszeitraum 2003 anzuwenden. ³§ 10d in der Fassung des Artikels 1 des Gesetzes vom 22. Dezember 2003 (BGBl. I S. 2840) ist erstmals für den Veranlagungszeitraum 2004 anzuwenden. ⁴Auf den Verlustrücktrag aus dem Veranlagungszeitraum 2004 in den Veranlagungszeitraum 2003 ist § 10d Abs. 1 in der für den Veranlagungszeitraum 2004 geltenden Fassung anzuwenden. ⁵§ 10d Abs. 4 Satz 6 in der Fassung des Artikels 1 des Gesetzes vom 13. Dezember 2006 (BGBl. I S. 2878) gilt für alle bei Inkrafttreten dieses Gesetzes noch nicht abgelaufenen Feststellungsfristen.

(26) ¹Für nach dem 31. Dezember 1986 und vor dem 1. Januar 1991 hergestellte oder angeschaffte Wohnungen im eigenen Haus oder Eigentumswohnungen sowie in diesem Zeitraum fertig gestellte Ausbauten oder Erweiterungen ist § 10e des Einkommensteuergesetzes 1990 in der Fassung der Bekanntmachung vom 7. September 1990 (BGBl. I S. 1898) weiter anzuwenden. ²Für nach dem 31. Dezember 1990 hergestellte oder angeschaffte Wohnungen im eigenen Haus oder Eigentumswohnungen sowie in diesem Zeitraum fertig gestellte Ausbauten oder Erweiterungen ist § 10e des Einkommensteuergesetzes in der durch Gesetz vom 24. Juni 1991 (BGBl. I S. 1322) geänderten Fassung weiter anzuwenden. ³Abweichend von Satz 2 ist § 10e Abs. 1 bis 5 und 6 bis 7 in der durch Gesetz vom 25. Februar 1992 (BGBl. I S. 297) geänderten Fassung erstmals für den Veranlagungszeitraum 1991 bei Objekten im Sinne des § 10e Abs. 1 und 2 anzuwenden, wenn im Fall der Herstellung der Steuerpflichtige nach dem 30. September 1991 den Bauantrag gestellt oder mit der Herstellung begonnen hat oder im Fall der Anschaffung der Steuerpflichtige das Objekt nach dem 30. September 1991 auf Grund eines nach diesem Zeitpunkt rechtswirksam abgeschlossenen obligatorischen Vertrags oder gleichstehenden Rechtsakts angeschafft hat oder mit der Herstellung des Objekts nach dem 30. September 1991 begonnen worden ist. ⁴§ 10e Abs. 5a ist erstmals bei in § 10e Abs. 1 und 2 bezeichneten Objekten anzuwenden, wenn im Fall der Herstellung der Steuerpflichtige den Bauantrag nach dem 31. Dezember 1991 gestellt oder, falls ein solcher nicht erforderlich ist, mit der Herstellung nach diesem Zeitpunkt begonnen hat, oder im Fall der Anschaffung der Steuerpflichtige das Objekt auf Grund eines nach dem 31. Dezember 1991 rechtswirksam abgeschlossenen obligatorischen Vertrags oder gleichstehenden Rechtsakts angeschafft hat. ⁵§ 10e Abs. 1 Satz 4 in der Fassung des Gesetzes vom 23. Juni 1993 (BGBl. I S. 944) und Abs. 6 Satz 3 in der Fassung des Gesetzes vom 21. Dezember 1993 (BGBl. I S. 2310) ist erstmals anzuwenden, wenn der Steuerpflichtige das Objekt auf Grund eines nach dem 31. Dezember 1993 rechtswirksam abgeschlossenen obligatorischen Vertrags oder gleichstehenden Rechtsakts angeschafft hat. ⁶§ 10e ist letztmals anzuwenden, wenn der Steuerpflichtige im Fall der Herstellung vor dem 1. Januar 1996 mit der Herstellung des Objekts begonnen hat oder im Fall der Anschaffung das Objekt auf Grund eines vor dem 1. Januar 1996 rechtswirksam abgeschlossenen obligatorischen Vertrags oder gleichstehenden Rechtsakts angeschafft hat. ⁷Als Beginn der Herstellung gilt bei Objekten, für die eine Baugenehmigung erforderlich ist, der Zeitpunkt, in dem der Bauantrag gestellt wird; bei baugenehmigungsfreien Objekten, für die Bauunterlagen einzureichen sind, der Zeitpunkt, in dem die Bauunterlagen eingereicht werden.

EStG – Gesetzestext § 52

(27) ¹§ 10f Abs. 1 Satz 1 in der Fassung des Artikels 9 des Gesetzes vom 29. Dezember 2003 (BGBl. I S. 3076) ist erstmals für Baumaßnahmen anzuwenden, die nach dem 31. Dezember 2003 begonnen wurden. ²Als Beginn gilt bei Baumaßnahmen, für die eine Baugenehmigung erforderlich ist, der Zeitpunkt, in dem der Bauantrag gestellt wird, bei baugenehmigungsfreien Bauvorhaben, für die Bauunterlagen einzureichen sind, der Zeitpunkt, in dem die Bauunterlagen eingereicht werden. ³§ 10f Abs. 2 Satz 1 in der Fassung des Artikels 9 des Gesetzes vom 29. Dezember 2003 (BGBl. I S. 3076) ist erstmals auf Erhaltungsaufwand anzuwenden, der nach dem 31. Dezember 2003 entstanden ist."

(27a) ¹§ 10g in der Fassung des Artikels 9 des Gesetzes vom 29. Dezember 2003 (BGBl. I S. 3076) ist erstmals auf Aufwendungen anzuwenden, die auf nach dem 31. Dezember 2003 begonnene Herstellungs- und Erhaltungsmaßnahmen entfallen. ²Als Beginn gilt bei Baumaßnahmen, für die eine Baugenehmigung erforderlich ist, der Zeitpunkt, in dem der Bauantrag gestellt wird, bei baugenehmigungsfreien Bauvorhaben, für die Bauunterlagen einzureichen sind, der Zeitpunkt, in dem die Bauunterlagen eingereicht werden.

(28) ¹§ 10h ist letztmals anzuwenden, wenn der Steuerpflichtige vor dem 1. Januar 1996 mit der Herstellung begonnen hat. ²Als Beginn der Herstellung gilt bei Baumaßnahmen, für die eine Baugenehmigung erforderlich ist, der Zeitpunkt, in dem der Bauantrag gestellt wird; bei baugenehmigungsfreien Baumaßnahmen, für die Bauunterlagen einzureichen sind, der Zeitpunkt, in dem die Bauunterlagen eingereicht werden.

(29) ¹§ 10i in der Fassung der Bekanntmachung vom 16. April 1997 (BGBl. I S. 821) ist letztmals anzuwenden, wenn der Steuerpflichtige im Fall der Herstellung vor dem 1. Januar 1999 mit der Herstellung des Objekts begonnen hat oder im Fall der Anschaffung das Objekt auf Grund eines vor dem 1. Januar 1999 rechtswirksam abgeschlossenen obligatorischen Vertrags oder gleichstehenden Rechtsakts angeschafft hat. ²Als Beginn der Herstellung gilt bei Objekten, für die eine Baugenehmigung erforderlich ist, der Zeitpunkt, in dem der Bauantrag gestellt wird; bei baugenehmigungsfreien Objekten, für die Bauunterlagen einzureichen sind, der Zeitpunkt, in dem die Bauunterlagen eingereicht werden.

(30) ¹§ 11 Abs. 1 Satz 3 und Abs. 2 Satz 3 in der Fassung des Artikels 1 des Gesetzes vom 9. Dezember 2004 (BGBl. I S. 3310) sind im Hinblick auf Erbbauzinsen und andere Entgelte für die Nutzung eines Grundstücks erstmals für Vorauszahlungen anzuwenden, die nach dem 31. Dezember 2003 geleistet wurden. ²§ 11 Abs. 2 Satz 4 in der Fassung des Artikels 1 des Gesetzes vom 13. Dezember 2006 (BGBl. I S. 2878) ist erstmals auf ein Damnum oder Disagio im Zusammenhang mit einem Kredit für ein Grundstück anzuwenden, das nach dem 31. Dezember 2003 geleistet wurde, in anderen Fällen für ein Damnum oder Disagio, das nach dem 31. Dezember 2004 geleistet wurde.

(30a) ¹Für die Anwendung des § 13 Abs. 7 in der Fassung des Artikels 1 des Gesetzes vom 22. Dezember 2005 (BGBl. I S. 3683) gilt Absatz 33a entsprechend. ²§ 13 Abs. 7, § 15 Abs. 1a sowie § 18 Abs. 4 Satz 2 in der Fassung des Artikels 1 des Gesetzes vom 7. Dezember 2006 (BGBl. I S. 2782) sind erstmals für nach dem 31. Dezember 2005 endende Wirtschaftsjahre anzuwenden.

(31) ¹§ 13a in der Fassung des Gesetzes vom 19. Dezember 2000 (BGBl. I S. 1790) ist erstmals für das Wirtschaftsjahr anzuwenden, das nach dem 31. Dezember 2001 endet. ²§ 13a in der Fassung des Gesetzes vom 20. Dezember 2001 (BGBl. I S. 3794) ist erstmals für Wirtschaftsjahre anzuwenden, die nach dem 31. Dezember 2001 beginnen.

(32) § 14a in der Fassung des Gesetzes vom 19. Dezember 2000 (BGBl. I S. 1790) ist erstmals für das Wirtschaftsjahr anzuwenden, das nach dem 31. Dezember 2001 endet.

(32a) § 15 Abs. 3 Nr. 1 in der Fassung des Artikels 1 des Gesetzes vom 13. Dezember 2006 (BGBl. I S. 2878) ist auch für Veranlagungszeiträume vor 2006 anzuwenden.

(32b) § 15 Abs. 4 Satz 3 bis 5 ist erstmals auf Verluste anzuwenden, die nach Ablauf des ersten Wirtschaftsjahres der Gesellschaft, auf deren Anteile sich die in § 15 Abs. 4 Satz 4 bezeichneten Geschäfte beziehen, entstehen, für das das Körperschaftsteuergesetz in der Fassung des Artikels 3 des Gesetzes vom 23. Oktober 2000 (BGBl. I S. 1433) erstmals anzuwenden ist.

(33) ¹§ 15a ist nicht auf Verluste anzuwenden, soweit sie

1. durch Sonderabschreibungen nach § 82f der Einkommensteuer-Durchführungsverordnung,

2. durch Absetzungen für Abnutzung in fallenden Jahresbeträgen nach § 7 Abs. 2 von den Herstellungskosten oder von den Anschaffungskosten von in ungebrauchtem Zustand vom Hersteller erworbenen Seeschiffen, die in einem inländischen Seeschiffsregister eingetragen sind,

entstehen; Nummer 1 gilt nur bei Schiffen, deren Anschaffungs- oder Herstellungskosten zu mindestens 30 Prozent durch Mittel finanziert werden, die weder unmittelbar noch mittelbar in wirtschaftlichem Zusammenhang mit der Aufnahme von Krediten durch den Gewerbebetrieb stehen, zu dessen Betriebsvermögen das Schiff gehört. ²§ 15a ist in diesen Fällen erstmals anzuwenden auf Verluste, die in nach dem 31. Dezember 1999 beginnenden Wirtschaftsjahren entstehen, wenn der Schiffbauvertrag vor dem 25. April 1996 abgeschlossen worden ist und der Gesellschafter der Gesellschaft vor dem 1. Januar 1999 beigetreten ist; soweit Verluste, die in dem Betrieb der Gesellschaft entstehen und nach Satz 1 oder nach § 15a Abs. 1 Satz 1 ausgleichsfähig oder abzugsfähig sind, zusammen das Eineinviertelfache der insgesamt geleisteten Einlage übersteigen, ist § 15a auf Verluste anzuwenden, die in nach dem 31. Dezember 1994 beginnenden Wirtschaftsjahren entstehen. ³Scheidet ein Kommanditist oder ein anderer Mitunternehmer, dessen Haftung der eines Kommanditisten vergleichbar ist und dessen Kapitalkonto in der Steuerbilanz der Gesellschaft auf Grund von ausgleichs- oder abzugsfähigen Verlusten negativ geworden ist, aus der Gesellschaft aus oder wird in einem solchen Fall die Gesellschaft aufgelöst, so gilt der Betrag, den der Mitunternehmer nicht ausgleichen muss, als Veräußerungsgewinn im Sinne des § 16. ⁴In Höhe der nach Satz 3 als Gewinn zuzurechnenden Beträge sind bei den anderen Mitunternehmern unter Berücksichtigung der für die Zurechnung von Verlusten geltenden Grundsätze Verlustanteile anzusetzen. ⁵Bei der Anwendung des § 15a Abs. 3 sind nur Verluste zu berücksichtigen, auf die § 15a Abs. 1 anzuwenden ist.

(33a) ¹§ 15b in der Fassung des Artikels 1 des Gesetzes vom 22. Dezember 2005 (BGBl. I S. 3683) ist nur auf Verluste der dort bezeichneten Steuerstundungsmodelle anzuwenden, denen der Steuerpflichtige nach dem 10. November 2005 beigetreten ist oder für die nach dem 10. November 2005 mit dem Außenvertrieb begonnen wurde. ²Der Außenvertrieb beginnt in dem Zeitpunkt, in dem die Voraussetzungen für die Veräußerung der konkret bestimmbaren Fondsanteile erfüllt sind und die Gesellschaft selbst oder über ein Vertriebsunternehmen mit Außenwirkung an den Markt herangetreten ist. ³Dem Beginn des Außenvertriebs stehen der Beschluss von Kapitalerhöhungen und die Reinvestition von Erlösen in neue Projekte gleich. ⁴Besteht das Steuerstundungsmodell nicht in dem Erwerb eines Anteils an einem geschlossenen Fonds, ist § 15b in der Fassung des Artikels 1 des Gesetzes vom 22. Dezember 2005 (BGBl. I S. 3683) anzuwenden, wenn die Investition nach dem 10. November 2005 rechtsverbindlich getätigt wurde.

(34) ¹§ 16 Abs. 1 in der Fassung des Artikels 1 des Gesetzes vom 20. Dezember 2001 (BGBl. I S. 3858) ist erstmals auf Veräußerungen anzuwenden, die nach dem 31. Dezember 2001 erfolgen. ²§ 16 Abs. 2 Satz 3 und Abs. 3 Satz 2 in der Fassung der Bekanntmachung vom 16. April 1997 (BGBl. I S. 821) ist erstmals auf Veräußerungen anzuwenden, die nach dem 31. Dezember 1993 erfolgen. ³§ 16 Abs. 3 Satz 1 und 2 in der Fassung des Gesetzes vom 24. März 1999 (BGBl. I S. 402) ist erstmals auf Veräußerungen und Realteilungen anzuwenden, die nach dem 31. Dezember 1998 erfolgen. ⁴§ 16 Abs. 3 Satz 2 bis 4 in der Fassung des Gesetzes vom 20. Dezember 2001 (BGBl. I S. 3858) ist erstmals auf Realteilungen nach dem 31. Dezember 2000 anzuwenden. ⁵§ 16 Abs. 4 in der Fassung der Bekanntmachung vom 16. April 1997 (BGBl. I S. 821) ist erstmals auf Veräußerungen anzuwenden, die nach dem 31. Dezember 1995 erfolgen; hat der Steuerpflichtige bereits für Veräußerungen vor dem 1. Januar 1996 Veräußerungsfreibeträge in Anspruch genommen, bleiben diese unberücksichtigt. ⁶§ 16 Abs. 4

in der Fassung des Gesetzes vom 23. Oktober 2000 (BGBl. I S. 1433) ist erstmals auf Veräußerungen und Realteilungen anzuwenden, die nach dem 31. Dezember 2000 erfolgen. [7]§ 16 Abs. 5 in der Fassung des Gesetzes vom 7. Dezember 2006 (BGBl. I S. 2782) ist erstmals anzuwenden, wenn die ursprüngliche Übertragung der veräußerten Anteile nach dem 12. Dezember 2006 erfolgt ist.

(34a) [1]§ 17 in der Fassung des Artikels 1 des Gesetzes vom 23. Oktober 2000 (BGBl. I S. 1433) ist, soweit Anteile an unbeschränkt körperschaftsteuerpflichtigen Gesellschaften veräußert werden, erstmals auf Veräußerungen anzuwenden, die nach Ablauf des ersten Wirtschaftsjahres der Gesellschaft, deren Anteile veräußert werden, vorgenommen werden, für das das Körperschaftsteuergesetz in der Fassung des Artikels 3 des Gesetzes vom 23. Oktober 2000 (BGBl. I S. 1433) erstmals anzuwenden ist; für Veräußerungen, die vor diesem Zeitpunkt vorgenommen werden, ist § 17 in der Fassung des Gesetzes vom 22. Dezember 1999 (BGBl. I S. 2601) anzuwenden. [2]§ 17 Abs. 2 Satz 4 in der Fassung des Gesetzes vom 24. März 1999 (BGBl. I S. 402) ist auch für Veranlagungszeiträume vor 1999 anzuwenden.

(34b) Für die Anwendung des § 18 Abs. 4 Satz 2 in der Fassung des Artikels 1 des Gesetzes vom 22. Dezember 2005 (BGBl. I S. 3683) gilt Abs. 33a entsprechend.

(34c) Wird eine Versorgungsverpflichtung nach § 3 Nr. 66 auf einen Pensionsfonds übertragen und hat der Steuerpflichtige bereits vor dieser Übertragung Leistungen auf Grund dieser Versorgungsverpflichtung erhalten, so sind insoweit auf die Leistungen aus dem Pensionsfonds im Sinne des § 22 Nr. 5 Satz 1 die Beträge nach § 9a Satz 1 Nr. 1 und § 19 Abs. 2 entsprechend anzuwenden; § 9a Satz 1 Nr. 3 ist nicht anzuwenden.

(35) § 19 Abs. 1 Satz 1 Nr. 3 Satz 2 bis 4 in der Fassung des Artikel 1 des Gesetzes vom 13. Dezember 2006 (BGBl. I S. 2878) ist erstmals anzuwenden auf Sonderzahlungen, die nach dem 23. August 2006 geleistet werden.

(36) [1]§ 20 Abs. 1 Nr. 1 bis 3 in der Fassung des Gesetzes vom 24. März 1999 (BGBl. I S. 402) ist letztmals anzuwenden für Ausschüttungen, für die der Vierte Teil des Körperschaftsteuergesetzes nach § 34 Abs. 10a des Körperschaftsteuergesetzes in der Fassung des Artikels 3 des Gesetzes vom 23. Oktober 2000 (BGBl. I S. 1433) letztmals anzuwenden ist. [2]§ 20 Abs. 1 Nr. 1 in der Fassung des Gesetzes vom 23. Oktober 2000 (BGBl. I S. 1433) und § 20 Abs. 1 Nr. 2 in der Fassung des Artikels 1 des Gesetzes vom 20. Dezember 2001 (BGBl. I S. 3858) ist erstmals für Erträge anzuwenden, für die Satz 1 nicht gilt. [3]§ 20 Abs. 1 Nr. 6 in der Fassung des Gesetzes vom 7. September 1990 (BGBl. I S. 1898) ist erstmals auf nach dem 31. Dezember 1974 zugeflossene Zinsen aus Versicherungsverträgen anzuwenden, die nach dem 31. Dezember 1973 abgeschlossen worden sind. [4]§ 20 Abs. 1 Nr. 6 in der Fassung des Gesetzes vom 20. Dezember 1996 (BGBl. I S. 2049) ist erstmals auf Zinsen aus Versicherungsverträgen anzuwenden, bei denen die Ansprüche nach dem 31. Dezember 1996 entgeltlich erworben worden sind. [5]Für Kapitalerträge aus Versicherungsverträgen, die vor dem 1. Januar 2005 abgeschlossen werden, ist § 20 Abs. 1 Nr. 6 in der am 31. Dezember 2004 geltenden Fassung mit der Maßgabe weiterhin anzuwenden, dass in Satz 3 die Angabe „§ 10 Abs. 1 Nr. 2 Buchstabe b Satz 5" durch die Angabe „§ 10 Abs. 1 Nr. 2 Buchstabe b Satz 6" ersetzt wird. [6]§ 20 Abs. 1 Nr. 1 Satz 4, § 43 Abs. 3, § 44 Abs. 1, 2 und 5 und § 45a Abs. 1 und 3 in der Fassung des Artikels 1 des Gesetzes vom 13. Dezember 2006 (BGBl. I S. 2878) sind erstmals auf Verkäufe anzuwenden, die nach dem 31. Dezember 2006 getätigt werden. [7]§ 20 Abs. 1 Nr. 6 Satz 1 in der Fassung des Artikels 1 des Gesetzes vom 13. Dezember 2006 (BGBl. I S. 2878) ist auf Erträge aus Versicherungsverträgen, die nach dem 31. Dezember 2004 abgeschlossen werden, anzuwenden. [8]§ 20 Abs. 1 Nr. 6 Satz 3 in der Fassung des Artikels 1 des Gesetzes vom 13. Dezember 2006 (BGBl. I S. 2878) ist erstmals anzuwenden auf Versicherungsleistungen im Erlebensfall bei Versicherungsverträgen, die nach dem 31. Dezember 2006 abgeschlossen werden, und auf Versicherungsleistungen bei Rückkauf eines Vertrages nach dem 31. Dezember 2006.

(36a) Für die Anwendung des § 20 Abs. 1 Nr. 4 Satz 2 in der Fassung des Artikels 1 des Gesetzes vom 22. Dezember 2005 (BGBl. I S. 3683) gilt Absatz 33a entsprechend.

(37) § 20 Abs. 1 Nr. 9 ist erstmals auf Einnahmen anzuwenden, die nach Ablauf des ersten Wirtschaftsjahres der Körperschaft, Personenvereinigung oder Vermögensmasse im Sinne von § 1 Abs. 1 Nr. 3 bis 5 des Körperschaftsteuergesetzes erzielt werden, für das das Körperschaftsteuergesetz in der Fassung des Artikels 3 des Gesetzes vom 23. Oktober 2000 (BGBl. I S. 1433) erstmals anzuwenden ist.

(37a) [1]§ 20 Abs. 1 Nr. 10 Buchstabe a ist erstmals auf Leistungen anzuwenden, die nach Ablauf des ersten Wirtschaftsjahres des Betriebs gewerblicher Art mit eigener Rechtspersönlichkeit erzielt werden, für das das Körperschaftsteuergesetz in der Fassung des Artikels 3 des Gesetzes vom 23. Oktober 2000 (BGBl. I S. 1433) erstmals anzuwenden ist. [2]§ 20 Abs. 1 Nr. 10 Buchstabe b ist erstmals auf Gewinne anzuwenden, die nach Ablauf des ersten Wirtschaftsjahres des Betriebs gewerblicher Art ohne eigene Rechtspersönlichkeit oder des wirtschaftlichen Geschäftsbetriebs erzielt werden, für das das Körperschaftsteuergesetz in der Fassung des Artikels 3 des Gesetzes vom 23. Oktober 2000 (BGBl. I S. 1433) erstmals anzuwenden ist. [3]§ 20 Abs. 1 Nr. 10 Buchstabe b Satz 3 ist erstmals für den Veranlagungszeitraum 2001 anzuwenden. [4]§ 20 Abs. 1 Nr. 10 Buchstabe b Satz 1 in der Fassung des Artikels 1 des Gesetzes vom 31. Juli 2003 (BGBl. I S. 1550) ist erstmals ab dem Veranlagungszeitraum 2004 anzuwenden. [5]§ 20 Abs. 1 Nr. 10 Buchstabe b Satz 1 in der am 12. Dezember 2006 geltenden Fassung ist für Anteile, die einbringungsgeboren im Sinne des § 21 des Umwandlungssteuergesetzes in der am 12. Dezember 2006 geltenden Fassung sind, weiter anzuwenden. [6]§ 20 Abs. 1 Nr. 10 Buchstabe b Satz 2 zweiter Halbsatz in der Fassung des Artikels 1 des Gesetzes vom 7. Dezember 2006 (BGBl. I S. 2782) ist erstmals auf Einbringungen oder Formwechsel anzuwenden, für die das Umwandlungssteuergesetz in der Fassung des Artikels 6 des Gesetzes vom 7. Dezember 2006 (BGBl. I S. 2782) anzuwenden ist. [7]§ 20 Abs. 1 Nr. 10 Buchstabe b Satz 2 zweiter Halbsatz ist auf Einbringungen oder Formwechsel, für das Umwandlungssteuergesetz in der Fassung des Artikels 6 des Gesetzes vom 7. Dezember 2006 (BGBl. I S. 2782) noch nicht anzuwenden ist, in der folgenden Fassung anzuwenden:

„in Fällen der Einbringung nach dem Achten und des Formwechsels nach dem Zehnten Teil des Umwandlungssteuergesetzes gelten die Rücklagen als aufgelöst."

(37b) § 20 Abs. 2 Satz 1 Nr. 4 Sätze 2 und 4 in der Fassung des Gesetzes vom 20. Dezember 2001 (BGBl. I S. 3794) ist für alle Veranlagungszeiträume anzuwenden, soweit Steuerbescheide noch nicht bestandskräftig sind.

(37c) § 20 Abs. 2a Satz 1 in der Fassung des Gesetzes vom 24. März 1999 (BGBl. I S. 402) ist letztmals anzuwenden für Ausschüttungen, für die der Vierte Teil des Körperschaftsteuergesetzes nach § 34 Abs. 10a des Körperschaftsteuergesetzes in der Fassung des Artikels 3 des Gesetzes vom 23. Oktober 2000 (BGBl. I S. 1433) letztmals anzuwenden ist.

(37d) [1]§ 20 Abs. 1 Nr. 4 Satz 2 und Abs. 2b in der Fassung des Artikels 1 des Gesetzes vom 13. Dezember 2006 (BGBl. I S. 2878) ist erstmals für den Veranlagungszeitraum 2006 anzuwenden. [2]Absatz 33a gilt entsprechend.

(37e) Für die Anwendung des § 21 Abs. 1 Satz 2 in der Fassung des Artikels 1 des Gesetzes vom 22. Dezember 2005 (BGBl. I S. 3683) gilt Absatz 33a entsprechend.

(38) [1]§ 22 Nr. 1 Satz 2 ist erstmals auf Bezüge anzuwenden, die nach Ablauf des Wirtschaftsjahres der Körperschaft, Personenvereinigung oder Vermögensmasse erzielt werden, die die Bezüge gewährt, für das das Körperschaftsteuergesetz in der Fassung der Bekanntmachung vom 22. April 1999 (BGBl. I S. 817), zuletzt geändert durch Artikel 4 des Gesetzes vom 14. Juli 2000 (BGBl. I S. 1034), letztmalig anzuwenden ist. [2]Für die Anwendung des § 22 Nr. 1 Satz 1 zweiter Halbsatz in der Fassung des Artikels 1 des Gesetzes vom 22. Dezember 2005 (BGBl. I S. 3683) gilt Absatz 33a entsprechend. [3]§ 22 Nr. 3 Satz 4 zweiter Halbsatz in der Fassung des Artikels 1 des Gesetzes vom 13. Dezember 2006 (BGBl. I S. 2878) ist auch in den Fällen anzuwenden, in denen am 1. Januar 2007 die Feststellungsfrist noch nicht abgelaufen ist.

(38a) Abweichend von § 22a Abs. 1 kann das Bundeszentralamt für Steuern den Zeitpunkt der erstmaligen Übermittlung von Rentenbezugsmitteilungen durch ein im Bundessteuerblatt zu veröffentlichendes Schreiben mitteilen.

(39) ¹§ 23 Abs. 1 Satz 1 Nr. 1 in der Fassung des Gesetzes vom 22. Dezember 1999 (BGBl. I S. 2601) und § 23 Abs. 1 Satz 1 Nr. 2 und 3 in der Fassung des Artikels 1 des Gesetzes vom 24. März 1999 (BGBl. I S. 402) ist auf Veräußerungsgeschäfte anzuwenden, bei denen die Veräußerung auf einem nach dem 31. Dezember 1998 rechtswirksam abgeschlossenen obligatorischen Vertrag oder gleichstehenden Rechtsakt beruht. ²§ 23 Abs. 1 Satz 1 Nr. 2 Satz 2 und 3 in der Fassung des Artikels 1 des Gesetzes vom 9. Dezember 2004 (BGBl. I S. 3310) ist erstmals für den Veranlagungszeitraum 2005 anzuwenden. ³§ 23 Abs. 1 Satz 1 Nr. 4 ist auf Termingeschäfte anzuwenden, bei denen der Erwerb des Rechts auf einen Differenzausgleich, Geldbetrag oder Vorteil nach dem 31. Dezember 1998 erfolgt. ⁴§ 23 Abs. 1 Satz 5 ist erstmals für Einlagen und verdeckte Einlagen anzuwenden, die nach dem 31. Dezember 1999 vorgenommen werden. ⁵§ 23 Abs. 3 Satz 4 ist auf Veräußerungsgeschäfte anzuwenden, bei denen der Steuerpflichtige das Wirtschaftsgut nach dem 31. Juli 1995 anschafft und veräußert oder nach dem 31. Dezember 1998 fertig stellt und veräußert. ⁶§ 23 Abs. 1 Satz 2 und 3 sowie § 23 Abs. 3 Satz 3 in der am 12. Dezember 2006 geltenden Fassung sind für Anteile, die einbringungsgeboren im Sinne des § 21 des Umwandlungssteuergesetzes in der am 12. Dezember 2006 geltenden Fassung sind, weiter anzuwenden. ⁷§ 23 Abs. 3 Satz 9 zweiter Halbsatz in der Fassung des Artikels 1 des Gesetzes vom 13. Dezember 2006 (BGBl. I S. 2878) ist auch in den Fällen anzuwenden, in denen am 1. Januar 2007 die Feststellungsfrist noch nicht abgelaufen ist.

(39a) § 24c ist erstmals anzuwenden

a) auf Kapitalerträge im Sinne des § 20, die nach dem 31. Dezember 2003 zufließen,

b) auf Veräußerungsgeschäfte im Sinne des § 23, bei denen die Veräußerung auf einem nach dem 31. Dezember 2003 rechtswirksam abgeschlossenen obligatorischen Vertrag oder gleichstehenden Rechtsakt beruht, und auf Termingeschäfte, bei denen der Erwerb des Rechts auf einen Differenzausgleich, Geldbetrag oder Vorteil nach dem 31. Dezember 2003 erfolgt.

(40) ¹§ 32 Abs. 1 Nr. 2 in der Fassung des Artikels 1 des Gesetzes vom 15. Dezember 2003 (BGBl. I S. 2645) ist in allen Fällen anzuwenden, in denen die Einkommensteuer noch nicht bestandskräftig festgesetzt ist. ²§ 32 Abs. 4 Satz 1 Nr. 2 Buchstabe d ist für den Veranlagungszeitraum 2000 in der folgenden Fassung anzuwenden:

„d) ein freiwilliges soziales Jahr im Sinne des Gesetzes zur Förderung eines freiwilligen sozialen Jahres, ein freiwilliges ökologisches Jahr im Sinne des Gesetzes zur Förderung eines freiwilligen ökologischen Jahres oder einen Freiwilligendienst im Sinne des Beschlusses Nr. 1686/98/EG des Europäischen Parlaments und des Rates vom 20. Juli 1998 zur Einführung des gemeinschaftlichen Aktionsprogramms ‚Europäischer Freiwilligendienst für junge Menschen' (ABl. EG Nr. L 214 S. 1) oder des Beschlusses Nr. 1031/2000/EG des Europäischen Parlaments und des Rates vom 13. April 2000 zur Einführung des gemeinschaftlichen Aktionsprogramms ‚Jugend' (ABl. EG Nr. L 117 S. 1) leistet oder".

³§ 32 Abs. 4 Satz 1 Nr. 2 Buchstabe d in der Fassung des Gesetzes vom 16. August 2001 (BGBl. I S. 2074) ist erstmals für den Veranlagungszeitraum 2001 anzuwenden. ⁴§ 32 Abs. 4 Satz 1 Nr. 2 in der Fassung des Artikels 1 des Gesetzes vom 19. Juli 2006 (BGBl. I S. 1652) ist für Kinder, die im Veranlagungszeitraum 2006 das 24. Lebensjahr vollendeten, mit der Maßgabe anzuwenden, dass an die Stelle der Angabe „noch nicht das 25. Lebensjahr vollendet hat" die Angabe „noch nicht das 26. Lebensjahr vollendet hat" tritt; für Kinder, die im Veranlagungszeitraum 2006 das 25. oder 26. Lebensjahr vollendeten, ist § 32 Abs. 4 Satz 1 Nr. 2 weiterhin in der bis zum 31. Dezember 2006 geltenden Fassung anzuwenden. ⁵§ 32 Abs. 4 Satz 1 Nr. 3 in der Fassung des Artikels 1 des Gesetzes vom 19. Juli 2006 (BGBl. I S. 1652) ist erstmals für Kinder anzuwenden, die im Veranlagungszeitraum 2007 wegen einer vor Vollendung des 25. Lebensjahres eingetretenen körperlichen, geistigen oder seelischen Behinderung außerstande sind, sich selbst zu unterhalten; für Kinder, die wegen einer vor dem 1. Januar 2007 in der Zeit ab der Vollendung des 25. Lebensjahres und vor Vollendung des 27. Lebensjahres eingetretenen körperlichen, geistigen oder seelischen Behinderung außerstande sind, sich selbst zu unterhalten, ist § 32 Abs. 4 Satz 1 Nr. 3 weiterhin in der bis zum 31. Dezember 2006 geltenden Fassung anzuwenden. ⁶§ 32 Abs. 5 Satz 1 in der Fassung des Artikels 1 des Gesetzes vom 19. Juli 2006 (BGBl. I S. 1652) ist für Kinder, die im Veranlagungszeitraum 2006 das 24. Lebensjahr vollendeten, mit der Maßgabe anzuwenden, dass an die Stelle der Angabe „über das 21. oder 25. Lebensjahr hinaus" die Angabe „über das 21. oder 26. Lebensjahr hinaus" tritt; für Kinder, die im Veranlagungszeitraum 2006 das 25., 26. oder 27. Lebensjahr vollendeten, ist § 32 Abs. 5 Satz 1 weiterhin in der bis zum 31. Dezember 2006 geltenden Fassung anzuwenden. ⁷Für die nach § 10 Abs. 1 Nr. 2 Buchstabe b und §§ 10a, 82 begünstigten Verträge, die vor dem 1. Januar 2007 abgeschlossen wurden, gelten für das Vorliegen einer begünstigten Hinterbliebenenversorgung die Altersgrenzen des § 32 in der bis zum 31. Dezember 2006 geltenden Fassung. ⁸Dies gilt entsprechend für die Anwendung des § 93 Abs. 1 Satz 3 Buchstabe b.

(41) – weggefallen –

(42) – weggefallen –

(43) – weggefallen –

(43a) ¹§ 32b Abs. 2 Satz 2 und 3 in der Fassung des Artikels 1 des Gesetzes vom 13. Dezember 2006 (BGBl. I S. 2878) ist letztmals für den Veranlagungszeitraum 2007 anzuwenden. ²§ 32b Abs. 3 und 4 in der Fassung des Artikels 1 des Gesetzes vom 15. Dezember 2003 (BGBl. I S. 2645) ist erstmals für Leistungen des Kalenderjahres 2005 anzuwenden.

(44) § 32c in der Fassung des Artikels 1 des Gesetzes vom 13. Dezember 2006 (BGBl. I S. 2878) ist letztmals für den Veranlagungszeitraum 2007 anzuwenden.

(45) – weggefallen –

(46) – weggefallen –

(46a) § 33b Abs. 6 in der Fassung des Artikels 1 des Gesetzes vom 9. Dezember 2004 (BGBl. I S. 3310) ist in allen Fällen anzuwenden, in denen die Einkommensteuer noch nicht bestandskräftig festgesetzt ist.

(47) ¹§ 34 Abs. 1 Satz 1 in der Fassung des Gesetzes vom 23. Oktober 2000 (BGBl. I S. 1433) ist erstmals für den Veranlagungszeitraum 1999 anzuwenden. ²Auf § 34 Abs. 2 Nr. 1 in der Fassung des Gesetzes vom 23. Oktober 2000 (BGBl. I S. 1433) ist Absatz 4a in der Fassung des Gesetzes vom 23. Oktober 2000 (BGBl. I S. 1433) entsprechend anzuwenden. ³Satz 2 gilt nicht für die Anwendung des § 34 Abs. 3 in der Fassung des Gesetzes vom 19. Dezember 2000 (BGBl. I S. 1812). ⁴In den Fällen, in denen nach dem 31. Dezember eines Jahres mit zulässiger steuerlicher Rückwirkung eine Vermögensübertragung nach dem Umwandlungssteuergesetz erfolgt oder ein Veräußerungsgewinn im Sinne des § 34 Abs. 2 Nr. 1 in der Fassung des Gesetzes vom 23. Oktober 2000 (BGBl. I S. 1433) erzielt wird, gelten die außerordentlichen Einkünfte als nach dem 31. Dezember dieses Jahres erzielt. ⁵§ 34 Abs. 3 Satz 1 in der Fassung des Gesetzes vom 19. Dezember 2000 (BGBl. I S. 1812) ist ab dem Veranlagungszeitraum 2002 mit der Maßgabe anzuwenden, dass an die Stelle der Angabe „10 Millionen Deutsche Mark" die Angabe „5 Millionen Euro" tritt. ⁶§ 34 Abs. 3 Satz 2 in der Fassung des Artikels 9 des Gesetzes vom 29. Dezember 2003 (BGBl. I S. 3076) ist für den Veranlagungszeitraum 2004 und ab dem Veranlagungszeitraum 2005 mit der Maßgabe anzuwenden, dass an die Stelle der Angabe „16 Prozent" die Angabe „15 Prozent" tritt. ⁷Für die Anwendung des § 34 Abs. 3 Satz 4 in der Fassung des Gesetzes vom 19. Dezember 2000 (BGBl. I S. 1812) ist die Inanspruchnahme einer Steuerermäßigung nach § 34 in Veranlagungszeiträumen vor dem 1. Januar 2001 unbeachtlich.

(48) – weggefallen –

(49) ¹§ 34c Abs. 1 Satz 2 in der Fassung des Artikels 1 des Gesetzes vom 13. Dezember 2006 (BGBl. I S. 2878) ist letztmals für den Veranlagungszeitraum 2007 anzuwenden. ²§ 34c Abs. 6 Satz 5 in Verbindung mit Satz 1 in der Fassung des Artikels 1 des Gesetzes vom 13. Dezember 2006 (BGBl. I S. 2878) ist für alle Veranlagungszeiträume anzuwenden, soweit Steuerbescheide noch nicht bestandskräftig sind. ³§ 34c Abs. 6 Satz 2 zweiter Halbsatz ist erstmals für den Veranlagungszeitraum 1996 anzuwenden, wenn das

den Einkünften zugrunde liegende Rechtsgeschäft vor dem 11. November 1993 abgeschlossen worden ist.

(50) ¹§ 34f Abs. 3 und 4 Satz 2 in der Fassung des Gesetzes vom 25. Februar 1992 (BGBl. I S. 297) ist erstmals anzuwenden bei Inanspruchnahme der Steuerbegünstigung nach § 10e Abs. 1 bis 5 in der Fassung des Gesetzes vom 25. Februar 1992 (BGBl. I S. 297). ²§ 34f Abs. 4 Satz 1 ist erstmals anzuwenden bei Inanspruchnahme der Steuerbegünstigung nach § 10e Abs. 1 bis 5 oder nach § 15b des Berlinförderungsgesetzes für nach dem 31. Dezember 1991 hergestellte oder angeschaffte Objekte.

(50a) § 35 in der Fassung des Artikels 1 des Gesetzes vom 23. Dezember 2003 (BGBl. I S. 2922) ist erstmals für den Veranlagungszeitraum 2004 anzuwenden.

(50b) ¹§ 35a in der Fassung des Gesetzes vom 23. Dezember 2002 (BGBl. I S. 4621) ist erstmals für im Veranlagungszeitraum 2003 geleistete Aufwendungen anzuwenden, soweit die den Aufwendungen zu Grunde liegenden Leistungen nach dem 31. Dezember 2002 erbracht worden sind. ²§ 35a in der Fassung des Artikels 1 des Gesetzes vom 13. Dezember 2006 (BGBl. I S. 2878) ist erstmals für im Veranlagungszeitraum 2006 geleistete Aufwendungen anzuwenden, soweit die den Aufwendungen zu Grunde liegenden Leistungen nach dem 31. Dezember 2005 erbracht worden sind.

(50c) ¹§ 36 Abs. 2 Satz 2 Nr. 2 und 3 und Abs. 3 Satz 1 in der Fassung des Gesetzes vom 24. März 1999 (BGBl. I S. 402) ist letztmals anzuwenden für Ausschüttungen, für die der Vierte Teil des Körperschaftsteuergesetzes nach § 34 Abs. 10a des Körperschaftsteuergesetzes in der Fassung des Artikels 3 des Gesetzes vom 23. Oktober 2000 (BGBl. I S. 1433) letztmals anzuwenden ist. ²§ 36 Abs. 2 Satz 2 Nr. 2 und Abs. 3 Satz 1 in der Fassung des Gesetzes vom 23. Oktober 2000 (BGBl. I S. 1433) ist erstmals für Erträge anzuwenden, für die Satz 1 nicht gilt.

(50d) Die §§ 36a bis 36e in der Fassung des Gesetzes vom 24. März 1999 (BGBl. I S. 402) sind letztmals anzuwenden für Ausschüttungen, für die der Vierte Teil des Körperschaftsteuergesetzes nach § 34 Abs. 10a des Körperschaftsteuergesetzes in der Fassung des Artikels 3 des Gesetzes vom 23. Oktober 2000 (BGBl. I S. 1433) letztmals anzuwenden ist.

(51) ¹§ 38b Satz 2 Nr. 2 in der Fassung des Artikels 9 des Gesetzes vom 29. Dezember 2003 (BGBl. I S. 3076) gilt erstmals für die Ausstellung der Lohnsteuerkarten 2004. ²Für die Ausstellung der Lohnsteuerkarten 2005 von Amts wegen ist § 38b Satz 2 Nr. 2 in der Fassung des Artikels 9 des Gesetzes vom 29. Dezember 2003 (BGBl. I S. 3076) mit der Maßgabe anzuwenden, dass die Lohnsteuerklasse II nur in den Fällen bescheinigt wird, in denen der Arbeitnehmer gegenüber der Gemeinde schriftlich vor dem 20. September 2004 versichert, dass die Voraussetzungen für die Berücksichtigung des Entlastungsbetrags für Alleinerziehende (§ 24b) vorliegen und ihm seine Verpflichtung bekannt ist, die Eintragung der Steuerklasse umgehend ändern zu lassen (§ 39 Abs. 4 Satz 1), wenn diese Voraussetzungen wegfallen. ³Hat ein Arbeitnehmer, auf dessen Lohnsteuerkarte 2004 die Steuerklasse II bescheinigt worden ist, eine Versicherung nach Satz 2 gegenüber der Gemeinde nicht abgegeben, so hat die Gemeinde dies dem Finanzamt mitzuteilen.

(52) – weggefallen –

(52a) ¹§ 40b Abs. 1 und 2 in der am 31. Dezember 2004 geltenden Fassung ist weiter anzuwenden auf Beiträge für eine Direktversicherung des Arbeitnehmers und Zuwendungen an eine Pensionskasse, die auf Grund einer Versorgungszusage geleistet werden, die vor dem 1. Januar 2005 erteilt wurde. ²Sofern die Beiträge für eine Direktversicherung die Voraussetzungen des § 3 Nr. 63 erfüllen, gilt dies nur, wenn der Arbeitnehmer nach Absatz 6 gegenüber dem Arbeitgeber für diese Beiträge auf die Anwendung des § 3 Nr. 63 verzichtet hat. ³§ 40b Abs. 4 in der Fassung des Artikels 1 des Gesetzes vom 13. Dezember 2006 (BGBl. I S. 2878) ist anzuwenden auf Sonderzahlungen, die nach dem 23. August 2006 gezahlt werden.

(52b) § 41a Abs. 1 Satz 2 und 3 in der Fassung des Artikels 1 des Gesetzes vom 15. Dezember 2003 (BGBl. I S. 2645) ist erstmals auf Anmeldungszeiträume anzuwenden, die nach dem 31. Dezember 2004 enden.

(52c) – weggefallen –

(53) ¹Die §§ 43 bis 45c in der Fassung des Gesetzes vom 22. Dezember 1999 (BGBl. I S. 2601) sind letztmals anzuwenden für Ausschüttungen, für die der Vierte Teil des Körperschaftsteuergesetzes nach § 34 Abs. 10a des Körperschaftsteuergesetzes in der Fassung des Artikels 3 des Gesetzes vom 23. Oktober 2000 (BGBl. I S. 1433) letztmals anzuwenden ist. ²Die §§ 43 bis 45c in der Fassung des Artikels 1 des Gesetzes vom 23. Oktober 2000 (BGBl. I S. 1433), dieses wiederum geändert durch Artikel 2 des Gesetzes vom 19. Dezember 2000 (BGBl. I S. 1812), sind auf Kapitalerträge anzuwenden, für die Satz 1 nicht gilt. ³§ 44 Abs. 6 Satz 3 in der Fassung des Gesetzes vom 20. Dezember 2001 (BGBl. I S. 3858) ist erstmals für den Veranlagungszeitraum 2001 anzuwenden. ⁴§ 45d Abs. 1 Satz 1 in der Fassung des Gesetzes vom 20. Dezember 2001 (BGBl. I S. 3794) ist für Mitteilungen auf Grund der Steuerabzugspflicht nach § 18a des Auslandinvestment-Gesetzes auf Kapitalerträge anzuwenden, die den Gläubigern nach dem 31. Dezember 2001 zufließen. ⁵§ 44 Abs. 6 in der Fassung des Artikels 1 des Gesetzes vom 13. Dezember 2006 (BGBl. I S. 2878) ist erstmals für Kapitalerträge anzuwenden, für die Satz 1 nicht gilt.

(53a) ¹§ 43 Abs. 1 Satz 1 Nr. 1 Satz 2 und Abs. 3 Satz 2 sind erstmals auf Entgelte anzuwenden, die nach dem 31. Dezember 2004 zufließen, es sei denn, die Veräußerung ist vor dem 29. Juli 2004 erfolgt. ²§ 43 Abs. 1 Satz 1 Nr. 7 Buchstabe b Satz 2 in der Fassung des Artikels 1 des Gesetzes vom 13. Dezember 2006 (BGBl. I S. 2878) ist erstmals auf Verträge anzuwenden, die nach dem 31. Dezember 2006 abgeschlossen werden.

(54) Bei der Veräußerung oder Einlösung von Wertpapieren und Kapitalforderungen, die von der das Bundesschuldbuch führenden Stelle oder einer Landesschuldenverwaltung verwahrt oder verwaltet werden können, bemisst sich der Steuerabzug nach den bis zum 31. Dezember 1993 geltenden Vorschriften, wenn sie vor dem 1. Januar 1994 emittiert worden sind; dies gilt nicht für besonders in Rechnung gestellte Stückzinsen.

(55) § 43a Abs. 2 Satz 7 ist erstmals auf Erträge aus Wertpapieren und Kapitalforderungen anzuwenden, die nach dem 31. Dezember 2001 erworben worden sind.

(55a) Die Nummern 1 bis 3 der Anlage 2 (zu § 43b) sind auf Ausschüttungen im Sinne des § 43b, die nach dem 30. April 2004 zufließen, anzuwenden, soweit es sich um „Gesellschaftsformen" (Nummer 1) und „Steuern" (Nummer 3) der Staaten Estland, Lettland, Litauen, Malta, Polen, Slowakei, Slowenien, Tschechien, Ungarn sowie Zypern handelt.

(55b) § 43b Abs. 2 Satz 1 ist auf Ausschüttungen, die nach dem 31. Dezember 2006 und vor dem 1. Januar 2009 zufließen, mit der Maßgabe anzuwenden, dass an die Stelle der Angabe „20 Prozent" die Angabe „15 Prozent" tritt.

(55c) § 43b Abs. 2 Satz 1 ist auf Ausschüttungen, die nach dem 31. Dezember 2008 zufließen, mit der Maßgabe anzuwenden, dass an die Stelle der Angabe „15 Prozent" die Angabe „10 Prozent" tritt.

(55d) § 43b Abs. 3 ist letztmals auf Ausschüttungen anzuwenden, die vor dem 1. Januar 2009 zugeflossen sind.

(55e) ¹§ 44 Abs. 1 Satz 5 in der Fassung des Gesetzes vom 21. Juli 2004 (BGBl. I S. 1753) ist erstmals auf Ausschüttungen anzuwenden, die nach dem 31. Dezember 2004 erfolgen. ²§ 44 Abs. 6 Satz 2 und 5 in der am 12. Dezember 2006 geltenden Fassung sind für Anteile, die einbringungsgeboren im Sinne des § 21 des Umwandlungssteuergesetzes in der am 12. Dezember 2006 geltenden Fassung sind, weiter anzuwenden.

(55f) Für die Anwendung des § 44a Abs. 1 Nr. 1 und Abs. 2 Satz 1 Nr. 1 auf Kapitalerträge, die nach dem 31. Dezember 2006 zufließen, gilt Folgendes:

¹Ist ein Freistellungsauftrag vor dem 1. Januar 2007 unter Beachtung des § 20 Abs. 4 in der bis dahin geltenden Fassung erteilt worden, darf der nach § 44 Abs. 1 zum Steuerabzug Verpflichtete den angegebenen Freistellungsbetrag nur zu 56,37 Prozent berücksichtigen. ²Sind in dem Freistellungsauftrag der gesamte Sparer-Freibetrag nach § 20 Abs. 4 in der Fassung des Artikels 1 des Gesetzes vom 19. Juli 2006 (BGBl. I S. 1652) und der gesamte Werbungskosten-Pauschbetrag nach § 9a Satz 1 Nr. 2 in der Fassung des Artikels 1 des Gesetzes vom 19. Juli 2006 (BGBl. I S. 1652) angegeben, ist der Werbungskosten-Pauschbetrag in voller Höhe zu berücksichtigen.

EStG – Gesetzestext § 52

(55g) ¹§ 44a Abs. 7 und 8 in der Fassung des Artikels 1 des Gesetzes vom 15. Dezember 2003 (BGBl. I S. 2645) ist erstmals für Ausschüttungen anzuwenden, die nach dem 31. Dezember 2003 erfolgen. ²Für Ausschüttungen, die vor dem 1. Januar 2004 erfolgen, sind § 44a Abs. 7 und § 44c in der Fassung der Bekanntmachung vom 19. Oktober 2002 (BGBl. I S. 4210, 2003 I S. 179) weiterhin anzuwenden. ³§ 44a Abs. 7 und 8 in der Fassung des Artikels 1 des Gesetzes vom 9. Dezember 2004 (BGBl. I S. 3310) und § 45b Abs. 2a sind erstmals auf Ausschüttungen anzuwenden, die nach dem 31. Dezember 2004 erfolgen.

(55h) § 44b Abs. 1 Satz 2 in der Fassung des Artikels 1 des Gesetzes vom 13. Dezember 2006 (BGBl. I S. 2878) ist erstmals auf Kapitalerträge anzuwenden, die nach dem 31. Dezember 2006 zufließen.

(55i) § 45a Abs. 4 Satz 2 in der Fassung des Artikels 1 des Gesetzes vom 13. Dezember 2006 (BGBl. I S. 2878) ist erstmals ab dem 1. Januar 2007 anzuwenden.

(55j) § 46 Abs. 2 Nr. 1 in der Fassung des Artikels 1 des Gesetzes vom 13. Dezember 2006 (BGBl. I S. 2878) ist auch auf Veranlagungszeiträume vor 2006 anzuwenden.

(56) § 48 in der Fassung des Gesetzes vom 30. August 2001 (BGBl. I S. 2267) ist erstmals auf Gegenleistungen anzuwenden, die nach dem 31. Dezember 2001 erbracht werden.

(57) § 49 Abs. 1 Nr. 2 Buchstabe e und f sowie Nr. 8 in der Fassung des Gesetzes vom 7. Dezember 2006 (BGBl. I S. 2782) ist erstmals für den Veranlagungszeitraum 2006 anzuwenden.

(57a) ¹§ 49 Abs. 1 Nr. 5 Buchstabe a in der Fassung des Gesetzes vom 22. Dezember 1999 (BGBl. I S. 2601) ist letztmals anzuwenden für Ausschüttungen, für die der Vierte Teil des Körperschaftsteuergesetzes nach § 34 Abs. 10a des Körperschaftsteuergesetzes in der Fassung des Artikels 3 des Gesetzes vom 23. Oktober 2000 (BGBl. I S. 1433) letztmals anzuwenden ist. ²§ 49 Abs. 1 Nr. 5 Buchstabe a in der Fassung des Gesetzes vom 23. Oktober 2000 (BGBl. I S. 1433) ist erstmals für Kapitalerträge anzuwenden, für die Satz 1 nicht gilt. ³§ 49 Abs. 1 Nr. 5 Buchstabe b in der Fassung des Gesetzes vom 22. Dezember 1999 (BGBl. I S. 2601) ist letztmals anzuwenden für Ausschüttungen, für die der Vierte Teil des Körperschaftsteuergesetzes in der Fassung des Artikels 3 des Gesetzes vom 23. Oktober 2000 (BGBl. I S. 1433) letztmals anzuwenden ist. ⁴Für die Anwendung des § 49 Abs. 1 Nr. 5 Buchstabe a des Gesetzes vom 20. Dezember 2001 (BGBl. I S. 3794) gelten bei Kapitalerträgen, die nach dem 31. Dezember 2000 zufließen, die Sätze 1 und 2 entsprechend. ⁵§ 49 Abs. 1 Nr. 5 Buchstabe a und b in der Fassung des Artikels 1 des Gesetzes vom 9. Dezember 2004 (BGBl. I S. 3310) ist erstmals auf Kapitalerträge, die nach dem 31. Dezember 2003 zufließen, anzuwenden.

(58) § 50 Abs. 5 in der Fassung des Gesetzes vom 24. März 1999 (BGBl. I S. 402) ist letztmals anzuwenden für Ausschüttungen, für die der Vierte Teil des Körperschaftsteuergesetzes nach § 34 Abs. 10a des Körperschaftsteuergesetzes in der Fassung des Artikels 3 des Gesetzes vom 23. Oktober 2000 (BGBl. I S. 1433) letztmals anzuwenden ist.

(58a) – weggefallen –

(58b) § 50a Abs. 7 Satz 3 in der Fassung des Gesetzes vom 20. Dezember 2001 (BGBl. I S. 3794) ist erstmals auf Vergütungen anzuwenden, für die der Steuerabzug nach dem 22. Dezember 2001 angeordnet worden ist.

(58c) § 50b in der Fassung des Artikels 1 des Gesetzes vom 13. Dezember 2006 (BGBl. I S. 2878) ist erstmals anzuwenden für Jahresbescheinigungen, die nach dem 31. Dezember 2004 ausgestellt werden.

(59) § 50c in der Fassung des Gesetzes vom 24. März 1999 (BGBl. I S. 402) ist weiter anzuwenden, wenn für die Anteile vor Ablauf des ersten Wirtschaftsjahres, für das das Körperschaftsteuergesetz in der Fassung des Artikels 3 des Gesetzes vom 23. Oktober 2000 (BGBl. I S. 1433) erstmals anzuwenden ist, ein Sperrbetrag zu bilden war.

(59a) ¹§ 50d in der Fassung des Gesetzes vom 22. Dezember 1999 (BGBl. I S. 2601) ist letztmals anzuwenden für Ausschüttungen, für die der Vierte Teil des Körperschaftsteuergesetzes nach § 34 Abs. 10a des Körperschaftsteuergesetzes in der Fassung des Artikels 3 des Gesetzes vom 23. Oktober 2000 (BGBl. I S. 1433) letztmals anzuwenden ist. ²§ 50d in der Fassung des Gesetzes vom 23. Oktober 2000 (BGBl. I S. 1433) ist erstmals auf Kapitalerträge anzuwenden, für die Satz 1 nicht gilt. ³§ 50d in der Fassung des Gesetzes vom 20. Dezember 2001 (BGBl. I S. 3794) ist ab 1. Januar 2002 anzuwenden; für Anträge auf die Erteilung von Freistellungsbescheinigungen, die bis zum 31. Dezember 2001 gestellt worden sind, ist § 50d Abs. 2 Satz 4 nicht anzuwenden. ⁴§ 50d Abs. 1 in der Fassung des Artikels 1 des Gesetzes vom 15. Dezember 2003 (BGBl. I S. 2645) ist ab 1. Januar 2002 anzuwenden. ⁵§ 50d Abs. 1, 1a, 2 und 4 in der Fassung des Gesetzes vom 2. Dezember 2004 (BGBl. I S. 3112) ist auf Zahlungen anzuwenden, die nach dem 31. Dezember 2003 erfolgen. ⁶§ 50d Abs. 9 Satz 1 Nr. 1 in der Fassung des Artikels 1 des Gesetzes vom 13. Dezember 2006 (BGBl. I S. 2878) ist für alle Veranlagungszeiträume anzuwenden, soweit Steuerbescheide noch nicht bestandskräftig sind.

(59b) ¹Die §§ 50g und 50h sind erstmals auf Zahlungen anzuwenden, die nach dem 31. Dezember 2003 erfolgen. ²§ 50g Abs. 6 und § 50h in der Fassung des Artikels 1 des Gesetzes vom 19. Juli 2006 (BGBl. I S. 1652) sind auf Zahlungen anzuwenden, die nach dem 30. Juni 2005 erfolgen. ³Anlage 3 ist auf nach dem 31. Dezember 2003 und vor dem 1. Mai 2004 erfolgende Zahlungen anzuwenden. ⁴Anlage 3a ist auf nach dem 30. April 2004 erfolgende Zahlungen anzuwenden.

(59c) § 51 Abs. 4 Nr. 1 in der Fassung des Gesetzes vom 24. März 1999 (BGBl. I S. 402) ist letztmals anzuwenden für Ausschüttungen, für die der Vierte Teil des Körperschaftsteuergesetzes nach § 34 Abs. 10a des Körperschaftsteuergesetzes in der Fassung des Artikels 3 des Gesetzes vom 23. Oktober 2000 (BGBl. I S. 1433) letztmals anzuwenden ist.

(59d) ¹§ 52 Abs. 8 in der Fassung des Artikels 1 Nr. 59 des Jahressteuergesetzes 1996 vom 11. Oktober 1995 (BGBl. I S. 1250) ist nicht anzuwenden. ²§ 52 Abs. 8 in der Fassung des Artikels 8 Nr. 5 des Dritten Finanzmarktförderungsgesetzes vom 24. März 1998 (BGBl. I S. 529) ist in folgender Fassung anzuwenden:

„(8) § 6b Abs. 1 Satz 2 Nr. 5 und Abs. 4 Satz 1 Nr. 2 ist erstmals auf Veräußerungen anzuwenden, die nach dem Inkrafttreten des Artikels 7 des Dritten Finanzmarktförderungsgesetzes vorgenommen werden."

(60) § 55 in der Fassung des Gesetzes vom 24. März 1999 (BGBl. I S. 402) ist auch für Veranlagungszeiträume vor 1999 anzuwenden.

(61) Die §§ 62 und 65 in der Fassung des Gesetzes vom 16. Dezember 1997 (BGBl. I S. 2970) sind erstmals für den Veranlagungszeitraum 1998 anzuwenden.

(61a) ¹§ 62 Abs. 2 in der Fassung des Gesetzes vom 30. Juli 2004 (BGBl. I S. 1950) ist erstmals für den Veranlagungszeitraum 2005 anzuwenden. ²§ 62 Abs. 2 in der Fassung des Artikels 2 Nr. 2 des Gesetzes vom 13. Dezember 2006 (BGBl. I S. 2915) ist in allen Fällen anzuwenden, in denen das Kindergeld noch nicht bestandskräftig festgesetzt ist.

(62) § 66 Abs. 3 in der Fassung der Bekanntmachung vom 16. April 1997 (BGBl. I S. 821) ist letztmals für das Kalenderjahr 1997 anzuwenden, so dass Kindergeld auf einen nach dem 31. Dezember 1997 gestellten Antrag rückwirkend längstens bis einschließlich Juli 1997 gezahlt werden kann.

(63) § 73 in der Fassung der Bekanntmachung vom 16. April 1997 (BGBl. I S. 821) ist weiter für Kindergeld anzuwenden, das der private Arbeitgeber für Zeiträume vor dem 1. Januar 1999 auszuzahlen hat.

(64) § 86 in der Fassung des Gesetzes vom 15. Januar 2003 ist erstmals für den Veranlagungszeitraum 2002 anzuwenden.

(65) § 91 Abs. 2 ist für das Beitragsjahr 2002 mit der Maßgabe anzuwenden, dass in den Fällen des § 10a Abs. 1 Satz 1 Nr. 4 der zur Zahlung des Arbeitsentgelts verpflichtete Arbeitgeber die Daten bis zum ersten Tag des sechsten auf die Verkündung folgenden Kalendermonats zu übermitteln hat.

§ 53
Sondervorschrift zur Steuerfreistellung des Existenzminimums eines Kindes in den Veranlagungszeiträumen 1983 bis 1995

¹In den Veranlagungszeiträumen 1983 bis 1995 sind in Fällen, in denen die Einkommensteuer noch nicht formell bestandskräftig oder hinsichtlich der Höhe der Kinderfreibeträge vorläufig festgesetzt ist, für jedes bei der Festsetzung berücksichtigte Kind folgende Beträge als Existenzminimum des Kindes steuerfrei zu belassen:

1983	3732 Deutsche Mark,
1984	3864 Deutsche Mark,
1985	3924 Deutsche Mark,
1986	4296 Deutsche Mark,
1987	4416 Deutsche Mark,
1988	4572 Deutsche Mark,
1989	4752 Deutsche Mark,
1990	5076 Deutsche Mark,
1991	5388 Deutsche Mark,
1992	5676 Deutsche Mark,
1993	5940 Deutsche Mark,
1994	6096 Deutsche Mark,
1995	6168 Deutsche Mark.

²Im Übrigen ist § 32 in der für den jeweiligen Veranlagungszeitraum geltenden Fassung anzuwenden. ³Für die Prüfung, ob die nach Satz 1 und 2 gebotene Steuerfreistellung bereits erfolgt ist, ist das dem Steuerpflichtigen im jeweiligen Veranlagungszeitraum zustehende Kindergeld mit dem auf das bisherige zu versteuernde Einkommen des Steuerpflichtigen in demselben Veranlagungszeitraum anzuwendenden Grenzsteuersatz in einen Freibetrag umzurechnen; dies gilt auch dann, soweit das Kindergeld dem Steuerpflichtigen im Wege eines zivilrechtlichen Ausgleichs zusteht. ⁴Die Umrechnung des zustehenden Kindergeldes ist entsprechend dem Umfang der bisher abgezogenen Kinderfreibeträge vorzunehmen. ⁵Bei einem unbeschränkt einkommensteuerpflichtigen Elternpaar, bei dem die Voraussetzungen des § 26 Abs. 1 Satz 1 nicht vorliegen, ist eine Änderung der bisherigen Inanspruchnahme des Kinderfreibetrags unzulässig. ⁶Erreicht die Summe aus dem bei der bisherigen Einkommensteuerfestsetzung abgezogenen Kinderfreibetrag und dem nach Satz 3 und 4 berechneten Freibetrag nicht den nach Satz 1 und 2 für den jeweiligen Veranlagungszeitraum maßgeblichen Betrag, ist der Unterschiedsbetrag vom bisherigen zu versteuernden Einkommen abzuziehen und die Einkommensteuer neu festzusetzen. ⁷Im Zweifel hat der Steuerpflichtige die Voraussetzungen durch Vorlage entsprechender Unterlagen nachzuweisen.

§ 54
– weggefallen –

§ 55
Schlussvorschriften (Sondervorschriften für die Gewinnermittlung nach § 4 oder nach Durchschnittssätzen bei vor dem 1. Juli 1970 angeschafftem Grund und Boden)

(1) ¹Bei Steuerpflichtigen, deren Gewinn für das Wirtschaftsjahr, in das der 30. Juni 1970 fällt, nicht nach § 5 zu ermitteln ist, gilt bei Grund und Boden, der mit Ablauf des 30. Juni 1970 zu ihrem Anlagevermögen gehört hat, als Anschaffungs- oder Herstellungskosten (§ 4 Abs. 3 Satz 4 und § 6 Abs. 1 Nr. 2 Satz 1) das Zweifache des nach den Absätzen 2 bis 4 zu ermittelnden Ausgangsbetrags. ²Zum Grund und Boden im Sinne des Satzes 1 gehören nicht die mit ihm in Zusammenhang stehenden Wirtschaftsgüter und Nutzungsbefugnisse.

(2) ¹Bei der Ermittlung des Ausgangsbetrags des zum land- und forstwirtschaftlichen Vermögen (§ 33 Abs. 1 Satz 1 des Bewertungsgesetzes in der Fassung der Bekanntmachung vom 10. Dezember 1965 – BGBl. I S. 1861 –, zuletzt geändert durch das Bewertungsänderungsgesetz 1971 vom 27. Juli 1971 – BGBl. I S. 1157) gehörenden Grund und Bodens ist seine Zuordnung zu den Nutzungen und Wirtschaftsgütern (§ 34 Abs. 2 des Bewertungsgesetzes) am 1. Juli 1970 maßgebend; dabei sind die Hof- und Gebäudeflächen sowie die Hausgärten im Sinne des § 40 Abs. 3 des Bewertungsgesetzes nicht in die einzelne Nutzung einzubeziehen. ²Es sind anzusetzen:

1. Bei Flächen, die nach dem Bodenschätzungsgesetz in der im Bundesgesetzblatt Teil III, Gliederungsnummer 610-8, veröffentlichten bereinigten Fassung, zuletzt geändert durch Artikel 95 Nr. 4 des Einführungsgesetzes zur Abgabenordnung vom 14. Dezember 1976 (BGBl. I S. 3341), zu schätzen sind, für jedes katastermäßig abgegrenzte Flurstück der Betrag in Deutscher Mark, der sich ergibt, wenn die für das Flurstück am 1. Juli 1970 im amtlichen Verzeichnis nach § 2 Abs. 2 der Grundbuchordnung (Liegenschaftskataster) ausgewiesene Ertragsmesszahl vervierfacht wird. ²Abweichend von Satz 1 sind für Flächen der Nutzungsteile
   a) Hopfen, Spargel, Gemüsebau und Obstbau
      2,05 Euro je Quadratmeter,
   b) Blumen- und Zierpflanzenbau sowie Baumschulen
      2,56 Euro je Quadratmeter

   anzusetzen, wenn der Steuerpflichtige dem Finanzamt gegenüber bis zum 30. Juni 1972 eine Erklärung über die Größe, Lage und Nutzung der betreffenden Flächen abgibt,

2. für Flächen der forstwirtschaftlichen Nutzung je Quadratmeter 0,51 Euro,

3. für Flächen der weinbaulichen Nutzung der Betrag, der sich unter Berücksichtigung der maßgebenden Lagenvergleichszahl (Vergleichszahl der einzelnen Weinbaulage, § 39 Abs. 1 Satz 3 und § 57 des Bewertungsgesetzes), die für ausbauende Betriebsweise mit Fassweinerzeugung anzusetzen ist, aus der nachstehenden Tabelle ergibt:

Lagenvergleichszahl	Ausgangsbetrag je Quadratmeter in Euro
bis 20	1,28
21 bis 30	1,79
31 bis 40	2,56
41 bis 50	3,58
51 bis 60	4,09
61 bis 70	4,60
71 bis 100	5,11
über 100	6,39

4. für Flächen der sonstigen land- und forstwirtschaftlichen Nutzung, auf die Nummer 1 keine Anwendung findet,
   je Quadratmeter 0,51 Euro,

5. für Hofflächen, Gebäudeflächen und Hausgärten im Sinne des § 40 Abs. 3 des Bewertungsgesetzes
   je Quadratmeter 2,56 Euro,

6. für Flächen des Geringstlandes
   je Quadratmeter 0,13 Euro,

7. für Flächen des Abbaulandes
   je Quadratmeter 0,26 Euro,

8. für Flächen des Unlandes
   je Quadratmeter 0,05 Euro.

(3) ¹Lag am 1. Juli 1970 kein Liegenschaftskataster vor, in dem Ertragsmesszahlen ausgewiesen sind, so ist der Ausgangsbetrag in sinngemäßer Anwendung des Absatzes 2 Satz 2 Nr. 1 Satz 1 auf der Grundlage der durchschnittlichen Ertragsmesszahl der landwirtschaftlichen Nutzung eines Betriebs zu ermitteln, die die Grundlage für die Hauptfeststellung des Einheitswerts auf den 1. Januar 1964 bildet. ²Absatz 2 Satz 2 Nr. 1 Satz 2 bleibt unberührt.

(4) Bei nicht zum land- und forstwirtschaftlichen Vermögen gehörendem Grund und Boden ist als Ausgangsbetrag anzusetzen:

1. Für unbebaute Grundstücke der auf den 1. Januar 1964 festgestellte Einheitswert. ²Wird auf den 1. Januar 1964 kein Einheitswert festgestellt oder hat sich der Bestand des Grundstücks nach dem 1. Januar 1964 und vor dem 1. Juli 1970 verändert, so ist der Wert maßgebend, der sich ergeben würde, wenn das Grundstück nach seinem Bestand vom 1. Juli 1970 und nach den Wertverhältnissen vom 1. Januar 1964 zu bewerten wäre;

2. für bebaute Grundstücke der Wert, der sich nach Nummer 1 ergeben würde, wenn das Grundstück unbebaut wäre.

(5) ¹Weist der Steuerpflichtige nach, dass der Teilwert für Grund und Boden im Sinne des Absatzes 1 am 1. Juli 1970 höher ist als das Zweifache des Ausgangsbetrags, so ist auf Antrag des Steuerpflichtigen der Teilwert als Anschaffungs- oder Herstellungskosten anzusetzen. ²Der Antrag ist bis zum 31. Dezember 1975 bei dem Finanzamt zu stellen, das für die Ermittlung des Gewinns aus dem Betrieb zuständig ist. ³Der Teilwert ist gesondert festzustellen. ⁴Vor dem 1. Januar 1974 braucht diese Feststellung nur zu erfolgen, wenn ein berechtigtes Interesse des Steuerpflichtigen gegeben ist. ⁵Die Vorschriften der Abgabenordnung und der Finanzgerichtsordnung über die gesonderte Feststellung von Besteuerungsgrundlagen gelten entsprechend.

(6) ¹Verluste, die bei der Veräußerung oder Entnahme von Grund und Boden im Sinne des Absatzes 1 entstehen, dürfen bei der Ermittlung des Gewinns in Höhe des Betrags nicht berücksichtigt werden, um den der ausschließlich auf den Grund und Boden entfallende Veräußerungspreis oder der an dessen Stelle tretende Wert nach Abzug der Veräußerungskosten unter dem Zweifachen des Ausgangsbetrags liegt. ²Entsprechendes gilt bei Anwendung des § 6 Abs. 1 Nr. 2 Satz 2.

(7) Grund und Boden, der nach § 4 Abs. 1 Satz 5 des Einkommensteuergesetzes 1969 nicht anzusetzen war, ist wie eine Einlage zu behandeln; er ist dabei mit dem nach Absatz 1 oder 5 maßgebenden Wert anzusetzen.

§ 56
Sondervorschriften für Steuerpflichtige in dem in Artikel 3 des Einigungsvertrages genannten Gebiet

Bei Steuerpflichtigen, die am 31. Dezember 1990 einen Wohnsitz oder ihren gewöhnlichen Aufenthalt in dem in Artikel 3 des Einigungsvertrages genannten Gebiet und im Jahre 1990 keinen Wohnsitz oder gewöhnlichen Aufenthalt im bisherigen Geltungsbereich dieses Gesetzes hatten, gilt Folgendes:

1. § 7 Abs. 5 ist auf Gebäude anzuwenden, die in dem Artikel 3 des Einigungsvertrages genannten Gebiet nach dem 31. Dezember 1990 angeschafft oder hergestellt worden sind.
2. – weggefallen –

§ 57
Besondere Anwendungsregeln aus Anlass der Herstellung der Einheit Deutschlands

(1) Die §§ 7c, 7f, 7g, 7k und 10e dieses Gesetzes, die §§ 76, 78, 82a und 82f der Einkommensteuer-Durchführungsverordnung sowie die §§ 7 und 12 Abs. 3 des Schutzbaugesetzes sind auf Tatbestände anzuwenden, die in dem in Artikel 3 des Einigungsvertrages genannten Gebiet nach dem 31. Dezember 1990 verwirklicht worden sind.

(2) Die §§ 7b und 7d dieses Gesetzes sowie die §§ 81, 82d, 82g und 82i der Einkommensteuer-Durchführungsverordnung sind nicht auf Tatbestände anzuwenden, die in dem in Artikel 3 des Einigungsvertrages genannten Gebiet verwirklicht worden sind.

(3) Bei der Anwendung des § 7g Abs. 2 Nr. 1 und des § 14a Abs. 1 ist in dem in Artikel 3 des Einigungsvertrages genannten Gebiet anstatt vom maßgebenden Einheitswert des Betriebs der Land- und Forstwirtschaft und den darin ausgewiesenen Werten vom Ersatzwirtschaftswert nach § 125 des Bewertungsgesetzes auszugehen.

(4) ¹§ 10d Abs. 1 ist mit der Maßgabe anzuwenden, dass der Sonderausgabenabzug erstmals von dem für die zweite Hälfte des Veranlagungszeitraums 1990 ermittelten Gesamtbetrag der Einkünfte vorzunehmen ist. ²§ 10d Abs. 2 und 3 ist auch für Verluste anzuwenden, die in dem in Artikel 3 des Einigungsvertrages genannten Gebiet im Veranlagungszeitraum 1990 entstanden sind.

(5) § 22 Nr. 4 ist auf vergleichbare Bezüge anzuwenden, die auf Grund des Gesetzes über Rechtsverhältnisse der Abgeordneten der Volkskammer der Deutschen Demokratischen Republik vom 31. Mai 1990 (GBl. I Nr. 30 S. 274) gezahlt worden sind.

(6) § 34f Abs. 3 Satz 3 ist erstmals auf die in dem in Artikel 3 des Einigungsvertrags genannten Gebiet für die zweite Hälfte des Veranlagungszeitraums 1990 festgesetzte Einkommensteuer anzuwenden.

§ 58
Weitere Anwendung von Rechtsvorschriften, die vor Herstellung der Einheit Deutschlands in dem in Artikel 3 des Einigungsvertrages genannten Gebiet gegolten haben

(1) Die Vorschriften über Sonderabschreibungen nach § 3 Abs. 1 des Steueränderungsgesetzes vom 6. März 1990 (GBl. I Nr. 17 S. 136) in Verbindung mit § 7 der Durchführungsbestimmung zum Gesetz zur Änderung der Rechtsvorschriften über die Einkommen-, Körperschaft- und Vermögensteuer – Steueränderungsgesetz – vom 16. März 1990 (GBl. I Nr. 21 S. 195) sind auf Wirtschaftsgüter weiter anzuwenden, die nach dem 31. Dezember 1989 und vor dem 1. Januar 1991 in dem in Artikel 3 des Einigungsvertrages genannten Gebiet angeschafft oder hergestellt worden sind.

(2) ¹Rücklagen nach § 3 Abs. 2 des Steueränderungsgesetzes vom 6. März 1990 (GBl. I Nr. 17 S. 136) in Verbindung mit § 8 der Durchführungsbestimmung zum Gesetz zur Änderung der Rechtsvorschriften über die Einkommen-, Körperschaft- und Vermögensteuer – Steueränderungsgesetz – vom 16. März 1990 (GBl. I Nr. 21 S. 195) dürfen, soweit sie zum 31. Dezember 1990 zulässigerweise gebildet worden sind, auch nach diesem Zeitpunkt fortgeführt werden. ²Sie sind spätestens im Veranlagungszeitraum 1995 gewinn- oder sonst einkünfteerhöhend aufzulösen. ³Sind vor dieser Auflösung begünstigte Wirtschaftsgüter angeschafft oder hergestellt worden, sind die in Rücklage eingestellten Beträge von den Anschaffungs- oder Herstellungskosten abzuziehen; die Rücklage ist in Höhe des abgezogenen Betrags im Veranlagungszeitraum der Anschaffung oder Herstellung gewinn- oder sonst einkünfteerhöhend aufzulösen.

(3) Die Vorschrift über den Steuerabzugsbetrag nach § 9 Abs. 1 der Durchführungsbestimmung zum Gesetz zur Änderung der Rechtsvorschriften über die Einkommen-, Körperschaft- und Vermögensteuer – Steueränderungsgesetz – vom 16. März 1990 (GBl. I Nr. 21 S. 195) ist für Steuerpflichtige weiter anzuwenden, die vor dem 1. Januar 1991 in dem in Artikel 3 des Einigungsvertrages genannten Gebiet eine Betriebsstätte begründet haben, wenn sie von dem Tag der Begründung der Betriebsstätte an zwei Jahre lang die Tätigkeit ausüben, die Gegenstand der Betriebsstätte ist.

§§ 59 bis 61
– weggefallen –

X. Kindergeld

§ 62
Anspruchsberechtigte

(1) Für Kinder im Sinne des § 63 hat Anspruch auf Kindergeld nach diesem Gesetz, wer

1. im Inland einen Wohnsitz oder seinen gewöhnlichen Aufenthalt hat oder
2. ohne Wohnsitz oder gewöhnlichen Aufenthalt im Inland
   a) nach § 1 Abs. 2 unbeschränkt einkommensteuerpflichtig ist oder
   b) nach § 1 Abs. 3 als unbeschränkt einkommensteuerpflichtig behandelt wird.

(2) Ein nicht freizügigkeitsberechtigter Ausländer erhält Kindergeld nur, wenn er

1. eine Niederlassungserlaubnis besitzt,
2. eine Aufenthaltserlaubnis besitzt, die zur Ausübung einer Erwerbstätigkeit berechtigt oder berechtigt hat, es sei denn, die Aufenthaltserlaubnis wurde
   a) nach § 16 oder § 17 des Aufenthaltsgesetzes erteilt,
   b) nach § 18 Abs. 2 des Aufenthaltsgesetzes erteilt und die Zustimmung der Bundesagentur für Arbeit darf nach der Beschäftigungsverordnung nur für einen bestimmten Höchstzeitraum erteilt werden,

c) nach § 23 Abs. 1 des Aufenthaltsgesetzes wegen eines Krieges in seinem Heimatland oder nach den §§ 23a, 24, 25 Abs. 3 bis 5 des Aufenthaltsgesetzes erteilt

oder

3. eine in Nummer 2 Buchstabe c genannte Aufenthaltserlaubnis besitzt und

a) sich seit mindestens drei Jahren rechtmäßig, gestattet oder geduldet im Bundesgebiet aufhält und

b) im Bundesgebiet berechtigt erwerbstätig ist, laufende Geldleistungen nach dem Dritten Buch Sozialgesetzbuch bezieht oder Elternzeit in Anspruch nimmt.

§ 63
Kinder

(1) ¹Als Kinder werden berücksichtigt

1. Kinder im Sinne des § 32 Abs. 1,
2. vom Berechtigten in seinen Haushalt aufgenommene Kinder seines Ehegatten,
3. vom Berechtigten in seinen Haushalt aufgenommene Enkel.

²§ 32 Abs. 3 bis 5 gilt entsprechend. ³Kinder, die weder einen Wohnsitz noch ihren gewöhnlichen Aufenthalt im Inland, in einem Mitgliedstaat der Europäischen Union oder in einem Staat, auf den das Abkommen über den Europäischen Wirtschaftsraum Anwendung findet, haben, werden nicht berücksichtigt, es sei denn, sie leben im Haushalt eines Berechtigten im Sinne des § 62 Abs. 1 Nr. 2 Buchstabe a. ⁴Kinder im Sinne von § 2 Abs. 4 Satz 2 des Bundeskindergeldgesetzes werden nicht berücksichtigt.

(2) Die Bundesregierung wird ermächtigt, durch Rechtsverordnung, die nicht der Zustimmung des Bundesrates bedarf, zu bestimmen, dass einem Berechtigten, der im Inland erwerbstätig ist oder sonst seine hauptsächlichen Einkünfte erzielt, für seine in Absatz 1 Satz 3 erster Halbsatz bezeichneten Kinder Kindergeld ganz oder teilweise zu leisten ist, soweit dies mit Rücksicht auf die durchschnittlichen Lebenshaltungskosten für Kinder in deren Wohnsitzstaat und auf die dort gewährten dem Kindergeld vergleichbaren Leistungen geboten ist.

§ 64
Zusammentreffen mehrerer Ansprüche

(1) Für jedes Kind wird nur einem Berechtigten Kindergeld gezahlt.

(2) ¹Bei mehreren Berechtigten wird das Kindergeld demjenigen gezahlt, der das Kind in seinen Haushalt aufgenommen hat. ²Ist ein Kind in den gemeinsamen Haushalt von Eltern, einem Elternteil und dessen Ehegatten, Pflegeeltern oder Großeltern aufgenommen worden, so bestimmen diese untereinander den Berechtigten. ³Wird eine Bestimmung nicht getroffen, so bestimmt das Vormundschaftsgericht auf Antrag den Berechtigten. ⁴Den Antrag kann stellen, wer ein berechtigtes Interesse an der Zahlung des Kindergeldes hat. ⁵Lebt ein Kind im gemeinsamen Haushalt von Eltern und Großeltern, so wird das Kindergeld vorrangig einem Elternteil gezahlt; es wird an einen Großelternteil gezahlt, wenn der Elternteil gegenüber der zuständigen Stelle auf seinen Vorrang schriftlich verzichtet hat.

(3) ¹Ist das Kind nicht in den Haushalt eines Berechtigten aufgenommen, so erhält das Kindergeld derjenige, der dem Kind eine Unterhaltsrente zahlt. ²Zahlen mehrere Berechtigte dem Kind Unterhaltsrenten, so erhält das Kindergeld derjenige, der dem Kind die höchste Unterhaltsrente zahlt. ³Werden gleich hohe Unterhaltsrenten gezahlt oder zahlt keiner der Berechtigten dem Kind Unterhalt, so bestimmen die Berechtigten untereinander, wer das Kindergeld erhalten soll. ⁴Wird eine Bestimmung nicht getroffen, so gilt Absatz 2 Satz 3 und 4 entsprechend.

§ 65
Andere Leistungen für Kinder

(1) ¹Kindergeld wird nicht für ein Kind gezahlt, für das eine der folgenden Leistungen zu zahlen ist oder bei entsprechender Antragstellung zu zahlen wäre:

1. Kinderzulagen aus der gesetzlichen Unfallversicherung oder Kinderzuschüsse aus den gesetzlichen Rentenversicherungen,
2. Leistungen für Kinder, die im Ausland gewährt werden und dem Kindergeld oder einer der unter Nummer 1 genannten Leistungen vergleichbar sind,
3. Leistungen für Kinder, die von einer zwischen- oder überstaatlichen Einrichtung gewährt werden und dem Kindergeld vergleichbar sind.

²Soweit es für die Anwendung von Vorschriften dieses Gesetzes auf den Erhalt von Kindergeld ankommt, stehen die Leistungen nach Satz 1 dem Kindergeld gleich. ³Steht ein Berechtigter in einem Versicherungspflichtverhältnis zur Bundesagentur für Arbeit nach § 24 des Dritten Buches Sozialgesetzbuch oder ist er versicherungsfrei nach § 28 Nr. 1 des Dritten Buches Sozialgesetzbuch oder steht er im Inland in einem öffentlich-rechtlichen Dienst- oder Amtsverhältnis, so wird sein Anspruch auf Kindergeld für ein Kind nicht nach Satz 1 Nr. 3 mit Rücksicht darauf ausgeschlossen, dass sein Ehegatte als Beamter, Ruhestandsbeamter oder sonstiger Bediensteter der Europäischen Gemeinschaften für das Kind Anspruch auf Kinderzulage hat.

(2) Ist in den Fällen des Absatzes 1 Satz 1 Nr. 1 der Bruttobetrag der anderen Leistung niedriger als das Kindergeld nach § 66, wird Kindergeld in Höhe des Unterschiedsbetrags gezahlt, wenn er mindestens 5 Euro beträgt.

§ 66
Höhe des Kindergeldes, Zahlungszeitraum

(1) Das Kindergeld beträgt für erste, zweite und dritte Kinder jeweils 154 Euro monatlich und für das vierte und jedes weitere Kind jeweils 179 Euro monatlich.

(2) Das Kindergeld wird monatlich vom Beginn des Monats an gezahlt, in dem die Anspruchsvoraussetzungen erfüllt sind, bis zum Ende des Monats, in dem die Anspruchsvoraussetzungen wegfallen.

§ 67
Antrag

¹Das Kindergeld ist bei der zuständigen Familienkasse schriftlich zu beantragen. ²Den Antrag kann außer dem Berechtigten auch stellen, wer ein berechtigtes Interesse an der Leistung des Kindergeldes hat.

§ 68
Besondere Mitwirkungspflichten

(1) ¹Wer Kindergeld beantragt oder erhält, hat Änderungen in den Verhältnissen, die für die Leistung erheblich sind oder über die im Zusammenhang mit der Leistung Erklärungen abgegeben worden sind, unverzüglich der zuständigen Familienkasse mitzuteilen. ²Ein Kind, das das 18. Lebensjahr vollendet hat, ist auf Verlangen der Familienkasse verpflichtet, an der Aufklärung des für die Kindergeldzahlung maßgebenden Sachverhalts mitzuwirken; § 101 der Abgabenordnung findet insoweit keine Anwendung.

(2) Soweit es zur Durchführung des § 63 erforderlich ist, hat der jeweilige Arbeitgeber der in dieser Vorschrift bezeichneten Personen der Familienkasse auf Verlangen eine Bescheinigung über den Arbeitslohn, einbehaltene Steuern und Sozialabgaben sowie den auf der Lohnsteuerkarte eingetragenen Freibetrag auszustellen.

(3) Auf Antrag des Berechtigten erteilt die das Kindergeld auszahlende Stelle eine Bescheinigung über das für das Kalenderjahr ausgezahlte Kindergeld.

(4) Die Familienkassen dürfen den die Bezüge im öffentlichen Dienst anweisenden Stellen Auskunft über den für die jeweilige Kindergeldzahlung maßgebenden Sachverhalt erteilen.

§ 69
Überprüfung des Fortbestehens von Anspruchsvoraussetzungen durch Meldedaten-Übermittlung

Die Meldebehörden übermitteln in regelmäßigen Abständen den Familienkassen nach Maßgabe einer auf Grund des § 20 Abs. 1 des Melderechtsrahmengesetzes zu erlassenden Rechtsverordnung die in § 18 Abs. 1 des Melderechtsrahmengesetzes genannten Daten aller Einwohner, zu deren Person im Melderegister Daten von minderjährigen Kindern gespeichert sind, und dieser Kinder, soweit die Daten nach ihrer Art für die Prüfung der Rechtmäßigkeit des Bezuges von Kindergeld geeignet sind.

§ 70
Festsetzung und Zahlung des Kindergeldes

(1) Das Kindergeld nach § 62 wird von den Familienkassen durch Bescheid festgesetzt und ausgezahlt.

(2) Soweit in den Verhältnissen, die für den Anspruch auf Kindergeld erheblich sind, Änderungen eintreten, ist die Festsetzung des Kindergeldes mit Wirkung vom Zeitpunkt der Änderung der Verhältnisse aufzuheben oder zu ändern.

(3) [1]Materielle Fehler der letzten Festsetzung können durch Neufestsetzung oder durch Aufhebung der Festsetzung beseitigt werden. [2]Neu festgesetzt oder aufgehoben wird mit Wirkung ab dem auf die Bekanntgabe der Neufestsetzung oder der Aufhebung der Festsetzung folgenden Monat. [3]Bei der Neufestsetzung oder Aufhebung der Festsetzung nach Satz 1 ist § 176 der Abgabenordnung entsprechend anzuwenden; dies gilt nicht für Monate, die nach der Verkündung der maßgeblichen Entscheidung eines obersten Gerichtshofes des Bundes beginnen.

(4) Eine Kindergeldfestsetzung ist aufzuheben oder zu ändern, wenn nachträglich bekannt wird, dass die Einkünfte und Bezüge des Kindes den Grenzbetrag nach § 32 Abs. 4 über- oder unterschreiten.

§ 71
Zahlungszeitraum
– weggefallen –

§ 72
Festsetzung und Zahlung des Kindergeldes an Angehörige des öffentlichen Dienstes

(1) [1]Steht Personen, die

1. in einem öffentlich-rechtlichen Dienst-, Amts- oder Ausbildungsverhältnis stehen, mit Ausnahme der Ehrenbeamten, oder
2. Versorgungsbezüge nach beamten- oder soldatenrechtlichen Vorschriften oder Grundsätzen erhalten oder
3. Arbeitnehmer des Bundes, eines Landes, einer Gemeinde, eines Gemeindeverbandes oder einer sonstigen Körperschaft, einer Anstalt oder einer Stiftung des öffentlichen Rechts sind, einschließlich der zu ihrer Berufsausbildung Beschäftigten,

Kindergeld nach Maßgabe dieses Gesetzes zu, wird es von den Körperschaften, Anstalten oder Stiftungen des öffentlichen Rechts festgesetzt und ausgezahlt. [2]Die genannten juristischen Personen sind insoweit Familienkasse.

(2) Der Deutschen Post AG, der Deutschen Postbank AG und der Deutschen Telekom AG obliegt die Durchführung dieses Gesetzes für ihre jeweiligen Beamten und Versorgungsempfänger in Anwendung des Absatzes 1.

(3) Absatz 1 gilt nicht für Personen, die ihre Bezüge oder Arbeitsentgelt

1. von einem Dienstherrn oder Arbeitgeber im Bereich der Religionsgesellschaften des öffentlichen Rechts oder
2. von einem Spitzenverband der Freien Wohlfahrtspflege, einem diesem unmittelbar oder mittelbar angeschlossenen Mitgliedsverband oder einer einem solchen Verband angeschlossenen Einrichtung oder Anstalt

erhalten.

(4) Die Absätze 1 und 2 gelten nicht für Personen, die voraussichtlich nicht länger als sechs Monate in den Kreis der in Absatz 1 Satz 1 Nr. 1 bis 3 und Absatz 2 Bezeichneten eintreten.

(5) Obliegt mehreren Rechtsträgern die Zahlung von Bezügen oder Arbeitsentgelt (Absatz 1 Satz 1) gegenüber einem Berechtigten, so ist für die Durchführung dieses Gesetzes zuständig:

1. bei Zusammentreffen von Versorgungsbezügen mit anderen Bezügen oder Arbeitsentgelt der Rechtsträger, dem die Zahlung der anderen Bezüge oder des Arbeitsentgelts obliegt;
2. bei Zusammentreffen mehrerer Versorgungsbezüge der Rechtsträger, dem die Zahlung der neuen Versorgungsbezüge im Sinne der beamtenrechtlichen Ruhensvorschriften obliegt;
3. bei Zusammentreffen von Arbeitsentgelt (Absatz 1 Satz 1 Nr. 3) mit Bezügen aus einem der in Absatz 1 Satz 1 Nr. 1 bezeichneten Rechtsverhältnisse der Rechtsträger, dem die Zahlung dieser Bezüge obliegt;
4. bei Zusammentreffen mehrerer Arbeitsentgelte (Absatz 1 Satz 1 Nr. 3) der Rechtsträger, dem die Zahlung des höheren Arbeitsentgelts obliegt oder – falls die Arbeitsentgelte gleich hoch sind – der Rechtsträger, zu dem das zuerst begründete Arbeitsverhältnis besteht.

(6) [1]Scheidet ein Berechtigter im Laufe eines Monats aus dem Kreis der in Absatz 1 Satz 1 Nr. 1 bis 3 Bezeichneten aus oder tritt er im Laufe eines Monats in diesen Kreis ein, so wird das Kindergeld für diesen Monat von der Stelle gezahlt, die bis zum Ausscheiden oder Eintritt des Berechtigten zuständig war. [2]Dies gilt nicht, soweit die Zahlung von Kindergeld für ein Kind in Betracht kommt, das erst nach dem Ausscheiden oder Eintritt bei dem Berechtigten nach § 63 zu berücksichtigen ist. [3]Ist in einem Fall des Satzes 1 das Kindergeld bereits für einen folgenden Monat gezahlt worden, so muss der für diesen Monat Berechtigte die Zahlung gegen sich gelten lassen.

(7) [1]In den Abrechnungen der Bezüge und des Arbeitsentgelts ist das Kindergeld gesondert auszuweisen, wenn es zusammen mit den Bezügen oder dem Arbeitsentgelt ausgezahlt wird. [2]Der Rechtsträger hat die Summe des von ihm für alle Berechtigten ausgezahlten Kindergeldes dem Betrag, den er insgesamt an Lohnsteuer einzubehalten hat, zu entnehmen und bei der nächsten Lohnsteuer-Anmeldung gesondert abzusetzen. [3]Übersteigt das insgesamt ausgezahlte Kindergeld den Betrag, der insgesamt an Lohnsteuer abzuführen ist, so wird der übersteigende Betrag dem Rechtsträger auf Antrag von dem Finanzamt, an das die Lohnsteuer abzuführen ist, aus den Einnahmen der Lohnsteuer ersetzt.

(8) [1]Abweichend von Absatz 1 Satz 1 werden Kindergeldansprüche auf Grund über- oder zwischenstaatlicher Rechtsvorschriften durch die Familienkassen der Bundesagentur für Arbeit festgesetzt und ausgezahlt. [2]Dies gilt auch für Fälle, in denen Kindergeldansprüche sowohl nach Maßgabe dieses Gesetzes als auch auf Grund über- oder zwischenstaatlicher Rechtsvorschriften bestehen.

§ 73
– weggefallen –

§ 74
Zahlung des Kindergeldes in Sonderfällen

(1) [1]Das für ein Kind festgesetzte Kindergeld nach § 66 Abs. 1 kann an das Kind ausgezahlt werden, wenn der Kindergeldberechtigte ihm gegenüber seiner gesetzlichen Unterhaltspflicht nicht nachkommt. [2]Kindergeld kann an Kinder, die bei der Festsetzung des Kindergeldes berücksichtigt werden, bis zur Höhe des Betrages, der sich bei entsprechender Anwendung des § 76 ergibt, ausgezahlt werden. [3]Dies gilt auch, wenn der Kindergeldberechtigte mangels Leistungsfähigkeit nicht unterhaltspflichtig ist oder nur Unterhalt in Höhe eines Betrages zu leisten braucht, der geringer ist als das für die Auszahlung in Betracht kommende Kindergeld. [4]Die Auszahlung kann auch an die Person oder Stelle erfolgen, die dem Kind Unterhalt gewährt.

(2) Für Erstattungsansprüche der Träger von Sozialleistungen gegen die Familienkasse gelten die §§ 102 bis 109 und 111 bis 113 des Zehnten Buches Sozialgesetzbuch entsprechend.

§ 75
Aufrechnung

(1) Mit Ansprüchen auf Rückzahlung von Kindergeld kann die Familienkasse gegen Ansprüche auf laufendes Kindergeld bis zu deren Hälfte aufrechnen, wenn der Leistungsberechtigte nicht nachweist, dass er dadurch hilfebedürftig im Sinne der Vorschriften des Zwölf-

ten Buches Sozialgesetzbuch über die Hilfe zum Lebensunterhalt oder im Sinne der Vorschriften des Zweiten Buches Sozialgesetzbuch über die Leistungen zur Sicherung des Lebensunterhalts wird.

(2) Absatz 1 gilt für die Aufrechnung eines Anspruchs auf Erstattung von Kindergeld gegen einen späteren Kindergeldanspruch eines mit dem Erstattungspflichtigen in Haushaltsgemeinschaft lebenden Berechtigten entsprechend, soweit es sich um laufendes Kindergeld für ein Kind handelt, das bei beiden berücksichtigt werden kann oder konnte.

§ 76
Pfändung

¹Der Anspruch auf Kindergeld kann nur wegen gesetzlicher Unterhaltsansprüche eines Kindes, das bei der Festsetzung des Kindergeldes berücksichtigt wird, gepfändet werden. ²Für die Höhe des pfändbaren Betrages gilt:

1. ¹Gehört das unterhaltsberechtigte Kind zum Kreis der Kinder, für die dem Leistungsberechtigten Kindergeld gezahlt wird, so ist eine Pfändung bis zu dem Betrag möglich, der bei gleichmäßiger Verteilung des Kindergeldes auf jedes dieser Kinder entfällt. ²Ist das Kindergeld durch die Berücksichtigung eines weiteren Kindes erhöht, für das einer dritten Person Kindergeld oder dieser oder dem Leistungsberechtigten eine andere Geldleistung für Kinder zusteht, so bleibt der Erhöhungsbetrag bei der Bestimmung des pfändbaren Betrages des Kindergeldes nach Satz 1 außer Betracht.

2. Der Erhöhungsbetrag nach Nummer 1 Satz 2 ist zugunsten jedes bei der Festsetzung des Kindergeldes berücksichtigten unterhaltsberechtigten Kindes zu dem Anteil pfändbar, der sich bei gleichmäßiger Verteilung auf alle Kinder, die bei der Festsetzung des Kindergeldes zugunsten des Leistungsberechtigten berücksichtigt werden, ergibt.

§ 76a
Kontenpfändung und Pfändung von Bargeld

(1) ¹Wird Kindergeld auf das Konto des Berechtigten oder in den Fällen des § 74 Abs. 1 Satz 1 bis 3 bzw. § 76 auf das Konto des Kindes bei einem Geldinstitut überwiesen, ist die Forderung, die durch die Gutschrift entsteht, für die Dauer von sieben Tagen seit der Gutschrift der Überweisung unpfändbar. ²Eine Pfändung des Guthabens gilt als mit der Maßgabe ausgesprochen, dass sie das Guthaben in Höhe der in Satz 1 bezeichneten Forderung während der sieben Tage nicht erfasst.

(2) ¹Das Geldinstitut ist dem Schuldner innerhalb der sieben Tage zur Leistung aus dem nach Absatz 1 Satz 2 von der Pfändung nicht erfassten Guthaben nur soweit verpflichtet, als der Schuldner nachweist oder als dem Geldinstitut sonst bekannt ist, dass das Guthaben von der Pfändung nicht erfasst ist. ²Soweit das Geldinstitut hiernach geleistet hat, gilt Absatz 1 Satz 2 nicht.

(3) ¹Eine Leistung, die das Geldinstitut innerhalb der sieben Tage aus dem nach Absatz 1 Satz 2 von der Pfändung nicht erfassten Guthaben an den Gläubiger bewirkt, ist dem Schuldner gegenüber unwirksam. ²Das gilt auch für eine Hinterlegung.

(4) Bei Empfängern laufender Kindergeldleistungen sind die in Absatz 1 genannten Forderungen nach Ablauf von sieben Tagen seit der Gutschrift sowie Bargeld insoweit nicht der Pfändung unterworfen, als ihr Betrag dem unpfändbaren Teil der Leistungen für die Zeit von der Pfändung bis zum nächsten Zahlungstermin entspricht.

§ 77
Erstattung von Kosten im Vorverfahren

(1) ¹Soweit der Einspruch gegen die Kindergeldfestsetzung erfolgreich ist, hat die Familienkasse demjenigen, der den Einspruch erhoben hat, die zur zweckentsprechenden Rechtsverfolgung oder Rechtsverteidigung notwendigen Aufwendungen zu erstatten. ²Dies gilt auch, wenn der Einspruch nur deshalb keinen Erfolg hat, weil die Verletzung einer Verfahrens- oder Formvorschrift nach § 126 der Abgabenordnung unbeachtlich ist. ³Aufwendungen, die durch das Verschulden eines Erstattungsberechtigten entstanden sind, hat dieser selbst zu tragen; das Verschulden eines Vertreters ist dem Vertretenen zuzurechnen.

(2) Die Gebühren und Auslagen eines Bevollmächtigten oder Beistandes, der nach den Vorschriften des Steuerberatungsgesetzes zur geschäftsmäßigen Hilfeleistung in Steuersachen befugt ist, sind erstattungsfähig, wenn dessen Zuziehung notwendig war.

(3) ¹Die Familienkasse setzt auf Antrag den Betrag der zu erstattenden Aufwendungen fest. ²Die Kostenentscheidung bestimmt auch, ob die Zuziehung eines Bevollmächtigten oder Beistandes im Sinne des Absatzes 2 notwendig war.

§ 78
Übergangsregelungen

(1) bis (3) – weggefallen –

(4) – weggefallen –

(5) ¹Abweichend von § 64 Abs. 2 und 3 steht Berechtigten, die für Dezember 1990 für ihre Kinder Kindergeld in dem in Artikel 3 des Einigungsvertrages genannten Gebiet bezogen haben, das Kindergeld für diese Kinder auch für die folgende Zeit zu, solange sie ihren Wohnsitz oder gewöhnlichen Aufenthalt in diesem Gebiet beibehalten und die Kinder die Voraussetzungen ihrer Berücksichtigung weiterhin erfüllen. ²§ 64 Abs. 2 und 3 ist insoweit erst für die Zeit vom Beginn des Monats an anzuwenden, in dem ein hierauf gerichteter Antrag bei der zuständigen Stelle eingegangen ist; der hiernach Berechtigte muss die nach Satz 1 geleisteten Zahlungen gegen sich gelten lassen.

XI. Altersvorsorgezulage

§ 79
Zulageberechtigte

¹Nach § 10a Abs. 1 begünstigte unbeschränkt steuerpflichtige Personen haben Anspruch auf eine Altersvorsorgezulage (Zulage). ²Liegen bei Ehegatten die Voraussetzungen des § 26 Abs. 1 vor und ist nur ein Ehegatte nach Satz 1 begünstigt, so ist auch der andere Ehegatte zulageberechtigt, wenn ein auf seinen Namen lautender Altersvorsorgevertrag besteht.

§ 80
Anbieter

Anbieter im Sinne dieses Gesetzes sind Anbieter von Altersvorsorgeverträgen gemäß § 1 Abs. 2 des Altersvorsorgeverträge-Zertifizierungsgesetzes sowie die in § 82 Abs. 2 genannten Versorgungseinrichtungen.

§ 81
Zentrale Stelle

Zentrale Stelle im Sinne dieses Gesetzes ist die Deutsche Rentenversicherung Bund.

§ 81a
Zuständige Stelle

¹Zuständige Stelle ist bei einem

1. Empfänger von Besoldung nach dem Bundesbesoldungsgesetz die die Besoldung anordnende Stelle,
2. Empfänger von Amtsbezügen im Sinne des § 10a Abs. 1 Satz 1 Nr. 2 die die Amtsbezüge anordnende Stelle,
3. versicherungsfrei Beschäftigten sowie bei einem von der Versicherungspflicht befreiten Beschäftigten im Sinne des § 10a Abs. 1 Satz 1 Nr. 3 der die Versorgung gewährleistende Arbeitgeber der rentenversicherungsfreien Beschäftigung und
4. Beamten, Richter, Berufssoldaten und Soldaten auf Zeit im Sinne des § 10a Abs. 1 Satz 1 Nr. 4 der zur Zahlung des Arbeitsentgelts verpflichtete Arbeitgeber.

²Für die in § 10a Abs. 1 Satz 1 Nr. 5 genannten Steuerpflichtigen gilt Satz 1 entsprechend.

§ 82
Altersvorsorgebeiträge

(1) ¹Geförderte Altersvorsorgebeiträge sind im Rahmen der in § 10a genannten Grenzen Beiträge, die der Zulageberechtigte (§ 79)

zugunsten eines auf seinen Namen lautenden Vertrags leistet, der nach § 5 des Altersvorsorgeverträge-Zertifizierungsgesetzes zertifiziert ist (Altersvorsorgevertrag). ²Die Zertifizierung ist Grundlagenbescheid im Sinne des § 171 Abs. 10 der Abgabenordnung.

(2) ¹Zu den Altersvorsorgebeiträgen gehören auch
a) die aus dem individuell versteuerten Arbeitslohn des Arbeitnehmers geleisteten Beiträge an einen Pensionsfonds, eine Pensionskasse oder eine Direktversicherung zum Aufbau einer kapitalgedeckten betrieblichen Altersversorgung und
b) Beiträge des Arbeitnehmers und des ausgeschiedenen Arbeitnehmers, die dieser im Fall der zunächst durch Entgeltumwandlung (§ 1a des Betriebsrentengesetzes) finanzierten und nach § 3 Nr. 63 oder § 10a und diesem Abschnitt geförderten kapitalgedeckten betrieblichen Altersversorgung nach Maßgabe des § 1a Abs. 4 und § 1b Abs. 5 Satz 1 Nr. 2 des Betriebsrentengesetzes selbst erbringt,

wenn eine Auszahlung der zugesagten Altersversorgungsleistung in Form einer Rente oder eines Auszahlungsplans (§ 1 Abs. 1 Nr. 4 des Altersvorsorgeverträge-Zertifizierungsgesetzes) vorgesehen ist. ²Die §§ 3 und 4 des Betriebsrentengesetzes stehen dem vorbehaltlich des § 93 nicht entgegen.

(3) Zu den Altersvorsorgebeiträgen gehören auch die Beitragsanteile, die zur Absicherung der verminderten Erwerbsfähigkeit des Zulageberechtigten und zur Hinterbliebenenversorgung verwendet werden, wenn in der Leistungsphase die Auszahlung in Form einer Rente erfolgt.

(4) Nicht zu den Altersvorsorgebeiträgen zählen
1. Aufwendungen, die vermögenswirksame Leistungen nach dem Fünften Vermögensbildungsgesetz in der Fassung der Bekanntmachung vom 4. März 1994 (BGBl. I S. 406), zuletzt geändert durch Artikel 19 des Gesetzes vom 29. Dezember 2003 (BGBl. I S. 3076), in der jeweils geltenden Fassung darstellen,
2. prämienbegünstigte Aufwendungen nach dem Wohnungsbau-Prämiengesetz in der Fassung der Bekanntmachung vom 30. Oktober 1997 (BGBl. I S. 2678), zuletzt geändert durch Artikel 5 des Gesetzes vom 29. Dezember 2003 (BGBl. I S. 3076), in der jeweils geltenden Fassung,
3. Aufwendungen, die im Rahmen des § 10 als Sonderausgaben geltend gemacht werden, oder
4. Rückzahlungsbeträge nach § 92a Abs. 2.

§ 83
Altersvorsorgezulage

In Abhängigkeit von den geleisteten Altersvorsorgebeiträgen wird eine Zulage gezahlt, die sich aus einer Grundzulage (§ 84) und einer Kinderzulage (§ 85) zusammensetzt.

§ 84
Grundzulage

Jeder Zulageberechtigte erhält eine Grundzulage; diese beträgt

in den Jahren 2002 und 2003	38 Euro,
in den Jahren 2004 und 2005	76 Euro,
in den Jahren 2006 und 2007	114 Euro,
ab dem Jahr 2008 jährlich	154 Euro.

§ 85
Kinderzulage

(1) ¹Die Kinderzulage beträgt für jedes Kind, für das dem Zulageberechtigten Kindergeld ausgezahlt wird,

in den Jahren 2002 und 2003	46 Euro,
in den Jahren 2004 und 2005	92 Euro,
in den Jahren 2006 und 2007	138 Euro,
ab dem Jahr 2008 jährlich	185 Euro.

²Der Anspruch auf Kinderzulage entfällt für den Veranlagungszeitraum, für das das Kindergeld insgesamt zurückgefordert wird. ³Erhalten mehrere Zulageberechtigte für dasselbe Kind Kindergeld, steht die Kinderzulage demjenigen zu, dem für den ersten Anspruchszeitraum (§ 66 Abs. 2) im Kalenderjahr Kindergeld ausgezahlt worden ist.

(2) ¹Bei Eltern, die die Voraussetzungen des § 26 Abs. 1 erfüllen, wird die Kinderzulage der Mutter zugeordnet, auf Antrag beider Eltern dem Vater. ²Der Antrag kann für ein abgelaufenes Beitragsjahr nicht zurückgenommen werden.

§ 86
Mindesteigenbeitrag

(1) ¹Die Zulage nach den §§ 84 und 85 wird gekürzt, wenn der Zulageberechtigte nicht den Mindesteigenbeitrag leistet. ²Dieser beträgt

in den Jahren 2002 und 2003	1 Prozent,
in den Jahren 2004 und 2005	2 Prozent,
in den Jahren 2006 und 2007	3 Prozent,
ab dem Jahr 2008 jährlich	4 Prozent

der Summe der in dem dem Kalenderjahr vorangegangenen Kalenderjahr

1. erzielten beitragspflichtigen Einnahmen im Sinne des Sechsten Buches Sozialgesetzbuch,
2. bezogenen Besoldung und Amtsbezüge und
3. in den Fällen des § 10a Abs. 1 Satz 1 Nr. 3 und Nr. 4 erzielten Einnahmen, die beitragspflichtig wären, wenn die Versicherungsfreiheit in der gesetzlichen Rentenversicherung nicht bestehen würde,

jedoch nicht mehr als die in § 10a Abs. 1 Satz 1 genannten Beträge, vermindert um die Zulage nach den §§ 84 und 85; gehört der Ehegatte zum Personenkreis nach § 79 Satz 2, berechnet sich der Mindesteigenbeitrag des nach § 79 Satz 1 Begünstigten unter Berücksichtigung der den Ehegatten insgesamt zustehenden Zulagen. ³Auslandsbezogene Bestandteile nach den §§ 52 ff. des Bundesbesoldungsgesetzes bleiben unberücksichtigt. ⁴Als Sockelbetrag sind ab dem Jahr 2005 jährlich 60 Euro zu leisten. ⁵Ist der Sockelbetrag höher als der Mindesteigenbeitrag nach Satz 2, so ist der Sockelbetrag als Mindesteigenbeitrag zu leisten. ⁶Die Kürzung der Zulage ermittelt sich nach dem Verhältnis der Altersvorsorgebeiträge zum Mindesteigenbeitrag.

(2) ¹Ein nach § 79 Satz 2 begünstigter Ehegatte hat Anspruch auf eine ungekürzte Zulage, wenn der zum begünstigten Personenkreis nach § 79 Satz 1 gehörende Ehegatte seinen geförderten Mindesteigenbeitrag unter Berücksichtigung der den Ehegatten insgesamt zustehenden Zulagen erbracht hat. ²Werden bei einer in der gesetzlichen Rentenversicherung pflichtversicherten Person beitragspflichtige Einnahmen zu Grunde gelegt, die höher sind als das tatsächlich erzielte Entgelt, die Entgeltersatzleistung oder der nach § 19 des Zweiten Buches Sozialgesetzbuch als Arbeitslosengeld II ausgezahlte Betrag, ist das tatsächlich erzielte Entgelt, der Zahlbetrag der Entgeltersatzleistung oder der nach § 19 des Zweiten Buches Sozialgesetzbuch als Arbeitslosengeld II ausgezahlte Betrag für die Berechnung des Mindesteigenbeitrags zu berücksichtigen. ³Satz 2 gilt auch in den Fällen, in denen im vorangegangenen Jahr keine der in Absatz 1 Satz 2 genannten Beträge bezogen wurden.

(3) ¹Für Versicherungspflichtige nach dem Gesetz über die Alterssicherung der Landwirte ist Absatz 1 mit der Maßgabe anzuwenden, dass auch die Einkünfte aus Land- und Forstwirtschaft im Sinne des § 13 des zweiten dem Beitragsjahr vorangegangenen Veranlagungszeitraums als beitragspflichtige Einnahmen des vorangegangenen Kalenderjahres gelten. ²Negative Einkünfte im Sinne des Satzes 1 bleiben unberücksichtigt, wenn weitere nach Absatz 1 oder Absatz 2 zu berücksichtigende Einnahmen erzielt werden.

(4) Wird nach Ablauf des Beitragsjahres festgestellt, dass die Voraussetzungen für die Gewährung einer Kinderzulage nicht vorgelegen haben, ändert sich dadurch die Berechnung des Mindesteigenbeitrags für dieses Beitragsjahr nicht.

§ 87
Zusammentreffen mehrerer Verträge

(1) ¹Zahlt der nach § 79 Satz 1 Zulageberechtigte Altersvorsorgebeiträge zugunsten mehrerer Verträge, so wird die Zulage nur für zwei dieser Verträge gewährt. ²Der insgesamt nach § 86 zu leistende Mindesteigenbeitrag muss zugunsten dieser Verträge geleistet worden sein. ³Die Zulage ist entsprechend dem Verhältnis der auf diese Verträge geleisteten Beiträge zu verteilen.

(2) ¹Der nach § 79 Satz 2 Zulageberechtigte kann die Zulage für das jeweilige Beitragsjahr nicht auf mehrere Altersvorsorgeverträge verteilen. ²Es ist nur der Altersvorsorgevertrag begünstigt, für den zuerst die Zulage beantragt wird.

§ 88
Entstehung des Anspruchs auf Zulage

Der Anspruch auf die Zulage entsteht mit Ablauf des Kalenderjahres, in dem die Altersvorsorgebeiträge geleistet worden sind (Beitragsjahr).

§ 89
Antrag

(1) ¹Der Zulageberechtigte hat den Antrag auf Zulage nach amtlich vorgeschriebenem Vordruck bis zum Ablauf des zweiten Kalenderjahres, das auf das Beitragsjahr (§ 88) folgt, bei dem Anbieter seines Vertrages einzureichen. ²Hat der Zulageberechtigte im Beitragsjahr Altersvorsorgebeiträge für mehrere Verträge gezahlt, so hat er mit dem Zulageantrag zu bestimmen, auf welche Verträge die Zulage überwiesen werden soll. ³Beantragt der Zulageberechtigte die Zulage für mehr als zwei Verträge, so wird die Zulage nur für die zwei Verträge mit den höchsten Altersvorsorgebeiträgen gewährt. ⁴Sofern eine Zulagenummer (§ 90 Abs. 1 Satz 2) durch die zentrale Stelle (§ 81) oder eine Versicherungsnummer nach § 147 des Sechsten Buches Sozialgesetzbuch für den nach § 79 Satz 2 berechtigten Ehegatten noch nicht vergeben ist, hat dieser über seinen Anbieter eine Zulagenummer bei der zentralen Stelle zu beantragen. ⁵Der Antragsteller ist verpflichtet, dem Anbieter unverzüglich eine Änderung der Verhältnisse mitzuteilen, die zu einer Minderung oder zum Wegfall des Zulageanspruchs führt.

(1a) ¹Der Zulageberechtigte kann den Anbieter seines Vertrages schriftlich bevollmächtigen, für ihn abweichend von Absatz 1 die Zulage für jedes Beitragsjahr zu beantragen. ²Absatz 1 Satz 5 gilt mit Ausnahme der Mitteilung geänderter beitragspflichtiger Einnahmen entsprechend. ³Ein Widerruf der Vollmacht ist bis zum Ablauf des Beitragsjahres, für das der Anbieter keinen Antrag auf Zulage stellen soll, gegenüber dem Anbieter zu erklären.

(2) ¹Der Anbieter ist verpflichtet,
a) die Vertragsdaten,
b) die Versicherungsnummer nach § 147 des Sechsten Buches Sozialgesetzbuch, die Zulagenummer des Zulageberechtigten und dessen Ehegatten oder einen Antrag auf Vergabe einer Zulagenummer eines nach § 79 Satz 2 berechtigten Ehegatten,
c) die vom Zulageberechtigten mitgeteilten Angaben zur Ermittlung des Mindesteigenbeitrags (§ 86),
d) die für die Gewährung der Kinderzulage erforderlichen Daten,
e) die Höhe der geleisteten Altersvorsorgebeiträge und
f) das Vorliegen einer nach Absatz 1a erteilten Vollmacht

als die für die Ermittlung und Überprüfung des Zulageanspruchs und Durchführung des Zulageverfahrens erforderlichen Daten zu erfassen. ²Er hat die Daten der bei ihm im Laufe eines Kalendervierteljahres eingegangenen Anträge bis zum Ende des folgenden Monats nach amtlich vorgeschriebenem Datensatz auf amtlich vorgeschriebenen automatisiert verarbeitbaren Datenträgern oder durch amtlich bestimmte Datenfernübertragung an die zentrale Stelle zu übermitteln. ³Das gilt auch im Fall des Absatzes 1 Satz 5.

(3) ¹Ist der Anbieter nach Absatz 1a Satz 1 bevollmächtigt worden, hat er der zentralen Stelle die nach Absatz 2 Satz 1 erforderlichen Angaben für jedes Kalenderjahr bis zum Ablauf des auf das Beitragsjahr folgenden Kalenderjahres zu übermitteln. ²Liegt die Bevollmächtigung erst nach dem im Satz 1 genannten Meldetermin vor, hat der Anbieter die Angaben bis zum Ende des folgenden Kalendervierteljahres nach der Bevollmächtigung, spätestens jedoch bis zum Ablauf der in Absatz 1 Satz 1 genannten Antragsfrist, zu übermitteln. ³Absatz 2 Satz 2 und 3 gilt sinngemäß.

§ 90
Verfahren

(1) ¹Die zentrale Stelle ermittelt auf Grund der von ihr erhobenen oder der ihr übermittelten Daten, ob und in welcher Höhe ein Zulageanspruch besteht. ²Soweit der zuständige Träger der Rentenversicherung keine Versicherungsnummer vergeben hat, vergibt die zentrale Stelle zur Erfüllung der ihr nach diesem Abschnitt zugewiesenen Aufgaben eine Zulagenummer. ³Die zentrale Stelle teilt im Falle eines Antrags nach § 10a Abs. 1a der zuständigen Stelle, im Falle eines Antrags nach § 89 Abs. 1 Satz 4 dem Anbieter die Zulagenummer mit; von dort wird sie an den Antragsteller weitergeleitet.

(2) ¹Die zentrale Stelle veranlasst die Auszahlung an den Anbieter zugunsten der Zulageberechtigten durch die zuständige Kasse. ²Ein gesonderter Zulagenbescheid ergeht vorbehaltlich des Absatzes 4 nicht. ³Der Anbieter hat die erhaltenen Zulagen unverzüglich den begünstigten Verträgen gutzuschreiben. ⁴Zulagen, die nach Beginn der Auszahlungsphase für das Altersvorsorgevermögen von der zentralen Stelle an den Anbieter überwiesen werden, können vom Anbieter an den Anleger ausgezahlt werden. ⁵Besteht kein Zulageanspruch, so teilt die zentrale Stelle dies dem Anbieter durch Datensatz mit. ⁶Die zentrale Stelle teilt dem Anbieter die Altersvorsorgebeiträge im Sinne des § 82, auf die § 10a oder dieser Abschnitt angewendet wurde, durch Datensatz mit.

(3) ¹Erkennt die zentrale Stelle nachträglich, dass der Zulageanspruch ganz oder teilweise nicht besteht oder weggefallen ist, so hat sie zu Unrecht gutgeschriebene oder ausgezahlte Zulagen zurückzufordern und dies dem Anbieter durch Datensatz mitzuteilen. ²Bei bestehendem Vertragsverhältnis hat der Anbieter das Konto zu belasten. ³Die ihm im Kalendervierteljahr mitgeteilten Rückforderungsbeträge hat er bis zum zehnten Tag des dem Kalendervierteljahr folgenden Monats in einem Betrag bei der zentralen Stelle anzumelden und an diese abzuführen. ⁴Die Anmeldung nach Satz 3 ist nach amtlich vorgeschriebenem Vordruck abzugeben. ⁵Sie gilt als Steueranmeldung im Sinne der Abgabenordnung.

(4) ¹Eine Festsetzung der Zulage erfolgt nur auf besonderen Antrag des Zulageberechtigten. ²Der Antrag ist schriftlich innerhalb eines Jahres nach Erteilung der Bescheinigung nach § 92 durch den Anbieter vom Antragsteller an den Anbieter zu richten. ³Der Anbieter leitet den Antrag der zentralen Stelle zur Festsetzung zu. ⁴Er hat dem Antrag eine Stellungnahme und die zur Festsetzung erforderlichen Unterlagen beizufügen. ⁵Die zentrale Stelle teilt die Festsetzung auch dem Anbieter mit. ⁶Im Übrigen gilt Absatz 3 entsprechend.

§ 90a
Anmeldeverfahren

– weggefallen –

§ 91
Datenerhebung und Datenabgleich

(1) ¹Für die Berechnung und Überprüfung der Zulage sowie die Überprüfung des Vorliegens der Voraussetzungen des Sonderausgabenabzugs nach § 10a übermitteln die Träger der gesetzlichen Rentenversicherung, die Bundesagentur für Arbeit, die Meldebehörden, die Familienkassen und die Finanzämter der zentralen Stelle auf Anforderung die bei ihnen vorhandenen Daten nach § 89 Abs. 2 auf automatisiert verarbeitbaren Datenträgern oder durch Datenfernübertragung; für Zwecke der Berechnung des Mindesteigenbeitrags für ein Beitragsjahr darf die zentrale Stelle bei den Trägern der gesetzlichen Rentenversicherung die beitragspflichtigen Einnahmen erheben, sofern diese nicht vom Anbieter nach § 89 übermittelt worden sind. ²Für Zwecke der Überprüfung nach Satz 1 darf die zentrale Stelle die ihr übermittelten Daten mit den ihr nach § 89 Abs. 2 übermittelten Daten automatisiert abgleichen. ³Führt die Überprüfung zu einer Änderung der ermittelten oder festgesetzten Zulage, ist dies dem Anbieter mitzuteilen. ⁴Ist nach dem Ergebnis der Überprüfung der Sonderausgabenabzug nach § 10a oder die gesonderte Feststellung nach § 10a Abs. 4 zu ändern, ist dies dem Finanzamt mitzuteilen.

(2) ¹Die zuständige Stelle hat der zentralen Stelle die Daten nach § 10a Abs. 1 Satz 1 zweiter Halbsatz bis zum 31. März des dem Beitragsjahr folgenden Kalenderjahres auf automatisiert verarbeitbaren Datenträgern oder durch Datenfernübertragung zu übermitteln. ²Liegt die Einwilligung nach § 10a Abs. 1 Satz 1 zweiter Halbsatz erst nach dem in Satz 1 genannten Meldetermin vor, hat die zuständige Stelle die Daten spätestens bis zum Ende des folgenden Kalendervierteljahres nach Erteilung der Einwilligung nach Maßgabe von Satz 1 zu übermitteln.

§ 92
Bescheinigung

Der Anbieter hat dem Zulageberechtigten jährlich eine Bescheinigung nach amtlich vorgeschriebenem Vordruck zu erteilen über

1. die Höhe der im abgelaufenen Beitragsjahr geleisteten Altersvorsorgebeiträge,
2. die im abgelaufenen Beitragsjahr getroffen, aufgehobenen oder geänderten Ermittlungsergebnisse (§ 90),
3. die Summe der bis zum Ende des abgelaufenen Beitragsjahres dem Vertrag gutgeschriebenen Zulagen,
4. die Summe der bis zum Ende des abgelaufenen Beitragsjahres geleisteten Altersvorsorgebeiträge und
5. den Stand des Altersvorsorgevermögens.

§ 92a
Verwendung für eine eigenen Wohnzwecken dienende Wohnung im eigenen Haus

(1) [1]Der Zulageberechtigte kann das in einem Altersvorsorgevertrag gebildete und nach § 10a oder diesem Abschnitt geförderte Kapital in Höhe von insgesamt mindestens 10 000 Euro unmittelbar für die Anschaffung oder Herstellung einer zu eigenen Wohnzwecken dienenden Wohnung in einem im Inland belegenen eigenen Haus oder einer im Inland belegenen, zu eigenen Wohnzwecken dienenden, eigenen Eigentumswohnung verwenden (Altersvorsorge-Eigenheimbetrag). [2]Insgesamt dürfen höchstens 50 000 Euro nach Satz 1 verwendet werden.

(2) [1]Der Zulageberechtigte hat den Altersvorsorge-Eigenheimbetrag bis zur Vollendung seines 65. Lebensjahres beginnend mit dem zweiten auf das Jahr der Verwendung folgenden Jahr auf einen von ihm im Zeitpunkt der Verwendung zu bestimmenden Altersvorsorgevertrag in monatlich gleichen Raten jeweils am ersten Tag eines Monats zurückzuzahlen. [2]Zahlungen auf diesen Altersvorsorgevertrag gelten bis zur Höhe dieser Monatsraten als zur Erfüllung der Rückzahlungsverpflichtung geleistet. [3]Eine darüber hinausgehende Rückzahlung ist zulässig. [4]Als Zeitpunkt der Verwendung im Sinne des Satzes 1 gilt der Zeitpunkt der Auszahlung des Altersvorsorge-Eigenheimbetrags.

(3) Gerät der Zulageberechtigte mit der Rückzahlung von mehr als zwölf Monatsraten im Sinne des Absatzes 2 Satz 1 in Rückstand, sind die auf den nicht zurückgezahlten Altersvorsorge-Eigenheimbetrag entfallenden Zulagen und die nach § 10a Abs. 4 gesondert festgestellten Beträge zurückzuzahlen.

(4) [1]Dient die Wohnung dem Zulageberechtigten nicht nur vorübergehend nicht mehr zu eigenen Wohnzwecken, bevor er den Altersvorsorge-Eigenheimbetrag vollständig zurückgezahlt hat, ist Absatz 3 entsprechend anzuwenden. [2]Dies gilt auch, wenn der Zulageberechtigte verstirbt, bevor er den Altersvorsorge-Eigenheimbetrag vollständig zurückgezahlt hat. [3]Die Sätze 1 und 2 sind nicht anzuwenden, wenn

1. der Zulageberechtigte den nicht zurückgezahlten Altersvorsorge-Eigenheimbetrag innerhalb eines Jahres vor und eines Jahres nach Ablauf des Veranlagungszeitraums, in dem ihm die Wohnung letztmals zu eigenen Wohnzwecken gedient hat, für eine weitere Wohnung im Sinne des Absatzes 1 verwendet,
2. der Zulageberechtigte den nicht zurückgezahlten Altersvorsorge-Eigenheimbetrag innerhalb eines Jahres nach Ablauf des Veranlagungszeitraums, in dem ihm die Wohnung letztmals zu eigenen Wohnzwecken gedient hat, auf einen auf seinen Namen lautenden zertifizierten Altersvorsorgevertrag zurückzahlt oder
3. der Ehegatte des verstorbenen Zulageberechtigten Eigentümer der Wohnung im Sinne des Absatzes 1 ist, sie ihm zu eigenen Wohnzwecken dient und die Ehegatten im Zeitpunkt des Todes des Zulageberechtigten die Voraussetzungen des § 26 Abs. 1 erfüllt haben. [2]In diesem Fall tritt der überlebende Ehegatte für die Anwendung der Absätze 2 bis 4 in die Rechtsstellung des Zulageberechtigten. [3]Er hat einen Altersvorsorgevertrag für die weitere Rückzahlung zu bestimmen.

§ 92b
Verfahren bei Verwendung für eine eigenen Wohnzwecken dienende Wohnung im eigenen Haus

(1) [1]Der Zulageberechtigte hat die Verwendung nach § 92a bei der zentralen Stelle zu beantragen und dabei die notwendigen Nachweise zu erbringen. [2]Er hat zu bestimmen,

1. aus welchen Altersvorsorgeverträgen welche Beträge ausgezahlt werden sollen und
2. auf welchen Altersvorsorgevertrag die Rückzahlung nach § 92a Abs. 2 erfolgen soll.

(2) [1]Die zentrale Stelle teilt dem Zulageberechtigten und den Anbietern der in Absatz 1 Nr. 1 genannten Altersvorsorgeverträge mit, welche Beträge förderunschädlich ausgezahlt werden können. [2]Sie teilt dem Zulageberechtigten und dem Anbieter des in Absatz 1 Nr. 2 genannten Altersvorsorgevertrages mit, welche Beträge der Zulageberechtigte nach § 92a Abs. 2 zurückzuzahlen hat.

(3) [1]Die Anbieter der in Absatz 1 Nr. 1 genannten Altersvorsorgeverträge dürfen den Altersvorsorge-Eigenheimbetrag auszahlen, sobald sie die Mitteilung nach Absatz 2 erhalten haben. [2]Sie haben der zentralen Stelle nach amtlich vorgeschriebenem Datensatz durch Datenübermittlung auf amtlich vorgeschriebenem, maschinell verwertbarem Datenträger oder durch amtlich bestimmte Datenfernübertragung Folgendes anzuzeigen:

1. den Auszahlungszeitpunkt,
2. die Summe der bis zum Auszahlungszeitpunkt dem Altersvorsorgevertrag gutgeschriebenen Zulagen,
3. die Summe der bis zum Auszahlungszeitpunkt geleisteten Altersvorsorgebeiträge und
4. den Stand des geförderten Altersvorsorgevermögens im Zeitpunkt der Auszahlung.

(4) Der Anbieter des in Absatz 1 Nr. 2 genannten Altersvorsorgevertrages hat die zentrale Stelle unverzüglich zu benachrichtigen, wenn der Zulageberechtigte mit der Rückzahlung des Altersvorsorge-Eigenheimbetrags mit mehr als zwölf Monatsraten in Rückstand geraten ist, und ihr den nicht zurückgezahlten Betrag mitzuteilen.

(5) [1]Die zentrale Stelle unterrichtet das für den Zulageberechtigten zuständige Finanzamt darüber, für welche Wohnung im Sinne des § 92a Abs. 1 der Zulageberechtigte einen Altersvorsorge-Eigenheimbetrag verwendet hat. [2]Das Finanzamt benachrichtigt die zentrale Stelle, wenn die Voraussetzungen des § 92a Abs. 1 nicht oder nicht mehr erfüllt sind. [3]In den Fällen des § 92a Abs. 3 und 4 Satz 1 und 2 unterrichtet die zentrale Stelle das zuständige Finanzamt über die Besteuerungsgrundlagen. [4]Im Übrigen gilt § 94 Abs. 2 entsprechend.

§ 93
Schädliche Verwendung

(1) [1]Wird gefördertes Altersvorsorgevermögen nicht unter den in § 1 Abs. 1 Satz 1 Nr. 4 und 10 Buchstabe c des Altersvorsorgeverträge-Zertifizierungsgesetzes oder § 1 Abs. 1 Satz 1 Nr. 4, 5 und 10 Buchstabe c des Altersvorsorgeverträge-Zertifizierungsgesetzes in der bis zum 31. Dezember 2004 geltenden Fassung genannten Voraussetzungen an den Zulageberechtigten ausgezahlt (schädliche Verwendung), sind die auf das ausgezahlte geförderte Altersvorsorgevermögen entfallenden Zulagen und die nach § 10a Abs. 4 gesondert festgestellten Beträge (Rückzahlungsbetrag) zurückzuzahlen. [2]Dies gilt auch bei einer Auszahlung nach Beginn der Auszahlungsphase (§ 1 Abs. 1 Nr. 2 des Altersvorsorgeverträge-Zertifizierungsgesetzes) und bei Auszahlungen im Falle des Todes des Zulageberechtigten. [3]Eine Rückzahlungsverpflichtung besteht nicht für den Teil der Zulagen und der Steuerermäßigung,

a) der auf nach § 1 Abs. 1 Satz 1 Nr. 2 des Altersvorsorgeverträge-Zertifizierungsgesetzes angespartes gefördertes Altersvorsorgevermögen entfällt, wenn es in Form einer Hinterbliebenenrente an die dort genannten Hinterbliebenen ausgezahlt wird; dies gilt auch für Leistungen im Sinne des § 82 Abs. 3 an Hinterbliebene des Steuerpflichtigen;
b) der den Beitragsanteilen zuzuordnen ist, die für die zusätzliche Absicherung der verminderten Erwerbsfähigkeit und eine zusätzliche Hinterbliebenenabsicherung ohne Kapitalbildung verwendet worden sind;

§§ 94–96 EStG – Gesetzestext

c) der auf gefördertes Altersvorsorgevermögen entfällt, das im Falle des Todes des Zulageberechtigten auf einen auf den Namen des Ehegatten lautenden Altersvorsorgevertrag übertragen wird, wenn die Ehegatten im Zeitpunkt des Todes des Zulageberechtigten die Voraussetzungen des § 26 Abs. 1 erfüllt haben.

(1a) ¹Die Verpflichtung nach Absatz 1 Satz 1 entfällt auch, soweit im Rahmen der Regelung der Scheidungsfolgen eine Übertragung des geförderten Altersvorsorgevermögens auf einen Altersvorsorgevertrag des ausgleichsberechtigten Ehegatten erfolgt, zu Lasten des geförderten Vertrages mit einem öffentlich-rechtlichen Versorgungsträger für den ausgleichsberechtigten Ehegatten Rentenanwartschaften in der gesetzlichen Rentenversicherung begründet werden oder das Kapital aus einem geförderten Vertrag entnommen und von dem ausgleichsberechtigten Ehegatten unmittelbar auf einen auf seinen Namen lautenden Altersvorsorgevertrag eingezahlt wird. ²Einer Übertragung steht die Abtretung des geförderten Altersvorsorgevermögens im Rahmen der Regelung der Scheidungsfolgen gleich. ³Wird von dem berechtigten früheren Ehegatten dieses Altersvorsorgevermögen schädlich verwendet, gilt Absatz 1 Satz 1 sinngemäß für die darin enthaltenen Zulagen und die anteilig nach § 10a Abs. 4 gesondert festgestellten Beträge.

(2) ¹Die Übertragung von gefördertem Altersvorsorgevermögen auf einen anderen auf den Namen des Zulageberechtigten lautenden Altersvorsorgevertrag (§ 1 Abs. 1 Satz 1 Nr. 10 Buchstabe b des Altersvorsorgeverträge-Zertifizierungsgesetzes) stellt keine schädliche Verwendung dar. ²Dies gilt sinngemäß in den Fällen des § 4 Abs. 2 und 3 des Betriebsrentengesetzes, wenn das geförderte Altersvorsorgevermögen auf eine der in § 82 Abs. 2 Buchstabe a genannten Einrichtungen der betrieblichen Altersversorgung zum Aufbau einer kapitalgedeckten betrieblichen Altersversorgung übertragen und eine lebenslange Altersversorgung im Sinne des § 1 Abs. 1 Satz 1 Nr. 4 des Altersvorsorgeverträge-Zertifizierungsgesetzes oder § 1 Abs. 1 Satz 1 Nr. 4 und 5 des Altersvorsorgeverträge-Zertifizierungsgesetzes in der bis zum 31. Dezember 2004 geltenden Fassung vorgesehen wird. ³In den übrigen Fällen der Abfindung von Anwartschaften der betrieblichen Altersversorgung gilt dies, soweit das geförderte Altersvorsorgevermögen zugunsten eines auf den Namen des Zulageberechtigten lautenden Altersvorsorgevertrages geleistet wird.

(3) ¹Auszahlungen zur Abfindung einer Kleinbetragsrente zu Beginn der Auszahlungsphase gelten nicht als schädliche Verwendung. ²Eine Kleinbetragsrente ist eine Rente, die bei gleichmäßiger Verrentung des gesamten zu Beginn der Auszahlungsphase zur Verfügung stehenden Kapitals eine monatliche Rente ergibt, die 1 Prozent der monatlichen Bezugsgröße nach § 18 des Vierten Buches Sozialgesetzbuch nicht übersteigt. ³Bei der Berechnung dieses Betrags sind alle bei einem Anbieter bestehenden Verträge des Zulageberechtigten insgesamt zu berücksichtigen, auf die nach diesem Abschnitt geförderte Altersvorsorgebeiträge geleistet wurden.

§ 94
Verfahren bei schädlicher Verwendung

(1) ¹In den Fällen des § 93 Abs. 1 hat der Anbieter der zentralen Stelle vor der Auszahlung des geförderten Altersvorsorgevermögens die schädliche Verwendung nach amtlich vorgeschriebenem Datensatz durch Datenübermittlung auf amtlich vorgeschriebenem maschinell verwertbarem Datenträger oder durch amtlich bestimmte Datenfernübertragung anzuzeigen. ²Die zentrale Stelle ermittelt den Rückzahlungsbetrag und teilt diesen dem Anbieter durch Datensatz mit. ³Der Anbieter hat den Rückzahlungsbetrag einzubehalten, mit der nächsten Anmeldung nach § 90 Abs. 3 anzumelden und an die zentrale Stelle abzuführen. ⁴Der Anbieter hat die einbehaltenen und abgeführten Beträge sowie die dem Vertrag bis zur schädlichen Verwendung gutgeschriebenen Erträge dem Zulageberechtigten nach amtlich vorgeschriebenem Vordruck zu bescheinigen und der zentralen Stelle nach amtlich vorgeschriebenem Datensatz durch Datenübermittlung auf amtlich vorgeschriebenem maschinell verwertbarem Datenträger oder durch amtlich bestimmte Datenfernübertragung mitzuteilen. ⁵Die zentrale Stelle unterrichtet das für den Zulageberechtigten zuständige Finanzamt. ⁶In den Fällen des § 93 Abs. 3 gelten die Sätze 1 und 5 entsprechend.

(2) ¹Eine Festsetzung des Rückzahlungsbetrags erfolgt durch die zentrale Stelle auf besonderen Antrag des Zulageberechtigten oder sofern die Rückzahlung nach Absatz 1 ganz oder teilweise nicht möglich oder nicht erfolgt ist. ²§ 90 Abs. 4 Satz 2 bis 6 gilt entsprechend. ³Im Rückforderungsbescheid sind auf den Rückzahlungsbetrag die vom Anbieter bereits einbehaltenen und abgeführten Beträge nach Maßgabe der Bescheinigung nach Absatz 1 Satz 4 anzurechnen. ⁴Der Zulageberechtigte hat den verbleibenden Rückzahlungsbetrag innerhalb eines Monats nach Bekanntgabe des Rückforderungsbescheids an die zuständige Kasse zu entrichten. ⁵Die Frist für die Festsetzung des Rückzahlungsbetrags beträgt vier Jahre und beginnt mit Ablauf des Kalenderjahres, in dem die Auszahlung im Sinne des § 93 Abs. 1 erfolgt ist.

§ 95
Beendigung der unbeschränkten Einkommensteuerpflicht des Zulageberechtigten

(1) Endet die unbeschränkte Steuerpflicht des Zulageberechtigten durch Aufgabe des inländischen Wohnsitzes oder gewöhnlichen Aufenthalts oder wird für das Beitragsjahr kein Antrag nach § 1 Abs. 3 gestellt, gelten die §§ 93 und 94 entsprechend.

(2) ¹Auf Antrag des Zulageberechtigten ist der Rückzahlungsbetrag (§ 93 Abs. 1 Satz 1) zunächst bis zum Beginn der Auszahlung (§ 1 Abs. 1 Nr. 2 des Altersvorsorgeverträge-Zertifizierungsgesetzes) zu stunden. ²Die Stundung ist zu verlängern, wenn der Rückzahlungsbetrag mit mindestens 15 Prozent der Leistungen aus dem Altersvorsorgevertrag getilgt wird. ³Stundungszinsen werden nicht erhoben. ⁴Die Stundung endet, wenn das geförderte Altersvorsorgevermögen nicht unter den in § 1 Abs. 1 Satz 1 Nr. 4 des Altersvorsorgeverträge-Zertifizierungsgesetzes genannten Voraussetzungen an den Zulageberechtigten ausgezahlt wird. ⁵Der Stundungsantrag ist über den Anbieter an die zentrale Stelle zu richten. ⁶Die zentrale Stelle teilt ihre Entscheidung auch dem Anbieter mit.

(3) ¹Wird in den Fällen des Absatzes 1 die unbeschränkte Steuerpflicht erneut begründet oder der Antrag nach § 1 Abs. 3 gestellt, ist bei Stundung des Rückzahlungsbetrags dieser von der zentralen Stelle zu erlassen. ²Wird die unbeschränkte Steuerpflicht des Zulageberechtigten nach einer Entsendung im Sinne des § 4 des Vierten Buches Sozialgesetzbuch, nach überstaatlichem oder zwischenstaatlichem Recht oder nach einer Zuweisung im Sinne des § 123a des Beamtenrechtsrahmengesetzes erneut begründet, ist die Zulage für die Kalenderjahre der Entsendung unter den Voraussetzungen der §§ 79 bis 87 und 89 zu gewähren. ³Die Zulagen sind nach amtlich vorgeschriebenem Vordruck bis zum Ablauf des zweiten Kalenderjahres zu beantragen, das auf das Kalenderjahr folgt, in dem letztmals keine unbeschränkte Steuerpflicht bestand.

§ 96
Anwendung der Abgabenordnung, allgemeine Vorschriften

(1) ¹Auf die Zulagen und die Rückzahlungsbeträge sind die für Steuervergütungen geltenden Vorschriften der Abgabenordnung entsprechend anzuwenden. ²Dies gilt nicht für § 163 der Abgabenordnung.

(2) ¹Der Anbieter haftet als Gesamtschuldner neben dem Zulageempfänger für die Zulagen und die nach § 10a Abs. 4 gesondert festgestellten Beträge, die wegen seiner vorsätzlichen oder grob fahrlässigen Pflichtverletzung zu Unrecht gezahlt, nicht einbehalten oder nicht zurückgezahlt worden sind. ²Für die Inanspruchnahme des Anbieters ist die zentrale Stelle zuständig.

(3) Die zentrale Stelle hat auf Anfrage des Anbieters Auskunft über die Anwendung des Abschnitts XI zu geben.

(4) ¹Die zentrale Stelle kann beim Anbieter ermitteln, ob er seine Pflichten erfüllt hat. ²Die §§ 193 bis 203 der Abgabenordnung gelten sinngemäß. ³Auf Verlangen der zentralen Stelle hat der Anbieter ihr Unterlagen, soweit sie im Ausland geführt und aufbewahrt werden, verfügbar zu machen.

(5) Der Anbieter erhält vom Bund oder den Ländern keinen Ersatz für die ihm aus diesem Verfahren entstehenden Kosten.

(6) ¹Der Anbieter darf die im Zulageverfahren bekannt gewordenen Verhältnisse der Beteiligten nur für das Verfahren verwerten. ²Er

darf sie ohne Zustimmung der Beteiligten nur offenbaren, soweit dies gesetzlich zugelassen ist.

(7) ¹Für die Zulage gelten die Strafvorschriften des § 370 Abs. 1 bis 4, der §§ 371, 375 Abs. 1 und des § 376 sowie die Bußgeldvorschriften der §§ 378, 379 Abs. 1 und 4 und der §§ 383 und 384 der Abgabenordnung entsprechend. ²Für das Strafverfahren wegen einer Straftat nach Satz 1 sowie die Begünstigung einer Person, die eine solche Tat begangen hat, gelten die §§ 385 bis 408, für das Bußgeldverfahren wegen einer Ordnungswidrigkeit nach Satz 1 die §§ 409 bis 412 der Abgabenordnung entsprechend.

§ 97
Übertragbarkeit

¹Das nach § 10a oder Abschnitt XI geförderte Altersvorsorgevermögen einschließlich seiner Erträge, die geförderten laufenden Altersvorsorgebeiträge und der Anspruch auf die Zulage sind nicht übertragbar. ²§ 93 Abs. 1a und § 4 des Betriebsrentengesetzes bleiben unberührt.

§ 98
Rechtsweg

In öffentlich-rechtlichen Streitigkeiten über die auf Grund des Abschnitts XI ergehenden Verwaltungsakte ist der Finanzrechtsweg gegeben.

§ 99
Ermächtigung

(1) Das Bundesministerium der Finanzen wird ermächtigt, die Vordrucke für die Anträge nach den §§ 89 und 95 Abs. 3 Satz 3, für die Anmeldung nach § 90 Abs. 3 und für die in den §§ 92 und 94 Abs. 1 Satz 4 vorgesehenen Bescheinigungen und im Einvernehmen mit den obersten Finanzbehörden der Länder die Vordrucke für die nach § 10a Abs. 5 Satz 1 und § 22 Nr. 5 Satz 7 vorgesehenen Bescheinigungen und den Inhalt und Aufbau der für die Durchführung des Zulageverfahrens zu übermittelnden Datensätze zu bestimmen.

(2) ¹Das Bundesministerium der Finanzen wird ermächtigt, im Einvernehmen mit dem Bundesministerium für Arbeit und Soziales und dem Bundesministerium des Innern durch Rechtsverordnung mit Zustimmung des Bundesrates Vorschriften zur Durchführung dieses Gesetzes über das Verfahren für die Ermittlung, Festsetzung, Auszahlung, Rückzahlung und Rückforderung der Zulage sowie die Rückzahlung und Rückforderung der nach § 10a Abs. 4 festgestellten Beträge zu erlassen. ²Hierzu gehören insbesondere

1. Vorschriften über Aufzeichnungs-, Aufbewahrungs-, Bescheinigungs- und Anzeigepflichten des Anbieters,
2. Grundsätze des vorgesehenen Datenaustausches zwischen den Anbietern, der zentralen Stelle, den Trägern der gesetzlichen Rentenversicherung, der Bundesagentur für Arbeit, den Meldebehörden, den Familienkassen, den zuständigen Stellen und den Finanzämtern und
3. Vorschriften über Mitteilungspflichten, die für die Erteilung der Bescheinigungen nach § 22 Nr. 5 Satz 7 und § 92 erforderlich sind.

Anlage 1
(zu § 4d Abs. 1)

Tabelle für die Errechnung des Deckungskapitals für lebenslänglich laufende Leistungen von Unterstützungskassen

Erreichtes Alter des Leistungsempfängers (Jahre)	Die Jahresbeiträge der laufenden Leistungen sind zu vervielfachen bei Leistungen	
	an männliche Leistungsempfänger mit	an weibliche Leistungsempfänger mit
1	2	3
bis 26	11	17
27 bis 29	12	17
30	13	17
31 bis 35	13	16
36 bis 39	14	16
40 bis 46	14	15
47 und 48	14	14
49 bis 52	13	14
53 bis 56	13	13
57 und 58	13	12
59 und 60	12	12
61 bis 63	12	11
64	11	11
65 bis 67	11	10
68 bis 71	10	9
72 bis 74	9	8
75 bis 77	8	7
78	8	6
79 bis 81	7	6
82 bis 84	6	5
85 bis 87	5	4
88	4	4
89 und 90	4	3
91 bis 93	3	3
94	3	2
95 und älter	2	2

Anlage 2
(zu § 43b)

Gesellschaften im Sinne der Richtlinie 90/435/EWG

Gesellschaft im Sinne der genannten Richtlinie ist jede Gesellschaft, die

1. eine der aufgeführten Formen aufweist:

– Gesellschaften belgischen Rechts mit der Bezeichnung: „société anonyme"/„naamloze vennootschap", „société en commandite par actions"/„commanditaire vennootschap op aandelen", „société privée à responsabilité limitée"/„besloten vennootschap met beperkte aansprakelijkheid", „société coopérative à responsabilité limitée"/„coöperatieve vennootschap met beperkte aansprakelijkheid", „société coopérative à responsabilité illimitée"/„coöperatieve vennootschap met onbeperkte aansprakelijkheid", „société en nom collectif"/„vennootschap onder firma", „société en commandite simple"/„gewone commanditaire vennootschap", öffentliche Unternehmen, die eine der genannten Rechtsformen angenommen haben, und andere nach belgischem Recht gegründete Gesellschaften, die der belgischen Körperschaftsteuer unterliegen;

– die Gesellschaften dänischen Rechts mit der Bezeichnung: „aktieselskab" und „anpartsselskab". Weitere nach dem Körperschaftsteuergesetz steuerpflichtige Gesellschaften, soweit ihr steuerbarer Gewinn nach den allgemeinen steuerrechtlichen Bestimmungen für die „aktieselskab" ermittelt und besteuert wird;

– die Gesellschaften deutschen Rechts mit der Bezeichnung: „Aktiengesellschaft", „Kommanditgesellschaft auf Aktien", „Gesellschaft mit beschränkter Haftung", „Versicherungsverein auf Gegenseitigkeit", „Erwerbs- und Wirtschaftsgenossenschaft" und „Betrieb gewerblicher Art von juristischen Personen des öffentlichen Rechts", und andere nach deutschem Recht gegründete Gesellschaften, die der deutschen Körperschaftsteuer unterliegen;

– die Gesellschaften griechischen Rechts mit der Bezeichnung: „ανώνυμη εταιρεία", „εταιρεία περιωρισμένης ευθύνης (Ε.Π.Ε.)" und andere nach griechischem Recht

Anlage 2 EStG – Gesetzestext

gegründete Gesellschaften, die der griechischen Körperschaftsteuer unterliegen;
- die Gesellschaften spanischen Rechts mit der Bezeichnung: „sociedad anónima", „sociedad comanditaria por acciones", „sociedad de responsabilidad limitada", die öffentlich-rechtlichen Körperschaften, deren Tätigkeit unter das Privatrecht fällt. Andere nach spanischem Recht gegründete Körperschaften, die der spanischen Körperschaftsteuer („impuestos sobre sociedades") unterliegen;
- die Gesellschaften französischen Rechts mit der Bezeichnung: „société anonyme", „société en commandite par actions" und „société à responsabilité limitée" sowie die „sociétés par actions simplifiées", „sociétés d'assurances mutuelles", „caisses d'épargne et de prévoyance", „sociétés civiles", die automatisch der Körperschaftsteuer unterliegen, „coopératives", „unions de coopératives", die öffentlichen Industrie- und Handelsbetriebe und -unternehmen und andere nach französischem Recht gegründete Gesellschaften, die der französischen Körperschaftsteuer unterliegen;
- nach irischem Recht gegründete oder eingetragene Gesellschaften, gemäß dem Industrial and Provident Societies Act eingetragene Körperschaften, gemäß dem Building Societies Acts gegründete „building societies" und „trustee savings banks" im Sinne des Trustee Savings Banks Act von 1989;
- die Gesellschaften italienischen Rechts mit der Bezeichnung: „società per azioni", „società in accomandita per azioni", „società a responsabilità limitata", „società cooperative", „società di mutua assicurazione" sowie öffentliche und private Körperschaften, deren Tätigkeit ganz oder überwiegend handelsgewerblicher Art ist;
- die Gesellschaften luxemburgischen Rechts mit der Bezeichnung: „société anonyme", „société en commandite par actions", „société à responsabilité limitée", „société coopérative", „société coopérative organisée comme une société anonyme", „association d'assurances mutuelles", „association d'épargne-pension" sowie Handels-, Industrie- und Bergbauunternehmen des Staates und von Gemeinden, Gemeindeverbänden, öffentlichen Einrichtungen und von anderen juristischen Personen des öffentlichen Rechts sowie andere nach luxemburgischem Recht gegründete Gesellschaften, die der luxemburgischen Körperschaftsteuer unterliegen;
- die Gesellschaften niederländischen Rechts mit der Bezeichnung: „naamloze vennootschap", „besloten vennootschap met beperkte aansprakelijkheid", „open commanditaire vennootschap", „coöperatie", „onderlinge waarborgmaatschappij", „fonds voor gemene rekening", „vereniging op coöperatieve grondslag", „vereniging welke op onderlinge grondslag als verzekeraar of kredietinstelling optreedt" und andere nach niederländischem Recht gegründete Gesellschaften, die der niederländischen Körperschaftsteuer unterliegen;
- die Gesellschaften österreichischen Rechts mit der Bezeichnung: „Aktiengesellschaft" und „Gesellschaft mit beschränkter Haftung" sowie „Versicherungsvereine auf Gegenseitigkeit", „Erwerbs- und Wirtschaftsgenossenschaften", „Betriebe gewerblicher Art von Körperschaften des öffentlichen Rechts" und „Sparkassen" sowie andere nach österreichischem Recht gegründete Gesellschaften, die der österreichischen Körperschaftsteuer unterliegen;
- die nach portugiesischem Recht gegründeten Handelsgesellschaften oder zivilrechtlichen Handelsgesellschaften, Genossenschaften und öffentlichen Unternehmen;
- die Gesellschaften finnischen Rechts mit der Bezeichnung: „osakeyhtiö/aktiebolag", „osuuskunta/andelslag", „säästöpankki/sparbank" und „vakuutusyhtiö/försäkringsbolag";
- die Gesellschaften schwedischen Rechts mit der Bezeichnung: „aktiebolag", „försäkringsaktiebolag", „ekonomiska föreningar", „sparbank" und „ömsesidiga försäkringsbolag";
- die nach dem Recht des Vereinigten Königreichs gegründeten Gesellschaften;
- Gesellschaften tschechischen Rechts mit der Bezeichnung: „akciová společnost", „společnost s ručením omezeným";
- Gesellschaften estnischen Rechts mit der Bezeichnung: „täisühing", „usaldusühing", „osaühing", „aktsiaselts", „tulundusühistu";
- Gesellschaften zyprischen Rechts mit der Bezeichnung: „εταιρείες" im Sinne der Einkommensteuergesetze;
- Gesellschaften lettischen Rechts mit der Bezeichnung: „akciju sabiedrība", „sabiedrība ar ierobežotu atbildību";
- Gesellschaften litauischen Rechts;
- Gesellschaften ungarischen Rechts mit der Bezeichnung: „közkereseti társaság", „betéti társaság", „közös vállalat", „korlátolt felelősségű társaság", „részvénytársaság", „egyesülés", „szövetkezet";
- Gesellschaften maltesischen Rechts mit der Bezeichnung: „Kumpaniji ta' Responsabilita' Limitata", „Socjetajiet en commandite li l-kapital taghhom maqsum f'azzjonijiet";
- Gesellschaften polnischen Rechts mit der Bezeichnung: „spółka akcyjna", „spółka z ograniczoną odpowiedzialnością";
- Gesellschaften slowenischen Rechts mit der Bezeichnung: „delniška družba", „komanditna družba", „družba z omejeno odgovornostjo";
- Gesellschaten slowakischen Rechts mit der Bezeichnung: „akciová spoločnosť", „spoločnosť s ručením obmedzeným", „komanditná spoločnosť";
- die gemäß der Verordnung (EG) Nr. 2157/2001 des Rates vom 8. Oktober 2001 über das Statut der Europäischen Gesellschaft (SE) und der Richtlinie 2001/86/EG des Rates vom 8. Oktober 2001 zur Ergänzung des Statuts der Europäischen Gesellschaft hinsichtlich der Beteiligung der Arbeitnehmer gegründeten Gesellschaften sowie die gemäß der Verordnung (EG) Nr. 1435/2003 des Rates vom 22. Juli 2003 über das Statut der Europäischen Genossenschaft (SCE) und gemäß der Richtlinie 2003/72/EG des Rates vom 22. Juli 2003 zur Ergänzung des Statuts der Europäischen Genossenschaft hinsichtlich der Beteiligung der Arbeitnehmer gegründeten Genossenschaften;

2. nach dem Steuerrecht eines Mitgliedstaats in Bezug auf den steuerlichen Wohnsitz als in diesem Staat ansässig und auf Grund eines mit einem dritten Staat geschlossenen Doppelbesteuerungsabkommens in Bezug auf den steuerlichen Wohnsitz nicht als außerhalb der Gemeinschaft ansässig betrachtet wird und

3. ohne Wahlmöglichkeit einer der nachstehenden Steuern
   - vennootschapsbelasting/impôt des sociétés in Belgien,
   - selskabsskat in Dänemark,
   - Körperschaftsteuer in Deutschland,
   - Yhteisöjen tulovero/inkomstskatten för samfund in Finnland,
   - φόρος εισοδήματος νομικών προσώπων κερδοσκοπικού χαρακτήρα in Griechenland,
   - impuesto sobre sociedades in Spanien,
   - impôt sur les sociétés in Frankreich,
   - corporation tax in Irland,
   - imposta sul reddito delle persone giuridiche in Italien,
   - impôt sur le revenu des collectivités in Luxemburg,
   - vennootschapsbelasting in den Niederlanden,
   - Körperschaftsteuer in Österreich,
   - imposto sobre o rendimento das pessoas colectivas in Portugal,
   - Statlig inkomstskatt in Schweden,
   - corporation tax im Vereinigten Königreich,
   - Daň z příjmů právnických in der Tschechischen Republik,
   - Tulumaks in Estland,
   - Φόρος Εισοδήματος in Zypern,
   - uzņēmumu ienākuma nodoklis in Lettland,
   - Pelno mokestis in Litauen,
   - Társasági adó, osztalékadó in Ungarn,
   - Taxxa fuq l-income in Malta,
   - Podatek dochodowy od osób prawnych in Polen,

EStG – Gesetzestext Anlage 3, 3a

- Davek od dobička pravnih oseb in Slowenien,
- daň z prijmov právnických osôb in der Slowakei

oder irgendeiner Steuer, die eine dieser Steuern ersetzt, unterliegt, ohne davon befreit zu sein.

Anlage 3
(zu § 50g)

– auf nach dem 31. Dezember 2003 und vor dem 1. Mai 2004 erfolgende Zahlungen anzuwenden –

Unternehmen und Steuern im Sinne des § 50g Abs. 3 Nr. 5 Buchstabe a Doppelbuchstabe aa und cc – Artikel 3 Buchstabe a Unterbuchstabe i und iii der Richtlinie 2003/49/EG des Rates vom 3. Juni 2003 (ABl. EU Nr. L 157 S. 49) –

1. Unternehmen im Sinne von § 50g Abs. 3 Nr. 5 Buchstabe a Doppelbuchstabe aa – Artikel 3 Buchstabe a Unterbuchstabe i der genannten Richtlinie – sind

    a) Gesellschaften belgischen Rechts mit der Bezeichnung: ‚naamloze vennootschap'/‚société anonyme', ‚commanditaire vennootschap op aandelen'/‚société en commandite par actions', ‚besloten vennootschap met beperkte aansprakelijkheid'/‚société privée à responsabilité limitée' sowie öffentlich-rechtliche Körperschaften, deren Tätigkeit unter das Privatrecht fällt;

    b) Gesellschaften dänischen Rechts mit der Bezeichnung: ‚aktieselskab' und ‚anpartsselskab';

    c) Gesellschaften deutschen Rechts mit der Bezeichnung: ‚Aktiengesellschaft', ‚Kommanditgesellschaft auf Aktien' und ‚Gesellschaft mit beschränkter Haftung';

    d) Gesellschaften griechischen Rechts mit der Bezeichnung: ‚ανώνυμη εταιρία';

    e) Gesellschaften spanischen Rechts mit der Bezeichnung: ‚sociedad anónima', ‚sociedad comanditaria por acciones', ‚sociedad de responsabilidad limitada' sowie öffentlich-rechtliche Körperschaften, deren Tätigkeit unter das Privatrecht fällt;

    f) Gesellschaften französischen Rechts mit der Bezeichnung: ‚société anonyme', ‚société en commandite par actions', ‚société à responsabilité limitée' sowie die staatlichen Industrie- und Handelsbetriebe und -unternehmen;

    g) Gesellschaften irischen Rechts mit der Bezeichnung: ‚public companies limited by shares or by guarantee', ‚private companies limited by shares or by guarantee', gemäß den ‚Industrial and Provident Societies Acts' eingetragene Einrichtungen oder gemäß den ‚Building Societies Acts' eingetragene ‚building societies';

    h) Gesellschaften italienischen Rechts mit der Bezeichnung: ‚società per azioni', ‚società in accomandita per azioni', ‚società a responsabilità limitata' sowie staatliche und private Industrie- und Handelsunternehmen;

    i) Gesellschaften luxemburgischen Rechts mit der Bezeichnung: ‚société anonyme', ‚société en commandite par actions' und ‚société à responsabilité limitée';

    j) Gesellschaften niederländischen Rechts mit der Bezeichnung: ‚naamloze vennootschap' und ‚besloten vennootschap met beperkte aansprakelijkheid';

    k) Gesellschaften österreichischen Rechts mit der Bezeichnung: ‚Aktiengesellschaft' und ‚Gesellschaft mit beschränkter Haftung';

    l) Gesellschaften portugiesischen Rechts in Form von Handelsgesellschaften oder zivilrechtlichen Handelsgesellschaften sowie Genossenschaften und öffentlichen Unternehmen;

    m) Gesellschaften finnischen Rechts mit der Bezeichnung: ‚osakeyhtiö/aktiebolag', ‚osuuskunta/andelslag', ‚säästöpankki/sparbank' und ‚vakuutusyhtiö/försäkringsbolag';

    n) Gesellschaften schwedischen Rechts mit der Bezeichnung: ‚aktiebolag' und ‚försäkringsaktiebolag';

    o) nach dem Recht des Vereinigten Königreichs gegründete Gesellschaften.

2. Steuern im Sinne von § 50g Abs. 3 Nr. 5 Buchstabe a Doppelbuchstabe cc – Artikel 3 Buchstabe a Unterbuchstabe iii der genannten Richtlinie – sind

    – impôt des sociétés/vennootschapsbelasting in Belgien,
    – selskabsskat in Dänemark,
    – Körperschaftsteuer in Deutschland,
    – Φόρος εισοδήματος νομικών προσώπων in Griechenland,
    – impuesto sobre sociedades in Spanien,
    – impôt sur les sociétés in Frankreich,
    – corporation tax in Irland,
    – imposta sul reddito delle persone giuridiche in Italien,
    – impôt sur le revenu des collectivités in Luxemburg,
    – vennootschapsbelasting in den Niederlanden,
    – Körperschaftsteuer in Österreich,
    – imposto sobre o rendimento da pessoas colectivas in Portugal,
    – yhteisöjen tulovero/inkomstskatten för samfund in Finnland,
    – statlig inkomstskatt in Schweden,
    – corporation tax im Vereinigten Königreich.

Anlage 3a
(zu § 50g)

– auf nach dem 30. April 2004 erfolgende Zahlungen anzuwenden –

Unternehmen und Steuern im Sinne des § 50g Abs. 3 Nr. 5 Buchstabe a Doppelbuchstabe aa und cc – Artikel 3 Buchstabe a Unterbuchstabe i und iii der Richtlinie 2003/49/EG des Rates vom 3. Juni 2003 (ABl. EU Nr. L 157 S. 49), geändert durch die Richtlinie 2004/66/EG des Rates vom 26. April 2004 (ABl. EU Nr. L 168 S. 35) –

1. Unternehmen im Sinne von § 50g Abs. 3 Nr. 5 Buchstabe a Doppelbuchstabe aa – Artikel 3 Buchstabe a Unterbuchstabe i der genannten Richtlinie – sind

    a) Gesellschaften belgischen Rechts mit der Bezeichnung: ‚naamloze vennootschap'/‚société anonyme', ‚commanditaire vennootschap op aandelen'/‚société en commandite par actions', ‚besloten vennootschap met beperkte aansprakelijkheid'(‚société privée à responsabilité limitée' sowie öffentlich-rechtliche Körperschaften, deren Tätigkeit unter das Privatrecht fällt;

    b) Gesellschaften dänischen Rechts mit der Bezeichnung: ‚aktieselskab' und ‚anpartsselskab';

    c) Gesellschaften deutschen Rechts mit der Bezeichnung: ‚Aktiengesellschaft', ‚Kommanditgesellschaft auf Aktien' und ‚Gesellschaft mit beschränkter Haftung';

    d) Gesellschaften griechischen Rechts mit der Bezeichnung: ‚ανώνυμη εταιρία';

    e) Gesellschaften spanischen Rechts mit der Bezeichnung: ‚sociedad anónima', ‚sociedad comanditaria por acciones', ‚sociedad de responsabilidad limitada' sowie öffentlich-rechtliche Körperschaften, deren Tätigkeit unter das Privatrecht fällt;

    f) Gesellschaften französischen Rechts mit der Bezeichnung: ‚société anonyme', ‚société en commandite par actions', ‚société à responsabilité limitée' sowie die staatlichen Industrie- und Handelsbetriebe und -unternehmen;

    g) Gesellschaften irischen Rechts mit der Bezeichnung: ‚public companies limited by shares or by guarantee', ‚private companies limited by shares or by guarantee', gemäß den ‚Industrial and Provident Societies Acts' eingetragene Einrichtungen oder gemäß den ‚Building Societies Acts' eingetragene ‚building societies';

    h) Gesellschaften italienischen Rechts mit der Bezeichnung: ‚società per azioni', ‚società in accomandita per azioni', ‚società a responsabilità limitata' sowie staatliche und private Industrie- und Handelsunternehmen;

Anlage 3a   EStG – Gesetzestext

i) Gesellschaften luxemburgischen Rechts mit der Bezeichnung: ‚société anonyme', ‚société en commandite par actions' und ‚société à responsabilité limitée';

j) Gesellschaften niederländischen Rechts mit der Bezeichnung: ‚naamloze vennootschap' und ‚besloten vennootschap met beperkte aansprakelijkheid';

k) Gesellschaften österreichischen Rechts mit der Bezeichnung: ‚Aktiengesellschaft' und ‚Gesellschaft mit beschränkter Haftung';

l) Gesellschaften portugiesischen Rechts in Form von Handelsgesellschaften oder zivilrechtlichen Handelsgesellschaften sowie Genossenschaften und öffentlichen Unternehmen;

m) Gesellschaften finnischen Rechts mit der Bezeichnung: ‚osakeyhtiö/aktiebolag', ‚osuuskunta/andelslag', ‚säästöpankki/sparbank' und ‚vakuutusyhtiö/försäkringsbolag';

n) Gesellschaften schwedischen Rechts mit der Bezeichnung: ‚aktiebolag' und ‚försäkringsaktiebolag';

o) nach dem Recht des Vereinigten Königreichs gegründete Gesellschaften;

p) Gesellschaften tschechischen Rechts mit der Bezeichnung: ‚akciová společnost', ‚společnost s ručením omezeným', ‚veřejná obchodní společnost', ‚komanditní společnost' und ‚družstvo";

q) Gesellschaften estnischen Rechts mit der Bezeichnung: ‚täisühing", ‚usaldusühing', ‚osaühing', ‚aktsiaselts' und ‚tulundusühistu';

r) Gesellschaften zyprischen Rechts, die nach dem Gesellschaftsrechts als Gesellschaften bezeichnet werden, Körperschaften des öffentlichen Rechts und sonstige Körperschaften, die als Gesellschaft im Sinne der Einkommensteuergesetze gelten;

s) Gesellschaften lettischen Rechts mit der Bezeichnung: ‚akciju sabiedrība' und ‚sabiedrība ar ierobežotu atbildību';

t) nach dem Recht Litauens gegründete Gesellschaften;

u) Gesellschaften ungarischen Rechts mit der Bezeichnung: ‚közkereseti társaság', ‚betéti társaság', ‚közös vállalat', ‚korlátolt felelősségű társaság', ‚részvénytársaság', ‚egyesülés', ‚közhasznú társaság' und ‚szövetkezet';

v) Gesellschaften maltesischen Rechts mit der Bezeichnung: ‚Kompaniji ta' Responsabilita' Limitata' und ‚Soċjetajiet in akkomandita li l-kapital taghhom maqsum f'azzjonijiet';

w) Gesellschaften polnischen Rechts mit der Bezeichnung: ‚spółka akcyjna' und ‚spółka z organiczoną odpowiedzialnością;

x) Gesellschaften slowenischen Rechts mit der Bezeichnung: ‚delniška družba', ‚komanditna delniška družba', ‚komanditna družba', ‚družba z omejeno odgovornostjo" und ‚družba z neomejeno odgovornostjo';

y) Gesellschaften slowakischen Rechts mit der Bezeichnung: ‚akciová spoločnost', ‚spoločnost' s ručením obmedzeným', ‚komanditná spoločnost', ‚verejná obchodná spoločnost' und ‚družstvo'.

2. Steuern im Sinne von § 50g Abs. 3 Nr. 5 Buchstabe a Doppelbuchstabe cc – Artikel 3 Buchstabe a Unterbuchstabe iii der genannten Richtlinie – sind

– impôt des sociétés/vennootschapsbelasting in Belgien,
– selskabsskat in Dänemark,
– Körperschaftsteuer in Deutschland,
– Φόρος εισοδήματος νομικών προσώπων in Griechenland,
– impuesto sobre sociedades in Spanien,
– impôt sur les sociétés in Frankreich,
– corporation tax in Irland,
– imposta sul reddito delle persone giuridiche in Italien,
– impôt sur le revenu des collectivités in Luxemburg,
– vennootschapsbelasting in den Niederlanden,
– Körperschaftsteuer in Österreich,
– imposto sobre o rendimento da pessoas colectivas in Portugal,
– yhteisöjen tulovero/inkomstskatten för samfund in Finnland,
– statlig inkomstskatt in Schweden,
– corporation tax im Vereinigten Königreich,
– daň z příjmů právnických osob in der Tschechischen Republik,
– tulumaks in Estland,
– φόρος εισοδήματος in Zypern
– uzņēmumu ienākuma nodoklis in Lettland,
– pelno mokestis in Litauen,
– társasági adó in Ungarn,
– taxxa fuq l-income in Malta,
– podatek dochodowy od osób prawnych in Polen,
– davek od dobička pravnih oseb in Slowenien,
– daň z príjmov právnických osôb in der Slowakei.

B. Einkommensteuergesetz, Lohnsteuer-Durchführungsverordnung, Lohnsteuer-Richtlinien und Verwaltungserlasse

I. Steuerpflicht

§ 1 EStG
Steuerpflicht

(1) ¹Natürliche Personen, die im Inland einen Wohnsitz oder ihren gewöhnlichen Aufenthalt haben, sind unbeschränkt einkommensteuerpflichtig. ²Zum Inland im Sinne dieses Gesetzes gehört auch der der Bundesrepublik Deutschland zustehende Anteil am Festlandsockel, soweit dort Naturschätze des Meeresgrundes und des Meeresuntergrundes erforscht oder ausgebeutet werden.

(2) ¹Unbeschränkt einkommensteuerpflichtig sind auch deutsche Staatsangehörige, die

1. im Inland weder einen Wohnsitz noch ihren gewöhnlichen Aufenthalt haben und
2. zu einer inländischen juristischen Person des öffentlichen Rechts in einem Dienstverhältnis stehen und dafür Arbeitslohn aus einer inländischen öffentlichen Kasse beziehen

sowie zu ihrem Haushalt gehörende Angehörige, die die deutsche Staatsangehörigkeit besitzen oder keine Einkünfte oder nur Einkünfte beziehen, die ausschließlich im Inland einkommensteuerpflichtig sind. ²Dies gilt nur für natürliche Personen, die in dem Staat, in dem sie ihren Wohnsitz oder ihren gewöhnlichen Aufenthalt haben, lediglich in einem der beschränkten Einkommensteuerpflicht ähnlichen Umfang zu einer Steuer vom Einkommen herangezogen werden.

(3) ¹Auf Antrag werden auch natürliche Personen als unbeschränkt einkommensteuerpflichtig behandelt, die im Inland weder einen Wohnsitz noch ihren gewöhnlichen Aufenthalt haben, soweit sie inländische Einkünfte im Sinne des § 49 haben. ²Dies gilt nur, wenn ihre Einkünfte im Kalenderjahr mindestens zu 90 Prozent der deutschen Einkommensteuer unterliegen oder die nicht der deutschen Einkommensteuer unterliegenden Einkünfte nicht mehr als 6136 Euro im Kalenderjahr betragen; dieser Betrag ist zu kürzen, soweit es nach den Verhältnissen im Wohnsitzstaat des Steuerpflichtigen notwendig und angemessen ist. ³Inländische Einkünfte, die nach einem Abkommen zur Vermeidung der Doppelbesteuerung nur der Höhe nach beschränkt besteuert werden dürfen, gelten hierbei als nicht der deutschen Einkommensteuer unterliegend. ⁴Weitere Voraussetzung ist, dass die Höhe der nicht der deutschen Einkommensteuer unterliegenden Einkünfte durch eine Bescheinigung der zuständigen ausländischen Steuerbehörde nachgewiesen wird. ⁵Der Steuerabzug nach § 50a ist ungeachtet der Sätze 1 bis 4 vorzunehmen.

(4) Natürliche Personen, die im Inland weder einen Wohnsitz noch ihren gewöhnlichen Aufenthalt haben, sind vorbehaltlich der Absätze 2 und 3 und des § 1a beschränkt einkommensteuerpflichtig, wenn sie inländische Einkünfte im Sinne des § 49 haben.

Anlage
zu § 1 EStG

Wohnsitz und gewöhnlicher Aufenthalt

Anwendungserlass des BMF zur Abgabenordnung vom 15. 7. 1998 (BStBl. I S. 630)

§§ 8, 9 Abgabenordnung – Wohnsitz, gewöhnlicher Aufenthalt

1. Die Begriffe des Wohnsitzes (§ 8) bzw. des gewöhnlichen Aufenthaltes (§ 9) haben insbesondere Bedeutung für die persönliche Steuerpflicht natürlicher Personen (siehe § 1 EStG, § 2 ErbStG) oder für familienbezogene Entlastungen (z. B. Realsplitting nach § 10 Abs. 1 Nr. 1 EStG). Sie stellen allein auf die tatsächlichen Verhältnisse ab (BFH-Urteil vom 10. 11. 1978, BStBl. II 1979 S. 335).

Zwischenstaatliche Vereinbarungen enthalten dagegen z. T. Fiktionen, die den §§ 8 und 9 vorgehen (z. B. Art. 14 des Protokolls über die Vorrechte und Befreiungen der Europäischen Gemeinschaften vom 8. 4. 1965; Artikel X des NATO-Truppenstatus i. V. mit § 68 Abs. 4, § 73 des Zusatzabkommens zum NATO-Truppenstatut). Andere Abkommen enthalten persönliche Steuerbefreiungen (z. B. Wiener Übereinkommen vom 18. 4. 1961 über diplomatische Beziehungen und vom 24. 4. 1963 über konsularische Beziehungen). Für Auslandsbedienstete gelten traditionell Sonderregelungen zur Steuerpflicht (§ 1 Abs. 2 EStG). Teilweise ist auch die Höhe der Einkünfte Anknüpfungskriterium für den Umfang der Steuerpflicht (§ 1 Abs. 3 EStG).

Der Begriff der Ansässigkeit im Sinne der DBA ist allein auf deren Anwendung (insbesondere hinsichtlich der Abkommensberechtigung und der Zuteilung der Besteuerungsrechte) beschränkt und hat keine Auswirkung auf die persönliche Steuerpflicht. Die deutsche unbeschränkte Steuerpflicht besteht daher auch dann, wenn der Steuerpflichtige je eine Wohnung bzw. einen gewöhnlichen Aufenthalt im Inland und im Ausland hat und nach dem anzuwendenden DBA im ausländischen Vertragsstaat ansässig ist (vgl. BFH-Urteil vom 4. 6. 1975, BStBl. II S. 708).

2. Auch wenn ein Steuerpflichtiger im Inland keinen Wohnsitz (§ 8) mehr hat, kann er hier noch seinen gewöhnlichen Aufenthalt (§ 9) haben.

Zu § 8 – Wohnsitz:

1. Die Frage des Wohnsitzes ist bei Ehegatten und sonstigen Familienangehörigen für jede Person gesondert zu prüfen. Personen können aber über einen Familienangehörigen einen Wohnsitz beibehalten. Ein Ehegatte, der nicht dauernd getrennt lebt, hat seinen Wohnsitz grundsätzlich dort, wo seine Familie lebt (BFH-Urteil vom 6. 2. 1985, BStBl. II S. 331). Ein ausländisches Kind, das im Heimatland bei Verwandten untergebracht ist und dort die Schule besucht, hat grundsätzlich keinen Wohnsitz im Inland. Dies gilt auch dann, wenn es sich in den Schulferien bei seinen Eltern im Inland aufhält (BFH-Urteil vom 22. 4. 1994, BStBl. II S. 887).

2. Die bloße Absicht, einen Wohnsitz zu begründen oder aufzugeben, bzw. die An- und Abmeldung bei der Ordnungsbehörde entfalten allein keine unmittelbare steuerliche Wirkung (BFH-Urteil vom 14. 11. 1969, BStBl. II 1970 S. 153). I. d. R. stimmen der bürgerlich-rechtliche, aufgrund einer Willenserklärung des Steuerpflichtigen von ihm selbst bestimmte Wohnsitz und der steuerlich maßgebende Wohnsitz überein. Deshalb können die An- und Abmeldung bei der Ordnungsbehörde im Allgemeinen als Indizien dafür angesehen werden, dass der Steuerpflichtige seinen Wohnsitz unter der von ihm angegebenen Anschrift begründet bzw. aufgegeben hat.

3. Mit Wohnung sind die objektiv zum Wohnen geeigneten Wohnräume gemeint. Es genügt eine bescheidene Bleibe. Nicht erforderlich ist eine abgeschlossene Wohnung mit Küche und separater Waschgelegenheit im Sinne des Bewertungsrechts.

4. Der Steuerpflichtige muss die Wohnung innehaben, d. h. er muss tatsächlich über sie verfügen können und sie als Bleibe nicht nur vorübergehend benutzen (BFH-Urteile vom 24. 4. 1964, BStBl. III S. 462, und vom 6. 3. 1968, BStBl. II 1968 S. 439). Es genügt, dass die Wohnung z. B. über Jahre hinweg jährlich regelmäßig zweimal zu bestimmten Zeiten über einige Wochen benutzt wird (BFH-Urteil vom 23. 11. 1988, BStBl. II 1989 S. 182). Anhaltspunkte dafür können die Ausstattung und Einrichtung sein; nicht erforderlich ist, dass sich der Steuerpflichtige während einer Mindestanzahl von Tagen oder Wochen im Jahr in der Wohnung aufhält (BFH-Urteil vom 19. 3. 1997, BStBl. II S. 447). Wer eine Wohnung von vornherein in der Absicht nimmt, sie nur vorübergehend (weniger als sechs Monate) beizubehalten und zu benutzen, begründet dort keinen Wohnsitz (BFH-Urteil vom 30. 8. 1989, BStBl. II S. 956). Auch gelegentli-

ches Übernachten auf einem inländischen Betriebsgelände, in einem Büro u. Ä. (sog. Schlafstelle) kann dort keinen Wohnsitz begründen (BFH-Urteil vom 6. 2. 1985, BStBl. II S. 331). Wer sich – auch in regelmäßigen Abständen – in der Wohnung eines Angehörigen oder eines Bekannten aufhält, begründet dort ebenfalls keinen Wohnsitz (BFH-Urteil vom 24. 10. 1969, BStBl. II 1970 S. 109), sofern es nicht wie im Fall einer Familienwohnung oder der Wohnung einer Wohngemeinschaft gleichzeitig die eigene Wohnung ist.

5. Wer einen Wohnsitz im Ausland begründet und seine Wohnung im Inland beibehält, hat auch im Inland einen Wohnsitz im Sinne von § 8 (BFH-Urteil vom 4. 6. 1975, BStBl. II S. 708). Bei einem ins Ausland versetzten Arbeitnehmer ist ein inländischer Wohnsitz widerlegbar zu vermuten, wenn er seine Wohnung im Inland beibehält, deren Benutzung ihm möglich ist und die nach ihrer Ausstattung jederzeit als Bleibe dienen kann (BFH-Urteil vom 17. 5. 1995, BStBl. II 1996 S. 2). Das Innehaben der inländischen Wohnung kann nach den Umständen des Einzelfalles auch dann anzunehmen sein, wenn der Steuerpflichtige sie während eines Auslandsaufenthalts kurzfristig (bis zu sechs Monaten) vermietet oder untervermietet, um sie alsbald nach Rückkehr im Inland wieder zu benutzen. Zur Zuständigkeit in diesen Fällen siehe § 19 Abs. 1 Satz 2.

6. Ein Wohnsitz im Sinne von § 8 besteht nicht mehr, wenn die inländische Wohnung/die inländischen Wohnungen aufgegeben wird/werden. Das ist z. B. der Fall bei Kündigung und Auflösung einer Mietwohnung, bei nicht nur kurzfristiger Vermietung der Wohnung im eigenen Haus bzw. der Eigentumswohnung. Wird die inländische Wohnung zur bloßen Vermögensverwaltung zurückgelassen, endet der Wohnsitz mit dem Wegzug. Bloße Vermögensverwaltung liegt z. B. vor, wenn ein ins Ausland versetzter Steuerpflichtiger bzw. ein im Ausland lebender Steuerpflichtiger seine Wohnung/sein Haus verkaufen oder langfristig vermieten will und dies in absehbarer Zeit auch tatsächlich verwirklicht. Eine zwischenzeitliche kurze Rückkehr (zur Beaufsichtigung und Verwaltung der zurückgelassenen Wohnung) führt nicht dazu, dass die zurückgelassene Wohnung dadurch zum inländischen Wohnsitz wird.

Zu § 9 – Gewöhnlicher Aufenthalt:

1. Sofern nicht die besonderen Voraussetzungen des § 9 Satz 3 vorliegen, wird an den inländischen Aufenthalt während eines zusammenhängenden Zeitraums von mehr als sechs Monaten die unwiderlegbare Vermutung für das Vorhandensein eines gewöhnlichen Aufenthalts geknüpft. Der Begriff „gewöhnlich" ist gleichbedeutend mit „dauernd". „Dauernd" erfordert keine ununterbrochene Anwesenheit, sondern ist im Sinne „nicht nur vorübergehend" zu verstehen (BFH-Urteil vom 30. 8. 1989, BStBl. II S. 956). Bei Unterbrechungen der Anwesenheit kommt es darauf an, ob noch ein einheitlicher Aufenthalt oder mehrere getrennte Aufenthalte anzunehmen sind. Ein einheitlicher Aufenthalt ist gegeben, wenn der Aufenthalt nach den Verhältnissen fortgesetzt werden sollte und die Unterbrechung nur kurzfristig ist. Als kurzfristige Unterbrechung kommen in Betracht Familienheimfahrten, Jahresurlaub, längerer Heimaturlaub, Kur und Erholung, aber auch geschäftliche Reisen. Der Tatbestand des gewöhnlichen Aufenthalts kann bei einem weniger als sechs Monate dauernden Aufenthalt verwirklicht werden, wenn Inlandsaufenthalte nacheinander folgen, die sachlich miteinander verbunden sind, und der Steuerpflichtige von vornherein beabsichtigt, nicht nur vorübergehend im Inland zu verweilen (BFH-Urteile vom 27. 7. 1962, BStBl. III S. 429, und vom 3. 8. 1977, BStBl. II 1978 S. 118).

2. Der gewöhnliche Aufenthalt im Inland ist zu verneinen, wenn der Steuerpflichtige unter Benutzung einer im Ausland gelegenen Wohnung lediglich seine Tätigkeit im Inland ausübt (BFH-Urteil vom 25. 5. 1988, BStBl. II S. 944). Grenzgänger haben ihren gewöhnlichen Aufenthalt grundsätzlich im Wohnsitzstaat (BFH-Urteile vom 10. 5. 1989, BStBl. II S. 755, und vom 10. 7. 1996, BStBl. II 1997 S. 15). Dasselbe gilt für Unternehmer/Freiberufler, die regelmäßig jeweils nach Geschäftsschluss zu ihrer Familienwohnung im Ausland zurückkehren (BFH-Urteil vom 6. 2. 1985, BStBl. II S. 331). Wer allerdings regelmäßig an Arbeitstagen am Arbeits-/Geschäftsort im Inland übernachtet und sich nur am Wochenende bzw. an Feiertagen und im Urlaub zu seiner Wohnung im Ausland begibt, hat an dem inländischen Arbeits-/Geschäftsort jedenfalls seinen gewöhnlichen Aufenthalt.

3. Der gewöhnliche Aufenthalt kann nicht gleichzeitig an mehreren Orten bestehen. Bei fortdauerndem Schwerpunktaufenthalt im Ausland begründen kurzfristige Aufenthalte im Inland, z. B. Geschäfts-, Dienstreisen, Schulungen, keinen gewöhnlichen Aufenthalt im Inland. Umgekehrt führen kurzfristige Auslandsaufenthalte bei fortdauerndem Schwerpunktaufenthalt im Inland nicht zur Aufgabe eines gewöhnlichen Aufenthalts im Inland.

4. Der gewöhnliche Aufenthalt im Inland ist aufgegeben, wenn der Steuerpflichtige zusammenhängend mehr als sechs Monate im Ausland lebt, es sei denn, dass besondere Umstände darauf schließen lassen, dass die Beziehungen zum Inland bestehen bleiben. Entscheidend ist dabei, ob der Steuerpflichtige den persönlichen und geschäftlichen Lebensmittelpunkt ins Ausland verlegt hat und ob er seinen Willen, in den Geltungsbereich dieses Gesetzes zurückzukehren, endgültig aufgegeben hat (BFH-Urteil vom 27. 7. 1962, BStBl. III S. 429). Als Kriterien dafür können die familiären, beruflichen und gesellschaftlichen Bindungen herangezogen werden (z. B. Wohnung der Familienangehörigen im Inland, Sitz des Gewerbebetriebs im Inland). Hält sich der Steuerpflichtige zusammenhängend länger als ein Jahr im Ausland auf, ist grundsätzlich eine Aufgabe des gewöhnlichen Aufenthalts im Inland anzunehmen.

§ 1 a EStG
Grenzpendler

(1) ¹Für Staatsangehörige eines Mitgliedstaates der Europäischen Union oder eines Staates, auf den das Abkommen über den Europäischen Wirtschaftsraum anwendbar ist, die nach § 1 Abs. 1 unbeschränkt einkommensteuerpflichtig sind und die Voraussetzungen des § 1 Abs. 3 Satz 2 bis 4 erfüllen, oder die nach § 1 Abs. 3 als unbeschränkt einkommensteuerpflichtig zu behandeln sind, gilt bei Anwendung von § 10 Abs. 1 Nr. 1 und § 26 Abs. 1 Satz 1 hinsichtlich des Ehegatten und der Kinder Folgendes:

1. Unterhaltsleistungen an den geschiedenen oder dauernd getrennt lebenden Ehegatten (§ 10 Abs. 1 Nr. 1) sind auch dann als Sonderausgaben abziehbar, wenn der Empfänger nicht unbeschränkt einkommensteuerpflichtig ist. ²Voraussetzung ist, dass der Empfänger seinen Wohnsitz oder gewöhnlichen Aufenthalt im Hoheitsgebiet eines anderen Mitgliedstaates der Europäischen Union oder eines Staates hat, auf den das Abkommen über den Europäischen Wirtschaftsraum Anwendung findet. ³Weitere Voraussetzung ist, dass die Besteuerung der Unterhaltszahlungen beim Empfänger durch eine Bescheinigung der zuständigen ausländischen Steuerbehörde nachgewiesen wird;

2. der nicht dauernd getrennt lebende Ehegatte ohne Wohnsitz oder gewöhnlichen Aufenthalt im Inland wird auf Antrag für die Anwendung des § 26 Abs. 1 Satz 1 als unbeschränkt einkommensteuerpflichtig behandelt. ²Nummer 1 Satz 2 gilt entsprechend. ³Bei Anwendung des § 1 Abs. 3 Satz 2 ist auf die Einkünfte beider Ehegatten abzustellen und der Betrag von 6136 Euro zu verdoppeln.

(2) Für unbeschränkt einkommensteuerpflichtige Personen im Sinne des § 1 Abs. 2, die die Voraussetzungen des § 1 Abs. 3 Satz 2 bis 4 erfüllen, und für unbeschränkt einkommensteuerpflichtige Personen im Sinne des § 1 Abs. 3, die die Voraussetzungen des § 1 Abs. 2 Satz 1 Nr. 1 und 2 erfüllen und an einem ausländischen Dienstort tätig sind, gilt die Regelung des Absatzes 1 Nr. 2 entsprechend mit der Maßgabe, dass auf Wohnsitz, gewöhnlichen Aufenthalt, Wohnung oder Haushalt im Staat des ausländischen Dienstortes abzustellen ist.

Anlage 1
zu § 1 a EStG

Steuerklasse von Arbeitnehmern mit Besteuerungsmerkmalen im Ausland

BMF-Schreiben vom 29. 9. 1995 (BStBl. I S. 429)

1 Steuerklasse von Arbeitnehmern mit Besteuerungsmerkmalen im Ausland

1.1 Berücksichtigung des Ehegatten bei Staatsangehörigen eines EU/EWR-Mitgliedstaats, die nach § 1 Abs. 1 EStG unbeschränkt einkommensteuerpflichtig sind

Ein Arbeitnehmer, der als Staatsangehöriger eines Mitgliedstaates der Europäischen Union (EU) oder der Staaten Island, Liechtenstein oder Norwegen (EWR) nach § 1 Abs. 1 EStG unbeschränkt einkommensteuerpflichtig ist, ist auf Antrag in die Steuerklasse III einzuordnen, wenn der Ehegatte des Arbeitnehmers in einem EU/EWR-Mitgliedstaat lebt (§ 1 a Abs. 1 Nr. 2 EStG). Es ist nicht erforderlich, dass der Ehegatte ebenfalls Staatsangehöriger eines EU/EWR-Mitgliedstaates ist. Voraussetzung ist jedoch, dass die Einkünfte beider Ehegatten zu mindestens 90 v. H. der deutschen Einkommensteuer unterliegen oder ihre nicht der deutschen Einkommensteuer unterliegenden Einkünfte höchstens 24 000 DM*) betragen. Die nicht der deutschen Einkommensteuer unterliegenden Einkünfte sind durch eine Bescheinigung der zuständigen ausländischen Steuerbehörde nachzuweisen. Für die Änderung der Steuerklasse ist das Wohnsitzfinanzamt des im Inland lebenden Arbeitnehmers zuständig. Die Eintragung der Steuerklasse III auf der Lohnsteuerkarte führt zur Veranlagungspflicht nach § 46 Abs. 2 Nr. 7 Buchstabe a EStG.

1.2 Unbeschränkte Steuerpflicht auf Antrag nach § 1 Abs. 3 EStG bei Arbeitnehmern ohne Wohnsitz oder gewöhnlichen Aufenthalt im Inland (Grenzpendler)

Ein Arbeitnehmer, der im Inland keinen Wohnsitz oder gewöhnlichen Aufenthalt hat, wird auf Antrag nach § 1 Abs. 3 EStG als unbeschränkt einkommensteuerpflichtig behandelt, wenn seine Einkünfte zu mindestens 90 v. H. der deutschen Einkommensteuer unterliegen oder die nicht der deutschen Einkommensteuer unterliegenden Einkünfte höchstens 12 000 DM**) betragen. Die nicht der deutschen Einkommensteuer unterliegenden Einkünfte sind durch eine Bescheinigung der zuständigen ausländischen Steuerbehörde nachzuweisen.

1.2.1 Berücksichtigung des Ehegatten bei Grenzpendlern, die Staatsangehörige eines EU/EWR-Mitgliedstaates sind

Grenzpendler, die auf Antrag nach § 1 Abs. 3 EStG als unbeschränkt einkommensteuerpflichtig zu behandeln sind, sind auf Antrag in die Steuerklasse III einzuordnen, wenn sie die unter Tz. 1.1 dargestellten Voraussetzungen erfüllen. Die Steuerklasse ist in der Bescheinigung nach § 39 c Abs. 4 EStG vom Betriebsstättenfinanzamt anzugeben. Die Erteilung der Bescheinigung führt zur Veranlagungspflicht nach § 46 Abs. 2 Nr. 7 Buchstabe b EStG.

1.2.2 Steuerklasse bei Grenzpendlern, die nicht Staatsangehörige eines EU/EWR-Mitgliedstaates sind

Bei Grenzpendlern im Sinne des § 1 Abs. 3 EStG, die nicht Staatsangehörige eines EU/EWR-Mitgliedstaates sind, kann der Ehegatte steuerlich nicht berücksichtigt werden. Für diese Arbeitnehmer ist in der nach § 39 c Abs. 4 zu erteilende Bescheinigung die Steuerklasse I oder für das zweite und jedes weitere Dienstverhältnis die Steuerklasse VI anzugeben. Tz. 1.2.1 letzter Satz ist zu beachten.

1.3 Haushaltsfreibetrag wegen eines Kindes, das in einer Wohnung des Arbeitnehmers in einem EU/EWR-Mitgliedstaat gemeldet ist

Bei einem allein stehenden Arbeitnehmer, der Staatsangehöriger eines EU/EWR-Mitgliedstaates ist, nach § 1 Abs. 1 EStG unbeschränkt einkommensteuerpflichtig ist und die Einkommensvoraussetzung des § 1 Abs. 3 Satz 2 bis 4 EStG (s. Tz. 1.2) erfüllt oder nach § 1 Abs. 3 EStG auf Antrag als unbeschränkt einkommensteuerpflichtig behandelt wird, ist auf der Lohnsteuerkarte oder in der Bescheinigung nach § 39 c Abs. 4 EStG die Steuerklasse II einzutragen, wenn in seiner Wohnung im EU/EWR-Mitgliedstaat ein Kind gemeldet ist, für das er Anspruch auf einen Kinderfreibetrag oder Kindergeld hat (§ 1 a Abs. 1 Nr. 3 EStG). Die Steuerklasse II ist auch dann zu bescheinigen, wenn der Arbeitnehmer verheiratet ist, aber von seinem Ehegatten dauernd getrennt lebt.

1.4 Steuerklasse bei Angehörigen des öffentlichen Dienstes

Auf Angehörige des öffentlichen Dienstes im Sinne des § 1 Abs. 2 Satz 1 Nr. 1 und 2 EStG ohne diplomatischen oder konsularischen Status, die nach § 1 Abs. 3 EStG auf Antrag als unbeschränkt einkommensteuerpflichtig behandelt werden und an einem ausländischen Dienstort tätig sind, sind die Regelungen in Tz. 1.2.1 und 1.3 auf Antrag nach § 1 a Abs. 2 EStG entsprechend anzuwenden. Dabei muss auf den Wohnsitz, den gewöhnlichen Aufenthalt, die Wohnung oder den Haushalt im Staat des ausländischen Dienstortes abgestellt werden. Danach kann auch bei außerhalb von EU/EWR-Mitgliedstaaten tätigen Beamten weiterhin die Steuerklasse III in Betracht kommen. Dagegen erfüllt ein pensionierter Angehöriger des öffentlichen Dienstes und ein im Inland tätiger Angehöriger des öffentlichen Dienstes, die ihren Wohnsitz **außerhalb** eines EU/EWR-Mitgliedstaates haben, nicht die Voraussetzungen des § 1 a Abs. 2 EStG, sie können ggf. aber nach Tz. 1.2.1 in die Steuerklasse III eingeordnet werden, wenn der Ehegatte in einem EU/EWR-Mitgliedstaat lebt.

1.5 Behandlung der beschränkt einkommensteuerpflichtigen Arbeitnehmer

Für Arbeitnehmer, die im Ausland ansässig sind und nicht die Voraussetzungen der Tz. 1.2 oder 1.4 erfüllen, ist weiterhin das Bescheinigungsverfahren nach § 39 d EStG anzuwenden.

Anlage 2
zu § 1 a EStG

Beschränkte und unbeschränkte Einkommensteuerpflicht; Umsetzung des EuGH-Urteils vom 14. Februar 1995 – Schumacker –

BMF-Schreiben vom 30. 12. 1996 (BStBl. I S. 1506)

Der EuGH hat zu Art. 48 EWG-Vertrag – Freizügigkeit der Arbeitnehmer – (jetzt Art. 48 EG-Vertrag) entschieden, dass bisher beschränkt einkommensteuerpflichtige Staatsangehörige anderer Mitgliedstaaten der Europäischen Union (EU) oder des Europäischen Wirtschaftsraums (EWR), die ihr Einkommen ganz oder fast ausschließlich aus nichtselbständiger Tätigkeit in Deutschland erzielen, mit unbeschränkt einkommensteuerpflichtigen Arbeitnehmern gleichzustellen sind, wenn der Familienwohnsitz in einem anderen EU/EWR-Mitgliedstaat liegt. Das Urteil erfordert, insbesondere das Splitting-Verfahren auf diesen Personenkreis anzuwenden. Gleichzustellen sind auch unbeschränkt Steuerpflichtige (sog. Gastarbeiter) mit Familienwohnsitz in einem anderen EU/EWR-Mitgliedstaat.

Der EuGH hat außerdem entschieden, dass beschränkt einkommensteuerpflichtige Staatsangehörige anderer EU/EWR-Mitgliedstaaten, auch wenn sie ihr Einkommen aus nichtselbständiger Tätigkeit nur zum Teil in Deutschland erzielen, nicht von der Einkommensteuerveranlagung ausgeschlossen werden dürfen.

Das Jahressteuergesetz 1996 vom 11. Oktober 1995 (BGBl. 1995, S. 1250) enthält die erforderlichen Anpassungen des EStG an den EG-Vertrag, und zwar grundsätzlich unabhängig von der Einkunftsart.

---

*) Ab 1. 1. 2002 12 272 €.
**) Ab 1. 1. 2002 6136 €.

§ 1a EStG

1. Antrag zur unbeschränkten Einkommensteuerpflicht (§§ 1 Abs. 3, 1a EStG)

Im Einvernehmen mit den obersten Finanzbehörden der Länder sind bei der Prüfung der Einkunftsgrenzen im Rahmen eines Antrages zur unbeschränkten Einkommensteuerpflicht nach § 1 Abs. 3 EStG (ggf. in Verbindung mit § 1a EStG) die nicht der deutschen Besteuerung unterliegenden Einkünfte eines Steuerpflichtigen sowohl hinsichtlich der relativen (10%) als auch der absoluten Grenze (nicht mehr als 12 000 DM*), bei Ehegatten: nicht mehr als 24 000 DM**)) grundsätzlich nach deutschem Steuerrecht zu ermitteln. Steuerfreie Einnahmen (z. B. nach § 3 EStG) und Einkünfte, die aufgrund zwischenstaatlicher oder multilateraler Vereinbarungen von nationalen Steuern der jeweiligen Staaten befreit sind, sind nicht in die Prüfung der Einkunftsgrenzen einzubeziehen. Weisen zwischenstaatliche Vereinbarungen (z. B. DBA) den Vertragsstaaten lediglich Besteuerungsrechte zu, sind die Einkünfte in einem Vertragsstaat steuerpflichtig und damit in die Prüfung der Einkunftsgrenzen einzubeziehen.

Auf die in § 1 Abs. 3 Satz 4 EStG vorgeschriebene Bescheinigung über die Höhe der nicht der deutschen Einkommensteuer unterliegenden Einkünfte durch die zuständige Steuerbehörde eines anderen EU/EWR-Mitgliedstaates kann nicht mehr verzichtet werden. Sie ist auf amtlichen Vordrucken zu erteilen.

Ist zuständige Behörde die Steuerbehörde eines Nicht-EU/EWR-Mitgliedstaates, so reichen auch andere Bestätigungen dieser Steuerbehörde über die Höhe der ausländischen Einkünfte (z. B. der Steuerbescheid) aus. Gibt es in einem Nicht-EU/EWR-Mitgliedstaat keine Steuerbehörden oder werden Bescheinigungen nach § 1 Abs. 3 Satz 4 EStG von dortigen Steuerbehörden nicht erteilt, reicht die Bescheinigung einer deutschen Auslandsvertretung aus, in der dies bestätigt wird. Auch in diesem Fall ist der amtliche Vordruck für die Erteilung einer Bescheinigung der ausländischen Steuerbehörde zu verwenden.

Aus Vereinfachungsgründen können die in der Bescheinigung der ausländischen Steuerbehörde genannten Beträge übernommen werden; dies gilt auch für die Anwendung des Progressionsvorbehaltes.

1.1 Lohnsteuerabzug, ESt-Vorauszahlungen

Die Regelungen für den Lohnsteuerabzug ergeben sich aus § 1a Abs. 1 i. V. m. § 1 Abs. 3, § 38b, § 39c Abs. 4 und § 52 Abs. 2 EStG. Bei Personen, die die Voraussetzungen des § 1a Abs. 1 EStG erfüllen, kommen insbesondere die Steuerklassen II oder III, für die Festsetzung von ESt-Vorauszahlungen das Ehegattensplitting oder der Haushaltsfreibetrag in Betracht. Dies gilt auch für unbeschränkt Steuerpflichtige mit Familienwohnsitz in einem anderen EU/EWR-Mitgliedstaat.

Für die in § 1 Abs. 3 Satz 4 EStG vorgeschriebene Bescheinigung zum Lohnsteuer-Ermäßigungsantrag oder zum Antrag auf Herabsetzung der Einkommensteuer-Vorauszahlungen ist der amtliche Vordruck Anlage „Grenzpendler EU/EWR" bzw. Anlage „Grenzpendler außerhalb EU/EWR" zu verwenden.

1.2 Veranlagungen zur unbeschränkten Einkommensteuerpflicht (§§ 1 Abs. 3, 1a EStG)

Die in § 1 Abs. 3 Satz 4 EStG vorgesehene Bescheinigung der ausländischen Einkünfte durch die zuständige ausländische Steuerbehörde ist auf den amtlichen Vordrucken Anlage „Bescheinigung EU/EWR" bzw. Anlage „Bescheinigung außerhalb EU/EWR" zur Einkommensteuererklärung zu erteilen.

2. Altfälle

Die Regelungen zu §§ 1 Abs. 3, 1a EStG und § 50 Abs. 5 Satz 2 Nr. 2 EStG, soweit sie nicht ausdrücklich erst ab 1996 gelten, mit Rücksicht auf das EuGH-Urteil auf noch offene Altfälle anzuwenden:

2.1 Veranlagungen zur unbeschränkten Einkommensteuerpflicht (§§ 1 Abs. 3, 1a EStG)

Die Rückwirkung der Regelung für bisher unbeschränkt oder beschränkt Steuerpflichtige, die die Anwendung der in § 1a Abs. 1 Nr. 1 bis 4 EStG genannten Vorschriften (insbes. Ehegattensplitting, Haushaltsfreibetrag) beantragen, ergibt sich aus § 1a Abs. 1 i. V. m. § 1 Abs. 3, § 46 Abs. 2 Nr. 7 und § 52 Abs. 2 EStG in der Fassung des Jahressteuergesetzes 1996. Hiernach ist ein Antrag für Veranlagungszeiträume vor 1996 zulässig, „soweit Steuerbescheide noch nicht bestandskräftig sind". Arbeitnehmer, die wegen der Abgeltungswirkung des Lohnsteuerabzugs keinen Steuerbescheid erhalten, haben innerhalb der Zweijahresfrist des § 46 Abs. 2 Nr. 8 Satz 2 EStG die Möglichkeit, rückwirkend auch für Veranlagungszeiträume vor 1996 einen solchen Antrag zu stellen. Haben bisher beschränkt steuerpflichtige Arbeitnehmer einen zulässigen Antrag auf Veranlagung nach § 50 Abs. 4 EStG 1995 gestellt, über den noch nicht entschieden worden ist, kann der Antrag bei Vorliegen der Voraussetzungen des § 1a EStG geändert werden in einen Antrag auf Anwendung der in § 1a Abs. 1 Nr. 1 bis 4 EStG genannten Vorschriften. Dies gilt auch in den Fällen, in denen der Arbeitnehmer die Veranlagungsgrenzen des § 46 Abs. 1 EStG in der bis zum Veranlagungszeitraum 1995 geltenden Fassung überschreitet. Ein Progressionsvorbehalt ist nur in der jeweils im Veranlagungszeitraum geltenden Fassung anzuwenden.

2.2 Veranlagung zur beschränkten Einkommensteuerpflicht (§ 50 Abs. 5 Satz 2 Nr. 2 EStG)

Für beschränkt einkommensteuerpflichtige Arbeitnehmer, die eine Veranlagung zur Einkommensteuer nach § 50 Abs. 5 Satz 4 Nr. 2 EStG beantragen, gilt § 52 Absatz 31 in Verbindung mit § 52 Abs. 2 EStG in der Fassung des Jahressteuergesetzes 1996. Hiernach ist ein Antrag für Veranlagungszeiträume vor 1996 zulässig, „soweit Steuerbescheide noch nicht bestandskräftig sind". Beschränkt steuerpflichtige Arbeitnehmer, die wegen der Abgeltungswirkung des Lohnsteuerabzugs keinen Steuerbescheid erhalten haben, können innerhalb der Zweijahresfrist des § 46 Abs. 2 Nr. 8 Satz 2 EStG rückwirkend auch für Veranlagungszeiträume vor 1996 einen solchen Antrag stellen. Der Progressionsvorbehalt ist nur in der jeweils im Veranlagungszeitraum geltenden Fassung anzuwenden.

Anlage 3
zu § 1a EStG

Erweiterte unbeschränkte Einkommensteuerpflicht nach § 1 Abs. 2 EStG und unbeschränkte Einkommensteuerpflicht auf Antrag nach § 1 Abs. 3 in Verbindung mit § 1a Abs. 2 EStG; Billigkeitsregelung

BMF-Schreiben vom 8. 10. 1996 (BStBl. I S. 1191)

Nach § 1 Abs. 2 EStG sind insbesondere von der Bundesrepublik Deutschland ins Ausland entsandte deutsche Staatsangehörige, die Mitglied einer diplomatischen Mission oder konsularischen Vertretung sind und dafür Arbeitslohn aus einer inländischen öffentlichen Kasse beziehen – sowie zu ihrem Haushalt gehörende Angehörige, die entweder die deutsche Staatsangehörigkeit besitzen oder keine Einkünfte oder nur Einkünfte beziehen, die ausschließlich im Inland der Einkommensteuer unterliegen –, unbeschränkt einkommensteuerpflichtig, auch wenn sie im Inland weder einen Wohnsitz noch ihren gewöhnlichen Aufenthalt haben.

Bedienstete der öffentlichen Hand sowie ihr nicht dauernd getrennt lebender Ehegatte, die im Inland weder einen Wohnsitz noch ihren gewöhnlichen Aufenthalt haben und die nicht nach § 1 Abs. 2 EStG unbeschränkt einkommensteuerpflichtig sind, können auf Antrag als unbeschränkt einkommensteuerpflichtig gemäß § 1 Abs. 3 in Verbindung mit § 1a Abs. 2 EStG behandelt werden, sofern die übrigen Voraussetzungen dieser Vorschriften erfüllt sind. Dies bedeutet u. a., dass die Einkommensteuer nach dem Splitting-Verfahren (Lohnsteuerklasse III) berechnet werden kann.

Wird ein Bediensteter in das Inland versetzt und begründet er im Inland einen Wohnsitz oder gewöhnlichen Aufenthalt, so ist § 1 Abs. 2 bzw. § 1 Abs. 3 in Verbindung mit § 1a Abs. 2 EStG nicht mehr anzuwenden. Der Bedienstete ist vielmehr gemäß § 1 Abs. 1 EStG unbeschränkt einkommensteuerpflichtig. Verbleibt der nicht

---

*) Ab 1.1.2002 6136 €.
**) Ab 1.1.2002 12 272 €.

dauernd getrennt lebende Ehegatte des Bediensteten im Ausland, wird dieser mit der Versetzung des Bediensteten nicht unbeschränkt einkommensteuerpflichtig nach § 1 Abs. 1 oder 2 EStG. Dies gilt grundsätzlich auch dann, wenn dem Umzug des nicht dauernd getrennt lebenden Ehegatten des Bediensteten vom Ausland ins Inland Hindernisgründe entgegenstehen, für die gemäß § 12 Abs. 3 des Bundesumzugskostengesetzes in der Fassung vom 11. Dezember 1990 (BGBl. I S. 2688 ff.) Trennungsgeld gewährt wird. Da der im Ausland verbliebene, von dem im Inland versetzten Bediensteten nicht dauernd getrennt lebende Ehegatte nicht unbeschränkt einkommensteuerpflichtig ist und vorbehaltlich § 1a Abs. 1 Nr. 2 EStG auch nicht als unbeschränkt einkommensteuerpflichtig behandelt werden kann, kommt die Zusammenveranlagung unter Anwendung des Splitting-Verfahrens (bzw. der Steuerklasse III) nicht in Betracht.

In Fällen, in denen ein Steuerpflichtiger und sein nicht dauernd getrennt lebender Ehegatte zunächst unter den Voraussetzungen des § 1 Abs. 2 EStG unbeschränkt einkommensteuerpflichtig sind bzw. unter den Voraussetzungen des § 1 Abs. 3 in Verbindung mit § 1a Abs. 2 EStG auf Antrag als unbeschränkt einkommensteuerpflichtig behandelt werden,

– der Steuerpflichtige dann aus dienstlichen Gründen in das Inland versetzt wird,
– der nicht dauernd getrennt lebende Ehegatte aus persönlichen Gründen noch für kurze Zeit im Ausland verbleibt und
– die Voraussetzungen des § 1a Abs. 1 EStG nicht erfüllt sind,

sind aus sachlichen Billigkeitsgründen der Steuerpflichtige und sein Ehegatte weiterhin zu dem nach § 1 Abs. 2 bzw. § 1 Abs. 3 in Verbindung mit § 1a Abs. 2 EStG begünstigten Personenkreis zu rechnen.

Voraussetzung hierfür ist jedoch,

– dass dem Umzug in das Inland ein in § 12 Abs. 2 und 3 des Bundesumzugskostengesetzes in der Fassung vom 11. Dezember 1990 (BGBl. I S. 2688 ff.) genannter Hinderungsgrund entgegensteht und
– die Einkünfte des Ehegatten mindestens zu 90% der deutschen Einkommensteuer unterliegen oder die nicht der deutschen Einkommensteuer unterliegenden Einkünfte der Ehegatten nicht mehr als 24 000 DM*) im Kalenderjahr betragen. § 1 Abs. 3 Sätze 2 bis 5 EStG gelten entsprechend. In Fällen des § 1 Abs. 2 EStG ist es nicht erforderlich, dass der im Ausland verbleibende Ehegatte die Voraussetzungen des § 1 Abs. 2 Satz 1 und Satz 2 EStG erfüllt.

Bei den von dieser Billigkeitsmaßnahme begünstigten Personen kann daher die Einkommensteuer nach dem Splitting-Verfahren berechnet werden. Die Eintragungen auf der Lohnsteuerkarte werden vom zuständigen Finanzamt auf Antrag entsprechend geändert.

II. Einkommen

§ 2 EStG
Umfang der Besteuerung, Begriffsbestimmungen

(1) ¹Der Einkommensteuer unterliegen
1. Einkünfte aus Land- und Forstwirtschaft,
2. Einkünfte aus Gewerbebetrieb,
3. Einkünfte aus selbständiger Arbeit,
4. Einkünfte aus nichtselbständiger Arbeit,
5. Einkünfte aus Kapitalvermögen,
6. Einkünfte aus Vermietung und Verpachtung,
7. sonstige Einkünfte im Sinne des § 22,

die der Steuerpflichtige während seiner unbeschränkten Einkommensteuerpflicht oder als inländische Einkünfte während seiner beschränkten Einkommensteuerpflicht erzielt. ²Zu welcher Einkunftsart die Einkünfte im einzelnen Fall gehören, bestimmt sich nach den §§ 13 bis 24.

(2) Einkünfte sind
1. bei Land- und Forstwirtschaft, Gewerbebetrieb und selbständiger Arbeit der Gewinn (§§ 4 bis 7k),
2. bei den anderen Einkunftsarten der Überschuss der Einnahmen über die Werbungskosten (§§ 8 bis 9a).

(3) ...

(4) Der Gesamtbetrag der Einkünfte, vermindert um die Sonderausgaben und die außergewöhnlichen Belastungen, ist das Einkommen.

(5) ¹Das Einkommen, vermindert um die Freibeträge nach § 32 Abs. 6 und um die sonstigen vom Einkommen abzuziehenden Beträge, ist das zu versteuernde Einkommen; dieses bildet die Bemessungsgrundlage für die tarifliche Einkommensteuer. ²Knüpfen andere Gesetze an den Begriff des zu versteuernden Einkommens an, ist für deren Zweck das Einkommen in allen Fällen des § 32 um die Freibeträge nach § 32 Abs. 6 zu vermindern.

(5a) ...

(6) ¹Die tarifliche Einkommensteuer, vermindert um den Entlastungsbetrag nach § 32c, die anzurechnenden ausländischen Steuern und die Steuerermäßigungen, vermehrt um die Steuer nach § 34c Abs. 5, die Nachsteuer nach § 10 Abs. 5 und den Zuschlag nach § 3 Abs. 4 Satz 2 des Forstschäden-Ausgleichsgesetzes, ist die festzusetzende Einkommensteuer. ²Wurde der Gesamtbetrag der Einkünfte in den Fällen des § 10a Abs. 2 um Sonderausgaben nach § 10a Abs. 1 gemindert, ist für die Ermittlung der festzusetzenden Einkommensteuer der Anspruch auf Zulage nach Abschnitt XI der tariflichen Einkommensteuer hinzuzurechnen. ³Gleiches gilt für das Kindergeld, wenn das Einkommen in den Fällen des § 31 um die Freibeträge nach § 32 Abs. 6 gemindert wurde.

(7) ¹Die Einkommensteuer ist eine Jahressteuer. ²Die Grundlagen für ihre Festsetzung sind jeweils für ein Kalenderjahr zu ermitteln. ³Besteht während eines Kalenderjahres sowohl unbeschränkte als auch beschränkte Einkommensteuerpflicht, so sind die während der beschränkten Einkommensteuerpflicht erzielten inländischen Einkünfte in eine Veranlagung zur unbeschränkten Einkommensteuerpflicht einzubeziehen.

§ 3 Nr. 1 EStG
Steuerfreie Einnahmen

Steuerfrei sind

a) Leistungen aus einer Krankenversicherung, aus einer Pflegeversicherung und aus der gesetzlichen Unfallversicherung,

b) Sachleistungen und Kinderzuschüsse aus den gesetzlichen Rentenversicherungen einschließlich der Sachleistungen nach dem Gesetz über die Alterssicherung der Landwirte,

c) Übergangsgeld nach dem Sechsten Buch Sozialgesetzbuch und Geldleistungen nach den §§ 10, 36 bis 39 des Gesetzes über die Alterssicherung der Landwirte,

d) das Mutterschaftsgeld nach dem Mutterschutzgesetz, der Reichsversicherungsordnung und dem Gesetz über die Krankenversicherung der Landwirte, die Sonderunterstützung für im Familienhaushalt beschäftigte Frauen, der Zuschuss zum Mutterschaftsgeld nach dem Mutterschutzgesetz sowie der Zuschuss nach § 4a der Mutterschutzverordnung oder einer entsprechenden Landesregelung;

---
*) Ab 1.1.2002 12 272 €.

§ 3 Nr. 2 EStG
Steuerfreie Einnahmen

Steuerfrei sind

das Arbeitslosengeld, das Teilarbeitslosengeld, das Kurzarbeitergeld, das Winterausfallgeld, die Arbeitslosenhilfe, der Zuschuss zum Arbeitsentgelt, das Übergangsgeld, das Unterhaltsgeld, die Eingliederungshilfe, das Überbrückungsgeld, der Gründungszuschuss, der Existenzgründungszuschuss nach dem Dritten Buch Sozialgesetzbuch oder dem Arbeitsförderungsgesetz sowie das aus dem Europäischen Sozialfonds finanzierte Unterhaltsgeld und die aus Landesmitteln ergänzten Leistungen aus dem Europäischen Sozialfonds zur Aufstockung des Überbrückungsgeldes nach dem Dritten Buch Sozialgesetzbuch oder dem Arbeitsförderungsgesetz und die übrigen Leistungen nach dem Dritten Buch Sozialgesetzbuch oder dem Arbeitsförderungsgesetz und den entsprechenden Programmen des Bundes und der Länder, soweit sie Arbeitnehmern oder Arbeitsuchenden oder zur Förderung der Ausbildung oder Fortbildung der Empfänger gewährt werden, sowie Leistungen auf Grund der in § 141m Abs. 1 und § 141n Abs. 2 des Arbeitsförderungsgesetzes oder § 187 und § 208 Abs. 2 des Dritten Buches Sozialgesetzbuch genannten Ansprüche, Leistungen auf Grund der in § 115 Abs. 1 des Zehnten Buches Sozialgesetzbuch in Verbindung mit § 117 Abs. 4 Satz 1 oder § 134 Abs. 4, § 160 Abs. 1 Satz 1 und § 166a des Arbeitsförderungsgesetzes oder in Verbindung mit § 143 Abs. 3 oder § 198 Satz 2 Nr. 6, § 335 Abs. 3 des Dritten Buches Sozialgesetzbuch genannten Ansprüche, wenn über das Vermögen des ehemaligen Arbeitgebers des Arbeitslosen das Konkursverfahren, Gesamtvollstreckungsverfahren oder Insolvenzverfahren eröffnet worden ist oder einer der Fälle des § 141b Abs. 3 des Arbeitsförderungsgesetzes oder des § 183 Abs. 1 Nr. 2 oder 3 des Dritten Buches Sozialgesetzbuch vorliegt, und der Altersübergangsgeld-Ausgleichsbetrag nach § 249e Abs. 4a des Arbeitsförderungsgesetzes in der bis zum 31. Dezember 1997 geltenden Fassung;

R 4
Leistungen nach dem Dritten Buch Sozialgesetzbuch (§ 3 Nr. 2 EStG)

(1) ¹Steuerfrei sind das Arbeitslosengeld und das Teilarbeitslosengeld nach dem Dritten Buch Sozialgesetzbuch (SGB III). ²Etwaige spätere Zahlungen des Arbeitgebers an die Agentur für Arbeit auf Grund des gesetzlichen Forderungsübergangs (§ 115 SGB X) sind ebenfalls steuerfrei, wenn über das Vermögen des Arbeitgebers das Insolvenzverfahren eröffnet worden ist oder einer der Fälle des § 183 Abs. 1 Nr. 2 oder 3 SGB III vorliegt. ³Hat die Agentur für Arbeit in den Fällen der §§ 143 Abs. 3 und 143a Abs. 4 SGB III zunächst Arbeitslosengeld gezahlt und zahlt der Arbeitnehmer dieses auf Grund dieser Vorschriften der Agentur für Arbeit zurück, so bleibt die Rückzahlung mit Ausnahme des Progressionsvorbehalts (>R 185 EStR)*) ohne steuerliche Auswirkung (§ 3c EStG); der dem Arbeitnehmer vom Arbeitgeber nachgezahlte Arbeitslohn ist grundsätzlich steuerpflichtig.

(2) Steuerfrei sind außerdem das Insolvenzgeld (§ 183 SGB III) und Leistungen des Insolvenzverwalters oder des ehemaligen Arbeitgebers auf Grund von § 187 Satz 1 SGB III an die Agentur für Arbeit oder auf Grund von § 208 Abs. 2 SGB III an die Einzugsstelle.

(3) Zu den steuerfreien Leistungen nach dem SGB III gehört auch das Wintergeld, das als Mehraufwands-Wintergeld zur Abgeltung der witterungsbedingten Mehraufwendungen bei Arbeit und als Zuschuss-Wintergeld zur Verminderung der Einkommenseinbußen bei Zahlung der Winterausfallgeld-Vorausleistung**) in der witterungsungünstigen Jahreszeit gezahlt wird (§ 209 Nr. 1 SGB III)***).

(4) ¹Steuerfrei ist außerdem das Unterhaltsgeld (§ 153 SGB III). ²Hierzu zählen auch die Sonderformen des Teilunterhaltsgeldes (§ 154 SGB III)****).

(5) Steuerfrei sind auch das Übergangsgeld und das Überbrückungsgeld*****), das behinderten oder von Behinderung bedrohten Menschen nach den §§ 45 bis 52 SGB IX bzw. § 33 Abs. 3 Nr. 5 SGB IX gewährt wird, weil es sich um Leistungen im Sinne des SGB III, SGB VI, SGB VII oder des Bundesversorgungsgesetzes handelt.

H 4
Hinweise zu R 4
Leistungen nach dem Dritten Buch Sozialgesetzbuch

Zahlungen des Arbeitgebers an die Agentur für Arbeit

Zahlungen des Arbeitgebers, die die Voraussetzungen von R 4 Abs. 1 Satz 2 nicht erfüllen, sind steuerpflichtiger Arbeitslohn (>BFH vom 16. 3. 1993 – BStBl. II S. 507); in diesen Fällen ist R 119 Abs. 4 zu beachten.

§ 3 Nr. 2a, Nr. 2b, Nr. 3 EStG
Steuerfreie Einnahmen

Steuerfrei sind

Nr. 2a die Arbeitslosenbeihilfe und die Arbeitslosenhilfe nach dem Soldatenversorgungsgesetz;

Nr. 2b Leistungen zur Sicherung des Lebensunterhalts und zur Eingliederung in Arbeit nach dem Zweiten Buch Sozialgesetzbuch;

Nr. 3 a) Rentenabfindungen nach § 107 des Sechsten Buches Sozialgesetzbuch, nach § 21 des Beamtenversorgungsgesetzes oder nach entsprechendem Landesrecht und nach § 43 des Soldatenversorgungsgesetzes in Verbindung mit § 21 des Beamtenversorgungsgesetzes,

b) Beitragserstattungen an den Versicherten nach den §§ 210 und 286d des Sechsten Buches Sozialgesetzbuch sowie nach den §§ 204, 205 und 207 des Sechsten Buches Sozialgesetzbuch, Beitragserstattungen nach den §§ 75 und 117 des Gesetzes über die Alterssicherung der Landwirte und nach § 26 des Vierten Buches Sozialgesetzbuch,

c) Leistungen aus berufsständischen Versorgungseinrichtungen, die den Leistungen nach den Buchstaben a und b entsprechen,

d) Kapitalabfindungen und Ausgleichszahlungen nach § 48 des Beamtenversorgungsgesetzes oder entsprechendem Landesrecht und nach den §§ 28 bis 35 und 38 des Soldatenversorgungsgesetzes;

R 5
Kapitalabfindungen auf Grund der Beamten-(Pensions-)gesetze (§ 3 Nr. 3 EStG)

– unbesetzt –

H 5
Hinweise zu R 5
Kapitalabfindungen auf Grund der Beamten-(Pensions-)gesetze

Beispiele zu Kapitalabfindungen

– Ausgleichszahlungen nach § 48 Abs. 1 des Beamtenversorgungsgesetzes – BeamtVG –,

– Kapitalabfindungen nach den §§ 28 bis 35 und die Ausgleichszahlung nach § 38 Abs. 1 des Soldatenversorgungsgesetzes,

– Witwenabfindungen nach § 21 BeamtVG.

---

*) Ab 2005 >R 32b EStR.
**) Ab 1. 4. 2006: Vertraglich vereinbarte Leistung zur Vermeidung der Inanspruchnahme von Saison-Kurzarbeitergeld (§ 131 Abs. 3 Nr. 1 SGB III).
***) Ab 1. 4. 2006: § 175a Abs. 1 SGB III.
****) Das bisherige Unterhaltsgeld bzw. das Teilunterhaltsgeld wird seit 1. 1. 2005 als Arbeitslosengeld ausgezahlt.
*****) Seit 1. 1. 2005 Gründungszuschuss.

§ 3 Nr. 4 EStG
Steuerfreie Einnahmen

Steuerfrei sind

bei Angehörigen der Bundeswehr, der Bundespolizei, des Zollfahndungsdienstes, der Bereitschaftspolizei der Länder, der Vollzugspolizei und der Berufsfeuerwehr der Länder und Gemeinden und bei Vollzugsbeamten der Kriminalpolizei des Bundes, der Länder und Gemeinden

a) der Geldwert der ihnen aus Dienstbeständen überlassenen Dienstkleidung,

b) Einkleidungsbeihilfen und Abnutzungsentschädigungen für die Dienstkleidung der zum Tragen oder Bereithalten von Dienstkleidung Verpflichteten und für dienstlich notwendige Kleidungsstücke der Vollzugsbeamten der Kriminalpolizei und der Zollfahndungsbeamten,

c) im Einsatz gewährte Verpflegung oder Verpflegungszuschüsse,

d) der Geldwert der auf Grund gesetzlicher Vorschriften gewährten Heilfürsorge;

R 6
Überlassung von Dienstkleidung und anderen Leistungen an bestimmte Angehörige des öffentlichen Dienstes (§ 3 Nr. 4 EStG)

¹Die Steuerfreiheit nach § 3 Nr. 4 Buchstaben a und b EStG gilt für sämtliche Dienstbekleidungsstücke, die die Angehörigen der genannten Berufsgruppen nach den jeweils maßgebenden Dienstbekleidungsvorschriften zu tragen verpflichtet sind. ²Zu den Angehörigen der Bundeswehr oder des Bundesgrenzschutzes*) im Sinne des § 3 Nr. 4 EStG gehören nicht die Zivilbediensteten.

§ 3 Nr. 5 EStG
Steuerfreie Einnahmen

Steuerfrei sind

die Geld- und Sachbezüge sowie die Heilfürsorge, die Soldaten auf Grund des § 1 Abs. 1 Satz 1 des Wehrsoldgesetzes und Zivildienstleistende auf Grund des § 35 des Zivildienstgesetzes erhalten;

R 7
Geld- und Sachbezüge an Wehrpflichtige und Zivildienstleistende (§ 3 Nr. 5 EStG)

¹Zu den Geldbezügen im Sinne des § 1 Abs. 1 Satz 1 des Wehrsoldgesetzes gehören neben dem Wehrsold die besondere Zuwendung, das Dienstgeld und das Entlassungsgeld. ²Nach § 35 des Zivildienstgesetzes stehen den Zivildienstleistenden die gleichen Geld- und Sachbezüge zu wie einem Soldaten des untersten Mannschaftsdienstgrades, der auf Grund der Wehrpflicht Wehrdienst leistet. ³Bei Zivildienstleistenden, denen keine dienstliche Unterkunft zugewiesen werden kann und deshalb „Heimschlaferlaubnis" erteilt wird, gehört auch das anstelle der Unterkunftsgestellung gezahlte Fahrgeld für die Fahrten zwischen Wohnung und Arbeitsstätte zu den steuerfreien Geldbezügen.

§ 3 Nr. 6 EStG
Steuerfreie Einnahmen

Steuerfrei sind

Bezüge, die auf Grund gesetzlicher Vorschriften aus öffentlichen Mitteln versorgungshalber an Wehrdienstbeschädigte und Zivildienstbeschädigte oder ihre Hinterbliebenen, Kriegsbeschädigte, Kriegshinterbliebene und ihnen gleichgestellte Personen gezahlt werden, soweit es sich nicht um Bezüge handelt, die auf Grund der Dienstzeit gewährt werden;

R 8
Gesetzliche Bezüge der Wehr- und Zivildienstbeschädigten, Kriegsbeschädigten, ihrer Hinterbliebenen und der ihnen gleichgestellten Personen (§ 3 Nr. 6 EStG)

(1) ¹Steuerfreie Bezüge nach § 3 Nr. 6 EStG sind die Leistungen nach dem Bundesversorgungsgesetz ohne Rücksicht darauf, ob sie sich unmittelbar aus diesem oder aus Gesetzen, die es für anwendbar erklären, ergeben, ferner Leistungen nach den §§ 41 Abs. 2, 63, 63a, 63b, 85 und 86 des Soldatenversorgungsgesetzes sowie nach § 35 Abs. 5 und nach § 50 des Zivildienstgesetzes. ²Zu den Gesetzen, die das Bundesversorgungsgesetz für anwendbar erklären, gehören

1. das Soldatenversorgungsgesetz (vgl. § 80 des Gesetzes),
2. das Zivildienstgesetz (vgl. § 47 des Gesetzes),
3. das Häftlingshilfegesetz (vgl. §§ 4 und 5 des Gesetzes),
4. das Gesetz über die Unterhaltsbeihilfe für Angehörige von Kriegsgefangenen (vgl. § 3 des Gesetzes),
5. das Gesetz über den Bundesgrenzschutz (vgl. § 59 Abs. 1 des Gesetzes in Verbindung mit dem Soldatenversorgungsgesetz),
6. – weggefallen –
7. des Gesetz zur Regelung der Rechtsverhältnisse der unter Artikel 131 des Grundgesetzes fallenden Personen (vgl. §§ 66, 66a des Gesetzes),
8. das Gesetz zur Einführung des Bundesversorgungsgesetzes im Saarland vom 16.8.1961 (vgl. § 5 Abs. 1 des Gesetzes),
9. das Gesetz über die Entschädigung für Opfer von Gewalttaten (vgl. § 1 des Gesetzes),
10. das Infektionsschutzgesetz (vgl. § 60 des Gesetzes),
11. das Strafrechtliche Rehabilitierungsgesetz (vgl. §§ 21, 22 des Gesetzes),
12. das Verwaltungsrechtliche Rehabilitierungsgesetz (vgl. §§ 3, 4 des Gesetzes).

(2) Zu den nach § 3 Nr. 6 EStG versorgungshalber gezahlten Bezügen, die nicht auf Grund der Dienstzeit gewährt werden, gehören auch

1. Bezüge der Berufssoldaten der früheren Wehrmacht, der Angehörigen des Vollzugsdienstes der Polizei, des früheren Reichswasserschutzes, der Beamten der früheren Schutzpolizei der Länder sowie der früheren Angehörigen der Landespolizei und ihrer Hinterbliebenen,
2. die Unfallfürsorgeleistungen an Beamte auf Grund der §§ 32 bis 35 und § 38 Beamtenversorgungsgesetz (BeamtVG), Unterhaltsbeiträge nach den §§ 40, 41, 43 und 43a BeamtVG;
3. die Dienstbeschädigungsvollrenten und die Dienstbeschädigungsteilrenten nach den Versorgungsordnungen der Nationalen Volksarmee (VSO-NVA), der Volkspolizei, der Feuerwehr und des Strafvollzugs des Ministeriums des Innern (VSO-MdI), der DDR-Zollverwaltung (VSO-Zoll) und des Ministeriums für Staatssicherheit/Amtes für Nationale Sicherheit (VSO-MfS/AfNS) sowie der Dienstbeschädigungsausgleich, der ab dem 1. Januar 1997 nach dem Gesetz über einen Ausgleich für Dienstbeschädigungen im Beitrittsgebiet vom 11. November 1996 (BGBl. I S. 1676) anstelle der vorbezeichneten Renten gezahlt wird.

H 8
Hinweise zu R 8
Gesetzliche Bezüge der Wehr- und Zivildienstbeschädigten, Kriegsbeschädigten, ihrer Hinterbliebenen und der ihnen gleichgestellten Personen

Bezüge aus EU-Mitgliedstaaten

§ 3 Nr. 6 EStG ist auch auf Bezüge von Kriegsbeschädigten und gleichgestellten Personen anzuwenden, die aus öffentlichen Mitteln anderer EU-Mitgliedstaaten gezahlt werden (>BFH vom 22.1.1997 – BStBl. II S. 358).

___
*) Jetzt Bundespolizei.

§ 3 Nr. 9 EStG
R 9

Unterhaltsbeitrag nach § 38 BeamtVG

ist ein Bezug, der „versorgungshalber" gezahlt wird und somit nach § 3 Nr. 6 EStG steuerbereit ist (>BFH vom 16. 1. 1998 – BStBl. II S. 303).

§ 3 Nr. 9 EStG*)
Steuerfreie Einnahmen
– *weggefallen* –

R 9
Abfindungen wegen Auflösung des Dienstverhältnisses
(§ 3 Nr. 9 EStG)*)

Abfindungszahlung

(1) ¹Abfindungen sind Leistungen, die der Arbeitnehmer als Ausgleich für die mit der Auflösung des Dienstverhältnisses verbundenen Nachteile, insbesondere für den Verlust des Arbeitsplatzes, erhält (sachlicher Zusammenhang). ²Ein zeitlicher Zusammenhang zwischen dem Zufluss der Abfindung und der Beendigung des Dienstverhältnisses ist daneben nicht erforderlich; ein erhebliches zeitliches Auseinanderfallen der beiden Ereignisse kann jedoch den sachlichen Zusammenhang in Frage stellen. ³Nicht zu den Abfindungen gehören andere Bezüge, die lediglich aus Anlass der Auflösung eines Dienstverhältnisses gezahlt werden. ⁴Es ist unerheblich, auf welcher Rechtsgrundlage die Zahlung der Abfindung beruht; auch Abfindungen, auf die der Arbeitnehmer keinen Anspruch hat, sind unter den in § 3 Nr. 9 EStG aufgeführten Voraussetzungen steuerfrei. ⁵§ 3 Nr. 9 EStG ist auch bei Arbeitnehmern anwendbar, deren Lohn nach § 40a EStG pauschal versteuert wird.

Auflösung des Dienstverhältnisses

(2) ¹Die Auflösung ist vom Arbeitgeber veranlasst, wenn dieser die entscheidenden Ursachen für die Auflösung gesetzt hat. ²Eine gerichtlich ausgesprochene Auflösung braucht nicht vom Arbeitgeber veranlasst zu sein; eine solche liegt nicht vor, wenn durch gerichtliches Urteil oder gerichtlichen Vergleich eine von einer Vertragspartei ausgesprochene Kündigung lediglich bestätigt wird. ³Eine Änderungskündigung bewirkt nur dann eine Auflösung des Dienstverhältnisses, wenn sie zu einem Ausscheiden aus dem Dienstverhältnis führt. ⁴Bei Altersteilzeitmodellen ist die Auflösung des Dienstverhältnisses nicht vom Arbeitgeber veranlasst, wenn die Altersteilzeit bis zum 65. Lebensjahr andauert.

Umfang der Steuervergünstigung

(3) ¹Der Freibetrag richtet sich nach dem Lebensalter und der Dauer der Betriebszugehörigkeit des Arbeitnehmers in dem Zeitpunkt, zu dem das Dienstverhältnis aufgelöst worden ist. ²Es steht jedem Arbeitnehmer aus demselben Dienstverhältnis insgesamt nur einmal zu. ³Wird die Abfindung in Teilbeträgen oder in fortlaufenden Beträgen ausgezahlt, so sind die einzelnen Raten so lange steuerfrei, bis der für den Arbeitnehmer maßgebende Freibetrag ausgeschöpft ist. ⁴Eine Verteilung des Freibetrags entsprechend der Laufzeit der Abfindungszahlung ist nicht zulässig; vielmehr ist der Freibetrag bei den zuerst bezogenen Raten zu berücksichtigen. ⁵Ist der Abzug des Freibetrags teilweise unterblieben, obwohl die Höhe der Abfindungsrate den Abzug zugelassen hätte, so kann der Freibetrag insoweit nicht mehr bei Raten der Folgejahre berücksichtigt werden. ⁶Die im Lohnsteuerabzugsverfahren unterlassene Berücksichtigung wird, sofern die Voraussetzungen hierfür erfüllt sind, im Rahmen der Einkommensteuerveranlagung für das Zuflussjahr nachgeholt. ⁷Überschreitet die Abfindung den Freibetrag, so unterliegt sie insoweit dem Lohnsteuerabzug. ⁸Ist der steuerpflichtige Teil der Abfindung eine tarifbegünstigte Entschädigung im Sinne des § 34 Abs. 1 EStG, so ist die Lohnsteuer für diesen sonstigen Bezug nach § 39b Abs. 3 Satz 9 EStG zu ermitteln. ⁹Unabhängig davon kann die Tarifermäßigung nach § 34 Abs. 1 EStG bei einer Veranlagung zur Einkommensteuer berücksichtigt werden (§ 46 Abs. 2 Nr. 5 oder 8 EStG).

Ermittlung der Dauer der Betriebszugehörigkeit

(4) ¹Für die Ermittlung der Dauer der Betriebszugehörigkeit gilt Folgendes:

1. Ist ein Dienstverhältnis aus vom Arbeitnehmer nicht zu vertretenden Gründen, z. B. im Baugewerbe bei schlechter Witterung, aufgelöst worden und war der Arbeitnehmer anschließend arbeitslos, so sind bei der Ermittlung des maßgebenden Freibetrags auch Dienstzeiten zu berücksichtigen, die der Arbeitnehmer vor der Arbeitslosigkeit bei dem Arbeitgeber verbracht hat, wenn er unmittelbar im Anschluss an die Arbeitslosigkeit erneut ein Dienstverhältnis zu demselben Arbeitgeber eingegangen ist.

2. ¹Bei Beschäftigungen innerhalb eines Konzerns sind Zeiten, in denen der Arbeitnehmer früher bei anderen rechtlich selbständigen Unternehmen des Konzerns tätig war, im Allgemeinen nicht zu berücksichtigen. ²Sind jedoch bei früheren Umsetzungen innerhalb des Konzerns an den Arbeitnehmer Abfindungen nicht gezahlt worden, weil der Konzern diese Umsetzung als Fortsetzung eines einheitlichen Dienstverhältnisses betrachtet hat, so ist für die Ermittlung des Freibetrags von einer Gesamtbeschäftigungsdauer für den Konzern auszugehen, wenn der Arbeitsvertrag hierfür wichtige Anhaltspunkte, wie z. B. die Berechnung der Pensionsansprüche, des Urlaubsanspruchs oder des Dienstjubiläums des Arbeitnehmers, enthält.

3. ¹Werden Arbeitnehmer im Baugewerbe zu Arbeitsgemeinschaften entsandt, berechnet sich die Dauer des nach § 3 Nr. 9 EStG maßgebenden Dienstverhältnisses aus der Summe der Zeiten im Stammbetrieb und auf den Baustellen der Arbeitsgemeinschaften. ²Das Gleiche gilt auch, wenn der Arbeitnehmer ein eigenständiges Dienstverhältnis zur Arbeitsgemeinschaft begründet hat und vom Stammbetrieb freigestellt worden ist, sofern während der Beschäftigung bei der Arbeitsgemeinschaft das Dienstverhältnis zum Stammbetrieb lediglich ruht und der Arbeitnehmer gegenüber dem Stammbetrieb weiterhin Rechte besitzt.

4. ¹Soweit nach gesetzlichen Vorschriften, z. B. Soldatenversorgungsgesetz, Kündigungsschutzgesetz, Gesetz über einen Bergmann-Versorgungsschein, Dienstzeiten bei früheren Arbeitgebern zu berücksichtigen sind, gilt dies auch bei der Ermittlung der nach § 3 Nr. 9 EStG maßgebenden Dauer der Beschäftigungszeit.

²Eine Berücksichtigung von früher bei dem Arbeitgeber verbrachten Beschäftigungszeiten ist nur möglich, wenn aus Anlass der früheren Auflösung des Dienstverhältnisses keine Abfindung im Sinne des § 3 Nr. 9 EStG gezahlt worden ist.

H 9
Hinweise zu R 9
Abfindungen wegen Auflösung des Dienstverhältnisses

Abfindung in Teilbeträgen

Nach § 3 Nr. 9 EStG steuerfreie Abfindungen können in einer Summe, in Teilbeträgen oder in fortlaufenden Beträgen ausgezahlt werden (>BFH vom 11. 1. 1980 – BStBl. II S. 205).

Abgeltung vertraglicher Ansprüche

Keine Abfindungen sind Zahlungen zur Abgeltung vertraglicher Ansprüche, die der Arbeitnehmer aus dem Dienstverhältnis bis zum Zeitpunkt der Auflösung erlangt hat (>BFH vom 17. 5. 1977 – BStBl. II S. 735, vom 13. 10. 1978 – BStBl. 1979 II S. 155 und vom 24. 4. 1991 – BStBl. II S. 723). Dies gilt auch, wenn der Arbeitnehmer für den Abgeltungszeitraum von der Arbeit freigestellt worden

---

*) § 3 Nr. 9 EStG in der bis zum 31.12.2005 geltenden Fassung ist weiter anzuwenden für vor dem 1. 1. 2006 entstandene Ansprüche der Arbeitnehmer auf Abfindungen oder für Abfindungen wegen einer vor dem 1. 1. 2006 getroffenen Gerichtsentscheidung oder einer am 31.12.2005 anhängigen Klage, soweit die Abfindungen dem Arbeitnehmer vor dem 1. 1. 2008 zufließen (§ 52 Abs. 4a Satz 1 EStG).
§ 3 Nr. 9 in der bis 31.12.2005 geltenden Fassung lautet:
„¹Abfindungen wegen einer vom Arbeitgeber veranlassten oder gerichtlich ausgesprochenen Auflösung des Dienstverhältnisses, höchstens jedoch 7200 Euro. ²Hat der Arbeitnehmer das 50. Lebensjahr vollendet und hat das Dienstverhältnis mindestens 15 Jahre bestanden, so beträgt der Höchstbetrag 9000 Euro, hat der Arbeitnehmer das 55. Lebensjahr vollendet und hat das Dienstverhältnis mindestens 20 Jahre bestanden, so beträgt der Höchstbetrag 11 000 Euro."

ist (>BFH vom 27. 4. 1994 – BStBl. II S. 653). Zahlungen, mit denen entgangene Verdienstmöglichkeiten für die Zeit nach Beendigung des Dienstverhältnisses abgegolten werden, sind hingegen in der Regel Abfindungen (>BFH vom 13. 10. 1978 – BStBl. 1979 II S. 155).

Antrittsprämien des neuen Arbeitgebers

Zuwendungen, die bei einem Wechsel des Dienstverhältnisses vom neuen Arbeitgeber erbracht werden, sind keine Abfindung (>BFH vom 16. 12. 1992 – BStBl. 1993 II S. 447).

Arbeitnehmer-Kommanditisten

Abfindungen, die an einen bei einer KG angestellten Kommanditisten aus Anlass der Auflösung seines Dienstverhältnisses gezahlt werden, gehören zu den Sondervergütungen i. S. des § 15 Abs. 1 Nr. 2 EStG und sind nicht nach § 3 Nr. 9 EStG steuerbefreit (>BFH vom 23. 4. 1996 – BStBl. II S. 515).

Auflösungszeitpunkt des Dienstverhältnisses

Ob und zu welchem Zeitpunkt das Dienstverhältnis aufgelöst worden ist, ist nach bürgerlichem Recht bzw. Arbeitsrecht zu beurteilen (>BFH vom 13. 10. 1978 – BStBl. 1979 II S. 155 und vom 11. 1. 1980 – BStBl. II S. 205).

Befristetes Dienstverhältnis

Wird bei Ablauf eines befristeten Dienstverhältnisses eine Gratifikation oder eine besondere Zuwendung geleistet, so ist dies keine Abfindung (>BFH vom 18. 9. 1991 – BStBl. 1992 II S. 34 betreffend tarifliches Übergangsgeld und vom 10. 9. 2003 – BStBl. 2004 II S. 349).

Betriebsübergang nach § 613a BGB

Zuwendungen, die anlässlich eines Arbeitgeberwechsels im Rahmen eines (Teil-)Betriebsübergangs erbracht werden, sind keine Abfindung (>BFH vom 16. 7. 1997 – BStBl. II S. 666).

Neues Dienstverhältnis bei demselben Arbeitgeber

Wird der Arbeitnehmer auf Grund eines nach Beendigung des Dienstverhältnisses abgeschlossenen neuen Dienstvertrags bei demselben Arbeitgeber zu wesentlich anderen Bedingungen weiterbeschäftigt, so wird hierdurch die Steuerfreiheit einer Abfindung nicht beeinträchtigt (>BFH vom 21. 6. 1990 – BStBl. II S. 1021).

Tarifbegünstigung nach § 34 Abs. 1 EStG

>H 119 (Fünftelregelung)

Umsetzung im Konzern

Bei einer Umsetzung innerhalb eines Konzerns ist nach den Verhältnissen des Einzelfalls zu prüfen, ob die Umsetzung als Fortsetzung eines einheitlichen Dienstverhältnisses oder als neues Dienstverhältnis zu beurteilen ist (>BFH vom 21. 6. 1990 – BStBl. II S. 1021).

Veranlassung durch den Arbeitgeber

– Eine Auflösung des Dienstverhältnisses ist auch dann durch den Arbeitgeber veranlasst, wenn dieser die Auflösung fordert, weil der Arbeitnehmer ein Regierungsamt übernimmt (>BFH vom 6. 3. 2002 – BStBl. II S. 516).

– Veräußert der Alleingesellschafter-Geschäftsführer freiwillig alle Anteile an seiner GmbH, kann die Entschädigung für die Aufgabe der Geschäftsführertätigkeit gleichwohl vom Arbeitgeber veranlasst sein, da die Aufgabe dieser Tätigkeit nicht die zwangsläufige Folge der Anteilsveräußerung ist (>BFH vom 13. 8. 2003 – BStBl. 2004 II S. 106).

– Es kommt für die Steuerfreiheit einer Abfindung wegen Auflösung des Dienstverhältnisses nicht darauf an, ob dem Arbeitnehmer eine weitere Zusammenarbeit mit dem Arbeitgeber noch zuzumuten ist (>BFH vom 10. 11. 2004 – BStBl. 2005 II S. 441).

– Bei Zahlung einer Abfindung kann regelmäßig davon ausgegangen werden, dass der Arbeitgeber die Auflösung veranlasst hat. Dies gilt auch, wenn der Arbeitnehmer wegen einer arbeitsvertraglichen Pflichtverletzung zum unfreiwilligen Verlust des Arbeitsplatzes beigetragen hat (>BFH vom 10. 11. 2004 – BStBl. 2005 II S. 181).

Vorruhestandsleistungen

Zu den Abfindungen gehören auch Vorruhestandsleistungen (>BFH vom 11. 1. 1980 – BStBl. II S. 205), insbesondere das Vorruhestandsgeld nach dem Vorruhestandsgesetz und Übergangsgelder, die auf Grund tarifvertraglicher Regelungen an Angestellte des öffentlichen Dienstes gezahlt werden (>BFH vom 18. 9. 1991 – BStBl. 1992 II S. 34).

Anlage 1
zu H 9

Steuerliche Behandlung von Vorruhestandsgeld nach Auslaufen des Vorruhestandsgesetzes

BMF-Schreiben vom 21. 12. 1989 (Az: IV B 6 – S 2340 – 4/89 II)

Im Einvernehmen mit den obersten Finanzbehörden der Länder teile ich Ihnen auf Ihre Anfrage Folgendes mit:

Das Vorruhestandsgeld ist bisher als Abfindung angesehen worden, die wegen einer vom Arbeitgeber veranlassten Auflösung des Dienstverhältnisses gewährt wird. Sofern keine Änderungen in den Vorruhestandsvereinbarungen eintreten, die die Annahme von Abfindungen und der vom Arbeitgeber veranlassten Auflösung des Dienstverhältnisses ausschließen, kann § 3 Nr. 9 EStG auch nach Auslaufen des Vorruhestandsgesetzes angewendet werden. Allein die Herabsetzung des Mindestalters von 58 auf 55 Jahre sehe ich in diesem Zusammenhang nicht als schädlich an.

Anlage 2
zu H 9

Abfindungen für unverfallbare Pensionsanwartschaften

Bundeseinheitlich geltende Regelung, für Bayern bekannt gegeben mit Schreiben des Bayer. Staatsministeriums der Finanzen vom 11. 3. 1986 (Az.: 31 b – S 2258 – 11/2 – 70147/85)

Abgedruckt als Anlage 1 zu § 24 EStG.

Anlage 3
zu H 9

Einkommensteuerliche Behandlung von Abfindungszahlungen für Pensionsanwartschaften

Bundeseinheitlich geltende Regelung, für Bayern bekannt gegeben mit Schreiben des Bayer. Staatsministeriums der Finanzen vom 23. 7. 1987 (Az.: 31 b – S 2258 – 11/8 – 4424)

Abgedruckt als Anlage 2 zu § 24 EStG.

Anlage 4
zu H 9

Zweifelsfragen im Zusammenhang mit der ertragsteuerlichen Behandlung von Entlassungsentschädigungen

BMF-Schreiben vom 24. 5. 2004 (BStBl. I S. 505)

Unter Bezugnahme auf das Ergebnis der Erörterungen mit den obersten Finanzbehörden der Länder nehme ich zu Fragen im Zusammenhang mit der ertragsteuerlichen Behandlung von Entlassungsentschädigungen wie folgt Stellung:

§ 3 Nr. 9 EStG

Inhaltsverzeichnis

	Rz.
I. Allgemeines	1–4
II. Lebenslängliche betriebliche Versorgungszusagen	5–8
1. Steuerliche Behandlung von Entlassungsentschädigungen bei Verzicht des Arbeitgebers auf die Kürzung einer lebenslänglichen Betriebsrente	6
2. Steuerliche Behandlung von Entlassungsentschädigungen bei vorgezogener lebenslänglicher Betriebsrente	7
3. Steuerliche Behandlung von Entlassungsentschädigungen bei Umwandlung eines (noch) verfallbaren Anspruchs auf lebenslängliche Betriebsrente in einen unverfallbaren Anspruch	8
III. Zusammenballung von Einkünften im Sinne des § 34 EStG	9–16
1. Zusammenballung von Einkünften in einem Veranlagungszeitraum (>1. Prüfung)	9
2. Zusammenballung von Einkünften unter Berücksichtigung der wegfallenden Einnahmen (>2. Prüfung)	10–13
2.1 Zusammenballung im Sinne des § 34 EStG, wenn durch die Entschädigung die bis zum Jahresende wegfallenden Einnahmen überschritten werden	10
2.2 Zusammenballung im Sinne des § 34 EStG, wenn durch die Entschädigung nur ein Betrag bis zur Höhe der bis zum Jahresende wegfallenden Einnahmen abgegolten wird	11–13
a) Ermittlung der zu berücksichtigenden Einkünfte (mit Beispielen)	12
b) Anwendung im Lohnsteuerabzugsverfahren	13
3. Zusammenballung von Einkünften bei zusätzlichen Entschädigungsleistungen des Arbeitgebers	14–16
a) Zusätzliche Entschädigungsleistungen des Arbeitgebers	14
b) Zusammenballung von Einkünften bei zusätzlichen Entschädigungsleistungen des Arbeitgebers aus Gründen der sozialen Fürsorge in späteren Veranlagungszeiträumen	15
c) Weitere Nutzung der verbilligten Wohnung	16
IV. Planwidriger Zufluss in mehreren Veranlagungszeiträumen/Rückzahlung bereits empfangener Entschädigungen	17–20
1. Versehentlich zu niedrige Auszahlung der Entschädigung	19
2. Nachzahlung nach Rechtsstreit	20
V. Vom Arbeitgeber freiwillig übernommene Rentenversicherungsbeiträge im Sinne des § 187a SGB VI	21–22
VI. Anwendung	23

I. Allgemeines

1 ¹Scheidet ein Arbeitnehmer auf Veranlassung des Arbeitgebers vorzeitig aus einem Dienstverhältnis aus, so können ihm folgende Leistungen des Arbeitgebers zufließen, die wegen ihrer unterschiedlichen steuerlichen Auswirkung gegeneinander abzugrenzen sind:
– normal zu besteuernder Arbeitslohn nach § 19 EStG, ggf. i. V. m. § 24 Nr. 2 EStG,
– steuerfreie Abfindungen nach § 3 Nr. 9 EStG (>Rz. 2),
– steuerbegünstigte Entschädigungen nach § 24 Nr. 1 i. V. m. § 34 Abs. 1 und 2 EStG (>Rz. 2 bis 4),
– steuerbegünstigte Leistungen für eine mehrjährige Tätigkeit im Sinne des § 34 EStG.

²Auch die Modifizierung betrieblicher Renten kann Gegenstand von Auflösungsvereinbarungen sein (>Rz. 5 bis 8).

2 ¹Abfindungen wegen einer vom Arbeitgeber veranlassten oder gerichtlich ausgesprochenen Auflösung des Dienstverhältnisses sind bis zu bestimmten Höchstbeträgen nach § 3 Nr. 9 EStG steuerfrei. ²Der diese Höchstbeträge übersteigende Teil der Abfindung ist grundsätzlich ermäßigt zu besteuern, wenn er die Voraussetzungen einer Entschädigung nach § 24 Nr. 1 EStG i. V. m. § 34 Abs. 1 und 2 EStG erfüllt.

3 ¹Eine Entschädigung setzt voraus, dass an Stelle der bisher geschuldeten Leistung eine andere tritt. ²Diese andere Leistung muss auf einem anderen, eigenständigen Rechtsgrund beruhen. ³Ein solcher Rechtsgrund wird regelmäßig Bestandteil der Auflösungsvereinbarung sein; er kann aber auch bereits bei Abschluss des Dienstvertrags oder im Verlauf des Dienstverhältnisses für den Fall des vorzeitigen Ausscheidens vereinbart werden. ⁴Eine Leistung in Erfüllung eines bereits vor dem Ausscheiden begründeten Anspruchs des Empfängers ist keine Entschädigung, auch wenn dieser Anspruch in einer der geänderten Situation angepassten Weise erfüllt wird (Modifizierung; siehe z. B. Rz. 5 bis 8). ⁵Der Entschädigungsanspruch darf – auch wenn er bereits früher vereinbart worden ist – erst als Folge einer vorzeitigen Beendigung des Dienstverhältnisses entstehen.

4 ¹Eine Entschädigung im Sinne des § 24 Nr. 1 Buchstabe a EStG, die aus Anlass einer Entlassung aus dem Dienstverhältnis vereinbart wird (Entlassungsentschädigung), setzt den Verlust von Einnahmen voraus, mit denen der Arbeitnehmer rechnen konnte. ²Weder Abfindung noch Entschädigung sind Zahlungen des Arbeitgebers, die bereits erdiente Ansprüche abgelten, wie z. B. rückständiger Arbeitslohn, anteiliges Urlaubsgeld, Urlaubsabgeltung, Weihnachtsgeld, Gratifikationen, Tantiemen oder bei rückwirkender Beendigung des Dienstverhältnisses bis zum steuerlich anzuerkennenden Zeitpunkt der Auflösung noch zustehende Gehaltsansprüche. ³Das gilt auch für freiwillige Leistungen, wenn sie in gleicher Weise den verbleibenden Arbeitnehmern tatsächlich zugewendet werden.

II. Lebenslängliche betriebliche Versorgungszusagen

5 ¹Lebenslängliche Bar- oder Sachleistungen sind als Einkünfte im Sinne des § 24 Nr. 2 EStG zu behandeln (>BFH vom 28.9.1967 – BStBl. 1968 II S. 76). ²Sie sind keine außerordentlichen Einkünfte im Sinne des § 34 Abs. 2 EStG und damit für eine begünstigte Besteuerung der im Übrigen gezahlten Entlassungsentschädigung im Sinne des § 24 Nr. 1 Buchstabe a EStG unschädlich (siehe die hauptsächlichen Anwendungsfälle in Rz. 6 bis 8). ³Deshalb kommt die begünstigte Besteuerung auch dann in Betracht, wenn dem Arbeitnehmer im Rahmen der Ausscheidensvereinbarung erstmals lebenslang laufende Versorgungsbezüge zugesagt werden. ⁴Auch eine zu diesem Zeitpunkt erstmals eingeräumte lebenslängliche Sachleistung, wie z. B. ein verbilligtes oder unentgeltliches Wohnrecht, ist für die ermäßigte Besteuerung unschädlich.

1. Steuerliche Behandlung von Entlassungsentschädigungen bei Verzicht des Arbeitgebers auf die Kürzung einer lebenslänglichen Betriebsrente

6 Wird bei Beginn der Rente aus der gesetzlichen Rentenversicherung die lebenslängliche Betriebsrente ungekürzt gezahlt, so schließt dies die ermäßigte Besteuerung der Entlassungsentschädigung, die in einem Einmalbetrag gezahlt wird, nicht aus.

2. Steuerliche Behandlung von Entlassungsentschädigungen bei vorgezogener lebenslänglicher Betriebsrente

7 ¹Wird im Zusammenhang mit der Auflösung des Dienstverhältnisses neben einer Einmalzahlung eine (vorgezogene) lebenslängliche Betriebsrente bereits vor Beginn der Rente aus der gesetzlichen Rentenversicherung gezahlt, so schließt auch dies die ermäßigte Besteuerung der Entlassungsentschädigung nicht aus. ²Dabei ist es unerheblich, ob die vorgezogene Betriebsrente gekürzt, ungekürzt oder erhöht geleistet wird. ³In diesen Fällen ist die vorgezogene Betriebsrente nach § 24 Nr. 2 EStG zu erfassen.

3. Steuerliche Behandlung von Entlassungsentschädigungen bei Umwandlung eines (noch) verfallbaren Anspruchs auf lebenslängliche Betriebsrente in einen unverfallbaren Anspruch

8 Wird ein (noch) verfallbarer Anspruch auf lebenslängliche Betriebsrente im Zusammenhang mit der Auflösung eines Dienstverhältnisses in einen unverfallbaren Anspruch umgewandelt, so ist die Umwandlung des Anspruchs für die Anwendung des § 34 Abs. 1 EStG auf die Einmalzahlung unschädlich.

III. Zusammenballung von Einkünften im Sinne des § 34 EStG

1. Zusammenballung von Einkünften in einem Veranlagungszeitraum (>1. Prüfung)

9 ¹Nach ständiger Rechtsprechung (>BFH vom 14. 8. 2001 – BStBl. II 2002 S. 180 m. w. N.) setzt die Anwendung der begünstigten Besteuerung nach § 34 Abs. 1 und 2 EStG u. a. voraus, dass die Entschädigungsleistungen zusammengeballt in einem Veranlagungszeitraum zufließen; der Zufluss mehrerer Teilbeträge in unterschiedlichen Veranlagungszeiträumen ist deshalb grundsätzlich schädlich (>BFH vom 3. 7. 2002, BStBl. II 2004, S. 447; >1. Prüfung). ²Ausnahmsweise können jedoch ergänzende Zusatzleistungen, die Teil der einheitlichen Entschädigung sind und in späteren Veranlagungszeiträumen aus Gründen der sozialen Fürsorge für eine gewisse Übergangszeit gewährt werden, für die Beurteilung der Hauptleistung als einer zusammengeballten Entschädigung unschädlich sein (>Rz. 15). ³Steuerfreie Einkünfte nach § 3 Nr. 9 EStG sind bei der Beurteilung des Zuflusses in einem Veranlagungszeitraum nicht zu berücksichtigen (>BFH vom 2. 9. 1992 – BStBl. 1993 II S. 52); das Gleiche gilt für pauschalbesteuerte Arbeitgeberleistungen.

2. Zusammenballung von Einkünften unter Berücksichtigung der wegfallenden Einnahmen (>2. Prüfung)

2.1 Zusammenballung im Sinne des § 34 EStG, wenn durch die Entschädigung die bis zum Jahresende wegfallenden Einnahmen überschritten werden

10 Übersteigt die anlässlich der Beendigung eines Arbeitsverhältnisses gezahlte Entschädigung die bis zum Ende des Veranlagungszeitraums entgehenden Einnahmen, die der Arbeitnehmer bei Fortsetzung des Arbeitsverhältnisses bezogen hätte, so ist das Merkmal der Zusammenballung von Einkünften stets erfüllt.

2.2 Zusammenballung im Sinne des § 34 EStG, wenn durch die Entschädigung nur ein Betrag bis zur Höhe der bis zum Jahresende wegfallenden Einnahmen abgegolten wird

11 ¹Für Entschädigungen, die ab dem Veranlagungszeitraum 1999 zufließen, ist die Zusammenballung im Sinne des § 34 EStG nach der BFH-Entscheidung vom 4. 3. 1998 (BStBl. II S. 787) zu beurteilen (>2. Prüfung). ²Übersteigt die anlässlich der Beendigung eines Dienstverhältnisses gezahlte Entschädigung die bis zum Ende des (Zufluss-)Veranlagungszeitraums entgehenden Einnahmen nicht und bezieht der Steuerpflichtige keine weiteren Einnahmen, die er bei Fortsetzung des Dienstverhältnisses nicht bezogen hätte, so ist das Merkmal der Zusammenballung von Einkünften nicht erfüllt.

a) Ermittlung der zu berücksichtigenden Einkünfte (mit Beispielen)

12 ¹Für die Beurteilung der Zusammenballung ist es ohne Bedeutung, ob die Entschädigung für den Einnahmeverlust mehrerer Jahre gewährt werden soll. ²Entscheidend ist vielmehr, ob es unter Einschluss der Entschädigung infolge der Beendigung des Dienstverhältnisses in dem jeweiligen Veranlagungszeitraum insgesamt zu einer über die normalen Verhältnisse hinausgehenden Zusammenballung von Einkünften kommt (>BFH vom 4. 3. 1998 – BStBl. II S. 787). Dagegen kommt es auf eine konkrete Progressionserhöhung nicht an (>BFH vom 17. 12. 1982 – BStBl. 1983 II S. 221, vom 21. 3. 1996 – BStBl. II S. 416 und vom 4. 3. 1998 – a. a. O.). ³Auch die Zusammenballung mit anderen laufenden Einkünften des Steuerpflichtigen ist keine weitere Voraussetzung für die Anwendung des § 34 Abs. 1 EStG (>BFH vom 13. 11. 1953 – BStBl. 1954 III S. 13); dies gilt insbesondere in Fällen, in denen die Entschädigung die bis zum Jahresende entgehenden Einnahmen nur geringfügig übersteigt (> Rz. 10). ⁴Andererseits kommt § 34 Abs. 1 EStG unter dem Gesichtspunkt der Zusammenballung auch dann in Betracht, wenn im Jahr des Zuflusses der Entschädigung weitere Einkünfte erzielt werden, die der Steuerpflichtige nicht bezogen hätte, wenn das Dienstverhältnis ungestört fortgesetzt worden wäre und er dadurch mehr erhält, als er bei normalem Ablauf der Dinge erhalten hätte (>BFH vom 4. 3. 1998 – a. a. O.). ⁵Bei Berechnung der Einkünfte, die der Steuerpflichtige bei Fortbestand des Vertragsverhältnisses im Veranlagungszeitraum bezogen hätte, ist auf die Einkünfte des Vorjahres abzustellen (>BFH vom 4. 3. 1998 – a. a. O.). ⁶Die erforderliche Vergleichsberechnung ist grundsätzlich anhand der jeweiligen Einkünfte des Steuerpflichtigen laut Steuerbescheid/Steuererklärung vorzunehmen (>Beispiele 1 und 2). Dabei ist der Arbeitnehmer-Pauschbetrag vorrangig von den laufenden Einkünften im Sinne des § 19 EStG abzuziehen (>BFH vom 29. 10. 1998 – BStBl. 1999 II S. 588). ⁷Bei Einkünften im Sinne des § 19 EStG ist es nicht zu beanstanden, wenn die erforderliche Vergleichsrechnung stattdessen anhand der betreffenden Einnahmen aus nichtselbständiger Arbeit durchgeführt wird. ⁸Unbeschadet der Regelungen in Rz. 9 (Zusammenballung von Einkünften in einem Veranlagungszeitraum) sind bei einer solchen Vergleichsrechnung nach Maßgabe der Einnahmen auch Abfindungen im Sinne des § 3 Nr. 9 EStG, pauschalbesteuerte Arbeitgeberleistungen und dem Progressionsvorbehalt unterliegende Lohnersatzleistungen einzubeziehen (>Beispiel 3).

Beispiel 1:

Auflösung des Dienstverhältnisses im Jahre 02. Die Entschädigung im Jahre 02 beträgt 15 000 EUR (steuerpflichtiger Teil der Gesamtabfindung)

Vergleich

– Jahr 01

Einkünfte im Sinne des § 19 EStG (50 000 EUR ./. 920 EUR)	49 080 EUR
Einkünfte aus den übrigen Einkunftsarten	0 EUR
Summe	49 080 EUR

– Jahr 02

Einnahmen im Sinne des § 19 EStG aus bisherigem Dienstverhältnis	25 000 EUR	
Einnahmen im Sinne des § 19 EStG aus neuem Dienstverhältnis	25 000 EUR	
abzgl. AN-Pauschbetrag	920 EUR	49 080 EUR
Entschädigung		15 000 EUR
Summe		64 080 EUR

⁹Die Entschädigung (15 000 EUR) übersteigt nicht den Betrag der entgehenden Einnahmen (25 000 EUR). ¹⁰Der Steuerpflichtige hat aber aus dem alten und neuen Dienstverhältnis so hohe Einkünfte, dass es unter Einbeziehung der Entschädigung zu einer die bisherigen Einkünfte übersteigenden Zusammenballung von Einkünften und somit zur Anwendung des § 34 EStG kommt.

¹¹Ebenso käme es zur Anwendung des § 34 EStG, wenn infolge von zusätzlichen Einkünften aus freiberuflicher Tätigkeit oder aus einer vorgezogenen Betriebsrente die bisherigen Einkünfte überschritten würden.

Beispiel 2:

Auflösung des Dienstverhältnisses im Jahre 02. Die Gesamtabfindungszahlung im Jahre 02 beträgt 27 200 EUR (davon sind 7200 EUR steuerfrei nach § 3 Nr. 9 EStG)

Vergleich

– Jahr 01

Einkünfte im Sinne des § 19 EStG (50 000 EUR ./. 920 EUR)	49 080 EUR
Einkünfte aus den übrigen Einkunftsarten	0 EUR
Summe	49 080 EUR

§ 3 Nr. 9 EStG
R 9

- Jahr 02
  Einnahmen im Sinne des § 19 EStG
  aus bisherigem Dienstverhältnis   20 000 EUR
  abzgl. AN-Pauschbetrag   920 EUR   19 080 EUR
  Entschädigung   20 000 EUR
  Einnahmen im Sinne des § 20 EStG   600 EUR
  abzgl. Werbungskosten und Sparer-
  freibetrag   600 EUR   0 EUR
  Summe   39 080 EUR

[12]Die Entschädigung (= steuerpflichtiger Teil der Gesamtabfindung; 20 000 EUR) übersteigt nicht den Betrag der entgehenden Einnahmen (30 000 EUR). [13]Der auf der Basis der Einkünfte vorgenommene Vergleich der aus dem bisherigen Dienstverhältnis im Jahr 02 bezogenen Einkünfte einschließlich der steuerpflichtigen Entschädigung (19 080 EUR + 20 000 EUR = 39 080 EUR) übersteigt nicht die bisherigen Einkünfte des Jahres 01 (49 080 EUR).

[14]Auch bei einem Vergleich nach Maßgabe der Einnahmen aus nichtselbständiger Arbeit übersteigen die im Jahr 02 bezogenen Einnahmen einschließlich der Gesamtabfindung (20 000 EUR + 27 200 EUR = 47 200 EUR) nicht die Einnahmen des Jahres 01 (50 000 EUR). [15]Eine Zusammenballung der Einkünfte liegt daher nicht vor. [16]Für die steuerpflichtige Entschädigung kommt eine ermäßigte Besteuerung nach § 34 Abs. 1 und 2 EStG deshalb nicht in Betracht.

Beispiel 3:
Auflösung des Dienstverhältnisses im Jahre 02. Die Gesamtabfindung im Jahre 02 beträgt 25 000 EUR (davon steuerfrei im Sinne des § 3 Nr. 9 EStG 11 000 EUR).

Vergleich auf der Basis der Einnahmen
- Jahr 01
  Einnahmen im Sinne des § 19 EStG   50 000 EUR
- Jahr 02
  Einnahmen im Sinne des § 19 EStG aus bisherigem
  Dienstverhältnis   20 000 EUR
  Entschädigung   14 000 EUR
  steuerfreie Abfindung nach § 3 Nr. 9 EStG   11 000 EUR
  pauschal besteuerte Zukunftssicherungsleistungen
  ab dem Ausscheiden   994 EUR
  tatsächlich bezogenes Arbeitslosengeld   4 800 EUR
  Summe   50 794 EUR

[17]Die Entschädigung (= steuerpflichtiger Teil der Gesamtabfindung; 14 000 EUR) übersteigt nicht den Betrag der entgehenden Einnahmen (30 000 EUR).

[18]Der Vergleich nach Maßgabe der Einnahmen aus nichtselbständiger Arbeit ergibt, dass die Einnahmen im Jahr 02 einschließlich der gesamten Abfindung, den pauschal besteuerten Zukunftssicherungsleistungen ab dem Ausscheiden und dem tatsächlich bezogenen Arbeitslosengeld (50 794 EUR) die Einnahmen des Jahres 01 (50 000 EUR) übersteigen.

[19]Aufgrund der vorliegenden Zusammenballung kann die steuerpflichtige Entschädigung nach § 34 Abs. 1 und 2 EStG ermäßigt besteuert werden.

b) Anwendung im Lohnsteuerabzugsverfahren

13 [1]Im Lohnsteuerabzugsverfahren richtet sich die Anwendung des § 34 EStG nach § 39 b Abs. 3 Satz 9 EStG. Dabei ist die Regelung nach Rz. 9 und 12 ebenfalls anzuwenden, wobei der Arbeitgeber auch solche Einnahmen (Einkünfte) berücksichtigen darf, die der Arbeitnehmer nach Beendigung des bestehenden Dienstverhältnisses erzielt. [2]Kann der Arbeitgeber die erforderlichen Feststellungen nicht treffen, ist im Lohnsteuerabzugsverfahren die Besteuerung ohne Anwendung des § 39 b Abs. 3 Satz 9 EStG durchzuführen. [3]Die begünstigte Besteuerung kann dann ggf. erst im Veranlagungsverfahren (z. B. nach § 46 Abs. 2 Nr. 8 EStG) angewandt werden.

3. Zusammenballung von Einkünften bei zusätzlichen Entschädigungsleistungen des Arbeitgebers

a) Zusätzliche Entschädigungsleistungen des Arbeitgebers

14 [1]Sehen Entlassungsvereinbarungen zusätzliche Leistungen des früheren Arbeitgebers vor, z. B. unentgeltliche Nutzung des Dienstwagens oder des Firmentelefons, ohne dass der ausgeschiedene Mitarbeiter noch zu einer Dienstleistung verpflichtet wäre, so kann es sich um eine Entschädigung handeln (>Rz. 3, 4). [2]Eine Entschädigung liegt in diesen Fällen u. a. nicht vor, wenn derartige zusätzliche Leistungen nicht nur bei vorzeitigem Ausscheiden, sondern auch in anderen Fällen, insbesondere bei altersbedingtem Ausscheiden, erbracht werden, z. B. Fortführung von Mietverhältnissen, von Arbeitgeberdarlehen, von Deputatlieferungen und von Sondertarifen sowie Weitergewährung von Rabatten. Lebenslänglich zugesagte Geld- oder Sachleistungen sind stets nach § 24 Nr. 2 EStG zu behandeln.

b) Zusammenballung von Einkünften bei zusätzlichen Entschädigungsleistungen des Arbeitgebers aus Gründen der sozialen Fürsorge in späteren Veranlagungszeiträumen

15 [1]Fließt die steuerpflichtige Gesamtentschädigung (Einmalbetrag zuzüglich zusätzlicher Entschädigungsleistungen) nicht in einem Kalenderjahr zu, so ist dies für die Anwendung des § 34 EStG grundsätzlich schädlich (>Rz. 9). [2]Werden aber zusätzliche Entschädigungsleistungen, die Teil einer einheitlichen Entschädigung sind, aus Gründen der sozialen Fürsorge für eine gewisse Übergangszeit in späteren Veranlagungszeiträumen gewährt, sind diese für die Beurteilung der Hauptleistung als einer zusammengeballten Entschädigung unschädlich, wenn sie weniger als 50 v. H. der Hauptleistung betragen. [3]Die Vergleichsrechnung ist hier durch Einnahmenvergleich vorzunehmen.

[4]Zusatzleistungen aus Gründen der sozialen Fürsorge sind beispielsweise solche Leistungen, die der (frühere) Arbeitgeber dem Steuerpflichtigen zur Erleichterung des Arbeitsplatz- oder Berufswechsels oder als Anpassung an eine dauerhafte Berufsaufgabe und Arbeitslosigkeit erbringt. [5]Sie setzen keine Bedürftigkeit des entlassenen Arbeitnehmers voraus. Soziale Fürsorge ist allgemein im Sinne der Fürsorge des Arbeitgebers für seinen früheren Arbeitnehmer zu verstehen. [6]Ob der Arbeitgeber zu der Fürsorge arbeitsrechtlich verpflichtet ist, ist unerheblich.

[7]Derartige ergänzende Zusatzleistungen können beispielsweise die befristete Weiterbenutzung des Dienstwagens (>BFH vom 3. 7. 2002, a. a. O.), die befristete Übernahme von Versicherungsbeiträgen (>BFH vom 11. 12. 2002, BFH/NV 2003, 607), die befristete Zahlung von Zuschüssen zum Arbeitslosengeld (>BFH vom 24. 1. 2002, BStBl. II 2004 S. 442) und Zahlungen zur Verwendung für die Altersversorgung (>BFH vom 15. 10. 2003, BStBl. II 2004 S. 264) sein.

[8]Die aus sozialer Fürsorge erbrachten ergänzenden Zusatzleistungen, die außerhalb des zusammengeballten Zuflusses in späteren Veranlagungsjahren erfolgen, fallen nicht unter die Tarifbegünstigung des § 34 Abs. 1 EStG.

Beispiel:
Auflösung des Dienstverhältnisses im Jahr 02. Der Arbeitgeber zahlt im Jahr 02 insgesamt 150 000 EUR Abfindung (davon sind 9000 EUR steuerfrei nach § 3 Nr. 9 EStG) und gewährt von 07/02 bis 06/03 zur Überbrückung der Arbeitslosigkeit einen Zuschuss zum Arbeitslosengeld von monatlich 2500 EUR. Im Jahr 03 fließen keine weiteren Einkünfte zu.

- Jahr 02
  Einnahmen im Sinne des § 19 EStG   50 000 EUR
  Entschädigung
  (150 000 EUR ./. 9000 EUR)   141 000 EUR
  steuerfreie Abfindung i. S. d. § 3 Nr. 9
  EStG   9 000 EUR
  monatlicher Zuschuss
  (6 × 2500 EUR)   15 000 EUR
  Entschädigung insgesamt
  (Hauptleistung)   165 000 EUR

- Jahr 03:
  monatlicher Zuschuss
  (6 × 2500 EUR)   15 000 EUR

[9]Die im Jahre 03 erhaltenen Zahlungen sind zusätzliche Entschädigungsleistungen, die aus sozialer Fürsorge für eine gewisse Übergangszeit gewährt wurden. [10]Sie betragen 15 000 EUR = 9,09 v. H. von 165 000 EUR (Entschädigungshauptleistung) und sind damit unschädlich für die Beurteilung der Hauptleistung als einer zusammengeballten Entschädigung. [11]Die im Jahre 02 erhaltenen Entschädigungsleistungen sind daher nach § 34 EStG ermäßigt zu besteuern. [12]Die im Jahre 03 erhaltenen Zusatzleistungen fallen nicht unter die Tarifbegünstigung des § 34 EStG. [13]Wegen des vorzunehmenden Vergleichs der Einnahmen bleibt der Arbeitnehmer-Pauschbetrag außer Betracht.

c) Weitere Nutzung der verbilligten Wohnung

16 [1]Ist die weitere Nutzung einer Wohnung Bestandteil der Entschädigungsvereinbarung, so ist die Mietverbilligung nur dann für die Zusammenballung von Einkünften schädlich, wenn sie mietrechtlich frei vereinbar und dem Grunde nach geldwerter Vorteil aus dem früheren Dienstverhältnis ist und nicht auf die Lebenszeit des oder der Berechtigten abgeschlossen ist.

IV. Planwidriger Zufluss in mehreren Veranlagungszeiträumen/Rückzahlung bereits empfangener Entschädigungen

17 [1]Die Anwendung der begünstigten Besteuerung nach § 34 Abs. 1 und 2 EStG setzt u. a. voraus, dass die Entschädigungsleistungen zusammengeballt, d. h. in einem Veranlagungszeitraum zufließen (>Rz. 9). [2]Das Interesse der Vertragsparteien ist daher regelmäßig auf den planmäßigen Zufluss in einem Veranlagungszeitraum gerichtet. [3]Findet in den Fällen der nachstehenden Rz. 19 und 20 ein planwidriger Zufluss in mehreren Veranlagungszeiträumen statt, obwohl die Vereinbarungen eindeutig auf einen einmaligen Zufluss gerichtet waren, ist der Korrekturbetrag eines nachfolgenden Veranlagungszeitraums (VZ 02) auf Antrag des Steuerpflichtigen in den Veranlagungszeitraum (VZ 01) zurückzubeziehen, in dem die – grundsätzlich begünstigte – Hauptentschädigung zugeflossen ist. [4]Stimmt das Finanzamt diesem Antrag zu (§ 163 AO), ist der Steuerbescheid (VZ 01) nach § 175 Abs. 1 Satz 1 Nr. 2 AO zu ändern, wobei die begünstigte Besteuerung auf die gesamte Entschädigungsleistung (Hauptentschädigung zzgl. Korrekturbetrag) anzuwenden ist. [5]Wird der Antrag nicht gestellt und ist die Steuerfestsetzung für diesen Veranlagungszeitraum (VZ 02) bereits bestandskräftig, so ist der Bescheid (VZ 01) nach § 175 Abs. 1 Satz 1 Nr. 2 AO zu ändern und die begünstigte Steuerberechnung wegen fehlender Zusammenballung zu versagen.

18 [1]Hat der Steuerpflichtige in einem nachfolgenden Veranlagungszeitraum (VZ 03) einen Teil der Einmalabfindung zurückzuzahlen, so ist die Rückzahlung als Korrektur der Einmalabfindung zu behandeln. [2]Der tarifbegünstigte Betrag des Veranlagungszeitraums, in dem die Einmalabfindung zugeflossen ist (VZ 01), ist dementsprechend um den Rückzahlungsbetrag zu mindern. [3]Ist die Steuerfestsetzung für diesen Veranlagungszeitraum (VZ 01) bereits bestandskräftig, so ist der Bescheid nach § 175 Abs. 1 Satz 1 Nr. 2 AO zu ändern.

1. Versehentlich zu niedrige Auszahlung der Entschädigung

19 [1]Es kommt vor, dass eine Entschädigung an den ausscheidenden Arbeitnehmer versehentlich – z. B. auf Grund eines Rechenfehlers, nicht jedoch bei unzutreffender rechtlicher Würdigung – im Jahr des Ausscheidens zu niedrig ausgezahlt wird. [2]Der Fehler wird im Laufe eines späteren Veranlagungszeitraums erkannt und der Differenzbetrag ausgezahlt.

2. Nachzahlung nach Rechtsstreit

20 Streiten sich Arbeitgeber und Arbeitnehmer vor Gericht über die Höhe der Entschädigung, zahlt der Arbeitgeber üblicherweise an den Arbeitnehmer im Jahr des Ausscheidens nur den von ihm (Arbeitgeber) für zutreffend gehaltenen Entschädigungsbetrag und leistet ggf. erst Jahre später auf Grund einer gerichtlichen Entscheidung oder eines Vergleichs eine weitere Zahlung. Voraussetzung für die Anwendung der Billigkeitsregelung nach Rz. 17 ist in diesen Fällen, dass der ausgeschiedene Arbeitnehmer keinen Ersatzanspruch hinsichtlich einer aus der Nachzahlung resultierenden eventuellen ertragsteuerlichen Mehrbelastung gegenüber dem früheren Arbeitgeber hat.

V. Vom Arbeitgeber freiwillig übernommene Rentenversicherungsbeiträge im Sinne des § 187a SGB VI

21 [1]Durch eine Ergänzung des § 3 Nr. 28 EStG ist ab dem Kalenderjahr 1997 eine Steuerbefreiung eingeführt worden in Höhe der Hälfte der vom Arbeitgeber freiwillig übernommenen Rentenversicherungsbeiträge im Sinne des § 187a SGB VI, durch die Rentenminderungen bei vorzeitiger Inanspruchnahme der Altersrente gemildert oder vermieden werden können. [2]Die Berechtigung zur Zahlung dieser Beiträge und damit die Steuerfreistellung setzen voraus, dass der Versicherte erklärt, eine solche Rente zu beanspruchen. [3]Die Steuerfreistellung ist auf die Hälfte der insgesamt geleisteten zusätzlichen Rentenversicherungsbeiträge begrenzt, da auch Pflichtbeiträge des Arbeitgebers zur gesetzlichen Rentenversicherung nur in Höhe des halben Gesamtbetrags steuerfrei sind. Für den verbleibenden steuerpflichtigen Teil der Rentenversicherungsbeiträge gilt § 3 Nr. 9 EStG.

22 [1]Die vom Arbeitgeber zusätzlich geleisteten Rentenversicherungsbeiträge nach § 187a SGB VI einschließlich darauf entfallender, ggf. vom Arbeitgeber getragener Steuerabzugsbeträge sind als Teil der Entschädigung im Sinne des § 24 Nr. 1 EStG, die im Zusammenhang mit der Auflösung eines Dienstverhältnisses geleistet wird, zu behandeln. [2]Leistet der Arbeitgeber diese Beiträge in Teilbeträgen, ist dies für die Frage der Zusammenballung unbeachtlich. Die dem Arbeitnehmer darüber hinaus zugeflossene Entschädigung (Einmalbetrag) kann daher aus Billigkeitsgründen auf Antrag unter den übrigen Voraussetzungen begünstigt besteuert werden.

VI. Anwendung

23 [1]Die vorstehenden Grundsätze sind – in allen noch offenen Fällen anzuwenden.
[2]Dieses Schreiben ersetzt das BMF-Schreiben vom 18. Dezember 1998 (BStBl. I S. 1512) mit Ausnahme der Rz. 12, 13, 24–28. [3]Die Rz. 12, 13, 24–28 des BMF-Schreibens vom 18. Dezember 1998 sind für die dort genannten Zeiträume weiter anzuwenden.

§ 3 Nr. 10 EStG*)
Steuerfreie Einnahmen
– weggefallen –

R 10
Übergangsgelder, Übergangsbeihilfen (§ 3 Nr. 10 EStG)

(1) Steuerfreie Übergangsgelder und Übergangsbeihilfen nach § 3 Nr. 10 EStG sind z. B.:

1. das Übergangsgeld nach § 47 des Beamtenversorgungsgesetzes in Verbindung mit dessen § 67 Abs. 4 und entsprechende Leistungen auf Grund der Beamtengesetze der Länder, wenn die Leistungen nicht wegen einer planmäßigen Beendigung eines befristeten Dienstverhältnisses gezahlt werden,

---
*) § 3 Nr. 10 EStG in der bis zum 31.12.2005 geltenden Fassung ist weiter anzuwenden für Entlassungen vor dem 1.1.2006, soweit die Übergangsgelder und Übergangsbeihilfen dem Arbeitnehmer vor dem 1.1.2008 zufließen, und für an Soldatinnen auf Zeit und Soldaten auf Zeit vor dem 1.1.2009 gezahlte Übergangsbeihilfen, wenn das Dienstverhältnis vor dem 1.1.2006 begründet wurde (§ 52 Abs. 4a Satz 2 EStG).
§ 3 Nr. 10 in der bis 31.12.2005 geltenden Fassung lautet:
„Übergangsgelder und Übergangsbeihilfen auf Grund gesetzlicher Vorschriften wegen Entlassung aus einem Dienstverhältnis, höchstens jedoch 10 800 Euro;"

§ 3 Nr. 11 EStG

2. die Übergangsbeihilfe nach den §§ 12 und 13 und das Übergangsgeld nach § 37 des Soldatenversorgungsgesetzes,
3. das Entlassungsgeld nach den §§ 52 c, 54 Abs. 4, 54 b, 55, 70 Abs. 5 und 71 G 131.

(2) Dagegen gehören zum steuerpflichtigen Arbeitslohn:
1. die Ausgleichsbezüge nach § 11 a des Soldatenversorgungsgesetzes,
2. das Übergangsgeld nach § 14 des Bundesministergesetzes und entsprechende Leistungen auf Grund der Gesetze der Länder.

H 10
Hinweise zu R 10
Übergangsgelder, Übergangsbeihilfen

Übergangsgebührnisse nach § 11 des Soldatengesetzes

sind steuerpflichtiger Arbeitslohn (>BFH vom 1.3.1974 – BStBl. II S. 490).

Übergangsgeld an Wahlbeamte

Zum steuerpflichtigen Arbeitslohn gehört auch das Übergangsgeld, das einen auf Zeit berufenen (Wahl-)Beamten wegen Ablaufs der Zeit, für die er berufen war, bei seinem Ausscheiden aus dem Dienstverhältnis gewährt wird (>BFH vom 2.8.1956 – BStBl. III S. 292). Dies gilt auch dann, wenn das bei planmäßiger Beendigung des Dienstverhältnisses geschuldete Übergangsgeld früher, z. B. bei vorzeitiger Auflösung des Dienstverhältnisses, gezahlt wird.

§ 3 Nr. 11 EStG
Steuerfreie Einnahmen

Steuerfrei sind

Bezüge aus öffentlichen Mitteln oder aus Mitteln einer öffentlichen Stiftung, die wegen Hilfsbedürftigkeit oder als Beihilfe zu dem Zweck bewilligt werden, die Erziehung oder Ausbildung, die Wissenschaft oder Kunst unmittelbar zu fördern. ²Darunter fallen nicht Kinderzuschläge und Kinderbeihilfen, die auf Grund der Besoldungsgesetze, besonderer Tarife oder ähnlicher Vorschriften gewährt werden. ³Voraussetzung für die Steuerfreiheit ist, dass der Empfänger mit den Bezügen nicht zu einer bestimmten wissenschaftlichen oder künstlerischen Gegenleistung oder zu einer bestimmten Arbeitnehmertätigkeit verpflichtet wird;

R 11
Beihilfen und Unterstützungen, die wegen Hilfsbedürftigkeit gewährt werden (§ 3 Nr. 11 EStG)

Beihilfen und Unterstützungen aus öffentlichen Mitteln

(1) ¹Steuerfrei sind
1. Beihilfen in Krankheits-, Geburts- und Todesfällen nach den Beihilfevorschriften des Bundes und der Länder sowie Unterstützungen in besonderen Notfällen, die aus öffentlichen Kassen gezahlt werden;
2. Beihilfen in Krankheits-, Geburts- und Todesfällen und Unterstützungen in besonderen Notfällen an Arbeitnehmer von Körperschaften, Anstalten und Stiftungen des öffentlichen Rechts auf Grund von Beihilfevorschriften (Beihilfegrundsätzen) und Unterstützungsvorschriften (Unterstützungsgrundsätzen) des Bundes oder der Länder oder von entsprechenden Regelungen;
3. Beihilfen und Unterstützungen an Arbeitnehmer von Verwaltungen, Unternehmen oder Betrieben, die sich überwiegend in öffentlicher Hand befinden, wenn
   a) die Verwaltungen, Unternehmen oder Betriebe einer staatlichen oder kommunalen Aufsicht und Prüfung der Finanzgebarung bezüglich der Entlohnung und der Gewährung der Beihilfen unterliegen und
   b) die Entlohnung sowie die Gewährung von Beihilfen und Unterstützungen für die betroffenen Arbeitnehmer ausschließlich nach den für Arbeitnehmer des öffentlichen Dienstes geltenden Vorschriften und Vereinbarungen geregelt sind;
4. Beihilfen und Unterstützungen an Arbeitnehmer von Unternehmen, die sich nicht überwiegend in öffentlicher Hand befinden, z. B. staatlich anerkannte Privatschulen, wenn
   a) hinsichtlich der Entlohnung, der Reisekostenvergütungen und der Gewährung von Beihilfen und Unterstützungen nach den Regelungen verfahren wird, die für den öffentlichen Dienst gelten,
   b) die für die Bundesverwaltung oder eine Landesverwaltung maßgeblichen Vorschriften über die Haushalts-, Kassen- und Rechnungsführung und über die Rechnungsprüfung beachtet werden und
   c) das Unternehmen der Prüfung durch den Bundesrechnungshof oder einen Landesrechnungshof unterliegt.

Unterstützungen an Arbeitnehmer im privaten Dienst

(2) ¹Unterstützungen, die von privaten Arbeitgebern an einzelne Arbeitnehmer gezahlt werden, sind steuerfrei, wenn die Unterstützungen dem Anlass nach gerechtfertigt sind, z. B. in Krankheits- und Unglücksfällen. ²Voraussetzung für die Steuerfreiheit ist, dass die Unterstützungen
1. aus einer mit eigenen Mitteln des Arbeitgebers geschaffenen, aber von ihm unabhängigen und mit ausreichender Selbständigkeit ausgestatteten Einrichtung, z. B. Unterstützungskasse oder Hilfskasse für Fälle der Not und Arbeitslosigkeit, gewährt werden. ²Das gilt nicht nur für bürgerlich-rechtlich selbständige Unterstützungskassen, sondern auch für steuerlich selbständige Unterstützungskassen ohne bürgerlich-rechtliche Rechtspersönlichkeit, auf deren Verwaltung der Arbeitgeber keinen maßgebenden Einfluss hat;
2. aus Beträgen gezahlt werden, die der Arbeitgeber dem Betriebsrat oder sonstigen Vertretern der Arbeitnehmer zu dem Zweck überweist, aus diesen Beträgen Unterstützungen an die Arbeitnehmer ohne maßgebenden Einfluss des Arbeitgebers zu gewähren;
3. vom Arbeitgeber selbst erst nach Anhörung des Betriebsrats oder sonstiger Vertreter der Arbeitnehmer gewährt oder nach einheitlichen Grundsätzen bewilligt werden, denen der Betriebsrat oder sonstige Vertreter der Arbeitnehmer zugestimmt haben.

³Die Voraussetzungen des Satzes 2 Nr. 1 bis 3 brauchen nicht vorzuliegen, wenn der Betrieb weniger als fünf Arbeitnehmer beschäftigt. ⁴Die Unterstützungen sind bis zu einem Betrag von 600 Euro je Kalenderjahr steuerfrei. ⁵Der 600 Euro übersteigende Betrag gehört nur dann nicht zum steuerpflichtigen Arbeitslohn, wenn er aus Anlass eines besonderen Notfalls gewährt wird. ⁶Bei der Beurteilung, ob ein solcher Notfall vorliegt, sind auch die Einkommensverhältnisse und der Familienstand des Arbeitnehmers zu berücksichtigen. ⁷Steuerfrei sind auch Leistungen des Arbeitgebers zur Aufrechterhaltung und Erfüllung eines Beihilfeanspruchs nach beamtenrechtlichen Vorschriften sowie zum Ausgleich von Beihilfeaufwendungen früherer Arbeitgeber im Falle der Beurlaubung oder Gestellung von Arbeitnehmern oder des Übergangs des öffentlich-rechtlichen Dienstverhältnisses auf den privaten Arbeitgeber, wenn Versicherungsfreiheit in der gesetzlichen Krankenversicherung nach § 6 Abs. 1 Nr. 2 SGB V besteht.

H 11
Hinweise zu R 11
Beihilfen und Unterstützungen, die wegen Hilfsbedürftigkeit gewährt werden

Beamte bei Postunternehmen

>§ 3 Nr. 35 EStG

Beihilfen aus öffentlichen Haushalten

Für nicht nach R 11 Abs. 1 Nr. 3 oder 4 steuerfreie Beihilfen kann eine Steuerfreiheit in Betracht kommen, soweit die Mittel aus einem öffentlichen Haushalt stammen und über die Gelder nur nach Maßgabe der haushaltsrechtlichen Vorschriften des öffentlichen Rechts verfügt werden kann und ihre Verwendung einer gesetzlich geregelten Kontrolle unterliegt (>BFH vom 15. 11. 1983 – BStBl. 1984 II S. 113); ist das Verhältnis der öffentlichen Mittel zu den Gesamtkosten im Zeitpunkt des Lohnsteuerabzugs nicht bekannt, so muss das Verhältnis ggf. geschätzt werden.

Beihilfen von einem Dritten

gehören regelmäßig zum steuerpflichtigen Arbeitslohn, wenn dies durch eine ausreichende Beziehung zwischen dem Arbeitgeber und dem Dritten gerechtfertigt ist (>BFH vom 27. 1. 1961 – BStBl. III S. 167).

Erholungsbeihilfen und andere Beihilfen

gehören grundsätzlich zum steuerpflichtigen Arbeitslohn, sowie sie nicht ausnahmsweise als Unterstützungen anzuerkennen sind (>BFH vom 14. 1. 1954 – BStBl. III S. 86, vom 4. 2. 1954 – BStBl. III S. 111, vom 5. 7. 1957 – BStBl. III S. 279 und vom 18. 3. 1960 – BStBl. III S. 237).

Öffentliche Kassen

>H 14 a

R 12
Beihilfen aus öffentlichen Mitteln für Zwecke der Erziehung, Ausbildung, Forschung, Wissenschaft oder Kunst (§ 3 Nr. 12 und 44 EStG)

– unbesetzt –

H 12
Hinweise zu R 12
Beihilfen aus öffentlichen Mitteln für Zwecke der Erziehung, Ausbildung, Forschung, Wissenschaft und Kunst

Öffentliche Stiftungen

>3.11 EStH

Steuerfreiheit nach § 3 Nr. 11 EStG

– Voraussetzung ist eine offene Verausgabung nach Maßgabe der haushaltsrechtlichen Vorschriften und unter gesetzlicher Kontrolle (>BFH vom 9. 4. 1975 – BStBl. II S. 577 und vom 15. 11. 1983 – BStBl. 1984 II S. 113).

– Empfänger einer steuerfreien Beihilfe können nur Personen sein, denen sie im Hinblick auf den Zweck der Leistung bewilligt worden ist (>BFH vom 19. 6. 1997 – BStBl. II S. 652).

– Zu den steuerfreien Erziehungs- und Ausbildungsbeihilfen gehören die Leistungen nach dem Bundesausbildungsförderungsgesetz sowie die Ausbildungszuschüsse nach § 5 Abs. 4 des Soldatenversorgungsgesetzes.

– Zu den steuerfreien Erziehungs- und Ausbildungsbeihilfen hören nicht die Unterhaltszuschüsse an Beamte im Vorbereitungsdienst – Beamtenanwärter (>BFH vom 12. 8. 1983 – BStBl. II S. 718), die zur Sicherstellung von Nachwuchskräften gezahlten Studienbeihilfen und die für die Fertigung einer Habilitationsschrift gewährten Beihilfen (>BFH vom 4. 5. 1972 – BStBl. II S. 566).

Stipendien

>R 3.44 EStR

§ 3 Nr. 12 EStG
Steuerfreie Einnahmen

Steuerfrei sind

¹aus einer Bundeskasse oder Landeskasse gezahlte Bezüge, die in einem Bundesgesetz oder Landesgesetz oder einer auf bundesgesetzlicher oder landesgesetzlicher Ermächtigung beruhenden Bestimmung oder von der Bundesregierung oder einer Landesregierung als Aufwandsentschädigung festgesetzt sind und als Aufwandsentschädigung im Haushaltsplan ausgewiesen werden. ²Das Gleiche gilt für andere Bezüge, die als Aufwandsentschädigung aus öffentlichen Kassen an öffentliche Dienste leistende Personen gezahlt werden, soweit nicht festgestellt wird, dass sie für Verdienstausfall oder Zeitverlust gewährt werden oder den Aufwand, der dem Empfänger erwächst, offenbar übersteigen;

R 13
Aufwandsentschädigungen aus öffentlichen Kassen (§ 3 Nr. 12 Satz 2 EStG)

(1) ¹Öffentliche Dienste leisten grundsätzlich alle Personen, die im Dienst einer juristischen Person des öffentlichen Rechts stehen. ²Keine öffentlichen Dienste im Sinne dieser Vorschrift leisten hingegen Personen, die in der fiskalischen Verwaltung tätig sind.

(2) ¹Voraussetzung für die Anerkennung als steuerfreie Aufwandsentschädigung nach § 3 Nr. 12 Satz 2 EStG ist, dass die gezahlten Beträge dazu bestimmt sind, Aufwendungen abzugelten, die steuerlich als Werbungskosten oder Betriebsausgaben abziehbar wären. ²Eine steuerfreie Aufwandsentschädigung liegt deshalb insoweit nicht vor, als die Entschädigung für Verdienstausfall oder Zeitverlust oder zur Abgeltung eines Haftungsrisikos gezahlt wird oder dem Empfänger ein Aufwand nicht oder offenbar nicht in Höhe der gewährten Entschädigung erwächst. ³Das Finanzamt hat das Recht und die Pflicht zu prüfen, ob die als Aufwandsentschädigung gezahlten Beträge tatsächlich zur Bestreitung eines abziehbaren Aufwands erforderlich sind. ⁴Dabei ist nicht erforderlich, dass der Steuerpflichtige alle seine dienstlichen Aufwendungen bis ins Kleinste nachweist. ⁵Entscheidend ist auch nicht, welche Aufwendungen einem einzelnen Steuerpflichtigen in einem einzelnen Jahr tatsächlich erwachsen sind, sondern ob Personen in gleicher dienstlicher Stellung im Durchschnitt der Jahre Aufwendungen etwa in Höhe der Aufwandsentschädigung erwachsen. ⁶Eine Nachprüfung ist nur geboten, wenn dazu ein Anlass von einigem Gewicht besteht. ⁷Werden im kommunalen Bereich ehrenamtlich tätigen Personen Bezüge unter der Bezeichnung Aufwandsentschädigung gezahlt, so sind sie nicht nach § 3 Nr. 12 Satz 2 EStG steuerfrei, soweit sie auch den Aufwand an Zeit und Arbeitsleistung sowie den entgangenen Arbeitsverdienst und das Haftungsrisiko abgelten oder den Aufwand offensichtlich übersteigen.

(3) ¹Zur Erleichterung der Feststellung, inwieweit es sich in den Fällen des § 3 Nr. 12 Satz 2 EStG um eine steuerfreie Aufwandsentschädigung handelt, ist wie folgt zu verfahren:

²Sind die Anspruchsberechtigten und der Betrag oder auch ein Höchstbetrag der aus einer öffentlichen Kasse gewährten Aufwandsentschädigung durch Gesetz oder Rechtsverordnung bestimmt, so ist die Aufwandsentschädigung

1. bei hauptamtlich tätigen Personen in voller Höhe steuerfrei,

2. bei ehrenamtlich tätigen Personen in Höhe von ⅓ der gewährten Aufwandsentschädigung, mindestens 154 Euro monatlich steuerfrei.

³Sind die Anspruchsberechtigten und der Betrag oder auch ein Höchstbetrag nicht durch Gesetz oder Rechtsverordnung bestimmt, so kann bei hauptamtlich und ehrenamtlich tätigen Personen in der Regel ohne weiteren Nachweis ein steuerlich anzuerkennender Aufwand von 154 Euro monatlich angenommen werden. ⁴Ist die Aufwandsentschädigung niedriger als

§ 3 Nr. 12 EStG
R 13

154 Euro monatlich, so bleibt nur der tatsächlich geleistete Betrag steuerfrei. [5]Bei Personen, die für mehrere Körperschaften des öffentlichen Rechts tätig sind, sind die steuerfreien monatlichen Mindest- und Höchstbeträge auf die Entschädigung zu beziehen, die von der einzelnen öffentlich-rechtlichen Körperschaft an diese Personen gezahlt wird. [6]Aufwandsentschädigungen für mehrere Tätigkeiten bei einer Körperschaft sind für die Anwendung der Mindest- und Höchstbeträge zusammenzurechnen. [7]Bei einer gelegentlichen ehrenamtlichen Tätigkeit sind die steuerfreien monatlichen Mindest- und Höchstbeträge nicht auf einen weniger als einen Monat dauernden Zeitraum der ehrenamtlichen Tätigkeit umzurechnen. [8]Soweit der steuerfreie Monatsbetrag von 154 Euro nicht ausgeschöpft wird, ist eine Übertragung in andere Monate dieser Tätigkeiten im selben Kalenderjahr möglich. [9]Maßgebend für die Ermittlung der Anzahl der in Betracht kommen Monate ist die Dauer der ehrenamtlichen Funktion bzw. Ausübung im Kalenderjahr. [10]Die für die Finanzverwaltung zuständige oberste Landesbehörde kann im Benehmen mit dem Bundesministerium der Finanzen und den obersten Finanzbehörden der anderen Länder Anpassungen an die im Lande gegebenen Verhältnisse vornehmen.

(4) [1]Die Empfänger von Aufwandsentschädigungen können dem Finanzamt gegenüber einen höheren steuerlich anzuerkennenden Aufwand glaubhaft machen; der die Aufwandsentschädigung übersteigende Aufwand ist als Werbungskosten oder Betriebsausgaben abziehbar. [2]Wenn einer hauptamtlich tätigen Person neben den Aufwendungen, die durch die Aufwandsentschädigung ersetzt werden sollen, andere beruflich veranlasste Aufwendungen entstehen, sind diese unabhängig von der Aufwandsentschädigung als Werbungskosten abziehbar; in diesem Fall ist aber Absatz 3 nicht anzuwenden, sondern nach Absatz 2 Satz 3 bis 6 zu verfahren. [3]Bei ehrenamtlich tätigen Personen sind alle durch die Tätigkeit veranlassten Aufwendungen als durch die steuerfreie Aufwandsentschädigung ersetzt anzusehen, sodass nur ein die Aufwandsentschädigung übersteigender Aufwand als Werbungskosten oder Betriebsausgaben abziehbar ist.

(5) [1]Von Pauschalentschädigungen, die Gemeinden oder andere juristische Personen des öffentlichen Rechts für eine gelegentliche ehrenamtliche Tätigkeit zahlen, darf ein Betrag bis zu 6 Euro täglich ohne nähere Prüfung als steuerfrei anerkannt werden. [2]Bei höheren Pauschalentschädigungen hat das Finanzamt zu prüfen, ob auch ein Aufwand an Zeit und Arbeitsleistung sowie ein entgangener Verdienst abgegolten worden ist. [3]Anstelle dieser Regelung kann auch Absatz 3 angewendet werden.

H 13
Hinweise zu R 13
Aufwandsentschädigungen aus öffentlichen Kassen

Allgemeines zu § 3 Nr. 12 Satz 2 EStG

Aufwandsentschädigungen, bei denen die Voraussetzungen des § 3 Nr. 12 Satz 1 EStG nicht vorliegen, sind nach § 3 Nr. 12 Satz 2 EStG nur steuerfrei, wenn sie aus öffentlichen Kassen (>H 14 a) an Personen gezahlt werden, die öffentliche Dienste für einen inländischen Träger öffentlicher Gewalt leisten (>BFH vom 3. 12. 1982 – BStBl. 1983 II S. 219). Dabei kann es sich auch um eine Nebentätigkeit handeln. Aufwandsentschädigungen können nicht nur bei Personen steuerfrei sein, die öffentlich-rechtliche (hoheitliche) Dienste leisten, sondern auch bei Personen, die im Rahmen des öffentlichen Dienstes Aufgaben der schlichten Hoheitsverwaltung erfüllen (>BFH vom 15. 3. 1968 – BStBl. II S. 437, vom 1. 4. 1971 – BStBl. II S. 519 und vom 27. 2. 1976 – BStBl. II S. 418).

Beamte bei Postunternehmen

>§ 3 Nr. 35 EStG

Begriff der Aufwandsentschädigung

– Abgeltung für Werbungskosten/Betriebsausgaben >BFH vom 9. 7. 1992 – BStBl. 1993 II S. 50
– Zur Prüfung dieser Voraussetzung durch das Finanzamt >BFH vom 3. 8. 1962 – BStBl. III S. 425 und 9. 6. 1989 – BStBl. 1990 II S. 121 und 123

Fiskalische Verwaltung

Keine öffentlichen Dienste im Sinne des § 3 Nr. 12 Satz 2 EStG leisten Personen, die in der fiskalischen Verwaltung tätig sind (>BFH vom 13. 8. 1971 – BStBl. II S. 818, vom 9. 5. 1974 – BStBl. II S. 631 und vom 31. 1. 1975 – BStBl. II S. 563). Dies ist insbesondere dann der Fall, wenn sich die Tätigkeit für die juristische Person des öffentlichen Rechts ausschließlich oder überwiegend auf die Erfüllung von Aufgaben

1. in einem land- oder forstwirtschaftlichen Betrieb einer juristischen Person des öffentlichen Rechts oder
2. in einem Betrieb gewerblicher Art einer juristischen Person des öffentlichen Rechts im Sinne des § 1 Abs. 1 Nr. 6 KStG bezieht.

Ob es sich um einen Betrieb gewerblicher Art einer juristischen Person des öffentlichen Rechts handelt, beurteilt sich nach dem Körperschaftsteuerrecht (§ 4 KStG und R 6 KStR). Hierbei kommt es nicht darauf an, ob der Betrieb gewerblicher Art von der Körperschaftsteuer befreit ist. Zu den Betrieben gewerblicher Art in diesem Sinne gehören, insbesondere die von einer juristischen Person des öffentlichen Rechts unterhaltenen Betriebe, die der Versorgung der Bevölkerung mit Wasser, Gas, Elektrizität oder Wärme (>BFH vom 19. 1. 1990 – BStBl. II S. 679), dem öffentlichen Verkehr oder dem Hafenbetrieb dienen, sowie die in der Rechtsform einer juristischen Person des öffentlichen Rechts betriebenen Sparkassen (>BFH vom 13. 8. 1971 – BStBl. II S. 818).

Öffentliche Kassen

>H 14 a

Steuerlicher Aufwand

Zur Voraussetzung der Abgeltung steuerlich zu berücksichtigender Werbungskosten/Betriebsausgaben

>BFH vom 3. 8. 1962 (BStBl. III S. 425), vom 9. 6. 1989 (BStBl. 1990 II S. 121 und 123) und vom 9. 7. 1992 (BStBl. 1993 II S. 50)

Übertragung nicht ausgeschöpfter steuerfreier Monatsbeträge

Beispiel:

Für öffentliche Dienste in einem Ehrenamt in der Zeit vom 1. Januar bis 31. Mai werden folgende Aufwandsentschädigungen i. S. v. § 3 Nr. 12 Satz 2 EStG und R 13 Abs. 3 Satz 3 LStR gezahlt:

Januar 250 €, Februar 50 €, März 180 €, April 100 €, Mai 200 €; Zeitaufwand wird nicht vergütet. Für den Lohnsteuerabzug können die nicht ausgeschöpften steuerfreien Monatsbeträge i. H. v. 154 € gem. Nr. 1 wie folgt mit den steuerpflichtigen Aufwandsentschädigungen der anderen Lohnzahlungszeiträume dieser Tätigkeit verrechnet werden:

	Gezahlte Aufwandsentschädigung	Steuerliche Behandlung nach R 13 Abs. 3 Satz 3 LStR		Steuerliche Behandlung bei Übertragung nicht ausgeschöpfter steuerfreier Monatsbeträge	
		Steuerfrei sind:	Steuerpflichtig sind:	Steuerfreier Höchstbetrag	Steuerpflichtig sind:
Januar	250 €	154 €	96 €	154 €	96 €
Februar	50 €	50 €	0 €	2 × 154 € = 308 €	0 € (250 + 50 ./. 308), Aufrollung des Januar
März	180 €	154 €	26 €	3 × 154 € = 462 €	18 € (250 + 50 + 180 ./. 462)
April	100 €	100 €	0 €	4 × 154 € = 616 €	0 € (250 + 50 + 180 + 100 ./. 616), Aufrollung des März
Mai	200 €	154 €	46 €	5 × 154 € = 770 €	10 € (250 + 50 + 180 + 100 + 200 ./. 770)
Summe	780 €	612 €	168 €	5 × 154 € = 770 €	10 €

Bei Verrechnung des nicht ausgeschöpften Freibetragsvolumens mit abgelaufenen Lohnzahlungszeiträumen ist im Februar der Lohnsteuereinbehalt für den Monat Januar und im April für den Monat März zu korrigieren.

§ 3 Nr. 12 EStG
R 13

Anlage 1
zu H 13

Steuerliche Behandlung von Entschädigungen, die den ehrenamtlichen Mitgliedern kommunaler Vertretungen gezahlt werden

Bundeseinheitlich geltende Regelung, z. B. Erlass des Ministeriums für Finanzen und Energie des Landes Schleswig-Holstein vom 7.1.2002 (Az.: VI 306 – S 2337 – 107 I)

A. Allgemeines

Die den ehrenamtlichen Mitgliedern kommunaler Volksvertretungen gewährten Entschädigungen unterliegen grundsätzlich als Einnahmen aus „sonstiger selbständiger Arbeit" im Sinne des § 18 Abs. 1 Nr. 3 EStG der Einkommensteuer. Dies gilt insbesondere für Entschädigungen, die für Verdienstausfall oder Zeitverlust gewährt werden.

Steuerfrei sind

– nach § 3 Nr. 13 EStG Reisekostenvergütungen, die nach den Vorschriften des Bundesreisekostengesetzes oder entsprechender Landesgesetze gewährt werden,

– nach § 3 Nr. 12 Satz 2 EStG Aufwandsentschädigungen, soweit sie Aufwendungen abgelten, die einkommensteuerrechtlich als Betriebsausgaben berücksichtigungsfähig wären.

B. Anerkennung steuerfreier Aufwandsentschädigungen (§ 3 Nr. 12 Satz 2 EStG)

I. Für ehrenamtliche Mitglieder einer Gemeindevertretung oder einer Stadtvertretung gilt Folgendes:

1. Pauschale Entschädigungen und Sitzungsgelder sind steuerfrei, soweit sie insgesamt während der Dauer der Mitgliedschaft folgende Beträge nicht übersteigen:

in einer Gemeinde oder Stadt mit	monatlich	jährlich
– höchstens 20 000 Einwohnern	90,00 €*)	1 080,00 €
– 20 001 – 50 000 Einwohnern	144,00 €*)	1 728,00 €
– 50 001 – 150 000 Einwohnern	177,00 €	2 124,00 €
– 150 001 – 450 000 Einwohnern	223,00 €	2 676,00 €
– mehr als 450 000 Einwohnern	266,00 €	3 192,00 €

Die Nachholung nicht ausgeschöpfter Monatsbeträge in anderen Monaten desselben Kalenderjahres ist zulässig. Dabei kann jedoch der steuerfreie Jahresbetrag uneingeschränkt nur dann angesetzt werden, wenn die Mitgliedschaft in der Gemeinde- bzw. Stadtvertretung während eines ganzen Kalenderjahres bestanden hat.

2. Neben den steuerfreien Beträgen nach Nr. 1 wird die Erstattung der tatsächlichen Fahrkosten für Fahrten von der Wohnung zum Sitzungsort und zurück als steuerfreie Aufwandsentschädigung anerkannt; bei Benutzung eines eigenen Kraftfahrzeugs ist die Wegstreckenentschädigung nach dem Bundesreisekostengesetz oder nach entsprechendem Landesgesetz maßgebend.

3. Die steuerfreien Beträgen nach Nr. 1 erhöhen sich

   a) für Stadtpräsidenten und Bürgervorsteher auf das Dreifache der Beträge nach Nr. 1,

   b) für die ständigen Vertreter der Stadtpräsidenten und Bürgervorsteher auf das Doppelte der Beträge nach Nr. 1,

   c) für Fraktionsvorsitzende auf das Doppelte der Beträge nach Nr. 1.

II. Für ehrenamtliche Mitglieder eines Kreistages gilt Folgendes:

1. Pauschale Entschädigungen und Sitzungsgelder sind steuerfrei, soweit sie insgesamt während der Dauer der Mitgliedschaft folgende Beträge nicht übersteigen:

in einem Landkreis mit	monatlich	jährlich
– höchstens 250 000 Einwohnern	177,00 €	2124,00 €
– mehr als 250 000 Einwohnern	223,00 €	2676,00 €

2. Abschnitt I Nr. 2 und 3 ist entsprechend anzuwenden.

III. Die Regelungen des Abschnitts I gelten nicht bei kommunalen Zweckverbänden (z. B. Wasserversorgungs- oder Abwasserbeseitigungsverband).

IV. Die Regelungen nach Abschnitt I Nr. 1 und 2 gelten sinngemäß auch für die ehrenamtlichen Mitglieder eines Ortsbeirats. Dabei ist jedoch nicht die Einwohnerzahl der Gemeinde oder der Stadt, sondern die des Ortsteils maßgebend. Für den Vorsitzenden des Ortsbeirats verdoppeln sich die steuerfreien Beträge nach Abschnitt I Nr. 1.

V. Steuerpflichtige, die gleichzeitig Mitglied mehrerer kommunaler Volksvertretungen sind, können steuerfreie Entschädigungen im Sinne der vorstehenden Abschnitte I bis IV nebeneinander beziehen. R 13 Abs. 3 Satz 6 der Lohnsteuer-Richtlinien 2002 ist insoweit nicht anzuwenden.

C. Wirkung der steuerfreien Aufwandsentschädigungen

Mit den steuerfreien Entschädigungen nach Teil B sind alle Aufwendungen, die mit einer ehrenamtlichen Tätigkeit im Sinne des Teils B zusammenhängen, mit Ausnahme der Aufwendungen für Geschäfts- und Dienstreisen, abgegolten. Es bleibt den Steuerpflichtigen unbenommen, ihre tatsächlichen Aufwendungen, soweit sie nicht Kosten der Lebensführung sind, die ihre wirtschaftliche oder gesellschaftliche Stellung mit sich bringt, gegenüber dem Finanzamt nachzuweisen oder glaubhaft zu machen. In diesem Falle können die tatsächlichen Aufwendungen insoweit, als sie die steuerfreien Entschädigungen im Sinne dieses Erlasses übersteigen, als Betriebsausgaben oder Werbungskosten berücksichtigt werden.

D. Anwendungszeitraum

Die vorstehenden Regelungen sind erstmals für das Kalenderjahr 2002 anzuwenden.

Dieser Erlass ergeht im Einvernehmen mit dem Bundesministerium der Finanzen und den obersten Finanzbehörden der anderen Länder.

Anlage 2
zu H 13

Steuerliche Behandlung von Aufwandsentschädigungen aus öffentlichen Kassen an öffentliche Dienste leistende Personen (§ 3 Nr. 12 Satz 2 EStG); Übertragung nicht ausgeschöpfter steuerfreier Monatsbeträge

Bundeseinheitlich geltende Regelung, z. B. Schreiben des Bayer. Staatsministeriums der Finanzen vom 15. 10. 2002 (Az.: 34 – S 2337 – 153 – 46532/02, BStBl. I S. 993)

Für Aufwandsentschädigungen aus öffentlichen Kassen an öffentliche Dienste leistende Personen ist nach R 13 Abs. 3 Satz 2 Nr. 2 LStR ein steuerfreier Mindestbetrag und nach R 13 Abs. 3 Satz 3 und 4 LStR ein steuerfreier Höchstbetrag von 154 € anzusetzen. Voraussetzung ist, dass die durch das Amt entstandenen Erwerbsaufwendungen nicht vollständig nach anderen Vorschriften, z. B. § 3 Nr. 13 EStG, steuerfrei ersetzt wurden. Werden Aufwandsentschädigungen in monatlich unterschiedlicher Höhe gezahlt oder erstreckt sich die Tätigkeit für die Körperschaft nicht über das ganze Kalenderjahr, so sind die steuerfreien Mindest- und Höchstbeträge als absolute Monatsbeträge anzusehen, wenn die betreffende Körperschaft für bestimmte Monate bestimmte Beträge zahlt (R 13 Abs. 3 Satz 8 LStR). Eine Umrechnung auf längere Zeiträume der Tätigkeit ist in diesen Fällen nicht zulässig (R 13 Abs. 3 Satz 9 LStR).

Auf der Grundlage von R 13 Abs. 3 Satz 10 LStR gilt hiervon abweichend Folgendes:

---

*) Die pauschalen Entschädigungen und Sitzungsgelder sind jedoch mindestens in Höhe des in R 13 Abs. 3 Satz 2 Nr. 2 der Lohnsteuer-Richtlinien genannten Mindestbetrages von derzeit 154 € monatlich steuerfrei.

§ 3 Nr. 13 EStG
R 14

1. Übertragung nicht ausgeschöpfter steuerfreier Monatsbeträge

Für Aufwandsentschädigungen aus öffentlichen Kassen an öffentliche Dienste leistende Personen ist der steuerfreie Mindest- oder Höchstbetrag nach R 13 Abs. 3 Sätze 2 und 3 LStR jeweils für die Monate zu ermitteln, in denen öffentliche Dienste geleistet werden. Soweit der steuerfreie Monatsbetrag von 154 € nicht ausgeschöpft wird, ist eine Übertragung in andere Monate dieser Tätigkeit im selben Kalenderjahr möglich. R 13 Abs. 3 Satz 6 LStR ist zu beachten.

Maßgebend für die Ermittlung der Anzahl der in Betracht kommenden Monate ist die Dauer der ehrenamtlichen Funktion bzw. Amtsausübung im Kalenderjahr. Hierbei zählen angefangene Kalendermonate als volle Monate. Die Dauer des tatsächlichen Einsatzes im Ehrenamt ist für die Bestimmung dieses Zeitraums unbeachtlich.

Beispiel 1:

Für öffentliche Dienste in einem Ehrenamt in der Zeit vom 1. Januar bis zum 30. Juli werden folgende Aufwandsentschädigungen i. S. v. § 3 Nr. 12 Satz 2 EStG und R 13 Abs. 3 Satz 2 Nr. 2 LStR gezahlt:

Januar 250 €, Februar 200 €, März 250 €, April 350 €, Mai 510 €, Juni 450 €, Juli 0 €. Zeitaufwand wird nicht vergütet, entstandene Werbungskosten bzw. Betriebsausgaben werden nicht nachgewiesen.

Von diesen Aufwandsentschädigungen bleibt monatlich ein Drittel, mindestens aber 154 € steuerfrei. Nach der Drittelregelung ist im Mai ein monatlicher Freibetrag i. H. v. 170 € und in den übrigen Monaten i. H. v. jeweils 154 € anzusetzen. Der Tätigkeitszeitraum umfasst sieben Kalendermonate, so dass höchstens ein Betrag von insgesamt (6 × 154 € zuzüglich 170 € =) 1094 € steuerfrei sein kann. Die gezahlten Aufwandsentschädigungen übersteigen diesen Betrag um (2010 € abzüglich 1094 € =) 916 €. Dieser Betrag ist steuerpflichtig.

Beispiel 2:

Für öffentliche Dienste in einem Ehrenamt in der Zeit vom 1. Januar bis 30. Juli werden folgende Aufwandsentschädigungen i. S. v. § 3 Nr. 12 Satz 2 EStG und R 13 Abs. 3 Satz 3 LStR gezahlt:

Januar 0 €, Februar 150 €, März 250 €, April 154 €, Mai 160 €, Juni 250 €, Juli 0 €. Zeitaufwand wird nicht vergütet, entstandene Werbungskosten bzw. Betriebsausgaben werden nicht nachgewiesen.

Von diesen Aufwandsentschädigungen kann ohne Nachweis ein steuerlich anzuerkennender Aufwand von 154 € monatlich angenommen werden. Der Tätigkeitszeitraum umfasst sieben Kalendermonate, so dass höchstens ein Betrag von insgesamt (7 × 154 € =) 1078 € steuerfrei sein kann. Die gezahlten Aufwandsentschädigungen i. H. v. 964 € übersteigen diesen Betrag nicht und sind demnach insgesamt steuerfrei.

2. Berücksichtigung der Übertragungsmöglichkeit beim Lohnsteuerabzug

Sind die Aufwandsentschädigungen den Einkünften aus nichtselbständiger Arbeit zuzuordnen, unterliegen sie dem Lohnsteuerabzug (§ 38 EStG). Es bestehen keine Bedenken, einen gem. Nr. 1 nicht ausgeschöpften steuerfreien Monatsbetrag mit steuerpflichtigen Aufwandsentschädigungen anderer Lohnzahlungszeiträume dieser Tätigkeit im Kalenderjahr zu verrechnen. Eine Verrechnung mit abgelaufenen Lohnzahlungszeiträumen ist zulässig; sie kann auch bei Beendigung der Tätigkeit oder zum Ende des Kalenderjahres für die Dauer der ehrenamtlichen Funktion bzw. Amtsausübung im Kalenderjahr vorgenommen werden. Bei mehreren Tätigkeiten für eine Körperschaft sind die Aufwandsentschädigungen für die Anwendung der Mindest- und Höchstbeträge zusammenzurechnen (R 13 Abs. 3 Satz 6 LStR).

Beispiel:

Für öffentliche Dienste in einem Ehrenamt in der Zeit vom 1. Januar bis 31. Mai werden folgende Aufwandsentschädigungen i. S. v. § 3 Nr. 12 Satz 2 EStG und R 13 Abs. 3 Satz 3 LStR gezahlt:

Januar 250 €, Februar 50 €, März 180 €, April 100 €, Mai 200 €; Zeitaufwand wird nicht vergütet. Für den Lohnsteuerabzug können die nicht ausgeschöpften steuerfreien Monatsbeträge i. H. v. 154 € gem. Nr. 1 wie folgt mit den steuerpflichtigen Aufwandsentschädigungen der anderen Lohnzahlungszeiträume dieser Tätigkeit verrechnet werden:

	Gezahlte Aufwandsentschädigung	Steuerliche Behandlung nach R 13 Abs. 3 Satz 3 LStR		Steuerliche Behandlung bei Übertragung nicht ausgeschöpfter steuerfreier Monatsbeträge	
		Steuerfrei sind:	Steuerpflichtig sind:	Steuerfreier Höchstbetrag	Steuerpflichtig sind:
Januar	250 €	154 €	96 €	154 €	96 €
Februar	50 €	50 €	0 €	2 × 154 € = 308 €	0 € (250 + 50 ./. 308), Aufrollung des Januar
März	180 €	154 €	26 €	3 × 154 € = 462 €	18 € (250 + 50 + 180 ./. 462)
April	100 €	100 €	0 €	4 × 154 € = 616 €	0 € (250 + 50 + 180 + 100 ./. 616), Aufrollung des März
Mai	200 €	154 €	46 €	5 × 154 € = 770 €	10 € (250 + 50 + 180 + 100 + 200 ./. 770)
Summe	780 €	612 €	168 €	5 × 154 € = 770 €	10 €

Bei Verrechnung des nicht ausgeschöpften Freibetragsvolumens mit abgelaufenen Lohnzahlungszeiträumen ist im Februar der Lohnsteuereinbehalt für den Monat Januar und im April für den Monat März zu korrigieren.

Die Grundsätze dieses Schreibens sind ab dem 1. Januar 2002 anzuwenden.

Dieser Erlass ergeht im Einvernehmen mit dem Bundesministerium der Finanzen und den obersten Finanzbehörden der anderen Länder.

§ 3 Nr. 13 EStG
Steuerfreie Einnahmen

Steuerfrei sind

[1]die aus öffentlichen Kassen gezahlten Reisekostenvergütungen, Umzugskostenvergütungen und Trennungsgelder. [2]Die als Reisekostenvergütungen gezahlten Vergütungen für Verpflegungsmehraufwendungen sind nur insoweit steuerfrei, als sie die Pauschbeträge nach § 4 Abs. 5 Satz 1 Nr. 5 nicht übersteigen; Trennungsgelder sind nur insoweit steuerfrei, als sie die nach § 9 Abs. 1 Satz 3 Nr. 5, Abs. 2 Satz 7 bis 9 und Abs. 5 sowie § 4 Abs. 5 Satz 1 Nr. 5 abziehbaren Aufwendungen nicht übersteigen;

R 14
Reisekostenvergütungen, Umzugskostenvergütungen und Trennungsgelder aus öffentlichen Kassen (§ 3 Nr. 13 EStG)

(1) [1]Nach § 3 Nr. 13 EStG sind Bezüge steuerfrei, die als Reisekostenvergütungen, Umzugskostenvergütungen oder Trennungsgelder aus einer öffentlichen Kasse gezahlt werden. [2]Die Steuerfreiheit von Vergütungen für Verpflegungsmehraufwendungen bei Dienstreisen im Sinne der R 37 Abs. 3 ist auf die nach R 39 maßgebenden Beträge und bei Abordnungen, die keine Dienstreisen im Sinne der R 37 Abs. 3 sind, auf die nach R 43 maßgebenden Beträge begrenzt; R 16 Satz 1 bis 3 sind entsprechend anzuwenden.

(2) [1]Reisekostenvergütungen sind die als solche bezeichneten Vergütungen, die dem Grunde und der Höhe nach unmittelbar nach Maßgabe der reisekostenrechtlichen Vorschriften des Bundes oder der Länder gezahlt werden. [2]Reisekostenvergütungen liegen auch vor, soweit sie dem Grunde und der Höhe nach auf Grund von Tarifverträgen oder anderen Vereinbarungen gezahlt werden, die den reisekostenrechtlichen Vorschriften des Bundes oder der Länder entsprechen. [3]§ 12 Nr. 1 EStG bleibt unberührt.

(3) ¹Werden bei Reisekostenvergütungen aus öffentlichen Kassen die reisekostenrechtlichen Vorschriften nicht oder nur teilweise angewendet, so können auf diese Vergütungen die zu § 3 Nr. 16 EStG erlassenen Verwaltungsvorschriften angewendet werden. ²Im Übrigen kann auch eine Steuerbefreiung nach § 3 Nr. 12 oder Nr. 26 EStG in Betracht kommen; >R 13 und 17.

(4) ¹Absätze 2 und 3 gelten sinngemäß für Umzugskostenvergütungen und Trennungsgelder nach Maßgabe der umzugskosten- und reisekostenrechtlichen Vorschriften des Bundes und der Länder. ²Werden anlässlich eines Umzugs für die Umzugstage Verpflegungsmehraufwendungen nach dem Bundesumzugskostengesetz erstattet, ist die Erstattung nur im Rahmen der zeitlichen Voraussetzungen des § 4 Abs. 5 Satz 1 Nr. 5 EStG steuerfrei. ³Trennungsgeld, das bei täglicher Rückkehr zum Wohnort gezahlt wird, ist nur nach Maßgabe der R 37 bis 39 steuerfrei. ⁴Trennungsgeld, das in den Fällen des Bezugs einer Unterkunft am Beschäftigungsort gezahlt wird, ist nur nach Maßgabe von R 43 steuerfrei.

H 14
Hinweise zu R 14
Reisekostenvergütungen, Umzugskostenvergütungen und Trennungsgelder aus öffentlichen Kassen

Beamte bei Postunternehmen

>§ 3 Nr. 35 EStG

Klimabedingte Kleidung

>BFH vom 27. 5. 1994 – BStBl. 1995 II S. 17

Mietbeiträge

anstelle eines Trennungsgelds sind nicht nach § 3 Nr. 13 EStG steuerfrei (>BFH vom 16. 7. 1971 – BStBl. II S. 772).

Öffentliche Kassen

>H 14a

Prüfung, ob Werbungskosten

Es ist nur zu prüfen, ob die ersetzten Aufwendungen vom Grundsatz her Werbungskosten sind. Daher sind z. B. Arbeitgeberleistungen im Zusammenhang mit Incentive-Reisen nicht nach § 3 Nr. 13 EStG steuerfrei, soweit diese dem Arbeitnehmer als geldwerter Vorteil zuzurechnen sind (>H 74).

R 14a
Öffentliche Kassen
– unbesetzt –

H 14a
Hinweise zu R 14a
Öffentliche Kassen

Öffentliche Kassen

¹Öffentliche Kassen sind die Kassen der inländischen juristischen Personen des öffentlichen Rechts und solche Kassen, die einer Dienstaufsicht und Prüfung der Finanzgebarung durch die inländische öffentliche Hand unterliegen (>BFH-Urteil vom 7. 8. 1986 BStBl. II S. 848). ²Zu den öffentlichen Kassen gehören danach neben den Kassen des Bundes, der Länder und der Gemeinden insbesondere auch die Kassen der öffentlich-rechtlichen Religionsgemeinschaften, die Ortskrankenkassen, Landwirtschaftliche Krankenkassen, Innungskrankenkassen und Ersatzkassen sowie die Kassen des Bundeseisenbahnvermögens, der Deutschen Bundesbank, der öffentlich-rechtlichen Rundfunkanstalten, der Berufsgenossenschaften, Gemeindeunfallversicherungsverbände, der Träger der gesetzlichen Rentenversicherungen, der Knappschaften und der Unterstützungskassen der Postunternehmen.

§ 3 Nr. 15 EStG
Steuerfreie Einnahmen
– weggefallen –

R 15
Heiratsbeihilfen und Geburtsbeihilfen (§ 3 Nr. 15 EStG)*)

¹Heirats- und Geburtsbeihilfen sind einmalige oder laufende Zuwendungen in Geld oder Geldeswert. ²Bezieht ein Arbeitnehmer aus mehreren Dienstverhältnissen je eine Heirats- oder Geburtsbeihilfe, so kann er den Freibetrag für jede der Beihilfen in Anspruch nehmen. ³Erhalten Eltern, die beide Arbeitslohn beziehen, beide eine Beihilfe, so steht der Freibetrag jedem Elternteil zu, auch wenn sie bei demselben Arbeitgeber beschäftigt sind. ⁴Bei Mehrlingsgeburten bleibt die Geburtsbeihilfe steuerfrei, soweit sie den Höchstbetrag je Kind nicht übersteigt.

H 15
Hinweise zu R 15
Heiratsbeihilfen und Geburtsbeihilfen*)

Gehaltserhöhung

ist keine Heirats- oder Geburtsbeihilfe (>BFH vom 18. 1. 1957 – BStBl. III S. 88).

Zeitliche Beschränkung

Eine Heirats- oder Geburtshilfe ist bis zum Höchstbetrag steuerfrei, wenn sie innerhalb von drei Monaten vor oder nach der Eheschließung oder Geburt gegeben wird (>BFH vom 18. 1. 1957 – BStBl. III S. 88).

Zusätzliche Arbeitgeberleistungen

>R 21c

§ 3 Nr. 16 EStG
Steuerfreie Einnahmen

Steuerfrei sind

die Vergütungen, die Arbeitnehmer außerhalb des öffentlichen Dienstes von ihrem Arbeitgeber zur Erstattung von Reisekosten, Umzugskosten oder Mehraufwendungen bei doppelter Haushaltsführung erhalten, soweit sie die beruflich veranlassten Mehraufwendungen, bei Verpflegungsmehraufwendungen die Pauschbeträge nach § 4 Abs. 5 Satz 1 Nr. 5 und bei Familienheimfahrten mit dem eigenen oder außerhalb des Dienstverhältnisses zur Nutzung überlassenen Kraftfahrzeug die Pauschbeträge nach § 9 Abs. 2 nicht übersteigen; Vergütungen zur Erstattung von Mehraufwendungen bei doppelter Haushaltsführung sind nur insoweit steuerfrei, als sie die nach § 9 Abs. 1 Satz 3 Nr. 5 und Abs. 5 sowie § 4 Abs. 5 Satz 1 Nr. 5 abziehbaren Aufwendungen nicht übersteigen;

R 16
Erstattung von Reisekosten, Umzugskosten und Mehraufwendungen bei doppelter Haushaltsführung außerhalb des öffentlichen Dienstes (§ 3 Nr. 16 EStG)

¹Bei der Erstattung von Reisekosten dürfen die einzelnen Aufwendungsarten zusammengefasst werden; in diesem Fall ist die Erstattung steuerfrei, soweit sie die Summe der nach R 38 bis 40a zulässigen Einzelerstattungen nicht übersteigt. ²Hierbei können mehrere Reisen zusammengefasst abgerechnet werden. ³Dies gilt sinngemäß für die Erstattung von Umzugskosten und von Mehraufwendungen bei einer doppelten Haushaltsführung. ⁴Wegen der Höhe

---
*) Gilt nur noch für Heirats- und Geburtsbeihilfen, die vor dem 1. 1. 2006 ausgezahlt wurden.

§ 3 Nr. 25, § 3 Nr. 26 EStG

R 17

der steuerfrei zu belassenden Reisekostenvergütungen, Umzugskostenvergütungen oder Vergütungen von Mehraufwendungen bei einer doppelten Haushaltsführung >R 37 bis 41 und 43.

H 16
Hinweise zu R 16
Erstattung von Reisekosten, Umzugskosten und Mehraufwendungen bei doppelter Haushaltsführung außerhalb des öffentlichen Dienstes

Gehaltsumwandlung

Vergütungen zur Erstattung von Reisekosten können auch dann steuerfrei sein, wenn sie der Arbeitgeber aus umgewandeltem Arbeitslohn zahlt. Voraussetzung ist, dass Arbeitgeber und Arbeitnehmer die Lohnumwandlung vor der Entstehung des Vergütungsanspruchs vereinbaren (>BFH vom 27. 4. 2001 – BStBl. II S. 601).

§ 3 Nr. 25 EStG
Steuerfreie Einnahmen

Steuerfrei sind

Entschädigungen nach dem Infektionsschutzgesetz vom 20. Juli 2000 (BGBl. I S. 1045);

§ 3 Nr. 26 EStG
Steuerfreie Einnahmen

Steuerfrei sind

Einnahmen aus nebenberuflichen Tätigkeiten als Übungsleiter, Ausbilder, Erzieher, Betreuer oder vergleichbaren nebenberuflichen Tätigkeiten, aus nebenberuflichen künstlerischen Tätigkeiten oder der nebenberuflichen Pflege alter, kranker oder behinderter Menschen im Dienst oder im Auftrag einer inländischen juristischen Person des öffentlichen Rechts oder einer unter § 5 Abs. 1 Nr. 9 des Körperschaftsteuergesetzes fallenden Einrichtung zur Förderung gemeinnütziger, mildtätiger und kirchlicher Zwecke (§§ 52 bis 54 der Abgabenordnung) bis zur Höhe von insgesamt 1848 Euro im Jahr. ²Überschreiten die Einnahmen für die in Satz 1 bezeichneten Tätigkeiten den steuerfreien Betrag, dürfen die mit den nebenberuflichen Tätigkeiten in unmittelbarem wirtschaftlichen Zusammenhang stehenden Ausgaben abweichend von § 3c nur insoweit als Betriebsausgaben oder Werbungskosten abgezogen werden, als sie den Betrag der steuerfreien Einnahmen übersteigen;

R 17
Steuerbefreiung für nebenberufliche Tätigkeiten
(§ 3 Nr. 26 EStG)

Begünstigte Tätigkeiten

(1) ¹Die Tätigkeiten als Übungsleiter, Ausbilder, Erzieher oder Betreuer haben miteinander gemeinsam, dass sie auf andere Menschen durch persönlichen Kontakt Einfluss nehmen, um auf diese Weise deren geistige und körperliche Fähigkeiten zu entwickeln und zu fördern. ²Gemeinsames Merkmal der Tätigkeiten ist eine pädagogische Ausrichtung. ³Zu den begünstigten Tätigkeiten gehören z. B. die Tätigkeit eines Sporttrainers, eines Chorleiters oder Orchesterdirigenten, die Lehr- und Vortragstätigkeit im Rahmen der allgemeinen Bildung und Ausbildung, z. B. Kurse und Vorträge an Schulen und Volkshochschulen, Mütterberatung, Erste-Hilfe-Kurse, Schwimm-Unterricht, oder im Rahmen der beruflichen Ausbildung und Fortbildung, nicht dagegen die Ausbildung von Tieren, z. B. von Rennpferden oder Diensthunden. ⁴Die Pflege alter, kranker oder behinderter Menschen umfasst außer der Dauerpflege auch Hilfsdienste bei der häuslichen Betreuung durch ambulante Pflegedienste, z. B. Unterstützung bei der Grund- und Behandlungspflege, bei häuslichen Verrichtungen und Einkäufen, beim Schriftverkehr, bei der Altenhilfe entsprechend § 71 SGB XII, z. B. Hilfe bei der Wohnungs- und Heimplatzbeschaffung, in Fragen der Inanspruchnahme altersgerechter Dienste, und bei Sofortmaßnahmen gegenüber Schwerkranken und Verunglückten, z. B. durch Rettungssanitäter und Ersthelfer. ⁵Eine Tätigkeit, die ihrer Art nach keine übungsleitende, ausbildende, erzieherische, betreuende oder künstlerische Tätigkeit oder keine Pflege alter, kranker oder behinderter Menschen ist, ist keine begünstigte Tätigkeit, auch wenn sie die übrigen Voraussetzungen des § 3 Nr. 26 EStG erfüllt, z. B. Tätigkeit als Vorstandsmitglied, als Vereinskassierer oder als Gerätewart bei einem Sportverein.

Nebenberuflichkeit

(2) ¹Eine Tätigkeit wird nebenberuflich ausgeübt, wenn sie – bezogen auf das Kalenderjahr – nicht mehr als ein Drittel der Arbeitszeit eines vergleichbaren Vollzeiterwerbs in Anspruch nimmt. ²Es können deshalb auch solche Personen nebenberuflich tätig sein, die im steuerrechtlichen Sinne keinen Hauptberuf ausüben, z. B. Hausfrauen, Vermieter, Studenten, Rentner oder Arbeitslose. ³Übt ein Steuerpflichtiger mehrere verschiedenartige Tätigkeiten im Sinne des § 3 Nr. 26 EStG aus, ist die Nebenberuflichkeit für jede Tätigkeit getrennt zu beurteilen. ⁴Mehrere gleichartige Tätigkeiten sind zusammenzufassen, wenn sie sich nach der Verkehrsanschauung als Ausübung eines einheitlichen Hauptberufs darstellen, z. B. Ausübung von jeweils weniger als dem dritten Teil des Pensums einer Vollzeitkraft in mehreren Schulen. ⁵Eine Tätigkeit wird nicht nebenberuflich ausgeübt, wenn sie als Teil der Haupttätigkeit anzusehen ist.

Arbeitgeber/Auftraggeber

(3) ¹Der Freibetrag wird nur gewährt, wenn die Tätigkeit im Dienst oder im Auftrag einer der in § 3 Nr. 26 EStG genannten Personen erfolgt. ²Als juristische Personen des öffentlichen Rechts kommen beispielsweise in Betracht Bund, Länder, Gemeinden, Gemeindeverbände, Industrie- und Handelskammern, Handwerkskammern, Rechtsanwaltskammern, Steuerberaterkammern, Wirtschaftsprüferkammern, Ärztekammern, Universitäten oder die Träger der Sozialversicherung. ³Zu den Einrichtungen im Sinne des § 5 Abs. 1 Nr. 9 KStG gehören Körperschaften, Personenvereinigungen, Stiftungen und Vermögensmassen, die nach der Satzung oder dem Stiftungsgeschäft und nach der tatsächlichen Geschäftsführung ausschließlich und unmittelbar gemeinnützige, mildtätige oder kirchliche Zwecke verfolgen. ⁴Nicht zu den begünstigten Einrichtungen gehören beispielsweise Berufsverbände (Arbeitgeberverband, Gewerkschaft) oder Parteien. ⁵Fehlt es an einem begünstigten Auftraggeber/Arbeitgeber, so kann der Steuerfreibetrag nicht in Anspruch genommen werden.

Förderung gemeinnütziger, mildtätiger und kirchlicher Zwecke

(4) ¹Die Begriffe der gemeinnützigen, mildtätigen und kirchlichen Zwecke ergeben sich aus den §§ 52 bis 54 AO und der Anlage 1 zu § 48 Abs. 2 EStDV. ²Eine Tätigkeit dient auch dann der selbstlosen Förderung begünstigter Zwecke, wenn sie diesen Zwecken nur mittelbar zugute kommt.

(5) ¹Wird die Tätigkeit im Rahmen der Erfüllung der Satzungszwecke einer juristischen Person ausgeübt, die wegen Förderung gemeinnütziger, mildtätiger oder kirchlicher Zwecke steuerbegünstigt ist, so ist im Allgemeinen davon auszugehen, dass die Tätigkeit ebenfalls der Förderung dieser steuerbegünstigten Zwecke dient. ²Dies gilt auch dann, wenn die nebenberufliche Tätigkeit in einem so genannten Zweckbetrieb im Sinne der §§ 65 bis 68 AO ausgeübt wird, z. B. nebenberuflicher Übungsleiter bei sportlichen Veranstaltungen nach § 67 a Abs. 1 AO, nebenberuflicher Erzieher in einer Einrichtung der Fürsorgeerziehung oder der freiwilligen Erziehungshilfe nach § 68 Nr. 5 AO. ³Eine Tätigkeit in einem steuerpflichtigen wirtschaftlichen Geschäftsbetrieb einer im Übrigen steuerbegünstigten juristischen Person (§§ 64, 14 AO) erfüllt dagegen das Merkmal der Förderung gemeinnütziger, mildtätiger oder kirchlicher Zwecke nicht.

(6) ¹Der Förderung begünstigter Zwecke kann auch eine Tätigkeit für eine juristische Person des öffentlichen Rechts dienen, z. B. nebenberufliche Lehrtätigkeit an einer Universität, nebenberufliche

Ausbildungstätigkeit bei der Feuerwehr, nebenberufliche Fortbildungstätigkeit für eine Anwalts- oder Ärztekammer. ²Dem steht nicht entgegen, dass die Tätigkeit in den Hoheitsbereich der juristischen Person des öffentlichen Rechts fallen kann.

Gemischte Tätigkeiten

(7) ¹Erzielt der Steuerpflichtige Einnahmen, die teils für eine Tätigkeit, die unter § 3 Nr. 26 EStG fällt und teils für eine andere Tätigkeit gezahlt werden, so ist lediglich für den entsprechenden Anteil nach § 3 Nr. 26 EStG der Steuerfreibetrag zu gewähren. ²Die Steuerfreiheit von Bezügen nach anderen Vorschriften, z. B. nach § 3 Nr. 9, 12, 13, 16 EStG, bleibt unberührt; wenn auf bestimmte Bezüge sowohl § 3 Nr. 26 EStG als auch andere Steuerbefreiungsvorschriften anwendbar sind, so sind die Vorschriften in der Reihenfolge anzuwenden, die für den Steuerpflichtigen am günstigsten ist.

Höchstbetrag

(8) ¹Der Freibetrag nach § 3 Nr. 26 EStG ist ein Jahresbetrag. ²Dieser wird auch dann nur einmal gewährt, wenn mehrere begünstigte Tätigkeiten ausgeübt werden. ³Er ist nicht zeitanteilig aufzuteilen, wenn die begünstigte Tätigkeit lediglich wenige Monate ausgeübt wird.

Werbungskosten- bzw. Betriebsausgabenabzug

(9) ¹Ein Abzug von Werbungskosten bzw. Betriebsausgaben, die mit den steuerfreien Einnahmen nach § 3 Nr. 26 EStG in einem unmittelbaren wirtschaftlichen Zusammenhang stehen, ist nur dann möglich, wenn die Einnahmen aus der Tätigkeit und gleichzeitig auch die jeweiligen Ausgaben den Freibetrag übersteigen. ²In Arbeitnehmerfällen ist in jedem Fall der Arbeitnehmer-Pauschbetrag anzusetzen, soweit er nicht bei anderen Dienstverhältnissen verbraucht ist.

Lohnsteuerverfahren

(10) ¹Beim Lohnsteuerabzug ist eine zeitanteilige Aufteilung des steuerfreien Höchstbetrags nicht erforderlich; das gilt auch dann, wenn feststeht, dass das Dienstverhältnis nicht bis zum Ende des Kalenderjahres besteht. ²Der Arbeitnehmer hat dem Arbeitgeber jedoch schriftlich zu bestätigen, dass die Steuerbefreiung nicht bereits in einem anderen Dienst- oder Auftragsverhältnis berücksichtigt worden ist oder berücksichtigt wird. ³Diese Erklärung ist zum Lohnkonto zu nehmen.

H 17
Hinweise zu R 17
Steuerbefreiung für nebenberufliche Tätigkeiten

Abgrenzung der Einkunftsart

>R 68

Begrenzung der Steuerbefreiung

Die Steuerfreiheit ist auch bei Einnahmen aus mehreren nebenberuflichen Tätigkeiten, z. B. Tätigkeit für verschiedene gemeinnützige Organisationen, und bei Zufluss von Einnahmen aus einer in mehreren Jahren ausgeübten Tätigkeit im Sinne des § 3 Nr. 26 EStG in einem Jahr auf einen einmaligen Jahresbetrag von 1848 € begrenzt (>BFH vom 23. 6. 1988 – BStBl. II S. 890 und vom 15. 2. 1990 – BStBl. II S. 686).

Mittelbare Förderung

eines begünstigten Zwecks reicht für eine Steuerfreiheit aus. So dient die Unterrichtung eines geschlossenen Kreises von Pflegeschülern an einem Krankenhaus mittelbar dem Zweck der Gesundheitspflege (>BFH vom 26. 3. 1992 – BStBl. 1993 II S. 20).

Nebenberuflichkeit

- Selbst bei dienstrechtlicher Verpflichtung zur Übernahme einer Tätigkeit im Nebenamt unter Fortfall von Weisungs- und Kontrollrechten des Arbeitgebers kann Nebenberuflichkeit vorliegen (>BFH vom 29. 1. 1987 – BStBl. II S. 783).
- Zum zeitlichen Umfang >BFH vom 30. 3. 1990 (BStBl. II S. 854).

Prüfer

Die Tätigkeit als Prüfer bei einer Prüfung, die zu Beginn, im Verlaufe oder als Abschluss einer Ausbildung abgenommen wird, ist mit der Tätigkeit eines Ausbilders vergleichbar (>BFH vom 23. 6. 1988 – BStBl. II S. 890).

Rundfunkessays

Die Tätigkeit als Verfasser und Vortragender von Rundfunkessays ist nicht nach § 3 Nr. 26 EStG begünstigt (>BFH vom 17. 10. 1991 – BStBl. 1992 II S. 176).

Vergebliche Aufwendungen

Aufwendungen für eine Tätigkeit im Sinne des § 3 Nr. 26 EStG sind auch dann als vorweggenommene Betriebsausgaben abzugsfähig, wenn es nicht mehr zur Ausübung der Tätigkeit kommt; das Abzugsverbot des § 3c EStG steht dem nicht entgegen (>BFH vom 6. 7. 2005 – BStBl. 2006 II S. 163).

§ 3 Nr. 28 EStG
Steuerfreie Einnahmen

Steuerfrei sind

die Aufstockungsbeträge im Sinne des § 3 Abs. 1 Nr. 1 Buchstabe a sowie die Beiträge und Aufwendungen im Sinne des § 3 Abs. 1 Nr. 1 Buchstabe b und des § 4 Abs. 2 des Altersteilzeitgesetzes, die Zuschläge, die versicherungsfrei Beschäftigte im Sinne des § 27 Abs. 1 Nr. 1 bis 3 des Dritten Buches Sozialgesetzbuch zur Aufstockung der Bezüge bei Altersteilzeit nach beamtenrechtlichen Vorschriften oder Grundsätzen erhalten sowie die Zahlungen des Arbeitgebers zur Übernahme der Beiträge im Sinne des § 187a des Sechsten Buches Sozialgesetzbuch, soweit sie 50 vom Hundert der Beiträge nicht übersteigen;

R 18
Leistungen nach dem Altersteilzeitgesetz
(§ 3 Nr. 28 EStG)

(1) ¹Aufstockungsbeträge und zusätzliche Beiträge zur gesetzlichen Rentenversicherung im Sinne des § 3 Abs. 1 Nr. 1 sowie Aufwendungen im Sinne des § 4 Abs. 2 des Altersteilzeitgesetzes sind steuerfrei, wenn die Voraussetzungen des § 2 Altersteilzeitgesetz, z. B. Vollendung des 55. Lebensjahres, Verringerung der tariflichen regelmäßigen wöchentlichen Arbeitszeit auf die Hälfte, vorliegen. ²Die Vereinbarung über die Arbeitszeitverminderung muss sich zumindest auf die Zeit erstrecken, bis der Arbeitnehmer eine Rente wegen Alters beanspruchen kann. ³Dafür ist nicht erforderlich, dass diese Rente ungemindert ist. ⁴Der frühestmögliche Zeitpunkt, zu dem eine Altersrente in Anspruch genommen werden kann, ist die Vollendung des 60. Lebensjahrs. ⁵Die Steuerfreiheit kommt nicht mehr in Betracht mit Ablauf des Kalendermonats, in dem der Arbeitnehmer die Altersteilzeitarbeit beendet oder das 65. Lebensjahr vollendet hat (§ 5 Abs. 1 Nr. 1 Altersteilzeitgesetz).

(2) ¹Die Leistungen sind auch dann steuerfrei, wenn der Förderanspruch des Arbeitgebers an die Bundesanstalt für Arbeit nach § 5 Abs. 1 Nr. 2 und 3, Abs. 2 bis 4 Altersteilzeitgesetz erlischt, nicht besteht oder ruht, z. B. wenn der freigewordene Voll- oder Teilarbeitsplatz nicht wieder besetzt wird. ²Durch eine vorzeitige Beendigung der Altersteilzeit (Störfall) ändert sich der Charakter der bis dahin erbrachten Arbeitgeberleistungen nicht, weil das Altersteilzeitgesetz keine Rückzahlung vorsieht. ³Die Steuerfreiheit der Aufstockungsbeträge bleibt daher bis zum Eintritt des Störfalls erhalten.

(3) ¹Aufstockungsbeträge und zusätzliche Beiträge zur gesetzlichen Rentenversicherung sind steuerfrei, auch soweit sie über die im Altersteilzeitgesetz genannten Mindestbeträge hinausgehen. ²Dies gilt nur, soweit die Aufstockungsbeträge zusammen mit dem während der Altersteilzeit bezogenen Nettoarbeitslohn monatlich 100 % des maßgebenden Arbeitslohns nicht übersteigen. ³Maßgebend ist

§ 3 Nr. 28 EStG
R 18

bei laufendem Arbeitslohn der Nettoarbeitslohn, den der Arbeitnehmer im jeweiligen Lohnzahlungszeitraum ohne Altersteilzeit üblicherweise erhalten hätte; bei sonstigen Bezügen ist auf den unter Berücksichtigung des nach R 119 Abs. 3 ermittelten voraussichtlichen Jahresnettoarbeitslohns unter Einbeziehung der sonstigen Bezüge bei einer unterstellten Vollzeitbeschäftigung abzustellen. [4]Unangemessene Erhöhungen vor oder während der Altersteilzeit sind dabei nicht zu berücksichtigen. [5] Aufstockungsbeträge, die in Form von Sachbezügen gewährt werden, sind steuerfrei, wenn die Aufstockung betragsmäßig in Geld festgelegt und außerdem vereinbart ist, dass der Arbeitgeber anstelle der Geldleistung Sachbezüge erbringen darf.

H 18
Hinweise zu R 18
Leistungen nach dem Altersteilzeitgesetz

Begrenzung auf 100 % des Nettoarbeitslohns

Beispiel 1 (laufend gezahlter Aufstockungsbetrag):

Ein Arbeitnehmer mit einem monatlichen Vollzeit-Bruttogehalt in Höhe von 8750 € nimmt von der Vollendung des 62. bis zur Vollendung des 64. Lebensjahrs Altersteilzeit in Anspruch. Danach scheidet er aus dem Arbeitsverhältnis aus.
Der Mindestaufstockungsbetrag nach § 3 Abs. 1 Nr. 1 Buchst. a Altersteilzeitgesetz beträgt 875 €. Der Arbeitgeber gewährt eine weitere freiwillige Aufstockung in Höhe von 3000 € (Aufstockungsbetrag insgesamt 3875 €). Der steuerfreie Teil des Aufstockungsbetrags ist wie folgt zu ermitteln:

a) **Ermittlung des maßgebenden Arbeitslohns**

Bruttoarbeitslohn bei fiktiver Vollarbeitszeit	8 750 €
./. gesetzliche Abzüge (Lohnsteuer, Solidaritätszuschlag, Kirchensteuer, Sozialversicherungsbeiträge)	3 750 €
= maßgebender Nettoarbeitslohn	5 000 €

b) **Vergleichsberechnung**

Bruttoarbeitslohn bei Altersteilzeit	4 375 €
./. gesetzliche Abzüge (Lohnsteuer, Solidaritätszuschlag, Kirchensteuer, Sozialversicherungsbeiträge)	1 725 €
= Zwischensumme	2 650 €
+ Mindestaufstockungsbetrag	875 €
+ freiwilliger Aufstockungsbetrag	3 000 €
= Nettoarbeitslohn	6 525 €

Durch den freiwilligen Aufstockungsbetrag von 3000 € ergäbe sich ein Nettoarbeitslohn bei der Altersteilzeit, der den maßgebenden Nettoarbeitslohn um 1525 € übersteigen würde. Demnach sind steuerfrei:

Mindestaufstockungsbetrag		875 €
+ freiwilliger Aufstockungsbetrag		3 000 €
abzgl.	1 525 €	1 475 €
= steuerfreier Aufstockungsbetrag		2 350 €

c) **Abrechnung des Arbeitgebers**

Bruttoarbeitslohn bei Altersteilzeit	4 375 €
+ steuerpflichtiger Aufstockungsbetrag	1 525 €
= steuerpflichtiger Arbeitslohn	5 900 €
./. gesetzliche Abzüge (Lohnsteuer, Solidaritätszuschlag, Kirchensteuer, Sozialversicherungsbeiträge)	2 300 €
= Zwischensumme	3 600 €
+ steuerfreier Aufstockungsbetrag	2 350 €
= Nettoarbeitslohn	5 950 €

Beispiel 2 (sonstiger Bezug als Aufstockungsbetrag):

Ein Arbeitnehmer in Altersteilzeit hätte bei einer Vollzeitbeschäftigung Anspruch auf ein monatliches Bruttogehalt in Höhe von 4000 € sowie im März auf einen sonstigen Bezug (Ergebnisbeteiligung in Höhe von 1500 € (brutto). Nach dem Altersteilzeitvertrag werden im März 2002 folgende Beträge gezahlt:

– laufendes Bruttogehalt	2 000 €
– laufende steuerfreie Aufstockung (einschließlich freiwilliger Aufstockung des Arbeitgebers)	650 €
– Brutto-Ergebnisbeteiligung (50 % der vergleichbaren Vergütung auf Basis einer Vollzeitbeschäftigung)	750 €
– Aufstockungsleistung auf die Ergebnisbeteiligung	750 €

a) **Ermittlung des maßgebenden Arbeitslohns**

jährlicher laufender Bruttoarbeitslohn bei fiktiver Vollarbeitszeitbeschäftigung	48 000 €
+ sonstiger Bezug bei fiktiver Vollzeitbeschäftigung	1 500 €
./. gesetzliche jährliche Abzüge (Lohnsteuer, Solidaritätszuschlag, Kirchensteuer, Sozialversicherungsbeiträge)	18 100 €
= maßgebender Jahresnettoarbeitslohn	31 400 €

b) **Vergleichsberechnung**

jährlich laufender Bruttoarbeitslohn bei Altersteilzeit	24 000 €
+ steuerpflichtiger sonstiger Bezug bei Altersteilzeit	750 €
./. gesetzliche jährliche Abzüge (Lohnsteuer, Solidaritätszuschlag, Kirchensteuer, Sozialversicherungsbeiträge)	6 000 €
= Zwischensumme	18 750 €
+ Aufstockung Ergebnisbeteiligung	750 €
= Jahresnettoarbeitslohn	27 300 €

Durch die Aufstockung des sonstigen Bezugs wird der maßgebende Jahresnettoarbeitslohn von 31 400 € nicht überschritten. Demnach kann die Aufstockung des sonstigen Bezugs (im Beispiel: Aufstockung der Ergebnisbeteiligung) in Höhe von 750 € insgesamt steuerfrei bleiben.

Progressionsvorbehalt

Die Aufstockungsbeträge unterliegen dem Progressionsvorbehalt (>§ 32 b Abs. 1 Nr. 1 Buchst. g EStG). Zur Aufzeichnung und Bescheinigung >§ 41 Abs. 1 und § 41 b Abs. 1 Satz 2 Nr. 5 EStG.

Anlage 1
zu H 18

Steuerfreiheit der Aufstockungsbeträge bei Nachzahlungen in sog. Störfallen

BMF-Schreiben vom 28. 3. 2000 Az.: IV C 5 – S 2340 – 51/99 V

Wird ein Arbeitsverhältnis über Altersteilzeit im Blockmodell vorzeitig beendet (sog. „Störfall"), sind Nachzahlungen, die keine Aufstockungsbeträge im Sinne des § 3 Nr. 28 EStG sind, unabhängig von dem Grund der Beendigung dieses Arbeitsverhältnisses steuerpflichtiger Arbeitslohn. Die für den Zeitraum bis zur vorzeitigen Beendigung der Altersteilzeit gezahlten Aufstockungsbeträge sowie die Beiträge und Aufwendungen im Sinne des § 3 Abs. 1 Nr. 1 Buchst. b und des § 4 Abs. 2 des Altersteilzeitgesetzes sind nach § 3 Nr. 28 EStG steuerfrei.

Zahlt der Arbeitgeber bei sog. „Störfällen" aufgrund der Auflösung der in der Arbeitsphase angesparten und in der Freistellungsphase noch nicht verbrauchten Wertguthaben im Sinne der Sozialversicherung Beiträge zur Renten-, Arbeitslosen-, Kranken- oder Pflegeversicherung nach (§ 7 Abs. 1 a i. V. m. § 23 b Abs. 2 SGB IV – sog. „Krebsgang"), so sind diese Beitragsanteile des Arbeitgebers am Gesamtsozialversicherungsbeitrag nach Maßgabe des § 3 Nr. 62 EStG steuerfrei. Für die Arbeitnehmer, die von der Versicherungspflicht in der gesetzlichen Rentenversicherung befreit sind oder die freiwillig in der gesetzlichen Kranken- bzw. Pflegeversicherung versichert oder privat kranken- bzw. pflegeversichert sind, wird auf R 24 LStR hingewiesen.

Soweit für den steuerpflichtigen Arbeitslohn die Voraussetzungen des § 34 Abs. 2 Nr. 4 EStG vorliegen, ist eine ermäßigte Besteuerung als außerordentliche Einkünfte geboten.

Anlage 2
zu H 18

Verzinsung steuerfreier Zuschläge für Sonntags-, Feiertags- und Nachtarbeit bei Blockzeitmodellen

BMF-Schreiben vom 27. 4. 2000 Az.: IV C 5 – S 2343–6/00

Nach Abstimmung mit den obersten Finanzbehörden der Länder wird zur Verzinsung von Leistungen nach § 3 b EStG im Rahmen der Altersteilzeit bei der Auszahlung der dem Grunde nach begünstigten Zuschläge in der Freistellungsphase die Auffassung vertreten, dass die Verzinsung steuerfreier Zuschläge, die auf ein Zeitkonto genommen und getrennt ausgewiesen werden, nicht nach § 3 b EStG steuerfrei bleiben kann.

Nach § 3 b EStG sind Zuschläge, die für tatsächlich geleistete Sonntags-, Feiertags- oder Nachtarbeit neben dem Grundlohn gezahlt werden, innerhalb bestimmter Grenzen steuerfrei. Werden diese Zuschläge im Rahmen der Altersteilzeit – ggf. teilweise – auf ein Zeitkonto genommen und wegen der Auszahlung in der Freistellungsphase verzinst, so hat die Verzinsung ihre alleinige Ursache in der späteren Auszahlung. Sie stellt folglich keine Vergütung für tatsächlich geleistete Sonntags-, Feiertags- oder Nachtarbeit dar, so dass bereits aus diesem Grund § 3 b EStG nicht anzuwenden ist.

Außerdem werden häufig Zuschläge in Höhe der gesetzlich festgelegten Grenzen oder darüber hinaus gezahlt. Könnte auch die Verzinsung nach § 3 b EStG steuerfrei belassen werden, müsste in jedem Einzelfall geprüft werden, ob und ggf. in welcher Höhe diese Grenzen durch die Zuschläge selbst bereits noch nicht ausgeschöpft sind. Dies würde eine nicht gerechtfertigte unterschiedliche steuerliche Behandlung der Arbeitnehmer bei der Verzinsung zur Folge haben, je nachdem ob die zustehenden Zuschläge unterhalb dieser Grenzen liegen oder nicht.

Auch der Hinweis, dass im Fall sofortiger Auszahlung der steuerfreien Zuschläge und verzinslicher Anlage durch den Arbeitnehmer ein steuerpflichtiger Tatbestand nach § 20 EStG gegeben wäre und wegen des Sparer-Freibetrags bei den meisten Arbeitnehmern die Zinsen im Ergebnis nicht besteuert würden, kann zu keiner anderen Beurteilung führen, da das Steuerrecht an den tatsächlich verwirklichten Sachverhalt anknüpft.

Ebenso wenig kann der Gesichtspunkt der Verwaltungsvereinbarung eine andere Entscheidung rechtfertigen. Die getrennte Erfassung der steuerfreien Zuschläge und der darauf gezahlten Zinsen erscheint zumutbar, da bereits bilanzsteuerrechtlich für den künftig zu erfüllenden angesammelten Vergütungsanspruch und die Verpflichtung, die sich aus der daneben zugesagten Gegenleistung ergibt, jeweils gesonderte Rückstellungen auszuweisen sind (vgl. Rdnrn. 6 und 7 des BMF-Schreibens vom 11. November 1999 – IV C – S 2176 – 102/99 –, BStBl. I S. 959).

Anlage 3
zu H 18

Entlassungsabfindungen im Zusammenhang mit Altersteilzeitarbeitsverhältnissen

BMF-Schreiben vom 18. 7. 2000 Az.: IV C 5 – S 2340–5/00

Die Steuerfreiheit von Entlassungsabfindungen nach § 3 Nr. 9 Einkommensteuergesetz setzt voraus, dass die Zahlungen wegen einer „vom Arbeitgeber veranlassten oder gerichtlich ausgesprochenen Auflösung des Dienstverhältnisses" geleistet werden; denn Abfindungen sind Leistungen, die der Arbeitgeber dem Arbeitnehmer zum Ausgleich für die mit der Auflösung des Dienstverhältnisses verbundenen Nachteile zuwendet, insbesondere für den Verlust des Arbeitsplatzes.

Eine Auflösung des Arbeitsverhältnisses ist durch den Arbeitgeber veranlasst, wenn dieser die entscheidenden Ursachen für die Auflösung gesetzt hat. Nach Auffassung der Finanzverwaltung liegt eine Veranlassung des Arbeitgebers auch dann vor, wenn dieser eine Vereinbarung über die Auflösung des Dienstverhältnisses anbietet. Dieses Angebot kann auf einer tarifvertraglichen Altersteilzeitregelung beruhen. Der tarifvertragliche Anspruch auf ein dem Ausscheiden vorangehendes Altersteilzeitarbeitsverhältnis und dessen planmäßige Beendigung zum Ausscheidenszeitpunkt schließt die Steuerfreiheit der Abfindungszahlungen nach § 3 Nr. 9 Einkommensteuergesetz nicht aus.

Anlage 4
zu H 18

Rückzahlung von Arbeitslohn bei rückwirkender Inanspruchnahme von Altersteilzeit

Bundeseinheitliche Regelung, z. B. Verfügung der OFD Erfurt vom 23. 8. 2000 Az.: S 2333 A – 12 – St 331

Bei der rückwirkenden Bewilligung von Altersteilzeit im sog. Blockmodell ist die folgende Fallgestaltung aufgetreten:

Einem Beamten mit einem Monatslohn von 5500 DM wurde im Jahr 02 rückwirkend zum 1. 11. 01 Altersteilzeit im sog. Blockmodell bewilligt. Zwischenzeitlich hatte die Zentrale Gehaltsstelle (ZG) dem Beamten den Arbeitslohn für das Jahr 01 wie bisher weitergezahlt und dementsprechend auf der dem Beamten zurückgegebenen Lohnsteuerkarte 01 einen steuerpflichtigen Arbeitslohn i. H. von 66 000 DM (= 12 × 5500 DM) bescheinigt.

In Folge der Altersteilzeit stand dem Beamten rückwirkend ab dem 1. 11. 01 monatlich nur ein steuerpflichtiger Arbeitslohn i. H. von 2750 DM (= 50 v. H. von 5500 DM) und ein steuerfreier Aufstockungsbetrag i. H. von 1200 DM zu. Die ZG forderte von dem Beamten den für das Jahr 01 zu viel gezahlten Betrag i. H. von 3100 DM (= 2 × 2750 DM ./. 2 × 1200 DM) im Jahr 02 zurück.

Die steuerliche Behandlung der Rückzahlung von Arbeitslohn bei rückwirkender Inanspruchnahme von Altersteilzeit wurde von den obersten Finanzbehörden des Bundes und der Länder erörtert. Im Ergebnis dieser Erörterung wird folgende Auffassung vertreten:

Die Besteuerung nach dem Einkommen wird vom Veranlagungszeitraum (VZ) und damit vom Zuflussprinzip geprägt (§ 11 Abs. 1 EStG). Dies bedeutet, dass im Beispielsfall bei der ESt.-Veranlagung für den VZ 01 der im Jahr 01 zugeflossene Betrag i. H. von 66 000 DM anzusetzen ist (vgl. Abschn. 2 der Verfügung vom 19. 12. 1996 S 2332 A – 30 – St 332).

Für eine Stattgabe von Anträgen, nur den tatsächlich zustehenden steuerpflichtigen Arbeitslohn i. H. von 60 500 DM (= 10 × 5500 DM + 2 × 2750 DM) sowie den steuerfreien Aufstockungsbetrag i. H. von 2400 DM (= 2 × 1200 M) zu berücksichtigen, kommen sachliche Billigkeitsgründe gem. § 227 AO nicht in Betracht.

Allerdings ist in Folge der rückwirkenden Altersteilzeit ab dem 1. 11. 01 der im Jahr 01 zugeflossene Betrag i. H. von 66 000 DM nicht in voller Höhe als steuerpflichtiger Arbeitslohn anzusetzen, da dieser Betrag steuerfreie Aufstockungsbeträge nach § 3 Nr. 28 EStG i. H. von 2400 DM (= 2 × 1200 DM) enthält, sodass ein Betrag i. H. von 63 600 DM als steuerpflichtiger Arbeitslohn anzusetzen ist.

Die Aufstockungsbeträge unterliegen gem. § 32 b Abs. 1 g EStG dem Progressionsvorbehalt.

Bei dem im Jahr 02 zurückgezahlten Betrag i. H. von 3100 DM handelt es sich um steuerpflichtigen Arbeitslohn, den die ZG im Jahr der Rückzahlung als negativen Arbeitslohn i. S. des Abschn. 2.2 der Verfügung vom 19. 12. 1996 S 2332 A – 30 – St 332 berücksichtigen darf*).

Anlage 5
zu H 18

Steuerfreie Aufstockungsbeträge bei Arbeitsunfähigkeit

BMF-Schreiben vom 27. 4. 2001 Az.: IV C 5 – S 2333 – 21/01

Im Rahmen der Altersteilzeitbeschäftigung vom Arbeitgeber gewährte tarifliche Aufstockungsleistungen, die anstelle eines Krankengeldzuschusses an arbeitsunfähig erkrankte Arbeitnehmer

---
*) Die dieser Verfügung zugrunde liegende bundeseinheitliche Regelung ist als Anlage zu § 11 EStG abgedruckt.

gezahlt werden, sind als Aufstockungsleistungen im Sinne des § 3 Abs. 1 Nr. 1 Buchst. a des Altersteilzeitgesetzes anzusehen und deshalb nach § 3 Nr. 28 EStG steuerfrei (und auch sozialversicherungsfrei).

§ 3 Nr. 30 EStG
Steuerfreie Einnahmen

Steuerfrei sind

Entschädigungen für die betriebliche Benutzung von Werkzeugen eines Arbeitnehmers (Werkzeuggeld), soweit sie die entsprechenden Aufwendungen des Arbeitnehmers nicht offensichtlich übersteigen;

R 19
Werkzeuggeld (§ 3 Nr. 30 EStG)

¹Die Steuerbefreiung beschränkt sich auf die Erstattung der Aufwendungen, die dem Arbeitnehmer durch die betriebliche Benutzung eigener Werkzeuge entstehen. ²Als Werkzeuge sind allgemein nur Handwerkzeuge anzusehen, die zur leichteren Handhabung, zur Herstellung oder zur Bearbeitung eines Gegenstands verwendet werden; Musikinstrumente und deren Einzelteile gehören ebenso wie Schreibmaschinen und Personalcomputer o. Ä. nicht dazu. ³Eine betriebliche Benutzung der Werkzeuge liegt auch dann vor, wenn die Werkzeuge im Rahmen des Dienstverhältnisses außerhalb einer Betriebsstätte des Arbeitgebers eingesetzt werden, z. B. auf einer Baustelle. ⁴Ohne Einzelnachweis der tatsächlichen Aufwendungen sind pauschale Entschädigungen steuerfrei, soweit sie

1. die regelmäßigen Absetzungen für Abnutzung der Werkzeuge,
2. die üblichen Betriebs-, Instandhaltungs- und Instandsetzungskosten der Werkzeuge sowie
3. die Kosten der Beförderung der Werkzeuge zwischen Wohnung und Einsatzstelle

abgelten. ⁵Soweit Entschädigungen für Zeitaufwand des Arbeitnehmers gezahlt werden, z. B. für die ihm obliegende Reinigung und Wartung der Werkzeuge, gehören sie zum steuerpflichtigen Arbeitslohn.

H 19
Hinweise zu R 19
Werkzeuggeld

Musikinstrumente

sind keine Werkzeuge (>BFH vom 21. 8. 1995 – BStBl. II S. 906).

Anlage 1
zu H 19

Lohnsteuerliche Behandlung der an Orchestermitglieder gezahlten Instrumenten-, Saiten-, Rohr- und Blattgelder

Bundeseinheitlich geltende Regelung, für Bayern bekannt gegeben mit Schreiben des Bayer. Staatsministeriums der Finanzen vom 22. 3. 1991 (Az.: 32 – S 2355 – 26/2 – 5320)

Im Einvernehmen mit den obersten Finanzbehörden des Bundes und der Länder bitte ich die Auffassung zu vertreten, dass Instrumenten-, Saiten-, Rohr- und Blattgelder nicht als Werkzeuggeld i. S. d. § 3 Nr. 30 EStG steuerfrei gezahlt werden können. Diese Leistungen stellen vielmehr Werbungskostenersatz dar, der zum steuerpflichtigen Arbeitslohn gehört. Als Werkzeuge i. S. d. § 3 Nr. 30 EStG sind im Allgemeinen nur solche Hilfsmittel anzusehen, die zur leichteren Handhabung, zur Herstellung oder zur Bearbeitung eines Gegenstandes verwendet werden. Musikinstrumente und deren Einzelteile gehören nicht dazu.

Anlage 2
zu H 19

Motorsägegeld für Waldarbeiter

Bundeseinheitlich geltende Regelung, für Bayern bekannt gegeben mit Schreiben des Bayer. Staatsministeriums der Finanzen vom 7. 10. 1992 (Az.: 32 – S 2332 – 49/14 – 49572)

Waldarbeiter erhalten bei Einsatz eigener Motorsägen in der Stücklohnarbeit nach § 12 Ziffer 5 a des seit 1. 5. 1982 gültigen Rahmentarifvertrags für die privaten reinen Forstbetriebe in Bayern ein Motorsägegeld in Höhe von 15 v. H. des vereinbarten Stücklohns.

Das nach dieser Tarifvorschrift gezahlte Motorsägegeld gehört als Werkzeuggeld nicht zum steuerpflichtigen Arbeitslohn.

Anlage 3
zu H 19

Steuerliche Behandlung der Waldarbeiter nach § 33 a des Manteltarifvertrags für Waldarbeiter (MTW) gezahlten Transportentschädigungen

Bundeseinheitlich geltende Regelung, für Bayern bekannt gegeben mit Schreiben des Bayer. Staatsministeriums der Finanzen vom 9. 2. 1995 (Az.: 32 – S 2332 – 49/24 – 40727)

Nach § 33 a MTW werden Waldarbeitern seit 1. April 1994 für den Transport von betriebseigenem Gerät und Material im eigenen Kraftfahrzeug oder mittels betriebseigenem oder waldarbeitereigenem Kraftfahrzeuganhänger und für das Umsetzen eines Waldarbeiterschutzwagens pauschale Transportentschädigungen gezahlt. Für deren steuerliche Behandlung gilt Folgendes:

1. Die pauschale Transportentschädigung nach § 33 a Abs. 1 MTW von 2,– DM für jeden Tag der Mitnahme von betriebseigenem Gerät und Material bei der Fahrt von der Wohnung zur Arbeitsstätte gehört zum steuerpflichtigen Arbeitslohn.
2. Die Transportentschädigungen nach § 33 a Abs. 2 und 3 MTW für die Mitnahme von betriebseigenem Gerät und Material in einem betriebseigenem Kraftfahrzeuganhänger (4,– DM) bzw. einem waldarbeitereigenem Kraftfahrzeuganhänger (7,– DM) und für das Umsetzen eines Waldarbeiterschutzwagens (15,– DM) werden neben der kilometerbezogenen Fahrtentschädigung (0,42 DM) nach § 33 MTW für die Benutzung eines eigenen Kraftfahrzeugs gezahlt. Die pauschalen Entschädigungen sind steuerfrei, soweit sie zusammen mit der Fahrtentschädigung den nach Abschnitt 38 Abs. 2 LStR maßgebenden Kilometersatz nicht übersteigen.

§ 3 Nr. 31 EStG
Steuerfreie Einnahmen

Steuerfrei sind

die typische Berufskleidung, die der Arbeitgeber seinem Arbeitnehmer unentgeltlich oder verbilligt überlässt; dasselbe gilt für eine Barablösung eines nicht nur einzelvertraglichen Anspruchs auf Gestellung von typischer Berufskleidung, wenn die Barablösung betrieblich veranlasst ist und die entsprechenden Aufwendungen des Arbeitnehmers nicht offensichtlich übersteigt;

R 20
Überlassung typischer Berufskleidung (§ 3 Nr. 31 EStG)

(1) ¹Steuerfrei ist nach § 3 Nr. 31 erster Halbsatz EStG nicht nur die Gestellung, sondern auch die Übereignung typischer Berufskleidung durch den Arbeitgeber. ²Erhält der Arbeitnehmer die Berufskleidung von seinem Arbeitgeber zusätzlich zum ohnehin geschuldeten Arbeitslohn (>R 21 c), so ist anzunehmen, dass es sich um

typische Berufskleidung handelt, wenn nicht das Gegenteil offensichtlich ist. ³Zur typischen Berufskleidung gehören Kleidungsstücke, die

1. als Arbeitsschutzkleidung auf die jeweils ausgeübte Berufstätigkeit zugeschnitten sind oder
2. nach ihrer z. B. uniformartigen Beschaffenheit oder dauerhaft angebrachten Kennzeichnung durch Firmenemblem objektiv eine berufliche Funktion erfüllen,

wenn ihre private Nutzung so gut wie ausgeschlossen ist. ⁴Normale Schuhe und Unterwäsche sind z. B. keine typische Berufskleidung.

(2) ¹Die Steuerbefreiung nach § 3 Nr. 31 zweiter Halbsatz EStG beschränkt sich auf die Erstattung der Aufwendungen, die dem Arbeitnehmer durch den beruflichen Einsatz typischer Berufskleidung in den Fällen entstehen, in denen der Arbeitnehmer z. B. nach Unfallverhütungsvorschriften, Tarifvertrag oder Betriebsvereinbarung einen Anspruch auf Gestellung von Arbeitskleidung hat, der aus betrieblichen Gründen durch die Barvergütung abgelöst wird. ²Die Barablösung einer Verpflichtung zur Gestellung von typischer Berufskleidung ist z. B. betrieblich begründet, wenn die Beschaffung der Kleidungsstücke durch den Arbeitnehmer für den Arbeitgeber vorteilhafter ist. ³Pauschale Barablösungen sind steuerfrei, soweit sie die regelmäßigen Absetzungen für Abnutzung und die üblichen Instandhaltungs- und Instandsetzungskosten der typischen Berufskleidung abgelten.

H 20
Hinweise zu R 20
Überlassung typischer Berufskleidung

Abgrenzung zwischen typischer Berufskleidung und bürgerlicher Kleidung

>BFH vom 18. 4. 1991 (BStBl. II S. 751).

Lodenmantel

ist keine typische Berufskleidung (>BFH vom 19. 1. 1996 – BStBl. II S. 202).

Anlage 1
zu H 20

Steuerliche Behandlung des tariflichen Kleidergeldes für Orchestermusiker

Bundeseinheitlich geltende Regelung z. B. Erlass der Senatsverwaltung für Finanzen Berlin vom 1. 4. 1993 (Az.: III D 12 – S 2334 – 10/91)

Orchestermusiker erhalten nach tariflichen Vorschriften für jede Veranstaltung, für die Frack bzw. Abendkleid vorgeschrieben und getragen worden ist, eine als Kleidergeld bezeichnete Entschädigung. Die Zahlungen sind bisher als Auslagenersatz nach § 3 Nr. 50 EStG steuerfrei belassen worden. Ab 1990 kommt die Steuerfreiheit nach § 3 Nr. 50 nicht mehr in Betracht, da die Aufwendungen der Orchestermitglieder für einen Frack bzw. ein Abendkleid entweder Werbungskosten oder Kosten der privaten Lebensführung darstellen (Abschnitt 22 LStR).

Es wurde die Frage gestellt, ob das Kleidergeld als Barablösung für die Gestellung typischer Berufskleidung nach § 3 Nr. 31 EStG steuerfrei ist. Dies setzt voraus, dass es sich bei dem Frack und dem Abendkleid um typische Berufskleidung handelt und dass nach dem einschlägigen Tarifvertrag ein Anspruch auf Gestellung dieser Berufskleidung besteht.

Da der Frack bzw. das Abendkleid typische Berufskleidung darstellen und in § 13 des Tarifvertrags für die Musiker in Kulturorchestern inzwischen der tarifliche Anspruch auf Gestellung von Frack/Abendkleid und die Barablösung bestimmt ist (Änderungstarifvertrag vom 15. 2. 1992), bestehen keine Bedenken, das Kleidergeld ab 1990 gemäß § 3 Nr. 31 EStG steuerfrei zu belassen.

Dieser Erlass ergeht im Einvernehmen mit den obersten Finanzbehörden des Bundes und der anderen Länder.

Anlage 2
zu H 20

Steuerliche Behandlung der an Privatforstbedienstete gezahlten Entschädigungen

Bundeseinheitlich geltende Regelung, für Bayern bekannt gegeben mit Schreiben des Bayer. Staatsministeriums der Finanzen vom 29. 6. 1990 (Az.: 32 – S 2337 – 10/28 – 39220)

Im Einvernehmen mit dem Bundesminister der Finanzen und den Finanzministern (-senatoren) der anderen Länder gilt für die steuerliche Behandlung der an Privatforstbedienstete in Anlehnung an die Regelungen im staatlichen Forstdienst gezahlten Entschädigungen ab 1. 1. 1990 Folgendes:

1. Der Dienstkleidungszuschuss ist als Barablösung i. S. d. § 3 Nr. 31 EStG steuerfrei.
2. …

Anlage 3
zu H 20

Dienstkleidung im öffentlichen Dienst als Berufskleidung; Anwendung des BFH-Urteils vom 19. 1. 1996, BStBl. II S. 202

Bundeseinheitlich geltende Regelung z. B. Erlass des Finanzministeriums Nordrhein-Westfalen vom 26. 11. 1996 (Az.: S. 2350 – 5 – V B 3)

Nach dem BFH-Urteil vom 19. 1. 1996, BStBl. II S. 202, wird der Lodenmantel eines Forstbeamten nicht dadurch zur typischen Berufskleidung, dass er nach der Dienstanweisung des Arbeitgebers zur Dienstkleidung zählt und mit einem Dienstabzeichen versehen ist.

Dieses Urteil ist nur auf gleich gelagerte Fälle anzuwenden. Andere Kleidungsstücke als Lodenmäntel, die als Dienstkleidungs- oder Uniformteile dauerhaft gekennzeichnet sind (z. B. durch angenähte oder eingewebte Bundes- oder Landeswappen, Dienstabzeichen der jeweiligen Behörde oder Dienststelle, Posthorn), wie bisher als typische Berufskleidung anzuerkennen (vgl. Abschn. 20 Abs. 1 Nr. 2 LStR).

Dieses Schreiben ergeht im Einvernehmen mit dem Bundesministerium der Finanzen und den obersten Finanzbehörden der anderen Länder.

§ 3 Nr. 32 EStG
Steuerfreie Einnahmen

Steuerfrei sind

die unentgeltliche oder verbilligte Sammelbeförderung eines Arbeitnehmers zwischen Wohnung und Arbeitsstätte mit einem vom Arbeitgeber gestellten Beförderungsmittel, soweit die Sammelbeförderung für den betrieblichen Einsatz des Arbeitnehmers notwendig ist;

R 21
Sammelbeförderung von Arbeitnehmern zwischen Wohnung und Arbeitsstätte (§ 3 Nr. 32 EStG)

Die Notwendigkeit einer Sammelbeförderung ist z. B. in den Fällen anzunehmen, in denen

1. die Beförderung mit öffentlichen Verkehrsmitteln nicht oder nur mit unverhältnismäßig hohem Zeitaufwand durchgeführt werden könnte,
2. die Arbeitnehmer an ständig wechselnden Tätigkeitsstätten oder verschiedenen Stellen eines weiträumigen Arbeitsgeländes eingesetzt werden oder
3. der Arbeitsablauf eine gleichzeitige Arbeitsaufnahme der beförderten Arbeitnehmer erfordert.

§ 3 Nr. 33, § 3 Nr. 34 EStG
R 21a, 21b

H 21
Hinweise zu R 21
Sammelbeförderung von Arbeitnehmern zwischen Wohnung und Arbeitsstätte

Lohnsteuerbescheinigung

Bei steuerfreier Sammelbeförderung zwischen Wohnung und Arbeitsstätte ist der Großbuchstabe F anzugeben (§ 41b Abs. 1 Satz 2 Nr. 9 EStG).

§ 3 Nr. 33 EStG
Steuerfreie Einnahmen

Steuerfrei sind

zusätzlich zum ohnehin geschuldeten Arbeitslohn erbrachte Leistungen des Arbeitgebers zur Unterbringung und Betreuung von nicht schulpflichtigen Kindern der Arbeitnehmer in Kindergärten oder vergleichbaren Einrichtungen;

R 21a
Unterbringung und Betreuung von nicht schulpflichtigen Kindern (§ 3 Nr. 33 EStG)

(1) ¹Steuerfrei sind zusätzliche Arbeitgeberleistungen zur Unterbringung, einschließlich Unterkunft und Verpflegung, und Betreuung von nicht schulpflichtigen Kindern des Arbeitnehmers in Kindergärten oder vergleichbaren Einrichtungen. ²Dies gilt auch, wenn der nicht beim Arbeitgeber beschäftigte Elternteil die Aufwendungen trägt. ³Leistungen für die Vermittlung einer Unterbringungs- und Betreuungsmöglichkeit durch Dritte sind nicht steuerfrei. ⁴Zuwendungen des Arbeitgebers an einen Kindergarten oder vergleichbare Einrichtung, durch die er für die Kinder seiner Arbeitnehmer ein Belegungsrecht ohne Bewerbungsverfahren und Wartezeit erwirbt, sind den Arbeitnehmern nicht als geldwerter Vorteil zuzurechnen.

(2) ¹Es ist gleichgültig, ob die Unterbringung und Betreuung in betrieblichen oder außerbetrieblichen Kindergärten erfolgt. ²Vergleichbare Einrichtungen sind z.B. Schulkindergärten, Kindertagesstätten, Kinderkrippen, Tagesmütter, Wochenmütter und Ganztagspflegestellen. ³Die Einrichtung muss gleichzeitig zur Unterbringung und Betreuung von Kindern geeignet sein. ⁴Die alleinige Betreuung im Haushalt, z.B. durch Kinderpflegerinnen, Hausgehilfinnen oder Familienangehörige, genügt nicht. ⁵Soweit Arbeitgeberleistungen auch den Unterricht eines Kindes ermöglichen, sind sie nicht steuerfrei. ⁶Das Gleiche gilt für Leistungen, die nicht unmittelbar der Betreuung eines Kindes dienen, z.B. die Beförderung zwischen Wohnung und Kindergarten.

(3) ¹Begünstigt sind nur Leistungen zur Unterbringung und Betreuung von nicht schulpflichtigen Kindern. ²Dies sind Kinder, die

1. das 6. Lebensjahr noch nicht vollendet haben oder
2. im laufenden Kalenderjahr das 6. Lebensjahr nach dem 30. Juni vollendet haben, es sei denn, sie sind vorzeitig eingeschult worden, oder
3. im laufenden Kalenderjahr das 6. Lebensjahr vor dem 1. Juli vollendet haben, in den Monaten Januar bis Juli dieses Jahres.

³Den nicht schulpflichtigen Kindern stehen schulpflichtige Kinder gleich, solange sie mangels Schulreife vom Schulbesuch zurückgestellt sind.

(4) ¹Sachleistungen an den Arbeitnehmer, die über den nach § 3 Nr. 33 EStG steuerfreien Bereich hinausgehen, sind regelmäßig mit dem Wert nach § 8 Abs. 2 Satz 1 EStG dem Arbeitslohn hinzuzurechnen. ²Barzuwendungen an den Arbeitnehmer sind nur steuerfrei, soweit der Arbeitnehmer dem Arbeitgeber die zweckentsprechende Verwendung nachgewiesen hat. ³Der Arbeitgeber hat die Nachweise im Original als Belege zum Lohnkonto aufzubewahren.

H 21a
Hinweise zu R 21a
Unterbringung und Betreuung von nicht schulpflichtigen Kindern

Zusätzliche Arbeitgeberleistungen

>R 21c

§ 3 Nr. 34 EStG
Steuerfreie Einnahmen
– weggefallen –

R 21b
Fahrtkostenzuschüsse (§ 3 Nr. 34 EStG)
– unbesetzt –

H 21b
Hinweise zu R 21b
Fahrtkostenzuschüsse
– unbesetzt –

Anlage
zu H 21b

Fahrtkostenzuschüsse, Job-Ticket

BMF-Schreiben vom 27.1.2004 (BStBl. I S. 173)

I. …

II. **Weitere Änderungen**

1. **Fahrtkostenzuschüsse, Job-Ticket (§ 3 Nr. 34 EStG) (Steuerpflicht, Pauschalierungsmöglichkeit, Bescheinigungspflichten)**

Die Steuerfreiheit nach § 3 Nr. 34 EStG (Zuschüsse des Arbeitgebers zu den Aufwendungen des Arbeitnehmers für Fahrten zwischen Wohnung und Arbeitsstätte mit öffentlichen Verkehrsmitteln im Linienverkehr, auch entsprechende unentgeltliche oder verbilligte Nutzung und sog. Job-Ticket) ist weggefallen. R 21b LStR ist damit ab 2004 überholt.

Derartige Vorteile sind demnach grundsätzlich steuerpflichtig. Ein geldwerter Vorteil ist nicht anzunehmen, wenn der Arbeitgeber seinen Arbeitnehmern ein sog. Job-Ticket für Fahrten zwischen Wohnung und Arbeitsstätte mit öffentlichen Verkehrsmitteln zu dem mit dem Verkehrsträger vereinbarten Preis eines Job-Tickets überlässt (die Tarifermäßigung des Verkehrsträgers für das Job-Ticket gegenüber dem üblichen Endpreis ist also kein geldwerter Vorteil). Der zu versteuernde geldwerte Vorteil ist der Preis für das Job-Ticket abzüglich Zahlbetrag des Arbeitnehmers.

Überlässt der Arbeitgeber seinen Arbeitnehmern solche Job-Tickets für Fahrten zwischen Wohnung und Arbeitsstätte mit öffentlichen Verkehrsmitteln unentgeltlich oder verbilligt, so kommt die Anwendung von § 8 Abs. 2 Satz 9 EStG in Betracht. Danach bleiben Sachbezüge außer Ansatz, wenn die sich nach Anrechnung der vom Arbeitnehmer gezahlten Entgelte ergebenden Vorteile insgesamt 44 Euro im Kalendermonat nicht übersteigen (monatliche Freigrenze). Bei der Freigrenze sind andere Sachbezüge zu berücksichtigen; liegen solche nicht vor, so scheidet die Anwendung der Vorschrift gleichwohl aus, wenn der geldwerte Vorteil für den Sachbezug Job-Ticket allein 44 Euro überschreitet (dann ist also der gesamte Sachbezug Job-Ticket steuerpflichtig). Gilt das Job-Ticket für einen längeren Zeitraum (z.B. Jahresticket), so fließt der Vorteil insgesamt bei Überlassung des Job-Tickets zu.

Bei Arbeitnehmern eines Verkehrsträgers kann der Vorteil aus der Nutzung der öffentlichen Verkehrsmittel im Rahmen des § 8 Abs. 3 EStG (Rabattfreibetrag) steuerfrei bleiben.

Der Arbeitgeber kann die Lohnsteuer für diese nunmehr steuerpflichtigen – zusätzlich zum ohnehin geschuldeten Arbeitslohn geleisteten – Fahrtkostenzuschüsse für Fahrten zwischen Wohnung und

Arbeitsstätte mit öffentlichen Verkehrsmitteln und etwaige geldwerten Vorteile bei Job-Tickets sowie etwaige den Rabattfreibetrag (§ 8 Abs. 3 EStG) übersteigende geldwerte Vorteile nach § 40 Abs. 2 Satz 2 EStG mit 15 % pauschal erheben. Die Regelung in R 127 Abs. 5 Satz 4 LStR, wonach bei Benutzung öffentlicher Verkehrsmittel im Linienverkehr eine Pauschalierung nicht in Betracht kommt, ist durch die Gesetzesänderung überholt. Die Pauschalierung ist auf den Betrag beschränkt, den der Arbeitnehmer als Werbungskosten geltend machen könnte, wenn die Bezüge nicht pauschal besteuert würden (§ 40 Abs. 2 Satz 2 EStG). Da die tatsächlichen Fahrtkosten für öffentliche Verkehrsmittel nach § 9 Abs. 2 Satz 2 EStG grundsätzlich in voller Höhe als Werbungskosten abziehbar sind, können sie in voller Höhe pauschaliert werden. Der Arbeitgeber braucht also die Höhe der Entfernungspauschale nicht zu ermitteln, da für Fahrtkosten öffentlicher Verkehrsmittel die Begrenzung durch die Entfernungspauschale für Fahrten zwischen Wohnung und Arbeitsstätte nach § 9 Abs. 1 Satz 3 Nr. 4 EStG nicht eingreift.

Die etwaigen steuerfreien Sachbezüge (§ 8 Abs. 2 Satz 9 EStG – Job-Ticket – oder § 8 Abs. 3 EStG – Verkehrsträger –) und die etwaigen pauschal besteuerten Arbeitgeberleistungen sind auf die Entfernungspauschale für Wege zwischen Wohnung und Arbeitsstätte anzurechnen (§ 3 c EStG – Job-Ticket –, § 9 Abs. 1 Satz 3 Nr. 4 Satz 5 EStG – Verkehrsträger –, § 40 Abs. 2 Satz 3 EStG – pauschal besteuerte Beträge –). Daher sind die etwaigen steuerfreien Bezüge in der Lohnsteuerbescheinigung einzutragen (§ 41 b Abs. 1 Nr. 6 EStG), ebenso die pauschal besteuerten Arbeitgeberleistungen (§ 41 b Abs. 1 Nr. 7 EStG). Wenn der Arbeitnehmer bei einem Verkehrsträger beschäftigt ist, so ist der Sachbezug mit dem Preis anzusetzen, den ein dritter Arbeitgeber (Nichtverkehrsträger) an den Verkehrsträger (z. B. für ein Job-Ticket) zu entrichten hätte (§ 9 Abs. 1 Satz 3 Nr. 4 Satz 5 zweiter Halbsatz EStG).

...

R 21 c
Zusätzlich zum ohnehin geschuldeten Arbeitslohn erbrachte Arbeitgeberleistungen

¹Die Zusätzlichkeitsvoraussetzung erfordert, dass die zweckbestimmte Leistung zu dem Arbeitslohn hinzukommt, den der Arbeitgeber schuldet, wenn die maßgebende Zweckbestimmung nicht getroffen wird. ²Eine zweckgebundene Leistung wird nur dann zusätzlich zu dem ohnehin geschuldeten Arbeitslohn erbracht, wenn der Arbeitnehmer die Leistung ohne Zweckbindung nicht erhalten würde. ³Entscheidend ist also, dass nur derjenige Arbeitnehmer die Leistung erhalten kann, der sie zu dem begünstigten Zweck verwendet. ⁴Wird eine zweckbestimmte Leistung unter Anrechnung auf den vereinbarten Arbeitslohn oder durch Umwandlung (Umwidmung) des vereinbarten Arbeitslohns gewährt, liegt keine zusätzliche Leistung vor; der vereinbarte Arbeitslohn bleibt unverändert. ⁵Dies gilt selbst dann, wenn die Umwandlung auf Grund einer tarifvertraglichen Öffnungsklausel erfolgt. ⁶Eine zusätzliche Leistung liegt auch dann nicht vor, wenn sie unter Anrechnung auf eine freiwillige Sonderzahlung, z. B. Weihnachtsgeld, erbracht wird. ⁷Es ist unerheblich, ob die zusätzliche Leistung ihrerseits vom Arbeitgeber geschuldet oder freiwillig gewährt wird. ⁸Ebenso ist es unschädlich, wenn der Arbeitgeber verschiedene zweckgebundene Leistungen zur Auswahl anbietet.

H 21 c
Hinweise zu R 21 c
Zusätzlich zum ohnehin geschuldeten Arbeitslohn erbrachte Arbeitgeberleistungen

Zusätzliche Arbeitgeberleistungen

müssen vorliegen bei
– Kindergartenzuschüssen (>§ 3 Nr. 33 EStG),
– Fahrtkostenzuschüssen (>§ 40 Abs. 2 Satz 2 EStG).

§ 3 Nr. 38 EStG
Steuerfreie Einnahmen

Steuerfrei sind

Sachprämien, die der Steuerpflichtige für die persönliche Inanspruchnahme von Dienstleistungen von Unternehmen unentgeltlich erhält, die diese zum Zwecke der Kundenbindung im allgemeinen Geschäftsverkehr in einem jedermann zugänglichen planmäßigen Verfahren gewähren, soweit der Wert der Prämien 1080 Euro im Kalenderjahr nicht übersteigt;

§ 3 Nr. 39 EStG
Steuerfreie Einnahmen
– *weggefallen* –

R 21 d
– *weggefallen* –

H 21 d
Hinweise zu R 21 d
– *weggefallen* –

§ 3 Nr. 44 EStG
Steuerfreie Einnahmen

Steuerfrei sind

Stipendien, die unmittelbar aus öffentlichen Mitteln oder von zwischenstaatlichen oder überstaatlichen Einrichtungen, denen die Bundesrepublik Deutschland als Mitglied angehört, zur Förderung der Forschung oder zur Förderung der wissenschaftlichen oder künstlerischen Ausbildung oder Fortbildung gewährt werden. ²Das Gleiche gilt für Stipendien, die zu den in Satz 1 bezeichneten Zwecken von einer Einrichtung, die von einer Körperschaft des öffentlichen Rechts errichtet ist oder verwaltet wird, oder von einer Körperschaft, Personenvereinigung oder Vermögensmasse im Sinne des § 5 Abs. 1 Nr. 9 des Körperschaftsteuergesetzes gegeben werden. ³Voraussetzung für die Steuerfreiheit ist, dass

a) die Stipendien einen für die Erfüllung der Forschungsaufgabe oder für die Bestreitung des Lebensunterhalts und die Deckung des Ausbildungsbedarfs erforderlichen Betrag nicht übersteigen und nach den von dem Geber erlassenen Richtlinien vergeben werden,

b) der Empfänger im Zusammenhang mit dem Stipendium nicht zu einer bestimmten wissenschaftlichen oder künstlerischen Gegenleistung oder zu einer bestimmten Arbeitnehmertätigkeit verpflichtet ist;

§ 3 Nr. 45 EStG
Steuerfreie Einnahmen

Steuerfrei sind

die Vorteile des Arbeitnehmers aus der privaten Nutzung von betrieblichen Personalcomputern und Telekommunikationsgeräten;

R 21 e
Betriebliche Personalcomputer und Telekommunikationsgeräte (§ 3 Nr. 45 EStG)

¹Die Privatnutzung betrieblicher Personalcomputer und Telekommunikationsgeräte durch den Arbeitnehmer ist unabhängig vom Verhältnis der beruflichen zur privaten Nutzung steuerfrei. ²Die Steuerfreiheit umfasst auch die Nutzung von Zubehör und Software. ³Sie ist nicht auf die private Nutzung im Betrieb beschränkt, sondern gilt beispielsweise auch für Mobiltelefone im Auto oder Personalcomputer in der Wohnung des Arbeitnehmers. ⁴Die Steuerfreiheit gilt nur für die Überlassung zur Nutzung durch den Arbeitgeber oder

§ 3 Nr. 45 EStG
R 21 e

auf Grund des Dienstverhältnisses durch einen Dritten. ⁵In diesen Fällen sind auch die vom Arbeitgeber getragenen Verbindungsentgelte (Grundgebühr und sonstige laufende Kosten) steuerfrei. ⁶Für die Steuerfreiheit kommt es nicht darauf an, ob die Vorteile zusätzlich zum ohnehin geschuldeten Arbeitslohn oder auf Grund einer Vereinbarung mit dem Arbeitgeber über die Herabsetzung von Arbeitslohn erbracht werden.

H 21 e
Hinweise zu R 21 e
Betriebliche Personalcomputer und Telekommunikationsgeräte

Anwendungsbereich

Die auf Arbeitnehmer beschränkte Steuerfreiheit für die Vorteile aus der privaten Nutzung von betrieblichen Personalcomputern und Telekommunikationsgeräten (§ 3 Nr. 45 EStG) verletzt nicht den Gleichheitssatz (>BFH vom 21. 6. 2006 – BStBl. II S. 715).

Anlage 1
zu R 21 e

Steuerfreiheit der Vorteile des Arbeitnehmers aus der Privatnutzung von betrieblichen Telekommunikationsgeräten nach § 3 Nr. 45 EStG

Erlass des Finanzministeriums Nordrhein-Westfalen vom 22. 10. 2002 (Az.: S 2342 – 40 – V B 3)

Nach Abstimmung mit den obersten Finanzbehörden des Bundes und der Länder gilt zu den folgenden Fallgestaltungen (jeweils Festnetztelefon, der Arbeitnehmer ist Vertragspartner des Telekommunikationsanbieters) Folgendes:

Fall 1:
Der Arbeitgeber beauftragt das Telekommunikationsunternehmen, seinem Arbeitnehmer ein Telefon zur Verfügung zu stellen. Die monatlichen Kosten übernimmt der Arbeitgeber.
Die Voraussetzungen für eine Steuerbefreiung nach § 3 Nr. 45 EStG sind erfüllt, da es sich um die Zurverfügungstellung eines betrieblichen – wenn auch vom Arbeitgeber gemieteten – Telekommunikationsgeräts handelt.

Fall 2:
Der Arbeitnehmer kauft ein Telefon bzw. hat ein Telefon vor längerer Zeit erworben und vermietet dieses Gerät an den Arbeitgeber. Dieser überlässt das Gerät wiederum an den Arbeitnehmer.
Der Arbeitnehmer ist zivilrechtlicher und auch wirtschaftlicher Eigentümer des Telekommunikationsgeräts. Es handelt sich – trotz Anmietung des Geräts durch den Arbeitgeber – nicht um die Zurverfügungstellung eines betrieblichen Telekommunikationsgeräts im Sinne der Steuerbefreiungsvorschrift des § 3 Nr. 45 EStG (vgl. insoweit auch das Urteil des Bundesfinanzhofs – BFH – vom 6.11.2001, Bundessteuerblatt – BStBl. – 2002 II S. 164, wonach bei Arbeitgebererstattung der Kosten für einen Pkw des Arbeitnehmers Barlohn und kein Nutzungsvorteil vorliegt).

Fall 3:
Der Arbeitgeber kauft ein Telefon und stellt es dem Arbeitnehmer (zeitlich unbegrenzt) zur Verfügung.
Die Steuerbefreiungsvorschrift ist ausgeschlossen, wenn der Arbeitnehmer als wirtschaftlicher Eigentümer des Telekommunikationsgeräts anzusehen ist. In diesem Fall handelt es sich nicht mehr um eine Nutzungsüberlassung, sondern um die Übertragung des Telekommunikationsgeräts.
Der Arbeitnehmer ist wirtschaftlicher Eigentümer, wenn er die tatsächliche Sachherrschaft über das Telekommunikationsgerät in einer Weise ausübt, dass er den Arbeitgeber im Regelfall von der Einwirkung auf das Wirtschaftsgut ausschließen kann (§ 39 Abs. 2 Nr. 1 der Abgabenordnung). Dem Herausgabeanspruch des Arbeitgebers als zivilrechtlichem Eigentümer darf keine wirtschaftliche Bedeutung mehr zukommen. Im Regelfall ist derjenige, der lediglich zur Nutzung eines Wirtschaftsguts berechtigt ist, nicht wirtschaftlich Eigentümer. Eine andere Beurteilung kann aber z. B. in Betracht kommen, wenn dem Arbeitnehmer ein Kaufrecht zusteht und bei Ausübung dieser Option nur ein unverhältnismäßig geringer Kaufpreis zu entrichten ist (BFH-Urteil vom 9. 12. 1999, BStBl. 2001 II S. 311, 314).

Anlage 2
zu R 21 e

Umsatzsteuerliche Behandlung der privaten Nutzung von betrieblichen Personalcomputern und Telekommunikationsgeräten durch Arbeitnehmer

BMF-Schreiben vom 11. 4. 2001 – IV B 7 – S 7109 – 14/01

Im Zusammenhang mit der Einführung einer einkommensteuerrechtlichen Steuerbefreiung der Vorteile des Arbeitnehmers aus der privaten Nutzung von betrieblichen Personalcomputern und Telekommunikationsgeräten (§ 3 Nr. 45 EStG) waren entsprechende Steuerbefreiungen bzw. Vereinfachungen auch im Bereich der Umsatzsteuer angeregt worden.

Die Angelegenheit ist zwischenzeitlich mit den obersten Finanzbehörden der Länder erörtert worden.

Das Ergebnis der Erörterung lässt sich wie folgt zusammenfassen:
Da die Umsatzsteuer als allgemeine Verbrauchsabgabe den gesamten privaten Verbrauch von Waren und Dienstleistungen belasten soll, unterliegt die private Internetnutzung als unentgeltliche Wertabgabe des unternehmerischen Arbeitgebers an den Arbeitnehmer ebenso den Vorschriften des Umsatzsteuerrechts, wie z. B. die unentgeltliche Gewährung von Kost, die kostenlose Abgabe von Waren oder die Überlassung eines sog. Firmenwagens. Dabei sind im Umsatzsteuerrecht zwingende EU-rechtliche Vorgaben zu beachten, die eine Regelung wie im Lohnsteuerrecht ausschließen.

Umsatzsteuerrechtlich sind im Wesentlichen drei mögliche Fallgestaltungen zu unterscheiden:

1. Überlassung gegen Entgelt

Stellt der Arbeitgeber die Nutzung betrieblicher Computer oder Telekommunikationsgeräte entgeltlich für Privatzwecke des Arbeitnehmers zur Verfügung, so handelt es sich um einen steuerbaren und steuerpflichtigen Vorgang. Es liegt eine entgeltliche sonstige Leistung des Arbeitgebers an den Arbeitnehmer vor.

2. Überlassung ohne Entgelt

Wenn Arbeitnehmer betriebliche Telekommunikationsgeräte (inkl. PC) kostenlos für ihre Privatzwecke (z. B. privaten Schriftverkehr, privates Internetsurfen) nutzen dürfen, erbringt der Arbeitgeber ihnen gegenüber grundsätzlich steuerbare und steuerpflichtige unentgeltliche Wertabgaben i. S. des § 3 Abs. 9 a UStG. Nach Abschn. 12 Abs. 4 UStR liegen allerdings nicht steuerbare Leistungen vor, die überwiegend durch das betriebliche Interesse des Arbeitgebers veranlasst sind, wenn die Nutzung betrieblicher Einrichtungen zwar auch die Befriedigung eines privaten Bedarfs der Arbeitnehmer zur Folge haben, diese Folge aber durch die mit der Nutzung angestrebten betrieblichen Zwecke überlagert wird.

Aufmerksamkeiten, die bereits den Tatbestand der unentgeltlichen Wertabgabe nicht erfüllen würden, liegen hier nicht vor.

3. Nutzung gegen den Willen des Arbeitgebers

Wenn der Arbeitnehmer gegen den Willen des Arbeitgebers Telekommunikationsgeräte privat nutzt, fehlt es an der willentlichen Wertabgabe des Arbeitgebers. Es liegt ein nicht steuerbarer Vorgang vor, aus dem ggf. zivil- bzw. arbeitsrechtliche Konsequenzen zu ziehen sind.

§ 3 Nr. 50 EStG
Steuerfreie Einnahmen

Steuerfrei sind

die Beträge, die der Arbeitnehmer vom Arbeitgeber erhält, um sie für ihn auszugeben (durchlaufende Gelder), und die Beträge, durch die Auslagen des Arbeitnehmers für den Arbeitgeber ersetzt werden (Auslagenersatz);

R 22
Durchlaufende Gelder, Auslagenersatz (§ 3 Nr. 50 EStG)

(1) ¹Durchlaufende Gelder oder Auslagenersatz liegen vor, wenn

1. der Arbeitnehmer die Ausgaben für Rechnung des Arbeitgebers macht, wobei es gleichgültig ist, ob das im Namen des Arbeitgebers oder im eigenen Namen geschieht und
2. über die Ausgaben im Einzelnen abgerechnet wird.

²Dabei sind die Ausgaben des Arbeitnehmers bei ihm so zu beurteilen, als hätte der Arbeitgeber sie selbst getätigt. ³Die Steuerfreiheit der durchlaufenden Gelder oder des Auslagenersatzes nach § 3 Nr. 50 EStG ist hiernach stets dann ausgeschlossen, wenn die Ausgaben durch das Dienstverhältnis des Arbeitnehmers veranlasst sind (>R 70).

(2) ¹Pauschaler Auslagenersatz führt regelmäßig zu Arbeitslohn. ²Ausnahmsweise kann pauschaler Auslagenersatz steuerfrei bleiben, wenn er regelmäßig wiederkehrt und der Arbeitnehmer die entstandenen Aufwendungen für einen repräsentativen Zeitraum von drei Monaten im Einzelnen nachweist. ³Dabei können bei Aufwendungen für Telekommunikation auch die Anwendungen für das Nutzungsentgelt einer Telefonanlage sowie für den Grundpreis der Anschlüsse entsprechend dem beruflichen Anteil der Verbindungsentgelte an den gesamten Verbindungsentgelten (Telefon und Internet) steuerfrei ersetzt werden. ⁴Fallen erfahrungsgemäß beruflich veranlasste Telekommunikationsaufwendungen an, können aus Vereinfachungsgründen ohne Einzelnachweis bis zu 20 % des Rechnungsbetrags, höchstens 20 Euro monatlich steuerfrei ersetzt werden. ⁵Zur weiteren Vereinfachung kann der monatliche Durchschnittsbetrag, der sich aus den Rechnungsbeträgen für einen repräsentativen Zeitraum von drei Monaten ergibt, für den pauschalen Auslagenersatz fortgeführt werden. ⁶Der pauschale Auslagenersatz bleibt grundsätzlich so lange steuerfrei, bis sich die Verhältnisse wesentlich ändern. ⁷Eine wesentliche Änderung der Verhältnisse kann sich insbesondere im Zusammenhang mit einer Änderung der Berufstätigkeit ergeben.

H 22
Hinweise zu R 22
Durchlaufende Gelder, Auslagenersatz

Allgemeines

– **Nicht** nach § 3 Nr. 50 EStG **steuerfrei**

  Ersatz von Werbungskosten

  Ersatz von Kosten der privaten Lebensführung des Arbeitnehmers

– **Steuerfrei** ist z. B. der Ersatz von Gebühren für ein geschäftliches >Telefongespräch, das der Arbeitnehmer für den Arbeitgeber außerhalb des Betriebs führt.

Ersatz von Reparaturkosten

Ersetzt der Arbeitgeber auf Grund einer tarifvertraglichen Verpflichtung dem als Orchestermusiker beschäftigten Arbeitnehmer die Kosten der Instandsetzung des dem Arbeitnehmer gehörenden Musikinstruments, so handelt es sich dabei um steuerfreien Auslagenersatz (>BFH vom 28.3.2006 – BStBl. II S. 473).

Garagenmiete

Stellt der Arbeitnehmer den Dienstwagen in einer von ihm angemieteten Garage unter, handelt es sich bei der vom Arbeitgeber erstatteten Garagenmiete um steuerfreien Auslagenersatz (>BFH vom 7.6.2002 – BStBl. II S. 829).

Pauschaler Auslagenersatz

führt regelmäßig zu Arbeitslohn (>BFH vom 10.6.1966 – BStBl. II S. 607).

Er ist nur dann steuerfrei, wenn der Steuerpflichtige nachweist, dass die Pauschale den tatsächlichen Aufwendungen im Großen und Ganzen entspricht (>BFH vom 2.10.2003 – BStBl. 2004 II S. 129).

Anlage 1
zu H 22

Lohnsteuerliche Behandlung von Futter- und Wartungskosten für Wachhunde

Bundeseinheitlich geltende Regelung, für Bayern bekannt gegeben mit Schreiben des Bayer. Staatsministeriums der Finanzen vom 11.7.1990 (Az.: 32 – S 2336 – 4/22 – 28874)

Mit FM-Schreiben vom 15.10.1986 (Az.: 32 – S 2336 – 4/15 – 57553) ist zugelassen worden, dass die Arbeitgeber im Bewachungsgewerbe an die Arbeitnehmer für die Wartung und Pflege einschließlich Futtermittelbeschaffung der Wachhunde bis zu 5 DM täglich steuerfrei zahlen können. Diese Regelung gilt letztmals für 1989, da der steuerfreie Werbungskostenersatz ab 1990 durch das Steuerreformgesetz abschließend gesetzlich geregelt worden ist.

Ab 1.1.1990 gilt im Einvernehmen mit dem Bundesminister der Finanzen und den Finanzministern (-senatoren) der anderen Länder Folgendes:

Die vom Arbeitgeber ohne Kostennachweis ersetzten Futter- und Wartungskosten bis zu 5 DM täglich gehören zum steuerpflichtigen Arbeitslohn, da es sich weder um Werkzeuggeld noch um Auslagenersatz handelt. Die Steuerfreiheit als Werkzeuggeld kommt nicht in Betracht, da ein Wachhund kein Werkzeug i. S. des § 3 Nr. 30 EStG ist. Auslagenersatz i. S. des § 3 Nr. 50 EStG liegt nicht vor, da bei einem eigenen Wachhund des Wachmannes ein eigenes Interesse an den Aufwendungen vorliegt. Ein pauschaler Auslagenersatz für einen im Eigentum der Wachgesellschaft stehenden Wachhund kann nicht anerkannt werden, da es sich bei 5 DM täglich nicht um einen kleineren Betrag handelt, der erfahrungsgemäß den Aufwand nicht übersteigt (Abschnitt 22 Abs. 2 Satz 2 LStR). Die Steuerfreiheit der Arbeitgeberleistungen als Auslagenersatz nach § 3 Nr. 50 EStG kommt nur dann in Betracht, wenn der Wachhund Eigentum der Wachgesellschaft ist und über die Futter- und Wartungskosten einzeln abgerechnet wird (Abschnitt 22 Abs. 1 LStR).

Anlage 2
zu H 22

Lohnsteuerliche Behandlung tariflicher Waschgelder an Kaminkehrergesellen

Bundeseinheitlich geltende Regelung, für Bayern bekannt gegeben mit Schreiben des Bayer. Staatsministeriums der Finanzen vom 21.3.1991 (Az.: 32 – S 2332 – 117/2 – 14472)*)

Das Waschgeld kann nicht als Auslagenersatz im Sinne des § 3 Nr. 50 EStG anerkannt werden. Da es sich bei dem Waschgeld um eine Barleistung handelt, kann es auch nicht als Arbeitgeberleistung zur Verbesserung der Arbeitsbedingungen (Abschnitt 70 Abs. 3 Nr. 1 LStR) oder als Aufmerksamkeit (Abschnitt 73 LStR) steuerfrei bleiben. Das Waschgeld gehört deshalb zum steuerpflichtigen Arbeitslohn.

Dieses Schreiben ergeht im Einvernehmen mit dem Bundesminister der Finanzen und den Finanzministern (-senatoren) der anderen Länder.

---

*) Die bundeseinheitliche Regelung wurde zwar noch nicht ausdrücklich aufgehoben, dürfte jedoch im Hinblick auf das BFH-Urteil vom 28.3.2006 (BStBl. II S. 473) überholt sein.

Anlage 3
zu H 22

Steuerliche Behandlung der an Privatforstbedienstete gezahlten Entschädigungen

Bundeseinheitlich geltende Regelung, für Bayern bekannt gegeben mit Schreiben des Bayer. Staatsministeriums der Finanzen vom 29.6.1990 (Az.: 32 – S 2337 – 10/28 – 39220)

Im Einvernehmen mit dem Bundesminister der Finanzen und den Finanzministern (-senatoren) der anderen Länder gilt für die steuerliche Behandlung der an Privatforstbedienstete in Anlehnung an die Regelungen im staatlichen Forstdienst gezahlten Entschädigungen ab 1.1.1990 Folgendes:

1. Der Dienstkleidungszuschuss ist als Barablösung i. S. d. § 3 Nr. 31 EStG steuerfrei.
2. Beim Futtergeld, der Jagdaufwandsentschädigung, dem Schussgeld und der Pauschalentschädigung für das Dienstzimmer handelt es sich um den Ersatz von Werbungskosten des Arbeitnehmers durch den Arbeitgeber. Diese Entschädigungen rechnen deshalb zum steuerpflichtigen Arbeitslohn.

Anlage 4
zu H 22

Steuerliche Behandlung der Entschädigungen, die von der Deutschen Bundespost an Posthalter für die Überlassung von Räumen zu Dienstzwecken gezahlt werden

Bundeseinheitlich geltende Regelung, für Bayern bekannt gegeben mit Schreiben des Bayer. Staatsministeriums der Finanzen vom 18.7.1990 (Az.: 32 – S 2337 – 58/19 – 28877)

Nach meinem Bezugsschreiben konnte die pauschale Dienstunkostenentschädigung, die Posthaltern für die Überlassung von Räumen zu Dienstzwecken gezahlt wird, als steuerfreier Auslagenersatz i. S. von § 3 Nr. 50 EStG behandelt werden. Ich weise darauf hin, dass dies wegen der abschließenden gesetzlichen Regelung des steuerfreien Werbungskostenersatzes durch das Steuerreformgesetz 1990 ab 1.1.1990 nicht mehr gilt.

Ich bitte die Auffassung zu vertreten, dass die pauschale Dienstunkostenentschädigung ab 1.1.1990 ebenso wie bisher schon die erhöhte Dienstunkostenentschädigung, die auf Grund von Einzelnachweisen für die Hergabe und Unterhaltung der dienstlich genutzten Räume gezahlt wird, Mieteinnahmen darstellt und deshalb steuerlich im Rahmen der Einkünfte aus Vermietung und Verpachtung (§ 21 EStG) zu berücksichtigen ist. Die den Posthaltern tatsächlich entstehenden Aufwendungen können als Werbungskosten bei den Einnahmen aus Vermietung und Verpachtung geltend gemacht werden.

Anlage 5
zu H 22

Übernahme der Aufwendungen für den Führerschein bei Feuerwehrleuten durch die Gemeinde

Schreiben des Bayer. Staatsministeriums der Finanzen vom 16.6.2004 (Az.: 34 – S 2337 – 158 – 25617/04)

Auf Grund der Einführung des EU-Führerscheins zum 1.1.1999 dürfen Inhaber der Fahrerlaubnisklasse B nur noch Fahrzeuge mit einer zulässigen Gesamtmasse von nicht mehr als 3,5 t führen. Die Fahrzeuge der (Freiwilligen) Feuerwehren überschreiten zumeist dieses Gewicht, so dass viele Gemeinden die Kosten für den Erwerb der Führerscheinklasse C 1/C übernehmen. Es ist gefragt worden, ob die Übernahme der Kosten für den Erwerb der Führerscheinklasse C 1/C durch die Gemeinden zu einem geldwerten Vorteil bei den Feuerwehrleuten führt.

In Abstimmung mit den obersten Finanzbehörden des Bundes und der andern Länder wird hierzu folgende Auffassung vertreten:

Nach der ständigen Rechtsprechung des Bundesfinanzhofs sind solche Vorteile nicht als Arbeitslohn anzusehen, die sich bei objektiver Würdigung aller Umstände nicht als Entlohnung, sondern lediglich als notwendige Begleiterscheinung betriebsfunktionaler Zielsetzung erweisen. Vorteile besitzen danach keinen Arbeitslohncharakter, wenn sie im ganz überwiegend eigenbetrieblichen Interesse des Arbeitgebers gewährt werden. Dies ist der Fall, wenn sich aus den Begleitumständen wie Anlass, Art und Höhe des Vorteils, Auswahl der Begünstigten, freie oder nur gebundene Verfügbarkeit, Freiwilligkeit oder Zwang zur Annahme des Vorteils und seiner besonderen Geeignetheit für den jeweiligen verfolgten betrieblichen Zweck ergibt, dass diese Zielsetzung ganz im Vordergrund steht und ein damit einhergehendes eigenes Interesse des Arbeitnehmers, den betreffenden Vorteil zu erlangen deshalb vernachlässigt werden kann (vgl. z. B. BFH-Urteil vom 26.6.2003, BStBl Teil II S. 886 zu Führerscheinen von Polizisten).

Für die Feuerwehren ist es unerlässlich, dass die oft ehrenamtlich tätigen Feuerwehrleute nicht nur für den Einsatz entsprechend ausgebildet werden, sondern auch die im Ernstfall benötigten Gerätschaften bedienen können und dürfen. Dies schließt den Erwerb der Erlaubnis zum Führen der entsprechenden Feuerwehrfahrzeuge mit ein. Da die Erlaubnis zum Führen dieser Fahrzeuge oft nicht vorliegt, müssen die Feuerwehren eine entsprechende Ausbildung anbieten, um überhaupt einsatzfähig zu sein und den betrieblichen Zweck verfolgen zu können. Der Arbeitgeber hat damit ein ganz wesentliches Interesse an der Führerscheinausbildung einzelner Feuerwehrleute. Der Vorteil des Arbeitnehmers, die Führerscheinklasse ggf. auch für private Zwecke nutzen zu können, ist lediglich eine Begleiterscheinung und tritt hinter dem vom Arbeitgeber verfolgten Zweck zurück.

Anlage 6
zu H 22

Übernahme der Aufwendungen für den Erwerb eines Führerscheins durch den Arbeitgeber bei einem Straßenanwärter/einer Straßenanwärterin

Erlass des Finanzministeriums Nordrhein-Westfalen vom 13.12.2004 (Az.: S 2332 – 76 – V B 3)

Die Tätigkeit als Straßenwärter/Straßenwärterin erfordert die Fahrerlaubnis Klasse C (früher Führerscheinklasse 2 – LKW) und E (Anhänger). Voraussetzung hierfür ist der vorherige Erwerb der Fahrerlaubnis Klasse B. Da ein Teil der Auszubildenden unter 18 Jahre alt ist, werden sie auf Veranlassung der Ausbildungsstätte sowie auf Kosten des Dienstherrn bei örtlichen Fahrschulen unterrichtet. Das Nichtbestehen der Fahrprüfung Klasse B führt zur Entlassung aus dem Ausbildungsdienstverhältnis. Der Erwerb der Fahrerlaubnis Klasse B ist somit zwingende Voraussetzung für den weiteren Ausbildungsfortgang.

Die obersten Finanzbehörden des Bundes und der Länder haben daher entschieden, dass der im Rahmen der Berufsausbildung zum Straßenwärter/zur Straßenwärterin miterlangte Erwerb der Fahrerlaubnis der Klasse B ebenfalls als Leistung im überwiegend eigenbetrieblichen Interesse anzusehen ist, die nicht zu einem steuerpflichtigen Arbeitslohn führt.

§ 3 Nr. 51 EStG
Steuerfreie Einnahmen

Steuerfrei sind

Trinkgelder, die anlässlich einer Arbeitsleistung dem Arbeitnehmer von Dritten freiwillig und ohne dass ein Rechtsanspruch auf sie besteht, zusätzlich zu dem Betrag gegeben werden, der für diese Arbeitsleistung zu zahlen ist;

§ 3 Nr. 52 EStG
Steuerfreie Einnahmen

– weggefallen –

§ 3 LStDV

– weggefallen –

§ 3 Nr. 55 EStG
Steuerfreie Einnahmen

Steuerfrei sind

der in den Fällen des § 4 Abs. 2 Nr. 2 und Abs. 3 des Betriebsrentengesetzes vom 19. Dezember 1974 (BGBl. I S. 3610), das zuletzt durch Artikel 8 des Gesetzes vom 5. Juli 2004 (BGBl. I S. 1427) geändert worden ist, in der jeweils geltenden Fassung geleistete Übertragungswert nach § 4 Abs. 5 des Betriebsrentengesetzes, wenn die betriebliche Altersversorgung beim ehemaligen und neuen Arbeitgeber über einen Pensionsfonds, eine Pensionskasse oder ein Unternehmen der Lebensversicherung durchgeführt wird. ²Satz 1 gilt auch, wenn der Übertragungswert vom ehemaligen Arbeitgeber oder von einer Unterstützungskasse an den neuen Arbeitgeber oder eine andere Unterstützungskasse geleistet wird. ³Die Leistungen des neuen Arbeitgebers, der Unterstützungskasse, des Pensionsfonds, der Pensionskasse oder des Unternehmens der Lebensversicherung auf Grund des Betrages nach Satz 1 und 2 gehören zu den Einkünften, zu denen die Leistungen gehören würden, wenn die Übertragung nach § 4 Abs. 2 Nr. 2 und Abs. 3 des Betriebsrentengesetzes nicht stattgefunden hätte;

R 22a
Übertragung der betrieblichen Altersversorgung
(§ 3 Nr. 55 EStG)

– unbesetzt –

H 22a
Hinweise zu R 22a
Übertragung der betrieblichen Altersversorgung

>BMF-Schreiben vom 17.11.2004 Az.: IV C 5 – S 2333 – 269/04*)

§ 3 Nr. 58 EStG
Steuerfreie Einnahmen

Steuerfrei sind

das Wohngeld nach dem Wohngeldgesetz und dem Wohngeldsondergesetz, die sonstigen Leistungen zur Senkung der Miete oder Belastung im Sinne des § 38 des Wohngeldgesetzes sowie öffentliche Zuschüsse zur Deckung laufender Aufwendungen und Zinsvorteile bei Darlehen, die aus öffentlichen Haushalten gewährt werden, für eine zu eigenen Wohnzwecken genutzte Wohnung im eigenen Haus oder eine zu eigenen Wohnzwecken genutzte Eigentumswohnung, soweit die Zuschüsse und Zinsvorteile die Vorteile aus einer entsprechenden Förderung mit öffentlichen Mitteln nach dem Zweiten Wohnungsbaugesetz, dem Wohnraumförderungsgesetz oder einem Landesgesetz zur Wohnraumförderung nicht überschreiten, der Zuschuss für die Wohneigentumsbildung in innerstädtischen Altbauquartieren nach den Regelungen zum Stadtumbau Ost in den Verwaltungsvereinbarungen über die Gewährung von Finanzhilfen des Bundes an die Länder nach Artikel 104a Abs. 4 des Grundgesetzes zur Förderung städtebaulicher Maßnahmen;

R 23
Zuschüsse und Zinsvorteile aus öffentlichen Haushalten (§ 3 Nr. 58 EStG)

Öffentliche Haushalte im Sinne des § 3 Nr. 58 EStG sind die Haushalte des Bundes, der Länder, der Gemeinden, der Gemeindeverbände, der kommunalen Zweckverbände und der Sozialversicherungsträger.

Anlage
zu § 3 Nr. 58 EStG

Zinsersparnisse und Aufwendungszuschüsse aus Wohnungsfürsorgemitteln

Bundeseinheitlich geltende Regelung, für Bayern bekannt gegeben mit Schreiben des Bayerischen Staatsministeriums der Finanzen vom 16.2.2001 (Az.: 34 – S 2332 – 107/129 – 7111)

Abgedruckt als Anlage 2 zu H 31 Abs. 11 LStR.

§ 3 Nr. 59 EStG
Steuerfreie Einnahmen

Steuerfrei sind

die Zusatzförderung nach § 88e des Zweiten Wohnungsbaugesetzes und nach § 51f des Wohnungsbaugesetzes für das Saarland und Geldleistungen, die ein Mieter zum Zwecke der Wohnkostenentlastung nach dem Wohnraumförderungsgesetz oder einem Landesgesetz zur Wohnraumförderung erhält, soweit die Einkünfte dem Mieter zuzurechnen sind, und die Vorteile aus einer mietweisen Wohnungsüberlassung im Zusammenhang mit einem Arbeitsverhältnis, soweit sie die Vorteile aus einer entsprechenden Förderung nach dem Zweiten Wohnungsbaugesetz, nach dem Wohnraumförderungsgesetz oder einem Landesgesetz zur Wohnraumförderung nicht überschreiten;

R 23a
Steuerfreie Mietvorteile (§ 3 Nr. 59 EStG)

¹Steuerfrei sind Mietvorteile, die im Rahmen eines Dienstverhältnisses gewährt werden und die auf der Förderung nach dem Zweiten Wohnungsbaugesetz, dem Wohnungsbaugesetz für das Saarland oder nach dem Wohnraumförderungsgesetz beruhen. ²Mietvorteile, die sich aus dem Einsatz von Wohnungsfürsorgemitteln aus öffentlichen Haushalten ergeben, sind ebenfalls steuerfrei. ³Bei einer Wohnung, die ohne Mittel aus öffentlichen Haushalten errichtet worden ist, gilt Folgendes: ⁴Die Mietvorteile im Rahmen eines Dienstverhältnisses sind steuerfrei, wenn die Wohnung im Zeitpunkt ihres Bezugs durch den Arbeitnehmer für eine Förderung mit Mitteln aus öffentlichen Haushalten in Betracht gekommen wäre. ⁵§ 3 Nr. 59 EStG ist deshalb nur auf Wohnungen anwendbar, die im Geltungszeitraum der in Satz 1 genannten Gesetze errichtet worden sind, d. h. auf Baujahrgänge ab 1957. ⁶Es muss nicht geprüft werden, ob der Arbeitnehmer nach seinen Einkommensverhältnissen als Mieter einer geförderten Wohnung in Betracht kommt. ⁷Der Höhe nach ist die Steuerbefreiung auf die Mietvorteile begrenzt, die sich aus der Förderung nach den in Satz 1 genannten Gesetzen ergeben würden. ⁸§ 3 Nr. 59 EStG ist deshalb nicht anwendbar auf Wohnungen, für die der Förderzeitraum abgelaufen ist. ⁹Wenn der Förderzeitraum im Zeitpunkt des Bezugs der Wohnung durch den Arbeitnehmer noch nicht abgelaufen ist, ist ein Mietvorteil bis zur Höhe des Teilbetrags steuerfrei, auf den der Arbeitgeber gegenüber der Vergleichsmiete verzichten müsste, wenn die Errichtung der Wohnung nach den in Satz 1 genannten Gesetzen gefördert worden wäre. ¹⁰Der steuerfreie Teilbetrag verringert sich in dem Maße, in dem der Arbeitgeber nach den Förderregelungen eine höhere Miete verlangen könnte. ¹¹Mit Ablauf der Mietbindungsfrist läuft auch die Steuerbefreiung aus. ¹²Soweit später zulässige Mieterhöhungen z. B. nach Ablauf des Förderzeitraums im Hinblick auf das Dienstverhältnis unterblieben sind, sind sie in den steuerpflichtigen Mietvorteil einzubeziehen.

---

*) Abgedruckt als Anhang 13c zum Handbuch.

§ 3 Nr. 62 EStG
R 24

H 23a
Hinweise zu R 23a
Steuerfreie Mietvorteile (§ 3 Nr. 59 EStG)

Steuerfreie Mietvorteile im Zusammenhang mit einem Arbeitsverhältnis

R 23a Sätze 2 bis 4 LStR sind unabhängig vom BFH-Urteil vom 16.2.2005 (BStBl. II S. 750 – VI R 58/03) weiterhin anzuwenden (>BMF-Schreiben vom 10.10.2005 – BStBl. I S. 959)*)

Anlage
zu H 23a

Steuerfreie Mietvorteile (§ 3 Nr. 59 EStG)
Steuerbefreiung von Mietvorteilen nach § 3 Nr. 59 2. Halbsatz EStG; BFH-Urteil vom 16. Februar 2005 – VI R 58/03 – (BStBl. II S. 750)

BMF-Schreiben vom 10.10.2005 (BStBl. I S. 959)

Der BFH hat entschieden, eine Steuerbefreiung von Mietvorteilen aus dem Arbeitsverhältnis nach § 3 Nr. 59 EStG komme nur dann in Betracht, wenn die Vorteile auf der Förderung nach dem II. WoBauG beruhen und zudem der Förderzeitraum noch nicht abgelaufen ist. Des Weiteren hat er Zweifel geäußert, ob die Regelung in R 23a Sätze 2 bis 4 LStR eine zutreffende Auslegung des § 3 Nr. 59 EStG beinhalte.

Hierzu wird im Einvernehmen mit den obersten Finanzbehörden der Länder die folgende Auffassung vertreten:

Das BFH-Urteil ist anzuwenden. Die sich daraus ergebende Frage, ob die Sätze 2 bis 4 in R 23a LStR eine zutreffende Auslegung des § 3 Nr. 59 EStG beinhalten, hat der BFH letztendlich offen gelassen bzw. nicht angesprochen. Es ist daher sachgerecht, diese für die Arbeitnehmer günstigeren Regelungen beizubehalten. Die Sätze 2 bis 4 in R 23a LStR sind deshalb weiterhin anzuwenden.

§ 3 Nr. 62 EStG
Steuerfreie Einnahmen

Steuerfrei sind

Ausgaben des Arbeitgebers für die Zukunftssicherung des Arbeitnehmers, soweit der Arbeitgeber dazu nach sozialversicherungsrechtlichen oder anderen gesetzlichen Vorschriften oder nach einer auf gesetzlicher Ermächtigung beruhenden Bestimmung verpflichtet ist. ²Den Ausgaben des Arbeitgebers für die Zukunftssicherung, die auf Grund gesetzlicher Verpflichtung geleistet werden, werden gleichgestellt Zuschüsse des Arbeitgebers zu den Aufwendungen des Arbeitnehmers

a) für eine Lebensversicherung,

b) für die freiwillige Versicherung in der gesetzlichen Rentenversicherung,

c) für eine öffentlich-rechtliche Versicherungs- oder Versorgungseinrichtung seiner Berufsgruppe,

wenn der Arbeitnehmer von der Versicherungspflicht in der gesetzlichen Rentenversicherung befreit worden ist. ³Die Zuschüsse sind nur insoweit steuerfrei, als sie insgesamt bei Befreiung von der Versicherungspflicht in der allgemeinen Rentenversicherung die Hälfte und bei Befreiung von der Versicherungspflicht in der knappschaftlichen Rentenversicherung zwei Drittel der Gesamtaufwendungen des Arbeitnehmers nicht übersteigen und nicht höher sind als der Betrag, der als Arbeitgeberanteil bei Versicherungspflicht in der allgemeinen Rentenversicherung oder in der knappschaftlichen Rentenversicherung zu zahlen wäre. ⁴Die Sätze 2 und 3 gelten sinngemäß für Beiträge des Arbeitgebers zu einer Pensionskasse, wenn der Arbeitnehmer bei diesem Arbeitgeber nicht im Inland beschäftigt ist und der Arbeitgeber keine Beiträge zur gesetzlichen Rentenversicherung im Inland leistet; Beiträge des Arbeitgebers zu einer Rentenversicherung auf Grund gesetzlicher Verpflichtung sind anzurechnen;

R 24
Zukunftssicherungsleistungen (§ 3 Nr. 62 EStG, § 2 Abs. 2 Nr. 3 LStDV)

Leistungen auf Grund gesetzlicher Verpflichtungen

(1) ¹Zu den nach § 3 Nr. 62 EStG steuerfreien Ausgaben des Arbeitgebers für die Zukunftssicherung des Arbeitnehmers (§ 2 Abs. 2 Nr. 3 Satz 1 und 2 LStDV**)) gehören insbesondere die Beitragsanteile des Arbeitgebers am Gesamtsozialversicherungsbeitrag (Rentenversicherung, Krankenversicherung, Pflegeversicherung, Arbeitslosenversicherung), Beiträge des Arbeitgebers nach § 172 Abs. 2 SGB VI zu einer berufsständischen Versorgungseinrichtung für Arbeitnehmer, die nach § 6 Abs. 1 Satz 1 Nr. 1 SGB VI von der Versicherungspflicht in der gesetzlichen Rentenversicherung befreit sind, und Beiträge des Arbeitgebers nach § 249b SGB V und den §§ 168 Abs. 1 Nr. 1b oder 1c, 172 Abs. 3 oder 3a SGB VI für geringfügig Beschäftigte. ²Dies gilt auch für solche Beitragsanteile, die auf Grund einer nach ausländischen Gesetzen bestehenden Verpflichtung an ausländische Sozialversicherungsträger, die den inländischen Sozialversicherungsträgern vergleichbar sind, geleistet werden. ³Steuerfrei sind nach § 3 Nr. 62 EStG auch vom Arbeitgeber nach § 6 Abs. 3 Satz 3 der Sachbezugsverordnung übernommene Arbeitnehmeranteile am Gesamtsozialversicherungsbeitrag sowie Krankenversicherungsbeiträge, die der Arbeitgeber nach § 5 Abs. 2 der Erziehungsurlaubsverordnung oder nach entsprechenden Rechtsvorschriften der Länder erstattet. ⁴Zukunftssicherungsleistungen auf Grund einer tarifvertraglichen Verpflichtung sind dagegen nicht nach § 3 Nr. 62 EStG steuerfrei.

(2) Für Ausgaben des Arbeitgebers zur Kranken- und Pflegeversicherung des Arbeitnehmers gilt Folgendes:

1. Die Beitragsteile und Zuschüsse des Arbeitgebers zur Krankenversicherung und zur sozialen oder privaten Pflegeversicherung eines krankenversicherungspflichtigen Arbeitnehmers sind bis zur Hälfte des jeweiligen Beitragssatzes der Kranken- und Pflegekasse steuerfrei, bei der der Arbeitnehmer versichert ist, bei privater Pflegeversicherung höchstens bis zur Hälfte des tatsächlichen Pflegeversicherungsbeitrags.

2. ¹Zuschüsse des Arbeitgebers zur Krankenversicherung und zur sozialen oder privaten Pflegeversicherung eines nicht krankenversicherungspflichtigen Arbeitnehmers, der in der gesetzlichen Krankenversicherung freiwillig versichert ist, sind nach § 3 Nr. 62 EStG steuerfrei, soweit der Arbeitgeber nach § 257 Abs. 1 SGB V und nach § 61 Abs. 1 SGB XI zur Zuschussleistung verpflichtet ist. ²Steuerfrei ist deshalb die Hälfte der Beiträge zur Krankenversicherung und zur sozialen Pflegeversicherung, die für einen krankenversicherungspflichtigen Arbeitnehmer bei der Krankenkasse, bei der die freiwillige Mitgliedschaft besteht, und bei der Pflegekasse, die bei dieser Krankenkasse errichtet ist, zu zahlen wäre, höchstens jedoch die Hälfte der tatsächlichen Kranken- und Pflegeversicherungsbeiträge. ³Soweit bei Beziehern von Kurzarbeitergeld oder Winterausfallgeld ein fiktives Arbeitsentgelt maßgebend ist, bleiben die Arbeitgeberzuschüsse in voller Höhe steuerfrei (§ 257 Abs. 1 Satz 3 SGB V in Verbindung mit § 249 Abs. 2 SGB V). ⁴Übersteigt das Arbeitsentgelt nur auf Grund von einmalig gezahltem Arbeitsentgelt die Jahresarbeitsentgeltgrenze und hat der Arbeitnehmer deshalb für jeden Monat die Höchstbeiträge an die Kranken- und Pflegekasse zu zahlen, sind die Arbeitgeberzuschüsse aus Vereinfachungsgründen bis zur Hälfte der Höchstbeiträge steuerfrei. ⁵Dies gilt auch dann, wenn das im Krankheitsfall fortgezahlte Arbeitsentgelt die monatliche Beitragsbemessungsgrenze unterschreitet und der Arbeitnehmer dennoch für die Dauer der Entgeltfortzahlung die Höchstbeiträge an die Kranken- und Pflegekasse zu zahlen hat. ⁶Werden die nach Satz 2 maßgebenden Kranken- und Pflegeversicherungsbeiträge satzungsgemäß auf den nächsten vollen Euro-Betrag aufgerundet, so bleiben aus Vereinfachungsgründen die Arbeitgeberzuschüsse bis zur Hälfte der aufgerundeten Kranken- und Pflegeversicherungsbeiträge steuerfrei.

3. ¹Zuschüsse des Arbeitgebers zu den Kranken- und Pflegeversicherungsbeiträgen eines nicht krankenversicherungspflichtigen

---
*) Abgedruckt als Anlage zu H 23a LStR.
**) Abgedruckt als Anhang 1 zum Handbuch.

§ 3 Nr. 62 EStG
R 24

Arbeitnehmers, der eine private Kranken- und Pflegeversicherung abgeschlossen hat, sind ebenfalls nach § 3 Nr. 62 EStG steuerfrei, soweit der Arbeitgeber nach § 257 Abs. 2 SGB V sowie nach § 61 Abs. 2 SGB XI zur Zuschussleistung verpflichtet ist. ²Der Anspruch auf den Arbeitgeberzuschuss an den bei einem privaten Krankenversicherungsunternehmen versicherten Arbeitnehmer setzt voraus, dass der private Krankenversicherungsschutz Leistungen zum Inhalt hat, die ihrer Art nach auch im Fünften Buch Sozialgesetzbuch bestehen (>§ 11 Abs. 1 SGB V). ³Voraussetzung ist nicht, dass der private Krankenversicherungsschutz einen bestimmten Mindestumfang hat, also sich auf alle Leistungen des Fünften Buches Sozialgesetzbuch erstreckt; soweit der private Krankenversicherungsschutz andere Leistungen umfasst, die der Art nach nicht zu den Leistungen des Fünften Buches Sozialgesetzbuch gehören, bleibt der darauf entfallende Teil des Beitrags bei der Bemessung des Arbeitgeberzuschusses unberücksichtigt. ⁴Steuerfrei ist die Hälfte des Betrags, der sich unter Anwendung des durchschnittlichen allgemeinen Beitragssatzes der Krankenkassen und der Beitragsbemessungsgrundlage ergibt. ⁵Übersteigt das Arbeitsentgelt nur auf Grund von einmalig gezahltem Arbeitsentgelt die Jahresarbeitsentgeltgrenze, oder unterschreitet das im Krankheitsfall fortgezahlte Arbeitsentgelt die monatliche Beitragsbemessungsgrenze und hat der Arbeitnehmer dennoch die Höchstbeiträge zu zahlen, ist aus Vereinfachungsgründen die Hälfte der durchschnittlichen Höchstbeiträge der gesetzlichen Krankenversicherung und der sozialen Pflegeversicherung steuerfrei. ⁶Die Steuerfreiheit ist vorbehaltlich des Satzes 3 in Nummer 2, der entsprechend gilt, begrenzt auf die Hälfte der tatsächlichen Beiträge, soweit sie für diejenigen Leistungen gezahlt werden, die der Art nach den Leistungen des Fünften und Elften Buches Sozialgesetzbuch entsprechen. ⁷Der Arbeitgeber darf Zuschüsse zu einer privaten Krankenversicherung und zu einer privaten Pflegeversicherung des Arbeitnehmers nur dann steuerfrei lassen, wenn der Arbeitnehmer eine Bescheinigung des Versicherungsunternehmens vorlegt, in der bestätigt wird, dass die Voraussetzungen des § 257 Abs. 2a SGB V und des § 61 Abs. 6 SGB XI vorliegen und dass es sich bei den vertraglichen Leistungen um Leistungen im Sinne des Fünften und Elften Buches Sozialgesetzbuch handelt. ⁸Die Bescheinigung muss außerdem Angaben über die Höhe des für die vertraglichen Leistungen im Sinne des Fünften und Elften Buches Sozialgesetzbuch zu zahlenden Versicherungsbeitrags enthalten. ⁹Der Arbeitgeber hat die Bescheinigung als Unterlage zum Lohnkonto aufzubewahren. ¹⁰Soweit der Arbeitgeber die steuerfreien Zuschüsse unmittelbar an den Arbeitnehmer auszahlt, hat der Arbeitnehmer die zweckentsprechende Verwendung durch eine Bescheinigung des Versicherungsunternehmens über die tatsächlichen Kranken- und Pflegeversicherungsbeiträge nach Ablauf eines jeden Kalenderjahres nachzuweisen; der Arbeitgeber hat diese Bescheinigung als Unterlage zum Lohnkonto aufzubewahren. ¹¹Die Bescheinigung kann mit der Bescheinigung nach den Sätzen 7 und 8 verbunden werden.

Den gesetzlichen Pflichtbeiträgen gleichgestellte Zuschüsse

(3) ¹Nach § 3 Nr. 62 Satz 2 EStG sind den Ausgaben des Arbeitgebers für die Zukunftssicherung des Arbeitnehmers, die auf Grund gesetzlicher Verpflichtung geleistet werden, die Zuschüsse des Arbeitgebers gleichgestellt, die zu den Beiträgen des Arbeitnehmers für eine Lebensversicherung – auch für die mit einer betrieblichen Pensionskasse abgeschlossene Lebensversicherung –, für die freiwillige Versicherung in der gesetzlichen Rentenversicherung oder für eine öffentlich-rechtliche Versicherungs- oder Versorgungseinrichtung der Berufsgruppe geleistet werden, wenn der Arbeitnehmer von der Versicherungspflicht in der gesetzlichen Rentenversicherung nach einer der folgenden Vorschriften auf eigenen Antrag befreit worden ist:

1. § 18 Abs. 3 des Gesetzes über die Erhöhung der Einkommensgrenzen in der Sozialversicherung und der Arbeitslosenversicherung und zur Änderung der Zwölften Verordnung zum Aufbau der Sozialversicherung vom 13. 8. 1952 (BGBl. I S. 437),
2. Artikel 2 § 1 des Angestelltenversicherungs-Neuregelungsgesetzes vom 23. 2. 1957 (BGBl. I S. 88, 1074) oder Artikel 2 § 1 des Knappschaftsrentenversicherungs-Neuregelungsgesetzes vom 21. 5. 1957 (BGBl. I S. 533), jeweils in der bis zum 30. 6. 1965 geltenden Fassung,
3. § 7 Abs. 2 des Angestelltenversicherungsgesetzes in der Fassung des Artikels 1 des Angestelltenversicherungs-Neuregelungsgesetzes vom 23. 2. 1957 (BGBl. I S. 88, 1074),
4. Artikel 2 § 1 des Angestelltenversicherungs-Neuregelungsgesetzes oder Artikel 2 § 1 des Knappschaftsrentenversicherungs-Neuregelungsgesetzes, jeweils in der Fassung des Rentenversicherungs-Änderungsgesetzes vom 9. 6. 1965 (BGBl. I S. 476),
5. Artikel 2 § 1 des Zweiten Rentenversicherungs-Änderungsgesetzes vom 23. 12. 1966 (BGBl. I S. 745),
6. Artikel 2 § 1 des Angestelltenversicherungs-Neuregelungsgesetzes oder Artikel 2 § 1 des Knappschaftsrentenversicherungs-Neuregelungsgesetzes, jeweils in der Fassung des Finanzänderungsgesetzes 1967 vom 21. 12. 1967 (BGBl. I S. 1259),
7. Artikel 2 § 1 Abs. 2 des Angestelltenversicherungs-Neuregelungsgesetzes oder Artikel 2 § 1 Abs. 1 a des Knappschaftsrentenversicherungs-Neuregelungsgesetzes, jeweils in der Fassung des Dritten Rentenversicherungs-Änderungsgesetzes vom 28. 7. 1969 (BGBl. I S. 956),
8. § 20 des Gesetzes über die Sozialversicherung vom 28. 6. 1990 (GBl. der Deutschen Demokratischen Republik I Nr. 38 S. 486) in Verbindung mit § 231 a SGB VI in der Fassung des Gesetzes zur Herstellung der Rechtseinheit in der gesetzlichen Renten- und Unfallversicherung (Renten-Überleitungsgesetz – RÜG) vom 25. 7. 1991 (BGBl. I S. 1606).

²Zuschüsse des Arbeitgebers im Sinne des § 3 Nr. 62 Satz 2 EStG liegen nicht vor, wenn der Arbeitnehmer kraft Gesetzes in der gesetzlichen Rentenversicherung versicherungsfrei ist. ³Den Beiträgen des Arbeitnehmers für eine freiwillige Versicherung in der gesetzlichen Rentenversicherung der Angestellten stehen im Übrigen Beiträge für die freiwillige Versicherung in der Arbeiterrentenversicherung oder in der knappschaftlichen Rentenversicherung oder für die Selbstversicherung in der gesetzlichen Rentenversicherung gleich.

Höhe der steuerfreien Zuschüsse, Nachweis

(4) ¹Die Steuerfreiheit der Zuschüsse beschränkt sich nach § 3 Nr. 62 Satz 3 EStG im Grundsatz auf den Betrag, den der Arbeitgeber als Arbeitgeberanteil zur gesetzlichen Rentenversicherung aufzuwenden hätte, wenn der Arbeitnehmer nicht von der gesetzlichen Versicherungspflicht befreit worden wäre. ²Soweit der Arbeitgeber die steuerfreien Zuschüsse unmittelbar an den Arbeitnehmer auszahlt, hat dieser die zweckentsprechende Verwendung durch eine entsprechende Bescheinigung des Versicherungsträgers bis zum 30. April des folgenden Kalenderjahres nachzuweisen. ³Die Bescheinigung ist als Unterlage zum Lohnkonto aufzubewahren.

H 24
Hinweise zu R 24
Zukunftssicherungsleistungen

Ausländischer Sozialversicherungsträger

Arbeitgeberanteile zur ausländischen Sozialversicherung sind nicht steuerfrei, wenn sie auf vertraglicher Grundlage und damit freiwillig entrichtet werden (>BFH vom 18. 5. 2004 – BStBl. II S. 1014).

Beitragszuschlag

Der Beitragszuschlag für Kinderlose in der sozialen Pflegeversicherung i. H. v. 0,25 % ist vom Arbeitnehmer allein zu tragen und kann deshalb vom Arbeitgeber nicht steuerfrei erstattet werden (>§ 55 Abs. 3 i. V. m. § 58 Abs. 1 SGB XI).

Entscheidung des Sozialversicherungsträgers

Bei der Frage, ob die Ausgaben des Arbeitgebers für die Zukunftssicherung des Arbeitnehmers auf einer gesetzlichen Verpflichtung beruhen, ist der Entscheidung des zuständigen Sozialversicherungsträgers des Arbeitnehmers zu folgen, wenn sie nicht offensichtlich rechtswidrig ist (>BFH vom 6. 6. 2002 – BStBl. 2003 II S. 34).

§ 3 Nr. 63 EStG

Gegenwärtiger Versicherungsstatus

Für die Steuerfreiheit von Arbeitgeberzuschüssen zu einer Lebensversicherung des Arbeitnehmers ist dessen gegenwärtiger Versicherungsstatus maßgeblich. Die Zuschüsse sind nicht nach § 3 Nr. 62 Satz 2 EStG steuerfrei, wenn der Arbeitnehmer als nunmehr beherrschender Gesellschafter-Geschäftsführer kraft Gesetzes rentenversicherungsfrei geworden ist, auch wenn er sich ursprünglich auf eigenen Antrag von der Rentenversicherungspflicht hatte befreien lassen (>BFH vom 10. 10. 2002 – BStBl. II S. 886).

Rückzahlung von Beitragsanteilen an den Arbeitgeber

Beitragsanteile am Gesamtsozialversicherungsbeitrag, die der Arbeitgeber ohne gesetzliche Verpflichtung übernommen hat, sind kein Arbeitslohn, wenn sie dem Arbeitgeber zurückgezahlt worden sind und der Arbeitnehmer keine Versicherungsleistungen erhalten hat (>BFH vom 27. 3. 1992 – BStBl. II S. 663).

Zusätzlicher Krankenversicherungsbeitrag

Der zusätzliche Krankenversicherungsbeitrag i. H. v. 0,9 % ist vom Arbeitnehmer allein zu tragen und kann deshalb vom Arbeitgeber nicht steuerfrei erstattet werden (>§ 241a Abs. 1 i. V. m. § 257 Abs. 1 SGB V).

Anlage zu H 24

Rückwirkender Wegfall der Sozialversicherungspflicht bei beherrschendem Gesellschafter-Geschäftsführer einer GmbH

Verfügung der OFD Magdeburg vom 1. 8. 2001 (Az.: S 2333 – 21 – St 224)

Wird durch den Sozialversicherungsträger nachträglich festgestellt, dass bei einem Gesellschafter-Geschäftsführer in der Vergangenheit keine Sozialversicherungspflicht bestand, hat der rückwirkende Wegfall der angenommenen Versicherungspflicht folgende steuerliche Konsequenzen:

1. Erstattet der Sozialversicherungsträger die Arbeitgeberanteile zur gesetzlichen Renten- und Arbeitslosenversicherung an den Arbeitgeber, die dieser in der rechtsirrtümlichen Annahme der Versicherungspflicht geleistet hat, ohne dass sie vom Arbeitgeber an den Arbeitnehmer weitergegeben werden (bei Weitergabe an den Arbeitnehmer siehe 5.), so ergeben sich daraus keine lohnsteuerlichen Folgen (BFH-Urteil vom 27. 3. 1992, BStBl. II S. 663).

2. Werden die vermeintlich gesetzlichen Arbeitnehmeranteile zur gesetzlichen Renten- und Arbeitslosenversicherung vom Sozialversicherungsträger an den Arbeitnehmer erstattet, so berührt dieser Vorgang nicht den Arbeitslohn. Da die erstatteten vermeintlichen Arbeitnehmeranteile zur Sozialversicherung nicht als Sonderausgaben hätten abgezogen werden dürfen, sind die betroffenen Veranlagungen nach § 175 Abs. 1 Nr. 2 AO zu ändern, soweit im Erstattungsjahr keine Verrechnung mit gleichartigen Aufwendungen (hier: Vorsorgeaufwendungen) möglich ist (BFH-Urteil vom 28. 5. 1998, BStBl. 1999 II S. 95). Die (nachträgliche) Mitteilung des Sozialversicherungsträgers, der Steuerpflichtige sei aufgrund dieses Arbeitsverhältnisses mit der GmbH nicht sozialversicherungspflichtig („Freistellung"), stellt ein rückwirkendes Ereignis i. S. der Vorschrift dar.

3. Der Vorwegabzug (§ 10 Abs. 3 Nr. 2 EStG) ist bei den betroffenen Veranlagungen wegen des rückwirkenden Wegfalls der Sozialversicherungspflicht (keine Arbeitgeberleistung i. S. des § 3 Nr. 62 EStG) zu Unrecht gekürzt worden, soweit nicht ausnahmsweise eine andere Kürzungsvorschrift anzuwenden war. Die Kürzung des Vorwegabzugs ist folglich rückgängig zu machen (§ 175 Abs. 1 Nr. 2 AO).

4. Kranken- und/oder Pflegeversicherungsbeiträge werden nur dann nicht erstattet, wenn der Versicherungsträger bis zur Geltendmachung des Erstattungsanspruchs aufgrund dieser Beiträge oder für den Zeitraum, für den die Beiträge zu Unrecht entrichtet worden sind, Leistungen erbracht oder zu erbringen hat (§ 26 Abs. 2 SGB IV). Hinsichtlich der nicht erstatteten Kranken- und/oder Pflegeversicherungsbeiträge des Arbeitgebers liegt steuerpflichtiger Arbeitslohn im jeweiligen Jahr der Zahlung vor, diese Beiträge können als Sonderausgaben berücksichtigt werden. Im Erstattungsfall sind die Ausführungen zu der Renten- und Arbeitslosenversicherung anzuwenden.

5. Werden die Arbeitgeberanteile zur gesetzlichen Renten- und Arbeitslosenversicherung vom Sozialversicherungsträger an den Arbeitgeber erstattet und von diesem an den Arbeitnehmer weitergegeben, so ist zu entscheiden, ob es sich um eine verdeckte Gewinnausschüttung i. S. des § 20 Abs. 1 Nr. 1 Satz 2 EStG oder um steuerpflichtigen Arbeitslohn des Arbeitnehmers handelt. Bei Annahme von Arbeitslohn sind die Arbeitgeberanteile in dem Kalenderjahr zu versteuern, in dem sie an den Arbeitnehmer ausgezahlt werden. Dies gilt auch dann, wenn die erstatteten Beiträge von diesem für eine private Lebensversicherung verwendet werden.

6. Verzichtet der Arbeitgeber auf Rückzahlung der Arbeitgeberbeiträge zur gesetzlichen Rentenversicherung und werden die Beiträge für die freiwillige Versicherung des Arbeitnehmers in der gesetzlichen Rentenversicherung verwendet (Umwandlung), ist ebenfalls zu entscheiden, ob es sich um eine verdeckte Gewinnausschüttung oder um steuerpflichtigen Arbeitslohn (Urteil des FG Köln vom 21. 11. 1989, EFG S. 383) handelt. Ist steuerpflichtiger Arbeitslohn gegeben, liegt Zufluss bereits in den jeweiligen Kalenderjahren der früheren Zahlung vor, da hier durch Umwandlung rückwirkend eine Versicherungsanwartschaft begründet wird. Die freiwillige Versicherung nimmt die Stellung der vermeintlichen gesetzlichen Versicherung ein. Der ehemals steuerfreie Arbeitgeberanteil, der nunmehr als steuerpflichtiger Arbeitslohn versteuert wird, kann gleichzeitig beim Steuerpflichtigen als Sonderausgabe abgezogen werden. Der Vorwegabzug ist nicht zu kürzen.

Die bestandskräftigen Einkommensteuer-Veranlagungen der früheren Kalenderjahre sind aufgrund der nachträglichen Freistellung von der Sozialversicherungspflicht nach § 175 Abs. 1 Nr. 2 AO zu ändern.

§ 3 Nr. 63 EStG*)
Steuerfreie Einnahmen

Steuerfrei sind

Beiträge des Arbeitgebers aus dem ersten Dienstverhältnis an einen Pensionsfonds, eine Pensionskasse oder für eine Direktversicherung zum Aufbau einer kapitalgedeckten betrieblichen Altersversorgung, bei der eine Auszahlung der zugesagten Alters-, Invaliditäts- oder Hinterbliebenenversorgungsleistungen in Form einer Rente oder eines Auszahlungsplans (§ 1 Abs. 1 Satz 1 Nr. 4 des Altersvorsorgeverträge-Zertifizierungsgesetzes vom 26. Juni 2001 (BGBl. I S. 1310, 1322), das zuletzt durch Artikel 7 des Gesetzes vom 5. Juli 2004 (BGBl. I S. 1427) geändert worden ist, in der jeweils geltenden Fassung vorgesehen ist, soweit die Beiträge im Kalenderjahr 4 Prozent der Beitragsbemessungsgrenze in der allgemeinen Rentenversicherung nicht übersteigen. ²Dies gilt nicht, soweit der Arbeitnehmer nach § 1a Abs. 3 des Betriebsrentengesetzes verlangt hat, dass die Voraussetzungen für eine Förderung nach § 10a oder Abschnitt XI erfüllt werden. ³Der Höchstbetrag nach Satz 1 erhöht sich um 1800 Euro, wenn die Beiträge im Sinne des Satzes 1 auf Grund einer Versorgungszusage geleistet werden, die nach dem 31. Dezember 2004 erteilt wurde. ⁴Aus Anlass der Beendigung des Dienstverhältnisses geleistete Beiträge im Sinne des Satzes 1 sind steuerfrei, soweit sie 1800 Euro vervielfacht mit der Anzahl der Kalenderjahre, in denen das Dienstverhältnis des Arbeitnehmers zu dem Arbeitgeber bestanden hat, nicht übersteigen; der vervielfachte Betrag vermindert sich um die nach den Sätzen 1 und 3 steuerfreien Beiträge, die der Arbeitgeber in dem Kalenderjahr, in dem das Dienstverhältnis beendet wird, und in den sechs vorangegangenen Kalenderjahren erbracht hat; Kalenderjahre vor 2005 sind dabei jeweils nicht zu berücksichtigen;

---
*) § 3 Nr. 63 EStG ist bei Beiträgen für eine Direktversicherung nicht anzuwenden, wenn die entsprechende Versorgungszusage vor dem 1. Januar 2005 erteilt wurde und der Arbeitnehmer gegenüber dem Arbeitgeber für diese Beiträge auf die Anwendung des § 3 Nr. 63 EStG verzichtet hat. Der Verzicht gilt für die Dauer des Dienstverhältnisses; er ist bis zum 30. Juni 2005 oder bei einem späteren Arbeitgeberwechsel bis zur ersten Beitragsleistung zu erklären. § 3 Nr. 63 Satz 3 und 4 EStG ist nicht anzuwenden, wenn § 40b Abs. 1 und 2 EStG in der am 31. Dezember 2004 geltenden Fassung angewendet wird (§ 52 Abs. 6 EStG).

R 25
Steuerfreie Beiträge zur betrieblichen Altersversorgung (§ 3 Nr. 63 EStG)

– unbesetzt –

H 25
Hinweise zu R 25
Steuerfreie Beiträge zur betrieblichen Altersversorgung

Allgemeine Grundsätze

›BMF-Schreiben vom 17.11.2004 (BStBl. I S. 1065), Rz. 154 ff.*)

§ 3 Nr. 64 EStG
Steuerfreie Einnahmen

Steuerfrei sind

bei Arbeitnehmern, die zu einer inländischen juristischen Person des öffentlichen Rechts in einem Dienstverhältnis stehen und dafür Arbeitslohn aus einer inländischen öffentlichen Kasse beziehen, die Bezüge für eine Tätigkeit im Ausland insoweit, als sie den Arbeitslohn übersteigen, der dem Arbeitnehmer bei einer gleichwertigen Tätigkeit am Ort der zahlenden öffentlichen Kasse zustehen würde. ^{2}Satz 1 gilt auch, wenn das Dienstverhältnis zu einer anderen Person besteht, die den Arbeitslohn entsprechend den im Sinne des Satzes 1 geltenden Vorschriften ermittelt, der Arbeitslohn aus einer öffentlichen Kasse gezahlt wird und ganz oder im Wesentlichen aus öffentlichen Mitteln aufgebracht wird. ^{3}Bei anderen für einen begrenzten Zeitraum in das Ausland entsandten Arbeitnehmern, die dort einen Wohnsitz oder gewöhnlichen Aufenthalt haben, ist der ihnen von einem inländischen Arbeitgeber gewährte Kaufkraftausgleich steuerfrei, soweit er den für vergleichbare Auslandsdienstbezüge nach § 54 des Bundesbesoldungsgesetzes zulässigen Betrag nicht übersteigt;

R 26
Kaufkraftausgleich (§ 3 Nr. 64 EStG)

(1) ^{1}Wird einem Arbeitnehmer außerhalb des öffentlichen Dienstes von einem inländischen Arbeitgeber ein Kaufkraftausgleich gewährt, so bleibt er im Rahmen des Absatzes 2 steuerfrei, wenn der Arbeitnehmer aus dienstlichen Gründen in ein Gebiet außerhalb des Inlands entsandt wird und dort für einen begrenzten Zeitraum einen Wohnsitz im Sinne des § 8 AO oder gewöhnlichen Aufenthalt im Sinne des § 9 AO hat**). ^{2}Eine Entsendung für einen begrenzten Zeitraum ist anzunehmen, wenn eine Rückkehr des Arbeitnehmers nach Beendigung der Tätigkeit vorgesehen ist. ^{3}Es ist unerheblich, ob der Arbeitnehmer tatsächlich zurückkehrt oder nicht.

(2) ^{1}Der Umfang der Steuerfreiheit des Kaufkraftausgleichs bestimmt sich nach den Sätzen des Kaufkraftzuschlags zu den Auslandsdienstbezügen im öffentlichen Dienst. ^{2}Die für die einzelnen Länder in Betracht kommenden Kaufkraftzuschläge werden im Bundessteuerblatt Teil I bekannt gemacht***).

(3) ^{1}Die Zuschläge beziehen sich jeweils auf den Auslandsdienstort einer Vertretung der Bundesrepublik Deutschland und gelten, sofern nicht im Einzelnen andere Zuschläge festgesetzt sind, jeweils für den gesamten konsularischen Amtsbezirk der Vertretung. ^{2}Die konsularischen Amtsbezirke der Vertretungen ergeben sich vorbehaltlich späterer Änderungen, die im Bundesanzeiger veröffentlicht werden, aus dem Verzeichnis der Vertretungen der Bundesrepublik Deutschland im Ausland.

(4) ^{1}Die regionale Begrenzung der Zuschlagssätze gilt auch für die Steuerbefreiung nach § 3 Nr. 64 EStG. ^{2}Für ein Land, das von einer Vertretung der Bundesrepublik Deutschland nicht erfasst wird, kann jedoch der Zuschlagssatz angesetzt werden, der für einen vergleichbaren konsularischen Amtsbezirk eines Nachbarlandes festgesetzt worden ist.

(5) ^{1}Die Zuschlagssätze werden im öffentlichen Dienst auf 60 v. H. der Dienstbezüge, die bei Verwendung im Inland zustehen, und der Auslandsdienstbezüge angewendet. ^{2}Da eine vergleichbare Bemessungsgrundlage außerhalb des öffentlichen Dienstes regelmäßig nicht vorhanden ist, ist der steuerfreie Teil des Kaufkraftausgleichs durch Anwendung eines entsprechenden Abschlagssatzes nach den Gesamtbezügen einschließlich des Kaufkraftausgleichs zu bestimmen. ^{3}Dabei ist es gleichgültig, ob die Bezüge im Inland oder im Ausland ausgezahlt werden. ^{4}Der Abschlagssatz errechnet sich nach der Formel:

$$\frac{\text{Zuschlagssatz} \times 600}{1000 + 6 \times \text{Zuschlagssatz}}.$$

^{5}Ergibt sich durch Anwendung des Abschlagssatzes ein höherer Betrag als der tatsächlich gewährte Kaufkraftausgleich, so ist nur der niedrigere Betrag steuerfrei. ^{6}Zu den Gesamtbezügen, auf die der Abschlagssatz anzuwenden ist, gehören nicht steuerfreie Reisekostenvergütungen und steuerfreie Vergütungen für Mehraufwendungen bei doppelter Haushaltsführung.

(6) ^{1}Wird ein Zuschlagssatz rückwirkend erhöht, so ist der Arbeitgeber berechtigt, die bereits abgeschlossenen Lohnabrechnungen insoweit wieder aufzurollen und bei der jeweils nächstfolgenden Lohnzahlung die gegebenenfalls zu viel einbehaltene Lohnsteuer zu erstatten. ^{2}Dabei ist § 41c Abs. 2 und 3 EStG anzuwenden. ^{3}Die Herabsetzung eines Zuschlagssatzes ist erstmals bei der Lohnabrechnung des Arbeitslohns zu berücksichtigen, der für einen nach der Veröffentlichung der Herabsetzung beginnenden Lohnzahlungszeitraum gezahlt wird.

H 26
Hinweise zu R 26
Kaufkraftausgleich

Abschlagssätze

Zuschlagssatz	Abschlagssatz	Zuschlagssatz	Abschlagssatz
5	2,91	55	24,81
10	5,66	60	26,47
15	8,26	65	28,06
20	10,71	70	29,58
25	13,04	75	31,03
30	15,25	80	32,43
35	17,36	85	33,77
40	19,35	90	35,06
45	21,26	95	36,31
50	23,08	100	37,50

EU-Tagegeld

Das EU-Tagegeld ist Arbeitslohn. Es bleibt jedoch steuerfrei, soweit es auf steuerfreie Auslandsdienstbezüge angerechnet wird (BMF vom 12.4.2006 – BStBl. I S. 340)****).

Wohnungsgestellung

am ausländischen Dienstort ›R 31 Abs. 6 Satz 10

§ 3 Nr. 65 EStG
Steuerfreie Einnahmen

Steuerfrei sind

a) **Beiträge des Trägers der Insolvenzsicherung (§ 14 des Betriebsrentengesetzes) zugunsten eines Versorgungsberechtigten und seiner Hinterbliebenen an eine Pensions-**

---

*) Abgedruckt als Anhang 13c zum Handbuch.
**) Zum Begriff des Wohnsitzes im Sinne des § 8 AO und des gewöhnlichen Aufenthalts im Sinne des § 9 AO vgl. die Anlage zu § 1 EStG.
***) Die ab 1.1.2007 geltenden Zuschlagssätze sind im BStBl. I 2007, Nr. 1 veröffentlicht.
****) Abgedruckt als Anlage 7 zu H 123 LStR.

kasse oder ein Unternehmen der Lebensversicherung zur Ablösung von Verpflichtungen, die der Träger der Insolvenzsicherung im Sicherungsfall gegenüber dem Versorgungsberechtigten und seinen Hinterbliebenen hat,

b) Leistungen zur Übernahme von Versorgungsleistungen oder unverfallbaren Versorgungsanwartschaften durch eine Pensionskasse oder ein Unternehmen der Lebensversicherung in den in § 4 Abs. 4 des Betriebsrentengesetzes bezeichneten Fällen und

c) der Erwerb von Ansprüchen durch den Arbeitnehmer gegenüber einem Dritten im Falle der Eröffnung des Insolvenzverfahrens oder in den Fällen des § 7 Abs. 1 Satz 4 des Betriebsrentengesetzes, soweit der Dritte neben dem Arbeitgeber für die Erfüllung von Ansprüchen auf Grund bestehender Versorgungsverpflichtungen oder Versorgungsanwartschaften gegenüber dem Arbeitnehmer und dessen Hinterbliebenen einsteht; dies gilt entsprechend, wenn der Dritte für Wertguthaben aus einer Vereinbarung über die Altersteilzeit nach dem Altersteilzeitgesetz vom 23. Juli 1996 (BGBl. I S. 1078), zuletzt geändert durch Artikel 234 der Verordnung vom 31. Oktober 2006 (BGBl. I S. 2407), in der jeweils geltenden Fassung oder auf Grund von Wertguthaben aus einem Arbeitszeitkonto in den im ersten Halbsatz genannten Fällen für den Arbeitgeber einsteht.

²In den Fällen nach Buchstabe a, b und c gehören die Leistungen der Pensionskasse, des Unternehmens der Lebensversicherung oder des Dritten zu den Einkünften, zu denen jene Leistungen gehören würden, die ohne Eintritt eines Falles nach Buchstabe a, b und c zu erbringen wären. ³Soweit sie zu den Einkünften aus nichtselbständiger Arbeit im Sinne des § 19 gehören, ist von ihnen Lohnsteuer einzubehalten. ⁴Für die Erhebung der Lohnsteuer gelten die Pensionskasse, das Unternehmen der Lebensversicherung oder der Dritte als Arbeitgeber und der Leistungsempfänger als Arbeitnehmer;

R 27
Insolvenzsicherung (§ 3 Nr. 65 EStG)

(1) ¹Die Steuerbefreiung gilt nur für etwaige Beiträge des Trägers der Insolvenzsicherung an eine Pensionskasse oder an ein Lebensversicherungsunternehmen zur Versicherung seiner Verpflichtungen im Sicherungsfall. ²Sie gilt auch für die Übertragung von Direktzusagen oder für Zusagen, die von einer Unterstützungskasse erbracht werden sollen, wenn die Betriebstätigkeit eingestellt und das Unternehmen liquidiert wird (§ 4 Abs. 4 BetrAVG)*). ³Im Falle der Liquidation einer Kapitalgesellschaft greift die Steuerbefreiung auch bei der Übertragung von Versorgungszusagen, die an Gesellschafter-Geschäftsführer gegeben worden sind; dies gilt auch dann, wenn es sich um Versorgungszusagen an beherrschende Gesellschafter-Geschäftsführer handelt. ⁴Die Sätze 2 und 3 gelten nicht bei einer Betriebsveräußerung, wenn das Unternehmen vom Erwerber fortgeführt wird.

(2) ¹Die Mittel für die Durchführung der Insolvenzsicherung werden auf Grund öffentlich-rechtlicher Verpflichtung durch Beiträge aller Arbeitgeber aufgebracht, die Leistungen der betrieblichen Altersversorgung unmittelbar zugesagt haben oder eine betriebliche Altersversorgung über eine Unterstützungskasse oder eine Direktversicherung durchführen (§ 10 BetrAVG)**). ²Die Beiträge an den Träger der Insolvenzsicherung gehören damit als Ausgaben des Arbeitgebers für die Zukunftssicherung des Arbeitnehmers, die auf Grund gesetzlicher Verpflichtung geleistet werden, zu den steuerfreien Einnahmen im Sinne des § 3 Nr. 62 EStG.

(3) ¹Durch die Insolvenzsicherung der betrieblichen Altersversorgung werden nicht neue oder höhere Ansprüche geschaffen, sondern nur bereits vorhandene Ansprüche gegen Insolvenz geschützt. ²Die in Insolvenzfällen zu erbringenden Versorgungsleistungen des Trägers der Insolvenzsicherung bzw. bei Rückversicherung der Pensionskasse oder des Lebensversicherungsunternehmens behalten deshalb grundsätzlich ihren steuerlichen Charakter, als wäre der Insolvenzfall nicht eingetreten. ³Das bedeutet z. B., dass Versorgungsleistungen an einen Arbeitnehmer, die auf einer Pensionszusage beruhen oder die über eine Unterstützungskasse durchgeführt werden sollten, auch nach Eintritt des Insolvenzfalles und Übernahme der Leistungen durch ein Versicherungsunternehmen zu den Einnahmen aus nichtselbständiger Arbeit gehören.

§ 3 Nr. 66 EStG
Steuerfreie Einnahmen

Steuerfrei sind

Leistungen eines Arbeitgebers oder einer Unterstützungskasse an einen Pensionsfonds zur Übernahme bestehender Versorgungsverpflichtungen oder Versorgungsanwartschaften durch den Pensionsfonds, wenn ein Antrag nach § 4d Abs. 3 oder § 4e Abs. 3 gestellt worden ist;

R 28
Übertragung von Versorgungsverpflichtungen oder -anwartschaften (§ 3 Nr. 66 EStG)

– unbesetzt –

H 28
Hinweise zu R 28
Übertragung von Versorgungsverpflichtungen oder -anwartschaften

Allgemeines

>BMF vom 26. 10. 2006 (BStBl. I S. 709)***)

Die Steuerfreiheit gilt auch dann, wenn beim übertragenden Unternehmen keine Zuwendungen im Sinne von § 4d Abs. 3 EStG oder Leistungen im Sinne von § 4e Abs. 3 EStG im Zusammenhang mit der Übernahme einer Versorgungsverpflichtung durch einen Pensionsfonds anfallen (>BMF vom 17. 11. 2004 – BStBl. I S. 1065, Rz. 185).*)

Umfang der Steuerfreiheit

Bei einer entgeltlichen Übertragung von Versorgungsanwartschaften aktiver Beschäftigter kommt die Anwendung von § 3 Nr. 66 EStG nur für Zahlungen an den Pensionsfonds in Betracht, die für die bis zum Zeitpunkt der Übertragung bereits erdienten Versorgungsanwartschaften geleistet werden; Zahlungen an den Pensionsfonds für zukünftig noch zu erdienende Anwartschaften sind ausschließlich in dem begrenzten Rahmen des § 3 Nr. 63 EStG lohnsteuerfrei (>BMF vom 26. 10. 2006 – BStBl. I S. 709)***).

Anlage
zu H 28

Übertragung von Versorgungsverpflichtungen und Versorgungsanwartschaften auf Pensionsfonds; Anwendung der Regelungen in § 4d Abs. 3 EStG und § 4e Abs. 3 EStG i. V. m. § 3 Nr. 66 EStG

BMF-Schreiben vom 26. 10. 2006 (BStBl. I S. 709)

Nach § 4e Abs. 3 Satz 1 EStG können auf Antrag die insgesamt erforderlichen Leistungen an einen Pensionsfonds zur teilweisen oder vollständigen Übernahme einer bestehenden Versorgungsverpflichtung oder Versorgungsanwartschaft durch den Pensionsfonds erst in den dem Wirtschaftsjahr der Übertragung folgenden zehn Wirtschaftsjahren gleichmäßig verteilt als Betriebsausgabe abgezogen werden. Werden Versorgungszusagen über eine Unterstützungskasse von einem Pensionsfonds übernommen, ist die Verteilungsregelung mit der Maßgabe anzuwenden, dass die im Zusammenhang mit der Übernahme erforderliche Zuwendung an die Unterstützungskasse erst in den dem Wirtschaftsjahr der Zuwendung folgenden zehn Wirtschaftsjahren gleichmäßig verteilt als Betriebsausgaben

---
*) Abgedruckt als Anhang 13 zum Handbuch.
**) Abgedruckt als Anhang 13c zum Handbuch.
***) Abgedruckt als Anlage zu H 28 LStR.

abgezogen werden können (§ 4d Abs. 3 EStG). Der Antrag nach § 4d Abs. 3 EStG oder § 4e Abs. 3 EStG führt nach Maßgabe der folgenden Regelungen zur Lohnsteuerfreiheit der entsprechenden Leistungen des Arbeitgebers oder der Unterstützungskasse an den Pensionsfonds (§ 3 Nr. 63, 66 EStG).

Für die Anwendung dieser Regelungen gilt nach Abstimmung mit den obersten Finanzbehörden der Länder Folgendes:

1. Anwendungsbereich der Regelungen in § 3 Nr. 63 und 66 EStG i. V. m. § 4d Abs. 3 EStG und § 4e Abs. 3 EStG

a) Übertragung von Versorgungsverpflichtungen gegenüber Leistungsempfängern und von unverfallbaren Versorgungsanwartschaften ausgeschiedener Versorgungsberechtigter

1 Leistungen eines Arbeitgebers oder einer Unterstützungskasse an einen Pensionsfonds zur Übernahme bestehender Versorgungsverpflichtungen gegenüber Leistungsempfängern (laufende Rentenzahlungen) und unverfallbarer Versorgungsanwartschaften ausgeschiedener Versorgungsberechtigter sind insgesamt nach § 3 Nr. 66 EStG steuerfrei, wenn ein Antrag gemäß § 4d Abs. 3 EStG oder § 4e Abs. 3 EStG gestellt wird.

b) Übertragung von Versorgungsanwartschaften aktiver Beschäftigter

2 Bei einer entgeltlichen Übertragung von Versorgungsanwartschaften aktiver Beschäftigter kommt die Anwendung von § 3 Nr. 66 EStG nur für Zahlungen an den Pensionsfonds in Betracht, die für die bis zum Zeitpunkt der Übertragung bereits erdienten Versorgungsanwartschaften geleistet werden.

3 Zahlungen an den Pensionsfonds für zukünftig noch zu erdienende Anwartschaften sind ausschließlich in dem begrenzten Rahmen des § 3 Nr. 63 EStG lohnsteuerfrei.

4 Die bis zum Zeitpunkt der Übertragung bereits erdienten, entgeltlich übertragenen Versorgungsanwartschaften sind grundsätzlich mit dem steuerlich ausfinanzierbaren Teil, mindestens aber in Höhe des zeitanteilig quotierten Versorgungsanteiles nach § 2 Abs. 1 oder Abs. 5a des Betriebsrentengesetzes (Gesetz zur Verbesserung der betrieblichen Altersversorgung – BetrAVG) zu berücksichtigen.

5 Soll eine Versorgungsanwartschaft eines Aktiven aus einer Pensionszusage auf einen Pensionsfonds übertragen werden, ergibt sich der erdiente Teil der Anwartschaft als Quotient des Teilwertes gem. § 6a Abs. 3 Satz 2 Nr. 1 EStG zum Barwert der künftigen Pensionsleistungen, jeweils ermittelt auf den Übertragungszeitpunkt.

2. Berücksichtigung der insgesamt erforderlichen Leistungen zur Übernahme von Versorgungsverpflichtungen oder Versorgungsanwartschaften

6 Nach dem Sinn und Zweck der Regelungen in § 4d Abs. 3 EStG und § 4e Abs. 3 EStG können alle Leistungen des Steuerpflichtigen im Sinne der Randnummern 1 und 2 im Zusammenhang mit der Übernahme von Versorgungsverpflichtungen oder Versorgungsanwartschaften durch Pensionsfonds über den Verteilungszeitraum als Betriebsausgaben abgezogen werden. Das gilt auch für nach § 3 Nr. 66 EStG begünstigte Leistungen (Randnummern 1 und 2), die nach dem Wirtschaftsjahr der Übernahme der Versorgungsverpflichtung entstanden sind oder entrichtet werden (z. B. nachträgliche zusätzliche Zuwendungen aufgrund einer nicht hinreichenden Deckung durch den zum Übernahmezeitpunkt geleisteten Einmalbetrag). Der Antrag auf Verteilung kann nur einheitlich für sämtliche Leistungen zur Übernahme einer Versorgungsverpflichtung oder Versorgungsanwartschaft gestellt werden. Wurden die erstmaligen Aufwendungen im vollen Umfang Gewinn mindernd geltend gemacht, ist auch eine Verteilung eventueller Nachschusszahlungen nicht möglich.

3. Beginn des Verteilungszeitraumes

7 Der zehnjährige Verteilungszeitraum beginnt bei einer Bilanzierung nach § 4 Abs. 1 und § 5 EStG in dem dem Wirtschaftsjahr des Entstehens der Leistungsverpflichtung folgenden Wirtschaftsjahr und bei einer Gewinnermittlung nach § 4 Abs. 3 EStG in dem dem Jahr der Leistung folgenden Wirtschaftsjahr. Das gilt auch für die Verteilung einer möglichen Nachschusszahlung, wobei es unerheblich ist, ob noch innerhalb des ursprünglichen Zehnjahresraumes nach dem Wirtschaftsjahr der Übertragung der Versorgungsverpflichtung oder Versorgungsanwartschaft oder erst zu einem späteren Zeitpunkt die Leistungsverpflichtung entsteht oder die Zahlung geleistet wird.

4. Beispiel

8 Arbeitgeber A passiviert in der steuerlichen Gewinnermittlung zum 31. Dezember 2003 aufgrund einer Direktzusage zulässigerweise eine Pensionsrückstellung nach § 6a EStG in Höhe von 100 000 €. In 2004 wird die Versorgungsanwartschaft von einem Pensionsfonds übernommen. A zahlt hierfür 150 000 € (begünstigt nach § 3 Nr. 66 EStG, vgl. Randnummer 2) und stellt einen Antrag nach § 4e Abs. 3 EStG auf Verteilung der Betriebsausgaben. Im Jahr 2010 leistet A aufgrund einer Deckungslücke einen weiteren unter § 3 Nr. 66 EStG fallenden Einmalbetrag von 30 000 €.

In 2004 ist die Rückstellung nach § 6a EStG Gewinn erhöhend aufzulösen. Da A einen Antrag auf Verteilung der dem Grunde nach sofort abzugfähigen Betriebsausgaben gestellt hat, mindern in 2004 im Ergebnis nur 100 000 € (= Höhe der aufzulösenden Pensionsrückstellung, § 4e Abs. 3 Satz 3 EStG) den Gewinn. Der verbleibende Betrag von 50 000 € (150 000 € – 100 000 €) ist dem Gewinn 2004 außerbilanziell wieder hinzuzurechnen. In den Jahren 2005 bis 2014 ist der Gewinn um jeweils $1/10 \times 50\,000\,€ = 5000\,€$ außerbilanziell zu vermindern.

Auch die in 2010 geleistete Nachschusszahlung von 30 000 € ist aufgrund des für alle Leistungen im Zusammenhang mit der Übertragung bindenden Antrages nach § 4e Abs. 3 EStG zu verteilen. Demnach erhöht der Betrag von 30 000 € außerbilanziell den Gewinn in 2010. In den Jahren 2011 bis 2020 mindert sich der Gewinn außerbilanziell jährlich um je $1/10 \times 30\,000\,€ = 3000\,€$. Hätte A die ursprüngliche Zahlung von 150 000 € vollumfänglich in 2004 als Betriebsausgabe geltend gemacht, hätte auch die in 2010 geleistete Nachschusszahlung nicht verteilt werden können.

§ 3 Nr. 69 EStG
Steuerfreie Einnahmen

Steuerfrei sind

die von der Stiftung „Humanitäre Hilfe für durch Blutprodukte HIV-infizierte Personen" nach dem HIV-Hilfegesetz vom 24. Juli 1995 (BGBl. I S. 972) gewährten Leistungen.

R 29
Steuerbefreiung nach anderen Gesetzen und nach Verträgen

– unbesetzt –

H 29
Hinweise zu R 29
Steuerbefreiungen nach anderen Gesetzen und nach Verträgen

Steuerbefreiungen nach anderen Gesetzen und nach Verträgen

>H 3.0 EStH

Zwischenstaatliche Vereinbarungen

>Anlage zum BMF-Schreiben vom 18. 4. 2001 (BStBl. I S. 286)

§ 3 b EStG
Steuerfreiheit von Zuschlägen für Sonntags-, Feiertags- oder Nachtarbeit

(1) Steuerfrei sind Zuschläge, die für tatsächlich geleistete Sonntags-, Feiertags- oder Nachtarbeit neben dem Grundlohn gezahlt werden, soweit sie

1. für Nachtarbeit 25 Prozent,
2. vorbehaltlich der Nummern 3 und 4 für Sonntagsarbeit 50 Prozent,
3. vorbehaltlich der Nummer 4 für Arbeit am 31. Dezember ab 14 Uhr und an den gesetzlichen Feiertagen 125 Prozent,
4. für Arbeit am 24. Dezember ab 14 Uhr, am 25. und 26. Dezember sowie am 1. Mai 150 Prozent

des Grundlohns nicht übersteigen.

(2) ¹Grundlohn ist der laufende Arbeitslohn, der dem Arbeitnehmer bei der für ihn maßgebenden regelmäßigen Arbeitszeit für den jeweiligen Lohnzahlungszeitraum zusteht; er ist in einen Stundenlohn umzurechnen und mit höchstens 50 Euro anzusetzen. ²Nachtarbeit ist die Arbeit in der Zeit von 20 Uhr bis 6 Uhr. ³Sonntagsarbeit und Feiertagsarbeit ist die Arbeit in der Zeit von 0 Uhr bis 24 Uhr des jeweiligen Tages. ⁴Die gesetzlichen Feiertage werden durch die am Ort der Arbeitsstätte geltenden Vorschriften bestimmt.

(3) Wenn die Nachtarbeit vor 0 Uhr aufgenommen wird, gilt abweichend von den Absätzen 1 und 2 Folgendes:

1. Für Nachtarbeit in der Zeit von 0 Uhr bis 4 Uhr erhöht sich der Zuschlagssatz auf 40 Prozent,
2. als Sonntagsarbeit und Feiertagsarbeit gilt auch die Arbeit in der Zeit von 0 Uhr bis 4 Uhr des auf den Sonntag oder Feiertag folgenden Tages.

R 30
Steuerfreiheit der Zuschläge für Sonntags-, Feiertags- oder Nachtarbeit

Allgemeines

(1) ¹Die Steuerfreiheit setzt voraus, dass neben dem Grundlohn tatsächlich ein Zuschlag für Sonntags-, Feiertags- oder Nachtarbeit gezahlt wird. ²Ein solcher Zuschlag kann in einem Gesetz, einer Rechtsverordnung, einem Tarifvertrag, einer Betriebsvereinbarung oder einem Einzelarbeitsvertrag geregelt sein. ³Bei einer Nettolohnvereinbarung ist der Zuschlag nur steuerfrei, wenn er neben dem vereinbarten Nettolohn gezahlt wird. ⁴Unschädlich ist es, wenn neben einem Zuschlag für Sonntags-, Feiertags- oder Nachtarbeit, die gleichzeitig Mehrarbeit ist, keine gesonderte Mehrarbeitsvergütung oder ein Grundlohn gezahlt wird, mit dem die Mehrarbeit abgegolten ist. ⁵Auf die Bezeichnung der Lohnzuschläge kommt es nicht an. ⁶Die Barabgeltung eines Freizeitanspruchs oder eines Freizeitüberhangs oder Zuschläge wegen Mehrarbeit oder wegen anderer als durch die Arbeitszeit bedingter Erschwernisse oder Zulagen, die lediglich nach bestimmten Zeiträumen bemessen werden, sind keine begünstigten Lohnzuschläge. ⁷§ 3 b EStG ist auch bei Arbeitnehmern anwendbar, deren Lohn nach § 40 a EStG pauschal versteuert wird.

Grundlohn

(2) ¹Grundlohn ist nach § 3 b Abs. 2 EStG der auf eine Arbeitsstunde entfallende Anspruch auf laufenden Arbeitslohn, den der Arbeitnehmer für den jeweiligen Lohnzahlungszeitraum auf Grund seiner regelmäßigen Arbeitszeit erwirbt. ²Im Einzelnen gilt Folgendes:

1. Abgrenzung des Grundlohns
   a) ¹Der Anspruch auf laufenden Arbeitslohn ist nach R 115 vom Anspruch auf sonstige Bezüge abzugrenzen. ²Soweit Arbeitslohn-Nachzahlungen oder -Vorauszahlungen zum laufenden Arbeitslohn gehören, erhöhen sie den laufenden Arbeitslohn der Lohnzahlungszeiträume, für die sie nach- oder vorausgezahlt werden; § 41 c EStG ist anzuwenden.
   b) ¹Ansprüche auf Sachbezüge, Aufwendungszuschüsse und vermögenswirksame Leistungen gehören zum Grundlohn, wenn sie laufender Arbeitslohn sind. ²Das Gleiche gilt für Ansprüche auf Zuschläge und Zulagen, die wegen der Besonderheit der Arbeit in der regelmäßigen Arbeitszeit gezahlt werden, z. B. Erschwerniszulagen oder Schichtzuschläge, sowie für Lohnzuschläge für die Arbeit in der nicht durch § 3 b EStG begünstigten Zeit. ³Regelmäßige Arbeitszeit ist die für das jeweilige Dienstverhältnis vereinbarte Normalarbeitszeit.
   c) Nicht zum Grundlohn gehören Ansprüche auf Vergütungen für Überstunden (Mehrarbeitsvergütungen), Zuschläge für Sonntags-, Feiertags- oder Nachtarbeit in der nach § 3 b EStG begünstigten Zeit, und zwar auch insoweit, als sie wegen Überschreitens der dort genannten Zuschlagssätze steuerpflichtig sind. ²Dies gilt auch für steuerfreie und nach § 40 EStG pauschal besteuerte Bezüge. ³Zum Grundlohn gehören aber die nach § 3 Nr. 63 EStG steuerfreien Beiträge des Arbeitgebers, soweit es sich um laufenden Arbeitslohn handelt.

2. Ermittlung des Grundlohnanspruchs für den jeweiligen Lohnzahlungszeitraum
   a) ¹Es ist der für den jeweiligen Lohnzahlungszeitraum vereinbarte Grundlohn im Sinne der Nummer 1 zu ermitteln (Basisgrundlohn). ²Werden die für den Lohnzahlungszeitraum zu zahlenden Lohnzuschläge nach den Verhältnissen eines früheren Lohnzahlungszeitraums bemessen, ist auch der Ermittlung des Basisgrundlohns der frühere Lohnzahlungszeitraum zugrunde zu legen. ³Werden die Zuschläge nach der Arbeitsleistung eines früheren Lohnzahlungszeitraums aber nach dem Grundlohn des laufenden Lohnzahlungszeitraums bemessen, ist der Basisgrundlohn des laufenden Lohnzahlungszeitraums zugrunde zu legen. ⁴Soweit sich die Lohnvereinbarung auf andere Zeiträume als auf den Lohnzahlungszeitraum bezieht, ist der Basisgrundlohn durch Vervielfältigung des vereinbarten Stundenlohns mit der Stundenzahl der regelmäßigen Arbeitszeit im Lohnzahlungszeitraum zu ermitteln. ⁵Bei einem monatlichen Lohnzahlungszeitraum ergibt sich die Stundenzahl der regelmäßigen Arbeitszeit aus dem 4,35fachen der wöchentlichen Arbeitszeit. ⁶Arbeitszeitausfälle, z. B. durch Urlaub oder Krankheit, bleiben außer Betracht.
   b) ¹Zusätzlich ist der Teil des für den jeweiligen Lohnzahlungszeitraum zustehenden Grundlohns im Sinne der Nummer 1 zu ermitteln, dessen Höhe nicht von im Voraus bestimmbaren Verhältnissen abhängt (Grundlohnzusätze), z. B. der nur für einzelne Arbeitsstunden bestehende Anspruch auf Erschwerniszulagen oder Spätarbeitszuschläge oder der von der Zahl der tatsächlichen Arbeitstage abhängende Anspruch auf Fahrtkostenzuschüsse. ²Diese Grundlohnzusätze sind mit den Beträgen anzusetzen, die dem Arbeitnehmer für den jeweiligen Lohnzahlungszeitraum tatsächlich zustehen.

3. Umrechnung des Grundlohnanspruchs

   ¹Basisgrundlohn (Nummer 2 Buchstabe a) und Grundlohnzusätze (Nummer 2 Buchstabe b) sind zusammenzurechnen und durch die Zahl der Stunden der regelmäßigen Arbeitszeit im jeweiligen Lohnzahlungszeitraum zu teilen. ²Bei einem monatlichen Lohnzahlungszeitraum ist der Divisor mit dem 4,35fachen der wöchentlichen Arbeitszeit anzusetzen. ³Das Ergebnis ist der Grundlohn; er ist für die Berechnung des steuerfreien Anteils der Zuschläge für Sonntags-, Feiertags- und Nachtarbeit maßgebend, soweit er die Stundenlohnhöchstgrenze nach § 3 b Abs. 2 Satz 1 EStG nicht übersteigt. ⁴Ist keine regelmäßige Arbeitszeit vereinbart, sind der Ermittlung des Grundlohns die im Lohnzahlungszeitraum tatsächlich geleisteten Arbeitsstunden zugrunde zu legen. ⁵Bei Stücklohnempfängern kann die Umrechnung des Stücklohns auf einen Stundenlohn unterbleiben.

4. Wird ein Zuschlag für Sonntags-, Feiertags-, oder Nachtarbeit von weniger als einer Stunde gezahlt, so ist bei der Ermittlung des steuerfreien Zuschlags für diesen Zeitraum der Grundlohn entsprechend zu kürzen.

5. Bei einer Beschäftigung nach dem Altersteilzeitgesetz ist der Grundlohn nach § 3 b Abs. 2 EStG so zu berechnen, als habe eine Vollzeitbeschäftigung bestanden.

Nachtarbeit an Sonntagen und Feiertagen

(3) ¹Wird an Sonntagen und Feiertagen oder in der zu diesen Tagen nach § 3b Abs. 3 Nr. 2 EStG gehörenden Zeit Nachtarbeit geleistet, kann die Steuerbefreiung nach § 3b Abs. 1 Nr. 2 bis 4 EStG neben der Steuerbefreiung nach § 3b Abs. 1 Nr. 1 EStG in Anspruch genommen werden. ²Dabei ist der steuerfreie Zuschlagssatz für Nachtarbeit mit dem steuerfreien Zuschlagssatz für Sonntags- oder Feiertagsarbeit auch dann zusammenzurechnen, wenn nur ein Zuschlag gezahlt wird. ³Zu den gesetzlichen Feiertagen im Sinne des § 3b Abs. 1 Nr. 3 EStG gehören der Oster- und der Pfingstsonntag auch dann, wenn sie in den am Ort der Arbeitsstätte geltenden Vorschriften nicht ausdrücklich als Feiertage genannt werden. ⁴Wenn für die einem Sonn- oder Feiertag folgende oder vorausgehende Nachtarbeit ein Zuschlag für Sonntags- oder Feiertagsarbeit gezahlt wird, ist dieser als Zuschlag für Nachtarbeit zu behandeln.

Feiertagsarbeit an Sonntagen

(4) ¹Ist ein Sonntag zugleich Feiertag, kann ein Zuschlag nur bis zur Höhe des jeweils in Betracht kommenden Feiertagszuschlags steuerfrei gezahlt werden. ²Das gilt auch dann, wenn nur ein Sonntagszuschlag gezahlt wird.

Zusammentreffen mit Mehrarbeitszuschlägen

(5) ¹Hat der Arbeitnehmer arbeitsrechtlich Anspruch auf Zuschläge für Sonntags-, Feiertags- oder Nachtarbeit und auf Zuschläge für Mehrarbeit und wird Mehrarbeit als Sonntags-, Feiertags- oder Nachtarbeit geleistet, sind folgende Fälle zu unterscheiden:
1. es werden sowohl die in Betracht kommenden Zuschläge für Sonntags-, Feiertags- oder Nachtarbeit als auch für Mehrarbeit gezahlt;
2. es wird nur der in Betracht kommende Zuschlag für Sonntags-, Feiertags- oder Nachtarbeit gezahlt, der ebenso hoch oder höher ist als der Zuschlag für Mehrarbeit;
3. es wird nur der Zuschlag für Mehrarbeit gezahlt;
4. es wird ein einheitlicher Zuschlag (Mischzuschlag) gezahlt, der höher ist als die jeweils in Betracht kommenden Zuschläge, aber niedriger als ihre Summe;
5. es wird ein einheitlicher Zuschlag (Mischzuschlag) gezahlt, der höher ist als die Summe der jeweils in Betracht kommenden Zuschläge.

²In den Fällen der Nummern 1 und 2 ist von den gezahlten Zuschlägen der Betrag als Zuschlag für Sonntags-, Feiertags- oder Nachtarbeit zu behandeln, der dem arbeitsrechtlich jeweils in Betracht kommenden Zuschlag entspricht. ³Im Fall der Nummer 3 liegt ein Zuschlag im Sinne des § 3b EStG nicht vor. ⁴In den Fällen der Nummern 4 und 5 ist der Mischzuschlag im Verhältnis der in Betracht kommenden Einzelzuschläge in einen nach § 3b EStG begünstigten Anteil und einen nicht begünstigten Anteil aufzuteilen. ⁵Ist für Sonntags-, Feiertags- oder Nachtarbeit kein Zuschlag vereinbart, weil z. B. Pförtner oder Nachtwächter ihre Tätigkeit regelmäßig zu den begünstigten Zeiten verrichten, so bleibt von einem für diese Tätigkeiten gezahlten Mehrarbeitszuschlag kein Teilbetrag nach § 3b EStG steuerfrei.

Nachweis der begünstigten Arbeitszeiten

(6) ¹Steuerfrei sind nur Zuschläge, die für tatsächlich geleistete Sonntags-, Feiertags- oder Nachtarbeit gezahlt werden. ²Zur vereinbarten und vergüteten Arbeitszeit gehörende Waschzeiten, Schichtübergabezeiten und Pausen gelten als begünstigte Arbeitszeit im Sinne des § 3b EStG, soweit sie in den begünstigten Zeitraum fallen. ³Die tatsächlich geleistete Sonntags-, Feiertags- oder Nachtarbeit ist grundsätzlich im Einzelfall nachzuweisen. ⁴Wird eine einheitliche Vergütung für den Grundlohn und die Zuschläge für Sonntags-, Feiertags- oder Nachtarbeit, gegebenenfalls unter Einbeziehung der Mehrarbeit und Überarbeit, gezahlt, weil Sonntags-, Feiertags- oder Nachtarbeit üblicherweise verrichtet wird, und werden deshalb die sonntags, feiertags oder nachts tatsächlich geleisteten Arbeitsstunden nicht aufgezeichnet, so bleiben die in der einheitlichen Vergütung enthaltenen Zuschläge für Sonntags-, Feiertags- oder Nachtarbeiten grundsätzlich nicht nach § 3b EStG steuerfrei. ⁵Zu einem erleichterten Nachweis >Absatz 7. ⁶Sind die Einzelanschreibung und die Einzelbezahlung der geleisteten Sonntags-, Feiertags- oder Nachtarbeit wegen der Besonderheiten der Arbeit und der Lohnzahlungen nicht möglich, so darf das Betriebsstättenfinanzamt den Teil der Vergütung, der als steuerfreier Zuschlag für Sonntags-, Feiertags- oder Nachtarbeit anzuerkennen ist, von Fall zu Fall feststellen. ⁷Im Interesse einer einheitlichen Behandlung der Arbeitnehmer desselben Berufszweigs darf das Betriebsstättenfinanzamt die Feststellung nur auf Weisung der vorgesetzten Behörde treffen. ⁸Die Weisung ist der obersten Landesfinanzbehörde vorbehalten, wenn die für den in Betracht kommenden Berufszweig maßgebende Regelung nicht nur im Bezirk der für das Betriebsstättenfinanzamt zuständigen vorgesetzten Behörde gilt. ⁹Eine Feststellung nach Satz 6 kommt für solche Regelungen nicht in Betracht, durch die nicht pauschale Zuschläge festgesetzt, sondern bestimmte Teile eines nach Zeiträumen bemessenen laufenden Arbeitslohns als Zuschläge für Sonntags-, Feiertags- oder Nachtarbeit erklärt werden.

Pauschale Abschlagszahlungen

(7) ¹Werden Zuschläge für Sonntags-, Feiertags- oder Nachtarbeit als laufende Pauschale, z. B. Monatspauschale, gezahlt und wird eine Verrechnung mit den Zuschlägen, die für die einzeln nachgewiesenen Zeiten für Sonntags-, Feiertags- oder Nachtarbeit auf Grund von Einzelberechnungen zu zahlen wären, erst später vorgenommen, so kann die laufende Pauschale oder ein Teil davon steuerfrei belassen werden, wenn

1. der steuerfreie Betrag nicht nach höheren als den in § 3b EStG genannten Vomhundertsätzen berechnet wird,
2. der steuerfreie Betrag nach dem durchschnittlichen Grundlohn und der durchschnittlichen im Zeitraum des Kalenderjahres tatsächlich anfallenden Sonntags-, Feiertags- oder Nachtarbeit bemessen wird,
3. die Verrechnung mit den einzeln ermittelten Zuschlägen jeweils vor der Erstellung der Lohnsteuerbescheinigung und somit regelmäßig spätestens zum Ende des Kalenderjahres oder beim Ausscheiden des Arbeitnehmers aus dem Dienstverhältnis erfolgt. ²Für die Ermittlung der im einzelnen nachzuweisenden Zuschläge ist auf den jeweiligen Lohnzahlungszeitraum abzustellen. ³Dabei ist auch der steuerfreie Teil der einzeln ermittelten Zuschläge festzustellen und die infolge der Pauschalierung zu wenig oder zu viel einbehaltene Lohnsteuer auszugleichen,
4. bei der Pauschalzahlung erkennbar ist, welche Zuschläge im Einzelnen – jeweils getrennt nach Zuschlägen für Sonntags-, Feiertags- oder Nachtarbeit – abgegolten sein sollen und nach welchen Vomhundertsätzen des Grundlohns die Zuschläge bemessen worden sind,
5. die Pauschalzahlung tatsächlich ein Zuschlag ist, der neben dem Grundlohn gezahlt wird; eine aus dem Arbeitslohn rechnerisch ermittelte Pauschalzahlung ist kein Zuschlag.

²Ergibt die Einzelfeststellung, dass der dem Arbeitnehmer auf Grund der tatsächlich geleisteten Sonntags-, Feiertags- oder Nachtarbeit zustehende Zuschlag höher ist als die Pauschalzahlung, so kann ein höherer Betrag nur steuerfrei sein, wenn und soweit der Zuschlag auch tatsächlich zusätzlich gezahlt wird; eine bloße Kürzung des steuerpflichtigen Arbeitslohns um den übersteigenden Steuerfreibetrag ist nicht zulässig. ³Diese Regelungen gelten sinngemäß, wenn lediglich die genaue Feststellung des steuerfreien Betrags im Zeitpunkt der Zahlung des Zuschlags schwierig ist und sie erst zu einem späteren Zeitpunkt nachgeholt werden kann.

Zeitversetzte Auszahlung

(8) ¹Die Steuerfreiheit von Zuschlägen für Sonntags-, Feiertags- oder Nachtarbeit bleibt auch bei zeitversetzter Auszahlung grundsätzlich erhalten. ²Voraussetzung ist jedoch, das vor der Leistung der begünstigten Arbeit bestimmt wird, dass ein steuerfreier Zuschlag – ggf. teilweise – als Wertguthaben auf ein Arbeitszeitkonto genommen und getrennt ausgewiesen wird. ³Dies gilt z. B. in Fällen der Altersteilzeit bei Aufteilung in Arbeits- und Freistellungsphase (so genannte Blockmodelle).

§ 3b EStG
R 30

H 30
Hinweise zu R 30
Steuerfreiheit der Zuschläge für Sonntags-, Feiertags- oder Nachtarbeit

Abgrenzung Sonntags-/Feiertagszuschlag – Nachtzuschlag

Beispiel:

Ein Arbeitnehmer beginnt seine Nachtschicht am Sonntag, dem 1. Mai um 22 Uhr und beendet sie am 2. Mai um 7 Uhr.

Für diesen Arbeitnehmer sind Zuschläge zum Grundlohn bis zu folgenden Sätzen steuerfrei:

- 175 v. H. für die Arbeit am 1. Mai in der Zeit von 22 Uhr bis 24 Uhr (25 v. H. für Nachtarbeit und 150 v. H. für Feiertagsarbeit),
- 190 v. H. für die Arbeit am 2. Mai in der Zeit von 0 Uhr bis 4 Uhr (40 v. H. für Nachtarbeit und 150 v. H. für Feiertagsarbeit),
- 25 v. H. für die Arbeit am 2. Mai in der Zeit von 4 Uhr bis 6 Uhr.

Abgrenzung Spätarbeitszuschlag – andere Lohnzuschläge

Beispiel:

Auf Grund tarifvertraglicher Vereinbarung erhält ein Arbeitnehmer für die Arbeit in der Zeit von 18 bis 22 Uhr einen Spätarbeitszuschlag und für die in der Zeit von 19 bis 21 Uhr verrichteten Arbeiten eine Gefahrenzulage. Der für die Zeit von 20 bis 22 Uhr gezahlte Spätarbeitszuschlag ist ein nach § 3b EStG begünstigter Zuschlag für Nachtarbeit. Die Gefahrenzulage wird nicht für die Arbeit zu einer bestimmten Zeit gezahlt und ist deshalb auch insoweit kein Nachtarbeitszuschlag im Sinne des § 3b EStG, als sie für die Arbeit in der Zeit von 20 bis 21 Uhr gezahlt wird.

Aufteilung von Mischzuschlägen

>BFH vom 13. 10. 1989 – BStBl. 1991 II S. 8

Bereitschaftsdienste

- Ein Zeitzuschlag für ärztliche Bereitschaftsdienste wird auch dann nicht für tatsächlich geleistete Sonntags-, Feiertags- oder Nachtarbeit gezahlt, wenn die Bereitschaftsdienste überwiegend zu diesen Zeiten anfallen. Auch wenn die auf Sonntage, Feiertage und Nachtzeit entfallenden Bereitschaftsdienste festgestellt werden können, ist Bereitschaftsdienstvergütung deshalb nicht steuerfrei (>BFH vom 24. 11. 1989 – BStBl. 1990 II S. 315).
- Ist in begünstigten Zeiten des § 3b EStG Bereitschaft angeordnet, sind Zuschläge zur Bereitschaftsdienstvergütung steuerfrei, soweit sie die in § 3b EStG vorgesehenen Prozentsätze, gemessen an der Bereitschaftsdienstvergütung, nicht übersteigen (>BFH vom 27. 8. 2002 – BStBl. II S. 883).

Einkünfte aus nichtselbständiger Arbeit

Die Steuerfreiheit nach § 3b EStG setzt voraus, dass die Zuschläge ohne diese Vorschrift den Einkünften aus nichtselbständiger Arbeit zuzurechnen wären (>BFH-Urteil vom 19. 3. 1997 – BStBl. II S. 577).

- Zahlt eine Kapitalgesellschaft ihrem Gesellschafter-Geschäftsführer zusätzlich zu seinem Festgehalt Vergütungen für Sonntags-, Feiertags- und Nachtarbeit, liegt nur in Ausnahmefällen keine verdeckte Gewinnausschüttung vor (>BFH vom 14. 7. 2004 – BStBl. 2005 II S. 307).

Grundlohn

Beispiel 1:

Ein Arbeitnehmer in einem Dreischichtbetrieb hat eine tarifvertraglich geregelte Arbeitszeit von 38 Stunden wöchentlich und einen monatlichen Lohnzahlungszeitraum. Er hat Anspruch – soweit es den laufenden Arbeitslohn ohne Sonntags-, Feiertags- oder Nachtarbeitszuschläge angeht – auf

- einen Normallohn von 8,50 € für jede im Lohnzahlungszeitraum geleistete Arbeitsstunde,
- einen Schichtzuschlag von 0,25 € je Arbeitsstunde,
- einen Zuschlag für Samstagsarbeit von 0,50 € für jede Samstagsarbeitsstunde,
- einen Spätarbeitszuschlag von 0,85 € für jede Arbeitsstunde zwischen 18 Uhr und 20 Uhr,
- einen Überstundenzuschlag von 2,50 € je Überstunde,
- eine Gefahrenzulage für unregelmäßig anfallende gefährliche Arbeiten von 1,50 € je Stunde,
- einen steuerpflichtigen, aber nicht pauschal versteuerten Fahrtkostenzuschuss von 3,– € je Arbeitstag.

- eine vermögenswirksame Leistung von 40,– € monatlich,
- Beiträge des Arbeitgebers zu einer Direktversicherung von 50,– € monatlich.

Im Juni hat der Arbeitnehmer infolge Urlaubs nur an 10 Tagen insgesamt 80 Stunden gearbeitet. In diesen 80 Stunden sind enthalten:

Regelmäßige Arbeitsstunden	76
Überstunden insgesamt	4
Samstagsstunden insgesamt	12
Überstunden an Samstagen	2
Spätarbeitsstunden insgesamt	16
Überstunden mit Spätarbeit	2
Stunden mit gefährlichen Arbeiten insgesamt	5
Überstunden mit gefährlichen Arbeiten	1

Hiernach betragen

a) der Basisgrundlohn

8,50 € Stundenlohn × 38 Stunden × 4,35	1 405,05 €
0,25 € Schichtzuschlag × 38 Stunden × 4,35	41,33 €
Vermögenswirksame Leistungen	40,00 €
Beiträge zur Direktversicherung	50,00 €
insgesamt	1 536,38 €

b) die Grundlohnzusätze

0,50 € Samstagsarbeitszuschlag × 10 Stunden	5,00 €
0,85 € Spätarbeitszuschlag × 14 Stunden	11,90 €
1,50 € Gefahrenzulage × 4 Stunden	6,00 €
3,00 € Fahrtkostenzuschuss × 10 Arbeitstage	30,00 €
insgesamt	52,90 €

c) der Grundlohn des Lohnzahlungszeitraums insgesamt 1 589,28 €

d) der für die Begrenzung des steuerfreien Anteils der begünstigten Lohnzuschläge maßgebende Grundlohn

$$\frac{1\,589,28\,€}{38\,\text{Stunden} \times 4,35} = 9,61\,€$$

Beispiel 2:

Bei einem Arbeitnehmer mit tarifvertraglich geregelter Arbeitszeit von 37,5 Stunden wöchentlich und einem monatlichen Lohnzahlungszeitraum, dessen Sonntags-, Feiertags- und Nachtarbeitszuschläge sowie nicht im Voraus feststehende Bezüge sich nach den Verhältnissen des Vormonats bemessen, betragen für den Lohnzahlungszeitraum März

– der Basisgrundlohn	1 638,64 €
– die Grundlohnzusätze (bemessen nach den Verhältnissen im Monat Februar)	134,36 €
Im Februar betrug der Basisgrundlohn	1 468,08 €

Für die Ermittlung des steuerfreien Anteils der Zuschläge für Sonntags-, Feiertags- oder Nachtarbeit, die dem Arbeitnehmer auf Grund der im Februar geleisteten Arbeit für den Lohnzahlungszeitraum März zustehen, ist von einem Grundlohn auszugehen, der sich aus

dem Basisgrundlohn des Lohnzahlungszeitraums Februar (R 30 Abs. 2 Nr. 2 Buchst. a Satz 2) von	1 468,08 €
und den Grundlohnzusätzen des Lohnzahlungszeitraums März (bemessen nach den Verhältnissen im Februar)	140,36 €

zusammensetzt.

Der für die Berechnung des steuerfreien Anteils der begünstigten Lohnzuschläge maßgebende Grundlohn beträgt also

$$\frac{1468,08\,€ + 140,36\,€}{37,5 \times 4,35} = 9,86\,€$$

Pauschale Zuschläge

- Die Steuerbefreiung setzt grundsätzlich Einzelaufstellungen der tatsächlich erbrachten Arbeitsstunden an Sonn- und Feiertagen oder zur Nachtzeit voraus (>BFH vom 28. 11. 1990 – BStBl. 1991 II S. 293). Demgegenüber können pauschale Zuschläge dann steuerfrei sein, wenn und soweit sie als bloße Abschlagszahlungen oder Vorschüsse auf später einzeln abzurechnende Zuschläge geleistet werden (>BFH vom 23. 10. 1992 – BStBl. 1993 II S. 314).
- Pauschale Zuschläge können steuerfrei sein, wenn sie als Abschlagszahlungen oder Vorschüsse für tatsächlich geleistete Sonntags-, Feiertags- oder Nachtarbeit gezahlt werden. Der fehlende Nachweis tatsächlich erbrachter Arbeitsleistungen kann nicht durch eine Modellrechnung ersetzt werden (>BFH vom 25. 5. 2005 – BStBl. II S. 725).

§ 3 b EStG
R 30

Tatsächliche Arbeitsleistung

Soweit Zuschläge gezahlt werden, ohne dass der Arbeitnehmer in der begünstigten Zeit gearbeitet hat, z. B. bei Lohnfortzahlung im Krankheits- oder Urlaubsfall oder bei Lohnfortzahlung an von der betrieblichen Tätigkeit freigestellte Betriebsratmitglieder, sind sie steuerpflichtig (>BFH vom 3. 5. 1974 – BStBl. II S. 646 und vom 26. 10. 1984 – BStBl. 1985 II S. 57).

Wechselschichtzuschlag

Zuschläge für Wechselschichtarbeit, die der Arbeitnehmer für seine Wechselschicht regelmäßig und fortlaufend bezieht, sind dem steuerpflichtigen Grundlohn zugehörig; sie sind auch während der durch § 3b EStG begünstigten Nachtzeit nicht steuerbefreit (>BFH vom 7. 7. 2005 – BStBl. II S. 888).

Zuschlag zum Grundlohn

Ein Zuschlag wird nicht neben dem Grundlohn gezahlt, wenn er aus dem arbeitsrechtlich geschuldeten Arbeitslohn rechnerisch ermittelt wird, selbst wenn im Hinblick auf eine ungünstig liegende Arbeitszeit ein höherer Arbeitslohn gezahlt werden sollte (>BFH vom 28. 11. 1990 – BStBl. 1991 II S. 296); infolgedessen dürfen auch aus einer Umsatzbeteiligung keine Zuschläge abgespalten und nach § 3b EStG steuerfrei gelassen werden.

Anlage 1
zu H 30

Zuschläge für Prozentempfänger im Hotel- und Gaststättengewerbe

Bundeseinheitlich geltende Regelung, für Bayern bekannt gegeben mit Schreiben des Bayer. Staatsministeriums der Finanzen vom 30. 12. 1975 (Az.: 32 – S 2370 – 1/208 – 74078)

In übereinstimmenden Ländererlassen ist bisher zugelassen worden, dass bei den Prozentempfängern im Hotel- und Gaststättengewerbe unter bestimmten Voraussetzungen ein Teil der Bezüge durch Betriebsvereinbarung als Zuschläge i. S. des § 34 a Abs. 2 EStG a. F. angesehen werden können, soweit für die Zahlung von Zuschlägen für Sonntags-, Feiertags- oder Nachtarbeit eine tarifvertragliche Regelung nicht besteht. Nach nochmaliger Überprüfung der Rechtslage kann an dieser Auffassung nicht mehr festgehalten werden. Hierfür sind folgende Überlegungen maßgebend:

Nach § 3 b Abs. 2 EStG (früher § 34 a Abs. 2 EStG) müssen echte Zuschläge gezahlt werden. Das bedeutet, dass aus dem arbeitsrechtlich geschuldeten Arbeitslohn, selbst wenn im Hinblick auf eine ungünstig liegende Arbeitszeit ein höherer Lohn gezahlt werden sollte, nicht ein begünstigter Zuschlag herausgerechnet werden kann (vgl. auch BFH-Urteil vom 14. 6. 1967, BStBl. III S. 609). Das bisher zugelassene Verfahren führt im Ergebnis aber dazu, dass von dem geschuldeten Arbeitslohn, der sich nach dem Umsatz richtet und in seiner Höhe nicht davon abhängig ist, in welcher Zeit die Arbeit geleistet wird, ein Teil abgespalten wird. Es fehlt also an einem echten Zuschlag.

Darüber hinaus muss der Zuschlag auch neben dem Grundlohn gezahlt werden. Nach § 3 b Abs. 3 Ziff. 1 EStG gilt als Grundlohn, was dem Arbeitnehmer bei der für ihn maßgebenden regelmäßigen Arbeitszeit in dem jeweiligen Lohnzahlungszeitraum an laufenden Geld- und laufenden Sachbezügen zusteht. Der Prozentempfänger im Hotel- und Gaststättengewerbe erhält nach den Tarifverträgen eine prozentuale Umsatzentlohnung. Dieser am Umsatz orientierte Tariflohn ist der Lohn, der dem Arbeitnehmer „zusteht". Der Garantielohn stellt hingegen lediglich den Mindestlohn dar und kann nur in den Lohnzahlungszeiträumen als Grundlohn gelten, in denen der umsatzabhängige Lohn diese Grenze unterschreitet. Es fehlt mithin auch an einem Zuschlag, der neben den Grundlohn tritt.

Im Einvernehmen mit dem Bundesminister der Finanzen und den Finanzministern (-senatoren) der anderen Länder hebe ich daher die bisher getroffenen Regelungen mit Wirkung ab 1. 1. 1976 auf.

Anlage 2
zu H 30

Steuerliche Behandlung von Spätschichtzulagen als Zuschläge für Sonntags-, Feiertags- oder Nachtarbeit

Bundeseinheitlich geltende Regelung, für Bayern bekannt gegeben mit Schreiben des Bayer. Staatsministeriums der Finanzen vom 1. 1. 1990 (Az.: 32 – S 2343 – 1/60 – 17476)

Im Einvernehmen mit dem Bundesminister der Finanzen und den Finanzministern (-senatoren) der anderen Länder gilt ab 1. 1. 1990 Folgendes:

1. Zuschläge für Sonntags-, Feiertags- oder Nachtarbeit im Sinne des § 3 b EStG sind Lohnzuschläge, die für die Arbeit in den nach § 3 b EStG begünstigten Zeiten gezahlt werden. Auf die Bezeichnung der Lohnzuschläge kommt es für die Anwendung des § 3 b EStG nicht an. Zuschläge wegen Mehrarbeit oder wegen anderer als durch die Arbeitszeit bedingten Erschwernisse oder Zulagen, die lediglich nach bestimmten Zeiträumen bemessen werden, sind keine begünstigten Lohnzuschläge.

   Beispiel:

   Auf Grund tarifvertraglicher Vereinbarung erhält ein Arbeitnehmer für die Arbeit in der Zeit von 18 bis 22 Uhr einen Spätarbeitszuschlag und für die in der Zeit von 19 bis 21 Uhr verrichteten Arbeiten eine Gefahrenzulage. Der für die Zeit von 20 bis 22 Uhr gezahlte Spätarbeitszuschlag ist ein nach § 3 b EStG begünstigter Zuschlag für Nachtarbeit. Die Gefahrenzulage wird nicht für die Arbeit zu einer bestimmten Zeit gezahlt und ist deshalb auch insoweit kein Nachtarbeitszuschlag im Sinne des § 3 b EStG, als sie für die Arbeit in der Zeit von 20 bis 21 Uhr gezahlt wird.

2. Soweit Lohnzuschläge im Sinne der Nummer 1 Satz 1 vorliegen, gehören sie unabhängig von ihrer Bezeichnung nicht zum Grundlohn (Abschnitt 30 Abs. 2 Nr. 1 Buchstabe c LStR 1990). Das gilt auch für den Teil dieser Zuschläge, der wegen Überschreitens der in § 3 b EStG genannten Zuschlagssätze steuerpflichtig ist.

   Beispiel:

   Der Arbeitnehmer erhält für die Arbeit in der Zeit von 20 bis 6 Uhr einen Nachtarbeitszuschlag, der nach § 3 b Abs. 1 Nr. 1 EStG nur zum Teil steuerfrei ist. Gleichwohl bleibt der Nachtarbeitszuschlag in voller Höhe bei der Grundlohnermittlung unberücksichtigt.

3. Lohnzuschläge für Zeiten, die nicht nach § 3 b EStG begünstigt sind, gehören unabhängig von ihrer Bezeichnung zum Grundlohn. Das gilt auch in den Fällen, in denen diese Lohnzuschläge nach Abschnitt 30 Abs. 9 Satz 4 LStR 1990 durch § 52 Abs. 3 EStG begünstigt werden.

   Beispiel:

   Auf Grund tarifvertraglicher Vereinbarungen erhält ein Arbeitnehmer Nachtarbeitszuschläge für die Zeit von 18 bis 6 Uhr. Der für die Arbeit in der Zeit von 18 bis 20 Uhr gezahlte Zuschlag ist kein nach § 3 b EStG begünstigter Zuschlag. Er gehört deshalb trotz seiner Bezeichnung als Nachtarbeitszuschlag zum Grundlohn.

4. Soweit bisher die Hinzurechnung der Zeitzuschläge im Sinne der Nummer 3 zum Grundlohn unterblieben ist und sich dies zugunsten des Arbeitnehmers ausgewirkt hat, wird auf eine Nachforderung der Lohnsteuer verzichtet.

Anlage 3
zu H 30

Steuerfreiheit von Zuschlägen für Sonntags-, Feiertags- und Nachtarbeit;
hier: Anwendung des BFH-Urteils vom 13. 10. 1989
(BStBl. 1991 II S. 8)

BMF-Schreiben vom 28. 12. 1990 (BStBl. 1991 I S. 57)

Wird Mehrarbeit als Sonntags-, Feiertags- oder Nachtarbeit geleistet und wird für diese Arbeit ein einheitlicher Zuschlag (Mischzuschlag) gezahlt, dessen auf Sonntags-, Feiertags- oder Nachtarbeit entfallender Anteil betragsmäßig nicht festgelegt ist, so ist der Mischzuschlag nach dem BFH-Urteil vom 13. Oktober 1989 –

VI R 79/86 –, BStBl. II 1991 S. 8, im Verhältnis der in Betracht kommenden Einzelzuschläge in einen nach § 3 b EStG begünstigten Anteil und einen nicht begünstigten Anteil aufzuteilen.

Nach dem Ergebnis der Besprechung mit den obersten Finanzbehörden der Länder sind die Grundsätze dieses Urteils auch über den entschiedenen Sachverhalt hinaus anzuwenden. Dies bedeutet, dass

— bei einem Mischzuschlag, der niedriger ist als die Summe der Einzelzuschläge, nur der Anteil als Zuschlag im Sinne des § 3 b EStG behandelt werden kann, der dem Verhältnis zwischen dem Sonntags-, Feiertags- oder Nachtarbeitszuschlag und dem Mehrarbeitszuschlag entspricht, und

— ein Zuschlag im Sinne des § 3 b EStG nicht vorliegt, wenn bei einem Zusammentreffen von Mehrarbeit und Sonntags-, Feiertags- oder Nachtarbeit nur der Zuschlag für Mehrarbeit gezahlt wird.

Abschnitt 30 Abs. 6 Satz 2 LStR 1990 ist hiernach nur in den ersten beiden Fällen des vorhergehenden Satzes anzuwenden. Es ist jedoch nicht zu beanstanden, wenn Abschnitt 30 Abs. 6 Sätze 1 bis 3 LStR 1990 bis zum 31. Dezember 1991 weiter angewendet wird, soweit dies für den Arbeitnehmer günstiger ist.

Anlage 4
zu H 30

Steuerliche Behandlung von Nachtarbeitszuschlägen in der Druckindustrie

Bundeseinheitlich geltende Regelung, für Bayern bekannt gegeben mit Schreiben des Bayer. Staatsministeriums der Finanzen vom 26. 10. 1992 (Az.: 32 – S 2343 – 11/18 – 54540)

Nach Abstimmung mit dem Bundesminister der Finanzen und den obersten Finanzbehörden der anderen Länder vertrete ich die Auffassung, dass nach der rückwirkenden Änderung des § 8 des Manteltarifvertrages in der Druckindustrie der Zuschlag für Nachtarbeit, die gleichzeitig Mehrarbeit ist, kein Mischzuschlag ist. Vielmehr ist der volle Zuschlag (52 v. H. des Stundenlohns) als Nachtarbeitszuschlag im Sinne der §§ 3 b und 52 Abs. 3 EStG anzuerkennen.

Anlage 5
zu H 30

Wechselschichtzulage im Bankgewerbe

Verfügung der OFD München vom 10. 10. 1993 (Az.: S 2343 – 33 St 435)

Nach § 5 Ziff. 4 des Tarifvertrages für das private Bankgewerbe erhalten Arbeitnehmer für eine ständige dreischichtige Wechselschichtarbeit (außer Wachdienst), bei der die 3. Schicht regelmäßig überwiegend in der Nachtzeit (20 bis 6 Uhr) liegt, einen monatlichen Zuschlag von 475,00 DM. Daneben wird für die Arbeit in der Nachtzeit (20 bis 6 Uhr) ein Zuschlag von 25 % gezahlt (§ 5 Ziff. 3 des Tarifvertrages).

Im Rahmen von Einkommensteuererklärungen beantragen Arbeitnehmer, die Wechselschichtzulage i. H. von 475,00 DM teilweise nach § 3 b Abs. 1 EStG steuerfrei zu belassen. Ich bitte hierzu folgende Auffassung zu vertreten:

Zuschläge für Sonntags-, Feiertags- oder Nachtarbeit im Sinne des § 3 b EStG sind Lohnzuschläge, die für die Arbeit in den nach § 3 b EStG begünstigten Zeiten gezahlt werden. Auf die Bezeichnung der Lohnzuschläge kommt es nicht an. Zuschläge wegen Mehrarbeit oder wegen anderer als durch die Arbeitszeit bedingter Erschwernisse oder Zulagen, die lediglich nach bestimmten Zeiträumen bemessen werden, sind keine begünstigten Lohnzuschläge (Abschn. 30 Abs. 1 LStR 1993).

Die o. g. Wechselschichtzulage erfüllt nicht die Voraussetzung, dass sie eindeutig als Zeitzuschlag für begünstigte Zeiten bezahlt wird. Sie wird ohne Rücksicht darauf, inwieweit die Arbeitsleistung auf gesetzlich begünstigte Zeiten entfällt, geleistet. Es handelt sich um eine Zulage, die den Charakter einer erhöhten (steuerpflichtigen) Entlohnung hat (vgl. BFH-Urteil vom 24. 11. 1989, BStBl. II 1990, S. 315). Eine Steuerbefreiung i. R. des § 3 b EStG ist deshalb nicht möglich, auch nicht teilweise, soweit durch die Zahlung von Nachtarbeitszuschlägen nach § 5 Ziff. 3 des Tarifvertrages die nach § 3 b EStG mögliche Steuerbefreiung noch nicht ausgeschöpft ist.

Anlage 6
zu H 30

Lohnsteuerliche Behandlung der nach § 22 Abs. 5 Sätze 1 und 2 Erschwerniszulagenverordnung gezahlten Schichtzulage

Verfügung der OFD München vom 10. 10. 1993 (Az.: S 2343 – 32 St 431)

Nach dem Ergebnis der Abstimmung mit den obersten Finanzbehörden der Länder handelt es sich bei der Schichtzulage, die Beamte der Deutschen Bundesbahn und der Deutschen Bundespost nach § 22 Abs. 5 Sätze 1 und 2 der Erschwerniszulagenverordnung in der Fassung der Bekanntmachung vom 13. 3. 1992 (BGBl. I S. 519) für tatsächlich geleistete Nachtarbeit erhalten, um einen Nachtarbeitszuschlag im Sinne des § 3 b EStG. Die Schichtzulage ist deshalb steuerfrei, soweit sie – gegebenenfalls zusammen mit anderen für dieselbe Nachtarbeit gezahlten Zuschlägen – die Grenzen des § 3 b EStG nicht übersteigt.

Wird im Rahmen der Einkommensteuer-Erklärung beantragt, die im Bruttoarbeitslohn enthaltene Schichtzulage steuerfrei zu belassen, hat der Arbeitnehmer eine Bescheinigung seines Arbeitgebers (Bezügestelle) vorzulegen. Aus der Bescheinigung muss hervorgehen, dass die Schichtzulage nach § 22 Abs. 5 Sätze 1 und 2 Erschwerniszulagenverordnung gezahlt und für Arbeit in den nach § 3 b EStG begünstigten Zeiten gewährt worden ist. Zusätzlich ist vom Arbeitgeber anzugeben, ob und ggf. inwieweit die im Rahmen des § 3 b EStG grundsätzlich mögliche Steuerfreiheit der Schichtzulage nicht bereits durch andere vom Arbeitgeber gezahlte Zuschläge (z. B. Nachtzuschlag laut Tarifvertrag) für dieselbe Nachtarbeit verbraucht ist.

Anlage 7
zu H 30

Überstundenvergütungen für Gesellschafter-Geschäftsführer hier: Anwendung des BFH-Urteils vom 19. 3. 1997 (BStBl. II S. 577)

BMF-Schreiben vom 28. 9. 1998 (BStBl. I S. 1194)

In seinem Urteil vom 19. März 1997 (a. a. O.) hat der BFH u. a. entschieden, dass eine Vereinbarung über die Vergütung von Überstunden unvereinbar mit dem Aufgabenbild eines Gesellschafter-Geschäftsführers einer GmbH ist. Dies gelte erst recht dann, wenn die Vereinbarung von vornherein auf die Vergütung von Überstunden an Sonntagen, Feiertagen und zur Nachtzeit beschränkt sei oder wenn außerdem eine Gewinntantieme vereinbart sei. Die von der GmbH an ihren Gesellschafter-Geschäftsführer geleisteten Überstundenvergütungen seien steuerlich als verdeckte Gewinnausschüttungen i. S. des § 8 Abs. 3 Satz 2 KStG zu behandeln.

Unter Bezugnahme auf das Ergebnis der Erörterung mit den obersten Finanzbehörden der Länder nehme ich zur Anwendung der Rechtsgrundsätze des o. a. BFH-Urteils wie folgt Stellung:

Soweit in Abschnitt 30 Abs. 1 Satz 2 LStR 1996 unter anderem auch Gesellschafter-Geschäftsführer einer GmbH als mögliche Empfänger von nach § 3 b EStG steuerbefreiten Zuschlägen genannt werden, setzt die Steuerfreiheit voraus, dass die Zuschläge ohne diese Vorschrift den Einkünften aus nichtselbständiger Arbeit zuzurechnen wären. Die Steuerbefreiung ist deshalb nicht zu gewähren, soweit die Zuschläge als verdeckte Gewinnausschüttung im Sinne des § 8 Abs. 3 Satz 2 KStG anzusehen sind.

Soweit Zuschläge für Sonntags-, Feiertags- oder Nachtarbeit im Sinne des § 3b EStG für vor dem 1. Januar 1998 endende Lohnzahlungszeiträume geleistet worden sind, sind aus den Rechtsgrundsätzen des BFH-Urteils keine nachteiligen steuerlichen Folgen zu ziehen. Die Annahme einer verdeckten Gewinnausschüttung im Sinne des § 8 Abs. 3 Satz 2 KStG aus anderen Gründen bleibt unberührt.

Anlage 8
zu H 30

Steuerfreiheit von Zuschlägen für Feiertagsarbeit im Ausland

BMF-Schreiben vom 1.3.2004 Az.: IV C 5 – S 2353 – 26/04

Ein Zuschlag für tatsächlich geleistete Feiertagsarbeit ist für die Zeit bis 24.00 Uhr des maßgeblichen gesetzlichen Feiertags steuerfrei. Dabei bestimmt sich der gesetzliche Feiertag gem. § 3b Abs. 2 Satz 4 EStG nach den Vorschriften, die für den Ort der Arbeitsstätte gelten. Die obersten Finanzbehörden vertreten die Auffassung, dass bei einer nur vorübergehenden kurzfristigen Abwesenheit von der regelmäßigen Arbeitsstätte (z. B. Außendienstmitarbeiter hat an einem Feiertag an seiner regelmäßigen Arbeitsstätte einen Auftrag an einem Ort zu erledigen, an dem kein Feiertag ist) die Verhältnisse an der regelmäßigen Arbeitsstätte maßgebend sind; bei einer längerfristigen Abwesenheit können dagegen je nach den Umständen des Einzelfalls die Verhältnisse am Ort der neuen Tätigkeitsstätte maßgebend sein. In Zweifelsfällen bestehen keine Bedenken, besonderen tarifvertraglichen Regelungen über die Gewährung von Feiertagszuschlägen zu folgen.

Anlage 9
zu H 30

Zuschläge für Sonntags-, Feiertags- und Nachtarbeit bei Gesellschafter-Geschäftsführern

Verfügung der OFD Düsseldorf vom 7.7.2005 (Az.: St 22 S 2343 – 41 – St 213 – k)

Zuschläge, die eine GmbH ihrem Gesellschafter-Geschäftsführer für Sonntags-, Feiertags- und Nachtarbeit zahlt, sind unvereinbar mit dem Aufgabenbild des Gesellschafter-Geschäftsführers und daher regelmäßig als verdeckte Gewinnausschüttungen anzusehen. Daraus folgt, dass für diese Zuschläge die Steuerfreiheit nach § 3b EStG grundsätzlich nicht in Betracht kommt, denn dafür wäre Voraussetzung, dass die Zuschläge ohne diese Vorschrift den Einkünften aus nichtselbständiger Arbeit zuzurechnen sind (H 30 „Einkünfte aus nichtselbständiger Arbeit" LStH). Dieser Grundsatz gilt gleichermaßen für beherrschende und nicht beherrschende Gesellschafter-Geschäftsführer (BFH-Urteil vom 19.3.1997 – I R 75/96, BStBl. 1997 II S. 577 und BFH-Urteil vom 27.3.2001 – I R 40/00, BStBl. 2001 II S. 655) und auch dann, wenn sowohl in der betreffenden Branche als auch in dem einzelnen Betrieb regelmäßig in der Nacht sowie an Sonn- und Feiertagen gearbeitet werden muss (FG Hamburg, Urteil vom 29.6.2001 – II 202/00, EFG 2001 S. 1412) und gesellschaftsfremde Arbeitnehmer typischerweise solche Zuschläge erhalten (BFH-Urteil vom 14.7.2004 – I R 24/04, BFH/NV 2005 S. 247). Unbeachtlich ist auch, dass dem Gesellschafter-Geschäftsführer keine Gewinntantieme zusteht und er für seine Sonntags-, Feiertags- und Nachtarbeit ausschließlich die nach einem festen Grundlohn berechneten Zuschläge erhält (BFH-Beschluss vom 19.7.2001 – I B 14/00, BFH/NV 2001 S. 1608).

Arbeitslohn und damit keine verdeckte Gewinnausschüttung kann ausnahmsweise dann vorliegen, wenn im Einzelfall entsprechende Vereinbarungen über die Zahlung von Sonntags-, Feiertags- und Nachtzuschlägen nicht nur mit dem Gesellschafter-Geschäftsführer, sondern auch mit vergleichbaren gesellschaftsfremden Arbeitnehmern abgeschlossen wurden. Eine solche Gestaltung weist im Rahmen des betriebsinternen Fremdvergleichs darauf hin, dass die Vereinbarung speziell in dem betreffenden Unternehmen auf betrieblichen Gründen beruht (BFH-Urteil vom 14.7.2004 – I R 111/03, BStBl. 2005 II S. 307).

Für die Frage der Vergleichbarkeit kommt es darauf an, dass die gesellschaftsfremden Arbeitnehmer

– eine mit dem Geschäftsführer vergleichbare Leitungsfunktion haben und
– eine Vergütung erhalten, die sich in derselben Größenordnung bewegt wie die Gesamtbezüge des Gesellschafter-Geschäftsführers.

§ 3c EStG
Anteilige Abzüge

(1) Ausgaben dürfen, soweit sie mit steuerfreien Einnahmen in unmittelbarem wirtschaftlichen Zusammenhang stehen, nicht als Betriebsausgaben oder Werbungskosten abgezogen werden; Absatz 2 bleibt unberührt.

(2) ¹Betriebsvermögensminderungen, Betriebsausgaben, Veräußerungskosten oder Werbungskosten, die mit den dem § 3 Nr. 40 zugrunde liegenden Betriebsvermögensmehrungen oder Einnahmen in wirtschaftlichem Zusammenhang stehen, dürfen unabhängig davon, in welchem Veranlagungszeitraum die Betriebsvermögensmehrungen oder Einnahmen anfallen, bei der Ermittlung der Einkünfte nur zur Hälfte abgezogen werden; Entsprechendes gilt, wenn bei der Ermittlung der Einkünfte der Wert des Betriebsvermögens oder des Anteils am Betriebsvermögen oder die Anschaffungs- oder Herstellungskosten oder der an deren Stelle tretende Wert mindernd zu berücksichtigen sind. ²Satz 1 gilt auch für Wertminderungen des Anteils an einer Organgesellschaft, die nicht auf Gewinnausschüttungen zurückzuführen sind.

§ 4 Abs. 5 EStG
Nicht abziehbare Betriebsausgaben

(5) ¹Die folgenden Betriebsausgaben dürfen den Gewinn nicht mindern:

1. Aufwendungen für Geschenke an Personen, die nicht Arbeitnehmer des Steuerpflichtigen sind. ²Satz 1 gilt nicht, wenn die Anschaffungs- oder Herstellungskosten der dem Empfänger im Wirtschaftsjahr zugewendeten Gegenstände insgesamt 35 Euro nicht übersteigen;

2. Aufwendungen für die Bewirtung von Personen aus geschäftlichem Anlass, soweit sie 70 Prozent der Aufwendungen übersteigen, die nach der allgemeinen Verkehrsauffassung als angemessen anzusehen und deren Höhe und betriebliche Veranlassung nachgewiesen sind. ²Zum Nachweis der Höhe und der betrieblichen Veranlassung der Aufwendungen hat der Steuerpflichtige schriftlich die folgenden Angaben zu machen: Ort, Tag, Teilnehmer und Anlass der Bewirtung sowie Höhe der Aufwendungen. ³Hat die Bewirtung in einer Gaststätte stattgefunden, so genügen Angaben zu dem Anlass und den Teilnehmern der Bewirtung; die Rechnung über die Bewirtung ist beizufügen;

3. Aufwendungen für Einrichtungen des Steuerpflichtigen, soweit sie der Bewirtung, Beherbergung oder Unterhaltung von Personen, die nicht Arbeitnehmer des Steuerpflichtigen sind, dienen (Gästehäuser) und sich außerhalb des Orts eines Betriebs des Steuerpflichtigen befinden;

4. Aufwendungen für Jagd oder Fischerei, für Segeljachten oder Motorjachten sowie für ähnliche Zwecke und für die hiermit zusammenhängenden Bewirtungen;

5. Mehraufwendungen für die Verpflegung des Steuerpflichtigen, soweit in den folgenden Sätzen nichts anderes bestimmt ist. ²Wird der Steuerpflichtige vorübergehend von seiner Wohnung und dem Mittelpunkt seiner dauerhaft

§ 4 b, § 4 c EStG

angelegten betrieblichen Tätigkeit entfernt betrieblich tätig, ist für jeden Kalendertag, an dem der Steuerpflichtige wegen dieser vorübergehenden Tätigkeit von seiner Wohnung und seinem Tätigkeitsmittelpunkt

a) 24 Stunden abwesend ist, ein Pauschbetrag von 24 Euro,
b) weniger als 24 Stunden, aber mindestens 14 Stunden abwesend ist, ein Pauschbetrag von 12 Euro,
c) weniger als 14 Stunden, aber mindestens 8 Stunden abwesend ist, ein Pauschbetrag von 6 Euro

abzuziehen; eine Tätigkeit, die nach 16 Uhr begonnen und vor 8 Uhr des nachfolgenden Kalendertags beendet wird, ohne dass eine Übernachtung stattfindet, ist mit der gesamten Abwesenheitsdauer dem Kalendertag der überwiegenden Abwesenheit zuzurechnen. ³Wird der Steuerpflichtige bei seiner individuellen betrieblichen Tätigkeit typischerweise nur an ständig wechselnden Tätigkeitsstätten oder auf einem Fahrzeug tätig, gilt Satz 2 entsprechend; dabei ist allein die Dauer der Abwesenheit von der Wohnung maßgebend. ⁴Bei einer Tätigkeit im Ausland treten an die Stelle der Pauschbeträge nach Satz 2 länderweise unterschiedliche Pauschbeträge, die für die Fälle der Buchstaben a, b und c mit 120, 80 und 40 Prozent der höchsten Auslandstagegelder nach dem Bundesreisekostengesetz vom Bundesministerium der Finanzen im Einvernehmen mit den obersten Finanzbehörden der Länder aufgerundet auf volle Euro festgesetzt werden; dabei bestimmt sich der Pauschbetrag nach dem Ort, den der Steuerpflichtige vor 24 Uhr Ortszeit zuletzt erreicht, oder, wenn dieser Ort im Inland liegt, nach dem letzten Tätigkeitsort im Ausland. ⁵Bei einer längerfristigen vorübergehenden Tätigkeit an derselben Tätigkeitsstätte beschränkt sich der pauschale Abzug nach Satz 2 auf die ersten drei Monate. ⁶Die Abzugsbeschränkung nach Satz 1, die Pauschbeträge nach den Sätzen 2 und 4 sowie die Dreimonatsfrist nach Satz 5 gelten auch für den Abzug von Verpflegungsmehraufwendungen bei einer aus betrieblichem Anlass begründeten doppelten Haushaltsführung; dabei ist für jeden Kalendertag innerhalb der Dreimonatsfrist, an dem gleichzeitig eine Tätigkeit im Sinne des Satzes 2 oder 3 ausgeübt wird, nur der jeweils höchste in Betracht kommende Pauschbetrag abzuziehen und die Dauer einer Tätigkeit im Sinne des Satzes 2 an dem Beschäftigungsort, der zur Begründung der doppelten Haushaltsführung geführt hat, auf die Dreimonatsfrist anzurechnen, wenn sie ihr unmittelbar vorausgegangen ist;

6. – weggefallen –

6a. – weggefallen –

6b. Aufwendungen für ein häusliches Arbeitszimmer sowie die Kosten der Ausstattung. ²Dies gilt nicht, wenn das Arbeitszimmer den Mittelpunkt der gesamten betrieblichen und beruflichen Betätigung bildet;

7. andere als die in den Nummern 1 bis 6 und 6b bezeichneten Aufwendungen, die die Lebensführung des Steuerpflichtigen oder anderer Personen berühren, soweit sie nach allgemeiner Verkehrsauffassung als unangemessen anzusehen sind;

8. von einem Gericht oder einer Behörde im Geltungsbereich dieses Gesetzes oder von Organen der Europäischen Gemeinschaften festgesetzte Geldbußen, Ordnungsgelder und Verwarnungsgelder. ²Dasselbe gilt für Leistungen zur Erfüllung von Auflagen oder Weisungen, die in einem berufsgerichtlichen Verfahren erteilt werden, soweit die Auflagen oder Weisungen nicht lediglich der Wiedergutmachung des durch die Tat verursachten Schadens dienen. ³Die Rückzahlung von Ausgaben im Sinne der Sätze 1 und 2 darf den Gewinn nicht erhöhen. ⁴Das Abzugsverbot für Geldbußen gilt nicht, soweit der wirtschaftliche Vorteil, der durch den Gesetzesverstoß erlangt wurde, abgeschöpft worden ist, wenn die Steuern vom Einkommen und Ertrag, die auf den wirtschaftlichen Vorteil entfallen, nicht abgezogen worden sind; Satz 3 ist insoweit nicht anzuwenden;

8a. Zinsen auf hinterzogene Steuern nach § 235 der Abgabenordnung;

9. Ausgleichszahlungen, die in den Fällen der §§ 14, 17 und 18 des Körperschaftsteuergesetzes an außenstehende Anteilseigner geleistet werden;

10. die Zuwendung von Vorteilen sowie damit zusammenhängende Aufwendungen, wenn die Zuwendung der Vorteile eine rechtswidrige Handlung darstellt, die den Tatbestand eines Strafgesetzes oder eines Gesetzes verwirklicht, das die Ahndung mit einer Geldbuße zulässt. ²Gerichte, Staatsanwaltschaften oder Verwaltungsbehörden haben Tatsachen, die sie dienstlich erfahren und die den Verdacht einer Tat im Sinne des Satzes 1 begründen, der Finanzbehörde für Zwecke des Besteuerungsverfahrens und zur Verfolgung von Steuerstraftaten und Steuerordnungswidrigkeiten mitzuteilen. ³Die Finanzbehörde teilt Tatsachen, die den Verdacht einer Straftat oder einer Ordnungswidrigkeit im Sinne des Satzes 1 begründen, der Staatsanwaltschaft oder der Verwaltungsbehörde mit. ⁴Diese unterrichten die Finanzbehörde von dem Ausgang des Verfahrens und den zugrunde liegenden Tatsachen;

11. Aufwendungen, die mit unmittelbaren oder mittelbaren Zuwendungen von nicht einlagefähigen Vorteilen an natürliche oder juristische Personen oder Personengesellschaften zur Verwendung in Betrieben in tatsächlichem oder wirtschaftlichem Zusammenhang stehen, deren Gewinn nach § 5a Abs. 1 ermittelt wird;

12. Zuschläge nach § 162 Abs. 4 der Abgabenordnung.

²Das Abzugsverbot gilt nicht, soweit die in den Nummern 2 bis 4 bezeichneten Zwecke Gegenstand einer mit Gewinnabsicht ausgeübten Betätigung des Steuerpflichtigen sind. ³§ 12 Nr. 1 bleibt unberührt.

§ 4 b EStG
Direktversicherung

¹Der Versicherungsanspruch aus einer Direktversicherung, die von einem Steuerpflichtigen aus betrieblichem Anlass abgeschlossen wird, ist dem Betriebsvermögen des Steuerpflichtigen nicht zuzurechnen, soweit am Schluss des Wirtschaftsjahres hinsichtlich der Leistungen des Versicherers die Person, auf deren Leben die Lebensversicherung abgeschlossen ist, oder ihre Hinterbliebenen bezugsberechtigt sind. ²Das gilt auch, wenn der Steuerpflichtige die Ansprüche aus dem Versicherungsvertrag abgetreten oder beliehen hat, sofern er sich der bezugsberechtigten Person gegenüber schriftlich verpflichtet, sie bei Eintritt des Versicherungsfalls so zu stellen, als ob die Abtretung oder Beleihung nicht erfolgt wäre.

§ 4 c EStG
Zuwendungen an Pensionskassen

(1) ¹Zuwendungen an eine Pensionskasse dürfen von dem Unternehmen, das die Zuwendungen leistet (Trägerunternehmen), als Betriebsausgaben abgezogen werden, soweit sie auf einer in der Satzung oder im Geschäftsplan der Kasse festgelegten Verpflichtung oder auf einer Anordnung der Versicherungsaufsichtsbehörde beruhen oder der Abdeckung von Fehlbeträgen bei der Kasse dienen. ²Soweit die allgemeinen Versicherungsbedingungen und die fachlichen Geschäftsunterlagen im Sinne des § 5 Abs. 3 Nr. 2 Halbsatz 2 des Versicherungsaufsichtsgesetzes nicht zum Geschäftsplan gehören, gelten diese als Teil des Geschäftsplans.

(2) Zuwendungen im Sinne des Absatzes 1 dürfen als Betriebsausgaben nicht abgezogen werden, soweit die Leistungen der Kasse, wenn sie vom Trägerunternehmen unmittelbar erbracht würden, bei diesem nicht betrieblich veranlasst wären.

§ 4 d EStG
Zuwendungen an Unterstützungskassen

(1) ¹Zuwendungen an eine Unterstützungskasse dürfen von dem Unternehmen, das die Zuwendungen leistet (Trägerunternehmen), als Betriebsausgaben abgezogen werden, soweit die Leistungen der Kasse, wenn sie vom Trägerunternehmen unmittelbar erbracht würden, bei diesem betrieblich veranlasst wären und sie die folgenden Beträge nicht übersteigen:

1. bei Unterstützungskassen, die lebenslänglich laufende Leistungen gewähren:

   a) das Deckungskapital für die laufenden Leistungen nach der dem Gesetz als Anlage 1 beigefügten Tabelle. ²Leistungsempfänger ist jeder ehemalige Arbeitnehmer des Trägerunternehmens, der von der Unterstützungskasse Leistungen erhält; soweit die Kasse Hinterbliebenenversorgung gewährt, ist Leistungsempfänger der Hinterbliebene eines ehemaligen Arbeitnehmers des Trägerunternehmens, der von der Kasse Leistungen erhält. ³Dem ehemaligen Arbeitnehmer stehen andere Personen gleich, denen Leistungen der Alters-, Invaliditäts- oder Hinterbliebenenversorgung aus Anlass ihrer ehemaligen Tätigkeit für das Trägerunternehmen zugesagt worden sind;

   b) in jedem Wirtschaftsjahr für jeden Leistungsanwärter,

   aa) wenn die Kasse nur Invaliditätsversorgung oder nur Hinterbliebenenversorgung gewährt, jeweils 6 Prozent,

   bb) wenn die Kasse Altersversorgung mit oder ohne Einschluss von Invaliditätsversorgung oder Hinterbliebenenversorgung gewährt, 25 Prozent

   der jährlichen Versorgungsleistungen, die der Leistungsanwärter oder, wenn nur Hinterbliebenenversorgung gewährt wird, dessen Hinterbliebene nach den Verhältnissen am Schluss des Wirtschaftsjahres der Zuwendung im letzten Zeitpunkt der Anwartschaft, spätestens im Zeitpunkt der Vollendung des 65. Lebensjahres erhalten können. ²Leistungsanwärter ist jeder Arbeitnehmer oder ehemalige Arbeitnehmer des Trägerunternehmens, der von der Unterstützungskasse schriftlich zugesagte Leistungen erhalten kann und am Schluss des Wirtschaftsjahres, in dem die Zuwendung erfolgt, das 28. Lebensjahr vollendet hat; soweit die Kasse nur Hinterbliebenenversorgung gewährt, gilt als Leistungsanwärter jeder Arbeitnehmer oder ehemalige Arbeitnehmer des Trägerunternehmens, der am Schluss des Wirtschaftsjahres, in dem die Zuwendung erfolgt, das 28. Lebensjahr vollendet hat und dessen Hinterbliebene die Hinterbliebenenversorgung erhalten können. ³Das Trägerunternehmen kann bei der Berechnung nach Satz 1 statt des dort maßgebenden Betrages den Durchschnittsbetrag der von der Kasse im Wirtschaftsjahr an Leistungsempfänger im Sinne des Buchstabens a Satz 2 gewährten Leistungen zugrunde legen. ⁴In diesem Fall sind Leistungsanwärter im Sinne des Satzes 2 nur die Arbeitnehmer oder ehemaligen Arbeitnehmer des Trägerunternehmens, die am Schluss des Wirtschaftsjahres, in dem die Zuwendung erfolgt, das 50. Lebensjahr vollendet haben. ⁵Dem Arbeitnehmer oder ehemaligen Arbeitnehmer als Leistungsanwärter stehen andere Personen gleich, denen schriftlich Leistungen der Alters, Invaliditäts- oder Hinterbliebenenversorgung aus Anlass ihrer Tätigkeit für das Trägerunternehmen zugesagt worden sind;

   c) den Betrag des Beitrages, den die Kasse an einen Versicherer zahlt, soweit sie sich die Mittel für ihre Versorgungsleistungen, die der Leistungsanwärter oder Leistungsempfänger nach den Verhältnissen am Schluss des Wirtschaftsjahres der Zuwendung erhalten kann, durch Abschluss einer Versicherung verschafft. ²Bei Versicherungen für einen Leistungsanwärter ist der Abzug des Beitrages nur zulässig, wenn der Leistungsanwärter die in Buchstabe b Satz 2 und 5 genannten Voraussetzungen erfüllt, die Versicherung für die Dauer bis zu dem Zeitpunkt abgeschlossen ist, für den erstmals Leistungen der Altersversorgung vorgesehen sind, mindestens jedoch bis zu dem Zeitpunkt, an dem der Leistungsanwärter das 55. Lebensjahr vollendet hat, und während dieser Zeit jährlich Beiträge gezahlt werden, die der Höhe nach gleich bleiben oder steigen. ³Das Gleiche gilt für Leistungsanwärter, die das 28. Lebensjahr noch nicht vollendet haben, für Leistungen der Invaliditäts- oder Hinterbliebenenversorgung, für Leistungen der Altersversorgung unter der Voraussetzung, dass die Leistungsanwartschaft bereits unverfallbar ist. ⁴Ein Abzug ist ausgeschlossen, wenn die Ansprüche aus der Versicherung der Sicherung eines Darlehens dienen. ⁵Liegen die Voraussetzungen der Sätze 1 bis 4 vor, sind die Zuwendungen nach den Buchstaben a und b in dem Verhältnis zu vermindern, in dem die Leistungen der Kasse durch die Versicherung gedeckt sind;

   d) den Betrag, den die Kasse einem Leistungsanwärter im Sinne des Buchstabens b Satz 2 und 5 vor Eintritt des Versorgungsfalls als Abfindung für künftige Versorgungsleistungen gewährt, den Übertragungswert nach § 4 Abs. 5 des Betriebsrentengesetzes oder den Betrag, den sie an einen anderen Versorgungsträger zahlt, der eine ihr obliegende Versorgungsverpflichtung übernommen hat.

   ²Zuwendungen dürfen nicht als Betriebsausgaben abgezogen werden, wenn das Vermögen der Kasse ohne Berücksichtigung künftiger Versorgungsleistungen am Schluss des Wirtschaftsjahres das zulässige Kassenvermögen übersteigt. ³Bei der Ermittlung des Vermögens der Kasse ist am Schluss des Wirtschaftsjahres vorhandener Grundbesitz mit 200 Prozent der Einheitswerte anzusetzen, die zu dem Feststellungszeitpunkt maßgebend sind, der dem Schluss des Wirtschaftsjahres folgt; Ansprüche aus einer Versicherung sind mit dem Wert des geschäftsplanmäßigen Deckungskapitals zuzüglich der Guthaben aus Beitragsrückerstattung am Schluss des Wirtschaftsjahres anzusetzen, und das übrige Vermögen ist mit dem gemeinen Wert am Schluss des Wirtschaftsjahres zu bewerten. ⁴Zulässiges Kassenvermögen ist die Summe aus dem Deckungskapital für alle am Schluss des Wirtschaftsjahres laufenden Leistungen nach der dem Gesetz als Anlage 1 beigefügten Tabelle für Leistungsempfänger im Sinne des Satzes 1 Buchstabe a und dem Achtfachen der nach Satz 1 Buchstabe b abzugsfähigen Zuwendungen. ⁵Soweit sich die Kasse die Mittel für ihre Leistungen durch Abschluss einer Versicherung verschafft, ist, wenn die Voraussetzungen für den Abzug des Beitrages nach Satz 1 Buchstabe c erfüllt sind, zulässiges Kassenvermögen der Wert des geschäftsplanmäßigen Deckungskapitals aus der Versicherung am Schluss des Wirtschaftsjahres; in diesem Fall ist das zulässige Kassenvermögen nach Satz 4 in dem Verhältnis zu vermindern, in dem die Leistungen der Kasse durch die Versicherung gedeckt sind. ⁶Soweit die Berechnung des Deckungskapitals nicht zum Geschäftsplan gehört, tritt an die Stelle des geschäftsplanmäßigen Deckungskapitals der nach § 176 Abs. 3 des Gesetzes über den Versicherungsvertrag berechnete Zeitwert, beim zulässigen Kassenvermögen ohne Berücksichtigung des Guthabens aus Beitragsrückerstattung. ⁷Gewährt eine Unterstützungskasse an Stelle von lebenslänglich laufenden Leistungen eine einmalige Kapitalleistung, so gelten 10 Prozent der Kapitalleistung als Jahresbetrag einer lebenslänglich laufenden Leistung;

2. bei Kassen, die keine lebenslänglich laufenden Leistungen gewähren, für jedes Wirtschaftsjahr 0,2 Prozent der Lohn- und Gehaltssumme des Trägerunternehmens, mindestens jedoch den Betrag der von der Kasse in einem Wirtschaftsjahr erbrachten Leistungen, soweit dieser Betrag höher ist als die in den vorangegangenen fünf

Wirtschaftsjahren vorgenommenen Zuwendungen abzüglich der in dem gleichen Zeitraum erbrachten Leistungen. ²Diese Zuwendungen dürfen nicht als Betriebsausgaben abgezogen werden, wenn das Vermögen der Kasse am Schluss des Wirtschaftsjahres das zulässige Kassenvermögen übersteigt. ³Als zulässiges Kassenvermögen kann 1 Prozent der durchschnittlichen Lohn- und Gehaltssumme der letzten drei Jahre angesetzt werden. ⁴Hat die Kasse bereits zehn Wirtschaftsjahre bestanden, darf das zulässige Kassenvermögen zusätzlich die Summe der in den letzten zehn Wirtschaftsjahren gewährten Leistungen nicht übersteigen. ⁵Für die Bewertung des Vermögens der Kasse gilt Nummer 1 Satz 3 entsprechend. ⁶Bei der Berechnung der Lohn- und Gehaltssumme des Trägerunternehmens sind Löhne und Gehälter von Personen, die von der Kasse keine nicht lebenslänglich laufenden Leistungen erhalten können, auszuscheiden.

²Gewährt eine Kasse lebenslänglich laufende und nicht lebenslänglich laufende Leistungen, so gilt Satz 1 Nr. 1 und 2 nebeneinander. ³Leistet ein Trägerunternehmen Zuwendungen an mehrere Unterstützungskassen, so sind diese Kassen bei der Anwendung der Nummern 1 und 2 als Einheit zu behandeln.

(2) ¹Zuwendungen im Sinne des Absatzes 1 sind von dem Trägerunternehmen in dem Wirtschaftsjahr als Betriebsausgaben abzuziehen, in dem sie geleistet werden. ²Zuwendungen, die bis zum Ablauf eines Monats nach Aufstellung oder Feststellung der Bilanz des Trägerunternehmens für den Schluss eines Wirtschaftsjahres geleistet werden, können von dem Trägerunternehmen noch für das abgelaufene Wirtschaftsjahr durch eine Rückstellung gewinnmindernd berücksichtigt werden. ³Übersteigen die in einem Wirtschaftsjahr geleisteten Zuwendungen die nach Absatz 1 abzugsfähigen Beträge, so können die übersteigenden Beträge im Wege der Rechnungsabgrenzung auf die folgenden drei Wirtschaftsjahre vorgetragen und im Rahmen der für diese Wirtschaftsjahre abzugsfähigen Beträge als Betriebsausgaben behandelt werden. ⁴§ 5 Abs. 1 Satz 2 ist nicht anzuwenden.

(3) ¹Abweichend von Absatz 1 Satz 1 Nr. 1 Satz 1 Buchstabe d und Absatz 2 können auf Antrag die insgesamt erforderlichen Zuwendungen an die Unterstützungskasse für den Betrag, den die Kasse an einen Pensionsfonds zahlt, der eine ihr obliegende Versorgungsverpflichtung ganz oder teilweise übernommen hat, nicht im Wirtschaftsjahr der Zuwendung, sondern erst in den dem Wirtschaftsjahr der Zuwendung folgenden zehn Wirtschaftsjahren gleichmäßig verteilt als Betriebsausgaben abgezogen werden. ²Der Antrag ist unwiderruflich; der jeweilige Rechtsnachfolger ist an den Antrag gebunden.

Anlage
zu § 4d Abs. 1 EStG
Tabelle für die Errechnung des Deckungskapitals für lebenslänglich laufende Leistungen von Unterstützungskassen

Erreichtes Alter des Leistungsempfängers (Jahre)	Die Jahresbeiträge der laufenden Leistungen sind zu vervielfachen bei Leistungen	
	an männliche Leistungsempfänger mit	an weibliche Leistungsempfänger mit
1	2	3
bis 26	11	17
27 bis 29	12	17
30	13	17
31 bis 35	13	16
36 bis 39	14	16
40 bis 46	14	15
47 und 48	14	14
49 bis 52	13	14
53 bis 56	13	13
57 und 58	13	12
59 und 60	12	12
61 bis 63	12	11
64	11	11
65 bis 67	11	10
68 bis 71	10	9
72 bis 74	9	8
75 bis 77	8	7
78	8	6
79 bis 81	7	6
82 bis 84	6	5
85 bis 87	5	4
88	4	4
89 und 90	4	3
91 bis 93	3	3
94	3	2
95 und älter	2	2

§ 4e EStG
Beiträge an Pensionsfonds

(1) Beiträge an einen Pensionsfonds im Sinne des § 112 des Versicherungsaufsichtsgesetzes dürfen von dem Unternehmen, das die Beiträge leistet (Trägerunternehmen), als Betriebsausgaben abgezogen werden, soweit sie auf einer festgelegten Verpflichtung beruhen oder der Abdeckung von Fehlbeträgen bei dem Fonds dienen.

(2) Beiträge im Sinne des Absatzes 1 dürfen als Betriebsausgaben nicht abgezogen werden, soweit die Leistungen des Fonds, wenn sie vom Trägerunternehmen unmittelbar erbracht würden, bei diesem nicht betrieblich veranlasst wären.

(3) ¹Der Steuerpflichtige kann auf Antrag die insgesamt erforderlichen Leistungen an einen Pensionsfonds zur teilweisen oder vollständigen Übernahme einer bestehenden Versorgungsverpflichtung oder Versorgungsanwartschaft durch den Pensionsfonds erst in den dem Wirtschaftsjahr der Übertragung folgenden zehn Wirtschaftsjahren gleichmäßig verteilt als Betriebsausgaben abziehen. ²Der Antrag ist unwiderruflich; der jeweilige Rechtsnachfolger ist an den Antrag gebunden. ³Ist eine Pensionsrückstellung nach § 6a gewinnerhöhend aufzulösen, ist Satz 1 mit der Maßgabe anzuwenden, dass die Leistungen an den Pensionsfonds im Wirtschaftsjahr der Übertragung in Höhe der aufgelösten Rückstellung als Betriebsausgaben abgezogen werden können; der die aufgelöste Rückstellung übersteigende Betrag ist in den dem Wirtschaftsjahr der Übertragung folgenden zehn Wirtschaftsjahren gleichmäßig verteilt als Betriebsausgaben abzuziehen. ⁴Satz 3 gilt entsprechend, wenn es im Zuge der Leistungen des Arbeitgebers an den Pensionsfonds zu Vermögensübertragungen einer Unterstützungskasse an den Arbeitgeber kommt.

§ 6 Abs. 1 Nr. 4 EStG
Bewertung der Entnahmen

4. ¹Entnahmen des Steuerpflichtigen für sich, für seinen Haushalt oder für andere betriebsfremde Zwecke sind mit dem Teilwert anzusetzen; in den Fällen des § 4 Abs. 1 Satz 3 ist die Entnahme mit dem gemeinen Wert anzusetzen. ²Die private Nutzung eines Kraftfahrzeugs, das zu

mehr als 50 Prozent betrieblich genutzt wird, ist für jeden Kalendermonat mit 1 vom Hundert des inländischen Listenpreises im Zeitpunkt der Erstzulassung zuzüglich der Kosten für Sonderausstattungen einschließlich der Umsatzsteuer anzusetzen. ³Bei der Ermittlung der Nutzung im Sinne des Satzes 2 gelten die Fahrten zwischen Wohnung und Betriebsstätte und die Familienheimfahrten als betriebliche Nutzung. ⁴Die private Nutzung kann abweichend von Satz 2 mit den auf die Privatfahrten entfallenden Aufwendungen angesetzt werden, wenn die für das Kraftfahrzeug insgesamt entstehenden Aufwendungen durch Belege und das Verhältnis der privaten zu den übrigen Fahrten durch ein ordnungsgemäßes Fahrtenbuch nachgewiesen werden. ⁵Wird ein Wirtschaftsgut unmittelbar nach seiner Entnahme einer nach § 5 Abs. 1 Nr. 9 des Körperschaftsteuergesetzes von der Körperschaftsteuer befreiten Körperschaft, Personenvereinigung oder Vermögensmasse oder einer juristischen Person des öffentlichen Rechts zur Verwendung für steuerbegünstigte Zwecke im Sinne des § 10b Abs. 1 Satz 1 unentgeltlich überlassen, so kann die Entnahme mit dem Buchwert angesetzt werden. ⁶Dies gilt für Zuwendungen im Sinne des § 10b Abs. 1 Satz 3 entsprechend. ⁷Die Sätze 5 und 6 gelten nicht für die Entnahme von Nutzungen und Leistungen.

§ 8 EStG
Einnahmen

(1) Einnahmen sind alle Güter, die in Geld oder Geldeswert bestehen und dem Steuerpflichtigen im Rahmen einer der Einkunftsarten des § 2 Abs. 1 Satz 1 Nr. 4 bis 7 zufließen.

(2) ¹Einnahmen, die nicht in Geld bestehen (Wohnung, Kost, Waren, Dienstleistungen und sonstige Sachbezüge), sind mit den um übliche Preisnachlässe geminderten üblichen Endpreisen am Abgabeort anzusetzen. ²Für die private Nutzung eines betrieblichen Kraftfahrzeugs zu privaten Fahrten gilt § 6 Abs. 1 Nr. 4 Satz 2 entsprechend. ³Kann das Kraftfahrzeug auch für Fahrten zwischen Wohnung und Arbeitsstätte genutzt werden, erhöht sich der Wert in Satz 2 für jeden Kalendermonat um 0,03 Prozent des Listenpreises im Sinne des § 6 Abs. 1 Nr. 4 Satz 2 für jeden Kilometer der Entfernung zwischen Wohnung und Arbeitsstätte. ⁴Der Wert nach den Sätzen 2 und 3 kann mit dem auf die private Nutzung und die Nutzung zu Fahrten zwischen Wohnung und Arbeitsstätte entfallenden Teil der gesamten Kraftfahrzeugaufwendungen angesetzt werden, wenn die durch das Kraftfahrzeug insgesamt entstehenden Aufwendungen durch Belege und das Verhältnis der privaten Fahrten und der Fahrten zwischen Wohnung und Arbeitsstätte zu den übrigen Fahrten durch ein ordnungsgemäßes Fahrtenbuch nachgewiesen werden. ⁵Die Nutzung des Kraftfahrzeugs zu einer Familienheimfahrt im Rahmen einer doppelten Haushaltsführung ist mit 0,002 Prozent des Listenpreises im Sinne des § 6 Abs. 1 Nr. 4 Satz 2 für jeden Kilometer der Entfernung zwischen dem Ort des eigenen Hausstands und dem Beschäftigungsort anzusetzen; dies gilt nicht, wenn für diese Fahrt ein Abzug wie Werbungskosten nach § 9 Abs. 2 in Betracht käme; Satz 4 ist sinngemäß anzuwenden. ⁶Bei Arbeitnehmern, für deren Sachbezüge durch Rechtsverordnung nach § 17 Abs. 1 Satz 1 Nr. 4 des Vierten Buches Sozialgesetzbuch Werte bestimmt worden sind, sind diese Werte maßgebend. ⁷Die Werte nach Satz 6 sind auch bei Steuerpflichtigen anzusetzen, die nicht der gesetzlichen Rentenversicherungspflicht unterliegen. ⁸Die oberste Finanzbehörde eines Landes kann mit Zustimmung des Bundesministeriums der Finanzen für weitere Sachbezüge der Arbeitnehmer Durchschnittswerte festsetzen. ⁹Sachbezüge, die nach Satz 1 zu bewerten sind, bleiben außer Ansatz, wenn die sich nach Anrechnung der vom Steuerpflichtigen gezahlten Entgelte ergebenden Vorteile insgesamt 44 Euro im Kalendermonat nicht übersteigen.

(3) ¹Erhält ein Arbeitnehmer auf Grund seines Dienstverhältnisses Waren oder Dienstleistungen, die vom Arbeitgeber nicht überwiegend für den Bedarf seiner Arbeitnehmer hergestellt, vertrieben oder erbracht werden und deren Bezug nicht nach § 40 pauschal versteuert wird, so gelten als deren Werte abweichend von Absatz 2 die um 4 Prozent geminderten Endpreise, zu denen der Arbeitgeber oder der dem Abgabeort nächstansässige Abnehmer die Waren oder Dienstleistungen fremden Letztverbrauchern im allgemeinen Geschäftsverkehr anbietet. ²Die sich nach Abzug der vom Arbeitnehmer gezahlten Entgelte ergebenden Vorteile sind steuerfrei, soweit sie aus dem Dienstverhältnis insgesamt 1080 Euro im Kalenderjahr nicht übersteigen.

Übersicht über die Anlagen zu § 8 EStG

1. 44-Euro-Freigrenze für Sachbezüge
Anlagen zu H 31 (1–4)

Anlage 1: Anwendung der 44-Euro-Freigrenze für Sachbezüge

Anlage 2: Anwendung der 44-Euro-Freigrenze bei Warengutscheinen

2. Unterkunft oder Wohnung
Anlagen zu H 31 (5–6)

Anlage 1: Lohnsteuerliche Behandlung von Aufwendungen der Arbeitgeber zur Wohnungsbeschaffung für Arbeitnehmer

Anlage 2: Lohnsteuerliche Behandlung der Vermietung von Wohnungen ehemals gemeinnütziger Wohnungsunternehmen an Arbeitnehmer verbundener Unternehmen

Anlage 3: Lohnsteuerliche Behandlung der Aufwendungen des Arbeitgebers für Sicherheitsmaßnahmen in der Wohnung des Arbeitnehmers

3. Kantinenmahlzeiten und Essenmarken
Anlage zu H 31 (7)

Anlage: Lohnsteuerliche Behandlung von unentgeltlichen oder verbilligten Mahlzeiten im Betrieb ab 1. 1. 2006

4. Mahlzeiten aus besonderem Anlass
– keine Anlagen –

5. Gestellung von Kraftfahrzeugen
Anlagen zu H 31 (9–10)

Anlage 1: Steuerliche Behandlung der Überlassung eines betrieblichen Kraftfahrzeugs an Arbeitnehmer

Anlage 2: Ertragsteuerliche Erfassung der Nutzung eines betrieblichen Kraftfahrzeugs zu Privatfahren, zu Fahrten zwischen Wohnung und Betriebsstätte sowie zu Familienheimfahrten

Anlage 3: Ertragsteuerliche Erfassung der Nutzung betrieblicher Kraftfahrzeuge zu Privatfahrten, Fahrten zwischen Wohnung und Betriebsstätte sowie Familienheimfahrten – Kostendeckelung bei Kostenerstattungen Dritter

Anlage 4: Privatnutzung geleaster Kraftfahrzeuge im sog. Zwei-Vertrags-Modell

Anlage 5: Umsatzsteuerliche Behandlung der Überlassung sog. Firmenwagen an Arbeitnehmer, wenn diese Zuzahlungen leisten

Anlage 6: Umsatzsteuerliche Bemessungsgrundlage bei sonstigen Leistungen

Anlage 7: Umsatzsteuerliche Behandlung der Überlassung von Fahrzeugen an das Personal

6. Zinsersparnisse
Anlage zu H 31 Abs. 11

Anlage 1: Anwendung des Abschnitts 31 Abs. 8 LStR 1993; hier: Arbeitgeberdarlehen (Bausparmodell)

Anlage 2: Zinsersparnisse und Aufwendungszuschüsse aus Wohnungsfürsorgemitteln

7. Rabatte/Rabattfreibetrag
Anlagen zu H 32

Anlage 1: Warengutscheine als Sachbezug

Anlage 2: Überlassung von Rundfunk- und Fernsehgeräten sowie von Videorekordern

Anlage 3: Steuerliche Behandlung der Personalrabatte bei Arbeitnehmern von Kreditinstituten

Anlage 4: Steuerliche Behandlung der von Luftverkehrsgesellschaften gewährten unentgeltlichen oder verbilligten Mitarbeiterflüge

Anlage 5: Steuerliche Behandlung unentgeltlicher oder verbilligter Reiseleistungen bei Mitarbeitern von Reisebüros und Reiseveranstaltern

Anlage 6: Lohnsteuerliche Behandlung ersparter Abschlussgebühren bei Abschluss eines Bausparvertrages

Anlage 7: Steuerliche Behandlung der Rabatte, die Arbeitnehmern von dritter Seite eingeräumt werden

Anlage 8: Lohnsteuerliche Behandlung von Rabatten bei Gruppen- und Sammelversicherungen

Anlage 9: Bewertung von beschädigten oder gebrauchten Waren zur Anwendung der Rabattregelung

Anlage 10: Steuerliche Behandlung von Nutzungsüberlassungen; Anwendung der Grundsätze des BFH-Urteils vom 4. November 1994 (BStBl. 1995 II S. 338)

Anlage 11: Ermittlung des geldwerten Vorteils beim Erwerb von Kraftfahrzeugen vom Arbeitgeber in der Automobilindustrie (§ 8 Abs. 3 EStG)

Anlage 12: Bewertung von Preisnachlässen, die Arbeitnehmern beim Kauf von Kraftfahrzeugen aufgrund von Rahmenabkommen eingeräumt werden

Anlage 13: Ersparte Abschlussgebühren bei Abschluss eigener Bausparverträge durch Arbeitnehmer von Kreditinstituten

Anlage 14: Lohnsteuerliche Behandlung der verbilligten Energielieferungen an Arbeitnehmer von Versorgungsunternehmen

Anlage 15: Lohnsteuerliche Behandlung der verbilligten Energielieferungen an Arbeitnehmer von Versorgungsunternehmen

Anlage 16: Steuerliche Behandlung von Zinsvorteilen aus Arbeitgeberdarlehen

R 31 Abs. 1 bis 4
Bewertung der Sachbezüge (§ 8 Abs. 2 EStG)

Allgemeines

(1) ¹Fließt dem Arbeitnehmer Arbeitslohn in Form von Sachbezügen zu, so sind diese ebenso wie Barlohnzahlungen entweder dem laufenden Arbeitslohn oder den sonstigen Bezügen zuzuordnen (>R 115). ²Für die Besteuerung unentgeltlicher Sachbezüge ist deren Geldwert maßgebend. ³Erhält der Arbeitnehmer die Sachbezüge nicht unentgeltlich, so ist der Unterschiedsbetrag zwischen dem Geldwert des Sachbezugs und dem tatsächlichen Entgelt zu versteuern. ⁴Der Geldwert ist entweder durch Einzelbewertung zu ermitteln (>Absatz 2) oder mit einem amtlichen Sachbezugswert anzusetzen (>Absatz 4). ⁵Besondere Bewertungsvorschriften gelten nach § 8 Abs. 3 EStG für den Bezug von Waren oder Dienstleistungen, die vom Arbeitgeber nicht überwiegend für den Bedarf seiner Arbeitnehmer hergestellt, vertrieben oder erbracht werden, soweit diese Sachbezüge nicht nach § 40 EStG pauschal versteuert werden (>R 32), sowie nach § 19a Abs. 2 EStG für den Bezug für Vermögensbeteiligungen (>R 77). ⁶Die Auszahlung von Arbeitslohn in Fremdwährung ist kein Sachbezug. ⁷Ein bei einem Dritten einzulösender Gutschein ist dann kein Sachbezug, wenn neben der Bezeichnung der abzugebenden Ware oder Dienstleistung ein anzurechnender Betrag oder Höchstbetrag angegeben ist; die Freigrenze nach § 8 Abs. 2 Satz 9 EStG findet keine Anwendung.

Einzelbewertung von Sachbezügen

(2) ¹Sachbezüge, für die keine amtlichen Sachbezugswerte (>Absatz 4) festgesetzt sind und die nicht nach § 8 Abs. 2 Satz 2 bis 5 EStG (>Absatz 9 und 10) oder § 8 Abs. 3 EStG (>R 32) zu bewerten sind, sind nach § 8 Abs. 2 Satz 1 EStG mit den um übliche Preisnachlässe geminderten üblichen Endpreisen am Abgabeort im Zeitpunkt der Abgabe anzusetzen. ²Das ist der Preis, der im allgemeinen Geschäftsverkehr von Letztverbrauchern in der Mehrzahl der Verkaufsfälle am Abgabeort für gleichartige Waren oder Dienstleistungen tatsächlich gezahlt wird. ³Er schließt die Umsatzsteuer und sonstige Preisbestandteile ein. ⁴Bietet der Arbeitgeber die zu bewertende Ware oder Dienstleistung unter vergleichbaren Bedingungen in nicht unerheblichem Umfang fremden Letztverbrauchern zu einem niedrigeren als dem üblichen Preis an, ist dieser Preis anzusetzen. ⁵Bei einem umfangreichen Warenangebot, von dem fremde Letztverbraucher ausgeschlossen sind, kann der übliche Preis einer Ware auch auf Grund repräsentativer Erhebungen über die relative Preisdifferenz für die gängigsten Einzelstücke jeder Warengruppe ermittelt werden. ⁶Maßgebend für die Preisfeststellung ist der Ort, an dem der Arbeitgeber dem Arbeitnehmer den Sachbezug anbietet. ⁷Lässt sich an diesem Ort der übliche Preis nicht feststellen, z. B. weil dort gleichartige Güter an fremde Letztverbraucher nicht abgegeben werden, so ist der übliche Preis zu schätzen. ⁸Fallen Bestell- und Liefertag auseinander, sind die Verhältnisse am Bestelltag für die Preisfeststellung maßgebend. ⁹Erhält der Arbeitnehmer eine Ware oder Dienstleistung, die nach § 8 Abs. 2 Satz 1 EStG zu bewerten ist, so kann sie aus Vereinfachungsgründen mit 96 % des Endpreises (>R 32 Abs. 2) bewertet werden, zu dem sie der Abgebende oder dessen Abnehmer fremden Letztverbrauchern im allgemeinen Geschäftsverkehr anbietet.

Freigrenze nach § 8 Abs. 2 Satz 9 EStG

(3) ¹Bei der Prüfung der Freigrenze bleiben die nach § 8 Abs. 2 Satz 1 EStG zu bewertenden Vorteile, die nach § 40 EStG pauschal versteuert werden, außer Ansatz. ²Auf Zukunftssicherungsleistungen des Arbeitgebers im Sinne des § 2 Abs. 2 Nr. 3 LStDV, die auch vorliegen, wenn der Arbeitgeber als Versicherungsnehmer dem Arbeitnehmer Versicherungsschutz verschafft, ist die Freigrenze nicht anwendbar. ³Bei der monatlichen Überlassung einer Monatsmarke oder einer monatlichen Fahrberechtigung für ein Job-Ticket, das für einen längeren Zeitraum gilt, ist die Freigrenze anwendbar.

Amtliche Sachbezugswerte

(4) ¹Amtliche Sachbezugswerte werden durch die Sachbezugsverordnung*), durch Absatz 11 Satz 3, die Bekanntmachung des Werts der Beköstigung in der Seeschifffahrt und Fischerei oder durch Erlasse der obersten Landesfinanzbehörden nach § 8 Abs. 2 Satz 8 EStG festgesetzt. ²Die amtlichen Sachbezugswerte sind, soweit nicht die Vorschriften des § 8 Abs. 3 EStG anzuwenden sind, ausnahmslos für die Sachbezüge maßgebend, für die sie bestimmt sind. ³Die amtlichen Sachbezugswerte gelten auch dann, wenn in einem Tarifvertrag, einer Betriebsvereinbarung oder in einem Arbeitsvertrag für Sachbezüge höhere oder niedrigere Werte festgesetzt worden sind. ⁴Sie gelten ausnahmsweise auch für Barvergütungen, wenn diese nur gelegentlich oder vorübergehend gezahlt werden, z. B. bei tageweiser auswärtiger Beschäftigung, für die Dauer einer Krankheit oder eines Urlaubs, und wenn mit der Barvergütung nicht mehr als der tatsächliche Wert der Sachbezüge abgegolten wird; geht die Barvergütung über den tatsächlichen Wert der Sachbezüge hinaus, so ist die Barvergütung der Besteuerung zugrunde zu legen.

H 31 (1–4)
Hinweise zu R 31 Abs. 1 bis 4
Bewertung der Sachbezüge

44-Euro-Freigrenze

– Für die Feststellung, ob die Freigrenze des § 8 Abs. 2 Satz 9 EStG überschritten wird, sind die in einem Kalendermonat zufließenden und nach § 8 Abs. 2 Satz 1 EStG zu bewertenden Vorteile – auch soweit hierfür Lohnsteuer nach § 39b Abs. 2 und 3 EStG einbehalten wird – zusammenzurechnen. Außer Ansatz bleiben Vorteile, die nach § 8 Abs. 2 Satz 2 bis 8 oder Abs. 3 EStG oder nach § 19a EStG zu bewerten sind. Die Bewertung von Vorteilen aus zinsverbilligten Arbeitgeberdarlehen – >R 31 (11), H 31 (11) – erfolgt, entgegen der Äußerung im BMF-Schreiben vom 9. 7. 1997 (BStBl. I S. 735)**) nicht nach § 8 Abs. 2 Satz 8 EStG (>BFH vom 4. 5. 2006 – BStBl. II S. 781); die Vorteile sind deshalb bei der Zusammenrechnung einzubeziehen.

– Zu den Aufzeichnungserleichterungen für Sachbezüge im Sinne des § 8 Abs. 2 Satz 9 EStG >§ 4 Abs. 3 Satz 2 LStDV.

Aktienoptionen

>H 104a

Ausländische Währung

Lohnzahlungen in einer gängigen ausländischen Währung sind Einnahmen in Geld und kein Sachbezug. Die Freigrenze des § 8 Abs. 2 Satz 9 EStG findet auf sie keine Anwendung (>BFH vom 27. 10. 2004 – BStBl. 2005 II S. 135).

Durchschnittswerte der von Luftfahrtunternehmen gewährten Flüge

>Gleich lautende Ländererlasse vom 1. 12. 2006 (BStBl. I S. ...)***)

---

*) Ab 1. 1. 2007 Sozialversicherungsentgeltverordnung. Die Sozialversicherungsentgeltverordnung 2007 ist als Anhang 2 zum Handbuch abgedruckt.
**) Abgedruckt als Anlage 1 zu H 31 (1–4) LStR.
***) Abgedruckt als Anlage 4 zu H 32 LStR.

§ 8 EStG
R 31 Abs. 1 bis 4

Geldleistungen

Auf zweckgebundene Geldleistungen (Zuschüsse des Arbeitgebers für Mitgliedsbeiträge der Arbeitnehmer an einen Sportverein oder Fitnessclub) findet die Freigrenze des § 8 Abs. 2 Satz 9 EStG keine Anwendung (>BFH vom 27.10.2004 – BStBl. 2005 II S. 137).

Geltung der Sachbezugswerte

– Die Sachbezugswerte nach der Sachbezugsverordnung gelten nach § 8 Abs. 2 Satz 7 EStG auch für Arbeitnehmer, die nicht der gesetzlichen Rentenversicherungspflicht unterliegen.

– Die Sachbezugswerte gelten nicht, wenn die vorgesehenen Sachbezüge durch Barvergütungen abgegolten werden; in diesen Fällen sind grundsätzlich die Barvergütungen zu versteuern (>BFH vom 16.3.1962 – BStBl. III S. 284).

Job-Ticket

>BMF-Schreiben vom 27.1.2004 (BStBl. I S. 173), Tz. II.1*)

– Ein geldwerter Vorteil ist nicht anzunehmen, wenn der Arbeitgeber seinen Arbeitnehmern ein Job-Ticket zu dem mit dem Verkehrsträger vereinbarten Preis überlässt. Ein Sachbezug liegt jedoch vor, soweit der Arbeitnehmer das Job-Ticket darüber hinaus verbilligt oder unentgeltlich vom Arbeitgeber erhält. § 8 Abs. 2 Satz 9 EStG (44-Euro-Freigrenze) findet Anwendung.

– **Beispiel**

Üblicher Preis für eine Monatsfahrkarte	100,00 €
Vom Verkehrsträger dem Arbeitgeber eingeräumte Job-Ticketermäßigung 10 %	10,00 €
vom Arbeitgeber entrichteter Preis	90,00 €
davon 96 % (>R 31 Abs. 2 Satz 9)	86,40 €
abzüglich Zuzahlung des Arbeitnehmers	45,00 €
Vorteil	41,40 €

Unter der Voraussetzung, dass keine weiteren Sachbezüge im Sinne von § 8 Abs. 2 Satz 1 EStG im Monat gewährt werden, die zu einer Überschreitung der 44-Euro-Grenze führen, bleibt der Vorteil von 41,40 € außer Ansatz.

– Gilt das Job-Ticket für einen längeren Zeitraum (z. B. Jahreskarte), fließt der Vorteil insgesamt bei Überlassung des Job-Tickets zu.

Sachbezugswerte im Bereich der Seeschifffahrt und Fischerei

>Gleich lautende Erlasse der Länder Bremen, Hamburg, Mecklenburg-Vorpommern, Niedersachsen und Schleswig-Holstein, die im BStBl. I veröffentlicht werden.

Üblicher Endpreis

– Maßgebend ist allein der übliche Endpreis für die konkrete Ware oder Dienstleistung. Dies gilt auch, wenn funktionsgleiche und qualitativ gleichwertige Waren anderer Hersteller billiger sind (>BFH vom 30.5.2001 – BStBl. 2002 II S. 230).

– Beim Erwerb eines Gebrauchtwagens vom Arbeitgeber ist nicht auf den Händlereinkaufspreis abzustellen, sondern auf den Preis, den das Fahrzeug unter Berücksichtigung der vereinbarten Nebenleistungen auf dem Gebrauchtwagenmarkt tatsächlich erzielen würde (Händlerverkaufspreis). Wird zur Bestimmung des üblichen Endpreises eine Schätzung erforderlich, kann sich die Wertermittlung an den im Rechtsverkehr anerkannten Marktübersichten für gebrauchte Pkw orientieren (>BFH vom 17.6.2005 – BStBl. II S. 795).

– Der Wert einer dem Arbeitnehmer durch den Arbeitgeber zugewandten Reise kann grundsätzlich anhand der Kosten geschätzt werden, die der Arbeitgeber für die Reise aufgewendet hat. Sofern sich ein Beteiligter auf eine abweichende Wertbestimmung beruft, muss er konkret darlegen, dass eine Schätzung des üblichen Endpreises am Abgabeort nach den aufgewandten Kosten dem objektiven Wert der Reise nicht entspricht (>BFH vom 18.8.2005 – BStBl. 2006 II S. 30).

Wandeldarlehensvertrag

Der geldwerte Vorteil bemisst sich im Falle der Ausübung des Wandlungsrechts aus der Differenz zwischen dem Börsenpreis der Aktien an dem Tag, an dem der Arbeitnehmer die wirtschaftliche Verfügungsmacht über die Aktien erlangt, und den Erwerbsaufwendungen (>BFH vom 23.6.2005 – BStBl. II S. 770).

Wandelschuldverschreibung

>H 104a

Warengutscheine

– **Beispiel 1**

Der Arbeitgeber gewährt seinem Arbeitnehmer folgenden Gutschein:
„40 Liter Diesel im Wert von höchstens 44 €", der bei einer bestimmten Tankstelle einzulösen ist. Der Arbeitgeber hat ermittelt, dass bei Hingabe des Gutscheins der Liter Diesel 0,959 € kostete.

Da ein Höchstbetrag angegeben ist, liegt kein Sachbezug vor; die 44-Euro-Freigrenze ist nicht anwendbar. Der Wert des Gutscheins in Höhe von 38,36 € ist steuerpflichtiger Arbeitslohn.

– **Beispiel 2**

Der Arbeitgeber gewährt seinem Arbeitnehmer folgenden Gutschein:
„40 Liter Diesel", der bei einer bestimmten Tankstelle einzulösen ist. Der Arbeitgeber hat ermittelt, dass bei Hingabe des Gutscheins der Liter Diesel 0,959 € kostete.

Da die Ware konkret bezeichnet und kein Höchstbetrag angegeben ist, liegt ein Sachbezug vor; die 44-Euro-Freigrenze ist anwendbar. Unter der Voraussetzung, dass keine weiteren Sachbezüge i. S. von § 8 Abs. 2 Satz 1 EStG im Monat gewährt werden, ist der Vorteil in Höhe von 36,83 € (96 % von 38,36 €; >R 31 Abs. 2 Satz 9) deshalb steuerfrei.

– Zum Zuflusszeitpunkt bei Warengutscheinen >R 104a Abs. 3

Zukunftssicherungsleistungen

– Tarifvertraglich vereinbarte Zahlungen des Arbeitgebers an eine Zusatzversorgungskasse sind als Barlohn zu qualifizieren, wenn zwischen dem Arbeitgeber und der Zusatzversorgungskasse keine vertraglichen Beziehungen bestehen; die 44-Euro-Freigrenze findet keine Anwendung (>BFH vom 26.11.2002 – BStBl. 2003 II S. 331).

– Auf Zukunftssicherungsleistungen des Arbeitgebers i. S. des § 40b EStG findet die 44-Euro-Freigrenze keine Anwendung (>BFH vom 26.11.2002 – BStBl. 2003 II S. 492); >R 31 Abs. 3 Satz 2.

Anlage 1
zu H 31 (1–4)

Anwendung der 44-Euro-Freigrenze für Sachbezüge

BMF-Schreiben vom 9.7.1997 (BStBl. I S. 735)

Vorteile aus der unentgeltlichen oder teilentgeltlichen Überlassung von Sachbezügen, die nach § 8 Abs. 2 Satz 1 EStG mit dem üblichen Endpreis bewertet werden, sind nach § 8 Abs. 2 Satz 9 EStG nicht als Arbeitslohn zu erfassen, wenn die sich nach Anrechnung der gezahlten Entgelte ergebenden Vorteile im jeweiligen Dienstverhältnis insgesamt 50 DM**) im Kalendermonat nicht übersteigen. Unter Bezugnahme auf das Ergebnis der Besprechung mit den obersten Finanzbehörden der Länder gilt zur Anwendung dieser Freigrenze Folgendes:

Für die Feststellung, ob die Freigrenze überschritten wird, sind sämtliche nach § 8 Abs. 2 Satz 1 EStG zu bewertenden Vorteile, die in einem Kalendermonat zufließen, zusammenzurechnen. Dabei sind auch die nach § 8 Abs. 2 Satz 1 EStG bewerteten Sachbezüge einzubeziehen, die versteuert werden. Dagegen bleiben die Vorteile, die nach § 8 Abs. 2 Satz 2 bis 8 oder Abs. 3 EStG oder nach

---
*) Abgedruckt als Anhang 18 zum Handbuch.
**) Ab 1.1.2004: 44-Euro-Freigrenze.

§ 19 a Abs. 8 EStG*) zu bewerten sind, außer Ansatz. Außer Betracht bleiben danach z. B. die nach § 8 Abs. 2 Satz 2 bis 5 EStG zu bewertenden Vorteile aus der Überlassung eines betrieblichen Kraftfahrzeugs, die mit den amtlichen Sachbezugswerten zu bewertende Unterkunft und Verpflegung sowie die nach Abschnitt 31 Abs. 8 LStR zu erfassenden Zinsvorteile.

Die monatliche Freigrenze darf nicht auf einen Jahresbetrag hochgerechnet werden.

Anlage 2
zu H 31 (1–4)

Lohnsteuerliche Behandlung von Warengutscheinen

Verfügung der OFD Düsseldorf vom 7.7.2005 (Az.: S 2334 A – St 22)

abgedruckt als Anlage 1 zu H 32

R 31 Abs. 5 und 6
Unterkunft und Wohnung

Unterkunft oder Wohnung

(5) ¹Für die Bewertung einer Unterkunft, die keine Wohnung ist (>Absatz 6 Satz 2 bis 4), ist der amtliche Sachbezugswert nach der Sachbezugsverordnung maßgebend. ²Dabei ist der amtliche Sachbezugswert grundsätzlich auch dann anzusetzen, wenn der Arbeitgeber die dem Arbeitnehmer überlassene Unterkunft gemietet und gegebenenfalls mit Einrichtungsgegenständen ausgestattet hat. ³Eine Gemeinschaftsunterkunft liegt vor, wenn die Unterkunft beispielsweise durch Gemeinschaftswaschräume oder Gemeinschaftsküchen Wohnheimcharakter hat oder Zugangsbeschränkungen unterworfen ist.

(6) ¹Soweit nicht die Vorschriften des § 8 Abs. 3 EStG anzuwenden sind, ist für die Bewertung einer Wohnung der ortsübliche Mietwert maßgebend. ²Eine Wohnung ist eine in sich geschlossene Einheit von Räumen, in denen ein selbständiger Haushalt geführt werden kann. ³Wesentlich ist, dass eine Wasserversorgung und -entsorgung, zumindest eine einer Küche vergleichbare Kochgelegenheit sowie eine Toilette vorhanden sind. ⁴Danach stellt z. B. ein Einzimmerappartement mit Küchenzeile und WC als Nebenraum eine Wohnung dar, dagegen ist ein Wohnraum bei Mitbenutzung von Bad, Toilette und Küche eine Unterkunft. ⁵Als ortsüblicher Mietwert ist die Miete anzusetzen, die für eine nach Baujahr, Art, Größe, Ausstattung, Beschaffenheit und Lage vergleichbare Wohnung üblich ist (Vergleichsmiete). ⁶In den Fällen, in denen der Arbeitgeber vergleichbare Wohnungen in nicht unerheblichem Umfang an fremde Dritte zu einer niedrigeren als der üblichen Miete vermietet, ist die niedrigere Miete anzusetzen. ⁷Die Vergleichsmiete gilt unabhängig davon, ob die Wohnung z. B. als Werks- und Dienstwohnung im Eigentum des Arbeitgebers oder dem Arbeitgeber auf Grund eines Belegungsrechts zur Verfügung steht oder von ihm angemietet worden ist. ⁸Gesetzliche Mietpreisbeschränkungen sind zu beachten. ⁹Stehen solche einem Mieterhöhungsverlangen entgegen, gilt dies jedoch nur, soweit die maßgebliche Ausgangsmiete den ortsüblichen Mietwert oder die gesetzlich zulässige Höchstmiete nicht unterschritten hat. ¹⁰Überlässt der Arbeitgeber dem Arbeitnehmer im Rahmen einer Auslandstätigkeit eine Wohnung im Ausland, deren ortsübliche Miete 18 % des Arbeitslohns ohne Kaufkraftausgleich übersteigt, so ist diese Wohnung mit 18 % des Arbeitslohns ohne Kaufkraftausgleich zuzüglich 10 % der darüber hinausgehenden ortsüblichen Miete zu bewerten.

H 31 (5–6)
Hinweise zu R 31 Abs. 5 und 6
Unterkunft oder Wohnung

Erholungsheim

Wird ein Arbeitnehmer in einem Erholungsheim des Arbeitgebers oder auf Kosten des Arbeitgebers zur Erholung in einem anderen Beherbergungsbetrieb untergebracht oder verpflegt, so ist die Leistung mit dem entsprechenden Pensionspreis eines vergleichbaren Beherbergungsbetriebs am selben Ort zu bewerten; dabei können jedoch Preisabschläge in Betracht kommen, wenn der Arbeitnehmer z. B. nach der Hausordnung Bedingungen unterworfen wird, die für Hotels und Pensionen allgemein nicht gelten (>BFH vom 18.3.1960 – BStBl. III S. 237).

Ortsüblicher Mietwert

Überlässt der Arbeitgeber seinem Arbeitnehmer eine Wohnung zu einem Mietpreis, der innerhalb der Mietpreisspanne des örtlichen Mietspiegels für vergleichbare Wohnungen liegt, scheidet die Annahme eines geldwerten Vorteils regelmäßig aus (>BFH vom 17.8.2005 – BStBl. 2006 II S. 71).

Persönliche Bedürfnisse des Arbeitnehmers

Persönliche Bedürfnisse des Arbeitnehmers, z. B. hinsichtlich der Größe der Wohnung, sind bei der Höhe des Mietwerts nicht zu berücksichtigen (>BFH vom 8.3.1968 – BStBl. II S. 435 und vom 2.10.1968 – BStBl. 1969 II S. 73).

Steuerfreie Mietvorteile

>R 23a

Anlage 1
zu H 31 (5–6)

Lohnsteuerliche Behandlung von Aufwendungen der Arbeitgeber zur Wohnungsbeschaffung für Arbeitnehmer

Bundeseinheitlich geltende Regelung, für Bayern bekannt gegeben mit Schreiben des Bayer. Staatsministeriums der Finanzen vom 5.8.1983 (Az.: 32 – S 2332 – 2/73 – 33111)

Bei der lohnsteuerlichen Behandlung von Aufwendungen der Arbeitgeber zur Wohnungsbeschaffung für Arbeitnehmer ist nach den folgenden Grundsätzen zu verfahren:

I. **Eigenheime, Eigentumswohnungen**

1. **Der Arbeitgeber gewährt dem Arbeitnehmer ohne jede Auflage einen verlorenen Zuschuss zum Bau oder Erwerb eines Eigenheims (Eigentumswohnung)**

   Der Zuschuss ist steuerpflichtiger Arbeitslohn.

2. **Der Arbeitgeber gewährt dem Arbeitnehmer ein zinsbegünstigtes Darlehen zum Bau eines Einfamilienhauses**

   Überholt durch § 3 Nr. 68 EStG 1987, § 52 EStG.

3. **Der Arbeitgeber erstattet dem Arbeitnehmer die Zinsen für einen Kredit, den der Arbeitnehmer zum Bau eines Eigenheims (Eigentumswohnung) von Dritten aufgenommen hat**

   Überholt durch § 3 Nr. 68 EStG 1987, § 52 EStG.

4. **Der Arbeitgeber veräußert Bauland an den Arbeitnehmer**

   Liegt der Kaufpreis unter dem üblichen Mittelpreis des Verbrauchsorts (§ 8 Abs. 2 EStG, § 3 Abs. 1 LStDV), so stellt der Unterschiedsbetrag einen steuerpflichtigen Sachbezug dar.

5. **Der Arbeitgeber erlässt dem Arbeitnehmer bei vorzeitiger Rückzahlung eines zinslosen oder niedrig verzinslichen Darlehens einen Teil der Darlehensschuld**

   Der teilweise Verzicht auf die Darlehensrückzahlung ist grundsätzlich ein lohnsteuerpflichtiger geldwerter Vorteil, weil der Verzicht auf die Rückzahlung eines Teilbetrags für den Arbeitnehmer einen Vorteil aus dem Dienstverhältnis bedeutet. Er

---

*) Jetzt § 19 a Abs. 2 EStG.

unterliegt dem Lohnsteuerabzug. Bei der Bewertung dieses geldwerten Vorteils können jedoch als wertmindernd berücksichtigt werden:

1. Ein Belegungsrecht zugunsten des Dienstherrn, das auch nach der Darlehensrückzahlung fortbesteht,
2. der Verzicht auf die Zinsfreiheit oder den günstigen Zinssatz.

Darüber hinaus kann auch der Zusammenhang der Zinsen mit den Einkünften aus Vermietung und Verpachtung nicht ganz außer Acht gelassen werden. Diese Bewertungsfaktoren führen zu einem geldwerten Vorteil, der in der Regel 0 DM beträgt. Auch bei Vorliegen von nur einem Wertminderungsfaktor kann der geldwerte Vorteil in Einzelfällen bei 0 DM liegen.

II. Mietwohnungen

1. Der Arbeitgeber gewährt dem Arbeitnehmer ohne jede Auflage einen verlorenen Zuschuss zur Miete einer Wohnung

Der Zuschuss ist steuerpflichtiger Arbeitslohn.

2. Der Arbeitgeber gewährt dem Arbeitnehmer einen Zuschuss zur Miete einer Wohnung mit der Auflage, dass der Arbeitnehmer den Zuschuss an den Vermieter als Mietvorauszahlung weiterleitet und in Höhe der Mietminderung (Verrechnung) an den Arbeitgeber zurückzahlt

Der Zuschuss hat den Charakter eines Darlehens. Steuerpflichtiger Arbeitslohn liegt mithin nicht vor.

3. Der Arbeitgeber gewährt dem Arbeitnehmer einen Zuschuss zur Miete einer Wohnung mit der Auflage, dass der Zuschuss nach vorzeitigem Ausscheiden aus dem Dienstverhältnis ganz oder teilweise an den Arbeitgeber zurückgezahlt werden muss

Der Zuschuss ist steuerpflichtiger Arbeitslohn, Rückzahlungen mindern den steuerpflichtigen Arbeitslohn im Kalenderjahr der Zahlung.

4. Der Arbeitgeber gewährt einem Bauherrn einen verlorenen Zuschuss oder ein zinsloses oder zinsbegünstigtes Darlehen unter der Auflage, dass ihm ein Recht für die Belegung der Wohnungen mit Arbeitnehmern seines Betriebes eingeräumt wird

Der Zuschuss oder die Darlehensgewährung betrifft nur das Verhältnis des Arbeitgebers zum Bauherrn (Vermieter des Arbeitnehmers). Lohnsteuerlich ist zu prüfen, ob die Miete, die für die werksgeförderte Wohnung zu zahlen ist, der ortsüblichen Miete (§ 8 Abs. 2 EStG, § 3 Abs. 1 LStDV) entspricht. Handelt es sich um eine Wohnung, die nach Art und Ausstattung den im sozialen Wohnungsbau erstellten Wohnungen entspricht, so ist für die Ermittlung der ortsüblichen Miete von der Miete auszugehen, die für eine nach Baujahr, Ausstattung und Lage vergleichbare, im sozialen Wohnungsbau erstellte Wohnung zu zahlen wäre. Dabei ist nicht zu prüfen, ob der Arbeitnehmer nach seinen Einkommensverhältnissen als Mieter für eine Sozialwohnung in Betracht kommt.

Gemeinnützige Wohnungsunternehmen nach dem Wohnungsgemeinnützigkeitsrecht dürfen höchstens die zur Deckung der laufenden Ausgaben nach den Grundsätzen ordnungsmäßiger Geschäftsführung erforderliche Miete fordern. Dieser Mietpreis kann abweichend von den obigen Grundsätzen auch dann angesetzt werden, wenn er unter der Miete einer vergleichbaren Wohnung des sozialen Wohnungsbaus liegt.

Dies gilt zur Vermeidung von Missbräuchen jedoch nur dann, wenn die maßgebende Kostenmiete auch von Mietern erhoben wird, die nicht Arbeitnehmer eines Arbeitgebers sind, der sich an der Finanzierung der Wohnungen des gemeinnützigen Wohnungsunternehmens beteiligt hat. In den Fällen, in denen sich die Gesellschaftsanteile eines gemeinnützigen Wohnungsunternehmens in den Händen eines Arbeitgebers oder mehrerer Arbeitgeber befinden, ist hinsichtlich des steuerlichen Mietwerts der Wohnungen, die an Arbeitnehmer des Arbeitgebers (der Arbeitgeber) vermietet werden, nach Abs. 1 zu verfahren.

5. Der Arbeitgeber gewährt einem Bauherrn einen Zuschuss oder ein Darlehen zur Finanzierung einer Wohnung, die er als Hauptmieter mietet und seinem Arbeitnehmer untervermietet

Lohnsteuerlich gelten hinsichtlich der Prüfung, ob die Miete der ortsüblichen Miete entspricht, die zu Nummer 4 dargelegten Grundsätze.

6. Besteuerung der verlorenen Zuschüsse in den Fällen der Nummern 1 und 3

Die Zuschüsse sind im Kalenderjahr des Zuflusses zu versteuern. Für eine Verteilung auf mehrere Kalenderjahre besteht keine Rechtsgrundlage. Auch sind die Voraussetzungen für eine Pauschalierung nach § 40 Abs. 1 Nr. 1 EStG regelmäßig nicht gegeben, sofern die Zuschüsse nicht in einer Vielzahl von Fällen gegeben werden.

7. Anpassung der steuerlichen Mietwerte von Altbauwohnungen an die Mietpreisentwicklung

Bei der Anpassung der Mietwerte von Altbauwohnungen an die Mietpreisentwicklung ist nicht von der preisrechtlich höchstzulässigen Miete auszugehen, sondern von der Miete, die für vergleichbare Wohnungen ortsüblich gefordert wird.

8. Mietwert von Dienstwohnungen

Bei der Feststellung des steuerlich anzusetzenden Mietwerts der Dienstwohnungen (Werksdienstwohnungen) der Arbeitnehmer im öffentlichen Dienst ist nach den allgemeinen Grundsätzen zu verfahren.

Dieses Schreiben ergeht im Einvernehmen mit dem Bundesminister der Finanzen und den Finanzministern (-senatoren) der anderen Länder.

Anlage 2
zu H 31 (5–6)

Lohnsteuerliche Behandlung der Vermietung von Wohnungen ehemals gemeinnütziger Wohnungsunternehmen an Arbeitnehmer verbundener Unternehmen

Bundeseinheitlich geltende Regelung, für Bayern bekannt gegeben mit Schreiben des Bayer. Staatsministeriums der Finanzen vom 30.10.1992 (Az.: 32 – S 2334 – 4/200 – 12645)

Mit der Aufhebung des Wohnungsgemeinnützigkeitsgesetzes (WGG) zum 1.1.1990 ist für die ehemals gemeinnützigen Wohnungsunternehmen auch die Bindung an die gemeinnützigkeitsrechtliche zulässige angemessene Miete (§ 13 WGGDV) entfallen. Abweichend von meinem Bezugschreiben gilt hierzu Folgendes:

Überlässt ein ehemals gemeinnütziges Wohnungsunternehmen Wohnungen an Arbeitnehmer verbundener Unternehmen zu einer Miete, die mindestens der nach dem ehemaligen Wohnungsgemeinnützigkeitsrecht maßgebenden Kostenmiete entspricht, aber unter dem ortsüblichen Mietwert liegt, so wird auf die Besteuerung des Unterschiedsbetrags in den Jahren 1990 bis 1995 verzichtet.

Nach Ablauf dieses Zeitraums ist der geldwerte Vorteil aus einer verbilligten Wohnungsvermietung im Vergleich zur ortsüblichen Miete festzustellen und zu versteuern. Statt der ortsüblichen Miete kann auch die Miete zugrunde gelegt werden, die ausgehend von der am 31.12.1989 maßgebenden WGG-rechtlichen Kostenmiete unter Berücksichtigung der in der Zwischenzeit mietpreisrechtlich zulässigen Mieterhöhungen im Jahr 1996 höchstens verlangt werden kann.

Von der WGG-rechtlichen Kostenmiete ist auch dann auszugehen, wenn das ehemals gemeinnützige Wohnungsunternehmen von verbundenen Unternehmen zinslose Darlehen erhalten hat.

Ich bitte, dieses Schreiben, das im Einvernehmen mit dem Bundesminister der Finanzen und den obersten Finanzbehörden der anderen Länder ergeht, in die Lohnsteuerkartei aufzunehmen.

Anlage 3
zu H 31 (5–6)

Lohnsteuerliche Behandlung der Aufwendungen des Arbeitgebers für sicherheitsgefährdete Arbeitnehmer; Sicherheitsmaßnahmen

BMF-Schreiben vom 30. 6. 1997 (BStBl. I S. 696)

Es ist gefragt worden, wie die vom Arbeitgeber getragenen oder ersetzten Aufwendungen für Sicherheitsmaßnahmen bei Arbeitnehmern, die aufgrund ihrer beruflichen Position den Angriffen gewaltbereiter, politisch motivierter Personen ausgesetzt sind (**Positionsgefährdung**), lohnsteuerlich zu behandeln sind. Nach dem Ergebnis der Erörterungen mit den obersten Finanzbehörden der Länder gilt Folgendes:

1. Aufwendungen des Arbeitgebers für das ausschließlich mit dem Personenschutz befasste Personal führen nicht zu steuerpflichtigem Arbeitslohn der zu schützenden Person, weil diese Aufwendungen im ganz überwiegenden eigenbetrieblichen Interesse des Arbeitgebers liegen und der Arbeitnehmer durch diese „aufgedrängten" Leistungen nicht bereichert wird.

2. Bei den Aufwendungen des Arbeitgebers für den Einbau von Sicherheitseinrichtungen (Grund- und Spezialschutz) in eine Mietwohnung oder in ein selbstgenutztes Wohneigentum zum Schutze **positionsgefährdeter Arbeitnehmer**, beurteilt sich die Frage, ob diese Aufwendungen steuerpflichtiger Arbeitslohn sind oder im ganz überwiegenden eigenbetrieblichen Interesse des Arbeitgebers liegen, nach dem Maß der Gefährdung des einzelnen Arbeitnehmers. Für die steuerliche Behandlung ist es unerheblich, ob die Sicherheitseinrichtungen in das Eigentum des Arbeitnehmers übergehen oder nicht.

   a) Bei Arbeitnehmern, die durch eine für die Gefährdungsanalyse zuständige Behörde (Sicherheitsbehörde) in die Gefährdungsstufen 1 bis 3 eingeordnet sind, ist davon auszugehen, dass eine Positionsgefährdung vorliegt (**konkrete Positionsgefährdung**). Für diese Arbeitnehmer ergibt sich durch den Einbau der Sicherheitseinrichtungen grundsätzlich kein steuerpflichtiger Arbeitslohn, weil der Einbau im ganz überwiegenden eigenbetrieblichen Interesse des Arbeitgebers liegt. Bei Arbeitnehmern der Gefährdungsstufe 3 gilt dies allerdings grundsätzlich nur bis zu dem Betrag je Objekt, der vergleichbaren Bundesbediensteten als Höchstbetrag zur Verfügung gestellt wird; dieser beträgt zur Zeit 30 000 DM. Bei höheren Aufwendungen ist von einem ganz überwiegenden eigenbetrieblichen Interesse des Arbeitgebers auszugehen, soweit sie Einrichtungen betreffen, die von der Sicherheitsbehörde empfohlen worden sind.

   b) Bei Arbeitnehmern, für die die Sicherheitsbehörden keine Gefährdungsanalyse erstellen und keine Sicherheitseinrichtungen empfehlen, handelt es sich bei den Aufwendungen grundsätzlich um steuerpflichtigen Arbeitslohn, es sei denn, eine Positionsgefährdung der Arbeitnehmer ist durch eine oberste Bundes- oder Landesbehörde anerkannt worden oder kann anderweitig nachgewiesen oder glaubhaft gemacht werden (**abstrakte Positionsgefährdung**). In diesem Fall ist bei einem Einbau von Sicherheitseinrichtungen bis zu einem Betrag von 15 000 DM je Objekt von einem ganz überwiegenden eigenbetrieblichen Interesse des Arbeitgebers auszugehen.

   Die in Buchstabe a und b bezeichneten Höchstbeträge gelten auch, wenn die Aufwendungen je Objekt auf verschiedene Veranlagungszeiträume verteilt werden. Die steuerpflichtigen Vorteile fließen dem Arbeitnehmer beim Einbau sofort als Arbeitslohn zu. Eine spätere Änderung der Gefährdungsstufe löst keine steuerlichen Konsequenzen aus (z. B. Erfassung eines Vorteils nach Herabsetzung der Gefährdungsstufe), es sei denn, sie erfolgt noch innerhalb des Jahres, in dem die Sicherheitseinrichtungen eingebaut worden sind. Die dem Arbeitgeber entstehenden Betriebs- und Wartungskosten teilen steuerlich das Schicksal der Einbaukosten. Sie sind gegebenenfalls nur anteilig nach dem Verhältnis des steuerpflichtigen Anteils an den Gesamtkosten steuerpflichtig.

3. Ersetzt der Arbeitgeber dem Arbeitnehmer Aufwendungen für Sicherheitseinrichtungen oder mit diesen Einrichtungen verbundene laufende Betriebs- oder Wartungskosten, ist der Ersatz unter den Voraussetzungen der Nummer 2 ebenfalls kein steuerpflichtiger Arbeitslohn, gegebenenfalls nur anteilig nach dem Verhältnis des nicht steuerpflichtigen Anteils an den Gesamteinbaukosten. Dies gilt allerdings nur dann, wenn die Aufwendungen in zeitlichem Zusammenhang mit dem Einbau bzw. der Zahlung durch den Arbeitnehmer ersetzt werden; andernfalls ist der Aufwendungsersatz steuerpflichtiger Arbeitslohn.

4. Nicht vom Arbeitgeber ersetzte Aufwendungen des Arbeitnehmers für Sicherheitseinrichtungen gehören zu den Kosten der Lebensführung und dürfen aufgrund des Aufteilungs- und Abzugsverbots des § 12 Nr. 1 Satz 2 EStG nicht als Werbungskosten bei den Einkünften aus nichtselbständiger Arbeit abgezogen werden. Werden Aufwendungen teilweise durch den Arbeitgeber ersetzt, gilt das Abzugsverbot auch für die nicht ersetzten Aufwendungen.

5. Diese Regelung gilt allgemein ab dem 1. Januar 1997. Sie kann zugunsten des Arbeitnehmers in offenen Fällen auch rückwirkend angewandt werden. Abweichende Regelungen sind nicht mehr anzuwenden.

R 31 Abs. 7
Kantinenmahlzeiten und Essensmarken

Kantinenmahlzeiten und Essenmarken

(7) Für die Bewertung von Mahlzeiten, die arbeitstäglich an die Arbeitnehmer abgegeben werden, gilt Folgendes:

1. ¹Mahlzeiten, die durch eine vom Arbeitgeber selbst betriebene Kantine, Gaststätte oder vergleichbare Einrichtung abgegeben werden, sind mit dem maßgebenden amtlichen Sachbezugswert nach der Sachbezugsverordnung zu bewerten. ²Abweichendes gilt nach § 8 Abs. 3 EStG nur dann, wenn die Mahlzeiten überwiegend nicht für die Arbeitnehmer zubereitet werden.

2. ¹Mahlzeiten, die die Arbeitnehmer in einer nicht vom Arbeitgeber selbst betriebenen Kantine, Gaststätte oder vergleichbaren Einrichtung erhalten, sind vorbehaltlich der Nummer 4 ebenfalls mit dem maßgebenden amtlichen Sachbezugswert zu bewerten, wenn der Arbeitgeber auf Grund vertraglicher Vereinbarung durch Barzuschüsse oder andere Leistungen an die die Mahlzeiten vertreibende Einrichtung, z. B. durch verbilligte Überlassung von Räumen, Energie oder Einrichtungsgegenständen, zur Verbilligung der Mahlzeiten beiträgt. ²Es ist nicht erforderlich, dass die Mahlzeiten im Rahmen eines Reihengeschäfts zunächst an den Arbeitgeber und danach von diesem an die Arbeitnehmer abgegeben werden.

3. ¹In den Fällen der Nummern 1 und 2 ist ein geldwerter Vorteil als Arbeitslohn zu erfassen, wenn und soweit der vom Arbeitnehmer für eine Mahlzeit gezahlte Preis (einschließlich Umsatzsteuer) den maßgebenden amtlichen Sachbezugswert unterschreitet.

4. Bestehen die Leistungen des Arbeitgebers im Falle der Nummer 2 aus Barzuschüssen in Form von Essenmarken (Essensgutscheine, Restaurantschecks), die vom Arbeitgeber an die Arbeitnehmer verteilt und von einer Gaststätte oder vergleichbaren Einrichtung (Annahmestelle) bei der Abgabe einer Mahlzeit in Zahlung genommen werden, so gilt Folgendes:

   a) ¹Es ist nicht die Essenmarke mit ihrem Verrechnungswert, sondern vorbehaltlich des Buchstaben b die Mahlzeit mit dem maßgebenden Sachbezugswert zu bewerten, wenn

      aa) tatsächlich eine Mahlzeit abgegeben wird. Lebensmittel sind nur dann als Mahlzeit anzuerkennen, wenn sie zum unmittelbaren Verzehr geeignet oder zum Verbrauch während der Essenpausen bestimmt sind,

      bb) für jede Mahlzeit lediglich eine Essenmarke täglich in Zahlung genommen wird,

      cc) der Verrechnungswert der Essenmarke den amtlichen Sachbezugswert einer Mittagsmahlzeit um nicht mehr als 3,10 Euro übersteigt und

§ 8 EStG
R 31 Abs. 7

dd) die Essenmarke nicht an Arbeitnehmer ausgegeben wird, die eine Dienstreise ausführen oder eine Einsatzwechseltätigkeit oder Fahrtätigkeit ausüben.

²Dies gilt auch dann, wenn zwischen dem Arbeitgeber und der Annahmestelle keine unmittelbaren vertraglichen Beziehungen bestehen, weil ein Unternehmen eingeschaltet ist, das die Essenmarken ausgibt. ³Zur Erfüllung der Voraussetzungen nach Doppelbuchstabe bb hat der Arbeitgeber für jeden Arbeitnehmer die Tage der Abwesenheit z. B. infolge von Dienstreisen, Urlaub oder Erkrankung festzustellen und die für diese Tage ausgegebenen Essenmarken zurückzufordern oder die Zahl der im Folgemonat auszugebenden Essenmarken um die Zahl der Abwesenheitstage zu vermindern. ⁴Die Pflicht zur Feststellung der Abwesenheitstage und zur Anpassung der Zahl der Essenmarken im Folgemonat entfällt für Arbeitnehmer, die im Kalenderjahr durchschnittlich an nicht mehr als drei Arbeitstagen je Kalendermonat Dienstreisen ausführen, wenn keiner dieser Arbeitnehmer im Kalendermonat mehr als 15 Essenmarken erhält.

b) Bestehen die Leistungen des Arbeitgebers ausschließlich in der Hingabe von Essenmarken, so ist auch unter den Voraussetzungen des Buchstaben a der Verrechnungswert der Essenmarke als Arbeitslohn anzusetzen, wenn dieser Wert den geldwerten Vorteil nach Nummer 4 unterschreitet.

c) ¹Wird der Arbeitsvertrag dahingehend geändert, dass der Arbeitnehmer anstelle von Barlohn Essenmarken erhält, so vermindert sich dadurch der Barlohn in entsprechender Höhe. ²Die Essenmarken sind mit dem Wert anzusetzen, der sich nach den Buchstaben a oder b ergibt. ³Ohne Änderung des Arbeitsvertrages führt der Austausch von Barlohn durch Essenmarken nicht zu einer Herabsetzung des steuerpflichtigen Barlohns. ⁴In diesem Fall ist der Betrag, um den sich der ausgezahlte Barlohn verringert, als Entgelt für die Mahlzeit oder Essenmarke anzusehen und von dem nach Nummer 4 Buchstabe a oder b maßgebenden Wert abzusetzen.

d) ¹Die von Annahmestellen eingelösten Essenmarken brauchen nicht an den Arbeitgeber zurückgegeben und von ihm nicht aufbewahrt zu werden, wenn der Arbeitgeber eine Abrechnung erhält, aus der sich ergibt, wie viel Essenmarken mit welchem Verrechnungswert eingelöst worden sind, und diese aufbewahrt. ²Dasselbe gilt, wenn ein Essenmarkenemittent eingeschaltet ist, und der Arbeitgeber von diesem eine entsprechende Abrechnung erhält und aufbewahrt.

5. ¹Wenn der Arbeitgeber unterschiedliche Mahlzeiten zu unterschiedlichen Preisen teilentgeltlich oder unentgeltlich an die Arbeitnehmer abgibt oder Leistungen nach Nummer 2 zur Verbilligung der Mahlzeiten erbringt und die Lohnsteuer nach § 40 Abs. 2 EStG pauschal erhebt, kann der geldwerte Vorteil mit dem Durchschnittswert der Pauschalbesteuerung zugrunde gelegt werden. ²Die Durchschnittsbesteuerung braucht nicht tageweise durchgeführt zu werden, sie darf sich auf den gesamten Lohnzahlungszeitraum erstrecken. ³Bietet der Arbeitgeber bestimmte Mahlzeiten nur einem Teil seiner Arbeitnehmer an, z. B. in einem Vorstandskasino, so sind diese Mahlzeiten nicht in die Durchschnittsberechnung einzubeziehen. ⁴Unterhält der Arbeitgeber mehrere Kantinen, so ist der Durchschnittswert für jede einzelne Kantine zu ermitteln. ⁵Ist die Ermittlung des Durchschnittswerts wegen der Menge der zu erfassenden Daten besonders aufwendig, kann die Ermittlung des Durchschnittswerts für einen repräsentativen Zeitraum und bei einer Vielzahl von Kantinen für eine repräsentative Auswahl der Kantinen durchgeführt werden.

6. ¹Der Arbeitgeber hat die vom Arbeitnehmer geleistete Zahlung grundsätzlich in nachprüfbarer Form nachzuweisen. ²Der Einzelnachweis der Zahlungen ist nur dann nicht erforderlich,

a) wenn gewährleistet ist, dass

aa) die Zahlung des Arbeitnehmers für eine Mahlzeit den anteiligen amtlichen Sachbezugswert nicht unterschreitet oder

bb) nach Nummer 4 der Wert der Essenmarke als Arbeitslohn zu erfassen ist oder

b) wenn der Arbeitgeber die Durchschnittsberechnung nach Nummer 5 anwendet.

H 31 (7)
Hinweise zu R 31 Abs. 7
Kantinenmahlzeiten und Essenmarken

Begriff der Mahlzeit

Zu den Mahlzeiten gehören alle Speisen und Lebensmittel, die üblicherweise der Ernährung dienen, einschließlich der dazu üblichen Getränke (>BFH vom 21. 3. 1975 – BStBl. II S. 486 und vom 7. 11. 1975 – BStBl. 1976 II S. 50).

Essenmarken

Beispiele zu R 31 Abs. 7 Nr. 4 Buchst. b

Beispiel 1:

Ein Arbeitnehmer erhält eine Essenmarke mit einem Wert von 1,00 €. Die Mahlzeit kostet 2,00 €.

Preis der Mahlzeit	2,00 €
./. Wert der Essenmarke	1,00 €
Zahlung des Arbeitnehmers	1,00 €
Sachbezugswert der Mahlzeit (2007)	2,67 €
./. Zahlung des Arbeitnehmers	1,00 €
Verbleibender Wert	1,67 €
Anzusetzen ist der niedrigere Wert der Essenmarke	1,00 €

Beispiel 2:

Ein Arbeitnehmer erhält eine Essenmarke mit einem Wert von 3,00 €. Die Mahlzeit kostet 3,00 €.

Preis der Mahlzeit	3,00 €
./. Wert der Essenmarke	3,00 €
Zahlung des Arbeitnehmers	0,00 €
Sachbezugswert der Mahlzeit (2007)	2,67 €
./. Zahlung des Arbeitnehmers	0,00 €
Verbleibender Wert	2,67 €
Anzusetzen ist der Sachbezugswert	2,67 €

Essenmarken und Barlohnverzicht

– Änderung des Arbeitsvertrags

Wird der Arbeitsvertrag dahingehend geändert, dass der Arbeitnehmer anstelle von Barlohn Essenmarken erhält, so vermindert sich dadurch der Barlohn in entsprechender Höhe (>BFH-Urteil vom 20. 8. 1997 – BStBl. II S. 667).

Beispiel:

Der Arbeitgeber gibt dem Arbeitnehmer monatlich 15 Essenmarken. Im Arbeitsvertrag ist der Barlohn von 3500 € im Hinblick auf die Essenmarken um 60 € auf 3440 € herabgesetzt worden.

a) Beträgt der Verrechnungswert der Essenmarken jeweils 5 €, so ist dem Barlohn von 3440 € der Wert der Mahlzeit mit dem Sachbezugswert (15 × 2,67 € =) 40,05 € hinzuzurechnen.

b) Beträgt der Verrechnungswert der Essenmarken jeweils 6 €, so ist dem Barlohn von 3440 € der Verrechnungswert der Essenmarken (15 × 6 € =) 90 € hinzuzurechnen.

– Keine Änderung des Arbeitsvertrags

Ohne Änderung des Arbeitsvertrags führt der Austausch von Barlohn durch Essenmarken nicht zu einer Herabsetzung des steuerpflichtigen Barlohns. In diesem Fall ist der Betrag, um den sich der ausgezahlte Barlohn verringert, als Entgelt für die Mahlzeit oder Essenmarke anzusehen und von dem für die Essenmarke maßgebenden Wert abzusetzen.

Beispiel:

Ein Arbeitnehmer mit einem monatlichen Bruttolohn von 3500 € erhält von seinem Arbeitgeber 15 Essenmarken. Der Arbeitsvertrag bleibt unverändert. Der Arbeitnehmer zahlt für die Essenmarken monatlich 60 €.

a) Auf den Essenmarken ist jeweils ein Verrechnungswert von 6 € ausgewiesen.

Der Verrechnungswert der Essenmarke übersteigt den Sachbezugswert von 2,67 € um mehr als 3,10 €. Die Essenmarken sind deshalb mit ihrem Verrechnungswert anzusetzen:

15 Essenmarken × 6 €	90,00 €
abzüglich Entgelt des Arbeitnehmers	60,00 €
Vorteil	30,00 €

Dieser ist dem bisherigen Arbeitslohn von 3500 € hinzuzurechnen.

b) Auf den Essenmarken ist jeweils ein Verrechnungswert von 5 € ausgewiesen.

Der Verrechnungswert der Essenmarke übersteigt den Sachbezugswert von 2,67 € um nicht mehr als 3,10 €. Es ist deshalb nicht der Verrechnungswert der Essenmarke, sondern der Wert der erhaltenen Mahlzeiten mit dem Sachbezugswert anzusetzen:

15 Essenmarken × Sachbezugswert 2,67 €	40,05 €
abzüglich Entgelt des Arbeitnehmers (Barlohnverzicht)	60,00 €
Vorteil	0,00 €

Dem bisherigen Arbeitslohn von 3500 € ist nichts hinzuzurechnen.

Sachbezugsbewertung

Beispiel zu R 31 Abs. 7 Nr. 3

Der Arbeitnehmer zahlt 2 € für ein Mittagessen im Wert von 4 €.

Sachbezugswert der Mahlzeit (2007)	2,67 €
Zahlung des Arbeitnehmers	2,00 €
geldwerter Vorteil	0,67 €

Hieraus ergibt sich, dass die steuerliche Erfassung der Mahlzeiten entfällt, wenn gewährleistet ist, dass der Arbeitnehmer für jede Mahlzeit mindestens einen Preis in Höhe des amtlichen Sachbezugswerts zahlt.

Anlage
zu H 31 (7)

Lohnsteuerliche Behandlung von unentgeltlichen oder verbilligten Mahlzeiten der Arbeitnehmer im Kalenderjahr 2007

BMF-Schreiben vom 22.12.2005 (BStBl. I Nr. 21)

Mahlzeiten, die arbeitstäglich unentgeltlich oder verbilligt an die Arbeitnehmer abgegeben werden, sind mit dem anteiligen amtlichen Sachbezugswert nach der Sozialversicherungsentgeltverordnung zu bewerten. Dasselbe gilt für Mahlzeiten zur üblichen Beköstigung anlässlich oder während einer Auswärtstätigkeit oder im Rahmen einer doppelten Haushaltsführung. Die Sachbezugswerte für das Kalenderjahr 2007 sind durch Artikel 1 der Verordnung über die sozialversicherungsrechtliche Beurteilung von Zuwendungen des Arbeitgebers als Arbeitsentgelt (Sozialversicherungsentgeltverordnung – SvEV) festgesetzt worden. Hiernach beträgt der Wert für Mahlzeiten, die im Kalenderjahr 2007 gewährt werden, einheitlich bei allen Arbeitnehmern in allen Ländern

a) für ein Mittag- oder Abendessen 2,67 €,
b) für ein Frühstück 1,50 €.

Im Übrigen wird auf R 31 Abs. 7 und 8 LStR 2005 hingewiesen.

R 31 Abs. 8
Mahlzeiten aus besonderem Anlass

Mahlzeiten aus besonderem Anlass

(8) Für die steuerliche Erfassung und Bewertung von Mahlzeiten, die der Arbeitgeber oder auf dessen Veranlassung ein Dritter aus besonderem Anlass an Arbeitnehmer abgibt, gilt Folgendes:

1. ¹Mahlzeiten, die im ganz überwiegenden betrieblichen Interesse des Arbeitgebers an die Arbeitnehmer abgegeben werden, gehören nicht zum Arbeitslohn. ²Dies gilt für Mahlzeiten im Rahmen herkömmlicher Betriebsveranstaltungen nach Maßgabe der R 72, für ein. Essen im Sinne der R 73 Abs. 2 sowie für die Beteiligung von Arbeitnehmern an einer geschäftlich veranlassten Bewirtung im Sinne des § 4 Abs. 5 Satz 1 Nr. 2 EStG.
2. ¹Mahlzeiten, die zur üblichen Beköstigung der Arbeitnehmer anlässlich oder während einer Dienstreise, Fahrtätigkeit, Einsatzwechseltätigkeit im Sinne der R 37 Abs. 3 bis 5 oder im Rahmen einer doppelten Haushaltsführung im Sinne des § 9 Abs. 1 Satz 3 Nr. 5 EStG abgegeben werden, sind mit dem maßgebenden amtlichen Sachbezugswert nach der Sachbezugsverordnung anzusetzen. ²Eine übliche Beköstigung liegt nur vor, wenn der Wert der Mahlzeit 40 Euro nicht übersteigt. ³Die Abgabe einer Mahlzeit ist vom Arbeitgeber veranlasst, wenn er Tag und Ort der Mahlzeit bestimmt hat. ⁴Hierzu ist es erforderlich, dass er sich vor Beginn der Auswärtstätigkeit seines Arbeitnehmers direkt mit dem Unternehmen schriftlich in Verbindung setzt, das dem Arbeitnehmer die Mahlzeiten zur Verfügung stellen soll. ⁵Es reicht nicht aus, dass der Arbeitgeber den Arbeitnehmer ermächtigt, sich auf seine Rechnung in einer oder – etwa unter Einschaltung einer Essenbonorganisation – mehreren Vertragsgaststätten zu beköstigen. ⁶Erfordern Dienstreisen wegen ihres besonderen Charakters (z.B. Tagungen) eine besondere organisatorische Vorbereitung, so wird die Abgabe von Mahlzeiten durch Dritte auch dann als vom Arbeitgeber veranlasst angesehen, wenn dieser die Organisation der Dienstreise einschließlich der Verpflegung bei einem Dritten in Auftrag gegeben hat. ⁷Hat der Arbeitgeber die Abgabe von Mahlzeiten veranlasst, ist es unerheblich, wie die Rechnung beglichen wird. ⁸Die Sätze 1 bis 7 gelten auch für die Abgabe von Mahlzeiten während einer Bildungsmaßnahme im Sinne der R 74 Abs. 1. ⁹R 73 Abs. 2 bleibt unberührt.
3. ¹Mahlzeiten, die der Arbeitgeber als Gegenleistung für das Zurverfügungstellen der individuellen Arbeitskraft an seine Arbeitnehmer abgibt, sind mit ihrem tatsächlichen Preis anzusetzen.
4. ¹In den Fällen der Nummern 2 und 3 ist ein geldwerter Vorteil als Arbeitslohn zu erfassen, wenn und soweit der vom Arbeitnehmer gezahlte Preis (einschließlich Umsatzsteuer) den maßgebenden Wert der Mahlzeit unterschreitet. ²Auf den Sachbezugswert ist auch ein zwischen Arbeitgeber und Arbeitnehmer vereinbartes Entgelt anzurechnen, wenn dieses Entgelt von der steuerfreien Reisekostenvergütung, auf die der Arbeitnehmer einen Anspruch hat, oder vom Nettoarbeitslohn einbehalten wird. ³Die Höhe der Reisekostenvergütung und des auf der Lohnsteuerkarte zu bescheinigenden Arbeitslohns wird durch die Entgeltverrechnung nicht verändert. ⁴Wird vom Arbeitgeber oder auf dessen Veranlassung von einem Dritten nur ein Essen, aber kein Getränk gestellt, ist das Entgelt, das der Arbeitnehmer für ein Getränk bei der Mahlzeit zahlt, nicht auf den Sachbezugswert für die Mahlzeit anzurechnen.

H 31 (8)
Hinweise zu R 31 Abs. 8
Mahlzeiten aus besonderem Anlass

Individuell zu versteuernde Mahlzeiten

Mit dem tatsächlichen Preis anzusetzen sind Mahlzeiten, die im Rahmen unüblicher Betriebsveranstaltungen (>BFH vom 6.2.1987 – BStBl. II S. 355) oder regelmäßiger Geschäftsleitungssitzungen (>BFH vom 4.8.1994 – BStBl. 1995 II S. 59) abgegeben werden.

Reisekostenabrechnungen

Beispiel 1:

Ein Arbeitnehmer ist durch eine Dienstreise an einem Kalendertag 15 Stunden abwesend. Nach der betrieblichen Reisekostenregelung beträgt die Reisekostenvergütung bei einer 15-stündigen Abwesenheit 15 €, die bei Gewährung einer Mahlzeit um 30% zu kürzen ist. Der Arbeitnehmer hat deshalb nur Anspruch auf eine Reisekostenvergütung von 10,50 € in bar.

– Der Arbeitnehmer erhält auf der Dienstreise vom Arbeitgeber eine Mittagsmahlzeit unentgeltlich.

Der geldwerte Vorteil der Mahlzeit ist mit dem Sachbezugswert 2,67 € (2007) dem steuerpflichtigen Arbeitslohn hinzuzurechnen.

– Der Arbeitnehmer erhält vom Arbeitgeber eine Mittagsmahlzeit, für die ein Entgelt von 2,67 € vereinbart ist. Dieses Entgelt wird von der Reisekostenvergütung einbehalten. Statt 10,50 € erhält der Arbeitnehmer nur 7,83 € ausgezahlt.

Die Zurechnung eines geldwerten Vorteils zum Arbeitslohn entfällt. Als Reisekostenvergütung sind nach § 4 Abs. 2 LStDV 10,50 € einzutragen. Auf die Höhe des auf der Lohnsteuerkarte zu bescheinigenden Arbeitslohns hat die Mahlzeit ebenfalls keinen Einfluss.

Beispiel 2:

Der Arbeitgeber stellt dem Arbeitnehmer auf der Dienstreise Unterkunft und Frühstück.

Der geldwerte Vorteil des Frühstücks ist mit dem Sachbezugswert 1,50 € (2007) dem steuerpflichtigen Arbeitslohn hinzuzurechnen. Ein geldwerter Vorteil für die Gestellung der Unterkunft ist nicht anzusetzen.

§ 8 EStG
R 31 Abs. 9 und 10

R 31 Abs. 9 und 10
Gestellung von Kraftfahrzeugen

Gestellung von Kraftfahrzeugen

(9) Überlässt der Arbeitgeber oder auf Grund des Dienstverhältnisses ein Dritter dem Arbeitnehmer ein Kraftfahrzeug zur privaten Nutzung, so gilt Folgendes:

1. ¹Der Arbeitgeber hat den privaten Nutzungswert mit monatlich 1 % des inländischen Listenpreises des Kraftfahrzeugs anzusetzen. ²Kann das Kraftfahrzeug auch zu Fahrten zwischen Wohnung und Arbeitsstätte genutzt werden, so ist diese Nutzungsmöglichkeit unabhängig von der Nutzung des Fahrzeugs zu Privatfahrten zusätzlich mit monatlich 0,03 % des inländischen Listenpreises des Kraftfahrzeugs für jeden Kilometer der Entfernung zwischen Wohnung und Arbeitsstätte zu bewerten und dem Arbeitslohn zuzurechnen, soweit nicht entsprechende Aufwendungen des Arbeitnehmers nach R 38 Abs. 3 als Werbungskosten zu berücksichtigen wären. ³Wird das Kraftfahrzeug zu Heimfahrten im Rahmen einer doppelten Haushaltsführung genutzt, erhöht sich der Wert nach Satz 1 für jeden Kilometer der Entfernung zwischen dem Beschäftigungsort und dem Ort des eigenen Hausstands um 0,002 % des inländischen Listenpreises für jede Fahrt, für die der Werbungskostenabzug nach § 9 Abs. 1 Satz 3 Nr. 5 Satz 3 EStG ausgeschlossen ist. ⁴Die Monatswerte nach den Sätzen 1 und 2 sind auch dann anzusetzen, wenn das Kraftfahrzeug dem Arbeitnehmer im Kalendermonat nur zeitweise zur Verfügung steht. ⁵Kürzungen der Werte, z. B. wegen einer Beschriftung des Kraftwagens, wegen eines privaten Zweitwagens oder wegen Übernahme der Treibstoff- oder Garagenkosten durch den Arbeitnehmer, sind nicht zulässig. ⁶Listenpreis im Sinne der Sätze 1 bis 3 ist – auch bei gebraucht erworbenen oder geleasten Fahrzeugen – die auf volle hundert Euro abgerundete unverbindliche Preisempfehlung des Herstellers für das genutzte Kraftfahrzeug im Zeitpunkt seiner Erstzulassung zuzüglich der Kosten für – auch nachträglich eingebaute – Sonderausstattungen (z. B. Navigationsgeräte, Diebstahlsicherungssysteme) und der Umsatzsteuer; der Wert eines Autotelefons einschließlich Freisprecheinrichtung sowie der Wert eines weiteren Satzes Reifen einschließlich Felgen bleiben außer Ansatz. ⁷Bei einem Kraftwagen, der aus Sicherheitsgründen gepanzert ist, kann der Listenpreis des leistungsschwächeren Fahrzeugs zugrunde gelegt werden, das dem Arbeitnehmer zur Verfügung gestellt würde, wenn seine Sicherheit nicht gefährdet wäre.

2. ¹Der Arbeitgeber kann den privaten Nutzungswert abweichend von Nummer 1 mit den Aufwendungen für das Kraftfahrzeug ansetzen, die auf die nach Nummer 1 zu erfassenden privaten Fahrten entfallen, wenn die für das Kraftfahrzeug insgesamt entstehenden Aufwendungen durch Belege und das Verhältnis der privaten zu den übrigen Fahrten durch ein ordnungsgemäßes Fahrtenbuch nachgewiesen werden. ²Dabei sind die dienstlich und privat zurückgelegten Fahrtstrecken gesondert und laufend im Fahrtenbuch nachzuweisen. ³Für dienstliche Fahrten sind grundsätzlich die folgenden Angaben erforderlich:
   a) Datum und Kilometerstand zu Beginn und am Ende jeder einzelnen Auswärtstätigkeit (Dienstreise, Einsatzwechseltätigkeit, Fahrtätigkeit),
   b) Reiseziel und und bei Umwegen auch die Reiseroute,
   c) Reisezweck und aufgesuchte Geschäftspartner.

   ⁴Für Privatfahrten genügen jeweils Kilometerangaben; für Fahrten zwischen Wohnung und Arbeitsstätte genügt jeweils ein kurzer Vermerk im Fahrtenbuch. ⁵Die Führung des Fahrtenbuchs kann nicht auf einen repräsentativen Zeitraum beschränkt werden, selbst wenn die Nutzungsverhältnisse keinen größeren Schwankungen unterliegen. ⁶Anstelle des Fahrtenbuchs kann ein Fahrtenschreiber eingesetzt werden, wenn sich daraus dieselben Erkenntnisse gewinnen lassen. ⁷Der private Nutzungswert ist der Anteil an den Gesamtkosten des Kraftwagens, der dem Verhältnis der Privatfahrten zur Gesamtfahrtstrecke entspricht. ⁸Die Gesamtkosten sind als Summe der Nettoaufwendungen (einschließlich sämtlicher Unfallkosten) zuzüglich Umsatzsteuer und Absetzungen für Abnutzung zu ermitteln. ⁹Den Absetzungen für Abnutzung sind die tatsächlichen Anschaffungs- oder Herstellungskosten einschließlich der Umsatzsteuer zugrunde zu legen.

3. ¹Der Arbeitgeber muss in Abstimmung mit dem Arbeitnehmer die Anwendung eines der Verfahren nach den Nummern 1 und 2 für jedes Kalenderjahr festlegen; das Verfahren darf bei demselben Kraftfahrzeug während des Kalenderjahres nicht gewechselt werden. ²Soweit die genaue Erfassung des privaten Nutzungswerts nach Nummer 2 monatlich nicht möglich ist, kann der Erhebung der Lohnsteuer monatlich ein Zwölftel des Vorjahresbetrags zugrunde gelegt werden. ³Nach Ablauf des Kalenderjahres oder nach Beendigung des Dienstverhältnisses ist der tatsächlich zu versteuernde Nutzungswert zu ermitteln und eine etwaige Lohnsteuerdifferenz nach Maßgabe der §§ 41c, 42b EStG auszugleichen. ⁴Bei der Veranlagung zur Einkommensteuer ist der Arbeitnehmer nicht an das für die Erhebung der Lohnsteuer gewählte Verfahren gebunden.

4. ¹Zahlt der Arbeitnehmer an den Arbeitgeber für die Nutzung des Kraftfahrzeugs ein Entgelt, so mindert dies den Nutzungswert. ²Dabei ist es gleichgültig, ob das Nutzungsentgelt pauschal oder entsprechend der tatsächlichen Nutzung des Kraftfahrzeugs bemessen wird. ³Zuschüsse des Arbeitnehmers zu den Anschaffungskosten können im Zahlungsjahr ebenfalls auf den privaten Nutzungswert angerechnet werden; in den Fällen der Nummer 2 gilt es nur, wenn die für die AfA-Ermittlung maßgebenden Anschaffungskosten nicht um die Zuschüsse gemindert worden sind. ⁴Zuschussrückzahlungen sind Arbeitslohn, soweit die Zuschüsse den privaten Nutzungswert gemindert haben.

Gestellung eines Kraftfahrzeugs mit Fahrer

(10) Wenn ein Kraftfahrzeug mit Fahrer zur Verfügung gestellt wird, gilt Folgendes:

1. Stellt der Arbeitgeber dem Arbeitnehmer für Fahrten zwischen Wohnung und Arbeitsstätte ein Kraftfahrzeug mit Fahrer zur Verfügung, so ist der für diese Fahrten nach Absatz 9 Nr. 1 oder 2 ermittelte Nutzungswert des Kraftfahrzeugs um 50 % zu erhöhen.

2. Stellt der Arbeitgeber dem Arbeitnehmer für andere Privatfahrten ein Kraftfahrzeug mit Fahrer zur Verfügung, so ist der entsprechende private Nutzungswert des Kraftfahrzeugs wie folgt zu erhöhen:
   a) um 50 %, wenn der Fahrer überwiegend in Anspruch genommen wird,
   b) um 40 %, wenn der Arbeitnehmer das Kraftfahrzeug häufig selbst steuert,
   c) um 25 %, wenn der Arbeitnehmer das Kraftfahrzeug weit überwiegend selbst steuert.

3. ¹Wenn einem Arbeitnehmer aus Sicherheitsgründen ein sondergeschütztes (gepanzertes) Kraftfahrzeug, das zum Selbststeuern nicht geeignet ist, mit Fahrer zur Verfügung gestellt wird, ist von der steuerlichen Erfassung der Fahrergestellung abzusehen. ²Es ist dabei unerheblich, in welcher Gefährdungsstufe der Arbeitnehmer eingeordnet ist.

H 31 (9–10)
Hinweise zu R 31 Abs. 9 und 10
Gestellung von Kraftfahrzeugen

1 %-Regelung

Die 1 %-Regelung ist verfassungsrechtlich nicht zu beanstanden (>BFH vom 24. 2. 2000 – BStBl. II S. 273).

Abgrenzung Kostenerstattung – Nutzungsüberlassung

— Erstattet der Arbeitgeber dem Arbeitnehmer für dessen eigenen Pkw sämtliche Kosten, wendet er Barlohn und nicht einen Nutzungsvorteil im Sinne des § 8 Abs. 2 EStG zu (>BFH vom 6. 11. 2001 – BStBl. 2002 II S. 164).

— Eine nach § 8 Abs. 2 EStG zu bewertende Nutzungsüberlassung liegt vor, wenn der Arbeitnehmer das Kraftfahrzeug auf Veranlassung des Arbeitgebers least, dieser sämtliche Kosten des Kraftfahrzeugs trägt und im Innenverhältnis allein über die Nutzung des Kraftfahrzeugs bestimmt (>BFH vom 6. 11. 2001 – BStBl. 2002 II S. 370).

Aufwendungen bei sicherheitsgeschützten Fahrzeugen

- Wird der Nutzungswert für ein aus Sicherheitsgründen gepanzertes Kraftfahrzeug individuell ermittelt, so kann dabei die AfA nach dem Anschaffungspreis des leistungsschwächeren Fahrzeugs zugrunde gelegt werden, das dem Arbeitnehmer zur Verfügung gestellt würde, wenn seine Sicherheit nicht gefährdet wäre (BMF vom 28.5.1996, BStBl. I S. 654)*).
- Im Hinblick auf die durch die Panzerung verursachten höheren laufenden Betriebskosten bestehen keine Bedenken, wenn der Nutzungswertermittlung 70 % der tatsächlich festgelegten laufenden Kosten (ohne AfA) zugrunde gelegt werden (BMF vom 28.5.1996, BStBl. I S. 654)*).

Begrenzung des pauschalen Nutzungswerts

Der pauschale Nutzungswert kann die dem Arbeitgeber für das Fahrzeug insgesamt entstandenen Kosten übersteigen. Wird dies im Einzelfall nachgewiesen, so ist der Nutzungswert höchstens mit dem Betrag der Gesamtkosten des Kraftfahrzeugs anzusetzen, wenn nicht aufgrund des Nachweises der Fahrten durch ein Fahrtenbuch ein geringerer Wertansatz in Betracht kommt. Der mit dem Betrag der Gesamtkosten anzusetzende Nutzungswert ist um 50 % zu erhöhen, wenn das Kraftfahrzeug mit Fahrer zur Verfügung gestellt worden ist (BMF vom 28.5.1996, BStBl. I S. 654)*).

Dienstliche Fahrten von der Wohnung

Ein geldwerter Vorteil ist für Fahrten zwischen Wohnung und Arbeitsstätte nicht zu erfassen, wenn ein Arbeitnehmer ein Firmenfahrzeug ausschließlich an den Tagen für seine Fahrten zwischen Wohnung und Arbeitsstätte erhält, an denen es erforderlich werden kann, dass er dienstliche Fahrten von der Wohnung aus antritt, z. B. beim Bereitschaftsdienst in Versorgungsunternehmen (BMF vom 28.5.1996, BStBl. I S. 654)*).

Durchschnittswert

Bei der individuellen Nutzungswertermittlung ist die Bildung eines Durchschnittswerts nicht zulässig. Es ist auch nicht zulässig, die individuelle Nutzungswertermittlung auf Privatfahrten zu beschränken, wenn das Kraftfahrzeug auch zu Fahrten zwischen Wohnung und Arbeitsstätte genutzt wird (>Arbeitgeber-Merkblatt vom 1.1.1996 – BStBl. 1995 I S. 719, Tz. 22)**).

Elektronisches Fahrtenbuch

Ein elektronisches Fahrtenbuch ist anzuerkennen, wenn sich darauf dieselben Erkenntnisse wie aus einem manuell geführten Fahrtenbuch gewinnen lassen. Beim Ausdrucken von elektronischen Aufzeichnungen müssen nachträgliche Veränderungen der aufgezeichneten Angaben technisch ausgeschlossen, zumindest aber dokumentiert werden (BMF vom 28.5.1996 – BStBl. I S. 654*) und BFH vom 16.11.2005 – BStBl. 2006 II S. 410).

Erleichterungen bei der Führung eines Fahrtenbuchs

Ein Fahrtenbuch soll die Zuordnung von Fahrten zur betrieblichen und beruflichen Sphäre darstellen und ermöglichen. Es muss laufend geführt werden und die berufliche Veranlassung plausibel erscheinen lassen und ggf. eine stichprobenartige Nachprüfung ermöglichen. Auf einzelne in R 31 Abs. 9 Nr. 2 geforderte Angaben kann verzichtet werden, soweit wegen der besonderen Umstände im Einzelfall die erforderliche Aussagekraft und Überprüfungsmöglichkeit nicht beeinträchtigt wird. Bei Kundendienstmonteuren und Handelsvertretern mit täglich wechselnden Auswärtstätigkeiten reicht es z. B. aus, wenn sie angeben, welche Kunden sie an welchem Ort aufsuchen. Angaben über die Reiseroute und zu den Entfernungen zwischen den Stationen einer Auswärtstätigkeit sind nur bei größerer Differenz zwischen direkter Entfernung und tatsächlicher Fahrtstrecke erforderlich. Bei Fahrten eines Taxifahrers im so genannten Pflichtfahrgebiet ist es in Bezug auf Reisezweck, Reiseziel und aufgesuchten Geschäftspartner ausreichend, täglich zu Beginn und Ende der Gesamtheit dieser Fahrten den Kilometerstand anzugeben mit der Angabe „Taxifahrten im Pflichtfahrgebiet" o. Ä. Wurden Fahrten durchgeführt, die über dieses Gebiet hinausgehen, kann auf die genaue Angabe des Reiseziels nicht verzichtet werden. Für Fahrlehrer ist es ausreichend in Bezug auf Reisezweck, Reiseziel und aufgesuchtem Geschäftspartner „Leerfahrten", „Fahrschulfahrten" o. Ä. anzugeben (BMF vom 21.1.2002 – BStBl. I S. 148)***).

Bei sicherheitsgefährdeten Personen, deren Fahrtroute häufig von sicherheitsmäßigen Gesichtspunkten bestimmt wird, kann auf die Angabe der Reiseroute auch bei größeren Differenzen zwischen der direkten Entfernung und der tatsächlichen Fahrtstrecke verzichtet werden (BMF vom 28.5.1996 – BStBl. I S. 654)*).

Fahrergestellung bei Familienheimfahrten

Stellt der Arbeitgeber dem Arbeitnehmer für die steuerlich zu erfassenden Familienheimfahrten ein Kraftfahrzeug mit Fahrer zur Verfügung, so ist der Nutzungswert der Fahrten, die unter Inanspruchnahme eines Fahrers durchgeführt worden sind, um 50 % zu erhöhen (BMF vom 28.5.1996 – BStBl. I S. 654)*).

Fahrten bei ständig wechselnden Tätigkeitsstätten (Einsatzwechseltätigkeit)

- Mit auswärtiger Übernachtung

  Die Fahrten zwischen Wohnung und Tätigkeitsort und die Fahrten zwischen auswärtiger Unterkunft und Tätigkeitsstätte gehören unabhängig von der Entfernung und zeitlich unbegrenzt zu den dienstlichen Fahrten. Ein privater Nutzungswert ist nicht anzusetzen (>BMF vom 26.10.2005 – BStBl. I S. 980)****).

- Mit täglicher Rückkehr

  Die Fahrten zwischen Wohnung und Tätigkeitsstätte gehören zeitlich unbegrenzt zu den dienstlichen Fahrten, wenn arbeitstäglich mindestens eine Tätigkeitsstätte aufgesucht wird, die mehr als 30 km von der Wohnung entfernt ist. Ein privater Nutzungswert ist nicht anzusetzen (>BMF vom 26.10.2005 – BStBl. I S. 960)****). Die Fahrten zwischen Wohnung und Tätigkeitsstätte gehören zu den Fahrten Wohnung – Arbeitsstätte, wenn keine der an einem Arbeitstag aufgesuchten Tätigkeitsstätten mehr als 30 km von der Wohnung entfernt ist. Der pauschale Nutzungswert ist dann arbeitstäglich mit 0,002 % des inländischen Listenpreises des Kraftfahrzeugs für jeden Kilometer der Entfernung zwischen Wohnung und Tätigkeitsort anzusetzen (>Arbeitgeber-Merkblatt vom 1.1.1996 – BStBl. 1995 I S. 719, Tz. 31)**).

- Wird ein Kraftfahrzeug ausschließlich zu solchen Fahrten zwischen Wohnung und regelmäßiger Arbeitsstätte überlassen, durch die eine dienstliche Nutzung des Kraftfahrzeugs an der Wohnung begonnen oder beendet werden kann, so sind auch diese Fahrten nicht zu erfassen (>Arbeitgeber-Merkblatt vom 1.1.1996 – BStBl. 1995 I S. 719, Tz. 29)**).

Fahrten zwischen Wohnung und Arbeitsstätte bei individueller Nutzungswertermittlung

Es ist nicht zulässig, die individuelle Nutzungswertermittlung auf Fahrten zwischen Wohnung und Arbeitsstätte zu beschränken, wenn das Fahrzeug auch zu Privatfahrten genutzt wird (>Arbeitgeber-Merkblatt vom 1.1.1996 – BStBl. 1995 I S. 719, Tz. 32)**).

Fahrten zwischen Wohnung und Arbeitsstätte bei pauschaler Nutzungswertermittlung

- Es ist unerheblich, ob und wie oft im Kalendermonat das Kraftfahrzeug tatsächlich zu Fahrten zwischen Wohnung und Arbeitsstätte genutzt wird; der Ansatz des pauschalen Nutzungswerts hängt allein davon ab, dass der Arbeitnehmer das Kraftfahrzeug zu Fahrten zwischen Wohnung und Arbeitsstätte nutzen kann. Ein durch Urlaub oder Krankheit bedingter Nutzungsausfall ist im Nutzungswert pauschal berücksichtigt (>Arbeitgeber-Merkblatt vom 1.1.1996 – BStBl. 1995 I S. 719, Tz. 28)**).

- Dem pauschalen Nutzungswert ist die einfache Entfernung zwischen Wohnung und Arbeitsstätte zugrunde zu legen; diese ist auf den nächsten vollen Kilometerbetrag abzurunden. Maßgebend ist die kürzeste benutzbare Straßenverbindung. Der pau-

---

*) Abgedruckt als Anlage 1 zu H 31 (9–10) LStR.
**) Das Merkblatt ist als Anhang 15 zum Handbuch abgedruckt.
***) Abgedruckt als Anlage 2 zu H 31 (9–10) LStR.
****) Abgedruckt als Anlage 5 zu H 37 LStR.

§ 8 EStG
R 31 Abs. 9 und 10

schale Nutzungswert ist nicht zu erhöhen, wenn der Arbeitnehmer das Kraftfahrzeug an einem Arbeitstag mehrmals zwischen Wohnung und Arbeitsstätte benutzt (>Arbeitgeber-Merkblatt vom 1.1.1996 – BStBl. 1995 I S. 719, Tz. 30)*).

– Fährt der Arbeitnehmer abwechselnd zu verschiedenen Wohnungen oder zu verschiedenen Arbeitsstätten, ist ein pauschaler Monatswert unter Zugrundelegung der Entfernung zur näher gelegenen Wohnung oder näher gelegenen Arbeitsstätte anzusetzen. Für jede Fahrt von und zu der weiter entfernt liegenden Wohnung oder von und zu der weiter entfernt liegenden Arbeitsstätte ist zusätzlich ein pauschaler Nutzungswert von 0,002 v. H. des inländischen Listenpreises des Kraftfahrzeugs für jeden Kilometer der Entfernung zwischen Wohnung und Arbeitsstätte dem Arbeitslohn zuzurechnen, soweit sie die Entfernung zur näher gelegenen Wohnung übersteigt (>Arbeitgeber-Merkblatt vom 1.1.1996 – BStBl. 1995 I S. 719, Tz. 31)*).

Fahrzeugpool

Übersteigt die Zahl der Nutzungsberechtigten die in einem Fahrzeugpool zur Verfügung stehenden Kraftfahrzeuge, so ist bei pauschaler Nutzungswertermittlung für Privatfahrten der geldwerte Vorteil mit 1 % der Listenpreise aller Kraftfahrzeuge zu ermitteln und die Summe entsprechend der Zahl der Nutzungsberechtigten aufzuteilen. Für Fahrten zwischen Wohnung und Arbeitsstätte ist der geldwerte Vorteil mit 0,03 % der Listenpreise aller Kraftfahrzeuge zu ermitteln und die Summe durch die Zahl der Nutzungsberechtigten zu teilen. Dieser Wert ist beim einzelnen Arbeitnehmer mit der Zahl seiner Entfernungskilometer zu multiplizieren (>BFH vom 15.5.2002 – BStBl. 2003 II S. 311).

Garage für den Dienstwagen

Wird ein Dienstwagen in der eigenen oder angemieteten Garage des Arbeitnehmers untergestellt und trägt der Arbeitgeber hierfür die Kosten, so ist bei der 1%-Regelung kein zusätzlicher geldwerter Vorteil für die Garage anzusetzen (>BFH vom 7.6.2002 – BStBl. II S. 829).

Gelegentliche Nutzung

Bei der pauschalen Nutzungswertermittlung ist die private Nutzung mit monatlich 1 % des Listenpreises auch dann anzusetzen, wenn der Arbeitnehmer das ihm überlassene Kraftfahrzeug tatsächlich nur gelegentlich nutzt (BMF vom 28.5.1996 – BStBl. I S. 654)**).

Die Monatsbeträge brauchen nicht angesetzt zu werden

– für volle Kalendermonate, in denen dem Arbeitnehmer kein betriebliches Kraftfahrzeug zur Verfügung steht, oder

– wenn dem Arbeitnehmer das Kraftfahrzeug aus besonderem Anlass oder zu einem besonderen Zweck nur gelegentlich (von Fall zu Fall) für nicht mehr als fünf Kalendertage im Kalendermonat überlassen wird. In diesem Fall ist die Nutzung zu Privatfahrten und zu Fahrten zwischen Wohnung und Arbeitsstätte je Fahrtkilometer mit 0,001 % des inländischen Listenpreises des Kraftfahrzeugs zu bewerten (Einzelbewertung). Zum Nachweis der Fahrstrecke müssen die Kilometerstände festgehalten werden.

Gesamtkosten

Bei der Ermittlung des privaten Nutzungswerts nach den für das Kraftfahrzeug insgesamt entstehenden Aufwendungen ist für PKW von einer AfA von 12,5 % der Anschaffungskosten entsprechend einer achtjährigen (Gesamt-)Nutzungsdauer auszugehen (>BFH vom 29.3.2005 – BStBl. II S. 368).

Kraftfahrzeuge

im Sinne des § 8 Abs. 2 EStG sind auch:

– Campingfahrzeuge (>BFH vom 6.11.2001 – BStBl. 2002 II S. 370),

– Kombinationskraftwagen (z. B. Geländewagen) ungeachtet ihrer kraftfahrzeugsteuerrechtlichen Einordnung als (gewichtsbesteuerte) „andere Fahrzeuge" (>BFH vom 13.2.2003 – BStBl. II S. 472).

Leerfahrten

Bei der Feststellung der privat und der dienstlich zurückgelegten Fahrtstrecken sind sog. Leerfahrten, die bei der Überlassung eines Kraftfahrzeugs mit Fahrer durch die An- und Abfahrten des Fahrers auftreten können, den dienstlichen Fahrten zuzurechnen (BMF vom 28.5.1996 – BStBl. I S. 654)**).

Listenpreis bei reimportierten Fahrzeugen

Für den pauschalen Nutzungswert ist auch bei reimportierten Fahrzeugen der inländische Listenpreis des Kraftfahrzeugs im Zeitpunkt seiner Erstzulassung maßgebend. Soweit das reimportierte Fahrzeug mit zusätzlichen Sonderausstattungen versehen ist, die sich im inländischen Listenpreis nicht niedergeschlagen haben, ist der Wert der Sonderausstattung zusätzlich zu berücksichtigen. Soweit das reimportierte Fahrzeug geringerwertig ausgestattet ist, lässt sich der Wert der „Minderausstattung" durch einen Vergleich mit einem adäquaten inländischen Fahrzeug angemessen berücksichtigen (BMF vom 28.5.1996 – BStBl. I S. 654)**).

Navigationsgerät

Bemessungsgrundlage für die Bewertung nach der 1 %-Regelung ist der inländische Bruttolistenpreis einschließlich des darin enthaltenen Aufpreises für ein werkseitig eingebautes Satellitennavigationsgerät (>BFH vom 16.2.2005 – BStBl. II S. 563).

Nutzung durch mehrere Arbeitnehmer

Wird ein Kraftfahrzeug von mehreren Arbeitnehmern genutzt, so ist bei pauschaler Nutzungswertermittlung für Privatfahrten der geldwerte Vorteil mit 1 % des Listenpreises entsprechend der Zahl der Nutzungsberechtigten aufzuteilen. Für Fahrten zwischen Wohnung und Arbeitsstätte ist bei jedem Arbeitnehmer der geldwerte Vorteil mit 0,03 % des Listenpreises je Entfernungskilometer zu ermitteln und dieser Wert durch die Zahl der Nutzungsberechtigten zu teilen (>BFH vom 15.5.2002 – BStBl. 2003 II S. 311).

Nutzungsverbot

Wird dem Arbeitnehmer ein Kraftfahrzeug mit der Maßgabe zur Verfügung gestellt, es für Privatfahrten und/oder Fahrten zwischen Wohnung und Arbeitsstätte nicht zu nutzen, so kann von dem Ansatz des jeweils in Betracht kommenden pauschalen Wertes nur abgesehen werden, wenn der Arbeitgeber die Einhaltung seines Verbots überwacht oder wenn wegen der besonderen Umstände des Falles die verbotene Nutzung so gut wie ausgeschlossen ist, z. B. wenn der Arbeitnehmer das Fahrzeug nach seiner Arbeitszeit und am Wochenende auf dem Betriebsgelände abstellt und den Schlüssel abgibt.

Das Nutzungsverbot ist durch entsprechende Unterlagen nachzuweisen, die zum Lohnkonto zu nehmen sind. Wird das Verbot aus besonderem Anlass oder zu besonderem Zweck von Fall zu Fall ausgesetzt, so ist jeder Kilometer mit 0,001 % des inländischen Listenpreises des Kraftfahrzeugs zu bewerten (Einzelbewertung). Zum Nachweis der Fahrstrecke müssen die Kilometerstände festgehalten werden (BMF vom 28.5.1996 – BStBl. I S. 654)**).

Ordnungsgemäßes Fahrtenbuch

– Ein ordnungsgemäßes Fahrtenbuch muss zeitnah und in geschlossener Form geführt werden und die zu erfassenden Fahrten einschließlich des an ihrem Ende erreichten Gesamtkilometerstands vollständig und in ihrem fortlaufenden Zusammenhang wiedergeben (>BFH vom 9.11.2005 – BStBl. 2006 II S. 408).

– Die erforderlichen Angaben müssen sich dem Fahrtenbuch selbst entnehmen lassen. Ein Verweis auf ergänzende Unterlagen ist nur zulässig, wenn der geschlossene Charakter der Fahrtenbuchaufzeichnungen dadurch nicht beeinträchtigt wird (>BFH vom 16.3.2006 – BStBl. II S. 625).

– Mehrere Teilabschnitte einer einheitlichen beruflichen Reise können miteinander zu einer zusammenfassenden Eintragung verbunden werden, wenn die einzelnen aufgesuchten Kunden

---

*) Das Merkblatt ist als Anhang 15 zum Handbuch abgedruckt.
**) Abgedruckt als Anlage 1 zu H 31 (9–10) LStR.

oder Geschäftspartner im Fahrtenbuch in der zeitlichen Reihenfolge aufgeführt werden (>BFH vom 16. 3. 2006 – BStBl. II S. 625).
- Der Übergang von der beruflichen zur privaten Nutzung des Fahrzeugs ist im Fahrtenbuch durch Angabe des bei Abschluss der beruflichen Fahrt erreichten Gesamtkilometerstands zu dokumentieren (>BFH vom 16. 3. 2006 – BStBl. II S. 625).
- Kann der Arbeitnehmer den ihm überlassenen Dienstwagen auch privat nutzen und wird über die Nutzung des Dienstwagens kein ordnungsgemäßes Fahrtenbuch geführt, ist der zu versteuernde geldwerte Vorteil nach der 1%-Regelung zu bewerten. Eine Schätzung des Privatanteils anhand anderer Aufzeichnungen kommt nicht in Betracht (>BFH vom 16. 11. 2005 – BStBl. 2006 II S. 410).

Park and ride

Setzt der Arbeitnehmer ein ihm überlassenes Kraftfahrzeug bei den Fahrten zwischen Wohnung und Arbeitsstätte oder bei Familienheimfahrten nur für eine Teilstrecke ein, weil er regelmäßig die andere Teilstrecke mit öffentlichen Verkehrsmitteln zurücklegt, so ist der Ermittlung des pauschalen Nutzungswerts die gesamte Entfernung zugrunde zu legen.

Ein Nutzungswert auf der Grundlage der Entfernung, die mit dem Kraftfahrzeug zurückgelegt worden ist, kommt nur in Betracht, wenn das Kraftfahrzeug vom Arbeitgeber nur für diese Teilstrecke zur Verfügung gestellt worden ist. Der Arbeitgeber hat die Einhaltung seines Verbots zu überwachen (BMF vom 28. 5. 1996 – BStBl. I S. 654)*).

Schätzung des Privatanteils

Kann der Arbeitnehmer den ihm überlassenen Dienstwagen auch privat nutzen und wird über die Nutzung des Dienstwagens kein ordnungsgemäßes Fahrtenbuch geführt, ist der zu versteuernde geldwerte Vorteil nach der 1%-Regelung zu bewerten. Eine Schätzung des Privatanteils anhand anderer Aufzeichnungen kommt nicht in Betracht (>BFH vom 16. 11. 2005 – BStBl. 2006 II S. 410).

Schutzbrief

Übernimmt der Arbeitgeber die Beiträge für einen auf seinen Arbeitnehmer ausgestellten Schutzbrief, liegt darin die Zuwendung eines geldwerten Vorteils, der nicht von der Abgeltungswirkung der 1%-Regelung erfasst wird (>BFH vom 14. 9. 2005 – BStBl. 2006 II S. 72).

Straßenbenutzungsgebühren

Übernimmt der Arbeitgeber die Straßenbenutzungsgebühren für die mit einem Firmenwagen unternommenen Privatfahrten seines Arbeitnehmers, liegt darin die Zuwendung eines geldwerten Vorteils, der nicht von der Abgeltungswirkung der 1%-Regelung erfasst wird (>BFH vom 14. 9. 2005 – BStBl. 2006 II S. 72).

Überlassung eines betrieblichen Kraftfahrzeugs zu Familienheimfahrten

- Überlässt der Arbeitgeber oder aufgrund des Dienstverhältnisses ein Dritter dem Arbeitnehmer ein Kraftfahrzeug unentgeltlich zu wöchentlichen Familienheimfahrten im Rahmen einer beruflich veranlassten doppelten Haushaltsführung, so ist insoweit der Nutzungswert steuerlich nicht zu erfassen (>§ 8 Abs. 2 Satz 5 EStG).
- Wird das Kraftfahrzeug zu mehr als einer Familienheimfahrt wöchentlich genutzt, so ist für jede Familienheimfahrt ein pauschaler Nutzungswert in Höhe von 0,002% des inländischen Listenpreises des Kraftfahrzeugs für jeden Kilometer der Entfernung zwischen dem Beschäftigungsort und dem Ort des eigenen Hausstands anzusetzen und dem Arbeitslohn zuzurechnen. Anstelle des pauschalen Nutzungswerts kann der Arbeitgeber den Nutzungswert mit den Aufwendungen für das Kraftfahrzeug ansetzen, die auf die zu erfassenden Fahrten entfallen, wenn die für das Kraftfahrzeug insgesamt entstehenden Aufwendungen durch Belege und das Verhältnis der privaten zu den übrigen Fahrten durch ein ordnungsgemäßes Fahrtenbuch nachgewiesen werden (>Arbeitgeber-Merkblatt vom 1. 1. 1996 – BStBl. 1995 I S. 719, Tz. 37)**).

Überlassung mehrerer Kraftfahrzeuge

- Stehen einem Arbeitnehmer gleichzeitig mehrere Kraftfahrzeuge zur Verfügung, so ist bei der pauschalen Nutzungswertermittlung für jedes Fahrzeug die private Nutzung mit monatlich 1% des Listenpreises anzusetzen; dem privaten Nutzungswert kann der Listenpreis des überwiegend genutzten Kraftfahrzeugs zugrunde gelegt werden, wenn die Nutzung der Fahrzeuge durch andere zur Privatsphäre des Arbeitnehmers gehörende Personen so gut wie ausgeschlossen ist. Dem Nutzungswert für Fahrten zwischen Wohnung und Arbeitsstätte ist stets der Listenpreis des überwiegend für diese Fahrten benutzten Kraftfahrzeugs zugrunde zu legen (BMF vom 28. 5. 1996, BStBl. I S. 654)*).
- Der Listenpreis des überwiegend genutzten Kraftfahrzeugs ist bei der pauschalen Nutzungswertermittlung auch bei einem Fahrzeugwechsel im Laufe eines Kalendermonats zugrunde zu legen (>Arbeitgeber-Merkblatt vom 1. 1. 1996 – BStBl. 1995 I S. 719, Tz. 21)**).
- Bei der individuellen Nutzungswertermittlung muss für jedes Kraftfahrzeug die insgesamt entstehenden Aufwendungen und das Verhältnis der privaten zu den übrigen Fahrten nachgewiesen werden (>Arbeitgeber-Merkblatt vom 1. 1. 1996 – BStBl. 1995 I S. 719, Tz. 22)**).
- Stehen einem Arbeitnehmer gleichzeitig mehrere Kraftfahrzeuge zur Verfügung und führt er nur für einzelne Kraftfahrzeuge ein ordnungsgemäßes Fahrtenbuch, so kann er für diese den privaten Nutzungswert individuell ermitteln, während der Nutzungswert für die anderen mit monatlich 1% des Listenpreises anzusetzen ist (BFH vom 3. 8. 2000 – BStBl. 2001 II S. 332).

Vereinfachungsregelung

Bei der individuellen Nutzungswertermittlung im Laufe des Kalenderjahrs bestehen keine Bedenken, wenn die Privatfahrten je Fahrtkilometer vorläufig mit 0,001% des inländischen Listenpreises für das Kraftfahrzeug angesetzt werden (>Arbeitgeber-Merkblatt vom 1. 1. 1996 – BStBl. 1995 I S. 719, Tz. 24)**).

Zuschüsse des Arbeitnehmers

Zuschüsse des Arbeitnehmers zu den Anschaffungskosten können im Zahlungsjahr auf den privaten Nutzungswert angerechnet werden (>BFH vom 23. 10. 1992 – BStBl. 1993 II S. 195).

Anlage 1
zu H 31 (9–10)

Steuerliche Behandlung der Überlassung eines betrieblichen Kraftfahrzeugs an Arbeitnehmer

BMF-Schreiben vom 28. 5. 1996 (BStBl. I S. 654)

Die steuerliche Bewertung der Überlassung eines betrieblichen Kraftfahrzeugs an Arbeitnehmer ist in Abschnitt 31 Abs. 7 und 7a LStR 1996***) und in Tz. 20 bis 37 des Merkblatts zu den Rechtsänderungen beim Steuerabzug vom Arbeitslohn ab 1. Januar 1996**) geregelt. Unter Bezugnahme auf das Ergebnis der Besprechung mit den obersten Finanzbehörden der Länder wird zu Zweifelsfragen wie folgt Stellung genommen:

I. Pauschaler Nutzungswert

1. Listenpreis

Für den pauschalen Nutzungswert ist der inländische Listenpreis des Kraftfahrzeugs im Zeitpunkt seiner Erstzulassung maßgebend. Das gilt auch für re-importierte Fahrzeuge. Soweit das re-importierte Fahrzeug mit zusätzlichen Sonderausstattungen versehen ist, die sich im inländischen Listenpreis nicht niedergeschlagen haben, ist der Wert der Sonderausstattung zusätzlich zu berücksichtigen. Soweit das re-importierte Fahrzeug geringerwertig ausgestattet ist, lässt sich der Wert der „Minderausstattung" durch einen Vergleich mit einem adäquaten inländischen Fahrzeug angemessen berücksichtigen.

---
*) Abgedruckt als Anlage 1 zu H 31 (9–10) LStR.
**) Abgedruckt als Anhang 15 zum Handbuch.
***) Jetzt R 31 (9–10) LStR.

§ 8 EStG
R 31 Abs. 9 und 10

2. Überlassung von mehreren Kraftfahrzeugen

Stehen einem Arbeitnehmer gleichzeitig mehrere Kraftfahrzeuge zur Verfügung, so ist für jedes Fahrzeug die private Nutzung mit monatlich 1 % des Listenpreises anzusetzen; dem privaten Nutzungswert kann der Listenpreis des überwiegend genutzten Kraftfahrzeugs zugrunde gelegt werden, wenn die Nutzung der Fahrzeuge durch andere zur Privatsphäre des Arbeitnehmers gehörende Personen so gut wie ausgeschlossen ist. Dem Nutzungswert für Fahrten zwischen Wohnung und Arbeitsstätte ist stets der Listenpreis des überwiegend für diese Fahrten benutzten Kraftfahrzeugs zugrunde zu legen.

3. Monatsbeträge

Die pauschalen Nutzungswerte nach § 8 Abs. 2 Satz 2 und 3 EStG sind mit ihren Monatsbeträgen auch dann anzusetzen, wenn der Arbeitnehmer das ihm überlassene Kraftfahrzeug tatsächlich nur gelegentlich nutzt oder wenn er von seinem Zugriffsrecht auf ein Kraftfahrzeug aus einem Fahrzeugpool nur gelegentlich Gebrauch macht.

Die Monatsbeiträge brauchen nicht angesetzt zu werden

a) für volle Kalendermonate, in denen dem Arbeitnehmer kein betriebliches Kraftfahrzeug zur Verfügung steht, oder

b) wenn dem Arbeitnehmer das Kraftfahrzeug aus besonderem Anlass oder zu einem besonderen Zweck nur gelegentlich (von Fall zu Fall) für nicht mehr als fünf Kalendertage im Kalendermonat überlassen wird. In diesem Fall ist die Nutzung zu Privatfahrten und zu Fahrten zwischen Wohnung und Arbeitsstätte je Fahrtkilometer mit 0,001 % des inländischen Listenpreises des Kraftfahrzeugs zu bewerten (Einzelbewertung). Zum Nachweis der Fahrstrecke müssen die Kilometerstände festgehalten werden.

4. Dienstliche Nutzung im Zusammenhang mit Fahrten zwischen Wohnung und Arbeitsstätte

Ein geldwerter Vorteil ist für Fahrten zwischen Wohnung und Arbeitsstätte nicht zu erfassen, wenn ein Arbeitnehmer ein Firmenfahrzeug ausschließlich an den Tagen für seine Fahrten zwischen Wohnung und Arbeitsstätte erhält, an denen es erforderlich werden kann, dass er dienstliche Fahrten von der Wohnung aus antritt, z. B. beim Bereitschaftsdienst in Versorgungsunternehmen.

5. Nutzungsverbot

Wird dem Arbeitnehmer ein Kraftfahrzeug mit der Maßgabe zur Verfügung gestellt, es für Privatfahrten und/oder Fahrten zwischen Wohnung und Arbeitsstätte nicht zu nutzen, so kann von dem Ansatz des jeweils in Betracht kommenden pauschalen Wertes nur abgesehen werden, wenn der Arbeitgeber die Einhaltung seines Verbots überwacht oder wenn wegen der besonderen Umstände des Falles die verbotene Nutzung so gut wie ausgeschlossen ist, z. B. wenn der Arbeitnehmer das Fahrzeug nach seiner Arbeitszeit und am Wochenende auf dem Betriebsgelände abstellt und den Schlüssel abgibt.

Das Nutzungsverbot ist durch entsprechende Unterlagen nachzuweisen, die zum Lohnkonto zu nehmen sind. Wird das Verbot allgemein oder aus besonderem Anlass oder zu besonderem Zweck von Fall zu Fall ausgesetzt, so ist Nummer 3 entsprechend anzuwenden.

6. Park and ride

Setzt der Arbeitnehmer ein ihm überlassenes Kraftfahrzeug bei den Fahrten zwischen Wohnung und Arbeitsstätte oder bei Familienheimfahrten nur für eine Teilstrecke ein, weil er regelmäßig die andere Teilstrecke mit öffentlichen Verkehrsmitteln zurücklegt, so ist der Ermittlung des pauschalen Nutzungswerts die gesamte Entfernung zugrunde zu legen. Ein Nutzungswert auf der Grundlage der Entfernung, die mit dem Kraftfahrzeug zurückgelegt worden ist, kommt nur in Betracht, wenn das Kraftfahrzeug vom Arbeitgeber nur für diese Teilstrecke zur Verfügung gestellt worden ist. Nummer 5 ist entsprechend anzuwenden.

7. Fahrergestellung bei Familienheimfahrten

Stellt der Arbeitgeber dem Arbeitnehmer für die steuerlich zu erfassenden Familienheimfahrten ein Kraftfahrzeug mit Fahrer zur Verfügung, so ist der Nutzungswert der Fahrten, die unter Inanspruchnahme eines Fahrers durchgeführt worden sind, um 50 % zu erhöhen.

8. Begrenzung des pauschalen Nutzungswerts

Der pauschale Nutzungswert nach § 8 Abs. 2, 3 und 5 EStG kann die dem Arbeitgeber für das Fahrzeug insgesamt entstandenen Kosten übersteigen. Wird dies im Einzelfall nachgewiesen, so ist der Nutzungswert höchstens mit dem Betrag der Gesamtkosten des Kraftfahrzeugs anzusetzen, wenn nicht aufgrund des Nachweises der Fahrten durch ein Fahrtenbuch nach § 8 Abs. 2 Satz 4 EStG ein geringerer Wertansatz in Betracht kommt. Der mit dem Betrag der Gesamtkosten anzusetzende Nutzungswert ist um 50 % zu erhöhen, wenn das Kraftfahrzeug mit Fahrer zur Verfügung gestellt worden ist.

II. Individueller Nutzungswert

1. Elektronisches Fahrtenbuch

Ein elektronisches Fahrtenbuch ist anzuerkennen, wenn sich daraus dieselben Erkenntnisse wie aus einem manuell geführten Fahrtenbuch gewinnen lassen. Beim Ausdrucken von elektronischen Aufzeichnungen müssen nachträgliche Veränderungen der aufgezeichneten Angaben technisch ausgeschlossen, zumindest aber dokumentiert werden.

2. Erleichterungen bei der Führung eines Fahrtenbuchs

Ein Fahrtenbuch soll die Zuordnung von Fahrten zur betrieblichen und beruflichen Sphäre darstellen und ermöglichen. Es muss laufend geführt werden. Bei einer Dienstreise, Einsatzwechseltätigkeit und Fahrtätigkeit müssen die über die Fahrtstrecken hinausgehenden Angaben hinsichtlich Reiseziel, Reiseroute, Reisezweck und aufgesuchte Geschäftspartner die berufliche Veranlassung plausibel erscheinen lassen und ggf. eine stichprobenartige Nachprüfung ermöglichen. Auf einzelne dieser zusätzlichen Angaben kann verzichtet werden, soweit wegen der besonderen Umstände im Einzelfall die erforderliche Aussagekraft und Überprüfungsmöglichkeit nicht beeinträchtigt wird. Bei Kundendienstmonteuren und Handelsvertretern mit täglich wechselnden Auswärtstätigkeiten reicht es z. B. aus, wenn sie angeben, welche Kunden sie an welchem Ort aufsuchen. Angaben über die Reiseroute und zu den Entfernungen zwischen den Stationen einer Auswärtstätigkeit sind nur bei größerer Differenz zwischen direkter Entfernung und tatsächlicher Fahrtstrecke erforderlich. Bei sicherheitsgefährdeten Personen, deren Fahrtroute häufig von sicherheitsmäßigen Gesichtspunkten bestimmt wird, kann auf die Angabe der Reiseroute auch bei größeren Differenzen zwischen der direkten Entfernung und der tatsächlichen Fahrtstrecke verzichtet werden.

3. Aufwendungen bei sicherheitsgeschützten Fahrzeugen

Wird der Nutzungswert für ein aus Sicherheitsgründen gepanzertes Kraftfahrzeug nach § 8 Abs. 2 Satz 4 EStG ermittelt, so kann dabei die AfA nach dem Anschaffungspreis des leistungsschwächeren Fahrzeugs zugrunde gelegt werden, das dem Arbeitnehmer zur Verfügung gestellt würde, wenn seine Sicherheit nicht gefährdet wäre. Im Hinblick auf die durch die Panzerung verursachten höheren laufenden Betriebskosten bestehen keine Bedenken, wenn der Nutzungswertermittlung 70 % der tatsächlich festgestellten laufenden Kosten (ohne AfA) zugrunde gelegt werden.

4. Fahrergestellung

Wenn ein Kraftfahrzeug mit Fahrer zur Verfügung gestellt wird, ist der für die Fahrten zwischen Wohnung und Arbeitsstätte insgesamt ermittelte Nutzungswert um 50 % zu erhöhen. Für Privatfahrten erhöht sich der hierfür insgesamt ermittelte Nutzungswert nach Abschnitt 31 Abs. 7 a Nr. 2 LStR 1996*) entsprechend dem Grad der Inanspruchnahme des Fahrers um 50, 40 oder 25 %. Bei Familienheimfahrten erhöht sich der auf die einzelne Familienheimfahrt ermittelte Nutzungsvorteil nur dann um 50 %, wenn für diese Fahrt ein Fahrer in Anspruch genommen worden ist.

---

*) Jetzt R 31 Abs. 9 Nr. 2 LStR.

Bei der Feststellung der privat und der dienstlich zurückgelegten Fahrtstrecken sind sog. Leerfahrten, die bei der Überlassung eines Kraftfahrzeugs mit Fahrer durch die An- und Abfahrten des Fahrers auftreten können, den dienstlichen Fahrten zuzurechnen.

III. Lohnsteuerpauschalierung

Ist der Nutzungswert für Familienheimfahrten nach § 8 Abs. 2 Satz 5 EStG zu erfassen, so kommt eine Pauschbesteuerung nach § 40 Abs. 2 Satz 2 EStG nur für Familienheimfahrten nach Ablauf von zwei Jahren nach Aufnahme der Tätigkeit am neuen Beschäftigungsort und nur bis zur Höhe des Betrags in Betracht, den der Arbeitnehmer als Werbungskosten für Fahrten zwischen Wohnung und Arbeitsstätte geltend machen könnte.

Anlage 2
zu H 31 (9–10)

Ertragsteuerliche Erfassung der Nutzung eines betrieblichen Kraftfahrzeugs zu Privatfahrten, zu Fahrten zwischen Wohnung und Betriebsstätte sowie zu Familienheimfahrten

BMF-Schreiben vom 21.1.2002 (BStBl. I S. 148)

I. Anwendungsbereich des § 4 Abs. 5 Satz 1 Nr. 6 und des § 6 Abs. 1 Nr. 4 Sätze 2 und 3 EStG

1. Betriebsvermögen

1 Die Anwendung von § 6 Abs. 1 Nr. 4 Sätze 2 und 3 EStG setzt voraus, dass ein Kraftfahrzeug des Steuerpflichtigen zu seinem Betriebsvermögen gehört und auch für Privatfahrten genutzt wird. Die Regelung gilt auch für gemietete oder geleaste Kraftfahrzeuge, die zu mehr als 50 % für betrieblich veranlasste Fahrten genutzt werden. Ist im Folgenden von Kraftfahrzeugen im Betriebsvermögen die Rede, sind deshalb auch gemietete oder geleaste Kraftfahrzeuge gemeint, die zu mehr als 50 % für betrieblich veranlasste Fahrten genutzt werden. Die Regelung ist auf Kraftfahrzeuge, die kraftfahrzeugsteuerrechtlich Zugmaschinen oder Lastkraftwagen sind, nicht anzuwenden.

2 Die bloße Behauptung, das Kraftfahrzeug werde nicht für Privatfahrten genutzt oder Privatfahrten würden ausschließlich mit anderen Fahrzeugen durchgeführt, reicht nicht aus, von der Anwendung der Regelung des § 6 Abs. 1 Nr. 4 Sätze 2 und 3 EStG abzusehen. Vielmehr trifft den Steuerpflichtigen die objektive Beweislast, wenn ein nach der Lebenserfahrung untypischer Sachverhalt, wie z. B. die ausschließlich betriebliche Nutzung des einzigen betrieblichen Kraftfahrzeugs eines Unternehmers, der Besteuerung zugrunde gelegt werden soll.

...

III. Tatsächliche Ermittlung des privaten Nutzungswerts
1. Führung eines Fahrtenbuchs

...

2. Elektronisches Fahrtenbuch

16 Ein elektronisches Fahrtenbuch ist anzuerkennen, wenn sich daraus dieselben Erkenntnisse wie aus einem manuell geführten Fahrtenbuch gewinnen lassen. Beim Ausdrucken von elektronischen Aufzeichnungen müssen nachträgliche Veränderungen der aufgezeichneten Angaben technisch ausgeschlossen, zumindest aber dokumentiert werden.

3. Anforderungen an ein Fahrtenbuch

17 Ein Fahrtenbuch muss mindestens folgende Angaben enthalten (vgl. R 31 Abs. 9 Nr. 2 Satz 3 LStR): Datum und Kilometerstand zu Beginn und Ende jeder einzelnen betrieblich/beruflich veranlassten Fahrt, Reiseziel, Reisezweck und aufgesuchte Geschäftspartner. Wird ein Umweg gefahren, ist dieser aufzuzeichnen. Auf einzelne dieser Angaben kann verzichtet werden, soweit wegen der besonderen Umstände im Einzelfall die betriebliche/berufliche Veranlassung der Fahrten und der Umfang der Privatfahrten ausreichend dargelegt sind und Über-prüfungsmöglichkeiten nicht beeinträchtigt werden. So sind z. B. folgende berufsspezifisch bedingte Erleichterungen möglich:

18 a) Handelsvertreter, Kurierdienstfahrer, Automatenlieferanten und andere Steuerpflichtige, die regelmäßig aus betrieblichen/beruflichen Gründen große Strecken mit mehreren unterschiedlichen Reisezielen zurücklegen.

Zu Reisezweck, Reiseziel und aufgesuchtem Geschäftspartner ist anzugeben, welche Kunden an welchem Ort besucht wurden. Angaben zu den Entfernungen zwischen den verschiedenen Orten sind nur bei größerer Differenz zwischen direkter Entfernung und tatsächlich gefahrenen Kilometern erforderlich.

19 b) Taxifahrer, Fahrlehrer

Bei Fahrten eines Taxifahrers im sog. Pflichtfahrgebiet ist es in Bezug auf Reisezweck, Reiseziel und aufgesuchtem Geschäftspartner ausreichend, täglich zu Beginn und Ende der Gesamtheit dieser Fahrten den Kilometerstand anzugeben mit der Angabe „Taxifahrten im Pflichtfahrgebiet" o. Ä. Wurden Fahrten durchgeführt, die über dieses Gebiet hinausgehen, kann auf die genaue Angabe des Reiseziels nicht verzichtet werden.

20 Für Fahrlehrer ist es ausreichend, in Bezug auf Reisezweck, Reiseziel und aufgesuchtem Geschäftspartner „Lehrfahrten", „Fahrschulfahrten" o. Ä. anzugeben.

21 Werden regelmäßig dieselben Kunden aufgesucht, wie z. B. bei Lieferverkehr, und werden die Kunden mit Name und (Liefer-)Adresse in einem Kundenverzeichnis unter einer Nummer geführt, unter der sie später identifiziert werden können, bestehen keine Bedenken, als Erleichterung für die Führung eines Fahrtenbuches zu Reiseziel, Reisezweck und aufgesuchtem Geschäftspartner jeweils zu Beginn und Ende der Lieferfahrten Datum und Kilometerstand sowie die Nummern der aufgesuchten Geschäftspartner aufzuzeichnen. Das Kundenverzeichnis ist dem Fahrtenbuch beizufügen.

22 Für Privatfahrten genügen jeweils Kilometerangaben; für Fahrten zwischen Wohnung und Betriebsstätte genügt jeweils ein kurzer Vermerk im Fahrtenbuch.

4. Nichtanerkennung eines Fahrtenbuches

23 Wird die Ordnungsmäßigkeit der Führung eines Fahrtenbuches von der Finanzverwaltung z. B. anlässlich einer Betriebsprüfung nicht anerkannt, ist die Nutzung des Kraftfahrzeugs zu Privatfahrten, zu Fahrten zwischen Wohnung und Betriebsstätte oder zu Familienheimfahrten nach den Pauschsätzen zu bewerten.

Anlage 3
zu H 31 (9–10)

Ertragsteuerliche Erfassung der Nutzung betrieblicher Kraftfahrzeuge zu Privatfahrten, Fahrten zwischen Wohnung und Betriebsstätte sowie Familienheimfahrten – Kostendeckelung bei Kostenerstattungen Dritter

Verfügung der OFD München vom 25.5.2005 (Az.: S 2145 – 20 St 41/42)

Nach Rz. 14 des BMF-Schreibens vom 21.1.2002 (IV A 6 – S 2177 – 1/02, BStBl. I 2002, 148, DStR 2004, 216*) sind der pauschale Nutzungswert nach § 6 Abs. 1 Nr. 4 Satz 2 EStG sowie die nicht abziehbaren Betriebsausgaben nach § 4 Abs. 5 Satz 1 Nr. 6 EStG höchstens mit den Gesamtkosten des Kraftfahrzeugs anzusetzen, wenn die pauschalen Wertansätze die tatsächlich entstandenen Aufwendungen übersteigen (sog. Kostendeckelung).

Es ist gefragt worden, wie sich in diesem Zusammenhang Kostenerstattungen von dritter Seite auf die Höhe der tatsächlich entstandenen Aufwendungen eines Fahrzeugs auswirken. Nach bundeseinheitlich abgestimmter Auffassung wird gebeten, von folgenden Grundsätzen auszugehen:

---

*) Abgedruckt als Anlage 2 zu H 31 (9–10) LStR.

§ 8 EStG
R 31 Abs. 9 und 10

1. Unmittelbarer Kostenersatz durch Dritte

Sind in den Gesamtaufwendungen für das Fahrzeug Kosten enthalten, die der Steuerpflichtige von dritter Seite ersetzt bekommt, führt dies zu einer entsprechenden Saldierung bzw. Minderung der Gesamtkosten, wenn ein unmittelbarer wirtschaftlicher Zusammenhang zwischen den Kosten und der Erstattungsleistung besteht.

Beispiel:

In den jährlichen Gesamtkosten i. H. von 9 000 € für einen zum notwendigen Betriebsvermögen gehörenden gemischt genutzten Pkw (Bruttolistenpreis bei Erstzulassung 85 000 €) sind Reparaturkosten zur Beseitigung eines Unfallschadens anlässlich einer betrieblichen Fahrt i. H. von 4 500 € enthalten. Die Vollkaskoversicherung ersetzt die Reparaturkosten nach Abzug einer Selbstbeteiligung (200 €) i. H. von 4 300 €.

Der Steuerpflichtige ermittelt den privaten Nutzungsanteil

a) pauschal nach § 6 Abs. 1 Nr. 4 Satz 2 EStG;
b) durch ein Fahrtenbuch (der Privatanteil beträgt 30 %).

Zwischen den entstanden Reparaturkosten und der Versicherungsleistung besteht ein unmittelbarer wirtschaftlicher Zusammenhang. Die tatsächlich entstandenen Aufwendungen für das Fahrzeug sind mit der Kostenerstattung i. H. von 4 300 € zu saldieren.

a) Der private Nutzungsanteil nach § 6 Abs. 1 Nr. 4 Satz 2 EStG beträgt 1 % von 85 000 € × 12 Monate = 10 200 €. Nach Rz. 14 des BMF-Schreibens vom 21.1.2002, a. a. O., ist der private Nutzungsanteil auf die saldierten Gesamtkosten i. H. von 4 700 € zu begrenzen.
b) Die Privatnutzung nach § 6 Abs. 1 Nr. 4 Satz 3 EStG ist mit 30 der saldierten Aufwendungen i. H. von 4 700 € = 1 410 € anzusetzen.

Die Minderung der Gesamtkosten ist auch dann vorzunehmen, wenn die Versicherungserstattung wegen des Zuflussprinzips erst im Folgejahr vereinnahmt wird.

2. Kostenüberwälzung auf Dritte

Die tatsächlich entstandenen Aufwendungen für ein Fahrzeug sind dagegen nicht zu kürzen, wenn der Steuerpflichtige fahrzeugbezogene Einnahmen erzielt, die mit den Gesamtkosten lediglich in einem mittelbaren wirtschaftlichem Zusammenhang stehen.

Beispiel:

Der Steuerpflichtige ist als Sachverständiger für Feuerschäden selbstständig tätig. Zur Erstellung von Gutachten für seine Auftraggeber (Versicherungsgesellschaften) sind Fahrten zum Schadensort notwendig, für die er in seinen Rechnungen einen Fahrtkostenanteil – ggf. auch pauschal – separat ausweist.

Die anteiligen Einnahmen aus den in Rechnung gestellten Fahrtkosten sind als Betriebseinnahmen zu erfassen. Die tatsächlich entstanden Fahrzeugkosten bleiben unberührt, d. h. eine Saldierung mit den anteilig erzielten Betriebseinnahmen kommt nicht in Betracht. Sowohl für Zwecke der Kostendeckelung als auch für Zwecke der Ermittlung der Privatnutzung nach der Fahrtenbuch-Methode ist folglich von den ungekürzten Gesamtkosten auszugehen.

Anlage 4
zu H 31 (9–10)

Privatnutzung geleaster Kraftfahrzeuge im sog. Zwei-Vertrags-Modell

Verfügung der OFD Berlin vom 12.7.1999 Az.: St 423 – S 2334 – 4/96

Zur steuerlichen Behandlung von Mietverträgen, die mit Arbeitgebern und Arbeitnehmern für das gleiche Fahrzeug abgeschlossen werden, insbesondere zur Privatnutzung geleaster Kraftfahrzeuge im sog. Zwei-Vertrags-Modell, bitte ich nach entsprechender Erörterung der obersten Finanzbehörden des Bundes und der anderen Länder folgende Auffassung zu vertreten:

Die Aufteilung eines Leasing-Verhältnisses für dasselbe Fahrzeug in einen Vertrag mit dem Arbeitgeber hinsichtlich der betrieblichen Nutzung und in einen Vertrag mit dem Arbeitnehmer hinsichtlich der privaten Nutzung kann steuerlich nicht anerkannt werden. Vielmehr ist dieses Modell bei wirtschaftlicher Betrachtungsweise so zu beurteilen, dass der Arbeitgeber das Fahrzeug least und es dem Arbeitnehmer zur beruflichen und privaten Nutzung überlässt. Der dem Arbeitnehmer zufließende steuerliche Nutzungsvorteil ist deshalb nach § 8 Abs. 2 EStG vom Arbeitgeber zu erfassen. Dabei sind die vom Arbeitnehmer an den Leasinggeber gezahlten Leasingraten als pauschale Nutzungsvergütung i. S. der LStR 31 Abs. 7 Nr. 4 anzusehen und auf den nach § 8 Abs. 2 EStG ermittelten Nutzungswert anzurechnen.

Dabei kommt der Ausgestaltung der Wartungs- und Wertsicherungsverträge auch lohnsteuerlich maßgebende Bedeutung zu. Trägt der Arbeitnehmer in der Zusatzvereinbarung nur das Wertminderungsrisiko, ohne dass ihm über eine Kaufoption oder einen Mehrwertausgleich eine Wertsteigerungschance eingeräumt wird, liegt ein Leasingvertrag vor, bei dem der Leasinggegenstand steuerlich grundsätzlich nicht dem Arbeitnehmer zuzurechnen ist. Die Nutzung durch den Arbeitnehmer ist wie bisher nach § 8 Abs. 2 Sätze 2 bis 5 EStG zu erfassen.

Werden jedoch Zusatzvereinbarungen getroffen, mit denen den Arbeitnehmern neben dem Wertminderungsrisiko auch die Wertsteigerungschance eingeräumt wird, ist kein Leasingvertrag, sondern ein Ratenkaufvertrag anzunehmen und der Pkw dem Arbeitnehmer zuzurechnen. Dies gilt z. B. dann, wenn der Arbeitnehmer einen Minderwert auszugleichen hat, aber andererseits auch den Mehrwert vergütet erhält. Daher liegt in diesen Fällen keine Kraftfahrzeuggestellung des Arbeitgebers an den Arbeitnehmer vor, sondern die „Leasingraten" des Arbeitgebers stellen einen Arbeitgeberzuschuss zum Kaufpreis dar. Sie sind deshalb dem Arbeitnehmer als Arbeitslohn zuzurechnen. Soweit allerdings der Arbeitgeber diese „Leasingraten" im Rahmen der Reisekostenabrechnung auf steuerfreien Fahrtkostenersatz anrechnet, sind diese nach § 3 Nr. 16 EStG steuerfrei.

Bei Arbeitnehmern (und ggf. Arbeitgebern), die sich bei der steuerlichen Behandlung der nach dem 21. 1. 1997 geschlossenen Verträge nach der mit Erlass der Senatsverwaltung für Finanzen v. 21. 1. 1997 – III D 12 – S 2334 – 15/96 – erteilten anders lautenden Auskunft gerichtet haben, dass kein geldwerter Vorteil entsteht, sofern die Leasingrate für den Arbeitnehmer unter Anwendung der gesetzlichen Vorschriften (§ 8 Abs. 2 i. V. m. § 6 Abs. 1 Nr. 4 EStG) ermittelt und gezahlt wird, bzw. bei Festlegung einer geringeren Mietrate ein geldwerter Vorteil nur in Höhe der Differenz zwischen dieser und dem nach § 8 Abs. 2 EStG zu besteuern ist, sollen hieraus bis zum 31. 1. 1999 keine steuerlichen Nachteile erwachsen.

Anlage 5
zu H 31 (9–10)

Umsatzsteuerliche Behandlung der Überlassung sog. Firmenwagen an Arbeitnehmer, wenn diese Zuzahlungen leisten

BMF-Schreiben vom 30. 12. 1997 (BStBl. 1998 I S. 110)

In vielen Fällen müssen Arbeitnehmer sog. Zuzahlungen zu den Anschaffungskosten und/oder zu den Kosten des laufenden Unterhalts von Kraftfahrzeugen leisten, die der Unternehmer (Arbeitgeber) ihnen zur privaten Nutzung überlässt. Unter Bezugnahme auf das Ergebnis der Erörterungen mit den obersten Finanzbehörden der Länder gilt hierzu Folgendes:

I. Zuzahlungen zu den Anschaffungskosten

1. Vorsteuerabzug des Unternehmers

Mit dem Arbeitnehmer als Nutzer eines sog. Firmenwagens kann vereinbart werden, dass der Unternehmer (Arbeitgeber) im Innenverhältnis die Anschaffungskosten dieses Fahrzeugs lediglich bis zu einer festgelegten Obergrenze oder bis zu einer bestimmten Ausstattung des Fahrzeugs übernimmt. Den Teil der Anschaffungskosten, der diese Werte bzw. Grenzen übersteigt, muss in diesem Fall im Innenverhältnis der Arbeitnehmer tragen. Wenn der Unternehmer ein auf Wunsch des Arbeitnehmers höherwertiges oder besser ausgestattetes Fahrzeug im eigenen Namen bestellt, wird er Leistungsempfänger der späteren Lieferung dieses Fahrzeugs (vgl. Abschnitt 192 Abs. 13 UStR). Er kann somit unter den weiteren Voraussetzungen nach § 15 UStG die für diese Lieferung gesondert ausgewiesene Umsatzsteuer als Vorsteuer abziehen.

Wenn dagegen der Arbeitnehmer im eigenen Namen Sonderausstattungen für das Fahrzeug (z. B. eine hochwertige Musikanlage) erwirbt und insoweit als Leistungsempfänger anzusehen ist, scheidet der Vorsteuerabzug des Unternehmers hierfür aus.

2. Bemessungsgrundlage für die Fahrzeugüberlassung

a) Wird die umsatzsteuerliche Bemessungsgrundlage für die Fahrzeugüberlassung **anhand der sog. 1%-Regelung** ermittelt (vgl. Abschnitt III Abs. 4 des BMF-Schreibens vom 11. März 1997 – IV C 3 – S 7102 – 5/97 –, BStBl. I S. 324)*), ist hierfür vom Listenpreis des tatsächlich an den Unternehmer gelieferten Fahrzeugs (einschließlich eventueller Sonderausstattungen auf Wunsch des Arbeitnehmers) auszugehen. Dagegen bleiben vom Arbeitnehmer selbst erworbene Sonderausstattungen bei der Ermittlung des Listenpreises außer Betracht. Die Zuzahlung des Arbeitnehmers mindert nicht die umsatzsteuerliche Bemessungsgrundlage, und zwar auch dann nicht, wenn sie lohnsteuerlich nach Abschnitt 31 Abs. 7 Nr. 4 Satz 3 LStR**) auf den privaten Nutzungswert angerechnet werden kann. Andererseits ist die Zuzahlung nicht als Entgelt zu behandeln.

b) Die Zuzahlung des Arbeitnehmers zu den Anschaffungskosten eines Firmenwagens ist ein Zuschuss i. S. von R 34 Abs. 1 EStR. Nach R 34 Abs. 2 EStR hat der Unternehmer ein Wahlrecht, diesen Zuschuss erfolgswirksam als Betriebseinnahme anzusetzen; die Anschaffungskosten für das Kraftfahrzeug bleiben dadurch unberührt. Er kann das Kraftfahrzeug aber auch – erfolgsneutral – mit den um den Zuschuss verringerten Anschaffungskosten bewerten. In diesem Fall ergeben sich durch die niedrigere Bemessungsgrundlage geringere AfA-Beträge. Wird der private Nutzungswert der Fahrzeugüberlassung für Zwecke der Lohnsteuer und der Umsatzsteuer **mit Hilfe eines ordnungsgemäßen Fahrtenbuches** anhand der durch Belege nachgewiesenen Gesamtkosten ermittelt (vgl. Abschnitt III Abs. 5 des BMF-Schreibens vom 11. März 1997, a. a. O.*)), sind auch in den Fällen, in denen der Zuschuss erfolgsneutral behandelt wird, für Zwecke der Umsatzsteuer AfA-Beträge anhand der ungekürzten Anschaffungskosten des Fahrzeugs anzusetzen.

II. Zuzahlungen zu den Unterhaltskosten

Zahlt der Arbeitnehmer für die Überlassung des Firmenwagens eine pauschale Nutzungsvergütung oder eine kilometerbezogene Vergütung oder muss er einen Teil der Kraftfahrzeugkosten übernehmen, so wird die umsatzsteuerliche Bemessungsgrundlage für die Fahrzeugüberlassung nicht gemindert. Andererseits sind die Zahlungen des Arbeitnehmers nicht als Entgelt zu behandeln.

Anlage 6
zu H 31 (9–10)

Umsatzsteuer; Bemessungsgrundlage bei sonstigen Leistungen i. S. d. § 3 Abs. 9a Nr. 1 und 2 UStG

BMF-Schreiben vom 13. 4. 2004 (BStBl. I S. 468)

(1) Gemäß § 10 Abs. 4 Satz 1 Nr. 2 UStG wird der Umsatz bei sonstigen Leistungen im Sinne des § 3 Abs. 9a Nr. 1 UStG (Verwendung eines dem Unternehmen zugeordneten Gegenstandes) nach den bei der Ausführung dieser Umsätze entstandenen Kosten, soweit sie zum vollen oder teilweisen Vorsteuerabzug berechtigt haben, bemessen.

Gemäß § 10 Abs. 4 Satz 1 Nr. 3 UStG wird der Umsatz bei sonstigen Leistungen im Sinne des § 3 Abs. 9a Nr. 2 UStG (unentgeltliche Erbringung einer Dienstleistung) nach den bei Ausführung dieser Umsätze entstandenen Kosten bemessen. Dabei sind auch Ausgaben zu berücksichtigen, die den Unternehmer nicht zum vollen oder teilweisen Vorsteuerabzug berechtigt haben (z. B. Arbeitslohn für Arbeitnehmer des Unternehmers).

§ 10 Abs. 4 UStG gilt entsprechend für die in § 10 Abs. 5 UStG bezeichneten Leistungen, wenn die nach § 10 Abs. 4 UStG ermittelte Bemessungsgrundlage das Entgelt nach § 10 Abs. 1 UStG übersteigt.

(2) Unter Bezugnahme auf die Erörterungen mit den obersten Finanzbehörden der Länder gilt hinsichtlich der Ermittlung der Kosten i. S. d. § 10 Abs. 4 Satz 1 Nr. 2 und 3 UStG Folgendes:

Unter den Kosten sind die Ausgaben des Unternehmers für die Erbringung der sonstigen Leistung zu verstehen (Art. 11 Teil A Abs. 1 Buchst. c der 6. EG-Richtlinie). Zu den Kosten zählen deshalb auch Ausgaben, die aus Zuschüssen finanziert worden sind. Die Vorsteuerbeträge, die nach § 15 UStG abziehbar sind, sind keine Kosten.

Zu den zu berücksichtigenden Kosten gehören z. B. Aufwendungen des Unternehmers für den laufenden Betrieb oder Unterhalt des dem Unternehmen zugeordneten Gegenstandes, aber auch Anschaffungs- oder Herstellungskosten. Anschaffungs- oder Herstellungskosten eines Gegenstandes sind dabei abweichend von den ertragsteuerlichen Grundsätzen gleichmäßig auf den nach § 15a UStG für diesen Gegenstand jeweils maßgeblichen Berichtigungszeitraum zu verteilen (Neutralitätsgrundsatz). Nach Ablauf des jeweils nach § 15a UStG maßgeblichen Berichtigungszeitraums sind die auf den Gegenstand entfallenden Kosten vollständig in die Bemessungsgrundlage eingeflossen und in den Folgejahren nicht mehr als Bemessungsgrundlage zu berücksichtigen.

Betragen bei einem Gegenstand die Anschaffungs- oder Herstellungskosten weniger als 500 Euro, sind diese nicht auf mehrere Jahre zu verteilen, sondern im Jahr der Anschaffung oder Herstellung zu berücksichtigen.

(3) Die vorstehenden Grundsätze sind ab 1. Juli 2004 anzuwenden. Hinsichtlich der vor dem 1. Juli 2004 angeschafften Gegenstände ist es jedoch nicht zu beanstanden, wenn bis zum 30. Juni 2004 bei der Berechnung der Kosten insoweit grundsätzlich von den bei der Ertragsteuer zugrunde gelegten Kosten ausgegangen wird. Dabei ist das bei Inkrafttreten der Neuregelung noch nicht verbrauchte Abschreibungsvolumen nicht auf den nach § 15a UStG maßgeblichen verbleibenden Berichtigungszeitraum zu verteilen.

Beispiel:

U hat zum 1. Januar 2003 ein Ferienhaus zum Kaufpreis von 100 000 Euro zzgl. USt und Grund und Boden erworben. U hat das Haus vollständig seinem Unternehmen zugeordnet, da er dieses Haus als Ferienhaus jeweils kurzfristig steuerpflichtig vermieten will. Die Kosten sind wie folgt zu verteilen:

Anschaffung 1. Januar 2003	100 000 Euro
Kosten 2003 (ertragsteuerliche AfA i. H. v. 2%)	2 000 Euro
Kosten 2004 (bis 30. Juni 2004)	1 000 Euro
Kosten 2004 (ab 1. Juli 2004 gem. Absatz 2)	5 000 Euro
Kosten ab 2005 bis 2012	je 10 000 Euro

(4) Beruft sich der Unternehmer hinsichtlich der nicht unternehmerisch genutzten Wohnung in einem vor dem 1. Juli 2004 angeschafften und dem Unternehmen zugeordneten Gebäude für einen Zeitraum vor dem 1. Juli 2004 auf die Grundsätze des BFH-Urteils vom 24. Juli 2003 (BStBl. 2004 II S. 371), sind die der Besteuerung der unentgeltlichen Wertabgabe gem. § 10 Abs. 4 Satz 1 Nr. 2 UStG zugrunde zu legenden Kosten auch für Zeiträume vor dem 1. Juli 2004 nach den in Absatz 2 dargestellten Grundsätzen zu ermitteln.

Beispiel:

U hat ein am 1. Januar 2002 für 100 000 Euro zzgl. USt erworbenes Zweifamilienhaus vollständig seinem Unternehmen zugeordnet. Die Räume im Erdgeschoss (50% der Nutzfläche des Gebäudes) benutzt er als Praxisräume für seine Steuerberaterpraxis. Die Räume im Obergeschoss nutzt er für eigene Wohnzwecke. U beruft sich hinsichtlich der nicht unternehmerisch genutzten Wohnung mit Wirkung ab 1. Januar 2002 auf die Grundsätze des BFH-Urteils vom 24. Juli 2003 (a. a. O.). Die Kosten sind wie folgt zu ermitteln:

Anschaffung 1. Januar 2002

Bemessungsgrundlage anteilig für die nicht unternehmerische Wohnung 50% der Anschaffungskosten

Kosten 2002	5 000 Euro
Kosten 2003	5 000 Euro
Kosten 2004	5 000 Euro
usw.	

(5) Die den vorstehenden Ausführungen entgegenstehenden Grundsätze des Abschnitts 155 Abs. 2 Satz 2 und des Abschnitts 158 Abs. 3 und 4 UStR 2000 sind nicht mehr anzuwenden.

---

*) Jetzt BMF-Schreiben vom 27. 8. 2004 (BStBl. I S. 864), abgedruckt als Anlage 7 zu H 31 (9–10) LStR.

**) Jetzt R 31 Abs. 9 Nr. 4 Satz 3 LStR.

§ 8 EStG
R 31 Abs. 9 und 10

Anlage 7
zu H 31 (9–10)

Umsatzsteuer: Vorsteuerabzug und Umsatzbesteuerung bei unternehmerisch genutzten Fahrzeugen ab 1. April 1999

BMF-Schreiben vom 27. 8. 2004 (BStBl. I S. 864)

1. ...

2. ...

3. ...

4. Überlassung von Fahrzeugen an das Personal

4.1 Vorsteuerabzug aus den Fahrzeugkosten

Überlässt ein Unternehmer (Arbeitgeber) seinem Personal (Arbeitnehmer) ein erworbenes Fahrzeug auch zur privaten Nutzung (Privatfahrten, Fahrten zwischen Wohnung und Arbeitsstätte sowie Familienheimfahrten aus Anlass einer doppelten Haushaltsführung), ist dies regelmäßig als entgeltliche Leistung im Sinne des § 1 Abs. 1 Nr. 1 Satz 1 UStG (vgl. Tz. 4.2.1.1) anzusehen. Derartige Fahrzeuge werden, wenn sie nicht ausnahmsweise zusätzlich vom Unternehmer nicht unternehmerisch verwendet werden, durch die entgeltliche umsatzsteuerpflichtige Überlassung an das Personal ausschließlich unternehmerisch genutzt. Somit kann der Vorsteuerabzug sowohl aus den Anschaffungskosten als auch aus den Unterhaltskosten der sog. Dienst- oder Firmenwagen in voller Höhe in Anspruch genommen werden.

Dies gilt auch für die Überlassung von Fahrzeugen an Gesellschafter-Geschäftsführer von Kapitalgesellschaften (z. B. GmbH), wenn sie umsatzsteuerlich dem Personal zugeordnet werden. Die spätere Veräußerung und die Entnahme derartiger Fahrzeuge unterliegen insgesamt der Umsatzsteuer.

4.2 Besteuerung der Fahrzeugüberlassung an das Personal

4.2.1 Entgeltliche Fahrzeugüberlassung

4.2.1.1 Merkmale für Entgeltlichkeit

Die Gegenleistung des Arbeitnehmers für die Fahrzeugüberlassung besteht regelmäßig in der anteiligen Arbeitsleistung, die er für die Privatnutzung des gestellten Fahrzeugs erbringt. Die Überlassung des Fahrzeugs ist als Vergütung für geleistete Dienste und damit als entgeltlich anzusehen, wenn sie im Arbeitsvertrag geregelt ist oder auf mündlichen Abreden oder sonstigen Umständen des Arbeitsverhältnisses (z. B. der faktischen betrieblichen Übung) beruht. Von Entgeltlichkeit ist stets auszugehen, wenn das Fahrzeug dem Arbeitnehmer für eine gewisse Dauer und nicht nur gelegentlich zur Privatnutzung überlassen wird.

4.2.1.2 Besteuerung auf der Grundlage einer Kostenschätzung

Bei einer entgeltlichen Fahrzeugüberlassung zu Privatzwecken des Personals liegt ein tauschähnlicher Umsatz (§ 3 Abs. 12 Satz 2 UStG) vor. Die Bemessungsgrundlage ist nach § 10 Abs. 2 Satz 2 i. V. m. § 10 Abs. 1 Satz 1 UStG der Wert der nicht durch den Barlohn abgegoltenen Arbeitsleistung. Es bestehen keine Bedenken, den Wert anhand der Gesamtkosten des Arbeitgebers für die Überlassung des Fahrzeugs zu schätzen. Aus den Gesamtkosten dürfen allerdings keine Kosten ausgeschieden werden, bei denen ein Vorsteuerabzug nicht möglich ist, weil entgeltliche sonstige Leistungen nicht unter Artikel 6 Abs. 2 Buchstabe a, sondern unter Artikel 6 Abs. 1 der 6. EG-Richtlinie fallen. Der so ermittelte Wert ist ein sog. Nettowert, auf den die Umsatzsteuer mit dem allgemeinen Steuersatz aufzuschlagen ist. Treffen die Parteien Aussagen zum Wert der Arbeitsleistungen, so ist dieser Wert als Bemessungsgrundlage für die Überlassung der Fahrzeuge zugrunde zu legen, wenn er die Kosten für die Fahrzeugüberlassung übersteigt.

4.2.1.3 Besteuerung auf der Grundlage der sog. 1 %-Regelung

Aus Vereinfachungsgründen wird es nicht beanstandet, wenn für die umsatzsteuerliche Bemessungsgrundlage anstelle der Kosten von den lohnsteuerlichen Werten ausgegangen wird. Diese Werte sind dann als Bruttowerte anzusehen, aus denen die Umsatzsteuer herauszurechnen ist (vgl. Abschnitt 12 Abs. 8 UStR).

Wird danach der lohnsteuerliche Wert der entgeltlichen Fahrzeugüberlassung für Privatfahrten und für Fahrten zwischen Wohnung und Arbeitsstätte nach § 8 Abs. 2 Satz 2 und 3 in Verbindung mit § 6 Abs. 1 Nr. 4 Satz 2 EStG mit dem vom Listenpreis abgeleiteten Pauschalwert angesetzt (vgl. R 31 Abs. 9 Nr. 1 LStR 2002), kann von diesem Wert auch bei der Umsatzbesteuerung ausgegangen werden. Der umsatzsteuerliche Wert für Familienheimfahrten kann aus Vereinfachungsgründen für jede Fahrt mit 0,002 % des Listenpreises im Sinne des § 6 Abs. 1 Nr. 4 Satz 2 für jeden Kilometer der Entfernung zwischen dem Ort des eigenen Hausstands und dem Beschäftigungsort angesetzt werden. Der Umsatzsteuer unterliegen die auf die Familienheimfahrten entfallenden Kosten auch dann, wenn ein lohnsteuerlicher Wert nach § 8 Abs. 2 Satz 5 EStG nicht anzusetzen ist. Aus dem so ermittelten Betrag ist die Umsatzsteuer herauszurechnen. Ein pauschaler Abschlag von 20 % für nicht mit Vorsteuern belastete Kosten ist in diesen Fällen unzulässig.

Beispiel 1:

Ein Arbeitnehmer mit einer am 1. Januar 2003 begründeten doppelten Haushaltsführung nutzt einen sog. Firmenwagen mit einem Listenpreis einschließlich USt von 30 000 Euro im gesamten Kalenderjahr 2004 zu Privatfahrten, zu Fahrten zur 10 km entfernten Arbeitsstätte und zu 20 Familienheimfahrten zum 150 km entfernten Wohnsitz der Familie.

Die Umsatzsteuer für die Firmenwagenüberlassung ist nach den lohnsteuerlichen Werten wie folgt zu ermitteln:

a) für die allgemeine Privatnutzung 1 % von 30 000 Euro × 12 Monate = 3600,– Euro

b) für Fahrten zwischen Wohnung und Arbeitsstätte 0,03 % von 30 000 Euro × 10 km × 12 Monate = 1080,– Euro

c) für Familienheimfahrten 0,002 % von 30 000 Euro × 150 km × 20 Fahrten = 1800,– Euro. Der Bruttowert der sonstigen Leistung an den Arbeitnehmer beträgt damit insgesamt 6480,– Euro.

Die darin enthaltene USt beträgt $16/116$ von 6480 Euro = 893,79 Euro.

4.2.1.4 Besteuerung auf der Grundlage der sog. Fahrtenbuchregelung

Wird bei einer entgeltlichen Fahrzeugüberlassung der lohnsteuerliche private Nutzungswert mit Hilfe eines ordnungsgemäßen Fahrtenbuchs und der durch Belege nachgewiesenen Gesamtkosten ermittelt (vgl. R 31 Abs. 9 Nr. 2 LStR 2002), ist das aufgrund des Fahrtenbuchs ermittelte Nutzungsverhältnis auch bei der Umsatzsteuer zugrunde zu legen.

Die Fahrten zwischen Wohnung und Arbeitsstätte sowie die Familienheimfahrten aus Anlass einer doppelten Haushaltsführung werden umsatzsteuerlich den Privatfahrten des Arbeitnehmers zugerechnet. Aus den Gesamtkosten dürfen keine Kosten ausgeschieden werden, bei denen ein Vorsteuerabzug nicht möglich ist.

Beispiel 2:

Ein sog. Firmenwagen mit einer Jahresfahrleistung von 20 000 km wird von einem Arbeitnehmer lt. ordnungsgemäß geführtem Fahrtenbuch an 180 Tagen jährlich für Fahrten zur 10 km entfernten Arbeitsstätte benutzt. Die übrigen Privatfahrten des Arbeitnehmers belaufen sich auf insgesamt 3400 km. Die gesamten Kraftfahrzeugkosten (Nettoaufwendungen einschließlich der auf den nach § 15 UStG maßgeblichen Berichtigungszeitraum verteilten Anschaffungs- oder Herstellungskosten – zur Verteilung der Anschaffungs- oder Herstellungskosten vgl. BMF-Schreiben vom 13. April 2004, BStBl. I S. 468*)) betragen 9000 Euro.

Von den Privatfahrten des Arbeitnehmers entfallen 3600 km auf Fahrten zwischen Wohnung und Arbeitsstätte (180 Tage × 20 km) und 3400 km auf sonstige Fahrten. Dies entspricht einer Privatnutzung von insgesamt 35 % (7000 km von 20 000 km). Für die umsatzsteuerliche Bemessungsgrundlage ist von einem Betrag von 35 % von 9000 Euro = 3150 Euro auszugehen. Die Umsatzsteuer beträgt 16 % von 3150 Euro = 504 Euro.

4.2.2 Unentgeltliche Fahrzeugüberlassung

4.2.2.1 Merkmale für Unentgeltlichkeit

Von einer unentgeltlichen Überlassung von Fahrzeugen an das Personal im Sinne des § 3 Abs. 9a Nr. 1 UStG (vgl. Abschnitt 12 Abs. 2 UStR) kann ausnahmsweise ausgegangen werden, wenn die vereinbarte private Nutzung des Fahrzeugs derart gering ist, dass sie für die Gehaltsbemessung keine wirtschaftliche Rolle spielt, und nach den objektiven Gegebenheiten eine weitergehende private Nutzungsmöglichkeit ausscheidet (vgl. BFH-Urteil vom 4. Oktober 1984,

---

*) Abgedruckt als Anlage 6 zu H 31 (9–10) LStR.

BStBl. II S. 808). Danach kann Unentgeltlichkeit nur angenommen werden, wenn dem Arbeitnehmer das Fahrzeug aus besonderem Anlass oder zu einem besonderen Zweck nur gelegentlich (von Fall zu Fall) an nicht mehr als fünf Kalendertagen im Kalendermonat für private Zwecke überlassen wird (vgl. Abschnitt I Nr. 3 Buchst. b des BMF-Schreibens vom 28. Mai 1996, BStBl. I S. 654)*).

4.2.2.2 Besteuerung auf der Grundlage einer Kostenschätzung

Bemessungsgrundlage für die unentgeltliche Fahrzeugüberlassung für den privaten Bedarf des Personals sind die Kosten, soweit sie zum vollen oder teilweisen Vorsteuerabzug berechtigt haben (§ 10 Abs. 4 Satz 1 Nr. 2 UStG).

Aus der Bemessungsgrundlage sind somit die nicht mit Vorsteuern belasteten Kosten auszuscheiden. Der so ermittelte Wert ist ein sog. Nettowert, auf den die Umsatzsteuer mit dem allgemeinen Steuersatz aufzuschlagen ist.

4.2.2.3 Besteuerung auf der Grundlage von lohnsteuerlichen Werten

Aus Vereinfachungsgründen wird es nicht beanstandet, wenn für die umsatzsteuerliche Bemessungsgrundlage von den lohnsteuerlichen Werten ausgegangen wird. Diese Werte sind dann als Bruttowerte anzusehen, aus denen die Umsatzsteuer herauszurechnen ist (vgl. Abschnitt 12 Abs. 8 UStR). Falls in diesen Fällen die Nutzung des Fahrzeugs zu Privatfahrten und zu Fahrten zwischen Wohnung und Arbeitsstätte je Fahrtkilometer mit 0,001 % des inländischen Listenpreises des Fahrzeugs bewertet wird (vgl. Abschnitt I Nr. 3 Buchst. b des BMF-Schreibens vom 28. Mai 1996, BStBl. I S. 654)*), kann für die nicht mit Vorsteuern belasteten Kosten ein Abschlag von 20 % vorgenommen werden.

5. ...

R 31 Abs. 11
Zinsersparnisse

(11) ¹Gewährt der Arbeitgeber oder auf Grund des Dienstverhältnisses ein Dritter dem Arbeitnehmer unverzinsliche oder zinsverbilligte Darlehen, so ist, soweit die Zinsvorteile nicht nach § 8 Abs. 3 EStG zu bewerten sind, aus Vereinfachungsgründen nach folgenden Grundsätzen zu verfahren. ²Die Zinsvorteile sind als Sachbezüge zu versteuern, wenn die Summe der noch nicht getilgten Darlehen am Ende des Lohnzahlungszeitraums 2.600 Euro übersteigt. ³Zinsvorteile sind anzunehmen, soweit der Effektivzins für ein Darlehen 5 %**) unterschreitet; dabei sind mehrere Darlehen auch dann getrennt zu beurteilen, wenn sie der Finanzierung eines Objekts dienen und dieselbe Laufzeit haben.

H 31 (11)
Hinweise zur R 31 Abs. 11
Zinsersparnisse

Zinsverbilligte Arbeitgeberdarlehen

Gewährt der Arbeitgeber seinem Arbeitnehmer ein Darlehen zu einem marktüblichen Zinssatz, erlangt der Arbeitnehmer keinen lohnsteuerlich zu erfassenden Vorteil. Mit R 31 Abs. 8 Satz 3 LStR 1999 (entspricht R 31 Abs. 11 Satz 3 LStR) lässt sich kein steuerbarer Vorteil begründen. Diese Richtlinienregelung enthält im Übrigen keine Festsetzung von Durchschnittswerten i. S. d. § 8 Abs. 2 Satz 8 EStG (>BFH vom 4. 5. 2006 – BStBl. II S. 781).

Anlage 1
zu H 31 (11)

Anwendung des Abschnitts 31 Abs. 8 LStR 1993; hier: Arbeitgeberdarlehen (Bausparmodell)

Bundeseinheitlich geltende Regelung, z. B. Erlass der Senatsverwaltung für Finanzen des Landes Berlin vom 5. 10. 1993 (Az.: III D 12 – S 2334 – 12/9)

Bausparkassen bieten Arbeitgebern folgendes Modell an:
Der Arbeitgeber schließt mit der Bausparkasse einen Bausparvertrag ab und zahlt die Mindestansparsumme ein. Bei Zuteilung fließt das Sparguthaben an den Arbeitgeber zurück; das Bauspardarlehen erhält ein vom Arbeitgeber benannter Arbeitnehmer. Der Effektivzinssatz des Bauspardarlehens soll 6 %**) nicht unterschreiten. Bei dieser Vertragsgestaltung entsteht steuerlich kein geldwerter Vorteil. Der Abschluss eines Bausparvertrags und die Ansparphase bis zur Gewährung des Bauspardarlehens stellen einen Finanzierungsvorgang dar, durch den dem Arbeitnehmer ein Darlehen zu günstigen Konditionen verschafft wird. Ob steuerlich relevante Vorteile bei der Darlehensgewährung – auch soweit sie dem Arbeitnehmer von dritter Seite gewährt werden – entstehen, ist dabei nach Abschnitt 31 Abs. 8 LStR***) zu beurteilen. Solange der Zinssatz 6 %**) nicht unterschreitet, entsteht kein steuerpflichtiger geldwerter Vorteil.

Dieser Erlass ergeht im Einvernehmen mit den obersten Finanzbehörden des Bundes und der anderen Länder.

Anlage 2
zu H 31 (11)

Zinsersparnisse und Aufwendungszuschüsse aus Wohnungsfürsorgemitteln

Bundeseinheitlich geltende Regelung, für Bayern bekannt gegeben mit Schreiben des Bayerischen Staatsministeriums der Finanzen vom 16. 2. 2001 (Az.: 34 – S 2332 – 107/129 – 7111)

Im Einvernehmen mit dem BMF und den obersten Finanzbehörden der anderen Länder gilt für die lohnsteuerliche Behandlung von Zinsersparnissen und Aufwendungszuschüssen aus Wohnungsfürsorgemitteln Folgendes:

Werden Aufwendungszuschüsse oder Darlehen aus Wohnungsfürsorgemitteln für Angehörige des öffentlichen Diensts nach § 87 a oder § 87 b Zweites Wohnungsbaugesetz nur gegen Einräumung eines Besetzungsrechts und eines Verzichts auf einen Teil der Miete bei Fremdvermietung gewährt, so ist davon auszugehen, dass diese Gegenleistung die Vorteile aus der Förderung ausgleicht. Der Vorteil ist mit null DM anzusetzen; Aufwendungszuschüsse und Zinsvorteile sind deshalb nicht als Arbeitslohn zu erfassen. Die vorstehenden Grundsätze sind für Arbeitnehmer in der Privatwirtschaft entsprechend anzuwenden, wenn vergleichbare Fälle auftreten.

Anmerkung der OFD'en München/Nürnberg:

Unter den genannten Voraussetzungen braucht deshalb nicht mehr geprüft werden, ob und ggf. inwieweit Fördervorteile nach § 3 Nr. 58 EStG steuerfrei bleiben können.

R 32
Bezug von Waren und Dienstleistungen
(§ 8 Abs. 3 EStG)

(1) ¹Die steuerliche Begünstigung bestimmter Sachbezüge der Arbeitnehmer nach § 8 Abs. 3 EStG setzt Folgendes voraus:

1. ¹Die Sachbezüge müssen dem Arbeitnehmer auf Grund seines Dienstverhältnisses zufließen. ²Steht der Arbeitnehmer im Kalenderjahr nacheinander oder nebeneinander in mehreren Dienstverhältnissen, so sind die Sachbezüge aus jedem Dienstverhältnis unabhängig voneinander zu beurteilen. ³Auf Sachbezüge, die der Arbeitnehmer nicht unmittelbar vom Arbeitgeber erhält, ist § 8 Abs. 3 EStG grundsätzlich nicht anwendbar.

2. ¹Die Sachbezüge müssen in der Überlassung von Waren oder in Dienstleistungen bestehen. ²Zu den Waren gehören alle Wirtschaftsgüter, die im Wirtschaftsverkehr wie Sachen (§ 90 BGB) behandelt werden, also auch elektrischer Strom und Wärme.

---

*) Abgedruckt als Anlage 1 zu H 31 (9–10) LStR.
**) Vom 1. 1. 1993 bis 31. 12. 1999 beträgt der Zinssatz 6 %.
  Vom 1. 1. 2000 bis 31. 12. 2003 beträgt der Zinssatz 5,5 %.
  Seit 1. 1. 2004 beträgt der Zinssatz 5 %.
***) Jetzt R 31 Abs. 11 LStR.

§ 8 EStG
R 32

³Als Dienstleistungen kommen alle anderen Leistungen in Betracht, die üblicherweise gegen Entgelt erbracht werden.

3. ¹Auf Rohstoffe, Zutaten und Halbfertigprodukte ist die Begünstigung anwendbar, wenn diese mengenmäßig überwiegend in die Erzeugnisse des Betriebs eingehen. ²Betriebs- und Hilfsstoffe, die mengenmäßig überwiegend nicht an fremde Dritte abgegeben werden, sind nicht begünstigt.

4. Bei jedem einzelnen Sachbezug, für den die Voraussetzungen des § 8 Abs. 3 und des § 40 Abs. 1 oder Abs. 2 Nr. 1 oder 2 EStG gleichzeitig vorliegen, kann zwischen der Pauschalbesteuerung und der Anwendung des § 8 Abs. 3 EStG gewählt werden.

²Die Begünstigung gilt sowohl für teilentgeltliche als auch für unentgeltliche Sachbezüge. ³Sie gilt deshalb z. B. für den Haustrunk im Brauereigewerbe, für die Freitabakwaren in der Tabakwarenindustrie und für die Deputate im Bergbau sowie in der Land- und Forstwirtschaft. ⁴Nachträgliche Gutschriften sind als Entgeltsminderung zu werten, wenn deren Bedingungen bereits in dem Zeitpunkt feststehen, in dem der Arbeitnehmer die Sachbezüge erhält. ⁵Zuschüsse eines Dritten sind nicht als Verbilligung zu werten, sondern gegebenenfalls als Lohnzahlungen durch Dritte zu versteuern.

(2) ¹Der steuerlichen Bewertung der Sachbezüge, die die Voraussetzungen des Absatzes 1 erfüllen, sind die Endpreise (einschließlich der Umsatzsteuer) zugrunde zu legen, zu denen der Arbeitgeber die Waren oder Dienstleistungen fremden Letztverbrauchern im allgemeinen Geschäftsverkehr anbietet. ²Bei der Gewährung von Versicherungsschutz sind es die Beiträge, die der Arbeitgeber als Versicherer von fremden Versicherungsnehmern für diesen Versicherungsschutz verlangt. ³Fehlt ein schriftliches Preisangebot, so ist die erste Preisangabe des Anbieters maßgebend. ⁴Tritt der Arbeitgeber mit Letztverbrauchern außerhalb des Arbeitnehmerbereichs nicht in Geschäftsbeziehungen, so sind die Endpreise zugrunde zu legen, zu denen der dem Abgabeort des Arbeitgebers nächstansässige Abnehmer die Waren oder Dienstleistungen fremden Letztverbrauchern anbietet. ⁵Dies gilt auch in den Fällen, in denen der Arbeitgeber nur als Kommissionär tätig ist. ⁶R 31 Abs. 2 Satz 5 ist sinngemäß anzuwenden. ⁷Für die Preisfeststellung ist grundsätzlich jeweils der Kalendertag maßgebend, an dem die Ware oder Dienstleistung an den Arbeitnehmer abgegeben wird. ⁸Fallen Bestell- und Liefertag auseinander, sind die Verhältnisse am Bestelltag für die Ermittlung des Angebotspreises maßgebend. ⁹Der um 4 % geminderte Endpreis ist der Geldwert des Sachbezugs; als Arbeitslohn ist der Unterschiedsbetrag zwischen diesem Geldwert und dem vom Arbeitnehmer gezahlten Entgelt anzusetzen. ¹⁰Arbeitslöhne dieser Art aus demselben Dienstverhältnis bleiben steuerfrei, soweit sie insgesamt den Rabatt-Freibetrag nach § 8 Abs. 3 EStG nicht übersteigen.

H 32
Hinweise zu R 32
Bezug von Waren und Dienstleistungen

Allgemeines

Die Regelung des § 8 Abs. 3 EStG gilt nicht für
- Waren, die der Arbeitgeber überwiegend für seine Arbeitnehmer herstellt, z. B. Kantinenmahlzeiten, oder überwiegend an seine Arbeitnehmer vertreibt und Dienstleistungen, die der Arbeitgeber überwiegend für seine Arbeitnehmer erbringt,
- Sachbezüge, die nach § 40 Abs. 1 oder Abs. 2 Nr. 1 oder 2 EStG pauschal versteuert werden.

In diesen Fällen ist die Bewertung nach § 8 Abs. 2 EStG vorzunehmen.

Anwendung des Rabatt-Freibetrags

Der Rabatt-Freibetrag findet Anwendung bei
- Waren oder Dienstleistungen, die vom Arbeitgeber hergestellt, vertrieben oder erbracht werden (>BFH vom 15. 1. 1993 – BStBl. II S. 356),
- Leistungen des Arbeitgebers, auch wenn sie nicht zu seinem üblichen Geschäftsgegenstand gehören (>BFH vom 7. 2. 1997 – BStBl. II S. 363),
- der verbilligten Abgabe von Medikamenten an die Belegschaft eines Krankenhauses, wenn Medikamente dieser Art mindestens im gleichen Umfang an Patienten abgegeben werden (>BFH vom 27. 8. 2002 – BStBl. II S. 881 und BStBl. 2003 II S. 95),
- Waren, die ein Arbeitgeber im Auftrag und nach den Plänen und Vorgaben eines anderen produziert und damit Hersteller dieser Waren ist (>BFH vom 28. 8. 2002 – BStBl. 2003 II S. 154 betr. Zeitungsdruck),
- verbilligter Überlassung einer Hausmeisterwohnung, wenn der Arbeitgeber Wohnungen zumindest in gleichem Umfang an Dritte vermietet und sich die Hausmeisterwohnung durch ihre Merkmale nicht in einem solchen Maße von anderen Wohnungen unterscheidet, dass sie nur als Hausmeisterwohnung genutzt werden kann (>BFH vom 16. 2. 2005 – BStBl. II S. 529).

Der Rabatt-Freibetrag findet keine Anwendung bei
- Arbeitgeberdarlehen, wenn der Arbeitgeber lediglich verbundenen Unternehmen Darlehen gewährt (>BFH vom 18. 9. 2002 – BStBl. 2003 II S. 371),
- Arbeitgeberdarlehen, wenn der Arbeitgeber Darlehen dieser Art nicht an Fremde vergibt (>BFH vom 9. 10. 2002 – BStBl. 2003 II S. 373 betr. Arbeitgeberdarlehen einer Landeszentralbank).

Berechnung des Rabatt-Freibetrags

Beispiel 1:

Ein Möbelhandelsunternehmen überlässt einem Arbeitnehmer eine Schrankwand zu einem Preis von 3000 €; der durch Preisauszeichnung angegebene Endpreis dieser Schrankwand beträgt 4500 €.

Zur Ermittlung des Sachbezugswerts ist der Endpreis um 4 % = 180 € zu kürzen, sodass sich nach Anrechnung des vom Arbeitnehmer gezahlten Entgelts ein Arbeitslohn von 1320 € ergibt. Dieser Arbeitslohn überschreitet den Rabatt-Freibetrag von 1080 € um 240 €, sodass dieser Betrag zu versteuern ist.

Würde der Arbeitnehmer im selben Kalenderjahr ein weiteres Möbelstück unter denselben Bedingungen beziehen, so käme der Rabatt-Freibetrag nicht mehr in Betracht; es ergäbe sich dann ein zu versteuernder Betrag von 1320 € (Unterschiedsbetrag zwischen dem um 4 % = 180 € geminderten Endpreis von 4500 € und dem Abgabepreis von 3000 €).

Beispiel 2:

Der Arbeitnehmer eines Reisebüros hat für eine vom Arbeitgeber vermittelte Pauschalreise, die im Katalog des Reiseveranstalters zum Preis von 2000 € angeboten wird, nur 1500 € zu zahlen. Vom Preisnachlass entfallen 300 € auf die Reiseleistung des Veranstalters und 200 € auf die Vermittlung des Arbeitgebers, der insoweit keine Vermittlungsprovision erhält.

Die unentgeltliche Vermittlungsleistung ist nach § 8 Abs. 3 EStG mit ihrem um 4 % = 8 € geminderten Endpreis von 200 € bewerten, sodass sich ein Arbeitslohn von 192 € ergibt, der im Rahmen des Rabatt-Freibetrags von 1080 € jährlich steuerfrei ist.

Auf die darüber hinausgehende Verbilligung der Pauschalreise um 300 € ist der Rabatt-Freibetrag nicht anwendbar, weil die Reiseveranstaltung nicht vom Arbeitgeber durchgeführt wird; sie ist deshalb nach § 8 Abs. 2 EStG zu bewerten. Nach R 31 Abs. 2 Satz 9 kann der für die Reiseleistung maßgebende Preis mit 1728 € (96 % von 1800 €) angesetzt werden, sodass sich ein steuerlicher Preisvorteil von 228 € ergibt.

Aufteilung eines Sachbezugs

Die Aufteilung eines Sachbezugs zum Zwecke der Lohnsteuerpauschalierung ist nur zulässig, wenn die Pauschalierung der Lohnsteuer beantragt wird und die Pauschalierungsgrenze des § 40 Abs. 1 Satz 3 EStG überschritten wird (BMF vom 28. 4. 1995 – BStBl. I S. 273*)) unter Berücksichtigung der Änderungen durch BMF vom 21. 7. 2003 – BStBl. I S. 391**).

Dienstleistungen

Die leih- oder mietweise Überlassung von Grundstücken, Wohnungen, möblierten Zimmern oder von Kraftfahrzeugen, Maschinen und anderen beweglichen Sachen sowie die Gewährung von Darlehen sind Dienstleistungen (>BFH vom 4. 11. 1994 – BStBl. 1995 II S. 338).

---
*) Abgedruckt als Anlage 10 zu H 32 LStR.
**) Abgedruckt als Anlage 16 zu H 32 LStR.

Weitere Beispiele für Dienstleistungen sind:
- Beförderungsleistungen,
- Beratung,
- Datenverarbeitung,
- Kontenführung,
- Reiseveranstaltungen,
- Versicherungsschutz,
- Werbung.

Endpreis bei Festschreibung des Entgelts

Zur Preisfeststellung in den Fällen, in denen das Entgelt für die Nutzung einer Sache oder der Zins für ein Darlehen für einen bestimmten Zeitraum festgelegt wird (>BMF vom 28. 4. 1995 – BStBl. I S. 273*) unter Berücksichtigung der Änderungen durch BMF vom 21. 7. 2003 – BStBl. I S. 391)**).

Endpreis im Einzelhandel

Im Einzelhandel sind die Preise, mit denen die Waren ausgezeichnet werden, die Endpreise im Sinne des § 8 Abs. 3 EStG (>BFH vom 4. 6. 1993 – BStBl. II S. 687).

Endpreis in der Automobilindustrie

>BMF vom 30. 1. 1996 (BStBl. I S. 114)***)

Personalrabatte bei Kreditinstituten

>BMF vom 15. 4. 1993 (BStBl. I S. 339)****)

Sachbezüge an ehemalige Arbeitnehmer

Sachbezüge, die dem Arbeitnehmer ausschließlich wegen seines früheren oder künftigen Dienstverhältnisses zufließen, sind nach § 8 Abs. 3 EStG zu bewerten (>BFH vom 8. 11. 1996 – BStBl. 1997 II S. 330).

Sachbezüge von dritter Seite

- Erfassung und Bewertung
  >BMF vom 27. 9. 1993 (BStBl. I S. 814)*****)
- Einschaltung eines Dritten
  Die Einschaltung eines Dritten ist für die Anwendung des § 8 Abs. 3 EStG unschädlich, wenn der Arbeitnehmer eine vom Arbeitgeber hergestellte Ware auf dessen Veranlassung und Rechnung erhält (>BFH vom 4. 6. 1993 – BStBl. II S. 687).

Verzicht auf Vermittlungsprovision

Ein Arbeitgeber, der den Abschluss von Versicherungsverträgen vermittelt, kann seinen Arbeitnehmern auch dadurch geldwerten Vorteil im Sinne des § 8 Abs. 3 Satz 1 EStG gewähren, dass er im Voraus auf die ihm zustehende Vermittlungsprovision verzichtet, sofern das Versicherungsunternehmen aufgrund dieses Verzichts den fraglichen Arbeitnehmern den Abschluss von Versicherungsverträgen zu günstigeren Tarifen gewährt, als das bei anderen Versicherungsnehmern der Fall ist (>BFH vom 30. 5. 2001 – BStBl. 2002 II S. 230).

Waren und Dienstleistungen vom Arbeitgeber

- Die Waren oder Dienstleistungen müssen vom Arbeigeber hergestellt, vertrieben oder erbracht werden (>BFH vom 15. 1. 1993 – BStBl. II S. 356).
- Es ist nicht erforderlich, dass die Leistung des Arbeitgebers zu seinem üblichen Geschäftsgegenstand gehört (>BFH vom 7. 2. 1997 – BStBl. II S. 363).

Anlage 1
zu H 32

Lohnsteuerliche Behandlung von Warengutscheinen

Verfügung der OFD Düsseldorf vom 7. 7. 2005 (Az.: S 2334 A – St 22)

Bei Warengutscheinen, die beim eigenen Arbeitgeber einzulösen sind, handelt es sich auch dann um einen Sachbezug, wenn der Gutschein auf einen €-Betrag lautet. Der geldwerte Vorteil fließt dem Arbeitnehmer erst mit der Einlösung des Warengutscheins beim Arbeitgeber zu. Er ist steuer- und sozialversicherungsfrei, wenn der sog. Rabattfreibetrag von 1080 € jährlich nicht überschritten wird.

Erhält der Arbeitnehmer von seinem Arbeitgeber einen bei einem Dritten einzulösenden Warengutschein, der auf einen €-Betrag lautet, handelt es sich nicht um einen Sachbezug, sondern um Bargeld (z. B. Benzingutschein über 40 €). Die steuer- und sozialversicherungsrechtliche Freigrenze für Sachbezüge von 44 € monatlich kann nicht angewendet werden. Entsprechendes gilt, wenn auf dem Warengutschein neben der bezeichneten Ware oder Dienstleistung ein anzurechnender Betrag oder Höchstbetrag angegeben wird (z. B. 40 Liter Superbenzin, höchstens im Wert von 44 €). Der auf dem Gutschein angegebene Betrag ist im Zeitpunkt der Hingabe des Gutscheins als Arbeitslohn anzusetzen. Arbeitslohn in Form von Bargeld liegt zudem auch dann vor, wenn der Arbeitgeber dem Arbeitnehmer den Bezug von Kraftstoff mittels einer Tankkarte ermöglicht. Die Freigrenze für Sachbezüge von 44 € monatlich ist daher auch in diesen Fällen nicht anwendbar.

Gibt der Arbeitgeber hingegen seinem Arbeitnehmer einen bei einem Dritten einzulösenden Warengutschein, der zum Bezug einer bestimmten, der Art und Menge nach konkret bezeichneten Ware oder Dienstleistung berechtigt, handelt es sich um einen Sachbezug mit der Folge, dass die steuer- und sozialversicherungsrechtliche Freigrenze für Sachbezüge von 44 € monatlich angewendet werden kann (z. B. Warengutschein über 40 Liter Diesel). Der Sachbezug ist dem Arbeitnehmer im Zeitpunkt der Hingabe des Warengutscheins zugeflossen.

Anlage 2
zu H 32

Überlassung von Rundfunk- und Fernsehgeräten sowie von Videorekordern

Bundeseinheitlich geltende Regelung, für Bayern bekannt gegeben mit Schreiben des Bayer. Staatsministeriums der Finanzen vom 12. 10. 2001 (Az.: 34 – S 2334 – 28/51 – 44990)

Überlässt der Arbeitgeber (z. B. die Deutsche Telekom AG oder eine Rundfunkanstalt) oder auf Grund des Dienstverhältnisses ein Dritter dem Arbeitnehmer Rundfunk- und Fernsehgeräte (einschl. Videogeräte) unentgeltlich zur privaten Nutzung, so ist der darin liegende Sachbezug mit dem Betrag zu bewerten, den der Arbeitnehmer für die Nutzung eigener Geräte des gleichen Typs an Aufwendungen entstanden wäre. Nach § 8 Abs. 2 Satz 8 EStG wird hiermit als monatlicher Durchschnittswert der privaten Nutzung 1 % des auf volle 100 Euro abgerundeten Kaufpreises des jeweiligen Geräts festgesetzt. Kaufpreis in diesem Sinne ist die im Zeitpunkt der Inbetriebnahme des genutzten Geräts unverbindliche Preisempfehlung (Listenpreis) einschließlich Umsatzsteuer. Wird Befreiung von den Rundfunk- und Fernsehgebühren eingeräumt, ist die Gebührenersparnis zusätzlich als Sachbezug zu erfassen, soweit nicht § 8 Abs. 3 EStG anzuwenden ist.

Die vorstehende Regelung ist bei Überlassung von Rundfunk- und Fernsehgeräten an Rundfunkratsmitglieder sinngemäß anzuwenden.

Dieses Schreiben ergeht mit Zustimmung des Bundesministers der Finanzen und im Einvernehmen mit den Finanzministern (-senatoren) der anderen Länder; es ist erstmals für das Kalenderjahr 2002 anzuwenden.

---

*) Abgedruckt als Anlage 10 zu H 32 LStR.
**) Abgedruckt als Anlage 16 zu H 32 LStR.
***) Abgedruckt als Anlage 11 zu H 32 LStR.
****) Abgedruckt als Anlage 3 zu H 32 LStR.
*****) Abgedruckt als Anlage 7 zu H 32 LStR.

§ 8 EStG
R 32

Anlage 3
zu H 32

Steuerliche Behandlung der Personalrabatte bei Arbeitnehmern von Kreditinstituten

BMF-Schreiben vom 15. 4. 1993 (BStBl. I S. 339)

Nach dem Ergebnis der Erörterung mit den obersten Finanzbehörden der Länder gilt für die steuerliche Behandlung der Personalrabatte bei Arbeitnehmern von Kreditinstituten Folgendes:

1. Endpreis

Endpreis im Sinne des § 8 Abs. 3 EStG für die von einem Kreditinstitut gegenüber seinen Mitarbeitern erbrachten Dienstleistungen ist der Preis, der für diese Leistungen im Preisaushang der kontoführenden Zweigstelle des Kreditinstituts angegeben ist. Dieser Preisaushang ist für die steuerliche Bewertung auch der Dienstleistungen maßgebend, die vom Umfang her den Rahmen des standardisierten Privatkundengeschäfts übersteigen, es sei denn, dass für derartige Dienstleistungen in den Geschäftsräumen besondere Preisverzeichnisse ausgelegt werden.

2. Aufzeichnungserleichterungen

Das Betriebsstättenfinanzamt kann auf Antrag eines Kreditinstituts auf die Aufzeichnung der Vorteile verzichten, die sich aus der unentgeltlichen oder verbilligten

- Kontenführung (dazu gehören auch die Ausgabe von Überweisungsvordrucken, Scheckvordrucken, Scheckkarten und Reiseschecks, die Einrichtung und Löschung von Daueraufträgen, die Verfügung am Geldautomaten sowie aus Vereinfachungsgründen die Ausgabe von Kreditkarten),
- Depotführung bis zu einem Depotnennwert von 100 000,– DM (maßgebend ist der Depotnennwert, nach dem die Depotgebühren berechnet werden),
- Vermietung von Schließfächern und Banksafes und
- Beschaffung und Rücknahme von Devisen durch Barumtausch

ergeben.

Voraussetzung hierfür ist, dass

a) der durchschnittliche Betrag des Vorteils aus den von der Aufzeichnung befreiten Dienstleistungen unter Berücksichtigung des Preisabschlags nach § 8 Abs. 3 EStG von 4 % je Arbeitnehmer ermittelt wird (Durchschnittsbetrag).

Der Durchschnittsbetrag ist jeweils im letzten Lohnzahlungszeitraum eines Kalenderjahrs aus der summarischen Erfassung sämtlicher aufzeichnungsbefreiter Vorteile der vorangegangenen 12 Monate für die Arbeitnehmer eines Kreditinstituts (einschließlich sämtlicher inländischer Zweigstellen) zu ermitteln. Dabei sind auch die Vorteile einzubeziehen, das das Kreditinstitut Personen einräumt, die mit den Arbeitnehmern verbunden sind. Falls erforderlich, können für allein stehende und verheiratete Arbeitnehmer unterschiedliche Durchschnittsbeträge festgesetzt werden.

Ist die summarische Erfassung der aufzeichnungsbefreiten Vorteile im Einzelfall technisch nur mit unverhältnismäßigem Mehraufwand möglich, kann der Durchschnittsbetrag geschätzt werden. In diesem Fall ist der Durchschnittsbetrag vom Betriebsstättenfinanzamt festzusetzen. Hat das Kreditinstitut mehrere lohnsteuerliche Betriebsstätten, so ist der Aufzeichnungsverzicht und ggf. die Festsetzung des Durchschnittsbetrags mit den anderen Betriebsstättenfinanzämtern abzustimmen.

b) der Arbeitgeber im letzten Lohnzahlungszeitraum des Kalenderjahrs den Betrag pauschal nach § 40 Abs. 1 EStG versteuert, um den die Summe der Vorteile aus den nicht aufzeichnungsbefreiten Dienstleistungen und dem Durchschnittsbetrag bei den einzelnen Arbeitnehmern den Rabatt-Freibetrag von 2400,– DM*) übersteigt. Dabei ist der übersteigende Betrag wenigstens bis zur Höhe des Durchschnittsbetrags pauschal zu versteuern. Soweit die Vorteile pauschal versteuert werden, sind sie nach § 8 Abs. 2 EStG zu bewerten; die Minderung der Vorteile um 4 % ist insoweit rückgängig zu machen.

Beispiel:

Der durchschnittliche Vorteil wird auf der Basis der Endpreise ermittelt mit	677,– DM
Nach Abzug des Bewertungsabschlags von (677,– DM × 4 %)	27,– DM
ergibt sich ein Durchschnittsbetrag von	650,– DM
Nach § 4 Abs. 2 Nr. 3 LStDV sind im Lohnkonto des Arbeitnehmers als Sachbezüge im Sinne des § 8 Abs. 3 EStG aufgezeichnet worden	1 853,– DM
Die Summe von	2 503,– DM
übersteigt den Rabatt-Freibetrag*) um	103,– DM
Der auf diesen Teil des Durchschnittsbetrags entfallende Bewertungsabschlag wird durch Vervielfältigung mit 1,0417 rückgängig gemacht (103,– DM × 1,0417) =	107,29 DM

Für diesen Betrag ist die Lohnsteuer pauschal nach § 40 Abs. 1 Nr. 1 EStG zu erheben.

Anlage 4
zu H 32

Steuerliche Behandlung der von Luftverkehrsgesellschaften gewährten unentgeltlichen oder verbilligten Mitarbeiterflüge

Gleich lautende Erlasse der obersten Finanzbehörden der Länder vom 1. 12. 2006 (BStBl. I Nr. 20)

Für die Bewertung der zum Arbeitslohn gehörenden Vorteile aus unentgeltlich oder verbilligt gewährten Flügen gilt Folgendes:

1. Gewähren Luftfahrtunternehmen ihren Arbeitnehmern unentgeltlich oder verbilligt Flüge, die unter gleichen Beförderungsbedingungen auch betriebsfremden Fluggästen angeboten werden, so ist der Wert der Flüge nach § 8 Abs. 3 EStG zu ermitteln, wenn die Lohnsteuer nicht nach § 40 EStG pauschal erhoben wird.

2. Die Mitarbeiterflüge sind nach § 8 Abs. 2 EStG mit dem üblichen Preis zu bewerten

   a) bei Beschränkungen im Reservierungsstatus, wenn die Luftverkehrsgesellschaft Flüge mit entsprechenden Beschränkungen betriebsfremden Fluggästen nicht anbietet, oder

   b) wenn die Lohnsteuer pauschal erhoben wird.

3. Gewähren Luftfahrtunternehmen Arbeitnehmer anderer Arbeitgeber unentgeltlich oder verbilligt Flüge, so sind diese Flüge ebenfalls nach § 8 Abs. 2 EStG zu bewerten.

4. In den Fällen der Nummern 2 und 3 können die Flüge mit Durchschnittswerten angesetzt werden. Für die Jahre 2007 bis 2009 werden folgende Durchschnittswerte nach § 8 Abs. 2 Satz 8 EStG für jeden Flugkilometer festgesetzt:

   a) Wenn keine Beschränkungen im Reservierungsstatus bestehen, ist der Wert des Fluges wie folgt zu berechnen:

bei einem Flug von	Euro je Flugkilometer (FKM)
1 – 1 200 km	$0{,}05 - \dfrac{0{,}01 \times \text{FKM}}{1\,200}$
1 201 – 2 600 km	0,04
2 601 – 4 000 km	$0{,}04 - \dfrac{0{,}01 \times (\text{FKM} - 2\,600)}{1\,400}$
4 001 – 12 000 km	$0{,}05 - \dfrac{0{,}02 \times (\text{FKM} - 4\,000)}{8\,000}$
mehr als 12 000 km	0,03

Jeder Flug ist gesondert zu bewerten. Die Zahl der Flugkilometer ist mit dem Wert anzusetzen, der der im Flugschein angegebenen Streckenführung entspricht. Nimmt der Arbeitgeber einen nicht vollständig ausgeflogenen Flugschein zurück, so ist die tatsächlich ausgeflogene Strecke zugrunde

---

*) Ab 1. 1. 2004 beträgt der Rabatt-Freibetrag 1080 €.

zu legen. Bei der Berechnung des Flugkilometerwerts sind die DM-Beträge nur bis zur vierten und die Euro-Beträge nur bis zur fünften Dezimalstelle anzusetzen.

Die nach dem IATA-Tarif zulässigen Kinderermäßigungen sind entsprechend anzuwenden.

b) Bei Beschränkungen im Reservierungsstatus mit dem Vermerk „space available – SA –" auf dem Flugschein beträgt der Wert je Flugkilometer 60 v. H. des nach Buchstabe a ermittelten Werts.

c) Bei Beschränkungen im Reservierungsstatus ohne Vermerk „space available – SA –" auf dem Flugschein beträgt der Wert je Flugkilometer 80 v. H. des nach Buchstabe a ermittelten Werts.

Der nach den Durchschnittswerten ermittelte Wert des Fluges ist um 10 % zu erhöhen. Bei einem Inlandsflug ist der nach Buchstaben a bis c ermittelte Wert um die Luftsicherheitsgebühr zu erhöhen, wenn diese vom Arbeitgeber getragen wird.

Beispiel:

Der Arbeitnehmer erhält einen Freiflug Frankfurt – Palma de Mallorca und zurück. Der Flugschein trägt den Vermerk „SA". Die Flugstrecke beträgt insgesamt 2507 km. Der Flugkilometerwert für diesen Flug beträgt 60 v. H. von (0,04 × 2507) = 60,17 Euro, zu erhöhen um 10 % (= 6,02 Euro) = 66,19 Euro.

5. Mit den Durchschnittswerten nach Nummer 4 können auch Flüge bewertet werden, die der Arbeitnehmer von seinem Arbeitgeber erhalten hat, der kein Luftfahrtunternehmer ist, wenn

   a) der Arbeitgeber diesen Flug von einem Luftfahrtunternehmen erhalten hat und

   b) dieser Flug den unter Nummer 4 Buchstaben b oder c genannten Beschränkungen im Reservierungsstatus unterliegt.

6. Von den Werten nach Nummer 2 bis 5 sind die von den Arbeitnehmern jeweils gezahlten Entgelte mit Ausnahme der für einen Inlandsflug entrichteten Luftsicherheitsgebühr abzuziehen; der Rabattfreibetrag nach § 8 Abs. 3 EStG darf nicht abgezogen werden.

7. Luftfahrtunternehmen im Sinne der vorstehenden Regelungen sind Unternehmen, denen die Betriebsgenehmigung zur Beförderung von Fluggästen im gewerblichen Luftverkehr nach der Verordnung (EWG) Nr. 2407/92 des Rates vom 23. Juli 1992 (Amtsblatt EG Nr. L 240/1) oder nach entsprechenden Vorschriften anderer Staaten erteilt worden ist.

Dieser Erlass ergeht mit Zustimmung des Bundesministers der Finanzen und im Einvernehmen mit den obersten Finanzbehörden der anderen Länder.

Anlage 5
zu H 32

Steuerliche Behandlung unentgeltlicher oder verbilligter Reiseleistungen bei Mitarbeitern von Reisebüros und Reiseveranstaltern

BMF-Schreiben vom 14. 9. 1994 (BStBl. I S. 755)

Nach dem Ergebnis der Besprechung mit den obersten Finanzbehörden der Länder gilt für die lohnsteuerrechtliche Behandlung unentgeltlicher oder verbilligter Reisen der Mitarbeiter von Reisebüros und Reiseveranstaltern Folgendes:

1. Die einem Arbeitnehmer vom Arbeitgeber unentgeltlich oder verbilligt verschaffte Reise gehört nicht zum Arbeitslohn, wenn die Reise im ganz überwiegenden betrieblichen Interesse des Arbeitgebers durchgeführt wird. Ein ganz überwiegendes betriebliches Interesse muss über das normale Interesse des Arbeitgebers, das ihn zur Lohnzahlung veranlasst, deutlich hinausgehen. Dieses Interesse muss so stark sein, dass das Interesse des Arbeitnehmers an der Leistung vernachlässigt werden kann. Für die Teilnahme des Arbeitnehmers an der Reise müssen nachweisbare betriebsfunktionale Gründe bestehen.

2. Als Reisen im ganz überwiegenden betrieblichen Interesse des Arbeitgebers kommen in Betracht

   a) Reisen, denen ein unmittelbarer betrieblicher Anlass zugrunde liegt, z. B. Verhandlungen mit einem Geschäftspartner des Arbeitgebers oder Durchführung eines bestimmten Auftrags wie die Vorbereitung von Reiseveranstaltungen oder von Objektbeschreibungen in Katalogen des Arbeitgebers (Dienstreisen),

   b) Reisen zur beruflichen Fortbildung des Arbeitnehmers (Fachstudienreisen).

3. Bei Reisen im Sinne der Nummer 2 Buchstabe a kann ein ganz überwiegendes betriebliches Interesse des Arbeitgebers nur dann angenommen werden, wenn die folgenden Voraussetzungen nebeneinander erfüllt sind:

   a) Die Reise wird auf Anordnung des Arbeitgebers durchgeführt.

   b) Die Reise ist für den Arbeitnehmer unentgeltlich.

   c) Die Reisetage sind grundsätzlich wie normale Arbeitstage mit beruflicher Tätigkeit ausgefüllt (BFH-Urteil vom 12. April 1979 – BStBl. II S. 513).

   d) Die Reisetage werden auf den Urlaub des Arbeitnehmers nicht angerechnet.

4. Bei Reisen im Sinne der Nummer 2 Buchstabe b kann ein ganz überwiegendes betriebliches Interesse des Arbeitgebers (Abschnitt 74 LStR) nur dann angenommen werden, wenn die folgenden Voraussetzungen nebeneinander erfüllt sind:

   a) Der an der Reise teilnehmende Arbeitnehmer ist im Reisevertrieb oder mit der Reiseprogrammbeschreibung, -gestaltung oder -abwicklung beschäftigt.

   b) Der Arbeitgeber wertet die Teilnahme an der Reise als Arbeitszeit und rechnet jeden vollen Reisetag, der auf einen regelmäßigen Arbeitstag des teilnehmenden Arbeitnehmers entfällt, mit mindestens 6 Stunden auf die vereinbarte regelmäßige Arbeitszeit an.

   c) Der Reise liegt eine feste Programmgestaltung zugrunde, wobei das Programm auf die konkreten beruflichen Qualifikations- und Informationsbedürfnisse der in Buchstabe a genannten Arbeitnehmer zugeschnitten ist. Das Programm muss Fachveranstaltungen mit einer Gesamtdauer von mindestens 6 Stunden arbeitstäglich enthalten. Berufliche Programmpunkte können sein:

   – Kennenlernen der Leistungsträger der gesamten Organisation vor Ort,

   – Vorstellung verschiedener Unterkünfte und Unterkunftsbesichtigungen,

   – länderkundliche Referate, Zielgebietsschulung,

   – ortskundige Führungen,

   – Vorträge von Verkehrsämtern und Ausflugsveranstaltern,

   – eigene Recherchen nach Aufgabenstellung (Fallstudien, Gruppenarbeit),

   – regelmäßige Programmbesprechungen.

   d) Der Arbeitnehmer nimmt grundsätzlich an allen vorgesehenen fachlichen Programmpunkten teil und erstellt ein Protokoll über den Reiseverlauf.

   e) Der Arbeitnehmer nimmt keine Begleitperson mit, es sei denn, dass die Mitnahme einer Begleitperson aus zwingenden betrieblichen Gründen erforderlich ist.

5. Zum Nachweis seines ganz überwiegenden betrieblichen Interesses hat der Arbeitgeber folgende Unterlagen aufzubewahren und auf Verlangen vorzulegen:

   a) In den Fällen der Nummer 2 Buchstabe a Unterlagen, aus denen sich der Anlass und der Arbeitsauftrag ergeben.

   b) In den Fällen der Nummer 2 Buchstabe b

   – die Einladung zur Fachstudienreise,

   – Programmunterlagen,

   – Bestätigungen über die Teilnahme des Arbeitnehmers an den fachlichen Programmpunkten,

   – Protokoll des Arbeitnehmers über den Reiseverlauf,

   – Teilnehmerliste.

§ 8 EStG
R 32

6. Leistungen Dritter sind kein Arbeitslohn, wenn sie dem Arbeitnehmer im ganz überwiegenden betrieblichen Interesse des Arbeitgebers zugute kommen, d. h. wenn die in Nummern 2 bis 5 genannten Voraussetzungen erfüllt sind. Andernfalls ist die Frage, ob die Leistung des Dritten Arbeitslohn darstellt und dem Lohnsteuerabzug unterliegt, nach den Grundsätzen des BMF-Schreibens vom 27. September 1993 (BStBl. I S. 814)*) zu beurteilen.

7. Schließt sich an eine Reise, die im ganz überwiegenden betrieblichen Interesse des Arbeitgebers liegt, ein privater Reiseaufenthalt an, so gehören die Leistungen für den Anschlussaufenthalt zum Arbeitslohn. Leistungen für die Hin- und Rückfahrt gehören nur in den Fällen der Nummer 2 Buchstabe b und nur dann zum Arbeitslohn, wenn der Anschlussaufenthalt mehr als 10 % der gesamten Reisezeit in Anspruch nimmt. Das Gleiche gilt, wenn der im ganz überwiegenden betrieblichen Interesse liegenden Reise ein privater Reiseaufenthalt vorgeschaltet ist.

Anlage 6
zu H 32

Lohnsteuerliche Behandlung ersparter Abschlussgebühren bei Abschluss eines Bausparvertrages**)

Bundeseinheitlich geltende Regelung, für Bayern bekannt gegeben mit Schreiben des Bayer. Staatsministeriums der Finanzen vom 28. 4. 1994 (Az.: 32 – S 2334 – 24/28 – 21890)

Wenn Bausparkassen gegenüber ihren eigenen Mitarbeitern, gegenüber Arbeitnehmern von anderen Kreditinstituten oder gegenüber Arbeitnehmern von Versicherungsunternehmen und anderen Unternehmen beim Abschluss von Bausparverträgen zunächst auf die übliche Sondereinlage in Höhe von 1 % der Bausparsumme und bei der Inanspruchnahme eines Bauspardarlehens auf die dann fällige Abschlussgebühr verzichten, gilt im Einvernehmen mit dem Bundesministerium der Finanzen und den obersten Finanzbehörden der anderen Länder Folgendes:

1. Der Verzicht auf die Sondereinlage beim Abschluss eines Bausparvertrags ist lohnsteuerlich ohne Bedeutung.
2. Der Abschluss eines Bausparvertrags ist eine Dienstleistung der Bausparkasse; der durch den Verzicht auf die Abschlussgebühr entstehende geldwerte Vorteil gehört zum Arbeitslohn.
3. Bei eigenen Arbeitnehmern der Bausparkassen handelt es sich um eine Dienstleistung im Sinne des § 8 Abs. 3 EStG.
4. Bei Arbeitnehmern anderer Kreditinstitute, Arbeitnehmern von Versicherungsunternehmen und anderen Unternehmen ist nach dem BMF-Schreiben vom 27. 9. 1993 IV B 6 – S 2334 – 152/93 (BStBl. I S. 814), dem das FMS vom 27. 9. 1993 – 32 – S 2334 – 91/73 – 63937 (FMBl. S. 448) entspricht, zu verfahren.*)
5. Soweit der Vorteil als Arbeitslohn versteuert wird, ist er der Zahlung einer Abschlussgebühr gleichzustellen und nach Maßgabe des § 10 EStG und des § 2 WoPG als Bausparbeitrag zu behandeln.
6. Wenn vor dem 1. 4. 1994 zugeflossene Vorteile nicht der Besteuerung unterworfen worden sind, kann es dabei verbleiben, soweit diese Vorteile nicht höher sind als die Vorteile, die nach dem FMS vom 14. 11. 1978 32 – S 2334 – 24/18 – 71632 (nachstehend abgedruckt) steuerfrei belassen worden sind. Lohnsteuer und Einkommensteuer sind insoweit nicht festzusetzen.

Dieses Schreiben wird im Amtsblatt des Bayer. Staatsministeriums der Finanzen veröffentlicht. Es entspricht dem Schreiben des Bundesministeriums der Finanzen vom 28. 3. 1994 IV B 6 – S 2334 – 46/94, das im Bundessteuerblatt Teil I S. 233 veröffentlicht wurde.

Anlage

Das FM-Schreiben vom 14. 11. 1978 (Az.: 32 – S 2334 – 24/18 – 71632) hat folgenden Wortlaut:

Es kommt vor, dass Bausparkassen bei ihren eigenen Mitarbeitern und bei Arbeitnehmern von Kreditinstituten oder Versicherungsunternehmen, die Geschäftsbeziehungen zu Bausparkassen unterhalten, beim Abschluss von Bausparverträgen auf die vertraglich vorgesehene Abschlussgebühr verzichten. Dabei stellt sich die Frage, ob der in dem Verzicht liegende geldwerte Vorteil Arbeitslohn ist und wie er ggf. lohnsteuerlich zu behandeln ist. Ich bitte, in diesen Fällen folgende Auffassung zu vertreten:

1. Verzichtet eine Bausparkasse bei einem eigenen Arbeitnehmer auf die Abschlussgebühr, so ist darin eine Annehmlichkeit zu erblicken, wenn die Vertragssumme der vom Arbeitnehmer im Kalenderjahr abgeschlossenen Bausparverträge 20 000 DM nicht übersteigt.

   Wird der Betrag von 20 000 DM überschritten, bleibt der geldwerte Vorteil aus dem Verzicht auf die Abschlussgebühr nur steuerfrei, soweit er nicht höher ist als der gleiche Vorteil, die die Bausparkasse auch außerhalb des Betriebs stehenden Personen, insbesondere Groß- und Dauerkunden, einräumt. Werden Arbeitnehmern von Kreditinstituten und Versicherungsunternehmen, die Geschäftsbeziehungen zur Bausparkasse unterhalten, gleiche Vorteile gewährt, so bestehen keine Bedenken, diese Arbeitnehmer als außerhalb des Unternehmens stehende Personen im Sinne des Abschnitts 53 Abs. 3 Nr. 1 LStR anzusehen, wenn eine Beteiligung der Kreditinstitute oder Versicherungsunternehmen an der Bausparkasse – oder umgekehrt – nicht vorliegt.

   Räumt die Bausparkasse mehreren außen stehenden Personen oder Groß- und Dauerkunden unterschiedliche Vorteile ein, so kann bei der Ermittlung des geldwerten Vorteils aus dem Verzicht auf die Abschlussgebühr die günstigste Regelung zugrunde gelegt werden.

2. Soweit der Vorteil zum steuerpflichtigen Arbeitslohn gehört, ist er der Zahlung einer Abschlussgebühr gleichzustellen und nach Maßgabe des § 10 EStG als Bausparbeitrag zu behandeln.

3. Bei einem Verzicht auf die Abschlussgebühr gegenüber Arbeitnehmern von Kreditinstituten oder Versicherungsunternehmen ist keine Lohnzahlung durch Dritte anzunehmen, weil der Arbeitgeber in der Regel keine Einwirkungsmöglichkeit auf die seinen Arbeitnehmern von dem Dritten eingeräumte Gebührenfreiheit hat. Besteht im Einzelfall (z. B. bei Trägerunternehmen der Bausparkassen) eine solche Einflussmöglichkeit, so ist diese zu unterschiedlich und zu wenig abgrenzbar, als dass allgemein eine Lohnzahlung durch Dritte angenommen werden könnte. Aus Vereinfachungsgründen ist deshalb auch hier keine Lohnzahlung durch Dritte anzunehmen.

Dieses Schreiben ergeht im Einvernehmen mit dem Bundesminister der Finanzen und Finanzministern (-senatoren) der anderen Länder.

Anlage 7
zu H 32

Steuerliche Behandlung der Rabatte, die Arbeitnehmern von dritter Seite eingeräumt werden

BMF-Schreiben vom 27. 9. 1993 (BStBl. I S. 814)

Zur steuerlichen Behandlung von Preisvorteilen, die den Arbeitnehmern bei der Nutzung oder dem Erwerb von Waren oder Dienstleistungen nicht unmittelbar vom Arbeitgeber eingeräumt werden, wird unter Bezugnahme auf das Ergebnis der Erörterungen mit den obersten Finanzbehörden der Länder wie folgt Stellung genommen:

1. Preisvorteile gehören zum Arbeitslohn, wenn der Arbeitgeber an der Verschaffung dieser Preisvorteile mitgewirkt hat.

   Eine Mitwirkung des Arbeitgebers in diesem Sinne liegt nur vor, wenn

   a) aus dem Handeln des Arbeitgebers ein Anspruch des Arbeitnehmers auf den Preisvorteil entstanden ist oder

   b) der Arbeitgeber für den Dritten Verpflichtungen übernommen hat, z. B. Inkassotätigkeit oder Haftung, oder

   c) zwischen dem Arbeitgeber und dem Dritten eine enge wirtschaftliche oder tatsächliche Verflechtung oder enge Beziehung sonstiger Art besteht, z. B. Organschaftsverhältnis, oder

---
*) Abgedruckt als Anlage 7 zu H 32 LStR.
**) Vgl. auch Anlage 13 zu H 32 LStR.

d) dem Arbeitnehmer Preisvorteile von einem Unternehmen eingeräumt werden, dessen Arbeitnehmer ihrerseits Preisvorteile vom Arbeitgeber erhalten.

2. Eine Mitwirkung des Arbeitgebers an der Verschaffung von Preisvorteilen ist nicht anzunehmen, wenn sich seine Beteiligung darauf beschränkt,

    a) Angebote Dritter in seinem Betrieb bekannt zu machen oder
    b) Angebote Dritter an die Arbeitnehmer seines Betriebs zu dulden oder
    c) die Betriebszugehörigkeit der Arbeitnehmer zu bescheinigen.

    An einer Mitwirkung des Arbeitgebers fehlt es auch dann, wenn bei der Verschaffung von Preisvorteilen allein eine vom Arbeitgeber unabhängige Selbsthilfeeinrichtung der Arbeitnehmer mitwirkt.

3. Die Mitwirkung des Betriebsrats oder Personalrats an der Verschaffung von Preisvorteilen durch Dritte ist für die steuerliche Beurteilung dieser Vorteile dem Arbeitgeber nicht zuzurechnen und führt allein nicht zur Annahme von Arbeitslohn. In den Fällen der Nummer 1 wird die Zurechnung von Preisvorteilen zum Arbeitslohn jedoch nicht dadurch ausgeschlossen, dass der Betriebsrat oder Personalrat ebenfalls mitgewirkt hat.

4. Ohne Mitwirkung des Arbeitgebers im Sinne der Nummer 1 gehören Preisvorteile, die Arbeitnehmern von Dritten eingeräumt werden, zum Arbeitslohn, wenn sie Entgelt für eine Leistung sind, die der Arbeitnehmer im Rahmen seines Dienstverhältnisses für den Arbeitgeber erbringt.

5. Für die Bewertung der zum Arbeitslohn gehörenden Preisvorteile ist der Preis maßgebend, der im allgemeinen Geschäftsverkehr von Letztverbrauchern in der Mehrzahl der Verkaufsfälle am Abgabeort für gleichartige Waren oder Dienstleistungen tatsächlich gezahlt wird. Aus Vereinfachungsgründen ist es nicht zu beanstanden, wenn auf die Feststellung dieses Preises verzichtet wird und er stattdessen mit 96 v. H. des konkreten Endpreises für Letztverbraucher angesetzt wird; dieser Endpreis ist nach Abschnitt 32 Abs. 2 LStR mit der Maßgabe zu ermitteln, dass an die Stelle des Arbeitgebers der Dritte tritt.

6. Die nach Nummer 1 zum Arbeitslohn gehörenden Preisvorteile unterliegen dem Lohnsteuerabzug (§ 38 Abs. 1 Satz 1 EStG). Preisvorteile im Sinne der Nummer 4 unterliegen dem Lohnsteuerabzug, wenn sie üblicherweise von einem Dritten für eine Arbeitsleistung gewährt werden (§ 38 Abs. 1 Satz 2 EStG). Soweit der Arbeitgeber diese Bezüge nicht selbst ermitteln kann, hat der Arbeitnehmer sie ihm für jeden Lohnzahlungszeitraum schriftlich anzuzeigen. Der Arbeitnehmer muss die Richtigkeit seiner Angaben durch Unterschrift bestätigen. Der Arbeitgeber hat die Anzeige als Beleg zum Lohnkonto aufzubewahren und die bezeichneten Bezüge zusammen mit dem übrigen Arbeitslohn des Arbeitnehmers dem Lohnsteuerabzug zu unterwerfen. Abschnitt 106 Abs. 5 LStR ist anzuwenden.

7. Soweit der vor dem 1. 11. 1993 zugeflossene Arbeitslohn im Sinne der Nummer 1 Sätze 1 und 2 Buchstaben a und b nicht der Besteuerung unterworfen worden ist, kann es dabei verbleiben; Lohnsteuer oder Einkommensteuer ist insoweit nicht festzusetzen.

8. Die Erlasse der obersten Finanzbehörden der Länder zur lohnsteuerlichen Behandlung von Sondertarifen für das sog. Job-Ticket im öffentlichen Personennahverkehr werden durch dieses Schreiben nicht berührt; sie werden jedoch im Hinblick auf § 3 Nr. 34 EStG mit Wirkung zum 1. 1. 1994 aufgehoben.

Anlage 8
zu H 32

Lohnsteuerliche Behandlung von Rabatten bei Gruppen- und Sammelversicherungen

BMF-Schreiben vom 3.3.1994 (Az.: IV B 6 – S 2334 – 200/93 II)

Die Frage der lohnsteuerlichen Behandlung von Rabatten bei Gruppen- und Sammelversicherungen ist mit den obersten Finanzbehörden der Länder erörtert worden. Dabei hat sich ergeben, dass nach den Richtlinien des Bundesaufsichtsamtes für das Versicherungswesen über Sondervergütungen und Begünstigungsverträge in der Lebensversicherung (VerBAV 1982 S. 307ff.) zwischen der Ermäßigung der Tarifbeiträge und der Ermäßigung der Unterjährigkeitszuschläge zu trennen ist. Hiernach ergibt sich Folgendes:

Nach den Richtlinien können die für Einzelversicherungen vorgesehenen Tarifbeiträge bei Gruppen- und Sammelversicherungen bis zu 3 % ermäßigt werden. Diese Ermäßigung bewegt sich noch im Rahmen der Vereinfachungsregelung der Nummer 5 Satz 2 des BMF-Schreibens vom 27. September 1993, sodass lohnsteuerlich der Rabatt insoweit nicht als Preisvorteil zu erfassen ist.

Der Unterjährigkeitszuschlag ist – wirtschaftlich gesehen – als Zins für den fälligen, aber noch nicht gezahlten Teil der Jahresprämie zu betrachten. Die nach den Richtlinien des Bundesaufsichtsamtes zulässige Ermäßigung des Unterjährigkeitszuschlags ist deshalb als Zinsvorteil anzusehen, der nach Abschnitt 31 Abs. 8 der Lohnsteuer-Richtlinien nicht als Arbeitslohn zu erfassen ist, wenn der noch nicht gezahlte Teil der Jahresprämie, ggf. zusammen mit zusätzlichen zinsverbilligten Darlehen, am Ende des Lohnzahlungszeitraums 5000 DM*) nicht übersteigt. Die Einhaltung der 5000-DM-Grenze*) wird im Allgemeinen unterstellt werden können.

Anlage 9
zu H 32

Bewertung von beschädigten oder gebrauchten Waren zur Anwendung der Rabattregelung

BMF-Schreiben vom 7.8.1990 (Az.: IV B 6 – S 2334 – 106/90)

Zur steuerlichen Bewertung von beschädigten oder gebrauchten Gebrauchsgütern, die der Arbeitgeber unentgeltlich oder verbilligt an seine Arbeitnehmer abgibt, wird folgende Auffassung vertreten:

1. Geräte und Möbelstücke, die nur unerhebliche Mängel oder Schäden aufweisen (z. B. Kratzer am Gehäuse eines Fernsehgeräts) oder bei denen lediglich die Verpackung mangelhaft oder beschädigt ist, sind wie unbeschädigte Waren zu behandeln. Die steuerliche Bewertung dieser Waren richtet sich nach § 8 Abs. 3 EStG, soweit die Artikel einer einzelnen Warengruppe vom Arbeitgeber nicht überwiegend an seine Arbeitnehmer abgegeben werden. Dies gilt auch dann, wenn die beschädigten Artikel einer einzelnen Warengruppe überwiegend an die Arbeitnehmer abgegeben werden. Der steuerlichen Bewertung sind hiernach die Endpreise zugrunde zu legen, zu denen der Arbeitgeber oder der dem Abgabeort nächstansässige Abnehmer die unbeschädigten Waren fremden Letztverbrauchern im allgemeinen Geschäftsverkehr anbietet.

2. Bei Geräten und Möbeln, die nicht unerheblich beschädigt oder zu Vorführzwecken erkennbar benutzt worden sind, handelt es sich um Waren, die eine andere Marktgängigkeit als unbeschädigte oder ungebrauchte Waren haben. Dabei ist eine nicht unerhebliche Beschädigung eines Geräts insbesondere dann anzunehmen, wenn sie die Funktion des Geräts beeinträchtigt. Die steuerliche Bewertung dieser Waren richtet sich nur dann nach § 8 Abs. 3 EStG, wenn die beschädigten oder gebrauchten Artikel der einzelnen Warengruppe vom Arbeitgeber nicht überwiegend an seine Arbeitnehmer abgegeben werden. Dabei sind die Endpreise zugrunde zu legen, zu denen der Arbeitgeber oder der dem Abgabeort nächstansässige Abnehmer die beschädigten oder gebrauchten Waren fremden Letztverbrauchern im allgemeinen Geschäftsverkehr anbietet. Wenn der Arbeitgeber die beschädigten oder gebrauchten Waren überwiegend an seine Arbeitnehmer abgibt, richtet sich die steuerliche Bewertung nach § 8 Abs. 2 EStG. Hiernach sind die Preise zugrunde zu legen, zu denen die beschädigten oder gebrauchten Waren im allgemeinen Geschäftsverkehr am Abgabeort angeboten werden.

---

*) Ab 1. 1. 2002 beträgt die Grenze 2600 €.

§ 8 EStG
R 32

Anlage 10
zu H 32

Steuerliche Behandlung von Nutzungsüberlassungen; Anwendung der Grundsätze des >BFH-Urteils vom 4. November 1994 (BStBl. 1995 II S. 338)

BMF-Schreiben vom 28. 4. 1995 (BStBl. I S. 273) unter Berücksichtigung der Änderungen durch BMF-Schreiben vom 21. 7. 2003 (BStBl. I S. 391)*)

Nach dem >BFH-Urteil vom 4. November 1994 (BStBl. 1995 II S. 338) gehören Nutzungsüberlassungen zu den Dienstleistungen im Sinne des § 8 Abs. 3 EStG. Im Einvernehmen mit den obersten Finanzbehörden der Länder gilt zur Anwendung des § 8 EStG auf Nutzungsüberlassungen Folgendes:

1. Die Abgrenzung des Begriffs der Dienstleistung in Abschnitt 32 Abs. 1 Nr. 2 letzter Satz LStR 1993 ist durch das BFH-Urteil überholt und deshalb nicht mehr anzuwenden. Das gilt für alle noch nicht bestandskräftigen Steuerfestsetzungen und beim Steuerabzug vom Arbeitslohn für Nutzungsvorteile, die dem Arbeitnehmer nach dem 31. Dezember 1994 zufließen.

2. Der steuerpflichtige Vorteil aus einer leih- oder mietweisen Überlassung von Grundstücken, Wohnungen, Kraftfahrzeugen, Maschinen und anderen beweglichen Sachen sowie aus zinsgünstigen Darlehen ist nach § 8 Abs. 3 EStG zu ermitteln, wenn

    a) der Arbeitgeber Sachen gleicher Art nicht nur seinen Arbeitnehmern, sondern überwiegend betriebsfremden Dritten zur Nutzung überlässt und

    b) der Vorteil nicht nach § 40 EStG pauschal besteuert wird.*)

    Im Darlehensfall ist die Voraussetzung des Überwiegens nach Buchstabe a erfüllt, wenn der Arbeitgeber Geld darlehensweise überwiegend betriebsfremden Dritten überlässt; Unterschiede in den Konditionen, zu denen das Geld überlassen wird, z. B. hinsichtlich der Laufzeit des Darlehens, der Dauer der Zinsfestlegung oder der Art der Sicherung, sind in diesem Zusammenhang unerheblich.*)

3. Nach § 8 Abs. 3 EStG ist der Bewertung des Vorteils der Preis zugrunde zu legen, zu dem der Arbeitgeber die Leistung fremden Letztverbrauchern im allgemeinen Geschäftsverkehr anbietet. Das ist der Preis, der nach §§ 3 und 4 der Preisangabenverordnung vom 14. März 1985 (BGBl. I S. 580) in Preisverzeichnissen anzugeben ist, die im Geschäftslokal oder am Ort des Leistungsangebots anzubringen oder zur Einsichtnahme bereitzuhalten sind.

    Dabei ist der Preis maßgebend, der in dem Zeitpunkt gilt, in dem der Vorteil dem Arbeitnehmer zufließt. Wird das Entgelt für die Nutzung einer Sache für einen bestimmten Zeitraum festgelegt und trifft der Arbeitgeber entsprechende Festlegungen gegenüber fremden Letztverbrauchern, so ist für den gesamten Zeitraum der Preis maßgebend, zu dem der Arbeitgeber im Zeitpunkt der Festlegung (Zeitpunkt des Vertragsabschlusses) die Nutzung fremden Letztverbrauchern im allgemeinen Geschäftsverkehr angeboten hat. Bei einem Darlehen mit Zinsfestlegung ist für den gesamten Festlegungszeitraum der Effektivzins maßgebend, zu dem der Arbeitgeber im Zeitpunkt der Festlegung Darlehen fremden Letztverbrauchern im allgemeinen Geschäftsverkehr mit einer Zinsfestlegung angeboten hat, die der mit dem Arbeitnehmer vereinbarten Festlegungsdauer am nächsten kommt.

    Als Zuflusszeitpunkt ist der Zeitpunkt der Fälligkeit des Nutzungsentgelts anzusehen. Bei unentgeltlicher Nutzungsüberlassung ist der Zufluss in dem Zeitpunkt anzunehmen, in dem das Entgelt üblicherweise fällig wäre.

4. Die auf § 8 Abs. 2 EStG beruhenden Wertmaßstäbe des Abschnitts 31 Abs. 7 LStR (für die Kraftwagenüberlassung) und des Abschnitts 31 Abs. 8 LStR (für Darlehen) sowie Sachbezugswerte für Unterkunft sind in den Fällen der Nummer 2 dieses Schreibens nicht anzuwenden. Wenn es für den Arbeitnehmer günstiger ist, können diese Bewertungsregeln aus Gründen des Vertrauensschutzes auf Nutzungsüberlassungen weiter angewendet werden,

    a) für die das Entgelt für einen bestimmten Zeitraum vor dem 1. Januar 1995 festgelegt worden ist, soweit die Vorteile im Festlegungszeitraum, spätestens am 31. Dezember 2000 zufließen, oder

    b) soweit die Vorteile vor dem 1. Juli 1995 zufließen.

    Der Rabattfreibetrag nach § 8 Abs. 3 EStG darf in diesen Fällen nicht abgezogen werden.

5. Werden Vorteile aus einer Nutzungsüberlassung nach § 40 EStG auf Antrag des Arbeitgebers pauschal versteuert, so sind sie auch dann nach § 8 Abs. 2 EStG zu bewerten, wenn der Arbeitgeber Sachen gleicher Art überwiegend betriebsfremden Dritten überlässt. In diesem Fall ist z. B. der Vorteil aus einem zinsgünstigen Darlehen nach Abschnitt 31 Abs. 8 LStR zu ermitteln. Wenn die Voraussetzungen für die Lohnsteuerpauschalierung erfüllt sind, insbesondere ein Pauschalierungsantrag gestellt worden ist, gilt dies auch dann, wenn keine pauschale Lohnsteuer anfällt. Zinsvorteile sind als sonstige Bezüge im Sinne des § 40 Abs. 1 Nr. 1 EStG anzusehen, wenn der maßgebende Verzinsungszeitraum den jeweiligen Lohnzahlungszeitraum überschreitet.

6. Wird der Nutzungsvorteil aus einem zinsgünstigen Darlehen nur zum Teil pauschal versteuert, weil der Vorteil die Pauschalierungsgrenze des § 40 Abs. 1 Satz 3 EStG überschreitet, so ist bei der Bewertung des individuell zu versteuernden Nutzungsvorteils der Teilbetrag des Darlehens außer Ansatz zu lassen, für den die Zinsvorteile unter Anwendung des Abschnitts 31 Abs. 8 LStR pauschal versteuert werden.

Beispiel:

Ein Kreditinstitut überlässt seinen Arbeitnehmern Darlehen zum Effektivzinssatz von 4 %. Die Zinsen werden vierteljährlich fällig. Darlehen gleicher Art bietet das Kreditinstitut fremden Kunden im allgemeinen Geschäftsverkehr zu einem Effektivzinssatz von 10 % an. Das Kreditinstitut beantragt die Besteuerung nach § 40 Abs. 1 Nr. 1 EStG.

Arbeitnehmer A hat ein Darlehen von 150 000 DM erhalten. Mangels anderer pauschal besteuerter Leistungen kann der Zinsvorteil dieses Arbeitnehmers bis zum Höchstbetrag von 2000 DM pauschal besteuert werden. Ein Vorteil in dieser Höhe ergibt sich unter Berücksichtigung der nach Abschnitt 31 Abs. 8 LStR ermittelten Zinsverbilligung von 2 % für ein Darlehen von

$$\frac{2000 \text{ DM (Pauschalierungsgrenze)} \times 100}{2 \text{ (Zinsvorteil)}} = 100\,000 \text{ DM}$$

Mithin wird durch die Pauschalbesteuerung nur der Zinsvorteil aus einem Darlehensteilbetrag von 100 000 DM abgedeckt. Der Zinsvorteil aus dem restlichen Darlehensteilbetrag von 50 000 DM ist individuell zu versteuern. Der zu versteuernde Betrag ist wie folgt zu ermitteln:

50 000 DM Darlehen × Maßstabszinssatz 10 %	= 5 000 DM
./. Bewertungsabschlag nach § 8 Abs. 3 EStG	= 200 DM
	4 800 DM
./. Zinslast des Arbeitnehmers 50 000 DM × 4 %	= 2 000 DM
Zinsvorteil	= 2 800 DM
./. Rabattfreibetrag nach § 8 Abs. 3 EStG	= 2 400 DM
zu versteuernder Vorteil Jahresbetrag	= 400 DM
vierteljährlich der LSt zu unterwerfen	= 100 DM

Wird bei der Überlassung eines Kraftwagens der auf die Fahrten zwischen Wohnung und Arbeitsstätte entfallende Nutzungsvorteil nach § 40 Abs. 2 Satz 2 EStG pauschal versteuert, so ist für die individuelle Besteuerung maßgebende Wert der Kraftwagenüberlassung insgesamt nach § 8 Abs. 3 EStG zu ermitteln und um den pauschal versteuerten Betrag zu kürzen.

---

*) Nummer 2 Satz 2 aufgehoben durch BMF-Schreiben vom 21. Juli 2003 (BStBl. I S. 391), abgedruckt als Anlage 16 zu H 32 LStR. Ab 1. Januar 2004 kann § 8 Abs. 3 EStG nur angewendet werden, wenn der Arbeitgeber Darlehen gleicher Art – mit Ausnahme des Zinssatzes – zu gleichen Konditionen (Laufzeit, Zinsfestlegung, Sicherung) überwiegend an betriebsfremde Dritte vergibt.

Anlage 11
zu H 32

Einnahmen bei der Einkommen- und Lohnsteuer; Ermittlung des geldwerten Vorteils beim Erwerb von Kraftfahrzeugen vom Arbeitgeber in der Automobilbranche (§ 8 Abs. 3 EStG)

BMF-Schreiben vom 30. 1. 1996 (BStBl. I S. 114)

Nach dem Ergebnis der Erörterungen mit den obersten Finanzbehörden der Länder bitte ich, bei der Ermittlung des geldwerten Vorteils beim Erwerb von Kraftfahrzeugen vom Arbeitgeber in der Automobilbranche Folgendes zu beachten:

Personalrabatte, die Automobilhersteller oder Automobilhändler ihren Arbeitnehmern beim Erwerb von Kraftfahrzeugen gewähren, gehören grundsätzlich zum steuerpflichtigen Arbeitslohn. Der steuerlichen Bewertung der Kraftfahrzeuge sind unter den Voraussetzungen des § 8 Abs. 3 EStG (s. dazu Abschnitt 32 Abs. 1 LStR) die Endpreise zugrunde zu legen, zu denen der Arbeitgeber die Kraftfahrzeuge anderen Letztverbrauchern im allgemeinen Geschäftsverkehr anbietet. Bietet der Arbeitgeber die Kraftfahrzeuge anderen Letztverbrauchern nicht an, so sind die Endpreise des nächstgelegenen Händlers maßgebend (s. dazu Abschnitt 32 Abs. 2 Satz 1 bis 7 LStR).

Endpreis ist nicht der Preis, der mit dem Käufer unter Berücksichtigung individueller Preiszugeständnisse tatsächlich vereinbart wird. Regelmäßig ist vielmehr der Preis maßgebend, der nach der Preisangabenverordnung anzugeben und auszuweisen ist. Dies ist z. B. der sog. Hauspreis, mit dem Kraftfahrzeuge ausgezeichnet werden, die im Verkaufsraum eines Automobilhändlers ausgestellt werden. Wenn kein anderes Preisangebot vorliegt, ist dem Endpreis grundsätzlich die unverbindliche Preisempfehlung des Herstellers zugrunde zu legen.

Nach den Gepflogenheiten in der Automobilbranche werden Kraftfahrzeuge im allgemeinen Geschäftsverkehr fremden Letztverbrauchern tatsächlich häufig zu einem Preis angeboten, der unter der unverbindlichen Preisempfehlung des Herstellers liegt. Deshalb kann der tatsächliche Angebotspreis anstelle des empfohlenen Preises angesetzt werden (vgl. BFH-Urteil vom 4. Juni 1993 – BStBl. II S. 687). Im Hinblick auf die Schwierigkeiten bei der Ermittlung des tatsächlichen Angebotspreises ist es nicht zu beanstanden, wenn als Endpreis im Sinne des § 8 Abs. 3 EStG der Preis angenommen wird, der sich ergibt, wenn die Hälfte des Preisnachlasses, der durchschnittlich beim Verkauf an fremde Letztverbraucher im allgemeinen Geschäftsverkehr tatsächlich gewährt wird, von dem empfohlenen Preis abgezogen wird. Dabei ist der durchschnittliche Preisnachlass modellbezogen nach den tatsächlichen Verkaufserlösen in den vorangegangenen drei Kalendermonaten zu ermitteln und jeweils der Endpreisfeststellung im Zeitpunkt der Bestellung (Bestellbestätigung) zugrunde zu legen.

Diese Regelung ist allgemein vom 1. Januar 1996 an anzuwenden; sie kann zugunsten der Arbeitnehmer auch für die Zeit vor diesem Stichtag angewendet werden, soweit die Steuerfestsetzungen noch nicht bestandskräftig sind. Abweichende Regelungen sind vom 1. Januar 1996 an nicht mehr anzuwenden.

Anlage 12
zu H 32

Bewertung von Preisnachlässen, die Arbeitnehmern beim Kauf von Kraftfahrzeugen aufgrund von Rahmenabkommen eingeräumt werden

BMF-Schreiben vom 28. 8. 1998 (Az.: IV B 6 – S 2334 – 88/98)

Wird Arbeitnehmern beim Erwerb eines Kraftfahrzeugs unter Mitwirkung des Arbeitgebers ein Preisvorteil von dritter Seite eingeräumt, so gehört dieser Preisvorteil zum Arbeitslohn und ist nach § 8 Abs. 2 Satz 1 EStG auf der Grundlage des üblichen Endpreises zu bewerten. Das ist der Preis, der im allgemeinen Geschäftsverkehr von Letztverbrauchern in der Mehrzahl der Verkaufsfälle am Abgabeort für gleichartige Waren tatsächlich gezahlt wird (Abschnitt 31 Abs. 2 Satz 2 LStR). Aus Vereinfachungsgründen kann die Ware auch mit 96 % des nach § 8 Abs. 3 EStG maßgebenden Endpreises bewertet werden, zu dem sie der abgebende Dritte fremden Letztverbrauchern im allgemeinen Geschäftsverkehr anbietet (Abschnitt 31 Abs. 2 Satz 8 LStR).

Zur Feststellung des Endpreises von Kraftfahrzeugen ist mit Schreiben vom 30. Januar 1996 (BStBl. I S. 114)*) eine besondere Vereinfachungsregelung getroffen worden. Hiernach wird es nicht beanstandet, wenn als Endpreis der Preis angenommen wird, der sich ergibt, wenn die Hälfte des Preisnachlasses, der durchschnittlich beim Verkauf an fremde Letztverbraucher tatsächlich gewährt wird, vom Listenpreis abgezogen wird. Daraus folgt für die von Ihnen dargestellten Fälle der Rabattgewährung von dritter Seite aufgrund von Rahmenabkommen:

1. Der übliche Endpreis nach § 8 Abs. 2 EStG ist grundsätzlich anhand der Verkaufszahlen des Abgabeortes zum Zeitpunkt der Abgabe zu ermitteln.

2. Aus Vereinfachungsgründen kann der Endpreis des § 8 Abs. 2 EStG mit 96 % des Angebotspreises im Sinne des § 8 Abs. 3 EStG angesetzt werden (Abschnitt 31 Abs. 2 Satz 8 LStR). Dies ist im Kraftfahrzeuggewerbe entweder
   – der tatsächliche Angebotspreis der Dritten, z. B. dessen Hauspreis, oder
   – der nach Regelung des BMF-Schreibens vom 30. Januar 1996 (BStBl. I S. 114) ermittelte Angebotspreis.

Anlage 13
zu H 32

Ersparte Abschlussgebühren bei Abschluss eigener Bausparverträge durch Arbeitnehmer von Kreditinstituten

Verfügung der OFD Hannover vom 19. 2. 2001 – S 2334 – 331 – StH 212

Für die Beurteilung der Frage, ob geldwerte Vorteile, die Arbeitnehmern von Kreditinstituten beim Abschluss eigener Bausparverträge durch die Ersparnis der Abschlussgebühr in Höhe von 1 % der Bausparsumme zufließen, nach § 8 Abs. 2 oder Abs. 3 EStG zu bewerten sind, kommt es auf die jeweils vorliegende Sachverhaltsgestaltung an.

1. Ist das Kreditinstitut provisionsberechtigt und verzichtet es bei Mitarbeiterverträgen gegenüber der Bausparkasse auf seinen Provisionsanspruch, d. h. erbringt es gegenüber seinem Arbeitnehmer die Vermittlungsleistung unentgeltlich, fließt dem Arbeitnehmer durch die Ersparnis der Abschlussgebühr ein geldwerter Vorteil aus dem Dienstverhältnis zu, der sich aus der unentgeltlichen Vermittlungsleistung des Arbeitgebers und aus einem Preisnachlass der Bausparkasse zusammensetzt.

   a) Der geldwerte Vorteil aus der unentgeltlichen Vermittlungsleistung des Kreditinstituts fällt in den Anwendungsbereich des § 8 Abs. 3 EStG; er ist mit dem um 4 % geminderten Endpreis, den das Kreditinstitut für die Vermittlung des entsprechenden Vertrags an einen Kunden im allgemeinen Geschäftsverkehr erzielt, zu bewerten und bleibt bis zur Ausschöpfung des Rabattfreibetrags steuerfrei.

   b) Der geldwerte Vorteil aus dem Preisnachlass der Bausparkasse ist als Rabatt von dritter Seite nach § 8 Abs. 2 Satz 1 EStG zu bewerten. Nach R 31 Abs. 2 Satz 9 LStR kann die Bewertung aus Vereinfachungsgründen mit 96 % des konkreten Endpreises des Dritten erfolgen. Die Freigrenze nach § 8 Abs. 2 Satz 9 EStG ist zu beachten.

2. Ist nicht das Kreditinstitut, sondern direkt der den Vertrag vermittelnde Arbeitnehmer des Kreditinstituts gegenüber der Bausparkasse provisionsberechtigt, fließt dem Arbeitnehmer durch den Verzicht der Bausparkasse auf Zahlung der Abschlussgebühr insgesamt ein Rabatt von dritter Seite zu, der nach § 8 Abs. 2 Satz 1 EStG zu bewerten ist. Gleiches würde im Übrigen gelten, wenn die Bausparkasse nicht auf die Zahlung der Abschlussgebühr verzichtet, sondern dem Mitarbeiter des Kreditinstituts auch bei Eigenverträgen die übliche Provision zahlt.

---

*) Abgedruckt als Anlage 11 zu H 32 LStR.

Anlage 14
zu H 32

Lohnsteuerliche Behandlung der verbilligten Energielieferungen an Arbeitnehmer von Versorgungsunternehmen

Erlass des Finanzministeriums Niedersachsen vom 13. 12. 1999 Az.: S 2334 – 96 – 35

Auf Grund des Gesetzes zur Neuregelung des Energiewirtschaftsrechts vom 24. 4. 1998 (BGBl. 1 S. 730) ergeben sich Änderungen hinsichtlich der lohnsteuerrechtlichen Beurteilung der verbilligten Energielieferungen an die Arbeitnehmer der Versorgungsunternehmen, wenn die Arbeitnehmer nicht im Versorgungsgebiet ihres Arbeitgebers wohnen.

Hierzu ist folgende Auffassung zu vertreten:

Auch weiterhin kann bei der verbilligten Überlassung von Energie (Strom oder Gas) § 8 Abs. 3 EStG nur angewandt werden, wenn genau dieselbe Ware, die der Arbeitnehmer von einem Dritten erhält, vom Arbeitgeber zuvor hergestellt oder vertrieben worden ist (Nämlichkeit). Dabei ist unter „Vertreiben" in diesem Sinne nicht eine bloße Vermittlungsleistung zu verstehen – der Arbeitgeber muss die Dienstleistung als eigene erbringen (BFH v. 7. 2. 1997, BStBl. II S. 363). Die Voraussetzung der Nämlichkeit ist erfüllt, wenn das Versorgungsunternehmen, das den Arbeitnehmer beliefert, diese Energie zuvor von dem Versorgungsunternehmen, bei dem der Arbeitnehmer beschäftigt ist, erhalten hat. Erhält jedoch das Versorgungsunternehmen, das den Arbeitnehmer mit Energie beliefert, seine Energielieferungen nicht unmittelbar durch das Versorgungsunternehmen, bei dem der Arbeitnehmer beschäftigt ist, ist der geldwerte Vorteil aus der verbilligten Energielieferung nach § 8 Abs. 2 EStG zu versteuern (vgl. BFH v. 15. 1. 1993, BStBl. II S. 356).

In den Fällen der sog. **Durchleitung** (= verhandelter Netzzugang gemäß §§ 5, 6 EnWG) muss das örtliche Versorgungsunternehmen, in dessen Bereich der Arbeitnehmer wohnt, sein Versorgungsnetz dem anderen Versorgungsunternehmen – gegen Gebühr – zur Durchleitung von Strom zur Verfügung stellen. Ist dieses andere Versorgungsunternehmen der Arbeitgeber, ist die Voraussetzung des § 8 Abs. 3 EStG erfüllt, weil der Arbeitnehmer Strom erhält, der vom Arbeitgeber hergestellt oder vertrieben worden ist und von diesem unmittelbar an seinen Arbeitnehmer unter Zuhilfenahme des örtlichen Versorgungsunternehmens geliefert wird.

In den Fällen der sog. **Netzzugangsalternative** ist das Versorgungsunternehmen, in dessen Bereich der Arbeitnehmer wohnt, verpflichtet, den Strom abzunehmen, den dieser Arbeitnehmer bei einem anderen Versorgungsunternehmen gekauft hat (§ 7 Abs. 2 EnWG). Anschließend liefert das örtliche Versorgungsunternehmen diesen Strom an den Arbeitnehmer weiter. Auch bei dieser Alternative erhält das örtliche Versorgungsunternehmen tatsächlich den Strom des anderen Versorgungsunternehmens. Ist dieses andere Versorgungsunternehmen der Arbeitgeber, ist auch in dem Fall der Netzzugangsalternative nach § 7 Abs. 2 EnWG die Voraussetzung der Nämlichkeit und damit die Voraussetzung des § 8 Abs. 3 EStG erfüllt.

Diese Grundsätze gelten gleichermaßen für Arbeitgeber, die als Versorgungsunternehmen den Strom lediglich verteilen oder aber auch selbst Strom erzeugen. Sie sind hingegen nicht anzuwenden, wenn die entsprechende Energie tatsächlich nicht zwischen den Versorgungsunternehmen vertrieben, sondern nur als Rechnungsposten gehandelt wird.

Dieser Erlass ergeht im Einvernehmen mit dem BMF und den obersten Finanzbehörden der anderen Länder bundeseinheitlich.

Anlage 15
zu H 32

Lohnsteuerliche Behandlung der verbilligten Energielieferungen an Arbeitnehmer von Versorgungsunternehmen

Verfügung der Oberfinanzdirektionen Düsseldorf und Münster vom 26. 2. 2004 Az.: S 2334 A – St 22/S 2334 – 104 – St 213 K/ S 2334 – 10 St 21-31

Auf der Basis des Gesetzes zur Neuregelung des Energiewirtschaftsrechts wurde eine Verbändevereinbarung (VV III) geschlossen. Hierbei wurde bei den Leistungen auf dem Energiemarkt strikt zwischen der Netznutzung und der Stromlieferung getrennt. Der Kunde hatte danach grundsätzlich zwei Verträge abzuschließen – einen Stromlieferungsvertrag mit dem Energielieferanten/Händler und einen Netzzugangsvertrag mit dem Netzbetreiber. Als Folge dieser Verträge handelte es sich bei dem Strom, den der Kunde an seiner Zählerklemme abnahm, um solchen des Energielieferanten, den dieser im eigenen Namen und auf eigene Rechnung an den Kunden veräußerte. Der Netzbetreiber (z. B. das örtliche Versorgungsunternehmen) stellte lediglich die Netznutzung sicher. Das vom Kunden zu zahlende Gesamtentgelt setzte sich nach dieser Vereinbarung aus einem Entgelt für die Stromlieferung sowie einem Entgelt für die Netznutzung zusammen.

Bei der entsprechenden Umsetzung dieses Verfahrens sind die zwei Leistungen (Stromlieferung und Netznutzung) lohnsteuerlich gesondert zu beurteilen.

Stromlieferung

Steht der Strom, der auf Grund des Stromlieferungsvertrags an der Zählerklemme des Arbeitnehmers abgenommen wird, im Eigentum des stromliefernden Arbeitgebers und wird daher von diesem im eigenen Namen und auf eigene Rechnung veräußert, erfolgt eine unmittelbare Stromlieferung. Die entscheidende Voraussetzung für die Anwendung des § 8 Abs. 3 EStG ist damit bei der verbilligten Überlassung von Energie erfüllt, denn der Arbeitnehmer erhält den Strom unmittelbar von seinem Arbeitgeber.

Netznutzung

Für die Anwendung des § 8 Abs. 3 EStG auf die gesonderte Leistung in Form der Netznutzung ist die Voraussetzung, dass der örtliche Netzbetreiber Arbeitgeber des Kunden ist. Nur in diesem Fall erhält der Arbeitnehmer die Dienstleistung unmittelbar von seinem Arbeitgeber. Ist der örtliche Netzbetreiber jedoch nicht Arbeitgeber des Kunden, kann § 8 Abs. 3 EStG für die Leistung „Netznutzung" nicht in Betracht kommen. Dies gilt auch dann, wenn der Stromlieferant das vom Arbeitnehmer hierfür zu erbringende Netzentgelt im Namen und für Rechnung des Netzbetreibers vereinnahmen sollte.

„All-inclusive-Verträge"

Die in der VV II festgelegte Trennung hat sich jedoch in der Praxis nicht durchgesetzt. Vielmehr haben Stromhändler schon bald auch außerhalb des eigenen Netzgebietes sog. „All-inclusive-Verträge" einschließlich Netznutzung angeboten. Ein anderes Modell – das sog. „Doppelvertragsmodell" – hat vorgesehen, dass sich der Stromlieferant vom Netzbetreiber in einem Händler-Rahmenvertrag den Netzzugang einräumen lässt und die Netznutzung dem Kunden (auch dem eigenen Arbeitnehmer) als eigene Leistung verkauft. Diese Entwicklung ist in der Verbändevereinbarung vom 13. 12. 2001 (VV II plus) umgesetzt worden; sie hat die VV II seit dem 1. 1. 2002 abgelöst.

Danach hat der Stromlieferant bei Vorlage eines „All-inclusive-Vertrags" zur Stromversorgung eines Einzelkunden in einem anderen Netzgebiet Anspruch auf den zeitnahen Abschluss eines Netznutzungsvertrages mit dem örtlichen Netzbetreiber, d. h., zwischen Netzbetreiber und Kunden bestehen keine vertraglichen Beziehungen. Beim „All-inclusive-Vertrag" enthält der Stromlieferungsvertrag des Energieversorgungsunternehmens (EVU) mit seinem Endkunden (auch Arbeitnehmer) bereits die Netznutzung auch für den Fall, dass der Endkunde (oder der Arbeitnehmer) in einem anderen Netzgebiet wohnt. Damit kommt für den Arbeitnehmer eines EVU als Endkunde der Rabattfreibetrag nach § 8 Abs. 3 EStG für alle Leistungen in Betracht, auch wenn er außerhalb des Netzgebiets seines Arbeitgebers wohnt oder dessen Arbeitgeber als reiner Stromhändler kein eigenes Versorgungsnetz betreibt.

Anlage 16

zu H 32

Steuerliche Behandlung von Zinsvorteilen aus Arbeitgeberdarlehen

BMF-Schreiben vom 21.7.2003 (BStBl. I S. 391)

Unter Bezugnahme auf die Abstimmung mit den obersten Finanzbehörden der Länder gilt für die Anwendung des § 8 Abs. 3 EStG auf Zinsvorteile aus Arbeitgeberdarlehen Folgendes:

1. Nummer 2 Satz 2 des BMF-Schreibens vom 28. April 1995 (BStBl. I S. 273)*) wird im Hinblick auf das BFH-Urteil vom 9. Oktober 2002 (BStBl. 2003 II S. 373) aufgehoben. Soweit ein Arbeitgeber Darlehen zinsgünstig an Mitarbeiter vergibt, kann § 8 Abs. 3 EStG nur angewendet werden, wenn der Arbeitgeber Darlehen gleicher Art und – mit Ausnahme des Zinssatzes – zu gleichen Konditionen (Laufzeit, Zinsfestlegung, Sicherung) überwiegend an betriebsfremde Dritte vergibt.

2. Nummer 2 Satz 2 des BMF-Schreibens vom 28. April 1995*) ist letztmals auf Zinsvorteile anzuwenden, die vor dem 1. Januar 2004 zufließen.

---

*) Abgedruckt als Anlage 10 zu H 32 LStR.

§ 9 EStG
Werbungskosten

(1) ¹Werbungskosten sind Aufwendungen zur Erwerbung, Sicherung und Erhaltung der Einnahmen. ²Sie sind bei der Einkunftsart abzuziehen, bei der sie erwachsen sind. ³Werbungskosten sind auch

1. Schuldzinsen und auf besonderen Verpflichtungsgründen beruhende Renten und dauernde Lasten, soweit sie mit einer Einkunftsart in wirtschaftlichem Zusammenhang stehen. ²Bei Leibrenten kann nur der Anteil abgezogen werden, der sich nach § 22 Nr. 1 Satz 3 Buchstabe a Doppelbuchstabe bb ergibt.
2. Steuern vom Grundbesitz, sonstige öffentliche Abgaben und Versicherungsbeiträge, soweit solche Ausgaben sich auf Gebäude oder auf Gegenstände beziehen, die dem Steuerpflichtigen zur Einnahmeerzielung dienen;
3. Beiträge zu Berufsständen und sonstigen Berufsverbänden, deren Zweck nicht auf einen wirtschaftlichen Geschäftsbetrieb gerichtet ist;
4. – aufgehoben –
5. notwendige Mehraufwendungen, die einem Arbeitnehmer wegen einer aus beruflichem Anlass begründeten doppelten Haushaltsführung entstehen, und zwar unabhängig davon, aus welchen Gründen die doppelte Haushaltsführung beibehalten wird. ²Eine doppelte Haushaltsführung liegt nur vor, wenn der Arbeitnehmer außerhalb des Ortes, in dem er einen eigenen Hausstand unterhält, beschäftigt ist und auch am Beschäftigungsort wohnt;
6. Aufwendungen für Arbeitsmittel, zum Beispiel für Werkzeuge und typische Berufskleidung. ²Nummer 7 bleibt unberührt;
7. Absetzungen für Abnutzung und für Substanzverringerung und erhöhte Absetzungen. ²§ 6 Abs. 2 Satz 1 bis 3 ist in Fällen der Anschaffung oder Herstellung von Wirtschaftsgütern entsprechend anzuwenden.

(2) ¹Keine Werbungskosten sind die Aufwendungen des Arbeitnehmers für die Wege zwischen Wohnung und regelmäßiger Arbeitsstätte und für Familienheimfahrten. ²Zur Abgeltung erhöhter Aufwendungen für die Wege zwischen Wohnung und regelmäßiger Arbeitsstätte ist ab dem 21. Entfernungskilometer für jeden Arbeitstag, an dem der Arbeitnehmer die Arbeitsstätte aufsucht, für jeden vollen Kilometer der Entfernung eine Entfernungspauschale von 0,30 Euro wie Werbungskosten anzusetzen, höchstens jedoch 4500 Euro im Kalenderjahr; ein höherer Betrag als 4500 Euro ist anzusetzen, soweit der Arbeitnehmer einen eigenen oder ihm zur Nutzung überlassenen Kraftwagen benutzt. ³Die Entfernungspauschale gilt nicht für Flugstrecken und Strecken mit steuerfreier Sammelbeförderung nach § 3 Nr. 32; in diesen Fällen sind Aufwendungen des Arbeitnehmers wie Werbungskosten anzusetzen, bei Sammelbeförderung der auf Strecken ab dem 21. Entfernungskilometer entfallende Teil. ⁴Für die Bestimmung der Entfernung ist die kürzeste Straßenverbindung zwischen Wohnung und Arbeitsstätte maßgebend; eine andere als die kürzeste Straßenverbindung kann zugrunde gelegt werden, wenn diese offensichtlich verkehrsgünstiger ist und vom Arbeitnehmer regelmäßig für die Wege zwischen Wohnung und Arbeitsstätte benutzt wird. ⁵Nach § 8 Abs. 3 steuerfreie Sachbezüge für Fahrten zwischen Wohnung und Arbeitsstätte mindern den nach Satz 2 abziehbaren Betrag; ist der Arbeitgeber selbst der Verkehrsträger, ist der Preis anzusetzen, den ein dritter Arbeitgeber an den Verkehrsträger zu entrichten hätte. ⁶Hat ein Arbeitnehmer mehrere Wohnungen, so sind die Wege von einer Wohnung, die nicht der Arbeitsstätte am nächsten liegt, nur zu berücksichtigen, wenn sie den Mittelpunkt der Lebensinteressen des Arbeitnehmers bildet und nicht nur gelegentlich aufgesucht wird. ⁷Aufwendungen für die Wege vom Beschäftigungsort zum Ort des eigenen Hausstands und zurück (Familienheimfahrten) können jeweils nur für eine Familienheimfahrt wöchentlich wie Werbungskosten abgezogen werden. ⁸Zur Abgeltung der Aufwendungen für eine Familienheimfahrt ist eine Entfernungspauschale von 0,30 Euro für jeden vollen Kilometer der Entfernung zwischen dem Ort des eigenen Hausstands und dem Beschäftigungsort anzusetzen; die Sätze 3 bis 5 sind entsprechend anzuwenden. ⁹Aufwendungen für Familienheimfahrten mit einem dem Steuerpflichtigen im Rahmen einer Einkunftsart überlassenen Kraftfahrzeug werden nicht berücksichtigt. ¹⁰Durch die Entfernungspauschalen sind sämtliche Aufwendungen abgegolten, die durch die Wege zwischen Wohnung und Arbeitsstätte und durch die Familienheimfahrten veranlasst sind. ¹¹Behinderte Menschen,

1. deren Grad der Behinderung mindestens 70 beträgt,
2. deren Grad der Behinderung von weniger als 70, aber mindestens 50 beträgt und die in ihrer Bewegungsfähigkeit im Straßenverkehr erheblich beeinträchtigt sind,

können an Stelle der Entfernungspauschalen die tatsächlichen Aufwendungen für die Wege zwischen Wohnung und Arbeitsstätte und für die Familienheimfahrten ansetzen. ¹²Die Voraussetzungen der Nummern 1 und 2 sind durch amtliche Unterlagen nachzuweisen.

(3) Absatz 1 Satz 3 Nr. 5 und Absatz 2 gelten bei den Einkunftsarten im Sinne des § 2 Abs. 1 Satz 1 Nr. 5 bis 7 entsprechend.

(4) – weggefallen –

(5) ¹§ 4 Abs. 5 Satz 1 Nr. 1 bis 5, 6b bis 8a, 10, 12 und Abs. 6 sowie § 4f gelten sinngemäß. ²§ 6 Abs. 1 Nr. 1a gilt entsprechend.

R 33
Werbungskosten

(1) ¹Zu den Werbungskosten gehören alle Aufwendungen, die durch den Beruf veranlasst sind. ²Werbungskosten, die die Lebensführung des Arbeitnehmers oder anderer Personen berühren, sind nach § 9 Abs. 5 in Verbindung mit § 4 Abs. 5 Satz 1 Nr. 7 EStG insoweit nicht abziehbar, als sie nach der allgemeinen Verkehrsauffassung als unangemessen anzusehen sind. ³Dieses Abzugsverbot betrifft nur seltene Ausnahmefälle; die Werbungskosten müssen erhebliches Gewicht haben und die Grenze der Angemessenheit erheblich überschreiten, wie z. B. Aufwendungen für die Nutzung eines Privatflugzeugs zu einer Dienstreise.

(2) ¹Aufwendungen für Ernährung, Kleidung und Wohnung sowie Repräsentationsaufwendungen sind in der Regel Aufwendungen für die Lebensführung im Sinne des § 12 Nr. 1 EStG. ²Besteht bei diesen Aufwendungen ein Zusammenhang mit der beruflichen Tätigkeit des Arbeitnehmers, so ist zu prüfen, ob und in welchem Umfang die Aufwendungen beruflich veranlasst sind. ³Hierbei gilt Folgendes:

1. Sind die Aufwendungen so gut wie ausschließlich beruflich veranlasst, z. B. Aufwendungen für typische Berufskleidung (>R 20), so sind sie in voller Höhe als Werbungskosten abziehbar.
2. Sind die Aufwendungen nur zum Teil beruflich veranlasst und lässt sich dieser Teil der Aufwendungen nach objektiven Merkmalen leicht und einwandfrei von den Aufwendungen trennen, die ganz oder teilweise der privaten Lebensführung dienen, so ist dieser Teil der Aufwendungen als Werbungskosten abziehbar; er kann gegebenenfalls geschätzt werden.
3. Lassen sich die Aufwendungen nach ihrer beruflichen Veranlassung (Werbungskosten) und nach ihrer privaten Veranlassung (Aufwendungen für die Lebensführung) nicht nach objektiven Merkmalen leicht und eindeutig trennen oder ist die private Veranlassung nicht nur von untergeordneter Bedeutung, so gehören sie insgesamt zu den nach § 12 Nr. 1 EStG nicht abziehbaren Ausgaben.
4. ¹Aufwendungen für die Ernährung gehören grundsätzlich zu den nach § 12 Nr. 1 EStG nicht abziehbaren Aufwendungen für die Lebensführung. ²Das Abzugsverbot nach § 12 Nr. 1 EStG gilt jedoch nicht für Verpflegungsmehraufwendungen, die z. B. als Reisekosten (>R 39) oder wegen einer aus beruflichem Anlass begründeten doppelten Haushaltsführung (>R 43) so gut wie ausschließlich durch die berufliche Tätigkeit veranlasst sind.

(3) Die Annahme von Werbungskosten setzt nicht voraus, dass im selben Kalenderjahr, in dem die Aufwendungen geleistet werden, Arbeitslohn zufließt.

(4) ¹Ansparleistungen für beruflich veranlasste Aufwendungen, z. B. Beiträge an eine Kleiderkasse zur Anschaffung typischer Berufskleidung, sind noch keine Werbungskosten; angesparte Beträge können erst dann abgezogen werden, wenn sie als Werbungskosten verausgabt worden sind. ²Hat ein Arbeitnehmer beruflich veranlasste Aufwendungen dadurch erspart, dass er entsprechende Sachbezüge erhalten hat, so steht der Wert der Sachbezüge entsprechenden Aufwendungen gleich; die Sachbezüge sind vorbehaltlich der Abzugsbeschränkungen nach § 9 Abs. 1 Satz 3 Nr. 4, 5, 7 und Abs. 5 EStG mit dem Wert als Werbungskosten abziehbar, mit dem sie als steuerpflichtiger Arbeitslohn erfasst worden sind. ³Steuerfreie Bezüge schließen entsprechende Werbungskosten aus; Entsprechendes gilt für von der Agentur für Arbeit gezahlte Mobilitätshilfen nach §§ 53 ff. SGB III wie z. B. Reisekosten-, Fahrtkosten-, Trennungskosten- und Umzugskostenbeihilfe.

(5) ¹Telekommunikationsaufwendungen sind Werbungskosten, soweit sie beruflich veranlasst sind. ²Weist der Arbeitnehmer den Anteil der beruflich veranlassten Aufwendungen an den Gesamtaufwendungen für einen repräsentativen Zeitraum von drei Monaten im Einzelnen nach, kann dieser berufliche Anteil für den gesamten Veranlagungszeitraum zugrunde gelegt werden. ³Dabei können die Aufwendungen für das Nutzungsentgelt der Telefonanlage sowie für den Grundpreis der Anschlüsse entsprechend dem beruflichen Anteil der Verbindungsentgelte an den gesamten Verbindungsentgelten (Telefon und Internet) abgezogen werden. ⁴Fallen erfahrungsgemäß beruflich veranlasste Telekommunikationsaufwendungen an, können aus Vereinfachungsgründen ohne Einzelnachweis bis zu 20 % des Rechnungsbetrags, jedoch höchstens 20 Euro monatlich als Werbungskosten anerkannt werden. ⁵Zur weiteren Vereinfachung kann der monatliche Durchschnittsbetrag, der sich aus den Rechnungsbeträgen für einen repräsentativen Zeitraum von drei Monaten ergibt, für den gesamten Veranlagungszeitraum zugrunde gelegt werden. ⁶Nach R 22 Abs. 2 steuerfrei ersetzte Telekommunikationsaufwendungen mindern den als Werbungskosten abziehbaren Betrag.

H 33
Hinweise zu R 33
Werbungskosten

Aufteilungs- und Abzugsverbot

>BFH vom 19. 10. 1970 (BStBl. 1971 II S. 17 und 21).

Auslandstätigkeit

Die auf eine Auslandstätigkeit entfallenden Werbungskosten, die nicht eindeutig den steuerfreien oder steuerpflichtigen Bezügen zugeordnet werden können, sind regelmäßig zu dem Teil nicht abziehbar, der dem Verhältnis der steuerfreien Einnahmen zu den Gesamteinnahmen während der Auslandstätigkeit entspricht (>BFH vom 11. 2. 1993 – BStBl. II S. 450).

Berufliche Veranlassung

Eine berufliche Veranlassung setzt voraus, dass objektiv ein >Zusammenhang mit dem Beruf besteht und in der Regel subjektiv die Aufwendungen zur Förderung des Berufs gemacht werden (>BFH vom 28. 11. 1980 – BStBl. 1981 II S. 368).

Beteiligung am Arbeitgeberunternehmen

Schuldzinsen für Darlehen, mit denen Arbeitnehmer den Erwerb von Gesellschaftsanteilen an ihrer Arbeitgeberin finanzieren, und damit die arbeitsvertragliche Voraussetzung für die Erlangung einer höher dotierten Position zu erfüllen, sind regelmäßig nicht bei den Einkünften aus nichtselbständiger Arbeit, sondern bei den Einkünften aus Kapitalvermögen als Werbungskosten zu berücksichtigen (>BFH vom 5. 4. 2006 – BStBl. II S. 654).

Bewirtungskosten

Bewirtungskosten eines Arbeitnehmers anlässlich persönlicher Ereignisse sind nicht als Werbungskosten abziehbar (>BFH vom 4. 12. 1992 – BStBl. 1993 II S. 350, vom 19. 2. 1993 – BStBl. II S. 403 und vom 15. 7. 1994 – BStBl. II S. 896).

Bürgerliche Kleidung

Aufwendungen für bürgerliche Kleidung sind auch bei außergewöhnlich hohen Aufwendungen nicht als Werbungskosten abziehbar (>BFH vom 6. 7. 1989 – BStBl. 1990 II S. 49).

Einbürgerung

Aufwendungen für die Einbürgerung sind nicht als Werbungskosten abziehbar (>BFH vom 18. 5. 1984 – BStBl. II S. 588).

Ernährung

Aufwendungen für die Ernährung am Ort der regelmäßigen Arbeitsstätte sind auch dann nicht als Werbungskosten abzugsfähig, wenn der Arbeitnehmer berufsbedingt arbeitstäglich überdurchschnittlich oder ungewöhnlich lange von seiner Wohnung abwesend ist (>BFH vom 21. 1. 1994 – BStBl. II S. 418).

Erziehungsurlaub/Elternzeit

Aufwendungen während eines Erziehungsurlaubs/einer Elternzeit können vorab entstandene Werbungskosten sein. Der berufliche Verwendungsbezug ist darzulegen, wenn er sich nicht bereits aus den Umständen von Umschulungs- oder Qualifizierungsmaßnahmen ergibt (>BFH vom 22. 7. 2003 – BStBl. 2004 II S. 888).

Geschenke

Geschenke eines Arbeitnehmers anlässlich persönlicher Feiern sind nicht als Werbungskosten abziehbar (>BFH vom 1. 7. 1994 – BStBl. 1995 II S. 273).

Körperpflege und Kosmetika

Aufwendungen für Körperpflege und Kosmetika sind auch bei außergewöhnlich hohen Aufwendungen nicht als Werbungskosten abziehbar (>BFH vom 6. 7. 1989 – BStBl. 1990 II S. 49).

Kontoführungsgebühren

Kontoführungsgebühren sind Werbungskosten, soweit sie durch Gutschriften von Einnahmen aus dem Dienstverhältnis und durch beruflich veranlasste Überweisungen entstehen. Pauschale Kontoführungsgebühren sind ggf. nach dem Verhältnis beruflich und privat veranlasster Kontenbewegungen aufzuteilen (>BFH vom 9. 5. 1984 – BStBl. II S. 560).

Kunstgegenstände

Aufwendungen für die Ausschmückung eines Dienstzimmers sind nicht als Werbungskosten abziehbar (>BFH vom 12. 3. 1993 – BStBl. II S. 506).

Nachträgliche Werbungskosten

Werbungskosten können auch im Hinblick auf ein früheres Dienstverhältnis entstehen (>BFH vom 14. 10. 1960 – BStBl. 1961 III S. 20).

Psychoseminar

Aufwendungen für die Teilnahme an psychologischen Seminaren, die nicht auf den konkreten Beruf zugeschnittene psychologische Kenntnisse vermitteln, sind auch dann nicht als Werbungskosten abziehbar, wenn der Arbeitgeber für die Teilnahme an den Seminaren bezahlten Bildungsurlaub gewährt (>BFH vom 6. 3. 1995 – BStBl. II S. 393).

Reinigung von typischer Berufskleidung in privater Waschmaschine

>H 44 (Berufskleidung)

Sammelbeförderung

BMF vom 1. 12. 2006 (BStBl. I Nr. 20)*).

Schulgeld

Schulgeldzahlungen an eine fremdsprachige Schule im Inland sind auch dann nicht als Werbungskosten abziehbar, wenn sich die ausländischen Eltern aus beruflichen Gründen nur vorübergehend im Inland aufhalten (>BFH vom 23. 11. 2000 – BStBl. 2001 II S. 132).

---

*) Abgedruckt als Anlage zu H 42 LStR.

§ 9 EStG
R 33

Strafverteidigungskosten
Aufwendungen für die Strafverteidigung können Werbungskosten sein, wenn der Schuldvorwurf durch berufliches Verhalten veranlasst war (>BFH vom 19. 2. 1982 – BStBl. II S. 467).

Übernachtung an der regelmäßigen Arbeitsstätte
Die Kosten für gelegentliche Hotelübernachtungen am Ort der regelmäßigen Arbeitsstätte sind Werbungskosten nach § 9 Abs. 1 Satz 1 EStG, wenn sie beruflich veranlasst sind. Für eine Tätigkeit an diesem Ort – z. B. für Fortbildungsveranstaltungen – sind Verpflegungsmehraufwendungen daher nicht zu berücksichtigen (>BFH vom 5. 8. 2004 – BStBl. II S. 1074).

Verlorener Zuschuss eines Gesellschafter-Geschäftsführers
Gewährt der Gesellschafter-Geschäftsführer einer GmbH, an der er nicht nur unwesentlich beteiligt ist, einen verlorenen Zuschuss, ist die Berücksichtigung als Werbungskosten regelmäßig abzulehnen (>BFH vom 26. 11. 1993 – BStBl. 1994 II S. 242).

Verlust einer Beteiligung an einer GmbH
Der Verlust einer Beteiligung an einer GmbH kann selbst dann nicht als Werbungskosten berücksichtigt werden, wenn die Beteiligung am Stammkapital der GmbH Voraussetzung für die Beschäftigung als Arbeitnehmer der GmbH war (>BFH vom 12. 5. 1995 – BStBl. II S. 644).

Verlust einer Darlehensforderung gegen den Arbeitgeber
Der Verlust einer Darlehensforderung gegen den Arbeitgeber ist als Werbungskosten zu berücksichtigen, wenn der Arbeitnehmer das Risiko, die Forderung zu verlieren, aus beruflichen Gründen bewusst auf sich genommen hat (>BFH vom 7. 5. 1993 – BStBl. II S. 663).

Versorgungsausgleich
Ausgleichszahlungen eines Beamten und damit zusammenhängende Schuldzinsen zur Vermeidung einer Kürzung seiner Versorgungsbezüge an den auf den Versorgungsausgleich verzichtenden Ehegatten sind Werbungskosten (>BFH vom 8. 3. 2006 – BStBl. II S. 446 und S. 448).

Versorgungszuschlag
Zahlt der Arbeitgeber bei beurlaubten Beamten ohne Bezüge einen Versorgungszuschlag, handelt es sich um steuerpflichtigen Arbeitslohn. In gleicher Höhe liegen beim Arbeitnehmer Werbungskosten vor; dies gilt auch, wenn der Arbeitnehmer den Versorgungszuschlag zahlt (>BMF vom 22. 2. 1991 – BStBl. I S. 951)*).

Videorecorder
Aufwendungen für einen Videorecorder sind – ohne Nachweis der weitaus überwiegenden beruflichen Nutzung – nicht als Werbungskosten abziehbar (>BFH vom 27. 9. 1991 – BStBl. 1992 II S. 195).

Vorweggenommene Werbungskosten
Werbungskosten können auch im Hinblick auf ein künftiges Dienstverhältnis entstehen (>BFH vom 4. 8. 1961 – BStBl. 1962 III S. 5 und vom 3. 11. 1961 – BStBl. 1962 III S. 123). Der Berücksichtigung dieser Werbungskosten steht es nicht entgegen, dass der Arbeitnehmer Arbeitslosengeld oder sonstige für seinen Unterhalt bestimmte steuerfreie Leistungen erhält (>BFH vom 4. 3. 1977 – BStBl. II S. 507), ggf. kommt ein Verlustabzug nach § 10 d EStG in Betracht.

Werbegeschenke
Aufwendungen eines Arbeitnehmers für Werbegeschenke an Kunden seines Arbeitgebers sind Werbungskosten, wenn er sie tätigt, um die Umsätze seines Arbeitgebers und damit seine erfolgsabhängigen Einkünfte zu steigern (>BFH vom 13. 1. 1984 – BStBl. II S. 315); die nach § 4 Abs. 5 Satz 1 Nr. 1 EStG maßgebende Wertgrenze von 35 € ist zu beachten (§ 9 Abs. 5 EStG).

Werbungskosten bei Insolvenzgeld
Werbungskosten, die auf den Zeitraum entfallen, für den der Arbeitnehmer Insolvenzgeld erhält, sind abziehbar, da kein unmittelbarer wirtschaftlicher Zusammenhang zwischen den Aufwendungen und dem steuerfreien Insolvenzgeld im Sinne des § 3 c EStG besteht (>BFH vom 23. 11. 2000 – BStBl. 2001 II S. 199).

Zusammenhang mit dem Beruf
Ein Zusammenhang mit dem Beruf ist gegeben, wenn die Aufwendungen in einem wirtschaftlichen Zusammenhang mit der auf Einnahmeerzielung gerichteten Tätigkeit des Arbeitnehmers stehen (>BFH vom 1. 10. 1982 – BStBl. 1983 II S. 17).

Anlage 1
zu H 33

Aufwendungen für kombinierte Rechtsschutzversicherungen als Werbungskosten

BMF-Schreiben vom 23. 7. 1998 Az.: IV B 6 – S 2354 – 33/98

Die Erörterung mit den obersten Finanzbehörden der Länder über eine pauschale Aufteilung von Beiträgen zu kombinierten Rechtsschutzversicherungen in Werbungskosten und Kosten der privaten Lebensführung hat zu folgendem Ergebnis geführt:

Ihr Vorschlag, den auf das beruflich veranlasste Risiko entfallenden Prämienanteil bei der Familien-Rechtsschutzversicherung auf 65 % und bei der Familien- und Verkehrs-Rechtsschutzversicherung auf 43 % zu schätzen, fand keine Zustimmung. Ausschlaggebend hierfür war, dass der Schätzung eine Schadensstatistik zugrunde liegt, die die Ergebnisse mehrerer Versicherungsgesellschaften zusammenfasst, nach dem BFH-Urteil vom 31. Januar 1997 – VI R 97/94 – (BFH/NV 1997 S. 346) jedoch für die Aufteilung der Prämie in einen beruflichen und privaten Anteil auf die Kalkulation der einzelnen Versicherungsgesellschaft abzustellen ist. Außerdem sind bei der vorgelegten Schätzung zusätzlich zu der Leistungsart Arbeits-Rechtsschutz auch beruflich veranlasste Prämienanteile für andere Leistungsarten (z. B. Straf- und Steuer-Rechtsschutz) berücksichtigt worden, die sich nicht nach allgemeinen Maßstäben in einen beruflichen und einen privaten Anteil aufteilen lassen.

Als Werbungskosten kann nur der Anteil der Prämie für eine Familien-Rechtsschutzversicherung oder für eine Familien- und Verkehrs-Rechtsschutzversicherung berücksichtigt werden, der nach der Schadensstatistik der einzelnen Versicherungsgesellschaft auf den Arbeits-Rechtsschutz entfällt. Dieser Prämienanteil ist durch eine Bescheinigung der Versicherungsgesellschaft nachzuweisen.

Anlage 2
zu H 33

Aufwendungen für einen privat angeschafften Computer und für Internetzugang

Erlass des Finanzministeriums Nordrhein-Westfalen vom 14. 2. 2002 (Az.: S 2354 – 1 – V B 3)

Aufwendungen für einen privat angeschafften Computer (z. B. Abschreibung, Verbrauchsmaterial wie Druckerpatronen, Papier, Disketten, CD-Rohlinge) und für den Internetzugang (z. B. Verbindungsentgelte) können als Werbungskosten im Umfang der beruflichen Nutzung abgezogen werden. Der auf die berufliche Nutzung entfallende Teil der Aufwendungen für den privat angeschafften Computer einschließlich Zubehör kann berücksichtigt werden, sofern der Umfang der beruflichen Nutzung nachgewiesen oder glaubhaft gemacht wird. Der Werbungskostenabzug hinsichtlich der mit einem Internetzugang in Zusammenhang stehenden Telekommunikationsaufwendungen richtet sich nach R 33 Abs. 5 LStR.

Es ist nicht mehr vorgesehen, eine Regelung dahingehend zu schaffen, den auf die berufliche Nutzung entfallenden Teil der Aufwendungen nach festgelegten Prozentsätzen zu bestimmen. Es kommt demnach auch künftig ausschließlich auf den Nachweis und die Glaubhaftmachung des Umfangs der beruflichen Nutzung an.

---

*) Abgedruckt als Anlage 4 zu H 70 LStR.

R 34
Aufwendungen für die Aus- und Fortbildung

(1) ¹Aufwendungen für den erstmaligen Erwerb von Kenntnissen, die zur Aufnahme eines Berufs befähigen, beziehungsweise für ein erstes Studium sind Kosten der Lebensführung und nur als Sonderausgaben im Rahmen von § 10 Abs. 1 Nr. 7 EStG abziehbar. ²Das gilt auch für ein berufsbegleitendes Erststudium. ³Werbungskosten liegen dagegen vor, wenn die erstmalige Berufsausbildung oder das Erststudium Gegenstand eines Dienstverhältnisses (Ausbildungsdienstverhältnis) ist. ⁴Unabhängig davon, ob ein Dienstverhältnis besteht, sind die Aufwendungen für die Fortbildung in dem bereits erlernten Beruf und für die Umschulungsmaßnahmen, die einen Berufswechsel vorbereiten, als Werbungskosten abziehbar. ⁵Das gilt auch für die Aufwendungen für ein weiteres Studium, wenn dieses in einem hinreichend konkreten, objektiv feststellbaren Zusammenhang mit späteren steuerpflichtigen Einnahmen aus der angestrebten beruflichen Tätigkeit steht.

(2) ¹Zur Berücksichtigung der Aufwendungen im Zusammenhang mit einer auswärtigen Ausbildungs- oder Fortbildungsstätte finden R 37 bis 43 sinngemäß Anwendung. ²Danach sind Dienstreisegrundsätze maßgebend, wenn der Arbeitnehmer im Rahmen seines Ausbildungsdienstverhältnisses oder als Ausfluss seines Dienstverhältnisses zu Fortbildungszwecken vorübergehend eine außerhalb seiner regelmäßigen Arbeitsstätte im Betrieb des Arbeitgebers gelegene Ausbildungs- oder Fortbildungsstätte aufsucht. ³Das gilt auch dann, wenn die Ausbildung oder Fortbildung in der Freizeit, z. B. am Wochenende stattfindet. ⁴Sucht der Arbeitnehmer die Ausbildungs- oder Fortbildungsstätte an nicht mehr als zwei Tagen wöchentlich auf, ist abweichend von R 37 Abs. 3 Satz 3 jeweils von einer neuen Dienstreise auszugehen. ⁵Ist die Bildungsmaßnahme nicht Ausfluss des Dienstverhältnisses und befindet sich der Schwerpunkt der Umschulungsmaßnahme oder des weiteren Studiums im Sinne von Absatz 1 Satz 5 in der Wohnung des Steuerpflichtigen, wie dies in der Regel bei einem Fernstudium der Fall ist, ist die Wohnung regelmäßige Ausbildungsstätte, sodass für gelegentliche Reisen zu anderen Ausbildungsorten ebenfalls Dienstreisegrundsätze gelten.

(3) ¹Liegen weder im Betrieb des Arbeitgebers noch in der Wohnung des Steuerpflichtigen die Voraussetzungen für die Annahme einer regelmäßigen Arbeits- oder Fortbildungsstätte im Sinne des Absatzes 2 vor, ist der jeweilige Ausbildungsort vom ersten Tag an regelmäßige Arbeitsstätte. ²Bei der Ermittlung der Aufwendungen sind § 9 Abs. 1 Satz 3 Nr. 4 und 5 und Abs. 2 EStG anzuwenden.

H 34
Hinweise zu R 34
Aufwendungen für die Aus- und Fortbildung

Allgemeine Grundsätze
>BMF vom 4.11.2005 (BStBl. I S. 955)*)

Allgemein bildende Schulen
Aufwendungen für den Besuch allgemein bildender Schulen sind regelmäßig keine Werbungskosten, sondern Sonderausgaben (>BFH vom 22.6.2006 – BStBl. II S. 717).

Ausbildungsdienstverhältnis
Beispiele:
– Referendariat zur Vorbereitung auf das zweite Staatsexamen (>BFH vom 10.12.1971 – BStBl. 1972 II S. 251).
– Beamtenanwärter (>BFH vom 21.1.1972 – BStBl. II S. 261).
– zum Studium abkommandierte oder beurlaubte Bundeswehroffiziere (>BFH vom 7.11.1980 – BStBl. 1981 II S. 216 und vom 28.9.1984 – BStBl. 1985 II S. 87).
– zur Erlangung der mittleren Reife abkommandierte Zeitsoldaten (>BFH vom 28.9.1984 – BStBl. 1985 II S. 89).
– für ein Promotionsstudium beurlaubte Geistliche (>BFH vom 7.8.1987 – BStBl. II S. 780).

Erziehungsurlaub/Elternzeit
Aufwendungen während eines Erziehungsurlaubs/einer Elternzeit können vorab entstandene Werbungskosten sein. Der berufliche Verwendungsbezug ist darzulegen, wenn er sich nicht bereits aus den Umständen von Umschulungs- oder Qualifizierungsmaßnahmen ergibt (>BFH vom 22.7.2003 – BStBl. 2004 II S. 888).

Fortbildung
– Aufwendungen einer Krankenschwester für einen Lehrgang mit dem Ziel, Lehrerin für Pflegeberufe zu werden, sind als Werbungskosten anzuerkennen. Eine Bildungseinrichtung ist als regelmäßige Arbeitsstätte anzusehen, wenn diese häufig über einen längeren Zeitraum hinweg zum Zwecke eines Vollzeitunterrichts aufgesucht wird (>BFH vom 22.7.2003 – BStBl. 2004 II S. 886).
– Aufwendungen einer Stewardess für den Erwerb des Verkehrsflugzeugführerscheins einschließlich Musterberechtigung stellen vorab entstandene Werbungskosten dar. Die Aufwendungen für den Erwerb des Privatflugzeugführerscheins führen demgegenüber regelmäßig nicht zu Werbungskosten (>BFH vom 27.5.2003 – BStBl. 2005 II S. 202).

Fremdsprachenunterricht
– Der Abzug der Aufwendungen für einen Sprachkurs kann nicht mit der Begründung versagt werden, er habe in einem anderen Mitgliedstaat der Europäischen Union stattgefunden (>BFH vom 13.6.2002 – BStBl. 2003 II S. 765). Dies gilt auch für Staaten, auf die das Abkommen über den europäischen Wirtschaftsraum Anwendung findet (Island, Liechtenstein, Norwegen), und wegen eines bilateralen Abkommens, das die Dienstleistungsfreiheit festschreibt, auch für die Schweiz (>BMF vom 26.9.2003 – BStBl. I S. 447).
– Aufwendungen zum Erlernen von Grundkenntnissen in einer gängigen Fremdsprache sind regelmäßig keine Fortbildungskosten (>BFH vom 22.7.1993 – BStBl. II S. 787); sie können ausnahmsweise Werbungskosten sein, wenn ein konkreter und enger Zusammenhang mit der Berufstätigkeit besteht (>BFH vom 26.11.1993 – BStBl. 1994 II S. 248). Sie können insbesondere dann beruflich veranlasst sein, wenn bereits die nächste Stufe beruflichen Fortkommens Fremdsprachenkenntnisse erfordert (>BFH vom 10.4.2002 – BStBl. II S. 579).
– Aufwendungen für eine zur Erteilung von Fremdsprachenunterricht in den eigenen Haushalt aufgenommene Lehrperson sind selbst bei einem konkreten Bezug zur Berufstätigkeit keine Fortbildungskosten (>BFH vom 8.10.1993 – BStBl. 1994 II S. 114).

Klassenfahrt
Aufwendungen eines Berufsschülers für eine im Rahmen eines Ausbildungsdienstverhältnisses als verbindliche Schulveranstaltung durchgeführte Klassenfahrt sind in der Regel Werbungskosten (>BFH vom 7.2.1992 – BStBl. II S. 531).

Regelmäßige Arbeitsstätte
Ist der Ablauf der Aus- und Fortbildung einer Einsatzwechseltätigkeit vergleichbar (R 37 Abs. 5), sind die Aufwendungen nach den hierfür geltenden Grundsätzen zu berücksichtigen (>BFH vom 29.4.2003 – BStBl. II S. 749).

Ski- und Snowboardkurse
Aufwendungen von Lehrern für Snowboardkurse können als Werbungskosten bei den Einkünften aus nichtselbständiger Arbeit abziehbar sein, wenn ein konkreter Zusammenhang mit der Berufstätigkeit besteht (>BFH vom 22.6.2006 – BStBl. II S. 782). Zu den Merkmalen der beruflichen Veranlassung >BFH vom 26.8.1988 (BStBl. 1989 II S. 91).

Studienreisen und Fachkongresse
>R 12.2 EStR.

---
*) Abgedruckt als Anlage zu H 34 LStR.

§ 9 EStG
R 34

Anlage zu H 34

Neuregelung der einkommensteuerlichen Behandlung von Berufsausbildungskosten gemäß §§ 10 Abs. 1 Nr. 7, 12 Nr. 5 EStG in der Fassung des Gesetzes zur Änderung der Abgabenordnung und weiterer Gesetze vom 21. Juli 2004 (BGBl. I S. 1753, BStBl. I 2005 S. 343) ab 2004

BMF-Schreiben vom 4. 11. 2005 (BStBl. I S. 955)

1 Die einkommensteuerliche Behandlung von Berufsausbildungskosten wurde durch das Gesetz zur Änderung der Abgabenordnung und weiterer Gesetze vom 21. Juli 2004 (BGBl. I S. 1753, BStBl. I 2005 S. 343) neu geordnet (Neuordnung). Unter Bezugnahme auf das Ergebnis der Erörterung mit den obersten Finanzbehörden der Länder gelten dazu die nachfolgenden Ausführungen.

Unberührt von der Neuordnung bleibt die Behandlung von Aufwendungen für eine berufliche Fort- und Weiterbildung. Sie stellen Betriebsausgaben oder Werbungskosten dar, sofern sie durch den Beruf veranlasst sind, soweit es sich dabei nicht um eine erstmalige Berufsausbildung oder ein Erststudium i. S. d. § 12 Nr. 5 EStG handelt.

1 Grundsätze

2 Aufwendungen für die erstmalige Berufsausbildung oder ein Erststudium stellen nach § 12 Nr. 5 EStG keine Betriebsausgaben oder Werbungskosten dar, es sei denn, die Bildungsmaßnahme findet im Rahmen eines Dienstverhältnisses statt (Ausbildungsdienstverhältnis).

Aufwendungen für die eigene Berufsausbildung, die nicht Betriebsausgaben oder Werbungskosten darstellen, können nach § 10 Abs. 1 Nr. 7 EStG bis zu 4 000 Euro im Kalenderjahr als Sonderausgaben abgezogen werden.

3 Ist einer Berufsausbildung eine abgeschlossene erstmalige Berufsausbildung oder ein abgeschlossenes Erststudium vorausgegangen (weitere Berufsausbildung), handelt es sich dagegen bei den durch die weitere Berufsausbildung veranlassten Aufwendungen um Betriebsausgaben oder Werbungskosten, wenn ein hinreichend konkreter, objektiv feststellbarer Zusammenhang mit späteren im Inland steuerpflichtigen Einnahmen aus der angestrebten beruflichen Tätigkeit besteht. Entsprechendes gilt für ein Studium nach einem abgeschlossenen Erststudium (weiteres Studium). Die Rechtsprechung des BFH zur Rechtslage vor der Neuordnung ist insoweit weiter anzuwenden, BFH vom 4. Dezember 2002, VI R 120/01, BStBl II 2003, 403; vom 17. Dezember 2002, VI R 137/01, BStBl II 2003, 407; vom 13. Februar 2003, IV R 44/01, BStBl II 2003, 698; vom 29. April 2003, VI R 86/99, BStBl II 2003, 749; vom 27. Mai 2003, VI R 33/01, BStBl II 2004, 884; vom 22. Juli 2003, VI R 190/97, BStBl II 2004, 886; vom 22. Juli 2003, VI R 137/99, BStBl II 2004, 888; vom 22. Juli 2003, VI R 50/02, BStBl II 2004, 889; vom 13. Oktober 2003, VI R 71/02, BStBl II 2004, 890; vom 4. November 2003, VI R 96/01, BStBl II 2004, 891.

2 Erstmalige Berufsausbildung, Erststudium und Ausbildungsdienstverhältnisse i. S. d. § 12 Nr. 5 EStG

2.1 Erstmalige Berufsausbildung

4 Unter dem Begriff „Berufsausbildung" i. S. d. § 12 Nr. 5 EStG ist eine berufliche Ausbildung unter Ausschluss eines Studiums zu verstehen.

Eine Berufsausbildung i. S. d. § 12 Nr. 5 EStG liegt vor, wenn der Steuerpflichtige durch eine berufliche Ausbildungsmaßnahme die notwendigen fachlichen Fertigkeiten und Kenntnisse erwirbt, die zur Aufnahme eines Berufs befähigen. Voraussetzung ist, dass der Beruf durch eine Ausbildung im Rahmen eines öffentlich-rechtlich geordneten Ausbildungsgangs erlernt wird (BFH vom 6. März 1992, VI R 163/88, BStBl II 1992 S. 661) und der Ausbildungsgang durch eine Prüfung abgeschlossen wird. Die Auslegung des Begriffs „Berufsausbildung" im Rahmen des § 32 Abs. 4 EStG ist für § 12 Nr. 5 EStG nicht maßgeblich.

5 Zur Berufsausbildung zählen:
- Berufsausbildungsverhältnisse gemäß § 1 Abs. 3, §§ 4 bis 52 Berufsbildungsgesetz (Artikel 1 des Gesetzes zur Reform der beruflichen Bildung [Berufsbildungsreformgesetz – BerBiRefG] vom 23. März 2005, BGBl. I S. 931, im Folgenden BBiG), sowie anerkannte Lehr- und Anlernberufe oder vergleichbar geregelte Ausbildungsberufe aus der Zeit vor dem In-Kraft-Treten des BBiG, § 104 BBiG.

  Der erforderliche Abschluss besteht hierbei in der erfolgreich abgelegten Abschlussprüfung i. S. d. § 37 BBiG. Gleiches gilt, wenn die Abschlussprüfung nach § 43 Abs. 2 BBiG ohne ein Ausbildungsverhältnis auf Grund einer entsprechenden schulischen Ausbildung abgelegt wird, die durch Verordnung des jeweiligen Landes als im Einzelnen gleichwertig anerkannt ist;

- mit Berufsausbildungsverhältnissen vergleichbare betriebliche Ausbildungsgänge außerhalb des Geltungsbereichs des BBiG (zur Zeit nach der Schiffsmechaniker-Ausbildungsverordnung vom 12. April 1994, BGBl. I S. 797 in der jeweils geltenden Fassung);

- die Ausbildung auf Grund der bundes- oder landesrechtlichen Ausbildungsregelungen für Berufe im Gesundheits- und Sozialwesen;

- landesrechtlich geregelte Berufsabschlüsse an Berufsfachschulen;

- die Berufsausbildung behinderter Menschen in anerkannten Berufsausbildungsberufen oder auf Grund von Regelungen der zuständigen Stellen in besonderen „Behinderten-Ausbildungsberufen" und

- die Berufsausbildung in einem öffentlich-rechtlichen Dienstverhältnis sowie die Berufsausbildung auf Kauffahrteischiffen, die nach dem Flaggenrechtsgesetz vom 8. Februar 1951 (BGBl. I S. 79) die Bundesflagge führen, soweit es sich nicht um Schiffe der kleinen Hochseefischerei und der Küstenfischerei handelt.

6 Andere Bildungsmaßnahmen werden einer Berufsausbildung i. S. d. § 12 Nr. 5 EStG gleichgestellt, wenn sie dem Nachweis einer Sachkunde dienen, die Voraussetzung zur Aufnahme einer fest umrissenen beruflichen Betätigung ist. Die Ausbildung muss im Rahmen eines geordneten Ausbildungsgangs erfolgen und durch eine staatliche oder staatlich anerkannte Prüfung abgeschlossen werden. Der erfolgreiche Abschluss der Prüfung muss Voraussetzung für die Aufnahme der beruflichen Betätigung sein. Die Ausbildung und der Abschluss müssen vom Umfang und Qualität der Ausbildungsmaßnahmen und Prüfungen her grundsätzlich mit den Anforderungen, die im Rahmen von Berufsausbildungsmaßnahmen i. S. d. Rz. 5 gestellt werden, vergleichbar sein. Dazu gehört z. B. die Ausbildung zu Berufspiloten auf Grund der JAR-FCL 1 deutsch vom 15. April 2003, Bundesanzeiger 2003 Nummer 80 a.

7 Aufwendungen für den Besuch allgemein bildender Schulen einschließlich der in § 10 Abs. 1 Nr. 9 EStG genannten Ersatz- und Ergänzungsschulen sind Kosten der privaten Lebensführung im Sinne des § 12 Nr. 1 EStG und dürfen daher nicht bei den einzelnen Einkunftsarten abgezogen werden. Der Besuch eines Berufskollegs zum Erwerb der Fachhochschulreife gilt als Besuch einer allgemein bildenden Schule. Dies gilt auch, wenn ein solcher Abschluss, z. B. das Abitur, nach Abschluss einer Berufsausbildung nachgeholt wird. Derartige Aufwendungen können als Sonderausgaben gemäß § 10 Abs. 1 Nr. 7 EStG vom Gesamtbetrag der Einkünfte abgezogen werden.

8 Die Berufsausbildung ist als erstmalige Berufsausbildung anzusehen, wenn ihr keine andere abgeschlossene Berufsausbildung beziehungsweise kein abgeschlossenes berufsqualifizierendes Hochschulstudium vorausgegangen ist.

Wird ein Steuerpflichtiger ohne entsprechende Berufsausbildung in einem Beruf tätig und führt die zugehörige Berufsausbildung nachfolgend durch (nachgeholte Berufsausbildung), handelt es sich dabei um eine erstmalige Berufsausbildung (BFH vom 6. März 1992, VI R 163/88, BStBl II 1992 S. 661).

9 Diese Grundsätze gelten auch für die Behandlung von Aufwendungen für Anerkennungsjahre und praktische Ausbildungsabschnitte als Bestandteil einer Berufsausbildung. Soweit keine

vorherige abgeschlossene Berufsausbildung vorangegangen ist, stellen sie Teil einer ersten Berufsausbildung dar und unterliegen § 12 Nr. 5 EStG. Nach einer vorherigen abgeschlossenen Berufsausbildung oder einem berufsqualifizierenden Studium können Anerkennungsjahre und Praktika einen Bestandteil einer weiteren Berufsausbildung darstellen oder bei einem entsprechenden Veranlassungszusammenhang als Fort- oder Weiterbildung anzusehen sein.

10 Bei einem Wechsel und einer Unterbrechung der erstmaligen Berufsausbildung sind die in Rz. 19 angeführten Grundsätze entsprechend anzuwenden.

11 Inländischen Abschlüssen gleichgestellt sind Berufsausbildungsabschlüsse von Staatsangehörigen eines Mitgliedstaats der Europäischen Union (EU) oder eines Vertragstaats des europäischen Wirtschaftsraums (EWR) oder der Schweiz, die in einem dieser Länder erlangt werden, sofern der Abschluss in mindestens einem dieser Länder unmittelbar den Zugang zu dem entsprechenden Beruf eröffnet. Ferner muss die Tätigkeit, zu denen die erlangte Qualifikation in mindestens einem dieser Länder befähigt, der Tätigkeit, zu der ein entsprechender inländischer Abschluss befähigt, gleichartig sein. Zur Vereinfachung kann in der Regel davon ausgegangen werden, dass eine Gleichartigkeit vorliegt.

2.2 Erststudium

2.2.1 Grundsätze

12 Ein Studium i. S. d. § 12 Nr. 5 EStG liegt dann vor, wenn es sich um ein Studium an einer Hochschule i. S. d. § 1 Hochschulrahmengesetz handelt (Gesetz vom 26. Januar 1976, BGBl. I S. 185 in der Fassung der Bekanntmachung vom 19. Januar 1999, BGBl. I S. 18 zuletzt geändert durch Gesetz vom 27. Dezember 2004, BGBl. I S. 3835, im Folgenden HRG). Nach dieser Vorschrift sind Hochschulen die Universitäten, die Pädagogischen Hochschulen, die Kunsthochschulen, die Fachhochschulen und die sonstigen Einrichtungen des Bildungswesens, die nach Landesrecht staatliche Hochschulen sind. Gleichgestellt sind private und kirchliche Bildungseinrichtungen sowie die Hochschulen des Bundes, die nach Landesrecht als Hochschule anerkannt werden, § 70 HRG. Studien können auch als Fernstudien durchgeführt werden, § 13 HRG. Auf die Frage, welche schulischen Abschlüsse oder sonstigen Leistungen den Zugang zum Studium eröffnet haben, kommt es nicht an.

13 Ein Studium stellt dann ein erstmaliges Studium dar, wenn ihm kein anderes durch einen berufsqualifizierenden Abschluss beendetes Studium vorangegangen ist. Ein Studium wird auf Grund der entsprechenden Prüfungsordnung einer inländischen Hochschule durch eine Hochschulprüfung oder eine staatliche oder kirchliche Prüfung abgeschlossen, §§ 15, 16 HRG.

14 Auf Grund einer berufsqualifizierenden Hochschulprüfung kann ein Hochschulgrad verliehen werden. Hochschulgrade sind der Diplom- und der Magistergrad i. S. d. § 18 HRG. Das Landesrecht kann weitere Grade vorsehen. Ferner können die Hochschulen Studiengänge einrichten, die auf Grund entsprechender berufsqualifizierender Prüfungen zu einem Bachelor- oder Bakkalaureusgrad und einem Master- oder Magistergrad führen, § 19 HRG. Der Magistergrad i. S. d. § 18 HRG setzt anders als der Master- oder Magistergrad i. S. d. des § 19 HRG keinen vorherigen anderen Hochschulabschluss voraus. Zwischenprüfungen stellen keinen Abschluss eines Studiums i. S. d. § 12 Nr. 5 EStG dar.

15 Die von den Hochschulen angebotenen Studiengänge führen in der Regel zu einem berufsqualifizierenden Abschluss, § 10 Abs. 1 Satz 1 HRG. Im Zweifel ist davon auszugehen, dass die entsprechenden Prüfungen berufsqualifizierend sind.

16 Die Ausführungen bei den Berufsausbildungskosten zur Behandlung von Aufwendungen für Anerkennungsjahre und Praktika gelten entsprechend, z. B. für den „Arzt im Praktikum" vgl. Rz. 9.

17 Studien- und Prüfungsleistungen, die von Staatsangehörigen eines Mitgliedstaats der EU oder von Vertragstaaten des EWR oder der Schweiz an Hochschulen dieser Staaten erbracht werden, sind nach diesen Grundsätzen inländischen Studien- und Prüfungsleistungen gleichzustellen.

2.2.2 Einzelfragen:

18 Fachschulen:

Die erstmalige Aufnahme eines Studiums nach dem Abschluss einer Fachschule stellt auch dann ein Erststudium dar, wenn die von der Fachschule vermittelte Bildung und das Studium sich auf ein ähnliches Wissensgebiet beziehen.

19 Wechsel und Unterbrechung des Studiums:

Bei einem Wechsel des Studiums ohne Abschluss des zunächst betriebenen Studiengangs, z. B. von Rechtswissenschaften zu Medizin, stellt das zunächst aufgenommene Jurastudium kein abgeschlossenes Erststudium dar. Bei einer Unterbrechung eines Studiengangs ohne einen berufsqualifizierenden Abschluss und seiner späteren Weiterführung stellt der der Unterbrechung nachfolgende Studienteil kein weiteres Studium dar.

Beispiel:

An einer Universität wird der Studiengang des Maschinenbaustudiums aufgenommen, anschließend unterbrochen und nunmehr eine Ausbildung als KfZ-Mechniker erfolgreich begonnen und abgeschlossen. Danach wird der Studiengang des Maschinenbaustudiums an derselben Hochschule weitergeführt und abgeschlossen. § 12 Nr. 5 EStG ist auf beide Teile des Maschinenbaustudiums anzuwenden. Wird das begonnene Studium stattdessen nach der Ausbildung als KfZ-Mechaniker an einer anderen Hochschule, z. B. einer Fachhochschule, weitergeführt und abgeschlossen, ist der zunächst begonnene Studiengang an der Universität nicht abgeschlossen und ein neuer Studiengang an der Fachhochschule aufgenommen worden. Auch in diesem Fall ist § 12 Nr. 5 EStG für beide Studiengänge anzuwenden.

20 Mehrere Studiengänge:

Werden zwei (oder ggf. mehrere) Studiengänge parallel studiert, die zu unterschiedlichen Zeiten abgeschlossen werden, stellt der nach dem berufsqualifizierenden Abschluss eines der Studiengänge weiter fortgesetzte andere Studiengang vom Zeitpunkt des Abschlusses an ein weiteres Studium dar.

21 Aufeinander folgende Abschlüsse unterschiedlicher Hochschultypen:

Da die Universitäten, Pädagogischen Hochschulen, Kunsthochschulen, Fachhochschulen sowie weitere entsprechende landesrechtliche Bildungseinrichtungen gleichermaßen Hochschulen i. S. d. § 1 HRG darstellen, stellt ein Studium an einer dieser Bildungseinrichtungen nach einem abgeschlossen Studium an einer anderen dieser Bildungseinrichtungen ein weiteres Studium dar. So handelt es sich bei einem Universitätsstudium nach einem abgeschlossenen Fachhochschulstudium um ein weiteres Studium.

22 Ergänzungs- und Aufbaustudien:

Postgraduale Zusatz-, Ergänzungs- und Aufbaustudien i. S. d. § 12 HRG setzen den Abschluss eines ersten Studiums voraus und stellen daher ein weiteres Studium dar.

23 Vorbereitungsdienst:

Als berufsqualifizierender Studienabschluss gilt auch der Abschluss eines Studiengangs, durch den die fachliche Eignung für einen beruflichen Vorbereitungsdienst oder eine berufliche Einführung vermittelt wird, § 10 Abs. 1 Satz 2 HRG. Dazu zählt beispielhaft der jur. Vorbereitungsdienst (Referendariat). Das erste juristische Staatsexamen stellt daher einen berufsqualifizierenden Abschluss dar.

24 Bachelor- und Masterstudiengänge:

Nach § 19 Abs. 2 HRG stellt der Bachelor- oder Bakkalaureusgrad einer inländischen Hochschule einen berufsqualifizierenden Abschluss dar. Daraus folgt, dass der Abschluss eines Bachelorstudiengangs den Abschluss eines Erststudiums darstellt und ein nachfolgender Studiengang als weiteres Studium anzusehen ist.

Nach § 19 Abs. 3 HRG kann die Hochschule auf Grund von Prüfungen, mit denen ein weiterer berufsqualifizierender Abschluss erworben wird, einen Master- oder Magistergrad verleihen. Die Hochschule kann einen Studiengang ausschließlich mit dem Abschluss Bachelor anbieten (grundständig). Sie kann einen Studiengang mit dem Abschluss als Bachelor und einem inhaltlich darauf aufbauenden Masterstudiengang vorsehen (konsekutives Masterstudium). Sie kann aber auch ein Masterstudium anbieten, ohne selbst einen entsprechenden Bachelorstudiengang anzubieten (postgraduales Masterstudium).

Ein Masterstudium i. S. d. § 19 HRG kann nicht ohne ein abgeschlossenes Bachelor- oder anderes Studium aufgenommen werden. Es stellt daher ein weiteres Studium dar. Dies gilt auch für den Master of Business Administration (MBA). Er ermöglicht Studenten verschiedener Fachrichtungen ein anwendungsbezogenes Postgraduiertenstudium in den Wirtschaftwissenschaften.

25 Berufsakademien:

Bei Berufsakademien handelt es sich nicht um Hochschulen i. S. d. § 1 HRG. Einige Landeshochschulgesetze sehen allerdings vor, dass bestimmte an Berufsakademien erfolgreich absolvierte Ausbildungsgänge einem abgeschlossenen Studium an einer Fachhochschule gleichwertig sind und die gleichen Berechtigungen verleihen. Soweit dies der Fall ist, stellt ein entsprechend abgeschlossenes Studium an einer Berufsakademie unter der Voraussetzung, dass ihm kein anderes Studium vorangegangen ist, ein Erststudium i. S. d. § 12 Nr. 5 EStG dar.

26 Promotion:

Es ist regelmäßig davon auszugehen, dass dem Promotionsstudium und der Promotion durch die Hochschule selber der Abschluss eines Studiums vorangeht. Aufwendungen für ein Promotionsstudium und die Promotion stellen Betriebsausgaben oder Werbungskosten dar, sofern ein berufsbezogener Veranlassungszusammenhang zu bejahen ist (BFH vom 4. November 2003, VI R 96/01, BStBl II 2004, 891). Dies gilt auch, wenn das Promotionsstudium bzw. die Promotion im Einzelfall ohne vorhergehenden berufsqualifizierenden Studienabschluss durchgeführt wird.

Eine Promotion stellt keinen berufsqualifizierenden Abschluss eines Studienganges dar.

2.3 Berufsausbildung oder Studium im Rahmen eines Ausbildungsdienstverhältnisses

27 Eine erstmalige Berufsausbildung oder ein Studium findet im Rahmen eines Ausbildungsdienstverhältnisses statt, wenn die Ausbildungsmaßnahme Gegenstand des Dienstverhältnisses ist, s. R 34 LStR 2005 und H 34 (Ausbildungsdienstverhältnis) LStH 2005 sowie die dort angeführte Rechtsprechung des BFH. Die dadurch veranlassten Aufwendungen stellen Werbungskosten dar. Zu den Ausbildungsdienstverhältnissen zählen z. B. die Berufsausbildungsverhältnisse gemäß § 1 Abs. 3, §§ 4 bis 52 BBiG.

28 Dementsprechend liegt kein Ausbildungsdienstverhältnis vor, wenn die Berufsausbildung oder das Studium nicht Gegenstand des Dienstverhältnisses ist, auch wenn die Berufsbildungsmaßnahme oder das Studium seitens des Arbeitgebers durch Hingabe von Mitteln, z. B. eines Stipendiums, gefördert wird.

3 Abzug von Aufwendungen für die eigene Berufsausbildung als Sonderausgaben, § 10 Abs. 1 Nr. 7 EStG

29 Bei der Ermittlung der Aufwendungen gelten die allgemeinen Grundsätze des Einkommensteuergesetzes. Dabei sind die Regelungen in § 4 Abs. 5 Satz 1 Nr. 5 und 6 b, § 9 Abs. 1 Satz 3 Nr. 4 und 5 und Abs. 2 EStG zu beachten. Zu den abziehbaren Aufwendungen gehören z. B.

- Lehrgangs-, Schul- oder Studiengebühren, Arbeitsmittel, Fachliteratur,
- Fahrten zwischen Wohnung und Ausbildungsort,
- Mehraufwendungen für Verpflegung,
- Mehraufwendungen wegen auswärtiger Unterbringung,
- Kosten für ein häusliches Arbeitszimmer.

Für den Abzug von Aufwendungen für eine auswärtige Unterbringung ist nicht erforderlich, dass die Voraussetzungen einer doppelten Haushaltsführung vorliegen.

4 Anwendungszeitraum

30 Die vorstehenden Regelungen zur Neuordnung sind erstmals für den Veranlagungszeitraum 2004 anzuwenden.

R 35
Studienreisen, Fachkongresse
– unbesetzt –

H 35
Hinweise zu R 35
Studienreisen, Fachkongresse

>R 12.2 EStR, H 12.2 EStH

R 36
Ausgaben im Zusammenhang mit Berufsverbänden

(1) ¹Ausgaben bei Veranstaltungen des Berufsstands, des Berufsverbands, des Fachverbands oder der Gewerkschaft eines Arbeitnehmers, die der Förderung des Allgemeinwissens der Teilnehmer dienen, sind nicht Werbungskosten, sondern Aufwendungen für die Lebensführung. ²Um nicht abziehbare Aufwendungen für die Lebensführung handelt es sich insbesondere stets bei den Aufwendungen, die der Arbeitnehmer aus Anlass von gesellschaftlichen Veranstaltungen der bezeichneten Organisation gemacht hat, und zwar auch dann, wenn die gesellschaftlichen Veranstaltungen im Zusammenhang mit einer rein fachlichen oder beruflichen Tagung oder Sitzung standen.

(2) ¹Bestimmte Veranstaltungen von Berufsständen und Berufsverbänden dienen dem Zweck, die Teilnehmer im Beruf fortzubilden, z. B. Vorlesungen bei Verwaltungsakademien oder Volkshochschulen, Fortbildungslehrgänge, fachwissenschaftliche Lehrgänge, fachliche Vorträge. ²Ausgaben, die dem Teilnehmer bei solchen Veranstaltungen entstehen, können Werbungskosten sein.

H 36
Hinweise zu R 36
Ausgaben im Zusammenhang mit Berufsverbänden

Ehrenamtliche Tätigkeit

Aufwendungen eines Arbeitnehmers im Zusammenhang mit einer ehrenamtlichen Tätigkeit für seine Gewerkschaft oder seinen Berufsverband können Werbungskosten sein (>BFH vom 28. 11. 1980 – BStBl. 1981 II S. 368 und vom 2. 10. 1992 – BStBl. 1993 II S. 53).

Mitgliedsbeiträge an einen Interessenverband

Mitgliedsbeiträge an einen Interessenverband sind Werbungskosten, wenn dieser als Berufsverband auch die spezifischen beruflichen Interessen des Arbeitnehmers vertritt. Dies ist nicht nur nach der Satzung, sondern auch nach der tatsächlichen Verbandstätigkeit zu beurteilen (>BFH vom 13. 8. 1993 – BStBl. 1994 II S. 33).

Reiseaufwendungen für einen Berufsverband

Reiseaufwendungen eines Arbeitnehmers im Zusammenhang mit einer ehrenamtlichen Tätigkeit für seine Gewerkschaft oder seinen Berufsverband sind keine Werbungskosten, wenn der Schwerpunkt der Reise allgemeintouristischen Zwecken dient (>BFH vom 25. 3. 1993 – BStBl. II S. 559).

R 37
Reisekosten*)

Reisekostenbegriff

(1) ¹Reisekosten sind Fahrtkosten (>R 38), Verpflegungsmehraufwendungen (>R 39), Übernachtungskosten (>R 40) und Reisenebenkosten (>R 40 a), wenn diese so gut wie ausschließlich durch

---

*) Neue BFH-Rechtsprechung vom 11. 5. 2005 >H 37 bis 40 LStH und BMF vom 26. 10. 2005 (BStBl. I S. 960), abgedruckt als Anlage 5 zu H 37 LStR.

die berufliche Tätigkeit des Arbeitnehmers außerhalb seiner Wohnung und einer ortsgebundenen regelmäßigen Arbeitsstätte (Absatz 2) veranlasst sind. ²Der beruflichen Tätigkeit eines Arbeitnehmers steht der Vorstellungsbesuch eines Stellenbewerbers gleich, auch wenn dieser keine regelmäßige Arbeitsstätte hat. ³Erledigt der Arbeitnehmer im Zusammenhang mit seiner beruflichen Tätigkeit auch in einem mehr als geringfügigen Umfang private Angelegenheiten, so sind die beruflich veranlassten von den privat veranlassten Aufwendungen zu trennen. ⁴Ist das nicht – auch nicht durch Schätzung – leicht und einwandfrei möglich, so gehören die gesamten Aufwendungen zu den nach § 12 EStG nicht abziehbaren Aufwendungen für die Lebensführung. ⁵Aufwendungen, die nicht so gut wie ausschließlich durch die berufliche Tätigkeit veranlasst sind, z. B. Bekleidungskosten sowie Aufwendungen für die Anschaffung von Koffern und anderer Reiseausrüstung, sind keine Reisekosten. ⁶Für die steuerliche Berücksichtigung der Reisekosten sind zu unterscheiden:

1. Dienstreise (Absatz 3)
2. Fahrtätigkeit (Absatz 4)
3. Einsatzwechseltätigkeit (Absatz 5)

⁷Anlass und Art der beruflichen Tätigkeit, die Reisedauer und den Reiseweg hat der Arbeitnehmer aufzuzeichnen und anhand geeigneter Unterlagen, z. B. Fahrtenbuch (>R 31 Abs. 9 Nr. 2 Satz 3), Tankquittungen, Hotelrechnungen, Schriftverkehr, nachzuweisen oder glaubhaft zu machen.

Regelmäßige Arbeitsstätte

(2) ¹Regelmäßige Arbeitsstätte ist der ortsgebundene Mittelpunkt der dauerhaft angelegten beruflichen Tätigkeit des Arbeitnehmers, z. B. Betrieb oder Zweigbetrieb. ²Der Arbeitnehmer muss an diesem Mittelpunkt wenigstens einen Teil der ihm insgesamt übertragenen Arbeiten verrichten*). ³Bei einem Arbeitnehmer, der außerhalb des Betriebs tätig wird, kann der Betrieb ohne weitere Ermittlungen als regelmäßige Arbeitsstätte anerkannt werden, wenn er regelmäßig in der Woche mindestens 20 % seiner vertraglichen Arbeitszeit oder durchschnittlich im Kalenderjahr an einem Arbeitstag je Arbeitswoche im Betrieb tätig wird.

Dienstreise

(3) ¹Eine Dienstreise ist ein Ortswechsel einschließlich der Hin- und Rückfahrt aus Anlass einer vorübergehenden Auswärtstätigkeit. ²Eine Auswärtstätigkeit liegt vor, wenn der Arbeitnehmer außerhalb seiner Wohnung und seiner regelmäßigen Arbeitsstätte beruflich tätig wird. ³Bei einer längerfristigen vorübergehenden Auswärtstätigkeit an derselben Tätigkeitsstätte ist nur für die ersten drei Monate eine Dienstreise anzuerkennen; nach Ablauf der Dreimonatsfrist ist die auswärtige Tätigkeitsstätte als neue regelmäßige Arbeitsstätte anzusehen. ⁴Im Übrigen gilt Folgendes:

1. ¹Eine urlaubs- oder krankheitsbedingte Unterbrechung der Auswärtstätigkeit an derselben Tätigkeitsstätte hat auf den Ablauf der Dreimonatsfrist keinen Einfluss. ²Andere Unterbrechungen, z. B. durch vorübergehende Tätigkeit an der regelmäßigen Arbeitsstätte, führen nur dann zu einem Neubeginn der Dreimonatsfrist, wenn die Unterbrechung mindestens vier Wochen gedauert hat.
2. ¹Bei auswärtigen Tätigkeitsstätten, die sich infolge der Eigenart der Tätigkeit laufend örtlich verändern, z. B. bei dem Bau einer Autobahn oder der Montage von Hochspannungsleitungen, gilt die Dreimonatsfrist nicht. ²Sie gilt ebenfalls nicht für Arbeitnehmer, die über einen längeren Zeitraum hinweg eine Auswärtstätigkeit an täglich mehrmals wechselnden Tätigkeitsstätten innerhalb einer Gemeinde oder deren Umgebung ausüben, z. B. Reisevertreter.

⁵Für die Berücksichtigung von Fahrtkosten gelten auch Fahrten zwischen mehreren regelmäßigen Arbeitsstätten in demselben Dienstverhältnis oder innerhalb eines weiträumigen Arbeitsgebietes von einer Tätigkeitsstätte zur nächsten als Dienstreisen.

Fahrtätigkeit

(4) ¹Eine Fahrtätigkeit liegt bei Arbeitnehmern vor, die ihre Tätigkeit auf einem Fahrzeug ausüben. ²Eine solche kann ohne weitere Ermittlungen angenommen werden, wenn der Arbeitnehmer durchschnittlich weniger als 20 % seiner vertraglichen Arbeitszeit außerhalb des Fahrzeugs tätig ist. ³Die Fahrtätigkeit beschränkt sich nicht auf das Fahren oder Begleiten des Fahrzeugs. ⁴Das Be- und Entladen des Fahrzeugs und andere Tätigkeiten (Bereitschaftsdienst usw.) an einem ortsfesten Arbeitsplatz (z. B. Betrieb, Zweigbetrieb des Arbeitgebers) gehören jedoch nicht dazu. ⁵Eine Fahrtätigkeit wird nicht dadurch ausgeschlossen, dass der Arbeitnehmer auf dem Fahrzeug übernachten kann (z. B. Schiff, LKW-Kabine). ⁶Übt der Arbeitnehmer vorübergehend keine Fahrtätigkeit aus (z. B. Teilnahme an einer Fortbildungsveranstaltung), gilt das Fahrzeug als regelmäßige Arbeitsstätte.

Einsatzwechseltätigkeit

(5) ¹Eine Einsatzwechseltätigkeit liegt bei Arbeitnehmern vor, die bei ihrer individuellen beruflichen Tätigkeit typischerweise nur an ständig wechselnden Tätigkeitsstätten eingesetzt werden; dies gilt auch für Leiharbeitnehmer. ²Absatz 4 Satz 6 gilt entsprechend. ³Für die Anerkennung einer Einsatzwechseltätigkeit ist die Anzahl der während eines Kalenderjahres erreichten Tätigkeitsstätten ohne Bedeutung.

H 37
Hinweise zu R 37
Reisekosten

Dreimonatsfrist bei Dienstreisen

Eine Unterbrechung durch vorübergehende Rückkehr des Arbeitnehmers in den Betrieb von weniger als vier Wochen führt nicht zu einer Verlängerung der Dreimonatsfrist (>BFH vom 19. 7. 1996 – BStBl. 1997 II S. 95).

Einsatzwechseltätigkeit

Eine Einsatzwechseltätigkeit üben regelmäßig aus:

- Bau- und Montagearbeiter (>BFH vom 31. 10. 1973 – BStBl. 1974 II S. 258 und vom 11. 7. 1980 – BStBl. 1980 II S. 654),
- Mitglieder einer Betriebsreserve für Filialbetriebe (>BFH vom 20. 11. 1987 – BStBl. 1988 II S. 443),
- Auszubildende, bei denen keine Ausbildungsstätte als Mittelpunkt ihrer Ausbildungstätigkeit angesehen werden kann (>BFH vom 4. 5. 1990 – BStBl. 1990 II S. 856 und vom 10. 10. 1994 – BStBl. 1995 II S. 137).

Keine Einsatzwechseltätigkeit liegt vor bei:

- einem Einsatz an verschiedenen Stellen innerhalb eines weiträumigen Arbeitsgebietes (>BFH vom 19. 12. 1982 – BStBl. 1983 II S. 466),
- Angehörigen der Berufsfeuerwehr, die während der Dienstzeit grundsätzlich in der Feuerwache anwesend sein müssen, dort stets Arbeiten zu verrichten haben und nach jedem Einsatz dorthin zurückkehren (>BFH vom 7. 7. 2004 – BStBl. II S. 1004).

Fahrtätigkeit

Ob eine Fahrtätigkeit vorliegt, entscheidet sich nicht nach den abstrakten Merkmalen eines bestimmten Berufsbildes, sondern nach dem konkreten Einsatz des betreffenden Arbeitnehmers (>BFH vom 10. 4. 2002 – BStBl. II S. 779).

Eine Fahrtätigkeit können z. B. ausüben:

- Linienbusführer (>BFH vom 8. 8. 1986 – BStBl. 1986 II S. 824 und vom 18. 9. 1986 – BStBl. 1987 II S. 128),
- Straßenbahnführer (>BFH vom 8. 8. 1986 – BStBl. II S. 828),
- Taxifahrer (>BFH vom 8. 8. 1986 – BStBl. 1987 II S. 184).

Keine Fahrtätigkeit liegt vor:

- bei Angehörigen der Berufsfeuerwehr (>BFH vom 7. 7. 2004 – BStBl. II S. 1004).

---

*) R 37 Abs. 2 **Satz 2** der Lohnsteuer-Richtlinien wurde durch das BMF-Schreiben vom 26. 10. 2005 (BStBl. I S. 960) aufgehoben. Das BMF-Schreiben ist als Anlage 5 zu H 37 LStR abgedruckt.

§ 9 EStG
R 37

Regelmäßige Arbeitsstätte

- Regelmäßige Arbeitsstätte ist jede dauerhafte betriebliche Einrichtung des Arbeitgebers, der der Arbeitnehmer zugeordnet ist und die er nachhaltig, fortdauernd und immer wieder aufsucht (>BFH vom 11.5.2005 – BStBl. II S. 791).
- Der Betrieb oder eine ortsfeste Betriebsstätte des Arbeitgebers stellt auch dann eine regelmäßige Arbeitsstätte dar, wenn der Arbeitnehmer diesen Ort stets nur aufsucht, um dort die täglichen Aufträge entgegenzunehmen, abzurechnen und Bericht zu erstatten, oder wenn er dort ein Dienstfahrzeug übernimmt, um damit anschließend von der Arbeitsstätte aus eine Auswärtstätigkeit anzutreten. Dabei ist es nicht von Belang, in welchem zeitlichen Umfang der Arbeitnehmer an dieser Arbeitsstätte beruflich tätig wird (>BFH vom 11.5.2005 – BStBl. II S. 788).
- Ein Arbeitnehmer kann innerhalb desselben Dienstverhältnisses auch mehrere regelmäßige Arbeitsstätten nebeneinander haben (>BFH vom 7.6.2002 – BStBl. II S. 878 betr. Bezirksleiter einer Einzelhandelskette).
- Der Heimatflughafen einer Flugbegleiterin ist regelmäßige Arbeitsstätte (>BFH vom 5.8.2004 – BStBl. II S. 1074).
- Erbringt ein Arbeitnehmer seine Arbeitsleistung vorübergehend außerhalb der Wohnung und des dauerhaften Mittelpunkts seiner beruflichen Tätigkeit, so begründet er dort – abweichend von R 37 Abs. 3 Satz 3 auch nach Ablauf von drei Monaten keine (weitere) Arbeitsstätte i. S. d. § 9 Abs. 1 Satz 3 Nr. 4 EStG, wenn sich die auswärtige Tätigkeit im Vergleich zur Arbeit an der (bisherigen) regelmäßigen Tätigkeitsstätte als untergeordnet darstellt (>BFH vom 18.5.2004 – BStBl. II S. 962).

Seeleute

Bei Seeleuten, die an Land keine regelmäßige Arbeitsstätte haben, stellt auch das Schiff keine regelmäßige Arbeitsstätte dar (>BFH vom 19.12.2005 – BStBl. 2006 II S. 378).

>H 37 (Fahrtätigkeit)

Vorübergehende Auswärtstätigkeit

Eine Auswärtstätigkeit ist **vorübergehend**, wenn der Arbeitnehmer voraussichtlich an die regelmäßige Arbeitsstätte zurückkehren und dort seine berufliche Tätigkeit fortsetzen wird (>BFH vom 10.10.1994 – BStBl. 1995 II S. 137). Eine Auswärtstätigkeit ist **nicht vorübergehend**, wenn nach dem Gesamtbild der Verhältnisse anzunehmen ist, dass die auswärtige Tätigkeitsstätte vom ersten Tag an regelmäßige Arbeitsstätte geworden ist, z. B. bei einer Versetzung (>BFH vom 10.10.1994 a. a. O. betr. einen Soldaten, der im Rahmen seiner Ausbildung an die jeweiligen Lehrgangsorte versetzt worden ist). Eine längerfristige vorübergehende Auswärtstätigkeit ist noch als dieselbe Dienstreise zu beurteilen, wenn der Arbeitnehmer nach einer Unterbrechung die Auswärtstätigkeit mit gleichem Inhalt, am gleichen Ort und im zeitlichen Zusammenhang mit der bisherigen Tätigkeit ausübt (>BFH vom 19.7.1996 – BStBl. 1997 II S. 95). Bei Reisen auf einem seegehenden Schiff findet die nämliche Auswärtstätigkeit regelmäßig ihr Ende, sobald das Schiff in den Heimathafen zurückkehrt (>BFH vom 19.12.2005 – BStBl. 2006 II S. 378).

Weiträumiges Arbeitsgebiet

Auch ein weiträumig zusammenhängendes Arbeitsgebiet kann eine regelmäßige Arbeitsstätte sein, z. B.
- Forstrevier eines Waldarbeiters (>BFH vom 19.2.1982 – BStBl. 1983 II S. 466),
- Werksgelände (>BFH vom 2.11.1984 – BStBl. 1985 II S. 139),
- Neubaugebiet, Kehr- und Zustellbezirk (>BFH vom 2.2.1994 – BStBl. II S. 422).

Ein weiträumig zusammenhängendes Arbeitsgebiet liegt aber nicht schon deshalb vor, weil der Arbeitnehmer ständig in einem Hafengebiet, Gemeindegebiet, im Bereich einer Großstadt oder in einem durch eine Kilometergrenze bestimmten Arbeitsgebiet an verschiedenen Stellen tätig wird (>BFH vom 2.2.1994 – BStBl. II S. 422, vom 5.5.1994 – BStBl. II S. 534 und vom 7.2.1997 – BStBl. II S. 333).

Anlage 1
zu H 37

Reisekosten bei Verbandsprüfern

Bundeseinheitlich geltende Regelung, für Bayern bekannt gegeben mit Schreiben des Bayer. Staatsministeriums der Finanzen vom 8.8.1972 (Az.: S 2338 – 18/13 – 24668)

Bei Verbandsprüfern des deutschen Raiffeisenverbandes e. V. und bei anderen Prüfern, bei denen entsprechende Verhältnisse vorliegen, kann die Wohnung als Mittelpunkt der beruflichen Tätigkeit und damit als regelmäßige Arbeitsstätte im Sinne von Abschnitt 21 Abs. 2 LStR 1972*) anzusehen sein, wenn in dieser Wohnung ein eigenes Büro unterhalten wird oder dort wenigstens Arbeiten verrichtet werden, die mit der Prüfungstätigkeit zusammenhängen (z. B. Berichtsarbeiten). Sofern derartige Arbeiten im Dienstgebäude des auftraggebenden Verbandes durchgeführt werden, gilt dagegen der Sitz des Verbands als Mittelpunkt der beruflichen Tätigkeit und somit als regelmäßige Arbeitsstätte.

Begibt sich ein Verbandsprüfer von der regelmäßigen Arbeitsstätte (Wohnung oder Verbandssitz) zu der prüfenden Genossenschaft, so handelt es sich – je nach Entfernung – um eine Dienstreise oder um einen Dienstgang. Nach Ablauf von drei Monaten einer Prüfungstätigkeit am selben Ort muss jedoch auch bei den Verbandsprüfern angenommen werden, dass nunmehr die auswärtige Tätigkeitsstätte zur regelmäßigen Arbeitsstätte geworden ist. Auf Abschnitt 21 Abs. 2 letzter Satz LStR*) wird hingewiesen.

Diese Entschließung ergeht im Einvernehmen mit dem Bundesminister für Wirtschaft und Finanzen und den Finanzministern (-senatoren) der anderen Länder.

Anlage 2
zu H 37

Steuerrechtliche Beurteilung der mit der Prüfungstätigkeit verbundenen Fahrten der Mitarbeiter genossenschaftlicher Prüfungsverbände

BMF-Schreiben vom 1.2.1996 (Az.: IV B 6 – S 2353 – 191/95 II)

Die o. a. Frage ist inzwischen mit den obersten Finanzbehörden der Länder erörtert worden. Nach dem Besprechungsergebnis bestehen weiterhin keine Bedenken, bei Mitarbeitern in den Prüfungsdiensten genossenschaftlicher Prüfungsverbände die Wohnung als ortsgebundenen Mittelpunkt ihrer beruflichen Tätigkeit und damit als regelmäßige Arbeitsstätte im Sinne des Abschnitts 37 Abs. 2 LStR 1996 anzusehen, wenn in dieser Wohnung ein eigenes Büro unterhalten wird und dort Aufgaben erledigt werden, die mit der Prüfungstätigkeit zusammenhängen (z. B. Berichterstellung). Wenn derartige Aufgaben im Dienstgebäude des auftraggebenden Verbandes erfüllt werden, ist das Verbandsgebäude ortsgebundener Mittelpunkt der beruflichen Tätigkeit und damit die regelmäßige Arbeitsstätte des Prüfers.

Aus der Anerkennung einer Wohnung als ortsgebundenen Mittelpunkt einer beruflichen Tätigkeit können keine Folgerungen in Bezug auf den Werbungskostenabzug von Aufwendungen für ein häusliches Arbeitszimmer abgeleitet werden; dies ist vielmehr nach § 4 Abs. 5 Satz 1 Nr. 6 b i. V. m. § 9 Abs. 5 EStG und Abschnitt 45 LStR 1996 isoliert zu beurteilen.

Anlage 3
zu H 37

Ausschluss des Vorsteuerabzugs bei Reisekosten nach § 15 Abs. 1a Nr. 2 UStG; Folgerungen aus dem BFH-Urteil vom 23. November 2000 – V R 49/00 – (BStBl. 2001 II S. 266)

BMF-Schreiben vom 28.3.2001 (BStBl. I S. 251)

---

*) Jetzt R 37 Abs. 2 LStR.

Der Bundesfinanzhof hat durch Urteil vom 23. November 2000 – V R 49/00 – (BStBl. 2001 II S. 266) entschieden, dass der Unternehmer sich für den Vorsteuerabzug aus Kosten für Reisen seines Personals, soweit es sich um Übernachtungskosten handelt, unmittelbar auf Artikel 17 Abs. 2 der Richtlinie 77/388/EWG (6. EG-Richtlinie) berufen kann. Der Ausschluss dieser Ausgaben vom Vorsteuerabzugsrecht nach § 15 Abs. 1 a Nr. 2 UStG*) sei insoweit unanwendbar. Unter Bezugnahme auf das Ergebnis der Erörterungen mit den obersten Finanzbehörden der Länder gilt hierzu bis zu einer gesetzlichen Neuregelung Folgendes:

1. Vorsteuerabzug aus Übernachtungskosten

Der Unternehmer kann aus Rechnungen für Übernachtungen anlässlich einer Geschäftsreise des Unternehmers oder einer unternehmerisch bedingten Auswärtstätigkeit des Arbeitnehmers (Dienstreise, Einsatzwechseltätigkeit, Fahrtätigkeit, doppelte Haushaltsführung) unter den weiteren Voraussetzungen des § 15 UStG den Vorsteuerabzug in Anspruch nehmen. Voraussetzung hierfür ist, dass der Unternehmer als Empfänger der Übernachtungsleistungen anzusehen ist (vgl. Abschnitt 192 Abs. 13 UStR) und die Rechnung mit dem gesonderten Ausweis der Umsatzsteuer dementsprechend auf den Namen des Unternehmers – nicht jedoch auf den Namen des Arbeitnehmers – ausgestellt ist. Dies gilt grundsätzlich auch für Rechnungen bis zu einem Gesamtbetrag von 200 DM**). Aus Kleinbetragsrechnungen im Sinne des § 33 UStDV kann jedoch der Vorsteuerabzug auch dann gewährt werden, wenn darin der Unternehmer nicht bezeichnet ist.

2. Vorsteuerabzug aus Verpflegungskosten

a) Verpflegungskosten des Unternehmers

Der Unternehmer kann aus Verpflegungskosten anlässlich einer Geschäftsreise den Vorsteuerabzug unter den weiteren Voraussetzungen des § 15 UStG in Anspruch nehmen, wenn die Aufwendungen durch Rechnungen mit gesondertem Ausweis der Umsatzsteuer auf den Namen des Unternehmers bzw. durch Kleinbetragsrechnungen im Sinne des § 33 UStDV belegt sind. § 15 Abs. 1 a Nr. 1 UStG i. V. m. § 4 Abs. 5 Satz 1 Nr. 7 EStG ist zu beachten.

b) Verpflegungskosten des Arbeitnehmers

Erstattet der Arbeitgeber anlässlich einer Auswärtstätigkeit des Arbeitnehmers diesem entstandene Verpflegungsaufwendungen ganz oder teilweise, kann hieraus – weil keine Umsätze für das Unternehmen vorliegen – ein Vorsteuerabzug nicht in Anspruch genommen werden, auch wenn die entstandenen Verpflegungsaufwendungen durch Rechnungen belegt sind. Lediglich in Fällen, in denen die Verpflegungsleistungen anlässlich einer unternehmerisch bedingten Auswärtstätigkeit des Arbeitnehmers vom Arbeitgeber empfangen (vgl. Abschnitt 192 Abs. 13 UStR) und in voller Höhe getragen werden, kann der Arbeitgeber den Vorsteuerabzug hieraus in Anspruch nehmen, wenn die Aufwendungen durch Rechnungen mit gesondertem Ausweis der Umsatzsteuer auf den Namen des Unternehmers oder durch Kleinbetragsrechnungen im Sinne des § 33 UStDV belegt sind.

3. Ausschluss des Vorsteuerabzug in sonstigen Fällen

Das BFH-Urteil vom 23. November 2000 – V R 49/00 – (BStBl. 2001 II S. 266) hat keine Bedeutung für die übrigen in § 15 Abs. 1 a UStG aufgeführten Tatbestände des Ausschlusses vom Vorsteuerabzug. Deshalb sind insbesondere Vorsteuerbeträge weiterhin nicht abziehbar, die auf Fahrtkosten für Fahrzeuge des Personals (arbeitnehmereigene Fahrzeuge) und auf Umzugskosten für einen Wohnungswechsel entfallen, auch wenn hierüber auf den Namen des Unternehmers ausgestellte Rechnungen vorliegen.

Ein Vorsteuerabzug aus Reisekostenpauschbeträgen (sog. Tagegelder, Übernachtungsgelder, Kilometergelder) ist – aufgrund des Wegfalls der §§ 36 bis 38 UStDV ab 1. April 1999 – ebenfalls weiterhin nicht zulässig.

Dieses Schreiben tritt an die Stelle des BMF-Schreibens vom 6. November 2000 (BStBl. I S. 1505) und ist in allen nicht bestandskräftigen Fällen anzuwenden.

Anlage 4
zu H 37

Anwendung der Dreimonatsfrist nach R 39 Abs. 1 Satz 5 LStR bei Einsatzwechseltätigkeit; BFH-Urteil vom 27. Juli 2004 – VI R 43/03 – (BStBl. 2005 II S. 357) und BMF-Schreiben vom 30. Juni 2004 (BStBl. I S. 582)

BMF-Schreiben vom 11. 4. 2005 (BStBl. I S. 673)

Der Bundesfinanzhof hat mit Urteil vom 27. Juli 2004 – VI R 43/03 – (BStBl. 2005 II S. 357) entschieden, dass die Dreimonatsfrist des § 4 Abs. 5 Satz 1 und Nr. 5 Satz 5 EStG anzuwenden ist, wenn ein Arbeitnehmer im Zuge einer Einsatzwechseltätigkeit längerfristig vorübergehend an derselben auswärtigen Tätigkeitsstätte eingesetzt wird (gegen R 39 Abs. 1 Satz 5 LStR).

Im Einvernehmen mit den obersten Finanzbehörden der Länder ist dieses Urteil aus Vertrauensschutzgründen allgemein erst für nach dem 31. Dezember 2005 beginnende Lohnzahlungs- bzw. Veranlagungszeiträume vorbehaltlich einer etwaigen Gesetzesänderung anzuwenden. Entsprechendes gilt für die Regelung in Nummer 3 „Einsatzwechseltätigkeit" des BMF-Schreibens vom 30. Juni 2004 (BStBl. I S. 582), wonach nach Ablauf der Dreimonatsfrist die Abwesenheitszeit von der auswärtigen Unterkunft maßgebend ist. Für den Zeitraum bis zum 31. Dezember 2005 ist nicht zu beanstanden, wenn bei einer längerfristigen vorübergehenden Einsatzwechseltätigkeit an derselben auswärtigen Tätigkeitsstätte weiterhin nach R 39 Abs. 1 Satz 5 LStR verfahren wird.

Anlage 5
zu H 37

Werbungskostenabzug und Arbeitgeberersatz bei Arbeitnehmern mit Auswärtstätigkeit an ständig wechselnden Tätigkeitsstätten (Einsatzwechseltätigkeit); BFH-Urteile vom 11. Mai 2005 – VI R 25/04, VI R 16/04, VI R 7/02, VI R 34/04 und VI R 70/03 – (BStBl. II S. 791, 789, 782, 793 und 785)

BMF-Schreiben vom 26. 10. 2005 (BStBl. I S. 960)

Mit den Urteilen hat der BFH teilweise seine Rechtsprechung zum Werbungskostenabzug bei Arbeitnehmern mit Einsatzwechseltätigkeiten geändert, die sich auf die LStR und LStH auswirkt. Hierzu gilt im Einvernehmen mit den obersten Finanzbehörden der Länder Folgendes:

I. Regelmäßige Arbeitsstätte (R 37 Abs. 2 LStR)

Der BFH hat mit Urteil vom 11. Mai 2005 – VI R 25/04 – (BStBl. II S. 791) entschieden, regelmäßige Arbeitsstätte im Sinne des § 9 Abs. 1 Satz 3 Nr. 4 EStG ist jede dauerhafte betriebliche Einrichtung des Arbeitgebers, der der Arbeitnehmer zugeordnet ist und die er nachhaltig, fortdauernd und immer wieder aufsucht. Ob ein Arbeitnehmer eine regelmäßige Arbeitsstätte innehat, richtet sich nicht danach, welche Tätigkeit er an dieser Arbeitsstätte im Einzelnen wahrnimmt oder wahrzunehmen hat bzw. welches konkrete Gewicht dieser Tätigkeit zukommt. Wo der Mittelpunkt der dauerhaft angelegten beruflichen Tätigkeit liegt, bestimmt sich nicht nach zeitlichen oder qualitativen Merkmalen einer wie auch immer gearteten Arbeitsleistung. Entscheidend ist, ob ein Arbeitnehmer den Betriebssitz des Arbeitgebers oder sonstige ortsfeste dauerhafte betriebliche Einrichtungen, denen er zugeordnet ist, nicht nur gelegentlich, sondern mit einer gewissen Nachhaltigkeit, d. h. fortdauernd und immer wieder aufsucht. Nach dem BFH-Urteil vom 11. Mai 2005 – VI R 16/04 – (BStBl. II S. 789) entspricht der Begriff des Tätigkeitsmittelpunkts im Sinne des § 4 Abs. 5 Satz 1 Nr. 5 Satz 2 EStG dem Begriff der (regelmäßigen) Arbeitsstätte im Sinne des § 9 Abs. 1 Satz 3 Nr. 4 EStG.

Die BFH-Urteile sind allgemein anzuwenden. R 37 Abs. 2 Sätze 1 und 3 LStR werden davon nicht berührt; Satz 2 ist überholt.

---

*) Durch das Steueränderungsgesetz 2003 wurde § 15 Abs. 1 a **Nr. 2** UStG gestrichen und damit das BMF-Schreiben vom 28. 3. 2001 (BStBl. I S. 251) auf eine gesetzliche Grundlage gestellt.

**) Ab 1. 1. 2007 150 €.

Hieraus folgt, dass auch ein Arbeitnehmer mit ständig wechselnden Tätigkeitsstätten, der den Betrieb des Arbeitgebers mit einer gewissen Nachhaltigkeit, d. h. fortdauernd und immer wieder anfährt, um von dort weiter zur Einsatzstelle zu fahren oder befördert zu werden, im Betrieb des Arbeitgebers eine regelmäßige Arbeitsstätte begründet. Für die Wege zwischen Wohnung und Betrieb ist die Entfernungspauschale anzusetzen. Mit Verlassen des Betriebs beginnt die Auswärtstätigkeit im Sinne des § 4 Abs. 5 Satz 1 Nr. 5 Satz 2 EStG. Die Abwesenheitszeiten sind ab Verlassen des Betriebs zu ermitteln. Auch für die Ermittlung der Fahrt- und Übernachtungskosten sind Dienstreisegrundsätze anzuwenden.

Soweit die Fahrten von der Wohnung ständig zu einem gleich bleibenden Treffpunkt außerhalb einer ortsfesten betrieblichen Einrichtung führen, ist für die Wege zwischen Wohnung und Treffpunkt die Entfernungspauschale anzusetzen (>H 38 [Einsatzwechseltätigkeit] LStH).

II. Ständig wechselnde Tätigkeitsstätten (Einsatzwechseltätigkeit) mit auswärtiger Übernachtung

Der BFH hat mit Urteilen vom 11. Mai 2005 – VI R 7/02 und VI R 34/04 – (BStBl. II S. 793) entschieden, ein Arbeitnehmer, der typischerweise an ständig wechselnden Tätigkeitsstätten beruflich tätig ist und dabei am Ort einer solchen auswärtigen Tätigkeitsstätte vorübergehend eine Unterkunft bezieht, begründet keine doppelte Haushaltsführung (Änderung der Rechtsprechung).

Die BFH-Urteile sind allgemein anzuwenden.

Hieraus folgt, dass bei einem Arbeitnehmer mit ständig wechselnden Tätigkeitsstätten und Übernachtung am auswärtigen Tätigkeitsort die Übernachtungs- und Fahrtkosten in vollem Umfang und zeitlich unbegrenzt als Werbungskosten nach § 9 Abs. 1 Satz 1 EStG abziehbar sind. Der Ersatz dieser Aufwendungen durch den Arbeitgeber ist nach § 3 Nr. 13 und 16 EStG steuerfrei. R 43 Abs. 12 LStR ist überholt.

Bei Arbeitnehmern mit ständig wechselnden Tätigkeitsstätten und Übernachtung am auswärtigen Tätigkeitsort können die **Unterkunftskosten** zeitlich unbegrenzt als Werbungskosten abgezogen oder vom Arbeitgeber steuerfrei erstattet werden. R 40 Abs. 3 LStR ist anzuwenden.

Die **Fahrtkosten** für die Wege zwischen Wohnung und dem Tätigkeitsort und – unabhängig von der Entfernung – für die Wege zwischen auswärtiger Unterkunft und Tätigkeitsstätte können in tatsächlicher Höhe oder mit pauschalen Kilometersätzen (>H 38 [Pauschale Kilometersätze] LStH) als Werbungskosten abgezogen oder vom Arbeitgeber steuerfrei erstattet werden (R 38 Abs. 1 und 4 LStR). In diesen Fällen ist die 30-km-Grenze nach R 38 Abs. 3 LStR nicht zu beachten.

Bei Arbeitnehmern mit ständig wechselnden Tätigkeitsstätten und auswärtiger Unterkunft ist für die Ermittlung der **Verpflegungsmehraufwendungen** auf die Abwesenheitszeit von der Heimatwohnung abzustellen. Nach § 4 Abs. 5 Satz 1 Nr. 5 Satz 5 EStG ist der Werbungskostenabzug von Verpflegungsmehraufwendungen bzw. die steuerfreie Erstattung auf die ersten drei Monate der Tätigkeit an derselben auswärtigen Tätigkeitsstätte beschränkt. Für den Neubeginn der Dreimonatsfrist gilt R 37 Abs. 3 LStR entsprechend. Die Dreimonatsfrist ist für das Jahr 2005 noch nicht anzuwenden (BMF-Schreiben vom 11. April 2005 – BStBl. I S. 673*)).

III. Ständig wechselnde Tätigkeitsstätten (Einsatzwechseltätigkeit) mit täglicher Rückkehr

Der BFH hat mit Urteil vom 11. Mai 2005 – VI R 70/03 – (BStBl. II S. 785) entschieden, für die Wege eines Arbeitnehmers zwischen Wohnung und ständig wechselnden Tätigkeitsstätten ist die Entfernungspauschale nach § 9 Abs. 1 Satz 3 Nr. 4 EStG nicht anzusetzen.

Das BFH-Urteil ist – unter Beachtung von R 38 Abs. 3 LStR – allgemein anzuwenden.

Hieraus folgt, dass bei Arbeitnehmern mit ständig wechselnden Tätigkeitsstätten die Fahrtkosten zeitlich unbegrenzt als Werbungskosten abgezogen oder vom Arbeitgeber steuerfrei erstattet werden können (R 38 Abs. 1 und Abs. 4 LStR). Die 30-km-Grenze nach R 38 Abs. 3 LStR bleibt zu beachten.

Nach § 4 Abs. 5 Satz 1 Nr. 5 Satz 5 EStG ist die steuerfreie Erstattung von Verpflegungsmehraufwendungen bzw. der Werbungskostenabzug auf die ersten drei Monate der Tätigkeit an derselben auswärtigen Tätigkeitsstätte beschränkt. Für den Neubeginn der Dreimonatsfrist gilt R 37 Abs. 3 LStR entsprechend. Die Dreimonatsfrist ist für das Jahr 2005 noch nicht anzuwenden (BMF-Schreiben vom 11. April 2005 – BStBl. I S. 673*)).

IV. Weitere Auswirkungen der geänderten Rechtsprechung des BFH

Die in H 43 (6–12) LStH 2005 unter dem Stichwort „Wahlrecht" aufgeführte Möglichkeit für Arbeitnehmer mit Einsatzwechseltätigkeit, zwischen den Mehraufwendungen für doppelte Haushaltsführung und den Fahrtkosten nach R 38 Abs. 3 LStR zu wählen, ist entfallen.

Die Pauschalierungsmöglichkeit von Verpflegungsmehraufwendungen nach § 40 Abs. 2 Satz 1 Nr. 4 EStG gilt nunmehr auch uneingeschränkt (Wegfall der doppelten Haushalts-Führung infolge der geänderten Rechtsprechung) für Arbeitnehmer mit ständig wechselnden Tätigkeitsstätten und Übernachtung am auswärtigen Tätigkeitsort.

In den Fällen ständig wechselnder Tätigkeitsstätten liegt in der Gestellung des Kraftfahrzeugs durch den Arbeitgeber für Fahrten zwischen Wohnung und Tätigkeitsstätte kein geldwerter Vorteil vor, wenn die Tätigkeitsstätten – bei täglicher Rückkehr – mehr als 30 km von der Wohnung des Arbeitnehmers entfernt sind oder der Arbeitnehmer auswärts übernachtet. Auf die Dauer der Tätigkeit an derselben Tätigkeitsstätte kommt es nicht an. Ein geldwerter Vorteil entsteht nur noch bei täglicher Rückkehr zur Wohnung und einer Entfernung von nicht mehr als 30 km.

Die Regelungen zu Dienstreisen und Fahrtätigkeit sind unverändert anzuwenden (R 37 bis 40a und R 43 LStR).

V. Anwendung

Dieses Schreiben ist in allen offenen Fällen anzuwenden. Es ist nicht zu beanstanden, wenn Steuerpflichtige für Zeiträume bis einschließlich 2005 nach den Regelungen der LStR 2005 verfahren.

R 38
Fahrtkosten als Reisekosten**)

Allgemeines

(1) ¹Fahrtkosten sind die tatsächlichen Aufwendungen, die dem Arbeitnehmer durch die persönliche Benutzung eines Beförderungsmittels entstehen. ²Bei öffentlichen Verkehrsmitteln ist der entrichtete Fahrpreis einschließlich etwaiger Zuschläge anzusetzen. ³Benutzt der Arbeitnehmer sein Fahrzeug, so ist der Teilbetrag der jährlichen Gesamtkosten dieses Fahrzeugs anzusetzen, der dem Anteil der zu berücksichtigenden Fahrten an der Jahresfahrleistung entspricht. ⁴Der Arbeitnehmer kann auf Grund der für einen Zeitraum von zwölf Monaten ermittelten Gesamtkosten für das von ihm gestellte Fahrzeug einen Kilometersatz errechnen, der so lange angesetzt werden darf, bis sich die Verhältnisse wesentlich ändern, z. B. bis zum Ablauf des Abschreibungszeitraums oder bis zum Eintritt veränderter Leasingbelastungen. ⁵Abweichend von Satz 3 können die Fahrtkosten auch mit pauschalen Kilometersätzen angesetzt werden, die das Bundesministerium der Finanzen im Einvernehmen mit den obersten Finanzbehörden der Länder nach der höchsten Wegstrecken- und Mitnahmeentschädigung nach dem Bundesreisekostengesetz festsetzt.***)

Fahrtätigkeit

(2) Bei einer Fahrtätigkeit sind die Aufwendungen für die Wege zwischen Wohnung und Betrieb, Standort, Fahrzeugdepot oder Einsatzstelle entweder, wenn der Einsatzort nicht ständig wechselt, als Aufwendungen für Wege zwischen Wohnung und Arbeitsstätte nach R 42 oder, wenn der Einsatzort ständig wechselt, als Aufwendungen für Fahrten bei einer Einsatzwechseltätigkeit nach Absatz 3 zu berücksichtigen.

---

*) Abgedruckt als Anlage 4 zu H 37 LStR.
**) Neue BFH-Rechtsprechung vom 11. 5. 2005 >H 37 bis 40 LStH und BMF vom 26. 10. 2005 (BStBl. I S. 960), abgedruckt als Anlage 5 zu H 37 LStR.
***) Abgedruckt als Anlage 2 zu H 38 LStR.

Einsatzwechseltätigkeit

(3) ¹Bei einer Einsatzwechseltätigkeit können die Fahrtkosten grundsätzlich nur dann als Reisekosten angesetzt werden, wenn die Entfernung zwischen Wohnung und Einsatzstelle mehr als 30 km beträgt. ²Werden an einem Arbeitstag mehrere Einsatzstellen aufgesucht, können die Fahrtkosten insgesamt als Reisekosten berücksichtigt werden, wenn mindestens eine der Einsatzstellen mehr als 30 km von der Wohnung entfernt ist. ³Hat der Arbeitnehmer mehrere Wohnungen, muss die Entfernungsvoraussetzung für sämtliche Wohnungen erfüllt sein. ⁴Bei einem weiträumigen Arbeitsgebiet ist für die Entfernungsberechnung die Stelle maßgebend, an der das Arbeitsgebiet verlassen wird.

Erstattung durch den Arbeitgeber

(4) ¹Der Arbeitnehmer hat seinem Arbeitgeber Unterlagen vorzulegen, aus denen die Voraussetzungen für die Steuerfreiheit der Erstattung und, soweit die Fahrtkosten bei Benutzung eines privaten Fahrzeugs nicht mit den pauschalen Kilometersätzen nach Absatz 1 Satz 5 erstattet werden, auch die tatsächlichen Gesamtkosten des Fahrzeugs ersichtlich sein müssen. ²Der Arbeitgeber hat diese Unterlagen als Belege zum Lohnkonto aufzubewahren. ³Erstattet der Arbeitgeber die >pauschalen Kilometersätze, hat er nicht zu prüfen, ob dies zu einer unzutreffenden Besteuerung führt. ⁴Wird dem Arbeitnehmer für die Auswärtstätigkeit ein Kraftfahrzeug zur Verfügung gestellt, dürfen die pauschalen Kilometersätze nicht steuerfrei erstattet werden.

H 38
Hinweise zu R 38
Fahrtkosten als Reisekosten

Dienstreisen

Bei Dienstreisen können Aufwendungen für folgende Fahrten als Reisekosten angesetzt werden:

1. Fahrten zwischen Wohnung oder regelmäßiger Arbeitsstätte und auswärtiger Tätigkeitsstätte oder Unterkunft im Sinne der Nummer 3 einschließlich sämtlicher Zwischenheimfahrten (>BFH vom 17. 12. 1976 – BStBl. 1977 II S. 294 und vom 24. 4. 1992 – BStBl. II S. 664); zur Abgrenzung dieser Fahrten von den Fahrten zwischen Wohnung und regelmäßiger Arbeitsstätte >H 42 (Dienstliche Verrichtungen auf der Fahrt, Fahrtkosten),

2. innerhalb desselben Dienstverhältnisses Fahrten zwischen mehreren auswärtigen Tätigkeitsstätten, mehreren regelmäßigen Arbeitsstätten (>BFH vom 9. 12. 1988 – BStBl. 1989 II S. 296) oder innerhalb eines weiträumigen Arbeitsgebietes und

3. Fahrten zwischen einer Unterkunft am Ort der auswärtigen Tätigkeitsstätte oder in ihrem Einzugsbereich und auswärtiger Tätigkeitsstätte (>BFH vom 17. 12. 1976 – BStBl. II 1977 S. 294).

Einsatzwechseltätigkeit

- Für die Wege eines Arbeitnehmers zwischen Wohnung und ständig wechselnden Tätigkeitsstätten von mehr als 30 Kilometern täglich ist nicht die Entfernungspauschale, sondern der nachgewiesene oder glaubhaft gemachte Aufwand anzusetzen (>BFH vom 11. 5. 2005 – BStBl. II S. 785).

- Bei Übernachtung am auswärtigen Tätigkeitsort ist die Entfernungspauschale weder für die Wege zwischen Wohnung und Tätigkeitsort noch – unabhängig von der Entfernung – für die Wege zwischen auswärtiger Unterkunft und Tätigkeitsstätte anzusetzen. Die Aufwendungen für solche Fahrten sind in der nachgewiesenen oder glaubhaft gemachten Höhe abziehbar (>BFH vom 11. 5. 2005 – BStBl. II S. 793).

- Ist die Tätigkeit im Wesentlichen durch den täglichen mehrfachen Ortswechsel geprägt, liegen unabhängig von der 30-km-Grenze Reisekosten vor (>BFH vom 2. 2. 1994 – BStBl. II S. 422).

- Die Fahrten zwischen Wohnung und Einsatzstelle sind als Fahrten zwischen Wohnung und Arbeitsstätte nach R 42 zu behandeln, soweit die Fahrten von der Wohnung ständig zu einem gleich bleibenden Treffpunkt führen, von dem der Arbeitnehmer vom Arbeitgeber zur jeweiligen Einsatzstelle weiterbefördert wird (>BFH vom 11. 7. 1980 – BStBl. II S. 653).

Einzelnachweis

- Zu den Gesamtkosten eines Fahrzeugs gehören die Betriebsstoffkosten, die Wartungs- und Reparaturkosten, die Kosten einer Garage am Wohnort, die Kraftfahrzeugsteuer, die Aufwendungen für die Halterhaftpflicht- und Fahrzeugversicherungen, die Absetzungen für Abnutzung, die Zinsen für ein Anschaffungsdarlehen (>BFH vom 1. 10. 1982 – BStBl. 1983 II S. 17) sowie Aufwendungen infolge von Verkehrsunfällen. Dagegen gehören nicht zu den Gesamtkosten z. B. Park- und Straßenbenutzungsgebühren, Aufwendungen für Insassen- und Unfallversicherungen sowie Verwarnungs-, Ordnungs- und Bußgelder; diese Aufwendungen sind mit Ausnahme der Verwarnungs-, Ordnungs- und Bußgelder als Reisenebenkosten abziehbar (>R 40 a).

- Bei einem geleasten Fahrzeug gehört eine Leasingsonderzahlung im Kalenderjahr der Zahlung in voller Höhe zu den Gesamtkosten (BFH vom 5. 5. 1994 – BStBl. II S. 643).

- Den Absetzungen für Abnutzung ist bei Personenkraftwagen und Kombifahrzeugen grundsätzlich eine Nutzungsdauer von 6 Jahren zugrunde zu legen (>BMF vom 15. 12. 2000 – BStBl. I S. 1532). Bei einer hohen Fahrleistung kann auch eine kürzere Nutzungsdauer anerkannt werden. Bei Kraftfahrzeugen, die im Zeitpunkt der Anschaffung nicht neu gewesen sind, ist die entsprechende Restnutzungsdauer unter Berücksichtigung des Alters, der Beschaffenheit und des voraussichtlichen Einsatzes des Fahrzeugs zu schätzen (>BMF vom 28. 5. 1993 – BStBl. I 483)*).

- Ein Teilnachweis der tatsächlichen Gesamtkosten ist möglich. Der nicht nachgewiesene Teil der Kosten kann geschätzt werden. Dabei ist von den für den Steuerpflichtigen ungünstigsten Umständen auszugehen (>BFH vom 4. 7. 1992 – BStBl. II S. 854).

Pauschale Kilometersätze

- Bei Benutzung eines privaten Fahrzeugs können die Fahrtkosten mit folgenden pauschalen Kilometersätzen angesetzt werden (>BMF vom 20. 8. 2001 – BStBl. I S. 541)**):
  1. bei einem Kraftwagen 0,30 € je Fahrtkilometer,
  2. bei einem Motorrad oder einem Motorroller 0,13 € je Fahrtkilometer,
  3. bei einem Moped oder Mofa 0,08 € je Fahrtkilometer,
  4. bei einem Fahrrad 0,05 € je Fahrtkilometer.

  Für jede Person, die aus beruflicher Veranlassung bei einer Dienstreise mitgenommen wird, erhöhen sich der Kilometersatz nach Nummer 1 um 0,02 € und der Kilometersatz nach Nummer 2 um 0,01 €; zusätzliche Aufwendungen, die durch die Mitnahme von Gepäck verursacht worden sind, sind durch die Kilometersätze abgegolten.

- Neben den Kilometersätzen können etwaige **außergewöhnliche Kosten** angesetzt werden, wenn diese durch Fahrten entstanden sind, für die die Kilometersätze anzusetzen sind. Außergewöhnliche Kosten sind nur die nicht voraussehbaren Aufwendungen für Reparaturen, die nicht auf Verschleiß (>BFH vom 17. 10. 1973 – BStBl. 1974 II S. 186) oder die auf Unfallschäden beruhen, und Absetzungen für außergewöhnliche technische Abnutzung und Aufwendungen infolge eines Schadens, der durch den Diebstahl des Fahrzeugs entstanden ist (>BFH vom 25. 5. 1992 – BStBl. 1993 II S. 44); dabei sind entsprechende Schadensersatzleistungen auf die Kosten anzurechnen. Kosten, die mit dem laufenden Betrieb eines Fahrzeugs zusammenhängen, wie z. B. Aufwendungen für eine Fahrzeug-Vollversicherung, sind keine außergewöhnlichen Kosten (>BFH vom 21. 6. 1991 – BStBl. II S. 814 und vom 8. 11. 1991 – BStBl. 1992 II S. 204).

- Die Kilometersätze sind nicht anzusetzen, soweit sie im Einzelfall zu einer offensichtlich unzutreffenden Besteuerung führen würden (>BFH vom 25. 10. 1985 – BStBl. 1986 II S. 200). Dies kann z. B. in Betracht kommen, wenn bei einer Jahresfahrleistung von mehr als 40 000 km die Kilometersätze die tatsächlichen Kilometerkosten offensichtlich übersteigen (>BFH vom 26. 7. 1991 – BStBl. 1992 II S. 105); nicht jedoch, wenn der

---

*) Abgedruckt als Anlage 1 zu H 38 LStR.
**) Abgedruckt als Anlage 2 zu H 38 LStR.

Arbeitgeber Beiträge zu einer Dienstreise-Kaskoversicherung aufwendet (>BMF vom 31. 3. 1992 – BStBl. I S. 270)*). Zur Erstattung durch den Arbeiter >R 38 Abs. 4 Satz 3.

Werbungskosten und Erstattung durch den Arbeitgeber

– Die als Reisekosten erfassten Fahrtkosten können als Werbungskosten abgezogen werden, soweit sie nicht vom Arbeitgeber steuerfrei erstattet worden sind (§ 3c EStG).

– Die Erstattung der Fahrtkosten durch den Arbeitgeber ist nach § 3 Nr. 16 EStG steuerfrei, soweit höchstens die als Werbungskosten abziehbaren Beträge erstattet werden (>BFH vom 21.6.1991 – BStBl. II S. 814). Erstattet der Arbeitgeber die pauschalen Kilometersätze, hat er nicht zu prüfen, ob dies zu einer unzutreffenden Besteuerung führt (>R 38 Absatz 4 Satz 3).

– Bei Sammelbeförderung durch den Arbeitgeber scheidet mangels Aufwand des Arbeitnehmers ein Werbungskostenabzug für diese Fahrten aus (>BFH vom 11. 5. 2005 – BStBl. II S. 785).

Anlage 1
zu H 38

Absetzungen für Abnutzung (AfA) bei Pkw und Kombifahrzeugen

BMF-Schreiben vom 28. 5. 1993 (BStBl. I S. 483)

Unter Bezugnahme auf das Ergebnis der Erörterungen mit den obersten Finanzbehörden der Länder wird zu Einzelfragen wie folgt Stellung genommen:

1. Nach Nummer 1 Satz 2 und Nummer 3 Satz 1 des Bezugschreibens ist für Pkw und Kombifahrzeuge, die nach dem 31. Dezember 1992 erstmals zugelassen worden sind, grundsätzlich eine Nutzungsdauer von fünf**) Jahren anzunehmen. Dies bedeutet, dass es nicht zu beanstanden ist, wenn der Steuerpflichtige den Absetzungen für Abnutzung keine längere als eine fünfjährige**) Nutzungsdauer zugrunde legt. Bei einer hohen Fahrleistung kann aber auch eine kürzere Nutzungsdauer anerkannt werden. Die Absetzungen für Abnutzung sind weder zu kürzen noch zu versagen, wenn sich bei einer Weiterveräußerung des Fahrzeugs herausstellt, dass die Absetzungen für Abnutzung den tatsächlichen Wertverzehr überschritten haben.

2. Nach Nummer 3 Satz 3 des Bezugschreibens ist den Absetzungen für Abnutzung bei Kraftfahrzeugen, die im Zeitpunkt der Anschaffung nicht neu gewesen sind, die entsprechende Restnutzungsdauer zugrunde zu legen. Dies bedeutet, dass grundsätzlich eine Restnutzungsdauer von höchstens fünf**) Jahren anzunehmen ist. Sie ist in jedem Einzelfall unter Berücksichtigung aller Umstände, nämlich Alter, Beschaffenheit und voraussichtlicher Einsatz des Kraftfahrzeugs, zu schätzen.

3. ...

Anlage 2
zu H 38

Pauschale Kilometersätze ab 1. Januar 2002

BMF-Schreiben vom 20. 8. 2001 (BStBl. I S. 541)

– bei Benutzung eines Privatfahrzeugs zu Dienstreisen, Einsatzwechseltätigkeit oder Fahrtätigkeit

– bei der Berücksichtigung der tatsächlichen Fahrtkosten in anderen Fällen

Im Einvernehmen mit den obersten Finanzbehörden der Länder gelten nach R 38 Abs. 1 Satz 6 LStR ab 1. Januar 2002 die folgenden pauschalen Kilometersätze:

I. Pauschale Kilometersätze bei Benutzung eines privaten Fahrzeugs zu Dienstreisen, zu einer Einsatzwechseltätigkeit oder Fahrtätigkeit

Soweit bei Arbeitnehmern Fahrtkosten nach R 38 Abs. 1 bis 3 LStR als Reisekosten anerkannt werden, können bei Benutzung eines privaten Fahrzeugs abweichend von R 38 Abs. 1 Satz 3 LStR die Fahrtkosten mit folgenden pauschalen Kilometersätzen angesetzt werden:

1. bei einem Kraftwagen 0,30 € je Fahrtkilometer,
2. bei einem Motorrad oder einem Motorroller 0,13 € je Fahrtkilometer,
3. bei einem Moped oder Mofa 0,08 € je Fahrtkilometer,
4. bei einem Fahrrad 0,05 € je Fahrtkilometer.

Für jede Person, die **aus beruflicher Veranlassung** bei einer Dienstreise mitgenommen wird, erhöhen sich der Kilometersatz nach Nummer 1 um 0,02 € und der Kilometersatz nach Nummer 2 um 0,01 €. Aufwendungen, die durch die Mitnahme von Gepäck verursacht worden sind, sind durch die Kilometersätze abgegolten.

II. Pauschaler Kilometersatz in anderen Fällen

Soweit behinderte Arbeitnehmer nach § 9 Abs. 2 EStG ihre tatsächlichen Aufwendungen für die Benutzung eines eigenen Kraftfahrzeugs zu Fahrten zwischen Wohnung und Arbeitsstätte oder zu Familienheimfahrten im Rahmen einer doppelten Haushaltsführung als Werbungskosten geltend machen dürfen, können die Fahrtkosten mit den Kilometersätzen nach Abschnitt I dieses Schreibens angesetzt werden. Dasselbe gilt bei allen Arbeitnehmern für Fahrtkosten anlässlich der Wohnungswechsel zu Beginn und innerhalb der Zweijahresfrist am Ende einer doppelten Haushaltsführung.

Anlage 3
zu H 38

**Dienstreise-Kaskoversicherung des Arbeitgebers für Kraftfahrzeuge des Arbeitnehmers und steuerfreier Fahrtkostenersatz;
hier: BFH-Urteil vom 27. 6. 1991 – VI R 3/87 –
(BStBl. 1992 II S. 365)**

BMF-Schreiben vom 31. 3. 1992 (BStBl. I S. 270)

Der Bundesfinanzhof hat in seinem Urteil vom 27. 6. 1991 – VI R 3/87 – BStBl. 1992 II S. 365 – entschieden (2. Leitsatz), dass ein Arbeitgeber, der eine Dienstreise-Kaskoversicherung für ein Kraftfahrzeug des Arbeitnehmers abgeschlossen hat, für Dienstreisen nur einen geminderten Kilometersatz steuerfrei ersetzen kann, wenn der Arbeitnehmer keine eigene Fahrzeug-Vollversicherung abgeschlossen hat.

Im Einvernehmen mit dem Bundesminister der Finanzen und den obersten Finanzbehörden der Länder ist der 2. Leitsatz des genannten Urteils über den entschiedenen Einzelfall hinaus nicht anzuwenden. Die allgemeine Anwendung des 2. Leitsatzes würde dem steuerlichen Kilometersatz seinen typisierenden Charakter nehmen, erheblichen zusätzlichen Verwaltungsaufwand verursachen und damit dem Vereinfachungsgedanken der Pauschalregelung zuwiderlaufen.

Anlage 4
zu H 38

Steuerliche Behandlung des Arbeitgeberersatzes der Anschaffungskosten einer „Bahncard"

Bundeseinheitlich geltende Regelung, für Bayern bekannt gegeben mit Schreiben des Bayer. Staatsministeriums der Finanzen vom 22. 2. 1993 (Az.: 32 – S 2334 – 101/41 – 9731)

Ersetzt der Arbeitgeber Arbeitnehmern mit umfangreicher Reisetätigkeit die Kosten der Bahncard, um auf diese Weise die erstattungspflichtigen Fahrtkosten für Dienstreisen zu mindern, so ist diese Ersatzleistung nach § 3 Nr. 13 und 16 EStG steuerfrei.

---

*) Abgedruckt als Anlage 3 zu H 38 LStR.
**) Bei einer Anschaffung des Pkws oder Kombifahrzeugs nach dem 1. 1. 2002 beträgt die Nutzungsdauer mindestens sechs Jahre (BMF-Schreiben vom 15. 12. 2000 – BStBl. I S. 1532).

Nutzt der Arbeitnehmer die Bahncard auch für private Bahnreisen, liegt ein steuerpflichtiger Vorteil dann nicht vor, wenn die Aufwendungen des Arbeitgebers für die Bahncard und die ermäßigt abgerechneten dienstlichen Bahnfahrten unter den Fahrtkosten liegen, die ohne Bahncard entstanden wären.

Dieses Schreiben ergeht im Einvernehmen mit dem Bundesminister der Finanzen und den obersten Finanzbehörden der anderen Länder.

R 39
Verpflegungsmehraufwendungen als Reisekosten*)

Allgemeines

(1) ¹Als Verpflegungsmehraufwendungen sind unter den Voraussetzungen des § 4 Abs. 5 Satz 1 Nr. 5 EStG bei Dienstreisen, Einsatzwechseltätigkeit und Fahrtätigkeit einheitliche Pauschbeträge anzusetzen. ²Der Einzelnachweis von Verpflegungsmehraufwendungen berechtigt nicht zum Abzug höherer Beträge. ³Die Pauschbeträge sind auch dann anzuwenden, wenn der Arbeitnehmer Mahlzeiten vom Arbeitgeber oder auf dessen Veranlassung von einem Dritten unentgeltlich oder teilentgeltlich erhalten hat (>R 31 Abs. 8); behält der Arbeitgeber in diesen Fällen für die Mahlzeiten Beträge ein, die über den amtlichen Sachbezugswerten liegen, so ist der Differenzbetrag nicht als Werbungskosten abziehbar. ⁴Ist ein Arbeitnehmer an einem Tag mehrfach auswärts tätig, sind die Abwesenheitszeiten im Sinne des § 4 Abs. 5 Satz 1 Nr. 5 EStG zusammenzurechnen. ⁵Bei einer Fahrtätigkeit oder Einsatzwechseltätigkeit gilt die Dreimonatsfrist des § 4 Abs. 5 Satz 1 Nr. 5 Satz 5 EStG nicht**).

Konkurrenzregelung

(2) Soweit für denselben Kalendertag Verpflegungsmehraufwendungen wegen einer Dienstreise, Fahrtätigkeit oder Einsatzwechseltätigkeit oder wegen einer doppelten Haushaltsführung (>R 43 Abs. 8) anzuerkennen sind, ist jeweils der höchste Pauschbetrag anzusetzen.

Besonderheiten bei Auslandtätigkeiten

(3) ¹Für den Ansatz von Verpflegungsmehraufwendungen bei Auslandsdienstreisen, Einsatzwechseltätigkeit bzw. Fahrtätigkeit im Ausland gelten länderweise unterschiedliche Pauschbeträge (Auslandstagegelder), die vom Bundesministerium der Finanzen im Einvernehmen mit den obersten Finanzbehörden der Länder auf der Grundlage der höchsten Auslandstagegelder nach dem Bundesreisekostengesetz bekannt gemacht werden***). ²Für die in der Bekanntmachung nicht erfassten Länder ist der für Luxemburg geltende Pauschbetrag maßgebend; für die in der Bekanntmachung nicht erfassten Übersee- und Außengebiete eines Landes ist der für das Mutterland geltende Pauschbetrag maßgebend. ³Werden an einem Kalendertag eine Auslands- und eine Inlandsdienstreise durchgeführt, ist für diesen Tag das entsprechende Auslandstagegeld maßgebend, selbst dann, wenn die überwiegende Zeit im Inland verbracht wird. ⁴Im Übrigen ist beim Ansatz des Auslandstagegeldes Folgendes zu beachten:

1. ¹Bei Flugreisen gilt ein Land in dem Zeitpunkt als erreicht, in dem das Flugzeug dort landet; Zwischenlandungen bleiben unberücksichtigt, es sei denn, dass durch sie Übernachtungen notwendig werden. ²Erstreckt sich eine Flugreise über mehr als zwei Kalendertage, so ist für die Tage, die zwischen dem Tag des Abflugs und dem Tag der Landung liegen, das für Österreich geltende Tagegeld maßgebend.
2. Bei Schiffsreisen ist das für Luxemburg geltende Tagegeld und für die Tage der Einschiffung und Ausschiffung das für den Hafenort geltende Tagegeld maßgebend.

H 39
Hinweise zu R 39
Verpflegungsmehraufwendungen als Reisekosten

Dreimonatsfrist

– Der Abzug des Verpflegungsmehraufwands ist auf die ersten drei Monate des Einsatzes an derselben Tätigkeitsstätte beschränkt (>BFH vom 11.5.2005 – BStBl. II S. 782).

– Die Dreimonatsfrist für den Abzug der Verpflegungspauschalen (§ 4 Abs. 5 Satz 1 Nr. 5 EStG) findet auch dann Anwendung, wenn ein Seemann auf einem Hochseeschiff auswärts eingesetzt ist (>BFH vom 19.12.2005 – BStBl. 2006 II S. 378).

– Seeleute können für die ersten drei Monate eines jeden vorübergehenden Einsatzes an Bord eines Schiffes Verpflegungsmehraufwendungen wegen Auswärtstätigkeit geltend machen (>BFH vom 16.11.2005 – BStBl. 2006 II S. 267).

Erstattung durch den Arbeitgeber

– **steuerfrei** >§ 3 Nr. 13, 16 EStG, >R 13, 16

Die Erstattung der Verpflegungsmehraufwendungen durch den Arbeitgeber ist steuerfrei, soweit keine höheren Beträge erstattet werden, als nach >§ 4 Abs. 5 Satz 1 Nr. 5 EStG, >R 39 als Reisekosten angesetzt werden dürfen. Eine zusammengefasste Erstattung unterschiedlicher Aufwendungen ist möglich >R 16 Satz 1.

– **pauschale Versteuerung** >§ 40 Abs. 2 Nr. 4 EStG, >R 127 Abs. 1 Nr. 4; R 127 Abs. 2

– **Nachweise**

Der Arbeitnehmer hat seinem Arbeitgeber Unterlagen vorzulegen, aus denen die Voraussetzungen für den Erstattungsanspruch ersichtlich sein müssen. Der Arbeitgeber hat diese Unterlagen als Belege zum Lohnkonto aufzubewahren (>BFH vom 6.3.1980 – BStBl. II S. 289).

Pauschbeträge bei Auslandsdienstreisen

>BMF vom 9.11.2004 (BStBl. I S. 1052)***).

Ständig wechselnde auswärtige Tätigkeitsstätten

– Sucht der Arbeitnehmer den Betrieb seines Arbeitgebers mit einer gewissen Nachhaltigkeit fortdauernd und immer wieder auf, um von dort aus seine berufliche Tätigkeit an ständig wechselnden auswärtigen Tätigkeitsstätten anzutreten, so kann er Mehraufwendungen für Verpflegung nicht für die Dauer der Abwesenheit von seiner Wohnung, sondern erst ab Beginn seiner Auswärtstätigkeit außerhalb des Betriebes steuerlich geltend machen (>BFH vom 11.5.2005 – BStBl. II S. 789).

– Bei Übernachtung am auswärtigen Tätigkeitsort richtet sich die Höhe des Verpflegungsmehraufwands bei Auswärtstätigkeiten i. S. d. § 4 Abs. 5 Satz 1 Nr. 5 Satz 3 EStG nach der Abwesenheit des Arbeitnehmers von seiner Wohnung am Ort des Lebensmittelpunkts. Nicht entscheidend ist die Abwesenheit von der Unterkunft am Einsatzort. Der Abzug des Verpflegungsmehraufwands ist auf die ersten drei Monate des Einsatzes an derselben Tätigkeitsstätte beschränkt (>BFH vom 11.5.2005 – BStBl. II S. 782).

Verpflegungsmehraufwendungen

Arbeitnehmer haben bei einer beruflichen Auswärtstätigkeit einen Rechtsanspruch darauf, dass die gesetzlichen Pauschbeträge berücksichtigt werden (>BFH vom 4.4.2006 – BStBl. II S. 567).

Werbungskosten bei Reisekostenerstattung durch den Arbeitgeber

Wurden Reisekosten vom Arbeitgeber – ggf. teilweise – erstattet, ist der Werbungskostenabzug insgesamt auf den Betrag beschränkt, um den die Summe der abziehbaren Aufwendungen die steuerfreie Erstattung übersteigt (>BFH vom 15.11.1991 – BStBl. 1992 II S. 367). Dabei ist es gleich, ob die Erstattung des Arbeitgebers nach § 3 Nr. 13, 16 EStG oder nach anderen Vorschriften steuerfrei geblieben ist, z. B. durch Zehrkostenentschädigungen im Sinne des § 3 Nr. 12 EStG (>BFH vom 28.1.1988 – BStBl. II S. 635).

---

*) Neue BFH-Rechtsprechung vom 11.5.2005 >H 37 bis 40 LStH und BMF vom 26.10.2005 (BStBl. I S. 960), abgedruckt als Anlage 5 zu H 37 LStR.

) R 39 Abs. 1 **Satz 5 ist überholt durch BFH vom 11.5., 16.11. und 19.12.2005 >H 39 (Dreimonatsfrist), und zwar sowohl für die Einsatzwechseltätigkeit als auch für die Fahrtätigkeit.

***) Abgedruckt als Anhang 19 zum Handbuch.

§ 9 EStG
R 40, 40a

Anlage
zu H 39

Lohnsteuerliche Erfassung steuerpflichtiger Teile von Reisekostenvergütungen; hier: Auswirkungen des Jahressteuergesetzes 1996

Bundeseinheitlich geltende Regelung, für Bayern bekannt gegeben mit Schreiben des Bayer. Staatsministeriums der Finanzen vom 13.2.1996 (Az.: 32 – S 2330 – 87/15 – 6315)

Von den obersten Finanzbehörden des Bundes und der Länder ist die Frage erörtert worden, ob bei der lohnsteuerlichen Erfassung steuerpflichtiger Teile von Reisekostenvergütungen für den Arbeitgeber Verfahrenserleichterungen möglich sind. Danach bestehen keine Bedenken, wenn steuerpflichtige Beträge unter 300 DM monatlich nur vierteljährlich dem Lohnsteuerabzug unterworfen werden. Dies gilt auch für die Besteuerung der Sachbezugswerte nach Abschnitt 31 Abs. 6a LStR 1996*).

R 40
Übernachtungskosten**)

Allgemeines

(1) ¹Übernachtungskosten sind die tatsächlichen Aufwendungen, die dem Arbeitnehmer für die persönliche Inanspruchnahme einer Unterkunft zur Übernachtung entstehen. ²Benutzt der Arbeitnehmer ein Mehrbettzimmer gemeinsam mit Personen, die zu seinem Arbeitgeber in keinem Dienstverhältnis stehen, so sind die Aufwendungen maßgebend, die bei Inanspruchnahme eines Einzelzimmers im selben Haus entstanden wären. ³Führt auch die weitere Person eine Dienstreise durch, so sind die tatsächlichen Unterkunftskosten gleichmäßig aufzuteilen. ⁴Wird durch Zahlungsbelege nur ein Gesamtpreis für Unterkunft und Frühstück nachgewiesen und lässt sich der Preis für das Frühstück nicht feststellen, so ist der Gesamtpreis zur Ermittlung der Übernachtungskosten wie folgt zu kürzen:
1. bei einer Übernachtung im Inland um 4,50 Euro,
2. bei einer Übernachtung im Ausland um 20% des für den Unterkunftsort maßgebenden Pauschbetrags für Verpflegungsmehraufwendungen bei einer Dienstreise mit einer Abwesenheitsdauer von mindestens 24 Stunden.

Werbungskostenabzug

(2) ¹Die Übernachtungskosten können bei einer Dienstreise und bei einer Fahrtätigkeit als Reisekosten angesetzt und als Werbungskosten abgezogen werden, soweit sie nicht vom Arbeitgeber nach Absatz 3 oder § 3 Nr. 13 EStG steuerfrei ersetzt worden sind. ²Bei Übernachtungen im Ausland dürfen die Übernachtungskosten ohne Einzelnachweis der tatsächlichen Aufwendungen mit Pauschbeträgen (Übernachtungsgelder) angesetzt werden; Absatz 3 Satz 2 ist anzuwenden. ³Die Pauschbeträge werden vom Bundesministerium der Finanzen im Einvernehmen mit den obersten Finanzbehörden der Länder auf der Grundlage der höchsten Auslandsübernachtungsgelder nach dem Bundesreisekostengesetz bekannt gemacht***). ⁴Sie richten sich nach dem Ort, der nach R 39 Abs. 3 Satz 4 Nummer 1 und 2 maßgebend ist. ⁵Für die in der Bekanntmachung nicht erfassten Länder und Gebiete ist R 39 Abs. 3 Satz 2 anzuwenden. ⁶Für die Dauer der Benutzung von Beförderungsmitteln darf ein Übernachtungsgeld nicht angesetzt werden.

Erstattung durch den Arbeitgeber

(3) ¹Für jede Übernachtung im Inland darf der Arbeitgeber einen Pauschbetrag von 20 Euro steuerfrei zahlen. ²Dies gilt nicht, wenn der Arbeitnehmer die Unterkunft vom Arbeitgeber oder auf Grund seines Dienstverhältnisses von einem Dritten unentgeltlich oder teilentgeltlich erhalten hat. ³Bei Benutzung eines Schlafwagens oder einer Schiffskabine darf der Pauschbetrag nur dann steuerfrei gezahlt werden, wenn die Übernachtung in einer anderen Unterkunft begonnen oder beendet worden ist. ⁴Die steuerfreie Zahlung des Pauschbetrags für eine Übernachtung im Fahrzeug ist nicht zulässig.

H 40
Hinweise zu R 40
Übernachtungskosten

Pauschbeträge bei Auslandsreisen

>BMF vom 12.11.2001 (BStBl. I S. 818) unter Berücksichtigung der Änderungen durch BMF vom 29.10.2002 (BStBl. I S. 1354) und vom 9.11.2004 (BStBl. I S. 1052)***).

Steuerfreiheit der Arbeitgebererstattungen

Die Erstattung der Übernachtungskosten durch den Arbeitgeber ist steuerfrei,
– aus öffentlichen Kassen in voller Höhe >§ 3 Nr. 13 EStG,
– bei Arbeitgebern außerhalb des öffentlichen Dienstes nach § 3 Nr. 16 EStG nur, soweit keine höheren Beträge erstattet werden, als der Arbeitnehmer als Werbungskosten geltend machen kann (>BFH vom 21.6.1991 – BStBl. II S. 814).

Übernachtung im Ausland

Die Pauschbeträge sind nicht anzusetzen, wenn sie im Einzelfall zu einer offensichtlich unzutreffenden Besteuerung führen würden, z. B. wenn eine vom Normaltypus abweichende Art der Dienstreise, z. B. Klassenfahrt, nur geringe Übernachtungskosten verursacht (>BFH vom 11.5.1990 – BStBl. II S. 777).

Übernachtungen an ständig wechselnden auswärtigen Tätigkeitsstätten

Der Bezug einer Unterkunft an einer vorübergehenden beruflichen Tätigkeitsstätte begründet keine doppelte Haushaltsführung. Die mit einer solchen Auswärtstätigkeit verbundenen Übernachtungskosten sind in vollem Umfang ohne zeitliche Begrenzung als Werbungskosten abziehbar (>BFH vom 11.5.2005 – BStBl. II S. 782).

Übernachtungen im Inland

Bei Übernachtungen im Inland müssen die Übernachtungskosten grundsätzlich im Einzelnen nachgewiesen werden. Sie können geschätzt werden, wenn sie dem Grunde nach zweifelsfrei entstanden sind (>BFH vom 12.9.2001 – BStBl. II S. 775).

R 40a
Reisenebenkosten

Allgemeines

(1) Reisenebenkosten sind unter den Voraussetzungen von R 37 Abs. 1 die tatsächlichen Aufwendungen z. B. für
1. Beförderung und Aufbewahrung von Gepäck,
2. Ferngespräche und Schriftverkehr beruflichen Inhalts mit dem Arbeitgeber oder dessen Geschäftspartner,
3. Straßenbenutzung und Parkplatz sowie Schadensersatzleistungen infolge von Verkehrsunfällen, wenn die jeweils damit verbundenen Fahrtkosten nach R 38 als Reisekosten anzusetzen sind.

Werbungskostenabzug

(2) Die Reisenebenkosten können in tatsächlicher Höhe als Werbungskosten abgezogen werden, soweit sie nicht vom Arbeitgeber steuerfrei erstattet werden.

Steuerfreiheit der Arbeitgebererstattungen

(3) ¹Die Erstattung der Reisenebenkosten durch den Arbeitgeber ist nach § 3 Nr. 16 EStG steuerfrei, soweit sie die tatsächlichen Aufwendungen nicht überschreiten. ²Der Arbeitnehmer hat seinem Arbeitgeber Unterlagen vorzulegen, aus denen die tatsächlichen Aufwendungen ersichtlich sein müssen. ³Der Arbeitgeber hat diese Unterlagen als Belege zum Lohnkonto aufzubewahren.

---
*) Jetzt R 31 Abs. 8 LStR.
**) Neue BFH-Rechtsprechung vom 11.5.2005 >H 37 bis 40 LStH und BMF vom 26.10.2005 (BStBl. I S. 960), abgedruckt als Anlage 5 zu H 37 LStR.
***) Abgedruckt als Anhang 19 zum Handbuch.

H 40a
Hinweise zu R 40a
Reisenebenkosten

Bußgeld

>R 4.13 EStR.

Diebstahl

Wertverluste bei einem Diebstahl des für die Reise notwendigen persönlichen Gepäcks sind Reisenebenkosten (>BFH vom 30. 6. 1995 – BStBl. II S. 744). Dies gilt nicht für den Verlust von >Geld oder >Schmuck.

Geld

Der Verlust einer Geldbörse führt nicht zu Reisenebenkosten (>BFH vom 4. 7. 1986 – BStBl. II S. 771).

Geldbußen

>R 4.13 EStR.

Ordnungsgeld

>R 4.13 EStR.

Reisegepäckversicherung

Kosten für eine Reisegepäckversicherung, soweit sich der Versicherungsschutz auf eine beruflich bedingte Abwesenheit von einer ortsgebundenen regelmäßigen Arbeitsstätte beschränkt, sind Reisenebenkosten; zur Aufteilung der Aufwendungen für eine gemischte Reisegepäckversicherung >BFH vom 19. 2. 1993 (BStBl. II S. 519).

Schaden

Wertverluste auf Grund eines Schadens an mitgeführten Gegenständen, die der Arbeitnehmer auf seiner Reise verwenden musste, sind Reisenebenkosten, wenn der Schaden auf einer reisespezifischen Gefährdung beruht (>BFH vom 30. 11. 1993 – BStBl. 1994 II S. 256).

Schmuck

Der Verlust von Schmuck führt nicht zu Reisenebenkosten (>BFH vom 26. 1. 1968 – BStBl. II S. 342).

Unfallversicherung

Beiträge zu Unfallversicherungen sind Reisenebenkosten, soweit sie Berufsunfälle außerhalb einer ortsgebundenen regelmäßigen Arbeitsstätte abdecken; wegen der steuerlichen Behandlung von Unfallversicherungen, die das Unfallrisiko sowohl im beruflichen als auch im außerberuflichen Bereich abdecken >BMF vom 17. 7. 2000 (BStBl. I S. 1204)*).

Verwarnungsgeld

>R 4.13 EStR.

Anlage
zu H 40a

Benutzung von Firmenkreditkarten bei Dienstreisen

BMF-Schreiben vom 29. 9. 1998 IV C 5 S 2334 – 1/98

1. Firmenkreditkarten

Bei der steuerlichen Beurteilung der Nutzung von Kreditkarten, die auf Dienstreisen eingesetzt und über das Bankkonto des Arbeitnehmers abgerechnet werden, ist wie folgt zu unterscheiden:

a) Erstattet der Arbeitgeber dem Arbeitnehmer die für die Kreditkarte anfallende Kartengebühr, erhält der Arbeitnehmer eine Barzuwendung, die nur steuerfrei bleiben kann, soweit sie den Ersatz von nach § 3 Nr. 16 EStG steuerfreien Reisekosten betrifft. Nach den einschlägigen Erlassen der obersten Finanzbehörden der Länder sind die Kreditkartenabrechnungen, aus denen sich der Einsatz der Kreditkarten auf Dienstreisen ergibt, zum Lohnkonto zu nehmen. Es reicht allerdings aus, wenn die Abrechnungen als Belege zur Reisekostenabrechnung aufbewahrt werden und die Möglichkeit zur Nachprüfung der Reisekostenvergütungen durch Hinweise im Lohnkonto sichergestellt wird.

b) Wird die Vergabe von Kreditkarten an Arbeitnehmer zwischen dem Arbeitgeber und dem Kreditkartenunternehmen vereinbart, z. B. in einem Rahmenvertrag, und wird die Kreditkarte an den einzelnen Arbeitnehmer mit Zustimmung und für Rechnung des Arbeitgebers ausgehändigt, erhält der Arbeitnehmer einen Sachbezug in Form der unentgeltlichen Überlassung einer Kreditkarte.

Ist in diesem Fall die Kreditkarte als Firmenkreditkarte, z. B. als Corporate-Card, gekennzeichnet, mit dem Namen des Arbeitgebers versehen und wird sie an Arbeitnehmer mit einer umfangreichen Reisetätigkeit ausgegeben, bei denen die Kreditkarte nur in ganz geringem Umfang privat eingesetzt wird, bestehen keine Bedenken, die Überlassung insgesamt als eine Leistung des Arbeitgebers zu betrachten, die er in ganz überwiegendem betrieblichen Interesse erbringt und die deshalb nicht zum Arbeitslohn gehört.

Kann nach den Verhältnissen des Einzelfalls nicht davon ausgegangen werden, dass die private Mitbenutzung der überlassenen Firmenkreditkarte von untergeordneter Bedeutung ist, so ist der Anteil des Vorteils nach § 3 Nr. 16 EStG steuerfrei, der dem Volumenanteil der Reisekostenumsätze am Gesamtumsatz der Kreditkarte entspricht. Der übrige Anteil des Vorteils ist als Arbeitslohn nur zu erfassen, wenn er – ggf. zusammen mit anderen nach § 8 Abs. 2 Satz 1 EStG zu bewertenden Sachbezügen – die Freigrenze nach § 8 Abs. 2 Satz 9 EStG übersteigt.

2. Reisekostenabrechnung

Die Erstattung von Reisekosten ist nach § 3 Nr. 16 EStG steuerfrei, soweit keine höheren Beträge erstattet werden, als nach § 9 EStG als Werbungskosten abzuziehen wären. Der Arbeitnehmer hat seinem Arbeitgeber Unterlagen vorzulegen, aus denen die Voraussetzungen für die Steuerfreiheit der Erstattung ersichtlich sind. Soweit tatsächlich entstandene Anwendungen erstattet werden, z. B. Fahrtkosten und Übernachtungskosten, müssen sich aus den Unterlagen auch die tatsächlichen Kosten ergeben. Verpflegungsmehraufwendungen können nur bis zu Höhe der von der Abwesenheitsdauer abhängigen Verpflegungspauschbeträge steuerfrei ersetzt werden. Insoweit ist in den Unterlagen auch die Abwesenheitsdauer anzugeben.

Formvorschriften für die Abrechnung bzw. für die Aufzeichnung gibt es nicht. Deshalb sind auch Reisekostenabrechnungen steuerlich anzuerkennen, in denen mehrere innerhalb eines bestimmten Zeitraums durchgeführte Dienstreisen abgerechnet werden.

R 41
Umzugskosten

Allgemeines

(1) Kosten, die einem Arbeitnehmer durch einen beruflich veranlassten Wohnungswechsel entstehen, sind Werbungskosten.

Höhe der Umzugskosten

(2) ¹Bei einem beruflich veranlassten Wohnungswechsel können die tatsächlichen Umzugskosten grundsätzlich bis zur Höhe der Beträge als Werbungskosten abgezogen werden, die nach dem Bundesumzugskostengesetz (BUKG)**) und der Auslandsumzugskostenverordnung (AUV)***) in der jeweils geltenden Fassung mit Ausnahme der §§ 11, 12 AUV sowie Maklergebühren für eine eigene Wohnung als Umzugskostenvergütung höchstens gezahlt werden könnten; dabei sind die Pauschbeträge für Verpflegungsmehraufwendungen nach § 4 Abs. 5 Satz 1 Nr. 5 EStG zu beachten. ²Werden die umzugskostenrechtlich festgelegten Grenzen eingehalten, ist nicht zu prüfen, ob die Umzugskosten Werbungskosten darstellen. ³Werden höhere

---

*) Abgedruckt als Anlage 11 zu H 129 LStR.
**) Abgedruckt als Anhang 7 zum Handbuch.
***) Abgedruckt als Anhang 9 zum Handbuch.

§ 9 EStG
R 41

Umzugskosten im Einzelnen nachgewiesen, so ist insgesamt zu prüfen, ob und inwieweit die Aufwendungen Werbungskosten oder nicht abziehbare Kosten der Lebensführung sind, z. B. bei Aufwendungen für die Neuanschaffung von Einrichtungsgegenständen. ⁴Anstelle der in § 10 BUKG pauschal erfassten Umzugskosten können auch die im Einzelfall nachgewiesenen höheren Umzugskosten als Werbungskosten abgezogen werden. ⁵Ein Werbungskostenabzug entfällt, soweit die Umzugskosten vom Arbeitgeber steuerfrei erstattet worden sind (§ 3c EStG).

Erstattung durch den Arbeitgeber

(3) ¹Die Erstattung der Umzugskosten durch den Arbeitgeber ist steuerfrei, soweit keine höheren Beträge erstattet werden, als nach Absatz 2 als Werbungskosten abziehbar wären. ²Der Arbeitnehmer hat seinem Arbeitgeber Unterlagen vorzulegen, aus denen die tatsächlichen Aufwendungen ersichtlich sein müssen. ³Der Arbeitgeber hat diese Unterlagen als Belege zum Lohnkonto aufzubewahren.

H 41
Hinweise zu R 41
Umzugskosten

Aufgabe der Umzugsabsicht

Wird vom Arbeitgeber eine vorgesehene Versetzung rückgängig gemacht, sind die dem Arbeitnehmer durch die Aufgabe seiner Umzugsabsicht entstandenen vergeblichen Aufwendungen als Werbungskosten abziehbar (>BFH vom 24. 5. 2000 – BStBl. II S. 584).

Berufliche Veranlassung

Ein Wohnungswechsel ist z.B. beruflich veranlasst,

1. wenn durch ihn eine >erhebliche Verkürzung der Entfernung zwischen Wohnung und Arbeitsstätte eintritt und die verbleibende Wegezeit im Berufsverkehr als normal angesehen werden kann (>BFH vom 6. 11. 1986 – BStBl. 1987 II S. 81). Es ist nicht erforderlich, dass der Wohnungswechsel mit einem Wohnortwechsel oder mit einem Arbeitsplatzwechsel verbunden ist.
2. wenn er im ganz überwiegenden betrieblichen Interesse des Arbeitgebers durchgeführt wird, insbesondere beim Beziehen oder Räumen einer Dienstwohnung, die aus betrieblichen Gründen bestimmten Arbeitnehmern vorbehalten ist, um z. B. deren jederzeitige Einsatzmöglichkeit zu gewährleisten (>BFH vom 28. 4. 1988 – BStBl. II S. 777), oder
3. wenn er aus Anlass der erstmaligen Aufnahme einer beruflichen Tätigkeit, des Wechsels des Arbeitgebers oder im Zusammenhang mit einer Versetzung durchgeführt wird oder
4. wenn der eigene Hausstand zur Beendigung einer doppelten Haushaltsführung an den Beschäftigungsort verlegt wird (>BFH vom 21. 7. 1989 – BStBl. II S. 917).

Die privaten Motive für die Auswahl der neuen Wohnung sind grundsätzlich unbeachtlich (>BFH vom 23. 2. 2001 – BStBl. 2002 II S. 56).

Doppelte Haushaltsführung

>R 43

Eheschließung

Erfolgt ein Umzug aus Anlass einer Eheschließung von getrennten Wohnorten in eine gemeinsame Familienwohnung, so ist die berufliche Veranlassung des Umzugs eines jeden Ehegatten gesondert zu beurteilen (>BFH vom 23. 3. 2001 – BStBl. II S. 585).

Erhebliche Fahrzeitverkürzung

– Eine erhebliche Verkürzung der Entfernung zwischen Wohnung und Arbeitsstätte ist anzunehmen, wenn sich die Dauer der täglichen Hin- und Rückfahrt insgesamt wenigstens zeitweise um mindestens eine Stunde ermäßigt (>BFH vom 22. 11. 1991 – BStBl. 1992 II S. 494 und vom 16. 10. 1992 – BStBl. 1993 II S. 610).

– Die Fahrzeitersparnisse beiderseits berufstätiger Ehegatten sind weder zusammenzurechnen (>BFH vom 27. 7. 1995 – BStBl. II S. 728) noch zu saldieren (>BFH vom 21. 2. 2006 – BStBl. II S. 598).

– Steht bei einem Umzug eine arbeitstägliche Fahrzeitersparnis von mindestens einer Stunde fest, sind private Gründe (z. B. Gründung eines gemeinsamen Haushalts aus Anlass einer Eheschließung, erhöhter Wohnbedarf wegen Geburt eines Kindes) unbeachtlich (>BFH vom 23. 3. 2001 – BStBl. II S. 585 und BStBl. 2002 II S. 56).

Höhe der Umzugskosten

– Zur Höhe der maßgebenden Beträge für umzugsbedingte Unterrichtskosten und sonstige Umzugsauslagen ab 1. 7. 2003, 1. 4. und 1. 8. 2004 >BMF vom 5. 8. 2003 (BStBl. I S. 416)*).

– Die umzugskostenrechtliche Beschränkung einer Mietausfallentschädigung für den bisherigen Wohnungsvermieter gilt nicht für den Werbungskostenabzug (>BFH vom 1. 12. 1993 – BStBl. 1994 II S. 323).

– Nicht als Werbungskosten abziehbar sind die bei einem Grundstückskauf angefallenen Maklergebühren, auch soweit sie auf die Vermittlung einer vergleichbaren Mietwohnung entfallen würden (>BFH vom 24. 5. 2000 – BStBl. II S. 586) sowie Aufwendungen für die Anschaffung von klimabedingter Kleidung und Wohnungsausstattung im Sinne der §§ 11 und 12 AUV (>BFH vom 20. 3. 1992 – BStBl. 1993 II S. 192 und vom 27. 5. 1994 – BStBl. 1995 II S. 17).

– Zur steuerfreien Arbeitgebererstattung >R 41 Abs. 3.

– Aufwendungen auf Grund der Veräußerung eines Eigenheims anlässlich eines beruflich bedingten Umzugs sind keine Werbungskosten bei den Einkünften aus nichtselbständiger Arbeit (>BFH vom 24. 5. 2000 – BStBl. II S. 476).

– Veräußerungsverluste aus dem Verkauf eines Eigenheims einschließlich zwischenzeitlich angefallener Finanzierungskosten anlässlich eines beruflich bedingten Umzugs sind keine Werbungskosten bei den Einkünften aus nichtselbständiger Arbeit (>BFH vom 24. 5. 2000 – BStBl. II S. 476).

– Bei einem beruflich veranlassten Umzug sind Aufwendungen für die Ausstattung der neuen Wohnung (z. B. Renovierungsmaterial, Gardinen, Rollos, Lampen, Telefonanschluss, Anschaffung und Installation eines Wasserboilers) nicht als Werbungskosten abziehbar (>BFH vom 17. 12. 2002 – BStBl. 2003 II S. 314). Die Berücksichtigung der Pauschale nach § 10 BUKG bleibt unberührt >R 41 Abs. 2 Satz 2.

Rückumzug ins Ausland

Der Rückumzug ins Ausland ist bei einem ausländischen Arbeitnehmer, der unbefristet ins Inland versetzt wurde und dessen Familie mit ins Inland umzog und der bei Erreichen der Altersgrenze ins Heimatland zurückzieht, nicht beruflich veranlasst (>BFH vom 8. 11. 1996 – BStBl. 1997 II S. 207); anders bei einer von vornherein befristeten Tätigkeit im Inland (>BFH vom 4. 12. 1992 – BStBl. 1993 II S. 722).

Zwischenumzug

Die berufliche Veranlassung eines Umzugs endet regelmäßig mit dem Einzug in die erste Wohnung am neuen Arbeitsort. Die Aufwendungen für die Einlagerung von Möbeln für die Zeit vom Bezug dieser Wohnung bis zur Fertigstellung eines Wohnhauses am oder in der Nähe vom neuen Arbeitsort sind daher keine Werbungskosten (BFH vom 21. 9. 2000 – BStBl. 2001 II S. 70).

Anlage 1
zu H 41

Steuerliche Anerkennung von Umzugskosten nach R 41 Abs. 2; Änderung der maßgebenden Beträge für umzugsbedingte Unterrichtskosten und sonstige Umzugsauslagen ab 1. Januar 2002

BMF-Schreiben vom 22. 8. 2001 (BStBl. I S. 542)

Im Einvernehmen mit den obersten Finanzbehörden der Länder gilt zur Anwendung der §§ 6 bis 10 des Bundesumzugskostengesetzes (BUKG) für Umzüge ab 1. Januar 2002 Folgendes:

---
*) Abgedruckt als Anlage 2 zu H 41 LStR.

1. der Höchstbetrag, der für die Anerkennung umzugsbedingter Unterrichtskosten für ein Kind nach § 9 Abs. 2 des BUKG maßgebend ist, beträgt 1349 €.
2. Der Pauschbetrag für sonstige Umzugsauslagen nach § 10 Abs. 1 BUKG beträgt
   a) für Verheiratete 1 074 €,
   b) für Ledige 537 €.
   Der Pauschbetrag erhöht sich für jede in § 6 Abs. 3 Sätze 2 und 3 BUKG bezeichnete weitere Person mit Ausnahme des Ehegatten um 237 €.

Anlage 2

zu H 41

Steuerliche Anerkennung von Umzugskosten nach R 41 Abs. 2 LStR; Änderung der maßgebenden Beträge für Kosten von Umzügen bei Beendigung nach dem 30. Juni 2003, 31. März und 31. Juli 2004

BMF-Schreiben vom 5. 8. 2003 (BStBl. I S. 416)

Im Einvernehmen mit den obersten Finanzbehörden der Länder gilt zur Anwendung der §§ 6 bis 10 des Bundesumzugskostengesetzes (BUKG) für Umzüge, die nach dem 30. Juni 2003, 31. März und 31. Juli 2004 beendet werden, Folgendes:

1. Der Höchstbetrag, der für die Anerkennung umzugsbedingter Unterrichtskosten für ein Kind nach § 9 Abs. 2 BUKG maßgebend ist, beträgt bei Beendigung des Umzugs

   nach dem 30. Juni 2003   1 381 €,
   nach dem 31. März 2004   1 395 €,
   nach dem 31. Juli 2004   1 409 €.

2. Der Pauschbetrag für sonstige Umzugsauslagen nach § 10 Abs. 1 BUKG beträgt

   a) für Verheiratete bei Beendigung des Umzugs

   nach dem 30. Juni 2003   1 099 €,
   nach dem 31. März 2004   1 110 €,
   nach dem 31. Juli 2004   1 121 €.

   b) für Ledige bei Beendigung des Umzugs

   nach dem 30. Juni 2003   550 €,
   nach dem 31. März 2004   555 €,
   nach dem 31. Juli 2004   561 €.

Der Pauschbetrag erhöht sich für jede in § 6 Abs. 3 Sätze 2 und 3 BUKG bezeichnete weitere Person mit Ausnahme des Ehegatten bei Beendigung des Umzugs nach dem 30. Juni 2003 um 242 €, nach dem 31. März 2004 um 245 € und nach dem 31. Juli 2004 um 247 €.

Das BMF-Schreiben vom 22. August 2001 (BStBl. I S. 542)*) ist auf Umzüge, die nach dem 30. Juni 2003 beendet werden, nicht mehr anzuwenden.

R 42
Aufwendungen für Wege zwischen Wohnung und Arbeitsstätte

Maßgebliche Wohnung

(1) ¹Als Ausgangspunkt für die Wege kommt jede Wohnung des Arbeitnehmers in Betracht, die er regelmäßig zur Übernachtung nutzt und von der aus er seine Arbeitsstätte aufsucht. ²Als Wohnung ist z. B. auch ein möbliertes Zimmer, eine Schiffskajüte, ein Gartenhaus, ein auf eine gewisse Dauer abgestellter Wohnwagen oder ein Schlafplatz in einer Massenunterkunft anzusehen. ³Hat ein Arbeitnehmer mehrere Wohnungen, so können Wege von und zu der von der Arbeitsstätte weiter entfernt liegenden Wohnung nach § 9 Abs. 1 Satz 3 Nr. 4 Satz 6 EStG**) nur dann berücksichtigt werden, wenn sich dort der Mittelpunkt der Lebensinteressen des Arbeitnehmers befindet und sie nicht nur gelegentlich aufgesucht wird. ⁴Der Mittelpunkt der Lebensinteressen befindet sich bei einem verheirateten Arbeitnehmer regelmäßig am tatsächlichen Wohnort seiner Familie. ⁵Die Wohnung kann aber nur dann ohne nähere Prüfung berücksichtigt werden, wenn sie der Arbeitnehmer mindestens sechsmal im Kalenderjahr aufsucht. ⁶Bei anderen Arbeitnehmern befindet sich der Mittelpunkt der Lebensinteressen an dem Wohnort, zu dem die engeren persönlichen Beziehungen bestehen. ⁷Die persönlichen Beziehungen können ihren Ausdruck besonders in Bindungen an Personen, z. B. Eltern, Verlobte, Freundes- und Bekanntenkreis, finden, aber auch in Vereinszugehörigkeiten und anderen Aktivitäten. ⁸Sucht der Arbeitnehmer diese Wohnung im Durchschnitt mindestens zweimal monatlich auf, ist davon auszugehen, dass sich dort der Mittelpunkt seiner Lebensinteressen befindet. ⁹Die Sätze 4 bis 8 gelten unabhängig davon, ob sich der Lebensmittelpunkt im Inland oder im Ausland befindet.

Fahrten mit einem zur Nutzung überlassenen Kraftfahrzeug

(2) Ein Kraftfahrzeug ist dem Arbeitnehmer zur Nutzung überlassen, wenn es dem Arbeitnehmer vom Arbeitgeber unentgeltlich oder teilentgeltlich überlassen worden (>R 31 Abs. 9) ist oder wenn es der Arbeitnehmer von dritter Seite geliehen, gemietet oder geleast hat.

Sammelbeförderung

(3) ¹Für die Strecke einer nach § 3 Nr. 32 EStG steuerfreien Sammelbeförderung zwischen Wohnung und Arbeitsstätte steht nach § 9 Abs. 1 Satz 3 Nr. 4 Satz 3 EStG***) keine Entfernungspauschale zu. ²Das gilt sowohl für die unentgeltliche als auch für die verbilligte Sammelbeförderung. ³Im Fall der verbilligten Sammelbeförderung sind die Aufwendungen des Arbeitnehmers jedoch nach § 9 Abs. 1 Satz 1 EStG als Werbungskosten abzugsfähig, wobei die Abzugsfähigkeit nicht auf die Höhe der Entfernungspauschale beschränkt ist.

(4) bis (6) – *weggefallen* –

Behinderte Menschen im Sinne des § 9 Abs. 2 EStG

(7) ¹Ohne Einzelnachweis der tatsächlichen Aufwendungen können die Fahrtkosten nach den Regelungen in R 38 Abs. 1 Satz 5 und R 40 a Abs. 1 Nr. 3 angesetzt werden. ²Wird ein behinderter Arbeitnehmer im eigenen oder ihm zur Nutzung überlassenen Kraftfahrzeug arbeitstäglich von einem Dritten, z. B. dem Ehegatten, zu seiner Arbeitsstätte gefahren und wieder abgeholt, so können auch die Kraftfahrzeugkosten, die durch die Ab- und Anfahrten des Fahrers – die so genannten Leerfahrten – entstehen, in tatsächlicher Höhe oder in sinngemäßer Anwendung von R 38 Abs. 1 als Werbungskosten abgezogen werden. ³Für den Nachweis der Voraussetzungen des § 9 Abs. 2 EStG ist § 65 EStDV entsprechend anzuwenden. ⁴Für die Anerkennung der tatsächlichen Aufwendungen oder der Kilometersätze aus R 38 Abs. 1 und für die Berücksichtigung von Leerfahrten ist bei rückwirkender Festsetzung oder Änderung des Grads der Behinderung R 33 b EStR entsprechend anzuwenden.

H 42
Hinweise zu R 42
Aufwendungen für Fahrten zwischen Wohnung und Arbeitsstätte

Allgemeine Grundsätze

>BMF vom 1. 12. 2006 (BStBl. I S. ...)****).

Behinderte Menschen

Auch bei behinderten Arbeitnehmern darf grundsätzlich nur eine Hin- und Rückfahrt arbeitstäglich, gegebenenfalls zusätzlich eine Rück- und Hinfahrt als Leerfahrt, berücksichtigt werden (>BFH vom 2. 4. 1976 – BStBl. II S. 452).

---

*) Abgedruckt als Anlage 1 zu H 41 LStR.
**) Ab 1. 1. 2007: § 9 Abs. 2 Satz 6 EStG.
***) Ab 1. 1. 2007: § 9 Abs. 2 Satz 3 EStG.
****) Abgedruckt als Anlage zu H 42 LStR.

§ 9 EStG
R 42

Dienstliche Verrichtungen auf der Fahrt

Eine Fahrt zwischen Wohnung und Arbeitsstätte liegt auch vor, wenn diese gleichzeitig zu dienstlichen Verrichtungen für den Arbeitgeber genutzt wird, z. B. Abholen der Post, sich dabei aber der Charakter der Fahrt nicht wesentlich ändert und allenfalls ein geringer Umweg erforderlich wird; die erforderliche Umwegstrecke ist als Dienstreise zu werten (>BFH vom 12. 10. 1990 – BStBl. 1991 II S. 134).

Fahrgemeinschaften

>BMF vom 1. 12. 2006 (BStBl. I S. ...), Tz. 1.5*).

Fahrgemeinschaft bei Ehegatten

>BMF vom 1. 12. 2006 (BStBl. I S. ...), Tz. 1.5*).

Fahrtkosten

– bei Antritt einer Dienstreise von der Arbeitsstätte

Die Entfernungspauschale ist auch dann anzusetzen, wenn der Arbeitnehmer seine regelmäßige Arbeitsstätte nur deshalb aufsucht, um von dort eine Dienstreise anzutreten oder Aufträge entgegenzunehmen, Bericht zu erstatten oder ähnliche Reisefolgetätigkeiten auszuüben (>BFH vom 18. 1. 1991 – BStBl. II S. 408 und vom 2. 2. 1994 – BStBl. II S. 422).

– bei Dienstreisen

>H 38 (Dienstreisen)

– bei einfacher Fahrt

Wird das Kraftfahrzeug lediglich für eine Hin- oder Rückfahrt benutzt, z. B. wenn sich an die Hinfahrt eine Dienstreise anschließt, die an der Wohnung des Arbeitnehmers endet, so ist die Entfernungspauschale nur zur Hälfte anzusetzen (>BFH vom 26. 7. 1978 – BStBl. II S. 661). Dasselbe gilt, wenn Hin- und Rückfahrt sich auf unterschiedliche Wohnungen oder Arbeitsstätten beziehen (>BFH vom 9. 12. 1988 – BStBl. 1989 II S. 296).

– bei Einsatzwechseltätigkeit

>R 38 Abs. 3
>H 38 (Einsatzwechseltätigkeit)

Fahrten des Arbeitnehmers zwischen seiner Wohnung und dem Betriebs- bzw. Firmensitz, von dem aus die Auswärtstätigkeit zu wechselnden Tätigkeitsstätten angetreten wird, sind Wege zwischen Wohnung und Arbeitsstätte (>BFH vom 11. 5. 2005 – BStBl. II S. 791).

– bei Fahrtätigkeit

>R 38 Abs. 2

Die Fahrten eines Linienbusfahrers zwischen seiner Wohnung und unterschiedlichen Busdepots, an denen er das zu führende Fahrzeug in wechselndem Turnus zu übernehmen hat und die er mit einer gewissen Nachhaltigkeit fortdauernd und immer wieder aufsucht, sind Fahrten zwischen Wohnung und Arbeitsstätte (>BFH vom 11. 5. 2005 – BStBl. II S. 788).

– bei Fortbildungsveranstaltungen

Wege zwischen Wohnung und Arbeitsstätte liegen auch vor, wenn die regelmäßige Arbeitsstätte freiwillig zum Zwecke der Fortbildung aufgesucht wird (>BFH vom 26. 2. 2003 – BStBl. II S. 495).

– bei mehreren Arbeitsstätten

Die Entfernungspauschale gilt nicht für Fahrten zwischen mehreren regelmäßigen Arbeitsstätten in demselben Dienstverhältnis (>BFH vom 9. 12. 1988 – BStBl. 1989 II S. 296 und vom 7. 6. 2002 – BStBl. II S. 878).

>R 37 Abs. 3 Satz 5

– bei Nutzung unterschiedlicher Verkehrsmittel

>BMF vom 1. 12. 2006 (BStBl. I S. ...)*).

Leerfahrten

Wird ein Arbeitnehmer im eigenen Kraftfahrzeug von einem Dritten zu seiner Arbeitsstätte gefahren oder wieder abgeholt, so sind die so genannten Leerfahrten selbst dann nicht zu berücksichtigen, wenn die Fahrten wegen schlechter öffentlicher Verkehrsverhältnisse erforderlich sind (>BFH vom 7. 4. 1989 – BStBl. II S. 925).

Mehrere Dienstverhältnisse

>BMF vom 1. 12. 2006 (BStBl. I S. ...), Tz. 1.8*).

Mehrere Fahrten an einem Arbeitstag

– >BMF vom 1. 12. 2006 (BStBl. I S. ...), Tz. 1.7*).
– Die Abgeltungswirkung der Entfernungspauschale greift auch dann ein, wenn wegen atypischer Dienstzeiten Fahrten zwischen Wohnung und Arbeitsstätte zweimal arbeitstäglich erfolgen (>BFH vom 11. 9. 2003 – BStBl. II S. 893).

Parkgebühren

>BMF vom 1. 12. 2006 (BStBl. I S. ...), Tz. 3*).

Umwegfahrten

>Dienstliche Verrichtungen auf der Fahrt
>Fahrgemeinschaften

Unfallschäden

sind mit der Entfernungspauschale abgegolten >§ 9 Abs. 2 Satz 10 EStG. Zum Abzug von Unfallkosten bei behinderten Menschen >BMF vom 1. 12. 2006 (BStBl. I S. ...)*).

Wohnung

Ein Hotelzimmer oder eine fremde Wohnung, in denen der Arbeitnehmer nur kurzfristig aus privaten Gründen übernachtet, ist nicht Wohnung im Sinne des § 9 Abs. 1 EStG (>BFH vom 25. 3. 1988 – BStBl. II S. 706).

Der Mittelpunkt der Lebensinteressen befindet sich bei einem verheirateten Arbeitnehmer regelmäßig am tatsächlichen Wohnort seiner Familie (>BFH vom 10. 11. 1978 – BStBl. 1979 II S. 219 und vom 3. 10. 1985 – BStBl. 1986 II S. 95).

Aufwendungen für Wege zwischen der Arbeitsstätte und der Wohnung, die den örtlichen Mittelpunkt der Lebensinteressen des Arbeitnehmers darstellt, sind auch dann wie Werbungskosten im Sinne des § 9 Absatz 2 EStG zu berücksichtigen, wenn die Fahrt an der näher zur Arbeitsstätte liegenden Wohnung unterbrochen wird (>BFH vom 20. 12. 1991 – BStBl. 1992 II S. 306).

Ob ein Arbeitnehmer seine weiter entfernt liegende Familienwohnung nicht nur gelegentlich aufsucht, ist anhand einer Gesamtwürdigung zu beurteilen. Fünf Fahrten im Kalenderjahr können bei entsprechenden Umständen ausreichend sein (>BFH vom 26. 11. 2003 – BStBl. 2004 II S. 233; >R 42 Abs. 1 Satz 5).

Anlage
zu H 42

Einführungsschreiben zu den Entfernungspauschalen ab 2007

BMF-Schreiben vom 1.12.2006 (BStBl. I Nr. 20)

Durch das Steueränderungsgesetz 2007 vom 19. Juli 2006 (BGBl. I 2006 S. 1652, BStBl I S. 432) wurde hinsichtlich der Aufwendungen für die Wege zwischen Wohnung und regelmäßiger Arbeitsstätte/Betrieb eine Systemänderung vorgenommen. Danach werden die Wege zwischen Wohnung und regelmäßiger Arbeitsstätte nunmehr der Privatsphäre (die Arbeit beginnt am Werkstor) zugerechnet. Zum Ausgleich von Härtefällen können Fernpendler ab dem 21. Kilometer der Entfernung die Entfernungspauschale – wie bisher – in Höhe von 0,30 Euro je Entfernungskilometer wie Werbungskosten/Betriebsausgaben abziehen. Die Beschränkung auf den Höchstbetrag von 4500 Euro bleibt unverändert bestehen.

Dazu und zu anderen Zweifelsfragen wird im Einvernehmen mit den obersten Finanzbehörden der Länder wie folgt Stellung genommen:

1. Entfernungspauschale für die Wege zwischen Wohnung und regelmäßiger Arbeitsstätte (§ 9 Abs. 2 EStG)

1.1 Allgemeines

Die Entfernungspauschale ist grundsätzlich unabhängig vom Verkehrsmittel zu gewähren. Ihrem Wesen als Pauschale ent-

---

*) Abgedruckt als Anlage zu H 42 LStR.

sprechend kommt es grundsätzlich nicht auf die Höhe der tatsächlichen Aufwendungen an. Auch bei Benutzung öffentlicher Verkehrsmittel wird nur die Entfernungspauschale angesetzt. Übersteigen die Aufwendungen für die Benutzung öffentlicher Verkehrsmittel, z. B. bei geringer Entfernung zwischen Wohnung und regelmäßiger Arbeitsstätte, die anzusetzende Entfernungspauschale, können diese Aufwendungen nicht mehr zusätzlich angesetzt werden. Ausgenommen von der Entfernungspauschale sind Flugstrecken und Strecken mit steuerfreier Sammelbeförderung. Für Flugstrecken sind die tatsächlichen Aufwendungen anzusetzen. Bei entgeltlicher Sammelbeförderung durch den Arbeitgeber sind die Aufwendungen des Arbeitnehmers, die auf die Strecken ab dem 21. Entfernungskilometer entfallen, wie Werbungskosten anzusetzen.

1.2 Höhe der Entfernungspauschale

Ab dem 21. Entfernungskilometer der Entfernung zwischen Wohnung und regelmäßiger Arbeitsstätte beträgt die Entfernungspauschale 0,30 Euro für jeden weiteren vollen Entfernungskilometer. Die Entfernungspauschale gilt auch für die An- und Abfahrten zu und von Flughäfen.

Die anzusetzende Entfernungspauschale ist wie folgt zu berechnen:

Zahl der Arbeitstage × (Entfernungskilometer abzüglich 20 Entfernungskilometer) × 0,30 Euro.

1.3 Höchstbetrag von 4500 Euro

Die anzusetzende Entfernungspauschale ist grundsätzlich auf einen Höchstbetrag von 4500 Euro begrenzt. Die Beschränkung auf 4500 Euro gilt

– wenn der Weg zwischen Wohnung und regelmäßiger Arbeitsstätte mit einem Motorrad, Motorroller, Moped, Fahrrad oder zu Fuß zurückgelegt wird,
– bei Benutzung eines Kraftwagens für die Teilnehmer an einer Fahrgemeinschaft und zwar für die Tage, an denen der Arbeitnehmer seinen eigenen oder zur Nutzung überlassenen Kraftwagen nicht einsetzt,
– bei Benutzung öffentlicher Verkehrsmittel.

Bei Benutzung eines eigenen oder zur Nutzung überlassenen Kraftwagens greift die Begrenzung auf 4500 Euro nicht ein. Diese Arbeitnehmer müssen lediglich nachweisen oder glaubhaft machen, dass sie die Fahrten zwischen Wohnung und regelmäßiger Arbeitsstätte mit dem eigenen oder ihnen zur Nutzung überlassenen Kraftwagen zurückgelegt haben. Ein Nachweis der tatsächlichen Aufwendungen für den Kraftwagen ist somit für den Ansatz eines höheren Betrages als 4500 Euro nicht erforderlich.

1.4 Maßgebende Entfernung zwischen Wohnung und regelmäßiger Arbeitsstätte

Für die Bestimmung der Entfernung zwischen Wohnung und regelmäßiger Arbeitsstätte ist die kürzeste Straßenverbindung zwischen Wohnung und regelmäßiger Arbeitsstätte maßgebend. Dabei sind nur volle Kilometer der Entfernung anzusetzen, ein angefangener Kilometer bleibt unberücksichtigt. Die Entfernungsbestimmung richtet sich nach der Straßenverbindung; sie ist unabhängig von dem Verkehrsmittel, das tatsächlich für den Weg zwischen Wohnung und regelmäßiger Arbeitsstätte benutzt wird. Bei Benutzung eines Kraftfahrzeugs kann eine andere als die kürzeste Straßenverbindung zugrunde gelegt werden, wenn diese offensichtlich verkehrsgünstiger ist und vom Arbeitnehmer regelmäßig für die Wege zwischen Wohnung und regelmäßiger Arbeitsstätte benutzt wird. Dies gilt auch, wenn der Arbeitnehmer ein öffentliches Verkehrsmittel benutzt, dessen Linienführung über die verkehrsgünstigere Straßenverbindung geführt wird. Eine von der kürzesten Straßenverbindung abweichende Strecke ist verkehrsgünstiger, wenn der Arbeitnehmer die regelmäßige Arbeitsstätte – trotz gelegentlicher Verkehrsstörungen – in der Regel schneller und pünktlicher erreicht (BFH – Urteil vom 10. Oktober 1975, BStBl II S. 852). Teilstrecken mit steuerfreier Sammelbeförderung sind nicht in die Entfernungsermittlung einzubeziehen.

Eine Fährverbindung ist, soweit sie zumutbar erscheint und wirtschaftlich sinnvoll ist, mit in die Entfernungsberechnung einzubeziehen. Die Fahrtstrecke der Fähre selbst ist dann Teil der maßgebenden Entfernung. Die tatsächlichen Fährkosten sind ab 2007 nicht mehr anzusetzen. Gebühren für die Benutzung eines Straßentunnels oder einer mautpflichtigen Straße dürfen ebenfalls nicht neben der Entfernungspauschale berücksichtigt werden. Fallen die Hin- und Rückfahrt zur regelmäßigen Arbeitsstätte auf verschiedene Arbeitstage, so kann aus Vereinfachungsgründen unterstellt werden, dass die Fahrten an einem Arbeitstag durchgeführt wurden; ansonsten ist H 42 (Fahrtkosten – bei einfacher Fahrt) LStH weiter zu beachten.

Beispiel:

Ein Arbeitnehmer fährt mit der U-Bahn zur regelmäßigen Arbeitsstätte. Einschließlich der Fußwege und der U-Bahnfahrt beträgt die zurückgelegte Entfernung 30 km. Die kürzeste Straßenverbindung beträgt 25 km.
Für die Ermittlung der Entfernungspauschale ist eine Entfernung von 25 km abzüglich 20 km = 5 km anzusetzen.

1.5 Fahrgemeinschaften

Unabhängig von der Art der Fahrgemeinschaft wird jedem Teilnehmer der Fahrgemeinschaft die Entfernungspauschale entsprechend der für ihn maßgebenden Entfernungsstrecke gewährt. Umwegstrecken, insbesondere zum Abholen von Mitfahrern, sind nicht in die Entfernungsermittlung einzubeziehen.

Der Höchstbetrag für die Entfernungspauschale von 4500 Euro greift auch bei einer wechselseitigen Fahrgemeinschaft, und zwar für die Mitfahrer der Fahrgemeinschaft an den Arbeitstagen, an denen sie ihren Kraftwagen nicht einsetzen.

Bei wechselseitigen Fahrgemeinschaften kann zunächst der Höchstbetrag von 4500 Euro durch die Wege an den Arbeitstagen ausgeschöpft werden, an denen der Arbeitnehmer mitgenommen wurde. Deshalb ist zunächst die (auf 4500 Euro begrenzte) anzusetzende Entfernungspauschale für die Tage zu berechnen, an denen der Arbeitnehmer mitgenommen wurde. Anschließend ist die anzusetzende (unbegrenzte) Entfernungspauschale für die Tage zu ermitteln, an denen der Arbeitnehmer seinen eigenen Kraftwagen benutzt hat. Beide Beträge zusammen ergeben die insgesamt anzusetzende Entfernungspauschale.

Beispiel:

Bei einer aus drei Arbeitnehmern bestehenden wechselseitigen Fahrgemeinschaft beträgt die Entfernung zwischen Wohnung und regelmäßiger Arbeitsstätte für jeden Arbeitnehmer 100 km. Bei tatsächlichen 210 Arbeitstagen benutzt jeder Arbeitnehmer seinen eigenen Kraftwagen an 70 Tagen für die Fahrten zwischen Wohnung und regelmäßiger Arbeitsstätte.

Die Entfernungspauschale ist für jeden Teilnehmer der Fahrgemeinschaft wie folgt zu ermitteln:

Zunächst ist die Entfernungspauschale für die Fahrten und Tage zu ermitteln, an denen der Arbeitnehmer mitgenommen wurde:

140 Arbeitstage × (100 km − 20 km) = 80 km × 0,30 Euro = 3 360 Euro

Anschließend ist die Entfernungspauschale für die Fahrten und Tage zu ermitteln, an denen der Arbeitnehmer seinen eigenen Kraftwagen benutzt hat:

70 Arbeitstage × (100 km − 20 km) = 80 km × 0,30 Euro = 1 680 Euro

anzusetzende Entfernungspauschale = 5 040 Euro

Setzt bei einer Fahrgemeinschaft nur ein Teilnehmer seinen Kraftwagen ein, kann er die Entfernungspauschale ohne Begrenzung auf den Höchstbetrag von 4500 Euro für seine Entfernung zwischen Wohnung und regelmäßiger Arbeitsstätte geltend machen; eine Umwegstrecke zum Abholen der Mitfahrer ist nicht mit in die Entfernungsermittlung einzubeziehen. Den Mitfahrern wird gleichfalls die Entfernungspauschale gewährt, allerdings bei ihnen begrenzt auf den Höchstbetrag von 4500 Euro.

1.6 Benutzung verschiedener Verkehrsmittel

Arbeitnehmer legen die Wege zwischen Wohnung und regelmäßiger Arbeitsstätte oftmals auf unterschiedliche Weise zurück, d. h. für eine Teilstrecke werden der Kraftwagen und für die weitere Teilstrecke öffentliche Verkehrsmittel benutzt (Park & Ride) oder es werden für einen Teil des Jahres der eigene Kraftwagen und für den anderen Teil öffentliche Verkehrsmittel benutzt. In derartigen Mischfällen ist zunächst die maßgebende Entfernung für die kürzeste Straßenverbindung zu ermitteln

(Tz. 1.4). Auf der Grundlage dieser Entfernung ist sodann die anzusetzende Entfernungspauschale für die Fahrten zwischen Wohnung und regelmäßiger Arbeitsstätte zu berechnen.

Die maßgebende Entfernung ist um 20 Entfernungskilometer zu kürzen, die Teilstrecken sind wie folgt aufzuteilen:

Die Teilstrecke, die mit dem eigenen Kraftwagen zurückgelegt wird, ist in voller Höhe anzusetzen; für diese Teilstrecke kann Tz. 1.4 zur verkehrsgünstigeren Strecke angewandt werden. Der verbleibende Teil der maßgebenden Entfernung ist die Teilstrecke, die auf öffentliche Verkehrsmittel entfällt. Die Kürzung um 20 Entfernungskilometer ist zunächst bei der zuerst zurückgelegten Teilstrecke vorzunehmen.

Die anzusetzende Entfernungspauschale ist sodann für die Teilstrecke und Arbeitstage zu ermitteln, an denen der Arbeitnehmer seinen eigenen oder ihm zur Nutzung überlassenen Kraftwagen eingesetzt hat. Anschließend ist die (auf 4500 Euro – begrenzte) anzusetzende Entfernungspauschale für die Teilstrecke und Arbeitstage zu ermitteln, an denen der Arbeitnehmer öffentliche Verkehrsmittel benutzt. Beide Beträge ergeben die insgesamt anzusetzende Entfernungspauschale, so dass auch in Mischfällen ein höherer Betrag als 4500 Euro angesetzt werden kann.

Beispiel 1:

Ein Arbeitnehmer fährt an 220 Arbeitstagen im Jahr mit dem eigenen Kraftwagen 30 km zur nächsten Bahnstation und von dort 100 km mit der Bahn zur regelmäßigen Arbeitsstätte. Die kürzeste maßgebende Entfernung (Straßenverbindung) beträgt 100 km. Diese ist um 20 Entfernungskilometer zu kürzen, so dass im Ergebnis 80 Entfernungskilometer verbleiben. Für die Teilstrecke mit dem eigenen Kraftwagen von 30 km ergibt sich eine Entfernungspauschale von 220 Arbeitstagen × (30 km – 20 km) = 10 km × 0,30 Euro = 660 Euro. Für die verbleibende Teilstrecke mit der Bahn von (80 km – 10 km) = 70 km errechnet sich eine Entfernungspauschale von 220 Arbeitstagen × 70 km × 0,30 Euro = 4620 Euro. Hierfür ist der Höchstbetrag von 4500 Euro anzusetzen, so dass sich eine insgesamt anzusetzende Entfernungspauschale von 5160 Euro ergibt.

Beispiel 2:

Ein Arbeitnehmer fährt im Kalenderjahr die ersten drei Monate mit dem eigenen Pkw und die letzten neun Monate mit öffentlichen Verkehrsmitteln zur 120 km entfernten regelmäßigen Arbeitsstätte.

Die Entfernungspauschale beträgt bei 220 Arbeitstagen × (120 km – 20 km) = 100 km × 0,30 Euro = 6600 Euro. Da jedoch für einen Zeitraum von neun Monaten öffentliche Verkehrsmitteln benutzt worden sind, ist hier die Begrenzung auf den Höchstbetrag von 4500 Euro zu beachten. Die anzusetzende Entfernungspauschale ist deshalb wie folgt zu ermitteln:

165 Arbeitstage × (120 km – 20 km) = 100 km × 0,30 Euro	= 4 950 Euro	
Begrenzt auf den Höchstbetrag von zuzüglich		4 500 Euro
55 Arbeitstage × (120 km – 20 km) = 100 km × 0,30 Euro	= 1 650 Euro	1 650 Euro
anzusetzende Entfernungspauschale insgesamt		6 150 Euro.

1.7 Mehrere Wege an einem Arbeitstag

Die Entfernungspauschale kann für die Wege zu derselben regelmäßigen Arbeitsstätte für jeden Arbeitstag nur einmal angesetzt werden.

1.8 Mehrere Dienstverhältnisse

Bei Arbeitnehmern, die in mehreren Dienstverhältnissen stehen und denen Aufwendungen für die Wege zu mehreren auseinander liegenden regelmäßigen Arbeitsstätten entstehen, ist die Entfernungspauschale für jeden Weg zur regelmäßigen Arbeitsstätte anzusetzen, wenn der Arbeitnehmer am Tag zwischenzeitlich in die Wohnung zurückkehrt. Dabei ist § 9 Abs. 2 Satz 2 EStG (Kürzung um 20 Entfernungskilometer) auf jeden Weg gesondert anzuwenden. Die Einschränkung, dass täglich nur eine Fahrt anzuerkennen ist, gilt nur für eine, nicht aber für mehrere regelmäßige Arbeitsstätten. Werden täglich mehrere regelmäßige Arbeitsstätten ohne Rückkehr zur Wohnung nacheinander angefahren, so ist für die Entfernungsermittlung der Weg zur ersten regelmäßigen Arbeitsstätte als Umwegstrecke zur nächsten regelmäßigen Arbeitsstätte zu berücksichtigen; die für die Ermittlung der Entfernungspauschale anzusetzende Entfernung darf höchstens die Hälfte der Gesamtstrecke abzüglich 20 Kilometer betragen.

Beispiel:

Ein Arbeitnehmer fährt vormittags von seiner Wohnung A zur regelmäßigen Arbeitsstätte B, nachmittags weiter zur regelmäßigen Arbeitsstätte C und abends zur Wohnung in A zurück. Die Entfernungen betragen zwischen A und B 30 km, zwischen B und C 40 km und zwischen C und A 50 km.

Die Gesamtentfernung beträgt 30 + 40 + 50 km = 120 km, die Entfernung zwischen der Wohnung und den beiden regelmäßigen Arbeitsstätten 30 + 50 km = 80 km. Da dies mehr als die Hälfte der Gesamtentfernung ist, sind (120 km : 2) = 60 km – 20 km = 40 km für die Ermittlung der Entfernungspauschale anzusetzen.

1.9 Anrechnung von Arbeitgeberleistungen auf die Entfernungspauschale

Jeder Arbeitnehmer erhält die Entfernungspauschale unabhängig von der Höhe seiner Aufwendungen für die Wege zwischen Wohnung und regelmäßiger Arbeitsstätte. Nach § 9 Abs. 2 Satz 5 EStG gilt dies auch dann, wenn der Arbeitgeber dem Arbeitnehmer ein Kraftfahrzeug für die Wege zwischen Wohnung und regelmäßiger Arbeitsstätte überlässt und diese Arbeitgeberleistung nach § 8 Abs. 3 EStG (Rabattfreibetrag) steuerfrei ist, z. B. wenn ein Mietwagenverleihunternehmen dem Arbeitnehmer einen Mietwagen für die Fahrten zwischen Wohnung und regelmäßiger Arbeitsstätte überlässt.

Die folgenden steuerfreien bzw. pauschal versteuerten Arbeitgeberleistungen sind jedoch auf die anzusetzende und ggf. auf 4500 Euro begrenzte Entfernungspauschale anzurechnen:

– nach § 8 Abs. 3 EStG steuerfreie Sachbezüge für Fahrten zwischen Wohnung und regelmäßiger Arbeitsstätte bis höchstens 1080 Euro (Rabattfreibetrag),

– der nach § 40 Abs. 2 Satz 2 EStG pauschal versteuerte Arbeitgeberersatz bis zur Höhe der wie Werbungskosten abzugsfähigen Entfernungspauschale (s. Tz. 5),

– nach § 8 Abs. 2 Satz 9 EStG (44-Euro-Grenze) steuerfreie Sachbezüge für die Wege zwischen Wohnung und regelmäßiger Arbeitsstätte (s. Tz. II.1 des BMF-Schreibens vom 27. Januar 2004, BStBl I S. 173).

Die vorgenannten steuerfreien oder pauschal besteuerten Arbeitgeberleistungen sind vom Arbeitgeber zu bescheinigen (§ 41b Abs. 1 Nr. 6 und 7 EStG).

2. Entfernungspauschale für Familienheimfahrten bei doppelter Haushaltsführung (§ 9 Abs. 2 Sätze 7 bis 9 EStG)

Auf die Entfernungspauschale für Familienheimfahrten bei doppelter Haushaltsführung sind die Tz 1.1 und 1.4 entsprechend anzuwenden. Die Beschränkung der Entfernungspauschale auf Strecken ab dem 21. Entfernungskilometer und die Begrenzung auf den Höchstbetrag von 4500 Euro gelten bei Familienheimfahrten nicht. Für Flugstrecken und bei entgeltlicher Sammelbeförderung durch den Arbeitgeber sind die tatsächlichen Aufwendungen des Arbeitnehmers anzusetzen.

Arbeitgeberleistungen für Familienheimfahrten, die nach § 3 Nr. 13 oder 16 EStG steuerfrei sind, sind nach § 3c Abs. 1 EStG auf die für die Familienheimfahrten anzusetzende Entfernungspauschale anzurechnen.

3. Behinderte Menschen

Nach § 9 Abs. 2 Satz 11 EStG können behinderte Menschen für die Wege zwischen Wohnung und regelmäßiger Arbeitsstätte an Stelle der Entfernungspauschale die tatsächlichen Aufwendungen ansetzen. Bei Benutzung eines privaten Fahrzeugs können die Fahrtkosten ohne Einzelnachweis mit den pauschalen Kilometersätzen gemäß BMF-Schreiben vom 20. August 2001, BStBl I S. 541, vgl. H 38 (Pauschale Kilometersätze) LStH angesetzt werden. Bei Benutzung eines eigenen oder zur Nutzung überlassenen Kraftwagens kann danach ohne Einzelnachweis der Kilometersatz von 0,30 Euro je gefahrenen Kilometer angesetzt werden. Unfallkosten, die auf einer Fahrt zwischen Wohnung und regelmäßiger Arbeitsstätte entstanden sind, können neben dem pauschalen Kilometersatz berücksichtigt werden, vgl. H 38 (Pauschale Kilometersätze) LStH. Werden an Stelle der Entfernungspauschale die tatsächlichen Aufwendungen für die

Wege zwischen Wohnung und regelmäßiger Arbeitsstätte angesetzt, greift die Kürzung um 20 Entfernungskilometer nicht ein.

4. Abgeltungswirkung der Entfernungspauschalen

Nach § 9 Abs. 2 Satz 10 EStG sind durch die Entfernungspauschale sämtliche Aufwendungen abgegolten, die durch die Wege zwischen Wohnung und regelmäßiger Arbeitsstätte und Familienheimfahrten entstehen. Dies gilt z. B. auch für Parkgebühren für das Abstellen des Kraftfahrzeugs während der Arbeitszeit, für Finanzierungskosten sowie für die Kosten eines Austauschmotors anlässlich eines Motorschadens auf einer Fahrt zwischen Wohnung und Arbeitsstätte oder einer Familienheimfahrt und ab 2007 auch für Unfallkosten; dies gilt auch für Unfälle auf einer Umwegstrecke, z. B. zum Abholen von Mitfahrern oder zum Tanken.

5. Pauschalierung nach § 40 Abs. 2 Satz 2 EStG

Der Arbeitgeber kann die Lohnsteuer für zusätzlich zum ohnehin geschuldeten Arbeitslohn gezahlte Zuschüsse zu den Aufwendungen des Arbeitnehmers für Fahrten zwischen Wohnung und regelmäßiger Arbeitsstätte pauschal mit 15 % erheben, soweit diese Zuschüsse den Betrag nicht übersteigen, den der Arbeitnehmer nach § 9 Abs. 2 EStG wie Werbungskosten geltend machen kann. Ausschlaggebend für die Höhe der Zuschüsse ist demnach der Betrag, den der Arbeitnehmer für die Fahrten zwischen Wohnung und regelmäßiger Arbeitsstätte wie Werbungskosten geltend machen kann.

Bei Benutzung eines eigenen oder zur Nutzung überlassenen Kraftwagens sind die pauschalierungsfähigen Zuschüsse des Arbeitgebers auf die Höhe der nach § 9 Abs. 2 Satz 2 EStG wie Werbungskosten abziehbaren Entfernungspauschale beschränkt. Ein höherer Zuschuss als 4500 Euro ist pauschalierbar, soweit die Entfernungspauschale für die Fahrten zwischen Wohnung und regelmäßiger Arbeitsstätte diesen Betrag übersteigt. Aus Vereinfachungsgründen kann davon ausgegangen werden, dass monatlich an 15 Arbeitstagen Fahrten zwischen Wohnung und regelmäßiger Arbeitsstätte erfolgen.

Bei Benutzung anderer Verkehrsmittel als des eigenen oder zur Nutzung überlassenen Kraftwagens richtet sich die Höhe der pauschalierungsfähigen Zuschüsse nach den tatsächlichen Aufwendungen, höchstens 4500 Euro. Bei Nutzung eines Motorrads, Motorrollers, Mopeds, Mofas oder Fahrrads können die pauschalen Kilometersätze angesetzt werden, die nach R 38 Abs. 1 Satz 5 LStR mit dem BMF-Schreiben vom 20. August 2001 (BStBl I S. 541) bekannt gemacht worden sind. Die pauschalierungsfähigen Zuschüsse des Arbeitgebers sind auf die Höhe der nach § 9 Abs. 2 Satz 2 EStG wie Werbungskosten abziehbaren Entfernungspauschale beschränkt. Aus Vereinfachungsgründen kann davon ausgegangen werden, dass monatlich an 15 Arbeitstagen Fahrten zwischen Wohnung und regelmäßiger Arbeitsstätte erfolgen.

Eine Pauschalierung in Höhe der tatsächlichen Aufwendungen des Arbeitnehmers für die Fahrten zwischen Wohnung und regelmäßiger Arbeitsstätte ist bei entgeltlicher Sammelbeförderung für die Aufwendungen ab dem 21. Entfernungskilometer und für Flugstrecken sowie bei behinderten Menschen zulässig.

Das BMF-Schreiben vom 11. Dezember 2001 (BStBl I S. 994) zu den Entfernungspauschalen ab 2001 ist ab 2007 nicht mehr anzuwenden.

Dieses Schreiben wird im Bundessteuerblatt Teil I veröffentlicht (Zuordnung ESt-Kartei NRW § 9 EStG Fach 4).

R 43 Abs. 1 bis 5
Mehraufwendungen bei doppelter Haushaltsführung*)

Doppelte Haushaltsführung

(1) ¹Eine doppelte Haushaltsführung liegt nur dann vor, wenn der Arbeitnehmer außerhalb des Ortes, in dem er einen eigenen Hausstand unterhält, beschäftigt ist und auch am Beschäftigungsort übernachtet; die Anzahl der Übernachtungen ist dabei unerheblich. ²Eine doppelte Haushaltsführung liegt nicht vor, solange die auswärtige Beschäftigung nach R 37 Abs. 3 als Dienstreise anzuerkennen ist.

Berufliche Veranlassung

(2) ¹Das Beziehen einer Zweitwohnung ist regelmäßig bei einem Wechsel des Beschäftigungsorts auf Grund einer Versetzung, des Wechsels oder der erstmaligen Begründung eines Dienstverhältnisses beruflich veranlasst. ²Beziehen beiderseits berufstätige Ehegatten am gemeinsamen Beschäftigungsort eine gemeinsame Zweitwohnung, liegt ebenfalls eine berufliche Veranlassung vor. ³Auch die Mitnahme des nicht berufstätigen Ehegatten an den Beschäftigungsort steht der beruflichen Veranlassung einer doppelten Haushaltsführung nicht entgegen. ⁴Bei Zuzug aus dem Ausland kann das Beziehen einer Zweitwohnung auch dann beruflich veranlasst sein, wenn der Arbeitnehmer politisches Asyl beantragt oder erhält.

Eigener Hausstand

(3) ¹Ein eigener Hausstand setzt eine eingerichtete, den Lebensbedürfnissen entsprechende Wohnung des Arbeitnehmers voraus. ²In dieser Wohnung muss der Arbeitnehmer einen Haushalt unterhalten, das heißt, er muss die Haushaltsführung bestimmen oder wesentlich mitbestimmen. ³Es ist nicht erforderlich, dass in der Wohnung am Ort des eigenen Hausstands hauswirtschaftliches Leben herrscht, z. B. wenn der Arbeitnehmer seinen nicht berufstätigen Ehegatten an den auswärtigen Beschäftigungsort mitnimmt oder der Arbeitnehmer nicht verheiratet ist. ⁴Die Wohnung muss außerdem der Mittelpunkt der Lebensinteressen des Arbeitnehmers sein (>R 42 Abs. 1 Satz 4 bis 8). ⁵Bei größerer Entfernung zwischen dieser Wohnung und der Zweitwohnung, insbesondere bei einer Wohnung im Ausland, reicht bereits eine Heimfahrt im Kalenderjahr aus, um diese als Lebensmittelpunkt anzuerkennen, wenn in der Wohnung auch bei Abwesenheit des Arbeitnehmers hauswirtschaftliches Leben herrscht, an dem sich der Arbeitnehmer sowohl durch persönliche Mitwirkung als auch finanziell maßgeblich beteiligt. ⁶Bei Arbeitnehmern mit einer Wohnung in weit entfernt liegenden Ländern, z. B. Australien, Indien, Japan, Korea, Philippinen, gilt Satz 5 mit der Maßgabe, dass innerhalb von zwei Jahren mindestens eine Heimfahrt unternommen wird.

Ort der Zweitwohnung

(4) Eine Zweitwohnung in der Nähe des Beschäftigungsorts steht einer Zweitwohnung am Beschäftigungsort gleich.

(5) – weggefallen –

H 43 (1–5)
Hinweise zu R 43 (Abs. 1–5)
Mehraufwendungen bei doppelter Haushaltsführung

Beibehaltung der Wohnung

Ist der doppelte Haushalt beruflich begründet worden, ist es unerheblich, ob in der Folgezeit auch die Beibehaltung beider Wohnungen beruflich veranlasst ist (>BFH vom 30. 9. 1988 – BStBl. 1989 II S. 103).

Berufliche Veranlassung

– Das Beziehen der Zweitwohnung oder die mit der Begründung einer Zweitwohnung verbundene Aufteilung einer Haushaltsführung auf zwei Wohnungen muss durch die berufliche Beschäftigung veranlasst gewesen sein (>BFH vom 2. 12. 1981 – BStBl. 1982 II S. 297 und 323 sowie vom 22. 9. 1988 – BStBl. 1989 II S. 293).

– Bezieht ein Arbeitnehmer, der seinen Hausstand vom Beschäftigungsort weg verlegt hat, nach mehreren Jahren oder aus gesundheitlichen Gründen, die in der Zwischenzeit eingetreten sind, am Beschäftigungsort eine Zweitwohnung, so kann dies durch die berufliche Beschäftigung veranlasst sein (>BFH vom 30. 10. 1987 – BStBl. 1988 II S. 358 und vom 22. 9. 1988 – BStBl. 1989 II S. 94).

---

*) Neue BFH-Rechtsprechung vom 11. 5. 2005 >H 43 (6–12) LStH und BMF vom 26. 10. 2005 (BStBl. I S. 960), abgedruckt als Anlage 5 zu H 37 LStR.

§ 9 EStG
R 43 Abs. 6–12

Ehegatten

Bei verheirateten Arbeitnehmern kann für jeden Ehegatten eine doppelte Haushaltsführung beruflich veranlasst sein, wenn die Ehegatten außerhalb des Ortes ihres gemeinsamen Hausstands an verschiedenen Orten beschäftigt sind und am jeweiligen Beschäftigungsort eine Zweitwohnung beziehen (>BFH vom 6. 10. 1994 – BStBl. 1995 II S. 184).

Eheschließung

Eine beruflich veranlasste Aufteilung einer Haushaltsführung liegt auch in den Fällen vor, in denen der eigene Hausstand nach der Eheschließung am Beschäftigungsort des ebenfalls berufstätigen Ehegatten begründet wird (>BFH vom 6. 9. 1977 – BStBl. 1978 II S. 32, vom 20. 3. 1980 – BStBl. II S. 455 und vom 4. 10. 1989 – BStBl. 1990 II S. 321) oder wegen der Aufnahme einer Berufstätigkeit des Ehegatten an dessen Beschäftigungsort verlegt und am Beschäftigungsort eine Zweitwohnung des Arbeitnehmers begründet worden ist (>BFH vom 2. 10. 1987 – BStBl. II S. 852).

Eigener Hausstand

– Die Wohnung muss grundsätzlich aus eigenem Recht, z. B. als Eigentümer oder als Mieter genutzt werden, wobei auch ein gemeinsames oder abgeleitetes Nutzungsrecht ausreichen kann (>BFH vom 5. 10. 1994 – BStBl. 1995 II S. 180). Ein eigener Hausstand wird auch anerkannt, wenn die Wohnung zwar allein vom Lebenspartner des Arbeitnehmers angemietet wurde, dieser sich aber mit Duldung seines Partners dauerhaft dort aufhält und sich finanziell in einem Umfang an der Haushaltsführung beteiligt, dass daraus auf eine gemeinsame Haushaltsführung geschlossen werden kann (>BFH vom 12. 9. 2000 – BStBl. 2001 II S. 29).

– Ein eigener Hausstand liegt nicht vor bei Arbeitnehmern, die – wenn auch gegen Kostenbeteiligung – in den Haushalt der Eltern eingegliedert sind oder in der Wohnung der Eltern lediglich ein Zimmer bewohnen (>BFH vom 5. 10. 1994 – BStBl. 1995 II S. 180).

– Ein Vorbehaltsnießbrauch zu Gunsten der Eltern an einem Zweifamilienhaus eines unverheirateten Arbeitnehmers schließt nicht aus, dass dieser dort einen eigenen Hausstand als Voraussetzung für eine doppelte Haushaltsführung unterhält, wenn gesichert ist, dass er die Wohnung nicht nur vorübergehend nutzen kann; bei dieser Prüfung kommt es auf den Fremdvergleich nicht an (>BFH vom 4. 11. 2003 – BStBl. 2004 II S. 16).

– Unterhält ein unverheirateter Arbeitnehmer am Ort des Lebensmittelpunkts seinen Haupthausstand, so kommt es für das Vorliegen einer doppelten Haushaltsführung nicht darauf an, ob die ihm dort zur ausschließlichen Nutzung zur Verfügung stehenden Räumlichkeiten den bewertungsrechtlichen Anforderungen an eine Wohnung gerecht werden (>BFH vom 14. 10. 2004 – BStBl. 2005 II S. 98).

Nutzung der Zweitwohnung

Es ist unerheblich, wie oft der Arbeitnehmer tatsächlich in der Zweitwohnung übernachtet (>BFH vom 9. 6. 1988 – BStBl. II S. 990).

Private Veranlassung

Die Aufteilung einer Haushaltsführung ist nicht durch die berufliche Beschäftigung veranlasst, wenn der Arbeitnehmer seinen Hausstand nach der Eheschließung in der außerhalb des Beschäftigungsorts liegenden Wohnung des nicht berufstätigen Ehegatten begründet (>BFH vom 13. 3. 1996 – BStBl. II S. 315) oder aus anderen privaten Gründen vom Beschäftigungsort weg verlegt und im Zusammenhang damit am Beschäftigungsort die Zweitwohnung begründet hat (>BFH vom 10. 11. 1978 – BStBl. 1979 II S. 219 und vom 2. 12. 1981 – BStBl. 1982 II S. 297).

Zeitlicher Zusammenhang

Es ist gleichgültig, ob die >Zweitwohnung in zeitlichem Zusammenhang mit dem Wechsel des Beschäftigungsorts, nachträglich (>BFH vom 9. 3. 1979 – BStBl. II S. 520) oder im Rahmen eines Umzugs aus einer privat begründeten >Zweitwohnung (>BFH vom 26. 8. 1988 – BStBl. 1989 II S. 89) bezogen worden ist.

Zweitwohnung

Als Zweitwohnung am Beschäftigungsort kommt jede dem Arbeitnehmer entgeltlich oder unentgeltlich zur Verfügung stehende Unterkunft in Betracht, z. B. auch eine Eigentumswohnung, ein möbliertes Zimmer, ein Hotelzimmer, eine Gemeinschaftsunterkunft, ein Gleisbauzug, in dem der Arbeitnehmer übernachten kann (>BFH vom 3. 10. 1985 – BStBl. 1986 II S. 369) oder

bei Soldaten die Unterkunft in der Kaserne (>BFH vom 20. 12. 1982 – BStBl. 1983 II S. 269).

R 43 Abs. 6 bis 12
Mehraufwendungen bei doppelter Haushaltsführung

Notwendige Mehraufwendungen

(6) ¹Als notwendige Mehraufwendungen wegen einer doppelten Haushaltsführung kommen in Betracht:

1. die Fahrtkosten aus Anlass der Wohnungswechsel zu Beginn und am Ende der doppelten Haushaltsführung sowie für wöchentliche Heimfahrten an den Ort des eigenen Hausstands (>Absatz 7) oder Aufwendungen für wöchentliche Familien-Ferngespräche,
2. Verpflegungsmehraufwendungen (>Absatz 8),
3. Aufwendungen für die Zweitwohnung (>Absatz 9) und
4. Umzugskosten (>Absatz 10).

²Führt der Arbeitnehmer mehr als eine Heimfahrt wöchentlich durch, so kann er wählen, ob er die nach Satz 1 in Betracht kommenden Mehraufwendungen wegen doppelter Haushaltsführung oder die Fahrtkosten als Aufwendungen für Fahrten zwischen Wohnung und Arbeitsstätte nach R 42 geltend machen will. ³Der Arbeitnehmer kann das Wahlrecht bei derselben doppelten Haushaltsführung für jedes Kalenderjahr nur einmal ausüben. ⁴Hat der Arbeitgeber die Zweitwohnung unentgeltlich oder teilentgeltlich zur Verfügung gestellt, so sind die abziehbaren Fahrtkosten um diesen Sachbezug mit dem nach R 31 Abs. 5 und 6 maßgebenden Wert zu kürzen.

Notwendige Fahrtkosten

(7) Als notwendige Fahrtkosten sind anzuerkennen:

1. die tatsächlichen Aufwendungen für die Fahrten anlässlich der Wohnungswechsel zu Beginn und am Ende der doppelten Haushaltsführung. ²Für die Ermittlung der Fahrtkosten ist R 38 Abs. 1 anzuwenden; zusätzlich können etwaige Nebenkosten nach Maßgabe von R 40 a berücksichtigt werden;
2. die Entfernungspauschale nach § 9 Abs. 1 Satz 3 Nr. 5 EStG*) für jeweils eine tatsächlich durchgeführte Heimfahrt wöchentlich. ²Die Entfernungspauschale gilt nicht für Strecken mit steuerfreier Sammelbeförderung und Flugstrecken; hier sind vorbehaltlich R 33 Abs. 1 die tatsächlichen Aufwendungen anzusetzen**). ³Aufwendungen für Fahrten mit einem im Rahmen des Dienstverhältnisses zur Nutzung überlassenen Kraftfahrzeug können nicht angesetzt werden (>Absatz 11 Satz 7 Nr. 1).

Notwendige Verpflegungsmehraufwendungen

(8) ¹Als notwendige Verpflegungsmehraufwendungen sind für einen Zeitraum von drei Monaten nach Bezug der Wohnung am neuen Beschäftigungsort für jeden Kalendertag, an dem der Arbeitnehmer von seiner Wohnung am Lebensmittelpunkt im Sinne des Absatzes 3 abwesend ist, die bei Dienstreisen ansetzbaren Pauschbeträge anzuerkennen; dabei ist allein die Dauer der Abwesenheit von der Wohnung am Lebensmittelpunkt maßgebend. ²Ist der Tätigkeit am Beschäftigungsort eine Dienstreise an diesen Beschäftigungsort unmittelbar vorausgegangen, so ist deren Dauer auf die Dreimonatsfrist anzurechnen. ³Für den Ablauf der Dreimonatsfrist gilt R 37 Abs. 3 mit der Maßgabe, dass der Neubeginn der Dreimonatsfrist voraussetzt, dass die bisherige Zweitwohnung nicht beibehalten wurde. ⁴R 39 Abs. 2 ist zu beachten.

---
*) Ab 1.1.2007: § 9 Abs. 2 Satz 8 EStG.
**) BMF vom 1.12.2006 (BStBl. I Nr. 20), abgedruckt als Anlage zu H 42 LStR.

§ 9 EStG
R 43 Abs. 6–12

Notwendige Aufwendungen für die Zweitwohnung

(9) ¹Als notwendige Aufwendungen für die Zweitwohnung sind deren tatsächliche Kosten anzuerkennen. ²Zu den notwendigen Aufwendungen für die Zweitwohnung gehört auch die für diese Wohnung zu entrichtende Zweitwohnungssteuer. ³Steht die Zweitwohnung im Eigentum des Arbeitnehmers, so sind die Aufwendungen in der Höhe als notwendig anzusehen, in der sie der Arbeitnehmer als Mieter für eine nach Größe, Ausstattung und Lage angemessene Wohnung tragen müsste. ⁴Liegt der Beschäftigungsort im Ausland, so können die notwendigen Aufwendungen für die Zweitwohnung im Ausland ohne Einzelnachweis für die Dreimonatsfrist im Sinne des Absatzes 8 mit dem nach R 40 Abs. 2 maßgebenden Pauschbetrag und für die Folgezeit mit 40 % dieses Pauschbetrags je Übernachtung angesetzt werden; ein Wechsel zwischen dem Einzelnachweis der Aufwendungen und dem Ansatz der Pauschbeträge ist bei derselben doppelten Haushaltsführung innerhalb eines Kalenderjahres nicht zulässig.

Umzugskosten

(10) ¹Der Nachweis der Umzugskosten im Sinne des § 10 BUKG ist notwendig bei einem Umzug anlässlich der Begründung, Beendigung oder des Wechsels einer doppelten Haushaltsführung, weil dafür die Pauschalierung nicht gilt. ²Dasselbe gilt für die sonstigen Umzugsauslagen im Sinne des § 10 AUV bei Beendigung einer doppelten Haushaltsführung durch den Rückumzug eines Arbeitnehmers in das Ausland.

Werbungskostenabzug oder Vergütung durch den Arbeitgeber

(11) ¹Die notwendigen Mehraufwendungen nach den Absätzen 6 bis 10 können als Werbungskosten abgezogen werden, soweit sie nicht vom Arbeitgeber nach den folgenden Regelungen steuerfrei erstattet werden; R 39 Abs. 2 ist sinngemäß anzuwenden. ²Die Erstattung der Mehraufwendungen bei doppelter Haushaltsführung durch den Arbeitgeber ist nach § 3 Nr. 13 oder 16 EStG steuerfrei, soweit keine höheren Beträge erstattet werden, als nach Satz 1 als Werbungskosten abgezogen werden können. ³Dabei kann der Arbeitgeber bei Arbeitnehmern in den Steuerklassen III, IV oder V ohne weiteres unterstellen, dass sie einen eigenen Hausstand haben. ⁴Bei anderen Arbeitnehmern darf der Arbeitgeber einen eigenen Hausstand nur dann anerkennen, wenn sie schriftlich erklären, dass sie neben einer Zweitwohnung am Beschäftigungsort außerhalb des Beschäftigungsorts einen eigenen Hausstand unterhalten, und die Richtigkeit dieser Erklärung durch Unterschrift bestätigen. ⁵Diese Erklärung ist als Beleg zum Lohnkonto aufzubewahren. ⁶Das Wahlrecht des Arbeitnehmers nach Absatz 6 hat der Arbeitgeber nicht zu beachten. ⁷Darüber hinaus gilt Folgendes:

1. Hat der Arbeitgeber oder für dessen Rechnung ein Dritter dem Arbeitnehmer einen Kraftwagen zur Durchführung der Heimfahrten unentgeltlich überlassen, so kommt ein Werbungskostenabzug und eine Erstattung von Fahrtkosten nicht in Betracht.
2. Verpflegungsmehraufwendungen dürfen nur bis zu den nach Absatz 8 maßgebenden Pauschbeträgen steuerfrei erstattet werden.
3. ¹Die notwendigen Aufwendungen für die Zweitwohnung an einem Beschäftigungsort im Inland dürfen ohne Einzelnachweis für einen Zeitraum von drei Monaten mit einem Pauschbetrag bis zu 20 € und für die Folgezeit mit einem Pauschbetrag bis zu 5 € je Übernachtung steuerfrei erstattet werden, wenn dem Arbeitnehmer die Zweitwohnung nicht unentgeltlich oder teilentgeltlich zur Verfügung gestellt worden ist. ²Bei einer Zweitwohnung im Ausland können die notwendigen Aufwendungen ohne Einzelnachweis für einen Zeitraum von drei Monaten mit dem für eine Dienstreise geltenden ausländischen Übernachtungspauschbetrag und für die Folgezeit mit 40 % dieses Pauschbetrags steuerfrei erstattet werden.

Arbeitnehmer ohne eigenen Hausstand mit Einsatzwechseltätigkeit

(12) – weggefallen –*)

H 43 (6–12)
Hinweise zu R 43 (Absätze 6–12)
Mehraufwendungen bei doppelter Haushaltsführung

Angemessenheit der Unterkunftskosten

Die tatsächlichen Mietkosten sind als Werbungskosten abziehbar, soweit sie nicht überhöht sind (>BFH vom 16. 3. 1979 – BStBl. II S. 473). Entsprechendes gilt für die tatsächlich anfallenden Unterkunftskosten im eigenen Haus (>BFH vom 24. 5. 2000 – BStBl. II S. 474).

Drittaufwand

Der Abzug der Aufwendungen für die Zweitwohnung ist ausgeschlossen, wenn die Aufwendungen auf Grund eines Dauerschuldverhältnisses (z. B. Mietvertrag) von einem Dritten getragen werden (>BFH vom 13. 3. 1996 – BStBl. II S. 375 und vom 24. 2. 2000 – BStBl. II S. 314).

Eigene Zweitwohnung

Bei einer im Eigentum des Arbeitnehmers stehenden Zweitwohnung gilt Folgendes:

– Zu den Aufwendungen gehören auch die Absetzungen für Abnutzung, Hypothekenzinsen und Reparaturkosten (>BFH vom 3. 12. 1982 – BStBl. 1983 II S. 467).
– Die Inanspruchnahme der Eigenheimzulage scheidet aus, wenn für eine doppelte Haushaltsführung Aufwendungen als Werbungskosten geltend gemacht werden (>§ 2 Satz 2 EigZulG sowie zu § 10 e EStG >BFH vom 27. 7. 2000 – BStBl. II S. 692).

Kostenarten

Zu den einzelnen Kostenarten bei Vorliegen einer doppelten Haushaltsführung >BFH vom 4. 4. 2006 (BStBl. II S. 567).

Pauschbeträge bei doppelter Haushaltsführung im Ausland

>BMF vom 9. 11. 2004 (BStBl. I S. 1052)**); zur Begrenzung auf 40 % >R 43 Abs. 9 Satz 4.

Telefonkosten

Anstelle der Aufwendungen für eine Heimfahrt an den Ort des eigenen Hausstands können die Gebühren für ein Ferngespräch bis zu einer Dauer von 15 Minuten mit Angehörigen, die zum eigenen Hausstand des Arbeitnehmers gehören, berücksichtigt werden (>BFH vom 18. 3. 1988 – BStBl. II S. 988).

Übernachtungskosten im Inland

Übernachtungskosten im Inland müssen grundsätzlich im Einzelnen nachgewiesen werden. Sie können geschätzt werden, wenn sie dem Grunde nach zweifelsfrei entstanden sind (>BFH vom 12. 9. 2001 – BStBl. II S. 775).

Umzugskosten

Zu den notwendigen Mehraufwendungen einer doppelten Haushaltsführung gehören auch die durch das Beziehen oder die Aufgabe der Zweitwohnung verursachten tatsächlichen Umzugskosten (>BFH vom 29. 4. 1992 – BStBl. II S. 667).

Wahlrecht*)

Wählt der Arbeitnehmer den Abzug der Fahrtkosten nach R 42, so kann er Verpflegungsmehraufwendungen nach R 43 Abs. 8 und Aufwendungen für die Zweitwohnung nach R 43 Abs. 9 auch dann nicht geltend machen, wenn ihm Fahrtkosten nicht an jedem Arbeitstag entstanden sind, weil er sich in Rufbereitschaft zu halten oder mehrere Arbeitsschichten nacheinander abzuleisten hatte (>BFH vom 2. 10. 1992 – BStBl. 1993 II S. 113).

---

*) BMF-Schreiben vom 26. 10. 2005 (BStBl. I S. 960), abgedruckt als Anlage 5 zu H 37 LStR.
**) Abgedruckt als Anhang 19 zum Handbuch.
***) >BMF vom 26. 10. 2005 (BStBl. I S. 960), abgedruckt als Anlage 5 zu H 37 LStR.

§ 9 EStG
R 44

R 44
Arbeitsmittel

¹Die Anschaffungs- oder Herstellungskosten von Arbeitsmitteln einschließlich der Umsatzsteuer können im Jahr der Anschaffung oder Herstellung in voller Höhe als Werbungskosten abgesetzt werden, wenn sie ausschließlich der Umsatzsteuer für das einzelne Arbeitsmittel die Grenze für geringwertige Wirtschaftsgüter nach § 6 Abs. 2 EStG nicht übersteigen. ²Höhere Anschaffungs- oder Herstellungskosten sind auf die Kalenderjahre der voraussichtlichen gesamten Nutzungsdauer des Arbeitsmittels zu verteilen und in jedem dieser Jahre anteilig als Werbungskosten zu berücksichtigen. ³Wird ein als Arbeitsmittel genutztes Wirtschaftsgut veräußert, so ist ein sich eventuell ergebender Veräußerungserlös bei den Einkünften aus nichtselbständiger Arbeit nicht zu erfassen.

H 44
Hinweise zu R 44
Arbeitsmittel

Absetzung für Abnutzung

– Außergewöhnliche technische oder wirtschaftliche Abnutzungen sind zu berücksichtigen (>BFH vom 29. 4. 1983 – BStBl. II S. 586 – im Zusammenhang mit einem Diebstahl eingetretene Beschädigung an einem als Arbeitsmittel anzusehenden Pkw).

– Eine technische Abnutzung kann auch dann in Betracht kommen, wenn wirtschaftlich kein Wertverzehr eintritt (>BFH vom 31. 1. 1986 – BStBl. II S. 355 – als Arbeitsmittel ständig in Gebrauch befindliche Möbelstücke, >BFH vom 26. 1. 2001 – BStBl. II S. 194 – im Konzertalltag regelmäßig bespielte Meistergeige).

– Wird ein Wirtschaftsgut nach einer Nutzung außerhalb der Einkunftsarten als Arbeitsmittel verwendet, so sind die weiteren AfA von den Anschaffungs- oder Herstellungskosten einschließlich Umsatzsteuer nach der voraussichtlichen gesamten Nutzungsdauer des Wirtschaftsguts in gleichen Jahresbeträgen zu bemessen. Der auf den Zeitraum vor der Verwendung als Arbeitsmittel entfallende Teil der Anschaffungs- oder Herstellungskosten des Wirtschaftsguts (fiktive AfA) gilt als abgesetzt (>BFH vom 14. 2. 1989 – BStBl. II S. 922 und vom 2. 2. 1990 – BStBl. II S. 684). Dies gilt auch für geschenkte Wirtschaftsgüter (>BFH vom 16. 2. 1990 – BStBl. II S. 883).

– Der Betrag, der nach Umwidmung eines erworbenen oder geschenkten Wirtschaftsguts zu einem Arbeitsmittel nach Abzug der fiktiven AfA von den Anschaffungs- oder Herstellungskosten einschließlich Umsatzsteuer verbleibt, kann aus Vereinfachungsgründen im Jahr der erstmaligen Verwendung des Wirtschaftsguts als Arbeitsmittel in voller Höhe als Werbungskosten abgezogen werden, wenn er 410 € nicht übersteigt (>BFH vom 16. 2. 1990 – BStBl. II S. 883).

– Die Peripherie-Geräte einer PC-Anlage sind regelmäßig keine geringwertigen Wirtschaftsgüter (>BFH vom 19. 2. 2004 – BStBl. II S. 958).

Angemessenheit

Aufwendungen für ein Arbeitsmittel können auch dann Werbungskosten sein, wenn sie zwar ungewöhnlich hoch, aber bezogen auf die berufliche Stellung und die Höhe der Einnahmen nicht unangemessen sind.

>BFH vom 10. 3. 1978 (BStBl. II S. 459) – Anschaffung eines Flügels durch eine am Gymnasium Musik unterrichtende Lehrerin

>BFH vom 21. 10. 1988 (BStBl. 1989 II S. 356) – Anschaffung eines Flügels durch eine Musikpädagogin

Aufteilung der Anschaffungs- oder Herstellungskosten

– Betreffen Wirtschaftsgüter sowohl den beruflichen als auch den privaten Bereich des Arbeitnehmers, ist eine Aufteilung der Anschaffungs- oder Herstellungskosten in nicht abziehbare Aufwendungen für die Lebensführung und in Werbungskosten nur zulässig, wenn objektive Merkmale und Unterlagen eine zutreffende und leicht nachprüfbare Trennung ermöglichen und wenn außerdem der berufliche Nutzungsanteil nicht von untergeordneter Bedeutung ist (>BFH vom 19. 10. 1970 – BStBl. 1971 II S. 17).

– Die Aufwendungen sind voll abziehbar, wenn die Wirtschaftsgüter ausschließlich oder ganz überwiegend der Berufsausübung dienen.

>BFH vom 18. 2. 1977 (BStBl. II S. 464) – Schreibtisch im Wohnraum eines Gymnasiallehrers

>BFH vom 21. 10. 1988 (BStBl. 1989 II S. 356) – Flügel einer Musikpädagogin

– Ein privat angeschaffter und in der privaten Wohnung aufgestellter PC kann ein Arbeitsmittel sein. Eine private Mitbenutzung ist unschädlich, soweit sie einen Nutzungsanteil von etwa 10 % nicht übersteigt. Die Kosten eines gemischt genutzten PC sind aufzuteilen. § 12 Nr. 1 Satz 2 EStG steht einer solchen Aufteilung nicht entgegen (>BFH vom 19. 2. 2004 – BStBl. II S. 958).

Ausstattung eines häuslichen Arbeitszimmers mit Arbeitsmittel

>BMF vom 7. 1. 2004 (BStBl. I S. 143) unter Berücksichtigung der Änderungen durch BMF vom 14. 9. 2004 (BStBl. I S. 861).

Berufskleidung

– Begriff der typischen Berufskleidung
  >R 20

– Reinigung von typischer Berufskleidung in privater Waschmaschine

  Werbungskosten sind neben den unmittelbaren Kosten des Waschvorgangs (Wasser- und Energiekosten, Wasch- und Spülmittel) auch die Aufwendungen in Form der Abnutzung sowie Instandhaltung und Wartung der für die Reinigung eingesetzten Waschmaschine. Die Aufwendungen können ggf. geschätzt werden (>BFH vom 29. 6. 1993 – BStBl. II S. 837 und 838).

Fachbücher und Fachzeitschriften

Bücher und Zeitschriften sind Arbeitsmittel, wenn sichergestellt ist, dass die erworbenen Bücher und Zeitschriften ausschließlich oder ganz überwiegend beruflichen Zwecken dienen.

>BFH vom 29. 4. 1977 (BStBl. II S. 716) – Anschaffungskosten für ein allgemeines Nachschlagewerk sind auch bei einem Lehrer grundsätzlich nicht abziehbar.

>BFH vom 16. 10. 1981 (BStBl. 1982 II S. 67) – Aufwendungen eines Englischlehrers für die Anschaffung eines allgemeinen Nachschlagewerkes in englischer Sprache können abziehbar sein.

>BFH vom 21. 5. 1992 (BStBl. II S. 1015) – Aufwendungen eines Publizisten für Bücher allgemein bildenden Inhalts sind nicht abziehbar.

Medizinische Hilfsmittel

Aufwendungen für die Anschaffung medizinischer Hilfsmittel sind selbst dann nicht als Werbungskosten abziehbar, wenn sie ausschließlich am Arbeitsplatz benutzt werden.

>BFH vom 23. 10. 1992 (BStBl. 1993 II S. 193) – Bildschirmbrille

Nachweis der beruflichen Nutzung

Bei der Anschaffung von Gegenständen, die nach der Lebenserfahrung ganz überwiegend zu Zwecken der Lebensführung angeschafft werden, gelten erhöhte Anforderungen an den Nachweis der beruflichen Nutzung.

>BFH vom 27. 9. 1991 (BStBl. 1992 II S. 195) – Videorecorder

>BFH vom 15. 1. 1993 (BStBl. II S. 348) – Spielecomputer

Transport

Anteilige Aufwendungen für den Transport von Arbeitsmitteln bei einem privat veranlassten Umzug sind nicht als Werbungskosten abziehbar (>BFH vom 21. 7. 1989 – BStBl. II S. 972).

R 45
Häusliches Arbeitszimmer
– unbesetzt –

H 45
Hinweise zu R 45
Häusliches Arbeitszimmer

Allgemeine Grundsätze

>BMF vom 7.1.2004 (BStBl. I S. 143) unter Berücksichtigung der Änderungen durch BMF vom 14.9.2004 (BStBl. I S. 861)*).

Ausstattung

Aufwendungen für Einrichtungsgegenstände wie z. B. Bücherschränke oder Schreibtische, die zugleich Arbeitsmittel sind, sind nach § 9 Abs. 1 Satz 3 Nr. 6 EStG abziehbar (>BFH vom 21.11.1997 – BStBl. 1998 II S. 351).

Außerhäusliches Arbeitszimmer

Werden im Dachgeschoss eines Mehrfamilienhauses Räumlichkeiten, die nicht zur Privatwohnung gehören, als Arbeitszimmer genutzt, handelt es sich hierbei im Regelfall um ein außerhäusliches Arbeitszimmer, das nicht unter die Abzugsbeschränkung des § 4 Abs. 5 Satz 1 Nr. 6 b EStG fällt. Etwas anders kann dann gelten, wenn die Räumlichkeiten auf Grund der unmittelbaren räumlichen Nähe mit den privaten Wohnräumen als gemeinsame Wohneinheit verbunden sind (>BFH vom 18.8.2005 – BStBl. 2006 II S. 428).

Drittaufwand

Es gilt der Grundsatz, dass – auch bei zusammen veranlagten Ehegatten – nur derjenige Aufwendungen steuerlich abziehen kann, der sie tatsächlich getragen hat. Daraus folgt:

- Ehegatten, die gemeinsam die Herstellungskosten des von ihnen bewohnten Hauses getragen haben und die darin jeweils einen Raum für eigenbetriebliche Zwecke nutzen, können jeweils die auf diesen Raum entfallenden Herstellungskosten für die Dauer der betrieblichen Nutzung als Betriebsausgaben/Werbungskosten in Form von AfA geltend machen (>BFH vom 23.8.1999 – BStBl. II S. 774).
- Beteiligt sich der Arbeitnehmer an den Anschaffungs- oder Herstellungskosten eines Gebäudes, das seinem Ehepartner gehört und in dem der Arbeitnehmer ein Arbeitszimmer für seine beruflichen Zwecke nutzt, kann er die auf diesen Raum entfallenden eigenen Aufwendungen grundsätzlich als Werbungskosten (AfA) geltend machen. In diesem Fall sind die auf das Arbeitszimmer entfallenden Anschaffungs- oder Herstellungskosten Bemessungsgrundlage der AfA, soweit sie der Kostenbeteiligung des Arbeitnehmers entsprechen (>BFH vom 23.8.1999 – BStBl. II S. 778).
- Erwerben der Arbeitnehmer und sein Ehegatte aus gemeinsamen Mitteln gleichzeitig jeweils einander gleiche Eigentumswohnungen, von denen die des Ehegatten gemeinsam zu Wohnzwecken genutzt wird, und nutzt der Arbeitnehmer in dieser Wohnung ein Arbeitszimmer alleine zu beruflichen Zwecken, kann er die darauf entfallenden Anschaffungskosten grundsätzlich nicht als eigene Werbungskosten (AfA) geltend machen. Die vom Eigentümer-Ehegatten aufgewendeten Anschaffungskosten des Arbeitszimmers sind somit keine Werbungskosten des Arbeitnehmers (keine Anerkennung von Drittaufwand). Abziehbar sind hingegen die durch die Nutzung des Arbeitszimmers verursachten laufenden Aufwendungen (z. B. anteilige Energie- und Reparaturkosten des Arbeitszimmers), wenn sie entweder vom Arbeitnehmer-Ehegatten absprachegemäß übernommen oder von den Ehegatten gemeinsam getragen werden (etwa von einem gemeinsamen Bankkonto). Nicht abziehbar sind dagegen – ungeachtet der gemeinsamen Kostentragung – die durch das Eigentum bedingten Kosten, wie z. B. Grundsteuer, Schuldzinsen, allgemeine Reparaturkosten (>BFH vom 23.8.1999 – BStBl. II S. 782).
- Allein auf Grund der Tatsache, dass der Arbeitnehmer gemeinsam mit seinem Ehepartner ein Arbeitszimmer in der dem Ehegatten gehörenden Wohnung nutzt, sind ihm die anteiligen Anschaffungs- oder Herstellungskosten des Arbeitszimmers entsprechend seiner Nutzung zur Vornahme von AfA nicht zuzurechnen (>BFH vom 23.8.1999 – BStBl. II S. 787).
- Sind die Ehegatten nicht Eigentümer des Hauses oder der Wohnung, ist der Abzug der Aufwendungen für ein Arbeitszimmer ausgeschlossen, wenn die Aufwendungen auf Grund eines Dauerschuldverhältnisses (z. B. Mietvertrag) vom Ehegatten des Arbeitnehmers getragen werden (>BFH vom 24.2.2000 – BStBl. II S. 314).

Ermittlung der abziehbaren Aufwendungen

- Die Aufwendungen für das häusliche Arbeitszimmer, z. B. anteilige Miete und Heizungskosten sowie die unmittelbaren Kosten der Ausstattung, Reinigung und Renovierung, sind Werbungskosten, bei Mitbenutzung zu Ausbildungszwecken anteilig Sonderausgaben (>BFH vom 22.6.1990 – BStBl. II S. 901).
- Die anteiligen Kosten des Arbeitszimmers sind nach dem Verhältnis der Fläche des Arbeitszimmers zur gesamten Wohnfläche einschließlich des Arbeitszimmers zu ermitteln (>BFH vom 10.4.1987 – BStBl. II S. 500).
- Vergrößert sich die Gesamtwohnfläche durch Erweiterungsbaumaßnahmen, so ergibt sich ein veränderter Aufteilungsmaßstab; sind die Erweiterungsbaumaßnahmen mit Krediten finanziert, so sind die darauf entfallenden Schuldzinsen dem häuslichen Arbeitszimmer selbst dann anteilig zuzuordnen, wenn die Baumaßnahmen das Arbeitszimmer nicht unmittelbar betroffen haben (>BFH vom 21.8.1995 – BStBl. II S. 729).
- Wegen der berücksichtigungsfähigen Kosten dem Grunde und der Höhe nach, wenn das Arbeitszimmer in einem selbstgenutzten Haus oder in einer selbstgenutzten Eigentumswohnung gelegen ist, >BFH vom 18.10.1983 (BStBl. 1984 II S. 112).
- Die AfA richtet sich bei einem selbstgenutzten häuslichen Arbeitszimmer im eigenen Einfamilienhaus nach § 7 Abs. 4 Satz 1 Nr. 2 oder Abs. 5 Satz 1 Nr. 2 EStG; eine (höhere) Absetzung nach § 7 Abs. 5 Satz 1 Nr. 3 EStG ist nicht zulässig (>BFH vom 30.6.1995 – BStBl. II S. 598 vom 4.8.1995 – BStBl. II S. 727).
- Liegt das Arbeitszimmer in einer den Ehegatten gemeinsam gehörenden Wohnung, einem gemeinsamen Einfamilienhaus oder einer gemeinsamen Eigentumswohnung, so sind die auf das Arbeitszimmer anteilig entfallenden Aufwendungen einschließlich AfA grundsätzlich unabhängig vom Miteigentumsanteil des anderen Ehegatten zu berücksichtigen (>BFH vom 12.2.1988 – BStBl. II S. 764); Entsprechendes gilt für die auf das Arbeitszimmer anteilig entfallenden Schuldzinsen (>BFH vom 3.4.1987 – BStBl. II S. 623).
- Vergütungen an den Ehegatten für die Reinigung des Arbeitszimmers sind keine Werbungskosten (>BFH vom 27.10.1978 – BStBl. 1979 II S. 80).

Kunstgegenstände

Aufwendungen für Kunstgegenstände, die zur Einrichtung eines häuslichen Arbeitszimmers gehören, sind regelmäßig keine Werbungskosten (>BFH vom 30.10.1990 – BStBl. 1991 II S. 340 und vom 12.3.1993 – BStBl. II S. 506).

Räumliche Voraussetzungen

- Zu den Voraussetzungen für die steuerliche Anerkennung gehört, dass das Arbeitszimmer von den privat genutzten Räumen getrennt ist (>BFH vom 6.12.1991 – BStBl. 1992 II S. 304).
- Neben dem Arbeitszimmer muss genügend Wohnraum vorhanden sein (>BFH vom 26.4.1985 – BStBl. II S. 467).
- Ein häusliches Arbeitszimmer ist steuerlich nicht anzuerkennen, wenn das Arbeitszimmer ständig durchquert werden muss, um andere privat genutzte Räume der Wohnung zu erreichen (>BFH vom 18.10.1983 – BStBl. 1984 II S. 110); die private Mitbenutzung des Arbeitszimmers ist dagegen von untergeordneter Bedeutung, wenn es nur durchquert werden muss, um z. B. das Schlafzimmer zu erreichen (>BFH vom 19.8.1988 – BStBl. II S. 1000).

---

*) Die ab 1.1.2007 geltende Neufassung ist abgedruckt als Anlage 1 zu H 45 LStR.

§ 9 EStG
R 45

Telearbeitsplatz

Wird eine in qualitativer Hinsicht gleichwertige Arbeitsleistung wöchentlich an drei Tagen an einem häuslichen Telearbeitsplatz und an zwei Tagen im Betrieb des Arbeitgebers erbracht, liegt der Mittelpunkt der gesamten beruflichen Betätigung im häuslichen Arbeitszimmer (>BFH vom 23. 5. 2006 – BStBl. II S. 600).

Verfassungsmäßigkeit der Abzugsbeschränkung

Die Einschränkung der Abziehbarkeit ist verfassungsrechtlich nicht zu beanstanden (>BVerfG vom 7. 12. 1999, BStBl. 2000 II S. 162).

Vermietung an den Arbeitgeber

>BMF vom 13. 12. 2005 (BStBl. 2006 I S. 4)

Vorweggenommene Aufwendungen

– Ob die Aufwendungen für das Herrichten eines häuslichen Arbeitszimmers für eine nachfolgende berufliche Tätigkeit als Werbungskosten abziehbar sind, bestimmt sich nach den zu erwartenden Umständen der späteren beruflichen Tätigkeit. Nicht entscheidend ist, ob die beabsichtigte berufliche Nutzung im Jahr des Aufwands bereits begonnen hat (>BFH vom 23. 5. 2006 – BStBl. II S. 600).

– Aufwendungen für ein häusliches Arbeitszimmer während einer Erwerbslosigkeit sind nur abziehbar, wenn der Abzug auch bei der späteren beruflichen Tätigkeit möglich wäre (>BFH vom 2. 12. 2005 – BStBl. 2006 II S. 329).

Anlage 1
zu H 45

Einkommensteuerliche Behandlung der Aufwendungen für ein häusliches Arbeitszimmer nach § 4 Abs. 5 Satz 1 Nr. 6b, § 9 Abs. 5 und § 10 Abs. 1 Nr. 7 EStG; Neuregelung durch das Steueränderungsgesetz 2007 vom 19. Juli 2006 (BGBl. I S. 1652, BStBl. I S. 432)

BMF-Schreiben vom .... Dezember 2006 Az.: IV B 2 – S 2145 – 0/06*)

Im Einvernehmen mit den obersten Finanzbehörden der Länder gilt zur einkommensteuerrechtlichen Behandlung der Aufwendungen für ein häusliches Arbeitszimmer nach § 4 Abs. 5 Satz 1 Nr. 6b, § 9 Abs. 5 und § 10 Abs. 1 Nr. 7 EStG in der Fassung des Steueränderungsgesetzes 2007 (BGBl. 2006 I S. 1652, BStBl. 2006 I S. 432) ab dem 1. Januar 2007 Folgendes:

I. Grundsatz

1 Nach § 4 Abs. 5 Satz 1 Nr. 6b EStG dürfen die Aufwendungen für ein häusliches Arbeitszimmer grundsätzlich nicht als Betriebsausgaben abgezogen werden. Nach Satz 2 dürfen sie nur dann gewinnmindernd berücksichtigt werden, wenn das häusliche Arbeitszimmer den Mittelpunkt der gesamten betrieblichen und beruflichen Betätigung bildet.

II. Anwendungsbereich der gesetzlichen Regelung

2 Unter die Regelungen des § 4 Abs. 5 Satz 1 Nr. 6b und § 9 Abs. 5 EStG fällt die Nutzung eines häuslichen Arbeitszimmers zur Erzielung von Einkünften aus sämtlichen Einkunftsarten, also auch z. B. im Rahmen von Einkünften aus Vermietung und Verpachtung, von Kapitaleinkünften oder von sonstigen Einkünften. Eine Mitbenutzung zu eigenen Ausbildungszwecken ist unbeachtlich.

III. Begriff des häuslichen Arbeitszimmers

3 Ein häusliches Arbeitszimmer ist ein Raum, der seiner Lage, Funktion und Ausstattung nach in die häusliche Sphäre des Steuerpflichtigen eingebunden ist, vorwiegend der Erledigung gedanklicher, schriftlicher, verwaltungstechnischer oder -organisatorischer Arbeiten dient (>BFH-Urteile vom 19. September 2002, – VI R 70/01 –, BStBl II 2003 S. 139 und vom 16. Oktober 2002, – XI R 89/00 –, BStBl 2003 II S. 185) und ausschließlich oder nahezu ausschließlich zu betrieblichen und/oder beruflichen Zwecken genutzt wird. Es muss sich aber nicht zwingend um Arbeiten büromäßiger Art handeln; ein häusliches Arbeitszimmer kann auch bei geistiger, künstlerischer oder schriftstellerischer Betätigung gegeben sein. In die häusliche Sphäre eingebunden ist ein als Arbeitszimmer genutzter Raum regelmäßig dann, wenn er zur privaten Wohnung oder zum Wohnhaus des Steuerpflichtigen gehört. Dies betrifft nicht nur die Wohnräume, sondern ebenso Zubehörräume (>BFH-Urteil vom 26. Februar 2003, – VI R 130/01 –, BStBl II 2003, S. 74 und BFH-Urteil vom 19. September 2002, – VI R 70/01 –, BStBl II 2003 S. 139). So kann auch ein Raum z. B. im Keller oder unter dem Dach (Mansarde) des Wohnhauses, in dem der Steuerpflichtige seine Wohnung hat, ein häusliches Arbeitszimmer sein. Dagegen kann es sich bei einem im Keller eines Mehrfamilienhauses befindlichen Raum, der nicht zur Privatwohnung des Steuerpflichtigen gehört, sondern zusätzlich angemietet wurde, um ein außerhäusliches Arbeitszimmer handeln (>BFH-Urteil vom 26. Februar 2003, – VI R 160/99 –, BStBl II 2003 S. 515). Maßgebend ist, ob eine innere häusliche Verbindung des Arbeitszimmers mit der privaten Lebenssphäre des Steuerpflichtigen besteht. Dabei ist das Gesamtbild der Verhältnisse im Einzelfall entscheidend. Für die Anwendung des § 4 Abs. 5 Satz 1 Nr. 6b, des § 9 Abs. 5 und des § 10 Abs. 1 Nr. 7 EStG ist es ohne Bedeutung, ob die Wohnung, zu der das häusliche Arbeitszimmer gehört, gemietet ist oder ob sie sich im Eigentum des Steuerpflichtigen befindet. Auch mehrere Räume können als ein häusliches Arbeitszimmer anzusehen sein; die Abtrennung der Räumlichkeiten vom übrigen Wohnbereich ist erforderlich.

4 Liegen zwar die Voraussetzungen für die Abziehbarkeit der Aufwendungen gemäß § 4 Abs. 5 Satz 1 Nr. 6b Satz 2 EStG vor, der für die Tätigkeit genutzte häusliche Arbeitsbereich erfüllt aber nicht die Voraussetzungen des Begriffs des häuslichen Arbeitszimmers, ist der Abzug der Aufwendungen dem Grunde nach zu versagen.

Beispiele:

a) **Ein häusliches Arbeitszimmer liegt in folgenden Fällen regelmäßig vor:**

– häusliches Büro eines selbständigen Handelsvertreters, eines selbständigen Übersetzers oder eines selbständigen Journalisten

– bei Anmietung einer unmittelbar angrenzenden oder unmittelbar gegenüberliegenden Zweitwohnung in einem Mehrfamilienhaus (>BFH-Urteile vom 26. Februar 2003 – VI R 124/01 – und – VI R 125/01 –, BStBl II 2004 S. 69 und 72),

– häusliches ausschließlich beruflich genutztes Musikzimmer der freiberuflich tätigen Konzertpianistin, in dem diese Musikunterricht erteilt.

b) **Ein häusliches Arbeitszimmer liegt in folgenden Fällen regelmäßig nicht vor:**

– Arzt-, Steuerberater- oder Anwaltspraxis grenzt an das Einfamilienhaus an oder befindet sich im selben Gebäude wie die Privatwohnung, wenn diese Räumlichkeiten für einen intensiven und dauerhaften Publikumsverkehr geöffnet und z. B. im häuslichen Arztpraxen für Patientenbesuche und -untersuchungen eingerichtet sind (>BFH-Urteil vom 5. Dezember 2002, – IV R 7/01 –, BStBl II 2003 S. 463 zu einer Notfallpraxis und Negativabgrenzung im BFH-Urteil vom 23. Januar 2003, – IV R 71/00 –, BStBl II 2004 S. 43 zur Gutachtertätigkeit einer Ärztin).

– In einem Geschäftshaus befindet sich neben der Wohnung des Bäckermeisters die Backstube, der Verkaufsraum, ein Aufenthaltsraum für das Verkaufspersonal und das Büro, in dem die Buchhaltungsarbeiten durchgeführt werden. Das Büro ist in diesem Fall aufgrund der Nähe zu den übrigen Betriebsräumen nicht als häusliches Arbeitszimmer zu werten.

– Im Keller ist ein Arbeitsraum belegen, der – anders als z. B. ein Archiv (>BFH-Urteil vom 19. September 2002, – VI R 70/01 –, BStBl II 2003 S. 139) – keine (Teil-)Funktionen erfüllt, die typischerweise einem häuslichen Arbeitszimmer zukommen, z. B. Lager für Waren und Werbematerialien (>BFH vom 19. März 2003, – VI R 40/01 –, BFH/NV 2003, S. 1163–1164).

IV. Betroffene Aufwendungen

5 Zu den Aufwendungen, die unter das Abzugsverbot fallen, gehören insbesondere die anteiligen Aufwendungen für:

---

*) Das BMF-Schreiben lag im Zeitpunkt der Drucklegung erst im Entwurf vor. Die Fundstelle im Bundessteuerblatt Teil I erhalten Sie bei unserem Online-Aktualisierungs-Service. Einen Registrierhinweis finden Sie vorne im Lexikon.

- Miete,
- Gebäude-AfA, Absetzungen für außergewöhnliche technische oder wirtschaftliche Abnutzung, Sonderabschreibungen,
- Schuldzinsen für Kredite, die zur Anschaffung, Herstellung oder Reparatur des Gebäudes oder der Eigentumswohnung verwendet worden sind,
- Wasser- und Energiekosten,
- Reinigungskosten,
- Grundsteuer, Müllabfuhrgebühren, Schornsteinfegergebühren, Gebäudeversicherungen,
- Renovierungskosten

sowie die Aufwendungen für die Ausstattung des Zimmers. Hierzu gehören z. B. Tapeten, Teppiche, Fenstervorhänge, Gardinen und Lampen; nicht dagegen Luxusgegenstände, die vorrangig der Ausschmückung des Arbeitszimmers dienen (§ 12 Nr. 1 EStG). Kosten einer Gartenerneuerung können anteilig den Kosten des häuslichen Arbeitszimmers zuzurechnen sein, wenn bei einer Reparatur des Gebäudes Schäden am Garten verursacht worden sind. Zu berücksichtigen sind allerdings nur diejenigen Aufwendungen, die der Wiederherstellung des ursprünglichen Zustands dienen (>BFH vom 6. Oktober 2004, – VI R 27/01 –, BStBl II S. 1071).

6 Nicht zur Ausstattung gehören Arbeitsmittel (>BFH-Urteil vom 21. November 1997, – VI R 4/97 –, BStBl 1998 II S. 351).

V. Mittelpunkt der gesamten betrieblichen und beruflichen Betätigung

7 Ein häusliches Arbeitszimmer ist der Mittelpunkt der gesamten betrieblichen und beruflichen Betätigung des Steuerpflichtigen, wenn er nach Würdigung des Gesamtbildes der Verhältnisse und der Tätigkeitsmerkmale dort diejenigen Handlungen vornimmt und Leistungen erbringt, die für den konkret ausgeübten Betrieb oder Beruf wesentlich und prägend sind. Der Tätigkeitsmittelpunkt i. S. d. § 4 Abs. 5 Satz 1 Nr. 6b Satz 2 EStG bestimmt sich nach dem inhaltlichen (qualitativen) Schwerpunkt der betrieblichen und beruflichen Betätigung des Steuerpflichtigen.

8 Dem zeitlichen (quantitativen) Umfang der Nutzung des häuslichen Arbeitszimmers kommt im Rahmen dieser Würdigung lediglich eine indizielle Bedeutung zu; das zeitliche Überwiegen der außerhäuslichen Tätigkeit schließt einen unbeschränkten Abzug der Aufwendungen für das häusliche Arbeitszimmer nicht von vornherein aus (>BFH-Urteile vom 13. November 2002, – VI R 82/01 –, BStBl 2004 S. 62; VI R 104/01 –, BStBl II 2004 S. 65 und – VI R 28/02 –, BStBl II 2004 S. 59).

9 Übt ein Steuerpflichtiger nur eine betriebliche oder berufliche Tätigkeit aus, die in qualitativer Hinsicht gleichwertig sowohl im häuslichen Arbeitszimmer als auch am außerhäuslichen Arbeitsort erbracht wird, so liegt der Mittelpunkt der gesamten beruflichen und betrieblichen Betätigung dann im häuslichen Arbeitszimmer, wenn der Steuerpflichtige mehr als die Hälfte der Arbeitszeit im häuslichen Arbeitszimmer tätig wird (>BFH vom 23. Mai 2006, – VI R 21/03 –, BStBl II S. 600).

10 Übt ein Steuerpflichtiger mehrere betriebliche und berufliche Tätigkeiten nebeneinander aus, lassen sich grundsätzlich folgende Fallgruppen unterscheiden: Bilden bei allen Erwerbstätigkeiten – jeweils – die im häuslichen Arbeitszimmer verrichteten Arbeiten den qualitativen Schwerpunkt, so liegt dort auch der Mittelpunkt der Gesamttätigkeit. Bilden hingegen die außerhäuslichen Tätigkeiten – jeweils – den qualitativen Schwerpunkt der Einzeltätigkeiten oder lassen sich diese keinem Schwerpunkt zuordnen, so kann das häusliche Arbeitszimmer auch nicht durch die Summe der darin verrichteten Arbeiten zum Mittelpunkt der Gesamttätigkeit werden. Bildet das häusliche Arbeitszimmer schließlich den qualitativen Mittelpunkt lediglich einer Einzeltätigkeit, nicht jedoch im Hinblick auf die übrigen, ist regelmäßig davon auszugehen, dass das Arbeitszimmer nicht den Mittelpunkt der Gesamttätigkeit bildet. Der Steuerpflichtige hat jedoch die Möglichkeit, anhand konkreter Umstände des Einzelfalls glaubhaft zu machen oder nachzuweisen, dass die Gesamttätigkeit gleichwohl einem einzelnen qualitativen Schwerpunkt zugeordnet werden kann und dass dieser im häuslichen Arbeitszimmer liegt. Abzustellen ist dabei auf das Gesamtbild der Verhältnisse und auf die Verkehrsanschauung, nicht auf die Vorstellung des betroffenen Steuerpflichtigen (>BFH vom 13. Oktober 2003, – VI R 27/02 –, BStBl II 2004 S. 771). Das häusliche Arbeitszimmer und der Außendienst können nicht gleichermaßen „Mittelpunkt" der beruflichen Betätigung eines Steuerpflichtigen i. S. d. § 4 Abs. 5 Satz 1 Nr. 6b Satz 2 EStG sein (>BFH vom 21. Februar 2003, – VI R 14/02 –, BStBl II 2004 S. 68).

Beispiele, in denen das häusliche Arbeitszimmer Mittelpunkt der gesamten betrieblichen und beruflichen Betätigung bilden kann:

- Bei einem Verkaufsleiter, der zur Überwachung von Mitarbeitern und zur Betreuung von Großkunden auch im Außendienst tätig ist, kann das häusliche Arbeitszimmer Tätigkeitsmittelpunkt sein, wenn er dort die für den Beruf wesentlichen Leistungen (z. B. Organisation der Betriebsabläufe) erbringt (>BFH-Urteil vom 13. November 2002, – VI R 104/01 –, BStBl II 2004 S. 65).

- Bei einem Ingenieur, dessen Tätigkeit durch die Erarbeitung theoretischer, komplexer Problemlösungen im häuslichen Arbeitszimmer geprägt ist, kann dieses auch dann der Mittelpunkt der beruflichen Betätigung sein, wenn die Betreuung von Kunden im Außendienst ebenfalls zu seinen Aufgaben gehört (>BFH-Urteil vom 13. November 2002, – VI R 28/02 –, BStBl II 2004 S. 59).

- Bei einem Praxis-Consultant, der ärztliche Praxen in betriebswirtschaftlichen Fragen berät, betreut und unterstützt, kann das häusliche Arbeitszimmer auch dann den Mittelpunkt der gesamten beruflichen Tätigkeit bilden, wenn er einen nicht unerheblichen Teil seiner Arbeitszeit im Außendienst verbringt (>BFH-Urteil vom 29. April 2003, – VI R 78/02 –, BStBl II 2004 S. 76).

Beispiele, in denen das Arbeitszimmer nicht den Mittelpunkt der gesamten betrieblichen und beruflichen Betätigung bildet:

- Bei einem – freien oder angestellten – Handelsvertreter liegt der Tätigkeitsschwerpunkt außerhalb des häuslichen Arbeitszimmers, wenn die Tätigkeit nach dem Gesamtbild der Verhältnisse durch die Arbeit im Außendienst geprägt ist, auch wenn die zu Hause verrichteten Tätigkeiten zur Erfüllung der beruflichen Aufgaben unerlässlich sind (>BFH-Urteil vom 13. November 2002, – VI R 82/01 –, BStBl II 2004 S. 62).

- Ein kaufmännischer Angestellter eines Industrieunternehmens ist nebenbei als Mitarbeiter für einen Lohnsteuerhilfeverein selbständig tätig und nutzt für letztere Tätigkeit sein häusliches Arbeitszimmer als „Beratungsstelle", in dem er Steuererklärungen erstellt, Beratungsgespräche führt und Rechtsbehelfe bearbeitet. Für diese Nebentätigkeit ist das Arbeitszimmer zwar der Tätigkeitsmittelpunkt. Aufgrund der erforderlichen Gesamtbetrachtung ist das Arbeitszimmer jedoch nicht Mittelpunkt seiner gesamten betrieblichen und beruflichen Betätigung (>BFH-Urteil vom 23. September 1999, – VI R 74/98 –; BStBl II 2000 S. 7).

- Bei einer Ärztin, die Gutachten über die Einstufung der Pflegebedürftigkeit erstellt und dazu ihre Patienten ausschließlich außerhalb des häuslichen Arbeitszimmers untersucht und dort (vor Ort) alle erforderlichen Befunde erhebt, liegt der qualitative Schwerpunkt nicht im häuslichen Arbeitszimmer, in welchem lediglich die Tätigkeit begleitende Aufgaben erledigt werden (>BFH-Urteil vom 23. Januar 2003, – IV R 71/00 –, BStBl II 2004 S. 43).

- Einem Architekten, der neben der Planung auch mit der Ausführung der Bauwerke (Bauüberwachung) betraut ist, kann diese Gesamttätigkeit keinem konkreten Tätigkeitsschwerpunkt zugeordnet werden. Das häusliche Arbeitszimmer bildet in diesem Fall nicht den Mittelpunkt der gesamten beruflichen und betrieblichen Betätigung (>BFH-Urteil vom 26. Juni 2003, – IV R 9/03 –, BStBl II 2004 S. 50).

§ 9 EStG
R 46, 47

VI. Nutzung des Arbeitszimmers zur Erzielung unterschiedlicher Einkünfte

11 Übt ein Steuerpflichtiger mehrere betriebliche und berufliche Tätigkeiten nebeneinander aus und liegt der Mittelpunkt der gesamten betrieblichen und beruflichen Betätigung bezogen auf alle Tätigkeiten im häuslichen Arbeitszimmer, aber einzelner Tätigkeiten außerhalb des häuslichen Arbeitszimmers sind die Aufwendungen für das Arbeitszimmer entsprechend dem Nutzungsumfang den darin ausgeübten Tätigkeiten zuzuordnen. Der Abzug der anteiligen Aufwendungen ist dabei auch für die Tätigkeiten möglich, bei denen der Mittelpunkt selbst nicht im häuslichen Arbeitszimmer liegt.

Beispiele:

– Ein Angestellter nutzt sein Arbeitszimmer zu 40 % für seine nichtselbständige Tätigkeit und zu 60 % für eine unternehmerische Nebentätigkeit. Nur für die Nebentätigkeit steht ihm kein anderer Arbeitsplatz zur Verfügung. Der Mittelpunkt der gesamten betrieblichen und beruflichen Betätigung befindet sich nicht im häuslichen Arbeitszimmer. An Aufwendungen sind für das Arbeitszimmer insgesamt 2500 € entstanden. Diese sind in voller Höhe nicht als Werbungskosten oder Betriebsausgaben abziehbar.

– Ein Steuerpflichtiger ist überwiegend selbständig tätig. Daneben ist er in einem geringen Umfang nichtselbständig tätig. Die selbständige Tätigkeit übt er ausschließlich im häuslichen Arbeitszimmer aus. Dieses nutzt er zu 90 % für die unternehmerische Tätigkeit und zu 10 % für seine nichtselbständige Tätigkeit. Es bildet daher den Mittelpunkt der gesamten betrieblichen und beruflichen Betätigung. An Aufwendungen sind für das Arbeitszimmer insgesamt 2500 € entstanden. Diese sind nach dem Nutzungsverhältnis aufzuteilen. Auf die selbständige Tätigkeit entfallen 90 % von 2500 € = 2.250 €, die als Betriebsausgaben abgezogen werden können. Auf die nichtselbständige Tätigkeit entfallen 10 % von 2500 € = 250 €, die als Werbungskosten abzuziehen sind.

VII. Nutzung des Arbeitszimmers durch mehrere Steuerpflichtige

12 Jeder Nutzende darf die Aufwendungen abziehen, die er getragen hat, soweit die Voraussetzungen des § 4 Abs. 5 Satz 1 Nr. 6b Satz 2 EStG vorliegen. Nutzen mehrere Personen, wie z. B. Ehegatten, das Arbeitszimmer gemeinsam, sind die Voraussetzungen des § 4 Abs. 5 Satz 1 Nr. 6b Satz 2 EStG bezogen auf die einzelne steuerpflichtige Person zu prüfen.

VIII. Nicht ganzjährige Nutzung des häuslichen Arbeitszimmers und zeitliche Zuordnung des Arbeitszimmers zu der jeweiligen Tätigkeit

13 Bei der zeitlichen Bewertung der gesamten betrieblichen und beruflichen Tätigkeit ist ausschließlich auf den Zeitraum der begünstigten Nutzung abzustellen. Ändern sich die Nutzungsverhältnisse innerhalb eines Wirtschafts- oder Kalenderjahres, können die auf den Zeitraum, in dem das Arbeitszimmer den Mittelpunkt der gesamten betrieblichen und beruflichen Betätigung bildet, entfallenden Aufwendungen in voller Höhe abgezogen werden. Für den übrigen Zeitraum kommt ein Abzug nicht in Betracht.

Beispiele:

– Ein Arbeitnehmer hat im 1. Halbjahr den Mittelpunkt seiner gesamten betrieblichen und beruflichen Tätigkeit in seinem häuslichen Arbeitszimmer. Im 2. Halbjahr übt er die Tätigkeit am Arbeitsplatz bei seinem Arbeitgeber aus. Die Aufwendungen für das Arbeitszimmer, die auf das 1. Halbjahr entfallen, sind in voller Höhe als Werbungskosten abziehbar. Für das 2. Halbjahr kommt ein Abzug nicht in Betracht.

14 Wird das Arbeitszimmer für eine spätere Nutzung vorbereitet, bei der die Abzugsvoraussetzungen vorliegen, sind die darauf entfallenden Aufwendungen entsprechend zu berücksichtigen (>BFH-Urteil vom 23. Mai 2006, – VI R 21/03 –, BStBl II S. 600).

IX. Nutzung eines häuslichen Arbeitszimmers zu Ausbildungszwecken

15 Nach § 10 Abs. 1 Nr. 7 Satz 4 EStG ist die Regelung des § 4 Abs. 5 Satz 1 Nr. 6b EStG auch für Aufwendungen für ein häusliches Arbeitszimmer anzuwenden, das für die eigene Berufsausbildung genutzt wird. Im Rahmen der Ausbildungskosten können jedoch in jedem Fall Aufwendungen nur bis zu insgesamt 4000 € als Sonderausgaben abgezogen werden (§ 10 Abs. 1 Nr. 7 Satz 1 EStG).

X. Besondere Aufzeichnungspflichten

16 Nach § 4 Abs. 7 EStG dürfen Aufwendungen für ein häusliches Arbeitszimmer bei der Gewinnermittlung nur berücksichtigt werden, wenn sie besonders aufgezeichnet sind. Es bestehen keine Bedenken, wenn die auf das Arbeitszimmer anteilig entfallenden Finanzierungskosten im Wege der Schätzung ermittelt werden und nach Ablauf des Wirtschafts- oder Kalenderjahres eine Aufzeichnung aufgrund der Jahresabrechnung des Kreditinstitutes erfolgt. Entsprechendes gilt für die verbrauchsabhängigen Kosten wie z. B. Wasser- und Energiekosten. Es ist ausreichend, Abschreibungsbeträge einmal jährlich – zeitnah nach Ablauf des Kalender- oder Wirtschaftsjahres – aufzuzeichnen.

XI. Vom Kalenderjahr abweichendes Wirtschaftsjahr

17 Nach § 52 Abs. 1 EStG i. d. F. des Steueränderungsgesetzes 2007 ist § 4 Abs. 5 Satz 1 Nr. 6b EStG erstmals für den Veranlagungszeitraum 2007 anzuwenden. Wird der Gewinn nach einem vom Kalenderjahr abweichenden Wirtschaftsjahr ermittelt, sind die Vorschriften ebenfalls ab 1. Januar 2007 anzuwenden. Für den Teil des Wirtschaftsjahres, der vor dem 1. Januar 2007 liegt, sind die BMF-Schreiben vom 7. Januar 2004 (BStBl I S. 143) und vom 14. September 2004 (BStBl I S. 861) maßgebend.

XII. Anwendungsregelung

18 Dieses Schreiben gilt ab dem 1. Januar 2007. Es ersetzt ab diesem Zeitpunkt die BMF-Schreiben vom 7. Januar 2004 (BStBl I S. 143) und vom 14. September 2004 (BStBl I S. 861).

Anlage 2

zu H 45

Vermietung eines Büroraums an den Arbeitgeber; Anwendung des BFH-Urteils vom 16. September 2004 (BStBl. 2005 II S. 10)

BMF-Schreiben vom 13. 12. 2005 (BStBl. 2006 I S. 4)

Abgedruckt als Anlage 9 zu H 70 LStR.

R 46
Werbungskosten bei Heimarbeitern

(1) Bei Heimarbeitern im Sinne des Heimarbeitsgesetzes können Aufwendungen, die unmittelbar durch die Heimarbeit veranlasst sind, z. B. Miete und Aufwendungen für Heizung und Beleuchtung der Arbeitsräume, Aufwendungen für Arbeitsmittel und Zutaten sowie für den Transport des Materials und der fertig gestellten Waren, als Werbungskosten anerkannt werden, soweit sie die Heimarbeiterzuschläge nach Absatz 2 übersteigen.

(2) [1]Lohnzuschläge, die den Heimarbeitern zur Abgeltung der mit der Heimarbeit verbundenen Aufwendungen neben dem Grundlohn gezahlt werden, sind insgesamt aus Vereinfachungsgründen nach § 3 Nr. 30 und 50 EStG steuerfrei, soweit sie 10 % des Grundlohns nicht übersteigen. [2]Die oberste Finanzbehörde eines Landes kann mit Zustimmung des Bundesministeriums der Finanzen den Vomhundertsatz für bestimmte Gruppen von Heimarbeitern an die tatsächlichen Verhältnisse anpassen.

R 47
Werbungskosten bei bestimmten Berufsgruppen

– unbesetzt –

§ 9a EStG
Pauschbeträge für Werbungskosten

¹Für Werbungskosten sind bei der Ermittlung der Einkünfte die folgenden Pauschbeträge abzuziehen, wenn nicht höhere Werbungskosten nachgewiesen werden:

1. a) von den Einnahmen aus nichtselbständiger Arbeit vorbehaltlich Buchstabe b:

    ein Arbeitnehmer-Pauschbetrag von 920 Euro; daneben sind Aufwendungen nach § 4f gesondert abzuziehen;

    b) von den Einnahmen aus nichtselbständiger Arbeit, soweit es sich um Versorgungsbezüge im Sinne des § 19 Abs. 2 handelt:

    ein Pauschbetrag von 102 Euro;

2. von den Einnahmen aus Kapitalvermögen:

    ein Pauschbetrag von 51 Euro;

    bei Ehegatten, die nach den §§ 26, 26b zusammen veranlagt werden, erhöht sich dieser Pauschbetrag auf insgesamt 102 Euro;

3. von den Einnahmen im Sinne des § 22 Nr. 1, 1a und 5:

    ein Pauschbetrag von insgesamt 102 Euro.

²Der Pauschbetrag nach Satz 1 Nr. 1 Buchstabe b darf nur bis zur Höhe der um den Versorgungsfreibetrag einschließlich des Zuschlags zum Versorgungsfreibetrag (§ 19 Abs. 2) geminderten Einnahmen, die Pauschbeträge nach Satz 1 Nr. 1 Buchstabe a, Nr. 2 und 3 dürfen nur bis zur Höhe der Einnahmen abgezogen werden.

R 48
Pauschbeträge für Werbungskosten
– unbesetzt –

H 48
Hinweise zu R 48
Pauschbeträge für Werbungskosten

Allgemeines
>R 9a EStR

§ 10 EStG
Sonderausgaben

(1) ¹Sonderausgaben sind die folgenden Aufwendungen, wenn sie weder Betriebsausgaben noch Werbungskosten sind oder wie Betriebsausgaben oder Werbungskosten behandelt werden:

1. Unterhaltsleistungen an den geschiedenen oder dauernd getrennt lebenden unbeschränkt einkommensteuerpflichtigen Ehegatten, wenn der Geber dies mit Zustimmung des Empfängers beantragt, bis zu 13 805 Euro im Kalenderjahr. ²Der Antrag kann jeweils nur für ein Kalenderjahr gestellt und nicht zurückgenommen werden. ³Die Zustimmung ist mit Ausnahme der nach § 894 Abs. 1 der Zivilprozessordnung als erteilt geltenden bis auf Widerruf wirksam. ⁴Der Widerruf ist vor Beginn des Kalenderjahres, für das die Zustimmung erstmals nicht gelten soll, gegenüber dem Finanzamt zu erklären. ⁵Die Sätze 1 bis 4 gelten für Fälle der Nichtigkeit oder der Aufhebung der Ehe entsprechend;

1a. auf besonderen Verpflichtungsgründen beruhende Renten und dauernde Lasten, die nicht mit Einkünften in wirtschaftlichem Zusammenhang stehen, die bei der Veranlagung außer Betracht bleiben. ²Bei Leibrenten kann nur der Anteil abgezogen werden, der sich nach § 22 Nr. 1 Satz 3 Buchstabe a Doppelbuchstabe bb ergibt;

2. a) Beiträge zu den gesetzlichen Rentenversicherungen oder landwirtschaftlichen Alterskassen sowie zu berufsständischen Versorgungseinrichtungen, die den gesetzlichen Rentenversicherungen vergleichbare Leistungen erbringen;

   b) Beiträge des Steuerpflichtigen zum Aufbau einer eigenen kapitalgedeckten Altersversorgung, wenn der Vertrag nur die Zahlung einer monatlichen auf das Leben des Steuerpflichtigen bezogenen lebenslangen Leibrente nicht vor Vollendung des 60. Lebensjahres oder die ergänzende Absicherung des Eintritts der Berufsunfähigkeit (Berufsunfähigkeitsrente), der verminderten Erwerbsfähigkeit (Erwerbsminderungsrente) oder von Hinterbliebenen (Hinterbliebenenrente) vorsieht; Hinterbliebene in diesem Sinne sind der Ehegatte des Steuerpflichtigen und die Kinder, für die er Anspruch auf Kindergeld oder einen Freibetrag nach § 32 Abs. 6 hat; der Anspruch auf Waisenrente darf längstens für den Zeitraum bestehen, in dem der Rentenberechtigte die Voraussetzungen für die Berücksichtigung als Kind im Sinne des § 32 erfüllt; die genannten Ansprüche dürfen nicht vererblich, nicht übertragbar, nicht beleihbar, nicht veräußerbar und nicht kapitalisierbar sein und es darf darüber hinaus kein Anspruch auf Auszahlungen bestehen.

   ²Zu den Beiträgen nach den Buchstaben a und b ist der nach § 3 Nr. 62 steuerfreie Arbeitgeberanteil zur gesetzlichen Rentenversicherung und ein diesem gleichgestellter steuerfreier Zuschuss des Arbeitgebers hinzuzurechnen.

3. a) Beiträge zu Versicherungen gegen Arbeitslosigkeit, zu Erwerbs- und Berufsunfähigkeitsversicherungen, die nicht unter Nummer 2 Satz 1 Buchstabe b fallen, zu Kranken-, Pflege-, Unfall- und Haftpflichtversicherungen sowie zu Risikoversicherungen, die nur für den Todesfall eine Leistung vorsehen;

   b) Beiträge zu Versicherungen im Sinne des § 10 Abs. 1 Nr. 2 Buchstabe b Doppelbuchstabe bb bis dd in der am 31. Dezember 2004 geltenden Fassung, wenn die Laufzeit dieser Versicherungen vor dem 1. Januar 2005 begonnen hat und ein Versicherungsbeitrag bis zum 31. Dezember 2004 entrichtet wurde; § 10 Abs. 1 Nr. 2 Satz 2 bis 6 und Abs. 2 Satz 2 in der am 31. Dezember 2004 geltenden Fassung ist in diesen Fällen weiter anzuwenden.

4. gezahlte Kirchensteuer;

5. zwei Drittel der Aufwendungen für Dienstleistungen zur Betreuung eines zum Haushalt des Steuerpflichtigen gehörenden Kindes im Sinne des § 32 Abs. 1, welches das dritte Lebensjahr vollendet, das sechste Lebensjahr aber noch nicht vollendet hat, höchstens 4000 Euro je Kind, sofern die Beiträge nicht nach Nummer 8 zu berücksichtigen sind. ²Satz 1 gilt nicht für Aufwendungen für Unterricht, die Vermittlung besonderer Fähigkeiten sowie für sportliche und andere Freizeitbetätigungen. ³Ist das zu betreuende Kind nicht nach § 1 Abs. 1 oder Abs. 2 unbeschränkt einkommensteuerpflichtig, ist der in Satz 1 genannte Betrag zu kürzen, soweit es nach den Verhältnissen im Wohnsitzstaat des Kindes notwendig und angemessen ist. ⁴Voraussetzung für den Abzug nach Satz 1 ist, dass der Steuerpflichtige die Aufwendungen durch Vorlage einer Rechnung und die Zahlung auf das Konto des Erbringers der Leistungen nachweist.

6. – weggefallen –

7. Aufwendungen für die eigene Berufsausbildung bis zu 4000 Euro im Kalenderjahr. ²Bei Ehegatten, die die Voraussetzungen des § 26 Abs. 1 Satz 1 erfüllen, gilt Satz 1 für jeden Ehegatten. ³Zu den Aufwendungen im Sinne des Satzes 1 gehören auch Aufwendungen für eine auswärtige Unterbringung. ⁴§ 4 Abs. 5 Satz 1 Nr. 5 und 6b, § 9 Abs. 1 Satz 3 Nr. 5 und Abs. 2 sind bei der Ermittlung der Aufwendungen anzuwenden.

8. zwei Drittel der Aufwendungen für Dienstleistungen zur Betreuung eines zum Haushalt des Steuerpflichtigen gehörenden Kindes im Sinne des § 32 Abs. 1, welches das 14. Lebensjahr noch nicht vollendet hat oder wegen einer vor Vollendung des 25. Lebensjahres eingetretenen körperlichen, geistigen oder seelischen Behinderung außerstande ist, sich selbst zu unterhalten, höchstens 4000 Euro je Kind, wenn der Steuerpflichtige sich in Ausbildung befindet, körperlich, geistig oder seelisch behindert oder krank ist. ²Erwachsen die Aufwendungen wegen Krankheit des Steuerpflichtigen, muss die Krankheit innerhalb eines zusammenhängenden Zeitraums von mindestens drei Monaten bestanden haben, es sei denn, der Krankheitsfall tritt unmittelbar im Anschluss an eine Erwerbstätigkeit oder Ausbildung ein. ³Bei zusammenlebenden Eltern ist Satz 1 nur dann anzuwenden, wenn bei beiden Elternteilen die Voraussetzungen nach Satz 1 vorliegen oder ein Elternteil erwerbstätig ist und der andere Elternteil sich in Ausbildung befindet, körperlich, geistig oder seelisch behindert oder krank ist. ⁴Satz 1 gilt nicht für Aufwendungen für Unterricht, die Vermittlung besonderer Fähigkeit sowie für sportliche und andere Freizeitbetätigungen. ⁵Ist das zu betreuende Kind nicht nach § 1 Abs. 1 oder Abs. 2 unbeschränkt einkommensteuerpflichtig, ist der in Satz 1 genannte Betrag zu kürzen, soweit es nach den Verhältnissen im Wohnsitzstaat des Kindes notwendig und angemessen ist. ⁶Voraussetzung für den Abzug nach Satz 1 ist, dass der Steuerpflichtige die Aufwendungen durch Vorlage einer Rechnung und die Zahlung auf das Konto des Erbringers der Leistung nachweist.

9. 30 vom Hundert des Entgelts, das der Steuerpflichtige für ein Kind, für das er Anspruch auf einen Kinderfreibetrag nach § 32 Abs. 6 oder auf Kindergeld hat, für den Besuch einer gemäß Artikel 7 Abs. 4 des Grundgesetzes staatlich genehmigten oder nach Landesrecht erlaubten Ersatzschule sowie einer nach Landesrecht anerkannten allgemein bildenden Ergänzungsschule entrichtet mit Ausnahme des Entgelts für Beherbergung, Betreuung und Verpflegung.

(2) Voraussetzung für den Abzug der in Absatz 1 Nr. 2 und 3 bezeichneten Beträge (Vorsorgeaufwendungen) ist, dass sie

1. nicht in unmittelbarem wirtschaftlichen Zusammenhang mit steuerfreien Einnahmen stehen,

2. a) an Versicherungsunternehmen, die ihren Sitz oder ihre Geschäftsleitung in einem Mitgliedstaat der Europäischen Gemeinschaft oder einem anderen Vertragsstaat des Europäischen Wirtschaftsraums haben und das Ver-

sicherungsgeschäft im Inland betreiben dürfen, und Versicherungsunternehmen, denen die Erlaubnis zum Geschäftsbetrieb im Inland erteilt ist,
b) an berufsständische Versorgungseinrichtungen,
c) an einen Sozialversicherungsträger oder
d) an einen Anbieter im Sinne des § 80
geleistet werden.

(3) ¹Vorsorgeaufwendungen nach Absatz 1 Nr. 2 Satz 2 sind bis zu 20 000 Euro zu berücksichtigen. ²Bei zusammenveranlagten Ehegatten verdoppelt sich der Höchstbetrag. ³Der Höchstbetrag nach Satz 1 oder 2 ist bei Steuerpflichtigen, die zum Personenkreis des § 10c Abs. 3 Nr. 1 und 2 gehören oder Einkünfte im Sinne des § 22 Nr. 4 erzielen und die ganz oder teilweise ohne eigene Beitragsleistungen einen Anspruch auf Altersversorgung erwerben, um den Betrag zu kürzen, der, bezogen auf die Einnahmen aus der Tätigkeit, die die Zugehörigkeit zum genannten Personenkreis begründen, dem Gesamtbeitrag (Arbeitgeber- und Arbeitnehmeranteil) zur allgemeinen Rentenversicherung entspricht. ⁴Im Kalenderjahr 2005 sind 60 Prozent der nach den Sätzen 1 bis 3 ermittelten Vorsorgeaufwendungen anzusetzen. ⁵Der sich danach ergebende Betrag, vermindert um den nach § 3 Nr. 62 steuerfreien Arbeitgeberanteil zur gesetzlichen Rentenversicherung und einen diesem gleichgestellten steuerfreien Zuschuss des Arbeitgebers, ist als Sonderausgabe abziehbar. ⁶Der Prozentsatz in Satz 4 erhöht sich in den folgenden Kalenderjahren bis zum Kalenderjahr 2025 um je 2 Prozentpunkte je Kalenderjahr.

(4) ¹Vorsorgeaufwendungen im Sinne des Absatzes 1 Nr. 3 können je Kalenderjahr bis 2400 Euro abgezogen werden. ²Der Höchstbetrag beträgt 1500 Euro bei Steuerpflichtigen, die ganz oder teilweise ohne eigene Aufwendungen einen Anspruch auf vollständige oder teilweise Erstattung oder Übernahme von Krankheitskosten haben oder für deren Krankenversicherung Leistungen im Sinne des § 3 Nr. 62 oder § 3 Nr. 14 erbracht werden. ³Bei zusammenveranlagten Ehegatten bestimmt sich der gemeinsame Höchstbetrag aus der Summe der jedem Ehegatten unter den Voraussetzungen der Sätze 1 und 2 zustehenden Höchstbeträge.

(4a) ¹Ist in den Kalenderjahren 2005 bis 2019 der Abzug der Vorsorgeaufwendungen nach Absatz 1 Nr. 2 Buchstabe a und 3 in der für das Kalenderjahr 2004 geltenden Fassung des § 10 Abs. 3 mit folgenden Höchstbeträgen für den Vorwegabzug

Kalenderjahr	Vorwegabzug für den Steuerpflichtigen	Vorwegabzug im Falle der Zusammenveranlagung von Ehegatten
2005	3068	6136
2006	3068	6136
2007	3068	6136
2008	3068	6136
2009	3068	6136
2010	3068	6136
2011	2700	5400
2012	2400	4800
2013	2100	4200
2014	1800	3600
2015	1500	3000
2016	1200	2400
2017	900	1800
2018	600	1200
2019	300	600

zuzüglich des Erhöhungsbetrags nach Satz 3 günstiger, ist der sich danach ergebende Betrag anstelle des Abzugs nach Absatz 3 und 4 anzusetzen. ²Mindestens ist bei Anwendung des Satzes 1 der Betrag anzusetzen, der sich ergeben würde, wenn zusätzlich noch die Vorsorgeaufwendungen nach Absatz 1 Nr. 2 Buchstabe b in die Günstigerprüfung einbezogen werden würden; der Erhöhungsbetrag nach Satz 3 ist nicht hinzuzurechnen. ³Erhöhungsbetrag sind die Beiträge nach Absatz 1 Nr. 2 Buchstabe b, soweit sie nicht den um die Beiträge nach Absatz 1 Nr. 2 Buchstabe a und den nach § 3 Nr. 62 steuerfreien Arbeitgeberanteil zur gesetzlichen Rentenversicherung und einen diesem gleichgestellten steuerfreien Zuschuss verminderten Höchstbetrag nach Absatz 3 Satz 1 bis 3 überschreiten; Absatz 3 Satz 4 und 6 gilt entsprechend.

(5) Nach Maßgabe einer Rechtsverordnung ist eine Nachversteuerung durchzuführen bei Versicherungen im Sinne des Absatzes 1 Nr. 3 Buchstabe b, wenn die Voraussetzungen für den Sonderausgabenabzug nach Absatz 2 Satz 2 in der am 31. Dezember 2004 geltenden Fassung nicht erfüllt sind.

§ 10a EStG*)
Zusätzliche Altersvorsorge

(1) ¹In der gesetzlichen Rentenversicherung Pflichtversicherte können Altersvorsorgebeiträge (§ 82) zuzüglich der dafür nach Abschnitt XI zustehenden Zulage

in den Veranlagungszeiträumen 2002 und 2003 bis zu	525 Euro,
in den Veranlagungszeiträumen 2004 und 2005 bis zu	1050 Euro,
in den Veranlagungszeiträumen 2006 und 2007 bis zu	1575 Euro,
ab dem Veranlagungszeitraum 2008 jährlich bis zu	2100 Euro

als Sonderausgaben abziehen; das Gleiche gilt für

1. Empfänger von Besoldung nach dem Bundesbesoldungsgesetz,
2. Empfänger von Amtsbezügen aus einem Amtsverhältnis, deren Versorgungsrecht die entsprechende Anwendung des § 69e Abs. 3 und 4 des Beamtenversorgungsgesetzes vorsieht,
3. die nach § 5 Abs. 1 Satz 1 Nr. 2 und 3 des Sechsten Buches Sozialgesetzbuch versicherungsfrei Beschäftigten, die nach § 6 Abs. 1 Satz 1 Nr. 2 oder nach § 230 Abs. 2 Satz 2 des Sechsten Buches Sozialgesetzbuch von der Versicherungspflicht befreiten Beschäftigten, deren Versorgungsrecht die entsprechende Anwendung des § 69e Abs. 3 und 4 des Beamtenversorgungsgesetzes vorsieht,
4. Beamte, Richter, Berufssoldaten und Soldaten auf Zeit, die ohne Besoldung beurlaubt sind, für die Zeit einer Beschäftigung, wenn während der Beurlaubung die Gewährleistung einer Versorgungsanwartschaft unter den Voraussetzungen des § 5 Abs. 1 Satz 1 des Sechsten Buches Sozialgesetzbuch auf diese Beschäftigung erstreckt wird und
5. Steuerpflichtige im Sinne der Nummern 1 bis 4, die beurlaubt sind und deshalb keine Besoldung, Amtsbezüge oder Entgelt erhalten, sofern sie eine Anrechnung von Kindererziehungszeiten nach § 56 des Sechsten Buches Sozialgesetzbuch in Anspruch nehmen könnten, wenn die Versicherungsfreiheit in der gesetzlichen Rentenversicherung nicht bestehen würde,

wenn sie spätestens bis zum Ablauf des zweiten Kalenderjahres, das auf das Beitragsjahr (§ 88) folgt, gegenüber der zuständigen Stelle (§ 81a) schriftlich eingewilligt haben, dass diese der zentralen Stelle (§ 81) jährlich mitteilt, dass der Steuerpflichtige zum begünstigten Personenkreis gehört, dass die zuständige Stelle der zentralen Stelle die für die Ermittlung des Mindesteigenbeitrags (§ 86) und die Gewährung der Kinderzulage (§ 85) erforderlichen Daten übermittelt und die zentrale Stelle diese Daten für das Zulageverfahren verwenden darf. ²Bei der Erteilung der Einwilligung ist der Steuerpflichtige darauf hinzuweisen, dass er die Einwilligung vor Beginn des Kalenderjahres, für das sie erstmals nicht mehr gelten soll,

---
*) Das Einführungsschreiben zur steuerlichen Förderung der privaten Altersvorsorge und betrieblichen Altersversorgung ist als Anhang 13c zum Handbuch abgedruckt.

gegenüber der zuständigen Stelle widerrufen kann. ³Versicherungspflichtige nach dem Gesetz über die Alterssicherung der Landwirte sowie Personen, die wegen Arbeitslosigkeit bei einer inländischen Agentur für Arbeit als Arbeitsuchende gemeldet sind und der Versicherungspflicht in der Rentenversicherung nicht unterliegen, weil sie eine Leistung nach dem Zweiten Buch Sozialgesetzbuch nur wegen des zu berücksichtigenden Einkommens oder Vermögens nicht beziehen, stehen Pflichtversicherten gleich.

(1a) Sofern eine Zulagennummer (§ 90 Abs. 1 Satz 2) durch die zentrale Stelle oder eine Versicherungsnummer nach § 147 des Sechsten Buches Sozialgesetzbuch noch nicht vergeben ist, haben die in Absatz 1 Satz 1 Nr. 1 bis 5 genannten Steuerpflichtigen über die zuständige Stelle eine Zulagenummer bei der zentralen Stelle zu beantragen.

(2) ¹Ist der Sonderausgabenabzug nach Absatz 1 für den Steuerpflichtigen günstiger als der Anspruch auf die Zulage nach Abschnitt XI, erhöht sich die unter Berücksichtigung des Sonderausgabenabzugs ermittelte tarifliche Einkommensteuer um den Anspruch auf Zulage. ²In den anderen Fällen scheidet der Sonderausgabenabzug aus. ³Die Günstigerprüfung wird von Amts wegen vorgenommen.

(3) ¹Der Abzugsbetrag nach Absatz 1 steht im Fall der Veranlagung von Ehegatten nach § 26 Abs. 1 jedem Ehegatten unter den Voraussetzungen des Absatzes 1 gesondert zu. ²Gehört nur ein Ehegatte zu dem nach Absatz 1 begünstigten Personenkreis und ist der andere Ehegatte nach § 79 Satz 2 zulageberechtigt, sind bei dem nach Absatz 1 abzugsberechtigten Ehegatten die von beiden Ehegatten geleisteten Altersvorsorgebeiträge und die dafür zustehenden Zulagen bei der Anwendung der Absätze 1 und 2 zu berücksichtigen. ³Gehören beide Ehegatten zu dem nach Absatz 1 begünstigten Personenkreis und liegt ein Fall der Veranlagung nach § 26 Abs. 1 vor, ist bei der Günstigerprüfung nach Absatz 2 der Anspruch auf Zulage beider Ehegatten anzusetzen.

(4) ¹Im Fall des Absatzes 2 Satz 1 stellt das Finanzamt die über den Zulageanspruch nach Abschnitt XI hinausgehende Steuerermäßigung gesondert fest und teilt diese der zentralen Stelle (§ 81) mit; § 10d Abs. 4 Satz 3 bis 5 gilt entsprechend. ²Sind Altersvorsorgebeiträge zugunsten von mehreren Verträgen geleistet worden, erfolgt die Zurechnung im Verhältnis der nach Absatz 1 berücksichtigten Altersvorsorgebeiträge. ³Ehegatten ist der nach Satz 1 festzustellende Betrag auch im Falle der Zusammenveranlagung jeweils getrennt zuzurechnen; die Zurechnung erfolgt im Verhältnis der nach Absatz 1 berücksichtigten Altersvorsorgebeiträge. ⁴Werden Altersvorsorgebeiträge nach Absatz 3 Satz 2 berücksichtigt, die der nach § 79 Satz 2 zulageberechtigte Ehegatte zugunsten eines auf seinen Namen lautenden Vertrages geleistet hat, ist die hierauf entfallende Steuerermäßigung dem Vertrag zuzurechnen, zu dessen Gunsten die Altersvorsorgebeiträge geleistet wurden. ⁵Die Übermittlung an die zentrale Stelle erfolgt unter Angabe der Vertrags- und Steuernummer sowie der Zulage- oder Versicherungsnummer nach § 147 des Sechsten Buches Sozialgesetzbuch. ⁶Die Feststellungsfrist endet nicht, bevor die Festsetzungsfrist für den Veranlagungszeitraum abgelaufen ist, auf dessen Schluss der verbleibende Verlustvortrag gesondert festzustellen ist; § 181 Abs. 5 der Abgabenordnung ist nur anzuwenden, wenn die zuständige Finanzbehörde die Feststellung des Verlustvortrags pflichtwidrig unterlassen hat.

(5) ¹Der Steuerpflichtige hat die zu berücksichtigenden Altersvorsorgebeiträge durch eine vom Anbieter auszustellende Bescheinigung nach amtlich vorgeschriebenem Vordruck nachzuweisen. ²Diese Bescheinigung ist auch auszustellen, wenn im Falle der mittelbaren Zulageberechtigung (§ 79 Satz 2) keine Altersvorsorgebeiträge geleistet wurden. ³Die übrigen Voraussetzungen für den Sonderausgabenabzug nach den Absätzen 1 bis 3 werden im Wege der Datenerhebung und des automatisierten Datenabgleichs nach § 91 überprüft.

§ 10b EStG
Steuerbegünstigte Zwecke

(1) ¹Ausgaben zur Förderung mildtätiger, kirchlicher, religiöser, wissenschaftlicher und der als besonders förderungswürdig anerkannten gemeinnützigen Zwecke sind bis zur Höhe von insgesamt 5 Prozent des Gesamtbetrags der Einkünfte oder 2 vom Tausend der Summe der gesamten Umsätze und der im Kalenderjahr aufgewendeten Löhne und Gehälter als Sonderausgaben abzugsfähig. ²Für wissenschaftliche, mildtätige und als besonders förderungswürdig anerkannte kulturelle Zwecke erhöht sich der Prozentsatz von 5 um weitere 5 Prozent. ³Zuwendungen an Stiftungen des öffentlichen Rechts und an nach § 5 Abs. 1 Nr. 9 des Körperschaftsteuergesetzes steuerbefreite Stiftungen des privaten Rechts zur Förderung steuerbegünstigter Zwecke im Sinne der §§ 52 bis 54 der Abgabenordnung mit Ausnahme der Zwecke, die nach § 52 Abs. 2 Nr. 4 der Abgabenordnung gemeinnützig sind, sind darüber hinaus bis zur Höhe von 20 450 Euro, abziehbar. ⁴Überschreitet eine Einzelzuwendung von mindestens 25 565 Euro zur Förderung wissenschaftlicher, mildtätiger oder als besonders förderungswürdig anerkannter kultureller Zwecke diese Höchstsätze, ist sie im Rahmen der Höchstsätze im Veranlagungszeitraum der Zuwendung, im vorangegangenen und in den fünf folgenden Veranlagungszeiträumen abzuziehen. ⁵§ 10d gilt entsprechend.

(1a) ¹Zuwendungen im Sinne des Absatzes 1, die anlässlich der Neugründung in den Vermögensstock einer Stiftung des öffentlichen Rechts oder einer nach § 5 Abs. 1 Nr. 9 des Körperschaftsteuergesetzes steuerbefreiten Stiftung des privaten Rechts geleistet werden, können im Jahr der Zuwendung und in den folgenden neun Veranlagungszeiträumen nach Antrag des Steuerpflichtigen bis zu einem Betrag von 307 000 Euro, neben den als Sonderausgaben im Sinne des Absatzes 1 zu berücksichtigenden Zuwendungen und über den nach Absatz 1 zulässigen Umfang hinaus abgezogen werden. ²Als anlässlich der Neugründung einer Stiftung nach Satz 1 geleistet gelten Zuwendungen bis zum Ablauf eines Jahres nach Gründung der Stiftung. ³Der besondere Abzugsbetrag nach Satz 1 kann der Höhe nach innerhalb des Zehnjahreszeitraums nur einmal in Anspruch genommen werden. ⁴§ 10d Abs. 4 gilt entsprechend.

(2) ¹Zuwendungen an politische Parteien im Sinne des § 2 des Parteiengesetzes sind bis zur Höhe von insgesamt 1650 Euro und im Falle der Zusammenveranlagung von Ehegatten bis zur Höhe von insgesamt 3300 Euro im Kalenderjahr abzugsfähig. ²Sie können nur insoweit als Sonderausgaben abgezogen werden, als für sie nicht eine Steuerermäßigung nach § 34g gewährt worden ist.

(3) ¹Als Ausgabe im Sinne dieser Vorschrift gilt auch die Zuwendung von Wirtschaftsgütern mit Ausnahme von Nutzungen und Leistungen. ²Ist das Wirtschaftsgut unmittelbar vor seiner Zuwendung einem Betriebsvermögen entnommen worden, so darf bei der Ermittlung der Ausgabenhöhe der bei der Entnahme angesetzte Wert nicht überschritten werden. ³In allen übrigen Fällen bestimmt sich die Höhe der Ausgabe nach dem gemeinen Wert des zugewendeten Wirtschaftsguts. ⁴Aufwendungen zugunsten einer zum Empfang steuerlich abzugsfähiger Zuwendungen berechtigten Körperschaft sind nur abzugsfähig, wenn ein Anspruch auf die Erstattung der Aufwendungen durch Vertrag oder Satzung eingeräumt und auf die Erstattung verzichtet worden ist. ⁵Der Anspruch darf nicht unter der Bedingung des Verzichts eingeräumt worden sein.

(4) ¹Der Steuerpflichtige darf auf die Richtigkeit der Bestätigung über Spenden und Mitgliedsbeiträge vertrauen, es sei denn, dass er die Bestätigung durch unlautere Mittel oder falsche Angaben erwirkt hat oder dass ihm die Unrichtigkeit der Bestätigung bekannt oder infolge grober Fahrlässigkeit nicht bekannt war. ²Wer vorsätzlich oder grob fahrlässig eine unrichtige Bestätigung ausstellt oder wer veranlasst, dass Zuwendungen nicht zu den in der Bestätigung angegebenen steuerbegünstigten Zwecken verwendet werden, haftet für die entgangene Steuer. ³Diese ist mit 40 Prozent des zugewendeten Betrags anzusetzen.

§ 10c EStG
Sonderausgaben-Pauschbetrag; Vorsorgepauschale

(1) Für Sonderausgaben nach § 10 Abs. 1 Nr. 1, 1a, 4, 5, 7 bis 9 und nach § 10b wird ein Pauschbetrag von 36 Euro abgezogen (Sonderausgaben-Pauschbetrag), wenn der Steuerpflichtige nicht höhere Aufwendungen nachweist.

(2) ¹Hat der Steuerpflichtige Arbeitslohn bezogen, wird für die Vorsorgeaufwendungen (§ 10 Abs. 1 Nr. 2 und 3) eine Vorsorgepauschale abgezogen, wenn der Steuerpflichtige nicht Aufwendungen nachweist, die zu einem höheren Abzug führen. ²Die Vorsorgepauschale ist die Summe aus

1. dem Betrag, der bezogen auf den Arbeitslohn, 50 Prozent des Beitrags in der allgemeinen Rentenversicherung entspricht, und

2. 11 Prozent des Arbeitslohns, jedoch höchstens 1500 Euro.

³Arbeitslohn im Sinne der Sätze 1 und 2 ist der um den Versorgungsfreibetrag (§ 19 Abs. 2) und den Altersentlastungsbetrag (§ 24a) verminderte Arbeitslohn. ⁴In den Kalenderjahren 2005 bis 2024 ist die Vorsorgepauschale mit der Maßgabe zu ermitteln, dass im Kalenderjahr 2005 der Betrag, der sich nach Satz 2 Nr. 1 ergibt, auf 20 Prozent begrenzt und dieser Prozentsatz in jedem folgenden Kalenderjahr um je 4 Prozentpunkte erhöht wird.

(3) Für Arbeitnehmer, die während des ganzen oder eines Teils des Kalenderjahres

1. in der gesetzlichen Rentenversicherung versicherungsfrei oder auf Antrag des Arbeitgebers von der Versicherungspflicht befreit waren und denen für den Fall ihres Ausscheidens aus der Beschäftigung auf Grund des Beschäftigungsverhältnisses eine lebenslängliche Versorgung oder an deren Stelle eine Abfindung zusteht oder die in der gesetzlichen Rentenversicherung nachzuversichern sind oder

2. nicht der gesetzlichen Rentenversicherungspflicht unterliegen, eine Berufstätigkeit ausgeübt und im Zusammenhang damit auf Grund vertraglicher Vereinbarungen Anwartschaftsrechte auf eine Altersversorgung ganz oder teilweise ohne eigene Beitragsleistung oder durch Beiträge, die nach § 3 Nr. 63 steuerfrei waren, erworben haben oder

3. Versorgungsbezüge im Sinne des § 19 Abs. 2 Satz 2 Nr. 1 erhalten haben oder

4. Altersrente aus der gesetzlichen Rentenversicherung erhalten haben,

beträgt die Vorsorgepauschale 11 Prozent des Arbeitslohns, jedoch höchstens 1500 Euro.

(4) ¹Im Fall der Zusammenveranlagung von Ehegatten zur Einkommensteuer sind die Absätze 1 bis 3 mit der Maßgabe anzuwenden, dass die Euro-Beträge nach Absatz 1, 2 Satz 2 Nr. 2 sowie Absatz 3 zu verdoppeln sind. ²Wenn beide Ehegatten Arbeitslohn bezogen haben, ist Absatz 2 Satz 3 auf den Arbeitslohn jedes Ehegatten gesondert anzuwenden und eine Vorsorgepauschale abzuziehen, die sich ergibt aus der Summe

1. der Beträge, die sich nach Absatz 2 Satz 2 Nr. 1 in Verbindung mit Satz 4 für nicht unter Absatz 3 fallende Ehegatten ergeben, und

2. 11 Prozent der Summe der Arbeitslöhne beider Ehegatten, höchstens jedoch 3000 Euro.

³Satz 1 gilt auch, wenn die tarifliche Einkommensteuer nach § 32a Abs. 6 zu ermitteln ist.

(5) Soweit in den Kalenderjahren 2005 bis 2019 die Vorsorgepauschale nach der für das Kalenderjahr 2004 geltenden Fassung des § 10c Abs. 2 bis 4 günstiger ist, ist diese mit folgenden Höchstbeträgen anzuwenden:

Kalenderjahr	Betrag nach § 10c Abs. 2 Satz 2 Nr. 1 in Euro	Betrag nach § 10c Abs. 2 Satz 2 Nr. 2 in Euro	Betrag nach § 10c Abs. 2 Satz 2 Nr. 3 in Euro	Betrag nach § 10c Abs. 3 in Euro
2005	3068	1334	667	1134
2006	3068	1334	667	1134
2007	3068	1334	667	1134
2008	3068	1334	667	1134
2009	3068	1334	667	1134
2010	3068	1334	667	1134
2011	2700	1334	667	1134
2012	2400	1334	667	1134
2013	2100	1334	667	1134
2014	1800	1334	667	1134
2015	1500	1334	667	1134
2016	1200	1334	667	1134
2017	900	1334	667	1134
2018	600	1334	667	1134
2019	300	1334	667	1134.

§ 10d EStG
Verlustabzug

(1) ¹Negative Einkünfte, die bei der Ermittlung des Gesamtbetrags der Einkünfte nicht ausgeglichen werden, sind bis zu einem Betrag von 511 500 Euro, bei Ehegatten, die nach den §§ 26, 26b zusammen veranlagt werden, bis zu einem Betrag von 1 023 000 Euro vom Gesamtbetrag der Einkünfte des unmittelbar vorangegangenen Veranlagungszeitraums vorrangig vor Sonderausgaben, außergewöhnlichen Belastungen und sonstigen Abzugsbeträgen abzuziehen (Verlustrücktrag). ²Ist für den unmittelbar vorangegangenen Veranlagungszeitraum bereits ein Steuerbescheid erlassen worden, so ist er insoweit zu ändern, als der Verlustrücktrag zu gewähren oder zu berichtigen ist. ³Das gilt auch dann, wenn der Steuerbescheid unanfechtbar geworden ist; die Festsetzungsfrist endet insoweit nicht, bevor die Festsetzungsfrist für den Veranlagungszeitraum abgelaufen ist, in dem die negativen Einkünfte nicht ausgeglichen werden. ⁴Auf Antrag des Steuerpflichtigen ist ganz oder teilweise von der Anwendung des Satzes 1 abzusehen. ⁵Im Antrag ist die Höhe des Verlustrücktrags anzugeben.

(2) ¹Nicht ausgeglichene negative Einkünfte, die nicht nach Absatz 1 abgezogen worden sind, sind in den folgenden Veranlagungszeiträumen bis zu einem Gesamtbetrag der Einkünfte von 1 Million Euro unbeschränkt, darüber hinaus bis zu 60 Prozent des 1 Million Euro übersteigenden Gesamtbetrags der Einkünfte vorrangig vor Sonderausgaben, außergewöhnlichen Belastungen und sonstigen Abzugsbeträgen abzuziehen (Verlustvortrag). ²Bei Ehegatten, die nach §§ 26, 26b zusammen veranlagt werden, tritt an die Stelle des Betrags von 1 Million Euro ein Betrag von 2 Millionen Euro. ³Der Abzug ist nur insoweit zulässig, als die Verluste nicht nach Absatz 1 abgezogen worden sind und in den vorangegangenen Veranlagungszeiträumen nicht nach Satz 1 und 2 abgezogen werden konnten.

(3) – aufgehoben –

(4) ¹Der am Schluss eines Veranlagungszeitraums verbleibende Verlustvortrag ist gesondert festzustellen. ²Verbleibender Verlustvortrag sind die bei der Ermittlung des Gesamtbetrags der Einkünfte nicht ausgeglichenen negativen Einkünfte, vermindert um die nach Absatz 1 abgezogenen und die nach Absatz 2 abziehbaren Beträge und vermehrt um den auf den Schluss des vorangegangenen Veranlagungszeitraums festgestellten verbleibenden Verlustvortrag. ³Zuständig für die Fest-

stellung ist das für die Besteuerung zuständige Finanzamt. ⁴Feststellungsbescheide sind zu erlassen, aufzuheben oder zu ändern, soweit sich die nach Satz 2 zu berücksichtigenden Beträge ändern und deshalb der entsprechende Steuerbescheid zu erlassen, aufzuheben oder zu ändern ist. ⁵Satz 4 ist entsprechend anzuwenden, wenn der Erlass, die Aufhebung oder die Änderung des Steuerbescheids mangels steuerlicher Auswirkungen unterbleibt.

§ 11 EStG
Vereinnahmung und Verausgabung

(1) ¹Einnahmen sind innerhalb des Kalenderjahres bezogen, in dem sie dem Steuerpflichtigen zugeflossen sind. ²Regelmäßig wiederkehrende Einnahmen, die dem Steuerpflichtigen kurze Zeit vor Beginn oder kurze Zeit nach Beendigung des Kalenderjahres, zu dem sie wirtschaftlich gehören, zugeflossen sind, gelten als in diesem Kalenderjahr bezogen. ³Der Steuerpflichtige kann Einnahmen, die auf einer Nutzungsüberlassung im Sinne des Absatzes 2 Satz 3 beruhen, insgesamt auf den Zeitraum gleichmäßig verteilen, für den die Vorauszahlung geleistet wird. ⁴Für Einnahmen aus nichtselbständiger Arbeit gilt § 38a Abs. 1 Satz 2 und 3 und § 40 Abs. 3 Satz 2. ⁵Die Vorschriften über die Gewinnermittlung (§ 4 Abs. 1, § 5) bleiben unberührt.

(2) ¹Ausgaben sind für das Kalenderjahr abzusetzen, in dem sie geleistet worden sind. ²Für regelmäßig wiederkehrende Ausgaben gilt Absatz 1 Satz 2 entsprechend. ³Werden Ausgaben für eine Nutzungsüberlassung von mehr als fünf Jahren im Voraus geleistet, sind sie insgesamt auf den Zeitraum gleichmäßig zu verteilen, für den die Vorauszahlung geleistet wird. ⁴Satz 3 ist auf ein Damnum oder Disagio nicht anzuwenden, soweit dieses marktüblich ist. ⁵§ 42 der Abgabenordnung bleibt unberührt. ⁶Die Vorschriften über die Gewinnermittlung (§ 4 Abs. 1, § 5) bleiben unberührt.

R 65
Zufluss von Einnahmen und Abfluss von Ausgaben

– unbesetzt –

H 65
Hinweise zu R 65
Zufluss von Einnahmen und Abfluss von Ausgaben

Allgemeines

>H 11 EStH

Rückzahlung von Arbeitslohn

Zurückgezahlter Arbeitslohn ist erst im Zeitpunkt des Abflusses steuermindernd zu berücksichtigen (>BFH vom 4. 5. 2006 – BStBl. II S. 832).

Zufluss von Arbeitslohn

>R 104a

Anlage
zu H 65

Rückzahlung von Arbeitslohn

Bundeseinheitlich geltende Regelung, für Bayern bekannt gegeben mit Schreiben des Bayer. Staatsministeriums der Finanzen vom 6. 6. 1986 (Az.: 32 – S 2399 – 1/15 – 36383)

Zu den im Zusammenhang mit der Rückzahlung von Arbeitslohn auftretenden steuerlichen Fragen wird folgende Auffassung vertreten:

1. **Rückzahlung von nicht versteuertem Arbeitslohn**

1.1 Zahlt ein Arbeitnehmer Arbeitslohn zurück, der im Zeitpunkt des Zuflusses zu Recht steuerbefreit war, so ist die Rückzahlung als ein außersteuerlicher Vorgang anzusehen. Der Arbeitnehmer kann im Jahr der Rückzahlung weder Werbungskosten noch negative Einnahmen in entsprechender Höhe geltend machen.

1.2 Textziffer 1.1 gilt entsprechend für den Fall, dass der Arbeitnehmer Arbeitslohn zurückzahlen muss, bei dem es sich dem Grunde nach zwar um steuerpflichtigen Arbeitslohn gehandelt hat, der aber im Zeitpunkt des Zuflusses zu Unrecht als steuerfrei behandelt worden ist.

Beispiele:

a) Dem Arbeitnehmer ist ein bestimmter Betrag als Reisekostenersatz steuerfrei ausgezahlt worden. Es stellt sich später heraus, dass die Voraussetzungen einer Dienstreise nicht gegeben waren. Der Arbeitgeber fordert den zu Unrecht gewährten Betrag zurück.

b) Der Arbeitnehmer hat ein Jubiläumsgeschenk steuerfrei erhalten, weil der Arbeitgeber irrigerweise davon ausging, dass eine Dienstzeit von 25 Jahren erfüllt sei. Nachträglich stellt der Arbeitgeber fest, dass erst 20 Dienstjahre vorlagen: Der Arbeitgeber fordert aus diesem Grunde das Jubiläumsgeschenk zurück.

Sieht der Arbeitgeber in derartigen Fällen von einer Rückforderung des zu Unrecht steuerfrei behandelten Arbeitslohns ab, muss dieser Arbeitslohn noch nachträglich steuerlich erfasst werden.

2. **Rückzahlung von versteuertem Arbeitslohn**

Zahlt ein Arbeitnehmer Arbeitslohn zurück, der dem Lohnsteuerabzug unterlegen hat, so bleibt der früher gezahlte Arbeitslohn zugeflossen (§ 11 Abs. 1 EStG). Die zurückgezahlten Beträge sind im Zeitpunkt der Rückzahlung (§ 11 Abs. 2 EStG) als negative Einnahmen zu behandeln. Im Einzelnen gilt Folgendes:

2.1 **Rückzahlung von Arbeitslohn im Kalenderjahr seiner Zahlung bei fortbestehendem Dienstverhältnis**

Hat der Arbeitnehmer Arbeitslohn im selben Kalenderjahr zurückzuzahlen, in dem er ihn erhalten hat, und steht er im Zeitpunkt der Rückzahlung noch in einem Dienstverhältnis zu demselben Arbeitgeber, kann dieser den zurückgezahlten Betrag im Lohnzahlungszeitraum der Rückzahlung oder in den auf die Rückzahlung folgenden Lohnzahlungszeiträumen sowie im Lohnsteuer-Jahresausgleich nach § 42b EStG vom steuerpflichtigen Arbeitslohn absetzen. Es bestehen keine Bedenken, wenn der Arbeitgeber stattdessen den Lohnsteuerabzug des früheren Lohnzahlungszeitraums auf Grund der Rückzahlung entsprechend ändert.

Die Berücksichtigung des zurückgezahlten Betrags durch den Arbeitgeber ist gemäß § 41c Abs. 3 EStG aber nur bis zur Ausstellung einer Lohnsteuerbescheinigung oder eines Lohnzettels möglich. Kann der Arbeitgeber deswegen zurückgezahlte Beträge des Arbeitnehmers nicht mehr berücksichtigen oder macht er von seiner Berechtigung hierzu keinen Gebrauch, kann der Arbeitnehmer diese Beträge im Lohnsteuer-Jahresausgleich oder bei der Veranlagung zur Einkommensteuer als negative Einnahmen geltend machen (vgl. Tz. 2.4).

2.2 **Rückzahlung von Arbeitslohn in einem späteren Kalenderjahr bei fortbestehendem Dienstverhältnis**

Wird Arbeitslohn nicht im Kalenderjahr der Zahlung, sondern in einem späteren Kalenderjahr zurückgefordert, stellen die zurückgezahlten Beträge negative Einnahmen des Rückzahlungsjahrs dar. Steht der Arbeitnehmer zu dem Arbeitgeber, der den Arbeitslohn überzahlt hat, noch in einem Dienstverhältnis, kann der Arbeitgeber die Rückzahlung im Lohnzahlungszeitraum der Rückzahlung oder in den auf die Rückzahlung folgenden Lohnzahlungszeiträumen sowie im Lohnsteuer-Jahresausgleich nach § 42b EStG berücksichtigen. Im Übrigen gilt Tz. 2.1 entsprechend.

§ 12 EStG

2.3 Rückzahlung von Arbeitslohn nach Beendigung des Dienstverhältnisses

Steht ein Arbeitnehmer im Zeitpunkt der Rückzahlung von Arbeitslohn nicht mehr in einem Dienstverhältnis zu dem Arbeitgeber, der den Arbeitslohn überzahlt hat, kann der zurückgezahlte Betrag nur im Lohnsteuer-Jahresausgleich oder bei einer Veranlagung zur Einkommensteuer berücksichtigt werden (vgl. Tz. 2.4).

2.4 Berücksichtigung der Rückzahlung beim Lohnsteuer-Jahresausgleich oder bei der Veranlagung zur Einkommensteuer durch das Finanzamt

Für die Berücksichtigung zurückgezahlten Arbeitslohns als negative Einnahme (vgl. Tz. 2.1, 2.2 und 2.3) im Lohnsteuer-Jahresausgleich oder bei der Veranlagung zur Einkommensteuer gilt Folgendes:

2.4.1 Bezieht der Arbeitnehmer im Jahr der Rückzahlung Einkünfte aus nichtselbständiger Arbeit, werden diese durch den zurückgezahlten Arbeitslohn (negative Einnahmen) entsprechend gemindert.

2.4.2 Bezieht der Arbeitnehmer im Kalenderjahr der Rückzahlung keine Einkünfte aus nichtselbständiger Arbeit, so können die negativen Einnahmen mit anderen Einkünften im Rahmen einer Veranlagung zur Einkommensteuer ausgeglichen werden.

2.4.3 Soweit dem Arbeitnehmer im Kalenderjahr der Rückzahlung keine positiven Einkünfte verbleiben, kann er eine Erstattung von Steuern erreichen, indem er für den zurückgezahlten Arbeitslohn einen Verlustabzug von positiven Einkünften der beiden vorangegangenen Kalenderjahre (Verlustrücktrag) bzw. in den folgenden 5 Kalenderjahren (Verlustvortrag) nach Maßgabe von § 10d EStG beantragt. Kommt für diese Kalenderjahre nicht bereits aus anderen Gründen eine Veranlagung zur Einkommensteuer in Betracht, kann sie der Arbeitnehmer besonders beantragen (§ 46 Abs. 2 Nr. 8 EStG).

2.4.4 Die Höhe der im Lohnsteuer-Jahresausgleich bzw. bei der Veranlagung zur Einkommensteuer zu berücksichtigenden negativen Einnahmen ist vom Arbeitnehmer nachzuweisen oder glaubhaft zu machen. Dem Antrag auf Lohnsteuer-Jahresausgleich oder der Einkommensteuererklärung sollte deshalb dann, wenn der Arbeitnehmer nicht über andere geeignete Unterlagen verfügt, eine entsprechende Bescheinigung des Arbeitgebers beigefügt werden.

3. Steuererstattungen im Billigkeitswege (§ 227 AO)

Kann der Arbeitnehmer nach Maßgabe von Tz. 2.4 keinen vollen steuerlichen Ausgleich (einschl. Progressionsnachteile) erlangen, kommt regelmäßig eine zusätzliche Steuererstattung aus sachlichen Billigkeitsgründen (§ 227 AO) nicht in Betracht, weil der Gesetzgeber Auswirkungen bei der Anwendung der Vorschriften des § 11 EStG (Zufluss von Einnahmen, Abfluss von Ausgaben) oder des § 10d EStG (Verlustabzug) zum Vorteil oder zum Nachteil des Steuerpflichtigen bewusst in Kauf genommen hat. Die Erstattung von Steuerbeträgen aus persönlichen Billigkeitsgründen des Arbeitnehmers bleibt hiervon unberührt.

4. Steuerliche Folgen aus der Rückzahlung von Sozialversicherungsbeiträgen

Wird bei der Rückzahlung von Arbeitslohn auch die sozialversicherungsrechtliche Behandlung rückgängig gemacht, ist Folgendes zu beachten:

4.1 Fordert der Arbeitgeber vom Arbeitnehmer den Bruttoarbeitslohn ohne Kürzung um den Arbeitnehmeranteil zur Sozialversicherung zurück und erstattet er dem Arbeitnehmer später diesen Anteil, weil er den Betrag von dem für alle Arbeitnehmer des Betriebs abzuführenden Sozialversicherungsbeiträgen gekürzt oder vom Sozialversicherungsträger erstattet erhalten hat, so stellt die Vergütung keinen steuerpflichtigen Arbeitslohn dar. Fordert der Arbeitgeber dagegen vom Arbeitnehmer den Bruttoarbeitslohn zunächst gekürzt um den Arbeitnehmeranteil zur Sozialversicherung zurück und behält er die durch Verrechnung zurückerhaltenen Arbeitnehmeranteile zurück, stellen diese ebenfalls zurückgezahlten Arbeitslohn des Arbeitnehmers dar, auf den Tz. 2 anwendbar ist. Dies gilt unabhängig davon, ob die Sozialversicherungsbeiträge in demselben oder im nachfolgenden Kalenderjahr verrechnet werden.

4.2 Die zurückgezahlten Arbeitnehmeranteile zur Sozialversicherung mindern im Rückzahlungsjahr die als Vorsorgeaufwendungen abziehbaren Sozialversicherungsbeiträge. Der Arbeitgeber hat dies bei der Bescheinigung der einbehaltenen Sozialversicherungsbeiträge zu berücksichtigen.

4.3 Die Erstattung des Arbeitgeberanteils zur gesetzlichen Sozialversicherung spielt sich nur im Verhältnis des Arbeitgebers zu den Sozialversicherungsträgern ab und hat keine Auswirkungen auf die Besteuerung des Arbeitslohns. Sie mindert jedoch die ggf. auf den Vorwegabzugsbetrag nach § 10 Abs. 3 Nr. 2 Buchst. a EStG anzurechnenden Arbeitgeberleistungen; der Arbeitgeber hat dies bei einer Bescheinigung der Arbeitgeberanteile zur Sozialversicherung entsprechend zu berücksichtigen.

5. Rückzahlung von Arbeitslohn in Fällen der Nettolohnvereinbarung

Für die steuerliche Behandlung von zurückgezahltem Arbeitslohn bei Vorliegen einer Nettolohnvereinbarung gelten die Ausführungen unter Tz. 2 bis 4 entsprechend. Steuerschuldner und damit auch Erstattungsberechtigter ist der Arbeitnehmer und nicht der Arbeitgeber.

6. Rückzahlung von Arbeitslohn in den Fällen der Lohnsteuerpauschalierung nach §§ 40, 40a und 40b EStG

Die Rückzahlung von Arbeitslohn, der unter Übernahme der Lohnsteuer durch den Arbeitgeber nach §§ 40, 40a und 40b EStG pauschal versteuert worden ist, hat keine negativen Einnahmen beim Arbeitnehmer zur Folge. Die Rückzahlung führt vielmehr zu einem Erstattungsanspruch des Arbeitgebers. Für die Ermittlung eines evtl. Steuererstattungsanspruchs sind folgende Fälle zu unterscheiden:

6.1 Pauschalierung nach §§ 40 Abs. 2, 40a, 40b EStG

Soweit eine Verrechnung des zurückgezahlten Arbeitslohns mit entsprechenden Zahlungen im gleichen Anmeldungszeitraum nicht möglich ist, ergibt sich für den Arbeitgeber ein Steuererstattungsanspruch. Der Berechnung dieses Anspruchs ist der entsprechende, im Zeitpunkt der Rückzahlung geltende Pauschsteuersatz zugrunde zu legen. Im Übrigen wird wegen der Rückzahlung von nach § 40b EStG pauschal besteuertem Arbeitslohn auf das FMS vom 24.5.1978 – § 10 EStG Fach 2 Karte 1 – hingewiesen, das dem BMF-Schreiben vom 24.5.1978 IV B 6 – S 2333 – 13/78 in BStBl. I S. 232 entspricht*).

6.2 Pauschalierung nach § 40 Abs. 1 EStG

Im Fall des § 40 Abs. 1 EStG darf der zurückgezahlte Arbeitslohn nicht mit entsprechenden positiven Zahlungen im gleichen Anmeldungszeitraum verrechnet werden. Die Rückzahlung führt deshalb zu einem Steuererstattungsanspruch des Arbeitgebers. Dabei kann aus Vereinfachungsgründen von dem Betrag ausgegangen werden, der vorher als pauschale Lohnsteuer für die zurückgezahlten Beträge abgeführt worden ist.

Dieses Schreiben ergeht im Einvernehmen mit dem Bundesminister der Finanzen und den Finanzministern (-senatoren) der anderen Länder.

§ 12 EStG
Nicht abzugsfähige Ausgaben

¹Soweit in den §§ 4f, 10 Abs. 1 Nr. 1, 2 bis 5, 7 bis 9, §§ 10a, 10b und den §§ 33 bis 33b nichts anderes bestimmt ist, dürfen weder bei den einzelnen Einkunftsarten noch vom Gesamtbetrag der Einkünfte abgezogen werden

---

*) Jetzt R 129 Absätze 14 bis 17 LStR.

1. die für den Haushalt des Steuerpflichtigen und für den Unterhalt seiner Familienangehörigen aufgewendeten Beträge. ²Dazu gehören auch die Aufwendungen für die Lebensführung, die die wirtschaftliche oder gesellschaftliche Stellung des Steuerpflichtigen mit sich bringt, auch wenn sie zur Förderung des Berufs oder der Tätigkeit des Steuerpflichtigen erfolgen;
2. freiwillige Zuwendungen, Zuwendungen auf Grund einer freiwillig begründeten Rechtspflicht und Zuwendungen an eine gegenüber dem Steuerpflichtigen oder seinem Ehegatten gesetzlich unterhaltsberechtigte Person oder deren Ehegatten, auch wenn diese Zuwendungen auf einer besonderen Vereinbarung beruhen;
3. die Steuern vom Einkommen und sonstige Personensteuern sowie die Umsatzsteuer für Umsätze, die Entnahmen sind, und die Vorsteuerbeträge auf Aufwendungen, für die das Abzugsverbot der Nummer 1 oder des § 4 Abs. 5 Satz 1 Nr. 1 bis 5, 7 oder Abs. 7 gilt; das gilt auch für die auf diese Steuern entfallenden Nebenleistungen;
4. in einem Strafverfahren festgesetzte Geldstrafen, sonstige Rechtsfolgen vermögensrechtlicher Art, bei denen der Strafcharakter überwiegt, und Leistungen zur Erfüllung von Auflagen oder Weisungen, soweit die Auflagen oder Weisungen nicht lediglich der Wiedergutmachung des durch die Tat verursachten Schadens dienen;
5. Aufwendungen des Steuerpflichtigen für seine erstmalige Berufsausbildung und für ein Erststudium, wenn diese nicht im Rahmen eines Dienstverhältnisses stattfinden.

§ 18 EStG
Selbständige Arbeit

(1) ¹Einkünfte aus selbständiger Arbeit sind
1. Einkünfte aus freiberuflicher Tätigkeit. ²Zu der freiberuflichen Tätigkeit gehören die selbständig ausgeübte wissenschaftliche, künstlerische, schriftstellerische, unterrichtende oder erzieherische Tätigkeit, die selbständige Berufstätigkeit der Ärzte, Zahnärzte, Tierärzte, Rechtsanwälte, Notare, Patentanwälte, Vermessungsingenieure, Ingenieure, Architekten, Handelschemiker, Wirtschaftsprüfer, Steuerberater, beratenden Volks- und Betriebswirte, vereidigten Buchprüfer, Steuerbevollmächtigten, Heilpraktiker, Dentisten, Krankengymnasten, Journalisten, Bildberichterstatter, Dolmetscher, Übersetzer, Lotsen und ähnlicher Berufe. ³Ein Angehöriger eines freien Berufs im Sinne der Sätze 1 und 2 ist auch dann freiberuflich tätig, wenn er sich der Mithilfe fachlich vorgebildeter Arbeitskräfte bedient; Voraussetzung ist, dass er auf Grund eigener Fachkenntnisse leitend und eigenverantwortlich tätig wird. ⁴Eine Vertretung im Fall vorübergehender Verhinderung steht der Annahme einer leitenden und eigenverantwortlichen Tätigkeit nicht entgegen;
2. Einkünfte der Einnehmer einer staatlichen Lotterie, wenn sie nicht Einkünfte aus Gewerbebetrieb sind;
3. Einkünfte aus sonstiger selbständiger Arbeit, z. B. Vergütungen für die Vollstreckung von Testamenten, für Vermögensverwaltung und für die Tätigkeit als Aufsichtsratsmitglied;
4. Einkünfte, die ein Beteiligter an einer vermögensverwaltenden Gesellschaft oder Gemeinschaft, deren Zweck im Erwerb, Halten und in der Veräußerung von Anteilen an Kapitalgesellschaften besteht, als Vergütung für Leistungen zur Förderung des Gesellschafts- oder Gemeinschaftszwecks erzielt, wenn der Anspruch auf die Vergütung unter der Voraussetzung eingeräumt worden ist, dass die Gesellschafter oder Gemeinschafter ihr eingezahltes Kapital vollständig zurückerhalten haben; § 15 Abs. 3 ist nicht anzuwenden.

(2) Einkünfte nach Absatz 1 sind auch dann steuerpflichtig, wenn es sich nur um eine vorübergehende Tätigkeit handelt.

(3) ¹Zu den Einkünften aus selbständiger Arbeit gehört auch der Gewinn, der bei der Veräußerung des Vermögens oder eines selbständigen Teils des Vermögens oder eines Anteils am Vermögen erzielt wird, das der selbständigen Arbeit dient. ²§ 16 Abs. 1 Nr. 1 Satz 2 und Abs. 2 bis 4 gilt entsprechend.

(4) ¹§ 13 Abs. 5 gilt entsprechend, sofern das Grundstück im Veranlagungszeitraum 1986 zu einem der selbständigen Arbeit dienenden Betriebsvermögen gehört hat. ²§ 15 Abs. 1 Satz 1 Nr. 2, Abs. 1a, Abs. 2 Satz 2 und 3, §§ 15a und 15b sind entsprechend anzuwenden.

§ 19 EStG
Nichtselbständige Arbeit

(1) ¹Zu den Einkünften aus nichtselbständiger Arbeit gehören
1. Gehälter, Löhne, Gratifikationen, Tantiemen und andere Bezüge und Vorteile für eine Beschäftigung im öffentlichen oder privaten Dienst;
2. Wartegelder, Ruhegelder, Witwen- und Waisengelder und andere Bezüge und Vorteile aus früheren Dienstleistungen;
3. laufende Beiträge und laufende Zuwendungen des Arbeitgebers aus einem bestehenden Dienstverhältnis an einen Pensionsfonds, eine Pensionskasse oder für eine Direktversicherung für eine betriebliche Altersversorgung. ²Zu den Einkünften aus nichtselbständiger Arbeit gehören auch Sonderzahlungen, die der Arbeitgeber neben den laufenden Beiträgen und Zuwendungen an eine solche Versorgungseinrichtung leistet, mit Ausnahme der Zahlungen des Arbeitgebers zur Erfüllung der Solvabilitätsvorschriften nach §§ 53c und 114 des Versicherungsaufsichtsgesetzes, Zahlungen des Arbeitgebers in der Rentenbezugszeit nach § 112 Abs. 1a des Versicherungsaufsichtsgesetzes oder Sanierungsgelder, Sonderzahlungen des Arbeitgebers sind insbesondere Zahlungen an eine Pensionskasse anlässlich
   a) seines Ausscheidens aus einer nicht im Wege der Kapitaldeckung finanzierten betrieblichen Altersversorgung oder
   b) des Wechsels von einer nicht im Wege der Kapitaldeckung zu einer anderen nicht im Wege der Kapitaldeckung finanzierten betrieblichen Altersversorgung.

³Von Sonderzahlungen im Sinne des Satzes 2 Buchstabe b ist bei laufenden und wiederkehrenden Zahlungen entsprechend dem periodischen Bedarf nur auszugehen, soweit die Bemessung der Zahlungsverpflichtungen des Arbeitgebers in das Versorgungssystem nach dem Wechsel die Bemessung der Zahlungsverpflichtung zum Zeitpunkt des Wechsels übersteigt. ⁴Sanierungsgelder sind Sonderzahlungen des Arbeitgebers an eine Pensionskasse anlässlich der Systemumstellung einer nicht im Wege der Kapitaldeckung finanzierten betrieblichen Altersversorgung auf der Finanzierungs- oder Leistungsseite, die der Finanzierung der zum Zeitpunkt der Umstellung bestehenden Versorgungsverpflichtungen oder Versorgungsanwartschaften dienen; bei laufenden und wiederkehrenden Zahlungen entsprechend dem periodischen Bedarf ist nur von Sanierungsgeldern auszugehen, soweit die Bemessung der Zahlungsverpflichtungen des Arbeitgebers in das Versorgungssystem nach der Systemumstellung die Bemessung der Zahlungsverpflichtung zum Zeitpunkt der Systemumstellung übersteigt.

²Es ist gleichgültig, ob es sich um laufende oder um einmalige Bezüge handelt und ob ein Rechtsanspruch auf sie besteht.

(2) ¹Von Versorgungsbezügen bleiben ein nach einem Prozentsatz ermittelter, auf einen Höchstbetrag begrenzter Betrag (Versorgungsfreibetrag) und ein Zuschlag zum Versorgungsfreibetrag steuerfrei. ²Versorgungsbezüge sind
1. das Ruhegehalt, Witwen- oder Waisengeld, der Unterhaltsbeitrag oder ein gleichartiger Bezug
   a) auf Grund beamtenrechtlicher oder entsprechender gesetzlicher Vorschriften,
   b) nach beamtenrechtlichen Grundsätzen von Körperschaften, Anstalten oder Stiftungen des öffentlichen Rechts oder öffentlich-rechtlichen Verbänden von Körperschaften
   oder
2. in anderen Fällen Bezüge und Vorteile aus früheren Dienstleistungen wegen Erreichens einer Altersgrenze, verminderter Erwerbsfähigkeit oder Hinterbliebenenbezüge; Bezüge wegen Erreichens einer Altersgrenze gelten erst dann als Versorgungsbezüge, wenn der Steuerpflichtige das 63. Lebensjahr oder, wenn er schwerbehindert ist, das 60. Lebensjahr vollendet hat.

³Der maßgebende Prozentsatz, der Höchstbetrag des Versorgungsfreibetrags und der Zuschlag zum Versorgungsfreibetrag sind der nachstehenden Tabelle zu entnehmen:

Jahr des Versorgungsbeginns	Versorgungsfreibetrag		Zuschlag zum Versorgungsfreibetrag in Euro
	in % der Versorgungsbezüge	Höchstbetrag in Euro	
bis 2005	40,0	3000	900
ab 2006	38,4	2880	864
2007	36,8	2760	828
2008	35,2	2640	792
2009	33,6	2520	756
2010	32,0	2400	720
2011	30,4	2280	684
2012	28,8	2160	648
2013	27,2	2040	612
2014	25,6	1920	576
2015	24,0	1800	540
2016	22,4	1680	504
2017	20,8	1560	468
2018	19,2	1440	432
2019	17,6	1320	396
2020	16,0	1200	360
2021	15,2	1140	342
2022	14,4	1080	324
2023	13,6	1020	306
2024	12,8	960	288
2025	12,0	900	270
2026	11,2	840	252
2027	10,4	780	234
2028	9,6	720	216
2029	8,8	660	198
2030	8,0	600	180
2031	7,2	540	162
2032	6,4	480	144
2033	5,6	420	126
2034	4,8	360	108
2035	4,0	300	90
2036	3,2	240	72
2037	2,4	180	54
2038	1,6	120	36
2039	0,8	60	18
2040	0,0	0	0

⁴Bemessungsgrundlage für den Versorgungsfreibetrag ist
a) bei Versorgungsbeginn vor 2005

   das Zwölffache des Versorgungsbezugs für Januar 2005,
b) bei Versorgungsbeginn ab 2005

   das Zwölffache des Versorgungsbezugs für den ersten vollen Monat,

jeweils zuzüglich voraussichtlicher Sonderzahlungen im Kalenderjahr, auf die zu diesem Zeitpunkt ein Rechtsanspruch besteht. ⁵Der Zuschlag zum Versorgungsfreibetrag darf nur bis zur Höhe der um den Versorgungsfreibetrag geminderten Bemessungsgrundlage berücksichtigt werden. ⁶Bei mehreren Versorgungsbezügen mit unterschiedlichem Bezugsbeginn bestimmen sich der insgesamt berücksichtigungsfähige Höchstbetrag des Versorgungsfreibetrags und der Zuschlag zum Versorgungsfreibetrag nach dem Jahr des Beginns des ersten Versorgungsbezugs. ⁷Folgt ein Hinterbliebenenbezug einem Versorgungsbezug, bestimmen sich der Prozentsatz, der Höchstbetrag des Versorgungsfreibetrags und der Zuschlag zum Versorgungsfreibetrag für den Hinterbliebenen-

§ 19 EStG
R 66, 67

bezug nach dem Jahr des Beginns des Versorgungsbezugs. ⁸Der nach den Sätzen 3 bis 7 berechnete Versorgungsfreibetrag und Zuschlag zum Versorgungsfreibetrag gelten für die gesamte Laufzeit des Versorgungsbezugs. ⁹Regelmäßige Anpassungen des Versorgungsbezugs führen nicht zu einer Neuberechnung. ¹⁰Abweichend hiervon sind der Versorgungsfreibetrag und der Zuschlag zum Versorgungsfreibetrag neu zu berechnen, wenn sich der Versorgungsbezug wegen Anwendung von Anrechnungs-, Ruhens-, Erhöhungs- oder Kürzungsregelungen erhöht oder vermindert. ¹¹In diesen Fällen sind die Sätze 3 bis 7 mit dem geänderten Versorgungsbezug als Bemessungsgrundlage im Sinne des Satzes 4 anzuwenden; im Kalenderjahr der Änderung sind der höchste Versorgungsfreibetrag und Zuschlag zum Versorgungsfreibetrag maßgebend. ¹²Für jeden vollen Kalendermonat, für den keine Versorgungsbezüge gezahlt werden, ermäßigen sich der Versorgungsfreibetrag und der Zuschlag zum Versorgungsfreibetrag in diesem Kalenderjahr um je ein Zwölftel.

R 66
Arbeitgeber

¹Neben den in § 1 Abs. 2 LStDV*) genannten Fällen kommt als Arbeitgeber auch eine natürliche oder juristische Person, ferner eine Personenvereinigung oder Vermögensmasse in Betracht, wenn ihr gegenüber die Arbeitskraft geschuldet wird. ²Die Nachfolgeunternehmen der Deutschen Bundespost sind Arbeitgeber der bei ihnen Beschäftigten. ³Arbeitgeber ist auch, wer Arbeitslohn aus einem früheren oder für ein künftiges Dienstverhältnis zahlt. ⁴Bei internationaler Arbeitnehmerentsendung ist das in Deutschland ansässige Unternehmen, das den Arbeitslohn für die ihm geleistete Arbeit wirtschaftlich trägt, inländischer Arbeitgeber. ⁵Arbeitgeber ist grundsätzlich auch, wer einem Dritten (Entleiher) einen Arbeitnehmer (Leiharbeitnehmer) zur Arbeitsleistung überlässt (Verleiher). ⁶Zahlt im Fall unerlaubter Arbeitnehmerüberlassung der Entleiher anstelle des Verleihers den Arbeitslohn an den Arbeitnehmer, so ist der Entleiher regelmäßig nicht Dritter, sondern Arbeitgeber im Sinne von § 38 Abs. 1 Satz 1 Nr. 1 EStG (>R 146 Abs. 1). ⁷Im Übrigen kommt es nicht darauf an, ob derjenige, dem die Arbeitskraft geschuldet wird, oder ein Dritter Arbeitslohn zahlt (>R 106).

H 66
Hinweise zu R 66
Arbeitgeber

Arbeitgeber

– Eine **GbR** kann Arbeitgeber im lohnsteuerlichen Sinne sein (>BFH vom 17. 2. 1995 – BStBl. II S. 390).
– Eine **Sportverein** kann Arbeitgeber der von ihm eingesetzten Amateursportler sein (>BFH vom 23. 10. 1992 – BStBl. 1993 II S. 303).
– Ein **Verein** ist auch dann Arbeitgeber, wenn nach der Satzung des Vereins Abteilungen mit eigenem Vertreter bestehen und diesen eine gewisse Selbständigkeit eingeräumt ist, so genannter Verein im Verein (>BFH vom 13. 3. 2003 – BStBl. II S. 556).
– Arbeitgeber **kraft gesetzlicher Fiktion** ist für die in § 3 Nr. 65 Satz 2 und 3 EStG bezeichneten Leistungen die sie erbringende Pensionskasse oder das Unternehmen der Lebensversicherung (>§ 3 Nr. 65 Satz 4 EStG).
– Arbeitslohn auszahlende **öffentliche Kasse** (>§ 38 Abs. 3 Satz 2 EStG).
– Bei Arbeitnehmerentsendung ist das in Deutschland ansässige aufnehmende Unternehmen, das den Arbeitslohn für die ihm geleistete Arbeit wirtschaftlich trägt, Arbeitgeber (>§ 38 Abs. 1 Satz 2 EStG).

Kein Arbeitgeber

Die **Obergesellschaft eines Konzerns** (Organträger) ist auch dann nicht Arbeitgeber der Arbeitnehmer ihrer Tochtergesellschaften, wenn sie diesen Arbeitnehmern Arbeitslohn zahlt (>BFH vom 21. 2. 1986 – BStBl. II S. 768).

R 67
Arbeitnehmer

– unbesetzt –

H 67
Hinweise zu R 67
Arbeitnehmer

Allgemeines

Wer Arbeitnehmer ist, ist unter Beachtung der Vorschriften des § 1 LStDV*) nach dem Gesamtbild der Verhältnisse zu beurteilen. Wegen der Abgrenzung der für einen Arbeitnehmer typischen fremdbestimmten Tätigkeit von selbständiger Tätigkeit >BFH vom 14. 6. 1985 (BStBl. II S. 661) und vom 18. 1. 1991 (BStBl. II S. 409). Danach können für eine Arbeitnehmereigenschaft insbesondere folgende Merkmale sprechen:

– persönliche Abhängigkeit,
– Weisungsgebundenheit hinsichtlich Ort, Zeit und Inhalt der Tätigkeit,
– feste Arbeitszeiten,
– Ausübung der Tätigkeit gleich bleibend an einem bestimmten Ort,
– feste Bezüge,
– Urlaubsanspruch,
– Anspruch auf sonstige Sozialleistungen,
– Fortzahlung der Bezüge im Krankheitsfall,
– Überstundenvergütung,
– zeitlicher Umfang der Dienstleistungen,
– Unselbständigkeit in Organisation und Durchführung der Tätigkeit,
– kein Unternehmerrisiko,
– keine Unternehmerinitiative,
– kein Kapitaleinsatz,
– keine Pflicht zur Beschaffung von Arbeitsmitteln,
– Notwendigkeit der engen ständigen Zusammenarbeit mit anderen Mitarbeitern,
– Eingliederung in den Betrieb,
– Schulden der Arbeitskraft und nicht eines Arbeitserfolges,
– Ausführung von einfachen Tätigkeiten, bei denen eine Weisungsabhängigkeit die Regel ist.

Diese Merkmale ergeben sich regelmäßig aus dem der Beschäftigung zugrunde liegenden Vertragsverhältnis, sofern die Vereinbarungen ernsthaft gewollt sind und tatsächlich durchgeführt werden (>BFH vom 14. 12. 1978 – BStBl. 1979 II S. 188, vom 20. 2. 1979 – BStBl. II S. 414 und vom 24. 7. 1992 – BStBl. 1993 II S. 155). Dabei sind die für oder gegen ein Dienstverhältnis sprechenden Merkmale ihrer Bedeutung entsprechend gegeneinander abzuwägen.

Eltern-Kind-Arbeitsverhältnis

Zur steuerlichen Anerkennung von Dienstverhältnissen zwischen Eltern und Kindern >BFH vom 9. 12. 1993 (BStBl. 1994 II S. 298), >R 4.8 Abs. 3 EStR

Gesellschafter-Geschäftsführer

Ein Gesellschafter-Geschäftsführer einer Kapitalgesellschaft ist nicht allein auf Grund seiner Organstellung Arbeitnehmer. Es ist anhand der allgemeinen Merkmale zu entscheiden, ob er die Geschäftsführungsleistung selbständig oder nichtselbständig erbringt (>BMF vom 21. 9. 2005 – BStBl. I S. 936).

Mitunternehmer

Zur Frage, unter welchen Voraussetzungen ein Arbeitnehmer Mitunternehmer im Sinne des § 15 Abs. 1 Nr. 2 EStG ist, >H 15.8 Abs. 1 (verdeckte Mitunternehmerschaft) EStH.

---
*) Abgedruckt als Anhang 1 zum Handbuch.

Nichteheliche Lebensgemeinschaft

- >H 4.8 EStH
- Ein hauswirtschaftliches Beschäftigungsverhältnis mit der nichtehelichen Lebensgefährtin kann nicht anerkannt werden, wenn diese zugleich Mutter des gemeinsamen Kindes ist (>BFH vom 19.5.1999 – BStBl. II S. 764).

Selbständige Arbeit

Zur Abgrenzung einer Tätigkeit als Arbeitnehmer von einer selbständigen Tätigkeit >R 15.1 und 18.1 EStR.

Weisungsgebundenheit

Die in § 1 Abs. 2 LStDV*) genannte Weisungsgebundenheit kann auf einem besonderen öffentlich-rechtlichen Gewaltverhältnis beruhen, wie z. B. bei Beamten und Richtern, oder Ausfluss des Direktionsrechts sein, mit dem ein Arbeitgeber die Art und Weise, Ort, Zeit und Umfang der zu erbringenden Arbeitsleistung bestimmt. Die Weisungsbefugnis kann eng, aber auch locker sein, wie z. B. bei einem angestellten Chefarzt, der fachlich weitgehend eigenverantwortlich handelt; entscheidend ist, ob die beschäftigte Person einer etwaigen Weisung bei der Art und Weise der Ausführung der geschuldeten Arbeitsleistung zu folgen verpflichtet ist oder ob ein solches Weisungsrecht nicht besteht. Maßgebend ist das Innenverhältnis; die Weisungsgebundenheit muss im Auftreten der beschäftigten Person nach außen nicht erkennbar werden (>BFH vom 15.7.1987 – BStBl. II S. 746). Die Eingliederung in einen Betrieb kann auch bei einer kurzfristigen Beschäftigung gegeben sein, wie z. B. bei einem Apothekervertreter als Urlaubsvertretung. Sie ist aber eher bei einfachen als bei gehobenen Arbeiten anzunehmen, z. B. bei einem Gelegenheitsarbeiter, der zu bestimmten unter Aufsicht durchzuführenden Arbeiten herangezogen wird. Die vorstehenden Kriterien gelten auch für die Entscheidung, ob ein so genannter Schwarzarbeiter Arbeitnehmer des Auftraggebers ist.

Zuordnung als Arbeitnehmer oder Selbständiger

a) Beispiele für Arbeitnehmer

Amateursportler können Arbeitnehmer sein, wenn die für den Trainings- und Spieleinsatz gezahlten Vergütungen nach dem Gesamtbild der Verhältnisse als Arbeitslohn zu beurteilen sind (>BFH vom 23.10.1992 – BStBl. 1993 II S. 303),

Apothekervertreter; ein selbständiger Apotheker, der als Urlaubsvertreter eines anderen selbständigen Apothekers gegen Entgelt tätig wird, ist Arbeitnehmer (>BFH vom 20.2.1979 – BStBl. II S. 414),

Artist ist Arbeitnehmer, wenn er seine Arbeitskraft einem Unternehmer für eine Zeitdauer, die eine Reihe von Veranstaltungen umfasst – also nicht lediglich für einige Stunden eines Abends – ausschließlich zur Verfügung stellt (>BFH vom 16.3.1951 – BStBl. III S. 97),

Buchhalter >BFH vom 6.7.1955 (BStBl. III S. 256) und vom 13.2.1980 (BStBl. II S. 303),

Büffetier >BFH vom 31.1.1963 (BStBl. III S. 230),

Chefarzt; ein angestellter Chefarzt, der berechtigt ist, Privatpatienten mit eigenem Liquidationsrecht ambulant zu behandeln und die wahlärztlichen Leistungen im Rahmen seines Dienstverhältnisses erbringt (>BFH vom 5.10.2005 – BStBl. 2006 II S. 94),

Gelegenheitsarbeiter, die zu bestimmten, unter Aufsicht durchzuführenden Verlade- und Umladearbeiten herangezogen werden, sind auch dann Arbeitnehmer, wenn sie die Tätigkeit nur für wenige Stunden ausüben (>BFH vom 18.1.1974 – BStBl. II S. 301),

Heimarbeiter >R 15.1 Abs. 2 EStR,

Helfer von Wohlfahrtsverbänden; ehrenamtliche Helfer, die Kinder und Jugendliche auf Ferienreisen betreuen, sind Arbeitnehmer (>BFH vom 28.2.1975 – BStBl. 1976 II S. 134),

Musiker; nebenberuflich tätige Musiker, die in Gaststätten auftreten, sind nach der allgemeinen Lebenserfahrung Arbeitnehmer des Gastwirts; dies gilt nicht, wenn die Kapelle gegenüber Dritten als selbständige Gesellschaft oder der Kapellenleiter als Arbeitgeber der Musiker auftritt bzw. der Musiker oder die Kapelle nur gelegentlich spielt (>BFH vom 10.9.1976 – BStBl. II S. 178),

Oberarzt; ein in einer Universitätsklinik angestellter Oberarzt ist hinsichtlich der Mitarbeit in der Privatpraxis des Chefarztes dessen Arbeitnehmer (>BFH vom 11.11.1971 – BStBl. 1972 II S. 213),

Rechtspraktikant der einstufigen Juristenausbildung ist Arbeitnehmer (>BFH vom 19.4.1985 – BStBl. II S. 465 und vom 24.9.1985 – BStBl. II 1986 S. 184),

Reisevertreter kann auch dann Arbeitnehmer sein, wenn er erfolgsabhängig entlohnt wird und ihm eine gewisse Bewegungsfreiheit eingeräumt ist, die nicht Ausfluss seiner eigenen Machtvollkommenheit ist (>BFH vom 7.12.1961 – BStBl. 1962 III S. 149),
>H 15.1 (Reisevertreter) EStH,

Sanitätshelfer des Deutschen Roten Kreuzes sind Arbeitnehmer, wenn die gezahlten Entschädigungen nicht mehr als pauschale Erstattung der Selbstkosten beurteilt werden können, weil sie die durch die ehrenamtliche Tätigkeit veranlassten Aufwendungen der einzelnen Sanitätshelfer regelmäßig nicht nur unwesentlich übersteigen (>BFH vom 4.8.1994 – BStBl. II S. 944),

Stromableser können auch dann Arbeitnehmer sein, wenn die Vertragsparteien „freie Mitarbeit" vereinbart haben und das Ablesen in Ausnahmefällen auch durch einen zuverlässigen Vertreter erfolgen darf (>BFH vom 24.7.1992 – BStBl. 1993 II S. 155),

Vorstandsmitglied einer Aktiengesellschaft
>BFH vom 11.3.1960 (BStBl. III S. 214),

Vorstandsmitglied einer Familienstiftung
>BFH vom 31.1.1975 (BStBl. II S. 358),

Vorstandsmitglied einer Genossenschaft
>BFH vom 2.10.1968 (BStBl. II 1969 S. 185).

b) Beispiele für Selbständigkeit

Arztvertreter >BFH vom 10.4.1953 (BStBl. III S. 142),

Beratungsstellenleiter eines Lohnsteuerhilfevereins ist kein Arbeitnehmer, wenn er die Tätigkeit als freier Mitarbeiter ausübt (>BFH vom 10.12.1987 – BStBl. II 1988 S. 273),

Bezirksstellenleiter bei Lotto- und Totogesellschaften >BFH vom 14.9.1967 (BStBl. III 1988 S. 193),

Diakonissen sind keine Arbeitnehmerinnen des Mutterhauses (>BFH vom 30.7.1965 – BStBl. III S. 525),

Fahrlehrer, die gegen eine tätigkeitsbezogene Vergütung unterrichten, sind in der Regel keine Arbeitnehmer, auch wenn ihnen keine Fahrschulerlaubnis erteilt worden ist >BFH vom 17.10.1996 (BStBl. 1997 II S. 188),

Fotomodell; ein Berufsfotomodell ist kein Arbeitnehmer, wenn es nur von Fall zu Fall vorübergehend zu Aufnahmen herangezogen wird (>BFH vom 8.6.1967 – BStBl. III S. 618),

Gerichtsreferendar, der neben der Tätigkeit bei Gericht für einen Rechtsanwalt von Fall zu Fall tätig ist, steht zu dem Anwalt in der Regel nicht in einem Arbeitsverhältnis (>BFH vom 22.3.1968 – BStBl. II S. 455),

Gutachter >BFH vom 22.6.1971 (BStBl. II S. 749),

Hausgewerbetreibender >R 15.1 Abs. 2 EStR,

Hausverwalter, die für eine Wohnungseigentümergemeinschaft tätig sind, sind keine Arbeitnehmer (>BFH vom 13.5.1966 – BStBl. III S. 489),

Hopfentreter, die von einem Hopfenaufkäufer oder einer Brauerei von Fall zu Fall vorübergehend zu festgelegten Arbeiten herangezogen werden, sind insoweit nicht Arbeitnehmer (>BFH vom 24.11.1961 – BStBl. III 1962 S. 69),

Knappschaftsarzt >BFH vom 3.7.1959 (BStBl. III S. 344),

Künstler; zur Frage der Selbständigkeit von Künstlern und verwandten Berufen >BMF vom 5.10.1990 (BStBl. I S. 638)**,

Lehrbeauftragte >BFH vom 17.7.1958 (BStBl. III S. 360),

Lotsen >BFH vom 21.5.1987 (BStBl. II S. 625),

Musterungsarzt >BFH vom 30.11.1966 (BStBl. 1967 III S. 331),

Nebenberufliche Lehrkräfte sind in der Regel keine Arbeitnehmer (>BFH vom 4.10.1984 – BStBl. II 1985 S. 51); zur Abgrenzung zwischen nichtselbständiger und selbständiger Arbeit >R 68 und H 68 (Nebenberufliche Lehrtätigkeit),

---

*) Abgedruckt als Anhang 1 zum Handbuch.
**) Abgedruckt als Anlage 1 zu H 67 LStR.

Notariatsverweser >BFH vom 12. 9. 1968 (BStBl. II S. 811),

Rundfunkermittler, die im Auftrage einer Rundfunkanstalt Schwarzhörer aufspüren, sind keine Arbeitnehmer, wenn die Höhe ihrer Einnahmen weitgehend von ihrem eigenen Arbeitseinsatz abhängt und sie auch im Übrigen – insbesondere bei Ausfallzeiten – ein Unternehmerrisiko in Gestalt des Entgeltrisikos tragen. Die gilt unabhängig davon, dass sie nur für einen einzigen Vertragspartner tätig sind (>BFH vom 2. 12. 1998 – BStBl. 1999 II S. 534).

Schwarzarbeiter; ein Bauhandwerker ist bei nebenberuflicher „Schwarzarbeit" in der Regel kein Arbeitnehmer des Bauherrn (>BFH vom 21. 3. 1975 – BStBl. II S. 513),

Tutoren >BFH vom 21. 7. 1972 (BStBl. II S. 738) und vom 28. 2. 1978 (BStBl. II S. 387),

Versicherungsvertreter ist selbständig tätig und kein Arbeitnehmer, wenn er ein ins Gewicht fallendes Unternehmerrisiko trägt; die Art seiner Tätigkeit, ob werbende oder verwaltende, ist in der Regel nicht von entscheidender Bedeutung (>BFH vom 19. 2. 1959 – BStBl. III S. 425, vom 10. 9. 1959 – BStBl. III S. 437, vom 3. 10. 1961 – BStBl. III S. 567 und vom 13. 4. 1967 – BStBl. III S. 398),
>R 15.1 Abs. 1 EStR, H 15.1 (Generalagent, Versicherungsvertreter) EStH,

Vertrauensleute einer Buchgemeinschaft; nebenberufliche Vertrauensleute einer Buchgemeinschaft sind keine Arbeitnehmer des Buchclubs (>BFH vom 11. 3. 1960 – BStBl. III S. 215),

Werbedamen, die von ihren Auftraggebern von Fall zu Fall für jeweils kurzfristige Werbeaktionen beschäftigt werden, können selbständig sein (>BFH vom 14. 6. 1985 – BStBl. II S. 661).

Anlage 1
zu H 67

Steuerabzug vom Arbeitslohn bei unbeschränkt einkommensteuer(lohnsteuer-)pflichtigen Künstlern und verwandten Berufen

BMF-Schreiben vom 5. 10. 1990 (BStBl. I S. 638)

Unter Bezugnahme auf das Ergebnis der Erörterung mit den obersten Finanzbehörden der Länder gilt bei Künstlern und verwandten Berufen, soweit sie eine unmittelbare Vertragsbeziehung zum Arbeitgeber/Auftraggeber begründen, zur Abgrenzung zwischen selbständiger Tätigkeit und nichtselbständiger Arbeit sowie für den Steuerabzug bei Annahme einer nichtselbständigen Arbeit Folgendes:

1. **Abgrenzung zwischen selbständiger Tätigkeit und nichtselbständiger Arbeit**

    Für die Annahme einer nichtselbständigen Arbeit sind die in § 1 LStDV aufgestellten Merkmale maßgebend. Danach liegt eine nichtselbständige Arbeit vor, wenn die tätige Person in der Betätigung ihres geschäftlichen Willens unter der Leitung eines Arbeitgebers steht oder in den geschäftlichen Organismus des Arbeitgebers eingegliedert und dessen Weisungen zu folgen verpflichtet ist. Dagegen ist nicht Arbeitnehmer, wer Lieferungen und sonstige Leistungen innerhalb der von ihm selbständig ausgeübten gewerblichen und beruflichen Tätigkeit im Inland gegen Entgelt ausführt, soweit es sich um die Entgelte für diese Lieferungen und sonstigen Leistungen handelt. Im Übrigen kommt es bei der Abgrenzung zwischen selbständiger Tätigkeit und nichtselbständiger Arbeit nicht so sehr auf die formelle vertragliche Gestaltung, z. B. auf die Bezeichnung als freies Mitarbeiterverhältnis, als vielmehr auf die Durchführung der getroffenen Vereinbarung an (BFH-Urteil vom 29. September 1967 – BStBl. 1968 II S. 84). Dies führt bei künstlerischen und verwandten Berufen im Allgemeinen zu folgenden Ergebnissen:

    1.1 **Tätigkeit bei Theaterunternehmen**

    1.1.1 Spielzeitverpflichtete Künstler

    Künstler und Angehörige von verwandten Berufen, die auf Spielzeit- oder Teilspielzeitvertrag angestellt sind, sind in den Theaterbetrieb eingegliedert und damit nichtselbständig. Dabei spielt es keine Rolle, ob der Künstler gleichzeitig eine Gastspielverpflichtung bei einem anderen Unternehmen eingegangen ist.

    1.1.2 Gastspielverpflichtete Künstler

    Bei gastspielverpflichteten Künstlern und Angehörigen von verwandten Berufen erstreckt sich der Vertrag in der Regel auf eine bestimmte Anzahl von Aufführungen.

    Für die Annahme einer nichtselbständigen Tätigkeit kommt es darauf an, ob das Gastspieltheater während der Dauer des Vertrages im Wesentlichen über die Arbeitskraft des Gastkünstlers verfügt (BFH-Urteil vom 24. Mai 1973 – BStBl. II S. 636). Dies hängt von dem Maß der Einbindung in den Theaterbetrieb (nicht in das Ensemble) ab. Ob ein Künstler allein (Solokünstler) oder in einer Gruppe (z. B. Chor) auftritt und welchen künstlerischen Rang er hat, spielt für die Abgrenzung keine entscheidende Rolle. Auch kommt es nicht darauf an, wie das für die Veranlagung des Künstlers zuständige Finanzamt eine vergleichbare Tätigkeit des Künstlers bei Hörfunk und Fernsehen bewertet und ob es hierfür eine entsprechende Bescheinigung erteilt hat. Im Einzelnen gilt deshalb:

    Gastspielverpflichtete Regisseure, Choreographen, Bühnenbildner und Kostümbildner sind selbständig. Gastspielverpflichtete Dirigenten üben dagegen eine nichtselbständige Tätigkeit aus; sie sind ausnahmsweise selbständig, wenn sie nur für kurze Zeit einspringen.

    Gastspielverpflichtete Schauspieler, Sänger, Tänzer und andere Künstler sind in den Theaterbetrieben eingegliedert und deshalb nichtselbständig, wenn sie eine Rolle in einer Aufführung übernehmen und gleichzeitig eine Probenverpflichtung zur Einarbeitung in die Rolle oder eine künstlerische Konzeption eingehen. Stell- oder Verständigungsproben reichen nicht aus. Voraussetzung ist außerdem, dass die Probenverpflichtung tatsächlich erfüllt wird. Die Zahl der Aufführungen ist nicht entscheidend.

    Aushilfen für Chor und Orchester sind selbständig, wenn sie nur für kurze Zeit einspringen.

    Gastspielverpflichtete Künstler einschließlich der Instrumentalsolisten sind selbständig, wenn sie an einer konzertanten Opernaufführung, einem Oratorium, Liederabend oder dergleichen mitwirken.

    1.2 **Tätigkeit bei Kulturorchestern**

    Sämtliche gastspielverpflichteten (vgl. Tz. 1.1.2 Abs. 1) Künstler, z. B. Dirigenten, Vokal- und Instrumentalsolisten, sind stets und ohne Rücksicht auf die Art und Anzahl der Aufführungen selbständig. Orchesteraushilfen sind ebenfalls selbständig, wenn sie nur für kurze Zeit einspringen.

    1.3 **Tätigkeit bei Hörfunk und Fernsehen**

    Für die neben dem ständigen Personal beschäftigten Künstler und Angehörigen von verwandten Berufen, die in der Regel auf Grund von Honorarverträgen tätig werden und im Allgemeinen als freie Mitarbeiter bezeichnet werden, gilt vorbehaltlich der Tz. 1.4 Folgendes:

    1.3.1 Die freien Mitarbeiter sind grundsätzlich nichtselbständig.

    1.3.2 Im Allgemeinen sind nur die folgenden Gruppen von freien Mitarbeitern selbständig, soweit sie nur für einzelne Produktionen (z. B. ein Fernsehspiel, eine Unterhaltungssendung oder einen aktuellen Beitrag) tätig werden („Negativkatalog"):

    Architekten
    Arrangeure
    Artisten*)
    Autoren
    Berichterstatter
    Bildhauer
    Bühnenbildner

---
*) Die als Gast außerhalb eines Ensembles oder einer Gruppe eine Sololeistung erbringen.

Choreographen
Chorleiter*)
Darsteller**)
Dirigenten*)
Diskussionsleiter
Dolmetscher
Fachberater
Fotografen
Gesprächsteilnehmer
Grafiker
Interviewpartner
Journalisten
Kommentatoren
Komponisten
Korrespondenten
Kostümbildner
Kunstmaler
Lektoren
Moderatoren***)
musikalische Leiter*)
Quizmaster
Realisatoren***)
Regisseure
Solisten (Gesang, Musik, Tanz)****)
Schriftsteller
Übersetzer

1.3.3 Eine von vornherein auf Dauer angelegte Tätigkeit eines freien Mitarbeiters ist nichtselbständig, auch wenn für sie mehrere Honorarverträge abgeschlossen werden.

Beispiele:

a) Ein Journalist reist in das Land X, um in mehreren Beiträgen über kulturelle Ereignisse zu berichten. Eine Rundfunkanstalt verpflichtet sich vor Reiseantritt, diese Beiträge abzunehmen.

Die Tätigkeit ist nichtselbständig, weil sie von vornherein auf Dauer angelegt ist und die Berichte auf Grund einer vorher eingegangenen Gesamtverpflichtung geliefert werden. Dies gilt auch, wenn diese Beiträge einzeln abgerechnet werden.

b) Ein Journalist wird von einer Rundfunkanstalt für kulturpolitische Sendungen um Beiträge gebeten. Die Beiträge liefert er auf Grund von jeweils einzeln abgeschlossenen Vereinbarungen.

Die Tätigkeit ist selbständig, weil sie nicht von vornherein auf Dauer angelegt ist.

1.3.4 Wird der freie Mitarbeiter für denselben Auftraggeber in mehreren zusammenhängenden Leistungsbereichen tätig, von denen der eine als selbständig und der andere als nichtselbständig zu beurteilen ist, ist die gesamte Tätigkeit einheitlich als selbständige oder als nichtselbständige Tätigkeit zu behandeln. Die Einordnung dieser Mischtätigkeit richtet sich nach der überwiegenden Tätigkeit, die sich aus dem Gesamterscheinungsbild ergibt. Für die Frage des Überwiegens kann auch auf die Höhe des aufgeteilten Honorars abgestellt werden.

1.3.5 Übernimmt ein nichtselbständiger Mitarbeiter für seinen Arbeitgeber zusätzliche Aufgaben, die nicht zu den Nebenpflichten aus seiner Haupttätigkeit gehören, so ist nach den allgemeinen Abgrenzungskriterien zu prüfen, ob die Nebentätigkeit selbständig oder nichtselbständig ausgeübt wird (siehe Abschn. 68 LStR und >BFH-Urteil vom 25. November 1971 – BStBl. 1972 II S. 212).

1.3.6 Gehört ein freier Mitarbeiter nicht zu einer der im Negativkatalog (Tz. 1.3.2) genannten Berufsgruppen, so kann auf Grund besonderer Verhältnisse des Einzelfalls die Tätigkeit gleichwohl selbständig sein. Das Wohnsitzfinanzamt erteilt dem Steuerpflichtigen nach eingehender Prüfung ggf. eine Bescheinigung nach beiliegendem Muster. Die Bescheinigung bezieht sich auf die Tätigkeit des freien Mitarbeiters für einen bestimmten Auftraggeber. Das Finanzamt hat seine Entscheidung grundsätzlich mit dem Betriebsstättenfinanzamt des Auftraggebers abzustimmen.

1.3.7 Gehört ein freier Mitarbeiter zu einer der in Tz. 1.3.2 genannten Berufsgruppen, so kann er auf Grund besonderer Verhältnisse des Einzelfalls gleichwohl nichtselbständig sein.

1.3.8 Aushilfen für Chor und Orchester sind selbständig, wenn sie nur für kurze Zeit einspringen.

1.4 **Tätigkeit bei Film- und Fernsehfilmproduzenten (Eigen- und Auftragsproduktion) einschl. Synchronisierung**

Filmautoren, Filmkomponisten und Fachberater sind im Allgemeinen nicht in den Organismus des Unternehmens eingegliedert, sodass ihre Tätigkeit in der Regel selbständig ist. Schauspieler, Regisseure, Kameraleute, Regieassistenten und sonstige Mitarbeiter in der Film- und Fernsehfilmproduktion sind dagegen im Allgemeinen nichtselbständig (BFH-Urteil vom 6. Oktober 1971 – BStBl. 1972 II S. 88). Das gilt auch für Mitarbeiter bei der Herstellung von Werbefilmen.

Synchronsprecher sind in der Regel selbständig (BFH-Urteil vom 12. Oktober 1978 – BStBl. 1981 II S. 706). Das gilt nicht nur für Lippensynchronsprecher, sondern auch für Synchronsprecher für besondere Filme (z. B. Kultur-, Lehr- und Werbefilme), bei denen der in eine andere Sprache zu übertragende Begleittext zu sprechen ist. Diese Grundsätze gelten für Synchronregisseure entsprechend.

1.5 **Wiederholungshonorare**

Wiederholungshonorare sind der Einkunftsart zuzuordnen, zu welcher das Ersthonorar gehört hat. Dies gilt auch dann, wenn das Wiederholungshonorar nicht vom Schuldner des Ersthonorars gezahlt wird. Ist das Ersthonorar im Rahmen der Einkünfte aus nichtselbständiger Arbeit zugeflossen und wird das Wiederholungshonorar durch einen Dritten gezahlt, so ist ein Lohnsteuerabzug nicht vorzunehmen.

2. **Steuerabzug vom Arbeitslohn**

2.1 Bei Annahme einer nichtselbständigen Tätigkeit ist der Arbeitgeber zur Einbehaltung und Abführung der Lohnsteuer verpflichtet. Die Höhe der einzubehaltenden Lohnsteuer richtet sich dabei nach der für den jeweiligen Lohnzahlungszeitraum maßgebenden Lohnsteuertabelle.

2.2 Bei täglicher Zahlung des Honorars ist grundsätzlich die Lohnsteuertabelle für tägliche Lohnzahlungen anzuwenden. Stellt sich die tägliche Lohnzahlung lediglich als Abschlagszahlung auf ein für einen längeren Lohnabrechnungszeitraum vereinbartes Honorar dar, so ist der Lohnabrechnungszeitraum als Lohnzahlungszeitraum zu betrachten (§ 39b Abs. 5 EStG). Können die Honorare nicht als Abschlagszahlungen angesehen werden, bestehen keine Bedenken, wenn eines der folgenden Verfahren angewendet wird:

2.2.1 Erweiterter Lohnzahlungszeitraum

Der Lohnzahlungszeitraum wird auf die vor der tatsächlichen Beschäftigung liegende Zeit ausgedehnt, soweit dieser Zeitraum nach der auf der Lohnsteuerkarte vermerkten Lohnsteuerbescheinigung nicht schon belegt ist. Dabei gilt jedoch die Einschränkung, dass für je zwei Tage der tatsächlichen Beschäftigung nur 1 Woche, insgesamt jedoch höchstens 1 Monat bescheinigt werden kann.

Beispiele:

a) Beschäftigung vom 26. bis 31. März (6 Tage). Letzte Eintragung auf der Lohnsteuerkarte 2. bis 5. März. Für 6 Tage Beschäftigung Eintragung von 3 Wochen = 21 Tage. Es kommt demnach ein erweiterter Lohnzahlungszeitraum für die Zeit vom 11. bis 31. März (21 Tage) in Betracht.

Würde sich im vorstehenden Beispiel die letzte Eintragung auf der Lohnsteuerkarte statt auf die Zeit vom 2. bis 5. März auf die Zeit vom 15. bis 18. März erstrecken, dann käme als erweiterter Lohnzahlungszeitraum nur die Zeit vom 19. bis 31. März in Betracht.

b) Beschäftigung vom 10. bis 19. März (10 Tage). Letzte Eintragung auf der Lohnsteuerkarte vom 2. bis 7. Februar. Für 10 Tage Beschäftigung Eintragung von 5 Wochen, höchstens jedoch 1 Monat. Es kommt demnach ein erweiterter Lohnzahlungszeitraum für die Zeit vom 20. Februar bis 19. März in Betracht.

---

*) Soweit sie als Gast mitwirken oder Träger des Chores/Klangkörpers oder Arbeitgeber der Mitglieder des Chores/Klangkörpers sind.
**) Die als Gast in einer Sendung mit Live-Charakter mitwirken.
***) Wenn der eigenschöpferische Teil der Leistung überwiegt.
****) Die als Gast außerhalb eines Ensembles oder einer Gruppe eine Sololeistung erbringen.

§ 19 EStG
R 67

Würde im vorstehenden Beispiel die Beschäftigung statt vom 10. bis 19. März vom 10. März bis 15. April, also mindestens 1 Monat dauern, so kommt die Anwendung des erweiterten Lohnzahlungszeitraums nicht in Betracht.

Ist die Zahl der tatsächlichen Beschäftigungstage nicht durch 2 teilbar und verbleibt demnach ein Rest von 1 Tag oder beträgt die tatsächliche Beschäftigungsdauer nur 1 Tag, so kann hierfür – im Rahmen des Höchstzeitraums von 1 Monat – ebenfalls 1 Woche bescheinigt werden.

Beispiel:
Beschäftigung vom 10. bis 12. März (3 Tage). Letzte Eintragung auf der Lohnsteuerkarte 2. bis 7. Februar. Für 3 Tage Beschäftigung Eintragung von 2 Wochen = 14 Tage. Es kommt demnach ein erweiterter Lohnzahlungszeitraum für die Zeit vom 27. Februar bis 12. März (14 Tage) in Betracht.

Würde im vorstehenden Beispiel die Beschäftigung statt vom 10. bis 12. März vom 10. bis 18. März dauern, so würden nach dieser Berechnung zwar 5 Wochen in Betracht kommen. Es kann aber nur höchstens 1 Monat als Lohnzahlungszeitraum angesetzt werden, also die Zeit vom 19. Februar bis 18. März.

Bei Eintragung voller Wochen ist die Wochentabelle auf jeweils das auf die Anzahl der Wochen aufgeteilte Honorar, bei Eintragung eines Monats die Monatstabelle anzuwenden.

Beispiel:
Das Honorar für eine Beschäftigung von 5 Tagen beträgt 900 DM. Bei einem erweiterten Lohnzahlungszeitraum von 3 Wochen ist die Wochentabelle jeweils auf ein Drittel des Honorars = 300 DM anzuwenden.

Der Arbeitgeber hat in der Lohnsteuerbescheinigung in die zu bescheinigende Dauer des Dienstverhältnisses auch die Tage einzubeziehen, um die nach vorstehenden Verfahren Lohnzahlungszeiträume erweitert worden sind. Im Lohnkonto hat der Arbeitgeber neben den sonstigen Angaben, zu denen er verpflichtet ist, den Zeitraum der tatsächlichen Beschäftigung, den nach vorstehendem Verfahren erweiterten Lohnzahlungszeitraum sowie den auf der Lohnsteuerkarte vermerkten vorangegangenen Beschäftigungszeitraum sowie Name und Anschrift des früheren Arbeitgebers einzutragen. Händigt der Arbeitgeber dem Arbeitnehmer die Lohnsteuerkarte vorübergehend aus (§ 39b Abs. 1 Satz 3 EStG), so hat er zuvor auf der Rückseite der Lohnsteuerkarte bereits die für eine spätere Lohnsteuerbescheinigung vorgesehene letzte Spalte (Anschrift und Steuer-Nr. des Arbeitgebers, ggf. Firmenstempel, mit Unterschrift) auszufüllen. Ein anderer Arbeitgeber, dem eine derart gekennzeichnete Lohnsteuerkarte vorgelegt wird, darf diese nicht seiner Lohnsteuerberechnung zugrunde legen; er hat vielmehr der Berechnung der Lohnsteuerbeträge die tatsächliche Zahl der Arbeitstage nach § 39b Abs. 4 EStG zugrunde zu legen und die Lohnsteuer nach § 39c Abs. 1 EStG zu errechnen.

2.2.2 Verlängerung des Lohnzahlungszeitraums auf 1 Monat

Der Arbeitgeber vereinbart mit dem Arbeitnehmer, dass für das in 1 Monat anfallende Honorar der Monat als Lohnzahlungszeitraum angesehen wird und die Zahlungen zunächst als Abschlag behandelt werden. Die in dem Monat gezahlten Abschläge werden innerhalb von 3 Wochen nach Ablauf des Monats als Monatshonorare abgerechnet. Die Lohnsteuer wird dem Lohnzahlungszeitraum entsprechend nach der Monatstabelle einbehalten. Auf den Zeitpunkt der Leistung des Arbeitnehmers und die Dauer seiner Beschäftigung wird dabei nicht besonders abgestellt.

Dem Lohnsteuerabzug wird die dem Arbeitgeber vorgelegte Lohnsteuerkarte zugrunde gelegt. Voraussetzung für die Anwendung dieses Verfahrens ist, dass die für den Lohnsteuerabzug maßgebende Lohnsteuerkarte für den betreffenden Monat noch keine Eintragung enthält und mindestens für den Monat, in dem das Honorar anfällt, beim Arbeitgeber verbleibt.

Vor der Aushändigung der Lohnsteuerkarte wird die Lohnsteuerbescheinigung (§ 41b Abs. 1 EStG) eingetragen. Diese ist dem Lohnabrechnungszeitraum entsprechend jeweils für abgeschlossene Kalendermonate zu erteilen. Als Dauer des Dienstverhältnisses wird der Zeitraum eingetragen, in dem die Lohnsteuerkarte dem Arbeitgeber vorgelegen hat.

Verlangt ein Arbeitnehmer schon im Laufe des Kalenderjahrs die Aushändigung der Lohnsteuerkarte, weil er nicht mehr für den Arbeitgeber tätig ist oder einen Steuerkartenwechsel (z. B. wegen Verlagerung seiner Haupteinnahmequelle zu einem anderen Arbeitgeber; vgl. Abschn. 114 Abs. 3 Satz 1 LStR) vornehmen will, wird diese Lohnsteuerkarte noch bis zum Ende des laufenden Lohnabrechnungszeitraums dem Steuerabzug zugrunde gelegt. Kann die Lohnsteuerkarte nach Ablauf des Lohnabrechnungszeitraums infolge maschineller Lohnabrechnung nicht sofort ausgehändigt werden, erhält der neue Arbeitgeber unmittelbar oder über den Arbeitnehmer eine vorläufige Bescheinigung – Zwischenbescheinigung – (§ 41b Abs. 1 Satz 6 EStG), sodass er ab Beginn des neuen Lohnabrechnungszeitraums (z. B. Monat) die sich daraus ergebende Steuerklasse anwenden kann.

Auf die bei Abschluss des Lohnsteuerabzugs nach § 41b Abs. 1 EStG auszuschreibende Bescheinigung wird besonders hingewiesen.

Enthält die Lohnsteuerkarte für einen Teil des Monats bereits eine Eintragung oder händigt der Arbeitgeber dem Arbeitnehmer die Lohnsteuerkarte vor Ablauf des Monats aus, in dem das Honorar anfällt, so ist der Steuerabzug vom Arbeitslohn für diesen Monat nach den allgemeinen Vorschriften oder nach dem in der nachfolgenden Tz. 2.2.3 zugelassenen Verfahren vorzunehmen. Bei Aushändigung der Lohnsteuerkarte im Laufe des Monats, in dem das Honorar anfällt, ist § 41c EStG zu beachten.

Sofern dem Arbeitgeber eine Lohnsteuerkarte nicht vorliegt, wird nach § 39c Abs. 1 und 2 EStG verfahren.

2.2.3 Permanente Monatsabrechnung

Liegen die Voraussetzungen der Tz. 2.2.2 vor, so kann der Steuerabzug vom Arbeitslohn für die während eines Monats anfallenden Lohnzahlungen nach der Monatstabelle auch in der Weise vorgenommen werden, dass die früheren Lohnzahlungen desselben Monats mit in die Steuerberechnung für den betreffenden Monat einbezogen werden. Dieses Verfahren kann grundsätzlich unabhängig von der auf der Lohnsteuerkarte eingetragenen Steuerklasse angewendet werden. Es gilt also auch bei Vorlage einer Lohnsteuerkarte mit der Steuerklasse VI, nicht hingegen, wenn wegen fehlender Lohnsteuerkarte der Steuerabzug nach der Steuerklasse VI vorzunehmen ist. Die mehrmalige Anwendung der Monatstabelle innerhalb eines Monats ohne Einbeziehung früherer Zahlungen desselben Monats ist auf keinen Fall zulässig.

Beispiel:
Ein Arbeitnehmer, der dem Arbeitgeber eine Lohnsteuerkarte mit der Steuerklasse I vorgelegt hat, erhält am 8. August 1990 für eine eintägige Beschäftigung 400 DM. Die Lohnsteuer hierauf beträgt nach der Monatstabelle 0,– DM.
(Wenn der Arbeitnehmer eine Lohnsteuerkarte mit der Steuerklasse VI vorgelegt hat, beträgt die Lohnsteuer nach der Monatstabelle 75,16 DM.) Erhält der Arbeitnehmer im August 1990 von diesem Arbeitgeber keine weiteren Lohnzahlungen, so beträgt die Lohnsteuer für die am 8. August 1990 gezahlte Vergütung in Höhe von 400 DM nach Steuerklasse I 0,– DM. Erhält der Arbeitnehmer am 13. August 1990 und am 27. August 1990 vom selben Arbeitgeber nochmals jeweils 500 DM, so berechnet der Arbeitgeber die Lohnsteuer für diese Lohnzahlungen wie folgt (in der 2. Spalte ist vergleichsweise die Steuerberechnung bei Vorlage einer Lohnsteuerkarte mit der Steuerklasse VI aufgeführt):

a) Lohnzahlung am 13. August 1990:	Steuerklasse I	Steuerklasse VI
Bis 13. August 1990 bereits gezahlter Arbeitslohn zuzüglich für den 13. August 1990 zu zahlender Arbeitslohn	400 DM 500 DM	
insgesamt	900 DM	
Lohnsteuer hierauf nach der Monatstabelle	17,08 DM	177,33 DM
abzüglich Lohnsteuer, die vom bereits gezahlten Arbeitslohn einbehalten wurde	0,00 DM	75,16 DM
Für die Lohnzahlung am 13. August 1990 einzubehaltende Lohnsteuer	17,08 DM	102,17 DM

b) Lohnzahlung am 27. August 1990:

	Steuerklasse I	Steuerklasse VI
Bis 27. August 1990 bereits gezahlter Arbeitslohn	900 DM	
zuzüglich für den 27. August 1990 zu zahlender Arbeitslohn	500 DM	
insgesamt	1400 DM	
Lohnsteuer hierauf nach der Monatstabelle	97,33 DM	303,00 DM
abzüglich Lohnsteuer, die vom bereits gezahlten Arbeitslohn einbehalten wurde	17,08 DM	177,33 DM
Für die Lohnzahlung am 27. August 1990 einzubehaltende Lohnsteuer	80,25 DM	125,67 DM

Hat der Arbeitnehmer dem Arbeitgeber keine Lohnsteuerkarte vorgelegt, so ist für die am 8., 13. und 27. August gezahlten Beträge die Lohnsteuer jeweils nach der Tagestabelle zu ermitteln.

2.2.4 Permanenter Lohnsteuer-Jahresausgleich

Der Steuerabzug vom Arbeitslohn kann unter den in § 39 b Abs. 2 Satz 7 EStG bzw. in Abschn. 121 Abs. 2 LStR genannten Voraussetzungen auch nach dem voraussichtlichen Jahresarbeitslohn unter Anwendung der Jahreslohnsteuertabelle unabhängig davon vorgenommen werden, welche Steuerklasse auf der Lohnsteuerkarte des Arbeitnehmers eingetragen ist.

Dieses Schreiben tritt an die Stelle der BMF-Schreiben vom 27. Juni 1975 – IV B 6 – S 2365 – 8/75 – (BStBl. I S. 923), vom 20. Juli 1976 – IV B 6 – S 2367 – 22/76 –, vom 22. Juni 1977 – IV B 6 – S 2367 – 10/77 – und vom 23. September 1981 – IV B 6 – S 2367– 13/81 –.

Anlage

Finanzamt ....
Steuernummer ....

Bescheinigung

Herrn/Frau .... geb. am ....
wohnhaft ....
wird bescheinigt, dass er/sie hier unter Steuernummer .... zur Einkommensteuer veranlagt wird.
Auf Grund des/der vorgelegten Vertrages/Verträge,
Prod.-Nr. .... vom ....
der zwischen im/ihr und
....
über die Tätigkeit als ....
geschlossen wurde, werden die Honorareinnahmen unter dem Vorbehalt des jederzeitigen Widerrufs als

    Einkünfte aus selbständiger Arbeit i. S. des § 18 EStG*)
    Einkünfte aus Gewerbebetrieb i. S. des § 15 EStG*)

behandelt
Die Unternehmereigenschaft im Sinne des Umsatzsteuergesetzes ist gegeben. Die Regelung des § 19 Abs. 1 UStG wird – nicht*) – in Anspruch genommen.

Im Auftrag

Anlage 2
zu H 67

Mitglieder einer Musikkapelle

Bundeseinheitlich geltende Regelung, für Bayern bekannt gegeben mit Schreiben des Bayer. Staatsministeriums der Finanzen vom 14. 12. 1977 (Az.: 32 – S 2113 – 1/15 – 50086)

Die Mitglieder einer Musikkapelle sind nicht Arbeitnehmer eines Vereins, wenn dieser, ohne dass ein gewerbliches, auf Dauer eingerichtetes Unternehmen vorliegt, zu gelegentlichen Festveranstaltungen Musik- und Tanzkapellen verpflichtet, da der Verein als loser Personenzusammenschluss ohne wirtschaftlichen Zweck keine feste Betriebsorganisation besitzt, in die die Musiker eingegliedert werden könnten. Typische Festveranstaltungen in diesem Sinne sind z. B. von Vereinen durchgeführte Faschingsbälle und Weihnachtsfeiern.

Eine andere steuerliche Beurteilung ist geboten, wenn Vereine Festveranstaltungen durchführen, die sich über mehrere Tage erstrecken. Mit solchen Veranstaltungen, die meist in Festzelten abgehalten werden, treten die Vereine allgemein in Wettbewerb zu den örtlichen Gastwirten und sind bereits deshalb mit anderen Festwirten vergleichbar. Die Verpflichtung einer Musikkapelle dient hier, ebenso wie die Beschäftigung des übrigen Personals (z. B. Bedienungen, Schenkkellner, Küchen- und Ordnungspersonal) der Förderung des wirtschaftlichen Geschäftsbetriebs. Der Umfang der wirtschaftlichen Betätigung der Vereine bei der Durchführung solcher Festveranstaltungen bedingt wie bei sonstigen Veranstaltern (Festwirten) einen Betrieb, in den Beschäftigte eingegliedert und somit im Rahmen eines Arbeitsverhältnisses tätig sein können. Ob eine Tätigkeit dabei im Rahmen eines Dienstverhältnisses ausgeübt wird, ist nach den hierfür allgemein geltenden Abgrenzungsmerkmalen zu entscheiden. Bei Musikern liegt danach ein Arbeitsverhältnis zum Verein regelmäßig nicht vor, wenn der einzelne Musiker oder die Kapelle, der er angehört, nur gelegentlich – etwa nur für einen Abend oder an einem Wochenende – vom Verein verpflichtet wird oder wenn eine Kapelle selbständig als Gesellschaft oder der Kapellenleiter als Arbeitgeber der Musiker aufgetreten ist (BFH-Urteil vom 10. 9. 1976 BStBl. 1977 II S. 178). Dagegen ist das vorerwähnte, vom Verein bei solchen Veranstaltungen herangezogene übrige Personal auch bei einer nur kurzfristigen Beschäftigung nichtselbständig tätig.

Anlage 3
zu H 67

Ordensangehörige, Diakonissen und Angehörige ähnlicher Gemeinschaften

Bundeseinheitlich geltende Regelung, für Bayern bekannt gegeben mit Schreiben des Bayer. Staatsministeriums der Finanzen vom 18. 3. 1963 (S 2220 – 27/22 – 12351)

Die Auswirkung der geänderten Rechtsprechung des BFH (Urteil vom 11. 5. 1962, BStBl. III S. 310) wurde von den Lohnsteuerreferenten des Bundes und der Länder erörtert. Nach dem Ergebnis dieser Besprechungen bitte ich die folgende Auffassung zu vertreten:

Das Urteil des BFH vom 11. 5. 1962 geht von dem Grundsatz aus, dass eine von den Steuerpflichtigen bürgerlich-rechtlich ernsthaft vereinbarte und durchgeführte Regelung ihrer beiderseitigen Beziehungen auch für die einkommensteuerliche Beurteilung maßgebend ist. Danach sind Gestellungsverträge, durch die es ein Orden gegen Entgelt übernimmt, bestimmte, bei einer Außenstation (z. B. einem Pfarrbezirk, einer Schule oder einem Krankenhaus) anfallende Dienstleistungen oder sonstige Aufgaben durch seine Ordensangehörigen wahrnehmen zu lassen, als Werkverträge anzusehen, durch die ein Arbeitsverhältnis zwischen der Außenstation und den Ordensangehörigen nicht begründet wird. Das gilt auch insoweit, als sich die Außenstation gegenüber dem Orden verpflichtet, an den Ordensangehörigen unmittelbar bestimmte Leistungen (z. B. freie Unterkunft und Verpflegung, Taschengeld oder sonstiges Barentgelt) zu erbringen. Nach diesen Grundsätzen ist nicht nur bei katholischen Orden, sondern auch bei anderen Gemeinschaften (z. B. Diakonieverbänden) zu verfahren. Die Anwendung dieser Grundsätze bleibt nicht auf Fälle beschränkt, in denen sich der Gestellungsvertrag auf auswechselbare Arbeitskräfte bezieht; auch bei Gestellungsverträgen über bestimmte, namentlich benannte Arbeitskräfte ist entsprechend zu verfahren.

Die auf Außenstationen eingesetzten Ordensangehörigen usw. sind hiernach nur dann als Arbeitnehmer der Außenstationen anzusehen, wenn bürgerlich-rechtlich und tatsächlich durch Vereinbarung zwischen der Außenstation und den Ordensangehörigen usw.

---
*) Nichtzutreffendes bitte streichen.

§ 19 EStG
R 68

unmittelbar die für ein Dienstverhältnis typischen Rechte und Pflichten (z. B. Dienstleistungspflichten, Kündigungsrechte, Entgeltansprüche) begründet werden. Die Annahme eines Arbeitsvertrags setzt insbesondere voraus, dass der Vertrag durch den Arbeitnehmer selbst oder – in Vertretungsfällen – in seinem Namen und mit seiner Vollmacht abgeschlossen wird. Ein Arbeitsverhältnis ist jedoch stets anzunehmen, wenn ein Ordensangehöriger usw. formell in ein Beamtenverhältnis (z. B. als Hochschullehrer) berufen wird.

Anlage 4
zu H 67

Arbeitsentgelt an Strafgefangene

Bundeseinheitlich geltende Regelung, für Bayern bekannt gegeben mit Schreiben des Bayer. Staatsministeriums der Finanzen vom 31. 7. 1979 (Az.: 32 – S 2392 – 1/16 – 73 539/78)

Die lohnsteuerliche Behandlung der an Strafgefangene gezahlten Entgelte wurde von den Lohnsteuerreferenten der obersten Finanzbehörden des Bundes und der Länder in der Besprechung vom 28. bis 30. 11. 1978 erörtert. Dabei wurde mehrheitlich die Auffassung vertreten, die Tätigkeit der Strafgefangenen nicht als lohnsteuerpflichtiges Arbeitsverhältnis anzusehen. Das Arbeitsentgelt nach § 43 StVollzG unterliegt daher nicht dem Steuerabzug vom Arbeitslohn.

Anlage 5
zu H 67

Beschäftigung von Behinderten in Werkstätten für Behinderte

Bundeseinheitlich geltende Regelung, für Bayern bekannt gegeben mit Schreiben des Bayer. Staatsministeriums der Finanzen vom 28. 8. 1990 (Az.: 32 – S 2330 B – 52907)

Die steuerliche Behandlung der Zuschüsse der Werkstätten für Behinderte zu den Fahrtkosten und Mittagessen ist inzwischen mit den für Lohnsteuerfragen zuständigen Vertretern der obersten Landesfinanzbehörden erörtert worden. Nach dem Besprechungsergebnis sind diese Leistungen als steuerfreie Beihilfen gem. § 3 Nr. 11 Einkommensteuergesetz zu behandeln.

Dagegen handelt es sich bei den an die Behinderten gezahlten **Arbeitsentgelten** grundsätzlich um Einkünfte aus nichtselbständiger Arbeit. Nur in den Fällen, in denen die Beschäftigung überwiegend der Rehabilitation und somit überwiegend therapeutischen und sozialen Zwecken und weniger der Erzielung eines produktiven Arbeitsergebnisses dient, kann ein Arbeitsverhältnis auch im steuerlichen Sinne nicht angenommen werden. Das gilt besonders, wenn lediglich die Anwesenheit des Behinderten belohnt wird, die Höhe des Entgelts aber durch die Arbeitsleistung nicht mit beeinflusst wird. In diesen Fällen entfallen aber auch Begünstigungen (z. B. vermögenswirksame Leistungen, Berlin-Zulagen), die an ein Dienstverhältnis anknüpfen.

R 68
Nebentätigkeit und Aushilfstätigkeit

¹Bei einer nebenberuflichen Lehrtätigkeit an einer Schule oder einem Lehrgang mit einem allgemein feststehenden und nicht nur von Fall zu Fall aufgestellten Lehrplan sind die nebenberuflich tätigen Lehrkräfte in der Regel Arbeitnehmer, es sei denn, dass sie in den Schul- oder Lehrgangsbetrieb nicht fest eingegliedert sind. ²Hat die Lehrtätigkeit nur einen geringen Umfang, so kann das ein Anhaltspunkt dafür sein, dass eine feste Eingliederung in den Schul- oder Lehrgangsbetrieb nicht vorliegt. ³Ein geringer Umfang in diesem Sinne kann stets angenommen werden, wenn die nebenberuflich tätige Lehrkraft bei der einzelnen Schule oder dem einzelnen Lehrgang in der Woche durchschnittlich nicht mehr als sechs Unterrichtsstunden erteilt. ⁴Auf nebenberuflich tätige Übungsleiter, Ausbilder, Erzieher, Betreuer oder ähnliche Personen sind die Sätze 1 bis 3 sinngemäß anzuwenden.

H 68
Hinweise zu R 68
Nebentätigkeit und Aushilfstätigkeit

Allgemeines

– Ob eine Nebentätigkeit oder Aushilfstätigkeit in einem Dienstverhältnis oder selbständig ausgeübt wird, ist nach den allgemeinen Abgrenzungsmerkmalen (§ 1 Abs. 1 und 2 LStDV)*) zu entscheiden. Dabei ist die Nebentätigkeit oder Aushilfstätigkeit in der Regel für sich allein zu beurteilen. Die Art einer etwaigen Haupttätigkeit ist für die Beurteilung nur wesentlich, wenn beide Tätigkeiten unmittelbar zusammenhängen (>BFH vom 24. 11. 1961 – BStBl. 1962 III S. 37).

– Zu der Frage, ob eine nebenberufliche oder ehrenamtliche Tätigkeit mit Überschusserzielungsabsicht ausgeübt wird, >BFH vom 23. 10. 1992 (BStBl. 1993 II S. 303 – Amateurfußballspieler) und vom 4. 8. 1994 (BStBl. II S. 944 – Sanitätshelfer).

– Gelegenheitsarbeiter, die zu bestimmten, unter Aufsicht durchzuführenden Arbeiten herangezogen werden, sind auch dann Arbeitnehmer, wenn sie die Tätigkeit nur einige Stunden ausüben (>BFH vom 18. 1. 1974 – BStBl. II S. 301).

– Bei nebenberuflich tätigen Musikern, die in Gaststätten auftreten, liegt ein Arbeitsverhältnis zum Gastwirt regelmäßig nicht vor, wenn der einzelne Musiker oder die Kapelle, der er angehört, nur gelegentlich – etwa nur für einen Abend oder an einem Wochenende – von dem Gastwirt verpflichtet wird. Ein Arbeitsverhältnis zum Gastwirt ist in der Regel auch dann zu verneinen, wenn eine Kapelle selbständig als Gesellschaft oder der Kapellenleiter als Arbeitgeber der Musiker aufgetreten ist (>BFH vom 10. 9. 1976 – BStBl. 1977 II S. 178).

Nebenberufliche Lehrtätigkeit

– Bei Lehrkräften, die im Hauptberuf eine nichtselbständige Tätigkeit ausüben, liegt eine Lehrtätigkeit im Nebenberuf nur vor, wenn diese Lehrtätigkeit nicht zu den eigentlichen Dienstobliegenheiten des Arbeitnehmers aus dem Hauptberuf gehört. Die Ausübung der Lehrtätigkeit im Nebenberuf ist in der Regel als Ausübung eines freien Berufs anzusehen (>BFH vom 24. 4. 1959 – BStBl. III S. 193), es sei denn, dass gewichtige Anhaltspunkte – z. B. Arbeitsvertrag unter Zugrundelegung eines Tarifvertrags, Anspruch auf Urlaubs- und Feiertagsvergütung – für das Vorliegen einer Arbeitnehmertätigkeit sprechen (>BFH vom 28. 4. 1972 – BStBl. II S. 617 und vom 4. 5. 1972 – BStBl. II S. 618).

– Auch bei nur geringem Umfang der Nebentätigkeit sind die Lehrkräfte als Arbeitnehmer anzusehen, wenn sie auf Grund eines als Arbeitsvertrag ausgestalteten Vertrags tätig werden oder wenn eine an einer Schule vollbeschäftigte Lehrkraft zusätzliche Unterrichtsstunden an derselben Schule oder an einer Schule gleicher Art erteilt (>BFH vom 4. 12. 1975 – BStBl. 1976 II S. 291, 292).

– Die nebenberufliche Lehrtätigkeit von Handwerksmeistern an Berufs- und Meisterschulen ist in aller Regel keine nichtselbständige Tätigkeit.

– Bei Angehörigen der freien Berufe stellt eine Nebentätigkeit als Lehrbeauftragte an Hochschulen regelmäßig eine selbständige Tätigkeit dar (>BFH vom 4. 10. 1984 – BStBl. 1985 II S. 51).

Nebenberufliche Prüfungstätigkeit

Eine Prüfungstätigkeit als Nebentätigkeit ist in der Regel als Ausübung eines freien Berufs anzusehen (>BFH vom 14. 3. 1958 – BStBl. III S. 255, vom 2. 4. 1958 – BStBl. III S. 293 und vom 29. 1. 1987 – BStBl. II S. 783 wegen nebenamtlicher Prüfungstätigkeit eines Hochschullehrers).

---
*) Abgedruckt als Anhang 1 zum Handbuch.

Nebentätigkeit bei demselben Arbeitgeber

Einnahmen aus der Nebentätigkeit eines Arbeitnehmers, die er im Rahmen des Dienstverhältnisses für denselben Arbeitgeber leistet, für den er die Haupttätigkeit ausübt, sind Arbeitslohn (nebenberufliche Lehr- und Prüfungstätigkeit), wenn dem Arbeitnehmer aus seinem Dienstverhältnis Nebenpflichten obliegen, die zwar im Arbeitsvertrag nicht ausdrücklich vorgesehen sind, deren Erfüllung der Arbeitgeber aber nach der tatsächlichen Gestaltung des Dienstverhältnisses und nach der Verkehrsauffassung erwarten darf, auch wenn er die zusätzlichen Leistungen besonders vergüten muss (>BFH vom 25. 11. 1971 – BStBl. 1972 II S. 212).

Vermittlungsprovision

>R 71

Zuordnung in Einzelfällen

– Vergütungen, die Angestellte eines Notars für die Übernahme der Auflassungsvollmacht von den Parteien eines beurkundeten Grundstücksgeschäfts erhalten, können Arbeitslohn aus ihrem Dienstverhältnis sein (>BFH vom 9. 12. 1954 – BStBl. 1955 III S. 55).

– Die Tätigkeit der bei Universitätskliniken angestellten Assistenzärzte als Gutachter ist unselbständig, wenn die Gutachten den Auftraggebern als solche der Universitätsklinik zugehen (>BFH vom 19. 4. 1956 – BStBl. III S. 187).

– Gemeindedirektor, der auf Grund des Gesetzes betreffend die Oldenburgische Landesbrandkasse vom 6. 8. 1938 Mitglied der Schätzungskommission ist, bezieht aus dieser Tätigkeit keine Einkünfte aus nichtselbständiger Arbeit (>BFH vom 8. 2. 1972 – BStBl. II S. 460).

– Orchestermusiker, die neben ihrer nichtselbständigen Haupttätigkeit im Orchester gelegentlich für ihren Arbeitgeber eine künstlerische Nebentätigkeit ausüben, können insoweit Einkünfte aus selbständiger Arbeit haben, als die Tätigkeit nicht zu den Nebenpflichten aus dem Dienstvertrag gehört (>BFH vom 25. 11. 1971 – BStBl. 1972 II S. 212).

– Übernimmt ein Richter ohne Entlastung in seinem Amt zusätzlich die Leitung einer Arbeitsgemeinschaft für Rechtsreferendare, so besteht zwischen Haupt- und Nebentätigkeit kein unmittelbarer Zusammenhang. Ob die Nebentätigkeit selbständig ausgeübt wird, ist deshalb nach dem Rechtsverständnis zu beurteilen, auf Grund dessen sie ausgeübt wird (>BFH-Urteil vom 7. 2. 1980 – BStBl. II S. 321).

– Einnahmen, die angestellte Schriftleiter aus freiwilliger schriftstellerischer Nebentätigkeit für ihren Arbeitgeber erzielen, können Einnahmen aus selbständiger Tätigkeit sein (>BFH vom 3. 3. 1955 – BStBl. III S. 153).

– Prämien, die ein Verlagsunternehmen seinen Zeitungsausträgern für die Werbung neuer Abonnenten gewährt, sind dann kein Arbeitslohn, wenn die Zeitungsausträger weder rechtlich noch faktisch zur Anwerbung neuer Abonnenten verpflichtet sind (>BFH vom 22. 11. 1996 – BStBl. 1997 II S. 254).

– Das Honorar, das ein (leitender) Angestellter von seinem Arbeitgeber dafür erhält, dass er diesen bei Verhandlungen über den Verkauf des Betriebes beraten hat, gehört zu den Einnahmen aus nichtselbständiger Tätigkeit. (>BFH vom 20. 12. 2000 – BStBl. 2001 II S. 496).

Anlage
zu H 68

Bezüge von nebenamtlichen Kirchenbediensteten

Bundeseinheitlich geltende Regelung, für Bayern bekannt gegeben mit Schreiben des Bayer. Staatsministeriums der Finanzen vom 22. 7. 1960 (S 2232 – 30/3 – 55536)

Im Einvernehmen mit dem Herrn Bundesminister der Finanzen und den Herren Finanzministern (Finanzsenatoren) der Länder bitte ich, die in Abschnitt 4 LStR*) für die nebenberufliche Lehrtätigkeit aufgestellten Grundsätze auf nebenamtliche Organisten in Kirchen und für Chorleiter in Kirchenchören entsprechend anzuwenden. Danach ist bei Organisten und Chorleitern regelmäßig eine selbständige Tätigkeit anzunehmen, wenn das Gesamtbild der Verhältnisse im Einzelfall nicht eine andere Beurteilung erfordert. Dagegen ist die Tätigkeit der sonstigen nebenamtlichen Kirchenbediensteten (z. B. Hilfsküster, Hilfsmesner) stets als nichtselbständig anzusehen; das gilt auch, wenn ein nebenamtlich tätiger Organist oder Chorleiter eine sonstige kirchliche Tätigkeit im Nebenberuf ausübt (z. B. die Tätigkeit eines Küsters oder Mesners).

R 69
Dienstverhältnisse von Ehegatten

– unbesetzt –

H 69
Hinweise zu R 69
Dienstverhältnisse von Ehegatten

>R 4.8 EStR und H 4.8 EStH (nachfolgend abgedruckt)

Anlage 1
zu H 69

R 4.8 EStR
Rechtsverhältnisse zwischen Angehörigen

Arbeitsverhältnisse zwischen Ehegatten

(1) Arbeitsverhältnisse zwischen Ehegatten können steuerrechtlich nur anerkannt werden, wenn sie ernsthaft vereinbart und entsprechend der Vereinbarung tatsächlich durchgeführt werden.

Arbeitsverhältnisse mit Personengesellschaften

(2) ¹Für die einkommensteuerrechtliche Beurteilung des Arbeitsverhältnisses eines Ehegatten mit einer Personengesellschaft, die von dem anderen Ehegatten auf Grund seiner wirtschaftlichen Machtstellung beherrscht wird, z. B. in der Regel bei einer Beteiligung zu mehr als 50 %, gelten die Grundsätze für die steuerliche Anerkennung von Ehegattenarbeitsverhältnissen im Allgemeinen entsprechend. ²Beherrscht der Mitunternehmer-Ehegatte die Personengesellschaft nicht, kann allgemein davon ausgegangen werden, dass der mitarbeitende Ehegatte in der Gesellschaft die gleiche Stellung wie ein fremder Arbeitnehmer hat und das Arbeitsverhältnis deshalb steuerrechtlich anzuerkennen ist.

Arbeitsverhältnisse zwischen Eltern und Kindern

(3) ¹Für die bürgerlich-rechtliche Wirksamkeit eines Arbeits- oder Ausbildungsvertrages mit einem minderjährigen Kind ist die Bestellung eines Ergänzungspflegers nicht erforderlich. ²>Arbeitsverhältnisse mit Kindern unter 15 Jahren verstoßen jedoch im Allgemeinen gegen das >Jugendarbeitsschutzgesetz; sie sind nichtig und können deshalb auch steuerrechtlich nicht anerkannt werden. ³Die Gewährung freier Wohnung und Verpflegung kann als Teil der Arbeitsvergütung zu behandeln sein, wenn die Leistungen auf arbeitsvertraglichen Vereinbarungen beruhen.

Anlage 2
zu H 69

H 4.8 EStH
– Auszug –

Arbeitsverhältnis mit Kindern

– >Ausbildungs- oder Fortbildungsaufwendungen
– >Aushilfstätigkeiten von Kindern
– Beruht die Mitarbeit von Kindern im elterlichen Betrieb auf einem Ausbildungs- oder Arbeitsverhältnis, so gelten für dessen steu-

---

*) Jetzt R 68 LStR.

errechtliche Anerkennung den Ehegatten-Arbeitsverhältnissen entsprechende Grundsätze (>BFH vom 10. 3. 1988 – BStBl. II S. 877 und vom 29. 10. 1997 – BStBl. 1998 II S. 149).

- Ein steuerrechtlich anzuerkennendes Arbeitsverhältnis bei Hilfeleistungen von Kindern im elterlichen Betrieb liegt nicht vor bei geringfügigen oder typischerweise privaten Verrichtungen (>BFH vom 9. 12. 1993 – BStBl. 1994 II S. 298); >gelegentliche Hilfeleistung.
- >Unterhalt

Arbeitsverhältnisse zwischen Ehegatten

- **Betriebliche Altersversorgung, Direktversicherung.**

  >H 4 b Arbeitnehmer-Ehegatten

- **Der steuerrechtlichen Anerkennung eines Arbeitsverhältnisses steht entgegen:**

  – Arbeitnehmer-Ehegatte hebt monatlich vom betrieblichen Bankkonto des Arbeitgeber-Ehegatten einen größeren Geldbetrag ab und teilt diesen selbst auf in das benötigte Haushaltsgeld und den ihm zustehenden monatlichen Arbeitslohn (>BFH vom 20. 4. 1989 – BStBl. II S. 655).

  – Fehlen einer Vereinbarung über die Höhe des Arbeitslohns (>BFH vom 8. 3. 1962 – BStBl. III S. 218).

  – Langzeitige Nichtauszahlung des vereinbarten Arbeitslohns zum üblichen Zahlungszeitpunkt; statt dessen z. B. jährliche Einmalzahlung (>BFH vom 14. 10. 1981 – BStBl. 1982 II S. 119). Das gilt auch dann, wenn das Arbeitsverhältnis bereits seit mehreren Jahren ordnungsgemäß durchgeführt wurde und im Veranlagungsjahr Lohnsteuer und Sozialabgaben abgeführt wurden (>BFH vom 25. 7. 1991 – BStBl. II S. 842).

  – Wechselseitige Verpflichtung zur Arbeitsleistung; ein Arbeitsvertrag ist nicht durchführbar, wenn sich Ehegatten, die beide einen Betrieb unterhalten, wechselseitig verpflichten, mit ihrer vollen Arbeitskraft jeweils im Betrieb des anderen tätig zu sein. Wechselseitige Teilzeitarbeitsverträge können jedoch anerkannt werden, wenn die Vertragsgestaltungen insgesamt einem >Fremdvergleich standhalten (>BFH vom 12. 10. 1988 – BStBl. 1989 II S. 354).

- **Der steuerrechtlichen Anerkennung eines Arbeitsverhältnisses kann entgegenstehen:**

  – Arbeitslohnzahlung in Form von Schecks, die der Arbeitnehmer-Ehegatte regelmäßig auf das private Konto des Arbeitgeber-Ehegatten einzahlt (>BFH vom 28. 2. 1990 – BStBl. II S. 548).

  – Überweisung des Arbeitsentgelts des Arbeitnehmer-Ehegatten auf ein Konto des Arbeitgeber-Ehegatten, über das dem Arbeitnehmer-Ehegatten nur ein Mitverfügungsrecht zusteht (BFH vom 24. 3. 1983 – BStBl. II S. 663), oder auf ein Bankkonto des Gesellschafterehegatten, über das dem Arbeitnehmer-Ehegatten nur ein Mitverfügungsrecht zusteht (BFH vom 20. 10. 1983 – BStBl. 1984 II S. 298).

- **Der steuerrechtlichen Anerkennung eines Arbeitsverhältnisses steht nicht entgegen:**

  – Darlehensgewährung des Arbeitnehmer-Ehegatten an den Arbeitgeber-Ehegatten in Höhe des Arbeitsentgelts ohne rechtliche Verpflichtung, nachdem dieses in die Verfügungsmacht des Arbeitnehmer-Ehegatten gelangt ist. Das gilt auch, wenn der Arbeitnehmer-Ehegatte jeweils im Fälligkeitszeitpunkt über den an ihn ausgezahlten Nettoarbeitslohn ausdrücklich dadurch verfügt, dass er den Auszahlungsanspruch in eine Darlehensforderung umwandelt (>BFH vom 17. 7. 1984 – BStBl. 1986 II S. 48). Werden dagegen Arbeits- und Darlehensvereinbarungen von Ehegatten in einer Weise miteinander verknüpft, dass das Arbeitsentgelt ganz oder teilweise bereits als Darlehen behandelt wird, bevor es in die Verfügungsmacht des Arbeitnehmer-Ehegatten gelangt ist, so ist zur Anerkennung des Arbeitsverhältnisses erforderlich, dass auch der Darlehensvertrag wie ein unter Fremden üblicher Vertrag mit eindeutigen Zins- und Rückzahlungsvereinbarungen abgeschlossen und durchgeführt wird (>BFH vom 23. 4. 1975 – BStBl. II S. 579).

  – Schenkung – Laufende Überweisung des Arbeitsentgelts auf ein Sparbuch des Arbeitnehmer-Ehegatten, von dem dieser ohne zeitlichen Zusammenhang mit den Lohnzahlungen größere Beträge abhebt und dem Arbeitgeber-Ehegatten schenkt (>BFH vom 4. 11. 1986 – BStBl. 1987 II S. 336).

  – Teilüberweisung des Arbeitsentgelts als vermögenswirksame Leistungen nach dem Vermögensbildungsgesetz auf Verlangen des Arbeitnehmer-Ehegatten auf ein Konto des Arbeitgeber-Ehegatten oder auf ein gemeinschaftliches Konto beider Ehegatten (>BFH vom 19. 9. 1975 – BStBl. 1976 II S. 81).

  – Überweisung des Arbeitsentgelts auf ein Bankkonto des Arbeitnehmer-Ehegatten, für das der Arbeitgeber-Ehegatte unbeschränkte Verfügungsvollmacht besitzt (>BFH vom 16. 1. 1974 – BStBl. II S. 294).

  – Vereinbartes Arbeitsentgelt ist unüblich niedrig, es sei denn, das Arbeitsentgelt ist so niedrig bemessen, dass es nicht mehr als Gegenleistung für eine begrenzte Tätigkeit des Arbeitnehmer-Ehegatten angesehen werden kann, weil ein rechtsgeschäftlicher Bindungswille fehlt (>BFH vom 22. 3. 1990 – BStBl. II S. 776).

  >Gehaltsumwandlung, -verzicht

  – Zahlung des Arbeitsentgelts auf ein „Oder-Konto" bei im Übrigen ernsthaft vereinbarten und tatsächlich durchgeführten Ehegatten-Arbeitsverhältnissen (BVerfG vom 7. 11. 1995 – BStBl. 1996 II S. 34).

- **Direktversicherung**

  > H 4 b (Arbeitnehmer-Ehegatten)

- **Gehaltsumwandlung, -verzicht**

  Begnügt sich der Arbeitnehmer-Ehegatte mit unangemessen niedrigen Aktivbezügen, ist die Dienstleistung in einen entgeltlichen und einen unentgeltlichen Teil zu zerlegen. Betrieblich veranlasst ist nur der entgeltliche Teil. Verzichtet der Arbeitnehmer-Ehegatte ganz auf sein Arbeitsentgelt, ist von einer in vollem Umfang privat veranlassten familiären Mitarbeit auszugehen. Entsprechendes gilt, wenn ein Arbeitnehmer-Ehegatte ohne entsprechende Absicherung seines Anspruchs zugunsten eines erst viele Jahre später fällig werdenden Ruhegehalts auf seine Aktivbezüge verzichtet (>BFH vom 25. 7. 1995 – BStBl. 1996 II S. 153).

  >BMF vom 9. 1. 1986 (BStBl. I S. 7)*)

- **Rückstellungen für Pensionsverpflichtungen**

  – Bei einer Pensionszusage an den Arbeitnehmer-Ehegatten, die an die Stelle einer fehlenden Anwartschaft aus der gesetzlichen Rentenversicherung getreten ist, können sich die Rückstellungsbeträge grundsätzlich nicht gewinnmindernd auswirken, soweit die Aufwendungen die wirtschaftliche Funktion der Arbeitnehmerbeiträge haben. Fiktive Arbeitgeberbeiträge in der Zeit zwischen dem Beginn des steuerrechtlich anerkannten Arbeitsverhältnisses und der Erteilung der Pensionszusage können nicht als Betriebsausgaben berücksichtigt werden (>BFH vom 14. 7. 1989 – BStBl. II S. 969).

  – >H 6 a (10)

- **Rückwirkung**

  Rückwirkende Vereinbarungen sind steuerrechtlich nicht anzuerkennen (BFH vom 29. 11. 1988 – BStBl. 1989 II S. 281).

- **Sonderzuwendungen**

  wie z. B. Weihnachts- und Urlaubsgelder, Sonderzulagen, Tantiemen, können dann als Betriebsausgaben abgezogen werden, wenn sie vor Beginn des Leistungsaustauschs klar und eindeutig vereinbart worden sind und auch einem >Fremdvergleich standhalten (>BFH vom 26. 2. 1988 – BStBl. II S. 606 und vom 10. 3. 1988 – BStBl. II S. 877).

- **Unterarbeitsverhältnis**

  Ist ein Arbeitnehmer wegen anderer beruflicher Verpflichtungen nicht in der Lage, ein Aufgabengebiet in vollem Umfang selbst zu betreuen, kommt ein Ehegatten-Unterarbeitsverhältnis hierüber jedenfalls dann nicht in Betracht, wenn solche Tätigkeiten sonst ehrenamtlich von Dritten unentgeltlich übernommen werden (>BFH vom 22. 11. 1996 – BStBl. 1997 II S. 187).

---

*) Abgedruckt als Anlage 4 zu H 69 LStR.

– **Zukunftssicherung**

Voraussetzungen für die Anerkennung von Maßnahmen zur Zukunftssicherung bei Ehegatten-Arbeitsverhältnissen >H 6a Abs. 10 und H 4b (Arbeitnehmer-Ehegatten).

Ausbildungs- oder Fortbildungsaufwendungen

für Kinder sind in der Regel nicht abziehbare Lebenshaltungskosten. Aufwendungen für die Fortbildung von im Betrieb mitarbeitenden Kindern (z. B. für den Besuch einer Meisterfachschule) sind Betriebsausgaben, wenn die hierzu getroffenen Vereinbarungen klar und eindeutig sind und nach Inhalt und Durchführung dem zwischen Fremden Üblichen entsprechen, insbesondere auch Bindungsfristen und Rückzahlungsklauseln enthalten (>BFH vom 14. 12. 1990 – BStBl. 1991 II S. 305). Dagegen sind Aufwendungen für den Meisterlehrgang eines nicht im Betrieb mitarbeitenden Kindes nicht allein deshalb Betriebsausgaben, weil sie eine spätere Unternehmensnachfolge vorbereiten sollen (>BFH vom 29. 10. 1997 – BStBl. 1998 II S. 149).

Aushilfstätigkeiten von Kindern

Bei Verträgen über Aushilfstätigkeiten von Kindern ist der >Fremdvergleich im Einzelfall vorzunehmen (>BFH vom 9. 12. 1993 – BStBl. 1994 II S. 298).

Darlehensverhältnisse zwischen Angehörigen

- >BMF vom 1. 12. 1992 (BStBl. I S. 729), vom 25. 5. 1993 (BStBl. I S. 410) und vom 30. 5. 2001 (BStBl. I S. 348).
- >Personengesellschaften; – Abtretung.
- >Personengesellschaften; – Darlehen.
- **Schenkungsbegründetes Darlehen**
  - Die Kürze der zwischen Schenkung und Darlehensgewährung liegenden Zeit begründet keine unwiderlegbare Vermutung für die gegenseitige Abhängigkeit der beiden Verträge (>BFH vom 18. 1. 2001 – BStBl. II S. 393 und BMF vom 30. 5. 2001 – BStBl. I S. 348, >Fußnote zu Rn. 9 zu BMF vom 1. 12. 1992). Dem gegenüber kann bei einem längeren Abstand zwischen Schenkungs- und Darlehensvertrag eine auf einem Gesamtplan beruhende sachliche Verknüpfung bestehen (>BFH vom 22. 1. 2002 – BStBl. II S. 685).
  - Geht dem Darlehen eines minderjährigen Kindes an einen Elternteil eine Schenkung des anderen Elternteils voraus, und liegt diesen Rechtsgeschäften ein Gesamtplan der Eltern zur Schaffung von steuerlich abziehbaren Aufwendungen zugrunde (= sachliche Abhängigkeit), so kann hierin auch bei zeitlicher Unabhängigkeit zwischen Schenkung und Darlehen ein Missbrauch von Gestaltungsmöglichkeiten des Rechts (§ 42 AO) liegen (>BFH vom 26. 3. 1996 – BStBl. II S. 443).
  - Ein Darlehensvertrag zwischen einer Personengesellschaft und dem Kind des beherrschenden Gesellschafters über einen Geldbetrag, den das Kind zuvor von diesem geschenkt bekommen hat, ist nicht anzuerkennen, wenn zwischen Schenkung und Darlehensvertrag eine auf einem Gesamtplan beruhende sachliche Verknüpfung besteht (>BFH vom 22. 1. 2002 – BStBl. II S. 685).
- >Sicherung des Darlehensanspruchs
- **Verknüpfung von Arbeits- und Darlehensvereinbarungen zwischen Ehegatten,**
  >Arbeitsverhältnisse zwischen Ehegatten, – Der steuerrechtlichen Anerkennung eines Arbeits- oder Dienstverhältnisses steht nicht entgegen, = Darlehensgewährung

Eheschließung

Mehrere Jahre vor der Ehe abgeschlossene ernsthafte Arbeitsverträge zwischen den Ehegatten sind steuerrechtlich in der Regel auch nach der Eheschließung anzuerkennen, wenn sich mit der Eheschließung in der Tätigkeit des im Betrieb beschäftigten Ehegatten nichts ändert und auch die Auszahlung des Arbeitsentgelts vor und nach der Heirat in gleicher Weise vollzogen wird (>BFH vom 21. 10. 1966 – BStBl. 1967 III S. 22).

Erbfolgeregelungen

- Ertragsteuerliche Behandlung der Erbengemeinschaft und ihrer Auseinandersetzung >BMF vom 11. 1. 1993 (BStBl. I S. 62) unter Berücksichtigung der Änderungen durch BMF vom 5. 12. 2002 (BStBl. I S. 1392).
- Ertragsteuerliche Behandlung der vorweggenommenen Erbfolge >BMF vom 13. 1. 1993 (BStBl. I S. 80).
- Einkommensteuerrechtliche Behandlung von wiederkehrenden Leistungen im Zusammenhang mit der Übertragung von Privat- oder Betriebsvermögen >BMF vom 16. 9. 2004 (BStBl. I S. 922).

Fremdvergleich

- Angehörigen steht es frei, ihre Rechtsverhältnisse untereinander so zu gestalten, dass sie steuerlich möglichst günstig sind. Die steuerrechtliche Anerkennung des Vereinbarten setzt voraus, dass die Verträge zivilrechtlich wirksam zustande gekommen sind, inhaltlich dem zwischen Fremden Üblichen entsprechen und so auch durchgeführt werden. Maßgebend für die Beurteilung ist die Gesamtheit der objektiven Gegebenheiten. Dabei kann einzelnen dieser Beweisanzeichen je nach Lage des Falles im Rahmen der Gesamtbetrachtung eine unterschiedliche Bedeutung zukommen. Dementsprechend schließt nicht jede Abweichung vom Üblichen notwendigerweise die steuerrechtliche Anerkennung des Vertragsverhältnisses aus. An den Nachweis, dass es sich um ein ernsthaftes Vertragsverhältnis handelt, sind um so strengere Anforderungen zu stellen, je mehr die Umstände auf eine private Veranlassung des Rechtsverhältnisses hindeuten (>BFH vom 28. 1. 1997 – BStBl. II S. 655).
- Die Grundsätze des sog. Fremdvergleichs rechtfertigen es nicht, an Stelle der im Vertrag tatsächlich vereinbarten Leistung der Besteuerung eine höhere Gegenleistung unter Hinweis darauf zugrunde zu legen, dass eine solche unter fremden Dritten gefordert (und erbracht) worden wäre (>BFH vom 31. 5. 2001 – BStBl. II S. 756).
- >H 6a Abs. 10
- **Personengesellschaften**
  Die Grundsätze des Fremdvergleichs gelten entsprechend für die Verträge einer Personengesellschaft, die von nahen Angehörigen des anderen Vertragspartners beherrscht wird. Hierbei kommt es auf den rechtlichen und wirtschaftlichen Gehalt des jeweiligen Geschäfts und nicht auf die Bezeichnung durch die Vertragsparteien an (>BFH vom 9. 5. 1996 – BStBl. II S. 642). Schließt eine Personengesellschaft aufeinander abgestimmte Arbeitsverträge mit den Angehörigen ihrer Gesellschafter, bei denen keiner der Gesellschafter als allein beherrschend angesehen werden kann, ist der Fremdvergleich bei jedem einzelnen Arbeitsvertrag durchzuführen (>BFH vom 20. 10. 1983 – BStBl. 1984 II S. 298). Ein Gesellschafter, der nicht in der Lage ist, für sich allein einen beherrschenden Einfluss auszuüben, ist dann einem beherrschenden Gesellschafter gleichzustellen, wenn er gemeinsam mit anderen Gesellschaftern einen Gegenstand von gemeinsamem Interesse in gegenseitiger Abstimmung regelt (>BFH vom 18. 12. 2001 – BStBl. 2002 II S. 353).
- >Personengesellschaften; – Abtretung.
- >Personengesellschaften; – Darlehen.
- >Umdeutung
- **Umfang**
  - Der Fremdvergleich ist nur einheitlich für den gesamten Vertrag anzustellen. Das Herauslösen einzelner Vertragsteile, wie z. B. einzelner Tätigkeiten aus einem Arbeitsvertrag, ist nicht möglich. Der Vertrag kann auch nicht mit Blick auf diese Vertragsteile teilweise steuerrechtlich anerkannt werden, wenn der Vertrag im Übrigen dem Fremdvergleich nicht standhält (>BFH vom 9. 12. 1993 – BStBl. 1994 II S. 298),
  - Wird zur Finanzierung eines Kaufvertrags zwischen nahen Angehörigen ein Darlehensvertrag mit einer Bank abgeschlossen, sind die in dem Darlehensvertrag getroffenen Vereinbarungen auch dann nicht in den Fremdvergleich hinsichtlich des Kaufvertrags einzubeziehen, wenn der Verkäufer zugleich Sicherungsgeber ist (>BFH vom 15. 10. 2002 – BStBl. 2003 II S. 243).
  - >Mehrere Verträge zwischen Angehörigen

§ 19 EStG
R 69

Gelegentliche Hilfeleistung
Arbeitsverträge über gelegentliche Hilfeleistungen durch Angehörige sind steuerrechtlich nicht anzuerkennen, weil sie zwischen fremden Personen nicht vereinbart worden wären (>BFH vom 9.12.1993 – BStBl. 1994 II S. 298).

Gesellschaftsverträge zwischen Angehörigen
– >R 15.9
– >Umdeutung

Gewinnanteile aus geschenkter typisch stiller Beteiligung
sind keine Betriebsausgaben, wenn eine Verlustbeteiligung ausgeschlossen ist (>BFH vom 21.10.1992 – BStBl. 1993 II S. 289).

Mehrere Verträge zwischen Angehörigen
Bei der Prüfung, ob die Leistungsbeziehungen zwischen nahen Angehörigen dem >Fremdvergleich standhalten, sind mehrere zeitlich und sachlich zusammenhängende Verträge nicht isoliert, sondern in ihrer Gesamtheit zu würdigen (>BFH vom 13.12.1995 – BStBl. 1996 II S. 180).

Miet- und Pachtverträge zwischen Angehörigen
– >R 21.4, H 21.4 (Steuerliche Anerkennung)
– >Sonstige Rechtsverhältnisse zwischen Angehörigen

Minderjährige Kinder
– **Ergänzungspfleger**
  Bei Verträgen zwischen Eltern und minderjährigen Kindern, die nicht Arbeitsverträge sind (>R 19 Abs. 3), ist ein Ergänzungspfleger zu bestellen, damit die Vereinbarungen bürgerlich-rechtlich wirksam zustande kommen und so eine klare Trennung bei der Verwaltung des Kindesvermögens und des elterlichen Vermögens gewährleistet ist (>BFH vom 23.4.1992 – BStBl. II S. 1024 und BMF vom 24.7.1998 – BStBl. I S. 914, Tz. 4).

– **Schwebend unwirksame Verträge, Insichgeschäfte**
  Die klaren und ernsthaft gewollten Vereinbarungen (>Fremdvergleich) müssen zu Beginn des maßgeblichen Rechtsverhältnisses oder bei Änderung des Verhältnisses für die Zukunft getroffen werden. Ein Insichgeschäft im Sinne des § 181 BGB ist solange – schwebend – unwirksam, bis die Wirksamkeit z. B. durch Bestellung eines Ergänzungspflegers oder mit Erreichen der Volljährigkeit eines minderjährigen Kindes nachgeholt wird. Die nachträgliche Genehmigung des Rechtsgeschäftes hat zivilrechtlich zur Folge, dass die schwebende Unwirksamkeit des Vertrages rückwirkend entfällt (§ 108 Abs. 3, § 184 Abs. 1 BGB). Steuerrechtlich entfaltet sie grundsätzlich keine Rückwirkung. Im Regelfall sind die steuerrechtlichen Folgerungen erst von dem Zeitpunkt an zu ziehen, zu dem die schwebende Unwirksamkeit entfallen ist (>BFH vom 31.10.1989 – BStBl. 1992 II S. 506), es sei denn, die steuerrechtliche Rückwirkung ist ausdrücklich gesetzlich zugelassen (§ 41 Abs. 1 AO). Ausnahmsweise sind tatsächlich durchgeführte Verträge zwischen nahen Angehörigen von Anfang an steuerlich zu berücksichtigen, wenn den Vertragspartnern die Nichtbeachtung der Formvorschriften nicht angelastet werden kann und sie zeitnah nach dem Erkennen der Unwirksamkeit oder dem Auftauchen von Zweifeln an der Wirksamkeit des Vertrages die erforderlichen Maßnahmen eingeleitet haben, um die Wirksamkeit herbeizuführen oder klarzustellen (>BFH vom 13.7.1999 – BStBl. 2000 II S. 386).

Nichteheliche Lebensgemeinschaften
Die für die steuerrechtliche Beurteilung von Verträgen zwischen Ehegatten geltenden Grundsätze können nicht auf Verträge zwischen Partner einer nichtehelichen Lebensgemeinschaft übertragen werden (>BFH vom 14.4.1988 – BStBl. II S. 670).

Personengesellschaften
– **Abtretung**
  Tritt der Gesellschafter einer Personengesellschaft ihm gegen die Gesellschaft zustehende Darlehensansprüche zur Ablösung von Pflichtteilsansprüchen an einen Angehörigen ab, der die Beträge der Gesellschaft weiterhin als Darlehen belässt, so sind die an den neuen Darlehensgläubiger gezahlten Darlehenszinsen Betriebsausgaben der Personengesellschaft. Der Betriebsausgabenabzug kann nicht vom Ergebnis eines >Fremdvergleichs hinsichtlich der Darlehensbedingungen abhängig gemacht werden, wenn der Abtretende die Gesellschaft nicht beherrscht (>BFH 15.12.1988 – BStBl. 1989 II S. 500).

– >Arbeitsverhältnisse zwischen Ehegatten
– >Darlehensverhältnisse zwischen Angehörigen
– >Fremdvergleich

– **Vermögen einer Personengesellschaft**
  kann nicht als Vermögen des Gesellschafterehegatten angesehen werden. Deshalb liegt ein Vermögenszugang beim Arbeitnehmer-Ehegatten auch dann vor, wenn das Arbeitsentgelt auf ein gemeinschaftliches Konto der Ehegatten überwiesen wird, über das jeder Ehegatte ohne Mitwirkung des anderen verfügen kann (>BFH vom 24.3.1983 – BStBl. II S. 663).

– Keine betriebliche Veranlassung bei Vergabe eines zinslosen und ungesicherten **Darlehens** durch eine Personengesellschaft an ihren Gesellschafter. Die Frage der betrieblichen Veranlassung der Geldhingabe ist auf der Grundlage eines Fremdvergleichs zu beurteilen (>BFH vom 9.5.1996 – BStBl. II S. 642). Wird neben dem (festen) Kapitalkonto lediglich ein weiteres Konto zur Erfassung von Gewinnen, Einlagen und Entnahmen der Gesellschafter geführt, handelt es sich nicht um ein Darlehenskonto, wenn auf dem Konto auch Verluste verbucht werden (>BFH vom 27.6.1996 – BStBl. 1997 II S. 36).

– >Sicherung des Darlehensanspruchs
– Unterbeteiligung von Kindern an einer vermögensverwaltenden Personengesellschaft >H 21.6

Rechtsfolgen bei fehlender Anerkennung
– Ist ein **Arbeitsverhältnis** steuerrechtlich nicht anzuerkennen, so sind Lohnzahlungen einschließlich einbehaltener und abgeführter Lohn- und Kirchensteuerbeträge, für den mitarbeitenden Ehegatten einbehaltene und abgeführte Sozialversicherungsbeiträge (Arbeitgeber- und Arbeitnehmeranteil) und vermögenswirksame Leistungen, die der Arbeitgeber-Ehegatte nach dem Vermögensbildungsgesetz erbringt, nicht als Betriebsausgaben abziehbar (>BFH vom 8.2.1983 – BStBl. II S. 496 und vom 10.4.1990 – BStBl. II S. 741).

– Zinsen aus einem ertragsteuerlich nicht anzuerkennenden Darlehen unter nahen Angehörigen sind keine Betriebsausgaben; beim Empfänger sind sie keine Einkünfte aus Kapitalvermögen (>BFH vom 2.8.1994 – BStBl. 1995 II S. 264).

Scheidungsklausel
Erwirbt ein Ehegatte (A) mit vom anderen Ehegatten (B) geschenkten Mitteln ein Grundstück, welches für betriebliche Zwecke an B vermietet wird, begründet weder die Schenkung der Mittel, die Vereinbarung zwischen den Ehegatten für den Fall der Beendigung des Güterstandes auf andere Weise als den Tod, das erworbene Grundstück auf den anderen Ehegatten zu übertragen (sog. Scheidungsklausel), noch die B eingeräumte Möglichkeit zu seinen Gunsten oder zugunsten eines Dritten eine Auflassungsvormerkung in das Grundbuch eintragen zu lassen, wirtschaftliches Eigentum des B (>BFH vom 4.2.1998 – BStBl. II S. 542).

Schenkung
– >Arbeitsverhältnisse zwischen Ehegatten; – Der steuerrechtlichen Anerkennung eines Arbeitsverhältnisses steht nicht entgegen; = Schenkung
– >Darlehensverhältnisse zwischen Angehörigen; – Schenkungsbegründetes Darlehen

Sicherung des Darlehensanspruchs
– Bei einem Darlehen einer Personengesellschaft an ihren Gesellschafter kann nicht ein künftiger Gewinnanteil des Gesellschafters als Sicherheit angesehen werden. Unüblich ist auch die Unverzinslichkeit eines Darlehens (>BFH vom 9.5.1996 – BStBl. II S. 642).

– Die fehlende verkehrsübliche Sicherung des Darlehensanspruchs wird bei langfristigen Darlehen zwischen nahen Angehörigen als Indiz für die außerbetriebliche Veranlassung des Darlehens gewertet, wobei als langfristig jedenfalls Darlehen mit einer Laufzeit von mehr als vier Jahren angesehen werden (>BFH vom 9. 5. 1996 – BStBl. II S. 642). Eine langfristige Darlehensvereinbarung zwischen Eltern und Kindern kann trotz teilweise fehlender Sicherheiten steuerrechtlich anerkannt werden, wenn die Kinder bei Darlehensabschluss bereits volljährig sind, nicht mehr im Haushalt der Eltern leben und wirtschaftlich von den Eltern unabhängig sind (>BFH vom 18. 12. 1990 – BStBl. 1991 II S. 911).

Sonstige Rechtsverhältnisse zwischen Angehörigen

– Für die einkommensteuerrechtliche Beurteilung von Miet- und Pachtverträgen, Darlehensverträgen und ähnlichen Verträgen sind die Grundsätze zur steuerlichen Anerkennung von Ehegatten-Arbeitsverhältnissen entsprechend anzuwenden (>BFH vom 28. 1. 1997 – BStBl. II S. 655).

– >Fremdvergleich

Umdeutung

Die steuerliche Beurteilung muss von dem ausgehen, was die Stpfl. rechtsgültig vereinbart haben, und zwar auch dann, wenn die Vereinbarung aus privater Veranlassung von dem abweicht, was unter fremden Dritten üblich ist. Haben die Beteiligten einen Gesellschaftsvertrag über eine Unterbeteiligung abgeschlossen, und kann der Gesellschaftsvertrag wegen der nicht fremdüblichen Ausgestaltung zu Lasten der Unterbeteiligung steuerlich nicht anerkannt werden, kann an die Stelle des wirksam abgeschlossenen Gesellschaftsvertrags für die steuerliche Beurteilung **nicht** ein tatsächlich **nicht** existenter Vertrag über ein partiarisches Darlehen gesetzt werden (>BFH vom 6. 7. 1995 – BStBl. 1996 II S. 269).

Unterhalt

Beschränkt sich der Stpfl. darauf, dem mitarbeitenden Kind Unterhalt zu gewähren (Beköstigung, Bekleidung, Unterkunft und Taschengeld), so liegen steuerlich nicht abziehbare Lebenshaltungskosten vor (>BFH vom 19. 8. 1971 – BStBl. 1972 II S. 172).

Wirtschaftsüberlassungsvertrag

Die Grundsätze über die einkommensteuerrechtliche Behandlung von wiederkehrenden Leistungen im Zusammenhang mit der Übertragung von Privat- oder Betriebsvermögen gelten auch für Wirtschaftsüberlassungsverträge (>BMF vom 16. 9. 2004 – BStBl. I S. 922, Rz. 10).

Wohnungsüberlassung an geschiedenen oder dauernd getrennt lebenden Ehegatten

>H 21.4 (Vermietung an Unterhaltsberechtigte)

Anlage 3
zu H 69

Betriebliche Altersversorgung; Überversorgung bei Ehegatten-Arbeitsverhältnis (§ 3 Nr. 63, § 40 b EStG)

Erlass des Finanzministeriums Saarland vom 7. 3. 2005 (Az.: B/2-4 – 49/2005 – S 2333)

Mit Urteil vom 16. 5. 1995 (XI R 87/93, BStBl. II 1995, 873, DStR 1995, 1789) hat der BFH entschieden, dass Aufwendungen für eine Direktversicherung, die im Rahmen eines steuerrechtlich anzuerkennenden Ehegatten-Arbeitsverhältnisses durch Umwandlung von Barlohn geleistet werden, der Höhe nach nur insoweit betrieblich veranlasst sind, als sie zu keiner Überversorgung führen (Anschluss an BFH v. 5. 2. 1987, IV R 198/84, BFHE 149, 451, BStBl. II 1987, 557 und v. 11. 9. 1987, III R 267/83, BFH/NV 1988, 225). Nach den Grundsätzen der Rechtsprechung sei zu prüfen, ob die einzelnen Lohnbestandteile (Aktivbezüge und Alterssicherung) zueinander in etwa dem entsprechen, was bei der Entlohnung familienfremder Arbeitnehmer betriebsintern üblich ist. Dabei soll nicht allein die Höhe, sondern auch die Zusammensetzung des Entgelts von Bedeutung sein. Eine Überversorgung eines mitarbeitenden Ehegatten liege vor, wenn seine Altersversorgung (z. B. die zu erwartende Rente aus der gesetzlichen Rentenversicherung zuzüglich der Leistungen aus der Direktversicherung) 75 % der letzten Aktivbezüge übersteigt. Aus Vereinfachungsgründen könne aber auf eine genaue Ermittlung der künftigen Altersversorgung verzichtet werden, wenn sämtliche Versorgungsleistungen 30 % des steuerpflichtigen Arbeitslohns nicht übersteigen.

Im Hinblick auf den seit dem 1. 1. 2002 bestehenden Anspruch auf betriebliche Altersversorgung durch Entgeltumwandlung (§ 1 a BetrAVG) ist gefragt worden, ob die o. g. Grundsätze weiter anzuwenden seien.

Nach der Erörterung mit den obersten Finanzbehörden der Länder ist für lohnsteuerliche Zwecke nicht mehr an der 30 %-Regelung festzuhalten.

Wird bei einem steuerlich anzuerkennenden Ehegatten-Arbeitsverhältnis (u. a. Angemessenheit dem Grunde und der Höhe nach; s. a. H 129 – Dienstverhältnis zwischen Ehegatten – mit Verweis auf H 41 Abs. 10 EStH) eine betriebliche Altersversorgung in den Durchführungswegen Pensionsfonds, Pensionskasse und Direktversicherung durchgeführt und stellen die Beiträge beim Arbeitgeber Betriebsausgaben dar, sind die Regelungen in § 3 Nr. 63 und § 40 b EStG uneingeschränkt bis zu den jeweiligen Höchstbeträgen anwendbar. Dies gilt sowohl für rein arbeitgeberfinanzierte Beiträge als auch für Beiträge des Arbeitgebers, die durch Entgeltumwandlung finanziert werden.

Anlage 4
zu H 69

Betriebliche Altersversorgung; Überversorgung bei Ehegatten-Arbeitsverhältnissen

Erlass des Finanzministeriums Saarland vom 15. 12. 2005 (Az.: B/2-4 – 49/05 – S 2333)

In dem Erlass vom 7. März 2005, B/2-4 – 49/2005 – S 2333*) ist u. a. Folgendes ausgeführt:

Wird bei einem steuerlich anzuerkennenden Ehegatten-Arbeitsverhältnis (u. a. Angemessenheit dem Grunde und der Höhe nach, s. a. H 129 – Dienstverhältnis zwischen Ehegatten – mit Verweis auf H 41 Abs. 10 EStH) eine betriebliche Altersversorgung in den Durchführungswegen Pensionsfonds, Pensionskasse und Direktversicherung durchgeführt und stellen die Beiträge beim Arbeitgeber Betriebsausgaben dar, sind die Regelungen in § 3 Nr. 63 und § 40b EStG uneingeschränkt bis zu den jeweiligen Höchstbeträgen anwendbar. Dies gilt sowohl für rein arbeitgeberfinanzierte Beiträge als auch für Beiträge des Arbeitgebers, die durch Entgeltumwandlung finanziert werden.

Aus gegebenem Anlass weise ich auf Folgendes erläuternd hin:

Zur Feststellung, ob die Beiträge zur betrieblichen Altersvorsorge in den Durchführungswegen Pensionsfonds, Pensionskasse und Direktversicherung bei dem Arbeitgeber Betriebsausgaben darstellen, ist nach wie vor zu prüfen, ob eine Überversorgung des mitarbeitenden Ehegatten vorliegt. In diesem Zusammenhang wird auf das BMF-Schreiben vom 3. November 2004 (BStBl. I S. 1045) und die in H 41 Abs. 10 EStH aufgenommenen BMF-Schreiben vom 4. September 1984 (BStBl. I S. 495) und vom 9. Januar 1986 (BStBl. I S. 7) mit der Maßgabe verwiesen, dass die dort genannte 30 %-Regelung überholt ist.

Bei Teilzeitarbeitsverhältnissen ist ebenfalls nach den Ausführungen in den genannten BMF-Schreiben zu verfahren.

---

*) Abgedruckt als Anlage 3 zu H 69 LStR.

§ 19 EStG

R 70
Arbeitslohn

(1) ¹Arbeitslohn ist die Gegenleistung für das Zurverfügungstellen der individuellen Arbeitskraft. ²Zum Arbeitslohn gehören deshalb auch

1. die Lohnzuschläge für Mehrarbeit und Erschwerniszuschläge, wie Hitzezuschläge, Wasserzuschläge, Gefahrenzuschläge, Schmutzzulagen usw.,
2. Entschädigungen, die für nicht gewährten Urlaub gezahlt werden,
3. der auf Grund des § 7 Abs. 1 des Soldatenversorgungsgesetzes gezahlte Einarbeitungszuschuss,
4. pauschale Fehlgeldentschädigungen, die Arbeitnehmern im Kassen- und Zähldienst gezahlt werden, soweit sie 16 € im Monat übersteigen,
5. Trinkgelder, Bedienungszuschläge und ähnliche Zuwendungen, auf die der Arbeitnehmer einen Rechtsanspruch hat.

(2) ¹Nicht als Gegenleistung für das Zurverfügungstellen der individuellen Arbeitskraft und damit nicht als Arbeitslohn sind u. a. anzusehen

1. der Wert der unentgeltlich zur beruflichen Nutzung überlassenen Arbeitsmittel,
2. die vom Arbeitgeber auf Grund gesetzlicher Verpflichtung nach § 3 Abs. 2 Nr. 1 und Abs. 3 ArbSchG i. V. m. § 6 Abs. 1 BildscharbV übernommenen angemessenen Kosten für eine spezielle Sehhilfe, wenn auf Grund einer Untersuchung der Augen und des Sehvermögens durch eine fachkundige Person im Sinne des § 6 Abs. 1 BildscharbV die spezielle Sehhilfe notwendig ist, um eine ausreichende Sehfähigkeit in den Entfernungsbereichen des Bildschirmarbeitsplatzes zu gewährleisten,
3. übliche Sachleistungen des Arbeitgebers aus Anlass der Diensteinführung, eines Amts- oder Funktionswechsels, eines runden Arbeitnehmerjubiläums (>R 72 Abs. 2 Nr. 3) oder der Verabschiedung eines Arbeitnehmers; betragen die Aufwendungen des Arbeitgebers einschließlich Umsatzsteuer mehr als 110 € je teilnehmender Person, so sind die Aufwendungen dem Arbeitslohn des Arbeitnehmers hinzuzurechnen; auch Geschenke bis zu einem Gesamtwert von 40 € sind in die 110-Euro-Grenze einzubeziehen,
3a. übliche Sachleistungen bei einem Empfang anlässlich eines runden Geburtstages eines Arbeitnehmers, wenn es sich unter Berücksichtigung aller Umstände des Einzelfalls um ein Fest des Arbeitgebers (betriebliche Veranstaltung) handelt. ²Die anteiligen Aufwendungen des Arbeitgebers, die auf den Arbeitnehmer selbst, seine Familienangehörigen sowie private Gäste des Arbeitnehmers entfallen, gehören jedoch zum steuerpflichtigen Arbeitslohn, wenn die Aufwendungen des Arbeitgebers mehr als 110 Euro je teilnehmender Person betragen; auch Geschenke bis zu einem Gesamtwert von 40 Euro sind in die 110-Euro-Grenze einzubeziehen,
4. pauschale Zahlungen des Arbeitgebers an ein Dienstleistungsunternehmen, das sich verpflichtet, alle Arbeitnehmer des Auftraggebers kostenlos in persönlichen und sozialen Angelegenheiten zu beraten und zu betreuen, beispielsweise durch die Übernahme der Vermittlung von Betreuungspersonen für Familienangehörige.

(3) ¹Leistungen des Arbeitgebers, mit denen er Werbungskosten des Arbeitnehmers ersetzt, sind nur steuerfrei, soweit dies gesetzlich bestimmt ist. ²Somit sind auch steuerpflichtig

1. Vergütungen des Arbeitgebers zum Ersatz der dem Arbeitnehmer berechneten Kontoführungsgebühren,
2. Vergütungen des Arbeitgebers zum Ersatz der Aufwendungen des Arbeitnehmers für Fahrten zwischen Wohnung und Arbeitsstätte, soweit die Aufwendungen nicht zu den Reisekosten (>R 38) gehören.

H 70
Hinweise zu R 70
Arbeitslohn

Abgrenzung des Arbeitslohns von den Einnahmen aus Kapitalvermögen

>BFH vom 31. 10. 1989 (BStBl. 1990 II S. 532)

Allgemeines zum Arbeitslohnbegriff

Welche Einnahmen zum Arbeitslohn gehören, ist unter Beachtung der Vorschriften des § 19 Abs. 1 EStG und § 2 LStDV*) sowie der hierzu ergangenen Rechtsprechung zu entscheiden. Danach sind Arbeitslohn grundsätzlich alle Einnahmen in Geld oder Geldeswert, die durch ein individuelles Dienstverhältnis veranlasst sind. Ein Veranlassungszusammenhang zwischen Einnahmen und Dienstverhältnis ist anzunehmen, wenn die Einnahmen dem Empfänger nur mit Rücksicht auf das Dienstverhältnis zufließen und sich als Ertrag seiner nichtselbständigen Arbeit darstellen. Die letztgenannte Voraussetzung ist erfüllt, wenn sich die Einnahmen im weitesten Sinne als Gegenleistung für das Zurverfügungstellen der individuellen Arbeitskraft erweisen (>BFH vom 11. 3. 1988 – BStBl. II S. 726 sowie BFH vom 7. 7. 2004 – BStBl. 2005 II S. 367). Eine solche Gegenleistung liegt nicht vor, wenn die Vergütungen die mit der Tätigkeit zusammenhängenden Aufwendungen nur unwesentlich übersteigen (>BFH vom 23. 10. 1992 – BStBl. 1993 II S. 303).

Ebenfalls keine Gegenleistung sind Vorteile, die sich bei objektiver Würdigung aller Umstände nicht als Entlohnung, sondern lediglich als notwendige Begleiterscheinung betriebsfunktionaler Zielsetzungen erweisen. Vorteile besitzen danach keinen Arbeitslohncharakter, wenn sie im ganz überwiegend eigenbetrieblichen Interesse des Arbeitgebers gewährt werden. Das ist der Fall, wenn sich aus den Begleitumständen wie zum Beispiel Anlass, Art und Höhe des Vorteils, Auswahl der Begünstigten, freie oder nur gebundene Verfügbarkeit, Freiwilligkeit oder Zwang zur Annahme des Vorteils und seine besondere Geeignetheit für den jeweils verfolgten betrieblichen Zweck ergibt, dass diese Zielsetzung ganz im Vordergrund steht und ein damit einhergehendes eigenes Interesse des Arbeitnehmers, den betreffenden Vorteil zu erlangen, vernachlässigt werden kann (>BFH vom 7. 7. 2004 – BStBl. 2005 II S. 367 und die dort zitierte Rechtsprechung). Im Ergebnis handelt es sich um Leistungen des Arbeitgebers, die er im ganz überwiegenden betrieblichen Interesse erbringt. Ein ganz überwiegendes betriebliches Interesse muss über das in jeder Lohnzahlung bestehende betriebliche Interesse deutlich hinausgehen (>BFH vom 2. 2. 1990 – BStBl. II S. 472). Gemeint sind Fälle, z. B. in denen ein Vorteil der Belegschaft als Gesamtheit zugewendet wird oder in denen dem Arbeitnehmer ein Vorteil aufgedrängt wird, ohne dass ihm eine Wahl bei der Annahme des Vorteils bleibt und ohne dass der Vorteil eine Marktgängigkeit besitzt (>BFH vom 25. 7. 1986 – BStBl. II S. 868).

Beispiele:

Zum Arbeitslohn gehören

– der Erlass einer Schadensersatzforderung des Arbeitgebers (>BFH vom 27. 3. 1992 – BStBl. II S. 837),

– die kostenlose oder verbilligte Überlassung von qualitativ und preislich hochwertiger Kleidungsstücke durch den Arbeitgeber (>BFH vom 11. 4. 2006 – BStBl. II S. 691), soweit es sich nicht um typische Berufskleidung handelt >R 20 Abs. 1,

– die innerhalb eines Dienstverhältnisses erzielten Liquidationseinnahmen eines angestellten Chefarztes aus einem eingeräumten Liquidationsrecht für gesondert berechenbare wahlärztliche Leistungen (>BFH vom 5. 10. 2005 – BStBl. 2006 II S. 94),

– Lohnsteuerbeträge, soweit sie vom Arbeitgeber übernommen werden und kein Fall des § 40 Abs. 3 EStG vorliegt (>BFH vom 28. 2. 1992 – BStBl. II S. 733). Bei den ohne entsprechende Nettolohnvereinbarung übernommenen Lohnsteuerbeträgen handelt es sich um Arbeitslohn des Kalenderjahrs, in dem sie entrichtet worden sind und der Arbeitgeber auf den Ausgleichsanspruch gegen den Arbeitnehmer verzichtet (>BFH vom 29. 10. 1993 – BStBl. 1994 II S. 197). Entsprechendes gilt für übernommene Kirchensteuerbeträge,

---

*) Abgedruckt als Anhang 1 zum Handbuch.

- vom Arbeitgeber nachträglich an das Finanzamt abgeführte Lohnsteuer für zunächst als steuerfrei behandelten Arbeitslohn (>BFH vom 29.11.2000 – BStBl. 2001 II S. 195),
- geldwerte Vorteile anlässlich von Reisen (>H 74),
- Sachbezüge, soweit sie zu geldwerten Vorteilen des Arbeitnehmers aus seinem Dienstverhältnis führen (>R 31 und 32),
- Aufwendungen des Arbeitgebers für Sicherheitsmaßnahmen bei abstrakter berufsbedingter Gefährdung (>BFH vom 5.4.2006 – BStBl. II S. 541); >aber BMF vom 30.6.1997 (BStBl. I S. 696)*),
- die vom Arbeitgeber übernommenen festen und laufenden Kosten für einen Telefonanschluss in der Wohnung des Arbeitnehmers oder für ein Mobiltelefon, soweit kein betriebliches Gerät genutzt wird (>R 21 e), es sich nicht um Auslagenersatz nach R 22 handelt und die Telefonkosten nicht zu den Reisenebenkosten (>R 40 a), Umzugskosten (>R 41) oder Mehraufwendungen wegen doppelter Haushaltsführung (>R 43) gehören,
- die Nutzung vom Arbeitgeber gemieteter Tennis- und Squashplätzen (>BFH vom 27.9.1996 – BStBl. 1997 II S. 146),
- ggf. Beiträge für eine und Leistungen aus einer Unfallversicherung (>BMF vom 17.7.2000 – BStBl. I S. 1204**) und BFH vom 26.11.2002 – BStBl. 2003 II S. 492),
- Leistungen aus Unterstützungskassen (>BFH vom 28.3.1958 – BStBl. III S. 268), soweit sie nicht nach R 11 Abs. 2 steuerfrei sind,
- Vermittlungsprovisionen (>R 71).

Nicht zum Arbeitslohn gehören
- Aufmerksamkeiten (>R 73),
- Arbeitnehmeranteile am Gesamtsozialversicherungsbeitrag, die der Arbeitgeber wegen der gesetzlichen Beitragslastverschiebung nachzuentrichten und zu übernehmen hat (§ 3 Nr. 62 EStG), es sei denn, dass Arbeitgeber und Arbeitnehmer eine Nettolohnvereinbarung getroffen haben oder der Arbeitgeber zwecks Steuer- und Beitragshinterziehung die Unmöglichkeit einer späteren Rückbelastung beim Arbeitnehmer bewusst in Kauf genommen hat (>BFH vom 29.10.1993 – BStBl. 1994 II S. 194),
- Beiträge des Bundes nach § 15 FELEG (>BFH vom 14.4.2005 – BStBl. II S. 569),
- Betriebsveranstaltungen (>R 72),
- Fort- oder Weiterbildungsleistungen (>R 74),
- Leistungen zur Verbesserung der Arbeitsbedingungen, z. B. die Bereitstellung von Aufenthalts- und Erholungsräumen sowie von betriebseigenen Dusch- und Badeanlagen; sie werden der Belegschaft als Gesamtheit und damit in überwiegendem betrieblichen Interesse zugewendet (>BFH vom 25.7.1986 – BStBl. II S. 868),
- Maßnahmen des Arbeitgebers zur Vorbeugung spezifischer berufsbedingter Beeinträchtigungen der Gesundheit, wenn die Notwendigkeit der Maßnahmen zur Verhinderung krankheitsbedingter Arbeitsausfälle durch Auskünfte des medizinischen Dienstes einer Krankenkasse bzw. Berufsgenossenschaft oder durch Sachverständigengutachten bestätigt wird (>BFH vom 30.5.2001 – BStBl. II S. 671),
- Mietzahlungen des Arbeitgebers für ein im Haus bzw. in der Wohnung des Arbeitnehmers gelegenes Arbeitszimmers, das der Arbeitnehmer für die Erbringung seiner Arbeitsleistung nutzt, wenn die Nutzung des Arbeitszimmers in vorrangigem Interesse des Arbeitgebers erfolgt (>BMF vom 13.12.2005 – BStBl. 2006 I S. 4)***),
- übliche Sachleistungen des Arbeitgebers anlässlich einer betrieblichen Veranstaltung im Zusammenhang mit einem runden Geburtstag des Arbeitnehmers im Rahmen des R 70 Abs. 2 Nr. 3 a LStR; zur Abgrenzung einer betrieblichen Veranstaltung von einem privaten Fest des Arbeitnehmers >BFH vom 28.1.2003 (BStBl. II S. 724),
- Schadensersatzleistungen, soweit der Arbeitgeber zur Leistung gesetzlich verpflichtet ist oder soweit der Arbeitgeber einen zivilrechtlichen Schadensersatzanspruch des Arbeitnehmers wegen schuldhafter Verletzung arbeitsvertraglicher Fürsorgepflichten erfüllt (>BFH vom 20.9.1996 – BStBl. 1997 II S. 144),
- Vergütungen eines Sportvereins an Amateursportler, wenn die Vergütungen, die mit der Tätigkeit zusammenhängenden Aufwendungen nur unwesentlich übersteigen (>BFH vom 23.10.1992 – BStBl. 1993 II S. 303),
- Vergütungen für Sanitätshelfer des DRK, wenn sie als pauschale Erstattung der Selbstkosten beurteilt werden können, weil sie die durch die ehrenamtliche Tätigkeit veranlassten Aufwendungen regelmäßig nur unwesentlich übersteigen (>BFH vom 4.8.1994 – BStBl. II S. 944),
- Verwarnungsgelder wegen Verletzung des Halteverbots, die der Arbeitgeber (z. B. Paketzustelldienst) aus ganz überwiegend eigenbetrieblichem Interesse übernimmt (>BFH vom 7.7.2004 – BStBl. 2005 II S. 367),
- Vorsorgeuntersuchungen leitender Angestellter
>BFH vom 17.9.1982 (BStBl. 1983 II S. 39),
- Zuwendungen aus persönlichem Anlass (>R 73).

Steuerfrei sind
- Abfindungen nach § 3 Nr. 9 EStG im Rahmen der Übergangsregelung nach § 52 Abs. 4 a EStG (>R 9),
- die Leistungen nach dem Altersteilzeitgesetz nach § 3 Nr. 28 EStG (>R 18),
- Aufwandsentschädigungen nach § 3 Nr. 12 und 26 EStG (>R 13 und 17),
- durchlaufende Gelder und Auslagenersatz nach § 3 Nr. 50 EStG (>R 22),
- Beihilfen und Unterstützungen, die wegen Hilfsbedürftigkeit gewährt werden nach § 3 Nr. 11 EStG (>R 11),
- der Wert der unentgeltlich oder verbilligt überlassenen Berufskleidung sowie die Barablösung des Anspruchs auf Gestellung typischer Berufskleidung nach § 3 Nr. 31 EStG (>R 20),
- die Erstattung von Mehraufwendungen bei doppelter Haushaltsführung nach § 3 Nr. 13 und 16 (>R 14, 16 und 43),
- der Kaufkraftausgleich nach § 3 Nr. 64 EStG (>R 26),
- Leistungen des Arbeitgebers für die Unterbringung und Betreuung von nicht schulpflichtigen Kindern nach § 3 Nr. 33 EStG (>R 21 a),
- Nutzungsentgelt für eine dem Arbeitgeber überlassene eigene Garage, in der ein Dienstwagen untergestellt wird (>BFH vom 7.6.2002 – BStBl. II S. 829),
- der Ersatz von Reisekosten nach § 3 Nr. 13 und 16 (>R 14, 16 und 37 bis 40 a),
- die betrieblich notwendige Sammelbeförderung des Arbeitnehmers nach § 3 Nr. 32 EStG (>R 21),
- Studienbeihilfen und Stipendien nach § 3 Nr. 11 und 44 EStG (>R 4.1 und R 3.44 EStR),
- vom Arbeitgeber nach R 22 Abs. 2 ersetzte Aufwendungen für Telekommunikation,
- geldwerte Vorteile aus der privaten Nutzung betrieblicher Personalcomputer und Telekommunikationsgeräte nach § 3 Nr. 45 EStG (>R 21 e),
- Trinkgelder nach § 3 Nr. 51 EStG,
- der Ersatz von Umzugskosten nach § 3 Nr. 13 und 16 (>R 14, 16 und 41),
- der Ersatz von Unterkunftskosten sowie die unentgeltliche oder teilentgeltliche Überlassung einer Unterkunft nach
§ 3 Nr. 13 EStG (>R 14),
§ 3 Nr. 16 EStG (>R 40 und 43),
- der Ersatz von Verpflegungskosten nach
§ 3 Nr. 4 Buchstabe c (>R 6),
§ 3 Nr. 12 (>R 13),
§ 3 Nr. 13 (>R 14),
§ 3 Nr. 16 (>R 39 und 43),
§ 3 Nr. 26 EStG (>R 17),
- Werkzeuggeld nach § 3 Nr. 30 EStG (>R 19),

---
*) Abgedruckt als Anlage 3 zu H 31 (5–6) LStR.
**) Abgedruckt als Anlage 11 zu H 129 LStR.
***) Abgedruckt als Anlage 9 zu H 70 LStR.

§ 19 EStG
R 70

- Zukunftssicherungsleistungen des Arbeitgebers auf Grund gesetzlicher Verpflichtung und gleichgestellte Zuschüsse nach § 3 Nr. 62 EStG (>§ 2 Abs. 2 Nr. 3 LStDV und R 24),
- Zuschläge für Sonntags-, Feiertags- oder Nachtarbeit nach § 3b EStG (>R 30).

Gehaltsverzicht
>R 21c und 104a

Lohnverwendungsabrede
Arbeitslohn fließt nicht nur dadurch zu, dass der Arbeitgeber den Lohn auszahlt oder überweist, sondern auch dadurch, dass der Arbeitgeber eine mit dem Arbeitnehmer getroffene Lohnverwendungsabrede (eine konstitutive Verwendungsauflage) erfüllt. Keinen Lohn erhält der Arbeitnehmer hingegen dann, wenn der Arbeitnehmer auf Lohn verzichtet und keine Bedingungen an die Verwendung der freigewordenen Mittel knüpft (>BFH vom 23. 9. 1998 – BStBl. 1999 II S. 98).

Lohnzahlung durch Dritte
Bei Zuflüssen von dritter Seite können die Einnahmen insbesondere dann Ertrag der nichtselbständigen Arbeit sein, wenn sie

- im Zusammenhang mit einer konkreten nicht dem Dritten, sondern dem Arbeitgeber geschuldeten Arbeitsleistung verschafft werden (>BFH vom 11. 11. 1971 – BStBl. 1972 II S. 213),
- auf Grund konkreter Vereinbarungen mit dem Arbeitgeber beruhen (>BFH vom 28. 3. 1958 – BStBl. III S. 268 und vom 27. 1. 1961 – BStBl. III S. 167 zu Leistungen aus einer Unterstützungskasse),
- auf Grund gesellschaftsrechtlicher oder geschäftlicher Beziehungen des Dritten zum Arbeitgeber gewährt werden (>BFH vom 21. 2. 1986 – BStBl. II S. 768 zur unentgeltlichen oder teilentgeltlichen Überlassung von Belegschaftsaktien an Mitarbeiter verbundener Unternehmen),
- dem Empfänger mit Rücksicht auf das Dienstverhältnis zufließen (>BFH vom 19. 8. 2004 – BStBl. II S. 1076 zur Wohnungsüberlassung).

Rabattgewährung durch Dritte
>BMF vom 27. 9. 1993 (BStBl. I S. 814)*)

Zinsen
Soweit die Arbeitnehmer von Kreditinstituten und ihre Angehörigen auf ihre Einlagen beim Arbeitgeber höhere Zinsen erhalten als betriebsfremde Anleger, sind die zusätzlichen Zinsen durch das Dienstverhältnis veranlasst und dem Lohnsteuerabzug zu unterwerfen. Aus Vereinfachungsgründen ist es jedoch nicht zu beanstanden, wenn der Zusatzzins als Einnahmen aus Kapitalvermögen behandelt wird, sofern der dem Arbeitnehmer und seinen Angehörigen eingeräumte Zinssatz nicht mehr als 1 Prozentpunkt über dem Zinssatz liegt, den die kontoführende Stelle des Arbeitgebers betriebsfremden Anlegern im allgemeinen Geschäftsverkehr anbietet (>BMF vom 2. 3. 1990 – BStBl. I S. 141).

Zufluss von Arbeitslohn
>R 104a.

Zum Lohnsteuerabzug
>R 106.

Anlage 1
zu H 70

Dienstbelohnungen

Bundeseinheitlich geltende Regelung, für Bayern bekannt gegeben mit Schreiben des Bayer. Staatsministeriums der Finanzen vom 1. 6. 1954 (S 2303 – 10/2 – 49079)

Dienstbelohnungen, die an einzelne Arbeitnehmer für Leistungen besonderer Art (z. B. Verhütung von Unfällen oder Sachschäden durch persönlichen Einsatz oder durch besonders umsichtiges Verhalten) gezahlt werden, gehören nach § 2 Abs. 3 Ziff. 3 LStDV grundsätzlich zum steuerpflichtigen Arbeitslohn.

In besonders gelagerten Einzelfällen kann jedoch auf Antrag von der Besteuerung abgesehen werden, wenn es sich um Belohnungen für die Verhütung von Katastrophen handelt und die Gefahrenbekämpfung nicht zur unmittelbaren Aufgabe des Arbeitnehmers gehört.

(Ergebnis einer Besprechung der Lohnsteuerreferenten des Bundes und der Länder.)

Anlage 2
zu H 70

Anteile der Assistenz- und Oberärzte sowie des übrigen Krankenhauspersonals an den Liquidationseinnahmen der Chefärzte

BMF-Schreiben vom 27. 4. 1982 (BStBl. I S. 530)

Im Einvernehmen mit den Finanzministern (-senatoren) der Länder gilt für die steuerliche Behandlung der Mitarbeiterbeteiligung in Krankenhäusern Folgendes:

1. Vergütungen, die Arbeitnehmer eines Krankenhausträgers als Anteil an den Liquidationseinnahmen der liquidationsberechtigten Krankenhausärzte erhalten, gehören zu den Einkünften aus nichtselbständiger Arbeit (BFH-Urteil vom 11. 11. 1971 – BStBl. 1972 II S. 213).

2. Für den Regelfall ist davon auszugehen, dass die Mitarbeit im Liquidationsbereich im Rahmen des Dienstverhältnisses zum Krankenhausträger geschuldet wird, und zwar auch dann, wenn die Tätigkeit zwar im Arbeitsvertrag nicht ausdrücklich vorgesehen ist, ihre Erfüllung aber vom Krankenhausträger nach der tatsächlichen Gestaltung des Dienstverhältnisses und nach der Verkehrsauffassung erwartet werden kann. Werden die Vergütungen vom Krankenhausträger gezahlt oder ist dieser nicht in die Auszahlung eingeschaltet (Abschnitt 73 Abs. 1 Satz 1 LStR**), stellen sie Lohnzahlungen Dritter im Sinne des § 38 Abs. 1 Satz 2 EStG dar, für die der Krankenhausträger als Arbeitgeber zusammen mit dem dienstvertraglichen Arbeitslohn die Lohnsteuer einzubehalten und abzuführen hat. Dabei ist es unerheblich, ob die Vergütungen vom liquidationsberechtigten Arzt auf Grund einer besonderen Verpflichtung oder freiwillig erbracht und ob sie direkt oder aus einem Mitarbeiterfonds (Liquidationspool) gewährt werden.

3. Soweit der Krankenhausträger die Vergütungen nicht selbst ermitteln kann und sie ihm auch nicht vom liquidationsberechtigten Arzt mitgeteilt werden, hat sie der Arbeitnehmer dem Krankenhausträger mitzuteilen (Abschnitt 73 Abs. 2 Satz 3 bis 5 LStR)**). Hinsichtlich der Haftung für zu wenig einbehaltene Lohnsteuer gilt Abschnitt 73 Abs. 4 LStR**).

4. Besteht gegenüber dem Krankenhausträger keine Verpflichtung zur Mitarbeit im Liquidationsbereich, weil der Arbeitnehmer ausschließlich auf Grund einer Vereinbarung mit dem Chefarzt im Liquidationsbereich tätig wird, ist der liquidationsberechtigte Arzt als Arbeitgeber anzusehen mit allen sich daraus im Steuerabzugsverfahren ergebenden Pflichten.

Anlage 3
zu H 70

Anteile der Assistenz- und Oberärzte sowie des übrigen Krankenhauspersonals an den Liquidationseinnahmen der Chefärzte

Schreiben des Bayer. Staatsministeriums der Finanzen vom 29. 3. 1990 (Az.: 32 – S 2332 – 66/86 – 21650)

---

*) Abgedruckt als Anlage 7 zu H 32 LStR.
**) Jetzt R 106 LStR.

Abweichend von der bisherigen dienstrechtlichen Einordnung nehmen Schreibkräfte, die Gutachten von Chefärzten schreiben, eine eigene Nebentätigkeit wahr, soweit die Tätigkeit in der Freizeit (außerhalb der regelmäßigen oder angeordneten Arbeitszeit) auf Grund einer privatrechtlichen Vereinbarung mit dem Chefarzt ausgeübt wird. In diesen Fällen ist der die Vergütung zahlende Chefarzt Arbeitgeber der Schreibkraft; die Mitversteuerung der Vergütungen durch den Dienstherrn entfällt.

Wird die Tätigkeit der Schreibkräfte kraft zulässiger Weisung des Chefarztes während der regelmäßigen oder angeordneten Arbeitszeit ausgeübt, ist sie Bestandteil der Dienstaufgaben. Die hierfür vom Chefarzt gezahlten Vergütungen sind weiterhin vom Dienstherrn mitzuversteuern.

Anlage 4
zu H 70

Steuerliche Behandlung des Versorgungszuschlags für Beamte bei Beurlaubung ohne Dienstbezüge

Bundeseinheitlich geltende Regelung, für Bayern bekannt gegeben mit Schreiben des Bayer. Staatsministeriums der Finanzen vom 22.2.1991 (Az.: 32 – S 2332 – 110/5 – 14468)

Im Einvernehmen mit dem Bundesminister der Finanzen und den obersten Finanzbehörden der anderen Länder gilt für die steuerliche Behandlung des Versorgungszuschlags, der im Falle des § 6 Abs. 1 Satz 2 Nr. 5 des Beamtenversorgungsgesetzes gezahlt wird, ab 1. Januar 1990 Folgendes:

Zahlt der Arbeitgeber den Versorgungszuschlag, so handelt es sich um steuerpflichtigen Arbeitslohn. In gleicher Höhe liegen beim Arbeitnehmer Werbungskosten vor, auf die der Arbeitnehmer-Pauschbetrag von 2000 DM*) anzurechnen ist. Dies gilt auch, wenn der Arbeitnehmer den Versorgungszuschlag zahlt.

Anlage 5
zu H 70

Einkommensteuerrechtliche Behandlung von Preisgeldern

BMF-Schreiben vom 5.9.1996 (BStBl. I S. 1150)

Unter Bezugnahme auf das Ergebnis der Erörterung mit den obersten Finanzbehörden der Länder gilt zur einkommensteuerrechtlichen Behandlung von Preisgeldern Folgendes:

1. Einnahmen aus Preisen (Preisgelder), insbesondere für wissenschaftliche oder künstlerische Leistungen, unterliegen der Einkommensteuer, wenn sie in untrennbarem wirtschaftlichem Zusammenhang mit einer der Einkunftsarten des Einkommensteuergesetzes stehen. Einkommensteuerlich unbeachtlich sind Einnahmen aus Preisen, die außerhalb einer Tätigkeit zur Erzielung von Einkünften bezogen werden. Für die Abgrenzung ist von den Ausschreibungsbedingungen und den der Preisverleihung zugrunde liegenden Zielen auszugehen.

2. Der Zusammenhang mit einer Einkunftsart ist gegeben, wenn die Preisverleihung wirtschaftlich den Charakter eines leistungsbezogenen Entgelts hat und wenn sie sowohl Ziel als auch unmittelbare Folge der Tätigkeit des Steuerpflichtigen ist. Das ist insbesondere dann der Fall, wenn der Preisträger zur Erzielung des Preises ein besonderes Werk geschaffen oder eine besondere Leistung erbracht hat.

   Der Zusammenhang mit einer Einkunftsart ist auch gegeben, wenn die Preisverleihung bestimmungsgemäß in nicht unbedeutendem Umfang die persönlichen oder sachlichen Voraussetzungen der Einkunftserzielung des Steuerpflichtigen fördert.

   Dies ist u. a. der Fall bei
   – werbewirksamen Auszeichnungen im Rahmen von betriebs- oder berufsbezogenen Ausstellungen, wie z. B. Ausstellungen kunstgewerblicher Erzeugnisse (vgl. BFH-Urteil vom 1. Oktober 1964, BStBl. III S. 629) und
   – Geldpreisen mit Zuschusscharakter, die vom Empfänger im Rahmen seiner ausgeübten beruflichen oder betrieblichen Tätigkeit verwendet werden müssen, z. B. Starthilfen nach der Meisterprüfung als Handwerker, die an die Aufnahme einer selbständigen gewerblichen Tätigkeit geknüpft sind (vgl. BFH-Urteil vom 14. März 1989, BStBl. II S. 651), oder Filmpreisen (Produzentenpreisen), die nach den Vergaberichtlinien einer Zweckbestimmung zur Herstellung eines neuen Films unterliegen.

   Ein Indiz dafür, dass die Preisverleihung wirtschaftlich den Charakter eines leistungsbezogenen Entgelts hat und dass sie sowohl Ziel als auch unmittelbare Folge der Tätigkeit des Steuerpflichtigen ist, ist die Bewerbung um den Preis. Dies trifft z. B. auf Ideenwettbewerbe von Architekten zu (vgl. BFH-Urteil vom 16. Januar 1975, BStBl. II S. 558).

3. Keinen Zusammenhang mit einer Einkunftsart haben dagegen Einnahmen aus Preisen, deren Verleihung in erster Linie dazu bestimmt ist,
   – das Lebenswerk oder Gesamtschaffen des Empfängers zu würdigen,
   – die Persönlichkeit des Preisträgers zu ehren,
   – eine Grundhaltung auszuzeichnen oder
   – eine Vorbildfunktion herauszustellen (vgl. BFH-Urteil vom 9. Mai 1985, BStBl. II S. 427).

   Dies kann ausnahmsweise auch angenommen werden, wenn zwar ein bestimmtes Werk oder eine bestimmte Leistung Anlass für die Preisverleihung war, zur Auswahl des Preisträgers jedoch dessen Gesamtpersönlichkeit oder (bisheriges) Gesamtschaffen entscheidend beigetragen haben. Davon ist z. B. bei der Vergabe des Nobelpreises auszugehen.

4.**) – weggefallen –

Anlage 6
zu H 70

Ertragsteuerliche Behandlung von Incentive-Reisen

BMF-Schreiben vom 14.10.1996 (BStBl. I S. 1192)

abgedruckt als Anlage 2 zu H 74.

Anlage 7
zu H 70

Lohnsteuerliche Behandlung von Directors & Officers-Versicherungen (D&O)

BMF-Schreiben vom 24.1.2002 (Az.: IV C 5 – S 2332 – 8/02)

Die steuerliche Behandlung von D&O-Versicherungen ist mit den obersten Finanzbehörden der Länder erörtert worden. Dabei wurde davon ausgegangen, dass

– es sich bei der D&O-Versicherung um eine Vermögensschaden-Haftpflichtversicherung handelt, die in erster Linie der Absicherung des Unternehmens oder des Unternehmenswertes gegen Schadenersatzforderungen Dritter gegenüber dem Unternehmen dient, die ihren Grund in dem Tätigwerden oder Untätigbleiben der für das Unternehmen verantwortlich handelnden und entscheidenden Organe und Leitungsverantwortlichen haben,

– die D&O-Verträge besondere Klauseln zur Firmenhaftung oder sog. Company Reimbursement enthalten, die im Ergebnis dazu führen, dass der Versicherungsanspruch aus der Versicherungsleistung dem Unternehmen als Versicherungsnehmer zusteht,

---

*) Jetzt 920 €.
**) BMF-Schreiben vom 23.12.2002 (BStBl. 2003 I S. 76).

§ 19 EStG
R 70

- des Weiteren die D&O-Versicherungen dadurch gekennzeichnet sind, dass
  - = regelmäßig das Management als Ganzes versichert ist und Versicherungsschutz für einzelne Personen nicht in Betracht kommt,
  - = Basis der Prämienkalkulation nicht individuelle Merkmale der versicherten Organmitglieder sind, sondern Betriebsdaten des Unternehmens und dabei die Versicherungssummen deutlich höher sind als typischerweise Privatvermögen.

Für diesen Typ D&O-Versicherung ist nach Auffassung der obersten Finanzbehörden des Bundes und der Länder von einem überwiegend eigenbetrieblichen Interesse auszugehen.

Ein überwiegend eigenbetriebliches Interesse ist hingegen zu verneinen, wenn Risiken versichert werden, die üblicherweise durch eine individuelle Berufshaftpflichtversicherung abdeckt werden.

Anlage 8
zu H 70

Steuerliche Maßnahmen zur Unterstützung der Opfer der Hochwasserkatastrophe im August 2005 in Süddeutschland

BMF-Schreiben vom 6.9.2005 (BStBl. I S. 860)

I.
...

II. Lohnsteuer

Aus Billigkeits- und Vereinfachungsgründen gilt Folgendes:

1. Unterstützungen an Arbeitnehmer

Beihilfen und Unterstützungen des Arbeitgebers an seine Arbeitnehmer können nach R 11 LStR steuerfrei sein. R 11 Abs. 2 LStR ist auf Unterstützungen, die vom Seebeben betroffene Arbeitnehmer von ihrem Arbeitgeber erhalten, mit folgender Maßgabe anzuwenden:

- die in R 11 Abs. 2 Satz 2 Nr. 1 bis 3 LStR genannten Voraussetzungen brauchen nicht vorzuliegen,
- die Unterstützungen sind bis zu einem Betrag von 600 Euro je Kalenderjahr steuerfrei. Der 600 Euro übersteigende Betrag gehört nicht zum steuerpflichtigen Arbeitslohn, wenn unter Berücksichtigung der Einkommens- und Familienverhältnisse des Arbeitnehmers ein besonderer Notfall vorliegt. Im Allgemeinen kann bei den vom Seebeben betroffenen Arbeitnehmern von einem besonderen Notfall ausgegangen werden.

Auf Unterstützungen, die in Form von sonst steuerpflichtigen Zinsvorteilen (R 31 Abs. 11 LStR) oder in Form von Zinszuschüssen gewährt werden, ist die vorstehende Regelung ebenfalls anzuwenden. Zinszuschüsse und Zinsvorteile bei Darlehen, die zur Beseitigung von Schäden durch das Seebeben aufgenommen worden sind, sind deshalb ebenfalls nach R 11 Abs. 2 LStR steuerfrei, und zwar während der gesamten Laufzeit des Darlehens. Voraussetzung ist, dass das Darlehen die Schadenshöhe nicht übersteigt. Bei längerfristigen Darlehen sind Zinszuschüsse und Zinsvorteile insgesamt nur bis zu einem Betrag in Höhe des Schadens steuerfrei.

Die steuerfreien Leistungen sind im Lohnkonto aufzuzeichnen (§ 4 Abs. 2 Nr. 4 Satz 1 LStDV); dabei ist auch zu dokumentieren, dass der die Leistung empfangende Arbeitnehmer durch das Seebeben zu Schaden gekommen ist.

2. Arbeitslohnspende

Verzichten Arbeitnehmer auf die Auszahlung von Teilen des Arbeitslohns oder auf Teile eines angesammelten Wertguthabens

a) zugunsten einer Beihilfe des Arbeitgebers an vom Seebeben betroffene Arbeitnehmer des Unternehmens (vgl. Ziffer II.1) oder
b) zugunsten einer Zahlung des Arbeitgebers auf ein Spendenkonto einer spendenempfangsberechtigten Einrichtung im Sinne des § 49 EStDV,

bleiben diese Lohnteile bei der Feststellung des steuerpflichtigen Arbeitslohns außer Ansatz, wenn der Arbeitgeber die Verwendungsauflage erfüllt und dies dokumentiert. Der außer Ansatz bleibende Arbeitslohn ist im Lohnkonto aufzuzeichnen (§ 4 Abs. 2 Nr. 4 Satz 1 LStDV). Auf die Aufzeichnung kann verzichtet werden, wenn stattdessen der Arbeitnehmer seinen Verzicht schriftlich erklärt hat und diese Erklärung zum Lohnkonto genommen worden ist.

Der außer Ansatz bleibende Arbeitslohn ist nicht in der Lohnsteuerbescheinigung (§ 41b Abs. 1 Satz 2 Nr. 3 EStG) anzugeben.

Die steuerfrei belassenen Lohnteile dürfen im Rahmen der Einkommensteuerveranlagung nicht als Spende berücksichtigt werden.

Für Zwecke des Kindergeldes handelt es sich bei dem außer Ansatz bleibenden Arbeitslohn eines Kindes weder um einen Verzicht auf Arbeitslohn im Sinne des § 32 Abs. 4 Satz 9 EStG noch um einen Bezug.

Außerdem sind die steuerlich nicht belasteten Zuwendungen des Beschäftigten an Geschädigte aus dem Arbeitsentgelt oder Wertguthaben sozialversicherungsrechtlich nach § 2 Abs. 2 Nr. 8 Arbeitsentgeltverordnung dem Arbeitsentgelt nicht hinzuzurechnen.

Anlage 9
zu H 70

Vermietung eines Büroraums an den Arbeitgeber; Anwendung des BFH-Urteils vom 16. September 2004 (BStBl. 2005 II S. 10)

BMF-Schreiben vom 13.12.2005 (BStBl. 2006 I S. 4)

Zur einkommensteuerrechtlichen Behandlung der Vermietung eines Büroraums durch einen Arbeitnehmer an seinen Arbeitgeber, den der Arbeitnehmer als Arbeitszimmer nutzt, hat der Bundesfinanzhof in Fortentwicklung der Urteile vom 19. Oktober 2001 (BStBl. 2002 II S. 300) und vom 20. März 2003 (BStBl. II S. 519) mit Urteil vom 16. September 2004 seine Rechtsprechung weiter präzisiert.

Unter Bezugnahme auf das Ergebnis der Erörterungen mit den obersten Finanzbehörden der Länder sind die Urteilsgrundsätze unter Anlegung eines strengen Maßstabs wie folgt anzuwenden:

Zu den Einkünften aus nichtselbständiger Arbeit zählen nach § 19 Abs. 1 Satz 1 Nr. 1 EStG auch andere Bezüge und Vorteile, die einem Arbeitnehmer für eine Beschäftigung im öffentlichen oder privaten Dienst gewährt werden. Ein Vorteil wird gewährt, wenn er durch das individuelle Dienstverhältnis des Arbeitnehmers veranlasst ist. Hieran fehlt es, wenn der Arbeitgeber dem Arbeitnehmer Vorteile aufgrund einer anderen, neben dem Dienstverhältnis gesondert bestehenden Rechtsbeziehung – beispielsweise einem Mietverhältnis – zuwendet.

Leistet der Arbeitgeber Zahlungen für ein im Haus oder in der Wohnung des Arbeitnehmers gelegenes Büro, das der Arbeitnehmer für die Erbringung seiner Arbeitsleistung nutzt, so ist die Unterscheidung zwischen Arbeitslohn und Einkünften aus Vermietung und Verpachtung danach vorzunehmen, in wessen vorrangigem Interesse die Nutzung des Büros erfolgt.

Dient die Nutzung in erster Linie den Interessen des Arbeitnehmers, ist davon auszugehen, dass die Zahlungen des Arbeitgebers als Gegenleistung für das Zurverfügungstellen der Arbeitskraft des Arbeitnehmers erfolgt sind. Die Einnahmen sind als Arbeitslohn zu erfassen.

Eine für die Zuordnung der Mietzahlungen zu den Einnahmen aus Vermietung und Verpachtung i. S. von § 21 Abs. 1 Nr. 1 EStG erforderliche, neben dem Dienstverhältnis gesondert bestehende Rechtsbeziehung setzt voraus, dass das Arbeitszimmer vorrangig im betrieblichen Interesse des Arbeitgebers genutzt wird und dieses Interesse über die Entlohnung des Arbeitnehmers sowie über die Erbringung der jeweiligen Arbeitsleistung hinausgeht. Die Ausgestaltung der Vereinbarung zwischen Arbeitgeber und Arbeitnehmer als auch die tatsächliche Nutzung des angemieteten Raumes im Haus oder der Wohnung des Arbeitnehmers müssen maßgeblich und objektiv nachvollziehbar von den Bedürfnissen des Arbeitgebers geprägt sein.

Für das Vorliegen eines betrieblichen Interesses sprechen beispielsweise folgende Anhaltspunkte:
- Für den/die Arbeitnehmer sind im Unternehmen keine geeigneten Arbeitszimmer vorhanden; die Versuche des Arbeitgebers, entsprechende Räume von fremden Dritten anzumieten, sind erfolglos geblieben.
- Der Arbeitgeber hat für andere Arbeitnehmer des Betriebs, die über keine für ein Arbeitszimmer geeignete Wohnung verfügen, entsprechende Rechtsbeziehungen mit fremden Dritten, die nicht in einem Dienstverhältnis zu ihm stehen, begründet.
- Es wurde eine ausdrückliche, schriftliche Vereinbarung über die Bedingungen der Nutzung des überlassenen Raumes abgeschlossen.

Allerdings muss der Steuerpflichtige auch in diesen Fällen das vorrangige betriebliche Interesse seines Arbeitgebers nachweisen, ansonsten sind die Zahlungen als Arbeitslohn zu erfassen.

Ein gegen das betriebliche Interesse und damit für den Arbeitslohncharakter der Mieteinnahmen sprechendes gewichtiges Indiz liegt vor, wenn der Arbeitnehmer im Betrieb des Arbeitgebers über einen weiteren Arbeitsplatz verfügt und die Nutzung des häuslichen Arbeitszimmers vom Arbeitgeber lediglich gestattet oder geduldet wird. In diesem Fall ist grundsätzlich von einem vorrangigen Interesse des Arbeitnehmers an der Nutzung des häuslichen Arbeitszimmers auszugehen. Zur Widerlegung dieser Annahme muss der Steuerpflichtige das vorrangige Interesse seines Arbeitgebers am zusätzlichen häuslichen Arbeitsplatz, hinter welches das Interesse des Steuerpflichtigen zurücktritt, nachweisen. Ein etwa gleichgewichtiges Interesse von Arbeitgeber und Arbeitnehmer reicht hierfür nicht aus.

Für das Vorliegen eines betrieblichen Interesses kommt es nicht darauf an,
- ob ein entsprechendes Nutzungsverhältnis zu gleichen Bedingungen auch mit einem fremden Dritten hätte begründet werden können,
- ob der vereinbarte Mietzins die Höhe des ortsüblichen Mietzinses unterschreitet, denn das geforderte betriebliche Interesse an der Nutzung des betreffenden Raumes wird durch eine für den Arbeitgeber vorteilhafte Gestaltung der zugrunde liegenden Rechtsbeziehung nicht in Frage gestellt.

Bei einer auf Dauer angelegten Vermietungstätigkeit ist nach der Rechtsprechung des Bundesfinanzhofs vom Vorliegen der Einkunftserzielungsabsicht auszugehen (vgl. auch BMF-Schreiben vom 8. Oktober 2004 – BStBl. I S. 933). Das gilt auch für die Vermietung eines im Haus oder der Wohnung des Arbeitnehmers gelegenen Büros an den Arbeitgeber. Selbst wenn wegen der Koppelung des Mietvertrags an die Amts- oder Berufszeit des Arbeitnehmers und im Hinblick auf die Höhe des Mietzinses Zweifel am Vorliegen der Einkunftserzielungsabsicht bestehen, steht dies bei vorrangigem betrieblichen Interesse des Arbeitgebers einer Berücksichtigung der Aufwendungen nicht entgegen.

Liegen die Voraussetzungen für die Zuordnung der Mieteinnahmen zu den Einkünften aus Vermietung und Verpachtung vor, sind die das Dienstzimmer betreffenden Aufwendungen in vollem Umfang als Werbungskosten zu berücksichtigen. Sie fallen nicht unter die Abzugsbeschränkung des § 4 Abs. 5 Satz 1 Nr. 6b EStG.

R 71
Vermittlungsprovisionen

(1) ¹Erhalten Arbeitnehmer von ihren Arbeitgebern Vermittlungsprovisionen, so sind diese grundsätzlich Arbeitslohn. ²Das Gleiche gilt für Provisionen, die ein Dritter an den Arbeitgeber zahlt und die dieser an den Arbeitnehmer weiterleitet.

(2) ¹Provisionszahlungen einer Bausparkasse oder eines Versicherungsunternehmens an Arbeitnehmer der Kreditinstitute für Vertragsabschlüsse, die während der Arbeitszeit vermittelt werden, sind als Lohnzahlungen Dritter dem Lohnsteuerabzug zu unterwerfen. ²Wenn zum Aufgabengebiet des Arbeitnehmers der direkte Kontakt mit dem Kunden des Kreditinstituts gehört, z.B. bei einem Kunden- oder Anlageberater, gilt dies auch für die Provisionen der Vertragsabschlüsse außerhalb der Arbeitszeit.

H 71
Hinweise zu R 71
Vermittlungsprovisionen

Lohnsteuerabzug bei Vermittlungsprovisionen von Dritten

>R 106

Provisionen für Vertragsabschlüsse mit dem Arbeitnehmer

- Preisnachlässe des Arbeitgebers bei Geschäften, die mit dem Arbeitnehmer als Kunden abgeschlossen werden, sind als Preisvorteile nach § 8 Abs. 3 EStG zu erfassen, auch wenn sie als Provisionszahlungen bezeichnet werden (>BFH vom 22.5.1992 – BStBl. II S. 840).
- Provisionszahlungen einer Bausparkasse oder eines Versicherungsunternehmens an Arbeitnehmer der Kreditinstitute bei Vertragsabschlüssen im Verwandtenbereich und für eigene Verträge unterliegen als Rabatte von dritter Seite dem Lohnsteuerabzug (>BMF vom 27.9.1993 – BStBl. II S. 814)*).

Provisionen für im Innendienst Beschäftigte

Provisionen, die Versicherungsgesellschaften ihren im Innendienst beschäftigten Arbeitnehmern für die gelegentliche Vermittlung von Versicherungen zahlen, und Provisionen im Bankgewerbe für die Vermittlung von Wertpapiergeschäften sind Arbeitslohn, wenn die Vermittlungstätigkeit im Rahmen des Dienstverhältnisses ausgeübt wird (>BFH vom 7.10.1954 – BStBl. 1955 III S. 17).

Anlage
zu H 71

Provisionszahlungen von Bausparkassen und Versicherungen an Arbeitnehmer von Kreditinstituten

Verfügung der OFD Münster vom 31.5.2000 Az.: S 2332 – 94 – St 22 – 31

Die steuerliche Behandlung der Provisionszahlungen von Bausparkassen und Versicherungen an Arbeitnehmer von Kreditinstituten ist in Abschnitt 71 Abs. 2 LStR 1990 geregelt. Dabei ist Folgendes zu beachten:

1. Bei Arbeitnehmern mit direktem Kundenkontakt (z.B. hauptberufliche Kreditsachbearbeiter, Anlagenberater, Kundenberater im Schalterdienst) sind sämtliche Provisionszahlungen steuerpflichtiger Arbeitslohn. Bei diesen Arbeitnehmern wird somit nicht danach unterschieden, ob sie die Vertragsabschlüsse während der Arbeitszeit oder in der Freizeit vermittelt haben und ob die Provisionen für Verträge mit Fremden, für Abschlüsse im Verwandtenbereich oder für eigene Verträge gezahlt werden.

2. Bei Arbeitnehmern ohne direkten Kundenkontakt handelt es sich bei den Provisionen um Vertragsabschlüsse während der Arbeitszeit mit Ausnahme der Provisionen für eigene Verträge um steuerpflichtigen Arbeitslohn. Provisionszahlungen für in der Freizeit abgeschlossene Verträge sind bei diesen Arbeitnehmern dagegen keine Einkünfte aus nichtselbständiger Arbeit.

3. Ist bei Vertragsabschlüssen und Eigenversicherungen durch Arbeitnehmer des Kreditinstitutes nach den schriftlichen Vereinbarungen der Bausparkasse oder des Versicherungsunternehmens mit dem Kreditinstitut ausschließlich das Kreditinstitut provisionsberechtigt, so handelt es sich bei den von dem Kreditinstitut an die Arbeitnehmer weitergeleiteten Provisionen stets um steuerpflichtigen Arbeitslohn. Es ist unerheblich, ob es sich dabei um Arbeitnehmer mit oder ohne direkten Kundenkontakt handelt oder ob die Verträge während der Arbeitszeit oder in der Freizeit vermittelt worden sind.

4. Findet entsprechend den unter 1.–3. beschriebenen Tatbeständen die Vermittlungstätigkeit ihre Grundlage jedoch offensichtlich nicht in einer – ungeschriebenen – Nebenleistungspflicht aus dem Arbeitsvertrag, sondern beruhen die Provisionszahlungen an die Arbeitnehmer des Kreditinstituts dagegen ausschließlich auf konkreten schriftlichen Vereinbarungen der Bausparkassen oder des Versicherungsunternehmens mit den

*) Abgedruckt als Anlage 7 zu H 32 LStR.

Arbeitnehmern des Kreditinstituts, so handelt es sich bei den Provisionszahlungen nicht um steuerpflichtigen Arbeitslohn aus dem Dienstverhältnis der Arbeitnehmer zum Kreditinstitut, sondern bei einer nachhaltigen Vermittlungstätigkeit um Einkünfte aus Gewerbebetrieb (§ 15 EStG) und bei einer nur gelegentlichen Vermittlungstätigkeit um sonstige Einkünfte (§ 22 Nr. 3 EStG).

Bei einer nachhaltigen Vermittlungstätigkeit sind auch die Provisionen für Eigenversicherungen als Einnahmen aus Gewerbebetrieb zu erfassen. Nach dem BFH-Urteil vom 27. 2. 1991 (BFH/NV 1991, 453) ist nämlich davon auszugehen, dass sich diese Provisionen allein auf das gewerbliche Vertragsverhältnis zwischen Versicherungsgesellschaft (Bausparkasse) und Versicherungsvertreter gründen. Einem fremden Dritten würden für Eigenversicherungen nämlich keine Provisionen gezahlt. Die Frage, für wen eine Versicherung abgeschlossen wird, kann deshalb für die Qualifikation als gewerbliche Einkünfte keine Bedeutung haben. Bei einer einmaligen oder gelegentlichen Vermittlungstätigkeit sind die Provisionen für Eigenversicherungen als Einnahmen nach § 22 Nr. 3 EStG zu erfassen (BFH-Urteil vom 27. 5. 1998 BStBl. 1998 II S. 619).

R 72
Zuwendungen bei Betriebsveranstaltungen

Allgemeines

(1) Zuwendungen des Arbeitgebers an die Arbeitnehmer bei Betriebsveranstaltungen gehören als Leistungen im ganz überwiegenden betrieblichen Interesse des Arbeitgebers nicht zum Arbeitslohn, wenn es sich um herkömmliche (übliche) Betriebsveranstaltungen und um bei diesen Veranstaltungen übliche Zuwendungen handelt.

Begriff der Betriebsveranstaltung

(2) ¹Betriebsveranstaltungen sind Veranstaltungen auf betrieblicher Ebene, die gesellschaftlichen Charakter haben und bei denen die Teilnahme allen Betriebsangehörigen offen steht, z. B. Betriebsausflüge, Weihnachtsfeiern, Jubiläumsfeiern. ²Ob die Veranstaltung vom Arbeitgeber, Betriebsrat oder Personalrat durchgeführt wird, ist unerheblich. ³Veranstaltungen, die nur für einen beschränkten Kreis der Arbeitnehmer von Interesse sind, sind Betriebsveranstaltungen, wenn sich die Begrenzung des Teilnehmerkreises nicht als eine Bevorzugung bestimmter Arbeitnehmergruppen darstellt. ⁴Als Betriebsveranstaltungen sind deshalb auch solche Veranstaltungen anzuerkennen, die z. B.

1. jeweils nur für eine Organisationseinheit des Betriebs, z. B. Abteilung, durchgeführt werden, wenn alle Arbeitnehmer dieser Organisationseinheit an der Veranstaltung teilnehmen können,
2. nur für alle im Ruhestand befindlichen früheren Arbeitnehmer des Unternehmens veranstaltet werden (Pensionärstreffen),
3. nur für solche Arbeitnehmer durchgeführt werden, die bereits im Unternehmen ein rundes (10-, 20-, 25-, 30-, 40-, 50-, 60-jähriges) Arbeitnehmerjubiläum gefeiert haben oder in Verbindung mit der Betriebsveranstaltung feiern (Jubilarfeiern). ²Dabei ist es unschädlich, wenn neben den Jubilaren auch ein begrenzter Kreis anderer Arbeitnehmer, wie z. B. die engeren Mitarbeiter des Jubilars, eingeladen wird. ³Der Annahme eines 40-, 50- oder 60-jährigen Arbeitnehmerjubiläums steht nicht entgegen, wenn die Jubilarfeier zu einem Zeitpunkt stattfindet, der höchstens fünf Jahre vor den bezeichneten Jubiläumszeiten liegt.

⁵Die Ehrung eines einzelnen Jubilars oder eines einzelnen Arbeitnehmers bei dessen Ausscheiden aus dem Betrieb, auch unter Beteiligung weiterer Arbeitnehmer, ist keine Betriebsveranstaltung; zu Sachzuwendungen aus solchen Anlässen >R 70 Abs. 2 Nr. 3. ⁶Auch ein so genanntes Arbeitsessen ist keine Betriebsveranstaltung (>R 73 Abs. 2).

Herkömmlichkeit (Üblichkeit) der Betriebsveranstaltung

(3) ¹Abgrenzungsmerkmale für die Herkömmlichkeit (Üblichkeit) sind Häufigkeit, Dauer oder besondere Ausgestaltung der Betriebsveranstaltung. ²In Bezug auf die Dauer und Häufigkeit ist eine Betriebsveranstaltung üblich, wenn nicht mehr als zwei Veranstaltungen jährlich durchgeführt werden; auf die Dauer der einzelnen Veranstaltung kommt es nicht an. ³Das gilt auch für Veranstaltungen im Sinne des Absatzes 2 Nr. 2 und 3, die gesondert zu werten sind. ⁴Bei mehr als zwei gleichartigen Veranstaltungen kann der Arbeitgeber die beiden Veranstaltungen auswählen, die als übliche Betriebsveranstaltungen durchgeführt werden. ⁵Unschädlich ist, wenn ein Arbeitnehmer an mehr als zwei unterschiedlichen Veranstaltungen teilnimmt, z. B. ein Jubilar, der noch im selben Jahr in den Ruhestand tritt, nimmt an der Jubilarfeier, an einem Pensionärstreffen und an einem Betriebsausflug teil. ⁶Die Teilnahme eines Arbeitnehmers an mehr als zwei gleichartigen Betriebsveranstaltungen ist unschädlich, wenn sie der Erfüllung beruflicher Aufgaben dient, z. B. wenn der Personalchef oder Betriebsratsmitglieder die Veranstaltungen mehrerer Abteilungen besuchen.

Übliche Zuwendungen

(4) ¹Übliche Zuwendungen bei einer Betriebsveranstaltung sind insbesondere

1. Speisen, Getränke, Tabakwaren und Süßigkeiten,
2. die Übernahme von Übernachtungs- und Fahrtkosten, auch wenn die Fahrt als solche schon einen Erlebniswert hat,
3. Eintrittskarten für kulturelle und sportliche Veranstaltungen, wenn sich die Betriebsveranstaltung nicht im Besuch einer kulturellen oder sportlichen Veranstaltung erschöpft,
4. Geschenke. ²Üblich ist auch die nachträgliche Überreichung der Geschenke an solche Arbeitnehmer, die aus betrieblichen oder persönlichen Gründen nicht an der Betriebsveranstaltung teilnehmen konnten, nicht aber eine deswegen gewährte Barzuwendung,
5. Aufwendungen für den äußeren Rahmen, z. B. für Räume, Musik, Kegelbahn, für künstlerische und artistische Darbietungen, wenn die Darbietungen nicht der wesentliche Zweck der Betriebsveranstaltung sind.

²Betragen die Aufwendungen des Arbeitgebers einschließlich Umsatzsteuer für die üblichen Zuwendungen im Sinne der Nummern 1 bis 5 an den einzelnen Arbeitnehmer insgesamt mehr als 110 Euro je Veranstaltung, so sind die Aufwendungen dem Arbeitslohn hinzuzurechnen.

(5) Im Übrigen gilt Folgendes:

1. Zuwendungen an den Ehegatten oder einen Angehörigen des Arbeitnehmers, z. B. Kind, Verlobte, sind dem Arbeitnehmer zuzurechnen.
2. Barzuwendungen, die statt der in Absatz 4 Nr. 1 bis 3 genannten Sachzuwendungen gewährt werden, sind diesen gleichgestellt, wenn ihre zweckentsprechende Verwendung sichergestellt ist.
3. Nehmen an einer Betriebsveranstaltung Arbeitnehmer teil, die an einem anderen Ort als dem des Betriebs tätig sind, z. B. der Außendienstmitarbeiter eines Unternehmens, so können die Aufwendungen für die Fahrt zur Teilnahme abweichend vom BFH-Urteil vom 25. 5. 1992 – BStBl. II S. 856 als Reisekosten behandelt werden.

Besteuerung der Zuwendungen

(6) ¹Bei einer nicht herkömmlichen (unüblichen) Betriebsveranstaltung gehören die gesamten Zuwendungen an die Arbeitnehmer, einschließlich der Aufwendungen für den äußeren Rahmen (Absatz 4 Nr. 5), zum Arbeitslohn. ²Für die Erhebung der Lohnsteuer gelten die allgemeinen Vorschriften; § 40 Abs. 2 EStG ist anwendbar. ³Das gilt auch für ihrer Art nach übliche Zuwendungen, bei denen die 110-Euro-Grenze des Absatzes 4 Satz 2 überschritten wird, sowie für nicht übliche Zuwendungen, z. B. Geschenke, deren Gesamtwert 40 Euro übersteigt, oder Zuwendungen an einzelne Arbeitnehmer aus Anlass – nicht nur bei Gelegenheit – einer Betriebsveranstaltung.

H 72
Hinweise zu R 72
Betriebsveranstaltungen

Dauer

Aufwendungen des Arbeitgebers führen bei einer zweitägigen Betriebsveranstaltung nicht zu Arbeitslohn, sofern die Freigrenze von 110 Euro eingehalten wird (>BFH vom 16.11.2005 – BStBl. 2006 II S. 439).

Entlohnungsabsicht

Zuwendungszweck von Aufwendungen des Arbeitgebers für eine nach Häufigkeit, Dauer und Ausgestaltung übliche Betriebsveranstaltung ist nicht die Entlohnung von Arbeitsleistung, sondern das Gelingen der im ganz überwiegend betrieblichen Interesse des Arbeitgebers zur Förderung des Betriebsklimas durchgeführten Gemeinschaftsveranstaltung. Von einer Entlohnungsabsicht ist dagegen bei einer unüblichen Betriebsveranstaltung oder bei außergewöhnlichen Zuwendungen aus Anlass herkömmlicher Betriebsveranstaltungen auszugehen (>BFH vom 22.3.1985 – BStBl. II S. 529, 532).

Überschreiten die Zuwendungen anlässlich einer herkömmlichen Betriebsveranstaltung einschließlich der Kosten für den äußeren Rahmen den Höchstbetrag von 110 € (>R 72 Abs. 4 Satz 2) je teilnehmenden Arbeitnehmer, erlangen sie ein derartiges Eigengewicht, dass sie als steuerpflichtiger Arbeitslohn zu werten sind. Das gilt auch dann, wenn der Höchstbetrag nur geringfügig bei den einzelnen Arbeitnehmern nur wegen der Zurechnung von anteiligen Kosten für mitgenommene Angehörige überschritten wird (>BFH vom 25.5.1992 – BStBl. II S. 655 und vom 16.11.2005 – BStBl. 2006 II S. 442).

Gemischt veranlasste Veranstaltung

Sachzuwendungen anlässlich einer Reise, die sowohl eine Betriebsveranstaltung als auch eine aus ganz überwiegend eigenbetrieblichen Interessen durchgeführte Betriebsbesichtigung bei einem Hauptkunden des Arbeitgebers umfasst, sind grundsätzlich aufzuteilen. Die Aufwendungen des Arbeitgebers für eine derartige Reise sind insgesamt kein Arbeitslohn, wenn die dem Betriebsveranstaltungsteil zuzurechnenden, anteiligen Kosten die Freigrenze von 110 Euro nicht übersteigen. Die dem Betriebsbesichtigungsteil zuzurechnenden, anteiligen Kosten stellen ebenfalls keinen Arbeitslohn dar, wenn die Besichtigung im ganz überwiegend eigenbetrieblichen Interesse durchgeführt wird (>BFH vom 16.11.2005 – BStBl. 2006 II S. 444).

Geschenke

Geschenke gehören als übliche Zuwendung nicht zum Arbeitslohn, wenn sie im Rahmen einer Betriebsveranstaltung gegeben werden. Dies ist nicht der Fall, wenn die Veranstaltung nur in der Übergabe der Geschenke besteht (>BFH vom 9.6.1978 – BStBl. II S. 532).

Häufigkeit

Führt ein Arbeitgeber pro Kalenderjahr mehr als zwei Betriebsveranstaltungen für denselben Kreis von Begünstigten durch, wird ab der dritten Veranstaltung Arbeitslohn zugewendet (>BFH vom 16.11.2005 – BStBl. 2006 II S. 440).

Pauschalbesteuerung

Die pauschale Erhebung der Lohnsteuer nach § 40 Abs. 2 Satz 1 Nr. 2 EStG kommt nur in Betracht, wenn begrifflich eine Betriebsveranstaltung gegeben ist. Das ist nur der Fall, wenn die Veranstaltung grundsätzlich allen Arbeitnehmern offen steht, die Teilnahme an ihr also keine Privilegierung einzelner Arbeitnehmer darstellt (>BFH vom 9.3.1990 – BStBl. II S. 711).

Privilegierung

Incentive-Reisen, die der Arbeitgeber veranstaltet, um bestimmte Arbeitnehmer für besondere Leistungen zu entlohnen und zu weiteren Leistungen zu motivieren, sind keine Betriebsveranstaltungen (>BFH vom 9.3.1990 – BStBl. II S. 711).

Eine Betriebsveranstaltung kann auch dann vorliegen, wenn eine gemeinsame Veranstaltung für einzelne Abteilungen eines Unternehmens durchgeführt wird. Voraussetzung hierfür ist, dass die abteilungsübergreifende Veranstaltung allen Arbeitnehmern der einbezogenen Abteilungen offen steht (vertikale Beteiligung) und sich damit die Begrenzung des Teilnehmerkreises nicht als eine Bevorzugung bestimmter Arbeitnehmergruppen innerhalb der Abteilungen darstellt (>BFH vom 4.8.1994 – BStBl. 1995 II S. 59).

Sachbezugswerte

Bei einer unüblichen Betriebsveranstaltung gewährte Sachzuwendungen sind mit den üblichen Endpreisen am Abgabeort zu bewerten; die Werte der Sachbezugsverordnung für Unterkunft und Verpflegung sind nicht anzuwenden (>BFH vom 6.2.1987 – BStBl. II S. 355).

Theaterkarten

Zu den üblichen Zuwendungen gehört eine vom Arbeitgeber überlassene Theaterkarte, wenn der Theaterbesuch Bestandteil des Gesamtprogramms einer Betriebsveranstaltung ist (>BFH vom 21.2.1986 – BStBl. II S. 406).

Verlosungsgewinne

Gewinne aus einer Verlosung, die gelegentlich einer Betriebsveranstaltung durchgeführt wurde, gehören zum Arbeitslohn, wenn an der Verlosung nicht alle an der Betriebsveranstaltung teilnehmenden Arbeitnehmer beteiligt werden, sondern die Verlosung nur einem bestimmten, herausgehobenen Personenkreis vorbehalten ist (>BFH vom 25.11.1993 – BStBl. 1994 II S. 254).

Zuschuss

Leistet ein Arbeitgeber einen Zuschuss zu einer Betriebsveranstaltung in eine Gemeinschaftskasse der Arbeitnehmer, stellt diese Zuwendung keinen Arbeitslohn dar, wenn der Zuschuss die Freigrenze von 110 Euro je Arbeitnehmer nicht überschreitet (>BFH vom 16.11.2005 – BStBl. 2006 II S. 437).

R 73
Aufmerksamkeiten

(1) ¹Sachleistungen des Arbeitgebers, die auch im gesellschaftlichen Verkehr üblicherweise ausgetauscht werden und zu keiner ins Gewicht fallenden Bereicherung der Arbeitnehmer führen, gehören als bloße Aufmerksamkeiten nicht zum Arbeitslohn. ²Aufmerksamkeiten sind Sachzuwendungen bis zu einem Wert von 40 Euro, z. B. Blumen, Genussmittel, ein Buch oder ein Tonträger, die dem Arbeitnehmer oder seinen Angehörigen aus Anlass eines besonderen persönlichen Ereignisses zugewendet werden. ³Geldzuwendungen gehören stets zum Arbeitslohn, auch wenn ihr Wert gering ist.

(2) ¹Als Aufmerksamkeiten gehören auch Getränke und Genussmittel, die der Arbeitgeber den Arbeitnehmern zum Verzehr im Betrieb unentgeltlich oder teilentgeltlich überlässt, nicht zum Arbeitslohn. ²Dasselbe gilt für Speisen, die der Arbeitgeber den Arbeitnehmern anlässlich und während eines außergewöhnlichen Arbeitseinsatzes, z. B. während einer außergewöhnlichen betrieblichen Besprechung oder Sitzung, im ganz überwiegenden betrieblichen Interesse an einer günstigen Gestaltung des Arbeitsablaufs unentgeltlich oder teilentgeltlich überlässt und deren Wert 40 Euro nicht überschreitet.

H 73
Hinweise zu R 73
Aufmerksamkeiten

Bewirtung von Arbeitnehmern

– Zur Gewichtung des Arbeitgeberinteresses an der Überlassung von Speisen und Getränken anlässlich und während eines außergewöhnlichen Arbeitseinsatzes (>BFH vom 5.5.1994 – BStBl. II S. 771).

§ 19 EStG
R 73

- Ein mit einer gewissen Regelmäßigkeit stattfindendes Arbeitsessen in einer Gaststätte am Sitz des Unternehmens führt bei den teilnehmenden Arbeitnehmern zu einem Zufluss von Arbeitslohn (>BFH vom 4.8.1994 – BStBl. 1995 II S. 59).
- Zur Erfassung und Bewertung von Mahlzeiten, die der Arbeitgeber oder auf dessen Veranlassung ein Dritter aus besonderem Anlass an Arbeitnehmer abgibt (>R 31 Abs. 8).

Gelegenheitsgeschenke

Freiwillige Sonderzuwendungen (z. B. Lehrabschlussprämien) des Arbeitgebers an einzelne Arbeitnehmer gehören grundsätzlich zum Arbeitslohn, und zwar auch dann, wenn mit ihnen soziale Zwecke verfolgt werden oder wenn sie dem Arbeitnehmer anlässlich besonderer persönlicher Ereignisse zugewendet werden; das gilt sowohl für Geld- als auch für Sachgeschenke (>BFH vom 22.3.1985 – BStBl. II S. 641).

Warengutschein

als Sachbezug >R 31 Abs. 1 Satz 7. Zum Zuflusszeitpunkt >R 104a Abs. 3.

Anlage 1
zu H 73

Überlassung von Theaterkarten durch den Arbeitgeber

Bundeseinheitlich geltende Regelung, für Bayern bekannt gegeben mit Schreiben des Bayer. Staatsministeriums der Finanzen vom 29.8.1956 (S 2303 – 22/2 – 72852)

Die gelegentliche Überlassung von einzelnen Theaterkarten durch den Arbeitgeber an den Arbeitnehmer ist nicht als steuerpflichtiger Sachbezug, sondern als steuerfreie Annehmlichkeit anzusehen*). Ein steuerpflichtiger Sachbezug ist jedoch dann gegeben, wenn Theaterkarten regelmäßig zugewendet werden oder wenn es sich um die Überlassung eines Abonnements handelt.

(Ergebnis einer Besprechung der Lohnsteuerreferenten des Bundes und der Länder.)

Anlage 2
zu H 73

Unentgeltliche oder verbilligte Überlassung von Eintrittskarten der Theaterunternehmen an ihre Arbeitnehmer und deren Angehörige

Verfügung der OFD München/Nürnberg vom 3.12.1987 (S 2334 – 0/St 23)

Die kostenlose oder verbilligte Überlassung von Theaterkarten durch Theaterunternehmen an ihre Arbeitnehmer und deren Angehörige bitte ich wie folgt zu beurteilen:

1. Die Bereitstellung von Dienstplätzen für die Theaterleitung (z. B. Intendant, Generalmusikdirektor, Verwaltungsdirektor) stellt keinen geldwerten Vorteil dar, da die Vorstellungen in diesen Fällen im Rahmen der beruflichen Tätigkeit besucht werden.
2. Die Überlassung von unentgeltlichen oder verbilligten Karten an das künstlerische und bühnentechnische Personal sowie an das Verwaltungspersonal des Theaters stellt ebenfalls keinen geldwerten Vorteil dar. Auch bei diesem Personenkreis kann davon ausgegangen werden, dass der Besuch der Vorstellungen überwiegend aus beruflichen Gründen erfolgt und vom Arbeitgeber erwartet wird.
3. Werden an Arbeitnehmer oder deren Angehörige bei nicht ausverkauften Vorstellungen unentgeltlich oder verbilligt Karten abgegeben (so genannte Füllkarten), so liegt kein geldwerter Vorteil, sondern eine steuerfreie Annehmlichkeit vor. Es kann davon ausgegangen werden, dass die Überlassung der Karten in solchen Fällen nicht als Entgelt der betroffenen Arbeitnehmer für die erbrachte Arbeitsleistung bestimmt ist, sondern ihre Ursache im überwiegenden eigenbetrieblichen Interesse des Theaters an einem gut besuchten Haus hat.
4. In den Fällen der Nr. 2 ist nur hinsichtlich der Überlassung einer Eintrittskarte an den Arbeitnehmer selbst kein geldwerter Vorteil gegeben. Soweit in diesen Fällen auch für Angehörige der Arbeitnehmer Karten überlassen werden, liegt dagegen steuerpflichtiger Arbeitslohn vor. Dasselbe gilt, wenn den an einer Vorstellung mitwirkenden Arbeitnehmern Karten überlassen werden. Nr. 3 bleibt unberührt.
5. Als Wert des Vorteils ist in Anlehnung an die Rechtsprechung des Bundesfinanzhofs zur Rabattgewährung der jeweilige Abonnementpreis der Theaterkarte anzusetzen, ggf. vermindert um den vom Arbeitnehmer tatsächlich gezahlten Eintrittspreis.

Anlage 3
zu H 73

Parken während der Arbeitszeit

Bundeseinheitlich geltende Regelung, für Bayern bekannt gegeben mit Schreiben des Bayer. Staatsministeriums der Finanzen vom 16.4.1982 (Az.: 32 – S 2353 – 11/18 – 16870/81)**)

Für die unentgeltliche oder verbilligte Zurverfügungstellung eines Parkplatzes durch den Arbeitgeber während der Arbeitszeit gilt Folgendes:

Stellt der Arbeitgeber für das Abstellen des Fahrzeugs während der Arbeitszeit eine Parkmöglichkeit unentgeltlich zur Verfügung, so handelt es sich insoweit um eine lohnsteuerfreie Annehmlichkeit. Das gilt auch, wenn der Arbeitgeber selbst Park- oder Einstellplätze von einem Dritten anmietet und sie seinen Arbeitnehmern unentgeltlich überlässt.

Anlage 4
zu H 73

Übernahme der Jahresgebühr für Firmenkreditkarten durch den Arbeitgeber

Bundeseinheitlich geltende Regelung, für Bayern bekannt gegeben mit Schreiben des Bayer. Staatsministeriums der Finanzen vom 20.11.1979 (Az.: 32 – S 2330 – 50/9 – 77661)

Nach Abstimmung mit den obersten Finanzbehörden der Länder wird in der o. a. Angelegenheit die Auffassung vertreten, dass die Möglichkeit, eine Firmenkreditkarte auch für Privatkäufe verwenden zu können, als steuerfreie Annehmlichkeit zu werten ist. Voraussetzung hierfür ist, dass die Privatkäufe im Verhältnis zu den gesamten Benutzungsfällen von untergeordneter Bedeutung sind. Darüber hinaus gilt die Regelung nur für solche Arbeitnehmer, die häufig Dienstreisen unternehmen oder bei denen es aus anderen dienstlichen Gründen notwendig ist, eine Kreditkarte bei sich zu führen. Eine generelle Zurverfügungstellung von Firmenkreditkarten an z. B. alle leitenden Angestellten eines Unternehmens mit Übernahme der Jahresgebühr durch den Arbeitgeber würde zu einer anderen Beurteilung Anlass geben.

Anlage 5
zu H 73

Übernahme von Kreditkartengebühren durch den Arbeitgeber

Bundeseinheitlich geltende Regelung, für Bayern bekannt gegeben mit Schreiben des Bayer. Staatsministeriums der Finanzen vom 12.12.1996 (Az.: 32 – S 2334 – 122/3 – 70432)

Zur lohnsteuerlichen Behandlung der vom Arbeitgeber übernommenen Gebühr für eine Kreditkarte des Arbeitnehmers gilt im Einver-

---

*) Dabei ist die für Aufmerksamkeiten geltende 40-€-Grenze zu beachten (R 73 Abs. 1 Satz 2 LStR).

**) Ebenso: Erlass Nordrhein-Westfalen vom 28.9.2006 Az.: S 2334-61-VB 3.

nehmen mit dem Bundesministerium der Finanzen und den obersten Finanzbehörden der anderen Länder Folgendes:

1. Die Übernahme der Kreditkartengebühr durch den Arbeitgeber ist in voller Höhe nach § 3 Nr. 16 EStG steuerfrei, wenn gewährleistet ist, dass die Kreditkarte ausschließlich zur Abrechnung von Reisekosten und Auslagenersatz eingesetzt wird. Hierfür ist es erforderlich, dass der Arbeitgeber auf den monatlich vorgelegten Kreditkartenabrechnungen sämtliche der dort ausgewiesenen Transaktionen im Rahmen der Reisekostenabrechnung kontrolliert und die Kreditkartenabrechnung zum Lohnkonto nimmt.

2. Werden mit der Kreditkarte andere Umsätze als Reisekosten oder Auslagenersatz ausgeführt, so kann nur der Anteil der übernommenen Kreditkartengebühr nach § 3 Nr. 16 EStG steuerfrei bleiben, der dem Volumenanteil der abgebuchten Beträge für Reisekosten und Auslagenersatz an den gesamten Abbuchungen entspricht.

Falls steuerpflichtige Anteile zu erfassen sind, ist außerdem zu beachten, dass aufgrund eines zwischen dem Arbeitgeber und der Kreditkartenorganisation abgeschlossenen Rahmenabkommens eventuell eine Kreditkartengebühr zu entrichten ist, die unter dem üblichen Endpreis im Sinne des § 8 Abs. 2 EStG liegt, und dadurch dem Arbeitnehmer Sachbezüge zufließen. Auf diese findet die Freigrenze von monatlich 50 DM*) (§ 8 Abs. 2 Satz 9 EStG) Anwendung.

Anlage 6
zu H 73

Steuerliche Behandlung von Aufwendungen für VIP-Logen in Sportstätten

BMF-Schreiben vom 22. 8. 2005 (BStBl. I S. 845)

1. ...

2. ...

3. ...

4. Aufwendungen für VIP-Maßnahmen zugunsten von Arbeitnehmern

a) Geschenke

8 Aufwendungen für Geschenke an Arbeitnehmer des Steuerpflichtigen sind vom Abzugsverbot des § 4 Abs. 5 Satz 1 Nr. 1 EStG ausgeschlossen und somit in voller Höhe als Betriebsausgaben abziehbar.

b) Bewirtung

9 Bewirtungen, die der Steuerpflichtige seinen Arbeitnehmern gewährt, gelten als betrieblich veranlasst und unterliegen mithin nicht der Abzugsbeschränkung des § 4 Abs. 5 Satz 1 Nr. 2 EStG. Zu unterscheiden hiervon ist die Bewirtung aus geschäftlichem Anlass, an der Arbeitnehmer des Steuerpflichtigen lediglich teilnehmen (Beispiel: Der Unternehmer lädt anlässlich eines Geschäftsabschlusses die Geschäftspartner und seine leitenden Angestellten ein). Hier greift § 4 Abs. 5 Satz 1 Nr. 2 EStG auch für den Teil der Aufwendungen, der auf den an der Bewirtung teilnehmenden Arbeitnehmer entfällt.

c) Behandlung beim Empfänger

10 Die Zuwendung stellt für den Arbeitnehmer einen zum steuerpflichtigen Arbeitslohn gehörenden geldwerten Vorteil dar, wenn der für die Annahme von Arbeitslohn erforderliche Zusammenhang mit dem Dienstverhältnis gegeben ist (§ 8 Abs. 1 i. V. m. § 19 Abs. 1 Satz 1 Nr. 1 EStG und § 2 Abs. 1 LStDV). Der geldwerte Vorteil ist grundsätzlich nach § 8 Abs. 2 Satz 1 EStG zu bewerten. Die Freigrenze für Sachbezüge i. H. v. 44 Euro im Kalendermonat (§ 8 Abs. 2 Satz 9 EStG) und R 31 Abs. 2 Satz 9 LStR 2005 sind zu beachten.

Nicht zum steuerpflichtigen Arbeitslohn gehören insbesondere Zuwendungen, die der Arbeitgeber im ganz überwiegenden betrieblichen Interesse erbringt. Dies sind auch Zuwendungen im Rahmen einer üblichen Betriebsveranstaltung (vgl. R 72 LStR 2005) oder Zuwendungen aus geschäftlichem Anlass (Beispiel: Der Unternehmer lädt anlässlich eines Geschäftsabschlusses die Geschäftspartner und seine leitenden Angestellten ein, vgl. R 31 Abs. 8 Nr. 1 LStR 2005).

5. ...

6. ...

7. Vereinfachungsregelungen

a) Pauschale Aufteilung des Gesamtbetrages für VIP-Logen in Sportstätten

14 Aus Vereinfachungsgründen ist es nicht zu beanstanden, wenn bei betrieblich veranlassten Aufwendungen der für das Gesamtpaket (Werbeleistungen, Bewirtung, Eintrittskarten usw.) vereinbarte Gesamtbetrag wie folgt pauschal aufgeteilt wird:

– Anteil für die Werbung: 40 v. H.. des Gesamtbetrages.

  Dieser Werbeaufwand, der in erster Linie auf die Besucher der Sportstätte ausgerichtet ist, ist in vollem Umfang als Betriebsausgabe abziehbar.

– Anteil für die Bewirtung: 30 v. H. des Gesamtbetrages.

  Dieser Anteil ist gemäß § 4 Abs. 5 Satz 1 Nr. 2 EStG mit dem abziehbaren v. H.-Satz als Betriebsausgabe zu berücksichtigen.

– Anteil für Geschenke: 30 v. H. des Gesamtbetrages.

  Sofern nicht eine andere Zuordnung nachgewiesen wird, ist davon auszugehen, dass diese Aufwendungen je zur Hälfte auf Geschäftsfreunde (Rdnr. 15, 16) und auf eigene Arbeitnehmer (Rdnr. 17, 18) entfallen.

b) ...

c) ...

d) ...

R 74
Berufliche Fort- oder Weiterbildungsleistungen des Arbeitgebers

(1) ¹Berufliche Fort- oder Weiterbildungsleistungen des Arbeitgebers führen nicht zu Arbeitslohn, wenn diese Bildungsmaßnahmen im ganz überwiegenden betrieblichen Interesse des Arbeitgebers durchgeführt werden. ²Dabei ist es gleichgültig, ob die Bildungsmaßnahme am Arbeitsplatz, in zentralen betrieblichen Einrichtungen oder in außerbetrieblichen Einrichtungen durchgeführt werden. ³Sätze 1 und 2 gelten auch für Bildungsmaßnahmen fremder Unternehmer, die für Rechnung des Arbeitgebers erbracht werden.

(2) ¹Bei einer Bildungsmaßnahme ist ein ganz überwiegendes betriebliches Interesse des Arbeitgebers anzunehmen, wenn sie die Einsatzfähigkeit des Arbeitnehmers im Betrieb des Arbeitgebers erhöhen soll. ²Für die Annahme eines ganz überwiegenden betrieblichen Interesses des Arbeitgebers ist nicht Voraussetzung, dass der Arbeitgeber die Teilnahme an der Bildungsmaßnahme zumindest teilweise auf die Arbeitszeit anrechnet. ³Rechnet er die Teilnahme an der Bildungsmaßnahme zumindest teilweise auf die Arbeitszeit an, ist die Prüfung weiterer Voraussetzungen eines ganz überwiegenden betrieblichen Interesses des Arbeitgebers entbehrlich, es sei denn, es liegen konkrete Anhaltspunkte für den Belohnungscharakter der Maßnahme vor. ⁴Auch sprachliche Bildungsmaßnahmen sind unter den genannten Voraussetzungen dem ganz überwiegenden betrieblichen Interesse zuzuordnen, wenn der Arbeitgeber die Sprachkenntnisse in dem für den Arbeitnehmer vorgesehenen Aufgabengebiet verlangt. ⁵Von einem ganz überwiegend betrieblichen Interesse ist auch bei dem SGB III entsprechenden Qualifikations- und Trainingsmaßnahmen auszugehen, die der

---
*) Ab 1. 1. 2004 beträgt die Freigrenze 44 Euro.

§ 19 EStG
R 74

Arbeitgeber oder eine zwischengeschaltete Beschäftigungsgesellschaft im Zusammenhang mit Auflösungsvereinbarungen erbringt. [6]Bildet sich der Arbeitnehmer nicht im ganz überwiegenden betrieblichen Interesse des Arbeitgebers fort, so gehört der nach § 8 Abs. 2 EStG zu ermittelnde Wert der vom Arbeitgeber erbrachten Fort- oder Weiterbildungsleistung zum Arbeitslohn. [7]Der Arbeitnehmer kann ggf. den Wert einer beruflichen Fort- und Weiterbildung im Rahmen des § 9 Abs. 1 Satz 1 EStG als Werbungskosten (>R 34) oder im Rahmen des § 10 Abs. 1 Nr. 7 EStG als Sonderausgaben geltend machen.

(3) Auch wenn Fort- oder Weiterbildungsleistungen nach den vorstehenden Regelungen nicht zu Arbeitslohn führen, sind die Aufwendungen des Arbeitgebers, die zwar durch die Teilnahme des Arbeitnehmers an der Bildungsveranstaltung veranlasst sind, jedoch wie z. B. Reisekosten neben den Kosten für die eigentliche Fort- oder Weiterbildungsleistung anfallen, nach R 37 bis 40 a und 43 zu behandeln.

H 74
Hinweise zu R 74
Berufliche Fort- oder Weiterbildungsleistungen des Arbeitgebers

Incentive-Reisen

– Veranstaltet der Arbeitgeber so genannte Incentive-Reisen, um bestimmte Arbeitnehmer für besondere Leistungen zu belohnen und zu weiteren Leistungssteigerungen zu motivieren, so erhalten die Arbeitnehmer damit einen steuerpflichtigen geldwerten Vorteil, wenn auf den Reisen ein Besichtigungsprogramm angeboten wird, das einschlägigen Touristikkreisen entspricht, und der Erfahrungsaustausch zwischen den Arbeitnehmern demgegenüber zurücktritt (>BFH vom 9. 3. 1990 – BStBl. II S. 711).

– Selbst wenn ein Arbeitnehmer bei einer von seinem Arbeitgeber veranstalteten so genannten Händler-Incentive-Reise Betreuungsaufgaben hat, ist die Reise Arbeitslohn, wenn der Arbeitnehmer auf der Reise von seinem Ehegatten begleitet wird (>BFH vom 25. 3. 1993 – BStBl. II S. 639).

– Eine Aufteilung von Sachzuwendungen an Arbeitnehmer in Arbeitslohn und Zuwendungen im eigenbetrieblichen Interesse ist grundsätzlich möglich (>BFH vom 18. 8. 2005 – BStBl. 2006 II S. 30).

– >BMF vom 14. 10. 1996 (BStBl. I S. 1192)*)

Studienreisen, Fachkongresse

>R 12.2 EStR, H 12.2 EStH

Anlage 1
zu H 74

Auslegung des Abschnitts 74 Abs. 1 LStR

Bundeseinheitlich geltende Regelung, für Bayern bekannt gegeben mit Schreiben des Bayer. Staatsministeriums der Finanzen vom 26. 2. 1993 (Az.: 32 – S 2332 – 120/5 – 12441)

Zum o. a. Betreff bitte ich weiterhin die Auffassung zu vertreten, dass die Leistungen des Arbeitgebers – das ganz überwiegende betriebliche Interesse vorausgesetzt – nicht zum Arbeitslohn gehören, wenn

– das fremde Unternehmen dem Arbeitgeber die Leistung in Rechnung stellt oder

– das fremde Unternehmen die Leistung dem Arbeitnehmer in Rechnung stellt und der Arbeitgeber den Rechnungsbetrag ganz oder teilweise begleicht bzw. dem Arbeitnehmer ersetzt.

Anlage 2
zu H 74

Ertragsteuerliche Behandlung von Incentive-Reisen

BMF-Schreiben vom 14. 10. 1996 (BStBl. I S. 1192)

Im Einvernehmen mit den obersten Finanzbehörden der Länder nehme ich zur ertragsteuerlichen Behandlung Incentive-Reisen bei den Unternehmen, die die Leistungen gewähren, und den Empfängern der Leistungen wie folgt Stellung:

Incentive-Reisen werden von einem Unternehmen gewährt, um Geschäftspartner oder Arbeitnehmer des Betriebs für erbrachte Leistungen zu belohnen und zu Mehr- oder Höchstleistungen zu motivieren. Reiseziel, Unterbringung, Transportmittel und Teilnehmerkreis werden von dem die Reiseleistung gewährenden Unternehmen festgelegt. Der Ablauf der Reise und die einzelnen Veranstaltungen dienen allgemein-touristischen Interessen.

1. Behandlung der Aufwendungen bei dem die Reiseleistung gewährenden Unternehmen:

   a) Aufwendungen für Geschäftspartner

   Wird eine Incentive-Reise mit Geschäftspartnern des Steuerpflichtigen durchgeführt, ist bei der Beurteilung der steuerlichen Abzugsfähigkeit der für die Reise getätigten Aufwendungen danach zu unterscheiden, ob die Reise als Belohnung zusätzlich zum vereinbarten Entgelt oder zur Anknüpfung, Sicherung oder Verbesserung von Geschäftsbeziehungen gewährt wird.

   Wird die Reise in sachlichem und zeitlichem Zusammenhang mit den Leistungen des Empfängers als – zusätzliche – Gegenleistung gewährt, sind die tatsächlich entstandenen Fahrtkosten sowie die Unterbringungskosten in vollem Umfang als Betriebsausgaben abzugsfähig. Nutzt der Unternehmer allerdings ein eigenes Gästehaus, das sich nicht am Ort des Betriebs befindet, dürfen die Aufwendungen für die Unterbringung den Gewinn nicht mindern (§ 4 Abs. 5 Satz 1 Nr. 3 EStG). Die Aufwendungen für die Gewährung von Mahlzeiten sind als Bewirtungskosten in Höhe von 80 v. H. der angemessenen und nachgewiesenen Kosten abzugsfähig (§ 4 Abs. 5 Satz 1 Nr. 2 EStG).

   Wird die Reise mit gegenwärtigen oder zukünftigen Geschäftspartnern durchgeführt, um allgemeine Geschäftsbeziehungen erst anzuknüpfen, zu erhalten oder zu verbessern, handelt es sich um ein Geschenk (§ 4 Abs. 5 Satz 1 Nr. 1 EStG). Fahrt- und Unterbringungskosten dürfen dann den Gewinn nicht mindern (BFH-Urteil vom 23. Juni 1993, BStBl. II S. 806); Aufwendungen für die Bewirtung sind nach § 4 Abs. 5 Satz 1 Nr. 2 EStG zu beurteilen.

   b) Aufwendungen für Arbeitnehmer

   Wird die Reise mit Arbeitnehmern des Betriebs durchgeführt, sind die hierdurch veranlassten Aufwendungen als Betriebsausgaben in voller Höhe berücksichtigungsfähig: die Abzugsbeschränkungen nach § 4 Abs. 5 Satz 1 Nr. 1, 2 und 3 EStG greifen nicht ein.

2. Behandlung der Reise beim Empfänger

   a) Gewährung der Reiseleistungen an Geschäftspartner

   aa) Erfassung als Betriebseinnahmen

   Wendet der Unternehmer einem Geschäftspartner, der in einem Einzelunternehmen betriebliche Einkünfte erzielt, eine Incentive-Reise zu, hat der Empfänger den Wert der Reise im Rahmen seiner steuerlichen Gewinnermittlung als Betriebseinnahme zu erfassen (BFH-Urteil vom 22. Juli 1988, BStBl. II S. 995; vom 20. April 1989, BStBl. II S. 641). Wird der Wert der Incentive-Reise einer Personengesellschaft oder einer Kapitalgesellschaft zugewandt, haben sie in Höhe des Sachwerts der Reise eine Betriebseinnahme anzusetzen. Der Wert einer Reise ist auch dann als Betriebseinnahme anzusetzen, wenn das die Reiseleistungen gewährende Unternehmen die Aufwendungen nicht als Betriebsausgaben abziehen darf (BFH-Urteil vom 26. September 1995, BStBl. II 1996 S. 273).

---

*) Abgedruckt als Anlage 2 zu H 74 LStR.

bb) Verwendung der erhaltenen Reiseleistungen

Mit der Teilnahme an der Reise wird eine Entnahme verwirklicht, da mit der Reise regelmäßig allgemein-touristische Interessen befriedigt werden. Dies gilt auch, wenn eine Personengesellschaft die empfangene Reiseleistung an ihre Gesellschafter weiterleitet (BFH-Urteil vom 26. September 1995 a. a. O.). Leitet die Kapitalgesellschaft die erhaltene Reiseleistung an ihre Gesellschafter weiter, so liegt hierin grundsätzlich eine verdeckte Gewinnausschüttung.

b) Gewährung der Reiseleistungen an Arbeitnehmer

Wird Arbeitnehmern des Unternehmers eine Incentive-Reise gewährt, liegt steuerpflichtiger Arbeitslohn vor (BFH-Urteil vom 9. März 1990, BStBl. II S. 711), der unter den Voraussetzungen des § 40 Abs. 1 EStG pauschal versteuert werden kann.

c) Wert der Reise

Die Gewährung der Reise ist steuerlich in ihrer Gesamtheit zu beurteilen. Ihr Wert entspricht nach ihren Leistungsmerkmalen und ihrem Erlebniswert regelmäßig einer am Markt angebotenen Gruppenreise, bei der Reiseziel, Reiseprogramm und Reisedauer festgelegt und der Teilnehmerkreis begrenzt sind; deshalb können einzelne Teile der Durchführung und der Organisation aus der Sicht des Empfängers nur im Zusammenhang gesehen werden (vgl. BFH-Beschluss vom 27. November 1978, BStBl. II 1979 S. 213). Bei der Wertermittlung ist weder den tatsächlichen Aufwendungen des zuwendenden Unternehmers noch der subjektiven Vorstellung des Empfängers entscheidende Bedeutung beizumessen (BFH-Urteil vom 22. Juli 1988, a. a. O.); ihr Wert kann daher grundsätzlich nicht aus den Aufwendungen – auch nicht vermindert um einen pauschalen Abschlag bei über das übliche Maß hinausgehenden Aufwendungen – abgeleitet werden. Der Wert der zugewandten Reise ist daher in ihrer Gesamtheit mit dem üblichen Endpreis am Abgabeort anzusetzen (§ 8 Abs. 2 EStG). Er entspricht regelmäßig dem Preis der von Reiseveranstaltern am Markt angebotenen Gruppenreisen mit vergleichbaren Leistungsmerkmalen (z. B. Hotelkategorie, Besichtigungsprogramme); eine Wertminderung wegen des vom zuwendenden Unternehmen festgelegten Reiseziels, des Reiseprogramms, der Reisedauer und des fest umgrenzten Teilnehmerkreises kommt nicht in Betracht. Rabatte, die dem die Leistung gewährenden Unternehmen eingeräumt werden, bleiben für die Bewertung beim Empfänger ebenfalls außer Betracht: Gleiches gilt für Preisaufschläge, die das Unternehmen speziell für die Durchführung der Reise aufwenden muss.

d) Aufwendungen des Empfängers der Reiseleistungen

Aufwendungen, die im Zusammenhang mit der Teilnahme an der Reise stehen, darf der Empfänger nicht als Betriebsausgaben oder Werbungskosten abziehen, da die Teilnahme an der Reise durch private Interessen, die nicht nur von untergeordneter Bedeutung sind, veranlasst ist (BFH-Urteil vom 22. Juli 1988 a. a. O.: vgl. auch R 117 a EStR). Zur Berücksichtigung von einzelnen Aufwendungen als Betriebsausgaben wird auf H 117 a („Einzelaufwendungen") EStH hingewiesen; hinsichtlich des Werbungskostenabzugs wird ergänzend auf Abschnitt 35 LStR verwiesen.

Anlage 3
zu H 74

Einkommensteuerliche Behandlung von Aufwendungen für Auslandssprachkurse als Werbungskosten oder Betriebsausgaben

BMF-Schreiben vom 26. 9. 2003 (BStBl. I S. 447)

Mit Urteil vom 13. 6. 2002 (BStBl. 2003 II S. 765) hat der Bundesfinanzhof zwar grundsätzlich an den im Urteil vom 31. Juli 1980 (BStBl. II S. 746) aufgestellten Merkmalen zur Abgrenzung von beruflicher und privater Veranlassung eines Auslandssprachkurses festgehalten. Der BFH hat ihre Geltung aber eingeschränkt, soweit sie in Widerspruch zu Artikel 59 des Vertrages zur Gründung der Europäischen Gemeinschaft (nach Änderung Art. 49 EGV) stehen, der die Dienstleistungsfreiheit in den Mitgliedstaaten garantiert. Die bislang bei einer Gesamtwürdigung von privater und beruflicher Veranlassung einer Fortbildungsveranstaltung zugrunde gelegte Vermutung, es spreche für eine überwiegend private Veranlassung, wenn die Veranstaltung im Ausland stattfinde, und die u. a. daraus gezogene Folgerung der steuerlichen Nichtanerkennung der entsprechenden Aufwendungen, kann danach für Mitgliedstaaten der Europäischen Union nicht mehr aufrechterhalten werden.

Unter Bezugnahme auf das Ergebnis der Erörterung mit den obersten Finanzbehörden der Länder sind die Grundsätze des BFH-Urteils wie folgt anzuwenden:

Die Grundsätze dieser Entscheidung gelten nicht nur für alle Mitgliedstaaten der Europäischen Union, sondern auch für Staaten, auf die das Abkommen über den europäischen Wirtschaftsraum (Island, Liechtenstein, Norwegen) Anwendung findet, und wegen eines bilateralen Abkommens, das die Dienstleistungsfreiheit ebenfalls festschreibt, auch für die Schweiz. Sie sind im Übrigen nicht nur auf Sprachkurse, sondern auf Fortbildungsveranstaltungen allgemein anzuwenden.

Die Grundsätze der Entscheidung sind außerdem bei der Frage, ob im Falle einer Kostenübernahme durch den Arbeitgeber für solche Fortbildungsveranstaltungen Arbeitslohn vorliegt oder ein überwiegend eigenbetriebliches Interesse des Arbeitgebers für die Zahlung angenommen werden kann (R 74 LStR), zu berücksichtigen.

R 75
Versorgungsbezüge

(1) Zu den nach § 19 Abs. 2 EStG steuerbegünstigten Versorgungsbezügen gehören auch:

1. Sterbegeld im Sinne des § 18 Abs. 1, Abs. 2 Nr. 1 und Abs. 3 des Beamtenversorgungsgesetzes – BeamtVG – sowie entsprechende Bezüge im privaten Dienst. ²Nicht zu den steuerbegünstigten Versorgungsbezügen gehören Bezüge, die für den Sterbemonat auf Grund des Arbeitsvertrags als Arbeitsentgelt gezahlt werden; besondere Leistungen an Hinterbliebene, die über das bis zum Erlöschen des Dienstverhältnisses geschuldete Arbeitsentgelt hinaus gewährt werden, sind dagegen Versorgungsbezüge,

2. Übergangsversorgung, die nach dem BAT an Angestellte im militärischen Flugsicherungsdienst, bei der Bundesanstalt für Flugsicherung im Flugsicherungsdienst, im Justizvollzugsdienst und im kommunalen feuerwehrtechnischen Dienst sowie an Luftfahrzeugführer von Messflugzeugen und an technische Luftfahrzeugführer gezahlt wird, einschließlich des an Hinterbliebene zu zahlenden monatlichen Ausgleichsbetrags und einschließlich des Ausgleichs, der neben der Übergangsversorgung unter Anrechnung auf das Übergangsgeld nach den §§ 62, 63 BAT zu zahlen ist, sowie die Übergangsversorgung, die nach § 7 des Tarifvertrags vom 30. 11. 1991 über einen sozialverträglichen Personalabbau im Bereich des Bundesministeriums der Verteidigung gezahlt wird,

3. die Bezüge der Beamten im einstweiligen Ruhestand,

4. die nach § 44 Abs. 4 des Bundesbeamtengesetzes – BBG – sowie entsprechender Vorschriften der Beamtengesetze der Länder gekürzten Dienstbezüge. ²Nachzahlungen im Sinne des § 44 Abs. 5 BBG sowie entsprechender Vorschriften der Beamtengesetze der Länder gehören nicht zu den steuerbegünstigten Versorgungsbezügen,

5. die Unterhaltsbeiträge nach den §§ 15 und 26 BeamtVG sowie nach § 69 BeamtVG oder entsprechenden landesrechtlichen Vorschriften,

6. die Versorgungsbezüge der vorhandenen, ehemals unter das G 131 und das Gesetz zur Regelung der Wiedergutmachung nationalsozialistischen Unrechts für Angehörige des öffentlichen Dienstes – BWGöD – fallenden früheren Angehörigen des

§ 19 EStG
R 76

öffentlichen Dienstes und ihrer Hinterbliebenen nach § 2 Abs. 1 Nr. 1 des Dienstrechtlichen Kriegsfolgen-Abschlussgesetzes – DKfAG – i. V. m. den §§ 69, 69a BeamtVG,

7. – *weggefallen* –
8. – *weggefallen* –
9. – *weggefallen* –
10. die Versorgungsbezüge der politischen Wahlbeamten auf Zeit,
11. das Ruhegehalt und der Ehrensold der ehemaligen Regierungsmitglieder einschließlich der entsprechenden Hinterbliebenenbezüge, nicht dagegen das Übergangsgeld nach § 14 des Bundesministergesetzes sowie entsprechende Leistungen auf Grund von Gesetzen der Länder,
12. Sonderzuwendungen nach § 4 des Bundessonderzahlungsgesetzes sowie entsprechende Leistungen nach Gesetzen der Länder, wenn sie an Empfänger von Bezügen im Sinne des § 19 Abs. 2 EStG gezahlt werden,
13. Verschollenheitsbezüge nach § 29 Abs. 2 BeamtVG sowie entsprechende Leistungen nach den Beamtengesetzen der Länder,
14. Abfindungsrenten nach § 69 BeamtVG oder entsprechenden landesrechtlichen Vorschriften,
15. Unterhaltsbeihilfen nach den §§ 5 und 6 des baden-württembergischen Gesetzes zur einheitlichen Beendigung der politischen Säuberung vom 13. 7. 1953 (Ges. Bl. S. 91),
16. Ehrensold der früheren ehrenamtlichen Bürgermeister und ihrer Hinterbliebenen nach § 6 des baden-württembergischen Gesetzes über die Aufwandsentschädigung der ehrenamtlichen Bürgermeister und der ehrenamtlichen Ortsvorsteher vom 16. 6. 1987 (Ges. Bl. S. 281),
17. Ehrensold der früheren Bürgermeister und früheren Bezirkstagspräsidenten nach den Artikeln 138 und 138a des bayerischen Gesetzes über kommunale Wahlbeamte,
18. das Ruhegeld der vorhandenen, ehemals unter das G 131 und das BWGöD fallenden früheren Angestellten und Arbeiter der Freien und Hansestadt Hamburg nach § 2 Abs. 1 Nr. 5 DKfAG i. V. m. dem Hamburgischen Zusatzversorgungsgesetz,
19. – *gestrichen* –
20. Ehrensold der früheren ehrenamtlichen Bürgermeister und Kassenverwalter und ihrer Hinterbliebenen nach dem hessischen Gesetz über die Aufwandsentschädigungen und den Ehrensold der ehrenamtlichen Bürgermeister und der ehrenamtlichen Kassenverwalter der Gemeinden vom 7. 10. 1970 (GVBl. I S. 635),
21. Ehrensold der früheren ehrenamtlichen Bürgermeister, Beigeordneten und Ortsvorsteher nach dem rheinland-pfälzischen Ehrensoldgesetz vom 18. 12. 1972 (GVBl. S. 376),
22. Ruhegehalt und Versorgungsbezüge, die auf Grund des Artikels 3 der Anlage 1 des Saarvertrags (BGBl. 1956 II S. 1587) an Personen gezahlt werden, die aus Anlass der Rückgliederung des Saarlandes in den Ruhestand versetzt worden sind,
23. die Bezüge der im Saarland nach dem 8. 5. 1945 berufenen Amtsbürgermeister und Verwaltungsvorsteher, die nach dem Gesetz zur Ergänzung der Gemeindeordnung vom 10. 7. 1953 (Amtsbl. S. 415) in den Ruhestand versetzt worden sind,
24. Ehrensold der früheren ehrenamtlichen Bürgermeister, Beigeordneten und Amtsvorsteher nach dem saarländischen Gesetz Nr. 987 vom 6. 3. 1974 (Amtsbl. S. 357),
25. Vorruhestandsleistungen, z. B. im Sinne des Vorruhestandsgesetzes, soweit der Arbeitnehmer im Lohnzahlungszeitraum das 63., bei Schwerbehinderten das 60. Lebensjahr vollendet hat.

(2) Nicht zu den nach § 19 Abs. 2 EStG steuerbegünstigten Versorgungsbezügen gehören insbesondere

1. das Übergangsgeld nach § 47 BeamtVG i. V. m. dessen § 67 Abs. 4 und entsprechende Leistungen auf Grund der Beamtengesetze der Länder sowie das Übergangsgeld nach § 47a BeamtVG,
2. das Übergangsgeld nach § 14 des Bundesministergesetzes und entsprechende Leistungen auf Grund der Gesetze der Länder.

(3) ¹Bezieht ein Versorgungsberechtigter Arbeitslohn aus einem gegenwärtigen Dienstverhältnis und werden deshalb, z. B. nach § 53 BeamtVG, die Versorgungsbezüge gekürzt, so sind nur die gekürzten Versorgungsbezüge nach § 19 Abs. 2 EStG steuerbegünstigt; das Gleiche gilt, wenn Versorgungsbezüge nach der Ehescheidung gekürzt werden (§ 57 BeamtVG). ²Nachzahlungen von Versorgungsbezügen an nicht versorgungsberechtigte Erben eines Versorgungsberechtigten sind nicht nach § 19 Abs. 2 EStG begünstigt.

H 75
Hinweise zu R 75
Versorgungsbezüge

Emeritenbezüge entpflichteter Hochschullehrer

Zu den Versorgungsbezügen gehören auch Emeritenbezüge entpflichteter Hochschullehrer (>BFH vom 19. 6. 1974 – BStBl. 1975 II S. 23 und vom 5. 11. 1993 – BStBl. 1994 II S. 238).

Sterbegeld

Das nach den tarifvertraglichen Vorschriften im öffentlichen Dienst gezahlte Sterbegeld ist ein Versorgungsbezug (>BFH vom 8. 2. 1970 – BStBl. 1974 II S. 303).

Übergangsgeld

Übergangsgeld, das nach den tarifvertraglichen Vorschriften im öffentlichen Dienst gewährt wird, ist ein Versorgungsbezug, wenn es wegen Berufsunfähigkeit oder Erwerbsunfähigkeit oder wegen Erreichens der tariflichen oder der so genannten flexiblen Altersgrenze gezahlt wird und soweit es nicht nach § 3 Nr. 9 EStG steuerfrei ist; beim Übergangsgeld, das wegen Erreichens einer Altersgrenze gezahlt wird, ist Voraussetzung, dass der Angestellte im Zeitpunkt seines Ausscheidens das 63., bei Schwerbehinderten das 60. Lebensjahr vollendet hat (>BFH vom 21. 8. 1974 – BStBl. 1975 II S. 62).

Versorgungsbezüge

>BMF vom 24. 2. 2005 (BStBl. I S. 429), Rz. 59 bis 79.*)

R 76
Zahlung von Arbeitslohn an die Erben oder Hinterbliebenen eines verstorbenen Arbeitnehmers

(1) ¹Arbeitslohn, der nach dem Tod des Arbeitnehmers gezahlt wird, darf grundsätzlich unabhängig vom Rechtsgrund der Zahlung nicht mehr nach den steuerlichen Merkmalen des Verstorbenen versteuert werden. ²Bei laufendem Arbeitslohn, der im Sterbemonat oder für den Sterbemonat gezahlt wird, kann der Steuerabzug aus Vereinfachungsgründen noch nach den steuerlichen Merkmalen des Verstorbenen vorgenommen werden; die Lohnsteuerbescheinigung ist jedoch auch in diesem Fall auf der Lohnsteuerkarte des Erben auszuschreiben.

(2) ¹Zahlt der Arbeitgeber den Arbeitslohn an einen Erben oder einen Hinterbliebenen aus, so ist der Lohnsteuerabzug vorbehaltlich des Absatzes 1 Satz 2 nur nach dessen Besteuerungsmerkmalen durchzuführen. ²Die an die übrigen Anspruchsberechtigten weitergegebenen Beträge stellen im Kalenderjahr der Weitergabe negative Einnahmen dar. ³Handelt es sich dabei um Versorgungsbezüge im Sinne des § 19 Abs. 2 EStG, so ist für die Berechnung der negativen Einnahmen zunächst vom Bruttobetrag der an die anderen Anspruchsberechtigten weitergegebenen Beträge auszugehen; dieser Bruttobetrag ist sodann um den Unterschied zwischen dem beim Lohnsteuerabzug berücksichtigten Freibeträgen für Versorgungsbezüge und den auf den verbleibenden Anteil des Zahlungsempfängers entfallenden Freibeträgen für Versorgungsbezüge zu kürzen. ⁴Die Auseinandersetzungszahlungen sind bei den Empfängern – gegebenenfalls vermindert um die Freibeträge für Versorgungsbezüge (§ 19 Abs. 2 EStG) – als Einkünfte aus nichtselbständiger Arbeit im Rahmen einer Veranlagung zur Einkommensteuer zu erfassen (§ 46 Abs. 2 Nr. 1 EStG).

---
*) Abgedruckt als Anhang 13g zum Handbuch.

(3) Für den Steuerabzug durch den Arbeitgeber gilt im Übrigen Folgendes:

1. Beim Arbeitslohn, der noch für die aktive Tätigkeit des verstorbenen Arbeitnehmers gezahlt wird, ist, wie dies bei einer Zahlung an den Arbeitnehmer der Fall gewesen wäre, zwischen laufendem Arbeitslohn, z. B. Lohn für den Sterbemonat oder den Vormonat, und sonstigen Bezügen, z. B. Erfolgsbeteiligung, zu unterscheiden.

2. ¹Der Arbeitslohn für den Sterbemonat stellt, wenn er arbeitsrechtlich für den gesamten Lohnzahlungszeitraum zu zahlen ist, keinen Versorgungsbezug im Sinne des § 19 Abs. 2 EStG dar. ²Besteht dagegen ein Anspruch auf Lohnzahlung nur bis zum Todestag, handelt es sich bei den darüber hinausgehenden Leistungen an die Hinterbliebenen um Versorgungsbezüge. ³Dies gilt entsprechend für den Fall, dass die arbeitsrechtlichen Vereinbarungen für den Sterbemonat lediglich die Zahlung von Hinterbliebenenbezügen vorsehen oder keine vertraglichen Abmachungen über die Arbeitslohnbemessung bei Beendigung des Dienstverhältnisses im Laufe des Lohnzahlungszeitraums bestehen. ⁴Auch in diesen Fällen stellt nur der Teil der Bezüge, der auf die Zeit nach dem Todestag entfällt, einen Versorgungsbezug dar. ⁵In den Fällen des Absatzes 1 Satz 2 sind die Freibeträge für Versorgungsbezüge nicht zu berücksichtigen.

3. ¹Das Sterbegeld ist ein Versorgungsbezug und stellt grundsätzlich einen sonstigen Bezug dar. ²Dies gilt auch für den Fall, dass als Sterbegeld mehrere Monatsgehälter gezahlt werden, weil es sich hierbei dem Grunde nach nur um die ratenweise Zahlung eines Einmalbetrags handelt. ³Die laufende Zahlung von Witwen- oder Hinterbliebenengeldern im Sinne des § 19 Abs. 1 Satz 1 Nr. 2 EStG durch den Arbeitgeber ist demgegenüber regelmäßig als laufender Arbeitslohn (Versorgungsbezug) zu behandeln.

4. ¹Soweit es sich bei den Zahlungen an die Erben oder Hinterbliebenen nicht um Versorgungsbezüge handelt, ist zu prüfen, ob der Altersentlastungsbetrag (§ 24 a EStG) zum Ansatz kommt. ²Dabei ist auf das Lebensalter des jeweiligen Zahlungsempfängers abzustellen. ³Absatz 2 ist entsprechend anzuwenden.

5. ¹Soweit Zahlungen an im Ausland wohnhafte Erben oder Hinterbliebene erfolgen, bei denen die Voraussetzungen des §§ 1 Abs. 2 oder 3, 1 a EStG nicht vorliegen, ist beim Steuerabzug nach den für Lohnzahlungen an beschränkt einkommensteuerpflichtige Arbeitnehmer geltenden Vorschriften zu verfahren (>§ 39 d EStG und R 125); Absatz 1 Satz 2 gilt auch in diesen Fällen. ²Dabei ist jedoch zu beachten, dass auf Grund eines Doppelbesteuerungsabkommens das Besteuerungsrecht dem Ansässigkeitsstaat zustehen kann.

H 76
Hinweise zu R 76
Zahlung von Arbeitslohn an die Erben oder Hinterbliebenen eines verstorbenen Arbeitnehmers

Ausstellung einer Lohnsteuerkarte bei Tod des Ehegatten

>R 110 Abs. 5

Berechnung des Altersentlastungsbetrags

>R 117

Berechnung der Freibeträge für Versorgungsbezüge

>R 116

Erben als Arbeitnehmer

Durch die Zahlung von dem Erblasser zustehenden Arbeitslohn an die Erben oder Hinterbliebenen werden diese steuerlich zu Arbeitnehmern (§ 1 Abs. 1 Satz 2 LStDV)*). Sie haben dem Arbeitgeber eine Lohnsteuerkarte, gegebenenfalls für ein zweites Dienstverhältnis, vorzulegen (>BFH vom 29. 7. 1960 – BStBl. III S. 404).

Weiterleitung von Arbeitslohn an Miterben

Beispiel:

Nach dem Tod des Arbeitnehmers A ist an die Hinterbliebenen B, C, D und E ein Sterbegeld von 4000 € zu zahlen. Der Arbeitgeber zahlt den Versorgungsbezug an B im Jahr 2007 aus. Dabei wurde die Lohnsteuer nach den auf der Lohnsteuerkarte des B eingetragenen Merkmalen unter Berücksichtigung der Freibeträge für Versorgungsbezüge von 2300 € (36,8 % von 4000 € = 1472 € zuzüglich 828 €) erhoben. B gibt im Jahr 2008 je ¼ des Bruttoversorgungsbezugs an C, D und E weiter (insgesamt 3000 €).

Im Jahr 2007 ergeben sich lohnsteuerpflichtige Versorgungsbezüge:

Versorgungsbezüge	4000 €
./. Versorgungsfreibetrag	1472 €
./. Zuschlag zum Versorgungsfreibetrag	828 €
lohnsteuerpflichtige Versorgungsbezüge	1700 €

Durch die Weitergabe im Jahr 2008 verbleibt B ein Anteil an den Versorgungsbezügen von 1000 €. Hierauf entfällt ein Versorgungsfreibetrag in Höhe von 368 € (36,8 % von 1000 €) zuzüglich eines Zuschlags zum Versorgungsfreibetrag von 632 € (der B zustehende Zuschlag zum Versorgungsfreibetrag von 828 € wird lediglich in Höhe von 632 € berücksichtigt, da er nicht zu negativen Einkünften führen darf), also steuerpflichtige Versorgungsbezüge von 0 €. Daher sind bei B in 2008 negative Einnahmen in Höhe von 1700 € anzusetzen.

Anlage
zu H 76

Bezüge, die für den Sterbemonat gezahlt werden

Bundeseinheitlich geltende Regelung, für Bayern bekannt gegeben mit Schreiben des Bayer. Staatsministeriums der Finanzen vom 30. 12. 1975 (Az.: 32 – S 2343 – 1/69 – 68062/75)

Zu der Frage, wie die für den Sterbemonat gezahlten Bezüge steuerlich zu behandeln sind, vertrete ich im Einvernehmen mit dem Bundesminister der Finanzen und den Finanzministern (-senatoren) der anderen Länder die Auffassung, dass die steuerliche Beurteilung weitgehend von den vertraglichen Abmachungen zwischen Arbeitgeber und Arbeitnehmer abhängt. Im Einzelnen sind folgende Fallgruppen denkbar:

1. Verstirbt ein noch berufstätiger Arbeitnehmer im Laufe des Kalendermonats und besteht nach dem Arbeitsvertrag Anspruch auf Arbeitslohn lediglich bis zum Todestag, so handelt es sich insoweit um Bezüge aus einem gegenwärtigen Dienstverhältnis. Werden diese Bezüge an die Hinterbliebenen des verstorbenen Arbeitnehmers ausgezahlt, so werden sie dadurch nicht zu einem steuerbegünstigten Versorgungsbezug. Sieht der Arbeitsvertrag über den bis zum Erlöschen des Dienstverhältnisses geschuldeten Arbeitslohn hinaus besondere Leistungen an die Hinterbliebenen vor, so bestehen keine Bedenken, diese Leistungen als steuerbegünstigten Versorgungsbezug anzuerkennen. Sind beide Bezüge in einer Gesamtvergütung zusammengefasst, so ist für die Lohnsteuererhebung der Versorgungs-Freibetrag nur von dem Teil der Gesamtvergütung zu berechnen, der als steuerbegünstigter Versorgungsbezug anzuerkennen ist.

2. Besteht nach dem Arbeitsvertrag für den Monat, in dem der Arbeitnehmer verstirbt, Anspruch auf den Arbeitslohn des gesamten Monats, so handelt es sich dabei in voller Höhe um laufenden Arbeitslohn. Eine teilweise Anerkennung als steuerbegünstigter Versorgungsbezug ist in diesen Fällen nicht möglich.

3. Wenn in Ausnahmefällen vereinbart werden sollte, dass für den Sterbemonat nur Hinterbliebenenbezüge gezahlt werden und ein Anspruch auf laufenden Arbeitslohn für die Zeit bis zum Todestag nicht besteht, so können gleichwohl die Gesamtbezüge nicht als steuerbegünstigte Versorgungsbezüge angesehen werden. Es ist aus steuerlicher Sicht nicht zu bestreiten, dass ein Teil der sog. Hinterbliebenenbezüge nicht versorgungshalber gezahlt wird; deshalb kann auf diesen Teil der Versorgungs-Freibetrag nicht angewendet werden. Es ist wie im Fall 1 zu verfahren.

4. Bestehen keine vertraglichen Abmachungen über die Arbeitslohnbemessung bei einer Beendigung des Dienstverhältnisses im Laufe eines Kalendermonats und wird ohne Rücksicht auf den Todestag der Arbeitslohn für den vollen Monat gezahlt, so ist ebenfalls wie im Fall 1 zu verfahren.

---

*) Abgedruckt als Anhang 1 zum Handbuch.

§ 19a EStG
Überlassung von Vermögensbeteiligungen an Arbeitnehmer

(1) Erhält ein Arbeitnehmer im Rahmen eines gegenwärtigen Dienstverhältnisses unentgeltlich oder verbilligt Sachbezüge in Form von Vermögensbeteiligungen im Sinne des § 2 Abs. 1 Nr. 1 und Abs. 2 bis 5 des Fünften Vermögensbildungsgesetzes in der Fassung des Gesetzes vom 19. Dezember 2000 (BGBl. I S. 1790), so ist der Vorteil steuerfrei, soweit er nicht höher als der halbe Wert der Vermögensbeteiligung (Absatz 2) ist und insgesamt 135 Euro im Kalenderjahr nicht übersteigt.

(2) [1]Als Wert der Vermögensbeteiligung ist der gemeine Wert anzusetzen. [2]Werden einem Arbeitnehmer Vermögensbeteiligungen im Sinne des § 2 Abs. 1 Nr. 1 Buchstabe a, b und f des Fünften Vermögensbildungsgesetzes überlassen, die am Tag der Beschlussfassung über die Überlassung an einer deutschen Börse zum amtlichen Handel zugelassen sind, so werden diese mit dem niedrigsten an diesem Tag für sie im amtlichen Handel notierten Kurs angesetzt, wenn am Tag der Überlassung nicht mehr als neun Monate seit dem Tag der Beschlussfassung über die Überlassung vergangen sind. [3]Liegt am Tag der Beschlussfassung über die Überlassung eine Notierung nicht vor, so werden diese Vermögensbeteiligungen mit dem letzten innerhalb von 30 Tagen vor diesem Tag im amtlichen Handel notierten Kurs angesetzt. [4]Die Sätze 2 und 3 gelten entsprechend für Vermögensbeteiligungen im Sinne des § 2 Abs. 1 Nr. 1 Buchstabe a, b und f des Fünften Vermögensbildungsgesetzes, die im Inland zum geregelten Markt zugelassen oder in den Freiverkehr einbezogen sind oder in einem anderen Staat des Europäischen Wirtschaftsraums zum Handel an einem geregelten Markt im Sinne des Artikels 1 Nr. 13 der Richtlinie 93/22/EWG des Rates vom 10. Mai 1993 über Wertpapierdienstleistungen (ABl. EG Nr. L 141 S. 27) zugelassen sind. [5]Sind am Tag der Überlassung von Vermögensbeteiligungen im Sinne des § 2 Abs. 1 Nr. 1 Buchstabe a, b und f des Fünften Vermögensbildungsgesetzes mehr als neun Monate seit dem Tag der Beschlussfassung über die Überlassung vergangen, so tritt an die Stelle des Tages der Beschlussfassung über die Überlassung im Sinne der Sätze 2 bis 4 der Tag der Überlassung. [6]Der Wert von Vermögensbeteiligungen im Sinne des § 2 Abs. 1 Nr. 1 Buchstabe c des Fünften Vermögensbildungsgesetzes wird mit dem Ausgabepreis am Tag der Überlassung angesetzt. [7]Der Wert von Vermögensbeteiligungen im Sinne des § 2 Abs. 1 Nr. 1 Buchstabe g, i, k und l des Fünften Vermögensbildungsgesetzes wird mit dem Nennbetrag angesetzt, wenn nicht besondere Umstände einen höheren oder niedrigeren Wert begründen.

R 77
Steuerbegünstigte Überlassung von Vermögensbeteiligungen

Allgemeines

(1) [1]§ 19a EStG gilt für unbeschränkt und beschränkt einkommensteuerpflichtige Arbeitnehmer, die in einem gegenwärtigen Dienstverhältnis stehen. [2]Die Überlassung von Vermögensbeteiligungen an frühere Arbeitnehmer des Arbeitgebers ist nur steuerbegünstigt, soweit die unentgeltliche oder verbilligte Vermögensbeteiligung im Rahmen einer Abwicklung des früheren Dienstverhältnisses noch als Arbeitslohn für die tatsächliche Arbeitsleistung überlassen wird.

(2) [1]Voraussetzung für die Steuerbegünstigung ist nicht, dass der Arbeitgeber Rechtsinhaber der zu überlassenden Vermögensbeteiligung ist. [2]Die Steuerbegünstigung gilt deshalb auch für den geldwerten Vorteil, der bei Überlassung der Vermögensbeteiligung durch einen Dritten entsteht, wenn die Überlassung durch das gegenwärtige Dienstverhältnis veranlasst ist. [3]Eine steuerbegünstigte Überlassung von Vermögensbeteiligungen durch Dritte liegt z. B. vor, wenn der Arbeitnehmer die Vermögensbeteiligung unmittelbar erhält

1. von einem Beauftragten des Arbeitgebers, z. B. einem Kreditinstitut, oder

2. von einem Unternehmen, das mit dem Unternehmen des Arbeitgebers in einem Konzern (§ 18 AktG) verbunden ist (Ausgabe von Aktien oder anderen Vermögensbeteiligungen durch eine Konzernobergesellschaft an Arbeitnehmer der Konzernuntergesellschaft oder zwischen anderen Konzerngesellschaften), oder

3. von einem fremden Unternehmen, mit dem der Arbeitgeber entsprechende Vereinbarungen getroffen hat.

[4]Dabei kommt es nicht darauf an, ob der Arbeitgeber in die Überlassung eingeschaltet ist oder ob der Arbeitgeber dem Dritten den Preis der Vermögensbeteiligung oder die durch die Überlassung entstehenden Kosten ganz oder teilweise ersetzt.

(3) [1]Die Steuerbegünstigung gilt nur für den geldwerten Vorteil, den der Arbeitnehmer durch die unentgeltliche oder verbilligte Überlassung der Vermögensbeteiligung erhält. [2]Deshalb sind Geldleistungen des Arbeitgebers an den Arbeitnehmer zur Begründung oder zum Erwerb der Vermögensbeteiligung oder für den Arbeitnehmer vereinbarte vermögenswirksame Leistungen im Sinne des Fünften Vermögensbildungsgesetzes, die zur Begründung oder zum Erwerb der Vermögensbeteiligung angelegt werden, nicht steuerbegünstigt. [3]Die Übernahme der mit der Überlassung von Vermögensbeteiligungen verbundenen Nebenkosten durch den Arbeitgeber, z. B. Notariatsgebühren, Eintrittsgelder im Zusammenhang mit Geschäftsguthaben bei einer Genossenschaft und Kosten für Registereintragungen, ist kein Arbeitslohn. [4]Ebenfalls kein Arbeitslohn sind vom Arbeitgeber übernommene Depotgebühren, die durch die Festlegung der Wertpapiere für die Dauer einer vertraglich vereinbarten Sperrfrist entstehen; dies gilt entsprechend bei der kostenlosen Depotführung durch den Arbeitgeber.

Umwandlung von Arbeitslohn

(4) [1]Die Gewährung einer Vermögensbeteiligung ist dann nicht unentgeltlich oder verbilligt, wenn die Vermögensbeteiligung ganz oder teilweise an die Stelle von Arbeitslohn tritt, der zum Zeitpunkt der Überlassung der Vermögensbeteiligung ohnehin geschuldet wird. [2]Bei einer solchen Umwandlung entsteht deshalb kein geldwerter Vorteil. [3]Eine Umwandlung von Arbeitslohn in eine Vermögensbeteiligung liegt dann vor, wenn der Arbeitnehmer anstelle der Vermögensbeteiligung eine Barleistung erhalten kann. [4]Dagegen liegt keine Umwandlung vor, wenn die Vermögensbeteiligung auf Grund einer tarifvertraglichen Öffnungsklausel überlassen wird, nach der im Fall der Vereinbarung einer Vermögensbeteiligung ein Anspruch des Arbeitnehmers auf eine entsprechende Barleistung nicht entsteht.

Begriff der Vermögensbeteiligungen

(5) [1]Die Vermögensbeteiligungen, deren Überlassung nach § 19a EStG steuerbegünstigt ist, sind in § 19a Abs. 1 EStG in Verbindung mit § 2 Abs. 1 Nr. 1 und Abs. 2 bis 5 VermBG abschließend aufgezählt. [2]Danach können sowohl Vermögensbeteiligungen am Unternehmen des Arbeitgebers (betriebliche Beteiligungen) als auch Vermögensbeteiligungen an anderen Unternehmen (außerbetriebliche Beteiligungen) steuerbegünstigt überlassen werden.

Wert der Vermögensbeteiligung

(6) Der Wert von Vermögensbeteiligungen im Sinne des § 2 Abs. 1 Nr. 1 und Abs. 2 bis 5 VermBG richtet sich nach § 19a Abs. 2 EStG auch dann, wenn die Steuerbegünstigung des § 19a Abs. 1 EStG nicht in Anspruch genommen wird.

(7) [1]Beschließt ein herrschendes Unternehmen im Sinne des § 18 Abs. 1 AktG die Überlassung von Vermögensbeteiligungen im Sinne des § 2 Abs. 1 Nr. 1 Buchstabe a, b und f in Verbindung mit Abs. 2 bis 5 VermBG an Arbeitnehmer des Konzerns, gilt dieser Tag als Tag der Beschlussfassung im Sinne des § 19a Abs. 2 Satz 2 EStG; dies gilt auch dann, wenn das abhängige Unternehmen in einem eigenen Beschluss den Überlassungsbeschluss des herrschenden Unternehmens nachvollzieht, ohne die Wertpapiere von diesem zu erwerben. [2]Erwirbt das abhängige Unternehmen die Wertpapiere, so ist der Tag seiner Beschlussfassung maßgebend.

(8) Als Tag der Überlassung gilt der Tag der Ausbuchung beim Überlassenden oder dessen Erfüllungsgehilfen.

(9) [1]Vermögensbeteiligungen im Sinne des § 2 Abs. 1 Nr. 1 Buchstabe a, b und f, Abs. 2 und 4 VermBG, für die am Beschlusstag und

innerhalb von 30 Tagen vor dem Beschlusstag ein Kurs weder im amtlichen Handel noch im geregelten Markt oder im Freiverkehr ermittelt worden ist, sind mit dem gemeinen Wert am Tag der Überlassung anzusetzen; wird an diesem Tag ein Kurs ermittelt, so ist dieser der gemeine Wert. ²Liegt bei erstmaliger Börseneinführung von Aktien weder am Beschlusstag noch am Überlassungstag ein Börsenkurs vor, so ist der gemeine Wert der neu eingeführten Aktien mit dem für Privatanleger maßgebenden Ausgabekurs anzusetzen, wenn dieser zeitnah mit dem Beschlusstag oder am Überlassungstag feststeht. ³Der Wert junger Aktien, die noch nicht an der Börse eingeführt, aber schon voll dividendenberechtigt sind, kann aus Vereinfachungsgründen aus dem Kurs der Altaktien am Beschlusstag abgeleitet werden. ⁴Bei jungen Aktien, die noch nicht an der Börse eingeführt und noch nicht voll dividendenberechtigt sind, kann insgesamt ein Abschlag in Höhe von 10% des Börsenkurses der Altaktien, höchstens von 30% vom Nominalwert der Aktie, bei Stückaktien vom auf die Aktie entfallenden anteiligen Wert des Grundkapitals gemacht werden. ⁵Der ermittelte Wert gilt für alle jungen Aktien, die dem Arbeitnehmer innerhalb von 9 Monaten nach dem Beschlusstag überlassen werden. ⁶Nach Ablauf von 9 Monaten ist der Kurs der Altaktien am Tag der Überlassung zugrunde zu legen. ⁷Für die Bewertung innerhalb eines Konzerns ist Absatz 7 Satz 1 und 2 anzuwenden.

(10) Ob nicht verbriefte Vermögensbeteiligungen im Sinne des § 2 Abs. 1 Nr. 1 Buchstabe g, i, k, und l, Abs. 2 und 4 VermBG wegen besonderer Umstände mit einem höheren oder niedrigeren Wert als dem Nennwert anzusetzen sind (§ 19a Abs. 2 Satz 7 EStG), ist nach den Grundsätzen der R 109 ErbStR zu entscheiden.

(11) ¹Der gemeine Wert von Stammeinlagen oder Geschäftsanteilen an einer GmbH, ist durch eine fiktive Anteilsbewertung nach den Grundsätzen des § 11 Abs. 2 BewG i. V. m. R 96 ErbStR zu ermitteln. ²Die Ermittlung erfolgt durch das für die GmbH zuständige Betriebsfinanzamt. ³Stammeinlagen oder Geschäftsanteile an einer GmbH, die zu Beginn des Kalenderjahres noch nicht bestand, sind grundsätzlich mit dem eingezahlten Kapital zu bewerten. ⁴Bei Gesellschaften, die z. B. durch Umwandlung aus einer Personengesellschaft oder einer Einzelfirma oder im Rahmen einer Betriebsaufspaltung aus einem bestehenden Unternehmen entstanden sind, ist jedoch die Ermittlung des gemeinen Werts vom Betriebsfinanzamt der GmbH nach den Grundsätzen der R 98 bis 100 ErbStR durchzuführen. ⁵Dabei kann der Ertragsvomhundertsatz aus den früheren Betriebsergebnissen der Personengesellschaft oder Einzelfirma abgeleitet werden, wobei die Auswirkungen aus der geänderten Rechtsform ggf. durch entsprechende Korrekturen der Betriebsergebnisse zu berücksichtigen sind (>R 102 Abs. 2 ErbStR).

Ermittlung des steuerfreien geldwerten Vorteils

(12) Der geldwerte Vorteil ergibt sich aus dem Unterschied zwischen dem Wert der Vermögensbeteiligung (>Absätze 6 bis 11) und dem Preis, zu dem die Vermögensbeteiligung dem Arbeitnehmer überlassen wird.

(13) ¹Der steuerfreie Höchstbetrag ist auf das Dienstverhältnis bezogen. ²Steht der Arbeitnehmer im Kalenderjahr nacheinander oder nebeneinander in mehreren Dienstverhältnissen, so kann der steuerfreie Höchstbetrag in jedem Dienstverhältnis in Anspruch genommen werden.

H 77
Hinweise zu R 77
Steuerbegünstigte Überlassung von Vermögensbeteiligungen

Abgrenzung zwischen stiller Beteiligung und partiarischem Darlehen

Für die Abgrenzung einer stillen Beteiligung von einem partiarischen Darlehen kommt es darauf an, ob die Vertragspartner einen gemeinsamen Zweck verfolgen (>BFH vom 21. 6. 1983 – BStBl. II S. 563). Indiz für die Verfolgung eines gemeinsamen Zwecks kann die ausdrückliche Vereinbarung von Kontrollrechten des Arbeitnehmers sein (>BFH vom 10. 2. 1978 – BStBl. II S. 256). Fehlt es an einem gemeinsamen Zweck der Vertragspartner, liegt ein partiarisches Darlehen vor.

Begriff der Vermögensbeteiligungen

>BMF-Schreiben vom 9. 8. 2004 (BStBl. I S. 717)*); Abschnitt 4

Darlehensforderung

Darlehensforderungen im Sinne des § 2 Abs. 1 Nr. 1 Buchstabe k VermBG können in der Regel dann unter dem Nennwert bewertet werden, wenn die Forderung unverzinslich ist (>R 109 Abs. 1 Nr. 1 ErbStR); eine Bewertung über dem Nennwert ist im Allgemeinen dann gerechtfertigt, wenn die Forderung hoch verzinst und vonseiten des Schuldners (Arbeitgebers) für längere Zeit unkündbar ist (>R 109 Abs. 1 Nr. 2 ErbStR).

Ermittlung des steuerfreien geldwerten Vorteils

Die Steuerfreiheit des geldwerten Vorteils ist der Höhe nach doppelt begrenzt, und zwar auf den halben Wert der Vermögensbeteiligung, höchstens aber auf 135 € jährlich (§ 19a Abs. 1 Satz 1 EStG). Daraus folgt, dass der geldwerte Vorteil nur insoweit zum steuerpflichtigen Arbeitslohn gehört, als er die Hälfte des Werts der Vermögensbeteiligung übersteigt. Ist der geldwerte Vorteil höher als 135 € im Kalenderjahr, so gehört der 135 € übersteigende Teil des geldwerten Vorteils auch dann zum steuerpflichtigen Arbeitslohn, wenn die Hälfte des Werts der Vermögensbeteiligung nicht überschritten wird.

Beispiele zur Ermittlung des steuerfreien geldwerten Vorteils

Eigenleistung des Arbeitnehmers	Wert der Beteiligung	steuerfrei	steuerpflichtig
0	50	25	25
0	500	135	365
200	400	135	65
50	250	125	75
135	270	135	0
150	300	135	15
250	500	135	115
275	550	135	140

Genussschein

Ein Genussschein ist ein Wertpapier, wenn er ein Genussrecht verbrieft und auf Inhaber, Namen oder an Order lautet.

Gewinnschuldverschreibung

Eine Gewinnschuldverschreibung ist ein Wertpapier, das auf Inhaber, Namen oder an Order lautet und in dem die Leistung einer bestimmten Geldsumme – im Regelfall die Einlösung zum Nennwert – versprochen wird.

Junge Aktien

§ 19a Abs. 2 Satz 2 EStG findet auch dann Anwendung, wenn sich der Überlassungsbeschluss auf junge Aktien bezieht, die erst im Rahmen einer bevorstehenden Kapitalerhöhung ausgegeben werden, sofern die „Altaktie" im Zeitpunkt des Überlassungsbeschlusses an der Börse notiert ist. Der Anwendung des § 19a Abs. 2 Satz 2 EStG steht in diesem Fall nicht der Umstand entgegen, dass die jungen Aktien bei ihrer Überlassung an die Arbeitnehmer bereits an der Börse notiert sind (>BFH vom 4. 4. 2001 – BStBl. II S. 677).

Preisnachlass

Überlässt der Arbeitgeber Wertpapiere an seine Arbeitnehmer gegen einen fest und unabänderlich bezifferten Preisnachlass, so bemisst sich der geldwerte Vorteil nach diesem im Überlassungsangebot bezifferten Preisnachlass. § 19a Abs. 2 Satz 2 EStG findet in diesem Fall keine Anwendung (>BFH vom 4. 4. 2001 – BStBl. II S. 813).

Tag der Beschlussfassung

Der Arbeitgeber kann einen Beschluss über die Überlassung von Aktien an seine Arbeitnehmer aufheben und durch einen anderen Überlassungsbeschluss ersetzen. In diesem Fall ist der nach § 19a Abs. 2 Satz 2 EStG zu berechnende Vorteil auf den Tag des

---
*) Abgedruckt als Anhang 6 zum Handbuch.

(Zweit-)Beschlusses zu berechnen, auf dem die Überlassung der Aktien tatsächlich beruht (>BFH vom 4. 4. 2001 – BStBl. II S. 677).

Wert der Vermögensbeteiligung

Veräußerungssperren mindern den Wert der Vermögensbeteiligung nicht (>BFH vom 7. 4. 1989 – BStBl. II S. 608).

§ 22 EStG
Arten der sonstigen Einkünfte

¹Sonstige Einkünfte sind

1. ¹Einkünfte aus wiederkehrenden Bezügen, soweit sie nicht zu den in § 2 Abs. 1 Nr. 1 bis 6 bezeichneten Einkunftsarten gehören; § 15b ist sinngemäß anzuwenden. ²Werden die Bezüge freiwillig oder auf Grund einer freiwillig begründeten Rechtspflicht oder einer gesetzlich unterhaltsberechtigten Person gewährt, so sind sie nicht dem Empfänger zuzurechnen, wenn der Geber unbeschränkt einkommensteuerpflichtig oder unbeschränkt körperschaftsteuerpflichtig ist; dem Empfänger sind dagegen zuzurechnen

   a) Bezüge, die von einer unbeschränkt steuerpflichtigen Körperschaft, Personenvereinigung oder Vermögensmasse außerhalb der Erfüllung steuerbegünstigter Zwecke im Sinne der §§ 52 bis 54 der Abgabenordnung gewährt werden, und

   b) Bezüge im Sinne des § 1 der Verordnung über die Steuerbegünstigung von Stiftungen, die an die Stelle von Familienfideikommissen getreten sind, in der im Bundesgesetzblatt Teil III, Gliederungsnummer 611-4-3, veröffentlichten bereinigten Fassung.

   ³Zu den in Satz 1 bezeichneten Einkünften gehören auch

   a) Leibrenten und andere Leistungen,

      aa) die aus den gesetzlichen Rentenversicherungen, den landwirtschaftlichen Alterskassen, den berufsständischen Versorgungseinrichtungen und aus Rentenversicherungen im Sinne des § 10 Abs. 1 Nr. 2 Buchstabe b erbracht werden, soweit sie jeweils der Besteuerung unterliegen. ²Bemessungsgrundlage für den der Besteuerung unterliegenden Anteil ist der Jahresbetrag der Rente.

      ³Der der Besteuerung unterliegende Anteil ist nach dem Jahr des Rentenbeginns und dem in diesem Jahr maßgebenden Prozentsatz aus der nachstehenden Tabelle zu entnehmen:

Jahr des Rentenbeginns	Besteuerungsanteil in %
bis 2005	50
ab 2006	52
2007	54
2008	56
2009	58
2010	60
2011	62
2012	64
2013	66
2014	68
2015	70
2016	72
2017	74
2018	76
2019	78
2020	80
2021	81
2022	82
2023	83
2024	84
2025	85
2026	86
2027	87
2028	88
2029	89
2030	90
2031	91
2032	92
2033	93
2034	94
2035	95
2036	96
2037	97
2038	98
2039	99
2040	100

⁴Der Unterschiedsbetrag zwischen dem Jahresbetrag der Rente und dem der Besteuerung unterliegenden Anteil der Rente ist der steuerfreie Teil der Rente. ⁵Dieser gilt ab dem Jahr, das dem Jahr des Rentenbeginns folgt, für die gesamte Laufzeit des Rentenbezugs. ⁶Abweichend hiervon ist der steuerfreie Teil der Rente bei einer Veränderung des Jahresbetrags der Rente in dem Verhältnis anzupassen, in dem der veränderte Jahresbetrag der Rente zum Jahresbetrag der Rente steht, der der Ermittlung des steuerfreien Teils der Rente zugrunde liegt. ⁷Regelmäßige Anpassungen des Jahresbetrags der Rente führen nicht zu einer Neuberechnung und bleiben bei einer Neuberechnung außer Betracht. ⁸Folgen nach dem 31. Dezember 2004 Renten aus derselben Versicherung einander nach, gilt für die spätere Rente Satz 3 mit der Maßgabe, dass sich der Vomhundertsatz nach dem Jahr richtet, das sich ergibt, wenn die Laufzeit der vorhergehenden Renten von dem Jahr des Beginns der späteren Rente abgezogen wird; der Prozentsatz kann jedoch nicht niedriger bemessen werden als der für das Jahr 2005;

bb) die nicht solche im Sinne des Doppelbuchstaben aa sind und bei denen in den einzelnen Bezügen Einkünfte aus Erträgen des Rentenrechts enthalten sind. ²Dies gilt auf Antrag auch für Leibrenten und andere Leistungen, soweit diese auf bis zum 31. Dezember 2004 geleisteten Beiträgen beruhen, welche oberhalb des Betrags des Höchstbeitrags zur gesetzlichen Rentenversicherung gezahlt wurden; der Steuerpflichtige muss nachweisen, dass der Betrag des Höchstbeitrags mindestens zehn Jahre überschritten wurde. ³Als Ertrag des Rentenrechts gilt für die gesamte Dauer des Rentenbezugs der Unterschiedsbetrag zwischen dem Jahresbetrag der Rente und dem Betrag, der sich bei gleichmäßiger Verteilung des Kapitalwerts der Rente auf ihre voraussichtliche Laufzeit ergibt; dabei ist der Kapitalwert nach dieser Laufzeit zu berechnen. ⁴Der Ertrag des Rentenrechts (Ertragsanteil) ist aus der nachstehenden Tabelle zu entnehmen:

Bei Beginn der Rente vollendetes Lebensjahr des Rentenberechtigten	Ertragsanteil in %	Bei Beginn der Rente vollendetes Lebensjahr des Rentenberechtigten	Ertragsanteil in %
0 bis 1	59	51 bis 52	29
2 bis 3	58	53	28
4 bis 5	57	54	27
6 bis 8	56	55 bis 56	26
9 bis 10	55	57	25
11 bis 12	54	58	24
13 bis 14	53	59	23
15 bis 16	52	60 bis 61	22
17 bis 18	51	62	21
19 bis 20	50	63	20
21 bis 22	49	64	19
23 bis 24	48	65 bis 66	18
25 bis 26	47	67	17
27	46	68	16
28 bis 29	45	69 bis 70	15
30 bis 31	44	71	14
32	43	72 bis 73	13
33 bis 34	42	74	12
35	41	75	11
36 bis 37	40	76 bis 77	10
38	39	78 bis 79	9
39 bis 40	38	80	8
41	37	81 bis 82	7
42	36	83 bis 84	6
43 bis 44	35	85 bis 87	5
45	34	88 bis 91	4
46 bis 47	33	92 bis 93	3
48	32	94 bis 96	2
49	31	ab 97	1
50	30		

[5]Die Ermittlung des Ertrags aus Leibrenten, die vor dem 1. Januar 1955 zu laufen begonnen haben, und aus Renten, deren Dauer von der Lebenszeit mehrerer Personen oder einer anderen Person als des Rentenberechtigten abhängt, sowie aus Leibrenten, die auf eine bestimmte Zeit beschränkt sind, wird durch eine Rechtsverordnung bestimmt;

b) Einkünfte aus Zuschüssen und sonstigen Vorteilen, die als wiederkehrende Bezüge gewährt werden;

1a. Einkünfte aus Unterhaltsleistungen, soweit sie nach § 10 Abs. 1 Nr. 1 vom Geber abgezogen werden können;

2. Einkünfte aus privaten Veräußerungsgeschäften im Sinne des § 23;

3. Einkünfte aus Leistungen, soweit sie weder zu anderen Einkunftsarten (§ 2 Abs. 1 Satz 1 Nr. 1 bis 6) noch zu den Einkünften im Sinne der Nummern 1, 1a, 2 oder 4 gehören, z. B. Einkünfte aus gelegentlichen Vermittlungen und aus der Vermietung beweglicher Gegenstände. [2]Solche Einkünfte sind nicht einkommensteuerpflichtig, wenn sie weniger als 256 Euro im Kalenderjahr betragen haben. [3]Übersteigen die Werbungskosten die Einnahmen, so darf der übersteigende Betrag bei Ermittlung des Einkommens nicht ausgeglichen werden; er darf auch nicht nach § 10d abgezogen werden. [4]Die Verluste mindern jedoch nach Maßgabe des § 10d die Einkünfte, die der Steuerpflichtige in dem unmittelbar vorangegangenen Veranlagungszeitraum oder in den folgenden Veranlagungszeiträumen aus Leistungen im Sinne des Satzes 1 erzielt hat oder erzielt; § 10d Abs. 4 gilt entsprechend;

4. Entschädigungen, Amtszulagen, Zuschüsse zu Kranken- und Pflegeversicherungsbeiträgen, Übergangsgelder, Überbrückungsgelder, Sterbegelder, Versorgungsabfindungen, Versorgungsbezüge, die auf Grund des Abgeordnetengesetzes oder des Europaabgeordnetengesetzes, sowie vergleichbare Bezüge, die auf Grund der entsprechenden Gesetze der Länder gezahlt werden. [2]Werden zur Abgeltung des durch das Mandat veranlassten Aufwandes Aufwandsentschädigungen gezahlt, so dürfen die durch das Mandat veranlassten Aufwendungen nicht als Werbungskosten abgezogen werden. [3]Wahlkampfkosten zur Erlangung eines Mandats im Bundestag, im Europäischen Parlament oder im Parlament eines Landes dürfen nicht als Werbungskosten abgezogen werden. [4]Es gelten entsprechend

a) für Nachversicherungsbeiträge auf Grund gesetzlicher Verpflichtung nach den Abgeordnetengesetzen im Sinne des Satzes 1 und für Zuschüsse zu Kranken- und Pflegeversicherungsbeiträgen § 3 Nr. 62,

b) für Versorgungsbezüge § 19 Abs. 2 nur bezüglich des Versorgungsfreibetrags; beim Zusammentreffen mit Versorgungsbezügen im Sinne des § 19 Abs. 2 Satz 2 bleibt jedoch insgesamt höchstens ein Betrag in Höhe des Versorgungsfreibetrags nach § 19 Abs. 2 Satz 3 im Veranlagungszeitraum steuerfrei,

c) für das Übergangsgeld, das in einer Summe gezahlt wird, und für die Versorgungsabfindung § 34 Abs. 1.

5. Leistungen aus Altersvorsorgeverträgen, Pensionsfonds, Pensionskassen und Direktversicherungen. [2]Soweit die Leistungen nicht auf Beiträgen, auf die § 3 Nr. 63, § 10a oder Abschnitt XI angewendet wurden, nicht auf Zulagen im Sinne des Abschnitts XI, nicht auf steuerfreien Leistungen nach § 3 Nr. 66 und nicht auf Ansprüchen beruhen, die durch steuerfreie Zuwendungen nach § 3 Nr. 56 erworben wurden,

a) ist bei lebenslangen Renten sowie bei Berufsunfähigkeits-, Erwerbsminderungs- und Hinterbliebenenrenten Nummer 1 Satz 3 Buchstabe a entsprechend anzuwenden,

b) ist bei Leistungen aus Versicherungsverträgen, Pensionsfonds, Pensionskassen und Direktversicherungen, die nicht solche nach Buchstabe a sind, § 20 Abs. 1 Nr. 6 in der jeweils für den Vertrag geltenden Fassung entsprechend anzuwenden,

c) unterliegt bei anderen Leistungen der Unterschiedsbetrag zwischen der Leistung und der Summe der auf sie entrichteten Beiträge der Besteuerung; § 20 Abs. 1 Nr. 6 Satz 2 gilt entsprechend.

[3]In den Fällen des § 93 Abs. 1 Satz 1 und 2 gilt das ausgezahlte geförderte Altersvorsorgevermögen nach Abzug der Zulagen im Sinne des Abschnitt XI als Leistung im Sinne des Satzes 2. [4]Dies gilt auch in den Fällen des § 92a Abs. 3 und 4 Satz 1 und 2; darüber hinaus gilt in diesen Fällen als Leistung im Sinne des Satzes 1 der Betrag, der sich aus der Verzinsung (Zins und Zinseszins) des nicht zurückgezahlten Altersvorsorge-Eigenheimbetrags mit 5 Prozent für jedes volle Kalenderjahr zwischen dem Zeitpunkt der Verwendung des Altersvorsorge-Eigenheimbetrags (§ 92a Abs. 2) und dem Eintritt des Zahlungsrückstandes oder dem Zeitpunkt ergibt, ab dem die Wohnung nicht mehr zu eigenen Wohnzwecken dient. [5]Bei erstmaligem Bezug von Leistungen, in den Fällen des § 93 Abs. 1 sowie bei Änderung der im Kalenderjahr auszuzahlenden Leistung hat der Anbieter (§ 80) nach Ablauf des Kalenderjahres dem Steuerpflichtigen nach amtlich vorgeschriebenem Vordruck den Betrag der im abgelaufenen Kalenderjahr zugeflossenen Leistungen im Sinne der Sätze 1 bis 4 je gesondert mitzuteilen.

§ 24 EStG
Gemeinsame Vorschriften

Zu den Einkünften im Sinne des § 2 Abs. 1 gehören auch

1. Entschädigungen, die gewährt worden sind
   a) als Ersatz für entgangene oder entgehende Einnahmen oder
   b) für die Aufgabe oder Nichtausübung einer Tätigkeit, für die Aufgabe einer Gewinnbeteiligung oder einer Anwartschaft auf eine solche;
   c) als Ausgleichszahlungen an Handelsvertreter nach § 89b des Handelsgesetzbuchs;
2. Einkünfte aus einer ehemaligen Tätigkeit im Sinne des § 2 Abs. 1 Satz 1 Nr. 1 bis 4 oder aus einem früheren Rechtsverhältnis im Sinne des § 2 Abs. 1 Satz 1 Nr. 5 bis 7, und zwar auch dann, wenn sie dem Steuerpflichtigen als Rechtsnachfolger zufließen;
3. Nutzungsvergütungen für die Inanspruchnahme von Grundstücken für öffentliche Zwecke sowie Zinsen auf solche Nutzungsvergütungen und auf Entschädigungen, die mit der Inanspruchnahme von Grundstücken für öffentliche Zwecke zusammenhängen.

Anlage 1
zu § 24 EStG

Abfindungen für unverfallbare Pensionsanwartschaften

Bundeseinheitlich geltende Regelung, für Bayern bekannt gegeben mit Schreiben des Bayer. Staatsministeriums der Finanzen vom 11. 3. 1986 (Az.: 31 b – S 2258 – 11/2 – 70147/85)

Es ist die Frage aufgeworfen worden, ob eine Kapitalzahlung zur Abgeltung einer unverfallbaren Pensionsanwartschaft eine Abfindung im Sinne des § 24 Nr. 1 i. V. m. § 34 Abs. 2 Nr. 2 EStG darstellt, wenn

a) eine Pensionszusage lediglich ein Kapitalwahlrecht des Arbeitgebers enthält und das Arbeitsverhältnis auf Veranlassung des Arbeitgebers gelöst wird oder
b) der Arbeitgeber von dem in seiner Pensionszusage vorbehaltenen Recht Gebrauch macht, die bisher erdiente Pensionsanwartschaft durch eine Einmalzahlung abzugelten, ohne dass das Arbeitsverhältnis beendet wird.

Dazu vertrete ich die Auffassung, dass in beiden Fällen keine Entschädigung im Sinne des § 24 Nr. 1 EStG darin liegt, dass der Arbeitgeber eine unverfallbare Pensionsanwartschaft durch eine einmalige Kapitalzahlung abgilt; denn dieses Recht stand ihm nach dem Inhalt der Pensionszusage von Anfang an zu, sodass die Ausübung des Kapitalwahlrechts durch den Arbeitgeber nicht zu einer neuen Rechtsgrundlage für die Zahlung führt. Im Einzelfall kann allenfalls zu prüfen sein, ob eine Progressionsminderung durch Anwendung des § 34 Abs. 3 EStG möglich ist.

Dieses Schreiben ergeht im Einvernehmen mit dem Bundesminister der Finanzen und den obersten Finanzbehörden der anderen Länder.

Anlage 2
zu § 24 EStG

Einkommensteuerliche Behandlung von Abfindungszahlungen für Pensionsanwartschaften

Bundeseinheitlich geltende Regelung, für Bayern bekannt gegeben mit Schreiben des Bayer. Staatsministeriums der Finanzen vom 23. 7. 1987 (Az.: 31 b – S 2258 – 11/8 – 4424)

Es ist gefragt worden, ob Kapitalabfindungen Entschädigungen im Sinne des § 24 Nr. 1 Buchst. a EStG darstellen, die nach § 34 Abs. 2 Nr. 2 in Verbindung mit § 34 Abs. 1 EStG mit dem ermäßigten Steuersatz besteuert werden können, wenn Arbeitgeber ihre Arbeitnehmer bei Fortbestand ihres Arbeitsverhältnisses drängen, in eine Abfindung sowohl verfallbarer als auch unverfallbarer Anwartschaften auf laufende Pensionsleistungen einzuwilligen, bei denen die Pensionszusage weder für den Arbeitgeber noch für den Arbeitnehmer ein Kapitalwahlrecht enthält.

Im Einvernehmen mit dem Bundesminister der Finanzen und den obersten Finanzbehörden der anderen Länder vertrete ich hierzu die Auffassung, dass in diesen Fällen die Abfindungen unabhängig davon, ob sie zur Entschädigung für den Wegfall einer verfallbaren oder einer unverfallbaren Pensionsanwartschaft dienen, als Entschädigungen im Sinne des § 24 Nr. 1 Buchst. a EStG anzusehen sind. Die Vereinbarung über die Zahlung der Abfindung einer Pensionsanwartschaft stellt eine neue Rechtsgrundlage außerhalb des Arbeitsverhältnisses dar, zu deren Abschluss der Arbeitnehmer aus Gründen veranlasst wird, die in der Sphäre des Arbeitgebers einen auch für ihn spürbaren wirtschaftlichen Druck erzeugen.

Zur einkommensteuerlichen Behandlung von Abfindungen zur Abgeltung unverfallbarer Pensionsanwartschaften, die auf Grund eines Kapitalwahlrechts des Arbeitgebers erfolgen, weise ich auf das FMS vom 11. 3. 1986 hin*). Die darin aufgezeigten Grundsätze gelten entsprechend bei verfallbaren Pensionsanwartschaften und auch in den Fällen, in denen ein vereinbartes Kapitalwahlrecht seitens des Arbeitnehmers ausgeübt wird.

§ 24 a EStG
Altersentlastungsbetrag

¹Der Altersentlastungsbetrag ist bis zu einem Höchstbetrag im Kalenderjahr ein nach einem Prozentsatz ermittelter Betrag des Arbeitslohns und der positiven Summe der Einkünfte, die nicht solche aus nichtselbständiger Arbeit sind. ²Versorgungsbezüge im Sinne des § 19 Abs. 2, Einkünfte aus Leibrenten im Sinne des § 22 Nr. 1 Satz 3 Buchstabe a und Einkünfte im Sinne des § 22 Nr. 4 Satz 4 Buchstabe b bleiben bei der Bemessung des Betrags außer Betracht. ³Der Altersentlastungsbetrag wird einem Steuerpflichtigen gewährt, der vor dem Beginn des Kalenderjahres, in dem er sein Einkommen bezogen hat, das 64. Lebensjahr vollendet hatte. ⁴Im Fall der Zusammenveranlagung von Ehegatten zur Einkommensteuer sind die Sätze 1 bis 3 für jeden Ehegatten gesondert anzuwenden. ⁵Der maßgebende Prozentsatz und der Höchstbetrag des Altersentlastungsbetrags sind der nachstehenden Tabelle zu entnehmen:

Das auf die Vollendung des 64. Lebensjahres folgende Kalenderjahr	Altersentlastungsbetrag	
	in % der Einkünfte	Höchstbetrag in Euro
2005	40,0	1900
2006	38,4	1824
2007	36,8	1748
2008	35,2	1672
2009	33,6	1596
2010	32,0	1520
2011	30,4	1444
2012	28,8	1368
2013	27,2	1292
2014	25,6	1216
2015	24,0	1140
2016	22,4	1064
2017	20,8	988
2018	19,2	912
2019	17,6	836
2020	16,0	760
2021	15,2	722
2022	14,4	684
2023	13,6	646

*) Abgedruckt als Anlage 1 zu § 24 EStG.

Das auf die Vollendung des 64. Lebensjahres folgende Kalenderjahr	Altersentlastungsbetrag	
	in % der Einkünfte	Höchstbetrag in Euro
2024	12,8	608
2025	12,0	570
2026	11,2	532
2027	10,4	494
2028	9,6	456
2029	8,8	418
2030	8,0	380
2031	7,2	342
2032	6,4	304
2033	5,6	266
2034	4,8	228
2035	4,0	190
2036	3,2	152
2037	2,4	114
2038	1,6	76
2039	0,8	38
2040	0,0	0.

R 78
Altersentlastungsbetrag
– unbesetzt –

H 78
Hinweise zu R 78
Altersentlastungsbetrag

Allgemeines
> R 24 a EStR

Altersentlastungsbetrag beim Lohnsteuerabzug
> R 117

§ 24b
Entlastungsbetrag für Alleinerziehende

(1) ¹Allein stehende Steuerpflichtige können einen Entlastungsbetrag in Höhe von 1308 Euro im Kalenderjahr von der Summe der Einkünfte abziehen, wenn zu ihrem Haushalt mindestens ein Kind gehört, für das ihnen ein Freibetrag nach §32 Abs.6 oder Kindergeld zusteht. ²Die Zugehörigkeit zum Haushalt ist anzunehmen, wenn das Kind in der Wohnung des allein stehenden Steuerpflichtigen gemeldet ist. ³Ist das Kind bei mehreren Steuerpflichtigen gemeldet, steht der Entlastungsbetrag nach Satz 1 demjenigen Alleinstehenden zu, der die Voraussetzungen auf Auszahlung des Kindergeldes nach §64 Abs.2 Satz 1 erfüllt oder erfüllen würde in Fällen, in denen nur ein Anspruch auf einen Freibetrag nach §32 Abs.6 besteht.

(2) ¹Allein stehend im Sinne des Absatzes 1 sind Steuerpflichtige, die nicht die Voraussetzungen für die Anwendung des Splitting-Verfahrens (§26 Abs.1) erfüllen oder verwitwet sind und keine Haushaltsgemeinschaft mit einer anderen volljährigen Person bilden, es sei denn, für diese steht ihnen ein Freibetrag nach §32 Abs.6 oder Kindergeld zu oder es handelt sich um ein Kind im Sinne des §63 Abs.1 Satz 1, das einen Dienst nach §32 Abs.5 Satz 1 Nr.1 und 2 leistet oder eine Tätigkeit nach §32 Abs.5 Satz 1 Nr.3 ausübt. ²Ist die andere Person mit Haupt- oder Nebenwohnsitz in der Wohnung des Steuerpflichtigen gemeldet, wird vermutet, dass sie mit dem Steuerpflichtigen gemeinsam wirtschaftet (Haushaltsgemein-schaft). ³Diese Vermutung ist widerlegbar, es sei denn, der Steuerpflichtige und die andere Person leben in einer eheähnlichen Gemeinschaft oder in einer eingetragenen Lebenspartnerschaft.

(3) Für jeden vollen Kalendermonat, in dem die Voraussetzungen des Absatzes 1 nicht vorgelegen haben, ermäßigt sich der Entlastungsbetrag um ein Zwölftel.

R 78a
Entlastungsbetrag für Alleinerziehende
– unbesetzt –

H 78a
Hinweise zu R 78a
Entlastungsbetrag für Alleinerziehende

Allgemeine Grundsätze
> BMF vom 29.10.2004 (BStBl.I S.1042)*)

Anlage
zu H 78a

Entlastungsbetrag für Alleinerziehende, Anwendungsschreiben zu §24b EStG;

BMF-Schreiben vom 29.10.2004 (BStBl.I S.1042)

Unter Bezugnahme auf das Ergebnis der Erörterungen mit den obersten Finanzbehörden der Länder gilt für die Anwendung des §24b EStG ab dem Veranlagungszeitraum 2004 Folgendes:

I. Allgemeines

Durch Artikel 9 des Haushaltsbegleitgesetzes 2004 vom 29. Dezember 2003 (BGBl.I S.3076; BStBl.2004 I S.120) wurde mit §24b EStG ein Entlastungsbetrag für Alleinerziehende in Höhe von 1308 Euro jährlich zum 1.Januar 2004 in das Einkommensteuergesetz eingefügt. Durch das Gesetz zur Änderung der Abgabenordnung und weiterer Gesetze vom 21. Juli 2004 (BGBl.I S.1753) wurden die Voraussetzungen für die Inanspruchnahme des Entlastungsbetrages für Alleinerziehende rückwirkend ab dem 1. Januar 2004 geändert, im Wesentlichen wurde der Kreis der Berechtigten erweitert.

Ziel des Entlastungsbetrages für Alleinerziehende ist es, die höheren Kosten für die eigene Lebens- bzw. Haushaltsführung der sog. echten Alleinerziehenden abzugelten, die einen gemeinsamen Haushalt nur mit ihren Kindern und keiner anderen erwachsenen Person führen, die tatsächlich oder finanziell zum Haushalt beiträgt.

Der Entlastungsbetrag für Alleinerziehende wird außerhalb des Familienleistungsausgleichs bei der Ermittlung des Gesamtbetrages der Einkünfte durch Abzug von der Summe der Einkünfte und beim Lohnsteuerabzug durch die Steuerklasse II berücksichtigt.

II. Anspruchsberechtigte

Der Entlastungsbetrag für Alleinerziehende wird Steuerpflichtigen gewährt, die

– „allein stehend" sind und

– zu deren Haushalt mindestens ein Kind gehört, für das ihnen ein Freibetrag nach §32 Abs.6 EStG oder Kindergeld zusteht.

„Allein stehend" im Sinne des §24b Abs.1 EStG sind nach §24b Abs.2 EStG Steuerpflichtige, die

– nicht die Voraussetzungen für die Anwendung des Splitting-Verfahrens (§26 Abs.1 EStG) erfüllen oder

– verwitwet sind

und keine Haushaltsgemeinschaft mit einer anderen volljährigen Person bilden (Ausnahme siehe unter 3.).

---
*) Abgedruckt als Anlage zu H 78a LStR.

§ 24 b EStG
R 78a

1. Haushaltszugehörigkeit

Ein Kind gehört zum Haushalt des Steuerpflichtigen, wenn es dauerhaft in dessen Wohnung lebt oder mit seiner Einwilligung vorübergehend, z. B. zu Ausbildungszwecken, auswärtig untergebracht ist. Haushaltszugehörigkeit erfordert ferner eine Verantwortung für das materielle (Versorgung, Unterhaltsgewährung) und immaterielle Wohl (Fürsorge, Betreuung) des Kindes. Eine Heimunterbringung ist unschädlich, wenn die Wohnverhältnisse in der Familienwohnung die speziellen Bedürfnisse des Kindes berücksichtigen und es sich im Haushalt des Steuerpflichtigen regelmäßig aufhält (vgl. BFH-Urteil vom 14. November 2001, BStBl. 2002 II S. 244). Ist das Kind nicht in der Wohnung des Steuerpflichtigen gemeldet, trägt der Steuerpflichtige die Beweislast für das Vorliegen der Haushaltszugehörigkeit. Ist das Kind bei mehreren Steuerpflichtigen gemeldet oder gehört es unstreitig zum Haushalt des Steuerpflichtigen ohne bei ihm gemeldet zu sein, ist es aber bei weiteren Steuerpflichtigen gemeldet, steht der Entlastungsbetrag demjenigen Alleinstehenden zu, zu dessen Haushalt das Kind tatsächlich gehört. Dies ist im Regelfall derjenige, der das Kindergeld erhält.

2. Splitting-Verfahren

Es sind grundsätzlich nur Steuerpflichtige anspruchsberechtigt, die nicht die Voraussetzungen für die Anwendung des Splitting-Verfahrens erfüllen. Abweichend hiervon können verwitwete Steuerpflichtige nach § 24 b Abs. 3 EStG den Entlastungsbetrag für Alleinerziehende erstmals zeitanteilig für den Monat des Todes des Ehegatten beanspruchen. Darüber hinaus, insbesondere in den Fällen der getrennten oder der besonderen Veranlagung im Jahr der Eheschließung, kommt eine zeitanteilige Berücksichtigung nicht in Betracht.

Im Ergebnis sind nur Steuerpflichtige anspruchsberechtigt, die

– während des gesamten Veranlagungszeitraums nicht verheiratet (ledig, geschieden) sind,

– verheiratet sind, aber seit dem vorangegangenen Veranlagungszeitraum dauernd getrennt leben,

– verwitwet sind

oder deren Ehegatte im Ausland lebt und nicht unbeschränkt einkommensteuerpflichtig im Sinne des § 1 Abs. 1 oder 2 EStG oder des § 1 a EStG ist.

3. Haushaltsgemeinschaft

Gemäß § 24 b Abs. 2 Satz 1 EStG sind Steuerpflichtige nur dann „allein stehend", wenn sie keine Haushaltsgemeinschaft mit einer anderen volljährigen Person bilden.

Der Gewährung des Entlastungsbetrages für Alleinerziehende steht es kraft Gesetzes nicht entgegen, wenn eine andere minderjährige Person in den Haushalt aufgenommen wird oder es sich bei der anderen volljährigen Person um ein leibliches Kind, Adoptiv-, Pflege-, Stief- oder Enkelkind handelt, für das dem Steuerpflichtigen ein Freibetrag für Kinder (§ 32 Abs. 6 EStG) oder Kindergeld zusteht oder das steuerlich nicht berücksichtigt wird, weil es

– den gesetzlichen Grundwehr- oder Zivildienst leistet (§ 32 Abs. 5 Satz 1 Nr. 1 EStG),

– sich an Stelle des gesetzlichen Grundwehrdienstes freiwillig für die Dauer von nicht mehr als drei Jahren zum Wehrdienst verpflichtet hat (§ 32 Abs. 5 Satz 1 Nr. 2 EStG) oder

– eine vom gesetzlichen Grundwehrdienst oder Zivildienst befreiende Tätigkeit als Entwicklungshelfer im Sinne des § 1 Abs. 1 des Entwicklungshelfer-Gesetzes ausübt (§ 32 Abs. 5 Satz 1 Nr. 3 EStG).

§ 24 b Abs. 2 Satz 2 EStG enthält neben der gesetzlichen Definition der Haushaltsgemeinschaft auch die widerlegbare Vermutung für das Vorliegen einer Haushaltsgemeinschaft, die an die Meldung der anderen volljährigen Person mit Haupt- oder Nebenwohnsitz in der Wohnung des Steuerpflichtigen anknüpft. Eine nachträgliche Ab- bzw. Ummeldung ist insoweit unerheblich. Die Vermutung gilt jedoch dann nicht, wenn die Gemeinde oder das Finanzamt positive Kenntnis davon hat, dass die tatsächlichen Verhältnisse von den melderechtlichen Verhältnissen zugunsten des Steuerpflichtigen abweichen.

a) Begriff der Haushaltsgemeinschaft

Eine Haushaltsgemeinschaft liegt vor, wenn der Steuerpflichtige und die andere Person in der gemeinsamen Wohnung – im Sinne des § 8 AO – gemeinsam wirtschaften („Wirtschaften aus einem Topf"). Die Annahme einer Haushaltsgemeinschaft setzt hingegen nicht die Meldung der anderen Person in der Wohnung des Steuerpflichtigen voraus.

Eine Haushaltsgemeinschaft setzt ferner nicht voraus, dass nur eine gemeinsame Kasse besteht und die zur Befriedigung jeglichen Lebensbedarfs dienenden Güter nur gemeinsam und aufgrund gemeinsamer Planung angeschafft werden. Es genügt eine mehr oder weniger enge Gemeinschaft mit nahem Beieinanderwohnen, bei der jedes Mitglied der Gemeinschaft tatsächlich oder finanziell seinen Beitrag zur Haushalts- bzw. Lebensführung leistet und an ihr partizipiert (der gemeinsame Verbrauch der Lebensmittel oder Reinigungsmittel, die gemeinsame Nutzung des Kühlschrankes etc.).

Auf die Zahlungswege kommt es dabei nicht an, d. h. es steht der Annahme einer Haushaltsgemeinschaft nicht entgegen, wenn z. B. der Steuerpflichtige die laufenden Kosten des Haushalts ohne Miete trägt und die andere Person dafür vereinbarungsgemäß die volle Miete bezahlt.

Es kommt ferner nicht darauf an, dass der Steuerpflichtige und die andere Person in besonderer Weise materiell (Unterhaltsgewährung) und immateriell (Fürsorge und Betreuung) verbunden sind.

Deshalb wird grundsätzlich bei jeder Art von Wohngemeinschaften vermutet, dass bei Meldung der anderen Person in der Wohnung des Steuerpflichtigen auch eine Haushaltsgemeinschaft vorliegt.

Als Kriterien für eine Haushaltsgemeinschaft können auch der Zweck und die Dauer der Anwesenheit der anderen Person in der Wohnung des Steuerpflichtigen herangezogen werden. So liegt eine Haushaltsgemeinschaft nicht vor bei nur kurzfristiger Anwesenheit in der Wohnung oder nicht nur vorübergehender Abwesenheit von der Wohnung.

Beispiele für nur kurzfristige Anwesenheit:
Zu Besuchszwecken, aus Krankheitsgründen

Beispiele für nur vorübergehende Abwesenheit:
Krankenhausaufenthalt, Auslandsreise, Auslandsaufenthalt eines Montagearbeiters, doppelte Haushaltsführung aus beruflichen Gründen bei regelmäßiger Rückkehr in die gemeinsame Wohnung

Beispiele für eine nicht nur vorübergehende Abwesenheit:
Strafvollzug, bei Meldung als vermisst, Auszug aus der gemeinsamen Wohnung, evtl. auch Unterhaltung einer zweiten Wohnung aus privaten Gründen

Haushaltsgemeinschaften sind jedoch insbesondere gegeben bei:

– Eheähnlichen Gemeinschaften,

– eingetragenen Lebenspartnerschaften,

– Wohngemeinschaften unter gemeinsamer Wirtschaftsführung mit einer sonstigen volljährigen Person (z. B. mit Studierenden, mit volljährigen Kindern, für die dem Steuerpflichtigen weder Kindergeld noch ein Freibetrag für Kinder zusteht, oder mit anderen Verwandten),

– nicht dauernd getrennt lebenden Ehegatten, bei denen keine Ehegattenbesteuerung in Betracht kommt (z. B. bei deutschen Ehegatten von Angehörigen der NATO-Streitkräfte).

Mit sonstigen volljährigen Personen besteht keine Haushaltsgemeinschaft, wenn sie sich tatsächlich **und** finanziell nicht an der Haushaltsführung beteiligen.

Die Fähigkeit, sich tatsächlich an der Haushaltsführung zu beteiligen, fehlt bei Personen, bei denen mindestens ein Schweregrad der Pflegebedürftigkeit im Sinne des § 14 SGB XI (Pflegestufe I, II oder III) besteht oder die blind sind.

Die Fähigkeit, sich finanziell an der Haushaltsführung zu beteiligen, fehlt bei Personen, die kein oder nur geringes Vermögen im Sinne des § 33 a Abs. 1 Satz 3 EStG besitzen und deren Einkünfte und Bezüge im Sinne des § 32 Abs. 4 Satz 2 bis 4 EStG den dort genannten Betrag nicht übersteigen.

Der Nachweis des gesundheitlichen Merkmals „blind" richtet sich nach § 65 EStDV.

Der Nachweis über den Schweregrad der Pflegebedürftigkeit im Sinne des § 14 SGB XI ist durch Vorlage des Leistungsbescheides

des Sozialhilfeträgers bzw. des privaten Pflegeversicherungsunternehmens zu führen.

Bei rückwirkender Feststellung des Merkmals „blind" oder der Pflegebedürftigkeit sind ggf. bestandskräftige Steuerfestsetzungen auch hinsichtlich des Entlastungsbetrages nach § 24 b EStG zu ändern.

b) Widerlegbarkeit der Vermutung

Der Steuerpflichtige kann die Vermutung der Haushaltsgemeinschaft bei Meldung der anderen volljährigen Person in seiner Wohnung widerlegen, wenn er glaubhaft darlegt, dass eine Haushaltsgemeinschaft mit der anderen Person nicht vorliegt.

c) Unwiderlegbarkeit der Vermutung

Bei nichtehelichen, aber eheähnlichen Gemeinschaften und eingetragenen Lebenspartnerschaften scheidet wegen des Verbots einer Schlechterstellung von Ehegatten (vgl. BVerfG-Beschluss vom 10. November 1998, BStBl. 1999 II S. 182) die Widerlegbarkeit aus.

Eheähnliche Gemeinschaften – im Sinne einer auf Dauer angelegten Verantwortungs- und Einstehensgemeinschaft – können anhand folgender, aus dem Sozialhilferecht abgeleiteter Indizien festgestellt werden:

– Dauer des Zusammenlebens (z. B. von länger als einem Jahr),
– Versorgung gemeinsamer Kinder im selben Haushalt,
– Versorgung anderer Angehöriger im selben Haushalt,
– der Mietvertrag ist von beiden Partnern unterschrieben und auf Dauer angelegt,
– gemeinsame Kontoführung,
– andere Verfügungsbefugnisse über Einkommen und Vermögen des Partners oder
– andere gemeinsame Verträge, z. B. über Unterhaltspflichten.

Beantragt ein Steuerpflichtiger den Abzug von Unterhaltsleistungen an den Lebenspartner als außergewöhnliche Belastungen nach § 33 a Abs. 1 EStG, ist i. d. R. vom Vorliegen einer eheähnlichen Gemeinschaft auszugehen.

III. Veranlagung

§ 25 EStG
Veranlagungszeitraum, Steuererklärungspflicht

(1) Die Einkommensteuer wird nach Ablauf des Kalenderjahres (Veranlagungszeitraum) nach dem Einkommen veranlagt, das der Steuerpflichtige in diesem Veranlagungszeitraum bezogen hat, soweit nicht nach § 46 eine Veranlagung unterbleibt.

(2) – weggefallen –

(3) ^{1}Der Steuerpflichtige hat für den abgelaufenen Veranlagungszeitraum eine Einkommensteuererklärung abzugeben. ^{2}Ehegatten haben für den Fall der Zusammenveranlagung (§ 26b) eine gemeinsame Einkommensteuererklärung abzugeben. ^{3}Wählt einer der Ehegatten die getrennte Veranlagung (§ 26a) oder wählen beide Ehegatten die besondere Veranlagung für den Veranlagungszeitraum der Eheschließung (§ 26c), hat jeder der Ehegatten eine Einkommensteuererklärung abzugeben. ^{4}Der Steuerpflichtige hat die Einkommensteuererklärung eigenhändig zu unterschreiben. ^{5}Eine gemeinsame Einkommensteuererklärung ist von beiden Ehegatten eigenhändig zu unterschreiben.

§ 26 EStG
Veranlagung von Ehegatten

(1) ^{1}Ehegatten, die beide unbeschränkt einkommensteuerpflichtig im Sinne des § 1 Abs. 1 oder 2 oder des § 1a sind und nicht dauernd getrennt leben und bei denen diese Voraussetzungen zu Beginn des Veranlagungszeitraums vorgelegen haben oder im Laufe des Veranlagungszeitraums eingetreten sind, können zwischen getrennter Veranlagung (§ 26a) und Zusammenveranlagung (§ 26b) wählen; für den Veranlagungszeitraum der Eheschließung können sie stattdessen die besondere Veranlagung nach § 26c wählen. ^{2}Eine Ehe, die im Laufe des Veranlagungszeitraums aufgelöst worden ist, bleibt für die Anwendung des Satzes 1 unberücksichtigt, wenn einer der Ehegatten in demselben Veranlagungszeitraum wieder geheiratet hat und bei ihm und dem neuen Ehegatten die Voraussetzungen des Satzes 1 ebenfalls vorliegen. ^{3}Satz 2 gilt nicht, wenn eine Ehe durch Tod aufgelöst worden ist und die Ehegatten der neuen Ehe die besondere Veranlagung nach § 26c wählen.

(2) ^{1}Ehegatten werden getrennt veranlagt, wenn einer der Ehegatten getrennte Veranlagung wählt. ^{2}Ehegatten werden zusammen veranlagt oder – für den Veranlagungszeitraum der Eheschließung – nach § 26c veranlagt, wenn beide Ehegatten die betreffende Veranlagungsart wählen. ^{3}Die zur Ausübung der Wahl erforderlichen Erklärungen sind beim Finanzamt schriftlich oder zu Protokoll abzugeben.

(3) Werden die nach Absatz 2 erforderlichen Erklärungen nicht abgegeben, so wird unterstellt, dass die Ehegatten die Zusammenveranlagung wählen.

§ 26 a EStG
Getrennte Veranlagung von Ehegatten

(1) ^{1}Bei getrennter Veranlagung von Ehegatten in den in § 26 bezeichneten Fällen sind jedem Ehegatten die von ihm bezogenen Einkünfte zuzurechnen. ^{2}Einkünfte eines Ehegatten sind nicht allein deshalb zum Teil dem anderen Ehegatten zuzurechnen, weil dieser bei der Erzielung der Einkünfte mitgewirkt hat.

(2) ^{1}Sonderausgaben nach § 10 Abs. 1 Nr. 5 und 8 und außergewöhnliche Belastungen (§§ 33 bis 33b) werden in Höhe des bei einer Zusammenveranlagung in Betracht kommenden Betrags bei beiden Veranlagungen jeweils zur Hälfte abgezogen, wenn die Ehegatten nicht gemeinsam eine andere Aufteilung beantragen. ^{2}Die nach § 33b Abs. 5 übertragbaren Pauschbeträge stehen den Ehegatten insgesamt nur einmal zu; sie werden jedem Ehegatten zur Hälfte gewährt. ^{3}Die nach § 34f zu gewährende Steuerermäßigung steht den Ehegatten in dem Verhältnis zu, in dem sie erhöhte Absetzungen nach § 7b oder Abzugsbeträge nach § 10e Abs. 1 bis 5 oder nach § 15b des Berlinförderungsgesetzes in Anspruch nehmen. ^{4}Die nach § 35a zu gewährende Steuerermäßigung steht den Ehegatten jeweils zur Hälfte zu, wenn die Ehegatten nicht gemeinsam eine andere Aufteilung beantragen.

(3) Die Anwendung des § 10d für den Fall des Übergangs von der getrennten Veranlagung zur Zusammenveranlagung und von der Zusammenveranlagung zur getrennten Veranlagung, wenn bei beiden Ehegatten nicht ausgeglichene Verluste vorliegen, wird durch Rechtsverordnung der Bundesregierung mit Zustimmung des Bundesrates geregelt.

§ 26 b EStG
Zusammenveranlagung von Ehegatten

Bei der Zusammenveranlagung von Ehegatten werden die Einkünfte, die die Ehegatten erzielt haben, zusammengerechnet, den Ehegatten gemeinsam zugerechnet und, soweit nichts anderes vorgeschrieben ist, die Ehegatten sodann gemeinsam als Steuerpflichtiger behandelt.

§ 26c EStG
Besondere Veranlagung für den Veranlagungszeitraum der Eheschließung

(1) ¹Bei besonderer Veranlagung für den Veranlagungszeitraum der Eheschließung werden Ehegatten so behandelt, als ob sie diese Ehe nicht geschlossen hätten. ²§ 12 Nr. 2 bleibt unberührt. ³§ 26a Abs. 1 gilt sinngemäß.

(2) Bei der besonderen Veranlagung ist das Verfahren nach § 32a Abs. 5 anzuwenden, wenn der zu veranlagende Ehegatte zu Beginn des Veranlagungszeitraums verwitwet war und bei ihm die Voraussetzungen des § 32a Abs. 6 Nr. 1 vorgelegen hatten.

IV. Tarif

§ 31 EStG
Familienleistungsausgleich

¹Die steuerliche Freistellung eines Einkommensbetrags in Höhe des Existenzminimums eines Kindes einschließlich der Bedarfe für Betreuung und Erziehung oder Ausbildung wird im gesamten Veranlagungszeitraum entweder durch die Freibeträge nach § 32 Abs. 6 oder durch Kindergeld nach Abschnitt X bewirkt. ²Soweit das Kindergeld dafür nicht erforderlich ist, dient es der Förderung der Familie. ³Im laufenden Kalenderjahr wird Kindergeld als Steuervergütung monatlich gezahlt. ⁴Bewirkt der Anspruch auf Kindergeld für den gesamten Veranlagungszeitraum die nach Satz 1 gebotene steuerliche Freistellung nicht vollständig und werden deshalb bei der Veranlagung zur Einkommensteuer die Freibeträge nach § 32 Abs. 6 vom Einkommen abgezogen, erhöht sich die unter Abzug dieser Freibeträge ermittelte tarifliche Einkommensteuer um den Anspruch auf Kindergeld für den gesamten Veranlagungszeitraum; bei nicht zusammenveranlagten Eltern wird der Kindergeldanspruch im Umfang des Kinderfreibetrags angesetzt. ⁵Satz 4 gilt entsprechend für mit dem Kindergeld vergleichbare Leistungen nach § 65. ⁶Besteht nach ausländischem Recht Anspruch auf Leistungen für Kinder, wird dieser insoweit nicht berücksichtigt, als er das inländische Kindergeld übersteigt.

§ 32 EStG
Kinder, Freibeträge für Kinder

(1) Kinder sind
1. im ersten Grad mit dem Steuerpflichtigen verwandte Kinder,
2. Pflegekinder (Personen, mit denen der Steuerpflichtige durch ein familienähnliches, auf längere Dauer berechnetes Band verbunden ist, sofern er sie nicht zu Erwerbszwecken in seinen Haushalt aufgenommen hat und das Obhuts- und Pflegeverhältnis zu den Eltern nicht mehr besteht).

(2) ¹Besteht bei einem angenommenen Kind das Kindschaftsverhältnis zu den leiblichen Eltern weiter, ist es vorrangig als angenommenes Kind zu berücksichtigen. ²Ist ein im ersten Grad mit dem Steuerpflichtigen verwandtes Kind zugleich ein Pflegekind, ist es vorrangig als Pflegekind zu berücksichtigen.

(3) Ein Kind wird in dem Kalendermonat, in dem es lebend geboren wurde, und in jedem folgenden Kalendermonat, zu dessen Beginn es das 18. Lebensjahr noch nicht vollendet hat, berücksichtigt.

(4) ¹Ein Kind, das das 18. Lebensjahr vollendet hat, wird berücksichtigt, wenn es
1. noch nicht das 21. Lebensjahr vollendet hat, nicht in einem Beschäftigungsverhältnis steht und bei einer Agentur für Arbeit im Inland als Arbeitsuchender gemeldet ist oder
2. noch nicht das 25. Lebensjahr vollendet hat und
   a) für einen Beruf ausgebildet wird oder
   b) sich in einer Übergangszeit von höchstens vier Monaten befindet, die zwischen zwei Ausbildungsabschnitten oder zwischen einem Ausbildungsabschnitt und der Ableistung des gesetzlichen Wehr- oder Zivildienstes, einer vom Wehr- oder Zivildienst befreienden Tätigkeit als Entwicklungshelfer oder als Dienstleistender im Ausland nach § 14b des Zivildienstgesetzes oder der Ableistung eines freiwilligen Dienstes im Sinne des Buchstaben d liegt, oder
   c) eine Berufsausbildung mangels Ausbildungsplatzes nicht beginnen oder fortsetzen kann oder
   d) ein freiwilliges soziales Jahr im Sinne des Gesetzes zur Förderung eines freiwilligen sozialen Jahres, ein freiwilliges ökologisches Jahr im Sinne des Gesetzes zur Förderung eines freiwilligen ökologischen Jahres oder einen Freiwilligendienst im Sinne des Beschlusses Nr. 1031/2000/EG des Europäischen Parlaments und des Rates vom 13. April 2000 zur Einführung des gemeinschaftlichen Aktionsprogramms „Jugend" (ABl. EG Nr. L 117 S. 1) oder einen anderen Dienst im Ausland im Sinne von § 14b des Zivildienstgesetzes leistet oder
3. wegen körperlicher, geistiger oder seelischer Behinderung außerstande ist, sich selbst zu unterhalten; Voraussetzung ist, dass die Behinderung vor Vollendung des 25. Lebensjahres eingetreten ist.

²Nach Satz 1 Nr. 1 und 2 wird ein Kind nur berücksichtigt, wenn es Einkünfte und Bezüge, die zur Bestreitung des Unterhalts oder der Berufsausbildung bestimmt oder geeignet sind, von nicht mehr als 7680 Euro im Kalenderjahr hat. ³Dieser Betrag ist zu kürzen, soweit es nach den Verhältnissen im Wohnsitzstaat des Kindes notwendig und angemessen ist. ⁴Zu den Bezügen gehören auch steuerfreie Gewinne nach den §§ 14, 16 Abs. 4, § 17 Abs. 3 und § 18 Abs. 3, die nach § 19 Abs. 2 und § 20 Abs. 4 steuerfrei bleibenden Einkünfte sowie Sonderabschreibungen und erhöhte Absetzungen, soweit sie die höchstmöglichen Absetzungen für Abnutzung nach § 7 übersteigen. ⁵Bezüge, die für besondere Ausbildungszwecke bestimmt sind, bleiben hierbei außer Ansatz; Entsprechendes gilt für Einkünfte, soweit sie für solche Zwecke verwendet werden. ⁶Liegen die Voraussetzungen nach Satz 1 Nr. 1 oder 2 nur in einem Teil des Kalendermonats vor, sind Einkünfte und Bezüge nur insoweit anzusetzen, als sie auf diesen Teil entfallen. ⁷Für jeden Kalendermonat, in dem die Voraussetzungen nach Satz 1 Nr. 1 oder 2 an keinem Tag vorliegen, ermäßigt sich der Betrag nach Satz 2 oder 3 um ein Zwölftel. ⁸Einkünfte und Bezüge des Kindes, die auf diese Kalendermonate entfallen, bleiben außer Ansatz. ⁹Ein Verzicht auf Teile der zustehenden Einkünfte und Bezüge steht der Anwendung der Sätze 2, 3 und 7 nicht entgegen. ¹⁰Nicht auf Euro lautende Beträge sind entsprechend dem für Ende September des Jahres vor dem Veranlagungszeitraum von der Europäischen Zentralbank bekannt gegebenen Referenzkurs umzurechnen.

(5) ¹In den Fällen des Absatzes 4 Satz 1 Nr. 1 oder Nr. 2 Buchstabe a und b wird ein Kind, das
1. den gesetzlichen Grundwehrdienst oder Zivildienst geleistet hat, oder
2. sich an Stelle des gesetzlichen Grundwehrdienstes freiwillig für die Dauer von nicht mehr als drei Jahren zum Wehrdienst verpflichtet hat, oder
3. eine vom gesetzlichen Grundwehrdienst oder Zivildienst befreiende Tätigkeit als Entwicklungshelfer im Sinne des § 1 Abs. 1 des Entwicklungshelfer-Gesetzes ausgeübt hat,

für einen der Dauer dieser Dienste oder der Tätigkeit entsprechenden Zeitraum, höchstens für die Dauer des inländischen gesetzlichen Grundwehrdienstes oder bei anerkannten Kriegsdienstverweigerern für die Dauer des inländischen gesetzlichen Zivildienstes über das 21. oder 25. Lebensjahr hinaus berücksichtigt. ²Wird der gesetzliche Grundwehrdienst oder Zivildienst in einem Mitgliedstaat der Europäischen Union oder einem Staat, auf den das Abkommen über den Europäischen Wirtschaftsraum Anwendung findet, geleistet, so ist die Dauer dieses Dienstes maßgebend. ³Absatz 4 Satz 2 bis 10 gilt entsprechend.

(6) ¹Bei der Veranlagung zur Einkommensteuer wird für jedes zu berücksichtigende Kind des Steuerpflichtigen ein Freibetrag von 1824 Euro für das sächliche Existenzminimum des Kindes (Kinderfreibetrag) sowie ein Freibetrag von 1080 Euro für den Betreuungs- und Erziehungs- oder Ausbildungsbedarf des Kindes vom Einkommen abgezogen. ²Bei Ehegatten, die nach den §§ 26, 26b zusammen zur Einkommensteuer veranlagt werden, verdoppeln sich die Beträge nach Satz 1, wenn das Kind zu beiden Ehegatten in einem Kindschaftsverhältnis steht. ³Die Beträge nach Satz 2 stehen dem Steuerpflichtigen auch dann zu, wenn

1. der andere Elternteil verstorben oder nicht unbeschränkt einkommensteuerpflichtig ist oder
2. der Steuerpflichtige allein das Kind angenommen hat oder das Kind nur zu ihm in einem Pflegekindschaftsverhältnis steht.

⁴Für ein nicht nach § 1 Abs. 1 oder 2 unbeschränkt einkommensteuerpflichtiges Kind können die Beträge nach den Sätzen 1 bis 3 nur abgezogen werden, soweit sie nach den Verhältnissen seines Wohnsitzstaates notwendig und angemessen sind. ⁵Für jeden Kalendermonat, in dem die Voraussetzungen für einen Freibetrag nach den Sätzen 1 bis 4 nicht vorliegen, ermäßigen sich die dort genannten Beträge um ein Zwölftel. ⁶Abweichend von Satz 1 wird bei einem unbeschränkt einkommensteuerpflichtigen Elternpaar, bei dem die Voraussetzungen des § 26 Abs. 1 Satz 1 nicht vorliegen, auf Antrag eines Elternteils der dem anderen Elternteil zustehende Kinderfreibetrag auf ihn übertragen, wenn er, nicht jedoch der andere Elternteil seiner Unterhaltspflicht gegenüber dem Kind für das Kalenderjahr im Wesentlichen nachkommt; bei minderjährigen Kindern wird der dem Elternteil, in dessen Wohnung das Kind nicht gemeldet ist, zustehende Freibetrag für den Betreuungs- und Erziehungs- oder Ausbildungsbedarf auf Antrag des anderen Elternteils auf diesen übertragen. ⁷Die den Eltern nach den Sätzen 1 bis 6 zustehenden Freibeträge können auf Antrag auch auf einen Stiefelternteil oder Großelternteil übertragen werden, wenn dieser das Kind in seinen Haushalt aufgenommen hat; dies kann auch mit Zustimmung des berechtigten Elternteils geschehen, die nur für künftige Kalenderjahre widerrufen werden kann.

§ 32a EStG
Einkommensteuertarif

(1) ¹Die tarifliche Einkommensteuer bemisst sich nach dem zu versteuernden Einkommen. ²Sie beträgt vorbehaltlich der §§ 32b, 34, 34b und 34c jeweils in Euro für zu versteuernde Einkommen

1. bis 7664 Euro (Grundfreibetrag):
   0;
2. von 7665 Euro bis 12 739 Euro:
   $(883{,}74 \cdot y + 1500) \cdot y$;
3. von 12 740 Euro bis 52 151 Euro:
   $(228{,}74 \cdot z + 2397) \cdot z + 989$;
4. von 52 152 Euro bis 250 000 Euro:
   $0{,}42 \cdot x - 7\,914$;
5. von 250 001 Euro an:
   $0{,}45 \cdot x - 15\,414$.

„y" ist ein Zehntausendstel des 7664 Euro übersteigenden Teils des auf einen vollen Euro-Betrag abgerundeten zu versteuernden Einkommens. ³„z" ist ein Zehntausendstel des 12 739 Euro übersteigenden Teils des auf einen vollen Euro-Betrag abgerundeten zu versteuernden Einkommens. ⁴„x" ist das auf einen vollen Euro-Betrag abgerundete zu versteuernde Einkommen. ⁵Der sich ergebende Steuerbetrag ist auf den nächsten vollen Euro-Betrag abzurunden.

(2) – *weggefallen* –

(3) – *weggefallen* –

(4) – *weggefallen* –

(5) Bei Ehegatten, die nach den §§ 26, 26b zusammen zur Einkommensteuer veranlagt werden, beträgt die tarifliche Einkommensteuer vorbehaltlich der §§ 32b, 34, 34b und 34c das Zweifache des Steuerbetrags, der sich für die Hälfte ihres gemeinsam zu versteuernden Einkommens nach Absatz 1 ergibt (Splitting-Verfahren).

(6) ¹Das Verfahren nach Absatz 5 ist auch anzuwenden zur Berechnung der tariflichen Einkommensteuer für das zu versteuernde Einkommen

1. bei einem verwitweten Steuerpflichtigen für den Veranlagungszeitraum, der dem Kalenderjahr folgt, in dem der Ehegatte verstorben ist, wenn der Steuerpflichtige und sein verstorbener Ehegatte im Zeitpunkt seines Todes die Voraussetzungen des § 26 Abs. 1 Satz 1 erfüllt haben,
2. bei einem Steuerpflichtigen, dessen Ehe in dem Kalenderjahr, in dem er sein Einkommen bezogen hat, aufgelöst worden ist, wenn in diesem Kalenderjahr
   a) der Steuerpflichtige und sein bisheriger Ehegatte die Voraussetzungen des § 26 Abs. 1 Satz 1 erfüllt haben,
   b) der bisherige Ehegatte wieder geheiratet hat und
   c) der bisherige Ehegatte und dessen neuer Ehegatte ebenfalls die Voraussetzungen des § 26 Abs. 1 Satz 1 erfüllen.

²Dies gilt nicht, wenn eine Ehe durch Tod aufgelöst worden ist und die Ehegatten der neuen Ehe die besondere Veranlagung nach § 26c wählen.

²Voraussetzung für die Anwendung des Satzes 1 ist, dass der Steuerpflichtige nicht nach den §§ 26, 26a getrennt zur Einkommensteuer veranlagt wird.

§ 32b EStG
Progressionsvorbehalt

(1) Hat ein zeitweise oder während des gesamten Veranlagungszeitraums unbeschränkt Steuerpflichtiger oder ein beschränkt Steuerpflichtiger, auf den § 50 Abs. 5 Satz 2 Nr. 2 Anwendung findet,

1. a) Arbeitslosengeld, Teilarbeitslosengeld, Zuschüsse zum Arbeitsentgelt, Kurzarbeitergeld, Winterausfallgeld, Insolvenzgeld, Arbeitslosenhilfe, Übergangsgeld, Altersübergangsgeld, Altersübergangsgeld-Ausgleichsbetrag, Unterhaltsgeld als Zuschuss, Eingliederungshilfe nach dem Dritten Buch Sozialgesetzbuch oder dem Arbeitsförderungsgesetz, das aus dem Europäischen Sozialfonds finanzierte Unterhaltsgeld sowie Leistungen nach § 10 des Dritten Buches Sozialgesetzbuch, die dem Lebensunterhalt dienen; Insolvenzgeld, das nach § 188 Abs. 1 des Dritten Buches Sozialgesetzbuch einem Dritten zusteht, ist dem Arbeitnehmer zuzurechnen,
   b) Krankengeld, Mutterschaftsgeld, Verletztengeld, Übergangsgeld oder vergleichbare Lohnersatzleistungen nach dem Fünften, Sechsten oder Siebten Buch Sozialgesetzbuch, dem Gesetz über die Krankenversicherung der Landwirte oder dem Zweiten Gesetz über die Krankenversicherung der Landwirte,
   c) Mutterschaftsgeld, Zuschuss zum Mutterschaftsgeld, die Sonderunterstützung nach dem Mutterschutzgesetz sowie den Zuschuss nach § 4a der Mutterschutzverordnung oder einer entsprechenden Landesregelung,
   d) Arbeitslosenbeihilfe oder Arbeitslosenhilfe nach dem Soldatenversorgungsgesetz,
   e) Entschädigungen für Verdienstausfall nach dem Infektionsschutzgesetz vom 20. Juli 2000 (BGBl. I S. 1045),
   f) Versorgungskrankengeld oder Übergangsgeld nach dem Bundesversorgungsgesetz,

g) nach § 3 Nr. 28 steuerfreie Aufstockungsbeträge oder Zuschläge,

h) Verdienstausfallentschädigung nach dem Unterhaltssicherungsgesetz,

i) Vorruhestandsgeld nach der Verordnung über die Gewährung von Vorruhestandsgeld vom 8. Februar 1990 (GBl. I Nr. 7 S. 42), die nach Anlage II Kapitel VIII Sachgebiet E Abschnitt III Nr. 5 des Einigungsvertrages vom 31. August 1990 in Verbindung mit Artikel 1 des Gesetzes vom 23. September 1990 (BGBl. 1990 II S. 885, 1209) mit Änderungen und Maßgaben fortgilt,

j) Elterngeld nach dem Bundeselterngeld- und Elternzeitgesetz oder

2. ausländische Einkünfte, die im Veranlagungszeitraum nicht der deutschen Einkommensteuer unterlegen haben; dies gilt nur für Fälle der zeitweisen unbeschränkten Steuerpflicht einschließlich der in § 2 Abs. 7 Satz 3 geregelten Fälle; ausgenommen sind Einkünfte, die nach einem sonstigen zwischenstaatlichen Übereinkommen im Sinne der Nummer 4 steuerfrei sind und die nach diesem Übereinkommen nicht unter den Vorbehalt der Einbeziehung bei der Berechnung der Einkommensteuer stehen,

3. Einkünfte, die nach einem Abkommen zur Vermeidung der Doppelbesteuerung steuerfrei sind,

4. Einkünfte, die nach einem sonstigen zwischenstaatlichen Übereinkommen unter dem Vorbehalt der Einbeziehung bei der Berechnung der Einkommensteuer steuerfrei sind,

5. Einkünfte, die bei Anwendung von § 1 Abs. 3 oder § 1a oder § 50 Abs. 5 Satz 2 Nr. 2 im Veranlagungszeitraum bei der Ermittlung des zu versteuernden Einkommens unberücksichtigt bleiben, weil sie nicht der deutschen Einkommensteuer oder einem Steuerabzug unterliegen, wenn deren Summe positiv ist; ausgenommen sind Einkünfte, die nach einem sonstigen zwischenstaatlichen Übereinkommen im Sinne der Nummer 4 steuerfrei sind und die nach diesem Übereinkommen nicht unter dem Vorbehalt der Einbeziehung bei der Berechnung der Einkommensteuer stehen,

bezogen, so ist auf das nach § 32a Abs. 1 zu versteuernde Einkommen ein besonderer Steuersatz anzuwenden.

(1a) Als unmittelbar von einem unbeschränkt Steuerpflichtigen bezogene ausländische Einkünfte im Sinne des Absatzes 1 Nr. 3 gelten auch die ausländischen Einkünfte, die eine Organgesellschaft im Sinne des § 14 oder des § 17 des Körperschaftsteuergesetzes bezogen hat und die nach einem Abkommen zur Vermeidung der Doppelbesteuerung steuerfrei sind, in dem Verhältnis, in dem dem unbeschränkt Steuerpflichtigen das Einkommen der Organgesellschaft bezogen auf das gesamte Einkommen der Organgesellschaft im Veranlagungszeitraum zugerechnet wird.

(2) ¹Der besondere Steuersatz nach Absatz 1 ist der Steuersatz, der sich ergibt, wenn bei der Berechnung der Einkommensteuer das nach § 32a Abs. 1 zu versteuernde Einkommen vermehrt oder vermindert wird um

1. im Fall des Absatzes 1 Nr. 1 die Summe der Leistungen nach Abzug des Arbeitnehmer-Pauschbetrags (§ 9a Satz 1 Nr. 1), soweit er nicht bei der Ermittlung der Einkünfte aus nichtselbständiger Arbeit abziehbar ist;

2. im Fall des Absatzes 1 Nr. 2 bis 5 die dort bezeichneten Einkünfte, wobei die darin enthaltenen außerordentlichen Einkünfte mit einem Fünftel zu berücksichtigen sind. ²Bei der Ermittlung der Einkünfte im Fall des Absatzes 1 Nr. 2 bis 5

a) ist der Arbeitnehmer-Pauschbetrag (§ 9a Satz 1 Nr. 1 Buchstabe a) abzuziehen, soweit er nicht bei der Ermittlung der Einkünfte aus nichtselbständiger Arbeit abziehbar ist;

b) sind Werbungskosten nur insoweit abzuziehen, als sie zusammen mit den bei der Ermittlung der Einkünfte aus nichtselbständiger Arbeit abziehbaren Werbungskosten den Arbeitnehmer-Pauschbetrag (§ 9a Satz 1 Nr. 1 Buchstabe a) übersteigen.

²Ist der für die Berechnung des besonderen Steuersatzes maßgebende Betrag höher als 250 000 Euro und sind im zu versteuernden Einkommen Einkünfte im Sinne des § 2 Abs. 1 Satz 1 Nr. 1 bis 3 enthalten, ist für den Anteil dieser Einkünfte am zu versteuernden Einkommen der Steuersatz im Sinne des Satzes 1 nach § 32a mit der Maßgabe zu berechnen, dass in Absatz 1 Satz 2 die Angabe „§ 32b" und die Nummer 5 entfallen sowie die Nummer 4 in folgender Fassung anzuwenden ist:

„4. von 52 152 Euro an: 0,42 • x – 7.914."

³Für die Bemessung des Anteils im Sinne des Satzes 2 gilt § 32c Abs. 1 Satz 2 und 3 entsprechend.

(3) ¹Die Träger der Sozialleistungen im Sinne des Absatzes 1 Nr. 1 haben bei Einstellung der Leistung oder spätestens am Ende des jeweiligen Kalenderjahres dem Empfänger die Dauer des Leistungszeitraums sowie Art und Höhe der während des Kalenderjahres gezahlten Leistungen mit Ausnahme des Insolvenzgeldes zu bescheinigen. ²In der Bescheinigung ist der Empfänger auf die steuerliche Behandlung dieser Leistungen und seine Steuererklärungspflicht hinzuweisen.

(4) ¹Die Bundesagentur für Arbeit hat die Daten über das im Kalenderjahr gewährte Insolvenzgeld für jeden Empfänger bis zum 28. Februar des Folgejahres nach amtlich vorgeschriebenem Datensatz durch Datenfernübertragung an die amtlich bestimmte Übermittlungsstelle zu übermitteln; § 41b Abs. 2 gilt entsprechend. ²Der Arbeitnehmer ist entsprechend zu informieren und auf die steuerliche Behandlung des Insolvenzgeldes und seine Steuererklärungspflicht hinzuweisen. ³In den Fällen des § 188 Abs. 1 des Dritten Buches Sozialgesetzbuch ist Empfänger des an Dritte ausgezahlten Insolvenzgeldes der Arbeitnehmer, der seinen Arbeitsentgeltanspruch übertragen hat.

R 91
Anwendung des Progressionsvorbehalts auf Lohn- und Einkommensersatzleistungen
– unbesetzt –

H 91
Hinweise zu R 91
Anwendung des Progressionsvorbehalts auf Lohn- und Einkommensersatzleistungen

>R 32b EStR

§ 33 EStG
Außergewöhnliche Belastungen

(1) Erwachsen einem Steuerpflichtigen zwangsläufig größere Aufwendungen als der überwiegenden Mehrzahl der Steuerpflichtigen gleicher Einkommensverhältnisse, gleicher Vermögensverhältnisse und gleichen Familienstands (außergewöhnliche Belastung), so wird auf Antrag die Einkommensteuer dadurch ermäßigt, dass der Teil der Aufwendungen, der die dem Steuerpflichtigen zumutbare Belastung (Absatz 3) übersteigt, vom Gesamtbetrag der Einkünfte abgezogen wird.

(2) ¹Aufwendungen erwachsen dem Steuerpflichtigen zwangsläufig, wenn er sich ihnen aus rechtlichen, tatsächlichen oder sittlichen Gründen nicht entziehen kann und soweit die Aufwendungen den Umständen nach notwendig sind und einen angemessenen Betrag nicht übersteigen. ²Aufwendungen, die zu den Betriebsausgaben, Werbungskosten oder Sonderausgaben gehören oder unter § 4f oder § 9 Abs. 5 fallen, bleiben dabei außer Betracht; das gilt für Aufwendungen im Sinne des § 10 Abs. 1 Nr. 7 und 9 nur insoweit, als sie als Sonderausgaben abgezogen werden können. ³Aufwendungen, die durch Diätverpflegung entstehen, können nicht als außergewöhnliche Belastung berücksichtigt werden.

(3) ¹Die zumutbare Belastung beträgt

bei einem Gesamtbetrag der Einkünfte	bis 15 340 EUR	über 15 340 EUR bis 51 130 EUR	über 51 130 EUR
1. bei Steuerpflichtigen, die keine Kinder haben und bei denen die Einkommensteuer			
a) nach § 32a Abs. 1,	5	6	7
b) nach § 32a Abs. 5 oder 6 (Splitting-Verfahren)	4	5	6
zu berechnen ist;			
2. bei Steuerpflichtigen mit			
a) einem Kind oder zwei Kindern,	2	3	4
b) drei oder mehr Kindern	1	1	2
	Prozent des Gesamtbetrags der Einkünfte.		

²Als Kinder des Steuerpflichtigen zählen die, für die er Anspruch auf einen Freibetrag nach § 32 Abs. 6 oder auf Kindergeld hat.

R 92
Außergewöhnliche Belastungen allgemeiner Art
– unbesetzt –

H 92
Hinweise zu R 92
Außergewöhnliche Belastungen allgemeiner Art
>R 33.1 bis 33.4 EStR

§ 33a EStG
Außergewöhnliche Belastungen in besonderen Fällen

(1) ¹Erwachsen einem Steuerpflichtigen Aufwendungen für den Unterhalt und eine etwaige Berufsausbildung einer dem Steuerpflichtigen oder seinem Ehegatten gegenüber gesetzlich unterhaltsberechtigten Person, so wird auf Antrag die Einkommensteuer dadurch ermäßigt, dass die Aufwendungen bis zu 7680 Euro im Kalenderjahr vom Gesamtbetrag der Einkünfte abgezogen werden. ²Der gesetzlich unterhaltsberechtigten Person gleichgestellt ist eine Person, wenn bei ihr zum Unterhalt bestimmte inländische öffentliche Mittel mit Rücksicht auf die Unterhaltsleistungen des Steuerpflichtigen gekürzt werden. ³Voraussetzung ist, dass weder der Steuerpflichtige noch eine andere Person Anspruch auf einen Freibetrag nach § 32 Abs. 6 oder auf Kindergeld für die unterhaltene Person hat und die unterhaltene Person kein oder nur ein geringes Vermögen besitzt. ⁴Hat die unterhaltene Person andere Einkünfte oder Bezüge im Sinne des § 32 Abs. 4 Satz 2 und 4, so vermindert sich der Betrag von 7680 Euro um den Betrag, um den diese Einkünfte und Bezüge den Betrag von 624 Euro im Kalenderjahr übersteigen, sowie um die von der unterhaltenen Person als Ausbildungshilfe aus öffentlichen Mitteln oder von Förderungseinrichtungen, die hierfür öffentliche Mittel erhalten, bezogenen Zuschüsse. ⁵Ist die unterhaltene Person nicht unbeschränkt einkommensteuerpflichtig, so können die Aufwendungen nur abgezogen werden, soweit sie nach den Verhältnissen des Wohnsitzstaates der unterhaltenen Person notwendig und angemessen sind, höchstens jedoch der Betrag, der sich nach den Sätzen 1 bis 4 ergibt; ob der Steuerpflichtige zum Unterhalt gesetzlich verpflichtet ist, ist nach inländischen Maßstäben zu beurteilen. ⁶Werden die Aufwendungen für eine unterhaltene Person von mehreren Steuerpflichtigen getragen, so wird bei jedem der Teil des sich hiernach ergebenden Betrags abgezogen, der seinem Anteil am Gesamtbetrag der Leistungen entspricht.

(2) ¹Zur Abgeltung des Sonderbedarfs eines sich in Berufsausbildung befindenden, auswärtig untergebrachten, volljährigen Kindes, für das Anspruch auf einen Freibetrag nach § 32 Abs. 6 oder Kindergeld besteht, kann der Steuerpflichtige einen Freibetrag in Höhe von 924 Euro je Kalenderjahr vom Gesamtbetrag der Einkünfte abziehen. ²Dieser Freibetrag vermindert sich um die eigenen Einkünfte und Bezüge im Sinne des § 32 Abs. 4 Satz 2 und 4 des Kindes, soweit diese 1848 Euro im Kalenderjahr übersteigen, sowie um die von dem Kind als Ausbildungshilfe aus öffentlichen Mitteln oder von Förderungseinrichtungen, die hierfür öffentliche Mittel erhalten, bezogenen Zuschüsse. ³Für ein nicht unbeschränkt einkommensteuerpflichtiges Kind mindern sich die vorstehenden Beträge nach Maßgabe des Absatzes 1 Satz 5. ⁴Erfüllen mehrere Steuerpflichtige für dasselbe Kind die Voraussetzungen nach Satz 1, so kann der Freibetrag insgesamt nur einmal abgezogen werden. ⁵Jedem Elternteil steht grundsätzlich die Hälfte des Abzugsbetrags nach den Sätzen 1 bis 3 zu. ⁶Auf gemeinsamen Antrag der Eltern ist eine andere Aufteilung möglich.

(3) ¹Erwachsen einem Steuerpflichtigen Aufwendungen durch die Beschäftigung einer Hilfe im Haushalt, so können sie bis zu den folgenden Höchstbeträgen vom Gesamtbetrag der Einkünfte abgezogen werden:

1. 624 Euro im Kalenderjahr, wenn
   a) der Steuerpflichtige oder sein nicht dauernd getrennt lebender Ehegatte das 60. Lebensjahr vollendet hat oder
   b) wegen Krankheit des Steuerpflichtigen oder seines nicht dauernd getrennt lebenden Ehegatten oder eines zu seinem Haushalt gehörigen Kindes, für das er oder sein nicht dauernd getrennt lebender Ehegatte Anspruch auf einen Freibetrag nach § 32 Abs. 6 oder auf Kindergeld hat, oder einer anderen zu seinem Haushalt gehörigen unterhaltenen Person, für die eine Ermäßigung nach Absatz 1 gewährt wird, die Beschäftigung einer Hilfe im Haushalt erforderlich ist,

2. 924 Euro im Kalenderjahr, wenn eine der in Nummer 1 Buchstabe b genannten Personen hilflos im Sinne des § 33b oder schwer behindert ist.

²Erwachsen einem Steuerpflichtigen wegen der Unterbringung in einem Heim oder zur dauernden Pflege Aufwendungen, die Kosten für Dienstleistungen enthalten, die mit denen einer Hilfe im Haushalt vergleichbar sind, so können sie bis zu den folgenden Höchstbeträgen vom Gesamtbetrag der Einkünfte abgezogen werden:

1. 624 Euro, wenn der Steuerpflichtige oder sein nicht dauernd getrennt lebender Ehegatte in einem Heim untergebracht ist, ohne pflegebedürftig zu sein,

2. 924 Euro, wenn die Unterbringung zur dauernden Pflege erfolgt.

³Die jeweiligen Höchstbeträge der Sätze 1 und 2 können auch bei Ehegatten, bei denen die Voraussetzungen des § 26 Abs. 1 vorliegen, insgesamt nur einmal abgezogen werden, es sei denn, die Ehegatten sind wegen Pflegebedürftigkeit eines der Ehegatten an einer gemeinsamen Haushaltsführung gehindert.

(4) ¹Für jeden vollen Kalendermonat, in dem die in den Absätzen 1 bis 3 bezeichneten Voraussetzungen nicht vorgelegen haben, ermäßigen sich die dort bezeichneten Beträge um je ein Zwölftel. ²Eigene Einkünfte und Bezüge der unterhaltenen Person oder des Kindes, die auf diese Kalendermonate entfallen, vermindern die nach Satz 1 ermäßigten Höchstbeträge und Freibeträge nicht. ³Als Ausbildungshilfe bezogene Zuschüsse mindern nur die zeitanteiligen Höchstbeträge und Freibeträge der Kalendermonate, für die die Zuschüsse bestimmt sind.

(5) In den Fällen der Absätze 1 bis 3 kann wegen der in diesen Vorschriften bezeichneten Aufwendungen der Steuerpflichtige eine Steuerermäßigung nach § 33 nicht in Anspruch nehmen.

§ 33a EStG

Anlage 1
zu § 33a EStG

Berücksichtigung ausländischer Verhältnisse; Ländergruppeneinteilung ab 2004

BMF-Schreiben vom 17.11.2003 (BStBl. I S. 637),

ergänzt durch BMF-Schreiben vom 9.2.2005 (BStBl. I S. 369)

Nach Abstimmung mit den obersten Finanzbehörden der Länder sind die Beträge des § 1 Abs. 3 Satz 2, des § 32 Abs. 6 Satz 4 und des § 33a Abs. 1 Satz 5 und Abs. 2 Satz 3 EStG mit Wirkung ab 1. Januar 2004 wie folgt anzusetzen:

in voller Höhe	mit ¾	mit ½	mit ¼
Wohnsitz des Steuerpflichtigen bzw. der unterhaltenen Person			
1	2	3	4
Andorra	Antigua und Barbuda	Argentinien	Afghanistan
Australien	Bahamas	Belize	Ägypten
Belgien	Bahrain	Botsuana	Albanien
Brunei Darussalam	Barbados	Brasilien	Algerien
Dänemark	Griechenland	Chile	Angola
Finnland	Korea, Republik	Cookinseln	Äquatorialguinea
Frankreich	Malta	Costa Rica	Armenien
Hongkong	Neuseeland	Dominica	Aserbaidschan
Irland	Oman	Estland	Äthiopien
Island	Palau	Gabun	Bangladesch
Israel	Portugal	Grenada	Benin
Italien	Slowenien	Jamaika	Bhutan
Japan	Taiwan	Kroatien	Bolivien
Kanada	Zypern	Lettland	Bosnien-Herzegowina
Katar		Libanon	Bulgarien
Kuwait		Libysch-Arabische Dschamahirija	Burkina Faso
Liechtenstein		Litauen	Burundi
Luxemburg		Malaysia	China (VR)
Monaco		Mauritius	Côte d'Ivoire
Niederlande		Mexiko	Dominikanische Republik
Norwegen		Nauru	Dschibuti
Österreich		Niue	Ecuador
San Marino		Panama	El Salvador
Schweden		Polen	Eritrea
Schweiz		Saudi Arabien	Fidschi
Singapur		Seychellen	Gambia
Spanien		Slowakische Republik	Georgien
Vereinigte Arabische Emirate		St. Kitts und Nevis	Ghana
Vereinigte Staaten		St. Lucia	Guatemala
Vereinigtes Königreich		St. Vincent und die Grenadinen	Guinea
		Südafrika	Guinea-Bissau
		Trinidad und Tobago	Guyana
		Tschechische Republik	Haiti
		Türkei	Honduras
		Ungarn	Indien
		Uruguay	Indonesien
		Venezuela	Irak
		Weißrussland	Iran, Islamische Republik
			Jemen
			Jordanien
			Kambodscha
			Kamerun
			Kap Verde
			Kasachstan
			Kenia
			Kirgisistan
			Kiribati
			Kolumbien
			Komoren
			Kongo
			Kongo, Demokratische Republik
			Korea, Demokratische VR
			Kuba
			Laos, Demokratische VR
			Lesotho
			Liberia
			Madagaskar
			Malawi
			Malediven
			Mali
			Marokko
			Marshallinseln
			Mauretanien
			Mazedonien (ehemalige jugoslawische Republik)
			Mikronesien, Föderierte Staaten von
			Moldau, Republik
			Mongolei
			Mosambik
			Myanmar
			Namibia
			Nepal
			Nicaragua
			Niger
			Nigeria
			Pakistan
			Papua Neuguinea
			Paraguay
			Peru
			Philippinen
			Ruanda
			Rumänien
			Russische Föderation
			Salomonen
			Sambia
			Samoa
			São Tomé und Principe
			Senegal
			Serbien und Montenegro
			Sierra Leone
			Simbabwe
			Somalia
			Sri Lanka
			Sudan
			Suriname
			Swasiland
			Syrien, Arabische Republik
			Tadschikistan
			Tansania, Vereinigte Republik
			Thailand
			Timor-Leste
			Togo
			Tonga
			Tschad
			Tunesien
			Turkmenistan
			Tuvalu
			Uganda
			Ukraine
			Usbekistan
			Vanuatu
			Vietnam
			Zentralafrikanische Republik

Anlage 2
zu § 33a EStG

Berücksichtigung ausländischer Verhältnisse: Ländergruppeneinteilung; Hongkong und Taiwan

BMF-Schreiben vom 9.2.2005 (BStBl. I S. 369)

Im Einvernehmen mit den obersten Finanzbehörden der Länder sind die Beträge des § 1 Abs. 3 Satz 2, des § 32 Abs. 6 Satz 4 und des § 33a Abs. 1 Satz 5 und Abs. 2 Satz 3 EStG mit Wirkung ab 1. Januar 2004 bei einem Wohnsitz des Steuerpflichtigen oder der unterhaltenen Person

— in Hongkong in voller Höhe und

— in Taiwan mit drei Viertel

anzusetzen.

Anlage 3
zu § 33a EStG

Berücksichtigung von Aufwendungen für den Unterhalt von Personen im Ausland als außergewöhnliche Belastung nach § 33a des Einkommensteuergesetzes (EStG)

BMF-Schreiben vom 9.2.2006 (BStBl. I S. 217)

Inhaltsübersicht

	Rn.
1. Unterhaltsempfänger	
1.1 Zum Abzug berechtigende Unterhaltsempfänger	1
1.2 Zum Abzug nicht berechtigende Unterhaltsempfänger	2
2. Feststellungslast/Beweisgrundsätze/Erhöhte Mitwirkungspflicht und Beweisvorsorge des Steuerpflichtigen	3–4
3. Nachweis der Unterhaltsbedürftigkeit	5–7
4. Unterstützung von Personen im erwerbsfähigen Alter (Erwerbsobliegenheit)	8–9
5. Nachweis von Aufwendungen für den Unterhalt	
5.1 Überweisungen	10–13
5.2 Andere Zahlungswege	14–18
6. Aufteilung einheitlicher Unterhaltsleistungen auf mehrere Personen	19
7. Unterstützung durch mehrere Personen	20–21
8. Zeitanteilige Ermäßigung des Höchstbetrags	22–27
9. Anrechnung eigener Bezüge der unterhaltenen Personen	28–31

§ 33a EStG

10. Abzugsbeschränkungen Rn.
   10.1 Verhältnisse des Wohnsitzstaates (Ländergruppeneinteilung) 32–33
   10.2 Opfergrenzenregelung 34–37
11. Anwendungsregelung 38

Im Einvernehmen mit den obersten Finanzbehörden der Länder gelten für die Berücksichtigung von Unterhaltsaufwendungen an Personen im Ausland als außergewöhnliche Belastung folgende Grundsätze:

1. Unterhaltsempfänger

1.1 Zum Abzug berechtigende Unterhaltsempfänger

1 Aufwendungen für den Unterhalt an Personen im Ausland dürfen nur abgezogen werden, wenn diese gegenüber dem Steuerpflichtigen oder seinem Ehegatten nach inländischem Recht gesetzlich unterhaltsberechtigt sind (§ 33a Abs. 1 Satz 1 und 5, 2. Halbsatz EStG; BFH-Urteil vom 4.7.2002, BStBl. II S. 760).

1.2 Zum Abzug nicht berechtigende Unterhaltsempfänger

2 Ein Abzug nach § 33a Abs. 1 EStG kommt nicht in Betracht, wenn der Unterhaltsempfänger

– ein Kind ist, für das ein Anspruch auf Freibeträge für Kinder nach § 32 Abs. 6 EStG oder Kindergeld besteht (§ 33a Abs. 1 Satz 3 EStG); andere Leistungen für Kinder und dem inländischen Kindergeld vergleichbare Familienbeihilfen nach ausländischem Recht stehen nach § 65 EStG dem Kindergeld gleich (BFH-Urteil vom 4.12.2003, BStBl. 2004 II S. 275);

– der nicht dauernd getrennt lebende und nicht unbeschränkt einkommensteuerpflichtige Ehegatte des Steuerpflichtigen ist und das Veranlagungswahlrecht nach § 26 Abs. 1 Satz 1 i. V. mit § 1 Abs. 1 Nr. 2 EStG gegeben ist, es sei denn, § 26c EStG kommt zur Anwendung;

– der geschiedene oder dauernd getrennt lebende Ehegatte des Steuerpflichtigen ist und der Sonderausgabenabzug nach § 10 Abs. 1 Nr. 1 i. V. mit § 1a Abs. 1 Nr. 1 EStG vorgenommen wird;

– zwar nach ausländischem, aber nicht nach inländischem Recht unterhaltsberechtigt ist, selbst wenn die Unterhaltspflicht des Steuerpflichtigen aufgrund internationalem Privatrechts im Inland verbindlich ist (BFH-Urteil vom 4.7.2002, a. a. O.).

2. Feststellungslast/Beweisgrundsätze/Erhöhte Mitwirkungspflicht und Beweisvorsorge des Steuerpflichtigen

3 Der Steuerpflichtige trägt nach den im Steuerrecht geltenden allgemeinen Beweisgrundsätzen für Steuerermäßigungen die objektive Beweislast (Feststellungslast). Bei Sachverhalten im Ausland müssen sich die Steuerpflichtigen in besonderem Maße um Aufklärung und Beschaffung geeigneter, in besonderen Fällen auch zusätzlicher Beweismittel bemühen (§ 90 Abs. 2 AO). Danach trifft den Steuerpflichtigen bei der Gestaltung der tatsächlichen Verhältnisse eine Pflicht zur Beweisvorsorge. Aus den Unterlagen muss hervorgehen, dass Geldbeträge des Steuerpflichtigen tatsächlich verwendet worden sind und an den Unterhaltsempfänger gelangt sind. Der Steuerpflichtige muss, wenn er seine Aufwendungen steuerlich geltend machen will, dafür Sorge tragen, dass sichere und leicht nachprüfbare Belege oder Bescheinigungen vorliegen, die den Zugang und Abfluss der Geldbeträge erkennen lassen. Eigenerklärungen oder eidesstattliche Versicherungen sind allein keine ausreichenden Mittel zur Glaubhaftmachung (BFH-Urteil vom 3.6.1987, BStBl. II S. 675). Unterlagen in ausländischer Sprache ist eine deutsche Übersetzung durch einen amtlich zugelassenen Dolmetscher, ein Konsulat oder eine sonstige zuständige (ausländische) Dienststelle beizufügen. Hierfür anfallende Aufwendungen sind keine Unterhaltsaufwendungen.

4 Die Erfüllung der Pflichten zur Aufklärung des Sachverhalts und zur Vorsorge und Beschaffung von Beweismitteln muss erforderlich, möglich, zumutbar und verhältnismäßig sein. Ist ein Steuerpflichtiger wegen der besonderen Situation im Wohnsitzstaat der unterhaltenen Person nicht in der Lage, beweisgeeignete Unterlagen zu erlangen, so ist ihm dies unter dem Gesichtspunkt des Beweisnotstands nur nach Würdigung der Gesamtumstände des Einzelfalls anzulasten. Ein Beweisnotstand kann beispielsweise in Betracht kommen, wenn wegen der sozialen oder politischen Verhältnisse (etwa im Falle eines Bürgerkriegs) im Heimatland des Empfängers die Beschaffung von beweiserheblichen Unterlagen nicht möglich oder für den Steuerpflichtigen mit erheblichen Schwierigkeiten verbunden und daher unzumutbar ist (BFH-Urteil vom 2.12.2004, BStBl. 2005 II S. 483).

3. Nachweis der Unterhaltsbedürftigkeit

5 Voraussetzung für den Abzug von Unterhaltsaufwendungen ist der Nachweis über die Unterhaltsbedürftigkeit der im Ausland lebenden unterhaltenen Person. Hierzu sind folgende Angaben des Steuerpflichtigen und der unterhaltenen Person erforderlich:

– das Verwandtschaftsverhältnis der unterhaltenen Person zum Steuerpflichtigen oder seinem Ehegatten,

– Name, Geburtsdatum und -ort, berufliche Tätigkeit, Anschrift, Familienstand der unterhaltenen Person sowie eine Aussage, ob zu ihrem Haushalt noch weitere Personen gehören; diese Angaben sind durch eine Bestätigung der Heimatbehörde (Gemeinde-/Meldebehörde) der unterhaltenen Person nachzuweisen.

– Angaben über Art und Umfang der eigenen Einnahmen (einschließlich Unterhaltsleistungen von dritter Seite) und des eigenen Vermögens der unterhaltenen Person im Kalenderjahr der Unterhaltsleistung sowie eine Aussage darüber, ob die unterhaltene Person nicht, gelegentlich oder regelmäßig beruflich tätig war und ob Unterstützungsleistungen aus öffentlichen Mitteln erbracht worden sind. Bei erstmaliger Antragstellung sind außerdem detaillierte Angaben darüber zu machen, wie der Unterhalt bisher bestritten worden ist, welche jährlichen Einnahmen vor der Unterstützung bezogen worden sind, ob eigenes Vermögen vorhanden war und welcher Wert davon auf Hausbesitz entfällt. Die Einnahmen sind durch Vorlage geeigneter Unterlagen (z. B. Steuerbescheide, Rentenbescheide, Verdienstbescheinigungen, Bescheide der ausländischen Arbeits- oder Sozialverwaltung) zu belegen,

– Angaben darüber, ob noch andere Personen zum Unterhalt beigetragen haben, welche Unterhaltsbeiträge sie geleistet haben und ab wann und aus welchen Gründen die unterhaltene Person nicht selbst für ihren Lebensunterhalt aufkommen konnte.

6 Zur Erleichterung und Vereinheitlichung der insoweit vorzunehmenden Sachverhaltsaufklärung und zur erleichterten Beweisführung werden zweisprachige Unterhaltserklärungen in den gängigsten Sprachen nach anliegendem Muster aufgelegt und auf den Internetseiten des Bundesministeriums der Finanzen (www.bundesfinanzministerium.de) zum Download bereitgestellt. Die Richtigkeit der darin zu den persönlichen und wirtschaftlichen Verhältnissen geforderten detaillierten Angaben ist durch Unterschrift der unterhaltenen Person zu bestätigen und durch Vorlage geeigneter Unterlagen (z. B. Familienstandsbescheinigung, Steuerbescheide, Rentenbescheide, Verdienstbescheinigungen, Bescheide der Arbeits- oder Sozialverwaltung) zu belegen. Für jede unterhaltene Person ist eine eigene Unterhaltserklärung einzureichen. Die Vorlage der Unterhaltserklärung schließt nicht aus, dass das Finanzamt nach den Umständen des Einzelfalls weitere Auskünfte oder Nachweise verlangen kann.

7 Ist eine Unterhaltserklärung nur unvollständig ausgefüllt, so ist grundsätzlich die Bedürftigkeit der sie betreffenden Person nicht anzuerkennen (BFH-Urteil vom 2.12.2004, a. a. O.).

4. Unterstützung von Personen im erwerbsfähigen Alter (Erwerbsobliegenheit)

8 Bei Personen im erwerbsfähigen Alter ist davon auszugehen, dass sie ihren Lebensunterhalt durch eigene Arbeit verdienen (BFH-Urteil vom 2.12.2004, a. a. O.). Hierzu hat die unterhaltsberechtigte Person ihre Arbeitskraft als die ihr zur Bestreitung ihres Lebensunterhalts zur Verfügung stehende Quelle in aus-

§ 33 a EStG

reichendem Maße auszuschöpfen (sog. Erwerbsobliegenheit). Für Personen im erwerbsfähigen Alter sind daher grundsätzlich keine Unterhaltsaufwendungen anzuerkennen.

9 Der Einsatz der eigenen Arbeitskraft darf nicht gefordert werden, wenn die unterhaltsberechtigte Person aus gewichtigen Gründen keiner oder nur in geringem Umfang einer Beschäftigung gegen Entgelt nachgehen kann (BFH-Urteil vom 13. 3. 1987, BStBl. II S. 599). Als Gründe kommen beispielsweise Alter, Behinderung, schlechter Gesundheitszustand, die Erziehung oder Betreuung von Kindern unter 6 Jahren, die Pflege behinderter Angehöriger, ein ernsthaft und nachhaltig betriebenes Studium oder eine Berufsausbildung in Betracht.

5. Nachweis von Aufwendungen für den Unterhalt

5.1 Überweisungen

Post- und Bankbelege

10 Überweisungen sind grundsätzlich durch Post- oder Bankbelege (Buchungsbestätigung oder Kontoauszüge) nachzuweisen, die die unterhaltene Person als Empfänger ausweisen. Durch solche Unterlagen wird in der Regel in hinreichendem Maße bewiesen, wann und wie viel Geld aus dem Vermögensbereich des Unterhaltsleistenden abgeflossen ist, und es kann im Allgemeinen unterstellt werden, dass diese Beträge auch in den Verfügungsbereich des Adressaten gelangt, nämlich auf dessen Bankkonto im Ausland verbucht bzw. von der Post bar ausgehändigt worden sind (BFH-Urteil vom 14. 5. 1982, BStBl. II S. 772). Für den Geldtransfer anfallende Aufwendungen (Porto, Spesen und Bearbeitungsgebühren) sind keine Unterhaltsaufwendungen.

Mehrere Personen

11 Werden mehrere Personen, die in einem gemeinsamen Haushalt oder im selben Ort leben, unterhalten, so genügt es, wenn die Überweisungsbelege auf den Namen einer dieser Personen lauten.

Auslandskonto

12 Bei Überweisungen auf ein nicht auf den Namen der unterhaltenen Person lautendes Konto im Ausland muss der Steuerpflichtige neben den inländischen Zahlungsbelegen eine Bescheinigung der Bank über die Kontovollmacht und über Zeitpunkt, Höhe und Empfänger der Auszahlung vorlegen.

Ersatzbelege

13 Sind Zahlungsbelege abhanden gekommen, hat der Steuerpflichtige Ersatzbelege zu beschaffen.

5.2 Andere Zahlungswege

Allgemeine Grundsätze

14 Der Steuerpflichtige kann auch einen anderen Zahlungsweg wählen, wenn die so erbrachte Unterhaltsleistung in hinreichender Form nachgewiesen wird (BFH-Urteil vom 14. 5. 1982, BStBl. II S. 774). Entsprechend den unter Rz. 3, 4 dargelegten Grundsätzen sind bei baren Unterhaltszahlungen erhöhte Beweisanforderungen zu erfüllen. Abhebungsnachweise und detaillierte Empfängerbestätigungen sind erforderlich. Zwischen der Abhebung und jeweiligen Geldübergabe muss ein ausreichender Sachzusammenhang (Zeitraum von höchstens zwei Wochen) bestehen. Die Durchführung der Reise ist stets durch Vorlage von Fahrkarten, Tankquittungen, Grenzübertrittsvermerken, Flugscheinen, Visa usw. nachzuweisen.

Mitnahme von Bargeld bei Familienheimfahrten

15 Erleichterungen gelten bei Familienheimfahrten des Steuerpflichtigen zu seiner von ihm unterstützten und im Ausland lebenden Familie. Eine Familienheimfahrt liegt nur vor, wenn der Steuerpflichtige seinen im Ausland lebenden Ehegatten besucht, der dort weiter den Familienhaushalt aufrecht erhält. Lebt auch der Ehegatte im Inland und besucht der Steuerpflichtige nur seine im Ausland lebenden Kinder oder die eigenen Eltern, liegt keine Familienheimfahrt vor mit der Folge, dass die allgemeinen Beweisgrundsätze gelten (BFH-Urteil vom 19. 5. 2004, BStBl. 2005 II S. 24).

16 Es kann grundsätzlich davon ausgegangen werden, dass der Steuerpflichtige je Familienheimfahrt einen Nettomonatslohn für den Unterhalt des Ehegatten, der Kinder und anderer am Ort des Haushalts der Ehegatten lebender Angehöriger mitnimmt. Diese Beweiserleichterung gilt nur für bis zu vier im Kalenderjahr nachweislich durchgeführte Familienheimfahrten. Im Rahmen der Beweiserleichterung kann aber höchstens ein Betrag geltend gemacht werden, der sich ergibt, wenn der vierfache Nettomonatslohn um die auf andere Weise erbrachten und nachgewiesenen oder glaubhaft gemachten Zahlungen gekürzt wird (vgl. BFH-Urteil vom 4. 8. 1994, BStBl. 1995 II S. 114). Macht der Steuerpflichtige höhere Aufwendungen als (pauschal) den vierfachen Nettomonatslohn geltend, müssen alle Zahlungen entsprechend den allgemeinen Grundsätzen nachgewiesen werden.

Beispiel 1

Ein Arbeitnehmer hat seinen Familienhaushalt (Ehefrau, minderjähriges Kind, verwitwete Mutter) in Spanien (Ländergruppe 1). Er hat im Jahr 2006 **nachweislich** zwei Heimfahrten unternommen und macht die Mitnahme von Bargeld im Wert von je 1500 € geltend, ohne diese jedoch nachweisen zu können. Außerdem hat er drei Zahlungen in Höhe von jeweils 1450 € nachgewiesen. Sein Nettomonatslohn beläuft sich auf 1312 €. Die Opfergrenze (vgl. Rz. 34–37) kommt nicht zur Anwendung.

1. Aufwendungen für den Unterhalt:

Mitnahme von Bargeld (2 Familienheimfahrten × 1312 €)	2624 €
Überweisungen (3 × 1450 €)	4350 €
Summe	6974 €

2. Berechnung:

Vierfacher Nettomonatslohn (1312 € × 4) (jährlich höchstens anzusetzen im Rahmen der Beweiserleichterung)	5248 €
./. Anderweitig nachgewiesene Zahlungen	4350 €
Verbleibender Betrag	898 €
Anzusetzende Unterhaltsaufwendungen (4350 € + 898 €)	5248 €

Geldtransfer durch eine Mittelsperson

17 Der Geldtransfer durch eine Mittelsperson kann grundsätzlich nicht anerkannt werden. Dies gilt nicht, wenn wegen der besonderen Situation im Wohnsitzstaat (z. B. Krisengebiet) ausnahmsweise kein anderer Zahlungsweg möglich ist. In diesem Fall ist neben der Identität der Mittelsperson (Name und Anschrift) der genaue Reiseverlauf darzustellen sowie ein lückenloser Nachweis über die Herkunft des Geldes im Inland und über jeden einzelnen Schritt bis zur Übergabe an die unterhaltene Person zu erbringen.

Empfängerbestätigung

18 Eine Empfängerbestätigung muss für die Übergabe jedes einzelnen Geldbetrags ausgestellt werden. Sie muss den Namen und die Anschrift des Steuerpflichtigen und der unterhaltenen Person, den Ort, das Datum der Ausstellung und die Unterschrift des Empfängers sowie den Zeitpunkt der Geldübergabe enthalten. Um die ihr zugedachte Beweisfunktion zu erfüllen, muss sie Zug um Zug gegen Hingabe des Geldes ausgestellt werden. Nachträglich ausgestellte oder zusammengefasste Empfängerbestätigungen sind nicht anzuerkennen.

6. Aufteilung einheitlicher Unterhaltsleistungen auf mehrere Personen

19 Werden Personen unterhalten, die in einem gemeinsamen Haushalt oder am selben Ort leben, sind die insgesamt nachgewiesenen bzw. glaubhaft gemachten Aufwendungen einheitlich nach Köpfen aufzuteilen, auch soweit unterhaltene Personen nicht zu den zum Abzug berechtigenden Unterhaltsempfängern (Rz. 2) gehören (BFH-Urteile vom 12. 11. 1993, BStBl. 1994 II S. 731 und vom 19. 6. 2002, BStBl. II S. 753).

Beispiel 2

Ein Steuerpflichtiger unterstützt im Jahr 2006 seine Ehefrau, sein minderjähriges Kind (Kindergeld wird gewährt), seine verwitwete Mutter und seine Schwester, die im Heimatland in einem gemeinsamen Haushalt leben, mit 6000 €.

Von den Aufwendungen für den Unterhalt in Höhe von 6000 € entfallen auf jede unterstützte Person 1500 € (6000 € : 4). Die Schwester des Steuerpflichtigen und das minderjährige Kind gehören nicht zu den zum

Abzug berechtigenden Unterhaltsempfängern (Rz. 1). Abziehbar sind – vorbehaltlich anderer Abzugsbeschränkungen – lediglich die für die Ehefrau (1500 €) und die Mutter (1500 €) erbrachten Aufwendungen.

7. Unterstützung durch mehrere Personen

Unterstützung durch mehrere unbeschränkt einkommensteuerpflichtige Personen

20 Werden Aufwendungen für eine unterhaltene Person von mehreren unbeschränkt Einkommensteuerpflichtigen getragen, so wird bei jedem der Teil des sich hiernach ergebenden Betrags abgezogen, der seinem Anteil am Gesamtbetrag der Leistung entspricht (§ 33a Abs. 1 Satz 6 EStG).

Beispiel 3

Vier Töchter A, B, C und D unterstützen ihren in Spanien (Ländergruppe 1) lebenden bedürftigen Vater im Jahr 2006 mit jeweils 250 € monatlich.

Der Abzug der Aufwendungen für den Unterhalt von insgesamt 12 000 € ist auf den Höchstbetrag von 7680 € (§ 33a Abs. 1 Satz 1 EStG) beschränkt. Dieser ist entsprechend dem Anteil der Töchter am Gesamtbetrag der Leistungen mit jeweils 1920 € (7680 € : 4) abziehbar.

Unterstützung durch eine im Inland nicht unbeschränkt einkommensteuerpflichtige Person

21 Tragen mehrere Personen zum Unterhalt bei und ist eine davon im Inland nicht unbeschränkt einkommensteuerpflichtig, wird diese bei der Aufteilung des abziehbaren Betrags nicht berücksichtigt. Deren Unterhaltsleistungen sind bei der unterhaltenen Person als Bezüge (Rz. 28) zu erfassen.

Beispiel 4

Sachverhalt wie Beispiel 3, die Tochter D lebt jedoch in Frankreich.

Höchstbetrag (§ 33a Abs. 1 Satz 1 EStG)		7680 €
– Anrechenbare Bezüge (250 € × 12)	3000 €	
Kostenpauschale	180 €	
	2820 €	
– anrechnungsfreier Betrag	624 €	
Anzurechnende Bezüge	2196 €	2196 €
abziehbarer Höchstbetrag		5484 €

Bei den Töchtern A, B und C ist wegen ihrer Leistungen in gleicher Höhe jeweils ein Betrag von 1828 € (5484 € : 3) abzuziehen.

8. Zeitanteilige Ermäßigung des Höchstbetrags

Feststellung der Monate der Unterhaltszahlungen

22 Für jeden vollen Kalendermonat, in dem die allgemeinen Voraussetzungen für den Abzug von Aufwendungen für den Unterhalt nicht vorgelegen haben, ermäßigt sich der nach Rz. 32, 33 in Betracht kommende Höchstbetrag um ein Zwölftel (§ 33a Abs. 4 Satz 1 EStG). Es ist deshalb festzustellen, für welche Monate Zahlungen geleistet wurden.

Beispiel 5

Der Steuerpflichtige unterstützt seine in Italien (Ländergruppe 1) lebende bedürftige 70 Jahre alte Mutter durch monatliche Überweisungen vom Juni bis Dezember 2006 in Höhe von 800 €.

Nachgewiesene Aufwendungen für den Unterhalt	5600 €
Höchstbetrag (§ 33a Abs. 1 Satz 1 EStG)	7680 €
Zeitanteilige Ermäßigung des Höchstbetrags um $^{5}/_{12}$ (§ 33a Abs. 4 Satz 1 EStG, erste Zahlung im Juni)	3200 €
Abziehbare Aufwendungen für den Unterhalt ($^{7}/_{12}$)	4480 €

Zeitliche Zuordnung der Unterhaltsaufwendungen

23 Unterhaltsaufwendungen können nur abgezogen werden, soweit sie dem laufenden Lebensbedarf der unterhaltenen Person im Kalenderjahr der Leistung dienen.

24 Auch nur gelegentliche oder einmalige Leistungen im Kalenderjahr können Aufwendungen für den Unterhalt sein. Die Unterstützung und die Eignung der Leistungen zur Deckung des laufenden Unterhalts sind dabei besonders sorgfältig zu prüfen. Unterhaltsaufwendungen dürfen aber grundsätzlich nicht auf Monate vor ihrer Zahlung zurückbezogen werden. Dabei ist davon auszugehen, dass der Unterhaltsverpflichtete seine Zahlungen so einrichtet, dass sie bis zur Deckung des Lebensbedarfs der unterhaltenen Person bis zum Erhalt der nächsten Unterhaltszahlung dienen. Etwas anderes gilt, wenn damit Schulden getilgt werden, die der unterhaltenen Person in den vorangegangenen Monaten des Jahres durch Bestreitung von Lebenshaltungskosten entstanden sind, und wenn der Steuerpflichtige dies nachweist (BFH-Urteil vom 2.12.2004, a.a.O.).

25 Soweit Zahlungen auch dazu bestimmt sind, den Unterhaltsbedarf des folgenden Jahres abzudecken, können sie weder für das Jahr der Zahlung noch für das Folgejahr berücksichtigt werden (BFH-Urteil vom 22.5.1981, BStBl. II S. 713).

Vereinfachungsregelungen

26 Aus Vereinfachungsgründen kann davon ausgegangen werden, dass

– Unterhaltsleistungen an den Ehegatten stets zur Deckung des Lebensbedarfs des gesamten Kalenderjahrs bestimmt sind;

– bei Unterhaltsleistungen an andere unterhaltene Personen die einzelne Zahlung ohne Rücksicht auf die Höhe ab dem Zeitpunkt, in dem sie geleistet wurde, zur Deckung des Lebensbedarfs der unterhaltenen Person bis zur nächsten Zahlung reicht. Dies gilt auch, wenn einzelne Zahlungen den auf einen Monat entfallenden anteiligen Höchstbetrag nicht erreichen;

– die einzige oder letzte Unterhaltsleistung im Kalenderjahr der Bedarfsdeckung bis zum Schluss des Kalenderjahrs dient;

– bei jeder nachgewiesenen Familienheimfahrt Unterhalt geleistet wird (Rz. 15, 16),

– Unterhaltsleistungen an den Ehegatten auch zum Unterhalt anderer Personen bestimmt sind, die mit diesem in einem gemeinsamen Haushalt oder am selben Ort leben.

Beispiel 6

Der Steuerpflichtige unterstützt im Jahr 2006 seine in Kanada (Ländergruppe 1) lebende bedürftige Ehefrau durch eine einmalige Zahlung im Monat Juli in Höhe von 5000 €.

Es ist davon auszugehen, dass die Aufwendungen für den Unterhalt an die Ehefrau zur Deckung des Lebensbedarfs des gesamten Kalenderjahres bestimmt sind. Die Aufwendungen für den Unterhalt sind in voller Höhe (5000 €) abziehbar.

Beispiel 7

Der Steuerpflichtige unterstützt seinen in Slowenien (Ländergruppe 2) lebenden bedürftigen schwer kranken Vater durch gelegentliche Überweisungen im Laufe des Jahres 2006 in Höhe von 3200 €, und zwar im Februar mit 1200 € und im November mit 2000 €.

Es ist aus Vereinfachungsgründen davon auszugehen, dass die Zahlung im Februar ohne Rücksicht auf die Höhe zur Deckung des Lebensbedarfs des Vaters bis zur nächsten Zahlung im November reicht. Die tatsächlich geleisteten Unterhaltszahlungen sind in voller Höhe (3200 €) abziehbar, da sie unter dem anteiligen Höchstbetrag von 5280 € ($^{11}/_{12}$ von 5760 €) liegen.

Beispiel 8

Der Steuerpflichtige unterstützt im Jahr 2006 seine in Italien (Ländergruppe 1) lebende bedürftige 80 Jahre alte Mutter durch eine einmalige Zahlung im Monat Juli in Höhe von 5000 €.

Es ist davon auszugehen, dass die Aufwendungen für den Unterhalt an die Mutter der Bedarfsdeckung bis zum Schluss des Kalenderjahres dienen. Von den tatsächlichen Aufwendungen für den Unterhalt in Höhe von 5000 € sind jedoch unter Berücksichtigung der zeitanteiligen Kürzung des Höchstbetrags nach § 33a Abs. 4 Satz 1 EStG lediglich 3840 € ($^{6}/_{12}$ von 7680 €) abziehbar.

Beispiel 9

Wie Beispiel 8, aber der Steuerpflichtige leistet vier Zahlungen in Höhe von insgesamt 8000 € (je 2000 € im Februar, Juni, August und November).

Es ist davon auszugehen, dass von Februar an (Zeitpunkt der ersten Unterhaltsleistung) Unterhalt erbracht wurde und dass die letzte Unterhaltsrate der Bedarfsdeckung bis zum Ende des Kalenderjahrs dient. Die tatsächlichen Aufwendungen in Höhe von 8000 € sind damit unter Berücksichtigung der zeitanteiligen Kürzung des Höchstbetrags nach § 33a Abs. 4 Satz 1 EStG lediglich in Höhe von 7040 € ($^{11}/_{12}$ von 7680 €) abziehbar.

§ 33 a EStG

Zeitpunkt des Abflusses der Unterhaltsleistung

27 Eine Unterhaltsleistung ist in dem Zeitpunkt abgeflossen, in dem der Steuerpflichtige die wirtschaftliche Verfügungsmacht über das Geld verliert. Für Überweisungen bedeutet dies, dass die Leistung spätestens mit der Lastschrift (Wertstellung) bei der unterstützenden Person abgeflossen ist (BFH-Urteil vom 6.3.1997, BStBl. II S. 509).

Beispiel 10
Der Steuerpflichtige überweist mit Wertstellung 23.12.2005 einen Betrag von 3000 € an seine bedürftige Mutter in der Türkei. Das Geld wird am 6.1.2006 auf dem Konto der Mutter gutgeschrieben.
Die Unterhaltsleistung ist in 2005 abgeflossen (§ 11 Abs. 2 EStG). Daher sind die Unterhaltsaufwendungen als Leistungen des Monats Dezember 2005 zu berücksichtigen. Eine Berücksichtigung in 2006 ist nicht möglich.

9. Anrechnung eigener Bezüge der unterhaltenen Personen

Begriff der Bezüge

28 Bezüge sind alle Einnahmen in Geld oder Geldeswert, die nicht im Rahmen der einkommensteuerrechtlichen Einkunftsermittlung erfasst werden. Bezüge im Ausland, die – wenn sie im Inland anfielen – Einkünfte wären, sind wie inländische Einkünfte zu ermitteln. Unter Beachtung der Ländergruppeneinteilung (Rz. 32, 33) sind Sachbezüge nach der jeweils geltenden Sachbezugsverordnung mit dem sich ergebenden Anteil anzusetzen und die Pauschbeträge für Werbungskosten (§ 9 a EStG) zu berücksichtigen.

Umrechnung ausländischer Bezüge

29 Ausländische Bezüge sind in Euro umzurechnen. Hierfür können die jährlich vom Bundeszentralamt für Steuern im Bundessteuerblatt Teil I für Zwecke des Familienleistungsausgleichs veröffentlichten Devisenkurse zugrunde gelegt werden.

Berücksichtigung der Kostenpauschale

30 Bei Bezügen, die nicht wie inländische Einkünfte ermittelt werden, ist eine Kostenpauschale von 180 € unter Beachtung der Ländergruppeneinteilung zu berücksichtigen, wenn nicht höhere Aufwendungen geltend gemacht werden.

Beispiel 11
Ein Steuerpflichtiger unterstützt seine im Heimatland (Ländergruppe 2) lebenden Eltern durch zwei Überweisungen am 3.4. und am 6.9.2006 von jeweils 750 €. Der Vater erzielt in 2006 Bezüge aus gewerblicher Tätigkeit (Rz. 28) von – umgerechnet – 1000 € im Kalenderjahr. Die Mutter bezieht eine Rente von – umgerechnet – 1440 € im Kalenderjahr.

1.	Höhe der Aufwendungen für den Unterhalt	
	Nachgewiesene Zahlungen	1500 €
2.	Berechnung der Höchstbeträge	
	7680 € × 2	15 360 €
	Zeitanteilige Ermäßigung auf ⁹⁄₁₂ (§ 33 a Abs. 4 Satz 1 EStG) (Erste Zahlung im April)	11 520 €
	Ermäßigung nach der Ländergruppeneinteilung auf ¾	8640 €
3.	Berechnung der anzurechnenden Bezüge	
3.1	Bezüge aus gewerblicher Tätigkeit (Vater)	1000 €
	Im Unterstützungszeitraum anteilig: ⁹⁄₁₂ (April bis Dezember, § 33 a Abs. 4 Satz 2 EStG)	750 €
3.2	Renteneinnahmen (Mutter) (eine Berechnung des Ertragsanteils entfällt, da die Rente in voller Höhe Bezug ist)	1440 €
	Werbungskostenpauschbetrag 102 € (für den sonstigen Einkünften vergleichbaren Rentenanteil)	102 €
	Kostenpauschale 180 € (für den Rentenanteil, der bei einer inländischen Rente als Bezug zu erfassen wäre)	– 180 €
	Anzusetzende Rente	1158 €
	Im Unterstützungszeitraum angefallen: ⁹⁄₁₂ (April bis Dezember, § 33 a Abs. 4 Satz 2 EStG)	868 €
3.3	Summe der anteilig anzurechnenden Bezüge (April bis Dezember, § 33 a Abs. 4 Satz 2 EStG)	1618 €
	Anrechnungsfreier Betrag (§ 33 a Abs. 1 Satz 4 EStG): 624 € × 2	1248 €
	Kürzung nach der Ländergruppeneinteilung auf ¾	936 €
	Im Unterstützungszeitraum anteilig zu berücksichtigen: ⁹⁄₁₂	702 €
	Summe der anzurechnenden Bezüge	916 €
4.	Berechnung des abziehbaren Höchstbetrags	
	Ermäßigte zeitanteilige Höchstbeträge (Nr. 2)	8640 €
	Anzurechnende Bezüge (Nr. 3)	– 916 €
	Abziehbarer Höchstbetrag	7724 €

Abziehbar sind jedoch höchstens die nachgewiesenen Unterhaltsaufwendungen in Höhe von 1500 € (Nr. 1).

Unterstützungszeitraum/Schwankende Bezüge

31 Bezüge der unterhaltenen Person, die auf Kalendermonate entfallen, in denen die Voraussetzungen für die Anerkennung von Aufwendungen für den Unterhalt nicht vorliegen, vermindern den ermäßigten Höchstbetrag nicht (§ 33 a Abs. 4 Satz 2 EStG). Bei schwankenden Bezügen ist aus Vereinfachungsgründen keine monatliche Betrachtungsweise bzw. Zuordnung vorzunehmen, sondern der jeweilige Unterstützungszeitraum als Ganzes zu sehen.

10. Abzugsbeschränkungen

10.1 Verhältnisse des Wohnsitzstaates (Ländergruppeneinteilung)

32 Aufwendungen für den Unterhalt können nur abgezogen werden, soweit sie nach den Verhältnissen des Wohnsitzstaates notwendig und angemessen sind (§ 33 a Abs. 1 Satz 5 EStG). Als Maßstab gilt ab 2004 grundsätzlich das Pro-Kopf-Einkommen der Bevölkerung.

Seit dem 1. Januar 2004 beträgt die Ermäßigung:

- ein Viertel, wenn das zugrunde gelegte ausländische Pro-Kopf-Einkommen nicht mehr als 60 v. H., aber mehr als 30 v. H. des inländischen Wertes erreicht,
- ein Halb, wenn das zugrunde gelegte ausländische Pro-Kopf-Einkommen nicht mehr als 30 v. H., aber mehr als 10 v. H. des inländischen Wertes erreicht und
- drei Viertel, wenn das zugrunde gelegte ausländische Pro-Kopf-Einkommen nicht mehr als 10 v. H. des inländischen Wertes erreicht.

Vorübergehende Inlandsbesuche eines Unterhaltsempfängers mit Wohnsitz im Ausland führen nicht zu einem Aussetzen der Ländergruppeneinteilung (BFH-Urteil vom 5.6.2003, BStBl. II S. 714).

33 Die sich hiernach für die einzelnen Staaten ergebenden Kürzungen und die sich hieraus ergebene Ländergruppeneinteilung werden durch BMF-Schreiben bekannt gemacht (zuletzt durch BMF-Schreiben vom 17.11.2003, BStBl. I S. 637, ergänzt durch BMF-Schreiben vom 9.1.2005, BStBl. I S. 369).

10.2 Opfergrenzenregelung

Sinn und Zweck der Opfergrenze

34 Eine Beschränkung der Abziehbarkeit von Aufwendungen für den Unterhalt kann sich auch durch die Berücksichtigung der Verhältnisse des Steuerpflichtigen selbst ergeben. Es ist zu prüfen, inwieweit der Steuerpflichtige zur Unterhaltsleistung unter Berücksichtigung seiner Verhältnisse verpflichtet ist. Dies ist nur der Fall, soweit die Unterhaltsaufwendungen in einem vernünftigen Verhältnis zu seinen Einkünften stehen und ihm nach Abzug der Unterhaltsaufwendungen genügend Mittel zur Bestreitung des Lebensbedarfs für sich und ggf. für seinen Ehegatten und seine Kinder verbleiben – sog. Opfergrenze (BFH-Urteil vom 27.9.1991, BStBl. 1992 II S. 35).

35 Die Opfergrenzenregelung gilt nicht bei Aufwendungen für den Unterhalt an den (ggf. auch geschiedenen) Ehegatten.

Bemessung der Opfergrenze

36 In Anlehnung an die vorstehenden Grundsätze sind Aufwendungen für den Unterhalt im Allgemeinen höchstens insoweit als außergewöhnliche Belastung anzuerkennen, als sie einen bestimmten Prozentsatz des Nettoeinkommens nicht übersteigen (sog. Opfergrenze). Dieser beträgt 1 % je volle 500 € des Nettoeinkommens, höchstens 50 %, und ist um je 5 %-Punkte für den (ggf. auch geschiedenen) Ehegatten und für jedes Kind, für das der Steuerpflichtige Freibeträge für Kinder nach § 32 Abs. 6 EStG, Kindergeld oder eine andere Leistung für Kinder (§ 65 EStG) erhält, zu kürzen, höchstens um 25 %-Punkte.

Bestimmung des Nettoeinkommens für die Berechnung der Opfergrenze

37 Bei der Ermittlung des Nettoeinkommens sind alle steuerpflichtigen und steuerfreien Einnahmen (z. B. Kindergeld und vergleichbare Leistungen, Leistungen nach dem SGB III, ausgezahlte Arbeitnehmer-Sparzulagen nach dem 5. VermBG, Eigenheimzulage) sowie etwaige Steuererstattungen (Einkommensteuer, Kirchensteuer, Solidaritätszuschlag) anzusetzen. Davon abzuziehen sind die entsprechenden Steuervorauszahlungen, die gesetzlichen Lohnabzüge (Lohn- und Kirchensteuern, Solidaritätszuschlag, Sozialabgaben) und Werbungskosten. Der Arbeitnehmer-Pauschbetrag ist auch dann abzuziehen, wenn der Steuerpflichtige keine Werbungskosten hatte (BFH-Urteil vom 11. 12. 1997, BStBl. 1998 II S. 292).

Beispiel 12

Ein unbeschränkt einkommensteuerpflichtiger ausländischer Arbeitnehmer unterstützt seine im Heimatland (Ländergruppe 1) in einem gemeinsamen Haushalt lebenden Angehörigen, und zwar seine Ehefrau, sein minderjähriges Kind (Kindergeld wird gewährt) und seine Schwiegereltern. Er hatte im Kalenderjahr 2006 Aufwendungen für den Unterhalt in Höhe von 8400 €. Die Unterhaltsbedürftigkeit der Ehefrau und der Schwiegereltern ist nachgewiesen. Alle Personen haben keine Bezüge. Der Steuerpflichtige hat Einnahmen (Bruttoarbeitslohn, Steuererstattungen, Kindergeld) in Höhe von 27 998 €. Die Abzüge von Lohn- und Kirchensteuer und Solidaritätszuschlag betragen 4196 €. Die Arbeitnehmerbeiträge zur Sozialversicherung belaufen sich auf 5852 €. An Werbungskosten sind ihm 4250 € entstanden.

1. Die Aufwendungen für den Unterhalt sind nach Köpfen auf alle unterstützten Personen aufzuteilen (Rz. 20). Hiernach entfallen auf jede unterstützte Person 2100 € (8400 € : 4)
2. Das minderjährige Kind, für das Kindergeld gewährt wird, gehört nicht zu den begünstigten Unterhaltsempfängern (Rz. 2). Insoweit kommt ein Abzug nicht in Betracht.
3. Für die Unterhaltsleistungen an die Ehefrau gilt die Opfergrenzenregelung nicht (Rz. 35). Sie sind in voller Höhe (2100 €) abziehbar.
4. Für die Unterhaltsleistungen an die Schwiegereltern (4200 €) kann eine Begrenzung durch die Opfergrenze in Betracht kommen.
   4.1 Berechnung des Nettoeinkommens

Verfügbare Einnahmen	
(Bruttoarbeitslohn, Steuererstattungen, Kindergeld)	27 998 €
– Abzüge für Lohn- und Kirchensteuer und Solidaritätszuschlag	– 4 196 €
– Arbeitnehmerbeiträge zur Sozialversicherung	– 5 852 €
– Werbungskosten	– 4 250 €
Bemessungsgrundlage für die Ermittlung der Opfergrenze (Nettoeinkommen)	13 700 €

   4.2 Berechnung der Opfergrenze

1 % je volle 500 € des Nettoeinkommens (13 700 € : 500 €)	27 % (abgerundet)
abzgl. je 5 %-Punkte für Ehefrau und Kind	– 10 %
Maßgebender Prozentsatz für die Berechnung der Opfergrenze	17 %
Die Opfergrenze liegt somit bei 2329 € (17 % von 13 700 €).	

5. Berechnung der Abzugsbeträge

5.1 Aufwendungen für den Unterhalt an die Ehefrau: Nachgewiesene Zahlungen (Nr. 3)	2100 €
5.2 Aufwendungen für den Unterhalt an die Schwiegereltern: Nachgewiesene Zahlungen (Nr. 4): 4200 €, davon höchstens zu berücksichtigen (Opfergrenze, Nr. 4.2)	2329 €
Summe der abziehbaren Unterhaltsaufwendungen	4429 €

11. Anwendungsregelung

38 Die vorstehenden Grundsätze sind ab dem Veranlagungszeitraum 2007 anzuwenden und ersetzen ab diesem Zeitpunkt das BMF-Schreiben vom 15. 9. 1997 (BStBl. I S. 826).

Unterhaltserklärung für das Kalenderjahr 20__

Herr/Frau xxx	Vorname xxx	Familienname xxx	
wohnhaft in Deutschland xxx	Straße xxx	Postleitzahl xxx	Wohnort xxx

hat beantragt, Unterstützungsleistungen an folgende Person steuermindernd anzuerkennen:

Unterstützte Person xxx				
A Persönliche Angaben xxx				
Vor- und Familienname xxx				
Geburtsdatum xxx				
Geburtsort xxx				
Wohnort xxx				
Verwandtschaftsverhältnis zum Antragsteller/Ehegatten xxx				
Familienstand xxx (Zutreffendes bitte ankreuzen) (xxx)	ledig xxx	verheiratet xxx	verwitwet xxx	geschieden xxx
Berufliche Tätigkeit xxx (Zutreffendes bitte eintragen bzw. ankreuzen) (xxx)	Art der Tätigkeit xxx	regelmäßige xxx	gelegentliche xxx	keine xxx
Weitere im Haushalt lebende Personen xxx				

§ 33 a EStG

Bestätigung der ausländischen Gemeinde-/Meldebehörde: xxx
Die vorstehenden Angaben zu der unterstützten Person entsprechen nach unseren Unterlagen der Wahrheit. xxx
Dienstsiegel und Unterschrift xxx
_____ (Ort, Datum) (xxx)

B Wirtschaftliche Verhältnisse der unterstützten Person
xxx

I. Einnahmen/Ausgaben
xxx

Als unterstützte Person hatte ich im Jahr 20__ folgende Einnahmen und Ausgaben:
xxx

aus: xxx	Einnahmen (in Landeswährung) xxx	Ausgaben (in Landeswährung) xxx
Arbeitslohn xxx		
Rente/Pension xxx		
Landwirtschaft xxx		
Gewerbebetrieb/ selbständiger Tätigkeit xxx		
Vermietung und Verpachtung xxx		
Andere Einnahmen (z.B. Zinsen etc.) xxx		
Sozialleistungen xxx		

Hinweis:
xxx
Die vorstehenden Angaben sind z.B. durch folgende Unterlagen **nachzuweisen**:
Steuerbescheid, Rentenbescheid, Bescheid der zuständigen Arbeits- oder Sozialbehörde über erhaltene Sozialleistungen des Staates (bzw. bei Nichterhalt: Negativbescheinigung der Behörde)
xxx

II. Vermögen
xxx

Als unterstützte Person hatte ich im Jahr 20__ folgendes Vermögen:
xxx

Art des Vermögens xxx	Erläuterungen xxx	Wert in Landeswährung xxx
Gesamtwert des Vermögens xxx		
Davon entfallen auf: xxx		

Grundbesitz: xxx Eigenes Haus xxx Landwirtschaft xxx Weiteren Grundbesitz xxx		
Sonstiges Vermögen xxx (z.B. Bankguthaben, Versicherungen) (xxx)		
Mein Vermögen reicht zur Bestreitung des Unterhalts aus: xxx (Zutreffendes bitte ankreuzen) (xxx)	Ja xxx	Nein xxx

C. Sonstige Angaben
xxx

1. **Wann wurden Sie erstmals unterstützt?** xxx	Monat xxx	Jahr xxx
2. **Wie und durch wen sind die Zahlungen erfolgt?** xxx (Bitte erläutern) (xxx)		
3. **Wie haben Sie Ihren Lebensunterhalt vor Beginn der Unterstützungsleistungen bestritten?** xxx (Bitte erläutern) (xxx)		
4. a) **Leben Sie in einem Haushalt gemeinsam mit anderen unterstützten Personen?** xxx (Zutreffendes bitte ankreuzen) (xxx)	Ja xxx	Nein xxx
4. b) **Falls ja, bitte Namen und Verwandtschaftsverhältnis angeben.** xxx		
5. a) **Tragen noch andere Personen zu Ihrem Unterhalt bei?** xxx (Zutreffendes bitte ankreuzen) (xxx)	Ja xxx	Nein xxx
5. b) **Falls ja, bitte Namen und Anschrift der Person/en und Höhe der Unterstützung angeben.** xxx		
6. **Aus welchem Grund waren Sie nicht/nur gelegentlich berufstätig?** xxx (Bitte ggf. erläutern; jedoch nur auszufüllen, wenn Sie im arbeitsfähigen Alter sind) xxx		

D. Versicherung
xxx

Ich versichere, dass die vorstehenden Angaben wahrheitsgemäß sind und nach bestem Wissen und Gewissen gemacht wurden.
xxx

_____
(Ort, Datum)
(xxx)

(Unterschrift der unterstützten Person)
(xxx)

Hinweis:
xxx
Die Angaben der unterhaltenen Person gelten als Angaben des Steuerpflichtigen. Unrichtige Angaben können zu straf- und bußgeldrechtlichen Konsequenzen führen.
xxx

E. Erläuterungen
xxx

1. Für jede unterstützte Person ist jeweils eine Bescheinigung auszustellen und als Anlage zur Einkommensteuererklärung einzureichen.
xxx

2. Die Vorlage der Bescheinigung begründet keinen Rechtsanspruch auf die beantragte Steuerermäßigung. Die Finanzämter können im Einzelfall weitere Nachweise verlangen.
xxx

§ 33 b EStG
Pauschbeträge für behinderte Menschen, Hinterbliebene und Pflegepersonen

(1) Wegen der außergewöhnlichen Belastungen, die einem behinderten Menschen unmittelbar infolge seiner Behinderung erwachsen, kann er an Stelle einer Steuerermäßigung nach § 33 einen Pauschbetrag nach Absatz 3 geltend machen (Behinderten-Pauschbetrag).

(2) Die Pauschbeträge erhalten

1. behinderte Menschen, deren Grad der Behinderung auf mindestens 50 festgestellt ist;
2. behinderte Menschen, deren Grad der Behinderung auf weniger als 50, aber mindestens auf 25 festgestellt ist, wenn
   a) dem behinderten Menschen wegen seiner Behinderung nach gesetzlichen Vorschriften Renten oder andere laufende Bezüge zustehen, und zwar auch dann, wenn das Recht auf die Bezüge ruht oder der Anspruch auf die Bezüge durch Zahlung eines Kapitals abgefunden worden ist, oder
   b) die Behinderung zu einer dauernden Einbuße der körperlichen Beweglichkeit geführt hat oder auf einer typischen Berufskrankheit beruht.

(3) ¹Die Höhe des Pauschbetrags richtet sich nach dem dauernden Grad der Behinderung. ²Als Pauschbeträge werden gewährt bei einem Grad der Behinderung

von 25 und 30	310 Euro,
von 35 und 40	430 Euro,
von 45 und 50	570 Euro,
von 55 und 60	720 Euro,
von 65 und 70	890 Euro,
von 75 und 80	1060 Euro,
von 85 und 90	1230 Euro,
von 95 und 100	1420 Euro.

³Für behinderte Menschen, die hilflos im Sinne des Absatzes 6 sind, und für Blinde erhöht sich der Pauschbetrag auf 3700 Euro.

(4) ¹Personen, denen laufende Hinterbliebenenbezüge bewilligt worden sind, erhalten auf Antrag einen Pauschbetrag von 370 Euro (Hinterbliebenen-Pauschbetrag), wenn die Hinterbliebenenbezüge geleistet werden

1. nach dem Bundesversorgungsgesetz oder einem anderen Gesetz, das die Vorschriften des Bundesversorgungsgesetzes über Hinterbliebenenbezüge für entsprechend anwendbar erklärt, oder
2. nach den Vorschriften über die gesetzliche Unfallversicherung oder
3. nach den beamtenrechtlichen Vorschriften an Hinterbliebene eines an den Folgen eines Dienstunfalls verstorbenen Beamten oder
4. nach den Vorschriften des Bundesentschädigungsgesetzes über die Entschädigung für Schäden an Leben, Körper oder Gesundheit.

²Der Pauschbetrag wird auch dann gewährt, wenn das Recht auf die Bezüge ruht oder der Anspruch auf die Bezüge durch Zahlung eines Kapitals abgefunden worden ist.

(5) ¹Steht der Behinderten-Pauschbetrag oder der Hinterbliebenen-Pauschbetrag einem Kind zu, für das der Steuerpflichtige Anspruch auf einen Freibetrag nach § 32 Abs. 6 oder auf Kindergeld hat, so wird der Pauschbetrag auf Antrag auf den Steuerpflichtigen übertragen, wenn ihn das Kind nicht in Anspruch nimmt. ²Dabei ist der Pauschbetrag grundsätzlich auf beide Elternteile je zur Hälfte aufzuteilen. ³Auf gemeinsamen Antrag der Eltern ist eine andere Aufteilung möglich. ⁴In diesen Fällen besteht für Aufwendungen, für die der Behinderten-Pauschbetrag gilt, kein Anspruch auf eine Steuerermäßigung nach § 33.

(6) ¹Wegen der außergewöhnlichen Belastungen, die einem Steuerpflichtigen durch die Pflege einer Person erwachsen, die nicht nur vorübergehend hilflos ist, kann er an Stelle einer Steuerermäßigung nach § 33 einen Pauschbetrag von 924 Euro im Kalenderjahr geltend machen (Pflege-Pauschbetrag), wenn er dafür keine Einnahmen erhält. ²Zu diesen Einnahmen zählt unabhängig von der Verwendung nicht das von den Eltern eines behinderten Kindes für dieses Kind empfangene Pflegegeld. ³Hilflos im Sinne des Satzes 1 ist eine Person, wenn sie für eine Reihe von häufig und regelmäßig wiederkehrenden Verrichtungen zur Sicherung ihrer persönlichen Existenz im Ablauf eines jeden Tages fremder Hilfe dauernd bedarf. ⁴Diese Voraussetzungen sind auch erfüllt, wenn die Hilfe in Form einer Überwachung oder einer Anleitung zu den in Satz 3 genannten Verrichtungen erforderlich ist oder wenn die Hilfe zwar nicht dauernd geleistet werden muss, jedoch eine ständige Bereitschaft zur Hilfeleistung erforderlich ist. ⁵Voraussetzung ist, dass der Steuerpflichtige die Pflege im Inland entweder in seiner Wohnung oder in der Wohnung des Pflegebedürftigen persönlich durchführt. ⁶Wird ein Pflegebedürftiger von mehreren Steuerpflichtigen im Veranlagungszeitraum gepflegt, wird der Pauschbetrag nach der Zahl der Pflegepersonen, bei denen die Voraussetzungen der Sätze 1 bis 5 vorliegen, geteilt.

(7) Die Bundesregierung wird ermächtigt, durch Rechtsverordnung mit Zustimmung des Bundesrates zu bestimmen, wie nachzuweisen ist, dass die Voraussetzungen für die Inanspruchnahme der Pauschbeträge vorliegen.

Anlage
zu § 33 b EStG

§ 65 EStDV
Nachweis der Behinderung

(1) Den Nachweis einer Behinderung hat der Steuerpflichtige zu erbringen:

1. bei einer Behinderung, deren Grad auf mindestens 50 festgestellt ist, durch Vorlage eines Ausweises nach dem Neunten Buch Sozialgesetzbuch oder eines Bescheides der für die Durchführung des Bundesversorgungsgesetzes zuständigen Behörde;
2. bei einer Behinderung, deren Grad auf weniger als 50, aber mindestens 25 festgestellt ist,

a) durch eine Bescheinigung der für die Durchführung des Bundesversorgungsgesetzes zuständigen Behörde auf Grund eines Feststellungsbescheids nach § 69 Abs. 1 des Neunten Buches Sozialgesetzbuch, die eine Äußerung darüber enthält, ob die Behinderung zu einer dauernden Einbuße der körperlichen Beweglichkeit geführt hat oder auf einer typischen Berufskrankheit beruht, oder,

b) wenn ihm wegen seiner Behinderung nach den gesetzlichen Vorschriften Renten oder andere laufende Bezüge zustehen, durch den Rentenbescheid oder den die anderen laufenden Bezüge nachweisenden Bescheid.

(2) ¹Die gesundheitlichen Merkmale „blind" und „hilflos" hat der Steuerpflichtige durch einen Ausweis nach dem Neunten Buch Sozialgesetzbuch, der mit den Merkzeichen „Bl" oder „H" gekennzeichnet ist, oder durch einen Bescheid der für die Durchführung des Bundesversorgungsgesetzes zuständigen Behörde, der die entsprechenden Feststellungen enthält, nachzuweisen. ²Dem Merkzeichen „H" steht die Einstufung als Schwerstpflegebedürftiger in Pflegestufe III nach dem Elften Buch Sozialgesetzbuch, dem Zwölften Buch Sozialgesetzbuch oder diesen entsprechenden gesetzlichen Bestimmungen gleich; dies ist durch Vorlage des entsprechenden Bescheides nachzuweisen.

(3) Der Steuerpflichtige hat die Unterlagen nach den Absätzen 1 und 2 zusammen mit seiner Steuererklärung oder seinem Antrag auf Lohnsteuerermäßigung der Finanzbehörde vorzulegen.

(4) ¹Ist der behinderte Mensch verstorben und kann sein Rechtsnachfolger die Unterlagen nach den Absätzen 1 und 2 nicht vorlegen, so genügt zum Nachweis eine gutachtliche Stellungnahme vonseiten der für die Durchführung des Bundesversorgungsgesetzes zuständigen Behörde. ²Diese Stellungnahme hat die Finanzbehörde einzuholen.

§ 33c EStG
Kinderbetreuungskosten
– weggefallen –

§ 34 EStG
Außerordentliche Einkünfte

(1) ¹Sind in dem zu versteuernden Einkommen außerordentliche Einkünfte enthalten, so ist die auf alle im Veranlagungszeitraum bezogenen außerordentlichen Einkünfte entfallende Einkommensteuer nach den Sätzen 2 bis 4 zu berechnen. ²Die für die außerordentlichen Einkünfte anzusetzende Einkommensteuer beträgt das Fünffache des Unterschiedsbetrags zwischen der Einkommensteuer für das um diese Einkünfte verminderte zu versteuernde Einkommen (verbleibendes zu versteuerndes Einkommen) und der Einkommensteuer für das verbleibende zu versteuernde Einkommen zuzüglich eines Fünftels dieser Einkünfte. ³Ist das verbleibende zu versteuernde Einkommen negativ und das zu versteuernde Einkommen positiv, so beträgt die Einkommensteuer das Fünffache der auf ein Fünftel des zu versteuernden Einkommens entfallenden Einkommensteuer. ⁴Die Sätze 1 bis 3 gelten nicht für außerordentliche Einkünfte im Sinne des Absatzes 2 Nr. 1, wenn der Steuerpflichtige auf diese Einkünfte ganz oder teilweise § 6b oder § 6c anwendet.

(2) Als außerordentliche Einkünfte kommen nur in Betracht:

1. Veräußerungsgewinne im Sinne der §§ 14, 14a Abs. 1, der §§ 16 und 18 Abs. 3 mit Ausnahme des steuerpflichtigen Teils der Veräußerungsgewinne, die nach § 3 Nr. 40 Buchstabe b in Verbindung mit § 3c Abs. 2 teilweise steuerbefreit sind;
2. Entschädigungen im Sinne des § 24 Nr. 1;
3. Nutzungsvergütungen und Zinsen im Sinne des § 24 Nr. 3, soweit sie für einen Zeitraum von mehr als drei Jahren nachgezahlt werden;
4. Vergütungen für mehrjährige Tätigkeiten; mehrjährig ist eine Tätigkeit, soweit sie sich über mindestens zwei Veranlagungszeiträume erstreckt und einen Zeitraum von mehr als zwölf Monaten umfasst;
5. Einkünfte aus außerordentlichen Holznutzungen im Sinne des § 34b Abs. 1 Nr. 1.

(3) ¹Sind in dem zu versteuernden Einkommen außerordentliche Einkünfte im Sinne des Absatzes 2 Nr. 1 enthalten, so kann auf Antrag abweichend von Absatz 1 die auf den Teil dieser außerordentlichen Einkünfte, der den Betrag von insgesamt 5 Millionen Euro nicht übersteigt, entfallende Einkommensteuer nach einem ermäßigten Steuersatz bemessen werden, wenn der Steuerpflichtige das 55. Lebensjahr vollendet hat oder wenn er im sozialversicherungsrechtlichen Sinne dauernd berufsunfähig ist. ²Der ermäßigte Steuersatz beträgt 56 Prozent des durchschnittlichen Steuersatzes, der sich ergäbe, wenn die tarifliche Einkommensteuer nach dem gesamten zu versteuernden Einkommen zuzüglich der dem Progressionsvorbehalt unterliegenden Einkünfte zu bemessen wäre, mindestens jedoch 15 Prozent. ³Auf das um die in Satz 1 genannten Einkünfte verminderte zu versteuernde Einkommen (verbleibendes zu versteuerndes Einkommen) sind vorbehaltlich des Absatzes 1 die allgemeinen Tarifvorschriften anzuwenden. ⁴Die Ermäßigung nach den Sätzen 1 bis 3 kann der Steuerpflichtige nur einmal im Leben in Anspruch nehmen. ⁵Erzielt der Steuerpflichtige in einem Veranlagungszeitraum mehr als einen Veräußerungs- oder Aufgabegewinn im Sinne des Satzes 1, kann er die Ermäßigung nach den Sätzen 1 bis 3 nur für einen Veräußerungs- oder Aufgabegewinn beantragen. ⁶Absatz 1 Satz 4 ist entsprechend anzuwenden.

R 102
Entschädigungen und Vergütungen für mehrjährige Tätigkeiten
– unbesetzt –

H 102
Hinweise zu R 102
Entschädigungen und Vergütungen für mehrjährige Tätigkeiten

Abzug des Arbeitnehmer-Pauschbetrags

>H 34.1 EStH

Arbeitslohn für eine mehrjährige Tätigkeit

>R 34.4 EStR und H 34.4 EStH

Entschädigungen

>R 34.3 EStR und H 34.3 EStH

Fünftelregelung beim Lohnsteuerabzugsverfahren

>H 119 (Fünftelregelung)

Anlage
zu H 102

Zweifelsfragen im Zusammenhang mit der ertragsteuerlichen Behandlung von Entlassungsentschädigungen;

BMF-Schreiben vom 24.5.2004 (BStBl. I S. 505)

Abgedruckt als Anlage 4 zu H 9 LStR.

V. Steuerermäßigungen

§ 34c EStG
Steuerermäßigungen bei ausländischen Einkünften

(1) ¹Bei unbeschränkt Steuerpflichtigen, die mit ausländischen Einkünften in dem Staat, aus dem die Einkünfte stammen, zu einer der deutschen Einkommensteuer entsprechenden Steuer herangezogen werden, ist die festgesetzte und gezahlte und um einen entstandenen Ermäßigungsanspruch gekürzte ausländische Steuer auf die deutsche Einkommensteuer anzurechnen, die auf die Einkünfte aus diesem Staat entfällt. ²Die auf diese ausländischen Einkünfte entfallende deutsche Einkommensteuer ist in der Weise zu ermitteln, dass die sich bei der Veranlagung des zu versteuernden Einkommens – einschließlich der ausländischen Einkünfte – nach den §§ 32a, 32b, 32c, 34 und 34b ergebende deutsche Einkommensteuer im Verhältnis dieser ausländischen Einkünfte zur Summe der Einkünfte aufgeteilt wird. ³Bei der Ermittlung der ausländischen Einkünfte sind die ausländischen Einkünfte nicht zu berücksichtigen, die in dem Staat, aus dem sie stammen, nach dessen Recht nicht besteuert werden. ⁴Gehören ausländische Einkünfte der in § 34d Nr. 3, 4, 6, 7 und 8 Buchstabe c genannten Art zum Gewinn eines inländischen Betriebes, sind bei ihrer Ermittlung Betriebsausgaben und Betriebsvermögensminderungen abzuziehen, die mit den diesen Einkünften zugrunde liegenden Einnahmen in wirtschaftlichem Zusammenhang stehen. ⁵Die ausländischen Steuern sind nur insoweit anzurechnen, als sie auf die im Veranlagungszeitraum bezogenen Einkünfte entfallen.

(2) Statt der Anrechnung (Absatz 1) ist die ausländische Steuer auf Antrag bei der Ermittlung der Einkünfte abzuziehen, soweit sie auf ausländische Einkünfte entfällt, die nicht steuerfrei sind.

(3) Bei unbeschränkt Steuerpflichtigen, bei denen eine ausländische Steuer vom Einkommen nach Absatz 1 nicht angerechnet werden kann, weil die Steuer nicht der deutschen Einkommensteuer entspricht oder nicht in dem Staat erhoben wird, aus dem die Einkünfte stammen, oder weil keine ausländischen Einkünfte vorliegen, ist die festgesetzte und gezahlte und um einen entstandenen Ermäßigungsanspruch gekürzte ausländische Steuer bei der Ermittlung der Einkünfte abzuziehen, soweit sie auf Einkünfte entfällt, die der deutschen Einkommensteuer unterliegen.

(4) – *weggefallen* –

(5) Die obersten Finanzbehörden der Länder oder die von ihnen beauftragten Finanzbehörden können mit Zustimmung des Bundesministeriums der Finanzen die auf ausländische Einkünfte entfallende deutsche Einkommensteuer ganz oder zum Teil erlassen oder in einem Pauschbetrag festsetzen, wenn es aus volkswirtschaftlichen Gründen zweckmäßig ist oder die Anwendung des Absatzes 1 besonders schwierig ist.

(6) ¹Die Absätze 1 bis 3 sind vorbehaltlich der Sätze 2 bis 6 nicht anzuwenden, wenn die Einkünfte aus einem ausländischen Staat stammen, mit dem ein Abkommen zur Vermeidung der Doppelbesteuerung besteht. ²Soweit in einem Abkommen zur Vermeidung der Doppelbesteuerung die Anrechnung einer ausländischen Steuer auf die deutsche Einkommensteuer vorgesehen ist, sind Absatz 1 Satz 2 bis 5 und Absatz 2 entsprechend auf die nach dem Abkommen anzurechnende ausländische Steuer anzuwenden; bei nach dem Abkommen als gezahlt geltenden ausländischen Steuerbeträgen sind Absatz 1 Satz 3 und Absatz 2 nicht anzuwenden. ³Absatz 1 Satz 3 gilt auch dann entsprechend, wenn die Einkünfte in dem ausländischen Staat nach dem Abkommen zur Vermeidung der Doppelbesteuerung mit diesem Staat nicht besteuert werden können. ⁴Bezieht sich ein Abkommen zur Vermeidung der Doppelbesteuerung nicht auf eine Steuer vom Einkommen dieses Staates, so sind die Absätze 1 und 2 entsprechend anzuwenden. ⁵In den Fällen des § 50d Abs. 9 sind die Absätze 1 bis 3 und Satz 6 entsprechend anzuwenden. ⁶Absatz 3 ist anzuwenden, wenn der Staat, mit dem ein Abkommen zur Vermeidung der Doppelbesteuerung besteht, Einkünfte besteuert, die nicht aus diesem Staat stammen, es sei denn, die Besteuerung hat ihre Ursache in einer Gestaltung, für die wirtschaftliche oder sonst beachtliche Gründe fehlen, oder das Abkommen gestattet dem Staat die Besteuerung dieser Einkünfte.

(7) Durch Rechtsverordnung können Vorschriften erlassen werden über

1. die Anrechnung ausländischer Steuern, wenn die ausländischen Einkünfte aus mehreren fremden Staaten stammen,
2. den Nachweis über die Höhe der festgesetzten und gezahlten ausländischen Steuern,
3. die Berücksichtigung ausländischer Steuern, die nachträglich erhoben oder zurückgezahlt werden.

Anlage
zu § 34c EStG

Steuerliche Behandlung von Arbeitnehmereinkünften bei Auslandstätigkeiten (Auslandstätigkeitserlass)

BMF-Schreiben vom 31. 10. 1983 (BStBl. I S 470)

Im Einvernehmen mit den obersten Finanzbehörden der Länder gilt auf Grund des § 34c Abs. 5 und des § 50 Abs. 7 EStG Folgendes:

Bei Arbeitnehmern eines inländischen Arbeitgebers (Abschnitt 72 LStR) wird von der Besteuerung des Arbeitslohns abgesehen, den der Arbeitnehmer auf Grund eines gegenwärtigen Dienstverhältnisses für eine begünstigte Tätigkeit im Ausland erhält.

I. Begünstigte Tätigkeit

Begünstigt ist die Auslandstätigkeit für einen inländischen Lieferanten, Hersteller, Auftragnehmer oder Inhaber ausländischer Mineralaufsuchungs- oder -gewinnungsrechte im Zusammenhang mit

1. der Planung, Errichtung, Einrichtung, Inbetriebnahme, Erweiterung, Instandsetzung, Modernisierung, Überwachung oder Wartung von Fabriken, Bauwerken, ortsgebundenen großen Maschinen oder ähnlichen Anlagen sowie dem Einbau, der Aufstellung oder Instandsetzung sonstiger Wirtschaftsgüter; außerdem ist das Betreiben der Anlagen bis zur Übergabe an den Auftraggeber begünstigt,
2. dem Aufsuchen oder der Gewinnung von Bodenschätzen,
3. der Beratung (Consulting) ausländischer Auftraggeber oder Organisationen im Hinblick auf Vorhaben im Sinne der Nummern 1 oder 2 oder
4. der deutschen öffentlichen Entwicklungshilfe im Rahmen der Technischen oder Finanziellen Zusammenarbeit.

Nicht begünstigt sind die Tätigkeit des Bordpersonals auf Seeschiffen und die Tätigkeit von Leiharbeitnehmern, für deren Arbeitgeber die Arbeitnehmerüberlassung Unternehmenszweck ist, sowie die finanzielle Beratung mit Ausnahme der Nummer 4. Nicht begünstigt ist ferner das Einholen von Aufträgen (Akquisition), ausgenommen die Beteiligung an Ausschreibungen.

II. Dauer der begünstigten Tätigkeit

Die Auslandstätigkeit muss mindestens drei Monate ununterbrochen in Staaten ausgeübt werden, mit denen kein Abkommen zur Vermeidung der Doppelbesteuerung besteht, in das Einkünfte aus nichtselbständiger Arbeit einbezogen sind.

Sie beginnt mit Antritt der Reise ins Ausland und endet mit der endgültigen Rückkehr ins Inland. Eine vorübergehende Rückkehr ins Inland oder ein kurzer Aufenthalt in einem Staat, mit dem ein Abkommen zur Vermeidung der Doppelbesteuerung besteht, in das Einkünfte aus nichtselbständiger Arbeit einbezogen sind, gelten bis zu einer Gesamtaufenthaltsdauer von zehn vollen Kalendertagen innerhalb der Mindestfrist nicht als Unterbrechung der Auslandstätigkeit, wenn sie zur weiteren Durchführung oder Vorbereitung eines begünstigten Vorhabens notwendig sind. Dies gilt bei längeren Auslandstätigkeiten entsprechend für die jeweils letzten drei Monate.

Eine Unterbrechung der Tätigkeit im Falle eines Urlaubs oder einer Krankheit ist unschädlich, unabhängig davon, wo sich der Arbeitnehmer während der Unterbrechung aufhält. Zeiten der unschädlichen Unterbrechung sind bei der Dreimonatsfrist nicht mitzurechnen.

III. Begünstigter Arbeitslohn

Zum begünstigten Arbeitslohn gehören auch folgende steuerpflichtige Einnahmen, soweit sie für eine begünstigte Auslandstätigkeit gezahlt werden:

1. Zulagen, Prämien oder Zuschüsse des Arbeitgebers für Aufwendungen des Arbeitnehmers, die durch eine begünstigte Auslandstätigkeit veranlasst sind, oder die entsprechende unentgeltliche Ausstattung oder Bereitstellung durch den Arbeitgeber,
2. Weihnachtszuwendungen, Erfolgsprämien oder Tantiemen,
3. Arbeitslohn, der auf den Urlaub – einschließlich eines angemessenen Sonderurlaubs auf Grund einer begünstigten Tätigkeit – entfällt, Urlaubsgeld oder Urlaubsabgeltung,
4. Lohnfortzahlung auf Grund einer Erkrankung während einer begünstigten Auslandstätigkeit bis zur Wiederaufnahme dieser oder einer anderen begünstigten Tätigkeit oder bis zur endgültigen Rückkehr ins Inland.

Werden solche Zuwendungen nicht gesondert für die begünstigte Tätigkeit geleistet, so sind sie im Verhältnis der Kalendertage aufzuteilen.

Der begünstigte Arbeitslohn ist steuerfrei im Sinne der §§ 3 c, 10 Abs. 2 Nr. 2 EStG und des § 28 Abs. 2 Berlin FG.

IV. Progressionsvorbehalt für unbeschränkt steuerpflichtige Arbeitnehmer

Auf das nach § 32 a Abs. 1 EStG zu versteuernde Einkommen ist der Steuersatz anzuwenden, der sich ergibt, wenn die begünstigten Einkünfte aus nichtselbständiger Arbeit bei der Berechnung der Einkommensteuer einbezogen werden. Bei der Ermittlung der begünstigten Einkünfte ist der Arbeitslohn um die Freibeträge nach § 19 Abs. 3 und 4 EStG*) und um den Werbungskosten-Pauschbetrag nach § 9 a Nr. 1 EStG zu kürzen, soweit sie nicht bei der Ermittlung der Einkünfte aus nicht begünstigter nichtselbständiger Arbeit berücksichtigt worden sind.

V. Nichtanwendung

Diese Regelung gilt nicht, wenn

1. der Arbeitslohn aus inländischen öffentlichen Kassen – einschließlich der Kassen der Deutschen Bundesbahn und der Deutschen Bundesbank – gezahlt wird,
2. die Tätigkeit in einem Staat ausgeübt wird, mit dem ein Abkommen zur Vermeidung der Doppelbesteuerung besteht, in das Einkünfte aus nichtselbständiger Arbeit einbezogen sind; ist ein Abkommen für die Zeit vor seinem In-Kraft-Treten anzuwenden, so verbleibt es bis zum Zeitpunkt des In-Kraft-Tretens bei den vorstehenden Regelungen, soweit sie für den Arbeitnehmer günstiger sind, oder
3. es sich um eine Tätigkeit in der Deutschen Demokratischen Republik oder Berlin (Ost) handelt.

VI. Verfahrensvorschriften

1. Der Verzicht auf die Besteuerung im Steuerabzugsverfahren (Freistellungsbescheinigung) ist vom Arbeitgeber oder Arbeitnehmer beim Betriebsstättenfinanzamt zu beantragen.**) Ein Nachweis, dass von dem Arbeitslohn in dem Staat, in dem die Tätigkeit ausgeübt wird, eine der deutschen Lohnsteuer (Einkommensteuer) entsprechende Steuer erhoben wird, ist nicht erforderlich.

   Ist glaubhaft gemacht worden, dass die in Abschnitt I und II bezeichneten Voraussetzungen vorliegen, so kann die Freistellungsbescheinigung erteilt werden, solange dem Arbeitgeber eine Änderung des Lohnsteuerabzugs möglich ist (§ 41 c EStG). Außerdem muss sich der Arbeitgeber verpflichten, das folgende Verfahren einzuhalten:

   a) Der begünstigte Arbeitslohn ist im Lohnkonto, auf der Lohnsteuerkarte, der besonderen Lohnsteuerbescheinigung sowie dem Lohnzettel getrennt von dem übrigen Arbeitslohn anzugeben.
   b) Die Freistellungsbescheinigung ist als Beleg zum Lohnkonto des Arbeitnehmers zu nehmen.
   c) Für Arbeitnehmer, die während des Kalenderjahrs begünstigten Arbeitslohn bezogen haben, darf der Arbeitgeber weder die Lohnsteuer nach dem voraussichtlichen Jahresarbeitslohn (sog. permanenter Jahresausgleich) ermitteln noch einen Lohnsteuer-Jahresausgleich durchführen.

   Der Arbeitgeber ist bis zur Ausschreibung der Lohnsteuerbescheinigung sowie des Lohnzettels berechtigt, bei der jeweils nächstfolgenden Lohnzahlung bisher noch nicht erhobene Lohnsteuer nachträglich einzubehalten, wenn er erkennt, dass die Voraussetzungen für den Verzicht auf die Besteuerung nicht vorgelegen haben. Macht er von dieser Berechtigung keinen Gebrauch oder kann die Lohnsteuer nicht nachträglich einbehalten werden, so ist er zu einer Anzeige an das Betriebsstättenfinanzamt verpflichtet.

2. Soweit nicht bereits vom Steuerabzug abgesehen worden ist, hat der Arbeitnehmer den Verzicht auf die Besteuerung bei seinem Wohnsitzfinanzamt zu beantragen.

VII. Anwendungszeitraum, Übergangsregelung

Diese Regelung gilt ab 1. Januar 1984. Sie ersetzt die bisher hierzu ergangenen Verwaltungsbestimmungen.

Eine vor dem 1. Januar 1984 geleistete und nach den vorstehenden Bestimmungen begünstigte Tätigkeit ist bei der Dreimonatsfrist mitzurechnen.

§ 34 g EStG
Steuerermäßigung bei Zuwendungen an politische Parteien und an unabhängige Wählervereinigungen

¹**Die tarifliche Einkommensteuer, vermindert um die sonstigen Steuerermäßigungen mit Ausnahme des § 34f Abs. 3, ermäßigt sich bei Zuwendungen an**

1. **politische Parteien im Sinne des § 2 des Parteiengesetzes und**
2. **Vereine ohne Parteicharakter, wenn**

   a) **der Zweck des Vereins ausschließlich darauf gerichtet ist, durch Teilnahme mit eigenen Wahlvorschlägen an Wahlen auf Bundes-, Landes- oder Kommunalebene bei der politischen Willensbildung mitzuwirken, und**
   b) **der Verein auf Bundes-, Landes- oder Kommunalebene bei der jeweils letzten Wahl wenigstens ein Mandat errungen oder der zuständigen Wahlbehörde oder dem zuständigen Wahlorgan angezeigt hat, dass er mit eigenen Wahlvorschlägen auf Bundes, Landes- oder Kommunalebene an der jeweils nächsten Wahl teilnehmen will.**

²**Nimmt der Verein an der jeweils nächsten Wahl nicht teil, wird die Ermäßigung nur für die bis zum Wahltag an ihn geleisteten Beiträge und Spenden gewährt.** ³**Die Ermäßigung für Beiträge und Spenden an den Verein wird erst wieder gewährt, wenn er sich mit eigenen Wahlvorschlägen an einer Wahl beteiligt hat.** ⁴**Die Ermäßigung wird in diesem Falle nur für Beiträge und Spenden gewährt, die nach Beginn des Jahres, in dem die Wahl stattfindet, geleistet werden.**

²**Die Ermäßigung beträgt 50 Prozent der Ausgaben, höchstens jeweils 825 Euro für Ausgaben nach den Nummern 1 und 2, im Fall der Zusammenveranlagung von Ehegatten höchstens jeweils 1650 Euro.** ³**§ 10b Abs. 3 und 4 gilt entsprechend.**

---

*) Jetzt Freibetrag nach § 9 a Nr. 1 EStG.
**) Hierfür sind die bundeseinheitlichen Antragsvordrucke zu verwenden, die beim Finanzamt kostenlos erhältlich sind.

§ 35 a EStG
Steuerermäßigung bei Aufwendungen für haushaltsnahe Beschäftigungsverhältnisse und für die Inanspruchnahme haushaltsnaher Dienstleistungen

(1) ¹Für haushaltsnahe Beschäftigungsverhältnisse, die in einem inländischen Haushalt des Steuerpflichtigen ausgeübt werden, ermäßigt sich die tarifliche Einkommensteuer, vermindert um die sonstigen Steuerermäßigungen, auf Antrag um

1. 10 Prozent, höchstens 510 Euro, bei geringfügiger Beschäftigung im Sinne des § 8a des Vierten Buches Sozialgesetzbuch,
2. 12 Prozent, höchstens 2400 Euro, bei anderen haushaltsnahen Beschäftigungsverhältnissen, für die auf Grund der Beschäftigungsverhältnisse Pflichtbeiträge zur gesetzlichen Sozialversicherung entrichtet werden und die keine geringfügige Beschäftigung im Sinne des § 8 Abs. 1 Nr. 1 des Vierten Buches Sozialgesetzbuch darstellen,

der Aufwendungen des Steuerpflichtigen, die nicht Betriebsausgaben oder Werbungskosten darstellen oder unter die §§ 4f, 9 Abs. 5, § 10 Abs. 1 Nr. 5 oder Nr. 8 fallen und soweit sie nicht als außergewöhnliche Belastung berücksichtigt worden sind. ²Für jeden Kalendermonat, in dem die Voraussetzungen nach Satz 1 nicht vorgelegen haben, ermäßigen sich die dort genannten Höchstbeträge um ein Zwölftel.

(2) ¹Für die Inanspruchnahme von haushaltsnahen Dienstleistungen, die nicht Dienstleistungen nach Satz 2 sind und in einem inländischen Haushalt des Steuerpflichtigen erbracht werden, ermäßigt sich die tarifliche Einkommensteuer, vermindert um die sonstigen Steuerermäßigungen, auf Antrag um 20 Prozent, höchstens 600 Euro, der Aufwendungen des Steuerpflichtigen; dieser Betrag erhöht sich für die Inanspruchnahme von Pflege- und Betreuungsleistungen für Personen, bei denen ein Schweregrad der Pflegebedürftigkeit im Sinne des § 14 des Elften Buches Sozialgesetzbuch besteht oder die Leistungen der Pflegeversicherung beziehen, die in einem inländischen Haushalt des Steuerpflichtigen oder im Haushalt der vorstehend genannten gepflegten oder betreuten Person erbracht werden, auf 1200 Euro. ²Für die Inanspruchnahme von Handwerkerleistungen für Renovierungs-, Erhaltungs- und Modernisierungsmaßnahmen, die in einem inländischen Haushalt des Steuerpflichtigen erbracht werden, mit Ausnahme der nach dem CO_2-Gebäudesanierungsprogramm der KfW Förderbank geförderten Maßnahmen, ermäßigt sich die tarifliche Einkommensteuer, vermindert um die sonstigen Steuerermäßigungen, auf Antrag um 20 Prozent, höchstens 600 Euro, der Aufwendungen des Steuerpflichtigen. ³Der Abzug von der tariflichen Einkommensteuer nach den Sätzen 1 und 2 gilt nur für Arbeitskosten und nur für Aufwendungen, die nicht Betriebsausgaben, Werbungskosten oder Aufwendungen für eine geringfügige Beschäftigung im Sinne des § 8 des Vierten Buches Sozialgesetzbuch darstellen oder unter die §§ 4f, 9 Abs. 5, § 10 Abs. 1 Nr. 5 oder Nr. 8 fallen und soweit sie nicht als Sonderausgaben oder außergewöhnliche Belastung berücksichtigt worden sind. ⁴In den Fällen des Absatzes 1 ist die Inanspruchnahme der Steuerermäßigung nach den Sätzen 1 und 2 ausgeschlossen. ⁵Voraussetzung für die Steuerermäßigung nach den Sätzen 1 und 2 ist, dass der Steuerpflichtige die Aufwendungen durch Vorlage einer Rechnung und die Zahlung auf das Konto des Erbringers der haushaltsnahen Dienstleistung, der Handwerkerleistung oder der Pflege- oder Betreuungsleistung durch Beleg des Kreditinstituts nachweist.

(3) Leben zwei Alleinstehende in einem Haushalt zusammen, können sie die Höchstbeträge nach den Absätzen 1 und 2 insgesamt jeweils nur einmal in Anspruch nehmen.

R 103a
Steuerermäßigung bei Aufwendungen für haushaltsnahe Beschäftigungsverhältnisse und für die Inanspruchnahme haushaltsnaher Dienstleistungen
– unbesetzt –

H 103a
Hinweise zu R 103a
Steuerermäßigung bei Aufwendungen für haushaltsnahe Beschäftigungsverhältnisse und für die Inanspruchnahme haushaltsnaher Dienstleistungen

Allgemeine Grundsätze

>BMF vom 3. 11. 2006 (BStBl. I S. 711)*)

Anlage
zu H 103a

Anwendungsschreiben zu § 35a EStG

BMF-Schreiben vom 3.11.2006 (BStBl. I S. 711)

Unter Bezugnahme auf das Ergebnis der Erörterungen mit den obersten Finanzbehörden der Länder gilt für die Anwendung des § 35a EStG Folgendes:

I Haushaltsnahe Beschäftigungsverhältnisse oder Dienstleistungen im Sinne des § 35a EStG

1. Haushaltsnahes Beschäftigungsverhältnis (§ 35a Abs. 1 Satz 1 Nr. 1 und 2 EStG)

1 Der Begriff des haushaltsnahen Beschäftigungsverhältnisses ist gesetzlich nicht definiert. Er verlangt eine Tätigkeit, die einen engen Bezug zum Haushalt hat. Zu den haushaltsnahen Tätigkeiten gehören u. a. die Zubereitung von Mahlzeiten im Haushalt, die Reinigung der Wohnung des Steuerpflichtigen, die Gartenpflege und die Pflege, Versorgung und Betreuung von Kindern – sofern die Aufwendungen nicht dem Grunde nach unter die §§ 4 f, 9 Abs. 5 Satz 1 oder § 10 Abs. 1 Nr. 5 oder 8 EStG fallen – und von kranken, alten oder pflegebedürftigen Personen. Die Erteilung von Unterricht (z. B. Sprachunterricht), die Vermittlung besonderer Fähigkeiten, sportliche und andere Freizeitbetätigungen fallen nicht darunter.

2. Geringfügige Beschäftigung im Sinne des § 8a SGB IV (§ 35a Abs. 1 Satz 1 Nr. 1 EStG)

2 Die Steuerermäßigung nach § 35a Abs. 1 Satz 1 Nr. 1 EStG kann der Steuerpflichtige nur beanspruchen, wenn es sich bei dem haushaltsnahen Beschäftigungsverhältnis um eine geringfügige Beschäftigung im Sinne des § 8a SGB IV handelt. Es handelt sich nur dann um ein geringfügiges Beschäftigungsverhältnis im Sinne dieser Vorschrift, wenn der Steuerpflichtige am Haushaltsscheckverfahren teilnimmt. Es ist jedoch zu berücksichtigen, dass nicht jedes Beschäftigungsverhältnis im Sinne des § 8a SGB IV nach § 35a Abs. 1 Satz 1 Nr. 1 EStG begünstigt ist, weil hiernach nur geringfügige Beschäftigungsverhältnisse erfasst werden, die **in** einem inländischen Haushalt ausgeübt werden. § 8a SGB IV setzt dagegen lediglich voraus, dass die geringfügige Beschäftigung **durch** einen privaten Haushalt begründet ist.

3. Beschäftigungsverhältnisse mit nahen Angehörigen oder zwischen Partnern einer eingetragenen Lebenspartnerschaft bzw. einer nicht ehelichen Lebensgemeinschaft (§ 35a Abs. 1 Satz 1 Nr. 1 und 2 EStG)

3 Da familienrechtliche Verpflichtungen grundsätzlich nicht Gegenstand eines steuerlich anzuerkennenden Vertrags sein können, kann zwischen in einem Haushalt zusammenlebenden Ehegatten (§§ 1360, 1356 Abs. 1 BGB) oder zwischen Eltern und in deren Haushalt lebenden Kindern (§ 1619 BGB) ein haus-

---
*) Abgedruckt als Anlage zu H 103a LStR.

§ 35a EStG
R 103a

haltsnahes Beschäftigungsverhältnis im Sinne des § 35a Abs. 1 Satz 1 Nr. 1 oder 2 EStG nicht begründet werden. Dies gilt entsprechend für die Partner einer eingetragenen Lebenspartnerschaft. Auch bei in einem Haushalt zusammenlebenden Partnern einer nicht ehelichen Lebensgemeinschaft oder einer nicht eingetragenen Lebenspartnerschaft kann regelmäßig nicht von einem begünstigten Beschäftigungsverhältnis ausgegangen werden, weil jeder Partner auch seinen eigenen Haushalt führt und es deshalb an dem für Beschäftigungsverhältnisse typischen Über- und Unterordnungsverhältnis fehlt.

4 Haushaltsnahe Beschäftigungsverhältnisse mit Angehörigen, die nicht im Haushalt des Steuerpflichtigen leben (z. B. mit Kindern, die in einem eigenen Haushalt leben), können steuerlich nur anerkannt werden, wenn die Verträge zivilrechtlich wirksam zustande gekommen sind, inhaltlich dem zwischen Fremden Üblichen entsprechen und tatsächlich auch so durchgeführt werden.

4. Haushaltsnahe Dienstleistung (§ 35a Abs. 2 Satz 1 EStG)

5 Zu den haushaltsnahen Dienstleistungen im Sinne des § 35a Abs. 2 Satz 1 EStG gehören nur Tätigkeiten, die nicht zu den handwerklichen Leistungen im Sinne des § 35a Abs. 2 Satz 2 EStG gehören, gewöhnlich durch Mitglieder des privaten Haushalts erledigt werden und für die eine Dienstleistungsagentur oder ein selbständiger Dienstleister in Anspruch genommen wird, wie z. B.:

– Reinigung der Wohnung (z. B. durch Angestellte einer Dienstleistungsagentur oder einen selbständigen Fensterputzer),

– Pflege von Angehörigen (z. B. durch Inanspruchnahme eines Pflegedienstes),

– Gartenpflegearbeiten (z. B. Rasenmähen, Heckenschneiden).

6 Umzugsdienstleistungen für Privatpersonen gehören – abzüglich Erstattungen Dritter – ebenfalls zu den haushaltsnahen Dienstleistungen.

7 Für Pflege- und Betreuungsleistungen für Personen, bei denen ein Schweregrad der Pflegebedürftigkeit der Pflegestufen I bis III im Sinne der §§ 14, 15 SGB XI besteht oder die Leistungen der Pflegeversicherung beziehen, verdoppelt sich der Höchstbetrag der Steuerermäßigung (§ 35a Abs. 2 Satz 1, 2. Halbsatz EStG). Der Nachweis ist durch eine Bescheinigung (z. B. Leistungsbescheid oder -mitteilung) der sozialen Pflegekasse oder des privaten Versicherungsunternehmens, das die private Pflichtversicherung durchführt, durch ein amtsärztliches Attest oder nach § 65 Abs. 2 EStDV zu führen. Die Steuerermäßigung steht neben der steuerpflichtigen pflegebedürftigen Person auch deren Angehörigen zu, wenn sie für Pflege- oder Betreuungsleistungen aufkommen, die im inländischen Haushalt des Steuerpflichtigen oder im Haushalt der gepflegten oder betreuten Person durchgeführt werden. Die Leistungen der Pflegeversicherung sind anzurechnen, d. h. es führen nur diejenigen Aufwendungen zu einer Steuerermäßigung, die nicht durch die Verwendung der Leistungen der Pflegeversicherung finanziert werden können. Die Steuerermäßigung ist haushaltsbezogen. Werden z. B. zwei pflegebedürftige Personen in einem Haushalt gepflegt, kann die Steuerermäßigung nur einmal in Anspruch genommen werden.

8 Nimmt der Angehörige den Pflege-Pauschbetrag nach § 33b Abs. 6 EStG in Anspruch, schließt dies eine Berücksichtigung der Pflegeaufwendungen nach § 35a Abs. 2 EStG bei ihm aus.

5. Haushaltsnahes Beschäftigungsverhältnis oder haushaltsnahe Dienstleistung im Haushalt des Steuerpflichtigen (§ 35a Abs. 1 und 2 Satz 1 EStG)

9 Voraussetzung ist, dass das haushaltsnahe Beschäftigungsverhältnis bzw. die haushaltsnahe Dienstleistung in einem inländischen Haushalt des Steuerpflichtigen ausgeübt bzw. erbracht wird (§ 35a Abs. 2 Satz 1, 1. Halbsatz EStG). Beschäftigungsverhältnisse oder Dienstleistungen, die ausschließlich Tätigkeiten zum Gegenstand haben, die außerhalb des Haushalts des Steuerpflichtigen ausgeübt bzw. erbracht werden, sind nicht begünstigt. Danach gehört z. B. die Tätigkeit einer Tagesmutter nur zu den begünstigten Tätigkeiten im Sinne des § 35a EStG, wenn die Betreuung im Haushalt des Steuerpflichtigen erfolgt. Die Begleitung von Kindern, kranken, alten oder pflegebedürftigen Personen bei Einkäufen und Arztbesuchen sowie kleine Botengänge usw. sind nur dann begünstigt, wenn sie zu den Nebenpflichten der Haushaltshilfe, des Pflegenden oder Betreuenden im Haushalt gehören. Liegen jedoch die Voraussetzungen des § 35a Abs. 2 Satz 1, 2. Halbsatz EStG vor, so ist die Inanspruchnahme von Pflege- und Betreuungsdiensten auch dann begünstigt, wenn die Pflege und Betreuung nicht im Haushalt des Steuerpflichtigen, sondern im Haushalt der gepflegten oder betreuten Person durchgeführt wird.

10 Eine Inanspruchnahme der Steuerermäßigung nach § 35a Abs. 1 oder 2 EStG ist auch möglich, wenn sich der eigenständige und abgeschlossene Haushalt in einem Heim befindet. In diesem Fall sind die im Haushalt des Heimbewohners erbrachten und individuell abgerechneten Dienstleistungen (z. B. Reinigung des Appartements, Pflege- oder Handwerkerleistungen im Appartement) begünstigt. Ein Haushalt in einem Heim ist gegeben, wenn die Räumlichkeiten des Steuerpflichtigen von ihrer Ausstattung für eine Haushaltsführung geeignet sind (Bad, Küche, Wohn- und Schlafbereich), individuell genutzt werden können (Abschließbarkeit) und eine eigene Wirtschaftsführung des Steuerpflichtigen nachgewiesen oder glaubhaft gemacht wird.

II Inanspruchnahme von Handwerkerleistungen (§ 35a Abs. 2 Satz 2 EStG)

11 § 35a Abs. 2 Satz 2 EStG gilt für alle handwerklichen Tätigkeiten für Renovierungs-, Erhaltungs- und Modernisierungsmaßnahmen, die in einem inländischen Haushalt des Steuerpflichtigen erbracht werden, unabhängig davon, ob es sich um regelmäßig vorzunehmende Renovierungsarbeiten oder kleine Ausbesserungsarbeiten handelt, die gewöhnlich durch Mitglieder des privaten Haushalts erledigt werden, oder um Erhaltungs- und Modernisierungsmaßnahmen, die im Regelfall nur von Fachkräften durchgeführt werden. Zu den handwerklichen Tätigkeiten zählen u. a.:

– Arbeiten an Innen- und Außenwänden,

– Arbeiten am Dach, an der Fassade, an Garagen, o. Ä.,

– Reparatur oder Austausch von Fenstern und Türen,

– Streichen/Lackieren von Türen, Fenstern (innen und außen), Wandschränken, Heizkörpern und -rohren,

– Reparatur oder Austausch von Bodenbelägen (z. B. Teppichboden, Parkett, Fliesen),

– Reparatur, Wartung oder Austausch von Heizungsanlagen, Elektro-, Gas- und Wasserinstallationen,

– Modernisierung oder Austausch der Einbauküche,

– Modernisierung des Badezimmers,

– Reparatur und Wartung von Gegenständen im Haushalt des Steuerpflichtigen (z. B. Waschmaschine, Geschirrspüler, Herd, Fernseher, Personalcomputer),

– Maßnahmen der Gartengestaltung,

– Pflasterarbeiten auf dem Wohngrundstück,

unabhängig davon, ob die Aufwendungen für die einzelne Maßnahme Erhaltungs- oder Herstellungsaufwand darstellen. Handwerkliche Tätigkeiten im Rahmen einer Neubaumaßnahme sind nicht begünstigt.

12 Auch Kontrollaufwendungen (z. B. Gebühr für den Schornsteinfeger oder für die Kontrolle von Blitzschutzanlagen) sind begünstigt. Das Gleiche gilt für handwerkliche Leistungen für Hausanschlüsse (z. B. Kabel für Strom oder Fernsehen), soweit die Aufwendungen die Zuleitungen zum Haus oder zur Wohnung betreffen und nicht im Rahmen einer Neubaumaßnahme anfallen; Aufwendungen im Zusammenhang mit Zuleitungen, die sich auf öffentlichen Grundstücken befinden, sind nicht begünstigt.

13 Das beauftragte Unternehmen muss nicht in die Handwerksrolle eingetragen sein; es können auch Kleinunternehmer im Sinne des § 19 Abs. 1 Umsatzsteuergesetz mit der Leistung beauftragt werden.

III Anspruchsberechtigte

14 Der Steuerpflichtige kann die Steuerermäßigung nach § 35a Abs. 1 oder 2 EStG grundsätzlich nur in Anspruch nehmen, wenn er in Fällen des § 35a Abs. 1 EStG Arbeitgeber oder in Fällen des § 35a Abs. 2 EStG Auftraggeber ist. Dies gilt auch für einen Heimbewohner, der im Heim einen eigenständigen abgeschlossenen Haushalt führt (vgl. dazu auch Rdnr. 10).

15 Für Wohnungseigentümergemeinschaften gilt Folgendes:

Besteht ein Beschäftigungsverhältnis zu einer Wohnungseigentümergemeinschaft (z. B. bei Reinigung und Pflege von Gemeinschaftsräumen) oder ist eine Wohnungseigentümergemeinschaft Auftraggeber der haushaltsnahen Dienstleistung bzw. der handwerklichen Leistung, kommt für den einzelnen Wohnungseigentümer eine Steuerermäßigung in Betracht, wenn

- in der Jahresabrechnung die im Kalenderjahr unbar gezahlten Beträge nach den begünstigten haushaltsnahen Beschäftigungsverhältnissen und Dienstleistungen (§ 35a Abs. 1 Nr. 1, Abs. 1 Nr. 2, Abs. 2 Satz 1 und Abs. 2 Satz 2 EStG) jeweils gesondert aufgeführt sind,
- der Anteil der steuerbegünstigten Kosten (Arbeits- und Fahrtkosten) ausgewiesen ist und
- der Anteil des jeweiligen Wohnungseigentümers anhand seines Beteiligungsverhältnisses individuell errechnet wurde.

Dies gilt auch, wenn die Wohnungseigentümergemeinschaft zur Wahrnehmung ihrer Aufgaben und Interessen einen Verwalter bestellt hat. In diesen Fällen ist der Nachweis durch eine Bescheinigung des Verwalters über den Anteil des jeweiligen Wohnungseigentümers zu führen.

16 Auch der Mieter einer Wohnung kann die Steuerermäßigung nach § 35a EStG beanspruchen, wenn die von ihm zu zahlenden Nebenkosten Beträge umfassen, die für ein haushaltsnahes Beschäftigungsverhältnis, für haushaltsnahe Dienstleistungen oder für handwerkliche Tätigkeiten geschuldet werden und sein Anteil an den vom Vermieter unbar gezahlten Aufwendungen entweder aus der Jahresabrechnung hervorgeht oder durch eine Bescheinigung des Vermieters oder seines Verwalters nachgewiesen wird.

IV Begünstigte Aufwendungen

1. Ausschluss der Steuerermäßigung bei Betriebsausgaben oder Werbungskosten

17 Die Steuerermäßigung für Aufwendungen ist ausgeschlossen, wenn diese zu den Betriebsausgaben oder Werbungskosten gehören. Gemischte Aufwendungen (z. B. für eine Reinigungskraft, die auch das beruflich genutzte Arbeitszimmer reinigt) sind unter Berücksichtigung des zeitlichen Anteils der zu Betriebsausgaben oder Werbungskosten führenden Tätigkeiten an der Gesamtarbeitszeit aufzuteilen.

2. Ausschluss der Steuerermäßigung bei Berücksichtigung der Aufwendungen als Sonderausgaben oder außergewöhnliche Belastungen; Aufwendungen für Kinderbetreuung

18 Eine Steuerermäßigung nach § 35a EStG kommt nur in Betracht, soweit die Aufwendungen nicht vorrangig als Sonderausgaben (z. B. Erhaltungsmaßnahme nach § 10f EStG) oder als außergewöhnliche Belastungen (z. B. nach § 33 oder § 33a EStG) berücksichtigt werden. Für den Teil der Aufwendungen, der durch den Ansatz der zumutbaren Belastung nach § 33 Abs. 3 EStG nicht als außergewöhnliche Belastung berücksichtigt wird, kann der Steuerpflichtige die Steuerermäßigung nach § 35a EStG in Anspruch nehmen.

19 Fallen Kinderbetreuungskosten unter die Regelungen der §§ 4f oder 9 Abs. 5 Satz 1 EStG bzw. § 10 Abs. 1 Nr. 5 oder 8 EStG, kommt ein Abzug nach § 35a EStG nicht in Betracht (§ 35a Abs. 1 Satz 1 und Abs. 2 Satz 3 EStG). Dies gilt sowohl für den Betrag, der zwei Drittel der Aufwendungen für Dienstleistungen übersteigt, als auch für alle Aufwendungen, die den Höchstbetrag von 4000 Euro je Kind übersteigen.

3. Umfang der begünstigten Aufwendungen

20 Zu den begünstigten Aufwendungen des Steuerpflichtigen nach § 35a Abs. 1 EStG gehört der Bruttoarbeitslohn oder das Arbeitsentgelt (bei Anwendung des Haushaltsscheckverfahrens und geringfügiger Beschäftigung im Sinne des § 8a SGB IV) sowie die vom Steuerpflichtigen getragenen Sozialversicherungsbeiträge, die Lohnsteuer ggf. zuzüglich Solidaritätszuschlag und Kirchensteuer, die Umlagen nach dem Aufwendungsausgleichsgesetz (U 1 und U 2) und die Unfallversicherungsbeiträge, die an den Gemeindeunfallversicherungsverband abzuführen sind.

21 Als Nachweis dient bei geringfügigen Beschäftigungsverhältnissen nach § 35a Abs. 1 Satz 1 Nr. 1 EStG (vgl. dazu auch Rdnr. 2), für das Haushaltsscheckverfahren Anwendung findet, die dem Arbeitgeber von der Einzugstelle (Minijob-Zentrale) zum Jahresende erteilte Bescheinigung nach § 28h Abs. 4 SGB IV. Diese enthält den Zeitraum, für den Beiträge zur Rentenversicherung gezahlt wurden, die Höhe des Arbeitsentgelts sowie die vom Arbeitgeber getragenen Gesamtsozialversicherungsbeiträge und Umlagen. Zusätzlich wird in der Bescheinigung die Höhe der einbehaltenen Pauschsteuer beziffert.

22 Bei sozialversicherungspflichtigen haushaltsnahen Beschäftigungsverhältnissen nach § 35a Abs. 1 Satz 1 Nr. 2 EStG, für die das allgemeine Beitrags- und Meldeverfahren zur Sozialversicherung gilt und bei denen die Lohnsteuer pauschal oder nach Maßgabe der vorgelegten Lohnsteuerkarte erhoben wird, gelten die allgemeinen Nachweisregeln für die Steuerermäßigung.

23 Die Höchstbeträge nach § 35a Abs. 1 Satz 1 Nr. 1 und 2 EStG mindern sich für jeden vollen Kalendermonat, in dem die Voraussetzungen nach § 35a Abs. 1 Satz 1 EStG nicht vorgelegen haben, um ein Zwölftel.

24 Nach § 35a Abs. 2 EStG sind nur die Aufwendungen für die Inanspruchnahme der haushaltsnahen Tätigkeit selbst, für Pflege- und Betreuungsleistungen bzw. für Handwerkerleistungen einschließlich der in Rechnung gestellten Maschinen- und Fahrtkosten begünstigt. Materialkosten oder sonstige im Zusammenhang mit der Dienstleistung, den Pflege- und Betreuungsleistungen bzw. den Handwerkerleistungen gelieferte Waren (z. B. Stützstrümpfe, Pflegebett, Fliesen, Tapeten, Farbe oder Pflastersteine) bleiben außer Ansatz. Der Anteil der Arbeitskosten muss grundsätzlich in der Rechnung gesondert ausgewiesen sein. Bei Wartungsverträgen ist es nicht zu beanstanden, wenn der Anteil der Arbeitskosten, der sich auch pauschal aus einer Mischkalkulation ergeben kann, aus einer Anlage zur Rechnung hervorgeht. Ein gesonderter Ausweis der auf die Arbeitskosten entfallenden Mehrwertsteuer ist nicht erforderlich.

25 Bei Wohnungseigentümern und Mietern ist erforderlich, dass die auf den einzelnen Wohnungseigentümer und Mieter entfallenden Aufwendungen für haushaltsnahe Beschäftigungsverhältnisse und Dienstleistungen sowie für Handwerkerleistungen in der Jahresabrechnung gesondert aufgeführt oder durch eine Bescheinigung des Verwalters oder Vermieters nachgewiesen sind. Bei wiederkehrenden Dienstleistungen (wie z. B. Reinigung des Treppenhauses, Gartenpflege) sind die in der Jahresabrechnung ausgewiesenen, für den Veranlagungszeitraum geleisteten Vorauszahlungen maßgebend.

26 Die Höchstbeträge nach § 35a EStG können nur haushaltsbezogen in Anspruch genommen werden (§ 35a Abs. 3 EStG). Sind z. B. zwei in einem Haushalt lebende Alleinstehende Arbeitgeber haushaltsnaher Beschäftigungsverhältnisse bzw. Auftraggeber haushaltsnaher Dienstleistungen, von Pflege- und Betreuungsleistungen oder von Handwerkerleistungen, erfolgt die Aufteilung der Höchstbeträge grundsätzlich nach Maßgabe der jeweiligen Aufwendungen, es sei denn, es wird einvernehmlich eine andere Aufteilung gewählt. Dies gilt auch für Partner einer eingetragenen Lebenspartnerschaft.

4. Nachweis

27 Sowohl bei Aufwendungen im Rahmen einer haushaltsnahen Dienstleistung als auch bei Handwerker- oder Pflege- und Betreuungsleistungen im Sinne des § 35a Abs. 2 EStG ist die Steuerermäßigung davon abhängig, dass der Steuerpflichtige die Aufwendungen durch Vorlage einer Rechnung und die Zahlung auf ein Konto des Erbringers der Leistung durch einen

§ 36, § 37 EStG

Beleg des Kreditinstituts nachweist (§ 35a Abs. 2 Satz 5 EStG). Bei Wohnungseigentümern und Mietern sind die sich aus Rdnr. 25 ergebenden Nachweise mit der Antragstellung vorzulegen.

28 Die Zahlung auf das Konto des Erbringers der Leistung erfolgt in der Regel durch Überweisung. Beträge, für deren Begleichung ein Dauerauftrag eingerichtet worden ist oder die durch eine Einzugsermächtigung abgebucht oder im Wege des Online-Bankings überwiesen wurden, können in Verbindung mit dem Kontoauszug, der die Abbuchung ausweist, anerkannt werden. Dies gilt auch bei Übergabe eines Verrechnungsschecks oder der Teilnahme am Electronic-Cash-Verfahren oder am elektronischen Lastschriftverfahren. Barzahlungen können nicht anerkannt werden.

29 Für die Inanspruchnahme der Steuerermäßigung ist auf den Veranlagungszeitraum der Zahlung abzustellen (§ 11 Abs. 2 EStG). Bei regelmäßig wiederkehrenden Ausgaben (z. B. nachträgliche monatliche Zahlung oder monatliche Vorauszahlung einer Pflegeleistung), die innerhalb eines Zeitraums von bis zu zehn Tagen nach Beendigung bzw. vor Beginn eines Kalenderjahres fällig und geleistet worden sind, werden die Ausgaben dem Kalenderjahr zugerechnet, zu dem sie wirtschaftlich gehören.

V Mehrfache Inanspruchnahme der Steuerermäßigungen

30 Neben der Steuerermäßigung nach § 35a Abs. 1 Satz 1 Nr. 1 EStG für ein geringfügiges Beschäftigungsverhältnis im Sinne des § 8a SGB IV kann der Steuerpflichtige auch die Steuerermäßigung nach Nummer 2 der Vorschrift für ein sozialversicherungspflichtiges Beschäftigungsverhältnis beanspruchen. Liegen die Voraussetzungen für die Inanspruchnahme der Steuerermäßigung nach § 35a Abs. 1 Satz 1 Nr. 1 oder 2 EStG vor, ist für das hiernach förderbare Beschäftigungsverhältnis die Steuerermäßigung nach § 35a Abs. 2 Satz 1 und 2 EStG ausgeschlossen (§ 35a Abs. 2 Satz 4 EStG).

VI Anwendungsregelung

31 Dieses Schreiben ist ab dem Veranlagungszeitraum 2006 anzuwenden und ersetzt ab diesem Zeitraum das BMF-Schreiben vom 1. November 2004 (BStBl I, S. 958). Für die Inanspruchnahme des § 35a Abs. 2 Satz 2 EStG im Veranlagungszeitraum 2006 ist erforderlich, dass sowohl die Erbringung der Leistung als auch die Bezahlung im Veranlagungszeitraum 2006 erfolgt (§ 52 Abs. 50b EStG).

32 Rdnr. 6 (Umzugsdienstleistungen) ist in allen noch offenen Fällen ab dem Veranlagungszeitraum 2003 anzuwenden. Das Gleiche gilt für die Rdnrn. 10, 15 und 16 (Heimbewohner, Wohnungseigentümergemeinschaften, Mieter), soweit es um die Anwendung des § 35a Abs. 1 und Abs. 2 Satz 1 EStG geht. Für Kalenderjahre bis einschließlich 2006 kann abweichend von Rdnr. 24 Satz 3 der Anteil der steuerbegünstigten Arbeitskosten an den Aufwendungen im Schätzungswege ermittelt werden.

33 Dieses Schreiben wird im Bundessteuerblatt Teil I veröffentlicht.

VI. Steuererhebung

§ 36 EStG
Entstehung und Tilgung der Einkommensteuer

(1) Die Einkommensteuer entsteht, soweit in diesem Gesetz nichts anderes bestimmt ist, mit Ablauf des Veranlagungszeitraums.

(2) ¹Auf die Einkommensteuer werden angerechnet:
1. die für den Veranlagungszeitraum entrichteten Einkommensteuer-Vorauszahlungen (§ 37);
2. die durch Steuerabzug erhobene Einkommensteuer, soweit sie auf die bei der Veranlagung erfassten Einkünfte oder auf die nach § 3 Nr. 40 dieses Gesetzes oder nach § 8b Abs. 1 und 6 Satz 2 des Körperschaftsteuergesetzes bei der Ermittlung des Einkommens außer Ansatz bleibenden Bezüge entfällt und nicht die Erstattung beantragt oder durchgeführt worden ist. ²Die durch Steuerabzug erhobene Einkommensteuer wird nicht angerechnet, wenn die in § 45a Abs. 2 oder 3 bezeichnete Bescheinigung nicht vorgelegt worden ist. ³In den Fällen des § 8b Abs. 6 Satz 2 des Körperschaftsteuergesetzes ist es für die Anrechnung ausreichend, wenn die Bescheinigung nach § 45a Abs. 2 und 3 vorgelegt wird, die dem Gläubiger der Kapitalerträge ausgestellt worden ist.

(3) ¹Die Steuerbeträge nach Absatz 2 Satz 2 Nr. 2 sind auf volle Euro aufzurunden. ²Bei den durch Steuerabzug erhobenen Steuern ist jeweils die Summe der Beträge einer einzelnen Abzugsteuer aufzurunden.

(4) ¹Wenn sich nach der Abrechnung ein Überschuss zuungunsten des Steuerpflichtigen ergibt, hat der Steuerpflichtige (Steuerschuldner) diesen Betrag, soweit er den fällig gewordenen, aber nicht entrichteten Einkommensteuer-Vorauszahlungen entspricht, sofort, im Übrigen innerhalb eines Monats nach Bekanntgabe des Steuerbescheids zu entrichten (Abschlusszahlung). ²Wenn sich nach der Abrechnung ein Überschuss zugunsten des Steuerpflichtigen ergibt, wird dieser dem Steuerpflichtigen nach Bekanntgabe des Steuerbescheids ausgezahlt. ³Bei Ehegatten, die nach den §§ 26, 26b zusammen zur Einkommensteuer veranlagt worden sind, wirkt die Auszahlung an einen Ehegatten auch für und gegen den anderen Ehegatten.

§ 37 EStG
Einkommensteuer-Vorauszahlung

(1) ¹Der Steuerpflichtige hat am 10. März, 10. Juni, 10. September und 10. Dezember Vorauszahlungen auf die Einkommensteuer zu entrichten, die er für den laufenden Veranlagungszeitraum voraussichtlich schulden wird. ²Die Einkommensteuer-Vorauszahlung entsteht jeweils mit Beginn des Kalendervierteljahres, in dem die Vorauszahlungen zu entrichten sind, oder, wenn die Steuerpflicht erst im Laufe des Kalendervierteljahres begründet wird, mit Begründung der Steuerpflicht.

(2) ¹Die Oberfinanzdirektionen können für Steuerpflichtige, die überwiegend Einkünfte aus Land- und Forstwirtschaft erzielen, von Absatz 1 Satz 1 abweichende Vorauszahlungszeitpunkte bestimmen. ²Das Gleiche gilt für Steuerpflichtige, die überwiegend Einkünfte oder Einkunftsteile aus nichtselbständiger Arbeit erzielen, die der Lohnsteuer nicht unterliegen.

(3) ¹Das Finanzamt setzt die Vorauszahlungen durch Vorauszahlungsbescheid fest. ²Die Vorauszahlungen bemessen sich grundsätzlich nach der Einkommensteuer, die sich nach Anrechnung der Steuerabzugsbeträge und der Körperschaftsteuer (§ 36 Abs. 2 Nr. 2 und 3) bei der letzten Veranlagung ergeben hat. ³Das Finanzamt kann bis zum Ablauf des auf den Veranlagungszeitraum folgenden 15. Kalendermonats die Vorauszahlungen an die Einkommensteuer anpassen, die sich für den Veranlagungszeitraum voraussichtlich ergeben wird; dieser Zeitraum verlängert sich auf 21 Monate, wenn die Einkünfte aus Land- und Forstwirtschaft bei der erstmaligen Steuerfestsetzung die anderen Einkünfte voraussichtlich überwiegen werden. ⁴Wird der Gewinn durch Bestandsvergleich ermittelt, kommt eine Herabsetzung der Vorauszahlungen wegen der Änderungen durch das Steuerentlastungsgesetz 1999/2000/2002 vom 24. März 1999 (BGBl. I S. 402) nur dann in Betracht, wenn der Steuerpflichtige die Herabsetzung nach amtlich vorgeschriebenem Vordruck beantragt. ⁵Bei der Anwendung der Sätze 2 und 3 bleiben Aufwendungen im Sinne des § 10 Abs. 1 Nr. 1, 1a, 4, 5, 7 bis 9, der §§ 10b und 33 sowie die abziehbaren Beträge nach § 33a, wenn die Aufwendungen und abziehbaren Beträge insgesamt 600 Euro nicht übersteigen, außer Ansatz. ⁶Bei der Anwendung der Sätze 2 und 3

bleibt der Sonderausgabenabzug nach § 10a Abs. 1 außer Ansatz. ⁷Außer Ansatz bleiben bis zur Anschaffung oder Fertigstellung der Objekte im Sinne des § 10e Abs. 1 und 2 und § 10h auch die Aufwendungen, die nach § 10e Abs. 6 und § 10h Satz 3 wie Sonderausgaben abgezogen werden; Entsprechendes gilt auch für Aufwendungen, die nach § 10i für nach dem Eigenheimzulagengesetz begünstigte Objekte wie Sonderausgaben abgezogen werden. ⁸Negative Einkünfte aus der Vermietung oder Verpachtung eines Gebäudes im Sinne des § 21 Abs. 1 Satz 1 Nr. 1 werden bei der Festsetzung der Vorauszahlungen nur für Kalenderjahre berücksichtigt, die nach der Anschaffung oder Fertigstellung dieses Gebäudes beginnen. ⁹Wird ein Gebäude vor dem Kalenderjahr seiner Fertigstellung angeschafft, tritt an die Stelle der Anschaffung die Fertigstellung. ¹⁰Satz 8 gilt nicht für negative Einkünfte aus der Vermietung oder Verpachtung eines Gebäudes, für das erhöhte Absetzungen nach den §§ 14a, 14c oder 14d des Berlinförderungsgesetzes oder Sonderabschreibungen nach § 4 des Fördergebietsgesetzes in Anspruch genommen werden. ¹¹Satz 8 gilt für negative Einkünfte aus der Vermietung oder Verpachtung eines anderen Vermögensgegenstandes im Sinne des § 21 Abs. 1 Satz 1 Nr. 1 bis 3 entsprechend mit der Maßgabe, dass an die Stelle der Anschaffung oder Fertigstellung die Aufnahme der Nutzung durch den Steuerpflichtigen tritt. ¹²In den Fällen des § 31, in denen die gebotene steuerliche Freistellung eines Einkommensbetrags in Höhe des Existenzminimums eines Kindes durch das Kindergeld nicht in vollem Umfang bewirkt wird, bleiben bei der Anwendung der Sätze 2 und 3 Freibeträge nach § 32 Abs. 6 und zu verrechnendes Kindergeld außer Ansatz.

(4) ¹Bei einer nachträglichen Erhöhung der Vorauszahlungen ist die letzte Vorauszahlung für den Veranlagungszeitraum anzupassen. ²Der Erhöhungsbetrag ist innerhalb eines Monats nach Bekanntgabe des Vorauszahlungsbescheids zu entrichten.

(5) ¹Vorauszahlungen sind nur festzusetzen, wenn sie mindestens 200 Euro im Kalenderjahr und mindestens 50 Euro für einen Vorauszahlungszeitpunkt betragen. ²Festgesetzte Vorauszahlungen sind nur zu erhöhen, wenn sich der Erhöhungsbetrag im Fall des Absatzes 3 Satz 2 bis 5 für einen Vorauszahlungszeitpunkt auf mindestens 50 Euro, im Fall des Absatzes 4 auf mindestens 2500 Euro beläuft.

§ 37 a EStG
Pauschalierung der Einkommensteuer durch Dritte

(1) ¹Das Finanzamt kann auf Antrag zulassen, dass das Unternehmen, das Sachprämien im Sinne des § 3 Nr. 38 gewährt, die Einkommensteuer für den Teil der Prämien, der nicht steuerfrei ist, pauschal erhebt. ²Bemessungsgrundlage der pauschalen Einkommensteuer ist der gesamte Wert der Prämien, die den im Inland ansässigen Steuerpflichtigen zufließen. ³Der Pauschsteuersatz beträgt 2,25 Prozent.

(2) ¹Auf die pauschale Einkommensteuer ist § 40 Abs. 3 sinngemäß anzuwenden. ²Das Unternehmen hat die Prämienempfänger von der Steuerübernahme zu unterrichten.

(3) ¹Über den Antrag entscheidet das Betriebsstättenfinanzamt des Unternehmens (§ 41a Abs. 1 Satz 1 Nr. 1). ²Hat das Unternehmen mehrere Betriebsstättenfinanzämter, so ist das Finanzamt der Betriebsstätte zuständig, in der die für die pauschale Besteuerung maßgebenden Prämien ermittelt werden. ³Die Genehmigung zur Pauschalierung wird mit Wirkung für die Zukunft erteilt und kann zeitlich befristet werden; sie erstreckt sich auf alle im Geltungszeitraum ausgeschütteten Prämien.

(4) Die pauschale Einkommensteuer gilt als Lohnsteuer und ist von dem Unternehmen in der Lohnsteuer-Anmeldung der Betriebsstätte im Sinne des Absatzes 3 anzumelden und spätestens am zehnten Tag nach Ablauf des für die Betriebsstätte maßgebenden Lohnsteuer-Anmeldungszeitraums an das Betriebsstättenfinanzamt abzuführen.

Anlage
zu § 37 a EStG

Pauschalierung der Einkommensteuer durch Dritte gemäß § 37a EStG

Bundeseinheitlich geltende Regelung, für Bayern bekannt gegeben mit Schreiben des Bayerischen Staatsministeriums der Finanzen vom 21. 10. 1997 (Az.: 32 – S 2334 – 110/19 – 36228)

Zur Erfassung und Bewertung von Sachprämien im Sinne von § 37a EStG, die Lufttransportunternehmen ihren Kunden zum Zweck der Kundenbindung gewähren, gilt Folgendes:

1. Der Besteuerung unterliegen nur die tatsächlich in Anspruch genommenen Prämien und nicht bereits die Gutschriften von Bonuspunkten auf dem Prämienkonto.

2. Freiflüge sind grundsätzlich mit den jeweils für Mitarbeiterflüge maßgeblichen Flugkilometerwerten ohne Abschläge anzusetzen (s. gleich lautende Ländererlasse vom 22. 12. 1994, BStBl. I S. 926).

3. Upgrades können anhand des Punkte-/Meilenverbrauchs in einen Flugkilometerwert umgerechnet und mit dem Wert angesetzt werden, der sich für einen entsprechenden Mitarbeiterflug ergeben würde.

4. Wegen der schwierigen Feststellung des für Erlebnisprämien maßgeblichen üblichen Endpreises ist es aus Vereinfachungsgründen zulässig, die unter 3. dargestellte Bewertungsmethode auch auf Erlebnisprämien anzuwenden.

§ 37 b EStG
Pauschalierung der Einkommensteuer bei Sachzuwendungen

(1) ¹Steuerpflichtige können die Einkommensteuer einheitlich für alle innerhalb eines Wirtschaftsjahres gewährten

1. betrieblich veranlassten Zuwendungen, die zusätzlich zur ohnehin vereinbarten Leistung oder Gegenleistung erbracht werden, und

2. Geschenke im Sinne des § 4 Abs. 5 Satz 1 Nr. 1,

die nicht in Geld bestehen, mit einem Pauschsteuersatz von 30 Prozent erheben. ²Bemessungsgrundlage der pauschalen Einkommensteuer sind die Aufwendungen des Steuerpflichtigen einschließlich Umsatzsteuer; bei Zuwendungen an Arbeitnehmer verbundener Unternehmen ist mindestens der sich nach § 8 Abs. 3 Satz 1 ergebende Wert. ³Die Pauschalierung ist ausgeschlossen,

1. soweit die Aufwendungen je Empfänger und Wirtschaftsjahr oder

2. wenn die Aufwendungen für die einzelne Zuwendung

den Betrag von 10 000 Euro übersteigen.

(2) ¹Absatz 1 gilt auch für betrieblich veranlasste Zuwendungen an Arbeitnehmer des Steuerpflichtigen, soweit sie nicht in Geld bestehen und zusätzlich zum ohnehin geschuldeten Arbeitslohn erbracht werden. ²In den Fällen des § 8 Abs. 2 Satz 2 bis 8, Abs. 3, § 19a sowie § 40 Abs. 2 ist Absatz 1 nicht anzuwenden; Entsprechendes gilt, soweit die Zuwendungen nach § 40 Abs. 1 pauschaliert worden sind. ³§ 37a Abs. 1 bleibt unberührt.

(3) ¹Die pauschal besteuerten Sachzuwendungen bleiben bei der Ermittlung der Einkünfte des Empfängers außer Ansatz. ²Auf die pauschale Einkommensteuer ist § 40 Abs. 3 sinngemäß anzuwenden. ³Der Steuerpflichtige hat den Empfänger von der Steuerübernahme zu unterrichten.

(4) ¹Die pauschale Einkommensteuer gilt als Lohnsteuer und ist von dem die Sachzuwendung gewährenden Steuerpflichti-

gen in der Lohnsteuer-Anmeldung der Betriebsstätte nach § 41 Abs. 2 anzumelden und spätestens am zehnten Tag nach Ablauf des für die Betriebsstätte maßgebenden Lohnsteuer-Anmeldungszeitraums an das Betriebsstättenfinanzamt abzuführen. ²Hat der Steuerpflichtige mehrere Betriebsstätten im Sinne des Satzes 1, so ist das Finanzamt der Betriebsstätte zuständig, in der die für die pauschale Besteuerung maßgebenden Sachbezüge ermittelt werden.

§ 38 EStG
Erhebung der Lohnsteuer

(1) ¹Bei Einkünften aus nichtselbständiger Arbeit wird die Einkommensteuer durch Abzug vom Arbeitslohn erhoben (Lohnsteuer), soweit der Arbeitslohn von einem Arbeitgeber gezahlt wird, der

1. im Inland einen Wohnsitz, seinen gewöhnlichen Aufenthalt, seine Geschäftsleitung, seinen Sitz, eine Betriebsstätte oder einen ständigen Vertreter im Sinne der §§ 8 bis 13 der Abgabenordnung hat (inländischer Arbeitgeber) oder

2. einem Dritten (Entleiher) Arbeitnehmer gewerbsmäßig zur Arbeitsleistung im Inland überlässt, ohne inländischer Arbeitgeber zu sein (ausländischer Verleiher).

²Inländischer Arbeitgeber im Sinne des Satzes 1 ist in den Fällen der Arbeitnehmerentsendung auch das in Deutschland ansässige aufnehmende Unternehmen, das den Arbeitslohn für die ihm geleistete Arbeit wirtschaftlich trägt; Voraussetzung hierfür ist nicht, dass das Unternehmen dem Arbeitnehmer den Arbeitslohn im eigenen Namen und für eigene Rechnung auszahlt. ³Der Lohnsteuer unterliegt auch der im Rahmen des Dienstverhältnisses von einem Dritten gewährte Arbeitslohn, wenn der Arbeitgeber weiß oder erkennen kann, dass derartige Vergütungen erbracht werden; dies ist insbesondere anzunehmen, wenn Arbeitgeber und Dritter verbundene Unternehmen im Sinne von § 15 des Aktiengesetzes sind.

(2) ¹Der Arbeitnehmer ist Schuldner der Lohnsteuer. ²Die Lohnsteuer entsteht in dem Zeitpunkt, in dem der Arbeitslohn dem Arbeitnehmer zufließt.

(3) ¹Der Arbeitgeber hat die Lohnsteuer für Rechnung des Arbeitnehmers bei jeder Lohnzahlung vom Arbeitslohn einzubehalten. ²Bei juristischen Personen des öffentlichen Rechts hat die öffentliche Kasse, die den Arbeitslohn zahlt, die Pflichten des Arbeitgebers.

(3a) ¹Soweit sich aus einem Dienstverhältnis oder einem früheren Dienstverhältnis tarifvertragliche Ansprüche des Arbeitnehmers auf Arbeitslohn unmittelbar gegen einen Dritten mit Wohnsitz, Geschäftsleitung oder Sitz im Inland richten und von diesem durch die Zahlung von Geld erfüllt werden, hat der Dritte die Pflichten des Arbeitgebers. ²In anderen Fällen kann das Finanzamt zulassen, dass ein Dritter mit Wohnsitz, Geschäftsleitung oder Sitz im Inland die Pflichten des Arbeitgebers im eigenen Namen erfüllt. ³Voraussetzung ist, dass der Dritte

1. sich hierzu gegenüber dem Arbeitgeber verpflichtet hat,
2. den Lohn auszahlt oder er nur Arbeitgeberpflichten für von ihm vermittelte Arbeitnehmer übernimmt und
3. die Steuererhebung nicht beeinträchtigt wird.

⁴Die Zustimmung erteilt das Betriebsstättenfinanzamt des Dritten auf dessen Antrag im Einvernehmen mit dem Betriebsstättenfinanzamt des Arbeitgebers; sie darf mit Nebenbestimmungen versehen werden, die die ordnungsgemäße Steuererhebung sicherstellen und die Überprüfung des Lohnsteuerabzugs nach § 42f erleichtern sollen. ⁵Die Zustimmung kann mit Wirkung für die Zukunft widerrufen werden. ⁶In den Fällen der Sätze 1 und 2 sind die das Lohnsteuerverfahren betreffenden Vorschriften mit der Maßgabe anzuwenden, dass an die Stelle des Arbeitgebers der Dritte tritt; der Arbeitgeber ist von seinen Pflichten befreit, soweit der Dritte diese Pflichten erfüllt hat. ⁷Erfüllt der Dritte die Pflichten des Arbeitgebers, kann er den Arbeitslohn, der einem Arbeitnehmer in demselben Lohnabrechnungszeitraum aus mehreren Dienstverhältnissen zufließt, für die Lohnsteuerermittlung und in der Lohnsteuerbescheinigung zusammenrechnen.

(4) ¹Wenn der vom Arbeitgeber geschuldete Barlohn zur Deckung der Lohnsteuer nicht ausreicht, hat der Arbeitnehmer dem Arbeitgeber den Fehlbetrag zur Verfügung zu stellen oder der Arbeitgeber einen entsprechenden Teil der anderen Bezüge des Arbeitnehmers zurückzubehalten. ²Soweit der Arbeitnehmer seiner Verpflichtung nicht nachkommt und der Arbeitgeber den Fehlbetrag nicht durch Zurückbehaltung von anderen Bezügen des Arbeitnehmers aufbringen kann, hat der Arbeitgeber dies dem Betriebsstättenfinanzamt (§ 41a Abs. 1 Satz 1 Nr. 1) anzuzeigen. ³Der Arbeitnehmer hat dem Arbeitgeber die von einem Dritten gewährten Bezüge (Absatz 1 Satz 3) am Ende des jeweiligen Lohnzahlungszeitraums anzugeben; wenn der Arbeitnehmer keine Angabe oder eine erkennbar unrichtige Angabe macht, hat der Arbeitgeber dies dem Betriebsstättenfinanzamt anzuzeigen. ⁴Das Finanzamt hat die zu wenig erhobene Lohnsteuer vom Arbeitnehmer nachzufordern.

R 104
Steuerabzug vom Arbeitslohn

¹Der Lohnsteuer unterliegt grundsätzlich jeder von einem inländischen Arbeitgeber oder ausländischen Verleiher gezahlte Arbeitslohn (> R 105). ²Es ist gleichgültig, ob es sich um laufende oder einmalige Bezüge handelt und in welcher Form sie gewährt werden. ³Der Arbeitgeber hat Lohnsteuer unabhängig davon einzubehalten, ob der Arbeitnehmer zur Einkommensteuer veranlagt wird oder nicht. ⁴Bei laufendem Arbeitslohn kommt es für die Beurteilung, ob Lohnsteuer einzubehalten ist, allein auf die Verhältnisse des jeweiligen Lohnzahlungszeitraums an; eine Ausnahme gilt, wenn der so genannte permanente Lohnsteuer-Jahresausgleich nach § 39b Abs. 2 Satz 13 EStG durchgeführt wird (>R 121).

H 104
Hinweise zu R 104
Steuerabzug von Arbeitslohn

Lohnsteuerabzug

- **Keine Befreiung durch Stundung oder Aussetzung der Vollziehung**

  Der Arbeitgeber kann von einer Verpflichtung zur Einbehaltung der Lohnsteuer nicht – auch nicht durch Stundung oder Aussetzung der Vollziehung – befreit werden (>BFH vom 8.2.1957 – BStBl. III S. 329).

- **Keine Prüfung, ob Jahreslohnsteuer voraussichtlich anfällt**

  Der Arbeitgeber hat die Frage, ob Jahreslohnsteuer voraussichtlich anfällt, nicht zu prüfen (>BFH vom 24.11.1961 – BStBl. 1962 III S. 37).

- **Verhältnis Einbehaltungspflicht/Anzeigeverpflichtung**

  Die Anzeige des Arbeitgebers nach § 38 Abs. 4 Satz 2 EStG ersetzt die Erfüllung der Einbehaltungspflichten. Bei unterlassener Anzeige hat der Arbeitgeber die Lohnsteuer mit den Haftungsfolgen nicht ordnungsgemäß einbehalten (>BFH vom 9.10.2002 – BStBl. II S. 884).

R 104a
Zufluss von Arbeitslohn

(1) ¹Der Lohnsteuerabzug setzt den Zufluss von Arbeitslohn voraus. ²Hat der Arbeitgeber eine mit dem Arbeitnehmer getroffene Lohnverwendungsabrede erfüllt, ist Arbeitslohn zugeflossen.

(2) Die besondere Regelung für die zeitliche Zuordnung des – zugeflossenen – Arbeitslohns (§ 11 Abs. 1 Satz 3 in Verbindung mit § 38a Abs. 1 Satz 2 und 3 EStG) bleibt unberührt.

(3) ¹Der Zufluss des Arbeitslohns erfolgt bei einem Gutschein, der bei einem Dritten einzulösen ist, mit Hingabe des Gutscheins, weil der Arbeitnehmer zu diesem Zeitpunkt einen Rechtsanspruch gegenüber dem Dritten erhält. ²Ist der Gutschein beim Arbeitgeber einzulösen, fließt Arbeitslohn erst bei Einlösung des Gutscheins zu.

H 104a
Hinweise zu R 104a
Zufluss von Arbeitslohn

Aktienoptionen

Bei Aktienoptionsrechten liegt weder bei Einräumung noch im Zeitpunkt der erstmaligen Ausübbarkeit ein Zufluss von Arbeitslohn vor (>BFH vom 20.6.2001 – BStBl. II S. 689).

Arbeitnehmerfinanzierte betriebliche Altersversorgung

>BMF vom 17.11.2004 (BStBl. I S. 1065), Rz. 161–164*).

Arbeitszeitkonten

Die vereinbarte Gutschrift künftigen Arbeitslohns auf Arbeitszeitkonten führt nicht zum Zufluss von Arbeitslohn im Zeitpunkt der Gutschrift (>BMF vom 17.11.2004 – BStBl. I S. 1065, Rz. 165–167*).

Einräumung eines Wohnungsrechts

Die Einräumung eines dinglichen Wohnungsrechts führt zu einem laufenden monatlichen Zufluss von Arbeitslohn (>BFH vom 19.8.2004 – (BStBl. II S. 1076).

Kein Zufluss von Arbeitslohn

Arbeitslohn fließt nicht zu bei

- Verzicht des Arbeitnehmers auf Arbeitslohnanspruch, wenn er nicht mit einer Verwendungsauflage hinsichtlich der frei werdenden Mittel verbunden ist (>BFH vom 30.7.1993 – BStBl. II S. 884);
- Verzicht des Arbeitnehmers auf Arbeitslohnanspruch zugunsten von Beitragsleistungen des Arbeitgebers an eine Versorgungseinrichtung, die dem Arbeitnehmer keine Rentenansprüche auf Versorgungsleistungen gewährt (>BFH vom 27.5.1993 – BStBl. 1994 II S. 246);
- Gutschriften beim Arbeitgeber zugunsten des Arbeitnehmers auf Grund eines Gewinnbeteiligungs- und Vermögensbildungsmodells, wenn der Arbeitnehmer über die gutgeschriebenen Beträge wirtschaftlich nicht verfügen kann (>BFH vom 14.5.1982 – BStBl. II S. 469);
- Verpflichtung des Arbeitgebers im Rahmen eines arbeitsgerichtlichen Vergleichs zu einer Spendenzahlung, ohne dass der Arbeitnehmer auf die Person des Spendenempfängers Einfluss nehmen kann; diese Vereinbarung enthält noch keine zu Einkünften aus nichtselbständiger Arbeit führende Lohnverwendungsabrede (>BFH vom 23.9.1998 – BStBl. 1999 II S. 98);
- Einräumung eines Anspruchs gegen den Arbeitgeber, sondern grundsätzlich erst durch dessen Erfüllung. Das gilt auch für den Fall, dass der Anspruch – wie ein solcher auf die spätere Verschaffung einer Aktie zu einem bestimmten Preis (Aktienoptionsrecht) – lediglich die Chance eines zukünftigen Vorteils beinhaltet (>BFH vom 24.1.2001 – BStBl. II S. 509 und 512).
- Einbehalt eines Betrags vom Arbeitslohn durch den Arbeitgeber und Zuführung zu einer Versorgungsrückstellung (>BFH vom 20.7.2005 – BStBl. II S. 890).

Wandelschuldverschreibung

- Wird im Rahmen eines Arbeitsverhältnisses durch Übertragung einer nicht handelbaren Wandelschuldverschreibung ein Anspruch auf die Verschaffung von Aktien eingeräumt, liegt ein Zufluss von Arbeitslohn nicht bereits durch die Übertragung der Wandelschuldverschreibung vor. Bei Ausübung des Wandlungsrechts fließt ein geldwerter Vorteil erst dann zu, wenn durch Erfüllung des Anspruchs das wirtschaftliche Eigentum an den Aktien verschafft wird. Geldwerter Vorteil ist die Differenz zwischen dem Börsenpreis der Aktien am Verschaffungstag und den Erwerbsaufwendungen (>BFH vom 23.6.2005 – BStBl. II S. 766).
- Bei Verkauf eines Darlehens, das mit einem Wandlungsrecht zum Bezug von Aktien ausgestattet ist, fließt der geldwerte Vorteil im Zeitpunkt des Verkaufs zu (>BFH vom 23.6.2005 – BStBl. II S. 770).

Zufluss von Arbeitslohn

Arbeitslohn fließt zu bei

- wirtschaftlicher Verfügungsmacht des Arbeitnehmers über den Arbeitslohn (>BFH vom 30.4.1974 – BStBl. II S. 541); dies gilt auch bei Zahlungen ohne Rechtsgrund (>BFH vom 4.5.2006 – BStBl. II S. 832) sowie versehentliche Überweisung, die der Arbeitgeber zurückfordern kann (>BFH vom 4.5.2006 – BStBl. II S. 830);
- Zahlung, Verrechnung oder Gutschrift (>BFH vom 10.12.1985 – BStBl. 1986 II S. 342);
- Entgegennahme eines Schecks oder Verrechnungsschecks, wenn die bezogene Bank im Fall der sofortigen Vorlage den Scheckbetrag auszahlen oder gutschreiben würde und der sofortigen Vorlage keine zivilrechtlichen Abreden entgegenstehen (>BFH vom 30.10.1980 – BStBl. 1981 II S. 305);
- Einlösung oder Diskontierung eines zahlungshalber hingegebenen Wechsels (>BFH vom 5.5.1971 – BStBl. II S. 624);
- Beitragsleistung des Arbeitgebers für eine Direktversicherung seines Arbeitnehmers in dem Zeitpunkt, in dem er seiner Bank einen entsprechenden Überweisungsauftrag erteilt (>BFH vom 7.7.2005 S. 726);
- >Wandelschuldverschreibung

Anlage 1
zu H 104a

Rückzahlung von Arbeitslohn

Bundeseinheitlich geltende Regelung, für Bayern bekannt gegeben mit Schreiben des Bayer. Staatsministeriums der Finanzen vom 6.6.1986 (Az.: 32 – S 2399 – 1/15 – 36383)

Abgedruckt als Anlage zu § 11 EStG.

Anlage 2
zu H 104a

Rückzahlung von Arbeitslohn bei rückwirkender Inanspruchnahme von Altersteilzeit

Bundeseinheitliche Regelung, z. B. Verfügung der OFD Erfurt vom 23.8.2000 Az.: S 2333 A – 12 – St 331

Abgedruckt als Anlage 4 zu H 18.

R 105
Einbehaltungspflicht des Arbeitgebers

(1) ¹Zur Einbehaltung der Lohnsteuer vom Arbeitslohn ist jeder inländische Arbeitgeber verpflichtet. ²Für die Einbehaltung der Lohnsteuer seiner Leiharbeitnehmer hat der ausländische Verleiher nach § 38 Abs. 1 Satz 1 Nr. 2 EStG auch dann die gleichen Pflichten wie ein inländischer Arbeitgeber zu erfüllen, wenn er selbst nicht inländischer Arbeitgeber ist.

(2) Neben den im § 12 Satz 2 AO aufgeführten Einrichtungen sind Betriebsstätten auch Landungsbrücken (Anlegestellen von Schifffahrtsgesellschaften), Kontore und sonstige Geschäftseinrichtungen, die dem Unternehmer oder Mitunternehmer oder seinem ständigen Vertreter, z. B. einem Prokuristen, zur Ausübung des Gewerbes dienen.

(3) ¹Ständiger Vertreter nach § 13 AO kann hiernach z. B. auch eine Person sein, die eine Filiale leitet oder die Aufsicht über einen Bau-

---

*) Abgedruckt als Anhang 13c zum Handbuch.

§ 38 EStG
R 106, 106a

trupp ausübt. ²Ständiger Vertreter ist jedoch z. B. nicht ein einzelner Monteur, der von Fall zu Fall Montagearbeiten im Inland ausführt.

(4) ¹Bei Bauausführungen oder Montagen ausländischer Arbeitgeber im Inland, die länger als sechs Monate (>§ 12 Satz 2 Nr. 8 AO) dauern, ist der ausländische Arbeitgeber zugleich als inländischer Arbeitgeber im Sinne des § 38 Abs. 1 Satz 1 Nr. 1 EStG anzusehen, gleichgültig ob die Bauausführung oder Montage nach dem Doppelbesteuerungsabkommen eine Betriebsstätte begründet. ²Begründet die Bauausführung oder Montage nach dem anzuwendenden Doppelbesteuerungsabkommen keine Betriebsstätte, so sind die Arbeitslöhne, die an die im Inland eingesetzten ausländischen Arbeitnehmer gezahlt werden, in der Regel von der Lohnsteuer freizustellen, wenn sie sich höchstens an 183 Tagen im Kalenderjahr, bei bestimmten Doppelbesteuerungsabkommen in einem Zwölfmonatszeitraum im Inland aufhalten.

(5) ¹In den Fällen der Arbeitnehmerentsendung ist inländischer Arbeitgeber auch das in Deutschland ansässige Unternehmen, das den Arbeitslohn für die ihm geleistete Arbeit wirtschaftlich trägt. ²Hiervon ist insbesondere dann auszugehen, wenn die von dem anderen Unternehmen gezahlte Arbeitsvergütung dem deutschen Unternehmen weiterbelastet wird. ³Die Erfüllung der Arbeitgeberpflichten setzt nicht voraus, dass das inländische Unternehmen den Arbeitslohn im eigenen Namen und für eigene Rechnung auszahlt. ⁴Die Lohnsteuer entsteht bereits im Zeitpunkt der Arbeitslohnzahlung an den Arbeitnehmer, wenn das inländische Unternehmen auf Grund der Vereinbarung mit dem ausländischen Unternehmen mit einer Weiterbelastung rechnen kann; in diesem Zeitpunkt ist die Lohnsteuer vom inländischen Unternehmen zu erheben.

H 105
Hinweise zu R 105
Einbehaltungspflicht des Arbeitgebers

Arbeitgeberbegriff

>R 66

Inländischer Arbeitgeber

- Auch ein im Ausland ansässiger Arbeitgeber, der im Inland eine Betriebsstätte oder einen ständigen Vertreter hat, ist nach § 38 Abs. 1 Satz 1 Nr. 1 EStG ein inländischer Arbeitgeber (>BFH vom 5. 10. 1977 – BStBl. 1978 II S. 205).
- Bei Arbeitnehmerentsendung ist das in Deutschland ansässige aufnehmende Unternehmen, das den Arbeitslohn für die ihm geleistete Arbeit wirtschaftlich trägt, Arbeitgeber >§ 38 Abs. 1 Satz 2 EStG.

Leiharbeitnehmer

Nach den neueren Abkommen zur Vermeidung der Doppelbesteuerung (z. B. DBA Frankreich, Italien, Schweden) ist die 183-Tage-Klausel auf Leiharbeitnehmer nicht anwendbar (>BMF vom 14. 9. 2006 – BStBl. I S. 532, Tz. 4.3.4)*).

Zuständiges Finanzamt

für ausländische Verleiher >H 132

R 106
Lohnzahlung durch Dritte

Unechte Lohnzahlung durch Dritte

(1) ¹Eine unechte Lohnzahlung eines Dritten ist dann anzunehmen, wenn der Dritte lediglich als Leistungsmittler fungiert. ²Das ist z. B. der Fall, wenn der Dritte im Auftrag des Arbeitgebers leistet oder die Stellung einer Kasse des Arbeitgebers innehat. ³Der den Dritten als Leistungsmittler einsetzende Arbeitgeber bleibt der den Arbeitslohn Zahlende und ist daher zum Lohnsteuerabzug verpflichtet (§ 38 Abs. 1 Satz 1 EStG).

Echte Lohnzahlung durch Dritte

(2) ¹Eine echte Lohnzahlung eines Dritten liegt dann vor, wenn dem Arbeitnehmer Vorteile von einem Dritten eingeräumt werden, die ein Entgelt für eine Leistung sind, die der Arbeitnehmer im Rahmen seines Dienstverhältnisses für den Arbeitgeber erbringt. ²In diesen Fällen hat der Arbeitgeber die Lohnsteuer einzubehalten und die damit verbundenen sonstigen Pflichten zu erfüllen, wenn er weiß oder erkennen kann, dass derartige Vergütungen erbracht werden (§ 38 Abs. 1 Satz 3 EStG). ³Die dem Arbeitgeber bei der Lohnzahlung durch Dritte auferlegte Lohnsteuerabzugspflicht erfordert, dass dieser seine Arbeitnehmer auf ihre gesetzliche Verpflichtung (§ 38 Abs. 4 Satz 3 EStG) hinweist, ihm am Ende des jeweiligen Lohnzahlungszeitraums die von einem Dritten gewährten Bezüge anzugeben. ⁴Kommt der Arbeitnehmer seiner Angabepflicht nicht nach und kann der Arbeitgeber bei der gebotenen Sorgfalt aus seiner Mitwirkung an der Lohnzahlung des Dritten oder aus der Unternehmensverbundenheit mit dem Dritten erkennen, dass der Arbeitnehmer zu Unrecht keine Angaben macht oder seine Angaben unzutreffend sind, hat der Arbeitgeber die ihm bekannten Tatsachen zur Lohnzahlung von dritter Seite dem Betriebsstättenfinanzamt anzuzeigen (§ 38 Abs 4 Satz 3 2. Halbsatz EStG). ⁵Die Anzeige hat unverzüglich zu erfolgen.

H 106
Hinweise zu R 106
Lohnzahlung durch Dritte, Trinkgelder

Abgrenzung zwischen echter und unechter Lohnzahlung durch Dritte

>R 106 und BFH vom 30. 5. 2001 – BStBl. 2002 II S. 230

Lohnsteuerabzug

Der Arbeitgeber ist insbesondere dann zum Lohnsteuerabzug verpflichtet (unechte Lohnzahlung durch Dritte >R 106 Abs. 1), wenn

- er in irgendeiner Form tatsächlich oder rechtlich in die Arbeitslohnzahlung eingeschaltet ist (>BFH vom 13. 3. 1974 – BStBl. II S. 411);
- ein Dritter in der praktischen Auswirkung nur die Stellung einer zahlenden Kasse hat, z. B. selbständige Kasse zur Zahlung von Unterstützungsleistungen (>BFH vom 28. 3. 1958 – BStBl. III S. 268) oder von Erholungsbeihilfen (>BFH vom 27. 1. 1961 – BStBl. III S. 167).

Metergeld im Möbeltransportgewerbe

unterliegen in voller Höhe dem Lohnsteuerabzug, wenn auf sie ein Rechtsanspruch besteht (>BFH vom 9. 3. 1965 – BStBl. III S. 26)

Rabatte von dritter Seite

Bei einer Mitwirkung des Arbeitgebers an der Rabattgewährung von dritter Seite (>BMF vom 27. 9. 1993 – BStBl. I S. 814, Tz. 1)**) ist der Arbeitgeber zum Lohnsteuerabzug verpflichtet. In anderen Fällen ist zu prüfen, ob der Arbeitgeber weiß oder erkennen kann, dass derartige Vorteile gewährt werden (§ 38 Abs. 1 Satz 3 EStG).

Unerlaubte Arbeitnehmerüberlassung

>R 66 Satz 5

R 106a
Lohnsteuerabzug durch Dritte

¹Die Übertragung der Arbeitgeberpflichten nach § 38 Abs. 3 a Satz 2 ff. EStG auf einen Dritten kann vom Finanzamt auf schriftlichen Antrag zugelassen werden. ²Die Zustimmung kann nur erteilt werden, wenn der Dritte für den gesamten Arbeitslohn des Arbeitnehmers die Lohnsteuerabzugsverpflichtung übernimmt.

---
*) Abgedruckt als Anlage 2 zu H 123 LStR.
**) Abgedruckt als Anlage 7 zu H 32 LStR.

§ 38a EStG
Höhe der Lohnsteuer

(1) ¹Die Jahreslohnsteuer bemisst sich nach dem Arbeitslohn, den der Arbeitnehmer im Kalenderjahr bezieht (Jahresarbeitslohn). ²Laufender Arbeitslohn gilt in dem Kalenderjahr als bezogen, in dem der Lohnzahlungszeitraum endet; in den Fällen des § 39b Abs. 5 Satz 1 tritt der Lohnabrechnungszeitraum an die Stelle des Lohnzahlungszeitraums. ³Arbeitslohn, der nicht als laufender Arbeitslohn gezahlt wird (sonstige Bezüge), wird in dem Kalenderjahr bezogen, in dem er dem Arbeitnehmer zufließt.

(2) Die Jahreslohnsteuer wird nach dem Jahresarbeitslohn so bemessen, dass sie der Einkommensteuer entspricht, die der Arbeitnehmer schuldet, wenn er ausschließlich Einkünfte aus nichtselbständiger Arbeit erzielt.

(3) ¹Vom laufenden Arbeitslohn wird die Lohnsteuer jeweils mit dem auf den Lohnzahlungszeitraum fallenden Teilbetrag der Jahreslohnsteuer erhoben, die sich bei Umrechnung des laufenden Arbeitslohns auf einen Jahresarbeitslohn ergibt. ²Von sonstigen Bezügen wird die Lohnsteuer mit dem Betrag erhoben, der zusammen mit der Lohnsteuer für den laufenden Arbeitslohn des Kalenderjahres und für etwa im Kalenderjahr bereits gezahlte sonstige Bezüge die voraussichtliche Jahreslohnsteuer ergibt.

(4) Bei der Ermittlung der Lohnsteuer werden die Besteuerungsgrundlagen des Einzelfalls durch die Einreihung der Arbeitnehmer in Steuerklassen (§ 38b), Ausstellung von entsprechenden Lohnsteuerkarten (§ 39) sowie Feststellung von Freibeträgen und Hinzurechnungsbeträgen (§ 39a) berücksichtigt.

§ 38b EStG
Lohnsteuerklassen

¹Für die Durchführung des Lohnsteuerabzugs werden unbeschränkt einkommensteuerpflichtige Arbeitnehmer in Steuerklassen eingereiht. ²Dabei gilt Folgendes:

1. In die Steuerklasse I gehören Arbeitnehmer, die
   a) ledig sind,
   b) verheiratet, verwitwet oder geschieden sind und bei denen die Voraussetzungen für die Steuerklasse III oder IV nicht erfüllt sind;

2. in die Steuerklasse II gehören die unter Nummer 1 bezeichneten Arbeitnehmer, wenn bei ihnen der Entlastungsbetrag für Alleinerziehende (§ 24b) zu berücksichtigen ist;

3. in die Steuerklasse III gehören Arbeitnehmer,
   a) die verheiratet sind, wenn beide Ehegatten unbeschränkt einkommensteuerpflichtig sind und nicht dauernd getrennt leben und
      aa) der Ehegatte des Arbeitnehmers keinen Arbeitslohn bezieht oder
      bb) der Ehegatte des Arbeitnehmers auf Antrag beider Ehegatten in die Steuerklasse V eingereiht wird,
   b) die verwitwet sind, wenn sie und ihr verstorbener Ehegatte im Zeitpunkt seines Todes unbeschränkt einkommensteuerpflichtig waren und in diesem Zeitpunkt nicht dauernd getrennt gelebt haben, für das Kalenderjahr, das dem Kalenderjahr folgt, in dem der Ehegatte verstorben ist,
   c) deren Ehe aufgelöst worden ist, wenn
      aa) im Kalenderjahr der Auflösung der Ehe beide Ehegatten unbeschränkt einkommensteuerpflichtig waren und nicht dauernd getrennt gelebt haben und
      bb) der andere Ehegatte wieder geheiratet hat, von seinem neuen Ehegatten nicht dauernd getrennt lebt und er und sein neuer Ehegatte unbeschränkt einkommensteuerpflichtig sind,
      für das Kalenderjahr, in dem die Ehe aufgelöst worden ist;

4. in die Steuerklasse IV gehören Arbeitnehmer, die verheiratet sind, wenn beide Ehegatten unbeschränkt einkommensteuerpflichtig sind und nicht dauernd getrennt leben und der Ehegatte des Arbeitnehmers ebenfalls Arbeitslohn bezieht;

5. in die Steuerklasse V gehören die unter Nummer 4 bezeichneten Arbeitnehmer, wenn der Ehegatte des Arbeitnehmers auf Antrag beider Ehegatten in die Steuerklasse III eingereiht wird;

6. die Steuerklasse VI gilt bei Arbeitnehmern, die nebeneinander von mehreren Arbeitgebern Arbeitslohn beziehen, für die Einbehaltung der Lohnsteuer vom Arbeitslohn aus dem zweiten und weiteren Dienstverhältnis.

³Als unbeschränkt einkommensteuerpflichtig im Sinne der Nummern 3 und 4 gelten nur Personen, die die Voraussetzungen des § 1 Abs. 1 oder 2 oder des § 1a erfüllen.

§ 38c EStG
Lohnsteuertabellen

– weggefallen –

§ 39 EStG
Lohnsteuerkarte

(1) ¹Die Gemeinden haben den nach § 1 Abs. 1 unbeschränkt einkommensteuerpflichtigen Arbeitnehmern für jedes Kalenderjahr unentgeltlich eine Lohnsteuerkarte nach amtlich vorgeschriebenem Muster auszustellen und zu übermitteln. ²Steht ein Arbeitnehmer nebeneinander bei mehreren Arbeitgebern in einem Dienstverhältnis, so hat die Gemeinde eine entsprechende Anzahl Lohnsteuerkarten unentgeltlich auszustellen und zu übermitteln. ³Wenn eine Lohnsteuerkarte verlorengegangen, unbrauchbar geworden oder zerstört worden ist, hat die Gemeinde eine Ersatz-Lohnsteuerkarte auszustellen. ⁴Hierfür kann die ausstellende Gemeinde von dem Arbeitnehmer eine Gebühr bis 5 Euro erheben; das Verwaltungskostengesetz ist anzuwenden. ⁵Die Gemeinde hat die Ausstellung einer Ersatz-Lohnsteuerkarte dem für den Arbeitnehmer örtlich zuständigen Finanzamt unverzüglich mitzuteilen.

(2) ¹Für die Ausstellung der Lohnsteuerkarte ist die Gemeinde örtlich zuständig, in deren Bezirk der Arbeitnehmer am 20. September des dem Kalenderjahr, für das die Lohnsteuerkarte gilt, vorangehenden Jahres oder erstmals nach diesem Stichtag seine Hauptwohnung oder in Ermangelung einer Wohnung seinen gewöhnlichen Aufenthalt hatte. ²Bei verheirateten Arbeitnehmern gilt als Hauptwohnung die Hauptwohnung der Familie oder in Ermangelung einer solchen die Hauptwohnung des älteren Ehegatten, wenn beide Ehegatten unbeschränkt einkommensteuerpflichtig sind und nicht dauernd getrennt leben.

(3) ¹Die Gemeinde hat auf der Lohnsteuerkarte insbesondere einzutragen:
1. die Steuerklasse (§ 38b) in Buchstaben,
2. die Zahl der Kinderfreibeträge bei den Steuerklassen I bis IV, und zwar für jedes nach § 1 Abs. 1 unbeschränkt einkommensteuerpflichtige Kind im Sinne des § 32 Abs. 1 Nr. 1 und Abs. 3
   a) den Zähler 0,5, wenn dem Arbeitnehmer der Kinderfreibetrag nach § 32 Abs. 6 Satz 1 zusteht, oder den Zähler 1, wenn dem Arbeitnehmer der Kinderfreibetrag zusteht, weil
   b) den Zähler 1, wenn dem Arbeitnehmer der Kinderfreibetrag zusteht, weil
      aa) die Voraussetzungen des § 32 Abs. 6 Satz 2 vorliegen,
      bb) der andere Elternteil vor dem Beginn des Kalenderjahres verstorben ist (§ 32 Abs. 6 Satz 3 Nr. 1) oder
      cc) der Arbeitnehmer allein das Kind angenommen hat (§ 32 Abs. 6 Satz 3 Nr. 2).

²Für die Eintragung der Steuerklasse III ist das Finanzamt zuständig, wenn der Ehegatte des Arbeitnehmers nach § 1a Abs. 1 Nr. 2 als unbeschränkt einkommensteuerpflichtig zu behandeln ist.

(3a) ¹Soweit dem Arbeitnehmer Kinderfreibeträge nach § 32 Abs. 1 bis 6 zustehen, die nicht nach Absatz 3 von der Gemeinde auf der Lohnsteuerkarte einzutragen sind, ist vorbehaltlich des § 39a Abs. 1 Nr. 6 die auf der Lohnsteuerkarte eingetragene Zahl der Kinderfreibeträge sowie im Fall des § 38b Nr. 2 die Steuerklasse vom Finanzamt auf Antrag zu ändern. ²Das Finanzamt kann auf nähere Angaben des Arbeitnehmers verzichten, wenn der Arbeitnehmer höchstens die auf seiner Lohnsteuerkarte für das vorangegangene Kalenderjahr eingetragene Zahl der Kinderfreibeträge beantragt und versichert, dass sich die maßgebenden Verhältnisse nicht wesentlich geändert haben. ³In den Fällen des § 32 Abs. 6 Satz 6 gelten die Sätze 1 und 2 nur, wenn nach den tatsächlichen Verhältnissen zu erwarten ist, dass die Voraussetzungen auch im Laufe des Kalenderjahres bestehen bleiben. ⁴Der Antrag kann nur nach amtlich vorgeschriebenem Vordruck gestellt werden.

(3b) ¹Für die Eintragungen nach den Absätzen 3 und 3a sind die Verhältnisse zu Beginn des Kalenderjahres maßgebend, für das die Lohnsteuerkarte gilt. ²Auf Antrag des Arbeitnehmers kann eine für ihn ungünstigere Steuerklasse oder Zahl der Kinderfreibeträge auf der Lohnsteuerkarte eingetragen werden. ³In den Fällen der Steuerklassen III und IV sind bei der Eintragung der Zahl der Kinderfreibeträge auch Kinder des Ehegatten zu berücksichtigen. ⁴Die Eintragungen sind die gesonderte Feststellung von Besteuerungsgrundlagen im Sinne des § 179 Abs. 1 der Abgabenordnung, die unter dem Vorbehalt der Nachprüfung steht. ⁵Den Eintragungen braucht eine Belehrung über den zulässigen Rechtsbehelf nicht beigefügt zu werden.

(4) ¹Der Arbeitnehmer ist verpflichtet, die Eintragung der Steuerklasse und der Zahl der Kinderfreibeträge auf der Lohnsteuerkarte umgehend ändern zu lassen, wenn die Eintragung auf der Lohnsteuerkarte von den Verhältnissen zu Beginn des Kalenderjahres zugunsten des Arbeitnehmers abweicht oder in den Fällen, in denen die Steuerklasse II bescheinigt ist, die Voraussetzungen für die Berücksichtigung des Entlastungsbetrags für Alleinerziehende (§ 24b) im Laufe des Kalenderjahres entfallen; dies gilt nicht, wenn eine Änderung als Folge einer nach Absatz 3a Satz 3 durchgeführten Übertragung des Kinderfreibetrags in Betracht kommt. ²Die Änderung von Eintragungen im Sinne des Absatzes 3 ist bei der Gemeinde, die Änderung von Eintragungen im Sinne des Absatzes 3a beim Finanzamt zu beantragen. ³Kommt der Arbeitnehmer seiner Verpflichtung nicht nach, so hat die Gemeinde oder das Finanzamt die Eintragung von Amts wegen zu ändern; der Arbeitnehmer hat die Lohnsteuerkarte der Gemeinde oder dem Finanzamt auf Verlangen vorzulegen. ⁴Unterbleibt die Änderung der Eintragung, hat das Finanzamt zu wenig erhobene Lohnsteuer vom Arbeitnehmer nachzufordern, wenn diese 10 Euro übersteigt; hierzu hat die Gemeinde dem Finanzamt die Fälle mitzuteilen, in denen eine von ihr vorzunehmende Änderung unterblieben ist.

(5) ¹Treten bei einem Arbeitnehmer im Laufe des Kalenderjahres, für das die Lohnsteuerkarte gilt, die Voraussetzungen für eine ihm günstigere Steuerklasse oder höhere Zahl der Kinderfreibeträge ein, so kann der Arbeitnehmer bis zum 30. November bei der Gemeinde, in den Fällen des Absatzes 3a beim Finanzamt die Änderung der Eintragung beantragen. ²Die Änderung ist mit Wirkung von dem Tage an vorzunehmen, an dem erstmals die Voraussetzungen für die Änderung vorlagen. ³Ehegatten, die beide in einem Dienstverhältnis stehen, können im Laufe des Kalenderjahres einmal, spätestens bis zum 30. November, bei der Gemeinde beantragen, die auf ihren Lohnsteuerkarten eingetragenen Steuerklassen in andere nach § 38b Satz 2 Nr. 3 bis 5 in Betracht kommende Steuerklassen zu ändern. ⁴Die Gemeinde hat die Änderung mit Wirkung vom Beginn des auf die Antragstellung folgenden Kalendermonats an vorzunehmen.

(5a) ¹Ist ein Arbeitnehmer, für den eine Lohnsteuerkarte ausgestellt worden ist, zu Beginn des Kalenderjahres beschränkt einkommensteuerpflichtig oder im Laufe des Kalenderjahres beschränkt einkommensteuerpflichtig geworden, hat er dies dem Finanzamt unter Vorlage der Lohnsteuerkarte unverzüglich anzuzeigen. ²Das Finanzamt hat die Lohnsteuerkarte vom Zeitpunkt des Eintritts der beschränkten Einkommensteuerpflicht an ungültig zu machen. ³Absatz 3b Satz 4 und 5 gilt sinngemäß. ⁴Unterbleibt die Anzeige, hat das Finanzamt zu wenig erhobene Lohnsteuer vom Arbeitnehmer nachzufordern, wenn diese 10 Euro übersteigt.

(6) ¹Die Gemeinden sind insoweit, als sie Lohnsteuerkarten auszustellen, Eintragungen auf den Lohnsteuerkarten vorzunehmen und zu ändern haben, örtliche Landesfinanzbehörden. ²Sie sind insoweit verpflichtet, den Anweisungen des örtlich zuständigen Finanzamts nachzukommen. ³Das Finanzamt kann erforderlichenfalls Verwaltungsakte, für die eine Gemeinde sachlich zuständig ist, selbst erlassen. ⁴Der Arbeitnehmer, der Arbeitgeber oder andere Personen dürfen die Eintragung auf der Lohnsteuerkarte nicht ändern oder ergänzen.

§ 39 EStG

R 108
Verfahren bei der Ausstellung der Lohnsteuerkarte

Grundlagen und Abschluss des allgemeinen Ausstellungsverfahrens

(1) ¹Die Gemeinde hat die Lohnsteuerkarten auf Grund ihrer melderechtlichen Unterlagen, z. B. Melderegister oder Einwohnerkartei, auszustellen. ²In der Anschrift des Arbeitnehmers muss der Familienname eindeutig erkennbar sein; ist der Familienname zuerst angegeben, so wird er durch ein Komma von dem/den Vornamen getrennt. ³Die Eintragung eines Künstlernamens ist möglich, sofern er in den melderechtlichen Unterlagen enthalten ist. ⁴Die Lohnsteuerkarten sind nach der Ausstellung den Arbeitnehmern zu übermitteln. ⁵Die Ausstellung und Übermittlung der Lohnsteuerkarten ist so durchzuführen, dass sich die Lohnsteuerkarten spätestens am 31. Oktober im Besitz der Arbeitnehmer befinden. ⁶Der Tag der Ausstellung der Lohnsteuerkarte ist auf der Lohnsteuerkarte zu vermerken.

Antrag auf Änderung

(2) Ein einmal gestellter Antrag auf Eintragung einer ungünstigeren Steuerklasse oder Zahl der Kinderfreibeträge auf der Lohnsteuerkarte ist auch bei der Ausstellung der Lohnsteuerkarten für die Folgejahre so lange zu berücksichtigen, bis er widerrufen wird.

Bescheinigung von Kindern

(3) ¹Kinder, die nicht in der Wohnung des Arbeitnehmers gemeldet sind, darf die Gemeinde nur berücksichtigen,
1. wenn ihr für dieses Kind eine steuerliche Lebensbescheinigung (>R 109 Abs. 6) vorgelegen hat, die nicht älter als drei Jahre ist oder
2. wenn der Gemeinde durch das Finanzamt die Berücksichtigung dieses Kindes für das vorangegangene oder das davor liegende Kalenderjahr nach >R 109 Abs. 9 Nr. 1 angezeigt worden ist oder
3. wenn das Kind in den letzten zwei Jahren vor dem Beginn des Kalenderjahres aus der inländischen Wohnung eines Elternteils in die inländische Wohnung des anderen Elternteils umgezogen ist und der Gemeinde eine Rückmeldung vorgelegen hat.

²Soweit die Gemeinde keine Kinderfreibeträge einzutragen hat, sind zwei Striche „– –" anzubringen.

Bescheinigung der Religionsgemeinschaft

(4) ¹Aus den Angaben auf der Lohnsteuerkarte müssen die Religionsgemeinschaften erkennbar sein, die die Erhebung der Kirchensteuer den Finanzbehörden übertragen haben und die Anspruch auf die im Einzelfall einzubehaltende Kirchensteuer haben. ²Es sind die folgenden Abkürzungen zu verwenden:

ev = evangelisch (protestantisch),
rk = römisch-katholisch,
ak = altkatholisch.

³Die für die Finanzverwaltung zuständigen obersten Landesbehörden sowie die vorgesetzte Behörde können weitere Abkürzungen zulassen. ⁴Ist keine Kirchensteuer einzubehalten, so sind zwei Striche „– –" einzutragen. ⁵Bei nicht dauernd getrennt lebenden Ehegatten, die beide unbeschränkt einkommensteuerpflichtig sind, ist das Kirchensteuermerkmal für den Ehegatten nur bei konfessionsverschiedenen Eheleuten anzugeben; bei konfessionsgleichen und bei glaubensverschiedenen Eheleuten ist das Kirchensteuermerkmal für den Ehegatten nicht zu bescheinigen.

Eintragung des Gemeindeschlüssels und der Nummer des Finanzamts

(5) Auf der Lohnsteuerkarte ist neben der Gemeinde auch ihr amtlicher Gemeindeschlüssel (AGS) und außer der Bezeichnung des Finanzamts auch dessen vierstellige Nummer nach dem bundeseinheitlichen Finanzamtsschlüssel anzugeben.

Eintragung der Pauschbeträge für behinderte Menschen und Hinterbliebene

(6) ¹Für die Eintragung der Pauschbeträge für behinderte Menschen und Hinterbliebene sind den Gemeinden von dem zuständigen Finanzamt die betreffenden Arbeitnehmer und die erforderlichen Merkmale mitzuteilen. ²Bei der Eintragung sind geeignete Vorkehrungen gegen unbefugte Änderungen zu treffen und sowohl die Gemeinde als auch das Datum der Eintragung anzugeben; eine Unterschrift ist entbehrlich, wenn die Eintragungen maschinell vorgenommen werden.

Ausstellung von Lohnsteuerkarten mit den Steuerklassen V und VI

(7) ¹Auf Lohnsteuerkarten, auf denen die Steuerklasse V oder VI bescheinigt wird, ist die Zahl der Kinderfreibeträge nicht anzugeben; dagegen ist die Religionsgemeinschaft zu bezeichnen. ²Im Übrigen kann die Gemeinde bereits im Rahmen des allgemeinen Ausstellungsverfahrens eine Lohnsteuerkarte mit der Steuerklasse V oder VI ausstellen, wenn für den Arbeitnehmer auch im Vorjahr eine Lohnsteuerkarte mit der Steuerklasse V oder VI ausgestellt worden ist.

Ausstellung von Lohnsteuerkarten für Gefangene und Haftentlassene

(8) ¹Wenn ein Gefangener oder Haftentlassener, der unter der Anschrift der Justizvollzugsanstalt (JVA) gemeldet ist, vermeiden will, dass seine Lohnsteuerkarte die Anschrift der JVA enthält, kann er auf die Ausstellung der Lohnsteuerkarte im allgemeinen Ausstellungsverfahren verzichten. ²Beantragt er nach der Haftentlassung eine Lohnsteuerkarte, so ist deren nachträgliche Ausstellung, für die nach wie vor die Gemeinde örtlich zuständig ist, in deren Bezirk sich die JVA befindet, mit der Anmeldung bei der ersten Wohnsitzgemeinde nach der Haftentlassung in der Weise zu verbinden, dass die neue Meldeadresse eingetragen wird.

Verpflichtung der Gemeinde und des Arbeitnehmers

(9) ¹Die Gemeinde hat den Abschluss der Übermittlung der Lohnsteuerkarten öffentlich bekannt zu machen mit der Aufforderung, die Ausstellung etwa fehlender Lohnsteuerkarten zu beantragen. ²Der Arbeitnehmer hat vor Beginn des Kalenderjahres oder vor Beginn eines Dienstverhältnisses bei der zuständigen Gemeinde die Ausstellung einer Lohnsteuerkarte zu beantragen, wenn ihm eine Lohnsteuerkarte nicht im Rahmen des allgemeinen Ausstellungsverfahrens zugegangen ist. ³Die Gemeinde hat einen mit einer Rechtsbehelfsbelehrung versehenen schriftlichen Bescheid zu erteilen, wenn dem Antrag des Arbeitnehmers auf Ausstellung der Lohnsteuerkarte nicht entsprochen wird (>§ 39 Abs. 6 Satz 1 EStG).

Verzeichnis der ausgestellten Lohnsteuerkarten

(10) ¹Die Gemeinde hat über die von ihr ausgestellten Lohnsteuerkarten in geeigneter Form ein Verzeichnis zu führen, in das der Tag der Ausstellung der Lohnsteuerkarte und die auf der Lohnsteuerkarte vorgenommenen Eintragungen enthalten sein müssen. ²Das Verzeichnis ist dem örtlich zuständigen Finanzamt auf Verlangen vorzulegen.

Sicherheitsmaßnahmen

(11) ¹Aus Sicherheitsgründen sind alle Lohnsteuerkarten, die nicht mit elektronischen Datenverarbeitungsanlagen, Lochkartenanlagen oder Adressiermaschinen ausgestellt werden, mit dem Dienstsiegel der ausstellenden Gemeinde und einer Unterschrift zu versehen; der Eindruck eines Dienstsiegels und einer faksimilierten Unterschrift auf der Lohnsteuerkarte ist nicht zulässig. ²Für die Aufbewahrung der Lohnsteuerkartenvordrucke haben die Gemeinden besondere Sicherheitsmaßnahmen zu treffen. ³Ein Restbestand an Lohnsteuerkartenvordrucken ist unverzüglich nach Ablauf des Jahres, für das die Lohnsteuerkarten gelten, zu vernichten.

H 108
Hinweise zu R 108
Verfahren bei der Ausstellung der Lohnsteuerkarte

Bescheinigung der Religionsgemeinschaft

– Die Bescheinigung der Religionsgemeinschaft auf der Lohnsteuerkarte ist verfassungsgemäß (>BVerfG vom 25. 5. 2001 – BvR 2253/00). Dies gilt auch für die Eintragung „– –" auf der Lohnsteuerkarte, aus der sich ergibt, dass der Steuerpflichtige keiner kirchensteuererhebungsberechtigten Religionsgemeinschaft angehört (>BVerfG vom 30. 9. 2002 – 1 BvR 1744/02).

Beispiele für die Bescheinigung der Religionsgemeinschaft

Konfessionszugehörigkeit		Eintragung im Feld Kirchensteuerabzug
Arbeitnehmer	Ehegatte	
ev	rk	ev rk
ev	ev	ev
rk	– –	rk
– –	ev	– –
– –	– –	– –

Bescheinigung der Steuerklasse

Die Gemeinde hat in Abschnitt I der Lohnsteuerkarte die Steuerklasse (§§ 38 b, 39 Abs. 3 Nr. 2 EStG) in Buchstaben zu bescheinigen. Für die Eintragung der Steuerklasse sind die Verhältnisse zu Beginn des Kalenderjahrs maßgebend, für das die Lohnsteuerkarte gilt (§ 39 Abs. 3 b Satz 1 EStG). Auf Antrag des Arbeitnehmers kann eine für ihn ungünstigere Steuerklasse auf der Lohnsteuerkarte eingetragen werden (§ 39 Abs. 3 b Satz 2 EStG).

Bescheinigung der Steuerklasse II

Die Steuerklasse II ist bei einem nicht in Steuerklasse III, IV oder V gehörenden Arbeitnehmer zu bescheinigen, wenn er ein Kind im Sinne des § 32 Abs. 1 EStG hat, und ihm der Entlastungsbetrag für Alleinerziehende zusteht (>BMF vom 29. 10. 2004 – BStBl. I S. 1042)*).

Bescheinigung von Kindern

Kinder sind von der Gemeinde im allgemeinen Ausstellungsverfahren nur zu bescheinigen, wenn sie zu Beginn des Kalenderjahrs unbeschränkt einkommensteuerpflichtig sind, das 18. Lebensjahr noch nicht vollendet haben und es sich weder um Pflegekinder noch um Kinder eines Arbeitnehmers handelt, die zu Beginn des Kalenderjahrs Pflegekinder eines anderen Steuerpflichtigen sind. Die Bescheinigung von Kindern richtet sich nach § 32 Abs. 1 und 3 sowie nach § 39 Abs. 3 Nr. 2 und Abs. 3 b EStG. Danach hat die Gemeinde in Abschnitt I der Lohnsteuerkarte für unbeschränkt einkommensteuerpflichtige Kinder des Arbeitnehmers oder seines nicht dauernd getrennt lebenden, unbeschränkt einkommensteuerpflichtigen Ehegatten, die im ersten Grad mit ihm oder seinem nicht dauernd getrennt lebenden, unbeschränkt einkommensteuerpflichtigen Ehegatten verwandt sind, die Zahl der Kinderfreibeträge nach § 39 Abs. 3 Nr. 2 EStG (nur in den Steuerklassen I bis IV) in arabischen Ziffern einzutragen.

Zahl der Kinderfreibeträge

Die Zahl der Kinderfreibeträge wird für jedes zu berücksichtigende Kind grundsätzlich mit dem Zähler 0,5 bescheinigt. Der Zähler 1 gilt für ein Kind,

1. das bei verheirateten Arbeitnehmern in Steuerklasse III oder IV zu beiden Ehegatten in einem steuerlichen Kindschaftsverhältnis steht oder
2. dessen anderer Elternteil vor dem Beginn des Kalenderjahrs verstorben ist oder
3. das ein Arbeitnehmer oder sein nicht dauernd getrennt lebender Ehegatte allein angenommen hat.

Auf Antrag des Arbeitnehmers kann eine geringere Zahl der Kinderfreibeträge auf der Lohnsteuerkarte eingetragen werden (>§ 39 Abs. 3 b Satz 2 EStG).

Zuständigkeit der Gemeinde

Die Zuständigkeit der Gemeinde für die Ausstellung der Lohnsteuerkarte richtet sich nach § 39 Abs. 2 EStG. Bei verheirateten Arbeitnehmern, deren Ehegatte unbeschränkt einkommensteuerpflichtig ist und die von ihrem Ehegatten nicht dauernd getrennt leben, ist die Gemeinde örtlich zuständig, in deren Bezirk die Ehegatten am maßgebenden Stichtag

1. wenn sie insgesamt nur eine Wohnung haben, für diese eine gemeinsame Wohnung,
2. wenn sie mehrere Wohnungen haben, für eine gemeinsame Hauptwohnung

gemeldet sind. Sind die Ehegatten weder im Fall der Nummer 1 für eine gemeinsame Wohnung noch im Fall der Nummer 2 für eine gemeinsame Hauptwohnung gemeldet, so ist die Gemeinde örtlich zuständig, in deren Bezirk der ältere Ehegatte am maßgebenden Stichtag für seine Wohnung, bei mehreren Wohnungen für seine Hauptwohnung, gemeldet ist.

Anlage
zu H 108

Ausstellung der Lohnsteuerkarte 2007

BMF-Schreiben vom 29.6.2006 (BStBl. I S. 419)

Im Einvernehmen mit den obersten Finanzbehörden der Länder gilt für die Ausstellung der Lohnsteuerkarten 2007 Folgendes:

I. Lohnsteuerkartenmuster

Das Muster der Lohnsteuerkarte 2007 ist gemäß § 51 Abs. 4 Nr. 1 des Einkommensteuergesetzes (EStG) bestimmt worden und wird hiermit in der Anlage bekannt gemacht. Es ist sicherzustellen, dass die Lohnsteuerkarten 2007 dem Muster entsprechen. Im Übrigen wird Folgendes bemerkt:

1. Die ausstellende Gemeinde braucht nur in der ersten Zeile auf der Vorderseite der Lohnsteuerkarte angegeben zu werden.
2. Der Karton für die Lohnsteuerkarten muss mit Tinte beschreibbar sein, soll ein Gewicht von 140 g/qm haben und ein Wasserzeichen enthalten. Die Kartonfarbe ist grün. Das Format für die Lohnsteuerkarte ist wie bisher ein Blatt DIN A 5 (148 x 210 mm).
3. Wegen der Versendung der Lohnsteuerkarten in Fensterbriefumhüllungen weise ich auf die Allgemeinen Geschäftsbedingungen (AGB) der Deutschen Post AG für die Versendung von Infopost (www.infopost.de) sowie zur Maschinenfähigkeit von Postsendungen hin. Für die Absenderangabe kann der obere Teil des Anschriftenfeldes auf der Lohnsteuerkarte benutzt werden; die Absenderangabe darf nach den postalischen Bestimmungen jedoch nicht mehr als ein Fünftel der Fensterfläche umfassen (vgl. AGB der Deutschen Post AG zur Gestaltung des Anschriftenfeldes). Es dürfen grundsätzlich nur solche Fensterbriefumhüllungen verwendet werden, die keine von dem Muster abweichende Gestaltung der Lohnsteuerkarten erfordern; nur die Abmessungen des Anschriftenfeldes und die Beschriftung der Lohnsteuerkarten dürfen den verwendeten Umhüllungen angepasst werden.

Soweit eine Nummerierung der Lohnsteuerkarte erforderlich ist, kann diese nach Abstimmung mit der zuständigen Vertriebsleitung der Deutschen Post AG am oberen Rand des Anschriftenfeldes rechts- oder linksbündig eingedruckt werden.

II. Ausstellungsverfahren

Für die Ausstellung der Lohnsteuerkarten 2007 sind die Vorschriften des § 39 EStG sowie die Anordnungen in R 108 Lohnsteuer-Richtlinien (LStR) maßgebend.

Ergänzend gilt Folgendes:

1. **Bescheinigung der Steuerklasse**

   Die Bescheinigung der Lohnsteuerklasse richtet sich nach § 38 b EStG.

2. **Bescheinigung der Merkmale für den Kirchensteuerabzug**

   Das Kirchensteuermerkmal für den Ehegatten ist nur bei konfessionsverschiedenen Eheleuten einzutragen; bei konfessionsgleichen und bei glaubensverschiedenen Eheleuten ist das Kirchensteuermerkmal des Ehegatten nicht zu bescheinigen.

---
*) Abgedruckt als Anlage zu H 78 a LStR.

Beispiele:

Konfessionszugehörigkeit		Eintragung im Feld
Arbeitnehmer	Ehegatte	Kirchensteuerabzug
ev	rk	ev rk
ev	ev	ev
rk	–	rk
–	ev	–
–	–	–

Aus der Nichteintragung des Kirchensteuermerkmals für den Ehegatten kann nicht geschlossen werden, dass der Ehegatte keiner zur Erhebung von Kirchensteuer berechtigten Religionsgemeinschaft angehört.

Die Entscheidung über die persönliche Kirchensteuerpflicht ist Sache der Religionsgemeinschaften. Zweifel, die sich aus den Angaben hinsichtlich der rechtlichen Zugehörigkeit eines Arbeitnehmers zu einer zur Erhebung von Kirchensteuer berechtigten Religionsgemeinschaft ergeben sollten, müssen nach Fühlungnahme mit den Kirchenbehörden beseitigt werden. Auf Antrag ist den Kirchenbehörden die Möglichkeit zu einer Prüfung der Angaben über die Zugehörigkeit zu einer Religionsgemeinschaft zu geben. Die Art und Weise der Prüfung richtet sich nach den örtlichen Verhältnissen.

3. Eintragung des Gemeindeschlüssels

Veränderungen des achtstelligen amtlichen Gemeindeschlüssels (AGS) sind nicht zulässig. Die Eintragung ist in dem dafür vorgesehenen Feld vorzunehmen.

4. Ausstellung von Lohnsteuerkarten bei Nebenwohnung

Die Gemeinde, in deren Bezirk der Arbeitnehmer oder bei verheirateten Arbeitnehmern der ältere Ehegatte für eine Nebenwohnung gemeldet ist, darf für diesen keine Lohnsteuerkarte ausstellen.

5. Versendung der Lohnsteuerkarten

Die Lohnsteuerkarten sind in einer verschlossenen Briefumhüllung zu übermitteln. Die Lohnsteuerkarten von Ehegatten sind getrennt zuzustellen. Werbezettel oder Prospekte irgendwelcher Art dürfen den Lohnsteuerkarten nicht beigefügt werden. Auf den Briefumhüllungen darf kein Hinweis auf den Inhalt gedruckt sein. Die Lohnsteuerkarten und die Briefumhüllungen dürfen auch nicht anderweitig zu Werbezwecken verwendet werden.

6. Sicherheitsmaßnahmen

Nach R 108 Abs. 11 LStR ist ein Restbestand an Lohnsteuerkartenvordrucken unverzüglich nach Ablauf des Jahres 2007 zu vernichten. Von dieser Anweisung sind die Lohnsteuerkartenvordrucke ausgenommen, die – durch Stempelaufdruck oder Perforation klar und deutlich als „Muster" gekennzeichnet – archiviert werden, um durch einen Vergleich nach 2007 auftauchende Fälschungen von Lohnsteuerkarten feststellen zu können.

Es bestehen deshalb keine Bedenken, wenn einzelne Exemplare dieser Muster auch mit dem beim allgemeinen Ausstellungsverfahren üblichen Aufdruck versehen werden.

§ 39 EStG

R 108

Lohnsteuerkarte 2007

Alle Eintragungen in der Lohnsteuerkarte genau prüfen!

Ordnungsmerkmal des Arbeitgebers

Gemeinde — AGS

Finanzamt und Nr.

Geburtsdatum

I. Allgemeine Besteuerungsmerkmale

| Steuerklasse | Zahl der Kinderfreibeträge | Kinder unter 18 Jahren: Zahl der Kinderfreibeträge |

Kirchensteuerabzug

(Datum)

(Gemeindebehörde)

II. Änderungen der Eintragungen im Abschnitt I

Steuerklasse	Zahl der Kinderfreibeträge	Kirchensteuerabzug		

III. Für die Berechnung der Lohnsteuer sind vom Arbeitslohn als steuerfrei abzuziehen:

Jahresbetrag EUR	monatlich EUR	wöchentlich EUR	täglich EUR	Diese Eintragung gilt, wenn sie nicht widerrufen wird:	Datum, Unterschrift und Stempel der Behörde
				vom 2007 an bis zum 2007	
in Buchstaben -tausend		Zehner und Einer wie oben -hundert			
				vom 2007 an bis zum 31.12.2007	
in Buchstaben -tausend		Zehner und Einer wie oben -hundert			

IV. Für die Berechnung der Lohnsteuer sind dem Arbeitslohn hinzuzurechnen:

Jahresbetrag EUR	monatlich EUR	wöchentlich EUR	täglich EUR	Diese Eintragung gilt, wenn sie nicht widerrufen wird:	Datum, Unterschrift und Stempel der Behörde
				vom 2007 an bis zum 31.12.2007	
in Buchstaben -tausend		Zehner und Einer wie oben -hundert			

3.06

V. Lohnsteuerbescheinigung für das Kalenderjahr 2007 und besondere Angaben

1. Dauer des Dienstverhältnisses

	Anzahl „U":	vom – bis EUR	Ct	Anzahl „U":	vom – bis EUR	Ct	Anzahl „U":	vom – bis EUR	Ct
2. Zeiträume ohne Anspruch auf Arbeitslohn	Großbuchstaben (S, B, V, F)								
3. Bruttoarbeitslohn einschl. Sachbezüge ohne 9. und 10.									
4. Einbehaltene Lohnsteuer von 3.									
5. Einbehaltener Solidaritätszuschlag von 3.									
6. Einbehaltene Kirchensteuer des Arbeitnehmers von 3.									
7. Einbehaltene Kirchensteuer des Ehegatten von 3. (nur bei konfessionsverschiedener Ehe)									
8. In 3. enthaltene steuerbegünstigte Versorgungsbezüge									
9. Steuerbegünstigte Versorgungsbezüge für mehrere Kalenderjahre									
10. Ermäßigt besteuerter Arbeitslohn für mehrere Kalenderjahre (ohne 9.) und ermäßigt besteuerte Entschädigungen									
11. Einbehaltene Lohnsteuer von 9. und 10.									
12. Einbehaltener Solidaritätszuschlag von 9. und 10.									
13. Einbehaltene Kirchensteuer des Arbeitnehmers von 9. und 10.									
14. Einbehaltene Kirchensteuer des Ehegatten von 9. und 10. (nur bei konfessionsverschiedener Ehe)									
15. Kurzarbeitergeld, Zuschuss zum Mutterschaftsgeld, Verdienstausfallentschädigung (Infektionsschutzgesetz), Aufstockungsbetrag und Altersteilzeitzuschlag									
16. Steuerfreier Arbeitslohn nach	Doppelbesteuerungsabkommen			Auslandstätigkeitserlass					
17. Steuerfreie Arbeitgeberleistungen für Fahrten zwischen Wohnung und Arbeitsstätte									
18. Pauschalbesteuerte Arbeitgeberleistungen für Fahrten zwischen Wohnung und Arbeitsstätte									
19. Steuerpflichtige Entschädigungen und Arbeitslohn für mehrere Kalenderjahre, die nicht ermäßigt besteuert wurden – in 3. enthalten									
20. Steuerfreie Verpflegungszuschüsse bei Auswärtstätigkeit									
21. Steuerfreie Arbeitgeberleistungen bei doppelter Haushaltsführung									
22. Arbeitgeberanteil zur gesetzlichen Rentenversicherung und an berufsständische Versorgungseinrichtungen									
23. Arbeitnehmeranteil zur gesetzlichen Rentenversicherung und an berufsständische Versorgungseinrichtungen									
24. Steuerfreie Arbeitgeberzuschüsse zur Kranken- versicherung und zur Pflegeversicherung									
25. Arbeitnehmeranteil am Gesamtsozial- versicherungsbeitrag (ohne 23. und 24.)									
26. Ausgezahltes Kindergeld									
Anschrift des Arbeitgebers (lohnsteuerlicher Betriebsstätte) Firmenstempel, Unterschrift									
Finanzamt, an das die Lohnsteuer abgeführt wurde **(Name und dessen vierstellige Nr.)**									

§ 39 EStG
R 109

R 109
Änderungen und Ergänzungen der Lohnsteuerkarte

Änderung unrichtiger Eintragungen

(1) ¹Eintragungen auf der Lohnsteuerkarte, denen die Verhältnisse zu Beginn des Kalenderjahres zugrunde zu legen waren und die unrichtig sind, sind auf Antrag zu ändern. ²Die in § 39 Abs. 5 EStG vorgeschriebene Antragsfrist gilt nur für Anträge auf Änderungen und Ergänzungen der Lohnsteuerkarte, die bei einer im Laufe des Kalenderjahres eingetretenen Änderung der Verhältnisse gestellt werden.

Änderung der Steuerklassen

(2) ¹Wird die Ehe eines Arbeitnehmers durch Scheidung oder Aufhebung aufgelöst oder haben die Ehegatten die dauernde Trennung herbeigeführt, so dürfen Eintragungen auf der Lohnsteuerkarte nicht geändert werden; es kommt nur ein Steuerklassenwechsel nach Absatz 5 in Betracht. ²Das gilt nicht, wenn bei einer durch Scheidung oder Aufhebung aufgelösten Ehe der andere Ehegatte im selben Kalenderjahr wieder geheiratet hat, von seinem neuen Ehegatten nicht dauernd getrennt lebt und er und sein neuer Ehegatte unbeschränkt einkommensteuerpflichtig sind; in diesen Fällen ist die auf der Lohnsteuerkarte des nicht wieder verheirateten Ehegatten eingetragene Steuerklasse auf Antrag in Steuerklasse III zu ändern, wenn die Voraussetzungen des § 38 b Nr. 3 Buchstabe c Doppelbuchstabe aa EStG erfüllt sind.

(3) ¹Wird eine Ehe durch Tod aufgelöst, so ist auf der Lohnsteuerkarte des anderen Ehegatten auf Antrag mit Wirkung vom Beginn des ersten auf den Todestag des Ehegatten folgenden Kalendermonats an die Steuerklasse III zu bescheinigen. ²Voraussetzung ist, dass der Arbeitnehmer und sein verstorbener Ehegatte zu Beginn oder im Laufe des Kalenderjahres unbeschränkt einkommensteuerpflichtig waren und nicht dauernd getrennt gelebt haben.

(4) Die Bescheinigung der Steuerklasse II oder III in den Fällen des § 1 a EStG bei unbeschränkt einkommensteuerpflichtigen Arbeitnehmern, die Staatsangehörige eines Mitgliedstaats der Europäischen Union oder der Staaten Island, Norwegen oder Liechtenstein sind, ist dem Finanzamt vorbehalten.

Steuerklassenwechsel

(5) ¹Bei Ehegatten, die beide Arbeitslohn beziehen, hat die Gemeinde auf gemeinsamen Antrag der Ehegatten die auf den Lohnsteuerkarten eingetragenen Steuerklassen wie folgt zu ändern (Steuerklassenwechsel – § 39 Abs. 5 Satz 3 und 4 EStG):

1. Ist auf den Lohnsteuerkarten beider Ehegatten die Steuerklasse IV bescheinigt, so sind diese Eintragungen auf der Lohnsteuerkarte des einen Ehegatten in Steuerklasse III und auf der Lohnsteuerkarte des anderen Ehegatten in Steuerklasse V zu ändern.

2. Ist auf der Lohnsteuerkarte des einen Ehegatten die Steuerklasse III und auf der Lohnsteuerkarte des anderen Ehegatten die Steuerklasse V bescheinigt, so sind diese Eintragungen auf den Lohnsteuerkarten beider Ehegatten in Steuerklasse IV zu ändern.

3. Ist auf der Lohnsteuerkarte des einen Ehegatten die Steuerklasse III und auf der Lohnsteuerkarte des anderen Ehegatten die Steuerklasse V bescheinigt, so ist die Eintragung der Steuerklasse III auf der Lohnsteuerkarte des einen Ehegatten in Steuerklasse V und die Eintragung der Steuerklasse V auf der Lohnsteuerkarte des anderen Ehegatten in Steuerklasse III zu ändern.

²Ein Steuerklassenwechsel darf frühestens mit Wirkung vom Beginn des Kalendermonats an erfolgen, der auf die Antragstellung folgt. ³Der Antrag kann nur bis zum 30. November des Kalenderjahres gestellt werden, für das die Lohnsteuerkarten gelten. ⁴In einem Kalenderjahr kann jeweils nur ein Antrag gestellt werden. ⁵Das gilt nicht, wenn eine Änderung der vorgenommenen Eintragung deshalb beantragt wird, weil ein Ehegatte keinen steuerpflichtigen Arbeitslohn mehr bezieht oder verstorben ist, weil sich die Ehegatten auf Dauer getrennt haben oder wenn nach einer Arbeitslosigkeit ein Arbeitsverhältnis wieder aufgenommen wird. ⁶Eine nach Erhalt der Lohnsteuerkarten, aber vor Beginn des Kalenderjahres, für das die Lohnsteuerkarten gelten, vorgenommene Steuerklassenänderung ist ebenso kein Steuerklassenwechsel wie die erstmalige Änderung der Steuerklassen aus Anlass der Eheschließung.

Änderung der Eintragungen für Kinder durch die Gemeinde; steuerliche Lebensbescheinigung

(6) ¹Wegen der Kinder eines Arbeitnehmers, die zu Beginn des Kalenderjahres unbeschränkt einkommensteuerpflichtig sind, das 18. Lebensjahr noch nicht vollendet haben und die nicht in der Wohnung des Arbeitnehmers gemeldet sind, ist eine Änderung der Lohnsteuerkarte durch die Gemeinde nur zulässig, wenn der Arbeitnehmer eine von der Wohnsitzgemeinde des Kindes für steuerliche Zwecke ausgestellte Lebensbescheinigung vorlegt. ²Diese darf nicht älter als drei Jahre sein (>R 108 Abs. 3 Satz 1 Nr. 1). ³Die steuerliche Lebensbescheinigung für Kinder ist auf Antrag Personen auszustellen, die mit dem Kind im ersten Grad verwandt sind, wenn das Kind nicht in der Wohnung dieser Person gemeldet ist und zu Beginn des Kalenderjahres das 18. Lebensjahr noch nicht vollendet hat; die Ausstellung ist in entsprechender Anwendung des § 39 Abs. 1 Satz 1 EStG gebührenfrei. ⁴In der Lebensbescheinigung sind Aussagen über ein Pflegekindschaftsverhältnis nur aufzunehmen, wenn hierüber eine Mitteilung des Finanzamts vorliegt. ⁵Zuständig für die Ausstellung der Lebensbescheinigung ist die Gemeinde, bei der das Kind mit (Haupt-)Wohnung gemeldet ist. ⁶Die Vordrucke für die Lebensbescheinigung werden den Gemeinden von den Finanzämtern kostenlos zur Verfügung gestellt. ⁷Die Gemeinden können die Lebensbescheinigung auf eigene Kosten auch in anderer Form erteilen, wenn sie die in dem Vordruckmuster geforderten Angaben enthält. ⁸Bei Ausstellung der Lebensbescheinigung hat die Gemeinde festzustellen,

1. ob sie dieses Kind in einer von ihr ausgestellten Lohnsteuerkarte mit dem Zähler 1 berücksichtigt hat

2. ob eine Mitteilung des Finanzamts über die Eintragung des Zählers 1 für dieses Kind vorliegt (>Absatz 9 Nr. 2 Buchstabe b).

⁹Gegebenenfalls hat sie im Fall der Nummer 1 die Lohnsteuerkarte von Amts wegen zu ändern (§ 39 Abs. 4 Satz 3 und 4 EStG) oder im Fall der Nummer 2 das Finanzamt über die Ausstellung der Lebensbescheinigung zu unterrichten.

Änderung der Eintragungen für Kinder durch das Finanzamt

(7) ¹Die Eintragungen für Kinder sind nach § 39 Abs. 3 a EStG vom Finanzamt im Abschnitt II der Lohnsteuerkarte zu ändern

1. für Kinder,
   a) die zu Beginn des Kalenderjahres das 18. Lebensjahr vollendet haben oder
   b) die Pflegekinder sind,

2. für Kinder, die zu Beginn des Kalenderjahres das 18. Lebensjahr noch nicht vollendet haben und die nicht in der Wohnung des Arbeitnehmers gemeldet sind, wenn der Arbeitnehmer für dieses Kind keine Lebensbescheinigung beibringen kann oder wenn nach der Lebensbescheinigung die Pflegekindeigenschaft ungewiss ist,

3. wenn dem Arbeitnehmer für ein Kind statt des Kinderfreibetrags nach § 32 Abs. 6 Satz 1 EStG der Kinderfreibetrag nach § 32 Abs. 6 Satz 2 EStG zusteht, weil
   a) der Wohnsitz oder gewöhnliche Aufenthalt des anderen Elternteils nicht zu ermitteln oder der Vater des Kindes amtlich nicht feststellbar ist oder
   b) der andere Elternteil voraussichtlich während des ganzen Kalenderjahres nicht unbeschränkt einkommensteuerpflichtig ist oder
   c) der Kinderfreibetrag des anderen Elternteils auf den Arbeitnehmer zu übertragen ist,

4. wenn der Kinderfreibetrag auf den Arbeitnehmer als Stiefelternteil oder als Großelternteil nach § 32 Abs. 6 Satz 7 EStG zu übertragen ist; in diesem Falle entfällt Nummer 3 Buchstabe c,

5. für nicht unbeschränkt einkommensteuerpflichtige Kinder, für die dem Arbeitnehmer nicht ermäßigte Kinderfreibeträge zustehen.

²Ist wegen eines Kindes im vorstehenden Sinne die Steuerklasse II anzuwenden, ist auch die Steuerklasse II vom Finanzamt einzutragen. ³Aus Vereinfachungsgründen kann das Finanzamt nach § 39 Abs. 6 Satz 3 EStG auch unbeschränkt einkommensteuerpflichtige

§ 39 EStG
R 109

Kinder unter 18 Jahren eintragen, die von der Gemeinde zu bescheinigen wären, wenn der Arbeitnehmer die Berücksichtigung des Kindes im Rahmen seines Lohnsteuer-Ermäßigungsantrags geltend macht. [4]Ermäßigte Kinderfreibeträge für nicht unbeschränkt einkommensteuerpflichtige Kinder sind nicht zu bescheinigen.

Vereinfachte Eintragung

(7a) Bei einem Antrag nach § 39 Abs. 3 a Satz 2 EStG soll das Finanzamt grundsätzlich auf Einzelangaben verzichten, es sei denn, dass konkrete Anhaltspunkte dafür vorliegen, dass die Zahl der Kinderfreibeträge in der beantragten Höhe nicht in Betracht kommen kann.

Übertragung eines Kinderfreibetrags

(8) [1]Der Zähler 1 kann bescheinigt werden, wenn der Arbeitnehmer darlegt, dass die Voraussetzungen für die Übertragung erfüllt sind und eine summarische Prüfung keine Anhaltspunkte dafür ergibt, dass die Angaben des Arbeitnehmers unzutreffend sind oder sich die Voraussetzungen im Laufe des Kalenderjahres ändern werden. [2]Dem Finanzamt des anderen Elternteils ist die Übertragung erst mitzuteilen, wenn sie im Rahmen der Veranlagung des Arbeitnehmers erfolgt ist. [3]Der andere Elternteil ist berechtigt aber nicht verpflichtet, im Übertragungsfall seine Lohnsteuerkarte ändern zu lassen.

Mitteilungen der Finanzämter an die Gemeinden

(9) Das Finanzamt hat
1. der Gemeinde, bei der der Arbeitnehmer mit Hauptwohnung gemeldet ist, mitzuteilen, wenn es ein Kind nach Absatz 7 Satz 1 Nr. 2 oder nach Absatz 7 Satz 3 eingetragen hat,
2. den Gemeinden, bei denen das Kind mit Wohnung gemeldet ist, mitzuteilen, wenn es
   a) das Kind erstmals nach Absatz 7 Satz 1 Nr. 1 Buchstabe b als Pflegekind anerkannt oder abgelehnt hat oder
   b) für ein unter 18 Jahre altes Kind nach Absatz 7 Satz 1 Nr. 3 Buchstaben a oder b den Zähler 1 bescheinigt hat.

Zeitliche Wirkung der Eintragung

(10) [1]Die Gemeinde oder das Finanzamt tragen bei einer Änderung oder Ergänzung der Lohnsteuerkarte den Zeitpunkt ein, von dem an die Änderung oder Ergänzung gilt (§ 39 Abs. 5 Satz 2 EStG). [2]Als Zeitpunkt ist der Tag einzutragen, an dem alle Voraussetzungen für eine Änderung oder eine Ergänzung der Lohnsteuerkarte erstmalig erfüllt waren. [3]Es darf jedoch kein Tag eingetragen werden, der vor dem Beginn des Kalenderjahres liegt, für das die Lohnsteuerkarte gilt.

Örtliche Zuständigkeit

(11) [1]Bei Änderungen und Ergänzungen der Lohnsteuerkarte gilt für die örtliche Zuständigkeit der Gemeinden Folgendes:
1. Bei unverheirateten Arbeitnehmern und bei verheirateten Arbeitnehmern, deren Ehegatte nicht unbeschränkt einkommensteuerpflichtig ist oder die von ihrem Ehegatten dauernd getrennt leben, ist die Gemeinde örtlich zuständig, in deren Bezirk der Arbeitnehmer im Zeitpunkt der Vorlage der Lohnsteuerkarte für seine Wohnung, bei mehreren Wohnungen für seine Hauptwohnung, gemeldet ist. [2]Ist der Arbeitnehmer für eine Wohnung nicht gemeldet, so ist die Änderung von der Gemeinde vorzunehmen, in deren Bezirk der Arbeitnehmer im Zeitpunkt der Vorlage der Lohnsteuerkarte seinen gewöhnlichen Aufenthalt hat.
2. Bei verheirateten Arbeitnehmern, deren Ehegatte unbeschränkt einkommensteuerpflichtig ist und die von ihrem Ehegatten nicht dauernd getrennt leben, ist die Gemeinde örtlich zuständig, in deren Bezirk die Ehegatten im Zeitpunkt der Vorlage der Lohnsteuerkarte,
   a) wenn sie insgesamt nur eine Wohnung haben, für diese eine gemeinsame Wohnung,
   b) wenn sie mehrere Wohnungen haben, für eine gemeinsame Hauptwohnung

gemeldet sind. [2]Sind die Ehegatten weder für eine gemeinsame Wohnung im Sinne des Buchstabens a noch im Fall des Buchstabens b für eine gemeinsame Hauptwohnung gemeldet, so ist die Änderung von der Gemeinde vorzunehmen, in deren Bezirk der ältere Ehegatte im Zeitpunkt der Vorlage der Lohnsteuerkarte für seine Wohnung, bei mehreren Wohnungen für seine Hauptwohnung, gemeldet ist.

H 109
Hinweise zu R 109
Änderungen und Ergänzungen der Lohnsteuerkarte

Allgemeines

Für die Eintragungen auf der Lohnsteuerkarte sind grundsätzlich die Verhältnisse zu Beginn des Kalenderjahrs, für das die Lohnsteuerkarte gilt, maßgebend (>§ 39 Abs. 3 b EStG). Ändert sich die Zahl der Kinderfreibeträge zugunsten des Arbeitnehmers, z. B. bei einer Eheschließung oder der Geburt eines Kindes im Laufe des Kalenderjahrs, so ist die Lohnsteuerkarte auf Antrag zu ergänzen; der Antrag kann nur bis zum 30. November des laufenden Kalenderjahrs gestellt werden (>§ 39 Abs. 5 Satz 1 EStG). Ändert sich die Zahl der Kinderfreibeträge zuungunsten des Arbeitnehmers, so kann – vorbehaltlich der Vorschriften in § 39 Abs. 4 EStG – die Lohnsteuerkarte unverändert bleiben. Diese Grundsätze gelten auch für die nachträgliche Ausstellung der Lohnsteuerkarte im Laufe des Kalenderjahrs.

Beispiele:

A. Ein Arbeitnehmer hat am 20. September geheiratet. Auf der Lohnsteuerkarte ist die Steuerklasse I eingetragen. Mit Wirkung vom Tage der Eheschließung ist die Steuerklasse III zu bescheinigen, wenn der Ehegatte keinen Arbeitslohn bezieht oder im Laufe des Kalenderjahrs bezogen hat. Wenn beide Ehegatten Arbeitslohn beziehen oder im Laufe des Kalenderjahrs bezogen haben, ist mit Wirkung vom Tage der Eheschließung an auf den Lohnsteuerkarten beider Ehegatten die Steuerklasse IV einzutragen, es sei denn, dass die Ehegatten die Bescheinigung der Steuerklassen III und V beantragen.

B. Auf der Lohnsteuerkarte des geschiedenen Arbeitnehmers A ist die Steuerklasse I eingetragen. Diese Angabe ist jedoch unrichtig. Es wäre die Steuerklasse II und die Kinderfreibetragszahl 0,5 einzutragen gewesen, weil ihm der Entlastungsbetrag für Alleinerziehende zusteht. A beantragt am 20. Juli bei der Gemeinde, die unrichtigen Eintragungen auf der Lohnsteuerkarte durch Bescheinigung der Steuerklasse II und der Kinderfreibetragszahl 0,5 zu ändern (>R 109 Abs. 1 Satz 1). Die Gemeinde hat als Zeitpunkt, von dem an die Änderung gilt, den 1. Januar des Kalenderjahrs einzutragen, für das die Lohnsteuerkarte gilt.

C. Auf der Lohnsteuerkarte des Arbeitnehmers B sind die Steuerklasse III und die Kinderfreibetragszahl 1 bescheinigt. Dem B wurde am 20. Juli des Kalenderjahrs, für das die Lohnsteuerkarte gilt, ein zweites Kind geboren. Es kamen für B seit dem 20. Juli die Steuerklasse III und die Kinderfreibetragszahl 2 in Betracht. B legt die Lohnsteuerkarte am 5. August der Gemeinde zur Ergänzung vor. Die Gemeinde hat als Zeitpunkt, von dem an die Ergänzung gilt, den 20. Juli einzutragen. Es liegen an diesem Tag erstmalig alle Voraussetzungen für eine Ergänzung der Lohnsteuerkarte vor.

D. Auf der Lohnsteuerkarte des ledigen Arbeitnehmers A ist die Steuerklasse II eingetragen. Die Voraussetzungen für die Gewährung des Entlastungsbetrags für Alleinerziehende sind bis März gegeben. A zieht mit im März zusammen; die beiden heiraten im September. A ist verpflichtet, die Steuerklasse ab April von II auf I ändern zu lassen. Ab September hat die Gemeinde die Steuerklasse III, IV oder V zu bescheinigen (>Beispiel A). Eine rückwirkende Änderung der Steuerklasse II in I für den Zeitraum 1. Januar bis 31. März kommt nicht in Betracht.

Änderung unrichtiger Eintragungen

Unrichtige Eintragungen auf der Lohnsteuerkarte sind auch noch nach Ablauf des Kalenderjahrs, für das die Lohnsteuerkarte gilt, zu berichtigen, wenn der Arbeitnehmer hieran ein begründetes Interesse hat (>BFH vom 8. 11. 1972 – BStBl. 1973 II S. 223).

Steuerklasse in EU/EWR-Fällen

Ein Arbeitnehmer, der als Staatsangehöriger eines Mitgliedstaats der Europäischen Union (EU) oder der Staaten Israel, Liechtenstein oder Norwegen (EWR) nach § 1 Abs. 1 EStG unbeschränkt einkommensteuerpflichtig ist, ist auf Antrag in die Steuerklasse III einzuordnen, wenn der Ehegatte des Arbeitnehmers in einem EU/EWR-Mitgliedstaat lebt (Steuerklasse in EU/EWR-Fällen >§ 1 a Abs. 1 Nr. 2 EStG). Es ist nicht erforderlich, dass der Ehegatte ebenfalls Staatsangehöriger eines EU/EWR-Mitgliedstaats ist. Voraussetzung ist jedoch, dass die Einkünfte beider Ehegatten zu mindestens

90 v. H. der deutschen Einkommensteuer unterliegen oder ihre nicht der deutschen Einkommensteuer unterliegenden Einkünfte höchstens 12 272 € betragen. Die nicht der deutschen Einkommensteuer unterliegenden Einkünfte sind durch eine Bescheinigung der zuständigen ausländischen Steuerbehörde nachzuweisen. Die Eintragung der Steuerklasse III auf der Lohnsteuerkarte führt zur Veranlagungspflicht nach § 46 Abs. 2 Nr. 7 Buchst. a EStG.

Bei einem allein stehenden Arbeitnehmer, der Staatsangehöriger eines EU/EWR-Mitgliedstaates ist und nach § 1 Abs. 1 EStG unbeschränkt einkommensteuerpflichtig ist, ist auf der Lohnsteuerkarte die Steuerklasse II einzutragen, wenn ihm der Entlastungsbetrag für Alleinerziehende zusteht.

Für die Änderung der Steuerklasse ist das Wohnsitzfinanzamt des im Inland lebenden Arbeitnehmers zuständig.

(>BMF vom 29. 9. 1995 – BStBl. I S. 429, Tz. 1)*)

R 110
Nachträgliche Ausstellung von Lohnsteuerkarten

Allgemeines

(1) ¹Die Gemeinde hat für Arbeitnehmer, die erst im Laufe des Kalenderjahres Arbeitslohn beziehen, für das Kalenderjahr auf Antrag nachträglich eine Lohnsteuerkarte auszustellen und dem Arbeitnehmer auszuhändigen. ²Nach Ablauf des Kalenderjahres darf mit Wirkung für das abgelaufene Kalenderjahr eine Lohnsteuerkarte nicht mehr ausgestellt werden. ³Die §§ 38 b, 39 Abs. 2, 3, 3 a und 3 b EStG gelten auch für die nachträgliche Ausstellung von Lohnsteuerkarten.

Ausstellung einer Lohnsteuerkarte bei Eheschließung

(2) Wird die Lohnsteuerkarte für einen Arbeitnehmer ausgestellt, der im Laufe des Kalenderjahres geheiratet hat, so kann die Steuerklasse III aus Vereinfachungsgründen abweichend von § 39 Abs. 3 b Satz 1 EStG auf der Lohnsteuerkarte mit Wirkung vom Beginn des Kalenderjahres an bescheinigt werden; Voraussetzung ist, dass für den Ehegatten keine Lohnsteuerkarte ausgestellt worden ist.

Ausstellung einer Lohnsteuerkarte für den Ehegatten

(3) ¹Wird die Lohnsteuerkarte für den Ehegatten eines Arbeitnehmers ausgestellt, auf dessen Lohnsteuerkarte die Steuerklasse III bescheinigt ist, so hat die Gemeinde die Steuerklasse V zu bescheinigen. ²Auf Antrag der Ehegatten kann mit Wirkung vom Beginn des Kalenderjahres an die Steuerklasse V und mit Wirkung von dem Tag an, von dem an der Ehegatte Arbeitslohn bezieht, die Steuerklasse IV sowie die Zahl der Kinderfreibeträge (§ 32 Abs. 1, 3 und 6, § 39 Abs. 3, 3 b und 4 EStG) bescheinigt werden. ³Die Steuerklasse IV darf nur bescheinigt werden, wenn gleichzeitig auf der Lohnsteuerkarte des anderen Ehegatten mit Wirkung von dem Tag an, von dem sein Ehegatte Arbeitslohn bezieht, die Steuerklasse III in die Steuerklasse IV geändert wird und der Antrag gestellt wird, bevor der Ehegatte erstmals Arbeitslohn bezieht. ⁴Wird der Antrag erst zu einem späteren Zeitpunkt gestellt, ist auf der Lohnsteuerkarte des Ehegatten mit Wirkung vom Beginn des Kalenderjahres an die Steuerklasse V einzutragen; die beantragte Änderung in Steuerklasse IV ist nach den Vorschriften des § 39 Abs. 5 Satz 3 und 4 EStG vorzunehmen.

Ausstellung einer Lohnsteuerkarte bei Auflösung der Ehe

(4) ¹Wird die Lohnsteuerkarte für einen Arbeitnehmer ausgestellt, dessen Ehe im Laufe des Kalenderjahres aufgehoben oder geschieden wurde, so hat die Gemeinde die Steuerklasse und die Zahl der Kinderfreibeträge zu bescheinigen, die nach §§ 38 b Nr. 3 bis 5, 39 Abs. 3, 3 b und 5 EStG sowie nach vorstehendem Absatz 3 ohne die Auflösung der Ehe maßgebend gewesen wären; dasselbe gilt, wenn die Ehegatten im Laufe des Kalenderjahres die dauernde Trennung herbeigeführt haben. ²Abweichend hiervon sind bei einem Arbeitnehmer, dessen Ehe im Laufe des Kalenderjahres aufgehoben oder geschieden wurde, mit Wirkung vom Beginn des Kalenderjahres an die Steuerklasse V und mit Wirkung von dem Tag an, von dem der Arbeitnehmer Arbeitslohn bezieht, die Steuerklasse III und gegebenenfalls die Zahl der Kinderfreibeträge zu bescheinigen, wenn der andere Ehegatte im selben Kalenderjahr wieder geheiratet hat, von seinem neuen Ehegatten nicht dauernd getrennt lebt und er und sein neuer Ehegatte unbeschränkt einkommensteuerpflichtig sind und wenn im Übrigen die Voraussetzungen des § 38 b Nr. 3 Buchstabe c Doppelbuchstabe aa EStG erfüllt sind.

Ausstellung einer Lohnsteuerkarte bei Tod des Ehegatten

(5) ¹Wird die Lohnsteuerkarte für einen Arbeitnehmer ausgestellt, dessen Ehegatte im Laufe des Kalenderjahres verstorben ist, so hat die Gemeinde mit Wirkung vom Beginn des Kalenderjahres an die Steuerklasse V und mit Wirkung vom Beginn des ersten auf den Todestag des Ehegatten folgenden Kalendermonats an die Steuerklasse III und gegebenenfalls die Zahl der Kinderfreibeträge zu bescheinigen. ²Wurde für den verstorbenen Ehegatten keine Lohnsteuerkarte ausgestellt, so hat die Gemeinde die Steuerklasse III und gegebenenfalls die Zahl der Kinderfreibeträge zu bescheinigen. ³Voraussetzung ist jeweils, dass der Arbeitnehmer und sein verstorbener Ehegatte zu Beginn oder im Laufe des Kalenderjahres unbeschränkt einkommensteuerpflichtig waren und nicht dauernd getrennt gelebt haben.

Ersatz-Lohnsteuerkarte

(6) Wird für einen Arbeitnehmer eine Ersatz-Lohnsteuerkarte ausgestellt (§ 39 Abs. 1 Satz 3 EStG), so ist sie als „Ersatz-Lohnsteuerkarte" zu kennzeichnen.

H 110
Hinweise zu R 110
Nachträgliche Ausstellung von Lohnsteuerkarten

Zuständigkeit der Gemeinde

für die nachträgliche Ausstellung von Lohnsteuerkarten >H 108 (Zuständigkeit der Gemeinde)

---

*) Abgedruckt als Anlage 1 zu § 1 a EStG.

§ 39a EStG
Freibetrag, Hinzurechnungsbetrag und Freistellung beim Lohnsteuerabzug

(1) ¹Auf der Lohnsteuerkarte wird als vom Arbeitslohn abzuziehender Freibetrag die Summe der folgenden Beträge eingetragen:

1. Werbungskosten, die bei den Einkünften aus nichtselbständiger Arbeit anfallen, soweit sie den Arbeitnehmer-Pauschbetrag (§ 9a Satz 1 Nr. 1 Buchstabe a) oder bei Versorgungsbezügen den Pauschbetrag (§ 9a Satz 1 Nr. 1 Buchstabe b) übersteigen,
2. Sonderausgaben im Sinne des § 10 Abs. 1 Nr. 1, 1a, 4, 5, 7 bis 9 und des § 10b, soweit sie den Sonderausgaben-Pauschbetrag von 36 Euro übersteigen,
3. der Betrag, der nach den §§ 33, 33a und 33b Abs. 6 wegen außergewöhnlicher Belastungen zu gewähren ist,
4. die Pauschbeträge für behinderte Menschen und Hinterbliebene (§ 33b Abs. 1 bis 5),
5. die folgenden Beträge, wie sie nach § 37 Abs. 3 bei der Festsetzung von Einkommensteuer-Vorauszahlungen zu berücksichtigen sind:
   a) die Beträge, die nach § 10d Abs. 2, §§ 10e, 10f, 10g, 10h, 10i, nach § 15b des Berlinförderungsgesetzes oder nach § 7 des Fördergebietsgesetzes abgezogen werden können,
   b) die negative Summe der Einkünfte im Sinne des § 2 Abs. 1 Satz 1 Nr. 1 bis 3, 6 und 7 und der negativen Einkünfte im Sinne des § 2 Abs. 1 Satz 1 Nr. 5,
   c) das Vierfache der Steuerermäßigung nach den §§ 34f und 35a,
6. die Freibeträge nach § 32 Abs. 6 für jedes Kind im Sinne des § 32 Abs. 1 bis 4, für das kein Anspruch auf Kindergeld besteht. ²Soweit für diese Kinder Kinderfreibeträge nach § 39 Abs. 3 auf der Lohnsteuerkarte eingetragen worden sind, ist die eingetragene Zahl der Kinderfreibeträge entsprechend zu vermindern,
7. ein Betrag auf der Lohnsteuerkarte für ein zweites oder weiteres Dienstverhältnis insgesamt bis zur Höhe des auf volle Euro abgerundeten zu versteuernden Jahresbetrags nach § 39b Abs. 2 Satz 6, bis zu dem nach der Steuerklasse des Arbeitnehmers, die für den Lohnsteuerabzug vom Arbeitslohn aus dem ersten Dienstverhältnis anzuwenden ist, Lohnsteuer nicht zu erheben ist. ²Voraussetzung ist, dass der Jahresarbeitslohn aus dem ersten Dienstverhältnis den nach Satz 1 maßgebenden Eingangsbetrag unterschreitet und dass in Höhe des Betrags zugleich auf der Lohnsteuerkarte für das erste Dienstverhältnis ein dem Arbeitslohn hinzuzurechnender Betrag (Hinzurechnungsbetrag) eingetragen wird. ³Soll auf der Lohnsteuerkarte für das erste Dienstverhältnis auch ein Freibetrag nach den Nummern 1 bis 6 eingetragen werden, so ist nur der diesen Freibetrag übersteigende Betrag als Hinzurechnungsbetrag einzutragen; ist der Freibetrag höher als der Hinzurechnungsbetrag, so ist nur der den Hinzurechnungsbetrag übersteigende Freibetrag einzutragen.
8. der Entlastungsbetrag für Alleinerziehende (§ 24b) bei Verwitweten, die nicht in Steuerklasse II gehören.

(2) ¹Die Gemeinde hat nach Anweisung des Finanzamts die Pauschbeträge für behinderte Menschen und Hinterbliebene bei der Ausstellung der Lohnsteuerkarten von Amts wegen einzutragen; dabei ist der Freibetrag durch Aufteilung in Monatsfreibeträge, erforderlichenfalls Wochen- und Tagesfreibeträge, jeweils auf das Kalenderjahr gleichmäßig zu verteilen. ²Der Arbeitnehmer kann beim Finanzamt die Eintragung des nach Absatz 1 insgesamt in Betracht kommenden Freibetrags beantragen. ³Der Antrag kann nur nach amtlich vorgeschriebenem Vordruck bis zum 30. November des Kalenderjahres gestellt werden, für das die Lohnsteuerkarte gilt. ⁴Der Antrag ist hinsichtlich eines Freibetrags aus der Summe der nach Absatz 1 Nr. 1 bis 3 und 8 in Betracht kommenden Aufwendungen und Beträge unzulässig, wenn die Aufwendungen im Sinne des § 9, soweit sie den Arbeitnehmer-Pauschbetrag übersteigen, die Aufwendungen im Sinne des § 10 Abs. 1 Nr. 1, 1a, 4, 5, 7 bis 9, der §§ 10b und 33 sowie die abziehbaren Beträge nach den §§ 24b, 33a und 33b Abs. 6 insgesamt 600 Euro nicht übersteigen. ⁵Das Finanzamt kann auf nähere Angaben des Arbeitnehmers verzichten, wenn der Arbeitnehmer höchstens den auf seiner Lohnsteuerkarte für das vorangegangene Kalenderjahr eingetragenen Freibetrag beantragt und versichert, dass sich die maßgebenden Verhältnisse nicht wesentlich geändert haben. ⁶Das Finanzamt hat den Freibetrag durch Aufteilung in Monatsfreibeträge, erforderlichenfalls Wochen- und Tagesfreibeträge, jeweils auf die der Antragstellung folgenden Monate des Kalenderjahres gleichmäßig zu verteilen. ⁷Abweichend hiervon darf ein Freibetrag, der im Monat Januar eines Kalenderjahres beantragt wird, mit Wirkung vom 1. Januar dieses Kalenderjahres an eingetragen werden. ⁸Die Sätze 5 bis 7 gelten für den Hinzurechnungsbetrag nach Absatz 1 Nr. 7 entsprechend.

(3) ¹Für Ehegatten, die beide unbeschränkt einkommensteuerpflichtig sind und nicht dauernd getrennt leben, ist jeweils die Summe der nach Absatz 1 Nr. 2 bis 5 und 8 in Betracht kommenden Beträge gemeinsam zu ermitteln; der in Absatz 1 Nr. 2 genannte Betrag ist zu verdoppeln. ²Für die Anwendung des Absatzes 2 Satz 4 ist die Summe der für beide Ehegatten in Betracht kommenden Aufwendungen im Sinne des § 9, soweit sie jeweils den Arbeitnehmer-Pauschbetrag übersteigen, und der Aufwendungen im Sinne des § 10 Abs. 1 Nr. 1, 1a, 4, 5, 7 bis 9, der §§ 10b und 33 sowie der abziehbaren Beträge nach den §§ 24b, 33a und 33b Abs. 6 maßgebend. ³Die nach Satz 1 ermittelte Summe ist je zur Hälfte auf die Ehegatten aufzuteilen, wenn für jeden Ehegatten eine Lohnsteuerkarte ausgeschrieben worden ist und die Ehegatten keine andere Aufteilung beantragen. ⁴Für einen Arbeitnehmer, dessen Ehe in dem Kalenderjahr, für das die Lohnsteuerkarte gilt, aufgelöst worden ist und dessen bisheriger Ehegatte in demselben Kalenderjahr wieder geheiratet hat, sind die nach Absatz 1 in Betracht kommenden Beträge ausschließlich auf Grund der in seiner Person erfüllten Voraussetzungen zu ermitteln. ⁵Satz 1 zweiter Halbsatz ist auch anzuwenden, wenn die tarifliche Einkommensteuer nach § 32a Abs. 6 zu ermitteln ist.

(4) ¹Die Eintragung eines Freibetrags oder eines Hinzurechnungsbetrags auf der Lohnsteuerkarte ist die gesonderte Feststellung einer Besteuerungsgrundlage im Sinne des § 179 Abs. 1 der Abgabenordnung, die unter dem Vorbehalt der Nachprüfung steht. ²Der Eintragung braucht eine Belehrung über den zulässigen Rechtsbehelf nicht beigefügt zu werden. ³Ein mit einer Belehrung über den zulässigen Rechtsbehelf versehener schriftlicher Bescheid ist jedoch zu erteilen, wenn dem Antrag des Arbeitnehmers nicht in vollem Umfang entsprochen wird. ⁴§ 153 Abs. 2 der Abgabenordnung ist nicht anzuwenden.

(5) Ist zu wenig Lohnsteuer erhoben worden, weil auf der Lohnsteuerkarte ein Freibetrag unzutreffend eingetragen worden ist, hat das Finanzamt den Fehlbetrag vom Arbeitnehmer nachzufordern, wenn er 10 Euro übersteigt.

(6) – *weggefallen* –

R 111
Verfahren bei der Eintragung eines Freibetrags oder eines Hinzurechnungsbetrags auf der Lohnsteuerkarte

Allgemeines

(1) Bei einem Antrag nach § 39a Abs. 2 Satz 5 EStG soll das Finanzamt grundsätzlich auf Einzelangaben verzichten, es sei denn, dass konkrete Anhaltspunkte dafür vorliegen, dass ein Freibetrag in der beantragten Höhe nicht in Betracht kommen kann.

(1a) Sind die Pauschbeträge für behinderte Menschen und Hinterbliebene bei der Ausstellung der Lohnsteuerkarte nicht eingetragen worden (>R 108 Abs. 6), kann die Eintragung beim örtlich zuständigen Finanzamt beantragt werden (§ 39a Abs. 2 Satz 2 EStG).

(2) Soweit die Gewährung eines Freibetrags wegen der Aufwendungen für ein Kind davon abhängt, dass der Arbeitnehmer für dieses Kind einen Freibetrag nach § 32 Abs. 6 EStG oder Kindergeld erhält, ist diese Voraussetzung auch erfüllt, wenn dem Arbeitnehmer im Lohnsteuer-Abzugsverfahren ein Kinderfreibetrag zusteht, er aber nach § 39 Abs. 3 b Satz 2 EStG auf die an sich mögliche Eintragung einer Kinderfreibetragszahl für dieses Kind verzichtet hat oder Anspruch auf einen ermäßigten Freibetrag nach § 32 Abs. 6 EStG besteht.

Antragsgrenze

(3) Für die Feststellung, ob die Antragsgrenze nach § 39 a Abs. 2 Satz 4 EStG überschritten wird, gilt Folgendes:

1. Soweit für Werbungskosten bestimmte Beträge gelten, z. B. für Verpflegungsmehraufwendungen bei Dienstreisen, für Wege zwischen Wohnung und Arbeitsstätte >R 37 ff. und 42, sind diese maßgebend.

2. [1]Bei Sonderausgaben im Sinne von § 10 Abs. 1 Nr. 1 a, 4 und 6 EStG sind die tatsächlichen Aufwendungen anzusetzen, auch wenn diese Aufwendungen geringer sind als der Pauschbetrag. [2]Für Sonderausgaben im Sinne von § 10 Abs. 1 Nr. 1, 7 und 9 EStG sind höchstens die nach diesen Vorschriften berücksichtigungsfähigen Aufwendungen anzusetzen.

3. Zuwendungen an politische Parteien sind als Sonderausgaben auch zu berücksichtigen, soweit eine Steuerermäßigung nach § 34 g Satz 1 Nr. 1 EStG in Betracht kommt, nicht hingegen Zuwendungen an Vereine im Sinne des § 34 g Satz 1 Nr. 2 EStG.

4. Bei außergewöhnlichen Belastungen nach §§ 33 und 33 c EStG ist von den dem Grunde und der Höhe nach anzuerkennenden Aufwendungen auszugehen; bei außergewöhnlicher Belastung nach §§ 33 a und 33 b Abs. 6 EStG sind dagegen nicht die Aufwendungen, sondern die wegen dieser Aufwendungen abziehbaren Beträge maßgebend.

5. Die in § 39 a Abs. 1 Nr. 4 und 5 EStG bezeichneten Beträge sowie Vorsorgeaufwendungen (§ 10 Abs. 1 Nr. 2 und 3 EStG), auch soweit sie die Vorsorgepauschale (§ 10 c Abs. 2 und 3 EStG) übersteigen, bleiben außer Betracht.

6. [1]Bei Anträgen von Ehegatten, die beide unbeschränkt einkommensteuerpflichtig sind und nicht dauernd getrennt leben, ist die Summe der für beide Ehegatten in Betracht kommenden Aufwendungen und abziehbaren Beträge zugrunde zu legen. [2]Die Antragsgrenze ist bei Ehegatten nicht zu verdoppeln (§ 39 a Abs. 3 Satz 2 EStG).

7. Ist für beschränkt antragsfähige Aufwendungen bereits ein Freibetrag auf der Lohnsteuerkarte eingetragen, so ist bei einer Änderung dieses Freibetrags die Antragsgrenze nicht erneut zu prüfen.

(4) Die Antragsgrenze gilt nicht, soweit es sich um die Eintragung der in § 39 a Abs. 1 Nr. 4 bis 7 EStG bezeichneten Beträge handelt.

(5) [1]Wird die Antragsgrenze überschritten oder sind Beträge im Sinne des Absatzes 4 zu berücksichtigen, so hat das Finanzamt den Jahresfreibetrag festzustellen und in Worten auf der Lohnsteuerkarte einzutragen. [2]Außerdem ist der Zeitpunkt, von dem an die Eintragung gilt, zu vermerken. [3]Bei der Berechnung des Jahresfreibetrags sind Werbungskosten nur zu berücksichtigen, soweit sie den maßgebenden Pauschbetrag für Werbungskosten nach § 9 a Satz 1 Nr. 1 EStG übersteigen, Sonderausgaben mit Ausnahme der Vorsorgeaufwendungen nur anzusetzen, soweit sie den Sonderausgaben-Pauschbetrag nach § 10 c Abs. 1 und 4 EStG übersteigen, und außergewöhnliche Belastungen (§ 33 EStG) nur einzubeziehen, soweit sie die zumutbare Belastung (>Absatz 6) übersteigen. [4]Zuwendungen an politische Parteien sind auch zu berücksichtigen, soweit eine Steuerermäßigung nach § 34 g Satz 1 Nr. 1 EStG in Betracht kommt, nicht hingegen Zuwendungen an Vereine im Sinne des § 34 g Satz 1 Nr. 2 EStG.

Freibetrag wegen außergewöhnlicher Belastung

(6) [1]Die zumutbare Belastung ist vom voraussichtlichen Jahresarbeitslohn des Arbeitnehmers und gegebenenfalls seines von ihm nicht dauernd getrennt lebenden, unbeschränkt einkommensteuerpflichtigen Ehegatten gekürzt um den Altersentlastungsbetrag (§ 24 a EStG), die Freibeträge für Versorgungsbezüge (§ 19 Abs. 2 EStG) und die Werbungskosten (§§ 9, 9 a EStG) zu berechnen. [2]Steuerfreie Einnahmen sowie alle Bezüge, für die die Lohnsteuer mit einem Pauschsteuersatz nach den §§ 40 bis 40 b EStG erhoben wird, und etwaige weitere Einkünfte des Arbeitnehmers und seines Ehegatten bleiben außer Ansatz. [3]Bei der Anwendung der Tabelle in § 33 Abs. 3 EStG zählen als Kinder des Steuerpflichtigen die Kinder, für die er einen Freibetrag nach § 32 Abs. 6 EStG oder Kindergeld erhält. [4]Bei der zumutbaren Belastung sind auch Kinder zu berücksichtigen, für die der Arbeitnehmer nach § 39 Abs. 3 b Satz 2 EStG auf die Eintragung einer Kinderfreibetragszahl auf der Lohnsteuerkarte verzichtet hat oder Anspruch auf einen ermäßigten Freibetrag nach § 32 Abs. 6 EStG besteht. [5]Ist im Kalenderjahr eine unterschiedliche Zahl von Kindern zu berücksichtigen, so ist von der höheren Zahl auszugehen.

Freibetrag und Hinzurechnungsbetrag nach § 39 a Abs. 1 Nr. 7 EStG

(7) [1]Arbeitnehmer mit mehr als einem Dienstverhältnis, deren Arbeitslohn aus dem ersten Dienstverhältnis niedriger ist als der Betrag, bis zu dem nach der Steuerklasse des ersten Dienstverhältnisses keine Lohnsteuer zu erheben ist, können die Übertragung bis zur Höhe dieses Betrags als Freibetrag auf die Lohnsteuerkarte mit der Steuerklasse VI beantragen. [2]Dabei kann der Arbeitnehmer den zu übertragenden Betrag selbst bestimmen. [3]Eine Verteilung auf mehrere Lohnsteuerkarten des Arbeitnehmers ist zulässig. [4]Auf der ersten Lohnsteuerkarte wird in diesen Fällen ein Hinzurechnungsbetrag in Höhe der eingetragenen Freibeträge nach den Sätzen 1 bis 3 eingetragen oder ggf. mit einem Freibetrag nach § 39 a Abs. 1 Nr. 1 bis 6 und 8 EStG verrechnet.

Umrechnung des Jahresfreibetrags oder des Jahreshinzurechnungsbetrags

(8) [1]Für die Umrechnung des Jahresfreibetrags in einen Freibetrag für monatliche Lohnzahlung ist der Jahresfreibetrag durch die Zahl der in Betracht kommenden Kalendermonate zu teilen. [2]Der Wochenfreibetrag ist mit $7/30$ und der Tagesfreibetrag mit $1/30$ des Monatsbetrags anzusetzen. [3]Der sich hiernach ergebende Monatsbetrag ist auf den nächsten vollen Euro-Betrag, der Wochenbetrag auf den nächsten durch 10 teilbaren Centbetrag und der Tagesbetrag auf den nächsten durch 5 teilbaren Centbetrag aufzurunden. [4]Die Sätze 1 bis 3 gelten für die Umrechnung des Jahreshinzurechnungsbetrags entsprechend.

Änderung eines eingetragenen Freibetrags oder Hinzurechnungsbetrags

(9) [1]Ist bereits ein Jahresfreibetrag auf der Lohnsteuerkarte eingetragen und beantragt der Arbeitnehmer im Laufe des Kalenderjahres die Berücksichtigung weiterer Aufwendungen oder abziehbarer Beträge, so wird der Jahresfreibetrag unter Berücksichtigung der gesamten Aufwendungen und abziehbaren Beträge des Kalenderjahres neu festgestellt und auf der Lohnsteuerkarte eingetragen; für die Berechnung des Monatsfreibetrags, Wochenfreibetrags usw. ist der Freibetrag um den Teil des bisherigen Freibetrags zu kürzen, der nach den Eintragungen auf der Lohnsteuerkarte für den Zeitraum bis zur Wirksamkeit des neuen Freibetrags zu berücksichtigen war. [2]Der verbleibende Betrag ist auf die Zeit vom Beginn des auf die Antragstellung folgenden Kalendermonats bis zum Schluss des Kalenderjahres gleichmäßig zu verteilen. [3]Die Sätze 1 und 2 gelten für den Hinzurechnungsbetrag entsprechend.

H 111
Hinweise zu R 111
Verfahren bei der Eintragung eines Freibetrags auf der Lohnsteuerkarte

Beispiele:

- **Umrechnung des Jahresfreibetrags**
  Ein monatlich entlohnter Arbeitnehmer beantragt am 2. Mai die Eintragung eines Freibetrags. Es wird vom Finanzamt ein Freibetrag von 1555 € festgestellt, der auf die Monate Juni bis Dezember (7 Monate) zu verteilen ist. Außer dem Jahresfreibetrag von 1555 € ist ab 1. Juni ein Monatsfreibetrag von 223 € auf der Lohnsteuerkarte einzutragen.

§ 39 a EStG
R 112, 113

– **Erhöhung eines eingetragenen Freibetrags**
Ein monatlich entlohnter Arbeitnehmer, auf dessen Lohnsteuerkarte mit Wirkung vom 1. Januar an ein Freibetrag von 2400 € (monatlich 200 €) vermerkt ist, macht am 10. März weitere berücksichtigungsfähige Aufwendungen von 963 € für das Kalenderjahr geltend. Es ergibt sich ein neuer Jahresfreibetrag von (2400 € + 963 € =) 3363 €, der auf der Lohnsteuerkarte zu bescheinigen ist. Für die Berechnung des neuen Monatsfreibetrags ist der Jahresfreibetrag um die bei der Lohnsteuerberechnung bisher zu berücksichtigenden Monatsfreibeträge von (3 × 200 € =) 600 € zu kürzen. Der verbleibende Betrag von (3363 € ./. 600 € =) 2763 € ist auf die Monate April bis Dezember zu verteilen, sodass ab 1. April ein Monatsfreibetrag von 307 € auf die Lohnsteuerkarte einzutragen ist. Für die abgelaufenen Lohnzahlungszeiträume Januar bis März bleibt der Monatsfreibetrag von 200 € unverändert.

– **Herabsetzung eines eingetragenen Freibetrags**
Ein monatlich entlohnter Arbeitnehmer, auf dessen Lohnsteuerkarte mit Wirkung vom 1. Januar an ein Freibetrag von 4800 € (monatlich 400 €) vermerkt ist, teilt dem Finanzamt am 10. März mit, dass sich die berücksichtigungsfähigen Aufwendungen um 975 € für das Kalenderjahr vermindern. Es ergibt sich ein neuer Jahresfreibetrag von (4800 € ./. 975 € =) 3825 €, der auf der Lohnsteuerkarte zu bescheinigen ist. Für die Berechnung des neuen Monatsfreibetrags ist der Jahresfreibetrag um die bei der Lohnsteuerberechnung bisher zu berücksichtigenden Monatsfreibeträge von (3 × 400 € =) 1200 € zu kürzen. Der verbleibende Betrag von (3825 € ./. 1200 € =) 2625 € ist auf die Monate April bis Dezember zu verteilen, so dass ab 1. April ein Monatsfreibetrag von 292 € auf der Lohnsteuerkarte einzutragen ist. Für die abgelaufenen Lohnzahlungszeiträume Januar bis März bleibt der Monatsfreibetrag von 400 € unverändert.

Freibetrag wegen haushaltsnaher Beschäftigungsverhältnisse und haushaltsnaher Dienstleistungen
>BMF vom 3. 11. 2006 (BStBl. I S. 711)*)

Freibetrag wegen negativer Einkünfte
>R 112

Anlage
zu H 111

DBA-Frankreich, Freibetrag auf der Lohnsteuerkarte bei Leiharbeitnehmern

Schreiben des Bayer. Staatsministeriums der Finanzen vom 27. 5. 2005 (Az.: 34 – S 2360 – 030 – 19066/05)

In Artikel 13 Absatz 6 des Deutsch-Französischen Doppelbesteuerungsabkommens (DBA Frankreich) ist vorgesehen, dass im Fall des internationalen Arbeitnehmerverleihs beiden Abkommensstaaten das Besteuerungsrecht zusteht; nach Artikel 20 Abs. 1 c DBA Frankreich wird die Doppelbesteuerung dadurch vermieden, dass die französische Steuer unter Beachtung der Vorschriften des deutschen Rechts über die Anrechnung ausländischer Steuern auf die deutsche Steuer angerechnet wird.

Nach hiesigen Erkenntnissen macht Frankreich von seinem Besteuerungsrecht dergestalt Gebrauch, dass von den dort erzielten Arbeitslöhnen eine der Lohnsteuer vergleichbare Abzugsteuer von 25 % einbehalten wird. Aufgrund des in Deutschland im Regelfall ebenfalls vorzunehmenden Lohnsteuerabzugs (Inländischer Arbeitgeber, keine Freistellungsmöglichkeit) kommt es dadurch im laufenden Kalenderjahr zu einer steuerlichen Doppelbelastung, die erst im Rahmen der Veranlagung durch Anrechnung der ausländischen Steuer nach § 34c EStG ausgeglichen wird.

Zur Vermeidung dieser zeitweiligen Doppelbelastung kann aus Billigkeitsgründen entsprechend der Regelung des § 39a Abs. 1 Nr. 5c EStG das Vierfache der voraussichtlich abzuführenden französischen Abzugsteuer als Freibetrag auf der Lohnsteuerkarte eingetragen werden, wenn der Arbeitnehmer durch geeignete Unterlagen (z. B. Bestätigung des Arbeitgebers) nachweist oder glaubhaft macht, dass es zu einem derartigen Steuerabzug kommen wird oder bereits gekommen ist. Nach § 46 Abs. 2 Nr. 4 EStG besteht in diesen Fällen Veranlagungspflicht („... Freibetrag im Sinne des § 39a ...").

Dieses Schreiben ergeht im Einvernehmen mit dem Bundesministerium der Finanzen und den obersten Finanzbehörden der Länder. Es gilt gleichermaßen, wenn Doppelbesteuerungsabkommen mit anderen Mitgliedstaaten der Europäischen Union oder des Europäischen Wirtschaftsraums vergleichbare Regelungen enthalten.

R 112
Freibetrag wegen negativer Einkünfte

¹In die Ermittlung eines Freibetrags wegen negativer Einkünfte sind sämtliche Einkünfte aus Land- und Forstwirtschaft, Gewerbebetrieb, selbständiger Arbeit, Vermietung und Verpachtung, die sonstigen Einkünfte sowie negative Einkünfte aus Kapitalvermögen einzubeziehen, die der Arbeitnehmer und sein von ihm nicht dauernd getrennt lebender unbeschränkt einkommensteuerpflichtiger Ehegatte voraussichtlich erzielen werden. ²Das bedeutet, dass sich der Betrag der negativen Einkünfte des Arbeitnehmers z. B. um die positiven Einkünfte des Ehegatten vermindert. ³Außer Betracht bleiben stets die Einkünfte aus nichtselbständiger Arbeit und positive Einkünfte aus Kapitalvermögen.

H 112
Hinweise zu R 112
Freibetrag wegen negativer Einkünfte

Vermietung und Verpachtung

Negative Einkünfte aus Vermietung und Verpachtung eines Gebäudes können erstmals für das Kalenderjahr berücksichtigt werden, das auf das Kalenderjahr der Fertigstellung oder der Anschaffung des Gebäudes folgt (§ 39a Abs. 1 Nr. 5 i. V. m. § 37 Abs. 3 Satz 6 und 7 EStG). Das Objekt ist angeschafft, wenn der Kaufvertrag abgeschlossen worden ist und Besitz, Nutzungen, Lasten und Gefahr auf den Erwerber übergegangen sind. Das Objekt ist fertig gestellt, wenn es nach Abschluss der wesentlichen Bauarbeiten bewohnbar ist; die Bauabnahme ist nicht erforderlich (>H 7.4 [Fertigstellung] EStH). Wird ein Objekt vor der Fertigstellung angeschafft, ist der Zeitpunkt der Fertigstellung maßgebend.

R 113
Freibeträge bei Ehegatten

Werbungskosten

(1) ¹Werbungskosten werden für jeden Ehegatten gesondert ermittelt. ²Von den für den einzelnen Ehegatten ermittelten Werbungskosten ist jeweils der maßgebende Pauschbetrag für Werbungskosten nach § 9a Satz 1 Nr. 1 EStG abzuziehen.

Sonderausgaben

(2) ¹Sonderausgaben im Sinne des § 10 Abs. 1 Nr. 1, 1a, 4, 6, 7 und 9 EStG und des § 10b EStG sind bei Ehegatten, die beide unbeschränkt einkommensteuerpflichtig sind und nicht dauernd getrennt leben, einheitlich zu ermitteln. ²Hiervon ist der Sonderausgaben-Pauschbetrag für Ehegatten abzuziehen.

Außergewöhnliche Belastungen

(3) Bei Ehegatten, die beide unbeschränkt einkommensteuerpflichtig sind und nicht dauernd getrennt leben, genügt es für die Anwendung der §§ 33, 33a, 33b Abs. 6 und 33c EStG (außergewöhnliche Belastungen), dass die Voraussetzungen für die Eintragung eines Freibetrags in der Person eines Ehegatten erfüllt sind.

Behinderten-Pauschbetrag

(4) ¹Für die Gewährung eines Behinderten-Pauschbetrags nach § 33b EStG ist es bei Ehegatten, die beide unbeschränkt einkommensteuerpflichtig sind und nicht dauernd getrennt leben, unerheblich, wer von ihnen die Voraussetzungen erfüllt. ²Liegen bei beiden Ehegatten die Voraussetzungen für die Gewährung eines Behinderten-Pauschbetrags vor, so ist für jeden Ehegatten der in Betracht kommende Pauschbetrag zu gewähren; dies gilt auch, wenn nur ein Ehegatte Arbeitnehmer ist.

Aufteilung des Freibetrags

(5) ¹Bei Ehegatten, die beide unbeschränkt einkommensteuerpflichtig sind und nicht dauernd getrennt leben, ist der Freibetrag grund-

---
*) Abgedruckt als Anlage zu H 103a LStR.

§ 39 a EStG

sätzlich je zur Hälfte auf die Ehegatten aufzuteilen, wenn für jeden Ehegatten eine Lohnsteuerkarte ausgestellt worden ist; auf Antrag der Ehegatten ist aber eine andere Aufteilung vorzunehmen (§ 39 a Abs. 3 Satz 3 EStG). ²Eine Ausnahme gilt für einen Freibetrag wegen erhöhter Werbungskosten; dieser darf nur auf der Lohnsteuerkarte des Ehegatten eingetragen werden, dem die Werbungskosten entstanden sind. ³Pauschbeträge, die von der Gemeinde nach § 39 a Abs. 2 EStG eingetragen werden, dürfen abweichend von Satz 1 als Freibetrag auf der Lohnsteuerkarte des Ehegatten eingetragen werden, der die Voraussetzungen für den Pauschbetrag erfüllt. ⁴Der Freibetrag bei Ehegatten ist vor der Berücksichtigung des Hinzurechnungsbetrags nach § 39 a Abs. 1 Nr. 7 EStG aufzuteilen; der Hinzurechnungsbetrag selbst darf nicht aufgeteilt werden.

H 113
Hinweise zu R 113
Freibeträge für Ehegatten

Pauschbeträge für behinderte Kinder

Wegen der Übertragung der Pauschbeträge für behinderte Kinder auf deren Eltern >R 33 b EStR.

§ 39 b EStG
Lohnsteuerabzug für unbeschränkt steuerpflichtige Arbeitnehmer

(1) ¹Für die Durchführung des Lohnsteuerabzugs hat der unbeschränkt einkommensteuerpflichtige Arbeitnehmer seinem Arbeitgeber vor Beginn des Kalenderjahres oder beim Eintritt in das Dienstverhältnis eine Lohnsteuerkarte vorzulegen. ²Der Arbeitgeber hat die Lohnsteuerkarte während des Dienstverhältnisses aufzubewahren. ³Er hat sie dem Arbeitnehmer während des Kalenderjahres zur Vorlage beim Finanzamt oder bei der Gemeinde vorübergehend zu überlassen sowie innerhalb angemessener Frist nach Beendigung des Dienstverhältnisses herauszugeben. ⁴Der Arbeitgeber darf die auf der Lohnsteuerkarte eingetragenen Merkmale nur für die Einbehaltung der Lohnsteuer verwerten; er darf sie ohne Zustimmung des Arbeitnehmers nur offenbaren, soweit dies gesetzlich zugelassen ist.

(2) ¹Für die Einbehaltung der Lohnsteuer vom laufenden Arbeitslohn hat der Arbeitgeber die Höhe des laufenden Arbeitslohns und den Lohnzahlungszeitraum festzustellen. ²Vom Arbeitslohn sind der auf den Lohnzahlungszeitraum entfallende Anteil des Versorgungsfreibetrags und des Zuschlags zum Versorgungsfreibetrag (§ 19 Abs. 2) sowie des Altersentlastungsbetrags (§ 24a) abzuziehen, wenn die Voraussetzungen für den Abzug dieser Beträge jeweils erfüllt sind. ³Außerdem ist der Arbeitslohn nach Maßgabe der Eintragungen auf der Lohnsteuerkarte des Arbeitnehmers um einen etwaigen Freibetrag (§ 39a Abs. 1) zu vermindern oder um einen etwaigen Hinzurechnungsbetrag (§ 39a Abs. 1 Nr. 7) zu erhöhen. ⁴Der verminderte oder erhöhte Arbeitslohn des Lohnzahlungszeitraums ist auf einen Jahresarbeitslohn hochzurechnen. ⁵Dabei ist der Arbeitslohn eines monatlichen Lohnzahlungszeitraums mit 12, der Arbeitslohn eines wöchentlichen Lohnzahlungszeitraums mit $^{360}/_7$ und der Arbeitslohn eines täglichen Lohnzahlungszeitraums mit 360 zu vervielfältigen. ⁶Der hochgerechnete Jahresarbeitslohn, vermindert um

1. den Arbeitnehmer-Pauschbetrag (§ 9a Satz 1 Nr. 1 Buchstabe a) oder bei Versorgungsbezügen den Pauschbetrag (§ 9a Satz 1 Nr. 1 Buchstabe b) in den Steuerklassen I bis V,
2. den Sonderausgaben-Pauschbetrag (§ 10c Abs. 1) in den Steuerklassen I, II und IV und den verdoppelten Sonderausgaben-Pauschbetrag in der Steuerklasse III,
3. die Vorsorgepauschale
   a) in den Steuerklassen I, II und IV nach Maßgabe des § 10c Abs. 2 oder Abs. 3, jeweils in Verbindung mit § 10c Abs. 5,
   b) in der Steuerklasse III nach Maßgabe des § 10c Abs. 2 oder Abs. 3, jeweils in Verbindung mit § 10c Abs. 4 Satz 1 und Abs. 5,
4. den Entlastungsbetrag für Alleinerziehende (§ 24b) in der Steuerklasse II,

ergibt den zu versteuernden Jahresbetrag. ⁷Für den zu versteuernden Jahresbetrag ist die Jahreslohnsteuer in den Steuerklassen I, II und IV nach § 32a Abs. 1 sowie in der Steuerklasse III nach § 32a Abs. 5 zu berechnen. ⁸In den Steuerklassen V und VI ist die Jahreslohnsteuer zu berechnen, die sich aus dem Zweifachen des Unterschiedsbetrags zwischen dem Steuerbetrag für das Eineinviertelfache und dem Steuerbetrag für das Dreiviertelfache des zu versteuernden Jahresbetrags nach § 32a Abs. 1 ergibt; die Jahreslohnsteuer beträgt jedoch mindestens 15 Prozent des Jahresbetrags, für den 9144 Euro übersteigenden Teil des Jahresbetrags höchstens 42 Prozent und für den 25 812 Euro übersteigenden Teil des zu versteuernden Jahresbetrags jeweils 42 Prozent sowie für den 200 000 Euro übersteigenden Teil des zu versteuernden Jahresbetrags jeweils 45 Prozent. ⁹Für die Lohnsteuerberechnung ist die auf der Lohnsteuerkarte eingetragene Steuerklasse maßgebend. ¹⁰Die monatliche Lohnsteuer ist $^1/_{12}$, die wöchentliche Lohnsteuer sind $^7/_{360}$ und die tägliche Lohnsteuer ist $^1/_{360}$ der Jahreslohnsteuer. ¹¹Bruchteile eines Cents, die sich bei der Berechnung nach den Sätzen 5 und 10 ergeben, bleiben jeweils außer Ansatz. ¹²Die auf den Lohnzahlungszeitraum entfallende Lohnsteuer ist vom Arbeitslohn einzubehalten. ¹³Das Betriebsstättenfinanzamt kann allgemein oder auf Antrag zulassen, dass die Lohnsteuer unter den Voraussetzungen des § 42b Abs. 1 nach dem voraussichtlichen Jahresarbeitslohn ermittelt wird, wenn gewährleistet ist, dass die zutreffende Jahreslohnsteuer (§ 38a Abs. 2) nicht unterschritten wird.

(3) ¹Für die Einbehaltung der Lohnsteuer von einem sonstigen Bezug hat der Arbeitgeber den voraussichtlichen Jahresarbeitslohn ohne den sonstigen Bezug festzustellen. ²Hat der Arbeitnehmer Lohnsteuerbescheinigungen aus früheren Dienstverhältnissen des Kalenderjahres nicht vorgelegt, so ist bei der Ermittlung des voraussichtlichen Jahresarbeitslohns der Arbeitslohn für Beschäftigungszeiten bei früheren Arbeitgebern mit dem Betrag anzusetzen, der sich ergibt, wenn der laufende Arbeitslohn im Monat der Zahlung des sonstigen Bezugs entsprechend der Beschäftigungsdauer bei früheren Arbeitgebern hochgerechnet wird. ³Von dem voraussichtlichen Jahresarbeitslohn sind der Versorgungsfreibetrag und der Zuschlag zum Versorgungsfreibetrag (§ 19 Abs. 2) sowie der Altersentlastungsbetrag (§ 24a), wenn die Voraussetzungen für den Abzug dieser Beträge jeweils erfüllt sind, sowie nach Maßgabe der Eintragungen auf der Lohnsteuerkarte ein etwaiger Jahresfreibetrag abzuziehen und ein etwaiger Jahreshinzurechnungsbetrag zuzurechnen. ⁴Für den so ermittelten Jahresarbeitslohn (maßgebender Jahresarbeitslohn) ist die Jahreslohnsteuer nach Maßgabe des Absatzes 2 Satz 6 bis 8 zu ermitteln. ⁵Außerdem ist die Jahreslohnsteuer für den maßgebenden Jahresarbeitslohn unter Einbeziehung des sonstigen Bezugs zu ermitteln. ⁶Dabei ist der sonstige Bezug, soweit es sich nicht um einen sonstigen Bezug im Sinne des Satzes 9 handelt, um den Versorgungsfreibetrag, den Zuschlag zum Versorgungsfreibetrag und den Altersentlastungsbetrag zu vermindern, wenn die Voraussetzungen für den Abzug dieser Beträge jeweils erfüllt sind und soweit sie nicht bei der Steuerberechnung für den maßgebenden Jahresarbeitslohn berücksichtigt worden sind. ⁷Für die Lohnsteuerberechnung ist die auf der Lohnsteuerkarte eingetragene Steuerklasse maßgebend. ⁸Der Unterschiedsbetrag zwischen den ermittelten Jahreslohnsteuerbeträgen ist die Lohnsteuer, die vom sonstigen Bezug einzubehalten ist. ⁹Die Lohnsteuer ist bei einem sonstigen Bezug im Sinne des § 34 Abs. 1 und 2 Nr. 2 und 4 in der Weise zu ermäßigen, dass der sonstige Bezug bei der Anwendung des Satzes 5 mit einem Fünftel anzusetzen und der Unterschiedsbetrag im Sinne des Satzes 8 zu verfünffachen ist; § 34 Abs. 1 Satz 3 ist sinngemäß anzuwenden.

(4) – weggefallen –

(5) ¹Wenn der Arbeitgeber für den Lohnzahlungszeitraum lediglich Abschlagszahlungen leistet und eine Lohnabrechnung für einen längeren Zeitraum (Lohnabrechnungszeitraum) vornimmt, kann er den Lohnabrechnungszeitraum als Lohnzahlungszeitraum behandeln und die Lohnsteuer abweichend von § 38 Abs. 3 bei der Lohnabrechnung einbehalten. ²Satz 1 gilt nicht, wenn der Lohnabrechnungszeitraum fünf Wochen übersteigt oder die Lohnabrechnung nicht innerhalb von drei Wochen nach dessen Ablauf erfolgt. ³Das Betriebsstättenfinanzamt kann anordnen, dass die Lohnsteuer von den Abschlagszahlungen einzubehalten ist, wenn die Erhebung der Lohnsteuer sonst nicht gesichert erscheint. ⁴Wenn wegen einer besonderen Entlohnungsart weder ein Lohnzahlungszeitraum noch ein Lohnabrechnungszeitraum festgestellt werden kann, gilt als Lohnzahlungszeitraum die Summe der tatsächlichen Arbeitstage oder Arbeitswochen.

(6) ¹Ist nach einem Abkommen zur Vermeidung der Doppelbesteuerung der von einem Arbeitgeber (§ 38) gezahlte Arbeitslohn von der Lohnsteuer freizustellen, so erteilt das Betriebsstättenfinanzamt auf Antrag des Arbeitnehmers oder des Arbeitgebers eine entsprechende Bescheinigung. ²Der Arbeitgeber hat diese Bescheinigung als Beleg zum Lohnkonto (§ 41 Abs. 1) aufzubewahren.

(7) – weggefallen –

(8) Das Bundesministerium der Finanzen hat im Einvernehmen mit den obersten Finanzbehörden der Länder auf der Grundlage der Absätze 2 und 3 einen Programmablaufplan für die maschinelle Berechnung der Lohnsteuer aufzustellen und bekannt zu machen.*)

---

*) Der ab 1.1.2007 geltende Programmablaufplan ist als Anhang 10 abgedruckt.

R 114
Aufbewahrung der Lohnsteuerkarte

(1) Verlangt der Arbeitnehmer die vorübergehende Überlassung der Lohnsteuerkarte, so hat er dem Arbeitgeber gegenüber glaubhaft zu machen, dass er die Lohnsteuerkarte zur Vorlage beim Finanzamt oder bei der Gemeinde benötigt.

(2) Vor Ablauf des Kalenderjahres darf der Arbeitgeber die Lohnsteuerkarte dem Arbeitnehmer nur dann endgültig herausgeben, wenn das Dienstverhältnis beendet ist und er dem Arbeitnehmer keinen Arbeitslohn mehr zahlt.

(3) ¹Abweichend von Absatz 2 darf die Lohnsteuerkarte auch dann endgültig herausgegeben werden, wenn ein Arbeitnehmer die vom Arbeitgeber aufbewahrte Lohnsteuerkarte gegen eine bisher einem anderen Arbeitgeber vorgelegte Lohnsteuerkarte austauschen will (Steuerkartenwechsel). ²In diesem Fall haben Arbeitgeber, die keine elektronische Lohnsteuerbescheinigung übermitteln, vor der Herausgabe der Lohnsteuerkarte auf der Lohnsteuerkarte die Lohnsteuerbescheinigung auszuschreiben. ³Nach dem Steuerkartenwechsel ist der Lohnsteuerabzug nach den Eintragungen der neu vorgelegten Lohnsteuerkarte vorzunehmen; § 41 c EStG ist nicht anzuwenden.

R 115
Laufender Arbeitslohn und sonstige Bezüge

(1) Laufender Arbeitslohn ist der Arbeitslohn, der dem Arbeitnehmer regelmäßig fortlaufend zufließt, z. B.:
1. Monatsgehälter,
2. Wochen- und Tagelöhne,
3. Mehrarbeitsvergütungen,
4. Zuschläge und Zulagen,
5. geldwerte Vorteile aus der ständigen Überlassung von Dienstwagen zur privaten Nutzung,
6. Nachzahlungen und Vorauszahlungen, wenn sich diese ausschließlich auf Lohnzahlungszeiträume beziehen, die im Kalenderjahr der Zahlung enden,
7. Arbeitslohn für Lohnzahlungszeiträume des abgelaufenen Kalenderjahres, der innerhalb der ersten drei Wochen des nachfolgenden Kalenderjahres zufließt.

(2) ¹Ein sonstiger Bezug ist der Arbeitslohn, der nicht als laufender Arbeitslohn gezahlt wird. ²Zu den sonstigen Bezügen gehören insbesondere einmalige Arbeitslohnzahlungen, die neben dem laufenden Arbeitslohn gezahlt werden, insbesondere:
1. dreizehnte und vierzehnte Monatsgehälter,
2. einmalige Abfindungen und Entschädigungen,
3. Gratifikationen und Tantiemen, die nicht fortlaufend gezahlt werden,
4. Jubiläumszuwendungen,
5. Urlaubsgelder, die nicht fortlaufend gezahlt werden, und Entschädigungen zur Abgeltung nicht genommenen Urlaubs,
6. Vergütungen für Erfindungen,
7. Weihnachtszuwendungen,
8. ¹Nachzahlungen und Vorauszahlungen, wenn sich der Gesamtbetrag oder ein Teilbetrag der Nachzahlung oder Vorauszahlung auf Lohnzahlungszeiträume bezieht, die in einem anderen Jahr als dem der Zahlung enden. ²Nachzahlungen liegen auch vor, wenn Arbeitslohn für Lohnzahlungszeiträume des abgelaufenen Kalenderjahres später als drei Wochen nach Ablauf dieses Jahres zufließt.

R 116
Freibeträge für Versorgungsbezüge

(1) ¹Werden Versorgungsbezüge als laufender Arbeitslohn gezahlt, so bleibt höchstens der auf den jeweiligen Lohnzahlungszeitraum entfallende Anteil der Freibeträge für Versorgungsbezüge (> § 19 Abs. 2 EStG) steuerfrei. ²Dieser Anteil ist wie folgt zu ermitteln: Bei monatlicher Lohnzahlung sind die Jahresbeträge mit einem Zwölftel, bei wöchentlicher Lohnzahlung die Monatsbeträge mit $7/30$ und bei täglicher Lohnzahlung die Monatsbeträge mit $1/30$ anzusetzen. ³Dabei darf der sich hiernach insgesamt ergebende Monatsbetrag auf den nächsten vollen Euro-Betrag, der Wochenbetrag auf den nächsten durch 10 teilbaren Centbetrag und der Tagesbetrag auf den nächsten durch 5 teilbaren Centbetrag aufgerundet werden. ⁴Der dem Lohnzahlungszeitraum entsprechende anteilige Höchstbetrag darf auch dann nicht überschritten werden, wenn in früheren Lohnzahlungszeiträumen desselben Kalenderjahres wegen der damaligen Höhe der Versorgungsbezüge ein niedrigerer Betrag als der Höchstbetrag berücksichtigt worden ist. ⁵Eine Verrechnung des in einem Monat nicht ausgeschöpften Höchstbetrags mit den den Höchstbetrag übersteigenden Beträgen eines anderen Monats ist nicht zulässig. ⁶Sätze 1 bis 5 gelten nicht in den Fällen des § 39 b Abs. 2 Satz 13 EStG (permanenter Lohnsteuer-Jahresausgleich; >R 121). ⁷Die Freibeträge für Versorgungsbezüge sind auch beim Lohnsteuerabzug nach der Steuerklasse VI zu berücksichtigen.

(2) ¹Werden Versorgungsbezüge als sonstige Bezüge gezahlt, so ist § 39 b Abs. 3 EStG anzuwenden. ²Danach dürfen die Freibeträge für Versorgungsbezüge von dem sonstigen Bezug nur abgezogen werden, soweit sie bei der Feststellung des maßgebenden Jahresarbeitslohns nicht verbraucht sind. ³Werden laufende Versorgungsbezüge erstmals gezahlt, nachdem im selben Kalenderjahr bereits Versorgungsbezüge als sonstige Bezüge gewährt worden sind, so darf der Arbeitgeber die maßgebenden Freibeträge für Versorgungsbezüge bei den laufenden Bezügen nur berücksichtigen, soweit sie sich bei den sonstigen Bezügen nicht ausgewirkt haben. ⁴Von Arbeitslohn, von dem die Lohnsteuer nach §§ 40 bis 40 b EStG mit Pauschsteuersätzen erhoben wird, dürfen die Freibeträge für Versorgungsbezüge nicht abgezogen werden.

(3) Durch die Regelungen der Absätze 1 und 2 wird die steuerliche Behandlung der Versorgungsbezüge beim Lohnsteuer-Jahresausgleich durch den Arbeitgeber oder bei einer Veranlagung zur Einkommensteuer nicht berührt.

R 117
Altersentlastungsbetrag

(1) ¹Vom laufenden Arbeitslohn ist höchstens der sich aus § 24 a EStG ergebende, auf den jeweiligen Lohnzahlungszeitraum entfallende Anteil des Altersentlastungsbetrags abzuziehen. ²Dieser Anteil ist wie folgt zu ermitteln: Bei monatlicher Lohnzahlung ist der Jahresbetrag mit einem Zwölftel, bei wöchentlicher Lohnzahlung der Monatsbetrag mit $7/30$ und bei täglicher Lohnzahlung der Monatsbetrag mit $1/30$ anzusetzen. ³Dabei darf der sich hiernach ergebende Monatsbetrag auf den nächsten vollen Euro-Betrag, der Wochenbetrag auf den nächsten durch 10 teilbaren Centbetrag und der Tagesbetrag auf den nächsten durch 5 teilbaren Centbetrag aufgerundet werden. ⁴R 116 Abs. 1 Satz 4 bis 7 gilt entsprechend. ⁵Bei beschränkt einkommensteuerpflichtigen Arbeitnehmern ist ein Altersentlastungsbetrag nicht abzuziehen (>§ 50 Abs. 1 EStG).

(2) ¹Wird Arbeitslohn als sonstiger Bezug gezahlt, so ist § 39 b Abs. 3 EStG anzuwenden. ²Danach darf der Altersentlastungsbetrag von dem sonstigen Bezug nur abgezogen werden, soweit er bei der Feststellung des maßgebenden Jahresarbeitslohns nicht verbraucht ist. ³Wird laufender Arbeitslohn erstmals gezahlt, nachdem im selben Kalenderjahr ein Altersentlastungsbetrag bereits bei sonstigen Bezügen berücksichtigt worden ist, so darf der Arbeitgeber den maßgebenden Höchstbetrag bei den laufenden Bezügen nur berücksichtigen, soweit er sich bei den sonstigen Bezügen nicht ausgewirkt hat. ⁴Von Arbeitslohn, von dem die Lohnsteuer nach §§ 40 bis 40 b EStG mit Pauschsteuersätzen erhoben wird, darf der Altersentlastungsbetrag nicht abgezogen werden.

(3) Durch die Regelungen der Absätze 1 und 2 wird die steuerliche Behandlung des Altersentlastungsbetrags beim Lohnsteuer-Jahresausgleich durch den Arbeitgeber oder bei einer Veranlagung zur Einkommensteuer nicht berührt.

§ 39b EStG

R 118
Einbehaltung der Lohnsteuer vom laufenden Arbeitslohn

Allgemeines

(1) ¹Der Arbeitgeber hat die Lohnsteuer grundsätzlich bei jeder Zahlung vom Arbeitslohn einzubehalten (>§ 38 Abs. 3 EStG). ²Reichen die dem Arbeitgeber zur Verfügung stehenden Mittel zur Zahlung des vollen vereinbarten Arbeitslohns nicht aus, so hat er die Lohnsteuer von dem tatsächlich zur Auszahlung gelangenden niedrigeren Betrag zu berechnen und einzubehalten. ³Der Lohnsteuerermittlung sind jeweils die auf der Lohnsteuerkarte eingetragenen Merkmale zugrunde zu legen, die für den Tag gelten, an dem der Lohnzahlungszeitraum endet.

Lohnzahlungszeitraum

(2) ¹Der Zeitraum, für den jeweils der laufende Arbeitslohn gezahlt wird, ist der Lohnzahlungszeitraum. ²Ist ein solcher Zeitraum nicht feststellbar, so tritt an seine Stelle die Summe der tatsächlichen Arbeitstage oder der tatsächlichen Arbeitswochen (>§ 39b Abs. 5 Satz 4 EStG). ³Solange das Dienstverhältnis fortbesteht, sind auch solche in den Lohnzahlungszeitraum fallende Arbeitstage mitzuzählen, für die der Arbeitnehmer keinen Lohn bezogen hat.

(3) ¹Wird der Arbeitslohn für einen Lohnzahlungszeitraum gezahlt, für den der steuerfreie Betrag oder der Hinzurechnungsbetrag aus der Lohnsteuerkarte nicht abgelesen werden kann, so hat der Arbeitgeber für diesen Lohnzahlungszeitraum den zu berücksichtigenden Betrag selbst zu berechnen. ²Er hat dabei von dem auf der Lohnsteuerkarte für den monatlichen Lohnzahlungszeitraum eingetragenen – also aufgerundeten – Betrag auszugehen.

Nachzahlungen, Vorauszahlungen

(4) ¹Stellen Nachzahlungen oder Vorauszahlungen laufenden Arbeitslohn dar (>R 115 Abs. 1), so ist die Nachzahlung oder Vorauszahlung für die Berechnung der Lohnsteuer den Lohnzahlungszeiträumen zuzurechnen, für die sie geleistet werden. ²Es bestehen jedoch keine Bedenken, diese Nachzahlungen und Vorauszahlungen als sonstige Bezüge nach R 119 zu behandeln, wenn nicht der Arbeitnehmer die Besteuerung nach Satz 1 verlangt; die Pauschalierung nach § 40 Abs. 1 Satz 1 Nr. 1 EStG ist nicht zulässig.

Abschlagszahlungen

(5) ¹Zahlt der Arbeitgeber den Arbeitslohn für den üblichen Lohnzahlungszeitraum nur in ungefährer Höhe (Abschlagszahlung) und nimmt er eine genaue Lohnabrechnung für einen längeren Zeitraum vor, so braucht er nach § 39b Abs. 5 EStG die Lohnsteuer erst bei der Lohnabrechnung einzubehalten, wenn der Lohnabrechnungszeitraum fünf Wochen nicht übersteigt und die Lohnabrechnung innerhalb von drei Wochen nach Ablauf des Lohnabrechnungszeitraums erfolgt. ²Die Lohnabrechnung gilt als abgeschlossen, wenn die Zahlungsbelege den Bereich des Arbeitgebers verlassen haben; auf den zeitlichen Zufluss der Zahlung beim Arbeitnehmer kommt es nicht an. ³Wird die Lohnabrechnung für den letzten Abrechnungszeitraum des abgelaufenen Kalenderjahres erst im nachfolgenden Kalenderjahr, aber noch innerhalb der 3-Wochen-Frist vorgenommen, so handelt es sich um Arbeitslohn und einbehaltene Lohnsteuer dieses Lohnabrechnungszeitraums; der Arbeitslohn und die Lohnsteuer sind deshalb im Lohnkonto und in den Lohnsteuerbelegen des abgelaufenen Kalenderjahres zu erfassen. ⁴Die einbehaltene Lohnsteuer ist aber für die Anmeldung und Abführung als Lohnsteuer des Kalendermonats bzw. Kalendervierteljahrs zu erfassen, in dem die Abrechnung tatsächlich vorgenommen wird.

H 118
Hinweise zu R 118
Einbehaltung der Lohnsteuer vom laufenden Arbeitslohn

Abschlagszahlungen

Beispiele zum Zeitpunkt der Lohnsteuereinbehaltung:

A. Ein Arbeitgeber mit monatlichen Abrechnungszeiträumen leistet jeweils am 20. eines Monats eine Abschlagszahlung. Die Lohnabrechnung wird am 10. des folgenden Monats mit der Auszahlung von Spitzenbeträgen vorgenommen.
Der Arbeitgeber ist berechtigt, auf eine Lohnsteuereinbehaltung bei der Abschlagszahlung zu verzichten und die Lohnsteuer erst bei der Schlussabrechnung einzubehalten.

B. Ein Arbeitgeber mit monatlichen Abrechnungszeiträumen leistet jeweils am 28. für den laufenden Monat eine Abschlagszahlung und nimmt die Lohnabrechnung am 28. des folgenden Monats vor.
Die Lohnsteuer ist bereits von der Abschlagszahlung einzubehalten, da die Abrechnung nicht innerhalb von drei Wochen nach Ablauf des Lohnabrechnungszeitraums erfolgt.

C. Auf den Arbeitslohn für Dezember werden Abschlagszahlungen geleistet. Die Lohnabrechnung erfolgt am 15. Januar.
Die dann einzubehaltende Lohnsteuer ist spätestens am 10. Februar als Lohnsteuer des Monats Januar anzumelden und abzuführen. Sie gehört gleichwohl zum Arbeitslohn des abgelaufenen Kalenderjahrs und ist in die Lohnsteuerbescheinigung für das abgelaufene Kalenderjahr aufzunehmen.

Nachzahlungen

Beispiel zur Berechnung der Lohnsteuer:

Ein Arbeitnehmer mit einem laufenden Bruttoarbeitslohn von 2000 € monatlich erhält im September eine Nachzahlung von 400 € für die Monate Januar bis August.
Von dem Monatslohn von 2000 € ist nach der maßgebenden Steuerklasse eine Lohnsteuer von 100 € einzubehalten. Von dem um die anteilige Nachzahlung erhöhten Monatslohn von 2100 € ist eine Lohnsteuer von 115 € einzubehalten. Auf die anteilige monatliche Nachzahlung von 50 € entfällt mithin eine Lohnsteuer von 15 €. Dieser Betrag, vervielfacht mit der Zahl der in Betracht kommenden Monate, ergibt dann die Lohnsteuer für die Nachzahlung (15 € × 8 =) 120 €.

R 119
Einbehaltung der Lohnsteuer von sonstigen Bezügen

Allgemeines

(1) ¹Von einem sonstigen Bezug ist die Lohnsteuer stets in dem Zeitpunkt einzubehalten, in dem er zufließt. ²Der Lohnsteuerermittlung sind die auf der Lohnsteuerkarte eingetragenen Merkmale zugrunde zu legen, die für den Tag des Zuflusses gelten. ³Der maßgebende Arbeitslohn (§ 39b Abs. 3 EStG) kann nach Abzug eines Freibetrags auch negativ sein.

Sonstige Bezüge bis 150 €

(2) – *weggefallen* –

Voraussichtlicher Jahresarbeitslohn

(3) ¹Zur Ermittlung der von einem sonstigen Bezug einzubehaltenden Lohnsteuer ist jeweils der voraussichtliche Jahresarbeitslohn des Kalenderjahres zugrunde zu legen, in dem der sonstige Bezug dem Arbeitnehmer zufließt. ²Dabei sind der laufende Arbeitslohn, der für die im Kalenderjahr bereits abgelaufenen Lohnzahlungszeiträume zugeflossen ist, und die in diesem Kalenderjahr bereits gezahlten sonstigen Bezüge mit dem laufenden Arbeitslohn zusammenzurechnen, der sich voraussichtlich für die Restzeit des Kalenderjahres ergibt. ³Stattdessen kann der voraussichtlich für die Restzeit des Kalenderjahres zu zahlende laufende Arbeitslohn durch Umrechnung des bisher zugeflossenen laufenden Arbeitslohns ermittelt werden. ⁴Die im Kalenderjahr früher gezahlten sonstigen Bezüge im Sinne des § 39b Abs. 3 Satz 9 EStG sind nur mit einem Fünftel anzusetzen. ⁵Künftige sonstige Bezüge, deren Zahlung bis zum Ablauf des Kalenderjahres zu erwarten ist, sind nicht zu erfassen.

§ 39 b EStG
R 119

Sonstige Bezüge nach Ende des Dienstverhältnisses

(4) ¹Werden sonstige Bezüge gezahlt, nachdem der Arbeitnehmer aus dem Dienstverhältnis ausgeschieden ist und bezieht der Arbeitnehmer zur Zeit der Zahlung des sonstigen Bezugs Arbeitslohn von einem anderen Arbeitgeber, so hat er dem Arbeitgeber für die Besteuerung des sonstigen Bezugs eine zweite oder weitere Lohnsteuerkarte vorzulegen. ²Der sonstige Bezug ist dann nach § 39 b Abs. 3 EStG unter Anwendung der Steuerklasse VI zu besteuern. ³Bezieht der Arbeitnehmer zur Zeit der Zahlung des sonstigen Bezugs keinen Arbeitslohn von einem anderen Arbeitgeber, so ist der sonstige Bezug nach § 39 b Abs. 3 EStG auf Grund einer ersten Lohnsteuerkarte zu besteuern. ⁴Der voraussichtliche Jahresarbeitslohn ist dann auf der Grundlage der Angaben des Arbeitnehmers zu ermitteln. ⁵Macht der Arbeitnehmer keine Angaben, ist der beim bisherigen Arbeitgeber zugeflossene Arbeitslohn auf einen Jahresbetrag hochzurechnen. ⁶Eine Hochrechnung ist nicht erforderlich, wenn mit dem Zufließen von weiterem Arbeitslohn im Laufe des Kalenderjahres, z. B. wegen Alters oder Erwerbsunfähigkeit, nicht zu rechnen ist.

Zusammentreffen regulär und ermäßigt besteuerter sonstiger Bezüge

(5) Trifft ein sonstiger Bezug im Sinne von § 39 b Abs. 3 Satz 1 bis 7 EStG mit einem sonstigen Bezug im Sinne des § 39 b Abs. 3 Satz 9 EStG zusammen, so ist zunächst die Lohnsteuer für den sonstigen Bezug im Sinne des § 39 b Abs. 3 Satz 1 bis 7 EStG und danach die Lohnsteuer für den anderen sonstigen Bezug zu ermitteln.

H 119
Hinweise zu R 119
Einbehaltung der Lohnsteuer von sonstigen Bezügen

Beschränkt einkommensteuerpflichtige Arbeitnehmer

§ 39 b Abs. 3 Satz 9 EStG ist nicht anzuwenden (>§ 50 Abs. 1 Satz 5 EStG).

Beispiele:

A. Berechnung des voraussichtlichen Jahresarbeitslohnes

Ein Arbeitgeber X zahlt im September einen sonstigen Bezug von 1200 € an einen Arbeitnehmer. Der Arbeitnehmer hat seinem Arbeitgeber zwei Ausdrucke der elektronischen Lohnsteuerbescheinigungen seiner vorigen Arbeitgeber vorgelegt:

a) Dienstverhältnis beim Arbeitgeber A vom 1. 1. bis 30. 3., Arbeitslohn   8400 €,

b) Dienstverhältnis beim Arbeitgeber B vom 1. 5. bis 30. 6., Arbeitslohn   4200 €.

Der Arbeitnehmer war im April arbeitslos. Beim Arbeitgeber X steht der Arbeitnehmer seit dem 1. Juli in einem Dienstverhältnis; er hat für die Monate Juli und August ein Monatsgehalt von 2400 € bezogen, außerdem erhielt er am 20. August einen sonstigen Bezug von 500 €. Vom ersten September an erhält er ein Monatsgehalt von 2800 € zuzüglich eines weiteren halben (13.) Monatsgehalts am 1. Dezember.

Der vom Arbeitgeber im September zu ermittelnde voraussichtliche Jahresarbeitslohn (ohne den sonstigen Bezug, für den die Lohnsteuer ermittelt werden soll) beträgt hiernach:

Arbeitslohn 1. 1. bis 30. 6. (8400 € + 4200 €)	12 600 €
Arbeitslohn 1. 7. bis 31. 8. (2 × 2400 € + 500 €)	5 300 €
Arbeitslohn 1. 9. bis 31. 12. (voraussichtlich 4 × 2800 €)	11 200 €
	29 100 €

Das halbe 13. Monatsgehalt ist ein zukünftiger sonstiger Bezug und bleibt daher außer Betracht.

Abwandlung 1:

Legt der Arbeitnehmer seinem Arbeitgeber X zwar den Nachweis über seine Arbeitslosigkeit im April, nicht aber die Ausdrucke der elektronischen Lohnsteuerbescheinigungen der Arbeitgeber A und B vor, ergibt sich folgender voraussichtlicher Jahresarbeitslohn:

Arbeitslohn 1. 1. bis 30. 6. (5 × 2800 €)	14 000 €
Arbeitslohn 1. 7. bis 31. 8. (2 × 2400 € + 500 €)	5 300 €
Arbeitslohn 1. 9. bis 31. 12. (voraussichtlich 4 × 2800 €)	11 200 €
	30 500 €

Abwandlung 2:

Ist dem Arbeitgeber X nicht bekannt, dass der Arbeitnehmer im April arbeitslos war, ist der Arbeitslohn für die Monate Januar bis Juni mit 6 × 2800 € = 16 800 € zu berücksichtigen.

B. Berechnung des voraussichtlichen Jahresarbeitslohns bei Versorgungsbezügen i. V. m. einem sonstigen Bezug

Ein Arbeitgeber zahlt im April einem 65-jährigen Arbeitnehmer einen sonstigen Bezug (Umsatzprovision für das vorangegangene Kalenderjahr) in Höhe von 5000 €. Der Arbeitnehmer ist am 28. 2. 2007 in den Ruhestand getreten. Der Arbeitslohn betrug bis dahin monatlich 2300 €. Seit dem 1. 3. 2007 erhält der Arbeitnehmer neben dem Altersruhegeld aus der gesetzlichen Rentenversicherung Versorgungsbezüge im Sinne des § 19 Abs. 2 EStG von monatlich 900 €. Auf der Lohnsteuerkarte ist ein Jahresfreibetrag von 750 € eingetragen.

Der maßgebende Jahresarbeitslohn, der zu versteuernde Teil des sonstigen Bezugs und die einzubehaltende Lohnsteuer sind wie folgt zu ermitteln:

I. Neben dem Arbeitslohn für die Zeit vom 1. 1 bis 28. 2. von
(2 × 2300 € =)   4 600 €
gehören zum voraussichtlichen Jahresarbeitslohn die Versorgungsbezüge vom 1. 3. an mit monatlich 900 €; voraussichtlich werden gezahlt (10 × 900 € =)   9 000 €
Der voraussichtliche Jahresarbeitslohn beträgt somit   13 600 €.

II. Vom voraussichtlichen Jahresarbeitslohn sind folgende Beträge abzuziehen (>§ 39 b Abs. 3 Satz 2 EStG):

a) der zeitanteilige Versorgungsfreibetrag und der Zuschlag zum Versorgungsfreibetrag, unabhängig von der Höhe der bisher berücksichtigten Freibeträge für Versorgungsbezüge
(36,8 % von 10 800 €*) = 3974 €, höchstens 2760 € zuzüglich 828 € = 3588 €, davon ¹⁰⁄₁₂)   2 990 €

b) der Altersentlastungsbetrag unabhängig von der Höhe des bisher berücksichtigten Betrags (36,8 % von 4600 € = 1693 €, höchstens 1748 €)   1 693 €

c) ein auf der Lohnsteuerkarte eingetragener Freibetrag von jährlich   750 €

Gesamtabzugsbetrag somit   5 433 €.

III. Der maßgebende Jahresarbeitslohn beträgt somit
(13 600 € ./. 5433 € =)   8 167 €.

IV. Von dem sonstigen Bezug in Höhe von   5 000 €
ist der Altersentlastungsbetrag in Höhe von 36,8 %, höchstens jedoch der Betrag, um den der Jahreshöchstbetrag von 1748 € den bei Ermittlung des maßgebenden Jahresarbeitslohns abgezogenen Betrag überschreitet, abzuziehen (36,8 % von 5000 € = 1840 €, höchstens 1748 € abzüglich 1693 €)   55 €

Der zu versteuernde Teil des sonstigen Bezugs beträgt somit   4 955 €.

V. Der maßgebende Jahresarbeitslohn einschließlich des sonstigen Bezugs beträgt somit (8167 € + 4945 €)   13 112 €.

C. Berechnung der Lohnsteuer beim gleichzeitigen Zufluss eines regulär und eines ermäßigt besteuerten sonstigen Bezugs

Ein Arbeitgeber zahlt seinem Arbeitnehmer, dessen Jahresarbeitslohn 40 000 € beträgt, im Dezember einen sonstigen Bezug (Weihnachtsgeld) in Höhe von 3000 € und daneben eine Jubiläumszuwendung von 2500 €, von dem die Lohnsteuer nach § 39 b Abs. 3 Satz 9 i. V. m. § 34 EStG einzubehalten ist.

Die Lohnsteuer ist wie folgt zu ermitteln:

		darauf anfallende Lohnsteuer
Jahresarbeitslohn	40 000 €	9 000 €
zzgl. Weihnachtsgeld	3 000 €	
	43 000 €	10 000 €
zzgl. ⅕ der Jubiläumszuwendung	500 €	
=	43 500 €	10 150 €
− LSt. auf das Weihnachtsgeld		1 000 €
− LSt. auf ⅕ der Jubiläumszuwendung = 150 € × 5		750 €
Lohnsteuer auf beide sonstigen Bezüge =		1 750 €

D. Berechnung der Lohnsteuer bei einem ermäßigt besteuerten sonstigen Bezug im Zusammenspiel mit einem Freibetrag auf der Lohnsteuerkarte

Ein Arbeitgeber zahlt seinem ledigen Arbeitnehmer, dessen Jahresarbeitslohn 78 000 € beträgt, im Dezember eine steuerpflichtige Abfindung von 62 000 €, von der die Lohnsteuer nach § 39 b Abs. 3 Satz 9 i. V. m. § 34 EStG einzubehalten ist. Auf der Lohnsteuerkarte des Arbeitnehmers ist ein Freibetrag (Verlust V+V) i. H. v. 80 000 € eingetragen.

---

*) Maßgebend ist der erste Versorgungsbezug (900 €) × 12 Monate >§ 19 Abs. 2 Satz 4 EStG.

§ 39 b EStG
R 120

Die Lohnsteuer ist wie folgt zu ermitteln:

Jahresarbeitslohn	78 000 €
abzüglich Freibetrag	80 000 €
	./. 2 000 €
zuzüglich Abfindung	62 000 €
Zwischensumme	60 000 €
Davon ⅕	12 000 €
darauf entfallende Lohnsteuer	200 €
Lohnsteuer auf die Abfindung (5 × 200 €)	1 000 €

Fünftelungsregelung

– Allgemeine Grundsätze >BMF vom 24. 5. 2004 (BStBl. I S. 505) berichtigt BStBl. I S. 633)*).
– Die Fünftelungsregelung ist nicht anzuwenden, wenn sie zu einer höheren Steuer führt als die Besteuerung als nicht begünstigter sonstiger Bezug (>BMF vom 10. 1. 2000 – BStBl. I S. 138)**).
– Bei Jubiläumszuwendungen kann der Arbeitgeber im Lohnsteuerabzugsverfahren eine Zusammenballung unterstellen, wenn die Zuwendung an einen Arbeitnehmer gezahlt wird, der voraussichtlich bis Ende des Kalenderjahrs nicht aus dem Dienstverhältnis ausscheidet >BMF vom 10. 1. 2000 (BStBl. I S. 138)**).

Vergütung für eine mehrjährige Tätigkeit

>R 34.4 EStR und H 34.4 EStH

Anlage 1
zu H 119

Anwendung der Fünftelregelung im Lohnsteuerabzugsverfahren

BMF-Schreiben vom 10. 1. 2000 (BStBl. I S. 138)

2. Anwendung der Fünftelungsregelung nach § 39 b Abs. 3 Satz 9 EStG bei außerordentlichen Einkünften nach § 34 Abs. 2 Nr. 4 EStG im Lohnsteuerabzugsverfahren

Die Lohnsteuer für Vergütungen für mehrjährige Tätigkeiten (Arbeitnehmer- oder Firmenjubiläum) ist nach § 39 b Abs. 3 Satz 9 EStG ab 1. Januar 1999 nach der Fünftelungsmethode zu ermäßigen, wenn eine Zusammenballung im Sinne von § 34 Abs. 1 EStG vorliegt (zur Zusammenballung vgl. BMF-Schreiben vom 18. Dezember 1998 – BStBl. I S. 1512)*). Im Lohnsteuerabzugsverfahren ist die begünstigte Besteuerung antragsgebunden und daher vom Arbeitgeber – bei Zusammenballung – grundsätzlich anzuwenden. Dies kann im Einzelfall, insbesondere bei niedrigen Beträgen zu einer höheren Lohnsteuer führen als die Besteuerung als sonstiger Bezug. Da die Lohnsteuer nach dem Wortlaut des Gesetzes zu ermäßigen ist, darf in diesen Fällen die Fünftelungsregelung nicht angewendet werden. Der Arbeitgeber hat daher eine Vergleichsrechnung durchzuführen (Günstigerprüfung) und die Fünftelungsregelung nur anzuwenden, wenn sie zu einer niedrigeren Lohnsteuer führt als die Besteuerung als nicht begünstigter sonstiger Bezug. Die Aufzeichnung und Angabe in der Lohnsteuerbescheinigung folgen anschließend der tatsächlichen Behandlung.

Die für die Anwendung der begünstigten Besteuerung erforderliche Zusammenballung kann der Arbeitgeber im Lohnsteuerabzugsverfahren unterstellen, wenn die Jubiläumszuwendung an einen Arbeitnehmer bezahlt wird, der voraussichtlich bis Ende des Kalenderjahres nicht aus dem Dienstverhältnis ausscheidet.

Anlage 2
zu H 119

Einführungsschreiben Lohnsteuer zum Steueränderungsgesetz 2003 und Haushaltsbegleitgesetz 2004

BMF-Schreiben vom 27. 1. 2004 (BStBl. I S. 173)

Unter Bezugnahme auf das Ergebnis der Abstimmung mit den obersten Finanzbehörden der Länder nehme ich zu Änderungen im Bereich der Lohnsteuer durch das Steueränderungsgesetz 2003 (StÄndG 2003) vom 15. 12. 2003 (BGBl. I S. 2645, BStBl. I S. 710) und durch das Haushaltsbegleitgesetz 2004 (HBeglG 2004) vom 29. 12. 2003 (BGBl. I S. 3076, BStBl. 2004 I S. 120) wie folgt Stellung:

I. ...

II. ...

III. ...

IV. Lohnsteuerberechnung, Programmablaufplan 2004

1. ...

2. Berechnung bei sonstigem Bezug und Arbeitgeberwechsel (§ 39 b Abs. 3 Satz 2 EStG), Großbuchstabe S (§ 41 Abs. 1 Satz 7 EStG)

Die Versteuerung des sonstigen Bezugs richtet sich nach dem voraussichtlichen Jahresarbeitslohn (§ 39 b Abs. 3 Satz 1 EStG). Bei einem Arbeitgeberwechsel ist der für diese Ermittlung notwendige Arbeitslohn aus einem vorangegangenen Dienstverhältnis bzw. mehreren vorangegangenen Dienstverhältnissen dem neuen Arbeitgeber nicht mehr zwingend bekannt, wenn der Vorarbeitgeber eine elektronische Lohnsteuerbescheinigung übermittelt (vgl. dazu Tz. V) und der Arbeitnehmer dem neuen Arbeitgeber den früheren Arbeitslohn nicht mitteilt. In einem solchen Fall kann der neue Arbeitgeber den Arbeitslohn für die vom Arbeitnehmer anzugebenden früheren Beschäftigungszeiten des laufenden Kalenderjahres mit dem Betrag ansetzen, der sich aus der Hochrechnung des laufenden Arbeitslohns im Monat der Zahlung des sonstigen Bezugs entsprechend der Beschäftigungsdauer bei früheren Arbeitgebern ergibt (§ 39 b Abs. 3 Satz 2 EStG; R 119 Abs. 3 Satz 6 LStR i. d. F. LStÄR 2004 vom 8. 10. 2003, BStBl. I S. 455).

Da diese Hochrechnung zu einer ungenaueren Lohnsteuer für den sonstigen Bezug führen kann, hat der Arbeitgeber bei Anwendung dieser Methode im Lohnkonto den Großbuchstaben S einzutragen (§ 41 Abs. 1 Satz 7 EStG) und auch zu bescheinigen (§ 41 b Abs. 1 Satz 2 Nr. 3 EStG). Es kommt zu einer Pflichtveranlagung zur Einkommensteuer (§ 46 Abs. 2 Nr. 5 a EStG).

3. Fünftelungsregelung bei negativem Arbeitslohn (§ 39 b Abs. 3 Satz 9 EStG)

Bei der Ermittlung der Lohnsteuer für einen begünstigten sonstigen Bezug ist nunmehr § 34 Abs. 1 Satz 3 EStG sinngemäß anzuwenden (§ 39 b Abs. 3 Satz 9 zweiter Halbsatz EStG), damit Einkommensteuernachzahlungen vorgebeugt wird. Die Neuregelung betrifft die Sonderfälle, in denen bei Anwendung der Fünftelungsregelung das zu versteuernde Einkommen (= steuerpflichtiger Arbeitslohn) negativ ist (z. B. wegen eines Freibetrages auf der Lohnsteuerkarte) und erst durch Hinzurechnung der außerordentlichen Einkünfte (z. B. steuerpflichtiger Teil einer Abfindung) positiv wird.

Diese Gesetzesänderung ist in dem Programmablaufplan 2004 (Tz. IV 4.) noch nicht berücksichtigt. Es ist daher nicht zu beanstanden, wenn der Arbeitgeber mit maschineller Lohnabrechnung bis zur Veröffentlichung einer entsprechenden Ergänzung des Programmablaufplans die Gesetzesänderung nicht berücksichtigt.

V. ...

R 120
Berücksichtigung der Vorsorgepauschale beim Lohnsteuerabzug

Allgemeines

(1) ¹Welche Vorsorgepauschale zu berücksichtigen ist, richtet sich grundsätzlich danach, ob der Arbeitnehmer in dem vorliegenden Dienstverhältnis rentenversicherungspflichtig ist oder nicht. ²Bei rentenversicherungspflichtigen Arbeitnehmern ist stets die Vorsorgepauschale nach § 10 c Abs. 2 EStG (ungekürzte Vorsorgepauschale) zu berücksichtigen. ³Die Vorsorgepauschale nach § 10 c Abs. 3 EStG (gekürzte Vorsorgepauschale) ist bei nicht rentenversicherungspflichtigen Arbeitnehmern nur dann zu berücksichtigen, wenn sie zum dort genannten Personenkreis gehören.

---
*) Abgedruckt als Anlage 4 zu H 9 LStR.
**) Abgedruckt als Anlage 1 zu H 119 LStR.

§ 39 b EStG
R 120

Ungekürzte Vorsorgepauschale

(2) Die ungekürzte Vorsorgepauschale gilt insbesondere für

1. Arbeitnehmer, die einen Beitragsanteil zur gesetzlichen Rentenversicherung (Arbeitnehmeranteil) entrichten. ²Das gilt auch dann, wenn der Arbeitnehmeranteil vom Arbeitgeber übernommen wird;
2. Arbeitnehmer, die von der Versicherungspflicht in der gesetzlichen Rentenversicherung auf Antrag gemäß § 6 Abs. 1 Satz 1 Nr. 1 SGB VI befreit worden sind und für die der Arbeitgeber gemäß § 172 Abs. 2 SGB VI die Hälfte des Beitrags zu einer berufsständischen Versorgungseinrichtung trägt;
3. Arbeitnehmer, die von der Versicherungspflicht in der gesetzlichen Rentenversicherung auf Antrag befreit worden sind und die deshalb steuerfreie Arbeitgeberzuschüsse für eine Lebensversicherung oder für die freiwillige Weiterversicherung in der gesetzlichen Rentenversicherung erhalten können (>§ 3 Nr. 62 Satz 2 EStG);
4. Arbeitnehmer, die wegen geringfügiger Beschäftigung, ihres geringen Arbeitslohns oder als Praktikanten keinen Beitragsanteil zur gesetzlichen Rentenversicherung entrichten. ²Dabei kommt es nicht darauf an, dass der Arbeitgeber für sozialversicherungspflichtige Arbeitnehmer mit geringem Arbeitslohn den gesamten Sozialversicherungsbeitrag zu übernehmen hat;
5. Arbeitnehmer, die von ihrem Arbeitgeber nur Versorgungsbezüge im Sinne des § 19 Abs. 2 Satz 2 Nr. 2 EStG (Werkspensionäre) erhalten. ²Das gilt aus Vereinfachungsgründen beim Lohnsteuerabzug auch dann, wenn dem Arbeitgeber bekannt ist, dass der Arbeitnehmer Altersrente aus der gesetzlichen Rentenversicherung bezieht, z. B. weil sich die Altersrente auf die Höhe der Werkspension auswirkt; der Arbeitgeber darf jedoch in diesen Fällen die gekürzte Vorsorgepauschale berücksichtigen, wenn der Arbeitnehmer es beantragt hat oder nicht widerspricht;
6. ausländische Arbeitnehmer, die mit dem Arbeitslohn aus der Tätigkeit für einen inländischen Arbeitgeber von der gesetzlichen Rentenversicherungspflicht befreit worden sind, weil sie in der Sozialversicherung des Heimatstaates versichert sind;
7. Vorstandsmitglieder von Aktiengesellschaften und beherrschende Gesellschafter-Geschäftsführer einer GmbH, deren betriebliche Altersversorgung lediglich in der Leistung von Arbeitgeberbeiträgen zu einer zugunsten des Arbeitnehmers abgeschlossenen Direktversicherung oder einer Pensionskasse besteht*).

Gekürzte Vorsorgepauschale

(3) Die besondere Lohnsteuertabelle ist insbesondere anzuwenden für

1. Beamte, Richter, Berufssoldaten; Soldaten auf Zeit;
2. nach § 5 Abs. 1 Satz 1 Nr. 2 und 3 SGB VI versicherungsfreie Arbeitnehmer, z. B. Beschäftigte bei Trägern der Sozialversicherung, Geistliche der als öffentlich-rechtliche Körperschaften anerkannten Religionsgemeinschaften;
3. Arbeitnehmer, die von ihrem Arbeitgeber nur Versorgungsbezüge im Sinne des § 19 Abs. 2 Satz 2 Nr. 1 EStG erhalten, z. B. Beamtenpensionäre, Bezieher von Witwen- oder Waisengeld auf Grund beamtenrechtlicher oder entsprechender gesetzlicher Vorschriften;
4. Arbeitnehmer, die keinen Beitragsanteil zur gesetzlichen Rentenversicherung entrichten, weil sie von einem früheren Arbeitgeber Versorgungsbezüge im Sinne des § 19 Abs. 2 Satz 2 Nr. 1 EStG erhalten, z. B. in einem privaten Arbeitsverhältnis beschäftigte Beamtenpensionäre;
5. Arbeitnehmer, die für einen Arbeitslohn aus einer aktiven Tätigkeit keinen Beitragsanteil zur gesetzlichen Rentenversicherung entrichten, weil sie bereits Altersrente aus der gesetzlichen Rentenversicherung oder wegen Erreichens einer Altersgrenze eine Versorgung nach beamten- oder kirchenrechtlichen Regelungen oder nach den Regelungen einer berufsständischen Versorgungseinrichtung erhalten. ²Dies gilt auch für weiter beschäftigte Werkspensionäre, wenn der Arbeitnehmer nicht der Rentenversicherungspflicht unterliegt. ³Für Werkspension und Arbeitslohn ist der Lohnsteuerabzug insgesamt unter Berücksichtigung der gekürzten Vorsorgepauschale vorzunehmen, weil lohnsteuerlich ein einheitliches Dienstverhältnis vorliegt;
6. Arbeitnehmer, die auf Antrag des Arbeitgebers von der gesetzlichen Rentenversicherungspflicht befreit worden sind, z. B. Lehrkräfte an nicht öffentlichen Schulen, bei denen eine Altersversorgung nach beamtenrechtlichen oder entsprechenden kirchenrechtlichen Grundsätzen gewährleistet ist;
7. Arbeitnehmer, die nicht der gesetzlichen Rentenversicherungspflicht unterliegen und denen ganz oder teilweise ohne eigene Beitragsleistung eine betriebliche Altersversorgung zugesagt worden ist, z. B. Vorstandsmitglieder von Aktiengesellschaften, beherrschende Gesellschafter-Geschäftsführer einer GmbH; bei Bezügen im Sinne des § 19 Abs. 2 Satz 2 Nr. 2 EStG, die nach dem Eintritt in den Ruhestand gezahlt werden, ist die ungekürzte Vorsorgepauschale zu berücksichtigen (>Absatz 2 Nr. 5);
8. Arbeitnehmer, die nicht der gesetzlichen Rentenversicherungspflicht unterliegen und denen eine betriebliche Altersversorgung zugesagt worden ist, deren Beiträge steuerfrei nach § 3 Nr. 63 EStG sind.

H 120
Hinweise zu R 120
Berücksichtigung der Vorsorgepauschale beim Lohnsteuerabzug

Gesellschafter-Geschäftsführer

Beherrschende Gesellschafter-Geschäftsführer, denen ausschließlich eine betriebliche Altersversorgung in Form einer Direktzusage oder über eine Unterstützungskasse zugesagt worden ist, erhalten die ungekürzte Vorsorgepauschale, wenn sie – zumindest wirtschaftlich betrachtet – ihre Anwartschaftsrechte auf die Altersversorgung durch eine Verringerung ihrer gesellschaftsrechtlichen Ansprüche erwerben (>BMF vom 24. 2. 2005 – BStBl. I S. 492, Rz. 58)**).

Anlage 1
zu H 120

Lohnsteuerabzug bei ausländischen Arbeitnehmern von im Inland tätigen, in Polen, Jugoslawien und in der Tschechoslowakei ansässigen Arbeitgebern; hier: Anwendung der allgemeinen (A) oder der besonderen (B) Lohnsteuertabelle

Bundeseinheitlich geltende Regelung, für Bayern bekannt gegeben mit Schreiben des Bayer. Staatsministeriums der Finanzen vom 14. 6. 1985 (Az.: 32 – S 2360 – 7/7 – 9965)

In der Bundesrepublik Deutschland sind Firmen tätig, die in Polen, der Tschechoslowakei und Jugoslawien ihren Sitz haben und im Inland eine Betriebsstätte unterhalten. Die Firmen setzen aus den jeweiligen Heimatländern kommende Arbeitnehmer vorübergehend in der Bundesrepublik Deutschland ein. Die Arbeitnehmer sind wegen ihres längeren Aufenthalts unbeschränkt einkommensteuerpflichtig. Für sie werden keine Beiträge an die deutsche gesetzliche Rentenversicherung abgeführt.

Zu der Frage, welche Lohnsteuertabelle (A oder B) bei den vorgenannten Arbeitnehmern für den Lohnsteuerabzug anzuwenden ist bzw. ob den Arbeitnehmern die volle oder die gekürzte Vorsorgepauschale zusteht, gilt Folgendes:

Bei jugoslawischen Arbeitnehmern, die bei einem inländischen Arbeitgeber vorübergehend beschäftigt sind und keine Beiträge an die deutsche gesetzliche Rentenversicherung leisten, ist die besondere Lohnsteuertabelle (B) anzuwenden, weil die Beiträge für die Sozialversicherung in Jugoslawien nur durch den Arbeitgeber aufgebracht werden.

Bei polnischen und tschechoslowakischen Arbeitnehmern, die unter denselben Voraussetzungen im Inland arbeiten, ist die Lohnsteuertabelle A zu verwenden, da dieser Personenkreis Beiträge zu der

---
*) Gilt nicht bei Steuerfreiheit nach § 3 Nr. 63 EStG.
**) Abgedruckt als Anhang 13 g zum Handbuch.

§ 39 b EStG

der deutschen Sozialversicherung vergleichbaren Einrichtung im Heimatland selbst zu tragen hat.

Dieses Schreiben ergeht im Einvernehmen mit dem Bundesminister der Finanzen und den Finanzministern (-senatoren) der anderen Länder.

Anlage 2
zu H 120

Lohnsteuerabzug bei ausländischen Arbeitnehmern von im Inland tätigen, in Polen, Jugoslawien und in der Tschechoslowakei ansässigen Arbeitgebern; hier: Anwendung der allgemeinen (A) oder der besonderen (B) Lohnsteuertabelle

Bundeseinheitlich geltende Regelung, für Bayern bekannt gegeben mit Schreiben des Bayer. Staatsministeriums der Finanzen vom 24. 11. 1989 (Az.: 32 – S 2360 – 7/21 – 19227)

Im Einvernehmen mit dem Bundesminister der Finanzen und den Finanzministern (-senatoren) der anderen Länder ist bei ausländischen Arbeitnehmern, die mit dem Arbeitslohn aus der Tätigkeit für einen inländischen Arbeitgeber von der gesetzlichen Rentenversicherungspflicht befreit worden sind, weil sie in der Sozialversicherung ihres Heimatstaates versichert sind, die allgemeine Lohnsteuertabelle anzuwenden (vgl. auch Abschnitt 120 Abs. 2 Nr. 5 LStR 1990). Dies gilt unabhängig davon, ob die Beiträge zur ausländischen gesetzlichen Rentenversicherung teilweise vom Arbeitnehmer geleistet oder allein vom Arbeitgeber getragen werden.

Abweichend von meinem Bezugsschreiben – Nr. 1 – ist deshalb bei jugoslawischen Arbeitnehmern, die von der gesetzlichen Rentenversicherung befreit worden sind, weil sie nach jugoslawischem Sozialversicherungsrecht versichert sind, die allgemeine Lohnsteuertabelle anzuwenden. Dies gilt für alle nicht bestandskräftigen Steuerfestsetzungen. Bei polnischen und tschechoslowakischen Arbeitnehmern ist entsprechend zu verfahren.

R 121
Permanenter Lohnsteuer-Jahresausgleich*)

¹Nach § 39 b Abs. 2 Satz 13 EStG darf das Betriebsstättenfinanzamt zulassen, dass die Lohnsteuer nach dem voraussichtlichen Jahresarbeitslohn ermittelt wird (so genannter permanenter Lohnsteuer-Jahresausgleich). ²Voraussetzung für den permanenten Lohnsteuer-Jahresausgleich ist, dass

1. der Arbeitnehmer unbeschränkt einkommensteuerpflichtig ist,
2. dem Arbeitgeber die Lohnsteuerkarte und die Lohnsteuerbescheinigungen aus etwaigen vorangegangenen Dienstverhältnissen des Arbeitnehmers vorliegen,
3. der Arbeitnehmer seit Beginn des Kalenderjahres ständig in einem Dienstverhältnis gestanden hat,
4. die zutreffende Jahreslohnsteuer (>§ 38 a Abs. 2 EStG) nicht unterschritten wird,
4a. bei der Lohnsteuerberechnung kein Freibetrag oder Hinzurechnungsbetrag zu berücksichtigen war,
5. der Arbeitnehmer kein Kurzarbeiter- oder Winterausfallgeld, keinen Zuschuss zum Mutterschaftsgeld nach dem Mutterschutzgesetz oder § 4 a Mutterschutzverordnung oder einer entsprechenden Landesregelung, keine Entschädigung für Verdienstausfall nach dem Infektionsschutzgesetz, keine Aufstockungsbeträge nach dem Altersteilzeitgesetz und keine Zuschläge auf Grund § 6 Abs. 2 des Bundesbesoldungsgesetzes bezogen hat,
6. im Lohnkonto oder in der Lohnsteuerbescheinigung kein Großbuchstabe U eingetragen ist,
7. im Kalenderjahr nicht sowohl die ungekürzte als auch die gekürzte Vorsorgepauschale zu berücksichtigen sind und
8. der Arbeitnehmer keinen Arbeitslohn bezogen hat, der nach einem Doppelbesteuerungsabkommen oder nach dem Auslandstätigkeitserlass von der deutschen Lohnsteuer freigestellt ist.

³Auf die Steuerklasse des Arbeitnehmers kommt es nicht an. ⁴Sind die in Satz 2 bezeichneten Voraussetzungen erfüllt, so gilt die Genehmigung des Betriebsstättenfinanzamts grundsätzlich als erteilt, wenn sie nicht im Einzelfall widerrufen wird. ⁵Die besondere Lohnsteuerermittlung nach dem voraussichtlichen Jahresarbeitslohn beschränkt sich im Übrigen auf den laufenden Arbeitslohn; für die Lohnsteuerermittlung von sonstigen Bezügen ist stets § 39 b Abs. 3 EStG und R 119 anzuwenden. ⁶Zur Anwendung des besonderen Verfahrens ist nach Ablauf eines jeden Lohnzahlungszeitraums oder – in den Fällen des § 39 b Abs. 5 EStG – Lohnabrechnungszeitraums der laufende Arbeitslohn der abgelaufenen Lohnzahlungs- oder Lohnabrechnungszeiträume auf einen Jahresbetrag hochzurechnen, z. B. der laufende Arbeitslohn für die Monate Januar bis April × 3. ⁷Von dem Jahresbetrag sind die Freibeträge für Versorgungsbezüge (>§ 19 Abs. 2 EStG), und der Altersentlastungsbetrag (>§ 24 a EStG) abzuziehen, wenn die Voraussetzungen für den Abzug jeweils erfüllt sind. ⁸Für den verbleibenden Jahreslohn ist die Jahreslohnsteuer zu ermitteln. ⁹Dabei ist die auf der Lohnsteuerkarte eingetragene Steuerklasse maßgebend. ¹⁰Sodann ist der Teilbetrag der Jahreslohnsteuer zu ermitteln, der auf die abgelaufenen Lohnzahlungs- oder Lohnabrechnungszeiträume entfällt. ¹¹Von diesem Steuerbetrag ist die Lohnsteuer abzuziehen, die von dem laufenden Arbeitslohn der abgelaufenen Lohnzahlungs- oder Lohnabrechnungszeiträume bereits erhoben worden ist; der Restbetrag ist die Lohnsteuer, die für den zuletzt abgelaufenen Lohnzahlungs- oder Lohnabrechnungszeitraum zu erheben ist. ¹²In den Fällen, in denen die maßgebende Steuerklasse während des Kalenderjahres gewechselt hat, ist anstelle der Lohnsteuer, die vom laufenden Arbeitslohn der abgelaufenen Lohnzahlungs- oder Lohnabrechnungszeiträume erhoben worden ist, die Lohnsteuer abzuziehen, die nach der zuletzt maßgebenden Steuerklasse vom laufenden Arbeitslohn bis zum vorletzten abgelaufenen Lohnzahlungs- oder Lohnabrechnungszeitraum zu erheben gewesen wäre.

R 122
Besteuerung des Nettolohns

(1) ¹Will der Arbeitgeber die auf den Arbeitslohn entfallende Lohnsteuer selbst tragen, so sind die von ihm übernommenen Abzugsbeträge Teile des Arbeitslohns, die dem Nettolohn zur Steuerermittlung hinzugerechnet werden müssen. ²Die Lohnsteuer ist aus dem Bruttoarbeitslohn zu berechnen, der nach Abzug der Lohnsteuer den ausgezahlten Nettobetrag ergibt. ³Die aus dem Bruttoarbeitslohn berechnete Lohnsteuer ist vom Arbeitgeber abzuführen. ⁴Übernimmt der Arbeitgeber außer der Lohnsteuer auch den Solidaritätszuschlag, die Kirchensteuer und den Arbeitnehmeranteil am Gesamtsozialversicherungsbeitrag, so sind bei der Ermittlung des Bruttoarbeitslohns außer der Lohnsteuer diese weiteren Abzugsbeträge einzubeziehen.

(2) ¹Aus Vereinfachungsgründen sind vor der Steuerberechnung nach Absatz 1 vom Nettolohn der auf den Lohnzahlungszeitraum entfallende Anteil der Freibeträge für Versorgungsbezüge und des Altersentlastungsbetrags abzuziehen, wenn die Voraussetzungen für den Abzug dieser Beträge jeweils erfüllt sind. ²Außerdem ist von dem so gekürzten Nettolohn nach Maßgabe der Eintragungen auf der Lohnsteuerkarte ein etwaiger Freibetrag abzuziehen oder ein etwaiger Hinzurechnungsbetrag hinzuzurechnen.

(3) ¹Sonstige Bezüge, die netto gezahlt werden, z. B. Nettogratifikationen, sind nach § 39 b Abs. 3 EStG zu besteuern. ²R 119 ist mit folgender Maßgabe anzuwenden:

1. Bei der Ermittlung des maßgebenden Jahresarbeitslohns sind der voraussichtliche laufende Jahresarbeitslohn und frühere, netto gezahlte sonstige Bezüge mit den entsprechenden Bruttobeträgen anzusetzen.

---
*) Ein Programmablaufplan zur Berechnung der Lohnsteuer, des Solidaritätszuschlags und der Kirchensteuer ab 1. 1. 2007 ist als Anhang 10 abgedruckt.

2. ¹Übernimmt der Arbeitgeber auch den auf den sonstigen Bezug entfallenden Solidaritätszuschlag, die Kirchensteuer und gegebenenfalls den Arbeitnehmeranteil am Gesamtsozialversicherungsbeitrag, so sind bei der Ermittlung des Bruttobetrags des sonstigen Bezugs außer der Lohnsteuer auch diese weiteren Lohnabzugsbeträge zu berücksichtigen. ²Bruttobezug des sonstigen Bezugs ist in jedem Fall der Nettobetrag zuzüglich der tatsächlich abgeführten Beträge an Lohnsteuer, Solidaritätszuschlag, Kirchensteuer und übernommenem Arbeitnehmeranteil am Gesamtsozialversicherungsbeitrag. ³Der hiernach ermittelte Bruttobetrag ist auch bei späterer Zahlung sonstiger Bezüge im selben Kalenderjahr bei der Ermittlung des maßgebenden Jahresarbeitslohns zugrunde zu legen.

(4) Im Lohnkonto und in den Lohnsteuerbescheinigungen sind in allen Fällen von Nettolohnzahlungen die nach den Absätzen 1 bis 3 ermittelten Bruttoarbeitslöhne anzugeben.

H 122
Hinweise zu R 122
Besteuerung des Nettolohns

Anerkennung einer Nettolohnvereinbarung

Eine Nettolohnvereinbarung mit steuerlicher Wirkung kann nur bei einwandfreier Gestaltung anerkannt werden (>BFH vom 18. 1. 1957 – BStBl. III S. 116, vom 18. 5. 1972 – BStBl. II S. 816, vom 12. 12. 1979 – BStBl. 1980 II S. 257 und vom 28. 2. 1992 – BStBl. II S. 733).

Steuerschuldner bei Nettolohnvereinbarung

bleibt der Arbeitnehmer (>BFH vom 19. 12. 1960 – BStBl. 1961 III S. 170)

R 123
Anwendung von Doppelbesteuerungsabkommen

¹Ist die Steuerbefreiung nach einem Doppelbesteuerungsabkommen antragsunabhängig, hat das Betriebsstättenfinanzamt gleichwohl auf Antrag eine Freistellungsbescheinigung zu erteilen. ²Das Finanzamt hat in der Bescheinigung den Zeitraum anzugeben, für den sie gilt. ³Dieser Zeitraum darf grundsätzlich 3 Jahre nicht überschreiten und soll mit Ablauf eines Kalenderjahres enden. ⁴Die Bescheinigung ist vom Arbeitgeber als Beleg zum Lohnkonto aufzubewahren. ⁵Der Verzicht auf den Lohnsteuerabzug schließt die Berücksichtigung des Progressionsvorbehalts (>§ 32 b EStG) bei einer Veranlagung des Arbeitnehmers zur Einkommensteuer nicht aus. ⁶Die Nachweispflicht nach § 50 d Abs. 8 EStG betrifft nicht das Lohnsteuerabzugsverfahren.

H 123
Hinweise zu R 123
Anwendung von Doppelbesteuerungsabkommen

Antragsabhängige Steuerbefreiung nach DBA

Der Lohnsteuerabzug darf nur dann unterbleiben, wenn das Betriebsstättenfinanzamt bescheinigt, dass der Arbeitslohn nicht der deutschen Lohnsteuer unterliegt (>BFH vom 10. 5. 1989 – BStBl. II S. 755).

Anwendung der 183-Tage-Klausel

>BMF vom 14. 9. 2006 (BStBl. I S. 532)*)

Doppelbesteuerungsabkommen

Stand 1. 1. 2006 >BMF vom 11. 1. 2006 (BStBl. I S. 85)**)

EU-Tagegeld

>BMF vom 12. 4. 2006 (BStBl. I S. 340)***)

Gastlehrkräfte

>BMF vom 10. 1. 1994 (BStBl. I S. 14)****)

Organe einer Kapitalgesellschaft

>BMF vom 14. 9. 2006 (BStBl. I S. 532)*)

Rückfallklausel

Die Rückfallklausel nach § 50 d Abs. 8 EStG gilt nicht für das Lohnsteuerabzugsverfahren und die Fälle des Auslandstätigkeitserlasses (>BMF vom 21. 7. 2005 – BStBl. I S. 821)*****).

Anlage 1
zu H 123

Stand der Doppelbesteuerungsabkommen und der Doppelbesteuerungsverhandlungen am 1. Januar 2006

BMF-Schreiben vom 11. 1. 2006 (BStBl. I S. 85)

Hiermit übersende ich eine Übersicht über den gegenwärtigen Stand der Doppelbesteuerungsabkommen und der Abkommensverhandlungen.

Wie die Übersicht zeigt, werden verschiedene der angeführten Abkommen nach ihrem In-Kraft-Treten rückwirkend anzuwenden sein. In geeigneten Fällen sind Steuerfestsetzungen vorläufig durchzuführen, wenn ungewiss ist, ob und wann ein Abkommen wirksam wird, das sich zugunsten des Steuerschuldners auswirken wird. Umfang und Grund der Vorläufigkeit sind im Bescheid anzugeben. Ob bei vorläufiger Steuerfestsetzung der Abkommensinhalt – soweit bekannt – bereits berücksichtigt werden soll, ist nach den Gegebenheiten des einzelnen Falles zu entscheiden.

Bei der Veranlagung unbeschränkt Steuerpflichtiger zur Vermögensteuer bis zum Veranlagungszeitraum 1996 einschließlich kann das aufgezeigte Verfahren auf Fälle beschränkt bleiben, in denen der Steuerpflichtige in dem ausländischen Vertragsstaat Vermögen in Form von Grundbesitz, Betriebsvermögen oder – falls es sich bei dem Steuerpflichtigen um eine Kapitalgesellschaft handelt – eine wesentliche Beteiligung an einer Kapitalgesellschaft des betreffenden ausländischen Vertragsstaats besitzt.

Zur Rechtslage nach dem **Zerfall der Sozialistischen Föderativen Republik Jugoslawien (SFRJ)** ist auf Folgendes hinzuweisen:

Vereinbarungen über die Fortgeltung des DBA mit der SFRJ vom 26. März 1987 wurden geschlossen mit:

Republik Bosnien und Herzegowina (BGBl. 1992 II S. 1196),

Republik Kroatien (BGBl. 1992 II S. 1146),

Republik Slowenien (BGBl. 1993 II S. 1261),

Republik Mazedonien (BGBl. 1994 II S. 326) und

Serbien und Montenegro [Namensänderung; ehem. Bundesrepublik Jugoslawien (BGBl. 1997 II S. 961)].

Zur Rechtslage nach dem **Zerfall der Sowjetunion** ist auf Folgendes hinzuweisen:

Vereinbarungen über die Fortgeltung des DBA mit der UdSSR vom 24. November 1981 wurden geschlossen mit:

Republik Georgien (BGBl. 1992 II S. 1128),

Republik Kirgisistan (BGBl. 1992 II S. 1015),

Republik Armenien (BGBl. 1993 II S. 169),

Republik Weißrussland (BGBl. 1994 II S. 2533),

Republik Moldau (BGBl. 1996 II S. 768) und

Turkmenistan (Bericht der Botschaft Aschgabat vom 11. August 1999 – Nr. 377/99).

Zur Rechtslage nach der **Teilung der Tschechoslowakei** ist auf Folgendes hinzuweisen:

Vereinbarungen über die Fortgeltung des DBA mit der Tschechoslowakischen Sozialistischen Republik vom 19. Dezember 1980 wur-

---

*) Abgedruckt als Anlage 2 zu H 123 LStR.
**) Abgedruckt als Anlage 1 zu H 123 LStR.
***) Abgedruckt als Anlage 4 zu H 123 LStR.
****) Abgedruckt als Anlage 3 zu H 123 LStR.
*****) Abgedruckt als Anlage 9 zu H 123 LStR.

den mit der Slowakischen Republik und mit der Tschechischen Republik getroffen (BGBl. 1993 II S. 762).

Hongkong wurde mit Wirkung ab 1. Juli 1997 ein besonderer Teil der VR China (Hongkong Special Administrative Region). Das allgemeine Steuerrecht der VR China gilt dort nicht. Damit ist das zwischen der Bundesrepublik Deutschland und der VR China abgeschlossene DBA vom 10. Juni 1985 nach dem 1. Juli 1997 in Hongkong nicht anwendbar. Eine Einbeziehung Hongkongs in den Geltungsbereich des DBA China ist nicht angestrebt. Verhandlungen über ein gesondertes Abkommen mit Hongkong sind nicht geplant (zur Vermeidung der Doppelbesteuerung bei Luftfahrtunternehmen s. Anlage).

Vorgenannte Ausführungen zu Hongkong (außer Luftfahrtunternehmen) gelten in entsprechender Weise auch für **Macau** nach dessen Übergabe am 20. Dezember 1999 an die VR China (Macau Special Administrative Region).

Es werden Verhandlungen geführt, wie im Verhältnis zu **Taiwan** Doppelbesteuerungen vermieden werden können.

Das Doppelbesteuerungsabkommen zwischen der Bundesrepublik Deutschland und der Föderativen Republik **Brasilien** vom 27. Juni 1975 wurde am 7. April 2005 durch die deutsche Seite gekündigt. Die Folgen der Kündigung werden im BMF-Schreiben vom 6. Januar 2006 – IV B 3 – S 1301 – BRA – 77/05 – (BStBl. I S. 83) erläutert.

Hinsichtlich der Abkommen auf dem Gebiet der Kraftfahrzeugsteuer ist zur Rechtslage nach dem Zerfall der Sowjetunion auf Folgendes hinzuweisen:

Das Abkommen mit der UdSSR vom 21. Februar 1980 ist im Verhältnis zu den Nachfolgestaaten der UdSSR sowie zu Estland, Lettland und Litauen anzuwenden, bis mit diesen Staaten eine Neuregelung vereinbart wird. Voraussetzung ist, dass die genannten Staaten die im Abkommen vereinbarte Befreiung für deutsche Fahrzeuge gewähren. Diese Gegenseitigkeit muss auch hinsichtlich neuer Abgaben gewährleistet sein, die anstelle der UdSSR-Straßengebühr oder daneben eingeführt worden sind oder eingeführt werden, sofern sie mit der Kraftfahrzeugsteuer vergleichbar sind (siehe Ländererlasse).

§ 39 b EStG
R 123

Stand der Doppelbesteuerungsabkommen

1. Januar 2006

I. Geltende Abkommen

Abkommen mit	vom	Fundstelle BGBl. II Jg.	S.	BStBl. I Jg.	S.	Inkrafttreten BGBl. II Jg.	S.	BStBl. I Jg.	S.	Anwendung grundsätzlich ab
1. Abkommen auf dem Gebiet der Steuern vom Einkommen und vom Vermögen										
Ägypten	08.12.1987	1990	278	1990	280	1991	1042	1992	7	01.01.1992
Argentinien	13.07.1978/	1979	585	1979	326	1979	1332	1980	51	01.01.1976
	16.09.1996	1998	18	1998	187	2001	694	2001	540	01.01.1996
Armenien (DBA mit UdSSR gilt fort, BGBl. 93 II S. 169)	24.11.1981	1983	2	1983	90	1983	427	1983	352	01.01.1980
Aserbaidschan (in Kraft getreten am 28. Dezember 2005)	25.08.2004	2005	1146							01.01.2006
Australien	24.11.1972	1974	337	1974	423	1975	216	1975	386	01.01.1971
Bangladesch[1]	29.05.1990	1991	1410	1992	34	1993	847	1993	466	01.01.1990
Belarus (Weißrussland) (DBA mit UdSSR gilt fort, BGBl. 94 II S. 2533)	24.11.1981	1983	2	1983	90	1983	427	1983	352	01.01.1980
Belgien	11.04.1967/	1969	17	1969	38	1969	1465	1969	468	01.01.1966
	05.11.2002	2003	1615	2005	346	2003	1744	2005	348	01.01.2004
Bolivien	30.09.1992	1994	1086	1994	575	1995	907	1995	758	01.01.1991
Bosnien und Herzegowina (DBA mit SFR Jugoslawien gilt fort, BGBl. 92 II S. 1196)	26.03.1987	1988	744	1988	372	1988	1179	1989	35	01.01.1989
Brasilien*) (Kündigung vom 7. April 2005)	27.06.1975	1975	2245	1976	47	1976	200	1976	86	01.01.1975
Bulgarien	02.06.1987	1988	770	1988	389	1988	1179	1989	34	01.01.1989
China (ohne Hongkong und Macau)	10.06.1985	1986	446	1986	329	1986	731	1986	339	01.01.1985
Côte d'Ivoire	03.07.1979	1982	153	1982	357	1982	637	1982	628	01.01.1982
Dänemark	22.11.1995	1996	2565	1996	1219	1997	728	1997	624	01.01.1997
Ecuador	07.12.1982	1984	466	1984	339	1986	781	1986	358	01.01.1987
Estland	29.11.1996	1998	547	1998	543	1999	84	1999	269	01.01.1994
Finnland	05.07.1979	1981	1164	1982	201	1982	577	1982	587	01.01.1981
Frankreich	21.07.1959/	1961	397	1961	342	1961	1659	1961	712	01.01.1957
	09.06.1969/	1970	717	1970	900	1970	1189	1970	1072	01.01.1968
	28.09.1989/	1990	770	1990	413	1991	387	1991	93	01.01.1990
	20.12.2001	2002	2370	2002	891	2003	542	2003	383	01.01.2002
Georgien (DBA mit UdSSR gilt fort, BGBl. 92 II S. 1128)	24.11.1981	1983	2	1983	90	1983	427	1983	352	01.01.1980
Griechenland	18.04.1966	1967	852	1967	50	1968	30	1968	296	01.01.1964
Indien	19.06.1995	1996	706	1996	599	1997	751	1997	363	01.01.1997
Indonesien	30.10.1990	1991	1086	1991	1001	1991	1401	1992	186	01.01.1992
Iran, Islamische Republik	20.12.1968	1969 1970	2133 282	1970	768	1969	2288	1970	777	01.01.1970
Irland	17.10.1962	1964	266	1964	320	1964	632	1964	366	01.01.1959
Island	18.03.1971	1973	357	1973	504	1973	1567	1973	730	01.01.1968
Israel	09.07.1962/	1966	329	1966	700	1966	767	1966	946	01.01.1961
	20.07.1977	1979	181	1979	124	1979	1031	1979	603	01.01.1970
Italien	18.10.1989	1990	742	1990	396	1993	59	1993	172	01.01.1993
Jamaika	08.10.1974	1976	1194	1976	407	1976	1703	916	632	01.01.1973
Japan	22.04.1966/	1967	871	1967	58	1967	2028	1967	336	01.01.1967
	17.04.1979/	1980	1182	1980	649	1980	1426	1980	772	01.01.1977
	17.02.1983	1984	194	1984	216	1984	567	1984	388	01.01.1981
Kanada	19.04.2001	2002	671	2002	505	2002	962	2002	521	01.01.2001
Kasachstan	26.11.1997	1998	1592	1998	1029	1999	86	1999	269	01.01.1996

*) Das DBA Brasilien ist am 31.12.2005 ausgelaufen, vgl. Anlage 7 zu H 123 LStR.

§ 39 b EStG
R 123

Abkommen mit	vom	Fundstelle BGBl. II Jg.	S.	BStBl. I Jg.	S.	Inkrafttreten BGBl. II Jg.	S.	BStBl. I Jg.	S.	Anwendung grundsätzlich ab
Kenia	17.05.1977	1979	606	1979	337	1980	1357	1980	792	01.01.1980
Kirgisistan (DBA mit UdSSR gilt fort, BGBl. 92 II S. 1015)	24.11.1981	1983	2	1983	90	1983	427	1983	352	01.01.1980
Korea, Republik	10.03.2000	2002	1630	2002	24	2002	2855	2003	36	01.01.2003
Kroatien (DBA mit SFR Jugoslawien gilt fort, BGBl. 92 II S. 1146)	26.03.1987	1988	744	1988	372	1988	1179	1989	35	01.01.1989
Kuwait	04.12.1987	1989	354	1989	150	1989	637	1989	268	01.01.1984 – 31.12.1997
	18.05.1999	2000	390	2000	439	2000	1156	2000	1383	01.01.1998
Lettland	21.02.1997	1998	330	1998	531	1998	2630	1998	1219	01.01.1996
Liberia	25.11.1970	1973	1285	1973	615	1975	916	1975	943	01.01.1970
Litauen	22.07.1997	1998	1571	1998	1016	1998	2962	1999	121	01.01.1995
Luxemburg	23.08.1958/	1959	1269	1959	1022	1960	1532	1960	398	01.01.1957
	15.06.1973	1978	109	1978	72	1978	1396	1979	83	01.01.1971
Malaysia	08.04.1977	1978	925	1978	324	1979	288	1979	196	01.01.1971
Malta	08.03.2001	2001	1297	2002	76	2002	320	2002	240	01.01.2002
Marokko	07.06.1972	1974	21	1974	59	1974	1325	1974	1009	01.01.1974
Mauritius	15.03.1978	1980	1261	1980	667	1981	8	1981	34	01.01.1979
Mazedonien (DBA mit SFR Jugoslawien gilt fort, BGBl. 94 II S. 326)	26.03.1987	1988	744	1988	372	1988	1179	1989	35	01.01.1989
Mexiko	23.02.1993	1993	1966	1993	964	1994	617	1994	310	01.01.1994
Moldau, Republik (DBA mit UdSSR gilt fort, BGBl. 96 II S. 768)	24.11.1981	1983	2	1983	90	1983	427	1983	352	01.01.1980
Mongolei	22.08.1994	1995	818	1995	607	1996	1220	1996	1135	01.01.1997
Namibia	02.12.1993	1994	1262	1994	673	1995	770	1995	678	01.01.1993
Neuseeland	20.10.1978	1980	1222	1980	654	1980	1485	1980	787	01.01.1978
Niederlande	16.06.1959/	1960	1781	1960	381	1960	2216	1960	626	01.01.1956
	13.03.1980/	1980	1150	1980	646	1980	1486	1980	787	01.01.1979
	21.05.1991/	1991	1428	1992	94	1992	170	1992	382	21.02.1992
	04.06.2004	2004	1653	2005	364	2005	101	2005	368	01.01.2005
Norwegen	04.10.1991	1993	970	1993	655	1993	1895	1993	926	01.01.1991
Österreich	24.08.2000	2002	734	2002	584	2002	2435	2002	958	01.01.2003
Pakistan[1]	14.07.1994	1995	836	1995	617	1996	467	1996	445	01.01.1995
Philippinen	22.07.1983	1984	878	1984	544	1984	1008	1984	612	01.01.1985
Polen	14.05.2003	2004	1304	2005	349	2005	55	2005	363	01.01.2005
Portugal	15.07.1980	1982	129	1982	347	1982	861	1982	763	01.01.1983
Rumänien	04.07.2001	2003	1594	2004	273	2004	102	2004	286	01.01.2004
Russische Föderation	29.05.1996	1996	2710	1996	1490	1997	752	1997	363	01.01.1997
Sambia	30.05.1973	1975	661	1975	688	1975	2204	1976	7	01.01.1971
Schweden	14.07.1992	1994	686	1994	422	1995	29	1995	88	01.01.1995
Schweiz	11.08.1971/	1972	1021	1972	518	1973	74	1973	61	01.01.1972
	30.11.1978/	1980	751	1980	398	1980	1281	1980	678	01.01.1977
	17.10.1989/	1990	766	1990	409	1990	1698	1991	93	01.01.1990
	21.12.1992/	1993	1886	1993	927	1994	21	1994	110	01.01.1994
	12.03.2002	2003	67	2003	165	2003	436	2003	329	01.01.2002/ 01.01.2004
Serbien und Montenegro (Namensänderung; ehem. Bundesrepublik Jugoslawien) (DBA mit SFR Jugoslawien gilt fort, BGBl. 97 II S. 961)	26.03.1987	1988	744	1988	372	1988	1179	1989	35	01.01.1989
Simbabwe	22.04.1988	1989	713	1989	310	1990	244	1990	178	01.01.1987
Singapur	19.02.1972	1973	373	1973	513	1973	1528	1973	688	01.01.1968
Slowakei (DBA mit Tschechoslowakei gilt fort, BGBl. 93 II S. 762)	19.12.1980	1982	1022	1982	904	1983	692	1983	486	01.01.1984
Slowenien (DBA mit SFR Jugoslawien gilt fort, BGBl. 93 II S. 1261)	26.03.1987	1988	744	1988	372	1988	1179	1989	35	01.01.1989
Spanien	05.12.1966	1968	9	1968	296	1968	140	1968	544	01.01.1968
Sri Lanka	13.09.1979	1981	630	1981	610	1982	185	1982	373	01.01.1983

§ 39 b EStG
R 123

Abkommen mit	vom	Fundstelle BGBl. II Jg.	S.	BStBl. I Jg.	S.	Inkrafttreten BGBl. II Jg.	S.	BStBl. I Jg.	S.	Anwendung grundsätzlich ab
Südafrika	25.01.1973	1974	1185	1974	850	1975	440	1975	640	01.01.1965
Tadschikistan	27.03.2003	2004	1034	2005	349	2004	1565	2005	363	01.01.2005
Thailand	10.07.1967	1968	589	1968	1046	1968	1104	1969	18	01.01.1967
Trinidad und Tobago	04.04.1973	1975	679	1975	697	1977	263	1977	192	01.01.1972
Tschechien (DBA mit Tschechoslowakei gilt fort, BGBl. 93 II S. 762)	19.12.1980	1982	1022	1982	904	1983	692	1983	486	01.01.1984
Türkei	16.04.1985	1989	866	1989	471	1989	1066	1989	482	01.01.1990
Tunesien	23.12.1975	1976	1653	1976	498	1976	1927	1977	4	01.01.1976
Turkmenistan (DBA mit UdSSR gilt fort, Bericht der Botschaft Aschgabat vom 11. August 1999 – Nr. 377/99)	24.11.1981	1983	2	1983	90	1983	427	1983	352	01.01.1980
Ukraine	03.07.1995	1996	498	1996	675	1996	2609	1996	1421	01.01.1997
Ungarn	18.07.1977	1979	626	1979	348	1979	1031	1979	602	01.01.1980
Uruguay	05.05.1987	1988	1060	1988	531	1990	740	1990	365	01.01.1991
Usbekistan	07.09.1999	2001	978	2001	765	2002	269	2002	239	01.01.2002
Venezuela	08.02.1995	1996	727	1996	611	1997	1809	1997	938	01.01.1997
Vereinigte Arab. Emirate	09.04.1995	1996	518	1996	588	1996	1221	1996	1135	01.01.1992
Vereinigtes Königreich	26.11.1964/ 23.03.1970	1966 1971	358 45	1966 1971	729 139	1967 1971	828 841	1967 1971	40 340	01.01.1960 30.05.1971
Vereinigte Staaten	29.08.1989	1991	354	1991	94	1992	235	1992	262	01.01.1990
Vietnam	16.11.1995	1996	2622	1996	1422	1997	752	1997	364	01.01.1997
Zypern	09.05.1974	1977	488	1977	340	1977	1204	1977	618	01.01.1970

2. Abkommen auf dem Gebiet der Erbschaft- und Schenkungsteuern

Abkommen mit	vom	BGBl. II Jg.	S.	BStBl. I Jg.	S.	BGBl. II Jg.	S.	BStBl. I Jg.	S.	Anwendung grundsätzlich ab
Dänemark[2]	22.11.1995	1996	2565	1996	1219	1997	728	1997	624	01.01.1997
Griechenland	18.11.1910/ 01.12.1910	1912	173[3]	—	—	1953	525	1953	377	01.01.1953
Österreich	04.10.1954/ 15.10.2003	1955 2004	755 883	1955 2004	375 714	1955 2004	891 1482	1955 2004	557 1029	08.09.1955 01.01.2003
Schweden[2]	14.07.1992	1994	686	1994	422	1995	29	1995	88	01.01.1995
Schweiz	30.11.1978	1980	594	1980	243	1980	1341	1980	786	28.09.1980
Vereinigte Staaten	03.12.1980/ 14.12.1998	1982 2000	847 1170	1982 2001	765 110	1986 2001	860 62	1986 2001	478 114	01.01.1979 14.12.2000

3. Sonderabkommen betreffend Einkünfte und Vermögen von Schifffahrt(S)- und Luftfahrt(L)-Unternehmen[4]

Abkommen mit	vom	BGBl. II Jg.	S.	BStBl. I Jg.	S.	BGBl. II Jg.	S.	BStBl. I Jg.	S.	Anwendung grundsätzlich ab
Brasilien (S) (Protokoll)	17.08.1950	1951	11	—	—	1952	604	—	—	10.05.1952
Chile (S) (Handelsvertrag)	02.02.1951	1952	325	—	—	1953	128	—	—	08.01.1952
China (S) (Seeverkehrsvertrag)	31.10.1975	1976	1521	1976	496	1977	428	1977	452	29.03.1977
Hongkong (L)	08.05.1997	1998	2064	1998	1156	1999	26	2000	1554	01.01.1998
Jugoslawien (S)	26.06.1954	1959	735	—	—	1959	1259	—	—	23.10.1959
Kolumbien (S, L)	10.09.1965	1967	762	1967	24	1971	855	1971	340	01.01.1962
Paraguay (L)	27.01.1983	1984	644	1984	456	1985	623	1985	222	01.01.1979
Venezuela (S, L)	23.11.1987	1989	373	1989	161	1989	1065	1990	2	01.01.1990

4. Abkommen auf dem Gebiet der Rechts- und Amtshilfe

Abkommen mit	vom	BGBl. II Jg.	S.	BStBl. I Jg.	S.	BGBl. II Jg.	S.	BStBl. I Jg.	S.	Anwendung grundsätzlich ab
Belgien[2]	11.04.1967	1969	17	1969	38	1969	1465	1969	468	01.01.1966
Dänemark[2]	22.11.1995	1996	2565	1996	1219	1997	728	1997	624	01.01.1997
Finnland	25.09.1935	1936	37[3]	1936	94[3]	1954	740	1954	404	01.01.1936
Frankreich[2]	21.07.1959	1961	397	1961	342	1961	1659	1961	712	01.01.1957
Italien	09.06.1938	1939	124[3]	1939	377[3]	1956	2154	1957	142	23.01.1939
Luxemburg[2]	23.08.1958	1959	1269	1959	1022	1960	1532	1960	398	01.01.1957
Niederlande	21.05.1999	2001	2	2001	66	2001	691	2001	539	23.06.2001
Norwegen[2]	04.10.1991	1993	970	1993	655	1993	1895	1993	926	01.01.1991
Österreich	04.10.1954	1955	833	1955	434	1955	926	1955	743	26.11.1955
Schweden[2]	14.07.1992	1994	686	1994	422	1995	29	1995	88	01.01.1995

§ 39 b EStG

R 123

Abkommen mit	vom	Fundstelle BGBl. II Jg.	S.	BStBl. I Jg.	S.	Inkrafttreten BGBl. II Jg.	S.	BStBl. I Jg.	S.	Anwendung grundsätzlich ab
5. Abkommen auf dem Gebiet der Kraftfahrzeugsteuer										
Armenien (DBA mit UdSSR gilt fort, BGBl. 93 II S. 169)	21.02.1980	1980	890	1980	467	1980	1484	1980	789	30.11.1980
Aserbaidschan (DBA mit UdSSR gilt fort, BGBl. 96 II S. 2471)	21.02.1980	1980	890	1980	467	1980	1484	1980	789	30.11.1980
Belarus (Weißrussland) (DBA mit UdSSR gilt fort, BGBl. 94 II S. 2533)	21.02.1980	1980	890	1980	467	1980	1484	1980	789	30.11.1980
Belgien[5]	17.12.1964	1966	1508	1966	954	1967	1748	–	–	01.04.1967
Bulgarien	12.02.1980	1980	888	1980	465	1980	1488	1980	789	25.10.1980
Dänemark[5]	19.07.1931/ 25.07.1931	–	–	1931	562[6]	–	–	1954[7]		01.11.1953
Finnland[5]	31.03.1978	1979	1317	1980	64	1980	212	1980	788	01.03.1980
Frankreich[5]	03.11.1969	1970	1317	1971	82	1971	206	1971	305	01.02.1971
Georgien (DBA mit UdSSR gilt fort, BGBl. 92 II S. 1128)	21.02.1980	1980	890	1980	467	1980	1484	1980	789	30.11.1980
Griechenland[5]	21.09.1977	1979	406	1979	310	1979	1049	1980	63	01.08.1979
Iran, Islamische Republik	17.03.1992	1993	914	1993	640	1995	992	1995	820	12.08.1995
Irland[5]	10.12.1976	1978	1009	1978	344	1978	1264	1978	460	01.10.1978
Israel	02.12.1983	1984	964	1984	615	1987	186	1987	374	01.02.1987
Italien[5]	18.02.1976	1978	1005	1978	341	1979	912	1980	63	04.01.1979
Kasachstan (DBA mit UdSSR gilt fort, BGBl. 92 II S. 1120)	21.02.1980	1980	890	1980	467	1980	1484	1980	789	30.11.1980
Kirgisistan (DBA mit UdSSR gilt fort, BGBl. 92 II S. 1015)	21.02.1980	1980	890	1980	467	1980	1484	1980	789	30.11.1980
Kroatien	09.12.1996	1998	182	1998	160	1998	2373	1998	1426	25.06.1998
Lettland[8]	21.02.1997	1998	958	1998	624	1998	2947	1999	164	22.10.1998
Liechtenstein	29.01.1934/ 27.02.1934	–	–	1934	288[6]	–	–	1934	288[6]	01.04.1934
Luxemburg[5]	31.01.1930/ 11.03.1930	–	–	1930	454[6]	–	–	1930	454[6]	01.04.1930
Moldau, Republik (DBA mit UdSSR gilt fort, BGBl. 96 II S. 768)	21.02.1980	1980	890	1980	467	1980	1484	1980	789	30.11.1980
Niederlande[5]	31.01.1930/ 23.04.1930/ 19.05.1930	–	–	1930	454[6]	–	–	1930	454[6]	01.06.1930
Norwegen	11.11.1983	1984	674	1984	486	1984	1047	1985	125	01.11.1984
Österreich[5]	18.11.1969	1970	1320	1971	85	1971	215	1971	305	16.04.1971
Polen	19.07.1976	1978	1012	1978	346	1978	1328	1978	589	07.10.1978
Portugal[5]	24.07.1979	1980	886	1980	463	1982	1186	1983	17	01.01.1983
Rumänien[8]	31.10.1973	1975	453	1975	621	1975	1137	–	–	01.07.1975
Russische Föderation (DBA mit UdSSR gilt fort, BGBl. 92 II S. 1016)	21.02.1980	1980	890	1980	467	1980	1484	1980	789	30.11.1980
San Marino	06.05.1986	1987	339	1987	465	1990	14	1990	56	01.10.1987
Schweden[5]	15.07.1977	1979	409	1979	308	1979	1140	1980	63	01.09.1979
Schweiz[9]	20.06.1928	–	–	1930	563[6]	–	–	1930	563[6]	15.07.1928
Slowakei (DBA mit Tschechoslowakei gilt fort, BGBl. 93 II S. 762)	08.02.1990	1991	662	1991	508	1992	594	1992	454	27.05.1992
Spanien[5]	08.03.1979	1979	1320	1980	66	1980	900	1980	788	01.06.1980
Tadschikistan (DBA mit UdSSR gilt fort, BGBl. 95 II S. 255)	21.02.1980	1980	890	1980	467	1980	1484	1980	789	30.11.1980
Türkei	30.05.1983	1984	594	1984	414	1985	55	1985	12	01.11.1984
Tunesien	30.03.1984	1984	962	1984	613	1986	675	1986	319	01.05.1986
Ukraine (DBA mit UdSSR gilt fort, BGBl. 93 II S. 1189)	21.02.1980	1980	890	1980	467	1980	1484	1980	789	30.11.1980
Ungarn[8]	12.02.1981	1982	291	1982	393	1982	640	1982	630	11.06.1982
Usbekistan (DBA mit UdSSR gilt fort, BGBl. 95 II S. 205)	21.02.1980	1980	890	1980	467	1980	1484	1980	789	30.11.1980
Vereinigtes Königreich[5]	05.11.1971	1973	340	1973	495	1975	1437	–	–	01.09.1973
Zypern	22.04.1980	1981	1018	1981	742	1982	176	1982	376	01.02.1982

§ 39 b EStG
R 123

II. Künftige Abkommen und laufende Verhandlungen

Abkommen mit	Art des Abkommens[10]	Sachstand[11]	Geltung für Veranlagungssteuern[12]) ab	Geltung für Abzugsteuern[13]) ab	Bemerkungen
1. Abkommen auf dem Gebiet der Steuern vom Einkommen und vom Vermögen					
Ägypten	R-A	P: 01.08.2005	KR	KR	
Algerien	A	P: 27.08.2005	KR	KR	
Australien	R-A	V:			
Belarus (Weißrussland)	A	U: 30.09.2005	KR	KR	
Frankreich	E-P	V:			
Georgien	A	V:	–	–	
Ghana	A	U: 12.08.2004			
Iran	R-A	V:			
Island	R-A	P: 06.07.2005	–	–	
Kirgisistan	A	U: 01.12.2005	–	–	
Kroatien	A	P: 01.07.1999	KR	KR	
Malaysia	R-A	P: 08.07.2003	–	–	
Mazedonien	A	P: 12.09.2002	KR	KR	
Niederlande	R-A	V:	–	–	
Oman	A	P: 12.04.2002	KR	KR	
Serbien und Montenegro	A	V:			
Singapur	R-A	U: 28.06.2004	–	–	
Slowakei	R-A	P: 04.11.2004	KR	KR	
Slowenien	R-A	P: 06.05.1999	KR	KR	
Südafrika	R-A	P: 13.01.1998	KR	KR	
Syrien	A	P: 26.04.2004	KR	KR	
Thailand	R-A	V:			
Tschechien	R-A	V:	–	–	
Turkmenistan	A	V:			
Venezuela	R-P	V:			
Vereinigtes Königreich	R-A	V:			
Vereinigte Staaten	R-A	V:			
Zypern	R-A	V:			
2. Abkommen auf dem Gebiet der Erbschaft- und Schenkungsteuern					
Frankreich	A	P: 06.01.2005			
3. Sonderabkommen betreffend Einkünfte und Vermögen von Schifffahrt(S)- und Luftfahrt(L)-Unternehmen					
Algerien	A (L)	P: 10.04.1981	1969 (S, L)/	–	
	A (S, L)	P: 27.01.1988	1988 (S)	–	
Hongkong	A (S)	U: 13.01.2003	1998 (S)	–	Text: BGBl. 2004 II S. 34
Jemen	A (L)	U: 03.03.2005	1982	–	
Oman	A (S, L)	P: 22.05.2000	–	–	
Saudi-Arabien	A (L)	P: 09.01.1996	–	–	
4. Abkommen auf dem Gebiet der Amtshilfe					
Österreich	R-A	P: 25.09.2000	KR	KR	
5. Abkommen auf dem Gebiet der Kraftfahrzeugsteuer					
Belarus (Weißrussland)	R-A	P: 10.10.2002	–	–	
Marokko	A	V:			
Slowenien	A	V:	–	–	

1) Gilt nicht für die VSt.
2) Die Erbschaftsteuer bzw. Vorschriften zur Rechts- und Amtshilfe sind in den unter I.1 bzw. II.1 aufgeführten Abkommen enthalten.
3) Angabe bezieht sich auf RGBl. bzw. RStBl.

§ 39 b EStG
R 123

4) Siehe auch Bekanntmachungen über die Steuerbefreiungen nach § 49 Abs. 4 EStG (und § 2 Abs. 3 VStG):
   Äthiopien L (BStBl. 1962 I S. 536),
   Afghanistan L (BStBl. 1964 I S. 411),
   Bangladesch L (BStBl. 1996 I S. 643),
   Brunei Darussalam L (BStBl. 2005 I S. 962),
   Chile L (BStBl. 1977 I S. 350),
   China L (BStBl. 1980 I S. 284),
   Ghana S, L (BStBl. 1985 I S. 222),
   Irak S, L (BStBl. 1972 I S. 490),
   Jordanien L (BStBl. 1976 I S. 278),
   Katar L (BStBl. 2006 I S. 3) – anzuwenden ab 1. Januar 2001 –
   Libanon S, L (BStBl. 1959 I S. 198),
   Litauen L (BStBl. 1995 I S. 416),
   Papua-Neuguinea L (BStBl. 1989 I S. 115),
   Seychellen L (BStBl. 1998 I S. 582),
   Sudan L (BStBl. 1983 I S. 370),
   Syrien, Arabische Republik S, L (BStBl. 1974 I S. 510),
   Taiwan S (BStBl. 1988 I S. 423) und
   Zaire S, L (BStBl. 1990 I S. 178).
5) Siehe auch Artikel 5 der Richtlinie 1999/62/EG vom 17. 6. 1999 (ABl. EG L 187 S. 42) i. V. m. § 1 Abs. 1 Nr. 2 KraftStG (BGBl. I 2002 S. 3819) und Richtlinie 83/182/EWG vom 28. 3. 1983 (ABl. EG L 105 S. 59) i. V. m. § 3 Nr. 13 KraftStG.
6) Angabe bezieht sich auf RGBl. bzw. RStBl.
7) Bundesanzeiger Nr. 123 vom 1. 7. 1954 S. 2.
8) Siehe auch Interbus-Übereinkommen, welches bis 30. Juni 2001 zur Unterzeichnung auflag (ABl. EG 2002 L 321 S. 11, 44); gilt ab 1. Januar 2003 zugleich für Litauen und Slowenien.
9) Siehe auch Verordnungen über die kraftfahrzeugsteuerliche Behandlung von schweizerischen Straßenfahrzeugen im grenzüberschreitenden Verkehr vom 27. 3. 1985 (BGBl. I S. 615) und vom 18. 5. 1994 (BGBl. I S. 1076).
10) A: Erstmaliges Abkommen
    R-A: Revisionsabkommen als Ersatz eines bestehenden Abkommens
    R-P: Revisionsprotokoll zu einem bestehenden Abkommen
    E-P: Ergänzungsprotokoll zu einem bestehenden Abkommen
11) V: Verhandlung
    P: Paraphierung
    U: Unterzeichnung hat stattgefunden, Gesetzgebungs- oder Ratifikationsverfahren noch nicht abgeschlossen
12) Einkommen-, Körperschaft-, Gewerbe- und Vermögensteuer
    KR: Keine Rückwirkung vorgesehen
13) Abzugsteuern von Dividenden, Zinsen und Lizenzgebühren
    KR: Keine Rückwirkung vorgesehen

Anlage 2
zu H 123

Steuerliche Behandlung des Arbeitslohns nach den Doppelbesteuerungsabkommen

BMF-Schreiben vom 14.9.2006 (BStBl. I S. 532)

Unter Bezugnahme auf das Ergebnis der Erörterungen mit den obersten Finanzbehörden der Länder gilt für die Besteuerung der Einkünfte aus nichtselbständiger Arbeit nach den DBA Folgendes:

Inhaltsübersicht

1 Allgemeines
   1.1 Regelungsbereich eines DBA
   1.2 OECD-Musterabkommen
      1.2.1 Bestimmung der Ansässigkeit – Artikel 4 OECD-MA
      1.2.2 Vergütungen aus unselbständiger Arbeit
         1.2.2.1 Artikel 15 OECD-MA
         1.2.2.2 Grenzgängerregelung
         1.2.2.3 Abgrenzung zu anderen Abkommensbestimmungen
      1.2.3 Vermeidung der Doppelbesteuerung – Artikel 23 OECD-MA

2 Besteuerung im Inland
   2.1 Steuerpflicht nach dem Einkommensteuergesetz
   2.2 Progressionsvorbehalt
   2.3 Anwendung des § 50d Abs. 8 EStG

3 Besteuerung im Tätigkeitsstaat – Artikel 15 Abs. 1 OECD-MA

4 Besteuerung im Ansässigkeitsstaat – Artikel 15 Abs. 2 OECD-MA (183-Tage-Klausel)
   4.1 Voraussetzungen
   4.2 Artikel 15 Abs. 2 Buchstabe a OECD-MA – Aufenthalt bis zu 183 Tagen
      4.2.1 Ermittlung der Aufenthalts-/Ausübungstage
      4.2.2 183-Tage-Frist – Aufenthalt im Tätigkeitsstaat
      4.2.3 183-Tage-Frist – Dauer der Ausübung der unselbständigen Arbeit im Tätigkeitsstaat
      4.2.4 Anwendung der 183-Tage-Frist auf das Steuerjahr/Kalenderjahr
      4.2.5 Anwendung der 183-Tage-Frist auf einen 12-Monats-Zeitraum
   4.3 Artikel 15 Abs. 2 Buchstabe b OECD-MA – Zahlung durch einen im Tätigkeitsstaat ansässigen Arbeitgeber
      4.3.1 Allgemeines
      4.3.2 Auslandstätigkeit für den zivilrechtlichen Arbeitgeber
      4.3.3 Arbeitnehmerentsendung zwischen international verbundenen Unternehmen
         4.3.3.1 Wirtschaftlicher Arbeitgeber
         4.3.3.2 Vereinfachungsregelung
         4.3.3.3 Entsendendes und aufnehmendes Unternehmen sind Arbeitgeber
         4.3.3.4 Gestaltungsmissbrauch i. S. des § 42 AO
         4.3.3.5 Arbeitgeber im Rahmen einer Poolvereinbarung
      4.3.4 Gewerbliche Arbeitnehmerüberlassung
      4.3.5 Gelegentliche Arbeitnehmerüberlassung zwischen fremden Dritten
      4.3.6 Beispiele
   4.4 Artikel 15 Abs. 2 Buchstabe c OECD-MA – Zahlung des Arbeitslohns zu Lasten einer Betriebsstätte des Arbeitgebers im Tätigkeitsstaat

5 Ermittlung des steuerpflichtigen/steuerfreien Arbeitslohns
   5.1 Differenzierung zwischen der Anwendung der 183-Tage-Klausel und der Ermittlung des steuerpflichtigen/steuerfreien Arbeitslohns
   5.2 Grundsätze bei der Ermittlung des steuerpflichtigen/steuerfreien Arbeitslohns
   5.3 Direkte Zuordnung
   5.4 Aufteilung des verbleibenden Arbeitslohns
   5.5 Besonderheiten bei der Aufteilung bestimmter Lohnbestandteile
   5.6 Beispiele

6 Abkommensrechtliche Beurteilung bestimmter Auslandstätigkeiten
   6.1 Organe von Kapitalgesellschaften
   6.2 Sich-zur-Verfügung-Halten
   6.3 Abfindung
   6.4 Konkurrenz- oder Wettbewerbsverbot
   6.5 Tantiemen und andere jahresbezogene Erfolgsvergütungen
   6.6 Optionsrecht auf den Erwerb von Aktien („Stock Options")
      6.6.1 Handelbare Optionsrechte
      6.6.2 Nicht handelbare Optionsrechte
   6.7 Altersteilzeit nach dem Blockmodell

7 Besonderheiten bei Berufskraftfahrern
   7.1 Allgemeines
   7.2 Der Berufskraftfahrer und der Arbeitgeber sind im Inland ansässig; der Arbeitslohn wird nicht von einer ausländischen Betriebsstätte getragen
   7.3 Der Berufskraftfahrer ist im Inland ansässig; der Arbeitgeber ist im Ausland ansässig oder der Arbeitslohn wird von einer ausländischen Betriebsstätte getragen
   7.4 Sonderregelung im DBA-Türkei

8 Personal auf Schiffen und Flugzeugen

9 Rückfallklauseln
   9.1 „Subject-to-tax"-Klausel
   9.2 „Remittance-base"-Klausel

10 Verständigungsvereinbarungen

11 Aufhebung von Verwaltungsanweisungen

12 Erstmalige Anwendung

Abkürzungsverzeichnis

a.a.O.	am angegebenen Ort
Abs.	Absatz/Absätze
AG	Aktiengesellschaft
AO	Abgabenordnung
Art.	Artikel
BFH	Bundesfinanzhof
BMF	Bundesministerium der Finanzen
Bsp.	Beispiel/Beispiele
BStBl.	Bundessteuerblatt
DBA	Doppelbesteuerungsabkommen
d. h.	das heißt
EStG	Einkommensteuergesetz
EU	Europäische Union
EWR	Europäischer Wirtschaftsraum
ggf.	gegebenenfalls
GmbH	Gesellschaft mit beschränkter Haftung
i. d. R.	in der Regel
i. S.	im Sinne

§ 39 b EStG
R 123

i. V. m.	in Verbindung mit
LStR	Lohnsteuerrichtlinien
Nr.	Nummer
OECD	Organisation für wirtschaftliche Zusammenarbeit und Entwicklung (Organization for Economic Cooperation and Development)
OECD-MA	OECD-Musterabkommen
R	Richtlinie
Rz.	Randziffer/Randziffern
s.	siehe
S.	Seite
sog.	so genannte/so genannten
Tz.	Textziffer/Textziffern
u.	und
u. a.	unter anderem
vgl.	vergleiche
z. B.	zum Beispiel

1 Allgemeines

1.1 Regelungsbereich eines DBA

1 Die DBA enthalten Regelungen für die Zuweisung des Besteuerungsrechts sowie zur Vermeidung einer Doppelbesteuerung im Verhältnis der beiden vertragschließenden Staaten zueinander. Die Abkommen werden häufig durch Protokolle, Briefwechsel oder andere Dokumente ergänzt und erläutert. Diese Dokumente sind Bestandteile des Abkommens und in gleicher Weise verbindlich.

2 Im Nachfolgenden werden die Regeln für die abkommensrechtliche Behandlung der Vergütungen aus unselbständiger Arbeit anhand des OECD-MA dargestellt. Dieses Musterabkommen entfaltet selbst keine rechtliche Bindungswirkung; die von Deutschland abgeschlossenen und rechtlich wirksamen DBA orientieren sich jedoch regelmäßig nach Inhalt und Aufbau am OECD-MA. Im konkreten Einzelfall sind die jeweiligen Vorschriften des anzuwendenden DBA maßgeblich, nicht das OECD-MA.

1.2 OECD-Musterabkommen

3 Sowohl das OECD-MA als auch der Musterkommentar werden vom Steuerausschuss der OECD laufend weiterentwickelt. Die deutsche Übersetzung des OECD-MA unter Berücksichtigung der am 28. Januar 2003 vom Steuerausschuss der OECD beschlossenen Änderungen enthält das BMF-Schreiben vom 18. Februar 2004, BStBl. I S. 286.

4 Bei der steuerlichen Beurteilung von Vergütungen aus unselbständiger Arbeit sind insbesondere die Bestimmungen des nationalen Rechts und die des jeweils einschlägigen DBA zu beachten, wobei die nachfolgenden Regelungen des OECD-MA für die Auslegung einzubeziehen sind.

1.2.1 Bestimmung der Ansässigkeit – Artikel 4 OECD-MA

5 Für die Anwendung eines DBA ist die Bestimmung der Ansässigkeit des Arbeitnehmers und ggf. des Arbeitgebers entsprechend Art. 1 in Verbindung mit Art. 4 OECD-MA erforderlich. Der abkommensrechtliche Begriff der Ansässigkeit entspricht nicht dem im innerstaatlichen Recht verwendeten Begriff der unbeschränkten Steuerpflicht.

6 Während die unbeschränkte Steuerpflicht eine umfassende Steuerpflicht begründet, führt die Ansässigkeit einer Person in einem der Vertragsstaaten zu ihrer Abkommensberechtigung (vgl. Art. 1 OECD-MA). Zugleich wird mit der Bestimmung der Ansässigkeit einer Person in einem Vertragsstaat dieser Staat für die Anwendung des Abkommens zum Ansässigkeitsstaat; der andere Vertragsstaat ist Quellenstaat. Eine Person kann zwar in beiden Vertragsstaaten z. B. aufgrund doppelten Wohnsitzes unbeschränkt steuerpflichtig sein, dagegen kann sie nur in einem der beiden Vertragsstaaten als ansässig im Sinne eines DBA gelten.

7 Eine natürliche Person ist nach Art. 4 Abs. 1 OECD-MA in einem Staat ansässig, wenn sie dort aufgrund ihres Wohnsitzes, ihres ständigen Aufenthaltes oder eines anderen ähnlichen Merkmals steuerpflichtig ist. Ist die Person danach in beiden Vertragsstaaten ansässig, ist nach der im Art. 4 Abs. 2 OECD-MA festgelegten Prüfungsreihenfolge festzustellen, in welchem Vertragsstaat die Person als ansässig gilt.

8 Zu berücksichtigen ist jedoch, dass nach Art. 4 Abs. 1 Satz 2 OECD-MA eine Ansässigkeit in einem Staat nicht begründet wird, wenn die Person in diesem Staat nur mit Einkünften aus Quellen in diesem Staat oder mit in diesem Staat gelegenem Vermögen steuerpflichtig ist, die Person nach deutschem Rechtsverständnis dort also nur der beschränkten Steuerpflicht unterliegt.

1.2.2 Vergütungen aus unselbständiger Arbeit

1.2.2.1 Artikel 15 OECD-MA

9 Nach Art. 15 Abs. 1 OECD-MA können die Vergütungen aus unselbständiger Arbeit ausschließlich im Ansässigkeitsstaat des Arbeitnehmers besteuert werden, es sei denn, die Tätigkeit wird im anderen Staat ausgeübt. Wird die unselbständige Arbeit im anderen Staat ausgeübt, steht grundsätzlich diesem Staat (Tätigkeitsstaat) das Besteuerungsrecht für die bezogenen Vergütungen zu. Abweichend hiervon steht unter den Voraussetzungen des Art. 15 Abs. 2 OECD-MA (sog. 183-Tage-Klausel) das Besteuerungsrecht für solche Vergütungen nur dem Ansässigkeitsstaat des Arbeitnehmers zu.

10 Art. 15 Abs. 3 OECD-MA enthält eine gesonderte Bestimmung für die Besteuerung der Vergütungen des Bordpersonals von Seeschiffen und Luftfahrzeugen im internationalen Verkehr und des Bordpersonals von Schiffen im Binnenverkehr (s. Tz. 8).

1.2.2.2 Grenzgängerregelung

11 Grenzgänger sind Arbeitnehmer, die i. d. R. im Grenzbereich des einen Staates arbeiten und täglich zu ihrem Wohnsitz im Grenzbereich des anderen Staates zurückkehren. Für diese gelten Besonderheiten nach den DBA mit Frankreich (Art. 13 Abs. 5 – i. d. R. Wohnsitzprinzip), Österreich (Art. 15 Abs. 6 – i. d. R. Wohnsitzprinzip) und der Schweiz (Art. 15 a – begrenzte Besteuerung im Tätigkeitsstaat und Wohnsitzbesteuerung mit Anrechnungssystem).

1.2.2.3 Abgrenzung zu anderen Abkommensbestimmungen

12 Das OECD-MA und die einzelnen DBA enthalten darüber hinaus besondere Regelungen für die Zuweisung des Besteuerungsrechts bei bestimmten Arbeitnehmern, insbesondere für das für die Geschäftsführung eines Unternehmens verantwortliche Personal (z. B. Art. 16 Abs. 2 DBA-Österreich; Art. 16 Abs. 2 DBA-Polen; Art. 15 Abs. 4 DBA-Schweiz; s. auch Tz. 6.1), für Künstler und Sportler (Art. 17 OECD-MA), für Ruhegehälter (Art. 18 OECD-MA), für Studenten, Schüler, Lehrlinge und sonstige Auszubildende (Art. 20 OECD-MA), für Hochschullehrer und Lehrer (z. B. Art. 21 DBA-Italien; Art. 20 Abs. 1 DBA-Österreich; Art. 20 Abs. 1 DBA-USA) sowie für Mitglieder diplomatischer Missionen und konsularischer Vertretungen (Art. 28 OECD-MA).

13 Art. 15 OECD-MA betrifft nicht Vergütungen und Ruhegehälter im öffentlichen Dienst. Hierfür hat gemäß Art. 19 OECD-MA i. d. R. der Staat der zahlenden Kasse das Besteuerungsrecht. Ausnahmen bestehen für Arbeitnehmer, die die Staatsangehörigkeit des Tätigkeitsstaates besitzen (sog. Ortskräfte) oder deren Vergütungen im Zusammenhang mit einer gewerblichen Tätigkeit eines der Vertragsstaaten stehen.

1.2.3 Vermeidung der Doppelbesteuerung – Artikel 23 OECD-MA

14 Deutschland als Ansässigkeitsstaat vermeidet bei Einkünften aus unselbständiger Arbeit die Doppelbesteuerung regelmäßig durch Anwendung der Freistellungsmethode (entsprechend Art. 23 A OECD-MA). Das bedeutet, dass die Einkünfte aus unselbständiger Arbeit, die nach den Bestimmungen des anzuwendenden Abkommens im jeweils anderen Vertragsstaat (Tätigkeitsstaat) besteuert werden können, unter Berücksichtigung des Progressionsvorbehalts (§ 32b EStG) von der deutschen Besteuerung ausgenommen werden. Hiervon abweichende Regelungen in einzelnen Abkommen (z. B. Art. 24 Abs. 1 Buchstabe b Doppelbuchstabe bb DBA-Dänemark; Art. 20 Abs. 1 Buchstabe c DBA-Frankreich; Abs. 13 des Protokolls zum DBA-Italien bei gewerbsmäßiger Arbeitnehmerüberlassung) sind zu berücksichtigen.

15 Zu den Besonderheiten, die bei der Freistellung im deutschen Lohnsteuerabzugsverfahren zu beachten sind, wird auf R 123 LStR verwiesen.

16 In Ergänzung der abkommensrechtlichen Regelungen setzt die Steuerfreistellung im Veranlagungsverfahren grundsätzlich die ausländische Besteuerung voraus. Hierzu wird auf die Ausführungen zu § 50d Abs. 8 EStG und zu den Rückfallklauseln in den DBA verwiesen (s. Tz. 2.3 und 9).

2 Besteuerung im Inland
2.1 Steuerpflicht nach dem Einkommensteuergesetz

17 Steuerliche Sachverhalte mit Auslandsbezug, die nach dem nationalen Recht der Besteuerung im Inland unterliegen, können im Verhältnis zu DBA-Staaten nur besteuert werden, wenn das jeweils anzuwendende DBA das deutsche Besteuerungsrecht nicht ausschließt.

18 Hat ein Arbeitnehmer einen Wohnsitz oder seinen gewöhnlichen Aufenthalt in Deutschland, unterliegt er als unbeschränkt Steuerpflichtiger grundsätzlich mit seinem gesamten Welteinkommen der inländischen Besteuerung (§ 1 Abs. 1 EStG i. V. m. § 2 Abs. 1 EStG). Fehlt es an einem solchen Wohnsitz oder gewöhnlichen Aufenthalt, ist ein Arbeitnehmer, der inländische Einkünfte i. S. des § 49 Abs. 1 Nr. 4 erzielt, nach § 1 Abs. 4 EStG beschränkt steuerpflichtig. Die Erzielung inländischer Einkünfte nach § 49 Abs. 1 Nr. 4 EStG ist nicht von einem Mindestaufenthalt im Inland abhängig.

19 Auf die unbeschränkte Steuerpflicht nach § 1 Abs. 2 und 3 EStG sowie § 1a EStG wird hingewiesen.

Beispiel:

20 Der in den Niederlanden wohnhafte Arbeitnehmer A ist für den in Aachen ansässigen Arbeitgeber B tätig. A übt seine Tätigkeit zu 60 % in Deutschland und zu 40 % in den Niederlanden aus.

Soweit A seine Tätigkeit im Inland ausübt, erzielt er inländische Einkünfte i. S. des § 49 Abs. 1 Nr. 4 Buchstabe a EStG. Nur für den auf diese Tätigkeit entfallenden Arbeitslohn besteht eine beschränkte Steuerpflicht nach § 1 Abs. 4 EStG.

Besteht eine beschränkte Steuerpflicht i. S. des § 1 Abs. 4 EStG, kann der Arbeitnehmer bei Vorliegen der Voraussetzungen des § 1 Abs. 3 EStG (bei EU/EWR-Staatsangehörigen i. V. m. § 1a EStG) als unbeschränkt Steuerpflichtiger behandelt werden.

2.2 Progressionsvorbehalt

21 Besteht im Inland ein Wohnsitz oder gewöhnlicher Aufenthalt, unterliegen die nach einem DBA in Deutschland steuerfreien Einkünfte dem Progressionsvorbehalt nach § 32b Abs. 1 Nr. 3 erster Halbsatz EStG. Bei einer im Veranlagungszeitraum nur zeitweise bestehenden unbeschränkten Steuerpflicht sind die ausländischen Einkünfte, die im Veranlagungszeitraum nicht der deutschen Einkommensteuer unterlegen haben, ebenfalls in den Progressionsvorbehalt einzubeziehen (§ 32b Abs. 1 Nr. 2 EStG).

22 Verfügt der Arbeitnehmer im Inland über keinen Wohnsitz oder hat er keinen gewöhnlichen Aufenthalt und wird § 1 Abs. 3 EStG, § 1a EStG oder § 50 Abs. 5 Satz 2 Nr. 2 EStG angewendet, ist der Progressionsvorbehalt ebenfalls zu berücksichtigen, wenn die Summe der nicht der deutschen Einkommensteuerpflicht unterliegenden Einkünfte positiv ist (§ 32b Abs. 1 Nr. 3 zweiter Halbsatz EStG). Wird eine Einkommensteuerveranlagung nach § 50 Abs. 5 Satz 2 Nr. 2 EStG auf Antrag durchgeführt, sind zusätzlich die Einkünfte, die dem Steuerabzug vom Kapitalertrag oder dem Steuerabzug aufgrund des § 50a EStG unterliegen, in den Progressionsvorbehalt einzubeziehen (§ 50 Abs. 5 Satz 2 Nr. 2 Satz 6 EStG).

23 Die Höhe der Einkünfte, die dem Progressionsvorbehalt unterliegen, ist nach deutschem Steuerrecht zu ermitteln (BFH-Urteil vom 22. Mai 1991, BStBl. 1992 II S. 94). Dies bedeutet, dass beispielsweise ausländische Werbungskostenpauschalen oder Steuerbefreiungsvorschriften nicht zu berücksichtigen sind. Die steuerfreien ausländischen Einkünfte aus nichtselbständiger Arbeit i. S. des § 32b Abs. 1 Nr. 2 und 3 EStG sind als Überschuss der Einnahmen über die Werbungskosten zu berechnen. Dabei sind die tatsächlich angefallenen Werbungskosten oder der Arbeitnehmer-Pauschbetrag auch dann zu berücksichtigen, wenn bei der Ermittlung des im Inland zu versteuernden Einkommens der Arbeitnehmer-Pauschbetrag gemäß § 9a Satz 1 Nr. 1 Buchstabe a EStG gewährt wurde (BFH-Urteil vom 17. Dezember 2003, BStBl. 2005 II S. 96).

2.3 Anwendung des § 50d Abs. 8 EStG

24 Ab dem Veranlagungszeitraum 2004 ist gemäß § 50d Abs. 8 EStG zu beachten, dass die in einem DBA vereinbarte Freistellung der Einkünfte eines unbeschränkt Steuerpflichtigen aus nichtselbständiger Arbeit in Deutschland nur zu gewähren ist, soweit der Steuerpflichtige nachweist, dass der Staat, dem nach dem Abkommen das Besteuerungsrecht zusteht (Tätigkeitsstaat), auf dieses Besteuerungsrecht verzichtet hat oder dass die in diesem Staat auf die Einkünfte festgesetzten Steuern entrichtet wurden.

25 Zu weiteren Einzelheiten hierzu wird auf die Ausführungen im BMF-Schreiben vom 21. Juli 2005, BStBl. I S. 821 verwiesen*).

3 Besteuerung im Tätigkeitsstaat – Artikel 15 Abs. 1 OECD-MA

26 Nach Art. 15 Abs. 1 OECD-MA können die Vergütungen aus unselbständiger Arbeit ausschließlich im Ansässigkeitsstaat des Arbeitnehmers besteuert werden, es sei denn, die Tätigkeit wird im anderen Staat ausgeübt. Wird die unselbständige Arbeit im anderen Staat ausgeübt, steht grundsätzlich diesem Staat (Tätigkeitsstaat) das Besteuerungsrecht für die bezogenen Vergütungen zu.

27 Der Ort der Arbeitsausübung ist grundsätzlich der Ort, an dem sich der Arbeitnehmer zur Ausführung seiner Tätigkeit persönlich aufhält. Unerheblich ist, woher oder wohin die Zahlung des Arbeitslohns geleistet wird oder wo der Arbeitgeber ansässig ist.

4 Besteuerung im Ansässigkeitsstaat – Artikel 15 Abs. 2 OECD-MA (183-Tage-Klausel)
4.1 Voraussetzungen

28 Abweichend von Art. 15 Abs. 1 OECD-MA steht dem Ansässigkeitsstaat des Arbeitnehmers das ausschließliche Besteuerungsrecht für eine nicht in diesem Staat ausgeübte nichtselbständige Arbeit zu, wenn

- sich der Arbeitnehmer insgesamt nicht länger als 183 Tage innerhalb eines im jeweiligen Abkommen näher beschriebenen Zeitraums im Tätigkeitsstaat aufgehalten oder die Tätigkeit dort ausgeübt hat (Tz. 4.2) **und**
- der Arbeitgeber, der die Vergütungen zahlt, nicht im Tätigkeitsstaat ansässig ist (Tz. 4.3) **und**
- der Arbeitslohn nicht von einer Betriebsstätte oder einer festen Einrichtung, die der
 Arbeitgeber im Tätigkeitsstaat hat, getragen wurde (Tz. 4.4).

29 Nach einigen DBA ist weitere Voraussetzung, dass der Arbeitgeber im selben Staat wie der Arbeitnehmer ansässig ist, z. B. Art. 15 Abs. 2 Buchstabe b DBA-Norwegen.

30 Nur wenn alle drei Voraussetzungen zusammen vorliegen, steht dem Ansässigkeitsstaat des Arbeitnehmers das Besteuerungsrecht für Vergütungen, die für eine im Ausland ausgeübte Tätigkeit gezahlt werden, zu.

31 Liegen dagegen nicht sämtliche Voraussetzungen des Art. 15 Abs. 2 OECD-MA zusammen vor, steht nach Art. 15 Abs. 1 OECD-MA dem Tätigkeitsstaat das Besteuerungsrecht für die vom Arbeitnehmer dort ausgeübte unselbständige Arbeit zu.

32 Ist in einem solchen Fall Deutschland der Ansässigkeitsstaat des Arbeitnehmers, sind die Vergütungen unter Beachtung des § 50d Abs. 8 EStG im Inland freizustellen und nur im Rahmen des Progressionsvorbehalts zu berücksichtigen.

33 Ist in einem solchen Fall Deutschland der Tätigkeitsstaat, ist nach den Vorschriften des nationalen Rechts zu prüfen, ob die Vergütungen des Arbeitnehmers aus seiner im Inland ausgeübten Tätigkeit im Wege der unbeschränkten oder der beschränkten Steuerpflicht der inländischen Besteuerung unterliegen.

4.2 Artikel 15 Abs. 2 Buchstabe a OECD-MA – Aufenthalt bis zu 183 Tagen
4.2.1 Ermittlung der Aufenthalts-/Ausübungstage

34 Die in den DBA genannte 183-Tage-Frist bezieht sich häufig auf den **Aufenthalt** im Tätigkeitsstaat (z. B. Art. 13 Abs. 4 Nr. 1 DBA-Frankreich; Art. 15 Abs. 2 Buchstabe a DBA-Italien; Art. 15 Abs. 2 Buchstabe a DBA-Österreich). Nach einigen DBA ist jedoch die Dauer der **Ausübung** der nichtselbständigen Arbeit im Tätigkeitsstaat maßgebend (Art. 15 Abs. 2 Nr. 1 DBA-Belgien; Art. 15 Abs. 2 Buchstabe a DBA-Dänemark).

---
*) Abgedruckt als Anlage 9 zu H 123 LStR.

§ 39 b EStG
R 123

35 Die genannte 183-Tage-Frist kann sich entweder auf das **Steuerjahr** beziehen **oder** auf das **Kalenderjahr** (z. B. Art. 15 Abs. 2 Buchstabe a DBA-Italien; Art. 15 Abs. 2 Buchstabe a DBA-Schweiz; Art. 10 Abs. 2 Nr. 1 DBA-Luxemburg) **oder** auch auf einen **Zeitraum von zwölf Monaten** (z. B. Art. 15 Abs. 2 Buchstabe a DBA-Kanada 2001; Art. 15 Abs. 2 Buchstabe a DBA-Russische Föderation; Art. 15 Abs. 2 Buchstabe a DBA-Norwegen). Zum Übergang vom Steuerjahr auf einen Zwölfmonatszeitraum als Bezugszeitraum nach dem DBA-Polen wird auf das BMF-Schreiben vom 29. Oktober 2004, BStBl. I S. 1029 verwiesen.

36 Da es sich bei der Ermittlung der Aufenthalts-/Ausübungstage um ein Besteuerungsmerkmal handelt, das ausschließlich Aufenthalts- oder Ausübungstage im Tätigkeitsstaat betrifft, ist ein Wechsel der Ansässigkeit innerhalb der vorgenannten Bezugszeiträume unbeachtlich. Demzufolge sind die nach der 183-Tage-Klausel zu berücksichtigenden Tage im Tätigkeitsstaat ohne Beachtung der Ansässigkeit zusammenzurechnen.

Beispiel:
Der in Schweden ansässige A ist für seinen schwedischen Arbeitgeber ab dem 1. Juni 01 für eine Probezeit von drei Monaten in Deutschland tätig. Ab dem 1. September 01 wird A in Deutschland dauerhaft tätig und soll ab diesem Zeitpunkt als in Deutschland ansässig gelten. A hält sich während des genannten Zeitraums an mehr als 183 Tagen in Deutschland auf.

Für die Ermittlung der Aufenthaltstage ist es unerheblich, dass A ab dem 1. September 01 in Deutschland ansässig ist. Deutschland steht das Besteuerungsrecht für die vom 1. Juni bis 31. Dezember 01 erzielten Vergütungen zu.

4.2.2 183-Tage-Frist – Aufenthalt im Tätigkeitsstaat

37 Wird in einem DBA zur Ermittlung der Aufenthalts-/Ausübungstage auf den **Aufenthalt** im Tätigkeitsstaat abgestellt, so ist hierbei nicht die Dauer der beruflichen Tätigkeit maßgebend, sondern allein die körperliche Anwesenheit im Tätigkeitsstaat. Es kommt darauf an, ob der Arbeitnehmer an mehr als 183 Tagen im Tätigkeitsstaat anwesend war. Dabei ist auch eine nur kurzfristige Anwesenheit an einem Tag als voller Aufenthaltstag im Tätigkeitsstaat zu berücksichtigen. Es muss sich nicht um einen zusammenhängenden Aufenthalt im Tätigkeitsstaat handeln; mehrere Aufenthalte im selben Tätigkeitsstaat sind zusammenzurechnen.

38 Als volle Tage des Aufenthalts im Tätigkeitsstaat werden u. a. mitgezählt:
– der Ankunfts- und Abreisetag,
– alle Tage der Anwesenheit im Tätigkeitsstaat unmittelbar vor, während und unmittelbar nach der Tätigkeit, z. B. Samstage, Sonntage, öffentliche Feiertage,
– Tage der Anwesenheit im Tätigkeitsstaat während Arbeitsunterbrechungen, z. B. bei Streik, Aussperrung, Ausbleiben von Lieferungen oder Krankheit, es sei denn, die Krankheit steht der Abreise des Arbeitnehmers entgegen und er hätte ohne sie die Voraussetzungen für die Steuerbefreiung im Tätigkeitsstaat erfüllt,
– Urlaubstage, die unmittelbar oder in einem engen zeitlichen Zusammenhang vor, während und nach der Tätigkeit im Tätigkeitsstaat verbracht werden.

39 Tage, die ausschließlich außerhalb des Tätigkeitsstaats verbracht werden, unabhängig davon, ob aus beruflichen oder privaten Gründen, werden nicht mitgezählt. Auch zählen Tage des Transits in einem Durchreisestaat nicht als Aufenthaltstage für diesen Staat.

40 Kehrt der Arbeitnehmer täglich zu seinem Wohnsitz im Ansässigkeitsstaat zurück, so ist er täglich im Tätigkeitsstaat anwesend (BFH-Urteil vom 10. Juli 1996, BStBl. 1997 II S. 15).

41 Zur Ermittlung der Aufenthaltstage nach dem DBA-Frankreich wird auf die Verständigungsvereinbarung mit Frankreich vom 16. Februar 2006 (BMF-Schreiben vom 3. April 2006, BStBl. I S. 304) hingewiesen*).

Beispiel 1:

42 A ist für seinen deutschen Arbeitgeber mehrere Monate lang jeweils von Montag bis Freitag in den Niederlanden tätig. Seine Wochenenden verbringt er bei seiner Familie in Deutschland. Dazu fährt er an jedem Freitag nach Arbeitsende nach Deutschland. Er verlässt Deutschland jeweils am Montagmorgen, um in den Niederlanden seiner Berufstätigkeit nachzugehen.

Die Tage von Montag bis Freitag sind jeweils als volle Anwesenheitstage in den Niederlanden zu berücksichtigen, weil sich A dort zumindest zeitweise aufgehalten hat. Dagegen können die Samstage und Sonntage mangels Aufenthalt in den Niederlanden nicht als Anwesenheitstage im Sinne der 183-Tage-Klausel berücksichtigt werden.

Beispiel 2:

43 Wie Fall 1. Jedoch fährt A an jedem Samstagmorgen von den Niederlanden nach Deutschland und an jedem Sonntagabend zurück in die Niederlande.

Bei diesem Sachverhalt sind auch die Samstage und Sonntage als volle Anwesenheitstage in den Niederlanden im Sinne der 183-Tage-Klausel zu berücksichtigen, weil sich A an diesen Tagen zumindest zeitweise dort aufgehalten hat.

Beispiel 3:

44 B ist für seinen deutschen Arbeitgeber vom 1. Januar bis 15. Juni in Schweden tätig. Vom 25. Juni bis 24. Juli verbringt er dort seinen Urlaub.

Das Besteuerungsrecht für den Arbeitslohn hat Schweden, weil sich B länger als 183 Tage im Kalenderjahr in Schweden aufgehalten hat (Art. 15 DBA-Schweden), denn die Urlaubstage, die B im Anschluss an seine Tätigkeit in Schweden verbringt, stehen in einem engen zeitlichen Zusammenhang mit dieser Tätigkeit und werden daher für die Aufenthaltsdauer berücksichtigt.

Beispiel 4:

45 C fährt für seinen deutschen Arbeitgeber an einem Montag mit dem Pkw von Hamburg nach Mailand, um dort eine Montagetätigkeit auszuüben. Er unterbricht seine Fahrt in Österreich, wo er übernachtet. Am folgenden Tag fährt C weiter nach Mailand. Am Freitag fährt C von Mailand über Österreich nach Hamburg zurück.

C durchquert Österreich lediglich für Zwecke des Transits. Zur Berechnung der Aufenthaltstage in Österreich werden daher die Tage, die C auf seiner Fahrt von und nach Mailand in Österreich verbringt, nicht gezählt; damit sind für Italien vier Tage zu zählen, für Österreich ist kein Tag zu berücksichtigen.

4.2.3 183-Tage-Frist – Dauer der Ausübung der unselbständigen Arbeit im Tätigkeitsstaat

46 Wird in einem DBA zur Ermittlung der Aufenthalts-/Ausübungstage auf die Dauer der **Ausübung** der unselbständigen Arbeit im Tätigkeitsstaat abgestellt, so ist hierbei jeder Tag zu berücksichtigen, an dem sich der Arbeitnehmer, sei es auch nur für kurze Zeit, in dem anderen Vertragsstaat zur Arbeitsausübung tatsächlich aufgehalten hat.

47 Tage der Anwesenheit im Tätigkeitsstaat, an denen eine Ausübung der beruflichen Tätigkeit, ausnahmsweise nicht möglich ist, werden mitgezählt, z. B. bei Streik, Aussperrung, Ausbleiben von Lieferungen oder Krankheit, es sei denn, die Krankheit steht der Abreise des Arbeitnehmers entgegen und er hätte ohne sie die Voraussetzungen für die Steuerbefreiung im Tätigkeitsstaat erfüllt. Abweichend von Tz. 4.2.2 sind alle arbeitsfreien Tage der Anwesenheit im Tätigkeitsstaat vor, während und nach der Tätigkeit, z. B. Samstage, Sonntage, öffentliche Feiertage, Urlaubstage, nicht zu berücksichtigen.

48 Im Verhältnis zu Belgien gilt die Besonderheit, dass für die Berechnung der Tage der Arbeitsausübung übliche Arbeitsunterbrechungen mitgezählt werden. Daraus folgt, dass z. B. Tage wie Samstage, Sonntage, Krankheits- und Urlaubstage, auch wenn sie nicht im Tätigkeitsstaat verbracht werden, mitzuzählen sind, soweit sie auf den Zeitraum der Auslandstätigkeit entfallen (Art. 15 Abs. 2 Nr. 1 DBA-Belgien).

Beispiel 1:

49 A ist für seinen deutschen Arbeitgeber mehrere Monate lang jeweils von Montag bis Freitag in Dänemark tätig. Seine Wochenenden verbringt er bei seiner Familie in Deutschland. Dazu fährt er an jedem Samstagmorgen von Dänemark nach Deutschland und an jedem Sonntagabend zurück nach Dänemark.

Die Tage von Montag bis Freitag sind jeweils als volle Tage in Dänemark zu berücksichtigen, weil A an diesen Tagen dort seine berufliche Tätigkeit ausgeübt hat. Dagegen können die Samstage und Sonntage mangels Ausübung der Tätigkeit in Dänemark nicht als Tage im Sinne der 183-Tage-Klausel berücksichtigt werden.

Beispiel 2:

50 B ist für seinen deutschen Arbeitgeber zwei Wochen in Belgien tätig. Hierzu reist B am Sonntag nach Brüssel und nimmt dort am Montag seine Tätigkeit auf. Am folgenden arbeitsfreien Wochenende fährt B am Samstag nach Deutschland und kehrt am Montagmorgen zurück nach Brüssel. Nach Beendigung seiner Tätigkeit am darauf folgenden Freitag kehrt B am Samstag nach Deutschland zurück.

Der Anreisetag sowie der Abreisetag werden nicht als Tage in Belgien berücksichtigt, weil B an diesen Tagen dort seine berufliche Tätigkeit nicht ausgeübt hat und eine Arbeitsunterbrechung nicht gegeben ist. Die Tage von

---
*) Abgedruckt als Anlage 10 zu H 123 LStR.

Montag bis Freitag sind jeweils als Tage in Belgien zu berücksichtigen, weil B an diesen Tagen dort seine berufliche Tätigkeit ausgeübt hat. Das dazwischen liegende Wochenende wird unabhängig vom Aufenthaltsort für Belgien berücksichtigt, weil eine übliche Arbeitsunterbrechung vorliegt.

4.2.4 Anwendung der 183-Tage-Frist auf das Steuerjahr/ Kalenderjahr

51 Wird in einem DBA zur Ermittlung der Aufenthalts-/Ausübungstage auf das Steuerjahr oder Kalenderjahr abgestellt, so sind die Aufenthalts-/Ausübungstage für jedes Steuer- oder Kalenderjahr gesondert zu ermitteln. Weicht das Steuerjahr des anderen Vertragsstaats vom Steuerjahr Deutschlands (= Kalenderjahr) ab, ist jeweils das Steuerjahr des Vertragsstaats maßgebend, in dem die Tätigkeit ausgeübt wird.

52 Folgende Vertragsstaaten haben ein vom Kalenderjahr abweichendes Steuerjahr:

Australien	01.07. bis 30.06.
Bangladesch	01.07. bis 30.06.
Großbritannien	06.04. bis 05.04.
Indien	01.04. bis 31.03.
Iran	21.03. bis 20.03.
Mauritius	01.07. bis 30.06.
Namibia	01.03. bis 28./29.02.
Neuseeland	01.04. bis 31.03.
Pakistan	01.07. bis 30.06.
Sri Lanka	01.04. bis 31.03.
Südafrika	01.03. bis 28./29.02.

53 Irland hat sein Steuerjahr zum 1. Januar 2002 auf das Kalenderjahr umgestellt.

Beispiel 1:

54 A ist vom 1. Oktober 01 bis 31. Mai 02 für seinen deutschen Arbeitgeber in Schweden tätig.

Die Aufenthaltstage sind für jedes Kalenderjahr getrennt zu ermitteln. A hält sich weder im Kalenderjahr 01 noch im Kalenderjahr 02 länger als 183 Tage in Schweden auf.

Beispiel 2:

55 B ist für seinen deutschen Arbeitgeber vom 1. Januar bis 31. Juli 02 in Großbritannien (Steuerjahr 6. April bis 5. April) tätig.

Die Aufenthaltstage sind für jedes Steuerjahr getrennt zu ermitteln. Maßgeblich ist das Steuerjahr des Tätigkeitsstaates. Da das Steuerjahr 01/02 in Großbritannien am 5. April 02 endet, hält sich B weder im Steuerjahr 01/02 noch im Steuerjahr 02/03 länger als 183 Tage in Großbritannien auf.

4.2.5 Anwendung der 183-Tage-Frist auf einen 12-Monats-Zeitraum

56 Wird in einem DBA statt auf das Steuer- oder Kalenderjahr auf einen „Zeitraum von zwölf Monaten" abgestellt, so sind hierbei alle denkbaren 12-Monats-Zeiträume in Betracht zu ziehen, auch wenn sie sich zum Teil überschneiden. Immer wenn sich der Arbeitnehmer in einem beliebigen 12-Monats-Zeitraum an mehr als 183 Tagen in dem anderen Vertragsstaat aufhält, steht diesem für die Einkünfte, die auf diese Tage entfallen, das Besteuerungsrecht zu. Mit jedem Aufenthaltstag des Arbeitnehmers in dem anderen Vertragsstaat ergeben sich somit neue zu beachtende 12-Monats-Zeiträume.

Beispiel 1:

57 A ist für seinen deutschen Arbeitgeber vom 1. April 01 bis 20. April 01, zwischen dem 1. August 01 und dem 31. März 02 für 90 Tage sowie vom 25. April 02 bis zum 31. Juli 02 für 97 Tage in Norwegen tätig.

Für die Vergütungen, die innerhalb des Zeitraums 1. August 01 bis 31. Juli 02 auf Tage entfallen, an denen sich A in Norwegen aufhält, hat Norwegen das Besteuerungsrecht, da sich A innerhalb eines 12-Monats-Zeitraums dort an insgesamt mehr als 183 Tagen aufgehalten hat. Deutschland stellt insoweit die Vergütungen des A unter Beachtung des § 50d Abs. 8 EStG und des Progressionsvorbehalts frei (Art. 23 Abs. 2 DBA-Norwegen). Das Besteuerungsrecht für die Einkünfte, die auf den Zeitraum 1. April 01 bis 20. April 01 entfallen, steht dagegen Deutschland zu, da in allen auf diesen Zeitraum bezogenen denkbaren 12-Monats-Zeiträumen sich A an nicht mehr als 183 Tagen in Norwegen aufgehalten hat.

Beispiel 2:

58 B ist für seinen deutschen Arbeitgeber zwischen dem 1. Januar 01 und dem 28. Februar 01 sowie vom 1. Mai 01 bis zum 30. April 02 für jeweils monatlich 20 Tage in Norwegen tätig.

Das Besteuerungsrecht für die Vergütungen, die innerhalb des Zeitraums 1. Mai 01 bis 30. April 02 auf Tage entfallen, an denen sich B in Norwegen aufhält, hat Norwegen, da sich B innerhalb eines 12-Monats-Zeitraums dort an insgesamt mehr als 183 Tagen (= 240 Tage) aufgehalten hat. Gleiches gilt für den Zeitraum 1. Januar 01 bis 28. Februar 01, da sich B auch innerhalb des 12-Monats-Zeitraums vom 1. Januar 01 bis zum 31. Dezember 01 an insgesamt mehr als 183 Tagen (= 200 Tage) in Norwegen aufgehalten hat. Deutschland stellt insoweit die Vergütungen des B unter Beachtung des § 50d Abs. 8 EStG und des Progressionsvorbehalts frei (Art. 23 Abs. 2 DBA-Norwegen).

4.3 Artikel 15 Abs. 2 Buchstabe b OECD-MA – Zahlung durch einen im Tätigkeitsstaat ansässigen Arbeitgeber

4.3.1 Allgemeines

59 Die im Ausland ausgeübte unselbständige Tätigkeit eines Arbeitnehmers kann für seinen zivilrechtlichen Arbeitgeber (Tz. 4.3.2), im Rahmen einer Arbeitnehmerentsendung zwischen verbundenen Unternehmen (Tz. 4.3.3) oder aber für einen fremden dritten Arbeitgeber (Tz. 4.3.4 und 4.3.5) erfolgen.

60 Eine Betriebsstätte kommt zivilrechtlich nicht als Arbeitgeberin in Betracht (BFH-Urteile vom 29. Januar 1986, BStBl. II S. 442 und BStBl. II S. 513). Jedoch ist eine Personengesellschaft regelmäßig zivilrechtlich Arbeitgeberin. Die Ansässigkeit des Unternehmens bestimmt sich in diesem Fall nach dem Ort der Geschäftsleitung. Entsprechendes gilt für eine Personengesellschaft, die im anderen Staat wie eine Kapitalgesellschaft besteuert wird.

Beispiel:

61 A ist Arbeitnehmer des ausländischen (britischen) Unternehmens B. Er wohnt seit Jahren in Deutschland und ist bei einer deutschen unselbständigen Betriebsstätte des B in Hamburg beschäftigt. Im Jahr 01 befindet er sich an fünf Arbeitstagen bei Kundenbesuchen in der Schweiz und an fünf Arbeitstagen bei Kundenbesuchen in Norwegen.

Aufenthalt in der Schweiz: Maßgeblich ist das DBA-Schweiz, da A in Deutschland ansässig ist (Art. 1, 4 Abs. 1 DBA-Schweiz) und die „Quelle" der Einkünfte aus nichtselbständiger Arbeit in dem Staat liegt, in dem die Tätigkeit ausgeübt wird. Nach Art. 15 Abs. 2 DBA-Schweiz hat Deutschland das Besteuerungsrecht, da neben der Erfüllung der weiteren Voraussetzungen dieser Vorschrift A von einem Arbeitgeber entlohnt wird, der nicht in der Schweiz ansässig ist.

Aufenthalt in Norwegen: Maßgeblich ist das DBA-Norwegen. Deutschland hat kein Besteuerungsrecht für die Tätigkeit in Norwegen. Zwar hält sich A nicht länger als 183 Tage in Norwegen auf. Das Besteuerungsrecht steht Deutschland nach Art. 15 Abs. 2 Buchstabe b DBA-Norwegen aber nur dann zu, wenn der Arbeitgeber in dem Staat ansässig ist, in dem auch der Arbeitnehmer ansässig ist. Arbeitgeber ist hier das ausländische (britische) Unternehmen B; die inländische unselbständige Betriebsstätte kann nicht Arbeitgeber i. S. des DBA sein. Deutschland stellt die Vergütungen unter Beachtung des § 50d Abs. 8 EStG und des Progressionsvorbehalts frei (Art. 23 Abs. 2 DBA-Norwegen).

4.3.2 Auslandstätigkeit für den zivilrechtlichen Arbeitgeber

62 Sofern der im Inland ansässige Arbeitnehmer für seinen zivilrechtlichen Arbeitgeber z. B. im

Rahmen einer Lieferung- oder Werkleistung bei einem nicht verbundenen Unternehmen im

Ausland tätig ist, ist regelmäßig davon auszugehen, dass der zivilrechtliche Arbeitgeber auch

der Arbeitgeber i S. des DBA ist.

63 Entsprechendes gilt für einen im Ausland ansässigen Arbeitnehmer, der für seinen zivilrechtlichen Arbeitgeber im Inland tätig ist.

4.3.3 Arbeitnehmerentsendung zwischen international verbundenen Unternehmen

4.3.3.1 Wirtschaftlicher Arbeitgeber

64 Arbeitgeber i. S. des DBA kann nicht nur der zivilrechtliche Arbeitgeber, sondern auch eine andere natürliche oder juristische Person sein, die die Vergütung für die ihr geleistete nichtselbständige Tätigkeit wirtschaftlich trägt (BFH-Urteil vom 23. Februar 2005, BStBl. II S. 547). Entsprechendes gilt für Personengesellschaften (vgl. Tz. 4.3.1). Wird die unselbständige Tätigkeit eines im Inland ansässigen Arbeitnehmers bei einem im Ausland ansässigen verbundenen Unternehmen (Art. 9 OECD-MA) ausgeübt, ist zu prüfen, welches dieser Unternehmen als Arbeitgeber i. S. des DBA anzusehen ist. Hierbei ist auf den wirtschaftlichen Gehalt und die tatsächliche Durchführung der zugrunde liegenden Vereinbarungen abzustellen.

65 Entsprechendes gilt, wenn ein im Ausland ansässiger Arbeitnehmer bei einem im Inland ansässigen verbundenen Unternehmen (Art. 9 OECD-MA) tätig ist.

66 Wird der Arbeitnehmer zur Erfüllung einer Lieferungs- oder Werkleistungsverpflichtung des entsendenden Unternehmens bei einem verbundenen Unternehmen tätig und ist sein Arbeitslohn Preisbestandteil der Lieferung oder Werkleistung, ist der zivilrechtliche Arbeitgeber (= entsendendes Unternehmen) auch Arbeitgeber i. S. des DBA. Die Grundsätze des BMF-Schreibens vom 9. November 2001, BStBl. I S. 796 (Grundsätze für die Prüfung der Einkunftsabgrenzung zwischen international verbundenen Unternehmen in Fällen der Arbeitnehmerentsendung – [Verwaltungsgrundsätze – Arbeitnehmerentsendung]) sind bei der Abgrenzung zu beachten. Einzeln abgrenzbare Leistungen sind gesondert zu betrachten.

67 Dagegen wird das aufnehmende verbundene Unternehmen Arbeitgeber im abkommensrechtlichen Sinne (wirtschaftlicher Arbeitgeber), wenn

– der Arbeitnehmer in das aufnehmende Unternehmen eingebunden ist und

– das aufnehmende Unternehmen den Arbeitslohn (infolge seines eigenen betrieblichen Interesses an der Entsendung des Arbeitnehmers) wirtschaftlich trägt. Hierbei ist es unerheblich, ob die Vergütungen unmittelbar dem betreffenden Arbeitnehmer ausgezahlt werden, oder ein anderes Unternehmen mit diesen Arbeitsvergütungen in Vorlage tritt.

68 Für die Entscheidung, ob der Arbeitnehmer in das aufnehmende Unternehmen eingebunden ist, ist das Gesamtbild der Verhältnisse maßgebend. Hierbei ist insbesondere zu berücksichtigen, ob

– das aufnehmende Unternehmen die Verantwortung oder das Risiko für die durch die Tätigkeit des Arbeitnehmers erzielten Ergebnisse trägt, und

– der Arbeitnehmer den Weisungen des aufnehmenden Unternehmens unterworfen ist.

69 Darüber hinaus kann für die vorgenannte Entscheidung u. a. zu berücksichtigen sein, wer über Art und Umfang der täglichen Arbeit, die Höhe der Bezüge, die Teilnahme an einem etwaigen Erfolgsbonus- und Aktienerwerbsplan des Konzerns oder die Urlaubsgewährung entscheidet, wer die Arbeitsmittel stellt, das Risiko für eine Lohnzahlung im Nichtleistungsfall trägt, das Recht der Entscheidung über Kündigung oder Entlassung hat, oder für die Sozialversicherungsbelange des Arbeitnehmers verantwortlich ist, in wessen Räumlichkeiten die Arbeit erbracht wird, welchen Zeitraum das Tätigwerden im aufnehmenden Unternehmen umfasst, wem gegenüber Abfindungs- und Pensionsansprüche erwachsen und mit wem der Arbeitnehmer Meinungsverschiedenheiten aus dem Arbeitsvertrag auszutragen hat.

70 Ein aufnehmendes Unternehmen wird regelmäßig als wirtschaftlicher Arbeitgeber anzusehen sein, wenn es nach den Verwaltungsgrundsätzen-Arbeitnehmerentsendung (BMF-Schreiben vom 9. November 2001, BStBl. I S. 796) die Lohnaufwendungen getragen hat oder nach dem Fremdvergleich hätte tragen müssen.

71 Zu einem Wechsel der Arbeitgeberstellung bedarf es weder einer förmlichen Änderung des Dienstvertrages zwischen dem Arbeitnehmer und dem entsendenden Unternehmen noch ist der Abschluss eines zusätzlichen Arbeitsvertrages zwischen dem Arbeitnehmer und dem aufnehmenden Unternehmen oder eine im Vorhinein getroffene Verrechnungspreisabrede zwischen den betroffenen verbundenen Unternehmen erforderlich (s. auch BFH-Urteil vom 23. Februar 2005, BStBl. II S. 547).

72 Zu dem Sonderfall eines Arbeitnehmers, der im Interesse seines inländischen Arbeitgebers die Funktion als Verwaltungsratsmitglied oder -beirat bei einem ausländischen verbundenen Unternehmen wahrnimmt, s. BFH-Urteil vom 23. Februar 2005, a. a. O.

73 Auf die in den Fällen der Arbeitnehmerentsendung mögliche Lohnsteuerabzugsverpflichtung für das aufnehmende Unternehmen nach § 38 Abs. 1 Satz 2 EStG wird hingewiesen.

4.3.3.2 Vereinfachungsregelung

74 Bei einer Entsendung von nicht mehr als drei Monaten (jahresübergreifend für sachlich zusammenhängende Tätigkeiten) spricht eine widerlegbare Anscheinsvermutung dafür, dass das aufnehmende Unternehmen mangels Einbindung des Arbeitnehmers nicht als wirtschaftlicher Arbeitgeber anzusehen ist.

4.3.3.3 Entsendendes und aufnehmendes Unternehmen sind Arbeitgeber

75 Ist ein Arbeitnehmer abwechselnd sowohl für seinen inländischen zivilrechtlichen Arbeitgeber als auch für ein weiteres im Ausland ansässiges verbundenes Unternehmen tätig, können abkommensrechtlich beide Unternehmen „Arbeitgeber" des betreffenden Arbeitnehmers sein. Voraussetzung ist, dass nach den vorgenannten Grundsätzen beide Unternehmen für die jeweils anteiligen Vergütungen als Arbeitgeber i. S. des DBA anzusehen sind. Dies kann z. B. der Fall sein, wenn sowohl das entsendende als auch das aufnehmende Unternehmen ein Interesse an der Entsendung haben, weil der Arbeitnehmer Planungs-, Koordinierungs- oder Kontrollfunktionen für das entsendende Unternehmen ausübt (Tz. 3.1.1 der Verwaltungsgrundsätze-Arbeitnehmerentsendung; BMF-Schreiben vom 9. November 2001, BStBl. I S. 796). Es liegen in einem solchen Fall zwei Arbeitsverhältnisse vor, die mit ihren (zeit-)anteiligen Vergütungen getrennt zu beurteilen sind.

76 Erhält der Arbeitnehmer seine Vergütungen aus unselbständiger Tätigkeit in vollem Umfang von seinem zivilrechtlichen Arbeitgeber und trägt das im Ausland ansässige verbundene Unternehmen wirtschaftlich die an den Arbeitnehmer gezahlten (zeit-)anteiligen Vergütungen für die in diesem Unternehmen ausgeübte Tätigkeit, indem die (zeit-)anteiligen Vergütungen zwischen den verbundenen Unternehmen verrechnet werden, ist zu prüfen, ob der Betrag dieser (zeit-)anteiligen Vergütungen höher ist, als sie ein anderer Arbeitnehmer unter gleichen oder ähnlichen Bedingungen für diese Tätigkeit in diesem anderen Staat erhalten hätte. Der übersteigende Betrag stellt keine Erstattung von Arbeitslohn dar, sondern ist Ausfluss des Verhältnisses der beiden verbundenen Unternehmen zueinander. Der übersteigende Betrag gehört nicht zum Arbeitslohn für die für das im Ausland ansässige verbundene Unternehmen ausgeübte Tätigkeit.

4.3.3.4 Gestaltungsmissbrauch i. S. des § 42 AO

77 Dient eine Arbeitnehmerentsendung ausschließlich oder fast ausschließlich dazu, die deutsche Besteuerung zu vermeiden, ist im Einzelfall zu prüfen, ob ein Missbrauch rechtlicher Gestaltungsmöglichkeiten nach § 42 AO vorliegt.

Beispiel:

78 Ein in der Schweiz ansässiger Gesellschafter-Geschäftsführer einer inländischen Kapitalgesellschaft unterlag in der Vergangenheit der inländischen Besteuerung nach Art. 15 Abs. 4 DBA-Schweiz. Er legt diese Beteiligung in eine Schweizer AG ein, an der er ebenfalls als Gesellschafter-Geschäftsführer wesentlich beteiligt ist. Dieser Ertrag ist nach Art. 13 Abs. 3 i. V. m. Abs. 4 DBA-Schweiz in Deutschland steuerfrei. Sein inländischer Anstellungsvertrag wird aufgelöst, er wird ab der Umstrukturierung als Arbeitnehmer der neuen Muttergesellschaft im Rahmen eines Managementverleihvertrags für die deutsche Tochtergesellschaft tätig.

Dient die gewählte Gestaltung nur dazu, die Anwendung des Art. 15 Abs. 4 DBA-Schweiz zu vermeiden, ist die Gestaltung ungeachtet der ggf. erfüllten Kriterien der Tz. 4.3.3.1 nach § 42 AO nicht anzuerkennen.

4.3.3.5 Arbeitgeber im Rahmen einer Poolvereinbarung

79 Schließen sich verbundene Unternehmen zu einem Pool zusammen, handelt es sich steuerlich um eine Innengesellschaft (Verwaltungsgrundsätze-Umlageverträge, BMF-Schreiben vom 30. Dezember 1999, BStBl. I S. 1122). Das gegebene zivilrechtliche Arbeitsverhältnis bleibt in diesen Fällen unverändert bestehen. Maßgeblich für die Anwendung des DBA ist dieses Arbeitsverhältnis.

Beispiel:

80 Fünf europäische Landesgesellschaften eines international tätigen Maschinenbau-Konzerns schließen sich zusammen, um für Notfälle eine Einsatzgruppe von Technikern zusammen zu stellen, die je nach Bedarf in Notfällen in den einzelnen Ländern tätig werden sollen. Jede Landesgesellschaft stellt hierfür drei Techniker; die Kosten der Gruppe werden nach einem Umsatzschlüssel auf die Gesellschaften verteilt.

Arbeitgeber i. S. des DBA ist der jeweilige zivilrechtliche Arbeitgeber (Landesgesellschaft) des Technikers.

4.3.4 Gewerbliche Arbeitnehmerüberlassung

81 Gewerbliche Arbeitnehmerüberlassung liegt bei Unternehmen vor, die als Verleiher Dritten (Entleiher) Arbeitnehmer (Leiharbeitnehmer) gewerbsmäßig zur Arbeitsleistung überlassen.

82 Bei einer grenzüberschreitenden Arbeitnehmerüberlassung nimmt der Entleiher grundsätzlich die wesentlichen Arbeitgeberfunktionen wahr. Die entliehenen Arbeitnehmer sind regelmäßig in den Betrieb des Entleihers eingebunden. Dementsprechend ist in Abweichung von Tz. 4.3.3.2 mit Aufnahme der Tätigkeit des Leiharbeitnehmers beim Entleiher dieser als Arbeitgeber i. S. des DBA anzusehen.

83 In Einzelfällen, z. B. bei nur kurzfristiger Überlassung (s. auch BFH-Beschluss vom 4. September 2002, BStBl. 2003 II S. 306), können auch wesentliche Arbeitgeberfunktionen beim Verleiher verbleiben. In diesen Fällen ist zu prüfen, ob nach dem Gesamtbild der Verhältnisse der Verleiher oder der Entleiher überwiegend die wesentlichen Arbeitgeberfunktionen wahrnimmt und damit als Arbeitgeber i. S. des DBA anzusehen ist. Folgende Kriterien sind bei der Prüfung insbesondere zu beachten:
 – Wer trägt die Verantwortung oder das Risiko für die durch die Tätigkeit des Arbeitnehmers erzielten Ergebnisse?
 – Wer hat das Recht, dem Arbeitnehmer Weisungen zu erteilen?
 – Unter wessen Kontrolle und Verantwortung steht die Einrichtung, in der der Arbeitnehmer seine Tätigkeit ausübt?
 – Wer stellt dem Arbeitnehmer im Wesentlichen die Werkzeuge und das Material zur Verfügung?
 – Wer bestimmt die Zahl und die Qualifikation der Arbeitnehmer?

84 Nach einigen DBA ist die 183-Tage-Klausel auf Leiharbeitnehmer nicht anwendbar (z. B. Art. 13 Abs. 6 DBA-Frankreich; Protokoll Ziffer 13 zum DBA-Italien; Art. 15 Abs. 4 DBA-Schweden). In diesen Fällen haben beide Vertragsstaaten das Besteuerungsrecht. Die Doppelbesteuerung wird durch Steueranrechnung vermieden.

85 Nach dem DBA-Österreich steht im Rahmen der Arbeitnehmerüberlassung das Besteuerungsrecht für den Arbeitslohn des überlassenen Arbeitnehmers nur dem Wohnsitzstaat des Arbeitnehmers zu, sofern er sich nicht länger als 183 Tage während des betreffenden Kalenderjahrs im jeweils anderen Staat aufhält und die übrigen Voraussetzungen des Art. 15 Abs. 2 DBA-Österreich erfüllt sind. Hält sich der Arbeitnehmer länger als 183 Tage im Tätigkeitsstaat auf, steht diesem das Besteuerungsrecht zu (Art. 15 Abs. 2, 3 DBA-Österreich).

4.3.5 Gelegentliche Arbeitnehmerüberlassung zwischen fremden Dritten

86 Sofern gelegentlich ein Arbeitnehmer bei einem fremden Dritten eingesetzt wird, kann entweder eine Arbeitnehmerüberlassung oder eine Tätigkeit zur Erfüllung einer Lieferungs- oder Werkleistungsverpflichtung vorliegen.

87 Eine gelegentliche Arbeitnehmerüberlassung liegt grundsätzlich dann vor, wenn der zivilrechtliche Arbeitgeber, dessen Unternehmenszweck nicht die Arbeitnehmerüberlassung ist, mit einem nicht verbundenen Unternehmen vereinbart, den Arbeitnehmer für eine befristete Zeit bei letztgenanntem Unternehmen tätig werden zu lassen und das aufnehmende Unternehmen entweder eine arbeitsrechtliche Vereinbarung (Arbeitsverhältnis) mit dem Arbeitnehmer schließt oder als wirtschaftlicher Arbeitgeber anzusehen ist.

88 Bezogen auf die vom Entleiher gezahlten Vergütungen ist in diesen Fällen regelmäßig der Entleiher als Arbeitgeber i. S. des DBA anzusehen.

4.3.6 Beispiele

Beispiel 1:

89 Das in Spanien ansässige Unternehmen S ist spezialisiert auf die Installation von Computeranlagen. D, ein im Inland ansässiges Unternehmen, hat kürzlich eine neue Computeranlage angeschafft und schließt für die Durchführung der Installation dieser Anlage einen Vertrag mit S ab. X, ein in Spanien ansässiger Angestellter von S, wird für vier Monate an den Firmensitz von D im Inland gesandt, um die vereinbarte Installation durchzuführen.

X wird im Rahmen einer Werkleistungsverpflichtung und nicht im Rahmen einer Arbeitnehmerentsendung des S bei D tätig. Vorausgesetzt, X hält sich nicht mehr als 183 Tage während des betreffenden Steuerjahres in Deutschland auf und S hat in Deutschland keine Betriebsstätte, der die Gehaltszahlungen an X zuzurechnen sind, findet Art. 15 Abs. 2 DBA-Spanien Anwendung mit der Folge, dass das Besteuerungsrecht für die Vergütungen aus nichtselbständiger Arbeit Spanien zugewiesen wird. Deutschland stellt die Vergütungen steuerfrei.

Beispiel 2:

90 Das in Spanien ansässige Unternehmen S ist die Muttergesellschaft einer Firmengruppe. Zu dieser Gruppe gehört auch D, ein im Inland ansässiges Unternehmen, welches Produkte der Gruppe verkauft. S hat eine neue weltweite Marktstrategie für die Produkte der Gruppe entwickelt. Um sicherzustellen, dass diese Strategie von D richtig verstanden und umgesetzt wird, wird X, ein in Spanien ansässiger Angestellter von S, der an der Entwicklung der Marktstrategie mitgearbeitet hat, für vier Monate an den Firmensitz von D gesandt. Das Gehalt von X wird ausschließlich von S getragen.

Auch wenn X länger als drei Monate bei D tätig wird, ist D nicht als wirtschaftlicher Arbeitgeber des X anzusehen. S trägt alleine die Gehaltsaufwendungen des X. Zudem übt X seine Tätigkeit im alleinigen Interesse von S aus. Eine Eingliederung in die organisatorischen Strukturen des D erfolgt nicht. Das Besteuerungsrecht für die Vergütungen des X wird Spanien zugewiesen (Art. 15 Abs. 2 DBA-Spanien). Deutschland stellt die Vergütungen steuerfrei.

Beispiel 3:

91 Ein internationaler Hotelkonzern betreibt durch eine Anzahl von Tochtergesellschaften weltweit Hotels. S, eine in Spanien ansässige Tochtergesellschaft, betreibt in Spanien ein Hotel. D, eine weitere Tochtergesellschaft der Gruppe, betreibt ein Hotel in Deutschland. D benötigt für fünf Monate einen Arbeitnehmer mit spanischen Sprachkenntnissen. Aus diesem Grund wird X, ein in Spanien ansässiger Angestellter der S, zu D entsandt, um während dieser Zeit an der Rezeption im Inland tätig zu sein. X bleibt während dieser Zeit bei S angestellt und wird auch weiterhin von S bezahlt. D übernimmt die Reisekosten von X und bezahlt an S eine Gebühr, die auf dem Gehalt, den Sozialabgaben und weiteren Vergütungen des X für diese Zeit basiert.

Für den Zeitraum der Tätigkeit des X im Inland ist D als wirtschaftlicher Arbeitgeber des X anzusehen. Die Entsendung des X zwischen den international verbundenen Unternehmen D. X erfolgt im Interesse des aufnehmenden Unternehmens D. X ist in dem genannten Zeitraum in den Geschäftsbetrieb des D eingebunden. Zudem trägt D wirtschaftlich die Arbeitsvergütungen. Die Tatbestandsvoraussetzung des Art. 15 Abs. 2 Buchstabe b DBA-Spanien sind damit nicht gegeben. Obwohl X weniger als 183 Tage in Deutschland tätig ist, wird Deutschland gemäß Art. 15 Abs. 1 DBA-Spanien das Besteuerungsrecht für die Vergütungen des X für den genannten Zeitraum zugewiesen.

Beispiel 4:

92 S ist ein in Spanien ansässiges Unternehmen. Es betreibt eine gewerbliche Arbeitnehmerüberlassung für hoch qualifiziertes Personal. D ist ein in Deutschland ansässiges Unternehmen für hochwertige Dienstleistungen im Bausektor. Zur Fertigstellung eines Auftrages im Inland benötigt D für fünf Monate einen Spezialisten und wendet sich deswegen an S. X, ein in Spanien ansässiger Spezialist, wird daraufhin von S für fünf Monate eingestellt. Gemäß einem separaten Vertrag zwischen S und D erklärt sich S damit einverstanden, dass die Arbeitsleistungen von X während dieser Zeit an D erbracht werden. Gemäß diesem Vertrag zahlt D das Gehalt, Sozialversicherungsabgaben, Reisekosten und andere Vergütungen des X.

Im Rahmen der internationalen Arbeitnehmerüberlassung wird D wirtschaftlicher Arbeitgeber des X. D nimmt während des genannten Zeitraums die wesentlichen Arbeitgeberfunktionen wahr. X ist in den Geschäftsbetrieb des D eingebunden. Die Tatbestandsvoraussetzung des Art. 15 Abs. 2 Buchstabe b DBA-Spanien sind damit nicht erfüllt. Gemäß Art. 15 Abs. 1 DBA-Spanien wird somit Deutschland das Besteuerungsrecht für die Vergütungen des X für den genannten Zeitraum zugewiesen.

Beispiel 5:

93 S, ein in Spanien ansässiges Unternehmen, und D, ein in Deutschland ansässiges Unternehmen, sind ausschließlich mit der Ausübung technischer Dienstleistungen befasst. Sie sind keine verbundenen Unternehmen i. S. des Art. 9 OECD-MA. D benötigt für eine Übergangszeit die Leistungen eines Spezialisten, um eine Bauleistung im Inland fertig zu stellen und wendet sich deswegen an S. Beide Unternehmen vereinbaren, dass X, ein in Spanien ansässiger Angestellter von S, für die Dauer von vier Monaten für D unter der direkten Aufsicht von dessen erstem Ingenieur arbeiten soll. X bleibt während dieser Zeit formal weiterhin bei S angestellt. D zahlt S einen Betrag, der dem Gehalt, Sozialversicherungsabgaben, Reisekosten und andere Vergütungen des Technikers für diesen Zeitraum entspricht. Zusätzlich wird ein Aufschlag von 5 % gezahlt. Es wurde vereinbart, dass S von allen Schadenersatzansprüchen, die in dieser Zeit aufgrund der Tätigkeit von X entstehen sollten, befreit ist.

Es liegt eine gelegentliche Arbeitnehmerüberlassung zwischen fremden Unternehmen vor. D ist während des genannten Zeitraums von vier Monaten als wirtschaftlicher Arbeitgeber des X anzusehen. Die Tatbestandsvoraussetzung des Art. 15 Abs. 2 Buchstabe b DBA-Spanien sind damit nicht erfüllt. Gemäß Art. 15 Abs. 1 DBA-Spanien wird somit Deutschland das Besteuerungsrecht für die Vergütungen des X für den genannten Zeitraum zugewiesen. Der Aufschlag in Höhe von 5 % stellt keinen Arbeitslohn des X dar.

4.4 Artikel 15 Abs. 2 Buchstabe c OECD-MA – Zahlung des Arbeitslohns zu Lasten einer Betriebsstätte des Arbeitgebers im Tätigkeitsstaat

94 Maßgebend für den Begriff der „Betriebsstätte" ist die Definition in dem jeweiligen Abkommen (vgl. Art. 5 OECD-MA). Nach mehreren DBA ist z. B. eine Bau- oder Montagestelle (anders als nach § 12 AO – 6 Monate) erst ab einem Zeitraum von mehr als 12 Monaten eine Betriebsstätte (vgl. z. B. Art. 5 Abs. 2 Buchstabe g DBA-Schweiz).

95 Der Arbeitslohn wird zu Lasten einer Betriebsstätte gezahlt, wenn die Zahlungen wirtschaftlich der Betriebsstätte zuzuordnen sind. Nicht entscheidend ist, wer die Vergütungen ausbezahlt oder wer die Vergütungen in seiner Teilbuchführung abrechnet. Entscheidend ist allein, ob und ggf. in welchem Umfang die ausgeübte Tätigkeit des Arbeitnehmers nach dem jeweiligen DBA (z. B. Art. 7 DBA-Schweiz) der Betriebsstätte zuzuordnen ist und die Vergütung deshalb wirtschaftlich zu Lasten der Betriebsstätte geht (BFH-Urteil vom 24. Februar 1988, BStBl. II S. 819). Wenn der Arbeitslohn lediglich Teil von Verrechnungen für Lieferungen oder Leistungen im Verhältnis zur Betriebsstätte ist, wird der Arbeitslohn als solcher nicht von der Betriebsstätte getragen (BFH-Urteil vom 24. Februar 1988, a. a. O.).

96 Eine selbständige Tochtergesellschaft (z. B. GmbH) ist nicht Betriebsstätte der Muttergesellschaft, kann aber ggf. eine Vertreterbetriebsstätte begründen oder selbst Arbeitgeber sein.

97 Im Übrigen wird auf die „Verwaltungsgrundsätze-Arbeitnehmerentsendung", BMF-Schreiben vom 9. November 2001, BStBl. I S. 796, verwiesen.

98 Die Grundsätze zum wirtschaftlichen Arbeitgeberbegriff sind entsprechend anzuwenden (Tz. 4.3).

Beispiel:

99 Fallvariante 1:

A ist vom 1. Januar 01 bis 31. März 01 bei einer Betriebsstätte seines deutschen Arbeitgebers in Frankreich tätig. Der Lohnaufwand ist der Betriebsstätte als Betriebsausgabe zuzuordnen.

Das Besteuerungsrecht für den Arbeitslohn steht Frankreich zu. A ist zwar nicht mehr als 183 Tage in Frankreich tätig, da der Arbeitslohn aber zu Lasten einer französischen Betriebsstätte des Arbeitgebers geht, bleibt das Besteuerungsrecht Deutschland nicht erhalten (Art. 13 Abs. 4 DBA-Frankreich). Frankreich kann als Tätigkeitsstaat den Arbeitslohn besteuern (Art. 13 Abs. 1 DBA-Frankreich). Deutschland stellt die Einkünfte unter Beachtung des § 50d Abs. 8 EStG und des Progressionsvorbehalts frei (Art. 20 Abs. 1 Buchstabe a DBA-Frankreich).

Fallvariante 2:

Der in Frankreich ansässige B ist bei einer deutschen Betriebsstätte seines französischen Arbeitgebers vom 1. Januar 01 bis 31. März 01 in Deutschland tätig. Der Lohnaufwand ist der Betriebsstätte als Betriebsausgabe zuzuordnen.

Das Besteuerungsrecht für den Arbeitslohn hat Deutschland. B ist zwar nicht mehr als 183 Tage in Deutschland tätig, der Arbeitslohn geht aber zu Lasten der deutschen Betriebsstätte. Deutschland kann daher als Tätigkeitsstaat den Arbeitslohn besteuern (Art. 13 Abs. 1 DBA-Frankreich i. V. m. §§ 1 Abs. 4 und 49 Abs. 1 Nr. 4 Buchstabe a EStG).

5 Ermittlung des steuerpflichtigen/steuerfreien Arbeitslohns

5.1 Differenzierung zwischen der Anwendung der 183-Tage-Klausel und der Ermittlung des steuerpflichtigen/steuerfreien Arbeitslohns

100 Nach Art. 15 Abs. 1 OECD-MA können die Vergütungen aus unselbständiger Arbeit ausschließlich im Ansässigkeitsstaat des Arbeitnehmers besteuert werden, es sei denn, die Tätigkeit wird im anderen Staat ausgeübt. Wird die unselbständige Arbeit im anderen Staat ausgeübt, steht diesem Staat das Besteuerungsrecht für Vergütungen zu, die für die dort ausgeübte Tätigkeit gezahlt werden (s. Tz. 3). Gemäß Art. 15 Abs. 2 OECD-MA ist zu prüfen, ob trotz der Auslandstätigkeit dem Ansässigkeitsstaat des Arbeitnehmers das Besteuerungsrecht an den Vergütungen aus unselbständiger Arbeit verbleibt (s. Tz. 4). Im Rahmen dieser Prüfung wird u. a. eine Berechnung der nach dem jeweils anzuwendenden DBA maßgeblichen Aufenthaltstage im Ausland anhand der 183-Tage-Klausel vorgenommen.

101 Die Ermittlung des steuerpflichtigen/steuerfreien Arbeitslohns erfolgt sodann in einem weiteren gesonderten Schritt.

5.2 Grundsätze bei der Ermittlung des steuerpflichtigen/steuerfreien Arbeitslohns

102 Nach § 90 Abs. 2 AO hat der Steuerpflichtige den Nachweis über die Ausübung der Tätigkeit in dem anderen Staat und deren Zeitdauer durch Vorlage geeigneter Aufzeichnungen (z. B. Stundenprotokolle, Terminkalender, Reisekostenabrechnungen) zu führen.

103 Ist der Arbeitslohn in Deutschland nach einem DBA freizustellen, ist zunächst zu prüfen, inwieweit die Vergütungen unmittelbar der Auslandstätigkeit oder unmittelbar der Inlandstätigkeit zugeordnet werden können (Tz. 5.3). Soweit eine derartige Zuordnung nicht möglich ist, ist der verbleibende, nicht unmittelbar zuzuordnende Arbeitslohn aufzuteilen. Die Aufteilung hat bereits der Arbeitgeber im Lohnsteuerabzugsverfahren unter Beachtung der R 123 LStR vorzunehmen. Darüber hinaus hat er den steuerfrei belassenen Arbeitslohn in der Lohnsteuerbescheinigung anzugeben. Im Hinblick auf den vorläufigen Charakter des Lohnsteuerabzugsverfahrens ist das Finanzamt nicht gehindert, im Einkommensteuerveranlagungsverfahren die Aufteilung zu überprüfen.

5.3 Direkte Zuordnung

104 Gehaltsbestandteile, die unmittelbar aufgrund einer konkreten inländischen oder ausländischen Arbeitsleistung gewährt werden, sind vorab direkt zuzuordnen. Dies können z. B. Reisekosten, Überstundenvergütungen, Zuschläge für Sonntags-, Feiertags- und Nachtarbeit, Auslandszulagen, projektbezogene Erfolgsprämien oder die Gestellung einer Wohnung im Tätigkeitsstaat sein.

5.4 Aufteilung des verbleibenden Arbeitslohns

105 Die Aufteilung des verbleibenden Arbeitslohns erfolgt nach den Grundsätzen des BFH-Urteils vom 29. Januar 1986, BStBl. II S. 479. Grundlage für die Berechnung des steuerfreien Arbeitslohns ist die Zahl der vertraglich vereinbarten Arbeitstage. Die vertraglich vereinbarten Arbeitstage sind die Kalendertage pro Jahr abzüglich der Tage, an denen der Arbeitnehmer laut Arbeitsvertrag nicht verpflichtet ist zu arbeiten (z. B. Urlaubstage, Wochenendtage, gesetzliche Feiertage).

106 Den vereinbarten Arbeitstagen ist das für die entsprechende Zeit vereinbarte und nicht nach Tz. 5.3 direkt zugeordnete Arbeitsentgelt gegenüberzustellen. Hierzu gehören neben den laufenden Vergütungen (z. B. Lohn, Gehalt, sonstige Vorteile) auch Zusatzvergütungen, die auf die unselbständige Arbeit des Arbeitnehmers innerhalb des gesamten Berechnungszeitraums entfallen (z. B. Weihnachtsgeld, Urlaubsgeld). Hat sich das vereinbarte Gehalt während des Kalenderjahres verändert, so ist dieser Veränderung Rechnung zu tragen.

107 Das aufzuteilende Arbeitsentgelt ist in Bezug zu den vereinbarten Arbeitstagen zu setzen. Daraus ergibt sich ein vereinbartes Arbeitsentgelt pro vereinbartem Arbeitstag.

108 Das aufzuteilende Arbeitsentgelt pro vereinbartem Arbeitstag ist mit den vereinbarten Arbeitstagen zu multiplizieren, an denen sich der Arbeitnehmer tatsächlich im anderen Staat aufgehalten hat. Sollte sich der Arbeitnehmer auch an Tagen in dem anderen Staat aufgehalten haben, die nicht zu den vereinbarten Arbeitstagen zählen (z. B. Verlängerung eines Aufenthalts aus privaten Gründen), fallen diese Tage aus der Berechnung der steuerfreien Einkünfte heraus.

109 Hält sich der Arbeitnehmer nicht vollständig an einem vereinbarten Arbeitstag im anderen Staat auf (z. B. an Reisetagen), so ist das Arbeitsentgelt pro vereinbartem Arbeitstag zeitanteilig aufzuteilen. Dies muss ggf. im Schätzungswege erfolgen. Hierbei ist die für diesen Tag vereinbarte Arbeitszeit zugrunde zu legen.

110 Abgeleistete Überstunden sind gesondert zu berücksichtigen, soweit der Arbeitgeber für sie tatsächlich einen Ausgleich leistet.

111 Darüber hinaus ist bei der Aufteilung zu berücksichtigen, dass vereinbarte Arbeitszeiten, die in Transitländern verbracht werden, dem Ansässigkeitsstaat zuzuordnen sind.

5.5 Besonderheiten bei der Aufteilung bestimmter Lohnbestandteile

112 Eine einmalige Zahlung (z. B. Jubiläumszahlung), die eine Nachzahlung für eine frühere aktive Tätigkeit darstellt und anteilig auf die Auslands- und Inlandstätigkeit entfällt, ist nach den vorgenannten Grundsätzen aufzuteilen. Für die Zuweisung des Besteuerungs-

rechts kommt es nicht darauf an, zu welchem Zeitpunkt und wo die Vergütung bezahlt wird, sondern allein darauf, dass sie dem Arbeitnehmer für eine Auslandstätigkeit gezahlt wird (BFH-Urteil vom 5. Februar 1992, BStBl. II S. 660). Eine Nachzahlung für eine frühere aktive Tätigkeit liegt nicht vor, wenn die einmalige Zahlung ganz oder teilweise der Versorgung dient (BFH-Urteil vom 5. Februar 1992, BStBl. II S. 660; BFH-Urteil vom 12. Oktober 1978, BStBl. II S. 64).

113 Urlaubsentgelte sind in die Aufteilung einzubeziehen. Dies gilt sowohl für Urlaubsgeld als auch für Bezüge, die für den Verzicht auf den Urlaub gezahlt werden (Urlaubsabgeltung für nicht genommenen Urlaub). Der auf Urlaub entfallende Teil des Arbeitslohns ist dabei im Inland freizustellen, soweit er der im Ausland ausgeübten Tätigkeit entspricht. Weichen die tatsächlichen Arbeitstage von den vereinbarten Arbeitstagen ab, weil der Arbeitnehmer in dem zu beurteilenden Kalenderjahr entweder Urlaub nicht oder aus einem anderen Kalenderjahr genommen hat, sind die vereinbarten Arbeitstage für die Aufteilung des Arbeitslohns entsprechend zu erhöhen oder zu mindern. Hiervon kann aus Vereinfachungsgründen abgesehen werden, wenn die Anzahl der übertragenen Urlaubstage nicht mehr als zehn beträgt. Für Arbeitslohn, der auf Urlaub oder Urlaubsabgeltung eines vorangegangenen Kalenderjahrs entfällt, ist das Aufteilungsverhältnis dieses vorangegangenen Kalenderjahrs maßgeblich.

114 Übt der Arbeitnehmer seine Tätigkeit an Tagen aus, die gemäß dem Arbeitsvertrag den vereinbarten Tagen nicht zuzuordnen sind und erhält er für diese Tätigkeit kein gesondert berechnetes übliches Entgelt sondern einen Freizeitausgleich, sind diese Tage bei den vereinbarten Arbeitstagen zu berücksichtigen.

115 Wird Arbeitslohn für die Zeit der Erkrankung fortgezahlt, zählen die Krankheitszeiten zu den vereinbarten Arbeitstagen. Arbeitslohn für die Zeit einer im Ausland verbrachten Erkrankung ist daher im Inland steuerfrei. Krankheitstage ohne Lohnfortzahlung mindern dagegen die vereinbarten Arbeitstage.

5.6 Beispiele

Beispiel 1:

116 A ist vom 1. Januar 01 bis 31. Juli 01 für seinen deutschen Arbeitgeber in Japan tätig. Seinen Familienwohnsitz in Deutschland behält er bei. Er erhält im Jahr 01 einen Arbeitslohn einschließlich Weihnachtsgeld und Urlaubsgeld in Höhe von 80 000 €. Für die Tätigkeit in Japan erhält er zusätzlich eine Zulage in Höhe von 30 000 €.

Deutschland hat für den Arbeitslohn, der auf die Tätigkeit in Japan entfällt, kein Besteuerungsrecht, da sich A länger als 183 Tage im Kalenderjahr 01 in Japan aufgehalten hat (Art. 15, 23 Abs. 1 Buchstabe a DBA-Japan). Der steuerfreie Arbeitslohn berechnet sich wie folgt:

Die Zulage in Höhe von 30.000 € ist der Auslandstätigkeit unmittelbar zuzuordnen und deshalb im Inland steuerfrei. Der übrige Arbeitslohn in Höhe von 80 000 € ist nach den vereinbarten Arbeitstagen aufzuteilen. Die vereinbarten Arbeitstage im Jahr 01 sollen hier 220 Tage betragen (= Kalendertage im Jahr, abzüglich der Tage, an denen der Arbeitnehmer laut Arbeitsvertrag nicht verpflichtet ist zu arbeiten). Den vereinbarten Arbeitstagen im Jahr 01 ist das im Jahr 01 aufzuteilende Arbeitsentgelt von 80 000 € gegenüberzustellen. Es ergibt sich ein aufzuteilendes Arbeitsentgelt pro vereinbartem Arbeitstag in Höhe von 363,64 €. Dieses Entgelt ist mit den vereinbarten Arbeitstagen zu multiplizieren, an denen sich A tatsächlich in Japan aufgehalten hat, hier 140 Tage. Von den 80.000 € Arbeitslohn sind daher 140 × 363,64 € = 50.910 € im Inland steuerfrei. Der insgesamt steuerfreie Arbeitslohn in Höhe von 80 910 € (30 000 € + 50 910 €) ist nach Abzug von Werbungskosten, die im Zusammenhang mit der Tätigkeit in Japan angefallen sind, freizustellen und im Wege des Progressionsvorbehalts zu berücksichtigen (§ 50d Abs. 8 EStG ist zu beachten). Der übrige Arbeitslohn in Höhe von 29.090 € ist im Inland steuerpflichtig.

Beispiel 2:

117 B ist in 01 und 02 für seinen deutschen Arbeitgeber sowohl im Inland als auch in Schweden tätig. Seinen Familienwohnsitz in Deutschland behält er bei. In beiden Jahren hält sich B länger als 183 Tage in Schweden auf. Die vereinbarten Arbeitstage des B belaufen sich in den Kalenderjahren 01 und 02 auf jeweils 220 Tage. Die vertraglichen Urlaubstage betragen je 30 Tage. Der Urlaub von 01 und 02 wurde vollständig in 02 genommen. Die tatsächlichen Arbeitstage in 01 betrugen in Schweden 230 Tage, auf das Inland entfielen 20 Arbeitstage. In 02 entfielen 150 tatsächliche Arbeitstage auf Schweden und 40 tatsächliche Arbeitstage auf das Inland. Der aufzuteilende Arbeitslohn beträgt in 01 50 000 €, in 02 60 000 €.

Deutschland hat für den Arbeitslohn, der auf die Tätigkeit in Schweden entfällt, kein Besteuerungsrecht, da sich B länger als 183 Tage in 01 und 02 in Schweden aufgehalten hat (Art. 15, 23 Abs. 1 Buchstabe a DBA-Schweden). Der steuerfreie Arbeitslohn berechnet sich wie folgt:

Jahr 01:

Die vereinbarten Arbeitstage von 220 sind zu erhöhen um die in 01 nicht genommenen Urlaubstage (30). Die ermittelten 250 Tage sind dem aufzuteilenden Arbeitsentgelt von 50.000 € gegenüberzustellen. Das aufzuteilende Arbeitsentgelt pro vereinbartem Arbeitstag ist mit den vereinbarten Arbeitstagen zu multiplizieren, an denen sich B tatsächlich in Schweden aufgehalten hat. Von den 50.000 € Jahresarbeitslohn sind in 01 daher 46.000 € (230 × 200 €) im Inland unter Beachtung des § 50d Abs. 8 EStG steuerfrei und nach Abzug von Werbungskosten, die im Zusammenhang mit der in Schweden ausgeübten Tätigkeit angefallen sind, beim Progressionsvorbehalt zu berücksichtigen. Der übrige Arbeitslohn in Höhe von 4.000 € ist im Inland steuerpflichtig.

Jahr 02:

Soweit der Arbeitslohn des Jahres 02 auf den Urlaub des Jahres 01 entfällt, ist für die Aufteilung des Arbeitslohns das Aufteilungsverhältnis des Jahres 01 maßgebend. 30/220 von 60 000 € = 8182 € sind deshalb nach dem Aufteilungsverhältnis des Jahres 01 aufzuteilen. Das ergibt einen im Inland steuerfreien Betrag von 7528 € (8182 € : 250 × 230). Die verbleibenden 51 818 € (60 000 € – 8182 €) sind den – um die in 02 genommenen Urlaubstage des Jahres 01 geminderten – vereinbarten Arbeitstagen des Jahres 02 (= 190) gegenüberzustellen. Das aufzuteilende Arbeitsentgelt pro vereinbartem Arbeitstag beträgt damit 272,73 €. Dieses Entgelt ist zu multiplizieren mit den vereinbarten Arbeitstagen, an denen sich B tatsächlich in Schweden aufgehalten hat. Von den 51 818 € des verbleibenden Jahresarbeitslohns sind daher 150 × 272,73 € = 40 910 € im Inland steuerfrei. In 02 sind danach insgesamt 48 438 € (40 910 € + 7528 €) im Inland unter Beachtung des § 50d Abs. 8 EStG steuerfrei und nach Abzug von Werbungskosten, die im Zusammenhang mit der Tätigkeit in Schweden angefallen sind, beim Progressionsvorbehalt zu berücksichtigen. Der verbleibende Arbeitslohn in Höhe von 11 562 € ist im Inland steuerpflichtig.

Beispiel 3:

118 C arbeitet laut Arbeitsvertrag von montags bis freitags. Er macht eine Auslandsdienstreise von Freitag bis Montag, wobei C auch am Samstag und Sonntag für seinen Arbeitgeber tätig ist. Statt einer besonderen Vergütung für die Wochenendtätigkeit erhält C am Dienstag und Mittwoch Freizeitausgleich.

Bei einer unveränderten Anzahl der vereinbarten Arbeitstage in dem entsprechenden Kalenderjahr hat sich C an vier vereinbarten Arbeitstagen im Ausland aufgehalten.

6 Abkommensrechtliche Beurteilung bestimmter Auslandstätigkeiten

6.1 Organe von Kapitalgesellschaften

119 Organe von Kapitalgesellschaften fallen regelmäßig in den Anwendungsbereich des Art. 15 OECD-MA. Sie üben ihre Tätigkeit grundsätzlich an dem Ort aus, an dem sie sich persönlich aufhalten (BFH-Urteil vom 5. Oktober 1994, BStBl. 1995 II S. 95). Die entgegenstehende Entscheidung des Großen Senats des BFH vom 15. November 1971 (BStBl. 1972 II S. 68) über den Tätigkeitsort des Geschäftsführers einer GmbH am Sitz der Gesellschaft ist zum DBA-Schweiz 1931/1959 ergangen und auf andere DBA nicht übertragbar. Zu beachten sind jedoch die in einigen DBA enthaltenen Sonderregelungen über Geschäftsführervergütungen (z. B. Art. 16 DBA-Japan; Art. 16 Abs. 2 DBA-Dänemark; Art. 16 DBA-Schweden; s. auch Tz. 1.2.2.3).

6.2 Sich-zur-Verfügung-Halten

120 Soweit die Arbeitsleistung in einem Sich-zur-Verfügung-Halten (z. B. Bereitschaftsdienst, Zeiträume der Arbeitsfreistellung im Zusammenhang mit der Beendigung des Dienstverhältnisses) besteht, ohne dass es zu einer Tätigkeit kommt, wird die Arbeitsleistung dort erbracht, wo sich der Arbeitnehmer während der Dauer des Sich-zur-Verfügung-Haltens tatsächlich aufhält (BFH-Urteil vom 9. September 1970, BStBl. II S. 867).

6.3 Abfindung

121 Abfindungen, die dem Arbeitnehmer anlässlich seines Ausscheidens aus dem Arbeitsverhältnis gezahlt werden, sind regelmäßig den Vergütungen aus unselbständiger Arbeit i. S. des Art. 15 Abs. 1 OECD-MA als nachträglich gezahlte Tätigkeitsvergütungen zuzuordnen. Unter Abfindungen in diesem Sinne sind Zahlungen i. S. des § 3 Nr. 9 EStG in der bis zum 31. 12. 2005 geltenden Fassung in Verbindung mit R 9 LStR zu verstehen. Sie stellen jedoch kein zusätzliches Entgelt für die frühere Tätigkeit dar und werden nicht für eine konkrete im In- oder Ausland ausgeübte Tätigkeit gezahlt.

Abfindungen sind daher im Ansässigkeitsstaat des Arbeitnehmers (Art. 15 Abs. 1 Satz 1 erster Halbsatz OECD-MA) zu besteuern. Maßgeblich hierfür ist grundsätzlich der Zeitpunkt der Auszahlung (BFH-Urteil vom 24. Februar 1988, BStBl. II S. 819; BFH-Urteil vom 10. Juli 1996, BStBl. 1997 II S. 341).

122 Keine Abfindungen im vorstehenden Sinne stellen Zahlungen zur Abgeltung bereits vertraglich erdienter Ansprüche dar (z. B. Ausgleichszahlungen für Urlaubs- oder Tantiemeansprüche). Diese sind entsprechend den Aktivbezügen zu behandeln.

123 Bei Abfindungen zur Ablösung eines Pensionsanspruchs handelt es sich um laufende Vergütungen aus unselbständiger Arbeit i. S. des Art. 15 Abs. 1 OECD-MA, für die dem Tätigkeitsstaat das Besteuerungsrecht zusteht. Dagegen fallen Einmalzahlungen mit Versorgungscharakter, die bei Beendigung des Arbeitsverhältnisses an die Stelle einer Betriebspension gezahlt werden, unter Art. 18 OECD-MA (BFH-Urteil vom 19. September 1975, BStBl. 1976 II S. 65).

124 Im Ausnahmefall kann eine Abfindung auch ein Ruhegehalt i. S. des Art. 18 OECD-MA darstellen. Bei der Abgrenzung zwischen einer Vergütung gemäß Art. 15 und Art. 18 OECD-MA ist nicht auf den Zeitpunkt, sondern auf den Grund der Zahlung abzustellen. Ein Ruhegehalt liegt vor, wenn eine laufende Pensionszahlung kapitalisiert und in einem Betrag ausgezahlt wird (BFH-Urteil vom 19. September 1975, BStBl. 1976 II S. 65).

125 Zur steuerlichen Behandlung von Abfindungen nach dem DBA-Schweiz wird auf die Verständigungsvereinbarung mit der Schweiz vom 13. Oktober 1992 (BMF-Schreiben vom 20. Mai 1997, BStBl I S. 560) hingewiesen.

6.4 Konkurrenz- oder Wettbewerbsverbot

126 Vergütungen an den Arbeitnehmer für ein Konkurrenz- oder Wettbewerbsverbot fallen unter Art. 15 OECD-MA. Die Arbeitsleistung, das Nicht-Tätig-Werden, wird in dem Staat erbracht, in dem sich der Arbeitnehmer während der Dauer des Verbotes aufhält. Hält sich der Arbeitnehmer während dieses Zeitraums in mehreren Staaten auf, ist das Entgelt entsprechend aufzuteilen.

127 Die BFH-Urteile vom 9. September 1970, BStBl. II S. 867 und vom 9. November 1977, BStBl. 1978 II S. 195 sind insoweit überholt. Der BFH geht im Urteil vom 12. Juni 1996, BStBl. II S. 516, davon aus, dass die Zahlungen für ein Konkurrenz- oder Wettbewerbsverbot auf die Zukunft gerichtet sind. Außerdem hat der BFH im Urteil vom 5. Oktober 1994, BStBl. 1995 II S. 95 die Fiktion eines Tätigkeitsortes unabhängig von der körperlichen Anwesenheit des Arbeitnehmers abgelehnt.

6.5 Tantiemen und andere jahresbezogene Erfolgsvergütungen

128 Unabhängig vom Zuflusszeitpunkt ist eine nachträglich gewährte Erfolgsvergütung nach den Verhältnissen des Zeitraums zuzuordnen, für die sie gewährt wird (BFH-Urteil vom 27. Januar 1972, BStBl. II S. 459) und ggf. unter Beachtung des § 50d Abs. 8 EStG und des Progressionsvorbehalts von der inländischen Besteuerung freizustellen.

6.6 Optionsrecht auf den Erwerb von Aktien („Stock Options")

129 Der geldwerte Vorteil aus der Gewährung von Kaufoptionsrechten ist den Einkünften aus unselbständiger Arbeit nach Art. 15 OECD-MA zuzuordnen. Ungeachtet dessen sind die Einkünfte, die der Arbeitnehmer nach Ausübung des Optionsrechts aus dem Halten der erworbenen Anteile oder ihrer späteren Veräußerung erzielt, gesondert zu beurteilen.

130 Bei der Gewährung von Kaufoptionsrechten auf Aktien ist zu unterscheiden zwischen handelbaren und nicht handelbaren Optionsrechten. Ein Optionsrecht ist handelbar, wenn es an einer Wertpapierbörse gehandelt wird. Für die Abgrenzung unmaßgeblich ist, ob das Optionsrecht nach den Optionsbedingungen übertragbar oder vererbbar ist oder ob es einer Sperrfrist unterliegt. Das Optionsrecht kann direkt vom Arbeitgeber oder von einem konzernverbundenen Unternehmen gewährt werden. Entscheidend ist, dass die Zuwendung des Dritten sich für den Arbeitnehmer als Lohn für seine Arbeit für seinen Arbeitgeber darstellt und aus Sicht des Zuwendenden im Zusammenhang mit diesem Dienstverhältnis erbracht wird (BFH-Urteil vom 24. Januar 2001, BStBl. II S. 509).

6.6.1 Handelbare Optionsrechte

131 Dem Arbeitnehmer fließt mit der Gewährung des handelbaren Optionsrechts ein geldwerter Vorteil zu. Dieser wird regelmäßig gewährt, um in der Vergangenheit geleistete Tätigkeiten zu honorieren. Unabhängig vom Zuflusszeitpunkt ist daher der geldwerte Vorteil nach den Verhältnissen des Zeitraums zuzuordnen, für den er gewährt wird. Der Vorteil ist daher ggf. unter Beachtung des § 50d Abs. 8 EStG und des Progressionsvorbehalts zeitanteilig von der inländischen Besteuerung freizustellen.

6.6.2 Nicht handelbare Optionsrechte

132 Wird einem Arbeitnehmer im Rahmen seines Arbeitsverhältnisses ein nicht handelbares Optionsrecht auf den späteren Erwerb von Aktien zu einem bestimmten Übernahmepreis gewährt, so liegt darin die Einräumung einer Chance. Ein geldwerter Vorteil fließt dem Berechtigten erst zu, wenn dieser die Option tatsächlich ausübt und der Kurswert der Aktien den Übernahmepreis übersteigt (BFH-Urteile vom 24. Januar 2001, BStBl. II S. 509 und 512). Der Zeitpunkt der erstmalig möglichen Ausübung des Optionsrechts ist insoweit unbeachtlich (BFH-Urteil vom 20. Juni 2001, BStBl. II S. 689). Der geldwerte Vorteil ermittelt sich aus der Differenz zwischen dem Kurswert bei tatsächlicher Ausübung und dem vom Arbeitnehmer gezahlten Ausübungspreis.

133 Ein nicht handelbares Optionsrecht wird regelmäßig nicht gewährt, um dadurch in der Vergangenheit erbrachte Leistungen abzugelten, sondern um eine zusätzliche Erfolgsmotivation für die Zukunft zu schaffen. Es stellt damit eine Vergütung für den Zeitraum zwischen der Gewährung und der erstmalig tatsächlich möglichen Ausübung des Optionsrechts durch den Arbeitnehmer dar. Soweit die von dem Arbeitnehmer in dem genannten Zeitraum bezogenen Einkünfte aus nichtselbständiger Arbeit wegen einer Auslandstätigkeit nach DBA in Deutschland steuerfrei sind, ist deshalb auch der bei tatsächlicher Ausübung des Optionsrechts zugeflossene geldwerte Vorteil auf den Zeitraum zwischen der Gewährung des Optionsrechts und dem Zeitpunkt der erstmalig möglichen Ausübung aufzuteilen und zeitanteilig unter Beachtung des § 50d Abs. 8 EStG und des Progressionsvorbehalts von der inländischen Besteuerung freizustellen.

134 Befindet sich der Arbeitnehmer im Zeitpunkt der erstmalig möglichen Ausübung des Optionsrechts bereits im Ruhestand, ist für die Aufteilung des geldwerten Vorteils nur der Zeitraum von der Gewährung des Optionsrechts bis zur Beendigung der aktiven Tätigkeit heranzuziehen. Sofern das Arbeitsverhältnis vor einer erstmalig möglichen Ausübung des Optionsrechts aus anderen Gründen beendet worden ist, ist für die Aufteilung des geldwerten Vorteils entsprechend der Zeitraum von der Gewährung des Optionsrechts bis zum Ausscheiden des Arbeitnehmers aus dem Arbeitsverhältnis maßgeblich.

135 Vorgenannte Ausführungen gelten unbeschadet eines Wechsels der Steuerpflicht des Arbeitnehmers während des genannten Zeitraums.

136 Vergütungen aus Optionen, die nicht auf den Erwerb von Aktien sondern auf die Zahlung eines Geldbetrages in Abhängigkeit von einer Kursentwicklung gerichtet sind (sog. virtuelle Aktienoptionen) stellen wirtschaftlich betrachtet Entgelt für die in der Vergangenheit geleistete Arbeit dar. Die vorgenannten Ausführungen gelten entsprechend.

6.7 Altersteilzeit nach dem Blockmodell

137 Für den Arbeitnehmer besteht im Rahmen des Altersteilzeitgesetzes unter bestimmten Voraussetzungen die Möglichkeit, seine Arbeitszeit zu halbieren. Beim sog. Blockmodell schließt sich dabei an eine Phase der Vollzeitarbeit (Arbeitsphase) eine gleich lange Freistellungsphase an. Das Arbeitsverhältnis besteht bis zum Ende der Freistellungsphase weiter fort. Der Arbeitgeber zahlt dem Arbeitnehmer für die von ihm geleistete Tätigkeit Arbeitslohn. Dieser wird durch den sog. Aufstockungsbetrag erhöht. Den Anspruch auf Zahlung des Arbeitslohns während der Freistellungsphase erwirbt der Arbeitnehmer dabei durch seine Tätigkeit in den Zeiten der Vollzeitbeschäftigung.

138 Der Arbeitslohn und der Aufstockungsbetrag stellen während der Arbeits- und der Freistellungsphase Vergütungen dar, auf die die DBA-Regelungen entsprechend Art. 15 OECD-MA anzuwenden sind. Während der Freistellungsphase handelt es sich dabei einheitlich um nachträglich gezahlten Arbeitslohn. Dieser ist entsprechend der Aufteilung der Vergütungen zwischen dem Wohnsitzstaat und dem Tätigkeitsstaat während der Arbeitsphase aufzuteilen.

Beispiel:

139 Ausgangssachverhalt: Arbeitnehmer A ist für seinen in Deutschland ansässigen Arbeitgeber B tätig. Zwischen A und B ist für die Jahre 01 und 02 eine Altersteilzeit nach dem Blockmodell vereinbart, d. h. im ersten Jahr liegt die Arbeitsphase, das zweite Jahr umfasst die Freistellungsphase.

Fall 1:

A arbeitet im Jahr 01 für 60 vereinbarte Arbeitstage auf einer langjährigen Betriebsstätte seines Arbeitgebers in Korea. Der Arbeitslohn wird während dieser Zeit von der Betriebsstätte getragen. Die übrigen 180 vereinbarten Arbeitstage ist A in Deutschland tätig. Seinen deutschen Wohnsitz behält A bei. Die Freistellungsphase verbringt A ausschließlich im Inland.

In 01 steht Korea als Tätigkeitsstaat des Arbeitnehmers das Besteuerungsrecht anteilig mit 60/240 zu, da die Voraussetzung des Art. 15 Abs. 2 Buchstabe c DBA-Korea nicht erfüllt ist. Deutschland stellt die Vergütungen insoweit unter Beachtung des § 50d Abs. 8 EStG und des Progressionsvorbehalts frei (Art. 23 Abs. 1 Buchstabe a DBA-Korea). Für die übrigen 180/240 der Vergütungen steht Deutschland das Besteuerungsrecht zu. Entsprechend der Aufteilung während der Arbeitsphase steht Korea das Besteuerungsrecht für die Vergütungen des A im Jahr 02 zu 60/240 und zu 180/240 Deutschland zu.

Fall 2:

A ist während der Arbeitsphase und während der Freistellungsphase i. S. des DBA-Dänemark in Dänemark ansässig. Er arbeitet während der Arbeitsphase ausschließlich in Deutschland.

Da sich A im Jahr 01 mehr als 183 Tage in Deutschland aufgehalten hat, steht Deutschland als Tätigkeitsstaat für das Jahr 01 das Besteuerungsrecht in vollem Umfang zu (Art. 15 Abs. 1 DBA-Dänemark). Das Besteuerungsrecht in der Freistellungsphase folgt der Aufteilung zwischen dem Ansässigkeitsstaat und dem Tätigkeitsstaat des A während der Arbeitsphase. Entsprechend steht Deutschland auch im Jahr 02 das volle Besteuerungsrecht zu.

Fall 3:

Im Jahr 01 hat A seinen Wohnsitz in Deutschland und arbeitet auch ausschließlich im Inland. Anfang 02 zieht A nach Spanien.

Im Jahr 01 unterliegt A im Inland der unbeschränkten Steuerpflicht. Ein DBA-Fall ist nicht gegeben. Im Jahr 02 steht ausschließlich Deutschland das Besteuerungsrecht zu, da die Tätigkeit im Jahr 01 in Deutschland ausgeübt worden ist (Art. 15 Abs. 1 DBA-Spanien).

7 Besonderheiten bei Berufskraftfahrern

7.1 Allgemeines

140 Berufskraftfahrer halten sich während der Arbeitsausübung in oder bei ihrem Fahrzeug auf. Das Fahrzeug ist daher ihre regelmäßige Arbeitsstätte. Der Ort der Arbeitsausübung des Berufskraftfahrers bestimmt sich nach dem jeweiligen Aufenthalts- oder Fortbewegungsort des Fahrzeugs. Zu den Berufskraftfahrern i. S. dieses Schreibens zählen auch Auslieferungsfahrer, nicht aber Reisevertreter. Fahrten zwischen der Wohnung und dem Standort des Fahrzeugs gehören nicht zur beruflichen Tätigkeit des Berufskraftfahrers i. S. der DBA.

7.2 Der Berufskraftfahrer und der Arbeitgeber sind im Inland ansässig; der Arbeitslohn wird nicht von einer ausländischen Betriebsstätte getragen

141 Soweit die Vergütungen aus nichtselbständiger Arbeit auf Tätigkeiten des Berufskraftfahrers in Deutschland entfallen, ist der Anwendungsbereich der DBA nicht betroffen. Die Vergütungen des Berufskraftfahrers unterliegen der inländischen unbeschränkten Einkommensteuerpflicht.

142 Soweit der Berufskraftfahrer seine Tätigkeit in einem anderen Staat ausübt, ist anhand der 183-Tage-Klausel zu prüfen, welchem der beiden Vertragsstaaten das Besteuerungsrecht für die auf das Ausland entfallenden Einkünfte zusteht.

143 Die Berechnung der 183-Tage-Frist ist dabei für jeden Vertragsstaat gesondert durchzuführen. In Abweichung von den Regelungen in Tz. 4.2.2 führt die von einem Berufskraftfahrer ausgeübte Fahrtätigkeit dazu, dass auch Anwesenheitstage der Durchreise in einem Staat bei der Ermittlung der 183-Tage-Frist als volle Tage der Anwesenheit in diesem Staat zu berücksichtigen sind. Durchquert der Fahrer an einem Tag mehrere Staaten, so zählt dieser Tag für Zwecke der Ermittlung der 183-Tage-Frist in jedem dieser Staaten als voller Anwesenheitstag.

144 Für die Zuordnung des Arbeitslohns gelten die Ausführungen der Tz. 5.2 bis 5.5 entsprechend.

Beispiel:

145 Der in München wohnhafte Berufskraftfahrer A nimmt seine Fahrt morgens in München auf, und fährt über Österreich nach Italien. Von dort kehrt er am selben Tage über die Schweiz nach München zurück.

Bei Berufskraftfahrern sind auch Tage der Durchreise als volle Anwesenheitstage im jeweiligen Staat zu berücksichtigen. Für die Ermittlung der 183-Tage-Frist ist damit für Österreich, Italien und die Schweiz jeweils ein Tag zu zählen.

7.3 Der Berufskraftfahrer ist im Inland ansässig; der Arbeitgeber ist im Ausland ansässig oder der Arbeitslohn wird von einer ausländischen Betriebsstätte getragen

146 In den Fällen, in denen der Berufskraftfahrer in Deutschland, sein Arbeitgeber aber in dem anderen Vertragsstaat ansässig ist, steht Deutschland das Besteuerungsrecht für die Vergütungen des Berufskraftfahrers aus unselbständiger Arbeit zu, soweit die Vergütungen auf Tätigkeiten des Berufskraftfahrers im Inland entfallen.

147 Soweit der Berufskraftfahrer seine Tätigkeit in dem Staat ausübt, in dem der Arbeitgeber ansässig ist, ist die Anwendung des Art. 15 Abs. 2 OECD-MA ausgeschlossen, da die Voraussetzungen des Art. 15 Abs. 2 Buchstabe b OECD-MA nicht vorliegen. Mit jedem Tätigwerden des Berufskraftfahrers im Ansässigkeitsstaat des Arbeitgebers steht diesem als Tätigkeitsstaat das Besteuerungsrecht insoweit zu (Art. 15 Abs. 1 OECD-MA).

148 Übt der Berufskraftfahrer seine Tätigkeit in einem Drittstaat aus, d. h. weder in Deutschland noch in dem Staat, in dem der Arbeitgeber ansässig ist, steht das Besteuerungsrecht für die auf den Drittstaat entfallenden Arbeitsvergütungen im Verhältnis zum Ansässigkeitsstaat des Arbeitgebers Deutschland als Ansässigkeitsstaat des Berufskraftfahrers zu (Art. 21 Abs. 1 OECD-MA). Besteht mit dem jeweiligen Drittstaat ein DBA, ist im Verhältnis zu diesem Staat nach diesem DBA zu prüfen, welchem Staat das Besteuerungsrecht zusteht. Soweit die Tätigkeit im jeweiligen Drittstaat an nicht mehr als 183 Tagen ausgeübt wird, verbleibt das Besteuerungsrecht regelmäßig bei Deutschland. Eine Ausnahme hierzu enthält Art. 15 Abs. 2 Buchstabe b und Art. 23 Abs. 2 DBA-Norwegen.

149 Die vorgenannten Ausführungen gelten entsprechend für die Fälle, in denen der Arbeitgeber in Deutschland ansässig ist, die Arbeitsvergütungen aber von einer Betriebsstätte oder einer ständigen Einrichtung im Ausland getragen werden, vgl. hierzu Tz. 4.4.

150 Auf die Verständigungsvereinbarung mit Luxemburg vom 8. März 2005, BStBl. I S. 696 wird hingewiesen*).

Beispiel:

151 A, ansässig im Inland, ist für seinen in Österreich ansässigen Arbeitgeber als Berufskraftfahrer tätig. Im Jahr 01 war A das ganze Jahr über im Inland tätig. Lediglich zwei Arbeitstage hat A in Österreich und zwei Arbeitstage in Italien verbracht. A ist kein Grenzgänger i. S. von Art. 15 Abs. 6 DBA-Österreich.

Deutschland hat als Ansässigkeitsstaat des A das Besteuerungsrecht für die Arbeitsvergütungen, die auf die Arbeitstage entfallen, an denen A seine Tätigkeit in Deutschland ausgeübt hat (Art. 15 Abs. 1 DBA-Österreich). Zudem hat Deutschland das Besteuerungsrecht für die Arbeitsvergütungen, die auf die in Italien verbrachten Arbeitstage entfallen, da sich A nicht mehr als 183 Tage in Italien aufgehalten hat (Art. 15 Abs. 1, 2 DBA-Italien). Dagegen wird Österreich das Besteuerungsrecht für die Arbeitsvergütungen zugewiesen, die auf die Tage entfallen, an denen A in Österreich seine Tätigkeit ausgeübt hat (Art. 15 Abs. 1 DBA-Österreich). Insoweit stellt Deutschland die Einkünfte unter Beachtung des § 50d Abs. 8 EStG und des Progressionsvorbehalts frei (Art. 23 Abs. 1 DBA-Österreich).

7.4 Sonderregelung im DBA-Türkei

152 Abweichend von den vorgenannten Ausführungen wird nach Art. 15 Abs. 3 DBA-Türkei das Besteuerungsrecht für Vergütungen für unselbständige Arbeit, die an Bord eines Straßenfahrzeuges im internationalen Verkehr ausgeübt wird, dem Vertragsstaat zugewiesen, in dem sich der Sitz des Unternehmens befindet.

8 Personal auf Schiffen und Flugzeugen

153 Für Vergütungen des Bordpersonals von Seeschiffen und Luftfahrzeugen im internationalen Verkehr und des Bordpersonals von Schiffen im Binnenverkehr enthalten die Abkommen entsprechend dem Art. 15 Abs. 3 OECD-MA in der Regel gesonderte Bestimmungen. Das Besteuerungsrecht für diese Vergütungen wird grundsätz-

---

*) Abgedruckt als Anlage 6 zu H 123 LStR.

lich dem Vertragsstaat zugewiesen, in dem sich der Ort der tatsächlichen Geschäftsleitung des Unternehmens befindet, das das Seeschiff oder Luftfahrzeug betreibt.

154 Abweichend hiervon regeln die DBA-Liberia sowie DBA-Trinidad und Tobago die Zuweisung des Besteuerungsrechts der Vergütungen aus unselbständiger Arbeit des Bordpersonals von Schiffen und Flugzeugen nicht besonders. Es sind damit die allgemeinen Regelungen des Art. 15 Abs. 1 und 2 DBA-Liberia oder des Art. 15 Abs. 1 und 2 DBA-Trinidad und Tobago anzuwenden. Soweit sich ein Schiff, das unter liberianischer Flagge oder unter der Flagge von Trinidad und Tobago fährt, im Hoheitsgebiet von Liberia oder Trinidad und Tobago oder auf hoher See aufhält, ist Liberia oder Trinidad und Tobago als Tätigkeitsstaat des Personals an Bord des Schiffes anzusehen. Das Besteuerungsrecht für diese Einkünfte steht damit grundsätzlich Liberia oder Trinidad und Tobago zu. Liberia macht von seinem Besteuerungsrecht allerdings keinen Gebrauch (s. auch Tz. 3.3 des BMF-Schreibens vom 21. Juli 2005, BStBl. I S. 821).

9 Rückfallklauseln

155 Um zu vermeiden, dass Vergütungen in keinem der beiden Vertragsstaaten einer Besteuerung unterliegen, enthalten einige Abkommen Klauseln, die eine Besteuerung zumindest in einem der beiden Staaten gewährleisten sollen. Diese Klauseln sind in den Abkommen unterschiedlich ausgestaltet; überwiegend handelt es sich um sog. subject-to-tax-Klauseln oder um remittance-base-Klauseln.

9.1 „Subject-to-tax"-Klausel

156 In einigen Abkommen ist allgemein geregelt, dass Vergütungen für Zwecke des DBA nur dann als aus dem anderen Vertragsstaat stammend gelten, wenn sie dort besteuert werden. Ist dies nicht der Fall, fällt das Besteuerungsrecht an den Ansässigkeitsstaat zurück; ist Deutschland in solchen Fällen der Ansässigkeitsstaat, werden die Vergütungen nicht von der deutschen Besteuerung freigestellt. Nach dem BFH-Urteil vom 17. Dezember 2003, BStBl. 2004 II S. 260, ist die subject-to-tax-Klausel für Einkünfte aus nichtselbständiger Arbeit nur bei folgenden DBA anzuwenden:

Abs. 16d des Protokolls zum DBA-Italien;
Art. 15 Abs. 4 DBA-Österreich;
Art. 15 Abs. 4 DBA-Schweiz;
Art. 14 Abs. 2 Buchstabe d DBA-Singapur.

157 Ist die subject-to-tax-Klausel anzuwenden, gilt Folgendes:
Unterliegen die Vergütungen nach den Bestimmungen des DBA der ausländischen Besteuerung, ist es für die Freistellung von der deutschen Besteuerung unbeachtlich, in welchem Umfang sie von der ausländischen Besteuerung erfasst werden oder ob dort alle Einkunftsteile im Rahmen der ausländischen Veranlagung zu einer konkreten Steuerzahlungspflicht führen (BFH-Urteil vom 27. August 1997, BStBl. 1998 II S. 58). Eine ausländische Besteuerung ist auch anzunehmen, wenn die ausländische Steuer aufgrund von Freibeträgen, aufgrund eines Verlustausgleichs oder Verlustabzugs entfällt oder wenn die betreffenden Vergütungen im Ergebnis zu negativen Einkünften bei der ausländischen Besteuerung führen.

158 Bei Bestehen solcher Klauseln muss der Steuerpflichtige im Rahmen seiner erhöhten Mitwirkungspflicht nach § 90 Abs. 2 AO den Nachweis erbringen, dass die Vergütungen im Ausland der Besteuerung unterworfen wurden. Wird der Nachweis nicht erbracht, sind die ausländischen Vergütungen grundsätzlich in die Besteuerung im Inland einzubeziehen. Sollte später der Nachweis der Besteuerung erbracht werden, ist der Einkommensteuerbescheid gemäß § 175 Abs. 1 Satz 1 Nr. 2 AO zu ändern (BFH-Urteil vom 11. Juni 1996, BStBl. 1997 II S. 117).

9.2 „Remittance-base"-Klausel

159 Nach dem innerstaatlichen Recht einiger Staaten können ausländische Vergütungen von dort ansässigen Personen nur dann der dortigen Besteuerung unterworfen werden, wenn sie vom Ausland dorthin überwiesen („remitted") oder dort bezogen worden sind. Die Abkommen mit Großbritannien (Art. II Abs. 2), Irland (Art. II Abs. 2), Israel (Art. 2 Abs. 2), Jamaika (Art. 23 Abs. 3), Malaysia (Protokoll zum DBA, Ziffer 2), Singapur (Art. 21), Trinidad und Tobago (Protokoll zum DBA Ziffer 1 Buchstabe a) sowie mit Zypern (Protokoll zum DBA Ziffer 2) sehen dementsprechend vor, dass der Quellenstaat eine Freistellung oder Steuerermäßigung nur gewährt, soweit die Vergütungen in den Wohnsitzstaat überwiesen oder dort bezogen worden sind und damit der dortigen Besteuerung unterliegen. Der Quellenstaat beschränkt die von ihm zu gewährende Steuerbefreiung oder Steuerermäßigung auf die in den Wohnsitzstaat überwiesenen oder dort bezogenen Vergütungen. Besonderheiten der jeweils unterschiedlichen Klauseln sind zu beachten.

160 Auch in den Fällen der Remittance-base-Klauseln setzt die Steuerfreistellung den Nachweis der Besteuerung durch den ausländischen Tätigkeitsstaat voraus (BFH-Urteil vom 29. November 2000, BStBl. 2001 II S. 195).

10 Verständigungsvereinbarungen

161 Verständigungsvereinbarungen zwischen den zuständigen Behörden der Vertragsstaaten werden durch die vorstehenden Regelungen nicht berührt.

162 Sofern sich bei der Anwendung der oben genannten Grundsätze eine Doppelbesteuerung ergibt, bleibt es dem Abkommensberechtigten vorbehalten, die Einleitung eines Verständigungsverfahrens zu beantragen (vgl. BMF-Schreiben vom 13. Juli 2006, BStBl. I S. 461).

11 Aufhebung von Verwaltungsanweisungen

163 Die BMF-Schreiben vom 5. Januar 1994, BStBl. I S. 11, vom 5. Juli 1995, BStBl. I S. 373 und vom 20. April 2000, BStBl. I S. 483 (BMF-Schreiben zur Besteuerung des Arbeitslohns nach den Doppelbesteuerungsabkommen; Anwendung der 183-Tage-Klausel), sowie das BMF-Schreiben vom 13. März 2002, BStBl. I S. 485 (BMF-Schreiben zur Besteuerung von Berufskraftfahrern mit luxemburgischen Arbeitgebern und Wohnsitz in Deutschland), werden aufgehoben.

12 Erstmalige Anwendung

164 Die vorstehenden Regelungen sind in allen noch nicht bestandskräftigen Fällen anzuwenden.

165 In Fällen der Tz. 6.6.2 bestehen keine Bedenken, als Erdienungszeitraum den Zeitraum zwischen der Gewährung des Optionsrechts und der tatsächlichen Ausübung anzunehmen, wenn der Zufluss des geldwerten Vorteils vor dem 1. Januar 2006 erfolgte.

166 Dieses Schreiben wird im Bundessteuerblatt veröffentlicht.

Anlage 3
zu H 123

Besteuerung von Gastlehrkräften nach den Doppelbesteuerungsabkommen (DBA)

BMF-Schreiben vom 10. 1. 1994 (BStBl. I S. 14)

Unter Bezugnahme auf das Ergebnis der Erörterungen mit den obersten Finanzbehörden der Länder gilt für die Besteuerung der Gastlehrkräfte nach den Doppelbesteuerungsabkommen (DBA) Folgendes:

1. Die DBA enthalten unterschiedliche Regelungen zur Befreiung von Lehrtätigkeitsvergütungen bei Gastlehrkräften. Die Befreiung von der deutschen Steuer kann davon abhängen, dass der Gastlehrer im Entsendestaat im Sinne des DBA ansässig bleibt oder dass er zumindest unmittelbar vor Aufnahme der Tätigkeit dort ansässig war. Nach einigen Abkommen setzt die Steuerfreiheit voraus, dass die Vergütungen aus Quellen außerhalb des Tätigkeitsstaats stammen. Die Besonderheiten des jeweiligen Abkommens sind zu beachten. Wird die Lehrkraft aus öffentlichen Kassen des ausländischen Entsendestaats besoldet, sind die Bestimmungen des Abkommens über Zahlungen aus öffentlichen Kassen anzuwenden.

2. Nach mehreren DBA sind die Lehrkräfte aus dem jeweiligen Partnerstaat mit ihren Einkünften aus der Lehrtätigkeit in Deutschland von der deutschen Einkommensteuer befreit, wenn sie sich hier vorübergehend für höchstens zwei Jahre zu Unterrichtszwecken aufhalten (z. B. Artikel XIII DBA-Großbritannien).

Bei längerem Aufenthalt tritt für in den ersten beiden Aufenthaltsjahren erzielte Einkünfte aus Lehrtätigkeit auch dann keine Steuerbefreiung ein (wie bisher schon im Verhältnis zu Großbritannien), wenn ursprünglich eine kürzere Verweildauer geplant war und der Aufenthalt später verlängert wurde; es ist auf die objektiv feststellbare Verweildauer abzustellen (BFH-Urteil vom 22. Juli 1987, BStBl. II S. 842).

Liegt ein Zeitraum von mehr als 6 Monaten zwischen zwei Aufenthalten, so gelten die Aufenthalte nicht als zusammenhängend. Beträgt der Zeitraum weniger als 6 Monate, so gilt der Aufenthalt als nicht unterbrochen, es sei denn, aus den Umständen des Einzelfalls ergibt sich, dass die beiden Aufenthalte völlig unabhängig voneinander sind.

Ist nach einem Doppelbesteuerungsabkommen die Steuerbefreiung von einem Antrag abhängig, darf der Lohnsteuerabzug nur dann unterbleiben, wenn das Betriebsstättenfinanzamt bescheinigt, dass der Arbeitslohn nicht der deutschen Lohnsteuer unterliegt (vgl. BFH-Urteil vom 10. Mai 1989 – BStBl. II S. 755). Ist die Steuerbefreiung nach einem Doppelbesteuerungsabkommen antragsunabhängig, hat das Betriebsstättenfinanzamt gleichwohl auf Antrag eine Freistellungsbescheinigung zu erteilen. Wird nach einem Doppelbesteuerungsabkommen zulässigerweise kein Antrag gestellt, kann die Überprüfung der für die Lohnsteuerbefreiung maßgebenden 2-Jahres-Frist im Rahmen einer Lohnsteuer-Außenprüfung und unter Umständen die Inanspruchnahme des Arbeitgebers als Haftungsschuldner in Frage kommen.

Ist zweifelhaft, ob es bei einer ursprünglich vorgesehenen längstens zweijährigen Aufenthaltsdauer bleibt, können Freistellungsbescheinigungen unter dem Vorbehalt der Nachprüfung (§ 164 AO) erteilt werden und Steuerfestsetzungen nach § 165 AO insoweit vorläufig erfolgen oder ausgesetzt werden.

3. Unabhängig von dem in Nummer 2 dargestellten Grundsatz kann im Einzelfall nach Maßgabe der allgemeinen Vorschriften eine Billigkeitsmaßnahme in Betracht kommen, z. B. bei Verlängerung des Aufenthalts einer Gastlehrkraft im Falle einer Schwangerschaft. Ebenso kann in Fällen, in denen der vorübergehende Aufenthalt der Gastlehrkraft durch Heirat mit einem hier Ansässigen und Begründung des Familienwohnsitzes im Inland beendet wird, von einer Nachversteuerung der bis zum Zeitpunkt der Eheschließung bezogenen Bezüge abgesehen werden, sofern die bis dahin ausgeübte Gastlehrtätigkeit den Zeitraum von höchstens zwei Jahren nicht überschreitet.

4. Lehranstalten im Sinne dieser Regelungen können neben Universitäten, Schulen und anderen Lehranstalten des jeweiligen Staates auch private Institute sein. Voraussetzung ist, dass sie nach Struktur und Zielsetzung mit öffentlichen Lehranstalten, gleich welchen Typs, vergleichbar sind. Insbesondere müssen sie einen ständigen Lehrkörper besitzen, der nach einem festen Lehrplan Unterricht mit einem genau umrissenen Ziel erteilt, das auch von vergleichbaren öffentlichen Lehranstalten verfolgt wird. Das Vorliegen dieser Voraussetzungen kann im Allgemeinen bei privaten Lehranstalten unterstellt werden, soweit ihnen Umsatzsteuerfreiheit nach § 4 Nr. 21 Buchstabe a oder b UStG gewährt wird. Nicht erfüllt werden diese Voraussetzungen z. B. von Fernkursveranstaltern und anderen Einrichtungen, bei denen nur ein sehr loses Verhältnis zwischen Lehranstalt und Schülern besteht oder bei denen die Lehrkräfte ihre Tätigkeit in der Hauptsache nebenberuflich ausüben.

Forschungsinstitutionen mit mehreren Instituten können nicht in ihrer Gesamtheit als Lehranstalt im Sinne der Doppelbesteuerungsabkommen anerkannt werden. Eine Anerkennung ist nur für die einzelnen Institute möglich, sofern diese die Voraussetzungen hierfür nachweisen oder sich durch Bescheinigungen der zuständigen Kultusministerien als Lehranstalten ausweisen.

5. Als Lehrer ist jede Person anzusehen, die an einer Lehranstalt eine Lehrtätigkeit hauptberuflich ausübt. Ein besonderer Nachweis der Qualifikation ist nicht zu fordern.

6. Soweit auf Grund der Nummer 2 für die ersten beiden Aufenthaltsjahre keine Steuerfreiheit eintritt, ist das BFH-Urteil vom 22. Juli 1987 (BStBl. II S. 842) für Veranlagungszeiträume vor 1988 in noch offenen Fällen nicht über den entschiedenen Einzelfall hinaus anzuwenden.

7. Dieses Schreiben tritt an die Stelle meiner Schreiben vom
8. April 1953
– IV – S 2227 – 14/53 –
4. September 1975
– IV C 5 – S 1300 – 343/75 –
5. April 1976
– IV C 5 – S 1301 Gr Br – 43/76 –
15. Juli 1980
– IV C 5 – S 1300 – 242/80 –
23. August 1985
– IV C 6 – S 1301 SAf – 6/85 – und
18. August 1986
– IV C 5 – S 1301 GB – 35/86 –.

Anlage 4
zu H 123

Steuerliche Behandlung des von Organen der EU gezahlten Tagegeldes für in ihrem Bereich verwendete Beamte

BMF-Schreiben vom 12.4.2006 (BStBl. I S. 340)

Unter Bezugnahme auf das Ergebnis der Erörterungen mit den obersten Finanzbehörden der Länder gilt für die steuerliche Behandlung des von den Organen der EU gezahlten Tagegeldes für in ihrem Geschäftsbereich verwendete Beamtinnen und Beamte Folgendes:

1. Allgemeines

Die EU zahlt an ihren Organen zugewiesene nationale Sachverständige (Beamte) ein Tagegeld (EU-Tagegeld). Darüber hinaus erhält der Beamte während der Zuweisung bei der EU die ihm aus seinem Amt zustehende Besoldung von seiner Herkunftsdienststelle.

2. Steuerliche Behandlung nach nationalem deutschen Recht

Wird der Beamte nach § 123a Abs. 1 Beamtenrechtsrahmengesetz (BRRG) zugewiesen und wird die Zuweisung einer Abordnung i. S. des § 58 Abs. 1 Satz 2 Bundesbesoldungsgesetz (BBesG) gleichgestellt, erhält der Beamte neben den Inlandsdienstbezügen bei Vorliegen der sonstigen Voraussetzungen von seinem deutschen Dienstherrn (steuerfreie) Auslandsdienstbezüge nach § 52 Abs. 1 BBesG.

Das EU-Tagegeld ist Arbeitslohn, weil es auf Grund des vorübergehenden Dienstverhältnisses mit der EU gezahlt wird. Es bleibt jedoch steuerfrei, soweit es auf steuerfreie Auslandsdienstbezüge angerechnet wird (§ 3 Nr. 64 EStG i. V. m. § 9a Abs. 2 BBesG), siehe auch Nr. 5.

3. Keine Steuerbefreiung nach Art. 13 des Protokolls über die Vorrechte und Befreiungen der Europäischen Gemeinschaft vom 8. April 1965

Die EU ist für die ihr zugewiesenen Beamten zwar auch als Arbeitgeberin i. S. des Art. 15 Abs. 2 Nr. 2 Doppelbesteuerungsabkommen-Belgien (DBA-Belgien) anzusehen, die betroffenen Personen sind aber trotzdem keine Beamten oder sonstigen Bediensteten der EU. Die vergüteten Tagegelder unterliegen daher nicht Art. 13 des Protokolls über die Vorrechte und Befreiungen der Europäischen Gemeinschaft vom 8. April 1965 und sind daher nicht steuerbefreit.

4. Zuordnung des Besteuerungsrechts nach den DBA

Für die dem Beamten gewährten Inlandsdienstbezüge steht nach den Vorschriften des jeweils einschlägigen DBA über die Bezüge aus öffentlichen Kassen der Vertragsstaaten (z. B. Art. 19 DBA-Belgien, Art. 11 DBA-Luxemburg) Deutschland als Kassenstaat das Besteuerungsrecht zu. Der inländische Dienstherr bleibt weiterhin Arbeitgeber im abkommensrechtlichen Sinne.

Für das EU-Tagegeld ist die Vorschrift über Einkünfte aus nichtselbständiger Arbeit des jeweiligen DBA anzuwenden (z. B. Art. 15

§ 39 b EStG

DBA-Belgien, Art. 10 DBA-Luxemburg); die Kassenstaatsklauseln finden keine Anwendung. Danach hat der Staat das Besteuerungsrecht, in dem die nichtselbständige Arbeit ausgeübt wird. Der Ort der Arbeitsausübung befindet sich grundsätzlich dort, wo sich der Arbeitnehmer zur Ausführung seiner Tätigkeit persönlich aufhält. In der Regel steht daher den Tätigkeitsstaaten (z. B. Belgien, Luxemburg) das Besteuerungsrecht zu. Das die EU-Tagegelder zahlende und wirtschaftlich tragende EU-Organ ist während der Tätigkeit des Beamten bei diesem Organ – neben dem inländischen Dienstherrn – (partiell) auch dessen Arbeitgeber im abkommensrechtlichen Sinne (BFH vom 15. März 2000, BStBl. 2002 II S. 238).

Ist der Beamte (weiterhin) in Deutschland ansässig und übt er seine Tätigkeit bei einem Organ der EU (in dem maßgebenden Veranlagungszeitraum) nicht länger als 183 Tage aus, wird das EU-Tagegeld grundsätzlich in Deutschland besteuert. Dies gilt jedoch nicht, wenn das die EU-Tagegelder zahlende und wirtschaftlich tragende Organ der EU seinen Sitz im Tätigkeitsstaat hat und somit i. S. des DBA ansässig ist.

Beispiel 1:
Zuweisung des Beamten zur Europäischen Kommission, Tätigkeit in Brüssel. Die EU-Kommission (Arbeitgeberin) hat ihren Sitz in Brüssel; sie ist damit in Belgien ansässig i. S. des Art. 4 Abs. 1 DBA-Belgien. Das Besteuerungsrecht für das EU-Tagegeld steht somit Belgien zu (Art. 15 Abs. 1 DBA-Belgien).

Beispiel 2:
Zuweisung des Beamten zur Europäischen Kommission, Tätigkeit in Luxemburg. Die EU-Kommission (Arbeitgeberin) ist in Belgien ansässig, der Beamte ist aber in Luxemburg tätig. Das Besteuerungsrecht für die EU-Tagegelder steht Luxemburg zu, wenn sich der Beamte mehr als 183 Tage in Luxemburg aufhält (Art. 10 Abs. 1 DBA-Luxemburg; die Voraussetzungen des Art. 10 Abs. 2 Nr. 1 DBA-Luxemburg sind nicht erfüllt). Hält sich der Beamte nicht mehr als 183 Tage in Luxemburg auf, steht das Besteuerungsrecht für die EU-Tagegelder Deutschland zu, weil die Arbeitgeberin des Beamten nicht in Luxemburg ansässig ist (Art. 10 Abs. 2 Nr. 2 DBA-Luxemburg).

Wird das EU-Tagegeld nach einem DBA von der deutschen Steuer freigestellt, ist gem. § 32b Abs. 1 Nr. 2 und 3 EStG bei unbeschränkter Steuerpflicht der Steuersatz anzuwenden, der sich unter Berücksichtigung des EU-Tagegeldes ergibt (Progressionsvorbehalt). Dies gilt nicht, soweit das EU-Tagegeld gem. § 9a Abs. 2 BBesG auf steuerfreie Auslandsdienstbezüge angerechnet wird (vgl. Nr. 5).

5. Anrechnung des EU-Tagegeldes auf steuerfreie Auslandsdienstbezüge

Steuerfreie Auslandsdienstbezüge und das EU-Tagegeld werden auf Grund der besoldungsrechtlich vorgeschriebenen Anrechnung grundsätzlich nicht in voller Höhe nebeneinander gezahlt (§ 9a Abs. 2 BBesG).

Bei der Besteuerung nach dem Einkommen ist nur der Teil des EU-Tagegeldes zu berücksichtigen, der die steuerfreien Auslandsdienstbezüge, die dem Steuerpflichtigen gezahlt würden, wenn er kein EU-Tagegeld erhalten hätte, übersteigt. Bei der Berechnung dieses Teils des EU-Tagegeldes ist die Höhe der steuerfreien Auslandsdienstbezüge, die dem Steuerpflichtigen ohne Zahlung von EU-Tagegeld zustehen würden, zu ermitteln und von dem insgesamt gezahlten EU-Tagegeld abzuziehen, auch wenn der Steuerpflichtige tatsächlich keine steuerfreien Auslandsdienstbezüge erhält (fiktive Anrechnung).

Beispiel:
Ein Steuerpflichtiger übt während des gesamten Kalenderjahrs eine Tätigkeit als nationaler Sachverständiger (Beamter) bei einem Organ der EU aus. Er erhält hierfür neben seinen Inlandsdienstbezügen ein EU-Tagegeld in Höhe von 3 000 € monatlich. Würde ihm kein EU-Tagegeld gezahlt werden, hätte er steuerfreie Auslandsdienstbezüge in Höhe von insgesamt 2 500 € monatlich erhalten. Der bei der Besteuerung zu berücksichtigende Teil des EU-Tagegeldes berechnet sich wie folgt:

Jahresbetrag des EU-Tagegeldes (12 × 3 000 €)	36 000 €
abzüglich Jahresbetrag der steuerfreien Auslandsdienstbezüge, die dem Steuerpflichtigen ohne Zahlung von EU-Tagegeld zustehen würden (12 × 2 500 €)	– 30 000 €
Übersteigender Betrag des EU-Tagegeldes	6 000 €

Bei der Besteuerung nach dem Einkommen ist das EU-Tagegeld in Höhe von 6 000 € zu berücksichtigen.

Die steuerfreien Auslandsdienstbezüge sind geregelt in §§ 52 ff. BBesG in der Fassung der Bekanntmachung vom 6. August 2002 (BGBl. I S. 3020), zuletzt geändert durch Artikel 3 Abs. 10 des Gesetzes vom 7. Juli 2005 (BGBl. I S. 1970) und durch Artikel 2 des Gesetzes vom 22. September 2005 (BGBl. I S. 2809). Bei Zweifelsfragen empfiehlt es sich, die für die Besoldung des Steuerpflichtigen zuständige Dienststelle um Amtshilfe zu bitten.

Dieses Schreiben tritt an die Stelle des BMF-Schreibens vom 12. März 2002 – IV B 6 – S 1300 – 157/01 – (BStBl. I S. 483), welches hiermit aufgehoben wird. Es ist in allen noch offenen Fällen anzuwenden.

Anlage 5
zu H 123

DM-Beträge in den deutschen Abkommen auf dem Gebiet der Steuern vom Einkommen und vom Vermögen (DBA); Umstellung auf den Euro

BMF-Schreiben vom 16. 3. 2001 (BStBl. I S. 204)

Mit dem 1. Januar 2002 findet die automatische rechtliche Vollumstellung auf den Euro einschließlich der Untereinheit Cent statt. Der Euro tritt an die Stelle der nationalen Währungseinheit DM. In sämtlichen Rechtsakten gelten Bezugnahmen auf die nationale Währungseinheit DM bzw. Geldbeträge in DM als Bezugnahmen auf den Euro bzw. Euro-Beträge unter Verwendung des amtlichen Umrechnungskurses. Der Kurs zur DM lautet: 1 EUR = 1,95583 DM.

Zahlreiche deutsche Doppelbesteuerungsabkommen enthalten Rechtsvorschriften mit DM-Beträgen. Da eine Änderung der jeweiligen DBA nicht in Betracht kommt, sind diese Beträge in der beigefügten Anlage punktgenau in Euro umgerechnet worden. Die neuen Euro-Beträge werden der jeweils zuständigen Behörde der Vertragsstaaten im Schriftweg mitgeteilt.

§ 39 b EStG
R 123

DBA-Euro-Liste

DBA mit	vom	Artikel	Gegenstand	DM-Betrag	Euro-Betrag
Ägypten	08.12.87	Art. 20	Nebenverdienstgrenze für Studenten und Auszubildende	7 200	3 681,30
Argentinien	13.07.78	Art. 20 Abs. 2 Buchst. b	Nebenverdienstgrenze für Studenten und Auszubildende	6 000	3 067,75
Bangladesch	29.05.90	Art. 20 Abs. 2 Buchst. b	Nebenverdienstgrenze für Studenten und Auszubildende	7 200	3 681,30
Bolivien	30.09.92	Art. 20 Abs. 2 Buchst. b	Nebenverdienstgrenze für Studenten und Auszubildende	7 200	3 681,30
Brasilien	27.06.75	Art. 21 Abs. 2	Nebenverdienstgrenze für Studenten und Auszubildende	7 200	3 681,30
Bulgarien	02.06.87	Art. 19 Abs. 2 Buchst. b	Nebenverdienstgrenze für Studenten und Auszubildende	7 200	3 681,30
VR China	10.06.85	Art. 21	Nebenverdienstgrenze für Studenten und Auszubildende	6 000	3 067,75
Ecuador	07.12.82	Art. 20 Abs. 2 Buchst. b	Nebenverdienstgrenze für Studenten und Auszubildende	8 400	4 294,85
Indien	19.06.95	Art. 20 Abs. 2 Buchst. d) ii	Nebenverdienstgrenze für Studenten und Auszubildende	7 200	3 681,30
Israel	09.07.62	Art. 16 Abs. 2	Verdienstgrenze bei Arbeitnehmer-Fortbildung	15 000	7 669,38
	20.07.77	Art. 16 Abs. 3	Nebenverdienstgrenze für Studenten und Auszubildende	25 000	12 782,30
Jamaika	08.10.74	Art. 20 Abs. 2 Buchst. b	Nebenverdienstgrenze für Studenten und Auszubildende	6 000	3 067,75
Kenia	17.05.77	Art. 20 Abs. 2 Buchst. b	Nebenverdienstgrenze für Studenten und Auszubildende	6 000	3 067,75
Korea	14.12.76	Art. 20 Abs. 1 Buchst. b	Nebenverdienstgrenze für Studenten und Auszubildende	7 200	3 681,30
		Art. 20 Abs. 2 Buchst. c	Nebenverdienstgrenze für Forschung, technische Hilfe	7 200	3 681,30
		Art. 20 Abs. 3 Buchst. b	Verdienstgrenze bei Arbeitnehmer-Fortbildung	18 000	9 203,25
Liberia	25.11.70	Art. 20 Abs. 2 Buchst. b	Nebenverdienstgrenze für Studenten und Auszubildende	6 000	3 067,75
Malaysia	08.04.77	Art. 20 Abs. 1 Buchst. b	Nebenverdienstgrenze für Studenten und Auszubildende	6 000	3 067,75
		Art. 20 Abs. 3 Buchst. b	Verdienstgrenze für Arbeitnehmer-Fortbildung	15 000	7 669,38
Malta	17.09.74	Art. 20 Abs. 2 Buchst. b	Nebenverdienstgrenze für Studenten und Auszubildende	6 000	3 067,75
Marokko	07.06.72	Art. 20	Nebenverdienstgrenze für Studenten und Auszubildende	6 000	3 067,75
Mauritius	15.03.78	Art. 21 Abs. 1 Buchst. b	Nebenverdienstgrenze für Studenten und Auszubildende	8 000	4 090,34
Pakistan	14.07.94	Art. 20 Abs. 2 Buchst. iii	Nebenverdienstgrenze für Studenten und Auszubildende	7 200	3 681,30
Philippinen	22.07.83	Art. 21 Abs. 1 Buchst. b	Nebenverdienstgrenze für Studenten und Auszubildende	7 500	3 834,69
		Art. 21 Abs. 3 Buchst. b	Nebenverdienstgrenze für Studenten und Auszubildende	7 500	3 834,69
Portugal	15.07.80	Art. 21 Abs. 1 Buchst. b	Nebenverdienstgrenze für Studenten und Auszubildende	7 200	3 681,30
		Art. 21 Abs. 2 Buchst. c	Nebenverdienstgrenze für Studenten und Auszubildende	7 200	3 681,30
		Art. 21 Abs. 3	Verdienstgrenze bei Arbeitnehmer-Fortbildung	15 000	7 669,38
Rumänien	29.06.73	Art. 17	Verdienstgrenze bei Arbeitnehmer-Fortbildung	6 000	3 067,75
Russland	29.05.96	Art. 10 Abs. 1 Buchst. a	Mindestgrenze für Schachtelbeteiligungen	160 000	81 806,70
Sambia	30.05.73	Art. 20 Abs. 2 Buchst. b	Nebenverdienstgrenze für Studenten und Auszubildende	6 000	3 067,75

§ 39 b EStG

DBA mit	vom	Artikel	Gegenstand	DM-Betrag	Euro-Betrag
Singapur	19.02.72	Art. 19 Abs. 2 Buchst. b	Nebenverdienstgrenze für Studenten und Auszubildende	6 000	3 067,75
		Art. 19 Abs. 3 Buchst. c	Nebenverdienstgrenze für Studenten und Auszubildende	6 000	3 067,75
Sri Lanka	13.09.79	Art. 21 Abs. 1 Buchst. iii	Nebenverdienstgrenze für Studenten und Auszubildende	7 200	3 681,30
Thailand	10.07.67	Art. 20 Abs. 3 Buchst. b	Verdienstgrenze bei Arbeitnehmer-Fortbildung	15 000	7 669,38
Trinidad/Tobago	04.04.73	Art. 20 Abs. 2 Buchst. b	Nebenverdienstgrenze für Studenten und Auszubildende	6 000	3 067,75
		Art. 20 Abs. 3 Buchst. c	Nebenverdienstgrenze für Studenten und Auszubildende	6 000	3 067,75
Tunesien	23.12.75	Art. 20 Abs. 1 Buchst. b	Nebenverdienstgrenze für Studenten und Auszubildende	6 000	3 067,75
Uruguay	05.05.87	Art. 20 Abs. 2 Buchst. b	Nebenverdienstgrenze für Studenten und Auszubildende	7 200	3 681,30
Vietnam	16.11.95	Art. 20 Abs. 3	Nebenverdienstgrenze für Studenten und Auszubildende	9 000	4 601,63
Zypern	09.05.74	Art. 20 Abs. 2 Buchst. b	Nebenverdienstgrenze für Studenten und Auszubildende	6 000	3 067,75

Anlage 6
zu H 123

Steuerliche Behandlung von Berufskraftfahrern nach dem deutsch-luxemburgischen Doppelbesteuerungsabkommen

BMF-Schreiben vom 10. 5. 2005 (BStBl. I S. 696)

Anbei übersende ich eine Ablichtung der mit der luxemburgischen Finanzverwaltung geschlossenen Verständigungsvereinbarung zum Abkommen vom 23. August 1958 in der Fassung des Ergänzungsprotokolls vom 15. Juni 1973 zwischen dem Großherzogtum Luxemburg und der Bundesrepublik Deutschland zur Vermeidung der Doppelbesteuerung betreffend die Besteuerung der Löhne von Berufskraftfahrern, die in einem der beiden Vertragsstaaten ansässig und für ein in dem anderen Vertragsstaat ansässiges Unternehmen tätig sind.

Hinsichtlich der Umsetzung der Verständigungsvereinbarung haben beide Seiten eine gemeinsame Vorgehensweise festgelegt. Diese Umsetzungsvereinbarung übersende ich ebenso zu Ihrer Kenntnis.

Die Verständigungsvereinbarung soll für Steuerjahre zur Anwendung kommen, die ab dem 1. Juli 2005 beginnen und nach Ablauf von drei Jahren durch die zuständigen Behörden auf ihre Zweckmäßigkeit überprüft werden.

Verständigungsvereinbarung:

Zur Beseitigung von Schwierigkeiten bei der Abgrenzung des Besteuerungsrechts der Vertragsstaaten nach dem Ausübungsort der nichtselbständigen Tätigkeit bei Berufskraftfahrern, die in einem der Vertragsstaaten ansässig sind und ihre nichtselbständige Tätigkeit für ein in dem anderen Vertragsstaat ansässigen Arbeitgeber ausüben, verständigen sich die zuständigen Behörden gemäß Artikel 26 Absatz 3 des Abkommens vom 23. August 1958 zwischen dem Großherzogtum Luxemburg und der Bundesrepublik Deutschland zur Vermeidung der Doppelbesteuerungen und über gegenseitige Amts- und Rechtshilfe auf dem Gebiete der Steuern vom Einkommen und vom Vermögen sowie der Gewerbesteuern und der Grundsteuern in der Fassung des Ergänzungsprotokolls vom 15. Juni 1973 wie folgt:

1. Der Arbeitslohn, der auf Arbeitstage entfällt, an denen der Berufskraftfahrer seine Tätigkeit ausschließlich in dem Vertragsstaat ausgeübt hat, in dem er seinen Wohnsitz hat, wird in diesem Vertragsstaat besteuert.

2. Der Arbeitslohn, der auf Arbeitstage entfällt, an denen der Berufskraftfahrer seine Tätigkeit ausschließlich in dem Vertragsstaat ausgeübt hat, in dem der Arbeitgeber des Berufskraftfahrers seinen Wohnsitz hat, wird in diesem Vertragsstaat besteuert.

3. Der Arbeitslohn, der auf Arbeitstage entfällt, an denen der Berufskraftfahrer seine Tätigkeit ausschließlich
   a) in einem oder mehreren Drittstaaten, oder
   b) in einem oder mehreren Drittstaaten und in dem Vertragsstaat, in dem der Berufskraftfahrer seinen Wohnsitz hat,

   ausgeübt hat, wird in dem Vertragsstaat besteuert, in dem der Berufskraftfahrer seinen Wohnsitz hat. Drittstaat im Sinne dieser Vereinbarung ist jeder Staat mit Ausnahme der beiden Vertragsstaaten.

4. Der Arbeitslohn, der auf Arbeitstage entfällt, an denen der Berufskraftfahrer seine Tätigkeit teilweise in dem Vertragsstaat ausgeübt hat, in dem der Arbeitgeber des Berufskraftfahrers seinen Wohnsitz hat, und teilweise
   a) in dem Vertragsstaat, in dem der Berufskraftfahrer seinen Wohnsitz hat,
   b) in einem oder mehreren Drittstaaten, oder
   c) in dem Vertragsstaat, in dem der Berufskraftfahrer seinen Wohnsitz hat, und in einem oder mehreren Drittstaaten,

   wird, unabhängig von der jeweiligen Verweildauer des Berufskraftfahrers in den einzelnen Staaten, zu gleichen Teilen auf die entsprechenden Staaten aufgeteilt. Das anteilige Besteuerungsrecht wird sodann gemäß den Nummern 1 bis 3 den Vertragsstaaten zugewiesen.

5. Das Besteuerungsrecht für den Arbeitslohn, der auf freie Tage (wie z. B. Samstage, Sonntage, Feiertage, Urlaubstage) des Berufskraftfahrers entfällt, steht den Vertragsstaaten in dem Verhältnis zu, in dem der Arbeitslohn nach den Tätigkeitstagen gemäß den Nummern 1 bis 4 für das gesamte Kalenderjahr auf die Vertragsstaaten aufgeteilt worden ist. Das Besteuerungsrecht des Krankengeldes steht dem Vertragsstaate zu, in dem der Berufskraftfahrer der Sozialversicherungspflicht unterliegt.

6. Im Sinne dieser Vereinbarung sind Fahrten des Berufskraftfahrers zwischen Wohnung und Arbeitsstätte nicht als Ausübung seiner nichtselbständigen Tätigkeit anzusehen. Regelmäßige Arbeitsstätte des Berufskraftfahrers ist das Fahrzeug.

7. Die Vereinbarung gilt sinngemäß für die Fälle, in denen der Berufskraftfahrer mit Wohnsitz in einem der beiden Vertragsstaaten für seine Tätigkeit zu Lasten einer in dem anderen Vertragsstaat befindlichen Betriebsstätte des Arbeitgebers entlohnt wird.

8. Diese Vereinbarung tritt mit Unterzeichnung durch beide zuständigen Behörden der Vertragsstaaten in Kraft und ist für Steuerjahre anzuwenden, die am oder nach dem 1. Juli 2005 beginnen. In der Bundesrepublik Deutschland ist die Vereinbarung zudem innerhalb eines Jahres nach Abschluss der Verständigungsvereinbarung auf Antrag auf alle abgeschlossenen Fälle anzuwenden.

9. Nach Ablauf von drei Jahren werden die zuständigen Behörden die Regelungen gemeinsam auf ihre Zweckmäßigkeit überprüfen.

Umsetzung der Verständigungsvereinbarung

Beide Vertragsparteien werden die Öffentlichkeit, insbesondere die Verbände, Arbeitgeber und Gewerkschaften über diese Verständigungsvereinbarung in geeigneter Weise informieren.

Die Vertragsparteien beabsichtigen, den Inhalt dieser Verständigungsvereinbarung insbesondere den luxemburgischen Arbeitgebern und den in Deutschland ansässigen Berufskraftfahrern in hinreichendem Umfang bekannt zu machen. Die betroffenen luxemburgischen Arbeitgeber und die in Deutschland ansässigen Berufskraftfahrer sollen durch geeignete Informationen in die Lage versetzt werden, die Vorgaben dieser Verständigungsvereinbarung zu beachten, so dass eine zutreffende Besteuerung sicher gestellt ist.

Zur Erreichung dieses Ziels sollen den betreffenden Arbeitgebern die Regelungen dieser Verständigungsvereinbarung in einem Rundschreiben der luxemburgischen Finanzverwaltung näher erläutert werden. Dieses Rundschreiben wird darauf hinweisen, dass luxemburgische Arbeitgeber die Lohnsteuer für ihre in Deutschland ansässigen Berufskraftfahrer unter Berücksichtigung dieser Vereinbarung zu berechnen und darüber hinaus auf der Lohnbescheinigung den Teil des Arbeitslohns auszuweisen haben, der nicht der luxemburgischen, sondern der deutschen Steuer unterliegt. Dieser Betrag ist unter „Autres exemptions" (Buchst. C Nr. 2) auf der Lohnsteuerbescheinigung anzugeben.

Die in Deutschland ansässigen Arbeitnehmer sind im Rahmen ihrer Einkommensteuererklärung verpflichtet, den Anteil des Arbeitslohns, welcher der deutschen Steuer unterliegt, nachzuweisen, insbesondere durch Vorlage der vom luxemburgischen Arbeitgeber erteilten Lohnbescheinigung.

Die luxemburgische Finanzverwaltung erteilt Auskünfte auf Anfragen der deutschen Finanzverwaltung, die aufgrund konkreter Anhaltspunkte für die fehlende Beachtung der Verständigungsvereinbarung durch in Deutschland ansässige Berufskraftfahrer notwendig werden.

Anlage 7
zu H 123

Außerkrafttreten des deutsch-brasilianischen Doppelbesteuerungsabkommens vom 27. Juni 1975

BMF-Schreiben vom 6. 5. 2005 (BStBl. I S. 799)

Das Abkommen vom 27. Juni 1975 zwischen der Bundesrepublik Deutschland und der Föderativen Republik Brasilien zur Vermeidung der Doppelbesteuerung auf dem Gebiet der Steuern vom Einkommen und vom Vermögen (BGBl. 1975 II S. 2245; 1976 II S. 200) wird nach seinem Artikel 31 Satz 1

am 31. Dezember 2005

außer Kraft treten.

Es ist nach seinem Artikel 31 Satz 2 letztmalig anzuwenden
in der Bundesrepublik Deutschland
- bei den im Abzugsweg erhobenen Steuern auf Beträge, die vor Ablauf des Kalenderjahrs 2005 gezahlt oder überwiesen werden,
- bei den anderen unter dieses Abkommen fallenden Steuern auf den Veranlagungszeitraum, der auf das Jahr 2005 folgt;

in Brasilien
- bei den im Abzugsweg erhobenen Steuern auf Beträge, die vor Ablauf des Kalenderjahrs 2005 gezahlt oder überwiesen werden,
- bei den anderen unter dieses Abkommen fallenden Steuern auf das Steuerjahr, das im Kalenderjahr 2005 beginnt.

Anlage 8
zu H 123

DBA-Frankreich, Freibetrag auf der Lohnsteuerkarte bei Leiharbeitnehmern

Schreiben des Bayer. Staatsministeriums der Finanzen vom 27.5.2005 (Az.: 34 – S 2360 – 030 – 19066/05)

Abgedruckt als Anlage zu H 111.

Anlage 9
zu H 123

Merkblatt zur Steuerfreistellung ausländischer Einkünfte gemäß § 50d Abs. 8 EStG

BMF-Schreiben vom 21.7.2005 (BStBl. I S. 821)

Unter Bezugnahme auf das Ergebnis der Erörterungen mit den Vertretern der obersten Finanzbehörden der Länder gilt für die Steuerfreistellung ausländischer Einkünfte nach § 50d Abs. 8 EStG folgendes Verfahren.

Inhaltsübersicht

1. Anwendungsbereich
2. Nachweispflicht
   2.1 Besteuerung im ausländischen Staat
      2.1.1 Ermittlung und Nachweis der Höhe der Einkünfte
      2.1.2 Nachweis über die Festsetzung und Entrichtung der Steuern
   2.2 Verzicht auf das Besteuerungsrecht
3. Sonderfälle
   3.1 Entwicklungszusammenarbeit
      3.1.1 Besteuerungsrecht des Kassenstaates (Deutschland)
      3.1.2 Besteuerungsrecht des Tätigkeitsstaates/ Freistellung im Tätigkeitsstaat
   3.2 V.A.E./Kuwait
   3.3 Schiffe unter ausländischer Flagge/Liberia
4. Festsetzungsverfahren
   4.1 Festsetzung im Falle eines fehlenden Nachweises
   4.2 Bagatellgrenze
5. Informationsaustausch

1. Anwendungsbereich

Bei Einkünften aus nichtselbständiger Arbeit (§ 19 EStG), die nach einem Abkommen zur Vermeidung der Doppelbesteuerung (DBA) in einem ausländischen Staat besteuert werden können, wird die unter Progressionsvorbehalt (§ 32b Abs. 1 Nr. 3 EStG) erfolgende Freistellung von der deutschen Steuer eines unbeschränkt Steuerpflichtigen im Rahmen der Einkommensteuerveranlagung nach der Regelung des § 50d Abs. 8 EStG nur unter bestimmten Voraussetzungen gewährt. Der Steuerpflichtige muss für die Freistellung nachweisen, dass die in dem ausländischen Staat festgesetzten Steuern entrichtet wurden oder dass dieser Staat auf sein Besteuerungsrecht verzichtet hat. Das gilt nicht für Einkünfte aus Staaten, auf die der Auslandstätigkeitserlass (BMF-Schreiben vom 31. Oktober 1983 – IV B 6 – S 2293 – 50/83 – BStBl. I S. 470 – und Anh. 22 LStR) anzuwenden ist. Die Regelung des § 50d Abs. 8 EStG ist auch in den Fällen nicht anzuwenden, in denen das einschlägige Doppelbesteuerungsabkommen der Bundesrepublik Deutschland das Besteuerungsrecht zuweist, weil der ausländische Staat von seinem Besteuerungsrecht keinen Gebrauch macht[*] oder die Besteuerung von der Überweisung der Einkünfte in den Tätigkeitsstaat abhängig macht[**].

Die Nachweispflicht besteht für das Veranlagungsverfahren. Sie gilt nicht für das Lohnsteuerabzugsverfahren. Das Betriebsstättenfinanzamt kann daher unverändert auf Antrag des Arbeitnehmers oder des Arbeitgebers (§ 38 EStG) eine Freistellungsbescheinigung erteilen (§ 39b Abs. 6 Satz 1 EStG). In das Antragsformular auf Erteilung der Freistellungsbescheinigung (Antrag für unbeschränkt einkommensteuerpflichtige Arbeitnehmer auf Erteilung einer Bescheinigung über die Freistellung des Arbeitslohns vom Steuerabzug auf Grund eines DBA) wurde ein Hinweis auf die abschließende Prüfung im Rahmen der Veranlagung aufgenommen.

Die Regelung des § 50d Abs. 8 EStG ist erstmals für den Veranlagungszeitraum 2004 anzuwenden.

2. Nachweispflicht

Bei der Anforderung und Prüfung von Nachweisen sind die objektiven Umstände des Einzelfalles und der Grundsatz der Verhältnismäßigkeit zu beachten.

Zu der Anwendung einer Bagatellgrenze vgl. Tz. 4.2.

2.1 Besteuerung im ausländischen Staat

2.1.1 Ermittlung und Nachweis der Höhe der Einkünfte

Die Einkünfte im Sinne des § 50d Abs. 8 EStG sind nach den Vorschriften des deutschen Steuerrechts zu ermitteln. Aufgrund der unterschiedlichen Steuersysteme und Begriffsbestimmungen können sich bei den der ausländischen und deutschen Besteuerung zugrunde gelegten Einkünften Abweichungen ergeben. Diese können unter anderem entstehen, weil der ausländische Staat ein vom Kalenderjahr abweichendes Steuerjahr[***] hat oder Sachverhalte zeitlich abweichend von den Regelungen des deutschen Rechts erfasst. Daneben können Abweichungen aus der Definition der Begriffe „Arbeitslohn" und „Werbungskosten", aus der Zuordnung von Bezügen zu steuerpflichtigen oder steuerfreien Einnahmen, der Bewertung von Sachbezügen und nachträglichen Bonuszahlungen oder der Behandlung von Altersteilzeitmodellen resultieren.

Soweit der Steuerpflichtige die Ursachen eventueller Abweichungen glaubhaft macht (z.B. Kopie der ausländischen Steuererklärung/en und/oder Steuerbescheid/e, Berechnungsschema), gilt der Nachweis über die Höhe der Einkünfte für den jeweiligen Veranlagungszeitraum als erbracht.

2.1.2 Nachweis über die Festsetzung und Entrichtung der Steuern

Der Nachweis über die Zahlung der festgesetzten Steuern ist grundsätzlich durch Vorlage des Steuerbescheids der ausländischen Behörde sowie eines Zahlungsbelegs (Überweisungs- bzw. Einzahlungsbeleg der Bank oder der Finanzbehörde) zu erbringen. Sofern der ausländische Staat ein Selbstveranlagungsverfahren hat und daher keinen Steuerbescheid erteilt (z.B. USA), reicht die Vorlage des Zahlungsbelegs und einer Kopie der Steuererklärung aus.

In den Fällen, in denen der Steuerpflichtige tatsächlich nicht in der Lage ist, geeignete Nachweise zu erbringen, ist ausnahmsweise eine hinreichend bestimmte Bescheinigung des zivilrechtlichen oder

---

[*] (Art. 13 Abs. 2 DBA Frankreich, Art. 15 Abs. 4 DBA Österreich, Art. 15 Abs. 3 und 4 DBA Schweiz)

[**] (Art. II Abs. 2 DBA Großbritannien, Art. II Abs. 2 DBA Irland, Art. 2 Abs. 2 DBA Israel, Art. 3 Abs. 3 DBA Jamaika, Schlussprotokoll Nr. 2 DBA Malaysia, Schlussprotokoll Nr. 1 Buchst. a DBA Trinidad/Tobago)

[***] (Australien, Bangladesch, Großbritannien, Indien, Iran, Mauritius, Namibia, Neuseeland, Pakistan, Sambia, Sri Lanka, Südafrika)

wirtschaftlichen Arbeitgebers ausreichend. Hieraus müssen insbesondere die Höhe der im jeweiligen Veranlagungszeitraum zugeflossenen Einnahmen, die vom Arbeitgeber abgeführte Steuer und der Zeitraum der Tätigkeit im Ausland hervorgehen (Arbeitgeberbescheinigung). Eine Arbeitgeberbescheinigung ist z. B. in den Fällen ausreichend, in denen der Arbeitgeber durch das ausländische Recht zum Steuerabzug verpflichtet ist und die einbehaltene und vom Arbeitgeber abgeführte Steuer Abgeltungswirkung hat (z. B. Italien, Spanien) oder eine Nettolohnvereinbarung getroffen wurde. Wurde die Steuer im Rahmen einer Pauschalversteuerung durch den Arbeitgeber entrichtet, reicht eine Bescheinigung des Arbeitgebers über die rechtliche Grundlage und die tatsächliche Durchführung der Pauschalversteuerung für den Steuerpflichtigen aus.

2.2 Verzicht auf das Besteuerungsrecht

Wenn der ausländische Staat auf das ihm zugewiesene Besteuerungsrecht verzichtet, hat der Steuerpflichtige Unterlagen vorzulegen, aus denen sich der Verzicht ergibt. Es kann sich hierbei um einen Verzicht gegenüber Einzelpersonen, bestimmten Personengruppen oder um einen generellen Verzicht handeln (z. B. Erlass, Steuerbefreiung, genereller Verzicht auf die Steuererhebung, völkerrechtlicher Vertrag).

3. Sonderfälle

3.1 Entwicklungszusammenarbeit

3.1.1 Besteuerungsrecht des Kassenstaates (Deutschland)

Sofern Vergütungen im Rahmen der Entwicklungszusammenarbeit gezahlt werden, ist zunächst zu prüfen, ob das anzuwendende DBA Deutschland als Kassenstaat das Besteuerungsrecht zuweist und eine Anwendung des § 50 d Abs. 8 EStG damit ausscheidet*).

3.1.2 Besteuerungsrecht des Tätigkeitsstaates/Freistellung im Tätigkeitsstaat

Soweit Arbeitnehmer im Rahmen der Entwicklungszusammenarbeit aufgrund von zwischenstaatlichen oder diesen vergleichbaren Abkommen oder Vereinbarungen in dem jeweiligen ausländischen Staat von der Steuer befreit sind (Verzicht auf das Besteuerungsrecht), ist dies durch geeignete Unterlagen nachzuweisen.

Arbeitgeber sind Organisationen und Firmen, die direkt oder indirekt durch die Bundesregierung, Landesregierungen oder andere deutsche staatliche Stellen mit der Durchführung personeller Leistungen im Rahmen der Entwicklungszusammenarbeit beauftragt worden sind. Weitere Auftraggeber sind z. B. die Europäische Union, internationale Finanzinstitute und Regierungen anderer Staaten.

Als Nachweis ist dabei eine Bescheinigung des jeweiligen Arbeitgebers in Verbindung mit einem Auszug des geltenden Abkommens bzw. der Vereinbarung anzuerkennen.

Ein Muster einer Bescheinigung ist als **Anlage 1** beigefügt.

3.2 V.A.E./Kuwait

In den Vereinigten Arabischen Emiraten (V.A.E.) werden mangels gesetzlicher Regelungen natürliche Personen unabhängig von ihrer Staatsangehörigkeit keiner Ertragsteuer (Einkommensteuer) unterworfen. In Kuwait werden von natürlichen Personen ebenfalls keine Ertragsteuern erhoben.

Sofern nachgewiesen wird (Arbeitgeberbescheinigung, Lohnabrechnungen), dass die Tätigkeit in einem dieser Staaten ausgeübt wurde, ist von einem Nachweis über den Verzicht des ausländischen Staates auf das Besteuerungsrecht abzusehen.

3.3 Schiffe unter ausländischer Flagge/Liberia

Für Einkünfte aus nichtselbständiger Tätigkeit von Seeleuten sehen die von der Bundesrepublik Deutschland abgeschlossenen Doppelbesteuerungsabkommen in der Regel vor, dass dem Staat das Besteuerungsrecht zusteht, in dem sich die tatsächliche Geschäftsleitung des Unternehmens befindet (z. B. Art. 15 Abs. 3 DBA MA, Art. XI Abs. 5 DBA Großbritannien, Art. 10 Abs. 3 DBA Niederlande, Art. 15 Abs. 3 DBA Spanien). Abweichend hiervon regelt das DBA Liberia die Zuweisung des Besteuerungsrechts für die Einkünfte aus nichtselbständiger Arbeit von Seeleuten nicht gesondert. Es ist daher Artikel 15 Abs. 1 und 2 DBA Liberia anzuwenden. Als Tätigkeitsstaat ist danach bei Arbeitsausübung an Bord von Schiffen, die unter liberianischer Flagge fahren, Liberia anzusehen, soweit sich das Schiff auf hoher See bzw. im Hoheitsgebiet von Liberia befindet. Die Einkünfte können daher grundsätzlich von der Republik Liberia besteuert werden, welche von ihrem Besteuerungsrecht jedoch keinen Gebrauch macht. Als **Anlage 2** ist ein Muster einer Bescheinigung der Republik Liberia beigefügt, die diese für Arbeitnehmer ausstellt, die auf Schiffen unter liberianischer Flagge tätig werden. Die Bescheinigung ist anzuerkennen. Ab dem Veranlagungszeitraum 2005 ist ihr eine Bescheinigung des Arbeitgebers beizufügen, in der die Angaben für den jeweiligen Steuerpflichtigen bestätigt werden (Dauer der Tätigkeit, Schiffsname, Bestätigung, dass unter liberianischer Flagge fahrend).

4. Festsetzungsverfahren

4.1 Festsetzung im Falle eines fehlenden Nachweises

Soweit die nach Tz. 2 und Tz. 3 erforderlichen Nachweise nicht oder nicht vollständig vorgelegt werden, ist die Steuer unter Einbeziehung der betroffenen Einkünfte festzusetzen. Der Einkommensteuerbescheid ist gemäß § 50 d Abs. 8 Satz 2 EStG zugunsten des Steuerpflichtigen zu ändern, sobald die tatsächliche Besteuerung oder der Verzicht auf die Besteuerung im Ausland nachgewiesen wird. Die Festsetzungsfrist beginnt mit Ablauf des Jahres, in dem das Ereignis (Erbringung des Nachweises) eintritt (§ 50 d Abs. 8 Satz 3 EStG). Die Verzinsung richtet sich nach § 233 a Abs. 1 und 2 AO.

4.2 Bagatellgrenze

Bis auf weiteres ist aus Vereinfachungsgründen die Freistellung unter Progressionsvorbehalt von der deutschen Einkommensteuer auch ohne das Erbringen von Nachweisen zu gewähren, wenn der maßgebende, nach deutschem Recht ermittelte Arbeitslohn in dem jeweiligen Veranlagungszeitraum insgesamt nicht mehr als 10 000 € beträgt.

5. Informationsaustausch

Auf die Regelungen des Merkblattes zur zwischenstaatlichen Amtshilfe durch Auskunftsaustausch in Steuersachen (Amtshilfe-Merkblatt; BMF-Schreiben vom 3. Februar 1999 – IV B 4 – S 1320 – 3/ 99 –, BStBl. I S. 228 und BStBl. I S. 974) weise ich hin. Abweichend von Tz 1.6.1.2 des Amtshilfe-Merkblattes wurde der Auskunftsaustausch in Steuersachen zwischenzeitlich in vollem Umfang dem Bundesamt für Finanzen übertragen (§ 1 a Abs. 2 Satz 1 EG-Amtshilfe-Gesetz, § 5 Abs. 1 Nr. 5 Finanzverwaltungsgesetz; BMF-Schreiben vom 29. November 2004 – IV B 6 – S 1304 – 2/04 –).

In den Fällen, in denen der Steuerpflichtige die Nachweise im Sinne des § 50 d Abs. 8 EStG erbracht hat, sind weder Auskunftsersuchen zu stellen noch Spontanauskünfte zu erteilen.

Bestehen Zweifel hinsichtlich der Zahlung der festgesetzten Steuer bzw. des Verzichts des ausländischen Staates auf sein Besteuerungsrecht, ist die Steuer unter Einbeziehung der betroffenen Einkünfte festzusetzen (Tz. 4.1 dieses Merkblattes) und ein Auskunftsersuchen an den ausländischen Staat zu richten. Entsprechendes gilt, soweit unklar ist, ob sämtliche steuerfrei zu stellenden Gehaltsbestandteile (z. B. Gratifikationen, Tantiemen, Urlaubsgeld) im ausländischen Staat zur Besteuerung herangezogen wurden. In diesen Fällen entfällt nach Tz. 5.1 des Amtshilfe-Merkblattes eine Anhörung des Steuerpflichtigen, sofern die Informationen auf Angaben beruhen, die der Steuerpflichtige in einem Antrag oder einer Erklärung gemacht hat. Gleichwohl kann der Steuerpflichtige gegen die Übermittlung aufgrund seiner Angaben in der Einkommensteuererklärung Einwendungen erheben (Anlage N sowie Tz. 6.1 Satz 1 Buchst. a und c und Satz 2 des Amtshilfe-Merkblattes).

Dieses Merkblatt hebt das Schreiben bezüglich des Auskunftsaustausches über Arbeitslöhne von in der Bundesrepublik Deutschland ansässigen und in anderen EU-Mitgliedstaaten tätigen Arbeitnehmern (BMF-Schreiben vom 3. Juni 1996 – IV C 7 – S 1320 – 8/96 –, BStBl. I S. 644) mit der Maßgabe auf, dass die dort enthaltene Dienstwegregelung für entsprechende Spontanauskünfte an einen anderen EU-Mitgliedstaat beibehalten wird. Hiernach geben die Finanzämter diese Informationen unmittelbar an das Bundesamt für Finanzen weiter.

---

*) (z. B. Art. 19 Abs. 3 DBA Bangladesch, Art. 18 Abs. 2 DBA Ecuador, Art. 19 Abs. 4 DBA Indien, Art. 19 Abs. 3 DBA Pakistan)

§ 39 b EStG
R 123

Anlage 10
zu H 123

**Deutsch-französisches Doppelbesteuerungsabkommen;
Verständigungsvereinbarung zur 183-Tage-Regelung
(Artikel 13 Abs. 4) und zur Anwendung der
Grenzgängerregelung (Artikel 13 Abs. 5)**

BMF-Schreiben vom 3. 4. 2006 (BStBl. I S. 304)

Mit dem französischen Wirtschafts- und Finanzministerium wurde am 16. Februar 2006 die folgende Verständigungsvereinbarung zur Anwendung der 183-Tage-Regelung und der Grenzgängerregelung geschlossen:

A 183-Tage-Regelung

Nach Artikel 13 Absatz 4 des deutsch-französischen Doppelbesteuerungsabkommens können Einkünfte aus unselbständiger Arbeit nur in dem Vertragsstaat besteuert werden, in dem der Arbeitnehmer ansässig ist, wenn sich dieser Arbeitnehmer vorübergehend, zusammen nicht länger als 183 Tage im Laufe eines Kalenderjahres, in dem anderen Staat aufhält; daneben müssen weitere Voraussetzungen erfüllt sein.

Bei der Berechnung der Aufenthaltsdauer werden Sonn- und Feiertage, Urlaubs- und Krankheitstage und kurze Unterbrechungen im Zusammenhang mit Reisen in den Heimatstaat oder in dritte Länder als Tage des Aufenthalts im Beschäftigungsland mitgezählt, soweit sie im Rahmen bestehender Arbeitsverhältnisse anfallen und unter Berücksichtigung der Umstände, unter denen sie stattfinden, nicht als Beendigung des vorübergehenden Aufenthalts angesehen werden können.

B Grenzgängerregelung

1. Artikel 13 Absatz 5 des deutsch-französischen Doppelbesteuerungsabkommens findet auf Arbeitnehmer Anwendung, die im Grenzgebiet des einen Staates ihre Tätigkeit ausüben und im Grenzgebiet des anderen Staates ihren Wohnsitz haben, zu dem sie in der Regel jeden Tag zurückkehren (Grenzgänger). Das Besteuerungsrecht für die Einkünfte aus nichtselbständiger Arbeit steht in diesen Fällen ausschließlich dem Wohnsitzstaat zu.

2. Kehrt ein Arbeitnehmer nicht täglich an seinen Wohnsitz zurück oder ist er an ganzen Arbeitstagen an Arbeitsorten außerhalb der Grenzzone beschäftigt, so geht die Grenzgängereigenschaft nicht verloren, sofern

- der Arbeitnehmer während des ganzen Kalenderjahres in der Grenzzone beschäftigt ist und in dieser Zeit höchstens an 45 Arbeitstagen nicht zum Wohnsitz zurückkehrt oder außerhalb der Grenzzone für seinen Arbeitgeber tätig ist oder
- falls der Arbeitnehmer nicht während des ganzen Kalenderjahres in der Grenzzone beschäftigt ist – die Tage der Nichtrückkehr oder der Tätigkeit außerhalb der Grenzzone 20 v. H. der gesamten Arbeitstage im Rahmen des Arbeitsverhältnisses (der Arbeitsverhältnisse) nicht übersteigen, jedoch in keinem Fall mehr als 45 Tage betragen.

3. Tätigkeiten in der Grenzzone des Ansässigkeitsstaates des Arbeitnehmers gelten als innerhalb der Grenzzone ausgeübt.

4. Als Arbeitstage gelten die vertraglich vereinbarten Arbeitstage (Kalendertage abzüglich der Tage, an denen der Arbeitnehmer laut Arbeitsvertrag nicht zu arbeiten verpflichtet ist, wie z. B. Urlaubstage, Wochenendtage, gesetzliche Feiertage) sowie alle weiteren Tage, an denen der Arbeitnehmer seine Tätigkeit ausübt. Daneben gelten auch Krankheitstage nicht als Tage der Nichtrückkehr.

5. Ein Nichtrückkehrtag ist nicht schon deshalb anzunehmen, weil sich die Arbeitszeit des Arbeitnehmers bedingt durch die Anfangszeiten oder durch die Dauer der Arbeitszeit über mehr als einen Kalendertag erstreckt (z. B. bei Schichtarbeitern oder Personal mit Nachtdiensten).

6. Bei mehrtägigen Dienstreisen gelten die Tage der Hinreise sowie der Rückreise stets zu den Nichtrückkehrtagen.

7. Für die Zwecke dieser Vereinbarung bezeichnet der Begriff „Arbeitgeber" den wirtschaftlichen Arbeitgeber.

8. Beispiele:

Ausgangssachverhalt:

Ein Grenzgänger hat seinen Wohnsitz in Straßburg (französisches Grenzgebiet). Sein gewöhnlicher Arbeitsort befindet sich in Kehl (deutsches Grenzgebiet).

8.1 Fallbeispiel 1:

Der Arbeitnehmer verlässt seinen Wohnsitz am Montagmorgen und begibt sich an seinen gewöhnlichen Arbeitsort im Grenzgebiet. Er verlässt dann dienstlich das Grenzgebiet. Am Abend kehrt er an seinen Arbeitsort im Grenzgebiet und anschließend an seinen Wohnsitz zurück.

Der Grenzgänger verrichtet auch im Grenzgebiet dienstliche Tätigkeiten. Er ist damit nicht den ganzen Arbeitstag außerhalb des Grenzgebiets beschäftigt. Gemäß Tz. 2 ist kein Tag zu zählen.

8.2 Fallbeispiel 2:

Der Grenzgänger verlässt seinen Wohnsitz am Montagmorgen und begibt sich an seinen gewöhnlichen Arbeitsort im Grenzgebiet. Er verlässt dann dienstlich das Grenzgebiet. Am Abend kehrt er direkt an seinen Wohnsitz zurück.

Lösung wie im Fallbeispiel 1.

8.3 Fallbeispiel 3:

Der Arbeitnehmer verlässt seinen Wohnsitz am Montagmorgen und begibt sich direkt an seinen Arbeitsort außerhalb des Grenzgebiets. Nach seinem Arbeitstag kehrt er am Abend direkt an seinen Wohnsitz zurück.

Der Arbeitnehmer ist den ganzen Arbeitstag außerhalb der Grenzzone beschäftigt. Es ist damit ein Tag gemäß Tz. 2 zu zählen.

8.4 Fallbeispiel 4:

Der Arbeitnehmer übt seine Tätigkeit nachts zwischen 20.00 Uhr und 4.00 Uhr morgens aus. Er verlässt seinen Wohnsitz am Montagabend, begibt sich an seinen gewöhnlichen Arbeitsort im Grenzgebiet und verlässt dann dienstlich das Grenzgebiet. Am Dienstagmorgen kehrt er an seinen Arbeitsort im Grenzgebiet und anschließend an seinen Wohnsitz zurück.

Da der Grenzgänger im Grenzgebiet dienstliche Tätigkeiten verrichtet, ist er keinen ganzen Arbeitstag außerhalb des Grenzgebiets beschäftigt. Es ist damit kein Tag gemäß Tz. 2 zu zählen. Unbeachtlich ist das Erstrecken der Arbeitszeit auf zwei Kalendertage (vgl. Tz. 5).

8.5 Fallbeispiel 5:

Der Arbeitnehmer übt seine Tätigkeit nachts zwischen 20.00 Uhr und 4.00 Uhr morgens aus. Er verlässt seinen Wohnsitz am Montagabend und begibt sich direkt an einen Arbeitsort außerhalb des Grenzgebiets. Am Dienstagmorgen kehrt er direkt an seinen Wohnsitz zurück.

Der Arbeitnehmer ist den ganzen Arbeitstag außerhalb der Grenzzone beschäftigt. Es ist damit ein Tag gemäß Tz. 2 zu zählen. Das Erstrecken der Arbeitszeit auf zwei Kalendertage führt zu keiner Erhöhung der zu zählenden Tage (vgl. Tz. 5).

8.6 Fallbeispiel 6:

Der Arbeitnehmer verlässt seinen Wohnsitz am Montagmorgen und begibt sich an seinen gewöhnlichen Arbeitsort im Grenzgebiet. Er verlässt dann dienstlich für mehrere Tage das Grenzgebiet. Am Donnerstagabend kehrt er an seinen Wohnsitz zurück.

Bei mehrtägigen Dienstreisen sind sämtliche Dienstreisetage, sofern es sich bei diesen um Arbeitstage handelt, als Tage im Sinne der Tz. 2 zu zählen (hier: vier Tage). Unbeachtlich ist, dass der Arbeitnehmer vor Antritt seiner mehrtägigen Dienstreise in der Grenzzone dienstliche Tätigkeiten verrichtet hat.

8.7 Fallbeispiel 7:

Der Arbeitnehmer verlässt seinen Wohnsitz am Donnerstagmorgen, begibt sich an seinen gewöhnlichen Arbeitsort und verlässt dann dienstlich für mehrere Tage das Grenzgebiet. Am folgenden Dienstag kehrt er an seinen Wohnsitz zurück. Der Sonnabend und der Sonntag stellen gemäß Arbeitsvertrag keine Arbeitstage für den Arbeitnehmer dar. Jedoch muss der Arbeitnehmer während seiner Dienstreise auf Anordnung seines Arbeitgebers an dem Sonnabend arbeiten.

Bei mehrtägigen Dienstreisen sind sämtliche Dienstreisetage, sofern es sich bei diesen um Arbeitstage handelt, als Tage im Sinne der Tz. 2 zu zählen. Da der Arbeitnehmer auch an dem Sonnabend arbeiten muss, wird auch dieser Tag als Nichtrückkehrtag gewertet. In diesem Fall sind damit fünf Tage im Sinne der Tz. 2 zu zählen.

9. Diese Verständigungsvereinbarung tritt im Falle eines Außerkrafttretens des deutschfranzösischen Doppelbesteuerungsabkommens mit diesem außer Kraft.

10. Die bislang geltende Verständigungsvereinbarung zur 183-Tage-Regelung und zur Anwendung der Grenzgängerregelung wird hiermit aufgehoben.

Dieses Schreiben wird im Bundessteuerblatt Teil I veröffentlicht. Es ist auf der Internetseite des Bundesministeriums der Finanzen (http://www.bundesfinanzministerium.de) unter der Rubrik Steuern/Internationales Steuerrecht abrufbar. Das BMF-Schreiben vom 20. Februar 1980 – IV C 5 – S 1301 – Fra – 2/80 – (BStBl. I S. 88) wird aufgehoben.

Die Verständigungsvereinbarung ist auf alle noch nicht bestandskräftigen Fälle anzuwenden.

§ 39c EStG
Durchführung des Lohnsteuerabzugs ohne Lohnsteuerkarte

(1) ¹Solange der unbeschränkt einkommensteuerpflichtige Arbeitnehmer dem Arbeitgeber eine Lohnsteuerkarte schuldhaft nicht vorlegt oder die Rückgabe der ihm ausgehändigten Lohnsteuerkarte schuldhaft verzögert, hat der Arbeitgeber die Lohnsteuer nach der Steuerklasse VI zu ermitteln. ²Weist der Arbeitnehmer nach, dass er die Nichtvorlage oder verzögerte Rückgabe der Lohnsteuerkarte nicht zu vertreten hat, so hat der Arbeitgeber für die Lohnsteuerberechnung die ihm bekannten Familienverhältnisse des Arbeitnehmers zugrunde zu legen.

(2) ¹Der Arbeitgeber kann die Lohnsteuer von dem Arbeitslohn für den Monat Januar eines Kalenderjahres abweichend von Absatz 1 auf Grund der Eintragungen auf der Lohnsteuerkarte für das vorhergehende Kalenderjahr ermitteln, wenn der Arbeitnehmer eine Lohnsteuerkarte für das neue Kalenderjahr bis zur Lohnabrechnung nicht vorgelegt hat. ²Nach Vorlage der Lohnsteuerkarte ist die Lohnsteuerermittlung für den Monat Januar zu überprüfen und erforderlichenfalls zu ändern. ³Legt der Arbeitnehmer bis zum 31. März keine Lohnsteuerkarte vor, ist nachträglich Absatz 1 anzuwenden. ⁴Die zu wenig oder zu viel einbehaltene Lohnsteuer ist jeweils bei der nächsten Lohnabrechnung auszugleichen.

(3) ¹Für Arbeitnehmer, die nach § 1 Abs. 2 unbeschränkt einkommensteuerpflichtig sind, hat der Arbeitgeber die Lohnsteuer unabhängig von einer Lohnsteuerkarte zu ermitteln. ²Dabei ist die Steuerklasse maßgebend, die nach § 39 Abs. 3 bis 5 auf einer Lohnsteuerkarte des Arbeitnehmers einzutragen wäre. ³Auf Antrag des Arbeitnehmers erteilt das Betriebsstättenfinanzamt (§ 41a Abs. 1 Satz 1 Nr. 1) über die maßgebende Steuerklasse, die Zahl der Kinderfreibeträge und einen etwa in Betracht kommenden Freibetrag oder Hinzurechnungsbetrag (§ 39a) eine Bescheinigung, für die die Vorschriften über die Eintragung auf der Lohnsteuerkarte sinngemäß anzuwenden sind.

(4) ¹Arbeitnehmer, die nach § 1 Abs. 3 als unbeschränkt einkommensteuerpflichtig behandelt werden, haben ihrem Arbeitgeber vor Beginn des Kalenderjahres oder beim Eintritt in das Dienstverhältnis eine Bescheinigung vorzulegen. ²Die Bescheinigung wird auf Antrag des Arbeitnehmers vom Betriebsstättenfinanzamt (§ 41a Abs. 1 Satz 1 Nr. 1) des Arbeitgebers erteilt. ³In die Bescheinigung, für die die Vorschriften über die Eintragung auf der Lohnsteuerkarte sinngemäß anzuwenden sind, trägt das Finanzamt die maßgebende Steuerklasse, die Zahl der Kinderfreibeträge und einen etwa in Betracht kommenden Freibetrag oder Hinzurechnungsbetrag (§ 39a) ein. ⁴Ist der Arbeitnehmer gleichzeitig bei mehreren inländischen Arbeitgebern tätig, ist für die Erteilung jeder weiteren Bescheinigung das Betriebsstättenfinanzamt zuständig, das die erste Bescheinigung ausgestellt hat. ⁵Bei Ehegatten, die beide Arbeitslohn von einem inländischen Arbeitgeber beziehen, ist für die Erteilung der Bescheinigungen das Betriebsstättenfinanzamt des älteren Ehegatten zuständig.

(5) In den Fällen des § 38 Abs. 3a Satz 1 kann der Dritte die Lohnsteuer für einen sonstigen Bezug mit 20 Prozent unabhängig von einer Lohnsteuerkarte ermitteln, wenn der maßgebende Jahresarbeitslohn nach § 39b Abs. 3 zuzüglich des sonstigen Bezugs 10 000 Euro nicht übersteigt; bei der Feststellung des maßgebenden Jahresarbeitslohns sind nur die Lohnzahlungen des Dritten zu berücksichtigen.

R 124
Nichtvorlage der Lohnsteuerkarte

(1) ¹Die Ermittlung der Lohnsteuer nach der Steuerklasse VI wegen Nichtvorlage oder Nichtrückgabe der Lohnsteuerkarte setzt ein schuldhaftes Verhalten des Arbeitnehmers voraus. ²Ein schuldhaftes Verhalten liegt vor, wenn der Arbeitnehmer vorsätzlich oder fahrlässig die Vorlage oder Rückgabe der Lohnsteuerkarte verzögert.

(2) ¹Der Arbeitgeber kann davon ausgehen, dass den Arbeitnehmer kein Verschulden trifft, wenn

1. die Lohnsteuerkarte für das laufende Kalenderjahr bis zum 31. März vorgelegt wird oder
2. – weggefallen –
3. der Arbeitnehmer binnen 6 Wochen
   a) die Lohnsteuerkarte nach Eintritt in das Dienstverhältnis, vorbehaltlich der Nummer 1, vorlegt oder
   b) eine ihm von dem Arbeitgeber während des Dienstverhältnisses ausgehändigte Lohnsteuerkarte zurückgibt.

²Werden die genannten Zeiträume überschritten, so kann ein Verschulden des Arbeitnehmers unterstellt werden, es sei denn, dass er die Verzögerung nicht zu vertreten hat. ³Der Nachweisbeleg ist zum Lohnkonto zu nehmen.

(3) ¹So lange nach Absatz 2 ein Verschulden nicht anzunehmen ist, hat der Arbeitgeber

1. im Falle der Nichtvorlage der Lohnsteuerkarte zu Beginn des Kalenderjahres oder bei Eintritt in das Dienstverhältnis die ihm bekannten oder durch amtliche Unterlagen nachgewiesenen Familienverhältnisse des Arbeitnehmers, d. h. Familienstand und Zahl der Kinderfreibeträge,
2. im Falle der Nichtrückgabe einer ausgehändigten Lohnsteuerkarte die bisher eingetragenen Merkmale der Lohnsteuerkarte

zugrunde zu legen.

²Nach Vorlage oder Rückgabe der Lohnsteuerkarte ist § 41c EStG anzuwenden.

(4) ¹Wird die Lohnsteuer für den Monat Januar noch nach den Eintragungen auf der Lohnsteuerkarte für das vorhergehende Kalenderjahr berechnet, so ist ein auf der Lohnsteuerkarte für das vorhergehende Kalenderjahr eingetragener steuerfreier Jahresbetrag oder Jahreshinzurechnungsbetrag bei monatlicher Lohnzahlung mit $1/12$, bei wöchentlicher Lohnzahlung mit $7/360$ und bei täglicher Lohnzahlung nur mit $1/360$ zu berücksichtigen. ²Dabei ist der so ermittelte Monatsbetrag auf den nächsten vollen Euro-Betrag, der Wochenbetrag auf den nächsten durch zehn teilbaren Centbetrag und der Tagesbetrag auf den nächsten durch fünf teilbaren Centbetrag aufzurunden.

(5) ¹Ist ein Dritter zum Lohnsteuerabzug verpflichtet, weil er tarifvertragliche Ansprüche eines Arbeitnehmers eines anderen Arbeitgebers unmittelbar zu erfüllen hat (§ 38 Abs. 3a Satz 1 EStG), kann der Dritte die Lohnsteuer für einen sonstigen Bezug unter den Voraussetzungen des § 39c Abs. 5 EStG mit 20% unabhängig von einer Lohnsteuerkarte ermitteln. ²Es handelt sich dabei nicht um eine pauschale Lohnsteuer im Sinne der §§ 40ff. EStG. ³Schuldner der Lohnsteuer bleibt im Falle des § 39c Abs. 5 EStG der Arbeitnehmer. ⁴Der versteuerte Arbeitslohn ist im Rahmen einer Einkommensteuerveranlagung des Arbeitnehmers zu erfassen und die pauschal erhobene Lohnsteuer auf die Einkommensteuerschuld anzurechnen. ⁵Der Dritte hat daher dem Arbeitnehmer eine besondere Lohnsteuerbescheinigung auszustellen und die einbehaltene Lohnsteuer zu bescheinigen (§ 41b EStG).

R 124a
Durchführung des Lohnsteuerabzugs bei erweiterter unbeschränkter Einkommensteuerpflicht
– unbesetzt –

H 124a
Hinweise zu R 124a
Durchführung des Lohnsteuerabzugs bei erweiterter unbeschränkter Einkommensteuerpflicht

Grenzpendler

Ein Arbeitnehmer, der im Inland keinen Wohnsitz oder gewöhnlichen Aufenthalt hat, wird auf Antrag nach § 1 Abs. 3 EStG als unbeschränkt einkommensteuerpflichtig behandelt, wenn seine Einkünfte zu mindestens 90% der deutschen Einkommensteuer

§ 39 c EStG

R 124 a

unterliegen oder die nicht der deutschen Einkommensteuer unterliegenden Einkünfte höchstens 6136 € betragen.

Ein Grenzpendler, der als Staatsangehöriger eines Mitgliedstaates der Europäischen Union (EU) oder der Staaten Island, Liechtenstein oder Norwegen (EWR) nach § 1 Abs. 3 EStG als unbeschränkt einkommensteuerpflichtig behandelt wird, ist auf Antrag in die Steuerklasse III einzuordnen, wenn der Ehegatte des Arbeitnehmers in einem EU/EWR-Mitgliedstaat lebt (>§ 1 a Abs. 1 Nr. 2 EStG). Es ist nicht erforderlich, dass der Ehegatte ebenfalls Staatsangehöriger eines EU/EWR Mitgliedstaates ist. Voraussetzung ist jedoch, dass die Einkünfte beider Ehegatten zu mindestens 90% der deutschen Einkommensteuer unterliegen oder ihre nicht der deutschen Einkommensteuer unterliegenden Einkünfte höchstens 12 272 € betragen. Die Steuerklasse ist in der Bescheinigung nach § 39 c Abs. 4 EStG vom Betriebsstättenfinanzamt anzugeben.

Bei Grenzpendlern im Sinne des § 1 Abs. 3 EStG, die nicht Staatsangehörige eines EU/EWR-Mitgliedstaates sind, kann der Ehegatte steuerlich nicht berücksichtigt werden. Für diese Arbeitnehmer ist in der nach § 39 c Abs. 4 EStG zu erteilenden Bescheinigung die Steuerklasse I oder für das zweite oder jedes weitere Dienstverhältnis die Steuerklasse VI anzugeben.

Die nicht der deutschen Einkommensteuer unterliegenden Einkünfte sind jeweils durch eine Bescheinigung der zuständigen ausländischen Steuerbehörde nachzuweisen.

Die Erteilung der Bescheinigung nach § 39 c Abs. 4 EStG führt zur Veranlagungspflicht nach § 46 Abs. 2 Nr. 7 Buchstabe b EStG.

Für Arbeitnehmer, die im Ausland ansässig sind und nicht die Voraussetzungen des § 1 Abs. 2 oder § 1 Abs. 3 EStG erfüllen, ist weiterhin das Bescheinigungsverfahren nach § 39 d EStG anzuwenden.

(>BMF vom 29. 9. 1995 – BStBl. I S. 429, Tz. 1)*)

Lohnsteuer-Ermäßigungsverfahren

Im Lohnsteuer-Ermäßigungsverfahren kann auf die Bestätigung der ausländischen Steuerbehörde in der Anlage Grenzpendler EU/EWR bzw. Anlage Grenzpendler außerhalb EU/EWR verzichtet werden, wenn für einen der beiden vorangegangenen Veranlagungszeiträume bereits eine von der ausländischen Steuerbehörde bestätigte Anlage vorliegt und sich die Verhältnisse nach Angaben des Steuerpflichtigen nicht geändert haben (BMF vom 25. 11. 1999 – BStBl. I S. 990).

Öffentlicher Dienst

Bei Angehörigen des öffentlichen Dienstes im Sinne des § 1 Abs. 2 Satz 1 Nr. 1 und 2 EStG ohne diplomatischen oder konsularischen Status, die nach § 1 Abs. 3 EStG auf Antrag als unbeschränkt einkommensteuerpflichtig behandelt werden und an einem ausländischen Dienstort tätig sind, sind die unter dem Stichwort >Grenzpendler genannten Regelungen zur Eintragung der Steuerklasse III auf Antrag entsprechend anzuwenden (>§ 1 a Abs. 2 EStG). Dabei muss auf den Wohnsitz, den gewöhnlichen Aufenthalt, die Wohnung oder den Haushalt im Staat des ausländischen Dienstortes abgestellt werden. Danach kann auch bei außerhalb von EU/EWR-Mitgliedstaaten tätigen Beamten weiterhin die Steuerklasse III in Betracht kommen. Dagegen erfüllen ein pensionierter Angehöriger des öffentlichen Dienstes und ein im Inland tätiger Angehöriger des öffentlichen Dienstes, die ihren Wohnsitz außerhalb eines EU/EWR-Mitgliedstaates haben, nicht die Voraussetzungen des § 1 a Abs. 2 EStG. Sie können aber ggf. als Grenzpendler in die Steuerklasse III eingeordnet werden, wenn der Ehegatte in einem EU/EWR-Mitgliedstaat lebt.

(>BMF vom 29. 9. 1995 – BStBl. I S. 429, Tz. 1.4)*)

*) Abgedruckt als Anlage 1 zu § 1 a EStG.

§ 39 d EStG
Durchführung des Lohnsteuerabzugs für beschränkt einkommensteuerpflichtige Arbeitnehmer

(1) ¹Für die Durchführung des Lohnsteuerabzugs werden beschränkt einkommensteuerpflichtige Arbeitnehmer in die Steuerklasse I eingereiht. ²§ 38b Satz 2 Nr. 6 ist anzuwenden. ³Das Betriebsstättenfinanzamt (§ 41a Abs. 1 Satz 1 Nr. 1) erteilt auf Antrag des Arbeitnehmers über die maßgebende Steuerklasse eine Bescheinigung, für die die Vorschriften über die Eintragungen auf der Lohnsteuerkarte mit der Maßgabe sinngemäß anzuwenden sind, dass der Arbeitnehmer eine Änderung der Bescheinigung bis zum Ablauf des Kalenderjahres, für das sie gilt, beim Finanzamt beantragen kann.

(2) ¹In die nach Absatz 1 zu erteilende Bescheinigung trägt das Finanzamt für einen Arbeitnehmer, bei dem § 50 Abs. 1 Satz 5 anzuwenden ist, auf Antrag Folgendes ein:

1. Werbungskosten, die bei den Einkünften aus nichtselbständiger Arbeit anfallen (§ 9), soweit sie den Arbeitnehmer-Pauschbetrag (§ 9a Satz 1 Nr. 1 Buchstabe a) oder bei Versorgungsbezügen den Pauschbetrag (§ 9a Satz 1 Nr. 1 Buchstabe b) übersteigen,
2. Sonderausgaben im Sinne des § 10b, soweit sie den Sonderausgaben-Pauschbetrag (§ 10c Abs. 1) übersteigen, und die wie Sonderausgaben abziehbaren Beträge nach § 10e oder § 10i, jedoch erst nach Fertigstellung oder Anschaffung des begünstigten Objekts oder nach Fertigstellung der begünstigten Maßnahme,
3. den Freibetrag oder den Hinzurechnungsbetrag nach § 39a Abs. 1 Nr. 7.

²Der Antrag kann nur nach amtlich vorgeschriebenem Vordruck bis zum Ablauf des Kalenderjahres gestellt werden, für das die Bescheinigung gilt. ³Das Finanzamt hat die Summe der eingetragenen Beträge durch Aufteilung in Monatsbeträge, erforderlichenfalls Wochen- und Tagesbeträge, jeweils auf die voraussichtliche Dauer des Dienstverhältnisses im Kalenderjahr gleichmäßig zu verteilen. ⁴§ 39a Abs. 4 und 5 ist sinngemäß anzuwenden.

(3) ¹Der Arbeitnehmer hat die nach Absatz 1 erteilte Bescheinigung seinem Arbeitgeber vor Beginn des Kalenderjahres oder beim Eintritt in das Dienstverhältnis vorzulegen. ²Der Arbeitgeber hat die Bescheinigung aufzubewahren. ³§ 39b Abs. 1 Satz 3 und 4 gilt sinngemäß. ⁴Der Arbeitgeber hat im Übrigen den Lohnsteuerabzug nach Maßgabe des § 39b Abs. 2 bis 6, des § 39c Abs. 1, 2 und 5 und des § 41c durchzuführen; dabei tritt die nach Absatz 1 erteilte Bescheinigung an die Stelle der Lohnsteuerkarte. ⁵Auf Verlangen des beschränkt einkommensteuerpflichtigen Arbeitnehmers hat der Arbeitgeber bei Beendigung des Dienstverhältnisses oder am Ende des Kalenderjahres eine Lohnsteuerbescheinigung zu übermitteln oder auszustellen; § 41b ist sinngemäß anzuwenden.

R 125
Durchführung des Lohnsteuerabzugs für beschränkt einkommensteuerpflichtige Arbeitnehmer

Ausübung der Verwertung (§ 49 Abs. 1 Nr. 4 Buchstabe a EStG)

(1) ¹Die nichtselbständige Arbeit wird im Inland ausgeübt, wenn der Arbeitnehmer im Geltungsbereich des Einkommensteuergesetzes persönlich tätig wird. ²Sie wird im Inland verwertet, wenn der Arbeitnehmer das Ergebnis einer außerhalb des Geltungsbereichs des Einkommensteuergesetzes ausgeübten Tätigkeit im Inland seinem Arbeitgeber zuführt. ³Zu der im Inland ausgeübten oder verwerteten nichtselbständigen Arbeit gehört nicht die nichtselbständige Arbeit, die auf einem deutschen Schiff während seines Aufenthalts in einem ausländischen Küstenmeer, in einem ausländischen Hafen von Arbeitnehmern ausgeübt wird, die weder einen Wohnsitz noch ihren gewöhnlichen Aufenthalt im Inland haben. ⁴Unerheblich ist, ob der Arbeitslohn zu Lasten eines inländischen Arbeitgebers gezahlt wird. ⁵Arbeitgeber im Sinne des Satzes 2 ist die Stelle im Inland, z. B. eine Betriebsstätte oder der inländische Vertreter eines ausländischen Arbeitgebers, die unbeschadet des formalen Vertragsverhältnisses zu einem möglichen ausländischen Arbeitgeber die wesentlichen Rechte und Pflichten eines Arbeitgebers tatsächlich wahrnimmt; inländischer Arbeitgeber ist auch ein inländisches Unternehmen bezüglich der Arbeitnehmer, die bei rechtlich unselbständigen Betriebsstätten, Filialen oder Außenstellen im Ausland beschäftigt sind.

Befreiung von der beschränkten Einkommensteuerpflicht

(2) Einkünfte aus der Verwertung einer außerhalb des Geltungsbereichs des Einkommensteuergesetzes ausgeübten nichtselbständigen Arbeit bleiben bei der Besteuerung außer Ansatz,

1. wenn zwischen der Bundesrepublik Deutschland und dem Wohnsitzstaat ein Doppelbesteuerungsabkommen besteht und nach R 123 der Lohnsteuerabzug unterbleiben darf oder
2. in anderen Fällen, wenn nachgewiesen oder glaubhaft gemacht wird, dass von diesen Einkünften in dem Staat, in dem die Tätigkeit ausgeübt worden ist, eine der deutschen Einkommensteuer entsprechende Steuer tatsächlich erhoben wird. ²Auf diesen Nachweis ist zu verzichten bei Arbeitnehmern, bei denen die Voraussetzungen des Auslandstätigkeitserlasses vorliegen*).

Künstler, Berufssportler, Schriftsteller, Journalisten, Bildberichterstatter und Artisten

(3) ¹Bezüge von beschränkt einkommensteuerpflichtigen Künstlern, Berufssportlern, Schriftstellern, Journalisten und Bildberichterstattern unterliegen dem Lohnsteuerabzug gemäß § 39d EStG, wenn sie zu den Einkünften aus nichtselbständiger Arbeit gehören und von einem inländischen Arbeitgeber im Sinne des § 38 Abs. 1 Satz 1 Nr. 1 EStG gezahlt werden. ²Von ihren Vergütungen wird die Einkommensteuer nach Maßgabe der §§ 50a Abs. 4 und 5, 50d EStG erhoben, wenn diese nicht von einem inländischen Arbeitgeber gezahlt werden.

(4) ¹Aus Vereinfachungsgründen kann bei beschränkt einkommensteuerpflichtigen Artisten, deren nichtselbständige Arbeit im Inland ausgeübt oder verwertet wird, die darauf entfallende Lohnsteuer mit einem Pauschsteuersatz erhoben werden. ²Der Pauschsteuersatz beträgt

1. 20 % des Arbeitslohns, wenn der Arbeitnehmer die Lohnsteuer trägt,
2. 25 % des Arbeitslohns, wenn der Arbeitgeber die Lohnsteuer übernimmt.

³Der Solidaritätszuschlag beträgt zusätzlich jeweils 5,5 % der Lohnsteuer.

Bescheinigungsverfahren

(5) ¹Die nach § 39d Abs. 1 EStG auszustellende Bescheinigung kann auch vom Arbeitgeber beantragt werden, wenn dieser den Antrag im Namen des Arbeitnehmers stellt. ²Bezieht ein Arbeitnehmer gleichzeitig Arbeitslohn aus mehreren gegenwärtigen oder früheren Dienstverhältnissen, mit dem er der beschränkten Steuerpflicht unterliegt, so hat das Finanzamt in der Bescheinigung für das zweite und jedes weitere Dienstverhältnis zu vermerken, dass die Steuerklasse VI anzuwenden ist. ³Bei Nichtvorlage der Bescheinigung hat der Arbeitgeber den Lohnsteuerabzug nach Maßgabe des § 39c Abs. 1 und 2 EStG vorzunehmen. ⁴R 124 ist entsprechend anzuwenden.

(6) ¹Nach § 39d Abs. 2 EStG ist ein Freibetrag oder Hinzurechnungsbetrag durch Aufteilung in Monatsfreibeträge, erforderlichenfalls in Wochen- und Tagesfreibeträge, jeweils auf die voraussichtliche Dauer des Dienstverhältnisses im Kalenderjahr gleichmäßig zu verteilen. ²Dabei sind gegebenenfalls auch die im Kalenderjahr bereits abgelaufenen Zeiträume desselben Dienstverhältnisses einzubeziehen, es sei denn, der Arbeitnehmer beantragt die Verteilung des Betrags auf die restliche Dauer des Dienstverhältnisses. ³Bei beschränkt einkommensteuerpflichtigen Arbeitnehmern, bei denen § 50 Abs. 1 Satz 5 EStG anzuwenden ist, sind Werbungskosten und Sonderausgaben insoweit einzutragen, als sie die zeitanteiligen Pauschbeträge (>§ 50 Abs. 1 Satz 6 EStG) übersteigen.

---
*) Abgedruckt als Anlage zu § 34c EStG.

H 125
Hinweise zu R 125
Durchführung des Lohnsteuerabzugs für beschränkt einkommensteuerpflichtige Arbeitnehmer

Arbeitnehmer mit Wohnsitz

– in der Schweiz

>Artikel 3 des Zustimmungsgesetzes vom 30. 9. 1993 (BStBl. I S. 927)
>Einführungsschreiben zur Neuregelung der Grenzgängerbesteuerung vom 19. 9. 1994 (BStBl. I S. 683)
>BMF vom 7. 7. 1997 (BStBl. I S. 723)

– in Belgien

>Grenzgängerregelung nach dem Zusatzabkommen zum DBA Belgien (BGBl. 2003 II S. 1615)

Auslandstätigkeitserlass

>BMF vom 31. 10. 1983 (BStBl. I S. 470)*)

Entschädigungen

>BMF 14.9.2006 (BStBl. I S. 532), Tz. 6.3**)

Künstler

>BMF vom 31. 7. 2002 (BStBl. I S. 707)***)

Öffentliche Kassen

>H 14a

Verwertungstatbestand

– >BFH vom 12. 11. 1986 (BStBl. 1987 II S. 377, 379, 381, 383)

– **Beispiel:**

Ein lediger Wissenschaftler wird im Rahmen eines Forschungsvorhabens in Südamerika tätig. Seinen inländischen Wohnsitz hat er aufgegeben. Er übergibt entsprechend den getroffenen Vereinbarungen seinem inländischen Arbeitgeber einen Forschungsbericht. Der Arbeitgeber sieht von einer kommerziellen Auswertung der Forschungsergebnisse ab. Der Wissenschaftler ist mit den Bezügen, die er für die Forschungstätigkeit von seinem Arbeitgeber erhält, beschränkt einkommensteuerpflichtig nach § 1 Abs. 4 i. V. m. § 49 Abs. 1 Nr. 4 Buchstabe a EStG; sie unterliegen deshalb dem Lohnsteuerabzug nach § 39 d EStG.

Anlage 1
zu H 125

Besteuerung der Einkünfte aus nichtselbständiger Arbeit bei beschränkt einkommensteuerpflichtigen Künstlern

BMF-Schreiben vom 31. 7. 2002 (BStBl. I S. 707)

Unter Bezugnahme auf das Ergebnis der Erörterung mit den obersten Finanzbehörden der Länder gilt für die Besteuerung der Einkünfte aus nichtselbständiger Arbeit bei beschränkt einkommensteuerpflichtigen Künstlern Folgendes:

1. Abgrenzung der nichtselbständigen Arbeit

Für die Abgrenzung zwischen selbständiger Tätigkeit und nichtselbständiger Tätigkeit bei beschränkter Einkommensteuerpflicht sind die Regelungen maßgebend, die für unbeschränkt einkommensteuerpflichtige Künstler in Tz. 1, insbesondere in Tz. 1.1.2, des BMF-Schreibens vom 5. Oktober 1990 (BStBl. I S. 638)****) getroffen worden sind.

2. Steuerabzug vom Arbeitslohn

2.1 Verpflichtung zum Lohnsteuerabzug

Die Einkünfte der beschränkt einkommensteuerpflichtigen Künstler aus nichtselbständiger Arbeit unterliegen ab 1996 nicht mehr der Abzugsteuer nach § 50a Abs. 4 EStG, sondern der Lohnsteuer, wenn der Arbeitgeber ein inländischer Arbeitgeber im Sinne des § 38 Abs. 1 Satz 1 Nr. 1 EStG ist, der den Lohnsteuerabzug durchzuführen hat.

2.2 Freistellung vom Lohnsteuerabzug

Der Lohnsteuerabzug darf nur dann unterbleiben, wenn der Arbeitslohn nach den Vorschriften eines Doppelbesteuerungsabkommens von der deutschen Lohnsteuer freizustellen ist. Dies ist vielfach für künstlerische Tätigkeiten im Rahmen eines Kulturaustausches vorgesehen. Das Betriebsstättenfinanzamt hat auf Antrag des Arbeitnehmers oder des Arbeitgebers (im Namen des Arbeitnehmers) eine entsprechende Freistellungsbescheinigung nach R 123 LStR zu erteilen (§ 39 b Abs. 6 in Verbindung mit § 39 d Abs. 3 Satz 4 EStG).

3. Erhebung der Lohnsteuer nach den Regelvorschriften

3.1 Bescheinigung des Betriebsstättenfinanzamts

Zur Durchführung des Lohnsteuerabzugs hat das Betriebsstättenfinanzamt auf Antrag des Arbeitnehmers oder des Arbeitgebers (im Namen des Arbeitnehmers) eine Bescheinigung über die maßgebende Steuerklasse und den vom Arbeitslohn ggf. abzuziehenden Freibetrag zu erteilen (§ 39 d Abs. 1 Satz 3 und Abs. 2 EStG). Dabei kommt ein Freibetrag nur in Betracht, soweit die Werbungskosten, die im wirtschaftlichen Zusammenhang mit der im Inland ausgeübten künstlerischen Tätigkeit stehen, den zeitanteiligen Arbeitnehmer-Pauschbetrag (§ 9 a Satz 1 Nr. 1 EStG) und die abziehbaren Ausgaben für steuerbegünstigte Zwecke im Sinne des § 10 b EStG den zeitanteiligen Sonderausgaben-Pauschbetrag (§ 10 c Abs. 1 EStG) übersteigen (§ 50 Abs. 1 Satz 6 EStG).

Der Zeitanteil des Arbeitnehmer-Pauschbetrags und des Sonderausgaben-Pauschbetrags bestimmt sich nach der (voraussichtlichen) Dauer des jeweiligen Dienstverhältnisses. Dabei ist der Beginn des Dienstverhältnisses besonders anzugeben. Auf Antrag kann der Beginn des Dienstverhältnisses zurückdatiert werden, soweit glaubhaft gemacht ist, dass der Künstler in der Zwischenzeit nicht bereits für einen anderen inländischen Arbeitgeber als Arbeitnehmer beschäftigt war. Dabei gilt jedoch die Einschränkung, dass für je zwei Tage der tatsächlichen Beschäftigungsdauer nur eine Zurückdatierung um eine Woche, insgesamt jedoch höchstens um einen Monat zulässig ist. Tz. 2.2.1 des BMF-Schreibens vom 5. Oktober 1990 (BStBl. I S. 638)****) ist sinngemäß anzuwenden.

Der ermittelte Freibetrag ist durch Aufteilung in Monatsbeträge, erforderlichenfalls auch in Wochen- und Tagesbeträge, ebenfalls auf die (voraussichtliche) Dauer des Dienstverhältnisses zu verteilen; auf Antrag des Künstlers kann nach R 125 Abs. 8 LStR auch die restliche Dauer des Dienstverhältnisses zu Grunde gelegt werden.

Die Bescheinigung ist vom Arbeitgeber als Beleg zum Lohnkonto aufzubewahren (§ 39 d Abs. 3 Satz 2 EStG). Für Künstler, die bei mehreren inländischen Arbeitgebern beschäftigt werden, sind entsprechend viele Bescheinigungen zu erteilen; R 125 Abs. 7 Satz 2 LStR ist zu beachten.

3.2 Ermittlung der Lohnsteuer

Der Arbeitgeber hat die Lohnsteuer nach Maßgabe des § 39 b Abs. 2 bis 6 und § 39 c Abs. 1 und 2 in Verbindung mit § 39 d Abs. 3 Satz 4 EStG zu ermitteln. Der Ermittlung ist der steuerpflichtige Arbeitslohn und die Vorsorgepauschale nach § 10 c Abs. 2 EStG zu Grunde zu legen. Zum steuerpflichtigen Arbeitslohn gehören nicht die steuerfreien Bezüge im Sinne des § 3 EStG, insbesondere die steuerfreien Reisekostenvergütungen nach § 3 Nr. 13 und 16 EStG.

Bei täglicher Lohnzahlung ist nach den Regelungen des § 39 b Abs. 2 Sätze 5 bis 12 EStG zu verfahren. Stellt sich die tägliche Lohnzahlung lediglich als Abschlagszahlung dar, kann der Lohnabrechnungszeitraum als Lohnzahlungszeitraum behandelt werden (§ 39 b Abs. 5 in Verbindung mit § 39 d Abs. 3 Satz 4 EStG). Auf Lohnzahlungen, die nicht als Abschlagszahlungen angesehen werden können, kann der Arbeitgeber eines der Verfahren im Sinne der Tz. 2.2.1 bis 2.2.3 des BMF-Schreibens vom 5. Oktober 1990 (BStBl. I S. 638)****) anwenden. Dabei tritt anstelle des Zeitraumes, der nach der Lohnsteuerbe-

---

*) Abgedruckt als Anlage zu § 34 c EStG.
**) Abgedruckt als Anlage 2 zu H 123 LStR.
***) Abgedruckt als Anlage 1 zu H 125 LStR.
****) Abgedruckt als Anlage 1 zu H 67 LStR.

§ 39 d EStG

scheinigung nicht belegt ist, der Zeitraum, um den der Beginn des Dienstverhältnisses vom Betriebsstättenfinanzamt nach Tz. 3.1 dieses Schreibens zurückdatiert worden ist.

3.3 Lohnsteuerbescheinigung

Eine Lohnsteuerbescheinigung ist vom Arbeitgeber nur auf besonderen Antrag des Künstlers zu erteilen (§ 39 d Abs. 3 Satz 5 EStG). Sie ist erforderlich, wenn der Künstler Staatsangehöriger eines Mitgliedstaates der Europäischen Union oder von Island, Liechtenstein oder Norwegen ist, in einem dieser Staaten ansässig ist und eine Veranlagung zur Einkommensteuer beantragen will (vgl. § 50 Abs. 5 Satz 2 Nr. 2 EStG).

4. Pauschale Erhebung der Lohnsteuer

4.1 Vereinfachungsmaßnahme

Wegen der besonderen Schwierigkeiten, die mit der Anwendung der Regelvorschriften nach Tz. 3.1 und 3.2 zur steuerlichen Erfassung der Einkünfte bei nur kurzfristig beschäftigten Künstlern verbunden sind, wird zugelassen, dass die Lohnsteuer nach Maßgabe folgender Regelungen pauschal erhoben wird. Der Arbeitgeber hat jedoch die Regelvorschriften anzuwenden, wenn der Arbeitnehmer dies verlangt.

4.2 Pauschal zu besteuernder Personenkreis

Der inländische Arbeitgeber kann die Lohnsteuer pauschal erheben bei beschränkt einkommensteuerpflichtigen Künstlern, die

– als gastspielverpflichtete Künstler bei Theaterbetrieben,
– als freie Mitarbeiter für den Hör- oder Fernsehfunk oder
– als Mitarbeiter in der Film- und Fernsehproduktion

nach Tz. 1.1.2, Tz. 1.3.1 (Tz. 1.3.7) bzw. Tz. 1.4 des BMF-Schreibens vom 5. Oktober 1990 (BStBl. I S. 638)*) nichtselbständig tätig sind und von dem Arbeitgeber nur kurzfristig, höchstens für sechs zusammenhängende Monate, beschäftigt werden.

4.3 Höhe der pauschalen Lohnsteuer

Die pauschale Lohnsteuer bemisst sich nach den gesamten Einnahmen des Künstlers einschließlich der Beträge im Sinne des § 3 Nr. 13 und 16 EStG. Abzüge, z. B. für Werbungskosten, Sonderausgaben und Steuern, sind nicht zulässig. Die pauschale Lohnsteuer beträgt 30 v. H. (ab 2003: 25 v. H.) der Einnahmen, wenn der Künstler die Lohnsteuer trägt. Übernimmt der Arbeitgeber die Lohnsteuer und den Solidaritätszuschlag von 5,5 v. H. der Lohnsteuer, so beträgt die Lohnsteuer 43,89 v. H. (ab 2003: 33,95 v. H.) der Einnahmen; sie beträgt 30,50 v. H. (ab 2003: 25,35 v. H.) der Einnahmen, wenn der Arbeitgeber nur den Solidaritätszuschlag übernimmt. Der Solidaritätszuschlag beträgt zusätzlich jeweils 5,5 v. H. der Lohnsteuer.

4.4 Lohnsteuerbescheinigung

Die Verpflichtung des Arbeitgebers, auf Verlangen des Künstlers eine Lohnsteuerbescheinigung zu erteilen (§ 39 d Abs. 3 Satz 5 EStG), wird durch die pauschale Lohnsteuererhebung nicht berührt. Dasselbe gilt für das Veranlagungswahlrecht bestimmter Staatsangehöriger nach § 50 Abs. 5 Satz 2 Nr. 2 EStG. In die Lohnsteuerbescheinigung sind aber die Einnahmen im Sinne des § 3 Nr. 13 und 16 EStG nicht einzubeziehen. Die pauschale Lohnsteuer ist nach § 36 Abs. 2 Satz 2 Nr. 2 EStG auf die veranlagte Einkommensteuer anzurechnen.

Dieses Schreiben tritt an die Stelle der BMF-Schreiben vom 15. Januar 1996 (BStBl. I S. 55) und vom 3. März 1998 (BStBl. I S. 261).

Anlage 2
zu H 125

Abzugsteuer bei künstlerischen, sportlichen, artistischen oder ähnlichen Darbietungen nach § 50 a Abs. 4 EStG

BMF-Schreiben vom 1. 8. 2002 (BStBl. I S. 709)

Unter Bezugnahme auf das Ergebnis der Erörterungen mit den obersten Finanzbehörden der Länder gilt für die Anwendung der durch das Steueränderungsgesetz 2001 vom 20. Dezember 2001 (BGBl. I S. 3794, BStBl. 2002 I S. 4) in § 50 a Abs. 4 Satz 5 EStG eingefügten Regelung zum gestaffelten Steuerabzug bei im Inland ausgeübten künstlerischen, sportlichen, artistischen oder ähnlichen Darbietungen (Milderungsregelung) und zur Auswirkung der Regelung des § 13 b UStG auf die Bemessungsgrundlage für den Steuerabzug nach § 50 a Abs. 4 Satz 2 EStG Folgendes:

1. Die Milderungsregelung ist nur auf die unmittelbaren Einnahmen aus inländischen Darbietungen anzuwenden. Einnahmen aus der Verwertung der Darbietungen fallen nicht unter die Milderungsregelung. Sie unterliegen dem Steuerabzug in Höhe von 25 % (§ 50 a Abs. 4 Satz 4 EStG; für Vergütungen, die nach dem 31. Dezember 2002 zufließen, in Höhe von 20 %).

2. Sind Gläubiger der Vergütung für eine Darbietung mehrere Personen, ist die Milderungsregelung für jede Person auf die auf sie entfallende Vergütung anzuwenden. Dabei ist die Gesamtvergütung nach Köpfen aufzuteilen, soweit die Empfänger keinen anderen Aufteilungsmaßstab darlegen. Ist eine beschränkt steuerpflichtige Körperschaft Gläubiger der Vergütung (z. B. ein Fußballverein, Chor, Symphonieorchester, Künstlerverleihfirma), erzielt diese als juristische Person die Einkünfte aus der Darbietung. Eine Aufteilung auf die beteiligten Personen ist in diesem Fall nicht vorzunehmen.

3. Unter dem Begriff Darbietung in § 50 a Abs. 4 Satz 5 EStG ist für die Anwendung der Milderungsregelung der einzelne Auftritt pro Tag zu verstehen. Werden an einem Tag mit einem Veranstalter mehrere Auftritte durchgeführt, ist die Milderungsregelung für alle mit diesem Veranstalter durchgeführten Auftritte nur einmal anzuwenden. Werden an einem Tag Auftritte mit verschiedenen Veranstaltern durchgeführt, wird die Milderungsregelung einmal pro Veranstalter für alle mit ihm durchgeführten Auftritte angewendet.

4. In den Fällen des § 13 b UStG wird die Umsatzsteuer vom Leistungsempfänger geschuldet. In diesen Fällen gehört die Umsatzsteuer nicht zur Bemessungsgrundlage für die Abzugsteuer nach § 50 a Abs. 4 EStG. Die Vorschriften zur Steuerschuldnerschaft des Leistungsempfängers sind auch auf Umsätze anzuwenden, die vor dem 1. Januar 2002 durchgeführt worden sind, soweit das Entgelt für diese Umsätze erst nach dem 31. Dezember 2001 gezahlt worden ist §§ 27 Abs. 4 UStG).

*) Abgedruckt als Anlage 1 zu H 67 LStR.

§ 39 d EStG
R 125

Anlage 3
zu H 125

Bescheinigung für beschränkt einkommensteuerpflichtige Arbeitnehmer (§ 39 d EStG)

Finanzamt
Steuernummer

Postleitzahl, Ort, Datum

Straße, Hausnummer

Telefon

Auskunft erteilt   Zimmer-Nr.

Zutreffendes ist angekreuzt ⊠ oder ausgefüllt

Bescheinigung für beschränkt einkommensteuerpflichtige Arbeitnehmer
(§ 39 d in Verbindung mit § 50 Abs. 1 Satz 5 Einkommensteuergesetz — EStG —)

Beschränkt Steuerpflichtiger (Name, Vorname, Geburtsdatum)

Straße, Hausnummer, Postleitzahl, Aufenthaltsort

Für den Steuerabzug vom Arbeitslohn gilt Folgendes:	Diese Eintragung gilt, wenn sie nicht widerrufen wird:	Datum, Unterschrift und Stempel der Behörde
☐ Lohnsteuer und Solidaritätszuschlag sind einzubehalten; Kirchensteuer ist **nicht** einzubehalten. Steuerklasse	vom — bis	
Für die Berechnung der Lohnsteuer sind vom Arbeitslohn als steuerfrei **abzuziehen:** Gesamtbetrag / monatlich / wöchentlich / täglich € € € € Gesamtbetrag in Buchstaben: (Zehner und Einer wie oben) -tausend -hundert	vom — bis	
Gesamtbetrag / monatlich / wöchentlich / täglich € € € € Gesamtbetrag in Buchstaben: (Zehner und Einer wie oben) -tausend -hundert	vom — bis	
Für die Berechnung der Lohnsteuer sind dem Arbeitslohn **hinzuzurechnen:** Jahresbetrag / monatlich / wöchentlich / täglich € € € € Jahresbetrag in Buchstaben: (Zehner und Einer wie oben) -tausend -hundert	vom — bis	
☐ Die einzubehaltende Lohnsteuer ist nach Punkt 11 Nummer 2 des Schlussprotokolls zum Abkommen zur Vermeidung der Doppelbesteuerung zwischen der Bundesrepublik Deutschland und dem Königreich Belgien um 8 % zu mindern. Bei der Ermittlung der Bemessungsgrundlage für den Solidaritätszuschlag ist die 8 %-ige Minderung ebenfalls zu berücksichtigen.	vom — bis	
☐ Der Arbeitslohn des genannten Arbeitnehmers (z. B. des Studenten, Praktikanten, Versorgungsempfängers) unterliegt nach § 39d Abs. 3 Satz 4 i. V. m. § 39b Abs. 6 EStG und dem Abkommen zur Vermeidung der Doppelbesteuerung zwischen der Bundesrepublik Deutschland und Artikel/Absatz		
nicht dem Steuerabzug, wenn die nachfolgend unter Nr. Nr. Nr. genannten Voraussetzungen vorliegen.	vom — bis	

3.05

§ 39 d EStG
R 125

1. Der Arbeitnehmer darf sich nicht länger als _____ Tage im Inland aufhalten.

2. Der Arbeitnehmer darf nicht länger als _____ Tage beschäftigt werden.

3. Der Steuerabzug unterbleibt während der ersten zwei Jahre des Aufenthalts im Inland.

4. Der Steuerabzug unterbleibt während der ersten drei Jahre des Aufenthalts im Inland.

5. Der Steuerabzug unterbleibt während der ersten vier Jahre des Aufenthalts im Inland.

6. Der Steuerabzug unterbleibt während der ersten fünf Jahre des Aufenthalts im Inland.

7. Der Arbeitnehmer hält sich nur vorübergehend im Inland auf.

8. Der Steuerabzug unterbleibt hinsichtlich aller Vergütungen, die 3.067,75 € während des Kalenderjahres nicht übersteigen.

9. Der Steuerabzug unterbleibt hinsichtlich aller Vergütungen, die 3.681,30 € während des Kalenderjahres nicht übersteigen.

10. Der Steuerabzug unterbleibt hinsichtlich aller Vergütungen, die 3.834,69 € während des Kalenderjahres nicht übersteigen.

11. Der Steuerabzug unterbleibt hinsichtlich aller Vergütungen, die 4.090,34 € während des Kalenderjahres nicht übersteigen.

12. Der Steuerabzug unterbleibt unter der Voraussetzung, dass die Vergütungen 3.681,30 € im Kalenderjahr nicht übersteigen.

13. Der Steuerabzug unterbleibt, wenn die Vergütungen _____ € während dieser Zeit nicht übersteigen.

14. _____

§ 40 EStG
Pauschalierung der Lohnsteuer in besonderen Fällen

(1) ¹Das Betriebsstättenfinanzamt (§ 41a Abs. 1 Satz 1 Nr. 1) kann auf Antrag des Arbeitgebers zulassen, dass die Lohnsteuer mit einem unter Berücksichtigung der Vorschriften des § 38a zu ermittelnden Pauschsteuersatz erhoben wird, soweit

1. von dem Arbeitgeber sonstige Bezüge in einer größeren Zahl von Fällen gewährt werden oder
2. in einer größeren Zahl von Fällen Lohnsteuer nachzuerheben ist, weil der Arbeitgeber die Lohnsteuer nicht vorschriftsmäßig einbehalten hat.

²Bei der Ermittlung des Pauschsteuersatzes ist zu berücksichtigen, dass die in Absatz 3 vorgeschriebene Übernahme der pauschalen Lohnsteuer durch den Arbeitgeber für den Arbeitnehmer eine in Geldeswert bestehende Einnahme im Sinne des § 8 Abs. 1 darstellt (Nettosteuersatz). ³Die Pauschalierung ist in den Fällen der Nummer 1 ausgeschlossen, soweit der Arbeitgeber einem Arbeitnehmer sonstige Bezüge von mehr als 1000 Euro im Kalenderjahr gewährt. ⁴Der Arbeitgeber hat dem Antrag eine Berechnung beizufügen, aus der sich der durchschnittliche Steuersatz unter Zugrundelegung der durchschnittlichen Jahresarbeitslöhne und der durchschnittlichen Jahreslohnsteuer in jeder Steuerklasse für diejenigen Arbeitnehmer ergibt, denen die Bezüge gewährt werden sollen oder gewährt worden sind.

(2) ¹Abweichend von Absatz 1 kann der Arbeitgeber die Lohnsteuer mit einem Pauschsteuersatz von 25 Prozent erheben, soweit er

1. arbeitstäglich Mahlzeiten im Betrieb an die Arbeitnehmer unentgeltlich oder verbilligt abgibt oder Barzuschüsse an ein anderes Unternehmen leistet, das arbeitstäglich Mahlzeiten an die Arbeitnehmer unentgeltlich oder verbilligt abgibt. ²Voraussetzung ist, dass die Mahlzeiten nicht als Lohnbestandteile vereinbart sind,
2. Arbeitslohn aus Anlass von Betriebsveranstaltungen zahlt,
3. Erholungsbeihilfen gewährt, wenn diese zusammen mit Erholungsbeihilfen, die in demselben Kalenderjahr früher gewährt worden sind, 156 Euro für den Arbeitnehmer, 104 Euro für dessen Ehegatten und 52 Euro für jedes Kind nicht übersteigen und der Arbeitgeber sicherstellt, dass die Beihilfen zu Erholungszwecken verwendet werden,
4. Vergütungen für Verpflegungsmehraufwendungen anlässlich einer Tätigkeit im Sinne des § 4 Abs. 5 Satz 1 Nr. 5 Satz 2 bis 4 zahlt, soweit diese die dort bezeichneten Pauschbeträge um nicht mehr als 100 Prozent übersteigen,
5. den Arbeitnehmern zusätzlich zum ohnehin geschuldeten Arbeitslohn unentgeltlich oder verbilligt Personalcomputer übereignet; das gilt auch für Zubehör und Internetzugang. ²Das Gleiche gilt für Zuschüsse des Arbeitgebers, die zusätzlich zum ohnehin geschuldeten Arbeitslohn zu den Aufwendungen des Arbeitnehmers für die Internetnutzung gezahlt werden.

²Der Arbeitgeber kann die Lohnsteuer mit einem Pauschsteuersatz von 15 Prozent für Sachbezüge in Form der unentgeltlichen oder verbilligten Beförderung eines Arbeitnehmers zwischen Wohnung und Arbeitsstätte und für zusätzlich zum ohnehin geschuldeten Arbeitslohn geleistete Zuschüsse zu den Aufwendungen des Arbeitnehmers für Fahrten zwischen Wohnung und Arbeitsstätte erheben, soweit diese Bezüge den Betrag nicht übersteigen, den der Arbeitnehmer nach § 9 Abs. 2 wie Werbungskosten geltend machen könnte, wenn die Bezüge nicht pauschal besteuert würden. ³Die nach Satz 2 pauschal besteuerten Bezüge mindern die nach § 9 Abs. 2 abziehbaren Beträge; sie bleiben bei der Anwendung des § 40a Abs. 1 bis 4 außer Ansatz.

(3) ¹Der Arbeitgeber hat die pauschale Lohnsteuer zu übernehmen. ²Er ist Schuldner der pauschalen Lohnsteuer; auf den Arbeitnehmer abgewälzte pauschale Lohnsteuer gilt als zugeflossener Arbeitslohn und mindert nicht die Bemessungsgrundlage. ³Der pauschal besteuerte Arbeitslohn und die pauschale Lohnsteuer bleiben bei einer Veranlagung zur Einkommensteuer und beim Lohnsteuer-Jahresausgleich außer Ansatz. ⁴Die pauschale Lohnsteuer ist weder auf die Einkommensteuer noch auf die Jahreslohnsteuer anzurechnen.

R 126
Bemessung der Lohnsteuer nach besonderen Pauschsteuersätzen (§ 40 Abs. 1 EStG)

Größere Zahl von Fällen

(1) ¹Eine größere Zahl von Fällen ist ohne weitere Prüfung anzunehmen, wenn gleichzeitig mindestens 20 Arbeitnehmer in die Pauschalbesteuerung einbezogen werden. ²Wird ein Antrag auf Lohnsteuerpauschalierung für weniger als 20 Arbeitnehmer gestellt, so kann unter Berücksichtigung der besonderen Verhältnisse des Arbeitgebers und der mit der Pauschalbesteuerung angestrebten Vereinfachung eine größere Zahl von Fällen auch bei weniger als 20 Arbeitnehmern angenommen werden.

Beachtung der Pauschalierungsgrenze

(2) ¹Der Arbeitgeber hat anhand der Aufzeichnungen im Lohnkonto (>§ 4 Abs. 2 Nr. 8 Satz 1 LStDV) vor jedem Pauschalierungsantrag zu prüfen, ob die Summe aus den im laufenden Kalenderjahr bereits gezahlten sonstigen Bezügen, für die die Lohnsteuer mit einem besonderen Steuersatz erhoben worden ist, und aus dem sonstigen Bezug, der nunmehr an den einzelnen Arbeitnehmer gezahlt werden soll, die Pauschalierungsgrenze nach § 40 Abs. 1 Satz 3 EStG übersteigt. ²Wird diese Pauschalierungsgrenze durch den sonstigen Bezug überschritten, ist der übersteigende Teil nach § 39b Abs. 3 EStG zu besteuern. ³Hat der Arbeitgeber die Pauschalierungsgrenze mehrfach nicht beachtet, sind Anträge auf Lohnsteuerpauschalierung nach § 40 Abs. 1 Satz 1 Nr. 2 EStG nicht zu genehmigen.

Berechnung des durchschnittlichen Steuersatzes

(3) ¹Die Verpflichtung, den durchschnittlichen Steuersatz zu errechnen, kann der Arbeitgeber dadurch erfüllen, dass er

1. den Durchschnittsbetrag der pauschal zu versteuernden Bezüge,
2. die Zahl der betroffenen Arbeitnehmer nach Steuerklassen getrennt in folgende drei Gruppen:
   a) Arbeitnehmer in den Steuerklassen I, II und IV,
   b) Arbeitnehmer in der Steuerklasse III und
   c) Arbeitnehmer in den Steuerklassen V und VI sowie
3. die Summe der Jahresarbeitslöhne der betroffenen Arbeitnehmer, gemindert um die nach § 39b Abs. 3 Satz 2 EStG abziehbaren Freibeträge und den Entlastungsbetrag für Alleinerziehende bei der Steuerklasse II, erhöht um den Hinzurechnungsbetrag,

ermittelt. ²Werden die sonstigen Bezüge sowohl Arbeitnehmern gewährt, für die die ungekürzte Vorsorgepauschale gilt, als auch Arbeitnehmern, für die die ungekürzte Vorsorgepauschale gilt, so ist Satz 1 auf die beiden Gruppen jeweils gesondert anzuwenden; hiervon kann aus Vereinfachungsgründen abgesehen werden, wenn die Zahl der zu einer Gruppe gehörenden Arbeitnehmer im Verhältnis zur Gesamtzahl der in Betracht kommenden Arbeitnehmer von ganz untergeordneter Bedeutung ist. ³Aus Vereinfachungsgründen kann für die Ermittlungen nach Nummer 2 und 3 eine repräsentative Auswahl der betroffenen Arbeitnehmer zugrunde gelegt werden. ⁴Zur Festsetzung eines Pauschsteuersatzes für das laufende Kalenderjahr können für die Ermittlung nach Nummer 3 auch die Verhältnisse des Vorjahrs zugrunde gelegt werden. ⁵Aus dem nach Nummer 3 ermittelten Betrag hat der Arbeitgeber den durchschnittlichen Jahresarbeitslohn der erfassten Arbeitnehmer zu berechnen. ⁶Für jede der in Nummer 2 bezeichneten Gruppen hat der Arbeitgeber sodann den Steuerbetrag zu ermitteln, dem der Durchschnittsbetrag der pauschal zu versteuernden Bezüge unterliegt, wenn er dem durchschnittlichen Jahresarbeitslohn hinzugerechnet wird. ⁷Dabei ist für die Gruppe nach Buchstabe a die Steuerklasse I, für die Gruppe nach Buchstabe b die Steuerklasse III und für die Gruppe nach Buchstabe c die Steuerklasse V maßgebend. ⁸Durch Multiplikation der Steuerbeträge mit der Zahl der in der entsprechenden Gruppe erfassten Arbeitnehmer und Division der sich hier-

§ 40 EStG

R 126

nach ergebenden Summe der Steuerbeträge durch die Gesamtzahl der Arbeitnehmer und den Durchschnittsbetrag der pauschal zu besteuernden Bezüge ist hiernach die durchschnittliche Steuerbelastung zu berechnen, der die pauschal zu besteuernden Bezüge unterliegen. [9]Das Finanzamt hat den Pauschsteuersatz nach dieser Steuerbelastung so zu berechnen, dass unter Berücksichtigung der Übernahme der pauschalen Lohnsteuer durch den Arbeitgeber insgesamt nicht zu wenig Lohnsteuer erhoben wird. [10]Die Vomhundertsätze der durchschnittlichen Steuerbelastung und des Pauschsteuersatzes sind mit einer Dezimalstelle anzusetzen, die nachfolgenden Dezimalstellen sind fortzulassen.

H 126
Hinweise zu R 126
Bemessung der Lohnsteuer nach besonderen Pauschsteuersätzen (§ 40 Abs. 1 EStG)

Berechnung des durchschnittlichen Steuersatzes

Die in R 126 Abs. 3 dargestellte Berechnung des durchschnittlichen Steuersatzes ist nicht zu beanstanden (>BFH vom 11. 3. 1988 – BStBl. II S. 726).

Beispiel:
1. Der Arbeitgeber ermittelt für rentenversicherungspflichtige Arbeitnehmer
   a) den durchschnittlichen Betrag der pauschal zu besteuernden Bezüge mit 550 €,
   b) die Zahl der betroffenen Arbeitnehmer
      – in den Steuerklassen I, II und IV mit 20,
      – in der Steuerklasse III mit 12 und
      – in den Steuerklassen V und VI mit 3,
   c) die Summe der Jahresarbeitslöhne der betroffenen Arbeitnehmer nach Abzug aller Freibeträge mit 610 190 €; dies ergibt einen durchschnittlichen Jahresarbeitslohn von (610 190 € : 35 =) 17 434 €.
2. Die Erhöhung des durchschnittlichen Jahresarbeitslohns um 550 € ergibt für diesen Betrag folgende Jahreslohnsteuerbeträge:
   – in der Steuerklasse I   = 160 €
   – in der Steuerklasse III = 80 €
   – in der Steuerklasse V = 180 €.
3. Die durchschnittliche Steuerbelastung der pauschal zu besteuernden Bezüge ist hiernach wie folgt zu berechnen:

$$\frac{20 \times 160 + 12 \times 80 + 3 \times 180}{35 \times 550} = 24{,}4\,\%$$

4. Der Pauschsteuersatz beträgt demnach

$$\frac{100 \times 24{,}4\,\%}{100 - 24{,}4} = 32{,}2\,\%$$

Bindung des Arbeitgebers an den Pauschalierungsbescheid

Der Arbeitgeber ist an seinen rechtswirksam gestellten Antrag auf Pauschalierung der Lohnsteuer gebunden, sobald der Lohnsteuer-Pauschalierungsbescheid wirksam wird (>BFH vom 5. 3. 1993 – BStBl. II S. 692).

Bindung des Finanzamts an den Pauschalierungsbescheid

Wird auf den Einspruch des Arbeitgebers ein gegen ihn ergangener Lohnsteuer-Pauschalierungsbescheid aufgehoben, so kann der dort berücksichtigte Arbeitslohn bei der Veranlagung des Arbeitnehmers erfasst werden (>BFH vom 18. 1. 1991 – BStBl. II S. 309).

Bindung des Finanzamts an eine Anrufungsauskunft

Hat der Arbeitgeber eine Anrufungsauskunft eingeholt und ist er danach verfahren, ist das Betriebsstättenfinanzamt im Lohnsteuer-Abzugsverfahren daran gebunden. Eine Nacherhebung der Lohnsteuer ist auch dann nicht zulässig, wenn der Arbeitgeber nach einer Lohnsteuer-Außenprüfung einer Pauschalierung nach § 40 Abs. 1 Satz 1 Nr. 2 EStG zugestimmt hat (>BFH vom 16. 11. 2005 – BStBl. 2006 II S. 210).

Entstehung der pauschalen Lohnsteuer

In den Fällen des § 40 Abs. 1 Satz 1 Nr. 2 EStG ist der geldwerte Vorteil aus der Steuerübernahme des Arbeitgebers nicht nach den Verhältnissen im Zeitpunkt der Steuernachforderung zu versteuern. Vielmehr muss der für die pauschalierten Löhne nach den Verhältnissen der jeweiligen Zuflussjahre errechnete Bruttosteuersatz (>Beispiel Nr. 1 bis 3) jeweils auf den Nettosteuersatz (>Beispiel Nr. 4) der Jahre hochgerechnet werden, in denen die pauschalierten Löhne zugeflossen sind und in denen die pauschale Lohnsteuer entsteht (>BFH vom 6. 5. 1994 – BStBl. II S. 715).

Kirchensteuer bei Pauschalierung der Lohnsteuer

>Gleich lautender Ländererlass vom 17. 11. 2006 (BStBl. I S. 716)*)

Pauschalierungsantrag

Derjenige, der für den Arbeitgeber im Rahmen der Lohnsteuer-Außenprüfung auftritt, ist in der Regel dazu befugt, einen Antrag auf Lohnsteuer-Pauschalierung zu stellen (>BFH vom 10. 10. 2002 – BStBl. 2003 II S. 156).

Pauschalierungsbescheid

Die pauschalen Steuerbeträge sind im Pauschalierungsbescheid auf die einzelnen Jahre aufzuteilen (>BFH vom 18. 7. 1985 – BStBl. 1986 II S. 152).

Pauschalierungsvoraussetzungen

Die pauschalierte Lohnsteuer darf nur für solche Einkünfte aus nichtselbständiger Arbeit erhoben werden, die dem Lohnsteuerabzug unterliegen, wenn der Arbeitgeber keinen Pauschalierungsantrag gestellt hätte (>BFH vom 10. 5. 2006 – BStBl. II S. 669).

Wirkung einer fehlerhaften Pauschalbesteuerung

Eine fehlerhafte Pauschalbesteuerung ist für die Veranlagung zur Einkommensteuer nicht bindend (>BFH vom 10. 6. 1988 – BStBl. II S. 981).

Anlage 1
zu H 126

Ermittlung des Pauschsteuersatzes nach § 40 Abs. 1 Nr. 1 und 2 EStG bei Erhebung der Kirchensteuer

Bundeseinheitlich geltende Regelung, für Bayern bekannt gegeben mit Schreiben des Bayer. Staatsministeriums der Finanzen vom 8. 8. 1972 (Az.: S 2371 – 16/14 – 25239)

In den Fällen, in denen Arbeitslohn zu Lasten des Arbeitgebers mit einem Pauschsteuersatz nachversteuert wird, braucht (aus Vereinfachungsgründen) die Kirchensteuer dem zu versteuernden Betrag nicht hinzugerechnet werden.

Dieses Schreiben ergeht im Einvernehmen mit dem Bundesminister der Finanzen und den Finanzministern (-senatoren) der anderen Länder.

Anlage 2
zu H 126

Ermittlung des Pauschsteuersatzes nach § 40 Abs. 1 Nr. 1 und 2 EStG bei Erhebung des Solidaritätszuschlags

Bundeseinheitlich geltende Regelung, für Bayern bekannt gegeben mit Schreiben des Bayer. Staatsministeriums der Finanzen vom 28. 10. 1991 (Az.: 32 – S 2370 – 14/3 – 67331)

Der Solidaritätszuschlag ist aus Vereinfachungsgründen bei der Ermittlung des Pauschsteuersatzes nach § 40 Abs. 1 Nr. 1 und 2 EStG dem zu versteuernden Betrag nicht hinzuzurechnen. Zur entsprechenden Behandlung der Kirchensteuer verweise ich auf das FMS vom 8. 8. 1972 S 2371 – 16/14 – 25239**).

---
*) Abgedruckt als Anlage 1 zu H 128 LStR.
**) Abgedruckt als Anlage 1 zu H 126 LStR.

§ 40 EStG
R 127

Anlage 3
zu H 126

Kirchensteuer bei Pauschalierung der Lohnsteuer

Gleich lautende Erlasse der obersten Finanzbehörden der Länder vom 17.11.2006 (BStBl. I S. 716)

Abgedruckt als Anlage 1 zu H 128.

R 127
Bemessung der Lohnsteuer nach einem festen Pauschsteuersatz (§ 40 Abs. 2 EStG)

Allgemeines

(1) ¹Die Lohnsteuer kann mit einem Pauschsteuersatz von 25% erhoben werden

1. nach § 40 Abs. 2 Satz 1 Nr. 1 EStG für den Unterschiedsbetrag zwischen dem amtlichen Sachbezugswert und dem niedrigeren Entgelt, das der Arbeitnehmer für die Mahlzeiten entrichtet (>R 31 Abs. 7 Nr. 1 bis 3); gegebenenfalls ist der nach R 31 Abs. 7 Nr. 5 ermittelte Durchschnittswert der Besteuerung zugrunde zu legen. ²Bei der Ausgabe von Essenmarken ist die Pauschalversteuerung nur zulässig, wenn die Mahlzeit mit dem maßgebenden Sachbezugswert zu bewerten ist (>R 31 Abs. 7 Nr. 4 Buchstabe a) oder der Verrechnungswert der Essenmarke nach R 31 Abs. 7 Nr. 4 Buchstabe b anzusetzen ist;

2. nach § 40 Abs. 2 Satz 1 Nr. 2 EStG für Zuwendungen bei Betriebsveranstaltungen, wenn die Betriebsveranstaltung oder die Zuwendung nicht üblich ist (>R 72);

3. nach § 40 Abs. 2 Satz 1 Nr. 3 EStG für Erholungsbeihilfen, soweit sie nicht ausnahmsweise als steuerfreie Unterstützungen anzusehen sind und wenn sie nicht die in § 40 Abs. 2 Satz 1 Nr. 3 EStG genannten Grenzen übersteigen, und

4. nach § 40 Abs. 2 Satz 1 Nr. 4 EStG für Vergütungen für Verpflegungsmehraufwendungen, die anlässlich einer Dienstreise, Fahr- oder Einsatzwechseltätigkeit mit einer Abwesenheitsdauer von mindestens 8 Stunden gezahlt werden, soweit die Vergütungen die in § 4 Abs. 5 Satz 1 Nr. 5 EStG bezeichneten Pauschbeträge um nicht mehr als 100% übersteigen; die Pauschalversteuerung gilt nicht für die Erstattung von Verpflegungsmehraufwendungen wegen einer doppelten Haushaltsführung;

5. nach § 40 Abs. 2 Satz 1 Nr. 5 EStG für zusätzlich zum ohnehin geschuldeten Arbeitslohn unentgeltlich oder verbilligt übereignete Personalcomputer, Zubehör und Internetzugang sowie für zusätzlich zum ohnehin geschuldeten Arbeitslohn gezahlte Zuschüsse des Arbeitgebers zu den Aufwendungen des Arbeitnehmers für die Internetnutzung.

Verhältnis zur Pauschalierung nach § 40 Abs. 1 Satz 1 Nr. 1

(2) Die nach § 40 Abs. 2 EStG pauschal besteuerten sonstigen Bezüge werden nicht auf die Pauschalierungsgrenze (>R 126 Abs. 2) angerechnet.

Erholungsbeihilfen

(3) ¹Bei der Feststellung, ob die im Kalenderjahr gewährten Erholungsbeihilfen zusammen mit früher gewährten Erholungsbeihilfen die in § 40 Abs. 2 Satz 1 Nr. 3 EStG bezeichneten Beträge übersteigen, ist von der Höhe der Zuwendungen im Einzelfall auszugehen. ²Die Jahreshöchstbeträge für den Arbeitnehmer, seinen Ehegatten und seine Kinder sind jeweils gesondert zu betrachten. ³Die Erholungsbeihilfen müssen für die Erholung dieser Personen bestimmt sein und verwendet werden. ⁴Übersteigen die Erholungsbeihilfen im Einzelfall den maßgebenden Jahreshöchstbetrag, so ist auf sie insgesamt entweder § 39b Abs. 3 mit Ausnahme des Satzes 9 oder § 40 Abs. 1 Satz 1 Nr. 1 EStG anzuwenden.

Reisekosten

(4) ¹Die Pauschalversteuerung mit einem Pauschsteuersatz von 25% nach § 40 Abs. 2 Satz 1 Nr. 4 EStG ist auf einen Vergütungsbetrag bis zur Summe der wegen der Auswärtstätigkeit anzusetzenden Verpflegungspauschalen begrenzt. ²Für den darüber hinausgehenden Vergütungsbetrag kann weiterhin eine Pauschalversteuerung mit einem besonderen Pauschsteuersatz nach § 40 Abs. 1 Satz 1 Nr. 1 EStG in Betracht kommen. ³Zur Ermittlung des steuerfreien Vergütungsbetrags dürfen die einzelnen Aufwendungsarten zusammengefasst werden (>R 16 Satz 2). ⁴Aus Vereinfachungsgründen bestehen auch keine Bedenken, den Betrag, der den steuerfreien Vergütungsbetrag übersteigt, einheitlich als Vergütung für Verpflegungsmehraufwendungen zu behandeln, die in den Grenzen des § 40 Abs. 2 Satz 1 Nr. 4 EStG mit 25% pauschal versteuert werden kann. ⁵Einem Arbeitnehmer mit Einsatzwechseltätigkeit oder Fahrtätigkeit, der zudem einen beruflich veranlassten doppelten Haushalt führt, kann in den ersten drei Monaten nur eine (die höchste) Verpflegungspauschale steuerfrei gezahlt werden (>R 39 Abs. 2)*).

Personalcomputer und Internet

(4a) ¹Die Pauschalierung nach § 40 Abs. 2 Satz 1 Nr. 5 Satz 1 EStG kommt bei Sachzuwendungen des Arbeitgebers in Betracht. ²Hierzu rechnet die Übereignung von Hardware einschließlich technischem Zubehör und Software als Erstausstattung oder als Ergänzung, Aktualisierung und Austausch vorhandener Bestandteile. ³Die Pauschalierung ist auch möglich, wenn der Arbeitgeber ausschließlich technisches Zubehör oder Software übereignet. ⁴Telekommunikationsgeräte, die nicht Zubehör eines Personalcomputers sind oder nicht für die Internetnutzung verwendet werden können, sind von der Pauschalierung ausgeschlossen. ⁵Hat der Arbeitnehmer einen Internetzugang, sind die Barzuschüsse des Arbeitgebers für die Internetnutzung des Arbeitnehmers nach § 40 Abs. 2 Satz 1 Nr. 5 Satz 2 EStG pauschalierungsfähig. ⁶Zu den Aufwendungen für die Internetnutzung in diesem Sinne gehören sowohl die laufenden Kosten (z. B. Grundgebühr für den Internetzugang, laufende Gebühren für die Internetnutzung, Flatrate), als auch die Kosten der Einrichtung des Internetzugangs (z. B. ISDN-Anschluss, Modem, Personalcomputer). ⁷Aus Vereinfachungsgründen kann der Arbeitgeber den vom Arbeitnehmer erklärten Betrag für die laufende Internetnutzung (Gebühren) pauschal versteuern, soweit dieser 50 € im Monat nicht übersteigt. ⁸Der Arbeitgeber hat diese Erklärung als Beleg zum Lohnkonto aufzubewahren. ⁹Bei höheren Zuschüssen zur Internetnutzung und zur Änderung der Verhältnisse gilt R 22 Abs. 2 sinngemäß. ¹⁰Soweit die pauschal besteuerten Bezüge auf Werbungskosten entfallen, ist der Werbungskostenabzug grundsätzlich ausgeschlossen. ¹¹Zu Gunsten des Arbeitnehmers sind die pauschal besteuerten Zuschüsse zunächst auf den privat veranlassten Teil der Aufwendungen anzurechnen. ¹²Aus Vereinfachungsgründen unterbleibt zu Gunsten des Arbeitnehmers eine Anrechnung auf seine Werbungskosten bei Zuschüssen bis zu 50 € im Monat.

Fahrten zwischen Wohnung und Arbeitsstätte**)

(5) ¹Die Lohnsteuer kann nach § 40 Abs. 2 Satz 2 EStG mit einem Pauschsteuersatz von 15% erhoben werden

1. für den nach R 31 Abs. 9 ermittelten Wert der unentgeltlichen oder teilentgeltlichen Überlassung eines Kraftfahrzeugs zu Fahrten zwischen Wohnung und Arbeitsstätte

   a) bei behinderten Arbeitnehmern im Sinne des § 9 Abs. 2 EStG in vollem Umfang,

   b) bei allen anderen Arbeitnehmern bis zur Höhe der Entfernungspauschale nach § 9 Abs. 1 Satz 3 Nr. 4 EStG; aus Vereinfachungsgründen kann unterstellt werden, dass das Kraftfahrzeug an 15 Arbeitstagen monatlich zu Fahrten zwischen Wohnung und Arbeitsstätte benutzt wird,

2. für den Ersatz von Aufwendungen des Arbeitnehmers für Fahrten zwischen Wohnung und Arbeitsstätte (Fahrtkostenzuschüsse)

   a) bei behinderten Arbeitnehmern im Sinne des § 9 Abs. 2 EStG in vollem Umfang,

---

*) Änderung durch BMF-Schreiben vom 26.10.2005 (BStBl. I S. 960). Abgedruckt als Anlage 5 zu H 37 LStR.

**) Die Pauschalierung mit 15% ist ab 1.1.2007 erst ab dem 21. Entfernungskilometer möglich. Wegen der Änderung des Pauschalierungsumfangs >§ 40 Abs. 2 Satz 2 i. V. m. § 9 Abs. 2 EStG i. d. F. des Steueränderungsgesetzes 2007.

§ 40 EStG
R 127

b) bei allen anderen Arbeitnehmern
  aa) bei Benutzung eines eigenen oder zur Nutzung überlassenen Kraftfahrzeugs mit Ausnahme der Nummer 1 die Aufwendungen des Arbeitnehmers in Höhe der Entfernungspauschale nach § 9 Abs. 1 Satz 3 Nr. 4 EStG,
  bb) bei der Benutzung öffentlicher Verkehrsmittel in Höhe der tatsächlichen Aufwendungen des Arbeitnehmers,
  cc) bei der Benutzung anderer Verkehrsmittel in Höhe der tatsächlichen Aufwendungen des Arbeitnehmers, höchstens bis zum Höchstbetrag der Entfernungspauschale nach § 9 Abs. 1 Satz 3 Nr. 4 EStG.

²Als Fahrten zwischen Wohnung und Arbeitsstätte können bei einer Einsatzwechseltätigkeit auch die Fahrten zwischen Wohnung und Einsatzstelle berücksichtigt werden, soweit die Fahrtkosten nicht als Reisekosten angesetzt werden können (>R 38 Abs. 3). ³Die pauschal besteuerten Bezüge mindern die nach R 42 abziehbaren Werbungskosten.

H 127
Hinweise zu R 127
Bemessung der Lohnsteuer nach einem festen Pauschsteuersatz (§ 40 Abs. 2 EStG)

Abwälzung der pauschalen Lohnsteuer

– bei bestimmten Zukunftssicherungsleistungen >H 129 (Abwälzung der pauschalen Lohnsteuer)
– bei Fahrtkosten (>BMF vom 10. 1. 2000 – BStBl. I S. 138)*)

  Beispiel:
  Ein Arbeitnehmer hat Anspruch auf einen Zuschuss zu seinen Pkw-Kosten für Fahrten zwischen Wohnung und Arbeitsstätte in Höhe der gesetzlichen Entfernungspauschale, sodass sich für den Lohnabrechnungszeitraum ein Fahrtkostenzuschuss von insgesamt 210 € ergibt. Arbeitgeber und Arbeitnehmer haben vereinbart, dass diese Arbeitgeberleistung pauschal besteuert werden und der Arbeitnehmer die pauschale Lohnsteuer tragen soll.
  Bemessungsgrundlage für die Anwendung des gesetzlichen Pauschsteuersatzes von 15% ist der Bruttobetrag von 210 €.
  Als pauschal besteuerte Arbeitgeberleistung ist der Betrag von 210 € zu bescheinigen. Dieser Betrag mindert den nach § 9 Abs. 2 EStG wie Werbungskostenbetrag abziehbaren Betrag von 210 € auf 0 €.

– bei Teilzeitbeschäftigten >H 128 (Abwälzung der pauschalen Lohnsteuer).

Bescheinigungspflicht für Fahrgeldzuschüsse

>§ 41 b Abs. 1 Nr. 7 EStG

Erholungsbeihilfen

>H 11 (Erholungsbeihilfen und andere Beihilfen)

Fahrtkostenzuschüsse

– als zusätzlich erbrachte Leistung >R 21 c
– sind auch bei Teilzeitbeschäftigten im Sinne des § 40 a EStG nach § 40 Abs. 2 Satz 2 EStG pauschalierbar. Die pauschal besteuerten Beförderungsleistungen und Fahrtkostenzuschüsse sind in die Prüfung der Arbeitslohngrenzen des § 40 a EStG nicht einzubeziehen (>§ 40 Abs. 2 Satz 3 EStG).

Fehlerhafte Pauschalversteuerung

>H 128 (Fehlerhafte Pauschalversteuerung

Geldgeschenke

Während einer Betriebsveranstaltung überreichte Geldgeschenke, die kein zweckgebundenes Zehrgeld sind, können nicht nach § 40 Abs. 2 EStG pauschal besteuert werden (>BFH vom 7. 2. 1997 – BStBl. II S. 365).

Kirchensteuer bei Pauschalierung der Lohnsteuer

>Gleich lautender Ländererlass vom 17. 11. 2006 (BStBl. I S. 716)**)

Pauschalversteuerung von Reisekosten

Beispiel:
Ein Arbeitnehmer erhält wegen einer Dienstreise von Montag 11 Uhr bis Mittwoch 20 Uhr mit kostenloser Übernachtung und Bewirtung im Gästehaus eines Geschäftsfreundes lediglich pauschalen Fahrtkostenersatz von 250 €, dem eine Fahrstrecke mit eigenem Pkw von 500 km zugrunde liegt.

Steuerfrei sind
– eine Fahrtkostenvergütung von (500 × 0,30 € =)   150 €
– Verpflegungspauschalen von (6 € + 24 € + 12 € =)   42 €
insgesamt   192 €.

Der Mehrbetrag von (250 € ./. 192 € =) 58 € kann mit einem Teilbetrag von 42 € pauschal mit 25% versteuert werden. Bei einer Angabe in der Lohnsteuerbescheinigung sind 42 € einzutragen (>§ 41 b Abs. 1 Nr. 10 EStG).

Anlage 1
zu H 127

**Lohnsteuerliche Erfassung steuerpflichtiger Teile von Reisekostenvergütungen;
hier: Auswirkungen des Jahressteuergesetzes 1996**

Bundeseinheitlich geltende Regelung, für Bayern bekannt gegeben mit Schreiben des Bayer. Staatsministeriums der Finanzen vom 13. 2. 1996 (Az.: 32 – S 2330 – 87/15 – 6315)

Abgedruckt als Anlage 1 zu H 39.

Anlage 2
zu H 127

Abwälzung der pauschalen Lohnsteuer und Annexsteuern auf den Arbeitnehmer nach dem Steuerentlastungsgesetz 1999/2000/2002

BMF-Schreiben vom 10. 1. 2000 (BStBl. I S. 138)

...

1. Abwälzung von pauschaler Lohnsteuer und Annexsteuern auf Arbeitnehmer

Nach § 40 Abs. 3 Satz 2 EStG in der Fassung des Steuerentlastungsgesetzes 1999/2000/2002 gilt die auf den Arbeitnehmer abgewälzte pauschale Lohnsteuer als zugeflossener Arbeitslohn; sie darf die Bemessungsgrundlage nicht mindern. Dies entspricht dem in § 12 Nr. 3 EStG zum Ausdruck kommenden allgemeinen Grundsatz, dass Personensteuern nur abzugsfähig sind, wenn sie die Voraussetzungen als Betriebsausgaben oder Werbungskosten erfüllen oder ihre steuermindernde Berücksichtigung ausdrücklich zugelassen ist. Die Neuregelung gilt aufgrund von Verweisungen auch für §§ 40 a und 40 b EStG.

a) Abwälzung von Lohnsteuer

Im Fall der Abwälzung bleibt zwar der Arbeitgeber Schuldner der pauschalen Lohnsteuer, im wirtschaftlichen Ergebnis wird sie jedoch vom Arbeitnehmer getragen. Die Verlagerung der Belastung darf weder zu einer Minderung des individuell nach den Merkmalen der Lohnsteuerkarte zu versteuernden Arbeitslohns noch zu einer Minderung der Bemessungsgrundlage für die pauschale Lohnsteuer führen. Eine Abwälzung kann sich beispielsweise aus dem Arbeitsvertrag selbst, aus einer Zusatzvereinbarung zum Arbeitsvertrag ergeben oder aus dem wirtschaftlichen Ergebnis einer Gehaltsumwandlung oder Gehaltsänderungsvereinbarung. Das ist der Fall, wenn die pauschale Lohnsteuer als Abzugsbetrag in der Gehaltsabrechnung ausgewiesen wird. Dies gilt auch, wenn zur Abwälzung zwar in arbeitsrechtlich zulässiger Weise eine Gehaltsminderung vereinbart wird, der bisherige ungekürzte Arbeitslohn aber weiterhin für die Bemessung künftiger Erhöhungen des Arbeitslohns oder anderer Arbeitgeberleistungen (z. B. Weihnachtsgeld, Tantieme, Jubiläumszuwendungen) maßgebend bleibt. Eine Abwälzung der pauschalen Lohnsteuer ist hingegen nicht anzunehmen, wenn

---
*) Abgedruckt als Anlage 2 zu H 127 LStR.
**) Abgedruckt als Anlage 1 zu H 128 LStR.

eine Gehaltsänderungsvereinbarung zu einer Neufestsetzung künftigen Arbeitslohns führt, aus der alle rechtlichen und wirtschaftlichen Folgerungen gezogen werden, also insbesondere der geminderte Arbeitslohn Bemessungsgrundlage für künftige Erhöhungen des Arbeitslohns oder andere Arbeitgeberleistungen wird. Dies gilt auch dann, wenn die Gehaltsminderung in Höhe der Pauschalsteuer vereinbart wird.

b) Abwälzung von Annexsteuern (Kirchensteuer, Solidaritätszuschlag)

Für im Zusammenhang mit der Pauschalierung der Lohnsteuer ebenfalls pauschal erhobene und auf den Arbeitnehmer abgewälzte Annexsteuern (Kirchensteuer, Solidaritätszuschlag) gelten die Ausführungen unter Buchstabe a entsprechend. Daher ist auch hinsichtlich der abgewälzten Annexsteuern von zugeflossenem Arbeitslohn auszugehen, der die Bemessungsgrundlage für die Lohnsteuer nicht mindert.

...

Anlage 3
zu H 127

Einführungsschreiben Lohnsteuer zum Steueränderungsgesetz 2003 und Haushaltsbegleitgesetz 2004

BMF-Schreiben vom 27.1.2004 (BStBl. I S. 173)

Unter Bezugnahme auf das Ergebnis der Abstimmung mit den obersten Finanzbehörden der Länder nehme ich zu Änderungen im Bereich der Lohnsteuer durch das Steueränderungsgesetz 2003 (StÄndG 2003) vom 15.12.2003 (BGBl. I S. 2645, BStBl. I S. 710) und durch das Haushaltsbegleitgesetz 2004 (HBeglG 2004) vom 29.12.2003 (BGBl. I S. 3076, BStBl. 2004 I S. 120) wie folgt Stellung:

I. ...

II. Weitere Änderungen

1. Fahrtkostenzuschüsse, Job-Ticket (§ 3 Nr. 34 EStG) (Steuerpflicht, Pauschalierungsmöglichkeit, Bescheinigungspflichten)

Die Steuerfreiheit nach § 3 Nr. 34 EStG (Zuschüsse des Arbeitgebers zu den Aufwendungen des Arbeitnehmers für Fahrten zwischen Wohnung und Arbeitsstätte mit öffentlichen Verkehrsmitteln im Linienverkehr, auch entsprechende unentgeltliche oder verbilligte Nutzung und sog. Job-Ticket) ist weggefallen. R 21b LStR ist damit ab 2004 überholt.

Derartige Vorteile sind demnach grundsätzlich steuerpflichtig. Ein geldwerter Vorteil ist nicht anzunehmen, wenn der Arbeitgeber seinen Arbeitnehmern ein sog. Job-Ticket für Fahrten zwischen Wohnung und Arbeitsstätte mit öffentlichen Verkehrsmitteln zu dem mit dem Verkehrsträger vereinbarten Preis eines Job-Tickets überlässt (die Tarifermäßigung des Verkehrsträgers für das Job-Ticket gegenüber dem üblichen Endpreis ist also kein geldwerter Vorteil). Der zu versteuernde geldwerte Vorteil ist der Preis für das Job-Ticket abzüglich Zahlbetrag des Arbeitnehmers.

Überlässt der Arbeitgeber seinen Arbeitnehmern solche Job-Tickets für Fahrten zwischen Wohnung und Arbeitsstätte mit öffentlichen Verkehrsmitteln unentgeltlich oder verbilligt, so kommt die Anwendung von § 8 Abs. 2 Satz 9 EStG in Betracht. Danach bleiben Sachbezüge außer Ansatz, wenn die sich nach Anrechnung der vom Arbeitnehmer gezahlten Entgelte ergebenden Vorteile insgesamt 44 Euro im Kalendermonat nicht übersteigen (monatliche Freigrenze). Bei der Freigrenze sind andere Sachbezüge zu berücksichtigen; liegen solche nicht vor, so scheidet die Anwendung der Vorschrift gleichwohl aus, wenn der geldwerte Vorteil für den Sachbezug Job-Ticket allein 44 Euro überschreitet (dann ist also der gesamte Sachbezug Job-Ticket steuerpflichtig). Gilt das Job-Ticket für einen längeren Zeitraum (z. B. Jahresticket), so fließt der Vorteil insgesamt bei Überlassung des Job-Tickets zu.

Bei Arbeitnehmern eines Verkehrsträgers kann der Vorteil aus der Nutzung der öffentlichen Verkehrsmittel im Rahmen des § 8 Abs. 3 EStG (Rabattfreibetrag) steuerfrei bleiben.

Der Arbeitgeber kann die Lohnsteuer für diese nunmehr steuerpflichtigen – zusätzlich zum ohnehin geschuldeten Arbeitslohn geleisteten – Fahrtkostenzuschüsse für Fahrten zwischen Wohnung und Arbeitsstätte mit öffentlichen Verkehrsmitteln und etwaige geldwerten Vorteile bei Job-Tickets sowie etwaige den Rabattfreibetrag (§ 8 Abs. 3 EStG) übersteigende geldwerte Vorteile nach § 40 Abs. 2 Satz 2 EStG mit 15 % pauschal erheben. Die Regelung in R 127 Abs. 5 Satz 4 LStR, wonach bei Benutzung öffentlicher Verkehrsmittel im Linienverkehr eine Pauschalierung nicht in Betracht kommt, ist durch die Gesetzesänderung überholt. Die Pauschalierung ist auf den Betrag beschränkt, den der Arbeitnehmer als Werbungskosten geltend machen könnte, wenn die Bezüge nicht pauschal besteuert würden (§ 40 Abs. 2 Satz 2 EStG). Da die tatsächlichen Fahrtkosten für öffentliche Verkehrsmittel nach § 9 Abs. 2 Satz 2 EStG grundsätzlich in voller Höhe als Werbungskosten abziehbar sind, können sie in voller Höhe pauschaliert werden. Der Arbeitgeber braucht also die Höhe der Entfernungspauschale nicht zu ermitteln, da für Fahrtkosten öffentlicher Verkehrsmittel die Begrenzung durch die Entfernungspauschale für Fahrten zwischen Wohnung und Arbeitsstätte nach § 9 Abs. 1 Satz 3 Nr. 4 EStG nicht eingreift.

Die etwaigen steuerfreien Sachbezüge (§ 8 Abs. 2 Satz 9 EStG – Job-Ticket – oder § 8 Abs. 3 EStG – Verkehrsträger –) und die etwaigen pauschal besteuerten Arbeitgeberleistungen sind auf die Entfernungspauschale für Wege zwischen Wohnung und Arbeitsstätte anzurechnen (§ 3c EStG – Job-Ticket –, § 9 Abs. 1 Satz 3 Nr. 4 Satz 5 – Verkehrsträger –, § 40 Abs. 2 Satz 3 EStG – pauschal besteuerte Beträge –). Daher sind die etwaigen steuerfreien Bezüge in der Lohnsteuerbescheinigung einzutragen (§ 41b Abs. 1 Nr. 6 EStG), ebenso die pauschal besteuerten Arbeitgeberleistungen (§ 41b Abs. 1 Nr. 7 EStG). Wenn der Arbeitnehmer bei einem Verkehrsträger beschäftigt ist, so ist der Sachbezug mit dem Preis anzusetzen, den ein dritter Arbeitgeber (Nichtverkehrsträger) an den Verkehrsträger (z. B. für ein Job-Ticket) zu entrichten hätte (§ 9 Abs. 1 Satz 3 Nr. 4 Satz 5 zweiter Halbsatz EStG).

III. ...

IV. ...

V. ...

§ 40a EStG
Pauschalierung der Lohnsteuer für Teilzeitbeschäftigte und geringfügig Beschäftigte

(1) ¹Der Arbeitgeber kann unter Verzicht auf die Vorlage einer Lohnsteuerkarte bei Arbeitnehmern, die nur kurzfristig beschäftigt werden, die Lohnsteuer mit einem Pauschsteuersatz von 25 Prozent des Arbeitslohns erheben. ²Eine kurzfristige Beschäftigung liegt vor, wenn der Arbeitnehmer bei dem Arbeitgeber gelegentlich, nicht regelmäßig wiederkehrend beschäftigt wird, die Dauer der Beschäftigung 18 zusammenhängende Arbeitstage nicht übersteigt und

1. der Arbeitslohn während der Beschäftigungsdauer 62 Euro durchschnittlich je Arbeitstag nicht übersteigt oder
2. die Beschäftigung zu einem unvorhersehbaren Zeitpunkt sofort erforderlich wird.

(2) Der Arbeitgeber kann unter Verzicht auf die Vorlage einer Lohnsteuerkarte die Lohnsteuer einschließlich Solidaritätszuschlag und Kirchensteuern (einheitliche Pauschsteuer) für das Arbeitsentgelt aus geringfügigen Beschäftigungen im Sinne des § 8 Abs. 1 Nr. 1 oder des § 8a des Vierten Buches Sozialgesetzbuch, für das er Beiträge nach § 168 Abs. 1 Nr. 1b oder 1c (geringfügig versicherungspflichtig Beschäftigte) oder nach § 172 Abs. 3 oder 3a (versicherungsfrei geringfügig Beschäftigte) des Sechsten Buches Sozialgesetzbuch zu entrichten hat, mit einem einheitlichen Pauschsteuersatz in Höhe von insgesamt 2 Prozent des Arbeitsentgelts erheben.

(2a) Hat der Arbeitgeber in den Fällen des Absatzes 2 keine Beiträge nach § 168 Abs. 1 Nr. 1b oder 1c oder nach § 172 Abs. 3 oder 3a des Sechsten Buches Sozialgesetzbuch zu entrichten, kann er unter Verzicht auf die Vorlage einer Lohnsteuerkarte die Lohnsteuer mit einem Pauschsteuersatz in Höhe von 20 Prozent des Arbeitsentgelts erheben.

(3) ¹Abweichend von den Absätzen 1 und 2a kann der Arbeitgeber unter Verzicht auf die Vorlage einer Lohnsteuerkarte bei Aushilfskräften, die in Betrieben der Land- und Forstwirtschaft im Sinne des § 13 Abs. 1 Nr. 1 bis 4 ausschließlich mit typisch land- oder forstwirtschaftlichen Arbeiten beschäftigt werden, die Lohnsteuer mit einem Pauschsteuersatz von 5 Prozent des Arbeitslohns erheben. ²Aushilfskräfte im Sinne dieser Vorschrift sind Personen, die für die Ausführung und für die Dauer von Arbeiten, die nicht ganzjährig anfallen, beschäftigt werden; eine Beschäftigung mit anderen land- und forstwirtschaftlichen Arbeiten ist unschädlich, wenn deren Dauer 25 Prozent der Gesamtbeschäftigungsdauer nicht überschreitet. ³Aushilfskräfte sind nicht Arbeitnehmer, die zu den land- und forstwirtschaftlichen Fachkräften gehören oder die der Arbeitgeber mehr als 180 Tage im Kalenderjahr beschäftigt.

(4) Die Pauschalierungen nach den Absätzen 1 und 3 sind unzulässig

1. bei Arbeitnehmern, deren Arbeitslohn während der Beschäftigungsdauer durchschnittlich je Arbeitsstunde 12 Euro übersteigt,
2. bei Arbeitnehmern, die für eine andere Beschäftigung von demselben Arbeitgeber Arbeitslohn beziehen, der nach den §§ 39b bis 39d dem Lohnsteuerabzug unterworfen wird.

(5) Auf die Pauschalierungen nach den Absätzen 1 bis 3 ist § 40 Abs. 3 anzuwenden.

(6) ¹Für die Erhebung der einheitlichen Pauschsteuer nach Absatz 2 ist die Deutsche Rentenversicherung Knappschaft-Bahn-See/Verwaltungsstelle Cottbus zuständig. ²Die Regelungen zum Steuerabzug vom Arbeitslohn sind entsprechend anzuwenden. ³Für die Anmeldung, Abführung und Vollstreckung der einheitlichen Pauschsteuer gelten dabei die Regelungen für die Beiträge nach § 168 Abs. 1 Nr. 1b oder 1c oder nach § 172 Abs. 3 oder 3a des Sechsten Buches Sozialgesetzbuch. ⁴Die Deutsche Rentenversicherung Knappschaft-Bahn-See/Verwaltungsstelle Cottbus hat die einheitliche Pauschsteuer auf die erhebungsberechtigten Körperschaften aufzuteilen; dabei entfallen aus Vereinfachungsgründen 90 Prozent der einheitlichen Pauschsteuer auf die Lohnsteuer, 5 Prozent auf den Solidaritätszuschlag und 5 Prozent auf die Kirchensteuern. ⁵Die erhebungsberechtigten Kirchen haben sich auf eine Aufteilung des Kirchensteueranteils zu verständigen und diesen der Deutschen Rentenversicherung Knappschaft-Bahn-See/Verwaltungsstelle Cottbus mitzuteilen. ⁶Die Deutsche Rentenversicherung Knappschaft-Bahn-See/Verwaltungsstelle Cottbus ist berechtigt, die einheitliche Pauschsteuer nach Absatz 2 zusammen mit den Sozialversicherungsbeiträgen beim Arbeitgeber einzuziehen.

R 128
Kurzfristig Beschäftigte und Aushilfskräfte in der Land- und Forstwirtschaft

Allgemeines

(1) ¹Die Pauschalierung der Lohnsteuer nach § 40a EStG Abs. 1 und 3 ist sowohl für unbeschränkt als auch für beschränkt einkommensteuerpflichtige Aushilfskräfte zulässig. ²Bei der Prüfung der Voraussetzungen für die Pauschalierung ist von den Merkmalen auszugehen, die sich für das einzelne Dienstverhältnis ergeben. ³Es ist nicht zu prüfen, ob die Aushilfskraft noch in einem Dienstverhältnis zu einem anderen Arbeitgeber steht. ⁴Der Arbeitgeber darf die Pauschalbesteuerung nachholen, solange keine Lohnsteuerbescheinigung ausgeschrieben ist, eine Lohnsteuer-Anmeldung noch berichtigt werden kann und noch keine Festsetzungsverjährung eingetreten ist. ⁵Der Arbeitnehmer kann Aufwendungen, die mit dem pauschal besteuerten Arbeitslohn zusammenhängen, nicht als Werbungskosten abziehen.

Gelegentliche Beschäftigung

(2) ¹Als gelegentliche, nicht regelmäßig wiederkehrende Beschäftigung ist eine ohne feste Wiederholungsabsicht ausgeübte Tätigkeit anzusehen. ²Tatsächlich kann es zu Wiederholungen der Tätigkeit kommen. ³Entscheidend ist, dass die erneute Tätigkeit nicht bereits von vornherein vereinbart worden ist. ⁴Es kommt dann nicht darauf an, wie oft die Aushilfskräfte tatsächlich im Laufe des Jahres tätig werden. ⁵Ob sozialversicherungsrechtlich eine kurzfristige Beschäftigung vorliegt oder nicht, ist für die Pauschalierung nach § 40a Abs. 1 EStG ohne Bedeutung.

Unvorhersehbarer Zeitpunkt

(3) ¹§ 40a Abs. 1 Satz 2 Nr. 2 EStG setzt voraus, dass das Dienstverhältnis dem Ersatz einer ausgefallenen oder dem akuten Bedarf einer zusätzlichen Arbeitskraft dient. ²Die Beschäftigung von Aushilfskräften, deren Einsatzzeitpunkt längere Zeit vorher feststeht, z. B. bei Volksfesten oder Messen, kann grundsätzlich nicht als unvorhersehbar und sofort erforderlich angesehen werden; eine andere Beurteilung ist aber z. B. hinsichtlich solcher Aushilfskräfte möglich, deren Einstellung entgegen dem vorhersehbaren Bedarf an Arbeitskräften notwendig geworden ist.

Bemessungsgrundlage für die pauschale Lohnsteuer

(4) ¹Zur Bemessungsgrundlage der pauschalen Lohnsteuer gehören alle Einnahmen, die dem Arbeitnehmer aus der Aushilfsbeschäftigung zufließen (>§ 2 LStDV). ²Steuerfreie Einnahmen bleiben außer Betracht. ³Der Arbeitslohn darf für die Ermittlung der pauschalen Lohnsteuer nicht um den Altersentlastungsbetrag (§ 24a EStG) gekürzt werden.

Pauschalierungsgrenzen

(5) ¹Bei der Prüfung der Pauschalierungsgrenzen des § 40a Abs. 1 und 3 EStG ist Absatz 4 entsprechend anzuwenden. ²Pauschal besteuerte Bezüge mit Ausnahme des § 40 Abs. 2 Satz 2 EStG sind bei der Prüfung der Pauschalierungsgrenze zu berücksichtigen. ³Zur Beschäftigungsdauer gehören auch solche Zeiträume, in denen der Arbeitslohn wegen Urlaubs, Krankheit oder gesetzlicher Feiertage fortgezahlt wird.

§ 40a EStG
R 128

Aushilfskräfte in der Land- und Forstwirtschaft

(6) ¹Eine Pauschalierung der Lohnsteuer nach § 40a Abs. 3 EStG für Aushilfskräfte in der Land- und Forstwirtschaft ist nur zulässig, wenn die Aushilfskräfte in einem Betrieb im Sinne des § 13 Abs. 1 EStG beschäftigt werden. ²Für Aushilfskräfte, die in einem Gewerbebetrieb im Sinne des § 15 EStG tätig sind, kommt die Pauschalierung nach § 40a Abs. 3 EStG selbst dann nicht in Betracht, wenn sie mit typisch land- und forstwirtschaftlichen Arbeiten beschäftigt werden. ³Werden die Aushilfskräfte zwar in einem land- und forstwirtschaftlichen Betrieb im Sinne des § 13 Abs. 1 EStG beschäftigt, üben sie aber keine typische land- und forstwirtschaftliche Tätigkeit aus, z. B. Blumenbinder, Verkäufer, oder sind sie abwechselnd mit typisch land- und forstwirtschaftlichen und anderen Arbeiten betraut, z. B. auch im Gewerbebetrieb oder Nebenbetrieb desselben Arbeitgebers tätig, ist eine Pauschalierung der Lohnsteuer nach § 40a Abs. 3 EStG nicht zulässig.

H 128
Hinweise zu R 128
kurzfristig Beschäftigte und Aushilfskräfte in der Land- und Forstwirtschaft

Abwälzung der pauschalen Lohnsteuer

>BMF vom 10.1.2000 (BStBl. I S. 138)*)

Arbeitstag

Als Arbeitstag im Sinne des § 40a Abs. 1 Satz 2 Nr. 1 EStG ist grundsätzlich der Kalendertag zu verstehen. Arbeitstag kann jedoch auch eine auf zwei Kalendertage fallende Nachtschicht sein (>BFH vom 28.1.1994 – BStBl. II S. 421).

Arbeitsstunde

Arbeitsstunde im Sinne des § 40a Abs. 4 Nr. 1 EStG ist die Zeitstunde. Wird der Arbeitslohn für kürzere Zeiteinheiten gezahlt, z. B. für 45 Minuten, ist der Lohn zur Prüfung der Pauschalierungsgrenze nach § 40a Abs. 4 Nr. 1 EStG entsprechend umzurechnen (>BFH vom 10.8.1990 – BStBl. II S. 1092).

Aufzeichnungspflichten

– >§ 4 Abs. 2 Nr. 8 vorletzter Satz LStDV
– Als Beschäftigungsdauer ist jeweils die Zahl der tatsächlichen Arbeitsstunden (= 60 Minuten) in dem jeweiligen Lohnzahlungs- oder Lohnabrechnungszeitraum aufzuzeichnen (>BFH vom 10.9.1976 – BStBl. 1977 II S. 17).
– Bei fehlenden oder fehlerhaften Aufzeichnungen ist die Lohnsteuerpauschalierung zulässig, wenn die Pauschalierungsvoraussetzungen auf andere Weise, z. B. durch Arbeitsnachweise, Zeitkontrollen, Zeugenaussagen, nachgewiesen oder glaubhaft gemacht werden (>BFH vom 12.6.1986 – BStBl. II S. 681).

Fehlerhafte Pauschalversteuerung

– Eine fehlerhafte Pauschalbesteuerung ist für die Veranlagung zur Einkommensteuer nicht bindend (>BFH vom 10.6.1988 – BStBl. II S. 981).

Kirchensteuer bei Pauschalierung der Lohnsteuer

>Gleich lautender Ländererlass vom 17.11.2006 (BStBl. I S. 716)**)

Land- und Forstwirtschaft

– Abgrenzung Gewerbebetrieb – Betrieb der Land- und Forstwirtschaft >R 15.5 EStR.
– Die Pauschalierung nach § 40a Abs. 3 EStG ist zulässig, wenn ein Betrieb, der Land- und Forstwirtschaft betreibt, ausschließlich wegen seiner Rechtsform als Gewerbebetrieb gilt (>BFH vom 5.9.1980 – BStBl. 1981 II S. 76). Entsprechendes gilt, wenn der Betrieb nur wegen § 15 Abs. 3 Nr. 1 EStG (Abfärbetheorie) als Gewerbebetrieb anzusehen ist (>BFH vom 14.9.2005 – BStBl. 2006 II S. 92).
– Die Pauschalierung der Lohnsteuer nach § 40a Abs. 3 EStG ist nicht zulässig, wenn der Betrieb infolge erheblichen Zukaufs fremder Erzeugnisse aus dem Tätigkeitsbereich des § 13 Abs. 1 EStG ausgeschieden und einheitlich als Gewerbebetrieb zu beurteilen ist. Etwas anderes gilt auch nicht für Neben- oder Teilbetriebe, die für sich allein die Merkmale eines land- und forstwirtschaftlichen Betriebs erfüllen (>BFH vom 3.8.1990 – BStBl. II S. 1002).

Land- und forstwirtschaftliche Fachkraft

– Ein Arbeitnehmer, der die Fertigkeiten für eine land- oder forstwirtschaftliche Tätigkeit im Rahmen einer Berufsausbildung erlernt hat, gehört zu den Fachkräften, ohne dass es darauf ankommt, ob die durchgeführten Arbeiten den Einsatz einer Fachkraft erfordern (>BFH vom 25.10.2005 – BStBl. 2006 II S. 208).
– Hat ein Arbeitnehmer die erforderlichen Fertigkeiten nicht im Rahmen einer Berufsausbildung erworben, gehört er nur dann zu den land- und forstwirtschaftlichen Fachkräften, wenn er anstelle einer Fachkraft eingesetzt ist (>BFH vom 25.10.2005 – BStBl. 2006 II S. 208).
– Ein Arbeitnehmer ist anstelle einer land- und forstwirtschaftlichen Fachkraft eingesetzt, wenn mehr als 25 % der zu beurteilenden Tätigkeit Fachkraft-Kenntnisse erfordern (>BFH vom 25.10.2005 – BStBl. 2006 II S. 208).
– Traktorführer sind jedenfalls dann als Fachkräfte und nicht als Aushilfskräfte zu beurteilen, wenn sie den Traktor als Zugfahrzeug mit landwirtschaftlichen Maschinen führen (>BFH vom 25.10.2005 – BStBl. 2006 II S. 204).

Land- und forstwirtschaftliche Saisonarbeiten

– Land- und forstwirtschaftliche Arbeiten fallen nicht ganzjährig an, wenn sie wegen der Abhängigkeit vom Lebensrhythmus der produzierten Pflanzen oder Tiere einen erkennbaren Abschluss in sich tragen. Dementsprechend können darunter auch Arbeiten fallen, die im Zusammenhang mit der Viehhaltung stehen (>BFH vom 25.10.2005 – BStBl. 2006 II S. 206).
– Wenn die Tätigkeit des Ausmistens nicht laufend, sondern nur im Zusammenhang mit dem einmal jährlich erfolgenden Vieh-Austrieb auf die Weide möglich ist, handelt es sich um eine nicht ganzjährig anfallende Arbeit. Unschädlich ist, dass ähnliche Tätigkeiten bei anderen Bewirtschaftungsformen ganzjährig anfallen können (>BFH vom 25.10.2005 – BStBl. 2006 II S. 206).
– Reinigungsarbeiten, die ihrer Art nach während des ganzen Jahres anfallen (hier: Reinigung der Güllekanäle und Herausnahme der Güllespalten), sind nicht vom Lebensrhythmus der produzierten Pflanzen oder Tiere abhängig und sind daher keine saisonbedingten Arbeiten (>BFH vom 25.10.2005 – BStBl. 2006 II S. 204).
– Die Unschädlichkeitsgrenze von 25 % der Gesamtbeschäftigungsdauer bezieht sich auf ganzjährig anfallende land- und forstwirtschaftliche Arbeiten. Für andere land- und forstwirtschaftliche Arbeiten gilt sie nicht (>BFH vom 25.10.2005 – BStBl. 2006 II S. 206).

Nebenbeschäftigung für denselben Arbeitgeber

Übt der Arbeitnehmer für denselben Arbeitgeber neben seiner Haupttätigkeit eine Nebentätigkeit mit den Merkmalen einer kurzfristigen Beschäftigung oder Aushilfskraft aus, ist die Pauschalierung der Lohnsteuer nach § 40a Abs. 1 und 3 EStG ausgeschlossen (>§ 40a Abs. 4 Nr. 2 EStG).

Ruhegehalt neben kurzfristiger Beschäftigung

In einer kurzfristigen Beschäftigung kann die Lohnsteuer auch dann pauschaliert werden, wenn der Arbeitnehmer vom selben Arbeitgeber ein betriebliches Ruhegeld bezieht, das dem normalen Lohnsteuerabzug unterliegt (>BFH vom 27.7.1990 – BStBl. II S. 931).

---
*) Abgedruckt als Anlage 2 zu H 127 LStR.
**) Abgedruckt als Anlage 1 zu H 128 LStR.

§ 40a EStG
R 128a

Anlage 1
zu H 128

Kirchensteuer bei Pauschalierung der Lohnsteuer

Gleich lautende Erlasse der obersten Finanzbehörden der Länder vom 17.11.2006 (BStBl. I S. 716)

In den Fällen der Pauschalierung der Lohnsteuer gem. §§ 40, 40a und 40b EStG kann der Arbeitgeber bei der Erhebung der Kirchensteuer zwischen einem vereinfachten Verfahren und einem Nachweisverfahren wählen. Diese Wahl kann der Arbeitgeber sowohl für jeden Lohnsteuer-Anmeldungszeitraum als auch für die jeweils angewandte Pauschalierungsvorschrift und darüber hinaus für die in den einzelnen Rechtsvorschriften aufgeführten Pauschalierungstatbestände unterschiedlich treffen. Im Einzelnen gilt Folgendes:

1. Entscheidet sich der Arbeitgeber für die Vereinfachungsregelung, hat er in allen Fällen der Pauschalierung der Lohnsteuer für sämtliche Arbeitnehmer Kirchensteuer zu entrichten. Dabei ist ein ermäßigter Steuersatz anzuwenden, der in pauschaler Weise dem Umstand Rechnung trägt, dass nicht alle Arbeitnehmer Angehörige einer steuererhebenden Religionsgemeinschaft sind.

   Die im vereinfachten Verfahren ermittelten Kirchensteuern sind in der Lohnsteuer-Anmeldung bei Kennzahl 47 gesondert anzugeben. Die Aufteilung auf die steuererhebenden Religionsgemeinschaften wird von der Finanzverwaltung übernommen.

2. a) Macht der Arbeitgeber Gebrauch von der ihm zustehenden Nachweismöglichkeit, dass einzelne Arbeitnehmer keiner steuererhebenden Religionsgemeinschaft angehören, kann er hinsichtlich dieser Arbeitnehmer von der Entrichtung der auf die pauschale Lohnsteuer entfallende Kirchensteuer absehen; für die übrigen Arbeitnehmer gilt der allgemeine Kirchensteuersatz.

   b) Die Nichtzugehörigkeit zu einer steuererhebenden Religionsgemeinschaft ist durch eine dem Arbeitgeber vorzulegende Lohnsteuerkarte nachzuweisen; in den Fällen des § 40a Abs. 1, 2a und 3 EStG genügt als Nachweis eine Erklärung nach beigefügtem Muster.

   Der Nachweis über die fehlende Kirchensteuerpflicht des Arbeitnehmers muss vom Arbeitgeber als Beleg zum Lohnkonto aufbewahrt werden.

   c) Die auf die kirchensteuerpflichtigen Arbeitnehmer entfallende pauschale Lohnsteuer hat der Arbeitgeber anhand des in den Lohnkonten aufzuzeichnenden Religionsbekenntnisses zu ermitteln; führt der Arbeitgeber ein Sammelkonto (§ 4 Abs. 2 Nr. 8 Satz 2 LStDV) oder in den Fällen des § 40a EStG entsprechende Aufzeichnungen, hat er dort das Religionsbekenntnis der betroffenen Arbeitnehmer anzugeben.

   Kann der Arbeitgeber die auf den einzelnen kirchensteuerpflichtigen Arbeitnehmer entfallende pauschale Lohnsteuer nicht ermitteln, kann er aus Vereinfachungsgründen die gesamte pauschale Lohnsteuer im Verhältnis der kirchensteuerpflichtigen zu den nicht kirchensteuerpflichtigen Arbeitnehmern aufteilen; der auf die kirchensteuerpflichtigen Arbeitnehmer entfallende Anteil ist Bemessungsgrundlage für die Anwendung des allgemeinen Kirchensteuersatzes. Die so ermittelte Kirchensteuer ist im Verhältnis der Konfessions- bzw. Religionszugehörigkeit der kirchensteurpflichtigen Arbeitnehmer aufzuteilen.

   Die im Nachweisverfahren ermittelten Kirchensteuern sind in der Lohnsteuer-Anmeldung unter der jeweiligen Kirchensteuer-Kennzahl (z. B. 61, 62) anzugeben.

3. Die Höhe der Kirchensteuersätze ergibt sich sowohl bei Anwendung der Vereinfachungsregelung (Nr. 1) als auch im Nachweisverfahren (Nr. 2) aus den Kirchensteuerbeschlüssen der steuererhebenden Religionsgemeinschaften. Die in den jeweiligen Bundesländern geltenden Regelungen werden für jedes Kalenderjahr im Bundessteuerblatt Teil I veröffentlicht.

4. Dieser Erlass ist erstmals anzuwenden
   – bei laufendem Arbeitslohn, der für einen nach dem 31. Dezember 2006 endenden Lohnzahlungszeitraum gezahlt wird und
   – bei sonstigen Bezügen, die nach dem 31. Dezember 2006 zufließen.

Muster:

Erklärung gegenüber dem Betriebsstättenfinanzamt zur Religionszugehörigkeit für die Erhebung der pauschalen Lohnsteuer nach § 40a Abs. 1, 2a und 3 EStG

Finanzamt ....
Arbeitgeber:
Name der Firma ....
Anschrift ....
Arbeitnehmer
Name, Vorname ....
Anschrift ....

Ich, der vorbezeichnete Arbeitnehmer erkläre, dass ich

☐ bereits zu Beginn meiner Beschäftigung bei dem oben genannten Arbeitgeber

☐ seit dem ....

keiner Religionsgemeinschaft angehöre, die Kirchensteuer erhebt.

Ich versichere, die Angaben in dieser Erklärung wahrheitsgemäß nach bestem Wissen und Gewissen gemacht zu haben und werde den Eintritt in eine steuererhebende Religionsgemeinschaft dem Arbeitgeber unverzüglich anzeigen. Mir ist bekannt, dass die Erklärung als Grundlage für das Besteuerungsverfahren dient und meinen Arbeitgeber berechtigt, von der Entrichtung der Kirchensteuer auf den Arbeitslohn abzusehen.

....
Ort, Datum   Unterschrift des Arbeitnehmers

Diese und jede weitere Erklärung über den Beitritt zu einer steuererhebenden Religionsgemeinschaft sind vom Arbeitgeber zum Lohnkonto zu nehmen.

Anlage 2
zu H 128

Abwälzung der pauschalen Lohnsteuer und Annexsteuern auf den Arbeitnehmer nach dem Steuerentlastungsgesetz 1999/2000/2002

BMF-Schreiben vom 10.1.2000 (BStBl. I S. 138)

Abgedruckt als Anlage 2 zu H 127.

R 128a
Geringfügig entlohnte Beschäftigte

[1]Die Erhebung der einheitlichen Pauschsteuer nach § 40a Abs. 2 EStG knüpft allein an die sozialversicherungsrechtliche Beurteilung als geringfügige Beschäftigung an und kann daher nur dann erfolgen, wenn der Arbeitgeber einen pauschalen Beitrag zur gesetzlichen Rentenversicherung von 12 % bzw. 5 % (geringfügig Beschäftigte im Privathaushalt) zu entrichten hat. [2]Die Pauschalierung der Lohnsteuer nach § 40a Abs. 2a EStG kommt in Betracht, wenn der Arbeitgeber für einen geringfügig Beschäftigten nach §§ 8 Abs. 1 Nr. 1, 8a SGB IV keinen pauschalen Beitrag zur gesetzlichen Rentenversicherung zu entrichten hat (z. B. auf Grund der Zusammenrechnung mehrerer geringfügiger Beschäftigungsverhältnisse). [3]Bemessungsgrundlage für die einheitliche Pauschsteuer (§ 40a Abs. 2 EStG) und den Pauschsteuersatz nach § 40a Abs. 2a EStG ist das sozialversicherungsrechtliche Arbeitsentgelt. [4]Lohnbestandteile, die nicht zum sozialversicherungsrechtlichen Arbeitsentgelt gehören, bleiben im Falle der Lohnsteuerpauschalierung nach § 40a Abs. 2 und 2a EStG außer Ansatz. [5]Macht der Arbeitgeber nicht von der Möglichkeit der Pauschalierung Gebrauch, so muss er den Lohnsteuerabzug nach den Merkmalen der vom Arbeitnehmer vorgelegten Lohnsteuerkarte vornehmen.

H 128a
Hinweise zu R 128a
Geringfügig entlohnte Beschäftigte

Wechsel zwischen Pauschalversteuerung und Regelbesteuerung

– Es ist nicht zulässig, im Laufe eines Kalenderjahrs zwischen der Regelbesteuerung und der Pauschalbesteuerung zu wechseln, wenn dadurch allein die Ausnutzung der mit Einkünften aus nichtselbständiger Arbeit verbundenen Frei- und Pauschbeträge erreicht werden soll (>BFH vom 20. 12. 1991 – BStBl. 1992 II S. 695).

– Ein Arbeitgeber ist weder unter dem Gesichtspunkt des Rechtsmissbrauchs noch durch die Zielrichtung des § 40a EStG gehindert, nach Ablauf des Kalenderjahres die Pauschalversteuerung des Arbeitslohnes für die in seinem Betrieb angestellte Ehefrau rückgängig zu machen und zur Lohn-Regelbesteuerung überzugehen (>BFH vom 26. 11. 2003 – BStBl. 2004 II S. 195).

§ 40 b EStG*)
Pauschalierung der Lohnsteuer bei bestimmten Zukunftssicherungsleistungen

(1) Der Arbeitgeber kann die Lohnsteuer von den Zuwendungen zum Aufbau einer nicht kapitalgedeckten betrieblichen Altersversorgung an eine Pensionskasse mit einem Pauschsteuersatz von 20 Prozent der Zuwendungen erheben.

(2) ¹Absatz 1 gilt nicht, soweit die zu besteuernden Zuwendungen des Arbeitgebers für den Arbeitnehmer 1752 Euro im Kalenderjahr übersteigen oder nicht aus seinem ersten Dienstverhältnis bezogen werden. ²Sind mehrere Arbeitnehmer gemeinsam in der Pensionskasse versichert, so gilt als Zuwendung für den einzelnen Arbeitnehmer der Teilbetrag, der sich bei einer Aufteilung der gesamten Zuwendungen durch die Zahl der begünstigten Arbeitnehmer ergibt, wenn dieser Teilbetrag 1752 Euro nicht übersteigt; hierbei sind Arbeitnehmer, für die Zuwendungen von mehr als 2148 Euro im Kalenderjahr geleistet werden, nicht einzubeziehen. ³Für Zuwendungen, die der Arbeitgeber für den Arbeitnehmer aus Anlass der Beendigung des Dienstverhältnisses erbracht hat, vervielfältigt sich der Betrag von 1752 Euro mit der Anzahl der Kalenderjahre, in denen das Dienstverhältnis des Arbeitnehmers zu dem Arbeitgeber bestanden hat; in diesem Fall ist Satz 2 nicht anzuwenden. ⁴Der vervielfältigte Betrag vermindert sich um die nach Absatz 1 pauschal besteuerten Zuwendungen, die der Arbeitgeber in dem Kalenderjahr, in dem das Dienstverhältnis beendet wird, und in den sechs vorangegangenen Kalenderjahren erbracht hat.

(3) Von den Beiträgen für eine Unfallversicherung des Arbeitnehmers kann der Arbeitgeber die Lohnsteuer mit einem Pauschsteuersatz von 20 Prozent der Beiträge erheben, wenn mehrere Arbeitnehmer gemeinsam in einem Unfallversicherungsvertrag versichert sind und der Teilbetrag, der sich bei einer Aufteilung der gesamten Beiträge nach Abzug der Versicherungsteuer durch die Zahl der begünstigten Arbeitnehmer ergibt, 62 Euro im Kalenderjahr nicht übersteigt.

(4) In den Fällen des § 19 Abs. 1 Satz 1 Nr. 3 Satz 2 hat der Arbeitgeber die Lohnsteuer mit einem Pauschsteuersatz in Höhe von 15 Prozent der Sonderzahlungen zu erheben.

(5) ¹§ 40 Abs. 3 ist anzuwenden. ²Die Anwendung des § 40 Abs. 1 Satz 1 Nr. 1 auf Bezüge im Sinne des Absatzes 1, des Absatzes 3 und des Absatzes 4 ist ausgeschlossen.

R 129
Pauschalierung der Lohnsteuer bei Beiträgen zu Direktversicherungen und Pensionskassen für Versorgungszusagen, die vor dem 1. Januar 2005 erteilt wurden

Direktversicherung

(1) ¹Eine Direktversicherung ist eine Lebensversicherung auf das Leben des Arbeitnehmers, die durch den Arbeitgeber bei einem inländischen oder ausländischen Versicherungsunternehmen abgeschlossen worden ist und bei der der Arbeitnehmer oder seine Hinterbliebenen hinsichtlich der Versorgungsleistungen des Versicherers ganz oder teilweise bezugsberechtigt sind (>§ 1 b Abs. 2 Satz 1 BetrAVG)**). ²Dasselbe gilt für eine Lebensversicherung auf das Leben des Arbeitnehmers, die nach Abschluss durch den Arbeitnehmer vom Arbeitgeber übernommen worden ist. ³Der Abschluss einer Lebensversicherung durch eine mit dem Arbeitgeber verbundene Konzerngesellschaft schließt die Anerkennung als Direktversicherung nicht aus, wenn der Anspruch auf die Versicherungsleistungen durch das Dienstverhältnis veranlasst ist und der Arbeitgeber die Beitragslast trägt. ⁴Als Versorgungsleistungen können Leistungen der Alters-, Invaliditäts- oder Hinterbliebenenversorgung in Betracht kommen.

(2) ¹Es ist grundsätzlich gleichgültig, ob es sich um Kapitalversicherungen einschließlich Risikoversicherungen, um Rentenversicherungen oder fondsgebundene Lebensversicherungen handelt. ²Kapitallebensversicherungen mit steigender Todesfallleistung sind als Direktversicherung anzuerkennen, wenn zu Beginn der Versicherung eine Todesfallleistung von mindestens 10% der Kapitalleistung im Erlebensfall vereinbart und der Versicherungsvertrag vor dem 1.8.1994 abgeschlossen worden ist. ³Bei einer nach dem 31.7.1994 abgeschlossenen Kapitallebensversicherung ist Voraussetzung für die Anerkennung, dass die Todesfallleistung über die gesamte Versicherungsdauer mindestens 50% der für den Erlebensfall vereinbarten Kapitalleistung beträgt. ⁴Eine nach dem 31.12.1996 abgeschlossene Kapitallebensversicherung ist als Direktversicherung anzuerkennen, wenn die Todesfallleistung während der Laufzeit des Versicherungsvertrags mindestens 60% der Summe der Beiträge beträgt, die nach dem Versicherungsvertrag für die gesamte Vertragsdauer zu zahlen sind. ⁵Kapitalversicherungen mit einer Vertragsdauer von weniger als 5 Jahren können nicht anerkannt werden, es sei denn, dass sie im Rahmen einer Gruppenversicherung nach dem arbeitsrechtlichen Grundsatz der Gleichbehandlung abgeschlossen worden sind. ⁶Dasselbe gilt für Rentenversicherungen mit Kapitalwahlrecht, bei denen das Wahlrecht innerhalb von 5 Jahren nach Vertragsabschluss wirksam werden kann, und für Beitragserhöhungen bei bereits bestehenden Kapitalversicherungen mit einer Restlaufzeit von weniger als 5 Jahren; aus Billigkeitsgründen können Beitragserhöhungen anerkannt werden, wenn sie im Zusammenhang mit der Anhebung der Pauschalierungsgrenzen durch das Steuer-Euroglättungsgesetz erfolgt sind. ⁷Unfallversicherungen sind keine Lebensversicherungen, auch wenn bei Unfall mit Todesfolge eine Leistung vorgesehen ist. ⁸Dagegen gehören Unfallzusatzversicherungen und Berufsunfähigkeitszusatzversicherungen, die im Zusammenhang mit Lebensversicherungen abgeschlossen werden, sowie selbständige Berufsunfähigkeitsversicherungen und Unfallversicherungen mit Prämienrückgewähr, bei denen der Arbeitnehmer Anspruch auf die Prämienrückgewähr hat, zu den Direktversicherungen. ⁹Die Bezugsberechtigung des Arbeitnehmers oder seiner Hinterbliebenen muss vom Versicherungsnehmer (Arbeitgeber) der Versicherungsgesellschaft gegenüber erklärt werden (>§ 166 VVG). ¹⁰Die Bezugsberechtigung kann widerruflich oder unwiderruflich sein; bei widerruflicher Bezugsberechtigung sind die Bedingungen eines Widerrufs steuerlich unbeachtlich. ¹¹Unbeachtlich ist auch, ob die Anwartschaft des Arbeitnehmers arbeitsrechtlich bereits unverfallbar ist.

Rückdeckungsversicherung

(3) ¹Für die Abgrenzung zwischen einer Direktversicherung und einer Rückdeckungsversicherung, die vom Arbeitgeber abgeschlossen wird und die nur dazu dient, dem Arbeitgeber die Mittel zur Leistung einer dem Arbeitnehmer zugesagten Versorgung zu verschaffen, sind regelmäßig die zwischen Arbeitgeber und Arbeitneh-

---

*) § 40 b Abs. 1 und 2 EStG in der am 31. Dezember 2004 geltenden Fassung ist weiter anzuwenden auf Beiträge für eine Direktversicherung des Arbeitnehmers und Zuwendungen an eine Pensionskasse, die auf Grund einer Versorgungszusage geleistet werden, die vor dem 1. Januar 2005 erteilt wurde. Sofern die Beiträge für eine Direktversicherung die Voraussetzungen des § 3 Nr. 63 EStG erfüllen, gilt dies nur, wenn der Arbeitnehmer nach Absatz 6 gegenüber dem Arbeitgeber für diese Beiträge auf die Anwendung des § 3 Nr. 63 EStG verzichtet hat (§ 52 Abs. 52a EStG).
§ 40 b Abs. 1 und 2 in der am 31. Dezember 2004 geltenden Fassung lauten:

§ 40 b EStG

(1) ¹Der Arbeitgeber kann die Lohnsteuer von den Beiträgen für eine Direktversicherung des Arbeitnehmers und von den Zuwendungen an eine Pensionskasse mit einem Pauschsteuersatz von 20 vom Hundert der Beiträge und Zuwendungen erheben. ²Die pauschale Erhebung der Lohnsteuer von Beiträgen für eine Direktversicherung ist nur zulässig, wenn die Versicherung nicht auf den Erlebensfall eines früheren als des 60. Lebensjahres abgeschlossen und eine vorzeitige Kündigung des Versicherungsvertrags durch den Arbeitnehmer ausgeschlossen worden ist.
(2) ¹Absatz 1 gilt nicht, soweit die zu besteuernden Beiträge und Zuwendungen des Arbeitgebers für den Arbeitnehmer 1752 Euro im Kalenderjahr übersteigen oder nicht aus seinem ersten Dienstverhältnis bezogen werden. ²Sind mehrere Arbeitnehmer gemeinsam in einem Direktversicherungsvertrag oder in einer Pensionskasse versichert, so gilt als Beitrag oder Zuwendung für den einzelnen Arbeitnehmer der Teilbetrag, der sich bei einer Aufteilung der gesamten Beiträge oder der gesamten Zuwendungen durch die Zahl der begünstigten Arbeitnehmer ergibt, wenn dieser Teilbetrag 1752 Euro nicht übersteigt; hierbei sind Arbeitnehmer, für die Beiträge und Zuwendungen von mehr als 2148 Euro im Kalenderjahr geleistet werden, nicht einzubeziehen. ³Für Beiträge und Zuwendungen, die der Arbeitgeber für den Arbeitnehmer aus Anlass der Beendigung des Dienstverhältnisses erbracht hat, vervielfältigt sich der Betrag von 1752 Euro mit der Anzahl der Kalenderjahre, in denen das Dienstverhältnis des Arbeitnehmers zu dem Arbeitgeber bestanden hat; in diesem Fall ist Satz 2 nicht anzuwenden. ⁴Der vervielfältigte Betrag vermindert sich um die nach Absatz 1 pauschal besteuerten Beiträge und Zuwendungen, die der Arbeitgeber in dem Kalenderjahr, in dem das Dienstverhältnis beendet wird, und in den sechs vorangegangenen Kalenderjahren erbracht hat.

**) Abgedruckt als Anhang 13 zum Handbuch.

mer getroffenen Vereinbarungen (Innenverhältnis) maßgebend und nicht die Abreden zwischen Arbeitgeber und Versicherungsunternehmen (Außenverhältnis). ²Deshalb kann eine Rückdeckungsversicherung steuerlich grundsätzlich nur anerkannt werden, wenn die nachstehenden Voraussetzungen sämtlich erfüllt sind:

1. Der Arbeitgeber hat dem Arbeitnehmer eine Versorgung aus eigenen Mitteln zugesagt, z. B. eine Werkspension.
2. Zur Gewährleistung der Mittel für diese Versorgung hat der Arbeitgeber eine Versicherung abgeschlossen, zu der der Arbeitnehmer keine eigenen Beiträge im Sinne des § 2 Abs. 2 Nr. 2 Satz 2 LStDV*) leistet.
3. ¹Nur der Arbeitgeber, nicht aber der Arbeitnehmer erlangt Ansprüche gegen die Versicherung. ²Unschädlich ist jedoch die Verpfändung der Ansprüche aus der Rückdeckungsversicherung an den Arbeitnehmer, weil dieser bei einer Verpfändung gegenwärtig keine Rechte erwirbt, die ihm einen Zugriff auf die Versicherung und die darin angesammelten Werte ermöglichen. ³Entsprechendes gilt für eine aufschiebend bedingte Abtretung des Rückdeckungsanspruchs, da die Abtretung rechtlich erst wirksam wird, wenn die Bedingung eintritt (§ 158 Abs. 1 BGB), und für die Abtretung des Rückdeckungsanspruchs zahlungshalber im Falle der Liquidation oder der Vollstreckung in die Versicherungsansprüche durch Dritte.

³Wird ein Anspruch aus einer Rückdeckungsversicherung ohne Entgelt auf den Arbeitnehmer übertragen oder eine bestehende Rückdeckungsversicherung in eine Direktversicherung umgewandelt, fließt dem Arbeitnehmer im Zeitpunkt der Übertragung bzw. Umwandlung ein lohnsteuerpflichtiger geldwerter Vorteil zu, der dem geschäftsplanmäßigen Deckungskapital oder dem Zeitwert (>§ 176 Abs. 3 VVG) der Versicherung entspricht. ⁴Entsprechendes gilt, wenn eine aufschiebend bedingte Abtretung rechtswirksam wird (>Nummer 3).

Pensionskasse

(4) ¹Als Pensionskassen sind sowohl rechtsfähige Versorgungseinrichtungen im Sinne des § 1 b Abs. 3 Satz 1 BetrAVG** als auch nicht rechtsfähige Zusatzversorgungseinrichtungen des öffentlichen Dienstes im Sinne des § 18 BetrAVG** anzusehen, die den Leistungsberechtigten, insbesondere Arbeitnehmern und deren Hinterbliebenen, auf ihre Versorgungsleistungen einen Rechtsanspruch gewähren. ²Es ist gleichgültig, ob die Kasse ihren Sitz oder ihre Geschäftsleitung innerhalb oder außerhalb des Geltungsbereichs des Einkommensteuergesetzes hat. ³Absatz 1 Satz 4 gilt sinngemäß.

Barlohnkürzung

(5) Für die Lohnsteuerpauschalierung nach § 40 b EStG kommt es nicht darauf an, ob die Beiträge oder Zuwendungen zusätzlich zum ohnehin geschuldeten Arbeitslohn oder auf Grund einer Vereinbarung mit dem Arbeitnehmer durch Herabsetzung des individuell zu besteuernden Arbeitslohns erbracht werden.

Voraussetzungen der Pauschalierung

(6) ¹Die Lohnsteuerpauschalierung setzt bei Beiträgen für eine Direktversicherung voraus, dass

1. die Versicherung nicht auf den Erlebensfall eines früheren als des 60. Lebensjahrs des Arbeitnehmers abgeschlossen,
2. die Abtretung oder Beleihung eines dem Arbeitnehmer eingeräumten unwiderruflichen Bezugsrechts in dem Versicherungsvertrag ausgeschlossen und
3. eine vorzeitige Kündigung des Versicherungsvertrags durch den Arbeitnehmer ausgeschlossen

worden ist. ²Der Versicherungsvertrag darf keine Regelung enthalten, nach der die Versicherungsleistung für den Erlebensfall vor Ablauf des 59. Lebensjahrs fällig werden könnte. ³Lässt der Versicherungsvertrag z. B. die Möglichkeit zu, Gewinnanteile zur Abkürzung der Versicherungsdauer zu verwenden, so muss die Laufzeitverkürzung bis zur Vollendung des 59. Lebensjahrs begrenzt sein. ⁴Der Ausschluss einer vorzeitigen Kündigung des Versicherungsvertrags ist anzunehmen, wenn in dem Versicherungsvertrag zwischen dem Arbeitgeber als Versicherungsnehmer und dem Versicherer folgende Vereinbarung getroffen worden ist:

„Es wird unwiderruflich vereinbart, dass während der Dauer des Dienstverhältnisses eine Übertragung der Versicherungsnehmer-Eigenschaft und eine Abtretung von Rechten aus diesem Vertrag auf den versicherten Arbeitnehmer bis zu dem Zeitpunkt, in dem der versicherte Arbeitnehmer sein 59. Lebensjahr vollendet, insoweit ausgeschlossen ist, als die Beiträge vom Versicherungsnehmer (Arbeitgeber) entrichtet worden sind."

⁵Wird anlässlich der Beendigung des Dienstverhältnisses die Direktversicherung auf den ausscheidenden Arbeitnehmer übertragen, bleibt die Pauschalierung der Direktversicherungsbeiträge in der Vergangenheit hiervon unberührt. ⁶Das gilt unabhängig davon, ob der Arbeitnehmer den Direktversicherungsvertrag auf einen neuen Arbeitgeber überträgt, selbst fortführt oder kündigt. ⁷Es ist nicht Voraussetzung, dass die Zukunftssicherungsleistungen in einer größeren Zahl von Fällen erbracht werden.

Bemessungsgrundlage der pauschalen Lohnsteuer

(7) ¹Die pauschale Lohnsteuer bemisst sich grundsätzlich nach den tatsächlichen Leistungen, die der Arbeitgeber für den einzelnen Arbeitnehmer erbringt. ²Bei einer Verrechnung des Tarifbetrags mit Überschussanteilen stellt deshalb der ermäßigte Beitrag die Bemessungsgrundlage für die pauschale Lohnsteuer dar. ³Wird für mehrere Arbeitnehmer gemeinsam eine pauschale Leistung erbracht, bei der der Teil, der auf den einzelnen Arbeitnehmer entfällt, nicht festgestellt werden kann, so ist dem einzelnen Arbeitnehmer der Teil der Leistung zuzurechnen, der sich bei einer Aufteilung der Leistung nach der Zahl der begünstigten Arbeitnehmer ergibt (>§ 2 Abs. 2 Nr. 3 Satz 3 LStDV). ⁴Werden Leistungen des Arbeitgebers für die tarifvertragliche Zusatzversorgung der Arbeitnehmer mit einem Vomhundertsatz der Bruttolohnsumme des Betriebs erbracht, so ist die Arbeitgeberleistung Bemessungsgrundlage der pauschalen Lohnsteuer. ⁵Für die Feststellung der Pauschalierungsgrenze (>Absatz 8) bei zusätzlichen pauschalbesteuerungsfähigen Leistungen für einzelne Arbeitnehmer ist die Arbeitgeberleistung auf die Zahl der durch die tarifvertragliche Zusatzversorgung begünstigten Arbeitnehmer aufzuteilen. ⁶Sonderzahlungen an Pensionskassen (>Absatz 4), die der Arbeitgeber zur Finanzierung der Versorgungsleistungen zusätzlich leistet, sind den Arbeitnehmern zuzurechnen, die zu dem Arbeitgeber in einem gegenwärtigen Dienstverhältnis stehen.

Pauschalierungsgrenze

(8) ¹Die Pauschalierungsgrenze von 1752 Euro nach § 40 b Abs. 2 Satz 1 EStG i. d. F. am 31. 12. 2004 kann auch in den Fällen voll ausgeschöpft werden, in denen feststeht, dass dem Arbeitnehmer bereits aus einem vorangegangenen Dienstverhältnis im selben Kalenderjahr pauschal besteuerte Zukunftssicherungsleistungen zugeflossen sind. ²Soweit pauschalbesteuerungsfähige Leistungen den Grenzbetrag von 1752 Euro überschreiten, müssen sie dem normalen Lohnsteuerabzug unterworfen werden.

Durchschnittsberechnung

(9) ¹Wenn mehrere Arbeitnehmer gemeinsam in einem Direktversicherungsvertrag oder in einer Pensionskasse versichert sind, so ist für die Feststellung der Pauschalierungsgrenze eine Durchschnittsberechnung anzustellen. ²Ein gemeinsamer Direktversicherungsvertrag liegt außer bei einer Gruppenversicherung auch dann vor, wenn in einem Rahmenvertrag mit einem oder mehreren Versicherern sowohl die versicherten Personen als auch die versicherten Wagnisse bezeichnet werden und die Einzelheiten in Zusatzvereinbarungen geregelt sind. ³Ein Rahmenvertrag, der z. B. nur den Beitragseinzug und die Beitragsabrechnung regelt, stellt keinen gemeinsamen Direktversicherungsvertrag dar. ⁴Bei der Durchschnittsberechnung bleiben Beiträge des Arbeitgebers unberücksichtigt, die nach § 3 Nr. 63 EStG steuerfrei sind oder wegen der Ausübung des Wahlrechts nach § 3 Nr. 63 Satz 2 zweite Alternative EStG individuell besteuert werden. ⁵Im Übrigen ist wie folgt zu verfahren:

1. ¹Sind in der Direktversicherung oder in der Pensionskasse Arbeitnehmer versichert, für die pauschalbesteuerungsfähige Leistungen von jeweils insgesamt mehr als 2148 Euro (§ 40 b

---

*) Abgedruckt als Anhang 1 zum Handbuch.
**) Abgedruckt als Anhang 13 zum Handbuch.

§ 40 b EStG
R 129

Abs. 2 Satz 2 EStG i. d. F. am 31. 12. 2004) jährlich erbracht werden, so scheiden die Leistungen für diese Arbeitnehmer aus der Durchschnittsberechnung aus. ²Das gilt z. B. auch dann, wenn mehrere Direktversicherungsverträge bestehen und die Beitragsanteile für den einzelnen Arbeitnehmer insgesamt 2148 Euro übersteigen. ³Die Erhebung der Lohnsteuer auf diese Leistungen richtet sich nach Absatz 8 Satz 2.

2. ¹Die Leistungen für die übrigen Arbeitnehmer sind zusammenzurechnen und durch die Zahl der Arbeitnehmer zu teilen, für die sie erbracht worden sind. ²Bei einem konzernumfassenden gemeinsamen Direktversicherungsvertrag ist der Durchschnittsbetrag durch Aufteilung der Beitragszahlungen des Arbeitgebers auf die Zahl seiner begünstigten Arbeitnehmer festzustellen; es ist nicht zulässig, den Durchschnittsbetrag durch Aufteilung des Konzernbeitrags auf alle Arbeitnehmer des Konzerns zu ermitteln.

   a) ¹Übersteigt der so ermittelte Durchschnittsbetrag nicht 1752 Euro, so ist dieser für jeden Arbeitnehmer der Pauschalbesteuerung zugrunde zu legen. ²Werden für den einzelnen Arbeitnehmer noch weitere pauschalbesteuerungsfähige Leistungen erbracht, so dürfen aber insgesamt nur 1752 Euro pauschalbesteuert werden; im Übrigen gilt Absatz 8 Satz 2.

   b) ¹Übersteigt der Durchschnittsbetrag 1752 Euro, so kommt er als Bemessungsgrundlage für die Pauschalbesteuerung nicht in Betracht. ²Der Pauschalbesteuerung sind die tatsächlichen Leistungen zugrunde zu legen, soweit sie für den einzelnen Arbeitnehmer 1752 Euro nicht übersteigen; im Übrigen gilt Absatz 8 Satz 2.

3. ¹Ist ein Arbeitnehmer

   a) in mehreren Direktversicherungsverträgen gemeinsam mit anderen Arbeitnehmern,

   b) in mehreren Pensionskassen oder

   c) in Direktversicherungsverträgen gemeinsam mit anderen Arbeitnehmern und in Pensionskassen

   versichert, so ist jeweils der Durchschnittsbetrag aus der Summe der Beiträge für mehrere Direktversicherungen, aus der Summe der Zuwendungen an mehrere Pensionskassen oder aus der Summe der Beiträge zu Direktversicherungen und der Zuwendungen an Pensionskassen zu ermitteln. ²In diese gemeinsame Durchschnittsbildung dürfen jedoch solche Verträge nicht einbezogen werden, bei denen wegen der 2148-Euro-Grenze (>Nummer 1) nur noch ein Arbeitnehmer übrig bleibt; in diesen Fällen liegt eine gemeinsame Versicherung, die in die Durchschnittsberechnung einzubeziehen ist, nicht vor.

(10) Werden die pauschalbesteuerungsfähigen Leistungen nicht in einem Jahresbetrag erbracht, so gilt Folgendes:

1. Die Einbeziehung der auf den einzelnen Arbeitnehmer entfallenden Leistungen in die Durchschnittsberechnung nach § 40 b Abs. 2 Satz 2 EStG entfällt von dem Zeitpunkt an, in dem sich ergibt, dass die Leistungen für diesen Arbeitnehmer voraussichtlich insgesamt 2148 Euro im Kalenderjahr übersteigen werden.

2. Die Lohnsteuerpauschalierung auf der Grundlage des Durchschnittsbetrags entfällt von dem Zeitpunkt an, in dem sich ergibt, dass der Durchschnittsbetrag voraussichtlich 1752 Euro im Kalenderjahr übersteigen wird.

3. ¹Die Pauschalierungsgrenze von 1752 Euro ist jeweils insoweit zu vermindern, als sie bei der Pauschalbesteuerung von früheren Leistungen im selben Kalenderjahr bereits ausgeschöpft worden ist. ²Werden die Leistungen laufend erbracht, so darf die Pauschalierungsgrenze mit dem auf den jeweiligen Lohnzahlungszeitraum entfallenden Anteil berücksichtigt werden.

Vervielfältigungsregelung

(11) ¹Die Vervielfältigung der Pauschalierungsgrenze nach § 40 b Abs. 2 Satz 3 EStG steht in Zusammenhang mit der Beendigung des Dienstverhältnisses; ein solcher Zusammenhang ist insbesondere dann zu vermuten, wenn der Direktversicherungsbeitrag bis zu 3 Monaten vor dem Auflösungszeitpunkt geleistet wird. ²Die Vervielfältigungsregelung gilt auch bei der Umwandlung von Arbeitslohn (>Absatz 5); nach Auflösung des Dienstverhältnisses kann sie ohne zeitliche Beschränkung angewendet werden, wenn die Umwandlung spätestens bis zum Zeitpunkt der Auflösung des Dienstverhältnisses vereinbart wird. ³Die Gründe, aus denen das Dienstverhältnis beendet wird, sind für die Vervielfältigung der Pauschalierungsgrenze unerheblich. ⁴Die Vervielfältigungsregelung kann daher auch in den Fällen angewendet werden, in denen ein Arbeitnehmer wegen Erreichens der Altersgrenze aus dem Dienstverhältnis ausscheidet. ⁵Auf die vervielfältigte Pauschalierungsgrenze sind die für den einzelnen Arbeitnehmer in dem Kalenderjahr, in dem das Dienstverhältnis beendet wird, und in den sechs vorangegangenen Kalenderjahren tatsächlich entrichteten Beiträge und Zuwendungen anzurechnen, die nach § 40 b Abs. 1 EStG pauschal besteuert wurden. ⁶Dazu gehören auch die 1752 Euro übersteigenden personenbezogenen Beiträge, wenn sie nach § 40 b Abs. 2 Satz 2 EStG in die Bemessungsgrundlage für die Pauschsteuer einbezogen worden sind. ⁷Ist bei Pauschalzuweisungen ein personenbezogener Beitrag nicht feststellbar, so ist als tatsächlicher Beitrag für den einzelnen Arbeitnehmer der Durchschnittsbetrag aus der Pauschalzuweisung anzunehmen.

Gruppenunfallversicherung

(12) – weggefallen –

Rückzahlung pauschalbesteuerungsfähiger Leistungen

(13) ¹Arbeitslohnrückzahlungen an den Arbeitgeber (negative Einnahmen des Arbeitnehmers) sind anzunehmen, soweit Gewinnanteile zugunsten des Arbeitgebers beim Versicherungsunternehmen angesammelt, während der Versicherungsdauer mit fälligen Beiträgen des Arbeitgebers verrechnet oder an den Arbeitgeber ausgezahlt werden. ²Soweit hierbei Zinsen nach § 43 Abs. 1 Satz 1 Nr. 4 EStG der Kapitalertragsteuer unterliegen, ist die Kapitalertragsteuer Bestandteil der Arbeitslohnrückzahlung. ³Der Zeitpunkt der Arbeitslohnrückzahlung bestimmt sich nach dem Zeitpunkt der Gutschrift, Verrechnung oder Auszahlung der Gewinnanteile. ⁴Aus Vereinfachungsgründen können Arbeitslohnrückzahlungen auch dann als negative Einnahmen berücksichtigt werden, wenn von Beitragsleistungen für Kalenderjahre vor 1990 der Zukunftssicherungsfreibetrag abgezogen worden ist.

(14) ¹Eine Arbeitslohnrückzahlung (negative Einnahme) ist ebenfalls anzunehmen, wenn der Arbeitnehmer sein Bezugsrecht aus einer Direktversicherung (z. B. bei vorzeitigem Ausscheiden aus dem Dienstverhältnis) ganz oder teilweise ersatzlos verliert. ²Der Zeitpunkt dieser Arbeitslohnrückzahlung bestimmt sich nach dem Zeitpunkt, in dem die den Verlust des Bezugsrechts begründenden Willenserklärungen (z. B. Kündigung oder Widerruf) wirksam geworden sind. ³Dabei ist das verlorene Bezugsrecht mit dem entsprechenden geschäftsplanmäßigen Deckungskapital anzusetzen; Absatz 13 Satz 4 gilt entsprechend. ⁴Zahlungen des Arbeitnehmers zum Wiedererwerb des verlorenen Bezugsrechts sind der Vermögenssphäre zuzurechnen; sie stellen keine Arbeitslohnrückzahlung dar.

(15) ¹Sind nach den Absätzen 13 und 14 Arbeitslohnrückzahlungen aus pauschalversteuerten Beitragsleistungen anzunehmen, mindern sie die gleichzeitig (im selben Kalenderjahr) anfallenden pauschalbesteuerungsfähigen Beitragsleistungen des Arbeitgebers. ²Übersteigen die Arbeitslohnrückzahlungen die pauschalbesteuerungsfähigen Beitragsleistungen eines Kalenderjahres, so kann der Arbeitgeber einen Lohnsteuer-Erstattungsanspruch geltend machen, sofern dadurch keine unangemessenen steuerlichen Vorteile erzielt werden. ³Unangemessene Steuervorteile liegen insbesondere dann vor, wenn auf Grund der Vertragsgestaltung erwartet werden kann, dass die an den Arbeitgeber ausgezahlten oder zur Beitragsminderung verwandten Gewinnanteile insgesamt höher sind als die während der voraussichtlichen Laufzeit aufzubringenden Versicherungsbeiträge. ⁴Der Lohnsteuer-Erstattungsanspruch beträgt 20% des Unterschiedsbetrags. ⁵Der Arbeitnehmer kann negative Einnahmen aus pauschalversteuerten Beitragsleistungen nicht geltend machen.

(16) ¹Wenn Arbeitslohnrückzahlungen nach den Absätzen 13 und 14 aus teilweise individuell und teilweise pauschalversteuerten Beitragsleistungen herrühren, ist der Betrag entsprechend aufzuteilen. ²Dabei kann aus Vereinfachungsgründen das Verhältnis zugrunde gelegt werden, das sich nach den Beitragsleistungen in den vorangegangenen fünf Kalenderjahren ergibt. ³Maßgebend

sind die tatsächlichen Beitragsleistungen; § 40 b Abs. 2 Satz 2 EStG ist nicht entsprechend anzuwenden. ⁴Die lohnsteuerliche Berücksichtigung der dem Arbeitnehmer zuzurechnenden Arbeitslohnzahlung richtet sich nach folgenden Grundsätzen:

1. Besteht im Zeitpunkt der Arbeitslohnrückzahlung noch das Dienstverhältnis zu dem Arbeitgeber, der die Versicherungsbeiträge geleistet hat, so kann der Arbeitgeber die Arbeitslohnrückzahlung mit dem Arbeitslohn des Kalenderjahres der Rückzahlung verrechnen und den so verminderten Arbeitslohn der Lohnsteuer unterwerfen.

2. ¹Soweit der Arbeitgeber von der vorstehenden Möglichkeit nicht Gebrauch macht oder machen kann, kann der Arbeitnehmer die Arbeitslohnrückzahlung wie Werbungskosten – ohne Anrechnung des maßgebenden Pauschbetrags für Werbungskosten nach § 9 a Satz 1 Nr. 1 EStG – als Freibetrag auf seiner Lohnsteuerkarte eintragen lassen oder bei der Veranlagung zur Einkommensteuer geltend machen. ²Erzielt der Arbeitnehmer durch die Arbeitslohnrückzahlung bei seinen Einkünften aus nichtselbständiger Arbeit einen Verlust, so kann er unter den Voraussetzungen des § 10 d EStG den Verlustabzug beanspruchen.

(17) Die Absätze 13 bis 16 gelten für Zuwendungen an Pensionskassen sinngemäß.

H 129
Hinweise zu R 129
Pauschalierung der Lohnsteuer bei Beiträgen zu Direktversicherungen und Pensionskassen für Versorgungszusagen, die vor dem 1. Januar 2005 erteilt wurden

§ 40 b Abs. 1 und Abs. 2 in der am 31. 12. 2004 geltenden Fassung:

Zur Anwendungsregelung >§ 52 Abs. 52 a EStG

(1) ¹Der Arbeitgeber kann die Lohnsteuer von den Beiträgen für eine Direktversicherung des Arbeitnehmers und von den Zuwendungen an eine Pensionskasse mit einem Pauschsteuersatz von 20 vom Hundert der Beiträge und Zuwendungen erheben. ²Die pauschale Erhebung der Lohnsteuer von Beiträgen für eine Direktversicherung ist nur zulässig, wenn die Versicherung nicht auf den Erlebensfall eines früheren als des 60. Lebensjahres abgeschlossen und eine vorzeitige Kündigung des Versicherungsvertrages durch den Arbeitnehmer ausgeschlossen worden ist.

(2) ¹Absatz 1 gilt nicht, soweit die zu besteuernden Beiträge und Zuwendungen des Arbeitgebers für den Arbeitnehmer 1752 Euro im Kalenderjahr übersteigen oder nicht aus seinem ersten Dienstverhältnis bezogen werden. ²Sind mehrere Arbeitnehmer gemeinsam in einem Direktversicherungsvertrag oder in einer Pensionskasse versichert, so gilt als Beitrag oder Zuwendung für den einzelnen Arbeitnehmer der Teilbetrag, der sich bei einer Aufteilung der gesamten Beiträge oder der gesamten Zuwendungen durch die Zahl der begünstigten Arbeitnehmer ergibt, wenn dieser Teilbetrag 1752 Euro nicht übersteigt; hierbei sind Arbeitnehmer, für die Beiträge und Zuwendungen von mehr als 2148 Euro im Kalenderjahr geleistet werden, nicht einzubeziehen. ³Für Beiträge und Zuwendungen, die der Arbeitgeber für den Arbeitnehmer aus Anlass der Beendigung des Dienstverhältnisses erbracht hat, vervielfältigt sich der Betrag von 1752 Euro mit der Anzahl der Kalenderjahre, in denen das Dienstverhältnis des Arbeitnehmers zu dem Arbeitgeber bestanden hat; in diesem Fall ist Satz 2 nicht anzuwenden. ⁴Der vervielfältigte Betrag vermindert sich um die nach Absatz 1 pauschal besteuerten Beiträge und Zuwendungen, die der Arbeitgeber in dem Kalenderjahr, in dem das Dienstverhältnis beendet wird, und in den sechs vorangegangenen Kalenderjahren erbracht hat.

44-Euro-Freigrenze

– Tarifvertraglich vereinbarte Zahlungen des Arbeitgebers an eine Zusatzversorgungskasse sind als Barlohn zu qualifizieren, wenn zwischen dem Arbeitgeber und der Zusatzversorgungskasse keine vertraglichen Beziehungen bestehen; die 44-Euro-Freigrenze findet keine Anwendung (>BFH vom 26. 11. 2002 – BStBl. 2003 II S. 331).

– Auf Zukunftssicherungsleistungen des Arbeitgebers im Sinne des § 40 b EStG findet die 44-Euro-Freigrenze keine Anwendung (>BFH vom 26. 11. 2002 – BStBl. 2003 II S. 492); >R 31 Abs. 3 Satz 2.

Abwälzung der pauschalen Lohnsteuer

>BMF vom 10. 1. 2000 (BStBl. I S. 138)*)

Beispiel:

Der Arbeitnehmer erhält eine Sonderzuwendung von 2500 €. Er vereinbart mit dem Arbeitgeber, dass hiervon 1752 € für eine vor 2005 abgeschlossene Direktversicherung verwendet werden, die eine Kapitalauszahlung vorsieht. Der Direktversicherungsbeitrag soll pauschal versteuert werden. Der Arbeitnehmer trägt die pauschale Lohnsteuer.

Sonderzuwendung	2500 €
abzügl. Direktversicherungsbeitrag	1752 €
nach den Merkmalen der Lohnsteuerkarte als sonstiger Bezug zu besteuern	748 €
Bemessungsgrundlage für die pauschale Lohnsteuer	1752 €

Allgemeines

– Der Lohnsteuerpauschalierung unterliegen nur die Arbeitgeberleistungen im Sinne des § 40 b EStG zugunsten von Arbeitnehmern oder früheren Arbeitnehmern und deren Hinterbliebenen (>BFH vom 7. 7. 1972 – BStBl. II S. 890).

– Die Pauschalierung der Lohnsteuer nach § 40 b EStG ist auch dann zulässig, wenn die Zukunftssicherungsleistung erst nach Ausscheiden des Arbeitnehmers aus dem Betrieb erbracht wird und er bereits in einem neuen Dienstverhältnis steht (>BFH vom 18. 12. 1987 – BStBl. 1988 II S. 554).

– Pauschalbesteuerungsfähig sind jedoch nur Zukunftssicherungsleistungen, die der Arbeitgeber auf Grund ausschließlich eigener rechtlicher Verpflichtung erbringt (>BFH vom 29. 4. 1991 – BStBl. II S. 647).

– Die Pauschalierung der Lohnsteuer nach § 40 b EStG ist ausgeschlossen, wenn der Arbeitgeber für den Ehegatten eines verstorbenen früheren Arbeitnehmers eine Lebensversicherung abschließt oder wenn bei einer Versicherung das typische Todesfallwagnis und – bereits bei Vertragsabschluss – das Rentenwagnis ausgeschlossen worden sind. Hier liegt begrifflich keine Direktversicherung i. S. des § 40 b EStG vor (>BFH vom 9. 11. 1990 – BStBl. 1991 II S. 189).

– Die Pauschalierung setzt allgemein voraus, dass die Zukunftssicherungsleistungen aus einem ersten Dienstverhältnis bezogen werden. Sie ist demnach bei Arbeitnehmern nicht anwendbar, die dem Arbeitgeber eine Lohnsteuerkarte mit der Steuerklasse VI vorgelegt haben (>BFH vom 12. 8. 1996 – BStBl. 1997 II S. 143). Bei pauschal besteuerten Teilzeitarbeitsverhältnissen (>§ 40 a EStG) ist die Pauschalierung zulässig, wenn es sich dabei um das erste Dienstverhältnis handelt (>BFH vom 8. 12. 1989 – BStBl. 1990 II S. 398).

– Für Zukunftssicherungsleistungen im Sinne des § 40 b EStG kann die Lohnsteuerpauschalierung nach § 40 Abs. 1 Satz 1 Nr. 1 EStG nicht vorgenommen werden, selbst wenn sie als sonstige Bezüge gewährt werden (§ 40 b Abs. 4 EStG).

– Zum Zeitpunkt der Beitragsleistung des Arbeitgebers für eine Direktversicherung >H 104 a (Zufluss von Arbeitslohn).

Arbeitnehmerfinanzierte betriebliche Altersversorgung

>BMF vom 17. 11. 2004 (BStBl. I S. 1065), Rz. 154 ff.**)

Barlohnkürzung

Beispiel:

Der Anspruch auf das 13. Monatsgehalt entsteht gemäß Tarifvertrag zeitanteilig nach den vollen Monaten der Beschäftigung im Kalenderjahr und ist am 1. 12. fällig. Die Barlohnkürzung vom 13. Monatsgehalt zu Gunsten eines Direktversicherungsbeitrags wird im November des laufenden Kalenderjahrs vereinbart.

---

*) Abgedruckt als Anlage 2 zu H 127 LStR.
**) Abgedruckt als Anhang 13 c zum Handbuch.

§ 40 b EStG

R 129

Der Barlohn kann vor Fälligkeit, also bis spätestens 30.11., auch um den Teil des 13. Monatsgehalts, der auf bereits abgelaufene Monate entfällt, steuerlich wirksam gekürzt werden. Auf den Zeitpunkt der Entstehung kommt es nicht an (>R 129 Abs. 5).

Dienstverhältnis zwischen Ehegatten

Zur Anerkennung von Zukunftssicherungsleistungen bei Dienstverhältnissen zwischen Ehegatten >H 6a (10) EStH*).

Durchschnittsberechnung nach § 40 b Abs. 2 Satz 2 EStG:

Beispiel:

Es werden ganzjährig laufend monatliche Zuwendungen an eine Pensionskasse (Altverträge mit Kapitalabfindung)

a) für 2 Arbeitnehmer je 250 €	=	500 €
b) für 20 Arbeitnehmer je 175 €	=	3 500 €
c) für 20 Arbeitnehmer je 125 €	=	2 500 €
insgesamt		6 500 € geleistet.

Die Leistungen für die Arbeitnehmer zu a) betragen jeweils mehr als 2148 € jährlich; sie sind daher in eine Durchschnittsberechnung nicht einzubeziehen. Die Leistungen für die Arbeitnehmer zu b) und c) übersteigen jährlich jeweils nicht 2148 €; es ist daher der Durchschnittsbetrag festzustellen. Der Durchschnittsbetrag beträgt 150 € monatlich; er übersteigt hiernach 1752 € jährlich und kommt deshalb als Bemessungsgrundlage nicht in Betracht. Der Pauschalbesteuerung sind also in allen Fällen die tatsächlichen Leistungen zugrunde zu legen. Der Arbeitgeber kann dabei

in den Fällen zu a)	im 1. bis 7. Monat je 250 € und im 8. Monat noch 2 € oder monatlich je 146 €,
in den Fällen zu b)	im 1. bis 10. Monat je 175 € und im 11. Monat noch 2 € oder monatlich je 146 €,
in den Fällen zu c)	monatlich je 125 €

pauschal versteuern.

Kirchensteuer bei Pauschalierung der Lohnsteuer

>Gleich lautender Ländererlass vom 17.11.2006 (BStBl. I S. 716)**)

Mindesttodesfallschutz

>R 129 Abs. 2
>BMF-Schreiben vom 22.8.2002 (BStBl. I S. 827) Rdnr. 23–30

Pensionskassen

Wegen der Voraussetzung, dass bei nicht rechtsfähigen Zusatzversorgungseinrichtungen des öffentlichen Dienstes die Zuführungen Arbeitslohn darstellen müssen >BFH vom 15.7.1977 – BStBl. II S. 761.

Verhältnis von § 3 Nr. 63 EStG und § 40 b EStG

>BMF vom 17.11.2004 (BStBl. I S. 1065), Rz. 208–210***)

Wahlrecht

>BMF vom 17.11.2004 (BStBl. I S. 1065), Rz. 205–207***)

Wirkung einer fehlerhaften Pauschalbesteuerung

Eine fehlerhafte Pauschalbesteuerung ist für die Veranlagung zur Einkommensteuer nicht bindend (>BFH vom 10.6.1988 – BStBl. II S. 981).

Übersicht über die Anlagen zu H 129

Anlage 1: Abfindungen nach § 3 Abs. 1 des Gesetzes zur Verbesserung der betrieblichen Altersversorgung (BetrAVG)

Anlage 2: Abtretung oder Beleihung der Ansprüche aus einer Direktversicherung nach § 40 b EStG durch den Arbeitnehmer bei unwiderruflichem Bezugsrecht

Anlage 3: Direktversicherung für Gesellschafter-Geschäftsführer

Anlage 4: Insolvenzsicherung der Altersversorgung für Gesellschafter-Geschäftsführer von Kapitalgesellschaften durch Verpfändung der Ansprüche aus einer Rückdeckungsversicherung

Anlage 5: Anwendung der Vervielfältigungsregelung des § 40 b Abs. 2 Satz 3 und 4 EStG

Anlage 6: Eherechtlicher Versorgungsausgleich; hier: Steuerliche Behandlung der Abfindung des Versorgungsanspruchs durch Abschluss einer Lebensversicherung zugunsten des ausgleichsberechtigten Ehegatten

Anlage 7: Beiträge an ausländische Versicherungsunternehmen

Anlage 8: Arbeitnehmerfinanzierte betriebliche Altersversorgung

Anlage 9: Kirchensteuer bei Pauschalierung der Lohnsteuer

Anlage 10: Anhebung der Beiträge zu Direktversicherungen im Zusammenhang mit der Änderung des § 40 b EStG ab 1996

Anlage 11: Einkommen- bzw. lohnsteuerrechtliche Behandlung von freiwilligen Unfallversicherungen der Arbeitnehmer

Anlage 12: Einkommen- bzw. lohnsteuerliche Behandlung von freiwilligen Unfallversicherungen der Arbeitnehmer (Ergänzung zu Anlage 11)

Anlage 13: Abwälzung der pauschalen Lohnsteuer und Annexsteuern auf den Arbeitnehmer nach dem Steuerentlastungsgesetz 1999/2000/2002

Anlage 14: Betriebliche Altersversorgung; Überversorgung bei Ehegatten-Arbeitsverhältnissen (§ 3 Nr. 63, § 40 b EStG)

Anlage 1
zu H 129

Abfindungen nach § 3 Abs. 1 des Gesetzes zur Verbesserung der betrieblichen Altersversorgung (BetrAVG)

Bundeseinheitlich geltende Regelung, für Bayern bekannt gegeben mit Schreiben des Bayer. Staatsministeriums der Finanzen vom 27.8.1976 (Az.: 32 – S 2373 – 5/6 – 46937)

Es ist gefragt worden, wie die Abfindung nach § 3 Abs. 1 BetrAVG in den Fällen einer Direktversicherung steuerlich zu behandeln ist. Ich bitte, hierzu folgende Auffassung zu vertreten:

Ansprüche auf Leistungen der betrieblichen Altersversorgung richten sich grundsätzlich gegen den Versorgungsträger, also im Falle der Direktzusage gegen den Arbeitgeber, in den sonstigen Fällen gegen den Träger der Versorgungseinrichtung (Pensionskasse, Unterstützungskasse, Versicherungsunternehmen). Dies folgt u. a. aus § 1 Abs. 3 und 4****) sowie aus § 4 BetrAVG; es ergibt sich im Übrigen aber auch aus dem Rechtsverhältnis, das der Versorgungszusage zugrunde liegt. § 3 BetrAVG sagt zwar nicht ausdrücklich, dass auch bei Abfindungszahlungen Schuldner der Leistung der jeweilige Versorgungsträger ist. Da es sich jedoch um eine Abgeltung der Versorgungsverpflichtung handelt, ist – sofern nichts Besonderes vereinbart ist – der Schuldner der Versorgung zugleich auch Schuldner der Abfindung. Bei einer Direktversicherung richtet sich der Anspruch auf Abfindungszahlungen somit grundsätzlich gegen das Versicherungsunternehmen. In diesen Fällen einer Direktversicherung unterliegen einmalige Abfindungen im Sinne des § 3 Abs. 1 BetrAVG nicht der Lohnsteuer.

Klarstellend weise ich noch darauf hin, dass die bezeichneten Abfindungszahlungen eine vorausgegangene pauschale Lohnsteuererhebung von den Beiträgen für die Direktversicherung unberührt lassen.

Dieses Schreiben ergeht im Einvernehmen mit dem Bundesminister der Finanzen und den Finanzministern (-senatoren) der anderen Länder.

---

*) Vgl. Anlagen 3 und 4 zu H 69 LStR.
**) Abgedruckt als Anlage 1 zu H 128 LStR.
***) Abgedruckt als Anhang 13c zum Handbuch.
****) Jetzt § 1a Abs. 3 und 4 BetrAVG.

Anlage 2
zu H 129

Abtretung oder Beleihung der Ansprüche aus einer Direktversicherung nach § 40 b EStG durch den Arbeitnehmer bei unwiderruflichem Bezugsrecht

BMF-Schreiben vom 6.6.1980 (BStBl. I S. 728)

Unter Bezugnahme auf das Ergebnis der Erörterung mit den obersten Finanzbehörden der Länder gilt Folgendes:

Die Abtretung oder Beleihung des Versicherungsanspruchs aus einer Direktversicherung durch den Arbeitnehmer, dem vom Arbeitgeber ein unwiderrufliches Bezugsrecht auf die Versicherungsleistung im Erlebensfall eingeräumt worden ist, schließt die Pauschalierung der Lohnsteuer nach § 40 b EStG aus. Die Lohnsteuerpauschalierung ist deshalb nur dann zulässig, wenn in dem Versicherungsvertrag vereinbart wird, dass die Abtretung oder Beleihung des unwiderruflichen Bezugsrechts ausgeschlossen ist.

Der Ausschluss der Abtretung oder Beleihung des unwiderruflichen Bezugsrechts muss in Versicherungsverträgen enthalten sein, die nach dem 31.12.1979 abgeschlossen werden. Falls bei Versicherungen, die im Kalenderjahr 1980 abgeschlossen werden, keine Vereinbarung zum Ausschluss der Abtretung oder Beleihung des unwiderruflichen Bezugsrechts enthalten ist, genügt der Nachweis, dass keine Abtretung oder Beleihung des unwiderruflichen Bezugsrechts erfolgt ist. Aus Vereinfachungsgründen werden aus einer Abtretung oder Beleihung des unwiderruflichen Bezugsrechts keine steuerlichen Folgen gezogen, wenn diese Abtretung oder Beleihung vor dem 1.1.1980 erfolgt ist.

Anlage 3
zu H 129

Direktversicherung für Gesellschafter-Geschäftsführer

Bundeseinheitlich geltende Regelung, für Bayern bekannt gegeben mit Schreiben des Bayer. Staatsministeriums der Finanzen vom 18.5.1981 (Az.: 33 – S 2373 H – 23221)

Zur Frage, ob die einkommensteuerlichen Grundsätze zur Direktversicherung für den im Betrieb mitarbeitenden Ehegatten (Karte 6 zu § 40 b EStG) sinngemäß bei Kapitalgesellschaften anzuwenden sind, wenn zugunsten des beherrschenden Gesellschafter-Geschäftsführers (oder einer ihm nahe stehenden Person) eine Direktversicherung abgeschlossen wird, vertrete ich folgende Auffassung:

Die einkommensteuerlichen Grundsätze zur Direktversicherung für den im Betrieb mitarbeitenden Ehegatten beruhen auf § 12 EStG. Diese Vorschrift greift bei Kapitalgesellschaften nicht ein. Kapitalgesellschaften treten – entsprechend ihrer gesellschaftsrechtlichen Ausgestaltung – ihren Gesellschaftern als selbständige fremde Rechtspersonen gegenüber. Die zwischen Kapitalgesellschaft und Gesellschafter-Geschäftsführer (oder einer ihm nahe stehenden Person) getroffenen schuldrechtlichen Vereinbarungen sind allein unter dem Gesichtspunkt einer verdeckten Gewinnausschüttung (§ 8 Abs. 3 Satz 2 KStG) zu beurteilen.

Der einer Direktversicherung zugrunde liegende Vorgang wird wirtschaftlich so betrachtet, als ob der Arbeitgeber die Beträge, die er unmittelbar an die Versicherungsgesellschaft leistet, dem Arbeitnehmer zur eigenen Verwendung überließe und dieser sie selbst zum Erwerb seiner Zukunftsicherung bei der Versicherungsgesellschaft einzahlte. Es liegt sonach eine Einkommensverwendung des Arbeitnehmers für seine Zukunftsicherung vor. Gegen die steuerliche Anerkennung einer Direktversicherung zugunsten des beherrschenden Gesellschafter-Geschäftsführers (oder einer ihm nahe stehenden Person) bestehen daher grundsätzlich keine Bedenken. Die Versicherungsbeiträge sind laufender Arbeitslohn des Gesellschafter-Geschäftsführers (oder der ihm nahe stehenden Person) und somit grundsätzlich als Betriebsausgaben abziehbar. Eine verdeckte Gewinnausschüttung kommt nur in Betracht, soweit die Gesamtbezüge des Gesellschafter-Geschäftsführers bzw. der ihm nahe stehenden Person, die sich aus dem Gehalt und den Versicherungsbeiträgen zusammensetzen, den Rahmen eines angemessenen Arbeitslohns für die geleistete Tätigkeit überschreiten.

Anlage 4
zu H 129

Insolvenzsicherung der Altersversorgung für Gesellschafter-Geschäftsführer von Kapitalgesellschaften durch Verpfändung der Ansprüche aus einer Rückdeckungsversicherung

Bundeseinheitlich geltende Regelung, für Bayern bekannt gegeben mit Schreiben des Bayer. Staatsministeriums der Finanzen vom 18.5.1982 (Az.: 32 – S 2373 – 16/10 – 30261)

Beiträge des Arbeitgebers zu einer Rückdeckungsversicherung (§ 2 Abs. 3 Nr. 2 letzter Satz LStDV) stellen auch dann keinen Arbeitslohn dar, wenn die Rechte und Ansprüche aus der Rückdeckungsversicherung an den Arbeitnehmer zur Sicherung seiner Ansprüche aus der ihm erteilten Versorgungszusage verpfändet sind. Ein lohnsteuerlicher Zufluss ist nicht anzunehmen, weil der Arbeitnehmer bei einer Verpfändung gegenwärtig keine Rechte und Ansprüche erwirbt, die ihm einen Zugriff auf die Rückdeckungsversicherung und die darin angesammelten Werke ermöglichen würden.

Dieses Schreiben ergeht im Einvernehmen mit dem Bundesminister der Finanzen und den Finanzministern (-senatoren) der anderen Länder. Der Bundesminister der Finanzen hat den Verband der Lebensversicherungsunternehmen e.V., Bonn, mit Schreiben vom 16.4.1982 IV B 6 – S 2373 – 5/82 entsprechend unterrichtet.

Anlage 5
zu H 129

Anwendung der Vervielfältigungsregelung des § 40 b Abs. 2 Satz 3 und 4 EStG

Bundeseinheitlich geltende Regelung, für Bayern bekannt gegeben mit Schreiben des Bayer. Staatsministeriums der Finanzen vom 30.9.1982 (Az.: 32 – S 2373 – 19/6 – 63175)

Für die Frage, in welcher Höhe Beiträge und Zuwendungen auf den vervielfältigten Betrag anzurechnen sind, gilt Folgendes:

Der vervielfältigte Betrag ist nach Satz 3 des § 40 b Abs. 2 EStG für den einzelnen Arbeitnehmer zu berechnen. Er vermindert sich nach Satz 4 um die erbrachten, nach Absatz 1 pauschal besteuerten Beiträge und Zuwendungen. Darunter sind nicht die in den sechs vorangegangenen Kalenderjahren nach § 40 b Abs. 2 Satz 2 EStG pauschal besteuerten Durchschnittsbeträge zu verstehen, sondern die für den einzelnen Arbeitnehmer in der Vergangenheit tatsächlich entrichteten Beiträge und Zuwendungen, die nach Absatz 1 pauschal besteuert wurden, also auch die 2400 DM*) übersteigenden individuellen Beiträge, wenn sie nach Absatz 2 Satz 2 in die Bemessungsgrundlage für die Pauschsteuer einbezogen worden sind. Ist bei Pauschalzuweisungen ein individueller Beitrag nicht feststellbar, so ist als tatsächlicher Beitrag für den einzelnen Arbeitnehmer der Durchschnittsbetrag aus der Pauschalzuweisung anzurechnen.

Dieses Schreiben ergeht im Einvernehmen mit dem Bundesminister der Finanzen und den Finanzministern (-senatoren) der anderen Länder.

---

*) Ab 1.1.1990: 3000 DM und ab 1.1.1996 3408 DM sowie ab 1.1.2002 1752 €.

§ 40 b EStG
R 129

Anlage 6
zu H 129

Eherechtlicher Versorgungsausgleich; hier: Steuerliche Behandlung der Abfindung des Versorgungsanspruchs durch Abschluss einer Lebensversicherung zugunsten des ausgleichsberechtigten Ehegatten

Bundeseinheitlich geltende Regelung, für Bayern bekannt gegeben mit Schreiben des Bayer. Staatsministeriums der Finanzen vom 29. 11. 1988 (Az.: 32 – S 2373 – 19/16 – 60699)

Im Einvernehmen mit dem Bundesminister der Finanzen und den Finanzministern (-senatoren) der anderen Länder gilt Folgendes:

Beim schuldrechtlichen Versorgungsausgleich können das Familiengericht oder die Ehegatten – kraft Parteivereinbarung – den Anspruch des Ausgleichsberechtigten durch Abschluss einer Lebensversicherung abfinden (§§ 1587 b Abs. 4, 1587 o, 1587 I Abs. 3 BGB). Die Versicherungsbeiträge sind als Einmalbetrag oder in Form von Ratenzahlungen zu entrichten (§ 1587 I Abs. 3 Satz 3 BGB).

Übernimmt der Arbeitgeber die an sich dem Arbeitnehmer obliegende Zahlungsverpflichtung und schließt er zu diesem Zweck auf den Namen des ausgleichsberechtigten Ehegatten eine Lebensversicherung ab, so sind etwaige Beitragszahlungen nicht dem Ausgleichsberechtigten, sondern dem ausgleichsverpflichteten Arbeitnehmer als Arbeitslohn zuzurechnen, da sie ausschließlich durch dessen Dienstverhältnis veranlasst sind. Anders als bei der Realteilung nach § 1 Abs. 2 VAHRG ist der Arbeitgeber beim schuldrechtlichen Versorgungsausgleich nach § 1587 I BGB nicht gesetzlich verpflichtet, zugunsten des ausgleichsberechtigten Ehegatten Zahlungen zu erbringen; er leistet ausschließlich aufgrund des zum ausgleichsverpflichteten Arbeitnehmer bestehenden Rechtsverhältnisses.

Bei dieser Sachlage sind die vom Arbeitgeber aufgewendeten Versicherungsbeiträge lohnsteuerlich ausschließlich dem ausgleichsverpflichteten Arbeitnehmer zuzurechnen. In der Person des ausgleichsberechtigten Ehegatten wird insoweit ein steuerlich relevanter Tatbestand nicht verwirklicht, da die Begründung der Anwartschaft auf die späteren Versicherungsleistungen dem Vermögensbereich angehört.

Die Voraussetzungen für eine Pauschalierung der Versicherungsbeiträge nach § 40 b EStG liegen nicht vor, da die Versicherung nicht auf das Leben des Arbeitnehmers, sondern des Ausgleichsberechtigten abgeschlossen wird (§ 1 Abs. 2 Satz 1 BetrAVG, Abschn. 96 Abs. 3 Satz 3 LStR)*). Die Beiträge des Arbeitgebers unterliegen deshalb nach den allgemeinen Grundsätzen (§ 39 b EStG) dem Lohnsteuerabzug.

Anlage 7
zu H 129

Beiträge an ausländische Versicherungsunternehmen

Bundeseinheitlich geltende Regelung, für Bayern bekannt gegeben mit Schreiben des Bayer. Staatsministeriums der Finanzen vom 12. 7. 1993 (Az.: 32 – S 2373 – 21/5 – 40069)

Eine Lohnsteuerpauschalierung nach § 40 b EStG ist auch für Direktversicherungsbeiträge des Arbeitgebers zulässig, die an ausländische Versicherungsunternehmen geleistet werden, denen die Erlaubnis zum Geschäftsbetrieb im Inland nicht erteilt ist. Für die Anwendung des § 40 b EStG ist es unerheblich, ob die Versicherungsbeiträge ihrer Art nach Sonderausgaben im Sinne des § 10 Abs. 1 Nr. 2 EStG darstellen.

Der Zukunftssicherungsfreibetrag von 312 DM**) jährlich (§ 2 Abs. 3 Nr. 2 Satz 3 LStDV) ist in diesen Fällen aber nicht abziehbar, da Versicherungsleistungen an ausländische Versicherungsunternehmen ohne Erlaubnis zum Geschäftsbetrieb im Inland keine Sonderausgaben im Sinne des § 10 Abs. 1 Nr. 2 EStG sind.

Dieses Schreiben ergeht im Einvernehmen mit dem Bundesminister der Finanzen und den Finanzministern (-senatoren) der anderen Länder.

Anlage 8
zu H 129

Arbeitnehmerfinanzierte betriebliche Altersversorgung

BMF-Schreiben vom 4. 2. 2000 (BStBl. I S. 354)

Neu geregelt durch Rz. 150 bis 153 des BMF-Schreibens vom 5. 8. 2002 (BStBl. I S. 767), Neufassung ab 2005 (BMF vom 17. 11. 2004 Az.: IV C 5 – S 2333 – 269/04)***)

Anlage 9
zu H 129

Kirchensteuer bei Pauschalierung der Lohnsteuer

Gleich lautende Erlasse der obersten Finanzbehörden der Länder vom 17. 11. 2006 (BStBl. I S. 716)

Abgedruckt als Anlage 1 zu H 128.

Anlage 10
zu H 129

Anhebung der Beiträge zu Direktversicherungen im Zusammenhang mit der Änderung des § 40 b EStG ab 1996

BMF-Schreiben vom 12. 12. 1995 (BStBl. I S. 805)

Nach der Anhebung der Pauschalierungsgrenzen des § 40 b EStG durch das Jahressteuergesetz 1996 stellt sich die Frage, ob eine Erhöhung des Beitrags für Direktversicherungen innerhalb der Pauschalierungsgrenzen des § 40 b EStG eine neue Mindestvertragsdauer im Sinne des § 10 Abs. 1 Nr. 2 EStG, die auch für § 20 Abs. 1 Nr. 6 EStG von Bedeutung ist, in Gang setzt, wenn die Verträge mit Wirkung ab dem Jahr 1996 geändert werden. Nach den Grundsätzen des BFH-Urteils vom 9. Mai 1974 (BStBl. II S. 633) gilt die Änderung des Beitrags als Abschluss eines neuen Vertrages.

Im Einvernehmen mit den obersten Finanzbehörden der Länder wird aus Billigkeitsgründen bei Direktversicherungen, die die Voraussetzungen des § 10 Abs. 1 Nr. 2 Buchstabe b EStG erfüllen und bei denen nach der Anpassung an die neuen Pauschalierungsgrenzen des § 40 b EStG bis zum voraussichtlichen Erreichen der Altersgrenze (bei Frauen Vollendung des 60. Lebensjahres, bei Männern Vollendung des 63. Lebensjahres) eine Mindestvertragsdauer von zwölf Jahren nicht mehr zu erreichen wäre, eine Steuerpflicht nach § 20 Abs. 1 Nr. 6 EStG nicht angenommen, wenn der Beitrag um höchstens 408 DM jährlich erhöht wird. Dagegen ist ein zusätzlicher Vertrag abzuschließen, wenn der Zeitraum zwischen dem Lebensalter des Arbeitnehmers im Jahre 1996 und dem voraussichtlichen Erreichen der Altersgrenze mindestens zwölf Jahre beträgt und der bestehende Versicherungsvertrag vor der Anpassung die Mindestvertragsdauer von zwölf Jahren noch nicht erreicht hat.

Anlage 11
zu H 129

Einkommen- bzw. lohnsteuerrechtliche Behandlung von freiwilligen Unfallversicherungen der Arbeitnehmer

BMF-Schreiben vom 17. 7. 2000 (BStBl. I S. 1204)

Im Einvernehmen mit den obersten Finanzbehörden der Länder gilt für die einkommen(lohn-)steuerrechtliche Behandlung von freiwilligen Unfallversicherungen der Arbeitnehmer Folgendes:

---

*) Jetzt R 129 LStR.
**) Der Zukunftssicherungsfreibetrag von 312 DM ist zum 1. 1. 1990 weggefallen.
***) Abgedruckt als Anhang 13 c zum Handbuch.

§ 40 b EStG

1. **Versicherungen des Arbeitnehmers**

1.1 **Versicherung gegen Berufsunfälle**

Aufwendungen des Arbeitnehmers für eine Versicherung ausschließlich gegen Unfälle, die mit der beruflichen Tätigkeit in unmittelbarem Zusammenhang stehen (einschließlich der Unfälle auf dem Weg von und zur Arbeitsstätte), sind Werbungskosten (§ 9 Abs. 1 Satz 1 EStG).

1.2 **Versicherung gegen außerberufliche Unfälle**

Aufwendungen des Arbeitnehmers für eine Versicherung gegen außerberufliche Unfälle sind Sonderausgaben (§ 10 Abs. 1 Nr. 2 Buchst. a EStG).

1.3 **Versicherung gegen alle Unfälle**

Aufwendungen des Arbeitnehmers für eine Unfallversicherung, die das Unfallrisiko sowohl im beruflichen als auch im außerberuflichen Bereich abdeckt, sind zum einen Teil Werbungskosten und zum anderen Teil Sonderausgaben. Der Gesamtbeitrag einschließlich Versicherungsteuer für beide Risiken ist entsprechend aufzuteilen (vgl. BFH-Urteil vom 22. Juni 1990 – BStBl. II S. 901). Für die Aufteilung sind die Angaben des Versicherungsunternehmers darüber maßgebend, welcher Anteil des Gesamtbeitrags das berufliche Unfallrisiko abdeckt. Fehlen derartige Angaben, ist der Gesamtbeitrag durch Schätzung aufzuteilen. Es bestehen keine Bedenken, wenn die Anteile auf jeweils 50 v. H. des Gesamtbeitrags geschätzt werden.

1.4 **Übernahme der Beiträge durch den Arbeitgeber**

Vom Arbeitgeber übernommene Beiträge des Arbeitnehmers sind steuerpflichtiger Arbeitslohn. Das gilt nicht, soweit Beiträge zu Versicherungen gegen berufliche Unfälle und Beiträge zu Versicherungen gegen alle Unfälle (Tz. 1.1 und 1.3) auch das Unfallrisiko bei Dienstreisen (R 37 Abs. 3 LStR 2000) abdecken. Der auf Unfälle bei Dienstreisen entfallende Beitrag ist als Vergütung von Reisenebenkosten steuerfrei (§ 3 Nr. 13 und 16 EStG, H 40 a – Unfallversicherung – LStH 2000). Es bestehen keine Bedenken, wenn bei der Aufteilung des auf den beruflichen Bereich entfallenden Beitrags in steuerfreie Reisekostenvergütungen und steuerpflichtigen Werbungskostenersatz der auf steuerfreie Reisekostenvergütung entfallende Anteil auf 40 v. H. des auf den beruflichen Bereich entfallenden Beitrags/Beitragsanteils geschätzt wird. Der Beitragsanteil, der als Werbungskostenersatz dem Lohnsteuerabzug zu unterwerfen ist, gehört zu den Werbungskosten des Arbeitnehmers.

2. **Versicherungen des Arbeitgebers**

Handelt es sich bei vom Arbeitgeber abgeschlossenen Unfallversicherungen seiner Arbeitnehmer um Versicherungen für fremde Rechnung (§ 179 Abs. 2 i. V. m. §§ 75 bis 79 VVG), bei denen die Ausübung der Rechte aus dem Versicherungsvertrag ausschließlich dem Arbeitgeber zusteht, so stellen die Beitragsleistungen des Arbeitgebers keinen Arbeitslohn dar (BFH-Urteil vom 16. April 1999 – VI R 60/96, BStBl. II 2000 S. 406). Dagegen gehören die Beiträge als Zukunftssicherungsleistungen zum Arbeitslohn (§ 19 Abs. 1 Satz 1 Nr. 1 EStG, § 2 Abs. 2 Nr. 3 Satz 1 LStDV), wenn der Arbeitnehmer den Versicherungsanspruch unmittelbar gegenüber dem Versicherungsunternehmen geltend machen kann. Das gilt unabhängig davon, ob es sich um eine Einzelunfallversicherung oder eine Gruppenunfallversicherung handelt; Beiträge zu Gruppenunfallversicherungen sind ggf. nach der Zahl der versicherten Arbeitnehmer auf diese aufzuteilen (§ 2 Abs. 2 Nr. 3 Satz 3 LStDV). Steuerfrei sind Beiträge oder Beitragsteile, die das Unfallrisiko auf Dienstreisen (R 37 Abs. 3 LStR 2000) abdecken und deshalb zu den steuerfreien Reisekostenvergütungen gehören (H 40 a – Unfallversicherung – LStH 2000). Für die Aufteilung eines auf den beruflichen Bereich entfallenden Gesamtbeitrags in steuerfreie Reisekostenvergütung und steuerpflichtigen Werbungskostenersatz ist die Vereinfachungsregelung in Tz. 1.4 anzuwenden.

3. **Werbungskosten- oder Sonderausgabenabzug**

Der Arbeitnehmer kann die dem Lohnsteuerabzug unterworfenen Versicherungsbeiträge als Werbungskosten oder als Sonderausgaben geltend machen. Für die Zuordnung gelten die Regelungen in Tz. 1.1 bis 1.3.

4. **Leistungen aus Unfallversicherungen**

4.1 **Zuordnung zu den Einkünften aus nichtselbständiger Arbeit**

4.1.1 Stellen die im Kalenderjahr des Versicherungsfalles geleisteten Beiträge des Arbeitgebers keinen Arbeitslohn dar, weil die Ausübung der Rechte aus dem Versicherungsvertrag ausschließlich ihm zustehen, gehört die vom Arbeitgeber an den Arbeitnehmer ausgekehrte Leistung aus der Unfallversicherung wegen eines im privaten Bereich eingetretenen Versicherungsfalls in voller Höhe zum steuerpflichtigen Arbeitslohn und unterliegt dem Lohnsteuerabzug. Bei einem im beruflichen Bereich eingetretenen Unfall gehört die Auskehrung des Arbeitgebers nicht zum Arbeitslohn, soweit der Arbeitgeber gesetzlich zur Schadensersatzleistung verpflichtet ist oder soweit der Arbeitgeber einen zivilrechtlichen Schadensersatzanspruch des Arbeitnehmers wegen schuldhafter Verletzung arbeitsvertraglicher Fürsorgepflichten erfüllt (BFH-Urteil vom 20. September 1996 – BStBl. II 1997 S. 144).

4.1.2 Handelt es sich um Leistungen aus einer Unfallversicherung, die der Arbeitnehmer gegenüber dem Versicherungsunternehmen geltend machen kann, gehören die Leistungen zu den Einkünften aus nichtselbständiger Arbeit, soweit sie Entschädigungen für entgangene und entgehende Einnahmen i. S. d. § 24 Nr. 1 Buchst. a EStG darstellen, der Unfall im beruflichen Bereich eingetreten ist und die Beiträge ganz oder teilweise Werbungskosten waren (bzw. steuerfreie Reisenebenkostenvergütungen). Die Versicherungsleistungen unterliegen nicht dem Lohnsteuerabzug; der als Entschädigung i. S. d. § 24 Nr. 1 Buchst. a EStG steuerpflichtige Anteil, der im Rahmen der Veranlagung des Arbeitnehmers zur Einkommensteuer zu erfassen ist, ist durch Schätzung zu ermitteln.

4.2 **Zuordnung zu den sonstigen Einkünften**

Die wiederkehrenden Leistungen aus der Unfallversicherung können, soweit sie nicht steuerpflichtiger Arbeitslohn sind (Tz. 4.1), zu den Einkünften nach § 22 Nr. 1 Satz 1 EStG gehören. Leistungen aus der Unfallversicherung, die in Form gleich bleibender Bezüge auf die Lebenszeit des Versicherungsberechtigten gezahlt werden, sind gegebenenfalls Leibrenten nach § 22 Nr. 1 Satz 3 Buchst. a EStG. Schadensersatzrenten zum Ausgleich vermehrter Bedürfnisse (§ 843 Abs. 1.2. Alternative BGB) sowie Schmerzensgeldrenten nach § 847 BGB sind nicht steuerbar (vgl. BMF-Schreiben vom 8. November 1995, BStBl. I 1995 S. 705).

5. **Lohnsteuerabzug von Beitragsleistungen**

Soweit die vom Arbeitgeber übernommenen Beiträge (Tz. 1.4) oder die Beiträge zu Versicherungen des Arbeitgebers (Tz. 2) dem steuerpflichtigen Arbeitslohn zuzuordnen sind, sind sie im Zeitpunkt ihrer Zahlung dem steuerpflichtigen Arbeitslohn des Arbeitnehmers zuzurechnen und dem Lohnsteuerabzug zu unterwerfen, soweit nicht eine Pauschalbesteuerung nach § 40 b Abs. 3 EStG durchgeführt wird. Voraussetzung für die Lohnsteuerpauschalierung ist, dass der nach der Zahl der versicherten Arbeitnehmer aufgeteilte steuerpflichtige Gesamtbeitrag – ohne Versicherungssteuer – keinen höheren Durchschnittsbeitrag als 120 DM*) jährlich ergibt. Der Pauschalbesteuerung unterliegen nur die als Arbeitslohn zu erfassenden Arbeitgeberleistungen.

Dieses Schreiben ist nach Veröffentlichung des BFH-Urteils vom 16. April 1999 (VI R 60/96) im Bundessteuerblatt Teil II mit Wirkung ab 1. Januar 2000 anzuwenden. Es ist nicht zu beanstanden, wenn bis zum 31. Dezember 2000 nach den Regelungen des BMF-Schreibens vom 18. Februar 1997 (BStBl. I S. 278) verfahren wird. Das sich daraus ergebende Wahlrecht kann bei Pauschalbesteuerung vom Arbeitgeber oder bei individueller Besteuerung vom Arbeitnehmer für das Kalenderjahr 2000 und zurückliegende Lohnzahlungszeiträume nur einheitlich ausgeübt werden.

---

*) Ab 1.1.2002 62 €

§ 40 b EStG
R 129a, 129b

Anlage 12
zu H 129

Einkommen- bzw. lohnsteuerrechtliche Behandlung von freiwilligen Unfallversicherungen der Arbeitnehmer

BMF-Schreiben vom 4.2.2002 – IV C 5 – S 2332 – 123/01

a) Behandlung der Versicherungsleistungen bei einem Arbeitgeberwechsel im Kalenderjahr/ Wechsel der steuerlichen Behandlung der Prämie im Verlaufe eines Kalenderjahres

Durch die Bezugnahme auf das Kalenderjahr des Versicherungsfalls in Tz. 4.1.1 des BMF-Schreibens vom 17. Juli 2000 (BStBl. I S. 1204)*) sollte deutlich gemacht werden, dass für die lohnsteuerliche Behandlung der Versicherungsleistungen nicht der Zeitpunkt (das Kalenderjahr) der Auszahlung der Versicherungsleistung, sondern immer der Zeitpunkt (das Kalenderjahr) des Unfallereignisses maßgebend ist. Für die steuerliche Behandlung der Versicherungsleistungen bei einem Arbeitgeberwechsel im Kalenderjahr ist daher das zum Zeitpunkt des Unfallereignisses bestehende Versicherungsverhältnis und Beschäftigungsverhältnis maßgebend, aus dem die Versicherungsleistung gezahlt wird.

b) Keine Aussage im BMF-Schreiben vom 17. Juli 2000 (a. a. O.)*) zur Behandlung von Leistungen für Unfälle im privaten Bereich, wenn der Beitrag steuerpflichtiger Arbeitslohn war

Eine Aussage im BMF-Schreiben hierzu war nicht notwendig, da sich die Rechtsfolgen in diesem Fall bereits aus § 2 Abs. 2 Nr. 2 Satz 2 LStDV ergeben.

c) Lohnsteuerabzug durch den Arbeitgeber im Fall einer Auszahlung der Versicherungsleistungen direkt vom Versicherungsunternehmen an den Arbeitnehmer

Steht der Anspruch aus dem Versicherungsvertrag ausschließlich dem Arbeitgeber zu und wickelt das Versicherungsunternehmen die Auszahlung der Versicherungsleistung unmittelbar mit dem Arbeitnehmer ab, so ist davon auszugehen, dass das Versicherungsunternehmen den Arbeitgeber als Versicherungsnehmer regelmäßig über die Zahlung informiert.

Anlage 13
zu H 129

Abwälzung der pauschalen Lohnsteuer und Annexsteuern auf den Arbeitnehmer nach dem Steuerentlastungsgesetz 1999/ 2000/2002

BMF-Schreiben vom 10.1.2000 (BStBl. I S. 138)

Abgedruckt als Anlage 2 zu H 127.

Anlage 14
zu H 129

Betriebliche Altersversorgung; Überversorgung bei Ehegatten-Arbeitsverhältnis (§ 3 Nr. 63, § 40 b EStG)

Erlass des Finanzministeriums Saarland vom 7.3.2005 (Az.: B/2 – 4 – 49/2005 – S 2333)

Abgedruckt als Anlage 3 zu H 69.

R 129a
Pauschalierung der Lohnsteuer von Zuwendungen an nicht kapitalgedeckte Pensionskassen für Versorgungszusagen, die nach dem 31.12.2004 erteilt werden

– unbesetzt –

H 129a
Hinweise zu R 129a
Pauschalierung der Lohnsteuer von Zuwendungen an nicht kapitalgedeckte Pensionskassen für Versorgungszusagen, die nach dem 31.12.2004 erteilt werden

>BMF vom 17. 11. 2004 (BStBl. I S. 1065) Rz. 170, 197, 199 und 209**)

R 129b
Pauschalierung der Lohnsteuer bei Beiträgen zu einer Gruppenunfallversicherung

[1]Die Lohnsteuerpauschalierung nach § 40 b Abs. 3 EStG ist nicht zulässig, wenn der steuerpflichtige Durchschnittsbeitrag – ohne Versicherungssteuer – 62 Euro jährlich übersteigt; in diesem Fall ist der steuerpflichtige Durchschnittsbeitrag dem normalen Lohnsteuerabzug zu unterwerfen. [2]Bei konzernumfassenden Gruppenunfallversicherungen ist der Durchschnittsbeitrag festzustellen, der sich bei Aufteilung der Beitragszahlungen des Arbeitgebers auf die Zahl seiner begünstigten Arbeitnehmer ergibt; es ist nicht zulässig, den Durchschnittsbeitrag durch Aufteilung des Konzernbeitrags auf alle Arbeitnehmer des Konzerns zu ermitteln. [3]Ein gemeinsamer Unfallversicherungsvertrag im Sinne des § 40 b Abs. 3 EStG liegt außer bei einer Gruppenversicherung auch dann vor, wenn in einem Rahmenvertrag mit einem oder mehreren Versicherern sowohl die versicherten Personen als auch die versicherten Wagnisse bezeichnet werden und die Einzelheiten in Zusatzvereinbarungen geregelt sind. [4]Ein Rahmenvertrag, der z. B. nur den Beitragseinzug und die Beitragsabrechnung regelt, stellt keinen gemeinsamen Unfallversicherungsvertrag dar.

H 129b
Hinweise zu R 129b
Pauschalierung der Lohnsteuer bei Beiträgen zu einer Gruppenunfallversicherung

Allgemeine Grundsätze

Zur Ermittlung des steuerpflichtigen Beitrags für Unfallversicherungen, die das Unfallrisiko sowohl im beruflichen als auch im außerberuflichen Bereich abdecken >BMF vom 17. 7. 2000 (BStBl. I S. 1204)*).

---

*) Abgedruckt als Anlage 11 zu H 129 LStR.
**) Abgedruckt als Anhang 13c zum Handbuch.

§ 41 EStG
Aufzeichnungspflichten beim Lohnsteuerabzug

(1) ¹Der Arbeitgeber hat am Ort der Betriebsstätte (Absatz 2) für jeden Arbeitnehmer und jedes Kalenderjahr ein Lohnkonto zu führen. ²In das Lohnkonto sind die für den Lohnsteuerabzug und die Lohnsteuerzerlegung erforderlichen Merkmale aus der Lohnsteuerkarte oder aus einer entsprechenden Bescheinigung zu übernehmen. ³Bei jeder Lohnzahlung für das Kalenderjahr, für das das Lohnkonto gilt, sind im Lohnkonto die Art und Höhe des gezahlten Arbeitslohns einschließlich der steuerfreien Bezüge sowie die einbehaltene oder übernommene Lohnsteuer einzutragen; an die Stelle der Lohnzahlung tritt in den Fällen des § 39b Abs. 5 Satz 1 die Lohnabrechnung. ⁴Ist die einbehaltene oder übernommene Lohnsteuer unter Berücksichtigung der Vorsorgepauschale nach § 10c Abs. 3 ermittelt worden, so ist dies durch die Eintragung des Großbuchstabens B zu vermerken. ⁵Ferner sind das Kurzarbeitergeld, das Schlechtwettergeld, das Winterausfallgeld, der Zuschuss zum Mutterschaftsgeld nach dem Mutterschutzgesetz, der Zuschuss nach § 4a der Mutterschutzverordnung oder einer entsprechenden Landesregelung, die Entschädigungen für Verdienstausfall nach dem Infektionsschutzgesetz vom 20. Juli 2000 (BGBl. I S. 1045) sowie die nach § 3 Nr. 28 steuerfreien Aufstockungsbeträge oder Zuschläge einzutragen. ⁶Ist während der Dauer des Dienstverhältnisses in anderen Fällen als in denen des Satzes 5 der Anspruch auf Arbeitslohn für mindestens fünf aufeinander folgende Arbeitstage im Wesentlichen weggefallen, so ist dies jeweils durch Eintragung des Großbuchstabens U zu vermerken. ⁷Hat der Arbeitgeber die Lohnsteuer von einem sonstigen Bezug im ersten Dienstverhältnis berechnet und ist dabei der Arbeitslohn aus früheren Dienstverhältnissen des Kalenderjahres außer Betracht geblieben, so ist dies durch Eintragung des Großbuchstabens S zu vermerken. ⁸Die Bundesregierung wird ermächtigt, durch Rechtsverordnung mit Zustimmung des Bundesrates vorzuschreiben, welche Einzelangaben im Lohnkonto aufzuzeichnen sind. ⁹Dabei können für Arbeitnehmer mit geringem Arbeitslohn und für die Fälle der §§ 40 bis 40b Aufzeichnungserleichterungen sowie für steuerfreie Bezüge Aufzeichnungen außerhalb des Lohnkontos zugelassen werden. ¹⁰Die Lohnkonten sind bis zum Ablauf des sechsten Kalenderjahres, das auf die zuletzt eingetragene Lohnzahlung folgt, aufzubewahren.

(2) ¹Betriebsstätte ist der Betrieb oder Teil des Betriebs des Arbeitgebers, in dem der für die Durchführung des Lohnsteuerabzugs maßgebende Arbeitslohn ermittelt wird. ²Wird der maßgebende Arbeitslohn nicht in dem Betrieb oder einem Teil des Betriebs des Arbeitgebers oder nicht im Inland ermittelt, so gilt als Betriebsstätte der Mittelpunkt der geschäftlichen Leitung des Arbeitgebers im Inland; im Fall des § 38 Abs. 1 Satz 1 Nr. 2 gilt als Betriebsstätte der Ort im Inland, an dem die Arbeitsleistung ganz oder vorwiegend stattfindet. ³Als Betriebsstätte gilt auch der inländische Heimathafen deutscher Handelsschiffe, wenn die Reederei im Inland keine Niederlassung hat.

R 130
Aufzeichnungserleichterungen, Aufzeichnung der Religionsgemeinschaft

(1) ¹Die nach §§ 40 Abs. 1 Satz 1 Nr. 1 und 40b EStG pauschal besteuerten Bezüge und die darauf entfallende pauschale Lohnsteuer sind grundsätzlich in dem für jeden Arbeitnehmer zu führenden Lohnkonto aufzuzeichnen. ²Soweit die Lohnsteuerpauschalierung nach § 40b EStG auf der Grundlage des Durchschnittsbetrags durchgeführt wird (>§ 40b Abs. 2 Satz 2 EStG), ist dieser aufzuzeichnen.

(2) ¹Die vorgesetzte Behörde kann nach § 4 Abs. 3 Satz 1 LStDV*) Ausnahmen von der Aufzeichnung im Lohnkonto zulassen, wenn die Möglichkeit zur Nachprüfung in anderer Weise sichergestellt ist. ²Die Möglichkeit zur Nachprüfung ist in den bezeichneten Fällen nur dann gegeben, wenn die Zahlung der Bezüge und die Art ihrer Aufzeichnung im Lohnkonto vermerkt werden.

(3) ¹Das Finanzamt hat Anträgen auf Befreiung von der Aufzeichnungspflicht nach § 4 Abs. 3 Satz 2 LStDV*) im Allgemeinen zu entsprechen, wenn es im Hinblick auf die betrieblichen Verhältnisse nach der Lebenserfahrung so gut wie ausgeschlossen ist, dass der Rabattfreibetrag (>§ 8 Abs. 3 EStG) oder die Freigrenze nach § 8 Abs. 2 Satz 9 EStG im Einzelfall überschritten wird. ²Zusätzlicher Überwachungsmaßnahmen durch den Arbeitgeber bedarf es in diesen Fällen nicht.

(4) ¹Der Arbeitgeber hat die auf der Lohnsteuerkarte des Arbeitnehmers oder einer entsprechenden Bescheinigung eingetragene Religionsgemeinschaft im Lohnkonto aufzuzeichnen (§ 4 Abs. 1 Nr. 1 LStDV*)). ²Erhebt der Arbeitgeber von pauschal besteuerten Bezügen (§§ 40, 40a Abs. 1, 2a und 3, 40b EStG) keine Kirchensteuer, weil der Arbeitnehmer keiner Religionsgemeinschaft angehört, für die die Kirchensteuer von den Finanzbehörden erhoben wird, so hat er die Unterlage hierüber als Beleg zu den nach § 4 Abs. 2 Nr. 8 Satz 3 und 4 LStDV*) zu führenden Unterlagen zu nehmen (§ 4 Abs. 2 Nr. 8 Satz 5 LStDV). ³Als Beleg gilt ein Vermerk des Arbeitgebers darüber, dass der Arbeitnehmer seine Nichtzugehörigkeit zu einer kirchensteuererhebenden Religionsgemeinschaft durch Vorlage der Lohnsteuerkarte nachgewiesen hat; der Vermerk muss die ausstellende Gemeindebehörde enthalten. ⁴In den Fällen des § 40a Abs. 1, 2a und 3 EStG kann der Arbeitgeber auch eine Erklärung zur Religionszugehörigkeit nach amtlichen Muster als Beleg verwenden**).

Anlage
zu R 130

Aufzeichnungserleichterung nach R 130 Abs. 3

Schreiben des Bayer. Staatsministeriums der Finanzen vom 17.4.1990 (Az.: 32 – S 2334 – 10/109 – 22485)

Gemäß § 11 Nr. 1 des Manteltarifvertrags für das Braugewerbe in Bayern vom 10.4.1984 stehen Arbeitnehmern in der Woche bis zu 36 Liter (jährlich 1872 Liter) als Haustrunk zu. In den Monaten Mai bis September können nach § 11 Nr. 6 des Tarifvertrags zusätzlich 10 Liter in der Woche an jeden Arbeitnehmer abgegeben werden. Vom Haustrunk wird die Hälfte unentgeltlich und die andere Hälfte zu einem Preis von 0,45 DM je Liter abgegeben.

Ich habe keine Bedenken dagegen, wenn das Betriebsstättenfinanzamt auf Antrag den Arbeitgeber gem. Abschnitt 130 Abs. 3 LStR von der Aufzeichnungspflicht hinsichtlich des **unentgeltlich** abgegebenen Teils des Haustrunks befreit. Für den **entgeltlich** abgegebenen Teil sind dagegen arbeitnehmerbezogene Aufzeichnungen zu führen. Das Gleiche gilt für den nach § 11 Nr. 6 des Manteltarifvertrags zu besonderen Anlässen abgegebenen Haustrunks. Zur Feststellung der nach § 8 Abs. 3 EStG steuerpflichtigen Vorteile ist der personenbezogen aufgezeichneten, entgeltlichen Haustrunkmenge die tariflich zustehende unentgeltliche Haustrunk hinzuzurechnen.

Die Bewertung des Haustrunks richtet sich nach Abschnitt 32 Abs. 2 LStR. Danach ist der Abgabepreis der Brauerei an fremde Letztverbraucher maßgebend. Bei Unternehmen mit mehreren Betriebsteilen an unterschiedlichen Orten (Depots) mit unterschiedlichen Abgabepreisen ist für die Wertbestimmung der Ort maßgebend, an dem der Arbeitnehmer beschäftigt ist.

Aus Vereinfachungsgründen bestehen keine Bedenken dagegen, wenn in den Fällen, in denen eine Brauerei neben Bier auch alkoholfreie Getränke abgibt, zur Bewertung des Haustrunks ein Durchschnittswert gebildet wird. Hierzu kann jeweils das Verhältnis der im Vorjahr abgegebenen Haustrunkmenge zugrunde gelegt werden. Den Durchschnittswert und seine Berechnung hat die Brauerei in dem Antrag nach Abschnitt 130 Abs. 3 LStR aufzunehmen. Nach jeder Preisänderung ist der Durchschnittswert vom Arbeitgeber neu zu berechnen.

---

*) § 4 LStDV, abgedruckt als Anhang 1 zum Handbuch.
**) Abgedruckt als Anlage 1 zu H 128 LStR.

§ 41 EStG
R 131, 132

R 131
Aufzeichnung des Großbuchstaben U

¹Der Anspruch auf Arbeitslohn ist im Wesentlichen weggefallen, wenn z. B. lediglich vermögenswirksame Leistungen oder Krankengeldzuschüsse gezahlt werden, oder wenn während unbezahlter Fehlzeiten (z. B. Erziehungsurlaub) eine Beschäftigung mit reduzierter Arbeitszeit aufgenommen wird. ²Der Großbuchstabe U ist je Unterbrechung einmal im Lohnkonto einzutragen. ³Wird Kurzarbeitergeld, Winterausfallgeld, der Zuschuss zum Mutterschaftsgeld nach dem Mutterschutzgesetz, der Zuschuss nach § 4 a der Mutterschutzverordnung oder einer entsprechenden Landesregelung, die Entschädigung für Verdienstausfall nach dem Infektionsschutzgesetz oder wegen Aufstockungsbeträge nach dem Altersteilzeitgesetz gezahlt, ist kein Großbuchstabe U in das Lohnkonto einzutragen.

R 132
Betriebsstätte

¹Die lohnsteuerliche Betriebsstätte ist der im Inland gelegene Betrieb oder Betriebsteil des Arbeitgebers, an dem der Arbeitslohn insgesamt ermittelt wird, d. h. wo die einzelnen Lohnbestandteile oder bei maschineller Lohnabrechnung die Eingabewerte zu dem für die Durchführung des Lohnsteuerabzugs maßgebenden Arbeitslohn zusammengefasst werden. ²Es kommt nicht darauf an, wo einzelne Lohnbestandteile ermittelt, die Berechnung der Lohnsteuer vorgenommen wird und die für den Lohnsteuerabzug maßgebenden Unterlagen aufbewahrt werden. ³Ein selbständiges Dienstleistungsunternehmen, das für einen Arbeitgeber tätig wird, kann nicht als Betriebsstätte dieses Arbeitgebers angesehen werden. ⁴Bei einer Arbeitnehmerüberlassung (>R 146) kann nach § 41 Abs. 2 Satz 2 EStG eine abweichende lohnsteuerliche Betriebsstätte in Betracht kommen. ⁵Erlangt ein Finanzamt von Umständen Kenntnis, die auf eine Zentralisierung oder Verlegung von lohnsteuerlichen Betriebsstätten in seinem Zuständigkeitsbereich hindeuten, so hat es vor einer Äußerung gegenüber dem Arbeitgeber die anderen betroffenen Finanzämter unverzüglich hierüber zu unterrichten und sich mit ihnen abzustimmen.

H 132
Hinweise zu R 132
Betriebsstätte

Zuständige Finanzämter für ausländische Bauunternehmer

Für ausländische Bauunternehmer sind die in der Umsatzsteuerzuständigkeitsverordnung genannten Finanzämter für die Verwaltung der Lohnsteuer zuständig (BMF vom 27. 12. 2002 – BStBl. I S. 1399, Tz. 100).

Ansässigkeitsstaat des ausländischen Verleihers	Finanzamt	Adresse
Belgien	Trier	Hubert-Neuerburg-Str. 1 54290 Trier
Bulgarien	Neuwied	Augustastr. 54 56564 Neuwied
Dänemark	Flensburg	Duburger Str. 58–64 24939 Flensburg
Estland	Rostock I	Möllner Str. 13 18109 Rostock
Finnland	Bremen-Mitte	Rudolf-Hilferding-Platz 1 28195 Bremen
Frankreich	Offenburg	Zeller Straße 1–3 77654 Offenburg
Großbritannien (einschließlich Nordirland)	Hannover-Nord	Vahrenwalder Str. 206 30165 Hannover
Griechenland	Neukölln	Thiemannstraße 1 12059 Berlin
Irland	Hamburg Mitte-Altstadt	Wendenstraße 35 b 20097 Hamburg
Italien	München II	Deroystraße 20 80335 München
Kroatien	Kassel-Goethestraße	Goethestraße 43 34119 Kassel
Lettland	Bremen-Mitte	Rudolf-Hilferding-Platz 1 28195 Bremen
Liechtenstein	Konstanz	Bahnhofplatz 12 78462 Konstanz
Litauen	Mühlhausen	Martinistr. 22 99974 Mühlhausen
Luxemburg	Saarbrücken Am Stadtgraben	Am Stadtgraben 2–4 66111 Saarbrücken
Mazedonien	Berlin Neukölln	Thiemannstraße 1 12059 Berlin
Niederlande	Kleve	Emmericher Str. 182 47533 Kleve
Norwegen	Bremen-Mitte	Rudolf-Hilferding-Platz 1 28195 Bremen
Österreich	München II	Deroystraße 20 80335 München
Polen	Oranienburg	Heinrich-Grüber-Platz 3 16515 Oranienburg
Portugal	Kassel-Goethestraße	Goethestraße 43 34119 Kassel
Rumänien	Chemnitz-Süd	Paul-Bertz-Straße 1 09120 Chemnitz
Russland	Magdeburg II	Tessenowstraße 6–8 39114 Magdeburg
Schweden	Hamburg Mitte-Altstadt	Wendenstraße 35 b 20097 Hamburg
Schweiz	Konstanz	Bahnhofplatz 12 78462 Konstanz
Slowakei	Chemnitz-Süd	Paul-Bertz-Straße 1 09120 Chemnitz
Spanien	Kassel-Goethestraße	Goethestraße 43 34119 Kassel
Slowenien	Oranienburg	Heinrich-Grüber-Platz 3 16515 Oranienburg
Tschechische Republik	Chemnitz-Süd	Paul-Bertz-Straße 1 09120 Chemnitz
Türkei	Dortmund-Unna	Rennweg 1 44143 Dortmund
Ukraine	Magdeburg II	Tessenowstraße 6–8 39114 Magdeburg
Ungarn	Zentralfinanzamt Nürnberg	Voigtländerstraße 7 90489 Nürnberg
Weißrussland	Magdeburg II	Tessenowstraße 6–8 39114 Magdeburg
Vereinigte Staaten von Amerika	Bonn-Innenstadt	Welschnonnenstr. 15 53111 Bonn

§ 41a EStG
R 133

Zuständige Finanzämter für ausländische Verleiher

Die Zuständigkeit für ausländische Verleiher (**ohne Bauunternehmer**) ist in den Ländern bei folgenden Finanzämtern zentralisiert:

Land	Finanzamt	Adresse
Baden-Württemberg	Offenburg	Zeller Straße 1–3 77654 Offenburg
Bayern	München II	Deroystraße 20 80335 München
	Zentralfinanzamt Nürnberg	Voigtländerstraße 7 90489 Nürnberg
Berlin	Körperschaften III	Vollmarstraße 134 12099 Berlin
Brandenburg	Oranienburg	Heinrich-Güber-Platz 3 16515 Oranienburg
Bremen	Bremen Mitte	Rudolf-Hilferding-Platz 1 28195 Bremen
Hamburg	Hamburg Mitte-Altstadt	Wendenstraße 35 b 20097 Hamburg
Hessen	Kassel-Goethestraße	Goethestraße 43 34119 Kassel
Mecklenburg-Vorpommern	Pasewalk	Torgelower Straße 34 17309 Pasewalk
Niedersachsen	Bad Bentheim	Schüttorfer Straße 14 48455 Bad Bentheim
Nordrhein-Westfalen	Düsseldorf Altstadt	Kaiserstraße 52 40479 Düsseldorf
Rheinland-Pfalz	Kaiserslautern	Eisenbahnstraße 56 67655 Kaiserslautern
Saarland	Saarbrücken Am Stadtgraben	Am Stadtgraben 66111 Saarbrücken
Sachsen	Chemnitz-Süd	Paul-Bertz-Straße 1 09120 Chemnitz
Sachsen-Anhalt	Magdeburg II	Tessenowstraße 6 39114 Magdeburg
Schleswig-Holstein	Kiel-Nord	Holtenauer Straße 183 24118 Kiel
Thüringen	Mühlhausen	Martinistraße 22 99974 Mühlhausen

§ 41a EStG
Anmeldung und Abführung der Lohnsteuer

(1) [1]Der Arbeitgeber hat spätestens am zehnten Tag nach Ablauf eines jeden Lohnsteuer-Anmeldungszeitraums

1. dem Finanzamt, in dessen Bezirk sich die Betriebsstätte (§ 41 Abs. 2) befindet (Betriebsstättenfinanzamt), eine Steuererklärung einzureichen, in der er die Summen der im Lohnsteuer-Anmeldungszeitraum einzubehaltenden und zu übernehmenden Lohnsteuer angibt (Lohnsteuer-Anmeldung),
2. die im Lohnsteuer-Anmeldungszeitraum insgesamt einbehaltene und übernommene Lohnsteuer an das Betriebsstättenfinanzamt abzuführen.

[2]Die Lohnsteuer-Anmeldung ist nach amtlich vorgeschriebenem Vordruck auf elektronischem Weg nach Maßgabe der Steuerdaten-Übermittlungsverordnung*) zu übermitteln. [3]Auf Antrag kann das Finanzamt zur Vermeidung von unbilligen Härten auf eine elektronische Übermittlung verzichten; in diesem Fall ist die Lohnsteuer-Anmeldung vom Arbeitgeber oder von einer zu seiner Vertretung berechtigten Person zu unterschreiben. [4]Der Arbeitgeber wird von der Verpflichtung zur Abgabe weiterer Lohnsteuer-Anmeldungen befreit, wenn er Arbeitnehmer, für die er Lohnsteuer einzubehalten oder zu übernehmen hat, nicht mehr beschäftigt und das dem Finanzamt mitteilt.

(2) [1]Lohnsteuer-Anmeldungszeitraum ist grundsätzlich der Kalendermonat. [2]Lohnsteuer-Anmeldungszeitraum ist das Kalendervierteljahr, wenn die abzuführende Lohnsteuer für das vorangegangene Kalenderjahr mehr als 800 Euro, aber nicht mehr als 3000 Euro betragen hat; Lohnsteuer-Anmeldungszeitraum ist das Kalenderjahr, wenn die abzuführende Lohnsteuer für das vorangegangene Kalenderjahr nicht mehr als 800 Euro betragen hat. [3]Hat die Betriebsstätte nicht während des ganzen vorangegangenen Kalenderjahres bestanden, so ist die für das vorangegangene Kalenderjahr abzuführende Lohnsteuer für die Feststellung des Lohnsteuer-Anmeldungszeitraums auf einen Jahresbetrag umzurechnen. [4]Wenn die Betriebsstätte im vorangegangenen Kalenderjahr noch nicht bestanden hat, ist die auf einen Jahresbetrag umgerechnete für den ersten vollen Kalendermonat nach der Eröffnung der Betriebsstätte abzuführende Lohnsteuer maßgebend.

(3) [1]Die oberste Finanzbehörde des Landes kann bestimmen, dass die Lohnsteuer nicht dem Betriebsstättenfinanzamt, sondern einer anderen öffentlichen Kasse anzumelden und an diese abzuführen ist; die Kasse erhält insoweit die Stellung einer Landesfinanzbehörde. [2]Das Betriebsstättenfinanzamt oder die zuständige andere öffentliche Kasse können anordnen, dass die Lohnsteuer abweichend von dem nach Absatz 1 maßgebenden Zeitpunkt anzumelden und abzuführen ist, wenn die Abführung der Lohnsteuer nicht gesichert erscheint.

(4) [1]Arbeitgeber, die eigene oder gecharterte Handelsschiffe betreiben, dürfen vom Gesamtbetrag der anzumeldenden und abzuführenden Lohnsteuer einen Betrag von 40 Prozent der Lohnsteuer der auf solchen Schiffen in einem zusammenhängenden Arbeitsverhältnis von mehr als 183 Tagen beschäftigten Besatzungsmitglieder abziehen und einbehalten. [2]Die Handelsschiffe müssen in einem inländischen Seeschiffsregister eingetragen sein, die deutsche Flagge führen und zur Beförderung von Personen oder Gütern im Verkehr mit oder zwischen ausländischen Häfen, innerhalb eines ausländischen Hafens oder zwischen einem ausländischen Hafen und der Hohen See betrieben werden. [3]Die Sätze 1 und 2 sind entsprechend anzuwenden, wenn Seeschiffe im Wirtschaftsjahr überwiegend außerhalb der deutschen Hoheitsgewässer zum Schleppen, Bergen oder zur Aufsuchung von Bodenschätzen oder zur Vermessung von Energielagerstätten unter dem Meeresboden eingesetzt werden. [4]Ist für den Lohnsteuerabzug die Lohnsteuer nach der Steuerklasse V oder VI zu ermitteln, so bemisst sich der Betrag nach Satz 1 nach der Lohnsteuer der Steuerklasse I.

R 133
Lohnsteuer-Anmeldung

(1) [1]Der Arbeitgeber ist von der Verpflichtung befreit, eine weitere Lohnsteuer-Anmeldung abzugeben, wenn er dem Betriebsstättenfinanzamt mitteilt, dass er im Lohnsteuer-Anmeldungszeitraum keine Lohnsteuer einzubehalten oder zu übernehmen hat, weil der Arbeitslohn nicht steuerbelastet ist. [2]Dies gilt auch, wenn der Arbeitgeber nur Arbeitnehmer beschäftigt, für die er lediglich die Pauschsteuer nach § 40a Abs. 2 EStG an die Bundesknappschaft entrichtet.

(2) [1]Für jede Betriebsstätte (>§ 41 Abs. 2 EStG) und für jeden Lohnsteuer-Anmeldungszeitraum ist eine einheitliche Lohnsteuer-Anmeldung einzureichen. [2]Die Abgabe mehrerer Lohnsteuer-Anmeldungen für dieselbe Betriebsstätte und denselben Lohnsteuer-Anmeldungszeitraum, etwa getrennt nach den verschiedenen Bereichen der Lohnabrechnung, z. B. gewerbliche Arbeitnehmer, Gehaltsempfänger, Pauschalierungen nach §§ 40 bis 40b EStG, ist nicht zulässig.

(3) Der für den Lohnsteuer-Anmeldungszeitraum maßgebende Betrag der abzuführenden Lohnsteuer (>§ 41 Abs. 2 EStG) ist die Summe der einbehaltenen und übernommenen Lohnsteuer ohne Kürzung um die der Lohnsteuer entnommenen Bergmannsprämien (>§ 3 Abs. 1 BergPG) und das ihr entnommene Kindergeld (>§ 72 Abs. 8 EStG).

---
*) Abgedruckt als Anhang 17a zum Handbuch.

§ 41a EStG

R 133

(4) ¹Das Betriebsstättenfinanzamt hat den rechtzeitigen Eingang der Lohnsteuer-Anmeldung zu überwachen. ²Es kann bei nicht rechtzeitigem Eingang der Lohnsteuer-Anmeldung einen Verspätungszuschlag nach § 152 AO festsetzen oder erforderlichenfalls die Abgabe der Lohnsteuer-Anmeldung mit Zwangsmitteln nach §§ 328 bis 335 AO durchsetzen. ³Das Finanzamt kann bei Nichtabgabe der Lohnsteuer-Anmeldung die Lohnsteuer im Schätzungswege ermitteln und den Arbeitgeber durch Steuerbescheid in Anspruch nehmen (>§§ 162, 167 Abs. 1 AO). ⁴Pauschale Lohnsteuer kann im Schätzungswege ermittelt und in einem Steuerbescheid festgesetzt werden, wenn der Arbeitgeber mit dem Pauschalierungsverfahren einverstanden ist.

(5) ¹Bemessungsgrundlage für den Steuereinbehalt nach § 41a Abs. 4 EStG ist die Lohnsteuer, die auf den für die Tätigkeit an Bord von Schiffen gezahlten Arbeitslohn entfällt, wenn der betreffende Arbeitnehmer mehr als 183 Tage bei dem betreffenden Reeder beschäftigt ist. ²Der Lohnsteuereinbehalt durch den Reeder nach § 41a Abs. 4 EStG gilt für den Kapitän und alle Besatzungsmitglieder – einschließlich des Servicepersonals –, die über ein Seefahrtsbuch verfügen und deren Arbeitgeber er ist. ³Der Lohnsteuereinbehalt kann durch Korrespondent- oder Vertragsreeder nur vorgenommen werden, wenn diese mit der Bereederung des Schiffes in ihrer Eigenschaft als Mitgesellschafter an der Eigentümergesellschaft beauftragt sind. ⁴Bei Vertragsreedern ist dies regelmäßig nicht der Fall. ⁵Bei Korrespondentreedern ist der Lohnsteuereinbehalt nur für die Heuern der Seeleute zulässig, die auf den Schiffen tätig sind, bei denen der Korrespondentreeder auch Miteigentümer ist.

H 133
Hinweise zu R 133
Lohnsteuer-Anmeldung

Anfechtung der Lohnsteuer-Anmeldung durch den Arbeitnehmer

Ein Arbeitnehmer kann die Lohnsteuer-Anmeldung des Arbeitgebers aus eigenem Recht anfechten, soweit sie ihn betrifft (BFH vom 20.7.2005 – BStBl. II S. 890).

Elektronische Abgabe der Lohnsteuer-Anmeldung

Für nach dem 31.12.2004 endende Anmeldungszeiträume hat der Arbeitgeber die Lohnsteuer-Anmeldung nach Maßgabe der Steuerdaten-Übermittlungsverordnung (StDÜV)*) elektronisch zu übermitteln (§ 41a Abs. 1, § 52 Abs. 52b EStG). Zur Vermeidung unbilliger Härten kann das Betriebsstättenfinanzamt auf Antrag die Abgabe in herkömmlicher Form – auf Papier oder per Fax – weiterhin zulassen. Ein Härtefall kann insbesondere dann vorliegen, wenn es dem Arbeitgeber nicht zumutbar ist, die technischen Voraussetzungen für die elektronische Übermittlung einzurichten (>BMF vom 29.11.2004 – BStBl. I S. 1135).

>Steuerdaten-Übermittlungsverordnung vom 28.1.2003 (BStBl. I S. 162)*)

>BMF vom 5.2.2003 (BStBl. I S. 160)

Schätzungsbescheid

Wenn ein Arbeitgeber die Lohnsteuer trotz gesetzlicher Verpflichtung nicht anmeldet und abführt, kann das Finanzamt sie durch Schätzungsbescheid festsetzen. Die Möglichkeit, einen Haftungsbescheid zu erlassen, steht dem nicht entgegen (>BFH vom 7.7.2004 – BStBl. II S. 1087).

Anlage 1
zu H 133

Bekanntmachung des Musters für die Lohnsteuer-Anmeldung 2007

BMF-Schreiben vom 24.8.2006 (BStBl. I S. 498)

Das Vordruckmuster der Lohnsteuer-Anmeldung für Lohnsteuer-Anmeldungszeiträume ab Januar 2007 ist gemäß § 51 Abs. 4 Nr. 1 Buchstabe d des Einkommensteuergesetzes bestimmt worden. Das Vordruckmuster und die „Übersicht über die länderunterschiedlichen Werte in der Lohnsteuer-Anmeldung" werden hiermit bekannt gemacht. Das Vordruckmuster ist auch für die Gestaltung der Vordrucke maßgebend, die mit Hilfe automatischer Einrichtungen ausgefüllt werden (vgl. BMF-Schreiben vom 11. Mai 2004, BStBl. I S. 475).**)

---

*) Abgedruckt als Anhang 17 zum Handbuch.
**) Abgedruckt als Anlage 2 zu H 133 LStR.

§ 41a EStG
R 133

- Bitte weiße Felder ausfüllen oder ☒ ankreuzen und Hinweise auf der Rückseite beachten -

2007

Zeile		
1	Fallart: **11**	Steuernummer	Unterfallart: **62**

30 Eingangsstempel oder -datum

Lohnsteuer-Anmeldung 2007
Anmeldungszeitraum

bei **monatlicher** Abgabe bitte ankreuzen:

07 01	Jan.	07 07	Juli
07 02	Feb.	07 08	Aug.
07 03	März	07 09	Sept.
07 04	April	07 10	Okt.
07 05	Mai	07 11	Nov.
07 06	Juni	07 12	Dez.

bei **vierteljährlicher** Abgabe bitte ankreuzen:

07 41	I. Kalendervierteljahr
07 42	II. Kalendervierteljahr
07 43	III. Kalendervierteljahr
07 44	IV. Kalendervierteljahr

bei **jährlicher** Abgabe bitte ankreuzen

Finanzamt

Arbeitgeber - Anschrift der Betriebsstätte - Telefonnummer - E-Mail

Berichtigte Anmeldung (falls ja, bitte eine „1" eintragen).... **10**
Zahl der Arbeitnehmer (einschl. Aushilfs- und Teilzeitkräfte)................ **86**

Zeile			EUR	Ct
17	Summe der einzubehaltenen Lohnsteuer 1) 2)	42		
18	Summe der pauschalen Lohnsteuer 1) 2)	41		
19	abzüglich an Arbeitnehmer ausgezahltes Kindergeld	43		
20	abzüglich an Arbeitnehmer ausgezahlte Bergmannsprämien	46		
21	abzüglich Kürzungsbetrag für Besatzungsmitglieder von Handelsschiffen	33		
22	Verbleiben 1)	48		
23	Solidaritätszuschlag 1) 2)	49		
24	pauschale Kirchensteuer im vereinfachten Verfahren	47		
25	Evangelische Kirchensteuer 1) 2)	61		
26	Römisch-Katholische Kirchensteuer 1) 2)	62		
27				
28				
29				
30				
31				
32	**Gesamtbetrag** 1) — 1) Negativen Beträgen ist ein **Minuszeichen** voranzustellen — 2) Nach Abzug der im Lohnsteuer-Jahresausgleich erstatteten Beträge	83		

33 Ein Erstattungsbetrag wird auf das dem Finanzamt benannte Konto überwiesen, soweit der Betrag nicht mit Steuerschulden verrechnet wird.
34 **Verrechnung des Erstattungsbetrags erwünscht / Erstattungsbetrag ist abgetreten** (falls ja, bitte eine „1" eintragen)............ **29**
35 Geben Sie bitte die Verrechnungswünsche auf einem besonderen Blatt oder auf dem beim Finanzamt erhältlichen Vordruck „Verrechnungsantrag" an.
36 Die **Einzugsermächtigung** wird ausnahmsweise (z. B. wegen Verrechnungswünschen) für diesen Anmeldungszeitraum **widerrufen** (falls ja, bitte eine „1" eintragen)................ **26**
37 Ein ggf. verbleibender Restbetrag ist gesondert zu entrichten.

Hinweis nach den Vorschriften der Datenschutzgesetze:
Die mit der Steueranmeldung angeforderten Daten werden auf Grund der §§ 149 ff. der Abgabenordnung und des § 41a des Einkommensteuergesetzes erhoben. Die Angabe der Telefonnummer und der E-Mail-Adresse ist freiwillig.

39 Datum, Unterschrift

— Vom Finanzamt auszufüllen —

Bearbeitungshinweis
40 1. Die aufgeführten Daten sind mit Hilfe des geprüften und genehmigten Programms sowie ggf. unter Berücksichtigung der gespeicherten Daten maschinell zu verarbeiten.
42 2. Die weitere Bearbeitung richtet sich nach den Ergebnissen der maschinellen Verarbeitung.

11 **19**

12

43 Datum, Namenszeichen/Unterschrift

Kontrollzahl und/oder Datenerfassungsvermerk

7.06 - LStA - Lohnsteuer-Anmeldung 2007 -

§ 41a EStG
R 133

Auf der Rückseite des amtlichen Vordruckmusters „Lohnsteuer-Anmeldung 2007" sind folgende Hinweise für den Arbeitgeber abgedruckt:

Hinweise für den Arbeitgeber

Datenübermittlung oder Steueranmeldung auf Papier?

1. Bitte beachten Sie, dass die Lohnsteuer-Anmeldung auf elektronischem Weg nach Maßgabe der Steuerdaten-Übermittlungsverordnung zu übermitteln ist. Einzelheiten hierzu erfahren Sie unter den Internet-Adressen www.elster.de oder www.finanzamt.de sowie bei Ihrem Finanzamt, Ihrem steuerlichen Berater oder Ihrem Daten verarbeitenden Unternehmen. Auf Antrag kann das Finanzamt zur Vermeidung unbilliger Härten auf eine elektronische Übermittlung verzichten; in diesem Fall haben Sie oder eine zu Ihrer Vertretung berechtigte Person die Lohnsteuer-Anmeldung zu unterschreiben.

Abführung der Steuerabzugsbeträge

2. Tragen Sie bitte die Summe der einzubehaltenden Steuerabzugsbeträge (§§ 39b bis 39d EStG) in Zeile 17 ein. Die Summe der mit festen oder besonderen Pauschsteuersätzen erhobenen Lohnsteuer nach den §§ 40 bis 40b EStG und die pauschale Einkommensteuer nach § 37a EStG tragen Sie bitte gesondert in Zeile 18 ein. Nicht einzubeziehen ist die an die Deutsche Rentenversicherung Knappschaft-Bahn-See abzuführende 2 %ige Pauschsteuer für geringfügig Beschäftigte i. S. d. § 8 Abs. 1 Nr. 1 und § 8a SGB IV. Vergessen Sie bitte nicht, auf dem Zahlungsabschnitt die Steuernummer, den Zeitraum, in dem die Beträge einbehalten worden sind, und je gesondert den Gesamtbetrag der Lohnsteuer, des Solidaritätszuschlags zur Lohnsteuer und der Kirchensteuer anzugeben oder durch Ihre Bank oder Sparkasse angeben zu lassen.

   Sollten Sie mehr Lohnsteuer erstatten, als Sie einzubehalten haben (z. B. wegen einer Neuberechnung der Lohnsteuer für bereits abgelaufene Lohnzahlungszeiträume desselben Kalenderjahres), kennzeichnen Sie bitte den Betrag mit einem deutlichen Minuszeichen. Der Erstattungsantrag ist durch Übermittlung oder Abgabe der Anmeldung gestellt.

3. Reichen die Ihnen zur Verfügung stehenden Mittel zur Zahlung des vollen vereinbarten Arbeitslohns nicht aus, so ist die Lohnsteuer von dem tatsächlich zur Auszahlung gelangenden niedrigeren Betrag zu berechnen und einzubehalten.

4. Eine Eintragung in Zeile 19 (ausgezahltes Kindergeld) kommt grundsätzlich nur bei Arbeitgebern des öffentlichen Rechts in Betracht.

   Zahlen Sie an Ihre Arbeitnehmer Bergmannsprämien nach dem Bergmannsprämiengesetz, sind die von Ihnen ausgezahlten Beträge dem Betrag zu entnehmen, den Sie für Ihre Arbeitnehmer insgesamt an Lohnsteuer einzubehalten haben, und bei der nächsten Lohnsteuer-Anmeldung abzusetzen. Übersteigen die Bergmannsprämien den Betrag, der insgesamt an Lohnsteuer einzubehalten ist, so wird Ihnen der übersteigende Betrag auf Antrag vom Finanzamt ausgezahlt. Der Antrag ist durch Übermittlung oder Abgabe der Anmeldung gestellt.

   Arbeitgeber, die eigene oder gecharterte Handelsschiffe betreiben, dürfen einen Betrag von 40 % der Lohnsteuer der auf solchen Schiffen in einem zusammenhängenden Arbeitsverhältnis von mehr als 183 Tagen beschäftigten Besatzungsmitglieder abziehen. Dieser Betrag ist in Zeile 21 einzutragen.

5. Die **im vereinfachten Verfahren erhobene pauschale Kirchensteuer** tragen Sie bitte in einer Summe in Zeile 24 ein. **Die Aufteilung der pauschalen Kirchensteuer auf die erhebungsberechtigten Religionsgemeinschaften wird von der Finanzverwaltung übernommen.**

6. Abführungszeitpunkt ist
   a) spätestens der zehnte Tag nach Ablauf eines jeden Kalendermonats, wenn die abzuführende Lohnsteuer für das vorangegangene Kalenderjahr mehr als 3000 € betragen hat,
   b) spätestens der zehnte Tag nach Ablauf eines jeden Kalendervierteljahres, wenn die abzuführende Lohnsteuer für das vorangegangene Kalenderjahr mehr als 800 €, aber nicht mehr als 3000 € betragen hat,
   c) spätestens der zehnte Tag nach Ablauf eines jeden Kalenderjahres, wenn die abzuführende Lohnsteuer für das vorangegangene Kalenderjahr nicht mehr als 800 € betragen hat.

   Hat Ihr Betrieb nicht während des ganzen vorangegangenen Kalenderjahres bestanden, so ist die für das vorangegangene Kalenderjahr abzuführende Lohnsteuer für die Feststellung des Lohnsteuer-Anmeldungszeitraums auf einen Jahresbetrag umzurechnen.

   Hat Ihr Betrieb im vorangegangenen Kalenderjahr noch nicht bestanden, so ist die auf einen Jahresbetrag umgerechnete, für den ersten vollen Kalendermonat nach der Eröffnung des Betriebs abzuführende Lohnsteuer maßgebend.

7. Im Falle nicht rechtzeitiger Abführung der Steuerabzugsbeträge ist ein Säumniszuschlag zu entrichten. Der Säumniszuschlag beträgt 1 % des rückständigen Steuerbetrages für jeden angefangenen Monat der Säumnis.

8. Verbleibende Beträge von insgesamt weniger als 1 € werden weder erhoben noch erstattet, weil dadurch unverhältnismäßige Kosten entstehen.

Anmeldung der Steuerabzugsbeträge

9. Übermitteln oder übersenden Sie bitte unabhängig davon, ob Sie Lohnsteuer einzubehalten hatten oder ob die einbehaltenen Steuerabzugsbeträge an das Finanzamt abgeführt worden sind, dem Finanzamt der Betriebsstätte spätestens bis zum Abführungszeitpunkt (siehe oben Nummer 6) eine Lohnsteuer-Anmeldung nach amtlich vorgeschriebenem Vordruck.

   Sie sind aber künftig von der Verpflichtung zur Übermittlung oder Abgabe weiterer Lohnsteuer-Anmeldungen befreit, wenn Sie Ihrem Betriebsstättenfinanzamt mitteilen, dass Sie keine Lohnsteuer einzubehalten oder zu übernehmen haben. Gleiches gilt, wenn Sie nur Arbeitnehmer beschäftigen, für die Sie lediglich die 2 %ige Pauschsteuer an die Deutsche Rentenversicherung Knappschaft-Bahn-See abzuführen haben.

10. Trifft die Anmeldung nicht rechtzeitig ein, so kann das Finanzamt zur der Lohnsteuer einen **Verspätungszuschlag** bis zu 10 % des anzumeldenden Betrages festsetzen.

11. Um Rückfragen des Finanzamts zu vermeiden, geben Sie bitte in Zeile 15 stets die Zahl der Arbeitnehmer – einschließlich Aushilfs- und Teilzeitkräfte, zu denen auch die an die Deutsche Rentenversicherung Knappschaft-Bahn-See gemeldeten geringfügig Beschäftigten i. S. d. § 8 Abs. 1 Nr. 1 und § 8a SGB IV gehören – an.

Berichtigung von Lohnsteuer-Anmeldungen

12. Wenn Sie feststellen, dass eine bereits eingereichte Lohnsteuer-Anmeldung fehlerhaft oder unvollständig ist, so ist für den betreffenden Anmeldungszeitraum eine berichtigte Lohnsteuer-Anmeldung zu übermitteln oder einzureichen. Dabei sind Eintragungen auch in den Zeilen vorzunehmen, in denen sich keine Änderung ergeben hat. Es ist nicht zulässig, nur Einzel- oder Differenzbeträge nachzumelden. Für die Berichtigung mehrerer Anmeldungszeiträume sind jeweils gesonderte berichtigte Lohnsteuer-Anmeldungen einzureichen. Den Berichtigungsgrund teilen Sie bitte Ihrem Finanzamt gesondert mit.

§ 41a EStG
R 133

Übersicht über länderunterschiedliche Werte in der Lohnsteuer-Anmeldung 2007

Land	Zeilen-Nr.	Bedeutung	Kennzahl
Baden-Württemberg	25	Evangelische Kirchensteuer – ev[1)2)]	61
	26	Römisch-Katholische Kirchensteuer – rk[1)2)]	62
	27	Kirchensteuer der Israelitischen Religionsgemeinschaft Baden – ib[1)2)]	78
	28	Kirchensteuer der Freireligiösen Landesgemeinde Baden – fb[1)2)]	67
	29	Kirchensteuer der Israelitischen Religionsgemeinschaft Württembergs – iw[1)2)]	73
	30	Altkatholische Kirchensteuer – ak[1)2)]	63
Bayern	25	Evangelische Kirchensteuer[1)2)]	61
	26	Römisch-Katholische Kirchensteuer[1)2)]	62
	27	Israelitische Bekenntnissteuer[1)2)]	64
	28	Altkatholische Kirchensteuer[1)2)]	63
Berlin	25	Evangelische Kirchensteuer – ev[1)2)]	61
	26	Römisch-Katholische Kirchensteuer – rk[1)2)]	62
	27	Altkatholische Kirchensteuer – ak[1)2)]	63
Bremen	20	leer	–
	25	Evangelische Kirchensteuer – ev[1)2)]	61
	26	Römisch-Katholische Kirchensteuer – rk[1)2)]	62
	27	Beiträge zur Arbeitnehmerkammer	68
Hamburg	27	Jüdische Kultussteuer – jh[1)2)]	64
Hessen	25	Evangelische Kirchensteuer – ev (lt/rf/fr)[1)2)]	61
	26	Römisch-Katholische Kirchensteuer – rk[1)2)]	62
	27	Freireligiöse Gemeinde Offenbach/M. – fs[1)2)]	66
	28	Freireligiöse Gemeinde Mainz – fm[1)2)]	65
	29	Israelitische Kultussteuer Frankfurt – is[1)2)]	64
	30	Israelitische Kultussteuer der kultusberechtigten Gemeinden – il[1)2)]	74
	31	Altkatholische Kirchensteuer – ak[1)2)]	63
Niedersachsen	25	leer	–
	26	leer	–
	27	Kirchensteuer – lt/rf (ev)[1)2)3)]	76
	28	Kirchensteuer – rk/ak[1)2)3)]	77
Nordrhein-Westfalen	25	Evangelische Kirchensteuer – ev/lt/rf/fr[1)2)]	61
	26	Römisch-Katholische Kirchensteuer – rk[1)2)]	62
	27	Jüdische Kultussteuer – jd[1)2)]	64
	28	Altkatholische Kirchensteuer – ak[1)2)]	63
Rheinland-Pfalz	25	Evangelische Kirchensteuer – ev[1)2)]	61
	26	Römisch-Katholische Kirchensteuer – rk[1)2)]	62
	27	Jüdische Kultussteuer – is[1)2)]	64
	28	Freireligiöse Landesgemeinde Pfalz – fg[1)2)]	68
	29	Freireligiöse Gemeinde Mainz – fm[1)2)]	65
	30	Freie Religionsgemeinschaft Alzey – fa[1)2)]	72
	31	Altkatholische Kirchensteuer – ak[1)2)]	63
Saarland	25	Evangelische Kirchensteuer[1)2)]	61
	26	Römisch-Katholische Kirchensteuer[1)2)]	62
	27	Israelitische Kultussteuer[1)2)]	64
	28	Altkatholische Kirchensteuer[1)2)]	63
	29	Beiträge zur Arbeitskammer	70

1) Negativen Beträgen ist ein **Minuszeichen** voranzustellen.
2) Nach Abzug der im Lohnsteuer-Jahresausgleich erstatteten Beträge.
3) Kann auf volle Cent zugunsten des Arbeitgebers gerundet werden.

§ 41 a EStG

**Anlage 2
zu H 133**

Zulassung von Vordrucken, die von den amtlich vorgeschriebenen Vordrucken im Umsatzsteuer-Voranmeldungs- und Lohnsteuer-Anmeldungsverfahren abweichen; Grundsatzschreiben

BMF-Schreiben vom 11.5.2004 (BStBl. I S. 475)

Unter Bezugnahme auf das Ergebnis der Erörterungen mit den obersten Finanzbehörden der Länder gilt Folgendes:

Vorbemerkung

Im Hinblick darauf, dass für Anmeldungs- und Voranmeldungszeiträume, die nach dem 31. Dezember 2004 enden, die Verpflichtung besteht, Umsatzsteuer-Voranmeldungen und Lohnsteuer-Anmeldungen nach amtlich vorgeschriebenem Vordruck auf elektronischem Weg nach Maßgabe der Steuerdaten-Übermittlungsverordnung (StDÜV) zu übermitteln (§ 18 Abs. 1 Satz 1 UStG i. V. m. § 27 Abs. 9 UStG, § 41 a Abs. 1 Satz 2 EStG i. V. m. § 52 Abs. 52 b EStG), sollte zunächst geprüft werden, ob die Daten der Steueranmeldungen (einschließlich der Daten für den Antrag auf Dauerfristverlängerung/die Anmeldung der Sondervorauszahlung) elektronisch übermittelt werden können.

I. Allgemeines

(1) Zur Erleichterung und Vereinfachung des Besteuerungsverfahrens kann auf Antrag zugelassen werden, dass

1. die Umsatzsteuer-Voranmeldung (§ 18 Abs. 1 UStG; Vordruckmuster USt 1 A), einschließlich – bis Besteuerungszeitraum 2001 – der Anmeldungen der Umsatzsteuer im Abzugsverfahren (§ 18 Abs. 8 UStG i. V. m. § 54 UStDV i. d. F. bis zum 31.12.2001),
2. der Antrag auf Dauerfristverlängerung/die Anmeldung der Sondervorauszahlung (§ 18 Abs. 6 UStG, §§ 46 bis 48 UStDV; Vordruckmuster USt 1 H) sowie
3. die Lohnsteuer-Anmeldung (§ 41 a Abs. 1 Satz 2 EStG; Vordruckmuster LStA)

auf Vordrucken abgegeben werden, die von den amtlich vorgeschriebenen, jährlich im BStBl. Teil I veröffentlichten, Vordrucken abweichen.

Antragsberechtigt ist, wer Vordrucke mit Hilfe automatischer Einrichtungen ausfüllen oder Verfahren hierfür anbieten will. Dem Antrag sind unverkürzte und – sofern auch diese angeboten werden sollen – verkürzte Musterausdrucke für die Bundesländer, für die die Zulassung abweichender Vordrucke beantragt wird, beizufügen.

Von diesem Schreiben werden nicht berührt:
– amtliche Vordrucke, die per Telefax eingereicht werden (BMF-Schreiben vom 20. Januar 2003 – IV D 2 – S 0321 – 4/03 –, BStBl. I S. 74),
– Kopien amtlicher Vordrucke und
– Vordrucke, die mit Druckvorlagen hergestellt werden, die von den zuständigen Finanzbehörden im Internet bereitgestellt werden.

(2) Die Zulassung ist unter dem Vorbehalt des jederzeitigen Widerrufs zu erteilen. Sie kann befristet und mit Auflagen versehen werden.

(3) Die Zulassung nach Absatz 1 berechtigt nicht zur geschäftsmäßigen Hilfeleistung in Steuersachen (§ 1 i. V. m. § 2 des Steuerberatungsgesetzes).

(4) Über den Antrag entscheidet die oberste Landesfinanzbehörde oder eine von ihr beauftragte Stelle (zulassende Stelle), in deren Bezirk sich der Sitz oder die Geschäftsleitung des Antragstellers befindet. Diese Stelle entscheidet insoweit auch über die Verwendung abweichender Vordrucke in anderen Bundesländern. Die zulassende Stelle übersendet den zulassenden Stellen der betroffenen anderen Bundesländer je einen Abdruck des Zulassungsbescheides und der für das jeweils andere Land eingereichten Musterausdrucke zur Kenntnis.

(5) Die Vordrucke sind von dem Antragsberechtigten im Sinne des Absatzes 1 Satz 2 auf eigene Kosten herzustellen.

(6) Steueranmeldungen auf nicht zugelassenen Vordrucken sind von den Finanzämtern zurückzuweisen. Dies gilt auch für Vordrucke, die nicht in der für den jeweiligen Besteuerungszeitraum gültigen Fassung abgegeben werden.

II. Gestaltung der abweichenden Vordrucke

(1) Die Vordrucke müssen in Format, Aufbau, Druckbild und Wortlaut grundsätzlich den in dem jeweiligen Bundesland amtlich vorgeschriebenen Vordrucken entsprechen. Bei der Herstellung sind die jährliche Veröffentlichung im Bundessteuerblatt Teil I sowie die Ausführungen im „Merkblatt für die Verwendung von Vordrucken im Umsatzsteuer-Voranmeldungs- und Lohnsteuer-Anmeldungsverfahren" (Anlage 1) zu beachten.

(2) Die Vordrucke müssen mindestens 10 Jahre haltbar und gut lesbar sein.

III. Ausdruck der abweichenden Vordrucke

(1) Die länderspezifischen Ordnungsangaben (Fallart, Steuernummer, Unterfallart und Zeitraum) in der jeweiligen Fassung sind in dem dafür vorgesehenen Bereich im Kopf der Vordrucke auszudrucken. Sie sind nach dem Format aufzubereiten, das in dem Bundesland vorgesehen ist, in dem die Steueranmeldungen abzugeben sind (Anlage 2).

Auf die Übersichten für das Ankreuzen des Anmeldungszeitraums ist zu verzichten. An dieser Stelle kann ein Feld mit Angabe des zutreffenden Zeitraums ausgedruckt werden.

(2) Im Berechnungsteil der Steueranmeldungen kann auf Zeilen für Besteuerungsmerkmale, die nicht vorhanden sind, verzichtet werden („verkürzter Vordruck"). Bei Verzicht auf den Ausdruck nicht benötigter Zeilen behalten die ausgedruckten Zeilen die Zeilen-Nummern laut amtlich vorgeschriebenem Vordruck. Weitere Einzelheiten ergeben sich aus dem Merkblatt (Anlage 1).

(3) Soweit in den amtlich vorgeschriebenen Vordrucken die Angabe
- volle Euro-Beträge vorgesehen ist, dürfen Cent-Beträge nicht ausgedruckt werden,
- von Euro/Cent-Beträgen vorgesehen ist, müssen die Cent-Beträge stets ausgedruckt werden (ggf. „00").

Bei negativen Beträgen ist das Minuszeichen (–) vor den Betrag zu setzen.

(4) In Berichtigungsfällen müssen die Steueranmeldungen alle für den Anmeldungszeitraum erforderlichen Angaben enthalten. Es ist nicht zulässig, lediglich Einzel- oder Unterschiedsbeträge nachzumelden.

(5) Wegen der Einzelheiten der in den einzelnen Bundesländern jeweils erforderlichen Angaben ist die „Übersicht über länderunterschiedliche Werte in der Lohnsteuer-Anmeldung" in der jeweils gültigen Fassung zu beachten.

(6) Bei der Verwendung von verkürzten abweichenden Vordrucken im Sinne des Absatzes 2 muss bei jeder Steueranmeldung eine Versicherung folgenden Wortlauts abgegeben werden:

„Ich versichere, in dieser Steueranmeldung die in dem amtlich vorgeschriebenen Vordruck geforderten Angaben für diesen Anmeldungszeitraum vollständig und wahrheitsgemäß nach bestem Wissen und Gewissen gemacht zu haben."

(7) Die Fußzeile enthält
- die Vordruckbezeichnung,
- den Namen des Antragstellers, ggf. in Kurzform,
- die zulassende Behörde sowie das Datum und das Aktenzeichen der Zulassung.

(8) Mehrseitige Vordrucke
- Bei einseitigem Druck mehrseitiger Vordrucke (d. h. die Rückseite bleibt leer) sind die Ordnungsangaben (Fallart, Steuernummer, Unterfallart, Zeitraum) der Seite 1 in die Kopfzeile oben links auf jeden weiteren Seitenausdruck zu übernehmen.
- Bei umseitigem Druck mehrseitiger Vordrucke dürfen die Ordnungsangaben auf der Rückseite nicht wiederholt werden.

IV. Übergangsbestimmungen

Beträge für Zeiträume sind
- nach dem 31.12.2001 stets in Euro bzw. Euro/Cent,
- nach dem 31.12.1998 und vor dem 1.1.2002 in DM bzw. DM/Pf. oder mit Kennzahl 32 = 1 in Euro bzw. Euro/Cent,
- vor dem 1.1.1999 stets in DM bzw. DM/Pf.

anzugeben.

Die nach dem BMF-Schreiben vom 9. Januar 1992 – IV A 5 – S 0082 – 27/91 – (BStBl. I S. 82) erteilten Zulassungen gelten weiterhin, sofern die Grundsätze dieses Schreibens beachtet werden.

V. Schlussbestimmungen

Dieses Schreiben ersetzt das BMF-Schreiben vom 9. Januar 1992 – IV A 5 – S 0082 – 27/91 – (BStBl. I S. 82).

Die im BMF-Schreiben vom 27. Dezember 1999 $\frac{\text{IV D 4} - \text{O 2250} - 120/99}{\text{IV D 6} - \text{S 0082} - 17/99}$ (BStBl. I S. 1049)

aufgestellten Grundsätze zur Verwendung von Steuererklärungsvordrucken bleiben unberührt.

Anlage 1
zum BMF-Schreiben vom 11.5.2004 (BStBl. I S. 475)

Merkblatt für die Verwendung von Vordrucken im Umsatzsteuer-Voranmeldungs- und Lohnsteuer-Anmeldungsverfahren

Die folgenden Grundsätze enthalten Vorgaben, die das Erstellen und Ausfüllen maschineller Vordrucke erleichtern, so dass deren Erfassung – insbesondere im Hinblick auf eine maschinelle Beleglesung – gewährleistet wird.

I. Grundsätze

1. Aufbau des Vordrucks:

Feldeinteilungen sind einzuhalten. Die eingetragenen Werte dürfen die Begrenzungslinien nicht berühren. Es ist zu gewährleisten, dass die maschinell vorgenommenen Eintragungen deutlich lesbar und erkennbar sind. Die Zuordnung von Zeilennummer, Text, Kennzahl und Wert müssen eindeutig, zeilen- und spaltengerecht sein.

2. Ausdruck des Wertes „0":

Außer in den nachfolgend beschriebenen Fällen ist der Ausdruck des Wertes „0" nicht zulässig.

Der Ausdruck des Wertes „0" ist erforderlich bei:
- Kennzahl 42 der Lohnsteuer-Anmeldung, wenn im Anmeldungszeitraum Lohnsteuer weder einzubehalten noch zu übernehmen war,
- Kennzahl 83 der Lohnsteuer-Anmeldung und der Umsatzsteuer-Voranmeldung, wenn keine Steuer zu entrichten/kein Überschuss zu erstatten ist,
- Kennzahl 38 der Anmeldung der Sondervorauszahlung, wenn die anzumeldende Sondervorauszahlung 0 Euro beträgt.

Der Ausdruck des Wertes „0" ist zulässig:
- bei Kennzahl 48 der Lohnsteuer-Anmeldung,
- bei Berichtigungen eines angemeldeten Betrages auf 0 Euro,
- zur Verdeutlichung einzelner Sachverhalte.

3. Druck:

Bei einseitigem Druck mehrseitiger Vordrucke ist darauf zu achten, dass die jeweilige Rückseite nicht bedruckt oder beschriftet ist.

Wird auf den Ausdruck nicht benötigter Zeilen verzichtet („verkürzter Vordruck"), ist zunächst die erste Seite ganzseitig zu bedrucken. Ein mehrseitiger Druck ist nur zulässig, wenn eine Seite zur Aufnahme sämtlicher Zeilen nicht ausreicht.

Beim Ausdruck der Vordrucke ist keine Verkleinerung/Vergrößerung (Zoomeinstellung) des Druckbildes zulässig.

II. Technische Hinweise

1. Gestaltung

Papierformat:	DIN A4
Papierqualität:	DIN 6723 (90 g/qm) oder DIN 6724 (65–85 g/qm)
Hintergrund:	weiß – keine Einfärbung
Layout:	grundsätzlich Verzicht auf: • die Feldbezeichnungen „Fallart", „Steuernummer" und „Unterfallart" im Bereich der länderspezifischen Ordnungsangaben • alle Fußnoten und die auf sie verweisenden Hinweiszahlen • die Erläuterungen und Klammerzusätze, die ausschließlich Anweisungen zum Ausfüllen der Vordrucke enthalten • die Hinweise nach den Vorschriften der Datenschutzgesetze
Kennzahlenfelder:	• Höhe der Kennzahlen mindestens 2 mm • Boxgröße bei einzeln stehenden Kennzahlen/Wertefeldern (z. B. Kz 10) jeweils mindestens 5 × 5 mm, höchstens 7 × 7 mm
Schriftfarbe:	schwarz
Linien:	• Feldbegrenzungen und andere senkrechte und waagerechte Linien sind nicht zu unterbrechen • Linienstärke mindestens 0,35 mm
Zeilennummerierung:	Übernahme aus den amtlichen Vordrucken, auch bei Verzicht auf nicht relevante Zeilen
Unterschriftsfeld:	Übernahme aus amtlichen Vordrucken, Positionierung in Abhängigkeit zur Zeilennummerierung

2. Ausfüllen

Schriftfarbe:	schwarz
Schriftart:	Empfehlung: „Courier" oder „Courier New"
Zeichenhöhe:	2,5 bis 3,5 mm
Zeichenbreite:	10 Zeichen/Zoll
Zeichenabstand:	mindestens 0,2 mm
Zeilenabstand:	1,5-zeilig
Ordnungsangaben:	• Aufbereitung von Fallart, Steuernummer, Unterfallart und Anmeldungszeitraum entsprechend der Anlage 2 • keine Verwendung von Schrägstrichen und Minuszeichen
Wertefelder:	• Abstand zwischen Wert und Linie mindestens 1 mm • Abstand zwischen Kennzahl und Wert höchstens 40 mm

Anlage 2
zum BMF-Schreiben vom 11.5.2004 (BStBl. I S. 475)

Übersicht über die Ordnungsangaben für die Verwendung abweichender Vordrucke in den Steueranmeldungsverfahren (gilt bereits seit 1. Januar 2003)

Stellen 1 bis 7 einheitlich:

Stellen	1	2	3	4	5	6	7
Inhalt						1	1

§ 41a EStG
R 134

Stellen 8 bis 20:

1. Baden-Württemberg, Berlin, Bremen, Hamburg, Hessen, Niedersachsen, Rheinland-Pfalz und Schleswig-Holstein:

Stellen	8	9	10	11	12	13	14	15	16	17	18	19	20
Inhalt		F	F		B	B	B		U	U	U	U	P

2. Bayern*), Brandenburg, Mecklenburg-Vorpommern, Saarland, Sachsen, Sachsen-Anhalt und Thüringen:

Stellen	8	9	10	11	12	13	14	15	16	17	18	19	20
Inhalt	F	F	F		B	B	B		U	U	U	U	P

3. Nordrhein-Westfalen:

Stellen	8	9	10	11	12	13	14	15	16	17	18	19	20
Inhalt	F	F	F		B	B	B	B		U	U	U	P

Stellen 21 bis 32 einheitlich:

Stellen	21	22	23	24	25	26	27	28	29	30	31	32
Inhalt				S	S				J	J	Z	Z

Erläuterungen

F = Finanzamtsnummer
B = Bezirksnummer
U = Unterscheidungsnummer
P = Prüfziffer
S = Schlüsselzahl für die Unterfallart bei abweichenden Vordrucken
  57 bei Umsatzsteuer-Voranmeldungen
  Anträgen auf Dauerfristverlängerung/
  Anmeldungen der Sondervorauszahlungen
  63 bei Lohnsteuer-Anmeldungen

J = Jahr des Anmeldungszeitraums
Z = Anmeldungszeitraum
  00 bei Anträgen auf Dauerfristverlängerung/Anmeldungen der Sondervorauszahlungen
  01 bis 12 bei monatlichem Zeitraum
  41 bis 44 bei vierteljährlichem Zeitraum
  19 bei jährlichem Lohnsteuer-Anmeldungszeitraum

R 134
Abführung der Lohnsteuer

¹Der Arbeitgeber hat die Lohnsteuer in einem Betrag an die Kasse des Betriebsstättenfinanzamts (>§ 41 Abs. 2 EStG) oder an eine von der obersten Finanzbehörde des Landes bestimmte öffentliche Kasse (>§ 41a Abs. 3 EStG) abzuführen. ²Der Arbeitgeber muss auf dem Zahlungsabschnitt angeben oder durch sein Kreditinstitut angeben lassen: die Steuernummer, die Bezeichnung der Steuer und den Lohnsteuer-Anmeldungszeitraum. ³Eine Stundung der einzubehaltenden oder einbehaltenen Lohnsteuer ist nicht möglich (>§ 222 Satz 3 und 4 AO).

---

*) Bei 8-stelligen Steuernummern entfällt die Finanzamtsnummer.

§ 41 b EStG
Abschluss des Lohnsteuerabzugs

(1) ¹Bei Beendigung eines Dienstverhältnisses oder am Ende des Kalenderjahres hat der Arbeitgeber das Lohnkonto des Arbeitnehmers abzuschließen. ²Auf Grund der Eintragungen im Lohnkonto hat der Arbeitgeber spätestens bis zum 28. Februar des Folgejahres nach amtlich vorgeschriebenem Datensatz durch Datenfernübertragung an die amtlich bestimmte Übermittlungsstelle insbesondere folgende Angaben zu übermitteln (elektronische Lohnsteuerbescheinigung):

1. Name, Vorname, Geburtsdatum und Anschrift des Arbeitnehmers, die auf der Lohnsteuerkarte oder der entsprechenden Bescheinigung eingetragenen Besteuerungsmerkmale, den amtlichen Schlüssel der Gemeinde, die die Lohnsteuerkarte ausgestellt hat, die Bezeichnung und die Nummer des Finanzamts, an das die Lohnsteuer abgeführt worden ist sowie die Steuernummer des Arbeitgebers,
2. die Dauer des Dienstverhältnisses während des Kalenderjahres sowie die Anzahl der nach § 41 Abs. 1 Satz 6 vermerkten Großbuchstaben U,
3. die Art und Höhe des gezahlten Arbeitslohns sowie den nach § 41 Abs. 1 Satz 7 vermerkten Großbuchstaben S,
4. die einbehaltene Lohnsteuer, den Solidaritätszuschlag und die Kirchensteuer sowie zusätzlich den Großbuchstaben B, wenn der Arbeitnehmer für einen abgelaufenen Lohnzahlungszeitraum oder Lohnabrechnungszeitraum des Kalenderjahres unter Berücksichtigung der Vorsorgepauschale nach § 10c Abs. 3 zu besteuern war,
5. das Kurzarbeitergeld, das Schlechtwettergeld, das Winterausfallgeld, den Zuschuss zum Mutterschaftsgeld nach dem Mutterschutzgesetz, die Entschädigungen für Verdienstausfall nach dem Infektionsschutzgesetz vom 20. Juli 2000 (BGBl. I S. 1045), zuletzt geändert durch Artikel 11 § 3 des Gesetzes vom 6. August 2002 (BGBl. I S. 3082), in der jeweils geltenden Fassung, sowie die nach § 3 Nr. 28 steuerfreien Aufstockungsbeträge oder Zuschläge,
6. die auf die Entfernungspauschale anzurechnenden steuerfreien Arbeitgeberleistungen für Fahrten zwischen Wohnung und Arbeitsstätte,
7. die pauschal besteuerten Arbeitgeberleistungen für Fahrten zwischen Wohnung und Arbeitsstätte,
8. den Großbuchstaben V, wenn steuerfreie Beiträge nach § 3 Nr. 63 geleistet wurden,
9. für die steuerfreie Sammelbeförderung nach § 3 Nr. 32 den Großbuchstaben F,
10. die nach § 3 Nr. 13 und 16 steuerfrei gezahlten Verpflegungszuschüsse und Vergütungen bei doppelter Haushaltsführung,
11. Beiträge zu den gesetzlichen Rentenversicherungen und an berufsständische Versorgungseinrichtungen, getrennt nach Arbeitgeber- und Arbeitnehmeranteil,
12. die nach § 3 Nr. 62 gezahlten Zuschüsse zur Kranken- und Pflegeversicherung,
13. den Arbeitnehmeranteil am Gesamtsozialversicherungsbeitrag ohne den Arbeitnehmeranteil an den Beiträgen nach Nummer 11 und die Zuschüsse nach Nummer 12.

³Der Arbeitgeber hat dem Arbeitnehmer einen nach amtlich vorgeschriebenem Muster gefertigten Ausdruck der elektronischen Lohnsteuerbescheinigung mit Angabe des lohnsteuerlichen Ordnungsmerkmals (Absatz 2) auszuhändigen oder elektronisch bereitzustellen. ⁴Wenn das Dienstverhältnis vor Ablauf des Kalenderjahres beendet wird, hat der Arbeitgeber dem Arbeitnehmer die Lohnsteuerkarte auszuhändigen. ⁵Nach Ablauf des Kalenderjahres darf der Arbeitgeber die Lohnsteuerkarte nur aushändigen, wenn sie eine Lohnsteuerbescheinigung enthält und der Arbeitnehmer zur Einkommensteuer veranlagt wird. ⁶Dem Arbeitnehmer nicht ausgehändigte Lohnsteuerkarten ohne Lohnsteuerbescheinigungen kann der Arbeitgeber vernichten; nicht ausgehändigte Lohnsteuerkarten mit Lohnsteuerbescheinigungen hat er dem Betriebsstättenfinanzamt einzureichen.

(2) ¹Für die Datenfernübertragung hat der Arbeitgeber aus dem Namen, Vornamen und Geburtsdatum des Arbeitnehmers ein Ordnungsmerkmal nach amtlich festgelegter Regel für den Arbeitnehmer zu bilden und zu verwenden. ²Das lohnsteuerliche Ordnungsmerkmal darf nur erhoben, gebildet, verarbeitet oder genutzt werden für die Zuordnung der elektronischen Lohnsteuerbescheinigung oder sonstiger für das Besteuerungsverfahren erforderlicher Daten zu einem bestimmten Steuerpflichtigen und für Zwecke des Besteuerungsverfahrens.

(3) ¹Ein Arbeitgeber ohne maschinelle Lohnabrechnung, der ausschließlich Arbeitnehmer im Rahmen einer geringfügigen Beschäftigung in seinem Privathaushalt im Sinne des § 8a des Vierten Buches Sozialgesetzbuch beschäftigt und keine elektronische Lohnsteuerbescheinigung erteilt, hat an Stelle der elektronischen Lohnsteuerbescheinigung eine entsprechende Lohnsteuerbescheinigung auf der Lohnsteuerkarte des Arbeitnehmers zu erteilen*). ²Liegt dem Arbeitgeber eine Lohnsteuerkarte des Arbeitnehmers nicht vor, hat er die Lohnsteuerbescheinigung nach amtlich vorgeschriebenem Muster zu erteilen. ³Der Arbeitgeber hat dem Arbeitnehmer die Lohnsteuerbescheinigung auszuhändigen, wenn das Dienstverhältnis vor Ablauf des Kalenderjahres beendet wird oder der Arbeitnehmer zur Einkommensteuer veranlagt wird. ⁴In den übrigen Fällen hat der Arbeitgeber die Lohnsteuerbescheinigung dem Betriebsstättenfinanzamt einzureichen.

(4) Die Absätze 1 bis 3 gelten nicht für Arbeitnehmer, soweit sie Arbeitslohn bezogen haben, der nach den §§ 40 bis 40b pauschal besteuert worden ist.

R 135
Lohnsteuerbescheinigung

Lohnsteuerbescheinigungen

(1) Die Lohnsteuerbescheinigung richtet sich nach § 41 b EStG und der im Bundessteuerblatt Teil I bekannt gemachten Datensatzbeschreibung für die elektronische Übermittlung sowie dem entsprechenden Vordruckmuster.

(2) ¹Nach Ablauf des Kalenderjahres hat der Arbeitgeber nicht ausgehändigte Lohnsteuerkarten ohne Lohnsteuerbescheinigungen so zu vernichten, dass eine weitere Verwendung ausgeschlossen ist. ²Für den Fall, dass solche Lohnsteuerkarten nicht vernichtet wurden, sind sie aufzubewahren (>§ 147 AO). ³Ein Nachweis der Vernichtung der Lohnsteuerkarten ist nicht zu führen. ⁴Nicht ausgehändigte Lohnsteuerkarten mit Lohnsteuerbescheinigungen sind dem Betriebsstättenfinanzamt einzureichen.

(3) Arbeitnehmer, die am Schluss des Kalenderjahres im Besitz ihrer Lohnsteuerkarte sind, z. B. weil sie zu diesem Zeitpunkt nicht in einem Dienstverhältnis gestanden haben, haben die Lohnsteuerkarte spätestens bis zum Ablauf des Folgejahrs dem Finanzamt einzusenden, in dessen Bezirk die Gemeinde liegt, die die Lohnsteuerkarte ausgestellt hat; das gilt nicht, wenn die Lohnsteuerkarte einer Einkommensteuererklärung beizufügen ist.

H 135
Hinweise zu R 135
Lohnsteuerbescheinigungen

Ausdruck der elektronischen Lohnsteuerbescheinigung 2007 und Besonderen Lohnsteuerbescheinigung 2007 einschließlich Ausstellungsschreiben

BMF vom 29. 8. 2006 (BStBl. I S. 520)**)

---

*) Absatz 3 Satz 1 gilt ab dem Kalenderjahr 2006 in der folgenden Fassung:
„Ein Arbeitgeber ohne maschinelle Lohnabrechnung, der ausschließlich Arbeitnehmer im Rahmen einer geringfügigen Beschäftigung in seinem Privathaushalt im Sinne des § 8a des Vierten Buches Sozialgesetzbuch beschäftigt und keine elektronische Lohnsteuerbescheinigung erteilt, hat an Stelle der elektronischen Lohnsteuerbescheinigung eine entsprechende Lohnsteuerbescheinigung auf der Lohnsteuerkarte des Arbeitnehmers zu erteilen."
>§ 52 Abs. 52 c Satz 3 EStG.

**) Abgedruckt als Anlage zu R 135, 136 LStR.

§ 41 b EStG
R 136

Bescheinigung zu Unrecht einbehaltener Lohnsteuer

Wird von steuerfreien Einnahmen aus nichtselbständiger Arbeit (zu Unrecht) Lohnsteuer einbehalten und an ein inländisches Finanzamt abgeführt, so ist auch diese Lohnsteuer in der Lohnsteuerbescheinigung einzutragen und auf die für den Veranlagungszeitraum festgesetzte Einkommensteuerschuld des Arbeitnehmers anzurechnen (BFH vom 23. 5. 2000 – BStBl. II S. 581).

R 136
Lohnsteuerbescheinigungen von öffentlichen Kassen

¹Wird ein Arbeitnehmer, der den Arbeitslohn im Voraus für einen Lohnzahlungszeitraum erhalten hat, während dieser Zeit einer anderen Dienststelle zugewiesen und geht die Zahlung des Arbeitslohns auf die Kasse dieser Dienststelle über, so hat die früher zuständige Kasse in der Lohnsteuerbescheinigung (>R 135) den vollen von ihr gezahlten Arbeitslohn und die davon einbehaltene Lohnsteuer auch dann aufzunehmen, wenn ihr ein Teil des Arbeitslohns von der nunmehr zuständigen Kasse erstattet wird; der Arbeitslohn darf nicht um die Freibeträge für Versorgungsbezüge (>§ 19 Abs. 2 EStG) und den Altersentlastungsbetrag (>§ 24a EStG) gekürzt werden. ²Die nunmehr zuständige Kasse hat den der früher zuständigen Kasse erstatteten Teil des Arbeitslohns nicht in die Lohnsteuerbescheinigung aufzunehmen.

Anlage
zu R 135, 136

Bekanntgabe des Musters für den Ausdruck der elektronischen Lohnsteuerbescheinigung 2007; Ausschreibung von Lohnsteuerbescheinigungen und Besonderen Lohnsteuerbescheinigungen durch den Arbeitgeber ohne maschinelle Lohnabrechnung für das Kalenderjahr 2007

BMF-Schreiben vom 29. 8. 2006 (BStBl. I S. 520)

Im Einvernehmen mit den obersten Finanzbehörden der Länder wird auf Folgendes hingewiesen:

Die Arbeitgeber sind grundsätzlich verpflichtet, der Finanzverwaltung bis zum 28. Februar des Folgejahres eine elektronische Lohnsteuerbescheinigung zu übermitteln (§ 41b Abs. 1 Satz 2 des Einkommensteuergesetzes – EStG –). Davon abweichend können Arbeitgeber ohne maschinelle Lohnabrechnung, die ausschließlich Arbeitnehmer im Rahmen einer geringfügigen Beschäftigung in ihren Privathaushalten im Sinne des § 8a SGB IV beschäftigen, an Stelle der elektronischen Lohnsteuerbescheinigung eine entsprechende manuelle Lohnsteuerbescheinigung erteilen.

Für die elektronische Lohnsteuerbescheinigung und die Ausschreibung von Lohnsteuerbescheinigungen und Besonderen Lohnsteuerbescheinigungen für das Kalenderjahr 2007 sind die Vorschriften des § 39d Abs. 3 und des § 41b EStG sowie die Anordnungen in R 135 und 136 der Lohnsteuer-Richtlinien (LStR) 2005 maßgebend. Aus Vereinfachungsgründen kann der Arbeitgeber die Lohnsteuerbescheinigung für einen beschränkt einkommensteuerpflichtigen Arbeitnehmer auch dann elektronisch übermitteln, wenn der Arbeitnehmer dies nicht ausdrücklich verlangt hat.

Die jeweilige Bescheinigung richtet sich nach den beigefügten Vordruckmustern (Anlagen 1 und 2).

Für Arbeitnehmer, für die der Arbeitgeber die Lohnsteuer ausschließlich nach den §§ 40 bis 40b EStG pauschal erhoben hat, ist keine Lohnsteuerbescheinigung zu erstellen.

I. Bekanntgabe des Musters für den Ausdruck der elektronischen Lohnsteuerbescheinigung für das Kalenderjahr 2007

Dem Arbeitnehmer ist ein nach amtlich vorgeschriebenem Muster gefertigter Ausdruck der elektronischen Lohnsteuerbescheinigung mit Angabe des lohnsteuerlichen Ordnungsmerkmals (eTIN = elektronische Transfer-Identifikations-Nummer) auszuhändigen oder elektronisch bereitzustellen (§ 41b Abs. 1 Satz 3 EStG).

Außerdem gilt Folgendes:

1. Es sind die auf der Lohnsteuerkarte oder der Bescheinigung des Finanzamts eingetragenen Besteuerungsmerkmale zu bescheinigen, insbesondere der amtliche Schlüssel der Gemeinde (AGS), die die Lohnsteuerkarte ausgestellt hat.

2. Unter Nr. 2 des Ausdrucks sind in dem dafür vorgesehenen Teilfeld die nachfolgenden Großbuchstaben zu bescheinigen:

   „S" ist einzutragen, wenn die Lohnsteuer von einem sonstigen Bezug im ersten Dienstverhältnis berechnet wurde und dabei der Arbeitslohn aus früheren Dienstverhältnissen des Kalenderjahres außer Betracht geblieben ist.

   „B" ist einzutragen, wenn der Arbeitnehmer für einen abgelaufenen Lohnzahlungszeitraum oder Lohnabrechnungszeitraum des Kalenderjahres unter Berücksichtigung der Vorsorgepauschale nach § 10c Abs. 3 EStG zu besteuern war.

   „V" ist einzutragen, wenn steuerfreie Beiträge nach § 3 Nr. 63 EStG geleistet wurden.

   „F" ist einzutragen, wenn eine steuerfreie Sammelbeförderung gemäß § 3 Nr. 32 EStG erfolgte.

3. Unter Nr. 3 des Ausdrucks ist der Gesamtbetrag des steuerpflichtigen Bruttoarbeitslohns – einschließlich des Werts der Sachbezüge – zu bescheinigen, den der Arbeitnehmer aus dem Dienstverhältnis im Kalenderjahr bezogen hat. Bruttoarbeitslohn ist die Summe aus dem laufenden Arbeitslohn, der für Lohnzahlungszeiträume gezahlt worden ist, die im Kalenderjahr geendet haben, und den sonstigen Bezügen, die dem Arbeitnehmer im Kalenderjahr zugeflossen sind. Netto gezahlter Arbeitslohn ist mit dem hochgerechneten Bruttobetrag anzusetzen. Zum Bruttoarbeitslohn rechnen auch die laufend und einmalig gezahlten Versorgungsbezüge einschließlich Sterbegelder und Abfindungen/Kapitalauszahlungen solcher Ansprüche (Zeilen 8 und 30), soweit es sich nicht um Bezüge für mehrere Jahre handelt; steuerbegünstigte Versorgungsbezüge für mehrere Jahre, die ermäßigt besteuert werden, sind ausschließlich in Nr. 9 zu bescheinigen. Der Bruttoarbeitslohn darf nicht um die Freibeträge für Versorgungsbezüge (§ 19 Abs. 2 EStG) und den Altersentlastungsbetrag (§ 24a EStG) gekürzt werden. Auf der Lohnsteuerkarte eingetragene Freibeträge sind gleichfalls nicht abzuziehen und Hinzurechnungsbeträge nicht hinzuzurechnen. Arbeitslöhne im Sinne des § 8 Abs. 3 EStG sind um den Rabatt-Freibetrag nach § 8 Abs. 3 Satz 2 EStG zu kürzen.

   Nicht zum steuerpflichtigen Bruttoarbeitslohn gehören steuerfreie Bezüge, z. B. steuerfreie Zuschläge für Sonntags-, Feiertags- und Nachtarbeit, steuerfreie Umzugskostenvergütungen, steuerfreier Reisekostenersatz, Auslagenersatz, die nach § 3 Nr. 63 EStG steuerfreien Beiträge des Arbeitgebers an einen Pensionsfonds, eine Pensionskasse oder für eine Direktversicherung sowie Bezüge, für die die Lohnsteuer nach §§ 40 bis 40b EStG pauschal erhoben wurde. Nicht unter Nr. 3, sondern gesondert zu bescheinigen, sind insbesondere ermäßigt besteuerte Entschädigungen, ermäßigt besteuerter Arbeitslohn für mehrere Kalenderjahre sowie die auf Grund eines Doppelbesteuerungsabkommens oder des Auslandstätigkeitserlasses von der Lohnsteuer freigestellten Bezüge.

4. Unter Nr. 4, 5 und 6 des Ausdrucks sind die Lohnsteuer, der Solidaritätszuschlag und die Kirchensteuer zu bescheinigen, die der Arbeitgeber vom bescheinigten Bruttoarbeitslohn einbehalten hat. Als einbehaltene Lohnsteuer, einbehaltener Solidaritätszuschlag und einbehaltene Kirchensteuer sind stets die Beträge zu bescheinigen, die sich nach Verrechnung mit den vom Arbeitgeber für das Kalenderjahr beim LohnsteuerJahresausgleich erstatteten Steuerbeträgen ergeben. Übersteigen die erstatteten Beträge die vom Arbeitgeber einbehaltenen Steuerbeträge, so ist als einbehaltener Steuerbetrag jeweils der übersteigende negative Betrag mit einem deutlichen Minuszeichen zu versehen.

   Wurden Lohnsteuer, Solidaritätszuschlag oder Kirchensteuer nicht einbehalten, ist das jeweilige Eintragungsfeld durch einen waagerechten Strich auszufüllen.

5. Bei konfessionsverschiedenen Ehen (z. B. Ehemann ev, Ehefrau rk) ist der auf den Ehegatten entfallende Teil der Kirchensteuer unter Nr. 7 oder Nr. 14 des Ausdrucks anzugeben (Halbteilung der Lohnkirchensteuer). Diese Halbteilung der Lohnkirchen-

steuer kommt in Bayern, Bremen und Niedersachsen nicht in Betracht. Deshalb ist in diesen Ländern die einbehaltene Kirchensteuer immer nur unter Nr. 6 oder Nr. 13 einzutragen.

6. Unter Nr. 8 des Ausdrucks sind die in Nr. 3 enthaltenen steuerbegünstigten Versorgungsbezüge nach § 19 Abs. 2 EStG einzutragen.

7. Im Lohnsteuerabzugsverfahren ermäßigt besteuerte Entschädigungen (z. B. steuerpflichtiger Teil von Abfindungen) und der ermäßigt besteuerte Arbeitslohn für mehrere Kalenderjahre (z. B. Jubiläumszuwendungen) sind in einer Summe unter Nr. 10 des Ausdrucks gesondert zu bescheinigen.

Entschädigungen und Arbeitslohn für mehrere Kalenderjahre, die nicht ermäßigt besteuert wurden, können unter Nr. 19 eingetragen werden; diese Beträge müssen in dem unter Nr. 3 bescheinigten Bruttoarbeitslohn enthalten sein.

Gesondert zu bescheinigen sind unter Nr. 11 bis 14 des Ausdrucks die Lohnsteuer, der Solidaritätszuschlag und die Kirchensteuer, die der Arbeitgeber von ermäßigt besteuerten Versorgungsbezügen für mehrere Kalenderjahre, Entschädigungen und Vergütungen für eine mehrjährige Tätigkeit i. S. d. § 34 EStG einbehalten hat.

8. Das Kurzarbeitergeld einschließlich Saison-Kurzarbeitergeld, der Zuschuss zum Mutterschaftsgeld, die Verdienstausfallentschädigung nach dem Infektionsschutzgesetz, Aufstockungsbeträge und Altersteilzeitzuschläge sind in einer Summe unter Nr. 15 des Ausdrucks zu bescheinigen. Hat der Arbeitgeber Kurzarbeitergeld zurückgefordert, sind nur die so gekürzten Beträge zu bescheinigen. Ergibt die Verrechnung von ausgezahlten und zurückgeforderten Beträgen einen negativen Betrag, so ist dieser Betrag mit einem deutlichen Minuszeichen zu bescheinigen.

9. Unter Nr. 16 des Ausdrucks ist der nach Doppelbesteuerungsabkommen oder nach dem Auslandstätigkeitserlass steuerfreie Arbeitslohn in den dafür vorgesehenen Feldern getrennt auszuweisen.

10. Unter Nr. 17 des Ausdrucks sind die steuerfreien Sachbezüge für Fahrten zwischen Wohnung und Arbeitsstätte (§ 8 Abs. 2 Satz 9 EStG – Job-Ticket – oder § 8 Abs. 3 EStG – Verkehrsträger –) betragsmäßig zu bescheinigen. Im Einzelnen wird auf Textziffer II. 1 des BMF-Schreibens vom 27. Januar 2004 (BStBl I S. 173) hingewiesen.

Bei steuerfreier Sammelbeförderung nach § 3 Nr. 32 EStG ist der Großbuchstabe „F" unter Nr. 2 des Ausdrucks einzutragen; vgl. Textziffer II. 2 des BMF-Schreibens vom 27. Januar 2004 (a. a. O.).

11. Unter Nr. 18 des Ausdrucks sind pauschalbesteuerte Arbeitgeberleistungen für Fahrten zwischen Wohnung und Arbeitsstätte zu bescheinigen.

12. Unter Nr. 20 des Ausdrucks sind die steuerfreien Verpflegungszuschüsse bei Auswärtstätigkeiten (Dienstreisen, Einsatzwechseltätigkeit, Fahrtätigkeit) zu bescheinigen; vgl. auch Textziffer III.7 des BMF-Schreibens vom 27. Januar 2004 (a. a. O.). Die unentgeltliche Gewährung von Mahlzeiten sowie die Zuzahlung des Arbeitnehmers zu gewährten Mahlzeiten haben auf die Höhe der zu bescheinigenden Beträge keinen Einfluss. Steuerfreie Vergütungen bei doppelter Haushaltsführung sind unter Nr. 21 des Ausdrucks zu bescheinigen.

13. Bei der Bescheinigung von Zukunftssicherungsleistungen ist Folgendes zu beachten:

a) Der **Arbeitgeber**anteil der Beiträge zu den gesetzlichen Rentenversicherungen und an berufsständische Versorgungseinrichtungen, die den gesetzlichen Rentenversicherungen vergleichbare Leistungen erbringen (vgl. BMF-Schreiben vom 3. November 2005, BStBl I S. 1012), ist unter Nr. 22 des Ausdrucks zu bescheinigen, der entsprechende **Arbeitnehmer**anteil unter Nr. 23. Gleiches gilt für Beiträge, die auf Grund einer nach ausländischen Gesetzen bestehenden Verpflichtung an ausländische Sozialversicherungsträger, die den inländischen Sozialversicherungsträgern vergleichbar sind, geleistet werden.

Unter Nr. 22 und 23 sind auch Beiträge zur umlagefinanzierten Hüttenknappschaftlichen Zusatzversicherung im Saarland sowie Rentenversicherungsbeiträge bei geringfügiger Beschäftigung, wenn die Lohnsteuer nicht pauschal erhoben wurde (der Arbeitgeberbeitrag i. H. v. 15 v. H. oder 5 v. H. und der Arbeitnehmerbeitrag bei Verzicht auf die Rentenversicherungsfreiheit) zu bescheinigen. Bei geringfügiger Beschäftigung gilt dies für den Arbeitgeberbeitrag auch dann, wenn der Arbeitnehmer auf die Rentenversicherungsfreiheit nicht verzichtet hat.

Zahlt der Arbeitgeber steuerfreie Beiträge zur gesetzlichen Rentenversicherung i. S. d. § 3 Nr. 28 EStG, können diese nicht als Sonderausgaben berücksichtigt werden und sind daher nicht in der Bescheinigung anzugeben. Werden darüber hinaus steuerpflichtige Beiträge zum Ausschluss einer Minderung der Altersrente gezahlt, sind diese als Sonderausgaben abziehbar und deshalb unter Nr. 23 zu bescheinigen.

b) Steuerfreie **Zuschüsse** des Arbeitgebers zur Krankenversicherung und zur sozialen oder privaten Pflegeversicherung eines nicht krankenversicherungspflichtigen Arbeitnehmers, der in der gesetzlichen Krankenversicherung freiwillig versichert ist, soweit der Arbeitgeber zur Zuschussleistung gesetzlich verpflichtet ist, sind unter Nr. 24 des Ausdrucks einzutragen. Gleiches gilt für **Zuschüsse** des Arbeitgebers zu den Kranken- und Pflegeversicherungsbeiträgen eines nicht krankenversicherungspflichtigen Arbeitnehmers, der eine private Kranken- und Pflegeversicherung abgeschlossen hat. Nicht einzutragen ist der **Arbeitgeber**anteil zur gesetzlichen Kranken- und Pflegeversicherung.

c) Der **Arbeitnehmer**anteil am Gesamtsozialversicherungsbeitrag zur **gesetzlichen** Kranken-, Pflege- und Arbeitslosenversicherung des pflichtversicherten Arbeitnehmers ist unter Nr. 25 einzutragen. Nicht unter Nr. 25 zu bescheinigen sind Beiträge von Arbeitnehmern, die freiwillig in der gesetzlichen Kranken- und Pflegeversicherung oder anderweitig privat versichert sind. Diese Beiträge können in nicht amtlich belegten Zeilen bescheinigt werden. Zur Verwendung der Daten durch die Finanzverwaltung ist in diesen Fällen die Zeile mit „Arbeitnehmerbeitrag zur freiwilligen Kranken- und Pflegeversicherung" zu beschreiben.

d) Unter Nr. 22 bis 25 des Ausdrucks dürfen keine Beiträge oder Zuschüsse bescheinigt werden, die auf steuerfreien Arbeitslohn entfallen, z. B. auf Arbeitslohn, der nach dem Auslandstätigkeitserlass oder auf Grund eines Doppelbesteuerungsabkommens steuerfrei ist. Gleiches gilt in den Fällen, in denen Beiträge oder Zuschüsse des Arbeitgebers nicht nach § 3 Nr. 62 EStG, sondern nach einer anderen Vorschrift steuerfrei sind. Deshalb sind die Beiträge, die auf den nach § 3 Nr. 63 Satz 3 EStG steuerfreien Arbeitslohn (zusätzlicher Höchstbetrag von 1800 Euro) entfallen, nicht zu bescheinigen, weil sie nicht als Sonderausgaben abziehbar sind (Rz. 18 des BMF-Schreibens vom 24. Februar 2005, BStBl I S. 429). Dies gilt auch für Rentenversicherungsbeiträge des Arbeitgebers, die im Zusammenhang mit nach § 3 Nr. 2 EStG steuerfreiem Kurzarbeitergeld stehen.

Bei steuerfreien und steuerpflichtigen Arbeitslohnteilen im Lohnzahlungszeitraum ist nur der Anteil der Sozialversicherungsbeiträge zu bescheinigen, der sich nach dem Verhältnis des steuerpflichtigen Arbeitslohns zum gesamten Arbeitslohn des Lohnzahlungszeitraums (höchstens maßgebende Beitragsbemessungsgrenze) ergibt. Hierbei sind steuerpflichtige Arbeitslohnanteile, die nicht der Sozialversicherungspflicht unterliegen (z. B. steuerpflichtige Anteile von Entlassungsabfindungen), nicht in die Verhältnisrechnung einzubeziehen. Erreicht der steuerpflichtige Arbeitslohn im Lohnzahlungszeitraum die für die Beitragsberechnung maßgebende Beitragsbemessungsgrenze, sind die Sozialversicherungsbeiträge des Lohnzahlungszeitraums folglich insgesamt dem steuerpflichtigen Arbeitslohn zuzuordnen und in vollem Umfang zu bescheinigen.

14. Unter Nr. 26 des Ausdrucks ist die Summe des vom Arbeitgeber an Angehörige des öffentlichen Dienstes (§ 72 EStG) ausgezahlten Kindergeldes zu bescheinigen.

15. Für die Ermittlung des bei Versorgungsbezügen nach § 19 Abs. 2 EStG zu berücksichtigenden Versorgungsfreibetrags

sowie des Zuschlags zum Versorgungsfreibetrag (Freibeträge für Versorgungsbezüge) sind die Bemessungsgrundlage des Versorgungsfreibetrags, das Jahr des Versorgungsbeginns und bei unterjähriger Zahlung von Versorgungsbezügen der erste und letzte Monat für den Versorgungsbezüge gezahlt werden, maßgebend.

Sterbegelder und Kapitalauszahlungen/Abfindungen von Versorgungsbezügen sowie Nachzahlungen von Versorgungsbezügen, die sich ganz oder teilweise auf vorangegangene Kalenderjahre beziehen, sind als eigenständige zusätzliche Versorgungsbezüge zu behandeln. Für diese Bezüge sind die Höhe des gezahlten Bruttobetrags im Kalenderjahr und das maßgebende Kalenderjahr des Versorgungsbeginns anzugeben. In diesen Fällen sind die maßgebenden Freibeträge für Versorgungsbezüge in voller Höhe und nicht zeitanteilig zu berücksichtigen (Rz. 72, 74, 76 und 77 des BMF-Schreibens vom 24. Februar 2005, a.a.O.).

Der Arbeitgeber ist verpflichtet, die für die Berechnung der Freibeträge für Versorgungsbezüge erforderlichen Angaben für jeden Versorgungsbezug gesondert im Lohnkonto aufzuzeichnen (§ 4 Abs. 1 Nr. 4 LStDV i. V. m. Rz. 79 des BMF-Schreibens vom 24. Februar 2005, a.a.O.). Die so für das Lohnkonto festgelegten Angaben zu Versorgungsbezügen sind in dem Ausdruck wie folgt anzugeben (§ 41b Abs. 1 Satz 2 EStG):

a) **Versorgungsbezug, der laufenden Arbeitslohn darstellt**

Unter Nr. 27 des Ausdrucks ist die nach § 19 Abs. 2 Sätze 4 bis 11 EStG ermittelte Bemessungsgrundlage für den Versorgungsfreibetrag (das Zwölffache des Versorgungsbezugs für den ersten vollen Monat zuzüglich voraussichtlicher Sonderzahlungen) einzutragen.

Unter Nr. 28 ist das maßgebende Kalenderjahr des Versorgungsbeginns (vierstellig) zu bescheinigen.

Unter Nr. 29 ist **nur bei unterjähriger Zahlung** eines laufenden Versorgungsbezugs der erste und letzte Monat (zweistellig mit Bindestrich, z. B. „02–12" oder „01–08"), für den Versorgungsbezüge gezahlt wurden, einzutragen.

b) **Versorgungsbezug, der einen sonstigen Bezug darstellt**

Sterbegelder, Kapitalauszahlungen/Abfindungen von Versorgungsbezügen und die als sonstige Bezüge zu behandelnden Nachzahlungen von Versorgungsbezügen, die in Nr. 3 und Nr. 8 des Ausdrucks enthalten sind, sind unter Nr. 30 gesondert zu bescheinigen.

Nach § 34 EStG ermäßigt zu besteuernde Versorgungsbezüge für mehrere Kalenderjahre sind dagegen nur unter Nr. 9 des Ausdrucks zu bescheinigen. Zusätzlich ist zu den in Nr. 9 oder 30 bescheinigten Versorgungsbezügen jeweils unter Nr. 28 des Ausdrucks das Kalenderjahr des Versorgungsbeginns anzugeben.

c) **Mehrere Versorgungsbezüge**

Fällt der maßgebende Beginn mehrerer laufender Versorgungsbezüge in dasselbe Kalenderjahr (Nr. 28 des Ausdrucks), kann der Arbeitgeber unter Nr. 27 des Ausdrucks die zusammengerechneten Bemessungsgrundlagen dieser Versorgungsbezüge in einem Betrag bescheinigen (Rz. 67 des BMF-Schreibens vom 24. Februar 2005, a.a.O.). In diesem Fall sind auch unter Nr. 8 die steuerbegünstigten Versorgungsbezüge zusammenzufassen.

Bei mehreren als sonstige Bezüge gezahlten Versorgungsbezügen mit maßgebendem Versorgungsbeginn in demselben Kalenderjahr können die Nrn. 8 und/oder 9 sowie 28 und 30 zusammengefasst werden. Gleiches gilt, wenn der Versorgungsbeginn laufender Versorgungsbezüge und als sonstige Bezüge gezahlter Versorgungsbezüge in dasselbe Kalenderjahr fällt.

Bei mehreren laufenden Versorgungsbezügen und als sonstige Bezüge gezahlten Versorgungsbezügen mit unterschiedlichen Versorgungsbeginnen nach § 19 Abs. 2 Satz 3 EStG sind die Angaben zu Nr. 8 und/oder 9 sowie 27 bis 30 jeweils **getrennt** zu bescheinigen (Rz. 79 des BMF-Schreibens vom 24. Februar 2005, a.a.O.).

16. In der letzten Zeile des Ausdrucks ist stets das Finanzamt, an das die Lohnsteuer abgeführt wurde, und dessen vierstellige Nummer einzutragen. Bei Finanzamtsaußenstellen mit eigener Nummer ist diese Nummer einzutragen.

Das Muster für den Ausdruck der elektronischen Lohnsteuerbescheinigung für das Kalenderjahr 2007 wird hiermit bekannt gemacht (Anlage 1). Der Ausdruck hat das Format DIN A 4, die Rückseite ist nicht zu beschriften. In den nicht amtlich belegten Zeilen des Ausdrucks sind freiwillig vom Arbeitgeber übermittelte Daten zu bescheinigen (z. B. „Anzahl der Arbeitstage" bei Fahrten zwischen Wohnung und Arbeitsstätte). Außerdem sind weitere, nicht der Finanzverwaltung übermittelte Angaben zulässig (betriebsinterne, für den Arbeitnehmer bestimmte Informationen); dies ist entsprechend zu kennzeichnen.

Der Ausdruck der elektronischen Lohnsteuerbescheinigung kann von dem amtlichen Muster abweichen, wenn er sämtliche Angaben in derselben Reihenfolge des amtlichen Musters enthält.

Die Anschrift des Arbeitnehmers kann im Ausdruck - abweichend von der im Datensatz elektronisch übermittelten Adresse - so gestaltet sein, dass sie den Gegebenheiten des Unternehmens entspricht (z. B. Übermittlung durch Hauspost, Auslandszustellung). Eintragungsfelder (Tabellen) mit zeitraumbezogenen Angaben (Historie) können variabel – je nach Füllungsgrad – ausgedruckt werden. Es ist darauf zu achten, dass die eTIN bei Benutzung von Fensterbriefumhüllungen im Adressfeld nicht sichtbar ist.

Als Transferticket ist die von der Finanzverwaltung bei Annahme der übermittelten Datensätze elektronisch vergebene Quittungsnummer anzugeben, soweit dies technisch möglich ist.

II. Ausschreibung von Lohnsteuerbescheinigungen und Besonderen Lohnsteuerbescheinigungen für das Kalenderjahr 2007 durch den Arbeitgeber ohne maschinelle Lohnabrechnung

Die unter I. Nr. 1–16 aufgeführten Regelungen für den Ausdruck der elektronischen Lohnsteuerbescheinigung gelten für die Ausschreibung von Lohnsteuerbescheinigungen und Besonderen Lohnsteuerbescheinigungen für das Kalenderjahr 2007 durch den Arbeitgeber ohne maschinelle Lohnabrechnung entsprechend. Die Angaben zu Versorgungsbezügen (vgl. I. Nr. 15) sind in nicht benötigten Feldern einzutragen.

Ein Muster des Vordrucks „Besondere Lohnsteuerbescheinigung für das Kalenderjahr 2007" ist als Anlage 2 beigefügt. Der Vordruck wird dem Arbeitgeber auf Anforderung kostenlos vom Finanzamt zur Verfügung gestellt.

Dieses Schreiben nebst Anlagen wird im Bundessteuerblatt Teil I veröffentlicht (EStG-Kartei NRW § 41b EStG) und steht ab sofort für eine Übergangsfrist auf den Internetseiten des Bundesministeriums der Finanzen unter http://www.bundesfinanzministerium.de unter der Rubrik Steuern/Veröffentlichungen zu Steuerarten/Lohnsteuer zur Verfügung.

§ 41 b EStG
R 136

Anlage 1

Ausdruck der elektronischen Lohnsteuerbescheinigung für 2007

Nachstehende Daten wurden maschinell an die Finanzverwaltung übertragen.

	vom - bis
1. Dauer des Dienstverhältnisses	
2. Zeiträume ohne Anspruch auf Arbeitslohn	Anzahl „U"
Großbuchstaben (S, B, V, F)	

	EUR	Ct
3. Bruttoarbeitslohn einschl. Sachbezüge ohne 9. und 10.		
4. Einbehaltene Lohnsteuer von 3.		
5. Einbehaltener Solidaritätszuschlag von 3.		
6. Einbehaltene Kirchensteuer des Arbeitnehmers von 3.		
7. Einbehaltene Kirchensteuer des Ehegatten von 3. (nur bei konfessionsverschiedener Ehe)		
8. In 3. enthaltene steuerbegünstigte Versorgungsbezüge		
9. Steuerbegünstigte Versorgungsbezüge für mehrere Kalenderjahre		
10. Ermäßigt besteuerter Arbeitslohn für mehrere Kalenderjahre (ohne 9.) und ermäßigt besteuerte Entschädigungen		
11. Einbehaltene Lohnsteuer von 9. und 10.		
12. Einbehaltener Solidaritätszuschlag von 9. und 10.		
13. Einbehaltene Kirchensteuer des Arbeitnehmers von 9. und 10.		
14. Einbehaltene Kirchensteuer des Ehegatten von 9. und 10. (nur bei konfessionsverschiedener Ehe)		
15. Kurzarbeitergeld, Zuschuss zum Mutterschaftsgeld, Verdienstausfallentschädigung (Infektionsschutzgesetz), Aufstockungsbetrag und Altersteilzeitzuschlag		
16. Steuerfreier Arbeitslohn nach Doppelbesteuerungsabkommen		
16. Steuerfreier Arbeitslohn nach Auslandstätigkeitserlass		
17. Steuerfreie Arbeitgeberleistungen für Fahrten zwischen Wohnung und Arbeitsstätte		
18. Pauschalbesteuerte Arbeitgeberleistungen für Fahrten zwischen Wohnung und Arbeitsstätte		
19. Steuerpflichtige Entschädigungen und Arbeitslohn für mehrere Kalenderjahre, die nicht ermäßigt besteuert wurden - in 3. enthalten		
20. Steuerfreie Verpflegungszuschüsse bei Auswärtstätigkeit		
21. Steuerfreie Arbeitgeberleistungen bei doppelter Haushaltsführung		
22. Arbeitgeberanteil zur gesetzlichen Rentenversicherung und an berufsständische Versorgungseinrichtungen		
23. Arbeitnehmeranteil zur gesetzlichen Rentenversicherung und an berufsständische Versorgungseinrichtungen		
24. Steuerfreie Arbeitgeberzuschüsse zur Krankenversicherung und Pflegeversicherung		
25. Arbeitnehmeranteil am Gesamtsozialversicherungsbeitrag (ohne 23. und 24.)		
26. Ausgezahltes Kindergeld	-	
27. Bemessungsgrundlage für den Versorgungsfreibetrag zu 8.		
28. Maßgebendes Kalenderjahr des Versorgungsbeginns zu 8. und/oder 9.		
29. Zu 8. bei unterjähriger Zahlung: Erster und letzter Monat, für den Versorgungsbezüge gezahlt wurden		
30. Sterbegeld; Kapitalauszahlungen/Abfindungen und Nachzahlungen von Versorgungsbezügen - in 3. und 8. enthalten		

Datum:

eTIN:

Personalnummer:

Geburtsdatum:

Transferticket:

Dem Lohnsteuerabzug wurden zugrunde gelegt:

Steuerklasse	vom - bis

Zahl der Kinderfreibeträge	vom - bis

Steuerfreier Jahresbetrag	vom - bis

Hinzurechnungsbetrag	vom - bis

Kirchensteuermerkmale	vom - bis

AGS:

Anschrift des Arbeitgebers:

Finanzamt, an das die Lohnsteuer abgeführt wurde (**Name und vierstellige Nr.**)

§ 41 b EStG
R 136

Anlage 2

Besondere Lohnsteuerbescheinigung für das Kalenderjahr 2007

Auf Verlangen des Arbeitnehmers aushändigen, sonst bis zum 31. Dezember 2008 dem Finanzamt der Betriebsstätte einsenden.

Ort, Datum

Arbeitgeber

Anschrift der Betriebsstätte (Straße, Hausnummer, Ort)

Telefonnummer

(Stempel und Unterschrift)

Arbeitnehmer
Herrn/Frau

Personalnummer:

Geburtsdatum:

Dem Lohnsteuerabzug wurden zugrunde gelegt:

vom - bis

Steuerklasse

Zahl der Kinderfreibeträge

Steuerfreier Jahresbetrag € €

Hinzurechnungsbetrag (Jahresbetrag) € €

Kirchensteuermerkmale

Vorgelegen hat
☐ Lohnsteuerkarte 2007, ausgestellt von der Gemeinde
(amtlicher Gemeindeschlüssel - AGS)

im Bezirk des Finanzamts

☐ Bescheinigung des Finanzamts

Finanzamt

			vom - bis	
1. Dauer des Dienstverhältnisses				
2. Zeiträume ohne Anspruch auf Arbeitslohn	Großbuchstaben (S, B, V, F)	Anzahl „U"		
			EUR	Ct
3. Bruttoarbeitslohn einschl. Sachbezüge ohne 9. und 10.				
4. Einbehaltene Lohnsteuer von 3.				
5. Einbehaltener Solidaritätszuschlag von 3.				
6. Einbehaltene Kirchensteuer des Arbeitnehmers von 3.				
7. Einbehaltene Kirchensteuer des Ehegatten von 3. (nur bei konfessionsverschiedener Ehe)				
8. In 3. enthaltene steuerbegünstigte Versorgungsbezüge				
9. Steuerbegünstigte Versorgungsbezüge für mehrere Kalenderjahre				
10. Ermäßigt besteuerter Arbeitslohn für mehrere Kalenderjahre (ohne 9.) und ermäßigt besteuerte Entschädigungen				
11. Einbehaltene Lohnsteuer von 9. und 10.				
12. Einbehaltener Solidaritätszuschlag von 9. und 10.				
13. Einbehaltene Kirchensteuer des Arbeitnehmers von 9. und 10.				
14. Einbehaltene Kirchensteuer des Ehegatten von 9. und 10. (nur bei konfessionsverschiedener Ehe)				
15. Kurzarbeitergeld, Zuschuss zum Mutterschaftsgeld, Verdienstausfallentschädigung (Infektionsschutzgesetz), Aufstockungsbetrag und Altersteilzeitzuschlag				
16. Steuerfreier Arbeitslohn nach	Doppelbesteuerungsabkommen			
	Auslandstätigkeitserlass			
17. Steuerfreie Arbeitgeberleistungen für Fahrten zwischen Wohnung und Arbeitsstätte				
18. Pauschalbesteuerte Arbeitgeberleistungen für Fahrten zwischen Wohnung und Arbeitsstätte				
19. Steuerpflichtige Entschädigungen und Arbeitslohn für mehrere Kalenderjahre, die nicht ermäßigt besteuert wurden - in 3. enthalten				
20. Steuerfreie Verpflegungszuschüsse bei Auswärtstätigkeit				
21. Steuerfreie Arbeitgeberleistungen bei doppelter Haushaltsführung				
22. Arbeitgeberanteil zur gesetzlichen Rentenversicherung und an berufsständische Versorgungseinrichtungen				
23. Arbeitnehmeranteil zur gesetzlichen Rentenversicherung und an berufsständische Versorgungseinrichtungen				
24. Steuerfreie Arbeitgeberzuschüsse zur Krankenversicherung und Pflegeversicherung				
25. Arbeitnehmeranteil am Gesamtsozialversicherungsbeitrag (ohne 23. und 24.)				
26. Ausgezahltes Kindergeld			—	

Finanzamt, an das die Lohnsteuer abgeführt wurde (**Name und vierstellige Nr.**)

Zur Beachtung durch den Arbeitgeber

Der Arbeitgeber ohne maschinelle Lohnabrechnung, der ausschließlich Arbeitnehmer im Rahmen einer geringfügigen Beschäftigung nach § 8a SGB IV in seinem Privathaushalt beschäftigt, und die Lohnsteuerbescheinigung nicht im Rahmen des ElsterLohn-Verfahrens*) an die Finanzverwaltung übermittelt, hat eine Besondere Lohnsteuerbescheinigung zu erteilen, wenn für einen Arbeitnehmer bei Abschluss des Lohnkontos keine Lohnsteuerkarte vorgelegen hat. Erhebt der Arbeitgeber die Lohnsteuer ausschließlich pauschal, ist keine Lohnsteuerbescheinigung auszuschreiben. Die Besondere Lohnsteuerbescheinigung ist nach amtlich vorgeschriebenem Muster auszuschreiben.

§ 41 c EStG
Änderung des Lohnsteuerabzugs

(1) Der Arbeitgeber ist berechtigt, bei der jeweils nächstfolgenden Lohnzahlung bisher erhobene Lohnsteuer zu erstatten oder noch nicht erhobene Lohnsteuer nachträglich einzubehalten,

1. wenn ihm der Arbeitnehmer eine Lohnsteuerkarte mit Eintragungen vorlegt, die auf einen Zeitpunkt vor Vorlage der Lohnsteuerkarte zurückwirken, oder

2. wenn er erkennt, dass er die Lohnsteuer bisher nicht vorschriftsmäßig einbehalten hat; dies gilt auch bei rückwirkender Gesetzesänderung.

(2) ^{1}Die zu erstattende Lohnsteuer ist dem Betrag zu entnehmen, den der Arbeitgeber für seine Arbeitnehmer insgesamt an Lohnsteuer einbehalten oder übernommen hat. ^{2}Wenn die zu erstattende Lohnsteuer aus dem Betrag nicht gedeckt werden kann, der insgesamt an Lohnsteuer einzubehalten oder zu übernehmen ist, wird der Fehlbetrag dem Arbeitgeber auf Antrag vom Betriebsstättenfinanzamt ersetzt.

(3) ^{1}Nach Ablauf des Kalenderjahres oder, wenn das Dienstverhältnis vor Ablauf des Kalenderjahres endet, nach Beendigung des Dienstverhältnisses, ist die Änderung des Lohnsteuerabzugs nur bis zur Übermittlung oder Ausschreibung der Lohnsteuerbescheinigung zulässig. ^{2}Bei Änderung des Lohnsteuerabzugs nach Ablauf des Kalenderjahres ist die nachträglich einzubehaltende Lohnsteuer nach dem Jahresarbeitslohn zu ermitteln. ^{3}Eine Erstattung von Lohnsteuer ist nach Ablauf des Kalenderjahres nur im Wege des Lohnsteuer-Jahresausgleichs nach § 42b zulässig.

(4) ^{1}Der Arbeitgeber hat die Fälle, in denen er von seiner Berechtigung zur nachträglichen Einbehaltung von Lohnsteuer nach Absatz 1 keinen Gebrauch macht oder die Lohnsteuer nicht nachträglich einbehalten werden kann, weil

1. Eintragungen auf der Lohnsteuerkarte eines Arbeitnehmers, die nach Beginn des Dienstverhältnisses vorgenommen worden sind, auf einen Zeitpunkt vor Beginn des Dienstverhältnisses zurückwirken,

2. der Arbeitnehmer vom Arbeitgeber Arbeitslohn nicht mehr bezieht oder

3. der Arbeitgeber nach Ablauf des Kalenderjahres bereits die Lohnsteuerbescheinigung übermittelt oder ausgeschrieben hat,

dem Betriebsstättenfinanzamt unverzüglich anzuzeigen. ^{2}Das Finanzamt hat die zu wenig erhobene Lohnsteuer vom Arbeitnehmer nachzufordern, wenn der nachzufordernde Betrag 10 Euro übersteigt. ^{3}§ 42d bleibt unberührt.

---
*) Informationen zum ElsterLohn-Verfahren sind unter der Internetadresse www.elsterlohn.de abrufbar.

§ 41 c EStG

Steuernummer

Arbeitgeber — Anschrift der Betriebsstätte

Ort, Datum

Telefon

Finanzamt

Anzeige über nicht durchgeführten Lohnsteuerabzug

Für den Arbeitnehmer (Name, Vorname, Anschrift)

geboren am

Zutreffendes bitte ankreuzen ☒

wird folgendes angezeigt:

☐ Der Barlohn des Arbeitnehmers reicht zur Deckung der Lohnsteuer nicht aus; der Arbeitnehmer hat den Fehlbetrag an Lohnsteuer nicht zur Verfügung gestellt und der Fehlbetrag konnte auch nicht durch Zurückbehalten anderer Bezüge aufgebracht werden (§ 38 Abs. 4 EStG).

☐ Von der Berechtigung zur nachträglichen Einbehaltung von Lohnsteuer wird kein Gebrauch gemacht (§ 41c Abs. 4 EStG).

☐ Die Lohnsteuer kann nachträglich nicht einbehalten werden (§ 41c Abs. 4 EStG), weil

☐ Eintragungen auf der Lohnsteuerkarte des Arbeitnehmers oder der entsprechenden Bescheinigung des Finanzamts, die nach Beginn des Dienstverhältnisses vorgenommen worden sind, auf einen Zeitpunkt vor Beginn des Dienstverhältnisses zurückwirken;

☐ der Arbeitnehmer Arbeitslohn nicht mehr bezieht;

☐ nach Ablauf des Kalenderjahrs bereits die Lohnsteuerbescheinigung ausgeschrieben wurde.

☐ Dem Arbeitnehmer wurde im Rahmen seines Dienstverhältnisses Arbeitslohn von einem Dritten gewährt. Er ist seiner Angabepflicht nicht oder in unzutreffender Weise nachgekommen. Die mir zu diesem Sachverhalt bekannten Tatsachen sind auf der Rückseite dieses Vordrucks oder einem gesonderten Blatt angegeben (§ 38 Abs. 1 Satz 3 i. V. m. Abs. 4 Satz 3 EStG).

Auf der Rückseite dieses Vordrucks bzw. auf einem gesonderten Blatt (z. B. Auszug aus dem Lohnkonto) sind angegeben:

1. Die auf der Lohnsteuerkarte oder der entsprechenden Bescheinigung des Finanzamts eingetragenen und ggf. geänderten Besteuerungsmerkmale (Steuerklasse, Zahl der Kinderfreibeträge, Religionszugehörigkeit, Steuerfreibetrag und Hinzurechnungsbetrag).

2. Die für die Berechnung der Steuernachforderung erforderlichen Angaben über Art und Höhe des bisherigen und ggf. geänderten Arbeitslohns sowie die hierauf entfallenden Steuerabzugsbeträge für jeden betroffenen Lohnzahlungszeitraum.

(Stempel und Unterschrift)

§ 41 c EStG
R 137, 138, 139

R 137
Änderung des Lohnsteuerabzugs

(1) ¹Unabhängig von der Verpflichtung des Arbeitgebers, nach § 39 c Abs. 2 EStG den Lohnsteuerabzug für den Monat Januar erforderlichenfalls zu ändern, ist der Arbeitgeber in den in § 41 c Abs. 1 EStG bezeichneten Fällen zu einer Änderung des Lohnsteuerabzugs bei der jeweils nächstfolgenden Lohnzahlung berechtigt. ²Die Änderung ist zugunsten oder zuungunsten des Arbeitnehmers zulässig, ohne dass es dabei auf die Höhe der zu erstattenden oder nachträglich einzubehaltenden Steuer ankommt. ³Für die nachträgliche Einbehaltung durch den Arbeitgeber gilt der Mindestbetrag für die Nachforderung durch das Finanzamt (§ 41 c Abs. 4 Satz 2 EStG) nicht.

(2) ¹Der Arbeitgeber ist zur Änderung des Lohnsteuerabzugs nur berechtigt, soweit die Lohnsteuer von ihm einbehalten worden ist oder einzubehalten war. ²Bei Nettolöhnen (>R 122) gilt dies für die zu übernehmende Steuer. ³Bei Eintragungen auf der Lohnsteuerkarte eines Arbeitnehmers, die auf einen Zeitpunkt vor Beginn des Dienstverhältnisses zurückwirken, wird auf die Anzeigepflicht des Arbeitgebers (>R 138) verwiesen.

(3) ¹Die Änderung des Lohnsteuerabzugs auf Grund rückwirkender Eintragungen auf der Lohnsteuerkarte ist nicht auf die Fälle beschränkt, in denen die Gemeinde oder das Finanzamt Eintragungen auf der Lohnsteuerkarte eines Arbeitnehmers mit Wirkung von einem zurückliegenden Zeitpunkt an ändert oder ergänzt. ²Die Änderung des Lohnsteuerabzugs ist ebenso zulässig, wenn der Arbeitgeber wegen Nichtvorlage der Lohnsteuerkarte den Lohnsteuerabzug gemäß § 39 c Abs. 1 EStG vorgenommen hat und der Arbeitnehmer erstmals eine Lohnsteuerkarte vorlegt oder wenn bei Vorauszahlung des Arbeitslohns der Geltungsbeginn einer Eintragung auf der Lohnsteuerkarte in einen bereits abgerechneten Lohnzahlungszeitraum fällt. ³Der Inhalt der nach §§ 39 b Abs. 6, 39 c Abs. 3 und 39 d Abs. 1 EStG ausgestellten Bescheinigungen ist ebenso wie die Eintragungen auf der Lohnsteuerkarte zu berücksichtigen.

(4) ¹Die Änderung des Lohnsteuerabzugs ist, sofern der Arbeitgeber von seiner Berechtigung hierzu Gebrauch macht, bei der nächsten Lohnzahlung vorzunehmen, die auf die Vorlage der Lohnsteuerkarte mit den rückwirkenden Eintragungen oder das Erkennen einer nicht vorschriftsmäßigen Lohnsteuereinbehaltung folgt. ²Der Arbeitgeber darf in Fällen nachträglicher Einbehaltung von Lohnsteuer die Einbehaltung nicht auf mehrere Lohnzahlungen verteilen. ³Die nachträgliche Einbehaltung ist auch insoweit zulässig, als dadurch die Pfändungsfreigrenzen unterschritten werden; wenn die nachträglich einzubehaltende Lohnsteuer den auszuzahlenden Barlohn übersteigt, ist die nachträgliche Einbehaltung insgesamt zu unterlassen und dem Finanzamt eine Anzeige nach § 41 c Abs. 4 EStG zu erstatten.

(5) ¹Im Fall der Erstattung von Lohnsteuer hat der Arbeitgeber die zu erstattende Lohnsteuer dem Gesamtbetrag der von ihm abzuführenden Lohnsteuer zu entnehmen. ²Als Antrag auf Ersatz eines etwaigen Fehlbetrags reicht es aus, wenn in der Lohnsteueranmeldung der Erstattungsbetrag kenntlich gemacht wird. ³Macht der Arbeitgeber von seiner Berechtigung zur Lohnsteuererstattung nach § 41 c Abs. 1 und 2 EStG keinen Gebrauch, so kann der Arbeitnehmer die Erstattung nach § 37 Abs. 2 AO beim Finanzamt beantragen. ⁴R 139 Abs. 4 Satz 2 gilt sinngemäß.

(6) ¹Nach Ablauf des Kalenderjahres ist eine Änderung des Lohnsteuerabzugs in der Weise vorzunehmen, dass die Jahreslohnsteuer festzustellen und durch Gegenüberstellung mit der insgesamt einbehaltenen Lohnsteuer der nachträglich einzubehaltende oder zu erstattende Steuerbetrag zu ermitteln ist. ²Eine Erstattung darf aber nur im Lohnsteuer-Jahresausgleich unter den Voraussetzungen des § 42 b EStG vorgenommen werden. ³Wenn der Arbeitgeber nach § 42 b Abs. 1 EStG den Lohnsteuer-Jahresausgleich nicht durchführen darf, ist auch eine Änderung des Lohnsteuerabzugs mit Erstattungsfolge nicht möglich; der Arbeitnehmer kann in diesen Fällen die Erstattung im Rahmen einer Veranlagung zur Einkommensteuer erreichen. ⁴Soweit der Arbeitgeber auf Grund einer Änderung des Lohnsteuerabzugs nach Ablauf des Kalenderjahres nachträglich Lohnsteuer einbehält, handelt es sich um Lohnsteuer des abgelaufenen Kalenderjahres, die zusammen mit der übrigen einbehaltenen Lohnsteuer des abgelaufenen Kalenderjahres in einer Summe in der Lohnsteuerbescheinigung zu übermitteln oder anzugeben ist.

(6a) ¹Hat der Arbeitgeber die Lohnsteuerbescheinigung übermittelt oder ausgestellt, ist eine Änderung des Lohnsteuerabzuges nicht mehr möglich. ²Die bloße Korrektur eines zunächst unrichtig übermittelten Datensatzes ist zulässig. ³Die Anzeigeverpflichtung nach § 41 c Abs. 4 Satz 1 Nr. 3 EStG bleibt unberührt.

(7) ¹Bei beschränkt Steuerpflichtigen ist auch nach Ablauf des Kalenderjahres eine Änderung des Lohnsteuerabzugs nur für die Lohnzahlungszeiträume vorzunehmen, auf sich die Änderungen beziehen. ²Eine Änderung mit Erstattungsfolge kann in diesem Falle nur das Finanzamt durchführen (>§ 37 Abs. 2 AO).

H 137
Hinweise zu R 137
Änderung des Lohnsteuerabzugs
Erstattungsantrag

Erstattungsansprüche des Arbeitnehmers wegen zu Unrecht einbehaltener Lohnsteuer sind nach Ablauf des Kalenderjahrs im Rahmen einer Veranlagung zur Einkommensteuer geltend zu machen. Darüber hinaus ist ein Erstattungsantrag gemäß § 37 AO nicht zulässig (>BFH vom 20. 5. 1983 – BStBl. II S. 584).

R 138
Anzeigepflichten des Arbeitgebers

(1) ¹Der Arbeitgeber hat die Anzeigepflichten nach §§ 38 Abs. 4, 41 c Abs. 4 EStG unverzüglich zu erfüllen. ²Sobald der Arbeitgeber erkennt, dass der Lohnsteuerabzug in zu geringer Höhe vorgenommen worden ist, hat er dies dem Betriebsstättenfinanzamt anzuzeigen, wenn er die Lohnsteuer nicht nachträglich einbehalten kann oder von seiner Berechtigung hierzu keinen Gebrauch macht; dies gilt auch bei rückwirkender Gesetzesänderung. ³Der Arbeitgeber hat die Anzeige über die zu geringe Einbehaltung der Lohnsteuer gegebenenfalls auch für die zurückliegenden vier Kalenderjahre zu erstatten. ⁴Die Anzeigepflicht besteht unabhängig von dem Mindestbetrag (§ 41 c Abs. 4 Satz 2 EStG) für die Nachforderung durch das Finanzamt.

(2) ¹Die Anzeige ist schriftlich zu erstatten. ²In ihr sind der Name und die Anschrift des Arbeitnehmers, die auf der Lohnsteuerkarte eingetragenen Besteuerungsmerkmale, nämlich Geburtstag, Steuerklasse, Zahl der Kinderfreibeträge, Religionsgemeinschaft, an die die Kirchensteuer abzuführen ist, und gegebenenfalls ein Freibetrag oder Hinzurechnungsbetrag, sowie der Anzeigegrund und die für die Berechnung einer Lohnsteuer-Nachforderung erforderlichen Mitteilungen über Höhe und Art des Arbeitslohns, z. B. Auszug aus dem Lohnkonto, anzugeben.

(3) ¹Das Betriebsstättenfinanzamt hat die Anzeige an das für die Einkommensbesteuerung des Arbeitnehmers zuständige Finanzamt weiterzuleiten, wenn es zweckmäßig erscheint, die Lohnsteuer-Nachforderung nicht sofort durchzuführen, z. B. weil es wahrscheinlich ist, dass der Arbeitnehmer zur Einkommensteuer veranlagt wird. ²Das ist auch angebracht in Fällen, in denen bei Eingang der Anzeige nicht zu übersehen ist, ob sich bei Änderung des Lohnsteuerabzugs nach Ablauf des Kalenderjahres (>§ 41 c Abs. 3 Satz 2 EStG) eine Lohnsteuer-Nachforderung ergeben wird.

R 139
Nachforderung von Lohnsteuer

(1) Zur Erfassung der Nachforderungsfälle, die auf einer Änderung oder Ergänzung der Eintragungen auf der Lohnsteuerkarte durch die Gemeinde beruhen, kann das Finanzamt Anweisungen erteilen (>§ 39 Abs. 6 Satz 2 EStG).

§ 41 c EStG

R 139

(2) In den Fällen der §§ 38 Abs. 4 und 41 c Abs. 4 EStG ist das Betriebsstättenfinanzamt für die Nachforderung dann zuständig, wenn die zu wenig erhobene Lohnsteuer bereits im Laufe des Kalenderjahres nachgefordert werden soll.

(3) ¹Im Falle des § 41 c Abs. 4 EStG gilt für die Berechnung der nachzufordernden Lohnsteuer nach Ablauf des Kalenderjahres R 137 Abs. 6 Satz 1 und Abs. 7 Satz 1 entsprechend. ²In anderen Fällen ist die Jahreslohnsteuer wie folgt zu ermitteln:

1		Bruttoarbeitslohn
2	+	ermäßigt besteuerte Entschädigungen und ermäßigt besteuerte Vergütungen für mehrjährige Tätigkeit im Sinne des § 34 EStG
3	=	Jahresarbeitslohn
4	–	Freibeträge für Versorgungsbezüge (§ 19 Abs. 2 EStG)
5	–	Werbungskosten, maßgebender Pauschbetrag für Werbungskosten (§§ 9, 9 a EStG)
6	–	Altersentlastungsbetrag (§ 24 a EStG)
7	–	Entlastungsbetrag für Alleinerziehende (§ 24 b EStG)
8	=	Gesamtbetrag der Einkünfte (§ 2 Abs. 3 EStG)
9	–	Sonderausgaben (§§ 10, 10 b, 10 c EStG)
10	–	außergewöhnliche Belastungen (§§ 33 bis 33 c EStG)
11	=	Einkommen (§ 2 Abs. 4 EStG)
12	–	Freibeträge für Kinder (nur für Kinder, für die kein Anspruch auf Kindergeld besteht; § 39 a Abs. 1 Nr. 6 EStG)
13	=	zu versteuerndes Einkommen (§ 2 Abs. 5 EStG)
14	–	Entschädigungen und Vergütungen im Sinne des § 34 EStG (Zeile 2)
15	=	verbleibendes zu versteuerndes Einkommen
16	+	ein Fünftel der Entschädigungen und Vergütungen im Sinne des § 34 EStG (Zeile 2)
17	=	Summe
18		Steuerbetrag für die Summe (Zeile 17) laut Grundtarif/Splittingtarif
19	–	Steuerbetrag für das verbleibende zu versteuernde Einkommen (Zeile 15) laut Grundtarif/Splittingtarif
20	=	Unterschiedsbetrag

⁶Hat der Arbeitnehmer keine Entschädigungen und Vergütungen im Sinne des § 34 EStG bezogen, so ist der für das zu versteuernde Einkommen (Zeile 13) nach dem Grundtarif/Splittingtarif ermittelte Steuerbetrag die Jahreslohnsteuer (tarifliche Einkommensteuer – § 32 a Abs. 1, 5 EStG). ⁷Hat der Arbeitnehmer Entschädigungen und Vergütungen im Sinne des § 34 EStG bezogen, so ist der Steuerbetrag für das verbleibende zu versteuernde Einkommen (Zeile 19) zuzüglich des Fünffachen des Unterschiedsbetrags (Zeile 20) die Jahreslohnsteuer (tarifliche Einkommensteuer – § 32 a Abs. 1, 5 EStG).

(4) ¹Will das Finanzamt zu wenig einbehaltene Lohnsteuer vom Arbeitnehmer nachfordern, so erlässt es gegen diesen einen Steuerbescheid. ²Der nachgeforderte Betrag ist wie die einbehaltene Lohnsteuer vom Finanzamt in der Lohnsteuerbescheinigung auf der Lohnsteuerkarte einzutragen; dies gilt nicht für die Nachforderung von Lohnsteuer nach Ablauf des Kalenderjahres. ³Nach Ablauf des Kalenderjahres kommt eine Nachforderung von Lohnsteuer oder Einkommensteuer gegebenenfalls auch durch erstmalige oder geänderte Veranlagung zur Einkommensteuer in Betracht. ⁴Die Nachforderungen von Lohnsteuer oder Einkommensteuer erfolgt durch erstmalige oder geänderte Veranlagung zur Einkommensteuer, wenn auf der Lohnsteuerkarte ein Hinzurechnungsbetrag eingetragen ist (>§ 46 Abs. 2 Nr. 2 EStG).

(5) ¹Außer im Fall des § 38 Abs. 4 EStG unterbleibt die Nachforderung, wenn die nachzufordernde Lohnsteuer den Mindestbetrag nach § 41 c Abs. 4 Satz 2 EStG nicht übersteigt (Kleinbetragsgrenze). ²Bezieht sich die Nachforderung auf mehrere Kalenderjahre, so ist für jedes Kalenderjahr gesondert festzustellen, ob der Mindestbetrag überschritten wird. ³Treffen in einem Kalenderjahr mehrere Nachforderungsgründe zusammen, so gilt der Mindestbetrag für die insgesamt nachzufordernde Lohnsteuer.

H 139
Hinweise zu R 139
Nachforderung von Lohnsteuer

Einzelfälle

Das Finanzamt hat die zu wenig einbehaltene Lohnsteuer vom Arbeitnehmer nachzufordern, wenn

– der Barlohn des Arbeitnehmers zur Deckung der Lohnsteuer nicht ausreicht und die Steuer weder aus zurückbehaltenen anderen Bezügen des Arbeitnehmers noch durch einen entsprechenden Barzuschuss des Arbeitnehmers aufgebracht werden kann (>§ 38 Abs. 4 EStG),

– eine Änderung von Eintragungen auf der Lohnsteuerkarte erforderlich war, diese aber unterblieben ist (>§ 39 Abs. 4 EStG),

– in den Fällen des § 39 a Abs. 5 EStG ein auf der Lohnsteuerkarte eingetragener Freibetrag rückwirkend herabgesetzt worden ist und der Arbeitgeber die zu wenig erhobene Lohnsteuer nicht nachträglich einbehalten kann,

– die rückwirkende Änderung eines auf der Lohnsteuerkarte eingetragenen Pauschbetrags für Behinderte und Hinterbliebene (>§ 33 b EStG) wegen der bereits erteilten Lohnsteuerbescheinigung nicht zu einer Nacherhebung von Lohnsteuer durch den Arbeitgeber führen kann (>BFH vom 24. 9. 1982 – BStBl. 1983 II S. 60),

– der Arbeitgeber dem Finanzamt angezeigt hat, dass er von seiner Berechtigung, Lohnsteuer nachträglich einzubehalten, keinen Gebrauch macht, oder die Lohnsteuer nicht nachträglich einbehalten kann (>§ 41 c Abs. 4 EStG),

– der Arbeitnehmer in den Fällen des § 42 d Abs. 3 Satz 4 EStG für die nicht vorschriftsmäßig einbehaltene oder angemeldete Lohnsteuer in Anspruch zu nehmen ist; wegen der Wahl der Inanspruchnahme >R 145 Abs. 3 und 4.

Erkenntnisse aus rechtswidriger Außenprüfung

>BFH von 9. 11. 1984 (BStBl. 1985 II S. 191).

Freibeträge, rückwirkende Änderung

Wird Lohnsteuer nach Ablauf des Kalenderjahrs wegen der rückwirkenden Änderung eines auf der Lohnsteuerkarte eingetragenen Pauschbetrags für behinderte Menschen und Hinterbliebene (>§ 33 b EStG) und einer bereits erteilten Lohnsteuerbescheinigung nachgefordert, bedarf es keiner förmlichen Berichtigung des Freibetrags; es genügt, wenn die Inanspruchnahme des Arbeitnehmers ausdrücklich mit der rückwirkenden Änderung des eingetragenen Freibetrags begründet wird (>BFH vom 24. 9. 1982 – BStBl. 1983 II S. 60).

Zuständigkeit

Für die Nachforderung ist im Allgemeinen das für die Einkommensbesteuerung des Arbeitnehmers zuständige Finanzamt zuständig (>BFH vom 21. 2. 1992 – BStBl. II S. 565). Für die Nachforderung zu wenig einbehaltener Lohnsteuer von beschränkt einkommensteuerpflichtigen Arbeitnehmern ist stets das Betriebsstättenfinanzamt zuständig (>BFH vom 20. 6. 1990 – BStBl. 1992 II S. 43).

§ 42 b EStG
Lohnsteuer-Jahresausgleich durch den Arbeitgeber

(1) ¹Der Arbeitgeber ist berechtigt, seinen unbeschränkt einkommensteuerpflichtigen Arbeitnehmern, die während des abgelaufenen Kalenderjahres (Ausgleichsjahr) ständig in einem Dienstverhältnis gestanden haben, die für das Ausgleichsjahr einbehaltene Lohnsteuer insoweit zu erstatten, als sie die auf den Jahresarbeitslohn entfallende Jahreslohnsteuer übersteigt (Lohnsteuer-Jahresausgleich). ²Er ist zur Durchführung des Lohnsteuer-Jahresausgleichs verpflichtet, wenn er am 31. Dezember des Ausgleichsjahres mindestens zehn Arbeitnehmer beschäftigt. ³Voraussetzung für den Lohnsteuer-Jahresausgleich ist, dass dem Arbeitgeber die Lohnsteuerkarte und Lohnsteuerbescheinigungen aus etwaigen vorangegangenen Dienstverhältnissen vorliegen. ⁴Der Arbeitgeber darf den Lohnsteuer-Jahresausgleich nicht durchführen, wenn

1. der Arbeitnehmer es beantragt oder
2. der Arbeitnehmer für das Ausgleichsjahr oder für einen Teil des Ausgleichsjahres nach den Steuerklassen V oder VI zu besteuern war oder
3. der Arbeitnehmer für einen Teil des Ausgleichsjahres nach den Steuerklassen II, III oder IV zu besteuern war oder
3a. bei der Lohnsteuerberechnung ein Freibetrag oder Hinzurechnungsbetrag zu berücksichtigen war oder
4. der Arbeitnehmer im Ausgleichsjahr Kurzarbeitergeld, Schlechtwettergeld, Winterausfallgeld, Zuschuss zum Mutterschaftsgeld nach dem Mutterschutzgesetz, Zuschuss nach § 4a der Mutterschutzverordnung oder einer entsprechenden Landesregelung, Entschädigungen für Verdienstausfall nach dem Infektionsschutzgesetz vom 20. Juli 2000 (BGBl. I S. 1045) oder nach § 3 Nr. 28 steuerfreie Aufstockungsbeträge oder Zuschläge bezogen hat oder
4a. die Anzahl der im Lohnkonto oder in der Lohnsteuerbescheinigung eingetragenen Großbuchstaben U mindestens eins beträgt oder
5. der Arbeitslohn im Ausgleichsjahr unter Berücksichtigung der Vorsorgepauschale nach § 10c Abs. 2 und der Vorsorgepauschale nach § 10c Abs. 3 zu besteuern war oder
6. der Arbeitnehmer im Ausgleichsjahr ausländische Einkünfte aus nichtselbständiger Arbeit bezogen hat, die nach einem Abkommen zur Vermeidung der Doppelbesteuerung oder unter Progressionsvorbehalt nach § 34c Abs. 5 von der Lohnsteuer freigestellt waren.

(2) ¹Für den Lohnsteuer-Jahresausgleich hat der Arbeitgeber den Jahresarbeitslohn aus dem zu ihm bestehenden Dienstverhältnis und nach den Lohnsteuerbescheinigungen aus etwaigen vorangegangenen Dienstverhältnissen festzustellen. ²Dabei bleiben Bezüge im Sinne des § 34 Abs. 1 und 2 Nr. 2 und 4 außer Ansatz, wenn der Arbeitnehmer nicht jeweils die Einbeziehung in den Lohnsteuer-Jahresausgleich beantragt. ³Vom Jahresarbeitslohn sind der etwa in Betracht kommende Versorgungsfreibetrag und Zuschlag zum Versorgungsfreibetrag und der etwa in Betracht kommende Altersentlastungsbetrag abzuziehen. ⁴Für den so geminderten Jahresarbeitslohn ist nach Maßgabe der auf der Lohnsteuerkarte zuletzt eingetragenen Steuerklasse die Jahreslohnsteuer nach § 39b Abs. 2 Satz 6 und 7 zu ermitteln. ⁵Den Betrag, um den die sich hiernach ergebende Jahreslohnsteuer die Lohnsteuer unterschreitet, die von dem zugrunde gelegten Jahresarbeitslohn insgesamt erhoben worden ist, hat der Arbeitgeber dem Arbeitnehmer zu erstatten. ⁶Bei der Ermittlung der insgesamt erhobenen Lohnsteuer ist die Lohnsteuer auszuscheiden, die von den nach Satz 2 außer Ansatz gebliebenen Bezügen einbehalten worden ist.

(3) ¹Der Arbeitgeber darf den Lohnsteuer-Jahresausgleich frühestens bei der Lohnabrechnung für den letzten im Ausgleichsjahr endenden Lohnzahlungszeitraum, spätestens bei der Lohnabrechnung für den letzten Lohnzahlungszeitraum, der im Monat März des dem Ausgleichsjahr folgenden Kalenderjahres endet, durchführen. ²Die zu erstattende Lohnsteuer ist dem Betrag zu entnehmen, den der Arbeitgeber für seine Arbeitnehmer für den Lohnzahlungszeitraum insgesamt an Lohnsteuer erhoben hat. ³§ 41c Abs. 2 Satz 2 ist anzuwenden.

(4) ¹Der Arbeitgeber hat im Lohnkonto für das Ausgleichsjahr den Inhalt etwaiger Lohnsteuerbescheinigungen zu vorangegangenen Dienstverhältnissen des Arbeitnehmers einzutragen. ²Im Lohnkonto für das Ausgleichsjahr ist die im Lohnsteuer-Jahresausgleich erstattete Lohnsteuer gesondert einzutragen. ³In der Lohnsteuerbescheinigung für das Ausgleichsjahr ist der sich nach Verrechnung der erhobenen Lohnsteuer mit der erstatteten Lohnsteuer ergebende Betrag als erhobene Lohnsteuer einzutragen.

R 143
Durchführung des Lohnsteuer-Jahresausgleichs durch den Arbeitgeber

(1) ¹Der Arbeitgeber darf den Lohnsteuer-Jahresausgleich nur für unbeschränkt einkommensteuerpflichtige Arbeitnehmer durchführen,

1. die während des Ausgleichsjahrs ständig in einem Dienstverhältnis gestanden haben,
2. die am 31. Dezember des Ausgleichsjahrs in seinen Diensten stehen oder zu diesem Zeitpunkt von ihm Arbeitslohn aus einem früheren Dienstverhältnis beziehen und
3. bei denen kein Ausschlusstatbestand nach § 42b Abs. 1 Satz 3 und 4 EStG vorliegt.

²In die Feststellung, ob die Voraussetzung der Nummer 1 erfüllt ist, sind auch Zeiträume einzubeziehen, für die der Arbeitnehmer laufenden Arbeitslohn aus einem früheren Dienstverhältnis erhalten hat. ³Beginnt oder endet die unbeschränkte Einkommensteuerpflicht im Laufe des Kalenderjahres, so darf der Arbeitgeber den Lohnsteuer-Jahresausgleich nicht durchführen.

(2) – weggefallen –

(3) – weggefallen –

(4) Beantragt der Arbeitnehmer, Entschädigungen oder Vergütungen für mehrjährige Tätigkeit im Sinne des § 34 EStG in den Lohnsteuer-Jahresausgleich einzubeziehen (>§ 42b Abs. 2 Satz 2 EStG), so gehören die Entschädigungen und Vergütungen zum Jahresarbeitslohn, für den die Jahreslohnsteuer zu ermitteln ist.

(5) ¹Bei Arbeitnehmern, für die der Arbeitgeber nach § 42b Abs. 1 EStG einen Lohnsteuer-Jahresausgleich durchführen darf, darf der Arbeitgeber den Jahresausgleich mit der Ermittlung der Lohnsteuer für den letzten im Ausgleichsjahr endenden Lohnzahlungszeitraum zusammenfassen (>§ 42b Abs. 3 Satz 1 EStG). ²Hierbei ist die Jahreslohnsteuer nach § 42b Abs. 2 Satz 1 bis 3 EStG zu ermitteln und der Lohnsteuer, die von dem Jahresarbeitslohn erhoben worden ist, gegenüberzustellen. ³Übersteigt die ermittelte Jahreslohnsteuer die erhobene Lohnsteuer, so ist der Unterschiedsbetrag die Lohnsteuer, die für den letzten Lohnzahlungszeitraum des Ausgleichsjahrs einzubehalten ist. ⁴Übersteigt die erhobene Lohnsteuer die ermittelte Jahreslohnsteuer, so ist der Unterschiedsbetrag dem Arbeitnehmer zu erstatten; § 42b Abs. 3 Satz 2 und 3 sowie Abs. 4 EStG ist hierbei anzuwenden.

§ 42 d EStG
Haftung des Arbeitgebers und Haftung bei Arbeitnehmerüberlassung

(1) Der Arbeitgeber haftet
1. für die Lohnsteuer, die er einzubehalten und abzuführen hat,
2. für die Lohnsteuer, die er beim Lohnsteuer-Jahresausgleich zu Unrecht erstattet hat,
3. für die Einkommensteuer (Lohnsteuer), die auf Grund fehlerhafter Angaben im Lohnkonto oder in der Lohnsteuerbescheinigung verkürzt wird,
4. für die Lohnsteuer, die in den Fällen des § 38 Abs. 3a der Dritte zu übernehmen hat.

(2) Der Arbeitgeber haftet nicht, soweit Lohnsteuer nach § 39 Abs. 4 oder § 39a Abs. 5 nachzufordern ist und in den vom Arbeitgeber angezeigten Fällen des § 38 Abs. 4 Satz 2 und 3 und des § 41c Abs. 4.

(3) ¹Soweit die Haftung des Arbeitgebers reicht, sind der Arbeitgeber und der Arbeitnehmer Gesamtschuldner. ²Das Betriebsstättenfinanzamt kann die Steuerschuld oder Haftungsschuld nach pflichtgemäßem Ermessen gegenüber jedem Gesamtschuldner geltend machen. ³Der Arbeitgeber kann auch dann in Anspruch genommen werden, wenn der Arbeitnehmer zur Einkommensteuer veranlagt wird. ⁴Der Arbeitnehmer kann im Rahmen der Gesamtschuldnerschaft nur in Anspruch genommen werden,
1. wenn der Arbeitgeber die Lohnsteuer nicht vorschriftsmäßig vom Arbeitslohn einbehalten hat,
2. wenn der Arbeitnehmer weiß, dass der Arbeitgeber die einbehaltene Lohnsteuer nicht vorschriftsmäßig angemeldet hat.

⁵Dies gilt nicht, wenn der Arbeitnehmer den Sachverhalt dem Finanzamt unverzüglich mitgeteilt hat.

(4) ¹Für die Inanspruchnahme des Arbeitgebers bedarf es keines Haftungsbescheids und keines Leistungsgebots, soweit der Arbeitgeber
1. die einzubehaltende Lohnsteuer angemeldet hat oder
2. nach Abschluss einer Lohnsteuer-Außenprüfung seine Zahlungsverpflichtung schriftlich anerkennt.

²Satz 1 gilt entsprechend für die Nachforderung zu übernehmender pauschaler Lohnsteuer.

(5) Von der Geltendmachung der Steuernachforderung oder Haftungsforderung ist abzusehen, wenn diese insgesamt 10 Euro nicht übersteigt.

(6) ¹Soweit einem Dritten (Entleiher) Arbeitnehmer gewerbsmäßig zur Arbeitsleistung überlassen werden, haftet er mit Ausnahme der Fälle, in denen eine Arbeitnehmerüberlassung nach § 1 Abs. 3 des Arbeitnehmerüberlassungsgesetzes vorliegt, neben dem Arbeitgeber. ²Der Entleiher haftet nicht, wenn der Überlassung eine Erlaubnis nach § 1 des Arbeitnehmerüberlassungsgesetzes in der Fassung der Bekanntmachung vom 3. Februar 1995 (BGBl. I S. 158), das zuletzt durch Artikel 11 Nr. 21 des Gesetzes vom 30. Juli 2004 (BGBl. I S. 1950) geändert worden ist, in der jeweils geltenden Fassung zugrunde liegt und soweit er nachweist, dass er den nach § 51 Abs. 1 Nr. 2 Buchstabe d vorgesehenen Mitwirkungspflichten nachgekommen ist. ³Der Entleiher haftet ferner nicht, wenn er über das Vorliegen einer Arbeitnehmerüberlassung ohne Verschulden irrte. ⁴Die Haftung beschränkt sich auf die Lohnsteuer für die Zeit, für die ihm der Arbeitnehmer überlassen worden ist. ⁵Soweit die Haftung des Entleihers reicht, sind der Arbeitgeber, der Entleiher und der Arbeitnehmer Gesamtschuldner. ⁶Der Entleiher darf auf Zahlung nur in Anspruch genommen werden, soweit die Vollstreckung in das inländische bewegliche Vermögen des Arbeitgebers fehlgeschlagen ist oder keinen Erfolg verspricht; § 219 Satz 2 der Abgabenordnung ist entsprechend anzuwenden. ⁷Ist durch die Umstände der Arbeitnehmerüberlassung die Lohnsteuer schwer zu ermitteln, so ist die Haftungsschuld mit 15 Prozent des zwischen Verleiher und Entleiher vereinbarten Entgelts ohne Umsatzsteuer anzunehmen, solange der Entleiher nicht glaubhaft macht, dass die Lohnsteuer, für die er haftet, niedriger ist. ⁸Die Absätze 1 bis 5 sind entsprechend anzuwenden. ⁹Die Zuständigkeit des Finanzamts richtet sich nach dem Ort der Betriebsstätte des Verleihers.

(7) Soweit der Entleiher Arbeitgeber ist, haftet der Verleiher wie ein Entleiher nach Absatz 6.

(8) ¹Das Finanzamt kann hinsichtlich der Lohnsteuer der Leiharbeitnehmer anordnen, dass der Entleiher einen bestimmten Teil des mit dem Verleiher vereinbarten Entgelts einzubehalten und abzuführen hat, wenn dies zur Sicherung des Steueranspruchs notwendig ist; Absatz 6 Satz 4 ist anzuwenden. ²Der Verwaltungsakt kann auch mündlich erlassen werden. ³Die Höhe des einzubehaltenden und abzuführenden Teils des Entgelts bedarf keiner Begründung, wenn der in Absatz 6 Satz 7 genannte Prozentsatz nicht überschritten wird.

(9) ¹Der Arbeitgeber haftet auch dann, wenn ein Dritter nach § 38 Abs. 3a dessen Pflichten trägt. ²In diesen Fällen haftet der Dritte neben dem Arbeitgeber. ³Soweit die Haftung des Dritten reicht, sind der Arbeitgeber, der Dritte und der Arbeitnehmer Gesamtschuldner. ⁴Absatz 3 Satz 2 bis 4 ist anzuwenden; Absatz 4 gilt auch für die Inanspruchnahme des Dritten. ⁵Im Fall des § 38 Abs. 3a Satz 2 beschränkt sich die Haftung des Dritten auf die Lohnsteuer, die für die Zeit zu erheben ist, für die er sich gegenüber dem Arbeitgeber zur Vornahme des Lohnsteuerabzugs verpflichtet hat; der maßgebende Zeitraum endet nicht, bevor der Dritte seinem Betriebsstättenfinanzamt die Beendigung seiner Verpflichtung gegenüber dem Arbeitgeber angezeigt hat. ⁶In den Fällen des § 38 Abs. 3a Satz 7 ist als Haftungsschuld der Betrag zu ermitteln, um den die Lohnsteuer, die für den gesamten Arbeitslohn des Lohnzahlungszeitraums zu berechnen und einzubehalten ist, die insgesamt tatsächlich einbehaltene Lohnsteuer übersteigt. ⁷Betrifft die Haftungsschuld mehrere Arbeitgeber, so ist sie bei fehlerhafter Lohnsteuerberechnung nach dem Verhältnis der Arbeitslöhne und für nachträglich zu erfassende Arbeitslohnbeträge nach dem Verhältnis dieser Beträge auf die Arbeitgeber aufzuteilen. ⁸In den Fällen des § 38 Abs. 3a ist das Betriebsstättenfinanzamt des Dritten für die Geltendmachung der Steuer- oder Haftungsschuld zuständig.

R 145
Inanspruchnahme des Arbeitgebers

Allgemeines

(1) ¹Der Arbeitnehmer ist – vorbehaltlich § 40 Abs. 3 EStG – Schuldner der Lohnsteuer (§ 38 Abs. 2 EStG); dies gilt auch für den Fall einer Nettolohnvereinbarung (>R 122). ²Für diese Schuld kann der Arbeitgeber als Haftender in Anspruch genommen werden, soweit seine Haftung reicht (§ 42d Abs. 1 und 2 EStG); die Haftung entfällt auch in den vom Arbeitgeber angezeigten Fällen des § 38 Abs. 4 Satz 3 EStG. ³Dies gilt auch bei Lohnzahlung durch Dritte, soweit der Arbeitgeber zur Einbehaltung der Lohnsteuer verpflichtet ist (§ 38 Abs. 1 Satz 3 EStG) und in Fällen des § 38 Abs. 3a EStG.

Haftung anderer Personen

(2) ¹Soweit Dritte für Steuerleistungen in Anspruch genommen werden können, z. B. gesetzliche Vertreter juristischer Personen, Vertreter, Bevollmächtigte, Vermögensverwalter, Rechtsnachfolger, haften sie als Gesamtschuldner neben dem Arbeitgeber als weiterem Haftenden und neben dem Arbeitnehmer als Steuerschuldner (§ 44 AO). ²Die Haftung kann sich z. B. aus §§ 69 bis 77 AO ergeben.

Gesamtschuldner

(3) ¹Soweit Arbeitgeber, Arbeitnehmer und gegebenenfalls andere Personen Gesamtschuldner sind, schuldet jeder die gesamte Leistung (§ 44 Abs. 1 Satz 2 AO). ²Das Finanzamt muss die Wahl, an welchen Gesamtschuldner es sich halten will, nach pflichtgemäßem Ermessen unter Beachtung der durch Recht und Billigkeit gezogenen Grenzen und unter verständiger Abwägung der Interessen aller Beteiligten treffen.

§ 42 d EStG

Ermessensprüfung

(4) ¹Die Haftung des Arbeitgebers ist von einem Verschulden grundsätzlich nicht abhängig. ²Ein geringfügiges Verschulden oder ein schuldloses Verhalten des Arbeitgebers bzw. eine Veranlagung des Arbeitnehmers ist aber bei der Frage zu würdigen, ob eine Inanspruchnahme des Arbeitgebers im Rahmen des Ermessens liegt. ³Die Frage, ob der Arbeitgeber vor dem Arbeitnehmer in Anspruch genommen werden darf, hängt wesentlich von den Gesamtumständen des Einzelfalls ab, wobei von dem gesetzgeberischen Zweck des Lohnsteuerverfahrens, durch den Abzug an der Quelle den schnellen Eingang der Lohnsteuer in einem vereinfachten Verfahren sicherzustellen, auszugehen ist. ⁴Die Inanspruchnahme des Arbeitgebers kann ausgeschlossen sein, wenn er den individuellen Lohnsteuerabzug ohne Berücksichtigung von Gesetzesänderungen durchgeführt hat, soweit es ihm in der kurzen Zeit zwischen der Verkündung des Gesetzes und den folgenden Lohnabrechnungen bei Anwendung eines strengen Maßstabs nicht zumutbar war, die Gesetzesänderungen zu berücksichtigen.

Haftungsbescheid

(5) ¹Wird der Arbeitgeber nach § 42 d EStG als Haftungsschuldner in Anspruch genommen, so ist, vorbehaltlich § 42 d Abs. 4 Nr. 1 und 2 EStG, ein Haftungsbescheid zu erlassen. ²Darin sind die für das Entschließungs- und Auswahlermessen maßgebenden Gründe anzugeben. ³Hat der Arbeitgeber nach Abschluss einer Lohnsteuer-Außenprüfung eine Zahlungsverpflichtung schriftlich anerkannt, steht die Anerkenntniserklärung einer Lohnsteuer-Anmeldung gleich (§ 167 Abs. 1 S. 3 AO). ⁴Ein Haftungsbescheid lässt die Lohnsteuer-Anmeldungen unberührt.

Nachforderungsbescheid

(6) ¹Wird pauschale Lohnsteuer nacherhoben, die der Arbeitgeber zu übernehmen hat (§ 40 Abs. 3 EStG), so ist ein Nachforderungsbescheid (Steuerbescheid) zu erlassen; Absatz 5 Satz 3 und 4 gilt entsprechend. ²Der Nachforderungsbescheid bezieht sich auf bestimmte steuerpflichtige Sachverhalte. ³Die Änderung ist hinsichtlich der ihm zugrunde liegenden Sachverhalte – außer in den Fällen der §§ 172 und 175 AO – wegen der Änderungssperre des § 173 Abs. 2 AO nur bei Steuerhinterziehung oder leichtfertiger Steuerverkürzung möglich.

Zahlungsfrist

(7) Für die durch Haftungsbescheid (>Absatz 5) oder Nachforderungsbescheid (>Absatz 6) angeforderten Steuerbeträge ist eine Zahlungsfrist von einem Monat zu setzen.

H 145
Hinweise zu R 145
Inanspruchnahme des Arbeitgebers

Allgemeines zur Arbeitgeberhaftung

– Wegen der Einschränkung der Haftung in den Fällen, in denen sich der Arbeitgeber und der Arbeitnehmer über die Zugehörigkeit von Bezügen zum Arbeitslohn und damit auch über die Notwendigkeit der Eintragung der mit diesen Bezügen zusammenhängenden Werbungskosten irrten und irren konnten, >BFH vom 5. 11. 1971 (BStBl. 1972 II S. 137).

– Die Lohnsteuer ist nicht vorschriftsmäßig einbehalten, wenn der Arbeitgeber im Lohnsteuer-Jahresausgleich eine zu hohe Lohnsteuer erstattet (>BFH vom 24. 1. 1975 – BStBl. II S. 420).

– Wurde beim Arbeitgeber eine Lohnsteuer-Außenprüfung durchgeführt, bewirkt dies nicht zugleich eine Hemmung der Verjährungsfrist in Bezug auf den Steueranspruch gegen den Arbeitnehmer (>BFH vom 15. 12. 1989 – BStBl. 1990 II S. 526).

– Der Arbeitgeber hat den Arbeitslohn vorschriftsmäßig gekürzt, wenn er die Lohnsteuer entsprechend den Eintragungen auf der Lohnsteuerkarte berechnet hat und wenn er der Berechnung der Lohnsteuer die für das maßgebende Jahr gültigen Lohnsteuertabellen zugrunde gelegt hat (>BFH vom 9. 3. 1990 – BStBl. II S. 608).

– Die Lohnsteuer ist dann vorschriftsmäßig einbehalten, wenn in der betreffenden Lohnsteueranmeldung die mit dem Zufluss des Arbeitslohns entstandene Lohnsteuer des Anmeldezeitraums erfasst wurde. Maßgebend für das Entstehen der Lohnsteuer sind dabei nicht die Kenntnisse und Vorstellungen des Arbeitgebers, sondern die Verwirklichung des Tatbestands, an den das Gesetz die Besteuerung knüpft. Die haftungsbefreiende Wirkung der Anzeige nach § 41 c Abs. 4 EStG setzt voraus, dass die nicht vorschriftsmäßige Einbehaltung der Lohnsteuer vom Arbeitgeber erkannt worden ist. ²Weicht der Arbeitgeber von einer erteilten Anrufungsauskunft ab, kann er nicht dadurch einen Haftungsausschluss bewirken, indem er die Abweichung dem Betriebsstättenfinanzamt anzeigt (>BFH vom 4. 6. 1993 – BStBl. II S. 687).

– Bei einer fehlerhaft ausgestellten Lohnsteuerbescheinigung beschränkt sich die Haftung des Arbeitgebers auf die Lohnsteuer, die sich bei der Einkommensteuerveranlagung des Arbeitnehmers ausgewirkt hat (>BFH vom 22. 7. 1993 – BStBl. II S. 775).

– Führt der Arbeitgeber trotz Nichtvorlage der Lohnsteuerkarte oder der Bescheinigung gemäß § 39 a Abs. 1 Satz 3 EStG den Lohnsteuerabzug nicht nach der Steuerklasse VI, sondern nach der Steuerklasse I bis V durch, kann der Arbeitgeber auch nach Ablauf des Kalenderjahrs grundsätzlich nach Steuerklasse VI (§ 42 d Abs. 1 Nr. 1 EStG) in Haftung genommen werden (>BFH vom 12. 1. 2001 – BStBl. 2003 II S. 151).

– Die Anzeige des Arbeitgebers nach § 38 Abs. 4 Satz 2 EStG ersetzt die Erfüllung der Einbehaltungspflichten. Bei unterlassener Anzeige hat der Arbeitgeber die Lohnsteuer mit den Haftungsfolgen nicht ordnungsgemäß einbehalten (>BFH vom 9. 10. 2002 – BStBl. II S. 884).

Ausübung des Ermessens

– Die Grundsätze von Recht und Billigkeit verlangen keine vorrangige Inanspruchnahme des Arbeitnehmers (>BFH vom 6. 5. 1959 – BStBl. III S. 292).

– Eine vorrangige Inanspruchnahme des Arbeitgebers vor dem Arbeitnehmer kann unzulässig sein, wenn die Lohnsteuer ebenso schnell und ebenso einfach vom Arbeitnehmer nacherhoben werden kann, weil z. B. der Arbeitnehmer ohnehin zu veranlagen ist (>BFH vom 30. 11. 1966 – BStBl. 1967 III S. 331 und vom 12. 1. 1968 – BStBl. II S. 324); das gilt insbesondere dann, wenn der Arbeitnehmer inzwischen aus dem Betrieb ausgeschieden ist (>BFH vom 10. 1. 1964 – BStBl. II S. 213).

– Zur Ermessensprüfung bei geringfügigem Verschulden >BFH vom 21. 1. 1972 – BStBl. II S. 364).

– Der Inanspruchnahme des Arbeitgebers steht nicht entgegen, dass das Finanzamt über einen längeren Zeitraum von seinen Befugnissen zur Überwachung des Lohnsteuerabzugs und zur Beitreibung der Lohnabzugsbeträge keinen Gebrauch gemacht hat (>BFH vom 11. 8. 1978 – BStBl. II S. 683).

– Kann die Steuer beim Arbeitnehmer deshalb nicht nachgefordert werden, weil seine Einkommensteuerveranlagung bestandskräftig ist und die für eine Änderung des Steuerbescheides nach § 173 Absatz 1 Nr. 1 AO erforderlichen Voraussetzungen nicht vorliegen, ist ein Haftungsbescheid gegen den Arbeitgeber in der Regel ermessensfehlerhaft (>BFH vom 9. 10. 1992 – BStBl. 1993 II S. 169).

– War die Inanspruchnahme des Arbeitgebers nach der Ermessensprüfung unzulässig, so kann er trotzdem in Anspruch genommen werden, wenn der Versuch des Finanzamts, die Lohnsteuer beim Arbeitnehmer nachzuerheben, erfolglos verlaufen ist (>BFH vom 18. 7. 1958 – BStBl. III S. 384) und § 173 Abs. 2 AO dem Erlass eines Haftungsbescheids nicht entgegensteht (>BFH vom 17. 2. 1995 – BStBl. II S. 555).

Eine Inanspruchnahme des Arbeitgebers kann ausgeschlossen sein, wenn z. B.

– der Arbeitgeber eine bestimmte Methode der Steuerberechnung angewendet und das Finanzamt hiervon Kenntnis erlangt und nicht beanstandet hat oder wenn der Arbeitgeber durch Prüfung und Erörterung einer Rechtsfrage durch das Finanzamt in einer unrichtigen Rechtsauslegung bestärkt wurde (>BFH vom 20. 7. 1962 – BStBl. 1963 III S. 23),

§ 42 d EStG
R 145

- der Arbeitgeber einem entschuldbaren Rechtsirrtum unterlegen ist, weil das Finanzamt eine unklare oder falsche Auskunft gegeben hat (>BFH vom 24.11.1961 – BStBl. 1962 III S. 37) oder weil er den Angaben in einem Manteltarifvertrag über die Steuerfreiheit vertraut hat (>BFH vom 18.9.1981 – BStBl. II S. 801),
- der Arbeitgeber den Lohnsteuerabzug entsprechend der von einer Oberfinanzdirektion in einer Verfügung geäußerten Auffassung durchführt, auch wenn er die Verfügung nicht gekannt hat (>BFH vom 25.10.1985 – BStBl. 1986 II S. 98); das gilt aber nicht, wenn dem Arbeitgeber bekannt war, dass das für ihn zuständige Betriebsstättenfinanzamt eine andere Auffassung vertritt.

Die Inanspruchnahme des Arbeitgebers ist in aller Regel ermessensfehlerfrei, wenn

- die Einbehaltung der Lohnsteuer in einem rechtlich einfach und eindeutig vorliegenden Fall nur deshalb unterblieben ist, weil der Arbeitgeber sich über seine Verpflichtungen nicht hinreichend unterrichtet hat (>BFH vom 5.2.1971 – BStBl. II S. 353),
- das Finanzamt auf Grund einer fehlerhaften Unterlassung des Arbeitgebers aus tatsächlichen Gründen nicht in der Lage ist, die Arbeitnehmer als Schuldner der Lohnsteuer heranzuziehen (>BFH vom 7.12.1984 – BStBl. 1985 II S. 164),
- im Falle einer Nettolohnvereinbarung der Arbeitnehmer nicht weiß, dass der Arbeitgeber die Lohnsteuer nicht angemeldet hat (>BFH vom 8.11.1985 – BStBl. 1986 II S. 186),
- sie der Vereinfachung dient, weil gleiche oder ähnliche Berechnungsfehler bei einer größeren Zahl von Arbeitnehmern gemacht worden sind (>BFH vom 16.3.1962 – BStBl. III S. 282, vom 6.3.1980 – BStBl. II S. 289 und vom 24.1.1992 – BStBl. II S. 696: regelmäßig bei mehr als 40 Arbeitnehmern);
- die individuelle Ermittlung der Lohnsteuer schwierig ist und der Arbeitgeber bereit ist, die Lohnsteuerschulden seiner Arbeitnehmer endgültig zu tragen und keinen Antrag auf Pauschalierung stellt. In diesen und vergleichbaren Fällen kann die nachzufordernde Lohnsteuer unter Anwendung eines durchschnittlichen Bruttosteuersatzes – gegebenenfalls im Schätzungswege – ermittelt werden (>BFH vom 7.12.1984 – BStBl. 1985 II S. 170, vom 12.6.1986 – BStBl. II S. 681 und vom 29.10.1993 – BStBl. 1994 II S. 197);
- der Arbeitgeber in schwierigen Fällen, in denen bei Anwendung der gebotenen Sorgfalt Zweifel über die Rechtslage kommen müssen, einem Rechtsirrtum unterliegt, weil er von der Möglichkeit der Anrufungsauskunft (§ 42 e EStG) keinen Gebrauch gemacht hat (>BFH vom 18.8.2005 – BStBl. 2006 II S. 30).

Ermessensbegründung

- Die Ermessensentscheidung des Finanzamts muss im Haftungsbescheid, spätestens aber in der Einspruchsentscheidung begründet werden, andernfalls ist sie im Regelfall fehlerhaft. Dabei müssen die bei der Ausübung des Verwaltungsermessens angestellten Erwägungen – die Abwägung des Für und Wider der Inanspruchnahme des Haftungsschuldners – aus der Entscheidung erkennbar sein. Insbesondere muss zum Ausdruck kommen, warum der Haftungsschuldner anstatt des Steuerschuldners oder an Stelle anderer ebenfalls für die Haftung in Betracht kommender Personen in Anspruch genommen wird (>BFH vom 8.11.1988 – BStBl. 1989 II S. 219).
- Enthält der Haftungsbescheid keine Aufgliederung des Haftungsbetrags auf die Anmeldungszeiträume, so ist er nicht deshalb nichtig (>BFH vom 22.11.1988 – BStBl. 1989 II S. 220).
- Nimmt das Finanzamt sowohl den Arbeitgeber nach § 42 d EStG als auch den früheren Gesellschafter-Geschäftsführer u. a. wegen Lohnsteuer-Hinterziehung nach § 71 AO in Haftung, so hat es insoweit eine Ermessensentscheidung nach § 191 Abs. 1 i. V. m. § 5 AO zu treffen und die Ausübung dieses Ermessens regelmäßig zu begründen (>BFH vom 9.8.2002 – BStBl. 2003 II S. 160).

Haftung anderer Personen

- Zur Frage der Pflichtverletzung bei der Abführung von Lohnsteuer durch den Geschäftsführer einer GmbH >BFH vom 20.4.1982 (BStBl. II S. 521).
- Zur Frage der Pflichtverletzung des Geschäftsführers bei Zahlung von Arbeitslohn aus dem eigenen Vermögen >BFH vom 22.11.2005 (BStBl. 2006 II S. 397).
- Der Geschäftsführer einer GmbH kann als Haftungsschuldner für die von der GmbH nicht abgeführte Lohnsteuer auch insoweit in Anspruch genommen werden, als die Steuer auf seinen eigenen Arbeitslohn entfällt (>BFH vom 15.4.1987 – BStBl. 1988 II S. 167).
- Zu den Anforderungen an die inhaltliche Bestimmtheit von Lohnsteuerhaftungsbescheiden bei der Haftung von Vertretern >BFH vom 8.3.1988 (BStBl. II S. 480).
- Zum Umfang der Haftung bei voller Auszahlung der Nettolöhne >BFH vom 26.7.1988 (BStBl. II S. 859).
- Durch privatrechtliche Vereinbarungen im Gesellschaftsvertrag kann die Haftung der Gesellschafter einer Gesellschaft bürgerlichen Rechts nicht auf das Gesellschaftsvermögen beschränkt werden (>BFH vom 27.3.1990 – BStBl. II S. 939).
- Das Auswahlermessen für die Inanspruchnahme eines von zwei jeweils alleinvertretungsberechtigten GmbH-Geschäftsführern als Haftungsschuldner ist in der Regel nicht sachgerecht ausgeübt, wenn das Finanzamt hierfür allein auf die Beteiligungsverhältnisse der Geschäftsführer am Gesellschaftskapital abstellt (>BFH vom 29.5.1990 – BStBl. II S. 1008).
- Zum Zeitpunkt der Anmeldung und Fälligkeit der einzubehaltenden Lohnsteuer und seine Auswirkung auf die Geschäftsführerhaftung >BFH vom 17.11.1992 (BStBl. 1993 II S. 471).
- Ein ehrenamtlich und unentgeltlich tätiger Vorsitzender eines Vereins, der sich als solcher wirtschaftlich betätigt und zur Erfüllung seiner Zwecke Arbeitnehmer beschäftigt, haftet für die Erfüllung der steuerlichen Verbindlichkeiten des Vereins grundsätzlich nach denselben Grundsätzen wie ein Geschäftsführer einer GmbH (>BFH vom 23.6.1998 – BStBl. II S. 761).
- Eine unzutreffende, jedoch bestandskräftig gewordene Lohnsteuer-Anmeldung muss sich der als Haftungsschuldner in Anspruch genommene Geschäftsführer einer GmbH dann nicht nach § 166 AO entgegenhalten lassen, wenn er nicht während der gesamten Dauer der Rechtsbehelfsfrist Vertretungsmacht und damit das Recht hatte, namens der GmbH zu handeln (>BFH vom 24.8.2004 – BStBl. 2005 II S. 127).

Haftungsverfahren

- Wurde nach einer ergebnislosen Lohnsteuer-Außenprüfung der Vorbehalt der Nachprüfung aufgehoben, steht einer Änderung der Lohnsteuer-Anmeldung nach § 173 Abs. 1 AO durch Erlass eines Lohnsteuer-Haftungsbescheides die Änderungssperre des § 173 Abs. 2 AO entgegen, es sei denn, es liegt eine Steuerhinterziehung oder eine leichtfertige Steuerverkürzung vor (>BFH vom 15.5.1992 – BStBl. 1993 II S. 840). Gleiches gilt, wenn nach einer Lohnsteuer-Außenprüfung bereits ein Lohnsteuer-Haftungsbescheid ergangen ist und der Vorbehalt der Nachprüfung für die betreffenden Lohnsteuer-Anmeldungen aufgehoben worden ist (>BFH vom 15.5.1992 – BStBl. 1993 II S. 829).
- Wird im Anschluss an eine Außenprüfung pauschale Lohnsteuer fälschlicherweise durch einen Haftungsbescheid geltend gemacht, kann mit der Aufhebung des Haftungsbescheides die Unanfechtbarkeit i. S. des § 171 Abs. 4 Satz 1 AO und damit das Ende der Ablaufhemmung für die Festsetzungsfrist eintreten. Der Eintritt der Festsetzungsverjährung kann nur vermieden werden, wenn der inkorrekte Haftungsbescheid erst dann aufgehoben wird, nachdem zuvor der formell korrekte Nachforderungsbescheid erlassen worden ist (>BFH vom 6.5.1994 – BStBl. II S. 715).
- Wird vom Arbeitgeber Lohnsteuer in einer Vielzahl von Fällen nachgefordert, so ist die Höhe der Lohnsteuer trotz des damit verbundenen Arbeitsaufwands grundsätzlich individuell zu ermitteln. Etwas anderes gilt dann, wenn entweder die Voraussetzungen des § 162 AO für eine Schätzung der Lohnsteuer vorliegen oder der Arbeitgeber der Berechnung der Haftungsschuld mit einem durchschnittlichen Steuersatz zugestimmt hat (>BFH vom 17.3.1994 – BStBl. II S. 536).

- Auch die Ansprüche gegenüber dem Haftenden unterliegen der Verjährung (>§ 191 Abs. 3 AO).
- Wenn ein Arbeitgeber die Lohnsteuer trotz gesetzlicher Verpflichtung nicht anmeldet und abführt, kann das Finanzamt sie durch Schätzungsbescheid festsetzen. Die Möglichkeit, einen Haftungsbescheid zu erlassen, steht dem nicht entgegen (>BFH vom 7.7.2004 – BStBl. II S. 1087)

Nachforderungsverfahren

- Hat der Arbeitgeber Arbeitslohn nach § 40a Abs. 3 EStG pauschal versteuert, obwohl nicht die Voraussetzungen dieser Vorschrift, sondern die des § 40a Abs. 2 EStG erfüllt sind, so kann ein Nachforderungsbescheid nur erlassen werden, wenn sich der Arbeitgeber eindeutig zu einer Pauschalierung nach § 40a Abs. 2 EStG bereit erklärt hat (>BFH vom 25.5.1984 – BStBl. II S. 569).
- Wird Lohnsteuer für frühere Kalenderjahre nachgefordert, so braucht die Steuerschuld nur nach Kalenderjahren aufgegliedert zu werden (>BFH vom 18.7.1985 – BStBl. 1986 II S. 152).

Rechtsbehelf gegen den Haftungsbescheid

- Der Arbeitnehmer hat gegen diesen Haftungsbescheid insoweit ein Einspruchsrecht, als er persönlich für die nachgeforderte Lohnsteuer in Anspruch genommen werden kann (>BFH vom 29.6.1973 – BStBl. II S. 780).
- Wird der Arbeitgeber nach dem Entscheidungssatz des Bescheids als Haftender in Anspruch genommen, so ist der Bescheid unwirksam, wenn nach seiner Begründung pauschale Lohnsteuer nachgefordert wird (>BFH vom 15.3.1985 – BStBl. II S. 581).
- Wird Lohnsteuer für frühere Kalenderjahre nachgefordert, so braucht der Haftungsbetrag nur nach Kalenderjahren aufgegliedert zu werden (>BFH vom 18.7.1985 – BStBl. 1986 II S. 152).
- Der Haftungsbetrag ist grundsätzlich auf die einzelnen Arbeitnehmer aufzuschlüsseln; wegen der Ausnahmen >BFH vom 8.11.1985 (BStBl. 1986 II S. 274) und die dort genannten Urteile.
- Werden zu verschiedenen Zeiten und auf Grund unterschiedlicher Tatbestände entstandene Haftungsschulden in einem Haftungsbescheid festgesetzt und ficht der Haftungsschuldner diesen Sammelhaftungsbescheid nur hinsichtlich ganz bestimmter Haftungsfälle an, so erwächst der restliche Teil des Bescheids in Bestandskraft (>BFH vom 4.7.1986 – BStBl. II S. 921).
- Der Arbeitnehmer kann sich als Steuerschuldner nicht darauf berufen, dass die haftungsweise Inanspruchnahme des Arbeitgebers wegen Nichtbeanstandung seines Vorgehens bei einer vorangegangenen Außenprüfung gegen Treu und Glauben verstoßen könnte (>BFH vom 27.3.1991 – BStBl. II S. 720).
- In einem allein vom Arbeitnehmer veranlassten Einspruchsverfahren ist der Arbeitgeber hinzuzuziehen (>§ 360 AO).

Zusammengefasster Steuer- und Haftungsbescheid

- Steuerschuld und Haftungsschuld können äußerlich in einer Verfügung verbunden werden (>BFH vom 16.11.1984 – BStBl. 1985 II S. 266).
- Wird vom Arbeitgeber pauschale Lohnsteuer nacherhoben und wird er zugleich als Haftungsschuldner in Anspruch genommen, so ist die Steuerschuld von der Haftungsschuld zu trennen. Dies kann im Entscheidungssatz des zusammengefassten Steuer- und Haftungsbescheids, in der Begründung dieses Bescheids oder in dem dem Arbeitgeber bereits bekannten oder beigefügten Bericht einer Lohnsteuer-Außenprüfung, auf den zur Begründung Bezug genommen ist, geschehen (>BFH vom 1.8.1985 – BStBl. II S. 664).

R 146
Haftung bei Arbeitnehmerüberlassung

Allgemeines

(1) ¹Bei Arbeitnehmerüberlassung ist steuerrechtlich grundsätzlich der Verleiher Arbeitgeber der Leiharbeitnehmer (>R 66 Satz 4). ²Dies gilt für einen ausländischen Verleiher (>R 105 Abs. 1 Satz 2) selbst dann, wenn der Entleiher Arbeitgeber im Sinne eines Doppelbesteuerungsabkommens ist; die Arbeitgebereigenschaft des Entleihers nach einem Doppelbesteuerungsabkommen hat nur Bedeutung für die Zuteilung des Besteuerungsrechts. ³Wird der Entleiher als Haftungsschuldner in Anspruch genommen, so ist wegen der unterschiedlichen Voraussetzungen und Folgen stets danach zu unterscheiden, ob er als Arbeitgeber der Leiharbeitnehmer oder als Dritter nach § 42d Abs. 6 EStG neben dem Verleiher als dem Arbeitgeber der Leiharbeitnehmer haftet.

Inanspruchnahme des Entleihers nach § 42d Abs. 6 EStG

(2) ¹Der Entleiher haftet nach § 42d Abs. 6 EStG wie der Verleiher (Arbeitgeber), jedoch beschränkt auf die Lohnsteuer für die Zeit, für die ihm der Leiharbeitnehmer überlassen worden ist. ²Die Haftung des Entleihers richtet sich deshalb nach denselben Grundsätzen wie die Haftung des Arbeitgebers. ³Sie scheidet aus, wenn der Verleiher als Arbeitgeber nicht haften würde. ⁴Die Haftung des Entleihers kommt nur bei gewerbsmäßiger Arbeitnehmerüberlassung nach § 1 AÜG in Betracht. ⁵Die Arbeitnehmerüberlassung ist gewerbsmäßig, wenn die gewerberechtlichen Voraussetzungen vorliegen. ⁶Gewerbsmäßig handelt danach derjenige Unternehmer (Verleiher), der Arbeitnehmerüberlassung nicht nur gelegentlich, sondern auf Dauer betreibt und damit wirtschaftliche Vorteile erzielen will. ⁷Die Voraussetzungen können z.B. nicht erfüllt sein, wenn Arbeitnehmer gelegentlich zwischen selbständigen Betrieben zur Deckung eines kurzfristigen Personalmehrbedarfs ausgeliehen werden, in andere Betriebsstätten ihres Arbeitgebers entsandt oder zu Arbeitsgemeinschaften freigestellt werden. ⁸Arbeitnehmerüberlassung liegt nicht vor, wenn das Überlassen von Arbeitnehmern als Nebenleistung zu einer anderen Leistung anzusehen ist, wenn z.B. im Falle der Vermietung von Maschinen und Überlassung des Bedienungspersonals der wirtschaftliche Wert der Vermietung überwiegt. ⁹In den Fällen des § 1 Abs. 1 Satz 2 und Abs. 3 AÜG ist ebenfalls keine Arbeitnehmerüberlassung anzunehmen.

(3) ¹Zur rechtlichen Würdigung eines Sachverhalts mit drittbezogener Tätigkeit als Arbeitnehmerüberlassung und ihre Abgrenzung insbesondere gegenüber einem Werkvertrag ist entscheidend auf das Gesamtbild der Tätigkeit abzustellen. ²Auf die Bezeichnung des Rechtsgeschäfts, z.B. als Werkvertrag, kommt es nicht entscheidend an. ³Auf Arbeitnehmerüberlassung weisen z.B. folgende Merkmale hin:

1. Der Inhaber der Drittfirma (Entleiher) nimmt im Wesentlichen das Weisungsrecht des Arbeitgebers wahr;
2. der mit dem Einsatz des Arbeitnehmers verfolgte Leistungszweck stimmt mit dem Betriebszweck der Drittfirma überein;
3. das zu verwendende Werkzeug wird im Wesentlichen von der Drittfirma gestellt, es sei denn auf Grund von Sicherheitsvorschriften;
4. die mit anderen Vertragstypen, insbesondere Werkvertrag, verbundenen Haftungsrisiken sind ausgeschlossen oder beschränkt worden;
5. die Arbeit des eingesetzten Arbeitnehmers gegenüber dem entsendenden Arbeitgeber wird auf der Grundlage von Zeiteinheiten vergütet.

⁴Bei der Prüfung der Frage, ob Arbeitnehmerüberlassung vorliegt, ist die Auffassung der Bundesagentur für Arbeit zu berücksichtigen. ⁵Eine Inanspruchnahme des Entleihers kommt regelmäßig nicht in Betracht, wenn die Bundesagentur für Arbeit gegenüber dem Entleiher die Auffassung geäußert hat, bei dem verwirklichten Sachverhalt liege Arbeitnehmerüberlassung nicht vor.

(4) ¹Ausnahmen von der Entleiherhaftung enthält § 42d Abs. 6 Satz 2 und 3 EStG. ²Der Überlassung liegt eine Erlaubnis nach § 1 AÜG im Sinne des § 42d Abs. 6 Satz 2 EStG immer dann zugrunde, wenn der Verleiher eine Erlaubnis nach § 1 AÜG zur Zeit des Verleihs besessen hat oder die Erlaubnis in dieser Zeit nach § 2 Abs. 4

§ 42d EStG

R 146a

AÜG als fortbestehend gilt, d. h. bis zu 12 Monaten nach Erlöschen der Erlaubnis für die Abwicklung der erlaubt abgeschlossenen Verträge. ³Der Überlassung liegt jedoch keine Erlaubnis zugrunde, wenn Arbeitnehmer gewerbsmäßig in Betriebe des Baugewerbes für Arbeiten überlassen werden, die üblicherweise von Arbeitern verrichtet werden, weil dies nach § 1b AÜG unzulässig ist und sich die Erlaubnis nach § 1 AÜG auf solchen Verleih nicht erstreckt, es sei denn, die Überlassung erfolgt zwischen Betrieben des Baugewerbes, die von denselben Rahmen- und Sozialkassentarifverträgen oder von der Allgemeinverbindlichkeit erfasst werden. ⁴Bei erlaubtem Verleih durch einen inländischen Verleiher haftet der Entleiher nicht. ⁵Der Entleiher trägt die Feststellungslast, wenn er sich darauf beruft, dass er über das Vorliegen einer Arbeitnehmerüberlassung ohne Verschulden irrte (§ 42d Abs. 6 Satz 3 EStG). ⁶Bei der Inanspruchnahme des Entleihers ist Absatz 3 zu berücksichtigen. ⁷Im Bereich unzulässiger Arbeitnehmerüberlassung sind wegen des Verbots in § 1b AÜG strengere Maßstäbe anzulegen, wenn sich der Entleiher darauf beruft, ohne Verschulden einem Irrtum erlegen zu sein. ⁸Dies gilt insbesondere, wenn das Überlassungsentgelt deutlich günstiger ist als dasjenige von anderen Anbietern. ⁹Ob der Verleiher eine Erlaubnis nach § 1 AÜG hat, muss der Verleiher in dem schriftlichen Überlassungsvertrag nach § 12 Abs. 1 AÜG erklären und kann der Entleiher selbst oder das Finanzamt durch Anfrage bei der Regionaldirektion der Bundesagentur für Arbeit erfahren oder überprüfen.

(5) ¹Die Höhe des Haftungsbetrags ist auf die Lohnsteuer begrenzt, die vom Verleiher gegebenenfalls anteilig für die Zeit einzubehalten war, für die der Leiharbeitnehmer dem Entleiher überlassen war. ²Hat der Verleiher einen Teil der von ihm insgesamt einbehaltenen und angemeldeten Lohnsteuer für den entsprechenden Lohnsteuer-Anmeldungszeitraum gezahlt, wobei er auch die Lohnsteuer des dem Entleiher überlassenen Leiharbeitnehmers berücksichtigt hat, so mindert sich der Haftungsbetrag im Verhältnis von angemeldeter zu gezahlter Lohnsteuer.

(6) ¹Der Haftungsbescheid kann gegen den Entleiher ergehen, wenn die Voraussetzungen der Haftung erfüllt sind. ²Auf Zahlung darf er jedoch erst in Anspruch genommen werden nach einem fehlgeschlagenen Vollstreckungsversuch in das inländische bewegliche Vermögen des Verleihers oder wenn die Vollstreckung keinen Erfolg verspricht (§ 42d Abs. 6 Satz 6 EStG). ³Eine vorherige Zahlungsaufforderung an den Arbeitnehmer oder ein Vollstreckungsversuch bei diesem ist nicht erforderlich (entsprechende Anwendung des § 219 Satz 2 AO).

Inanspruchnahme des Verleihers nach § 42d Abs. 7 EStG

(7) ¹Nach § 42d Abs. 7 EStG kann der Verleiher, der steuerrechtlich nicht als Arbeitgeber zu behandeln ist, wie ein Entleiher nach § 42d Abs. 6 EStG als Haftender in Anspruch genommen werden. ²Insoweit kann er erst nach dem Entleiher auf Zahlung in Anspruch genommen werden. ³Davon zu unterscheiden ist der Erlass des Haftungsbescheids, der vorher ergehen kann. ⁴Gegen den Haftungsbescheid kann sich der Verleiher deswegen nicht mit Erfolg darauf berufen, der Entleiher sei auf Grund der tatsächlichen Abwicklung einer unerlaubten Arbeitnehmerüberlassung als Arbeitgeber aller oder eines Teils der überlassenen Leiharbeitnehmer zu behandeln.

Sicherungsverfahren nach § 42d Abs. 8 EStG

(8) ¹Als Sicherungsmaßnahme kann das Finanzamt den Entleiher verpflichten, einen bestimmten Euro-Betrag oder einen als Vomhundertsatz bestimmten Teil des vereinbarten Überlassungsentgelts einzubehalten und abzuführen. ²Hat der Entleiher bereits einen Teil der geschuldeten Überlassungsvergütung an den Verleiher geleistet, so kann der Sicherungsbetrag mit einem bestimmten Euro-Betrag oder als Vomhundertsatz bis zur Höhe des Restentgelts festgesetzt werden. ³Die Sicherungsmaßnahme ist nur anzuordnen in Fällen, in denen eine Haftung in Betracht kommen kann. ⁴Dabei darf berücksichtigt werden, dass sie den Entleiher im Ergebnis weniger belasten kann als die nachfolgende Haftung, wenn er z. B. einen Rückgriffsanspruch gegen den Verleiher nicht durchsetzen kann.

Haftungsverfahren

(9) Wird der Entleiher oder Verleiher als Haftungsschuldner in Anspruch genommen, so ist ein Haftungsbescheid zu erlassen (>R 145 Abs. 5).

Zuständigkeit

(10) ¹Zuständig für den Haftungsbescheid gegen den Entleiher oder Verleiher ist das Betriebsstättenfinanzamt des Verleihers (§ 42d Abs. 6 Satz 9 EStG). ²Wird bei einem Entleiher festgestellt, dass seine Inanspruchnahme als Haftungsschuldner nach § 42d Abs. 6 EStG in Betracht kommt, so ist das Betriebsstättenfinanzamt des Verleihers einzuschalten. ³Bei Verleih durch einen ausländischen Verleiher (>§ 38 Abs. 1 Satz 1 Nr. 2 EStG) ist das Betriebsstättenfinanzamt des Entleihers zuständig, wenn dem Finanzamt keine andere Überlassung des Verleihers im Inland bekannt ist, da es zugleich Betriebsstättenfinanzamt des Verleihers nach § 41 Abs. 2 Satz 2 EStG ist. ⁴Dies gilt grundsätzlich auch für eine Sicherungsmaßnahme nach § 42d Abs. 8 EStG. ⁵Darüber hinaus ist für eine Sicherungsmaßnahme jedes Finanzamt zuständig, in dessen Bezirk der Anlass für die Amtshandlung hervortritt, insbesondere bei Gefahr im Verzug (§§ 24, 29 AO).

H 146
Hinweise zu R 146
Haftung bei Arbeitnehmerüberlassung

Abgrenzungsfragen

Zur Abgrenzung zwischen Arbeitnehmerüberlassung und Werk- oder Dienstverträgen bei Einsatz hoch qualifizierter Mitarbeiter des Auftragnehmers >BFH vom 18.1.1991 (BStBl. II S. 409).

Arbeitnehmerüberlassung im Baugewerbe

Die Haftung des Entleihers nach § 42d Abs. 6 EStG sowie die Anordnung einer Sicherungsmaßnahme nach § 42d Abs. 8 EStG sind ausgeschlossen, soweit der zum Steuerabzug nach § 48 Abs. 1 EStG verpflichtete Leistungsempfänger den Abzugsbetrag einbehalten und abgeführt hat bzw. dem Leistungsempfänger im Zeitpunkt der Abzugsverpflichtung eine Freistellungsbescheinigung des Leistenden vorliegt, auf deren Rechtmäßigkeit er vertrauen durfte (>§§ 48 Abs. 4 Nr. 2, 48b Abs. 5 EStG).

Arbeitnehmerüberlassung im Konzern

Überlässt eine im Ausland ansässige Kapitalgesellschaft von ihr eingestellte Arbeitnehmer an eine inländische Tochtergesellschaft gegen Erstattung der von ihr gezahlten Lohnkosten, so ist die inländische Tochtergesellschaft nicht Arbeitgeber im lohnsteuerlichen Sinne. Sie haftet daher für nicht einbehaltene Lohnsteuer nur unter den Voraussetzungen des § 42d Abs. 6 EStG (>BFH vom 24.3.1999 – BStBl. 2000 II S. 41).

Steuerrechtlicher Arbeitgeber

Der Verleiher ist grundsätzlich auch bei unerlaubter Arbeitnehmerüberlassung Arbeitgeber der Leiharbeitnehmer, da § 10 Abs. 1 AÜG, der den Entleiher bei unerlaubter Arbeitnehmerüberlassung als Arbeitgeber der Leiharbeitnehmer bestimmt, steuerrechtlich nicht maßgebend ist. Der Entleiher kann jedoch nach dem Gesamtbild der tatsächlichen Gestaltung der Beziehungen zu den für ihn tätigen Leiharbeitnehmern und zum Verleiher, insbesondere bei Entlohnung der Leiharbeitnehmer, steuerrechtlich Arbeitgeber sein (>BFH vom 2.4.1982 – BStBl. II S. 502).

Zuständige Finanzämter für ausländische Verleiher

>H 132

R 146a
Haftung bei Lohnsteuerabzug durch einen Dritten

¹In den Fällen der Lohnzahlung durch Dritte haftet der Dritte in beiden Fallgestaltungen des § 38 Abs. 3a EStG neben dem Arbeitge-

ber (§ 42 d Abs. 9 EStG). ²Es besteht eine Gesamtschuldnerschaft zwischen Arbeitgeber, dem Dritten und dem Arbeitnehmer. ³Das Finanzamt muss die Wahl, an welchen Gesamtschuldner es sich halten will, nach pflichtgemäßem Ermessen unter Beachtung der durch Recht und Billigkeit gezogenen Grenzen und unter verständiger Abwägung der Interessen aller Beteiligten treffen. ⁴Eine Haftungsinanspruchnahme des Arbeitgebers unterbleibt, wenn beim Arbeitnehmer selbst eine Nachforderung unzulässig ist, weil der Mindestbetrag nach § 42 d Abs. 5 EStG nicht überschritten wird. ⁵Für die durch Haftungsbescheid angeforderten Steuerbeträge ist eine Zahlungsfrist von einem Monat zu setzen.

§ 42 e EStG
Anrufungsauskunft

¹Das Betriebsstättenfinanzamt hat auf Anfrage eines Beteiligten darüber Auskunft zu geben, ob und inwieweit im einzelnen Fall die Vorschriften über die Lohnsteuer anzuwenden sind. ²Sind für einen Arbeitgeber mehrere Betriebsstättenfinanzämter zuständig, so erteilt das Finanzamt die Auskunft, in dessen Bezirk sich die Geschäftsleitung (§ 10 der Abgabenordnung) des Arbeitgebers im Inland befindet. ³Ist dieses Finanzamt kein Betriebsstättenfinanzamt, so ist das Finanzamt zuständig, in dessen Bezirk sich die Betriebsstätte mit den meisten Arbeitnehmern befindet. ⁴In den Fällen der Sätze 2 und 3 hat der Arbeitgeber sämtliche Betriebsstättenfinanzämter, das Finanzamt der Geschäftsleitung und erforderlichenfalls die Betriebsstätte mit den meisten Arbeitnehmern anzugeben sowie zu erklären, für welche Betriebsstätten die Auskunft von Bedeutung ist.

R 147
Anrufungsauskunft

(1) ¹Einen Anspruch auf Auskunft haben sowohl der Arbeitgeber als auch der Arbeitnehmer. ²In beiden Fällen ist das Betriebsstättenfinanzamt für die Erteilung der Auskunft zuständig; bei Anfragen eines Arbeitnehmers soll es jedoch seine Auskunft mit dessen Wohnsitzfinanzamt abstimmen. ³Das Finanzamt soll die Auskunft unter ausdrücklichem Hinweis auf § 42 e EStG schriftlich erteilen; das gilt auch, wenn der Beteiligte die Auskunft nur formlos erbeten hat. ⁴Ein Rechtsbehelf ist nur gegeben, wenn das Finanzamt eine Auskunftserteilung ablehnt.

(2) ¹Hat ein Arbeitgeber mehrere Betriebsstätten, so hat das zuständige Finanzamt seine Auskunft mit den anderen Betriebsstättenfinanzämtern abzustimmen, soweit es sich um einen Fall von einigem Gewicht handelt und die Auskunft auch für die anderen Betriebsstätten von Bedeutung ist. ²Bei Anrufungsauskünften grundsätzlicher Art informiert das zuständige Finanzamt die übrigen betroffenen Finanzämter.

(3) ¹Sind mehrere Arbeitgeber unter einer einheitlichen Leitung zusammengefasst (Konzernunternehmen), so bleiben für den einzelnen Arbeitgeber entsprechend der Regelung des § 42 e Satz 1 und 2 EStG das Betriebsstättenfinanzamt bzw. das Finanzamt der Geschäftsleitung für die Erteilung der Anrufungsauskunft zuständig. ²Sofern es sich bei einer Anrufungsauskunft um einen Fall von einigem Gewicht handelt und erkennbar ist, dass die Auskunft auch für andere Arbeitgeber des Konzerns von Bedeutung ist oder bereits Entscheidungen anderer Finanzämter vorliegen, ist insbesondere auf Antrag des Auskunftsersuchenden die zu erteilende Auskunft mit den übrigen betroffenen Finanzämtern abzustimmen. ³Dazu informiert das für die Auskunftserteilung zuständige Finanzamt das Finanzamt der Konzernzentrale. ⁴Dieses koordiniert daraufhin die Abstimmung mit den Finanzämtern der anderen Arbeitgeber des Konzerns, die von der zu erteilenden Auskunft betroffen sind.

(4) ¹In Fällen der Lohnzahlung durch Dritte, in denen der Dritte die Pflichten des Arbeitgebers trägt, ist die Anrufungsauskunft bei dem Betriebsstättenfinanzamt des Dritten zu stellen. ²Fasst der Dritte die dem Arbeitnehmer in demselben Lohnzahlungszeitraum aus mehreren Dienstverhältnissen zufließenden Arbeitslöhne zusammen, ist die Anrufungsauskunft bei dem Betriebsstättenfinanzamt des Dritten zu stellen. ³Dabei hat das Betriebsstättenfinanzamt seine Auskunft in Fällen von einigem Gewicht mit den anderen Betriebsstättenfinanzämtern abzustimmen.

H 147
Hinweise zu R 147
Anrufungsauskunft

Bindungswirkung

– Die Auskunft bindet das Finanzamt nur gegenüber dem, der sie erbeten hat. Durch eine dem Arbeitgeber erteilte Auskunft ist das Finanzamt nicht gehindert, gegenüber dem Arbeitnehmer einen für ihn ungünstigeren Rechtsstandpunkt einzunehmen (>BFH vom 28. 8. 1991 – BStBl. 1992 II S. 107).

– Auskünfte des Betriebsstättenfinanzamts an einen Arbeitnehmer binden dessen Wohnsitzfinanzamt bei der Einkommensteuerveranlagung nicht (>BFH vom 9. 10. 1992 – BStBl. 1993 II S. 166).

– Hat der Arbeitgeber eine Anrufungsauskunft eingeholt und ist er danach verfahren, ist das Betriebsstättenfinanzamt im Lohnsteuer-Abzugsverfahren daran gebunden. Eine Nacherhebung der Lohnsteuer ist auch dann nicht zulässig, wenn der Arbeitgeber nach einer Lohnsteuer-Außenprüfung einer Pauschalierung nach § 40 Abs. 1 Satz 1 Nr. 2 EStG zugestimmt hat (>BFH vom 16. 11. 2005 – BStBl. 2006 II S. 210).

§ 42 f EStG
Lohnsteuer-Außenprüfung

(1) Für die Außenprüfung der Einbehaltung oder Übernahme und Abführung der Lohnsteuer ist das Betriebsstättenfinanzamt zuständig.

(2) ¹Für die Mitwirkungspflicht des Arbeitgebers bei der Außenprüfung gilt § 200 der Abgabenordnung. ²Darüber hinaus haben die Arbeitnehmer des Arbeitgebers dem mit der Prüfung Beauftragten jede gewünschte Auskunft über Art und Höhe ihrer Einnahmen zu geben und auf Verlangen die etwa in ihrem Besitz befindlichen Lohnsteuerkarten sowie die Belege über bereits entrichtete Lohnsteuer vorzulegen. ³Dies gilt auch für Personen, bei denen es streitig ist, ob sie Arbeitnehmer des Arbeitgebers sind oder waren.

(3) ¹In den Fällen des § 38 Abs. 3a ist für die Außenprüfung das Betriebsstättenfinanzamt des Dritten zuständig; § 195 Satz 2 der Abgabenordnung bleibt unberührt. ²Die Außenprüfung ist auch beim Arbeitgeber zulässig; dessen Mitwirkungspflichten bleiben neben den Pflichten des Dritten bestehen.

R 148
Lohnsteuer-Außenprüfung

(1) ¹Für die Lohnsteuer-Außenprüfung gelten die §§ 193 bis 207 AO. ²Die §§ 5 bis 12, 20 bis 24, 29 und 30 Betriebsprüfungsordnung sind mit Ausnahme des § 5 Abs. 4 Satz 2 sinngemäß anzuwenden.

(2) ¹Der Lohnsteuer-Außenprüfung unterliegen sowohl private als auch öffentlich-rechtliche Arbeitgeber. ²Prüfungen eines öffentlich-rechtlichen Arbeitgebers durch die zuständige Aufsichts- und Rechnungsprüfungsbehörde stehen der Zulässigkeit einer Lohnsteuer-Außenprüfung nicht entgegen.

(3) ¹Die Lohnsteuer-Außenprüfung hat sich hauptsächlich darauf zu erstrecken, ob sämtliche Arbeitnehmer, auch die nicht ständig beschäftigten, erfasst sind und alle zum Arbeitslohn gehörigen Einnahmen, gleichgültig in welcher Form sie gewährt werden, dem Steuerabzug unterworfen werden und ob bei der Berechnung der Lohnsteuer von der richtigen Lohnhöhe ausgegangen ist. ²Privathaushalte, in denen nur gering entlohnte Hilfen beschäftigt werden, sind in der Regel nicht zu prüfen.

(4) ¹Über das Ergebnis der Außenprüfung ist dem Arbeitgeber ein Prüfungsbericht zu übersenden (>§ 202 Abs. 1 AO). ²Führt die Außenprüfung zu keiner Änderung der Besteuerungsgrundlagen, so genügt es, wenn dies dem Arbeitgeber schriftlich mitgeteilt wird (>§ 202 Abs. 1 Satz 3 AO). ³In den Fällen, in denen ein Nachforderungsbescheid oder ein Haftungsbescheid nicht zu erteilen ist (>§ 42 d Abs. 4 EStG), kann der Arbeitgeber auf die Übersendung eines Prüfungsberichts verzichten.

(5) Das Recht auf Anrufungsauskunft nach § 42 e EStG steht dem Recht auf Erteilung einer verbindlichen Zusage auf Grund einer Außenprüfung nach § 204 AO nicht entgegen.

H 148
Hinweise zu R 148
Lohnsteuer-Außenprüfung

Aufhebung des Vorbehalts der Nachprüfung

>§ 164 Abs. 3 Satz 3 AO

Festsetzungsverjährung

Wurde beim Arbeitgeber eine Lohnsteuer-Außenprüfung durchgeführt, bewirkt dies nicht zugleich eine Hemmung der Verjährungsfrist in Bezug auf den Steueranspruch gegen den Arbeitnehmer (>BFH vom 15. 12. 1989 – BStBl. 1990 II S. 526).

Rechte und Mitwirkungspflichten des Arbeitgebers

>BMF vom 20. 7. 2001 (BStBl. I S. 502)*)

Anlage 1
zu H 148

Hinweise auf die wesentlichen Rechte und Mitwirkungspflichten des Steuerpflichtigen bei der Außenprüfung (§ 5 Abs. 2 Satz 2 BpO 2000)

BMF-Schreiben vom 20. 7. 2001 (BStBl. I S. 502)

Unter Bezugnahme auf das Ergebnis der Erörterungen mit den obersten Finanzbehörden der Länder sind der Prüfungsanordnung (§ 196 AO) für Außenprüfungen, die nach dem 31. Dezember 2001 beginnen, die anliegenden Hinweise beizufügen. Dieses Schreiben tritt an die Stelle des BMF-Schreibens vom 13. März 1989 – IV A 7 – S 1506 – 5/89 – (BStBl. 1989 I S. 122, AO-Kartei § 196 Karte 2).

Ihre wesentlichen Rechte und Mitwirkungspflichten bei der Außenprüfung

Die Außenprüfung soll dazu beitragen, dass die Steuergesetze gerecht und gleichmäßig angewendet werden; deshalb ist auch zu Ihren Gunsten zu prüfen (§ 199 Abs. 1 Abgabenordnung – AO –)

Beginn der Außenprüfung

Wenn Sie wichtige Gründe gegen den vorgesehenen Zeitpunkt der Prüfung haben, können Sie beantragen, dass ihr Beginn hinausgeschoben wird (§ 197 Abs. 2 AO). Wollen Sie wegen der Prüfungsanordnung Rückfragen stellen, wenden Sie sich bitte an die prüfende Stelle und geben Sie hierbei den Namen des Prüfers an. Über den Prüfungsbeginn sollten Sie ggf. Ihren Steuerberater unterrichten.

Der Prüfer wird sich zu Beginn der Außenprüfung unter Vorlage seines Dienstausweises bei Ihnen vorstellen (§ 198 AO).

Ablauf der Außenprüfung

Haben Sie bitte Verständnis dafür, dass Sie für einen reibungslosen Ablauf der Prüfung zur Mitwirkung verpflichtet sind. Aus diesem Grunde sollten Sie Ihren nachstehenden Mitwirkungspflichten unverzüglich nachkommen. Sie können darüber hinaus auch sachkundige Auskunftspersonen benennen.

Stellen Sie dem Prüfer zur Durchführung der Außenprüfung bitte einen geeigneten Raum oder Arbeitsplatz sowie die erforderlichen Hilfsmittel unentgeltlich zur Verfügung (§ 200 Abs. 2 AO).

Legen Sie ihm bitte Ihre Aufzeichnungen, Bücher, Geschäftspapiere und die sonstigen Unterlagen vor, die er benötigt, erteilen Sie ihm die erbetenen Auskünfte, erläutern Sie ggf. die Aufzeichnungen und unterstützen Sie ihn beim Datenzugriff (§ 200 Abs. 1 AO).

Werden die Unterlagen in Form der Wiedergabe auf einem Bildträger oder auf anderen Datenträgern aufbewahrt, kann der Prüfer verlangen, dass Sie auf Ihre Kosten diejenigen Hilfsmittel zur Verfügung stellen, die zur Lesbarmachung erforderlich sind, bzw. dass Sie auf Ihre Kosten die Unterlagen unverzüglich ganz oder teilweise ausdrucken oder ohne Hilfsmittel lesbare Reproduktionen beibringen (§ 147 Abs. 5 AO).

Wenn Unterlagen und sonstige Aufzeichnungen mit Hilfe eines DV-Systems erstellt worden sind, kann der Prüfer auf Ihre Daten zugreifen (§ 147 Abs. 6 AO).**) Dazu kann er verlangen, dass Sie ihm die dafür erforderlichen Geräte und sonstigen Hilfsmittel zur Verfügung stellen. Dies umfasst unter Umständen die Einweisung in das DV-System und die Bereitstellung von fachkundigem Personal zur Auswertung der Daten. Auf Anforderung sind dem Prüfer die Daten auf Datenträgern für Prüfungszwecke zu übergeben.

Über alle Feststellungen von Bedeutung wird Sie der Prüfer während der Außenprüfung unterrichten, es sei denn, Zweck und Ablauf der Prüfung werden dadurch beeinträchtigt (§ 199 Abs. 2 AO).

Ergebnis der Außenprüfung

Wenn sich die Besteuerungsgrundlagen durch die Prüfung ändern, haben Sie das Recht auf eine Schlussbesprechung. Sie erhalten dabei Gelegenheit, einzelne Prüfungsfeststellungen nochmals zusammenfassend zu erörtern (§ 201 AO).

Über das Ergebnis der Außenprüfung ergeht bei Änderung der Besteuerungsgrundlagen ein schriftlicher Prüfungsbericht, der Ihnen auf Antrag vor seiner Auswertung übersandt wird. Zu diesem Bericht können Sie Stellung nehmen (§ 202 AO).

Rechtsbehelfe können Sie allerdings nicht gegen den Bericht, sondern nur gegen die aufgrund der Außenprüfung ergehenden Steuerbescheide einlegen.

Wird bei Ihnen eine abgekürzte Außenprüfung (§ 203 AO) durchgeführt, findet eine Schlussbesprechung nicht statt. Anstelle des schriftlichen Prüfungsberichts erhalten Sie spätestens mit den Steuer-/Feststellungsbescheiden eine schriftliche Mitteilung über die steuerlich erheblichen Prüfungsfeststellungen.

Ablauf der Außenprüfung beim Verdacht einer Steuerstraftat oder einer Steuerordnungswidrigkeit

Ergibt sich während der Außenprüfung der Verdacht einer Steuerstraftat oder einer Steuerordnungswidrigkeit gegen Sie, so dürfen hinsichtlich des Sachverhalts, auf den sich der Verdacht bezieht, die Ermittlungen bei Ihnen erst fortgesetzt werden, wenn Ihnen die Einleitung eines Steuerstraf- oder Bußgeldverfahrens mitgeteilt worden ist (vgl. § 397 AO). Soweit die Prüfungsfeststellungen auch für Zwecke eines Steuerstraf- oder Bußgeldverfahrens verwendet werden können, darf Ihre Mitwirkung bei der Aufklärung der Sachverhalte nicht erzwungen werden (§ 393 Abs. 1 Satz 2 AO). Wirken Sie bei der Aufklärung der Sachverhalte nicht mit (vgl. §§ 90, 93 Abs. 1, 200 Abs. 1 AO), können daraus allerdings im Besteuerungsverfahren für Sie nachteilige Folgerungen gezogen werden; ggf. sind die Besteuerungsgrundlagen zu schätzen, wenn eine zutreffende Ermittlung des Sachverhalts deswegen nicht möglich ist (§ 162 AO).

Anlage 2
zu H 148

Grundsätze zum Datenzugriff und zur Prüfbarkeit digitaler Unterlagen (GDPdU)

BMF-Schreiben vom 16. 7. 2001 (BStBl. I S. 415)

Unter Bezugnahme auf das Ergebnis der Erörterungen mit den obersten Finanzbehörden der Länder gilt für die Anwendung der

---

*) Abgedruckt als Anlage 1 zu H 148 LStR.
) Dies gilt nicht für **vor dem 1. Januar 2002 archivierte Daten, wenn ein Datenzugriff (§ 147 Abs. 6 AO) des Prüfers für Sie mit einem unverhältnismäßigen Aufwand verbunden wäre. Die Lesbarmachung der Daten muss jedoch während der ganzen Aufbewahrungsfrist sichergestellt sein.

§ 42 f EStG
R 148

Regelungen zum Datenzugriff und zur Prüfbarkeit digitaler Unterlagen (§ 146 Abs. 5, § 147 Abs. 2, 5, 6, § 200 Abs. 1 AO und § 14 Abs. 4 UStG) Folgendes:

I. Datenzugriff

Nach § 147 Abs. 6 AO ist der Finanzbehörde das Recht eingeräumt, die mit Hilfe eines Datenverarbeitungssystems erstellte Buchführung des Steuerpflichtigen durch Datenzugriff zu prüfen. Diese neue Prüfungsmethode tritt neben die Möglichkeit der herkömmlichen Prüfung. Das Recht auf Datenzugriff steht der Finanzbehörde nur im Rahmen steuerlicher Außenprüfungen zu. Durch die Regelungen zum Datenzugriff wird der sachliche Umfang der Außenprüfung (§ 194 AO) nicht erweitert; er wird durch die Prüfungsanordnung (§ 196 AO, § 5 BpO) bestimmt. Gegenstand der Prüfung sind wie bisher nur die nach § 147 Abs. 1 AO aufbewahrungspflichtigen Unterlagen. Es ist jedoch erforderlich, die Prüfungsmethoden den modernen Buchführungstechniken anzupassen. Dies gilt umso mehr, als in zunehmendem Maße der Geschäftsverkehr papierlos abgewickelt wird und ab dem 1. Januar 2002 der Vorsteuerabzug aus elektronischen Abrechnungen mit qualifizierter elektronischer Signatur und Anbieter-Akkreditierung nach dem Signaturgesetz möglich ist.

Die Einführung dieser neuen Prüfungsmethode ermöglicht zugleich rationale und zeitnähere Außenprüfungen.

1. Umfang und Ausübung des Rechts auf Datenzugriff nach § 147 Abs. 6 AO

Das Recht auf Datenzugriff beschränkt sich ausschließlich auf Daten, die für die Besteuerung von Bedeutung sind (steuerlich relevante Daten).

Die Daten der Finanzbuchhaltung, der Anlagenbuchhaltung und der Lohnbuchhaltung sind danach für den Datenzugriff zur Verfügung zu halten.

Soweit sich auch in anderen Bereichen des Datenverarbeitungssystems steuerlich relevante Daten befinden, sind sie durch den Steuerpflichtigen nach Maßgabe seiner steuerlichen Aufzeichnungs- und Aufbewahrungspflichten zu qualifizieren und für den Datenzugriff in geeigneter Weise vorzuhalten.

Bei unzutreffender Qualifizierung von Daten kann die Finanzbehörde im Rahmen ihres pflichtgemäßen Ermessens verlangen, dass der Steuerpflichtige den Datenzugriff auf diese steuerlich relevanten Daten nachträglich ermöglicht. Das allgemeine Auskunftsrecht des Prüfers (§§ 88, 199 Abs. 1 AO) und die Mitwirkungspflichten des Steuerpflichtigen (§§ 90, 200 AO) bleiben unberührt.

Bei der Ausübung des Rechts auf Datenzugriff stehen der Finanzbehörde nach dem Gesetz drei Möglichkeiten zur Verfügung. Die Entscheidung, von welcher Möglichkeit des Datenzugriffs die Finanzbehörde Gebrauch macht, steht in ihrem pflichtgemäßen Ermessen; falls erforderlich, kann sie auch mehrere Möglichkeiten in Anspruch nehmen:

a) Sie hat das Recht, selbst unmittelbar auf das Datenverarbeitungssystem dergestalt zuzugreifen, dass sie in Form des Nur-Lesezugriffs Einsicht in die gespeicherten Daten nimmt und die vom Steuerpflichtigen oder von einem beauftragten Dritten eingesetzte Hard- und Software zur Prüfung der gespeicherten Daten einschließlich der Stammdaten und Verknüpfungen (Daten) nutzt (unmittelbarer Datenzugriff). Dabei darf sie nur mit Hilfe dieser Hard- und Software auf die elektronisch gespeicherten Daten zugreifen. Dies schließt eine Fernabfrage (Online-Zugriff) auf das Datenverarbeitungssystem des Steuerpflichtigen durch die Finanzbehörde aus.

Der Nur-Lesezugriff umfasst das Lesen, Filtern und Sortieren der Daten gegebenenfalls unter Nutzung der im Datenverarbeitungssystem vorhandenen Auswertungsmöglichkeiten.

b) Sie kann vom Steuerpflichtigen auch verlangen, dass er an ihrer Stelle die Daten nach ihren Vorgaben maschinell auswertet oder von einem beauftragten Dritten maschinell auswerten lässt, um den Nur-Lesezugriff durchführen zu können (mittelbarer Datenzugriff). Es kann nur eine maschinelle Auswertung unter Verwendung der im Datenverarbeitungssystem des Steuerpflichtigen oder des beauftragten Dritten vorhandenen Auswertungsmöglichkeiten verlangt werden.

c) Sie kann ferner verlangen, dass ihr die gespeicherten Unterlagen auf einem maschinell verwertbaren Datenträger zur Auswertung überlassen werden (Datenträgerüberlassung). Der zur Auswertung überlassene Datenträger ist spätestens nach Bestandskraft der aufgrund der Außenprüfung ergangenen Bescheide an den Steuerpflichtigen zurückzugeben oder zu löschen.

2. Umfang der Mitwirkungspflicht nach §§ 147 Abs. 6 und 200 Abs. 1 Satz 2 AO

Der Steuerpflichtige hat die Finanzbehörde bei Ausübung ihres Rechts auf Datenzugriff zu unterstützen (§ 200 Abs. 1 AO). Im Einzelnen gilt Folgendes:

a) Beim unmittelbaren Datenzugriff (Abschnitt I Nr. 1 Buchstabe a) hat der Steuerpflichtige dem Prüfer die für den Datenzugriff erforderlichen Hilfsmittel zur Verfügung zu stellen und ihn für den Nur-Lesezugriff in das DV-System einzuweisen. Die Zugangsberechtigung muss so ausgestaltet sein, dass dem Prüfer dieser Zugriff auf alle steuerlich relevanten Daten eingeräumt wird. Sie umfasst u. a. auch die Nutzung der im DV-System vorhandenen Auswertungsprogramme. Enthalten elektronisch gespeicherte Datenbestände andere, z. B. steuerlich nicht relevante personenbezogene oder dem Berufsgeheimnis (§ 102 AO) unterliegende Daten, so obliegt es dem Steuerpflichtigen oder dem von ihm beauftragten Dritten, durch geeignete Zugriffsbeschränkungen sicherzustellen, dass der Prüfer nur auf steuerlich relevante Daten des Steuerpflichtigen zugreifen kann. Die Zugangsberechtigung hat auch die Nutzung der im DV-System vorhandenen Auswertungsprogramme zu umfassen.

Das Datenverarbeitungssystem muss die Unveränderbarkeit des Datenbestandes gewährleisten (§ 146 Abs. 4 AO; Abschnitt V des BMF-Schreibens zu den Grundsätzen ordnungsmäßiger DV-gestützter Buchführungssysteme (GoBS) vom 7. November 1995, BStBl I S. 738). Eine Veränderung des Datenbestandes und des Datenverarbeitungssystems durch die Finanzbehörde ist somit ausgeschlossen.

b) Beim mittelbaren Zugriff (Abschnitt I Nr. 1 Buchstabe b) gehört zur Mithilfe des Steuerpflichtigen beim Nur-Lesezugriff (Abschnitt I Nr. 1 Buchstabe a Abs. 2) neben der Zurverfügungstellung von Hard- und Software die Unterstützung durch mit dem Datenverarbeitungssystem vertraute Personen. Der Umfang der zumutbaren Mithilfe richtet sich nach den betrieblichen Begebenheiten des Unternehmens. Hierfür können z. B. seine Größe oder Mitarbeiterzahl Anhaltspunkte sein.

c) Bei der Datenträgerüberlassung (Abschnitt I Nr. 1 Buchstabe c) sind der Finanzbehörde mit den gespeicherten Unterlagen und Aufzeichnungen alle zur Auswertung der Daten notwendigen Informationen (z. B. über die Dateistruktur, die Datenfelder sowie interne und externe Verknüpfungen) in maschinell auswertbarer Form zur Verfügung zu stellen. Dies gilt auch in den Fällen, in denen sich die Daten bei Dritten befinden.

3. Grundsatz der Verhältnismäßigkeit

Die Finanzbehörde hat bei Anwendung zum Datenzugriff den Grundsatz der Verhältnismäßigkeit zu beachten. Dies bedeutet u. a.:

a) Bei **vor dem 1. Januar 2002** archivierten Daten kann sie beim unmittelbaren Datenzugriff (Abschnitt I Nr. 1 Buchstabe a Abs. 1) und beim mittelbaren Datenzugriff (Abschnitt I Nr. 1 Buchstabe b) nicht verlangen, dass diese Daten für Zwecke ihrer maschinellen Auswertung (§ 147 Abs. 2 Nr. 2 AO i. V. mit § 147 Abs. 6 AO) nochmals in das Datenverarbeitungssystem eingespeist (reaktiviert) werden, wenn dies mit unverhältnismäßigem Aufwand für den Steuerpflichtigen verbunden wäre. Dies kommt z. B. in Betracht bei fehlender Speicherkapazität, nochmaliger Erfassung der Daten, Archivierung der Daten außerhalb des aktuellen Datenverarbeitungssystems, Wechsel des Hard- oder Software-Systems. Müssen hiernach die Daten nicht reaktiviert werden, braucht der Steuerpflichtige auch nicht die für eine maschinelle Auswertung der betreffenden Daten erforderliche Hard- und Software zur Verfügung zu halten, wenn sie nicht mehr im Einsatz ist. Dies gilt auch, wenn die Aufbewahrungsfrist (§ 147 Abs. 3 AO) noch nicht abgelaufen ist.

§ 46 EStG

Diese für die maschinelle Auswertbarkeit der Daten erforderliche technische, organisatorische und zeitliche Einschränkung bezieht sich nicht auf die Pflicht des Steuerpflichtigen zur Lesbarmachung der Daten (§ 147 Abs. 2 Nr. 2 AO, § 147 Abs. 5 AO). Die Lesbarmachung muss während der ganzen Aufbewahrungsfrist sichergestellt sein.

b) Bei **nach dem 31. Dezember 2001** archivierten Daten ist beim unmittelbaren Datenzugriff (Abschnitt I Nr. 1 Buchstabe a Abs. 1) und beim mittelbaren Datenzugriff (Abschnitt I Nr. 1 Buchstabe b) die maschinelle Auswertbarkeit (§ 147 Abs. 2 Nr. 2 und Abs. 6 AO) in Form des Nur-Lesezugriffs (Abschnitt I Nr. 1 Buchstabe a Abs. 2) sicherzustellen. Im Falle eines Systemwechsels ist es nicht erforderlich, die ursprüngliche Hard- und Software vorzuhalten, wenn die maschinelle Auswertbarkeit auch für die nach dem 31. Dezember 2001, aber vor dem Systemwechsel archivierten Daten durch das neue oder ein anderes System gewährleistet ist.

c) Für die Datenüberlassung (Abschnitt I Nr. 1 Buchstabe c) kann die Finanzbehörde nicht verlangen, **vor dem 1. Januar 2002** auf nicht maschinell auswertbaren Datenträgern (z. B. Mikrofilm) archivierte Daten auf maschinell auswertbare Datenträger aufzuzeichnen.

II. Prüfbarkeit digitaler Unterlagen

1. Elektronische Abrechnungen im Sinne des § 14 Abs. 4 Satz 2 UStG

Die qualifizierte elektronische Signatur mit Anbieter-Akkreditierung nach § 15 Abs. 1 des Signaturgesetzes ist Bestandteil der elektronischen Abrechnung. Der Originalzustand des übermittelten ggf. noch verschlüsselten Dokuments muss jederzeit überprüfbar sein. Dies setzt neben den Anforderungen nach Abschnitt VIII Buchstabe b Nr. 2 der GoBS (a. a. O.) insbesondere voraus, dass

- vor einer weiteren Verarbeitung der elektronischen Abrechnung die qualifizierte elektronische Signatur im Hinblick auf die Integrität der Daten und die Signaturberechtigung geprüft werden und das Ergebnis dokumentiert wird;
- die Speicherung der elektronischen Abrechnung auf einem Datenträger erfolgt, der Änderungen nicht mehr zulässt. Bei einer temporären Speicherung auf einem änderbaren Datenträger muss das DV-System sicherstellen, dass Änderungen nicht möglich sind;
- bei Umwandlung (Konvertierung) der elektronischen Abrechnung in ein unternehmenseigenes Format (sog. Inhouse-Format) beide Versionen archiviert und nach den GoBS mit demselben Index verwaltet werden sowie die konvertierte Version als solche gekennzeichnet wird;
- der Signaturprüfschlüssel aufbewahrt wird;
- bei Einsatz von Kryptographietechniken die verschlüsselte und die entschlüsselte Abrechnung sowie der Schlüssel zur Entschlüsselung der elektronischen Abrechnung aufbewahrt wird;
- der Eingang der elektronischen Abrechnung, ihre Archivierung und ggf. Konvertierung sowie die weitere Verarbeitung protokolliert werden;
- die Übertragungs-, Archivierungs- und Konvertierungssysteme den Anforderungen der GoBS, insbesondere an die Dokumentation, an das interne Kontrollsystem, an das Sicherungskonzept sowie an die Aufbewahrung entsprechen;
- das qualifizierte Zertifikat des Empfängers aufbewahrt wird.

2. Sonstige aufbewahrungspflichtige Unterlagen

- Bei sonstigen aufbewahrungspflichtigen Unterlagen i. S. d. § 147 Abs. 1 AO, die digitalisiert sind und nicht in Papierform übermittelt werden, muss das dabei angewendete Verfahren den GoBS entsprechen.
- Der Originalzustand der übermittelten ggf. noch verschlüsselten Daten muss erkennbar sein (§ 146 Abs. 4 AO). Die Speicherung hat auf einem Datenträger zu erfolgen, der Änderungen nicht mehr zulässt. Bei einer temporären Speicherung auf einem änderbaren Datenträger muss das Datenverarbeitungssystem sicherstellen, dass Änderungen nicht möglich sind.
- Bei Einsatz von Kryptographietechniken sind die verschlüsselte und die entschlüsselte Unterlage aufzubewahren.
- Bei Umwandlung (Konvertierung) der sonstigen aufbewahrungspflichtigen Unterlagen in ein unternehmenseigenes Format (sog. Inhouse-Format) sind beide Versionen zu archivieren und nach den GoBS mit demselben Index zu verwalten sowie die konvertierte Version als solche zu kennzeichnen.
- Wenn Signaturprüfschlüssel oder kryptographische Verfahren verwendet werden, sind die verwendeten Schlüssel aufzubewahren.
- Bei sonstigen aufbewahrungspflichtigen Unterlagen sind der Eingang, ihre Archivierung und ggf. Konvertierung sowie die weitere Verarbeitung zu protokollieren.

III. Archivierung digitaler Unterlagen

1. Originär digitale Unterlagen nach § 146 Abs. 5 AO sind auf maschinell verwertbaren Datenträgern zu archivieren. Originär digitale Unterlagen sind die in das Datenverarbeitungssystem in elektronischer Form eingehenden und die im Datenverarbeitungssystem erzeugten Daten; ein maschinell verwertbarer Datenträger ist ein maschinell lesbarer und auswertbarer Datenträger. Die originär digitalen Unterlagen dürfen nicht ausschließlich in ausgedruckter Form oder auf Mikrofilm aufbewahrt werden. Somit reicht die Aufzeichnung im COM-Verfahren (Computer-Output-Mikrofilm) nicht mehr aus. Diese Einschränkung gilt nicht, wenn die vor der Übertragung auf Mikrofilm vorhandenen Daten vorgehalten werden, die eine maschinelle Auswertbarkeit durch das Datenverarbeitungssystem gewährleisten. Nicht ausreichend ist auch die ausschließliche Archivierung in maschinell nicht auswertbaren Formaten (z. B. pdf-Datei).

   Eine Pflicht zur Archivierung einer Unterlage i. S. des § 147 Abs. 1 AO in maschinell auswertbarer Form (§ 147 Abs. 2 Nr. 2 AO) besteht nicht, wenn diese Unterlage zwar DV-gestützt erstellt wurde, sie aber nicht zur Weiterverarbeitung in einem DV-gestützten Buchführungssystem geeignet ist (z. B. Textdokumente).

2. Originär in Papierform angefallene Unterlagen, z. B. Eingangsrechnungen, können weiterhin mikroverfilmt werden.

3. Kann im Falle eines abweichenden Wirtschaftsjahrs die Archivierung ab 1. Januar 2002 nachweisbar aus technischen Gründen nicht auf einem maschinell auswertbaren Datenträger (§ 147 Abs. 2 Nr. 2 AO) erfolgen, wird dies nicht beanstandet, wenn der Steuerpflichtige bis spätestens zu Beginn des anschließenden abweichenden Wirtschaftsjahrs den Archivierungspflichten gemäß § 147 Abs. 2 Nr. 2 AO nachkommt.

IV. Anwendung

1. Die Regelungen zum Datenzugriff (Abschnitt I) sind bei steuerlichen Außenprüfungen anzuwenden, die nach dem 31. Dezember 2001 beginnen.

2. Die Regelungen zur Prüfbarkeit digitaler Unterlagen (Abschnitt II) gelten

   a) für elektronische Abrechnungen mit Inkrafttreten des § 14 Abs. 4 Satz 2 UStG (1. Januar 2002) und

   b) für sonstige aufbewahrungspflichtige Unterlagen, die nach dem 31. Dezember 2001 erstellt werden.

Im Übrigen bleiben die Regelungen des BMF-Schreibens zu den Grundsätzen ordnungsmäßiger DV-gestützter Buchführungssysteme (GoBS) vom 7. November 1995 (BStBl. I S. 738) unberührt.

§ 46 EStG
Veranlagung bei Bezug von Einkünften aus nichtselbständiger Arbeit

(1) – weggefallen –

(2) ¹Besteht das Einkommen ganz oder teilweise aus Einkünften aus nichtselbständiger Arbeit, von denen ein Steuerabzug vorgenommen worden ist, so wird eine Veranlagung nur durchgeführt,

1. wenn die positive Summe der einkommensteuerpflichtigen Einkünfte, die nicht dem Steuerabzug vom Arbeitslohn zu unterwerfen waren, vermindert um die darauf entfallenden Beträge nach § 13 Abs. 3 und § 24a, oder die positive Summe der Einkünfte und Leistungen, die dem Progressionsvorbehalt unterliegen, jeweils mehr als 410 Euro beträgt;
2. wenn der Steuerpflichtige nebeneinander von mehreren Arbeitgebern Arbeitslohn bezogen hat; das gilt nicht, soweit nach § 38 Abs. 3a Satz 7 Arbeitslohn von mehreren Arbeitgebern für den Lohnsteuerabzug zusammengerechnet worden ist;
3. wenn für einen Steuerpflichtigen, der zu dem Personenkreis des § 10c Abs. 3 gehört, die Lohnsteuer im Veranlagungszeitraum oder für einen Teil des Veranlagungszeitraums nach den Steuerklassen I bis IV unter Berücksichtigung der Vorsorgepauschale nach § 10c Abs. 2 zu erheben war;
3a. wenn von Ehegatten, die nach den §§ 26, 26b zusammen zur Einkommensteuer zu veranlagen sind, beide Arbeitslohn bezogen haben und einer für den Veranlagungszeitraum oder einen Teil davon nach der Steuerklasse V oder VI besteuert worden ist;
4. wenn auf der Lohnsteuerkarte eines Steuerpflichtigen ein Freibetrag im Sinne des § 39a Abs. 1 Nr. 1 bis 3, 5 oder 6 eingetragen worden ist; dasselbe gilt für einen Steuerpflichtigen, der zum Personenkreis des § 1 Abs. 2 gehört, wenn diese Eintragungen auf einer Bescheinigung nach § 39c erfolgt sind;
4a. wenn bei einem Elternpaar, bei dem die Voraussetzungen des § 26 Abs. 1 Satz 1 nicht vorliegen,
   a) – weggefallen –
   b) – weggefallen –
   c) – weggefallen –
   d) im Fall des § 33a Abs. 2 Satz 6 das Elternpaar gemeinsam eine Aufteilung des Abzugsbetrags in einem anderen Verhältnis als je zur Hälfte beantragt oder
   e) im Fall des § 33b Abs. 5 Satz 3 das Elternpaar gemeinsam eine Aufteilung des Pauschbetrags für behinderte Menschen oder des Pauschbetrags für Hinterbliebene in einem anderen Verhältnis als je zur Hälfte beantragt.
   ²Die Veranlagungspflicht besteht für jeden Elternteil, der Einkünfte aus nichtselbständiger Arbeit bezogen hat;
5. wenn bei einem Steuerpflichtigen die Lohnsteuer für einen sonstigen Bezug im Sinne des § 34 Abs. 1 und 2 Nr. 2 und 4 nach § 39b Abs. 3 Satz 9 oder für einen sonstigen Bezug nach § 39c Abs. 5 ermittelt wurde;
5a. wenn der Arbeitgeber die Lohnsteuer von einem sonstigen Bezug berechnet hat und dabei der Arbeitslohn aus früheren Dienstverhältnissen des Kalenderjahres außer Betracht geblieben ist (§ 39b Abs. 3 Satz 2, § 41 Abs. 1 Satz 7, Großbuchstabe S);
6. wenn die Ehe des Arbeitnehmers im Veranlagungszeitraum durch Tod, Scheidung oder Aufhebung aufgelöst worden ist und er oder sein Ehegatte der aufgelösten Ehe im Veranlagungszeitraum wieder geheiratet hat;
7. wenn
   a) für einen unbeschränkt Steuerpflichtigen im Sinne des § 1 Abs. 1 auf der Lohnsteuerkarte ein Ehegatte im Sinne des § 1a Abs. 1 Nr. 2 berücksichtigt worden ist oder
   b) für einen Steuerpflichtigen, der zum Personenkreis des § 1 Abs. 3 oder des § 1a gehört, das Betriebsstättenfinanzamt eine Bescheinigung nach § 39c Abs. 4 erteilt hat; dieses Finanzamt ist dann auch für die Veranlagung zuständig;
8. wenn die Veranlagung beantragt wird, insbesondere zur Anrechnung von Lohnsteuer auf die Einkommensteuer. ²Der Antrag ist bis zum Ablauf des auf den Veranlagungszeitraum folgenden zweiten Kalenderjahres durch Abgabe einer Einkommensteuererklärung zu stellen. ³Wird der Antrag zur Berücksichtigung von Verlustabzügen nach § 10d gestellt, ist er für den unmittelbar vorangegangenen Veranlagungszeitraum bis zum Ablauf des diesem folgenden dritten Kalenderjahres zu stellen. ⁴Wird der Antrag zur Berücksichtigung einer Steuerermäßigung nach § 34f Abs. 3 gestellt, ist er für den zweiten vorangegangenen Veranlagungszeitraum bis zum Ablauf des diesem folgenden vierten Kalenderjahres und für den ersten vorangegangenen Veranlagungszeitraum bis zum Ablauf des diesem folgenden dritten Kalenderjahres zu stellen.

(3) ¹In den Fällen des Absatzes 2 ist ein Betrag in Höhe der einkommensteuerpflichtigen Einkünfte, von denen der Steuerabzug vom Arbeitslohn nicht vorgenommen worden ist, vom Einkommen abzuziehen, wenn diese Einkünfte insgesamt nicht mehr als 410 Euro betragen. ²Der Betrag nach Satz 1 vermindert sich um den Altersentlastungsbetrag, soweit dieser 40 Prozent des Arbeitslohns mit Ausnahme der Versorgungsbezüge im Sinne des § 19 Abs. 2 übersteigt, und um den nach § 13 Abs. 3 zu berücksichtigenden Betrag.

(4) ¹Kommt nach Absatz 2 eine Veranlagung zur Einkommensteuer nicht in Betracht, so gilt die Einkommensteuer, die auf die Einkünfte aus nichtselbständiger Arbeit entfällt, für den Steuerpflichtigen durch den Lohnsteuerabzug als abgegolten, soweit er nicht für zu wenig erhobene Lohnsteuer in Anspruch genommen werden kann. ²§ 42b bleibt unberührt.

(5) Durch Rechtsverordnung kann in den Fällen des Absatzes 2 Nr. 1, in denen die einkommensteuerpflichtigen Einkünfte, von denen der Steuerabzug vom Arbeitslohn nicht vorgenommen worden ist, den Betrag von 410 Euro übersteigen, die Besteuerung so gemildert werden, dass auf die volle Besteuerung dieser Einkünfte stufenweise übergeleitet wird.

R 149
Veranlagung nach § 46 Abs. 2 Nr. 8 EStG
– unbesetzt –

Hinweise: >R 46.2 EStR

R 150
Beseitigung von Härten in bestimmten Fällen des § 46 Abs. 2 EStG
– unbesetzt –

Hinweise: >R 46.3 EStR

VII. Steuerabzug bei Bauleistungen

§ 48 EStG
Steuerabzug

(1) ¹Erbringt jemand im Inland eine Bauleistung (Leistender) an einen Unternehmer im Sinne des § 2 des Umsatzsteuergesetzes oder an eine juristische Person des öffentlichen Rechts (Leistungsempfänger), ist der Leistungsempfänger verpflichtet, von der Gegenleistung einen Steuerabzug in Höhe von 15 Prozent für Rechnung des Leistenden vorzunehmen. ²Vermietet der Leistungsempfänger Wohnungen, so ist Satz 1 nicht auf Bauleistungen für diese Wohnungen anzuwenden, wenn er nicht mehr als zwei Wohnungen vermietet. ³Bauleistungen sind alle Leistungen, die der Herstellung, Instandsetzung, Instandhaltung, Änderung oder Beseitigung von Bauwerken dienen. ⁴Als Leistender gilt auch derjenige, der über eine Leistung abrechnet, ohne sie erbracht zu haben.

(2) ¹Der Steuerabzug muss nicht vorgenommen werden, wenn der Leistende dem Leistungsempfänger eine im Zeitpunkt der Gegenleistung gültige Freistellungsbescheinigung nach § 48b Abs. 1 Satz 1 vorlegt oder die Gegenleistung im laufenden Kalenderjahr den folgenden Betrag voraussichtlich nicht übersteigen wird:

1. 15 000 Euro, wenn der Leistungsempfänger ausschließlich steuerfreie Umsätze nach § 4 Nr. 12 Satz 1 des Umsatzsteuergesetzes ausführt,
2. 5000 Euro in den übrigen Fällen.

²Für die Ermittlung des Betrags sind die für denselben Leistungsempfänger erbrachten und voraussichtlich zu erbringenden Bauleistungen zusammenzurechnen.

(3) Gegenleistung im Sinne des Absatzes 1 ist das Entgelt zuzüglich Umsatzsteuer.

(4) Wenn der Leistungsempfänger den Steuerabzugsbetrag angemeldet und abgeführt hat,
1. ist § 160 Abs. 1 Satz 1 der Abgabenordnung nicht anzuwenden,
2. sind § 42d Abs. 6 und 8 und § 50a Abs. 7 nicht anzuwenden.

§ 48 a EStG
Verfahren

(1) ¹Der Leistungsempfänger hat bis zum 10. Tag nach Ablauf des Monats, in dem die Gegenleistung im Sinne des § 48 erbracht wird, eine Anmeldung nach amtlich vorgeschriebenem Vordruck abzugeben, in der er den Steuerabzug für den Anmeldungszeitraum selbst zu berechnen hat. ²Der Abzugsbetrag ist am 10. Tag nach Ablauf des Anmeldungszeitraums fällig und an das für den Leistenden zuständige Finanzamt für Rechnung des Leistenden abzuführen. ³Die Anmeldung des Abzugsbetrags steht einer Steueranmeldung gleich.

(2) Der Leistungsempfänger hat mit dem Leistenden unter Angabe
1. des Namens und der Anschrift des Leistenden,
2. des Rechnungsbetrags, des Rechnungsdatums und des Zahlungstags,
3. der Höhe des Steuerabzugs und
4. des Finanzamts, bei dem der Abzugsbetrag angemeldet worden ist,

über den Steuerabzug abzurechnen.

(3) ¹Der Leistungsempfänger haftet für einen nicht oder zu niedrig abgeführten Abzugsbetrag. ²Der Leistungsempfänger haftet nicht, wenn ihm im Zeitpunkt der Gegenleistung eine Freistellungsbescheinigung (§ 48b) vorgelegen hat, auf deren Rechtmäßigkeit er vertrauen konnte. ³Er darf insbesondere dann nicht auf eine Freistellungsbescheinigung vertrauen, wenn diese durch unlautere Mittel oder durch falsche Angaben erwirkt wurde und ihm dies bekannt oder infolge grober Fahrlässigkeit nicht bekannt war. ⁴Den Haftungsbescheid erlässt das für den Leistenden zuständige Finanzamt.

(4) § 50b gilt entsprechend.

§ 48 b EStG
Freistellungsbescheinigung

(1) ¹Auf Antrag des Leistenden hat das für ihn zuständige Finanzamt, wenn der zu sichernde Steueranspruch nicht gefährdet erscheint und ein inländischer Empfangsbevollmächtigter bestellt ist, eine Bescheinigung nach amtlich vorgeschriebenem Vordruck zu erteilen, die den Leistungsempfänger von der Pflicht zum Steuerabzug befreit. ²Eine Gefährdung kommt insbesondere dann in Betracht, wenn der Leistende
1. Anzeigepflichten nach § 138 der Abgabenordnung nicht erfüllt,
2. seiner Auskunfts- und Mitwirkungspflicht nach § 90 der Abgabenordnung nicht nachkommt,
3. den Nachweis der steuerlichen Ansässigkeit durch Bescheinigung der zuständigen ausländischen Steuerbehörde nicht erbringt.

(2) Eine Bescheinigung soll erteilt werden, wenn der Leistende glaubhaft macht, dass keine zu sichernden Steueransprüche bestehen.

(3) In der Bescheinigung sind anzugeben:
1. Name, Anschrift und Steuernummer des Leistenden,
2. Geltungsdauer der Bescheinigung,
3. Umfang der Freistellung sowie der Leistungsempfänger, wenn sie nur für bestimmte Bauleistungen gilt,
4. das ausstellende Finanzamt.

(4) Wird eine Freistellungsbescheinigung aufgehoben, die nur für bestimmte Bauleistungen gilt, ist dies den betroffenen Leistungsempfängern mitzuteilen.

(5) Wenn eine Freistellungsbescheinigung vorliegt, gilt § 48 Abs. 4 entsprechend.

(6) ¹Das Bundeszentralamt für Steuern erteilt dem Leistungsempfänger im Sinne des § 48 Abs. 1 Satz 1 im Wege einer elektronischen Abfrage Auskunft über die beim Bundesamt für Finanzen gespeicherten Freistellungsbescheinigungen. ²Mit dem Antrag auf die Erteilung einer Freistellungsbescheinigung stimmt der Antragsteller zu, dass seine Daten nach § 48b Abs. 3 beim Bundeszentralamt für Steuern gespeichert werden und dass über die gespeicherten Daten an die Leistungsempfänger Auskunft gegeben wird.

§ 48 c EStG
Anrechnung

(1) ¹Soweit der Abzugsbetrag einbehalten und angemeldet worden ist, wird er auf vom Leistenden zu entrichtende Steuern nacheinander wie folgt angerechnet:
1. die nach § 41a Abs. 1 einbehaltene und angemeldete Lohnsteuer,
2. die Vorauszahlungen auf die Einkommen- oder Körperschaftsteuer,
3. die Einkommen- oder Körperschaftsteuer des Besteuerungs- oder Veranlagungszeitraums, in dem die Leistung erbracht worden ist, und
4. die vom Leistenden im Sinne der §§ 48, 48a anzumeldenden und abzuführenden Abzugsbeträge.

²Die Anrechnung nach Satz 1 Nr. 2 kann nur für Vorauszahlungszeiträume innerhalb des Besteuerungs- oder Veranlagungszeitraums erfolgen, in dem die Leistung erbracht worden ist. ³Die Anrechnung nach Satz 1 Nr. 2 darf nicht zu einer Erstattung führen.

(2) ¹Auf Antrag des Leistenden erstattet das nach § 20a Abs. 1 der Abgabenordnung zuständige Finanzamt den Abzugsbetrag. ²Die Erstattung setzt voraus, dass der Leistende nicht zur Abgabe von Lohnsteueranmeldungen verpflichtet ist und eine Veranlagung zur Einkommen- oder Körperschaftsteuer nicht in Betracht kommt oder der Leistende glaubhaft macht, dass im Veranlagungszeitraum keine zu sichernden Steueransprüche entstehen werden. ³Der Antrag ist nach amtlich vorgeschriebenem Muster bis zum Ablauf des zweiten Kalenderjahres zu stellen, das auf das Jahr folgt, in dem der Abzugsbetrag angemeldet worden ist; weitergehende Fristen nach einem Abkommen zur Vermeidung der Doppelbesteuerung bleiben unberührt.

(3) Das Finanzamt kann die Anrechnung ablehnen, soweit der angemeldete Abzugsbetrag nicht abgeführt worden ist und Anlass zu der Annahme besteht, dass ein Missbrauch vorliegt.

§ 48d EStG
Besonderheiten im Fall von Doppelbesteuerungsabkommen

(1) ¹Können Einkünfte, die dem Steuerabzug nach § 48 unterliegen, nach einem Abkommen zur Vermeidung der Doppelbesteuerung nicht besteuert werden, so sind die Vorschriften über die Einbehaltung, Abführung und Anmeldung der Steuer durch den Schuldner der Gegenleistung ungeachtet des Abkommens anzuwenden. ²Unberührt bleibt der Anspruch des Gläubigers der Gegenleistung auf Erstattung der einbehaltenen und abgeführten Steuer. ³Der Anspruch ist durch Antrag nach § 48c Abs. 2 geltend zu machen. ⁴Der Gläubiger der Gegenleistung hat durch eine Bestätigung der für ihn zuständigen Steuerbehörde des anderen Staates nachzuweisen, dass er dort ansässig ist. ⁵§ 48b gilt entsprechend. ⁶Der Leistungsempfänger kann sich im Haftungsverfahren nicht auf die Rechte des Gläubigers aus dem Abkommen berufen.

(2) Unbeschadet des § 5 Abs. 1 Nr. 2 des Finanzverwaltungsgesetzes liegt die Zuständigkeit für Entlastungsmaßnahmen nach Absatz 1 bei dem nach § 20a der Abgabenordnung zuständigen Finanzamt.

VIII. Besteuerung beschränkt Steuerpflichtiger

§ 49 EStG
Beschränkt steuerpflichtige Einkünfte

(1) ¹Inländische Einkünfte im Sinne der beschränkten Einkommensteuerpflicht (§ 1 Abs. 4) sind

1. Einkünfte aus einer im Inland betriebenen Land- und Forstwirtschaft (§§ 13, 14);
2. Einkünfte aus Gewerbebetrieb (§§ 15 bis 17),
   a) für den im Inland eine Betriebsstätte unterhalten wird oder ein ständiger Vertreter bestellt ist,
   b) die durch den Betrieb eigener oder gecharterter Seeschiffe oder Luftfahrzeuge aus Beförderungen zwischen inländischen und von inländischen zu ausländischen Häfen erzielt werden, einschließlich der Einkünfte aus anderen mit solchen Beförderungen zusammenhängenden, sich auf das Inland erstreckenden Beförderungsleistungen,
   c) die von einem Unternehmen im Rahmen einer internationalen Betriebsgemeinschaft oder eines Pool-Abkommens, bei denen ein Unternehmen mit Sitz oder Geschäftsleitung im Inland die Beförderung durchführt, aus Beförderungen und Beförderungsleistungen nach Buchstabe b erzielt werden,
   d) die, soweit sie nicht zu den Einkünften im Sinne der Nummern 3 und 4 gehören, durch im Inland ausgeübte oder verwertete künstlerische, sportliche, artistische oder ähnliche Darbietungen erzielt werden, einschließlich der Einkünfte aus anderen mit diesen Leistungen zusammenhängenden Leistungen, unabhängig davon, wem die Einnahmen zufließen,
   e) die unter den Voraussetzungen des § 17 erzielt werden, wenn es sich um Anteile an einer Kapitalgesellschaft handelt,
      aa) die ihren Sitz oder ihre Geschäftsleitung im Inland hat oder
      bb) bei deren Erwerb auf Grund eines Antrags nach § 13 Abs. 2 oder § 21 Abs. 2 Satz 3 Nr. 2 des Umwandlungssteuergesetzes nicht der gemeine Wert der eingebrachten Anteile angesetzt worden ist oder auf die § 17 Abs. 5 Satz 2 anzuwenden war, oder
   f) die, soweit sie nicht zu den Einkünften im Sinne des Buchstaben a gehören, durch Veräußerung von inländischem unbeweglichen Vermögen, von Sachinbegriffen oder Rechten, die im Inland belegen oder in ein inländisches öffentliches Buch oder Register eingetragen sind oder deren Verwertung in einer inländischen Betriebsstätte oder anderen Einrichtung erfolgt, erzielt werden. ²Als Einkünfte aus Gewerbebetrieb gelten auch die Einkünfte aus Tätigkeiten im Sinne dieses Buchstabens, die von einer Körperschaft im Sinnes des § 2 Nr. 1 des Körperschaftsteuergesetzes erzielt werden, die mit einer Kapitalgesellschaft oder sonstigen juristischen Person im Sinne des § 1 Abs. 1 Nr. 1 bis 3 des Körperschaftsteuergesetzes vergleichbar ist;
3. Einkünfte aus selbständiger Arbeit (§ 18), die im Inland ausgeübt oder verwertet wird oder worden ist, oder für die im Inland eine feste Einrichtung oder eine Betriebsstätte unterhalten wird;
4. Einkünfte aus nichtselbständiger Arbeit (§ 19), die
   a) im Inland ausgeübt oder verwertet wird oder worden ist,
   b) aus inländischen öffentlichen Kassen einschließlich der Kassen des Bundeseisenbahnvermögens und der Deutschen Bundesbank mit Rücksicht auf ein gegenwärtiges oder früheres Dienstverhältnis gewährt werden, ohne dass ein Zahlungsanspruch gegenüber der inländischen öffentlichen Kasse bestehen muss,
   c) als Vergütung für eine Tätigkeit als Geschäftsführer, Prokurist oder Vorstandsmitglied einer Gesellschaft mit Geschäftsleitung im Inland bezogen werden;
   d) als Entschädigung im Sinne des § 24 Nr. 1 für die Auflösung eines Dienstverhältnisses gezahlt werden, soweit die für die zuvor ausgeübte Tätigkeit bezogenen Einkünfte der inländischen Besteuerung unterlegen haben;
   e) an Bord eines im internationalen Luftverkehr eingesetzten Luftfahrzeugs ausgeübt wird, das von einem Unternehmen mit Geschäftsleitung im Inland betrieben wird;
5. Einkünfte aus Kapitalvermögen im Sinne des
   a) § 20 Abs. 1 Nr. 1, mit Ausnahme der Erträge aus Investmentanteilen im Sinne des § 2 des Investmentsteuergesetzes, Nr. 2, 4, 6 und 9, wenn der Schuldner Wohnsitz, Geschäftsleitung oder Sitz im Inland hat oder wenn es sich um Fälle des § 44 Abs. 1 Satz 4 Nr. 1 Buchstabe a Doppelbuchstabe bb dieses Gesetzes handelt; dies gilt auch für Erträge aus Wandelanleihen und Gewinnobligationen,
   b) § 20 Abs. 1 Nr. 1 in Verbindung mit den §§ 2 und 7 des Investmentsteuergesetzes,
      aa) bei Erträgen im Sinne des § 7 Abs. 3 Investmentsteuergesetzes,
      bb) bei Erträgen im Sinne des § 7 Abs. 1, 2 und 4 des Investmentsteuergesetzes, wenn es sich um Fälle des § 44 Abs. 1 Satz 4 Nr. 1 Buchstabe a Doppelbuchstabe bb dieses Gesetzes handelt,
   c) § 20 Abs. 1 Nr. 5 und 7, wenn
      aa) das Kapitalvermögen durch inländischen Grundbesitz, durch inländische Rechte, die den Vorschriften des bürgerlichen Rechts über Grundstücke unterliegen, oder durch Schiffe, die in ein inländisches Schiffsregister eingetragen sind, unmittelbar oder mittelbar gesichert ist. ²Ausgenommen sind Zinsen aus Anleihen und Forderungen, die in ein öffentliches Schuldbuch eingetragen oder über die Sammelurkunden im Sinne des § 9a des Depotgesetzes oder Teilschuldverschreibungen ausgegeben sind, oder
      bb) das Kapitalvermögen aus Genussrechten besteht, die nicht in § 20 Abs. 1 Nr. 1 genannt sind, oder
      cc) Kapitalerträge im Sinne des § 43 Abs. 1 Satz 1 Nr. 7 Buchstabe a und Nr. 8 sowie Satz 2 von einem Schuldner oder von einem inländischen Kreditinstitut oder einem inländischen Finanzdienstleistungsinstitut im Sinne des § 43 Abs. 1 Satz 1 Nr. 7 Buchstabe b gegen Aushändigung der Zinsscheine einem anderen als einem ausländischen Kreditinstitut oder einem ausländischen Finanzdienstleis-

tungsinstitut ausgezahlt oder gutgeschrieben werden und die Teilschuldverschreibungen nicht von dem Schuldner, dem inländischen Kreditinstitut oder dem inländischen Finanzdienstleistungsinstitut verwahrt werden.

²§ 20 Abs. 2 gilt entsprechend;

6. Einkünfte aus Vermietung und Verpachtung (§ 21), wenn das unbewegliche Vermögen, die Sachinbegriffe oder Rechte im Inland belegen oder in ein inländisches öffentliches Buch oder Register eingetragen sind oder in einer inländischen Betriebsstätte oder in einer anderen Einrichtung verwertet werden;

7. sonstige Einkünfte im Sinne des § 22 Nr. 1 Satz 3 Buchstabe a, die von den inländischen gesetzlichen Rentenversicherungsträgern, den inländischen landwirtschaftlichen Alterskassen, den inländischen berufsständischen Versorgungseinrichtungen, den inländischen Versicherungsunternehmen oder sonstigen inländischen Zahlstellen gewährt werden;

8. sonstige Einkünfte im Sinne des § 22 Nr. 2, soweit es sich um private Veräußerungsgeschäfte handelt, mit

   a) inländischen Grundstücken,
   b) inländischen Rechten, die den Vorschriften des bürgerlichen Rechts über Grundstücke unterliegen, oder
   c) Anteilen an Kapitalgesellschaften
      aa) mit Geschäftsleitung oder Sitz im Inland oder
      bb) bei deren Erwerb auf Grund eines Antrags nach § 13 Abs. 2 oder § 21 Abs. 2 Satz 3 Nr. 2 des Umwandlungssteuergesetzes nicht der gemeine Wert der eingebrachten Anteile angesetzt worden ist oder auf die § 17 Abs. 5 Satz 2 anzuwenden war

   bei Beteiligung im Sinne des § 17 Abs. 1 oder Abs. 6;

8a. sonstige Einkünfte im Sinne des § 22 Nr. 4;

9. sonstige Einkünfte im Sinne des § 22 Nr. 3, auch wenn sie bei Anwendung dieser Vorschrift einer anderen Einkunftsart zuzurechnen wären, soweit es sich um Einkünfte aus der Nutzung beweglicher Sachen im Inland oder aus der Überlassung der Nutzung oder des Rechts auf Nutzung von gewerblichen, technischen, wissenschaftlichen und ähnlichen Erfahrungen, Kenntnissen und Fertigkeiten, z. B. Plänen, Mustern und Verfahren, handelt, die im Inland genutzt werden oder worden sind; dies gilt nicht, soweit es sich um steuerpflichtige Einkünfte im Sinne der Nummern 1 bis 8 handelt.

(2) Im Ausland gegebene Besteuerungsmerkmale bleiben außer Betracht, soweit bei ihrer Berücksichtigung inländische Einkünfte im Sinne des Absatzes 1 nicht angenommen werden könnten.

(3) ¹Bei Schifffahrt- und Luftfahrtunternehmen sind die Einkünfte im Sinne des Absatzes 1 Nr. 2 Buchstabe b mit 5 Prozent der für diese Beförderungsleistungen vereinbarten Entgelte anzusetzen. ²Das gilt auch, wenn solche Einkünfte durch eine inländische Betriebsstätte oder einen inländischen ständigen Vertreter erzielt werden (Absatz 1 Nr. 2 Buchstabe a). ³Das gilt nicht in den Fällen des Absatzes 1 Nr. 2 Buchstabe c oder soweit das deutsche Besteuerungsrecht nach einem Abkommen zur Vermeidung der Doppelbesteuerung ohne Begrenzung des Steuersatzes aufrechterhalten bleibt.

(4) ¹Abweichend von Absatz 1 Nr. 2 sind Einkünfte steuerfrei, die ein beschränkt Steuerpflichtiger mit Wohnsitz oder gewöhnlichem Aufenthalt in einem ausländischen Staat durch den Betrieb eigener oder gecharterter Schiffe oder Luftfahrzeuge aus einem Unternehmen bezieht, dessen Geschäftsleitung sich in dem ausländischen Staat befindet. ²Voraussetzung für die Steuerbefreiung ist, dass dieser ausländische Staat Steuerpflichtigen mit Wohnsitz oder gewöhnlichem Aufenthalt im Geltungsbereich dieses Gesetzes eine entsprechende Steuerbefreiung für derartige Einkünfte gewährt und dass das Bundesministerium für Verkehr, Bau und Stadtentwicklung die Steuerbefreiung nach Satz 1 für verkehrspolitisch unbedenklich erklärt hat.

§ 50 EStG
Sondervorschriften für beschränkt Steuerpflichtige

(1) ¹Beschränkt Steuerpflichtige dürfen Betriebsausgaben (§ 4 Abs. 4 bis 8) oder Werbungskosten (§ 9) nur insoweit abziehen, als sie mit inländischen Einkünften in wirtschaftlichem Zusammenhang stehen. ²§ 10d ist nur anzuwenden, wenn Verluste in wirtschaftlichem Zusammenhang mit inländischen Einkünften stehen und sich aus Unterlagen ergeben, die im Inland aufbewahrt werden. ³§ 34 ist nur insoweit anzuwenden, als er sich auf Gewinne aus der Veräußerung eines land- und forstwirtschaftlichen Betriebs (§ 14), eines Gewerbebetriebs (§ 16) oder auf Veräußerungsgewinne im Sinne des § 18 Abs. 3 bezieht. ⁴Die übrigen Vorschriften des § 34 und die §§ 4f, 9 Abs. 5 Satz 1, soweit er § 4f für anwendbar erklärt, die §§ 9a, 10, 10a, 10c, 16 Abs. 4, § 20 Abs. 4, §§ 24a, 24b, 32, 32a Abs. 6, §§ 33, 33a und 33b sind nicht anzuwenden. ⁵Abweichend von Satz 4 sind bei beschränkt steuerpflichtigen Arbeitnehmern, die Einkünfte aus nichtselbständiger Arbeit im Sinne des § 49 Abs. 1 Nr. 4 beziehen, § 9a Satz 1 Nr. 1, § 10c Abs. 1 mit der Möglichkeit, die tatsächlichen Aufwendungen im Sinne des § 10b nachzuweisen, sowie § 10c Abs. 2 und 3 jeweils in Verbindung mit § 10c Abs. 5 ohne Möglichkeit, die tatsächlichen Aufwendungen nachzuweisen, anzuwenden. ⁶Die Jahres- und Monatsbeträge der Pauschalen nach § 9a Satz 1 Nr. 1 und § 10c Abs. 1 und § 10c Abs. 2 und 3, jeweils in Verbindung mit § 10c Abs. 5, ermäßigen sich zeitanteilig, wenn Einkünfte im Sinne des § 49 Abs. 1 Nr. 4 nicht während eines vollen Kalenderjahres oder Kalendermonats zugeflossen sind.

(2) ¹Bei Einkünften, die dem Steuerabzug unterliegen, und bei Einkünften im Sinne des § 20 Abs. 1 Nr. 5 und 7 ist für beschränkt Steuerpflichtige ein Ausgleich mit Verlusten aus anderen Einkunftsarten nicht zulässig. ²Einkünfte im Sinne des Satzes 1 dürfen bei einem Verlustabzug (§ 10d) nicht berücksichtigt werden.

(3) ¹Die Einkommensteuer bemisst sich bei beschränkt Steuerpflichtigen, die veranlagt werden, nach § 32a Abs. 1. ²Die Einkommensteuer beträgt mindestens 25 Prozent des Einkommens; dies gilt nicht in den Fällen des Absatzes 1 Satz 5.

(4) – weggefallen –

(5) ¹Die Einkommensteuer für Einkünfte, die dem Steuerabzug vom Arbeitslohn oder vom Kapitalertrag oder dem Steuerabzug auf Grund des § 50a unterliegen, gilt bei beschränkt Steuerpflichtigen durch den Steuerabzug als abgegolten. ²Satz 1 gilt nicht, wenn die Einkünfte Betriebseinnahmen eines inländischen Betriebs sind oder

1. nachträglich festgestellt wird, dass die Voraussetzungen der unbeschränkten Einkommensteuerpflicht im Sinne des § 1 Abs. 2 oder 3 oder des § 1a nicht vorgelegen haben; § 39 Abs. 5a ist sinngemäß anzuwenden;

2. ein beschränkt steuerpflichtiger Arbeitnehmer, der Einkünfte aus nichtselbständiger Arbeit im Sinne des § 49 Abs. 1 Nr. 4 bezieht und Staatsangehöriger eines Mitgliedstaates der Europäischen Union oder eines Staates ist, auf den das Abkommen über den Europäischen Wirtschaftsraum Anwendung findet, und im Hoheitsgebiet eines dieser Staaten seinen Wohnsitz oder gewöhnlichen Aufenthalt hat, eine Veranlagung zur Einkommensteuer beantragt. ²In diesem Fall wird eine Veranlagung durch das Betriebsstättenfinanzamt, das die Bescheinigung nach § 39d Abs. 1 Satz 3 erteilt hat, nach § 46 Abs. 2 Nr. 8 durchgeführt. ³Bei mehreren Betriebsstättenfinanzämtern ist das Betriebsstättenfinanzamt zuständig, in dessen Bezirk der Arbeitnehmer zuletzt beschäftigt war. ⁴Bei Arbeitnehmern mit Steuerklasse VI ist das Betriebsstättenfinanzamt zuständig, in dessen Bezirk der Arbeitnehmer zuletzt unter Anwendung der Steuerklasse I beschäftigt war. ⁵Absatz 1 Satz 6 ist nicht anzuwenden. ⁶Einkünfte, die dem Steuerabzug vom Kapitalertrag oder dem Steuerabzug auf Grund des § 50a unterliegen, werden nur im Rahmen des § 32b berücksichtigt; oder

3. ein beschränkt Steuerpflichtiger, dessen Einnahmen dem Steuerabzug nach § 50a Abs. 4 Nr. 1 oder 2 unterliegen, die völlige oder teilweise Erstattung der einbehaltenen und abgeführten Steuer beantragt. ²Die Erstattung setzt voraus, dass die mit diesen Einnahmen in unmittelbarem wirtschaftlichen Zusammenhang stehenden Betriebsausgaben oder Werbungskosten höher sind als die Hälfte der Einnahmen. ³Die Steuer wird erstattet, soweit sie 50 Prozent des Unterschiedsbetrags zwischen den Einnahmen und mit diesen in unmittelbarem wirtschaftlichem Zusammenhang stehenden Betriebsausgaben oder Werbungskosten übersteigt, im Fall einer Veranstaltungsreihe erst nach deren Abschluss. ⁴Der Antrag ist bis zum Ablauf des Kalenderjahres, das dem Kalenderjahr des Zuflusses der Vergütung folgt, nach amtlich vorgeschriebenem Muster beim Bundeszentralamt für Steuern zu stellen und zu unterschreiben; die Bescheinigung nach § 50a Abs. 5 Satz 7 ist beizufügen. ⁵Über den Inhalt des Erstattungsantrags und den Erstattungsbetrag kann das Bundeszentralamt für Steuern dem Wohnsitzstaat des beschränkt Steuerpflichtigen Auskunft geben. ⁶Abweichend von § 117 Abs. 4 der Abgabenordnung ist eine Anhörung des Beteiligten nicht erforderlich. ⁷Mit dem Erstattungsantrag gilt die Zustimmung zur Auskunft an den Wohnsitzstaat als erteilt. ⁸Das Bundeszentralamt für Steuern erlässt über den Steuererstattungsbetrag einen Steuerbescheid.

(6) § 34c Abs. 1 bis 3 ist bei Einkünften aus Land- und Forstwirtschaft, Gewerbebetrieb oder selbständiger Arbeit, für die im Inland ein Betrieb unterhalten wird, entsprechend anzuwenden, soweit darin nicht Einkünfte aus einem ausländischen Staat enthalten sind, mit denen der beschränkt Steuerpflichtige dort in einem der unbeschränkten Steuerpflicht ähnlichen Umfang zu einer Steuer vom Einkommen herangezogen wird.

(7) Die obersten Finanzbehörden der Länder oder die von ihnen beauftragten Finanzbehörden können mit Zustimmung des Bundesministeriums der Finanzen die Einkommensteuer bei beschränkt Steuerpflichtigen ganz oder zum Teil erlassen oder in einem Pauschbetrag festsetzen, wenn es aus volkswirtschaftlichen Gründen zweckmäßig ist oder eine gesonderte Berechnung der Einkünfte besonders schwierig ist.

Anlage
zu § 50 EStG

Vereinfachtes Steuererstattungsverfahren gemäß § 50 Abs. 5 Satz 2 Nr. 3 EStG bei beschränkt Steuerpflichtigen mit Einkünften, die dem Steuerabzug nach § 50a Abs. 4 Satz 1 Nrn. 1 und 2 EStG unterliegen; Umsetzung des EuGH-Urteils vom 12. Juni 2003 – C-234/01 (Gerritse) –

BMF-Schreiben vom 3.11.2003 (BStBl. I S. 553)

Unter Bezugnahme auf das Ergebnis der Erörterungen mit den obersten Finanzbehörden der Länder gilt für Einkünfte von beschränkt Steuerpflichtigen, die dem Steuerabzug gemäß § 50a Abs. 4 Satz 1 Nrn. 1 und 2 EStG unterliegen, in Anwendung des Urteils des Europäischen Gerichtshofes vom 12. Juni 2003 – C-234/01 –*) bis zu einer gesetzlichen Neuregelung Folgendes:

Abweichend von § 50 Abs. 5 Satz 2 Nr. 3 EStG ist nunmehr nicht mehr Voraussetzung, dass die mit den Einnahmen in unmittelbarem wirtschaftlichen Zusammenhang stehenden Betriebsausgaben oder Werbungskosten die Hälfte der Einnahmen übersteigen. Die Steuer wird auf Antrag erstattet, soweit sie den Betrag übersteigt, der sich bei Anwendung des tariflichen Steuersatzes nach § 32a Abs. 1 EStG auf die um den Grundfreibetrag erhöhten Einkünfte bzw. bei Anwendung des Steuersatzes nach § 23 Abs. 1 KStG auf die Einkünfte, zuzüglich Solidaritätszuschlag, ergibt (vgl. Beispiel 1).

Bei mehreren Auftritten in einem Kalenderjahr sind für den Vergleich mit der Besteuerung unbeschränkt Steuerpflichtiger sämtliche im Inland steuerpflichtigen Einkünfte, die bis zur Antragstellung entstanden sind und dem Steuerabzug nach § 50a Abs. 4 Satz 1 Nrn. 1 und 2 unterliegen, selbst wenn für sie aufgrund der Bestimmung des § 50a Abs. 4 Satz 5 Nr. 1 EStG (Milderungsregelung) ein Steuerabzug nicht vorgenommen worden ist, einzubeziehen. Für diese Einkünfte abgeführte Steuerabzugsbeträge sind zu berücksichtigen. Für in wirtschaftlichem Zusammenhang stehende Auftritte, wie beispielsweise Veranstaltungsreihen, ist nur ein Antrag einzureichen. Die Steuererstattung ist um bereits erstattete Beträge zu kürzen (vgl. Beispiel 2).

Die übrigen Vorschriften zum vereinfachten Erstattungsverfahren sowie zur Durchführung des Steuerabzugs nach § 50a Abs. 4 EStG bleiben hiervon unberührt. Im Steuerabzugsverfahren kann sich der Schuldner der Vergütungen nicht auf die Rechte des Gläubigers aus dem – durch dieses BMF-Schreiben erweiterten – vereinfachten Steuererstattungsverfahren nach § 50 Abs. 5 Satz 2 Nr. 3 EStG berufen.

Beispiel 1:

A erhält für einen Auftritt in 2003 eine Gesamtvergütung (Brutto) von 2000 €. Der Vergütungsschuldner hat 400 € ESt und 22 € SolZ von dieser Vergütung einbehalten und an das FA abgeführt. A sind 600 € Betriebsausgaben im unmittelbaren wirtschaftlichen Zusammenhang mit dem Auftritt entstanden.

Lösung:

Im vereinfachten Erstattungsverfahren wird die Steuererstattung des A wie folgt errechnet:

		ESt	SolZ
1.	Einnahmen (Bemessungsgrundlage für den Steuerabzug nach § 50a Abs. 4 EStG)	2 000 €	
2.	abzgl. BA/WK	./. 600 €	
3.	Einkünfte im Zusammenhang mit dem Auftritt	1 400 €	
4.	zzgl. Grundfreibetrag	+ 7 235 €	
5.	Einkünfte für Zwecke des Erstattungsverfahrens	8 635 €	
6.	auf die Einkünfte entfallende tarifliche ESt nach § 32a Abs. 1 EStG	298 €	0 €
7.	einbehaltener Steuerabzug	./. 400 €	./. 22 €
8.	zu erstattende Steuer	./. 102 €	./. 22 €

Beispiel 2:

Fall wie Beispiel 1, aber A hat nach Durchführung des Erstattungsverfahrens einen weiteren Auftritt in 2003, für den er eine Gesamtvergütung von 3000 € erhält. Es werden vom Vergütungsschuldner hiervon 600 € ESt und 33 € SolZ einbehalten und an das FA abgeführt. A hat 600 € Betriebsausgaben, die in unmittelbarem wirtschaftlichen Zusammenhang mit dem weiteren Auftritt stehen.

Lösung:

Im vereinfachten Erstattungsverfahren wird die weitere Steuererstattung des A wie folgt errechnet:

		ESt	SolZ
1.	Einnahmen	3 000 €	
2.	abzgl. BA/WK	./. 600 €	
3.	Einkünfte aus 2. Auftritt	2 400 €	
4.	zzgl. der Einkünfte aus 1. Auftritt	+ 1 400 €	
5.	zzgl. Grundfreibetrag	+ 7 235 €	
6.	Gesamteinkünfte für Zwecke des Erstattungsverfahrens	11 035 €	
7.	auf die Gesamteinkünfte entfallende tarifliche ESt nach § 32a Abs. 1	859 €	0 €
8.	abzgl. einbehaltener Steuerabzug für 1. und 2. Auftritt	./. 1 000 €	./. 55 €
9.	zu erstattende Steuer	./. 141 €	./. 55 €
10.	zzgl. bereits erstatteter Steuer	102 €	22 €
11.	noch zu erstattende Steuer	./. 39 €	./. 33 €

Die Anwendung dieses BMF-Schreibens ist nicht auf Steuerpflichtige, die Staatsangehörige eines Mitgliedstaates der Europäischen Union oder eines Staates sind, auf den das Abkommen über den Europäischen Wirtschaftsraum Anwendung findet, beschränkt. Die vorstehenden Grundsätze sind in allen noch offenen Fällen anzuwenden.

---

*) Anm.: Das EuGH-Urteil wird zeitgleich mit diesem BMF-Schreiben im BStBl. Teil II veröffentlicht.

§ 50a EStG
Steuerabzug bei beschränkt Steuerpflichtigen

(1) Bei beschränkt steuerpflichtigen Mitgliedern des Aufsichtsrats (Verwaltungsrats) von inländischen Aktiengesellschaften, Kommanditgesellschaften auf Aktien, Berggewerkschaften, Gesellschaften mit beschränkter Haftung und sonstigen Kapitalgesellschaften, Genossenschaften und Personenvereinigungen des privaten und des öffentlichen Rechts, bei denen die Gesellschafter nicht als Unternehmer (Mitunternehmer) anzusehen sind, unterliegen die Vergütungen jeder Art, die ihnen von den genannten Unternehmungen für die Überwachung der Geschäftsführung gewährt werden (Aufsichtsratsvergütungen), dem Steuerabzug (Aufsichtsratsteuer).

(2) Die Aufsichtsratsteuer beträgt 30 Prozent der Aufsichtsratsvergütungen.

(3) ¹Dem Steuerabzug unterliegt der volle Betrag der Aufsichtsratsvergütung ohne jeden Abzug. ²Werden Reisekosten (Tagegelder und Fahrtauslagen) besonders gewährt, so gehören sie zu den Aufsichtsratsvergütungen nur insoweit, als sie die tatsächlichen Auslagen übersteigen.

(4) ¹Die Einkommensteuer wird bei beschränkt Steuerpflichtigen im Wege des Steuerabzugs erhoben

1. bei Einkünften, die durch im Inland ausgeübte oder verwertete künstlerische, sportliche, artistische oder ähnliche Darbietungen erzielt werden, einschließlich der Einkünfte aus anderen mit diesen Leistungen zusammenhängenden Leistungen, unabhängig davon, wem die Einnahmen zufließen (§ 49 Abs. 1 Nr. 2 Buchstabe d),

2. bei Einkünften aus der Ausübung oder Verwertung einer Tätigkeit als Künstler, Berufssportler, Schriftsteller, Journalist oder Bildberichterstatter einschließlich solcher Tätigkeiten für den Rundfunk oder Fernsehfunk (§ 49 Abs. 1 Nr. 2 bis 4), es sei denn, es handelt sich um Einkünfte aus nichtselbständiger Arbeit, die dem Steuerabzug vom Arbeitslohn nach § 38 Abs. 1 Satz 1 Nr. 1 unterliegen,

3. bei Einkünften, die aus Vergütungen für die Nutzung beweglicher Sachen oder für die Überlassung der Nutzung oder des Rechts auf Nutzung von Rechten, insbesondere von Urheberrechten und gewerblichen Schutzrechten, von gewerblichen, technischen, wissenschaftlichen und ähnlichen Erfahrungen, Kenntnissen und Fertigkeiten, z. B. Plänen, Mustern und Verfahren, herrühren (§ 49 Abs. 1 Nr. 2, 3, 6 und 9); das Gleiche gilt für die Veräußerung von Rechten im Sinne des § 49 Abs. 1 Nr. 2 Buchstabe f.

²Dem Steuerabzug unterliegt der volle Betrag der Einnahmen einschließlich der Beträge im Sinne des § 3 Nr. 13 und 16. ³Abzüge, z. B. für Betriebsausgaben, Werbungskosten, Sonderausgaben und Steuern, sind nicht zulässig. ⁴Der Steuerabzug beträgt 20 Prozent der Einnahmen. ⁵Bei im Inland ausgeübten künstlerischen, sportlichen, artistischen oder ähnlichen Darbietungen beträgt er bei Einnahmen

1. bis 250 Euro
0 Prozent;
2. über 250 Euro bis 500 Euro
10 Prozent der gesamten Einnahmen;
3. über 500 Euro bis 1000 Euro
15 Prozent der gesamten Einnahmen;
4. über 1000 Euro
20 Prozent der gesamten Einnahmen.

(5) ¹Die Steuer entsteht in dem Zeitpunkt, in dem die Aufsichtsratsvergütungen (Absatz 1) oder die Vergütungen (Absatz 4) dem Gläubiger der Aufsichtsratsvergütungen oder der Vergütungen zufließen. ²In diesem Zeitpunkt hat der Schuldner der Aufsichtsratsvergütungen oder der Vergütungen den Steuerabzug für Rechnung des beschränkt steuerpflichtigen Gläubigers (Steuerschuldner) vorzunehmen. ³Er hat die innerhalb eines Kalendervierteljahres einbehaltene Steuer jeweils bis zum 10. des dem Kalendervierteljahr folgenden Monats an das für ihn zuständige Finanzamt abzuführen. ⁴Der beschränkt Steuerpflichtige ist beim Steuerabzug von Aufsichtsratsvergütungen oder von Vergütungen Steuerschuldner. ⁵Der Schuldner der Aufsichtsratsvergütungen oder der Vergütungen haftet aber für die Einbehaltung und Abführung der Steuer. ⁶Der Steuerschuldner wird nur in Anspruch genommen,

1. wenn der Schuldner der Aufsichtsratsvergütung oder der Vergütungen diese nicht vorschriftsmäßig gekürzt hat oder

2. wenn der beschränkt steuerpflichtige Gläubiger weiß, dass der Schuldner die einbehaltene Steuer nicht vorschriftsmäßig abgeführt hat, und dies dem Finanzamt nicht unverzüglich mitteilt.

⁷Der Schuldner der Vergütungen ist verpflichtet, dem beschränkt steuerpflichtigen Gläubiger auf Verlangen die folgenden Angaben nach amtlich vorgeschriebenem Muster zu bescheinigen:

1. den Namen und die Anschrift des beschränkt steuerpflichtigen Gläubigers;
2. die Art der Tätigkeit und Höhe der Vergütung in Euro;
3. den Zahlungstag;
4. den Betrag der einbehaltenen und abgeführten Steuer nach § 50a Abs. 4;
5. das Finanzamt, an das die Steuer abgeführt worden ist.

(6) Durch Rechtsverordnung kann bestimmt werden, dass bei Vergütungen für die Nutzung oder das Recht auf Nutzung von Urheberrechten (Absatz 4 Nr. 3), wenn die Vergütungen nicht unmittelbar an den Gläubiger, sondern an einen Beauftragten geleistet werden, an Stelle des Schuldners der Vergütung der Beauftragte die Steuer einzubehalten und abzuführen hat und für die Einbehaltung und Abführung haftet.

(7) ¹Das Finanzamt des Vergütungsgläubigers kann anordnen, dass der Schuldner der Vergütung für Rechnung des beschränkt steuerpflichtigen Gläubigers (Steuerschuldner) die Einkommensteuer von beschränkt steuerpflichtigen Einkünften, soweit diese nicht bereits dem Steuerabzug unterliegen, im Wege des Steuerabzugs einzubehalten und abzuführen hat, wenn dies zur Sicherung des Steueranspruchs zweckmäßig ist. ²Der Steuerabzug beträgt 25 Prozent der gesamten Einnahmen, wenn der beschränkt steuerpflichtige Gläubiger nicht glaubhaft macht, dass die voraussichtlich geschuldete Steuer niedriger ist. ³Absatz 5 gilt entsprechend mit der Maßgabe, dass die Steuer bei dem Finanzamt anzumelden und abzuführen ist, das den Steuerabzug angeordnet hat. ⁴§ 50 Abs. 5 Satz 1 ist nicht anzuwenden.

§ 50e EStG
Bußgeldvorschriften; Nichtverfolgung von Steuerstraftaten bei geringfügiger Beschäftigung in Privathaushalten

(1) ¹Ordnungswidrig handelt, wer vorsätzlich oder leichtfertig entgegen § 45d Abs. 1 Satz 1, der nach § 45e erlassenen Rechtsverordnung oder den unmittelbar geltenden Verträgen mit den in Artikel 17 der Richtlinie 2003/48/EG genannten Staaten und Gebieten eine Mitteilung nicht, nicht richtig, nicht vollständig oder nicht rechtzeitig abgibt. ²Die Ordnungswidrigkeit kann mit einer Geldbuße bis zu fünftausend Euro geahndet werden.

(2) ¹Liegen die Voraussetzungen des § 40a Abs. 2 vor, werden Steuerstraftaten (§§ 369 bis 376 der Abgabenordnung) als solche nicht verfolgt, wenn der Arbeitgeber in den Fällen des § 8a des Vierten Buches Sozialgesetzbuch entgegen § 41a Abs. 1 Nr. 1, auch in Verbindung mit Abs. 2 und 3 und § 51a, und § 40a Abs. 6 Satz 3 dieses Gesetzes in Verbindung mit § 28a Abs. 7 Satz 1 des Vierten Buches Sozialgesetzbuch für das Arbeitsentgelt die Lohnsteuer-Anmeldung und die Anmeldung der einheitlichen Pauschsteuer nicht oder nicht rechtzeitig durchführt und dadurch Steuern verkürzt oder für sich oder einen anderen nicht gerechtfertigte Steuervorteile erlangt. ²Die Freistellung

von der Verfolgung nach Satz 1 gilt auch für den Arbeitnehmer einer in Satz 1 genannten Beschäftigung, der die Finanzbehörde pflichtwidrig über steuerlich erhebliche Tatsachen aus dieser Beschäftigung in Unkenntnis lässt. ³Die Bußgeldvorschriften der §§ 377 bis 384 der Abgabenordnung bleiben mit der Maßgabe anwendbar, dass § 378 der Abgabenordnung auch bei vorsätzlichem Handeln anwendbar ist.

IX. Sonstige Vorschriften, Bußgeld-, Ermächtigungs- und Schlussvorschriften

§ 51 EStG
Ermächtigung

(1) ...

(2) ...

(3) ...

(4) ¹Das Bundesministerium der Finanzen wird ermächtigt,

1. im Einvernehmen mit den obersten Finanzbehörden der Länder die Vordrucke für

   a) – *weggefallen* –

   b) – *weggefallen* –

   c) die Erklärungen zur Einkommensbesteuerung sowie die in § 39 Abs. 3a Satz 4 und § 39a Abs. 2 vorgesehenen Anträge,

   d) die Lohnsteuer-Anmeldung (§ 41a Abs. 1),

   e) die Anmeldung der Kapitalertragsteuer (§ 45a Abs. 1) und den Freistellungsauftrag nach § 44a Abs. 2 Satz 1 Nr. 1,

   f) die Anmeldung des Abzugsbetrags (§ 48a),

   g) die Erteilung der Freistellungsbescheinigung (§ 48b),

   h) die Anmeldung der Abzugsteuer (§ 50a),

   i) die Entlastung von der Kapitalertragsteuer und vom Steuerabzug nach § 50a auf Grund von Abkommen zur Vermeidung der Doppelbesteuerung

   und die Muster der Lohnsteuerkarte (§ 39), der Bescheinigungen nach den §§ 39c und 39d, des Ausdrucks der elektronischen Lohnsteuerbescheinigung (§ 41b Abs. 1), der so zu gestalten ist, dass er als vereinfachte Einkommensteuererklärung verwendet werden kann, das Muster der Lohnsteuerbescheinigung nach § 41b Abs. 3 Satz 2, der Anträge auf Erteilung einer Bescheinigung nach den §§ 39c und 39d, der in § 45a Abs. 2 und 3 und § 50a Abs. 5 Satz 7 vorgesehenen Bescheinigungen und des Erstattungsantrags nach § 50 Abs. 5 Satz 2 Nr. 3 zu bestimmen;

1a. im Einvernehmen mit den obersten Finanzbehörden der Länder auf der Basis der §§ 32a und 39b einen Programmablaufplan für die Herstellung von Lohnsteuertabellen zur manuellen Berechnung der Lohnsteuer aufzustellen und bekannt zu machen. ²Der Lohnstufenabstand beträgt bei den Jahrestabellen 36. ³Die in den Tabellenstufen auszuweisende Lohnsteuer ist aus der Obergrenze der Tabellenstufen zu berechnen und muss an der Obergrenze mit der maschinell berechneten Lohnsteuer übereinstimmen. ⁴Die Monats-, Wochen- und Tagestabellen sind aus den Jahrestabellen abzuleiten;

2. den Wortlaut dieses Gesetzes und der zu diesem Gesetz erlassenen Rechtsverordnungen in der jeweils geltenden Fassung satzweise nummeriert mit neuem Datum und in neuer Paragraphenfolge bekannt zu machen und dabei Unstimmigkeiten im Wortlaut zu beseitigen.

§ 51a EStG
Festsetzung und Erhebung von Zuschlagsteuern

(1) Auf die Festsetzung und Erhebung von Steuern, die nach der Einkommensteuer bemessen werden (Zuschlagsteuern), sind die Vorschriften dieses Gesetzes entsprechend anzuwenden.

(2) ¹Bemessungsgrundlage ist die Einkommensteuer, die abweichend von § 2 Abs. 6 unter Berücksichtigung von Freibeträgen nach § 32 Abs. 6 in allen Fällen des § 32 festzusetzen wäre. ²Zur Ermittlung der Einkommensteuer im Sinne des Satzes 1 ist das zu versteuernde Einkommen um die nach § 3 Nr. 40 steuerfreien Beträge zu erhöhen und um die nach § 3c Abs. 2 nicht abziehbaren Beträge zu mindern. ³§ 35 ist bei der Ermittlung der festzusetzenden Einkommensteuer nach Satz 1 nicht anzuwenden.

(2a) ¹Vorbehaltlich des § 40a Abs. 2 in der Fassung des Gesetzes vom 23. Dezember 2002 (BGBl. I S. 4621) ist beim Steuerabzug vom Arbeitslohn Bemessungsgrundlage die Lohnsteuer; beim Steuerabzug vom laufenden Arbeitslohn und beim Jahresausgleich ist die Lohnsteuer maßgebend, die sich ergibt, wenn der nach § 39b Abs. 2 Satz 6 zu versteuernde Jahresbetrag für die Steuerklassen I, II und III um den Kinderfreibetrag von 3648 Euro sowie den Freibetrag für den Betreuungs- und Erziehungs- oder Ausbildungsbedarf von 2160 Euro und für die Steuerklasse IV um den Kinderfreibetrag von 1824 Euro sowie den Freibetrag für den Betreuungs- und Erziehungs- oder Ausbildungsbedarf von 1080 Euro für jedes Kind vermindert wird, für das eine Kürzung der Freibeträge für Kinder nach § 32 Abs. 6 Satz 4 nicht in Betracht kommt. ²Bei der Anwendung des § 39b für die Ermittlung der Zuschlagsteuern ist die auf der Lohnsteuerkarte eingetragene Zahl der Kinderfreibeträge maßgebend.

(3) Ist die Einkommensteuer für Einkünfte, die dem Steuerabzug unterliegen, durch den Steuerabzug abgegolten oder werden solche Einkünfte bei der Veranlagung zur Einkommensteuer oder beim Lohnsteuer-Jahresausgleich nicht erfasst, gilt dies für die Zuschlagsteuer entsprechend.

(4) ¹Die Vorauszahlungen auf Zuschlagsteuern sind gleichzeitig mit den festgesetzten Vorauszahlungen auf die Einkommensteuer zu entrichten; § 37 Abs. 5 ist nicht anzuwenden. ²Solange ein Bescheid über die Vorauszahlungen auf Zuschlagsteuern nicht erteilt worden ist, sind die Vorauszahlungen ohne besondere Aufforderung nach Maßgabe der für die Zuschlagsteuern geltenden Vorschriften zu entrichten. ³§ 240 Abs. 1 Satz 3 der Abgabenordnung ist insoweit nicht anzuwenden; § 254 Abs. 2 der Abgabenordnung gilt insoweit sinngemäß.

(5) ¹Mit einem Rechtsbehelf gegen die Zuschlagsteuer kann weder die Bemessungsgrundlage noch die Höhe des zu versteuernden Einkommens angegriffen werden. ²Wird die Bemessungsgrundlage geändert, ändert sich die Zuschlagsteuer entsprechend.

X. Kindergeld

§ 62 EStG
Anspruchsberechtigte

(1) Für Kinder im Sinne des § 63 hat Anspruch auf Kindergeld nach diesem Gesetz, wer

1. im Inland einen Wohnsitz oder seinen gewöhnlichen Aufenthalt hat oder

2. ohne Wohnsitz oder gewöhnlichen Aufenthalt im Inland

   a) nach § 1 Abs. 2 unbeschränkt einkommensteuerpflichtig ist oder

   b) nach § 1 Abs. 3 als unbeschränkt einkommensteuerpflichtig behandelt wird.

§ 63, § 64, § 65, § 66 EStG

(2) Ein nicht freizügigkeitsberechtigter Ausländer erhält Kindergeld nur, wenn er
1. eine Niederlassungserlaubnis besitzt,
2. eine Aufenthaltserlaubnis besitzt, die zur Ausübung einer Erwerbstätigkeit berechtigt oder berechtigt hat, es sei denn, die Aufenthaltserlaubnis wurde
    a) nach § 16 oder § 17 des Aufenthaltsgesetzes erteilt,
    b) nach § 18 Abs. 2 des Aufenthaltsgesetzes erteilt und die Zustimmung der Bundesagentur für Arbeit darf nach der Beschäftigungsverordnung nur für einen bestimmten Höchstzeitraum erteilt werden,
    c) nach § 23 Abs. 1 des Aufenthaltsgesetzes wegen eines Krieges in seinem Heimatland oder nach den §§ 23a, 24, 25 Abs. 3 bis 5 des Aufenthaltsgesetzes erteilt
    oder
3. eine in Nummer 2 Buchstabe c genannte Aufenthaltserlaubnis besitzt und
    a) sich seit mindestens drei Jahren rechtmäßig, gestattet oder geduldet im Bundesgebiet aufhält und
    b) im Bundesgebiet berechtigt erwerbstätig ist, laufende Geldleistungen nach dem Dritten Buch Sozialgesetzbuch bezieht oder Elternzeit in Anspruch nimmt.

§ 63 EStG
Kinder

(1) ¹Als Kinder werden berücksichtigt
1. Kinder im Sinne des § 32 Abs. 1,
2. vom Berechtigten in seinen Haushalt aufgenommene Kinder seines Ehegatten,
3. vom Berechtigten in seinen Haushalt aufgenommene Enkel.

²§ 32 Abs. 3 bis 5 gilt entsprechend. ³Kinder, die weder einen Wohnsitz noch ihren gewöhnlichen Aufenthalt im Inland, in einem Mitgliedstaat der Europäischen Union oder in einem Staat, auf den das Abkommen über den Europäischen Wirtschaftsraum Anwendung findet, haben, werden nicht berücksichtigt, es sei denn, sie leben im Haushalt eines Berechtigten im Sinne des § 62 Abs. 1 Nr. 2 Buchstabe a. ⁴Kinder im Sinne von § 2 Abs. 4 Satz 2 des Bundeskindergeldgesetzes werden nicht berücksichtigt.

(2) Die Bundesregierung wird ermächtigt, durch Rechtsverordnung, die nicht der Zustimmung des Bundesrates bedarf, zu bestimmen, dass einem Berechtigten, der im Inland erwerbstätig ist oder sonst seine hauptsächlichen Einkünfte erzielt, für seine in Absatz 1 Satz 3 erster Halbsatz bezeichneten Kinder Kindergeld ganz oder teilweise zu leisten ist, soweit dies mit Rücksicht auf die durchschnittlichen Lebenshaltungskosten für Kinder in deren Wohnsitzstaat und auf die dort gewährten dem Kindergeld vergleichbaren Leistungen geboten ist.

§ 64 EStG
Zusammentreffen mehrerer Ansprüche

(1) Für jedes Kind wird nur einem Berechtigten Kindergeld gezahlt.

(2) ¹Bei mehreren Berechtigten wird das Kindergeld demjenigen gezahlt, der das Kind in seinen Haushalt aufgenommen hat. ²Ist ein Kind in den gemeinsamen Haushalt von Eltern, einem Elternteil und dessen Ehegatten, Pflegeeltern oder Großeltern aufgenommen worden, so bestimmen diese untereinander den Berechtigten. ³Wird eine Bestimmung nicht getroffen, so bestimmt das Vormundschaftsgericht auf Antrag den Berechtigten. ⁴Den Antrag kann stellen, wer ein berechtigtes Interesse an der Zahlung des Kindergeldes hat. ⁵Lebt ein Kind im gemeinsamen Haushalt von Eltern und Großeltern, so wird das Kindergeld vorrangig einem Elternteil gezahlt; es wird an einen Großelternteil gezahlt, wenn der Elternteil gegenüber der zuständigen Stelle auf seinen Vorrang schriftlich verzichtet hat.

(3) ¹Ist das Kind nicht in den Haushalt eines Berechtigten aufgenommen, so erhält das Kindergeld derjenige, der dem Kind eine Unterhaltsrente zahlt. ²Zahlen mehrere Berechtigte dem Kind Unterhaltsrenten, so erhält das Kindergeld derjenige, der dem Kind die höchste Unterhaltsrente zahlt. ³Werden gleich hohe Unterhaltsrenten gezahlt oder zahlt keiner der Berechtigten dem Kind Unterhalt, so bestimmen die Berechtigten untereinander, wer das Kindergeld erhalten soll. ⁴Wird eine Bestimmung nicht getroffen, so gilt Absatz 2 Satz 3 und 4 entsprechend.

§ 65 EStG
Andere Leistungen für Kinder

(1) ¹Kindergeld wird nicht für ein Kind gezahlt, für das eine der folgenden Leistungen zu zahlen ist oder bei entsprechender Antragstellung zu zahlen wäre:
1. Kinderzulagen aus der gesetzlichen Unfallversicherung oder Kinderzuschüsse aus den gesetzlichen Rentenversicherungen,
2. Leistungen für Kinder, die im Ausland gewährt werden und dem Kindergeld oder einer der unter Nummer 1 genannten Leistungen vergleichbar sind,*)
3. Leistungen für Kinder, die von einer zwischen- oder überstaatlichen Einrichtung gewährt werden und dem Kindergeld vergleichbar sind.

²Soweit es für die Anwendung von Vorschriften dieses Gesetzes auf den Erhalt von Kindergeld ankommt, stehen die Leistungen nach Satz 1 dem Kindergeld gleich. ³Steht ein Berechtigter in einem Versicherungspflichtverhältnis zur Bundesagentur für Arbeit nach § 24 des Dritten Buches Sozialgesetzbuch oder ist er versicherungsfrei nach § 28 Nr. 1 des Dritten Buches Sozialgesetzbuch oder steht er im Inland in einem öffentlich-rechtlichen Dienst- oder Amtsverhältnis, so wird sein Anspruch auf Kindergeld für ein Kind nicht nach Satz 1 Nr. 3 mit Rücksicht darauf ausgeschlossen, dass sein Ehegatte als Beamter, Ruhestandsbeamter oder sonstiger Bediensteter der Europäischen Gemeinschaften für das Kind Anspruch auf Kinderzulage hat.

(2) Ist in den Fällen des Absatzes 1 Satz 1 Nr. 1 der Bruttobetrag der anderen Leistung niedriger als das Kindergeld nach § 66, wird Kindergeld in Höhe des Unterschiedsbetrags gezahlt, wenn er mindestens 5 Euro beträgt.

§ 66 EStG
Höhe des Kindergeldes, Zahlungszeitraum

(1) Das Kindergeld beträgt für erste, zweite und dritte Kinder jeweils 154 Euro monatlich und für das vierte und jedes weitere Kind jeweils 179 Euro monatlich.

(2) Das Kindergeld wird monatlich vom Beginn des Monats an gezahlt, in dem die Anspruchsvoraussetzungen erfüllt sind, bis zum Ende des Monats, in dem die Anspruchsvoraussetzungen wegfallen.

---

*) Die Länder, in denen Leistungen gewährt werden, die mit dem Kindergeld vergleichbar sind, sind im Bundessteuerblatt 2002 Teil I Seite 241 ff. abgedruckt.

§ 67 EStG
Antrag

¹Das Kindergeld ist bei der zuständigen Familienkasse schriftlich zu beantragen. ²Den Antrag kann außer dem Berechtigten auch stellen, wer ein berechtigtes Interesse an der Leistung des Kindergeldes hat.

§ 68 EStG
Besondere Mitwirkungspflichten

(1) ¹Wer Kindergeld beantragt oder erhält, hat Änderungen in den Verhältnissen, die für die Leistung erheblich sind oder über die im Zusammenhang mit der Leistung Erklärungen abgegeben worden sind, unverzüglich der zuständigen Familienkasse mitzuteilen. ²Ein Kind, das das 18. Lebensjahr vollendet hat, ist auf Verlangen der Familienkasse verpflichtet, an der Aufklärung des für die Kindergeldzahlung maßgebenden Sachverhalts mitzuwirken; § 101 der Abgabenordnung findet insoweit keine Anwendung.

(2) Soweit es zur Durchführung des § 63 erforderlich ist, hat der jeweilige Arbeitgeber der in dieser Vorschrift bezeichneten Personen der Familienkasse auf Verlangen eine Bescheinigung über den Arbeitslohn, einbehaltene Steuern und Sozialabgaben sowie den auf der Lohnsteuerkarte eingetragenen Freibetrag auszustellen.

(3) Auf Antrag des Berechtigten erteilt die das Kindergeld auszahlende Stelle eine Bescheinigung über das für das Kalenderjahr ausgezahlte Kindergeld.

(4) Die Familienkassen dürfen den die Bezüge im öffentlichen Dienst anweisenden Stellen Auskunft über den für die jeweilige Kindergeldzahlung maßgebenden Sachverhalt erteilen.

§ 69 EStG
Überprüfung des Fortbestehens von Anspruchsvoraussetzungen durch Meldedaten-Übermittlung

Die Meldebehörden übermitteln in regelmäßigen Abständen den Familienkassen nach Maßgabe einer auf Grund des § 20 Abs. 1 des Melderechtsrahmengesetzes zu erlassenden Rechtsverordnung die in § 18 Abs. 1 des Melderechtsrahmengesetzes genannten Daten aller Einwohner, zu deren Person im Melderegister Daten von minderjährigen Kindern gespeichert sind, und dieser Kinder, soweit die Daten nach ihrer Art für die Prüfung der Rechtmäßigkeit des Bezuges von Kindergeld geeignet sind.

§ 70 EStG
Festsetzung und Zahlung des Kindergeldes

(1) Das Kindergeld nach § 62 wird von den Familienkassen durch Bescheid festgesetzt und ausgezahlt.

(2) Soweit in den Verhältnissen, die für den Anspruch auf Kindergeld erheblich sind, Änderungen eintreten, ist die Festsetzung des Kindergeldes mit Wirkung vom Zeitpunkt der Änderung der Verhältnisse aufzuheben oder zu ändern.

(3) ¹Materielle Fehler der letzten Festsetzung können durch Neufestsetzung oder durch Aufhebung der Festsetzung beseitigt werden. ²Neu festgesetzt oder aufgehoben wird mit Wirkung ab dem auf die Bekanntgabe der Neufestsetzung oder der Aufhebung der Festsetzung folgenden Monat. ³Bei der Neufestsetzung oder Aufhebung der Festsetzung nach Satz 1 ist § 176 der Abgabenordnung entsprechend anzuwenden; dies gilt nicht für Monate, die nach der Verkündung der maßgeblichen Entscheidung eines obersten Gerichtshofes des Bundes beginnen.

(4) Eine Kindergeldfestsetzung ist aufzuheben oder zu ändern, wenn nachträglich bekannt wird, dass die Einkünfte und Bezüge des Kindes den Grenzbetrag nach § 32 Abs. 4 über- oder unterschreiten.

§ 71 EStG
Zahlungszeitraum
– weggefallen –

§ 72 EStG
Festsetzung und Zahlung des Kindergeldes an Angehörige des öffentlichen Dienstes

(1) ¹Steht Personen, die

1. in einem öffentlich-rechtlichen Dienst-, Amts- oder Ausbildungsverhältnis stehen, mit Ausnahme der Ehrenbeamten, oder
2. Versorgungsbezüge nach beamten- oder soldatenrechtlichen Vorschriften oder Grundsätzen erhalten oder
3. Arbeitnehmer des Bundes, eines Landes, einer Gemeinde, eines Gemeindeverbandes oder einer sonstigen Körperschaft, einer Anstalt oder einer Stiftung des öffentlichen Rechts sind, einschließlich der zu ihrer Berufsausbildung Beschäftigten,

Kindergeld nach Maßgabe dieses Gesetzes zu, wird es von den Körperschaften, Anstalten oder Stiftungen des öffentlichen Rechts festgesetzt und ausgezahlt. ²Die genannten juristischen Personen sind insoweit Familienkasse.

(2) Der Deutschen Post AG, der Deutschen Postbank AG und der Deutschen Telekom AG obliegt die Durchführung dieses Gesetzes für ihre jeweiligen Beamten und Versorgungsempfänger in Anwendung des Absatzes 1.

(3) Absatz 1 gilt nicht für Personen, die ihre Bezüge oder Arbeitsentgelt

1. von einem Dienstherrn oder Arbeitgeber im Bereich der Religionsgesellschaften des öffentlichen Rechts oder
2. von einem Spitzenverband der Freien Wohlfahrtspflege, einem diesem unmittelbar oder mittelbar angeschlossenen Mitgliedsverband oder einer einem solchen Verband angeschlossenen Einrichtung oder Anstalt

erhalten.

(4) Die Absätze 1 und 2 gelten nicht für Personen, die voraussichtlich nicht länger als sechs Monate in den Kreis der in Absatz 1 Satz 1 Nr. 1 bis 3 und Absatz 2 Bezeichneten eintreten.

(5) Obliegt mehreren Rechtsträgern die Zahlung von Bezügen oder Arbeitsentgelt (Absatz 1 Satz 1) gegenüber einem Berechtigten, so ist für die Durchführung dieses Gesetzes zuständig:

1. bei Zusammentreffen von Versorgungsbezügen mit anderen Bezügen oder Arbeitsentgelt der Rechtsträger, dem die Zahlung der anderen Bezüge oder des Arbeitsentgelts obliegt;
2. bei Zusammentreffen mehrerer Versorgungsbezüge der Rechtsträger, dem die Zahlung der neuen Versorgungsbezüge im Sinne der beamtenrechtlichen Ruhensvorschriften obliegt;
3. bei Zusammentreffen von Arbeitsentgelt (Absatz 1 Satz 1 Nr. 3) mit Bezügen aus einem der in Absatz 1 Satz 1 Nr. 1 bezeichneten Rechtsverhältnisse der Rechtsträger, dem die Zahlung dieser Bezüge obliegt;

4. bei Zusammentreffen mehrerer Arbeitsentgelte (Absatz 1 Satz 1 Nr. 3) der Rechtsträger, dem die Zahlung des höheren Arbeitsentgelts obliegt oder – falls die Arbeitsentgelte gleich hoch sind – der Rechtsträger, zu dem das zuerst begründete Arbeitsverhältnis besteht.

(6) ¹Scheidet ein Berechtigter im Laufe eines Monats aus dem Kreis der in Absatz 1 Satz 1 Nr. 1 bis 3 Bezeichneten aus oder tritt er im Laufe eines Monats in diesen Kreis ein, so wird das Kindergeld für diesen Monat von der Stelle gezahlt, die bis zum Ausscheiden oder Eintritt des Berechtigten zuständig war. ²Dies gilt nicht, soweit die Zahlung von Kindergeld für ein Kind in Betracht kommt, das erst nach dem Ausscheiden oder Eintritt bei dem Berechtigten nach § 63 zu berücksichtigen ist. ³Ist in einem Fall des Satzes 1 das Kindergeld bereits für einen folgenden Monat gezahlt worden, so muss der für diesen Monat Berechtigte die Zahlung gegen sich gelten lassen.

(7) ¹In den Abrechnungen der Bezüge und des Arbeitsentgelts ist das Kindergeld gesondert auszuweisen, wenn es zusammen mit den Bezügen oder dem Arbeitsentgelt ausgezahlt wird. ²Der Rechtsträger hat die Summe des von ihm für alle Berechtigten ausgezahlten Kindergeldes dem Betrag, den er insgesamt an Lohnsteuer einzubehalten hat, zu entnehmen und bei der nächsten Lohnsteuer-Anmeldung gesondert abzusetzen. ³Übersteigt das insgesamt ausgezahlte Kindergeld den Betrag, der insgesamt an Lohnsteuer abzuführen ist, so wird der übersteigende Betrag dem Rechtsträger auf Antrag von dem Finanzamt, an das die Lohnsteuer abzuführen ist, aus den Einnahmen der Lohnsteuer ersetzt.

(8) ¹Abweichend von Absatz 1 Satz 1 werden Kindergeldansprüche auf Grund über- oder zwischenstaatlicher Rechtsvorschriften durch die Familienkassen der Bundesagentur für Arbeit festgesetzt und ausgezahlt. ²Dies gilt auch für Fälle, in denen Kindergeldansprüche sowohl nach Maßgabe dieses Gesetzes als auch auf Grund über- oder zwischenstaatlicher Rechtsvorschriften bestehen.

§ 73 EStG
Zahlung des Kindesgeldes an andere Arbeitnehmer

– weggefallen –

§ 74 EStG
Zahlung des Kindergeldes in Sonderfällen

(1) ¹Das für ein Kind festgesetzte Kindergeld nach § 66 Abs. 1 kann an das Kind ausgezahlt werden, wenn der Kindergeldberechtigte ihm gegenüber seiner gesetzlichen Unterhaltspflicht nicht nachkommt. ²Kindergeld kann an Kinder, die bei der Festsetzung des Kindergeldes berücksichtigt werden, bis zur Höhe des Betrages, der sich bei entsprechender Anwendung des § 76 ergibt, ausgezahlt werden. ³Dies gilt auch, wenn der Kindergeldberechtigte mangels Leistungsfähigkeit nicht unterhaltspflichtig ist oder nur Unterhalt in Höhe eines Betrages zu leisten braucht, der geringer ist als das für die Auszahlung in Betracht kommende Kindergeld. ⁴Die Auszahlung kann auch an die Person oder Stelle erfolgen, die dem Kind Unterhalt gewährt.

(2) Für Erstattungsansprüche der Träger von Sozialleistungen gegen die Familienkasse gelten die §§ 102 bis 109 und 111 bis 113 des Zehnten Buches Sozialgesetzbuch entsprechend.

§ 75 EStG
Aufrechnung

(1) Mit Ansprüchen auf Rückzahlung von Kindergeld kann die Familienkasse gegen Ansprüche auf laufendes Kindergeld bis zu deren Hälfte aufrechnen, wenn der Leistungsberechtigte nicht nachweist, dass er dadurch hilfebedürftig im Sinne der Vorschriften des Zwölften Buches Sozialgesetzbuch über die Hilfe zum Lebensunterhalt oder im Sinne der Vorschriften des Zweiten Buches Sozialgesetzbuch über die Leistungen zur Sicherung des Lebensunterhalts wird.

(2) Absatz 1 gilt für die Aufrechnung eines Anspruchs auf Erstattung von Kindergeld gegen einen späteren Kindergeldanspruch eines mit dem Erstattungspflichtigen in Haushaltsgemeinschaft lebenden Berechtigten entsprechend, soweit es sich um laufendes Kindergeld für ein Kind handelt, das bei beiden berücksichtigt werden kann oder konnte.

§ 76 EStG
Pfändung

¹Der Anspruch auf Kindergeld kann nur wegen gesetzlicher Unterhaltsansprüche eines Kindes, das bei der Festsetzung des Kindergeldes berücksichtigt wird, gepfändet werden. ²Für die Höhe des pfändbaren Betrages gilt:

1. ¹Gehört das unterhaltsberechtigte Kind zum Kreis der Kinder, für die dem Leistungsberechtigten Kindergeld gezahlt wird, so ist eine Pfändung bis zu dem Betrag möglich, der bei gleichmäßiger Verteilung des Kindergeldes auf jedes dieser Kinder entfällt. ²Ist das Kindergeld durch die Berücksichtigung eines weiteren Kindes erhöht, für das einer dritten Person Kindergeld oder dieser oder dem Leistungsberechtigten eine andere Geldleistung für Kinder zusteht, so bleibt der Erhöhungsbetrag bei der Bestimmung des pfändbaren Betrages des Kindergeldes nach Satz 1 außer Betracht.

2. Der Erhöhungsbetrag nach Nummer 1 Satz 2 ist zugunsten jedes bei der Festsetzung des Kindergeldes berücksichtigten unterhaltsberechtigten Kindes zu dem Anteil pfändbar, der sich bei gleichmäßiger Verteilung auf alle Kinder, die bei der Festsetzung des Kindergeldes zugunsten des Leistungsberechtigten berücksichtigt werden, ergibt.

§ 77 EStG
Erstattung von Kosten im Vorverfahren

(1) ¹Soweit der Einspruch gegen die Kindergeldfestsetzung erfolgreich ist, hat die Familienkasse demjenigen, der den Einspruch erhoben hat, die zur zweckentsprechenden Rechtsverfolgung oder Rechtsverteidigung notwendigen Aufwendungen zu erstatten. ²Dies gilt auch, wenn der Einspruch nur deshalb keinen Erfolg hat, weil die Verletzung einer Verfahrens- oder Formvorschrift nach § 126 der Abgabenordnung unbeachtlich ist. ³Aufwendungen, die durch das Verschulden eines Erstattungsberechtigten entstanden sind, hat dieser selbst zu tragen; das Verschulden eines Vertreters ist dem Vertretenen zuzurechnen.

(2) Die Gebühren und Auslagen eines Bevollmächtigten oder Beistandes, der nach den Vorschriften des Steuerberatungsgesetzes zur geschäftsmäßigen Hilfeleistung in Steuersachen befugt ist, sind erstattungsfähig, wenn dessen Zuziehung notwendig war.

(3) ¹Die Familienkasse setzt auf Antrag den Betrag der zu erstattenden Aufwendungen fest. ²Die Kostenentscheidung bestimmt auch, ob die Zuziehung eines Bevollmächtigten oder Beistandes im Sinne des Absatzes 2 notwendig war.

§ 78 EStG
Übergangsregelungen

(1) bis (3) – weggefallen –

(4) – weggefallen –

(5) ¹Abweichend von § 64 Abs. 2 und 3 steht Berechtigten, die für Dezember 1990 für ihre Kinder Kindergeld in dem in Artikel 3 des Einigungsvertrages genannten Gebiet bezogen haben, das Kindergeld für diese Kinder auch für die folgende Zeit zu, solange sie ihren Wohnsitz oder gewöhnlichen Aufenthalt in diesem Gebiet beibehalten und die Kinder die Voraussetzungen ihrer Berücksichtigung weiterhin erfüllen. ²§ 64 Abs. 2 und 3 ist insoweit erst für die Zeit vom Beginn des Monats an anzuwenden, in dem ein hierauf gerichteter Antrag bei der zuständigen Stelle eingegangen ist; der hiernach Berechtigte muss die nach Satz 1 geleisteten Zahlungen gegen sich gelten lassen.

XI. Altersvorsorgezulage

§ 79 EStG
Zulageberechtigte

¹Nach § 10a Abs. 1 begünstigte unbeschränkt steuerpflichtige Personen haben Anspruch auf eine Altersvorsorgezulage (Zulage). ²Liegen bei Ehegatten die Voraussetzungen des § 26 Abs. 1 vor und ist nur ein Ehegatte nach Satz 1 begünstigt, so ist auch der andere Ehegatte zulageberechtigt, wenn ein auf seinen Namen lautender Altersvorsorgevertrag besteht.

§ 80 EStG
Anbieter

Anbieter im Sinne dieses Gesetzes sind Anbieter von Altersvorsorgeverträgen gemäß § 1 Abs. 2 des Altersvorsorgeverträge-Zertifizierungsgesetzes sowie die in § 82 Abs. 2 genannten Versorgungseinrichtungen.

§ 81 EStG
Zentrale Stelle

Zentrale Stelle im Sinne dieses Gesetzes ist die Deutsche Rentenversicherung Bund.

§ 82 EStG
Altersvorsorgebeiträge

(1) ¹Geförderte Altersvorsorgebeiträge sind im Rahmen der in § 10a genannten Grenzen Beiträge, die der Zulageberechtigte (§ 79) zugunsten eines auf seinen Namen lautenden Vertrags leistet, der nach § 5 des Altersvorsorgeverträge-Zertifizierungsgesetzes zertifiziert ist (Altersvorsorgevertrag). ²Die Zertifizierung ist Grundlagenbescheid im Sinne des § 171 Abs. 10 der Abgabenordnung.

(2) ¹Zu den Altersvorsorgebeiträgen gehören auch
a) die aus dem individuell versteuerten Arbeitslohn des Arbeitnehmers geleisteten Beiträge an einen Pensionsfonds, eine Pensionskasse oder eine Direktversicherung zum Aufbau einer kapitalgedeckten betrieblichen Altersversorgung und

b) Beiträge des Arbeitnehmers und des ausgeschiedenen Arbeitnehmers, die dieser im Fall der zunächst durch Entgeltumwandlung (§ 1a des Betriebsrentengesetzes) finanzierten und nach § 3 Nr. 63 oder § 10a und diesem Abschnitt geförderten kapitalgedeckten betrieblichen Altersversorgung nach Maßgabe des § 1a Abs. 4 und § 1b Abs. 5 Satz 1 Nr. 2 des Betriebsrentengesetzes selbst erbringt,

wenn eine Auszahlung der zugesagten Altersversorgungsleistung in Form einer Rente oder eines Auszahlungsplans (§ 1 Abs. 1 Nr. 4 des Altersvorsorgeverträge-Zertifizierungsgesetzes) vorgesehen ist. ²Die §§ 3 und 4 des Betriebsrentengesetzes stehen dem vorbehaltlich des § 93 nicht entgegen.

(3) Zu den Altersvorsorgebeiträgen gehören auch die Beitragsanteile, die zur Absicherung der verminderten Erwerbsfähigkeit des Zulageberechtigten und zur Hinterbliebenenversorgung verwendet werden, wenn in der Leistungsphase die Auszahlung in Form einer Rente erfolgt.

(4) Nicht zu den Altersvorsorgebeiträgen zählen
1. Aufwendungen, die vermögenswirksame Leistungen nach dem Fünften Vermögensbildungsgesetz in der Fassung der Bekanntmachung vom 4. März 1994 (BGBl. I S. 406), zuletzt geändert durch Artikel 19 des Gesetzes vom 29. Dezember 2003 (BGBl. I S. 3076), in der jeweils geltenden Fassung darstellen,
2. prämienbegünstigte Aufwendungen nach dem Wohnungsbau-Prämiengesetz in der Fassung der Bekanntmachung vom 30. Oktober 1997 (BGBl. I S. 2678), zuletzt geändert durch Artikel 5 des Gesetzes vom 29. Dezember 2003 (BGBl. I S. 3076), in der jeweils geltenden Fassung,
3. Aufwendungen, die im Rahmen des § 10 als Sonderausgaben geltend gemacht werden, oder
4. Rückzahlungsbeträge nach § 92a Abs. 2.

§ 83 EStG
Altersvorsorgezulage

In Abhängigkeit von den geleisteten Altersvorsorgebeiträgen wird eine Zulage gezahlt, die sich aus einer Grundzulage (§ 84) und einer Kinderzulage (§ 85) zusammensetzt.

§ 84 EStG
Grundzulage

Jeder Zulageberechtigte erhält eine Grundzulage; diese beträgt

in den Jahren 2002 und 2003	38 Euro,
in den Jahren 2004 und 2005	76 Euro,
in den Jahren 2006 und 2007	114 Euro,
ab dem Jahr 2008 jährlich	154 Euro.

§ 85 EStG
Kinderzulage

(1) ¹Die Kinderzulage beträgt für jedes Kind, für das dem Zulageberechtigten Kindergeld ausgezahlt wird,

in den Jahren 2002 und 2003	46 Euro,
in den Jahren 2004 und 2005	92 Euro,
in den Jahren 2006 und 2007	138 Euro,
ab dem Jahr 2008 jährlich	185 Euro.

²Der Anspruch auf Kinderzulage entfällt für den Veranlagungszeitraum, für den das Kindergeld insgesamt zurückgefordert wird. ³Erhalten mehrere Zulageberechtigte für dasselbe Kind

Kindergeld, steht die Kinderzulage demjenigen zu, dem für den ersten Anspruchszeitraum (§ 66 Abs. 2) im Kalenderjahr Kindergeld ausgezahlt worden ist.

(2) ¹Bei Eltern, die die Voraussetzungen des § 26 Abs. 1 erfüllen, wird die Kinderzulage der Mutter zugeordnet, auf Antrag beider Eltern dem Vater. ²Der Antrag kann für ein abgelaufenes Beitragsjahr nicht zurückgenommen werden.

§ 86 EStG
Mindesteigenbeitrag

(1) ¹Die Zulage nach den §§ 84 und 85 wird gekürzt, wenn der Zulageberechtigte nicht den Mindesteigenbeitrag leistet. ²Dieser beträgt

in den Jahren 2002 und 2003	1 Prozent,
in den Jahren 2004 und 2005	2 Prozent,
in den Jahren 2006 und 2007	3 Prozent,
ab dem Jahr 2008 jährlich	4 Prozent

der Summe der in dem dem Kalenderjahr vorangegangenen Kalenderjahr

1. erzielten beitragspflichtigen Einnahmen im Sinne des Sechsten Buches Sozialgesetzbuch,
2. bezogenen Besoldung und Amtsbezüge und
3. in den Fällen des § 10a Abs. 1 Satz 1 Nr. 3 und Nr. 4 erzielten Einnahmen, die beitragspflichtig wären, wenn die Versicherungsfreiheit in der gesetzlichen Rentenversicherung nicht bestehen würde,

jedoch nicht mehr als die in § 10a Abs. 1 Satz 1 genannten Beträge, vermindert um die Zulage nach den §§ 84 und 85; gehört der Ehegatte zum Personenkreis nach § 79 Satz 2, berechnet sich der Mindesteigenbeitrag des nach § 79 Satz 1 Begünstigten unter Berücksichtigung der den Ehegatten insgesamt zustehenden Zulagen. ³Auslandsbezogene Bestandteile nach den §§ 52 ff. des Bundesbesoldungsgesetzes bleiben unberücksichtigt. ⁴Als Sockelbetrag sind ab dem Jahr 2005 jährlich 60 Euro zu leisten. ⁵Ist der Sockelbetrag höher als der Mindesteigenbeitrag nach Satz 2, so ist der Sockelbetrag als Mindesteigenbeitrag zu leisten. ⁶Die Kürzung der Zulage ermittelt sich nach dem Verhältnis der Altersvorsorgebeiträge zum Mindesteigenbeitrag.

(2) ¹Ein nach § 79 Satz 2 begünstigter Ehegatte hat Anspruch auf eine ungekürzte Zulage, wenn der zum begünstigten Personenkreis nach § 79 Satz 1 gehörende Ehegatte seinen geförderten Mindesteigenbeitrag unter Berücksichtigung der den Ehegatten insgesamt zustehenden Zulagen erbracht hat. ²Werden bei einer in der gesetzlichen Rentenversicherung pflichtversicherten Person beitragspflichtige Einnahmen zu Grunde gelegt, die höher sind als das tatsächlich erzielte Entgelt, die Entgeltersatzleistung oder der nach § 19 des Zweiten Buches Sozialgesetzbuch als Arbeitslosengeld II ausgezahlte Betrag, ist das tatsächlich erzielte Entgelt, der Zahlbetrag der Entgeltersatzleistung oder der nach § 19 des Zweiten Buches Sozialgesetzbuch als Arbeitslosengeld II ausgezahlte Betrag für die Berechnung des Mindesteigenbeitrags zu berücksichtigen. ³Satz 2 gilt auch in den Fällen, in denen im vorangegangenen Jahr keine der in Absatz 1 Satz 2 genannten Beträge bezogen wurden.

(3) ¹Für Versicherungspflichtige nach dem Gesetz über die Alterssicherung der Landwirte ist Absatz 1 mit der Maßgabe anzuwenden, dass auch die Einkünfte aus Land- und Forstwirtschaft im Sinne des § 13 des zweiten dem Beitragsjahr vorangegangenen Veranlagungszeitraums als beitragspflichtige Einnahmen des vorangegangenen Kalenderjahres gelten. ²Negative Einkünfte im Sinne des Satzes 1 bleiben unberücksichtigt, wenn weitere nach Absatz 1 oder Absatz 2 zu berücksichtigende Einnahmen erzielt werden.

(4) Wird nach Ablauf des Beitragsjahres festgestellt, dass die Voraussetzungen für die Gewährung einer Kinderzulage nicht vorgelegen haben, ändert sich dadurch die Berechnung des Mindesteigenbeitrags für dieses Beitragsjahr nicht.

§ 87 EStG
Zusammentreffen mehrerer Verträge

(1) ¹Zahlt der nach § 79 Satz 1 Zulageberechtigte Altersvorsorgebeiträge zugunsten mehrerer Verträge, so wird die Zulage nur für zwei dieser Verträge gewährt. ²Der insgesamt nach § 86 zu leistende Mindesteigenbeitrag muss zugunsten dieser Verträge geleistet worden sein. ³Die Zulage ist entsprechend dem Verhältnis der auf diese Verträge geleisteten Beiträge zu verteilen.

(2) ¹Der nach § 79 Satz 2 Zulageberechtigte kann die Zulage für das jeweilige Beitragsjahr nicht auf mehrere Altersvorsorgeverträge verteilen. ²Es ist nur der Altersvorsorgevertrag begünstigt, für den zuerst die Zulage beantragt wird.

§ 88 EStG
Entstehung des Anspruchs auf Zulage

Der Anspruch auf die Zulage entsteht mit Ablauf des Kalenderjahres, in dem die Altersvorsorgebeiträge geleistet worden sind (Beitragsjahr).

§ 89 EStG
Antrag

(1) ¹Der Zulageberechtigte hat den Antrag auf Zulage nach amtlich vorgeschriebenem Vordruck bis zum Ablauf des zweiten Kalenderjahres, das auf das Beitragsjahr (§ 88) folgt, bei dem Anbieter seines Vertrages einzureichen. ²Hat der Zulageberechtigte im Beitragsjahr Altersvorsorgebeiträge für mehrere Verträge gezahlt, so hat er mit dem Zulageantrag zu bestimmen, auf welche Verträge die Zulage überwiesen werden soll. ³Beantragt der Zulageberechtigte die Zulage für mehr als zwei Verträge, so wird die Zulage nur für die zwei Verträge mit den höchsten Altersvorsorgebeiträgen gewährt. ⁴Sofern eine Zulagenummer (§ 90 Abs. 1 Satz 2) durch die zentrale Stelle (§ 81) oder eine Versicherungsnummer nach § 147 des Sechsten Buches Sozialgesetzbuch für den nach § 79 Satz 2 berechtigten Ehegatten noch nicht vergeben ist, hat dieser über seinen Anbieter die Vergabe einer Zulagenummer bei der zentralen Stelle zu beantragen. ⁵Der Antragsteller ist verpflichtet, dem Anbieter unverzüglich eine Änderung der Verhältnisse mitzuteilen, die zu einer Minderung oder zum Wegfall des Zulageanspruchs führt.

(1a) ¹Der Zulageberechtigte kann den Anbieter seines Vertrages schriftlich bevollmächtigen, für ihn abweichend von Absatz 1 die Zulage für jedes Beitragsjahr zu beantragen. ²Absatz 1 Satz 5 gilt mit Ausnahme der Mitteilung geänderter beitragspflichtiger Einnahmen entsprechend. ³Ein Widerruf der Vollmacht ist bis zum Ablauf des Beitragsjahres, für das der Anbieter keinen Antrag auf Zulage stellen soll, gegenüber dem Anbieter zu erklären.

(2) ¹Der Anbieter ist verpflichtet,

a) die Vertragsdaten,
b) die Versicherungsnummer nach § 147 des Sechsten Buches Sozialgesetzbuch, die Zulagenummer des Zulageberechtigten und dessen Ehegatten oder einen Antrag auf Vergabe einer Zulagenummer eines nach § 79 Satz 2 berechtigten Ehegatten,

c) die vom Zulageberechtigten mitgeteilten Angaben zur Ermittlung des Mindesteigenbeitrags (§ 86),
d) die für die Gewährung der Kinderzulage erforderlichen Daten,
e) die Höhe der geleisteten Altersvorsorgebeiträge und
f) das Vorliegen einer nach Absatz 1a erteilten Vollmacht

als die für die Ermittlung und Überprüfung des Zulageanspruchs und Durchführung des Zulageverfahrens erforderlichen Daten zu erfassen. ²Er hat die Daten der bei ihm im Laufe eines Kalendervierteljahres eingegangenen Anträge bis zum Ende des folgenden Monats nach amtlich vorgeschriebenem Datensatz auf amtlich vorgeschriebenen automatisiert verarbeitbaren Datenträgern oder durch amtlich bestimmte Datenfernübertragung an die zentrale Stelle zu übermitteln. ³Das gilt auch im Fall des Absatzes 1 Satz 5.

(3) ¹Ist der Anbieter nach Absatz 1a Satz 1 bevollmächtigt worden, hat er der zentralen Stelle die nach Absatz 2 Satz 1 erforderlichen Angaben für jedes Kalenderjahr bis zum Ablauf des auf das Beitragsjahr folgenden Kalenderjahres zu übermitteln. ²Liegt die Bevollmächtigung erst nach dem im Satz 1 genannten Meldetermin vor, hat der Anbieter die Angaben bis zum Ende des folgenden Kalendervierteljahres nach der Bevollmächtigung, spätestens jedoch bis zum Ablauf der in Absatz 1 Satz 1 genannten Antragsfrist, zu übermitteln. ³Absatz 2 Satz 2 und 3 gilt sinngemäß.

§ 90 EStG
Verfahren

(1) ¹Die zentrale Stelle ermittelt auf Grund der von ihr erhobenen oder der ihr übermittelten Daten, ob und in welcher Höhe ein Zulageanspruch besteht. ²Soweit der zuständige Träger der Rentenversicherung keine Versicherungsnummer vergeben hat, vergibt die zentrale Stelle zur Erfüllung der ihr nach diesem Abschnitt zugewiesenen Aufgaben eine Zulagenummer. ³Die zentrale Stelle teilt im Falle eines Antrags nach § 10a Abs. 1a der zuständigen Stelle, im Falle eines Antrags nach § 89 Abs. 1 Satz 4 dem Anbieter die Zulagenummer mit; von dort wird sie an den Antragsteller weitergeleitet.

(2) ¹Die zentrale Stelle veranlasst die Auszahlung an den Anbieter zugunsten der Zulageberechtigten durch die zuständige Kasse. ²Ein gesonderter Zulagenbescheid ergeht vorbehaltlich des Absatzes 4 nicht. ³Der Anbieter hat die erhaltenen Zulagen unverzüglich den begünstigten Verträgen gutzuschreiben. ⁴Zulagen, die nach Beginn der Auszahlungsphase für das Altersvorsorgevermögen von der zentralen Stelle an den Anbieter überwiesen werden, können vom Anbieter an den Anleger ausgezahlt werden. ⁵Besteht kein Zulageanspruch, so teilt die zentrale Stelle dies dem Anbieter durch Datensatz mit. ⁶Die zentrale Stelle teilt dem Anbieter die Altersvorsorgebeiträge im Sinne des § 82, auf die § 10a oder dieser Abschnitt angewendet wurde, durch Datensatz mit.

(3) ¹Erkennt die zentrale Stelle nachträglich, dass der Zulageanspruch ganz oder teilweise nicht besteht oder weggefallen ist, so hat sie zu Unrecht gutgeschriebene oder ausgezahlte Zulagen zurückzufordern und dies dem Anbieter durch Datensatz mitzuteilen. ²Bei bestehendem Vertragsverhältnis hat der Anbieter das Konto zu belasten. ³Die ihm im Kalendervierteljahr mitgeteilten Rückforderungsbeträge hat er bis zum zehnten Tag des dem Kalendervierteljahr folgenden Monats in einem Betrag bei der zentralen Stelle anzumelden und an diese abzuführen. ⁴Die Anmeldung nach Satz 3 ist nach amtlich vorgeschriebenem Vordruck abzugeben. ⁵Sie gilt als Steueranmeldung im Sinne der Abgabenordnung.

(4) ¹Eine Festsetzung der Zulage erfolgt nur auf besonderen Antrag des Zulageberechtigten. ²Der Antrag ist schriftlich innerhalb eines Jahres nach Erteilung der Bescheinigung nach § 92 durch den Anbieter vom Antragsteller an den Anbieter zu richten. ³Der Anbieter leitet den Antrag der zentralen Stelle zur Festsetzung zu. ⁴Er hat dem Antrag eine Stellungnahme und die zur Festsetzung erforderlichen Unterlagen beizufügen. ⁵Die zentrale Stelle teilt die Festsetzung auch dem Anbieter mit. ⁶Im Übrigen gilt Absatz 3 entsprechend.

§ 90a EStG
Anmeldeverfahren

– weggefallen –

§ 91 EStG
Datenabgleich

(1) ¹Für die Berechnung und Überprüfung der Zulage sowie die Überprüfung des Vorliegens der Voraussetzungen des Sonderausgabenabzugs nach § 10a übermitteln die Träger der gesetzlichen Rentenversicherung, die Bundesagentur für Arbeit, die Meldebehörden, die Familienkassen und die Finanzämter der zentralen Stelle auf Anforderung die bei ihnen vorhandenen Daten nach § 89 Abs. 2 auf automatisiert verarbeitbaren Datenträgern oder durch Datenfernübertragung; für Zwecke der Berechnung des Mindesteigenbeitrags für ein Beitragsjahr darf die zentrale Stelle bei den Trägern der gesetzlichen Rentenversicherung die beitragspflichtigen Einnahmen erheben, sofern diese nicht vom Anbieter nach § 89 übermittelt worden sind. ²Für Zwecke der Überprüfung nach Satz 1 darf die zentrale Stelle die ihr übermittelten Daten mit den ihr nach § 89 Abs. 2 übermittelten Daten automatisiert abgleichen. ³Führt die Überprüfung zu einer Änderung der ermittelten oder festgesetzten Zulage, ist dies dem Anbieter mitzuteilen. ⁴Ist nach dem Ergebnis der Überprüfung der Sonderausgabenabzug nach § 10a oder die gesonderte Feststellung nach § 10a Abs. 4 zu ändern, ist dies dem Finanzamt mitzuteilen.

(2) ¹Die zuständige Stelle hat der zentralen Stelle die Daten nach § 10a Abs. 1 Satz 1 zweiter Halbsatz bis zum 31. März des dem Beitragsjahr folgenden Kalenderjahres auf automatisiert verarbeitbaren Datenträgern oder durch Datenfernübertragung zu übermitteln. ²Liegt die Einwilligung nach § 10a Abs. 1 Satz 1 zweiter Halbsatz erst nach dem in Satz 1 genannten Meldetermin vor, hat die zuständige Stelle die Daten spätestens bis zum Ende des folgenden Kalendervierteljahres nach Erteilung der Einwilligung nach Maßgabe von Satz 1 zu übermitteln.

§ 92 EStG
Bescheinigung

Der Anbieter hat dem Zulageberechtigten jährlich eine Bescheinigung nach amtlich vorgeschriebenem Vordruck zu erteilen über

1. die Höhe der im abgelaufenen Beitragsjahr geleisteten Altersvorsorgebeiträge,
2. die im abgelaufenen Beitragsjahr getroffenen, aufgehobenen oder geänderten Ermittlungsergebnisse (§ 90),
3. die Summe der bis zum Ende des abgelaufenen Beitragsjahres dem Vertrag gutgeschriebenen Zulagen,
4. die Summe der bis zum Ende des abgelaufenen Beitragsjahres geleisteten Altersvorsorgebeiträge und
5. den Stand des Altersvorsorgevermögens.

§ 92a EStG
Verwendung für eine eigenen Wohnzwecken dienende Wohnung im eigenen Haus

(1) ¹Der Zulageberechtigte kann das in einem Altersvorsorgevertrag gebildete und nach §10a oder diesem Abschnitt geförderte Kapital in Höhe von insgesamt mindestens 10 000 Euro unmittelbar für die Anschaffung oder Herstellung einer zu eigenen Wohnzwecken dienenden Wohnung in einem im Inland belegenen eigenen Haus oder einer im Inland belegenen, zu eigenen Wohnzwecken dienenden, eigenen Eigentumswohnung verwenden (Altersvorsorge-Eigenheimbetrag). ²Insgesamt dürfen höchstens 50 000 Euro nach Satz 1 verwendet werden.

(2) ¹Der Zulageberechtigte hat den Altersvorsorge-Eigenheimbetrag bis zur Vollendung seines 65. Lebensjahres beginnend mit dem zweiten auf das Jahr der Verwendung folgenden Jahr auf einen von ihm im Zeitpunkt der Verwendung zu bestimmenden Altersvorsorgevertrag in monatlich gleichen Raten jeweils am ersten Tag eines Monats zurückzuzahlen. ²Zahlungen auf diesen Altersvorsorgevertrag gelten bis zur Höhe dieser Monatsraten als zur Erfüllung der Rückzahlungsverpflichtung geleistet. ³Eine darüber hinausgehende Rückzahlung ist zulässig. ⁴Als Zeitpunkt der Verwendung im Sinne des Satzes 1 gilt der Zeitpunkt der Auszahlung des Altersvorsorge-Eigenheimbetrags.

(3) Gerät der Zulageberechtigte mit der Rückzahlung von mehr als zwölf Monatsraten im Sinne des Absatzes 2 Satz 1 in Rückstand, sind die auf den nicht zurückgezahlten Altersvorsorge-Eigenheimbetrag entfallenden Zulagen und die nach § 10a Abs. 4 gesondert festgestellten Beträge zurückzuzahlen.

(4) ¹Dient die Wohnung dem Zulageberechtigten nicht nur vorübergehend nicht mehr zu eigenen Wohnzwecken, bevor er den Altersvorsorge-Eigenheimbetrag vollständig zurückgezahlt hat, ist Absatz 3 entsprechend anzuwenden. ²Dies gilt auch, wenn der Zulageberechtigte verstirbt, bevor er den Altersvorsorge-Eigenheimbetrag vollständig zurückgezahlt hat. ³Die Sätze 1 und 2 sind nicht anzuwenden, wenn

1. der Zulageberechtigte den nicht zurückgezahlten Altersvorsorge-Eigenheimbetrag innerhalb eines Jahres vor und eines Jahres nach Ablauf des Veranlagungszeitraums, in dem ihm die Wohnung letztmals zu eigenen Wohnzwecken gedient hat, für eine weitere Wohnung im Sinne des Absatzes 1 verwendet,
2. der Zulageberechtigte den nicht zurückgezahlten Altersvorsorge-Eigenheimbetrag innerhalb eines Jahres nach Ablauf des Veranlagungszeitraums, in dem ihm die Wohnung letztmals zu eigenen Wohnzwecken gedient hat, auf einen auf seinen Namen lautenden zertifizierten Altersvorsorgevertrag zurückzahlt oder
3. der Ehegatte des verstorbenen Zulageberechtigten Eigentümer der Wohnung im Sinne des Absatzes 1 ist, sie ihm zu eigenen Wohnzwecken dient und die Ehegatten im Zeitpunkt des Todes des Zulageberechtigten die Voraussetzungen des § 26 Abs. 1 erfüllt haben. ²In diesem Fall tritt der überlebende Ehegatte für die Anwendung der Absätze 2 bis 4 in die Rechtsstellung des Zulageberechtigten. ³Er hat einen Altersvorsorgevertrag für die weitere Rückzahlung zu bestimmen.

§ 92b EStG
Verfahren bei Verwendung für eine eigenen Wohnzwecken dienende Wohnung im eigenen Haus

(1) ¹Der Zulageberechtigte hat die Verwendung nach § 92a bei der zentralen Stelle zu beantragen und dabei die notwendigen Nachweise zu erbringen. ²Er hat zu bestimmen,

1. aus welchen Altersvorsorgeverträgen welche Beträge ausgezahlt werden sollen und
2. auf welchen Altersvorsorgevertrag die Rückzahlung nach § 92a Abs. 2 erfolgen soll.

(2) ¹Die zentrale Stelle teilt dem Zulageberechtigten und den Anbietern der in Absatz 1 Nr. 1 genannten Altersvorsorgeverträge mit, welche Beträge förderunschädlich ausgezahlt werden können. ²Sie teilt dem Zulageberechtigten und dem Anbieter des in Absatz 1 Nr. 2 genannten Altersvorsorgevertrages mit, welche Beträge der Zulageberechtigte nach § 92a Abs. 2 zurückzuzahlen hat.

(3) ¹Die Anbieter der in Absatz 1 Nr. 1 genannten Altersvorsorgeverträge dürfen den Altersvorsorge-Eigenheimbetrag auszahlen, sobald sie die Mitteilung nach Absatz 2 erhalten haben. ²Sie haben der zentralen Stelle nach amtlich vorgeschriebenem Datensatz durch Datenübermittlung auf amtlich vorgeschriebenem, maschinell verwertbarem Datenträger oder durch amtlich bestimmte Datenfernübertragung Folgendes anzuzeigen:

1. den Auszahlungszeitpunkt,
2. die Summe der bis zum Auszahlungszeitpunkt dem Altersvorsorgevertrag gutgeschriebenen Zulagen,
3. die Summe der bis zum Auszahlungszeitpunkt geleisteten Altersvorsorgebeiträge und
4. den Stand des geförderten Altersvorsorgevermögens im Zeitpunkt der Auszahlung.

(4) Der Anbieter des in Absatz 1 Nr. 2 genannten Altersvorsorgevertrages hat die zentrale Stelle unverzüglich zu benachrichtigen, wenn der Zulageberechtigte mit der Rückzahlung des Altersvorsorge-Eigenheimbetrags mit mehr als zwölf Monatsraten in Rückstand geraten ist, und ihr den nicht zurückgezahlten Betrag mitzuteilen.

(5) ¹Die zentrale Stelle unterrichtet das für den Zulageberechtigten zuständige Finanzamt darüber, für welche Wohnung im Sinne des § 92a Abs. 1 der Zulageberechtigte einen Altersvorsorge-Eigenheimbetrag verwendet hat. ²Das Finanzamt benachrichtigt die zentrale Stelle, wenn die Voraussetzungen des § 92a Abs. 1 nicht oder nicht mehr erfüllt sind. ³In den Fällen des § 92a Abs. 3 und 4 Satz 1 und 2 unterrichtet die zentrale Stelle das zuständige Finanzamt über die Besteuerungsgrundlagen. ⁴Im Übrigen gilt § 94 Abs. 2 entsprechend.

§ 93 EStG
Schädliche Verwendung

(1) ¹Wird gefördertes Altersvorsorgevermögen nicht unter den in § 1 Abs. 1 Satz 1 Nr. 4 und 10 Buchstabe c des Altersvorsorgeverträge-Zertifizierungsgesetzes oder § 1 Abs. 1 Satz 1 Nr. 4, 5 und 10 Buchstabe c des Altersvorsorgeverträge-Zertifizierungsgesetzes in der bis zum 31. Dezember 2004 geltenden Fassung genannten Voraussetzungen an den Zulageberechtigten ausgezahlt (schädliche Verwendung), sind die auf das ausgezahlte geförderte Altersvorsorgevermögen entfallenden Zulagen und die nach § 10a Abs. 4 gesondert festgestellten Beträge (Rückzahlungsbetrag) zurückzuzahlen. ²Dies gilt auch bei einer Auszahlung nach Beginn der Auszahlungsphase (§ 1 Abs. 1 Nr. 2 des Altersvorsorgeverträge-Zertifizierungsgesetzes) und bei Auszahlungen im Falle des Todes des Zulageberechtigten. ³Eine Rückzahlungsverpflichtung besteht nicht für den Teil der Zulagen und der Steuerermäßigung,

a) der auf nach § 1 Abs. 1 Satz 1 Nr. 2 des Altersvorsorgeverträge-Zertifizierungsgesetzes angespartes gefördertes Altersvorsorgevermögen entfällt, wenn es in Form einer Hinterbliebenenrente an die dort genannten Hinterbliebenen ausgezahlt wird; dies gilt auch für Leistungen im Sinne des § 82 Abs. 3 an Hinterbliebene des Steuerpflichtigen;
b) der den Beitragsanteilen zuzuordnen ist, die für die zusätzliche Absicherung der verminderten Erwerbsfähigkeit und eine zusätzliche Hinterbliebenenabsicherung ohne Kapitalbildung verwendet worden sind;

c) der auf gefördertes Altersvorsorgevermögen entfällt, das im Falle des Todes des Zulageberechtigten auf einen auf den Namen des Ehegatten lautenden Altersvorsorgevertrag übertragen wird, wenn die Ehegatten im Zeitpunkt des Todes des Zulageberechtigten die Voraussetzungen des § 26 Abs. 1 erfüllt haben.

(1a) [1]Die Verpflichtung nach Absatz 1 Satz 1 entfällt auch, soweit im Rahmen der Regelung der Scheidungsfolgen eine Übertragung des geförderten Altersvorsorgevermögens auf einen Altersvorsorgevertrag des ausgleichsberechtigten Ehegatten erfolgt, zu Lasten des geförderten Vertrages mit einem öffentlich-rechtlichen Versorgungsträger für den ausgleichsberechtigten Ehegatten Rentenanwartschaften in der gesetzlichen Rentenversicherung begründet werden oder das Kapital aus einem geförderten Vertrag entnommen und von dem ausgleichsberechtigten Ehegatten unmittelbar auf einen auf seinen Namen lautenden Altersvorsorgevertrag eingezahlt wird. [2]Einer Übertragung steht die Abtretung des geförderten Altersvorsorgevermögens im Rahmen der Regelung der Scheidungsfolgen gleich. [3]Wird von dem berechtigten früheren Ehegatten dieses Altersvorsorgevermögen schädlich verwendet, gilt Absatz 1 Satz 1 sinngemäß für die darin enthaltenen Zulagen und die anteilig nach § 10a Abs. 4 gesondert festgestellten Beträge.

(2) [1]Die Übertragung von gefördertem Altersvorsorgevermögen auf einen anderen auf den Namen des Zulageberechtigten lautenden Altersvorsorgevertrag (§ 1 Abs. 1 Satz 1 Nr. 10 Buchstabe b des Altersvorsorgeverträge-Zertifizierungsgesetzes) stellt keine schädliche Verwendung dar. [2]Dies gilt sinngemäß in den Fällen des § 4 Abs. 2 und 3 des Betriebsrentengesetzes, wenn das geförderte Altersvorsorgevermögen auf eine der in § 82 Abs. 2 Buchstabe a genannten Einrichtungen der betrieblichen Altersversorgung zum Aufbau einer kapitalgedeckten betrieblichen Altersversorgung übertragen und eine lebenslange Altersversorgung im Sinne des § 1 Abs. 1 Satz 1 Nr. 4 des Altersvorsorgeverträge-Zertifizierungsgesetzes oder § 1 Abs. 1 Satz 1 Nr. 4 und 5 des Altersvorsorgeverträge-Zertifizierungsgesetzes in der bis zum 31. Dezember 2004 geltenden Fassung vorgesehen wird. [3]In den übrigen Fällen der Abfindung von Anwartschaften der betrieblichen Altersversorgung gilt dies, soweit das geförderte Altersvorsorgevermögen zugunsten eines auf den Namen des Zulageberechtigten lautenden Altersvorsorgevertrages geleistet wird.

(3) [1]Auszahlungen zur Abfindung einer Kleinbetragsrente zu Beginn der Auszahlungsphase gelten nicht als schädliche Verwendung. [2]Eine Kleinbetragsrente ist eine Rente, die bei gleichmäßiger Verrentung des gesamten zu Beginn der Auszahlungsphase zur Verfügung stehenden Kapitals eine monatliche Rente ergibt, die 1 Prozent der monatlichen Bezugsgröße nach § 18 des Vierten Buches Sozialgesetzbuch nicht übersteigt. [3]Bei der Berechnung dieses Betrags sind alle bei einem Anbieter bestehenden Verträge des Zulageberechtigten insgesamt zu berücksichtigen, auf die nach diesem Abschnitt geförderte Altersvorsorgebeiträge geleistet wurden.

§ 94 EStG
Verfahren bei schädlicher Verwendung

(1) [1]In den Fällen des § 93 Abs. 1 hat der Anbieter der zentralen Stelle vor der Auszahlung des geförderten Altersvorsorgevermögens die schädliche Verwendung nach amtlich vorgeschriebenem Datensatz durch Datenübermittlung auf amtlich vorgeschriebenem maschinell verwertbarem Datenträger oder durch amtlich bestimmte Datenfernübertragung anzuzeigen. [2]Die zentrale Stelle ermittelt den Rückzahlungsbetrag und teilt diesen dem Anbieter durch Datensatz mit. [3]Der Anbieter hat den Rückzahlungsbetrag einzubehalten, mit der nächsten Anmeldung nach § 90 Abs. 3 anzumelden und an die zentrale Stelle abzuführen. [4]Der Anbieter hat die einbehaltenen und abgeführten Beträge sowie die dem Vertrag bis zur schädlichen Verwendung gutgeschriebenen Erträge dem Zulageberechtigten nach amtlich vorgeschriebenem Vordruck zu bescheinigen und der zentralen Stelle nach amtlich vorgeschriebenem Datensatz durch Datenübermittlung auf amtlich vorgeschriebenem maschinell verwertbarem Datenträger oder durch amtlich bestimmte Datenfernübertragung mitzuteilen. [5]Die zentrale Stelle unterrichtet das für den Zulageberechtigten zuständige Finanzamt. [6]In den Fällen des § 93 Abs. 3 gelten die Sätze 1 und 5 entsprechend.

(2) [1]Eine Festsetzung des Rückzahlungsbetrags erfolgt durch die zentrale Stelle auf besonderen Antrag des Zulageberechtigten oder sofern die Rückzahlung nach Absatz 1 ganz oder teilweise nicht möglich oder nicht erfolgt ist. [2]§ 90 Abs. 4 Satz 2 bis 6 gilt entsprechend. [3]Im Rückforderungsbescheid sind auf den Rückzahlungsbetrag die vom Anbieter bereits einbehaltenen und abgeführten Beträge nach Maßgabe der Bescheinigung nach Absatz 1 Satz 4 anzurechnen. [4]Der Zulageberechtigte hat den verbleibenden Rückzahlungsbetrag innerhalb eines Monats nach Bekanntgabe des Rückforderungsbescheids an die zuständige Kasse zu entrichten. [5]Die Frist für die Festsetzung des Rückzahlungsbetrags beträgt vier Jahre und beginnt mit Ablauf des Kalenderjahres, in dem die Auszahlung im Sinne des § 93 Abs. 1 erfolgt ist.

§ 95 EStG
Beendigung der unbeschränkten Einkommensteuerpflicht des Zulageberechtigten

(1) Endet die unbeschränkte Steuerpflicht des Zulageberechtigten durch Aufgabe des inländischen Wohnsitzes oder gewöhnlichen Aufenthalts oder wird für das Beitragsjahr kein Antrag nach § 1 Abs. 3 gestellt, gelten die §§ 93 und 94 entsprechend.

(2) [1]Auf Antrag des Zulageberechtigten ist der Rückzahlungsbetrag (§ 93 Abs. 1 Satz 1) zunächst bis zum Beginn der Auszahlung (§ 1 Abs. 1 Nr. 2 des Altersvorsorgeverträge-Zertifizierungsgesetzes) zu stunden. [2]Die Stundung ist zu verlängern, wenn der Rückzahlungsbetrag mit mindestens 15 Prozent der Leistungen aus dem Altersvorsorgevertrag getilgt wird. [3]Stundungszinsen werden nicht erhoben. [4]Die Stundung endet, wenn das geförderte Altersvorsorgevermögen nicht unter den in § 1 Abs. 1 Satz 1 Nr. 4 des Altersvorsorgeverträge-Zertifizierungsgesetzes genannten Voraussetzungen an den Zulageberechtigten ausgezahlt wird. [5]Der Stundungsantrag ist über den Anbieter an die zentrale Stelle zu richten. [6]Die zentrale Stelle teilt ihre Entscheidung auch dem Anbieter mit.

(3) [1]Wird in den Fällen des Absatzes 1 die unbeschränkte Steuerpflicht erneut begründet oder der Antrag nach § 1 Abs. 3 gestellt, ist die Stundung des Rückzahlungsbetrags dieser von der zentralen Stelle zu erlassen. [2]Wird die unbeschränkte Steuerpflicht des Zulageberechtigten nach einer Entsendung im Sinne des § 4 des Vierten Buches Sozialgesetzbuch, nach überstaatlichem oder zwischenstaatlichem Recht oder nach einer Zuweisung im Sinne des § 123a des Beamtenrechtsrahmengesetzes erneut begründet, ist die Zulage für die Kalenderjahre der Entsendung unter den Voraussetzungen der §§ 79 bis 87 und 89 zu gewähren. [3]Die Zulagen sind nach amtlich vorgeschriebenem Vordruck bis zum Ablauf des zweiten Kalenderjahres zu beantragen, das auf das Kalenderjahr folgt, in dem letztmals keine unbeschränkte Steuerpflicht bestand.

§ 96 EStG
Anwendung der Abgabenordnung, allgemeine Vorschriften

(1) ¹Auf die Zulagen und die Rückzahlungsbeträge sind die für Steuervergütungen geltenden Vorschriften der Abgabenordnung entsprechend anzuwenden. ²Dies gilt nicht für § 163 der Abgabenordnung.

(2) ¹Der Anbieter haftet als Gesamtschuldner neben dem Zulageempfänger für die Zulagen und die nach § 10a Abs. 4 gesondert festgestellten Beträge, die wegen seiner vorsätzlichen oder grob fahrlässigen Pflichtverletzung zu Unrecht gezahlt, nicht einbehalten oder nicht zurückgezahlt worden sind. ²Für die Inanspruchnahme des Anbieters ist die zentrale Stelle zuständig.

(3) Die zentrale Stelle hat auf Anfrage des Anbieters Auskunft über die Anwendung des Abschnitts XI zu geben.

(4) ¹Die zentrale Stelle kann beim Anbieter ermitteln, ob er seine Pflichten erfüllt hat. ²Die §§ 193 bis 203 der Abgabenordnung gelten sinngemäß. ³Auf Verlangen der zentralen Stelle hat der Anbieter ihr Unterlagen, soweit sie im Ausland geführt und aufbewahrt werden, verfügbar zu machen.

(5) Der Anbieter erhält vom Bund oder den Ländern keinen Ersatz für die ihm aus diesem Verfahren entstehenden Kosten.

(6) ¹Der Anbieter darf die im Zulageverfahren bekannt gewordenen Verhältnisse der Beteiligten nur für das Verfahren verwerten. ²Er darf sie ohne Zustimmung der Beteiligten nur offenbaren, soweit dies gesetzlich zugelassen ist.

(7) ¹Für die Zulage gelten die Strafvorschriften des § 370 Abs. 1 bis 4, der §§ 371, 375 Abs. 1 und des § 376 sowie die Bußgeldvorschriften der §§ 378, 379 Abs. 1 und 4 und der §§ 383 und 384 der Abgabenordnung entsprechend. ²Für das Strafverfahren wegen einer Straftat nach Satz 1 sowie der Begünstigung einer Person, die eine solche Tat begangen hat, gelten die §§ 385 bis 408, für das Bußgeldverfahren wegen einer Ordnungswidrigkeit nach Satz 1 die §§ 409 bis 412 der Abgabenordnung entsprechend.

§ 97 EStG
Übertragbarkeit

¹Das nach § 10a oder Abschnitt XI geförderte Altersvorsorgevermögen einschließlich seiner Erträge, die geförderten laufenden Altersvorsorgebeiträge und der Anspruch auf die Zulage sind nicht übertragbar. ²§ 93 Abs. 1a und § 4 des Betriebsrentengesetzes bleiben unberührt.

§ 98 EStG
Rechtsweg

In öffentlich-rechtlichen Streitigkeiten über die auf Grund des Abschnitts XI ergehenden Verwaltungsakte ist der Finanzrechtsweg gegeben.

§ 99 EStG
Ermächtigung

(1) Das Bundesministerium der Finanzen wird ermächtigt, die Vordrucke für die Anträge nach den §§ 89 und 95 Abs. 3 Satz 3, für die Anmeldung nach § 90 Abs. 3 und für die in den §§ 92 und 94 Abs. 1 Satz 4 vorgesehenen Bescheinigungen und im Einvernehmen mit den obersten Finanzbehörden der Länder die Vordrucke für die nach § 10a Abs. 5 Satz 1 und § 22 Nr. 5 Satz 7 vorgesehenen Bescheinigungen und den Inhalt und Aufbau der für die Durchführung des Zulageverfahrens zu übermittelnden Datensätze zu bestimmen.

(2) ¹Das Bundesministerium der Finanzen wird ermächtigt, im Einvernehmen mit dem Bundesministerium für Arbeit und Soziales und dem Bundesministerium des Innern durch Rechtsverordnung mit Zustimmung des Bundesrates Vorschriften zur Durchführung dieses Gesetzes über das Verfahren für die Ermittlung, Festsetzung, Auszahlung, Rückzahlung und Rückforderung der Zulage sowie die Rückzahlung und Rückforderung der nach § 10a Abs. 4 festgestellten Beträge zu erlassen. ²Hierzu gehören insbesondere

1. Vorschriften über Aufzeichnungs-, Aufbewahrungs-, Bescheinigungs- und Anzeigepflichten des Anbieters,
2. Grundsätze des vorgesehenen Datenaustausches zwischen den Anbietern, der zentralen Stelle, den Trägern der gesetzlichen Rentenversicherung, der Bundesagentur für Arbeit, den Meldebehörden, den Familienkassen, den zuständigen Stellen und den Finanzämtern und
3. Vorschriften über Mitteilungspflichten, die für die Erteilung der Bescheinigungen nach § 22 Nr. 5 Satz 7 und § 92 erforderlich sind.

C. Anhänge

Anhang 1 Lohnsteuer-Durchführungsverordnung
Anhang 2 Sozialversicherungsentgeltverordnung
Anhang 3 Solidaritätszuschlagsgesetz
Anhang 4 5. Vermögensbildungsgesetz
Anhang 5 Verordnung zur Durchführung des 5. Vermögensbildungsgesetzes
Anhang 6 BMF-Schreiben zur Anwendung des 5. Vermögensbildungsgesetzes
Anhang 7 Bundesumzugskostengesetz
Anhang 8 Allgemeine Verwaltungsvorschrift zum Bundesumzugskostengesetz
Anhang 9 Auslandsumzugskostenverordnung
Anhang 10 Programmablaufplan für die maschinelle Berechnung der vom laufenden Arbeitslohn einzubehaltenden Lohnsteuer, des Solidaritätszuschlags und der Maßstabsteuer für die Kirchenlohnsteuer 2007
Anhang 11 Tabelle zur Steuerklassenwahl 2007
Anhang 12 Altersteilzeitgesetz
Anhang 13 Gesetz zur Verbesserung der betrieblichen Altersversorgung (Betriebsrentengesetz)
Anhang 13a Gesetz über die Zertifizierung von Altersvorsorgeverträgen
Anhang 13b Versicherungsaufsichtsgesetz (auszugsweise)
Anhang 13c Steuerliche Förderung der privaten Altersvorsorge und betrieblichen Altersversorgung
Anhang 13d Altersvorsorge-Durchführungsverordnung – AltvDV
Anhang 13e Hinterbliebenenversorgung für die Lebensgefährtin oder den Lebensgefährten
Anhang 13f Aufteilung von Leistungen bei der nachgelagerten Besteuerung
Anhang 13g Steuerliche Behandlung von Altersvorsorgeaaufwendungen und Altersbezügen
Anhang 13h Steuerliche Behandlung von Altersvorsorgeaufwendungen
Anhang 14 Umsatzsteuerliche Behandlung von Sachbezügen (Abschnitt 12 Umsatzsteuer-Richtlinien)
Anhang 15 Amtliches Arbeitgebermerkblatt zu den Rechtsänderungen beim Steuerabzug vom Arbeitslohn
Anhang 16 Geringfügigkeits-Richtlinien
Anhang 17 Verordnung über die elektronische Übermittlung von für das Besteuerungsverfahren erforderliche Daten (Steuerdaten-Übermittlungsverordnung – StDÜV)
Anhang 18 Einführungsschreiben Lohnsteuer zum Steueränderungsgesetz 2003 und Haushaltsbegleitgesetz 2004
Anhang 19 Auslandsreisekosten 2007

Anhang 1
Lohnsteuer-Durchführungsverordnung 1990 (LStDV 1990)

i. d. F. der Bek. vom 10.10.1989 (BGBl. I S. 1848),
zuletzt geändert durch Artikel 2 des Jahressteuergesetzes 2007
vom 13.12.2006 (BGBl. I S. 2878)

§ 1
Arbeitnehmer, Arbeitgeber

(1) ¹Arbeitnehmer sind Personen, die in öffentlichem oder privatem Dienst angestellt oder beschäftigt sind oder waren und die aus diesem Dienstverhältnis oder einem früheren Dienstverhältnis Arbeitslohn beziehen. ²Arbeitnehmer sind auch die Rechtsnachfolger dieser Personen, soweit sie Arbeitslohn aus dem früheren Dienstverhältnis ihres Rechtsvorgängers beziehen.

(2) ¹Ein Dienstverhältnis (Absatz 1) liegt vor, wenn der Angestellte (Beschäftigte) dem Arbeitgeber (öffentliche Körperschaft, Unternehmer, Haushaltsvorstand) seine Arbeitskraft schuldet. ²Dies ist der Fall, wenn die tätige Person in der Betätigung ihres geschäftlichen Willens unter der Leitung des Arbeitgebers steht oder im geschäftlichen Organismus des Arbeitgebers dessen Weisungen zu folgen verpflichtet ist.

(3) Arbeitnehmer ist nicht, wer Lieferungen und sonstige Leistungen innerhalb der von ihm selbständig ausgeübten gewerblichen oder beruflichen Tätigkeit im Inland gegen Entgelt ausführt, soweit es sich um die Entgelte für diese Lieferungen und sonstigen Leistungen handelt.

§ 2
Arbeitslohn

(1) ¹Arbeitslohn sind alle Einnahmen, die dem Arbeitnehmer aus dem Dienstverhältnis zufließen. ²Es ist unerheblich, unter welcher Bezeichnung oder in welcher Form die Einnahmen gewährt werden.

(2) Zum Arbeitslohn gehören auch
1. Einnahmen im Hinblick auf ein künftiges Dienstverhältnis;
2. ¹Einnahmen aus einem früheren Dienstverhältnis, unabhängig davon, ob sie dem zunächst Bezugsberechtigten oder seinem Rechtsnachfolger zufließen. ²Bezüge, die ganz oder teilweise auf früheren Beitragsleistungen des Bezugsberechtigten oder seines Rechtsvorgängers beruhen, gehören nicht zum Arbeitslohn, es sei denn, dass die Beitragsleistungen Werbungskosten gewesen sind;
3. ¹Ausgaben, die ein Arbeitgeber leistet, um einen Arbeitnehmer oder diesem nahe stehende Personen für den Fall der Krankheit, des Unfalls, der Invalidität, des Alters oder des Todes abzusichern (Zukunftssicherung). ²Voraussetzung ist, dass der Arbeitnehmer der Zukunftssicherung ausdrücklich oder stillschweigend zustimmt. ³Ist bei einer Zukunftssicherung für mehrere Arbeitnehmer oder diesen nahe stehende Personen in Form einer Gruppenversicherung oder Pauschalversicherung der für den einzelnen Arbeitnehmer geleistete Teil der Ausgaben nicht in anderer Weise zu ermitteln, so sind die Ausgaben nach der Zahl der gesicherten Arbeitnehmer auf diese aufzuteilen. ⁴Nicht zum Arbeitslohn gehören Ausgaben, die nur dazu dienen, dem Arbeitgeber die Mittel zur Leistung einer dem Arbeitnehmer zugesagten Versorgung zu verschaffen;
4. Entschädigungen, die dem Arbeitnehmer oder seinem Rechtsnachfolger als Ersatz für entgangenen oder entgehenden Arbeitslohn oder für die Aufgabe oder Nichtausübung einer Tätigkeit gewährt werden;
5. besondere Zuwendungen, die auf Grund des Dienstverhältnisses oder eines früheren Dienstverhältnisses gewährt werden, zum Beispiel Zuschüsse im Krankheitsfall;
6. besondere Entlohnungen für Dienste, die über die regelmäßige Arbeitszeit hinaus geleistet werden, wie Entlohnung für Überstunden, Überschichten, Sonntagsarbeit;
7. Lohnzuschläge, die wegen der Besonderheit der Arbeit gewährt werden;
8. Entschädigungen für Nebenämter und Nebenbeschäftigungen im Rahmen eines Dienstverhältnisses.

§ 3
– weggefallen –

§ 4
Lohnkonto

(1) Der Arbeitgeber hat im Lohnkonto des Arbeitnehmers Folgendes aufzuzeichnen:
1. ¹den Vornamen, den Familiennamen, den Geburtstag, den Wohnort, die Wohnung, den amtlichen Gemeindeschlüssel der Gemeinde, die die Lohnsteuerkarte ausgestellt hat, das Finanzamt, in dessen Bezirk die Lohnsteuerkarte oder die entsprechende Bescheinigung ausgestellt worden ist, sowie die auf der Lohnsteuerkarte oder in einer entsprechenden Bescheinigung eingetragenen allgemeinen Besteuerungsmerkmale und in den Fällen des § 41 Abs. 1 Satz 4 des Einkommensteuergesetzes den Großbuchstaben B. ²Ändern sich im Laufe des Jahres die auf der Lohnsteuerkarte oder in einer entsprechenden Bescheinigung eingetragenen allgemeinen Besteuerungsmerkmale, so ist auch der Zeitpunkt anzugeben, von dem an die Änderung gilt;
2. den Jahresfreibetrag oder den Jahreshinzurechnungsbetrag sowie den Monatsbetrag, Wochenbetrag oder Tagesbetrag, der auf der Lohnsteuerkarte oder in einer entsprechenden Bescheinigung eingetragen ist, und den Zeitraum, für den die Eintragung gilt;
3. bei einem Arbeitnehmer, der dem Arbeitgeber eine Bescheinigung nach § 39 b Abs. 6 des Einkommensteuergesetzes (Freistellungsbescheinigung) vorgelegt hat, einen Hinweis darauf, dass eine Bescheinigung vorliegt, den Zeitraum, für den die Lohnsteuerbefreiung gilt, das Finanzamt, das die Bescheinigung ausgestellt hat, und den Tag der Ausstellung,
4. in den Fällen des § 19 Abs. 2 des Einkommensteuergesetzes die für die zutreffende Berechnung des Versorgungsfreibetrags und des Zuschlags zum Versorgungsfreibetrag erforderlichen Angaben.

(2) Bei jeder Lohnabrechnung ist im Lohnkonto Folgendes aufzuzeichnen:
1. der Tag der Lohnzahlung und der Lohnzahlungszeitraum;
2. in den Fällen des § 41 Abs. 1 Satz 6 des Einkommensteuergesetzes jeweils der Großbuchstabe U;
3. ¹der Arbeitslohn, getrennt nach Barlohn und Sachbezügen, und die davon einbehaltene Lohnsteuer. ²Dabei sind die Sachbezüge einzeln zu bezeichnen und – unter Angabe des Abgabetags oder bei laufenden Sachbezügen des Abgabezeitraums, des Abgabeorts und des Entgelts – mit dem nach § 8 Abs. 2 oder 3 des Einkommensteuergesetzes maßgebenden und um das Entgelt geminderten Wert zu erfassen. ³Sachbezüge im Sinne des § 8 Abs. 3 des Einkommensteuergesetzes und Versorgungsbezüge sind jeweils als solche kenntlich zu machen und ohne Kürzung um Freibeträge nach § 8 Abs. 3 oder § 19 Abs. 2 des Einkommensteuergesetzes einzutragen. ⁴Trägt der Arbeitgeber im Falle der Nettolohnzahlung die auf den Arbeitslohn entfallende Steuer selbst, ist in jedem Fall der Bruttoarbeitslohn einzutragen, die nach den Nummern 4 bis 8 gesondert aufzuzeichnenden Beträge sind nicht mitzuzählen;
4. ¹steuerfreie Bezüge mit Ausnahme der Vorteile im Sinne des § 3 Nr. 45 EStG und der Trinkgelder. ²Das Betriebsstättenfinanzamt kann zulassen, dass auch andere nach § 3 des Einkommensteuergesetzes steuerfreie Bezüge nicht angegeben werden, wenn es sich um Fälle von geringer Bedeutung handelt oder wenn die Möglichkeit zur Nachprüfung in anderer Weise sichergestellt ist*);
5. Bezüge, die nach einem Abkommen zur Vermeidung der Doppelbesteuerung oder unter Progressionsvorbehalt nach § 34 c Abs. 5 des Einkommensteuergesetzes von der Lohnsteuer freigestellt sind;
6. außerordentliche Einkünfte im Sinne des § 34 Abs. 1 und 2 Nr. 2 und 4 des Einkommensteuergesetzes und die davon nach § 39 b Abs. 3 Satz 9 des Einkommensteuergesetzes einbehaltene Lohnsteuer;
7. – weggefallen –

---
*) Aufzeichnungspflichten bei Versorgungsbezügen >BMF vom 29.8.2006 (BStBl. I S. 520). Abgedruckt als Anlage zu R 135, 136 LStR.

8. ¹Bezüge, die nach den §§ 40 bis 40 b des Einkommensteuergesetzes pauschal besteuert worden sind, und die darauf entfallende Lohnsteuer. ²Lassen sich in den Fällen des § 40 Abs. 1 Nr. 2 und Abs. 2 des Einkommensteuergesetzes die auf den einzelnen Arbeitnehmer entfallenden Beträge nicht ohne weiteres ermitteln, so sind sie in einem Sammelkonto anzuschreiben. ³Das Sammelkonto muss die folgenden Angaben enthalten: Tag der Zahlung, Zahl der bedachten Arbeitnehmer, Summe der insgesamt gezahlten Bezüge, Höhe der Lohnsteuer sowie Hinweise auf die als Belege zum Sammelkonto aufzubewahrenden Unterlagen, insbesondere Zahlungsnachweise, Bestätigung des Finanzamts über die Zulassung der Lohnsteuerpauschalierung. ⁴In den Fällen des § 40 a des Einkommensteuergesetzes genügt es, wenn der Arbeitgeber Aufzeichnungen führt, aus denen sich für die einzelnen Arbeitnehmer Name und Anschrift, Dauer der Beschäftigung, Tag der Zahlung, Höhe des Arbeitslohns und in den Fällen des § 40 a Abs. 3 des Einkommensteuergesetzes auch die Art der Beschäftigung ergeben. ⁵Sind in den Fällen der Sätze 3 und 4 Bezüge nicht mit dem ermäßigten Kirchensteuersatz besteuert worden, so ist zusätzlich der fehlende Kirchensteuerabzug aufzuzeichnen und auf die als Beleg aufzubewahrende Unterlage hinzuweisen, aus der hervorgeht, dass der Arbeitnehmer keiner Religionsgemeinschaft angehört, für die die Kirchensteuer von den Finanzbehörden erhoben wird.

(3) ¹Die Oberfinanzdirektion kann bei Arbeitgebern, die für die Lohnabrechnung ein maschinelles Verfahren anwenden, Ausnahmen von den Vorschriften der Absätze 1 und 2 zulassen, wenn die Möglichkeit zur Nachprüfung in anderer Weise sichergestellt ist. ²Das Betriebsstättenfinanzamt soll zulassen, dass Sachbezüge im Sinne des § 8 Abs. 2 Satz 9 und Abs. 3 des Einkommensteuergesetzes für solche Arbeitnehmer nicht aufzuzeichnen sind, für die durch betriebliche Regelungen und entsprechende Überwachungsmaßnahmen gewährleistet ist, dass die in § 8 Abs. 2 Satz 9 oder Abs. 3 des Einkommensteuergesetzes genannten Beträge nicht überschritten werden.

(4) ¹In den Fällen des § 38 Abs. 3 a des Einkommensteuergesetzes ist ein Lohnkonto vom Dritten zu führen. ²In den Fällen des § 38 Abs. 3 a Satz 2 ist der Arbeitgeber anzugeben und auch der Arbeitslohn einzutragen, der nicht vom Dritten, sondern vom Arbeitgeber selbst gezahlt wird. ³In den Fällen des § 38 Abs. 3 a Satz 7 ist der Arbeitslohn für jedes Dienstverhältnis gesondert aufzuzeichnen.

§ 5
Besondere Aufzeichnungs- und Mitteilungspflichten im Rahmen der betrieblichen Altersversorgung

(1) Der Arbeitgeber hat bei Durchführung einer kapitalgedeckten betrieblichen Altersversorgung über einen Pensionsfonds eine Pensionskasse oder eine Direktversicherung ergänzend zu den in § 4 Abs. 2 Nr. 4 und 8 angeführten Aufzeichnungspflichten gesondert je Versorgungszusage und Arbeitnehmer Folgendes aufzuzeichnen:

1. bei Inanspruchnahme der Steuerbefreiung nach § 3 Nr. 63 Satz 3 des Einkommensteuergesetzes den Zeitpunkt der Erteilung, den Zeitpunkt der Übertragung nach dem „Abkommen zur Übertragung von Direktversicherungen oder Versicherungen in eine Pensionskasse bei Arbeitgeberwechsel" oder nach vergleichbaren Regelungen zur Übertragung von Versicherungen in Pensionskassen oder Pensionsfonds, bei der Änderung einer vor dem 1. Januar 2005 erteilten Versorgungszusage alle Änderungen der Zusage nach dem 31. Dezember 2004;

2. bei Anwendung des § 40 b des Einkommensteuergesetzes in der am 31. Dezember 2004 geltenden Fassung den Inhalt der am 31. Dezember 2004 bestehenden Versorgungszusagen, sowie im Fall des § 52 Abs. 6 Satz 1 des Einkommensteuergesetzes die erforderliche Verzichtserklärung und bei der Übernahme einer Versorgungszusage nach § 4 Abs. 2 Nr. 1 des Betriebsrentengesetzes vom 19. Dezember 1974 (BGBl. I S. 3610), das zuletzt durch Artikel 2 des Gesetzes vom 29. August 2005 (BGBl. I S. 2546) geändert worden ist, in der jeweils geltenden Fassung oder bei einer Übertragung nach dem „Abkommen zur Übertragung von Direktversicherungen oder Versicherungen in eine Pensionskasse bei Arbeitgeberwechsel" oder nach vergleichbaren Regelungen zur Übertragung von Versicherungen in Pensionskassen oder Pensionsfonds im Falle einer vor dem 1. Januar 2005 erteilten Versorgungszusage zusätzlich die Erklärung des ehemaligen Arbeitgebers, dass diese Versorgungszusage vor dem 1. Januar 2005 erteilt und dass diese bis zur Übernahme nicht als Versorgungszusage im Sinne des § 3 Nr. 63 Satz 3 des Einkommensteuergesetzes behandelt wurde.

(2) Der Arbeitgeber hat der Versorgungseinrichtung (Pensionsfonds, Pensionskasse, Direktversicherung), die für ihn die betriebliche Altersversorgung durchführt, spätestens zwei Monate nach Ablauf des Kalenderjahres oder nach Beendigung des Dienstverhältnisses im Laufe des Kalenderjahres gesondert je Versorgungszusage die für den einzelnen Arbeitnehmer geleisteten und

1. nach § 3 Nr. 56 und 63 des Einkommensteuergesetzes steuerfrei belassenen,

2. nach § 40 b des Einkommensteuergesetzes in der am 31. Dezember 2004 geltenden Fassung pauschal besteuerten oder

3. individuell besteuerten

Beiträge mitzuteilen. Ferner hat der Arbeitgeber oder die Unterstützungskasse die nach § 3 Nr. 66 des Einkommensteuergesetzes steuerfrei belassenen Leistungen mitzuteilen. Die Mitteilungspflicht des Arbeitgebers oder der Unterstützungskasse kann durch einen Auftragnehmer wahrgenommen werden.

(3) Eine Mitteilung nach Absatz 2 kann unterbleiben, wenn die Versorgungseinrichtung die steuerliche Behandlung der für den einzelnen Arbeitnehmer im Kalenderjahr geleisteten Beiträge bereits kennt oder auch den bei ihr vorhandenen Daten feststellen kann, und dieser Umstand dem Arbeitgeber mitgeteilt worden ist. Unterbleibt die Mitteilung des Arbeitgebers, ohne dass ihm eine entsprechende Mitteilung der Versorgungseinrichtung vorliegt, so hat die Versorgungseinrichtung davon auszugehen, dass es sich insgesamt bis zu den in § 3 Nr. 56 oder 63 des Einkommensteuergesetzes genannten Höchstbeträgen um steuerbegünstigte Beiträge handelt, die in der Auszahlungsphase als Leistungen im Sinne von § 22 Nr. 5 Satz 1 des Einkommensteuergesetzes zu besteuern sind.

§ 6
– weggefallen –

§ 7
– weggefallen –

§ 8
Anwendungszeitraum

(1) Die Vorschriften dieser Verordnung in der Fassung des Artikels 2 des Gesetzes vom 13. 12. 2006 (BGBl. I S. 2878) sind erstmals anzuwenden auf laufenden Arbeitslohn, der für einen nach dem 31. Dezember 2006 endenden Lohnzahlungszeitraum gezahlt wird, und auf sonstige Bezüge, die nach dem 31. Dezember 2006 zufließen.

(2) § 6 Abs. 3 und 4 sowie § 7 in der am 31. Dezember 2001 geltenden Fassung sind weiter anzuwenden im Falle einer schädlichen Verfügung vor dem 1. Januar 2002. Die Nachversteuerung nach § 7 Abs. 1 Satz 1 unterbleibt, wenn der nachzufordernde Betrag 10 Euro nicht übersteigt.

Sozialversicherungsentgeltverordnung

Anhang 2

Anhang 2
Verordnung über die sozialversicherungsrechtliche Beurteilung von Zuwendungen des Arbeitgebers als Arbeitsentgelt
(Sozialversicherungsentgeltverordnung – SvEV)

vom ... 12.2006 (BGBl. I S. ....)*)

§ 1
Dem sozialversicherungspflichtigen Arbeitsentgelt nicht zuzurechnende Zuwendungen

(1) ¹Dem Arbeitsentgelt sind nicht zuzurechnen:
1. einmalige Einnahmen, laufende Zulagen, Zuschläge, Zuschüsse sowie ähnliche Einnahmen, die zusätzlich zu Löhnen oder Gehältern gewährt werden, soweit sie lohnsteuerfrei sind; dies gilt nicht für Sonntags-, Feiertags- und Nachtarbeitszuschläge, soweit das Entgelt, auf dem sie berechnet werden, mehr als 25 Euro für jede Stunde beträgt,
2. sonstige Bezüge nach § 40 Abs. 1 Satz 1 Nr. 1 des Einkommensteuergesetzes, die nicht einmalig gezahltes Arbeitsentgelt nach § 23a des Vierten Buches Sozialgesetzbuch sind,
3. Einnahmen nach § 40 Abs. 2 des Einkommensteuergesetzes,
4. Beiträge und Zuwendungen nach § 40b des Einkommensteuergesetzes, die zusätzlich zu Löhnen oder Gehältern gewährt werden, soweit Satz 3 nichts Abweichendes bestimmt,
5. Beträge nach § 10 des Entgeltfortzahlungsgesetzes,
6. Zuschüsse zum Mutterschaftsgeld nach § 14 des Mutterschutzgesetzes,
7. in den Fällen des § 3 Abs. 3 der vom Arbeitgeber insoweit übernommene Teil des Gesamtsozialversicherungsbeitrags,
8. Zuschüsse des Arbeitgebers zum Kurzarbeitergeld und Saison-Kurzarbeitergeld, soweit sie zusammen mit dem Kurzarbeitergeld 80 Prozent des Unterschiedsbetrages zwischen dem Sollentgelt und dem Ist-Entgelt nach § 179 des Dritten Buches Sozialgesetzbuch nicht übersteigen,
9. steuerfreie Zuwendungen an Pensionskassen, Pensionsfonds oder Direktversicherungen nach § 3 Nr. 63 Satz 1 und 2 des Einkommensteuergesetzes im Kalenderjahr bis zur Höhe von insgesamt 4 Prozent der Beitragsbemessungsgrenze in der allgemeinen Rentenversicherung,
10. Leistungen eines Arbeitgebers oder einer Unterstützungskasse an einen Pensionsfonds zur Übernahme bestehender Versorgungsverpflichtungen oder Versorgungsanwartschaften durch den Pensionsfonds, soweit diese nach § 3 Nr. 66 des Einkommensteuergesetzes steuerfrei sind,
11. steuerlich nicht belastete Zuwendungen des Beschäftigten zugunsten von durch Naturkatastrophen im Inland Geschädigten aus Arbeitsentgelt einschließlich Wertguthaben,
12. Sanierungsgelder der Arbeitgeber zur Deckung eines finanziellen Fehlbetrages an die Einrichtungen, für die Satz 3 gilt.

²Die in Satz 1 Nr. 2 bis 4 genannten Einnahmen, Beiträge und Zuwendungen sind nicht dem Arbeitsentgelt zuzurechnen, soweit der Arbeitgeber die Lohnsteuer mit einem Pauschsteuersatz erheben kann und er die Lohnsteuer nicht nach den Vorschriften der §§ 39b, 39c oder 39d des Einkommensteuergesetzes erhebt.

³Die in Satz 1 Nr. 4 genannten Beiträge und Zuwendungen sind bis zur Höhe von 2,5 Prozent des für ihre Bemessung maßgebenden Entgelts dem Arbeitsentgelt zuzurechnen, wenn die Versorgungsregelung mindestens bis zum 31. Dezember 2000 vor der Anwendung etwaiger Nettobegrenzungsregelungen eine allgemein erreichbare Gesamtversorgung von mindestens 75 Prozent des gesamtversorgungsfähigen Entgelts und nach dem Eintritt des Versorgungsfalles eine Anpassung nach Maßgabe der Entwicklung der Arbeitsentgelte im Bereich der entsprechenden Versorgungsregelung oder gesetzlicher Versorgungsbezüge vorsieht; die dem Arbeitsentgelt zuzurechnenden Beiträge und Zuwendungen vermindern sich um monatlich 13,30 Euro.

(2) In der gesetzlichen Unfallversicherung und in der Seefahrt sind auch lohnsteuerfreie Zuschläge für Sonntags-, Feiertags- und Nachtarbeit dem Arbeitsentgelt zuzurechnen; dies gilt in der Unfallversicherung nicht für Erwerbseinkommen, das bei einer Hinterbliebenenrente zu berücksichtigen ist.

§ 2
Verpflegung, Unterkunft und Wohnung als Sachbezug

(1) ¹Der Wert der als Sachbezug zur Verfügung gestellten Verpflegung wird auf monatlich 205,00 Euro festgesetzt. ²Dieser Wert setzt sich zusammen aus dem Wert für
1. Frühstück von 45,00 Euro,
2. Mittagessen von 80,00 Euro und
3. Abendessen von 80,00 Euro.

(2) ¹Für Verpflegung, die nicht nur dem Beschäftigten, sondern auch seinen nicht bei demselben Arbeitgeber beschäftigten Familienangehörigen zur Verfügung gestellt wird, erhöhen sich die nach Absatz 1 anzusetzenden Werte je Familienangehörigem,
1. der das 18. Lebensjahr vollendet hat, um 100 Prozent,
2. der das 14., aber noch nicht das 18. Lebensjahr vollendet hat, um 80 Prozent,
3. der das 7., aber noch nicht das 14. Lebensjahr vollendet hat, um 40 Prozent und
4. der das 7. Lebensjahr noch nicht vollendet hat, um 30 Prozent.

²Bei der Berechnung des Wertes ist das Lebensalter des Familienangehörigen im ersten Entgeltabrechnungszeitraum des Kalenderjahres maßgebend. ³Sind Ehegatten bei demselben Arbeitgeber beschäftigt, sind die Erhöhungswerte nach Satz 1 für Verpflegung der Kinder beiden Ehegatten je zur Hälfte zuzurechnen.

(3) ¹Der Wert einer als Sachbezug zur Verfügung gestellten Unterkunft wird auf monatlich 198,00 Euro festgesetzt. ²Der Wert der Unterkunft nach Satz 1 vermindert sich
1. bei Aufnahme des Beschäftigten in den Haushalt des Arbeitgebers oder bei Unterbringung in einer Gemeinschaftsunterkunft um 15 Prozent,
2. für Jugendliche bis zur Vollendung des 18. Lebensjahres und Auszubildende um 15 Prozent und
3. bei der Belegung
   a) mit zwei Beschäftigten um 40 Prozent,
   b) mit drei Beschäftigten um 50 Prozent und
   c) mit mehr als drei Beschäftigten um 60 Prozent.

³Ist es nach Lage des einzelnen Falles unbillig, den Wert einer Unterkunft nach Satz 1 zu bestimmen, kann die Unterkunft mit dem ortsüblichen Mietpreis bewertet werden; Absatz 4 Satz 2 gilt entsprechend.

(4) ¹Für eine als Sachbezug zur Verfügung gestellte Wohnung ist als Wert der ortsübliche Mietpreis unter Berücksichtigung der sich aus der Lage der Wohnung zum Betrieb ergebenden Beeinträchtigungen anzusetzen. ²Ist im Einzelfall die Feststellung des ortsüblichen Mietpreises mit außergewöhnlichen Schwierigkeiten verbunden, kann die Wohnung mit 3,45 Euro je Quadratmeter monatlich, bei einfacher Ausstattung (ohne Sammelheizung oder ohne Bad oder Dusche) mit 2,80 Euro je Quadratmeter monatlich bewertet werden. ³Bestehen gesetzliche Mietpreisbeschränkungen, sind die durch diese Beschränkungen festgelegten Mietpreise als Werte anzusetzen. ⁴Dies gilt auch für die vertraglichen Mietpreisbeschränkungen im sozialen Wohnungsbau, die nach den jeweiligen Förderrichtlinien des Landes für den betreffenden Förderjahrgang sowie für die mit Wohnungsfürsorgemitteln aus öffentlichen Haushalten geförderten Wohnungen vorgesehen sind. ⁵Für Energie, Wasser und sonstige Nebenkosten ist der übliche Preis am Abgabeort anzusetzen.

(5) Werden Verpflegung, Unterkunft oder Wohnung verbilligt als Sachbezug zur Verfügung gestellt, ist der Unterschiedsbetrag zwischen dem vereinbarten Preis und dem Wert, der sich bei freiem Bezug nach den Absätzen 1 bis 4 ergeben würde, dem Arbeitsentgelt zuzurechnen.

(6) ¹Bei der Berechnung des Wertes für kürzere Zeiträume als einen Monat ist für jeden Tag ein Dreißigstel der Werte nach Absatz 1

---
*) Bei Redaktionsschluss noch nicht veröffentlicht.

bis 5 zugrunde zu legen. ²Die Prozentsätze der Absätze 2 und 3 sind auf den Tageswert nach Satz 1 anzuwenden. ³Die Berechnungen werden jeweils auf 2 Dezimalstellen durchgeführt; die zweite Dezimalstelle wird um 1 erhöht, wenn sich in der dritten Dezimalstelle eine der Zahlen 5 bis 9 ergibt.

§ 3
Sonstige Sachbezüge

(1) ¹Werden Sachbezüge, die nicht von § 2 erfasst werden, unentgeltlich zur Verfügung gestellt, ist als Wert für diese Sachbezüge der um übliche Preisnachlässe geminderte übliche Endpreis am Abgabeort anzusetzen. ²Sind auf Grund des § 8 Abs. 2 Satz 8 des Einkommensteuergesetzes Durchschnittswerte festgesetzt worden, sind diese Werte maßgebend. ³Findet § 8 Abs. 2 Satz 2, 3, 4 oder 5 oder Abs. 3 Satz 1 des Einkommensteuergesetzes Anwendung, sind die dort genannten Werte maßgebend. ⁴§ 8 Abs. 2 Satz 9 des Einkommensteuergesetzes gilt entsprechend.

(2) Werden Sachbezüge, die nicht von § 2 erfasst werden, verbilligt zur Verfügung gestellt, ist als Wert für diese Sachbezüge der Unterschiedsbetrag zwischen dem vereinbarten Preis und dem Wert, der sich bei freiem Bezug nach Absatz 1 ergeben würde, dem Arbeitsentgelt zuzurechnen.

(3) ¹Waren und Dienstleistungen, die vom Arbeitgeber nicht überwiegend für den Bedarf seiner Arbeitnehmer hergestellt, vertrieben oder erbracht werden und die nach § 40 Abs. 1 Satz 1 Nr. 1 des Einkommensteuergesetzes pauschal versteuert werden, können mit dem Durchschnittsbetrag der pauschal versteuerten Waren und Dienstleistungen angesetzt werden; dabei kann der Durchschnittsbetrag des Vorjahres angesetzt werden. ²Besteht das Beschäftigungsverhältnis nur während eines Teils des Kalenderjahres, ist für jeden Tag des Beschäftigungsverhältnisses der dreihundertsechzigste Teil des Durchschnittswertes nach Satz 1 abzusetzen. ³Satz 1 gilt nur, wenn der Arbeitgeber den von dem Beschäftigten zu tragenden Teil des Gesamtsozialversicherungsbeitrags übernimmt. ⁴Die Sätze 1 bis 3 gelten entsprechend für Sachzuwendungen im Wert von nicht mehr als 80,00 Euro, die der Arbeitnehmer für Verbesserungsvorschläge sowie für Leistungen in der Unfallverhütung und im Arbeitsschutz erhält. ⁵Die mit einem Durchschnittswert angesetzten Sachbezüge, die in einem Kalenderjahr gewährt werden, sind insgesamt dem letzten Entgeltabrechnungszeitraum in diesem Kalenderjahr zuzuordnen.

§ 4
Übergangsregelungen

(1) In dem in Artikel 3 des Einigungsvertrages bezeichneten Gebiet sind im Jahr 2007 abweichend von § 2 Abs. 3 der Wert der Unterkunft und abweichend von § 2 Abs. 4 der Quadratmeterpreis um jeweils 3 Prozent zu vermindern.

(2) Sind in Zuwendungen nach § 1 Abs. 1 Satz 1 Nr. 9 Beträge aus einer Entgeltumwandlung (§ 1 Abs. 2 des Betriebsrentengesetzes) enthalten, besteht für diese Beträge Beitragsfreiheit bis zum 31. Dezember 2008.

Artikel 2
– weggefallen –

Artikel 3
Weiter Änderung der Sozialversicherungsentgeltverordnung

Die Sozialversicherungsentgeltverordnung vom ... 12. 2006 (BGBl. I S. ....)*), zuletzt geändert durch Artikel 2 dieser Verordnung, wird wie folgt geändert:

1. § 1 Abs. 1 Nr. 4 wird wie folgt gefasst:

    „4. Beiträge und Zuwendungen nach § 40 b des Einkommensteuergesetzes, die zusätzlich zu Löhnen und Gehältern gewährt werden und nicht aus einer Entgeltumwandlung (§ 1 Abs. 2 des Betriebsrentengesetzes) stammen."

2. § 4 wird aufgehoben.

Artikel 4
Änderung anderer Verordnungen

(1) In § 3 Abs. 3 Satz 1 und 3 der Trennungsgeldverordnung in der Fassung der Bekanntmachung vom 29. Juni 1999 (BGBl. I S. 1533), die zuletzt durch Artikel 13 des Gesetzes vom 26. Mai 2005 (BGBl. I S. 1418) geändert worden ist, wird jeweils das Wort „Sachbezugsverordnung" durch das Wort „Sozialversicherungsentgeltverordnung" ersetzt.

(2) § 3 Abs. 1 der Ausgleichrentenverordnung in der Fassung der Bekanntmachung vom 1. Juli 1975 (BGBl. I S. 1769), die zuletzt durch Artikel 20 des Gesetzes vom 24. April 2006 (BGBl. I S. 926) geändert worden ist, wird wie folgt geändert:

1. In Satz 1 und 3 wird jeweils das Wort „Sachbezugsverordnung" durch das Wort „Sozialversicherungsentgeltverordnung" ersetzt.

2. In Satz 2 wird die Angabe „§ 3 der Sachbezugsverordnung" durch die Angabe „§ 2 Abs. 3 der Sozialversicherungsentgeltverordnung" und die Angabe „§ 4 der Sachbezugsverordnung" durch die Angabe „§ 2 Abs. 4 der Sozialversicherungsentgeltverordnung" ersetzt.

3. In Satz 5 wird die Angabe „§ 6 Abs. 3 der Sachbezugsverordnung" durch die Angabe „§ 3 Abs. 3 der Sozialversicherungsentgeltverordnung" ersetzt.

(3) In § 2 Abs. 4 der Arbeitslosengeld II/Sozialgeld-Verordnung vom 20. Oktober 2004 (BGBl. I S. 2622), die zuletzt durch Artikel 1 der Verordnung vom 22. August 2005 (BGBl. I S. 2499) geändert worden ist, wird jeweils das Wort „Sachbezugsverordnung" durch das Wort „Sozialversicherungsentgeltverordnung" ersetzt.

Artikel 5
Inkrafttreten, Außerkrafttreten

(1) Diese Verordnung tritt am 1. Januar 2007 in Kraft, soweit in den folgenden Absätzen nichts Abweichendes bestimmt ist. Gleichzeitig treten die Arbeitsentgeltverordnung in der Fassung der Bekanntmachung vom 18. Dezember 1984 (BGBl. I S. 1642, 1644), zuletzt geändert durch Artikel 9 des Gesetzes vom 29. Juni 2006 (BGBl. I S. 1402), und die Sachbezugsverordnung vom 19. Dezember 1984 (BGBl. I S. 3849), zuletzt geändert durch Artikel 1 der Verordnung vom 16. Dezember 2005 (BGBl. I S. 3493), außer Kraft.

(2) *– weggefallen –*

(3) Artikel 3 tritt am 1. Januar 2009 in Kraft.

---

*) Bei Redaktionsschluss noch nicht veröffentlicht.

Anhang 3
Solidaritätszuschlaggesetz 1995
(SolzG 1995)

i. d. F. der Bek. vom 15. 10. 2002 (BGBl. I S. 4130),
zuletzt geändert durch Artikel 14 des Jahressteuergesetzes 2007
vom 13. 12. 2006 (BGBl. I S. 2878)

§ 1
Erhebung eines Solidaritätszuschlags

(1) Zur Einkommensteuer und zur Körperschaftsteuer wird ein Solidaritätszuschlag als Ergänzungsabgabe erhoben.

(2) Auf die Festsetzung und Erhebung des Solidaritätszuschlags sind die Vorschriften des Einkommensteuergesetzes und des Körperschaftsteuergesetzes entsprechend anzuwenden.

(3) Ist die Einkommen- oder Körperschaftsteuer für Einkünfte, die dem Steuerabzug unterliegen, durch den Steuerabzug abgegolten oder werden solche Einkünfte bei der Veranlagung zur Einkommen- oder Körperschaftsteuer oder beim Lohnsteuer-Jahresausgleich nicht erfasst, gilt dies für den Solidaritätszuschlag entsprechend.

(4) Die Vorauszahlungen auf den Solidaritätszuschlag sind gleichzeitig mit den festgesetzten Vorauszahlungen auf die Einkommensteuer oder Körperschaftsteuer zu entrichten; § 37 Abs. 5 des Einkommensteuergesetzes ist nicht anzuwenden. Solange ein Bescheid über die Vorauszahlungen auf den Solidaritätszuschlag nicht erteilt worden ist, sind die Vorauszahlungen ohne besondere Aufforderung nach Maßgabe der für den Solidaritätszuschlag geltenden Vorschriften zu entrichten. § 240 Abs. 1 Satz 3 der Abgabenordnung ist insoweit nicht anzuwenden; § 254 Abs. 2 der Abgabenordnung gilt insoweit sinngemäß.

(5) Mit einem Rechtsbehelf gegen den Solidaritätszuschlag kann weder die Bemessungsgrundlage noch die Höhe des zu versteuernden Einkommens angegriffen werden. Wird die Bemessungsgrundlage geändert, ändert sich der Solidaritätszuschlag entsprechend.

§ 2
Abgabepflicht

Abgabepflichtig sind

1. natürliche Personen, die nach § 1 des Einkommensteuergesetzes einkommensteuerpflichtig sind,
2. natürliche Personen, die nach § 2 Außensteuergesetz erweitert beschränkt steuerpflichtig sind,
3. Körperschaften, Personenvereinigungen und Vermögensmassen, die nach § 1 oder § 2 des Körperschaftsteuergesetzes körperschaftsteuerpflichtig sind.

§ 3
Bemessungsgrundlage und zeitliche Anwendung

(1) Der Solidaritätszuschlag bemisst sich vorbehaltlich der Absätze 2 bis 5,

1. soweit eine Veranlagung zur Einkommensteuer oder Körperschaftsteuer vorzunehmen ist:

    nach der nach Absatz 2 berechneten Einkommensteuer oder der festgesetzten Körperschaftsteuer für Veranlagungszeiträume ab 1998, vermindert um die anzurechnende oder vergütete Körperschaftsteuer, wenn ein positiver Betrag verbleibt;

2. soweit Vorauszahlungen zur Einkommensteuer oder Körperschaftsteuer zu leisten sind:

    nach den Vorauszahlungen auf die Steuer für Veranlagungszeiträume ab 2002;

3. soweit Lohnsteuer zu erheben ist:

    nach der nach Absatz 2a berechneten Lohnsteuer für

    a) laufenden Arbeitslohn, der für einen nach dem 31. Dezember 1997 endenden Lohnzahlungszeitraum gezahlt wird,
    b) sonstige Bezüge, die nach dem 31. Dezember 1997 zufließen;

4. soweit ein Lohnsteuer-Jahresausgleich durchzuführen ist, nach der nach Absatz 2a sich ergebenden Jahreslohnsteuer für Ausgleichsjahre ab 1998;
5. soweit Kapitalertragsteuer oder Zinsabschlag zu erheben ist: außer in den Fällen des § 43b des Einkommensteuergesetzes:

    nach der ab 1. Januar 1998 zu erhebenden Kapitalertragsteuer oder dem ab diesem Zeitpunkt zu erhebenden Zinsabschlag;

6. soweit bei beschränkt Steuerpflichtigen ein Steuerabzugsbetrag nach § 50a des Einkommensteuergesetzes zu erheben ist:

    nach dem ab 1. Januar 1998 zu erhebenden Steuerabzugsbetrag.

(2) Bei der Veranlagung zur Einkommensteuer ist Bemessungsgrundlage für den Solidaritätszuschlag die Einkommensteuer, die abweichend von § 2 Abs. 6 des Einkommensteuergesetzes unter Berücksichtigung von Freibeträgen nach § 32 Abs. 6 des Einkommensteuergesetzes in allen Fällen des § 32 des Einkommensteuergesetzes festzusetzen wäre.

(2a) Vorbehaltlich des § 40a Abs. 2 des Einkommensteuergesetzes in der Fassung des Gesetzes vom 23. Dezember 2002 (BGBl. I S. 4621) ist beim Steuerabzug vom Arbeitslohn Bemessungsgrundlage die Lohnsteuer; beim Steuerabzug vom laufenden Arbeitslohn und beim Jahresausgleich ist die Lohnsteuer maßgebend, die sich ergibt, wenn der nach § 39b Abs. 2 Satz 6 des Einkommensteuergesetzes zu versteuernde Jahresbetrag für die Steuerklassen I, II und III im Sinne des § 38b des Einkommensteuergesetzes um den Kinderfreibetrag von 3648 Euro sowie den Freibetrag für den Betreuungs- und Erziehungs- oder Ausbildungsbedarf von 2160 Euro und für die Steuerklasse IV im Sinne des § 38b des Einkommensteuergesetzes um den Kinderfreibetrag von 1824 Euro sowie den Freibetrag für den Betreuungs- und Erziehungs- oder Ausbildungsbedarf von 1080 Euro für jedes Kind vermindert wird, für das eine Kürzung der Freibeträge für Kinder nach § 32 Abs. 6 Satz 4 des Einkommensteuergesetzes nicht in Betracht kommt. Bei der Anwendung des § 39b des Einkommensteuergesetzes für die Ermittlung des Solidaritätszuschlags ist die auf der Lohnsteuerkarte eingetragene Zahl der Kinderfreibeträge maßgebend.

(3) Der Solidaritätszuschlag ist von einkommensteuerpflichtigen Personen nur zu erheben, wenn die Bemessungsgrundlage nach Absatz 1 Nr. 1 und 2

1. in den Fällen des § 32a Abs. 5 oder 6 des Einkommensteuergesetzes 1944 Euro,
2. in anderen Fällen 972 Euro

übersteigt.

(4) Beim Abzug vom laufenden Arbeitslohn ist der Solidaritätszuschlag nur zu erheben, wenn die Bemessungsgrundlage im jeweiligen Lohnzahlungszeitraum

1. bei monatlicher Lohnzahlung
    a) in der Steuerklasse III mehr als 162 Euro und
    b) in den Steuerklassen I, II, IV bis VI mehr als 81 Euro,
2. bei wöchentlicher Lohnzahlung
    a) in der Steuerklasse III mehr als 37,80 Euro und
    b) in den Steuerklassen I, II, IV bis VI mehr als 18,90 Euro,
3. bei täglicher Lohnzahlung
    a) in der Steuerklasse III mehr als 5,40 Euro und
    b) in den Steuerklassen I, II, IV bis VI mehr als 2,70 Euro

beträgt. § 39b Abs. 4 des Einkommensteuergesetzes ist sinngemäß anzuwenden.

(5) Beim Lohnsteuer-Jahresausgleich ist der Solidaritätszuschlag nur zu ermitteln, wenn die Bemessungsgrundlage in Steuerklasse III mehr als 1944 Euro und in den Steuerklassen I, II oder IV mehr als 972 Euro beträgt.

§ 4
Zuschlagsatz

Der Solidaritätszuschlag beträgt 5,5 % der Bemessungsgrundlage. Er beträgt nicht mehr als 20 % des Unterschiedsbetrags zwischen der Bemessungsgrundlage und der nach § 3 Abs. 3 bis 5 jeweils maßgebenden Freigrenze. Bruchteile eines Cents bleiben außer Ansatz.

Anhang 3 — Solidaritätszuschlaggesetz

§ 5
Doppelbesteuerungsabkommen

Werden auf Grund eines Abkommens zur Vermeidung der Doppelbesteuerung im Geltungsbereich dieses Gesetzes erhobene Steuern vom Einkommen ermäßigt, so ist diese Ermäßigung zuerst auf den Solidaritätszuschlag zu beziehen.

§ 6
Anwendungsvorschrift

(1) § 2 in der Fassung des Gesetzes vom 18. Dezember 1995 (BGBl. I S. 1959) ist ab dem Veranlagungszeitraum 1995 anzuwenden.

(2) Das Gesetz in der Fassung des Gesetzes vom 11. Oktober 1995 (BGBl. I S. 1250) ist erstmals für den Veranlagungszeitraum 1996 anzuwenden.

(3) Das Gesetz in der Fassung des Gesetzes vom 21. November 1997 (BGBl. I S. 2743) ist erstmals für den Veranlagungszeitraum 1998 anzuwenden.

(4) Das Gesetz in der Fassung des Gesetzes vom 23. Oktober 2000 (BGBl. I S. 1433) ist erstmals für den Veranlagungszeitraum 2001 anzuwenden.

(5) Das Gesetz in der Fassung des Gesetzes vom 21. Dezember 2000 (BGBl. I S. 1978) ist erstmals für den Veranlagungszeitraum 2001 anzuwenden.

(6) Das Solidaritätszuschlaggesetz 1995 in der Fassung des Artikels 6 des Gesetzes vom 19. Dezember 2000 (BGBl. I S. 1790) ist erstmals für den Veranlagungszeitraum 2002 anzuwenden.

(7) § 1 Abs. 2 a in der Fassung des Gesetzes zur Regelung der Bemessungsgrundlage für Zuschlagsteuern vom 21. Dezember 2000 (BGBl. I S. 1978, 1979) ist letztmals für den Veranlagungszeitraum 2001 anzuwenden.

(8) § 3 Abs. 2 a in der Fassung des Gesetzes zur Regelung der Bemessungsgrundlage für Zuschlagsteuern vom 21. Dezember 2000 (BGBl. I S. 1978, 1979) ist erstmals für den Veranlagungszeitraum 2002 anzuwenden.

Vermögensbildungsgesetz

Anhang 4
Fünftes Gesetz zur Förderung der Vermögensbildung der Arbeitnehmer (Fünftes Vermögensbildungsgesetz – 5. VermBG)

i. d. F. der Bek. vom 4.3.1994 (BGBl. I S. 406), zuletzt geändert durch Art. 17 G vom 14.8.2006 (BGBl. I S. 1911)

§ 1
Persönlicher Geltungsbereich

(1) Die Vermögensbildung der Arbeitnehmer durch vereinbarte vermögenswirksame Leistungen der Arbeitgeber wird nach den Vorschriften dieses Gesetzes gefördert.

(2) Arbeitnehmer im Sinne dieses Gesetzes sind Arbeiter und Angestellte einschließlich der zu ihrer Berufsausbildung Beschäftigten. Als Arbeitnehmer gelten auch die in Heimarbeit Beschäftigten.

(3) Die Vorschriften dieses Gesetzes gelten nicht

1. für vermögenswirksame Leistungen juristischer Personen an Mitglieder des Organs, das zur gesetzlichen Vertretung der juristischen Person berufen ist,
2. für vermögenswirksame Leistungen von Personengesamtheiten an die durch Gesetz, Satzung oder Gesellschaftsvertrag zur Vertretung der Personengesamtheit berufenen Personen.

(4) Für Beamte, Richter, Berufssoldaten und Soldaten auf Zeit gelten die nachstehenden Vorschriften dieses Gesetzes entsprechend.

§ 2
Vermögenswirksame Leistungen, Anlageformen

(1) Vermögenswirksame Leistungen sind Geldleistungen, die der Arbeitgeber für den Arbeitnehmer anlegt

1. als Sparbeiträge des Arbeitnehmers auf Grund eines Sparvertrags über Wertpapiere oder andere Vermögensbeteiligungen (§ 4)
   a) zum Erwerb von Aktien, die vom Arbeitgeber ausgegeben werden oder an einer deutschen Börse zum amtlichen Handel oder zum geregelten Markt zugelassen oder in den Freiverkehr einbezogen sind,
   b) zum Erwerb von Wandelschuldverschreibungen, die vom Arbeitgeber ausgegeben werden oder an einer deutschen Börse zum amtlichen Handel oder zum geregelten Markt zugelassen oder in den Freiverkehr einbezogen sind, sowie von Gewinnschuldverschreibungen, die vom Arbeitgeber ausgegeben werden, zum Erwerb von Namensschuldverschreibungen des Arbeitgebers jedoch nur dann, wenn auf dessen Kosten die Ansprüche des Arbeitnehmers aus der Schuldverschreibung durch ein Kreditinstitut verbürgt oder durch ein Versicherungsunternehmen privatrechtlich gesichert sind und das Kreditinstitut oder Versicherungsunternehmen im Geltungsbereich dieses Gesetzes zum Geschäftsbetrieb befugt ist,
   c) zum Erwerb von Anteilen an Sondervermögen nach den §§ 46 bis 65 und 83 bis 86 des Investmentgesetzes sowie von ausländischen Investmentanteilen, die nach dem Investmentgesetz öffentlich vertrieben werden dürfen, wenn nach dem Jahresbericht für das vorletzte Geschäftsjahr, das dem Kalenderjahr des Abschlusses des Vertrags im Sinne des § 4 oder § 5 vorausgeht, der Wert der Aktien in diesem Sondervermögen 60 vom Hundert des Werts dieses Sondervermögens nicht unterschreitet; für neu aufgelegte Sondervermögen ist für die erste und zweite Geschäftsjahr der erste Jahresbericht oder der erste Halbjahresbericht nach Auflegung des Sondervermögens maßgebend.
   d) – weggefallen –
   e) – weggefallen –
   f) zum Erwerb von Genussscheinen, die vom Arbeitgeber als Wertpapiere ausgegeben werden oder an einer deutschen Börse zum amtlichen Handel oder zum geregelten Markt zugelassen oder in den Freiverkehr einbezogen sind und von Unternehmen mit Sitz und Geschäftsleitung im Geltungsbereich dieses Gesetzes, die keine Kreditinstitute sind, ausgegeben werden, wenn mit den Genussscheinen das Recht am Gewinn eines Unternehmens verbunden ist und der Arbeitnehmer nicht als Mitunternehmer im Sinne des § 15 Abs. 1 Nr. 2 des Einkommensteuergesetzes anzusehen ist,
   g) zur Begründung oder zum Erwerb eines Geschäftsguthabens bei einer Genossenschaft mit Sitz und Geschäftsleitung im Geltungsbereich dieses Gesetzes; ist die Genossenschaft nicht der Arbeitgeber, so setzt die Anlage vermögenswirksamer Leistungen voraus, dass die Genossenschaft entweder ein Kreditinstitut oder eine Bau- oder Wohnungsgenossenschaft im Sinne des § 2 Abs. 1 Nr. 2 des Wohnungsbau-Prämiengesetzes ist, die zum Zeitpunkt der Begründung oder des Erwerbs des Geschäftsguthabens seit mindestens drei Jahren im Genossenschaftsregister ohne wesentliche Änderung ihres Unternehmensgegenstandes eingetragen und nicht aufgelöst ist oder Sitz und Geschäftsleitung in dem in Artikel 3 des Einigungsvertrages genannten Gebiet hat und dort entweder am 1. Juli 1990 als Arbeiterwohnungsbaugenossenschaft, Gemeinnützige Wohnungsbaugenossenschaft oder sonstige Wohnungsbaugenossenschaft bestanden oder einen nicht unwesentlichen Teil von Wohnungen aus dem Bestand einer solchen Bau- oder Wohnungsgenossenschaft erworben hat,
   h) zur Übernahme einer Stammeinlage oder zum Erwerb eines Geschäftsanteils an einer Gesellschaft mit beschränkter Haftung mit Sitz und Geschäftsleitung im Geltungsbereich dieses Gesetzes, wenn die Gesellschaft das Unternehmen des Arbeitgebers ist,
   i) zur Begründung oder zum Erwerb einer Beteiligung als stiller Gesellschafter im Sinne des § 230 des Handelsgesetzbuchs am Unternehmen des Arbeitgebers mit Sitz und Geschäftsleitung im Geltungsbereich dieses Gesetzes, wenn der Arbeitnehmer nicht als Mitunternehmer im Sinne des § 15 Abs. 1 Nr. 2 des Einkommensteuergesetzes anzusehen ist,
   k) zur Begründung oder zum Erwerb einer Darlehensforderung gegen den Arbeitgeber, wenn auf dessen Kosten die Ansprüche des Arbeitnehmers aus dem Darlehensvertrag durch ein Kreditinstitut verbürgt oder durch ein Versicherungsunternehmen privatrechtlich gesichert sind und das Kreditinstitut oder Versicherungsunternehmen im Geltungsbereich dieses Gesetzes zum Geschäftsbetrieb befugt ist,
   l) zur Begründung oder zum Erwerb eines Genussrechts am Unternehmen des Arbeitgebers mit Sitz und Geschäftsleitung im Geltungsbereich dieses Gesetzes, wenn damit das Recht am Gewinn dieses Unternehmens verbunden ist, der Arbeitnehmer nicht als Mitunternehmer im Sinne des § 15 Abs. 1 Nr. 2 des Einkommensteuergesetzes anzusehen ist und über das Genussrecht kein Genussschein im Sinne des Buchstaben f ausgegeben wird,
2. als Aufwendungen des Arbeitnehmers auf Grund eines Wertpapier-Kaufvertrags (§ 5),
3. als Aufwendungen des Arbeitnehmers auf Grund eines Beteiligungs-Vertrags (§ 6) oder eines Beteiligungs-Kaufvertrags (§ 7),
4. als Aufwendungen des Arbeitnehmers nach den Vorschriften des Wohnungsbau-Prämiengesetzes; die Voraussetzungen für die Gewährung einer Prämie nach dem Wohnungsbau-Prämiengesetz brauchen nicht vorzuliegen; die Anlage vermögenswirksamer Leistungen als Aufwendungen nach § 2 Abs. 1 Nr. 2 des Wohnungsbau-Prämiengesetzes für den ersten Erwerb von Anteilen an Bau- und Wohnungsgenossenschaften setzt voraus, dass die Voraussetzungen der Nummer 1 Buchstabe g zweiter Halbsatz erfüllt sind,
5. als Aufwendungen des Arbeitnehmers
   a) zum Bau, zum Erwerb, zum Ausbau oder zur Erweiterung eines im Inland belegenen Wohngebäudes oder einer im Inland belegenen Eigentumswohnung,
   b) zum Erwerb eines Dauerwohnrechts im Sinne des Wohnungseigentumsgesetzes an einer im Inland belegenen Wohnung,
   c) zum Erwerb eines im Inland belegenen Grundstücks zum Zwecke des Wohnungsbaus oder

d) zur Erfüllung von Verpflichtungen, die im Zusammenhang mit den in den Buchstaben a bis c bezeichneten Vorhaben eingegangen sind;

die Förderung der Aufwendungen nach den Buchstaben a bis c setzt voraus, dass sie unmittelbar für die dort bezeichneten Vorhaben verwendet werden,

6. als Sparbeiträge des Arbeitnehmers auf Grund eines Sparvertrags (§ 8),

7. als Beiträge des Arbeitnehmers auf Grund eines Kapitalversicherungsvertrags (§ 9),

8. als Aufwendungen des Arbeitnehmers, der nach § 18 Abs. 2 oder 3 die Mitgliedschaft in einer Genossenschaft oder Gesellschaft mit beschränkter Haftung gekündigt hat, zur Erfüllung von Verpflichtungen aus der Mitgliedschaft, die nach dem 31. Dezember 1994 fortbestehen oder entstehen.

(2) Aktien, Wandelschuldverschreibungen, Gewinnschuldverschreibungen oder Genussscheine eines Unternehmens, das im Sinne des § 18 Abs. 1 des Aktiengesetzes als herrschendes Unternehmen mit dem Unternehmen des Arbeitgebers verbunden ist, stehen Aktien, Wandelschuldverschreibungen, Gewinnschuldverschreibungen oder Genussscheinen im Sinne des Absatzes 1 Nr. 1 Buchstabe a, b oder f gleich, die vom Arbeitgeber ausgegeben werden. Ein Geschäftsguthaben bei einer Genossenschaft mit Sitz und Geschäftsleitung im Geltungsbereich dieses Gesetzes, die im Sinne des § 18 Abs. 1 des Aktiengesetzes als herrschendes Unternehmen mit dem Unternehmen des Arbeitgebers verbunden ist, steht einem Geschäftsguthaben im Sinne des Absatzes 1 Nr. 1 Buchstabe g bei einer Genossenschaft, die das Unternehmen des Arbeitgebers ist, gleich. Eine Stammeinlage oder ein Geschäftsanteil an einer Gesellschaft mit beschränkter Haftung mit Sitz und Geschäftsleitung im Geltungsbereich dieses Gesetzes, die im Sinne des § 18 Abs. 1 des Aktiengesetzes als herrschendes Unternehmen mit dem Unternehmen des Arbeitgebers verbunden ist, stehen einer Stammeinlage oder einem Geschäftsanteil im Sinne des Absatzes 1 Nr. 1 Buchstabe h an einer Gesellschaft, die das Unternehmen des Arbeitgebers ist, gleich. Eine Beteiligung als stiller Gesellschafter an einem Unternehmen mit Sitz und Geschäftsleitung im Geltungsbereich dieses Gesetzes, das im Sinne des § 18 Abs. 1 des Aktiengesetzes als herrschendes Unternehmen mit dem Unternehmen des Arbeitgebers verbunden ist oder das auf Grund eines Vertrages mit dem Arbeitgeber an dessen Unternehmen gesellschaftsrechtlich beteiligt ist, steht einer Beteiligung als stiller Gesellschafter im Sinne des Absatzes 1 Nr. 1 Buchstabe i gleich. Eine Darlehensforderung gegen ein Unternehmen mit Sitz und Geschäftsleitung im Geltungsbereich dieses Gesetzes, das im Sinne des § 18 Abs. 1 des Aktiengesetzes als herrschendes Unternehmen mit dem Unternehmen des Arbeitgebers verbunden ist, oder ein Genussrecht an einem solchen Unternehmen stehen einer Darlehensforderung oder einem Genussrecht im Sinne des Absatzes 1 Nr. 1 Buchstabe k oder l gleich.

(3) Die Anlage vermögenswirksamer Leistungen in Gewinnschuldverschreibungen im Sinne des Absatzes 1 Nr. 1 Buchstabe b und des Absatzes 2 Satz 1, in denen neben der gewinnabhängigen Verzinsung eine gewinnunabhängige Mindestverzinsung zugesagt ist, setzt voraus, dass

1. der Aussteller in der Gewinnschuldverschreibung erklärt, die gewinnunabhängige Mindestverzinsung werde im Regelfall die Hälfte der Gesamtverzinsung nicht überschreiten, oder

2. die gewinnunabhängige Mindestverzinsung zum Zeitpunkt der Ausgabe der Gewinnschuldverschreibung die Hälfte der Emissionsrendite festverzinslicher Wertpapiere nicht überschreitet, die in den Monatsberichten der Deutschen Bundesbank für den viertletzten Kalendermonat ausgewiesen wird, der dem Kalendermonat der Ausgabe vorausgeht.

(4) Die Anlage vermögenswirksamer Leistungen in Genussscheinen und Genussrechten im Sinne des Absatzes 1 Nr. 1 Buchstaben f und l und des Absatzes 2 Satz 1 und 5 setzt voraus, dass eine Rückzahlung zum Nennwert nicht zugesagt ist; ist neben dem Recht am Gewinn eine gewinnunabhängige Mindestverzinsung zugesagt, gilt Absatz 3 entsprechend.

(5) Der Anlage vermögenswirksamer Leistungen nach Absatz 1 Nr. 1 Buchstaben f, i bis l, Absatz 2 Satz 1, 4 und 5 sowie Absatz 4 in einer Genossenschaft mit Sitz und Geschäftsleitung im Geltungsbereich dieses Gesetzes stehen § 19 und eine Festsetzung durch Statut gemäß § 20 des Genossenschaftsgesetzes nicht entgegen.

(5a) Der Arbeitgeber hat vor der Anlage vermögenswirksamer Leistungen im eigenen Unternehmen in Zusammenarbeit mit dem Arbeitnehmer Vorkehrungen zu treffen, die der Absicherung der angelegten vermögenswirksamen Leistungen bei einer während der Dauer der Sperrfrist eintretenden Zahlungsunfähigkeit des Arbeitgebers dienen. Das Bundesministerium für Arbeit und Sozialordnung berichtet den gesetzgebenden Körperschaften bis zum 30. Juni 2002 über die nach Satz 1 getroffenen Vorkehrungen.

(6) Vermögenswirksame Leistungen sind steuerpflichtige Einnahmen im Sinn des Einkommensteuergesetzes und Einkommen, Verdienst oder Entgelt (Arbeitsentgelt) im Sinne der Sozialversicherung und des Dritten Buches Sozialgesetzbuch. Reicht der nach Abzug der vermögenswirksamen Leistung verbleibende Arbeitslohn zur Deckung der einzubehaltenden Steuern, Sozialversicherungsbeiträge und Beiträge zur Bundesagentur für Arbeit nicht aus, so hat der Arbeitnehmer dem Arbeitgeber den zur Deckung erforderlichen Betrag zu zahlen.

(7) Vermögenswirksame Leistungen sind arbeitsrechtlich Bestandteil des Lohns oder Gehalts. Der Anspruch auf die vermögenswirksame Leistung ist nicht übertragbar.

§ 3
Vermögenswirksame Leistungen für Angehörige, Überweisung durch den Arbeitgeber, Kennzeichnungs-, Bestätigungs- und Mitteilungspflichten

(1) Vermögenswirksame Leistungen können auch angelegt werden

1. zugunsten des Ehegatten des Arbeitnehmers (§ 26 Abs. 1 des Einkommensteuergesetzes),

2. zugunsten der in § 32 Abs. 1 des Einkommensteuergesetzes bezeichneten Kinder, die zu Beginn des maßgebenden Kalenderjahres das 17. Lebensjahr noch nicht vollendet hatten oder die in diesem Kalenderjahr lebend geboren wurden oder

3. zugunsten der Eltern oder eines Elternteils des Arbeitnehmers, wenn der Arbeitnehmer als Kind die Voraussetzungen der Nummer 2 erfüllt.

Dies gilt nicht für die Anlage vermögenswirksamer Leistungen auf Grund von Verträgen nach den §§ 5 bis 7.

(2) Der Arbeitgeber hat die vermögenswirksamen Leistungen für den Arbeitnehmer unmittelbar an das Unternehmen oder Institut zu überweisen, bei dem sie angelegt werden sollen. Er hat dabei gegenüber dem Unternehmen oder Institut die vermögenswirksamen Leistungen zu kennzeichnen. Das Unternehmen oder Institut hat die nach § 2 Abs. 1 Nr. 1 bis 5, Abs. 2 bis 4 angelegten vermögenswirksamen Leistungen und die Art ihrer Anlage zu kennzeichnen. Kann eine vermögenswirksame Leistung nicht oder nicht mehr die Voraussetzungen des § 2 Abs. 1 bis 4 erfüllen, so hat das Unternehmen oder Institut dies dem Arbeitgeber unverzüglich schriftlich mitzuteilen. Die Sätze 1 bis 4 gelten nicht für die Anlage vermögenswirksamer Leistungen auf Grund von Verträgen nach den §§ 5, 6 Abs. 1 und § 7 Abs. 1 mit dem Arbeitgeber.

(3) Für eine vom Arbeitnehmer gewählte Anlage nach § 2 Abs. 1 Nr. 5 hat der Arbeitgeber auf Verlangen des Arbeitnehmers die vermögenswirksamen Leistungen an den Arbeitnehmer zu überweisen, wenn dieser dem Arbeitgeber eine schriftliche Bestätigung seines Gläubigers vorgelegt hat, dass die Anlage bei ihm die Voraussetzungen des § 2 Abs. 1 Nr. 5 erfüllt; Absatz 2 gilt in diesem Falle nicht. Der Arbeitgeber hat die Richtigkeit der Bestätigung nicht zu prüfen.

§ 4
Sparvertrag über Wertpapiere oder andere Vermögensbeteiligungen

(1) Ein Sparvertrag über Wertpapiere oder andere Vermögensbeteiligungen im Sinne des § 2 Abs. 1 Nr. 1 ist ein Sparvertrag mit einem Kreditinstitut, in dem sich der Arbeitnehmer verpflichtet, als Sparbeiträge zum Erwerb von Wertpapieren im Sinne des § 2 Nr. 1 Buchstaben a bis f, Abs. 2 Satz 1, Abs. 3 und 4 oder zur Begründung oder zum Erwerb von Rechten im Sinne des § 2 Abs. 1

Vermögensbildungsgesetz

Nr. 1 Buchstaben g bis l, Abs. 2 Satz 2 bis 5 und Abs. 4 einmalig oder für die Dauer von sechs Jahren seit Vertragsabschluss laufend vermögenswirksame Leistungen einzahlen zu lassen oder andere Beträge einzuzahlen.

(2) Die Förderung der auf Grund eines Vertrags nach Absatz 1 angelegten vermögenswirksamen Leistungen setzt voraus, dass

1. die Leistungen eines Kalenderjahrs, vorbehaltlich des Absatzes 3, spätestens bis zum Ablauf des folgenden Kalenderjahrs zum Erwerb der Wertpapiere oder zur Begründung oder zum Erwerb der Rechte verwendet und bis zur Verwendung festgelegt werden und

2. die mit den Leistungen erworbenen Wertpapiere unverzüglich nach ihrem Erwerb bis zum Ablauf einer Frist von sieben Jahren (Sperrfrist) festgelegt werden und über die Wertpapiere oder die mit den Leistungen begründeten oder erworbenen Rechte bis zum Ablauf der Sperrfrist nicht durch Rückzahlung, Abtretung, Beleihung oder in anderer Weise verfügt wird.

Die Sperrfrist gilt für alle auf Grund des Vertrages angelegten vermögenswirksamen Leistungen und beginnt am 1. Januar des Kalenderjahres, in dem der Vertrag abgeschlossen worden ist. Als Zeitpunkt des Vertragsabschlusses gilt der Tag, an dem die vermögenswirksame Leistung, bei Verträgen über laufende Einzahlungen die erste vermögenswirksame Leistung, beim Kreditinstitut eingeht.

(3) Vermögenswirksame Leistungen, die nicht bis zum Ablauf der Frist nach Absatz 2 Nr. 1 verwendet worden sind, gelten als rechtzeitig verwendet, wenn sie am Ende eines Kalenderjahrs insgesamt 150 Euro nicht übersteigen und bis zum Ablauf der Sperrfrist nach Absatz 2 verwendet oder festgelegt werden.

(4) Eine vorzeitige Verfügung ist abweichend von Absatz 2 unschädlich, wenn

1. der Arbeitnehmer oder sein von ihm nicht dauernd getrennt lebender Ehegatte (§ 26 Abs. 1 Satz 1 des Einkommensteuergesetzes) nach Vertragsabschluss gestorben oder völlig erwerbsunfähig geworden ist,

2. der Arbeitnehmer nach Vertragsabschluss, aber vor der vorzeitigen Verfügung geheiratet hat und im Zeitpunkt der vorzeitigen Verfügung mindestens zwei Jahre seit Beginn der Sperrfrist vergangen sind,

3. der Arbeitnehmer nach Vertragsabschluss arbeitslos geworden ist und die Arbeitslosigkeit mindestens ein Jahr lang ununterbrochen bestanden hat und im Zeitpunkt der vorzeitigen Verfügung noch besteht,

4. – weggefallen –

5. der Arbeitnehmer nach Vertragsabschluss unter Aufgabe der nichtselbständigen Arbeit eine Erwerbstätigkeit, die nach § 138 Abs. 1 der Abgabenordnung der Gemeinde mitzuteilen ist, aufgenommen hat oder

6. festgelegte Wertpapiere veräußert werden und der Erlös bis zum Ablauf des Kalendermonats, der dem Kalendermonat der Veräußerung folgt, zum Erwerb von in Absatz 1 bezeichneten Wertpapieren wieder verwendet wird; der bis zum Ablauf des der Veräußerung folgenden Kalendermonats nicht wieder verwendete Erlös gilt als rechtzeitig wieder verwendet, wenn er am Ende eines Kalendermonats insgesamt 150 Euro nicht übersteigt.

(5) Unschädlich ist auch, wenn in die Rechte und Pflichten des Kreditinstituts aus dem Sparvertrag an seine Stelle ein anderes Kreditinstitut während der Laufzeit des Vertrags durch Rechtsgeschäft eintritt.

(6) Werden auf einen Vertrag über laufend einzuzahlende vermögenswirksame Leistungen oder andere Beträge in einem Kalenderjahr, das dem Kalenderjahr des Vertragsabschlusses folgt, weder vermögenswirksame Leistungen noch andere Beträge eingezahlt, so ist der Vertrag unterbrochen und kann nicht fortgeführt werden. Das Gleiche gilt, wenn mindestens alle Einzahlungen eines Kalenderjahrs zurückgezahlt oder die Rückzahlungsansprüche aus dem Vertrag abgetreten oder beliehen werden.

§ 5
Wertpapier-Kaufvertrag

(1) Ein Wertpapier-Kaufvertrag im Sinne des § 2 Abs. 1 Nr. 2 ist ein Kaufvertrag zwischen dem Arbeitnehmer und dem Arbeitgeber zum Erwerb von Wertpapieren im Sinne des § 2 Abs. 1 Nr. 1 Buchstaben a bis f, Abs. 2 Satz 1, Abs. 3 und 4 durch den Arbeitnehmer mit der Vereinbarung, den vom Arbeitnehmer geschuldeten Kaufpreis mit vermögenswirksamen Leistungen zu verrechnen oder mit anderen Beträgen zu zahlen.

(2) Die Förderung der auf Grund eines Vertrags nach Absatz 1 angelegten vermögenswirksamen Leistungen setzt voraus, dass

1. mit den Leistungen eines Kalenderjahrs spätestens bis zum Ablauf des folgenden Kalenderjahrs die Wertpapiere erworben werden und

2. die mit den Leistungen erworbenen Wertpapiere unverzüglich nach ihrem Erwerb bis zum Ablauf einer Frist von sechs Jahren (Sperrfrist) festgelegt werden und über die Wertpapiere bis zum Ablauf der Sperrfrist nicht durch Rückzahlung, Abtretung, Beleihung oder in anderer Weise verfügt wird; die Sperrfrist beginnt am 1. Januar des Kalenderjahrs, in dem das Wertpapier erworben worden ist; § 4 Abs. 4 Nr. 1 bis 5 gilt entsprechend.

§ 6
Beteiligungs-Vertrag

(1) Ein Beteiligungs-Vertrag im Sinne des § 2 Abs. 1 Nr. 3 ist ein Vertrag zwischen dem Arbeitnehmer und dem Arbeitgeber über die Begründung von Rechten im Sinne des § 2 Abs. 1 Nr. 1 Buchstaben g bis l und Abs. 4 für den Arbeitnehmer am Unternehmen des Arbeitgebers mit der Vereinbarung, die vom Arbeitnehmer für die Begründung geschuldete Geldsumme mit vermögenswirksamen Leistungen zu verrechnen oder mit anderen Beträgen zu zahlen.

(2) Ein Beteiligungs-Vertrag im Sinne des § 2 Abs. 1 Nr. 3 ist auch ein Vertrag zwischen dem Arbeitnehmer und

1. einem Unternehmen, das nach § 2 Abs. 2 Satz 2 bis 5 mit dem Unternehmen des Arbeitgebers verbunden oder nach § 2 Abs. 2 Satz 4 an diesem Unternehmen beteiligt ist, über die Begründung von Rechten im Sinne des § 2 Abs. 1 Nr. 1 Buchstabe g bis l, Abs. 2 Satz 2 bis 5 und Abs. 4 für den Arbeitnehmer an diesem Unternehmen oder

2. einer Genossenschaft mit Sitz und Geschäftsleitung im Geltungsbereich dieses Gesetzes, die ein Kreditinstitut oder eine Bau- oder Wohnungsgenossenschaft ist, die die Voraussetzungen des § 2 Abs. 1 Nr. 1 Buchstabe g zweiter Halbsatz erfüllt, über die Begründung eines Geschäftsguthabens für den Arbeitnehmer bei dieser Genossenschaft

mit der Vereinbarung, die vom Arbeitnehmer für die Begründung der Rechte oder des Geschäftsguthabens geschuldete Geldsumme mit vermögenswirksamen Leistungen zahlen zu lassen oder mit anderen Beträgen zu zahlen.

(3) Die Förderung der auf Grund eines Vertrags nach Absatz 1 oder 2 angelegten vermögenswirksamen Leistungen setzt voraus, dass

1. mit den Leistungen eines Kalenderjahrs spätestens bis zum Ablauf des folgenden Kalenderjahrs die Rechte begründet werden und

2. über die mit den Leistungen begründeten Rechte bis zum Ablauf einer Frist von sechs Jahren (Sperrfrist) nicht durch Rückzahlung, Abtretung, Beleihung oder in anderer Weise verfügt wird; die Sperrfrist beginnt am 1. Januar des Kalenderjahrs, in dem das Recht begründet worden ist; § 4 Abs. 4 Nr. 1 bis 5 gilt entsprechend.

§ 7
Beteiligungs-Kaufvertrag

(1) Ein Beteiligungs-Kaufvertrag im Sinne des § 2 Abs. 1 Nr. 3 ist ein Kaufvertrag zwischen dem Arbeitnehmer und dem Arbeitgeber zum Erwerb von Rechten im Sinne des § 2 Abs. 1 Nr. 1 Buchstaben g bis l, Abs. 2 Satz 2 bis 5 und Abs. 4 durch den Arbeitnehmer mit der Vereinbarung, den vom Arbeitnehmer geschuldeten Kaufpreis mit vermögenswirksamen Leistungen zu verrechnen oder mit anderen Beträgen zu zahlen.

(2) Ein Beteiligungs-Kaufvertrag im Sinne des § 2 Abs. 1 Nr. 3 ist auch ein Kaufvertrag zwischen dem Arbeitnehmer und einer Gesellschaft mit beschränkter Haftung, die nach § 2 Abs. 2 Satz 3 mit dem Unternehmen des Arbeitgebers verbunden ist, zum Erwerb eines Geschäftsanteils im Sinne des § 2 Abs. 1 Nr. 1 Buchstabe h an dieser Gesellschaft durch den Arbeitnehmer mit der Vereinbarung, den vom Arbeitnehmer geschuldeten Kaufpreis mit vermögenswirksamen Leistungen zahlen zu lassen oder mit anderen Beträgen zu zahlen.

(3) Für die Förderung der auf Grund eines Vertrags nach Absatz 1 oder 2 angelegten vermögenswirksamen Leistungen gilt § 6 Abs. 3 entsprechend.

§ 8
Sparvertrag

(1) Ein Sparvertrag im Sinne des § 2 Abs. 1 Nr. 6 ist ein Sparvertrag zwischen dem Arbeitnehmer und einem Kreditinstitut, in dem die in den Absätzen 2 bis 5 bezeichneten Vereinbarungen, mindestens aber die in den Absätzen 2 und 3 bezeichneten Vereinbarungen, getroffen sind.

(2) Der Arbeitnehmer ist verpflichtet,

1. einmalig oder für die Dauer von sechs Jahren seit Vertragsabschluss laufend, mindestens aber einmal im Kalenderjahr, als Sparbeiträge vermögenswirksame Leistungen einzahlen zu lassen oder andere Beträge einzuzahlen und

2. bis zum Ablauf einer Frist von sieben Jahren (Sperrfrist) die eingezahlten vermögenswirksamen Leistungen bei dem Kreditinstitut festzulegen und die Rückzahlungsansprüche aus dem Vertrag weder abzutreten noch zu beleihen.

Der Zeitpunkt des Vertragsabschlusses und der Beginn der Sperrfrist bestimmen sich nach den Regelungen des § 4 Abs. 2 Satz 2 und 3.

(3) Der Arbeitnehmer ist abweichend von der in Absatz 2 Satz 1 Nr. 2 bezeichneten Vereinbarung zu vorzeitiger Verfügung berechtigt, wenn eine der in § 4 Abs. 4 Nr. 1 bis 5 bezeichneten Voraussetzungen erfüllt ist.

(4) Der Arbeitnehmer ist abweichend von der in Absatz 2 Satz 1 Nr. 2 bezeichneten Vereinbarung auch berechtigt, vor Ablauf der Sperrfrist mit eingezahlten vermögenswirksamen Leistungen zu erwerben

1. Wertpapiere im Sinne des § 2 Abs. 1 Nr. 1 Buchstabe a bis f, Abs. 2 Satz 1, Abs. 3 und 4,

2. Schuldverschreibungen, die vom Bund, von den Ländern, von den Gemeinden, von anderen Körperschaften des öffentlichen Rechts, vom Arbeitgeber, von einem im Sinne des § 18 Abs. 1 des Aktiengesetzes als herrschendes Unternehmen mit dem Unternehmen des Arbeitgebers verbundenen Unternehmen oder von einem Kreditinstitut mit Sitz und Geschäftsleitung im Geltungsbereich dieses Gesetzes ausgegeben werden, Namensschuldverschreibungen des Arbeitgebers jedoch nur dann, wenn auf dessen Kosten die Ansprüche des Arbeitnehmers aus der Schuldverschreibung durch ein Kreditinstitut verbürgt oder durch ein Versicherungsunternehmen privatrechtlich gesichert sind und das Kreditinstitut oder Versicherungsunternehmen im Geltungsbereich dieses Gesetzes zum Geschäftsbetrieb befugt ist,

3. Genussscheine, die von einem Kreditinstitut mit Sitz und Geschäftsleitung im Geltungsbereich dieses Gesetzes, das nicht der Arbeitgeber ist, als Wertpapiere ausgegeben werden, wenn mit den Genussscheinen das Recht am Gewinn des Kreditinstituts verbunden ist, der Arbeitnehmer nicht als Mitunternehmer im Sinne des § 15 Abs. 1 Nr. 2 des Einkommensteuergesetzes anzusehen ist und die Voraussetzungen des § 2 Abs. 4 erfüllt sind,

4. Anleiheforderungen, die in ein Schuldbuch des Bundes oder eines Landes eingetragen werden,

5. Anteile an einem Sondervermögen, die von Kapitalanlagegesellschaften im Sinne des Investmentgesetzes ausgegeben werden und nicht unter § 2 Abs. 1 Nr. 1 Buchstabe c oder d fallen oder

6. ausländische Investmentanteile, die nach dem Investmentgesetz im Wege des öffentlichen Anbietens, der öffentlichen Werbung oder in ähnlicher Weise vertrieben werden dürfen und nicht unter § 2 Abs. 1 Nr. 1 Buchstabe e fallen.

Der Arbeitnehmer ist verpflichtet, bis zum Ablauf der Sperrfrist die nach Satz 1 erworbenen Wertpapiere bei dem Kreditinstitut, mit dem der Sparvertrag abgeschlossen ist, festzulegen und über die Wertpapiere nicht zu verfügen; diese Verpflichtung besteht nicht, wenn eine der in § 4 Abs. 4 Nr. 1 bis 5 bezeichneten Voraussetzungen erfüllt ist.

(5) Der Arbeitnehmer ist abweichend von der in Absatz 2 Satz 1 Nr. 2 bezeichneten Vereinbarung auch berechtigt, vor Ablauf der Sperrfrist die Überweisung eingezahlter vermögenswirksamer Leistungen auf einen von ihm oder seinem Ehegatten (§ 26 Abs. 1 des Einkommensteuergesetzes) abgeschlossenen Bausparvertrag zu verlangen, wenn weder mit der Auszahlung der Bausparsumme begonnen worden ist noch die überwiesenen Beträge vor Ablauf der Sperrfrist ganz oder zum Teil zurückgezahlt, noch Ansprüche aus dem Bausparvertrag abgetreten oder beliehen werden oder wenn eine solche vorzeitige Verfügung nach § 2 Abs. 2 Satz 2 Nr. 1 und 2 des Wohnungsbau-Prämiengesetzes unschädlich ist.

§ 9
Kapitalversicherungsvertrag

(1) Ein Kapitalversicherungsvertrag im Sinne des § 2 Abs. 1 Nr. 7 ist ein Vertrag über eine Kapitalversicherung auf den Erlebens- und Todesfall gegen laufenden Beitrag, der für die Dauer von mindestens zwölf Jahren und mit den in den Absätzen 2 bis 5 bezeichneten Vereinbarungen zwischen dem Arbeitnehmer und einem Versicherungsunternehmen abgeschlossen ist, das im Geltungsbereich dieses Gesetzes zum Geschäftsbetrieb befugt ist.

(2) Der Arbeitnehmer ist verpflichtet, als Versicherungsbeiträge vermögenswirksame Leistungen einzahlen zu lassen oder andere Beträge einzuzahlen.

(3) Die Versicherungsbeiträge enthalten keine Anteile für Zusatzleistungen wie für Unfall, Invalidität oder Krankheit.

(4) Der Versicherungsvertrag sieht vor, dass bereits ab Vertragsbeginn ein nicht kürzbarer Anteil von mindestens 50 vom Hundert des gezahlten Betrags als Rückkaufswert (§ 176 des Versicherungsvertragsgesetzes) erstattet oder der Berechnung der prämienfreien Versicherungsleistung (§ 174 des Versicherungsvertragsgesetzes) zugrunde gelegt wird.

(5) Die Gewinnanteile werden verwendet

1. zur Erhöhung der Versicherungsleistung oder

2. auf Verlangen des Arbeitnehmers zur Verrechnung mit fälligen Beiträgen, wenn er nach Vertragsabschluss arbeitslos geworden ist und die Arbeitslosigkeit mindestens ein Jahr lang ununterbrochen bestanden hat und im Zeitpunkt der Verrechnung noch besteht.

§ 10
Vereinbarung zusätzlicher vermögenswirksamer Leistungen

(1) Vermögenswirksame Leistungen können in Verträgen mit Arbeitnehmern, in Betriebsvereinbarungen, in Tarifverträgen oder in bindenden Festsetzungen (§ 19 des Heimarbeitsgesetzes) vereinbart werden.

(2) – (4) – weggefallen –

(5) Der Arbeitgeber kann auf tarifvertraglich vereinbarte vermögenswirksame Leistungen die betrieblichen Sozialleistungen anrechnen, die dem Arbeitnehmer in dem Kalenderjahr bisher schon als vermögenswirksame Leistungen erbracht worden sind.

§ 11
Vermögenswirksame Anlage von Teilen des Arbeitslohns

(1) Der Arbeitgeber hat auf schriftliches Verlangen des Arbeitnehmers einen Vertrag über die vermögenswirksame Anlage von Teilen des Arbeitslohns abzuschließen.

(2) Auch vermögenswirksam angelegte Teile des Arbeitslohns sind vermögenswirksame Leistungen im Sinne dieses Gesetzes.

Vermögensbildungsgesetz

(3) Zum Abschluss eines Vertrages nach Absatz 1, wonach die Lohnteile nicht zusammen mit anderen vermögenswirksamen Leistungen für den Arbeitnehmer angelegt und überwiesen werden sollen, ist der Arbeitgeber nur dann verpflichtet, wenn der Arbeitnehmer die Anlage von Teilen des Arbeitslohns in monatlichen der Höhe nach gleich bleibenden Beträgen von mindestens 13 Euro oder in vierteljährlichen der Höhe nach gleich bleibenden Beträgen von mindestens 39 Euro oder nur einmal im Kalenderjahr in Höhe eines Betrags von mindestens 39 Euro verlangt. Der Arbeitnehmer kann bei der Anlage in monatlichen Beträgen während des Kalenderjahrs die Art der vermögenswirksamen Anlage und das Unternehmen oder Institut, bei dem sie erfolgen soll, nur mit Zustimmung des Arbeitgebers wechseln.

(4) Der Arbeitgeber kann einen Termin im Kalenderjahr bestimmen, zu dem die Arbeitnehmer des Betriebs oder Betriebsteils die einmalige Anlage von Teilen des Arbeitslohns nach Absatz 3 verlangen können. Die Bestimmung dieses Termins unterliegt der Mitbestimmung des Betriebsrats oder der zuständigen Personalvertretung; das für die Mitbestimmung in sozialen Angelegenheiten vorgeschriebene Verfahren ist einzuhalten. Der nach Satz 1 bestimmte Termin ist den Arbeitnehmern in jedem Kalenderjahr erneut in geeigneter Form bekannt zu geben. Zu einem anderen als dem nach Satz 1 bestimmten Termin kann der Arbeitnehmer eine einmalige Anlage nach Absatz 3 nur verlangen,

1. von Teilen des Arbeitslohns, den er im letzten Lohnzahlungszeitraum des Kalenderjahrs erzielt, oder
2. von Teilen besonderer Zuwendungen, die im Zusammenhang mit dem Weihnachtsfest oder Jahresende gezahlt werden.

(5) Der Arbeitnehmer kann jeweils einmal im Kalenderjahr von dem Arbeitgeber schriftlich verlangen, dass der Vertrag über die vermögenswirksame Anlage von Teilen des Arbeitslohns aufgehoben, eingeschränkt oder erweitert wird. Im Fall der Aufhebung ist der Arbeitgeber nicht verpflichtet, in demselben Kalenderjahr einen neuen Vertrag über die vermögenswirksame Anlage von Teilen des Arbeitslohns abzuschließen.

(6) In Tarifverträgen oder Betriebsvereinbarungen kann von den Absätzen 3 bis 5 abgewichen werden.

§ 12
Freie Wahl der Anlage

Vermögenswirksame Leistungen werden nur dann nach den Vorschriften dieses Gesetzes gefördert, wenn der Arbeitnehmer die Art der vermögenswirksamen Anlage und das Unternehmen oder Institut, bei dem sie erfolgen soll, frei wählen kann. Einer Förderung steht jedoch nicht entgegen, dass durch Tarifvertrag die Anlage auf die Formen des § 2 Abs. 1 Nr. 1 bis 5, Abs. 2 bis 4 beschränkt wird. Eine Anlage im Unternehmen des Arbeitgebers nach § 2 Abs. 1 Nr. 1 Buchstabe g bis l und Abs. 4 ist nur mit Zustimmung des Arbeitgebers zulässig.

§ 13
Anspruch auf Arbeitnehmer-Sparzulage

(1) Der Arbeitnehmer, der Einkünfte aus nichtselbständiger Arbeit im Sinne des § 19 Abs. 1 des Einkommensteuergesetzes bezieht, hat Anspruch auf Sparzulage nach Absatz 2, wenn sein Einkommen die Einkommensgrenze nicht überschreitet. Diese beträgt 17 900 Euro oder bei einer Zusammenveranlagung von Ehegatten nach § 26b des Einkommensteuergesetzes 35 800 Euro. Maßgeblich ist das zu versteuernde Einkommen nach § 2 des Einkommensteuergesetzes in dem Kalenderjahr, in dem die vermögenswirksamen Leistungen angelegt worden sind.

(2) Die Arbeitnehmer-Sparzulage beträgt 18 vom Hundert der nach § 2 Abs. 1 Nr. 1 bis 3, Abs. 2 bis 4 angelegten vermögenswirksamen Leistungen, soweit sie 400 Euro im Kalenderjahr nicht übersteigen, und 9 vom Hundert der nach § 2 Abs. 1 Nr. 4 und 5 angelegten vermögenswirksamen Leistungen, soweit sie 470 Euro im Kalenderjahr nicht übersteigen. Für Arbeitnehmer, die ihren Hauptwohnsitz in dem in Artikel 3 des Einigungsvertrages genannten Gebiet haben, tritt an die Stelle des Zulagesatzes von 18 vom Hundert der Zulagesatz von 22 vom Hundert.

(3) Die Arbeitnehmer-Sparzulage gilt weder als steuerpflichtige Einnahme im Sinne des Einkommensteuergesetzes noch als Einkommen, Verdienst oder Entgelt (Arbeitsentgelt) im Sinne der Sozialversicherung und des Dritten Buches Sozialgesetzbuch; sie gilt arbeitsrechtlich nicht als Bestandteil des Lohns oder Gehalts. Der Anspruch auf Arbeitnehmer-Sparzulage ist nicht übertragbar.

(4) Der Anspruch auf Arbeitnehmer-Sparzulage entsteht mit Ablauf des Kalenderjahres in dem die vermögenswirksamen Leistungen angelegt worden sind.

(5) Der Anspruch auf Arbeitnehmer-Sparzulage entfällt mit Wirkung für die Vergangenheit, soweit die in den §§ 4 bis 7 genannten Fristen oder bei einer Anlage nach § 2 Abs. 1 Nr. 4 die in § 2 Abs. 1 Nr. 3 und 4 und Abs. 2 Satz 1 des Wohnungsbau-Prämiengesetzes vorgesehenen Voraussetzungen nicht eingehalten werden. Der Anspruch entfällt nicht, wenn die Sperrfrist nicht eingehalten wird, weil

1. der Arbeitnehmer das Umtausch- oder Abfindungsangebot eines Wertpapier-Emittenten angenommen hat oder Wertpapiere dem Aussteller nach Auslosung oder Kündigung durch den Aussteller zur Einlösung vorgelegt worden sind oder
2. die mit den vermögenswirksamen Leistungen erworbenen oder begründeten Wertpapiere oder Rechte im Sinne des § 2 Abs. 1 Nr. 1, Abs. 2 bis 4 ohne Mitwirkung des Arbeitnehmers wertlos geworden sind.

§ 14
Festsetzung der Arbeitnehmer-Sparzulage, Anwendung der Abgabenordnung, Verordnungsermächtigung, Rechtsweg

(1) Die Verwaltung der Arbeitnehmer-Sparzulage obliegt den Finanzämtern. Die Arbeitnehmer-Sparzulage wird aus den Einnahmen an Lohnsteuer gezahlt.

(2) Auf die Arbeitnehmer-Sparzulage sind die für Steuervergütungen geltenden Vorschriften der Abgabenordnung entsprechend anzuwenden. Dies gilt nicht für § 163 der Abgabenordnung.

(3) Für die Arbeitnehmer-Sparzulage gelten die Strafvorschriften des § 370 Abs. 1 bis 4, der §§ 371, 375 Abs. 1 und des § 376 sowie die Bußgeldvorschriften der §§ 378, 379 Abs. 1 und 4 und der §§ 383 und 384 der Abgabenordnung entsprechend. Für das Strafverfahren wegen einer Straftat nach Satz 1 sowie der Begünstigung einer Person, die eine solche Tat begangen hat, gelten die §§ 385 bis 408, für das Bußgeldverfahren wegen einer Ordnungswidrigkeit nach Satz 1 die §§ 409 bis 412 der Abgabenordnung entsprechend.

(4) Die Arbeitnehmer-Sparzulage wird auf Antrag durch das für die Besteuerung des Arbeitnehmers nach dem Einkommen zuständige Finanzamt festgesetzt. Der Arbeitnehmer hat den Antrag nach amtlich vorgeschriebenem Vordruck spätestens bis zum Ablauf des zweiten Kalenderjahrs nach dem Kalenderjahr zu stellen, in dem die vermögenswirksamen Leistungen nach § 2 Abs. 1 Nr. 1 bis 5, Abs. 2 bis 4 angelegt worden sind. Der Arbeitnehmer hat die vermögenswirksamen Leistungen durch die Bescheinigung nach § 15 Abs. 1 nachzuweisen. Die Arbeitnehmer-Sparzulage wird fällig

a) mit Ablauf der für die Anlageform vorgeschriebenen Sperrfrist nach diesem Gesetz,
b) mit Ablauf der im Wohnungsbau-Prämiengesetz oder in der Verordnung zur Durchführung des Wohnungsbau-Prämiengesetzes genannten Sperr- und Rückzahlungsfristen,
c) mit Zuteilung des Bausparvertrags oder
d) in den Fällen unschädlicher Verfügung.

(5) Wird im Besteuerungsverfahren die Entscheidung über die Höhe des zu versteuernden Einkommens nachträglich in der Weise geändert, dass dadurch die Einkommensgrenzen des § 13 Abs. 1 unterschritten werden und entsteht für Aufwendungen, die vermögenswirksame Leistungen darstellen, erstmals ein Anspruch auf Arbeitnehmer-Sparzulage, kann der Arbeitnehmer den Antrag auf Arbeitnehmer-Sparzulage abweichend von Absatz 4 innerhalb eines Jahres nach Bekanntgabe der Änderung stellen.

(6) Besteht für Aufwendungen, die vermögenswirksame Leistungen darstellen, ein Anspruch auf Arbeitnehmer-Sparzulage und hat der Arbeitnehmer hierfür abweichend von § 1 Satz 2 Nr. 1 des Wohnungsbau-Prämiengesetzes Wohnungsbauprämie beantragt, kann der Arbeitnehmer die Arbeitnehmer-Sparzulage abweichend von Absatz 4 innerhalb eines Jahres nach Bekanntgabe der Mitteilung

über die Änderung des Prämienanspruchs (§ 4a Abs. 4 Satz 1 und 2, § 4b Abs. 2 Satz 3 des Wohnungsbau-Prämiengesetzes) erstmalig beantragen.

(7) Die Bundesregierung wird ermächtigt, durch Rechtsverordnung mit Zustimmung des Bundesrates das Verfahren bei der Festsetzung und der Auszahlung der Arbeitnehmer-Sparzulage näher zu regeln, soweit dies zur Vereinfachung des Verfahrens erforderlich ist. Dabei kann auch bestimmt werden, dass der Arbeitgeber, das Unternehmen, das Institut oder der in § 3 Abs. 3 genannte Gläubiger bei der Antragstellung mitwirkt und ihnen die Arbeitnehmer-Sparzulage zugunsten des Arbeitnehmers überwiesen wird.

(8) In öffentlich-rechtlichen Streitigkeiten über die auf Grund dieses Gesetzes ergehenden Verwaltungsakte der Finanzbehörden ist der Finanzrechtsweg gegeben.

§ 15
Bescheinigungspflichten, Haftung, Verordnungsermächtigung, Anrufungsauskunft

(1) Das Unternehmen, das Institut oder der in § 3 Abs. 3 genannte Gläubiger hat dem Arbeitnehmer auf Verlangen eine Bescheinigung auszustellen über

1. den jeweiligen Jahresbetrag der nach § 2 Abs. 1 Nr. 1 bis 5, Abs. 2 bis 4 angelegten vermögenswirksamen Leistungen sowie die Art ihrer Anlage,
2. das Kalenderjahr, dem diese vermögenswirksamen Leistungen zuzuordnen sind, und
3. entweder das Ende der für die Anlageform vorgeschriebenen Sperrfrist nach diesem Gesetz oder bei einer Anlage nach § 2 Abs. 1 Nr. 4 das Ende der im Wohnungsbau-Prämiengesetz oder in der Verordnung zur Durchführung des Wohnungsbau-Prämiengesetzes genannten Sperr- und Rückzahlungsfristen.

(2) Die Bundesregierung wird ermächtigt, durch Rechtsverordnung mit Zustimmung des Bundesrates weitere Vorschriften zu erlassen über

1. Aufzeichnungs- und Mitteilungspflichten des Arbeitgebers und des Unternehmens oder Instituts, bei dem die vermögenswirksamen Leistungen angelegt sind, und
2. die Festlegung von Wertpapieren und die Art der Festlegung, soweit dies erforderlich ist, damit nicht die Arbeitnehmer-Sparzulage zu Unrecht gezahlt, versagt, nicht zurückgefordert oder nicht einbehalten wird.

(3) Haben der Arbeitgeber, das Unternehmen, das Institut oder der in § 3 Abs. 3 genannte Gläubiger ihre Pflichten nach diesem Gesetz oder nach einer auf Grund dieses Gesetzes erlassenen Rechtsverordnung verletzt, so haften sie für die Arbeitnehmer-Sparzulage, die wegen ihrer Pflichtverletzung zu Unrecht gezahlt, nicht zurückgefordert oder nicht einbehalten worden ist.

(4) Das Finanzamt, das für die Besteuerung der in Absatz 3 Genannten zuständig ist, hat auf deren Anfrage Auskunft darüber zu erteilen, wie im einzelnen Fall die Vorschriften über vermögenswirksame Leistungen anzuwenden sind, die nach § 2 Abs. 1 Nr. 1 bis 5, Abs. 2 bis 4 angelegt werden.

(5) Das für die Lohnsteuer-Außenprüfung zuständige Finanzamt kann bei den in Absatz 3 Genannten eine Außenprüfung durchführen, um festzustellen, ob sie ihre Pflichten nach diesem Gesetz oder nach einer auf Grund dieses Gesetzes erlassenen Rechtsverordnung, soweit diese mit der Anlage vermögenswirksamer Leistungen nach § 2 Abs. 1 Nr. 1 bis 5, Abs. 2 bis 4 zusammenhängen, erfüllt haben. Die §§ 195 bis 202 der Abgabenordnung gelten entsprechend.

§ 16
Berlin-Klausel

– weggefallen –

§ 17
Anwendungsvorschriften

(1) Die vorstehenden Vorschriften dieses Gesetzes gelten für vermögenswirksame Leistungen, die nach dem 31. Dezember 1993 angelegt werden, soweit die Absätze 3 und 4 nichts anderes bestimmen.

(2) Für vermögenswirksame Leistungen, die vor dem 1. Januar 1994 angelegt werden, gilt, soweit Absatz 5 nichts anderes bestimmt, § 17 des Fünften Vermögensbildungsgesetzes in der Fassung der Bekanntmachung vom 19. Januar 1989 (BGBl. I S. 137) – Fünftes Vermögensbildungsgesetz 1989 –, unter Berücksichtigung der Änderung durch Artikel 2 Nr. 1 des Gesetzes vom 13. Dezember 1990 (BGBl. I S. 2749).

(3) Für vermögenswirksame Leistungen, die im Jahr 1994 angelegt werden auf Grund eines vor dem 1. Januar 1994 abgeschlossenen Vertrags

1. nach § 4 Abs. 1 oder § 5 Abs. 1 des Fünften Vermögensbildungsgesetzes 1989 zum Erwerb von Aktien oder Wandelschuldverschreibungen, die keine Aktien oder Wandelschuldverschreibungen im Sinne des vorstehenden § 2 Abs. 1 Nr. 1 Buchstabe a oder b, Abs. 2 Satz 1 sind, oder
2. nach § 6 Abs. 2 des Fünften Vermögensbildungsgesetzes 1989 über die Begründung eines Geschäftsguthabens bei einer Genossenschaft, die keine Genossenschaft im Sinne des vorstehenden § 2 Abs. 1 Nr. 1 Buchstabe g, Abs. 2 Satz 2 ist, oder
3. nach § 6 Abs. 2 oder § 7 Abs. 2 des Fünften Vermögensbildungsgesetzes 1989 über die Übernahme einer Stammeinlage oder zum Erwerb eines Geschäftsanteils an einer Gesellschaft mit beschränkter Haftung, die keine Gesellschaft im Sinne des vorstehenden § 2 Abs. 1 Nr. 1 Buchstabe h, Abs. 2 Satz 3 ist,

gelten statt der vorstehenden §§ 2, 4, 6 und 7 die §§ 2, 4, 6 und 7 des Fünften Vermögensbildungsgesetzes 1989.

(4) Für vermögenswirksame Leistungen, die nach dem 31. Dezember 1993 auf Grund eines Vertrags im Sinne des § 17 Abs. 5 Satz 1 des Fünften Vermögensbildungsgesetzes 1989 angelegt werden, gilt § 17 Abs. 5 und 6 des Fünften Vermögensbildungsgesetzes 1989.

(5) Für vermögenswirksame Leistungen, die vor dem 1. Januar 1994 auf Grund eines Vertrags im Sinne des Absatzes 3 angelegt worden sind, gelten § 4 Abs. 2 bis 5, § 5 Abs. 2, § 6 Abs. 3 und § 7 Abs. 3 des Fünften Vermögensbildungsgesetzes 1989 über Fristen für die Verwendung vermögenswirksamer Leistungen und über Sperrfristen nach dem 31. Dezember 1993 nicht mehr. Für vermögenswirksame Leistungen, die vor dem 1. Januar 1990 auf Grund eines Vertrags im Sinne des § 17 Abs. 2 des Fünften Vermögensbildungsgesetzes 1989 über die Begründung einer oder mehrerer Beteiligungen als stiller Gesellschafter angelegt worden sind, gilt § 7 Abs. 3 des Fünften Vermögensbildungsgesetzes in der Fassung der Bekanntmachung vom 19. Februar 1987 (BGBl. I S. 630) über die Sperrfrist nach dem 31. Dezember 1993 nicht mehr.

(6) Für vermögenswirksame Leistungen, die vor dem 1. Januar 1999 angelegt worden sind, gilt § 13 Abs. 1 und 2 dieses Gesetzes in der Fassung der Bekanntmachung vom 4. März 1994 (BGBl. I S. 406).

(7) § 13 Abs. 2 in der Fassung des Artikels 19 des Gesetzes vom 29. Dezember 2003 (BGBl. I S. 3076) ist erstmals für vermögenswirksame Leistungen anzuwenden, die im Jahr 2004 angelegt werden. § 13 Abs. 2 Satz 2 ist nicht mehr anzuwenden für vermögenswirksame Leistungen, die nach dem 31. Dezember 2004 angelegt werden.

§ 18
Kündigung eines vor 1994 abgeschlossenen Anlagevertrags und der Mitgliedschaft in einer Genossenschaft oder Gesellschaft mit beschränkter Haftung

(1) Hat sich der Arbeitnehmer in einem Vertrag im Sinne des § 17 Abs. 3 verpflichtet, auch nach dem 31. Dezember 1994 vermögenswirksame Leistungen überweisen zu lassen oder andere Beträge zu zahlen, so kann er den Vertrag bis zum 30. September 1994 auf den 31. Dezember 1994 mit der Wirkung schriftlich kündigen, dass auf Grund dieses Vertrags vermögenswirksame Leistungen oder andere Beträge nach dem 31. Dezember 1994 nicht mehr zu zahlen sind.

(2) Ist der Arbeitnehmer im Zusammenhang mit dem Abschluss eines Vertrags im Sinne des § 17 Abs. 3 Nr. 2 Mitglied in einer Genossenschaft geworden, so kann er die Mitgliedschaft bis zum 30. September 1994 auf den 31. Dezember 1994 mit der Wirkung

Vermögensbildungsgesetz

schriftlich kündigen, dass nach diesem Zeitpunkt die Verpflichtung, Einzahlungen auf einen Geschäftsanteil zu leisten und ein Eintrittsgeld zu zahlen, entfällt. Weitergehende Rechte des Arbeitnehmers nach dem Statut der Genossenschaft bleiben unberührt. Der ausgeschiedene Arbeitnehmer kann die Auszahlung des Auseinandersetzungsguthabens, die Genossenschaft kann die Zahlung eines den ausgeschiedenen Arbeitnehmer treffenden Anteils an einem Fehlbetrag zum 1. Januar 1998 verlangen.

(3) Ist der Arbeitnehmer im Zusammenhang mit dem Abschluss eines Vertrags im Sinne des § 17 Abs. 3 Nr. 3 Gesellschafter einer Gesellschaft mit beschränkter Haftung geworden, so kann er die Mitgliedschaft bis zum 30. September 1994 auf den 31. Dezember 1994 schriftlich kündigen. Weitergehende Rechte des Arbeitnehmers nach dem Gesellschaftsvertrag bleiben unberührt. Der zum Austritt berechtigte Arbeitnehmer kann von der Gesellschaft als Abfindung den Verkehrswert seines Geschäftsanteils verlangen; maßgebend ist der Verkehrswert im Zeitpunkt des Zugangs der Kündigungserklärung. Der Arbeitnehmer kann die Abfindung nur verlangen, wenn die Gesellschaft sie ohne Verstoß gegen § 30 Abs. 1 des Gesetzes betreffend die Gesellschaften mit beschränkter Haftung zahlen kann. Hat die Gesellschaft die Abfindung bezahlt, so stehen dem Arbeitnehmer aus seinem Geschäftsanteil keine Rechte mehr zu. Kann die Gesellschaft bis zum 31. Dezember 1996 die Abfindung nicht gemäß Satz 4 zahlen, so ist sie auf Antrag des zum Austritt berechtigten Arbeitnehmers aufzulösen. § 61 Abs. 1, Abs. 2 Satz 1 und Abs. 3 des Gesetzes betreffend die Gesellschaften mit beschränkter Haftung gilt im Übrigen entsprechend.

(4) Werden auf Grund der Kündigung nach Absatz 1, 2 oder 3 Leistungen nicht erbracht, so hat der Arbeitnehmer dies nicht zu vertreten.

(5) Hat der Arbeitnehmer nach Absatz 1 einen Vertrag im Sinne des § 17 Abs. 3 Nr. 2 oder nach Absatz 2 die Mitgliedschaft in einer Genossenschaft gekündigt, so gelten beide Kündigungen als erklärt, wenn der Arbeitnehmer dies nicht ausdrücklich ausgeschlossen hat. Entsprechendes gilt, wenn der Arbeitnehmer nach Absatz 1 einen Vertrag im Sinne des § 17 Abs. 3 Nr. 3 oder nach Absatz 3 die Mitgliedschaft in einer Gesellschaft mit beschränkter Haftung gekündigt hat.

(6) Macht der Arbeitnehmer von seinem Kündigungsrecht nach Absatz 1 keinen Gebrauch, so gilt die Verpflichtung, vermögenswirksame Leistungen überweisen zu lassen, nach dem 31. Dezember 1994 als Verpflichtung, andere Beträge in entsprechender Höhe zu zahlen.

Anhang 5
Verordnung zur Durchführung des Fünften Vermögensbildungsgesetzes (VermBDV 1994)

vom 20. 12. 1994 (BGBl. I S. 3904),
geändert durch Art. 34 G vom 19. 12. 2000 (BGBl. I S. 1790)

§ 1
Verfahren

Auf das Verfahren bei der Festsetzung, Auszahlung und Rückzahlung der Arbeitnehmer-Sparzulage sind neben den in § 14 Abs. 2 des Gesetzes bezeichneten Vorschriften die für die Einkommensteuer und Lohnsteuer geltenden Regelungen sinngemäß anzuwenden, soweit sich aus den nachstehenden Vorschriften nichts anderes ergibt.

§ 2
Mitteilungspflichten des Arbeitgebers, des Kreditinstituts oder des Unternehmens

(1) Der Arbeitgeber hat bei Überweisung vermögenswirksamer Leistungen im Dezember und Januar eines Kalenderjahres dem Kreditinstitut oder dem Unternehmen, bei dem die vermögenswirksamen Leistungen angelegt werden, das Kalenderjahr mitzuteilen, dem die vermögenswirksamen Leistungen zuzuordnen sind.

(2) [1]Werden bei einer Anlage nach § 2 Abs. 1 Nr. 4 des Gesetzes oder § 17 Abs. 5 Satz 1 Nr. 1 des Fünften Vermögensbildungsgesetzes in der Fassung der Bekanntmachung vom 19. Januar 1989 (BGBl. I S. 137)

1. Wohnbau-Sparverträge in Baufinanzierungsverträge umgewandelt (§ 12 Abs. 1 Nr. 2 der Verordnung zur Durchführung des Wohnungsbau-Prämiengesetzes in der Fassung der Bekanntmachung vom 29. Juni 1994, BGBl. I S. 1446),
2. Baufinanzierungsverträge in Wohnbau-Sparverträge umgewandelt (§ 18 Abs. 1 Nr. 2 der Verordnung zur Durchführung des Wohnungsbau-Prämiengesetzes in der Fassung der Bekanntmachung vom 29. Juni 1994, BGBl. I S. 1446) oder
3. Sparbeiträge auf einen von dem Arbeitnehmer oder seinem Ehegatten abgeschlossenen Bausparvertrag überwiesen (§ 4 Abs. 3 Nr. 7 des Fünften Vermögensbildungsgesetzes in der Fassung der Bekanntmachung vom 19. Februar 1987, BGBl. I S. 630),

so hat das Kreditinstitut oder Unternehmen, bei dem die vermögenswirksamen Leistungen angelegt worden sind, dem neuen Kreditinstitut oder Unternehmen den Betrag der vermögenswirksamen Leistungen, das Kalenderjahr, dem sie zuzuordnen sind, das Ende der Sperrfrist, seinen Institutenschlüssel (§ 5 Abs. 2) und die bisherige Vertragsnummer des Arbeitnehmers unverzüglich schriftlich mitzuteilen. [2]Das neue Kreditinstitut oder Unternehmen hat die Angaben aufzuzeichnen.

(3) [1]Das Kreditinstitut, bei dem vermögenswirksame Leistungen auf Grund eines Vertrags im Sinne des § 4 des Gesetzes angelegt werden, hat

1. dem Arbeitgeber, der mit den vermögenswirksamen Leistungen erworbene Wertpapiere verwahrt oder an dessen Unternehmen eine nicht verbriefte Vermögensbeteiligung im Sinne des § 2 Abs. 1 Nr. 1 Buchstabe g bis l des Gesetzes mit den vermögenswirksamen Leistungen begründet oder erworben wird, oder
2. dem Unternehmen, an dem eine nicht verbriefte Vermögensbeteiligung im Sinne des § 2 Abs. 1 Nr. 1 Buchstabe g bis l des Gesetzes mit den vermögenswirksamen Leistungen begründet oder erworben wird,

das Ende der für die vermögenswirksamen Leistungen geltenden Sperrfrist unverzüglich schriftlich mitzuteilen. [2]Wenn über die verbrieften oder nicht verbrieften Vermögensbeteiligungen vor Ablauf der Sperrfrist verfügt worden ist, hat dies der Arbeitgeber oder das Unternehmen dem Kreditinstitut unverzüglich mitzuteilen.

(4) [1]Der Arbeitgeber, bei dem vermögenswirksame Leistungen auf Grund eines Vertrags im Sinne des § 5 des Gesetzes angelegt werden, hat dem vom Arbeitnehmer benannten Kreditinstitut, das die erworbenen Wertpapiere verwahrt, das Ende der für die vermögenswirksamen Leistungen geltenden Sperrfrist unverzüglich schriftlich mitzuteilen. [2]Wenn über die Wertpapiere vor Ablauf der Sperrfrist verfügt worden ist, hat dies das Kreditinstitut dem Arbeitgeber unverzüglich mitzuteilen.

§ 3
Aufzeichnungspflichten des Beteiligungsunternehmens

(1) [1]Das Unternehmen, an dem eine nicht verbriefte Vermögensbeteiligung im Sinne des § 2 Abs. 1 Nr. 1 Buchstabe g bis l des Gesetzes auf Grund eines Vertrags im Sinne des § 6 Abs. 2 oder des § 7 Abs. 2 des Gesetzes mit vermögenswirksamen Leistungen begründet oder erworben wird, hat den Betrag der vermögenswirksamen Leistungen und das Kalenderjahr, dem sie zuzuordnen sind, sowie das Ende der Sperrfrist aufzuzeichnen. [2]Bei Verträgen im Sinne des § 4 des Gesetzes genügt die Aufzeichnung des Endes der Sperrfrist.

(2) Zu den Aufzeichnungen nach Absatz 1 Satz 1 ist auch der Arbeitgeber verpflichtet, an dessen Unternehmen eine nicht verbriefte Vermögensbeteiligung im Sinne des § 2 Abs. 1 Nr. 1 Buchstabe g bis l des Gesetzes auf Grund eines Vertrags im Sinne des § 6 Abs. 1 oder des § 7 Abs. 1 des Gesetzes mit vermögenswirksamen Leistungen begründet oder erworben wird.

§ 4
Festlegung von Wertpapieren

(1) Wertpapiere, die auf Grund eines Vertrags im Sinne des § 4 des Gesetzes mit vermögenswirksamen Leistungen erworben werden, sind auf den Namen des Arbeitnehmers dadurch festzulegen, dass sie für die Dauer der Sperrfrist wie folgt in Verwahrung gegeben werden:

1. Erwirbt der Arbeitnehmer Einzelurkunden, so müssen diese in das Depot bei dem Kreditinstitut gegeben werden, mit dem er den Sparvertrag abgeschlossen hat. Das Kreditinstitut muss in den Depotbüchern einen Sperrvermerk für die Dauer der Sperrfrist anbringen. Bei Drittverwahrung genügt ein Sperrvermerk im Kundenkonto beim erstverwahrenden Kreditinstitut.
2. Erwirbt der Arbeitnehmer Anteile an einem Sammelbestand von Wertpapieren oder werden Wertpapiere bei einer Wertpapiersammelbank in Sammelverwahrung gegeben, so muss das Kreditinstitut einen Sperrvermerk in das Depotkonto eintragen.

(2) [1]Wertpapiere nach Absatz 1 Satz 1,
1. die eine Vermögensbeteiligung an Unternehmen des Arbeitgebers oder eine gleichgestellte Vermögensbeteiligung (§ 2 Abs. 2 Satz 1 des Gesetzes) verbriefen oder
2. die der Arbeitnehmer vom Arbeitgeber erwirbt,

können auch vom Arbeitgeber verwahrt werden. [2]Der Arbeitgeber hat die Verwahrung sowie das Ende der Sperrfrist aufzuzeichnen.

(3) [1]Wertpapiere, die auf Grund eines Vertrags im Sinne des § 5 des Gesetzes erworben werden, sind festzulegen durch Verwahrung
1. beim Arbeitgeber oder
2. im Auftrag des Arbeitgebers bei einem Dritten oder
3. bei einem vom Arbeitnehmer benannten inländischen Kreditinstitut.

[2]In den Fällen der Nummern 1 und 2 hat der Arbeitgeber die Verwahrung, den Betrag der vermögenswirksamen Leistungen, das Kalenderjahr, dem sie zuzuordnen sind, und das Ende der Sperrfrist aufzuzeichnen. [3]Im Falle der Nummer 3 hat das Kreditinstitut das Ende der Sperrfrist aufzuzeichnen.

(4) Bei einer Verwahrung durch ein Kreditinstitut hat der Arbeitnehmer innerhalb von drei Monaten nach dem Erwerb der Wertpapiere dem Arbeitgeber eine Bescheinigung des Kreditinstituts darüber vorzulegen, dass die Wertpapiere entsprechend Absatz 1 in Verwahrung genommen worden sind.

§ 5
Bescheinigung vermögenswirksamer Leistungen

(1) [1]Die Bescheinigung nach § 15 Abs. 1 des Gesetzes ist nach amtlich vorgeschriebenem Vordruck zu erteilen. [2]Vermögenswirksame

Leistungen, die nach dem 31. Dezember 1994 angelegt werden, sind nach amtlich vorgeschriebenem datenerfassungsgerechten Vordruck zu bescheinigen.

(2) ¹Das Kreditinstitut, das Unternehmen oder der Arbeitgeber, bei dem vermögenswirksame Leistungen nach § 2 Abs. 1 Nr. 1 bis 4, Abs. 2 bis 4 des Gesetzes oder nach § 17 Abs. 5 Satz 1 des fünften Vermögensbildungsgesetzes in der am 19. Januar 1989 geltenden Fassung (BGBl. I S. 137) angelegt werden, hat in der Bescheinigung seinen Institutenschlüssel und die Vertragsnummer des Arbeitnehmers anzugeben; dies gilt nicht für Anlagen nach § 2 Abs. 1 Nr. 4 des Gesetzes in Verbindung mit § 2 Abs. 1 Nr. 2 des Wohnungsbau-Prämiengesetzes. ²Der Institutsschlüssel ist bei der Zentralstelle der Länder anzufordern. ³Bei der Anforderung sind anzugeben

1. Name und Anschrift des anfordernden Kreditinstituts, Unternehmens oder Arbeitgebers,
2. Bankverbindung für die Überweisung der Arbeitnehmer-Sparzulagen,
3. Lieferanschrift für die Übersendung von Datenträgern.

⁴Die Vertragsnummer darf keine Sonderzeichen enthalten.

(3) Der Arbeitgeber oder das Unternehmen, bei dem vermögenswirksame Leistungen nach § 2 Abs. 1 Nr. 2 und 3, Abs. 2 bis 4 des Gesetzes angelegt werden, hat in der Bescheinigung für vermögenswirksame Leistungen, die noch nicht zum Erwerb von Wertpapieren oder zur Begründung von Rechten verwendet worden sind, als Ende der Sperrfrist den 31. Dezember des sechsten Kalenderjahres nach dem Kalenderjahr anzugeben, dem die vermögenswirksamen Leistungen zuzuordnen sind.

(4) ¹In der Bescheinigung über vermögenswirksame Leistungen, die nach § 2 Abs. 1 Nr. 1 oder 4 des Gesetzes oder nach § 17 Abs. 5 Satz 1 des Fünften Vermögensbildungsgesetzes in der am 19. Januar 1989 geltenden Fassung (BGBl. I S. 137) bei Kreditinstituten oder Versicherungsunternehmen angelegt worden sind, ist bei einer unschädlichen vorzeitigen Verfügung als Ende der Sperrfrist der Zeitpunkt dieser Verfügung anzugeben. ²Dies gilt bei Zuteilung eines Bausparvertrags entsprechend.

(5) Bei einer schädlichen vorzeitigen Verfügung über vermögenswirksame Leistungen, die nach § 2 Abs. 1 Nr. 1 oder 4 des Gesetzes oder nach § 17 Abs. 5 Satz 1 des Fünften Vermögensbildungsgesetzes in der am 19. Januar 1989 geltenden Fassung (BGBl. I S. 137) bei Kreditinstituten oder Versicherungsunternehmen angelegt worden sind, darf eine Bescheinigung nicht erteilt werden.

§ 6
Festsetzung der Arbeitnehmer-Sparzulage, Mitteilungspflichten der Finanzämter

(1) ¹Die Festsetzung der Arbeitnehmer-Sparzulage ist regelmäßig mit der Einkommensteuererklärung zu beantragen. ²Die festzusetzende Arbeitnehmer-Sparzulage ist auf den nächsten vollen Euro-Betrag aufzurunden. ³Sind für den Arbeitnehmer die vermögenswirksamen Leistungen eines Kalenderjahres auf mehr als einem der in § 2 Abs. 1 Nr. 1 bis 5 des Gesetzes und der in § 17 Abs. 5 Satz 1 des Fünften Vermögensbildungsgesetzes in der am 19. Januar 1989 geltenden Fassung (BGBl. I S. 137) bezeichneten Anlageverträge angelegt worden, so gilt die Aufrundung für jeden Vertrag.

(2) ¹Festgesetzte, noch nicht fällige Arbeitnehmer-Sparzulagen sind der Zentralstelle der Länder zur Aufzeichnung der für ihre Auszahlung notwendigen Daten mitzuteilen. ²Das gilt auch für die Änderung festgesetzter Arbeitnehmer-Sparzulagen sowie in den Fällen, in denen festgesetzte Arbeitnehmer-Sparzulagen nach Auswertung einer Anzeige über die teilweise schädliche vorzeitige Verfügung (§ 8 Abs. 4 Satz 2) unberührt bleiben.

(3) Werden bei einer Anlage nach § 2 Abs. 1 Nr. 1 bis 4, Abs. 2 bis 4 des Gesetzes oder nach § 17 Abs. 5 Satz 1 des Fünften Vermögensbildungsgesetzes in der am 19. Januar 1989 geltenden Fassung (BGBl. I S. 137) vor Ablauf der Sperrfrist teilweise Beträge zurückgezahlt, Ansprüche aus dem Vertrag abgetreten oder beliehen, die Bauspar- oder Versicherungssumme ausgezahlt, die Festlegung aufgehoben oder Spitzenbeträge nach § 4 Abs. 3 des Gesetzes oder des § 5 Abs. 3 des Fünften Vermögensbildungsgesetzes in der am 19. Februar 1987 geltenden Fassung (BGBl. I S. 630) von mehr als 150 Euro nicht rechtzeitig verwendet, so gelten für die Festsetzung oder Neufestsetzung der Arbeitnehmer-Sparzulage die Beträge in folgender Reihenfolge als zurückgezahlt:

1. Beträge, die keine vermögenswirksamen Leistungen sind,
2. vermögenswirksame Leistungen, für die keine Arbeitnehmer-Sparzulage festgesetzt worden ist,
3. vermögenswirksame Leistungen, für die eine Arbeitnehmer-Sparzulage festgesetzt worden ist.

(4) ¹In den Fällen des § 4 Abs. 4 Nr. 6 des Gesetzes oder des § 5 Abs. 4 des Fünften Vermögensbildungsgesetzes in der am 19. Februar 1987 geltenden Fassung (BGBl. I S. 630) gilt für die Festsetzung oder Neufestsetzung der Arbeitnehmer-Sparzulage der nicht wieder verwendete Erlös, wenn er 150 Euro übersteigt, in folgender Reihenfolge als zurückgezahlt:

1. Beträge, die keine vermögenswirksamen Leistungen sind,
2. vermögenswirksame Leistungen, für die keine Arbeitnehmer-Sparzulage festgesetzt worden ist,
3. vermögenswirksame Leistungen, für die eine Arbeitnehmer-Sparzulage festgesetzt worden ist.

²Maßgebend sind die bis zum Ablauf des Kalenderjahres, das dem Kalenderjahr der Veräußerung vorangeht, angelegten Beträge.

§ 7
Auszahlung der Arbeitnehmer-Sparzulage

(1) Die festgesetzte Arbeitnehmer-Sparzulage ist vom Finanzamt an den Arbeitnehmer auszuzahlen

1. bei einer Anlage nach § 2 Abs. 1 Nr. 4 des Gesetzes in Verbindung mit § 2 Abs. 1 Nr. 2 des Wohnungsbau-Prämiengesetzes sowie bei einer Anlage nach § 2 Abs. 1 Nr. 5 des Gesetzes;
2. bei einer Anlage nach § 2 Abs. 1 Nr. 1 bis 4, Abs. 2 bis 4 des Gesetzes oder nach § 17 Abs. 5 Satz 1 des Fünften Vermögensbildungsgesetzes in der am 19. Januar 1989 geltenden Fassung (BGBl. I S. 137), wenn im Zeitpunkt der Bekanntgabe des Bescheids über die Festsetzung der Arbeitnehmer-Sparzulage die für die Anlageform vorgeschriebene Sperrfrist oder die im Wohnungsbau-Prämiengesetz oder in der Verordnung zur Durchführung des Wohnungsbau-Prämiengesetzes in der Fassung der Bekanntmachung vom 29. Juni 1994 (BGBl. I S. 1446) genannten Sperr- und Rückzahlungsfristen abgelaufen sind;
3. in den Fällen des § 5 Abs. 4;
4. bei einer Anlage nach § 2 Abs. 1 Nr. 2 und 3 des Gesetzes, wenn eine unschädliche vorzeitige Verfügung vorliegt.

(2) ¹Die bei der Zentralstelle der Länder aufgezeichneten Arbeitnehmer-Sparzulagen für Anlagen nach § 2 Abs. 1 Nr. 1 bis 4, Abs. 2 bis 4 des Gesetzes oder nach § 17 Abs. 5 Satz 1 des Fünften Vermögensbildungsgesetzes in der am 19. Januar 1989 geltenden Fassung (BGBl. I S. 137) sind dem Kreditinstitut, dem Unternehmen oder dem Arbeitgeber, bei dem die vermögenswirksamen Leistungen angelegt worden sind, zugunsten des Arbeitnehmers zu überweisen. ²Die Überweisung ist in den Fällen des § 14 Abs. 4 Satz 4 Buchstabe c und d des Gesetzes bis zum Ende des Kalendermonats vorzunehmen, der auf den Kalendermonat folgt, in dem die Zuteilung oder die unschädliche vorzeitige Verfügung angezeigt worden ist.

§ 8
Anzeigepflichten des Kreditinstituts, des Unternehmens oder des Arbeitgebers

(1) Der Zentralstelle der Länder ist anzuzeigen

1. von dem Kreditinstitut oder Versicherungsunternehmen, das bei ihm nach § 2 Abs. 1 Nr. 1 oder 4 des Gesetzes oder § 17 Abs. 5 Satz 1 des Fünften Vermögensbildungsgesetzes in der am 19. Januar 1989 geltenden Fassung (BGBl. I S. 137) angelegte vermögenswirksame Leistungen nach § 15 Abs. 1 des Gesetzes bescheinigt hat, wenn vor Ablauf der Sperrfrist
   a) vermögenswirksame Leistungen zurückgezahlt werden,
   b) über Ansprüche aus einem Vertrag im Sinne des § 4 des Gesetzes, einem Bausparvertrag oder einem Vertrag nach § 17 Abs. 5 Satz 1 des Fünften Vermögensbildungsgesetzes in der am 19. Januar 1989 geltenden Fassung (BGBl. I

S. 137) durch Rückzahlung, Abtretung, Beleihung oder in anderer Weise verfügt wird,

c) die Festlegung erworbener Wertpapiere aufgehoben oder über solche Wertpapiere verfügt wird,

d) der Bausparvertrag zugeteilt oder die Bausparsumme ausgezahlt wird oder

e) die Versicherungssumme ausgezahlt oder der Versicherungsvertrag in einen Vertrag umgewandelt wird, der die Voraussetzungen des in § 17 Abs. 5 Satz 1 Nr. 3 des Fünften Vermögensbildungsgesetzes in der am 19. Januar 1989 geltenden Fassung (BGBl. I S. 137) bezeichneten Vertrags nicht erfüllt;

2. von dem Kreditinstitut, bei dem vermögenswirksame Leistungen nach § 4 des Gesetzes oder § 17 Abs. 5 Satz 1 Nr. 2 des Fünften Vermögensbildungsgesetzes in der am 19. Januar 1989 geltenden Fassung (BGBl. I S. 137) angelegt worden sind, wenn Spitzenbeträge nach § 4 Abs. 3 oder Abs. 4 Nr. 6 des Gesetzes oder § 5 Abs. 3 oder 4 des Fünften Vermögensbildungsgesetzes in der am 19. Februar 1987 geltenden Fassung (BGBl. I S. 630) von mehr als 150 Euro nicht rechtzeitig verwendet oder wieder verwendet worden sind;

3. von dem Kreditinstitut, dem nach § 2 Abs. 3 Satz 2 mitgeteilt worden ist, dass über verbriefte oder nicht verbriefte Vermögensbeteiligungen vor Ablauf der Sperrfrist verfügt worden ist;

4. von dem Unternehmen oder Arbeitgeber, bei dem eine nicht verbriefte Vermögensbeteiligung nach § 2 Abs. 1 Nr. 1 Buchstabe g bis l des Gesetzes mit vermögenswirksamen Leistungen begründet oder erworben worden ist, wenn vor Ablauf der Sperrfrist über die Vermögensbeteiligung verfügt wird oder wenn der Arbeitnehmer die Vermögensbeteiligung nicht bis zum Ablauf des Kalenderjahres erhalten hat, das auf das Kalenderjahr der vermögenswirksamen Leistungen folgt;

5. von dem Arbeitgeber, der Wertpapiere nach § 4 Abs. 3 Satz 1 Nr. 1 oder 2 verwahrt oder bei einem Dritten verwahren lässt, wenn vor Ablauf der Sperrfrist die Festlegung von Wertpapieren aufgehoben oder über Wertpapiere verfügt wird oder wenn bei einer Verwahrung nach § 4 Abs. 3 Satz 1 Nr. 3 der Arbeitnehmer die Verwahrungsbescheinigung nach § 4 Abs. 4 nicht rechtzeitig vorlegt;

6. von dem Arbeitgeber, bei dem vermögenswirksame Leistungen auf Grund eines Vertrags im Sinne des § 5 des Gesetzes angelegt werden, wenn ihm die Mitteilung des Kreditinstituts nach § 2 Abs. 4 Satz 2 zugegangen ist oder wenn der Arbeitnehmer mit den vermögenswirksamen Leistungen eines Kalenderjahres nicht bis zum Ablauf des folgenden Kalenderjahres die Wertpapiere erworben hat.

(2) ¹Das Kreditinstitut oder Versicherungsunternehmen hat in den Anzeigen nach Absatz 1 Nr. 1 bis 3 zu kennzeichnen, ob eine unschädliche, vollständig schädliche oder teilweise schädliche vorzeitige Verfügung vorliegt. ²Der Betrag, über den schädlich vorzeitig verfügt worden ist, sowie die in den einzelnen Kalenderjahren jeweils angelegten vermögenswirksamen Leistungen sind nur in Anzeigen über teilweise schädliche vorzeitige Verfügungen anzugeben.

(3) Die Anzeigen nach Absatz 1 sind nach amtlich vorgeschriebenem Vordruck oder nach amtlich vorgeschriebenem Datensatz durch Datenübermittlung auf amtlich vorgeschriebenen maschinell verwertbaren Datenträgern für die innerhalb eines Kalendermonats bekannt gewordenen vorzeitigen Verfügungen der Zentralstelle der Länder jeweils spätestens bis zum 15. Tag des folgenden Kalendermonats zuzuleiten.

(4) ¹Sind bei der Zentralstelle der Länder Arbeitnehmer-Sparzulagen für Fälle aufgezeichnet,

1. die nach Absatz 1 Nr. 4 bis 6 angezeigt werden oder
2. die nach Absatz 1 Nr. 1 bis 3 angezeigt werden, wenn die Anzeigen als vollständig oder teilweise schädliche vorzeitige Verfügung gekennzeichnet sind,

so hat die Zentralstelle die Auszahlung der aufgezeichneten Arbeitnehmer-Sparzulagen zu sperren. ²Die Zentralstelle hat die Anzeigen um ihr Aufzeichnungen zu ergänzen und zur Auswertung dem Finanzamt zu übermitteln, das nach Kenntnis der Zentralstelle zuletzt eine Arbeitnehmer-Sparzulage für den Arbeitnehmer festgesetzt hat.

§ 9
Rückforderung der Arbeitnehmer-Sparzulage durch das Finanzamt

¹Das für die Besteuerung des Arbeitnehmers nach dem Einkommen zuständige Finanzamt (§ 19 der Abgabenordnung) hat eine zu Unrecht gezahlte Arbeitnehmer-Sparzulage vom Arbeitnehmer zurückzufordern. ²Die Rückforderung unterbleibt, wenn der zurückzufordernde Betrag fünf Euro nicht übersteigt.

§ 10
Anwendungszeitraum

¹§ 8 dieser Verordnung ist auf vermögenswirksame Leistungen, über die nach dem 31. Dezember 1994 vorzeitig verfügt worden ist, anzuwenden. ²Im Übrigen ist diese Verordnung auf vermögenswirksame Leistungen, die nach dem 31. Dezember 1993 angelegt werden, anzuwenden.

§ 11
In-Kraft-Treten, weiter anzuwendende Vorschriften

(1) Diese Verordnung in der Fassung des Artikels 34 des Gesetzes vom 19. Dezember 2000 (BGBl. I S. 1790) ist ab 1. Januar 2002 anzuwenden.

(2) ¹Die Verordnung zur Durchführung des Fünften Vermögensbildungsgesetzes vom 4. Dezember 1991 (BGBl. I S. 1556), geändert durch Artikel 4 des Gesetzes vom 21. Dezember 1993 (BGBl. I S. 2310), tritt am Tage nach der Verkündung dieser Verordnung außer Kraft. ²Sie ist auf vermögenswirksame Leistungen, die vor dem 1. Januar 1994 angelegt worden sind, weiter anzuwenden; § 7 ist auch auf vermögenswirksame Leistungen, über die vor dem 1. Januar 1995 vorzeitig verfügt worden ist, weiter anzuwenden. ³Im Übrigen ist die Verordnung zur Durchführung des Fünften Vermögensbildungsgesetzes vom 4. Dezember 1991 auf vermögenswirksame Leistungen, die nach dem 31. Dezember 1993 angelegt worden sind, nicht mehr anzuwenden.

Anlage zur VermögensbildungsDV
Bekanntmachung des Vordruckmusters für die Bescheinigung der 2006 angelegten vermögenswirksamen Leistungen

BMF-Schreiben vom 9.10.2006 (BStBl. I S. 612)

Das Vordruckmuster für die Bescheinigung der 2006 angelegten vermögenswirksamen Leistungen wird hiermit in der Anlage bekannt gemacht. Der Vordruck hat das Format DIN A4.

Der Vordruck kann auch maschinell hergestellt werden, wenn er sämtliche Angaben in gleicher Anordnung enthält. Abweichende Formate sind nicht zulässig. Maschinell erstellte Bescheinigungen brauchen nicht handschriftlich unterschrieben zu werden.

Anhang 5　　　　　　　　　　　　　　　　　　　　　　　　　　　　　VermögensbildungsDV

Anlage

vom Arbeit- nehmer auszu- füllen	Name, Vorname	Steuernummer

2006

Anlage VL

99	1 5
9	
87	

Wichtiger Hinweis:

Diese Bescheinigung benötigen Sie, wenn Sie eine Arbeitnehmer-Sparzulage nach dem Fünften Vermögens-bildungsgesetz (VermBG) beantragen wollen. In diesem Fall fügen Sie bitte die Bescheinigung Ihrer Einkommen-steuererklärung / Ihrem Antrag auf Arbeitnehmer-Sparzulage bei.

Bescheinigung vermögenswirksamer Leistungen für 2006
(§ 15 Abs. 1 VermBG, § 5 VermBDV 1994)

Arbeitnehmer (Name, Vorname)　　　　　　　　　　　geboren am

Straße, Hausnummer

Postleitzahl, Wohnort

		1. Vertrag		2. Vertrag
Art der Anlage *)	0		0	
Institutsschlüssel für die Arbeitnehmer-Sparzulage	1		1	
Vertragsnummer	2		2	
Vermögenswirksame Leistungen (auf volle Euro aufgerundet)	3		3	
Ende der Sperrfrist (Format: TT.MM.JJJJ)	4		4	
Anlageinstitut, Unternehmen, Empfänger				

*) Bitte zutreffende Kennzahl eintragen.

1 = Sparvertrag über Wertpapiere oder andere Vermögensbeteiligungen (§ 4 VermBG)

2 = Wertpapier-Kaufvertrag (§ 5 VermBG)

3 = Beteiligungs-Vertrag oder Beteiligungs-Kaufvertrag (§§ 6, 7 VermBG)

4 = Bausparvertrag (§ 2 Abs. 1 Nr. 4 VermBG)

8 = Wohnungsbau (§ 2 Abs. 1 Nr. 5 VermBG), mit Ausnahme von Sparleistungen an Treuhand- und Immobilien-spargesellschaften, wenn der Anleger als bloßer Treugeber lediglich einen schuldrechtlichen Anspruch, aber kein unmittelbares Grundeigentum erlangt, oder Anlagen nach § 2 Abs. 1 Nr. 4 VermBG in Verbindung mit § 2 Abs. 1 Nr. 2 des Wohnungsbau-Prämiengesetzes

　　　(Datum)　　　　　　　　　　　　　　　　　　　　(Unterschrift des Anlageinstituts, Unternehmens, Empfängers)

Anlage VL - Okt. 2006

Anhang 6
Anwendung des Fünften Vermögensbildungsgesetzes ab 2004

BMF-Schreiben vom 9.8.2004 (BStBl. I S. 717)

Inhaltsverzeichnis

Abschnitt 1:	Persönlicher Geltungsbereich (§ 1 VermBG)
Abschnitt 2:	Begriff der vermögenswirksamen Leistungen, Überweisung (§ 2, § 3 Abs. 2 und 3 VermBG)
Abschnitt 3:	Zeitliche Zuordnung der vermögenswirksamen Leistungen (§ 2 Abs. 6 VermBG)
Abschnitt 4:	Vermögensbeteiligungen (§ 2 Abs. 1 Nr. 1 VermBG)
Abschnitt 5:	Anlagen auf Grund von Sparverträgen über Wertpapiere oder andere Vermögensbeteiligungen (§ 2 Abs. 1 Nr. 1, § 4 VermBG)
Abschnitt 6:	Anlagen auf Grund von Wertpapier-Kaufverträgen (§ 2 Abs. 1 Nr. 2, § 5 VermBG)
Abschnitt 7:	Anlagen auf Grund von Beteiligungs-Verträgen und Beteiligungs-Kaufverträgen (§ 2 Abs. 1 Nr. 3, §§ 6 und 7 VermBG)
Abschnitt 8:	Insolvenzschutz (§ 2 Abs. 5a VermBG)
Abschnitt 9:	Anlagen nach dem Wohnungsbau-Prämiengesetz (§ 2 Abs. 1 Nr. 4 VermBG)
Abschnitt 10:	Anlagen für den Bau, den Erwerb, den Ausbau, die Erweiterung oder die Entschuldung eines Wohngebäudes usw. (§ 2 Abs. 1 Nr. 5 VermBG)
Abschnitt 11:	Anlagen auf Grund von Verträgen des Ehegatten, der Kinder oder der Eltern (§ 3 Abs. 1 VermBG)
Abschnitt 12:	Vereinbarung der vermögenswirksamen Leistungen, freie Wahl der Anlage (§§ 10, 11, 12 VermBG)
Abschnitt 13:	Kennzeichnungs- und Mitteilungspflichten (§ 3 Abs. 2 VermBG, § 2 Abs. 1 VermBDV 1994)
Abschnitt 14:	Bescheinigung vermögenswirksamer Leistungen (§ 15 Abs. 1 VermBG, § 5 VermBDV 1994)
Abschnitt 15:	Festsetzung der Arbeitnehmer-Sparzulage (§§ 13, 14 VermBG, § 6 Abs. 1 VermBDV 1994)
Abschnitt 16:	Höhe der Arbeitnehmer-Sparzulage (§ 13 Abs. 2 VermBG)
Abschnitt 17:	Auszahlung der Arbeitnehmer-Sparzulage (§ 14 Abs. 4 und 5 VermBG, § 7 VermBDV 1994)
Abschnitt 18:	Wegfall der Zulagebegünstigung (§ 13 Abs. 5 Satz 1 VermBG)
Abschnitt 19:	Zulageunschädliche Verfügungen (§ 4 Abs. 4 VermBG)
Abschnitt 20:	Nachweis einer zulageunschädlichen Verfügung (§ 4 Abs. 4 VermBG, § 8 VermBDV 1994)
Abschnitt 21:	Anzeigepflichten (§ 8 VermBDV 1994)
Abschnitt 22:	Änderung der Festsetzung, Rückforderung von Arbeitnehmer-Sparzulagen (§ 13 Abs. 5 VermBG, § 6 Abs. 2 und 3, § 8 Abs. 4, § 9 VermBDV 1994)
Abschnitt 23:	Außenprüfung (§ 15 Abs. 5 VermBG)
Abschnitt 24:	Übergangsregelungen

Unter Bezugnahme auf das Ergebnis der Erörterungen mit den obersten Finanzbehörden der Länder und mit dem Bundesministerium für Wirtschaft und Arbeit wird zur Anwendung des Fünften Vermögensbildungsgesetzes in der Fassung der Bekanntmachung vom 4. März 1994 (BGBl. I S. 406, BStBl. I S. 237), zuletzt geändert durch Artikel 19 des Gesetzes vom 29. Dezember 2003 (BGBl. I S. 3076) – VermBG – auf ab 2004 angelegte vermögenswirksame Leistungen wie folgt Stellung genommen:

1. Persönlicher Geltungsbereich (§ 1 VermBG)

(1) [1]Das VermBG gilt für unbeschränkt und beschränkt einkommensteuerpflichtige Arbeitnehmer im arbeitsrechtlichen Sinne (Angestellte, Arbeiter) und Auszubildende, deren Arbeitsverhältnis oder Ausbildungsverhältnis deutschem Arbeitsrecht unterliegt (§ 1 Abs. 1, Abs. 2 Satz 1 VermBG). [2]Das VermBG gilt auch für in Heimarbeit Beschäftigte (§ 1 Abs. 2 Satz 2 VermBG) und für Beamte, Richter, Berufssoldaten und Soldaten auf Zeit (§ 1 Abs. 4 VermBG). [3]Soldaten auf Zeit, für die das VermBG gilt, sind auch Bezieher von Ausbildungsgeld, das nach § 30 Abs. 2 Soldatengesetz während des Studiums gezahlt wird.

(2) Das VermBG gilt für die in Absatz 1 Satz 1 bezeichneten Arbeitnehmer, z. B. auch dann, wenn sie

1. ihren Wohnsitz im Ausland haben und als entsandte Kräfte oder deutsche Ortskräfte an Auslandsvertretungen der Bundesrepublik beschäftigt sind,
2. ausländische Arbeitnehmer sind und als Grenzgänger in der Bundesrepublik arbeiten,
3. Kommanditisten oder stille Gesellschafter eines Unternehmens sind und mit der Kommanditgesellschaft oder dem Unternehmen einen Arbeitsvertrag abgeschlossen haben, der sie in eine abhängige Stellung zu der Gesellschaft oder dem Unternehmen bringt und sie deren Weisungsrecht unterstellt,
4. Wehrdienstleistende oder Zivildienstleistende sind und in einem ruhenden Arbeitsverhältnis stehen (§ 1 Abs. 1 Arbeitsplatzschutzgesetz), aus dem sie noch Arbeitslohn erhalten,
5. behinderte Menschen im Arbeitsbereich anerkannter Werkstätten für behinderte Menschen sind und zu den Werkstätten in einem arbeitnehmerähnlichen Rechtsverhältnis stehen (§ 138 Abs. 1 SGB IX),
6. kurzfristig Beschäftigte, Aushilfskräfte in der Land- und Forstwirtschaft und geringfügig entlohnte Beschäftigte sind, deren Arbeitslohn nach § 40a EStG pauschal versteuert wird.

(3) Im Zweifel ist eine Person Arbeitnehmer im arbeitsrechtlichen Sinne, wenn sie Arbeitslohn im steuerlichen Sinne aus einem gegenwärtigen Dienstverhältnis bezieht. Gleiches gilt für einen Gesellschafter, wenn für ihn Sozialversicherungspflicht besteht.

(4) Das VermBG wird darüber hinaus angewendet auf

1. Arbeitnehmer, die als Grenzgänger im benachbarten Ausland nach ausländischem Arbeitsrecht beschäftigt sind, aber ihren ständigen Wohnsitz und den Mittelpunkt ihrer Lebensinteressen im Inland haben (vgl. auch Abschnitt 2 Abs. 3),
2. Personen, die aus dem Arbeitsverhältnis ausgeschieden sind, aber im Rahmen seiner Abwicklung noch Entgelt für geleistete Arbeit erhalten.

(5) Das VermBG gilt vorbehaltlich der Sätze 3 und 4 nicht für Mitglieder des zur gesetzlichen Vertretung berufenen Organs einer juristischen Person und durch Gesetz, Satzung oder Gesellschaftsvertrag zur Vertretung einer Personengesamtheit berufene Personen (§ 1 Abs. 3 VermBG), weil sie in dieser Eigenschaft nicht Arbeitnehmer im arbeitsrechtlichen Sinne sind. Zu diesen Organmitgliedern oder Vertretern einer Personengesamtheit gehören insbesondere Vorstandsmitglieder von Aktiengesellschaften, rechtsfähigen oder nichtrechtsfähigen Vereinen, Stiftungen, Versicherungsvereinen auf Gegenseitigkeit und Genossenschaften sowie Geschäftsführer von Gesellschaften mit beschränkter Haftung und von Orts- und Innungskrankenkassen (vgl. BFH-Urteil vom 15. Oktober 1976, BStBl. 1977 II S. 53). Für die bezeichneten Organmitglieder einer juristischen Person und Vertreter einer Personengesamtheit gilt das VermBG jedoch dann, wenn sie mit einem Dritten einen Arbeitsvertrag abgeschlossen haben und deshalb Arbeitnehmer im Sinne des Absatzes 1 Satz 1 sind, oder wenn sie zu den in § 1 Abs. 4 VermBG bezeichneten Personen gehören (Absatz 1 Satz 2, Absatz 8). Für Vorstandsmitglieder einer Genossenschaft gilt das VermBG darüber hinaus dann, wenn sie mit der Genossenschaft selbst einen Arbeitsvertrag abgeschlossen haben und wenn die Stellung und Tätigkeit auf Grund des Arbeitsverhältnisses von der Stellung und Tätigkeit als Vorstandsmitglied klar abgrenzbar ist und das Arbeitsverhältnis unabhängig von der Vorstandstätigkeit begründet wurde. Eine solche unterscheidbare und trennbare Doppelstellung als Vorstandsmitglied und Arbeitnehmer der Genossenschaft liegt z. B. dann vor, wenn eine vor der Berufung in den Vorstand ausgeübte Tätigkeit als Arbeitnehmer der Genossenschaft danach unverändert fortgesetzt wird, wenn diese Tätigkeit wie bisher bezahlt, die hinzugekommene Vorstandstätigkeit dagegen unentgeltlich geleistet wird, und wenn beide Tätigkeiten sich deutlich voneinander unterscheiden.

Anhang 6 — Anwendung des Fünften Vermögensbildungsgesetzes

(6) Das VermBG gilt außerdem z. B. nicht für folgende Personen, weil sie nicht Arbeitnehmer im arbeitsrechtlichen Sinne sind:

1. Wehrdienstleistende und Zivildienstleistende, wenn sie nicht in einem ruhenden Arbeitsverhältnis stehen (vgl. auch Absatz 2 Nr. 4),
2. Bezieher von Renten aus den gesetzlichen Rentenversicherungen und Empfänger von arbeitsrechtlichen Versorgungsbezügen einschließlich Vorruhestandsbezügen, wenn sie nicht weiter in einem Arbeitsverhältnis stehen,
3. Helferinnen und Helfer, die ein freiwilliges soziales oder ökologisches Jahr im Sinne der Gesetze zur Förderung eines freiwilligen sozialen oder ökologischen Jahres ableisten,
4. Entwicklungshelfer im Sinne des Entwicklungshelfer-Gesetzes.

Das VermBG gilt auch nicht für Bedienstete internationaler Organisationen, deren Arbeitsverhältnis nicht deutschem Arbeitsrecht unterliegt.

(7) In Heimarbeit Beschäftigte, für die das VermBG gilt (Absatz 1 Satz 2), sind Heimarbeiter und Hausgewerbetreibende (§ 1 Abs. 1 Heimarbeitsgesetz – HAG). Heimarbeiter sind Personen, die in selbst gewählter Arbeitsstätte (eigener Wohnung oder selbst gewählter Betriebsstätte) allein oder mit Familienangehörigen im Auftrag von Gewerbetreibenden oder Zwischenmeistern erwerbsmäßig arbeiten, jedoch die Verwertung der Arbeitsergebnisse den unmittelbar oder mittelbar auftraggebenden Gewerbetreibenden überlassen (§ 2 Abs. 1 HAG). Hausgewerbetreibende sind Personen, die in eigener Arbeitsstätte (eigener Wohnung oder Betriebsstätte) mit nicht mehr als zwei fremden Hilfskräften oder Heimarbeitern im Auftrag von Gewerbetreibenden oder Zwischenmeistern Waren herstellen, bearbeiten oder verpacken, wobei sie selbst wesentlich am Stück mitarbeiten, jedoch die Verwertung der Arbeitsergebnisse dem unmittelbar auftraggebenden Gewerbetreibenden überlassen; unschädlich ist es, wenn Hausgewerbetreibende vorübergehend, d. h. in nur unbedeutendem Umfang, unmittelbar für den Absatzmarkt arbeiten (§ 2 Abs. 2 HAG). Das VermBG gilt nicht für die den in Heimarbeit Beschäftigten gemäß § 1 Abs. 2 HAG Gleichgestellten.

(8) Das VermBG gilt nicht für

1. sog. Ehrenbeamte (z. B. ehrenamtliche Bürgermeister), weil sie keine beamtenrechtliche Besoldung beziehen,
2. Empfänger beamtenrechtlicher Versorgungsbezüge,
3. entpflichtete Hochschullehrer, wenn sie nach Landesrecht nicht weiter Beamte im beamtenrechtlichen Sinne sind.

2. Begriff der vermögenswirksamen Leistungen, Überweisung (§ 2, § 3 Abs. 2 und 3 VermBG)

(1) Vermögenswirksame Leistungen sind Geldleistungen, die der Arbeitgeber für den Arbeitnehmer in einer der in § 2 Abs. 1 VermBG genannten Anlageformen anlegt; der Arbeitgeber hat für den Arbeitnehmer grundsätzlich unmittelbar an das Unternehmen, das Institut oder den Gläubiger zu leisten, bei dem nach Wahl des Arbeitnehmers (Abschnitt 12 Abs. 6) die vermögenswirksame Anlage erfolgen soll. Ausnahmen bestehen nach Absatz 3 und in folgenden Fällen:

1. Bei einer Anlage nach § 2 Abs. 1 Nr. 2 und 3 VermBG in Beteiligungen auf Grund von Verträgen mit dem Arbeitgeber werden die vermögenswirksamen Leistungen verrechnet (Abschnitt 6 Abs. 1 und 2, Abschnitt 7 Abs. 2).
2. Bei einer Anlage nach § 2 Abs. 1 Nr. 5 VermBG für den Wohnungsbau (Abschnitt 10) können die vermögenswirksamen Leistungen auch unmittelbar an den Arbeitnehmer zur Weiterleitung an den Gläubiger gezahlt werden.

Im Übrigen kann nur Arbeitslohn vermögenswirksam angelegt werden, der dem Arbeitnehmer noch nicht zugeflossen ist; die nachträgliche Umwandlung von zugeflossenem Arbeitslohn in vermögenswirksame Leistungen nach § 11 VermBG (Abschnitt 12 Abs. 2 und 3) ist nur im Fall des Absatzes 3 möglich.

(2) Vermögenswirksame Leistungen liegen auch insoweit vor, als Anspruch auf Arbeitnehmer-Sparzulage nicht besteht, weil z. B.

1. auf Grund eines Sparvertrags oder Kapitalversicherungsvertrags (§ 2 Abs. 1 Nr. 6 und 7, § 13 Abs. 2 VermBG) angelegt wird,
2. die zulagebegünstigten Höchstbeträge von 400 Euro bzw. 470 Euro überschritten sind (§ 13 Abs. 2 VermBG) oder
3. die Einkommensgrenze überschritten ist (§ 13 Abs. 1 VermBG).

(3) Für den Grenzgänger (Abschnitt 1 Abs. 4 Nr. 1) kann der ausländische Arbeitgeber vermögenswirksame Leistungen auch dadurch anlegen, dass er eine andere Person mit der Überweisung oder Einzahlung in seinem Namen und für seine Rechnung beauftragt. Geht dies aus dem Überweisungsauftrag oder dem Einzahlungsbeleg eindeutig hervor, bestehen keine Bedenken, wenn es sich bei der beauftragten Person um den Begünstigten selbst handelt. Lehnt es der ausländische Arbeitgeber ab, mit dem bei ihm beschäftigten Grenzgänger einen Vertrag nach § 11 VermBG abzuschließen, so kann statt des Arbeitgebers ein inländisches Kreditinstitut mit dem Arbeitnehmer die vermögenswirksame Anlage von Lohnteilen vereinbaren. Voraussetzung ist, dass der ausländische Arbeitgeber den Arbeitslohn auf ein Konto des Arbeitnehmers bei dem Kreditinstitut überweist und dieses sodann die vermögenswirksam anzulegenden Beträge zu Lasten dieses Kontos unmittelbar an das Unternehmen, das Institut oder den Gläubiger leistet. Diese Regelungen gelten auch für Arbeitnehmer, die bei diplomatischen und konsularischen Vertretungen ausländischer Staaten im Inland beschäftigt sind, wenn das Arbeitsverhältnis deutschem Arbeitsrecht unterliegt.

(4) Der Anspruch des Arbeitnehmers auf vermögenswirksame Leistungen ist bis zum Betrag von 870 Euro im Kalenderjahr unabhängig von der Anlageart nicht übertragbar und damit auch nicht pfändbar und nicht verpfändbar (§ 2 Abs. 7 Satz 2 VermBG, § 851 Abs. 1 ZPO, § 1274 Abs. 2 BGB). Dies gilt auch, soweit der Arbeitgeber die vermögenswirksamen Leistungen aus dem Arbeitslohn anzulegen hat (§ 11 VermBG) und unabhängig davon, ob und wieweit die vermögenswirksamen Leistungen zulagebegünstigt sind.

3. Zeitliche Zuordnung der vermögenswirksamen Leistungen (§ 2 Abs. 6 VermBG)

(1) Vermögenswirksame Leistungen sind Arbeitslohn (§ 2 Abs. 6 VermBG). Die zeitliche Zuordnung vermögenswirksamer Leistungen richtet sich nach den für die Zuordnung des Arbeitslohns geltenden Vorschriften (vgl. § 38a Abs. 1 Satz 2 und 3 EStG, R 115, 118 und 119 LStR). Für die Zurechnung vermögenswirksamer Leistungen zum abgelaufenen Kalenderjahr kommt es auf den Zeitpunkt des Eingangs beim Anlageinstitut nicht an (vgl. Abschnitt 13 Abs. 1).

(2) Die zeitliche Zuordnung vermögenswirksamer Leistungen ist auf den Beginn der Sperrfrist ohne Einfluss. Die Sperrfrist für auf Sparverträge über Wertpapiere oder andere Vermögensbeteiligungen (§ 4 VermBG) angelegte vermögenswirksame Leistungen beginnt stets am 1. Januar des Kalenderjahrs, in dem die einmalige oder die erste laufende vermögenswirksame Leistung beim Kreditinstitut eingeht.

4. Vermögensbeteiligungen (§ 2 Abs. 1 Nr. 1 VermBG)

(1) Die Vermögensbeteiligungen, deren Begründung oder Erwerb nach dem VermBG mit der Arbeitnehmer-Sparzulage begünstigt ist, sind in § 2 Abs. 1 Nr. 1 i. V. m. Abs. 2 bis 4 VermBG abschließend aufgezählt. Danach können sowohl Vermögensbeteiligungen am Unternehmen des Arbeitgebers (betriebliche Beteiligungen) als auch Vermögensbeteiligungen an anderen Unternehmen (außerbetriebliche Beteiligungen) begründet oder erworben werden. Eine Vermögensbeteiligung kann jedoch nur begründet oder erworben werden, wenn ihre Laufzeit nicht vor der für die gewählte Anlage geltenden Sperrfrist endet.

(2) Aktien und Wandelschuldverschreibungen sind Vermögensbeteiligungen, wenn sie

1. vom inländischen oder ausländischen Arbeitgeber oder von einem Unternehmen, das als herrschendes Unternehmen mit dem Unternehmen des Arbeitgebers verbunden ist (§ 18 Abs. 1 des Aktiengesetzes – AktG –) ausgegeben werden oder
2. an einer deutschen Börse zum amtlichen Handel oder zum geregelten Markt zugelassen oder in den Freiverkehr einbezogen sind.

(3) Eine Gewinnschuldverschreibung ist ein Wertpapier, das auf Inhaber, Namen oder an Order lautet und in dem die Leistung einer bestimmten Geldsumme – im Regelfall die Einlösung zum Nennwert – versprochen wird. Ob die Einlösung nach Fristablauf, Kündigung oder Rückgabe vorgesehen ist, ist dabei ohne Bedeutung.

Anwendung des Fünften Vermögensbildungsgesetzes

Unerheblich ist ebenfalls, ob neben Geldsummenansprüchen Geldwertansprüche verbrieft sind; so liegt z. B. eine Gewinnschuldverschreibung auch vor, wenn die Einlösung zum Kurs einer entsprechenden Aktie, mindestens jedoch zu einer bestimmten Geldsumme vereinbart ist. Voraussetzung ist in allen Fällen, dass neben einer bestimmten Geldsumme eine Verzinsung zugesagt ist, die mit dem Gewinn zusammenhängt. Auf die Bezeichnung als Zins kommt es dabei nicht an. Neben dem gewinnabhängigen Zins kann ein fester Zins zugesagt bzw. ein gewinnunabhängiger Mindestzins vereinbart sein. Gewinnschuldverschreibungen sind Vermögensbeteiligungen, wenn sie vom inländischen oder ausländischen Arbeitgeber oder von einem Unternehmen ausgegeben werden, das als herrschendes Unternehmen mit dem Unternehmen des Arbeitgebers verbunden ist (§ 18 Abs. 1 AktG). Sofern in solchen Gewinnschuldverschreibungen eine gewinnunabhängige Mindestverzinsung zugesagt ist, muss eine der in § 2 Abs. 3 VermBG geforderten Voraussetzungen erfüllt sein; die Mindestverzinsung im Sinne des § 2 Abs. 3 Nr. 2 VermBG bestimmt sich nach dem Ausgabepreis, nicht nach dem Nennwert oder Tageskurs der Gewinnschuldverschreibung.

(4) Wandel- und Gewinnschuldverschreibungen, die Namensschuldverschreibungen des Arbeitgebers sind, sind Vermögensbeteiligungen, wenn die Ansprüche des Arbeitnehmers aus der Schuldverschreibung auf Kosten des Arbeitgebers durch ein inländisches Kreditinstitut verbürgt oder durch ein inländisches Versicherungsunternehmen privatrechtlich gesichert sind; ein Wechsel des Bürgen oder des Versicherungsunternehmens während der für die gewählte Anlage geltenden Sperrfrist ist zulässig, wenn der neue Bürge oder das neue Versicherungsunternehmen die bisher entstandenen Verpflichtungen übernimmt. Durch den Eintritt des Sicherungsfalls wird die für die gewählte Anlage geltende Sperrfrist nicht berührt. Die Sicherung ist nicht erforderlich, wenn der Arbeitgeber ein inländisches Kreditinstitut ist.

(5) Anteile an richtlinienkonformen Sondervermögen im Sinne von § 46 bis 65 des Investmentgesetzes – InvG – und gemischten Sondervermögen im Sinne von § 83 bis 86 InvG (§ 2 Abs. 1 Nr. 1 Buchstabe c VermBG) bleiben Vermögensbeteiligungen bei Änderung der im maßgebenden Jahresbericht oder im ersten Halbjahresbericht nach Auflegung des Sondervermögens festgestellten Zusammensetzung des Sondervermögens, die während der Laufzeit eines Vertrags nach § 4 VermBG über den Erwerb von entsprechenden Anteilen mit laufenden vermögenswirksamen Leistungen eintreten kann. Das gilt auch für ausländische Investmentanteile (§ 2 Abs. 1 Nr. 1 Buchstabe c VermBG) mit der Maßgabe, dass im Zeitpunkt des Vertragsabschlusses der Jahresbericht über das vorletzte Geschäftsjahr stets vorliegen muss. Beim Erwerb verbriefter EG-Investmentanteile gemäß § 2 Abs. 10 des Investmentgesetzes kann für neu aufgelegte Vermögen aus Wertpapieren auch der erste Halbjahresbericht nach Auflegung des Vermögens zugrunde gelegt werden. Die Anlage in Immobilien-Sondervermögen, Altersvorsorge-Sondervermögen und Spezial-Sondervermögen wird nicht gefördert.

(6) Ein Genussschein ist ein Wertpapier, wenn er ein Genussrecht verbrieft und auf Inhaber, Namen oder an Order lautet. Ein Genussschein kann grundsätzlich von Unternehmen jeder Rechtsform ausgegeben werden. Genussrechte können alle Vermögensrechte sein, wie sie typischerweise Aktionären zustehen. Sie unterscheiden sich von Mitgliedschaftsrechten durch das Fehlen der Kontroll- und Verwaltungsrechte. Genussscheine sind Vermögensbeteiligungen, wenn sie

1. vom inländischen oder ausländischen Arbeitgeber oder von einem Unternehmen, das als herrschendes Unternehmen mit dem Unternehmen des Arbeitgebers verbunden ist (§ 18 Abs. 1 AktG), ausgegeben werden oder

2. von einem inländischen Unternehmen, das kein Kreditinstitut ist, ausgegeben werden und an einer deutschen Börse zum amtlichen Handel oder zum geregelten Markt zugelassen oder in den Freiverkehr einbezogen sind.

Voraussetzung ist stets, dass mit dem Genussrecht das Recht am Gewinn des Unternehmens verbunden ist. Die Zusage eines gewinnunabhängigen Mindest- bzw. Festzinses steht damit grundsätzlich nicht im Einklang. Ein gewinnunabhängiger Mindest- oder Festzins ist z. B. dann nicht zugesagt, wenn die Zinszahlung ausdrücklich von einem ausreichenden Gewinn abhängig gemacht ist oder das Genussrechtskapital am Verlust teilnimmt (vgl. § 10 Abs. 5 Gesetz über das Kreditwesen). Sofern eine gewinnunabhängige Mindestverzinsung zugesagt ist, muss eine der in § 2 Abs. 4 i. V. m. Abs. 3 VermBG geforderten Voraussetzungen erfüllt sein. Die Mindestverzinsung im Sinne des § 2 Abs. 3 Nr. 2 VermBG bestimmt sich nach dem Ausgabepreis, nicht nach dem Nennwert oder Tageskurs des Genussscheins. Sind neben dem Recht am Gewinn eines Unternehmens andere Rechte vereinbart, die ebenfalls typische Vermögensrechte eines Aktionärs sein können (z. B. Bezugsrechte), steht das der Annahme eines Genussrechts nicht entgegen. Voraussetzung ist außerdem, dass Rückzahlung zum Nennwert nicht zugesagt ist. Diese Voraussetzung ist z. B. in folgenden Fällen erfüllt:

1. Ausschluss der Rückzahlbarkeit (Unkündbarkeit, keine Rücknahme des Genussscheins);

2. Rückzahlbarkeit bei Kündigung, bei Rückgabe oder nach Fristablauf, wenn sich der Rückzahlungsanspruch nach der Wertentwicklung eines Unternehmens richtet (z. B. unmittelbar auf einen Anteil am Liquidationserlös gerichtet ist oder sich nach dem Börsenkurs einer entsprechenden Aktie des Unternehmens richtet);

3. Rückzahlbarkeit bei Kündigung, bei Rückgabe oder nach Fristablauf, wenn eine Beteiligung am Verlust vereinbart ist (das ist auch dann der Fall, wenn im Verlustfalle weniger als der Nennwert zurückgezahlt wird);

4. Rückzahlbarkeit bei Kündigung, bei Rückgabe oder nach Fristablauf, wenn eine Rückzahlung nur aus dem Gewinn erfolgen darf.

Ist Rückzahlung zum Nennwert zugesagt, kann es sich um eine Gewinnschuldverschreibung handeln (Absatz 3).

(7) Beteiligungen an einer Genossenschaft durch Begründung oder Erwerb eines Geschäftsguthabens sind Vermögensbeteiligungen, wenn die Genossenschaft

1. der inländische Arbeitgeber oder ein inländisches Unternehmen ist, das als herrschendes Unternehmen mit dem inländischen Unternehmen des Arbeitgebers verbunden ist (§ 18 Abs. 1 AktG), oder

2. ein inländisches Kreditinstitut oder ein Post-, Spar- oder Darlehensverein ist oder

3. eine Bau- oder Wohnungsgenossenschaft im Sinne des § 2 Abs. 1 Nr. 2 des Wohnungsbau-Prämiengesetzes – WoPG – ist, welche die in § 2 Abs. 1 Nr. 1 Buchstabe g VermBG geforderten Voraussetzungen erfüllt.

Die Begründung oder der Erwerb eines Geschäftsguthabens bei einer Genossenschaft setzt voraus, dass der Arbeitnehmer bereits Mitglied der Genossenschaft ist oder vereinbart ist, dass er von der Genossenschaft als Mitglied aufgenommen wird. Zur Begründung von Geschäftsguthaben bei einer Genossenschaft werden auch die vermögenswirksamen Leistungen angelegt, die als Anzahlungen oder als Einzahlungen auf den Geschäftsanteil des Arbeitnehmers geleistet werden, nachdem das Geschäftsguthaben durch Verlust gemindert oder der Geschäftsanteil durch Beschluss der Generalversammlung erhöht worden ist. Ist die Sperrfrist nicht eingehalten, gehören Aufwendungen für den ersten Erwerb von Anteilen an Bau- und Wohnungsgenossenschaften (§ 2 Abs. 1 Nr. 2 WoPG) zu den Anlagen nach § 2 Abs. 1 Nr. 4 VermBG (Abschnitt 9 Abs. 3).

(8) Beteiligungen an einer Gesellschaft mit beschränkter Haftung – GmbH – durch Übernahme einer Stammeinlage oder Erwerb eines Geschäftsanteils sind Vermögensbeteiligungen, wenn die GmbH der inländische Arbeitgeber oder ein inländisches Unternehmen ist, das als herrschendes Unternehmen mit dem inländischen Unternehmen des Arbeitgebers verbunden ist (§ 18 Abs. 1 AktG). Zur Übernahme einer Stammeinlage bei einer GmbH durch den Arbeitnehmer können vermögenswirksame Leistungen

1. bei Errichtung der GmbH auf Grund des mit dem Arbeitnehmer abgeschlossenen Gesellschaftsvertrags oder

2. bei Erhöhung des Stammkapitals der GmbH auf Grund einer Übernahmeerklärung des Arbeitnehmers (§ 55 Abs. 1 GmbH-Gesetz)

nach den Vorschriften des § 6 VermBG über den Beteiligungsvertrag angelegt werden. Zum Erwerb eines Geschäftsanteils an einer GmbH durch den Arbeitnehmer können vermögenswirksame Leistungen auf Grund eines Abtretungsvertrags des Arbeitnehmers mit der arbeitgebenden GmbH oder dem genannten verbundenen Unternehmen, nach den Vorschriften des § 7 VermBG über den Beteiligungs-Kaufvertrag (Abschnitt 7) angelegt werden. Nach den Vorschriften des § 4 VermBG angelegte vermögenswirksame Leistungen können zur Übernahme einer Stammeinlage auf Grund eines Gesellschaftsvertrags oder einer Übernahmeerklärung des Arbeitnehmers und zum Erwerb eines Geschäftsanteils auf Grund eines Abtretungsvertrags verwendet werden (§ 4 Abs. 2 Satz 1 Nr. 1 VermBG). Zur Übernahme einer Stammeinlage können vermögenswirksame Leistungen bereits dann angelegt oder verwendet werden, wenn der Gesellschaftsvertrag abgeschlossen oder die Übernahme der Stammeinlage erklärt, aber die Gesellschaft oder die Erhöhung des Stammkapitals noch nicht in das Handelsregister eingetragen worden ist. Unterbleibt die Eintragung, so sind Abschnitt 18 Abs. 1 Nr. 3 und § 8 Abs. 1 Nr. 4 der Verordnung zur Durchführung des Fünften Vermögensbildungsgesetzes – VermBDV 1994 – zu beachten.

(9) Stille Beteiligungen an einem Unternehmen sind Vermögensbeteiligungen, wenn dieses

1. der inländische Arbeitgeber oder ein inländisches Unternehmen ist, das als herrschendes Unternehmen mit dem inländischen Unternehmen des Arbeitgebers verbunden ist (§ 18 Abs. 1 AktG), oder
2. ein inländisches Unternehmen ist, das auf Grund eines Vertrags mit dem Arbeitgeber an dessen inländischem Unternehmen gesellschaftsrechtlich beteiligt ist (indirekte betriebliche stille Beteiligung über eine so genannte Mitarbeiterbeteiligungsgesellschaft).

Als Vermögensbeteiligungen sind auch stille Beteiligungen an einem inländischen Unternehmen anzusehen, das auf Grund eines Vertrags mit einem anderen inländischen Unternehmen an diesem gesellschaftsrechtlich beteiligt ist, wenn dieses als herrschendes Unternehmen mit dem inländischen Unternehmen des Arbeitgebers verbunden ist (§ 18 Abs. 1 AktG). Die stille Beteiligung muss die im Handelsgesetzbuch für sie vorgeschriebenen Voraussetzungen erfüllen. Die stille Beteiligung an einem Unternehmen ist danach unabhängig von dessen Rechtsform möglich, wenn das Unternehmen ein Handelsgewerbe betreibt, oder wenn das Unternehmen z. B. wegen seiner Rechtsform oder wegen seiner Eintragung im Handelsregister als Unternehmen gilt, das ein Handelsgewerbe betreibt. An einer Gesellschaft, die kein Handelsgewerbe betreibt, aber – zu Unrecht – als Kommanditgesellschaft im Handelsregister eingetragen ist, kann eine stille Beteiligung begründet werden, wenn die eingetragene Gesellschaft ein Gewerbe betreibt. Ob diese Voraussetzung erfüllt ist, ist jeweils unter Berücksichtigung der Umstände des Einzelfalls ausschließlich nach handelsrechtlichen Grundsätzen festzustellen. Für die Abgrenzung einer stillen Beteiligung von einem partiarischen Darlehen kommt es darauf an, ob die Vertragspartner einen gemeinsamen Zweck verfolgen (vgl. BFH-Urteil vom 21. Juni 1983, BStBl. II S. 563). Indiz für die Verfolgung eines gemeinsamen Zwecks kann die ausdrückliche Vereinbarung von Kontrollrechten des Arbeitnehmers sein. Fehlt es an einem gemeinsamen Zweck der Vertragspartner, liegt ein partiarisches Darlehen vor (Absatz 10).

(10) Darlehensforderungen sind Vermögensbeteiligungen, wenn

1. sie Forderungen gegen den Arbeitgeber oder gegen ein inländisches Unternehmen sind, das als herrschendes Unternehmen mit dem Unternehmen des Arbeitgebers verbunden ist (§ 18 Abs. 1 AktG) und
2. die Ansprüche des Arbeitnehmers aus dem Darlehensvertrag gesichert sind.

Absatz 4 gilt entsprechend.

(11) Genussrechte an einem Unternehmen, über die keine Genussscheine mit Wertpapiercharakter ausgegeben werden, sind Vermögensbeteiligungen, wenn

1. das Unternehmen der inländische Arbeitgeber oder ein inländisches Unternehmen ist, das als herrschendes Unternehmen mit dem inländischen Unternehmen des Arbeitgebers verbunden ist (§ 18 Abs. 1 AktG), und
2. die Voraussetzungen des Absatzes 6 erfüllt sind.

Ist Rückzahlung zum Nennwert vereinbart, kann es sich um ein partiarisches Darlehen handeln (Absatz 10).

(12) Mit vermögenswirksamen Leistungen können auch Nebenkosten der Begründung oder des Erwerbs einer Vermögensbeteiligung beglichen werden. Nebenkosten sind z. B. Provisionen, Notariatsgebühren, Eintrittsgelder im Zusammenhang mit Geschäftsguthaben bei einer Genossenschaft, Aufgelder im Zusammenhang mit Stammeinlagen bei einer GmbH und Kosten für Registereintragungen. Keine Nebenkosten in diesem Sinne sind z. B. Stückzinsen und Verwaltungskosten wie z. B. Depot- oder Kontoführungsgebühren.

5. Anlagen auf Grund von Sparverträgen über Wertpapiere oder andere Vermögensbeteiligungen (§ 2 Abs. 1 Nr. 1, § 4 VermBG)

(1) Sparverträge über Wertpapiere oder andere Vermögensbeteiligungen (Abschnitt 4) können mit inländischen Kreditinstituten und Kreditinstituten in EU-Mitgliedstaaten abgeschlossen werden. Die Verträge brauchen die Voraussetzungen des § 21 Abs. 4 der Verordnung über die Rechnungslegung der Kreditinstitute nicht zu erfüllen, d. h., es können auch ohne Ausfertigung eines Sparbuchs mit jeder Einzahlung unmittelbar wertpapiermäßig verbriefte Vermögensbeteiligungen erworben werden. Die Verträge können auf den Erwerb oder die Begründung bestimmter Vermögensbeteiligungen beschränkt sein (z. B. auf den Erwerb von Aktien eines bezeichneten Unternehmens). Die Beschränkung kann geändert oder aufgehoben werden.

(2) Ein Vertrag über eine einmalige Einzahlung ist ein Vertrag über eine einzige, der Höhe nach bestimmte Einzahlung. Ein Vertrag über laufende Einzahlungen liegt vor, wenn auf diesen Vertrag für die Dauer von sechs Jahren seit Vertragsabschluss mindestens einmal in jedem Kalenderjahr Beträge eingezahlt werden sollen; die einzuzahlenden Beträge brauchen der Höhe nach nicht bestimmt zu sein. Als Zeitpunkt des Vertragsabschlusses gilt der Tag, an dem die vermögenswirksame Leistung, bei Verträgen über laufende Einzahlungen die erste vermögenswirksame Leistung, beim Kreditinstitut eingeht. Aus Vereinfachungsgründen bestehen keine Bedenken dagegen, Einzahlungen auf einen Sparvertrag über laufende Einzahlungen noch bis zum letzten Tag des Kalendermonats zuzulassen, in dem die Frist von sechs Jahren endet.

(3) Die siebenjährige Sperrfrist gilt einheitlich für Verträge über die einmalige oder laufende Anlage vermögenswirksamer Leistungen. Sie beginnt am 1. Januar des Kalenderjahrs, in dem die vermögenswirksame Leistung, bei Verträgen über laufende Einzahlungen die erste vermögenswirksame Leistung beim Kreditinstitut eingeht. Die Einzahlung anderer Beträge ist auf den Beginn der Sperrfrist ohne Einfluss.

Beispiel:
Der Arbeitnehmer unterschreibt den Sparvertrag über laufende Einzahlungen am 29. Juli 2004. Die erste vermögenswirksame Leistung geht am 20. August 2004 beim Kreditinstitut ein. Der Sparvertrag gilt am 20. August 2004 als abgeschlossen, so dass die sechsjährige Einzahlungsfrist am 19. August 2010 endet. Auf Grund der Vereinfachungsregelung ist die letzte Einzahlung aber auch noch am 31. August 2010 möglich. Die siebenjährige Sperrfrist endet am 31. Dezember 2010.

(4) Der Vertrag über die laufende Anlage vermögenswirksamer Leistungen ist unterbrochen, wenn in einem Kalenderjahr, das dem Kalenderjahr des Vertragsabschlusses folgt, weder vermögenswirksame Leistungen noch andere Beträge eingezahlt werden; dabei liegt z. B. eine Einzahlung anderer Beträge auch dann vor, wenn Zinsen für eingezahlte Beträge gutgeschrieben bleiben.

Beispiele:
A. Der Arbeitnehmer unterschreibt den Sparvertrag über laufende Einzahlungen am 30. September 2004. Die erste vermögenswirksame Leistung geht am 4. November 2004, weitere vermögenswirksame Leistungen gehen bis einschließlich März 2005 beim Kreditinstitut ein. Ab 1. April 2005 werden keine Beträge mehr eingezahlt, weil der Arbeitnehmer arbeitslos geworden ist. Die gutgeschriebenen Zinsen und die gutgeschriebenen Erträge aus Vermögensbeteiligungen hat sich der Arbeitnehmer auszahlen lassen. Am 2. November 2006 werden erneut vermögenswirksame Leistungen eingezahlt.

Der Vertrag ist nicht unterbrochen, weil in den Kalenderjahren 2005 und 2006 vermögenswirksame Leistungen angelegt worden sind.

Anwendung des Fünften Vermögensbildungsgesetzes   Anhang 6

B. Der Arbeitnehmer unterschreibt den Sparvertrag über laufende Einzahlungen am 30. September 2004. Die erste vermögenswirksame Leistung geht am 4. November 2004 beim Kreditinstitut ein. Ab 1. Januar 2005 werden keine Beträge mehr eingezahlt, weil der Arbeitnehmer arbeitslos geworden ist. Die gutgeschriebenen Zinsen und die gutgeschriebenen Erträge aus Vermögensbeteiligungen hat sich der Arbeitnehmer auszahlen lassen. Ab 1. Februar 2006 werden erneut vermögenswirksame Leistungen eingezahlt.

Der Vertrag ist unterbrochen, weil im Kalenderjahr 2005 keine Einzahlungen vorliegen.

(5) Nach einer Unterbrechung können auf den Sparvertrag keine vermögenswirksamen Leistungen mehr angelegt werden.

(6) Endet für vermögenswirksame Leistungen die Verwendungsfrist (§ 4 Abs. 2 Nr. 1 VermBG) mit oder nach Ablauf der Sperrfrist, so werden sie auch dann gefördert, wenn keine Vermögensbeteiligungen erworben werden.

(7) Die Festlegung erworbener Wertpapiere und die Aufzeichnungspflichten bei ihrer Verwahrung durch den Arbeitgeber sind in § 4 Abs. 1 und 2 VermBDV 1994 geregelt. Die Mitteilungspflichten des Kreditinstituts und des Arbeitgebers bei Verwahrung der erworbenen Wertpapiere durch den Arbeitgeber sind in § 2 Abs. 3 VermBDV 1994 geregelt.

(8) Die erworbenen Wertpapiere können vor Ablauf der Sperrfrist zulagenunschädlich gegen andere verbriefte Vermögensbeteiligungen ausgetauscht werden (§ 4 Abs. 4 Nr. 6 VermBG). Dieser Austausch ist nur möglich, wenn die Wertpapiere beim Kreditinstitut verwahrt werden. Der Erlös aus der Veräußerung einschließlich etwaiger Kursgewinne ist bis zum Ablauf des folgenden Kalendermonats zum Erwerb der für den Rest der Sperrfrist festzulegenden anderen Wertpapiere zu verwenden. Dabei übrig bleibende vermögenswirksame Leistungen bleiben gefördert, wenn sie 150 Euro nicht übersteigen; aus mehreren Veräußerungsvorgängen übrig bleibende vermögenswirksame Leistungen sind zusammenzurechnen. Wird die 150-Euro-Grenze überschritten, wird die Förderung der nicht wieder verwendeten vermögenswirksamen Leistungen rückgängig gemacht, weil in dieser Höhe eine unschädliche Verfügung nicht vorliegt. Sind zum Erwerb von Wertpapieren neben vermögenswirksamen Leistungen auch andere Beträge verwendet worden, so gelten beim Austausch von Wertpapieren zuerst die anderen Beträge als übrig bleibend; diese Beträge bleiben bei der Ermittlung der 150-Euro-Grenze außer Ansatz.

6. Anlagen auf Grund von Wertpapier-Kaufverträgen (§ 2 Abs. 1 Nr. 2, § 5 VermBG)

(1) Auf Grund eines Wertpapier-Kaufvertrags mit dem inländischen Arbeitgeber werden vermögenswirksame Leistungen durch Verrechnung mit dem Kaufpreis zum Erwerb von Wertpapieren (§ 2 Abs. 1 Nr. 1 Buchstaben a bis c und f VermBG) angelegt. Der Kaufpreis kann mit vermögenswirksamen Leistungen entrichtet werden durch

– einmalige Verrechnung als Vorauszahlung oder nachträgliche Zahlung,
– laufende Verrechnung als Anzahlungen oder Abzahlungen.

(2) Ist der Kaufpreis durch einmalige Verrechnung vorausgezahlt oder durch laufende Verrechnung angezahlt worden, so hat der Arbeitgeber ein Anzahlungskonto zu führen.

(3) Die Festlegung erworbener Wertpapiere und die Aufzeichnungspflichten bei ihrer Verwahrung sind in § 4 Abs. 3 VermBDV 1994 geregelt. Die Mitteilungspflichten des Arbeitgebers und des Kreditinstituts bei Verwahrung der erworbenen Wertpapiere durch ein vom Arbeitnehmer benanntes Kreditinstitut sind in § 2 Abs. 4 VermBDV 1994 geregelt. Der sparzulagenunschädliche Austausch von Wertpapieren (Abschnitt 5 Abs. 8) ist nicht möglich, wenn diese auf Grund eines Wertpapier-Kaufvertrags erworben worden sind.

7. Anlagen auf Grund von Beteiligungs-Verträgen und Beteiligungs-Kaufverträgen (§ 2 Abs. 1 Nr. 3, §§ 6 und 7 VermBG)

(1) Beteiligungs-Verträge (§ 6 VermBG) unterscheiden sich von Beteiligungs-Kaufverträgen (§ 7 VermBG) hauptsächlich dadurch, dass Beteiligungs-Verträge nichtverbriefte Vermögensbeteiligungen erstmals begründen, während auf Grund von Beteiligungs-Kaufverträgen bereits bestehende nichtverbriefte Vermögensbeteiligungen erworben werden.

(2) Auf Grund eines Beteiligungs-Vertrags nach § 6 Abs. 1 VermBG und auf Grund eines Beteiligungs-Kaufvertrags nach § 7 Abs. 1 VermBG zwischen dem Arbeitnehmer und dem inländischen Arbeitgeber können vermögenswirksame Leistungen in nichtverbrieften betrieblichen Vermögensbeteiligungen angelegt werden. Auf Grund eines Beteiligungs-Kaufvertrags nach § 7 Abs. 1 VermBG können außerdem insbesondere außerbetriebliche Vermögensbeteiligungen in Form von Geschäftsguthaben bei inländischen Kredit-, Bau- oder Wohnungsbaugenossenschaften sowie stille Beteiligungen an sog. Mitarbeiterbeteiligungsgesellschaften (Abschnitt 4 Abs. 9) erworben werden. Die vermögenswirksamen Leistungen sind zu verrechnen (Abschnitt 6 Abs. 1 und 2).

(3) Ein Beteiligungs-Vertrag nach § 6 Abs. 2 VermBG kann vom Arbeitnehmer mit einem Unternehmen, das mit dem Unternehmen des Arbeitgebers verbunden ist, mit einer sog. Mitarbeiterbeteiligungsgesellschaft oder mit einer Kredit-, Bau- oder Wohnungsgenossenschaft zur Begründung nichtverbriefter Vermögensbeteiligungen an dem vertragschließenden Unternehmen abgeschlossen werden. Ein Beteiligungs-Kaufvertrag nach § 7 Abs. 2 VermBG kann vom Arbeitnehmer mit der GmbH, die mit dem Unternehmen des Arbeitgebers verbunden ist, zum Erwerb von Geschäftsanteilen an der vertragschließenden GmbH abgeschlossen werden. Die vermögenswirksamen Leistungen sind vom Arbeitgeber zu überweisen; die einmalige Überweisung als Voraus- oder nachträgliche Zahlung sowie laufende Überweisungen als An- oder Abzahlungen sind zulässig. So kann in einem Beteiligungs-Vertrag nach § 6 Abs. 2 VermBG vereinbart sein, dass der Arbeitnehmer an eine Genossenschaft vermögenswirksame Leistungen laufend als Anzahlungen zum Zwecke der Begründung von Geschäftsguthaben vom Arbeitgeber überweisen lässt, damit die Genossenschaft für den Arbeitnehmer die Einzahlungen erbringt, die zu leisten sind, sobald er der Genossenschaft beigetreten ist und die Geschäftsanteile übernommen hat.

(4) Ist die für die Begründung der Vermögensbeteiligung geschuldete Geldsumme (§ 6 Abs. 1 und 2 VermBG) oder der Kaufpreis (§ 7 Abs. 1 und 2 VermBG) durch einmalige vermögenswirksame Leistung vorausgezahlt oder durch laufende vermögenswirksame Leistungen angezahlt worden, so hat der Arbeitgeber oder das Unternehmen ein Anzahlungskonto zu führen.

(5) Die Aufzeichnungspflichten während der Dauer der Sperrfrist (§ 6 Abs. 3 Nr. 2, § 7 Abs. 3 VermBG) sind in § 3 VermBDV 1994 geregelt.

8. Insolvenzschutz (§ 2 Abs. 5a VermBG)

Der Arbeitgeber hat vor der Anlage vermögenswirksamer Leistungen im eigenen Unternehmen in Zusammenarbeit mit dem Arbeitnehmer Vorkehrungen zu treffen, die der Absicherung der angelegten vermögenswirksamen Leistungen bei einer während der Dauer der Sperrfrist eintretenden Zahlungsunfähigkeit des Arbeitgebers dienen (§ 2 Abs. 5a VermBG). Vorkehrungen des Arbeitgebers gegen Insolvenz sind nicht Voraussetzung für den Anspruch des Arbeitnehmers auf die Arbeitnehmer-Sparzulage.

9. Anlagen nach dem Wohnungsbau-Prämiengesetz (§ 2 Abs. 1 Nr. 4 VermBG)

(1) Als Aufwendungen des Arbeitnehmers nach dem WoPG können vermögenswirksame Leistungen auf Grund von Verträgen angelegt werden, die nach den Vorschriften des WoPG abgeschlossen worden sind. Bei der Anlage vermögenswirksamer Leistungen nach § 2 Abs. 1 Nr. 2 WoPG als Aufwendungen für den ersten Erwerb von Anteilen an Bau- und Wohnungsgenossenschaften müssen jedoch die Voraussetzungen des § 2 Abs. 1 Nr. 1 Buchstabe g zweiter Halbsatz VermBG erfüllt sein. Eine Anlage nach dem WoPG liegt auch dann vor, wenn der Arbeitnehmer unbeschränkt einkommensteuerpflichtig nach § 1 Abs. 3 EStG ist und die Voraussetzungen des § 1 Abs. 2 Satz 1 Nr. 1 und 2 EStG nicht erfüllt oder beschränkt einkommensteuerpflichtig ist (§ 1 Abs. 4 EStG) oder wenn das Einkommen des Arbeitnehmers die Einkommensgrenze (§ 2a WoPG) überschritten hat.

437

(2) Beiträge an Bausparkassen zur Erlangung von Baudarlehen setzen den Abschluss eines Bausparvertrags mit einer Bausparkasse voraus (§ 2 Abs. 1 Nr. 1 WoPG). Bausparkassen sind Kreditinstitute im Sinne des § 1 Abs. 1 des Gesetzes über Bausparkassen.

(3) Vermögenswirksame Leistungen können als Aufwendungen für den ersten Erwerb von Anteilen an Bau- und Wohnungsgenossenschaften erbracht werden (§ 2 Abs. 1 Nr. 2 WoPG). Wegen der Zuordnung zu einer Anlage nach § 2 Abs. 1 Nr. 1 Buchstabe g VermBG und den Wegfall dieser Zulagenbegünstigung vgl. Abschnitt 4 Abs. 7 und Abschnitt 18 Abs. 1 Nr. 3.

(4) Wohnbau-Sparverträge im Sinne des WoPG sind Sparverträge mit einem Kreditinstitut oder einem am 31. Dezember 1989 als gemeinnützig anerkannten Wohnungsunternehmen oder einem am 31. Dezember 1989 als Organ der staatlichen Wohnungspolitik anerkannten Unternehmen, wenn diese Unternehmen eigene Spareinrichtungen unterhalten, auf die die Vorschriften des Gesetzes über das Kreditwesen anzuwenden sind. Die eingezahlten Sparbeiträge und die Prämien müssen zum Bau oder Erwerb selbst genutzten Wohneigentums oder zum Erwerb eines eigentumsähnlichen Dauerwohnrechts verwendet werden; die Wohnbau-Sparverträge müssen auf die Dauer von drei bis sechs Jahren als allgemeine Sparverträge oder als Sparverträge mit festgelegten Sparraten abgeschlossen werden (§ 2 Abs. 1 Nr. 3 WoPG).

(5) Baufinanzierungsverträge im Sinne des WoPG sind Verträge mit einem Wohnungs- und Siedlungsunternehmen oder einem am 31. Dezember 1989 anerkannten Organ der staatlichen Wohnungspolitik, die nach der Art von Sparverträgen mit festgelegten Sparraten auf die Dauer von drei bis acht Jahren mit dem Zweck einer Kapitalansammlung abgeschlossen werden; Voraussetzung ist, dass die eingezahlten Beiträge und die Prämien zum Bau oder Erwerb selbst genutzten Wohneigentums oder zum Erwerb eines eigentumsähnlichen Dauerwohnrechts verwendet werden (§ 2 Abs. 1 Nr. 4 WoPG). Baufinanzierungsverträge unterscheiden sich von den Wohnbau-Sparverträgen mit festgelegten Sparraten (Absatz 4) dadurch, dass außer den Verpflichtungen des Arbeitnehmers auch die Verpflichtungen des Unternehmens zur Erbringung der vertraglichen Leistungen von vornherein festgelegt sein müssen (vgl. BFH-Urteil vom 17. März 1972, BStBl. II S. 601).

10. Anlagen für den Bau, den Erwerb, den Ausbau, die Erweiterung oder die Entschuldung eines Wohngebäudes usw. (§ 2 Abs. 1 Nr. 5 VermBG)

Bei einer Anlage unmittelbar für den Bau, den Erwerb, den Ausbau, die Erweiterung oder die Entschuldung eines im Inland belegenen Wohngebäudes usw. gilt Folgendes:

1. Wohngebäude sind Gebäude, soweit sie Wohnzwecken dienen.
2. Für die Anlage ist Voraussetzung, dass der Arbeitnehmer entweder Alleineigentümer oder Miteigentümer des Wohngebäudes usw. ist; mindestens muss jedoch eine Auflassungsvormerkung zu seinen Gunsten im Grundbuch eingetragen sein.
3. Eine Anlage liegt u. a. vor, wenn es sich bei den Aufwendungen um Anschaffungskosten, Herstellungskosten und Erhaltungsaufwendungen bei Instandsetzung und Modernisierung handelt (vgl. BMF-Schreiben vom 18. Juli 2003, BStBl. I S. 386).
4. Als Aufwendungen für den Bau, den Erwerb, den Ausbau, die Erweiterung oder die Entschuldung eines Wohngebäudes usw. können die vermögenswirksamen Leistungen nur erbracht werden, soweit im Zeitpunkt ihres Zuflusses die Schuld des Arbeitnehmers, für den die Leistungen erbracht werden, nicht bereits getilgt ist.
5. Sparleistungen an Treuhand- und Immobiliensparelgesellschaften sind keine Aufwendungen für den Bau, den Erwerb, den Ausbau, die Erweiterung oder die Entschuldung eines Wohngebäudes usw., wenn die Anleger als bloße Treugeber lediglich einen schuldrechtlichen Anspruch, aber kein unmittelbares Grundeigentum (vgl. Nr. 2) erlangen.

11. Anlagen auf Grund von Verträgen des Ehegatten, der Kinder oder der Eltern (§ 3 Abs. 1 VermBG)

(1) Der Arbeitnehmer kann vermögenswirksame Leistungen auch auf Grund von Sparverträgen über Wertpapiere oder andere Vermögensbeteiligungen (Abschnitt 5), auf Grund von Verträgen nach den Vorschriften des WoPG (Abschnitt 9), auf Grund von Sparverträgen (§ 8 VermBG) und auf Grund von Kapitalversicherungsverträgen (§ 9 VermBG) anlegen lassen, die von seinem Ehegatten abgeschlossen worden sind, mit dem der Arbeitnehmer die Zusammenveranlagung zur Einkommensteuer wählen kann (§ 26 Abs. 1 Satz 1 EStG). Das gilt auch, wenn die genannten Verträge von Kindern des Arbeitnehmers (§ 32 Abs. 1 EStG) abgeschlossen worden sind, solange die Kinder zu Beginn des Kalenderjahrs der vermögenswirksamen Leistung das 17. Lebensjahr noch nicht vollendet haben. Hat der Arbeitnehmer zu Beginn des Kalenderjahrs der vermögenswirksamen Leistung das 17. Lebensjahr noch nicht vollendet, so können vermögenswirksame Leistungen auch auf die genannten Verträge angelegt werden, die von seinen Eltern oder einem Elternteil abgeschlossen worden sind. Die vom Arbeitnehmer zugunsten des Ehegatten, der Kinder oder der Eltern auf deren Sparverträge über Wertpapiere oder andere Vermögensbeteiligungen angelegten vermögenswirksamen Leistungen sind vom Vertragsinhaber vertragsgemäß zu verwenden; der Vertragsinhaber kann mit diesen Leistungen auch betriebliche Vermögensbeteiligungen erwerben (z. B. Gewinnschuldverschreibungen oder Genussscheine seines Arbeitgebers). Eine Abtretung der Ansprüche aus den genannten Verträgen an den Arbeitnehmer steht der Anlage seiner vermögenswirksamen Leistungen auf diese Verträge nicht entgegen.

(2) Absatz 1 gilt entsprechend bei Anlagen für den Bau, den Erwerb, den Ausbau, die Erweiterung oder die Entschuldung eines Wohngebäudes usw. (Abschnitt 10), wenn die in Absatz 1 genannten Personen Alleineigentümer oder Miteigentümer des Wohngebäudes usw. sind oder zu ihren Gunsten eine Auflassungsvormerkung im Grundbuch eingetragen ist (Abschnitt 10 Nr. 2).

(3) Die Absätze 1 und 2 gelten auch bei steuerlich anerkannten Dienstverhältnissen zwischen Ehegatten (vgl. R 19 Abs. 1 EStR, H 19 – Arbeitsverhältnisse zwischen Ehegatten – EStH).

(4) Vermögenswirksame Leistungen können auch auf Gemeinschaftskonten/-depots angelegt werden. Abschnitt 14 Abs. 2 und Abschnitt 19 Abs. 1 Satz 3 sind zu beachten.

12. Vereinbarung der vermögenswirksamen Leistungen, freie Wahl der Anlage (§§ 10, 11, 12 VermBG)

(1) Vermögenswirksame Leistungen, die zusätzlich zum sonstigen Arbeitslohn zu erbringen sind, können in Verträgen mit Arbeitnehmern, in Betriebsvereinbarungen, in Tarifverträgen sowie in bindenden Festsetzungen nach dem Heimarbeitsgesetz vereinbart werden (§ 10 VermBG); für Beamte, Richter, Berufssoldaten und Soldaten auf Zeit werden zusätzliche vermögenswirksame Leistungen auf Grund eines Gesetzes erbracht.

(2) Die vermögenswirksame Anlage von Teilen des Arbeitslohns (Absatz 3) wird in einem Vertrag vereinbart, den der Arbeitgeber auf schriftlichen Antrag des Arbeitnehmers mit diesem abschließen muss (§ 11 Abs. 1 VermBG; bezüglich der Grenzgänger vgl. Abschnitt 2 Abs. 3). Macht ein Tarifvertrag den Anspruch auf zusätzliche vermögenswirksame Leistungen davon abhängig, dass der Arbeitnehmer als Eigenleistung auch Teile des Arbeitslohns vermögenswirksam anlegt, so ist für die vermögenswirksame Anlage ein schriftlicher Antrag des Arbeitnehmers nicht erforderlich. Der Arbeitgeber muss auf Verlangen des Arbeitnehmers die vermögenswirksame Anlage von Lohnteilen auch dann vereinbaren, wenn der Arbeitnehmer für diese Anlage eine der nicht zulagebegünstigten Anlageformen (Abschnitt 2 Abs. 2 Nr. 1) wählt. Der Arbeitgeber muss dem Verlangen des Arbeitnehmers aber insoweit nicht folgen, als die anzulegenden Lohnteile für sich oder zusammen mit anderen vermögenswirksamen Leistungen den Betrag von 870 Euro im Kalenderjahr übersteigen. Soweit der Arbeitgeber zur Anlage von Lohnteilen nicht verpflichtet ist, kann er sich freiwillig bereit erklären, die vom Arbeitnehmer verlangte Anlage von Lohnteilen zu vereinbaren.

(3) Vermögenswirksam angelegt werden können nur Teile des Arbeitslohns, der zu den Einkünften aus nichtselbständiger Arbeit nach § 19 EStG gehört (Arbeitslohn im steuerlichen Sinne) und der dem Arbeitnehmer noch nicht zugeflossen ist; die nachträgliche Umwandlung von zugeflossenem Arbeitslohn in vermögenswirksame Leistungen ist nur im Fall der Grenzgänger (Abschnitt 2

Anwendung des Fünften Vermögensbildungsgesetzes

Anhang 6

Abs. 3) möglich. Auch pauschal besteuerter oder steuerfreier Arbeitslohn kann vermögenswirksam angelegt werden, also z. B. Teile

1. des pauschal besteuerten Arbeitslohns von kurzfristig Beschäftigten, Aushilfskräften in der Land- und Forstwirtschaft und geringfügig entlohnten Beschäftigten (§ 40 a EStG),
2. der pauschal besteuerten sonstigen Bezüge (§ 40 Abs. 1 EStG),
3. des steuerfreien Zuschusses zum Mutterschaftsgeld (§ 3 Nr. 1 Buchstabe d EStG),
4. der steuerfreien Entlassungsabfindungen (§ 3 Nr. 9 EStG),
5. der steuerfreien Heirats- und Geburtsbeihilfen (§ 3 Nr. 15 EStG).

Kein Arbeitslohn in diesem Sinne sind z. B. die steuerfreien Lohnersatzleistungen (wie Winterausfallgeld, Konkursausfallgeld, Mutterschaftsgeld), der Ersatz von Aufwendungen des Arbeitnehmers, die Arbeitnehmer-Sparzulage, die Bergmannsprämie und die Vergütungen, die ein Kommanditist für seine Tätigkeit im Dienst der Kommanditgesellschaft erhält; diese Bezüge können deshalb nicht vermögenswirksam angelegt werden.

(4) Bei einem minderjährigen Arbeitnehmer, den sein gesetzlicher Vertreter zum Abschluss des Arbeitsvertrags ermächtigt hat, ist im Allgemeinen davon auszugehen, dass er ohne ausdrückliche Zustimmung des Vertreters Verträge mit dem Arbeitgeber über vermögenswirksame Leistungen abschließen kann; denn ein solcher Arbeitnehmer ist für alle das Arbeitsverhältnis der gestatteten Art betreffenden Rechtsgeschäfte unbeschränkt geschäftsfähig, wenn die Ermächtigung keine Einschränkungen enthält.

(5) Der Arbeitnehmer hat dem Arbeitgeber mitzuteilen, in welcher Anlageform und bei welchem Unternehmen, Institut oder Gläubiger vermögenswirksame Leistungen nach seiner Wahl (Absatz 6) angelegt werden sollen; er hat dabei anzugeben, wann und in welcher Höhe er die Anlage verlangt, und den Anlagevertrag – z. B. durch dessen Konto- oder Vertragsnummer – näher zu bezeichnen.

(6) Die Zulagebegünstigung vermögenswirksamer Leistungen (§ 13 VermBG) setzt voraus, dass der Arbeitnehmer frei wählen kann, in welcher der Anlageformen und bei welchem Unternehmen, Institut oder Gläubiger (§ 3 Abs. 3 Satz 1 VermBG) der Arbeitgeber die vermögenswirksamen Leistungen anlegen soll (§ 12 Satz 1 VermBG); einer Förderung steht jedoch nicht entgegen, dass durch Tarifvertrag die Anlage auf die Formen des § 2 Abs. 1 Nr. 1 bis 5, Abs. 2 bis 4 beschränkt wird (§ 12 Satz 2 VermBG). Der Arbeitnehmer kann aber eine Vermögensbeteiligung am Unternehmen des Arbeitgebers in einer der in § 2 Abs. 1 Nr. 1 Buchstabe g bis l und Abs. 4 VermBG bezeichneten Formen (Abschnitt 4) nur dann begründen oder erwerben, wenn der Arbeitgeber zustimmt (§ 12 Satz 3 VermBG). Deshalb verstößt es nicht gegen § 12 VermBG, wenn ein Arbeitgeber nur bestimmten Arbeitnehmern oder Arbeitnehmergruppen die Möglichkeit einräumt, mit ihren vermögenswirksamen Leistungen Vermögensbeteiligungen am Unternehmen des Arbeitgebers im Sinne des § 2 Abs. 1 Nr. 1 Buchstabe g bis l und Abs. 4 VermBG – z. B. Darlehensforderungen oder stille Beteiligungen – zu begründen.

(7) Der Arbeitnehmer kann verlangen, dass die für ihn zu erbringenden vermögenswirksamen Leistungen auf verschiedene Anlageformen verteilt werden, oder dass die Anlageform gewechselt wird, wenn er daran ein berechtigtes Interesse hat, das gegenüber dem Interesse des Arbeitgebers an möglichst geringem Verwaltungsaufwand überwiegt. An der Verteilung auf verschiedene Anlageformen oder am Wechsel der Anlageform kann der Arbeitnehmer z. B. dann ein berechtigtes Interesse haben, wenn er dadurch die Förderung voll ausschöpfen möchte. Für den Wechsel der Anlageform bei vermögenswirksamer Anlage von Lohnteilen (Absatz 2) ist § 11 Abs. 5 VermBG zu beachten.

13. Kennzeichnungs- und Mitteilungspflichten (§ 3 Abs. 2 VermBG, § 2 Abs. 1 VermBDV 1994)

(1) Bei Überweisung der vermögenswirksam anzulegenden Beträge an das Unternehmen, Institut oder den Gläubiger (Abschnitt 2 Abs. 1) hat der Arbeitgeber die Beträge als vermögenswirksame Leistung besonders kenntlich zu machen und den Namen des Arbeitnehmers sowie dessen Konto- oder Vertragsnummer anzugeben. Zusätzlich ist bei Überweisungen im Dezember und Januar anzugeben, welchem Kalenderjahr die überwiesenen Beträge zuzuordnen sind (vgl. Abschnitt 3 Abs. 1).

(2) Geht bei dem Unternehmen, dem Institut oder dem Gläubiger ein vom Arbeitgeber als vermögenswirksame Leistung gekennzeichneter Betrag ein und kann dieser nicht nach den Vorschriften des VermBG angelegt werden (z. B. weil ein Anlagevertrag i. S. des VermBG nicht besteht oder bereits erfüllt ist oder weil bei einem Bausparvertrag die Bausparsumme ausgezahlt worden ist), so ist das Unternehmen, das Institut oder der Gläubiger verpflichtet, dies dem Arbeitgeber unverzüglich schriftlich mitzuteilen; nach Eingang einer solchen Mitteilung darf der Arbeitgeber für den Arbeitnehmer keine vermögenswirksame Leistungen mehr überweisen.

14. Bescheinigung vermögenswirksamer Leistungen (§ 15 Abs. 1 VermBG, § 5 VermBDV 1994)

(1) Das Kreditinstitut, die Bausparkasse, das Unternehmen, der Arbeitgeber oder der Gläubiger, mit dem der Arbeitnehmer den Anlagevertrag abgeschlossen hat, hat die vermögenswirksamen Leistungen zu bescheinigen, die im Kalenderjahr angelegt worden sind (§ 15 Abs. 1 VermBG, § 5 VermBDV 1994). Für vermögenswirksame Leistungen, die auf nicht zulagebegünstigte Anlagearten angelegt worden sind, ist die Ausstellung einer Bescheinigung nicht zulässig. Außerdem darf eine Bescheinigung nicht mehr erteilt werden, wenn über sämtliche vermögenswirksame Leistungen schädlich verfügt worden ist, die nach § 2 Abs. 1 Nr. 1 oder 4 VermBG (Abschnitte 5 und 9) angelegt worden sind (§ 5 Abs. 5 VermBDV 1994).

(2) Die Bescheinigung ist auf den Arbeitnehmer auszustellen, für den der Arbeitgeber die vermögenswirksamen Leistungen erbracht hat. Das gilt auch dann, wenn die vermögenswirksamen Leistungen zugunsten des Ehegatten, der Kinder, der Eltern oder eines Elternteils angelegt worden sind (§ 3 Abs. 1 VermBG), wenn mehrere Personen Vertragsinhaber sind (Gemeinschaftsvertrag) oder die vermögenswirksamen Leistungen auf Gemeinschaftskonten/-depots angelegt wurden (vgl. Abschnitt 11 Abs. 4).

(3) Für die Bescheinigung ist der amtlich vorgeschriebene Vordruck zu verwenden; das für das jeweilige Kalenderjahr geltende Vordruckmuster wird im Bundessteuerblatt Teil I bekannt gemacht. Im Einzelnen gilt Folgendes:

1. Der „Institutschlüssel für die Arbeitnehmer-Sparzulage" wird von der Zentralstelle der Länder bei der Oberfinanzdirektion Berlin, Außenstelle, Sonnenallee 223 a, 12059 Berlin, vergeben (§ 5 Abs. 2 Satz 2 und 3 VermBDV 1994). Er ist bei Anlagearten erforderlich, die einer Sperrfrist unterliegen. Sperrfristen gelten nicht bei Anlagen zum Wohnungsbau (Abschnitt 10) und bei Anlagen für den ersten Erwerb von Anteilen an Bau- und Wohnungsgenossenschaften gemäß § 2 Abs. 1 Nr. 4 VermBG (Abschnitt 9 Abs. 3). In der Bescheinigung kann auf die Angabe dieses Institutschlüssels nur dann verzichtet werden, wenn im Zeitpunkt der Ausstellung die für die Anlageart geltende Sperrfrist abgelaufen ist.

2. Die Vertragsnummer darf höchstens 14-stellig sein und keine Sonderzeichen enthalten. Es ist nicht zulässig, für mehrere Arbeitnehmer dieselbe Vertragsnummer zu verwenden. Werden vermögenswirksame Leistungen auf von Dritten abgeschlossene Verträge oder auf Gemeinschaftsverträge angelegt (Absatz 2), so sind die vermögenswirksamen Leistungen jedes Arbeitnehmers unter einer eigenen Vertragsnummer zu bescheinigen; eine gemeinsame Vertragsnummer ist nur bei Ehegatten zulässig.

3. Der „Institutschlüssel für die Arbeitnehmer-Sparzulage", die Vertragsnummer und die Sperrfrist (vgl. Nummer 4) bilden den Ordnungsbegriff für das automatisierte Festsetzungs- und Auszahlungsverfahren der Arbeitnehmer-Sparzulage. Das automatisierte Verfahren setzt voraus, dass Inhalt und Darstellung der Vertragsnummer bei der Bescheinigung vermögenswirksamer Leistungen sowie bei der Anzeige über eine vorzeitige Verfügung (durch Datensatz oder Vordruck, vgl. Abschnitt 21 Abs. 1) übereinstimmen.

4. Das Ende der für die vermögenswirksamen Leistungen geltenden Sperrfrist (vgl. Nummer 1) ist stets anzugeben. Bei der Bescheinigung vermögenswirksamer Leistungen, die auf Verträge nach §§ 5 bis 7 VermBG angelegt und noch nicht für Vermögensbeteiligungen verwendet worden sind, ist als Ende der Sperrfrist der 31. Dezember des sechsten Kalenderjahrs nach

Anhang 6 — Anwendung des Fünften Vermögensbildungsgesetzes

dem Kalenderjahr der vermögenswirksamen Anlage anzugeben (§ 5 Abs. 3 VermBDV 1994). Ist über vermögenswirksame Leistungen unschädlich vorzeitig verfügt worden, die nach § 2 Abs. 1 Nr. 1 oder 4 VermBG angelegt worden sind, so ist in der Bescheinigung als Ende der Sperrfrist der Zeitpunkt dieser Verfügung anzugeben (§ 5 Abs. 4 VermBDV 1994); das gilt auch für die Bescheinigung der vermögenswirksamen Leistungen, die weiter auf den Anlagevertrag angelegt werden (Abschnitt 17 Abs. 5). Entsprechendes gilt bei Zuteilung eines Bausparvertrags.

(4) Sind vermögenswirksame Leistungen für die Anlage zum Wohnungsbau an den Arbeitnehmer ausgezahlt worden (Abschnitt 2 Abs. 1 Nr. 2), hat der Gläubiger die Bescheinigung auszustellen, wenn der Arbeitnehmer schriftlich erklärt, in welcher Höhe vermögenswirksame Leistungen zum Wohnungsbau verwendet worden sind.

(5) Die Bescheinigung ist grundsätzlich erst nach Ablauf des Kalenderjahrs zu erteilen, in dem die vermögenswirksamen Leistungen angelegt worden sind. Davon abweichend können die vermögenswirksamen Leistungen bereits im laufenden Kalenderjahr bescheinigt werden, wenn

1. bei Anlageverträgen nach § 2 Abs. 1 Nr. 1 VermBG die Einzahlungsfrist abgelaufen ist (Abschnitt 5 Abs. 2),
2. auf Anlageverträge nach §§ 5, 6 und 7 VermBG keine vermögenswirksamen Leistungen mehr angelegt werden können,
3. Anlageverträge nach § 2 Abs. 1 Nr. 1 oder 4 VermBG mit Kreditinstituten, Bausparkassen oder Versicherungsunternehmen im Falle einer unschädlichen vorzeitigen Verfügung aufgehoben werden.

(6) In der Bescheinigung sind die angelegten vermögenswirksamen Leistungen auf den nächsten vollen Euro aufzurunden.

15. Festsetzung der Arbeitnehmer-Sparzulage (§§ 13, 14 VermBG, § 6 Abs. 1 VermBDV 1994)

(1) Der Antrag auf Festsetzung der Arbeitnehmer-Sparzulage ist regelmäßig mit der Einkommensteuererklärung zu stellen. Für den Antrag auf Festsetzung der Arbeitnehmer-Sparzulage ist auch dann der Vordruck für die Einkommensteuererklärung zu verwenden, wenn der Arbeitnehmer keinen Antrag auf Veranlagung zur Einkommensteuer stellt und auch nicht zur Einkommensteuer zu veranlagen ist, z. B. weil er nur pauschal besteuerten Arbeitslohn bezogen hat.

(2) Die Arbeitnehmer-Sparzulage kann auch dann erst nach Ablauf des Kalenderjahrs, in dem die vermögenswirksamen Leistungen angelegt worden sind (§ 13 Abs. 4 VermBG), festgesetzt werden, wenn der Antrag schon vorher gestellt ist.

(3) Zuständig ist das Finanzamt, in dessen Bezirk der Arbeitnehmer im Zeitpunkt der Antragstellung seinen Wohnsitz oder gewöhnlichen Aufenthalt hat. Bei Wegfall der unbeschränkten Einkommensteuerpflicht im Laufe eines Kalenderjahrs ist das Finanzamt zuständig, in dessen Bezirk der Arbeitnehmer seinen Wohnsitz oder gewöhnlichen Aufenthalt hatte. Hat der Arbeitnehmer im Inland weder einen Wohnsitz noch seinen gewöhnlichen Aufenthalt, so tritt an die Stelle des Wohnsitzfinanzamts das Betriebsstättenfinanzamt des Arbeitgebers.

(4) Übersteigen die für den Arbeitnehmer erbrachten vermögenswirksamen Leistungen die geförderten Höchstbeträge und sind die Leistungen auf mehrere Anlagearten aufgeteilt worden, kann der Arbeitnehmer durch Vorlage nur einzelner Bescheinigungen (Abschnitt 14) die vermögenswirksamen Leistungen bestimmen, die mit Arbeitnehmer-Sparzulage begünstigt werden sollen. Legt der Arbeitnehmer sämtliche Bescheinigungen vor, begünstigt das Finanzamt die vermögenswirksamen Leistungen in einer Reihenfolge, die im Regelfall für den Arbeitnehmer günstig ist.

(5) Für die Anwendung der Einkommensgrenze von 35 800 Euro für Ehegatten ist allein maßgeblich, ob tatsächlich eine Zusammenveranlagung durchgeführt wird. Aus diesem Grunde ist die 35 800-Euro-Grenze auch bei der Zusammenveranlagung des überlebenden Ehegatten mit dem verstorbenen Ehegatten im Todesjahr des Ehegatten anzuwenden. Von dem auf das Todesjahr folgenden Kalenderjahr an gilt die 17 900-Euro-Grenze (BFH-Urteil vom 14. Mai 1976, BStBl. II S. 546). Haben Ehegatten die getrennte Veranlagung oder für das Kalenderjahr der Eheschließung die besondere Veranlagung gewählt, ist für jeden Ehegatten gesondert zu prüfen, ob das von ihm zu versteuernde Einkommen die Einkommensgrenze von 17 900 Euro überschreitet. Bei der Ermittlung des zu versteuernden Einkommens sind auch in den Fällen, in denen es auf Grund der Vorschriften zum Familienleistungsausgleich (§ 31 EStG) beim auszuzahlenden Kindergeld verbleibt, stets die in Betracht kommenden Freibeträge für Kinder (§ 32 EStG) abzuziehen (§ 2 Abs. 5 Satz 2 EStG); dabei sind stets die Freibeträge für das gesamte Sparjahr zugrunde zu legen. Im Übrigen ist § 2 Abs. 5 a EStG zu beachten.

(6) Die Einkommensgrenzen des § 13 Abs. 1 VermBG gelten nicht für beschränkt einkommensteuerpflichtige Arbeitnehmer, die nicht zur Einkommensteuer veranlagt werden, da bei diesem Personenkreis ein zu versteuerndes Einkommen im Sinne des § 2 Abs. 5 und 5 a EStG nicht festgestellt wird; diesen Arbeitnehmern steht deshalb die Arbeitnehmer-Sparzulage ohne Rücksicht auf die Höhe ihres Einkommens zu.

(7) Die Arbeitnehmer-Sparzulage ist für jeden Anlagevertrag auf volle Euro aufzurunden. Das Finanzamt soll die Entscheidung über die Arbeitnehmer-Sparzulage mit dem Einkommensteuerbescheid verbinden.

16. Höhe der Arbeitnehmer-Sparzulage (§ 13 Abs. 2 VermBG)

(1) Die Arbeitnehmer-Sparzulage beträgt 18 % für vermögenswirksame Leistungen von höchstens 400 Euro, die in Vermögensbeteiligungen (Abschnitt 4) angelegt werden, d. h. auf

1. Sparverträge über Wertpapiere oder andere Vermögensbeteiligungen (§ 4 VermBG; Abschnitt 5),
2. Wertpapier-Kaufverträge (§ 5 VermBG; Abschnitt 6),
3. Beteiligungs-Verträge (§ 6 VermBG; Abschnitt 7) und
4. Beteiligungs-Kaufverträge (§ 7 VermBG; Abschnitt 7).

Für Arbeitnehmer mit Hauptwohnsitz im Beitrittsgebiet (neue Länder einschließlich Berlin-Ost) beträgt der Zulagensatz für das Einzahlungsjahr 2004 22 % (§ 17 Abs. 7 VermBG). Der höhere Zulagensatz gilt auch dann, wenn der Hauptwohnsitz im Beitrittsgebiet nicht das ganze Jahr 2004 bestand. Ab dem Jahr 2005 gilt auch für Arbeitnehmer mit Hauptwohnsitz im Beitrittsgebiet ein Zulagesatz von 18 %.

(2) Die Arbeitnehmer-Sparzulage beträgt 9 % für vermögenswirksame Leistungen von höchstens 470 Euro, die angelegt werden

1. nach dem Wohnungsbau-Prämiengesetz (§ 2 Abs. 1 Nr. 4 VermBG; Abschnitt 9) und
2. für den Bau, den Erwerb, den Ausbau, die Erweiterung oder die Entschuldung eines Wohngebäudes usw. (§ 2 Abs. 1 Nr. 5 VermBG; Abschnitt 10).

(3) Die beiden Zulagen (Absatz 1 und 2) können nebeneinander in Anspruch genommen werden. Insgesamt werden also vermögenswirksame Leistungen bis 870 Euro jährlich mit der Arbeitnehmer-Sparzulage begünstigt. Die Förderung gilt im Übrigen auch für Verträge, die vor 1999 abgeschlossen worden sind.

(4) Die höchstmögliche Arbeitnehmer-Sparzulage kann nur erhalten, wer sowohl in Vermögensbeteiligungen als auch in Bausparen bzw. in Anlagen für den Wohnungsbau anlegt. Dies bedingt zwei Anlageverträge. Da nur Zahlungen durch den Arbeitgeber mit Zulage begünstigt sind (Abschnitt 2), muss dieser zwei Verträge bedienen.

17. Auszahlung der Arbeitnehmer-Sparzulage (§ 14 Abs. 4 und 5 VermBG, § 7 VermBDV 1994)

(1) Die festgesetzten Arbeitnehmer-Sparzulagen werden regelmäßig erst mit Ablauf der für die vermögenswirksamen Leistungen geltenden Sperrfrist an das Kreditinstitut, die Bausparkasse, das Unternehmen oder den Arbeitgeber überwiesen, mit denen der Anlagevertrag abgeschlossen worden ist (§ 7 Abs. 2 VermBDV 1994). Die Zentralstelle der Länder in Berlin erstellt über jeden auszuzahlenden (= je Kalenderjahr festgesetzten) Betrag einen Datenträgeraustauschsatz, der im Aufbau und Inhalt den Datensätzen des maschinellen Steuererstattungsverfahrens entspricht. Der Datenträger wird der zuständigen Landesfinanzbehörde zugeleitet,

Anwendung des Fünften Vermögensbildungsgesetzes

die die Auszahlung veranlasst. Der Datenträgeraustauschsatz enthält im festen Teil die Kontonummer des Instituts, das die vermögenswirksame Anlage verwaltet; für andere Teile gilt Folgendes:

1. Der Verwendungszweck des konstanten Teils (27 Stellen) ist wie folgt aufgebaut:
   – „SPZ" (3 Stellen)
   – IFAS (7 Stellen und eine Leerstelle)
   – Vertrags-Nr. der vermögenswirksamen Anlage (14 Stellen)
   – Kalenderjahr (2 Stellen)
2. Der Erweiterungsteil des ersten Satzes des variablen Teils enthält folgende Informationen:
   – Finanzamtsnummer (3 Stellen)
   – Name und Vorname (18 Stellen)
   – Geburtsdatum (6 Stellen)
3. Der Erweiterungsteil des zweiten Satzes des variablen Teils enthält folgende Informationen:
   – Steuernummer (11 Stellen)
   – Fälligkeit = Ende der Sperrfrist (8 Stellen) bzw. bei unschädlicher Verfügung das Erstelldatum des Datensatzes.

(2) Die Anlageinstitute haben die überwiesenen Arbeitnehmer-Sparzulagen an die Arbeitnehmer auszuzahlen. Im Innenverhältnis zwischen Anlageinstitut und Arbeitnehmer kann vereinbart werden, dass die an das Anlageinstitut überwiesenen Arbeitnehmer-Sparzulagen in einer der in § 2 Abs. 1 VermBG genannten Anlageformen angelegt werden. Ist dem Anlageinstitut in Einzelfällen die Auszahlung der Arbeitnehmer-Sparzulage an den Arbeitnehmer nicht möglich, z. B. weil der Wohnort nicht ermittelt werden konnte, hat das Anlageinstitut diese Arbeitnehmer-Sparzulage der Finanzbehörde zu überweisen, von der sie die Arbeitnehmer-Sparzulage erhalten hat; dabei sind die im Auszahlungsdatensatz für den Arbeitnehmer enthaltenen Angaben vollständig mitzuteilen.

(3) Die festgesetzten Arbeitnehmer-Sparzulagen werden in folgenden Fällen vom Finanzamt unmittelbar an den Arbeitnehmer ausgezahlt (§ 7 Abs. 1 VermBDV 1994):

1. bei Anlagen zum Wohnungsbau (Abschnitt 10) und bei Anlagen für den ersten Erwerb von Anteilen an Bau- und Wohnungsgenossenschaften gemäß § 2 Abs. 1 Nr. 4 VermBG (Abschnitt 9 Abs. 3),
2. wenn die für die vermögenswirksamen Leistungen geltende Sperrfrist im Zeitpunkt der Bekanntgabe des Bescheids über die Festsetzung der Arbeitnehmer-Sparzulage abgelaufen ist,
3. wenn über die angelegten vermögenswirksamen Leistungen unschädlich vorzeitig verfügt oder der Bausparvertrag zugeteilt worden ist (Abschnitt 14 Abs. 3 Nr. 4).

(4) Soweit Arbeitnehmer-Sparzulagen für vermögenswirksame Leistungen, über die unschädlich vorzeitig verfügt worden sind, bei der Zentralstelle der Länder in Berlin aufgezeichnet sind, wird die Arbeitnehmer-Sparzulage an die Anlageinstitute ausgezahlt (Absatz 1). Abweichend davon ist die Arbeitnehmer-Sparzulage für vermögenswirksame Leistungen, die auf Anlageverträge nach §§ 5 bis 7 VermBG angelegt worden sind, vom Finanzamt unmittelbar an den Arbeitnehmer auszuzahlen.

(5) Ist über angelegte vermögenswirksame Leistungen unschädlich vorzeitig verfügt worden, so endet für diesen Anlagevertrag die Sperrfrist im Zeitpunkt dieser Verfügung (Abschnitt 14 Abs. 3 Nr. 4). Deshalb sind Arbeitnehmer-Sparzulagen für vermögenswirksame Leistungen, die weiter auf diesen Anlagevertrag angelegt werden, vom Finanzamt unmittelbar an den Arbeitnehmer auszuzahlen.

(6) Ergeben sich Nachfragen hinsichtlich der Auszahlung der Arbeitnehmer-Sparzulage, sind diese nicht an die Zentralstelle der Länder, sondern an die zuständigen Stellen in den Ländern zu richten. Arbeitnehmer können die zuständige Stelle bei ihrem Wohnsitzfinanzamt erfragen.

18. Wegfall der Zulagebegünstigung (§ 13 Abs. 5 Satz 1 VermBG)

(1) ¹Die Zulagebegünstigung für vermögenswirksame Leistungen entfällt vorbehaltlich des Absatzes 2 und des Abschnitts 19 rückwirkend,

1. soweit bei Anlagen auf Grund von Sparverträgen über Wertpapiere oder andere Vermögensbeteiligungen (Abschnitt 5) vor Ablauf der siebenjährigen Sperrfrist zulagebegünstigte vermögenswirksame Leistungen zurückgezahlt werden, die Festlegung unterblieben ist oder aufgehoben wird oder über die Vermögensbeteiligungen verfügt wird. ²Die Zulagebegünstigung entfällt auch für Spitzenbeträge, wenn diese 150 Euro übersteigen (§ 4 Abs. 3 VermBG). ³Die Förderung entfällt ebenfalls für Beträge, die beim zulageunschädlichen Austausch von Wertpapieren übrig bleiben, wenn die 150-Euro-Grenze überschritten wird (Abschnitt 5 Abs. 8),
2. wenn bei Anlagen auf Grund von Wertpapier-Kaufverträgen (Abschnitt 6) die Wertpapiere, mit deren Kaufpreis die vermögenswirksamen Leistungen eines Kalenderjahrs verrechnet worden sind, nicht spätestens bis zum Ablauf des folgenden Kalenderjahrs erworben werden oder wenn die Festlegung unterblieben ist oder soweit vor Ablauf der sechsjährigen Sperrfrist die Festlegung aufgehoben wird oder über die Wertpapiere verfügt wird,
3. wenn bei Anlagen auf Grund von Beteiligungs-Verträgen oder Beteiligungs-Kaufverträgen (Abschnitt 7) der Arbeitnehmer die nichtverbrieften Vermögensbeteiligungen, für deren Begründung oder Erwerb die vermögenswirksamen Leistungen eines Kalenderjahrs verrechnet oder überwiesen worden sind, nicht spätestens bis zum Ablauf des folgenden Kalenderjahrs erhält oder soweit vor Ablauf der sechsjährigen Sperrfrist über die Rechte verfügt wird. ²Handelt es sich um Aufwendungen für den ersten Erwerb von Anteilen an Bau- und Wohnungsgenossenschaften, so verringert sich bei Verletzung der Sperrfrist die Zulagebegünstigung von 18 % auf 9 % entsprechend § 2 Abs. 1 Nr. 4 i. V. m. ³§ 13 Abs. 2 VermBG und Abschnitt 16 Abs. 2 Nr. 1 (vgl. Abschnitt 22 Abs. 1 Nr. 1),
4. soweit bei Anlagen nach dem WoPG (Abschnitt 9)
   a) Bausparkassenbeiträge vor Ablauf von sieben Jahren seit Vertragsabschluss zurückgezahlt, die Bausparsumme ausgezahlt oder Ansprüche aus dem Bausparvertrag abgetreten oder beliehen werden,
   b) Beiträge auf Grund von Wohnbau-Sparverträgen vor Ablauf der jeweiligen Festlegungsfrist zurückgezahlt (§ 9 WoPDV) oder nach Ablauf der jeweiligen Festlegungsfrist nicht zweckentsprechend verwendet werden (§ 10 WoPDV),
   c) Beiträge auf Grund von Baufinanzierungsverträgen zurückgezahlt (§ 15 Abs. 4 WoPDV) oder nicht fristgerecht zweckentsprechend verwendet werden (§ 16 WoPDV).

Im Übrigen liegt in der Kündigung eines Vertrags noch keine sparzulageschädliche Verfügung, sondern erst in der Rückzahlung von Beträgen; deshalb bleibt eine Rücknahme der Kündigung oder Rückzahlung von Beträgen ohne Auswirkung auf festgesetzte Arbeitnehmer-Sparzulage (vgl. BFH-Urteil vom 13. Dezember 1989, BStBl. 1990 II S. 220). Im Gegensatz dazu stellt eine Abtretung auch dann eine sparzulageschädliche Verfügung dar, wenn sie später zurückgenommen wird.

(2) Abweichend von Absatz 1 bleibt die Zulagebegünstigung für vermögenswirksame Leistungen bei Verletzung der Sperrfrist in den Fällen des § 13 Abs. 5 Satz 2 VermBG erhalten. Nach § 13 Abs. 5 Satz 2 Nr. 1 VermBG ist nicht Voraussetzung, dass ggf. die neuen Wertpapiere oder die erhaltenen Beträge für den Rest der Sperrfrist festgelegt werden. Wertlosigkeit im Sinne des § 13 Abs. 5 Satz 2 Nr. 2 VermBG ist anzunehmen, wenn der Arbeitnehmer höchstens 33 v. H. der angelegten vermögenswirksamen Leistungen zurückerhält. Übersteigen die zurückgezahlten Beträge die 33-v.-H.-Grenze, so bleibt die Zulagebegünstigung der vermögenswirksamen Leistungen nur dann erhalten, wenn der Arbeitnehmer die erhaltenen Beträge oder damit erworbene andere Vermögensbeteiligungen im Sinne des § 2 Abs. 1 Nr. 1 VermBG bei einem Kreditinstitut für den Rest der Sperrfrist festlegt.

(3) Sind mit vermögenswirksamen Leistungen, die auf Grund von Sparverträgen über Wertpapiere oder andere Vermögensbeteiligungen angelegt worden sind, Anteile an neu aufgelegten richtlinienkonformen Sondervermögen und gemischten Sondervermögen (Abschnitt 4 Abs. 5) erworben worden und ergibt sich aus dem ersten Rechenschaftsbericht oder aus dem ersten Halbjahresbericht,

dass die angenommenen Verhältnisse nicht vorgelegen haben, so entfällt für die vermögenswirksamen Leistungen die Zulagebegünstigung.

19. Zulageunschädliche Verfügungen (§ 4 Abs. 4 VermBG)

(1) ¹Bei Anlagen zulagebegünstigter vermögenswirksamer Leistungen auf Grund von

– Sparverträgen über Wertpapiere oder andere Vermögensbeteiligungen (Abschnitt 5),

– Wertpapier-Kaufverträgen (Abschnitt 6),

– Beteiligungs-Verträgen oder Beteiligungs-Kaufverträgen (Abschnitt 7)

ist Arbeitnehmer-Sparzulage trotz Verletzung der Sperrfristen oder der in Abschnitt 5 Abs. 6, Abschnitt 18 Abs. 1 Nr. 2 und 3 bezeichneten Fristen in den Fällen des § 4 Abs. 4 VermBG nicht zurückzufordern. ²Dabei gilt Folgendes:

1. Völlige Erwerbsunfähigkeit im Sinne des § 4 Abs. 4 Nr. 1 VermBG liegt vor bei einem Grad der Behinderung von mindestens 95.
2. Arbeitslos im Sinne des § 4 Abs. 4 Nr. 3 VermBG sind Personen, die Arbeitslosengeld (§ 117 Drittes Buch Sozialgesetzbuch – SGB III), Arbeitslosenhilfe (§ 190 SGB III), Arbeitslosengeld II (§ 19 SGB II; In-Kraft-Treten: 1. Januar 2005) oder Arbeitslosenbeihilfe für ehemalige Soldaten auf Zeit (§ 86 a Soldatenversorgungsgesetz) beziehen oder ohne Bezug dieser Leistungen arbeitslos gemeldet sind. Als arbeitslos anzusehen sind auch
   a) Personen, die als Arbeitslose im Sinne des Satzes 1 erkranken oder eine Kur antreten, für die Dauer der Erkrankung oder der Kur,
   b) Frauen, die zu Beginn der Schutzfristen nach § 3 Abs. 2, § 6 Abs. 1 des Mutterschutzgesetzes arbeitslos im Sinne des Satzes 1 waren oder als arbeitslos im Sinne des Buchstaben a anzusehen waren, für die Dauer dieser Schutzfristen und der folgenden Monate, für die bei Bestehen eines Arbeitsverhältnisses Elternzeit oder Erziehungsurlaub nach dem Bundeserziehungsgeldgesetz hätte beansprucht werden können,
   c) Personen, die an einer nach §§ 77 bis 96 SGB III geförderten beruflichen Weiterbildung oder die an einer z. B. nach §§ 97 bis 115 SGB III geförderten beruflichen Weiterbildung im Rahmen der Förderung der Teilhabe behinderter Menschen am Arbeitsleben teilnehmen, wenn sie ohne die Teilnahme an der Maßnahme arbeitslos wären.

³Sind die vermögenswirksamen Leistungen auf Grund eines Vertrags, dessen Inhaber oder Mitinhaber ein Kind, die Eltern oder ein Elternteil des Arbeitnehmers ist (§ 3 Abs. 1 Nr. 2 und 3 VermBG), oder auf Gemeinschaftskonten/-depots (Abschnitt 14 Abs. 4) angelegt worden, so muss die zulageunschädliche Verfügungsmöglichkeit in der Person des Arbeitnehmers gegeben sein; die zulageunschädliche Verfügungsmöglichkeit ist ohne zeitliche Befristung auf die Leistung des Arbeitnehmers beschränkt. ⁴Ist der Ehegatte des Arbeitnehmers Inhaber oder Mitinhaber des Anlagevertrags (§ 3 Abs. 1 Nr. 1 VermBG), wirkt die zulageunschädliche Verfügung für beide Ehegatten.

(2) Werden bei Anlagen nach dem WoPG (Abschnitt 9) Sperrfristen verletzt, so ist in den Fällen des § 4 Abs. 4 Nr. 1 und 3 VermBG (vgl. Absatz 1 Nr. 1 und 2) Arbeitnehmer-Sparzulage nicht zurückzufordern. Außerdem ist bei der Anlage vermögenswirksamer Leistungen auf Grund von Bausparverträgen Arbeitnehmer-Sparzulage nicht zurückzufordern,

1. wenn bei vorzeitiger Auszahlung der Bausparsumme oder bei vorzeitiger Beleihung von Ansprüchen aus dem Bausparvertrag der Arbeitnehmer die empfangenen Beträge unverzüglich und unmittelbar zu wohnwirtschaftlichen Zwecken (vgl. Abschnitt 10) verwendet oder
2. wenn bei vorzeitiger Abtretung der Erwerber die Bausparsumme oder die auf Grund einer Beleihung empfangenen Beträge unverzüglich und unmittelbar zu wohnwirtschaftlichen Zwecken für den Arbeitnehmer oder dessen Angehörige (§ 15 AO) verwendet oder
3. wenn ein Bausparvertrag vor Ablauf der Festlegungsfrist gekündigt oder aufgelöst wird, der nach Verrechnung geleisteter Bausparbeiträge mit der Abschlussgebühr kein Guthaben ausweist; bei Bausparverträgen, die ein Guthaben ausweisen, entfällt die Zulagebegünstigung nur für die tatsächlich zurückgezahlten Bausparbeiträge.

Außerdem ist zulageunschädlich, wenn bei Anlagen auf Grund von Wohnbau-Sparverträgen und Baufinanzierungsverträgen die Vertragsinhalte und die Vertragspartner des Arbeitnehmers gegeneinander ausgetauscht werden (§§ 12, 18 WoPDV). Im Übrigen muss die zulageunschädliche Verfügungsmöglichkeit stets in der Person des Vertragsinhabers gegeben sein; sind Angehörige des Arbeitnehmers Inhaber oder Mitinhaber des Vertrags, gilt Absatz 1 Satz 3 und 4 entsprechend.

20. Nachweis einer zulageunschädlichen Verfügung (§ 4 Abs. 4 VermBG, § 8 VermBDV 1994)

Die zulageunschädliche Verfügung (Abschnitt 19) ist dem Kreditinstitut oder dem Versicherungsunternehmen (§ 8 Abs. 2 VermBDV 1994) oder dem Finanzamt (nur bei einer Anlage im Sinne des § 8 Abs. 1 Nr. 4 bis 6 VermBDV 1994) vom Arbeitnehmer (im Todesfall von seinen Erben) wie folgt nachzuweisen:

1. Im Fall der Heirat durch Vorlage der Heiratsurkunde oder eines Auszugs aus dem Familienbuch,
2. im Fall des Todes durch Vorlage der Sterbeurkunde oder des Erbscheins,
3. im Fall der völligen Erwerbsunfähigkeit (d. h. eines Grades der Behinderung von mindestens 95) durch Vorlage eines Ausweises nach § 69 Abs. 5 SGB IX oder eines Feststellungsbescheids nach § 69 Abs. 1 SGB IX oder eines vergleichbaren Bescheids nach § 69 Abs. 2 SGB IX; die Vorlage des Rentenbescheids eines Trägers der gesetzlichen Rentenversicherung der Angestellten und Arbeiter genügt nicht (vgl. BFH-Urteil vom 25. April 1968, BStBl. II S. 606),
4. im Fall der Arbeitslosigkeit des Arbeitnehmers durch Vorlage von Unterlagen über folgende Zahlungen:
   a) Arbeitslosengeld (§ 117 SGB III) oder
   b) Arbeitslosenhilfe (§ 190 SGB III) oder
   c) Arbeitslosengeld II (§ 19 SGB II; In-Kraft-Treten: 1. Januar 2005) oder
   d) Arbeitslosenbeihilfe für ehemalige Soldaten auf Zeit im Sinne des Soldatenversorgungsgesetzes oder
   e) Krankengeld, Verletztengeld oder Übergangsgeld nach § 47 b SGB V, § 47 SGB VII, Versorgungskrankengeld und Übergangsgeld nach §§ 16, 26 Bundesversorgungsgesetz oder nach dem Sozialgesetzbuch oder
   f) Erziehungsgeld oder
   g) Unterhaltsgeld nach § 153 SGB III im Falle der beruflichen Fortbildung oder Umschulung oder Übergangsgeld z. B. nach § 160 SGB III im Falle der Fortbildung oder Umschulung im Rahmen der beruflichen Rehabilitation.

Werden solche Zahlungen nicht geleistet, so sind

– Zeiten der Arbeitslosigkeit durch eine entsprechende Bescheinigung der zuständigen Dienststelle der Bundesagentur für Arbeit (in der Regel: Agentur für Arbeit) nachzuweisen,

– Zeiten der Erkrankung oder der Kur, die als Zeiten der Arbeitslosigkeit anzusehen sind, durch eine Bescheinigung des Kostenträgers oder der Anstalt, in der die Unterbringung erfolgt, oder durch eine ärztliche Bescheinigung nachzuweisen,

– die Zeit der Schutzfristen, die als Zeit der Arbeitslosigkeit anzusehen ist, durch das Zeugnis eines Arztes oder einer Hebamme nachzuweisen und die als Zeit der Arbeitslosigkeit anzusehende Zeit, für die bei Bestehen eines Arbeitsverhältnisses Elternzeit oder Erziehungsurlaub hätte beansprucht werden können, glaubhaft zu machen,

5. im Fall der Aufnahme einer selbständigen Erwerbstätigkeit durch Vorlage von Unterlagen über die Auflösung des Arbeitsverhältnisses und die Mitteilung an die Gemeinde nach § 138 Abs. 1 AO.

Anwendung des Fünften Vermögensbildungsgesetzes

21. Anzeigepflichten (§ 8 VermBDV 1994)

(1) Wird über vermögenswirksame Leistungen vorzeitig verfügt, ist dies der Zentralstelle der Länder in Berlin anzuzeigen. Für die Anzeige ist der amtlich vorgeschriebene Datensatz zu verwenden. Für eine geringe Anzahl von Mitteilungen ist die Datenübermittlung auf amtlich vorgeschriebenem Vordruck möglich. Die Bekanntgabe der Vordruckmuster und der Datensatzbeschreibung erfolgte letztmals am 15. November 2001 im Bundessteuerblatt Teil I S. 875. Die Anzeigen von Kreditinstituten, Bausparkassen und Versicherungsunternehmen sind als unschädliche oder schädliche Verfügungen zu kennzeichnen (§ 8 Abs. 1 bis 3 VermBDV 1994).

(2) Sind auf den Anlagevertrag auch andere Beträge gutgeschrieben, die keine vermögenswirksamen Leistungen sind (z. B. Zinsen, eigene Einzahlungen des Arbeitnehmers), so ist in der Anzeige über eine teilweise schädliche vorzeitige Verfügung als vermögenswirksame Leistung nur der Betrag anzugeben, der die anderen Beträge übersteigt (§ 6 Abs. 3 Nr. 1 und Abs. 4 Nr. 1 VermBDV 1994).

22. Änderung der Festsetzung, Rückforderung von Arbeitnehmer-Sparzulagen (§ 13 Abs. 5 VermBG, § 6 Abs. 2 und 3, § 8 Abs. 4, § 9 VermBDV 1994)

(1) Der Bescheid über die Festsetzung der Arbeitnehmer-Sparzulage ist zu ändern, wenn

1. bei Anlage vermögenswirksamer Leistungen auf Verträge nach §§ 5 bis 7 VermBG angezeigt worden ist, dass Sperr-, Verwendungs- oder Vorlagefristen verletzt worden sind (§ 8 Abs. 1 Nr. 4 bis 6 VermBDV 1994) oder sich die Förderung in den Fällen des Abschnitt 18 Abs. 1 Nr. 3 Satz 2 verringert,

2. bei Anlage vermögenswirksamer Leistungen nach § 2 Abs. 1 Nr. 1 und 4 VermBG eine teilweise schädliche Verfügung angezeigt worden ist (§ 8 Abs. 1 Nr. 1 bis 3 und Abs. 2 VermBDV 1994) und das Finanzamt die Verfügung über vermögenswirksame Leistungen festgestellt hat, für die Arbeitnehmer-Sparzulagen festgesetzt worden sind (§ 6 Abs. 3 und 4 VermBDV 1994),

3. die Einkommensgrenze des § 13 Abs. 1 VermBG durch nachträgliche Änderung des zu versteuernden Einkommens über- oder unterschritten wird,

4. das Finanzamt davon Kenntnis erhält, z. B. durch eine Außenprüfung, dass eine vermögenswirksame Anlage nicht vorlag.

Bei einer teilweise schädlichen Verfügung (Nr. 2) und einer Förderung mit einem ab 2004 abgesenkten Fördersatz ist davon auszugehen, dass über die geringer geförderten vermögenswirksamen Leistungen vorrangig schädlich verfügt wurde.

Beispiel:

Ein Arbeitnehmer hat am 1. März 2002 mit einer Kapitalanlagegesellschaft einen Anlagevertrag nach § 4 VermBG abgeschlossen, auf den in den Kalenderjahren 2002 und 2003 jeweils 408 Euro sowie im Kalenderjahr 2004 400 Euro vermögenswirksame Leistungen angelegt worden sind. Zusätzlich wurden Anteile aus Ausschüttungen im Wert von 50 Euro gutgeschrieben. Im Kalenderjahr 2005 verkauft der Arbeitnehmer Wertpapiere, für die er vermögenswirksame Leistungen in Höhe von durchschnittlich 500 Euro aufgewendet hat.

Die Kapitalanlagegesellschaft zeigt an, dass über vermögenswirksame Leistungen in Höhe von 450 Euro (500 Euro vermögenswirksame Leistungen abzüglich 50 Euro aus Ausschüttungen, vgl. Abschnitt 21 Abs. 2) schädlich verfügt worden ist. Das Finanzamt stellt fest, dass für die vermögenswirksamen Leistungen des Kalenderjahrs 2003 keine Arbeitnehmer-Sparzulage festgesetzt worden ist, weil die Einkommensgrenze überschritten war. Nach Abzug dieser vermögenswirksamen Leistungen verbleibt ein Betrag von 42 Euro (450 Euro abzüglich 408 Euro), für den zu Unrecht eine Arbeitnehmer-Sparzulage gewährt worden ist. Die Festsetzung der Arbeitnehmer-Sparzulage ist deshalb um 8 Euro (42 Euro x 18 %) zu mindern.

(2) Das Finanzamt hat zu Unrecht bereits ausgezahlte Arbeitnehmer-Sparzulagen vom Arbeitnehmer zurückzufordern. Das gilt auch für Arbeitnehmer-Sparzulagen, die das Finanzamt wegen Ablaufs der Sperrfrist an den Arbeitnehmer ausgezahlt hat und dem Finanzamt erst nachträglich eine schädliche Verfügung über die vermögenswirksamen Leistungen bekannt wird.

23. Außenprüfung (§ 15 Abs. 5 VermBG)

Nach § 15 Abs. 5 VermBG ist eine Außenprüfung bei dem Unternehmen oder Institut zulässig, bei dem die vermögenswirksamen Leistungen angelegt sind. Die Außenprüfung kann sich auf die Einhaltung sämtlicher Pflichten erstrecken, die sich aus dem VermBG und der VermBDV 1994 ergeben, z. B. die Erfüllung von Anzeigepflichten.

24. Übergangsregelungen

Die BMF-Schreiben vom 16. Juli 1997 (BStBl. I S. 738) und 24. August 2000 (BStBl. I S. 1227) sind weiter anzuwenden auf vermögenswirksame Leistungen, die vor dem 1. Januar 2004 angelegt worden sind.

Dieses Schreiben steht ab sofort für eine Übergangszeit auf den Internetseiten des Bundesministeriums der Finanzen (http://www.bundesfinanzministerium.de) unter der Rubrik Steuern – Veröffentlichungen zu Steuerarten – Lohnsteuer zur Verfügung.

Anhang 7
Gesetz über die Umzugskostenvergütung für die Bundesbeamten, Richter im Bundesdienst und Soldaten (Bundesumzugskostengesetz – BUKG)

i. d. F. der Bek. vom 11. 12. 1990 (BGBl. I S. 2682), zuletzt geändert durch Art. 5 Abs. 11 G vom 15. 12. 2004 (BGBl. I S. 3396)

§ 1
Anwendungsbereich

(1) ¹Dieses Gesetz regelt Art und Umfang der Erstattung von Auslagen aus Anlass der in den §§ 3 und 4 bezeichneten Umzüge und der in § 12 genannten Maßnahmen. ²Berechtigte sind:
1. Bundesbeamte und in den Bundesdienst abgeordnete Beamte,
2. Richter im Bundesdienst und in den Bundesdienst abgeordnete Richter,
3. Berufssoldaten und Soldaten auf Zeit,
4. Beamte und Richter (Nummern 1 und 2) und Berufssoldaten im Ruhestand,
5. frühere Beamte und Richter (Nummern 1 und 2) und Berufssoldaten, die wegen Dienstunfähigkeit oder Erreichens der Altersgrenze entlassen worden sind,
6. Hinterbliebene der in den Nummern 1 bis 5 bezeichneten Personen.

(2) Hinterbliebene sind der Ehegatte, Lebenspartner, Verwandte bis zum vierten Grade, Verschwägerte bis zum zweiten Grade, Pflegekinder und Pflegeeltern, wenn diese Personen zur Zeit des Todes zur häuslichen Gemeinschaft des Verstorbenen gehört haben.

(3) Eine häusliche Gemeinschaft im Sinne dieses Gesetzes setzt ein Zusammenleben in gemeinsamer Wohnung oder in enger Betreuungsgemeinschaft in demselben Hause voraus.

§ 2
Anspruch auf Umzugskostenvergütung

(1) ¹Voraussetzung für den Anspruch auf Umzugskostenvergütung ist die schriftliche oder elektronische Zusage. ²Sie soll gleichzeitig mit der den Umzug veranlassenden Maßnahme erteilt werden. ³In den Fällen des § 4 Abs. 3 muss die Umzugskostenvergütung vor dem Umzug zugesagt werden.

(2) ¹Die Umzugskostenvergütung wird nach Beendigung des Umzuges gewährt. ²Sie ist innerhalb einer Ausschlussfrist von einem Jahr bei der Beschäftigungsbehörde, in den Fällen des § 4 Abs. 3 bei der letzten Beschäftigungsbehörde, schriftlich oder elektronisch zu beantragen. ³Die Frist beginnt mit dem Tage nach Beendigung des Umzuges, in den Fällen des § 11 Abs. 3 Satz 1 mit der Bekanntgabe des Widerrufs.

(3) ¹Umzugskostenvergütung wird nicht gewährt, wenn nicht innerhalb von fünf Jahren nach Wirksamwerden der Zusage der Umzugskostenvergütung umgezogen wird. ²Die oberste Dienstbehörde kann diese Frist in besonders begründeten Ausnahmefällen um längstens zwei Jahre verlängern. ³§ 4 Abs. 3 Satz 2 bleibt unberührt.

§ 3
Zusage der Umzugskostenvergütung

(1) Die Umzugskostenvergütung ist zuzusagen für Umzüge
1. aus Anlass der Versetzung aus dienstlichen Gründen an einen anderen Ort als den bisherigen Dienstort, es sei denn, dass
   a) mit einer baldigen weiteren Versetzung an einen anderen Dienstort zu rechnen ist,
   b) der Umzug aus besonderen Gründen nicht durchgeführt werden soll,
   c) die Wohnung auf einer üblicherweise befahrenen Strecke weniger als 30 Kilometer von der neuen Dienststätte entfernt ist oder im neuen Dienstort liegt (Einzugsgebiet) oder
   d) der Berechtigte auf die Zusage der Umzugskostenvergütung unwiderruflich verzichtet und dienstliche Gründe den Umzug nicht erfordern,
2. auf Anweisung des Dienstvorgesetzten, die Wohnung innerhalb bestimmter Entfernung von der Dienststelle zu nehmen oder eine Dienstwohnung zu beziehen,
3. aus Anlass der Räumung einer Dienstwohnung auf dienstliche Weisung,
4. aus Anlass der Aufhebung einer Versetzung nach einem Umzug mit Zusage der Umzugskostenvergütung.

(2) Absatz 1 Nr. 1 gilt entsprechend für Umzüge aus Anlass
1. der Verlegung der Beschäftigungsbehörde,
2. der nicht nur vorübergehenden Zuteilung aus dienstlichen Gründen zu einem anderen Teil der Beschäftigungsbehörde,
3. der Übertragung eines anderen Richteramtes nach § 32 Abs. 2 des Deutschen Richtergesetzes oder eines weiteren Richteramtes nach § 27 Abs. 2 des vorgenannten Gesetzes.

§ 4
Zusage der Umzugskostenvergütung in besonderen Fällen

(1) Die Umzugskostenvergütung kann in entsprechender Anwendung des § 3 Abs. 1 Nr. 1 zugesagt werden für Umzüge aus Anlass
1. der Einstellung,
2. der Abordnung oder Kommandierung,
3. der vorübergehenden Zuteilung aus dienstlichen Gründen zu einem anderen Teil der Beschäftigungsbehörde,
4. der vorübergehenden dienstlichen Tätigkeit bei einer anderen Stelle als einer Dienststelle.

(2) Die Umzugskostenvergütung kann ferner zugesagt werden für Umzüge aus Anlass
1. der Aufhebung oder Beendigung einer Maßnahme nach Absatz 1 Nr. 2 bis 4 nach einem Umzug mit Zusage der Umzugskostenvergütung,
2. der Räumung einer bundeseigenen oder im Besetzungsrecht des Bundes stehenden Mietwohnung, wenn sie auf Veranlassung der obersten Dienstbehörde oder der von ihr ermächtigten Behörde im dienstlichen Interesse geräumt werden soll,
3. einer Versetzung oder eines Wohnungswechsels wegen des Gesundheitszustandes des Berechtigten, des mit ihm in häuslicher Gemeinschaft lebenden Ehegatten oder Lebenspartners oder der mit ihm in häuslicher Gemeinschaft lebenden, beim Ortszuschlag nach dem Bundesbesoldungsgesetz berücksichtigungsfähigen Kinder, wobei die Notwendigkeit des Umzuges amts- oder vertrauensärztlich bescheinigt sein muss,
4. eines Wohnungswechsels, der notwendig ist, weil die Wohnung wegen der Zunahme der Zahl der zur häuslichen Gemeinschaft gehörenden, beim Ortszuschlag nach dem Bundesbesoldungsgesetz berücksichtigungsfähigen Kinder unzureichend geworden ist. Unzureichend ist eine Wohnung, wenn die Zimmerzahl der bisherigen Wohnung um mindestens zwei hinter der zustehenden Zimmerzahl zurückbleibt. Dabei darf für jede vor und nach dem Umzug zur häuslichen Gemeinschaft des Berechtigten gehörende Person (§ 6 Abs. 3 Satz 2 und 3) nur ein Zimmer zugebilligt werden.

(3) ¹Die Umzugskostenvergütung kann ferner für Umzüge aus Anlass der Beendigung des Dienstverhältnisses Berechtigten nach § 1 Abs. 1 Satz 2 Nr. 4 bis 6 zugesagt werden, wenn
1. ein Verbleiben an Grenzorten, kleineren abgelegenen Plätzen oder Inselorten nicht zumutbar ist oder
2. in den vorausgegangenen zehn Jahren mindestens ein Umzug mit Zusage der Umzugskostenvergütung an einen anderen Ort durchgeführt wurde.

²Die Umzugskostenvergütung wird nur gewährt, wenn innerhalb von zwei Jahren nach Beendigung des Dienstverhältnisses umgezogen wird. ³Sie wird nicht gewährt, wenn das Dienstverhältnis aus Disziplinargründen oder zur Aufnahme einer anderen Tätigkeit beendet wurde.

(4) Der Abordnung nach Absatz 1 Nr. 2 steht die Zuweisung nach § 123a des Beamtenrechtsrahmengesetzes gleich.

§ 5
Umzugskostenvergütung

(1) Die Umzugskostenvergütung umfasst
1. Beförderungsauslagen (§ 6),
2. Reisekosten (§ 7),
3. Mietentschädigung (§ 8),
4. andere Auslagen (§ 9),
5. Pauschvergütung für sonstige Umzugsauslagen (§ 10),
6. Auslagen nach § 11.

(2) Zuwendungen, die für denselben Umzug von einer anderen Dienst- oder Beschäftigungsstelle gewährt werden, sind auf die Umzugskostenvergütung insoweit anzurechnen, als für denselben Zweck Umzugskostenvergütung nach diesem Gesetz gewährt wird.

(3) ¹Die aufgrund einer Zusage nach § 4 Abs. 1 Nr. 1 oder Abs. 2 Nr. 3 oder 4 gewährte Umzugskostenvergütung ist zurückzuzahlen, wenn der Berechtigte vor Ablauf von zwei Jahren nach Beendigung des Umzuges aus einem von ihm zu vertretenden Grunde aus dem Bundesdienst ausscheidet. ²Die oberste Dienstbehörde kann hiervon Ausnahmen zulassen, wenn der Berechtigte unmittelbar in ein Dienst- oder Beschäftigungsverhältnis zu einem anderen öffentlich-rechtlichen Dienstherrn im Geltungsbereich dieses Gesetzes oder zu einer in § 40 Abs. 7 Satz 2 und 3 des Bundesbesoldungsgesetzes bezeichneten Einrichtung übertritt.

§ 6
Beförderungsauslagen

(1) ¹Die notwendigen Auslagen für das Befördern des Umzugsgutes von der bisherigen zur neuen Wohnung werden erstattet. ²Liegt die neue Wohnung im Ausland, so werden in den Fällen des § 3 Abs. 1 Nr. 3, § 4 Abs. 2 Nr. 2 und Abs. 3 Satz 1 die Beförderungsauslagen bis zum inländischen Grenzort erstattet.

(2) Auslagen für das Befördern von Umzugsgut, das sich außerhalb der bisherigen Wohnung befindet, werden höchstens insoweit erstattet, als sie beim Befördern mit dem übrigen Umzugsgut erstattungsfähig wären.

(3) ¹Umzugsgut sind die Wohnungseinrichtung und in angemessenem Umfang andere bewegliche Gegenstände und Haustiere, die sich am Tage vor dem Einladen des Umzugsgutes im Eigentum, Besitz oder Gebrauch des Berechtigten oder anderer Personen befinden, die mit ihm in häuslicher Gemeinschaft leben. ²Andere Personen im Sinne des Satzes 1 sind der Ehegatte, der Lebenspartner sowie die ledigen Kinder, Stief- und Pflegekinder. ³Es gehören ferner dazu die nicht ledigen in Satz 2 genannten Kinder und Verwandte bis zum vierten Grade, Verschwägerte bis zum zweiten Grade und Pflegeeltern, wenn der Berechtigte diesen Personen aus gesetzlicher oder sittlicher Verpflichtung nicht nur vorübergehend Unterkunft und Unterhalt gewährt, sowie Hausangestellte und solche Personen, deren Hilfe der Berechtigte aus beruflichen oder gesundheitlichen Gründen nicht nur vorübergehend bedarf.

§ 7
Reisekosten

(1) ¹Die Auslagen für die Reise des Berechtigten und der zur häuslichen Gemeinschaft gehörenden Personen (§ 6 Abs. 3 Satz 2 und 3) von der bisherigen zur neuen Wohnung werden wie bei Dienstreisen des Berechtigten erstattet, in den Fällen des § 4 Abs. 3 Satz 1 Nr. 1 wie sie bei Dienstreisen im letzten Dienstverhältnis zu erstatten wären. ²Tagegeld wird vom Tage des Einladens des Umzugsgutes an bis zum Tage des Ausladens mit der Maßgabe gewährt, dass auch diese beiden Tage als volle Reisetage gelten. ³Übernachtungsgeld wird für den Tag des Ausladens des Umzugsgutes nur gewährt, wenn eine Übernachtung außerhalb der neuen Wohnung notwendig gewesen ist.

(2) ¹Absatz 1 Satz 1 gilt entsprechend für zwei Reisen einer Person oder einer Reise von zwei Personen zum Suchen oder Besichtigen einer Wohnung mit der Maßgabe, dass die Fahrkosten bis zur Höhe der billigsten Fahrkarte der allgemein niedrigsten Klasse eines regelmäßig verkehrenden Beförderungsmittels erstattet werden. ²Tage- und Übernachtungsgeld wird je Reise für höchstens zwei Reise- und zwei Aufenthaltstage gewährt.

(3) ¹Für eine Reise des Berechtigten zur bisherigen Wohnung zur Vorbereitung und Durchführung des Umzuges werden Fahrkosten gemäß Absatz 2 Satz 1 erstattet. ²Die Fahrkosten einer anderen Person für eine solche Reise werden im gleichen Umfang erstattet, wenn sich zur Zeit des Umzuges am bisherigen Wohnort weder der Berechtigte noch eine andere Person (§ 6 Abs. 3 Satz 2 und 3) befunden hat, der die Vorbereitung und Durchführung des Umzuges zuzumuten war. ³Wird der Umzug vor dem Wirksamwerden einer Maßnahme nach den §§ 3, 4 Abs. 1 durchgeführt, so werden die Fahrkosten für die Rückreise von der neuen Wohnung zum Dienstort, in den Fällen des § 4 Abs. 1 Nr. 1 zur bisherigen Wohnung, gemäß Absatz 2 Satz 1 erstattet.

(4) § 6 Abs. 1 Satz 2 gilt entsprechend.

§ 8
Mietentschädigung

(1) ¹Miete für die bisherige Wohnung wird bis zu dem Zeitpunkt, zu dem das Mietverhältnis frühestens gelöst werden konnte, längstens jedoch für sechs Monate, erstattet, wenn für dieselbe Zeit Miete für die neue Wohnung gezahlt werden musste. ²Ferner werden die notwendigen Auslagen für das Weitervermieten der Wohnung innerhalb der Vertragsdauer bis zur Höhe der Miete für einen Monat erstattet. ³Die Sätze 1 und 2 gelten auch für die Miete einer Garage.

(2) ¹Miete für die neue Wohnung, die nach Lage des Wohnungsmarktes für eine Zeit gezahlt werden musste, während der die Wohnung noch nicht benutzt werden konnte, wird längstens für drei Monate erstattet, wenn für dieselbe Zeit Miete für die bisherige Wohnung gezahlt werden musste. ²Entsprechendes gilt für die Miete einer Garage.

(3) ¹Die bisherige Wohnung im eigenen Haus oder die Eigentumswohnung steht der Mietwohnung gleich mit der Maßgabe, dass die Mietentschädigung längstens für ein Jahr gezahlt wird. ²Die oberste Dienstbehörde kann diese Frist in besonders begründeten Ausnahmefällen um längstens sechs Monate verlängern. ³An die Stelle der Miete tritt der ortsübliche Mietwert der Wohnung. ⁴Entsprechendes gilt für die eigene Garage. ⁵Für die neue Wohnung im eigenen Haus oder die neue Eigentumswohnung wird Mietentschädigung nicht gewährt.

(4) Miete nach den Absätzen 1 bis 3 wird nicht für eine Zeit erstattet, in der die Wohnung oder die Garage ganz oder teilweise anderweitig vermietet oder benutzt worden ist.

§ 9*)
Andere Auslagen

(1) Die notwendigen ortsüblichen Maklergebühren für die Vermittlung einer Mietwohnung und einer Garage oder die entsprechenden Auslagen bis zu dieser Höhe für eine eigene Wohnung werden erstattet.

(2) Die Auslagen für einen durch den Umzug bedingten zusätzlichen Unterricht der Kinder des Berechtigten (§ 6 Abs. 3 Satz 2) werden bis zu vierzig vom Hundert des im Zeitpunkt der Beendigung des Umzuges maßgebenden Endgrundgehaltes der Besoldungsgruppe A 12 des Bundesbesoldungsgesetzes für jedes Kind erstattet, und zwar bis zu fünfzig vom Hundert dieses Betrages voll und darüber hinaus zu drei Vierteln.

(3) ¹Die Auslagen für einen Kochherd werden bis zu einem Betrag von 450 Deutsche Mark erstattet, wenn seine Beschaffung beim Bezug der neuen Wohnung notwendig ist. ²Sofern die neue Wohnung eine Mietwohnung ist, werden unter den gleichen Voraussetzungen auch die Auslagen für Öfen bis zu einem Betrag von 320 Deutsche Mark für jedes Zimmer erstattet.

§ 10
Pauschvergütung für sonstige Umzugsauslagen

(1) ¹Berechtigte, die am Tage vor dem Einladen des Umzugsgutes eine Wohnung hatten und nach dem Umzug wieder eingerichtet haben, erhalten eine Pauschvergütung für sonstige Umzugsauslagen. ²Sie beträgt für verheiratete oder in einer Lebenspartnerschaft

---
*) Die Beträge in § 9 Abs. 3 entsprechen seit dem 1.1.2002 230,08 Euro bzw. 163,61 Euro (Umrechnung gem. dem amtlichen Kurs 1 Euro = 1,95583 DM) BMI-Schreiben vom 6.6.2001 (GMBl. S. 415).

Bundesumzugskostengesetz

Anhang 7

lebende Angehörige der Besoldungsgruppen B 3 bis B 11, C 4 sowie R 3 bis R 10 28,6, der Besoldungsgruppen B 1 und B 2, A 13 bis A 16, C 1 bis C 3 sowie R 1 und R 2 24,1, der Besoldungsgruppen A 9 bis A 12 21,4 sowie der Besoldungsgruppen A 1 bis A 8 20,2 Prozent des Endgrundgehaltes der Besoldungsgruppe A 13 nach Anlage IV des Bundesbesoldungsgesetzes. ³Ledige erhalten 50 Prozent des Betrages nach Satz 2. ⁴Die Beträge nach den Sätzen 2 und 3 erhöhen sich für jede in § 6 Abs. 3 Satz 2 und 3 bezeichnete Person mit Ausnahme des Ehegatten oder Lebenspartners um 6,3 Prozent des Endgrundgehaltes der Besoldungsgruppe A 13 nach Anlage IV des Bundesbesoldungsgesetzes, wenn sie auch nach dem Umzug mit dem Umziehenden in häuslicher Gemeinschaft lebt.

(2) ¹Dem Verheirateten stehen gleich der Verwitwete und der Geschiedene sowie derjenige, dessen Ehe aufgehoben oder für nichtig erklärt ist, ferner der Ledige, der auch in der neuen Wohnung Verwandten bis zum vierten Grade, Verschwägerten bis zum zweiten Grade, Pflegekindern oder Pflegeeltern aus gesetzlicher oder sittlicher Verpflichtung nicht nur vorübergehend Unterkunft und Unterhalt gewährt, sowie der Ledige, der auch in der neuen Wohnung eine andere Person aufgenommen hat, deren Hilfe er aus beruflichen oder gesundheitlichen Gründen nicht nur vorübergehend bedarf. ²Dem in einer Lebenspartnerschaft Lebenden stehen gleich derjenige, der seinen Lebenspartner überlebt hat, und derjenige, dessen Lebenspartnerschaft aufgehoben wurde.

(3) ¹Eine Wohnung im Sinne des Absatzes 1 besteht aus einer geschlossenen Einheit von mehreren Räumen, in der ein Haushalt geführt werden kann, darunter stets eine Küche oder ein Raum mit Kochgelegenheit. ²Zu einer Wohnung gehören außerdem Wasserversorgung, Ausguss und Toilette.

(4) ¹Sind die Voraussetzungen des Absatzes 1 Satz 1 nicht gegeben, so beträgt die Pauschvergütung bei Verheirateten 30 vom Hundert, bei Ledigen 20 vom Hundert des Betrages nach Absatz 1 Satz 2 oder 3. ²Die volle Pauschvergütung wird gewährt, wenn das Umzugsgut aus Anlass einer vorangegangenen Auslandsverwendung untergestellt war.

(5) In den Fällen des § 11 Abs. 3 werden die nachgewiesenen notwendigen Auslagen bis zur Höhe der Pauschvergütung erstattet.

(6) Ist innerhalb von fünf Jahren ein Umzug mit Zusage der Umzugskostenvergütung nach den §§ 3, 4 Abs. 1 Nr. 2 bis 4 oder Abs. 2 Nr. 1 vorausgegangen, so wird ein Häufigkeitszuschlag in Höhe von 50 vom Hundert der Pauschvergütung nach Absatz 1 gewährt, wenn beim vorausgegangenen und beim abzurechnenden Umzug die Voraussetzungen des Absatzes 1 Satz 1 vorgelegen haben.

(7) Stehen für denselben Umzug mehrere Pauschvergütungen zu, wird nur eine davon gewährt; sind die Pauschvergütungen unterschiedlich hoch, so wird die höhere gewährt.

§ 11
Umzugskostenvergütung in Sonderfällen

(1) ¹Ein Beamter mit Wohnung im Sinne des § 10 Abs. 3, dem Umzugskostenvergütung für einen Umzug nach § 3 Abs. 1 Nr. 1, 3 oder 4, § 4 Abs. 1 Nr. 1 bis 4, Abs. 2 Nr. 1 zugesagt ist, kann für den Umzug in eine vorläufige Wohnung Umzugskostenvergütung erhalten, wenn die zuständige Behörde diese Wohnung vorher schriftlich oder elektronisch als vorläufige Wohnung anerkannt hat. ²Bis zum Umzug in die endgültige Wohnung darf eine Wohnung nur einmal als vorläufige Wohnung anerkannt werden.

(2) ¹In den Fällen des § 4 Abs. 2 Nr. 3 und 4 werden höchstens die Beförderungsauslagen (§ 6) und die Reisekosten (§ 7) erstattet, die bei einem Umzug über eine Entfernung von fünfundzwanzig Kilometern entstanden wären. ²Im Falle des § 4 Abs. 3 Satz 1 Nr. 2 werden nur die Beförderungsauslagen (§ 6) erstattet. ³Satz 2 gilt auch für das Befördern des Umzugsgutes des Ehegatten oder Lebenspartners, wenn der Berechtigte innerhalb von sechs Monaten nach dem Tag geheiratet oder die Lebenspartnerschaft begründet hat, an dem die Umzugskostenvergütung nach § 3 Abs. 1 Nr. 1 oder 2 oder Abs. 2 oder § 4 Abs. 1 oder Abs. 2 Nr. 1 zugesagt worden ist.

(3) ¹Wird die Zusage der Umzugskostenvergütung aus von dem Berechtigten nicht zu vertretenden Gründen widerrufen, so werden die durch die Vorbereitung des Umzuges entstandenen notwendigen, nach diesem Gesetz erstattungsfähigen Auslagen erstattet. ²Muss in diesem Fall ein anderer Umzug durchgeführt werden, so wird dafür Umzugskostenvergütung gewährt; Satz 1 bleibt unberührt. ³Die Sätze 1 und 2 gelten entsprechend, wenn die Zusage der Umzugskostenvergütung zurückgenommen, anderweitig aufgehoben wird oder sich auf andere Weise erledigt.

§ 12
Trennungsgeld

(1) Trennungsgeld wird gewährt

1. in den Fällen des § 3 Abs. 1 Nr. 1, 3 und 4 sowie Abs. 2, ausgenommen bei Vorliegen der Voraussetzungen des § 3 Abs. 1 Nr. 1 Buchstaben c und d,

2. in den Fällen des § 4 Abs. 1 Nr. 2 bis 4 und Abs. 2 Nr. 1 oder 3, soweit der Berechtigte an einen anderen Ort als den bisherigen Dienstort versetzt wird, und

3. bei der Einstellung mit Zusage der Umzugskostenvergütung

für die dem Berechtigten durch die getrennte Haushaltsführung, das Beibehalten der Wohnung oder der Unterkunft am bisherigen Wohnort oder das Unterstellen des zur Führung eines Haushalts notwendigen Teils der Wohnungseinrichtung entstehenden notwendigen Auslagen unter Berücksichtigung der häuslichen Ersparnis.

(2) ¹Ist dem Berechtigten die Umzugskostenvergütung zugesagt worden, so darf Trennungsgeld nur gewährt werden, wenn er uneingeschränkt umzugswillig ist und nachweislich wegen Wohnungsmangels am neuen Dienstort einschließlich des Einzugsgebietes (§ 3 Abs. 1 Nr. 1 Buchstabe c) nicht umziehen kann. ²Diese Voraussetzungen müssen seit dem Tage erfüllt sein, an dem die Umzugskostenvergütung zugesagt worden oder, falls für den Berechtigten günstiger, die Maßnahme wirksam geworden oder die Dienstwohnung geräumt worden ist.

(3) Nach Wegfall des Wohnungsmangels darf Trennungsgeld nur weiter gewährt werden, wenn und solange dem Umzug des umzugswilligen Berechtigten einer der folgenden Hinderungsgründe entgegensteht:

1. Vorübergehende schwere Erkrankung des Berechtigten oder eines seiner Familienangehörigen (§ 6 Abs. 3 Satz 2 und 3) bis zur Dauer von einem Jahr;

2. Beschäftigungsverbote für die Berechtigte oder eine Familienangehörige (§ 6 Abs. 3 Satz 2 und 3) nach § 3 Abs. 2, § 6 Abs. 1 des Mutterschutzgesetzes, § 1 Abs. 2, § 3 Abs. 1 der Mutterschutzverordnung oder entsprechendem Landesrecht;

3. Schul- oder Berufsausbildung eines Kindes (§ 6 Abs. 3 Satz 2 und 3) bis zum Ende des Schul- oder Ausbildungsjahres. Befindet sich das Kind in der Jahrgangsstufe 12 einer Schule, so verlängert sich die Gewährung des Trennungsgeldes bis zum Ende des folgenden Schuljahres; befindet sich das Kind im vorletzten Ausbildungsjahr eines Berufsausbildungsverhältnisses, so verlängert sich die Gewährung des Trennungsgeldes bis zum Ende des folgenden Ausbildungsjahres;

4. Schul- oder Berufsausbildung eines schwer behinderten Kindes (§ 6 Abs. 3 Satz 2 und 3). Trennungsgeld wird bis zur Beendigung der Ausbildung gewährt, solange diese am neuen Dienst- oder Wohnort oder in erreichbarer Entfernung davon wegen der Behinderung nicht fortgesetzt werden kann;

5. Akute lebensbedrohende Erkrankung eines Elternteils des Berechtigten, seines Ehegatten oder Lebenspartners, wenn dieser in hohem Maße Hilfe des Ehegatten, Lebenspartners oder Familienangehörigen des Berechtigten erhält;

6. Schul- oder erste Berufsausbildung des Ehegatten oder Lebenspartners in entsprechender Anwendung der Nummer 3.

Trennungsgeld darf auch gewährt werden, wenn zum Zeitpunkt des Wirksamwerdens der dienstlichen Maßnahme kein Wohnungsmangel, aber einer dieser Hinderungsgründe vorliegt. Liegt bei Wegfall des Hinderungsgrundes ein neuer Hinderungsgrund vor, kann mit Zustimmung der obersten Dienstbehörde Trennungsgeld bis zu längstens einem Jahr weiterbewilligt werden. Nach Wegfall des Hinderungsgrundes darf Trennungsgeld auch bei erneutem Wohnungsmangel nicht gewährt werden.

(4) ¹Der Bundesminister des Innern wird ermächtigt, durch Rechtsverordnung Vorschriften über die Gewährung des Trennungsgeldes zu erlassen. ²Dabei kann bestimmt werden, dass Trennungsgeld auch bei der Einstellung ohne Zusage der Umzugskostenvergütung gewährt wird und dass in den Fällen des § 3 Abs. 1 Nr. 1 Buchstabe d der Berechtigte für längstens ein Jahr Reisebeihilfen für Heimfahrten erhält.

(5) – aufgehoben –

§ 13
Auslandsumzüge

(1) Auslandsumzüge sind Umzüge zwischen Inland und Ausland sowie im Ausland.

(2) ¹Als Auslandsumzüge gelten nicht die Umzüge

1. der im Grenzverkehr tätigen Beamten, und zwar auch dann nicht, wenn sie im Anschluss an die Tätigkeit im Grenzverkehr in das Inland oder in den Fällen des § 3 Abs. 1 Nr. 3, § 4 Abs. 2 Nr. 2 bis 4, Abs. 3 Satz 1 im Ausland umziehen,
2. in das Ausland in den Fällen des § 3 Abs. 1 Nr. 3, § 4 Abs. 2 Nr. 2 bis 4, Abs. 3 Satz 1,
3. in das Inland in den Fällen des § 3 Abs. 1 Nr. 2 und 3,
4. aus Anlass einer Einstellung, Versetzung, Abordnung oder Kommandierung und der in § 3 Abs. 2, § 4 Abs. 1 Nr. 3, Abs. 2 Nr. 2 bis 4 bezeichneten Maßnahmen im Inland einschließlich ihrer Aufhebung, wenn die bisherige oder die neue Wohnung im Ausland liegt.

²In den Fällen des Satzes 1 Nr. 2 bis 4 wird für die Umzugsreise (§ 7 Abs. 1) Tage- und Übernachtungsgeld nur für die notwendige Reisedauer gewährt; § 7 Abs. 2 und 3 findet keine Anwendung.

§ 14
Sondervorschriften für Auslandsumzüge

(1) ¹Der Bundesminister des Auswärtigen wird ermächtigt, im Einvernehmen mit dem Bundesminister des Innern, dem Bundesminister der Verteidigung und dem Bundesminister der Finanzen für Auslandsumzüge durch Rechtsverordnungen nähere Vorschriften über die notwendige Umzugskostenvergütung (Auslandsumzugskostenverordnung, Absatz 2) sowie das notwendige Trennungsgeld (Auslandstrennungsgeldverordnung, Absatz 3) zu erlassen, soweit die besonderen Bedürfnisse des Auslandsdienstes und die besonderen Verhältnisse im Ausland es erfordern. ²Soweit aufgrund dieser Ermächtigung keine Sonderregelungen ergangen sind, finden auch auf Auslandsumzüge die §§ 6 bis 12 Anwendung.

(2) In der Auslandsumzugskostenverordnung sind insbesondere zu regeln:

1. Erstattung der Auslagen für Umzugsvorbereitungen einschließlich Wohnungsbesichtigungsreisen,
2. Erstattung der Beförderungsauslagen,
3. Berücksichtigung bis zu 50 vom Hundert der eingesparten Beförderungsauslagen für zurückgelassene Personenkraftfahrzeuge,
4. Erstattung der Auslagen für die Umzugsreise des Berechtigten und der zu seiner häuslichen Gemeinschaft gehörenden Personen,
5. Gewährung von Beihilfen zu den Fahrkosten von Personen, die mit der Reise in die häusliche Gemeinschaft aufgenommen werden, und zu den Kosten des Beförderns des Heiratsgutes an den Auslandsdienstort, wenn der Anspruchsberechtigte nach seinem Umzug in das Ausland heiratet,
6. Gewährung von Beihilfen zu den Fahrkosten sowie zu den Kosten der Beförderung des anteiligen Umzugsgutes eines Mitglieds der häuslichen Gemeinschaft, wenn es sich vom Berechtigten während seines Auslandsdienstes auf Dauer trennt, bis zur Höhe der Kosten für eine Rückkehr an den letzten Dienstort im Inland,
7. Gewährung der Mietentschädigung,
8. Gewährung der Pauschvergütung für sonstige Umzugsauslagen und Aufwand,
9. Erstattung der nachgewiesenen sonstigen Umzugsauslagen,
10. Erstattung der Lagerkosten oder der Auslagen für das Unterstellen zurückgelassenen Umzugsgutes,
11. Berücksichtigung bis zu 50 vom Hundert der eingesparten Lagerkosten für zurückgelassenes Umzugsgut,
12. Erstattung der Kosten für das Beibehalten der Wohnung im Inland in den Fällen des Absatzes 5,
13. Erstattung der Auslagen für umzugsbedingten zusätzlichen Unterricht,
14. Erstattung der Mietvertragsabschluss-, Gutachter-, Makler- oder vergleichbarer Kosten für die eigene Wohnung,
15. Beiträge zum Beschaffen oder Instandsetzen von Wohnungen,
16. Beiträge zum Beschaffen technischer Geräte und Einrichtungen, die aufgrund der örtlichen Gegebenheiten notwendig sind,
17. Beitrag zum Beschaffen klimabedingter Kleidung,
18. Ausstattungsbeitrag bei Auslandsverwendung,
19. Einrichtungsbeitrag für Leiter von Auslandsvertretungen und funktionell selbständigen Delegationen, die von Botschaftern geleitet werden, sowie für ständige Vertreter und Leiter von Außenstellen von Auslandsvertretungen,
20. Erstattung der Auslagen für die Rückführung von Personen und Umzugsgut aus Sicherheitsgründen,
21. Erstattung der Auslagen für Umzüge in besonderen Fällen,
22. Erstattung der Auslagen für Umzüge in eine vorläufige Wohnung,
23. Erstattung der Umzugsauslagen beim Ausscheiden aus dem Dienst im Ausland.

(3) In der Auslandstrennungsgeldverordnung sind insbesondere zu regeln:

1. Entschädigung für getrennte Haushaltsführung,
2. Entschädigung für getrennte Haushaltsführung aus zwingenden persönlichen Gründen,
3. Entschädigung bei täglicher Rückkehr zum Wohnort,
4. Mietersatz,
5. Gewährung von Trennungsgeld, wenn keine Auslandsdienstbezüge gewährt werden,
6. Gewährung von Trennungsgeld im Einzelfall aus Sicherheitsgründen oder wegen anderer außergewöhnlicher Verhältnisse im Ausland (Trennungsgeld in Krisenfällen),
7. Gewährung von Reisebeihilfen für Heimfahrten für je drei Monate, in besonderen Fällen für je zwei Monate der Trennung. Dies gilt auch für längstens ein Jahr, wenn der Berechtigte auf die Zusage der Umzugskostenvergütung unwiderruflich verzichtet und dienstliche Gründe den Umzug nicht erfordern.

(4) Abweichend von § 2 Abs. 2 Satz 1 entsteht der Anspruch auf die Pauschvergütung, den Beitrag zum Beschaffen klimabedingter Kleidung, den Ausstattungsbeitrag und den Einrichtungsbeitrag zu dem Zeitpunkt, an dem die Umzugskostenvergütung nach § 3 oder § 4 zugesagt wird.

(5) Abweichend von den §§ 3 und 4 kann die Umzugskostenvergütung auch in Teilen zugesagt werden, wenn dienstliche Gründe es erfordern.

(6) ¹Abweichend von § 2 Abs. 2 Satz 2 beträgt die Ausschlussfrist bei Auslandsumzügen zwei Jahre. ²Wird in den Fällen des Absatzes 2 Nr. 16 die Beitragsfähigkeit erst nach Beendigung des Umzuges anerkannt, beginnt die Ausschlussfrist mit der Anerkennung. ³In den Fällen des Absatzes 2 Nr. 5 und 6 beginnt sie mit dem Eintreffen am beziehungsweise der Abreise vom Dienstort. ⁴Bei laufenden Zahlungen muss die erste Zahlung innerhalb der Frist geleistet werden. ⁵Auf einen vor Fristablauf gestellten Antrag können in besonderen Fällen auch später geleistete Zahlungen berücksichtigt werden.

(7) Die oberste Dienstbehörde kann die Umzugskostenvergütung allgemein oder im Einzelfall ermäßigen, soweit besondere Verhältnisse es rechtfertigen.

Bundesumzugskostengesetz

Anhang 7

§ 15
Dienstortbestimmung, Verwaltungsvorschriften

(1) Die oberste Dienstbehörde wird ermächtigt, im Einvernehmen mit dem Bundesminister des Innern benachbarte Gemeinden zu einem Dienstort zu bestimmen, wenn sich Liegenschaften derselben Dienststelle über das Gebiet mehrerer Gemeinden erstrecken.

(2) Die allgemeinen Verwaltungsvorschriften zu diesem Gesetz erlässt der Bundesminister des Innern im Einvernehmen mit dem Bundesminister der Justiz und dem Bundesminister der Verteidigung.

§ 16
Übergangsvorschrift

Ist ein Mietbeitrag vor der Verkündung dieses Gesetzes bewilligt worden, wird er nach bisherigem Recht weiter gewährt.

Anhang 8
Allgemeine Verwaltungsvorschrift zum Bundesumzugskostengesetz (BUKGVwV)

vom 2.1.1991 (GMBl. S. 65),
zuletzt geändert durch die Sechste ÄndVwV vom 25.11.2004
(GMBl. S. 1076)

Nach § 15 Abs. 2 des Bundesumzugskostengesetzes vom 11. Dezember 1990 (BGBl. S. 2682) wird im Einvernehmen mit dem Bundesminister der Justiz und dem Bundesminister der Verteidigung folgende Verwaltungsvorschrift erlassen:

– Auszug –

5. Zu § 5

5.1 Zu Absatz 1

(bleibt frei)

5.2 Zu Absatz 2

Zuwendungen im Sinne des § 5 Abs. 2 sind sowohl Geldbeträge als auch Sachleistungen.

Beschäftigungsstelle kann auch eine Stelle außerhalb des öffentlichen Dienstes sein.

5.3 Zu Absatz 3

Die Vorschrift des § 5 Abs. 3 setzt nicht voraus, dass die Umzugskostenvergütung während des Beamtenverhältnisses gewährt worden ist, sie erfasst auch die Umzugskostenvergütung aus der Zeit eines vorausgegangenen Arbeitsverhältnisses. Bei Anwendung der Vorschrift sind das Arbeitsverhältnis und das sich anschließende Beamtenverhältnis als eine Einheit anzusehen.

Ein Statuswechsel ist kein vom Berechtigten zu vertretender Grund im Sinne der genannten Vorschrift.

6. Zu § 6

6.1 Zu Absatz 1

6.1.1 Für die Erstattung der Beförderungsauslagen sind die Textziffern 6.1.2 bis 6.1.7 maßgebend.

6.1.2 Wird zur Durchführung des Umzuges ein Speditionsunternehmen in Anspruch genommen, ist zur Ermittlung der notwendigen Auslagen für das Befördern des Umzugsgutes wie folgt zu verfahren:

Der Berechtigte ist in der Wahl des Möbelspediteurs grundsätzlich frei. Zur Ermittlung der notwendigen Beförderungsauslagen hat er vor Durchführung des Umzugs mindestens zwei rechtlich und wirtschaftlich selbständige Spediteure unabhängig voneinander und ohne gegenseitige Kenntnis mit der Besichtigung des Umzugsgutes und der Abgabe je eines vollständigen und umfassenden Kostenvoranschlages zu beauftragen. Es ist nicht zulässig, dass der Spediteur für den Berechtigten ein Konkurrenzangebot einholt. Die Besichtigung des Umzugsgutes ist vom Berechtigten im Antrag auf Abschlag und in der Umzugskostenrechnung zu bestätigen.

Die Kostenvoranschläge müssen einen verbindlichen Höchstpreis enthalten, der bei der Abrechnung des tatsächlichen erbrachten Leistungsumfangs auf der Grundlage der in dem Kostenvoranschlag ausgewiesenen Einheitspreise für die Beförderungsleistung und Nebenleistungen nicht überschritten werden darf.

Art und Umfang der im Einzelnen zu erbringenden Umzugsleistungen für den geschlossenen durchzuführenden Umzug müssen im Leistungsverzeichnis des Kostenvoranschlags enthalten sein. Der Umfang des Umzugsgutes, die Fracht von Haus zu Haus, Zeitaufwand und Lohnkosten für Be- und Entladen, für im Einzelnen zu bezeichnende Nebenleistungen wie Ab- und Aufschlagen der Möbel, Ein- und Auspacken, Packmaterial sowie Abfuhr des Leermaterials, sind einzeln auszuweisen. Der benötigte Laderaum ist anhand einer Umzugsgutliste gemäß dem Muster der Anlage zu ermitteln.

Erstattet werden die Beförderungsauslagen nach dem Kostenvoranschlag mit dem niedrigsten Höchstpreis und zwar auf der Grundlage einer Abrechnung der tatsächlichen erbrachten Beförderungsleistung und Nebenleistungen zu den Einheitspreisen im Kostenvoranschlag. Ist der Umfang des Umzugsgutes oder der Zeitaufwand größer als im Kostenvoranschlag angegeben, ist jedoch nur der vereinbarte Höchstpreis erstattungsfähig.

Bei einem Umzug aus Anlass einer personellen Maßnahme im Zusammenhang mit dem Beschluss des Deutschen Bundestages vom 20. Juni 1991 zur Vollendung der Einheit Deutschlands (§ 1 des Dienstrechtlichen Begleitgesetzes vom 30. Juli 1996, BGBl. I S. 1183) hat der Berechtigte keinen zweiten Kostenvoranschlag vorzulegen, falls er einen Möbelspediteur wählt, mit dem der Rahmenvertrag für Umzüge von Bediensteten anlässlich der Umsetzung des Berlin/Bonn-Gesetzes abgeschlossen worden ist. Falls kein Rahmenvertragspartner gewählt wird, sind die Beförderungsauslagen nach dem Rahmenvertrag der erstattungsfähige Höchstbetrag.

Der Berechtigte hat die Kostenvoranschläge so rechtzeitig vorzulegen, dass eine Kostenprüfung vor Auftragserteilung erfolgen kann. Zum Preisvergleich können in Zweifelsfällen weitere Vergleichsangebote eingeholt werden; dies könnte etwa erforderlich werden, wenn Anlass zu der Annahme besteht, dass die beiden vorgelegten Kostenvoranschläge abgesprochen sind.

Sobald die zuständige Dienststelle die Kostenvoranschläge geprüft und mitgeteilt hat, welches Angebot erstattungsfähig ist, kann der Berechtigte mit dem Umzug beginnen.

6.1.3 Zu den Beförderungsauslagen gehören auch die Auslagen für die Versicherung des Umzugsgutes gegen Transport- und Bruchschäden. Über die Haftung des Unternehmens nach § 451 in Verbindung mit §§ 425 ff., §§ 451 d bis 451 g HGB hinaus können Transportversicherungsauslagen oder Prämien zur Haftungserweiterung für diejenige Versicherungssumme erstattet werden, die der privaten Hausrat- oder Feuerversicherungssumme entspricht. Eine höhere Versicherungssumme kann berücksichtigt werden, wenn sie durch eine Umzugsgutliste nach dem Muster der Anlage zu Textziffer 6.1.2 mit jeweiligen Wertangaben (Zeitwert) nachgewiesen wird. Als notwendige Auslagen für die Transportversicherung können bis zu 2,5 v. T. der maßgebenden Versicherungssumme erstattet werden.

Hat die Behörde für Umzüge ihrer Bediensteten mit bestimmten Versicherungsunternehmen Rahmenverträge abgeschlossen, ist die Transportversicherungsprämie nach dem Rahmenvertrag gleichzeitig der erstattungsfähige Höchstbetrag.

6.1.4 Bei Umzügen vom Inland an einen Ort außerhalb eines EU-Mitgliedstaates und umgekehrt ist für den Möbeltransport insgesamt grundsätzlich keine Umsatzsteuer zu entrichten. Das gilt auch für die mit dem Umzug notwendigerweise verbundenen Nebenleistungen (z. B. Ein- und Auspacken des Umzugsgutes, Gestellung von Packmaterial), wenn diese Nebenleistungen von demselben Unternehmer bewirkt werden, der auch den Möbeltransport durchführt. Umsatzsteuerbeträge, die bei diesen Umzügen dem Umziehenden vom Unternehmer für die Beförderung des Umzugsgutes und für die bezeichneten Nebenleistungen in Rechnung gestellt werden, sind deshalb nicht erstattungsfähig.

Die Beförderung von Umzugsgut, die in dem Gebiet von zwei verschiedenen Mitgliedstaaten der Europäischen Union beginnt und endet (innergemeinschaftliche Umzüge), wird an dem Ort ausgeführt, an dem die Beförderung beginnt. Demnach unterliegen innergemeinschaftliche Umzüge der deutschen Umsatzsteuer, wenn die Beförderung im Bundesgebiet beginnt. Beginnt die Beförderung des Umzugsgutes in einem anderen Mitgliedstaat, unterliegt sie der Umsatzbesteuerung dieses Mitgliedstaates. Es kommt nicht darauf an, ob der Beförderungsunternehmer in dem Mitgliedstaat, in dem die Beförderung beginnt, ansässig ist.

Bei innergemeinschaftlichen Umzügen von Mitgliedern einer in dem Gebiet eines anderen EU-Mitgliedstaates ansässigen ständigen diplomatischen Mission oder berufskonsularischen Vertretung an einen Ort außerhalb des Bundesgebietes wird nach Regelungen des Gemeinschaftsrechts Umsatzsteuerbefreiung gewährt, wenn die genannten Personen im Zeitpunkt der Inanspruchnahme der Speditionsleistung bereits Mitglied der im Gastmitgliedstaat ansässigen Auslandsvertretung sind und die Voraussetzungen und Beschränkungen des Gastmitgliedstaates für die Steuerbefreiung erfüllen bzw. einhalten. Bei Umzügen des vorgenannten Personenkreises von einem anderen EU-Mitgliedstaat in das Bundesgebiet richtet sich die umsatzsteuerliche Behandlung nach dem Recht des Mitgliedstaates, in dem die Beförderung beginnt. Dies gilt auch für Umzüge, die für deutsche Truppenangehörige, die in anderen Mitgliedstaaten stationiert sind, oder für Mitglieder einer im Gebiet eines anderen Mitgliedstaates ansässigen zwischenstaatlichen Einrichtung durchgeführt werden. Mitgliedern einer im Bundesgebiet ansässigen zwischenstaatlichen Einrichtung werden jedoch nach dem geltenden Privilegienübereinkommen und Sitzstaatabkommen grundsätzlich keine umsatzsteuerlichen Privilegien eingeräumt.

Vom Spediteur in Rechnung gestellte Versicherungsbeiträge unterliegen als Teil seiner Gesamtleistung der Umsatzsteuer, die jedoch umzugskostenrechtlich nicht als notwendig erstattungsfähig anerkannt werden kann.

6.1.5 Bei Umzügen ohne Inanspruchnahme eines Spediteurs (z. B. Umzüge in Eigenregie) werden die nachgewiesenen notwendigen Auslagen erstattet. Das gilt nicht, wenn die Arbeiten vom Berechtigten selbst oder von mit ihm in häuslicher Gemeinschaft lebenden Personen (§ 6 Abs. 3 Satz 2 und 3) durchgeführt werden.

6.1.6 Auslagen für das Befördern eines Kraftfahrzeugs durch einen Spediteur sind keine notwendigen Beförderungsauslagen im Sinne des § 6 Abs. 1. Für das Überführen des zum Umzugsgut gehörenden privaten Kraftfahrzeugs durch den Bediensteten oder einen Angehörigen vom bisherigen zum neuen Wohnort wird eine Entschädigung nach § 6 Abs. 1 Satz 1 BRKG gewährt.

Für die Überführung eines zum Umzugsgut gehörenden Wohnwagenanhängers oder eines anderen im Straßenverkehr zugelassenen Pkw-Anhängers von der bisherigen zur neuen Wohnung wird unabhängig von dessen Größe daneben eine Entschädigung von 0,06 Euro/km gewährt.

6.1.7 Maßstab für die Angemessenheit sind die Transportmittel, die üblicherweise für einen Umzug benötigt werden. Üblich sind Möbelwagen und selbständig zu überführende eigene Kraftfahrzeuge, Wohnwagenanhänger oder andere im Straßenverkehr zugelassene Pkw-Anhänger. Ein unverhältnismäßig großer Möbelwagenraum übersteigt die Grenze der Angemessenheit. Dies ist auch der Fall, wenn für den Transport andere als die genannten Fahrzeuge benötigt werden. Ein oder zwei Pferde gehören daher zum Umzugsgut, wenn sie als Anhängerlast mit einem Personenkraftwagen transportiert werden (BVerwG, Urteil v. 17. 9. 1987 – 6 C 28.86 – Buchholz 261 § 4 Nr. 2).

6.2 **Zu Absatz 2**

Die Kosten für das Einlagern von Umzugsgut werden nicht berücksichtigt.

7. **Zu § 7**

7.1 **Zu Absatz 1**

7.1.1 Wenn einem ledigen Berechtigten ohne Wohnung im Sinne des § 10 Abs. 3 die Zusage der Umzugskostenvergütung aus Anlass der Einstellung (§ 4 Abs. 1 Nr. 1), Abordnung (§ 4 Abs. 1 Nr. 2) oder Versetzung (§ 3 Abs. 1 Nr. 1) erteilt wird, ist die Einstellungs-, Dienstantritts- oder Versetzungsreise als Umzugsreise nach § 7 Abs. 1 mit der Folge abzurechnen, dass in diesen Fällen kein Anspruch auf Erstattung der Auslagen für eine Reise zur Vorbereitung und Durchführung des Umzugs besteht. Auf den Umfang des Umzugsgutes kommt es dabei nicht an.

Voraussetzung hierfür ist, dass dem Berechtigten die Zusage der Umzugskostenvergütung vor Antritt der Reise bekannt gegeben wurde und dass er sein gesamtes Umzugsgut (§ 6 Abs. 3) auf der Reise mit sich führt; der Umzug gilt sodann als beendet. Eine entsprechende Erklärung ist von dem Berechtigten bei Abrechnung der Reisekostenvergütung abzugeben.

7.1.2 Benutzt ein Berechtigter bei Durchführung der Umzugsreise sein privateigenes Kraftfahrzeug, so ist bei der Festsetzung der Reisekostenvergütung von der Einschränkung des § 6 Abs. 1 Satz 2 BRKG aus triftigen Gründen abzusehen, sofern nicht bereits Wegstreckenentschädigung für dieses Kraftfahrzeug gewährt worden ist.

7.2 **Zu Absatz 2**

(bleibt frei)

7.3 **Zu Absatz 3**

§ 7 Abs. 3 Satz 3 behandelt den Fall des Vorwegumzugs. Die Vorschrift geht davon aus, dass die Reise vom bisherigen zum neuen Wohnort die Umzugsreise (§ 7 Abs. 1) und die spätere Reise aus Anlass des Dienstantritts eine Dienstreise (§ 16 Abs. 1 Satz 1 BRKG) ist.

8. **Zu § 8**

8.0 **Allgemeines**

8.0.1 Mietentschädigung kommt nur in Betracht, wenn für dieselbe Zeit Miete aus zwei Mietverhältnissen zu zahlen ist. In diesem Fall wird eine Miete erstattet.

Der Zwang zur doppelten Mietzahlung besteht im Regelfalle erst von dem Zeitpunkt an, zu dem die dienstliche Maßnahme mit Zusage der Umzugskostenvergütung wirksam wird. Er kann jedoch auch vorliegen, wenn der Umzug vor dem Wirksamwerden der dienstlichen Maßnahme (sog. Vorwegumzug) aus Fürsorge oder fiskalischen Gründen (z. B. zur Einsparung von Trennungsgeld) als notwendig anerkannt werden kann. Solche Gründe können z. B. der Schulbesuch eines Kindes zum Beginn eines Schuljahres sein.

8.0.2 Die Miete wird ohne Rücksicht auf die Größe der Wohnung erstattet. Die Erstattung ist jedoch in offenkundigen Missbrauchsfällen einzuschränken, z. B. bei außergewöhnlich luxuriösen Wohnungen.

8.0.3 Nach Lage des Einzelfalles kann eine Mietentschädigung nach § 8 Abs. 2 von einer Mietentschädigung nach § 8 Abs. 1 innerhalb eines Monats abgelöst werden. Steht Mietentschädigung nicht für einen vollen Kalendermonat zu, ist die Entschädigung in Anlehnung an § 3 Abs. 4 BBesG tageweise festzusetzen.

8.1 **Zu Absatz 1**

Mietentschädigung wird für die bisherige Wohnung im eigenen Haus oder die Eigentumswohnung nach § 8 Abs. 1 in Verbindung mit § 8 Abs. 3 auch erstattet, wenn die neue Wohnung ein eigenes Haus oder eine Eigentumswohnung ist.

8.2 **Zu Absatz 2**

Die neue Wohnung kann noch nicht benutzt werden, wenn noch notwendige umfangreiche Instandsetzungsarbeiten oder Schönheitsreparaturen durchzuführen sind und für diese Zeit bereits Miete gezahlt werden muss.

9. **Zu § 9**

9.1 **Zu Absatz 1**

Entsprechende Auslagen für eine eigene Wohnung sind auch die Maklergebühren für den Erwerb eines Grundstücks, auf dem die eigene Wohnung errichtet wird. Ein Einstellplatz o. Ä. ist wie eine Garage zu behandeln.

9.2 **Zu Absatz 2**

Ob der zusätzliche Unterricht durch den Umzug bedingt ist, hat der Berechtigte in geeigneter Weise nachzuweisen, z. B. durch eine Bescheinigung der Schule.

Allgemeine Vorschriften zum Bundesumzugskostengesetz

Anhang 8

9.3 Zu Absatz 3

9.3.1 Zu den Auslagen für einen Kochherd bzw. Öfen gehören die Anschaffungskosten, die evtl. anfallenden Auslagen für die Anlieferung der Gegenstände und ggf. anfallende Kosten für das Anschließen der Geräte. Bei den Anschlusskosten handelt es sich um Auslagen, die für die notwendige Verbindung der Geräte an das vorhandene Energienetz bzw. an vorhandene Schornsteine anfallen, um sie gebrauchsfertig zu machen. Reichen die vorhandenen Anschlüsse nicht aus und werden deshalb zusätzliche Arbeiten für die Verlegung von Anschlussleitungen oder Ähnlichem erforderlich, bleiben die dadurch entstehenden Auslagen unberücksichtigt.

9.3.2 Die Worte „unter den gleichen Voraussetzungen" in § 9 Abs. 3 Satz 2 bedeuten, dass auch die Erstattung von Auslagen für Öfen in Mietwohnungen davon abhängt, dass die Ofenbeschaffung beim Bezug der neuen Wohnung notwendig ist.

10. Zu § 10

10.0 Allgemeines

Mit der Pauschvergütung werden alle sonstigen, nicht in den §§ 6 bis 9 bezeichneten Umzugsauslagen pauschal abgegolten.

10.1 Zu Absatz 1

Maßgebend ist die Besoldungsgruppe, in der sich der Berechtigte am Tag vor dem Einladen des Umzugsgutes befindet, für Beamte auf Widerruf im Vorbereitungsdienst die Eingangsbesoldungsgruppe ihrer Laufbahn. Bei Berechtigten nach § 1 Abs. 1 Satz 2 Nr. 4 und 5 ist die Besoldungsgruppe maßgebend, der sie bei Beendigung des Dienstverhältnisses angehört haben oder, wenn dies günstiger ist, nach der ihre Versorgungsbezüge berechnet sind. Bei Berechtigten nach § 1 Abs. 1 Satz 2 Nr. 6 ist die Besoldungsgruppe maßgebend, der der Verstorbene zuletzt angehört hat oder, wenn dies günstiger ist, nach der ihre Versorgungsbezüge berechnet sind. Die Rückwirkung der Einweisung in eine Planstelle bleibt unberücksichtigt.

Der Tag vor dem Einladen des Umzugsgutes ist auch für die Bestimmung des Familienstandes maßgebend.

10.2 Zu Absatz 2
(bleibt frei)

10.3 Zu Absatz 3

Die volle Pauschvergütung wird gewährt, wenn vor und nach dem Umzug eine Wohnung vorhanden ist. Der Wohnungsbegriff ergibt sich aus § 10 Abs. 3. Ein einzelner Raum ist hiernach keine Wohnung, auch wenn er mit einer Kochgelegenheit und den zur Führung eines Haushalts notwendigen Einrichtungen ausgestattet ist. Ist nur ein Raum gemietet und wird daneben das Bad, die Küche und die Toilette mitbenutzt, so ist der Wohnungsbegriff des § 10 Abs. 3 ebenfalls nicht erfüllt. Den Wohnungsbegriff erfüllt jedoch ein Einzimmerappartement mit Kochgelegenheit und Toilette als Nebenraum. Die Voraussetzungen sind auch erfüllt, wenn bei Altbauwohnungen die sanitären Anlagen außerhalb der Wohnung liegen.

Für die Erfüllung des Wohnungsbegriffs kommt es nicht darauf an, ob der Berechtigte das ausschließliche (alleinige) Verfügungsrecht über die Wohnung hat oder sie mit anderen Personen gemeinsam gemietet hat, z. B. im Rahmen einer Wohngemeinschaft.

Die Wohnungsvoraussetzungen sind in geeigneter Weise, z. B. durch Vorlage des Mietvertrages nachzuweisen.

10.4 Zu Absatz 4
(bleibt frei)

10.5 Zu Absatz 5

§ 10 Abs. 5 stellt klar, dass für Umzugsvorbereitungen (§ 11 Abs. 3) eine Pauschvergütung für sonstige Umzugsauslagen nicht gewährt wird, dass aber die sonstigen notwendigen Umzugsauslagen bis zur Höhe der Pauschvergütung erstattet werden. Andere nach dem Gesetz erstattungsfähige Umzugsauslagen (§§ 6 bis 9) werden daneben erstattet.

10.6 Zu Absatz 6

Wenn der vorausgegangene Umzug ein Umzug aus Anlass der Einstellung (§ 4 Abs. 1 Nr. 1) oder der Räumung einer Mietwohnung auf dienstliche Veranlassung (§ 4 Abs. 2 Nr. 2) war, wird ein Häufigkeitszuschlag nicht gewährt.

10.7 Zu Absatz 7

Um denselben Umzug handelt es sich immer dann, wenn neben dem Berechtigten weitere nach § 6 Abs. 3 berücksichtigungsfähige Personen mit jeweils eigener Zusage der Umzugskostenvergütung aus einer gemeinsamen bisherigen Wohnung in eine gemeinsame neue Wohnung umziehen. In allen anderen Fällen handelt es sich nicht um denselben Umzug, so dass jedem Berechtigten die jeweilige Pauschvergütung zusteht.

11. Zu § 11

11.1 Zu Absatz 1

11.1.1 Die Gründe für die Anerkennung als vorläufige Wohnung können z. B. in der weiten Entfernung zum Dienstort, in der Größe oder der Beschaffenheit der Wohnung oder in der Höhe der Miete liegen.

11.1.2 Eine Anerkennung als vorläufige Wohnung kann bezüglich der Höhe der Miete erfolgen, wenn die Nettokaltmiete der neuen Wohnung die der bisherigen um mindestens zehn Prozent übersteigt. Befindet sich die bisherige Wohnung im eigenen Haus oder ist sie eine Eigentumswohnung, tritt an die Stelle der Miete der ortsübliche Mietwert der Wohnung.

11.1.3 Hinsichtlich des Umfangs der Umzugskostenvergütung gibt es zwischen dem Umzug in eine vorläufige Wohnung und dem Umzug in eine endgültige Wohnung keinen Unterschied. Für den Umzug in eine vorläufige Wohnung kann daher ein Häufigkeitszuschlag nach § 10 Abs. 6 gewährt werden.

11.1.4 Das Erfordernis der vorherigen Anerkennung ist erfüllt, wenn eine zeitgerechte Entscheidung aus Gründen verzögert worden ist, die der Berechtigte nicht zu vertreten hat.

11.1.5 Der Widerruf der Zusage der Umzugskostenvergütung erstreckt sich sowohl auf den Umzug in die vorläufige als auch auf den Umzug in die endgültige Wohnung, wenn die vorläufige Wohnung noch nicht bezogen worden ist. Evtl. Auslagen für Umzugsvorbereitungen werden nach § 11 Abs. 3 erstattet.

11.1.6 Wird die vorläufige Wohnung zur endgültigen Wohnung, ist die Anerkennung zu widerrufen.

11.2 Zu Absatz 2
(bleibt frei)

11.3 Zu Absatz 3

11.3.1 Nach § 11 Abs. 3 können die Auslagen, die durch die Vorbereitung des Umzugs entstanden sind, nur insoweit erstattet werden, als sie bei durchgeführtem Umzug zu erstatten wären. Erstattet werden in der Regel nur durch Belege nachgewiesene notwendige und nach diesem Gesetz erstattungsfähige Auslagen für Umzugsvorbereitungen (§§ 6 bis 9). In Betracht kommen z. B. Auslagen für Reisen zum Suchen oder Besichtigen einer Wohnung und Maklergebühren. Sonstige mit der Umzugsvorbereitung zusammenhängende Auslagen werden nach § 10 Abs. 5 bis zur Höhe der Pauschvergütung erstattet, z. B. Zeitungsanzeigen zum Vermieten der alten und Suchen einer neuen Wohnung.

11.3.2 Die Durchführung eines anderen Umzugs kann in Betracht kommen, wenn das Mietverhältnis der alten Wohnung gekündigt und ein neuer Vertragsabschluss mit dem Vermieter der alten Wohnung nicht möglich ist. Ein anderer Umzug kann auch ein Vorwegumzug sein.

Auslandsumzugskostenverordnung

Anhang 9
Verordnung über die Umzugskostenvergütung bei Auslandsumzügen
(Auslandsumzugskostenverordnung – AUV)

i. d. F. der Bek. vom 25.11.2003 (BGBl. I S. 2360), zuletzt geändert durch Art. 14 G vom 26.5.2005 (BGBl. I S. 1418)

§ 1
Allgemeines

(1) ¹Die Umzugskostenvergütung bemisst sich bei Auslandsumzügen

1. nach der Dienststellung, der Besoldungsgruppe, die für den Dienstposten des Berechtigten im Sinne des § 1 Abs. 1 Satz 2 des Bundesumzugskostengesetzes vorgesehen ist, und dem Familienstand des Berechtigten am Tage des Dienstantritts am neuen Dienstort,
2. nach der Zahl der Personen im Sinne des § 6 Abs. 3 des Bundesumzugskostengesetzes und
3. nach der Wohnung im Sinne des § 10 Abs. 3 des Bundesumzugskostengesetzes, wenn diese spätestens ein Jahr nach dem Tage des Dienstantritts am neuen Dienstort bezogen worden ist. ²Dem Tag des Dienstantritts steht der Tag nach Eintritt des maßgeblichen Ereignisses gemäß § 19 Abs. 1 und 2 gleich. ³Auf einen vor Ablauf dieser Frist gestellten Antrag kann die Wohnung auch dann berücksichtigt werden, wenn sie wegen Wohnungsmangels oder aus anderen von der obersten Dienstbehörde als zwingend anerkannten Gründen erst später bezogen worden ist.

²An die Stelle des Tages des Dienstantritts am neuen Dienstort tritt der Tag der Zusage der Umzugskostenvergütung, wenn er später liegt. ³Die oberste Dienstbehörde kann in besonderen Fällen eine Dienststellung zugrunde legen, die der Berechtigte erst nach dem Tage des Dienstantritts am neuen Dienstort erlangt. ⁴Bei Umzügen vom Ausland in das Inland und bei Umzügen aus Anlass des Ausscheidens aus dem Dienst (§ 19) sind abweichend von Satz 1 Nr. 1 die Dienststellung am Tage der Beendigung des Dienstes am bisherigen Dienstort und die Familienverhältnisse an dem Tage maßgebend, für den zuletzt Auslandsdienstbezüge gewährt worden sind. ⁵Die innerhalb eines Zeitraums von 40 Wochen nach dem Einladen des Umzugsgutes geborenen Kinder werden berücksichtigt.

(2) Soweit sich die Umzugskostenvergütung nach Besoldungsgruppen bemisst, ist maßgebend

1. bei Beamten auf Widerruf im Vorbereitungsdienst die Eingangsbesoldungsgruppe ihrer Laufbahn,
2. bei Berechtigten im Ruhestand, früheren Berechtigten und ihren Hinterbliebenen die Besoldungsgruppe des letzten Dienstpostens des Berechtigten.

(3) Soweit für die Umzugskostenvergütung ein vorausgegangener Umzug von Bedeutung ist, wird ein für diesen Umzug entstandener Anspruch auf Umzugskostenvergütung berücksichtigt, selbst wenn er wegen Ablaufs der Frist nach § 14 Abs. 6 Satz 1 des Bundesumzugskostengesetzes erloschen ist.

(4) Die im Bundesumzugskostengesetz und in dieser Verordnung aufgeführten Bestandteile der Umzugskostenvergütung werden nur dann um einen Kaufkraftausgleich (§§ 7 und 54 des Bundesbesoldungsgesetzes) verändert, wenn es ausdrücklich bestimmt ist.

(5) ¹Der Antrag auf die Umzugskostenvergütung muss die maßgeblichen Berechnungsgrundlagen enthalten. ²Jede Änderung, die die Höhe der Umzugskostenvergütung beeinflusst, hat der Berechtigte unverzüglich anzuzeigen. ³Die Pauschvergütung (§ 10), der Beitrag zum Beschaffen von klimabedingter Bekleidung (§ 11), der Ausstattungsbeitrag (§ 12) und der Einrichtungsbeitrag (§ 13) sind dem Berechtigten unter dem Vorbehalt zu gewähren, dass er zu viel erhaltene Beträge zurückzuzahlen hat, wenn er den Umzug anders als zunächst angegeben durchführt. ⁴Entsprechendes gilt für Rabatte, Geld- und Sachzuwendungen sowie für unentgeltliche Leistungen.

§ 2
Beförderungsauslagen

(1) ¹Die notwendigen Auslagen für das Befördern des Umzugsgutes (Beförderungsauslagen) von der bisherigen zur neuen Wohnung am neuen Dienstort oder im übrigen Einzugsgebiet werden erstattet. ²Zu den Beförderungsauslagen gehören auch die Kosten für das Ein- und Auspacken, Montage- und Installationsarbeiten für die üblichen Haushaltsgeräte, Zwischenlagerung im Sinne des Absatzes 6, Transportversicherung sowie durch den Transport bedingte Gebühren und Abgaben.

(2) ¹Für den Berechtigten und eine andere auch am neuen Dienstort mit ihm in häuslicher Gemeinschaft lebende Person im Sinne des § 6 Abs. 3 des Bundesumzugskostengesetzes werden die Beförderungsauslagen für ein Umzugsvolumen von bis zu 130 cbm erstattet. ²Für jede weitere auch am neuen Dienstort mit dem Berechtigten in häuslicher Gemeinschaft lebende Person erhöht sich das erstattungsfähige Volumen um je 10 cbm. ³Bei Leitern von Auslandsvertretungen und deren Ständigen Vertretern kann in begründeten Einzelfällen die oberste Dienstbehörde Ausnahmen genehmigen. ⁴Beim Umzug können außerdem höchstens zwei Personenkraftfahrzeuge berücksichtigt werden. ⁵Diese bleiben bei der Berechnung des Volumens nach Satz 1 und 2 außer Betracht.

(3) ¹Die oberste Dienstbehörde kann das erstattungsfähige Beförderungsvolumen einschränken, wenn dem Berechtigten eine voll oder teilweise ausgestattete Dienstwohnung zugewiesen wird. ²Besteht die Residenz des Leiters einer Auslandsvertretung aus einem Repräsentationsteil und einem gesonderten privaten Wohnungsteil, so gilt nur Letzterer als Wohnung im Sinne des Satzes 1.

(4) ¹§ 6 Abs. 3 des Bundesumzugskostengesetzes gilt mit folgenden Abweichungen:

1. Kosten für die Mitnahme eines zweiten Personenkraftfahrzeugs mit bis zu 1,8 l Hubraum und einem Volumen von höchstens 11 cbm werden nur berücksichtigt, wenn zum Haushalt mehr als eine Person gehört. ²Innerhalb Europas mit Ausnahme der Russischen Föderation, der Ukraine, Weißrusslands, Maltas, Zyperns und Islands werden bis zur Höhe der Beförderungsauslagen die Kosten für die Selbstüberführung eines zweiten Personenkraftfahrzeugs nach den Vorschriften des Bundesreisekostengesetzes erstattet. ³Zolleingangsabgaben werden nur erstattet, soweit die Mitnahme eines zweiten Personenkraftfahrzeugs notwendig ist.
2. Bei Umzügen vom Inland in das Ausland und im Ausland gehören zum Umzugsgut auch Einrichtungsgegenstände und Personenkraftfahrzeuge, für die der Berechtigte innerhalb von drei Monaten nach dem Bezug der neuen Wohnung den Lieferauftrag erteilt hat; Abs. 5 bleibt unberührt.
3. Die notwendigen Transportkosten für bis zu zwei Haustiere werden berücksichtigt, soweit sie in der Wohnung gehalten werden. ²Kosten, die über die Transportkosten hinausgehen, werden nicht berücksichtigt. ³Dies gilt insbesondere für Transportbehältnisse, Impfungen, Tierheime, Quarantäne und Ähnliches.

(5) ¹Der Umzug ist so sparsam wie möglich durchzuführen. ²Wird das Umzugsgut getrennt versandt, ohne dass die oberste Dienstbehörde die Gründe dafür als zwingend anerkennt, werden höchstens die Beförderungsauslagen erstattet, die bei ungetrenntem Versand von der bisherigen zu einer Wohnung am neuen Dienstort oder im übrigen Einzugsgebiet entstanden wären. ³Wird bei einem Umzug vom Ausland in das Inland das Umzugsgut nach einem anderen inländischen Ort als dem neuen Dienstort oder dessen Einzugsgebiet befördert, werden höchstens die Beförderungsauslagen erstattet, die bei der Beförderung an den neuen Dienstort entstanden wären.

(6) ¹Die notwendigen Auslagen für das Zwischenlagern des Umzugsgutes einschließlich der Lagerversicherung zwischen dem Tage der Räumung der bisherigen Wohnung und dem Tage des Bezuges der neuen Wohnung werden erstattet, soweit der Berechtigte diese nicht zu vertreten hat. ²Satz 1 gilt entsprechend, wenn der Berechtigte vorübergehend keine angemessene Leerraumwohnung am neuen Dienstort beziehen kann.

(7) Zur Ermittlung des Umfangs des Umzugsgutes kann der Dienstherr eine amtliche Vermessung fordern.

§ 3
Lagern und Unterstellen von Umzugsgut

(1) ¹Übernimmt der Dienstherr ganz oder teilweise die Ausstattung der neuen Wohnung, werden dem Berechtigten die notwendigen Auslagen für das Verpacken, Versichern und Unterstellen des aus der bisherigen Wohnung nicht mitgenommenen Umzugsgutes erstattet. ²Daneben werden die notwendigen Auslagen für das Befördern zum Unterstellort, höchstens jedoch bis zum Sitz der obersten Dienstbehörde, oder bis zu einem anderen Ort im Inland mit unentgeltlicher Unterstellmöglichkeit erstattet. ³Wird das Umzugsgut bei einem späteren Umzug, für den Umzugskostenvergütung zugesagt worden ist, in eine nicht oder nur teilweise ausgestattete Wohnung wieder herangezogen, werden die dadurch entstandenen Beförderungsauslagen erstattet. ⁴Hat der Berechtigte nach einer Auslandsverwendung mit ausgestatteter Dienstwohnung bei einem folgenden Umzug mit Zusage der Umzugskostenvergütung für Einrichtungsgegenstände innerhalb der Frist des § 2 Abs. 4 Nr. 2 den Lieferauftrag erteilt, um mit diesen Einrichtungsgegenständen eine nicht ausgestattete Wohnung am neuen Dienstort beziehen zu können, werden die Beförderungsauslagen ebenfalls erstattet. ⁵Dies gilt auch für Heiratsgut nach § 15 Abs. 1.

(2) Absatz 1 gilt entsprechend, wenn die Mitnahme des Umzugsgutes an den neuen Dienstort aus klimatischen, sicherheitsmäßigen oder anderen besonderen Gründen nicht zumutbar ist, oder wenn während der Dauer der Verwendung an diesem Ort keine Möglichkeit besteht, eine Leerraumwohnung zu mieten, in der das Umzugsgut untergebracht werden kann.

(3) Absatz 1 gilt entsprechend, wenn bei einem Umzug vom Inland in das Ausland auf Grund der Beschränkung des Transportvolumens in § 2 ein Teil des Umzugsgutes nicht mitgeführt werden kann, mit der Maßgabe, dass dieses Umzugsgut erst wieder bei dem nächsten Umzug in das Inland hinzugezogen werden kann.

§ 4
Reisekosten

(1) ¹Die Auslagen für die Umzugsreise von der bisherigen zur neuen Wohnung am neuen Dienstort oder im übrigen Einzugsgebiet werden unter Berücksichtigung der notwendigen Reisedauer wie folgt erstattet:

1. Der Berechtigte erhält Reisekostenvergütung nach § 7 Abs. 1 des Bundesumzugskostengesetzes mit der Maßgabe, dass an die Stelle der Tage des Einladens und des Ausladens des Umzugsgutes die Tage der Abreise vom bisherigen Wohn- oder Dienstort und der Ankunft am neuen Dienstort treten. ²Wird die Umzugsreise mit einem Kraftfahrzeug durchgeführt, wird Wegstreckenentschädigung nach § 5 Abs. 1 Satz 2 Halbsatz 1 des Bundesreisekostengesetzes ohne Begrenzung auf den Höchstbetrag gewährt.

2. Für die zu seiner häuslichen Gemeinschaft gehörenden Personen im Sinne des § 1 Abs. 1 Nr. 2 werden das Tage-, Übernachtungs- und Schiffstagegeld sowie die Fahr- und Nebenkosten in dem Umfang erstattet wie bei der Umzugsreise des Berechtigten. ²Für Hausangestellte werden die Kosten höchstens wie bei einer Umzugsreise eines Beamten der Besoldungsgruppe A 6 erstattet; bei Flugreisen sind die Kosten der niedrigsten Flugklasse erstattungsfähig. ³Bei gemeinsamer Reise der zur häuslichen Gemeinschaft des Umziehenden gehörenden Personen mit dem Berechtigten können für sie die Fahrkosten für einen Umweg erstattet werden, der für den Berechtigten dienstlich angeordnet war, wenn das Verbleiben am bisherigen Dienstort unzumutbar ist; das Gleiche gilt, wenn und soweit Mietzuschuss eingespart wird.

3. Die notwendigen Auslagen für das Befördern des Reisegepäcks werden erstattet, höchstens jedoch die Auslagen für
   a) 200 kg Reisegepäck für den Berechtigten,
   b) 100 kg für seinen Ehegatten oder Lebenspartner und
   c) je 50 kg Reisegepäck für die anderen in Nummer 2 bezeichneten Personen.

²Bei Flugreisen werden Auslagen bis zur Höhe der Beförderungskosten für unbegleitetes Luftgepäck im Rahmen der Gewichtsgrenzen des Satzes 1 erstattet. ³Nach vorheriger Zustimmung durch die oberste Dienstbehörde können die Auslagen für begleitetes Luftgepäck bis zu 50 vom Hundert der Gewichtsgrenzen des Satzes 1 erstattet werden, wenn die Mitnahme als begleitetes Luftgepäck aus Sicherheitsgründen notwendig ist oder wenn die Auslösung in einem zumutbaren Zeitraum nicht gewährleistet ist. ⁴Das übrige Reisegepäck kann in den Gewichtsgrenzen des Satzes 1 als Luftfracht oder auf dem Land-/Seeweg versandt werden.

(2) ¹Reisekosten werden erstattet:

1. den Leitern einer Auslandsvertretung und funktionell selbständiger Delegationen des Auswärtigen Amtes für höchstens zwei Hausangestellte,

2. den übrigen Berechtigten für eine Hausangestellte. ²Die oberste Dienstbehörde kann auch den übrigen Berechtigten die Reisekosten für zwei Hausangestellte erstatten, wenn dafür besondere Gründe vorliegen und der Berechtigte innerhalb von drei Monaten nach dem Bezug der endgültigen Wohnung am neuen Dienstort einen entsprechenden Antrag gestellt hat. ³Unter den Voraussetzungen des Satzes 1 können auch Reisekosten für neu eingestellte Hausangestellte erstattet werden, wenn sie innerhalb eines Jahres nach dem Bezug der neuen Wohnung eingetroffen sind; § 14 Abs. 6 Satz 5 des Bundesumzugskostengesetzes gilt entsprechend. ⁴Scheidet eine Hausangestellte, für die Reisekosten erstattet worden sind, aus triftigen Gründen aus dem Arbeitsverhältnis aus, kann die oberste Dienstbehörde im Rahmen der nach Satz 1 zugelassenen Zahl von Hausangestellten innerhalb der Frist nach § 14 Abs. 6 Satz 1 des Bundesumzugskostengesetzes entstandene Reisekosten für eine Ersatzkraft erstatten. ⁵Für Hausangestellte, die im Ausland aus triftigen Gründen aus dem Arbeitsverhältnis ausscheiden, können Fahrkosten, auch wenn sie nach Ablauf der Frist nach § 14 Abs. 6 Satz 1 des Bundesumzugskostengesetzes entstanden sind, erstattet werden, soweit die Hausangestellten gegen den Berechtigten einen Rechtsanspruch darauf haben und die Fahrkosten nicht höher sind als für die Fahrt vom Dienstort zum Sitz der obersten Dienstbehörde.

(3) ¹Verbindet der Berechtigte seine Umzugsreise mit einem Urlaub, werden ihm die Auslagen für die Reise zum neuen Dienstort bis zu der Höhe erstattet, in der sie entstanden wären, wenn er unmittelbar vom bisherigen zum neuen Dienstort gereist wäre. ²Wird der Berechtigte im Anschluss an einen Heimaturlaub an einen anderen Dienstort versetzt oder abgeordnet, erhält er

1. für die Reise vom bisherigen Dienstort zu dem Sitz der für ihn zuständigen Dienststelle im Inland (Heimaturlaubsreise) und für die Reise von dort zum neuen Dienstort Reisekostenvergütung wie bei einer Umzugsreise,

2. Erstattung der Auslagen für die Versicherung des Reisegepäcks für die Dauer des Heimaturlaubs, längstens jedoch für die Zeit von der Abreise vom bisherigen Dienstort bis zur Ankunft am neuen Dienstort.

³Die Sätze 1 und 2 gelten für die in Absatz 1 Nr. 2 bezeichneten Personen entsprechend.

(4) ¹Die Auslagen für die Reise einer Person an den neuen Dienstort zum Suchen oder Besichtigen einer Wohnung und für eine Reise einer Person zur bisherigen Wohnung zur Vorbereitung und Durchführung des Umzuges werden mit der Maßgabe erstattet, dass Tage- und Übernachtungsgeld für höchstens vier Reise- und vier Aufenthaltstage und die Fahrkosten bis zur Höhe der billigsten Fahrkarte der allgemein niedrigsten Klasse eines regelmäßig verkehrenden Beförderungsmittels gezahlt werden. ²Ehepartnern sowie zusammenlebenden Berechtigten mit jeweils eigener Zusage der Umzugskostenvergütung, die am neuen Dienstort wieder eine gemeinsame Wohnung suchen oder einrichten, werden die Auslagen für nur eine Wohnungsbesichtigungsreise und gegebenenfalls für eine Vorbereitungsreise erstattet.

(5) Vom Tage des Einladens des Umzugsgutes bis zum Tage des Bezugs der Wohnung, bei Abordnungen vom Tage nach Beendigung der Hin- bzw. Rückreise werden, mit Ausnahme der Zeit, für die Auslagen der Umzugsreise erstattet werden, notwendige und nachgewiesene Mehrauslagen für Unterkunft am alten und neuen Wohnort auf Antrag erstattet, soweit sie einen Eigenanteil in Höhe von 28 vom Hundert der für die Berechnung des Mietzuschusses nach § 57 des Bundesbesoldungsgesetzes maßgeblichen Bezüge übersteigen.

Auslandsumzugskostenverordnung

(6) ¹Zum Ausgleich von notwendigen Mehrauslagen für Verpflegung der in Absatz 1 Nr. 1 und 2 bezeichneten Personen während des in Absatz 5 genannten Zeitraums wird ohne Vorlage von Einzelnachweisen ein Zuschuss gezahlt, und zwar für die ersten 14 Tage des Aufenthalts

– am ausländischen Wohn- oder Dienstort in Höhe von 75 vom Hundert des Auslandstagegeldes nach § 3 der Auslandsreisekostenverordnung,
– am inländischen Wohn- oder Dienstort in Höhe von 75 vom Hundert des Inlandstagegeldes nach § 6 Abs. 1 des Bundesreisekostengesetzes.

²Vom 15. Tage an wird der Zuschuss auf 50 vom Hundert des Auslandstage- bzw. des Inlandstagegeldes ermäßigt. ³Ist die vorübergehende Unterkunft mit einer Kochgelegenheit ausgestattet, wird die Hälfte der nach Satz 1 und 2 maßgeblichen Beträge gezahlt. ⁴Handelt es sich bei der vorübergehenden Unterkunft um eine Wohnung mit ausgestatteter Küche oder halten sich die in Satz 1 genannten Personen bei Verwandten auf, steht kein Zuschuss zu.

(7) Die Zahlungen nach den Absätzen 5 und 6 werden nicht für die Tage geleistet, an denen der Berechtigte Heimaturlaub oder Urlaub an einem anderen als dem bisherigen oder neuen Wohn- oder Dienstort hat oder Auslandstrennungsgeld oder Leistungen nach der Richtlinie über die Zahlung einer Aufwandsentschädigung an Bundesbeamte in Fällen dienstlich veranlasster doppelter Haushaltsführung bei Versetzungen und Abordnungen vom Inland ins Ausland, im Ausland und vom Ausland ins Inland erhält.

§ 5
Mietentschädigung

(1) ¹Miete für die bisherige Wohnung wird bis zu dem Zeitpunkt, zu dem das Mietverhältnis frühestens gelöst werden kann, längstens jedoch für sechs Monate, für eine Wohnung im Ausland längstens für neun Monate, erstattet, wenn für dieselbe Zeit Miete für eine Unterkunft am neuen Dienstort gezahlt werden muss. ²Mietentschädigung darf nicht für eine Zeit gewährt werden, für die der Berechtigte Leistungen nach der Richtlinie über die Zahlung einer Aufwandsentschädigung an Bundesbeamte in Fällen dienstlich veranlasster doppelter Haushaltsführung bei Versetzungen und Abordnungen vom Inland ins Ausland, im Ausland und vom Ausland ins Inland erhält. ³Aufwendungen, durch die Mietentschädigung eingespart wird, und notwendige Auslagen für das Weitervermieten der Wohnung innerhalb der Vertragsdauer werden erstattet. ⁴Die Sätze 1 bis 3 gelten auch für die Miete einer Garage.

(2) Miete für die endgültige Wohnung am neuen Wohnort, die nach Lage des Wohnungsmarktes für eine Zeit gezahlt werden muss, während der der Berechtigte die Wohnung noch nicht benutzen kann, wird längstens für drei Monate erstattet, wenn für dieselbe Zeit Miete für die bisherige Wohnung oder für eine vorübergehend bezogene Unterkunft am neuen Dienstort gezahlt werden muss.

(3) ¹Für eine Wohnung oder eine Garage, die anderweitig vermietet oder benutzt werden, wird keine Mietentschädigung nach den Absätzen 1 und 2 gezahlt. ²Miete für die bisherige Wohnung im Ausland kann auch ohne Anmietung einer neuen Wohnung für die Zeit erstattet werden, für die der Berechtigte keine Leistungen nach der Richtlinie über die Zahlung einer Aufwandsentschädigung an Bundesbeamte in Fällen dienstlich veranlasster doppelter Haushaltsführung bei Versetzungen und Abordnungen vom Inland ins Ausland, im Ausland und vom Ausland ins Inland erhält. ³Die oberste Dienstbehörde kann den im Ausland aus dem Dienst ausgeschiedenen Berechtigten Mietentschädigung nach Absatz 1 auch dann zahlen, wenn sie die Wohnung noch benutzen und keine neue Wohnung gemietet haben. ⁴Auf die Mietentschädigung nach Satz 3 sind 18 vom Hundert der Summe aus dem Grundgehalt, dem Familienzuschlag der Stufe 1, der Amts-, Stellen- und Ausgleichszulagen sowie der Überleitungszulage nach Artikel 14 § 1 des Reformgesetzes vom 24. Februar 1997 (BGBl. I S. 322) anzurechnen, auf die Mietentschädigung nach Satz 2 jedoch nur für die Zeit, für die die Kosten der Unterkunft anderweitig vergütet werden.

(4) ¹Die bisherige Wohnung im eigenen Haus oder die Eigentumswohnung steht der Mietwohnung gleich mit der Maßgabe, dass Mietentschädigung längstens für ein Jahr gezahlt wird. ²Die oberste Dienstbehörde kann diese Frist in besonders begründeten Ausnahmefällen um längstens sechs Monate verlängern. ³An die Stelle der Miete tritt der ortsübliche Mietwert der Wohnung. ⁴Entsprechendes gilt für die eigene Garage. ⁵Für die neue Wohnung im eigenen Haus oder die neue Eigentumswohnung wird Mietentschädigung nicht gezahlt.

(5) Die oberste Dienstbehörde kann die Fristen in den Absätzen 1 und 2 bei einer Mietentschädigung für eine Wohnung im Ausland um höchstens ein Jahr verlängern, wenn dies wegen der besonderen örtlichen Verhältnisse erforderlich ist.

§ 6
Auslagen zur Erlangung einer Wohnung

(1) ¹Bei Umzügen vom Inland in das Ausland und im Ausland werden die notwendigen und nachgewiesenen Mietvertragsabschluss-, Makler-, beim Ein- und Auszug anfallenden Gutachter- sowie vergleichbaren Kosten zur Erlangung einer angemessenen Wohnung erstattet. ²Hierzu gehören auch Kosten für Garantieerklärungen und Bürgschaften. ³Notwendige Sicherheitsleistungen (Kautionen), die die Dienstbezüge des Berechtigten im Ausland für einen Monat – ohne Mietzuschuss und ohne Kaufkraftausgleich – überschreiten, werden erstattet; daraus entstehende Rückzahlungsansprüche sind an den Dienstherrn abzutreten. ⁴Wird die Sicherheitsleistung oder ein Teil derselben vom Vermieter berechtigterweise in Anspruch genommen, ist der Berechtigte zur Rückzahlung an den Dienstherrn verpflichtet.

(2) Bei Umzügen vom Ausland in das Inland findet § 9 Abs. 1 des Bundesumzugskostengesetzes Anwendung; beim Auszug aus einer Wohnung im Ausland anfallende notwendige und nachgewiesene Gutachter- sowie vergleichbare Kosten werden erstattet.

§ 7
Beiträge zum Beschaffen technischer Geräte

¹Müssen beim Bezug der neuen Wohnung im Ausland auf Grund der örtlichen Gegebenheiten Klimageräte, Luftbe- und -entfeuchter, Luftreiniger, Warmwassergeräte, Wasseraufbereiter, Notstromerzeuger oder andere technische Geräte, die nicht zum Hausrat gehören, beschafft werden, werden die angemessenen Auslagen für die notwendige Zahl von Geräten zu 90 vom Hundert, die notwendigen Auslagen für ihren Einbau und die bauliche Herrichtung der Räume in voller Höhe erstattet. ²Beim Auszug hat der Berechtigte die Geräte dem Dienstherrn zur Verfügung zu stellen. ³Ihm werden dann weitere 5 vom Hundert der Auslagen für die Anschaffung der Geräte erstattet.

§ 8
Auslagen für umzugsbedingten zusätzlichen Unterricht

¹Die Auslagen für einen durch den Umzug bedingten zusätzlichen Unterricht der Kinder des Berechtigten (§ 6 Abs. 3 Satz 2 des Bundesumzugskostengesetzes) werden bis zu 80 vom Hundert des im Zeitpunkt der Beendigung des Umzugs maßgebenden Endgrundgehalts der Besoldungsgruppe A 12 nach Anlage IV des Bundesbesoldungsgesetzes für jedes Kind erstattet, und zwar bis 50 vom Hundert des Betrages voll und darüber hinaus zu drei Vierteln. ²Die oberste Dienstbehörde kann von dieser Vorschrift abweichen, soweit deren Anwendung in besonders gelagerten Einzelfällen infolge mehrfacher Auslandsverwendungen zu einer unzumutbaren Härte führen würde.

§ 9
Beiträge zum Instandsetzen von Wohnungen

(1) Kann eine angemessene Wohnung am neuen Dienstort im Ausland auf Grund der besonderen Wohnungssituation nur erlangt werden, wenn sie mit zusätzlichem Aufwand bewohnbar gemacht wird, werden die notwendigen Auslagen hierfür bis zum vierundzwanzigfachen Monatsbetrag des Trennungsgeldes nach der Trennungsgeldverordnung erstattet.

(2) Voraussetzung für den Beitrag ist die vorherige schriftliche Anerkennung der Notwendigkeit der Auslagen durch die oberste Dienstbehörde.

(3) Bei Umzügen vom Ausland in das Inland findet § 12 Abs. 5 des Bundesumzugskostengesetzes Anwendung.

Anhang 9 — Auslandsumzugskostenverordnung

§ 10
Pauschvergütung für sonstige Umzugsauslagen

(1) ¹Der Berechtigte, der an den neuen Dienstort oder in das Einzugsgebiet der neuen Dienststätte umzieht und eine Wohnung (§ 10 Abs. 3 des Bundesumzugskostengesetzes) einrichtet, erhält bei Umzügen innerhalb der Europäischen Union für sonstige Umzugsauslagen für sich und die mit ihm in häuslicher Gemeinschaft lebenden Personen eine Pauschvergütung nach § 10 Abs. 1 und 2 des Bundesumzugskostengesetzes. ²Dieser Betrag erhöht sich wie folgt:

1. für Ledige um 380 Euro,
2. für Verheiratete und ihnen nach § 10 Abs. 2 des Bundesumzugskostengesetzes Gleichgestellte um 760 Euro,
3. für jedes berücksichtigungsfähige Kind um 100 Euro.

³Bei allen sonstigen Umzügen erhält der Berechtigte, der an den neuen Dienstort oder in das Einzugsgebiet der neuen Dienststätte umzieht und eine Wohnung (§ 10 Abs. 3 des Bundesumzugskostengesetzes) einrichtet, das Zweifache des Betrages nach § 10 Abs. 1 und 2 des Bundesumzugskostengesetzes.

(2) ¹Ein zur häuslichen Gemeinschaft gehörendes Kind, für das der Berechtigte Auslandskinderzuschlag erhält, wird auch dann berücksichtigt, wenn es keine Umzugsreise durchführt. ²Bleibt das Kind im Inland, berechnet sich der Pauschbetrag nach § 10 Abs. 1 Satz 4 des Bundesumzugskostengesetzes.

(3) Bei einem Umzug am Wohnort oder in seiner Umgebung beträgt die Pauschvergütung 60 vom Hundert der Sätze nach den Absätzen 1 und 2.

(4) Bei einem Umzug vom Ausland in das Inland beträgt die Pauschvergütung 80 vom Hundert der Sätze nach den Absätzen 1 und 2.

(5) ¹Ein Berechtigter, der die Voraussetzungen des Absatzes 1 nicht erfüllt oder eine mit den notwendigen Möbeln und sonstigen Haushaltsgegenständen ausgestattete Wohnung bezieht, erhält eine Pauschvergütung in Höhe des Zweifachen der Sätze nach § 10 Abs. 4 des Bundesumzugskostengesetzes. ²Ist nur ein Teil der Räume, die keine Empfangsräume sind, ausgestattet, wird die Pauschvergütung nach Satz 1 anteilig erhöht.

(6) Ist innerhalb von fünf Jahren ein Umzug im Sinne der §§ 3, 4 Abs. 1 Nr. 2 bis 4 oder Abs. 2 Nr. 1 des Bundesumzugskostengesetzes an einen anderen Wohnort vorausgegangen, wird ein Zuschlag in Höhe von 50 vom Hundert der Pauschvergütung nach den Absätzen 1 bis 5 gezahlt, wenn auch beim vorausgegangenen Umzug eine Wohnung im Sinne des § 10 Abs. 3 des Bundesumzugskostengesetzes vorhanden war.

(7) Besteht am neuen Wohnort eine andere Stromspannung oder Frequenz (Hertzzahl) als am bisherigen Wohnort und ist die neue Wohnung nicht mit einer der alten Wohnung entsprechenden Stromversorgung oder nicht mit den notwendigen elektrischen Geräten ausgestattet, wird ein Zuschlag zur Pauschvergütung in Höhe von 13 vom Hundert, existiert eine andere Fernsehnorm, wird ein weiterer Zuschlag von 10 vom Hundert des Endgrundgehalts der Besoldungsgruppe A 13 nach Anlage IV des Bundesbesoldungsgesetzes gezahlt.

(8) Stehen für denselben Umzug mehrere Pauschvergütungen zu, wird nur eine davon gezahlt; sind die Pauschvergütungen unterschiedlich hoch, wird die höhere gezahlt.

§ 11
Beitrag zum Beschaffen klimabedingter Kleidung

(1) ¹Bei der ersten Verwendung an einem Auslandsdienstort mit einem vom mitteleuropäischen erheblich abweichenden Klima wird ein Beitrag zum Beschaffen klimabedingter Kleidung in folgender Höhe gezahlt:

Für den Berechtigten und seinen mitumziehenden Ehegatten oder Lebenspartner an Dienstorten mit extrem niedrigen Temperaturen jeweils 20 vom Hundert, an Dienstorten mit extrem hohen Temperaturen jeweils 10 vom Hundert des Endgrundgehalts der Besoldungsgruppe A 13 nach Anlage IV des Bundesbesoldungsgesetzes, für jedes mit an den Dienstort mit extrem niedrigen Temperaturen umziehende Kind 50 vom Hundert des Beitrags für den Berechtigten. ²Wird klimabedingte Kleidung von Amts wegen bereitgestellt, ist der Beitrag um 25 vom Hundert zu kürzen.

(2) Bei einer neuen Verwendung an einem solchen Auslandsdienstort wird ein neuer Beitrag gezahlt, wenn

1. der Berechtigte während der letzten drei Jahre vor der neuen Verwendung nicht an einem solchen Dienstort Auslandsdienstbezüge oder entsprechende Bezüge einer zwischen- oder überstaatlichen Organisation erhalten hat,
2. am neuen Dienstort entgegengesetzte Klimaverhältnisse herrschen oder
3. der Berechtigte bei den vorausgegangenen Umzügen innerhalb der letzten drei Jahre ermäßigte Beiträge nach § 14 Abs. 7 des Bundesumzugskostengesetzes oder nach § 17 erhalten hat und beim neuen Umzug keine Gründe für eine Ermäßigung vorliegen; in diesem Fall sind die bei den vorausgegangenen Umzügen gezahlten Beiträge anzurechnen.

(3) Herrschen an ein und demselben Dienstort sowohl extrem hohe als auch extrem niedrige Temperaturen, werden beide Beiträge gewährt, sofern sich die Verwendung über beide Zeiträume erstreckt.

(4) Der Bundesminister des Auswärtigen bestimmt im Einvernehmen mit dem Bundesminister der Verteidigung die Auslandsdienstorte, für die ein Beitrag zum Beschaffen von klimabedingter Bekleidung gezahlt wird.

(5) § 10 Abs. 8 gilt entsprechend.

§ 12
Ausstattungsbeitrag

(1) ¹Bei der ersten Verwendung im Ausland erhält der verheiratete Berechtigte einen Ausstattungsbeitrag in Höhe des Zweifachen des ihm am neuen Dienstort zustehenden Auslandszuschlags nach Stufe 5, höchstens jedoch der Besoldungsgruppe B 3. ²Für den nicht verheirateten Berechtigten und den Berechtigten, dessen Ehegatte oder Lebenspartner nicht an den neuen Dienstort umzieht, verringert sich der Beitrag nach Satz 1 um 20 vom Hundert. ³Für jedes Kind, für das ihm Auslandskinderzuschlag zusteht, erhält er zusätzlich das Zweifache des Erhöhungsbetrages der Stufe 5 des Auslandskinderzuschlags. ⁴Soweit die oberste Dienstbehörde besondere Verpflichtungen der dienstlichen Repräsentation anerkannt hat, erhöht sich der Beitrag um 20 vom Hundert der Beträge nach Satz 1 oder 2; dies gilt nicht für Empfänger eines Einrichtungsbeitrags nach § 13.

(2) Ein Berechtigter, der am neuen Wohnort keine Wohnung einrichtet oder eine mit den notwendigen Möbeln und sonstigen Haushaltsgegenständen ausgestattete Wohnung bezieht, erhält einen Ausstattungsbeitrag in Höhe von 50 vom Hundert der Sätze nach Absatz 1; ist nur ein Teil der Räume einer Wohnung, die keine Empfangsräume sind, ausgestattet, wird der Ausstattungsbeitrag nach Satz 1 anteilig erhöht.

(3) ¹Bei einer neuen Verwendung im Ausland wird ein neuer Ausstattungsbeitrag gezahlt, wenn der Berechtigte

1. während der letzten drei Jahre vor der neuen Verwendung keine Dienstbezüge im Ausland oder entsprechende Bezüge einer zwischen- oder überstaatlichen Organisation erhalten hat oder
2. bei vorausgegangenen Umzügen innerhalb der letzten drei Jahre keinen oder ermäßigte Beiträge nach § 14 Abs. 7 des Bundesumzugskostengesetzes oder nach § 17 erhalten hat; in diesem Fall sind die bei den vorausgegangenen Umzügen gezahlten Beiträge anzurechnen.

²Hat der Berechtigte in den letzten drei Jahren vor der neuen Verwendung vorübergehend Leistungen im Sinne des Satzes 1 Nr. 1 erhalten, bleiben diese Zeiten bei der Berechnung der Dreijahresfrist außer Betracht. ³Ein Berechtigter, dem bereits anlässlich einer Verwendung in einem Land der Europäischen Union ein Ausstattungsbeitrag gewährt wurde, erhält bei einem erneuten Umzug in ein Land der Europäischen Union keinen weiteren Ausstattungsbeitrag.

(4) Ein Berechtigter, der eine Gemeinschaftsunterkunft bezieht, erhält keinen Ausstattungsbeitrag.

(5) § 10 Abs. 8 gilt entsprechend.

Auslandsumzugskostenverordnung

§ 13
Einrichtungsbeitrag

(1) ¹Bei der ersten Ernennung zum Leiter einer Auslandsvertretung oder zum Leiter einer funktionell selbständigen Delegation des Auswärtigen Amtes erhält der Berechtigte, der am neuen Dienstort eine ausgestattete Dienstwohnung bezieht oder eine möblierte Wohnung mietet, einen Einrichtungsbeitrag in Höhe der Dienstbezüge im Ausland eines Ledigen seiner Besoldungsgruppe nach der Stufe 1 des Auslandszuschlags, bei aufsteigenden Gehältern (Bundesbesoldungsordnung A) einheitlich nach der Stufe 6. ²Mietzuschuss und Kaufkraftausgleich werden nicht berücksichtigt. ³Für zusätzliche Einrichtung im Zusammenhang mit der Anwesenheit des Ehegatten oder Lebenspartner am Dienstort erhöht sich der Einrichtungsbeitrag um 10 vom Hundert.

(2) ¹Bezieht der Berechtigte eine Leerraumwohnung, erhöhen sich die Beiträge nach Absatz 1 für die Einrichtung der Empfangsräume und der privaten Wohn- und Esszimmer jeweils um 50 vom Hundert des Bemessungssatzes nach Absatz 1. ²Ist die Wohnung teilweise ausgestattet, ist der Erhöhungsbetrag anteilig niedriger.

(3) ¹Ständige Vertreter des Leiters einer Auslandsvertretung oder einer funktionell selbständigen Delegation des Auswärtigen Amtes sowie Leiter von Außenstellen einer Auslandsvertretung erhalten bei ihrer ersten Ernennung einen Einrichtungsbeitrag in Höhe von 50 vom Hundert des Bemessungssatzes nach Absatz 1. ²Absatz 1 Satz 2 gilt entsprechend. ³Bezieht der Berechtigte eine Leerraumwohnung, erhöht sich dieser Beitrag um 50 vom Hundert des Beitrags nach Satz 1. ⁴Ist die Wohnung teilweise ausgestattet, ist der Erhöhungsbetrag anteilig niedriger.

(4) ¹Bei einer weiteren Ernennung zum Leiter, zum Ständigen Vertreter oder zum Leiter einer Außenstelle wird ein neuer Einrichtungsbeitrag nach den Absätzen 1 bis 3 unter Anrechnung früher gezahlter Einrichtungsbeiträge gezahlt. ²Dem Berechtigten sind jedoch mindestens 20 vom Hundert des neuen Einrichtungsbeitrags zu belassen.

(5) Berechtigten, die während einer Auslandsverwendung zum Leiter einer Auslandsvertretung oder zum Leiter einer funktionell selbständigen Delegation des Auswärtigen Amtes ernannt werden, wird der Einrichtungsbeitrag nur gezahlt, wenn ihnen aus Anlass der Ernennung eine Umzugskostenvergütung zugesagt worden ist.

(6) ¹Berechtigte an Dienstorten der Europäischen Union sind verpflichtet, die zweckentsprechende Verwendung des aus Anlass des Umzugs an diesen Dienstort gewährten Einrichtungsbeitrags mittels einer Aufstellung ihrer Ausgaben nachzuweisen. ²Die dazugehörenden Belege sind für die Dauer des Verbleibs an diesem Dienstort aufzubewahren und der obersten Dienstbehörde auf Verlangen vorzulegen.

(7) § 10 Abs. 8 gilt entsprechend.

§ 14
Umzugskostenvergütung in Sonderfällen

(1) ¹Für einen Umzug am ausländischen Dienstort kann bei erheblicher Gefährdung der Gesundheit oder der Sicherheit des Bediensteten oder der mit ihm in häuslicher Gemeinschaft lebenden Personen (§ 1 Abs. 1 Nr. 2) oder aus anderen zwingenden Gründen, die sich aus den besonderen Bedürfnissen des Auslandsdienstes und den besonderen Verhältnissen im Ausland ergeben, Umzugskostenvergütung zugesagt werden. ²In diesen Fällen werden neben den Beförderungsauslagen (§ 2) die Auslagen zur Erlangung einer angemessenen Wohnung nach § 6 Abs. 1 sowie die Pauschvergütung nach § 10 Abs. 3 gezahlt. ³Soweit erforderlich, können auch Beiträge gemäß § 7 gezahlt werden. ⁴Bei Umzügen aus gesundheitlichen Gründen muss die Notwendigkeit amts- oder vertrauensärztlich bescheinigt sein. ⁵Die Umzugskostenvergütung ist so rechtzeitig zu beantragen, dass über sie vor Beginn des geplanten Umzugs entschieden werden kann.

(2) ¹Ein Berechtigter mit Wohnung im Sinne des § 10 Abs. 3 des Bundesumzugskostengesetzes, dem die Umzugskostenvergütung für einen Umzug nach § 3 Abs. 1 Nr. 1, 3 oder 4, § 4 Abs. 1 Nr. 1 bis 4 des Bundesumzugskostengesetzes oder in den Fällen des § 19 Abs. 1 und 2 zugesagt wurde, erhält für den Umzug in eine vorläufige Wohnung Umzugskostenvergütung, wenn der Dienstherr die neue Wohnung vorher schriftlich als vorläufige Wohnung anerkannt hat. ²Bis zum Umzug in die endgültige Wohnung darf eine Wohnung nur einmal als vorläufige Wohnung anerkannt werden.

§ 15
Umzugsbeihilfen

(1) ¹Heiratet ein Berechtigter mit Dienstbezügen, nachdem er den Dienst am neuen ausländischen Dienstort angetreten hat und ihm die Umzugskostenvergütung zugesagt worden ist, können ihm die 50 Euro übersteigenden notwendigen Fahrkosten seines Verlobten oder Ehegatten und dessen Kinder, die durch die Reise in die häusliche Gemeinschaft des Berechtigten aufgenommen werden, bis zur Höhe der billigsten Fahrkarte der allgemein niedrigsten Klasse eines regelmäßig verkehrenden Beförderungsmittels vom inländischen Wohnort des Verlobten oder Ehegatten zum Dienstort erstattet werden, höchstens jedoch für eine Reise vom letzten inländischen an den ausländischen Dienstort. ²Die notwendigen Auslagen für das Befördern des Heiratsguts an den ausländischen Dienstort können bis zur Höhe der Auslagen erstattet werden, die entstanden wären, wenn das Heiratsgut vom letzten inländischen an den ausländischen Dienstort befördert worden wäre. ³§ 3 ist entsprechend anwendbar.

(2) Die Regelungen des Absatzes 1 gelten entsprechend für Verlobte im Sinne des Lebenspartnerschaftsgesetzes und für Lebenspartner.

(3) ¹Bei dauerhafter Trennung im Ausland findet Absatz 1 sinngemäß Anwendung für die Erstattung der notwendigen Fahrkosten und die Beförderungsauslagen für das Umzugsgut von Personen im Sinne des § 6 Abs. 3 des Bundesumzugskostengesetzes, die in häuslicher Gemeinschaft mit dem Berechtigten leben, vom ausländischen Wohnort zum Ort ihrer Wahl, höchstens bis zur Höhe der Kosten für eine Rückkehr an den letzten inländischen Dienstort. ²Dasselbe gilt auch bei Rückkehr ins Inland der in § 6 Abs. 3 des Bundesumzugskostengesetzes genannten Kinder zur Aufnahme einer Berufsausbildung oder eines Studiums oder zur Ableistung des Grundwehr- oder Zivildienstes. ³Mehrkosten für das getrennte Versenden von Umzugsgut (§ 2 Abs. 5) werden nicht erstattet, wenn innerhalb von drei Monaten die Versetzung in das Inland erfolgt.

§ 16
Erstattung der Auslagen für Umzugsvorbereitungen bei Widerruf der Zusage der Umzugskostenvergütung

(1) ¹Die Zusage der Umzugskostenvergütung kann ganz oder teilweise widerrufen werden, wenn mit einer baldigen weiteren Versetzung an einen anderen Dienstort zu rechnen ist oder der Umzug aus besonderen Gründen nicht durchgeführt werden soll. ²In diesem Fall gilt Folgendes:

1. Der Berechtigte hat, wenn ihm nicht innerhalb von sechs Monaten eine Umzugskostenvergütung für einen Umzug nach einem anderen Ort zugesagt wird, die Pauschvergütung (§ 10) und die Beiträge nach den §§ 11 bis 13 zurückzuzahlen, soweit er sie bis zur Bekanntgabe des Widerrufs der Zusage nicht bestimmungsgemäß verbraucht hat; die aus der Pauschvergütung und den Beiträgen beschafften Gegenstände hat er dem Diensther zur Verfügung zu stellen.

2. Der Berechtigte hat alle Möglichkeiten auszunutzen, durch die Auslagen für Umzugsvorbereitungen vermieden werden können, insbesondere hat er Aufträge an den Spediteur, Passagebuchungen und die Anmietung einer neuen Wohnung unverzüglich rückgängig zu machen.

3. § 11 Abs. 3 des Bundesumzugskostengesetzes findet Anwendung.

4. Andere notwendige Auslagen, die dem Berechtigten in Erwartung des Umzuges entstanden sind, und Schäden, die als unmittelbare Folge des Widerrufs der Zusage der Umzugskostenvergütung entstanden sind, können ihm nach billigem Ermessen erstattet werden. ²Auslagen für Gegenstände dürfen nur erstattet werden, wenn der Berechtigte die Gegenstände dem Diensther zur Verfügung stellt.

³Die Zusage der Umzugskostenvergütung gilt als widerrufen, wenn vor dem Bezug der neuen Wohnung Umzugskostenvergütung für einen anderen Umzug zugesagt worden ist.

Anhang 9

Auslandsumzugskostenverordnung

(2) Absatz 1 gilt sinngemäß, wenn der Berechtigte stirbt, bevor er an den neuen Dienstort umgezogen ist.

(3) ¹Wird innerhalb von sechs Monaten nach dem Widerruf der Zusage eine Umzugskostenvergütung für einen Umzug nach einem anderen Ort zugesagt, sind die Pauschvergütung (§ 10) und die Beiträge nach den §§ 11 bis 13, die der Berechtigte auf Grund der ersten Zusage erhalten hat, auf die ihm nach der neuen Zusage zustehenden Beträge anzurechnen. ²Die Anrechnung unterbleibt, soweit der Berechtigte die Pauschvergütung und die Beiträge bis zur Bekanntgabe des Widerrufs der ersten Zusage bestimmungsgemäß verbraucht hat und die daraus angeschafften Gegenstände am neuen Dienstort nicht verwendbar sind. ³Die nicht verwendbaren Gegenstände hat der Berechtigte dem Dienstherrn zur Verfügung zu stellen.

(4) Wird die Zusage der Umzugskostenvergütung aus Gründen widerrufen, die der Berechtigte zu vertreten hat, hat er abweichend von den Absätzen 1 bis 3 die schon erhaltene Umzugskostenvergütung zurückzuzahlen.

§ 17
Umzugskostenvergütung bei einer Auslandsverwendung von weniger als zwei Jahren

(1) ¹Steht von vornherein fest, dass ein Berechtigter für weniger als zwei Jahre in das Ausland oder im Ausland versetzt, abgeordnet oder kommandiert wird, wird ihm für den Hin- und Rückumzug Umzugskostenvergütung höchstens in folgendem Umfang gezahlt:

1. bei einer Auslandsverwendung von bis zu acht Monaten, bei der Auslandsdienstbezüge nach § 58 des Bundesbesoldungsgesetzes gezahlt werden,
   a) Erstattung der Auslagen für die Umzugsreise (§ 4),
   b) Erstattung der notwendigen Auslagen für das Beibehalten der bisherigen Wohnung im Inland, und zwar in voller Höhe, wenn diese aufgrund der dienstlichen Maßnahme nicht bewohnt wird, im Übrigen anteilig nach der Zahl der Personen, die die Wohnung auf Grund der dienstlichen Maßnahme nicht mehr nutzen, oder der notwendigen Auslagen für das Unterstellen des Umzugsgutes,
   c) Erstattung der Beförderungsauslagen für bis zu 100 kg Umzugsgut für jede zur häuslichen Gemeinschaft gehörende Person, die an der Umzugsreise teilnimmt,
   d) Erstattung der notwendigen Garagenmiete für ein am bisherigen Dienst- oder Wohnsitz zurückgelassenes Personenkraftfahrzeug, sofern weder das Personenkraftfahrzeug noch die Garage anderweitig genutzt werden,
   e) Mietentschädigung (§ 5),
   f) Erstattung der Auslagen zur Erlangung einer angemessenen Wohnung im Ausland (§ 6),
   g) 20 vom Hundert der Pauschvergütung nach § 10 Abs. 1 bis 5 sowie 10 vom Hundert des Ausstattungsbeitrags (§ 12),
   h) 20 vom Hundert des Beitrags zum Beschaffen klimabedingter Kleidung (§ 11) mit der Maßgabe, dass der Beitrag für den Berechtigten selbst bis zur Hälfte des Betrages nach § 11 gezahlt wird,

2. bei einer Auslandsverwendung von mehr als acht Monaten
   a) Erstattung der Auslagen für die Umzugsreise (§ 4),
   b) Erstattung der notwendigen Auslagen für das Beibehalten der bisherigen Wohnung im Inland, und zwar in voller Höhe, wenn diese aufgrund der dienstlichen Maßnahme nicht bewohnt wird, im Übrigen anteilig nach der Zahl der Personen, die die Wohnung auf Grund der dienstlichen Maßnahme nicht mehr nutzen oder der notwendigen Auslagen für das Unterstellen des Umzugsgutes,
   c) Erstattung der Beförderungsauslagen für bis zu 200 kg Umzugsgut für jede zur häuslichen Gemeinschaft gehörende Person, die an der Umzugsreise teilnimmt,
   d) Erstattung der notwendigen Garagenmiete für ein am bisherigen Dienst- oder Wohnort zurückgelassenes Personenkraftfahrzeug, sofern weder das Personenkraftfahrzeug noch die Garage anderweitig genutzt werden,
   e) Mietentschädigung (§ 5),
   f) Erstattung der Auslagen zur Erlangung einer angemessenen Wohnung im Ausland (§ 6),
   g) 40 vom Hundert der Pauschvergütung nach § 10 Abs. 1 bis 5 sowie des Ausstattungsbeitrags (§ 12),
   h) 40 vom Hundert des Beitrags zum Beschaffen klimabedingter Kleidung (§ 11) mit der Maßgabe, dass der Beitrag für den Berechtigten selbst in voller Höhe nach § 11 gezahlt wird.

3. ¹Zahlungen nach Nummer 1 Buchstabe b und d sowie Nummer 2 Buchstabe b und d werden nicht für die Tage gewährt, an denen der Berechtigte Leistungen nach der Richtlinie über die Gewährung einer Aufwandsentschädigung an Bundesbeamte in Fällen dienstlich veranlasster doppelter Haushaltsführung bei Versetzungen und Abordnungen vom Inland ins Ausland, im Ausland und vom Ausland ins Inland erhält. ²Zahlungen nach Nummer 1 Buchstabe g und h und Nummer 2 Buchstabe g und h werden für Hin- und Rückumzug nur einmal gewährt.

(2) ¹Dauert eine Verwendung im Ausland länger als nach Absatz 1 vorgesehen, kann die für die längere Zeit zustehende Umzugskostenvergütung gezahlt werden. ²In diesem Fall beginnt die Ausschlussfrist des § 14 Abs. 6 Satz 1 des Bundesumzugskostengesetzes für die Zahlung der zusätzlichen Umzugskostenvergütung an dem Tage, an dem dem Berechtigten die Verlängerung seiner Verwendung bekannt gegeben wird.

(3) ¹Anstelle der Erstattung der Auslagen nach Absatz 1 Nr. 1 Buchstabe b sowie Absatz 1 Nr. 2 Buchstabe b können für eine Beförderung des Umzugsguts an den ausländischen Dienstort Auslagen bis zur Höhe der Kosten erstattet werden, die durch eine Einlagerung im Inland entstanden wären, höchstens jedoch bis zur Höhe der Kosten für das Beibehalten der bisherigen Wohnung. ²Bei unentgeltlicher Unterstellmöglichkeit an einem anderen Ort im Inland können anstelle der Erstattung der Auslagen nach Absatz 1 Nr. 1 Buchstabe b sowie Absatz 1 Nr. 2 Buchstabe b die Beförderungsauslagen nach § 3 Abs. 1 Satz 3 und 4 erstattet werden.

(4) Liegt bei einer Auslandsverwendung die Mitnahme des Personenkraftfahrzeugs im dienstlichen Interesse, kann die oberste Dienstbehörde hierzu die Zusage der Übernahme der Beförderungsauslagen zulassen.

(5) Die Absätze 1 bis 3 gelten nicht, wenn die oberste Dienstbehörde festgestellt hat, dass der Umzug im dienstlichen Interesse liegt.

(6) Die oberste Dienstbehörde kann bei Vorliegen besonderer dienstlicher Gründe (u. a. Sicherheitsaspekte, fiskalische Erwägungen) im Einzelfall die Zusage der Umzugskostenvergütung nach Absatz 1 nur auf die Person des Berechtigten beschränken.

§ 18
Auslagen für die Rückführung von Berechtigten und deren Angehörigen sowie von Umzugsgut aus Gefährdungsgründen

(1) ¹Ist an einem ausländischen Dienstort Leben, Gesundheit oder Eigentum des Berechtigten und seiner Angehörigen erheblich gefährdet, kann die oberste Dienstbehörde Umzugskostenvergütung für die Rückführung oder den Umzug des Berechtigten sowie der zu seiner häuslichen Gemeinschaft gehörenden Personen (§ 1 Abs. 1 Nr. 2), oder die Rückführung von Umzugsgut in das Inland oder nach einem ausländischen Ort zusagen. ²Die Umzugskostenvergütung darf jedoch nur soweit den Umständen nach notwendig zugesagt werden. ³Entsprechendes gilt für die Rückkehr zum Dienstort.

(2) ¹Die oberste Dienstbehörde bestimmt – unter Berücksichtigung von Regelungen, die im gleichen Zusammenhang nach § 12 Abs. 8 der Auslandstrennungsgeldverordnung getroffen wurden – in sinngemäßer Anwendung der Vorschriften dieser Verordnung die Teile der Umzugskostenvergütung im Einzelfall, wenn aus Sicherheitsgründen oder wegen anderer außergewöhnlicher Verhältnisse im Ausland andere als in den §§ 3 oder 4 des Bundesumzugskostengesetzes bezeichnete dienstliche Maßnahmen erforderlich sind. ²Werden für einen Dienstort, an dem sich eine Auslandsvertretung befindet, Maßnahmen nach Satz 1 erforderlich, bestimmt das Auswärtige Amt die Teile der Umzugskostenvergütung für alle an diesem Dienstort tätigen und von der Maßnahme betroffenen Berechtigten.

Auslandsumzugskostenverordnung

(3) § 10 Abs. 5 gilt entsprechend, wenn außer dem Reisegepäck Teile des Hausrats zurückgeführt werden müssen und sich die Zusage der Umzugskostenvergütung hierauf erstreckt.

§ 19
Umzugskostenvergütung beim Ausscheiden aus dem Dienst

(1) ¹Berechtigten mit Dienstort im Ausland, die in den Ruhestand treten oder ihr zeitlich befristetes Dienstverhältnis im Ausland beenden, ist Umzugskostenvergütung für einen Umzug nach einem Ort ihrer Wahl im Inland zuzusagen. ²Umzugskostenvergütung wird nur gezahlt, wenn der Umzug spätestens zwei Jahre nach dem Ausscheiden durchgeführt wird. ³Die oberste Dienstbehörde kann in begründeten Ausnahmefällen diese Frist um ein Jahr verlängern.

(2) ¹Absatz 1 gilt nach dem Tode eines Berechtigten, dessen letzter Dienstort im Ausland liegt, entsprechend für die in § 1 Abs. 1 Nr. 2 bezeichneten Personen. ²Sind solche Personen nicht vorhanden oder ziehen sie nicht in das Inland um, können den Erben die notwendigen Auslagen für das Befördern beweglicher Nachlassgegenstände nach einem Ort im Inland erstattet werden, wenn die Auslagen innerhalb der in Absatz 1 genannten Frist entstanden sind. ³Für Hausangestellte gilt § 4 Abs. 2 entsprechend.

(3) ¹Soweit in den Fällen der Absätze 1 und 2 Satz 1 Umzüge im Ausland durchgeführt werden, können die notwendigen Umzugsauslagen erstattet werden, höchstens jedoch die Auslagen, die durch einen Umzug an den Sitz der obersten Dienstbehörde entstanden wären. ²Wird später, jedoch noch innerhalb der Frist nach Absatz 1, ein Umzug in das Inland durchgeführt, ist der nach Satz 1 gewährte Betrag auf die nach Absatz 1 oder 2 zustehende Umzugskostenvergütung anzurechnen.

(4) Scheiden Berechtigte aus von ihnen zu vertretenden Gründen im Ausland aus dem Dienst aus und ziehen sie spätestens sechs Monate danach in das Inland um, können ihnen und den in Absatz 2 bezeichneten Personen für diesen Umzug die Beförderungsauslagen und Fahrkosten bis zur Höhe der billigsten Fahrkarte der allgemein niedrigsten Klasse eines regelmäßig verkehrenden Beförderungsmittels gezahlt werden, höchstens die Auslagen, die durch einen Umzug an den Sitz der obersten Dienstbehörde entstanden wären.

§ 20
Härtefälle

Die oberste Dienstbehörde kann im Einvernehmen mit dem Bundesminister des Auswärtigen und dem Bundesminister der Finanzen in besonderen Ausnahmefällen den Bemessungssatz nach § 10 erhöhen, wenn sich dienstortbezogen aus der Anwendung dieser Vorschrift unzumutbare Härten ergeben.

§ 21
Übergangsvorschrift

Für Umzüge aus Anlass von Versetzungen, Abordnungen und Kommandierungen mit Dienstantritt vor dem 1. Januar 2002 sind die §§ 10, 12 und 13 in der bis zum 31. Dezember 2001 geltenden Fassung anzuwenden.

§ 22
Inkrafttreten, Außerkrafttreten

– weggefallen –

Programmablaufplan 2007

Anhang 10

Anhang 10
Programmablaufplan für die maschinelle Berechnung der vom Arbeitslohn einzubehaltenden Lohnsteuer, des Solidaritätszuschlags und der Maßstabsteuer für die Kirchensteuer in 2007

BMF-Schreiben vom 30. 11. 2006 (BStBl. I S. 734)

Das Programm bietet die Möglichkeit, die Werte von Lohnsteuer, Solidaritätszuschlag und Bemessungsgrundlage für die Kirchenlohnsteuer in Euro maschinell zu berechnen. Das Programm kann als Unterprogramm in ein Lohnabrechnungsverfahren eingefügt werden, wenn die unter 3.1 beschriebenen Eingangsparameter zur Verfügung gestellt werden. Es ist auch für den Lohnsteuer-Jahresausgleich durch den Arbeitgeber nach § 42b EStG einsetzbar.

Inhalt

1. Gesetzliche Grundlagen
2. Erläuterungen
   - 2.1 Allgemeines
   - 2.2 Feldlängen
   - 2.3 Symbole
3. Schnittstellenkonventionen
   - 3.1 Eingangsparameter
   - 3.2 Ausgangsparameter
4. Interne Felder
5. Programmablaufplan

1. Gesetzliche Grundlagen

Der Programmablaufplan enthält gem. § 39b Abs. 8 EStG:

a) die Berechnung der vom laufenden Arbeitslohn nach § 39b Abs. 2 EStG einzubehaltenden Lohnsteuer für Lohnzahlungszeiträume, die nach dem 31. Dezember 2006 enden,

b) die Berechnung der einzubehaltenden Lohnsteuer für sonstige Bezüge nach § 39b Abs. 3 Sätze 1 bis 7 EStG,

c) die Berechnung des Solidaritätszuschlags nach dem Gesetz zur Senkung des Solidaritätszuschlags,

d) die Ermittlung der Bemessungsgrundlage für die einzubehaltende Kirchenlohnsteuer (Minderung der ermittelten Lohnsteuer nach § 51a EStG),

e) die Berücksichtigung des Gesetzes zur Neuordnung der einkommensteuerrechtlichen Behandlung von Altersvorsorgeaufwendungen und Altersbezügen (Alterseinkünftegesetz),

f) die Günstigerprüfung bei der Berechnung der Vorsorgepauschale nach dem EURichtlinienUmsetzungsgesetz,

g) die Vorschriften des Steueränderungsgesetzes 2007.

2. Erläuterungen

2.1 Allgemeines

Es sind tägliche, wöchentliche, monatliche und jährliche Lohnzahlungszeiträume berücksichtigt. Die Aufteilung von Jahresbeträgen auf unterjährige Lohnzahlungszeiträume sowie die Hochrechnung von Beträgen für unterjährige Lohnzahlungszeiträume auf Jahresbeträge wird entsprechend den in § 39b Abs. 2 Satz 5 EStG angegebenen Bruchteilen vorgenommen. Bruchteile eines Cent werden entsprechend den Angaben im Programmablaufplan auf ganze Cent aufgerundet bzw. bleiben außer Ansatz.

Hat ein Rechenergebnis oder ein zu übertragendes Feld Dezimalstellen, die im Empfangsfeld nicht vorgesehen sind und es ist im Programmablaufplan nichts anderes angegeben, sind diese überschüssigen Dezimalstellen wegzulassen.

2.2 Feldlängen

Das Format und die Länge der Parameter und internen Felder sind bei der Programmierung (Codierung) zu bestimmen, soweit sie sich nicht unmittelbar aus den Erläuterungen oder dem Programmablaufplan ergeben. Feldbeschreibungen ohne Stellenangaben beziehen sich auf Ganzzahlen, ansonsten sind die Nachkommastellen angegeben. **Bei der Steuerberechnung werden Gleitkommafelder verwendet.**

2.3 Symbole

Die im Programmablaufplan verwendeten Sinnbilder entsprechen der Zeichenschablone nach DIN 66001.

Darüber hinaus bedeuten:

↓ = Wert nach unten abrunden (z. B. € ↓ = auf volle € abrunden)

↑ = Wert nach oben aufrunden (z. B. C ↑ = auf volle C aufrunden)

→ = „übertragen nach" (Zuweisung)

3. Schnittstellenkonventionen

3.1 Eingangsparameter

Die Plausibilität der Parameter wird im Programm nicht geprüft. Sie müssen daher in Vorprogrammen des Arbeitgebers abgesichert werden. Es kommen z. B. in Betracht:

– Vorzeichenprüfung (z. B. darf der Wert in RE4 nicht negativ sein);

– Prüfung auf gültigen Inhalt (z. B. Wert in LZZ nur 1, 2, 3 oder 4, Wert in ALTER1);

– Prüfung von Eingangswerten im Verhältnis zu anderen Eingangswerten (z. B. darf VBEZ nicht größer als RE4 sein, da die Versorgungsbezüge im Bruttolohn enthalten sein müssen; wenn STKL = 2 ist, muss ZKF größer als Null sein).

Es werden folgende Eingangsparameter benötigt:

Name	Bedeutung
AJAHR	Auf die Vollendung des 64. Lebensjahres folgendes Kalenderjahr (erforderlich, wenn ALTER1=1)
ALTER1	1, wenn das 64. Lebensjahr vor Beginn des Kalenderjahres vollendet wurde, in dem der Lohnzahlungszeitraum endet (§ 24a EStG), sonst = 0
HINZUR	In der Lohnsteuerkarte des Arbeitnehmers eingetragener Hinzurechnungsbetrag für den Lohnzahlungszeitraum in Cent
JFREIB	Jahresfreibetrag nach Maßgabe der Eintragungen auf der Lohnsteuerkarte in Cent (ggf. 0)
JHINZU	Jahreshinzurechnungsbetrag in Cent (ggf. 0)
JRE4	Voraussichtlicher Jahresarbeitslohn ohne sonstige Bezüge und ohne Vergütung für mehrjährige Tätigkeit in Cent (ggf. 0)
	Anmerkung: Die Eingabe dieses Feldes ist erforderlich bei Eingabe „sonstiger Bezüge" (Feld SONSTB) oder bei Eingabe der „Vergütung für mehrjährige Tätigkeit" (Feld VMT).
JVBEZ	In JRE4 enthaltene Versorgungsbezüge in Cent (ggf. 0)
KRV	1 = der Arbeitnehmer ist im Lohnzahlungszeitraum in der gesetzlichen Rentenversicherung versicherungsfrei und gehört zu den in § 10c Abs. 3 EStG genannten Personen.
	Bei anderen Arbeitnehmern ist „0" einzusetzen.
	Für die Zuordnung sind allein die dem Arbeitgeber ohnehin bekannten Tatsachen maßgebend; zusätzliche Ermittlungen braucht der Arbeitgeber nicht anzustellen.
LZZ	Lohnzahlungszeitraum:
	1 = Jahr
	2 = Monat
	3 = Woche
	4 = Tag
R	Religionsgemeinschaft des Arbeitnehmers lt. Lohnsteuerkarte (bei keiner Religionszugehörigkeit = 0)
RE4	Steuerpflichtiger Arbeitslohn vor Berücksichtigung des Versorgungsfreibetrags, des Altersentlastungsbetrags und des auf der Lohnsteuerkarte für den Lohnzahlungszeitraum eingetragenen Freibetrags in Cent.

Anhang 10 — Programmablaufplan 2007

SONSTB	Sonstige Bezüge (ohne Vergütung aus mehrjähriger Tätigkeit) einschließlich Sterbegeld bei Versorgungsbezügen sowie Kapitalauszahlungen/ Abfindungen, soweit es sich nicht um Bezüge für mehrere Jahre handelt in Cent (ggf. 0)
STERBE	Sterbegeld bei Versorgungsbezügen sowie Kapitalauszahlungen/ Abfindungen, soweit es sich nicht um Bezüge für mehrere Jahre handelt (in SONSTB enthalten) in Cent
STKL	Steuerklasse: 1 = I 2 = II 3 = III 4 = IV 5 = V 6 = VI
VBEZ	In RE4 enthaltene Versorgungsbezüge in Cent (ggf. 0) ggf. unter Berücksichtigung einer geänderten Bemessungsgrundlage nach § 19 Abs. 2 Sätze 10 und 11 EStG
VBEZM	Versorgungsbezug im Januar 2005 bzw. für den ersten vollen Monat in Cent
VBEZS	Voraussichtliche Sonderzahlungen von Versorgungsbezügen im Kalenderjahr des Versorgungsbeginns bei Versorgungsempfängern ohne Sterbegeld, Kapitalauszahlungen/Abfindungen in Cent
VBS	In SONSTB enthaltene Versorgungsbezüge einschließlich Sterbegeld in Cent (ggf. 0)
VJAHR	Jahr, in dem der Versorgungsbezug erstmalig gewährt wurde; werden mehrere Versorgungsbezüge gezahlt, wird aus Vereinfachungsgründen für die Berechnung der älteste erstmalige Bezug angesetzt.
VKAPA	Kapitalauszahlungen/Abfindungen bei Versorgungsbezügen für mehrere Jahre in Cent (ggf. 0)
VMT	Vergütung für mehrjährige Tätigkeit ohne Kapitalauszahlungen/ Abfindungen bei Versorgungsbezügen in Cent (ggf. 0)
WFUNDF	In der Lohnsteuerkarte des Arbeitnehmers eingetragener Freibetrag für den Lohnzahlungszeitraum in Cent
ZKF	Zahl der Freibeträge für Kinder (eine Dezimalstelle, nur bei Steuerklassen I, II, III und IV)
ZMVB	Zahl der Monate, für die Versorgungsbezüge gezahlt werden (nur erforderlich bei Jahresberechnung (LZZ = 1)

3.2 Ausgangsparameter

Als Ergebnis stellt das Programm folgende Ausgangsparameter zur Verfügung:

Name	Bedeutung
BK	Bemessungsgrundlage für die Kirchenlohnsteuer in Cent
BKS	Bemessungsgrundlage der sonstigen Bezüge (ohne Vergütung für mehrjährige Tätigkeit) für die Kirchenlohnsteuer in Cent
BKV	Bemessungsgrundlage der Vergütung für mehrjährige Tätigkeit für die Kirchenlohnsteuer in Cent
LSTLZZ	Für den Lohnzahlungszeitraum einzubehaltende Lohnsteuer in Cent
SOLZLZZ	Für den Lohnzahlungszeitraum einzubehaltender Solidaritätszuschlag in Cent
SOLZS	Solidaritätszuschlag für sonstige Bezüge (ohne Vergütung für mehrjährige Tätigkeit) in Cent
SOLZV	Solidaritätszuschlag für die Vergütung für mehrjährige Tätigkeit in Cent
STS	Lohnsteuer für sonstige Bezüge (ohne Vergütung für mehrjährige Tätigkeit) in Cent
STV	Lohnsteuer für Vergütung für mehrjährige Tätigkeit in Cent

4. Interne Felder

Das Programm verwendet intern folgende Felder (wenn ggf. solche Felder im Umfeld des Programms verwendet werden sollen, können sie als Ausgangsparameter behandelt werden, soweit sie nicht während des Programmdurchlaufs noch verändert wurden). Die internen Felder müssen vor Aufruf des Programms gelöscht werden:

Name	Bedeutung
ALTE	Altersentlastungsbetrag nach Alterseinkünftegesetz in Cent
ANP	Arbeitnehmer-Pauschbetrag / Werbungskosten-Pauschbetrag in €
ANTEIL1	Auf den Lohnzahlungszeitraum entfallender Anteil von Jahreswerten auf ganze Cent abgerundet
ANTEIL2	Auf den Lohnzahlungszeitraum entfallender Anteil von Jahreswerten auf ganze Cent aufgerundet
BMG	Bemessungsgrundlage für Altersentlastungsbetrag in Cent
DIFF	Differenz zwischen ST1 und ST2 in €
EFA	Entlastungsbetrag für Alleinerziehende in €
FVB	Versorgungsfreibetrag in Cent
FVBZ	Zuschlag zum Versorgungsfreibetrag in €
HFVB	Maßgeblicher maximaler Versorgungsfreibetrag in Cent
J	Nummer der Tabellenwerte für Versorgungsparameter
JBMG	Jahressteuer nach § 51a EStG, aus der Solidaritätszuschlag und Bemessungsgrundlage für die Kirchenlohnsteuer ermittelt werden in €
JW	Jahreswert, dessen Anteil für einen Lohnzahlungszeitraum in UPANTEIL errechnet werden soll in Cent
K	Nummer der Tabellenwerte für Parameter bei Altersentlastungsbetrag
KENNZ	Kennzeichen bei Vergütung für mehrjährige Tätigkeit 0 = beim Vorwegabzug ist ZRE4VP zu berücksichtigen 1 = beim Vorwegabzug ist ZRE4VP1 zu berücksichtigen
KFB	Summe der Freibeträge für Kinder in €
KZTAB	Kennzahl für die Einkommensteuer-Tarifarten: 1 = Grundtarif 2 = Splittingtarif
LSTJAHR	Jahreslohnsteuer in €
LST1, LST2, LST3	Zwischenfelder der Jahreslohnsteuer in Cent
MIST	Mindeststeuer für die Steuerklassen V und VI in €
RE4LZZ	Arbeitslohn des Lohnzahlungszeitraums nach Abzug des Versorgungsfreibetrags, des Altersentlastungsbetrags und des in der Lohnsteuerkarte eingetragenen Freibetrags und Hinzurechnung eines Hinzurechnungsbetrags in Cent. Entspricht dem Arbeitslohn, für den die Lohnsteuer im personellen Verfahren aus der zum Lohnzahlungszeitraum gehörenden Tabelle abgelesen würde
RE4LZZV	Arbeitslohn des Lohnzahlungszeitraums nach Abzug des Versorgungsfreibetrags und des Altersentlastungsbetrags in Cent zur Berechnung der Vorsorgepauschale
RW	Rechenwert **in Gleitkommadarstellung**

Programmablaufplan 2007 — Anhang 10

SAP	Sonderausgaben-Pauschbetrag in €
SOLZFREI	Freigrenze für den Solidaritätszuschlag in €
SOLZJ	Solidaritätszuschlag auf die Jahreslohnsteuer in €, C (2 Dezimalstellen)
SOLZMIN	Zwischenwert für den Solidaritätszuschlag auf die Jahreslohnsteuer in €, C (2 Dezimalstellen)
ST	Tarifliche Einkommensteuer in €
ST1	Tarifliche Einkommensteuer auf das 1,25-fache ZX in €
ST2	Tarifliche Einkommensteuer auf das 0,75-fache ZX in €
TAB1	Tabelle für die Vomhundertsätze des Versorgungsfreibetrags
TAB2	Tabelle für die Höchstbeträge des Versorgungsfreibetrags
TAB3	Tabelle für die Zuschläge zum Versorgungsfreibetrag
TAB4	Tabelle für die Vomhundertsätze des Altersentlastungsbetrags
TAB5	Tabelle für die Höchstbeträge des Altersentlastungsbetrags
VBEZB	Bemessungsgrundlage für den Versorgungsfreibetrag in Cent
VHB	Höchstbetrag der Vorsorgepauschale nach Alterseinkünftegesetz in €, C (2 Dezimalstellen)
VSP	Vorsorgepauschale in €, C (2 Dezimalstellen)
VSPN	Vorsorgepauschale nach Alterseinkünftegesetz in €, C (2 Dezimalstellen)
VSP1	Zwischenwert 1 bei der Berechnung der Vorsorgepauschale nach dem Alterseinkünftegesetz in €, C (2 Dezimalstellen)
VSP2	Zwischenwert 2 bei der Berechnung der Vorsorgepauschale nach dem Alterseinkünftegesetz in €, C (2 Dezimalstellen)
VSPKURZ	Höchstbetrag der Vorsorgepauschale nach § 10c Abs. 3 EStG in der für 2004 geltenden Fassung in €
VSPMAX1	Höchstbetrag der Vorsorgepauschale nach § 10c Abs. 2 Nr. 2 EStG in der für 2004 geltenden Fassung in €
VSPMAX2	Höchstbetrag der Vorsorgepauschale nach § 10c Abs. 2 Nr. 3 EStG in der für 2004 geltenden Fassung in €
VSPO	Vorsorgepauschale nach § 10c Abs. 2 Satz 2 EStG in der für 2004 geltenden Fassung vor der Höchstbetragsberechnung in €, C (2 Dezimalstellen)
VSPREST	Für den Abzug nach § 10c Abs. 2 Nrn. 2 und 3 EStG in der für 2004 geltenden Fassung verbleibender Rest von VSPO in €, C (2 Dezimalstellen)
VSPVOR	Höchstbetrag der Vorsorgepauschale nach § 10c Abs. 2 Nr. 1 EStG in der für 2004 geltenden Fassung in €, C (2 Dezimalstellen)
X	Zu versteuerndes Einkommen gem. § 32a Abs. 1 und 2 EStG **(2 Dezimalstellen)**
Y	gem. § 32a Abs. 1 EStG **(6 Dezimalstellen)**
ZRE4	Auf einen Jahreslohn hochgerechnetes RE4LZZ in €, C (2 Dezimalstellen)
ZRE4VP	Auf einen Jahreslohn hochgerechnetes RE4LZZV zur Berechnung der Vorsorgepauschale in €, C (2 Dezimalstellen)
ZRE4VP1	Sicherungsfeld von ZRE4VP bei der Berechnung des Vorwegabzugs für die Vergütung für mehrjährige Tätigkeit in €, C (2 Dezimalstellen)
ZTABFB	Feste Tabellenfreibeträge (ohne Vorsorgepauschale) in €
ZVBEZ	Auf einen Jahreslohn hochgerechnetes (VBEZ abzüglich FVB) in €, C (2 Dezimalstellen)
ZVE	Zu versteuerndes Einkommen in €
ZX, ZZX, HOCH, VERGL	Zwischenfelder zu X für die Berechnung der Steuer nach § 39b Abs. 2 Satz 8 EStG in €.

Anhang 10 — Programmablaufplan 2007

5. Programmablaufplan 2007

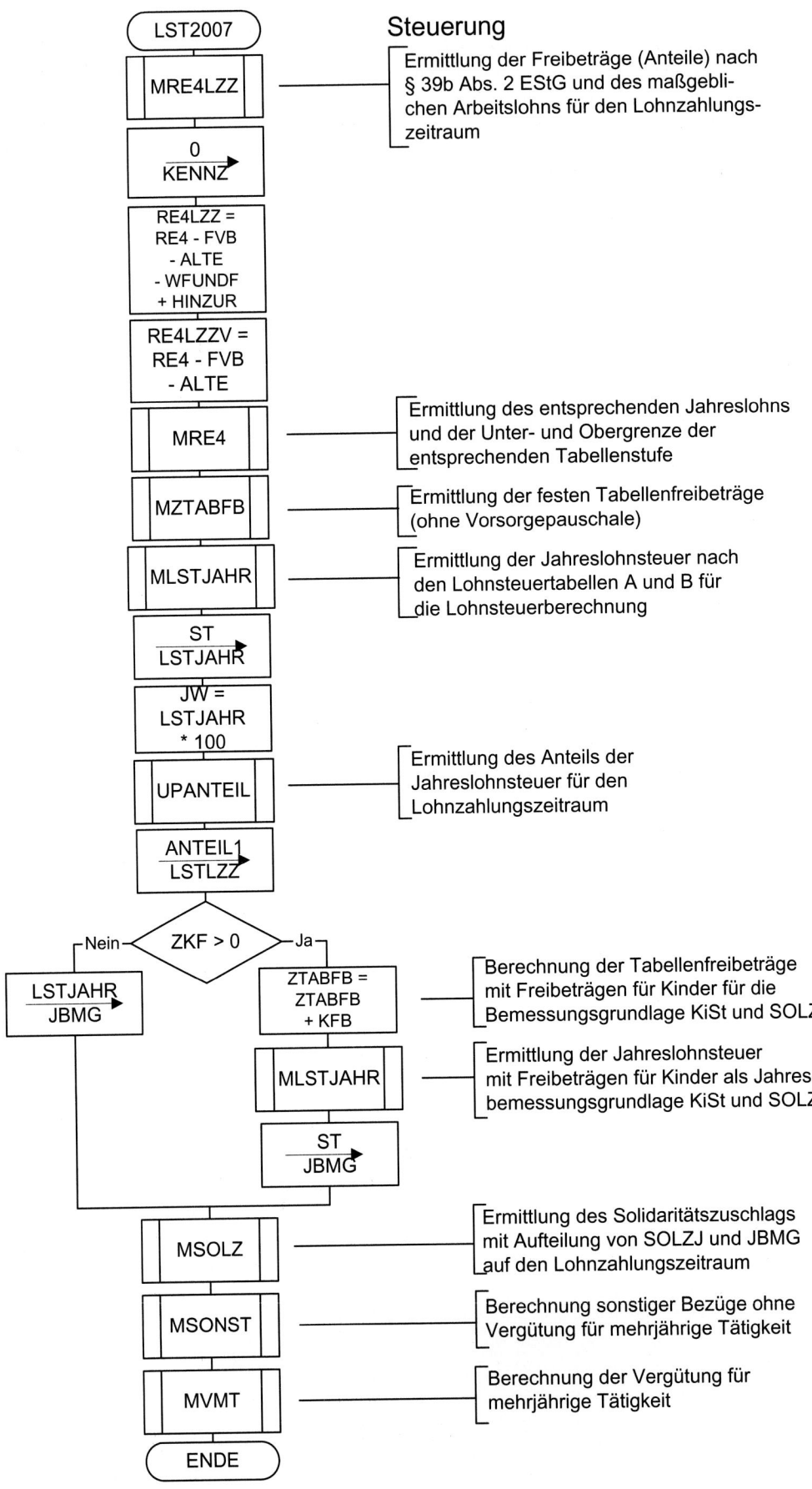

Programmablaufplan 2007

Anhang 10

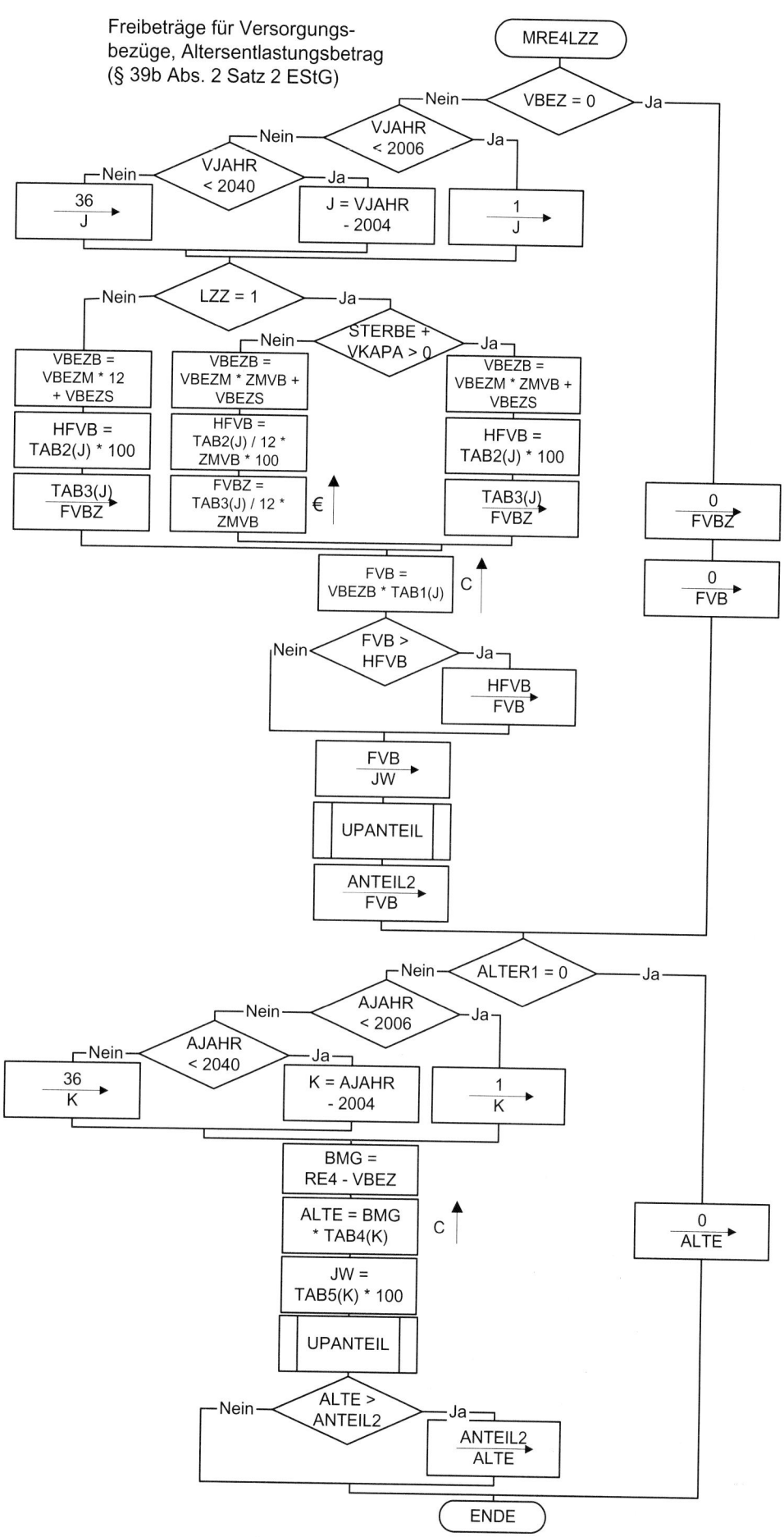

Anhang 10

Programmablaufplan 2007

Maßgebender Vomhundertsatz, Höchstbetrag des Versorgungsfreibetrags und Zuschlag zum Versorgungsfreibetrag gem. § 19 (2) EStG

Jahr des Versorgungsbeginns	J	Satz	Höchstbetrag	Zuschlag
		TAB1	TAB2	TAB3
bis 2005	1	0,400	3000	900
2006	2	0,384	2880	864
2007	3	0,368	2760	828
2008	4	0,352	2640	792
2009	5	0,336	2520	756
2010	6	0,320	2400	720
2011	7	0,304	2280	684
2012	8	0,288	2160	648
2013	9	0,272	2040	612
2014	10	0,256	1920	576
2015	11	0,240	1800	540
2016	12	0,224	1680	504
2017	13	0,208	1560	468
2018	14	0,192	1440	432
2019	15	0,176	1320	396
2020	16	0,160	1200	360
2021	17	0,152	1140	342
2022	18	0,144	1080	324
2023	19	0,136	1020	306
2024	20	0,128	960	288
2025	21	0,120	900	270
2026	22	0,112	840	252
2027	23	0,104	780	234
2028	24	0,096	720	216
2029	25	0,088	660	198
2030	26	0,080	600	180
2031	27	0,072	540	162
2032	28	0,064	480	144
2033	29	0,056	420	126
2034	30	0,048	360	108
2035	31	0,040	300	90
2036	32	0,032	240	72
2037	33	0,024	180	54
2038	34	0,016	120	36
2039	35	0,008	60	18
2040	36	0,000	0	0

Maßgebender Vomhundertsatz und Höchstbetrag des Altersentlastungsbetrags gem. § 24 a EStG

Auf die Vollendung des 64. Lebensjahres folgende Kalenderjahr	K	Satz	Höchstbetrag
		TAB4	TAB5
bis 2005	1	0,400	1900
2006	2	0,384	1824
2007	3	0,368	1748
2008	4	0,352	1672
2009	5	0,336	1596
2010	6	0,320	1520
2011	7	0,304	1444
2012	8	0,288	1368
2013	9	0,272	1292

Programmablaufplan 2007

Anhang 10

Auf die Vollendung des 64. Lebensjahres folgende Kalenderjahr	K	Satz TAB4	Höchstbetrag TAB5
2014	10	0,256	1216
2015	11	0,240	1140
2016	12	0,224	1064
2017	13	0,208	988
2018	14	0,192	912
2019	15	0,176	836
2020	16	0,160	760
2021	17	0,152	722
2022	18	0,144	684
2023	19	0,136	646
2024	20	0,128	608
2025	21	0,120	570
2026	22	0,112	532
2027	23	0,104	494
2028	24	0,096	456
2029	25	0,088	418
2030	26	0,080	380
2031	27	0,072	342
2032	28	0,064	304
2033	29	0,056	266
2034	30	0,048	228
2035	31	0,040	190
2036	32	0,032	152
2037	33	0,024	114
2038	34	0,016	76
2039	35	0,008	38
2040	36	0,000	0

Anhang 10 — Programmablaufplan 2007

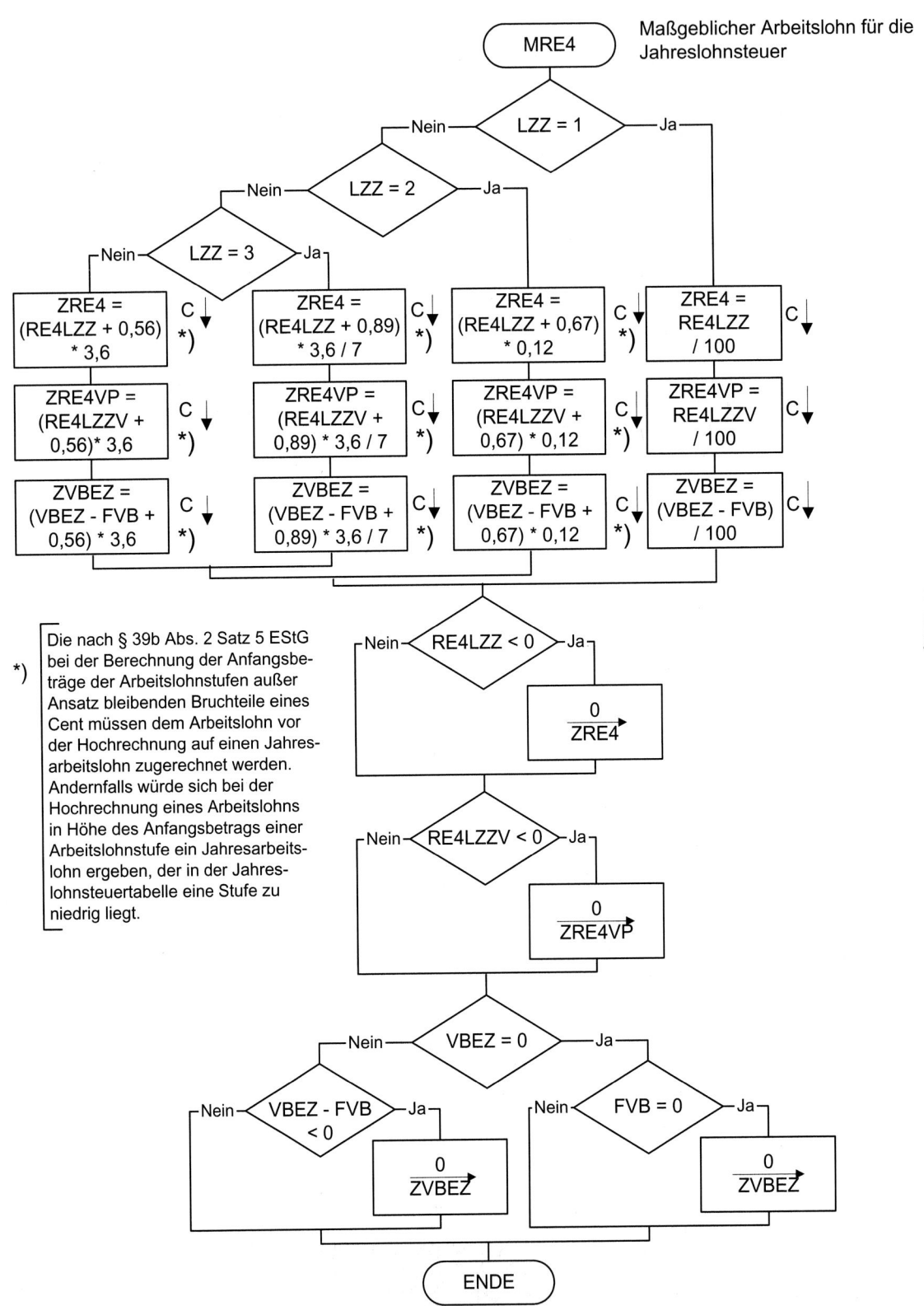

Programmablaufplan 2007

Anhang 10

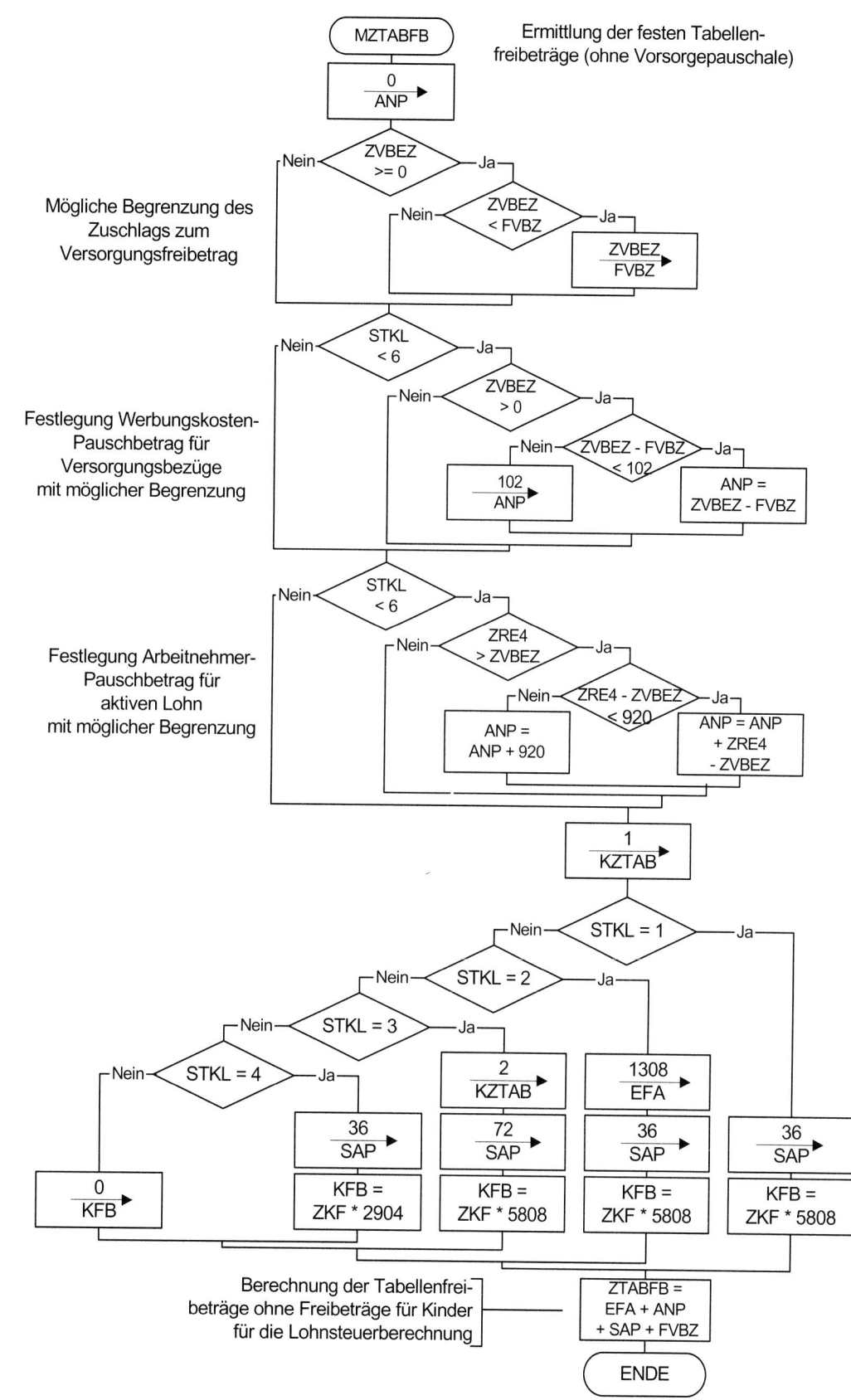

Anhang 10 — Programmablaufplan 2007

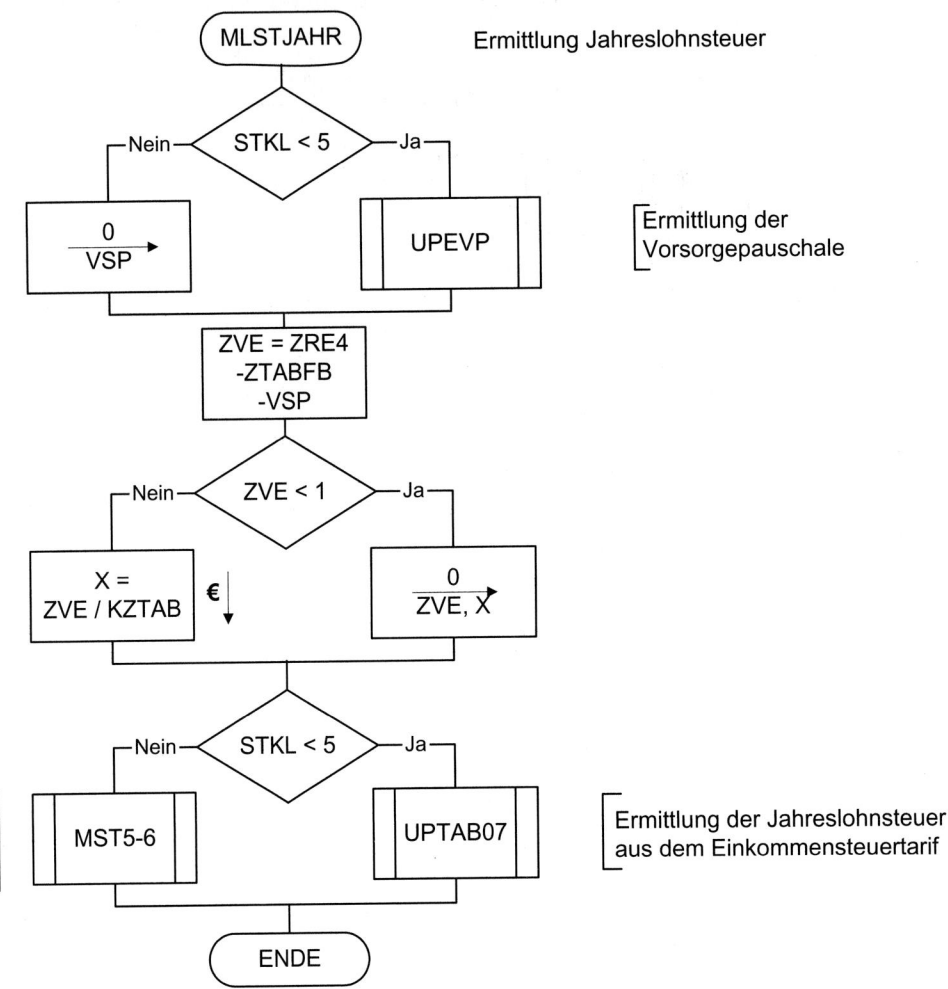

Programmablaufplan 2007

Anhang 10

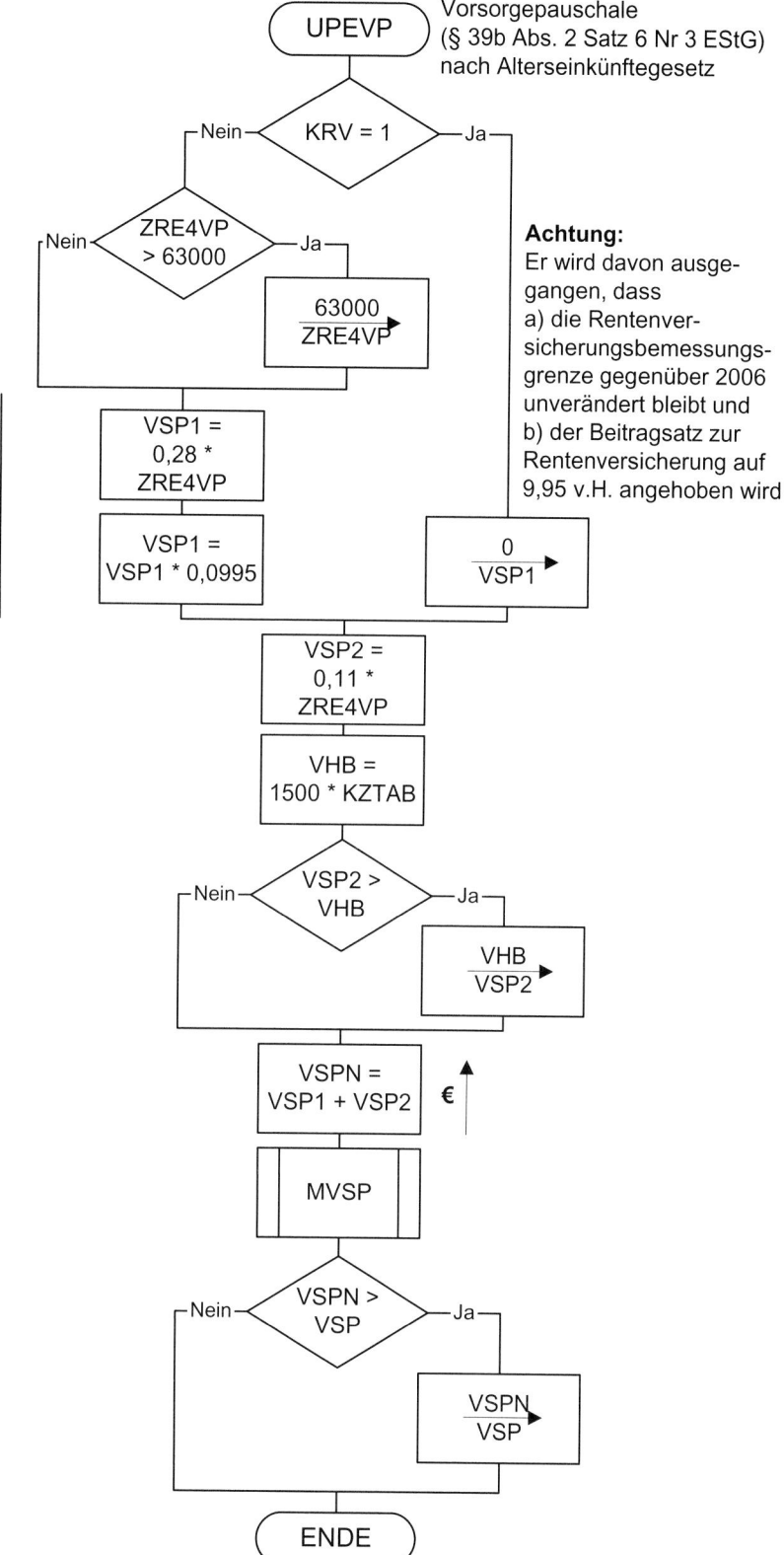

Anhang 10

Programmablaufplan 2007

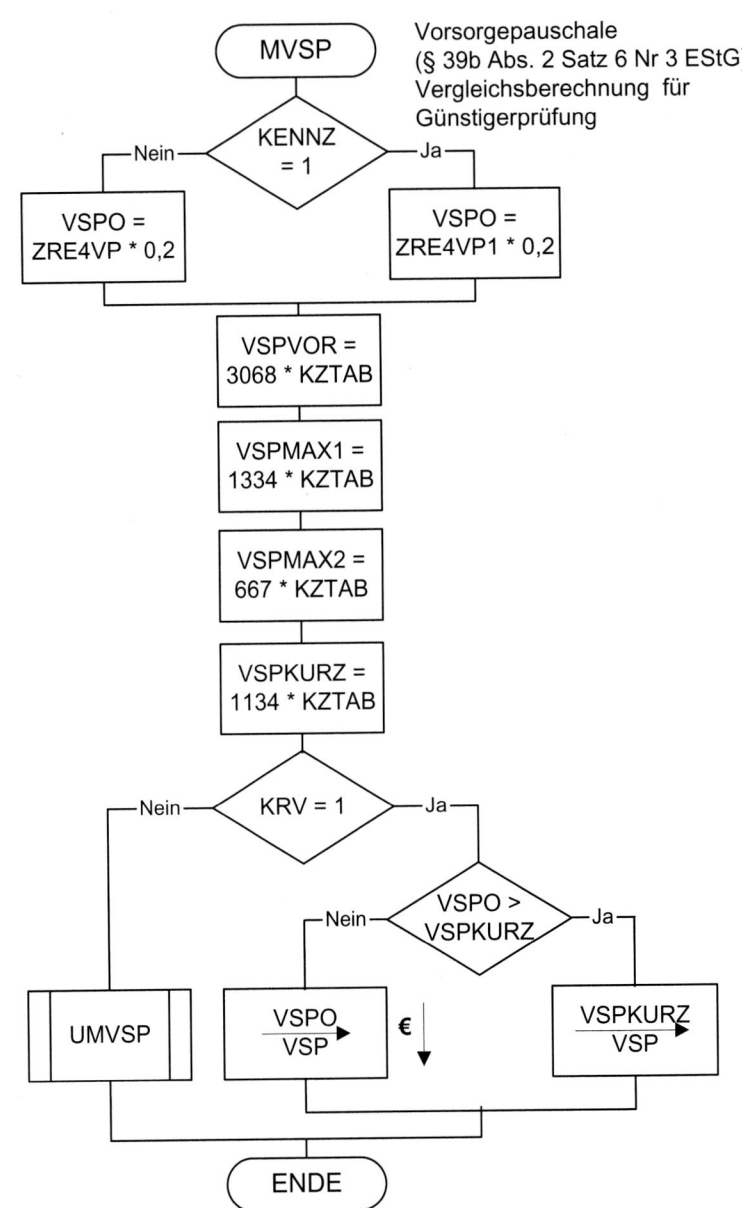

Programmablaufplan 2007

Anhang 10

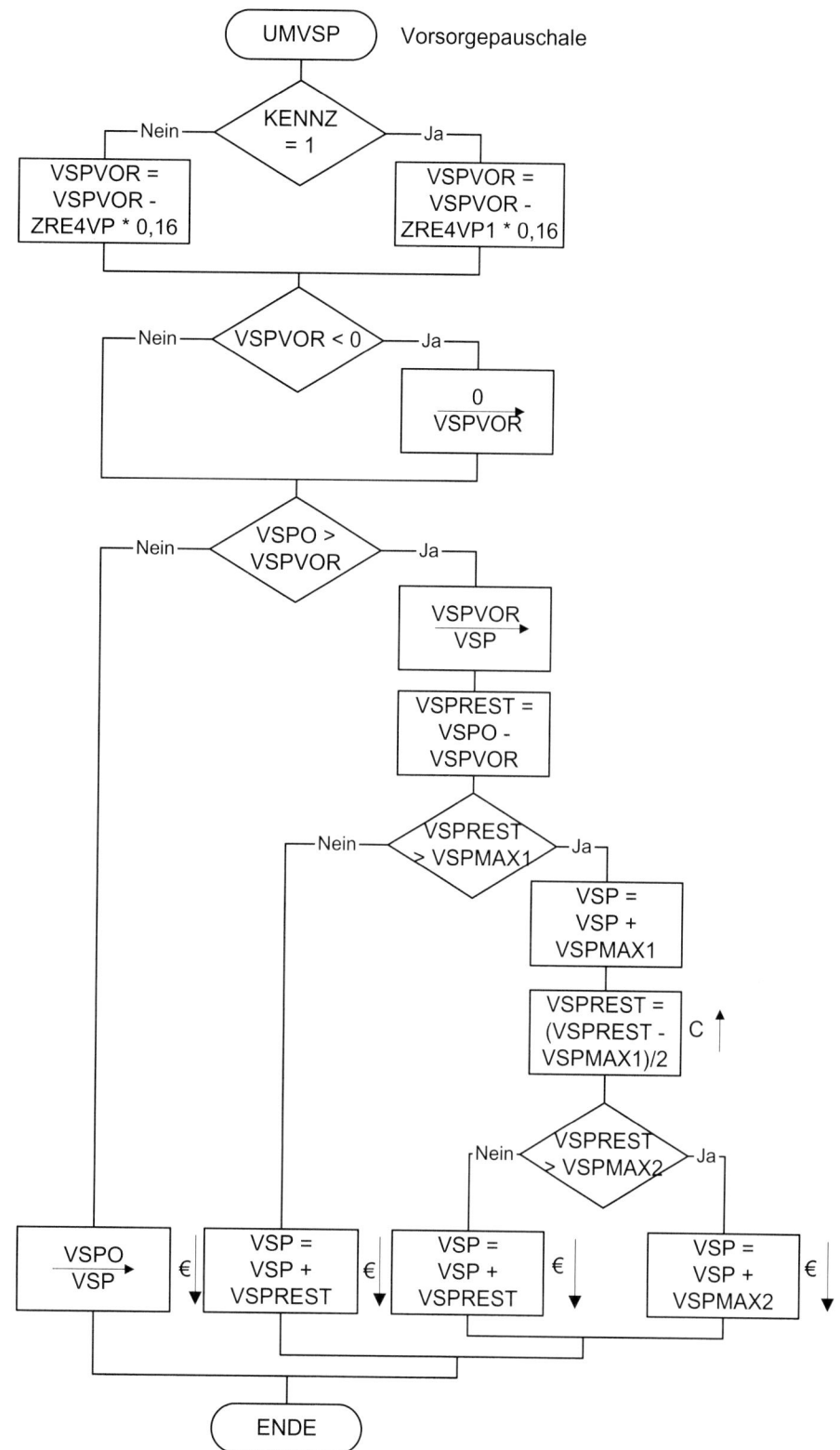

Anhang 10　　　　　　　　　　　　　　　　Programmablaufplan 2007

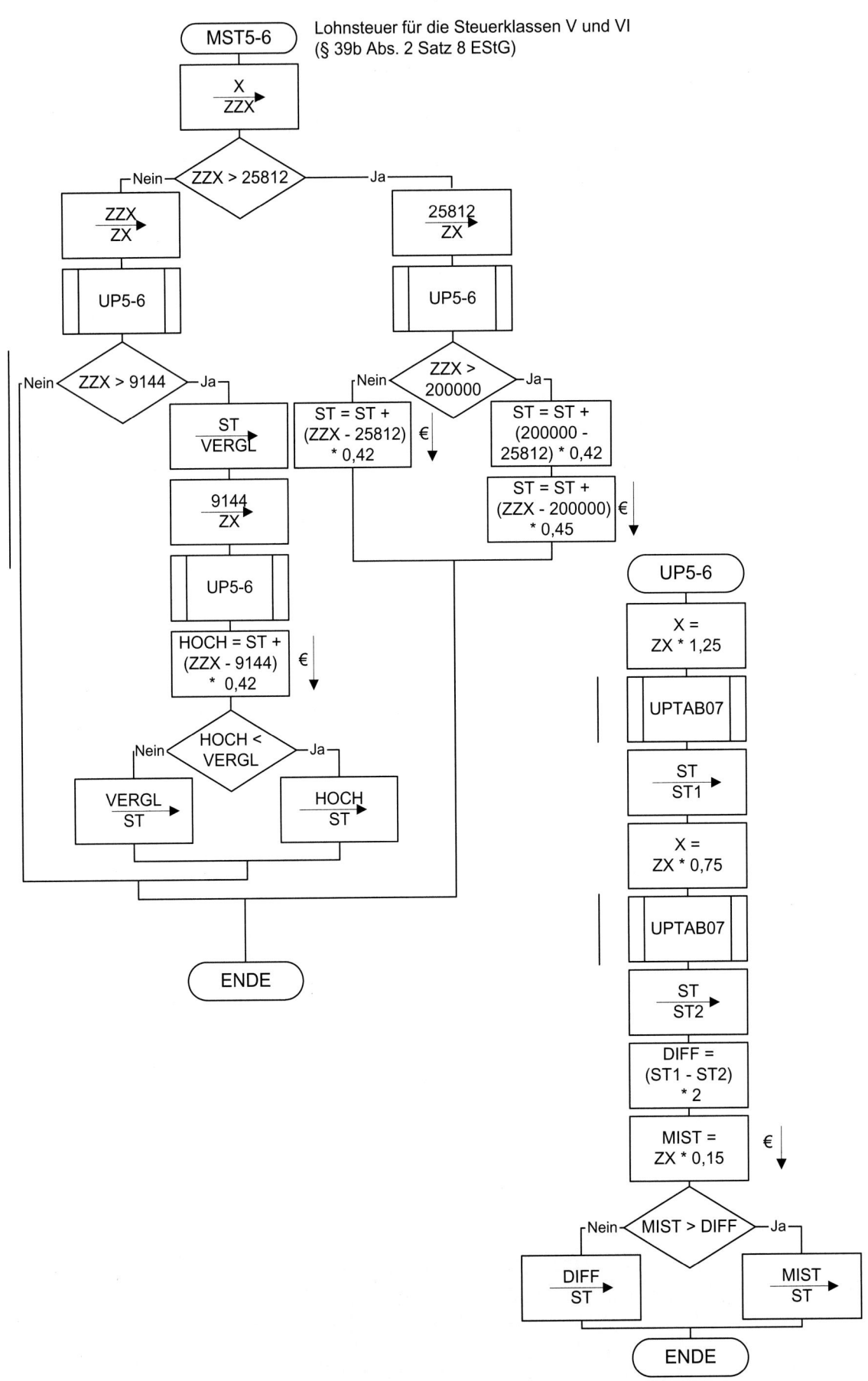

Lohnsteuer für die Steuerklassen V und VI
(§ 39b Abs. 2 Satz 8 EStG)

Programmablaufplan 2007

Anhang 10

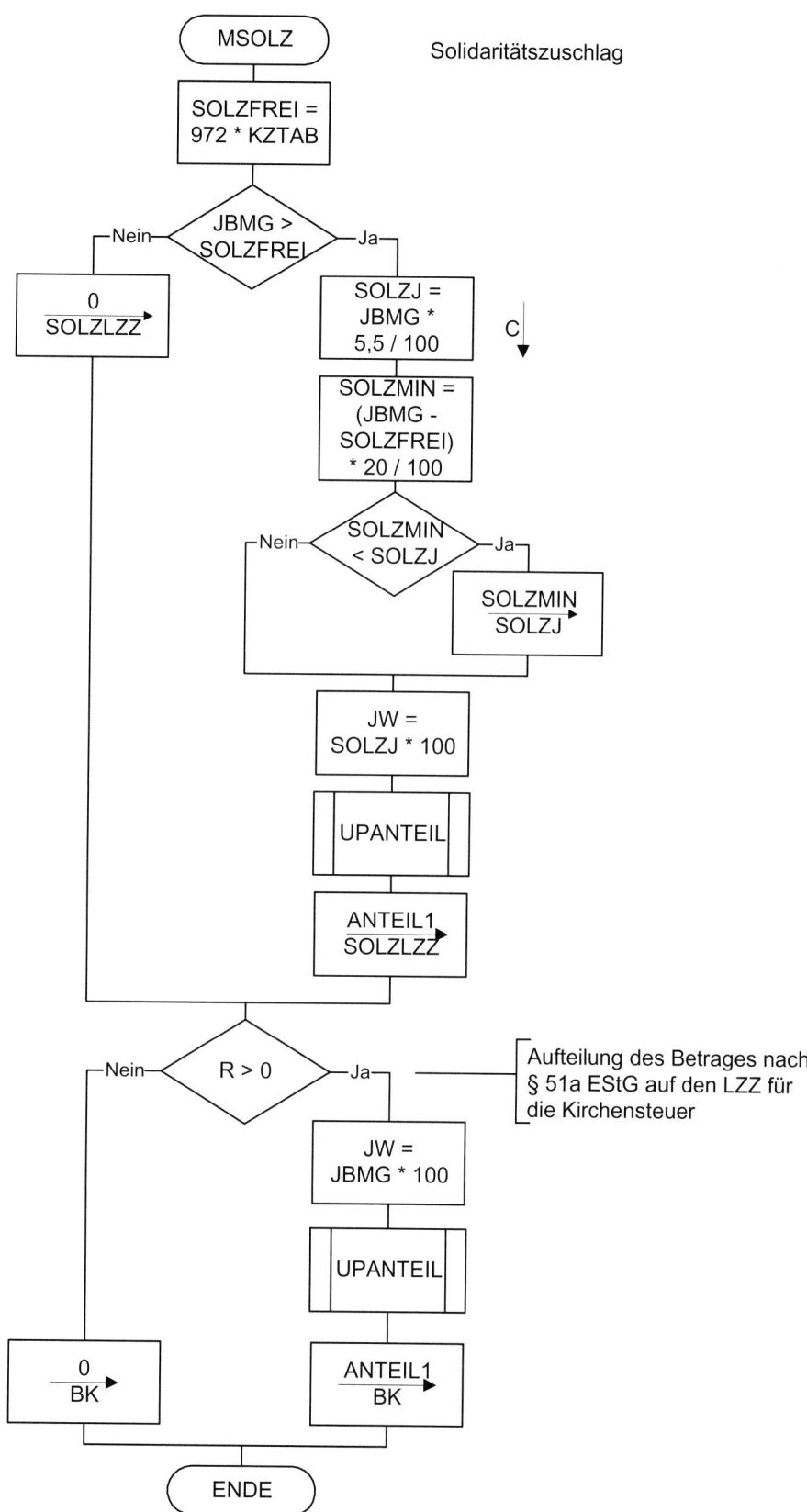

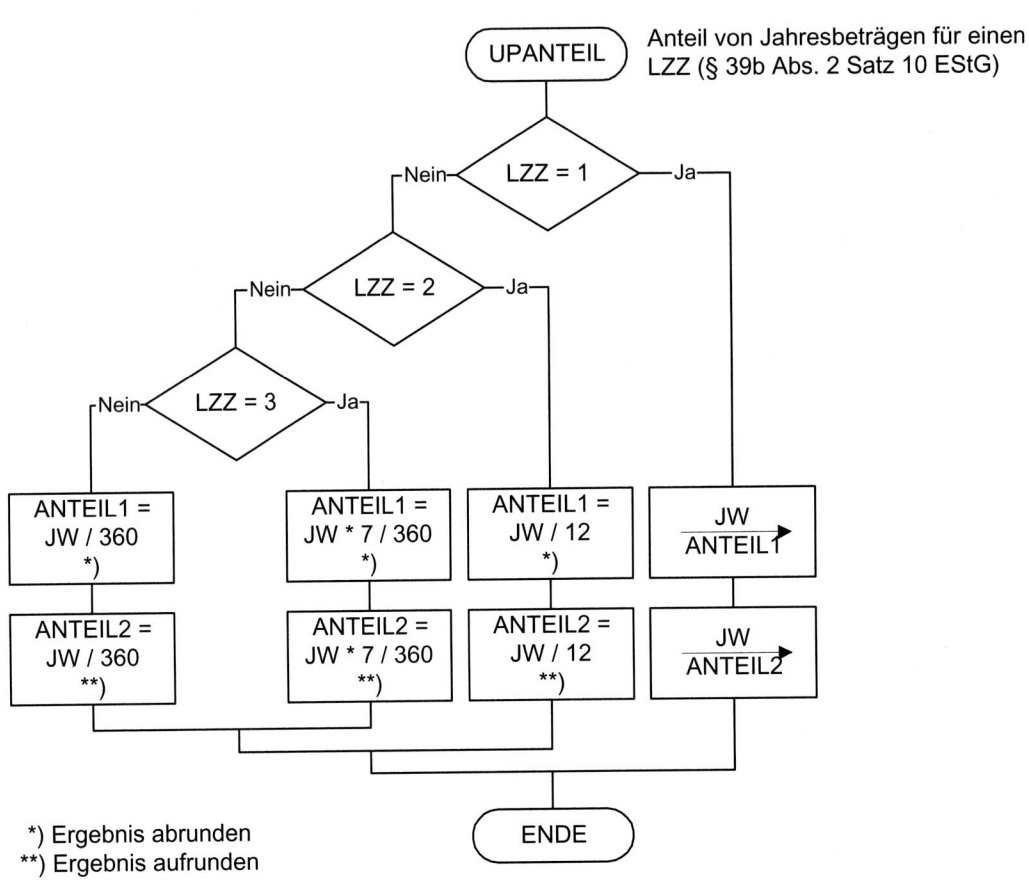

Programmablaufplan 2007

Anhang 10

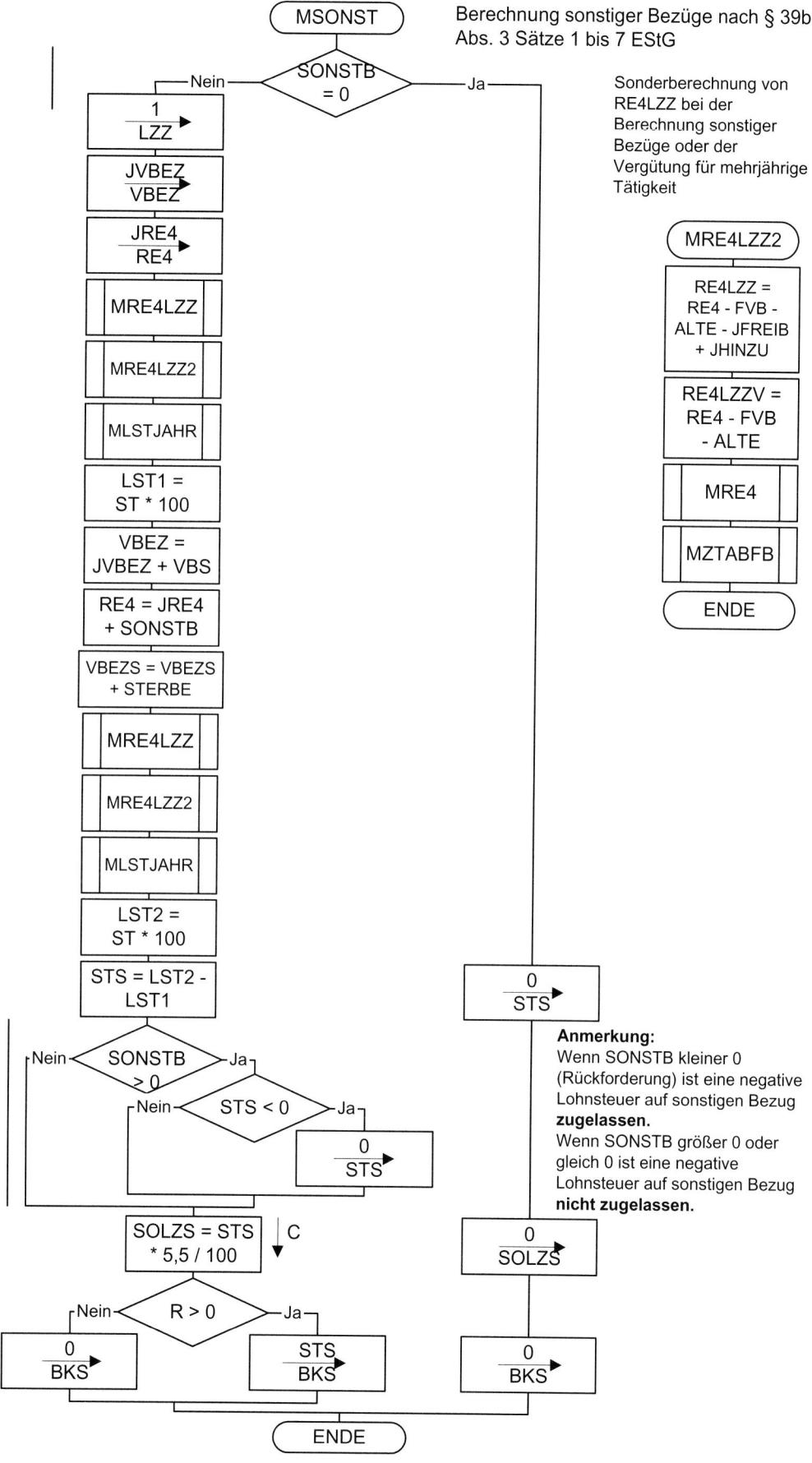

Anhang 10 — Programmablaufplan 2007

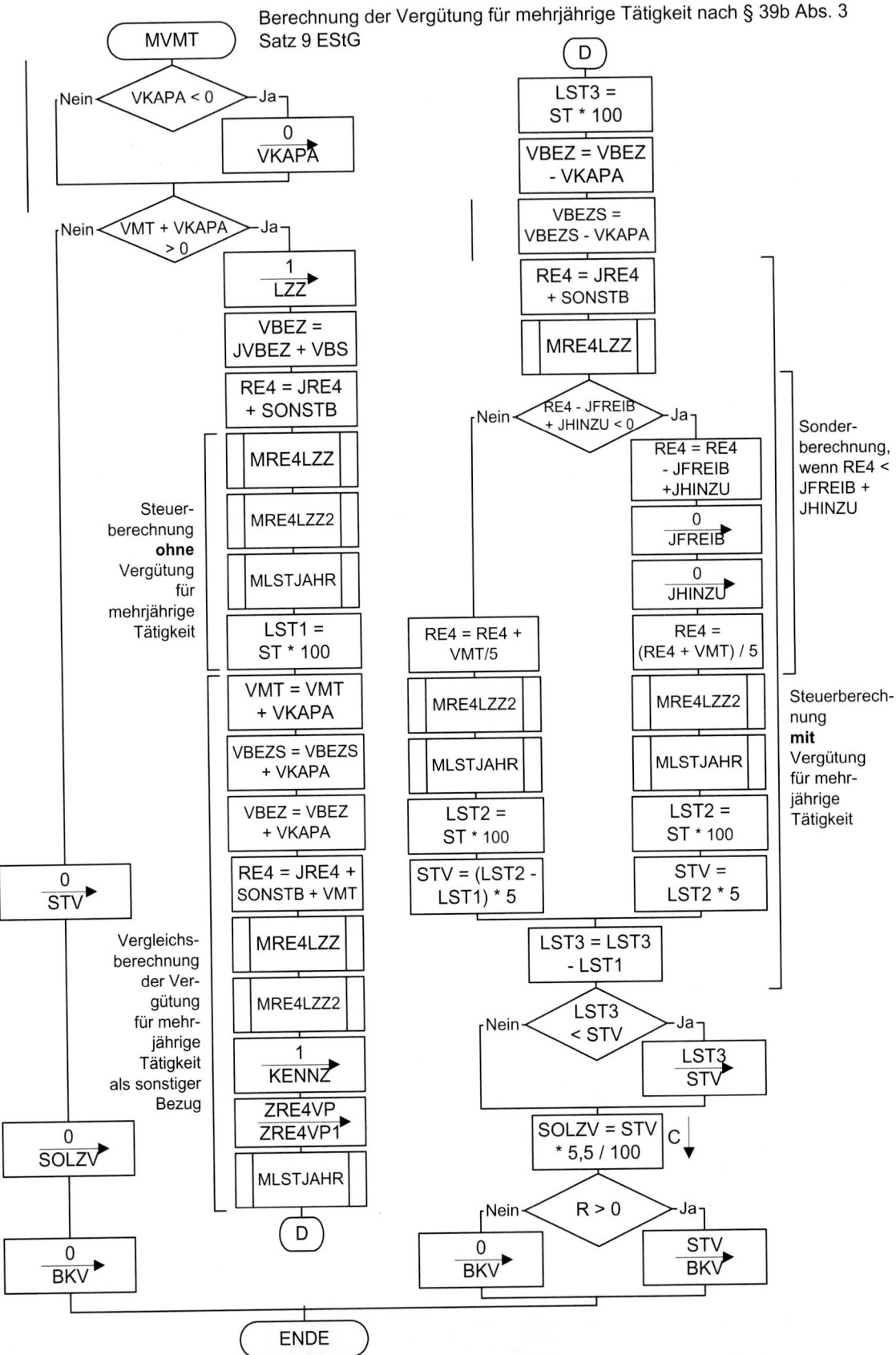

Programmablaufplan 2007

Anhang 10

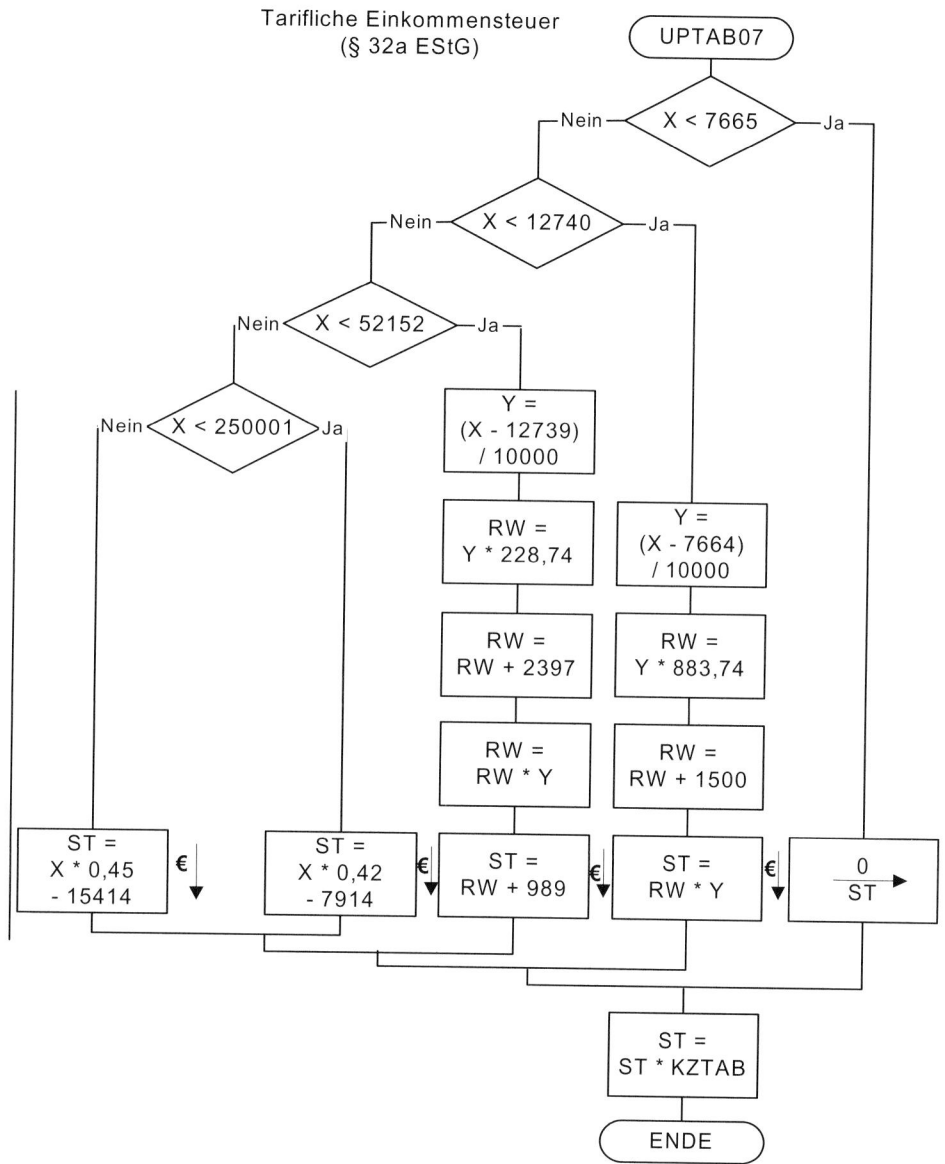

Anhang 10

Programmablaufplan 2007

Allgemeine maschinelle Jahreslohnsteuer 2007 (Prüftabelle)

Jahresbruttolohn (in €)	Jahreslohnsteuer 2007 (in €) in Steuerklasse					
	I	II	III	IV	V	VI
5 000	0	0	0	0	612	750
7 500	0	0	0	0	987	1 125
10 000	0	0	0	0	1 362	1 739
12 500	232	18	0	232	2 403	2 789
15 000	714	444	0	714	3 400	3 722
17 500	1 362	1 043	0	1 362	4 266	4 576
20 000	2 048	1 713	0	2 048	5 126	5 458
22 500	2 691	2 342	264	2 691	6 044	6 398
25 000	3 361	2 997	628	3 361	7 020	7 394
27 500	4 059	3 680	1 104	4 059	8 052	8 438
30 000	4 783	4 390	1 634	4 783	9 102	9 488
32 500	5 534	5 127	2 240	5 534	10 152	10 538
35 000	6 313	5 890	2 952	6 313	11 202	11 588
37 500	7 118	6 682	3 684	7 118	12 252	12 638
40 000	7 951	7 499	4 334	7 951	13 302	13 688
42 500	8 810	8 344	4 976	8 810	14 352	14 738
45 000	9 697	9 216	5 632	9 697	15 402	15 788
47 500	10 610	10 115	6 300	10 610	16 452	16 838
50 000	11 551	11 041	6 982	11 551	17 502	17 888
52 500	12 518	11 994	7 678	12 518	18 552	18 938
55 000	13 513	12 974	8 388	13 513	19 602	19 988
57 500	14 531	13 981	9 110	14 531	20 652	21 038
60 000	15 552	15 002	9 846	15 552	21 702	22 088

Besondere maschinelle Jahreslohnsteuer 2007 (Prüftabelle)

Jahresbruttolohn (in €)	Jahreslohnsteuer 2007 (in €) in Steuerklasse					
	I	II	III	IV	V	VI
5 000	0	0	0	0	612	750
7 500	0	0	0	0	987	1 125
10 000	37	0	0	37	1 362	1 739
12 500	431	192	0	431	2 403	2 789
15 000	942	648	0	942	3 400	3 722
17 500	1 553	1 230	0	1 553	4 266	4 576
20 000	2 193	1 855	220	2 193	5 126	5 458
22 500	2 862	2 508	616	2 862	6 044	6 398
25 000	3 559	3 190	1 044	3 559	7 020	7 394
27 500	4 284	3 901	1 522	4 284	8 052	8 438
30 000	5 039	4 640	2 104	5 039	9 102	9 488
32 500	5 822	5 408	2 714	5 822	10 152	10 538
35 000	6 633	6 205	3 338	6 633	11 202	11 588
37 500	7 473	7 030	3 976	7 473	12 252	12 638
40 000	8 342	7 884	4 628	8 342	13 302	13 688
42 500	9 239	8 766	5 294	9 239	14 352	14 738
45 000	10 165	9 677	5 976	10 165	15 402	15 788
47 500	11 119	10 616	6 670	11 119	16 452	16 838
50 000	12 102	11 584	7 380	12 102	17 502	17 888
52 500	13 114	12 581	8 104	13 114	18 552	18 938
55 000	14 154	13 606	8 842	14 154	19 602	19 988
57 500	15 204	14 655	9 594	15 204	20 652	21 038
60 000	16 254	15 705	10 362	16 254	21 702	22 088

Anhang 11
Tabelle zur Steuerklassenwahl bei Arbeitnehmer-Ehegatten für das Kalenderjahr 2007

Merkblatt zur Steuerklassenwahl bei Arbeitnehmer-Ehegatten für das Jahr 2007

Ehegatten, die beide unbeschränkt steuerpflichtig sind, nicht dauernd getrennt leben und beide Arbeitslohn*) beziehen, können bekanntlich für den Lohnsteuerabzug wählen, ob sie beide in die Steuerklasse IV eingeordnet werden wollen oder ob einer von ihnen (der Höherverdienende) nach Steuerklasse III und der andere nach Steuerklasse V besteuert werden will. Die Steuerklassenkombination III/V ist so gestaltet, dass die Summe der Steuerabzugsbeträge beider Ehegatten in etwa der zu erwartenden Jahressteuer entspricht, wenn der in Steuerklasse III eingestufte Ehegatte ca. 60 %, der in Steuerklasse V eingestufte ca. 40 % des gemeinsamen Arbeitseinkommens erzielt. Es bleibt den Ehegatten unbenommen, sich trotzdem für die Steuerklassenkombination IV/IV zu entscheiden, wenn sie den höheren Steuerabzug bei dem Ehegatten mit der Steuerklasse V vermeiden wollen; dann entfällt jedoch für den anderen Ehegatten die günstigere Steuerklasse III.

Um den Arbeitnehmer-Ehegatten die **Steuerklassenwahl zu erleichtern,** haben das Bundesfinanzministerium und die obersten Finanzbehörden der Länder die in der Anlage beigefügten **Tabellen** ausgearbeitet. Aus ihnen können die Ehegatten nach der Höhe ihrer monatlichen Arbeitslöhne die Steuerklassenkombination feststellen, bei der sie die geringste Lohnsteuer entrichten müssen. Soweit beim Lohnsteuerabzug **Freibeträge** zu berücksichtigen sind, sind diese vor Anwendung der jeweils in Betracht kommenden Tabelle vom monatlichen Bruttoarbeitslohn **abzuziehen.**

Die Tabellen erleichtern lediglich die Wahl der für den Lohnsteuerabzug günstigsten Steuerklassenkombination. Ihre Aussagen sind auch nur in den Fällen genau, in denen die Monatslöhne über das ganze Jahr konstant bleiben. Im Übrigen besagt die im Laufe des Jahres einbehaltene Lohnsteuer noch **nichts über die Höhe der Jahressteuerschuld.** Die vom Arbeitslohn einbehaltenen Beträge an Lohnsteuer stellen im Regelfall nur Vorauszahlungen auf die endgültige Jahressteuerschuld dar. In welcher Höhe sich nach Ablauf des Jahres Erstattungen oder Nachzahlungen ergeben, lässt sich nicht allgemein sagen; hier kommt es immer auf die Verhältnisse des Einzelfalles an. Das Finanzamt kann im Übrigen für Arbeitnehmer, die zur Einkommensteuer veranlagt werden, auch Einkommensteuer-Vorauszahlungen festsetzen, wenn damit zu rechnen ist, dass die Jahressteuerschuld die einzubehaltende Lohnsteuer übersteigt. Auf die diesbezüglichen Erläuterungen in dem Heftchen „Lohnsteuer 2007", das der Arbeitnehmer entweder mit seiner Lohnsteuerkarte erhält oder auf den Internetseiten der jeweiligen obersten Finanzbehörden der Länder abgerufen werden kann, wird hingewiesen.

Bei der Wahl der Steuerklassenkombination sollten die Ehegatten auch daran denken, dass die Steuerklassenkombination auch die Höhe der Lohnersatzleistungen, wie Arbeitslosengeld, Unterhaltsgeld, Krankengeld, Versorgungskrankengeld, Verletztengeld, Übergangsgeld und Mutterschaftsgeld, beeinflussen kann. Eine vor Jahresbeginn getroffene Steuerklassenwahl wird bei der Gewährung von Lohnersatzleistungen vom Arbeitsamt grundsätzlich anerkannt. Wechseln Ehegatten im Laufe des Kalenderjahrs die Steuerklassen, können sich bei der Zahlung von Lohnersatzleistungen, z.B. wegen Arbeitslosigkeit eines Ehegatten, unerwartete Auswirkungen ergeben. Deshalb sollten Arbeitnehmer, die damit rechnen, in absehbarer Zeit eine Lohnersatzleistung für sich in Anspruch nehmen zu müssen oder diese bereits beziehen, vor der Neuwahl der Steuerklassenkombination zu deren Auswirkung auf die Höhe der Lohnersatzleistung den zuständigen Sozialleistungsträger befragen.

In den Fällen, in denen die Ehegatten bisher schon beide Arbeitslohn bezogen haben, trägt die Gemeinde auf den Lohnsteuerkarten für 2007 die Steuerklasse ein, die auf den Lohnsteuerkarten für 2006 bescheinigt waren. Die Ehegatten haben jedoch die Möglichkeit, die **Steuerklasseneintragung** vor dem 1. Januar 2007 von der Gemeinde, die die Lohnsteuerkarten ausgestellt hat, **ändern** zu lassen. Ein Steuerklassenwechsel im Laufe des Jahres 2007 kann in der Regel nur einmal, und zwar spätestens bis zum 30. November 2007, bei der Gemeinde beantragt werden. Nur in den Fällen, in denen im Laufe des Jahres 2007 ein Ehegatte aus dem Dienstverhältnis ausscheidet oder verstirbt, kann die Gemeinde bis zum 30. November 2007 auch noch ein weiteres Mal einen Steuerklassenwechsel vornehmen. Bei einer Änderung der Steuerklassen oder einem Steuerklassenwechsel sind beide Lohnsteuerkarten bei der Gemeinde vorzulegen.

Tabellen zur Steuerklassenwahl

Da die Höhe der Lohnsteuer auch davon abhängt, ob der Arbeitnehmer rentenversicherungspflichtig ist, oder nicht, sind zwei Tabellen zur Steuerklassenwahl aufgestellt worden. Die **Tabelle I** ist zu benutzen, wenn der höherverdienende Ehegatte rentenversicherungsfrei ist.

Beide Tabellen gehen vom monatlichen Arbeitslohn A**) des höherverdienenden Ehegatten aus. Dazu wird jeweils der monatliche Arbeitslohn B**) des geringerverdienenden Ehegatten angegeben, der **bei einer Steuerklassenkombination III (für den Höherverdienenden) und V (für den Geringerverdienenden) nicht überschritten werden darf,** wenn der geringste Lohnsteuerabzug erreicht werden soll. Die Spalten 2 und 5 sind maßgebend, wenn der geringerverdienende Ehegatte rentenversicherungspflichtig ist; ist der geringerverdienende Ehegatte rentenversicherungsfrei sind die Spalten 3 und 6 maßgebend. Übersteigt der monatliche Arbeitslohn des geringerverdienenden Ehegatten den nach den Spalten 2, 3 oder 5 und 6 der Tabellen in Betracht kommenden Betrag, **so führt die Steuerklassenkombination IV/IV für die Ehegatten zu einem geringeren oder zumindest nicht höheren Lohnsteuerabzug** als die Steuerklassenkombination III/V.

Tabelle I: bei **Rentenversicherungspflicht** des höherverdienenden Ehegatten

Monatlicher Arbeitslohn A**) €	Monatlicher Arbeitslohn B**) in € bei ... des geringerverdienenden Ehegatten		Monatlicher Arbeitslohn A**) €	Monatlicher Arbeitslohn B**) in € bei ... des geringerverdienenden Ehegatten	
	Rentenversicherungspflicht	Rentenversicherungsfreiheit		Rentenversicherungspflicht	Rentenversicherungsfreiheit
1	2	3	4	5	6
1.700	1.034	1.102	3.300	2.031	2.165
1.750	1.061	1.131	3.350	2.064	2.200
1.800	1.088	1.162	3.400	2.098	2.235
1.850	1.116	1.203	3.450	2.132	2.270
1.900	1.145	1.256	3.500	2.164	2.305
1.950	1.174	1.316	3.550	2.198	2.342
2.000	1.213	1.379	3.600	2.233	2.380
2.050	1.255	1.441	3.650	2.265	2.418
2.100	1.290	1.496	3.700	2.300	2.459
2.150	1.329	1.548	3.750	2.335	2.500
2.200	1.397	1.599	3.800	2.370	2.542
2.250	1.471	1.646	3.850	2.408	2.857
2.300	1.557	1.691	3.900	2.447	2.635
2.350	1.609	1.732	3.950	2.485	2.682
2.400	1.654	1.773	4.000	2.527	2.732
2.450	1.687	1.810	4.050	2.568	2.784
2.500	1.721	1.846	4.100	2.611	2.837
2.550	1.754	1.880	4.150	2.656	2.894
2.600	1.786	1.913	4.200	2.702	2.954
2.650	1.816	1.945	4.250	2.750	3.017
2.700	1.829	1.958	4.300	2.800	3.085
2.750	1.840	1.970	4.350	2.851	3.154

*) Aktives Beschäftigungsverhältnis, keine Versorgungsbezüge.
**) Nach Abzug etwaiger Freibeträge.

Anhang 11 — Tabelle zur Steuerklassenwahl 2007

Monatlicher Arbeitslohn A*) €	Monatlicher Arbeitslohn B*) in € bei ... des geringerverdienenden Ehegatten		Monatlicher Arbeitslohn A*) €	Monatlicher Arbeitslohn B*) in € bei ... des geringerverdienenden Ehegatten	
	Rentenversicherungspflicht	Rentenversicherungsfreiheit		Rentenversicherungspflicht	Rentenversicherungsfreiheit
1	2	3	4	5	6
2.800	1.851	1.980	4.400	2.902	3.227
2.850	1.862	1.993	4.450	2.958	3.309
2.900	1.875	2.006	4.500	3.015	3.396
2.950	1.887	2.017	4.550	3.074	3.488
3.000	1.899	2.029	4.600	3.137	3.594
3.050	1.912	2.042	4.650	3.203	3.714
3.100	1.925	2.056	4.700	3.273	3.860
3.150	1.937	2.069	4.750	3.344	4.038
3.200	1.965	2.096	4.800	3.417	4.324
3.250	1.999	2.134			

Tabelle II: bei **Rentenversicherungsfreiheit** des höherverdienenden Ehegatten

Monatlicher Arbeitslohn A*) €	Monatlicher Arbeitslohn B*) in € bei ... des geringerverdienenden Ehegatten		Monatlicher Arbeitslohn A*) €	Monatlicher Arbeitslohn B*) in € bei ... des geringerverdienenden Ehegatten	
	Rentenversicherungspflicht	Rentenversicherungsfreiheit		Rentenversicherungspflicht	Rentenversicherungsfreiheit
1	2	3	4	5	6
1.500	945	945	3.100	1.958	2.091
1.550	944	995	3.150	1.992	2.125
1.600	958	1.015	3.200	2.027	2.161
1.650	975	1.035	3.250	2.059	2.196
1.700	992	1.054	3.300	2.096	2.232
1.750	1.012	1.078	3.350	2.129	2.267
1.800	1.033	1.101	3.400	2.164	2.304
1.850	1.056	1.125	3.450	2.198	2.341
1.900	1.079	1.151	3.500	2.233	2.380
1.950	1.101	1.177	3.550	2.267	2.420
2.000	1.124	1.217	3.600	2.303	2.461
2.050	1.147	1.260	3.650	2.339	2.506
2.100	1.171	1.308	3.700	2.377	2.550
2.150	1.199	1.359	3.750	2.414	2.595
2.200	1.234	1.410	3.800	2.455	2.643
2.250	1.271	1.466	3.850	2.494	2.692
2.300	1.304	1.515	3.900	2.537	2.745
2.350	1.337	1.556	3.950	2.580	2.799

Monatlicher Arbeitslohn A*) €	Monatlicher Arbeitslohn B*) in € bei ... des geringerverdienenden Ehegatten		Monatlicher Arbeitslohn A*) €	Monatlicher Arbeitslohn B*) in € bei ... des geringerverdienenden Ehegatten	
	Rentenversicherungspflicht	Rentenversicherungsfreiheit		Rentenversicherungspflicht	Rentenversicherungsfreiheit
1	2	3	4	5	6
2.400	1.390	1.594	4.000	2.625	2.855
2.450	1.445	1.631	4.050	2.671	2.913
2.500	1.514	1.666	4.100	2.719	2.977
2.550	1.577	1.701	4.150	2.769	3.043
2.600	1.615	1.737	4.200	2.821	3.112
2.650	1.649	1.771	4.250	2.873	3.185
2.700	1.682	1.806	4.300	2.929	3.264
2.750	1.717	1.842	4.350	2.987	3.352
2.800	1.753	1.878	4.400	3.047	3.443
2.850	1.787	1.913	4.450	3.110	3.547
2.900	1.819	1.947	4.500	3.175	3.661
2.950	1.854	1.983	4.550	3.246	3.802
3.000	1.888	2.018	4.600	3.317	3.965
3.050	1.923	2.055	4.650	3.392	4.199

Beispiel 1:

Ein Arbeitnehmer-Ehepaar, beide rentenversicherungspflichtig, bezieht Monatslöhne (nach Abzug etwaiger Freibeträge) von 3000 € und 1800 €. Da der Monatslohn des geringerverdienenden Ehegatten den nach dem Monatslohn des höherverdienenden Ehegatten in der Spalte 2 der Tabelle I ausgewiesenen Betrag von 1899 € nicht übersteigt, führt in diesem Falle die Steuerklassenkombination III/V zur geringsten Lohnsteuer.

Vergleich nach der Allgemeinen Monatslohnsteuertabelle:

a) Lohnsteuer für 3000 € nach Steuerklasse III   270,16 €,
für 1800 € nach Steuerklasse V   475,66 €,
insgesamt also   **745,82 €.**

b) Lohnsteuer für 3000 € nach Steuerklasse IV   552,66 €,
für 1800 € nach Steuerklasse IV   204,75 €,
insgesamt also   **757,41 €.**

Beispiel 2:

Würde der Monatslohn des geringerverdienenden Ehegatten 2500 € betragen, so würde die Steuerklassenkombination IV/IV insgesamt zur geringsten Lohnsteuer führen.

Vergleich nach der Allgemeinen Monatslohnsteuertabelle:

a) Lohnsteuer für 3000 € nach Steuerklasse III   270,16 €,
für 2500 € nach Steuerklasse V   758,50 €,
insgesamt also   **1.028,66 €.**

b) Lohnsteuer für 3000 € nach Steuerklasse IV   552,66 €,
für 2500 € nach Steuerklasse IV   398,58 €,
insgesamt also   **951,24 €.**

*) Nach Abzug etwaiger Freibeträge.

Anhang 12
Altersteilzeitgesetz

vom 23.7.1996 (BGBl. I S. 1078),
zuletzt geändert durch Art. 234 V vom 31.10.2006 (BGBl. I S. 2407)

§ 1
Grundsatz

(1) Durch Altersteilzeitarbeit soll älteren Arbeitnehmern ein gleitender Übergang vom Erwerbsleben in die Altersrente ermöglicht werden.

(2) Die Bundesagentur für Arbeit (Bundesagentur) fördert durch Leistungen nach diesem Gesetz die Teilzeitarbeit älterer Arbeitnehmer, die ihre Arbeitszeit ab Vollendung des 55. Lebensjahres, spätestens ab 31. Dezember 2009 vermindern, und damit die Einstellung eines sonst arbeitslosen Arbeitnehmers ermöglichen.

§ 2
Begünstigter Personenkreis

(1) ¹Leistungen werden für Arbeitnehmer gewährt, die
1. das 55. Lebensjahr vollendet haben,
2. nach dem 14. Februar 1996 aufgrund einer Vereinbarung mit ihrem Arbeitgeber, die sich zumindest auf die Zeit erstrecken muss, bis eine Rente wegen Alters beansprucht werden kann, ihre Arbeitszeit auf die Hälfte der bisherigen wöchentlichen Arbeitszeit vermindert haben, und versicherungspflichtig beschäftigt im Sinne des § 8 des Dritten Buches Sozialgesetzbuch sind (Altersteilzeitarbeit) und
3. innerhalb der letzten fünf Jahre vor Beginn der Altersteilzeitarbeit mindestens 1080 Kalendertage in einer versicherungspflichtigen Beschäftigung nach dem Dritten Buch Sozialgesetzbuch oder nach den Vorschriften eines Mitgliedstaates, in dem die Verordnung (EWG) Nr. 1408/71 des Rates der Europäischen Union Anwendung findet, gestanden haben. ²Zeiten mit Anspruch auf Arbeitslosengeld oder Arbeitslosenhilfe, Zeiten des Bezugs von Arbeitslosengeld II sowie Zeiten, in denen Versicherungspflicht nach § 26 Abs. 2 des Dritten Buches Sozialgesetzbuch bestand, stehen der versicherungspflichtigen Beschäftigung gleich. ³§ 427 Abs. 3 des Dritten Buches Sozialgesetzbuch gilt entsprechend.

(2) ¹Sieht die Vereinbarung über die Altersteilzeitarbeit unterschiedliche wöchentliche Arbeitszeiten oder eine unterschiedliche Verteilung der wöchentlichen Arbeitszeit vor, ist die Voraussetzung nach Absatz 1 Nr. 2 auch erfüllt, wenn
1. die wöchentliche Arbeitszeit im Durchschnitt eines Zeitraums von bis zu drei Jahren oder bei Regelung in einem Tarifvertrag, auf Grund eines Tarifvertrages in einer Betriebsvereinbarung oder in einer Regelung der Kirchen und der öffentlich-rechtlichen Religionsgesellschaften im Durchschnitt eines Zeitraums von bis zu sechs Jahren die Hälfte der bisherigen wöchentlichen Arbeitszeit nicht überschreitet und der Arbeitnehmer versicherungspflichtig beschäftigt im Sinne des Dritten Buches Sozialgesetzbuch ist und
2. das Arbeitsentgelt für die Altersteilzeitarbeit sowie der Aufstockungsbetrag nach § 3 Abs. 1 Nr. 1 Buchstabe a fortlaufend gezahlt werden.

²Im Geltungsbereich eines Tarifvertrages nach Satz 1 Nr. 1 kann die tarifvertragliche Regelung im Betrieb eines nicht tarifgebundenen Arbeitgebers durch Betriebsvereinbarung oder, wenn ein Betriebsrat nicht besteht, durch schriftliche Vereinbarung zwischen dem Arbeitgeber und dem Arbeitnehmer übernommen werden. ³Können auf Grund eines solchen Tarifvertrages abweichende Regelungen in einer Betriebsvereinbarung getroffen werden, kann auch in Betrieben eines nicht tarifgebundenen Arbeitgebers davon Gebrauch gemacht werden. ⁴Satz 1 Nr. 1, 2. Alternative gilt entsprechend. ⁵In einem Bereich, in dem tarifvertragliche Regelungen zur Verteilung der Arbeitszeit nicht getroffen sind oder üblicherweise nicht getroffen werden, kann eine Regelung im Sinne des Satzes 1 Nr. 1, 2. Alternative auch durch Betriebsvereinbarung oder, wenn ein Betriebsrat nicht besteht, durch schriftliche Vereinbarung zwischen Arbeitgeber und Arbeitnehmer getroffen werden.

(3) ¹Sieht die Vereinbarung über die Altersteilzeitarbeit unterschiedliche wöchentliche Arbeitszeiten oder eine unterschiedliche Verteilung der wöchentlichen Arbeitszeit über einen Zeitraum von mehr als sechs Jahren vor, ist die Voraussetzung nach Absatz 1 Nr. 2 auch erfüllt, wenn die wöchentliche Arbeitszeit im Durchschnitt eines Zeitraums von sechs Jahren, der innerhalb des Gesamtzeitraums der vereinbarten Altersteilzeitarbeit liegt, die Hälfte der bisherigen wöchentlichen Arbeitszeit nicht überschreitet, der Arbeitnehmer versicherungspflichtig beschäftigt im Sinne des Dritten Buches Sozialgesetzbuch ist und die weiteren Voraussetzungen des Absatzes 2 vorliegen. ²Die Leistungen nach § 3 Abs. 1 Nr. 1 sind nur in dem in Satz 1 genannten Zeitraum von sechs Jahren zu erbringen.

§ 3
Anspruchsvoraussetzungen

(1) ¹Der Anspruch auf die Leistungen nach § 4 setzt voraus, dass
1. der Arbeitgeber aufgrund eines Tarifvertrages, einer Regelung der Kirchen und der öffentlich-rechtlichen Religionsgesellschaften, einer Betriebsvereinbarung oder einer Vereinbarung mit dem Arbeitnehmer
   a) das Regelarbeitsentgelt für die Altersteilzeitarbeit um mindestens 20 vom Hundert aufgestockt hat, wobei die Aufstockung auch weitere Entgeltbestandteile umfassen kann, und
   b) für den Arbeitnehmer zusätzlich Beiträge zur gesetzlichen Rentenversicherung mindestens in Höhe des Beitrags entrichtet hat, der auf 80 vom Hundert des Regelarbeitsentgelts für die Altersteilzeitarbeit, begrenzt auf den Unterschiedsbetrag zwischen 90 vom Hundert der monatlichen Beitragsbemessungsgrenze und dem Regelarbeitsentgelt, entfällt, höchstens bis zur Beitragsbemessungsgrenze, sowie
2. der Arbeitgeber aus Anlass des Übergangs des Arbeitnehmers in die Altersteilzeitarbeit
   a) einen bei einer Agentur für Arbeit arbeitslos gemeldeten Arbeitnehmer oder einen Arbeitnehmer nach Abschluss der Ausbildung auf dem freigemachten oder auf einem in diesem Zusammenhang durch Umsetzung frei gewordenen Arbeitsplatz versicherungspflichtig im Sinne des Dritten Buches Sozialgesetzbuch beschäftigt; bei Arbeitgebern, die in der Regel nicht mehr als 50 Arbeitnehmer beschäftigen, wird unwiderleglich vermutet, dass der Arbeitnehmer auf dem freigemachten oder auf einem in diesem Zusammenhang durch Umsetzung frei gewordenen Arbeitsplatz beschäftigt wird, oder
   b) einen Auszubildenden versicherungspflichtig im Sinne des Dritten Buches Sozialgesetzbuch beschäftigt, wenn der Arbeitgeber in der Regel nicht mehr als 50 Arbeitnehmer beschäftigt, und
3. die freie Entscheidung des Arbeitgebers bei einer über fünf vom Hundert der Arbeitnehmer des Betriebes hinausgehenden Inanspruchnahme sichergestellt ist oder eine Ausgleichskasse der Arbeitgeber oder eine gemeinsame Einrichtung der Tarifvertragsparteien besteht, wobei beide Voraussetzungen in Tarifverträgen verbunden werden können.

²Die Beschäftigung eines Beziehers von Arbeitslosengeld II erfüllt die Voraussetzungen nach Satz 1 Nr. 2 Buchstabe a nur dann, wenn eine Zusage nach § 16 Abs. 2 Satz 2 Nr. 6 des Zweiten Buches Sozialgesetzbuch erfolgt ist.

(1a) Die Voraussetzungen des Absatzes 1 Nr. 1 Buchstabe a sind auch erfüllt, wenn Bestandteile des Arbeitsentgelts, die für den Zeitraum der vereinbarten Altersteilzeitarbeit nicht vermindert worden sind, bei der Aufstockung außer Betracht bleiben.

(2) Für die Zahlung der Beiträge nach Abs. 1 Nr. 1 Buchstabe b gelten die Bestimmungen des Sechsten Buches Sozialgesetzbuch über die Beitragszahlung aus dem Arbeitsentgelt.

(3) Hat der in Altersteilzeitarbeit beschäftigte Arbeitnehmer die Arbeitsleistung oder Teile der Arbeitsleistung im Voraus erbracht, so ist die Voraussetzung nach Absatz 1 Nr. 2 bei Arbeitszeiten nach § 2

Abs. 2 und 3 auch erfüllt, wenn die Beschäftigung eines bei einer Agentur für Arbeit arbeitslos gemeldeten Arbeitnehmers oder eines Arbeitnehmers nach Abschluss der Ausbildung auf dem freigemachten oder durch Umsetzung freigewordenen Arbeitsplatz erst nach Erbringung der Arbeitsleistung erfolgt.

§ 4
Leistungen

(1) Die Bundesagentur erstattet dem Arbeitgeber für längstens sechs Jahre

1. den Aufstockungsbetrag nach § 3 Abs. 1 Nr. 1 Buchstabe a in Höhe von 20 vom Hundert des für die Altersteilzeitarbeit gezahlten Regelarbeitsentgelts

und

2. den Betrag, der nach § 3 Abs. 1 Nr. 1 Buchstabe b in Höhe des Beitrags geleistet worden ist, der auf den Betrag entfällt, der sich aus 80 vom Hundert des Regelarbeitsentgelts für die Altersteilzeit ergibt, jedoch höchstens des auf den Unterschiedsbetrag zwischen 90 vom Hundert der monatlichen Beitragsbemessungsgrenze und dem Regelarbeitsentgelt entfallenden Beitrags.

(2) ¹Bei Arbeitnehmern, die nach § 6 Abs. 1 Satz 1 Nr. 1 oder § 231 Abs. 1 und Abs. 2 des Sechsten Buches Sozialgesetzbuch von der Versicherungspflicht befreit sind, werden Leistungen nach Absatz 1 auch erbracht, wenn die Voraussetzung des § 3 Abs. 1 Nr. 1 Buchstabe b nicht erfüllt ist. ²Dem Betrag nach Absatz 1 Nr. 2 stehen in diesem Fall vergleichbare Aufwendungen des Arbeitgebers bis zur Höhe des Beitrags gleich, den die Bundesagentur nach Abs. 1 Nr. 2 zu tragen hätte, wenn der Arbeitnehmer nicht von der Versicherungspflicht befreit wäre.

§ 5
Erlöschen und Ruhen des Anspruchs

(1) Der Anspruch auf Leistungen nach § 4 erlischt

1. mit Ablauf des Kalendermonats, in dem der Arbeitnehmer die Altersteilzeitarbeit beendet oder das 65. Lebensjahr vollendet hat,

2. mit Ablauf des Kalendermonats vor dem Kalendermonat, für den der Arbeitnehmer eine Rente wegen Alters oder, wenn er von der Versicherungspflicht in der gesetzlichen Rentenversicherung befreit ist, eine vergleichbare Leistung einer Versicherungs- oder Versorgungseinrichtung oder eines Versicherungsunternehmens beanspruchen kann; dies gilt nicht für Renten, die vor dem für den Versicherten maßgebenden Rentenalter in Anspruch genommen werden können,

oder

3. mit Beginn des Kalendermonats, für den der Arbeitnehmer eine Rente wegen Alters, eine Knappschaftsausgleichsleistung, eine ähnliche Leistung öffentlich-rechtlicher Art oder, wenn er von der Versicherungspflicht in der gesetzlichen Rentenversicherung befreit ist, eine vergleichbare Leistung einer Versicherungs- oder Versorgungseinrichtung oder eines Versicherungsunternehmens bezieht.

(2) ¹Der Anspruch auf die Leistungen besteht nicht, solange der Arbeitgeber auf dem freigemachten oder durch Umsetzung frei gewordenen Arbeitsplatz keinen Arbeitnehmer mehr beschäftigt, der bei Beginn der Beschäftigung die Voraussetzungen des § 3 Abs. 1 Nr. 2 erfüllt hat. ²Dies gilt nicht, wenn der Arbeitsplatz mit einem Arbeitnehmer, der die Voraussetzungen erfüllt, innerhalb von drei Monaten erneut wiederbesetzt wird oder der Arbeitgeber insgesamt für vier Jahre die Leistungen erhalten hat.

(3) ¹Der Anspruch auf die Leistungen ruht während der Zeit, in der der Arbeitnehmer neben seiner Altersteilzeitarbeit Beschäftigungen oder selbstständige Tätigkeiten ausübt, die die Geringfügigkeitsgrenze des § 8 des Vierten Buches Sozialgesetzbuch überschreiten oder aufgrund solcher Beschäftigungen eine Entgeltersatzleistung erhält. ²Der Anspruch auf Leistungen erlischt, wenn er mindestens 150 Kalendertage geruht hat. ³Mehrere Ruhenszeiträume sind zusammenzurechnen. ⁴Beschäftigungen oder selbstständige Tätigkeiten bleiben unberücksichtigt, soweit der altersteilzeitarbeitende Arbeitnehmer sie innerhalb der letzten fünf Jahre vor Beginn der Altersteilzeitarbeit ständig ausgeübt hat.

(4) Der Anspruch auf die Leistungen ruht während der Zeit, in der der Arbeitnehmer über die Altersteilzeitarbeit hinaus Mehrarbeit leistet, die den Umfang der Geringfügigkeitsgrenze des § 8 des Vierten Buches Sozialgesetzbuch überschreitet. Absatz 3 Satz 2 und 3 gilt entsprechend.

(5) § 48 Abs. 1 Nr. 3 des Zehnten Buches Sozialgesetzbuch findet keine Anwendung.

§ 6
Begriffsbestimmungen

(1) ¹Das Regelarbeitsentgelt für die Altersteilzeitarbeit im Sinne dieses Gesetzes ist das auf einen Monat entfallende vom Arbeitgeber regelmäßig zu zahlende sozialversicherungpflichtige Arbeitsentgelt, soweit es die Beitragsbemessungsgrenze des Dritten Buches Sozialgesetzbuch nicht überschreitet. ²Entgeltbestandteile, die nicht laufend gezahlt werden, sind nicht berücksichtigungsfähig.

(2) ¹Als bisherige wöchentliche Arbeitszeit ist die wöchentliche Arbeitszeit zugrunde zu legen, die mit dem Arbeitnehmer vor dem Übergang in die Altersteilzeitarbeit vereinbart war. ²Zugrunde zu legen ist höchstens die Arbeitszeit, die im Durchschnitt der letzten 24 Monate vor dem Übergang in die Altersteilzeitarbeit vereinbart war. Die ermittelte durchschnittliche Arbeitszeit kann auf die nächste volle Stunde gerundet werden.

§ 7
Berechnungsvorschriften

(1) ¹Ein Arbeitgeber beschäftigt in der Regel nicht mehr als 50 Arbeitnehmer, wenn er in dem Kalenderjahr, das demjenigen, für das die Feststellung zu treffen ist, vorausgegangen ist, für einen Zeitraum von mindestens acht Kalendermonaten nicht mehr als 50 Arbeitnehmer beschäftigt hat. ²Hat das Unternehmen nicht während des ganzen nach Satz 1 maßgebenden Kalenderjahrs bestanden, so beschäftigt der Arbeitgeber in der Regel nicht mehr als 50 Arbeitnehmer, wenn er während des Zeitraums des Bestehens des Unternehmens in der überwiegenden Zahl der Kalendermonate nicht mehr als 50 Arbeitnehmer beschäftigt hat. ³Ist das Unternehmen im Laufe des Kalenderjahrs errichtet worden, in dem die Feststellung nach Satz 1 zu treffen ist, so beschäftigt der Arbeitgeber in der Regel nicht mehr als 50 Arbeitnehmer, wenn nach der Art des Unternehmens anzunehmen ist, dass die Zahl der beschäftigten Arbeitnehmer während der überwiegenden Kalendermonate dieses Kalenderjahrs 50 nicht überschreiten wird.

(2) ¹Für die Berechnung der Zahl der Arbeitnehmer nach § 3 Abs. 1 Nr. 3 ist der Durchschnitt der letzten zwölf Kalendermonate vor dem Beginn der Altersteilzeitarbeit des Arbeitnehmers maßgebend. ²Hat ein Betrieb noch nicht zwölf Monate bestanden, ist der Durchschnitt der Kalendermonate während des Zeitraums des Bestehens des Betriebes maßgebend.

(3) ¹Bei der Feststellung der Zahl der beschäftigten Arbeitnehmer nach Absatz 1 und 2 bleiben schwerbehinderte Menschen und Gleichgestellte im Sinne des Neunten Buches Sozialgesetzbuch sowie Auszubildende außer Ansatz. ²Teilzeitbeschäftigte Arbeitnehmer mit einer regelmäßigen wöchentlichen Arbeitszeit von nicht mehr als 20 Stunden sind mit 0,5 und mit einer regelmäßigen wöchentlichen Arbeitszeit von nicht mehr als 30 Stunden mit 0,75 zu berücksichtigen.

(4) Bei der Ermittlung der Zahl der in Altersteilzeitarbeit beschäftigten Arbeitnehmer nach § 3 Abs. 1 Nr. 3 sind schwerbehinderte Menschen und Gleichgestellte im Sinne des Neunten Buches Sozialgesetzbuch zu berücksichtigen.

§ 8
Arbeitsrechtliche Regelungen

(1) Die Möglichkeit eines Arbeitnehmers zur Inanspruchnahme von Altersteilzeitarbeit gilt nicht als eine die Kündigung des Arbeitsverhältnisses durch den Arbeitgeber begründende Tatsache im Sinne des § 1 Abs. 2 Satz 1 des Kündigungsschutzgesetzes; sie kann auch nicht bei der sozialen Auswahl nach § 1 Abs. 3 Satz 1 des Kündigungsschutzgesetzes zum Nachteil des Arbeitnehmers berücksichtigt werden.

Altersteilzeitgesetz

(2) ¹Die Verpflichtung des Arbeitgebers zur Zahlung von Leistungen nach § 3 Abs. 1 Nr. 1 kann nicht für den Fall ausgeschlossen werden, dass der Anspruch des Arbeitgebers auf die Leistungen nach § 4 nicht besteht, weil die Voraussetzung des § 3 Abs. 1 Nr. 2 nicht vorliegt. ²Das Gleiche gilt für den Fall, dass der Arbeitgeber die Leistungen nur deshalb nicht erhält, weil er den Antrag nach § 12 nicht, nicht richtig, nicht vollständig oder nicht rechtzeitig gestellt hat oder seinen Mitwirkungspflichten nicht nachgekommen ist, ohne dass dafür eine Verletzung der Mitwirkungspflichten des Arbeitnehmers ursächlich war.

(3) Eine Vereinbarung zwischen Arbeitnehmer und Arbeitgeber über die Altersteilzeitarbeit, die die Beendigung der Arbeitsverhältnisse ohne Kündigung zu einem Zeitpunkt vorsieht, in dem der Arbeitnehmer Anspruch auf eine Rente nach Altersteilzeitarbeit hat, ist zulässig.

§ 8a
Insolvenzsicherung

(1) ¹Führt eine Vereinbarung über die Altersteilzeitarbeit im Sinne von § 2 Abs. 2 zum Aufbau eines Wertguthabens, das den Betrag des Dreifachen des Regelarbeitsentgelts nach § 6 Abs. 1 einschließlich der darauf entfallenden Arbeitgeberanteils am Gesamtsozialversicherungsbeitrag übersteigt, ist der Arbeitgeber verpflichtet, das Wertguthaben einschließlich des darauf entfallenden Arbeitgeberanteils am Gesamtsozialversicherungsbeitrag mit der ersten Gutschrift in geeigneter Weise gegen das Risiko seiner Zahlungsunfähigkeit abzusichern. ²Bilanzielle Rückstellungen sowie zwischen Konzernunternehmen (§ 18 des Aktiengesetzes) begründete Einstandspflichten, insbesondere Bürgschaften, Patronatserklärungen oder Schuldbeitritte, gelten nicht als geeignete Sicherungsmittel im Sinne des Satzes 1.

(2) Bei der Ermittlung der Höhe des zu sichernden Wertguthabens ist eine Anrechnung der Leistungen nach § 3 Abs. 1 Nr. 1 Buchstabe a und b und § 4 Abs. 2 sowie der Zahlungen des Arbeitgebers zur Übernahme der Beiträge im Sinne des § 187a des Sechsten Buches Sozialgesetzbuch unzulässig.

(3) ¹Der Arbeitgeber hat dem Arbeitnehmer die zur Sicherung des Wertguthabens ergriffenen Maßnahmen mit der ersten Gutschrift und danach alle sechs Monate in Textform nachzuweisen. ²Die Betriebsparteien können eine andere gleichwertige Art und Form des Nachweises vereinbaren; Absatz 4 bleibt hiervon unberührt.

(4) ¹Kommt der Arbeitgeber seiner Verpflichtung nach Absatz 3 nicht nach oder sind die nachgewiesenen Maßnahmen nicht geeignet und weist er auf schriftliche Aufforderung des Arbeitnehmers nicht innerhalb eines Monats eine geeignete Insolvenzsicherung des bestehenden Wertguthabens in Textform nach, kann der Arbeitnehmer verlangen, dass Sicherheit in Höhe des bestehenden Wertguthabens geleistet wird. ²Die Sicherheitsleistung kann nur erfolgen durch Stellung eines tauglichen Bürgen oder Hinterlegung von Geld oder solchen Wertpapieren, die nach § 234 Abs. 1 und 3 des Bürgerlichen Gesetzbuchs zur Sicherheitsleistung geeignet sind. ³Die Vorschriften der §§ 233, 234 Abs. 2, §§ 235 und 239 des Bürgerlichen Gesetzbuchs sind entsprechend anzuwenden.

(5) Vereinbarungen über den Insolvenzschutz, die zum Nachteil des in Altersteilzeitarbeit beschäftigten Arbeitnehmers von den Bestimmungen dieser Vorschrift abweichen, sind unwirksam.

(6) Die Absätze 1 bis 5 finden keine Anwendung gegenüber dem Bund, den Ländern, den Gemeinden, Körperschaften, Stiftungen und Anstalten des öffentlichen Rechts, über deren Vermögen die Eröffnung eines Insolvenzverfahrens nicht zulässig ist, sowie solchen juristischen Personen des öffentlichen Rechts, bei denen der Bund, ein Land oder eine Gemeinde kraft Gesetzes die Zahlungsfähigkeit sichert.

§ 9
Ausgleichskassen, gemeinsame Einrichtungen

(1) Werden die Leistungen nach § 3 Abs. 1 Nr. 1 aufgrund eines Tarifvertrages von einer Ausgleichskasse der Arbeitgeber erbracht oder dem Arbeitgeber erstattet, gewährt die Bundesagentur auf Antrag der Tarifvertragsparteien die Leistungen nach § 4 der Ausgleichskasse.

(2) Für gemeinsame Einrichtungen der Tarifvertragsparteien gilt Absatz 1 entsprechend.

§ 10
Soziale Sicherung des Arbeitnehmers

(1) ¹Beansprucht ein Arbeitnehmer, der Altersteilzeitarbeit (§ 2) geleistet hat und für den der Arbeitgeber Leistungen nach § 3 Abs. 1 Nr. 1 erbracht hat, Arbeitslosengeld oder Arbeitslosenhilfe, erhöht sich das Bemessungsentgelt, das sich nach den Vorschriften des Dritten Buches Sozialgesetzbuch ergibt, bis zu dem Betrag, der als Bemessungsentgelt zugrunde zu legen wäre, wenn der Arbeitnehmer seine Arbeitszeit nicht im Rahmen der Altersteilzeit vermindert hätte. ²Kann der Arbeitnehmer eine Rente wegen Alters in Anspruch nehmen, ist von dem Tage an, an dem die Rente erstmals beansprucht werden kann, das Bemessungsentgelt maßgebend, das ohne die Erhöhung nach Satz 1 zugrunde zu legen gewesen wäre. ³Änderungsbescheide werden mit dem Tag wirksam, an dem die Altersrente erstmals beansprucht werden konnte.

(2) ¹Bezieht ein Arbeitnehmer, für den die Bundesagentur Leistungen nach § 4 erbracht hat, Krankengeld, Versorgungskrankengeld, Verletztengeld oder Übergangsgeld und liegt der Bemessung dieser Leistungen ausschließlich die Altersteilzeit zugrunde oder bezieht der Arbeitnehmer Krankentagegeld von einem privaten Krankenversicherungsunternehmen, erbringt die Bundesagentur anstelle des Arbeitgebers die Leistungen nach § 3 Abs. 1 Nr. 1 in Höhe der Erstattungsleistungen nach § 4. ²Satz 1 gilt soweit und solange nicht, als Leistungen nach § 3 Abs. 1 Nr. 1 vom Arbeitgeber erbracht werden. ³Durch die Leistungen darf der Höchstförderzeitraum nach § 4 Abs. 1 nicht überschritten werden. ⁴§ 5 Abs. 1 gilt entsprechend.

(3) Absatz 2 gilt entsprechend für Arbeitnehmer, die nur wegen Inanspruchnahme der Altersteilzeit nach § 2 Abs. 1 Nr. 1 und Nr. 2 des Zweiten Gesetzes über die Krankenversicherung der Landwirte versicherungspflichtig in der Krankenversicherung der Landwirte sind, soweit und solange ihnen Krankengeld gezahlt worden wäre, falls sie nicht Mitglied einer landwirtschaftlichen Krankenkasse geworden wären.

(4) Bezieht der Arbeitnehmer Kurzarbeitergeld, gilt für die Berechnung der Leistungen des § 3 Abs. 1 Nr. 1 und des § 4 das Entgelt für die vereinbarte Arbeitszeit als Arbeitsentgelt für die Altersteilzeitarbeit.

(5) ¹Sind für den Arbeitnehmer Aufstockungsleistungen nach § 3 Abs. 1 Nr. 1 Buchstabe a und b gezahlt worden, gilt in den Fällen der nicht zweckentsprechenden Verwendung von Wertguthaben für die Berechnung der Beiträge zur gesetzlichen Rentenversicherung der Unterschiedsbetrag zwischen dem Betrag, den der Arbeitgeber der Berechnung der Beiträge nach § 3 Abs. 1 Nr. 1 Buchstabe b zugrunde gelegt hat, und dem Doppelten des Regelarbeitsentgelts bis zum Zeitpunkt der nicht zweckentsprechenden Verwendung, höchstens bis zur Beitragsbemessungsgrenze, als beitragspflichtige Einnahme aus dem Wertguthaben; für die Beiträge zur Krankenversicherung, Pflegeversicherung oder nach dem Recht der Arbeitsförderung gilt § 23b Abs. 2 bis 3 des Vierten Buches Sozialgesetzbuch. ²Im Falle der Zahlungsunfähigkeit des Arbeitgebers gilt Satz 1 entsprechend, soweit Beiträge gezahlt werden.

§ 11
Mitwirkungspflichten des Arbeitnehmers

(1) ¹Der Arbeitnehmer hat Änderungen der ihn betreffenden Verhältnisse, die für die Leistungen nach § 4 erheblich sind, dem Arbeitgeber unverzüglich mitzuteilen. ²Werden im Fall des § 9 die Leistungen von der Ausgleichskasse der Arbeitgeber oder der gemeinsamen Einrichtung der Tarifvertragsparteien erbracht, hat der Arbeitnehmer Änderungen nach Satz 1 diesen gegenüber unverzüglich mitzuteilen.

(2) ¹Der Arbeitnehmer hat der Bundesagentur die dem Arbeitgeber zu Unrecht gezahlten Leistungen zu erstatten, wenn der Arbeitnehmer die unrechtmäßige Zahlung dadurch bewirkt hat, dass er vorsätzlich oder grob fahrlässig

1. Angaben gemacht hat, die unrichtig oder unvollständig sind, oder

2. der Mitteilungspflicht nach Absatz 1 nicht nachgekommen ist.

²Die zu erstattende Leistung ist durch schriftlichen Verwaltungsakt festzusetzen. ³Eine Erstattung durch den Arbeitgeber kommt insoweit nicht in Betracht.

§ 12
Verfahren

(1) ¹Die Agentur für Arbeit entscheidet auf schriftlichen Antrag des Arbeitgebers, ob die Voraussetzungen für die Erbringung von Leistungen nach § 4 vorliegen. ²Der Antrag wirkt vom Zeitpunkt des Vorliegens der Anspruchsvoraussetzungen, wenn er innerhalb von drei Monaten nach deren Vorliegen gestellt wird, andernfalls wirkt er vom Beginn des Monats der Antragstellung. ³In den Fällen des § 3 Abs. 3 kann die Agentur für Arbeit auch vorab entscheiden, ob die Voraussetzungen des § 2 vorliegen. ⁴Mit dem Antrag sind die Namen, Anschriften und Versicherungsnummern der Arbeitnehmer mitzuteilen, für die Leistungen beantragt werden. ⁵Zuständig ist die Agentur für Arbeit, in deren Bezirk der Betrieb liegt, in dem der Arbeitnehmer beschäftigt ist. ⁶Die Bundesagentur erklärt eine andere Agentur für Arbeit für zuständig, wenn der Arbeitgeber dafür ein berechtigtes Interesse glaubhaft macht.

(2) ¹Die Höhe der Leistungen nach § 4 wird zu Beginn des Erstattungsverfahrens in monatlichen Festbeträgen für die gesamte Förderdauer festgelegt. ²Die monatlichen Festbeträge werden nur angepasst, wenn sich das berücksichtigungsfähige Regelarbeitsentgelt um mindestens 10 Euro verringert. ³Leistungen nach § 4 werden auf Antrag erbracht und nachträglich jeweils für den Kalendermonat ausgezahlt, in dem die Anspruchsvoraussetzungen vorgelegen haben. ⁴Leistungen nach § 10 Abs. 2 werden auf Antrag des Arbeitnehmers oder, im Fall einer Leistungserbringung des Arbeitgebers an den Arbeitnehmer gemäß § 10 Abs. 2 Satz 2, auf Antrag des Arbeitgebers monatlich nachträglich ausgezahlt.

(3) ¹In den Fällen des § 3 Abs. 3 werden dem Arbeitgeber die Leistungen nach Absatz 1 erst von dem Zeitpunkt an ausgezahlt, in dem der Arbeitgeber auf dem freigemachten oder durch Umsetzung freigewordenen Arbeitsplatz einen Arbeitnehmer beschäftigt, der bei Beginn der Beschäftigung die Voraussetzungen des § 3 Abs. 1 Nr. 2 erfüllt hat. ²Endet die Altersteilzeitarbeit in den Fällen des § 3 Abs. 3 vorzeitig, erbringt die Agentur für Arbeit dem Arbeitgeber die Leistungen für zurückliegende Zeiträume nach Satz 3, solange die Voraussetzungen des § 3 Abs. 1 Nr. 2 erfüllt sind und soweit der Arbeitgeber entsprechende Aufwendungen für Aufstockungsleistungen nach § 3 Abs. 1 Nr. 1 und § 4 Abs. 1 verblieben sind. ³Die Leistungen für zurückliegende Zeiten werden zusammen mit den laufenden Leistungen jeweils in monatlichen Teilbeträgen ausgezahlt. ⁴Die Höhe der Leistungen für zurückliegende Zeiten bestimmt sich nach der Höhe der laufenden Leistungen.

(4) ¹Über die Erbringung von Leistungen kann die Agentur für Arbeit vorläufig entscheiden, wenn die Voraussetzungen für den Anspruch mit hinreichender Wahrscheinlichkeit vorliegen und zu ihrer Feststellung voraussichtlich längere Zeit erforderlich ist. ²Auf Grund der vorläufigen Entscheidung erbrachte Leistungen sind auf die zustehende Leistung anzurechnen. ³Sie sind zu erstatten, soweit mit der abschließenden Entscheidung ein Anspruch nicht oder nur in geringerer Höhe zuerkannt wird.

§ 13
Auskünfte und Prüfung

¹Die §§ 315 und 319 des Dritten Buches und das Zweite Kapitel des Zehnten Buches Sozialgesetzbuch gelten entsprechend. ²§ 2 Abs. 1 Nr. 3 des Schwarzarbeitsbekämpfungsgesetzes bleibt unberührt.

§ 14
Bußgeldvorschriften

(1) Ordnungswidrig handelt, wer vorsätzlich oder fahrlässig

1. entgegen § 11 Abs. 1 oder als Arbeitgeber entgegen § 60 Abs. 1 Nr. 2 des Ersten Buches Sozialgesetzbuch eine Mitteilung nicht, nicht richtig, nicht vollständig oder nicht rechtzeitig macht,
2. entgegen § 13 Satz 1 in Verbindung mit § 315 Abs. 1, 2 Satz 1, Abs. 3 oder 5 Satz 1 des Dritten Buches Sozialgesetzbuch eine Auskunft nicht, nicht richtig, nicht vollständig oder nicht rechtzeitig erteilt,
3. entgegen § 13 Satz 1 in Verbindung mit § 319 Abs. 1 Satz 1 des Dritten Buches Sozialgesetzbuch Einsicht oder Zutritt nicht gewährt oder
4. entgegen § 13 Satz 1 in Verbindung mit § 319 Abs. 2 Satz 1 des Dritten Buches Sozialgesetzbuch Daten nicht, nicht richtig, nicht vollständig, nicht in der vorgeschriebenen Weise oder nicht rechtzeitig zur Verfügung stellt.

(2) Die Ordnungswidrigkeit kann in den Fällen des Absatzes 1 Nr. 4 mit einer Geldbuße bis zu dreißigtausend Euro, in den übrigen Fällen mit einer Geldbuße bis zu tausend Euro geahndet werden.

(3) Verwaltungsbehörden im Sinne des § 36 Abs. 1 Nr. 1 des Gesetzes über Ordnungswidrigkeiten sind die Agenturen für Arbeit.

(4) Die Geldbußen fließen in die Kasse der Bundesagentur. § 66 des Zehnten Buches Sozialgesetzbuch gilt entsprechend.

(5) Die notwendigen Auslagen trägt abweichend von § 105 Abs. 2 des Gesetzes über Ordnungswidrigkeiten die Bundesagentur; diese ist auch ersatzpflichtig im Sinne des § 110 Abs. 4 des Gesetzes über Ordnungswidrigkeiten.

§ 15
Verordnungsermächtigung

¹Das Bundesministerium für Arbeit und Soziales kann durch Rechtsverordnung die Mindestnettobeträge nach § 3 Abs. 1 Nr. 1 Buchstabe a in der bis zum 30. Juni 2004 gültigen Fassung bestimmen. ²Die Vorschriften zum Leistungsentgelt des Dritten Buches Sozialgesetzbuch gelten entsprechend. ³Das bisherige Arbeitsentgelt im Sinne des § 6 Abs. 1 in der bis zum 30. Juni 2004 gültigen Fassung ist auf den nächsten durch fünf teilbaren Euro-Betrag zu runden. ⁴Der Kalendermonat ist mit 30 Tagen anzusetzen.

§ 15a
Übergangsregelung nach dem Gesetz zur Reform der Arbeitsförderung

Haben die Voraussetzungen für die Erbringung von Leistungen nach § 4 vor dem 1. April 1997 vorgelegen, erbringt die Bundesagentur die Leistungen nach § 4 auch dann, wenn die Voraussetzungen des § 2 Abs. 1 Nr. 2 und Abs. 2 Nr. 1 in der bis zum 31. März 1997 geltenden Fassung vorliegen.

§ 15b
Übergangsregelung nach dem Gesetz zur Reform der gesetzlichen Rentenversicherung

Abweichend von § 5 Abs. 1 Nr. 2 erlischt der Anspruch auf die Leistungen nach § 4 nicht, wenn mit der Altersteilzeit vor dem 1. Juli 1998 begonnen worden ist und Anspruch auf eine ungeminderte Rente wegen Alters besteht, weil 45 Jahre mit Pflichtbeiträgen für eine versicherte Beschäftigung oder Tätigkeit vorliegen.

§ 15c
Übergangsregelung nach dem Gesetz zur Fortentwicklung der Altersteilzeit

Ist eine Vereinbarung über Altersteilzeitarbeit vor dem 1. Januar 2000 abgeschlossen worden, erbringt die Bundesagentur die Leistungen nach § 4 auch dann, wenn die Voraussetzungen des § 2 Abs. 1 Nr. 2 und 3 in der bis zum 1. Januar 2000 geltenden Fassung vorliegen.

§ 15d
Übergangsregelung zum Zweiten Gesetz zur Fortentwicklung der Altersteilzeit

¹Ist eine Vereinbarung über Altersteilzeitarbeit vor dem 1. Juli 2000 abgeschlossen worden, gelten § 5 Abs. 2 Satz 2 und § 6 Abs. 2 Satz 2 in der bis zum 1. Juli 2000 geltenden Fassung. ²Sollen bei einer Vereinbarung nach Satz 1 Leistungen nach § 4 für einen Zeitraum von länger als fünf Jahren beansprucht werden, gilt § 5 Abs. 2 Satz 2 in der ab dem 1. Juli 2000 geltenden Fassung.

Altersteilzeitgesetz

§ 15e
Übergangsregelung nach dem Gesetz zur Reform der Renten wegen verminderter Erwerbsfähigkeit

Abweichend von § 5 Abs. 1 Nr. 2 erlischt der Anspruch auf die Leistungen nach § 4 nicht, wenn mit der Altersteilzeit vor dem 17. November 2000 begonnen worden ist und Anspruch auf eine ungeminderte Rente wegen Alters besteht, weil die Voraussetzungen nach § 236a Satz 5 Nr. 1 des Sechsten Buches Sozialgesetzbuch vorliegen.

§ 15f
Übergangsregelung nach dem Zweiten Gesetz für moderne Dienstleistungen am Arbeitsmarkt

Wurde mit der Altersteilzeit vor dem 1. April 2003 begonnen, gelten Arbeitnehmer, die bis zu diesem Zeitpunkt in einer versicherungspflichtigen Beschäftigung nach dem Dritten Buch Sozialgesetzbuch gestanden haben, auch nach dem 1. April 2003 als versicherungspflichtig beschäftigt, wenn sie die bis zum 31. März 2003 geltenden Voraussetzungen für das Vorliegen einer versicherungspflichtigen Beschäftigung weiterhin erfüllen.

§ 15g
Übergangsregelung zum Dritten Gesetz für moderne Dienstleistungen am Arbeitsmarkt

[1]Wurde mit der Altersteilzeitarbeit vor dem 1. Juli 2004 begonnen, sind die Vorschriften in der bis zum 30. Juni 2004 geltenden Fassung mit Ausnahme des § 15 weiterhin anzuwenden. [2]Auf Antrag des Arbeitgebers erbringt die Bundesagentur abweichend von Satz 1 Leistungen nach § 4 in der ab dem 1. Juli 2004 geltenden Fassung, wenn die hierfür ab dem 1. Juli 2004 maßgebenden Voraussetzungen erfüllt sind.

§ 16
Befristung der Förderungsfähigkeit

Für die Zeit ab dem 1. Januar 2010 sind Leistungen nach § 4 nur noch zu erbringen, wenn die Voraussetzungen des § 2 erstmals vor diesem Zeitpunkt vorgelegen haben.

Anhang 13
Gesetz zur Verbesserung der betrieblichen Altersversorgung
(Betriebsrentengesetz – BetrAVG)

vom 19.12.1974 (BGBl. I S. 3610),
zuletzt geändert durch Art. 1 G vom 2.12.2006 (BGBl. I S. 2742)
– Auszug –

ERSTER TEIL
Arbeitsrechtliche Vorschriften

ERSTER ABSCHNITT
Durchführung der betrieblichen Altersversorgung

§ 1
Zusage des Arbeitgebers auf betriebliche Altersvorsorge

(1) ¹Werden einem Arbeitnehmer Leistungen der Alters-, Invaliditäts- oder Hinterbliebenenversorgung aus Anlass seines Arbeitsverhältnisses vom Arbeitgeber zugesagt (betriebliche Altersversorgung), gelten die Vorschriften dieses Gesetzes. ²Die Durchführung der betrieblichen Altersversorgung kann unmittelbar über den Arbeitgeber oder über einen der in § 1b Abs. 2 bis 4 genannten Versorgungsträger erfolgen. ³Der Arbeitgeber steht für die Erfüllung der von ihm zugesagten Leistungen auch dann ein, wenn die Durchführung nicht unmittelbar über ihn erfolgt.

(2) Betriebliche Altersversorgung liegt auch vor, wenn

1. der Arbeitgeber sich verpflichtet, bestimmte Beiträge in einer Anwartschaft auf Alters-, Invaliditäts- oder Hinterbliebenenversorgung umzuwandeln (beitragsorientierte Leistungszusage),

2. der Arbeitgeber sich verpflichtet, Beiträge zur Finanzierung von Leistungen der betrieblichen Altersversorgung an einen Pensionsfonds, eine Pensionskasse oder eine Direktversicherung zu zahlen und für Leistungen zur Altersversorgung das planmäßig zuzurechnende Versorgungskapital auf der Grundlage der gezahlten Beiträge (Beiträge und die daraus erzielten Erträge), mindestens die Summe der zugesagten Beiträge, soweit sie nicht rechnungsmäßig für einen biometrischen Risikoausgleich verbraucht wurden, hierfür zur Verfügung zu stellen (Beitragszusage mit Mindestleistung),

3. künftige Entgeltansprüche in eine wertgleiche Anwartschaft auf Versorgungsleistungen umgewandelt werden (Entgeltumwandlung) oder

4. der Arbeitnehmer Beiträge aus seinem Arbeitsentgelt zur Finanzierung von Leistungen der betrieblichen Altersversorgung an einen Pensionsfonds, eine Pensionskasse oder eine Direktversicherung leistet und die Zusage des Arbeitgebers auch die Leistungen aus diesen Beiträgen umfasst; die Regelungen für Entgeltumwandlung sind hierbei entsprechend anzuwenden, soweit die zugesagten Leistungen aus diesen Beiträgen im Wege der Kapitaldeckung finanziert werden.

§ 1a
Anspruch auf betriebliche Altersversorgung durch Entgeltumwandlung

(1) ¹Der Arbeitnehmer kann vom Arbeitgeber verlangen, dass von seinen künftigen Entgeltansprüchen bis zu 4 vom Hundert der jeweiligen Beitragsbemessungsgrenze in der allgemeinen Rentenversicherung durch Entgeltumwandlung für seine betriebliche Altersversorgung verwendet werden. ²Die Durchführung des Anspruchs des Arbeitnehmers wird durch Vereinbarung geregelt. ³Ist der Arbeitgeber zu einer Durchführung über einen Pensionsfonds oder eine Pensionskasse (§ 1b Abs. 3) bereit, ist die betriebliche Altersversorgung dort durchzuführen; andernfalls kann der Arbeitnehmer verlangen, dass der Arbeitgeber für ihn eine Direktversicherung (§ 1b Abs. 2) abschließt. ⁴Soweit der Anspruch geltend gemacht wird, muss der Arbeitnehmer jährlich einen Betrag in Höhe von mindestens einem Hundertsechzigstel der Bezugsgröße nach § 18 Abs. 1 des Vierten Buches Sozialgesetzbuch für seine betriebliche Altersversorgung verwenden. ⁵Soweit der Arbeitnehmer Teile seines regelmäßigen Entgelts für betriebliche Altersversorgung verwendet, kann der Arbeitgeber verlangen, dass während eines laufenden Kalenderjahres gleich bleibende monatliche Beträge verwendet werden.

(2) Soweit eine durch Entgeltumwandlung finanzierte betriebliche Altersversorgung besteht, ist der Anspruch des Arbeitnehmers auf Entgeltumwandlung ausgeschlossen.

(3) Soweit der Arbeitnehmer einen Anspruch auf Entgeltumwandlung für betriebliche Altersversorgung nach Abs. 1 hat, kann er verlangen, dass die Voraussetzungen für eine Förderung nach den §§ 10a, 82 Abs. 2 des Einkommensteuergesetzes erfüllt werden, wenn die betriebliche Altersversorgung über einen Pensionsfonds, eine Pensionskasse oder eine Direktversicherung durchgeführt wird.

(4) ¹Falls der Arbeitnehmer bei fortbestehendem Arbeitsverhältnis kein Entgelt erhält, hat er das Recht, die Versicherung oder Versorgung mit eigenen Beiträgen fortzusetzen. ²Der Arbeitgeber steht auch für die Leistungen aus diesen Beiträgen ein. ³Die Regelungen über Entgeltumwandlung gelten entsprechend.

§ 1b
Unverfallbarkeit und Durchführung der betrieblichen Altersversorgung

(1) ¹Einem Arbeitnehmer, dem Leistungen aus der betrieblichen Altersversorgung zugesagt worden sind, bleibt die Anwartschaft erhalten, wenn das Arbeitsverhältnis vor Eintritt des Versorgungsfalls, jedoch nach Vollendung des 30. Lebensjahres endet und die Versorgungszusage zu diesem Zeitpunkt mindestens fünf Jahre bestanden hat (unverfallbare Anwartschaft). ²Ein Arbeitnehmer behält seine Anwartschaft auch dann, wenn er aufgrund einer Vorruhestandsregelung ausscheidet und ohne das vorherige Ausscheiden die Wartezeit und die sonstigen Voraussetzungen für den Bezug von Leistungen der betrieblichen Altersversorgung hätte erfüllen können. ³Eine Änderung der Versorgungszusage oder ihre Übernahme durch eine andere Person unterbricht nicht den Ablauf der Fristen nach Satz 1. ⁴Der Verpflichtung aus einer Versorgungszusage stehen Versorgungsverpflichtungen gleich, die auf betrieblicher Übung oder dem Grundsatz der Gleichbehandlung beruhen. ⁵Der Ablauf einer vorgesehenen Wartezeit wird durch die Beendigung des Arbeitsverhältnisses nach Erfüllung der Voraussetzungen der Sätze 1 und 2 nicht berührt. ⁶Wechselt ein Arbeitnehmer vom Geltungsbereich dieses Gesetzes in einen anderen Mitgliedstaat der Europäischen Union, bleibt die Anwartschaft in gleichem Umfang wie für Personen erhalten, die auch nach Beendigung eines Arbeitsverhältnisses innerhalb des Geltungsbereichs dieses Gesetzes verbleiben.

(2) ¹Wird für die betriebliche Altersversorgung eine Lebensversicherung auf das Leben des Arbeitnehmers durch den Arbeitgeber abgeschlossen und sind der Arbeitnehmer oder seine Hinterbliebenen hinsichtlich der Leistungen des Versicherers ganz oder teilweise bezugsberechtigt (Direktversicherung), so ist der Arbeitgeber verpflichtet, wegen Beendigung des Arbeitsverhältnisses nach Erfüllung der in Absatz 1 Satz 1 und 2 genannten Voraussetzungen das Bezugsrecht nicht mehr zu widerrufen. ²Eine Vereinbarung, nach der das Bezugsrecht durch die Beendigung des Arbeitsverhältnisses nach Erfüllung der in Absatz 1 Satz 1 und 2 genannten Voraussetzungen auflösend bedingt ist, ist unwirksam. ³Hat der Arbeitgeber die Ansprüche aus dem Versicherungsvertrag abgetreten oder beliehen, so ist er verpflichtet, den Arbeitnehmer, dessen Arbeitsverhältnis nach Erfüllung der in Absatz 1 Satz 1 und 2 genannten Voraussetzungen geendet hat, bei Eintritt des Versicherungsfalles so zu stellen, als ob die Abtretung oder Beleihung nicht erfolgt wäre. ⁴Als Zeitpunkt der Erteilung der Versorgungszusage im Sinne des Absatzes 1 gilt der Versicherungsbeginn, frühestens jedoch der Beginn der Betriebszugehörigkeit.

(3) ¹Wird die betriebliche Altersversorgung von einer rechtsfähigen Versorgungseinrichtung durchgeführt, die dem Arbeitnehmer oder seinen Hinterbliebenen auf ihre Leistungen einen Rechtsanspruch gewährt (Pensionskasse und Pensionsfonds), so gilt Absatz 1 entsprechend. ²Als Zeitpunkt der Erteilung der Versorgungszusage im Sinne des Absatzes 1 gilt der Versicherungsbeginn, frühestens jedoch der Beginn der Betriebszugehörigkeit.

(4) ¹Wird die betriebliche Altersversorgung von einer rechtsfähigen Versorgungseinrichtung durchgeführt, die auf ihre Leistungen keinen Rechtsanspruch gewährt (Unterstützungskasse), so sind die nach Erfüllung der in Absatz 1 Satz 1 und 2 genannten Voraussetzungen und vor Eintritt des Versorgungsfalles aus dem Unternehmen ausgeschiedenen Arbeitnehmer und ihre Hinterbliebenen den bis zum Eintritt des Versorgungsfalles dem Unternehmen angehörenden Arbeitnehmern und deren Hinterbliebenen gleichgestellt. ²Die Versorgungszusage gilt in dem Zeitpunkt als erteilt im Sinne des Absatzes 1, von dem an der Arbeitnehmer zum Kreis der Begünstigten der Unterstützungskasse gehört.

(5) ¹Soweit betriebliche Altersversorgung durch Entgeltumwandlung erfolgt, behält der Arbeitnehmer seine Anwartschaft, wenn sein Arbeitsverhältnis vor Eintritt des Versorgungsfalles endet; in den Fällen der Absätze 2 und 3

1. dürfen die Überschussanteile nur zur Verbesserung der Leistung verwendet,
2. muss dem ausgeschiedenen Arbeitnehmer das Recht zur Fortsetzung der Versicherung oder Versorgung mit eigenen Beiträgen eingeräumt und
3. muss das Recht zur Verpfändung, Abtretung oder Beleihung durch den Arbeitgeber ausgeschlossen werden.

²Im Fall einer Direktversicherung ist dem Arbeitnehmer darüber hinaus mit Beginn der Entgeltumwandlung ein unwiderrufliches Bezugsrecht einzuräumen.

§ 2
Höhe der unverfallbaren Anwartschaft

(1) ¹Bei Eintritt des Versorgungsfalls wegen Erreichens der Altersgrenze, wegen Invalidität oder Tod haben ein vorher ausgeschiedener Arbeitnehmer, dessen Anwartschaft nach § 1b fortbesteht, und seine Hinterbliebenen einen Anspruch mindestens in Höhe des Teiles der ohne das vorherige Ausscheiden zustehenden Leistung, der dem Verhältnis der Dauer der Betriebszugehörigkeit zu der Zeit vom Beginn der Betriebszugehörigkeit bis zur Vollendung des 65. Lebensjahrs entspricht; an die Stelle des 65. Lebensjahrs tritt ein früherer Zeitpunkt, wenn dieser in der Versorgungsregelung als feste Altersgrenze vorgesehen ist. ²Der Mindestanspruch auf Leistungen wegen Invalidität oder Tod vor Erreichen der Altersgrenze ist jedoch nicht höher als der Betrag, den der Arbeitnehmer oder seine Hinterbliebenen erhalten hätten, wenn im Zeitpunkt des Ausscheidens der Versorgungsfall eingetreten wäre und die sonstigen Leistungsvoraussetzungen erfüllt gewesen wären.

(2) ¹Ist bei einer Direktversicherung der Arbeitnehmer nach Erfüllung der Voraussetzungen des § 1b Abs. 1 und 5 vor Eintritt des Versorgungsfalls ausgeschieden, so gilt Absatz 1 mit der Maßgabe, dass sich der vom Arbeitgeber zu finanzierende Teilanspruch nach Absatz 1, soweit er über die von dem Versicherer nach dem Versicherungsvertrag auf Grund der Beiträge des Arbeitgebers zu erbringende Versicherungsleistung hinausgeht, gegen den Arbeitgeber richtet. ²An die Stelle der Ansprüche nach Satz 1 tritt auf Verlangen des Arbeitgebers die von dem Versicherer auf Grund des Versicherungsvertrags zu erbringende Versicherungsleistung, wenn

1. spätestens nach 3 Monaten seit dem Ausscheiden des Arbeitnehmers das Bezugsrecht unwiderruflich ist und eine Abtretung oder Beleihung des Rechts aus dem Versicherungsvertrag durch den Arbeitgeber und Beitragsrückstände nicht vorhanden sind,
2. vom Beginn der Versicherung, frühstens jedoch vom Beginn der Betriebszugehörigkeit an, nach dem Versicherungsvertrag die Überschussanteile nur zur Verbesserung der Versicherungsleistung zu verwenden sind und
3. der ausgeschiedene Arbeitnehmer nach dem Versicherungsvertrag das Recht zur Fortsetzung der Versicherung mit eigenen Beiträgen hat.

³Der Arbeitgeber kann sein Verlangen nach Satz 2 nur innerhalb von 3 Monaten seit dem Ausscheiden des Arbeitnehmers diesem und dem Versicherer mitteilen. ⁴Der ausgeschiedene Arbeitnehmer darf die Ansprüche aus dem Versicherungsvertrag in Höhe des durch Beitragszahlungen des Arbeitgebers gebildeten geschäftsplanmäßigen Deckungskapitals oder, soweit die Berechnung des Deckungskapitals nicht zum Geschäftsplan gehört, des nach § 176 Abs. 3 des Gesetzes über den Versicherungsvertrag berechneten Zeitwerts weder abtreten noch beleihen. ⁵In dieser Höhe darf der Rückkaufswert auf Grund einer Kündigung des Versicherungsvertrags nicht in Anspruch genommen werden; im Falle einer Kündigung wird die Versicherung in eine prämienfreie Versicherung umgewandelt. ⁶§ 176 Abs. 1 des Gesetzes über den Versicherungsvertrag findet insoweit keine Anwendung.

(3) ¹Für Pensionskassen gilt Absatz 1 mit der Maßgabe, dass sich der vom Arbeitgeber zu finanzierende Teilanspruch nach Absatz 1, soweit er über die von der Pensionskasse nach dem aufsichtsbehördlich genehmigten Geschäftsplan oder, soweit eine aufsichtsbehördliche Genehmigung nicht vorgeschrieben ist, nach den allgemeinen Versicherungsbedingungen und den fachlichen Geschäftsunterlagen im Sinne des § 5 Abs. 3 Nr. 2 Halbsatz 2 des Versicherungsaufsichtsgesetzes (Geschäftsunterlagen) auf Grund der Beiträge des Arbeitgebers zu erbringende Leistung hinausgeht, gegen den Arbeitgeber richtet. ²An die Stelle der Ansprüche nach Satz 1 tritt auf Verlangen des Arbeitgebers die von der Pensionskasse auf Grund des Geschäftsplans oder der Geschäftsunterlagen zu erbringende Leistung, wenn nach dem aufsichtsbehördlich genehmigten Geschäftsplan oder den Geschäftsunterlagen

1. vom Beginn der Versicherung, frühestens jedoch vom Beginn der Betriebszugehörigkeit an, Überschussanteile, die auf Grund des Finanzierungsverfahrens regelmäßig entstehen, nur zur Verbesserung der Versicherungsleistung zu verwenden sind oder die Steigerung der Versorgungsanwartschaften des Arbeitnehmers der Entwicklung seines Arbeitsentgelts, soweit es unter den jeweiligen Beitragsbemessungsgrenzen der gesetzlichen Rentenversicherungen liegt, entspricht und
2. der ausgeschiedene Arbeitnehmer das Recht zur Fortsetzung der Versicherung mit eigenen Beiträgen hat.

³Der Absatz 2 Satz 3 bis 6 gilt entsprechend.

(3a) Für Pensionsfonds gilt Absatz 1 mit der Maßgabe, dass sich der vom Arbeitgeber zu finanzierende Teilanspruch, soweit er über die vom Pensionsfonds auf der Grundlage der nach dem geltenden Pensionsplan im Sinne des § 112 Abs. 1 Satz 2 in Verbindung mit § 113 Abs. 2 Nr. 5 des Versicherungsaufsichtsgesetzes berechnete Deckungsrückstellung hinausgeht, gegen den Arbeitgeber richtet.

(4) Eine Unterstützungskasse hat bei Eintritt des Versorgungsfalls einem vorzeitig ausgeschiedenen Arbeitnehmer, der nach § 1b Abs. 4 gleichgestellt ist, und seinen Hinterbliebenen mindestens den nach Absatz 1 berechneten Teil der Versorgung zu gewähren.

(5) ¹Bei der Berechnung des Teilanspruchs nach Absatz 1 bleiben Veränderungen der Versorgungsregelung und der Bemessungsgrundlagen für die Leistung der betrieblichen Altersversorgung, soweit sie nach dem Ausscheiden des Arbeitnehmers eintreten, außer Betracht; dies gilt auch für die Bemessungsgrundlagen anderer Versorgungsbezüge, die bei der Berechnung der Leistung der betrieblichen Altersversorgung zu berücksichtigen sind. ²Ist eine Rente der gesetzlichen Rentenversicherung zu berücksichtigen, so kann das bei der Berechnung von Pensionsrückstellungen allgemein zulässige Verfahren zugrunde gelegt werden, wenn nicht der ausgeschiedene Arbeitnehmer die Anzahl der im Zeitpunkt des Ausscheidens erreichten Entgeltpunkte nachweist; bei Pensionskassen sind der aufsichtsbehördlich genehmigte Geschäftsplan oder die Geschäftsunterlagen maßgebend. ³Bei Pensionsfonds sind der Pensionsplan und die sonstigen Geschäftsunterlagen maßgebend. ⁴Versorgungsanwartschaften, die der Arbeitnehmer nach seinem Ausscheiden erwirbt, dürfen zu keiner Kürzung des Teilanspruchs nach Absatz 1 führen.

(5a) Bei einer unverfallbaren Anwartschaft aus Entgeltumwandlung tritt an die Stelle der Ansprüche nach Absatz 1, 3a oder 4 die vom Zeitpunkt der Zusage auf betriebliche Altersversorgung bis zum Ausscheiden des Arbeitnehmers erreichte Anwartschaft auf Leistungen aus den bis dahin umgewandelten Entgeltbestandteilen; dies gilt entsprechend für eine unverfallbare Anwartschaft aus Beiträgen im Rahmen einer beitragsorientierten Leistungszusage.

(5b) An die Stelle der Ansprüche nach den Absätzen 2, 3, 3a und 5a tritt bei einer Beitragszusage mit Mindestleistung das dem Arbeitnehmer planmäßig zuzurechnende Versorgungskapital auf der Grundlage der bis zu seinem Ausscheiden geleisteten Beiträge (Beiträge und die bis zum Eintritt des Versorgungsfalls erzielten

Gesetz zur Verbesserung der betrieblichen Altersversorgung

Erträge), mindestens die Summe der bis dahin zugesagten Beiträge, soweit sie nicht rechnungsmäßig für einen biometrischen Risikoausgleich verbraucht wurden.

(6) – aufgehoben –

§ 3
Abfindung

(1) Unverfallbare Anwartschaften im Falle der Beendigung des Arbeitsverhältnisses und laufende Leistungen dürfen nur unter den Voraussetzungen der folgenden Absätze abgefunden werden.

(2) ¹Der Arbeitgeber kann eine Anwartschaft ohne Zustimmung des Arbeitnehmers abfinden, wenn der Monatsbetrag der aus der Anwartschaft resultierenden laufenden Leistung bei Erreichen der vorgesehenen Altersgrenze 1 vom Hundert, bei Kapitalleistungen zwölf Zehntel der monatlichen Bezugsgröße nach § 18 des Vierten Buches Sozialgesetzbuch nicht übersteigen würde. ²Dies gilt entsprechend für die Abfindung einer laufenden Leistung. ³Die Abfindung ist unzulässig, wenn der Arbeitnehmer von seinem Recht auf Übertragung der Anwartschaft Gebrauch macht.

(3) Die Anwartschaft ist auf Verlangen des Arbeitnehmers abzufinden, wenn die Beiträge zur gesetzlichen Rentenversicherung erstattet worden sind.

(4) Der Teil der Anwartschaft, der während eines Insolvenzverfahrens erdient worden ist, kann ohne Zustimmung des Arbeitnehmers abgefunden werden, wenn die Betriebstätigkeit vollständig eingestellt und das Unternehmen liquidiert wird.

(5) Für die Berechnung des Abfindungsbetrages gilt § 4 Abs. 5 entsprechend.

(6) Die Abfindung ist gesondert auszuweisen und einmalig zu zahlen.

§ 4
Übertragung

(1) Unverfallbare Anwartschaften und laufende Leistungen dürfen nur unter den Voraussetzungen der folgenden Absätze übertragen werden.

(2) Nach Beendigung des Arbeitsverhältnisses kann im Einvernehmen des ehemaligen mit dem neuen Arbeitgeber sowie dem Arbeitnehmer

1. die Zusage vom neuen Arbeitgeber übernommen werden oder
2. der Wert der vom Arbeitnehmer erworbenen unverfallbaren Anwartschaft auf betriebliche Altersversorgung (Übertragungswert) auf den neuen Arbeitgeber übertragen werden, wenn dieser eine wertgleiche Zusage erteilt; für die neue Anwartschaft gelten die Regelungen über Entgeltumwandlung entsprechend.

(3) ¹Der Arbeitnehmer kann innerhalb eines Jahres nach Beendigung des Arbeitsverhältnisses von seinem ehemaligen Arbeitgeber verlangen, dass der Übertragungswert auf den neuen Arbeitgeber übertragen wird, wenn

1. die betriebliche Altersversorgung über einen Pensionsfonds, eine Pensionskasse oder eine Direktversicherung durchgeführt worden ist und
2. der Übertragungswert die Beitragsbemessungsgrenze in der allgemeinen Rentenversicherung nicht übersteigt.

²Der Anspruch richtet sich gegen den Versorgungsträger, wenn der ehemalige Arbeitgeber die versicherungsförmige Lösung nach § 2 Abs. 2 oder 3 gewählt hat oder soweit der Arbeitnehmer die Versicherung oder Versorgung mit eigenen Beiträgen fortgeführt hat. ³Der neue Arbeitgeber ist verpflichtet, eine dem Übertragungswert wertgleiche Zusage zu erteilen und über einen Pensionsfonds, eine Pensionskasse oder eine Direktversicherung durchzuführen. ⁴Für die neue Anwartschaft gelten die Regelungen über Entgeltumwandlung entsprechend.

(4) ¹Wird die Betriebstätigkeit eingestellt und das Unternehmen liquidiert, kann eine Zusage von einer Pensionskasse oder einem Unternehmen der Lebensversicherung ohne Zustimmung des Arbeitnehmers oder Versorgungsempfängers übernommen werden, wenn sichergestellt ist, dass die Überschussanteile ab Rentenbeginn entsprechend § 16 Abs. 3 Nr. 2 verwendet werden. ²§ 2 Abs. 2 Satz 4 bis 6 gilt entsprechend.

(5) ¹Der Übertragungswert entspricht bei einer unmittelbar über den Arbeitgeber oder über eine Unterstützungskasse durchgeführten betrieblichen Altersversorgung dem Barwert der nach §2 bemessenen künftigen Versorgungsleistung im Zeitpunkt der Übertragung; bei der Berechnung des Barwerts sind die Rechnungsgrundlagen sowie die anerkannten Regeln der Versicherungsmathematik maßgebend. ²Soweit die betriebliche Altersversorgung über einen Pensionsfonds, eine Pensionskasse oder eine Direktversicherung durchgeführt worden ist, entspricht der Übertragungswert dem gebildeten Kapital im Zeitpunkt der Übertragung.

(6) Mit der vollständigen Übertragung des Übertragungswerts erlischt die Zusage des ehemaligen Arbeitgebers.

§ 4a
Auskunftsanspruch

(1) Der Arbeitgeber oder der Versorgungsträger hat dem Arbeitnehmer bei einem berechtigten Interesse auf dessen Verlangen schriftlich mitzuteilen,

1. in welcher Höhe aus der bisher erworbenen unverfallbaren Anwartschaft bei Erreichen der in der Versorgungsregelung vorgesehenen Altersgrenze ein Anspruch auf Altersversorgung besteht und
2. wie hoch bei einer Übertragung der Anwartschaft nach § 4 Abs. 3 der Übertragungswert ist.

(2) Der neue Arbeitgeber oder der Versorgungsträger hat dem Arbeitnehmer auf dessen Verlangen schriftlich mitzuteilen, in welcher Höhe aus dem Übertragungswert ein Anspruch auf Altersversorgung und ob eine Invaliditäts- oder Hinterbliebenenversorgung bestehen würde.

ZWEITER ABSCHNITT
Auszehrungsverbot

§ 5
Auszehrung und Anrechnung

(1) Die bei Eintritt des Versorgungsfalls festgesetzten Leistungen der betrieblichen Altersversorgung dürfen nicht mehr dadurch gemindert oder entzogen werden, dass Beträge, um die sich andere Versorgungsbezüge nach diesem Zeitpunkt durch Anpassung an die wirtschaftliche Entwicklung erhöhen, angerechnet oder bei der Begrenzung der Gesamtversorgung auf einen Höchstbetrag berücksichtigt werden.

(2) ¹Leistungen der betrieblichen Altersversorgung dürfen durch Anrechnung oder Berücksichtigung anderer Versorgungsbezüge, soweit sie auf eigenen Beiträgen des Versorgungsempfängers beruhen, nicht gekürzt werden. ²Dies gilt nicht für Renten aus den gesetzlichen Rentenversicherungen, soweit sie auf Pflichtbeiträgen beruhen, sowie für sonstige Versorgungsbezüge, die mindestens zur Hälfte auf Beiträgen oder Zuschüssen des Arbeitgebers beruhen.

DRITTER ABSCHNITT
Altersgrenze

§ 6
Vorzeitige Altersleistung

¹Einem Arbeitnehmer, der die Altersrente aus der gesetzlichen Rentenversicherung vor Vollendung des 65. Lebensjahres als Vollrente in Anspruch nimmt, sind auf sein Verlangen nach Erfüllung der Wartezeit und sonstiger Leistungsvoraussetzungen Leistungen der betrieblichen Altersversorgung zu gewähren. ²Fällt die Altersrente aus der gesetzlichen Rentenversicherung wieder weg oder wird sie auf einen Teilbetrag beschränkt, so können auch die Leistungen der betrieblichen Altersversorgung eingestellt werden. ³Der ausgeschiedene Arbeitnehmer ist verpflichtet, die Aufnahme oder Ausübung einer Beschäftigung oder Erwerbstätigkeit, die zu einem Wegfall oder zu einer Beschränkung der Altersrente aus der gesetzlichen Rentenversicherung führt, dem Arbeitgeber oder sonstigen Versorgungsträger unverzüglich anzuzeigen.

VIERTER ABSCHNITT
Insolvenzsicherung

§ 7
Umfang des Versicherungsschutzes

(1) ¹Versorgungsempfänger, deren Ansprüche aus einer unmittelbaren Versorgungszusage des Arbeitgebers nicht erfüllt werden, weil über das Vermögen des Arbeitgebers oder über seinen Nachlass das Insolvenzverfahren eröffnet worden ist, und ihre Hinterbliebenen haben gegen den Träger der Insolvenzsicherung einen Anspruch in Höhe der Leistung, die der Arbeitgeber aufgrund der Versorgungszusage zu erbringen hätte, wenn das Insolvenzverfahren nicht eröffnet worden wäre. ²Satz 1 gilt entsprechend,

1. wenn Leistungen aus einer Direktversicherung aufgrund der in § 1b Abs. 2 Satz 3 genannten Tatbestände nicht gezahlt werden und der Arbeitgeber seiner Verpflichtung nach § 1b Abs. 2 Satz 3 wegen der Eröffnung des Insolvenzverfahrens nicht nachkommt,
2. wenn eine Unterstützungskasse oder ein Pensionsfonds die nach ihrer Versorgungsregelung vorgesehene Versorgung nicht erbringt, weil über das Vermögen oder den Nachlass eines Arbeitgebers, der der Unterstützungskasse oder dem Pensionsfonds Zuwendungen leistet (Trägerunternehmen), das Insolvenzverfahren eröffnet worden ist.

³§ 11 des Versicherungsvertragsgesetzes findet entsprechende Anwendung. ⁴Der Eröffnung des Insolvenzverfahrens stehen bei der Anwendung der Sätze 1 bis 3 gleich

1. die Abweisung des Antrags auf Eröffnung des Insolvenzverfahrens mangels Masse,
2. der außergerichtliche Vergleich (Stundungs-, Quoten- oder Liquidationsvergleich) des Arbeitgebers mit seinen Gläubigern zur Abwendung eines Insolvenzverfahrens, wenn ihm der Träger der Insolvenzsicherung zustimmt,
3. die vollständige Beendigung der Betriebstätigkeit im Geltungsbereich dieses Gesetzes, wenn ein Antrag auf Eröffnung des Insolvenzverfahrens nicht gestellt worden ist und ein Insolvenzverfahren offensichtlich mangels Masse nicht in Betracht kommt.

(1a) ¹Der Anspruch gegen den Träger der Insolvenzsicherung entsteht mit dem Beginn des Kalendermonats, der auf den Eintritt des Sicherungsfalles folgt. ²Der Anspruch endet mit Ablauf des Sterbemonats des Begünstigten, soweit in der Versorgungszusage des Arbeitgebers nicht etwas anderen bestimmt ist. ³In den Fällen des Absatzes 1 Satz 1 und 4 Nr. 1 und 3 umfasst der Anspruch auch rückständige Versorgungsleistungen, soweit diese bis zu sechs Monaten vor Entstehen der Leistungspflicht des Trägers der Insolvenzsicherung entstanden sind.

(2) ¹Personen, die bei Eröffnung des Insolvenzverfahrens oder bei Eintritt der nach Absatz 1 Satz 4 gleichstehenden Voraussetzungen (Sicherungsfall) eine nach § 1b unverfallbare Versorgungsanwartschaft haben, und ihre Hinterbliebenen haben bei Eintritt des Versorgungsfalls einen Anspruch gegen den Träger der Insolvenzsicherung, wenn die Anwartschaft beruht

1. auf einer unmittelbaren Versorgungszusage des Arbeitgebers oder
2. auf einer Direktversicherung und der Arbeitnehmer hinsichtlich der Leistungen des Versicherers widerruflich bezugsberechtigt ist oder die Leistungen aufgrund der in § 1b Abs. 2 Satz 3 genannten Tatbestände nicht gezahlt werden und der Arbeitgeber seiner Verpflichtung aus § 1b Abs. 2 Satz 3 wegen der Eröffnung des Insolvenzverfahrens nicht nachkommt.

²Satz 1 gilt entsprechend für Personen, die zum Kreis der Begünstigten einer Unterstützungskasse oder eines Pensionsfonds gehören, wenn der Sicherungsfall bei einem Trägerunternehmen eingetreten ist. ³Die Höhe des Anspruchs richtet sich nach der Höhe der Leistungen gemäß § 2 Abs. 1, 2 Satz 2 und Abs. 5, bei Unterstützungskassen nach dem Teil der nach der Versorgungsregelung vorgesehenen Versorgung, der dem Verhältnis der Dauer der Betriebszugehörigkeit zu der Zeit vom Beginn der Betriebszugehörigkeit bis zum Erreichen der in der Versorgungsregelung vorgesehenen festen Altersgrenze entspricht, es sei denn, § 2 Abs. 5a ist anwendbar. ⁴Für die Berechnung der Höhe des Anspruchs nach Satz 3 wird die Betriebszugehörigkeit bis zum Eintritt des Sicherungsfalles berücksichtigt. ⁵Bei Pensionsfonds mit Leistungszusagen gelten für die Höhe des Anspruchs die Bestimmungen für unmittelbare Versorgungszusagen entsprechend, bei Beitragszusagen mit Mindestleistung gilt für die Höhe des Anspruchs § 2 Abs. 5b.

(3) ¹Ein Anspruch auf laufende Leistungen gegen den Träger der Insolvenzsicherung beträgt jedoch im Monat höchstens das Dreifache der im Zeitpunkt der ersten Fälligkeit maßgebenden monatlichen Bezugsgröße gemäß § 18 des Vierten Buches Sozialgesetzbuch. ²Satz 1 gilt entsprechend bei einem Anspruch auf Kapitalleistungen mit der Maßgabe, dass zehn vom Hundert der Leistung als Jahresbetrag einer laufenden Leistung anzusetzen sind.

(4) ¹Ein Anspruch auf Leistungen gegen den Träger der Insolvenzsicherung vermindert sich in dem Umfang, in dem der Arbeitgeber oder sonstige Träger der Versorgung die Leistungen der betrieblichen Altersversorgung erbringt. ²Wird im Insolvenzverfahren ein Insolvenzplan bestätigt, vermindert sich der Anspruch auf Leistungen gegen den Träger der Insolvenzsicherung insoweit, als nach dem Insolvenzplan der Arbeitgeber oder sonstige Träger der Versorgung einen Teil der Leistungen selbst zu erbringen hat. ³Sieht der Insolvenzplan vor, dass der Arbeitgeber oder sonstige Träger der Versorgung die Leistungen der betrieblichen Altersversorgung von einem bestimmten Zeitpunkt an selbst zu erbringen hat, so entfällt der Anspruch auf Leistungen gegen den Träger der Insolvenzsicherung von diesem Zeitpunkt an. ⁴Die Sätze 2 und 3 sind für den außergerichtlichen Vergleich nach Absatz 1 Satz 4 Nr. 2 entsprechend anzuwenden. ⁵Im Insolvenzplan soll vorgesehen werden, dass bei einer nachhaltigen Besserung der wirtschaftlichen Lage des Arbeitgebers die vom Träger der Insolvenzsicherung zu erbringenden Leistungen ganz oder zum Teil vom Arbeitgeber oder sonstigen Träger der Versorgung wieder übernommen werden.

(5) ¹Ein Anspruch gegen den Träger der Insolvenzsicherung besteht nicht, soweit nach den Umständen des Falles die Annahme gerechtfertigt ist, dass es der alleinige oder überwiegende Zweck der Versorgungszusage oder der Verbesserung der Versorgungszusage oder der Direktversicherung in § 1b Abs. 2 Satz 3 genannten Tatbestände gewesen ist, den Träger der Insolvenzsicherung in Anspruch zu nehmen. ²Diese Annahme ist insbesondere dann gerechtfertigt, wenn bei Erteilung oder Verbesserung der Versorgungszusage wegen der wirtschaftlichen Lage des Arbeitgebers zu erwarten war, dass die Zusage nicht erfüllt werde. ³Ein Anspruch auf Leistungen gegen den Träger der Insolvenzsicherung besteht bei Zusagen und Verbesserungen von Zusagen, die in den beiden letzten Jahren vor dem Eintritt des Sicherungsfalls erfolgt sind, nur

1. für ab dem 1. Januar 2002 gegebene Zusagen, soweit bei Entgeltumwandlung Beträge von bis zu 4 vom Hundert der Beitragsbemessungsgrenze in der allgemeinen Rentenversicherung für eine betriebliche Altersversorgung verwendet werden oder
2. für im Rahmen von Übertragungen gegebene Zusagen, soweit der Übertragungswert die Beitragsbemessungsgrenze in der allgemeinen Rentenversicherung nicht übersteigt.

(6) Ist der Sicherungsfall durch kriegerische Ereignisse, innere Unruhen, Naturkatastrophen oder Kernenergie verursacht worden, kann der Träger der Insolvenzsicherung mit Zustimmung der Bundesanstalt für Finanzdienstleistungsaufsicht die Leistungen nach billigem Ermessen abweichend von den Absätzen 1 bis 5 festsetzen.

§ 8
Übertragung der Leistungspflicht und Abfindung

(1) Ein Anspruch gegen den Träger der Insolvenzsicherung auf Leistungen nach § 7 besteht nicht, wenn eine Pensionskasse oder ein Unternehmen der Lebensversicherung sich dem Träger der Insolvenzsicherung gegenüber verpflichtet, diese Leistungen zu erbringen, und die nach § 7 Berechtigten ein unmittelbares Recht erwerben, die Leistungen zu fordern.

(1a) ¹Der Träger der Insolvenzsicherung hat die gegen ihn gerichteten Ansprüche auf den Pensionsfonds, dessen Trägerunternehmen die Eintrittspflicht nach § 7 ausgelöst hat, im Sinne von Absatz 1 zu übertragen, wenn die Bundesanstalt für Finanzdienstleistungsaufsicht hierzu die Genehmigung erteilt. ²Die Genehmigung kann nur erteilt werden, wenn durch Auflagen der Bundesanstalt für Finanzdienstleistungsaufsicht die dauernde Erfüllbarkeit der Leistungen

Gesetz zur Verbesserung der betrieblichen Altersversorgung

aus dem Pensionsplan sichergestellt werden kann. ³Die Genehmigung der Bundesanstalt für Finanzdienstleistungsaufsicht kann der Pensionsfonds nur innerhalb von drei Monaten nach Eintritt des Sicherungsfalles beantragen.

(2) ¹Der Träger der Insolvenzsicherung kann eine Anwartschaft ohne Zustimmung des Arbeitnehmers abfinden, wenn der Monatsbetrag der aus der Anwartschaft resultierenden laufenden Leistung bei Erreichen der vorgesehenen Altersgrenze 1 vom Hundert, bei Kapitalleistungen zwölf Zehntel der monatlichen Bezugsgröße nach § 18 des Vierten Buches Sozialgesetzbuch nicht übersteigen würde oder wenn dem Arbeitnehmer die Beiträge zur gesetzlichen Rentenversicherung erstattet worden sind. ²Dies gilt entsprechend für die Abfindung einer laufenden Leistung. ³Die Abfindung ist darüber hinaus möglich, wenn sie an ein Unternehmen der Lebensversicherung gezahlt wird, bei dem der Versorgungsberechtigte im Rahmen einer Direktversicherung versichert ist. ⁴§ 2 Abs. 2 Satz 4 bis 6 und § 3 Abs. 5 gelten entsprechend.

§ 9
Mitteilungspflicht; Forderungs- und Vermögensübergang

(1) ¹Der Träger der Insolvenzsicherung teilt dem Berechtigten die ihm nach § 7 oder § 8 zustehenden Ansprüche oder Anwartschaften schriftlich mit. ²Unterbleibt die Mitteilung, so ist der Anspruch oder die Anwartschaft spätestens ein Jahr nach dem Sicherungsfall bei dem Träger der Insolvenzsicherung anzumelden; erfolgt die Anmeldung später, so beginnen die Leistungen frühestens mit dem Ersten des Monats der Anmeldung, es sei denn, dass der Berechtigte an der rechtzeitigen Anmeldung ohne sein Verschulden verhindert war.

(2) ¹Ansprüche oder Anwartschaften des Berechtigten gegen den Arbeitgeber auf Leistungen der betrieblichen Altersversorgung, die den Anspruch gegen den Träger der Insolvenzsicherung begründen, gehen im Falle eines Insolvenzverfahrens mit dessen Eröffnung, in den übrigen Sicherungsfällen dann auf den Träger der Insolvenzsicherung über, wenn dieser nach Absatz 1 Satz 1 dem Berechtigten die ihm zustehenden Ansprüche oder Anwartschaften mitteilt. ²Der Übergang kann nicht zum Nachteil des Berechtigten geltend gemacht werden. ³Die mit der Eröffnung des Insolvenzverfahrens übergegangenen Anwartschaften werden im Insolvenzverfahren als unbedingte Forderungen nach § 45 der Insolvenzordnung geltend gemacht.

(3) ¹Ist der Träger der Insolvenzsicherung zu Leistungen verpflichtet, die ohne den Eintritt des Sicherungsfalls eine Unterstützungskasse erbringen würde, geht deren Vermögen einschließlich der Verbindlichkeiten auf ihn über; die Haftung für die Verbindlichkeiten beschränkt sich auf das übergegangene Vermögen. ²Wenn die übergegangenen Vermögenswerte den Barwert der Ansprüche und Anwartschaften gegen den Träger der Insolvenzsicherung übersteigen, hat dieser den übersteigenden Teil entsprechend der Satzung der Unterstützungskasse zu verwenden. ³Bei einer Unterstützungskasse mit mehreren Trägerunternehmen hat der Träger der Insolvenzsicherung einen Anspruch gegen die Unterstützungskasse auf einen Betrag, der dem Teil des Vermögens der Kasse entspricht, der auf das Unternehmen entfällt, bei dem der Sicherungsfall eingetreten ist. ⁴Die Sätze 1 bis 3 gelten nicht, wenn der Sicherungsfall auf den in § 7 Abs. 1 Satz 4 Nr. 2 genannten Gründen beruht, es sei denn, dass das Trägerunternehmen seine Betriebstätigkeit nach Eintritt des Sicherungsfall nicht fortsetzt und aufgelöst wird (Liquidationsvergleich).

(3a) Absatz 3 findet entsprechende Anwendung auf einen Pensionsfonds, wenn die Bundesanstalt für Finanzdienstleistungsaufsicht die Genehmigung für die Übertragung der Leistungspflicht durch den Träger der Insolvenzsicherung nach § 8 Abs. 1a nicht erteilt.

(4) ¹In einem Insolvenzplan, der die Fortführung des Unternehmens oder eines Betriebes vorsieht, kann für den Träger der Insolvenzsicherung eine besondere Gruppe gebildet werden. ²Sofern im Insolvenzplan nichts anderes vorgesehen ist, kann der Träger der Insolvenzsicherung, wenn innerhalb von drei Jahren nach der Aufhebung des Insolvenzverfahrens ein Antrag auf Eröffnung eines neuen Insolvenzverfahrens über das Vermögen des Arbeitgebers gestellt wird, in diesem Verfahren als Insolvenzgläubiger Erstattung der von ihm erbrachten Leistungen verlangen.

(5) Dem Träger der Insolvenzsicherung steht gegen den Beschluss, durch den das Insolvenzverfahren eröffnet wird, die sofortige Beschwerde zu.

§ 10
Beitragspflicht und Beitragsbemessung

(1) Die Mittel für die Durchführung der Insolvenzsicherung werden auf Grund öffentlich-rechtlicher Verpflichtung durch Beiträge aller Arbeitgeber aufgebracht, die Leistungen der betrieblichen Altersversorgung unmittelbar zugesagt haben oder eine betriebliche Altersversorgung über eine Unterstützungskasse, eine Direktversicherung der in § 7 Abs. 1 Satz 2 und Absatz 2 Satz 1 Nr. 2 bezeichneten Art oder einen Pensionsfonds durchführen.

(2) ¹Die Beiträge müssen den Barwert der im laufenden Kalenderjahr entstehenden Ansprüche auf Leistungen der Insolvenzsicherung decken zuzüglich eines Betrages für die aufgrund eingetretener Insolvenzen zu sichernden Anwartschaften, der sich aus dem Unterschied der Barwerte dieser Anwartschaften am Ende des Kalenderjahres und am Ende des Vorjahres bemisst. ²Der Rechnungszinsfuß bei der Berechnung des Barwertes der Ansprüche auf Leistungen der Insolvenzsicherung bestimmt sich nach § 65 des Versicherungsaufsichtsgesetzes; soweit keine Übertragung nach § 8 Abs. 1 stattfindet, ist der Rechnungszinsfuß bei der Berechnung des Barwerts der Anwartschaften um ein Drittel höher. ³Darüber hinaus müssen die Beiträge die im gleichen Zeitraum entstehenden Verwaltungskosten und sonstigen Kosten, die mit der Gewährung der Leistungen zusammenhängen, und die Zuführung zu einem von der Bundesanstalt für Finanzdienstleistungsaufsicht festgesetzten Ausgleichsfonds decken; § 37 des Versicherungsaufsichtsgesetzes bleibt unberührt. ⁴Auf die am Ende des Kalenderjahrs fälligen Beiträge können Vorschüsse erhoben werden. ⁵Sind die nach den Sätzen 1 bis 3 erforderlichen Beiträge höher als im vorangegangenen Kalenderjahr, so kann der Unterschiedsbetrag auf das laufende und die folgenden vier Kalenderjahre verteilt werden. ⁶In Jahren, in denen sich außergewöhnlich hohe Beiträge ergeben würden, kann zu deren Ermäßigung der Ausgleichsfonds in einem von der Bundesanstalt für Finanzdienstleistungsaufsicht zu genehmigenden Umfang herangezogen werden.

(3) Die nach Absatz 2 erforderlichen Beiträge werden auf die Arbeitgeber nach Maßgabe der nachfolgenden Beträge umgelegt, soweit sie sich auf die laufenden Versorgungsleistungen und die nach § 1b unverfallbaren Versorgungsanwartschaften beziehen (Beitragsbemessungsgrundlage); diese Beträge sind festzustellen auf den Schluss des Wirtschaftsjahrs des Arbeitgebers, das im abgelaufenen Kalenderjahr geendet hat:

1. Bei Arbeitgebern, die Leistungen der betrieblichen Altersversorgung unmittelbar zugesagt haben, ist Beitragsbemessungsgrundlage der Teilwert der Pensionsverpflichtung (§ 6a Abs. 3 des Einkommensteuergesetzes).

2. Bei Arbeitgebern, die eine betriebliche Altersversorgung über eine Direktversicherung mit widerruflichem Bezugsrecht durchführen, ist Beitragsbemessungsgrundlage das geschäftsplanmäßige Deckungskapital oder, soweit die Berechnung des Deckungskapitals nicht zum Geschäftsplan gehört, die Deckungsrückstellung. Für Versicherungen, bei denen der Versicherungsfall bereits eingetreten ist, und für Versicherungsanwartschaften, für die ein unwiderrufliches Bezugsrecht eingeräumt ist, ist das Deckungskapital oder die Deckungsrückstellung nur insoweit zu berücksichtigen, als die Versicherungen abgetreten oder beliehen sind.

3. Bei Arbeitgebern, die eine betriebliche Altersversorgung über eine Unterstützungskasse durchführen, ist Beitragsbemessungsgrundlage das Deckungskapital für die laufenden Leistungen (§ 4d Abs. 1 Nr. 1 Buchstabe a des Einkommensteuergesetzes) zuzüglich des Zwanzigfachen der nach § 4d Abs. 1 Nr. 1 Buchstabe b Satz 1 des Einkommensteuergesetzes errechneten jährlichen Zuwendungen für Leistungsanwärter im Sinne von § 4d Abs. 1 Nr. 1 Buchstabe b Satz 2 des Einkommensteuergesetzes.

4. Bei Arbeitgebern, soweit sie betriebliche Altersversorgung über einen Pensionsfonds durchführen, ist Beitragsbemessungsgrundlage 20 vom Hundert des entsprechend Nummer 1 ermittelten Betrages.

(4) ¹Aus den Beitragsbescheiden des Trägers der Insolvenzsicherung findet die Zwangsvollstreckung in entsprechender Anwendung der Vorschriften der Zivilprozessordnung statt. ²Die vollstreckbare Ausfertigung erteilt der Träger der Insolvenzsicherung.

§ 10a
Säumniszuschläge; Zinsen; Verjährung

(1) Für Beiträge, die wegen Verstoßes des Arbeitgebers gegen die Meldepflicht erst nach Fälligkeit erhoben werden, kann der Träger der Insolvenzsicherung für jeden angefangenen Monat vom Zeitpunkt der Fälligkeit an einen Säumniszuschlag in Höhe von bis zu eins vom Hundert der nacherhobenen Beiträge erheben.

(2) ¹Für festgesetzte Beiträge und Vorschüsse, die der Arbeitgeber nach Fälligkeit zahlt, erhebt der Träger der Insolvenzsicherung für jeden Monat Verzugszinsen in Höhe von 0,5 vom Hundert der rückständigen Beiträge. ²Angefangene Monate bleiben außer Ansatz.

(3) ¹Vom Träger der Insolvenzsicherung zu erstattende Beiträge werden vom Tage der Fälligkeit oder bei Feststellung des Erstattungsanspruchs durch gerichtliche Entscheidung vom Tage der Rechtshängigkeit an für jeden Monate mit 0,5 vom Hundert verzinst. ²Angefangene Monate bleiben außer Ansatz.

(4) ¹Ansprüche auf Zahlung der Beiträge zur Insolvenzsicherung gemäß § 10 sowie Erstattungsansprüche nach Zahlung nicht geschuldeter Beiträge zur Insolvenzsicherung verjähren in sechs Jahren. ²Die Verjährungsfrist beginnt mit Ablauf des Kalenderjahres, in dem die Beitragspflicht entstanden oder der Erstattungsanspruch fällig geworden ist. ³Auf die Verjährung sind die Vorschriften des Bürgerlichen Gesetzbuchs anzuwenden.

§ 11
Melde-, Auskunfts- und Mitteilungspflichten

(1) ¹Der Arbeitgeber hat dem Träger der Insolvenzsicherung eine betriebliche Altersversorgung nach § 1b Abs. 1 bis 4 für seine Arbeitnehmer innerhalb von 3 Monaten nach Erteilung der unmittelbaren Versorgungszusage, dem Abschluss einer Direktversicherung oder der Errichtung einer Unterstützungskasse oder eines Pensionsfonds mitzuteilen. ²Der Arbeitgeber, der sonstige Träger der Versorgung, der Insolvenzverwalter und die nach § 7 Berechtigten sind verpflichtet, dem Träger der Insolvenzsicherung alle Auskünfte zu erteilen, die zur Durchführung der Vorschriften dieses Abschnitts erforderlich sind, sowie Unterlagen vorzulegen, aus denen die erforderlichen Angaben ersichtlich sind.

(2) ¹Ein beitragspflichtiger Arbeitgeber hat dem Träger der Insolvenzsicherung spätestens bis zum 30. September eines jeden Kalenderjahrs die Höhe des nach § 10 Abs. 3 für die Bemessung des Beitrages maßgebenden Betrages bei unmittelbaren Versorgungszusagen und Pensionsfonds auf Grund eines versicherungsmathematischen Gutachtens, bei Direktversicherungen auf Grund einer Bescheinigung des Versicherers und bei Unterstützungskassen auf Grund einer nachprüfbaren Berechnung mitzuteilen. ²Der Arbeitgeber hat die in Satz 1 bezeichneten Unterlagen mindestens 6 Jahre aufzubewahren.

(3) ¹Der Insolvenzverwalter hat dem Träger der Insolvenzsicherung die Eröffnung des Insolvenzverfahrens, Namen und Anschriften der Versorgungsempfänger und die Höhe ihrer Versorgung nach § 7 unverzüglich mitzuteilen. ²Er hat zugleich Namen und Anschriften der Personen, die bei Eröffnung des Insolvenzverfahrens eine nach § 1 unverfallbare Versorgungsanwartschaft haben, sowie die Höhe ihrer Anwartschaft nach § 7 mitzuteilen.

(4) Der Arbeitgeber, der sonstige Träger der Versorgung und die nach § 7 Berechtigten sind verpflichtet, dem Insolvenzverwalter Auskünfte über alle Tatsachen zu erteilen, auf die sich die Mitteilungspflicht nach Absatz 3 bezieht.

(5) In den Fällen, in denen ein Insolvenzverfahren nicht eröffnet wird (§ 7 Abs. 1 Satz 4) oder nach § 207 der Insolvenzordnung eingestellt worden ist, sind die Pflichten des Insolvenzverwalters nach Absatz 3 vom Arbeitgeber oder dem sonstigen Träger der Versorgung zu erfüllen.

(6) Kammern und andere Zusammenschlüsse von Unternehmern oder anderen selbständigen Berufstätigen, die als Körperschaften des öffentlichen Rechts errichtet sind, ferner Verbände und andere Zusammenschlüsse, denen Unternehmer oder andere selbstständige Berufstätige kraft Gesetzes angehören oder anzugehören haben, haben den Träger der Insolvenzsicherung bei der Ermittlung der nach § 10 beitragspflichtigen Arbeitgeber zu unterstützen.

(7) Die nach den Absätzen 1 bis 3 und 5 zu Mitteilungen und Auskünften und die nach Absatz 6 zur Unterstützung Verpflichteten haben die vom Träger der Insolvenzsicherung vorgesehenen Vordrucke zu verwenden.

(8) ¹Zur Sicherung der vollständigen Erfassung der nach § 10 beitragspflichtigen Arbeitgeber können die Finanzämter dem Träger der Insolvenzsicherung mitteilen, welche Arbeitgeber für die Beitragspflicht in Betracht kommen. ²Die Bundesregierung wird ermächtigt, durch Rechtsverordnung mit Zustimmung des Bundesrates das Nähere zu bestimmen und Einzelheiten des Verfahrens zu regeln.

§ 12
Ordnungswidrigkeiten

(1) Ordnungswidrig handelt, wer vorsätzlich oder fahrlässig

1. entgegen § 11 Abs. 1 Satz 1, Abs. 2 Satz 1, Abs. 3 oder Abs. 5 eine Mitteilung nicht, nicht richtig, nicht vollständig oder nicht rechtzeitig vornimmt,

2. entgegen § 11 Abs. 1 Satz 2 oder Abs. 4 eine Auskunft nicht, nicht richtig, nicht vollständig oder nicht rechtzeitig erteilt oder

3. entgegen § 11 Abs. 1 Satz 2 Unterlagen nicht, nicht richtig, nicht vollständig oder nicht rechtzeitig vorlegt oder entgegen § 11 Abs. 2 Satz 2 Unterlagen nicht aufbewahrt.

(2) Die Ordnungswidrigkeit kann mit einer Geldbuße bis zu zweitausendfünfhundert Euro geahndet werden.

(3) Verwaltungsbehörde im Sinne des § 36 Abs. 1 Nr. 1 des Gesetzes über Ordnungswidrigkeiten ist die Bundesanstalt für Finanzdienstleistungsaufsicht.

§ 13
– weggefallen –

§ 14
Träger der Insolvenzsicherung

(1) ¹Träger der Insolvenzsicherung ist der Pensions-Sicherungs-Verein Versicherungsverein auf Gegenseitigkeit. ²Er ist zugleich Träger der Insolvenzsicherung von Versorgungszusagen Luxemburger Unternehmen nach Maßgabe des Abkommens vom 22. September 2000 zwischen der Bundesrepublik Deutschland und dem Großherzogtum Luxemburg über Zusammenarbeit im Bereich der Insolvenzsicherung betrieblicher Altersversorgung. ³Er unterliegt der Aufsicht durch die Bundesanstalt für Finanzdienstleistungsaufsicht. ⁴Die Vorschriften des Versicherungsaufsichtsgesetzes gelten, soweit dieses Gesetz nichts anderes bestimmt.

(2) ¹Der Bundesminister für Arbeit und Sozialordnung weist durch Rechtsverordnung mit Zustimmung des Bundesrates die Stellung des Trägers der Insolvenzsicherung der Kreditanstalt für Wiederaufbau zu, bei der ein Fonds zur Insolvenzsicherung der betrieblichen Altersversorgung gebildet wird, wenn

1. bis zum 31. Dezember 1974 nicht nachgewiesen worden ist, dass der in Absatz 1 genannte Träger die Erlaubnis der Aufsichtsbehörde zum Geschäftsbetrieb erhalten hat,

2. der in Absatz 1 genannte Träger aufgelöst worden ist oder

3. die Aufsichtsbehörde den Geschäftsbetrieb des in Absatz 1 genannten Trägers untersagt oder die Erlaubnis zum Geschäftsbetrieb widerruft.

²In den Fällen der Nummern 2 und 3 geht das Vermögen des in Absatz 1 genannten Trägers einschließlich der Verbindlichkeiten auf die Kreditanstalt für Wiederaufbau über, die es dem Fonds zur Insolvenzsicherung der betrieblichen Altersversorgung zuweist.

(3) ¹Wird die Insolvenzsicherung von der Kreditanstalt für Wiederaufbau durchgeführt, gelten die Vorschriften dieses Abschnittes mit folgenden Abweichungen:

1. In § 7 Abs. 6 entfällt die Zustimmung die Bundesanstalt für Finanzdienstleistungsaufsicht.

Gesetz zur Verbesserung der betrieblichen Altersversorgung

2. § 10 Abs. 2 findet keine Anwendung. Die von der Kreditanstalt für Wiederaufbau zu erhebenden Beiträge müssen den Bedarf für die laufenden Leistungen der Insolvenzsicherung im laufenden Kalenderjahr und die im gleichen Zeitraum entstehenden Verwaltungskosten und sonstigen Kosten, die mit der Gewährung der Leistungen zusammenhängen, decken. Bei einer Zuweisung nach Absatz 2 Nr. 1 beträgt der Beitrag für die ersten 3 Jahre mindestens 0,1 vom Hundert der Beitragsbemessungsgrundlage gemäß § 10 Abs. 3; der nicht benötigte Teil dieses Beitragsaufkommens wird einer Betriebsmittelreserve zugeführt. Bei einer Zuweisung nach Absatz 2 Nr. 2 oder 3 wird in den ersten 3 Jahren zu dem Beitrag nach Nummer 2 Satz 2 ein Zuschlag von 0,08 vom Hundert der Beitragsbemessungsgrundlage gemäß § 10 Abs. 3 zur Bildung einer Betriebsmittelreserve erhoben. Auf die Beiträge können Vorschüsse erhoben werden.

3. In § 12 Abs. 3 tritt an die Stelle die Bundesanstalt für Finanzdienstleistungsaufsicht die Kreditanstalt für Wiederaufbau.

[2]Die Kreditanstalt für Wiederaufbau verwaltet den Fonds im eigenen Namen. [3]Für Verbindlichkeiten des Fonds haftet sie nur mit dem Vermögen des Fonds. [4]Dieser haftet nicht für die sonstigen Verbindlichkeiten der Bank. [5]§ 11 Abs. 1 Satz 1 des Gesetzes über die Kreditanstalt für Wiederaufbau in der Fassung der Bekanntmachung vom 23. Juni 1969 (BGBl. I S. 573), das zuletzt durch Artikel 14 des Gesetzes vom 21. Juni 2002 (BGBl. I S. 2010) geändert worden ist, ist in der jeweils geltenden Fassung auch für den Fonds anzuwenden.

§ 15
Verschwiegenheitspflicht

[1]Personen, die bei dem Träger der Insolvenzsicherung beschäftigt oder für ihn tätig sind, dürfen fremde Geheimnisse, insbesondere Betriebs- oder Geschäftsgeheimnisse, nicht unbefugt offenbaren oder verwerten. [2]Sie sind nach dem Gesetz über die förmliche Verpflichtung nichtbeamteter Personen vom 2. März 1974 (Bundesgesetzbl. I S. 469, 547) von der Bundesanstalt für Finanzdienstleistungsaufsicht auf die gewissenhafte Erfüllung ihrer Obliegenheiten zu verpflichten.

FÜNFTER ABSCHNITT
Anpassung

§ 16
Anpassungsprüfungspflicht

(1) Der Arbeitgeber hat alle drei Jahre eine Anpassung der laufenden Leistungen der betrieblichen Altersversorgung zu prüfen und hierüber nach billigem Ermessen zu entscheiden; dabei sind insbesondere die Belange des Versorgungsempfängers und die wirtschaftliche Lage des Arbeitgebers zu berücksichtigen.

(2) Die Verpflichtung nach Absatz 1 gilt als erfüllt, wenn die Anpassung nicht geringer ist als der Anstieg

1. des Verbraucherpreisindexes für Deutschland oder
2. der Nettolöhne vergleichbarer Arbeitnehmergruppen des Unternehmens

im Prüfungszeitraum.

(3) Die Verpflichtung nach Absatz 1 entfällt, wenn

1. der Arbeitgeber sich verpflichtet, die laufenden Leistungen jährlich um wenigstens eins vom Hundert anzupassen,
2. die betriebliche Altersversorgung über eine Direktversicherung im Sinne des § 1b Abs. 2 oder über eine Pensionskasse im Sinne des § 1b Abs. 3 durchgeführt wird, ab Rentenbeginn sämtliche auf den Rentenbestand entfallende Überschussanteile zur Erhöhung der laufenden Leistungen verwendet werden und zur Berechnung der garantierten Leistung der nach § 65 Abs. 1 Nr. 1 Buchstabe a des Versicherungsaufsichtsgesetzes festgesetzte Höchstzinssatz zur Berechnung der Deckungsrückstellung nicht überschritten wird oder
3. eine Beitragszusage mit Mindestleistung erteilt wurde; Absatz 5 findet insoweit keine Anwendung.

(4) [1]Sind laufende Leistungen nach Absatz 1 nicht oder nicht in vollem Umfang anzupassen (zu Recht unterbliebene Anpassung), ist der Arbeitgeber nicht verpflichtet, die Anpassung zu einem späteren Zeitpunkt nachzuholen. [2]Eine Anpassung gilt als zu Recht unterblieben, wenn der Arbeitgeber dem Versorgungsempfänger die wirtschaftliche Lage des Unternehmens schriftlich dargelegt, der Versorgungsempfänger nicht binnen drei Kalendermonaten nach Zugang der Mitteilung schriftlich widersprochen hat und er auf die Rechtsfolgen eines nicht fristgemäßen Widerspruchs hingewiesen wurde.

(5) Soweit betriebliche Altersversorgung durch Entgeltumwandlung finanziert wird, ist der Arbeitgeber verpflichtet, die Leistungen mindestens entsprechend Absatz 3 Nr. 1 anzupassen oder im Falle der Durchführung über eine Direktversicherung oder eine Pensionskasse sämtliche Überschussanteile entsprechend Absatz 3 Nr. 2 zu verwenden.

(6) Eine Verpflichtung zur Anpassung besteht nicht für monatliche Raten im Rahmen eines Auszahlungsplans sowie für Renten ab Vollendung des 85. Lebensjahres im Anschluss an einen Auszahlungsplan.

SECHSTER ABSCHNITT
Geltungsbereich

§ 17
Persönlicher Geltungsbereich und Tariföffnungsklausel

(1) [1]Arbeitnehmer im Sinne der §§ 1 bis 16 sind Arbeiter und Angestellte einschließlich der zu ihrer Berufsausbildung Beschäftigten; ein Berufsausbildungsverhältnis steht einem Arbeitsverhältnis gleich. [2]Die §§ 1 bis 16 gelten entsprechend für Personen, die nicht Arbeitnehmer sind, wenn ihnen Leistungen der Alters-, Invaliditäts- oder Hinterbliebenenversorgung aus Anlass ihrer Tätigkeit für ein Unternehmen zugesagt worden sind. [3]Arbeitnehmer im Sinne von § 1a Abs. 1 sind nur Personen nach den Sätzen 1 und 2, soweit sie aufgrund der Beschäftigung oder Tätigkeit bei dem Arbeitgeber, gegen den sich der Anspruch nach § 1a richten würde, in der gesetzlichen Rentenversicherung pflichtversichert sind.

(2) Die §§ 7 bis 15 gelten nicht für den Bund, die Länder, die Gemeinden sowie die Körperschaften, Stiftungen und Anstalten des öffentlichen Rechts, bei denen das Insolvenzverfahren nicht zulässig ist, und solche juristischen Personen des öffentlichen Rechts, bei denen der Bund, ein Land oder eine Gemeinde kraft Gesetzes die Zahlungsfähigkeit sichert.

(3) [1]Von den §§ 1a, 2 bis 5, 16, 18a Satz 1, §§ 27 und 28 kann in Tarifverträgen abgewichen werden. [2]Die abweichenden Bestimmungen haben zwischen nichttarifgebundenen Arbeitgebern und Arbeitnehmern Geltung, wenn zwischen diesen die Anwendung der einschlägigen tariflichen Regelung vereinbart ist. [3]Im Übrigen kann von den Bestimmungen dieses Gesetzes nicht zuungunsten des Arbeitnehmers abgewichen werden.

(4) Gesetzliche Regelungen über Leistungen der betrieblichen Altersversorgung werden unbeschadet des § 18 durch die §§ 1 bis 16 und 26 bis 30 nicht berührt.

(5) Soweit Entgeltansprüche auf einem Tarifvertrag beruhen, kann für diese eine Entgeltumwandlung nur vorgenommen werden, soweit dies durch Tarifvertrag vorgesehen oder durch Tarifvertrag zugelassen ist.

§§ 18, 18a
– nicht abgedruckt –

ZWEITER TEIL
Steuerrechtliche Vorschriften

§§ 19–25
– nicht abgedruckt –

§ 20
Änderung des Körperschaftssteuergesetzes
– nicht aufgenommen –

§ 21
Änderung des Gewerbesteuergesetzes
– nicht aufgenommen –

§ 22
Änderung des Vermögensteuergesetzes
– nicht aufgenommen –

§ 23
Änderung des Versicherungsteuergesetzes
– nicht aufgenommen –

§ 24
Änderung des Umsatzsteuergesetzes
– nicht aufgenommen –

§ 25
Aufhebung des Zuwendungsgesetzes

Das Gesetz über die Behandlung von Zuwendungen an betriebliche Pensionskassen und Unterstützungskassen bei den Steuern vom Einkommen und Ertrag vom 26. März 1952 (BGBl. I S. 206) wird hinsichtlich der Unterstützungskassen mit Wirkung für Wirtschaftsjahre, die nach dem 31. Dezember 1974 enden, im Übrigen mit Wirkung für Wirtschaftsjahre, die nach dem 21. Dezember 1974 enden, aufgehoben.

DRITTER TEIL
Übergangs- und Schlussvorschriften

§§ 26–30 d
– nicht abgedruckt –

§ 30e

(1) § 1 Abs. 2 Nr. 4 zweiter Halbsatz gilt für Zusagen, die nach dem 31. Dezember 2002 erteilt werden.

(2) [1]§ 1 Abs. 2 Nr. 4 zweiter Halbsatz findet auf Pensionskassen, deren Leistungen der betrieblichen Altersversorgung durch Beiträge der Arbeitnehmer und Arbeitgeber gemeinsam finanziert werden und die als beitragsorientierte Leistungszusage oder als Leistungszusage durchgeführt werden, mit der Maßgabe Anwendung, dass dem ausgeschiedenen Arbeitnehmer das Recht zur Fortführung mit eigenen Beiträgen nicht eingeräumt werden und eine Überschussverwendung gemäß § 1b Abs. 5 Nr. 1 nicht erfolgen muss. [2]Wird dem ausgeschiedenen Arbeitnehmer ein Recht zur Fortführung nicht eingeräumt, gilt für die Höhe der unverfallbaren Anwartschaft § 2 Abs. 5a entsprechend. [3]Für die Anpassung laufender Leistungen gelten die Regelungen nach § 16 Abs. 1 bis 4. [4]Die Regelung in Absatz 1 bleibt unberührt.

§ 30f

[1]Wenn Leistungen der betrieblichen Altersversorgung vor dem 1. Januar 2001 zugesagt worden sind, ist § 1b Abs. 1 mit der Maßgabe anzuwenden, dass die Anwartschaft erhalten bleibt, wenn das Arbeitsverhältnis vor Eintritt des Versorgungsfalles, jedoch nach Vollendung des 35. Lebensjahres endet und die Versorgungszusage zu diesem Zeitpunkt

1. mindestens zehn Jahre oder
2. bei mindestens zwölfjähriger Betriebszugehörigkeit mindestens drei Jahre

bestanden hat (unverfallbare Anwartschaft); in diesen Fällen bleibt die Anwartschaft auch erhalten, wenn die Zusage ab dem 1. Januar 2001 fünf Jahre bestanden hat und bei Beendigung des Arbeitsverhältnisses das 30. Lebensjahr vollendet ist. [2]§ 1b Abs. 5 findet für Anwartschaften aus diesen Zusagen keine Anwendung.

§ 30g

(1) [1]§ 2 Abs. 5a gilt nur für Anwartschaften, die auf Zusagen beruhen, die nach dem 31. Dezember 2000 erteilt worden sind. [2]Im Einvernehmen zwischen Arbeitgeber und Arbeitnehmer kann § 2 Abs. 5a auch auf Anwartschaften angewendet werden, die auf Zusagen beruhen, die vor dem 1. Januar 2001 erteilt worden sind.

(2) § 3 findet keine Anwendung auf laufende Leistungen, die vor dem 1. Januar 2005 erstmals gezahlt worden sind.

§ 30h

§ 17 Abs. 5 gilt für Entgeltumwandlungen, die auf Zusagen beruhen, die nach dem 29. Juni 2001 erteilt werden.

§ 30i

(1) [1]Der Barwert der bis zum 31. Dezember 2005 aufgrund eingetretener Insolvenzen zu sichernden Anwartschaften wird einmalig auf die beitragspflichtigen Arbeitgeber entsprechend § 10 Abs. 3 umgelegt und vom Träger der Insolvenzsicherung nach Maßgabe der Beträge zum Schluss des Wirtschaftsjahres, das im Jahr 2004 geendet hat, erhoben. [2]Der Rechnungszinsfuß bei der Berechnung des Barwerts beträgt 3,67 vom Hundert.

(2) [1]Der Betrag ist in 15 gleichen Raten fällig. [2]Die erste Rate wird am 31. März 2007 fällig, die weiteren zum 31. März der folgenden Kalenderjahre. [3]Bei vorfälliger Zahlung erfolgt eine Diskontierung der einzelnen Jahresraten mit dem zum Zeitpunkt der Zahlung um ein Drittel erhöhten Rechnungszinsfuß nach § 65 des Versicherungsaufsichtsgesetzes, wobei nur volle Monate berücksichtigt werden.

(3) Der abgezinste Gesamtbetrag ist gemäß Absatz 2 am 31. März 2007 fällig, wenn die sich ergebende Jahresrate nicht höher als 50 Euro ist.

(4) Insolvenzbedingte Zahlungsausfälle von ausstehenden Raten werden im Jahr der Insolvenz in die erforderlichen jährlichen Beiträge gemäß § 10 Abs. 2 eingerechnet.

Anhang 13a
Gesetz über die Zertifizierung von Altersvorsorgeverträgen
(Altersvorsorgeverträge-Zertifizierungsgesetz – AltZertG)

vom 26.6.2001 (BGBl. I S. 1310),
zuletzt geändert durch Art. 7 G vom 5.7.2004 (BGBl. I S. 1427)

§ 1
Begriffsbestimmungen

(1) Ein Altersvorsorgevertrag im Sinne dieses Gesetzes liegt vor, wenn zwischen dem Anbieter und einer natürlichen Person (Vertragspartner) eine Vereinbarung in deutscher Sprache geschlossen wird,

1. – weggefallen –
2. die für den Vertragspartner eine lebenslange und unabhängig vom Geschlecht berechnete Altersversorgung vorsieht, die nicht vor Vollendung des 60. Lebensjahres oder einer vor Vollendung des 60. Lebensjahres beginnenden Leistung aus einem gesetzlichen Alterssicherungssystem des Vertragspartners (Beginn der Auszahlungsphase) gezahlt werden darf; Leistungen aus einer ergänzenden Absicherung der verminderten Erwerbsfähigkeit oder Dienstunfähigkeit und einer zusätzlichen Absicherung der Hinterbliebenen können vereinbart werden; Hinterbliebene in diesem Sinne sind der Ehegatte und die Kinder, für die dem Vertragspartner zum Zeitpunkt des Eintritts des Versorgungsfalles ein Anspruch auf Kindergeld oder ein Freibetrag nach § 32 Abs. 6 des Einkommensteuergesetzes zugestanden hätte; der Anspruch auf Waisenrente oder Waisengeld darf längstens für den Zeitraum bestehen, in dem der Rentenberechtigte die Voraussetzungen für die Berücksichtigung als Kind im Sinne des § 32 des Einkommensteuergesetzes erfüllt;
3. in welcher der Anbieter zusagt, dass zu Beginn der Auszahlungsphase zumindest die eingezahlten Altersvorsorgebeiträge für die Auszahlungsphase zur Verfügung stehen; sofern Beitragsanteile zur Absicherung der verminderten Erwerbsfähigkeit oder Dienstunfähigkeit oder zur Hinterbliebenenversorgung verwendet werden, sind bis zu 15 vom Hundert der Gesamtbeiträge in diesem Zusammenhang nicht zu berücksichtigen;
4. die monatliche Leistungen für den Vertragspartner in Form einer lebenslangen Leibrente oder Ratenzahlungen im Rahmen eines Auszahlungsplans mit einer anschließenden Teilkapitalverrentung ab dem 85. Lebensjahr vorsieht; die Leistungen müssen während der gesamten Auszahlungsphase gleich bleiben oder steigen; Anbieter und Vertragspartner können vereinbaren, dass bis zu zwölf Monatsleistungen in einer Auszahlung zusammengefasst werden oder eine Kleinbetragsrente nach § 93 Abs. 3 des Einkommensteuergesetzes abgefunden wird; bis zu 30 vom Hundert des zu Beginn der Auszahlungsphase zur Verfügung stehenden Kapitals kann an den Vertragspartner außerhalb der monatlichen Leistungen ausgezahlt werden; die gesonderte Auszahlung der in der Auszahlungsphase anfallenden Zinsen und Erträge ist zulässig;
5. bis 7. – weggefallen –
8. die vorsieht, dass die in Ansatz gebrachten Abschluss- und Vertriebskosten über einen Zeitraum von mindestens fünf Jahren in gleichmäßigen Jahresbeträgen verteilt werden, soweit sie nicht als Vomhundertsatz von den Altersvorsorgebeiträgen abgezogen werden;
9. – weggefallen –
10. die dem Vertragspartner während der Ansparphase einen Anspruch gewährt,
    a) den Vertrag ruhen zu lassen,
    b) den Vertrag mit einer Frist von drei Monaten zum Ende eines Kalendervierteljahres zu kündigen, um das gebildete Kapital auf einen anderen auf seinen Namen lautenden Altersvorsorgevertrag desselben oder eines anderen Anbieters übertragen zu lassen oder
    c) mit einer Frist von drei Monaten zum Ende eines Kalendervierteljahres die teilweise oder vollständige Auszahlung des gebildeten Kapitals für eine Verwendung im Sinne des § 92a des Einkommensteuergesetzes zu verlangen und
11. – weggefallen –

²Altersvorsorgeverträge können auch Verträge sein, die die Förderung selbst genutzten Wohnungseigentums ermöglichen, sofern sie die Anforderungen des Satzes 1 gleichartig erfüllen. ³Altersvorsorgeverträge können auch Verträge mit Anbietern im Sinne des Absatzes 2 sein, die vor In-Kraft-Treten dieses Gesetzes abgeschlossen worden sind, wenn diese, im Bedarfsfall nach einer entsprechenden Änderung, die Voraussetzungen für eine Zertifizierung im Sinne dieses Gesetzes erfüllen. ⁴Ein Altersvorsorgevertrag im Sinne dieses Gesetzes kann zwischen dem Anbieter und dem Vertragspartner auch auf Grundlage einer rahmenvertraglichen Vereinbarung mit einer Vereinigung geschlossen werden, wenn der begünstigte Personenkreis die Voraussetzungen des § 10a des Einkommensteuergesetzes erfüllt.

(2) ¹Anbieter eines Altersvorsorgevertrags im Sinne dieses Gesetzes ist, wer die Zusage nach Absatz 1 Satz 1 Nr. 3 abgibt. ²Zertifizierungsfähig kann die Zusage nur abgegeben werden von

1. Lebensversicherungsunternehmen, soweit ihnen hierfür eine Erlaubnis nach dem Versicherungsaufsichtsgesetz erteilt worden ist, Kreditinstituten, die eine Erlaubnis zum Betreiben des Einlagengeschäftes im Sinne von § 1 Abs. 1 Satz 2 Nr. 1 des Gesetzes über das Kreditwesen haben, und Kapitalanlagegesellschaften mit Sitz im Inland oder
2. Lebensversicherungsunternehmen im Sinne der Richtlinie 2002/83/EG des Europäischen Parlaments und des Rates vom 5. November 2002 über Lebensversicherungen (ABl. EG Nr. L 345 S. 1) sowie Kreditinstituten im Sinne der Richtlinie 89/646/EWG des Rates vom 15. Dezember 1989 zur Koordinierung der Rechts- und Verwaltungsvorschriften über die Aufnahme und Ausübung der Tätigkeit der Kreditinstitute und zur Änderung der Richtlinie 77/780/EWG (ABl. EG Nr. L 386 S. 1; Korrigendum ABl. EG Nr. L 15 S. 30) und 77/780/EWG des Rates vom 12. Dezember 1977 zur Koordinierung der Rechts- und Verwaltungsvorschriften über die Aufnahme und Ausübung der Tätigkeit der Kreditinstitute (ABl. EG Nr. L 322 S. 30), mit Sitz in einem anderen Staat des Europäischen Wirtschaftsraums, soweit sie gemäß § 110a Abs. 2 und 2a des Versicherungsaufsichtsgesetzes oder § 53b Abs. 1 Satz 1 des Gesetzes über das Kreditwesen entsprechende Geschäfte im Inland betreiben dürfen, oder von Verwaltungs- oder Investmentgesellschaften im Sinne der Richtlinie 85/611/EWG mit Sitz in einem anderen Staat des Europäischen Wirtschaftsraums oder
3. inländischen Zweigstellen von Lebensversicherungsunternehmen oder Kreditinstituten, die eine Erlaubnis zum Betreiben des Einlagengeschäftes im Sinne von § 1 Abs. 1 Satz 2 Nr. 1 des Gesetzes über das Kreditwesen haben, mit Sitz außerhalb des Europäischen Wirtschaftsraums, soweit die Zweigstellen die Voraussetzungen des § 105 Abs. 1 des Versicherungsaufsichtsgesetzes oder des § 53, auch in Verbindung mit § 53c des Gesetzes über das Kreditwesen, erfüllen.

³Finanzdienstleistungsinstitute sowie Kreditinstitute mit Sitz im Inland, die keine Erlaubnis zum Betreiben des Einlagengeschäftes im Sinne von § 1 Abs. 1 Satz 2 Nr. 1 des Gesetzes über das Kreditwesen haben, und Wertpapierdienstleistungsunternehmen im Sinne der Richtlinie 93/22/EWG des Rates vom 10. Mai 1993 über Wertpapierdienstleistungen (ABl. EG Nr. L 141 S. 27) mit Sitz in einem anderen Staat des Europäischen Wirtschaftsraums können Anbieter sein, wenn sie

1. nach ihrem Erlaubnisumfang nicht unter die Ausnahmeregelungen nach § 2 Abs. 7 oder 8 des Gesetzes über das Kreditwesen fallen und im Falle von Wertpapierdienstleistungsunternehmen vergleichbaren Einschränkungen der Solvenzaufsicht in dem anderen Staat des Europäischen Wirtschaftsraums unterliegen,
2. ein Anfangskapital im Sinne von § 10 Abs. 2a Satz 1 Nr. 1 bis 7 des Gesetzes über das Kreditwesen (Anfangskapital) in Höhe von mindestens 730 000 Euro nachweisen und
3. nach den Bedingungen des Altersvorsorgevertrages die Gelder nur anlegen

a) bei Kreditinstituten im Sinne des Satzes 2 oder
b) in Anteilen an thesaurierenden Investmentfonds im Sinne von Absatz 1 Satz 1 Nr. 7.

(3) ¹Die Zertifizierung eines Altersvorsorgevertrages nach diesem Gesetz ist die Feststellung, dass die Vertragsbedingungen des Altersvorsorgevertrages des Anbieters den Anforderungen der Absätze 1 und 2 entsprechen. ²Eine Zertifizierung im Sinne des § 4 Abs. 2 Satz 1 stellt ausschließlich die Übereinstimmung des Vertrages mit den Anforderungen des Absatzes 1 fest.

(4) Zertifizierungsstelle ist die in § 2 Abs. 1 bestimmte Behörde oder die nach § 3 Abs. 1 bestimmte sonstige Stelle.

§ 2
Zertifizierungsbehörde, Aufgaben

(1) Zertifizierungsbehörde ist die Bundesanstalt für Finanzdienstleistungsaufsicht (Bundesanstalt).

(2) Die Zertifizierungsstelle entscheidet durch Verwaltungsakt über die Zertifizierung sowie über die Rücknahme und den Widerruf der Zertifizierung.

(3) Die Zertifizierungsstelle prüft nicht, ob ein Altersvorsorgevertrag wirtschaftlich tragfähig und die Zusage des Anbieters erfüllbar ist und ob die Vertragsbedingungen zivilrechtlich wirksam sind.

(4) Die Zertifizierungsbehörde nimmt die ihr nach diesem Gesetz zugewiesenen Aufgaben nur im öffentlichen Interesse wahr.

§ 3
Beleihung von privaten Zertifizierungsstellen

(1) ¹Das Bundesministerium der Finanzen wird ermächtigt, durch Rechtsverordnung, die nicht der Zustimmung des Bundesrates bedarf, Aufgaben und Befugnisse der Zertifizierungsbehörde einer oder mehreren juristischen Personen des Privatrechts, die von Spitzenverbänden der Kreditinstitute oder Versicherungsunternehmen oder anderen geeigneten unabhängigen Einrichtungen errichtet werden, ganz oder teilweise zu übertragen. ²Diese haben die Aufgaben der Zertifizierungsbehörde ohne Ansehen des Antragstellers zu übernehmen und die notwendige Gewähr für die Erfüllung der Aufgaben nach diesem Gesetz zu bieten. ³Eine juristische Person bietet die notwendige Gewähr, wenn

1. die Personen, die nach Gesetz oder Satzung die Geschäftsführung und Vertretung der juristischen Person ausüben, zuverlässig und fachlich geeignet sind,
2. sie die zur Erfüllung ihrer Aufgaben notwendige Ausstattung und Organisation und ein Anfangskapital im Gegenwert von mindestens 1 Million Euro hat.

⁴Durch die Rechtsverordnung nach Satz 1 kann sich das Bundesministerium der Finanzen die Genehmigung der Satzung und von Satzungsänderungen der juristischen Person vorbehalten.

(2) Zertifizierungsstellen nach Absatz 1 Satz 1 unterliegen der Rechts- und Fachaufsicht der Bundesanstalt.

§ 4
Antrag, Ergänzungsanforderungen, Ergänzungsanzeigen, Ausschlussfristen

(1) ¹Die Zertifizierung erfolgt auf Antrag des Anbieters. ²Mit dem Antrag sind vorzulegen:

1. Unterlagen, die belegen, dass der Antrag die in § 1 Abs. 1 genannten Voraussetzungen erfüllt;
2. eine Bescheinigung der zuständigen Aufsichtsbehörde über den Umfang der Erlaubnis und bei Unternehmen im Sinne des § 1 Abs. 2 Satz 3 zusätzlich über den Umfang der Aufsicht und die Höhe des Anfangskapitals (§ 1 Abs. 2 Satz 3 Nr. 1 und 2).

(2) ¹Auf Antrag eines Spitzenverbandes der in § 1 Abs. 2 genannten Anbieter kann die Zertifizierung eines ausschließlich als Muster verwendbaren Vertrages erfolgen. ²Mit dem Antrag sind die Unterlagen vorzulegen, die belegen, dass der Mustervertrag die in § 1 Abs. 1 genannten Voraussetzungen erfüllt.

(3) ¹Ein Spitzenverband der in § 1 Abs. 2 genannten Anbieter kann als Bevollmächtigter seiner Mitgliedsunternehmen für diese die Anträge nach Absatz 1 stellen. ²Von der Vorlage der Unterlagen nach

1. Absatz 1 Satz 2 Nr. 1 kann abgesehen werden, wenn es sich bei dem Vertrag um einen bereits zertifizierten Mustervertrag nach Absatz 2 handelt;
2. Absatz 1 Satz 2 Nr. 2 kann abgesehen werden, wenn der Spitzenverband schriftlich versichert, dass ihm für sein Mitgliedsunternehmen die dort genannte Bescheinigung vorliegt.

³Der Bevollmächtigte hat auf Verlangen der Zertifizierungsbehörde seine Vollmacht schriftlich nachzuweisen sowie die Unterlagen nach § 4 Abs. 1 Satz 2 Nr. 1 und 2 vorzulegen.

(4) Die Gebühr nach § 12 ist bei Stellung des Antrags zu entrichten.

(5) ¹Fehlende Angaben oder Unterlagen fordert die Zertifizierungsstelle innerhalb von drei Monaten als Ergänzungsanzeige an (Ergänzungsanforderung). ²Innerhalb von drei Monaten nach Zugang der Ergänzungsanforderung ist die Ergänzungsanzeige der Zertifizierungsstelle zu erstatten; andernfalls lehnt die Zertifizierungsstelle den Zertifizierungsantrag ab. ³Die Frist nach Satz 2 ist eine Ausschlussfrist.

§ 5
Zertifizierung

Die Zertifizierungsstelle erteilt die Zertifizierung mit Wirkung zum ersten Werktag des übernächsten Kalendermonats, wenn ihr die nach diesem Gesetz erforderlichen Angaben und Unterlagen vorliegen und die Voraussetzungen des § 1 Abs. 1 und 2 erfüllt sind, frühestens jedoch zum 1. Januar 2002 an.

§ 6
Rechtsverordnung

¹Das Bundesministerium der Finanzen kann durch Rechtsverordnung, die nicht der Zustimmung des Bundesrates bedarf, nähere Bestimmungen über das Zertifizierungsverfahren und die Informationspflichten gemäß § 7 Abs. 4 treffen. ²Das Bundesministerium der Finanzen kann die Ermächtigung durch Rechtsverordnung, die nicht der Zustimmung des Bundesrates bedarf, auf die Bundesanstalt übertragen.

§ 7
Informationspflicht des Anbieters

(1) ¹Der Anbieter informiert den Vertragspartner schriftlich vor Vertragsabschluss, im Falle eines Versicherungsvertrages vor Antragstellung, über

1. die Höhe und zeitliche Verteilung der vom Vertragspartner zu tragenden Abschluss- und Vertriebskosten,
2. die Kosten für die Verwaltung des gebildeten Kapitals,
3. die Kosten, die dem Vertragspartner im Falle eines Wechsels in ein anderes begünstigtes Anlageprodukt oder zu einem anderen Anbieter unter Mitnahme des gebildeten Kapitals entstehen,
4. das Guthaben, das dem Vertragspartner bei Zahlung gleich bleibender Beiträge am jeweiligen Jahresende über einen Zeitraum von zehn Jahren maximal bis zum Beginn der Auszahlungsphase vor und nach Abzug der Wechselkosten zur Übertragung auf ein anderes Anlageprodukt oder einen anderen Anbieter zustünde, und die Summe der bis dahin insgesamt gezahlten gleich bleibenden Beiträge, wobei sich das gebildete Guthaben und die zu zahlenden Beiträge jeweils um einen Satz von 2, 4 oder 6 vom Hundert jährlich verzinsen. Sind für einen Teil oder die gesamte Ansparphase bereits unterschiedliche Beiträge oder eine bestimmte Verzinsung vertraglich vereinbart, sind diese anstelle der zuvor genannten Beträge zur Berechnung heranzuziehen.
5. die Anlagemöglichkeiten und die Struktur des Anlageportfolios sowie über das Risikopotential und darüber, ob und wie ethische, soziale und ökologische Belange bei der Verwendung der eingezahlten Beiträge berücksichtigt werden, und
6. die Einwilligung nach § 10a Abs. 1 Satz 1 zweiter Halbsatz des Einkommensteuergesetzes als Voraussetzung der Förderberechtigung für den dort genannten Personenkreis.

Gesetz über die Zertifizierung von Altersvorsorgeverträgen

²Wird ein beim Anbieter bestehender Vertrag auf einen Altersvorsorgevertrag im Sinne dieses Gesetzes umgestellt, so treten an die Stelle der Abschluss- und Vertriebskosten die aus Anlass der Vertragsumstellung entstehenden Kosten.

(2) In der Information nach Absatz 1 hat der Anbieter die Zertifizierungsstelle mit ihrer Postanschrift, die Zertifizierungsnummer, das Datum, zu dem die Zertifizierung wirksam geworden ist, und einen deutlich hervorgehobenen Hinweis folgenden Wortlauts aufzunehmen:

„Der Altersvorsorgevertrag ist zertifiziert worden und damit im Rahmen des § 10 a des Einkommensteuergesetzes steuerlich förderungsfähig. Bei der Zertifizierung ist nicht geprüft worden, ob der Altersvorsorgevertrag wirtschaftlich tragfähig, die Zusage des Anbieters erfüllbar ist und die Vertragsbedingungen zivilrechtlich wirksam sind."

(3) Erfüllt der Anbieter die ihm gemäß den Absätzen 1 und 2 obliegenden Verpflichtungen nicht, kann der Vertragspartner binnen eines Monats nach Zahlung des ersten Beitrages vom Vertrag zurücktreten.

(4) Der Anbieter ist verpflichtet, den Vertragspartner jährlich schriftlich über die Verwendung der eingezahlten Altersvorsorgebeiträge, das bisher gebildete Kapital, die einbehaltenen anteiligen Abschluss- und Vertriebskosten, die Kosten für die Verwaltung des gebildeten Kapitals, die erwirtschafteten Erträge sowie bei Umwandlung eines bestehenden Vertrags in einen Altersvorsorgevertrag die bis zum Zeitpunkt der Umwandlung angesammelten Beiträge und Erträge zu informieren; im Rahmen der jährlichen Berichterstattung muss der Anbieter auch darüber schriftlich informieren, ob und wie ethische, soziale und ökologische Belange bei der Verwendung der eingezahlten Altersvorsorgebeiträge berücksichtigt werden.

§ 8
Rücknahme, Widerruf und Verzicht

(1) ¹Die Zertifizierungsbehörde kann den Antrag auf Zertifizierung ablehnen oder die Zertifizierung gegenüber dem Anbieter widerrufen, wenn Tatsachen die Annahme rechtfertigen, dass der Anbieter die für die Beachtung der Vorschriften dieses Gesetzes sowie des Abschnitts XI des Einkommensteuergesetzes erforderliche Zuverlässigkeit nicht besitzt. ²Die Zertifizierungsbehörde hat die Zertifizierung gegenüber dem Anbieter zu widerrufen, wenn der Anbieter die Voraussetzungen des § 1 Abs. 2 nicht mehr erfüllt. ³Die Aufhebung der Zertifizierung nach den allgemeinen Bestimmungen des Verwaltungsverfahrensgesetzes bleibt unberührt.

(2) Der Anbieter kann auf die Zertifizierung unbeschadet seiner vertraglichen Verpflichtungen für die Zukunft durch schriftliche Erklärung gegenüber der Zertifizierungsstelle verzichten.

(3) Der Anbieter ist verpflichtet, den Vertragspartner, mit dem er einen Altersvorsorgevertrag abgeschlossen hat, über Rücknahme oder Widerruf der Zertifizierung oder über den Verzicht auf die Zertifizierung unverzüglich zu unterrichten.

(4) ¹Die Zertifizierungsbehörde unterrichtet die obersten Finanzbehörden der Länder und die zentrale Stelle im Sinne des § 81 des Einkommensteuergesetzes unverzüglich über Rücknahme oder Widerruf der Zertifizierung oder über den Verzicht auf die Zertifizierung. ²Dabei ist auch mitzuteilen, ab welchem Zeitpunkt Rücknahme, Widerruf oder Verzicht wirksam sind. ³Im Fall einer Antragsablehnung oder eines Widerrufs nach Absatz 1 Satz 1 ist die für den Anbieter zuständige Aufsichtsbehörde zu unterrichten.

(5) Als Muster verwendbare zertifizierte Altersvorsorgeverträge, die nicht die in § 1 Abs. 1 Satz 1 Nr. 2 genannten Voraussetzungen erfüllen, sind mit Wirkung vom 1. Januar 2006 durch Bescheid der Zertifizierungsstelle zu widerrufen.

§ 9
Sofortige Vollziehung

Widerspruch und Anfechtungsklage gegen den Widerruf oder die Rücknahme einer Zertifizierung haben keine aufschiebende Wirkung.

§ 10
Veröffentlichung

¹Die Zertifizierungsbehörde macht die Zertifizierung sowie den Widerruf, die Rücknahme oder den Verzicht durch eine Veröffentlichung des Namens und der Anschrift des Anbieters und dessen Zertifizierungsnummer im Bundesanzeiger bekannt. ²Das Gleiche gilt sinngemäß für die Zertifizierung von Verträgen im Sinne des § 4 Abs. 2 Satz 1.

§ 11
Verschwiegenheitspflicht und Datenschutz

(1) ¹Die bei der Zertifizierungsbehörde beschäftigten oder von ihr beauftragten Personen dürfen bei ihrer Tätigkeit erhaltene vertrauliche Informationen nicht unbefugt offenbaren oder verwerten, auch wenn sie nicht mehr im Dienst sind oder ihre Tätigkeit beendet ist (Schweigepflicht). ²Dies gilt auch für andere Personen, die durch dienstliche Berichterstattung Kenntnis von den in Satz 1 bezeichneten Tatsachen erhalten.

(2) ¹Ein unbefugtes Offenbaren oder Verwerten im Sinne des Absatzes 1 liegt insbesondere nicht vor, wenn Tatsachen weitergegeben werden an

1. kraft Gesetzes oder im öffentlichen Auftrag mit der Überwachung von Versicherungsunternehmen, Kreditinstituten, Finanzdienstleistungsinstituten oder Investmentgesellschaften betraute Stellen sowie von diesen beauftragten Personen,
2. die Finanzbehörden oder
3. die Zertifizierungsbehörde oder
4. nach § 3 beliehene Stellen,

soweit diese Stellen die Informationen zur Erfüllung ihrer Aufgaben benötigen. ²Für die bei diesen Stellen beschäftigten Personen gilt die Verschwiegenheitspflicht nach Absatz 1 Satz 1 entsprechend.

(3) Personen, die bei den nach § 3 beliehenen Stellen beschäftigt oder für sie tätig sind, sind nach dem Gesetz über die förmliche Verpflichtung nichtbeamteter Personen vom 2. März 1974 (BGBl. I S. 469, 547) von der Bundesanstalt auf die gewissenhafte Erfüllung ihrer Obliegenheiten zu verpflichten.

(4) Sofern personenbezogene Daten erhoben, verarbeitet oder genutzt werden, gelten die Vorschriften des Bundesdatenschutzgesetzes.

§ 12
Gebühren

¹Die Zertifizierungsstellen erheben für die Bearbeitung eines Antrags, einen Altersvorsorgevertrag zu zertifizieren, Gebühren in Höhe von 5000 Euro. ²Für Anbieter, die ihrem Antrag nach § 4 Abs. 1 einen zertifizierten Vertrag eines Spitzenverbandes zugrunde legen, beträgt die Gebühr 500 Euro, wenn der Vertrag des Anbieters bezüglich der Anforderungen des § 1 Abs. 1 von dem zertifizierten Muster in Reihenfolge und Inhalt nicht abweicht und wenn der Anbieter bei seinem Antrag zusätzlich die Zertifizierungsstelle mit ihrer Postanschrift, die Zertifizierungsnummer und das Datum, zu dem die Zertifizierung wirksam geworden ist, mitteilt. ³Für Anträge nach § 4 Abs. 3 Satz 1 und 2 beträgt die Gebühr 250 Euro.

§ 13
Bußgeldvorschriften

(1) Ordnungswidrig handelt, wer vorsätzlich oder fahrlässig den vertraglichen Pflichten nach § 7 Abs. 4 nicht, nicht richtig, nicht rechtzeitig oder nicht vollständig nachkommt.

(2) Die Ordnungswidrigkeit kann mit einer Geldbuße bis zu 2500 Euro geahndet werden.

(3) Verwaltungsbehörde im Sinne des § 36 Abs. 1 Nr. 1 des Gesetzes über Ordnungswidrigkeiten ist die Zertifizierungsbehörde.

§ 14
Übergangsvorschrift

(1) Für vor dem 1. Januar 2002 abgeschlossene Verträge, die in Altersvorsorgeverträge geändert werden sollen (§ 1 Abs. 1 Satz 3), gelten die Vorschriften dieses Gesetzes entsprechend.

(2) ¹Für Verträge, die nach § 5 in der am 31. Dezember 2004 geltenden Fassung zertifiziert wurden und die alle die in Artikel 7 Nr. 1 des Gesetzes vom 5. Juli 2004 (BGBl. I S. 1427) enthaltenen Änderungen insgesamt bis zum 31. Dezember 2005 nachvollziehen, ist eine erneute Zertifizierung des Vertrags nicht erforderlich. ²Satz 1 gilt ohne zeitliche Beschränkung entsprechend, soweit der Anbieter unter Beibehaltung der vertraglichen Ausgestaltung nach § 1 Abs. 1 Satz 1 Nr. 8 in der bis 31. Dezember 2004 geltenden Fassung mit seinen Bestandskunden die einvernehmliche Übernahme der in Artikel 7 Nr. 1 Buchstabe a Doppelbuchstabe aa bis cc und ee des Gesetzes vom 5. Juli 2004 (BGBl. I S. 1427) enthaltenen Änderungen ganz oder teilweise vereinbart. ³Die Änderung des Vertrags ist der Zertifizierungsstelle gegenüber schriftlich anzuzeigen.

Versicherungsaufsichtsgesetz Anhang 13 b

Anhang 13 b
Gesetz über die Beaufsichtigung der Versicherungsunternehmen
(Versicherungsaufsichtsgesetz – VAG)

i. d. F. der Bek. vom 17.12.1992 (BGBl. I 1993 S. 2), zuletzt geändert durch Art. 9 G vom 17.11.2006 (BGBl. I S. 2606)

Inhaltsübersicht Teil VII Pensionsfonds

- § 112 Definition
- § 113 Anzuwendende Vorschriften
- § 114 Kapitalausstattung
- § 115 Vermögensanlage
- § 116 Deckungsrückstellung
- § 117 Grenzüberschreitende Zusammenarbeit der Aufsichtsbehörden
- § 118 Gesonderte Verordnungen

...

VII. Einrichtungen der betrieblichen Altersvorsorge

1. Pensionsfonds

§ 112
Definition

(1) ¹Ein Pensionsfonds ist eine rechtsfähige Versorgungseinrichtung, die

1. im Wege des Kapitaldeckungsverfahrens Leistungen der betrieblichen Altersversorgung für einen oder mehrere Arbeitgeber zugunsten von Arbeitnehmern erbringt,
2. die Höhe der Leistungen oder die Höhe der für diese Leistungen zu entrichtenden künftigen Beiträge nicht für alle vorgesehenen Leistungsfälle durch versicherungsförmige Garantien zusagen darf,
3. den Arbeitnehmern einen eigenen Anspruch auf Leistung gegen den Pensionsfonds einräumt und
4. verpflichtet ist, die Altersversorgungsleistung als lebenslange Zahlung zu erbringen.

²Als Altersversorgungsleistung im Sinne des Satzes 1 gilt eine Leibrente oder ein Auszahlungsplan, die den Anforderungen des § 1 Abs. 1 Satz 1 Nr. 4 des Altersvorsorgeverträge-Zertifizierungsgesetzes genügen.

(1a) ¹Pensionsfonds können Altersversorgungsleistungen abweichend von Absatz 1 Satz 1 Nr. 4 erbringen, solange Beitragszahlungen durch den Arbeitgeber auch in der Rentenbezugszeit vorgesehen sind. ²Ein fester Termin für das Zahlungsende darf nicht vorgesehen werden. ³Satz 1 gilt nicht für Zusagen im Sinne des § 1 Abs. 2 Nr. 2 des Betriebsrentengesetzes.

(2) Pensionsfonds bedürfen zum Geschäftsbetrieb der Erlaubnis der Aufsichtsbehörde.

(3) Als Arbeitnehmer im Sinne dieser Vorschrift gelten auch ehemalige Arbeitnehmer sowie die unter § 17 Abs. 1 Satz 2 des Gesetzes zur Verbesserung der betrieblichen Altersversorgung fallenden Personen.

§ 113
Anzuwendende Vorschriften

(1) Für Pensionsfonds im Sinne des § 112 gelten die auf die Lebensversicherungsunternehmen anzuwendenden Vorschriften dieses Gesetzes entsprechend, soweit dieses Gesetz keine abweichenden Regelungen oder Maßgaben enthält.

(2) – nicht aufgenommen –

(3) – nicht aufgenommen –

(4) Hängt die Höhe der Versorgungsleistungen von der Wertentwicklung eines nach Maßgabe des Pensionsplans gebildeten Sondervermögens ab, ist für dieses Sondervermögen entsprechend § 44 des Investmentgesetzes gesondert Rechnung zu legen; § 44 Abs. 2 des Investmentgesetzes ist nicht anzuwenden.

§ 114
Kapitalausstattung

(1) ¹Pensionsfonds sind verpflichtet, zur Sicherstellung der dauernden Erfüllbarkeit der Verträge stets über freie unbelastete Eigenmittel mindestens in Höhe der geforderten Solvabilitätsspanne zu verfügen, die sich nach dem gesamten Geschäftsumfang bemisst. ²Ein Drittel der Solvabilitätsspanne gilt als Garantiefonds.

(2) Das Bundesministerium der Finanzen wird zur Sicherstellung einer ausreichenden Solvabilität von Pensionsfonds ermächtigt, durch Rechtsverordnung Vorschriften zu erlassen

1. über die Berechnung und die Höhe der Solvabilitätsspanne;
2. über den für Pensionsfonds maßgeblichen Mindestbetrag des Garantiefonds und
3. darüber, was als Eigenmittel im Sinne von Absatz 1 anzusehen ist und in welchem Umfang sie auf die Solvabilitätsspanne angerechnet werden dürfen.

§ 115
Vermögensanlage

(1) ¹Pensionsfonds haben unter Berücksichtigung der jeweiligen Pensionspläne Sicherungsvermögen zu bilden. ²Die Bestände der Sicherungsvermögen und des sonstigen gebundenen Vermögens sind in einer der Art und Dauer der zu erbringenden Altersversorgung entsprechenden Weise unter Berücksichtigung der Festlegungen der jeweiligen Pensionsplans anzulegen. ³Die gesamten Vermögenswerte eines Pensionsfonds sind so anzulegen, dass möglichst große Sicherheit und Rentabilität bei ausreichender Liquidität des Pensionsfonds unter Wahrung angemessener Mischung und Streuung insgesamt erreicht wird.

(2) ¹Die Bundesregierung wird ermächtigt, zur Sicherstellung der dauernden Erfüllbarkeit des jeweiligen Pensionsplans unter Berücksichtigung der Anlageformen des Artikels 23 der Richtlinie über Lebensversicherungen und der Festlegungen im Pensionsplan hinsichtlich des Anlagerisikos und des Trägers dieses Risikos durch Rechtsverordnung Einzelheiten nach Maßgabe des Absatzes 1 festzulegen. ²Dies beinhaltet insbesondere quantitative und qualitative Vorgaben nach Maßgabe des Artikels 23 der Richtlinie über Lebensversicherungen zur Anlage des gebundenen Vermögens, zu seiner Kongruenz und Belegenheit festzulegen sowie Anlagen beim Trägerunternehmen zu beschränken. ³Die dauernde Erfüllbarkeit eines Pensionsplans kann auch bei einer vorübergehenden Unterdeckung als gewährleistet angesehen werden, wenn diese 5 vom Hundert des Betrags der Rückstellungen nicht übersteigt und die Belange der Versorgungsanwärter und -empfänger gewährleistet sind. ⁴Zur Absicherung der vollständigen Bedeckung der Rückstellungen ist eine Vereinbarung zwischen Arbeitgeber und Pensionsfonds erforderlich, die der Genehmigung der Aufsichtsbehörde bedarf. ⁵Die Genehmigung ist zu erteilen, wenn durch den Arbeitgeber die Erfüllung der Nachschusspflicht zur vollständigen Deckung der Rückstellungen durch Bürgschaft oder Garantie eines geeigneten Kreditinstituts oder in anderer geeigneter Weise sichergestellt ist. ⁶Der Pensionsfonds hat dem Pensionssicherungsverein die Vereinbarung unverzüglich zur Kenntnis zu geben.

(3) ¹Die Pensionsfonds sind verpflichtet, jährlich, nach einer wesentlichen Änderung der Anlagepolitik zudem unverzüglich, ihre Anlagepolitik gegenüber der Aufsichtsbehörde darzulegen. ²Hierzu haben sie eine Erklärung über die Grundsätze der Anlagepolitik zu übersenden, die Angaben über das Verfahren zur Risikobewertung und zum Risikomanagement sowie zur Strategie in Bezug auf den jeweiligen Pensionsplan, insbesondere die Aufteilung der Vermögenswerte je nach Art und Dauer der Altersversorgungsleistungen, enthält.

(4) Der Pensionsfonds muss die Versorgungsberechtigten grundsätzlich schriftlich bei Vertragsschluss sowie jährlich schriftlich darüber informieren, ob und wie er ethische, soziale und ökologische Belange bei der Verwendung der eingezahlten Beiträge berücksichtigt.

§ 116
Deckungsrückstellung

(1) ¹Das Bundesministerium der Finanzen wird ermächtigt, durch Rechtsverordnung zur Berechnung der Deckungsrückstellung unter Beachtung der Grundsätze ordnungsmäßiger Buchführung

1. einen oder mehrere Höchstwerte für den Rechnungszins festzusetzen;
2. die Grundsätze der versicherungsmathematischen Rechnungsgrundlagen für die Berechnung der Deckungsrückstellung festzulegen.

²Die Ermächtigung kann durch Rechtsverordnung auf die Bundesanstalt übertragen werden. ³Diese erlässt die Vorschriften im Benehmen mit den Aufsichtsbehörden der Länder.

(2) Die Rechtsverordnungen nach Absatz 1 sind im Einvernehmen mit dem Bundesministerium der Justiz zu erlassen.

§ 117
Grenzüberschreitende Tätigkeit von Pensionsfonds

(1) Pensionsfonds dürfen nach Maßgabe der Absätze 2 bis 6 in anderen Mitglied- und Vertragsstaaten Geschäft betreiben.

(2) ¹Pensionsfonds haben ihre Absicht, betriebliche Altersversorgung für ein Trägerunternehmen mit Sitz in einem anderen Mitglied- oder Vertragsstaat durchzuführen, unter Angabe des betreffenden Mitglied- oder Vertragsstaats anzuzeigen. ²Gleichzeitig sind der Name des Trägerunternehmens und die Hauptmerkmale des für das Trägerunternehmen zu betreibenden Altersversorgungssystems anzugeben.

(3) ¹Nach Eingang der Anzeige prüft die Aufsichtsbehörde die rechtliche Zulässigkeit der beabsichtigten Tätigkeit, insbesondere die Angemessenheit der Verwaltungsstruktur, der Finanzlage und der Qualifikation der Geschäftsleiter im Verhältnis zu der beabsichtigten Tätigkeit. ²Bei Unbedenklichkeit übermittelt sie die nach Absatz 2 vorgelegten Angaben binnen drei Monaten nach Erhalt den zuständigen Behörden des anderen Mitglied- oder Vertragsstaats und benachrichtigt hierüber den Pensionsfonds.

(4) ¹Die Aufsichtsbehörde übermittelt dem Pensionsfonds die von den zuständigen Behörden des anderen Mitglied- oder Vertragsstaats binnen zwei Monaten nach Erhalt der Mitteilung nach Absatz 3 Satz 2 erteilten Informationen über die einschlägigen sozial- und arbeitsrechtlichen Vorschriften im Bereich der betrieblichen Altersversorgung sowie über die Vorschriften des Tätigkeitslandes, die nach Artikel 18 Abs. 7 und Artikel 20 Abs. 7 der Richtlinie 2003/41/EG des Europäischen Parlaments und des Rates vom 3. Juni 2003 über die Tätigkeiten und die Beaufsichtigung von Einrichtungen der betrieblichen Altersversorgung (ABl. EU Nr. L 235 S. 10) anzuwenden sind. ²Nach Erhalt der Mitteilung nach Satz 1 oder bei Nichtäußerung der zuständigen Behörden nach Ablauf der in Satz 1 genannten Frist darf der Pensionsfonds die Tätigkeit im Einklang mit den in Satz 1 genannten Vorschriften aufnehmen.

(5) ¹Die Aufsichtsbehörde trifft gegebenenfalls in Abstimmung mit den zuständigen Behörden des anderen Mitglied- oder Vertragsstaats die erforderlichen Maßnahmen, um sicherzustellen, dass der Pensionsfonds die von diesen Behörden festgestellten Verstöße gegen sozial- und arbeitsrechtliche Vorschriften unterbindet. ²Verstößt das Unternehmen weiterhin gegen die in Satz 1 genannten Vorschriften, kann die Aufsichtsbehörde die Tätigkeit des Unternehmens untersagen oder einschränken.

(6) ¹Bei Pensionsfonds, die der Landesaufsicht unterliegen, informiert die zuständige Landesaufsichtsbehörde die Bundesanstalt über die Anzeige des Unternehmens. ²Die Bundesanstalt leistet der Landesaufsichtsbehörde auf Anforderung Unterstützung bei der Durchführung des Notifikationsverfahrens und von Maßnahmen nach Absatz 5.

(7) Für die Erweiterung des Geschäftsbetriebs auf ein Gebiet außerhalb der Mitglied- und Vertragsstaaten gilt § 13 Abs. 3 entsprechend.

§ 118
Gesonderte Verordnungen

– nicht aufgenommen –

...

Anhang 13 c
Steuerliche Förderung der privaten Altersvorsorge und betrieblichen Altersversorgung

BMF-Schreiben vom 17.11.2004 (BStBl. I S. 1065)

Zur steuerlichen Förderung der privaten Altersvorsorge und betrieblichen Altersversorgung nach den Änderungen durch das Alterseinkünftegesetz vom 5. Juli 2004 (BGBl. I S. 1427, BStBl. I S. 554) nehme ich im Einvernehmen mit den obersten Finanzbehörden der Länder wie folgt Stellung:

Für die Inanspruchnahme des Sonderausgabenabzugs nach § 10a EStG wird, was die Prüfungskompetenz der Finanzämter betrifft, vorab auf § 10a Abs. 5 Satz 3 EStG hingewiesen, wonach die in der Bescheinigung des Anbieters mitgeteilten übrigen Voraussetzungen für den Sonderausgabenabzug nach § 10a Abs. 1 bis 3 EStG im Wege des automatisierten Datenabgleichs nach § 91 EStG durch die zentrale Stelle (Zentrale Zulagenstelle für Altersvermögen – ZfA –) überprüft werden.

Inhaltsübersicht

	Rn.
A. Private Altersvorsorge	
I. Förderung durch Zulage und Sonderausgabenabzug	
1. Begünstigter Personenkreis	1–13
a) Allgemeines	1–2
b) Unmittelbar begünstigte Personen	3–9
aa) Pflichtversicherte in der gesetzlichen Rentenversicherung (§ 10a Abs. 1 Satz 1 Halbsatz 1 EStG) und Pflichtversicherte nach dem Gesetz über die Alterssicherung der Landwirte (§ 10a Abs. 1 Satz 3 EStG)	3–4
bb) Empfänger von Besoldung und diesen gleichgestellte Personen (§ 10a Abs. 1 Satz 1 Halbsatz 2 EStG)	5–6
cc) Pflichtversicherten gleichstehende Personen	7
dd) Pflichtversicherte in einer ausländischen Rentenversicherung	8
ee) Nicht unmittelbar begünstigte Personen	9
c) Mittelbar zulageberechtigte Personen	10–13
2. Altersvorsorgebeiträge (§ 82 EStG)	14–17
a) Private Altersvorsorgebeiträge	14
b) Beiträge im Rahmen der betrieblichen Altersversorgung	15
c) Beiträge, die über den Mindesteigenbeitrag hinausgehen	16–17
3. Zulage	18–54
a) Kinderzulage	18–30
aa) Kinderzulageberechtigung bei Eltern, die die Voraussetzungen des § 26 Abs. 1 EStG erfüllen	18–19
bb) Kinderzulageberechtigung in anderen Fällen	20–22
cc) Wechsel des Kindergeldempfängers im Laufe des Beitragsjahrs	23–25
dd) Sonstiges	26–30
b) Mindesteigenbeitrag	31–54
aa) Allgemeines	31–35
bb) Berechnungsgrundlagen	36
(1) Beitragspflichtige Einnahmen	37–39
(2) Besoldung und Amtsbezüge	40–42
(3) Land- und Forstwirte	43
(4) Sonderfälle	44–47
cc) Besonderheiten bei Ehegatten, die die Voraussetzungen des § 26 Abs. 1 EStG erfüllen	48–52
dd) Kürzung der Zulage	53–54
4. Sonderausgabenabzug	55–57
a) Umfang des Sonderausgabenabzugs bei Ehegatten	58–59
b) Günstigerprüfung	60
aa) Anrechnung des Zulageanspruchs	61
bb) Ehegatten	62–68
c) Gesonderte Feststellung der zusätzlichen Steuerermäßigung	69–75
5. Zusammentreffen mehrerer Verträge	76–101
a) Altersvorsorgezulage	76–80
b) Sonderausgabenabzug	81–82
II. Nachgelagerte Besteuerung nach § 22 Nr. 5 EStG	
1. Allgemeines	83–87
2. Abgrenzung der geförderten und der nicht geförderten Beiträge	88–92
a) Geförderte Beiträge	88–90
b) Nicht geförderte Beiträge	91–92
3. Leistungen, die ausschließlich auf geförderten Altersvorsorgebeiträgen beruhen (§ 22 Nr. 5 Satz 1 EStG)	93–94
4. Leistungen, die zum Teil auf geförderten, zum Teil auf nicht geförderten Altersvorsorgebeiträgen beruhen	95–97
a) Besteuerung nach § 22 Nr. 5 Satz 2 EStG	98
b) Besteuerung nach § 22 Nr. 5 Satz 3 EStG	99–100
5. Leistungen, die ausschließlich auf nicht geförderten Altersvorsorgebeiträgen beruhen	101
6. Bescheinigungspflicht des Anbieters	102
III. Schädliche Verwendung von Altersvorsorgevermögen	
1. Allgemeines	103–109
2. Auszahlung von gefördertem Altersvorsorgevermögen	110–124
a) Möglichkeiten der schädlichen Verwendung	110
b) Folgen der schädlichen Verwendung	111–120
aa) Rückzahlung der Förderung	111–116
bb) Besteuerung nach § 22 Nr. 5 Satz 4 und 6 EStG	117–120
c) Übertragung begünstigten Altersvorsorgevermögens auf den überlebenden Ehegatten	121–124
3. Auszahlung von nicht gefördertem Altersvorsorgevermögen	125–126
4. Beendigung der unbeschränkten Steuerpflicht	127–130
IV. Altersvorsorge-Eigenheimbetrag	
1. Allgemeines	131–132
2. Begünstigte Verwendung (§ 92a Abs. 1 EStG)	133–135
3. Nachweis der begünstigten Verwendung (§ 92b Abs. 1 Satz 1 EStG)	136
4. Rückzahlung (§ 92a Abs. 2 EStG)	137–139
5. Aufgabe der Nutzung zu eigenen Wohnzwecken (§ 92a Abs. 4 Satz 1 EStG)	140
V. Sonstiges	
1. Pfändungsschutz (§ 97 EStG)	141–142
2. Verfahrensfragen	143–153
a) Zulageantrag	143–147
b) Festsetzungsfrist	148–153

Anhang 13c — Steuerliche Förderung der privaten und betrieblichen Altersversorgung

	Rn.
B. Betriebliche Altersversorgung	
I. Allgemeines	
II. Lohnsteuerliche Behandlung von Zusagen auf Leistungen der betrieblichen Altersversorgung	
1. Allgemeines	160
2. Entgeltumwandlung zugunsten betrieblicher Altersversorgung	161–164
3. Arbeitszeitkonten	165–167
4. Steuerfreiheit nach § 3 Nr. 63 EStG	168–184
a) Steuerfreiheit nach § 3 Nr. 63 Satz 1 und 3 EStG	168–179
aa) Begünstigter Personenkreis	168–169
bb) Begünstigte Aufwendungen	170–176
cc) Begünstigte Auszahlungsformen	177
dd) Sonstiges	178–179
b) Ausschluss der Steuerfreiheit nach § 3 Nr. 63 Satz 2 EStG	180–183
aa) Personenkreis	180
bb) Höhe und Zeitpunkt der Ausübung des Wahlrechts	181–183
c) Vervielfältigungsregelung nach § 3 Nr. 63 Satz 4 EStG	184
5. Steuerfreiheit nach § 3 Nr. 66 EStG	185
6. Steuerfreiheit nach § 3 Nr. 55 EStG	186–190
7. Förderung durch Sonderausgabenabzug nach § 10a EStG und Zulage nach Abschnitt XI EStG	191–198
8. Anwendung des § 40b EStG in der ab 1. Januar 2005 geltenden Fassung (§ 40b EStG n. F.)	199–200
9. Übergangsregelungen §§ 52 Abs. 6 und 52a EStG zur Anwendung des §§ 3 Nr. 63 EStG und 40b EStG a. F.	201–213
a) Abgrenzung von Alt- und Neuzusage	201–204
b) Weiteranwendung des § 40b Abs. 1 und 2 EStG a. F.	205–207
c) Verhältnis von § 3 Nr. 63 Satz 3 EStG und § 40b Abs. 1 und 2 Satz 1 und 2 EStG a. F.	208–209
d) Verhältnis von § 3 Nr. 63 Satz 4 EStG und § 40b Abs. 1 und 2 Satz 3 und 4 EStG a. F.	210
e) Keine weitere Anwendung von § 40b Abs. 1 und 2 EStG a. F. auf Neuzusagen	211
f) Verhältnis von § 3 Nr. 63 EStG und § 40b EStG a. F., wenn die betriebliche Altersversorgung nebeneinander bei verschiedenen Versorgungseinrichtungen durchgeführt wird	212–213
III. Steuerliche Behandlung der Versorgungsleistungen	
1. Allgemeines	214
2. Direktzusage und Unterstützungskasse	215
3. Direktversicherung, Pensionskasse und Pensionsfonds	216–224
a) Leistungen aus kapitalgedeckten Versorgungseinrichtungen	216
aa) Leistungen, die ausschließlich auf nicht geförderten Beiträgen beruhen	217–218
bb) Leistungen, die ausschließlich auf geförderten Beiträgen beruhen	219
cc) Leistungen, die auf geförderten und nicht geförderten Beiträgen beruhen	220–222
dd) Bescheinigungspflicht	223
b) Leistungen aus umlagefinanzierten Versorgungseinrichtungen	224

	Rn.
4. Sonderregelung für Leistungen aus einem Pensionsfonds aufgrund der Übergangsregelung nach § 52 Abs. 34b EStG	225–226
IV. Schädliche Auszahlung von gefördertem Altersvorsorgevermögen	
1. Allgemeines	227–228
2. Abfindungen von Anwartschaften, die auf nach § 10a/Abschnitt XI EStG geförderten Beiträgen beruhen	229
3. Abfindungen von Anwartschaften, die auf steuerfreien und nicht geförderten Beiträgen beruhen	230–231
4. Portabilität	232–233
5. Entschädigungsloser Widerruf eines noch verfallbaren Bezugsrechts	234

C. Anwendungsregelung

A. Private Altersvorsorge

I. Förderung durch Zulage und Sonderausgabenabzug

1. Begünstigter Personenkreis

a) Allgemeines

1 Als begünstigte Person kommt nur in Betracht, wer der unbeschränkten Einkommensteuerpflicht (§ 1 Abs. 1 bis 3 EStG) unterliegt. Dies gilt für den Sonderausgabenabzug nach § 10a EStG (§ 50 Abs. 1 Satz 4 EStG) ebenso wie für die Zulageförderung nach Abschnitt XI EStG (§ 79 EStG).

2 Die persönlichen Voraussetzungen müssen im jeweiligen Beitragsjahr (Veranlagungszeitraum) zumindest während eines Teils des Jahres vorgelegen haben. Für Altersvorsorgebeiträge zugunsten eines Vertrags, aus dem Altersvorsorgeleistungen fließen und die nach Beginn der Auszahlungsphase geleistet wurden, kommt eine steuerliche Förderung nach § 10a oder Abschnitt XI EStG nicht mehr in Betracht.

b) Unmittelbar begünstigte Personen

aa) Pflichtversicherte in der gesetzlichen Rentenversicherung (§ 10a Abs. 1 Satz 1 Halbsatz 1 EStG) und Pflichtversicherte nach dem Gesetz über die Alterssicherung der Landwirte (§ 10a Abs. 1 Satz 3 EStG)

3 In der gesetzlichen Rentenversicherung pflichtversichert ist, wer nach §§ 1 bis 4, 229, 229a und 230 des Sechsten Buches Sozialgesetzbuch (SGB VI) der Versicherungspflicht unterliegt. Hierzu gehört der in der Anlage 1 Abschnitt A abschließend aufgeführte Personenkreis. Allein die Zahlung von Pflichtbeiträgen zur gesetzlichen Rentenversicherung ohne Vorliegen einer Versicherungspflicht, beispielsweise von dritter Seite aufgrund eines Forderungsüberganges (Regressierung) wegen eines Schadensersatzanspruchs (§ 119 des Zehnten Buches Sozialgesetzbuch – SGB X –), begründet nicht die Zugehörigkeit zu dem nach § 10a Abs. 1 Satz 1 EStG begünstigten Personenkreis.

4 Pflichtversicherte nach dem Gesetz über die Alterssicherung der Landwirte gehören, soweit sie nicht als Pflichtversicherte der gesetzlichen Rentenversicherung ohnehin bereits anspruchsberechtigt sind, in dieser Eigenschaft ebenfalls zum begünstigten Personenkreis. Darunter fallen insbesondere die in Anlage 1 Abschnitt B aufgeführten Personen.

bb) Empfänger von Besoldung und diesen gleichgestellte Personen (§ 10a Abs. 1 Satz 1 Halbsatz 2 EStG)

5 Zum begünstigten Personenkreis nach § 10a Abs. 1 Satz 1 Halbsatz 2 EStG gehören

– Empfänger von Besoldung nach dem Bundesbesoldungsgesetz – BBesG – (§ 10a Abs. 1 Satz 1 Halbsatz 2 Nr. 1 EStG),

Steuerliche Förderung der privaten und betrieblichen Altersversorgung Anhang 13 c

- Empfänger von Amtsbezügen aus einem Amtsverhältnis, deren Versorgungsrecht die entsprechende Anwendung des § 69 e Abs. 3 und Abs. 4 des Beamtenversorgungsgesetzes – BeamtVG – vorsieht (§ 10 a Abs. 1 Satz 1 Halbsatz 2 Nr. 2 EStG),
- die nach § 5 Abs. 1 Satz 1 Nr. 2 und 3 SGB VI versicherungsfrei Beschäftigten und die nach § 6 Abs. 1 Satz 1 Nr. 2 SGB VI oder nach § 230 Abs. 2 Satz 2 SGB VI von der Versicherungspflicht befreiten Beschäftigten, deren Versorgungsrecht die entsprechende Anwendung des § 69 e Abs. 3 und 4 BeamtVG vorsieht (§ 10 a Abs. 1 Satz 1 Halbsatz 2 Nr. 3 EStG),
- Beamte, Richter, Berufssoldaten und Soldaten auf Zeit, die ohne Besoldung beurlaubt sind, für die Zeit einer Beschäftigung, wenn während der Beurlaubung die Gewährleistung einer Versorgungsanwartschaft unter den Voraussetzungen des § 5 Abs. 1 Satz 1 SGB VI auf diese Beschäftigung erstreckt wird (§ 10 a Abs. 1 Satz 1 Halbsatz 2 Nr. 4 EStG) und
- Steuerpflichtige im Sinne von § 10 a Abs. 1 Satz 1 Nr. 1 bis 4 EStG, die wegen der Erziehung eines Kindes beurlaubt sind und deshalb keine Besoldung, Amtsbezüge oder Entgelt erhalten, sofern sie eine Anrechnung von Kindererziehungszeiten nach § 56 SGB VI in Anspruch nehmen könnten, wenn die Versicherungsfreiheit in der gesetzlichen Rentenversicherung nicht bestehen würde.

Einzelheiten ergeben sich aus der Anlage 2 zu diesem Schreiben.

6 Neben den vorstehend genannten Voraussetzungen ist für die steuerliche Förderung die schriftliche Einwilligung zur Weitergabe der für einen maschinellen Datenabgleich notwendigen Daten von der zuständigen Stelle (§ 81 a EStG) an die ZfA erforderlich. Für die Beitragsjahre ab 2005 ist die Einwilligung spätestens bis zum Ablauf des zweiten Kalenderjahres, das auf das Beitragsjahr folgt, gegenüber der zuständigen Stelle zu erteilen. Die Frist zur Abgabe der Einwilligung wird für das Beitragsjahr 2002 bis zum 31. Dezember 2004, für 2003 bis zum 31. Dezember 2005 und für 2004 bis zum 31. Dezember 2006 verlängert. Die zuständigen Stellen haben die Daten nach § 10 a Abs. 1 Satz 1 EStG zeitnah – spätestens bis zum Ende des folgenden Kalendervierteljahres – nach Vorlage der Einwilligung an die zentrale Stelle zu übermitteln (§ 91 Abs. 2 EStG).

Auch der Gesamtrechtsnachfolger (z. B. Witwe, Witwer) kann die Einwilligung innerhalb der Frist für den Verstorbenen/die Verstorbene nachholen.

Wenn ein Angehöriger dieses Personenkreises keine Sozialversicherungsnummer hat, muss über die zuständige Stelle eine Zulagenummer bei der ZfA beantragt werden (§ 10 a Abs. 1 a EStG).

cc) Pflichtversicherten gleichstehende Personen

7 Nach § 10 a Abs. 1 Satz 3 EStG stehen den Pflichtversicherten der gesetzlichen Rentenversicherung Personen gleich, die wegen Arbeitslosigkeit bei einer inländischen Agentur für Arbeit als Arbeitsuchende gemeldet sind und der Versicherungspflicht in der Rentenversicherung nicht unterliegen, weil sie eine Leistung nach dem Dritten (ab 1. Januar 2005: Zweiten) Buch Sozialgesetzbuch nur wegen des zu berücksichtigenden Einkommens oder Vermögens nicht beziehen. Wird eine Leistung nicht gezahlt, weil sich der Arbeitslose nicht bei einer Agentur für Arbeit als Arbeitsuchender gemeldet hat, besteht keine Förderberechtigung.

dd) Pflichtversicherte in einer ausländischen Rentenversicherung

8 Zum begünstigten Personenkreis gehören auch unbeschränkt einkommensteuerpflichtige Personen, die einer ausländischen gesetzlichen Rentenversicherungspflicht unterliegen, soweit die Pflichtmitgliedschaft der deutschen Rentenversicherungspflicht vergleichbar ist. Das gilt auch für den Fall der Arbeitslosigkeit, wenn die Pflichtversicherung in der ausländischen gesetzlichen Rentenversicherung fortbesteht. In sämtlichen ausländischen Rentenversicherungssystemen der Anrainerstaaten der Bundesrepublik Deutschland bestehen derartige Pflichtversicherungen, in die sog. „Grenzgänger" einbezogen sind. Grenzgänger in diesem Sinne ist jeder Arbeitnehmer, der seine Berufstätigkeit, die durch entsprechende Unterlagen nachzuweisen ist, im Gebiet eines Staates ausübt und im Gebiet eines anderen Staates wohnt, in das er in der Regel täglich, mindestens aber einmal wöchentlich zurückkehrt.

ee) Nicht unmittelbar begünstigte Personen

9 Nicht unmittelbar begünstigt sind insbesondere die in Anlage 1 Abschnitt C aufgeführten Personengruppen.

c) Mittelbar zulageberechtigte Personen

10 Bei Ehegatten, bei denen die Voraussetzungen des § 26 Abs. 1 EStG vorliegen und von denen nur ein Ehegatte unmittelbar zulageberechtigt ist, ist auch der andere Ehegatte (mittelbar) zulageberechtigt, wenn beide Ehegatten jeweils einen auf ihren Namen lautenden, nach § 5 des Altersvorsorgeverträge-Zertifizierungsgesetzes (AltZertG) zertifizierten Vertrag (Altersvorsorgevertrag) abgeschlossen haben oder der unmittelbar zulageberechtigte Ehegatte über eine förderbare Versorgung im Sinne des § 82 Abs. 2 EStG bei einer Pensionskasse, einem Pensionsfonds oder über eine nach § 82 Abs. 2 EStG förderbare Direktversicherung verfügt und der andere Ehegatte einen auf seinen Namen lautenden, nach § 5 AltZertG zertifizierten Vertrag abgeschlossen hat. Eigene Altersvorsorgebeiträge müssen nur von dem unmittelbar zulageberechtigten Ehegatten, nicht jedoch von dem mittelbar zulageberechtigten Ehegatten erbracht werden (vgl. Rz. 51 ff.). Zum Sonderausgabenabzug nach § 10 a EStG vgl. Rz. 59. Im Hinblick auf die Beantragung einer Zulagenummer wird auf § 89 Abs. 1 Satz 4 EStG verwiesen.

11 Die mittelbare Zulageberechtigung entfällt, wenn der mittelbar Zulageberechtigte unmittelbar zulageberechtigt wird, der unmittelbar zulageberechtigte Ehegatte nicht mehr zum zulageberechtigten Personenkreis gehört oder die Ehegatten nicht mehr die Voraussetzungen des § 26 Abs. 1 EStG erfüllen. Fließen dem mittelbar zulageberechtigten Ehegatten Leistungen aus einem Altersvorsorgevertrag zu, kann er für diesen Vertrag keine Zulage mehr beanspruchen.

12 Ein mittelbar zulageberechtigter Ehegatte verliert im Falle der Auflösung der Ehe – auch wenn die Ehegatten nicht bereits während des ganzen Jahres getrennt gelebt haben – bereits für das Jahr der Auflösung der Ehe seine Zulageberechtigung, wenn der unmittelbar Zulageberechtigte im selben Jahr wieder geheiratet hat und bei ihm und dem neuen Ehegatten die Voraussetzungen des § 26 Abs. 1 EStG vorliegen.

13 Bei eingetragenen Lebenspartnerschaften kommt eine mittelbare Zulageberechtigung nicht in Betracht.

2. Altersvorsorgebeiträge (§ 82 EStG)

a) Private Altersvorsorgebeiträge

14 Altersvorsorgebeiträge im Sinne des § 82 Abs. 1 EStG sind die zugunsten eines nach § 5 AltZertG zertifizierten Vertrags (Altersvorsorgevertrag) geleisteten Beiträge. Die dem Vertrag gutgeschriebenen Zulagen stellen – anders als im AltZertG – keine Altersvorsorgebeiträge dar und sind daher selbst nicht zulagefähig.

b) Beiträge im Rahmen der betrieblichen Altersversorgung

15 Auf die Ausführungen in den Rz. 170 ff. und 192 ff. wird hingewiesen.

c) Beiträge, die über den Mindesteigenbeitrag hinausgehen

16 Auch Beiträge, die über den Mindesteigenbeitrag hinausgehen, sind Altersvorsorgebeiträge. Zum Begriff der Überzahlung wird auf Rz. 91 verwiesen.

17 Sieht der Altersvorsorgevertrag allerdings eine vertragliche Begrenzung auf einen festgelegten Höchstbetrag vor (z. B. den Betrag nach § 10 a EStG oder den nach § 86 EStG erforderli-

chen Mindesteigenbeitrag zuzüglich Zulageanspruch), handelt es sich bei Zahlungen, die darüber hinausgehen, um zivilrechtlich nicht geschuldete Beträge, hinsichtlich derer dem Anleger ein Rückerstattungsanspruch gegen den Anbieter zusteht. Diese Beträge stellen grundsätzlich keine Altersvorsorgebeiträge i. S. d. § 82 Abs. 1 EStG dar (Ausnahme vgl. Rz. 92). Der Anbieter darf diese Beträge daher nicht in seine Bescheinigung nach § 10a Abs. 5 Satz 1 EStG aufnehmen.

3. Zulage

a) Kinderzulage

aa) Kinderzulageberechtigung bei Eltern, die die Voraussetzungen des § 26 Abs. 1 EStG erfüllen

18 Erfüllen Eltern die Voraussetzungen des § 26 Abs. 1 EStG, erhält grundsätzlich die Mutter die Kinderzulage. Die Eltern können gemeinsam für das jeweilige Beitragsjahr beantragen, dass der Vater die Zulage erhält. In beiden Fällen kommt es nicht darauf an, welchem Elternteil das Kindergeld ausgezahlt wurde. Der Antrag kann
– für jedes einzelne Kind gestellt werden,
– nach Eingang beim Anbieter nicht mehr widerrufen werden.

19 Hat der Vater seinem Anbieter eine Vollmacht (vgl. Rz. 144) zur formlosen Antragstellung erteilt, kann der Antrag auf Übertragung der Kinderzulage von der Mutter auf ihn auch für die Folgejahre bis auf Widerruf erteilt werden. Der Antrag kann vor Ende des Kalenderjahres, für das er erstmals nicht mehr gelten soll, gegenüber dem Anbieter des Vaters widerrufen werden.

bb) Kinderzulageberechtigung in anderen Fällen

20 Erfüllen Eltern nicht die Voraussetzungen des § 26 Abs. 1 EStG, zum Beispiel Alleinerziehende, erhält der Elternteil die Kinderzulage, dem das Kindergeld für das Kind ausgezahlt wird (§ 85 Abs. 1 Satz 1 EStG).

21 Erhält ein Großelternteil nach § 64 Abs. 2 EStG das Kindergeld, steht nur ihm die Kinderzulage zu.

22 Wird einem Kind für sich selbst das Kindergeld ausgezahlt, steht ihm selbst die Kinderzulage zu.

cc) Wechsel des Kindergeldempfängers im Laufe des Beitragsjahrs

23 Wurde während des Beitragsjahrs mehreren Zulageberechtigten für unterschiedliche Zeiträume Kindergeld ausgezahlt, hat gemäß § 85 Abs. 1 Satz 3 EStG grundsätzlich derjenige den Anspruch auf die Kinderzulage, dem für den zeitlich frühesten Anspruchszeitraum im Beitragsjahr Kindergeld ausgezahlt wurde. Dies gilt nicht bei einem Wechsel zwischen Elternteilen, die die Voraussetzungen des § 26 Abs. 1 EStG erfüllen.

Beispiel:

24 Das Kind lebt mit den Großeltern und der unverheirateten Mutter in einem gemeinsamen Haushalt. Ein Großelternteil erhält das Kindergeld für die Monate Januar bis Mai 2005. Ab Juni 2005 erhält die Mutter das Kindergeld.
Die Kinderzulage steht dem zulageberechtigten Großelternteil zu, da dieser im Jahr 2005 den zeitlich ersten Kindergeldanspruch besaß.

25 Hat der Kindergeldberechtigte keinen Kindergeldantrag gestellt, erhält aber vom Finanzamt den Kinderfreibetrag nach § 32 Abs. 6 Satz 1 EStG, besteht nach § 85 Abs. 1 Satz 1 EStG kein Anspruch auf die Kinderzulage.

dd) Sonstiges

26 Für den Anspruch auf Kinderzulage reicht es aus, dass in dem Beitragsjahr, für das die Kinderzulage beansprucht wird, pro Kind mindestens für einen Monat Kindergeld an den Zulageberechtigten ausgezahlt wurde. Dies gilt auch, wenn sich zu einem späteren Zeitpunkt herausstellt, dass das Kindergeld teilweise zu Unrecht gezahlt worden ist und für die übrigen Monate zurückgefordert wird. Rz. 23 ist zu beachten.

27 Stellt sich zu einem späteren Zeitpunkt heraus, dass das gesamte Kindergeld im Beitragsjahr zu Unrecht ausgezahlt wurde, entfällt der Anspruch auf die Zulage gemäß § 85 Abs. 1 Satz 2 EStG. Darf dieses zu Unrecht ausgezahlte Kindergeld aus verfahrensrechtlichen Gründen nicht zurückgefordert werden, bleibt der Anspruch auf die Zulage für das entsprechende Beitragsjahr bestehen.

28 Wird einem anderen als dem Kindergeldberechtigten, zum Beispiel einer Behörde, das Kindergeld ausgezahlt (§ 74 EStG), ist die Festsetzung des Kindergelds für die Zulageberechtigung maßgebend.

Beispiel:

29 Für den kindergeldberechtigten Vater wird Kindergeld festgesetzt. Wegen der Unterbringung des Kindes in einem Heim stellt das Jugendamt einen Antrag auf Abzweigung des Kindergelds, dem stattgegeben wird. Das Kindergeld wird nicht an den Vater, sondern an das Jugendamt ausgezahlt.
Anspruch auf Kinderzulage hat in diesem Fall der Vater.

30 Dem Kindergeld gleich stehen andere Leistungen für Kinder i. S. d. § 65 Abs. 1 Satz 1 EStG (§ 65 Abs. 1 Satz 2 EStG). Zu den mit dem Kindergeld vergleichbaren Leistungen i. S. d. § 65 Abs. 1 Satz 1 Nr. 2 EStG wird auf das Schreiben des Bundesamtes für Finanzen vom 5. August 2004, BStBl. I S. 742 verwiesen.

b) Mindesteigenbeitrag

aa) Allgemeines

31 Die Altersvorsorgezulage wird nur dann in voller Höhe gewährt, wenn der Berechtigte einen bestimmten Mindesteigenbeitrag zugunsten der begünstigten – maximal zwei – Verträge erbracht hat (§ 87 EStG).

32 Der Mindesteigenbeitrag ermittelt sich wie folgt:

in den Veranlagungszeiträumen 2002 und 2003	1 % der maßgebenden Einnahmen maximal 525 Euro abzüglich der Zulage
in den Veranlagungszeiträumen 2004 und 2005	2 % der maßgebenden Einnahmen maximal 1050 Euro abzüglich der Zulage
in den Veranlagungszeiträumen 2006 und 2007	3 % der maßgebenden Einnahmen maximal 1575 Euro abzüglich der Zulage
ab dem Veranlagungszeitraum 2008 jährlich	4 % der maßgebenden Einnahmen maximal 2100 Euro abzüglich der Zulage

33 Der Mindesteigenbeitrag gemäß Rz. 32 ist – auch bei Beiträgen zugunsten von Verträgen, die vor dem 1. Januar 2005 abgeschlossen wurden – mit dem Sockelbetrag nach § 86 Abs. 1 Satz 4 EStG zu vergleichen (ab dem Beitragsjahr 2005 einheitlich 60 Euro). Die Altersvorsorgezulage wird nicht gekürzt, wenn der Berechtigte in dem maßgebenden Beitragsjahr den höheren der beiden Beträge als Eigenbeitrag zugunsten der begünstigten – maximal zwei – Verträge eingezahlt hat. Zu den Besonderheiten bei Ehegatten vgl. Rz. 48 ff.

Beispiel:

34 A, ledig, Sitz des Arbeitgebers in Bremen, keine Kinder, zahlt zugunsten seines Altersvorsorgevertrags im Jahr 2006 eigene Beiträge von 1461 € ein. Im Jahr 2005 hatte er beitragspflichtige Einnahmen i. H. v. 53 000 €. Die Beitragsbemessungsgrenze in der allgemeinen Rentenversicherung (West) für das Kalenderjahr 2005 beträgt 62 400 €.

Beitragspflichtige Einnahmen	53 000 €
3 %	1 590 €
höchstens	1 575 €
anzusetzen	1 575 €
abzüglich Zulage	114 €
Mindesteigenbeitrag (§ 86 Abs. 1 Satz 2 EStG)	1 461 €
Sockelbetrag (§ 86 Abs. 1 Satz 4 EStG)	60 €
maßgebend (§ 86 Abs. 1 Satz 5 EStG)	1 461 €

Da A den Mindesteigenbeitrag erbracht hat, wird die Zulage von 114 € nicht gekürzt.

35 Abwandlung des Beispiels in der Rz. 34:
Bei A sind zudem zwei Kinderzulagen zu berücksichtigen.

Beitragspflichtige Einnahmen	53 000 €
3 %	1 590 €
höchstens	1 575 €

anzusetzen	1 575 €
abzüglich Zulage (114 € + 2 × 138 €)	390 €
Mindesteigenbeitrag (§ 86 Abs. 1 Satz 2 EStG)	1 185 €
Sockelbetrag (§ 86 Abs. 1 Satz 4 EStG)	60 €
maßgebend (§ 86 Abs. 1 Satz 5 EStG)	1 185 €

Die von A geleisteten Beiträge übersteigen den Mindesteigenbeitrag. Die Zulage wird nicht gekürzt.

Für die Berechnung der Zulagehöhe sowie des erforderlichen Mindesteigenbeitrags wird von der ZfA auf der Internetseite www.bfa.de ein Zulagerechner zur Verfügung gestellt.

bb) Berechnungsgrundlagen

36 Maßgebend für den individuell zu ermittelnden Mindesteigenbeitrag (Rz. 32) ist die Summe der in dem dem Beitragsjahr vorangegangenen Kalenderjahr erzielten beitragspflichtigen Einnahmen im Sinne des SGB VI, der bezogenen Besoldung und Amtsbezüge und in den Fällen des § 10 a Abs. 1 Satz 1 Halbsatz 2 Nr. 3 und 4 EStG der erzielten Einnahmen, die beitragspflichtig gewesen wären, wenn die Versicherungsfreiheit in der gesetzlichen Rentenversicherung nicht bestanden hätte (maßgebende Einnahmen). Die entsprechenden Beträge sind auf volle Euro abzurunden, dies gilt auch für die Ermittlung des Mindesteigenbeitrags.

Zu Besonderheiten siehe Rz. 44 ff.

(1) Beitragspflichtige Einnahmen

37 Als „beitragspflichtige Einnahmen" im Sinne des SGB VI ist nur der Teil des Arbeitsentgelts zu erfassen, der die jeweils gültige Beitragsbemessungsgrenze nicht übersteigt. Insoweit ist auf diejenigen Einnahmen abzustellen, die im Rahmen des sozialrechtlichen Meldeverfahrens den Trägern der gesetzlichen Rentenversicherung gemeldet werden.

38 Die beitragspflichtigen Einnahmen ergeben sich
- bei Arbeitnehmern und Beziehern von Vorruhestandsgeld aus der Durchschrift der „Meldung zur Sozialversicherung nach der DEÜV" (Arbeitsentgelte) und
- bei rentenversicherungspflichtigen Selbständigen aus der vom Rentenversicherungsträger erstellten Bescheinigung.

39 Als beitragspflichtige Einnahmen bei dem in Rz. 8 beschriebenen Personenkreis sind die Einnahmen aus der nichtselbständigen Tätigkeit zu berücksichtigen, die die Zugehörigkeit zum Personenkreis nach § 10 a Abs. 1 EStG begründen; Freistellungen nach dem jeweiligen DBA sind bei der Bestimmung der beitragspflichtigen Einnahmen unbeachtlich.

(2) Besoldung und Amtsbezüge

40 Die Besoldung und die Amtsbezüge ergeben sich aus den Besoldungsmitteilungen bzw. den Mitteilungen über die Amtsbezüge der die Besoldung bzw. die Amtsbezüge anordnenden Stelle.

41 Zur Besoldung gehören u. a. das Grundgehalt, Leistungsbezüge an Hochschulen, der Familienzuschlag, Zulagen und Vergütungen (§ 1 Abs. 2 Nr. 1 bis 5 BBesG), ferner Anwärterbezüge, jährliche Sonderzahlungen, vermögenswirksame Leistungen, das jährliche Urlaubsgeld (§ 1 Abs. 3 Nr. 1 bis 4 BBesG), der Altersteilzeitzuschlag (§ 1 ATZV i. V. m. § 6 Abs. 2 BBesG) und die Sachbezüge (§ 10 BBesG), nicht hingegen Auslandsdienstbezüge i. S. d. § 52 ff. BBesG.

42 Die Höhe der Amtsbezüge richtet sich nach den jeweiligen bundes- oder landesrechtlichen Vorschriften.

(3) Land- und Forstwirte

43 Bei einem Land- und Forstwirt, der nach dem Gesetz über die Alterssicherung der Landwirte pflichtversichert ist, ist für die Berechnung des Mindesteigenbeitrags auf die Einkünfte i. S. d. § 13 EStG des zweiten dem Beitragsjahr vorangegangenen Veranlagungszeitraums abzustellen (§ 86 Abs. 3 EStG). Ist dieser Land- und Forstwirt neben seiner land- und forstwirtschaftlichen Tätigkeit auch als Arbeitnehmer tätig und in der gesetzlichen Rentenversicherung pflichtversichert, sind die beitragspflichtigen Einnahmen des Vorjahres und die positiven Einkünfte i. S. d. § 13 EStG des zweiten dem Beitragsjahr vorangegangenen Veranlagungszeitraums zusammenzurechnen. Eine Saldierung mit negativen Einkünften i. S. d. § 13 EStG erfolgt nicht.

(4) Sonderfälle

44 In der gesetzlichen Rentenversicherung werden für bestimmte pflichtversicherte Personen abweichend vom tatsächlich erzielten Entgelt (§ 14 SGB IV) oder von der Entgeltersatzleistung andere Beträge als beitragspflichtige Einnahmen berücksichtigt. Beispielhaft sind folgende Personen zu nennen:
- zu ihrer Berufsausbildung Beschäftigte,
- behinderte Menschen, die in Einrichtungen der Jugendhilfe oder in anerkannten Werkstätten für behinderte Menschen beschäftigt werden,
- Personen, die für eine Erwerbstätigkeit befähigt werden sollen,
- Bezieher von Kurzarbeiter- oder Winterausfallgeld,
- Beschäftigte, die in einem Altersteilzeitarbeitsverhältnis stehen,
- Bezieher von Vorruhestandsgeld, Krankengeld, Arbeitslosengeld, Unterhaltsgeld, Übergangsgeld, Verletztengeld oder Versorgungskrankengeld,
- als wehr- oder zivildienstleistende Versicherte,
- Versicherte, die für Zeiten der Arbeitsunfähigkeit oder Rehabilitation ohne Anspruch auf Krankengeld versichert sind,
- Personen, die einen Pflegebedürftigen nicht erwerbsmäßig wenigstens 14 Stunden in der Woche in seiner häuslichen Umgebung pflegen,
- Bezieher von Arbeitslosengeld II.

45 In diesen Fällen ist zur Berechnung des individuellen Mindesteigenbeitrags das tatsächlich erzielte Entgelt oder der Betrag der Entgeltersatzleistung (z. B. das Arbeitslosengeld oder Krankengeld) zugrunde zu legen, wenn die beitragspflichtigen Einnahmen höher sind. Bei Altersteilzeitarbeit ist das aufgrund der abgesenkten Arbeitszeit erzielte Arbeitsentgelt – ohne Aufstockungs- und Unterschiedsbetrag – maßgebend.

46 Wird im vorangegangenen Kalenderjahr nur ein geringes tatsächliches Entgelt oder eine geringe Entgeltersatzleistung bzw. gar kein Entgelt erzielt (z. B. bei Pflichtversicherung aufgrund anzurechnender Kindererziehungszeiten, § 3 Satz 1 Nr. 1 SGB VI), ist für die individuelle Mindesteigenbeitragsberechnung – für die Beitragsjahre 2002 bis 2004 – mindestens die bei geringfügiger Beschäftigung zu berücksichtigende Mindestbeitragsbemessungsgrundlage (§ 163 Abs. 8 SGB VI) anzusetzen. Dies gilt auch dann, wenn im vorangegangenen Kalenderjahr keine Einnahmen i. S. d. Rz. 36 bis 43 erzielt worden sind. Ist nur die Mindestbeitragsbemessungsgrundlage anzuwenden, wird daher im Ergebnis stets der Sockelbetrag als Mindesteigenbeitrag anzusetzen sein. Mit der Mindestbeitragsbemessungsgrundlage (für die Kalenderjahre 2002 bis 2004 jeweils 1860 Euro) ist daher für die Berechnung des Mindesteigenbeitrags maßgebenden Einnahmen (siehe Rz. 36 bis 43) zu vergleichen. Anzusetzen ist der jeweils höhere Betrag. Ist nur in einigen Monaten kein Entgelt erzielt worden, ist für diese Monate nicht die Mindestbeitragsbemessungsgrundlage anzusetzen, wenn die für den Mindesteigenbeitrag zu berücksichtigenden Einnahmen im Jahr insgesamt den Betrag der Mindestbeitragsbemessungsgrundlage überschreiten.

47 Wird für die Beitragsjahre ab 2005 nur ein geringes tatsächliches Entgelt, eine geringe Entgeltersatzleistung oder gar kein Entgelt erzielt, ist als Mindesteigenbeitrag mindestens der Sockelbetrag zu zahlen.

cc) Besonderheiten bei Ehegatten, die die Voraussetzungen des § 26 Abs. 1 EStG erfüllen

48 Gehören beide Ehegatten zum unmittelbar begünstigten Personenkreis, ist für jeden Ehegatten anhand seiner jeweiligen maßgebenden Einnahmen (Rz. 36 bis 43) ein eigener Mindesteigenbeitrag nach Maßgabe der Rz. 32 und 33 zu berechnen.

49 Die Grundsätze zur Zuordnung der Kinderzulage (Rz. 20 ff.) gelten auch für die Ermittlung des Mindesteigenbeitrags.

50 Ist nur ein Ehegatte unmittelbar und der andere mittelbar begünstigt, ist die Mindesteigenbeitragsberechnung nur für den unmittelbar begünstigten Ehegatten durchzuführen. Berechnungsgrundlage sind seine Einnahmen i. S. d. Rz. 36 bis 43. Der sich nach Anwendung des maßgebenden %-Satzes ergebende Betrag ist um die den Ehegatten insgesamt zustehenden Zulagen zu vermindern.

51 Hat der unmittelbar begünstigte Ehegatte den erforderlichen Mindesteigenbeitrag zugunsten seines Altersvorsorgevertrags oder einer förderbaren Versorgung i. S. d. § 82 Abs. 2 EStG bei einer Pensionskasse, einem Pensionsfonds oder einer nach § 82 Abs. 2 EStG förderbaren Direktversicherung erbracht, erhält auch der Ehegatte mit dem mittelbaren Zulageanspruch die Altersvorsorgezulage ungekürzt. Es ist nicht erforderlich, dass er neben der Zulage eigene Beiträge zugunsten seines Altersvorsorgevertrags leistet.

Beispiel:

52 A und B sind verheiratet und haben drei Kinder. A erzielt sozialversicherungspflichtige Einkünfte bei einem Arbeitgeber mit Sitz in Bremen. Im Jahr 2005 betragen seine beitragspflichtigen Einnahmen 53 000 €. B erzielt keine Einkünfte. Beide haben in 2006 einen eigenen Altersvorsorgevertrag abgeschlossen. A zahlt einen eigenen jährlichen Beitrag von 933 € zugunsten seines Vertrags ein. B erbringt keine eigenen Beiträge; es fließen nur die Grundzulage und die Kinderzulagen für drei Kinder auf ihren Vertrag. Mindesteigenbeitragsberechnung für A:

Beitragspflichtige Einnahmen	53 000 €
3 %	1 590 €
höchstens	1 575 €
anzusetzen	1 575 €
abzüglich Zulagen (2 × 114 €, 3 × 138 €)	642 €
Mindesteigenbeitrag nach § 86 Abs. 1 Satz 2 EStG	933 €
Sockelbetrag (§ 86 Abs. 1 Satz 4 EStG)	60 €
maßgebend (§ 86 Abs. 1 Satz 5 EStG)	933 €

Beide Ehegatten haben Anspruch auf die volle Zulage, da A seinen Mindesteigenbeitrag von 933 € erbracht hat, der sich auch unter Berücksichtigung der B zustehenden Kinder- und Grundzulage errechnet.

dd) Kürzung der Zulage

53 Erbringt der unmittelbar Begünstigte in einem Beitragsjahr nicht den erforderlichen Mindesteigenbeitrag, ist die für dieses Beitragsjahr zustehende Altersvorsorgezulage (Grundzulage und Kinderzulage) nach dem Verhältnis der geleisteten Altersvorsorgebeiträge zum erforderlichen Mindesteigenbeitrag zu kürzen. Ist der Ehegatte nur mittelbar zulageberechtigt, gilt dieser Kürzungsmaßstab auch für ihn, unabhängig davon, ob er eigene Beiträge zugunsten seines Vertrags geleistet hat.

Beispiel:

54 Wie Beispiel in Rz. 52, allerdings haben A und B im Beitragsjahr 2006 zugunsten ihrer Verträge jeweils folgende Beiträge geleistet:

A	800 €
B	133 €
Mindesteigenbeitragsberechnung für A:	
Beitragspflichtige Einnahmen	53 000 €
3 %	1 590 €
höchstens	1 575 €
anzusetzen	1 575 €
abzüglich Zulagen (2 × 114 €, 3 × 138 €)	642 €
Mindesteigenbeitrag nach § 86 Abs. 1 Satz 2 EStG	933 €
Sockelbetrag (§ 86 Abs. 1 Satz 4 EStG)	60 €
maßgebend (§ 86 Abs. 1 Satz 5 EStG)	933 €
tatsächlich geleisteter Eigenbeitrag	800 €
dies entspricht 85,74 % des Mindesteigenbeitrags (800/933 × 100 = 85,74)	
Zulageanspruch A:	
85,74 % von 114 €	97,74 €
Zulageanspruch B:	
85,74 % von 528 € (114 € + 3 × 138 €)	452,71 €
Zulageansprüche gesamt	550,45 €

Die eigenen Beiträge von B haben keine Auswirkung auf die Berechnung der Zulageansprüche, können aber von A im Rahmen seines Sonderausgabenabzugs nach § 10 a Abs. 1 EStG (vgl. Rz. 59) geltend gemacht werden (800 € + 133 € + Zulagen A und B 550,45 € = 1483,45 €).

4. Sonderausgabenabzug

55 Neben der Zulageförderung nach Abschnitt XI EStG können die zum begünstigten Personenkreis gehörenden Steuerpflichtigen ihre Aufwendungen für eine zusätzliche Altersvorsorge bis zu bestimmten Höchstbeträgen als Sonderausgaben geltend machen (§ 10 a Abs. 1 EStG).

56 Zu den abziehbaren Sonderausgaben gehören die im Veranlagungszeitraum geleisteten Altersvorsorgebeiträge (siehe Rz. 14 und Rz. 192 ff.). Außerdem ist die dem Steuerpflichtigen zustehende Altersvorsorgezulage (Grund- und Kinderzulage) zu berücksichtigen. Hierbei ist abweichend von § 11 Abs. 2 EStG der für das Beitragsjahr (= Kalenderjahr) entstandene Anspruch auf Zulage für die Höhe des Sonderausgabenabzugs maßgebend (§ 10 a Abs. 1 Satz 1 EStG). Ob und wann die Zulage dem begünstigten Vertrag gutgeschrieben wird, ist unerheblich.

57 Die Höhe der Altersvorsorgebeiträge hat der Steuerpflichtige durch eine Bescheinigung des Anbieters nach amtlichem Vordruck nachzuweisen (§ 10 a Abs. 5 Satz 1 EStG). Die übrigen Tatbestandsvoraussetzungen für die Inanspruchnahme des Sonderausgabenabzugs nach § 10 a EStG dem Grunde wie der Höhe nach werden grundsätzlich im Wege des Datenabgleichs nach § 91 EStG durch die ZfA überprüft. Eine gesonderte Prüfung durch die Finanzämter erfolgt grundsätzlich nicht.

a) Umfang des Sonderausgabenabzugs bei Ehegatten

58 Für Ehegatten, bei denen die Voraussetzungen des § 26 Abs. 1 EStG vorliegen und die beide unmittelbar begünstigt sind, ist die Begrenzung auf den Höchstbetrag nach § 10 a Abs. 1 EStG jeweils gesondert vorzunehmen. Ein nicht ausgeschöpfter Höchstbetrag eines Ehegatten kann dabei nicht auf den anderen Ehegatten übertragen werden.

59 Ist nur ein Ehegatte nach § 10 a Abs. 1 EStG unmittelbar begünstigt, kommt der Sonderausgabenabzug bis zu der in § 10 a Abs. 1 EStG genannten Höhe grundsätzlich nur für seine Altersvorsorgebeiträge sowie die beiden Ehegatten zustehenden Zulagen in Betracht. Der Höchstbetrag verdoppelt sich auch dann nicht, wenn der andere Ehegatte mittelbar zulageberechtigt ist. Hat der andere Ehegatte, ohne selbst unmittelbar zulageberechtigt zu sein, einen eigenen Altersvorsorgevertrag abgeschlossen, können die zugunsten dieses Vertrags geleisteten Altersvorsorgebeiträge beim Sonderausgabenabzug nach Satz 1 berücksichtigt werden, wenn der Höchstbetrag durch die vom unmittelbar Zulageberechtigten geleisteten Altersvorsorgebeiträge sowie die zu berücksichtigenden Zulagen nicht ausgeschöpft wird. Auf das Beispiel in Rz. 54 wird hingewiesen. Der mittelbar Begünstigte hat, auch wenn er keine Altersvorsorgebeiträge erbracht hat, die vom Anbieter ausgestellte Bescheinigung beizufügen (§ 10 a Abs. 5 Satz 2 EStG).

b) Günstigerprüfung

60 Ein Sonderausgabenabzug nach § 10 a Abs. 1 EStG wird nur gewährt, wenn er für den Steuerpflichtigen günstiger ist als der Anspruch auf Zulage nach Abschnitt XI EStG (§ 10 a Abs. 2 Satz 1 und 2 EStG). Bei der Veranlagung zur Einkommensteuer wird diese Prüfung von Amts wegen vorgenommen. Voraussetzung hierfür ist allerdings, dass der Steuerpflichtige den Sonderausgabenabzug nach § 10 a Abs. 1 EStG im Rahmen seiner Einkommensteuererklärung beantragt und die nach § 10 a Abs. 5 Satz 1 EStG erforderliche Bescheinigung beigefügt hat. Bei der Günstigerprüfung wird stets auf den sich nach den erklärten Angaben ergebenden Zulageanspruch abgestellt. Daher ist es für die Höhe des im Rahmen des Sonderausga-

Steuerliche Förderung der privaten und betrieblichen Altersversorgung

Anhang 13 c

benabzugs zu berücksichtigenden Zulageanspruchs unerheblich, ob ein Zulageantrag gestellt worden ist.

aa) Anrechnung des Zulageanspruchs

61 Erfolgt aufgrund der Günstigerprüfung ein Sonderausgabenabzug, erhöht sich die unter Berücksichtigung des Sonderausgabenabzugs ermittelte tarifliche Einkommensteuer um den Anspruch auf Zulage (§ 10 a Abs. 2 EStG i. V. m. § 2 Abs. 6 Satz 2 EStG). Durch diese Hinzurechnung wird erreicht, dass dem Steuerpflichtigen im Rahmen der Einkommensteuerveranlagung nur die über den Zulageanspruch hinausgehende Steuerermäßigung gewährt wird. Um die volle Förderung sicherzustellen, muss stets die Zulage beantragt werden. Über die zusätzliche Steuerermäßigung kann der Steuerpflichtige verfügen; sie wird nicht Bestandteil des Altersvorsorgevermögens. Die Zulage verbleibt auch dann auf dem Altersvorsorgevertrag, wenn die Günstigerprüfung ergibt, dass der Sonderausgabenabzug für den Steuerpflichtigen günstiger ist.

bb) Ehegatten

62 Wird bei einer Zusammenveranlagung von Ehegatten der Sonderausgabenabzug beantragt, gilt für die Günstigerprüfung Folgendes:

63 Ist nur ein Ehegatte unmittelbar begünstigt und hat der andere Ehegatte keinen Altersvorsorgevertrag abgeschlossen, wird die Steuerermäßigung für die Aufwendungen nach § 10 a Abs. 1 EStG des berechtigten Ehegatten mit seinem Zulageanspruch verglichen.

64 Ist nur ein Ehegatte unmittelbar begünstigt und hat der andere Ehegatte einen Anspruch auf Altersvorsorgezulage aufgrund seiner mittelbaren Zulageberechtigung nach § 79 Satz 2 EStG, wird die Steuerermäßigung für die im Rahmen des § 10 a Abs. 1 EStG berücksichtigten Aufwendungen beider Ehegatten einschließlich der hierfür zustehenden Zulagen mit dem den Ehegatten insgesamt zustehenden Zulageanspruch verglichen (§ 10 a Abs. 3 Satz 2 i. V. m. Abs. 2 EStG; vgl. auch das Beispiel in Rz. 68).

65 Sind beide Ehegatten unmittelbar begünstigt, wird die Steuerermäßigung für die Summe der für jeden Ehegatten nach § 10 a Abs. 1 EStG anzusetzenden Aufwendungen mit dem den Ehegatten insgesamt zustehenden Zulageanspruch verglichen (§ 10 a Abs. 3 Satz 1 i. V. m. Abs. 2 EStG; vgl. auch das Beispiel in Rz. 67).

66 Im Fall der getrennten Veranlagung nach § 26 a EStG oder der besonderen Veranlagung nach § 26 c EStG sind die Rz. 63 oder 64 entsprechend anzuwenden; sind beide Ehegatten unmittelbar begünstigt, erfolgt die Günstigerprüfung für jeden Ehegatten wie bei einer Einzelveranlagung.

Beispiel:

67 Ehegatten, die beide unmittelbar begünstigt sind, haben im Jahr 2006 ein zu versteuerndes Einkommen von 150 000 € (ohne Sonderausgabenabzug nach § 10 a EStG). Darin sind Einkünfte aus unterschiedlichen Einkunftsarten enthalten. Sie haben mit den Beiträgen in Höhe von 1600 € (Ehemann)/400 € (Ehefrau) zugunsten ihrer Verträge mehr als die erforderlichen Mindesteigenbeiträge gezahlt und daher für das Beitragsjahr 2006 jeweils einen Zulageanspruch von 114 €.

Ehemann		Ehefrau	
Eigenbeitrag	1 600 €	Eigenbeitrag	400 €
davon gefördert (höchstens 1 575 € ./. 114 € =)	1 461 €	davon gefördert (höchstens 1 575 € ./. 114 €)	400 €
Abziehbare Sonderausgaben (1 461 € + 114 € =)	1 575 €	Abziehbare Sonderausgaben (400 € + 114 € =)	514 €

zu versteuerndes Einkommen (bisher)	150 000 €
abzüglich Sonderausgaben Ehemann	1 575 €
abzüglich Sonderausgaben Ehefrau	514 € 2 089 €
zu versteuerndes Einkommen (neu)	147 911 €
Einkommensteuer auf 150 000 €	47 172 €
Einkommensteuer auf 147 911 €	46 294 €
Differenz	878 €
abzüglich Zulageansprüche insgesamt (2 × 114 €)	228 €
zusätzliche Steuerermäßigung insgesamt	650 €

Der Sonderausgabenabzug nach § 10 a EStG ergibt für die Ehegatten eine zusätzliche Steuerermäßigung in Höhe von 650 €. Zur Zurechnung der auf den einzelnen Ehegatten entfallenden Steuerermäßigung vgl. Rz. 74.

Beispiel:

68 Ehegatten haben im Jahr 2006 ein zu versteuerndes Einkommen von 150 000 € (ohne Sonderausgabenabzug nach § 10 a EStG). Darin sind Einkünfte aus unterschiedlichen Einkunftsarten enthalten. Nur der Ehemann ist unmittelbar begünstigt; er hat den erforderlichen Mindesteigenbeitrag erbracht. Seine Ehefrau hat einen eigenen Altersvorsorgevertrag abgeschlossen und ist daher mittelbar zulageberechtigt. Sie haben Beiträge in Höhe von 1247 € (Ehemann) bzw. 250 € (Ehefrau) zugunsten ihrer Verträge gezahlt und für das Beitragsjahr 2006 jeweils einen Zulageanspruch von 114 €.

Ehemann		Ehefrau	
Eigenbeitrag	1 247 €	Eigenbeitrag	250 €
davon gefördert	1 247 €		

durch den unmittelbar Zulageberechtigten ausgeschöpftes Abzugsvolumen:

Eigenbeitrag des Ehemanns	1 247 €		
Zulageanspruch Ehemann	114 €		
Zulageanspruch Ehefrau	114 €		
ausgeschöpft somit	1 475 €		
Abzugsvolumen insgesamt	1 575 €		
noch nicht ausgeschöpft	100 €	förderbar	100 €

Abziehbare Sonderausgaben der Ehegatten insgesamt: (1 247 € + 100 € + 114 € + 114 € =) 1 575 €.

zu versteuerndes Einkommen (bisher)	150 000 €
abzüglich Sonderausgaben Ehemann	1 575 €
zu versteuerndes Einkommen (neu)	148 425 €
Steuer auf 150 000 €	47 172 €
Steuer auf 148 425 €	46 510 €
Differenz	662 €
abzüglich Zulageansprüche insgesamt (2 × 114 €)	228 €
zusätzliche Steuerermäßigung insgesamt	434 €

Der Sonderausgabenabzug nach § 10 a EStG ergibt für die Ehegatten eine zusätzliche Steuerermäßigung in Höhe von 434 €. Zur Zurechnung der auf den einzelnen Ehegatten entfallenden Steuerermäßigung vgl. Rz. 75.

c) Gesonderte Feststellung der zusätzlichen Steuerermäßigung

69 Eine gesonderte Feststellung der zusätzlichen Steuerermäßigung nach § 10 a Abs. 4 Satz 1 EStG ist nur durchzuführen, wenn der Sonderausgabenabzug nach § 10 a Abs. 1 EStG günstiger ist als der Zulageanspruch nach Abschnitt XI EStG. Das Wohnsitzfinanzamt stellt in diesen Fällen die über den Zulageanspruch hinausgehende Steuerermäßigung fest und teilt sie der ZfA mit. Wirkt sich eine Änderung der Einkommensteuerfestsetzung auf die Höhe der Steuerermäßigung aus, ist die Feststellung nach § 10 a Abs. 4 Satz 1 i. V. m. § 10 d Abs. 4 Satz 4 EStG ebenfalls zu ändern.

70 Ehegatten, bei denen die Voraussetzungen des § 26 Abs. 1 EStG vorliegen, ist die über den Zulageanspruch hinausgehende Steuerermäßigung – unabhängig von der gewählten Veranlagungsart – jeweils getrennt zuzurechnen (§ 10 a Abs. 4 Satz 3 EStG). Hierbei gilt Folgendes:

71 Gehören beide Ehegatten zu dem nach § 10 a Abs. 1 EStG begünstigten Personenkreis, ist die über den Zulageanspruch hinausgehende Steuerermäßigung jeweils getrennt zuzurechnen (§ 10 a Abs. 4 Satz 3 EStG). Die Zurechnung erfolgt im Ver-

hältnis der als Sonderausgaben berücksichtigten Altersvorsorgebeiträge (geförderte Eigenbeiträge; § 10 a Abs. 4 Satz 3 Halbsatz 2 EStG).

72 Gehört nur ein Ehegatte zu dem nach § 10 a Abs. 1 EStG begünstigten Personenkreis und ist der andere Ehegatte nicht nach § 79 Satz 2 EStG zulageberechtigt, weil er keinen eigenen Altersvorsorgevertrag abgeschlossen hat, ist die Steuerermäßigung dem Ehegatten zuzurechnen, der zum unmittelbar begünstigten Personenkreis gehört.

73 Gehört nur ein Ehegatte zu dem nach § 10 a Abs. 1 EStG begünstigten Personenkreis und ist der andere Ehegatte nach § 79 Satz 2 EStG zulageberechtigt, ist die Steuerermäßigung den Ehegatten getrennt zuzurechnen. Die Zurechnung erfolgt im Verhältnis der als Sonderausgaben berücksichtigten Altersvorsorgebeiträge (geförderte Eigenbeiträge; § 10 a Abs. 4 Satz 3 und 4 EStG).

74 Fortführung des Beispiels aus Rz. 67:

Die zusätzliche Steuerermäßigung von 650 € ist den Ehegatten für die gesonderte Feststellung nach § 10 a Abs. 4 Satz 2 EStG getrennt zuzurechnen. Aufteilungsmaßstab hierfür sind die nach § 10 a Abs. 1 EStG berücksichtigten Eigenbeiträge.

Zusätzliche Steuerermäßigung insgesamt	650 €
davon Ehemann (1 461 € / 1 861 € × 100 = 78,51 %)	510 €
davon Ehefrau (400 € / 1 861 € × 100 = 21,49 %)	140 €

Diese Beträge und die Zuordnung zu den jeweiligen Verträgen sind nach § 10 a Abs. 4 EStG gesondert festzustellen und der ZfA mitzuteilen.

75 Fortführung des Beispiels aus Rz. 68:

Die zusätzliche Steuerermäßigung von 434 € ist den Ehegatten für die gesonderte Feststellung nach § 10 a Abs. 4 Satz 4 EStG getrennt zuzurechnen. Aufteilungsmaßstab hierfür ist das Verhältnis der Eigenbeiträge des unmittelbar zulageberechtigten Ehegatten zu den wegen der Nichtausschöpfung des Höchstbetrags berücksichtigten Eigenbeiträgen des mittelbar zulageberechtigten Ehegatten.

Zusätzliche Steuerermäßigung insgesamt	434 €
davon Ehemann (1 247 € / 1 347 € × 100 = 92,58 %)	402 €
davon Ehefrau (100 € / 1 347 € × 100 = 7,42 %)	32 €

Diese Beträge und die Zuordnung zu den jeweiligen Verträgen sind nach § 10 a Abs. 4 EStG gesondert festzustellen und der ZfA als den jeweiligen Verträgen zugehörig mitzuteilen.

5. Zusammentreffen mehrerer Verträge

a) Altersvorsorgezulage

76 Die Altersvorsorgezulage wird bei einem unmittelbar Zulageberechtigten höchstens für zwei Verträge gewährt (§ 87 Abs. 1 Satz 1 EStG). Der Zulageberechtigte kann im Zulageantrag jährlich neu bestimmen, für welche Verträge die Zulage gewährt werden soll (§ 89 Abs. 1 Satz 2 EStG). Wurde nicht der gesamte nach § 86 EStG erforderliche Mindesteigenbeitrag zugunsten dieser Verträge geleistet, wird die Zulage entsprechend gekürzt (§ 86 Abs. 1 Satz 6 EStG). Die zu gewährende Zulage wird entsprechend dem Verhältnis der zugunsten dieser beiden Verträge geleisteten Altersvorsorgebeiträge verteilt. Es steht dem Zulageberechtigten allerdings frei, auch wenn er mehrere Verträge abgeschlossen hat, die Förderung nur für einen Vertrag in Anspruch zu nehmen.

77 Erfolgt bei mehreren Verträgen keine Bestimmung oder wird die Zulage für mehr als zwei Verträge beantragt, wird die Zulage nur für die zwei Verträge gewährt, für die im Beitragsjahr die höchsten Altersvorsorgebeiträge geleistet wurden (§ 89 Abs. 1 Satz 3 EStG).

Beispiel:

78 Der Zulageberechtigte zahlt im Jahr 2006 800 €, 800 € und 325 € zugunsten von drei verschiedenen Altersvorsorgeverträgen (ohne Zulage). Sein Mindesteigenbeitrag beträgt 1461 €.

Der Zulageberechtigte beantragt die Zulage für die Verträge 1 und 2:

	Vertrag 1	Vertrag 2	Vertrag 3
Beiträge	800 €	800 €	325 €
Zulage	57 € (800 € / 1600 € × 114 €)	57 € (800 € / 1600 € × 114 €)	–

Er erhält die ungekürzte Zulage von 114 €, da zugunsten der Verträge 1 und 2 in der Summe der erforderliche Mindesteigenbeitrag geleistet worden ist.

79 **Abwandlung:**

Wie oben, der Zulageberechtigte zahlt die Beiträge (ohne Zulage) jedoch in Höhe von 650 €, 650 € und 325 € zugunsten von drei verschiedenen Altersvorsorgeverträgen.

Weil der Zulageberechtigte mit den Einzahlungen zugunsten der zwei Verträge, für die die Zulage beantragt wird, nicht den Mindesteigenbeitrag von 1461 € erreicht, wird die Zulage von 114 € im Verhältnis der Altersvorsorgebeiträge zum Mindesteigenbeitrag gekürzt (§ 86 Abs. 1 Satz 6 EStG). Die Zulage beträgt 114 € × 1300 € / 1461 € = 101,44 €, sie wird den Verträgen 1 und 2 mit jeweils 50,72 € gutgeschrieben:

	Vertrag 1	Vertrag 2	Vertrag 3
Beiträge	650 €	650 €	325 €
Zulage	50,72 € (650 € / 1300 € × 101,44 €)	50,72 € (650 € / 1300 € × 101,44 €)	–

80 Der nach § 79 Satz 2 EStG mittelbar Zulageberechtigte kann die Zulage für das jeweilige Beitragsjahr nicht auf mehrere Verträge verteilen (§ 87 Abs. 2 EStG). Es ist nur der Vertrag begünstigt, für den zuerst die Zulage beantragt wird.

b) Sonderausgabenabzug

81 Für den Sonderausgabenabzug nach § 10 a Abs. 1 EStG ist keine Begrenzung der Anzahl der zu berücksichtigenden Verträge vorgesehen. Der Steuerpflichtige kann im Rahmen des Höchstbetrags nach § 10 a Abs. 1 Satz 1 EStG auch Altersvorsorgebeiträge für Verträge geltend machen, für die keine Zulage beantragt wurde oder aufgrund des § 87 Abs. 1 EStG keine Zulage gewährt wird. In dem Umfang, in dem eine Berücksichtigung nach § 10 a EStG erfolgt, gelten die Beiträge als steuerlich gefördert. Die Zurechnung der über den Zulageanspruch nach Abschnitt XI EStG hinausgehenden Steuerermäßigung erfolgt hierbei im Verhältnis der berücksichtigten Altersvorsorgebeiträge (§ 10 a Abs. 4 Satz 2 EStG).

Beispiel:

82 Der Steuerpflichtige zahlt im Jahr 2006 insgesamt 2400 € Beiträge (ohne Zulage von 114 €) auf vier verschiedene Altersvorsorgeverträge ein (800 €, 800 €, 400 €, 400 €). Sein Mindesteigenbeitrag beträgt 1461 €. Die Zulage wird für die beiden Verträge mit je 800 € Beitragsleistung gewährt. Die zusätzliche Steuerermäßigung für den Sonderausgabenabzug nach § 10 a Abs. 1 EStG beträgt 270 €.

Die Steuerermäßigung ist den vier Verträgen wie folgt zuzurechnen:

	Vertrag 1	Vertrag 2	Vertrag 3	Vertrag 4
Beiträge	800 €	800 €	400 €	400 €
Zulage	57 €	57 €	–	–
Zusätzliche Steuerermäßigung	90 € (800 € / 2400 € × 270 €)	90 € (800 € / 2400 € × 270 €)	45 € (400 € / 2400 € × 270 €)	45 € (400 € / 2400 € × 270 €)

Obwohl die Altersvorsorgebeiträge für die Verträge 3 und 4 sich nicht auf die Zulagegewährung auswirken (§ 87 Absatz 1 Satz 1 EStG), gehören die auf diese Beiträge entfallenden Leistungen aus diesen Verträgen in der Auszahlungsphase ebenfalls zu den sonstigen Einkünften nach § 22 Nr. 5 Satz 1 EStG, soweit sie als Sonderausgaben berücksichtigt wurden. In folgender Höhe sind die Beiträge steuerlich begünstigt worden:

Sonderausgabenhöchstbetrag abzüglich Zulage im Verhältnis zu den geleisteten Beiträgen (1575€./.114€ = 1461€ 1461€/2400€ × 100 = 60,88%)	487,04 € (60,88% von 800€)	487,04 € (60,88% von 800€)	243,52 € (60,88% von 400€)	243,52 € (60,88% von 400€)
Zulage	57 €	57 €		
bei den einzelnen Verträgen sind somit die folgenden Einzahlungen steuerlich begünstigt (544,04 € + 544,04 € + 243,52 € + 243,52 € = 1575,12 €)	544,04 €	544,04 €	243,52 €	243,52 €

II. Nachgelagerte Besteuerung nach § 22 Nr. 5 EStG

1. Allgemeines

83 Leistungen aus zertifizierten Altersvorsorgeverträgen werden erst in der Auszahlungsphase besteuert (zu Ausnahmen vgl. Rz. 103 ff.). Dies gilt auch, wenn zugunsten des Vertrags ausschließlich Beiträge geleistet wurden, die nicht nach § 10a oder Abschnitt XI EStG gefördert worden sind. Die Besteuerung richtet sich in allen Fällen – auch bei Fonds – nach § 22 Nr. 5 EStG, der kraft ausdrücklicher gesetzlicher Regelung allen anderen Vorschriften (z. B. auch dem Investmentsteuergesetz – InvStG –) vorgeht.

84 Während der Ansparphase erfolgt bei zertifizierten Altersvorsorgeverträgen keine Besteuerung von Erträgen und Wertsteigerungen. Dies gilt unabhängig davon, ob oder in welchem Umfang die Altersvorsorgebeiträge nach § 10a oder Abschnitt XI EStG gefördert wurden. Die Zuflussfiktion, wonach bei thesaurierenden Fonds ein jährlicher Zufluss der nicht zur Kostendeckung oder Ausschüttung verwendeten Einnahmen und Gewinne anzunehmen ist, findet im Zusammenhang mit Altersvorsorgeverträgen keine Anwendung (§ 2 Abs. 1 Satz 2 InvStG, § 14 Abs. 3 Satz 1 InvStG). Laufende Erträge ausschüttender Fonds, die unverzüglich und kostenfrei wieder angelegt werden, werden in der Ansparphase nicht besteuert.

85 Die Regelungen über die Erhebung der Kapitalertragsteuer sind nicht anzuwenden. In der Ansparphase fallen keine kapitalertragsteuerpflichtigen Kapitalerträge an; die Leistungen in der Auszahlungsphase unterliegen nach § 22 Nr. 5 EStG der Besteuerung im Rahmen der Einkommensteuerveranlagung.

86 Der Umfang der Besteuerung der Leistungen in der Auszahlungsphase richtet sich danach, ob die in der Ansparphase eingezahlten Beiträge in vollem Umfang, nur teilweise oder gar nicht nach § 10a oder Abschnitt XI EStG gefördert worden sind (vgl. Rz. 93 ff.).

87 Wird auf nicht geförderten Beiträgen beruhendes Kapital aus einem zertifizierten Altersvorsorgevertrag ausgezahlt, sind die in der Kapitalauszahlung enthaltenen Erträge nur zu versteuern, wenn sie auch nach den allgemeinen Vorschriften als Kapitalerträge der Besteuerung unterliegen würden. Erfolgt bei einem vor dem 1. Januar 2005 abgeschlossenen Altersvorsorgevertrag die Auszahlung erst nach Ablauf von 12 Jahren seit Vertragsabschluss und erfüllt der Vertrag die Voraussetzungen des § 10 Abs. 1 Nr. 2 Buchstabe b EStG in der am 31. Dezember 2004 geltenden Fassung, unterliegt die Kapitalauszahlung insgesamt nicht der Besteuerung (§ 52 Abs. 36 Satz 5 EStG). Bei nach dem 31. Dezember 2004 abgeschlossenen Altersvorsorgeverträgen, die die Voraussetzungen des § 20 Abs. 1 Nr. 6 EStG erfüllen, unterliegt bei Kapitalauszahlungen der Unterschiedsbetrag zwischen der Versicherungsleistung und der Summe der auf sie entrichteten Beiträge der Besteuerung. Erfolgt die Auszahlung erst nach Vollendung des 60. Lebensjahrs des Steuerpflichtigen und hat der Vertrag im Zeitpunkt der Auszahlung mindestens 12 Jahre bestanden, ist nur die Hälfte dieses Unterschiedsbetrags der Besteuerung zu Grunde zu legen.

2. Abgrenzung der geförderten und der nicht geförderten Beiträge

a) Geförderte Beiträge

88 Zu den geförderten Beiträgen gehören die geleisteten Eigenbeiträge zuzüglich der für das Beitragsjahr zustehenden Altersvorsorgezulage, soweit sie den Höchstbetrag nach § 10a EStG nicht übersteigen, mindestens jedoch die gewährten Zulagen und die geleisteten Sockelbeträge i. S. d. § 86 Abs. 1 Satz 4 EStG.

89 Soweit Altersvorsorgebeiträge zugunsten eines zertifizierten Altersvorsorgevertrags, für den keine Zulage beantragt wird oder der als weiterer Vertrag nicht mehr zulagebegünstigt ist (§ 87 Absatz 1 Satz 1 EStG), als Sonderausgaben i. S. d. § 10a EStG berücksichtigt werden, gehören die Beiträge ebenfalls zu den geförderten Beiträgen.

90 Bei einem mittelbar zulageberechtigten Ehegatten gehören die im Rahmen des Sonderausgabenabzugs nach § 10a Abs. 1 EStG berücksichtigten Altersvorsorgebeiträge (vgl. Rz. 59, 68, 73) und die für dieses Beitragsjahr zustehende Altersvorsorgezulage zu den geförderten Beiträgen.

b) Nicht geförderte Beiträge

91 Zu den nicht geförderten Beiträgen gehören Beträge,
- die zugunsten eines zertifizierten Altersvorsorgevertrags in einem Beitragsjahr eingezahlt werden, in dem der Anleger nicht zum begünstigten Personenkreis gehört,
- für die er keine Altersvorsorgezulage und keinen steuerlichen Vorteil aus dem Sonderausgabenabzug nach § 10a EStG erhalten hat oder
- die den Höchstbetrag nach § 10a EStG abzüglich der individuell für das Beitragsjahr zustehenden Zulage übersteigen („Überzahlungen"), sofern es sich nicht um den Sockelbetrag handelt.

92 Sieht der zertifizierte Altersvorsorgevertrag vertraglich die Begrenzung auf einen festgelegten Höchstbetrag (z. B. den Betrag nach § 10a EStG oder den nach § 86 EStG erforderlichen Mindesteigenbeitrag zuzüglich Zulageanspruch) vor, handelt es sich bei Zahlungen, die darüber hinausgehen, um zivilrechtlich nicht geschuldete Beträge. Der Anleger kann sie entweder nach den allgemeinen zivilrechtlichen Vorschriften vom Anbieter zurückfordern oder in Folgejahren mit geschuldeten Beiträgen verrechnen lassen. In diesem Fall sind sie für das Jahr der Verrechnung als Altersvorsorgebeiträge zu behandeln.

3. Leistungen, die ausschließlich auf geförderten Altersvorsorgebeiträgen beruhen (§ 22 Nr. 5 Satz 1 EStG)

93 Die Leistungen in der Auszahlungsphase unterliegen in vollem Umfang der Besteuerung nach § 22 Nr. 5 Satz 1 EStG, wenn die gesamten Altersvorsorgebeiträge in der Ansparphase nach § 10a oder Abschnitt XI EStG gefördert worden sind. Dies gilt auch, soweit die Leistungen auf gutgeschriebenen Zulagen sowie den erzielten Erträgen und Wertsteigerungen beruhen.

Beispiel:

94 Der Steuerpflichtige hat über 25 Jahre einschließlich der Zulagen immer genau die förderbaren Höchstbeträge zugunsten eines begünstigten Altersvorsorgevertrags eingezahlt. Er erhält ab Vollendung des 65. Lebensjahres eine monatliche Rente in Höhe von 500 €.

Die Rentenzahlung ist mit 12 × 500 € = 6000 € im Rahmen der Einkommensteuerveranlagung nach § 22 Nr. 5 Satz 1 EStG voll steuerpflichtig.

4. Leistungen, die zum Teil auf geförderten, zum Teil auf nicht geförderten Altersvorsorgebeiträgen beruhen

95 Hat der Steuerpflichtige in der Ansparphase sowohl geförderte als auch nicht geförderte Beiträge zugunsten des Vertrags geleistet, sind die Leistungen in der Auszahlungsphase aufzuteilen.

96 Soweit die Altersvorsorgebeiträge nach § 10a oder Abschnitt XI EStG gefördert worden sind, sind die Leistungen nach § 22 Nr. 5 Satz 1 EStG voll zu besteuern. Insoweit gilt Rz. 93 entsprechend.

97 Aufteilungsfälle liegen z. B. vor, wenn

– ein Vertrag nach § 1 Abs. 1 Satz 3 AltZertG in einen begünstigten Altersvorsorgevertrag umgewandelt worden ist,

– ein begünstigter Altersvorsorgevertrag nicht in der gesamten Ansparphase gefördert worden ist, weil z. B. in einigen Jahren die persönlichen Fördervoraussetzungen nicht vorgelegen haben, aber weiterhin Beiträge eingezahlt worden sind,

– der Begünstigte höhere Beiträge eingezahlt hat, als im einzelnen Beitragsjahr nach § 10a EStG begünstigt waren.

Für die Frage des Aufteilungsmaßstabs ist das BMF-Schreiben vom 11. November 2004 (BStBl. I S. 1061)*) anzuwenden.

a) Besteuerung nach § 22 Nr. 5 Satz 2 EStG

98 Soweit Rentenzahlungen auf nicht geförderten Beiträgen und den darauf entfallenden Erträgen und Wertsteigerungen beruhen, erfolgt die Besteuerung nach § 22 Nr. 1 Satz 3 Buchstabe a Doppelbuchstabe bb EStG. Im Fall einer Kapitalauszahlung ist Rz. 87 anzuwenden.

b) Besteuerung nach § 22 Nr. 5 Satz 3 EStG

99 Erhält der Steuerpflichtige in der Auszahlungsphase gleich bleibende oder steigende monatliche (Teil-)Raten, variable Teilraten oder eine Kapitalauszahlung, sind die auf die nicht geförderten Beiträge entfallenden Auszahlungsraten nur insoweit zu versteuern, als auf diesen Beiträgen beruhende Erträge ausgezahlt werden, die nicht bereits nach anderen Vorschriften der Besteuerung unterlegen haben. Erträge in diesem Sinne sind alle entstandenen Beträge, die ohne die Regelung des § 22 Nr. 5 EStG nach den allgemeinen Vorschriften – z. B. nach §§ 20, 23 EStG, §§ 38 ff. KAGG, §§ 17 ff. AuslInvestmG bzw. dem InvStG – der Besteuerung unterlegen hätten. Dabei ist § 3 Nr. 40 EStG (ggf. i. V. m. § 3c Abs. 2 EStG) zu berücksichtigen, soweit die Beträge auf entsprechenden Erträgen beruhen. Handelt es sich bei den Erträgen um Veräußerungsgewinne, die auf der Ebene eines Fonds erzielt wurden, gilt die Steuerfreiheit nach § 40 Abs. 1 KAGG, § 17 Abs. 2 Satz 1 Nr. 1 und 2 AuslInvestmG bzw. § 2 Abs. 3 InvStG. Der Sparer-Freibetrag (§ 20 Abs. 4 EStG) und der Werbungskosten-Pauschbetrag nach § 9a Satz 1 Nr. 2 EStG finden keine Anwendung, da es sich um Einkünfte nach § 22 Nr. 5 EStG und nicht um solche nach § 20 EStG handelt.

100 Die Auszahlungsrate setzt sich aus zurückgezahlten Beiträgen und steuerpflichtigen Erträgen zusammen. Das Verhältnis bestimmt sich unter Berücksichtigung der Zusammensetzung des Altersvorsorgevermögens im Zeitpunkt des Auszahlungsbeginns sowie der während der Auszahlungsphase erzielten Erträge.

5. Leistungen, die ausschließlich auf nicht geförderten Altersvorsorgebeiträgen beruhen

101 Hat der Steuerpflichtige in der Ansparphase ausschließlich nicht geförderte Beiträge zugunsten eines zertifizierten Altersvorsorgevertrags eingezahlt, gelten für die gesamte Auszahlungsleistung die Ausführungen in den Rz. 87 und 98 bis 100.

6. Bescheinigungspflicht des Anbieters

102 Nach § 22 Nr. 5 Satz 7 EStG hat der Anbieter beim erstmaligen Bezug von Leistungen sowie bei Änderung der im Kalenderjahr auszuzahlenden Leistungen dem Steuerpflichtigen nach amtlich vorgeschriebenem Vordruck den Betrag der im abgelaufenen Kalenderjahr zugeflossenen Leistungen zu bescheinigen. In dieser Bescheinigung sind die Leistungen entsprechend den Grundsätzen in Rz. 95 bis 101 gesondert auszuweisen.

III. Schädliche Verwendung von Altersvorsorgevermögen

1. Allgemeines

103 Nach den Regelungen des AltZertG darf Altersvorsorgevermögen nur wie folgt ausgezahlt werden:

frühestens

- mit Vollendung des 60. Lebensjahres oder
- mit Beginn der Altersrente
  - aus der gesetzlichen Rentenversicherung oder
  - nach dem Gesetz über die Alterssicherung der Landwirte oder
- mit Beginn einer Versorgung nach beamten- oder soldatenversorgungsrechtlichen Regelungen wegen Erreichens der Altersgrenze

in monatlichen Leistungen in Form

- einer lebenslangen gleich bleibenden oder steigenden monatlichen Leibrente (§ 1 Abs. 1 Satz 1 Nr. 2 und Nr. 4 AltZertG)

oder

- eines Auszahlungsplans mit gleich bleibenden oder steigenden Raten und unmittelbar anschließender lebenslanger Teilkapitalverrentung ab dem 85. Lebensjahr (§ 1 Abs. 1 Satz 1 Nr. 4 AltZertG) oder
- einer Hinterbliebenenrente (§ 1 Abs. 1 Satz 1 Nr. 2 AltZertG)

oder

- einer Rente wegen verminderter Erwerbsfähigkeit oder Dienstunfähigkeit (§ 1 Abs. 1 Satz 1 Nr. 2 AltZertG)

außerhalb der monatlichen Leistungen

- in Form eines zusammengefassten Auszahlungsbetrags i. H. v. bis zu zwölf Monatsleistungen (§ 1 Abs. 1 Satz 1 Nr. 4 AltZertG; dies gilt auch bei einer Hinterbliebenen- oder Erwerbsminderungsrente)

oder

- die in der Auszahlungsphase angefallenen Zinsen und Erträge (§ 1 Abs. 1 Satz 1 Nr. 4 AltZertG)

oder

- in Form einer Auszahlung zur Abfindung einer Kleinbetragsrente i. S. d. § 93 Abs. 3 EStG (§ 1 Abs. 1 Satz 1 Nr. 4 AltZertG; dies gilt auch bei einer Hinterbliebenen- oder Erwerbsminderungsrente); vgl. Rz. 105;

oder

- in Form einer einmaligen Teilkapitalauszahlung von bis zu 30 % des zu Beginn der Auszahlungsphase zur Verfügung stehenden Kapitals (§ 1 Abs. 1 Satz 1 Nr. 4 AltZertG); vgl. Rz. 107;

oder

- wenn der Vertrag im Verlauf der Ansparphase gekündigt und das gebildete geförderte Kapital auf einen anderen auf den Namen des Zulageberechtigten lautenden Altersvorsorgevertrag übertragen wird (§ 1 Abs. 1 Satz 1 Nr. 10 Buchstabe b AltZertG) oder
- im Verlauf der Ansparphase als Altersvorsorge-Eigenheimbetrag i. S. d. § 92a EStG (§ 1 Abs. 1 Satz 1 Nr. 10 Buchstabe c AltZertG).

104 Soweit der Vertrag Leistungen für den Fall der Erwerbsminderung vorsieht, dürfen diese im Versicherungsfall schon vor Vollendung des 60. Lebensjahres zur Auszahlung kommen.

105 Eine Kleinbetragsrente nach § 93 Abs. 3 EStG liegt vor, wenn bei gleichmäßiger Verteilung des zu Beginn der Auszahlungsphase zur Verfügung stehenden geförderten Kapitals – einschließlich einer eventuellen Teilkapitalauszahlung – der Wert von 1 % der monatlichen Bezugsgröße (West) nach § 18 SGB IV nicht überschritten wird. Die monatliche Bezugsgröße zum 1. Januar 2005 beträgt 2415 Euro, so dass im Jahr 2005 eine Kleinbetragsrente bei einem monatlichen Rentenbetrag von nicht mehr als 24,15 Euro vorliegt. Das geförderte Altersvorsorgevermögen von sämtlichen Verträgen bei einem Anbieter ist für die Berechnung zusammenzufassen.

---

*) Abgedruckt als Anhang 13f zum Handbuch.

Steuerliche Förderung der privaten und betrieblichen Altersversorgung

Anhang 13 c

106 Bestehen bei einem Anbieter mehrere Verträge, aus denen sich unterschiedliche Auszahlungstermine ergeben, liegt eine Kleinbetragsrente vor, wenn alle zur Auszahlung kommenden Leistungen, die auf geförderten Altersvorsorgebeiträgen beruhen, den Wert von 1 % der monatlichen Bezugsgröße nach § 18 SGB IV nicht übersteigen. Bei Beginn der Auszahlung aus dem ersten Vertrag ist zu prognostizieren und festzuhalten, in welcher Höhe zukünftig Leistungen monatlich anfallen würden. Wird der Höchstwert nicht überschritten, liegen insgesamt Kleinbetragsrenten vor, die unschädlich abgefunden werden können. Wird der Höchstwert bei Auszahlung der weiteren Leistungen dennoch überschritten, z. B. wegen günstiger Konditionen am Kapitalmarkt, verbleibt es bei der ursprünglichen Prognose; eine schädliche Verwendung tritt nicht ein.

107 Die Entnahme des Teilkapitalbetrags von bis zu 30 % des zur Verfügung stehenden Kapitals aus dem Vertrag hat zu Beginn der Auszahlungsphase zu erfolgen. Eine Verteilung über mehrere Auszahlungszeitpunkte ist nicht möglich.

108 Soweit gefördertes Altersvorsorgevermögen nicht diesen gesetzlichen Regelungen entsprechend ausgezahlt wird, liegt eine schädliche Verwendung (§ 93 EStG) vor.

109 Wird nicht gefördertes Altersvorsorgevermögen (zur Abgrenzung von geförderten und nicht geförderten Beiträgen vgl. Rz. 88 ff.) abweichend von den in Rz. 103 aufgeführten Möglichkeiten verwendet, liegt keine schädliche Verwendung vor (Rz. 125 f.).

2. Auszahlung von gefördertem Altersvorsorgevermögen

a) Möglichkeiten der schädlichen Verwendung

110 Eine schädliche Verwendung von gefördertem Altersvorsorgevermögen liegt beispielsweise in folgenden Fällen vor:

- (Teil-)Kapitalauszahlung aus einem geförderten Altersvorsorgevertrag an den Zulageberechtigten während der Ansparphase oder nach Beginn der Auszahlungsphase (§ 93 Abs. 1 Satz 1 und Satz 2 EStG), soweit das Kapital nicht als Altersvorsorge-Eigenheimbetrag (§ 1 Abs. 1 Satz 1 Nr. 10 Buchstabe c AltZertG i. V. m. § 93 Abs. 1 Satz 1 EStG), im Rahmen einer Rente oder eines Auszahlungsplans i. S. d. § 1 Abs. 1 Satz 1 Nr. 4 AltZertG oder als Abfindung einer Kleinbetragsrente ausgezahlt wird; zu Heilungsmöglichkeiten im Fall der Ehescheidung vgl. § 93 Abs. 1 a EStG;
- Weiterzahlung der Raten oder Renten aus gefördertem Altersvorsorgevermögen an die Erben im Fall des Todes des Zulageberechtigten nach Beginn der Auszahlungsphase (§ 93 Abs. 1 Satz 2 EStG), sofern es sich nicht um eine Hinterbliebenenversorgung i. S. d. § 1 Abs. 1 Satz 1 Nr. 2 AltZertG handelt (§ 93 Abs. 1 Satz 3 Buchstabe a EStG); zu Heilungsmöglichkeiten für den überlebenden Ehegatten vgl. Rz. 121 ff.;
- (Teil-)Kapitalauszahlung aus gefördertem Altersvorsorgevermögen im Fall des Todes des Zulageberechtigten an die Erben (§ 93 Abs. 1 Satz 2 EStG; zu Heilungsmöglichkeiten für den überlebenden Ehegatten vgl. Rz. 121 ff.).

b) Folgen der schädlichen Verwendung

aa) Rückzahlung der Förderung

111 Liegt eine schädliche Verwendung von gefördertem Altersvorsorgevermögen vor, sind die darauf entfallenden während der Ansparphase gewährten Altersvorsorgezulagen und die nach § 10 a Abs. 4 EStG gesondert festgestellten Steuerermäßigungen zurückzuzahlen (Rückzahlungsbetrag § 94 Abs. 1 EStG; vgl. Beispiel in Rz. 118). Der Anbieter darf Kosten und Gebühren, die durch die schädliche Verwendung entstehen (z. B. Kosten für die Vertragsbeendigung), nicht mit diesem Rückzahlungsbetrag verrechnen.

112 Wurde für ein Beitragsjahr bereits Zulage zugunsten eines Vertrages ausgezahlt, dessen steuerlich gefördertes Altersvorsorgevermögen anschließend schädlich verwendet wird, besteht für dieses Beitragsjahr insoweit kein erneuter Zulageanspruch für zugunsten eines anderen Vertrages geleistete Beiträge.

113 Eine Rückzahlungsverpflichtung besteht nicht für den Teil der Zulagen, der auf nach § 1 Abs. 1 Nr. 2 AltZertG angespartes gefördertes Altersvorsorgevermögen entfällt, wenn es in Form einer Hinterbliebenenrente an die dort genannten Hinterbliebenen ausgezahlt wird. Dies gilt auch für den entsprechenden Teil der Steuerermäßigung.

114 Im Fall der schädlichen Verwendung besteht ebenfalls keine Rückzahlungsverpflichtung für den Teil der Zulagen oder der Steuerermäßigung, der den Beitragsanteilen zuzuordnen ist, die für die Absicherung der verminderten Erwerbsfähigkeit und einer zusätzlichen Hinterbliebenenabsicherung ohne Kapitalbildung eingesetzt worden sind.

115 Eine Rückzahlungsverpflichtung entfällt ebenfalls, soweit im Rahmen der Regelung der Scheidungsfolgen eine Übertragung oder Abtretung des geförderten Altersvorsorgevermögens auf einen Altersvorsorgevertrag des ausgleichsberechtigten Ehegatten, eine Übertragung zu Lasten des geförderten Vertrages mit einem öffentlich-rechtlichen Versorgungsträger für den ausgleichsberechtigten Ehegatten Rentenanwartschaften in der gesetzlichen Rentenversicherung begründet werden oder das Kapital aus einem geförderten Vertrag entnommen und von dem ausgleichsberechtigten Ehegatten unmittelbar auf einen auf seinen Namen lautenden Altersvorsorgevertrag eingezahlt wird. Eine unmittelbare Einzahlung liegt nur bei direkter Überweisung durch den bisherigen Anbieter vor. Die Rückzahlungsverpflichtung tritt aber seitens des ausgleichsberechtigten früheren Ehegatten ein, wenn er dieses Altersvorsorgevermögen später schädlich verwendet. Im Falle der Begründung einer Rentenanwartschaft in der gesetzlichen Rentenversicherung kann eine schädliche Verwendung allerdings nicht eintreten.

116 Die Rückforderung erfolgt sowohl für die Zulagen als auch für die gesondert festgestellten Steuerermäßigungen durch die ZfA. Die Rückforderung zieht keine Änderung von Einkommensteuer- oder Feststellungsbescheiden i. S. d. § 10 a Abs. 4 EStG nach sich.

bb) Besteuerung nach § 22 Nr. 5 Satz 4 und 6 EStG

117 Nach § 22 Nr. 5 Satz 4 EStG gilt im Fall der schädlichen Verwendung das ausgezahlte geförderte Altersvorsorgevermögen nach Abzug der Eigenbeiträge (einschließlich der Beitragsanteile für die Absicherung der verminderten Erwerbsfähigkeit und der zusätzlichen Hinterbliebenenabsicherung ohne Kapitalbildung) und der Beträge der steuerlichen Förderung nach Abschnitt XI EStG als steuerpflichtige Leistung nach § 22 Nr. 5 Satz 1 EStG.

Beispiel:

118 Der Steuerpflichtige hat zugunsten eines Altersvorsorgevertrags ausschließlich geförderte Beiträge (insgesamt 38 000 €) eingezahlt. Zum Zeitpunkt der schädlichen Verwendung beträgt das Altersvorsorgevermögen 55 000 €. Dem Altersvorsorgevertrag wurden Zulagen in Höhe von insgesamt 3080 € gutgeschrieben. Die Steuerermäßigungen nach § 10 a EStG wurden in Höhe von 5000 € festgestellt.

Zur Auszahlung gelangen:

Altersvorsorgevermögen	55 000 €
abzüglich Zulagen	3 080 €
abzüglich Steuervorteil	5 000 €
=	46 920 €

Zu versteuern sind:

Altersvorsorgevermögen	55 000 €
abzüglich Zulagen	3 080 €
abzüglich Eigenbeiträge	38 000 €
=	13 920 €

Hinsichtlich des zu versteuernden Betrags von 13 920 € ist es unerheblich, auf welchen Erträgen dieser beruht.

119 Wird gefördertes Altersvorsorgevermögen aus einem vor dem 1. Januar 2005 abgeschlossenen Lebensversicherungsvertrag schädlich verwendet, gilt eine Ausnahmeregelung. Hat die Laufzeit des Versicherungsvertrags im Zeitpunkt der schädlichen Verwendung mindestens zwölf Jahre betragen, war eine vorzeitige Ausübung des Kapitalwahlrechts vor Ablauf von zwölf Jahren seit Vertragsschluss ausgeschlossen und sind die Ansprüche aus dem Versicherungsvertrag nicht entgeltlich

erworben worden, unterliegen die rechnungsmäßigen und außerrechnungsmäßigen Zinsen nicht der Besteuerung (Umkehrschluss aus § 22 Nr. 5 Satz 6 EStG in der am 31. Dezember 2004 geltenden Fassung).

120 Die als sonstige Einkünfte zu besteuernden Beträge muss der Anbieter gemäß § 94 Abs. 1 Satz 4 EStG der ZfA mitteilen, die wiederum das für die Besteuerung des Zulageberechtigten zuständige Finanzamt entsprechend unterrichtet.

c) Übertragung begünstigten Altersvorsorgevermögens auf den überlebenden Ehegatten

121 Haben die Ehegatten im Zeitpunkt des Todes des Zulageberechtigten die Voraussetzungen für eine Ehegatten-Veranlagung nach § 26 Abs. 1 EStG erfüllt, treten die Folgen der schädlichen Verwendung nicht ein, wenn das geförderte Altersvorsorgevermögen des verstorbenen Ehegatten zugunsten eines auf den Namen des überlebenden Ehegatten lautenden zertifizierten Altersvorsorgevertrags übertragen wird (§ 93 Abs. 1 Satz 3 Buchstabe c EStG). Eine solche Übertragung kann beispielsweise durch Abtretung eines Auszahlungsanspruchs erfolgen. Es ist unerheblich, ob der Vertrag des überlebenden Ehegatten bereits bestand oder im Zuge der Kapitalübertragung neu abgeschlossen wird und ob der überlebende Ehegatte selbst zum begünstigten Personenkreis gehört oder nicht. Die Auszahlung von Leistungen aus diesem Altersvorsorgevertrag richtet sich nach § 1 Abs. 1 AltZertG.

122 Hat der verstorbene Ehegatte einen Altersvorsorgevertrag mit einer Rentengarantiezeit abgeschlossen, treten die Folgen einer schädlichen Verwendung auch dann nicht ein, wenn die jeweiligen Rentengarantieleistungen fortlaufend mit dem jeweiligen Auszahlungsanspruch und nicht kapitalisiert unmittelbar zugunsten eines zertifizierten Altersvorsorgevertrags des überlebenden Ehegatten übertragen werden. Im Fall der Kapitalisierung des Auszahlungsanspruchs gilt Rz. 121 entsprechend.

123 Steht das Altersvorsorgevermögen nicht dem überlebenden Ehegatten allein zu, sondern beispielsweise einer aus dem überlebenden Ehegatten und den Kindern bestehenden Erbengemeinschaft, treten ebenfalls die in Rz. 121 genannten Rechtsfolgen ein, wenn das gesamte geförderte Altersvorsorgevermögen zugunsten eines auf den Namen des überlebenden Ehegatten lautenden zertifizierten Altersvorsorgevertrags übertragen wird. Es ist unschädlich, wenn die übrigen Erben für den über die Erbquote des überlebenden Ehegatten hinausgehenden Kapitalanteil einen Ausgleich erhalten. Sätze 1 und 2 gelten entsprechend, wenn Rentengarantieleistungen im Sinne der Rz. 122 der Erbengemeinschaft zustehen und diese unmittelbar mit dem jeweiligen Auszahlungsanspruch zugunsten eines zertifizierten Altersvorsorgevertrags des überlebenden Ehegatten übertragen werden.

124 Die Verwendung des geerbten Altersvorsorgevermögens zur Begleichung der durch den Erbfall entstehenden Erbschaftsteuer stellt auch beim überlebenden Ehegatten eine schädliche Verwendung dar.

3. Auszahlung von nicht gefördertem Altersvorsorgevermögen

125 Die Auszahlung von Altersvorsorgevermögen, das aus nicht geförderten Beiträgen (vgl. Rz. 91 ff.) – einschließlich der darauf entfallenden Erträge und Wertsteigerungen – stammt, stellt keine schädliche Verwendung im Sinne von § 93 EStG dar. Bei Teilauszahlungen aus einem zertifizierten Altersvorsorgevertrag gilt das nicht geförderte Kapital als zuerst ausgezahlt (Meistbegünstigung).

Beispiel:

126 A, ledig, hat (ab 2008) über 20 Jahre jährlich (einschließlich der Grundzulage von 154 €) 2100 € geförderte Beiträge zugunsten eines Fondssparplans eingezahlt. Zusätzlich hat er jährlich 500 € nicht geförderte Beiträge geleistet. Zusätzlich zur Zulage von 3080 € hat A über die gesamte Ansparphase insgesamt einen – gesondert festgestellten – Steuervorteil in Höhe von 12 500 € erhalten (§ 10 a EStG). Über die Laufzeit wurden Erträge i. H. v. 20 000 € (davon 4200 € Wertsteigerungen) erwirtschaftet. Am 31. Dezember 2027 beträgt das Kapital, das aus nicht geförderten Beiträgen besteht, 14 000 €. A entnimmt einen Betrag von 12 000 €. Darauf entfallen Erträge in Höhe von 4000 € (davon 800 € Wertsteigerungen).

Nach Rz. 125 ist davon auszugehen, dass A das nicht geförderte Altersvorsorgevermögen entnommen hat. Aus diesem Grund kommt es nicht zur Rückforderung der gewährten Zulagen und Steuerermäßigungen. Allerdings hat A nach § 22 Nr. 5 Satz 3 EStG die auf das entnommene Kapital entfallenden Erträge i. H. v. 3200 € (ohne Wertsteigerungen) zu versteuern (vgl. Rz. 101).

4. Beendigung der unbeschränkten Steuerpflicht

127 In den Fällen der Beendigung der unbeschränkten Einkommensteuerpflicht treten grundsätzlich die Folgen der schädlichen Verwendung ein, unabhängig davon, ob es zur Auszahlung aus dem Altersvorsorgevertrag kommt oder nicht. Eine Beendigung der unbeschränkten Einkommensteuerpflicht nach Satz 1 liegt nicht vor, wenn der Steuerpflichtige weiterhin auf Antrag der unbeschränkten Einkommensteuerpflicht unterliegt (§ 1 Abs. 3 EStG).

128 Auf Antrag des Zulageberechtigten wird der Rückzahlungsbetrag (Zulagen und Steuerermäßigungen) allerdings bis zum Beginn der Auszahlungsphase gestundet, wenn keine vorzeitige Auszahlung von gefördertem Altersvorsorgevermögen erfolgt (§ 95 Abs. 2 EStG). Bei Beginn der Auszahlungsphase ist die Stundung auf Antrag des Zulageberechtigten zu verlängern, wenn der Rückzahlungsbetrag mit mindestens 15 % der Leistungen aus dem Altersvorsorgevertrag getilgt wird.

Beispiel:

129 Aufgabe des inländischen Wohnsitzes am 31.12.2008
Beginn der Auszahlungsphase am 1.2.2010

Das Altersvorsorgevermögen wird nicht vorzeitig ausgezahlt.

Summe der zurückzuzahlenden Zulagen und Steuervorteile: 1500 €
Monatliche Leistung aus dem Altersvorsorgevertrag ab 1.2.2010: 100 €

Der Rückzahlungsbetrag i. H. v. 1500 € ist bis zum 1. Februar 2010 (zins- und tilgungsfrei) zu stunden. Die Stundung ist zu verlängern, wenn der Rückzahlungsbetrag vom 1. Februar 2010 an mit 15 € pro Monat getilgt wird.

130 Rz. 128 ist sinngemäß anzuwenden, wenn die unbeschränkte Einkommensteuerpflicht des Zulageberechtigten nach Beginn der Auszahlungsphase endet.

IV. Altersvorsorge-Eigenheimbetrag

1. Allgemeines

131 Die Auszahlung eines Altersvorsorge-Eigenheimbetrages ist nur aus einem zertifizierten Altersvorsorgevertrag möglich. Für den Bereich der betrieblichen Altersversorgung ist diese Möglichkeit gesetzlich nicht vorgesehen. Dies gilt auch, wenn das Altersvorsorgevermögen aus Beiträgen i. S. d. § 82 Abs. 2 EStG gebildet worden ist.

132 Die Entnahmemöglichkeit bezieht sich – soweit die Begrenzung des § 92 a Abs. 1 EStG (zwischen 10 000 Euro und 50 000 Euro) zu beachten ist – nur auf das nach § 10 a oder Abschnitt XI EStG geförderte Altersvorsorgevermögen einschließlich der erwirtschafteten Erträge, Wertsteigerungen und Zulagen. Auch für die Beurteilung, ob der Mindestauszahlungsbetrag nach § 92 a Abs. 1 EStG (10 000 Euro) oder der höchstmögliche Auszahlungsbetrag (50 000 Euro) erreicht wurde, ist nur auf das geförderte Altersvorsorgevermögen abzustellen. Nicht gefördertes Kapital kann unbegrenzt ausgezahlt werden, wenn der Vertrag dies zulässt; in diesem Fall können die in der Auszahlung enthaltenen Erträge nach § 22 Nr. 5 Satz 3 EStG zu besteuern sein. Rz. 87 ist anzuwenden.

2. Begünstigte Verwendung (§ 92 a Abs. 1 EStG)

133 Der Altersvorsorge-Eigenheimbetrag muss unmittelbar – d. h. ohne schuldhaftes Zögern – für die Anschaffung oder Herstellung einer inländischen Wohnung im eigenen Haus oder einer inländischen Eigentumswohnung, die eigenen Wohnzwecken dienen soll, verwendet werden.

134 Die Verwendung des ausgezahlten Betrages für die Ablösung eines für die Finanzierung von Anschaffungs- oder Herstellungskosten aufgenommenen Darlehens steht nicht in unmittelbarem Zusammenhang mit der Anschaffung und Herstellung einer Wohnung.

Steuerliche Förderung der privaten und betrieblichen Altersversorgung

135 Eine Wohnung im eigenen Haus oder eine Eigentumswohnung dient nicht eigenen Wohnzwecken, wenn sie in vollem Umfang betrieblich oder beruflich genutzt oder unentgeltlich überlassen wird. Die unentgeltliche Überlassung an Angehörige i. S. d. § 15 AO dient ebenfalls nicht den eigenen Wohnzwecken des Zulageberechtigten.

3. Nachweis der begünstigten Verwendung (§ 92 b Abs. 1 Satz 1 EStG)

136 Der Zulageberechtigte hat dem Antrag auf Auszahlung von gefördertem Altersvorsorgevermögen für eine Verwendung i. S. d. § 92 a EStG an die ZfA Unterlagen beizufügen, aus denen insbesondere Eigentumsverschaffung, Art und Lage der begünstigten Wohnung (z. B. Grundstückskaufvertrag) sowie der zeitliche Zusammenhang der beantragten Auszahlung mit der Anschaffung oder Herstellung der Wohnung (z. B. Finanzierungsplan) ersichtlich sind. Beizufügen ist auch eine Erklärung über die Nutzung der Wohnung zu eigenen Wohnzwecken.

4. Rückzahlung (§ 92 a Abs. 2 EStG)

137 Die Rückzahlungspflicht für den Altersvorsorge-Eigenheimbetrag beginnt mit dem zweiten auf das Jahr der Verwendung folgenden Jahr. Der Beginn der Rückzahlung ist monatsbezogen zu ermitteln. Die erste Rate ist am ersten Tag des dem Monat der Auszahlung des Altersvorsorge-Eigenheimbetrags folgenden Monats im Zweitfolgejahr zu leisten (§ 92 a Abs. 2 Satz 1 EStG).

Beispiel:

138 Wird das geförderte Altersvorsorgevermögen am 5. März 2005 ausgezahlt, beginnt die Rückzahlung am 1. April 2007.

139 Zwischen dem Zulageberechtigten und dem Anbieter kann vereinbart werden, dass der Altersvorsorge-Eigenheimbetrag vor Beginn der Auszahlungsphase vollständig getilgt werden muss, wenn die Auszahlungsphase vor Vollendung des 65. Lebensjahres beginnt (= Sondertilgung im Sinne des § 92 a Abs. 2 Satz 3 EStG).

5. Aufgabe der Nutzung zu eigenen Wohnzwecken (§ 92 a Abs. 4 Satz 1 EStG)

140 Beendet der Zulageberechtigte vor der vollständigen Rückzahlung des Altersvorsorge-Eigenheimbetrags die Nutzung zu eigenen Wohnzwecken, wird er so behandelt, als habe er den noch nicht zurückgezahlten Betrag schädlich verwendet. Die auf den noch ausstehenden Rückzahlungsbetrag entfallenden Zulagen sowie die nach § 10 a Abs. 4 EStG gesondert festgestellten Steuerermäßigungen sind zurückzuzahlen (§ 92 a Abs. 3 EStG). Die im noch ausstehenden Rückzahlungsbetrag enthaltenen Zuwächse (z. B. Zinserträge und Kursgewinne) sind als sonstige Einkünfte zu versteuern (§ 22 Nr. 5 Satz 5 Halbsatz 1 EStG). Außerdem hat der Zulageberechtigte den Vorteil zu versteuern, der sich aus der zinslosen Nutzung des noch nicht zurückgezahlten Betrags ergibt. Zugrunde gelegt wird hierbei eine Verzinsung von 5 % (Zins und Zinseszins) für jedes volle Kalenderjahr der Nutzung (§ 22 Nr. 5 Satz 5 Halbsatz 2 EStG). Diese Folgen treten nicht ein, wenn er den noch nicht zurückgezahlten Betrag in ein Folgeobjekt investiert (§ 92 a Abs. 4 Satz 3 Nr. 1 EStG) oder zugunsten eines auf seinen Namen lautenden zertifizierten Altersvorsorgevertrags einzahlt (§ 92 a Abs. 4 Satz 3 Nr. 2 EStG).

V. Sonstiges

1. Pfändungsschutz (§ 97 EStG)

141 Gemäß § 97 EStG sind das geförderte Altersvorsorgevermögen einschließlich der hierauf entfallenden Erträge und Wertzuwächse, die geförderten laufenden Altersvorsorgebeiträge und der Anspruch auf Zulage nicht übertragbar. Dieses Vermögen ist daher unpfändbar (§ 851 Abs. 1 Zivilprozessordnung – ZPO –). Der Pfändungsschutz erstreckt sich nicht auf Kapital, das auf nicht geförderten Beiträgen (vgl. Rz. 91 f.) einschließlich der hierauf entfallenden Erträge und Wertzuwächse beruht. Der Pfändung des steuerlich nicht geförderten Altersvorsorgevermögens steht ein vertragliches Abtretungs- und Übertragungsverbot nicht entgegen. Im Fall einer Pfändung tritt insoweit keine schädliche Verwendung im Sinne des § 93 EStG ein.

142 Die in der Auszahlungsphase an den Vertragsinhaber zu leistenden Beträge unterliegen nicht dem Pfändungsschutz nach § 97 EStG. Insoweit sind ausschließlich die zivilrechtlichen Regelungen (z. B. § 850 ff. ZPO) maßgeblich.

2. Verfahrensfragen

a) Zulageantrag

143 Die Zulage wird nur auf Antrag gewährt. Ab 1. Januar 2005 hat der Zulageberechtigte die Möglichkeit, dem jeweiligen Anbieter eine schriftliche Vollmacht zu erteilen, für ihn den Antrag – bis auf Widerruf – zu stellen. Die Vollmacht kann im Rahmen des Zulageantrags oder formlos erteilt werden und ist auch für zurückliegende Beitragsjahre, für die noch kein Zulageantrag gestellt worden ist, möglich.

144 Die Antragsfrist endet mit Ablauf des zweiten Kalenderjahres nach Ablauf des Beitragsjahres. Maßgebend ist der Zeitpunkt, in dem der Zulageantrag beim Anbieter eingeht (§ 89 Abs. 1 EStG). Hat der Zulageberechtigte dem Anbieter seines Vertrages eine schriftliche Vollmacht zur formlosen Antragstellung erteilt (§ 89 Abs. 1 a EStG), gilt als Antragseingang die Erstellung des Datensatzes durch den Anbieter.

145 § 95 Abs. 3 Satz 2 EStG ermöglicht es, für die Kalenderjahre der Entsendung rückwirkend die Zulage für alle Beitragsjahre der Entsendung bei Vorliegen der dort genannten Voraussetzungen zu beantragen. Die Frist beginnt mit der erneuten Begründung der unbeschränkten Steuerpflicht und endet mit dem 31. Dezember des zweiten auf die erneute Begründung folgenden Kalenderjahres. Dies bedeutet, dass dem Zulageberechtigten mindestens zwei volle Kalenderjahre für die Antragstellung zur Verfügung stehen.

146 Der Zulageberechtigte kann grundsätzlich auf Angaben zu den beitragspflichtigen Einnahmen im Zulageantrag verzichten. In diesen Fällen darf die ZfA die Angaben bei den Trägern der gesetzlichen Rentenversicherung erheben. Dies gilt nicht, wenn der Zulageberechtigte nicht der deutschen Rentenversicherung unterliegt oder wenn er Einkünfte aus Land- und Forstwirtschaft hat.

Sind die der gesetzlichen Rentenversicherung zugrunde liegenden beitragspflichtigen Einnahmen höher als das tatsächlich erzielte Entgelt oder ein Zahlbetrag von Entgeltersatzleistungen des Zulageberechtigten (siehe Rz. 44 ff.), sollte dies im Zulageantrag angegeben werden. Andernfalls werden die höheren – beim Rentenversicherungsträger erhobenen – beitragspflichtigen Einnahmen der Mindesteigenbeitragsberechnung zugrunde gelegt.

Bei einem Begünstigten nach § 10 a Abs. 1 Satz 1 Halbsatz 2 EStG werden die erforderlichen Daten von den zuständigen Stellen an die ZfA übermittelt.

147 Zur Durchführung des Verfahrens ist es erforderlich, dass der Anleger dem Anbieter die Änderungen der folgenden Verhältnisse mitteilt:

1. Änderung der Art der Zulageberechtigung (mittelbar/unmittelbar),
2. Änderung des Familienstandes,
3. Änderung der Daten zur Ermittlung des Mindesteigenbeitrages, sofern diese im Antrag angegeben worden sind (z. B. tatsächliches Entgelt),
4. Wegfall des Kindergeldes für ein Kind, für das eine Kinderzulage beantragt wird,
5. Änderung der Zuordnung der Kinder.

In seinem eigenen Interesse sollte der Anleger darüber hinaus auch die Änderungen der folgenden Tatbestände anzeigen:

1. Änderung bei der Verteilung der Zulage auf mehrere Verträge,
2. Änderung des beruflichen Status (z. B. Beamter wird Angestellter oder umgekehrt),
3. Erhöhung der Anzahl der Kinder für die eine Kinderzulage beantragt werden soll,
4. Änderungen der zuständigen Familienkasse und der Kindergeldnummer.

b) Festsetzungsfrist

148 Die reguläre Frist für die Berechnung bzw. Festsetzung der Altersvorsorgezulage beträgt vier Jahre (§ 169 Abs. 2 Satz 1 Nr. 2 AO) und beginnt mit Ablauf des Jahres, in dem sie entstanden ist, d. h. mit Ablauf des Beitragsjahres (§ 88 EStG i. V. m. § 170 Abs. 1 AO).

149 Die Festsetzungsfrist für die Rückforderung der Zulage nach § 90 Abs. 3 EStG sowie für die Aufhebung, Änderung oder Berichtigung der Zulagefestsetzung nach einer Festsetzung i. S. d. § 90 Abs. 4 EStG beginnt nach § 170 Abs. 3 AO nicht vor Ablauf des Jahres, in dem der Antrag nach § 89 EStG gestellt worden ist.

Beispiel:

150 Der Zulageantrag für das Beitragsjahr 2002 geht im Jahr 2004 beim Anbieter ein und wird von diesem im Dezember 2004 per Datenübertragung an die ZfA übermittelt. Die ZfA ermittelt die Zulage und überweist sie im Jahr 2005 an den Anbieter. Im Rahmen des Datenabgleichs stellt die ZfA im Jahr 2008 fest, dass der Anleger nicht zum begünstigten Personenkreis gehört. Sie teilt dies dem Anbieter noch im gleichen Jahr mit und fordert gemäß § 90 Abs. 3 EStG die gewährte Zulage zurück.

Nach § 170 Abs. 3 AO beginnt die Festsetzungsfrist für die Rückforderung nach § 90 Abs. 3 EStG mit Ablauf des Jahres 2004. Damit endet die vierjährige Festsetzungsfrist mit Ablauf des Jahres 2008. Die ZfA hat folglich den Rückforderungsanspruch vor Ablauf der Festsetzungsfrist geltend gemacht.

151 Die Festsetzungsfrist endet frühestens in dem Zeitpunkt, in dem über den Zulageantrag unanfechtbar entschieden worden ist (§ 171 Abs. 3 AO). Maßgebend ist der Zeitpunkt, in dem die Bescheinigung des Anbieters nach § 92 EStG dem Zulageberechtigten zugegangen ist.

152 Korrigiert die ZfA die Berechnung der Zulage nach § 90 Abs. 3 EStG, hat die erneute Bescheinigung nach § 92 EStG über das korrigierte Ergebnis keine Auswirkung auf die Festsetzungsfrist.

153 Beantragt der Zulageberechtigte die förmliche Festsetzung der Zulage nach § 90 Abs. 4 EStG, tritt insoweit eine weitere Ablaufhemmung nach § 171 Abs. 3 AO ein. Geht dieser Antrag innerhalb der Jahresfrist des § 90 Abs. 4 EStG beim Anbieter ein, gilt § 171 Abs. 3a Satz 1 zweiter Halbsatz AO entsprechend.

B. Betriebliche Altersversorgung

I. Allgemeines

154 Betriebliche Altersversorgung liegt vor, wenn dem Arbeitnehmer aus Anlass seines Arbeitsverhältnisses vom Arbeitgeber Leistungen zur Absicherung mindestens eines biometrischen Risikos (Alter, Tod, Invalidität) zugesagt werden und Ansprüche auf diese Leistungen erst mit dem Eintritt des biologischen Ereignisses fällig werden (§ 1 BetrAVG). Werden mehrere biometrische Risiken abgesichert, ist aus steuerrechtlicher Sicht die gesamte Vereinbarung nur dann als betriebliche Altersversorgung anzuerkennen, wenn für alle Risiken die Vorgaben der Rz. 154–159 beachtet werden. Als Durchführungswege der betrieblichen Altersversorgung kommen die Direktzusage (§ 1 Abs. 1 Satz 2 BetrAVG), die Unterstützungskasse (§ 1 b Abs. 4 BetrAVG), die Direktversicherung (§ 1 b Abs. 2 BetrAVG), die Pensionskasse (§ 1 b Abs. 3 BetrAVG) oder der Pensionsfonds (§ 1 b Abs. 3 BetrAVG, § 112 VAG) in Betracht.

155 Nicht um betriebliche Altersversorgung handelt es sich, wenn der Arbeitgeber oder eine Versorgungseinrichtung dem nicht bei ihm beschäftigten Ehegatten eines Arbeitnehmers eigene Versorgungsleistungen zur Absicherung seiner biometrischen Risiken (Alter, Tod, Invalidität) verspricht, da hier keine Versorgungszusage aus Anlass eines Arbeitsverhältnisses zwischen dem Arbeitgeber und dem Ehegatten vorliegt (§ 1 BetrAVG).

156 Das biologische Ereignis ist bei der Altersversorgung das altersbedingte Ausscheiden aus dem Erwerbsleben, bei der Hinterbliebenenversorgung der Tod des Arbeitnehmers und bei der Invaliditätsversorgung der Invaliditätseintritt. Als Untergrenze für betriebliche Altersversorgungsleistungen bei altersbedingtem Ausscheiden aus dem Erwerbsleben gilt im Regelfall das 60. Lebensjahr. In Ausnahmefällen können betriebliche Altersversorgungsleistungen auch schon vor dem 60. Lebensjahr gewährt werden, so z. B. bei Berufsgruppen wie Piloten, bei denen schon vor dem 60. Lebensjahr Versorgungsleistungen üblich sind. Ob solche Ausnahmefälle vorliegen, ergibt sich aus Gesetz, Tarifvertrag oder Betriebsvereinbarung. Erreicht der Arbeitnehmer im Zeitpunkt der Auszahlung das 60. Lebensjahr, hat aber seine berufliche Tätigkeit noch nicht beendet, so ist dies unschädlich.

157 Eine Hinterbliebenenversorgung im steuerlichen Sinne darf nur Leistungen an die Witwe des Arbeitnehmers oder den Witwer der Arbeitnehmerin, die Kinder i. S. d. § 32 Abs. 3 und 4 Satz 1 Nr. 1 bis 3 EStG, den früheren Ehegatten oder die Lebensgefährtin/den Lebensgefährten vorsehen. Der Begriff des/der Lebensgefährten/in ist dabei als Oberbegriff zu verstehen, der auch die gleichgeschlechtliche Lebenspartnerschaft mit erfasst. Ob eine gleichgeschlechtliche Lebenspartnerschaft eingetragen wurde oder nicht, ist dabei zunächst unerheblich. Für Partner einer eingetragenen Lebenspartnerschaft besteht allerdings die Besonderheit, dass sie einander nach § 5 Lebenspartnerschaftsgesetz zum Unterhalt verpflichtet sind. Insoweit liegt eine mit der zivilrechtlichen Ehe vergleichbare Partnerschaft vor. Handelt es sich dagegen um eine andere Form der nichtehelichen Lebensgemeinschaft, muss anhand der im BMF-Schreiben vom 25. Juli 2002 (BStBl. I S. 706)*) genannten Voraussetzungen geprüft werden, ob diese als Hinterbliebenenversorgung anerkannt werden kann. Ausreichend ist dabei regelmäßig, wenn neben der geforderten namentlichen Benennung des/der Lebensgefährten/in in der schriftlichen Vereinbarung gegenüber dem Arbeitgeber auch versichert wird, dass eine gemeinsame Haushaltsführung besteht.

158 Die Möglichkeit, andere als die in Rz. 157 genannten Personen als Begünstigte für den Fall des Todes des Arbeitnehmers zu benennen, führt steuerrechtlich dazu, dass es sich nicht mehr um eine Hinterbliebenenversorgung handelt, sondern von einer Vererblichkeit der Anwartschaften auszugehen ist. Gleiches gilt, wenn bei einer vereinbarten Rentengarantiezeit die Auszahlung auch an andere als die in Rz. 157 genannten Personen möglich ist. Lediglich die Möglichkeit, ein einmaliges angemessenes Sterbegeld an andere Personen als die in Rz. 157 genannten Hinterbliebenen auszuzahlen, führt nicht zur Versagung der Anerkennung als betriebliche Altersversorgung; bei Auszahlung ist das Sterbegeld, soweit es auf steuerfrei geleisteten Beiträgen beruht, gemäß § 22 Nr. 5 Satz 1 EStG vollständig zu besteuern. Nur im Fall der Pauschalbesteuerung von Beiträgen für die Direktversicherung nach § 40 b EStG in der am 31. Dezember 2004 geltenden Fassung (§ 40 b EStG a. F.) ist es unschädlich, wenn eine beliebige Person als Bezugsberechtigte für den Fall des Todes des Arbeitnehmers benannt wird.

159 Keine betriebliche Altersversorgung liegt vor, wenn zwischen Arbeitnehmer und Arbeitgeber die Vererblichkeit von Anwartschaften vereinbart ist. Auch Vereinbarungen, nach denen Arbeitslohn gutgeschrieben und ohne Abdeckung eines biometrischen Risikos zu einem späteren Zeitpunkt (z. B. bei Ausscheiden aus dem Dienstverhältnis) ggf. mit Wertsteigerung ausgezahlt wird, sind nicht dem Bereich der betrieblichen Altersversorgung zuzuordnen. Gleiches gilt, wenn von vornherein eine Abfindung der Versorgungsanwartschaft, z. B. zu einem bestimmten Zeitpunkt oder bei Vorliegen bestimmter Voraussetzungen, vereinbart ist und dadurch nicht mehr von der Absicherung eines biometrischen Risikos ausgegangen werden kann. Demgegenüber führt allein die Möglichkeit einer Beitragserstattung einschließlich der gutgeschriebenen Erträge bzw. einer entsprechenden Abfindung für den Fall des Ausscheidens aus dem Dienstverhältnis vor Erreichen der gesetzlichen Unverfallbarkeit und/oder für den Fall des Todes vor Ablauf einer arbeitsrechtlich vereinbarten Wartezeit sowie der Abfindung einer Witwenrente/Witwerrente für den Fall der Wiederheirat noch nicht zur Versagung der Anerkennung als betriebliche Altersversorgung; zu den steuerlichen Folgen im Auszahlungsfall siehe Rz. 214 ff.

---

*) Abgedruckt als Anhang 13 e zum Handbuch.

II. Lohnsteuerliche Behandlung von Zusagen auf Leistungen der betrieblichen Altersversorgung

1. Allgemeines

160 Der Zeitpunkt des Zuflusses von Arbeitslohn richtet sich bei einer arbeitgeberfinanzierten und einer steuerlich anzuerkennenden durch Entgeltumwandlung finanzierten betrieblichen Altersversorgung nach dem Durchführungsweg der betrieblichen Altersversorgung (vgl. auch R 129 LStR zur Abgrenzung). Bei der Versorgung über eine Direktversicherung, eine Pensionskasse oder einen Pensionsfonds liegt Zufluss von Arbeitslohn im Zeitpunkt der Zahlung der Beiträge durch den Arbeitgeber an die entsprechende Versorgungseinrichtung vor. Erfolgt die Beitragszahlung durch den Arbeitgeber vor „Versicherungsbeginn", liegt ein Zufluss von Arbeitslohn jedoch erst im Zeitpunkt des „Versicherungsbeginns" vor. Die Einbehaltung der Lohnsteuer richtet sich nach § 38a Abs. 1 und 3 EStG (vgl. auch R 115, 118 und 119 LStR). Bei der Versorgung über eine Direktzusage oder Unterstützungskasse fließt der Arbeitslohn erst im Zeitpunkt der Zahlung der Altersversorgungsleistungen an den Arbeitnehmer zu.

2. Entgeltumwandlung zugunsten betrieblicher Altersversorgung

161 Um durch Entgeltumwandlung finanzierte betriebliche Altersversorgung handelt es sich, wenn Arbeitgeber und Arbeitnehmer vereinbaren, künftige Arbeitslohnansprüche zugunsten einer betrieblichen Altersversorgung herabzusetzen (Umwandlung in eine wertgleiche Anwartschaft auf Versorgungsleistungen – Entgeltumwandlung – § 1 Abs. 2 Nr. 3 BetrAVG). Davon zu unterscheiden sind die sog. Eigenbeiträge des Arbeitnehmers (§ 1 Abs. 2 Nr. 4 BetrAVG), bei denen der Arbeitnehmer aus seinem bereits zugeflossenen und versteuerten Arbeitsentgelt Beiträge zur Finanzierung der betrieblichen Altersversorgung leistet.

162 Eine Herabsetzung von Arbeitslohnansprüchen zugunsten betrieblicher Altersversorgung ist steuerlich als Entgeltumwandlung auch dann anzuerkennen, wenn die in § 1 Abs. 2 Nr. 3 BetrAVG geforderte Wertgleichheit außerhalb versicherungsmathematischer Grundsätze berechnet wird. Entscheidend ist allein, dass die Versorgungsleistung zur Absicherung mindestens eines biometrischen Risikos (Alter, Tod, Invalidität) zugesagt und erst bei Eintritt des biologischen Ereignisses fällig wird.

163 Die Herabsetzung von Arbeitslohn (laufender Arbeitslohn, Einmal- und Sonderzahlungen) zugunsten der betrieblichen Altersversorgung wird aus Vereinfachungsgründen grundsätzlich auch dann als Entgeltumwandlung steuerlich anerkannt, wenn die Gehaltsänderungsvereinbarung bereits erdiente, aber noch nicht fällig gewordene Anteile umfasst. Dies gilt auch, wenn eine Einmal- oder Sonderzahlung einen Zeitraum von mehr als einem Jahr betrifft.

164 Bei einer Herabsetzung laufenden Arbeitslohns zugunsten einer betrieblichen Altersversorgung hindert es die Annahme einer Entgeltumwandlung nicht, wenn der bisherige ungekürzte Arbeitslohn weiterhin Bemessungsgrundlage für künftige Erhöhungen des Arbeitslohns oder andere Arbeitgeberleistungen (wie z. B. Weihnachtsgeld, Tantieme, Jubiläumszuwendungen, betriebliche Altersversorgung) bleibt, die Gehaltsminderung zeitlich begrenzt oder vereinbart wird, dass der Arbeitnehmer oder der Arbeitgeber sie für künftigen Arbeitslohn einseitig ändern kann.

3. Arbeitszeitkonten

165 Vereinbaren Arbeitgeber und Arbeitnehmer, künftig fällig werdenden Arbeitslohn ganz oder teilweise betragsmäßig auf einem Konto gutzuschreiben, um ihn in Zeiten der Arbeitsfreistellung auszuzahlen (Arbeitszeitkonto), führt weder die Vereinbarung noch die Wertgutschrift auf dem Arbeitszeitkonto zum Zufluss von Arbeitslohn. Rz. 163 gilt sinngemäß.

166 Wird das Wertguthaben des Arbeitszeitkontos aufgrund einer Vereinbarung zwischen Arbeitgeber und Arbeitnehmer vor Fälligkeit (planmäßige Auszahlung während der Freistellung) ganz oder teilweise zugunsten der betrieblichen Altersversorgung herabgesetzt, ist dies steuerlich als Entgeltumwandlung anzuerkennen. Die Ausbuchung der Beträge aus dem Arbeitszeitkonto führt in diesem Fall nicht zum Zufluss von Arbeitslohn. Der Zeitpunkt des Zuflusses dieser zugunsten der betrieblichen Altersversorgung umgewandelten Beträge richtet sich nach dem Durchführungsweg der zugesagten betrieblichen Altersversorgung (vgl. Rz. 160).

167 Bei einem Altersteilzeitarbeitsverhältnis im sog. Blockmodell gilt dies in der Arbeitsphase und der Freistellungsphase entsprechend. Folglich ist auch in der Freistellungsphase steuerlich von einer Entgeltumwandlung auszugehen, wenn vor Fälligkeit (planmäßige Auszahlung) vereinbart wird, das Wertguthaben des Arbeitszeitkontos oder den während der Freistellung auszuzahlenden Arbeitslohn zugunsten der betrieblichen Altersversorgung herabzusetzen.

4. Steuerfreiheit nach § 3 Nr. 63 EStG

a) Steuerfreiheit nach § 3 Nr. 63 Satz 1 und 3 EStG

aa) Begünstigter Personenkreis

168 Zu dem durch § 3 Nr. 63 EStG begünstigten Personenkreis gehören alle Arbeitnehmer (§ 1 LStDV), unabhängig davon, ob sie in der gesetzlichen Rentenversicherung pflichtversichert sind oder nicht (z. B. beherrschende Gesellschafter-Geschäftsführer, geringfügig Beschäftigte, in einem berufsständischen Versorgungswerk Versicherte).

169 Die Steuerfreiheit setzt lediglich ein bestehendes erstes Dienstverhältnis voraus. Diese Voraussetzung kann auch erfüllt sein, wenn es sich um ein geringfügiges Beschäftigungsverhältnis oder eine Aushilfstätigkeit handelt. Die Steuerfreiheit ist jedoch nicht bei Arbeitnehmern zulässig, die dem Arbeitgeber eine Lohnsteuerkarte mit der Steuerklasse VI vorgelegt haben.

bb) Begünstigte Aufwendungen

170 Zu den nach § 3 Nr. 63 EStG begünstigten Aufwendungen gehören nur Beiträge an Pensionsfonds, Pensionskassen und Direktversicherungen, die zum Aufbau einer betrieblichen Altersversorgung im Kapitaldeckungsverfahren erhoben werden. Für Umlagen, die vom Arbeitgeber an eine Versorgungseinrichtung entrichtet werden, kommt die Steuerfreiheit nach § 3 Nr. 63 EStG dagegen nicht in Betracht. Werden sowohl Umlagen als auch Beiträge im Kapitaldeckungsverfahren erhoben, gehören Letztere nur dann zu den begünstigten Aufwendungen, wenn eine getrennte Verwaltung und Abrechnung beider Vermögensmassen erfolgt (Trennungsprinzip).

171 Steuerfrei sind sowohl die Beiträge des Arbeitgebers, die zusätzlich zum ohnehin geschuldeten Arbeitslohn erbracht werden (rein arbeitgeberfinanzierte Beiträge) als auch die Beiträge des Arbeitgebers, die durch Entgeltumwandlung finanziert werden (vgl. Rz. 161 ff.). Im Fall der Finanzierung der Beiträge durch eine Entgeltumwandlung ist die Beachtung des Mindestbetrages gemäß § 1a BetrAVG für die Inanspruchnahme der Steuerfreiheit nicht erforderlich. Eigenbeiträge des Arbeitnehmers (§ 1 Abs. 2 Nr. 4 BetrAVG) sind dagegen vom Anwendungsbereich des § 3 Nr. 63 EStG ausgeschlossen, auch wenn sie vom Arbeitgeber an die Versorgungseinrichtung abgeführt werden.

172 Die Steuerfreiheit nach § 3 Nr. 63 EStG kann nur dann in Anspruch genommen werden, wenn der vom Arbeitgeber zur Finanzierung der zugesagten Versorgungsleistung gezahlte Beitrag nach bestimmten individuellen Kriterien dem einzelnen Arbeitnehmer zugeordnet wird. Allein die Verteilung eines vom Arbeitgeber gezahlten Gesamtbetrags nach der Anzahl der begünstigten Arbeitnehmer genügt hingegen für die Anwendung des § 3 Nr. 63 EStG nicht. Für die Anwendung des § 3 Nr. 63 EStG ist nicht Voraussetzung, dass sich die Höhe der zugesagten Versorgungsleistung an der Höhe des eingezahlten Beitrags des Arbeitgebers orientiert, da der Arbeitgeber nach § 1 BetrAVG nicht nur eine Beitragszusage mit Mindestleistung oder eine beitragsorientierte Leistungszusage, sondern auch eine Leistungszusage erteilen kann.

173 Maßgeblich für die betragsmäßige Begrenzung der Steuerfreiheit auf 4 % der Beitragsbemessungsgrenze in der allgemeinen Rentenversicherung ist auch bei einer Beschäftigung in den

neuen Ländern oder Berlin (Ost) die in dem Kalenderjahr gültige Beitragsbemessungsgrenze (West). Zusätzlich zu diesem Höchstbetrag können Beiträge, die vom Arbeitgeber aufgrund einer nach dem 31. Dezember 2004 erteilten Versorgungszusage (Neuzusage, vgl. Rz. 201 ff.) geleistet werden, bis zur Höhe von 1800 Euro steuerfrei bleiben. Dieser zusätzliche Höchstbetrag kann jedoch nicht in Anspruch genommen werden, wenn für den Arbeitnehmer in dem Kalenderjahr Beiträge nach § 40b Abs. 1 und 2 EStG a. F. pauschal besteuert werden (vgl. Rz. 208). Bei den Höchstbeträgen des § 3 Nr. 63 EStG handelt es sich jeweils um Jahresbeträge. Eine zeitanteilige Kürzung der Höchstbeträge ist daher nicht vorzunehmen, wenn das Arbeitsverhältnis nicht während des ganzen Jahres besteht oder nicht für das ganze Jahr Beiträge gezahlt werden. Die Höchstbeträge können erneut in Anspruch genommen werden, wenn der Arbeitnehmer sie in einem vorangegangenen Dienstverhältnis bereits ausgeschöpft hat. Im Fall der Gesamtrechtsnachfolge und des Betriebsübergangs nach § 613a BGB kommt dies dagegen nicht in Betracht.

174 Soweit die Beiträge die Höchstbeträge übersteigen, sind sie individuell zu besteuern. Für die individuell besteuerten Beiträge kann eine Förderung durch Sonderausgabenabzug und Zulage nach § 10a und Abschnitt XI EStG in Betracht kommen (vgl. Rz. 205 ff.). Zur Übergangsregelung des § 52 Abs. 52a EStG siehe Rz. 191 ff.

175 Bei monatlicher Zahlung der Beiträge bestehen keine Bedenken, wenn die Höchstbeträge in gleichmäßige monatliche Teilbeträge aufgeteilt werden. Stellt der Arbeitgeber vor Ablauf des Kalenderjahrs, z. B. bei Beendigung des Dienstverhältnisses fest, dass die Steuerfreiheit im Rahmen der monatlichen Teilbeträge nicht in vollem Umfang ausgeschöpft worden ist oder werden kann, muss eine ggf. vorgenommene Besteuerung der Beiträge rückgängig gemacht (spätester Zeitpunkt hierfür ist die Übermittlung oder Erteilung der Lohnsteuerbescheinigung) oder der monatliche Teilbetrag künftig so geändert werden, dass die Höchstbeträge ausgeschöpft werden.

176 Rein arbeitgeberfinanzierte Beiträge sind steuerfrei, soweit sie die Höchstbeträge (4% der Beitragsbemessungsgrenze in der allgemeinen Rentenversicherung sowie 1800 Euro) nicht übersteigen. Die Höchstbeträge werden zunächst durch diese Beiträge ausgefüllt. Sofern die Höchstbeträge dadurch nicht ausgeschöpft worden sind, sind die auf Entgeltumwandlung beruhenden Beiträge zu berücksichtigen.

cc) Begünstigte Auszahlungsformen

177 Voraussetzung für die Steuerfreiheit ist, dass die Auszahlung der zugesagten Alters-, Invaliditäts- oder Hinterbliebenenversorgungsleistungen in Form einer lebenslangen Rente oder eines Auszahlungsplans mit anschließender Teilkapitalverrentung (§ 1 Abs. 1 Satz 1 Nr. 4 AltZertG) vorgesehen ist. Im Hinblick auf die entfallende Versorgungsbedürftigkeit z. B. für den Fall der Vollendung des 27. Lebensjahres der Kinder, der Wiederheirat der Witwe/des Witwers, dem Ende der Erwerbsminderung durch Wegfall der Voraussetzungen für den Bezug (insbesondere bei Verbesserung der Gesundheitssituation oder Erreichen der Altersgrenze) ist es nicht zu beanstanden, wenn eine Rente oder ein Auszahlungsplan zeitlich befristet ist. Von einer Rente oder einem Auszahlungsplan ist auch noch auszugehen, wenn bis zu 30 % des zu Beginn der Auszahlungsphase zur Verfügung stehenden Kapitals außerhalb der monatlichen Leistungen ausgezahlt werden. Die zu Beginn der Auszahlungsphase zu treffende Entscheidung und Entnahme des Teilkapitalbetrags aus diesem Vertrag (Rz. 107) führt zur Besteuerung nach § 22 Nr. 5 EStG. Allein die Möglichkeit, anstelle dieser Auszahlungsformen eine Einmalkapitalauszahlung (100 % des zu Beginn der Auszahlungsphase zur Verfügung stehenden Kapitals) zu wählen, steht der Steuerfreiheit noch nicht entgegen. Die Möglichkeit, eine Einmalkapitalauszahlung anstelle einer Rente oder eines Auszahlungsplans zu wählen, gilt nicht nur für Altersversorgungsleistungen, sondern auch für Invaliditäts- oder Hinterbliebenenversorgungsleistungen. Entscheidet sich der Arbeitnehmer zugunsten einer Einmalkapitalauszahlung, so sind von diesem Zeitpunkt an die Voraussetzungen des § 3 Nr. 63 EStG nicht mehr erfüllt und die Beitragsleistungen zu besteuern. Erfolgt die Ausübung des Wahlrechtes innerhalb des letzten Jahres vor dem altersbedingten Ausscheiden aus dem Erwerbsleben, so ist es aus Vereinfachungsgründen nicht zu beanstanden, wenn die Beitragsleistungen weiterhin nach § 3 Nr. 63 EStG steuerfrei belassen werden. Bei Auszahlung oder anderweitiger wirtschaftlicher Verfügung ist der Einmalkapitalbetrag, soweit er auf steuerfrei geleisteten Beiträgen beruht, gemäß § 22 Nr. 5 Satz 1 EStG vollständig zu besteuern. Da es sich bei der Teil- bzw. Einmalkapitalauszahlung nicht um außerordentliche Einkünfte i. S. d. § 34 Abs. 2 EStG (weder eine Entschädigung noch eine Vergütung für eine mehrjährige Tätigkeit) handelt, kommt eine Anwendung der Fünftelungsregelung des § 34 EStG auf diese Zahlungen nicht in Betracht.

dd) Sonstiges

178 Eine Steuerfreiheit der Beiträge kommt nicht in Betracht, soweit es sich hierbei nicht um Arbeitslohn im Rahmen eines Dienstverhältnisses, sondern um eine verdeckte Gewinnausschüttung i. S. d. § 8 Abs. 3 Satz 2 KStG handelt. Die allgemeinen Grundsätze zur Abgrenzung zwischen verdeckter Gewinnausschüttung und Arbeitslohn sind hierbei zu beachten.

179 Beiträge an Pensionsfonds, Pensionskassen und – bei Direktversicherungen – an Versicherungsunternehmen in der EU sowie in Drittstaaten, mit denen besondere Abkommen abgeschlossen worden sind, können nach § 3 Nr. 63 EStG begünstigt sein, wenn der ausländische Pensionsfonds, die ausländische Pensionskasse oder das ausländische Versicherungsunternehmen aufsichtsrechtlich zur Ausübung ihrer Tätigkeit zugunsten von Arbeitnehmern in inländischen Betriebsstätten befugt sind.

b) Ausschluss der Steuerfreiheit nach § 3 Nr. 63 Satz 2 EStG

aa) Personenkreis

180 Auf die Steuerfreiheit können grundsätzlich nur Arbeitnehmer verzichten, die in der gesetzlichen Rentenversicherung pflichtversichert sind (§§ 1a, 17 Abs. 1 Satz 3 BetrAVG). Alle anderen Arbeitnehmer können von dieser Möglichkeit nur dann Gebrauch machen, wenn der Arbeitgeber zustimmt.

bb) Höhe und Zeitpunkt der Ausübung des Wahlrechts

181 Soweit der Arbeitnehmer einen Anspruch auf Entgeltumwandlung nach § 1a BetrAVG hat, ist eine individuelle Besteuerung dieser Beiträge bereits auf Verlangen des Arbeitnehmers durchzuführen. In allen anderen Fällen der Entgeltumwandlung (z. B. Entgeltumwandlungsvereinbarung aus dem Jahr 2001 oder früher) ist die individuelle Besteuerung der Beiträge hingegen nur aufgrund einvernehmlicher Vereinbarung zwischen Arbeitgeber und Arbeitnehmer möglich. Bei rein arbeitgeberfinanzierten Beiträgen kann auf die Steuerfreiheit nicht verzichtet werden (vgl. Rz. 176).

182 Die Ausübung des Wahlrechts nach § 3 Nr. 63 Satz 2 EStG muss bis zu dem Zeitpunkt erfolgen, zu dem die entsprechende Gehaltsänderungsvereinbarung steuerlich noch anzuerkennen ist (vgl. Rz. 163).

183 Eine nachträgliche Änderung der steuerlichen Behandlung der im Wege der Entgeltumwandlung finanzierten Beiträge ist nicht zulässig.

c) Vervielfältigungsregelung nach § 3 Nr. 63 Satz 4 EStG

184 Beiträge an einen Pensionsfonds, eine Pensionskasse oder für eine Direktversicherung, die der Arbeitgeber aus Anlass der Beendigung des Dienstverhältnisses leistet, können im Rahmen des § 3 Nr. 63 Satz 4 EStG steuerfrei belassen werden. Die Höhe der Steuerfreiheit ist dabei begrenzt auf den Betrag, der sich ergibt aus 1800 Euro vervielfältigt mit der Anzahl der Kalenderjahre, in denen das Dienstverhältnis des Arbeitnehmers zu dem Arbeitgeber bestanden hat; der vervielfältigte Betrag vermindert sich um die nach § 3 Nr. 63 EStG steuerfreien Beiträge, die der Arbeitgeber in dem Kalenderjahr, in dem das Dienstverhältnis beendet wird, und in den sechs vorangegangenen Jahren erbracht hat. Sowohl bei der Ermitt-

Steuerliche Förderung der privaten und betrieblichen Altersversorgung   Anhang 13 c

lung der zu vervielfältigenden als auch der zu kürzenden Jahre sind nur die Kalenderjahre ab 2005 zu berücksichtigen. Dies gilt unabhängig davon, wie lange das Dienstverhältnis zu dem Arbeitgeber tatsächlich bestanden hat. Die Vervielfältigungsregelung steht jedem Arbeitnehmer aus demselben Dienstverhältnis insgesamt nur einmal zu. Werden die Beiträge statt als Einmalbeitrag in Teilbeträgen geleistet, sind diese so lange steuerfrei, bis der für den Arbeitnehmer maßgebende Höchstbetrag ausgeschöpft ist. Eine Anwendung der Vervielfältigungsregelung des § 3 Nr. 63 Satz 4 EStG ist nicht möglich, wenn gleichzeitig die Vervielfältigungsregelung des § 40 b Abs. 2 Satz 3 und 4 EStG a. F. auf die Beiträge, die der Arbeitgeber aus Anlass der Beendigung des Dienstverhältnisses leistet, angewendet wird (vgl. Rz. 210). Eine Anwendung ist ferner nicht möglich, wenn der Arbeitnehmer bei Beiträgen für eine Direktversicherung auf die Steuerfreiheit der Beiträge zu dieser Direktversicherung zugunsten der Weiteranwendung des § 40 b EStG a. F. verzichtet hatte (vgl. Rz. 205 ff.).

5. Steuerfreiheit nach § 3 Nr. 66 EStG

185 Voraussetzung für die Steuerfreiheit ist, dass vom Arbeitgeber ein Antrag nach § 4 d Abs. 3 EStG oder § 4 e Abs. 3 EStG gestellt worden ist. Die Steuerfreiheit nach § 3 Nr. 66 EStG gilt auch dann, wenn die übertragenden Unternehmen keine Zuwendungen i. S. v. § 4 d Abs. 3 EStG oder Leistungen i. S. v. § 4 e Abs. 3 EStG im Zusammenhang mit der Übernahme einer Versorgungsverpflichtung durch einen Pensionsfonds anfallen.

6. Steuerfreiheit nach § 3 Nr. 55 EStG

186 Gemäß § 4 Abs. 2 Nr. 2 BetrAVG kann nach Beendigung des Arbeitsverhältnisses im Einvernehmen des ehemaligen mit dem neuen Arbeitgeber sowie dem Arbeitnehmer der Wert der vom Arbeitnehmer erworbenen Altersversorgung (Übertragungswert nach § 4 Abs. 5 BetrAVG) auf den neuen Arbeitgeber übertragen werden, wenn dieser eine wertgleiche Zusage erteilt. § 4 Abs. 3 BetrAVG gibt dem Arbeitnehmer für Versorgungszusagen, die nach dem 31. Dezember 2004 erteilt werden, das Recht, innerhalb eines Jahres nach Beendigung des Arbeitsverhältnisses von seinem ehemaligen Arbeitgeber zu verlangen, dass der Übertragungswert auf den neuen Arbeitgeber übertragen wird, wenn die betriebliche Altersversorgung beim ehemaligen Arbeitgeber über einen Pensionsfonds, eine Pensionskasse oder eine Direktversicherung durchgeführt worden ist und der Übertragungswert die Beitragsbemessungsgrenze in der allgemeinen Rentenversicherung nicht übersteigt.

187 Der geleistete Übertragungswert ist nach § 3 Nr. 55 Satz 1 EStG steuerfrei, wenn die betriebliche Altersversorgung sowohl beim ehemaligen Arbeitgeber als auch beim neuen Arbeitgeber über einen Pensionsfonds, eine Pensionskasse oder eine Direktversicherung durchgeführt wird. Es ist nicht Voraussetzung, dass beide Arbeitgeber auch den gleichen Durchführungsweg gewählt haben. Um eine Rückabwicklung der steuerlichen Behandlung der Beitragsleistungen an einen Pensionsfonds, eine Pensionskasse oder eine Direktversicherung vor der Übertragung (Steuerfreiheit nach § 3 Nr. 66 EStG, individuelle Besteuerung, Besteuerung nach § 40 b EStG) zu verhindern, bestimmt § 3 Nr. 55 Satz 3 EStG, dass die auf dem Übertragungsbetrag beruhenden Versorgungsleistungen weiterhin zu den Einkünften gehören, zu denen sie gehört hätten, wenn eine Übertragung nach § 4 BetrAVG nicht stattgefunden hätte.

188 Der Übertragungswert ist gemäß § 3 Nr. 55 Satz 2 EStG auch steuerfrei, wenn er vom ehemaligen Arbeitgeber oder von einer Unterstützungskasse an den neuen Arbeitgeber oder an eine andere Unterstützungskasse geleistet wird.

189 Die Steuerfreiheit des § 3 Nr. 55 EStG kommt jedoch nicht in Betracht, wenn die betriebliche Altersversorgung beim ehemaligen Arbeitgeber als Direktzusage oder mittels einer Unterstützungskasse ausgestaltet war, während sie beim neuen Arbeitgeber über einen Pensionsfonds, eine Pensionskasse oder eine Direktversicherung abgewickelt wird. Dies gilt auch für den umgekehrten Fall. Ebenso kommt die Steuerfreiheit nach § 3 Nr. 55 EStG bei einem Betriebsübergang nach § 613 a BGB nicht in Betracht, da in einem solchen Fall die Regelung des § 4 BetrAVG keine Anwendung findet.

190 Wird die betriebliche Altersversorgung sowohl beim alten als auch beim neuen Arbeitgeber über einen Pensionsfonds, eine Pensionskasse oder eine Direktversicherung abgewickelt, liegt im Fall der Übernahme der Versorgungszusage nach § 4 Abs. 2 Nr. 1 BetrAVG lediglich ein Schuldnerwechsel und damit für den Arbeitnehmer kein lohnsteuerlich relevanter Vorgang vor. Entsprechendes gilt im Fall der Übernahme der Versorgungszusage nach § 4 Abs. 2 Nr. 1 BetrAVG, wenn die betriebliche Altersversorgung sowohl beim alten als auch beim neuen Arbeitgeber über eine Direktzusage oder Unterstützungskasse durchgeführt wird.

7. Förderung durch Sonderausgabenabzug nach § 10 a EStG und Zulage nach Abschnitt XI EStG

191 Zahlungen im Rahmen der betrieblichen Altersversorgung an einen Pensionsfonds, eine Pensionskasse oder eine Direktversicherung können als Altersvorsorgebeiträge durch Sonderausgabenabzug nach § 10 a EStG und Zulage nach Abschnitt XI EStG gefördert werden (§ 82 Abs. 2 EStG). Die zeitliche Zuordnung der Altersvorsorgebeiträge i. S. d. § 82 Abs. 2 EStG richtet sich grundsätzlich nach den für die Zuordnung des Arbeitslohns geltenden Vorschriften (§ 38 a Abs. 3 EStG; R 115, 118 und 119 LStR).

192 Um Beiträge im Rahmen der betrieblichen Altersversorgung handelt es sich nur, wenn die Beiträge für eine vom Arbeitgeber aus Anlass des Arbeitsverhältnisses zugesagte Versorgungsleistung erbracht werden (§ 1 BetrAVG). Dies gilt unabhängig davon, ob die Beiträge ausschließlich vom Arbeitgeber finanziert werden, auf einer Entgeltumwandlung beruhen oder es sich um Eigenbeiträge des Arbeitnehmers handelt (§ 1 Abs. 1 und 2 BetrAVG). Im Übrigen sind die Rz. 155 ff. zu beachten.

193 Voraussetzung für die steuerliche Förderung ist neben der individuellen Besteuerung der Beiträge, dass die Auszahlung der zugesagten Altersversorgungsleistung in Form einer lebenslangen Rente oder eines Auszahlungsplans mit anschließender lebenslanger Teilkapitalverrentung (§ 1 Abs. 1 Satz 1 Nr. 4 AltZertG) vorgesehen ist. Die steuerliche Förderung von Beitragsteilen, die zur Absicherung einer Invaliditäts- oder Hinterbliebenenversorgung verwendet werden, kommt nur dann in Betracht, wenn die Auszahlung in Form einer Rente (§ 1 Abs. 1 Satz 1 Nr. 4 AltZertG; vgl. Rz. 177) vorgesehen ist. Rente oder Auszahlungsplan in diesem Sinne liegt auch dann vor, wenn bis zu 30 % des zu Beginn der Auszahlungsphase zur Verfügung stehenden Kapitals außerhalb der monatlichen Leistungen ausgezahlt werden. Die zu Beginn der Auszahlungsphase zu treffende Entscheidung und Entnahme des Teilkapitalbetrags aus diesem Vertrag (Rz. 107) führt zur Besteuerung nach § 22 Nr. 5 EStG. Allein die Möglichkeit, anstelle dieser Auszahlungsformen eine Einmalkapitalauszahlung (100 % des zu Beginn der Auszahlungsphase zur Verfügung stehenden Kapitals) zu wählen, steht der Förderung noch nicht entgegen. Die Möglichkeit, eine Einmalkapitalauszahlung anstelle einer Rente oder eines Auszahlungsplans zu wählen, gilt nicht nur für Altersversorgungsleistungen, sondern auch für Invaliditäts- oder Hinterbliebenenversorgungsleistungen. Entscheidet sich der Arbeitnehmer zugunsten einer Einmalkapitalauszahlung, so sind von diesem Zeitpunkt an die Voraussetzungen des § 10 a und Abschnitt XI EStG nicht mehr erfüllt und die Beitragsleistungen können nicht mehr gefördert werden. Erfolgt die Ausübung des Wahlrechtes innerhalb des letzten Jahres vor dem altersbedingten Ausscheiden aus dem Erwerbsleben, so ist es aus Vereinfachungsgründen nicht zu beanstanden, wenn die Beitragsleistungen weiterhin nach § 10 a und Abschnitt XI EStG gefördert werden. Bei Auszahlung des Einmalkapitalbetrags handelt es sich um eine schädliche Verwendung i. S. d. § 93 EStG (vgl. Rz. 227 und 228), soweit sie auf steuerlich gefördertem Altersvorsorgevermögen beruht. Da es sich bei der Teil- bzw. Einmalkapitalauszahlung nicht um außerordentliche Einkünfte i. S. d. § 34 Abs. 2 EStG (weder eine Entschädigung noch eine Vergütung für eine mehrjährige Tätigkeit) handelt, kommt eine Anwendung der Fünftelungsregelung des § 34 EStG auf diese Zahlungen nicht in Betracht.

194 Altersvorsorgebeiträge i. S. d. § 82 Abs. 2 EStG sind auch die Beiträge des ehemaligen Arbeitnehmers, die dieser im Fall einer zunächst ganz oder teilweise durch Entgeltumwandlung finanzierten und nach § 3 Nr. 63 oder § 10a / Abschnitt XI EStG geförderten betrieblichen Altersversorgung nach der Beendigung des Arbeitsverhältnisses nach Maßgabe des § 1 b Abs. 5 Nr. 2 BetrAVG selbst erbringt. Dies gilt entsprechend in den Fällen der Finanzierung durch Eigenbeiträge des Arbeitnehmers.

195 Die vom Steuerpflichtigen nach Maßgabe des § 1 b Abs. 5 Nr. 2 BetrAVG selbst zu erbringenden Beiträge müssen nicht aus individuell versteuertem Arbeitslohn stammen (z. B. Finanzierung aus steuerfreiem Arbeitslosengeld). Gleiches gilt, soweit der Arbeitnehmer trotz eines weiter bestehenden Arbeitsverhältnisses keinen Anspruch auf Arbeitslohn mehr hat und anstelle der Beiträge aus einer Entgeltumwandlung die Beiträge selbst erbringt (z. B. während der Schutzfristen des § 3 Abs. 2 und § 6 Abs. 1 des Mutterschutzgesetzes, der Elternzeit, des Bezugs von Krankengeld oder auch § 1 a Abs. 4 BetrAVG) oder aufgrund einer gesetzlichen Verpflichtung Beiträge zur betrieblichen Altersversorgung entrichtet werden (z. B. nach §§ 14 a und 14 b des Arbeitsplatzschutzgesetzes).

196 Voraussetzung für die Förderung durch Sonderausgabenabzug nach § 10a EStG und Zulage nach Abschnitt XI EStG ist in den Fällen der Rz. 194 und 195, dass der Steuerpflichtige zum begünstigten Personenkreis gehört. Die zeitliche Zuordnung dieser Altersvorsorgebeiträge richtet sich grundsätzlich nach § 11 Abs. 2 EStG.

197 Zu den begünstigten Altersvorsorgebeiträgen gehören nur Beiträge, die zum Aufbau einer betrieblichen Altersversorgung im Kapitaldeckungsverfahren erhoben werden. Für Umlagen, die an eine Versorgungseinrichtung gezahlt werden, kommt die Förderung dagegen nicht in Betracht. Werden sowohl Umlagen als auch Beiträge im Kapitaldeckungsverfahren erhoben, gehören Letztere nur dann zu den begünstigten Aufwendungen, wenn eine getrennte Verwaltung und Abrechnung beider Vermögensmassen erfolgt (Trennungsprinzip).

198 Die Versorgungseinrichtung hat dem Zulageberechtigten jährlich eine Bescheinigung zu erteilen (§ 92 EStG). Diese Bescheinigung muss u. a. den Stand des Altersvorsorgevermögens ausweisen (§ 92 Nr. 5 EStG). Bei einer Leistungszusage (§ 1 Abs. 1 Satz 2 Halbsatz 2 BetrAVG) und einer beitragsorientierten Leistungszusage (§ 1 Abs. 2 Nr. 1 BetrAVG) kann stattdessen der Barwert der erdienten Anwartschaft bescheinigt werden.

8. Anwendung des § 40 b EStG in der ab 1. Januar 2005 geltenden Fassung (§ 40 b EStG n. F.)

199 § 40 b EStG n. F. erfasst nur noch Zuwendungen des Arbeitgebers zum Aufbau einer betrieblichen Altersversorgung an eine Pensionskasse, die nicht im Kapitaldeckungsverfahren, sondern im Umlageverfahren finanziert wird (wie z. B. Umlagen an die Versorgungsanstalt des Bundes und der Länder – VBL – bzw. an eine kommunale oder kirchliche Zusatzversorgungskasse). Werden von einer Versorgungseinrichtung sowohl Umlagen als auch Beiträge im Kapitaldeckungsverfahren erhoben, ist § 40 b EStG n. F. auch auf die im Kapitaldeckungsverfahren erhobenen Beiträge anwendbar, wenn eine getrennte Verwaltung und Abrechnung beider Vermögensmassen (Trennungsprinzip, Rz. 170) nicht erfolgt.

200 Zuwendungen des Arbeitgebers an eine Pensionskasse, die dieser aufgrund einer ausschließlichen oder teilweisen Umlagefinanzierung anlässlich seines Ausscheidens für die bei der Pensionskasse verbleibenden Versorgungsverpflichtungen und Versorgungsanwartschaften erbringen muss, können in voller Höhe pauschal nach § 40 b EStG n. F. besteuert werden. Dazu gehören z. B. Gegenwertzahlungen nach § 23 Abs. 2 der Satzung der Versorgungsanstalt des Bundes und der Länder – VBL –.

9. Übergangsregelungen §§ 52 Abs. 6 und 52a EStG zur Anwendung der §§ 3 Nr. 63 EStG und 40 b EStG a. F.

a) Abgrenzung von Alt- und Neuzusage

201 Für die Anwendung von § 3 Nr. 63 Satz 3 EStG sowie § 40 b Abs. 1 und 2 EStG a. F. kommt es darauf an, ob die entsprechenden Beiträge aufgrund einer Versorgungszusage geleistet werden, die vor dem 1. Januar 2005 (Altzusage) oder nach dem 31. Dezember 2004 (Neuzusage) erteilt wurde.

202 Für die Frage, zu welchem Zeitpunkt eine Versorgungszusage erstmalig erteilt wurde, ist grundsätzlich die zu einem Rechtsanspruch führende arbeitsrechtliche bzw. betriebsrentenrechtliche Verpflichtungserklärung des Arbeitgebers maßgebend (z. B. Einzelvertrag, Betriebsvereinbarung oder Tarifvertrag). Entscheidend ist danach nicht, wann Mittel an die Versorgungseinrichtung fließen. Bei kollektiven, rein arbeitgeberfinanzierten Versorgungsregelungen ist die Zusage daher in der Regel mit Abschluss der Versorgungsregelung bzw. mit Beginn des Dienstverhältnisses des Arbeitnehmers erteilt. Ist die erste Dotierung durch den Arbeitgeber erst nach Ablauf einer von vorneherein arbeitsrechtlich festgelegten Wartezeit vorgesehen, so wird der Zusagezeitpunkt dadurch nicht verändert. Im Fall der ganz oder teilweise durch Entgeltumwandlung finanzierten Zusage gilt diese regelmäßig mit Abschluss der erstmaligen Gehaltsänderungsvereinbarung (vgl. auch Rz. 161 ff.) als erteilt. Liegen zwischen der Gehaltsänderungsvereinbarung und der erstmaligen Herabsetzung des Arbeitslohns mehr als 12 Monate, gilt die Versorgungszusage erst im Zeitpunkt der erstmaligen Herabsetzung als erteilt.

203 Die Änderung einer solchen Versorgungszusage stellt aus steuerrechtlicher Sicht unter dem Grundsatz der Einheit der Versorgung insbesondere dann keine Neuzusage dar, wenn bei ansonsten unveränderter Versorgungszusage:
– die Beiträge und/oder die Leistungen erhöht oder vermindert werden,
– die Finanzierungsform ersetzt oder ergänzt wird (rein arbeitgeberfinanziert, Entgeltumwandlung oder Eigenbeiträge i. S. d. § 1 Abs. 1 und 2 BetrAVG),
– der Versorgungsträger/Durchführungsweg gewechselt wird,
– die zu Grunde liegende Rechtsgrundlage gewechselt wird (z. B. bisher tarifvertraglich jetzt einzelvertraglich),
– eine befristete Entgeltumwandlung erneut befristet oder unbefristet fortgesetzt wird.

Eine Altzusage liegt auch im Fall der Übernahme der Zusage (Schuldübernahme) nach § 4 Abs. 2 Nr. 1 BetrAVG durch den neuen Arbeitgeber und bei Betriebsübergang nach § 613 a BGB vor.

204 Um eine Neuzusage handelt es sich neben den in Rz. 202 aufgeführten Fällen insbesondere,
– soweit die bereits erteilte Versorgungszusage um zusätzliche biometrische Risiken erweitert wird und dies mit einer Beitragserhöhung verbunden ist,
– im Fall der Übertragung der Zusage beim Arbeitgeberwechsel nach § 4 Abs. 2 Nr. 2 und Abs. 3 BetrAVG.

b) Weiteranwendung des § 40 b Abs. 1 und 2 EStG a. F.

205 Auf Beiträge zugunsten einer kapitalgedeckten betrieblichen Altersversorgung, die aufgrund von Altzusagen geleistet werden, kann § 40 b Abs. 1 und 2 EStG a. F. unter folgenden Voraussetzungen weiter angewendet werden:
Beiträge für eine Direktversicherung, die die Voraussetzungen des § 3 Nr. 63 EStG nicht erfüllen, können weiterhin vom Arbeitgeber nach § 40 b Abs. 1 und 2 EStG a. F. pauschal besteuert werden, ohne dass es hierfür einer Verzichtserklärung des Arbeitnehmers bedarf.

206 Beiträge für eine Direktversicherung, die die Voraussetzungen des § 3 Nr. 63 EStG erfüllen, können nur dann nach § 40 b Abs. 1 und 2 EStG a. F. pauschal besteuert werden, wenn der Arbeitnehmer zuvor gegenüber dem Arbeitgeber für diese Beiträge auf die Anwendung des § 3 Nr. 63 EStG verzichtet hat; dies gilt auch dann, wenn der Höchstbetrag nach § 3 Nr. 63 Satz 1 EStG bereits durch anderweitige Beitragsleistungen

Steuerliche Förderung der privaten und betrieblichen Altersversorgung

vollständig ausgeschöpft wird. Handelt es sich um rein arbeitgeberfinanzierte Beiträge und wird die Pauschalsteuer nicht auf den Arbeitnehmer abgewälzt, kann von einer solchen Verzichtserklärung bereits dann ausgegangen werden, wenn der Arbeitnehmer der Weiteranwendung des § 40 b EStG a. F. bis zum Zeitpunkt der ersten Beitragsleistung in 2005 nicht ausdrücklich widerspricht. In allen anderen Fällen ist eine Weiteranwendung des § 40 b EStG a. F. möglich, wenn der Arbeitnehmer dem Angebot des Arbeitgebers, die Beiträge weiterhin nach § 40 b EStG a. F. pauschal zu versteuern, spätestens bis zum 30. Juni 2005 zustimmt. Erfolgt die Verzichtserklärung erst nach Beitragszahlung, kann § 40 b EStG a. F. für diese Beitragszahlung/en nur dann weiter angewendet und die Steuerfreiheit nach § 3 Nr. 63 EStG rückgängig gemacht werden, wenn die Lohnsteuerbescheinigung noch nicht übermittelt oder ausgeschrieben worden ist. Im Fall eines späteren Arbeitgeberwechsels ist in den Fällen des § 4 Abs. 2 Nr. 1 BetrAVG die Weiteranwendung des § 40 b EStG a. F. möglich, wenn der Arbeitnehmer dem Angebot des Arbeitgebers, die Beiträge weiterhin nach § 40 b EStG a. F. pauschal zu versteuern, spätestens bis zur ersten Beitragsleistung zustimmt.

207 Beiträge an Pensionskassen können nach § 40 b EStG a. F. insbesondere dann weiterhin pauschal besteuert werden, wenn die Summe der nach § 3 Nr. 63 EStG steuerfreien Beiträge und der Beiträge, die wegen der Ausübung des Wahlrechts nach § 3 Nr. 63 Satz 2 EStG individuell versteuert werden, 4 % der Beitragsbemessungsgrenze in der allgemeinen Rentenversicherung übersteigt. Wurde im Fall einer Altzusage bisher lediglich § 3 Nr. 63 EStG angewendet und wird der Höchstbetrag von 4 % der Beitragsbemessungsgrenze in der allgemeinen Rentenversicherung erst nach dem 31. Dezember 2004 durch eine Beitragserhöhung überschritten, ist eine Pauschalversteuerung nach § 40 b EStG a. F. für die übersteigenden Beiträge möglich. Der zusätzliche Höchstbetrag von 1800 Euro bleibt in diesen Fällen unberücksichtigt, da er nur dann zur Anwendung gelangt, wenn es sich um eine Neuzusage handelt.

c) Verhältnis von § 3 Nr. 63 Satz 3 EStG und § 40 b Abs. 1 und 2 Satz 1 und 2 EStG a. F.

208 Der zusätzliche Höchstbetrag von 1800 Euro nach § 3 Nr. 63 Satz 3 EStG für eine Neuzusage kann dann nicht in Anspruch genommen werden, wenn die für den Arbeitnehmer aufgrund einer Altzusage geleisteten Beiträge bereits nach § 40 b Abs. 1 und 2 Satz 1 und 2 EStG a. F. pauschal besteuert werden. Dies gilt unabhängig von der Höhe der pauschal besteuerten Beiträge und somit auch unabhängig davon, ob der Dotierungsrahmen des § 40 b Abs. 2 Satz 1 EStG a. F. (1752 Euro) voll ausgeschöpft wird oder nicht. Eine Anwendung des zusätzlichen Höchstbetrags von 1800 Euro kommt aber dann in Betracht, wenn z. B. bei einem Beitrag zugunsten der Altzusage statt der Weiteranwendung des § 40 b Abs. 1 und 2 Satz 1 und 2 EStG a. F. dieser Beitrag individuell besteuert wird.

209 Werden für den Arbeitnehmer im Rahmen einer umlagefinanzierten betrieblichen Altersversorgung Beiträge an eine Pensionskasse geleistet und pauschal besteuert, ist § 40 b Abs. 1 und 2 EStG n. F. anzuwenden. Dies gilt unabhängig davon, ob die umlagefinanzierten Beiträge aufgrund einer Alt- oder Neuzusage geleistet werden. Lediglich für den Bereich der kapitalgedeckten betrieblichen Altersversorgung wurde die Möglichkeit der Pauschalversteuerung nach § 40 b EStG grds. zum 1. Januar 2005 aufgehoben. Die Inanspruchnahme des zusätzlichen Höchstbetrags von 1800 Euro nach § 3 Nr. 63 Satz 3 EStG für getrennt im Kapitaldeckungsverfahren erhobene Beiträge (Rz. 170) wird somit durch nach § 40 b EStG n. F. pauschal besteuerte Beiträge zugunsten einer umlagefinanzierten betrieblichen Altersversorgung nicht ausgeschlossen.

d) Verhältnis von § 3 Nr. 63 Satz 4 EStG und § 40 b Abs. 1 und 2 Satz 3 und 4 EStG a. F.

210 Begünstigte Aufwendungen (Rz. 170 ff.), die der Arbeitgeber aus Anlass der Beendigung des Dienstverhältnisses nach dem 31. Dezember 2004 leistet, können entweder nach § 3 Nr. 63 Satz 4 EStG steuerfrei belassen oder nach § 40 b Abs. 2 Satz 3 und 4 EStG a. F. pauschal besteuert werden. Für die Anwendung der Vervielfältigungsregelung des § 3 Nr. 63 Satz 4 EStG kommt es nicht darauf an, ob die Zusage vor oder nach dem 1. Januar 2005 erteilt wurde; sie muss allerdings die Voraussetzungen des § 3 Nr. 63 EStG erfüllen (vgl. insbesondere Rz. 177 und 236). Die Anwendung von § 3 Nr. 63 Satz 4 EStG ist allerdings ausgeschlossen, wenn gleichzeitig § 40 b Abs. 2 Satz 3 und 4 EStG a. F. auf die Beiträge, die der Arbeitgeber aus Anlass der Beendigung des Dienstverhältnisses leistet, angewendet wird. Eine Anwendung ist ferner nicht möglich, wenn der Arbeitnehmer bei Beiträgen für eine Direktversicherung auf die Steuerfreiheit der Beiträge zu dieser Direktversicherung zugunsten der Weiteranwendung des § 40 b EStG a. F. verzichtet hatte (vgl. Rz. 205 ff.). Bei einer Pensionskasse hindert die Pauschalbesteuerung nach § 40 b Abs. 1 und 2 Satz 1 und 2 EStG a. F. die Inanspruchnahme des § 3 Nr. 63 Satz 4 EStG nicht. Für die Anwendung der Vervielfältigungsregelung nach § 40 b Abs. 2 Satz 3 und 4 EStG a. F. ist allerdings Voraussetzung, dass die begünstigten Aufwendungen zugunsten einer Altzusage geleistet werden. Die Höhe der begünstigten Beiträge muss dabei nicht bereits bei Erteilung dieser Zusage bestimmt worden sein (vgl. Rz. 203 zu Beitragserhöhungen). Entsprechendes gilt in den Fällen, in denen bei einer Altzusage bisher lediglich § 3 Nr. 63 EStG angewendet wurde und der Höchstbetrag von 4 % der Beitragsbemessungsgrenze in der allgemeinen Rentenversicherung erst durch die Beiträge, die der Arbeitgeber aus Anlass der Beendigung des Dienstverhältnisses nach dem 31. Dezember 2004 leistet, überschritten wird.

e) Keine weitere Anwendung von § 40 b Abs. 1 und 2 EStG a. F. auf Neuzusagen

211 Auf Beiträge, die aufgrund von Neuzusagen geleistet werden, kann § 40 b Abs. 1 und 2 EStG a. F. nicht mehr angewendet werden. Die Beiträge bleiben bis zur Höhe von 4 % der Beitragsbemessungsgrenze in der allgemeinen Rentenversicherung zuzüglich 1800 Euro grundsätzlich nach § 3 Nr. 63 EStG steuerfrei.

f) Verhältnis von § 3 Nr. 63 EStG und § 40 b EStG a. F., wenn die betriebliche Altersversorgung nebeneinander bei verschiedenen Versorgungseinrichtungen durchgeführt wird

212 Leistet der Arbeitgeber nach § 3 Nr. 63 Satz 1 EStG begünstigte Beiträge an verschiedene Versorgungseinrichtungen, kann er § 40 b EStG a. F. auf Beiträge an Pensionskassen unabhängig von der zeitlichen Reihenfolge der Beitragszahlung anwenden, wenn die Voraussetzungen für die weitere Anwendung der Pauschalbesteuerung dem Grunde nach vorliegen. Allerdings muss zum Zeitpunkt der Anwendung des § 40 b EStG a. F. bereits feststehen oder zumindest konkret beabsichtigt sein, die nach § 3 Nr. 63 Satz 1 EStG steuerfreien Beiträge in voller Höhe zu zahlen. Stellt der Arbeitgeber fest, dass die Steuerfreiheit noch nicht oder nicht in vollem Umfang ausgeschöpft worden ist oder werden kann, muss die Pauschalbesteuerung nach § 40 b EStG a. F. – ggf. teilweise – rückgängig gemacht werden; spätester Zeitpunkt hierfür ist die Übermittlung oder Erteilung der Lohnsteuerbescheinigung.

213 Im Jahr der Errichtung kann der Arbeitgeber für einen neu eingerichteten Durchführungsweg die Steuerfreiheit in Anspruch nehmen, wenn er die für den bestehenden Durchführungsweg bereits in Anspruch genommene Steuerfreiheit rückgängig gemacht und die Beiträge nachträglich bis zum Dotierungsrahmen des § 40 b EStG a. F. (1752 Euro) pauschal besteuert hat.

III. Steuerliche Behandlung der Versorgungsleistungen

1. Allgemeines

214 Die Leistungen aus einer Versorgungszusage des Arbeitgebers können Einkünfte aus nichtselbständiger Arbeit, aus Kapitalvermögen oder sonstige Einkünfte sein oder nicht der Besteuerung unterliegen.

2. Direktzusage und Unterstützungskasse

215 Versorgungsleistungen des Arbeitgebers aufgrund einer Direktzusage und Versorgungsleistungen einer Unterstützungskasse führen zu Einkünften aus nichtselbständiger Arbeit (§ 19 EStG).

Anhang 13 c Steuerliche Förderung der privaten und betrieblichen Altersversorgung

3. Direktversicherung, Pensionskasse und Pensionsfonds

a) Leistungen aus kapitalgedeckten Versorgungseinrichtungen

216 Die steuerliche Behandlung der Leistungen aus einer kapitalgedeckten Direktversicherung, Pensionskasse und Pensionsfonds in der Auszahlungsphase hängt davon ab, ob und inwieweit die Beiträge in der Ansparphase durch die Steuerfreiheit nach § 3 Nr. 63 EStG (vgl. Rz. 168 ff.), nach § 3 Nr. 66 EStG (vgl. Rz. 185) oder durch Sonderausgabenabzug nach § 10 a EStG und Zulage nach Abschnitt XI EStG (vgl. Rz. 191 ff.) gefördert wurden. Zu den nicht geförderten Beiträgen gehören insbesondere die nach § 40 b EStG a. F. pauschal besteuerten sowie die vor dem 1. Januar 2002 erbrachten Beiträge an eine Pensionskasse oder für eine Direktversicherung. Im Einzelnen gilt Folgendes:

aa) Leistungen, die ausschließlich auf nicht geförderten Beiträgen beruhen

217 Leistungen aus Altzusagen (vgl. Rz. 201 ff.), die ausschließlich auf nicht geförderten Beiträgen beruhen, sind, wenn es sich um Rentenzahlungen handelt, als sonstige Einkünfte gemäß § 22 Nr. 5 Satz 2 i. V. m. § 22 Nr. 1 Satz 3 Buchstabe a Doppelbuchstabe bb EStG mit dem Ertragsanteil zu besteuern. Bei Kapitalauszahlungen sind die Regelungen in Rz. 87 entsprechend anzuwenden.

218 Handelt es sich um Leistungen aus Neuzusagen (vgl. Rz. 201 ff.), die die Voraussetzungen des § 10 Abs. 1 Nr. 2 Buchstabe b EStG n. F. erfüllen, sind diese als sonstige Einkünfte gemäß § 22 Nr. 5 Satz 2 i. V. m. § 22 Nr. 1 Satz 3 Buchstabe a Doppelbuchstabe aa EStG zu besteuern. Liegen die Voraussetzungen des § 10 Abs. 1 Nr. 2 Buchstabe b EStG nicht vor, erfolgt bei einer Auszahlung in Form einer Rente die Besteuerung gemäß § 22 Nr. 5 Satz 2 i. V. m. § 22 Nr. 1 Satz 3 Buchstabe a Doppelbuchstabe bb EStG mit dem Ertragsanteil. Bei Kapitalauszahlungen sind die Regelungen in Rz. 87 für nach dem 31. Dezember 2004 abgeschlossene Verträge entsprechend anzuwenden.

bb) Leistungen, die ausschließlich auf geförderten Beiträgen beruhen

219 Leistungen, die ausschließlich auf geförderten Beiträgen beruhen, unterliegen als sonstige Einkünfte nach § 22 Nr. 5 Satz 1 EStG in vollem Umfang der Besteuerung (vgl. auch Rz. 93 und 94).

cc) Leistungen, die auf geförderten und nicht geförderten Beiträgen beruhen

220 Beruhen die Leistungen sowohl auf geförderten als auch auf nicht geförderten Beiträgen, müssen die Leistungen in der Auszahlungsphase aufgeteilt werden (vgl. Rz. 95 ff.). Für die Frage des Aufteilungsmaßstabs ist das BMF-Schreiben vom 11. November 2004 (BStBl. I S. 1061)*) anzuwenden.

221 Soweit die Leistungen auf geförderten Beiträgen beruhen, unterliegen sie als sonstige Einkünfte nach § 22 Nr. 5 Satz 1 EStG in vollem Umfang der Besteuerung. Dies gilt unabhängig davon, ob sie in Form der Rente oder als Kapitalauszahlung geleistet werden.

222 Soweit die Leistungen auf nicht geförderten Beiträgen beruhen, gelten die Regelungen in Rz. 217 und 218 entsprechend.

dd) Bescheinigungspflicht

223 Nach § 22 Nr. 5 Satz 7 EStG hat der Anbieter beim erstmaligen Bezug von Leistungen sowie bei Änderung der im Kalenderjahr auszuzahlenden Leistungen dem Steuerpflichtigen nach amtlich vorgeschriebenem Vordruck den Betrag der im abgelaufenen Kalenderjahr zugeflossenen Leistungen zu bescheinigen. In dieser Bescheinigung sind die Leistungen entsprechend den Grundsätzen in Rz. 95 ff. gesondert auszuweisen. Vgl. dazu BMF-Schreiben vom 11. November 2004 (BStBl. I S. 1061)*).

b) Leistungen aus umlagefinanzierten Versorgungseinrichtungen

224 Rentenleistungen, soweit sie umlagefinanziert sind (vgl. dazu auch Rz. 170, 197 und 199), werden nach § 22 Nr. 1 Satz 3 Buchstabe a Doppelbuchstabe bb EStG mit dem Ertragsanteil besteuert.

4. Sonderregelung für Leistungen aus einem Pensionsfonds aufgrund der Übergangsregelung nach § 52 Abs. 34 b EStG

225 Haben Arbeitnehmer bereits vor dem 1. Januar 2002 von ihrem Arbeitgeber oder von einer Unterstützungskasse laufende Versorgungsleistungen erhalten und wurde diese Versorgungsverpflichtung auf einen Pensionsfonds übertragen, werden bei den Leistungsempfängern nach § 52 Abs. 34 b Satz 1 EStG weiterhin der Arbeitnehmer-Pauschbetrag (§ 9 a Satz 1 Nr. 1 Buchstabe a EStG) bzw. der Pauschbetrag nach § 9 a Satz 1 Nr. 1 Buchstabe b EStG und der Versorgungsfreibetrag sowie der Zuschlag zum Versorgungsfreibetrag (§ 19 Abs. 2 EStG) berücksichtigt. Die Leistungen unterliegen unabhängig davon als sonstige Einkünfte nach § 22 Nr. 5 Satz 1 EStG der Besteuerung.

226 Handelt es sich bereits beim erstmaligen Bezug der Versorgungsleistungen um Versorgungsbezüge i. S. d. § 19 Abs. 2 EStG, wird der Pauschbetrag nach § 9 a Satz 1 Nr. 1 Buchstabe b EStG abgezogen; zusätzlich wird der Versorgungsfreibetrag und der Zuschlag zum Versorgungsfreibetrag mit dem für das Jahr 2005 maßgebendem Vomhundertsatz und Beträgen berücksichtigt. Handelt es sich beim erstmaligen Bezug der Versorgungsleistungen nicht um Versorgungsbezüge i. S. d. § 19 Abs. 2 EStG, weil z. B. keine der Altersgrenzen in § 19 Abs. 2 EStG erreicht ist, ist lediglich der Arbeitnehmer-Pauschbetrag (§ 9 a Satz 1 Nr. 1 Buchstabe a EStG) abzuziehen. Wird eine der Altersgrenzen in § 19 Abs. 2 EStG erst zu einem späteren Zeitpunkt erreicht, sind ab diesem Zeitpunkt der für dieses Jahr maßgebende Versorgungsfreibetrag und der Zuschlag zum Versorgungsfreibetrag abzuziehen sowie anstelle des Arbeitnehmer-Pauschbetrags der Pauschbetrag nach § 9 a Satz 1 Nr. 1 Buchstabe b EStG. Ein Abzug des Versorgungs-Freibetrags nach § 19 Abs. 2 EStG in der bis zum 31. Dezember 2004 geltenden Fassung kommt nach dem 31. Dezember 2004 nicht mehr in Betracht. Dies gilt unabhängig vom Zeitpunkt der Übertragung der Versorgungsverpflichtung auf den Pensionsfonds.

IV. Schädliche Auszahlung von gefördertem Altersvorsorgevermögen

1. Allgemeines

227 Wird das nach § 10 a und Abschnitt XI EStG steuerlich geförderte Altersvorsorgevermögen an den Arbeitnehmer nicht als Rente oder im Rahmen eines Auszahlungsplans ausgezahlt, handelt es sich grundsätzlich um eine schädliche Verwendung (§ 93 Abs. 1 EStG; Rz. 103 ff.). Im Bereich der betrieblichen Altersversorgung kann eine solche schädliche Verwendung dann gegeben sein, wenn Versorgungsanwartschaften abgefunden oder übertragen werden. Entsprechendes gilt, wenn der Arbeitnehmer im Versorgungsfall ein bestehendes Wahlrecht auf Einmalkapitalauszahlung ausübt (vgl. Rz. 193).

228 Liegt eine schädliche Verwendung von gefördertem Altersvorsorgevermögen vor, gelten die Rz. 111 bis 130.

2. Abfindungen von Anwartschaften, die auf nach § 10 a/ Abschnitt XI EStG geförderten Beiträgen beruhen

229 Im Fall der Abfindung von Anwartschaften der betrieblichen Altersversorgung gemäß § 3 BetrAVG handelt es sich gemäß § 93 Abs. 2 Satz 3 EStG um keine schädliche Verwendung, soweit das nach § 10 a und Abschnitt XI EStG geförderte Altersvorsorgevermögen zugunsten eines auf den Namen des Zulageberechtigten lautenden zertifizierten privaten Altersvorsorgevertrags geleistet wird.

---
*) Abgedruckt als Anhang 13 f zum Handbuch.

3. Abfindungen von Anwartschaften, die auf steuerfreien und nicht geförderten Beiträgen beruhen

230 Wird eine Anwartschaft der betrieblichen Altersversorgung abgefunden, die ganz oder teilweise auf nach § 3 Nr. 63 EStG, § 3 Nr. 66 EStG steuerfreien oder nicht geförderten Beiträgen beruht und zugunsten eines auf den Namen des Steuerpflichtigen lautenden zertifizierten Altersvorsorgevertrags geleistet, unterliegt der Abfindungsbetrag im Zeitpunkt der Abfindung nicht der Besteuerung.

231 Wird der Abfindungsbetrag nicht entsprechend der Rz. 230 verwendet, erfolgt eine Besteuerung des Abfindungsbetrags im Zeitpunkt der Abfindung entsprechend den Grundsätzen der Rz. 217 bis 222.

4. Portabilität

232 Bei einem Wechsel des Arbeitgebers kann der Arbeitnehmer für Versorgungszusagen, die nach dem 31. Dezember 2004 erteilt werden, gemäß § 4 Abs. 3 BetrAVG verlangen, dass der bisherige Arbeitgeber den Übertragungswert (§ 4 Abs. 5 BetrAVG) auf eine Versorgungseinrichtung des neuen Arbeitgebers überträgt. Die Übertragung ist gemäß § 93 Abs. 2 Satz 2 EStG dann keine schädliche Verwendung, wenn auch nach der Übertragung eine lebenslange Altersversorgung des Arbeitnehmers i. S. d. § 1 Abs. 1 Satz 1 Nr. 4 AltZertG gewährleistet wird. Dies gilt auch, wenn der alte und neue Arbeitgeber sowie der Arbeitnehmer sich gemäß § 4 Abs. 2 Nr. 2 BetrAVG freiwillig auf eine Übertragung der Versorgungsanwartschaften mittels Übertragungswert von einer Versorgungseinrichtung i. S. d. § 82 Abs. 2 EStG auf eine andere Versorgungseinrichtung i. S. d. § 82 Abs. 2 EStG verständigen.

233 Erfüllt die Versorgungseinrichtung des neuen Arbeitgebers nicht die Voraussetzungen des § 1 Abs. 1 Satz 1 Nr. 4 AltZertG, gelten die Rz. 217 bis 222 entsprechend.

5. Entschädigungsloser Widerruf eines noch verfallbaren Bezugsrechts

234 Hat der Arbeitnehmer für arbeitgeberfinanzierte Beiträge an eine Direktversicherung, eine Pensionskasse oder einen Pensionsfonds die Förderung durch Sonderausgabenabzug nach § 10a EStG und Zulage nach Abschnitt XI EStG erhalten und verliert er vor Eintritt der Unverfallbarkeit sein Bezugsrecht durch einen entschädigungslosen Widerruf des Arbeitgebers, handelt es sich um eine schädliche Verwendung i. S. d. § 93 Abs. 1 EStG. Das Versicherungsunternehmen oder die Pensionskasse hat der ZfA die schädliche Verwendung nach § 94 Abs. 1 EStG anzuzeigen. Die gutgeschriebenen Zulagen sind vom Anbieter einzubehalten. Darüber hinaus hat die ZfA den steuerlichen Vorteil aus dem Sonderausgabenabzug nach § 10a EStG beim Arbeitnehmer nach § 94 Abs. 2 EStG zurückzufordern. Der maßgebliche Zeitpunkt für die Rückforderung der Zulagen und des steuerlichen Vorteils ist der Zeitpunkt, in dem die den Verlust des Bezugsrechts begründenden Willenserklärungen (z. B. Kündigung oder Widerruf) wirksam geworden sind. Im Übrigen gilt R 129 Abs. 14 ff. LStR.

C. Anwendungsregelung

235 Dieses Schreiben ist mit Wirkung ab 1. Januar 2005 anzuwenden.

236 Bei Versorgungszusagen, die vor dem 1. Januar 2005 erteilt wurden (Altzusagen, vgl. Rz. 201 ff.), ist es nicht zu beanstanden, wenn in den Versorgungsordnungen in Abweichung von Rz. 154 ff. die Möglichkeit einer Elternrente oder der Beitragserstattung an die in Rz. 157 genannten Personen im Fall des Versterbens vor Erreichen der Altersgrenze und in Abweichung von Rz. 177 lediglich für die zugesagte Altersversorgung, nicht aber für die Hinterbliebenen- oder Invaliditätsversorgung die Auszahlung in Form einer Rente oder eines Auszahlungsplans vorgesehen ist. Dagegen sind Versorgungszusagen, die nach dem 31. Dezember 2004 (Neuzusagen, vgl. Rz. 201 ff.) aufgrund von Versorgungsordnungen erteilt werden, die die Voraussetzungen dieses Schreibens nicht erfüllen, aus steuerlicher Sicht nicht mehr als betriebliche Altersversorgung anzuerkennen und eine steuerliche Förderung ist hierfür nicht mehr möglich.

237 Die BMF-Schreiben vom:

    5. 8. 2002 – IV C 4 – S 2222 – 295/02/IV C 5 – S 2333 – 154/02 –, BStBl. I S. 767s. A. I,

    3. 12. 2002 – IV C 4 – S 2222 – 434/02 –, BStBl. I S. 1391,

  13. 12. 2002 – IV C 4 – S 2222 – 441/02 –, BStBl. I S. 1395,

    1. 7. 2003 – IV C 4 – S 2222 – 112/03 –, BStBl. I S. 383,

  16. 7. 2003 – IV C 4 – S 2222 – 207/03 –, BStBl. I S. 385,

  17. 10. 2003 – IV C 4 – S 2495 – 23/03 –, BStBl. I S. 509 und

  11. 3. 2004 – IV C 4 – S 2222 – 10/04 –, BStBl. I S. 407

werden mit Wirkung ab 1. 1. 2005 aufgehoben.

Anlage 1

Pflichtversicherte in der gesetzlichen Rentenversicherung (§ 10a Abs. 1 Satz 1 Halbsatz 1 EStG) und Pflichtversicherte nach dem Gesetz über die Alterssicherung der Landwirte (§ 10a Abs. 1 Satz 3 EStG)/Nicht begünstigter Personenkreis

A. Pflichtversicherte in der gesetzlichen Rentenversicherung (§ 10a Abs. 1 Satz 1 Halbsatz 1 EStG)

1. Personen, die gegen Arbeitsentgelt oder zu ihrer Berufsausbildung beschäftigt sind (§ 1 Satz 1 Nr. 1 des Sechsten Buches Sozialgesetzbuch – SGB VI –).

   Hierzu gehören auch geringfügig beschäftigte Personen i. S. d. § 8 Abs. 1 Nr. 1 des Vierten Buches Sozialgesetzbuch (SGB IV), die auf die Versicherungsfreiheit verzichtet haben und den pauschalen Arbeitgeberbeitrag zur gesetzlichen Rentenversicherung auf den vollen Beitragssatz aufstocken.

   Auch während des Bezuges von Kurzarbeiter- oder Winterausfallgeld nach dem Dritten Buch Sozialgesetzbuch (SGB III) besteht die Versicherungspflicht fort.

2. Behinderte Menschen, die in anerkannten Werkstätten für behinderte Menschen oder in nach dem Blindenwarenvertriebsgesetz anerkannten Blindenwerkstätten oder für diese Einrichtungen in Heimarbeit tätig sind (§ 1 Satz 1 Nr. 2a SGB VI).

3. Behinderte Menschen, die in Anstalten, Heimen oder gleichartigen Einrichtungen in gewisser Regelmäßigkeit eine Leistung erbringen, die einem Fünftel der Leistung eines vollerwerbsfähigen Beschäftigten in gleichartiger Beschäftigung entspricht; hierzu zählen auch Dienstleistungen für den Träger der Einrichtung (§ 1 Satz 1 Nr. 2b SGB VI).

4. Personen, die in Einrichtungen der Jugendhilfe oder in Berufsbildungswerken oder ähnlichen Einrichtungen für behinderte Menschen für eine Erwerbstätigkeit befähigt werden sollen (§ 1 Satz 1 Nr. 3 SGB VI).

5. Auszubildende, die in einer außerbetrieblichen Einrichtung im Rahmen eines Berufsausbildungsvertrags nach dem Berufsbildungsgesetz ausgebildet werden (§ 1 Satz 1 Nr. 3a SGB VI).

6. Mitglieder geistlicher Genossenschaften, Diakonissen und Angehörige ähnlicher Gemeinschaften während ihres Dienstes für die Gemeinschaft und während der Zeit ihrer außerschulischen Ausbildung (§ 1 Satz 1 Nr. 4 SGB VI).

7. Schwestern vom Deutschen Roten Kreuz.

8. Helfer im freiwilligen sozialen Jahr.

9. Helfer im freiwilligen ökologischen Jahr.

10. Heimarbeiter.

11. Seeleute (Mitglieder der Schiffsbesatzung von Binnenschiffen oder deutschen Seeschiffen).

12. Bezieher von Ausgleichsgeld nach dem Gesetz zur Förderung der Einstellung der landwirtschaftlichen Erwerbstätigkeit.

13. Selbständig tätige Lehrer und Erzieher, die im Zusammenhang mit ihrer selbständigen Tätigkeit keinen versicherungspflichtigen Arbeitnehmer beschäftigen (§ 2 Satz 1 Nr. 1 SGB VI).

14. Pflegepersonen, die in der Kranken-, Wochen-, Säuglings- oder Kinderpflege tätig sind und im Zusammenhang mit ihrer selbständigen Tätigkeit keinen versicherungspflichtigen Arbeitnehmer beschäftigen (§ 2 Satz 1 Nr. 2 SGB VI).

15. Hebammen und Entbindungspfleger (§ 2 Satz 1 Nr. 3 SGB VI).

16. Seelotsen der Reviere im Sinne des Gesetzes über das Seelotsenwesen (§ 2 Satz 1 Nr. 4 SGB VI).

Anhang 13c Steuerliche Förderung der privaten und betrieblichen Altersversorgung

17. Künstler und Publizisten (§ 2 Satz 1 Nr. 5 SGB VI), wenn sie die künstlerische oder publizistische Tätigkeit erwerbsmäßig und nicht nur vorübergehend ausüben und im Zusammenhang mit der künstlerischen oder publizistischen Tätigkeit nicht mehr als einen Arbeitnehmer beschäftigen, es sei denn, die Beschäftigung erfolgt zur Berufsausbildung oder ist geringfügig im Sinne des § 8 SGB IV.
18. Hausgewerbetreibende (§ 2 Satz 1 Nr. 6 SGB VI).
19. Küstenschiffer und Küstenfischer, die zur Besatzung ihres Fahrzeuges gehören oder als Küstenfischer ohne Fahrzeug fischen und regelmäßig nicht mehr als vier versicherungspflichtige Arbeitnehmer beschäftigen (§ 2 Satz 1 Nr. 7 SGB VI).
20. Handwerker, die in die Handwerksrolle eingetragen sind (§ 2 Satz 1 Nr. 8 SGB VI).
21. Personen, die im Zusammenhang mit ihrer selbständigen Tätigkeit regelmäßig keinen versicherungspflichtigen Arbeitnehmer beschäftigen, dessen Arbeitsentgelt aus diesem Beschäftigungsverhältnis regelmäßig 325 Euro (bis 31. März 2003)/ 400 Euro (ab 1. April 2003) im Monat übersteigt, und auf Dauer und im Wesentlichen nur für einen Auftraggeber tätig sind (§ 2 Satz 1 Nr. 9 SGB VI).
22. Personen für die Dauer des Bezugs eines Zuschusses nach § 421 I SGB III (ab 1. Januar 2003) oder der entsprechenden Leistung nach § 16 SGB II (ab 1. Januar 2005) (§ 2 Satz 1 Nr. 10 SGB VI).

Versicherungspflichtig sind ferner Personen in der Zeit,

23. für die ihnen Kindererziehungszeiten anzurechnen sind (§ 3 Satz 1 Nr. 1 SGB VI).

    Versicherungspflicht wegen Kindererziehung besteht für 36 Kalendermonate nach dem Geburtsmonat des Kindes (§ 56 Abs. 5 SGB VI). Werden innerhalb des 36-Monats-Zeitraumes mehrere Kinder erzogen (z. B. bei Mehrlingsgeburten), verlängert sich die Zeit der Versicherung um die Anzahl an Kalendermonaten, in denen gleichzeitig mehrere Kinder erzogen werden.

24. in der sie einen Pflegebedürftigen im Sinne des § 14 SGB XI nicht erwerbsmäßig wenigstens 14 Stunden wöchentlich in seiner häuslichen Umgebung pflegen, wenn der Pflegebedürftige Anspruch auf Leistungen aus der sozialen oder einer privaten Pflegeversicherung hat (nicht erwerbsmäßig tätige Pflegepersonen – § 3 Satz 1 Nr. 1a SGB VI),
25. in der sie aufgrund gesetzlicher Pflicht mehr als drei Tage Wehrdienst oder Zivildienst leisten (§ 3 Satz 1 Nr. 2 SGB VI),
26. für die sie von einem Leistungsträger Krankengeld, Verletztengeld, Versorgungskrankengeld, Übergangsgeld, Unterhaltsgeld (bis 31. Dezember 2004), Arbeitslosengeld oder Arbeitslosenhilfe (bis 31. Dezember 2004) beziehen, wenn sie im letzten Jahr vor Beginn der Leistung zuletzt versicherungspflichtig waren (§ 3 Satz 1 Nr. 3 SGB VI),
27. für die sie ab 1. Januar 2005 von der Bundesagentur für Arbeit oder eines zugelassenen kommunalen Trägers Arbeitslosengeld II beziehen; dies gilt nicht für Empfänger der Leistung,
    a) die Arbeitslosengeld II nur darlehensweise oder
    b) nur Leistungen nach § 23 Abs. 3 Satz 1 SGB II beziehen oder
    c) die aufgrund von § 2 Abs. 1a BAföG keinen Anspruch auf Ausbildungsförderung haben oder
    d) deren Bedarf sich nach § 12 Abs. 1 Nr. 1 BAföG oder nach § 66 Abs. 1 Satz 1 SGB III bemisst,
28. für die sie Vorruhestandsgeld beziehen, wenn sie unmittelbar vor Beginn der Leistung versicherungspflichtig waren (§ 3 Satz 1 Nr. 4 SGB VI).

Nach Übergangsrecht im SGB VI bleiben in dieser Beschäftigung oder Tätigkeit weiterhin versicherungspflichtig:

29. Personen, die am 31. Dezember 1991 als Mitglieder des Vorstandes einer Aktiengesellschaft versicherungspflichtig waren (§ 229 Abs. 1 Nr. 1 SGB VI).
30. Personen, die am 31. Dezember 1991 als selbständig tätige Lehrer, Erzieher oder Pflegepersonen im Zusammenhang mit ihrer selbständigen Tätigkeit keinen Angestellten, aber mindestens einen Arbeiter beschäftigt haben und versicherungspflichtig waren (§ 229 Abs. 1 Nr. 2 SGB VI).
31. Personen, die am 31. Dezember 1991 im Beitrittsgebiet als Selbständige versicherungspflichtig waren, und nicht nach §§ 1 bis 3 SGB VI versicherungspflichtig werden (§ 229a Abs. 1 SGB VI).
32. Personen, die am 31. Dezember 1991 als Beschäftigte von Körperschaften, Anstalten oder Stiftungen des öffentlichen Rechts oder ihrer Verbände versicherungspflichtig waren (§ 230 Abs. 2 Nr. 1 SGB VI).
33. Personen, die am 31. Dezember 1991 als satzungsgemäße Mitglieder geistlicher Genossenschaften, Diakonissen oder Angehörige ähnlicher Gemeinschaften versicherungspflichtig waren (§ 230 Abs. 2 Nr. 2 SGB VI).

Auf Antrag sind versicherungspflichtig:

34. Entwicklungshelfer, die Entwicklungsdienst oder Vorbereitungsdienst leisten (§ 4 Abs. 1 Satz 1 Nr. 1 SGB VI).
35. Deutsche, die für eine begrenzte Zeit im Ausland beschäftigt sind (§ 4 Abs. 1 Satz 1 Nr. 2 SGB VI).
36. Personen, die für eine begrenzte Zeit im Ausland beschäftigt sind und die Staatsangehörigkeit eines EU-Mitgliedstaates haben, wenn sie die allgemeine Wartezeit von fünf Jahren erfüllt haben und nicht nach den Rechtsvorschriften des EU-Mitgliedstaates pflicht- oder freiwillig versichert sind (§ 4 Abs. 1 Satz 1 Nr. 3 SGB VI).
37. Personen, die nicht nur vorübergehend selbständig tätig sind, wenn sie die Versicherungspflicht innerhalb von fünf Jahren nach der Aufnahme der selbständigen Tätigkeit oder dem Ende der Versicherungspflicht aufgrund dieser Tätigkeit beantragen (§ 4 Abs. 2 SGB VI).
38. Personen, die Krankengeld, Verletztengeld, Versorgungskrankengeld, Übergangsgeld, Unterhaltsgeld (bis 31. Dezember 2004), Arbeitslosengeld oder Arbeitslosenhilfe (bis 31. Dezember 2004) beziehen, aber im letzten Jahr vor Beginn der Leistung nicht versicherungspflichtig waren (§ 4 Abs. 3 Satz 1 Nr. 1 SGB VI).
39. Personen, die nur deshalb keinen Anspruch auf Krankengeld haben, weil sie nicht in der gesetzlichen Krankenversicherung versichert sind oder in der gesetzlichen Krankenversicherung ohne Anspruch auf Krankengeld versichert sind, u. a. für die Zeit der Arbeitsunfähigkeit, wenn sie im letzten Jahr vor Beginn der Arbeitsunfähigkeit zuletzt versicherungspflichtig waren, längstens jedoch für 18 Monate (§ 4 Abs. 3 Satz 1 Nr. 2 SGB VI).
40. nach dem Recht ab 1. April 2003 geringfügig Beschäftigte oder selbständig Tätige, die nach dem bis 31. März 2003 geltenden Recht versicherungspflichtig waren, wenn sie nicht die Befreiung von der Versicherungspflicht beantragen (§ 229 Abs. 6 SGB VI).
41. Personen, die am 31. Dezember 2004 Arbeitslosenhilfe bezogen haben und wegen des Bezugs dieser Leistung versicherungspflichtig waren, für die Dauer des Bezugs dieser Leistung (§ 229 Abs. 7 SGB VI).
42. Personen, die im Anschluss an den Bezug von Arbeitslosenhilfe Unterhaltsgeld beziehen, für die Dauer des Bezugs von Unterhaltsgeld (§ 229 Abs. 8 SGB VI).

B. Pflichtversicherte nach dem Gesetz über die Alterssicherung der Landwirte (§ 10a Abs. 1 Satz 3 EStG)

Hierzu gehören insbesondere

1. versicherungspflichtige Landwirte,
2. versicherungspflichtige Ehegatten von Landwirten,
3. versicherungspflichtige mitarbeitende Familienangehörige,
4. ehemalige Landwirte, die nach Übergangsrecht weiterhin unabhängig von einer Tätigkeit als Landwirt oder mitarbeitender Familienangehöriger versicherungspflichtig sind.

C. Nicht begünstigter Personenkreis

Nicht zum Kreis der zulageberechtigten Personen gehören:

1. Arbeitnehmer und selbständig Tätige (z. B. Ärzte, Rechtsanwälte), die als Pflichtversicherte (Pflichtmitglied) einer berufsständischen Versorgungseinrichtung angehören, sofern sie von der Versicherungspflicht in der gesetzlichen Rentenversicherung befreit sind (§ 6 Abs. 1 Nr. 1 SGB VI).

Steuerliche Förderung der privaten und betrieblichen Altersversorgung Anhang 13c

2. Freiwillig Versicherte in der gesetzlichen Rentenversicherung (vgl. §§ 7, 232 SGB VI).
3. Von der Versicherungspflicht in der gesetzlichen Rentenversicherung befreite Personen für die Zeit der Befreiung; das sind insbesondere
    a) Angestellte und selbständig Tätige für die Beschäftigung oder selbständige Tätigkeit, wegen der sie aufgrund einer durch Gesetz angeordneten oder auf Gesetz beruhenden Verpflichtung Mitglied einer öffentlich-rechtlichen Versicherungseinrichtung oder Versorgungseinrichtung ihrer Berufsgruppe (berufsständische Versorgungseinrichtung für z. B. Ärzte, Architekten, Rechtsanwälte) und zugleich kraft gesetzlicher Verpflichtung Mitglied einer berufsständischen Kammer sind. Für die Befreiung sind weitere Voraussetzungen zu erfüllen (§ 6 Abs. 1 Nr. 1 SGB VI),
    b) selbständig tätige Handwerker, wenn für sie mindestens 18 Jahre lang Pflichtbeiträge gezahlt worden sind, ausgenommen Bezirksschornsteinfeger (§ 6 Abs. 1 Nr. 4 SGB VI),
    c) Lehrer und Erzieher an nichtöffentlichen Schulen oder Anstalten (private Ersatzschulen),
    d) Selbständige mit einem Auftraggeber als sog. Existenzgründer (§ 6 Abs. 1a SGB VI),
    e) ab 1. Januar 2005 Bezieher von Arbeitslosengeld II, wenn sie im letzten Kalendermonat vor dem Bezug von Arbeitslosengeld II nicht versichert waren und weitere Voraussetzungen erfüllen (§ 6 Abs. 1b SGB VI),
    f) Personen, die am 31. Dezember 1991 von der Versicherungspflicht befreit waren (§ 231 Abs. 1 SGB VI),
    g) Selbständige mit einem Auftraggeber, die bereits vor dem 1.1.1999 diese Tätigkeit ausübten und weitere Voraussetzungen erfüllen (§ 231 Abs. 5 SGB VI),
    h) Selbständige (z. B. Lehrer, Erzieher, Pflegepersonen), die bereits am 31. Dezember 1998 nach §§ 2 S. 1 Nr. 1–3, 229a Abs. 1 SGB VI versicherungspflichtig waren und weitere Voraussetzungen erfüllen (§ 231 Abs. 6 SGB VI),
    i) unter bestimmten Voraussetzungen deutsche Seeleute, die auf einem Seeschiff beschäftigt sind, das nicht berechtigt ist, die Bundesflagge zu führen (§ 231 Abs. 7 SGB VI),
    j) selbständig Tätige, die am 31. Dezember 1991 im Beitrittsgebiet aufgrund eines Versicherungsvertrages von der Versicherungspflicht befreit waren, es sei denn sie erklären, dass die Befreiung von der Versicherungspflicht enden soll (§ 231a SGB VI).
4. In der gesetzlichen Rentenversicherung versicherungsfreie Personen; das sind insbesondere
    a) geringfügig Beschäftigte, die den Arbeitgeberbeitrag von 12 % zur Rentenversicherung nicht durch eigene Beiträge aufstocken (§ 5 Abs. 2 Nr. 1 SGB VI i. V. m. §§ 8 Abs. 1, 8a SGB IV); dies gilt nicht für Personen, die im Rahmen betrieblicher Berufsbildung, nach dem Gesetz zur Förderung eines freiwilligen sozialen Jahres, nach dem Gesetz zur Förderung eines freiwilligen ökologischen Jahres oder nach § 1 Satz 1 Nr. 2 bis 4 SGB VI beschäftigt sind oder von der Möglichkeit einer stufenweisen Wiederaufnahme einer nicht geringfügigen Tätigkeit Gebrauch machen,
    b) selbständig Tätige, die wegen der Geringfügigkeit der Tätigkeit versicherungsfrei sind (§ 5 Abs. 2 Nr. 2 SGB VI i. V. m. §§ 8 Abs. 3, 8a SGB IV); dies gilt nicht für Personen, die von der Möglichkeit der stufenweisen Wiederaufnahme einer nicht geringfügigen Tätigkeit Gebrauch machen und ab 1. August 2004 auch nicht für Personen für die Dauer des Bezugs eines Zuschusses nach § 421l SGB III oder der entsprechenden Leistung nach § 16 SGB II,
    c) Personen, die eine geringfügige nicht erwerbsmäßige Pflegetätigkeit ausüben (§ 5 Abs. 2 Nr. 3 SGB VI),
    d) Personen, die während der Dauer eines Studiums als ordentliche Studierende einer Fachschule oder Hochschule
        1. ein Praktikum ableisten, das in ihrer Studienordnung oder Prüfungsordnung vorgeschrieben ist
        2. bis 31. Juli 2004 ein Praktikum ohne Entgelt oder gegen ein Entgelt, das regelmäßig im Monat 325 Euro (bis 31. März 2003)/400 Euro (ab 1. April 2003) nicht übersteigt, ableisten (§ 5 Abs. 3 SGB VI),
    e) Bezieher einer Vollrente wegen Alters (§ 5 Abs. 4 Nr. 1 SGB VI),
    f) Personen, die nach beamtenrechtlichen Vorschriften oder Grundsätzen oder entsprechenden kirchenrechtlichen Regelungen einer berufsständischen Versorgungseinrichtung eine Versorgung nach Erreichen einer Altersgrenze beziehen oder die in der Gemeinschaft übliche Versorgung im Alter erhalten (§ 5 Abs. 4 Nr. 2 SGB VI); Ausnahme: Waren sie als Beschäftigte oder selbständig Tätige am 31.12.1991 nicht von der Versicherungspflicht befreit, dann bleiben sie versicherungspflichtig, wenn sie nicht noch die Befreiung von der Versicherungspflicht beantragen (§ 231 Abs. 3 SGB VI),
    g) Personen, die bis zur Vollendung des 65. Lebensjahres nicht in der gesetzlichen Rentenversicherung versichert waren oder nach Vollendung des 65. Lebensjahres eine Beitragserstattung aus ihrer Versicherung bei der gesetzlichen Rentenversicherung erhalten haben (§ 5 Abs. 4 Nr. 3 SGB VI), Ausnahme: Waren sie als Beschäftigte oder selbständig Tätige am 31. Dezember 1991 nicht von der Versicherungspflicht befreit, dann bleiben sie versicherungspflichtig, wenn sie nicht noch die Befreiung von der Versicherungspflicht beantragen (§ 231 Abs. 3 SGB VI),
    h) Polizeivollzugsbeamte auf Widerruf, Handwerker, Mitglieder der Pensionskasse deutscher Eisenbahnen und Straßenbahnen sowie Versorgungsbezieher, die am 31. Dezember 1991 versicherungsfrei waren (§ 230 Abs. 1 SGB VI),
    i) Personen, die am 1. Oktober 1996 in einer Beschäftigung oder selbständigen Tätigkeit als ordentliche Studierende einer Fach- oder Hochschule versicherungsfrei waren, bleiben versicherungsfrei, wenn sie nicht beantragen, dass die Versicherungsfreiheit endet (§ 231 Abs. 4 SGB VI).
5. Ohne Vorliegen von Versicherungspflicht in der gesetzlichen Rentenversicherung
    a) selbständig Tätige,
    b) Handwerker, die am 31. Dezember 1991 nicht versicherungspflichtig waren (§ 229 Abs. 2 SGB VI).

Anlage 2
Begünstigter Personenkreis nach § 10a Abs. 1 Satz 1 Halbsatz 2 EStG

1. Empfänger von Besoldung nach dem Bundesbesoldungsgesetz (§ 10a Abs. 1 Satz 1 Halbsatz 2 Nr. 1 EStG), insbesondere:
    a) Bundesbeamte, Beamte der Länder, der Gemeinden, der Gemeindeverbände sowie der sonstigen der Aufsicht eines Landes unterstehenden Körperschaften, Anstalten und Stiftungen des öffentlichen Rechts; hierzu gehören nicht die Ehrenbeamten,
    b) Richter des Bundes und der Länder; hierzu gehören nicht die ehrenamtlichen Richter,
    c) Berufssoldaten und Soldaten auf Zeit.
2. Empfänger von Amtsbezügen aus einem Amtsverhältnis (§ 10a Abs. 1 Satz 1 Halbsatz 2 Nr. 2 EStG)
    In einem öffentlich-rechtlichen Amtsverhältnis stehen z. B. die Mitglieder der Regierung des Bundes oder eines Landes (z. B. § 1 Bundesministergesetz) sowie die Parlamentarischen Staatssekretäre auf Bundes- und Landesebene (z. B. § 1 Abs. 3 des Gesetzes über die Rechtsverhältnisse der Parlamentarischen Staatssekretäre).
3. Sonstige Beschäftigte von Körperschaften, Anstalten oder Stiftungen des öffentlichen Rechts, deren Verbänden einschließlich der Spitzenverbände oder ihrer Arbeitsgemeinschaften (§ 10a Abs. 1 Satz 1 Halbsatz 2 Nr. 3 EStG), wenn ihnen nach beamtenrechtlichen Vorschriften oder Grundsätzen oder entsprechenden kirchenrechtlichen Regelungen Anwartschaft auf Versorgung bei verminderter Erwerbsfähigkeit und im Alter sowie auf Hinterbliebenenversorgung gewährleistet und die Gewährleistung gesichert ist, u. a. rentenversicherungsfreie Kirchenbeamte und Geistliche in öffentlich-rechtlichen Dienstverhältnissen.

4. Satzungsmäßige Mitglieder geistlicher Genossenschaften, Diakonissen oder Angehörige ähnlicher Gemeinschaften (§ 10a Abs. 1 Satz 1 Halbsatz 2 Nr. 3 EStG), wenn ihnen nach den Regeln der Gemeinschaft Anwartschaft auf die in der Gemeinschaft übliche Versorgung bei verminderter Erwerbsfähigkeit und im Alter gewährleistet und die Gewährleistung gesichert ist.

5. Lehrer oder Erzieher, die an nichtöffentlichen Schulen oder Anstalten beschäftigt sind (§ 10a Abs. 1 Satz 1 Halbsatz 2 Nr. 3 EStG), wenn ihnen nach beamtenrechtlichen Vorschriften oder Grundsätzen oder entsprechenden kirchenrechtlichen Regelungen Anwartschaft auf Versorgung bei verminderter Erwerbsfähigkeit und im Alter sowie auf Hinterbliebenenversorgung gewährleistet und die Gewährleistung gesichert ist.

6. Beamte, Richter, Berufssoldaten und Soldaten auf Zeit, die ohne Besoldung beurlaubt sind, für die Zeit einer Beschäftigung, wenn während der Beurlaubung die Gewährleistung einer Versorgungsanwartschaft unter den Voraussetzungen des § 5 Abs. 1 Satz 1 SGB VI auf diese Beschäftigung erstreckt wird (§ 10a Abs. 1 Satz 1 Halbsatz 2 Nr. 4 EStG).

7. Steuerpflichtige im Sinne der oben unter Ziffer 1.–6. aufgeführten, die wegen der Erziehung eines Kindes beurlaubt sind und deshalb keine Besoldung, Amtsbezüge oder Entgelt erhalten, sofern sie eine Anrechnung von Kindererziehungszeiten nach § 56 SGB VI (d. h. im Sinne der gesetzlichen Rentenversicherung) in Anspruch nehmen könnten, wenn die Versicherungsfreiheit in der gesetzlichen Rentenversicherung nicht bestehen würde.

In den Fällen der Nummern 2 bis 5 muss das Versorgungsrecht jedoch die Absenkung des Versorgungsniveaus in entsprechender Anwendung des § 69e Abs. 3 Satz 1 und Abs. 4 des Beamtenversorgungsgesetzes vorsehen.

Anhang 13 d
Verordnung zur Durchführung der steuerlichen Vorschriften des Einkommensteuergesetzes zur Altersvorsorge (Altersvorsorge-Durchführungsverordnung – AltvDV)

i. d. F. der Bek. vom 28. 2. 2005 (BGBl. I S. 487),
geändert durch Artikel 3 des Jahressteuergesetzes 2007 vom 13.12.2006 (BGBl. I S. 2878)

ABSCHNITT 1
Grundsätze zur Datenübermittlung

§ 1
Datensätze

(1) Eine nach § 10a oder Abschnitt XI des Einkommensteuergesetzes oder nach dieser Verordnung vorgeschriebene Übermittlung von Daten und eine nach diesen Vorschriften bestehende Anzeige- oder Mitteilungspflicht zwischen den am Verfahren Beteiligten erfolgt in Form eines amtlich vorgeschriebenen Datensatzes.

(2) ¹Absatz 1 gilt nicht für Mitteilungen an den Zulageberechtigten nach § 90 Abs. 1 Satz 3 des Einkommensteuergesetzes durch die zuständige Stelle und den Anbieter, für Mitteilungen der zentralen Stelle an den Zulageberechtigten nach § 92 b Abs. 2 des Einkommensteuergesetzes, für Anzeigen nach den §§ 5 und 13 sowie für Mitteilungen nach den §§ 6, 10 Abs. 2 Satz 2 und 11 Abs. 1 und 3. ²Wird die Mitteilung nach § 11 Abs. 1 und 3 über die zentrale Stelle übermittelt, ist Absatz 1 anzuwenden. ³Die Mitteilung des Anbieters an den Zulageberechtigten nach § 90 Abs. 1 Satz 3 des Einkommensteuergesetzes kann mit der Bescheinigung nach § 10a Abs. 5 Satz 1 oder § 92 des Einkommensteuergesetzes erfolgen.

§ 2
Technisches Übermittlungsformat

¹Die Datensätze sind im XML-Format zu übermitteln. ²Der codierte Zeichensatz für die Datenübermittlung hat der DIN 66 303 (ISO 8859-1, Latin1) zu entsprechen. ³Die DIN 66 303 – Ausgabe: 2000-06 Informationstechnik – 8-Bit-Code, ist im Beuth-Verlag GmbH, Berlin und Köln, erschienen und beim Deutschen Patent- und Markenamt in München archivmäßig gesichert niedergelegt.

§ 3
Verfahren der Datenübermittlung

(1) ¹Die Übermittlung der Datensätze hat durch Datenfernübertragung zu erfolgen. ²Auf Antrag kann die zentrale Stelle (§ 81 des Einkommensteuergesetzes) ausnahmsweise die Übersendung automatisiert verarbeitbarer Datenträger zulassen. ³Sie kann die Zulassung der Übersendung dieser Datenträger mit Auflagen verbinden.

(2) ¹Werden Mängel festgestellt, die eine ordnungsgemäße Übernahme der Daten beeinträchtigen, kann die Übernahme der Daten abgelehnt werden. ²Der Absender ist über die Mängel zu unterrichten.

(3) Die technischen Einrichtungen für die Datenübermittlung stellt jede übermittelnde Stelle für ihren Bereich bereit.

§ 4
Übermittlung durch Datenfernübertragung

(1) ¹Bei der Datenfernübertragung sind dem jeweiligen Stand der Technik entsprechende Maßnahmen zur Sicherstellung von Datenschutz und Datensicherheit zu treffen, die insbesondere die Vertraulichkeit und Unversehrtheit der Daten sowie die Authentifizierung der übermittelnden und empfangenden Stelle gewährleisten. ²Bei der Nutzung allgemein zugänglicher Netze sind Verschlüsselungsverfahren zu verwenden. ³Die zentrale Stelle bestimmt das einzusetzende Verschlüsselungsverfahren, das dem jeweiligen Stand der Technik entsprechen muss.

(2) ¹Die zentrale Stelle bestimmt den zu nutzenden Übertragungsweg. ²Hierbei soll der Übertragungsweg zugelassen werden, der von den an der Datenübermittlung Beteiligten gewünscht wird.

(3) ¹Die erforderlichen Daten können unter den Voraussetzungen des § 11 des Bundesdatenschutzgesetzes oder der vergleichbaren Vorschriften der Landesdatenschutzgesetze durch einen Auftragnehmer der übermittelnden Stelle übertragen werden. ²Geeignet ist ein Auftragnehmer, der die Anforderungen an den Datenschutz und die Datensicherheit gemäß dieser Verordnung erfüllt.

(4) Der nach Absatz 3 mit der Datenfernübertragung beauftragte Auftragnehmer gilt als Empfangsbevollmächtigter für Mitteilungen der zentralen Stelle an den Auftraggeber, solange dieser nicht widerspricht.

§ 5
Identifikation der am Verfahren Beteiligten

(1) Der Anbieter (§ 80 des Einkommensteuergesetzes), die zuständige Stelle (§ 81 a des Einkommensteuergesetzes) und die Familienkassen haben der zentralen Stelle auf Anforderung anzuzeigen:

1. Kundenart,
2. Name und Anschrift,
3. soweit vorhanden E-Mail-Adresse,
4. soweit vorhanden Telefon- und Telefaxnummer,
5. Betriebsnummer und
6. die Art der Verbindung.

(2) Der Anbieter hat zusätzlich zu den in Absatz 1 aufgeführten Angaben eine Zertifizierungsnummer sowie die Bankverbindung, über welche die Zulagenzahlungen abgewickelt werden sollen, anzuzeigen.

(2a) Die Familienkassen haben zusätzlich zu den in Absatz 1 aufgeführten Angaben eine von ihnen im Außenverhältnis gegenüber dem Kindergeldempfänger verwendete Kurzbezeichnung der Familienkasse anzuzeigen.

(3) ¹Im Falle der Beauftragung eines Auftragnehmers (§ 4 Abs. 3) hat der Auftraggeber der zentralen Stelle auch die in Absatz 1 genannten Daten des Auftragnehmers anzuzeigen. ²Eine Mandanten- bzw. Institutionsnummer des Beteiligten beim beauftragten Dritten ist ebenfalls anzuzeigen.

(4) Die am Verfahren Beteiligten (übermittelnde Stelle und ein von ihr beauftragter Auftragnehmer) erhalten von der zentralen Stelle eine Kundennummer und ein Passwort, die bei der Datenübermittlung anzugeben sind.

(5) Jede Änderung der in den Absätzen 1 bis 3 genannten Daten ist der zentralen Stelle von dem am Verfahren Beteiligten unter Angabe der Kundennummer (Absatz 4) unverzüglich anzuzeigen.

ABSCHNITT 2
Mitteilungs- und Anzeigepflichten

§ 6
Mitteilungspflichten des Arbeitgebers

(1) ¹Der Arbeitgeber hat der Versorgungseinrichtung (Pensionsfonds, Pensionskasse, Direktversicherung), die für ihn die betriebliche Altersversorgung durchführt, spätestens zwei Monate nach Ablauf des Kalenderjahres oder nach Beendigung des Dienstverhältnisses im Laufe des Kalenderjahres gesondert je Versorgungszusage mitzuteilen, in welcher Höhe die für den einzelnen Arbeitnehmer geleisteten Beiträge individuell besteuert wurden. ² Die Mitteilungspflicht des Arbeitgebers kann durch einen Auftragnehmer wahrgenommen werden.

(2) Eine Mitteilung nach Absatz 1 kann unterbleiben, wenn die Versorgungseinrichtung dem Arbeitgeber mitgeteilt hat, dass

1. sie die Höhe der individuell besteuerten Beiträge bereits kennt oder aus den bei ihr vorhandenen Daten feststellen kann, oder
2. eine Förderung nach § 10a oder Abschnitt XI des Einkommensteuergesetzes nicht möglich ist.

(3) Der Arbeitnehmer kann gegenüber der Versorgungseinrichtung für die individuell besteuerten Beiträge insgesamt auf die Förderung nach § 10a oder Abschnitt XI des Einkommensteuergesetzes verzichten; der Verzicht kann für die Zukunft widerrufen werden.

(4) Soweit eine Mitteilung nach Absatz 1 unterblieben ist und die Voraussetzungen des Absatzes 2 Nr. 1 nicht vorliegen oder der Arbeitnehmer nach Absatz 3 verzichtet hat, hat die Versorgungseinrichtung davon auszugehen, dass es sich nicht um Altersvorsorgebeiträge im Sinne des § 82 Abs. 2 des Einkommensteuergesetzes handelt.

§ 7
Besondere Mitteilungspflichten der zuständigen Stelle

(1) Beantragt ein Steuerpflichtiger, der zu dem in § 10a Abs. 1 Satz 1 zweiter Halbsatz des Einkommensteuergesetzes bezeichneten Personenkreis gehört, über die für ihn zuständige Stelle (§ 81a des Einkommensteuergesetzes) eine Zulagenummer (§ 10a Abs. 1a des Einkommensteuergesetzes), übermittelt die zuständige Stelle die Angaben des Steuerpflichtigen an die zentrale Stelle.

(2) ¹Hat der Steuerpflichtige die nach § 10a Abs. 1 Satz 1 zweiter Halbsatz des Einkommensteuergesetzes erforderliche Einwilligung erteilt, hat die zuständige Stelle die Zugehörigkeit des Steuerpflichtigen zum begünstigten Personenkreis für das Beitragsjahr zu bestätigen und die für die Ermittlung des Mindesteigenbeitrags und für die Gewährung der Kinderzulage erforderlichen Daten an die zentrale Stelle zu übermitteln. ²Sind für ein Beitragsjahr oder für das vorangegangene Kalenderjahr mehrere zuständige Stellen nach § 91 Abs. 2 des Einkommensteuergesetzes zur Meldung der Daten nach § 10a Abs. 1 Satz 1 zweiter Halbsatz des Einkommensteuergesetzes verpflichtet, meldet jede zuständige Stelle die Daten für den Zeitraum, für den jeweils das Beschäftigungs-, Amts- oder Dienstverhältnis bestand und auf den sich jeweils die zu übermittelnden Daten beziehen. ³Gehört der Steuerpflichtige im Beitragsjahr nicht mehr zum berechtigten Personenkreis im Sinne des § 10a Abs. 1 Satz 1 zweiter Halbsatz des Einkommensteuergesetzes oder hat er im Beitragsjahr erstmalig einen Altersvorsorgevertrag (§ 82 Abs. 1 des Einkommensteuergesetzes) abgeschlossen, hat die zuständige Stelle die für die Ermittlung des Mindesteigenbeitrags erforderlichen Daten an die zentrale Stelle zu übermitteln, wenn eine Einwilligung des Steuerpflichtigen vorliegt. ⁴Sind die zuständige Stelle und die Familienkasse verschiedenen juristischen Personen zugeordnet, entfällt die Meldung der kinderbezogenen Daten nach Satz 1. ⁵In den anderen Fällen kann eine Übermittlung der Kinderdaten durch die zuständige Stelle entfallen, wenn sichergestellt ist, dass die Familienkasse die für die Gewährung der Kinderzulage erforderlichen Daten an die zentrale Stelle übermittelt oder ein Datenabgleich (§ 91 Abs. 1 Satz 1 erster Halbsatz des Einkommensteuergesetzes) erfolgt.

(3) Hat die zuständige Stelle die für die Gewährung der Kinderzulage erforderlichen Daten an die zentrale Stelle übermittelt (§ 91 Abs. 2 des Einkommensteuergesetzes) und wird für diesen gemeldeten Zeitraum das Kindergeld insgesamt zurückgefordert, hat die zuständige Stelle dies der zentralen Stelle bis zum 31. März des Kalenderjahres, das dem Kalenderjahr der Rückforderung folgt, mitzuteilen.

§ 8
– weggefallen –

§ 9
Besondere Mitteilungspflicht der Familienkasse

Hat die zuständige Familienkasse der zentralen Stelle die Daten für die Gewährung der Kinderzulage übermittelt und wird für diesen gemeldeten Zeitraum das Kindergeld insgesamt zurückgefordert, hat die Familienkasse dies der zentralen Stelle unverzüglich mitzuteilen.

§ 10
Besondere Mitteilungspflichten des Anbieters

(1) ¹Der Anbieter hat die vom Antragsteller im Zulageantrag anzugebenden Daten sowie die Mitteilungen nach § 89 Abs. 1 Satz 5 des Einkommensteuergesetzes zu erfassen und an die zentrale Stelle zu übermitteln. ²Erfolgt eine Datenübermittlung nach § 89 Abs. 3 des Einkommensteuergesetzes, gilt Satz 1 entsprechend.

(2) ¹Der Anbieter hat eine ihm bekannt gewordene Beendigung der unbeschränkten Einkommensteuerpflicht des Zulageberechtigten (§ 95 Abs. 1 des Einkommensteuergesetzes) der zentralen Stelle mitzuteilen. ²Wenn dem Anbieter ausschließlich eine ausländische Anschrift des Zulagenberechtigten bekannt ist, teilt er dies der zentralen Stelle mit.

(3) Der Anbieter hat der zentralen Stelle die Zahlung des nach § 90 Abs. 3 Satz 3 des Einkommensteuergesetzes abzuführenden Rückforderungsbetrages und des nach § 94 Abs. 1 Satz 3 des Einkommensteuergesetzes abzuführenden Rückzahlungsbetrages, jeweils bezogen auf den Zulageberechtigten, sowie die Zahlung von ihm geschuldeter Verspätungs- oder Säumniszuschläge mitzuteilen.

§ 11
Anbieterwechsel

(1) ¹Im Fall der Übertragung von Altersvorsorgevermögen nach § 1 Abs. 1 Satz 1 Nr. 10 Buchstabe b des Altersvorsorgeverträge-Zertifizierungsgesetzes sowie in den Fällen des § 93 Abs. 1 Satz 3 Buchstabe c, Abs. 1a Satz 1 und 2 oder Abs. 2 Satz 2 und 3 des Einkommensteuergesetzes hat der Anbieter des bisherigen Vertrags dem Anbieter des neuen Vertrags die in § 92 des Einkommensteuergesetzes genannten Daten einschließlich der auf den Zeitpunkt der Übertragung fortgeschriebenen Beträge im Sinne des § 19 Abs. 1 und 2 mitzuteilen. ²Bei der Übermittlung hat er die bisherige Vertragsnummer, die Zertifizierungsnummer und die Anbieternummer anzugeben. ³Der Anbieter des bisherigen Vertrags kann die Mitteilung nach Satz 1 über die zentrale Stelle dem Anbieter des neuen Vertrags durch Datensatz übermitteln. ⁴Die zentrale Stelle leitet die Mitteilung ohne inhaltliche Prüfung an den Anbieter des neuen Vertrags. ⁵Der Anbieter des bisherigen Vertrags hat den Anbieter des neuen Vertrags über eine Abweisung eines Datensatzes nach § 12 Abs. 1 Satz 3 oder 4 unverzüglich zu unterrichten.

(2) Wird das Altersvorsorgevermögen im laufenden Beitragsjahr vollständig auf einen neuen Anbieter übertragen, ist dieser Anbieter zur Ausstellung der Bescheinigung nach § 92 des Einkommensteuergesetzes für das gesamte Beitragsjahr verpflichtet.

(3) ¹Ist vor einer Übertragung nach § 1 Abs. 1 Satz 1 Nr. 10 Buchstabe b des Altersvorsorgeverträge-Zertifizierungsgesetzes ein Altersvorsorge-Eigenheimbetrag an den Zulageberechtigten ausgezahlt worden, hat der Anbieter nach § 1 Abs. 2 des Altersvorsorgeverträge-Zertifizierungsgesetzes des bisherigen Vertrags dem Anbieter nach § 1 Abs. 2 des Altersvorsorgeverträge-Zertifizierungsgesetzes des neuen Vertrags die Angaben nach § 92b Abs. 1 Satz 3 Nr. 2 und Satz 4 des Einkommensteuergesetzes sowie die Höhe des Auszahlungsbetrages, der monatlichen Rückzahlungsraten, der bereits geleisteten Rückzahlungsbeträge und Daten über einen Zahlungsrückstand zu übermitteln. ²Der Anbieter des bisherigen Vertrags kann die Mitteilung nach Satz 1 über die zentrale Stelle dem Anbieter des neuen Vertrags übermitteln. ³Die zentrale Stelle leitet die Mitteilung ohne inhaltliche Prüfung an den Anbieter des neuen Vertrags weiter. ⁴Die Sätze 1 bis 3 gelten entsprechend für die Fälle des § 92a Abs. 4 Satz 3 Nr. 3 des Einkommensteuergesetzes.

(4) In den Fällen des Absatzes 1 Satz 1 und des Absatzes 3 Satz 4 hat der Anbieter des bisherigen Vertrags sowie der Anbieter des neuen Vertrags die Übertragung der zentralen Stelle mitzuteilen.

(5) ¹Wird Altersvorsorgevermögen auf Grund vertraglicher Vereinbarung nur teilweise auf einen anderen Vertrag übertragen, gehen Zulagen, Beiträge und Erträge anteilig auf den neuen Vertrag über. ²Die Absätze 1, 3 und 4 gelten entsprechend.

§ 12
Besondere Mitteilungspflichten der zentralen Stelle gegenüber dem Anbieter

(1) ¹Die zentrale Stelle hat dem Anbieter das Ermittlungsergebnis (§ 90 Abs. 1 Satz 1 des Einkommensteuergesetzes) mitzuteilen. ²Die Mitteilung steht unter dem Vorbehalt der Nachprüfung (§ 164 der Abgabenordnung). ³Das Ermittlungsergebnis kann auch durch Abweisung des nach § 89 Abs. 2 des Einkommensteuergesetzes übermittelten Datensatzes, der um eine in dem vom Bundesministerium der Finanzen veröffentlichten Fehlerkatalog besonders

Altersvorsorge-Durchführungsverordnung – AltvDV

gekennzeichnete Fehlermeldung ergänzt wird, übermittelt werden. ⁴Ist der Datensatz nach § 89 Abs. 2 des Einkommensteuergesetzes auf Grund von unzureichenden oder fehlerhaften Angaben des Zulageberechtigten abgewiesen sowie um eine Fehlermeldung ergänzt worden und werden die Angaben innerhalb der Antragsfrist des § 89 Abs. 1 Satz 1 des Einkommensteuergesetzes von dem Zulageberechtigten an den Anbieter nicht nachgereicht, gilt auch diese Abweisung des Datensatzes als Übermittlung des Ermittlungsergebnisses.

(2) ¹Die zentrale Stelle hat dem Anbieter die Auszahlung der Zulage nach § 90 Abs. 2 Satz 1 des Einkommensteuergesetzes und § 15, jeweils bezogen auf den Zulageberechtigten, mitzuteilen. ²Mit Zugang der Mitteilung nach Satz 1 entfällt der Vorbehalt der Nachprüfung der Mitteilung nach Absatz 1 Satz 2. ³Die zentrale Stelle kann eine Mahnung (§ 259 der Abgabenordnung) nach amtlich vorgeschriebenem Datensatz an den Anbieter übermitteln.

(3) Wird der Rückzahlungsbetrag nach § 95 Abs. 3 Satz 1 des Einkommensteuergesetzes erlassen, hat die zentrale Stelle dies dem Anbieter mitzuteilen.

§ 13
Anzeigepflichten des Zulageberechtigten

(1) Dient eine Wohnung im Sinne des § 92a Abs. 1 des Einkommensteuergesetzes, für die ein Altersvorsorge-Eigenheimbetrag verwendet und noch nicht vollständig zurückgezahlt worden ist, nicht nur vorübergehend nicht mehr zu eigenen Wohnzwecken, hat der Zulageberechtigte dies der zentralen Stelle anzuzeigen.

(2) ¹Endet die unbeschränkte Einkommensteuerpflicht durch Aufgabe des inländischen Wohnsitzes oder gewöhnlichen Aufenthalts oder durch Wegfall der Voraussetzungen des § 1 Abs. 2 des Einkommensteuergesetzes oder wird der Zulageberechtigte nicht mehr nach § 1 Abs. 3 des Einkommensteuergesetzes als unbeschränkt steuerpflichtig behandelt, hat er dies dem Anbieter auch dann anzuzeigen, wenn aus dem Vertrag bereits Leistungen bezogen werden. ²Bei Beendigung der unbeschränkten Steuerpflicht im Sinne des § 1 Abs. 1 und 2 des Einkommensteuergesetzes besteht keine Anzeigepflicht, wenn der Zulageberechtigte im Kalenderjahr nach § 1 Abs. 3 des Einkommensteuergesetzes als unbeschränkt steuerpflichtig behandelt wird.

ABSCHNITT 3
Ermittlung, Festsetzung, Auszahlung, Rückforderung und Rückzahlung der Zulagen

§ 14
Nachweis der Rentenversicherungspflicht und der Höhe der maßgebenden Einnahmen

(1) ¹Weichen die Angaben des Zulageberechtigten zur Rentenversicherungspflicht oder zu den beitragspflichtigen Einnahmen im Sinne des Sechsten Buches Sozialgesetzbuch – Gesetzliche Rentenversicherung – in der Fassung der Bekanntmachung vom 19. Februar 2002 (BGBl. I S. 754, 1404, 3384), zuletzt geändert durch Artikel 5 des Gesetzes vom 23. Juli 2002 (BGBl. I S. 2787), in der jeweils geltenden Fassung von den nach § 91 Abs. 1 Satz 1 des Einkommensteuergesetzes übermittelten Angaben des zuständigen Sozialversicherungsträgers ab, sind für den Nachweis der Rentenversicherungspflicht oder die Berechnung des Mindesteigenbeitrags die Angaben des zuständigen Sozialversicherungsträgers maßgebend. ²Wird abweichend vom tatsächlich erzielten Entgelt, vom Zahlbetrag der Entgeltersatzleistung oder vom nach § 19 des Zweiten Buches Sozialgesetzbuch als Arbeitslosengeld II ausgezahlten Betrag ein höherer Betrag als beitragspflichtige Einnahmen im Sinne des § 86 Abs. 1 Satz 2 Nr. 1 des Einkommensteuergesetzes berücksichtigt und stimmen der vom Zulageberechtigten angegebene und der bei dem zuständigen Sozialversicherungsträger ermittelte Zeitraum überein, ist Satz 1 insoweit nicht anzuwenden. ³Im Festsetzungsverfahren ist dem Zulageberechtigten Gelegenheit zu geben, eine Klärung mit dem Sozialversicherungsträger herbeizuführen.

(2) Liegt der zentralen Stelle eine Bestätigung der zuständigen Stelle über die Zugehörigkeit des Zulageberechtigten zu dem in § 10a Abs. 1 Satz 1 Nr. 1 bis 5 des Einkommensteuergesetzes genannten Personenkreis vor, gilt Absatz 1 entsprechend.

§ 15
Auszahlung der Zulage

Die Zulagen werden jeweils am 15. der Monate Februar, Mai, August und November eines Jahres zur Zahlung angewiesen. Zum jeweiligen Auszahlungstermin werden angewiesen:

a) Zulagen, die bis zum Ablauf des dem Auszahlungstermin vorangegangenen Kalendervierteljahres über den Anbieter beantragt worden sind und von der zentralen Stelle bis zum Ablauf des dem Auszahlungstermin vorangehenden Kalendermonats ermittelt wurden,

b) Erhöhungen von Zulagen, die bis zum Ablauf des dem Auszahlungstermin vorangehenden Kalendervierteljahres ermittelt oder festgesetzt wurden.

§ 16
Kleinbetragsgrenze für Rückforderungen gegenüber dem Zulageberechtigten

Ein Rückzahlungsbetrag nach § 94 Abs. 2 des Einkommensteuergesetzes, der nicht über den Anbieter zurückgefordert werden kann, wird nur festgesetzt, wenn die Rückforderung mindestens 10 Euro beträgt.

§ 17
Vollstreckung von Bescheiden über Forderungen der zentralen Stelle

¹Bescheide über Forderungen der zentralen Stelle werden von den Hauptzollämtern vollstreckt. ²Zuständig ist das Hauptzollamt, in dessen Vollstreckungsbezirk der Schuldner oder die Schuldnerin einen Wohnsitz oder gewöhnlichen Aufenthalt hat. ³Mangelt es an einem Wohnsitz oder gewöhnlichen Aufenthalt im Inland, ist das Hauptzollamt Potsdam zuständig. ⁴Über die Niederschlagung (§ 261 der Abgabenordnung) entscheidet die zentrale Stelle.

ABSCHNITT 4
Bescheinigungs-, Aufzeichnungs- und Aufbewahrungspflichten

§ 18
Erteilung der Anbieterbescheinigungen

(1) Werden Bescheinigungen nach § 10a Abs. 5 Satz 1, § 22 Nr. 5 Satz 5, § 92 oder § 94 Abs. 1 Satz 4 des Einkommensteuergesetzes mit Hilfe automatischer Einrichtungen erstellt, können Unterschrift und Namenswiedergabe des Anbieters oder des Vertretungsberechtigten fehlen.

(2) ¹Wird die Bescheinigung nach § 92 oder § 94 Abs. 1 Satz 4 des Einkommensteuergesetzes durch die Post übermittelt, ist das Datum der Aufgabe zur Post auf der Bescheinigung anzugeben. ²Für die Berechnung der Frist nach § 90 Abs. 4 Satz 2 des Einkommensteuergesetzes ist § 122 Abs. 2 und 2a der Abgabenordnung sinngemäß anzuwenden.

§ 19
Aufzeichnungs- und Aufbewahrungspflichten

(1) ¹Der Anbieter nach § 1 Abs. 2 des Altersvorsorgeverträge-Zertifizierungsgesetzes hat für jedes Kalenderjahr Aufzeichnungen zu führen über

1. Namen und Anschrift des Anlegers,
2. Vertragsnummer und Vertragsdatum,
3. Altersvorsorgebeiträge, auf die § 10a oder Abschnitt XI des Einkommensteuergesetzes angewendet wurde,
4. dem Vertrag gutgeschriebene Zulagen,
5. dem Vertrag insgesamt gutgeschriebene Erträge,
6. Beiträge, auf die § 10a oder Abschnitt XI des Einkommensteuergesetzes nicht angewendet wurde,
7. Beiträge und Zulagen, die zur Absicherung der verminderten Erwerbsfähigkeit verwendet wurden, und

8. Beiträge und Zulagen, die zur Hinterbliebenenabsicherung im Sinne des § 1 Abs. 1 Satz 1 Nr. 2 des Altersvorsorgeverträge-Zertifizierungsgesetzes oder § 1 Abs. 1 Satz 1 Nr. 6 des Altersvorsorgeverträge-Zertifizierungsgesetzes in der bis zum 31. Dezember 2004 geltenden Fassung verwendet wurden.

²Werden zugunsten des Altersvorsorgevertrags auch nicht geförderte Beiträge geleistet, sind die Erträge anteilig den geförderten und den nicht geförderten Beiträgen zuzuordnen und entsprechend aufzuzeichnen. ³Die auf den 31. Dezember des jeweiligen Kalenderjahres fortgeschriebenen Beträge sind gesondert aufzuzeichnen.

(2) ¹Für einen Anbieter nach § 80 zweite Alternative des Einkommensteuergesetzes gilt Absatz 1 sinngemäß. ²Darüber hinaus hat er Aufzeichnungen zu führen über

1. Beiträge, auf die § 3 Nr. 63 des Einkommensteuergesetzes angewendet wurde; hierzu gehören auch die Beiträge im Sinne des § 5 Abs. 3 Satz 2 der Lohnsteuer-Durchführungsverordnung,

2. Beiträge, auf die § 40b des Einkommensteuergesetzes in der am 31. Dezember 2004 geltenden Fassung angewendet wurde, und

3. Leistungen, auf die § 3 Nr. 66 des Einkommensteuergesetzes angewendet wurde.

(3) ¹Für die Aufbewahrung der Aufzeichnungen nach den Absätzen 1 und 2, der Mitteilungen nach § 5 Abs. 2 der Lohnsteuer-Durchführungsverordnung und des Antrags auf Altersvorsorgezulage oder der einer Antragstellung nach § 89 Abs. 3 des Einkommensteuergesetzes zugrunde liegenden Unterlagen gilt § 147 Abs. 3 der Abgabenordnung entsprechend. ²Die Unterlagen sind spätestens am Ende des zehnten Kalenderjahres zu löschen oder zu vernichten, das auf die Mitteilung nach § 22 Nr. 5 Satz 5 des Einkommensteuergesetzes folgt. ³Satz 2 gilt nicht, soweit die Löschung oder Vernichtung schutzwürdige Interessen des Anlegers oder die Wahrnehmung von Aufgaben oder berechtigten Interessen des Anbieters beeinträchtigen würde.

(4) ¹Nach Absatz 3 Satz 1 aufzubewahrende schriftliche Unterlagen können als Wiedergabe auf einem Bild- oder anderen dauerhaften Datenträger aufbewahrt werden, wenn sichergestellt ist, dass

1. die Wiedergabe während der Dauer der Aufbewahrungsfrist verfügbar bleibt und innerhalb angemessener Zeit lesbar gemacht werden kann und

2. die lesbar gemachte Wiedergabe mit der schriftlichen Unterlage bildlich und inhaltlich übereinstimmt.

²Das Vorliegen der Voraussetzung nach Satz 1 Nr. 2 ist vor der Vernichtung der schriftlichen Unterlage zu dokumentieren.

(5) Sonstige Vorschriften über Aufzeichnungs- und Aufbewahrungspflichten bleiben unberührt.

(6) Der Anbieter hat der zentralen Stelle auf Anforderung den Inhalt der Aufzeichnungen mitzuteilen und die für die Überprüfung der Zulage erforderlichen Unterlagen zur Verfügung zu stellen.

ABSCHNITT 5
Schlussvorschrift

§ 20
Inkrafttreten

– weggefallen –

Anhang 13 e
Zusagen auf Leistungen der betrieblichen Altersversorgung; Hinterbliebenenversorgung für die Lebensgefährtin oder den Lebensgefährten

BMF-Schreiben vom 25. 7. 2002 (BStBl. I S. 706)

Zur Frage der steuerrechtlichen Anerkennung von Zusagen auf Hinterbliebenenversorgung für den in eheähnlicher Gemeinschaft lebenden Partner des versorgungsberechtigten Arbeitnehmers nehme ich nach Abstimmung mit den obersten Finanzbehörden der Länder wie folgt Stellung:

Aufwendungen für Versorgungszusagen an Arbeitnehmer, die eine Hinterbliebenenversorgung für den in eheähnlicher Gemeinschaft lebenden Partner des Versorgungsberechtigten vorsehen, können nur dann nach Maßgabe von § 4 Abs. 4, § 4 c, § 4 d oder § 4 e EStG als Betriebsausgaben abgezogen werden, wenn die in Aussicht gestellten Leistungen betrieblich veranlasst sind. Die Zusage auf eine Hinterbliebenenversorgung ist als Pensionsrückstellung nach § 6 a EStG zu passivieren und darf nur angesetzt werden, wenn die übrigen Voraussetzungen für die Bildung von Rückstellungen (R 31 c Abs. 2 EStR) vorliegen.

Die betriebliche Veranlassung dieser Hinterbliebenenzusagen und die Wahrscheinlichkeit der Inanspruchnahme aus der Verpflichtung ist unter Berücksichtigung der Umstände des jeweiligen Einzelfalls zu prüfen. Anhaltspunkte können beispielsweise eine von der Lebenspartnerin oder dem Lebenspartner schriftlich bestätigte Kenntnisnahme der in Aussicht gestellten Versorgungsleistungen, eine zivilrechtliche Unterhaltspflicht des Arbeitnehmers gegenüber dem Lebenspartner oder eine gemeinsame Haushaltsführung sein.

Die versorgungsberechtigte Lebenspartnerin oder der versorgungsberechtigte Lebenspartner muss in der schriftlich erteilten Zusage namentlich mit Anschrift und Geburtsdatum genannt werden.

Pensionsrückstellungen nach § 6 a EStG sind entsprechend dem Geschlecht des begünstigten Hinterbliebenen zu bewerten. Soweit der Berechnung die „Richttafeln 1998" von Prof. Klaus Heubeck zu Grunde gelegt werden, hat die Bewertung anhand des Hinterbliebenenbestandes zu erfolgen.

Die Grundsätze zur steuerlichen Anerkennung von Versorgungszusagen gegenüber dem Arbeitgeber nahestehenden Personen (z. B. beherrschende Gesellschafter-Geschäftsführer, nahe Familienangehörige) bleiben unberührt.

Anhang 13 f
Steuerliche Förderung der privaten Altersvorsorge und betrieblichen Altersversorgung;
Aufteilung von Leistungen bei der nachgelagerten Besteuerung nach § 22 Nr. 5 EStG

Schreiben des Bundesministeriums der Finanzen vom 11.11.2004
– IV C 3 – S 2257 b – 47/04 –

Unter Bezugnahme auf das Ergebnis der Erörterung mit den obersten Finanzbehörden der Länder gilt Folgendes:

Leistungen aus zertifizierten Altersvorsorgeverträgen, Direktversicherungen, Pensionsfonds und Pensionskassen werden nach Maßgabe des § 22 Nr. 5 EStG besteuert. Wurden in der Ansparphase sowohl geförderte als auch nicht geförderte Beiträge geleistet, sind die Leistungen aufzuteilen. Aufzuteilen ist bei erstmaligem Bezug von Leistungen und in den Fällen des § 93 Abs. 1 EStG (Fälle schädlicher Verwendung).

1. Wurden für jeden Versicherten die Beiträge individualisiert, die Beiträge ab dem 1. Januar 2002 zusätzlich nach den Steuerkriterien getrennt aufgezeichnet und die sich daraus ergebenden Leistungen einschließlich zugeteilter Erträge ebenfalls getrennt ermittelt, erfasst und fortgeschrieben, ist bereits durch diese Bestandsführung eine zutreffende Aufteilung der Leistungen gewährleistet.

2. Nur für den Fall, dass die geleisteten Beiträge und/oder die sich daraus ergebenden Leistungen einschließlich zugeteilter Erträge für jeden Versicherten, insbesondere für den vor dem 1. Januar 2002 liegenden Zeitraum, nicht ermittelt werden können, kann für die Aufteilung folgendes versicherungsmathematische Näherungsverfahren angewendet werden:

2.1. Zunächst ist für den einzelnen Berechtigten das am 31. Dezember 2001 zur Erfüllung der zugesagten Leistungen reservierte Vermögen der Versorgungseinrichtung zu ermitteln.

2.1.1 Bei einem **individuellen Anwartschaftsdeckungsverfahren** entspricht das reservierte Vermögen dem geschäftsplanmäßigen Deckungskapital, das dem einzelnen Berechtigten individuell zugeordnet wird, zuzüglich der zugeteilten Überschüsse. Soweit die Berechnung des Deckungskapitals nicht zum Geschäftsplan gehört, tritt an die Stelle des geschäftsplanmäßigen Deckungskapitals der nach § 176 Abs. 3 VVG berechnete Zeitwert.

2.1.2 Bei einem **kollektiven Anwartschaftsdeckungsverfahren** ist das für den Versichertenbestand reservierte Vermögen (kollektives Deckungskapital) nach folgendem Verfahren den einzelnen Berechtigten zuzuordnen:

2.1.2.1 Zunächst ist aus diesem reservierten Vermögen der Vermögensanteil abzuspalten, der zur vollständigen Erfüllung der Versorgungsverpflichtungen für die am 31. Dezember 2001 in Rente befindlichen und die zu diesem Zeitpunkt mit unverfallbaren Anwartschaften ausgeschiedenen Personen erforderlich ist. Hierzu ist der Barwert der Versorgungsverpflichtungen mit den am Stichtag angewendeten Rechnungsgrundlagen (z. B. Zins, Sterbetafeln) anzusetzen.

2.1.2.2 Anschließend ist das verbleibende reservierte Vermögen (V_{akt}) auf die aktiven Arbeitnehmer aufzuteilen. Dabei ist als Aufteilungsmaßstab der zeitanteilig quotierte Barwert der zugesagten Leistungen am 31. Dezember 2001 mit den an diesem Tag angewendeten Rechnungsgrundlagen (z. B. Zins, Sterbetafeln) heranzuziehen.*) Aus dem zeitanteilig quotierten Barwert der zugesagten Leistungen am 31. Dezember 2001 und dem reservierten Vermögen (V_{akt}) wird das individuell zugeordnete Vermögen (V_i) berechnet.**)

2.2. Berechnung des Teils der Leistungen, der nach § 22 Nr. 5 Satz 2 EStG zu versteuern ist:

2.2.1 Das am 31. Dezember 2001 für den einzelnen Berechtigten reservierte Vermögen gemäß Tz. 2.1 ist zusammen mit ggf. danach gezahlten, in § 22 Nr. 5 Satz 2 EStG genannten Beiträgen bis zum Zeitpunkt des erstmaligen Bezugs von Leistungen (in der Regel: Eintritt des Versorgungsfalls) mit dem sich aus den tatsächlich erwirtschafteten Kapitalerträgen ergebenden Zinssatz aufzuzinsen (= Summe der aufgezinsten nicht steuerfrei gestellten und/oder nicht geförderten Beiträge je Berechtigten).

2.2.2 Daneben ist das für diesen Berechtigten am 31. Dezember 2001 reservierte Vermögen zusammen mit allen nach diesem Zeitpunkt gezahlten Beiträgen bis zum Zeitpunkt des erstmaligen Bezugs von Leistungen (in der Regel: Eintritt des Versorgungsfalls) mit dem sich aus den tatsächlich erwirtschafteten Kapitalerträgen ergebenden Zinssatz aufzuzinsen (= Summe der insgesamt bis zum Zeitpunkt des erstmaligen Bezugs von Leistungen tatsächlich erbrachten aufgezinsten Beiträge je Berechtigten).

2.2.3 Der für diesen Berechtigten nach § 22 Nr. 5 Satz 2 EStG zu versteuernde Teil der Leistungen ergibt sich aus dem folgenden Verhältnis:

$$\frac{\text{Summe der aufgezinsten nicht steuerfrei gestellten und/oder nicht geförderten Beiträge je Berechtigten (Tz. 2.2.1)}}{\text{Summe der insgesamt bis zum Zeitpunkt des erstmaligen Bezugs von Leistungen tatsächlich erbrachten aufgezinsten Beiträge je Berechtigten (Tz. 2.2.2)}}$$

3. Aus steuerrechtlicher Sicht ist nicht zu beanstanden, an Stelle des in Tz. 2 beschriebenen versicherungsmathematischen Verfahrens die Leistungen ausschließlich nach dem Verhältnis der Summe der steuerfreien und/oder nicht geförderten Beiträge zur Summe der insgesamt geleisteten Beiträge ohne Berücksichtigung von Zinseffekten aufzuteilen (= beitragsproportionales Verfahren).

4. Das Betriebsstättenfinanzamt der Versorgungseinrichtung kann im Einzelfall ein von Tz. 2 und 3 abweichendes Aufteilungsverfahren genehmigen, wenn dies zu sachgerechten Ergebnissen führt und z. B. wegen eines besonderen Finanzierungsverfahrens erforderlich ist.

---

*) Formel zur Ermittlung des quotierten Barwerts der zugesagten Leistungen zum 31. Dezember 2001:

$$\frac{m_i}{n_i} \cdot \ddot{a}^L_{x_i + m_i} \Big/ \sum_i \left(\frac{m_i}{n_i} \cdot \ddot{a}^L_{x_i + m_i} \right)$$

Hierbei ist:
m_i die bis zum 31. Dezember 2001 abgeleistete tatsächliche Dienstzeit der Person i;
n_i die bis zum vertraglichen Pensionsalter insgesamt mögliche Dienstzeit der Person i;
$\ddot{a}^L_{x_i + m_i}$ der Barwert der zugesagten Leistungen am 31. Dezember 2001 der Person i, deren Alter am 31. Dezember 2001 $x_i + m_i$ beträgt.

**) Formel zur Ermittlung des individuell zugeordneten Vermögens:

$$V_i = V_{akt} \left\{ \frac{m_i}{n_i} \cdot \ddot{a}^L_{x_i + m_i} \Big/ \sum_i \left(\frac{m_i}{n_i} \cdot \ddot{a}^L_{x_i + m_i} \right) \right\}$$

Anhang 13 g
Steuerliche Behandlung von Altersvorsorgeaufwendungen und Altersbezügen

BMF-Schreiben vom 24. 2. 2005 (BStBl I S. 429)

Betr.: Gesetz zur Neuordnung der einkommensteuerrechtlichen Behandlung von Altersvorsorgeaufwendungen und Altersbezügen – Alterseinkünftegesetz (AltEinkG)

Zum Sonderausgabenabzug für Beiträge nach § 10 Abs. 1, zur Besteuerung von Versorgungsbezügen nach § 19 Abs. 2 und von Einkünften nach § 22 Nr. 1 Satz 3 Buchstabe a des Einkommensteuergesetzes (EStG) in der Fassung des Alterseinkünftegesetzes vom 5. Juli 2004 (BGBl I S. 1427; BStBl I S. 554) gilt im Einvernehmen mit den obersten Finanzbehörden der Länder ab 1. Januar 2005 Folgendes:

A. Abzug von Altersvorsorgeaufwendungen – § 10 EStG –

I. Sonderausgabenabzug für Beiträge nach § 10 Abs. 1 Nr. 2 EStG

1. Begünstigte Beiträge

a) Beiträge im Sinne des § 10 Abs. 1 Nr. 2 Buchstabe a EStG

aa) Beiträge zu den gesetzlichen Rentenversicherungen

1 Als Beiträge zur gesetzlichen Rentenversicherung sind Beiträge an folgende Träger der gesetzlichen Rentenversicherung zu berücksichtigen:
– Deutsche Rentenversicherung Bund*)
– Deutsche Rentenversicherung Knappschaft-Bahn-See**)
– Deutsche Rentenversicherung Regionalträger.***)

2 Die Beiträge können wie folgt erbracht und nachgewiesen werden:

Art der Beitragsleistung	Nachweis durch
Pflichtbeiträge aufgrund einer abhängigen Beschäftigung einschließlich des nach § 3 Nr. 62 EStG steuerfreien Arbeitgeberanteils	Lohnsteuerbescheinigung
Pflichtbeiträge aufgrund einer selbständigen Tätigkeit (mit Ausnahme von selbständigen Künstlern und Publizisten)	Beitragsbescheinigung des Rentenversicherungsträgers
freiwillige Beiträge	Beitragsbescheinigung des Rentenversicherungsträgers
Nachzahlung von freiwilligen Beiträgen	Beitragsbescheinigung des Rentenversicherungsträgers
freiwillige Zahlung von Beiträgen zum Ausgleich einer Rentenminderung (bei vorzeitiger Inanspruchnahme einer Altersrente) § 187 a SGB VI	Beitragsbescheinigung des Rentenversicherungsträgers
freiwillige Zahlung von Beiträgen zum Ausgleich einer Minderung durch einen Versorgungsausgleich § 187 SGB VI	Besondere Beitragsbescheinigung des Rentenversicherungsträgers
Abfindung von Anwartschaften auf betriebliche Altersversorgung § 187 b SGB VI	Besondere Beitragsbescheinigung des Rentenversicherungsträgers

3 Bei selbständigen Künstlern und Publizisten, die nach Maßgabe des Künstlersozialversicherungsgesetzes versicherungspflichtig sind, ist als Beitrag zur gesetzlichen Rentenversicherung der von diesen entrichtete Beitrag an die Künstlersozialkasse zu berücksichtigen. Die Künstlersozialkasse fungiert als Einzugsstelle und nicht als Träger der gesetzlichen Rentenversicherung. Der Beitrag des Versicherungspflichtigen stellt den hälftigen Gesamtbeitrag dar. Der andere Teil wird in der Regel von der Künstlersozialkasse aufgebracht und setzt sich aus der Künstlersozialabgabe und einem Zuschuss des Bundes zusammen. Der von der Künstlersozialkasse gezahlte Beitragsanteil ist bei der Ermittlung der nach § 10 Abs. 1 Nr. 2 EStG zu berücksichtigenden Aufwendungen nicht anzusetzen.

4 Zu den Beiträgen zur gesetzlichen Rentenversicherung gehören auch Beiträge an ausländische gesetzliche Rentenversicherungsträger. Der Beitrag eines inländischen Arbeitgebers, den dieser an eine ausländische Rentenversicherung zahlt, ist dem Arbeitnehmer zuzurechnen, wenn die Abführung auf vertraglicher und nicht auf gesetzlicher Grundlage erfolgte (BFH vom 18. Mai 2004, BStBl II, S. 1014). Die Anwendung des § 3 Nr. 62 EStG kommt in diesen Fällen nicht in Betracht.

bb) Beiträge zu den landwirtschaftlichen Alterskassen

5 In der Alterssicherung der Landwirte können der Landwirt, sein Ehegatte oder in bestimmten Fällen mitarbeitende Familienangehörige versichert sein. Beiträge zu den landwirtschaftlichen Alterskassen können, soweit sie zum Aufbau einer eigenen Altersversorgung führen, von dem zur Zahlung Verpflichteten als Beiträge im Sinne des § 10 Abs. 1 Nr. 2 Buchstabe a EStG geltend gemacht werden. Werden dem Versicherungspflichtigen aufgrund des Gesetzes zur Alterssicherung der Landwirte Beitragszuschüsse gewährt, mindern diese die nach § 10 Abs. 1 Nr. 2 Buchstabe a EStG anzusetzenden Beiträge.

cc) Beiträge zu berufsständischen Versorgungseinrichtungen

6 Es sind nur Beiträge an berufsständische Versorgungseinrichtungen begünstigt, die den gesetzlichen Rentenversicherungen vergleichbare Leistungen erbringen.

7 Welche berufsständischen Versorgungseinrichtungen diese Voraussetzung erfüllen, wird durch gesondertes BMF-Schreiben bekannt gegeben.

b) Beiträge im Sinne des § 10 Abs. 1 Nr. 2 Buchstabe b EStG

8 Eigene Beiträge (H 86 a [abzugsberechtigte Person] EStH 2004) zum Aufbau einer eigenen kapitalgedeckten Altersversorgung liegen vor, wenn Personenidentität zwischen dem Beitragszahler, der versicherten Person und dem Leistungsempfänger besteht (bei Ehegatten siehe R 86 a EStR). Im Fall einer ergänzenden Hinterbliebenenabsicherung ist insoweit ein abweichender Leistungsempfänger zulässig.

9 Die Beiträge können als Sonderausgaben berücksichtigt werden, wenn die Laufzeit der Versicherung nach dem 31. Dezember 2004 beginnt (zu Verträgen mit einem Beginn der Laufzeit und mindestens einer Beitragsleistung vor dem 1. Januar 2005 vgl. Rz. 43) und der Vertrag nur die Zahlung einer monatlichen lebenslangen Leibrente vorsieht, die nicht vor Vollendung des 60. Lebensjahres des Steuerpflichtigen beginnt. Ergänzend können der Eintritt der Berufsunfähigkeit, der verminderten Erwerbsfähigkeit oder auch Hinterbliebene abgesichert werden, wenn die Zahlung einer Rente vorgesehen ist. Im Hinblick auf die entfallende Versorgungsbedürftigkeit, z. B. bei Ende der Erwerbsminderung durch Wegfall der Voraussetzungen für den Bezug (insbesondere bei Verbesserung der Gesundheitssituation oder Erreichen der Altersgrenze), ist es nicht zu beanstanden, wenn eine Rente zeitlich befristet ist. Ebenso ist es unschädlich, wenn der Vertrag bei Eintritt der Berufsunfähigkeit oder der verminderten Erwerbsfähigkeit anstelle oder ergänzend zu einer Rentenzahlung eine Beitragsfreistellung vorsieht.

10 In der vertraglichen Vereinbarung muss geregelt sein, dass die Ansprüche aus dem Vertrag nicht vererblich, nicht übertragbar,

---

*) Die Deutsche Rentenversicherung Bund wird durch Integration der BfA und des Verbandes Deutscher Rentenversicherungsträger e. V. zum 1. Oktober 2005 gebildet. Neben den bisherigen Aufgaben der BfA werden Grundsatz- und Querschnittsaufgaben für die gesamte Deutsche Rentenversicherung wahrgenommen.

**) Die Bundesknappschaft, Bahnversicherungsanstalt und Seekasse fusionieren und führen neben den rentenspezifischen Aufgaben auch solche der allgemeinen Rentenversicherung durch. Die Abteilung B der bisherigen Bahnversicherungsanstalt ist als betriebliche Sozialeinrichtung für Zusatz- und Betriebsrentenversicherungen zuständig und damit kein Teil der gesetzlichen Rentenversicherung.

***) Die Regionalträger sind die bisherigen Landesversicherungsanstalten.

11 Die ergänzende Absicherung des Eintritts der Berufsunfähigkeit, der verminderten Erwerbsfähigkeit und von Hinterbliebenen ist nur dann unschädlich, wenn mehr als 50 % der Beiträge auf die eigene Altersversorgung des Steuerpflichtigen entfallen. Sowohl die Altersversorgung als auch die ergänzenden Absicherungen müssen in einem einheitlichen Vertrag geregelt sein. Andernfalls sind die Aufwendungen für die ergänzenden Absicherungen unter den Voraussetzungen des § 10 Abs. 1 Nr. 3 EStG als sonstige Vorsorgeaufwendungen zu berücksichtigen (Rz. 42 ff.).

12 Eine zulässige Hinterbliebenenabsicherung liegt auch dann vor, wenn im Vertrag geregelt ist, dass das (Rest-)Kapital beim Tode des Primärversicherten für eine Rentenzahlung an den zu diesem Zeitpunkt Hinterbliebenen verwendet wird.

13 Zu den Hinterbliebenen, die zusätzlich abgesichert werden können, gehören nur der Ehegatte des Steuerpflichtigen und Kinder im Sinne des § 32 EStG. Der Anspruch auf Waisenrente ist dabei auf den Zeitraum zu begrenzen, in dem das Kind die Voraussetzungen des § 32 EStG erfüllt. Es ist nicht zu beanstanden, wenn die Waisenrente auch für den Zeitraum gezahlt wird, in dem das Kind nur die Voraussetzungen nach § 32 Abs. 4 Satz 1 EStG erfüllt.

14 Wird bei Ehegatten eine lebenslange Leibrente bis zum Tode des Letztversterbenden vereinbart, handelt es sich nicht um eine ergänzende Hinterbliebenenabsicherung, sondern insgesamt um eine Altersversorgung.

15 Für die Anerkennung als Beiträge zur eigenen kapitalgedeckten Altersversorgung i. S. d. § 10 Abs. 1 Nr. 2 Buchstabe b EStG müssen die Ansprüche aus dem Vertrag folgende weitere Voraussetzungen erfüllen:

– **Nichtvererblichkeit:**
Es darf nach den Vertragsbedingungen nicht zu einer Auszahlung an die Erben kommen; im Todesfall kommt das vorhandene Vermögen der Versichertengemeinschaft zugute. Die Nichtvererblichkeit wird z. B. nicht ausgeschlossen durch gesetzlich zugelassene Hinterbliebenenleistungen im Rahmen der ergänzenden Hinterbliebenenabsicherung (Rz. 11 ff.) und durch Rentenzahlungen für die Zeit bis zum Ablauf des Todesmonats an die Erben.

– **Nichtübertragbarkeit:**
Der Vertrag darf keine Übertragung der Ansprüche des Leistungsempfängers auf eine andere Person vorsehen z. B. im Wege der Schenkung; die Pfändbarkeit nach den Vorschriften der ZPO steht dem nicht entgegen. Die Übertragbarkeit zur Regelung von Scheidungsfolgen ist unschädlich. Der Vertrag darf zulassen, dass die Ansprüche des Leistungsempfängers aus dem Vertrag unmittelbar auf einen Vertrag auch bei einem anderen Unternehmen übertragen werden, sofern der neue Vertrag die Voraussetzungen des § 10 Abs. 1 Nr. 2 Buchstabe b EStG ebenfalls erfüllt.

– **Nichtbeleihbarkeit:**
Es muss vertraglich ausgeschlossen sein, dass die Ansprüche z. B. sicherungshalber abgetreten oder verpfändet werden können.

– **Nichtveräußerbarkeit:**
Der Vertrag muss so gestaltet sein, dass die Ansprüche nicht an einen Dritten veräußert werden können.

– **Nichtkapitalisierbarkeit:**
Es darf vertraglich kein Recht auf Kapitalisierung des Rentenanspruchs vorgesehen sein mit Ausnahme der Abfindung einer Kleinbetragsrente in Anlehnung an § 93 Abs. 3 Satz 2 und 3 EStG.

16 Zu den nach § 10 Abs. 1 Nr. 2 Buchstabe b EStG begünstigten Beiträgen können auch Beiträge gehören, die im Rahmen der betrieblichen Altersversorgung erbracht werden (rein arbeitgeberfinanzierte und durch Entgeltumwandlung finanzierte Beiträge sowie Eigenbeiträge). Nicht zu berücksichtigen sind steuerfreie Beiträge, pauschal besteuerte Beiträge (H 86 a [Zukunftssicherungsleistungen] EStH 2004) und Beiträge, die aufgrund einer Altzusage geleistet werden (vgl. Rz. 201 ff. und 217 des BMF-Schreibens vom 17. November 2004, BStBl I, S. 1065).

17 Werden Beiträge zugunsten von Vorsorgeverträgen geleistet, die u. a. folgende Möglichkeiten vorsehen, liegen keine Beiträge im Sinne des § 10 Abs. 1 Nr. 2 Buchstabe b EStG vor:

– Kapitalwahlrecht,
– Anspruch bzw. Optionsrecht auf (Teil-) Auszahlung nach Eintritt des Versorgungsfalls,
– Zahlung eines Sterbegeldes,
– Abfindung einer Rente – Abfindungsansprüche und Beitragsrückerstattungen im Fall einer Kündigung des Vertrags; dies gilt nicht für gesetzliche Abfindungsansprüche (z. B. § 3 BetrAVG) oder die Abfindung einer Kleinbetragsrente (vgl. Rz. 15).

c) Zusammenhang mit steuerfreien Einnahmen

18 Voraussetzung für die Berücksichtigung von Vorsorgeaufwendungen im Sinne des § 10 Abs. 1 Nr. 2 EStG ist, dass sie nicht in unmittelbarem wirtschaftlichen Zusammenhang mit steuerfreien Einnahmen stehen. Beiträge – z. B. zur gesetzlichen Rentenversicherung – in unmittelbarem wirtschaftlichen Zusammenhang mit steuerfreiem Arbeitslohn (z. B. nach dem Auslandstätigkeitserlass, aufgrund eines Doppelbesteuerungsabkommens oder aufgrund des zusätzlichen Höchstbetrags von 1 800 Euro nach § 3 Nr. 63 Satz 3 EStG) sind nicht als Sonderausgaben abziehbar. Die Hinzurechnung des nach § 3 Nr. 62 EStG steuerfreien Arbeitgeberanteils oder eines gleichgestellten steuerfreien Zuschusses des Arbeitgebers nach § 10 Abs. 1 Nr. 2 Satz 2 EStG bleibt hiervon unberührt; dies gilt nicht, soweit der steuerfreie Arbeitgeberanteil auf steuerfreien Arbeitslohn entfällt.

d) Beitragsempfänger

19 Zu den Beitragsempfängern im Sinne des § 10 Abs. 2 Nr. 2 Buchstabe a EStG gehören auch Pensionsfonds, die wie Versicherungsunternehmen den aufsichtsrechtlichen Regelungen des Versicherungsaufsichtsgesetzes unterliegen.

2. Ermittlung des Abzugsbetrags nach § 10 Abs. 3 EStG

a) Höchstbetrag

20 Die begünstigten Beiträge sind nach § 10 Abs. 3 EStG bis zu 20 000 Euro als Sonderausgaben abziehbar. Im Falle der Zusammenveranlagung von Ehegatten verdoppelt sich der Betrag auf 40 000 Euro – unabhängig davon, wer von den Ehegatten die begünstigten Beiträge entrichtet hat.

b) Kürzung des Höchstbetrags nach § 10 Abs. 3 Satz 3 EStG

21 Der Höchstbetrag ist bei einem Steuerpflichtigen, der zum Personenkreis des § 10 c Abs. 3 Nr. 1 oder Nr. 2 EStG gehört und der ganz oder teilweise ohne eigene Beitragsleistungen einen Anspruch auf Altersversorgung erwirbt, um den Betrag zu kürzen, der dem Gesamtbeitrag (Arbeitgeber- und Arbeitnehmeranteil) zur allgemeinen Rentenversicherung entspricht. Der Gesamtbeitrag ist dabei anhand der Einnahmen aus der Tätigkeit zu ermitteln, die die Zugehörigkeit zum genannten Personenkreis begründen.

22 Eine entsprechende Kürzung des Höchstbetrags ist auch bei einem Steuerpflichtigen vorzunehmen, der Einkünfte im Sinne des § 22 Nr. 4 EStG erzielt und der ganz oder teilweise ohne eigene Beitragsleistungen einen Anspruch auf Altersversorgung erwirbt.

23 Für die Berechnung des Kürzungsbetrages ist auf den zu Beginn des jeweiligen Kalenderjahres geltenden Beitragssatz in der allgemeinen Rentenversicherung abzustellen.

aa) Kürzung des Höchstbetrags beim Personenkreis des § 10 c Abs. 3 Nr. 1 EStG

24 Zum Personenkreis des § 10 c Abs. 3 Nr. 1 EStG gehören insbesondere

Steuerliche Behandlung von Altersvorsorgeaufwendungen

Anhang 13 g

- Beamte, Richter, Berufssoldaten, Soldaten auf Zeit, Amtsträger,
- Arbeitnehmer, die nach § 5 Abs. 1 Nr. 2 und 3 SGB VI oder § 230 SGB VI versicherungsfrei sind (z. B. Beschäftigte bei Trägern der Sozialversicherung, Geistliche der als öffentlich-rechtliche Körperschaften anerkannten Religionsgemeinschaften),
- Arbeitnehmer, die auf Antrag des Arbeitgebers von der gesetzlichen Rentenversicherungspflicht befreit worden sind, z. B. eine Lehrkraft an nicht öffentlichen Schulen, bei der eine Altersversorgung nach beamtenrechtlichen oder entsprechenden kirchenrechtlichen Grundsätzen gewährleistet ist.

25 Dieser Personenkreis erwirbt auch ganz oder teilweise ohne eigene Beitragsleistung einen Anspruch auf Altersversorgung. Der Höchstbetrag nach § 10 Abs. 3 Satz 1 EStG ist damit um einen fiktiven Gesamtbeitrag zur allgemeinen Rentenversicherung zu kürzen. Bemessungsgrundlage für den Kürzungsbetrag sind die erzielten steuerpflichtigen Einnahmen aus der Tätigkeit, die die Zugehörigkeit zum Personenkreis des § 10 c Abs. 3 Nr. 1 EStG begründen, höchstens bis zum Betrag der Beitragsbemessungsgrenze in der allgemeinen Rentenversicherung.

26 Es ist unerheblich, ob die Zahlungen insgesamt beitragspflichtig gewesen wären, wenn Versicherungspflicht in der gesetzlichen Rentenversicherung bestanden hätte. Aus Vereinfachungsgründen ist einheitlich auf die Beitragsbemessungsgrenze (Ost) in der allgemeinen Rentenversicherung abzustellen.

bb) Kürzung des Höchstbetrags beim Personenkreis des § 10 c Abs. 3 Nr. 2 EStG

27 Zum Personenkreis des § 10 c Abs. 3 Nr. 2 EStG gehören insbesondere
- beherrschende Gesellschafter-Geschäftsführer einer GmbH oder
- Vorstandsmitglieder von Aktiengesellschaften,

denen ganz oder teilweise ohne eigene Beitragsleistung eine betriebliche Altersversorgung zugesagt worden ist oder die Anwartschaftsrechte auf eine Altersversorgung durch Beiträge, die nach § 3 Nr. 63 EStG steuerfrei waren, erworben haben.

28 Eine Anwartschaft auf betriebliche Altersversorgung ganz oder teilweise ohne eigene Beitragsleistung liegt nicht vor, wenn einem Alleingesellschafter und Geschäftsführer von der GmbH eine Altersrente zugesagt wird, da die Altersversorgung durch Bildung einer Pensionsrückstellung bei der GmbH seine gesellschaftsrechtlichen Ansprüche auf den GmbHGewinn mindert (vgl. BFH vom 16. Oktober 2002, BStBl 2004 II, S. 546). Unerheblich ist, ob die zugesagte Altersversorgung ganz oder teilweise zu einer verdeckten Gewinnausschüttung führt. Auf einen Gesellschafter, der nicht Alleingesellschafter ist, kann dies nicht übertragen werden, da hier eine ausschließlich eigene Beitragsleistung des jeweiligen Gesellschafters nicht vorliegt. Die Versorgungszusage mindert auch (teilweise) den Gewinnanspruch des (der) anderen Gesellschafter(s) (vgl. BMF-Schreiben vom 9. Juli 2004, BStBl I, S. 582).

29 Gehört der Steuerpflichtige nur deshalb zum Personenkreis des § 10 c Abs. 3 Nr. 2 EStG, weil er Anwartschaftsrechte durch Beiträge erworben hat, die nach § 3 Nr. 63 EStG steuerfrei waren, ist der Höchstbetrag nach § 10 Abs. 3 EStG nicht zu kürzen. Nach § 10 Abs. 3 Satz 3 EStG kommt es nur dann zu einer Kürzung des Höchstbetrags, wenn neben der Zugehörigkeit zum Personenkreis des § 10 c Abs. 3 Nr. 1 oder 2 EStG auch ein Anspruch auf Altersversorgung ganz oder teilweise ohne eigene Beitragsleistung erworben wird. Diese Voraussetzung liegt in Bezug auf die nach § 3 Nr. 63 EStG steuerfrei gezahlten Beiträge an eine Pensionskasse, einen Pensionsfonds oder für eine Direktversicherung, unabhängig davon, ob es sich um arbeitgeberfinanzierte oder arbeitnehmerfinanzierte (Entgeltumwandlung) Beiträge handelt, nicht vor.

30 Kommt eine Kürzung des Höchstbetrages nach § 10 Abs. 3 Satz 3 EStG in Betracht, gelten die Rz. 25 Sätze 2 und 3 und Rz. 26 entsprechend.

cc) Kürzung des Höchstbetrags bei Steuerpflichtigen mit Einkünften im Sinne des § 22 Nr. 4 EStG

31 Zu den Steuerpflichtigen, die Einkünfte im Sinne des § 22 Nr. 4 EStG beziehen, gehören insbesondere
- Bundestagsabgeordnete,
- Landtagsabgeordnete,
- Abgeordnete des Europaparlaments.

32 Nicht zu diesem Personenkreis gehören z. B.
- ehrenamtliche Mitglieder kommunaler Vertretungen,
- kommunale Wahlbeamte wie Landräte und Bürgermeister.

33 Eine Kürzung des Höchstbetrags nach § 10 Abs. 3 Satz 3 EStG ist jedoch nur vorzunehmen, wenn der Steuerpflichtige zum genannten Personenkreis gehört und ganz oder teilweise ohne eigene Beitragsleistung einen Anspruch auf Altersversorgung nach dem Abgeordnetengesetz, dem Europaabgeordnetengesetz oder entsprechenden Gesetzen der Länder erwirbt.

34 Bemessungsgrundlage für den Kürzungsbetrag sind die Einnahmen im Sinne des § 22 Nr. 4 EStG, soweit sie die Zugehörigkeit zum Personenkreis im Sinne der Rz. 33 begründen, höchstens der Betrag der Beitragsbemessungsgrenze in der allgemeinen Rentenversicherung. Aus Vereinfachungsgründen ist einheitlich auf die Beitragsbemessungsgrenze (Ost) in der allgemeinen Rentenversicherung abzustellen.

c) Kürzung des Höchstbetrags bei Ehegatten

35 Bei Ehegatten ist für jeden Ehegatten gesondert zu prüfen, ob und ggf. in welcher Höhe der gemeinsame Höchstbetrag von 40 000 Euro zu kürzen ist (Rz. 21 ff).

d) Übergangsregelung (2005 bis 2024)

36 Für den Übergangszeitraum von 2005 bis 2024 sind die nach den Rz. 1 bis 16 und 19 bis 35 zu berücksichtigenden Aufwendungen mit dem sich aus § 10 Abs. 3 Sätze 4 und 6 EStG ergebenden Vomhundertsatz anzusetzen:

Jahr	Vomhundertsatz
2005	60
2006	62
2007	64
2008	66
2009	68
2010	70
2011	72
2012	74
2013	76
2014	78
2015	80
2016	82
2017	84
2018	86
2019	88
2020	90
2021	92
2022	94
2023	96
2024	98
ab 2025	100

e) Kürzung des Abzugsbetrags bei Arbeitnehmern nach § 10 Abs. 3 Satz 5 EStG

37 Bei Arbeitnehmern, die steuerfreie Arbeitgeberleistungen nach § 3 Nr. 62 EStG oder diesen gleichgestellte steuerfreie Zuschüsse des Arbeitgebers erhalten haben, ist der sich nach

Anhang 13 g — **Steuerliche Behandlung von Altersvorsorgeaufwendungen**

der Rz. 36 ergebende Abzugsbetrag um diese Beträge zu kürzen (nicht jedoch unter 0 Euro). Haben beide Ehegatten steuerfreie Arbeitgeberleistungen erhalten, ist der Abzugsbetrag um beide Beträge zu kürzen.

Beispiele

38 Bei der Berechnung der Beispiele wurde ein Beitragssatz zur allgemeinen Rentenversicherung (RV) in Höhe von 19,5 v. H. unterstellt.

Beispiel 1:

Ein lediger Arbeitnehmer zahlt im Jahr 2005 einen Arbeitnehmeranteil zur allgemeinen Rentenversicherung in Höhe von 4 000 €. Zusätzlich wird ein steuerfreier Arbeitgeberanteil in gleicher Höhe gezahlt. Daneben hat der Arbeitnehmer noch eine Leibrentenversicherung i. S. d. § 10 Abs. 1 Nr. 2 Buchstabe b EStG abgeschlossen und dort Beiträge in Höhe von 3 000 € eingezahlt.

Im Jahr 2005 können Altersvorsorgeaufwendungen i. H. v. 2 600 € als Sonderausgaben nach § 10 Abs. 1 Nr. 2 i. V. m. Abs. 3 EStG abgezogen werden:

Arbeitnehmerbeitrag	4 000 €
Arbeitgeberbeitrag	4 000 €
Leibrentenversicherung	3 000 €
insgesamt	11 000 €
Höchstbetrag	20 000 €
60% des geringeren Betrages	6 600 €
abzüglich steuerfreier Arbeitgeberanteil	4 000 €
verbleibender Betrag	2 600 €

Zusammen mit dem steuerfreien Arbeitgeberbeitrag werden damit Altersvorsorgeaufwendungen i. H. v. 6 600 € von der Besteuerung freigestellt. Dies entspricht 60 % der insgesamt geleisteten Beiträge.

Beispiel 2:

40 Ein lediger Beamter zahlt 3.000 € in eine begünstigte Leibrentenversicherung i. S. d. § 10 Abs. 1 Nr. 2 Buchstabe b EStG, um zusätzlich zu seinem Pensionsanspruch eine Altersversorgung zu erwerben. Seine Einnahmen aus dem Beamtenverhältnis betragen 41 026 €.

Im Jahr 2005 können Altersvorsorgeaufwendungen i. H. v. 1 800 € als Sonderausgaben abgezogen werden:

Leibrentenversicherung	3 000 €
Höchstbetrag	20 000 €
abzgl. fiktiver Gesamtbeitrag RV (41 026 € × 19,5 % =)	8 000 €
gekürzter Höchstbetrag	12 000 €
60 % des geringeren Betrages	1 800 €

Auch bei diesem Steuerpflichtigen werden 60 % der Beiträge von der Besteuerung freigestellt.

Beispiel 3:

41 Die Eheleute A und B zahlen im Jahr 2005 jeweils 8 000 € für eine Leibrentenversicherung i. S. d. § 10 Abs. 1 Nr. 2 Buchstabe b EStG. A ist im Jahr 2005 als selbständiger Steuerberater tätig und zahlt darüber hinaus 15 000 € in die berufsständische Versorgungseinrichtung der Steuerberater, die der gesetzlichen Rentenversicherung vergleichbare Leistungen erbringt. B ist Beamtin ohne eigene Aufwendungen für ihre künftige Pension. Ihre Einnahmen aus dem Beamtenverhältnis betragen 41 026 €.

Im Jahr 2005 können Altersvorsorgeaufwendungen i. H. v. 18 600 € als Sonderausgaben abgezogen werden:

berufsständische Versorgungseinrichtung	15 000 €	
Leibrentenversicherung	16 000 €	
insgesamt		31 000 €
Höchstbetrag	40 000 €	
abzgl. fiktiver Gesamtbeitrag RV (41 026 € × 19,5 % =)	8 000 €	
gekürzter Höchstbetrag		32 000 €
60 % des geringeren Betrages		18 600 €

II. Sonderausgabenabzug für Beiträge nach § 10 Abs. 1 Nr. 3 EStG

1. Begünstigte Beiträge

42 Begünstigt sind nach § 10 Abs. 1 Nr. 3 Buchstabe a EStG Beiträge zu

- Versicherungen gegen Arbeitslosigkeit (gesetzliche Beiträge an die Bundesagentur für Arbeit und Beiträge zu privaten Versicherungen),
- Erwerbs- und Berufsunfähigkeitsversicherungen, die nicht Bestandteil einer Versicherung im Sinne des § 10 Abs. 1 Nr. 2 Buchstabe b EStG sind; dies gilt auch für Beitragsbestandteile von kapitalbildenden Lebensversicherungen im Sinne des § 20 Abs. 1 Nr. 6 EStG, die bei der Ermittlung des steuerpflichtigen Ertrags nicht abgezogen werden dürfen,
- gesetzlichen oder privaten Kranken- und Pflegeversicherungen,
- Unfallversicherungen, wenn es sich nicht um eine Unfallversicherung mit garantierter Beitragsrückzahlung handelt, die insgesamt als Rentenversicherung oder Kapitalversicherung behandelt wird,
- Haftpflichtversicherungen,
- Lebensversicherungen, die nur für den Todesfall eine Leistung vorsehen (Risikolebensversicherungen).

Rz. 18 gilt entsprechend.

43 Begünstigt sind nach § 10 Abs. 1 Nr. 3 Buchstabe b EStG Beiträge zu

- Rentenversicherungen im Sinne des § 10 Abs. 1 Nr. 2 Buchstabe b EStG,
- Rentenversicherungen ohne Kapitalwahlrecht, die die Voraussetzungen des § 10 Abs. 1 Satz 1 Nr. 2 EStG nicht erfüllen,
- Rentenversicherungen mit Kapitalwahlrecht gegen laufende Beitragsleistung, wenn das Kapitalwahlrecht nicht vor Ablauf von zwölf Jahren seit Vertragsabschluss ausgeübt werden kann,
- Kapitalversicherungen gegen laufende Beitragsleistung mit Sparanteil, wenn der Vertrag für die Dauer von mindestens zwölf Jahren abgeschlossen wird,

wenn die Laufzeit dieser Versicherungen vor dem 1. Januar 2005 begonnen hat und mindestens ein Versicherungsbeitrag bis zum 31. Dezember 2004 entrichtet wurde. Der Zeitpunkt des Vertragsabschlusses ist insoweit unmaßgeblich. Rz. 18 gilt entsprechend.

44 Ein Versicherungsbeitrag ist bis zum 31. Dezember 2004 entrichtet, wenn nach § 11 Abs. 2 EStG der Beitrag einem Kalenderjahr vor 2005 zuzuordnen ist. Für Beiträge im Rahmen der betrieblichen Altersversorgung an einen Pensionsfonds, an eine Pensionskasse oder für eine Direktversicherung gilt Rz. 191 des BMF-Schreibens vom 17. November 2004 (BStBl I, S. 1065).

45 Für die Berücksichtigung von Beiträgen nach § 10 Abs. 1 Nr. 3 Buchstabe b EStG gelten außerdem die bisherigen Regelungen zu § 10 Abs. 1 Nr. 2 Satz 2 bis 5 und Abs. 2 Satz 2 EStG in der am 31. Dezember 2004 geltenden Fassung.

2. Ermittlung des Abzugsbetrags nach § 10 Abs. 4 EStG

a) Höchstbetrag

46 Vorsorgeaufwendungen im Sinne des § 10 Abs. 1 Nr. 3 EStG können (vorbehaltlich der Rz. 47 ff.) grundsätzlich bis zur Höhe von 2 400 Euro abgezogen werden (z. B. bei Steuerpflichtigen, die Aufwendungen für ihre Krankenversicherung und Krankheitskosten vollständig aus eigenen Mitteln tragen oder bei Angehörigen von Beihilfeberechtigten, die nach den beihilferechtlichen Bestimmungen nicht über einen eigenen Beihilfeanspruch verfügen).

47 Bei einem Steuerpflichtigen, der ganz oder teilweise ohne eigene Aufwendungen einen eigenen Anspruch auf vollständige oder teilweise Erstattung oder Übernahme von Krankheitskosten hat oder für dessen Krankenversicherung Leistungen im Sinne des § 3 Nr. 62 EStG oder § 3 Nr. 14 EStG erbracht werden, vermindert sich der Höchstbetrag auf 1 500 Euro. Dies

Steuerliche Behandlung von Altersvorsorgeaufwendungen

Anhang 13 g

gilt auch, wenn die Voraussetzungen nur in einem Teil des Kalenderjahres vorliegen.

48 Der Höchstbetrag von 1 500 Euro gilt z. B. für
- Rentner, die aus der gesetzlichen Rentenversicherung nach § 3 Nr. 14 EStG steuerfreie Zuschüsse zu den Krankenversicherungsbeiträgen erhalten,
- sozialversicherungspflichtige Arbeitnehmer, für die der Arbeitgeber nach § 3 Nr. 62 EStG steuerfreie Beiträge zur Krankenversicherung leistet,
- Besoldungsempfänger oder gleichgestellte Personen, die von ihrem Arbeitgeber nach § 3 Nr. 11 EStG steuerfreie Beihilfen zu Krankheitskosten erhalten,
- Versorgungsempfänger im öffentlichen Dienst mit Beihilfeanspruch oder gleichgestellte Personen,
- in der gesetzlichen Krankenversicherung ohne eigene Beiträge familienversicherte Angehörige.

b) Abzugsbetrag bei Ehegatten

49 Bei zusammen veranlagten Ehegatten ist zunächst für jeden Ehegatten nach dessen persönlichen Verhältnissen der ihm zustehende Höchstbetrag zu bestimmen. Die Summe der beiden Höchstbeträge ist der gemeinsame Höchstbetrag, bis zu dessen Höhe die Aufwendungen beider Ehegatten insgesamt abzuziehen sind.

III. Günstigerprüfung nach § 10 Abs. 4 a EStG

50 Die Regelungen zum Abzug von Vorsorgeaufwendungen nach § 10 Abs. 1 Nr. 2 und 3 EStG sind in bestimmten Fällen ungünstiger als nach der für das Kalenderjahr 2004 geltenden Fassung des § 10 Abs. 3 EStG. Zur Vermeidung einer Schlechterstellung wird in diesen Fällen der höhere Betrag berücksichtigt. Die Überprüfung erfolgt von Amts wegen. Einbezogen in die Überprüfung werden nur Vorsorgeaufwendungen, die nach dem ab 2005 geltenden Recht abziehbar sind. Hierzu gehört nicht der nach § 10 Abs. 1 Nr. 2 Satz 2 EStG hinzuzurechnende Betrag (steuerfreier Arbeitgeberanteil zur gesetzlichen Rentenversicherung und ein diesem gleichgestellter steuerfreier Zuschuss des Arbeitgebers).

51 Für die Jahre 2011 bis 2019 werden bei der Anwendung des § 10 Abs. 3 EStG in der für das Kalenderjahr 2004 geltenden Fassung die Höchstbeträge für den Vorwegabzug schrittweise gekürzt; Einzelheiten ergeben sich aus der Tabelle zu § 10 Abs. 4 a EStG.

Beispiel:

52 Die Eheleute A (Gewerbetreibender) und B (Hausfrau) zahlen im Jahr 2005 folgende Versicherungsbeiträge:

Leibrentenversicherung (§ 10 Abs. 1 Nr. 2 Buchstabe b EStG)	2 000 €
Private Krankenversicherung	6 000 €
Haftpflichtversicherungen	1 200 €
Kapitalversicherung (Versicherungsbeginn 1995, Laufzeit 25 Jahre)	3 600 €
Kapitalversicherung (Versicherungsbeginn 2005, Laufzeit 20 Jahre)	2 400 €
Insgesamt	15 200 €

Die Beiträge zu der Kapitalversicherung mit Versicherungsbeginn im Jahr 2005 sind nicht zu berücksichtigen, weil sie nicht die Voraussetzungen des § 10 Abs. 1 Nr. 2 und 3 EStG erfüllen.

Abziehbar nach § 10 Abs. 1 Nr. 2 i. V.m § 10 Abs. 3 EStG und § 10 Abs. 1 Nr. 3 i. V.m § 10 Abs. 4 EStG

a) Beiträge zur Altersversorgung:

Höchstbetrag (ungekürzt)	40 000 €	
zu berücksichtigen	2 000 €	
davon 60 %		1 200 €

b) sonstige Vorsorgeaufwendungen:

Krankenversicherung	6 000 €	
Haftpflichtversicherungen	1 200 €	
Kapitalversicherung (88 % v. 3 600 €)	3 168 €	
insgesamt	10 368 €	
Höchstbetrag nach § 10 Abs. 4 EStG:	4 800 €	
anzusetzen		4 800 €

c) insgesamt abziehbar 6 000 €

Abziehbar nach § 10 Abs. 3 EStG in der für das Kalenderjahr 2004 geltenden Fassung:

Leibrentenversicherung (§ 10 Abs. 1 Nr. 2 Buchstabe b EStG)	2 000 €	
Krankenversicherung	6 000 €	
Haftpflichtversicherungen	1 200 €	
Kapitalversicherung	3 168 €	
insgesamt	12 368 €	
davon sind abziehbar:		
Vorwegabzug	6 136 €	6 136 €
verbleibende Aufwendungen	6 232 €	
Grundhöchstbetrag	2 668 €	2 668 €
verbleibende Aufwendungen	3 564 €	
hälftige Aufwendungen	1 782 €	
hälftiger Höchstbetrag	1 334 €	1 334 €
abziehbar insgesamt		10 138 €

Da nach der für das Kalenderjahr 2004 geltenden Fassung des § 10 Abs. 3 EStG von den geltend gemachten Vorsorgeaufwendungen ein höherer Betrag abziehbar ist, wird dieser höhere Betrag angesetzt.

IV. Vorsorgepauschale

53 Bei der Berechnung der Vorsorgepauschale sind fiktive Beiträge zur Rentenversicherung zu berücksichtigen (§ 10 c Abs. 2 Satz 2 Nr. 1 EStG). Bemessungsgrundlage ist der Arbeitslohn vermindert um den Versorgungsfreibetrag und den Altersentlastungsbetrag, höchstens die Beitragsbemessungsgrenze in der allgemeinen Rentenversicherung. Aus Vereinfachungsgründen ist einheitlich auf die Beitragsbemessungsgrenze (West) abzustellen.

54 Unbeachtlich ist, dass die Bemessungsgrundlage für die Ermittlung der Vorsorgepauschale und für die Berechnung der Sozialabgaben unterschiedlich sein kann. Für die Berechnung der Vorsorgepauschale ist daher auf den Arbeitslohn und nicht auf das sozialversicherungspflichtige Arbeitsentgelt abzustellen.

Beispiel:

55 Ein Arbeitnehmer mit einem Jahresarbeitslohn von 60 000 € wandelt im Jahr 2005 einen Betrag von 4.000 € bei einer Beitragsbemessungsgrenze in der allgemeinen Rentenversicherung von 62 400 € zugunsten einer betrieblichen Altersversorgung im Durchführungsweg Direktzusage um. Auch wenn 4 % der Beitragsbemessungsgrenze (2 496 €) nicht als Arbeitsentgelt im Sinne der Sozialversicherung gelten (§ 14 Abs. 1, § 115 SGB IV) und das sozialversicherungspflichtige Arbeitsentgelt somit 57 504 € beträgt, ist Bemessungsgrundlage für die Berechnung der Vorsorgepauschale ein steuerpflichtiger Arbeitslohn in Höhe von 56 000 €.

56 Bei der Berechnung der Vorsorgepauschale im Rahmen der Günstigerprüfung (§ 10 c Abs. 5 EStG) sind der Versorgungs-Freibetrag und der Altersentlastungsbetrag in der für das Kalenderjahr 2004 geltenden Fassung zu berechnen und abzuziehen (§ 10 c Abs. 2 Satz 4 EStG i. d. F. des Kalenderjahres 2004), wenn die entsprechenden Voraussetzungen vorliegen. Dies gilt selbst dann, wenn im Lohnsteuerabzugsverfahren aus Vereinfachungsgründen der Versorgungsfreibetrag und der Altersentlastungsbetrag nicht in der für das Kalenderjahr 2004 geltenden Fassung berücksichtigt werden (s.a. BMF-Schreiben vom 22. Oktober 2004, BStBl I, S. 975 und 994).

57 Die Vorsorgepauschale ist auf den nächsten vollen Euro-Betrag aufzurunden.

58 Nicht der Rentenversicherungspflicht unterliegende Arbeitnehmer, die eine Berufstätigkeit ausgeübt haben, erhalten die gekürzte Vorsorgepauschale, wenn sie im Zusammenhang mit ihrer Berufstätigkeit auf Grund vertraglicher Vereinbarungen Anwartschaftsrechte auf eine Altersversorgung erworben haben
- ganz oder teilweise ohne eigene Beitragsleistung; dies trifft auf einen Alleingesellschafter-Geschäftsführer, der – zumindest wirtschaftlich betrachtet – seine Anwartschaftsrechte auf die Alterversorgung durch eine Verringerung seiner gesellschaftsrechtlichen Ansprüche erwirbt, nicht zu oder

- durch Beiträge, die nach § 3 Nr. 63 EStG steuerfrei waren; in diesen Fällen kommt es nicht auf die „eigene Beitragsleistung" an. Deshalb erhält z. B. auch der Alleingesellschafter-Geschäftsführer, der Anwartschaftsrechte auf eine Altersversorgung durch Beiträge, die nach § 3 Nr. 63 EStG steuerfrei waren, erworben hat, stets die gekürzte Vorsorgepauschale.

Zum Sonderausgabenabzug bei diesem Personenkreis siehe Rz. 27 ff.

B. Besteuerung von Versorgungsbezügen – § 19 Abs. 2 EStG –

I. Arbeitnehmer-/Werbungskosten-Pauschbetrag/ Zuschlag zum Versorgungsfreibetrag

59 Ab 2005 ist der Arbeitnehmer-Pauschbetrag (§ 9a Satz 1 Nr. 1 Buchstabe a EStG) bei Versorgungsbezügen im Sinne des § 19 Abs. 2 EStG nicht mehr anzuwenden. Stattdessen wird – wie auch bei den Renten – ein Werbungskosten-Pauschbetrag von 102 Euro berücksichtigt (§ 9a Satz 1 Nr. 1 Buchstabe b EStG). Als Ausgleich für den Wegfall des ArbeitnehmerPauschbetrags wird dem Versorgungsfreibetrag ein Zuschlag von zunächst 900 Euro hinzugerechnet, der für jeden ab 2006 neu in den Ruhestand tretenden Jahrgang abgeschmolzen wird (§ 19 Abs. 2 Satz 3 EStG). Bei Einnahmen aus nichtselbständiger Arbeit i. S. d. § 19 Abs. 1 EStG und Versorgungsbezügen i. S. d. § 19 Abs. 2 EStG kommen der ArbeitnehmerPauschbetrag und der Werbungskosten-Pauschbetrag nebeneinander zur Anwendung. Der WerbungskostenPauschbetrag ist auch zu berücksichtigen, wenn bei Einnahmen aus nichtselbständiger Arbeit im Sinne des § 19 Abs. 1 EStG höhere Werbungskosten anzusetzen sind.

60 Diese Rechtsänderung wird für das Lohnsteuerabzugsverfahren im Programmablaufplan 2005 für die maschinelle Berechnung der vom Arbeitslohn einzubehaltenden Lohnsteuer, des Solidaritätszuschlags und der Maßstabsteuer für die Kirchenlohnsteuer berücksichtigt (vgl. BMF-Schreiben vom 22. Oktober 2004, BStBl I, S. 975).

II. Versorgungsfreibetrag/Zuschlag zum Versorgungsfreibetrag

1. Allgemeines

61 Der maßgebende Vomhundertsatz für den steuerfreien Teil der Versorgungsbezüge und der Höchstbetrag des Versorgungsfreibetrags sowie der Zuschlag zum Versorgungsfreibetrag bestimmen sich ab 2005 nach dem Jahr des Versorgungsbeginns (§ 19 Abs. 2 Satz 3 EStG). Sie werden für jeden ab 2006 neu in den Ruhestand tretenden Jahrgang abgeschmolzen.

2. Berechnung des Versorgungsfreibetrags und des Zuschlags zum Versorgungsfreibetrag

62 Der Versorgungsfreibetrag und der Zuschlag zum Versorgungsfreibetrag (Freibeträge für Versorgungsbezüge) berechnen sich auf der Grundlage des Versorgungsbezugs für Januar 2005 bei Versorgungsbeginn vor 2005 bzw. des Versorgungsbezugs für den ersten vollen Monat bei Versorgungsbeginn ab 2005; wird der Versorgungsbezug insgesamt nicht für einen vollen Monat gezahlt (z. B. wegen Todes des Versorgungsempfängers), ist der Bezug des Teilmonats auf einen Monatsbetrag hochzurechnen. Bei einer nachträglichen Festsetzung von Versorgungsbezügen ist der Monat maßgebend, für den die Versorgungsbezüge erstmals festgesetzt werden; auf den Zahlungstermin kommt es nicht an. Bei Bezügen und Vorteilen aus früheren Dienstleistungen i. S. d. § 19 Abs. 2 Satz 2 Nr. 2 EStG, die wegen Erreichens einer Altersgrenze gezahlt werden, ist der Monat maßgebend, in dem der Steuerpflichtige das 63. Lebensjahr oder, wenn er schwerbehindert ist, das 60. Lebensjahr vollendet hat, da die Bezüge erst mit Erreichen dieser Altersgrenzen als Versorgungsbezüge gelten. Der maßgebende Monatsbetrag ist jeweils mit zwölf zu vervielfältigen und um Sonderzahlungen zu erhöhen, auf die zu diesem Zeitpunkt (erster voller Monat bzw. Januar 2005) ein Rechtsanspruch besteht (§ 19 Abs. 2 Satz 4 EStG). Die Sonderzahlungen (z. B. Urlaubs- oder Weihnachtsgeld) sind mit dem Betrag anzusetzen, auf den bei einem Bezug von Versorgungsbezügen für das ganze Jahr des Versorgungsbeginns ein Rechtsanspruch besteht. Bei Versorgungsempfängern, die schon vor dem 1. Januar 2005 in Ruhestand gegangen sind, können aus Vereinfachungsgründen die Sonderzahlungen 2004 berücksichtigt werden.

3. Festschreibung des Versorgungsfreibetrags und des Zuschlags zum Versorgungsfreibetrag

63 Der nach der Rz. 62 ermittelte Versorgungsfreibetrag und der Zuschlag zum Versorgungsfreibetrag gelten grundsätzlich für die gesamte Laufzeit des Versorgungsbezugs (§ 19 Abs. 2 Satz 8 EStG).

4. Neuberechnung des Versorgungsfreibetrags und des Zuschlags zum Versorgungsfreibetrag

64 Regelmäßige Anpassungen des Versorgungsbezugs (laufender Bezug und Sonderzahlungen) führen nicht zu einer Neuberechnung (§ 19 Abs. 2 Satz 9 EStG). Zu einer Neuberechnung führen nur Änderungen des Versorgungsbezugs, die ihre Ursache in der Anwendung von Anrechnungs-, Ruhens-, Erhöhungs- oder Kürzungsregelungen haben (§ 19 Abs. 2 Satz 10 EStG), z. B. Wegfall, Hinzutreten oder betragsmäßige Änderungen. Dies ist insbesondere der Fall, wenn der Versorgungsempfänger neben seinen Versorgungsbezügen

– Erwerbs- oder Erwerbsersatzeinkommen (§ 53 des Beamtenversorgungsgesetzes – BeamtVG –),

– andere Versorgungsbezüge (§ 54 BeamtVG),

– Renten (§ 55 BeamtVG) oder

– Versorgungsbezüge aus zwischenstaatlicher und überstaatlicher Verwendung (§ 56 BeamtVG)

erzielt, wenn sich die Voraussetzungen für die Gewährung des Familienzuschlags oder des Unterschiedsbetrags nach § 50 BeamtVG ändern oder wenn ein Witwen- oder Waisengeld nach einer Unterbrechung der Zahlung wieder bewilligt wird. Ändert sich der anzurechnende Betrag aufgrund einer einmaligen Sonderzahlung und hat dies nur eine einmalige Minderung des Versorgungsbezugs zur Folge, so kann auf eine Neuberechnung verzichtet werden. Auf eine Neuberechnung kann aus Vereinfachungsgründen auch verzichtet werden, wenn der Versorgungsbezug, der bisher Bemessungsgrundlage für den Versorgungsfreibetrag war, vor und nach einer Anpassung aufgrund von Anrechnungs-, Ruhens-, Erhöhungs- und Kürzungsregelungen mindestens 7 500 Euro jährlich/625 Euro monatlich beträgt, also die Neuberechnung zu keiner Änderung der Freibeträge für Versorgungsbezüge führen würde.

65 In den Fällen einer Neuberechnung ist der geänderte Versorgungsbezug, ggf. einschließlich zwischenzeitlicher Anpassungen, Bemessungsgrundlage für die Berechnung der Freibeträge für Versorgungsbezüge (§ 19 Abs. 2 Satz 11 EStG).

5. Zeitanteilige Berücksichtigung des Versorgungsfreibetrags und des Zuschlags zum Versorgungsfreibetrag

66 Werden Versorgungsbezüge nur für einen Teil des Kalenderjahres gezahlt, so ermäßigen sich der Versorgungsfreibetrag und der Zuschlag zum Versorgungsfreibetrag für jeden vollen Kalendermonat, für den keine Versorgungsbezüge geleistet werden, in diesem Kalenderjahr um ein Zwölftel (§ 19 Abs. 2 Satz 12 EStG). Bei Zahlung mehrerer Versorgungsbezüge erfolgt eine Kürzung nur für Monate, für die keiner der Versorgungsbezüge geleistet wird. Ändern sich der Versorgungsfreibetrag und/oder der Zuschlag zum Versorgungsfreibetrag im Laufe des Kalenderjahrs aufgrund einer Neuberechnung nach Rz. 64–65, sind in diesem Kalenderjahr die höchsten Freibeträge für Versorgungsbezüge maßgebend (§ 19 Abs. 2 Satz 11 2. Halbsatz EStG); eine zeitanteilige Aufteilung ist nicht vorzunehmen. Die Änderung der Freibeträge für Versorgungsbezüge kann im Lohnsteuerabzugsverfahren berücksichtigt werden (R 116 Abs. 1 Satz 4 bis 6 LStR).

Steuerliche Behandlung von Altersvorsorgeaufwendungen

Anhang 13 g

6. Mehrere Versorgungsbezüge

67 Bei mehreren Versorgungsbezügen bestimmen sich der maßgebende Vomhundertsatz für den steuerfreien Teil der Versorgungsbezüge und der Höchstbetrag des Versorgungsfreibetrags sowie der Zuschlag zum Versorgungsfreibetrag nach dem Beginn des jeweiligen Versorgungsbezugs. Die Summe aus den jeweiligen Freibeträgen für Versorgungsbezüge wird nach § 19 Abs. 2 Satz 6 EStG auf den Höchstbetrag des Versorgungsfreibetrags und den Zuschlag zum Versorgungsfreibetrag nach dem Beginn des ersten Versorgungsbezugs begrenzt. Fällt der maßgebende Beginn mehrerer laufender Versorgungsbezüge in dasselbe Kalenderjahr, können die Bemessungsgrundlagen aller Versorgungsbezüge zusammen gerechnet werden, da in diesen Fällen für sie jeweils dieselben Höchstbeträge gelten.

68 Werden mehrere Versorgungsbezüge von unterschiedlichen Arbeitgebern gezahlt, ist die Begrenzung der Freibeträge für Versorgungsbezüge im Lohnsteuerabzugsverfahren nicht anzuwenden; die Gesamtbetrachtung und gegebenenfalls die Begrenzung erfolgt im Veranlagungsverfahren. Treffen mehrere Versorgungsbezüge bei demselben Arbeitgeber zusammen, ist die Begrenzung auch im Lohnsteuerabzugsverfahren zu beachten.

Beispiel:

69 Zwei Ehegatten erhalten jeweils eigene Versorgungsbezüge. Der Versorgungsbeginn des einen Ehegatten liegt im Jahr 2005, der des anderen im Jahr 2006. Im Jahr 2010 verstirbt der Ehegatte, der bereits seit 2005 Versorgungsbezüge erhalten hatte. Dem überlebenden Ehegatten werden ab 2010 zusätzlich zu seinen eigenen Versorgungsbezügen von monatlich 400 € Hinterbliebenenbezüge von monatlich 250 € gezahlt.

Für die eigenen Versorgungsbezüge des überlebenden Ehegatten berechnen sich die Freibeträge für Versorgungsbezüge nach dem Jahr des Versorgungsbeginns 2006. Der Versorgungsfreibetrag beträgt demnach 38,4 % von 4 800 € (= 400 € Monatsbezug × 12) = 1 844 € (aufgerundet); der Zuschlag zum Versorgungsfreibetrag beträgt 864 €.

Für den Hinterbliebenenbezug sind mit Versorgungsbeginn im Jahr 2010 die Freibeträge für Versorgungsbezüge nach § 19 Abs. 2 Satz 7 EStG unter Zugrundelegung des maßgeblichen Vomhundertsatzes, des Höchstbetrags und des Zuschlags zum Versorgungsfreibetrag des verstorbenen Ehegatten zu ermitteln (s. dazu Rz. 70–73). Für die Berechnung sind also die Beträge des maßgebenden Jahres 2005 zugrunde zu legen. Der Versorgungsfreibetrag für die Hinterbliebenenbezüge beträgt demnach 40 % von 3 000 € (= 250 € Monatsbezug × 12) = 1 200 €; der Zuschlag zum Versorgungsfreibetrag beträgt 900 €.

Die Summe der Versorgungsfreibeträge ab 2010 beträgt (1 844 € zuzüglich 1 200 € =) 3 044 €. Der insgesamt berücksichtigungsfähige Höchstbetrag bestimmt sich nach dem Jahr des Beginns des ersten Versorgungsbezugs (2005: 3 000 €). Da der Höchstbetrag überschritten ist, ist der Versorgungsfreibetrag auf insgesamt 3 000 € zu begrenzen. Auch die Summe der Zuschläge zum Versorgungsfreibetrag (864 € zuzüglich 900 € =) 1 764 € ist nach dem maßgebenden Jahr des Versorgungsbeginns (2005) auf insgesamt 900 € zu begrenzen.

7. Hinterbliebenenversorgung

70 Folgt ein Hinterbliebenenbezug einem Versorgungsbezug, bestimmen sich der Vomhundertsatz, der Höchstbetrag des Versorgungsfreibetrags und der Zuschlag zum Versorgungsfreibetrag für den Hinterbliebenenbezug nach dem Jahr des Beginns des Versorgungsbezugs des Verstorbenen (§ 19 Abs. 2 Satz 7 EStG). Bei Bezug von Witwen- oder Waisengeld ist für die Berechnung der Freibeträge für Versorgungsbezüge das Jahr des Versorgungsbeginns des Verstorbenen maßgebend, der diesen Versorgungsanspruch zuvor begründete.

Beispiel:

71 Im Oktober 2006 verstirbt ein 67-jähriger Ehegatte, der seit dem 63. Lebensjahr Versorgungsbezüge erhalten hat. Der überlebende Ehegatte erhält ab November 2006 Hinterbliebenenbezüge.

Für den verstorbenen Ehegatten sind die Freibeträge für Versorgungsbezüge bereits mit der Pensionsabrechnung für Januar 2005 (40 % der voraussichtlichen Versorgungsbezüge 2005, maximal 3 000 € zuzüglich 900 € Zuschlag) festgeschrieben worden. Im Jahr 2006 sind die Freibeträge für Versorgungsbezüge des verstorbenen Ehegatten mit zehn Zwölfteln zu berücksichtigen. Für den überlebenden Ehegatten sind mit der Pensionsabrechnung für November 2006 eigene Freibeträge für Versorgungsbezüge zu ermitteln. Zugrunde gelegt werden dabei die hochgerechneten Hinterbliebenenbezüge (einschl. Sonderzahlungen). Darauf sind nach § 19 Abs. 2 Satz 7 EStG der maßgebliche Vomhundertsatz, der Höchstbetrag und der Zuschlag zum Versorgungsfreibetrag des verstorbenen Ehegatten (40 %, maximal 3 000 € zuzüglich 900 € Zuschlag) anzuwenden. Im Jahr 2006 sind die Freibeträge für Versorgungsbezüge des überlebenden Ehegatten mit zwei Zwölfteln zu berücksichtigen.

72 Erhält ein Hinterbliebener Sterbegeld, stellt dieses gem. R 75 Abs. 1 Nr. 1 LStR und R 76 Abs. 3 Nr. 3 LStR ebenfalls einen Versorgungsbezug dar. Für das Sterbegeld gelten zur Berechnung der Freibeträge für Versorgungsbezüge ebenfalls der Vomhundertsatz, der Höchstbetrag und der Zuschlag zum Versorgungsfreibetrag des Verstorbenen. Das Sterbegeld darf als Leistung aus Anlass des Todes die Berechnung des Versorgungsfreibetrags für etwaige sonstige Hinterbliebenenbezüge nicht beeinflussen und ist daher nicht in deren Berechnungsgrundlage einzubeziehen. Das Sterbegeld ist vielmehr als eigenständiger – zusätzlicher – Versorgungsbezug zu behandeln. Die Zwölftelungsregelung ist für das Sterbegeld nicht anzuwenden. Als Bemessungsgrundlage für die Freibeträge für Versorgungsbezüge ist die Höhe des Sterbegeldes im Kalenderjahr anzusetzen, unabhängig von der Zahlungsweise und Berechnungsart.

Beispiel:

73 Im April 2007 verstirbt ein Ehegatte, der zuvor seit 2004 Versorgungsbezüge in Höhe von 1 500 € monatlich erhalten hat. Der überlebende Ehegatte erhält ab Mai 2007 laufende Hinterbliebenenbezüge in Höhe von 1 200 € monatlich. Daneben wird ihm einmalig Sterbegeld in Höhe von zwei Monatsbezügen des verstorbenen Ehegatten, also 3 000 € gezahlt.

Laufender Hinterbliebenenbezug:

Monatsbetrag 1 200 × 12 = 14 400 €. Auf den hochgerechneten Jahresbetrag werden der für den Verstorbenen maßgebende Vomhundertsatz und Höchstbetrag des Versorgungsfreibetrags (2005), zuzüglich des Zuschlags von 900 € angewandt. Das bedeutet im vorliegenden Fall 14 400 € × 40 % = 5 760 €, höchstens 3 000 €. Da der laufende Hinterbliebenenbezug nur für 8 Monate gezahlt wurde, erhält der überlebende Ehegatte acht Zwölftel dieses Versorgungsfreibetrags, 3 000 € : 12 = 250 € × 8 = 2 000 €. Der Versorgungsfreibetrag für den laufenden Hinterbliebenenbezug beträgt somit 2 000 €, der Zuschlag zum Versorgungsfreibetrag 600 € (acht Zwölftel von 900 €).

Sterbegeld:

Gesamtbetrag des Sterbegelds (2 × 1 500 € = 3 000 €). Auf diesen Gesamtbetrag von 3 000 € werden ebenfalls der für den Verstorbenen maßgebende Vomhundertsatz und Höchstbetrag des Versorgungsfreibetrags (2005), zuzüglich des Zuschlags von 900 € angewandt, 3 000 € × 40 % = 1 200 €. Der Versorgungsfreibetrag für das Sterbegeld beträgt 1 200 €, der Zuschlag zum Versorgungsfreibetrag 900 €.

Beide Versorgungsfreibeträge ergeben zusammen einen Betrag von 3 200 €, auf den der insgesamt berücksichtigungsfähige Höchstbetrag nach dem maßgebenden Jahr 2005 anzuwenden ist. Der Versorgungsfreibetrag für den laufenden Hinterbliebenenbezug und das Sterbegeld zusammen beträgt damit 3 000 €. Dazu kommt der Zuschlag zum Versorgungsfreibetrag von insgesamt 900 €.

8. Berechnung des Versorgungsfreibetrags im Falle einer Kapitalauszahlung/Abfindung

74 Wird anstelle eines monatlichen Versorgungsbezugs eine Kapitalauszahlung/Abfindung an den Versorgungsempfänger gezahlt, so handelt es sich um einen sonstigen Bezug. Für die Ermittlung der Freibeträge für Versorgungsbezüge ist das Jahr des Versorgungsbeginns zugrunde zu legen, die Zwölftelungsregelung ist für diesen sonstigen Bezug nicht anzuwenden. Bemessungsgrundlage ist der Betrag der Kapitalauszahlung/Abfindung im Kalenderjahr.

Beispiel:

75 Dem Versorgungsempfänger wird im Jahr 2005 eine Abfindung in Höhe von 10 000 € gezahlt. Der Versorgungsfreibetrag beträgt (40 % von 10 000 € = 4 000 €, höchstens) 3 000 €; der Zuschlag zum Versorgungsfreibetrag beträgt 900 €.

76 Bei Zusammentreffen mit laufenden Bezügen darf der Höchstbetrag, der sich nach dem Jahr des Versorgungsbeginns bestimmt, nicht überschritten werden (s. dazu Beispiele in Rz. 71 und 73 zum Sterbegeld).

77 Die gleichen Grundsätze gelten auch, wenn Versorgungsbezüge in einem späteren Kalenderjahr nachgezahlt oder berichtigt werden.

9. Zusammentreffen von Versorgungsbezügen (§ 19 EStG) und Rentenleistungen (§ 22 EStG)

78 Die Frei- und Pauschbeträge sind für jede Einkunftsart gesondert zu berechnen. Der Lohnsteuerabzug ist weiterhin nur für die Versorgungsbezüge vorzunehmen.

III. Aufzeichnungs- und Bescheinigungspflichten

79 Nach § 4 Abs. 1 Nr. 4 LStDV hat der Arbeitgeber im Lohnkonto des Arbeitnehmers in den Fällen des § 19 Abs. 2 EStG die für die zutreffende Berechnung des Versorgungsfreibetrags und des Zuschlags zum Versorgungsfreibetrag erforderlichen Angaben aufzuzeichnen. Aufzuzeichnen sind die Bemessungsgrundlage für den Versorgungsfreibetrag (Jahreswert, Rz. 62), das Jahr des Versorgungsbeginns und die Zahl der Monate (Zahl der Zwölftel), für die Versorgungsbezüge gezahlt werden. Bei mehreren Versorgungsbezügen sind die Angaben für jeden Versorgungsbezug getrennt aufzuzeichnen, soweit die maßgebenden Versorgungsbeginne in unterschiedliche Kalenderjahre fallen (vgl. Rz. 67). Demnach können z. B. alle Versorgungsbezüge mit Versorgungsbeginn bis zum Jahre 2005 zusammengefasst werden. Zu den Bescheinigungspflichten wird auf die jährlichen BMF-Schreiben zu den Lohnsteuerbescheinigungen hingewiesen.

C. Besteuerung von Einkünften gemäß § 22 Nr. 1 Satz 3 Buchstabe a EStG

I. Allgemeines

80 Leibrenten und andere Leistungen aus den gesetzlichen Rentenversicherungen, den landwirtschaftlichen Alterskassen, den berufsständischen Versorgungseinrichtungen und aus Leibrentenversicherungen im Sinne des § 10 Abs. 1 Nr. 2 Buchstabe b EStG (vgl. Rz. 8 bis 17) werden innerhalb eines bis in das Jahr 2039 reichenden Übergangszeitraums in die vollständige nachgelagerte Besteuerung überführt (§ 22 Nr. 1 Satz 3 Buchstabe a Doppelbuchstabe aa EStG). Diese Regelung gilt sowohl für Leistungen von inländischen als auch von ausländischen Versorgungsträgern.

81 Bei den übrigen Leibrenten erfolgt die Besteuerung auch weiterhin mit dem Ertragsanteil (§ 22 Nr. 1 Satz 3 Buchstabe a Doppelbuchstabe bb EStG ggf. in Verbindung mit § 55 Abs. 2 EStDV; vgl. Rz. 119 und 120). Die Regelungen in § 22 Nr. 5 EStG bleiben unberührt (vgl. BMF-Schreiben vom 17. November 2004, BStBl I, S. 1065).

II. Leibrenten und andere Leistungen im Sinne des § 22 Nr. 1 Satz 3 Buchstabe a Doppelbuchstabe aa EStG

1. Leistungen aus den gesetzlichen Rentenversicherungen, aus den landwirtschaftlichen Alterskassen und aus den berufsständischen Versorgungseinrichtungen

82 § 22 Nr. 1 Satz 3 Buchstabe a Doppelbuchstabe aa EStG erfasst alle Leistungen unabhängig davon, ob sie als Rente oder Teilrente (z. B. Altersrente, Erwerbsminderungsrente, Hinterbliebenenrente als Witwen-/Witwerrente, Waisenrente oder Erziehungsrente) oder als einmalige Leistung (z. B. Sterbegeld oder Abfindung von Kleinstrenten) ausgezahlt werden.

a) Besonderheiten bei Leibrenten und anderen Leistungen aus den gesetzlichen Rentenversicherungen

83 Zu den Leistungen i. S. d. § 22 Nr. 1 Satz 3 Buchstabe a Doppelbuchstabe aa EStG gehören auch Zusatzleistungen und andere Leistungen wie z. B. Rentenabfindungen bei Wiederheirat von Witwen und Witwern oder Zinsen.

84 § 22 Nr. 1 Satz 3 Buchstabe a Doppelbuchstabe aa EStG gilt nicht für Einnahmen i. S. d. § 3 EStG wie z. B.
– Sachleistungen und Kinderzuschüsse (§ 3 Nr. 1 Buchstabe b EStG),
– Übergangsgelder nach dem Sechsten Buch Sozialgesetzbuch – SGB VI (§ 3 Nr. 1 Buchstabe c EStG),
– Beitragserstattungen (§ 3 Nr. 3 EStG),
– Ausgleichszahlungen nach § 86 Bundesversorgungsgesetz (§ 3 Nr. 6 EStG),
– Renten nach dem Entschädigungsrentengesetz (§ 3 Nr. 8 EStG),
– Zuschüsse zur freiwilligen oder privaten Krankenversicherung (§ 3 Nr. 14 EStG),
– Bergmannsprämien nach dem Gesetz über Bergmannsprämien (§ 3 Nr. 46 EStG),
– Leistungen für Kindererziehung an Mütter der Geburtsjahrgänge vor 1921 (§ 3 Nr. 67 EStG).

85 Renten i. S. d. § 9 Anspruchs- und Anwartschaftsüberführungsgesetz (AAÜG) werden zwar von der Deutschen Rentenversicherung Bund ausgezahlt, es handelt sich jedoch nicht um Leistungen aus der gesetzlichen Rentenversicherung. Die Besteuerung erfolgt nach § 22 Nr. 1 Satz 3 Buchstabe a Doppelbuchstabe bb EStG ggf. in Verbindung mit § 55 Abs. 2 EStDV, soweit die Rente nicht nach § 3 Nr. 6 EStG steuerfrei ist.

b) Besonderheiten bei Leibrenten und anderen Leistungen aus den landwirtschaftlichen Alterskassen

86 Die Renten wegen Alters, wegen Erwerbsminderung und wegen Todes nach dem Gesetz über die Alterssicherung der Landwirte (ALG) gehören zu den Leistungen i. S. d. § 22 Nr. 1 Satz 3 Buchstabe a Doppelbuchstabe aa EStG.

87 Steuerfrei sind z. B. Sachleistungen nach dem ALG (§ 3 Nr. 1 Buchstabe b EStG) und Geldleistungen nach den §§ 10, 36 bis 39 ALG (§ 3 Nr. 1 Buchstabe c EStG).

c) Besonderheiten bei Leibrenten und anderen Leistungen aus den berufsständischen Versorgungseinrichtungen

88 Leistungen aus berufsständischen Versorgungseinrichtungen werden nach § 22 Nr. 1 Satz 3 Buchstabe a Doppelbuchstabe aa EStG besteuert, unabhängig davon, ob die Beiträge als Sonderausgaben nach § 10 Abs. 1 Nr. 2 Buchstabe a EStG berücksichtigt wurden. Die Besteuerung erfolgt auch dann nach § 22 Nr. 1 Satz 3 Buchstabe a Doppelbuchstabe aa EStG, wenn die berufsständische Versorgungseinrichtung keine den gesetzlichen Rentenversicherungen vergleichbaren Leistungen erbringt.

89 Unselbständige Bestandteile der Rente (z. B. Kinderzuschüsse) werden zusammen mit der Rente nach § 22 Nr. 1 Satz 3 Buchstabe a Doppelbuchstabe aa EStG besteuert.

90 Einmalige Leistungen (z. B. Kapitalauszahlungen, Abfindungen für Witwen/Witwerrenten, Beitragserstattungen, Sterbegeld, Abfindung von Kleinstrenten) unterliegen ebenfalls der Besteuerung nach § 22 Nr. 1 Satz 3 Buchstabe a Doppelbuchstabe aa EStG. Das gilt auch für Kapitalauszahlungen, bei denen die erworbenen Anwartschaften auf Beiträgen beruhen, die vor dem 1. Januar 2005 erbracht worden sind.

2. Leibrenten und andere Leistungen aus Rentenversicherungen i. S. d. § 10 Abs. 1 Nr. 2 Buchstabe b EStG

91 Leistungen aus Rentenversicherungen i. S. d. § 10 Abs. 1 Nr. 2 Buchstabe b EStG unterliegen der nachgelagerten Besteuerung gemäß § 22 Nr. 1 Satz 3 Buchstabe a Doppelbuchstabe aa EStG. Vgl. im Einzelnen die Ausführungen unter Rz. 8 ff.

92 Für Renten aus Rentenversicherungen, die nicht den Voraussetzungen des § 10 Abs. 1 Nr. 2 Buchstabe b EStG entsprechen – insbesondere für Renten aus Verträgen i. S. d. § 10 Abs. 1 Nr. 3 Buchstabe b EStG – bleibt es bei der Ertragsanteilsbesteuerung. Vgl. insoweit Rz. 96 ff.. Die Regelungen in § 22 Nr. 5 EStG bleiben unberührt (vgl. BMF-Schreiben vom 17. November 2004, BStBl I, S. 1065).

93 Wird ein Versicherungsvertrag mit Versicherungsbeginn vor dem 1. Januar 2005 in einen Vertrag umgewandelt, der die Voraussetzungen des § 10 Abs. 1 Nr. 2 Buchstabe b EStG erfüllt, ist für die steuerliche Beurteilung der Versicherungsbeginn des ursprünglichen Vertrages maßgebend. Beiträge zu dem umgewandelten Vertrag sind daher nicht nach § 10 Abs. 1

Steuerliche Behandlung von Altersvorsorgeaufwendungen

Nr. 2 Buchstabe b EStG als Sonderausgaben abziehbar und die Rente aus dem umgewandelten Vertrag unterliegt der Besteuerung mit dem Ertragsanteil (§ 22 Nr. 1 Satz 3 Buchstabe a Doppelbuchstabe bb EStG).

94 Wird entgegen der ursprünglichen vertraglichen Vereinbarung (vgl. Rz. 9) ein Versicherungsvertrag mit Versicherungsbeginn nach dem 31. Dezember 2004, der die Voraussetzungen des § 10 Abs. 1 Nr. 2 Buchstabe b EStG erfüllt, in einen Vertrag umgewandelt, der diese Voraussetzungen nicht erfüllt, ist steuerlich von einem neuen Vertrag auszugehen. Wird dabei die auf den „alten" Vertrag entfallende Versicherungsleistung ganz oder teilweise auf den „neuen" Vertrag angerechnet, fließt die angerechnete Versicherungsleistung dem Versicherungsnehmer zu und unterliegt im Zeitpunkt der Umwandlung des Vertrags der Besteuerung nach § 22 Nr. 1 Satz 3 Buchstabe a Doppelbuchstabe aa EStG. Ist die Umwandlung als Missbrauch von rechtlichen Gestaltungsmöglichkeiten (§ 42 AO) anzusehen, z. B. Umwandlung innerhalb kurzer Zeit nach Vertragsabschluss ohne erkennbaren sachlichen Grund, ist für die vor der Umwandlung geleisteten Beiträge der Sonderausgabenabzug nach § 10 Abs. 1 Nr. 2 Buchstabe b EStG zu versagen oder rückgängig zu machen.

95 Werden Ansprüche des Leistungsempfängers aus einem Versicherungsvertrag mit Versicherungsbeginn nach dem 31. Dezember 2004, der die Voraussetzungen des § 10 Abs. 1 Nr. 2 Buchstabe b EStG erfüllt, unmittelbar auf einen Vertrag bei einem anderen Unternehmen übertragen, gilt die Versicherungsleistung nicht als dem Leistungsempfänger zugeflossen, wenn der neue Vertrag die Voraussetzungen des § 10 Abs. 1 Nr. 2 Buchstabe b EStG erfüllt. Sie unterliegt daher im Zeitpunkt der Übertragung nicht der Besteuerung.

III. Leibrenten und andere Leistungen im Sinne des § 22 Nr. 1 Satz 3 Buchstabe a Doppelbuchstabe bb EStG

96 Der Anwendungsbereich des § 22 Nr. 1 Satz 3 Buchstabe a Doppelbuchstabe bb EStG umfasst diejenigen Leibrenten und anderen Leistungen, die nicht bereits unter Doppelbuchstabe aa der Vorschrift (vgl. Rz. 82 ff.) oder § 22 Nr. 5 Satz 1 und 3 bis 6 einzuordnen sind, wie Renten aus

- Rentenversicherungen, die nicht den Voraussetzungen des § 10 Abs. 1 Nr. 2 Buchstabe b EStG entsprechen, weil sie z. B. eine Teilkapitalisierung oder Einmalkapitalauszahlung (Kapitalwahlrecht) oder einen Rentenbeginn vor Vollendung des 60. Lebensjahres vorsehen oder die Laufzeit der Versicherung vor dem 1. Januar 2005 begonnen hat und mindestens ein Versicherungsbeitrag bis zum 31. Dezember 2004 entrichtet wurde,
- umlagefinanzierten Zusatzversorgungseinrichtungen (z. B. VBL) oder
- Verträgen i. S. d. § 10 Abs. 1 Nr. 3 Buchstabe b EStG.

97 Hierzu gehören auch abgekürzte Leibrenten, die nicht unter § 22 Nr. 1 Satz 3 Buchstabe a Doppelbuchstabe aa EStG fallen (z. B. private selbständige Erwerbsminderungsrente, Waisenrente aus einer privaten Versicherung, die die Voraussetzungen des § 10 Abs. 1 Nr. 2 Buchstabe b EStG nicht erfüllt).

98 Auf Antrag des Steuerpflichtigen sind unter bestimmten Voraussetzungen auch Leibrenten und andere Leistungen im Sinne des § 22 Nr. 1 Satz 3 Buchstabe a Doppelbuchstabe aa EStG nach § 22 Nr. 1 Satz 3 Buchstabe a Doppelbuchstabe bb EStG zu versteuern (sog. Öffnungsklausel). Wegen der Einzelheiten hierzu vgl. die Ausführungen unter Rz. 121 ff.

IV. Besonderheiten bei der kapitalgedeckten betrieblichen Altersversorgung

99 Die Versorgungsleistungen einer Pensionskasse, eines Pensionsfonds oder aus einer Direktversicherung (z. B. Rente, Auszahlungsplan, Teilkapitalauszahlung, Einmalkapitalauszahlung) unterliegen der Besteuerung nach § 22 Nr. 5 EStG. Einzelheiten zur Besteuerung von Leistungen aus der betrieblichen Altersversorgung sind im BMF-Schreiben vom 17. November 2004 (BStBl I S. 1065) Rz. 214 ff. geregelt.

V. Durchführung der Besteuerung

1. Leibrenten und andere Leistungen im Sinne des § 22 Nr. 1 Satz 3 Buchstabe a Doppelbuchstabe aa EStG

a) Allgemeines

100 In der Übergangszeit bis zur vollständigen nachgelagerten Besteuerung unterliegt nur ein Teil der Leibrenten und anderen Leistungen der Besteuerung. In Abhängigkeit vom Jahresbetrag der Rente und dem Jahr des Rentenbeginns wird der steuerfreie Teil der Rente ermittelt, der grundsätzlich für die gesamte Laufzeit der Rente gilt. Diese Regelung bewirkt, dass Rentenerhöhungen, die auf einer regelmäßigen Rentenanpassung beruhen, vollständig nachgelagert besteuert werden.

b) Jahresbetrag der Rente

101 Bemessungsgrundlage für die Ermittlung des der Besteuerung unterliegenden Anteils der Rente ist der Jahresbetrag der Rente (§ 22 Nr. 1 Satz 3 Buchstabe a Doppelbuchstabe aa Satz 2 EStG). Jahresbetrag der Rente ist die Summe der im Kalenderjahr zugeflossenen Rentenbeträge einschließlich der bei der Auszahlung einbehaltenen eigenen Beitragsanteile zur Kranken- und Pflegeversicherung. Steuerfreie Zuschüsse zu den Krankenversicherungsbeiträgen sind nicht Bestandteil des Jahresbetrags der Rente. Zum Jahresbetrag der Rente gehören auch die im Kalenderjahr zugeflossenen anderen Leistungen. Bei rückwirkender Zubilligung der Rente ist ggf. Rz. 145 zu beachten.

c) Bestimmung des Vomhundertsatzes

aa) Allgemeines

102 Der Vomhundertsatz in der Tabelle in § 22 Nr. 1 Satz 3 Buchstabe a Doppelbuchstabe aa EStG bestimmt sich grundsätzlich nach dem Jahr des Rentenbeginns.

103 Unter Beginn der Rente ist der Zeitpunkt zu verstehen, ab dem die Rente (ggf. nach rückwirkender Zubilligung) tatsächlich bewilligt wird (s. Rentenbescheid).

104 Wird die bewilligte Rente bis auf 0 Euro gekürzt, z. B. weil eigene Einkünfte anzurechnen sind, steht dies dem Beginn der Rente nicht entgegen und unterbricht die Laufzeit der Rente nicht. Verzichtet der Rentenberechtigte in Kenntnis der Kürzung der Rente auf die Beantragung, beginnt die Rente jedoch nicht zu laufen, solange sie mangels Beantragung nicht dem Grunde nach bewilligt wird.

105 Fließt eine andere Leistung vor dem Beginn der Leibrente zu, bestimmt sich der Vomhundertsatz für die Besteuerung der anderen Leistung nach dem Jahr ihres Zuflusses, andernfalls nach dem Jahr des Beginns der Leibrente.

bb) Erhöhung oder Herabsetzung der Rente

106 Soweit Renten i. S. d. § 22 Nr. 1 Satz 3 Buchstabe a Doppelbuchstabe aa EStG später z. B. wegen Anrechnung anderer Einkünfte erhöht oder herabgesetzt werden, ist keine neue Rente anzunehmen. Gleiches gilt, wenn eine Teil-Altersrente in eine volle Altersrente oder eine volle Altersrente in eine Teil-Altersrente umgewandelt wird (§ 42 SGB VI). Für den erhöhten oder verminderten Rentenbetrag bleibt der ursprünglich ermittelte Vomhundertsatz maßgebend (zur Neuberechnung des Freibetrags vgl. Rz. 115 ff.).

cc) Besonderheiten bei Folgerenten aus derselben Versicherung

107 Renten aus derselben Versicherung liegen vor, wenn Renten auf ein und demselben Rentenstammrecht beruhen. Das ist beispielsweise der Fall, wenn eine Rente wegen voller Erwerbsminderung einer Rente wegen teilweiser Erwerbsminderung folgt oder umgekehrt, bei einer Altersrente, der eine (volle oder teilweise) Erwerbsminderungsrente vorherging, oder wenn eine kleine Witwen-/Witwerrente einer großen Witwen-/Witwerrente folgt und umgekehrt. Das gilt auch dann, wenn die Rentenempfänger nicht identisch sind wie z. B. bei einer Altersrente mit nachfolgender Witwen-/Witwerrente oder Waisenrente.

108 Folgen nach dem 31. Dezember 2004 Renten aus derselben Versicherung einander nach, wird bei der Ermittlung des Vomhundertsatzes nicht der tatsächliche Beginn der Folgerente herangezogen. Vielmehr wird ein fiktives Jahr des Rentenbeginns ermittelt, indem vom tatsächlichen Rentenbeginn der Folgerente die Laufzeiten vorhergehender Renten abgezogen werden. Dabei darf der Vomhundertsatz von 50 % nicht unterschritten werden.

Beispiel:

109 A bezieht von Oktober 2003 bis Dezember 2006 (= 3 Jahre und 3 Monate) eine Erwerbsminderungsrente i. H. v. 1 000 €. Anschließend ist er wieder erwerbstätig. Ab Februar 2013 erhält er seine Altersrente i. H. v. 2 000 €.

In 2003 und 2004 ist die Erwerbsminderungsrente gem. § 55 Abs. 2 EStDV mit einem Ertragsanteil von 4 % zu versteuern, in 2005 und 2006 gem. § 22 Nr. 1 Satz 3 Buchstabe a Doppelbuchstabe aa EStG mit einem Besteuerungsanteil von 50 %. Der der Besteuerung unterliegende Teil für die ab Februar 2013 gewährte Altersrente ermittelt sich wie folgt:

Rentenbeginn der Altersrente	Februar 2013
abzgl. der Laufzeit der Erwerbsminderungsrente (3 Jahre und 3 Monate)	
= fiktiver Rentenbeginn	November 2009
Besteuerungsanteil lt. Tabelle	58 %
Jahresbetrag der Rente in 2013: 11 × 2 000 €	22 000 €
Betragsmäßiger Besteuerungsanteil (58 % von 22 000 €)	12 760 €

110 Renten, die vor dem 1. Januar 2005 geendet haben, werden nicht als vorhergehende Renten berücksichtigt und wirken sich daher auf die Höhe des Vomhundertsatzes für die Besteuerung der nachfolgenden Rente nicht aus.

111 Abwandlung des Beispiels in Rz. 109:

Die Erwerbsminderungsrente wurde von Oktober 2000 bis Dezember 2004 bezogen. In diesem Fall folgen nicht nach dem 31. Dezember 2004 mehrere Renten aus derselben Versicherung einander nach mit der Folge, dass für die Ermittlung des Besteuerungsanteils für die Altersrente das Jahr 2013 maßgebend ist und folglich ein Besteuerungsanteil von 66 %.

112 Lebt eine wegen Wiederheirat des Berechtigten weggefallene Witwen- oder Witwerrente wegen Auflösung oder Nichtigerklärung der erneuten Ehe oder der erneuten Lebenspartnerschaft wieder auf (§ 46 Abs. 3 SGB VI), ist bei Wiederaufleben der Witwen- oder Witwerrente für die Ermittlung des Vomhundertsatzes nach § 22 Nr. 1 Satz 3 Buchstabe a Doppelbuchstabe aa Satz 3 EStG der Rentenbeginn des erstmaligen Bezugs maßgebend.

d) Ermittlung des steuerfreien Teils der Rente

aa) Allgemeines

113 Nach § 22 Nr. 1 Satz 3 Buchstabe a Doppelbuchstabe aa Satz 4 und 5 EStG gilt der steuerfreie Teil der Rente für die gesamte Laufzeit des Rentenbezugs. Der steuerfreie Teil der Rente wird in dem Jahr ermittelt, das dem Jahr des Rentenbeginns folgt. Bei Renten, die vor dem 1. Januar 2005 begonnen haben, ist der steuerfreie Teil der Rente des Jahres 2005 maßgebend.

bb) Bemessungsgrundlage für die Ermittlung des steuerfreien Teils der Rente

114 Bemessungsgrundlage für die Ermittlung des steuerfreien Teils der Rente ist der Jahresbetrag der Rente in dem Jahr, das dem Jahr des Rentenbeginns folgt. Bei Renten mit Rentenbeginn vor dem 1. Januar 2005 ist der Jahresbetrag der Rente des Jahres 2005 maßgebend. Zum Jahresbetrag der Rente vgl. Rz. 101.

cc) Neuberechnung des steuerfreien Teils der Rente

115 Ändert sich der Jahresbetrag der Rente und handelt es sich hierbei nicht um eine regelmäßige Anpassung (z. B. jährliche Rentenerhöhung), ist der steuerfreie Teil der Rente auf der Basis des bisher maßgebenden Vomhundertsatzes mit der veränderten Bemessungsgrundlage neu zu ermitteln. Auch Rentennachzahlungen oder -rückzahlungen können zu einer Neuberechnung des steuerfreien Teils der Rente führen.

116 Der steuerfreie Teil der Rente ist in dem Verhältnis anzupassen, in dem der veränderte Jahresbetrag der Rente zum Jahresbetrag der Rente steht, der der Ermittlung des bisherigen steuerfreien Teils der Rente zugrunde gelegen hat. Regelmäßige Anpassungen des Jahresbetrags der Rente bleiben dabei außer Betracht (§ 22 Nr. 1 Satz 3 Buchstabe a Doppelbuchstabe aa Satz 7 EStG). Die für die Berechnung erforderlichen Angaben ergeben sich aus der Rentenbezugsmitteilung (vgl. Rz. 139 ff.).

Beispiel:

117 R bezieht ab Mai 2006 eine monatliche Witwenrente aus der gesetzlichen Rentenversicherung in Höhe von 1 100 €. Die Rente wird aufgrund regelmäßiger Anpassungen zum 1. Juli 2006, zum 1. Juli 2007, zum 1. Juli 2008 und zum 1. Juli 2009 jeweils um 10 € erhöht. Wegen anderer Einkünfte wird die Rente ab August 2009 auf 830 € gekürzt.

Rentenzeitraum	Monatsbetrag	Betrag im Zahlungszeitraum
1.5.–30.6.2006	1 100,00 €	2 200,00 €
1.7.–31.12.2006	1 110,00 €	6 660,00 €
Jahresrente 2006		**8 860,00 €**
1.1.–30.6.2007	1 110,00 €	6 660,00 €
1.7.–31.12.2007	1 120,00 €	6 720,00 €
Jahresrente 2007		**13 380,00 €**
1.1.–30.6.2008	1 120,00 €	6 720,00 €
1.7.–31.12.2008	1 130,00 €	6 780,00 €
Jahresrente 2008		**13 500,00 €**
1.1.–30.6.2009	1 130,00 €	6 780,00 €
1.7.–31.7.2009	1 140,00 €	1 140,00 €
1.8.–31.12.2009	830,00 €	4 150,00 €
Jahresrente 2009		**12 070,00 €**

Dem Finanzamt liegen die folgenden Rentenbezugsmitteilungen vor (Hinweis: zur Rentenbezugsmitteilung vgl. Rz. 155).

Jahr	Leistungsbetrag	Anpassungsbetrag	
2006	8 860,00 €	0,00 €	
2007	13 380,00 €	0,00 €	
2008	13 500,00 €	120,00 €	
2009	12 070,00 €	206,00 €	vgl. hierzu Rz. 155

Berechnung des steuerfreien Teils der Rente 2007

Jahresrente 2007	13 380,00 €
– der Besteuerung unterliegender Teil: 52 % von 13 380,00 € =	– 6 957,60 €
= steuerfreier Teil der Rente	6 422,40 €

Neuberechnung des steuerfreien Teils der Rente im Jahr 2009

Jahresrente 2009 ohne regelmäßige Anpassungen (12 070,00 € – 206,00 €) =	11 864,00 €
(11 864,00 €/13 380,00 €) × 6 422,40 € =	5 694,72 €

Ermittlung des der Besteuerung unterliegenden Teils der Rente in Anlehnung an den Wortlaut des § 22 Nr. 1 Satz 3 Buchstabe a Doppelbuchstabe aa Satz 3 bis 7 EStG

Jahr	Besteuerungsanteil der Rente	
2006	52 % von 8 860,00 € =	4 607,20 €
2007	52 % von 13 380,00 € =	6 957,60 €
2008	13 500,00 € – 6 422,40 € =	7 077,60 €
2009	12 070,00 € – 5 694,72 € =	6 375,28 €

Ermittlung des der Besteuerung unterliegenden Teils der Rente in Anlehnung an die Einkommensteuererklärung / die Rentenbezugsmitteilung

	2006	2007	2008	2009
Jahresrente lt. Rentenbezugsmitteilung	8 860,00 €	13 380,00 €	13 500,00 €	12 070,00 €

Steuerliche Behandlung von Altersvorsorgeaufwendungen

Anhang 13 g

	2006	2007	2008	2009
– Anpassungsbetrag lt. Rentenbezugsmitteilung	–0,00 €	–0,00 €	–120,00 €	–206,00 €
Zwischensumme	8 860,00 €	13 380,00 €	13 380,00 €	11 864,00 €
darauf fester Prozentsatz (hier: 52 %)	4 607,20 €	6 957,60 €	6 957,60 €	6 169,28 €
+ Anpassungsbetrag lt. Rentenbezugsmitteilung	+ 0,00 €	+ 0,00 €	+ 120,00 €	+ 206,00 €
= der Besteuerung unterliegende Anteil der Rente	4 607,20 €	6 957,60 €	7 077,60 €	6 375,28 €

118 Folgerenten i. S. d. § 22 Nr. 1 Satz 3 Buchstabe a Doppelbuchstabe aa Satz 8 EStG (vgl. Rz. 107 ff.) werden für die Berechnung des steuerfreien Teils der Rente (§ 22 Nr. 1 Satz 3 Buchstabe a Doppelbuchstabe aa Satz 3 bis 7 EStG) als eigenständige Renten behandelt. Das gilt nicht, wenn eine wegen Wiederheirat weggefallene Witwen-/Witwerrente (vgl. Rz. 112) wieder auflebt. In diesem Fall berechnet sich der steuerfreie Teil der Rente nach der ursprünglichen, später weggefallenen Rente (vgl. Rz. 113 und 114).

2. Leibrenten und andere Leistungen i. S. d. § 22 Nr. 1 Satz 3 Buchstabe a Doppelbuchstabe bb EStG

119 Leibrenten i. S. d. § 22 Nr. 1 Satz 3 Buchstabe a Doppelbuchstabe bb EStG (vgl. Rz. 96) unterliegen auch ab dem Veranlagungszeitraum 2005 nur mit dem Ertragsanteil der Besteuerung. Die Ertragsanteile sind gegenüber dem bisherigen Recht abgesenkt worden. Sie ergeben sich aus der Tabelle in § 22 Nr. 1 Satz 3 Buchstabe a Doppelbuchstabe bb Satz 4 EStG. Die neuen Ertragsanteile gelten sowohl für Renten, deren Rentenbeginn vor dem 1. Januar 2005 liegt, als auch für Renten, die erst nach dem 31. Dezember 2004 zu laufen beginnen.

120 Für abgekürzte Leibrenten (vgl. Rz. 97) – z. B. aus einer privaten selbständigen Erwerbsminderungsversicherung, die nur bis zum 65. Lebensjahr gezahlt wird – bestimmen sich die Ertragsanteile auch weiterhin nach § 55 Abs. 2 EStDV.

3. Öffnungsklausel

a) Allgemeines

121 Durch die Öffnungsklausel in § 22 Nr. 1 Satz 3 Buchstabe a Doppelbuchstabe bb Satz 2 EStG werden auf Antrag des Steuerpflichtigen Teile der Leibrenten oder anderer Leistungen, die anderenfalls der nachgelagerten Besteuerung nach § 22 Nr. 1 Satz 3 Buchstabe a Doppelbuchstabe aa EStG unterliegen würden, nach § 22 Nr. 1 Satz 3 Buchstabe a Doppelbuchstabe bb EStG besteuert.

b) Antrag

122 Der Antrag ist vom Steuerpflichtigen beim zuständigen Finanzamt in der Regel im Rahmen der Einkommensteuererklärung formlos zu stellen. Der Antrag kann nicht vor Beginn des Leistungsbezugs gestellt werden. Die Öffnungsklausel in § 22 Nr. 1 Satz 3 Buchstabe a Doppelbuchstabe bb Satz 2 EStG ist nicht von Amts wegen anzuwenden.

c) 10-Jahres-Grenze

123 Die Anwendung der Öffnungsklausel setzt voraus, dass bis zum 31. Dezember 2004 in mindestens zehn Jahren (In-Prinzip) Beiträge oberhalb des Betrags des Höchstbeitrags zur gesetzlichen Rentenversicherung gezahlt wurden. Dabei ist jedes Kalenderjahr getrennt zu betrachten. Die Jahre müssen nicht unmittelbar aufeinander folgen. Der jährliche Höchstbeitrag ist auch dann maßgebend, wenn nur für einen Teil des Jahres Versicherungspflicht bestand oder nicht während des ganzen Jahres Beiträge geleistet wurden.

d) Maßgeblicher Höchstbeitrag

124 Für die Prüfung, ob Beiträge oberhalb des Betrags des Höchstbeitrags gezahlt wurden, ist grundsätzlich der Höchstbeitrag zur gesetzlichen Rentenversicherung der Angestellten und Arbeiter (West) im Jahr der Zahlung heranzuziehen. In den Jahren, in denen im gesamten Kalenderjahr eine Versicherung in der knappschaftlichen Rentenversicherung bestand, ist deren Höchstbeitrag maßgebend. Bis 1949 galten in den gesetzlichen Rentenversicherungen unterschiedliche Höchstbeiträge für Arbeiter und Angestellte. Sofern keine Versicherungspflicht in den gesetzlichen Rentenversicherungen bestand, ist stets der Höchstbeitrag für Angestellte in der gesetzlichen Rentenversicherung der Arbeiter und Angestellten zu Grunde zu legen. Höchstbeitrag ist die Summe des Arbeitgeberanteils und des Arbeitnehmeranteils zur jeweiligen gesetzlichen Rentenversicherung. Die maßgeblichen Höchstbeiträge ergeben sich für die Jahre 1927 bis 2004 aus der als Anlage beigefügten Tabelle.

e) Ermittlung der gezahlten Beiträge

125 Für die Frage, ob in einem Jahr Beiträge oberhalb des Betrags des Höchstbeitrags gezahlt wurden, sind sämtliche Beiträge zusammenzurechnen, die in dem einzelnen Jahr an gesetzliche Rentenversicherungen, an landwirtschaftliche Alterskassen und an berufsständische Versorgungseinrichtungen gezahlt wurden. Dabei kommt es darauf an, in welchem Jahr und nicht für welches Jahr die Beiträge gezahlt wurden (In-Prinzip).

f) Nachweis der gezahlten Beiträge

126 Der Steuerpflichtige muss einmalig nachweisen, dass er in mindestens zehn Jahren vor dem 1. Januar 2005 Beiträge oberhalb des Betrags des Höchstbeitrags gezahlt hat. Der Nachweis ist durch Bescheinigungen der Versorgungsträger zu erbringen, die Angaben über die in den einzelnen Jahren geleisteten Beiträge enthalten müssen. Soweit der Versorgungsträger das Jahr der Zahlung nicht bescheinigen kann, hat er in der Bescheinigung ausdrücklich darauf hinzuweisen. In diesen Fällen obliegt es dem Steuerpflichtigen, den Zahlungszeitpunkt nachzuweisen. Wird der Nachweis nicht geführt, sind diese Beträge nicht in die Berechnung einzubeziehen. Pflichtbeiträge gelten als in dem Jahr gezahlt, für das sie bescheinigt werden. Beiträge oberhalb des Höchstbeitrags, die nach dem 31. Dezember 2004 geleistet worden sind, bleiben für die Anwendung der Öffnungsklausel auch dann außer Betracht, wenn im Übrigen vor dem 1. Januar 2005 in mindestens zehn Jahren Beiträge oberhalb des Betrags des Höchstbeitrags zur gesetzlichen Rentenversicherung geleistet worden sind.

g) Ermittlung des auf Beiträgen oberhalb des Betrags des Höchstbeitrags beruhenden Teils der Leistung

127 Der Teil der Leibrenten oder anderen Leistungen, der auf Beiträgen oberhalb des Betrags des Höchstbeitrags beruht, ist vom Versorgungsträger nach denselben Grundsätzen zu ermitteln wie in Leistungsfällen, bei denen keine Beiträge oberhalb des Betrags des Höchstbeitrags geleistet wurden.

128 Abweichend hiervon wird bei berufsständischen Versorgungseinrichtungen zugelassen, dass die tatsächlich geleisteten Beiträge und die den Höchstbeitrag übersteigenden Beiträge zum im entsprechenden Jahr maßgebenden Höchstbeitrag ins Verhältnis gesetzt werden. Aus dem Verhältnis der Summen der sich daraus ergebenden Vomhundertsätze ergibt sich der Vomhundertsatz für den Teil der Leistung, der auf Beiträge oberhalb des Betrags des Höchstbeitrags entfällt. Für Beitragszahlungen ab dem Jahr 2005 ist für übersteigende Beiträge kein Vomhundertsatz anzusetzen. Diese Vereinfachungsregelung ist nur dann zulässig, wenn sie bei allen Mitgliedern, bei denen die Voraussetzungen für die Anwendung der Öffnungsklausel vorliegen, angewandt wird.

Beispiel:

129 Der Versicherte V war in den Jahren 1969 bis 2005 bei einer berufsständischen Versorgungseinrichtung versichert. Die Aufteilung kann wie folgt durchgeführt werden:

Anhang 13g — Steuerliche Behandlung von Altersvorsorgeaufwendungen

Jahr	tatsächlich geleistete Beiträge	Höchstbeitrag zur gesetzlichen Rentenversicherung (HB)	übersteigende Beiträge	tatsächlich geleistete Beiträge	übersteigende Beiträge
	in DM/€	in DM/€	in DM/€	in % des HB	in % des HB
1969	2 321,00 DM	3 264,00 DM	0 DM	71,11 %	0,00 %
1970	3 183,00 DM	3 672,00 DM	0 DM	86,68 %	0,00 %
1971	2 832,00 DM	3 876,00 DM	0 DM	73,07 %	0,00 %
1972	10 320,00 DM	4 284,00 DM	6 036,00 DM	240,90 %	140,90 %
1973	11 520,00 DM	4 968,00 DM	6 552,00 DM	231,88 %	131,88 %
1974	12 600,00 DM	5 400,00 DM	7 200,00 DM	233,33 %	133,33 %
1975	13 632,00 DM	6 048,00 DM	7 584,00 DM	225,40 %	125,40 %
1976	15 024,00 DM	6 696,00 DM	8 328,00 DM	224,37 %	124,37 %
1977	16 344,00 DM	7 344,00 DM	9 000,00 DM	222,55 %	122,55 %
1978	14 400,00 DM	7 992,00 DM	6 408,00 DM	180,18 %	80,18 %
1979	16 830,00 DM	8 640,00 DM	8 190,00 DM	194,79 %	94,79 %
1980	12 510,00 DM	9 072,00 DM	3 438,00 DM	137,90 %	37,90 %
1981	13 500,00 DM	9 768,00 DM	3 732,00 DM	138,21 %	38,21 %
1982	12 420,00 DM	10 152,00 DM	2 268,00 DM	122,34 %	22,34 %
1983	14 670,00 DM	10 900,00 DM	3 770,00 DM	134,59 %	34,59 %
1984	19 440,00 DM	11 544,00 DM	7 896,00 DM	168,40 %	68,40 %
1985	23 400,00 DM	12 306,60 DM	11 093,40 DM	190,14 %	90,14 %
1986	18 360,00 DM	12 902,40 DM	5 457,60 DM	142,30 %	42,30 %
1987	17 730,00 DM	12 790,80 DM	4 939,20 DM	138,62 %	38,62 %
1988	12 510,00 DM	13 464,00 DM	0 DM	92,91 %	0,00 %
1989	14 310,00 DM	13 688,40 DM	621,60 DM	104,54 %	4,54 %
1990	16 740,00 DM	14 137,20 DM	2 602,80 DM	118,41 %	18,41 %
1991	18 000,00 DM	14 001,20 DM	3 999,00 DM	128,56 %	28,56 %
1992	16 110,00 DM	14 443,20 DM	1 666,80 DM	111,54 %	11,54 %
1993	16 020,00 DM	15 120,00 DM	900,00 DM	105,95 %	5,95 %
1994	17 280,00 DM	17 510,40 DM	0 DM	98,68 %	0,00 %
1995	16 020,00 DM	17 409,60 DM	0 DM	92,02 %	0,00 %
1996	20 340,00 DM	18 432,00 DM	1 908,00 DM	110,35 %	10,35 %
1997	22 140,00 DM	19 975,20 DM	2 164,80 DM	110,84 %	10,84 %
1998	23 400,00 DM	20 462,40 DM	2 937,60 DM	114,36 %	14,36 %
1999	22 500,00 DM	20 094,00 DM	2 406,00 DM	111,97 %	11,97 %
2000	24 210,00 DM	19 917,60 DM	4 292,40 DM	121,55 %	21,55 %
2001	22 230,00 DM	19 940,40 DM	2 289,60 DM	111,48 %	11,48 %
2002	12 725,00 €	10 314,00 €	2 411,00 €	123,38 %	23,38 %
2003	14 721,80 €	11 934,00 €	2 787,80 €	123,36 %	23,36 %
2004	14 447,00 €	12 051,00 €	2 396,00 €	119,88 %	19,88 %
2005	13 274,50 €	12 168,00 €	0,00 €	109,09 %	0,00 %
Summe				5 165,63 %	1 542,07 %
entspricht				100 %	29,85 %

Von den Leistungen unterliegt ein Anteil von 29,85 % der Besteuerung nach § 22 Nr. 1 Satz 3 Buchstabe a Doppelbuchstabe bb EStG.

h) Aufteilung bei Beiträgen an mehr als einen Versorgungsträger

130 Weist der Steuerpflichtige die Zahlung von Beiträgen an mehr als einen Versorgungsträger nach, gilt im Einzelnen Folgendes:

aa) Beiträge an mehr als eine berufsständische Versorgungseinrichtung

131 Die Beiträge bis zum jeweiligen Höchstbeitrag sind einer vom Steuerpflichtigen zu bestimmenden berufsständischen Versorgungseinrichtung vorrangig zuzuordnen. Die berufsständischen Versorgungseinrichtungen haben entsprechend dieser Zuordnung den Teil der Leistung zu ermitteln, der auf Beiträgen beruht, die in den einzelnen Jahren oberhalb des Betrags des Höchstbeitrags zur gesetzlichen Rentenversicherung gezahlt wurden.

bb) Beiträge an die gesetzliche Rentenversicherung und an berufsständische Versorgungseinrichtungen

132 Die Beiträge bis zum jeweiligen Höchstbeitrag sind vorrangig der gesetzlichen Rentenversicherung zuzuordnen. Die berufsständische Versorgungseinrichtung hat den Teil der Leistung zu ermitteln, der auf Beiträgen beruht, die in den einzelnen Jahren oberhalb des Betrags des Höchstbeitrags zur gesetzlichen Rentenversicherung gezahlt wurden. Dies gilt für den Träger der gesetzlichen Rentenversicherung entsprechend, wenn die Beiträge zur gesetzlichen Rentenversicherung bereits oberhalb des Höchstbeitrags zur gesetzlichen Rentenversicherung liegen.

133 Beiträge an die landwirtschaftlichen Alterskassen sind für die Frage der Anwendung der Öffnungsklausel wie Beiträge zur gesetzlichen Rentenversicherung zu behandeln.

Beispiel:

134 Der Steuerpflichtige N hat in den Jahren 1980 bis 1990 folgende Beiträge zur gesetzlichen Rentenversicherung der Arbeiter und Angestellten und an eine berufsständische Versorgungseinrichtung gezahlt. Im Jahr 1981 wurden in Höhe von 22 100 DM Rentenversicherungsbeiträge für die Jahre 1965 bis 1978 nachentrichtet. Er beantragt die Anwendung der Öffnungsklausel.

Jahr	Beiträge zur gesetzlichen Rentenversicherung	Beiträge an die berufsständische Versorgungseinrichtung	Höchstbeitrag zur gesetzlichen Rentenversicherung	übersteigende Beiträge
1	2	3	4	5
1980	2 000,00 DM	8 000,00 DM	9 072,00 DM	928,00 DM
1981	24 200,00 DM	8 600,00 DM	9 768,00 DM	23 032,00 DM
1982	2 200,00 DM	8 200,00 DM	10 152,00 DM	248,00 DM
1983	2 300,00 DM	9 120,00 DM	10 900,00 DM	520,00 DM
1984	2 400,00 DM	9 500,00 DM	11 544,00 DM	356,00 DM
1985	2 500,00 DM	9 940,00 DM	12 306,60 DM	133,40 DM
1986	2 600,00 DM	10 600,00 DM	12 902,40 DM	297,60 DM
1987	2 700,00 DM	11 300,00 DM	12 790,80 DM	1 209,20 DM
1988	2 800,00 DM	11 800,00 DM	13 464,00 DM	1 136,00 DM
1989	2 900,00 DM	12 400,00 DM	13 688,40 DM	1 611,60 DM
1990	3 000,00 DM	12 400,00 DM	14 137,20 DM	1 262,80 DM

Die Nachzahlung im Jahr 1981 allein führt nicht zur Anwendung der Öffnungsklausel, da nur die Jahre berücksichtigt werden, in denen Beiträge oberhalb des Betrags des Höchstbeitrags geleistet wurden. Für welche Jahre die Beiträge entrichtet wurden, ist dabei unerheblich.

Im Beispielsfall ist die Öffnungsklausel jedoch anzuwenden, da unabhängig von der Nachzahlung in die gesetzliche Rentenversicherung durch die zusätzliche Zahlung von Beiträgen an eine berufsständische Versorgungseinrichtung in mindestens 10 Jahren Beiträge oberhalb des Betrags des Höchstbeitrags zur gesetzlichen Rentenversicherung geleistet wurden. Die Öffnungsklausel ist vorrangig auf die Rente aus der berufsständischen Versorgungseinrichtung anzuwenden. Für die Berechung durch die berufsständische Versorgungseinrichtung, welcher Teil der Rente auf Beiträgen oberhalb des Betrags des Höchstbeitrags beruht, sind die übersteigenden Beiträge (Spalte 5 der Tabelle) – höchstens jedoch die tatsächlich an die berufsständische Versorgungseinrichtung geleisteten Beiträge – heranzuziehen. Es ist ausreichend, wenn die berufsständische Versorgungseinrichtung dem Steuerpflichtigen den prozentualen Anteil der auf die übersteigenden Beiträge entfallenden Leistungen mitteilt. Auf dieser Grundlage hat der Steuerpflichtige selbst in der Auszahlungsphase jährlich den konkreten Anteil der Rente zu ermitteln, der nach § 22 Nr. 1 Satz 3 Buchstabe a Doppelbuchstabe bb EStG der Besteuerung unterliegt.

Eine Besonderheit ergibt sich im Beispielsfall für das Jahr 1981. Aufgrund der Nachentrichtung von Beiträgen für frühere Beitragsjahre wurden im Jahr 1981 an die gesetzliche Rentenversicherung Beiträge oberhalb des Höchstbeitrags zur gesetzlichen Rentenversicherung geleistet. Diese Beiträge sind der gesetzlichen Rentenversicherung zuzuordnen. Die gesetzliche Rentenversicherung hat auf der Grundlage der Entgeltpunkte des Jahres 1981 den Anteil der Rente aus der gesetzlichen Rentenversicherung zu ermitteln, der auf Beiträge oberhalb des Höchstbeitrags entfällt. Die Öffnungsklausel ist daher sowohl auf die Rente aus der berufsständischen Versorgungseinrichtung als auch auf die Rente aus der gesetzlichen Rentenversicherung anzuwenden.

Die Ermittlung des Teils der Leistung, der auf Beiträgen oberhalb des Betrags des Höchstbeitrags zur gesetzlichen Rentenversicherung (Spalte 5 der Tabelle) beruht, erfolgt durch den Versorgungsträger. Hierbei ist nach den Grundsätzen in Rz. 127 bis 129 zu verfahren.

i) Öffnungsklausel bei einmaligen Leistungen

135 Einmalige Leistungen unterliegen nicht der Besteuerung, soweit auf sie die Öffnungsklausel Anwendung findet.

Beispiel:

136 Nach der Bescheinigung der Versicherung beruhen 12 % der Leistungen auf Beiträgen, die oberhalb des Betrags des Höchstbeitrags geleistet wurden. Nach dem Tod des Steuerpflichtigen erhält die Witwe W ein einmaliges Sterbegeld und eine monatliche Witwenrente.

Von der Witwenrente unterliegt ein Anteil von 88 % der nachgelagerten Besteuerung nach § 22 Nr. 1 Satz 3 Buchstabe a Doppelbuchstabe aa EStG und ein Anteil von 12 % der Besteuerung mit dem Ertragsanteil

Steuerliche Behandlung von Altersvorsorgeaufwendungen

nach § 22 Nr. 1 Satz 3 Buchstabe a Doppelbuchstabe bb EStG. Der Ertragsanteil bestimmt sich nach dem Lebensjahr der rentenberechtigten Witwe W bei Beginn der Witwenrente; die Regelung zur Folgerente findet bei der Ertragsanteilsbesteuerung keine Anwendung.

Das Sterbegeld unterliegt zu einem Anteil von 88 % der nachgelagerten Besteuerung nach § 22 Nr. 1 Satz 3 Buchstabe a Doppelbuchstabe aa EStG. 12 % des Sterbegelds unterliegen nicht der Besteuerung.

j) Versorgungsausgleich unter Ehegatten oder unter Lebenspartnern

137 Leistungen, bei denen die Voraussetzungen für die Anwendung der Öffnungsklausel vorliegen, können in einen Versorgungsausgleich unter Ehegatten oder unter Lebenspartnern einbezogen worden sein. Soweit die Leistung auf den Ausgleichsberechtigten übertragen wurde, kann die Besteuerung bei dem ausgleichsberechtigten Ehegatten in demselben Umfang wie mit dem Ertragsanteil wie beim Ausgleichsverpflichteten stattfinden. Für die Berechnung ist sowohl beim Ausgleichsverpflichteten wie beim Ausgleichsberechtigten auf den jeweiligen Zeitpunkt des Leistungsbeginns abzustellen.

k) Bescheinigung der Leistung nach § 22 Nr. 1 Satz 3 Buchstabe a Doppelbuchstabe bb Satz 2 EStG

138 Der Versorgungsträger hat dem Steuerpflichtigen auf dessen Verlangen den prozentualen Anteil der Leistung zu bescheinigen, der auf bis zum 31. Dezember 2004 geleisteten Beiträgen beruht, die oberhalb des Betrags des Höchstbetrags zur gesetzlichen Rentenversicherung gezahlt wurden. Im Fall der Anwendung der Vereinfachungsregelung (Rz. 128) hat der Versorgungsträger die Berechnung – entsprechend dem Beispielsfall in Rz. 129 – darzustellen.

D. Rentenbezugsmitteilung nach § 22 a EStG

I. Allgemeines

139 Nach § 22 a EStG müssen von den Mitteilungspflichtigen Rentenbezugsmitteilungen nach amtlich vorgeschriebenem Datensatz auf amtlich vorgeschriebenen automatisiert verarbeitbaren Datenträgern oder durch Datenfernübertragung an die zentrale Stelle übermittelt werden. Für jeden Vertrag und für jede Rente ist eine gesonderte Rentenbezugsmitteilung erforderlich. Nicht in das Rentenbezugsmitteilungsverfahren einbezogen werden Renten, Teile von Renten oder andere (Teil-)Leistungen, die steuerfrei sind (vgl. z. B. Rz. 84 und § 3 Nr. 1 Buchstabe a EStG) oder nicht der Besteuerung unterliegen. Eine Rentenbezugsmitteilung ist ebenfalls nicht erforderlich, wenn die Rentenansprüche – z. B. wegen der Höhe der eigenen Einkünfte – ruhen und daher im gesamten Kalenderjahr keine Zahlungen erfolgt sind oder gewährte Leistungen im selben Kalenderjahr auch zurückgezahlt wurden.

140 Das Bundesamt für Finanzen wird abweichend von § 22 a Abs. 1 EStG den Zeitpunkt der erstmaligen Übermittlung von Rentenbezugsmitteilungen durch ein im Bundessteuerblatt zu veröffentlichendes Schreiben bekannt geben (§ 52 Abs. 38 a EStG). Die Mitteilungspflichtigen müssen die Daten bis zum Zeitpunkt der erstmaligen Übermittlung der Rentenbezugsmitteilungen vorhalten.

II. Mitteilungspflichtige

141 Mitteilungspflichtig nach § 22 a EStG sind die Träger der gesetzlichen Rentenversicherung, der Gesamtverband der landwirtschaftlichen Alterskassen für die Träger der Alterssicherung der Landwirte, die berufsständischen Versorgungseinrichtungen, die Pensionskassen, die Pensionsfonds, die Versicherungsunternehmen, die Unternehmen, die Verträge i. S. d. § 10 Abs. 1 Nr. 2 Buchstabe b EStG anbieten, und die Anbieter i. S. d. § 80 EStG. Dieser Verpflichtung unterliegen auch Versicherungsunternehmen ohne Sitz oder Geschäftsleitung im Inland, die das Versicherungsgeschäft im Inland betreiben dürfen oder denen die Erlaubnis zum Geschäftsbetrieb im Inland erteilt ist.

III. Inhalt der Rentenbezugsmitteilung

142 Die in die Rentenbezugsmitteilung aufzunehmenden Daten sind in § 22 a Abs. 1 EStG abschließend aufgezählt.

1. Angaben zur Identifikation des Leistungsempfängers

143 Die Rentenbezugsmitteilung muss die Identifikationsnummer (§ 139 b AO), den Familiennamen, den Vornamen und das Geburtsdatum des Leistungsempfängers beinhalten. Der Geburtsort ist nur dann anzugeben, wenn er dem Mitteilungspflichtigen bekannt ist. Zum Verfahren zur Erlangung der Identifikationsnummer vgl. Rz. 160.

2. Angaben zur Höhe und Bestimmung des Leistungsbezugs

144 In der Rentenbezugsmitteilung sind die im Kalenderjahr zugeflossenen Leistungen grundsätzlich in einer Summe anzugeben. Im Leistungsbetrag enthaltene Nachzahlungen für mehrere Jahre können gesondert ausgewiesen werden.

145 Ist wegen rückwirkender Zubilligung einer Rente der Anspruch auf eine bisher gewährte Sozialleistung (z. B. auf Kranken-, Arbeitslosengeld oder Sozialhilfe) rückwirkend ganz oder teilweise weggefallen und steht dem Leistenden deswegen gegenüber dem Rentenversicherungsträger (z. B. nach § 103 SGB X) ein Erstattungsanspruch zu, sind die bisher gezahlten Sozialleistungen in Höhe dieses Erstattungsanspruchs als Rentenzahlungen anzusehen. Die Rente gilt in dieser Höhe im Zeitpunkt der Zahlung der ursprünglichen Leistungen aus dem Leistungsempfänger zugeflossen. Die umgewidmeten Beträge unterliegen ebenfalls der Mitteilungspflicht nach § 22 a EStG, wenn sie nach dem 31. Dezember 2004 zugeflossen sind. Bereits erstellte Rentenbezugsmitteilungen sind entsprechend zu berichtigen.

146 Der Betrag der Leibrenten und anderen Leistungen im Sinne des § 22 Nr. 1 Satz 3 Buchstabe a Doppelbuchstabe aa, bb Satz 4 und Doppelbuchstabe bb Satz 5 EStG i. V. m. § 55 Abs. 2 EStDV sowie i. S. d. § 22 Nr. 5 EStG muss jeweils gesondert ausgewiesen sein. Die Leistungen nach § 22 Nr. 5 EStG sind je gesondert nach den Sätzen 1 bis 6 mitzuteilen.

Beispiel:

147 R erhält im Jahr 2005 aus einem zertifizierten Altersvorsorgevertrag eine Rente in Höhe von 1 100 €. Die Rente beruht in Höhe von 220 € auf steuerlich nicht geförderten Beiträgen.

In der Rentenbezugsmitteilung ist jeweils gesondert mitzuteilen der Teil der Rente, der nach § 22 Nr. 5 Satz 1 EStG zu besteuern ist (880 €) und der Teil der Rente, welcher der Besteuerung mit dem Ertragsanteil nach § 22 Nr. 5 Satz 2 i. V. m. Nr. 1 Satz 3 Buchstabe a Doppelbuchstabe bb EStG unterliegt (220 €).

148 Die Anwendung der Öffnungsklausel (§ 22 Nr. 1 Satz 3 Buchstabe a Doppelbuchstabe bb Satz 2 EStG; vgl. Rz. 121 ff.) ist antragsgebunden und daher im Rentenbezugsmitteilungsverfahren nicht zu berücksichtigen.

149 Der für die Anwendung des § 11 EStG erforderliche Zeitpunkt des tatsächlichen Zuflusses beim Leistungsempfänger ist den Mitteilungspflichtigen in der Regel nicht bekannt. Für Zwecke der Rentenbezugsmitteilung kann aus Vereinfachungsgründen der Tag der Auszahlung beim Leistungsverpflichteten als Zuflusszeitpunkt angenommen werden. Der Mitteilungspflichtige kann von anderen Kriterien ausgehen, wenn dies wegen seiner organisatorischen Verhältnisse zu genaueren Ergebnissen führt. Dem Leistungsempfänger bleibt es unbenommen, dem Finanzamt einen abweichenden Zuflusszeitpunkt zu belegen.

Beispiel:

150 Die Rentennachzahlung für das Jahr 2004 und die Rente für Januar 2006 werden am 28. Dezember 2005 zur Auszahlung angewiesen.

Für die Erstellung der Rentenbezugsmitteilung kann aus Vereinfachungsgründen unterstellt werden, dass der Betrag am 28. Dezember 2005 dem Konto des Rentenempfängers gutgeschrieben wurde. Die Rentennachzahlung ist nach § 11 Abs. 1 Satz 1 EStG dem Kalenderjahr 2005, die Rente für Januar 2006 nach § 11 Abs. 1 Satz 2 EStG dem Jahr 2006 zuzuordnen.

Anhang 13 g — Steuerliche Behandlung von Altersvorsorgeaufwendungen

151 Werden Renten oder andere Leistungen zurückgefordert, sind sie im Kalenderjahr der Rückzahlung von den ihnen entsprechenden zugeflossenen Leistungen abzuziehen. Übersteigt in einem Kalenderjahr der zurückgezahlte Betrag den Betrag der zugeflossenen Leistungen, ist der überschießende Betrag als negativer Betrag in der Rentenbezugsmitteilung anzugeben.

3. Angaben zum Teil der Rente, der ausschließlich auf einer regelmäßigen Anpassung der Rente beruht

152 In den Fällen, in denen die Leistung ganz oder teilweise der Besteuerung nach § 22 Nr. 1 Satz 3 Buchstabe a Doppelbuchstabe aa EStG unterliegt, ist in der Rentenbezugsmitteilung die auf regelmäßigen Rentenanpassungen beruhende Erhöhung des Jahresbetrags der Rente gegenüber dem Jahr mitzuteilen, das dem Jahr des Rentenbeginns folgt. Das gilt auch bei einer Neuberechnung der Rente. Bei Renten, die vor dem 1. Januar 2005 begonnen haben, sind nur die Erhöhungen des Jahresbetrags der Rente gegenüber dem Jahr 2005 mitzuteilen.

Beispiel:

153 R bezieht ab Mai 2006 eine monatliche Witwenrente aus der gesetzlichen Rentenversicherung in Höhe von 1 100 €. Die Rente wird aufgrund regelmäßiger Anpassungen zum 1. Juli 2006, zum 1. Juli 2007, zum 1. Juli 2008 und zum 1. Juli 2009 jeweils um 10 € erhöht.

Rentenzeitraum	Monatsbetrag	Betrag im Zahlungszeitraum
1.5.–30.6.2006	1 100,00 €	2 200,00 €
1.7.–31.12.2006	1 110,00 €	6 660,00 €
Jahresrente 2006		**8 860,00 €**
1.1.–30.6.2007	1 110,00 €	6 660,00 €
1.7.–31.12.2007	1 120,00 €	6 720,00 €
Jahresrente 2007		**13 380,00 €**
1.1.–30.6.2008	1 120,00 €	6 720,00 €
1.7.–31.12.2008	1 130,00 €	6 780,00 €
Jahresrente 2008		**13 500,00 €**
1.1.–30.6.2009	1 130,00 €	6 780,00 €
1.7.–31.12.2009	1 140,00 €	6 840,00 €
Jahresrente 2009		**13 620,00 €**

In den Rentenbezugsmitteilungen für die Jahre 2006 bis 2009 ist als Leistungsbetrag der jeweilige Jahresbetrag der Rente auszuweisen. Zusätzlich ist ab dem Jahr 2008 die auf regelmäßigen Rentenanpassungen beruhende Erhöhung des Jahresbetrags der Rente gegenüber dem Jahr 2007 mitzuteilen.

Rentenbezugsmitteilungen

Jahr	Leistungsbetrag	Anpassungsbetrag
2006	8 860,00 €	0,00 €
2007	13 380,00 €	0,00 €
2008	13 500,00 €	120,00 €
2009	13 620,00 €	240,00 €

154 Auch in Fällen, in denen sich – z. B. wegen Anrechnung anderer Einkünfte – die monatliche Rente vermindert, können in der gekürzten Rente Teile enthalten sein, die auf einer regelmäßigen Anpassung des Jahresbetrags der Rente beruhen.

155 Abwandlung des Beispiels in Rz. 153:

Wegen anderer Einkünfte erhält R ab August 2009 eine auf 830 € gekürzte Witwenrente.

Rentenzeitraum	Monatsbetrag	Betrag im Zahlungszeitraum
1.1.–30.6.2009	1 130,00 €	6 780,00 €
1.7.–31.7.2009	1 140,00 €	1 140,00 €
1.8.–31.12.2009	830,00 €	4 150,00 €
Jahresrente 2009		**12 070,00 €**

In der ab August 2009 gekürzten Rente ist derselbe prozentuale Erhöhungsbetrag enthalten, der auf regelmäßigen Anpassungen der Jahresrente beruht, wie in der ungekürzten Rente für Juli 2009. Der in der Rente enthaltene auf regelmäßigen Anpassungen beruhende Teil der Rente errechnet sich wie folgt:

Januar bis Juni 2009:	jeweils 1 130,00 € – (13 380,00 € / 12) = 15 €	insgesamt 90 €
Juli 2009:	1 140,00 € – (13 380,00 € / 12) = 25 €	insgesamt 25 €
August bis Dezember 2009:	jeweils (830,00 € / 1 140,00 €) × 25 € = 18,20 €	insgesamt 91 €

In der Rentenbezugsmitteilung für das Jahr 2009 sind folgende Beträge auszuweisen:

Jahr	Leistungsbetrag	Anpassungsbetrag
2009	12 070,00 €	206,00 €

156 Bei einer vollständigen oder teilweisen Rückforderung der Rente ist der in der Rückforderung enthaltene, auf regelmäßigen Anpassungen beruhende Teil der Rente zu ermitteln. Dieser Betrag ist für den Ausweis in der Rentenbezugsmitteilung mit dem in der laufenden Rente enthaltenen Teil der Rente, der auf regelmäßigen Anpassungen beruht, zu saldieren. Ggf. ist auch ein negativer Betrag in der Rentenbezugsmitteilung auszuweisen.

4. Angaben zum Zeitpunkt des Beginns und Ende des Leistungsbezugs

157 In der Rentenbezugsmitteilung muss der Zeitpunkt des Beginns und – soweit bekannt – des Endes des jeweiligen Leistungsbezugs übermittelt werden. Folgen nach dem 31. Dezember 2004 Renten aus derselben Versicherung einander nach (vgl. Rz. 107 und 108), sind in den Fällen, in denen die Leistung ganz oder teilweise der Besteuerung nach § 22 Nr. 1 Satz 3 Buchstabe a Doppelbuchstabe aa EStG unterliegt, auch Beginn und Ende der vorhergehenden Renten mitzuteilen (vgl. § 22 Nr. 1 Satz 3 Buchstabe a Doppelbuchstabe aa Satz 8 EStG).

158 Einmalige Leistungen sind in der Rentenbezugsmitteilung nicht gesondert auszuweisen (vgl. Rz. 144). Bei einmaligen Leistungen, die vor Beginn der Rente ausgezahlt werden, ist als Beginn des Leistungsbezugs das Datum der Zahlung der einmaligen Leistung anzugeben.

5. Angaben zur Identifikation des Mitteilungspflichtigen

159 Zur Identifikation des Leistenden müssen Bezeichnung und Anschrift des Mitteilungspflichtigen in der Rentenbezugsmitteilung übermittelt werden.

IV. Mitteilung der Identifikationsnummer (§ 139 b AO) an den Mitteilungspflichtigen

160 Der Leistungsempfänger muss dem Mitteilungspflichtigen seine Identifikationsnummer mitteilen. Kommt der Leistungsempfänger trotz Aufforderung dieser Verpflichtung nicht nach, kann sich der Mitteilungspflichtige mit der Bitte um Mitteilung der Identifikationsnummer des Leistungsempfängers an das Bundesamt für Finanzen wenden. In der Anfrage dürfen nur die in § 139 b Abs. 3 AO genannten Daten des Leistungsempfängers angegeben werden. Das Bundesamt für Finanzen darf dem Mitteilungspflichtigen nur die Identifikationsnummer des jeweiligen Leistungsempfängers übermitteln. Der Mitteilungspflichtige darf die Identifikationsnummer nur verwenden, soweit dies für die Erfüllung der Mitteilungspflicht nach § 22 a Abs. 1 Satz 1 EStG erforderlich ist.

V. Unterrichtung des Leistungsempfängers

161 Der Leistungsempfänger ist vom Mitteilungspflichtigen jeweils darüber zu unterrichten, dass die Leistung der zentralen Stelle mitgeteilt wird (§ 22 a Abs. 3 EStG). Dies kann im Rentenbescheid, in einer Rentenanpassungsmitteilung, in einer sonstigen Mitteilung über Leistungen oder in der Mitteilung nach § 22 Nr. 5 Satz 7 EStG erfolgen.

Steuerliche Behandlung von Altersvorsorgeaufwendungen

VI. Ermittlungspflicht

162 Nach geltendem Recht sind die Finanzämter bei der Ermittlung der steuererheblichen Sachverhalte an den Grundsatz der Verhältnismäßigkeit gebunden. Danach ist auch bei Vorliegen einer Rentenbezugsmitteilung zu berücksichtigen, inwieweit der Ermittlungsaufwand bei der Finanzbehörde, aber auch bei den Steuerpflichtigen durch das voraussichtliche steuerliche Ergebnis gerechtfertigt wäre.

Dieses Schreiben wird im Bundessteuerblatt Teil I veröffentlicht.

Im Auftrag
gez. Christmann

Anlage

Zusammenstellung der Höchstbeiträge in der gesetzlichen Rentenversicherung der Arbeiter und Angestellten und in der knappschaftlichen Rentenversicherung (jeweils Arbeitgeber- und Arbeitnehmeranteil) für die Jahre 1927 bis 2004

Jahr	Gesetzliche Rentenversicherung der Arbeiter und Angestellten		Knappschaftliche Rentenversicherung	
	Arbeiter	Angestellte	Arbeiter	Angestellte
1927	83,43 RM	240,00 RM	383,67 RM	700,00 RM
1928	104,00 RM	280,00 RM	371,25 RM	816,00 RM
1929	104,00 RM	360,00 RM	355,50 RM	901,60 RM
1930	104,00 RM	360,00 RM	327,83 RM	890,40 RM
1931	104,00 RM	360,00 RM	362,48 RM	915,60 RM
1932	104,00 RM	360,00 RM	405,40 RM	940,80 RM
1933	104,00 RM	360,00 RM	405,54 RM	940,80 RM
1934	124,80 RM	300,00 RM	456,00 RM	806,40 RM
1935	124,80 RM	300,00 RM	456,00 RM	806,40 RM
1936	124,80 RM	300,00 RM	456,00 RM	806,40 RM
1937	124,80 RM	300,00 RM	456,00 RM	806,40 RM
1938	136,37 RM	300,00 RM	461,93 RM	1 767,60 RM
1939	140,40 RM	300,00 RM	471,90 RM	1 771,20 RM
1940	140,40 RM	300,00 RM	471,90 RM	1 771,20 RM
1941	140,40 RM	300,00 RM	472,73 RM	1 767,60 RM
1942	171,00 RM	351,60 RM	478,50 RM	1 764,00 RM
1943	201,60 RM	403,20 RM	888,00 RM	1 032,00 RM
1944	201,60 RM	403,20 RM	888,00 RM	1 032,00 RM
1945	201,60 RM	403,20 RM	888,00 RM	1 032,00 RM
1946	201,60 RM	403,20 RM	888,00 RM	1 032,00 RM
1947	201,60 RM	403,20 RM	888,00 RM	1 462,00 RM
1948	201,60 DM*)	403,20 DM*)	888,00 DM*)	1 548,00 DM*)
1949	273,00 DM	546,00 DM	1 472,50 DM	1 747,50 DM
1950	720,00 DM		1 890,00 DM	
1951	720,00 DM		1 890,00 DM	
1952	780,00 DM		2 160,00 DM	
1953	900,00 DM		2 700,00 DM	
1954	900,00 DM		2 700,00 DM	
1955	967,50 DM		2 700,00 DM	
1956	990,00 DM		2 700,00 DM	
1957	1 215,00 DM		2 770,00 DM	
1958	1 260,00 DM		2 820,00 DM	
1959	1 344,00 DM		2 820,00 DM	
1960	1 428,00 DM		2 820,00 DM	
1961	1 512,00 DM		3 102,00 DM	
1962	1 596,00 DM		3 102,00 DM	
1963	1 680,00 DM		3 384,00 DM	
1964	1 848,00 DM		3 948,00 DM	
1965	2 016,00 DM		4 230,00 DM	
1966	2 184,00 DM		4 512,00 DM	
1967	2 352,00 DM		4 794,00 DM	
1968	2 880,00 DM		5 358,00 DM	
1969	3 264,00 DM		5 640,00 DM	
1970	3 672,00 DM		5 922,00 DM	
1971	3 876,00 DM		6 486,00 DM	
1972	4 284,00 DM		7 050,00 DM	
1973	4 968,00 DM		7 896,00 DM	
1974	5 400,00 DM		8 742,00 DM	
1975	6 048,00 DM		9 588,00 DM	
1976	6 696,00 DM		10 716,00 DM	
1977	7 344,00 DM		11 844,00 DM	
1978	7 992,00 DM		12 972,00 DM	
1979	8 640,00 DM		13 536,00 DM	
1980	9 072,00 DM		14 382,00 DM	
1981	9 768,00 DM		15 876,00 DM	
1982	10 152,00 DM		16 356,00 DM	
1983	10 900,00 DM		17 324,00 DM	
1984	11 544,00 DM		18 624,00 DM	
1985	12 306,60 DM		19 892,30 DM	
1986	12 902,40 DM		20 658,60 DM	
1987	12 790,80 DM		20 831,40 DM	
1988	13 464,00 DM		21 418,20 DM	
1989	13 688,40 DM		22 005,00 DM	
1990	14 137,20 DM		22 885,20 DM	
1991	14 001,00 DM		22 752,00 DM	
1992	14 443,20 DM		23 637,60 DM	
1993	15 120,00 DM		24 831,00 DM	
1994	17 510,40 DM		28 764,00 DM	
1995	17 409,60 DM		28 454,40 DM	
1996	18 432,00 DM		29 988,00 DM	
1997	19 975,20 DM		32 602,80 DM	
1998	20 462,40 DM		33 248,40 DM	
1999	20 094,00 DM		32 635,20 DM	
2000	19 917,60 DM		32 563,20 DM	
2001	19 940,40 DM		32 613,60 DM	
2002	10 314,00 Euro		16 916,40 Euro	
2003	11 934,00 Euro		19 425,00 Euro	
2004	12 051,00 Euro		19 735,80 Euro	

*) Die im Jahr 1948 vor der Währungsreform geltenden Höchstbeiträge wurden entsprechend der Umstellung der Renten im Verhältnis 1:1 von Reichsmark (RM) in Deutsche Mark (DM) umgerechnet.

Anhang 13 h
Gesetz zur Neuordnung der einkommensteuerrechtlichen Behandlung von Altersvorsorgeaufwendungen und Altersbezügen – Alterseinkünftegesetz (AltEinkG); Neufassung der Randziffer 128 des Schreibens des Bundesministeriums der Finanzen vom 24. Februar 2005 (BStBl. I S. 429)*)

BMF-Schreiben vom 14.8.2006 (BStBl. I S. 496)

Unter Bezugnahme auf das Ergebnis der Abstimmung mit den obersten Finanzbehörden der Länder wird die Randziffer 128 des Schreibens des Bundesministeriums der Finanzen vom 24. Februar 2005 (BStBl. I S. 429)*) zur Ermittlung des auf Beiträgen oberhalb des Betrags des Höchstbetrags beruhenden Teils der Leistung wie folgt gefasst:

„128 Abweichend hiervon wird bei berufsständischen Versorgungseinrichtungen zugelassen, dass die tatsächlich geleisteten Beiträge und die den Höchstbeitrag übersteigenden Beiträge zum im entsprechenden Jahr maßgebenden Höchstbeitrag ins Verhältnis gesetzt werden. Aus dem Verhältnis der Summen der sich daraus ergebenden Vomhundertsätze ergibt sich der Vomhundertsatz für den Teil der Leistung, der auf Beiträge oberhalb des Betrags des Höchstbeitrags entfällt. Für Beitragszahlungen ab dem Jahr 2005 ist für übersteigende Beiträge kein Vomhundertsatz anzusetzen. Diese Vereinfachungsregelung ist zulässig, wenn

– alle Mitglieder der einheitlichen Anwendung der Vereinfachungsregelung zugestimmt haben oder

– die berufsständische Versorgungseinrichtung für das Mitglied den Teil der Leistung, der auf Beiträgen oberhalb des Betrags des Höchstbeitrags zur gesetzlichen Rentenversicherung beruht, nicht nach Randziffer 127 ermitteln kann."

Das bedeutet, dass das Verfahren in Randziffer 127 grundsätzlich der in Randziffer 128 ff. enthaltenen Vereinfachungsregelung vorgeht.

In den Fällen, in denen die berufsständische Versorgungseinrichtung noch keine Bescheinigung zur Aufteilung der Leistung nach § 22 Nr. 1 Satz 3 Buchstabe a Doppelbuchstabe bb Satz 2 EStG erteilt hat, ist nach den Grundsätzen der geänderten Randziffer 128 zu verfahren.

In den Fällen, in denen die berufsständische Versorgungseinrichtung bereits Bescheinigungen zur Aufteilung der Leistung nach § 22 Nr. 1 Satz 3 Buchstabe a Doppelbuchstabe bb Satz 2 EStG unter Anwendung der bisherigen Randziffer 128 erteilt hat, ist die Ausstellung einer neuen Bescheinigung für das Mitglied nach Randziffer 127 vorzunehmen, wenn

– die berufsständische Versorgungseinrichtung den Teil der Leistung, der auf Beiträgen oberhalb des Betrags des Höchstbeitrags zur gesetzlichen Rentenversicherung beruht, nach Randziffer 127 ermitteln kann und

– das Mitglied mit einem entsprechenden Anliegen an die berufsständische Versorgungseinrichtung herantritt.

Auf einer ggf. neu zu erstellenden Bescheinigung ist kenntlich zu machen, dass es sich um eine geänderte Bescheinigung handelt.

---

*) Abgedruckt als Anhang 13 g zum Handbuch.

Anhang 14
Umsatzsteuerliche Behandlung von Sachbezügen
(Abschnitt 12 Umsatzsteuer-Richtlinien)

12. Sachzuwendungen und sonstige Leistungen an das Personal

Allgemeines

(1) ¹Wendet der Unternehmer (Arbeitgeber) seinem Personal (seinen Arbeitnehmern) als Vergütung für geleistete Dienste neben dem Barlohn auch einen Sachlohn zu, bewirkt der Unternehmer mit dieser Sachzuwendung eine entgeltliche Leistung im Sinne des § 1 Absatz 1 Nr. 1 Satz 1 UStG, für die der Arbeitnehmer einen Teil seiner Arbeitsleistung als Gegenleistung aufwendet. ²Wegen des Begriffs der Vergütung für geleistete Dienste vgl. Abschnitt 103 Absatz 7. ³Ebenfalls nach § 1 Absatz 1 Nr. 1 Satz 1 UStG steuerbar sind Lieferungen oder sonstige Leistungen, die der Unternehmer an seine Arbeitnehmer oder deren Angehörige auf Grund des Dienstverhältnisses gegen besonders berechnetes Entgelt, aber verbilligt, ausführt. ⁴Von einer entgeltlichen Leistung in diesem Sinne ist auszugehen, wenn der Unternehmer für die Leistung gegenüber dem einzelnen Arbeitnehmer einen unmittelbaren Anspruch auf eine Geldzahlung oder eine andere – nicht in der Arbeitsleistung bestehende – Gegenleistung in Geldeswert hat. ⁵Für die Steuerbarkeit kommt es nicht darauf an, ob der Arbeitnehmer das Entgelt gesondert an den Unternehmer entrichtet oder ob der Unternehmer den entsprechenden Betrag vom Barlohn einbehält. ⁶Die Gewährung von Personalrabatt durch den Unternehmer beim Einkauf von Waren durch seine Mitarbeiter ist keine Leistung gegen Entgelt, sondern Preisnachlass (BFH-Beschluss vom 17. 9. 1981 – BStBl. II S. 775).

(2) ¹Zuwendungen von Gegenständen (Sachzuwendungen) und sonstige Leistungen an das Personal für dessen privaten Bedarf sind nach § 3 Absatz 1 b Satz 1 Nr. 2 und § 3 Absatz 9 a UStG auch dann steuerbar, wenn sie unentgeltlich sind (vgl. Abschnitt 24 b Absatz 7). ²Die Steuerbarkeit setzt voraus, dass Leistungen aus unternehmerischen (betrieblichen) Gründen für den privaten, außerhalb des Dienstverhältnisses liegenden Bedarf des Arbeitnehmers ausgeführt werden (vgl. BFH-Urteile vom 11. 3. 1988 – BStBl. II S. 643 und 651). ³Der Arbeitnehmer erhält Sachzuwendungen und sonstige Leistungen unentgeltlich, wenn er seine Arbeit lediglich für den vereinbarten Barlohn und unabhängig von dem an alle Arbeitnehmer gerichteten Angebot (vgl. BFH-Urteil vom 10. 6. 1999 – BStBl. II S. 582) oder unabhängig von dem Umfang der gewährten Zuwendungen leistet. ⁴Hieran ändert der Umstand nichts, dass der Unternehmer die Zuwendungen zur Ablösung tarifvertraglicher Verpflichtungen erbringt (vgl. BFH-Urteil vom 11. 5. 2000 – BStBl. II S. 505). ⁵Steuerbar sind auch Leistungen an ausgeschiedene Arbeitnehmer auf Grund eines früheren Dienstverhältnisses sowie Leistungen an Auszubildende. ⁶Bei unentgeltlichen Zuwendungen eines Gegenstands an das Personal oder der Verwendung eines dem Unternehmen zugeordneten Gegenstands für den privaten Bedarf des Personals setzt die Steuerbarkeit voraus, dass der Gegenstand oder seine Bestandteile zumindest zu einem teilweisen Vorsteuerabzug berechtigt haben (vgl. Abschnitt 24 b und 24 c). ⁷Keine steuerbaren Umsätze sind Aufmerksamkeiten und Leistungen, die überwiegend durch das betriebliche Interesse des Arbeitgebers veranlasst sind (vgl. BFH-Urteil vom 9. 7. 1998 – BStBl. II S. 635).

(3) ¹Aufmerksamkeiten sind Zuwendungen des Arbeitgebers, die nach ihrer Art und nach ihrem Wert Geschenken entsprechen, die im gesellschaftlichen Verkehr üblicherweise ausgetauscht werden und zu keiner ins Gewicht fallenden Bereicherung des Arbeitnehmers führen (vgl. BFH-Urteil vom 22. 3. 1985 – BStBl. II S. 641, R 73 LStR 2004). ²Zu den Aufmerksamkeiten rechnen danach gelegentliche Sachzuwendungen bis zu einem Wert von 40 €, z. B. Blumen, Genussmittel, ein Buch oder ein Tonträger, die dem Arbeitnehmer oder seinen Angehörigen aus Anlass eines besonderen persönlichen Ereignisses zugewendet werden. ³Gleiches gilt für Getränke und Genussmittel, die der Arbeitgeber den Arbeitnehmern zum Verzehr im Betrieb unentgeltlich überlässt. ⁴Aufmerksamkeiten sind auch Speisen, die der Arbeitgeber den Arbeitnehmern anlässlich und während eines außergewöhnlichen Arbeitseinsatzes, z. B. während einer außergewöhnlichen betrieblichen Besprechung oder Sitzung, im ganz überwiegenden betrieblichen Interesse an einer günstigen Gestaltung des Arbeitsablaufs unentgeltlich überlässt und deren Wert 40 € nicht überschreitet.

(4) ¹Nicht steuerbare Leistungen, die überwiegend durch das betriebliche Interesse des Arbeitgebers veranlasst sind, liegen vor, wenn betrieblich veranlasste Maßnahmen zwar auch die Befriedigung eines privaten Bedarfs der Arbeitnehmer zur Folge haben, diese Folge aber durch die mit den Maßnahmen angestrebten betrieblichen Zwecke überlagert wird. ²Dies ist regelmäßig anzunehmen, wenn die Maßnahme die dem Arbeitgeber obliegende Gestaltung der Dienstausübung betrifft (vgl. BFH-Urteil vom 9. 7. 1998 – BStBl. II S. 635). ³Hierzu gehören insbesondere:

1. ¹Leistungen zur Verbesserung der Arbeitsbedingungen, z. B. die Bereitstellung von Aufenthalts- und Erholungsräumen sowie von betriebseigenen Duschanlagen, die grundsätzlich von allen Betriebsangehörigen in Anspruch genommen werden können. ²Auch die Bereitstellung von Bade- und Sportanlagen kann überwiegend betrieblich veranlasst sein, wenn in der Zurverfügungstellung der Anlagen nach der Verkehrsauffassung kein geldwerter Vorteil zu sehen ist. ³Z. B. ist die Bereitstellung von Fußball- oder Handballsportplätzen kein geldwerter Vorteil, wohl aber bei die Bereitstellung von Tennis- oder Golfplätzen (vgl. auch BFH-Urteil vom 27. 9. 1996 – BStBl. 1997 II S. 146);

2. die betriebsärztliche Betreuung sowie die Vorsorgeuntersuchung des Arbeitnehmers, wenn sie im ganz überwiegenden betrieblichen Interesse des Arbeitgebers liegt (vgl. BFH-Urteil vom 17. 9. 1982 – BStBl. 1983 II S. 39);

3. betriebliche Fort- und Weiterbildungsleistungen;

4. die Überlassung von Arbeitsmitteln zur beruflichen Nutzung einschließlich der Arbeitskleidung, wenn es sich um typische Berufskleidung, insbesondere um Arbeitsschutzkleidung, handelt, deren private Nutzung so gut wie ausgeschlossen ist;

5. das Zurverfügungstellen von Parkplätzen auf dem Betriebsgelände;

6. ¹Zuwendungen im Rahmen von Betriebsveranstaltungen, soweit sie sich im üblichen Rahmen halten. ²Die Üblichkeit der Zuwendungen ist bis zu einer Höhe von 110 € einschließlich Umsatzsteuer je Arbeitnehmer und Betriebsveranstaltung nicht zu prüfen. ³Satz 2 gilt nicht bei mehr als zwei Betriebsveranstaltungen im Jahr. ⁴Die lohnsteuerrechtliche Beurteilung gilt entsprechend (vgl. R 72 LStR 2004);

7. das Zurverfügungstellen von Betriebskindergärten;

8. das Zurverfügungstellen von Übernachtungsmöglichkeiten in gemieteten Zimmern, wenn der Arbeitnehmer an weit von seinem Heimatort entfernten Tätigkeitsstellen eingesetzt wird (vgl. BFH-Urteil vom 21. 7. 1994 – BStBl. II S. 881);

9. Schaffung und Förderung der Rahmenbedingungen für die Teilnahme an einem Verkaufswettbewerb (vgl. BFH-Urteil vom 16. 3. 1995 – BStBl. II S. 651);

10. die Sammelbeförderung unter den in Absatz 14 Satz 2 bezeichneten Voraussetzungen.

(5) ¹Nach § 1 Absatz 1 Nr. 1 Satz 1, § 3 Absatz 1 b oder § 3 Absatz 9 a UStG steuerbare Umsätze an Arbeitnehmer können steuerfrei, z. B. nach § 4 Nr. 10 Buchstabe b, Nr. 12, 18, 23 bis 25 UStG, sein. ²Die Überlassung von Werkdienstwohnungen durch Arbeitgeber an Arbeitnehmer ist nach § 4 Nr. 12 UStG steuerfrei (vgl. BFH-Urteile vom 30. 7. 1986 – BStBl. II S. 877 – und vom 7. 10. 1987 – BStBl. 1988 II S. 88). ³Überlässt ein Unternehmer in seiner Pension Räume an eigene Saison-Arbeitnehmer, ist diese Leistung nach § 4 Nr. 12 Satz 2 UStG steuerpflichtig, wenn diese Räume wahlweise zur vorübergehenden Beherbergung von Gästen oder zur Unterbringung des Saisonpersonals bereitgehalten werden (vgl. BFH-Urteil vom 13. 9. 1988 – BStBl. II S. 1021); vgl. auch Abschnitt 84 Absatz 2.

Bemessungsgrundlage

(6) ¹Bei der Ermittlung der Bemessungsgrundlage für die entgeltlichen Lieferungen und sonstigen Leistungen an Arbeitnehmer (Absatz 1) ist die Vorschrift über die Mindestbemessungsgrundlage in § 10 Absatz 5 Nr. 2 UStG zu beachten. ²Danach ist als Bemes-

Anhang 14 — Umsatzsteuerliche Behandlung von Sachbezügen

sungsgrundlage mindestens der in § 10 Absatz 4 UStG bezeichnete Wert (Einkaufspreis, Selbstkosten, Kosten, vgl. Absatz 7) abzüglich der Umsatzsteuer anzusetzen, wenn dieser den vom Arbeitnehmer tatsächlich aufgewendeten (gezahlten) Betrag abzüglich der Umsatzsteuer übersteigt. ³Beruht die Verbilligung auf einem Belegschaftsrabatt, z. B. bei der Lieferung von sog. Jahreswagen an Werksangehörige in der Automobilindustrie, liegen die Voraussetzungen für die Anwendung der Vorschrift des § 10 Absatz 5 Nr. 2 UStG regelmäßig nicht vor; Bemessungsgrundlage ist dann der tatsächlich aufgewendete Betrag abzüglich Umsatzsteuer. ⁴Zuwendungen, die der Unternehmer in Form eines Sachlohns als Vergütung für geleistete Dienste gewährt, sind nach den Werten des § 10 Absatz 4 UStG zu bemessen; dabei sind auch die nicht zum Vorsteuerabzug berechtigenden Kosten in die Bemessungsgrundlage einzubeziehen.

(7) ¹Die Bemessungsgrundlage für die unentgeltlichen Lieferungen und sonstigen Leistungen an Arbeitnehmer (Absatz 2) ist in § 10 Absatz 4 UStG geregelt. ²Bei der Ermittlung der Bemessungsgrundlage für unentgeltliche Lieferungen (§ 10 Absatz 4 Nr. 1 UStG) ist vom Einkaufspreis zuzüglich der Nebenkosten für den Gegenstand oder für einen gleichartigen Gegenstand oder mangels eines Einkaufspreises von den Selbstkosten, jeweils zum Zeitpunkt des Umsatzes, auszugehen. ³Der Einkaufspreis entspricht in der Regel dem Wiederbeschaffungspreis des Unternehmers. ⁴Die Selbstkosten umfassen alle durch den betrieblichen Leistungsprozess entstehenden Kosten. ⁵Bei der Ermittlung der Bemessungsgrundlage für unentgeltliche sonstige Leistungen (§ 10 Absatz 4 Nr. 2 und 3 UStG) ist von den bei der Ausführung dieser Leistungen entstandenen Kosten auszugehen. ⁶Hierzu gehören auch die anteiligen Gemeinkosten. ⁷In den Fällen des § 10 Absatz 4 Nr. 2 UStG sind aus der Bemessungsgrundlage solche Kosten auszuscheiden, die nicht zum vollen oder teilweisen Vorsteuerabzug berechtigt haben.

(8) ¹Die in § 10 Absatz 4 UStG vorgeschriebenen Werte weichen grundsätzlich von den für Lohnsteuerzwecke anzusetzenden Werten (§ 8 Absatz 2 und 3 EStG, R 31 und 32 LStR 2004) ab. ²In bestimmten Fällen (vgl. Absätze 9, 11, 14, 18) ist es jedoch aus Vereinfachungsgründen nicht zu beanstanden, wenn für die umsatzsteuerrechtliche Bemessungsgrundlage von den lohnsteuerrechtlichen Werten ausgegangen wird. ³Diese Werte sind dann als Bruttowerte anzusehen, aus denen zur Ermittlung der Bemessungsgrundlage die Umsatzsteuer herauszurechnen ist. ⁴Der Freibetrag nach § 8 Absatz 3 Satz 2 EStG von 1080 € bleibt bei der umsatzsteuerrechtlichen Bemessungsgrundlage unberücksichtigt.

Einzelfälle

(9) ¹Erhalten Arbeitnehmer von ihrem Arbeitgeber freie Verpflegung, freie Unterkunft oder freie Wohnung, ist von den Werten auszugehen, die in der Sachbezugsverordnung in der jeweils geltenden Fassung festgesetzt sind. ²Für die Gewährung von Unterkunft und Wohnung kann unter den Voraussetzungen des § 4 Nr. 12 Buchstabe a UStG Steuerfreiheit in Betracht kommen (vgl. aber Absatz 5 Satz 3). ³Die Gewährung der Verpflegung unterliegt dem allgemeinen Steuersatz (vgl. BFH-Urteil vom 24. 11. 1988 – BStBl. 1989 II S. 210; Abschnitt 25 a).

(10) ¹Bei der Abgabe von Mahlzeiten an die Arbeitnehmer ist hinsichtlich der Ermittlung der Bemessungsgrundlage zu unterscheiden, ob es sich um eine unternehmenseigene Kantine oder um eine vom Unternehmer (Arbeitgeber) nicht selbst betriebene Kantine handelt. ²Eine unternehmenseigene Kantine ist nur anzunehmen, wenn der Unternehmer die Mahlzeiten entweder selbst herstellt oder die Mahlzeiten vor der Abgabe an die Arbeitnehmer mehr als nur geringfügig be- oder verarbeitet bzw. aufbereitet oder ergänzt. ³Von einer nicht selbst betriebenen Kantine ist auszugehen, wenn die Mahlzeiten nicht vom Arbeitgeber/Unternehmer selbst (d. h. durch eigenes Personal) zubereitet und an die Arbeitnehmer abgegeben werden. ⁴Überlässt der Unternehmer (Arbeitgeber) im Rahmen der Fremdbewirtschaftung Küchen- und Kantinenräume, Einrichtungs- und Ausstattungsgegenstände sowie Koch- und Küchengeräte u. Ä., ist der Wert dieser Gebrauchsüberlassung bei der Ermittlung der Bemessungsgrundlage für die Mahlzeiten nicht zu berücksichtigen.

(11) ¹Bei der unentgeltlichen Abgabe von Mahlzeiten an die Arbeitnehmer durch unternehmenseigene Kantinen ist aus Vereinfachungsgründen bei der Ermittlung der Bemessungsgrundlage von dem Wert auszugehen, der dem amtlichen Sachbezugswert nach der Sachbezugsverordnung entspricht (vgl. R 31 Absatz 7 LStR 2004). ²Werden die Mahlzeiten in unternehmenseigenen Kantinen entgeltlich abgegeben, ist der vom Arbeitnehmer gezahlte Essenspreis, mindestens jedoch der Wert der Besteuerung zu Grunde zu legen, der dem amtlichen Sachbezugswert entspricht. ³Abschläge für Jugendliche, Auszubildende und Angehörige der Arbeitnehmer sind nicht zulässig.

Beispiel 1:

Wert der Mahlzeit	2,58 €
Zahlung des Arbeitnehmers	1,– €
maßgeblicher Wert	2,58 €
darin enthalten 16/116 Umsatzsteuer (Steuersatz 16 %)	./. 0,36 €
Bemessungsgrundlage	2,22 €

Beispiel 2:

Wert der Mahlzeit	2,58 €
Zahlung des Arbeitnehmers	3,– €
maßgeblicher Wert	3,– €
darin enthalten 16/116 Umsatzsteuer (Steuersatz 16 %)	./. 0,41 €
Bemessungsgrundlage	2,59 €

⁴In den Beispielen 1 und 2 wird von den Sachbezugswerten 2004 ausgegangen (vgl. BMF-Schreiben vom 4. 11. 2003 – BStBl. I S. 564).

⁵Soweit unterschiedliche Mahlzeiten zu unterschiedlichen Preisen verbilligt an die Arbeitnehmer abgegeben werden, kann bei der umsatzsteuerrechtlichen Bemessungsgrundlage, von dem für Lohnsteuerzwecke gebildeten Durchschnittswert ausgegangen werden.

(12) Bei der Abgabe von Mahlzeiten durch eine vom Unternehmer (Arbeitgeber) nicht selbstbetriebene Kantine oder Gaststätte gilt Folgendes:

1. ¹Vereinbart der Arbeitgeber mit dem Kantinenbetreiber bzw. Gastwirt die Zubereitung und die Abgabe von Essen an die Arbeitnehmer zum Verzehr an Ort und Stelle und hat der Kantinenbetreiber bzw. Gastwirt einen Zahlungsanspruch gegen den Arbeitgeber, liegt einerseits ein Leistungsaustausch zwischen Kantinenbetreiber bzw. Gastwirt und Arbeitgeber und andererseits ein Leistungsaustausch des Arbeitgebers gegenüber dem Arbeitnehmer vor. ²Der Arbeitgeber bedient sich in diesen Fällen des Kantinenbetreibers bzw. Gastwirts zur Beköstigung seiner Arbeitnehmer. ³Sowohl in dem Verhältnis Kantinenbetreiber bzw. Gastwirt – Arbeitgeber als auch im Verhältnis Arbeitgeber – Arbeitnehmer liegt eine sonstige Leistung vor.

   Beispiel 1:
   ¹Der Arbeitgeber vereinbart mit einem Gastwirt die Abgabe von Essen an seine Arbeitnehmer zu einem Preis von 3 € je Essen. ²Der Gastwirt rechnet über die ausgegebenen Essen mit dem Arbeitgeber auf der Grundlage dieses Preises ab. ³Die Arbeitnehmer haben einen Anteil am Essenspreis von 1 € zu entrichten, den der Arbeitgeber von den Arbeitslöhnen einbehält.

   ⁴Nach § 3 Absatz 9 UStG erbringen der Gastwirt an den Arbeitgeber und der Arbeitgeber an den Arbeitnehmer je eine sonstige Leistung. ⁵Der Preis je Essen beträgt für den Arbeitgeber 3 €. ⁶Als Bemessungsgrundlage für die Abgabe der Mahlzeiten des Arbeitgebers an den Arbeitnehmer ist der Betrag von 2,59 € (3 € abzüglich 16/116 Umsatzsteuer) anzusetzen. ⁷Der Arbeitgeber kann die ihm vom Gastwirt für die Beköstigungsleistungen gesondert in Rechnung gestellte Umsatzsteuer unter den Voraussetzungen des § 15 UStG als Vorsteuer abziehen.

2. ¹Bestellt der Arbeitnehmer in einer Gaststätte selbst sein gewünschtes Essen nach der Speisekarte und bezahlt dem Gastwirt den – ggf. um einen Arbeitgeberzuschuss geminderten – Essenspreis, liegt eine sonstige Leistung des Gastwirts an den Arbeitnehmer vor. ²Ein Umsatzgeschäft zwischen Arbeitgeber und Gastwirt besteht nicht. ³Im Verhältnis des Arbeitgebers zum Arbeitnehmer ist die Zahlung des Essenszuschusses ein nicht umsatzsteuerbarer Vorgang. ⁴Bemessungsgrundlage der

Umsatzsteuerliche Behandlung von Sachbezügen

sonstigen Leistung des Gastwirts an den Arbeitnehmer ist der von dem Arbeitnehmer an den Gastwirt gezahlte Essenspreis zuzüglich des ggf. gezahlten Arbeitgeberzuschusses (Entgelt von dritter Seite).

Beispiel 2:
¹Der Arbeitnehmer kauft in einer Gaststätte ein Mittagessen, welches mit einem Preis von 4 € ausgezeichnet ist. ²Er übergibt dem Gastwirt eine Essensmarke des Arbeitgebers im Wert von 1 € und zahlt die Differenz in Höhe von 3 €. ³Der Gastwirt lässt sich den Wert der Essensmarken wöchentlich vom Arbeitgeber erstatten.
⁴Bemessungsgrundlage beim Gastwirt ist der Betrag von 4 € abzüglich Umsatzsteuer. ⁵Die Erstattung der Essensmarke (Arbeitgeberzuschuss) führt nicht zu einer steuerbaren Sachzuwendung an den Arbeitnehmer. ⁶Der Arbeitgeber kann aus der Abrechnung des Gastwirts keinen Vorsteuerabzug geltend machen.

3. Vereinbart der Arbeitgeber mit einem selbständigen Kantinenpächter (z. B. Caterer), dass dieser die Kantine in den Räumen des Arbeitgebers betreibt und die Verpflegungsleistungen an die Arbeitnehmer im eigenen Namen und für eigene Rechnung erbringt, liegt ein Leistungsaustausch zwischen Caterer und Arbeitnehmer vor (vgl. BFH-Beschluss vom 18. 7. 2002 – BStBl. 2003 II S. 675).

Beispiel 3:
¹Der Arbeitgeber und der Caterer vereinbaren, dass der Caterer die Preise für die Mittagsverpflegung mit dem Arbeitgeber abzustimmen hat. ²Der Arbeitgeber zahlt dem Caterer einen jährlichen (pauschalen) Zuschuss (Arbeitgeberzuschuss). ³Der Zuschuss wird anhand der Zahl der durchschnittlich ausgegebenen Essen je Kalenderjahr ermittelt oder basiert auf einem prognostizierten „Verlust" (Differenz zwischen den voraussichtlichen Zahlungen der Arbeitnehmer und Kosten der Mittagsverpflegung).

⁴Ein Leistungsaustausch zwischen Arbeitgeber und Caterer sowie zwischen Arbeitgeber und Arbeitnehmer besteht nicht. ⁵Bemessungsgrundlage der sonstigen Leistung des Caterers an den Arbeitnehmer ist der von dem Arbeitnehmer an den Caterer gezahlte Essenspreis zuzüglich des ggf. gezahlten Arbeitgeberzuschusses. ⁶Diese vom Arbeitgeber in pauschalierter Form gezahlten Beträge sind Entgelt von dritter Seite (vgl. Abschnitt 150 Absatz 5 Satz 3). ⁷Da der Arbeitgeber keine Leistung vom Caterer erhält, ist er nicht zum Vorsteuerabzug aus der Zahlung des Zuschusses an den Caterer berechtigt.

(13) ¹In den Fällen, in denen Verpflegungsleistungen anlässlich einer unternehmerisch bedingten Auswärtstätigkeit des Arbeitnehmers vom Arbeitgeber empfangen und in voller Höhe getragen werden, kann der Arbeitgeber den Vorsteuerabzug aus den entstandenen Verpflegungskosten in Anspruch nehmen, wenn die Aufwendungen durch Rechnungen mit gesondertem Ausweis der Umsatzsteuer auf den Namen des Unternehmers oder durch Kleinbetragsrechnungen im Sinne des § 33 UStDV belegt sind. ²Es liegt keine einer entgeltlichen Leistung gleichgestellte unentgeltliche Wertabgabe vor.

(14) ¹Zu den unentgeltlichen Wertabgaben rechnen auch unentgeltliche Deputate, z. B. im Bergbau und in der Land- und Forstwirtschaft, und die unentgeltliche Abgabe von Getränken und Genussmitteln zum häuslichen Verzehr, z. B. Haustrunk im Brauereigewerbe, Freitabakwaren in der Tabakwarenindustrie. ²Das Gleiche gilt für Sachgeschenke, Jubiläumsgeschenke und ähnliche Zuwendungen aus Anlass von Betriebsveranstaltungen, soweit diese Zuwendungen weder Aufmerksamkeiten (vgl. Absatz 3) noch Leistungen im überwiegenden betrieblichen Interesse des Arbeitgebers (vgl. Absatz 4) sind. ³Als Bemessungsgrundlage sind in diesen Fällen grundsätzlich die in § 10 Absatz 4 Nr. 1 UStG bezeichneten Werte anzusetzen. ⁴Aus Vereinfachungsgründen kann von den nach den lohnsteuerrechtlichen Regelungen (vgl. R 31 Absatz 2, R 32 Absatz 2 LStR 2004) ermittelten Werten ausgegangen werden.

(15) ¹Unentgeltliche Beförderungen der Arbeitnehmer von ihrem Wohnsitz, gewöhnlichen Aufenthaltsort oder von einer Sammelhaltestelle, z. B. einem Bahnhof, zum Arbeitsplatz durch betriebseigene Kraftfahrzeuge oder durch vom Arbeitgeber beauftragte Beförderungsunternehmen sind nach § 3 Absatz 9a Nr. 2 UStG steuerbar, sofern sie nicht im überwiegenden betrieblichen Interesse des Arbeitgebers liegen. ²Nicht steuerbare Leistungen im überwiegenden betrieblichen Interesse sind z. B. in den Fällen anzunehmen, in denen

1. die Beförderung mit öffentlichen Verkehrsmitteln nicht oder nur mit unverhältnismäßig hohem Zeitaufwand durchgeführt werden könnte,
2. die Arbeitnehmer an ständig wechselnden Tätigkeitsstätten oder an verschiedenen Stellen eines weiträumigen Arbeitsgebiets eingesetzt werden, oder
3. im Einzelfall die Beförderungsleistungen wegen eines außergewöhnlichen Arbeitseinsatzes erforderlich werden oder wenn sie hauptsächlich dem Materialtransport an die Arbeitsstelle dienen und der Arbeitgeber dabei einige Arbeitnehmer unentgeltlich mitnimmt (vgl. BFH-Urteil vom 9. 7. 1998 – BStBl. II S. 635).

³Ergänzend wird auf das BFH-Urteil vom 11. 5. 2000 – BStBl. II S. 505 verwiesen. ⁴Danach ist das Gesamtbild der Verhältnisse entscheidend. ⁵Die Entfernung zwischen Wohnung und Arbeitsstätte ist nur ein Umstand, der neben anderen in die tatsächliche Würdigung einfließt.

(16) ¹Die Bemessungsgrundlage für die unentgeltlichen Beförderungsleistungen des Arbeitgebers richtet sich nach den bei der Ausführung der Umsätze entstandenen Kosten (§ 10 Absatz 4 Nr. 3 UStG). ²Es ist nicht zu beanstanden, wenn der Arbeitgeber die entstandenen Kosten schätzt, soweit er die Beförderung mit betriebseigenen Fahrzeugen durchführt. ³Die Bemessungsgrundlage für die Beförderungsleistungen eines Monats kann z. B. pauschal aus der Zahl der durchschnittlich beförderten Arbeitnehmer und aus dem Preis für eine Monatskarte für die kürzeste und weiteste gefahrene Strecke (Durchschnitt) abgeleitet werden.

Beispiel:
¹Ein Unternehmer hat in einem Monat durchschnittlich sechs Arbeitnehmer mit einem betriebseigenen Fahrzeug unentgeltlich von ihrer Wohnung zur Arbeitsstätte befördert. ²Die kürzeste Strecke von der Wohnung eines Arbeitnehmers zur Arbeitsstätte beträgt 10 km, die weiteste 30 km (Durchschnitt 20 km).

³Die Bemessungsgrundlage für die Beförderungsleistungen in diesem Monat berechnet sich wie folgt:

6 Arbeitnehmer × 76 € (Monatskarte für 20 km) = 456 € abzüglich 29,83 € Umsatzsteuer (Steuersatz 7 %) = 426,17 €.

⁴Zur Anwendung der Steuerermäßigung des § 12 Absatz 2 Nr. 10 Buchstabe b UStG vgl. Abschnitt 175.

(17) ¹Werden von Verkehrsbetrieben die Freifahrten aus betrieblichen Gründen für den privaten, außerhalb des Dienstverhältnisses liegenden Bedarf des Arbeitnehmers, ihrer Angehörigen und der Pensionäre gewährt, sind die Freifahrten nach § 3 Absatz 9a Nr. 2 UStG steuerbar. ²Die als Bemessungsgrundlage anzusetzenden Kosten sind nach den jeweiligen örtlichen Verhältnissen zu ermitteln und können im Allgemeinen mit 25 % des normalen Preises für den überlassenen Fahrausweis oder eines der Fahrberechtigung entsprechenden Fahrausweises angenommen werden. ³Die Umsatzsteuer ist herauszurechnen.

(18) ¹Zur umsatzsteuerrechtlichen Behandlung der Überlassung von Kraftfahrzeugen an Arbeitnehmer zu deren privater Nutzung vgl. Tz. 4 des BMF-Schreibens vom 27. 8. 2004 – BStBl. I S. 864. ²Leistet der Arbeitnehmer in diesen Fällen Zuzahlungen, vgl. BMF-Schreiben vom 30. 12. 1997 – BStBl. 1998 I S. 110.

(19) ¹Zur umsatzsteuerrechtlichen Behandlung unentgeltlicher oder verbilligter Reisen für Betriebsangehörige vgl. Abschnitt 274 Absatz 5. ²Wendet ein Hersteller bei einem Verkaufswettbewerb ausgelobte Reiseleistungen seinen Vertragshändlern unter der Auflage zu, die Reisen bestimmten Arbeitnehmern zu gewähren, kann der Händler steuerbare Reiseleistungen an seine Arbeitnehmer ausführen. ³Wendet der Hersteller Reiseleistungen unmittelbar Arbeitnehmern seiner Vertragshändler zu, erbringt der Vertragshändler insoweit keine steuerbaren Leistungen an seine Arbeitnehmer (vgl. BFH-Urteil vom 16. 3. 1995 – BStBl. II S. 651).

Anhang 15
Merkblatt für den Arbeitgeber zu den Rechtsänderungen beim Steuerabzug vom Arbeitslohn ab 1. Januar 1996

(BStBl. I 1995 S. 719)

Vorbemerkung

Der zum Steuerabzug vom Arbeitslohn verpflichtete Arbeitgeber hat bei der Erhebung der Lohnsteuer, des Solidaritätszuschlags und der Kirchensteuer ab 1996 die Rechtsänderungen zu beachten, die im Einkommensteuergesetz (EStG), im Solidaritätszuschlaggesetz 1995 und in der Lohnsteuer-Durchführungsverordnung (LStDV) durch das Jahressteuergesetz 1996 in Kraft gesetzt worden sind. Bedeutsam sind außerdem neue Verwaltungsvorschriften in den Lohnsteuer-Richtlinien 1996 (LStR 1996).

Nachfolgend werden die wesentlichen Rechtsänderungen dargestellt; weitere Auskünfte zum Steuerabzug vom Arbeitslohn erteilen die Finanzämter.

A. Änderungen beim Steuerabzug vom Arbeitslohn

I. Steuerfreie Bezüge

1. Vergütungen zur Erstattung von Reisekosten

a) Allgemeines

1 Reisekostenvergütungen, die entsprechend den reisekostenrechtlichen Vorschriften des Bundes und der Länder aus einer öffentlichen Kasse gezahlt werden, sind nur nach Maßgabe des § 3 Nr. 13 EStG in Verbindung mit Abschnitt 14 LStR 1996 steuerfrei. Vergütungen, die Arbeitnehmer außerhalb des öffentlichen Dienstes von ihrem Arbeitgeber zur Erstattung von Reisekosten erhalten, sind nach § 3 Nr. 16 EStG in Verbindung mit Abschnitten 37 bis 40 LStR 1996 steuerfrei, soweit sie die beruflich veranlassten Mehraufwendungen nicht übersteigen. In beiden Fällen sind Vergütungen für **Verpflegungsmehraufwendungen** nur steuerfrei, soweit sie die Pauschbeträge nach § 4 Abs. 5 Satz 1 Nr. 5 EStG nicht übersteigen.

b) Fahrtkostenersatz bei Einsatzwechseltätigkeit

2 Bei einer Einsatzwechseltätigkeit können Fahrtkosten für Fahrten zwischen Wohnung und Einsatzstelle bis zu einer Tätigkeitsdauer von drei Monaten*) an derselben Einsatzstelle als Reisekosten anerkannt werden, wenn die Entfernung die übliche Fahrtstrecke zwischen Wohnung und regelmäßiger Arbeitsstätte überschreitet. Für den Ablauf der Dreimonatsfrist*) gilt Abschnitt 37 Abs. 3 LStR 1996 sinngemäß: bei jedem Wechsel der Einsatzstelle beginnt eine neue Dreimonatsfrist. Als übliche Entfernung zwischen Wohnung und regelmäßiger Arbeitsstätte wird nach Abschnitt 38 Abs. 5 LStR 1996 eine Entfernung von 30 km (bisher 20 km) angesehen, sodass Aufwendungen für Fahrten zwischen Wohnung und einer Einsatzstelle, die nicht mehr als 30 km entfernt ist, grundsätzlich nicht mehr als Reisekosten anerkannt werden können. Eine Ausnahme gilt nur dann, wenn die Tätigkeit im Wesentlichen durch den täglichen mehrfachen Ortswechsel geprägt ist, z. B. für Kundendiensttechniker. Für die Entfernungsbestimmung gelten nach Abschnitt 38 Abs. 5 LStR 1996 dieselben Regeln, die bisher in Abschnitt 37 Abs. 3 Nr. 1 LStR 1993 enthalten waren.

c) Ersatz von Verpflegungsmehraufwendungen

3 Für die steuerliche Anerkennung von Verpflegungsmehraufwendungen wird nicht mehr zwischen Dienstreise und Dienstgang unterschieden. Jede vorübergehende Tätigkeit eines Arbeitnehmers außerhalb seiner Wohnung und seiner regelmäßigen Arbeitsstätte wird nach Abschnitt 37 Abs. 3 LStR 1996 als Dienstreise angesehen. Es bleibt jedoch dabei, dass eine längerfristige vorübergehende Tätigkeit außerhalb der regelmäßigen Arbeitsstätte nur für die ersten drei Monate als Dienstreise anerkannt werden kann. Für Arbeitnehmer, die eine Fahrtätigkeit oder Einsatzwechseltätigkeit ausüben**), ist die Dreimonatsfrist ohne Bedeutung, weil sie sich auf eine vorübergehende Tätigkeit außerhalb einer regelmäßigen Arbeitsstätte bezieht, die bei Arbeitnehmern mit Fahrtätigkeit oder Einsatzwechseltätigkeit nicht vorhanden ist.

4 Die Verpflegungsmehraufwendungen dürfen ab 1996 nur noch im Rahmen der in § 4 Abs. 5 Satz 1 Nr. 5 EStG festgelegten Pauschbeträge steuerfrei erstattet werden. Es ist nicht mehr möglich, aufgrund eines Einzelnachweises der tatsächlichen Verpflegungsaufwendungen höhere Beträge steuerfrei zu erstatten. Die Höhe der Pauschbeträge ist nicht davon abhängig, ob eine Dienstreise, eine Fahrtätigkeit oder eine Einsatzwechseltätigkeit durchgeführt wird. Maßgebend ist allein die Dauer der Abwesenheit an dem **Kalendertag**, an dem eine Dienstreise, Fahrtätigkeit oder Einsatzwechseltätigkeit durchgeführt wird. Dabei betrifft die Abwesenheitsdauer bei Dienstreisen die Dauer der Abwesenheit von der Wohnung **und** der regelmäßigen Arbeitsstätte; bei einer Fahrtätigkeit und Einsatzwechseltätigkeit ist allein die Dauer der Abwesenheit von der Wohnung maßgebend.

5 Die Pauschbeträge für Verpflegungsmehraufwendungen bei einer Dienstreise, Fahrtätigkeit oder Einsatzwechseltätigkeit im Inland betragen:

– bei einer Abwesenheit von 24 Stunden
  je Kalendertag: 46 DM,
– bei einer Abwesenheit von mindestens 14 Stunden
  je Kalendertag: 20 DM und
– bei einer Abwesenheit von mindestens 10 Stunden***)
  je Kalendertag: 10 DM.

Für Dienstreisen, Fahrtätigkeiten und Einsatzwechseltätigkeiten im Ausland gelten länderweise unterschiedliche Pauschbeträge, die noch gesondert mit Wirkung ab 1996 neu festgesetzt werden.

6 Die für die Pauschbeträge maßgebende Abwesenheitsdauer bezieht sich auf den jeweiligen Kalendertag. Mehrere Abwesenheitszeiten an einem Kalendertag sind zusammenzurechnen. Soweit für denselben Zeitraum Verpflegungsmehraufwendungen wegen einer Dienstreise, Fahrtätigkeit oder Einsatzwechseltätigkeit oder wegen einer doppelten Haushaltsführung anzuerkennen sind, ist nur der höchste Pauschbetrag anzusetzen.

7 Die Pauschbeträge sind nicht zu kürzen, wenn der Arbeitnehmer bei einer Dienstreise, Fahrtätigkeit oder Einsatzwechseltätigkeit vom Arbeitgeber oder auf dessen Veranlassung von einem Dritten Mahlzeiten unentgeltlich oder teilentgeltlich erhalten hat. In diesen Fällen ist vielmehr ein geldwerter Vorteil als Arbeitslohn zu erfassen, wenn und soweit das vom Arbeitnehmer gezahlte Entgelt den amtlichen Sachbezugswert der Mahlzeit (vgl. Tz. 39) unterschreitet und keine Bewirtung im Sinne des Abschnitts 31 Abs. 6 a Nr. 1 LStR 1996 vorliegt. Dies gilt nicht, wenn der Arbeitgeber mindestens einen dem Sachbezugswert entsprechenden Betrag als Entgelt für die Mahlzeit vereinbart hat und von der steuerfreien Reisekostenvergütung, auf die der Arbeitnehmer einen Anspruch hat, oder vom Nettoarbeitslohn einbehält. Die Höhe der Reisekostenvergütung und des auf der Lohnsteuerkarte zu bescheinigenden Arbeitslohns wird durch die Entgeltverrechnung nicht verändert.

Beispiele

Ein Arbeitnehmer ist durch eine Dienstreise an einem Kalendertag 15 Stunden abwesend. Nach der betrieblichen Reisekostenregelung beträgt die Reisekostenvergütung bei einer 15-stündigen Abwesenheit 28 DM, die bei Gewährung einer Mahlzeit um 30 v. H. zu kürzen ist. Der Arbeitnehmer hat deshalb nur Anspruch auf eine Reisekostenvergütung von 19,60 DM in bar.

1. Der Arbeitnehmer erhält auf der Dienstreise vom Arbeitgeber eine Mittagsmahlzeit unentgeltlich. Der geldwerte Vorteil der Mahlzeit ist mit 4,50 DM****) dem steuerpflichtigen Arbeitslohn hinzuzurechnen. Die Reisekostenvergütung von 19,60 DM ist steuerfrei, weil sie den Pauschbetrag nach Tz. 5 nicht überschreitet.

2. Der Arbeitnehmer erhält vom Arbeitgeber eine Mittagsmahlzeit, für die ein Entgelt von 4,50 DM****) vereinbart ist. Dieses Entgelt wird von der Reisekostenvergütung einbehalten. Von 19,60 DM erhält der Arbeitnehmer nur 15,10 DM ausgezahlt. Als Reisekostenvergütung sind nach § 4 Abs. 2 LStDV 19,60 DM einzutragen. Die Zurechnung eines geldwerten Vorteils zum Arbeitslohn entfällt. Auf die Höhe des auf der Lohnsteuerkarte zu bescheinigenden Arbeitslohns hat die Mahlzeit ebenfalls keinen Einfluss.

---
*) Die Dreimonatsfrist für den Fahrtkostenersatz ist ab 1.1.2006 weggefallen.
**) Für Arbeitnehmer, die eine Einsatzwechseltätigkeit ausüben, ist die Dreimonatsfrist für den Verpflegungsmehraufwand ab 1.1.2006 zu beachten.
***) Ab 1.1.1997 8 Stunden.
****) Ab 1.1.2007 2,67 €.

Merkblatt für den Arbeitgeber zu den Rechtsänderungen beim Steuerabzug Anhang 15

8 Soweit die nach arbeitsrechtlichen oder anderen Vorschriften zu zahlenden Vergütungen für Verpflegungsmehraufwendungen die Summe der für die maßgebende Abwesenheitsdauer steuerfreien Pauschbeträge überschreiten, sind sie dem steuerpflichtigen Arbeitslohn zuzurechnen. Es ist auch zulässig, die Vergütungen für Verpflegungsmehraufwendungen mit Fahrtkostenvergütungen und Übernachtungskostenvergütungen zusammenzurechnen; in diesem Fall ist die Summe der Vergütungen steuerfrei, soweit sie die Summe der steuerfreien Einzelvergütungen nicht übersteigt. Es bestehen keine Bedenken, die nicht steuerfreien Reisekostenvergütungen als sonstige Bezüge zu behandeln. Deshalb entfällt die individuelle Besteuerung, wenn das Betriebsstättenfinanzamt auf Antrag des Arbeitgebers die Pauschalbesteuerung nach § 40 Abs. 1 Satz 1 Nr. 1 EStG zulässt. Dies setzt u. a. voraus, dass die pauschal zu besteuernden Beträge ggf. zusammen mit anderen pauschal besteuerten Bezügen des Arbeitnehmers 2000 DM jährlich nicht übersteigen.

d) Ersatz der Übernachtungskosten

9 Die tatsächlichen Aufwendungen, die dem Arbeitnehmer für die persönliche Inanspruchnahme einer Unterkunft zur Übernachtung während einer Dienstreise oder einer Fahrtätigkeit entstehen, kann der Arbeitgeber weiterhin steuerfrei ersetzen. Wird durch Zahlungsbelege nur ein Gesamtpreis für Unterkunft und Frühstück nachgewiesen und lässt sich der Preis für das Frühstück nicht feststellen, so ist nach Abschnitt 40 Abs. 1 LStR 1996 der Gesamtpreis zur Ermittlung der Übernachtungskosten bei einer Übernachtung im Inland um 9 DM (bisher 7 DM) und bei einer Übernachtung im Ausland um 20 v. H. (bisher 15 v. H.) des für den Unterkunftsort bei einer Abwesenheit von 24 Stunden maßgebenden Pauschbetrags für Verpflegungsmehraufwendungen zu kürzen.

10 Nach wie vor können auch Übernachtungskosten mit Pauschbeträgen steuerfrei erstattet werden, wenn der Arbeitnehmer die Unterkunft nicht vom Arbeitgeber oder aufgrund seines Dienstverhältnisses von einem Dritten unentgeltlich oder teilentgeltlich erhalten hat. Für jede Übernachtung im Inland gilt wie bisher ein Pauschbetrag von 39 DM; die Pauschbeträge für Übernachtungen im Ausland werden noch gesondert mit Wirkung ab 1996 neu festgesetzt werden. Nach Abschnitt 40 Abs. 3 LStR 1996 ist ein Wechsel zwischen der Erstattung der tatsächlichen Übernachtungskosten und der Pauschbetragszahlung während einer mehrtägigen Dienstreise oder Fahrtätigkeit nicht zulässig*).

2. Vergütungen von Mehraufwendungen wegen doppelter Haushaltsführung

a) Allgemeines

11 Vergütungen für Mehraufwendungen wegen einer beruflich veranlassten doppelten Haushaltsführung sind nach § 3 Nr. 13 EStG steuerfrei, soweit sie aus öffentlichen Kassen gezahlt werden, und für Arbeitnehmer außerhalb des öffentlichen Dienstes nach § 3 Nr. 16 EStG steuerfrei, soweit sie die beruflich veranlassten Mehraufwendungen nicht übersteigen. In beiden Fällen gilt für die steuerfreie Erstattung von Verpflegungsmehraufwendungen die Begrenzung auf die Pauschbeträge nach § 4 Abs. 5 Satz 1 Nr. 5 EStG (vgl. Tz. 4 und 5) und auf einen Dreimonatszeitraum (vgl. Tz. 18). Dabei ist für jeden Kalendertag die Dauer der Abwesenheit von der Wohnung maßgebend, in der der Arbeitnehmer einen eigenen Hausstand unterhält oder den Mittelpunkt seiner Lebensinteressen hat. Für Vergütungen an Arbeitnehmer außerhalb des öffentlichen Dienstes gilt nach § 3 Nr. 16 EStG zusätzlich die Befristung auf die ersten zwei Jahre nach § 9 Abs. 1 Satz 3 Nr. 5 Satz 3 EStG (vgl. Tz. 14 bis 16) und bei Einsatz eines eigenen oder außerhalb des Dienstverhältnisses zur Nutzung überlassenen Kraftfahrzeugs zu Familienheimfahrten die Begrenzung auf die Kilometer-Pauschbeträge nach § 9 Abs. 1 Satz 3 Nr. 4 EStG. Es ist zu erwarten, dass die Zweijahresfrist des § 9 Abs. 1 Satz 3 Nr. 5 Satz 3 EStG durch Gesetzesänderung auch auf die aus öffentlichen Kassen gezahlten Trennungsgelder ausgedehnt wird.

b) Anerkennung einer doppelten Haushaltsführung im Sinne des § 3 Nr. 16 EStG

12 Eine doppelte Haushaltsführung im Sinne des § 3 Nr. 16 EStG setzt grundsätzlich voraus, dass eine Haushaltsführung aus beruflichem Anlass auf zwei Wohnungen aufgeteilt worden ist. Ein beruflicher Anlass liegt regelmäßig bei einem Wechsel des Beschäftigungsorts aufgrund einer Versetzung vor; dasselbe gilt bei der Begründung eines Dienstverhältnisses außerhalb des bisherigen Wohnorts und seiner Umgebung. Wenn diese Voraussetzungen erfüllt sind, kann der Arbeitgeber bei Arbeitnehmern in den Steuerklassen III, IV oder V ohne weiteres unterstellen, dass sie einen eigenen Hausstand haben. Bei anderen Arbeitnehmern darf der Arbeitgeber einen eigenen Hausstand nur dann anerkennen, wenn sie schriftlich erklären, dass sie neben einer Zweitwohnung am Beschäftigungsort einen eigenen Hausstand außerhalb des Beschäftigungsorts unterhalten, und die Richtigkeit dieser Erklärung durch ihre Unterschrift bestätigen. Die Erklärung ist als Beleg zum Lohnkonto aufzubewahren.

13 Bei einem Arbeitnehmer ohne eigenen Hausstand gilt ein Wohnungswechsel an den Beschäftigungsort oder in dessen Nähe nach Abschnitt 43 Abs. 5 LStR 1996 allgemein für eine Übergangszeit von drei Monaten nach Aufnahme der Beschäftigung am neuen Beschäftigungsort als doppelte Haushaltsführung, wenn der Arbeitnehmer den Mittelpunkt seiner Lebensinteressen mit seiner Wohnung am bisherigen Wohnort beibehält. Die Anerkennung einer doppelten Haushaltsführung für die Folgezeit setzt zusätzlich voraus, dass der Arbeitnehmer von vornherein für eine verhältnismäßig kurze Dauer, längstens für drei Jahre, am selben Ort beschäftigt wird oder dass der Arbeitnehmer am Beschäftigungsort eine nach objektiven Maßstäben angemessene Wohnung nicht erlangen kann.

c) Neue Zweijahresfrist**)

14 Die steuerliche Berücksichtigung von Mehraufwendungen wegen einer aus beruflichem Anlass begründeten doppelten Haushaltsführung ist bei einer Beschäftigung am selben Ort auf die ersten zwei Jahre nach Begründung der doppelten Haushaltsführung beschränkt (§ 9 Abs. 1 Satz 3 Nr. 5 Satz 3 EStG). Dies gilt auch für eine doppelte Haushaltsführung, die vor dem 1. Januar 1996 begonnen hat, sodass z. B. Aufwendungen wegen einer am 1. Juli 1994 begründeten doppelten Haushaltsführung nur noch für die Zeit bis zum 30. Juni 1996 berücksichtigt werden können.

15 Die Zweijahresfrist beginnt zu laufen, wenn der Arbeitnehmer seinen Beschäftigungsort gewechselt oder erstmals eine Beschäftigung aufgenommen hat und in der Umgebung des neuen Beschäftigungsorts eine Zweitwohnung bezogen hat. Ist der Tätigkeit am Beschäftigungsort eine Dienstreise an diesen Ort unmittelbar vorausgegangen, so ist die Dauer der Dienstreise auf die Zweijahresfrist nicht anzurechnen. Ein Wechsel des Beschäftigungsorts liegt vor, wenn der Arbeitnehmer außerhalb der Gemeinde, in der er seine Arbeitsstätte hatte, und deren Umgebung eine neue Arbeitsstätte erhält. Bei Arbeitnehmern, die eine Einsatzwechseltätigkeit ausüben, ist der Mittelpunkt ihrer Einsatzstellen als Arbeitsstätte anzusehen. Ein Wechsel des auswärtigen Beschäftigungsorts führt nur dann zu einer neuen doppelten Haushaltsführung, wenn er mit dem erstmaligen Bezug oder dem Wechsel der Zweitwohnung an den neuen Beschäftigungsort oder in dessen Einzugsbereich verbunden ist.

16 Eine urlaubs- oder krankheitsbedingte Unterbrechung der Beschäftigung am selben Ort hat auf den Ablauf der Zweijahresfrist keinen Einfluss. Andere Unterbrechungen, z. B. durch eine vorübergehende Tätigkeit an einem anderen Beschäftigungsort, können nur dann zu einem Neubeginn der Zweijahresfrist für die Beschäftigung am bisherigen Beschäftigungsort führen, wenn die Unterbrechung mindestens 12 Monate gedauert hat.

---

*) Überholt durch R 40 Abs. 3 LStR.
**) Ab 1.1.2003 weggefallen.

Anhang 15   Merkblatt für den Arbeitgeber zu den Rechtsänderungen beim Steuerabzug

d) Ersatz der Aufwendungen für Familienheimfahrten

17 Fahrten vom Beschäftigungsort zum Ort des eigenen Hausstands und zurück (Familienheimfahrten) sind nach Ablauf der Zweijahresfrist als Fahrten zwischen Wohnung und Arbeitsstätte im Sinne des § 9 Abs. 1 Satz 3 Nr. 4 EStG zu behandeln. Dies gilt auch dann, wenn die Fahrten an der Zweitwohnung (ggf. mit Übernachtung) unterbrochen werden. Der Ersatz der Fahrtkosten ist in diesen Fällen nach § 3 Nr. 34 EStG steuerfrei, wenn die Fahrten mit öffentlichen Verkehrsmitteln im Linienverkehr durchgeführt werden.

e) Ersatz der Verpflegungsmehraufwendungen, Dreimonatsfrist

18 Der Ersatz von Verpflegungsmehraufwendungen bei einer beruflich veranlassten doppelten Haushaltsführung ist sowohl bei Zahlungen aus öffentlichen Kassen (Trennungsgelder) nach § 3 Nr. 13 EStG als auch bei Vergütungen an Arbeitnehmer außerhalb des öffentlichen Dienstes nach § 3 Nr. 16 EStG auf die ersten drei Monate und auf die bei Dienstreisen geltenden – nach der Dauer der Abwesenheit gestaffelten – Pauschbeträge (vgl. Tz. 4 und 5) begrenzt. Die Dreimonatsfrist gilt auch für eine doppelte Haushaltsführung, die vor dem 1. Januar 1996 begründet worden ist; die Pauschbeträge gelten erstmals für Kalendertage nach dem 31. Dezember 1995. Die Dreimonatsfrist gilt (anders als bisher) auch für Arbeitnehmer ohne Einsatzwechseltätigkeit. Ist der Tätigkeit am Beschäftigungsort eine Dienstreise an diesen Beschäftigungsort unmittelbar vorausgegangen, so ist deren Dauer auf die Dreimonatsfrist anzurechnen. Für den Beginn der Dreimonatsfrist gelten die Regelungen in Tz. 15 sinngemäß. Nach Ablauf der Dreimonatsfrist können Verpflegungsmehraufwendungen wegen der doppelten Haushaltsführung nicht mehr steuerfrei ersetzt werden. Der steuerfreie Ersatz von Verpflegungsmehraufwendungen wegen einer Dienstreise, Fahrtätigkeit oder Einsatzwechseltätigkeit wird dadurch nicht berührt (zur Konkurrenz vgl. Tz. 6).

f) Ersatz der Aufwendungen für die Zweitwohnung

19 Wie bisher kann der Arbeitgeber die nachgewiesenen notwendigen Aufwendungen für die Zweitwohnung am Beschäftigungsort während der Zweijahresfrist steuerfrei ersetzen. Ohne Einzelnachweis darf der Arbeitgeber die notwendigen Kosten für eine Zweitwohnung im Inland nach Abschnitt 43 Abs. 10 Nr. 3 LStR 1996 für einen Zeitraum von drei Monaten mit einem Pauschbetrag bis zu 39 DM und für die Folgezeit von bis zu 21 Monaten mit einem Pauschbetrag bis zu 8 DM je Übernachtung steuerfrei ersetzen, wenn dem Arbeitnehmer die Zweitwohnung nicht vom Arbeitgeber oder auf Grund des Dienstverhältnisses von einem Dritten unentgeltlich oder teilentgeltlich zur Verfügung gestellt worden ist. Bei einer Zweitwohnung im Ausland können die notwendigen Aufwendungen ohne Einzelnachweis für einen Zeitraum von drei Monaten mit dem für eine Dienstreise geltenden Pauschbetrag und für die Folgezeit mit 40 v. H. dieses Pauschbetrags steuerfrei erstattet werden.

II. Lohnsteuerliche Erfassung und Bewertung von Sachbezügen

1. Überlassung eines betrieblichen Kraftfahrzeugs zu Privatfahrten

a) Allgemeines

20 Überlässt der Arbeitgeber oder aufgrund des Dienstverhältnisses ein Dritter dem Arbeitnehmer ein Kraftfahrzeug unentgeltlich zu Privatfahrten, so ist der Nutzungsvorteil dem Arbeitslohn zuzurechnen. Zur privaten Nutzung eines Kraftfahrzeugs gehören alle Fahrten, die einem privaten Zweck dienen, z. B. Fahrten zur Erholung, Fahrten zu Verwandten, Freunden, kulturellen oder sportlichen Veranstaltungen, Einkaufsfahrten, Fahrten zu Gaststättenbesuchen und Mittagsheimfahrten. Nicht zu den privaten Fahrten gehören Fahrten zwischen Wohnung und Arbeitsstätte (vgl. Tz. 28 bis 35) einschließlich der Fahrten, die der Arbeitnehmer aus beruflichen Gründen mehrmals am Tag durchführen muss, und Familienheimfahrten im Rahmen einer doppelten Haushaltsführung (vgl. dazu Tz. 36 und 37).

b) Pauschaler Nutzungswert

21 Der Arbeitgeber hat grundsätzlich die private Nutzung mit monatlich 1 v. H. des inländischen Listenpreises des Kraftfahrzeugs zu bewerten (§ 8 Abs. 2 Satz 2 i. V. m. § 6 Abs. 1 Nr. 4 Satz 2 EStG). Dies gilt auch dann, wenn der Arbeitgeber das Kraftfahrzeug gebraucht erworben oder geleast hat. Listenpreis ist die auf volle 100 DM abgerundete unverbindliche Preisempfehlung des Herstellers für das genutzte Kraftfahrzeug im Zeitpunkt seiner Erstzulassung zuzüglich der Zuschläge für Sonderausstattungen einschließlich der Umsatzsteuer; der Wert eines Autotelefons bleibt außer Ansatz. Bei einem Kraftwagen, der aus Sicherheitsgründen gepanzert ist, kann der Listenpreis des leistungsschwächeren Fahrzeugs zugrunde gelegt werden, das dem Arbeitnehmer zur Verfügung gestellt würde, wenn seine Sicherheit nicht gefährdet wäre. Der Monatswert ist auch dann anzusetzen, wenn das Kraftfahrzeug dem Arbeitnehmer im Kalendermonat nur zeitweise zur privaten Nutzung zur Verfügung steht. Werden einem Arbeitnehmer während eines Kalendermonats abwechselnd unterschiedliche Fahrzeuge zur privaten Nutzung überlassen, so ist das Fahrzeug der pauschalen Nutzungswertbesteuerung zugrunde zu legen, das der Arbeitnehmer überwiegend nutzt. Dies gilt auch bei einem Fahrzeugwechsel im Laufe eines Kalendermonats.

c) Individueller Nutzungswert

22 Anstelle des pauschalen Nutzungswerts kann der Arbeitgeber den Wert der privaten Nutzung des dem Arbeitnehmer überlassenen Kraftfahrzeugs mit dem Anteil der Aufwendungen für das Kraftfahrzeug ansetzen, der auf die privaten Fahrten entfällt. Dies setzt voraus, dass die für das Kraftfahrzeug insgesamt entstehenden Aufwendungen durch Belege und das Verhältnis der privaten zu den übrigen Fahrten durch ein ordnungsgemäßes Fahrtenbuch nachgewiesen werden. Werden dem Arbeitnehmer abwechselnd unterschiedliche Kraftfahrzeuge zur privaten Nutzung überlassen, so müssen für jedes Kraftfahrzeug die insgesamt entstehenden Aufwendungen und das Verhältnis der privaten zu den übrigen Fahrten nachgewiesen werden. Die insgesamt entstehenden Aufwendungen sind als Summe der Nettoaufwendungen zuzüglich Umsatzsteuer und der Absetzungen für Abnutzung zu ermitteln. Den Absetzungen für Abnutzung sind die tatsächlichen Anschaffungs- oder Herstellungskosten (einschließlich der Umsatzsteuer) des einzelnen Kraftfahrzeugs zugrunde zu legen. Ein Durchschnittswert ist nicht zulässig. Es ist auch nicht zulässig, die individuelle Nutzungswertermittlung auf Privatfahrten zu beschränken, wenn das Kraftfahrzeug auch zu Fahrten zwischen Wohnung und Arbeitsstätte genutzt wird.

23 Ein ordnungsgemäßes Fahrtenbuch setzt voraus, dass die dienstlich und privat zurückgelegten Fahrtstrecken gesondert und laufend eingetragen werden. Für dienstliche Fahrten sind mindestens die folgenden Angaben erforderlich:

– Datum und Kilometerstand zu Beginn und am Ende jeder einzelnen Auswärtstätigkeit (Dienstreise, Einsatzwechseltätigkeit, Fahrtätigkeit),
– Reiseziel und Reiseroute,
– Reisezweck und aufgesuchte Geschäftspartner.

Für Privatfahrten genügen jeweils Kilometerangaben. Für Fahrten zwischen Wohnung und Arbeitsstätte genügt jeweils ein kurzer Vermerk. Die Führung des Fahrtenbuchs kann nicht auf einen repräsentativen Zeitraum beschränkt werden, selbst wenn die Nutzungsverhältnisse keinen größeren Schwankungen unterliegen. Anstelle des Fahrtenbuchs kann ein Fahrtenschreiber eingesetzt werden, wenn sich daraus dieselben Erkenntnisse gewinnen lassen.

24 Der private Nutzungswert ist der Anteil an den Gesamtkosten des überlassenen Kraftfahrzeugs, der dem Verhältnis der Privatfahrten (vgl. dazu Tz. 20) zur Gesamtfahrtstrecke entspricht. Aus Vereinfachungsgründen kann der Monatswert vorläufig mit einem Zwölftel des Vorjahresbetrags angesetzt werden. Es bestehen auch keine Bedenken, wenn die Privatfahrten je Fahrtkilometer vorläufig mit 0,001 v. H. des inländischen Listenpreises für das Kraftfahrzeug angesetzt werden. Nach Ablauf des Kalenderjahrs oder nach Beendigung des Dienstverhältnisses ist der tatsächlich zu versteuernde Nutzungswert zu ermitteln und eine

Merkblatt für den Arbeitgeber zu den Rechtsänderungen beim Steuerabzug

etwaige Lohnsteuerdifferenz nach Maßgabe der §§ 41 c, 42 b EStG auszugleichen.

25 Der Arbeitgeber muss in Abstimmung mit dem Arbeitnehmer im Vorhinein für jedes Kalenderjahr festlegen, ob die individuelle Nutzungswertermittlung an die Stelle der pauschalen Nutzungswertermittlung treten soll. Das Verfahren darf bei demselben Kraftfahrzeug während des Kalenderjahrs nicht gewechselt werden.

d) Überlassung eines Kraftfahrzeugs mit Fahrer

26 Stellt der Arbeitgeber dem Arbeitnehmer für Privatfahrten ein Kraftfahrzeug mit Fahrer zur Verfügung, so ist der private Nutzungswert des Kraftfahrzeugs zu erhöhen

- um 50 v. H., wenn der Fahrer überwiegend in Anspruch genommen wird,
- um 40 v. H., wenn der Arbeitnehmer das Kraftfahrzeug häufig selbst steuert,
- um 25 v. H., wenn der Arbeitnehmer das Kraftfahrzeug weit überwiegend selbst steuert.

Bei einem Kraftwagen, der aus Sicherheitsgründen gepanzert und deshalb zum Selbststeuern nicht geeignet ist, führt die Gestellung des Fahrers nicht zur Erhöhung des privaten Nutzungswerts. Es ist dabei unerheblich, in welcher Gefährdungsstufe der Arbeitnehmer eingeordnet ist.

e) Nutzungsentgelt des Arbeitnehmers

27 Zahlt der Arbeitnehmer unabhängig vom Umfang der tatsächlichen privaten Nutzung des überlassenen Kraftfahrzeugs an den Arbeitgeber ein pauschales Nutzungsentgelt, so mindert dieses im Zahlungsjahr den privaten Nutzungswert. Dasselbe gilt für Zuschüsse des Arbeitnehmers zu den Anschaffungskosten des Kraftfahrzeugs; Zuschussrückzahlungen sind Arbeitslohn, soweit die Zuschüsse den privaten Nutzungswert gemindert haben. Nutzungsentgelte, die nach dem Umfang der privaten Nutzung bemessen werden (z. B. Kilometergeld) können nur auf den individuellen Nutzungswert (Tz. 22 bis 24) angerechnet werden.

2. Überlassung eines betrieblichen Kraftfahrzeugs zu Fahrten zwischen Wohnung und Arbeitsstätte

a) Pauschaler Nutzungswert

28 Kann ein Kraftfahrzeug, das der Arbeitgeber oder aufgrund des Dienstverhältnisses ein Dritter dem Arbeitnehmer unentgeltlich überlassen hat, von dem Arbeitnehmer für Fahrten zwischen Wohnung und Arbeitsstätte genutzt werden, so ist diese Nutzungsmöglichkeit unabhängig von der Nutzung des Fahrzeugs zu Privatfahrten (Tz. 20 bis 24) monatlich mit 0,03 v. H. des inländischen Listenpreises (vgl. dazu Tz. 21) des Kraftfahrzeugs für jeden Kilometer der Entfernung zwischen Wohnung und Arbeitsstätte zu bewerten und dem Arbeitslohn zuzurechnen. Es ist unerheblich, ob und wie oft im Kalendermonat das Kraftfahrzeug tatsächlich zu Fahrten zwischen Wohnung und Arbeitsstätte genutzt wird; der Ansatz des pauschalen Nutzungswerts hängt allein davon ab, dass der Arbeitnehmer das Kraftfahrzeug zu Fahrten zwischen Wohnung und Arbeitsstätte nutzen kann. Der Monatswert ist deshalb auch dann anzusetzen, wenn das Kraftfahrzeug dem Arbeitnehmer im Kalendermonat nur zeitweise zur Verfügung steht. Ein durch Urlaub oder Krankheit bedingter Nutzungsausfall ist im Nutzungswert pauschal berücksichtigt.

29 Fahrten zwischen Wohnung und regelmäßiger Arbeitsstätte im Sinne dieser Regelung liegen nicht vor bei Arbeitnehmern, die eine Einsatzwechseltätigkeit im Sinne des Abschnitts 37 Abs. 6 LStR 1996 ausüben, hinsichtlich der Fahrten zwischen Wohnung und Einsatzstelle, wenn arbeitstäglich mindestens eine Einsatzstelle aufgesucht wird, die mehr als 30 km von der Wohnung entfernt ist und die Dauer der Tätigkeit an dieser Einsatzstelle nicht über drei Monate hinausgeht oder wenn die Tätigkeit im Wesentlichen durch den täglichen mehrfachen Ortswechsel geprägt ist; hierzu wird auf Abschnitt 38 Abs. 5 LStR 1996 und Tz. 2 hingewiesen. Wird ein Kraftfahrzeug zu solchen Fahrten zwischen Wohnung und regelmäßiger Arbeitsstätte überlassen, durch die eine dienstliche Nutzung des Kraftfahrzeugs an der Wohnung begonnen oder beendet werden kann, so sind auch diese Fahrten nicht zu erfassen.

30 Dem pauschalen Nutzungswert ist die einfache Entfernung zwischen Wohnung und Arbeitsstätte zugrunde zu legen; diese ist auf den nächsten vollen Kilometerbetrag abzurunden. Maßgebend ist die kürzeste benutzbare Straßenverbindung. Der pauschale Nutzungswert ist nicht zu erhöhen, wenn der Arbeitnehmer das Kraftfahrzeug an einem Arbeitstag mehrmals zwischen Wohnung und Arbeitsstätte benutzt. Werden dem Arbeitnehmer abwechselnd unterschiedliche Kraftfahrzeuge zu Fahrten zwischen Wohnung und Arbeitsstätte zur Verfügung gestellt, so ist dem pauschalen Nutzungswert das Kraftfahrzeug zugrunde zu legen, das vom Arbeitnehmer im Kalendermonat überwiegend genutzt wird.

31 Fährt der Arbeitnehmer abwechselnd zu verschiedenen Wohnungen oder zu verschiedenen Arbeitsstätten, ist ein pauschaler Monatswert nach Tz. 28 unter Zugrundelegung der Entfernung zur näher gelegenen Wohnung oder näher gelegenen Arbeitsstätte anzusetzen. Für jede Fahrt von und zu der weiter entfernt liegenden Wohnung oder von und zu der weiter entfernt liegenden Arbeitsstätte ist zusätzlich ein pauschaler Nutzungswert von 0,002 v. H. des inländischen Listenpreises des Kraftfahrzeugs für jeden Kilometer der Entfernung zwischen Wohnung und Arbeitsstätte dem Arbeitslohn zuzurechnen, soweit sie die Entfernung zur näher gelegenen Wohnung übersteigt.

Bei Arbeitnehmern, die eine Einsatzwechseltätigkeit im Sinne des Abschnitts 37 Abs. 6 LStR 1996 ausüben und bei denen die Fahrten zeitweise Einsatzstellen betreffen, die nicht mehr als 30 km von der Wohnung entfernt sind oder an denen die Tätigkeit über drei Monate hinaus ausgeübt wird, ist der pauschale Nutzungswert arbeitstäglich mit 0,002 v. H. des inländischen Listenpreises des Kraftfahrzeugs für jeden Kilometer der Entfernung zwischen Wohnung und Arbeitsstätte anzusetzen.

b) Individueller Nutzungswert

32 Anstelle des pauschalen Nutzungswerts kann der Arbeitgeber den Nutzungswert mit dem Anteil der Aufwendungen für das Kraftfahrzeug ansetzen, der auf die Fahrten zwischen Wohnung und Arbeitsstätte anfällt, wenn die für das Kraftfahrzeug insgesamt entstehenden Aufwendungen durch Belege und das Verhältnis der Fahrten zwischen Wohnung und Arbeitsstätte zu den übrigen Fahrten durch ein ordnungsgemäßes Fahrtenbuch nachgewiesen werden. Hierzu gelten im Einzelnen die unter Tz. 22 bis 25 dargestellten Regelungen. Es ist nicht zulässig, die individuelle Nutzungswertermittlung auf Fahrten zwischen Wohnung und Arbeitsstätte zu beschränken, wenn das Fahrzeug auch zu Privatfahrten genutzt wird.

c) Fahrergestellung, Nutzungsentgelt, Pauschalbesteuerung

33 Stellt der Arbeitgeber dem Arbeitnehmer für Fahrten zwischen Wohnung und Arbeitsstätte ein Kraftfahrzeug mit Fahrer zur Verfügung, so ist der jeweilige Nutzungswert des Kraftfahrzeugs für diese Fahrten um 50 v. H. zu erhöhen. Dies gilt nicht für ein aus Sicherheitsgründen gepanzertes Kraftfahrzeug, das zum Selbststeuern nicht geeignet ist und deshalb mit Fahrer zur Verfügung gestellt wird.

34 Zahlt der Arbeitnehmer an den Arbeitgeber ein Entgelt für die Nutzung des Kraftfahrzeugs zu Fahrten zwischen Wohnung und Arbeitsstätte, so mindert dies den Nutzungswert. Es ist in diesem Falle gleichgültig, ob das Nutzungsentgelt pauschal oder entsprechend der tatsächlichen Nutzung des Kraftfahrzeugs bemessen wird.

35 Der steuerpflichtige Wert der Überlassung eines Kraftfahrzeugs zu Fahrten zwischen Wohnung und Arbeitsstätte kann bei behinderten Arbeitnehmern im Sinne des § 9 Abs. 2 EStG in vollem Umfang und bei allen anderen Arbeitnehmern bis zu einem Teilbetrag von 0,70 DM*) je Entfernungskilometer für jeden Arbeitstag, an dem das Kraftfahrzeug zu Fahrten zwischen Wohnung und Arbeitsstätte benutzt wird, nach § 40 Abs. 2

---

*) Seit 2001 gilt die Entfernungspauschale. Diese beträgt für 2003 0,36 € für die ersten 10 Kilometer und 0,40 € für jeden weiteren Kilometer der einfachen Entfernung. Seit 1. 1. 2004 0,30 € je Entfernungskilometer und seit 1. 1. 207 0,30 € ab dem 21. Entfernungskilometer.

Anhang 15 Merkblatt für den Arbeitgeber zu den Rechtsänderungen beim Steuerabzug

Satz 2 EStG mit 15 v. H. pauschal der Lohnsteuer unterworfen werden. Dabei hat der Arbeitgeber die pauschale Lohnsteuer zu übernehmen. Aus Vereinfachungsgründen kann der Arbeitgeber unterstellen, dass das Kraftfahrzeug an 15 Arbeitstagen monatlich zu Fahrten zwischen Wohnung und Arbeitsstätte benutzt wird, wenn der Arbeitnehmer nichts anderes nachweist. Zur Möglichkeit der Überwälzung der pauschalen Lohnsteuer auf den Arbeitnehmer wird auf Abschnitt 127 Abs. 8 LStR 1996 hingewiesen. Der pauschal besteuerte Nutzungswert ist in der Lohnsteuerbescheinigung gesondert auszuweisen (vgl. Abschnitt 135 Abs. 3 Nr. 6 LStR 1996).

3. Überlassung eines betrieblichen Kraftfahrzeugs zu Familienheimfahrten

36 Überlässt der Arbeitgeber oder aufgrund des Dienstverhältnisses ein Dritter dem Arbeitnehmer ein Kraftfahrzeug unentgeltlich zu wöchentlichen Familienheimfahrten im Rahmen einer beruflich veranlassten doppelten Haushaltsführung, so ist insoweit der Nutzungswert nach § 8 Abs. 2 Satz 5 EStG steuerlich nicht zu erfassen, solange die Dauer der Beschäftigung am selben Ort zwei Jahre nicht überschritten hat (zur Zweijahresfrist vgl. Tz. 14 bis 16).

37 Wird das Kraftfahrzeug zu mehr als einer Familienheimfahrt wöchentlich oder nach Ablauf der Zweijahresfrist zu Familienheimfahrten genutzt, so ist für jede Familienheimfahrt ein pauschaler Nutzungswert in Höhe von 0,002 v. H. des inländischen Listenpreises (vgl. dazu Tz. 21) des Kraftfahrzeugs für jeden Kilometer der Entfernung zwischen dem Beschäftigungsort und dem Ort des eigenen Hausstands anzusetzen und dem Arbeitslohn zuzurechnen. Anstelle des pauschalen Nutzungswerts kann der Arbeitgeber den Nutzungswert mit den Aufwendungen für das Kraftfahrzeug ansetzen, die auf die zu erfassenden Fahrten entfallen, wenn die für das Kraftfahrzeug insgesamt entstehenden Aufwendungen durch Belege und das Verhältnis der privaten zu den übrigen Fahrten durch ein ordnungsgemäßes Fahrtenbuch nachgewiesen werden. In diesem Falle sind die zu erfassenden Familienheimfahrten den Privatfahrten zuzurechnen und die Regelungen unter Tz. 22 bis 25 anzuwenden.

4. Abgabe von Mahlzeiten

38 Mahlzeiten, die zur üblichen Beköstigung der Arbeitnehmer anlässlich oder während einer Dienstreise, Fahrtätigkeit, Einsatzwechseltätigkeit oder im Rahmen einer beruflich veranlassten doppelten Haushaltsführung vom Arbeitgeber oder auf dessen Veranlassung von einem Dritten abgegeben werden, sind ab 1996 ebenso wie bisher schon die Mahlzeiten, die arbeitstäglich durch eine vom Arbeitgeber selbst betriebene Kantine, Gaststätte oder vergleichbare Einrichtung abgegeben werden, mit dem maßgebenden amtlichen Sachbezugswert nach der Sachbezugsverordnung anzusetzen und dem Arbeitslohn zuzurechnen, soweit der vom Arbeitnehmer gezahlte Preis einschließlich Umsatzsteuer den maßgebenden Sachbezugswert unterschreitet.

39 Der amtliche Sachbezugswert beträgt für Mahlzeiten, die im Kalenderjahr 1996 gewährt werden

a) für ein Mittag- oder Abendessen 4,50 DM*) (bei Jugendlichen unter 18 Jahren und Auszubildenden 4,20 DM*)),

b) für ein Frühstück 2,60 DM**) (bei Jugendlichen unter 18 Jahren und Auszubildenden 2,40 DM**)).

5. Freigrenze für Sachbezüge ohne amtlichen Sachbezugswert

40 Sachbezüge, für die keine amtlichen Sachbezugswerte festgesetzt sind und die nicht als sog. Belegschaftsrabatte nach § 8 Abs. 3 EStG zu bewerten sind, sind nach § 8 Abs. 2 Satz 1 EStG mit den um übliche Preisnachlässe geminderten üblichen Endpreisen am Abgabeort im Zeitpunkt der Abgabe anzusetzen. Das ist der Preis, der im allgemeinen Geschäftsverkehr von Letztverbrauchern in der Mehrzahl der Verkaufsfälle am Abgabeort für gleichartige Waren oder Dienstleistungen tatsächlich gezahlt wird. Handelt es sich um Waren oder Dienstleistungen, so darf der Arbeitgeber nach Abschnitt 31 Abs. 2 LStR 1996 den üblichen Endpreis aus Vereinfachungsgründen mit 96 v. H. des Endpreises ansetzen, zu dem sie fremden Letztverbrauchern im allgemeinen Geschäftsverkehr angeboten werden. Soweit das Entgelt des Arbeitnehmers den üblichen Endpreis unterschreitet, erhält der Arbeitnehmer einen geldwerten Vorteil, der grundsätzlich dem Arbeitslohn zuzurechnen ist. Nach § 8 Abs. 2 Satz 9 EStG bleiben aber ab 1996 solche Vorteile steuerlich außer Ansatz, wenn sie insgesamt 50 DM im Kalendermonat nicht übersteigen. Diese Freigrenze ist z. B. anwendbar auf die Nutzung von betrieblichen Fernsprecheinrichtungen zu privaten Ferngesprächen und auf Mietvorteile bei der Überlassung von Werkswohnungen, die nicht nach § 3 Nr. 59 EStG steuerfrei sind.

III. Ermittlung der Steuerabzugsbeträge

1. Ermittlung der Lohnsteuer von sonstigen Bezügen

41 Für die Ermittlung der Lohnsteuer, die vom Arbeitslohn in Form eines sonstigen Bezugs einzubehalten ist, gelten weiterhin die Vorschriften des § 39 b Abs. 3 EStG, nach denen die Lohnsteuer grundsätzlich als Unterschiedsbetrag der Jahressteuerbeträge zu ermitteln ist, die sich für den voraussichtlichen Jahresarbeitslohn mit und ohne den sonstigen Bezug ergeben. Zu den sonstigen Bezügen gehören wie bisher insbesondere einmalige Arbeitslohnzahlungen, die neben dem laufenden Arbeitslohn gezahlt werden, wie z. B. Weihnachtszuwendungen. Bei sonstigen Bezügen, die netto gezahlt werden, muss die Lohnsteuer durch Abtasten der Jahreslohnsteuertabelle ermittelt werden. Das Verfahren ist im Einzelnen in Abschnitt 122 Abs. 4 LStR 1996 geregelt. Abweichend von der bisherigen Regelung ist dort vorgeschrieben, dass neben der Lohnsteuer auch alle weiteren Lohnabzugsbeträge in das Abtastverfahren einzubeziehen sind.

2. Ermittlung des Solidaritätszuschlags und der Kirchensteuer

42 Der Ermittlung des Solidaritätszuschlags und der Kirchensteuer, die durch Abzug vom laufenden Arbeitslohn erhoben werden oder für den Jahresausgleich maßgebend sind, ist ab 1996 grundsätzlich die Lohnsteuer zugrunde zu legen, die sich nach Abzug der in Betracht kommenden Kinderfreibeträge ergibt. Diese Lohnsteuer (Maßstabslohnsteuer) ist nach Maßgabe des § 51a Abs. 2a EStG in den amtlichen Lohnsteuertabellen gesondert ausgewiesen. Die Maßstabslohnsteuer ist jedoch für die Ermittlung des Solidaritätszuschlags und der Kirchensteuer für **sonstige Bezüge** nicht maßgebend. Die Zuschlagsteuern zur Lohnsteuer sind bei sonstigen Bezügen stets unmittelbar nach der Lohnsteuer zu berechnen, die sich für den sonstigen Bezug ergibt. Beispielsweise beträgt also der Solidaritätszuschlag stets 7,5 v. H.***) der für einen sonstigen Bezug ermittelten Lohnsteuer.

43 Für die Erhebung des Solidaritätszuschlags gelten im Übrigen weiterhin die im Merkblatt vom 20. September 1994 (BStBl. I S. 757) enthaltenen Regelungen. An die Stelle der diesem Merkblatt beigefügten Tabellen treten für 1996 jedoch neue Tabellen, die im Bundessteuerblatt 1995 I veröffentlicht werden.

IV. Pauschalierung der Lohnsteuer

1. Pauschalierung der Lohnsteuer für Teilzeitbeschäftigte

44 ...

45 ...

2. Pauschalierung der Lohnsteuer bei bestimmten Zukunftssicherungsleistungen

46 ...

B. ...

---

*) Ab 1.1.2007 2,67 €.
**) Ab 1.1.2007 1,50 €.
***) Seit 1.1.1998 5,5%.

Anhang 16
Richtlinien für die versicherungsrechtliche Beurteilung von geringfügigen Beschäftigungen (Geringfügigkeits-Richtlinien)

24. August 2006

AOK-BUNDESVERBAND, BONN

BUNDESVERBAND DER BETRIEBSKRANKENKASSEN, ESSEN

IKK-BUNDESVERBAND, BERGISCH GLADBACH

SEE-KRANKENKASSE, HAMBURG

BUNDESVERBAND DER LANDWIRTSCHAFTLICHEN KRANKENKASSEN, KASSEL

KNAPPSCHAFT, BOCHUM

AEV – ARBEITER-ERSATZKASSEN-VERBAND E.V., SIEGBURG

VERBAND DER ANGESTELLTEN-KRANKENKASSEN E.V., SIEGBURG

DEUTSCHE RENTENVERSICHERUNG BUND, BERLIN

BUNDESAGENTUR FÜR ARBEIT, NÜRNBERG

Die für die Versicherungsfreiheit geringfügig entlohnter Beschäftigungen maßgebende monatliche Arbeitsentgeltgrenze beträgt seit dem 1. April 2003 unverändert 400 EUR. Für den Bereich der Kranken-, Pflege- und Rentenversicherung werden geringfügig entlohnte Beschäftigungen und nicht geringfügige Beschäftigungen zusammengerechnet. Hierbei wird allerdings eine geringfügig entlohnte Beschäftigung von der Zusammenrechnung ausgenommen. Für den Bereich der Arbeitslosenversicherung werden geringfügige und nicht geringfügige Beschäftigungen nicht zusammengerechnet.

Die für die Versicherungsfreiheit kurzfristiger Beschäftigungen maßgebende Zeitgrenze von zwei Monaten bzw. 50 Arbeitstagen innerhalb eines Kalenderjahres ist ebenfalls unverändert geblieben.

Der Arbeitgeber einer geringfügig entlohnten Beschäftigung muss unter bestimmten Voraussetzungen Pauschalbeiträge zur Kranken- und Rentenversicherung zahlen. Mit dem Haushaltsbegleitgesetz 2006 vom 29. Juni 2006 (BGBl I S. 1402) wurden die Pauschalbeitragssätze zum 1. Juli 2006 erhöht, und zwar zur Krankenversicherung von 11 v. H. auf 13 v. H. und zur Rentenversicherung von 12 v. H. auf 15 v. H. des Arbeitsentgelts. Im Falle der Entrichtung von Pauschalbeiträgen oder Aufstockungsbeiträgen zur Rentenversicherung hat der Arbeitgeber im Übrigen die Möglichkeit, eine Pauschsteuer in Höhe von 2 v. H. zu zahlen.

Sofern Arbeitnehmer auf die Rentenversicherungsfreiheit verzichten, müssen diese vom 1. Juli 2006 an in der Regel statt 7,5 v. H. nur noch 4,5 v. H. des Arbeitsentgelts als Eigenanteil aufbringen.

Für geringfügig entlohnte Beschäftigungen im Privathaushalt betragen die Pauschalbeitragssätze zur Kranken- und Rentenversicherung unverändert jeweils 5 v. H. des Arbeitsentgelts. Hier beträgt der Eigenanteil des Arbeitnehmers bei Verzicht auf die Versicherungsfreiheit somit unverändert weiterhin 14,5 v. H. des Arbeitsentgelts.

Die Durchführung des Beitrags- und Meldeverfahrens für geringfügig Beschäftigte – einschließlich der in Privathaushalten geringfügig Beschäftigten – obliegt der Deutschen Rentenversicherung Knappschaft-Bahn-See als Träger der Rentenversicherung. Diese Aufgabe wird von der Minijob-Zentrale der Deutschen Rentenversicherung Knappschaft-Bahn-See wahrgenommen. Dies bedeutet, dass die Minijob-Zentrale die Pauschalbeiträge zur Kranken- und Rentenversicherung erhält. Auch die Pflichtbeiträge zur Rentenversicherung für diejenigen geringfügig Beschäftigten, die auf die Rentenversicherungsfreiheit verzichtet haben, sind an die Minijob-Zentrale zu zahlen. Die Minijob-Zentrale erhält darüber hinaus sämtliche Meldungen für geringfügig entlohnte sowie für kurzfristig Beschäftigte. Im Übrigen führt die Deutsche Rentenversicherung Knappschaft-Bahn-See als Träger der knappschaftlichen Krankenversicherung für die Minijob-Zentrale bei allen geringfügig Beschäftigten das Verfahren zum Ausgleich der Arbeitgeberaufwendungen für Entgeltfortzahlung bei Arbeitsunfähigkeit und Mutterschaft durch, und zwar unabhängig davon, welcher Krankenkasse der geringfügig Beschäftigte angehört.

Die Spitzenverbände der Krankenkassen, die Deutsche Rentenversicherung Bund und die Bundesagentur für Arbeit sind übereingekommen, die Geringfügigkeits-Richtlinien unter Berücksichtigung der vom 1. Juli 2006 an geltenden Pauschalbeitragssätze neu bekannt zu geben. Dabei sind auch die seit der letzten Neufassung der Geringfügigkeits-Richtlinien vom 25. Februar 2003 ergangenen Besprechungsergebnisse der Spitzenorganisationen der Sozialversicherung eingearbeitet worden.

Speziell zu den bei geringfügig Beschäftigten in Privathaushalten zu beachtenden Besonderheiten nach dem Haushaltsscheckverfahren haben die Spitzenverbände der Krankenkassen, die Deutsche Rentenversicherung Bund und die Bundesagentur für Arbeit ein gemeinsames Rundschreiben erstellt, das vom 16. November 2005 datiert.

Inhaltsverzeichnis

A Gesetzliche Grundlagen

B Versicherungsrecht

1 Allgemeines

2 Geringfügige Beschäftigungen
   2.1 Geringfügig entlohnte Beschäftigungen
      2.1.1 Ermittlung des Arbeitsentgelts
      2.1.2 Zusammenrechnung mehrerer Beschäftigungen
         2.1.2.1 Mehrere geringfügig entlohnte Beschäftigungen
         2.1.2.2 Geringfügig entlohnte Beschäftigungen neben nicht geringfügiger Beschäftigung
         2.1.2.3 Geringfügig entlohnte Beschäftigungen neben gesetzlicher Dienstpflicht, Elternzeit oder Leistungsbezug nach dem Zweiten und Dritten Buch Sozialgesetzbuch
         2.1.2.4 Geringfügig entlohnte Beschäftigungen neben dem Bezug von Vorruhestandsgeld
         2.1.2.5 Geringfügig entlohnte Beschäftigungen neben dem Bezug von Ausgleichsgeld nach dem FELEG
         2.1.2.6 Jahresarbeitsentgeltgrenze in der Krankenversicherung
      2.1.3 Verzicht auf die Rentenversicherungsfreiheit
   2.2 Kurzfristige Beschäftigungen
      2.2.1 Zwei Monate oder 50 Arbeitstage
      2.2.2 Zusammenrechnung mehrerer Beschäftigungen
      2.2.3 Prüfung der Berufsmäßigkeit

3 Überschreiten der Arbeitsentgelt- und Zeitgrenzen
   3.1 Geringfügig entlohnte Beschäftigungen
   3.2 Kurzfristige Beschäftigungen

4 Besonderheiten in der Arbeitslosenversicherung

5 Feststellung von Mehrfachbeschäftigungen
   5.1 Pflichten des Arbeitgebers
   5.2 Mitwirkungspflichten des Arbeitnehmers
   5.3 Beginn der Versicherungspflicht

6 Fortbestand der Versicherungspflicht und Befreiung von der Versicherungspflicht in Übergangsfällen
   6.1 Fortbestand der Versicherungspflicht
      6.1.1 Fortbestand der Krankenversicherungspflicht
      6.1.2 Fortbestand der Rentenversicherungspflicht
      6.1.3 Fortbestand der Arbeitslosenversicherungspflicht
   6.2 Antrag auf Befreiung von der Versicherungspflicht
   6.3 Frist für die Befreiung von der Versicherungspflicht und Wirkung der Befreiung

Anhang 16 — Geringfügigkeits-Richtlinien

C Beitragsrecht

1 Allgemeines
  1.1 Pauschalbeiträge zur Krankenversicherung
    1.1.1 Versicherung in der gesetzlichen Krankenversicherung
    1.1.2 Versicherungsfreie oder nicht versicherungspflichtige geringfügig Beschäftigte
    1.1.3 Versicherung in der landwirtschaftlichen Krankenversicherung
  1.2 Pauschalbeiträge zur Rentenversicherung
    1.2.1 Rentenversicherungsfreie geringfügig Beschäftigte
    1.2.2 Von der Rentenversicherungspflicht befreite Personen
    1.2.3 Rentenversicherungsfreie Personen nach § 5 Abs. 4 SGB VI
    1.2.4 Praktikanten
2 Rentenversicherungsbeiträge bei Verzicht auf die Rentenversicherungsfreiheit
  2.1 Mindestbeitragsbemessungsgrundlage
  2.2 Verteilung der Beitragslast
3 Berechnung und Abführung der Beiträge
4 Geringverdienergrenze

D Meldungen

1 Allgemeines
2 Geringfügig entlohnte Beschäftigungen
3 Geringfügig entlohnte Beschäftigungen neben versicherungspflichtiger Beschäftigung
4 Kurzfristige Beschäftigungen
5 Geringfügig Beschäftigte in Privathaushalten
6 Übergangsfälle

E Zuständige Einzugsstelle

F Entgeltunterlagen

G Verfahren zum Ausgleich der Arbeitgeberaufwendungen für Entgeltfortzahlung

H Pauschsteuer

1 Besteuerung des Arbeitsentgelts aus geringfügig entlohnten Beschäftigungen
2 Lohnsteuerpauschalierung
  2.1 Einheitliche Pauschsteuer in Höhe von 2 v. H.
  2.2 Pauschaler Lohnsteuersatz in Höhe von 20 v. H.
3 Besteuerung nach Lohnsteuerkarte
4 Anmeldung und Abführung der Lohnsteuer
  4.1 Einheitliche Pauschsteuer
  4.2 Pauschale Lohnsteuer in Höhe von 20 v. H. und Lohnsteuer nach Lohnsteuerkarte

I Beispiele

A Gesetzliche Grundlagen

§ 8 SGB IV
Geringfügige Beschäftigung und geringfügige selbständige Tätigkeit

(1) Eine geringfügige Beschäftigung liegt vor, wenn
1. das Arbeitsentgelt aus dieser Beschäftigung regelmäßig im Monat 400 Euro nicht übersteigt,
2. die Beschäftigung innerhalb eines Kalenderjahres auf längstens zwei Monate oder 50 Arbeitstage nach ihrer Eigenart begrenzt zu sein pflegt oder im Voraus vertraglich begrenzt ist, es sei denn, dass die Beschäftigung berufsmäßig ausgeübt wird und ihr Entgelt 400 Euro im Monat übersteigt.

(2) Bei der Anwendung des Absatzes 1 sind mehrere geringfügige Beschäftigungen nach Nummer 1 oder Nummer 2 sowie geringfügige Beschäftigungen nach Nummer 1 mit Ausnahme einer geringfügigen Beschäftigung nach Nummer 1 und nicht geringfügige Beschäftigungen zusammenzurechnen. Eine geringfügige Beschäftigung liegt nicht mehr vor, sobald die Voraussetzungen des Absatzes 1 entfallen. Wird bei der Zusammenrechnung nach Satz 1 festgestellt, dass die Voraussetzungen einer geringfügigen Beschäftigung nicht mehr vorliegen, tritt die Versicherungspflicht erst mit dem Tage der Bekanntgabe der Feststellung durch die Einzugsstelle oder einen Träger der Rentenversicherung ein.

(3) Die Absätze 1 und 2 gelten entsprechend, soweit anstelle einer Beschäftigung eine selbständige Tätigkeit ausgeübt wird. Dies gilt nicht für das Recht der Arbeitsförderung.

§ 8a SGB IV
Geringfügige Beschäftigung in Privathaushalten

Werden geringfügige Beschäftigungen ausschließlich in Privathaushalten ausgeübt, gilt § 8. Eine geringfügige Beschäftigung im Privathaushalt liegt vor, wenn diese durch einen privaten Haushalt begründet ist und die Tätigkeit sonst gewöhnlich durch Mitglieder des privaten Haushalts erledigt wird.

§ 27 SGB III
Versicherungsfreie Beschäftigte

(1) ...

(2) Versicherungsfrei sind Personen in einer geringfügigen Beschäftigung; abweichend von § 8 Abs. 2 Satz 1 des Vierten Buches werden geringfügige Beschäftigungen und nicht geringfügige Beschäftigungen nicht zusammengerechnet. Versicherungsfreiheit besteht nicht für Personen, die
1. im Rahmen betrieblicher Berufsbildung, nach dem Gesetz zur Förderung eines freiwilligen sozialen Jahres, nach dem Gesetz zur Förderung eines freiwilligen ökologischen Jahres,
2. wegen eines Arbeitsausfalls mit Entgeltausfall im Sinne der Vorschriften über das Kurzarbeitergeld oder
3. wegen stufenweiser Wiedereingliederung in das Erwerbsleben (§ 74 Fünftes Buch, § 28 Neuntes Buch) oder aus einem sonstigen der in § 126 Abs. 1 genannten Gründe

nur geringfügig beschäftigt sind.

(3) und (4) ...

(5) Versicherungsfrei sind Personen, die während einer Zeit, in der ein Anspruch auf Arbeitslosengeld besteht, eine Beschäftigung ausüben. Satz 1 gilt nicht für Beschäftigungen, die während der Zeit, in der ein Anspruch auf Teilarbeitslosengeld besteht, ausgeübt werden.

§ 119 SGB III
Arbeitslosigkeit

(1) Arbeitslos ist ein Arbeitnehmer, der
1. nicht in einem Beschäftigungsverhältnis steht (Beschäftigungslosigkeit),
2. und 3. ...

(2) ...

(3) Die Ausübung einer Beschäftigung, selbständigen Tätigkeit oder Tätigkeit als mithelfender Familienangehöriger (Erwerbstätigkeit) schließt die Beschäftigungslosigkeit nicht aus, wenn die Arbeits- oder Tätigkeitszeit (Arbeitszeit) weniger als 15 Stunden wöchentlich umfasst; gelegentliche Abweichungen von geringer Dauer bleiben unberücksichtigt. Die Arbeitszeiten mehrerer Erwerbstätigkeiten werden zusammengerechnet.

(4) und (5) ...

§ 434i SGB III
Zweites Gesetz für moderne Dienstleistungen am Arbeitsmarkt

Personen, die am 31. März 2003 in einer mehr als geringfügigen Beschäftigung versicherungspflichtig waren, die die Merkmale einer geringfügigen Beschäftigung in der ab 1. April 2003 geltenden Fassung von § 8 des Vierten Buches erfüllt, bleiben in dieser Beschäftigung versicherungspflichtig. Sie werden auf ihren Antrag von der

Geringfügigkeits-Richtlinien

Versicherungspflicht befreit. Die Befreiung wirkt vom 1. April 2003 an. Sie ist auf diese Beschäftigung beschränkt.

§ 7 SGB V
Versicherungsfreiheit bei geringfügiger Beschäftigung

(1) Wer eine geringfügige Beschäftigung nach §§ 8, 8a des Vierten Buches ausübt, ist in dieser Beschäftigung versicherungsfrei; dies gilt nicht für eine Beschäftigung

1. im Rahmen betrieblicher Berufsbildung,
2. nach dem Gesetz zur Förderung eines freiwilligen sozialen Jahres,
3. nach dem Gesetz zur Förderung eines freiwilligen ökologischen Jahres.

§ 8 Abs. 2 des Vierten Buches ist mit der Maßgabe anzuwenden, dass eine Zusammenrechnung mit einer nicht geringfügigen Beschäftigung nur erfolgt, wenn diese Versicherungspflicht begründet.

(2) Personen, die am 31. März 2003 nur in einer Beschäftigung versicherungspflichtig waren, die die Merkmale einer geringfügigen Beschäftigung nach den §§ 8, 8a des Vierten Buches erfüllt, und die nach dem 31. März 2003 nicht die Voraussetzungen für eine Versicherung nach § 10 erfüllen, bleiben in dieser Beschäftigung versicherungspflichtig. Sie werden auf ihren Antrag von der Versicherungspflicht befreit. § 8 Abs. 2 gilt entsprechend mit der Maßgabe, dass an die Stelle des Zeitpunkts des Beginns der Versicherungspflicht der 1. April 2003 tritt. Die Befreiung ist auf die jeweilige Beschäftigung beschränkt.

§ 8 SGB V
Befreiung von der Versicherungspflicht

(1) ...

(2) Der Antrag ist innerhalb von drei Monaten nach Beginn der Versicherungspflicht bei der Krankenkasse zu stellen. Die Befreiung wirkt vom Beginn der Versicherungspflicht an, wenn seit diesem Zeitpunkt noch keine Leistungen in Anspruch genommen wurden, sonst vom Beginn des Kalendermonats an, der auf die Antragstellung folgt. Die Befreiung kann nicht widerrufen werden.

§ 249b SGB V
Beitrag des Arbeitgebers bei geringfügiger Beschäftigung

Der Arbeitgeber einer Beschäftigung nach § 8 Abs. 1 Nr. 1 des Vierten Buches hat für Versicherte, die in dieser Beschäftigung versicherungsfrei oder nicht versicherungspflichtig sind, einen Beitrag in Höhe von 13 vom Hundert des Arbeitsentgelts dieser Beschäftigung zu tragen. Für Beschäftigte in Privathaushalten nach § 8a Satz 1 des Vierten Buches, die in dieser Beschäftigung versicherungsfrei oder nicht versicherungspflichtig sind, hat der Arbeitgeber einen Beitrag in Höhe von 5 vom Hundert des Arbeitsentgelts dieser Beschäftigung zu tragen. Für den Beitrag des Arbeitgebers gelten der Dritte Abschnitt des Vierten Buches sowie § 111 Abs. 1 Nr. 2 bis 4, 8 und Abs. 2 und 4 des Vierten Buches entsprechend.

§ 48 KVLG 1989
Tragung der Beiträge durch Dritte

(1) bis (5) ...

(6) Für Beiträge des Arbeitgebers bei geringfügiger Beschäftigung gilt § 249b Fünftes Buch Sozialgesetzbuch entsprechend.

§ 5 SGB VI
Versicherungsfreiheit

(1) ...

(2) Versicherungsfrei sind Personen, die

1. eine geringfügige Beschäftigung (§ 8 Abs. 1, § 8a Viertes Buch),
2. eine geringfügige selbständige Tätigkeit (§ 8 Abs. 3, § 8a Viertes Buch) oder
3. eine geringfügige nicht erwerbsmäßige Pflegetätigkeit

ausüben, in dieser Beschäftigung, selbständigen Tätigkeit oder Pflegetätigkeit; § 8 Abs. 2 Viertes Buch ist mit der Maßgabe anzuwenden, dass eine Zusammenrechnung mit einer nicht geringfügigen Beschäftigung oder nicht geringfügigen selbständigen Tätigkeit nur erfolgt, wenn diese versicherungspflichtig ist. Satz 1 Nr. 1 gilt nicht für geringfügig Beschäftigte nach § 8 Abs. 1 Nr. 1 und § 8a des Vierten Buches, die durch schriftliche Erklärung gegenüber dem Arbeitgeber auf die Versicherungsfreiheit verzichten; der Verzicht kann nur mit Wirkung für die Zukunft und bei mehreren geringfügigen Beschäftigungen nur einheitlich erklärt werden und ist für die Dauer der Beschäftigung bindend. Satz 1 Nr. 1 und 2 gilt nicht für Personen, die im Rahmen betrieblicher Berufsbildung, nach dem Gesetz zur Förderung eines freiwilligen sozialen Jahres, nach dem Gesetz zur Förderung eines freiwilligen ökologischen Jahres oder nach § 1 Satz 1 Nr. 2 bis 4 beschäftigt sind oder von der Möglichkeit einer stufenweisen Wiederaufnahme einer nicht geringfügigen Tätigkeit (§ 74 Fünftes Buch) Gebrauch machen oder nach § 2 Satz 1 Nr. 10 versicherungspflichtig sind. Eine nicht erwerbsmäßige Pflegetätigkeit ist geringfügig, wenn die Beitragsbemessungsgrundlage für die Pflegetätigkeit (§ 166 Abs. 2) auf den Monat bezogen 400 Euro nicht übersteigt; mehrere nicht erwerbsmäßige Pflegetätigkeiten sind zusammenzurechnen.

(3) und (4) ...

§ 163 SGB VI
Sonderregelung für beitragspflichtige Einnahmen Beschäftigter

(1) bis (7) ...

(8) Bei Arbeitnehmern, die eine geringfügige Beschäftigung ausüben und in dieser Beschäftigung versicherungspflichtig sind, weil sie nach § 5 Abs. 2 Satz 2 auf die Versicherungsfreiheit verzichtet haben, ist beitragspflichtige Einnahme das Arbeitsentgelt, mindestens jedoch der Betrag in Höhe von 155 Euro.

(9) und (10) ...

§ 168 SGB VI
Beitragstragung bei Beschäftigten

(1) Die Beiträge werden getragen

1. und 1a. ...
1b. bei Personen, die gegen Arbeitsentgelt geringfügig versicherungspflichtig beschäftigt werden, von den Arbeitgebern in Höhe des Betrages, der 15 vom Hundert des der Beschäftigung zugrunde liegenden Arbeitsentgelts entspricht, im Übrigen vom Versicherten,
1c. bei Personen, die gegen Arbeitsentgelt in Privathaushalten geringfügig versicherungspflichtig beschäftigt werden, von den Arbeitgebern in Höhe des Betrages, der 5 vom Hundert des der Beschäftigung zugrunde liegenden Arbeitsentgelts entspricht, im Übrigen vom Versicherten.
1d. bis 9. ...

(2) und (3) ...

§ 172 SGB VI
Arbeitgeberanteil bei Versicherungsfreiheit

(1) Für Beschäftigte, die

1. als Bezieher einer Vollrente wegen Alters,
2. als Versorgungsbezieher,
3. wegen Vollendung des 65. Lebensjahres oder
4. wegen einer Beitragserstattung

versicherungsfrei sind, tragen die Arbeitgeber die Hälfte des Beitrags, der zu zahlen wäre, wenn die Beschäftigten versicherungspflichtig wären; in der knappschaftlichen Rentenversicherung ist statt der Hälfte des Beitrags der auf Arbeitgeber entfallende Beitragsanteil zu zahlen. Satz 1 findet keine Anwendung auf versicherungsfrei geringfügig Beschäftigte und Beschäftigte nach § 1 Satz 1 Nr. 2.

(2) ...

(3) Für Beschäftigte nach § 8 Abs. 1 Nr. 1 Viertes Buch, die in dieser Beschäftigung versicherungsfrei oder von der Versicherungspflicht befreit sind oder die nach § 5 Abs. 4 versicherungsfrei sind, tragen die Arbeitgeber einen Beitragsanteil in Höhe von 15 vom Hundert des Arbeitsentgelts, das beitragspflichtig wäre, wenn die

Anhang 16 — Geringfügigkeits-Richtlinien

Beschäftigten versicherungspflichtig wären. Dies gilt nicht für Personen, die während der Dauer eines Studiums als ordentlich Studierende einer Fachschule oder Hochschule ein Praktikum ableisten, das nicht in der Studienordnung oder Prüfungsordnung vorgeschrieben ist.

(3a) Für Beschäftigte in Privathaushalten nach § 8a Satz 1 des Vierten Buches, die in dieser Beschäftigung versicherungsfrei oder von der Versicherungspflicht befreit sind oder die nach § 5 Abs. 4 versicherungsfrei sind, tragen die Arbeitgeber einen Beitragsanteil in Höhe von 5 vom Hundert des Arbeitsentgelts, das beitragspflichtig wäre, wenn die Beschäftigten versicherungspflichtig wären.

(4) Für den Beitragsanteil des Arbeitgebers gelten die Vorschriften des Dritten Abschnitts des Vierten Buches sowie die Bußgeldvorschriften des § 111 Abs. 1 Nr. 2 bis 4, 8 und Abs. 2 und 4 des Vierten Buches entsprechend.

§ 229 SGB VI
Versicherungspflicht

(1) bis (5) ...

(6) Personen, die am 31. März 2003 in einer Beschäftigung oder selbständigen Tätigkeit ohne einen Verzicht auf die Versicherungsfreiheit (§ 5 Abs. 2 Satz 2) versicherungspflichtig waren, die die Merkmale einer geringfügigen Beschäftigung oder selbständigen Tätigkeit in der ab 1. April 2003 geltenden Fassung von § 8 des Vierten Buches oder die Merkmale einer geringfügigen Beschäftigung oder selbständigen Tätigkeit im Privathaushalt (§ 8a Viertes Buch) erfüllt, bleiben in dieser Beschäftigung oder selbständigen Tätigkeit versicherungspflichtig. Sie werden auf ihren Antrag von der Versicherungspflicht befreit. Die Befreiung wirkt vom 1. April 2003 an, wenn sie bis zum 30. Juni 2003 beantragt wird, sonst vom Eingang des Antrags an. Sie ist auf die jeweilige Beschäftigung oder selbständige Tätigkeit beschränkt. Für Personen, die die Voraussetzungen für die Versicherungspflicht nach § 2 Satz 1 Nr. 10 erfüllen, endet die Befreiung nach Satz 2 am 31. Juli 2004.

(7) bis (8) ...

B Versicherungsrecht

1 Allgemeines

Nach § 7 Abs. 1 SGB V, § 5 Abs. 2 SGB VI, § 27 Abs. 2 SGB III ist in der Kranken-, Renten- und Arbeitslosenversicherung versicherungsfrei, wer eine geringfügige Beschäftigung*) ausübt; aus der Krankenversicherungsfreiheit folgt, dass in dieser Beschäftigung auch keine Versicherungspflicht in der Pflegeversicherung besteht.

Nach den oben genannten Vorschriften der Kranken-, Pflege-, Renten- und Arbeitslosenversicherung kommt Versicherungsfreiheit allerdings nicht in Betracht für Personen, die

- im Rahmen betrieblicher Berufsbildung (z. B. Auszubildende und Praktikanten),
- im Rahmen des Gesetzes zur Förderung eines freiwilligen sozialen Jahres,
- im Rahmen des Gesetzes zur Förderung eines freiwilligen ökologischen Jahres,
- als behinderte Menschen in geschützten Einrichtungen,
- in Einrichtungen der Jugendhilfe oder in Berufsbildungswerken oder ähnlichen Einrichtungen für behinderte Menschen,
- aufgrund einer stufenweisen Wiedereingliederung in das Erwerbsleben nach § 74 SGB V bzw. § 28 SGB IX,
- wegen konjunktureller oder saisonaler Kurzarbeit

geringfügig beschäftigt sind.

Für geringfügige Beschäftigungen von Saisonarbeitskräften aus einem EU-Mitgliedstaat (sowie der Schweiz und Norwegen) gelten die Vorschriften der Verordnung (EWG) Nr. 1408/71. Diese Vorschriften regeln, welche Rechtsvorschriften in grenzüberschreitenden Fällen anzuwenden sind. Sie sehen als obersten Grundsatz vor, dass ein Arbeitnehmer in dem System nur eines Staates versichert ist. Sind die Aushilfskräfte in ihrem Wohnstaat weiterhin beschäftigt, sind sie auch weiterhin dort versichert. Der Nachweis dieser Versicherung wird durch die Vorlage der Bescheinigung E 101 erbracht.

2 Geringfügige Beschäftigungen

Eine Beschäftigung kann

- nach § 8 Abs. 1 Nr. 1 SGB IV wegen der geringen Höhe des Arbeitsentgelts (geringfügig entlohnte Beschäftigung)

oder

- nach § 8 Abs. 1 Nr. 2 SGB IV wegen ihrer kurzen Dauer (kurzfristige Beschäftigung)

geringfügig sein. Es ist daher zu unterscheiden, ob es sich bei der zu beurteilenden Beschäftigung um eine geringfügig entlohnte Beschäftigung oder um eine kurzfristige Beschäftigung handelt.

Übt ein Arbeitnehmer bei demselben Arbeitgeber gleichzeitig mehrere Beschäftigungen aus, so ist ohne Rücksicht auf die arbeitsvertragliche Gestaltung sozialversicherungsrechtlich von einem einheitlichen Beschäftigungsverhältnis auszugehen (vgl. Urteil des BSG vom 16. Februar 1983 – 12 RK 26/81 –, USK 8310). Eine Aufspaltung in Haupt- und Nebenbeschäftigung bei einem Arbeitgeber ist sozialversicherungsrechtlich unbeachtlich. Von einer Beschäftigung mit einem anderen Arbeitgeber ist dann auszugehen, wenn ein gesonderter Arbeitsvertrag mit einer anderen rechtlichen Person abgeschlossen wurde oder als abgeschlossen gilt. Dabei kommt es darauf an, dass der andere Arbeitgeber auch eigenständige Arbeitgeberfunktionen besitzt, also u. a. das Weisungsrecht gegenüber dem Arbeitnehmer auch tatsächlich in eigener Verantwortung ausübt. Die Vergabe einer Betriebsnummer ist kein Indiz für die Arbeitgebereigenschaft. Für die Beurteilung der Frage, ob eine Beschäftigung bei demselben Arbeitgeber vorliegt, kommt es somit entscheidend auf die eigenständige Ausübung des Direktionsrechts durch den Arbeitgeber an. Wird das Direktionsrecht letztlich – gegebenenfalls auch mittelbar – nur von einem Arbeitgeber ausgeübt, liegt bei diesem ein einheitliches Beschäftigungsverhältnis vor. Entsprechendes gilt für Beschäftigungen, die während der Freistellungsphasen im Rahmen flexibler Arbeitszeitregelungen bei demselben Arbeitgeber ausgeübt werden.

Im Übrigen gilt die Regelung über die geringfügige Beschäftigung nach § 8a Satz 1 SGB IV auch für Beschäftigungen in Privathaushalten. Eine Beschäftigung im Privathaushalt liegt nach § 8a Satz 2 SGB IV vor, wenn diese durch einen privaten Haushalt begründet ist und die Tätigkeit sonst gewöhnlich durch Mitglieder des privaten Haushalts erledigt wird.

2.1 Geringfügig entlohnte Beschäftigungen

Eine geringfügig entlohnte Beschäftigung liegt nach § 8 Abs. 1 Nr. 1 SGB IV vor, wenn das Arbeitsentgelt (§ 14 SGB IV) regelmäßig im Monat 400 EUR nicht überschreitet (vgl. Beispiel 1). Die wöchentliche Arbeitszeit ist dabei unerheblich.

Die Arbeitsentgeltgrenze von 400 EUR gilt einheitlich für die alten und für die neuen Bundesländer. Beginnt oder endet die Beschäftigung im Laufe eines Kalendermonats, ist von einem anteiligen Monatswert auszugehen (vgl. Beispiel 2); dieser ist wie folgt zu ermitteln:

$$\frac{400\ \text{EUR} \times \text{Kalendertage}}{30} = \text{anteiliger Monatswert}$$

2.1.1 Ermittlung des Arbeitsentgelts

Bei der Prüfung der Frage, ob das Arbeitsentgelt 400 EUR übersteigt, ist vom regelmäßigen Arbeitsentgelt auszugehen. Dabei ist mindestens auf das Arbeitsentgelt abzustellen, auf das der Arbeitnehmer einen Rechtsanspruch hat (z. B. aufgrund eines Tarifvertrags, einer Betriebsvereinbarung oder einer Einzelabsprache); insoweit kommt es auf die Höhe des tatsächlich gezahlten Arbeitsentgelts nicht an. Ein arbeitsrechtlich zulässiger schriftlicher Verzicht auf künftig entstehende Arbeitsentgeltansprüche mindert das zu berücksichtigende Arbeitsentgelt.

Entgeltbestandteile, die für arbeitsrechtlich zulässige Entgeltumwandlungen zugunsten einer betrieblichen Altersversorgung verwendet werden, sind unter den Voraussetzungen des § 115 SGB IV sowie des § 2 Abs. 2 Nr. 5 ArEV bis zum 31. Dezember 2008 nicht

---

*) Die Ausführungen unter B gelten für den Bereich der Rentenversicherung entsprechend, soweit anstelle einer Beschäftigung eine selbständige Tätigkeit ausgeübt wird, d. h., es werden einerseits mehrere Beschäftigungen und andererseits mehrere selbständige Tätigkeiten zusammengerechnet, nicht aber Beschäftigungen und selbständige Tätigkeiten.

Geringfügigkeits-Richtlinien

Anhang 16

dem Arbeitsentgelt zuzurechnen. Infolgedessen liegt eine geringfügig entlohnte Beschäftigung vor, wenn das regelmäßige Arbeitsentgelt nach der Entgeltumwandlung die Arbeitsentgeltgrenze von 400 EUR nicht mehr übersteigt.

Einmalige Einnahmen, deren Gewährung mit hinreichender Sicherheit (z. B. aufgrund eines für allgemein verbindlich erklärten Tarifvertrags oder aufgrund Gewohnheitsrechts wegen betrieblicher Übung) mindestens einmal jährlich zu erwarten ist, sind bei der Ermittlung des Arbeitsentgelts zu berücksichtigen (vgl. Urteil des BSG vom 28. Februar 1984 – 12 RK 21/83 –, USK 8401); vgl. Beispiel 3. So bleiben z. B. Jubiläumszuwendungen bei der Ermittlung des regelmäßigen Arbeitsentgelts außer Betracht, weil es sich um nicht jährlich wiederkehrende Zuwendungen handelt.

Hat der Arbeitnehmer auf die Zahlung einer einmaligen Einnahme im Voraus schriftlich verzichtet, dann kann die einmalige Einnahme – ungeachtet der arbeitsrechtlichen Zulässigkeit eines solchen Verzichts – vom Zeitpunkt des Verzichts an bei der Ermittlung des regelmäßigen Arbeitsentgelts nicht berücksichtigt werden. Im Übrigen sind einmalige Einnahmen bei der Ermittlung des Arbeitsentgelts nur insoweit zu berücksichtigen, als sie aus der zu beurteilenden Beschäftigung resultieren. Soweit einmalige Einnahmen aus ruhenden Beschäftigungsverhältnissen (z. B. bei Wehrdienst oder Elternzeit) gezahlt werden, bleiben sie außer Betracht.

Bei schwankender Höhe des Arbeitsentgelts und in den Fällen, in denen im Rahmen einer Dauerbeschäftigung saisonbedingt unterschiedliche Arbeitsentgelte erzielt werden, ist der regelmäßige Betrag nach denselben Grundsätzen zu ermitteln, die für die Schätzung des Jahresarbeitsentgelts in der Krankenversicherung bei schwankenden Bezügen gelten (vgl. Beispiel 4); diese Feststellung bleibt für die Vergangenheit auch dann maßgebend, wenn sie infolge nicht sicher voraussehbarer Umstände mit den tatsächlichen Arbeitsentgelten aus der Beschäftigung nicht übereinstimmt (vgl. Urteile des BSG vom 27. September 1961 – 3 RK 12/57 –, SozR Nr. 6 zu § 168 RVO, vom 23. November 1966 – 3 RK 56/64 –, USK 6698, und vom 23. April 1974 – 4 RJ 335/72 –, USK 7443).

Nach ausdrücklicher Bestimmung in Satz 3 des § 14 Abs. 1 SGB IV gehören steuerfreie Aufwandsentschädigungen und die in § 3 Nr. 26 EStG genannten steuerfreien Einnahmen nicht zum Arbeitsentgelt in der Sozialversicherung. Hierunter fallen z. B. die Einnahmen aus nebenberuflichen Tätigkeiten als Übungsleiter, Ausbilder, Erzieher, Betreuer oder vergleichbaren nebenberuflichen Tätigkeiten, aus nebenberuflichen künstlerischen Tätigkeiten oder für die Pflege alter, kranker oder behinderter Menschen bis zur Höhe von insgesamt 1848 EUR im Kalenderjahr. Der steuerliche Freibetrag ist für die Ermittlung des Arbeitsentgelts in der Sozialversicherung in gleicher Weise zu berücksichtigen wie im Steuerrecht, d. h. der steuerfreie Jahresbetrag von 1848 EUR kann pro rata (z. B. monatlich mit 154 EUR) angesetzt oder en bloc (z. B. jeweils zum Jahresbeginn bzw. zu Beginn der Beschäftigung) ausgeschöpft werden (vgl. Beispiele 5 und 6). Sofern eine Beschäftigung im Laufe eines Kalenderjahres beendet wird und der Steuerfreibetrag noch nicht verbraucht ist, wird durch eine (rückwirkende) volle Ausschöpfung des Steuerfreibetrags die versicherungsrechtliche Beurteilung einer Beschäftigung nicht berührt.

Das Führen von Arbeitszeitkonten zum Zwecke der Bildung von Wertguthaben mit der Folge, dass Beiträge nicht mehr in dem Monat fällig werden, in dem der Anspruch auf das Arbeitsentgelt entstanden ist, ist für geringfügig entlohnte Beschäftigungen unzulässig (§ 7 Abs. 1a Satz 2). Vielmehr sind die Beiträge, wie nach § 22 Abs. 1 SGB IV für die Sozialversicherung grundsätzlich vorgeschrieben, fällig, wenn der Anspruch des Arbeitnehmers auf das Arbeitsentgelt entstanden ist, und zwar unabhängig vom tatsächlichen Zufluss des Arbeitsentgelts. Vor diesem Hintergrund sind für geringfügig entlohnte Beschäftigungen Beiträge selbst für Beschäftigungsmonate, in denen die für ein Arbeitsentgelt oberhalb der zulässigen Arbeitsentgeltgrenze von 400 EUR geleisteten Arbeitsstunden in späteren Monaten vergütet werden, von dem Arbeitsentgelt zu zahlen, welches tatsächlich erwirtschaftet worden ist (vgl. Beispiel 7).

2.1.2 Zusammenrechnung mehrerer Beschäftigungen

2.1.2.1 Mehrere geringfügig entlohnte Beschäftigungen

Werden Beschäftigungen (hierzu zählen auch nicht in einer Studien- oder Prüfungsordnung vorgeschriebene entgeltliche Praktika) bei verschiedenen Arbeitgebern nebeneinander ausgeübt, dann sind nach § 8 Abs. 2 Satz 1 SGB IV für die Beurteilung der Frage, ob die unter 2.1 genannte Grenze überschritten wird, die Arbeitsentgelte aus den einzelnen Beschäftigungen zusammenzurechnen (vgl. Beispiel 8). Dies gilt auch dann, wenn neben zwei geringfügig entlohnten Beschäftigungen, die infolge Zusammenrechnung zur Versicherungspflicht führen, eine weitere geringfügig entlohnte Beschäftigung aufgenommen wird. Eine Zusammenrechnung ist nicht vorzunehmen, wenn eine geringfügig entlohnte Beschäftigung (vgl. 2.1) mit einer kurzfristigen Beschäftigung (vgl. 2.2) zusammentrifft (vgl. Beispiele 9 und 10).

2.1.2.2 Geringfügig entlohnte Beschäftigungen neben nicht geringfügiger Beschäftigung

Für den Fall, dass ein Arbeitnehmer neben einer nicht geringfügigen versicherungspflichtigen (Haupt-)Beschäftigung bei anderen Arbeitgebern geringfügig entlohnte Beschäftigungen ausübt, schreibt § 8 Abs. 2 Satz 1 SGB IV in Verb. mit § 7 Abs. 1 Satz 2 SGB V bzw. § 5 Abs. 2 Satz 1 zweiter Halbsatz SGB VI für den Bereich der Krankenversicherung und damit auch für den Bereich der Pflegeversicherung sowie für den Bereich der Rentenversicherung vor, dass geringfügig entlohnte Beschäftigungen – mit Ausnahme einer geringfügig entlohnten Beschäftigung – mit einer nicht geringfügigen versicherungspflichtigen Beschäftigung zusammenzurechnen sind. Die Einschränkung „mit Ausnahme einer geringfügig entlohnten Beschäftigung" bedeutet, dass – unabhängig davon, ob neben einer nicht geringfügigen versicherungspflichtigen Beschäftigung eine oder mehrere geringfügig entlohnte Beschäftigungen ausgeübt werden – stets für *eine* geringfügig entlohnte Beschäftigung die Zusammenrechnung mit der nicht geringfügigen versicherungspflichtigen Beschäftigung entfällt. Sofern daher neben einer nicht geringfügigen versicherungspflichtigen Beschäftigung nur *eine* geringfügig entlohnte Beschäftigung ausgeübt wird, findet eine Zusammenrechnung nicht statt, so dass die geringfügig entlohnte Beschäftigung in der Kranken-, Pflege- und Rentenversicherung versicherungsfrei bleibt (vgl. Beispiel 11).

Beschäftigungen, die im Rahmen der Bestandsschutzregelungen nach § 7 Abs. 2 SGB V, § 229 Abs. 6 SGB VI und § 434i SGB III der Versicherungspflicht in der Kranken-, Pflege-, Renten- und Arbeitslosenversicherung unterliegen (vgl. 6), gelten als nicht geringfügig versicherungspflichtige (Haupt)Beschäftigungen, so dass *eine* daneben ausgeübte geringfügig entlohnte Beschäftigung versicherungsfrei bleibt. Als nicht geringfügig versicherungspflichtige (Haupt)Beschäftigungen gelten auch Beschäftigungen im Rahmen betrieblicher Berufsbildung bzw. Berufsausbildung. Hierzu gehören u. a. Vor- und Nachpraktika, die in einer Studien- oder Prüfungsordnung vorgeschrieben sind, in der Kranken- und Pflegeversicherung allerdings nur dann, wenn Arbeitsentgelt gezahlt wird (vgl. gemeinsames Rundschreiben der Spitzenverbände der Krankenkassen, des Verbandes Deutscher Rentenversicherungsträger und der Bundesagentur für Arbeit zu „Beschäftigte Studenten, Praktikanten und ähnliche Personen" vom 27. Juli 2004).

Werden hingegen neben einer nicht geringfügigen versicherungspflichtigen (Haupt)Beschäftigung mehrere geringfügig entlohnte Beschäftigungen ausgeübt, dann scheidet für *eine* geringfügig entlohnte Beschäftigung die Zusammenrechnung mit der nicht geringfügigen versicherungspflichtigen Beschäftigung aus. Ausgenommen von der Zusammenrechnung wird dabei diejenige geringfügig entlohnte Beschäftigung, die zeitlich zuerst aufgenommen worden ist, so dass diese Beschäftigung versicherungsfrei bleibt. Die weiteren geringfügig entlohnten Beschäftigungen sind mit der nicht geringfügigen Beschäftigung zusammenzurechnen, wobei eine Zusammenrechnung nach ausdrücklicher Bestimmung in § 7 Abs. 1 Satz 2 SGB V bzw. § 5 Abs. 2 Satz 1 zweiter Halbsatz SGB VI nur dann in Betracht kommt, wenn die nicht geringfügige Beschäftigung Versicherungspflicht begründet. In diesen Fällen besteht dann auch in der geringfügig entlohnten Beschäftigung bzw. in weiteren geringfügig entlohnten Beschäftigungen Versicherungspflicht in der Kranken- und Rentenversicherung. Im Übrigen folgt aus der Krankenversicherungspflicht, dass auch Versicherungspflicht in der Pflegeversicherung besteht (vgl. Beispiel 12).

Da die Zusammenrechnung einer nicht geringfügigen Beschäftigung mit geringfügig entlohnten Beschäftigungen nur vorgesehen ist, wenn die nicht geringfügige Beschäftigung Versicherungspflicht begründet, scheidet z. B. eine Zusammenrechnung einer nach § 6 Abs. 1 Nr. 2 SGB V und § 5 Abs. 1 Satz 1 Nr. 1 SGB VI in der Kranken-, Pflege- und Rentenversicherung versicherungsfreien (nicht geringfügigen) Beamtenbeschäftigung mit geringfügig entlohnten Beschäftigungen aus (vgl. Beispiele 13 bis 16). Allerdings sind mehrere neben einer versicherungsfreien Beamtenbeschäftigung ausgeübte geringfügig entlohnte Beschäftigungen zusammenzurechnen (vgl. Beispiel 13). Entsprechendes gilt für den Bereich der Krankenversicherung für bereits wegen Überschreitens der Jahresarbeitsentgeltgrenze nach § 6 Abs. 1 Nr. 1 SGB V versicherungsfreie Arbeitnehmer (vgl. Beispiele 17 und 18) sowie für den Bereich der Rentenversicherung für die wegen Zugehörigkeit zu einer berufsständischen Versorgungseinrichtung von der Versicherungspflicht nach § 6 Abs. 1 Satz 1 Nr. 1 SGB VI befreiten Personen.

In der Arbeitslosenversicherung werden nach § 27 Abs. 2 Satz 1 zweiter Halbsatz SGB III nicht geringfügige versicherungspflichtige (Haupt-)Beschäftigungen und geringfügig entlohnte Beschäftigungen nicht zusammengerechnet, so dass die geringfügig entlohnten Beschäftigungen generell versicherungsfrei bleiben (vgl. Beispiele 12 und 15 bis 19). Im Übrigen werden hierbei auch mehrere geringfügig entlohnte Beschäftigungen, die neben einer nicht geringfügigen versicherungspflichtigen (Haupt-)Beschäftigung ausgeübt werden, nicht zusammengerechnet (vgl. Beispiele 12 und 17 bis 19). Bei Ausübung einer arbeitslosenversicherungsfreien (nicht geringfügigen) Beschäftigung (z. B. als Beamter) werden allerdings mehrere daneben ausgeübte geringfügig entlohnte Beschäftigungen zusammengerechnet (vgl. Beispiel 13).

2.1.2.3 Geringfügig entlohnte Beschäftigungen neben gesetzlicher Dienstpflicht, Elternzeit oder Leistungsbezug nach dem Zweiten und Dritten Buch Sozialgesetzbuch

Eine neben gesetzlicher Dienstpflicht ausgeübte geringfügig entlohnte Beschäftigung ist versicherungsfrei; dabei spielt es keine Rolle, ob die geringfügig entlohnte Beschäftigung beim bisherigen Arbeitgeber oder bei einem anderen Arbeitgeber ausgeübt wird. Mehrere neben gesetzlicher Dienstpflicht ausgeübte geringfügig entlohnte Beschäftigungen sind allerdings zusammenzurechnen (vgl. 2.1.2.1).

Hat in einer weiteren geringfügig entlohnten Beschäftigung bislang wegen einer Hauptbeschäftigung Versicherungspflicht in der Kranken-, Pflege- und Rentenversicherung bestanden, entfällt diese ab Dienstantritt und Wegfall der Hauptbeschäftigung, es sei denn, durch die Zusammenrechnung der geringfügig entlohnten Beschäftigungen wird die Arbeitsentgeltgrenze von 400 EUR überschritten.

Entsprechendes gilt bei Inanspruchnahme von Elternzeit sowie bei Bezug von Leistungen nach dem Zweiten und Dritten Buch Sozialgesetzbuch.

2.1.2.4 Geringfügig entlohnte Beschäftigungen neben dem Bezug von Vorruhestandsgeld

Übt ein nach § 5 Abs. 3 SGB V, § 20 Abs. 2 SGB XI und § 3 Satz 1 Nr. 4 SGB VI in der Kranken-, Pflege- und Rentenversicherung versicherungspflichtiger Bezieher von Vorruhestandsgeld eine geringfügig entlohnte Beschäftigung aus, findet keine Zusammenrechnung mit dem Vorruhestandsgeld statt, so dass die geringfügig entlohnte Beschäftigung in der Kranken-, Pflege- und Rentenversicherung versicherungsfrei bleibt. Werden hingegen neben dem Bezug von Vorruhestandsgeld mehrere geringfügig entlohnte Beschäftigungen ausgeübt, dann scheidet für eine geringfügig entlohnte Beschäftigung die Zusammenrechnung mit dem Vorruhestandsgeld aus. Ausgenommen von der Zusammenrechnung wird dabei diejenige geringfügig entlohnte Beschäftigung, die zeitlich zuerst aufgenommen worden ist, so dass diese Beschäftigung versicherungsfrei bleibt. Die weiteren geringfügig entlohnten Beschäftigungen sind nach § 8 Abs. 2 Satz 1 SGB IV in Verb. mit § 7 Abs. 1 Satz 2 SGB V bzw. § 5 Abs. 2 Satz 1 zweiter Halbsatz SGB VI mit dem Vorruhestandsgeld zusammenzurechnen. Dem steht nicht entgegen, dass für Bezieher von Vorruhestandsgeld nur für den Bereich der Kranken- und Pflegeversicherung der Rechtsstatus des „Beschäftigten" fingiert wird, während die Bezieher von Vorruhestandsgeld für den Bereich der Rentenversicherung den sonstigen Versicherten zugerechnet werden.

Die Gleichbehandlung von Arbeitnehmern und Beziehern von Vorruhestandsgeld im Beitrags- und Melderecht der Kranken-, Pflege- und Rentenversicherung sowie die Gleichstellung der Pflichtbeiträge für Bezieher von Vorruhestandsgeld mit Pflichtbeiträgen für eine versicherungspflichtige Beschäftigung im Rentenrecht (§ 55 Abs. 2 SGB VI) gebieten es, die Bezieher von Vorruhestandsgeld im Zusammenhang mit § 8 Abs. 2 Satz 1 SGB IV einheitlich als Beschäftigte zu werten mit der Folge, dass die in dieser Vorschrift vorgeschriebene Zusammenrechnung von geringfügig entlohnten Beschäftigungen mit einer nicht geringfügigen Beschäftigung für Bezieher von Vorruhestandsgeld entsprechend gilt. Dies bedeutet, dass versicherungspflichtige Bezieher von Vorruhestandsgeld in einer daneben ausgeübten zweiten sowie weiteren geringfügig entlohnten Beschäftigungen der Versicherungspflicht in der Kranken-, Pflege- und Rentenversicherung unterliegen.

2.1.2.5 Geringfügig entlohnte Beschäftigungen neben dem Bezug von Ausgleichsgeld nach dem FELEG

Der Bezug von Ausgleichsgeld nach dem FELEG gilt als Bezug von Arbeitsentgelt. Daher gelten die Ausführungen unter 2.1.2.4 entsprechend. Sind aber Bezieher von Ausgleichsgeld in der landwirtschaftlichen Krankenversicherung als Rentner versichert, werden sie aufgrund einer daneben ausgeübten Beschäftigung in der Krankenversicherung wie beschäftigte Rentner behandelt.

2.1.2.6 Jahresarbeitsentgeltgrenze in der Krankenversicherung

In der Krankenversicherung unterliegen Arbeitnehmer nur dann der Versicherungspflicht, wenn ihr regelmäßiges Jahresarbeitsentgelt die Jahresarbeitsentgeltgrenze nicht übersteigt. Die Jahresarbeitsentgeltgrenze beläuft sich im Kalenderjahr 2006 auf 47 250 EUR. Für Arbeitnehmer, die am 31. Dezember 2002 ausschließlich privat krankenversichert waren, beträgt die Jahresarbeitsentgeltgrenze im Kalenderjahr 2006 42 750 EUR. Wird die Jahresarbeitsentgeltgrenze überschritten, endet die Krankenversicherungspflicht mit Ablauf des Kalenderjahres, in dem sie überschritten wird, vorausgesetzt, dass das regelmäßige Jahresarbeitsentgelt auch die Jahresarbeitsentgeltgrenze des Folgejahres übersteigt.

Ein Überschreiten der Jahresarbeitsentgeltgrenze kann auch durch Zusammenrechnung einer nicht geringfügigen versicherungspflichtigen (Haupt-)Beschäftigung mit einer bei einem anderen Arbeitgeber ausgeübten zweiten oder weiteren für sich gesehen geringfügig entlohnten und damit versicherungspflichtigen Beschäftigung eintreten. Arbeitnehmer, die neben einer nicht geringfügigen versicherungspflichtigen Beschäftigung und einer geringfügig entlohnten Beschäftigung eine weitere geringfügig entlohnte Beschäftigung aufnehmen und deren regelmäßiges Jahresarbeitsentgelt dadurch die Jahresarbeitsentgeltgrenze überschreitet, werden auch in der weiteren geringfügig entlohnten Beschäftigung zunächst krankenversicherungspflichtig. Die Krankenversicherungspflicht endet in beiden Beschäftigungen mit dem Ablauf des Kalenderjahres, in dem die Jahresarbeitsentgeltgrenze überschritten wird, sofern die Arbeitsentgelte aus beiden Beschäftigungen auch die vom Beginn des nächsten Kalenderjahres an geltende Jahresarbeitsentgeltgrenze überschreiten (vgl. Beispiel 19).

2.1.3 Verzicht auf die Rentenversicherungsfreiheit

Arbeitnehmer, die eine geringfügig entlohnte Beschäftigung ausüben und damit nach § 5 Abs. 2 Satz 1 SGB VI rentenversicherungsfrei sind, können nach § 5 Abs. 2 Satz 2 SGB VI auf diese Versicherungsfreiheit verzichten und erwerben dadurch volle Leistungsansprüche in der Rentenversicherung. Dabei ist unerheblich, ob die versicherungsfreie geringfügig entlohnte Beschäftigung als einzige Beschäftigung oder als zeitlich erste geringfügig entlohnte Beschäftigung – neben einer nicht geringfügigen versicherungspflichtigen (Haupt-)Beschäftigung ausgeübt wird. Der Arbeitgeber hat den Arbeitnehmer bei Beschäftigungsbeginn auf die Möglichkeit des Verzichts auf die Rentenversicherungsfreiheit im Rahmen der geringfügig entlohnten Beschäftigung hinzuweisen (§ 2 Abs. 1 Satz 4 Nachweisgesetz). Der Verzicht muss schriftlich gegenüber dem Arbeitgeber erklärt werden. Er entfal-

Geringfügigkeits-Richtlinien

tet Rechtswirkung aber nur für die Zukunft, d. h., die Rentenversicherungspflicht beginnt mit dem Tag, der auf den Tag des Eingangs der schriftlichen Verzichtserklärung beim Arbeitgeber folgt, es sei denn, dass der Arbeitnehmer einen späteren Zeitpunkt für den Beginn der Rentenversicherungspflicht bestimmt. Geht die Verzichtserklärung innerhalb von zwei Wochen nach Aufnahme der geringfügig entlohnten Beschäftigung beim Arbeitgeber ein, wirkt sie auf den Beginn der Beschäftigung zurück, falls der Arbeitnehmer dies verlangt (vgl. Beispiele 20 bis 22). Der Arbeitgeber hat die Verzichtserklärung nach § 8 Abs. 2 Nr. 4 BVV zu den Entgeltunterlagen des Arbeitnehmers zu nehmen. Auf die Rentenversicherungsfreiheit können auch Praktikanten verzichten, die ein nicht in der Studien- oder Prüfungsordnung vorgeschriebenes geringfügig entlohntes Praktikum absolvieren.

Der Verzicht auf die Rentenversicherungsfreiheit gilt für die gesamte Dauer der geringfügig entlohnten Beschäftigung und kann nicht widerrufen werden. Die Verzichtserklärung verliert erst mit der Aufgabe der geringfügig entlohnten Beschäftigung ihre Wirkung. Nimmt der Arbeitnehmer danach erneut eine geringfügig entlohnte Beschäftigung bei einem anderen Arbeitgeber auf und will er auf die Rentenversicherungsfreiheit verzichten, dann muss diesem Arbeitgeber wiederum eine schriftliche Verzichtserklärung vorgelegt werden; dies gilt auch dann, wenn sich die neue Beschäftigung nahtlos an die bisherige Beschäftigung anschließt. Folgt hingegen eine erneute geringfügig entlohnte Beschäftigung bei demselben Arbeitgeber, ist von der widerlegbaren Vermutung auszugehen, dass eine durchgehende Beschäftigung vorliegt, wenn zwischen dem Ende der ersten Beschäftigung und dem Beginn der neuen Beschäftigung ein Zeitraum von nicht mehr als zwei Monaten liegt. In diesem Fall verliert der Verzicht auf die Versicherungsfreiheit nicht seine Wirkung und muss infolgedessen nicht erneut schriftlich erklärt werden.

Bezieher einer Vollrente wegen Alters bzw. einer Versorgung wegen Erreichens einer Altersrente nach beamtenrechtlichen Vorschriften sind nach § 5 Abs. 4 SGB VI rentenversicherungsfrei, so dass spätestens mit Beginn dieser Leistungen keine Rentenanwartschaftszeiten mehr erworben werden können. Der Verzicht auf die Versicherungsfreiheit in der geringfügig entlohnten Beschäftigung endet in diesem Fall mit dem Tag, der dem Tag des Beginns der vorgenannten Leistungen vorausgeht.

Bei Mitgliedern berufsständischer Versorgungswerke, die nach § 6 Abs. 1 Satz 1 Nr. 1 SGB VI von der Rentenversicherungspflicht befreit worden sind und die eine geringfügig entlohnte Beschäftigung aufnehmen, hat ein Verzicht auf die Rentenversicherungsfreiheit zur Folge, dass die Befreiung nach § 6 Abs. 1 Satz 1 Nr. 1 SGB VI auch für diese Beschäftigung greift, sofern die geringfügig entlohnte Beschäftigung in einem Beruf ausgeübt wird, für den die Befreiung gilt (vgl. Beispiel 23). Handelt es sich bei der geringfügig entlohnten Beschäftigung hingegen um eine berufsfremde Beschäftigung, besteht im Falle des Verzichts auf die Rentenversicherungsfreiheit grundsätzlich Versicherungspflicht in der allgemeinen Rentenversicherung (vgl. Beispiel 24).

Arbeitnehmer, die mehrere geringfügig entlohnte Beschäftigungen nebeneinander ausüben und trotz Zusammenrechnung der monatlichen Arbeitsentgelte aus den einzelnen Beschäftigungen nach § 5 Abs. 2 Satz 1 SGB VI rentenversicherungsfrei sind, können nur einheitlich auf die Rentenversicherungsfreiheit verzichten, d. h., die einem Arbeitgeber gegenüber abgegebene Verzichtserklärung wirkt zugleich für alle anderen Beschäftigungen. Die Verzichtserklärung gilt sodann für die Dauer aller im Zeitpunkt ihrer Abgabe bestehenden und danach aufgenommenen Beschäftigungsverhältnisse und verliert ihre Wirkung erst dann, wenn keine geringfügig entlohnte Beschäftigung mehr ausgeübt wird. Der Arbeitnehmer hat alle weiteren Arbeitgeber über den Verzicht zu informieren. Verzichtet der Arbeitnehmer erst in einer weiteren geringfügig entlohnten Beschäftigung auf die Versicherungsfreiheit in der Rentenversicherung, beginnt die Rentenversicherungspflicht für eine bereits bestehende geringfügig entlohnte Beschäftigung, für die bisher kein Verzicht ausgesprochen wurde, zeitgleich mit Rentenversicherungspflicht in der zuletzt aufgenommenen Beschäftigung. Dies hat zur Folge, dass die Rentenversicherungspflicht in allen Beschäftigungen rückwirkend eintritt, wenn die Verzichtserklärung innerhalb von zwei Wochen nach der zuletzt aufgenommenen Beschäftigung ausgesprochen wurde und der Versicherte wünscht, dass diese auf den Beginn der zuletzt aufgenommenen Beschäftigung zurückwirkt.

Wird im Nachhinein festgestellt, dass der Arbeitnehmer in einer geringfügig entlohnten Beschäftigung auf die Rentenversicherungsfreiheit verzichtet, den Arbeitgeber einer weiteren Beschäftigung hierüber jedoch nicht informiert hat, wird der Verzicht auf die Rentenversicherungsfreiheit in der weiteren Beschäftigung in Anlehnung an § 8 Abs. 2 Satz 3 SGB IV mit der Bekanntgabe der Feststellung durch die Einzugsstelle oder durch den Rentenversicherungsträger wirksam. Dies gilt nicht, wenn der Arbeitgeber der weiteren geringfügig entlohnten Beschäftigung vorsätzlich oder grob fahrlässig versäumt hat, den Sachverhalt für die versicherungsrechtliche Beurteilung aufzuklären (vgl. 5).

Für geringfügig entlohnte Beschäftigungen in Privathaushalten sind Ausnahmen für den Widerruf der Verzichtserklärung für Fälle vorgesehen, in denen der Verzicht vor dem 1. April 2003 ausgesprochen wurde (vgl. 6.3).

2.2 Kurzfristige Beschäftigungen

Eine kurzfristige Beschäftigung liegt nach § 8 Abs. 1 Nr. 2 SGB IV vor, wenn die Beschäftigung für eine Zeitdauer ausgeübt wird, die im Laufe eines Kalenderjahres auf nicht mehr als

zwei Monate

oder

insgesamt 50 Arbeitstage

nach ihrer Eigenart begrenzt zu sein pflegt oder im Voraus vertraglich (z. B. durch einen auf längstens ein Jahr befristeten Rahmenarbeitsvertrag) begrenzt ist; dies gilt auch dann, wenn die kurzfristige Beschäftigung die Voraussetzungen einer geringfügig entlohnten Beschäftigung (vgl. 2.1) erfüllt. Die Voraussetzungen einer kurzfristigen Beschäftigung sind mithin nur gegeben, wenn die Beschäftigung von vornherein auf nicht mehr als zwei Monate oder 50 Arbeitstage (auch kalenderjahrüberschreitend) befristet ist (vgl. Beispiel 25). Eine kurzfristige Beschäftigung liegt allerdings nicht mehr vor, wenn die Beschäftigung berufsmäßig ausgeübt wird (vgl. 2.2.3) und das Arbeitsentgelt aus dieser Beschäftigung 400 EUR überschreitet. Eine zeitliche Beschränkung der Beschäftigung nach ihrer Eigenart ist gegeben, wenn sie sich vorausschauend aus der Art, dem Wesen oder dem Umfang der zu verrichtenden Arbeit ergibt (vgl. Beispiele 26 bis 28).

Eine kurzfristige Beschäftigung liegt selbst dann nicht vor, wenn die Zeitdauer von 50 Arbeitstagen im Laufe eines Kalenderjahres innerhalb einer Dauerbeschäftigung oder einer regelmäßig wiederkehrenden Beschäftigung nicht überschritten wird; eine Beschäftigung, die aufgrund eines über zwölf Monate hinausgehenden Rahmenarbeitsvertrags begründet wird, ist dabei als Dauerbeschäftigung bzw. regelmäßig wiederkehrende Beschäftigung anzusehen. Allerdings ist in den vorgenannten Fällen zu prüfen, ob die Beschäftigung die Voraussetzungen einer geringfügig entlohnten Beschäftigung (vgl. 2.1) erfüllt (vgl. Urteile des BSG vom 11. Mai 1993 – 12 RK 23/91 –, USK 9353, und vom 23. Mai 1995 – 12 RK 60/93 –, USK 9530); vgl. Beispiel 29.

2.2.1 Zwei Monate oder 50 Arbeitstage

Von dem Zweimonatszeitraum ist nur dann auszugehen, wenn die Beschäftigung an mindestens fünf Tagen in der Woche ausgeübt wird (vgl. Urteil des BSG vom 27. Januar 1971 – 12 RJ 118/70 –, USK 7104). Bei Beschäftigungen von regelmäßig weniger als fünf Tagen in der Woche ist bei der Beurteilung auf den Zeitraum von 50 Arbeitstagen abzustellen (vgl. Beispiel 30). Ein Nachtdienst, der sich über zwei Kalendertage erstreckt, gilt als ein Arbeitstag (vgl. hierzu auch Urteil des BFH vom 28. Januar 1994 – VI R 51/93 , USK 9417). Werden an einem Kalendertag mehrere kurzfristige Beschäftigungen ausgeübt, gilt dieser Kalendertag ebenfalls als ein Arbeitstag.

Bei einer Zusammenrechnung von mehreren Beschäftigungszeiten (vgl. 3.2) treten an die Stelle des Zweimonatszeitraums 60 Kalendertage; das gilt nicht, wenn es sich bei den einzelnen Beschäftigungszeiten jeweils um volle Kalendermonate handelt. Sind bei einer Zusammenrechnung Zeiten, in denen die Beschäftigung regelmäßig an mindestens fünf Tagen in der Woche ausgeübt wurde, und Beschäftigungszeiten mit einer Arbeitszeit an weniger als fünf Tagen in der Woche zu berücksichtigen, dann ist einheitlich von dem Zeitraum von 50 Arbeitstagen auszugehen.

2.2.2 Zusammenrechnung mehrerer Beschäftigungen

Bei der Prüfung, ob die Zeiträume von zwei Monaten oder 50 Arbeitstagen überschritten werden, sind die Zeiten mehrerer aufeinanderfolgender kurzfristiger Beschäftigungen (vgl. 2.2) zusammenzurechnen, unabhängig davon, ob sie geringfügig entlohnt oder mehr als geringfügig entlohnt werden. Dies gilt auch dann, wenn die einzelnen Beschäftigungen bei verschiedenen Arbeitgebern ausgeübt werden. Es ist jeweils bei Beginn einer neuen Beschäftigung zu prüfen, ob diese zusammen mit den schon im laufenden Kalenderjahr ausgeübten Beschäftigungen die nach 2.2 maßgebende Zeitgrenze überschreitet. Wird durch eine Zusammenrechnung mehrerer kurzfristiger Beschäftigungen die Grenze von zwei Monaten oder 50 Arbeitstagen überschritten, handelt es sich um eine regelmäßig ausgeübte Beschäftigung (vgl. Beispiel 31); in diesen Fällen ist zu prüfen, ob eine geringfügig entlohnte Beschäftigung (vgl. 2.1) vorliegt (vgl. Beispiele 32 und 33). Im Ausland ausgeübte Beschäftigungen werden bei der Zusammenrechnung nicht berücksichtigt.

Die vorstehenden Ausführungen gelten auch für Beschäftigungen, die über den Jahreswechsel hinausgehen; d. h., beginnt eine Beschäftigung in einem Kalenderjahr, in dem die Dauer von zwei Monaten bzw. 50 Arbeitstagen zusammen mit Vorbeschäftigungen erreicht ist, liegt für die gesamte Dauer der Beschäftigung keine Kurzfristigkeit vor, und zwar auch insoweit, als die zu beurteilende Beschäftigung in das neue Kalenderjahr hineinreicht. Eine nach Kalenderjahren getrennte versicherungsrechtliche Beurteilung dieser Beschäftigung erfolgt nicht (vgl. Beispiel 34). Ist die Dauer von zwei Monaten bzw. 50 Arbeitstagen bei Beginn einer kalenderjahrüberschreitenden Beschäftigung unter Hinzurechnung von Vorbeschäftigungen noch nicht erreicht, bleibt die kalenderjahrüberschreitende Beschäftigung versicherungsfrei, wenn sie auf nicht mehr als zwei Monate bzw. 50 Arbeitstage befristet ist (vgl. Beispiel 35).

Werden Arbeitnehmer wiederholt von ein und demselben Arbeitgeber beschäftigt, ohne dass ein Rahmenarbeitsvertrag besteht, liegt eine regelmäßige Beschäftigung so lange nicht vor, als im laufenden Kalenderjahr die Zeitgrenze von 50 Arbeitstagen nicht überschritten wird.

2.2.3 Prüfung der Berufsmäßigkeit

Eine kurzfristige Beschäftigung erfüllt dann nicht mehr die Voraussetzungen einer geringfügigen Beschäftigung, wenn die Beschäftigung berufsmäßig ausgeübt wird und ihr Arbeitsentgelt 400 EUR im Monat übersteigt. Die Prüfung der Berufsmäßigkeit ist mithin nicht erforderlich, wenn das aufgrund dieser Beschäftigung erzielte monatliche Arbeitsentgelt 400 EUR nicht überschreitet. Darüber hinaus braucht die Berufsmäßigkeit der Beschäftigung auch dann nicht geprüft zu werden, wenn die Beschäftigung bereits infolge Überschreitens der Zeitgrenze von zwei Monaten bzw. 50 Arbeitstagen (vgl. 2.2 und 2.2.2) als nicht geringfügig anzusehen ist.

Berufsmäßig wird eine Beschäftigung dann ausgeübt, wenn sie für die in Betracht kommende Person nicht von untergeordneter wirtschaftlicher Bedeutung ist (vgl. Urteil des BSG vom 28. Oktober 1960 – 3 RK 31/56 –, SozR Nr. 1 zu § 166 RVO). Beschäftigungen, die nur gelegentlich (z. B. zwischen Schulabschluss und beabsichtigter Fachschulausbildung bzw. beabsichtigtem Studium, auch wenn die Fachschulausbildung oder das Studium durch gesetzliche Dienstpflicht hinausgeschoben wird) ausgeübt werden, sind grundsätzlich von untergeordneter wirtschaftlicher Bedeutung und daher als nicht berufsmäßig anzusehen (vgl. Urteil des BSG vom 11. Juni 1980 – 12 RK 30/79 –, USK 80106). Dies gilt sinngemäß auch für kurzfristige Beschäftigungen, die neben einer Beschäftigung mit einem Arbeitsentgelt über 400 EUR (Hauptbeschäftigung) ausgeübt werden (vgl. Beispiele 27 und 28), sowie für kurzfristige Beschäftigungen neben dem Bezug von Vorruhestandsgeld.

Kurzfristige Beschäftigungen zwischen Schulentlassung und Ableistung eines freiwilligen sozialen oder ökologischen Jahres werden dagegen berufsmäßig ausgeübt. Dies gilt auch, wenn nach der Ableistung des freiwilligen sozialen oder ökologischen Jahres voraussichtlich ein Studium aufgenommen wird.

Folgt eine kurzfristige Beschäftigung auf bereits ausgeübte Beschäftigungen, ist Berufsmäßigkeit ohne weitere Prüfung anzunehmen, wenn die Beschäftigungszeiten im Laufe eines Kalenderjahres insgesamt mehr als zwei Monate oder 50 Arbeitstage betragen. Dabei können nur solche Beschäftigungen berücksichtigt werden, in denen die monatliche Arbeitsentgeltgrenze von 400 EUR überschritten wird (vgl. Beispiel 36). Bei Personen, die aus dem Berufsleben ausgeschieden sind (z. B. Bezieher einer Vollrente wegen Alters), können nur Beschäftigungszeiten nach dem Ausscheiden angerechnet werden (vgl. Beispiel 37). Im Übrigen stehen bei der Prüfung der Berufsmäßigkeit Zeiten der Meldung als Arbeitsuchender (§ 15 Satz 2 SGB III) mit Beschäftigungslosigkeit den Beschäftigungszeiten gleich.

Arbeitnehmer, deren Beschäftigungsverhältnis durch den Wehr- oder Zivildienst unterbrochen wird und die während der gesetzlichen Dienstpflicht eine auf zwei Monate bzw. 50 Arbeitstage befristete Beschäftigung ausüben und mehr als 400 EUR im Monat verdienen, üben diese Beschäftigung berufsmäßig aus. Dabei spielt es keine Rolle, ob die befristete Beschäftigung beim bisherigen Arbeitgeber oder bei einem anderen Arbeitgeber ausgeübt wird. Dies gilt auch für Beschäftigungen, die während der Elternzeit oder eines unbezahlten Urlaubs ausgeübt werden.

Üben Personen, die beschäftigungslos und bei der Arbeitsagentur für eine mehr als kurzfristige Beschäftigung als Arbeitsuchende gemeldet sind, eine Beschäftigung aus, so ist diese als berufsmäßig anzusehen und daher ohne Rücksicht auf ihre Dauer versicherungspflichtig, es sei denn, dass die (anteilige) Arbeitsentgeltgrenze von 400 EUR (vgl. 2.1) nicht überschritten wird (vgl. Beispiel 2).

Bei Beschäftigungen von Saisonarbeitskräften aus einem EU-Mitgliedstaat (sowie der Schweiz und Norwegen), für die nach Artikel 13 Abs. 2 Buchst. a der Verordnung (EWG) Nr. 1408/71 die deutschen Rechtsvorschriften über soziale Sicherheit gelten (z. B. Hausfrauen, Arbeitslose), sind zur Prüfung der Berufsmäßigkeit auch Beschäftigungszeiten in anderen EU-Mitgliedstaaten (sowie der Schweiz und Norwegen) zu berücksichtigen, wobei allerdings die Höhe des in den anderen Staaten erzielten Arbeitsentgelts unmaßgeblich ist. Folglich werden in diesem Zusammenhang auch Beschäftigungszeiten in anderen EU-Mitgliedstaaten (sowie der Schweiz und Norwegen) mit einem Arbeitsentgelt bis zu 400 EUR im Monat angerechnet. Dem liegt die Ansicht zugrunde, dass die Berufsmäßigkeit einer Beschäftigung nicht allein vom Erwerbsverhalten in Deutschland bestimmt wird, sondern vom allgemeinen Erwerbsleben des Beschäftigten.

3 Überschreiten der Arbeitsentgelt- und Zeitgrenzen

3.1 Geringfügig entlohnte Beschäftigungen

Überschreitet das Arbeitsentgelt regelmäßig 400 EUR, so tritt vom Tage des Überschreitens an Versicherungspflicht ein (vgl. Beispiel 38). Für die zurückliegende Zeit verbleibt es bei der Versicherungsfreiheit. Ein nur gelegentliches und nicht vorhersehbares Überschreiten der Arbeitsentgeltgrenze führt nicht zur Versicherungspflicht; als gelegentlich ist dabei ein Zeitraum bis zu zwei Monaten innerhalb eines Zeitjahres anzusehen (vgl. Beispiel 39).

Sofern im unmittelbaren Anschluss an eine geringfügig entlohnte (Dauer-)Beschäftigung (vgl. 2.1) bei demselben Arbeitgeber eine auf längstens zwei Monate befristete Beschäftigung mit einem Arbeitsentgelt von mehr als 400 EUR vereinbart wird, ist von der widerlegbaren Vermutung auszugehen, dass es sich um die Fortsetzung der bisherigen (Dauer-) Beschäftigung handelt. Hieraus folgt, dass vom Zeitpunkt der Vereinbarung der befristeten Beschäftigung an die Arbeitsentgeltgrenze überschritten wird und damit Versicherungspflicht eintritt. Dies gilt umso mehr, wenn sich an die befristete Beschäftigung wiederum unmittelbar eine – für sich betrachtet – geringfügig entlohnte Beschäftigung (vgl. 2.1) anschließt. Versicherungsfreiheit wegen Vorliegens einer kurzfristigen Beschäftigung (vgl. 2.2) kommt in Fällen der hier in Rede stehenden Art nur dann in Betracht, wenn es sich bei den einzelnen Beschäftigungen um völlig voneinander unabhängige Beschäftigungsverhältnisse handelt.

In den Fällen, in denen die Arbeitsentgeltgrenze von 400 EUR infolge einer rückwirkenden Erhöhung des Arbeitsentgelts überschritten wird, tritt Versicherungspflicht mit dem Tage ein, an dem der Anspruch auf das erhöhte Arbeitsentgelt entstanden ist (z. B. Tag des Abschlusses eines Tarifvertrags); für die zurückliegende Zeit verbleibt es bei der Versicherungsfreiheit. Allerdings sind in diesen Fällen für das nachgezahlte Arbeitsentgelt die Sozialversicherungsbeiträge (vgl. C) und, sofern sie anfallen, auch die einheitliche Pauschsteuer (vgl. G) sowie die Umlagen zum Ausgleich der

Geringfügigkeits-Richtlinien

Anhang 16

Arbeitgeberaufwendung für Entgeltfortzahlung (vgl. H) (auch von dem 400 EUR übersteigenden Betrag) zu zahlen (vgl. Beispiel 40).

3.2 Kurzfristige Beschäftigungen

Überschreitet eine Beschäftigung, die als kurzfristige Beschäftigung angesehen wird, entgegen der ursprünglichen Erwartung die unter 2.2 angegebene Zeitdauer, so tritt vom Tage des Überschreitens an Versicherungspflicht ein, es sei denn, dass die Merkmale einer geringfügig entlohnten Beschäftigung (vgl. 2.1) vorliegen (vgl. Beispiele 32 und 33).

Stellt sich im Laufe der Beschäftigung heraus, dass sie länger dauern wird, beginnt gegebenenfalls die Versicherungspflicht bereits mit dem Tage, an dem das Überschreiten der Zeitdauer erkennbar wird, also nicht erst nach Ablauf der zwei Monate bzw. 50 Arbeitstage; für die zurückliegende Zeit verbleibt es bei der Versicherungsfreiheit (vgl. Beispiel 26).

Sofern ein zunächst auf ein Jahr oder weniger befristeter Rahmenarbeitsvertrag mit Arbeitseinsätzen bis zu maximal 50 Arbeitstagen auf eine Dauer von über einem Jahr verlängert wird, liegt vom Zeitpunkt der Vereinbarung der Verlängerung an eine regelmäßige Beschäftigung vor. Wird ein Rahmenvertrag zunächst auf ein Jahr begrenzt und im unmittelbaren Anschluss daran ein neuer Rahmenarbeitsvertrag abgeschlossen, ist vom Beginn des neuen Rahmenarbeitsvertrags an von einer regelmäßig ausgeübten Beschäftigung auszugehen, wenn zwischen den beiden Rahmenarbeitsverträgen kein Zeitraum von mindestens zwei Monaten liegt. Auch in diesen Fällen ist allerdings zu prüfen, ob die Merkmale einer geringfügig entlohnten Beschäftigung vorliegen.

4 Besonderheiten in der Arbeitslosenversicherung

Die Arbeitslosenversicherungsfreiheit geringfügiger Beschäftigungen ergibt sich aus § 27 Abs. 2 SGB III. Eine Ausnahmeregelung besteht allerdings nach § 27 Abs. 5 Satz 1 SGB III für solche Arbeitnehmer, die neben dem Anspruch auf Arbeitslosengeld eine Beschäftigung ausüben; sie sind in der Arbeitslosenversicherung versicherungsfrei. Ein Anspruch auf Arbeitslosengeld besteht allerdings nur dann, wenn u. a. Arbeitslosigkeit im Sinne von § 119 Abs. 1 SGB III vorliegt. Dies setzt nach § 119 Abs. 3 SGB III voraus, dass der Arbeitnehmer in keinem oder nur in einem Beschäftigungsverhältnis mit einer Arbeitszeit von weniger als 15 Stunden in der Woche steht. Somit liegt nur bei einer neben dem Arbeitslosengeldbezug bestehenden Beschäftigung mit einer Arbeitszeit von unter 15 Stunden in der Woche Arbeitslosenversicherungsfreiheit vor (vgl. Beispiel 2).

Die Versicherungsfreiheit nach § 27 Abs. 5 Satz 1 SGB III gilt nicht für Bezieher von Teilarbeitslosengeld; sie sind nur dann arbeitslosenversicherungsfrei, wenn sie eine geringfügige (geringfügig entlohnte) Beschäftigung ausüben.

5 Feststellung von Mehrfachbeschäftigungen

5.1 Pflichten des Arbeitgebers

Der Arbeitgeber hat nach § 28a SGB IV jeden versicherungspflichtigen und jeden geringfügig Beschäftigten zu melden und nach § 28e SGB IV den Gesamtsozialversicherungsbeitrag zu zahlen. Hieraus erwächst für den Arbeitgeber die Verpflichtung, das Versicherungsverhältnis des jeweiligen Arbeitnehmers zu beurteilen, Beiträge zu berechnen und gegebenenfalls vom Arbeitsentgelt einzubehalten und an die Einzugsstelle abzuführen. Ungeachtet dessen hat der Arbeitgeber nach § 8 Abs. 1 Satz 1 Nr. 9 BVV die für die Versicherungsfreiheit oder die Befreiung von der Versicherungspflicht maßgebenden Angaben über den Beschäftigten – z. B. bei geringfügig Beschäftigten – zu den Entgeltunterlagen zu nehmen.

Verstöße gegen das Beitrags- und Meldeverfahren können nach § 111 SGB IV als Ordnungswidrigkeit mit einem Bußgeld bis zu 50 000 EUR geahndet werden.

5.2 Mitwirkungspflichten des Arbeitnehmers

Andererseits ist der Arbeitnehmer nach § 28o SGB IV verpflichtet, dem Arbeitgeber, bei mehreren Beschäftigungen allen beteiligten Arbeitgebern, die zur Durchführung des Meldeverfahrens und der Beitragszahlung erforderlichen Angaben zu machen und, soweit erforderlich, Unterlagen vorzulegen. Hierzu gehört auch, dass der Arbeitnehmer seine Arbeitgeber über eventuelle Vorbeschäftigungen oder über aktuelle weitere Beschäftigungen bei anderen Arbeitgebern informiert, damit der jeweilige Arbeitgeber die Kurzfristigkeit einer Beschäftigung beurteilen oder aber prüfen kann, ob eine geringfügig entlohnte Beschäftigung mit anderen geringfügig entlohnten Beschäftigungen oder mit einer nicht geringfügigen versicherungspflichtigen Beschäftigung zusammenzurechnen ist. In diesem Zusammenhang wird dem Arbeitgeber empfohlen, die notwendigen Angaben zur versicherungsrechtlichen Beurteilung der Beschäftigung mittels eines Einstellungsbogens beim Arbeitnehmer zu erfragen.

5.3 Beginn der Versicherungspflicht

Sofern ein Sozialversicherungsträger im Nachhinein (z. B. durch Datenabgleich bei der Minijob-Zentrale oder bei der Datenstelle der Träger der Rentenversicherung oder im Rahmen einer Betriebsprüfung) feststellt, dass mehrere kurzfristige Beschäftigungen oder mehrere geringfügig entlohnte Beschäftigungen oder – abgesehen von einer geringfügig entlohnten Beschäftigung – eine geringfügig entlohnte Beschäftigung mit einer nicht geringfügigen versicherungspflichtigen Beschäftigung zusammenzurechnen sind und damit Versicherungspflicht gegeben ist, tritt die Versicherungspflicht nach § 8 Abs. 2 Satz 3 SGB IV mit der Bekanntgabe dieser Feststellung durch die Einzugsstelle oder durch einen Rentenversicherungsträger ein (vgl. Beispiel 41). Die Vorschrift gilt für Entscheidungen, die vom 1. April 2003 an getroffen werden, und zwar auch dann, wenn die zu beurteilende Beschäftigung bereits vor dem 1. April 2003 begonnen hat. § 8 Abs. 2 Satz 3 SGB IV gilt nicht, wenn der Arbeitgeber vorsätzlich oder grob fahrlässig versäumt hat, den Sachverhalt für die versicherungsrechtliche Beurteilung aufzuklären. Vorsatz ist das Wissen und Wollen des rechtswidrigen Erfolgs. Grobe Fahrlässigkeit liegt vor, wenn die Beteiligten die verkehrsübliche Sorgfalt in besonders grobem Maße verletzt haben, also einfachste, jedem einleuchtende Überlegungen nicht angestellt wurden. Von einem Vorsatz ist z. B. dann auszugehen, wenn der Arbeitgeber Hinweise des Beschäftigten oder anderer Personen, die zwangsläufig zu einer anderen versicherungsrechtlichen Beurteilung der Beschäftigung hätten führen müssen, bewusst ignoriert hat. Vorsätzlich werden Sozialversicherungsbeiträge schon dann vorenthalten, wenn der Beitragsschuldner die Beitragspflicht für möglich hielt, die Nichtabführung des Beitrags aber billigend in Kauf nahm. Grobe Fahrlässigkeit liegt z. B. dann vor, wenn der Arbeitgeber nichts unternommen hat, um den Sachverhalt zu ermitteln.

Zuständige Einzugsstelle im oben genannten Sinne ist die Minijob-Zentrale der Deutschen Rentenversicherung Knappschaft-Bahn-See. Ein Rentenversicherungsträger ist zuständig, wenn eine unterbliebene Zusammenrechnung im Rahmen einer Betriebsprüfung festgestellt wird. Die Minijob-Zentrale bzw. der zuständige Rentenversicherungsträger wird dem Arbeitgeber im Übrigen in dem Bescheid über die festgestellte Versicherungspflicht definitiv den Tag des Beginns der Versicherungspflicht mitteilen und den bzw. die Arbeitgeber auffordern, die entsprechenden Meldungen vorzunehmen.

Die Ausführungen gelten sinngemäß auch bei der Prüfung der Berufsmäßigkeit (vgl. 2.2.3) unter der Voraussetzung, dass die Versicherungspflicht durch Zusammenrechnung von Beschäftigungszeiten ausgelöst wurde. Liegen die Gründe für das Vorliegen von Berufsmäßigkeit im Status des Arbeitnehmers (z. B. weil er arbeitsuchend und beschäftigungslos ist), findet § 8 Abs. 2 Satz 3 SGB IV keine Anwendung.

Stellt der Versicherungsträger im Nachhinein fest, dass fälschlicherweise von einer selbständigen Tätigkeit ausgegangen wurde, tatsächlich aber eine abhängige Beschäftigung vorliegt, tritt nach § 7b SGB IV die Versicherungspflicht mit Zustimmung des Beschäftigten erst mit dem Tag der Bekanntgabe der Entscheidung des Versicherungsträgers ein. Dies gilt nicht, wenn der Arbeitgeber vorsätzlich oder grob fahrlässig von einer selbständigen Beschäftigung ausgegangen ist. Obwohl sich die Vorschrift des § 7b SGB IV nur auf versicherungspflichtige Beschäftigungen bezieht, findet sie analog Anwendung, wenn der Versicherungsträger das Vorliegen einer geringfügig entlohnten Beschäftigung im Sinne des § 8 Abs. 1 Nr. 1 SGB IV festgestellt hat. Einer Absicherung gegen das finanzielle Risiko von Krankheit und zur Altersvorsorge – wie nach § 7b Nr. 2 SGB IV gefordert – bedarf es hierbei nicht. Diese Ausführungen gelten nach ausdrücklicher Regelung in § 7b SGB IV nicht für Anfrageverfahren nach § 7a SGB IV.

6 Fortbestand der Versicherungspflicht und Befreiung von der Versicherungspflicht in Übergangsfällen

6.1 Fortbestand der Versicherungspflicht

In der Kranken-, Pflege-, Renten- und Arbeitslosenversicherung sind durch § 7 Abs. 2 SGB V, § 229 Abs. 6 SGB VI und § 434i SGB III Bestandsschutzregelungen für diejenigen Arbeitnehmer vorgesehen worden, die bis zum 31. März 2003 aufgrund ihrer Beschäftigung einen Versicherungsschutz hatten, diesen aber bei Anwendung des vom 1. April 2003 an geltenden Rechts verloren hätten. Betroffen hiervon waren in erster Linie Arbeitnehmer, die wegen Erreichens der Zeitgrenze von 15 Wochenstunden oder wegen Überschreitens der Arbeitsentgeltgrenze von 325 EUR versicherungspflichtig waren und deren Arbeitsentgelt vom 1. April 2003 an nicht mehr als 400 EUR betrug. Diese Arbeitnehmer blieben – in der Krankenversicherung und damit auch in der Pflegeversicherung allerdings nur unter bestimmten Voraussetzungen – weiterhin versicherungspflichtig; sie hatten jedoch die Möglichkeit, sich von dieser Versicherungspflicht befreien zu lassen.

Der Sinn und Zweck der Bestandsschutzregelungen bestand darin, denjenigen Arbeitnehmern einen dauerhaften Versicherungsschutz zu gewähren, die diesen (bewusst) begründet haben. Folglich musste der Fortbestand der Versicherungspflicht unabhängig davon eingeräumt werden, ob der Arbeitnehmer nach dem bis zum 31. März 2003 geltenden Recht der Versicherungspflicht unterlag, weil er die maßgebenden Zeit- und Arbeitsentgeltgrenzen aufgrund nur einer Beschäftigung oder aufgrund mehrerer Beschäftigungen überschritten hatte.

6.1.1 Fortbestand der Krankenversicherungspflicht

Nach § 7 Abs. 2 Satz 1 SGB V kam ein Fortbestand der Krankenversicherungspflicht für eine nach dem vom 1. April 2003 an geltenden Recht geringfügige Beschäftigung nur in Betracht, wenn der Arbeitnehmer von diesem Zeitpunkt an nicht die Voraussetzungen für eine Familienversicherung erfüllte, wobei die Einkommensgrenze für die Familienversicherung bei Beschäftigten seit dem 1. April 2003 nach § 10 Abs. 1 Satz 1 Nr. 5 SGB V 400 EUR beträgt. Es musste sich also um Arbeitnehmer handeln, deren Beschäftigung bis zum 31. März 2003 wegen Erreichens der Zeitgrenze von 15 Wochenstunden oder wegen Überschreitens der Arbeitsentgeltgrenze von 325 EUR versicherungspflichtig war, die aber vom 1. April 2003 an nicht mehr der Versicherungspflicht unterlagen, weil das Arbeitsentgelt 400 EUR nicht überstieg, und die neben dem Arbeitsentgelt aus der Beschäftigung noch weitere Einnahmen hatten, die zusammen mit dem Arbeitsentgelt aus der Beschäftigung mehr als 400 EUR betrugen. Der Fortbestand der Krankenversicherungspflicht galt mithin nicht für eine Beschäftigung, die nach dem bis zum 31. März 2003 geltenden Recht versicherungspflichtig war, weil sie neben einer nicht geringfügigen versicherungspflichtigen (Haupt-)Beschäftigung ausgeübt wurde, aber nach neuem Recht nicht mehr mit der (Haupt-)Beschäftigung zusammenzurechnen war und deshalb versicherungsfrei blieb. Soweit für Arbeitnehmer aufgrund des § 7 Abs. 2 Satz 1 SGB V weiterhin Versicherungspflicht in der Krankenversicherung bestand, blieben die Arbeitnehmer auch in der Pflegeversicherung versicherungspflichtig.

6.1.2 Fortbestand der Rentenversicherungspflicht

In der Rentenversicherung blieben nach § 229 Abs. 6 Satz 1 SGB VI Arbeitnehmer in allen Beschäftigungen, die vom 1. April 2003 an geringfügig waren und deshalb versicherungsfrei gewesen wären, weiterhin versicherungspflichtig. Dabei war unerheblich, ob es sich um eine Arbeitnehmer handelte, der

- nur eine Beschäftigung, die bisher wegen Überschreitens der Zeit- oder Arbeitsentgeltgrenzen versicherungspflichtig war, oder
- eine kurzfristige Beschäftigung, die wegen Überschreitens des bisherigen Zeitrahmens (zwei Monate oder 50 Arbeitstage innerhalb eines Zeitjahres) versicherungspflichtig war,

ausübte, aber nach neuem Recht versicherungsfrei gewesen wäre. Für Arbeitnehmer, die neben einer nicht geringfügigen versicherungspflichtigen (Haupt-)Beschäftigung eine (erste) geringfügig entlohnte Beschäftigung ausübten, die bislang wegen Zusammenrechnung mit der (Haupt-)Beschäftigung versicherungspflichtig war, bestand in der (ersten) geringfügig entlohnten Beschäftigung vom 1. April 2003 an Versicherungsfreiheit.

6.1.3 Fortbestand der Arbeitslosenversicherungspflicht

Auch in der Arbeitslosenversicherung blieb nach § 434i Satz 1 SGB III die Versicherungspflicht in einer am 31. März 2003 mehr als geringfügigen Beschäftigung bestehen, wenn diese Beschäftigung die Merkmale einer geringfügig entlohnten Beschäftigung nach neuem Recht erfüllte und deshalb versicherungsfrei gewesen wäre.

6.2 Antrag auf Befreiung von der Versicherungspflicht

Arbeitnehmer, die aufgrund der Bestandsschutzregelungen in der Kranken-, Pflege, Renten- und Arbeitslosenversicherung versicherungspflichtig blieben, konnten sich auf Antrag von dieser Versicherungspflicht befreien lassen. Der Antrag brauchte allerdings nicht bei dem jeweils zuständigen Versicherungsträger gestellt zu werden. Die Befreiung sollte – aus Gründen der Verwaltungsvereinfachung und der sofortigen Rechtsklarheit für den Arbeitgeber – vielmehr durch eine schriftliche Erklärung des Arbeitnehmers, dass auf die Versicherungspflicht in einem oder mehreren Versicherungszweigen verzichtet wird, gegenüber dem Arbeitgeber geltend gemacht werden. Der Arbeitgeber hatte bzw. hat die Erklärung des Arbeitnehmers zu den Entgeltunterlagen zu nehmen.

6.3 Frist für die Befreiung von der Versicherungspflicht und Wirkung der Befreiung

Der Antrag auf Befreiung von der Versicherungspflicht in der Krankenversicherung nach § 7 Abs. 2 Satz 3 in Verb. mit § 8 Abs. 2 SGB V sowie in der Rentenversicherung nach § 229 Abs. 6 Satz 3 SGB VI wirkte vom 1. April 2003 an, vorausgesetzt, dass er bis zum 30. Juni 2003 beim Arbeitgeber gestellt wurde; der Arbeitgeber sollte den Eingang des Antrags vermerken. Für den Bereich der Arbeitslosenversicherung fehlte zwar eine Frist, innerhalb der der Befreiungsantrag zu stellen war; der Antrag sollte dennoch unverzüglich – spätestens aber innerhalb der in § 229 Abs. 6 Satz 3 SGB VI genannten Frist (also bis zum 30. Juni 2003) – gestellt werden.

In der Rentenversicherung ist eine Antragstellung auch nach dem 30. Juni 2003 noch zulässig; die Befreiung wirkt dann vom Eingang des Antrags an. In diesem Zusammenhang ist jedoch zu beachten, dass Personen, die sich nach § 229 Abs. 6 Satz 4 SGB VI von der Rentenversicherungspflicht befreien lassen und damit in der Rentenversicherung den Status eines versicherungsfreien geringfügig entlohnten Beschäftigten einnehmen, anschließend nicht zum Zwecke des Erwerbs vollwertiger Leistungsansprüche in der Rentenversicherung von dem Recht Gebrauch machen können, auf die Rentenversicherungsfreiheit in der geringfügig entlohnten Beschäftigung nach § 5 Abs. 2 Satz 2 SGB VI zu verzichten (vgl. 2.1.3). Hierbei handelt es sich um eine missbräuchliche Anwendung des Rechts. Die Übergangsregelung des § 229 Abs. 6 SGB VI hat den Sinn, Personen, die an sich wegen der Anhebung der Geringfügigkeitsgrenze zum 1. April 2003 versicherungsfrei geworden wären, weiterhin im Schutz der Sozialversicherung zu lassen und das Recht einzuräumen, vollwertige Leistungsansprüche in der Rentenversicherung zu erwerben. Wer diesen Schutz freiwillig aufgibt, hat sein Recht verwirkt, den Schutz zu für ihn günstigeren Bedingungen wieder zu erlangen.

Im Übrigen ist die Befreiung von der Versicherungspflicht in der Kranken-, Pflege-, Renten- und Arbeitslosenversicherung nach § 7 Abs. 2 Satz 4 SGB V, § 229 Abs. 6 Satz 4 SGB VI und § 434i Satz 4 SGB III auf die geringfügige Beschäftigung, für die sie beantragt worden ist, beschränkt. Sie verliert daher ihre Wirkung, wenn diese Beschäftigung aufgegeben wird oder z. B. das Arbeitsentgelt 400 EUR übersteigt und dadurch Versicherungspflicht eintritt. Nimmt der Arbeitnehmer danach eine andere geringfügig entlohnte Beschäftigung auf, dann ist diese Beschäftigung nach § 7 Abs. 1 SGB V, § 5 Abs. 2 SGB VI und § 27 Abs. 2 SGB III in der Kranken-, Pflege-, Renten- und Arbeitslosenversicherung versicherungsfrei.

Darüber hinaus kann der Bestandsschutz nur so lange gelten, wie die Voraussetzungen für eine mehr als geringfügig entlohnte Beschäftigung nach dem bis zum 31. März 2003 maßgebenden Recht vorliegen. Sofern also eine Absenkung der wöchentlichen

Geringfügigkeits-Richtlinien

Arbeitszeit auf regelmäßig unter 15 Stunden und/oder eine Verringerung des monatlichen Arbeitsentgelts auf regelmäßig nicht mehr als 325 EUR erfolgt, tritt nach § 7 Abs. 1 Satz 1 erster Halbsatz SGB V, § 5 Abs. 2 Satz 1 erster Halbsatz Nr. 1 SGB VI und § 27 Abs. 2 Satz 1 erster Halbsatz SGB III Versicherungsfreiheit in der Kranken-, Pflege-, Renten- und Arbeitslosenversicherung ein. Entsprechend ist zu verfahren, wenn die Bestandsschutzregelungen Anwendung fanden, weil Versicherungspflicht wegen Zusammenrechnung mehrerer für sich allein gesehen geringfügig entlohnter Beschäftigungen gegeben war und die Gesamtstundenzahl auf unter 15 Wochenstunden gesenkt wird bzw. das monatliche Arbeitsentgelt insgesamt 325 EUR nicht mehr übersteigt.

Nach dem bis zum 31. März 2003 geltenden Recht wurde zwischen Beschäftigungen in und außerhalb von Privathaushalten hinsichtlich der Beitragstragung in Fällen des Verzichts auf die Versicherungsfreiheit in der Rentenversicherung nach § 5 Abs. 2 Satz 2 SGB VI (vgl. 2.1.3) nicht unterschieden, d. h., der Arbeitgeber hatte nach § 168 Abs. 1 Nr. 1b SGB VI jeweils 12 v. H. des der Beschäftigung zugrunde liegenden Arbeitsentgelts als Beitrag zu tragen. Die Vorschrift des § 168 Abs. 1 Nr. 1c SGB VI, die bei Beschäftigung in Privathaushalten nur einen Beitragsanteil des Arbeitgebers von 5 v. H. vorsieht, ist erst zum 1. April 2003 eingefügt worden. In Verzichtsfällen bei Beschäftigung in Privathaushalten hat sich dadurch der Beitragsanteil des Arbeitnehmers von 7,5 v. H. (bis zum 31. März 2003) auf 14,5 v. H. (vom 1. April 2003 an) erhöht und damit fast verdoppelt. Für Arbeitnehmer, die bereits vor dem 1. April 2003 in einer Beschäftigung in einem privaten Haushalt nach § 5 Abs. 2 Satz 2 erster Halbsatz SGB VI auf die Rentenversicherungsfreiheit verzichtet haben, wurde vom Gesetzgeber trotz der erheblichen Erhöhung ihres Beitragsanteils keine Übergangsregelung geschaffen, die es den Betroffenen ermöglicht, den Verzicht auf die Rentenversicherungsfreiheit nach § 5 Abs. 2 Satz 2 SGB VI zurückzunehmen.

Den über den 31. März 2003 hinaus in Privathaushalten beschäftigten Arbeitnehmern, die auf die Rentenversicherungsfreiheit verzichtet haben, wird somit die Möglichkeit eingeräumt, in analoger Anwendung des § 229 Abs. 6 SGB VI den Verzicht auf die Rentenversicherungsfreiheit durch schriftliche Erklärung gegenüber dem Arbeitgeber zurückzunehmen. Erfolgte die schriftliche Erklärung bis zum 30. Juni 2003, wirkte sie auf den 1. April 2003 zurück; für schriftliche Erklärungseingänge beim Arbeitgeber nach dem 30. Juni 2003, wirkt die Rücknahme vom Tag des Eingangs der schriftlichen Erklärung beim Arbeitgeber an. Die Erklärung über die Rücknahme des Verzichts auf die Rentenversicherungsfreiheit gilt für die gesamte Dauer der geringfügig entlohnten Beschäftigung im Privathaushalt und kann nicht widerrufen werden. Ein erneuter Verzicht auf die Rentenversicherungsfreiheit nach § 5 Abs. 2 Satz 2 erster Halbsatz SGB VI ist in dieser Beschäftigung dann nicht mehr möglich.

C Beitragsrecht

1 Allgemeines

Für versicherungsfreie geringfügig entlohnte Beschäftigungen hat der Arbeitgeber unter bestimmten Voraussetzungen Pauschalbeiträge zur Kranken- und Rentenversicherung zu zahlen. Zur Pflege- und Arbeitslosenversicherung fallen solche Pauschalbeiträge nicht an. Auch für versicherungsfreie kurzfristige Beschäftigungen sind keine Pauschalbeiträge zu zahlen, und zwar auch dann nicht, wenn die kurzfristige Beschäftigung gleichzeitig die Voraussetzungen einer geringfügig entlohnten Beschäftigung erfüllt.

Werden neben einer nicht geringfügigen versicherungspflichtigen Beschäftigung mehrere geringfügig entlohnte Beschäftigungen ausgeübt, sind Pauschalbeiträge zur Kranken- und Rentenversicherung auch für diejenige geringfügig entlohnte Beschäftigung zu zahlen, die nicht mit der mehr als geringfügigen versicherungspflichtigen Beschäftigung zusammengerechnet wird und damit versicherungsfrei bleibt (vgl. B 2.1.2.2). Soweit geringfügig entlohnte Beschäftigungen durch Zusammenrechnung mit versicherungspflichtigen Beschäftigungen der Versicherungspflicht in der Kranken-, Pflege- und Rentenversicherung unterliegen, besteht zu diesen Versicherungszweigen auch Beitragspflicht. Hierfür gelten die allgemeinen beitragsrechtlichen Regelungen. Überschreiten die Arbeitsentgelte aus den einzelnen Beschäftigungen insgesamt die jeweiligen Beitragsbemessungsgrenzen, sind die Beiträge nach § 22 Abs. 2 Satz 1 SGB IV von den Arbeitgebern anteilmäßig entsprechend der Höhe der Arbeitsentgelte zu zahlen.

1.1 Pauschalbeiträge zur Krankenversicherung

Nach § 249b Satz 1 SGB V hat der Arbeitgeber einer geringfügig entlohnten Beschäftigung für Versicherte, die in dieser Beschäftigung versicherungsfrei oder nicht versicherungspflichtig sind, einen Pauschalbeitrag zur Krankenversicherung in Höhe von 13 v. H. des Arbeitsentgelts aus dieser Beschäftigung zu zahlen. Wird die geringfügig entlohnte Beschäftigung ausschließlich im Privathaushalt (§ 8a SGB IV) ausgeübt, beträgt der Pauschalbeitrag nach § 249b Satz 2 SGB V 5 v. H. des Arbeitsentgelts. Die Zahlung des Pauschalbeitrags setzt voraus, dass der geringfügig Beschäftigte in der gesetzlichen Krankenversicherung versichert ist. Die Regelung des § 249b SGB V gilt in der landwirtschaftlichen Krankenversicherung entsprechend (§ 48 Abs. 6 KVLG 1989).

1.1.1 Versicherung in der gesetzlichen Krankenversicherung

Der Pauschalbeitrag zur Krankenversicherung fällt nur an, wenn der geringfügig Beschäftigte in der gesetzlichen Krankenversicherung versichert ist. Dabei ist unerheblich, ob es sich bei dieser Versicherung um eine Pflichtversicherung (z. B. als Rentner oder als Leistungsbezieher nach dem Zweiten oder Dritten Buch Sozialgesetzbuch) oder eine freiwillige Versicherung oder eine Familienversicherung handelt (vgl. Beispiele 1, 5, 9, 11, 12, 14, 16, 17, 19, 23, 24, 32, 39 und 40). Es spielt auch keine Rolle, ob und inwieweit aufgrund der Pflichtversicherung oder der freiwilligen Versicherung bereits Beiträge zur Krankenversicherung gezahlt werden.

Im Übrigen ist der Pauschalbeitrag nur für solche Zeiten zu zahlen, für die tatsächlich eine Versicherung in der gesetzlichen Krankenversicherung besteht. Endet z. B. die Familienversicherung, weil der Stammversicherte aus der Versicherung ausscheidet, entfällt die Zahlung des Pauschalbeitrags. Zeiten eines nachgehenden Anspruchs nach § 19 SGB V gelten nicht als Versicherungszeiten im Sinne des § 249b SGB V.

Für geringfügig Beschäftigte, die privat krankenversichert oder gar nicht krankenversichert sind, fällt kein Pauschalbeitrag an (vgl. Beispiele 6, 8 und 10).

1.1.2 Versicherungsfreie oder nicht versicherungspflichtige geringfügig Beschäftigte

Der Pauschalbeitrag zur Krankenversicherung kommt nicht nur für geringfügig entlohnte Beschäftigte in Betracht, die nach § 7 SGB V krankenversicherungsfrei sind, sondern fällt auch für solche geringfügig entlohnte Arbeitnehmer an, die z. B. aus einem der in § 6 SGB V genannten Gründe krankenversicherungsfrei sind. Der Pauschalbeitrag ist mithin z. B. auch für nach § 6 Abs. 1 Nr. 1 SGB V wegen Überschreitens der Jahresarbeitsentgeltgrenze krankenversicherungsfreie Arbeitnehmer (vgl. Urteil des BSG vom 25. Januar 2006 – B 12 KR 27/04 R – USK 2006-3, vgl. Beispiele 17 bis 19), für nach § 6 Abs. 1 Nr. 2 SGB V krankenversicherungsfreie Beamte (vgl. Beispiele 14 und 16) sowie für nach § 6 Abs. 1 Nr. 3 SGB V krankenversicherungsfreie Werkstudenten zu zahlen, die eine geringfügig entlohnte Beschäftigung ausüben und gesetzlich krankenversichert sind. Für Werkstudenten, die einer mehr als geringfügig entlohnten Beschäftigung nachgehen, aber gleichwohl nach § 6 Abs. 1 Nr. 3 SGB V krankenversicherungsfrei sind, weil sie wöchentlich nicht mehr als 20 Stunden arbeiten, braucht hingegen der Pauschalbeitrag zur Krankenversicherung nicht gezahlt zu werden.

Für in der Studien- oder Prüfungsordnung vorgeschriebene Praktika fallen Pauschalbeiträge zur Krankenversicherung selbst dann nicht an, wenn die Kriterien einer geringfügig entlohnten Beschäftigung erfüllt sind (vgl. B 2.1.2.2). Wird neben einem vorgeschriebenen Zwischenpraktikum eine geringfügig entlohnte Beschäftigung ausgeübt, hat der Arbeitgeber der geringfügig entlohnten Beschäftigung den Pauschalbeitrag zur Krankenversicherung zu zahlen, wenn der Praktikant in der gesetzlichen Krankenversicherung versichert ist. Entsprechendes gilt für Absolventen vorgeschriebener Vor- und Nachpraktika, die kein Arbeitsentgelt beziehen. Erhalten diese Praktikanten Arbeitsentgelt, unterliegen sie als Arbeitnehmer grundsätzlich der Krankenversicherungspflicht, so dass für eine daneben ausgeübte geringfügig entlohnte Beschäftigung ein Pauschalbeitrag zu zahlen ist. Werden weitere geringfügig entlohnte Beschäftigungen ausgeübt, sind dagegen aus den weiteren Beschäftigungen individuelle Beiträge zu zahlen.

Für Personen, die ein nicht in der Studien- oder Prüfungsordnung vorgeschriebenes Praktikum ableisten, fallen Pauschalbeiträge zur Krankenversicherung an, wenn das Praktikum die Kriterien einer geringfügig entlohnten Beschäftigung erfüllt und der Arbeitnehmer gesetzlich krankenversichert ist.

Darüber hinaus kommt der Pauschalbeitrag zur Krankenversicherung für (freiwillig krankenversicherte) hauptberuflich selbständig Erwerbstätige im Sinne des § 5 Abs. 5 SGB V in Betracht, die neben ihrer selbständigen Tätigkeit eine geringfügig entlohnte Beschäftigung ausüben.

1.1.3 Versicherung in der landwirtschaftlichen Krankenversicherung

In der berufsständischen landwirtschaftlichen Krankenversicherung ist die Frage, ob ein entgeltliches Beschäftigungsverhältnis ausgeübt wird, kein Kriterium für die Begründung von Versicherungspflicht; infolgedessen enthält das KVLG 1989 keine dem § 7 SGB V entsprechende Regelungen.

Sofern eine bei einer landwirtschaftlichen Krankenkasse aufgrund eines anderen Tatbestandes versicherte Person eine geringfügige Beschäftigung im Sinne des § 8 Abs. 1 Nr. 1 SGB IV ausübt, die krankenversicherungsfrei oder nicht krankenversicherungspflichtig ist (vgl. 1.1.2), hat der Arbeitgeber den pauschalen Krankenversicherungsbeitrag in Höhe von 13 v. H. des Arbeitsentgelts aus der geringfügigen Beschäftigung an die Minijob-Zentrale zu zahlen (§ 48 Abs. 6 KVLG 1989 in Verb. mit § 249b SGB V).

Die Zahlung dieses pauschalen Krankenversicherungsbeitrags kommt insbesondere für versicherungspflichtige landwirtschaftliche Unternehmer (Nebenerwerbslandwirte, die wegen § 5 Abs. 5 SGB V nicht als Arbeitnehmer nach § 5 Abs. 1 Nr. 1 SGB V versicherungspflichtig sind, oder Vollerwerbslandwirte), mitarbeitende Familienangehörige, Altenteiler, Studenten oder Leistungsbezieher nach dem Zweiten oder Dritten Buch Sozialgesetzbuch, für freiwillig Versicherte und für Familienversicherte in Betracht.

1.2 Pauschalbeiträge zur Rentenversicherung

Nach § 172 Abs. 3 Satz 1 SGB VI hat der Arbeitgeber einer geringfügig entlohnten Beschäftigung einen Pauschalbeitrag zur Rentenversicherung in Höhe von 15 v. H. des Arbeitsentgelts aus dieser Beschäftigung zu zahlen; dies gilt auch für Versicherte der knappschaftlichen Rentenversicherung. Wird die geringfügig entlohnte Beschäftigung ausschließlich im Privathaushalt (§ 8a SGB IV) ausgeübt, beträgt der Pauschalbeitrag nach § 172 Abs. 3a SGB VI 5 v. H. des Arbeitsentgelts. Voraussetzung für die Zahlung des Pauschalbeitrags ist, dass der geringfügig Beschäftigte

- in der geringfügigen Beschäftigung rentenversicherungsfrei,
- von der Rentenversicherungspflicht befreit oder
- nach § 5 Abs. 4 SGB VI rentenversicherungsfrei

ist.

Für Beamte, die neben ihrer Beamtenbeschäftigung eine geringfügig entlohnte Beschäftigung ausüben, auf die die Gewährleistung einer Versorgungsanwartschaft erstreckt worden ist, ist kein Pauschalbeitrag zu zahlen.

1.2.1 Rentenversicherungsfreie geringfügig Beschäftigte

Der Pauschalbeitrag zur Rentenversicherung ist für geringfügig entlohnte Beschäftigte zu zahlen, wenn in der geringfügigen Beschäftigung nach § 5 Abs. 2 Satz 1 erster Halbsatz SGB VI Rentenversicherungsfreiheit besteht (vgl. Beispiele 1, 5, 8 bis 12, 14 bis 19, 32, 39 und 40). Hat der geringfügig Beschäftigte nach § 5 Abs. 2 Satz 2 erster Halbsatz SGB VI auf die Rentenversicherungsfreiheit verzichtet, sind die vollen Beiträge zur Rentenversicherung (zurzeit 19,5 v. H.) zu zahlen, wobei der Arbeitgeber nach § 168 Abs. 1 Nr. 1b SGB VI einen Arbeitgeberbeitragsanteil in Höhe von 15 v. H. bzw. bei Beschäftigungen im Privathaushalt nach § 168 Abs. 1 Nr. 1c SGB VI einen Arbeitgeberbeitragsanteil in Höhe von 5 v. H. des aus der geringfügig entlohnten Beschäftigung erzielten Arbeitsentgelts zu tragen hat (vgl. Beispiele 20 bis 22).

1.2.2 Von der Rentenversicherungspflicht befreite Personen

Ferner ist der Pauschalbeitrag zur Rentenversicherung aus einer geringfügig entlohnten Beschäftigung für Personen zu zahlen, die nach § 6 SGB VI oder nach § 229 Abs. 6 SGB VI von der Rentenversicherungspflicht befreit worden sind oder die am 31. Dezember 1991 von der Rentenversicherungspflicht befreit waren und dies auch über diesen Zeitpunkt hinaus nach den §§ 231 und 231a SGB VI geblieben sind. Bei den nach § 6 Abs. 1 Satz 1 Nr. 1 SGB VI von der Rentenversicherungspflicht befreiten Mitgliedern berufsständischer Versorgungswerke erhält im Übrigen – auch wenn die geringfügig entlohnte Beschäftigung in einem Beruf ausgeübt wird, für den die Befreiung erfolgt ist – nicht das berufsständische Versorgungswerk, sondern über die Minijob-Zentrale die Deutsche Rentenversicherung die Pauschalbeiträge. Dies setzt allerdings voraus, dass der Arbeitnehmer nicht auf die Versicherungsfreiheit in der Rentenversicherung verzichtet hat (vgl. B 2.1.3).

1.2.3 Rentenversicherungsfreie Personen nach § 5 Abs. 4 SGB VI

Nach ausdrücklicher Bestimmung in § 172 Abs. 3 Satz 1 SGB VI bzw. § 172 Abs. 3a SGB VI fällt der Pauschalbeitrag von 15 v. H. bzw. 5 v. H. des Arbeitsentgelts aus einer geringfügig entlohnten Beschäftigung auch für diejenigen Personen an, die nach § 5 Abs. 4 SGB VI rentenversicherungsfrei sind. Hierunter fallen

- Bezieher einer Vollrente wegen Alters (§ 5 Abs. 4 Nr. 1 SGB VI),
- Bezieher einer Versorgung nach Erreichen einer Altersgrenze, also Ruhestandsbeamte und gleichgestellte Personen sowie Bezieher einer berufsständischen Altersversorgung (§ 5 Abs. 4 Nr. 2 SGB VI) und
- Personen nach Vollendung des 65. Lebensjahres, die bis zur Vollendung des 65. Lebensjahres nicht versichert waren oder nach Vollendung des 65. Lebensjahres aus ihrer Versicherung eine Beitragserstattung erhalten haben (§ 5 Abs. 4 Nr. 3 SGB VI).

1.2.4 Praktikanten

Praktikanten, die ein in einer Studien- oder Prüfungsordnung vorgeschriebenes Praktikum ableisten, unterliegen als zur Berufsausbildung Beschäftigte grundsätzlich der Rentenversicherungspflicht, für die die Versicherungsfreiheit aufgrund einer geringfügigen Beschäftigung nach § 5 Abs. 2 Satz 3 SGB VI ausgeschlossen ist. Für vorgeschriebene Zwischenpraktika besteht zudem nach § 5 SGB VI Versicherungsfreiheit. Pauschalbeiträge sind demnach für vorgeschriebene Praktika nicht zu zahlen. Pauschalbeitragspflicht besteht jedoch für eine daneben ausgeübte geringfügig entlohnte Beschäftigung, da nach § 8 Abs. 2 Satz 1 SGB IV in Verb. mit § 5 Abs. 2 Satz 1 zweiter Halbsatz SGB VI eine versicherungspflichtige Beschäftigung (vorgeschriebenes Vor- und Nachpraktikum) nicht mit einer (ersten) geringfügig entlohnten Beschäftigung bzw. eine versicherungsfreie Beschäftigung (vorgeschriebenes Zwischenpraktikum) nicht mit geringfügig entlohnten Beschäftigungen zusammenzurechnen ist. Werden weitere geringfügig entlohnte Beschäftigungen neben dem vorgeschriebenen Vor- oder Nachpraktikum ausgeübt, sind für diese dagegen individuelle Beiträge zu zahlen, neben einem vorgeschriebenen Zwischenpraktikum erst dann, wenn die Arbeitsentgelte aus mehreren ausgeübten geringfügig entlohnten Beschäftigungen in der Summe 400 EUR im Monat überschreiten.

Nach § 172 Abs. 3 Satz 2 SGB VI gilt die Regelung über den Pauschalbeitrag zur Rentenversicherung nicht für Studierende, die während der Dauer eines Studiums als ordentlich Studierende einer Fachschule oder Hochschule ein Praktikum ableisten (Zwischenpraktikum), das nicht in ihrer Studien- oder Prüfungsordnung vorgeschrieben ist und die Kriterien für eine geringfügig entlohnte Beschäftigung erfüllt. Für diese Praktikanten sind Pauschalbeiträge daher nicht zu zahlen. Für eine daneben ausgeübte geringfügig entlohnte Beschäftigung hat der Arbeitgeber jedoch den Pauschalbetrag zu zahlen, sofern die Arbeitsentgelte in der Summe 400 EUR im Monat nicht überschreiten. Sofern ein Praktikant, der ein geringfügig entlohntes nicht vorgeschriebenes Zwischenpraktikum absolviert, auf die Rentenversicherungsfreiheit verzichtet (vgl. B 2.1.3), hat der Arbeitgeber jedoch seinen Beitragsanteil in Höhe von 15 v. H. zu tragen.

Werden nicht vorgeschriebene Vor- oder Nachpraktika geringfügig entlohnt ausgeübt, gelten die allgemeinen Regelungen. Pauschalbeiträge sind daher zur Rentenversicherung zu zahlen.

Geringfügigkeits-Richtlinien

2 Rentenversicherungsbeiträge bei Verzicht auf die Rentenversicherungsfreiheit

Arbeitnehmer, die eine geringfügig entlohnte Beschäftigung ausüben und nach § 5 Abs. 2 Satz 1 erster Halbsatz SGB VI rentenversicherungsfrei sind, können nach § 5 Abs. 2 Satz 2 erster Halbsatz SGB VI auf die Rentenversicherungsfreiheit verzichten (vgl. B 2.1.3). Dies gilt auch für Praktikanten, die ein nicht vorgeschriebenes geringfügig entlohntes Praktikum absolvieren. Sofern ein Arbeitnehmer hiervon Gebrauch macht, sind für ihn Rentenversicherungsbeiträge unter Zugrundelegung des Beitragssatzes von derzeit 19,5 v. H. zu zahlen (vgl. Beispiele 20 bis 22).

2.1 Mindestbeitragsbemessungsgrundlage

Im Falle eines Verzichts auf die Rentenversicherungsfreiheit ist als Mindestbeitragsbemessungsgrundlage nach § 163 Abs. 8 SGB VI ein Betrag in Höhe von 155 EUR zugrunde zu legen. Für Personen, die mehrere geringfügig entlohnte Beschäftigungen oder eine geringfügig entlohnte Beschäftigung neben einer versicherungspflichtigen (Haupt-)Beschäftigung ausüben, sind die Arbeitsentgelte für die Prüfung der Mindestbeitragsbemessungsgrundlage aus allen Beschäftigungen zusammenzurechnen.

Sofern das Beschäftigungsverhältnis im Laufe eines Monats beginnt oder endet, kommt ein anteiliger Mindestbeitrag in Betracht (vgl. Beispiele 21 und 22). Entsprechendes gilt im Falle von Arbeitsunterbrechungen (z. B. wegen Ablaufs der Entgeltfortzahlung bei Arbeitsunfähigkeit). Die anteilige Mindestbeitragsbemessungsgrundlage ist wie folgt zu ermitteln:

$$\frac{155 \text{ EUR} \times \text{Kalendertage}}{30} = \text{anteilige Mindestbeitragsbemessungsgrundlage}$$

Dagegen führt ein unbezahlter Urlaub von nicht mehr als einem Monat nicht zu einer Kürzung der Mindestbeitragsbemessungsgrundlage. Dauert der unbezahlte Urlaub länger als einen Monat, ist die Mindestbeitragsbemessungsgrundlage allerdings entsprechend zu kürzen (vgl. Beispiel 22). Für Kalendermonate, in denen tatsächliches Arbeitsentgelt nicht erzielt wird, ist allerdings kein Mindestbeitrag zu zahlen, so dass eine Aufstockung entfällt.

2.2 Verteilung der Beitragslast

In den Fällen, in denen ein Arbeitnehmer nach § 5 Abs. 2 Satz 2 erster Halbsatz SGB VI auf die Rentenversicherungsfreiheit verzichtet hat, erfolgt keine hälftige Beitragslastverteilung. Der Arbeitgeber hat nach § 168 Abs. 1 Nr. 1b oder 1c SGB VI vielmehr einen Betrag in Höhe von 15 v. H. bzw. 5 v. H. des der Beschäftigung zugrunde liegenden Arbeitsentgelts als Beitrag zu tragen; den Restbeitrag, also derzeit 4,5 v. H. bzw. 14,5 v. H., hat der geringfügig Beschäftigte aufzubringen (vgl. Beispiele 20 bis 22). Da andererseits aber mindestens ein Beitrag in Höhe von 30,23 EUR zu zahlen ist, bedeutet dies, dass der geringfügig Beschäftigte bei monatlichen Arbeitsentgelten unter 155 EUR den vom Arbeitgeber in Höhe von 15 v. H. bzw. 5 v. H. zu tragenden Beitragsanteil auf 30,23 EUR aufstocken muss. Ein Mindestbeitrag fällt in einer geringfügig entlohnten Beschäftigung allerdings dann nicht an, wenn diese neben einer weiteren geringfügig entlohnten Beschäftigung bzw. einer versicherungspflichtigen (Haupt-)Beschäftigung ausgeübt wird und das insgesamt erzielte Arbeitsentgelt die Mindestbeitragsbemessungsgrundlage übersteigt (vgl. 2.1). Der Aufstockungsbetrag wird nach § 2 Abs. 1 Satz 5 BVV ermittelt, indem der gerundete Arbeitgeberbeitragsanteil vom Mindestbeitrag abgezogen wird (vgl. Beispiele 22 und 23). Im Übrigen ist der Aufstockungsbetrag vom Arbeitsentgelt einzubehalten; reicht das Arbeitsentgelt hierfür nicht aus, hat der Arbeitnehmer dem Arbeitgeber den Restbetrag zu erstatten.

Die Regelung des § 168 Abs. 1 Nrn. 1b und 1c SGB VI gilt auch für von der Rentenversicherungspflicht befreite Mitglieder berufsständischer Versorgungswerke, die eine geringfügig entlohnte Beschäftigung ausüben und nach § 5 Abs. 2 Satz 2 SGB VI auf die Rentenversicherungsfreiheit verzichtet haben. Sofern es sich bei der Befreiung nach § 6 Abs. 1 Satz 1 Nr. 1 SGB VI nicht erfasste berufsfremde Beschäftigung handelt, erhält die Deutsche Rentenversicherung über die Minijob-Zentrale die Rentenversicherungsbeiträge; handelt es sich bei der geringfügig entlohnten Beschäftigung um eine nicht berufsfremde Beschäftigung, sind die Rentenversicherungsbeiträge an das berufsständische Versorgungswerk zu zahlen (vgl. Beispiele 23 und 24).

3 Berechnung und Abführung der Beiträge

Die Pauschalbeiträge zur Kranken- und Rentenversicherung sind aus dem tatsächlich erzielten Arbeitsentgelt zu berechnen, also gegebenenfalls auch aus einem 400 EUR übersteigenden Betrag, z. B. bei schwankenden Arbeitsentgelten, bei unvorhersehbarem Überschreiten (vgl. Beispiel 39) oder durch Einmalzahlungen. In den Fällen der Aufstockung der Rentenversicherungsbeiträge sind die Beiträge – bei mehreren Beschäftigungen insgesamt – grundsätzlich mindestens aus der Mindestbeitragsbemessungsgrundlage von 155 EUR zu berechnen.

Sofern eine geringfügig entlohnte Beschäftigung im Laufe eines Monats beginnt oder endet oder die Krankenversicherung nur für Teile eines Monats besteht, sind Pauschalbeiträge nur für den entsprechenden Teilmonat zu zahlen. Entsprechendes gilt im Falle von Arbeitsunterbrechungen (z. B. wegen Ablaufs der Entgeltfortzahlung bei Arbeitsunfähigkeit).

Für die Pauschalbeiträge zur Kranken- und Rentenversicherung erklären § 249b SGB V bzw. § 172 Abs. 4 SGB VI u. a. die Vorschriften des Dritten Abschnitts des Vierten Buchs Sozialgesetzbuch für entsprechend anwendbar. Dies bedeutet, dass die Pauschalbeiträge als Gesamtsozialversicherungsbeitrag anzusehen und damit im Rahmen des allgemeinen Beitragsverfahrens zu entrichten sind. Auch die Rentenversicherungsbeiträge bei Verzicht auf die Rentenversicherungsfreiheit gehören zum Gesamtsozialversicherungsbeitrag. Die Pauschalbeiträge sowie die Rentenversicherungsbeiträge bei Verzicht auf die Rentenversicherungsfreiheit sind allerdings für Entgeltabrechnungszeiträume seit dem 1. April 2003 an die Minijob-Zentrale im Beitragsnachweis für geringfügig Beschäftigte nachzuweisen, und zwar

unter 6000   Pauschalbeitrag zur Krankenversicherung,
unter 0100   voller Beitrag zur Rentenversicherung bei Verzicht auf die Rentenversicherungsfreiheit,
unter 0500   Pauschalbeitrag zur Rentenversicherung.

Bei Korrekturen für Entgeltabrechnungszeiträume vor dem 1. April 2003 sind die Pauschalbeiträge sowie die Rentenversicherungsbeiträge bei Verzicht auf die Rentenversicherungsfreiheit an die bisherige Einzugsstelle abzuführen.

Soweit in Übergangsfällen (vgl. B 6.1.1 bis B 6.1.3) oder infolge der Zusammenrechnung einer geringfügig entlohnten Beschäftigung mit einer nicht geringfügigen versicherungspflichtigen Beschäftigung (vgl. B 2.1.2.2 und B 2.1.2.6) individuelle Beiträge anfallen, sind diese an die zuständige Krankenkasse abzuführen (vgl. E).

4 Geringverdienergrenze

Die Geringverdienergrenze wurde mit Wirkung vom 1. August 2003 einheitlich für die alten und die neuen Bundesländer auf 325 EUR festgeschrieben. Sie gilt nach wie vor nur für Auszubildende.

D Meldungen

1 Allgemeines

Für geringfügig Beschäftigte gilt das Meldeverfahren nach der Datenerfassungs- und -übermittlungsverordnung (DEÜV). Dies bedeutet, dass nicht nur An- und Abmeldungen, sondern grundsätzlich auch alle anderen Meldungen zu erstatten sind. Seit dem 1. Januar 2006 dürfen Meldungen und Beitragsnachweise nur noch durch Datenübertragung mittels zugelassener systemgeprüfter Programme oder maschinell erstellter Ausfüllhilfen übermittelt werden. Geringfügig Beschäftigte in Privathaushalten sind weiterhin per Beleg in einem vereinfachten, dem so genannten Haushaltsscheckverfahren, zu melden.

Arbeitgeber, die im privaten Bereich nichtgewerbliche Zwecke oder mildtätige, kirchliche, religiöse, wissenschaftliche bzw. gemeinnützige Zwecke im Sinne des § 10b EStG verfolgen, und einen Arbeitnehmer geringfügig beschäftigen, können auf Antrag bei der Minijob-Zentrale Meldungen auf Vordrucken erstatten, wenn sie glaubhaft machen, dass ihnen eine Meldung auf maschinell verwertbaren Datenträgern oder durch Datenübertragung nicht möglich ist (§ 28a Abs. 6a SGB IV).

2 Geringfügig entlohnte Beschäftigungen

Bei den geringfügig entlohnten Beschäftigungen (Personengruppenschlüssel „109") ist die Beitragsgruppe zur Krankenversicherung mit „6" und die Beitragsgruppe zur Rentenversicherung mit „5" zu verschlüsseln. Wird auf die Rentenversicherungsfreiheit verzichtet, ist gleichwohl der Personengruppenschlüssel „109", aber zur Rentenversicherung die Beitragsgruppe „1" zu verwenden. Die Beitragsgruppen zur Arbeitslosen- und Pflegeversicherung sind mit „0" zu verschlüsseln.

Sofern für eine geringfügig entlohnte Beschäftigung weder Pauschalbeiträge zur Krankenversicherung (z. B. wegen einer privaten Krankenversicherung; vgl. C 1.1) noch Beiträge zur Rentenversicherung (z. B. wegen Beitragszahlung an ein berufständisches Versorgungswerk; vgl. C 1.2.2) anfallen, sind keine Meldungen zur Sozialversicherung zu erstatten.

Als beitragspflichtiges Arbeitsentgelt ist in den Meldungen das Arbeitsentgelt einzutragen, von dem Pauschalbeiträge oder – bei Verzicht auf die Rentenversicherungsfreiheit – Rentenversicherungsbeiträge gezahlt worden sind, wobei bei einem Verzicht auf die Rentenversicherungsfreiheit die Mindestbeitragsbemessungsgrundlage von monatlich 155 EUR zu beachten ist.

Der Wechsel von einer versicherungsfreien geringfügig entlohnten Beschäftigung zu einer versicherungspflichtigen Beschäftigung oder umgekehrt bei demselben Arbeitgeber ist mit den Abgabegründen „31" und „11" (Wechsel der Einzugsstelle) zu melden. Dies gilt z. B. auch in den Fällen, in denen während der Elternzeit eine geringfügig entlohnte Beschäftigung beim bisherigen Arbeitgeber ausgeübt wird.

Bei Unterbrechungen der Entgeltzahlung von länger als einem Monat (z. B. unbezahlter Urlaub oder im Falle der Arbeitsunfähigkeit nach einem Monat nach Ablauf der Entgeltfortzahlung) ist eine Abmeldung mit Abgabegrund „34" (§ 7 Abs. 3 SGB IV findet auch auf geringfügig Beschäftigte Anwendung; vgl. auch Beispiel 22) bzw. bei Bezug von Verletztengeld, Übergangsgeld oder Versorgungskrankengeld eine Unterbrechungsmeldung mit Abgabegrund „51" zu erstatten.

3 Geringfügig entlohnte Beschäftigungen neben versicherungspflichtiger Beschäftigung

Wird die geringfügig entlohnte Beschäftigung neben einer versicherungspflichtigen Beschäftigung ausgeübt, ist für die geringfügig entlohnte Beschäftigung grundsätzlich der Personengruppenschlüssel „109" zu verwenden. Für die zweite und jede weitere für sich gesehen geringfügig entlohnte Beschäftigung neben einer versicherungspflichtigen Beschäftigung ist der Personengruppenschlüssel „101" oder – falls ein Beschäftigungsverhältnis Besonderheiten aufweist – ein anderer Personengruppenschlüssel maßgebend.

4 Kurzfristige Beschäftigungen

Auch für kurzfristig Beschäftigte (Personengruppenschlüssel „110") sind grundsätzlich die gleichen Meldungen zu erstatten wie für versicherungspflichtig Beschäftigte, wobei jedoch keine Unterbrechungsmeldungen und keine Jahresmeldungen und auch keine Meldungen über einmalig gezahltes Arbeitsentgelt abzugeben sind. Sämtliche Beitragsgruppen sind bei kurzfristig Beschäftigten mit „0" zu verschlüsseln, und als beitragspflichtiges Arbeitsentgelt sind sechs Nullen anzugeben.

Bei Rahmenarbeitsverträgen ist eine Anmeldung mit dem Tag der Aufnahme der Beschäftigung und eine Abmeldung mit dem letzten Tag der Beschäftigung abzugeben. Wird eine kurzfristige Beschäftigung auf der Basis eines Rahmenarbeitsvertrags für länger als einen Monat unterbrochen, ist nach Ablauf dieses Monats eine Abmeldung mit Abgabegrund „34" und bei Wiederaufnahme der Beschäftigung eine Anmeldung mit Abgabegrund „13" zu erstatten.

Bei Abmeldungen für kurzfristig Beschäftigte mit einem Beschäftigungszeitraum über den Jahreswechsel hinaus sind als Beginn der Beschäftigung der 1.1. sowie das Jahr des Endes der kurzfristigen Beschäftigung anzugeben.

5 Geringfügig Beschäftigte in Privathaushalten

Geringfügig Beschäftigte in Privathaushalten sind im Rahmen des Haushaltsscheckverfahrens bei der Minijob-Zentrale zu melden. Näheres hierzu regelt das gemeinsame Rundschreiben der Spitzenverbände der Krankenkassen, der Deutschen Rentenversicherung Bund und der Bundesagentur für Arbeit vom 16. November 2005.

6 Übergangsfälle

Seit dem 1. April 2003 ist die Minijob-Zentrale für die Entgegennahme der Datenmeldungen zuständig. Meldungen, die jedoch ausschließlich Zeiträume vor dem 1. April 2003 betreffen, sind in jedem Fall gegenüber der bisher zuständigen Krankenkasse zu erstatten.

Soweit in Übergangsfällen (vgl. B 6.1.1 bis B 6 1.3) oder infolge der Zusammenrechnung einer geringfügig entlohnten Beschäftigung mit einer nicht geringfügigen versicherungspflichtigen Beschäftigung (vgl. B 2.1.2.2 und B 2.1.2.6) individuelle Beiträge anfallen und diese an die zuständige Krankenkasse abzuführen sind (vgl. E), müssen gegenüber dieser Krankenkasse auch die entsprechenden Meldungen abgegeben werden (vgl. Beispiel 17).

E Zuständige Einzugsstelle

Zuständige Einzugsstelle für geringfügig Beschäftigte (auch für geringfügig Beschäftigte im Privathaushalt) ist allein die Minijob-Zentrale in 45115 Essen. Sie nimmt die vom Arbeitgeber zu zahlenden Pauschalbeiträge für geringfügig entlohnte Beschäftigte entgegen und zieht auch die Rentenversicherungsbeiträge für geringfügig entlohnte Beschäftigte ein, die auf die Rentenversicherungsfreiheit verzichtet haben. Mithin sind auch sämtliche Meldungen für geringfügig entlohnte Beschäftigte gegenüber der Minijob-Zentrale zu erstatten. Entsprechendes gilt für die Meldungen für kurzfristig Beschäftigte.

In den Fällen, in denen in der geringfügig entlohnten Beschäftigung aufgrund der Zusammenrechnung mit einer nicht geringfügigen versicherungspflichtigen Beschäftigung Versicherungspflicht besteht, sind Meldungen und Beiträge aus der versicherungspflichtigen Beschäftigung an die Krankenkasse zu entrichten, bei der der geringfügig Beschäftigte krankenversichert ist oder – bei privat Krankenversicherten – zuletzt krankenversichert war. Sofern in anderen Fällen als bei einem Verzicht auf die Rentenversicherungsfreiheit für ein und dieselbe Beschäftigung in einem Versicherungszweig Versicherungsfreiheit vorliegt und damit Pauschalbeiträge zu zahlen sind, während in (einem) anderen Versicherungszweig(en) Versicherungspflicht besteht und individuelle Beiträge anfallen, dürfen nur die Pauschalbeiträge an die Minijob-Zentrale abgeführt werden; die individuellen Beiträge erhält die zuständige Krankenkasse. Hierbei handelt es sich allerdings nur um wenige Ausnahmefälle, die z. B. eintreten können, wenn

- in Übergangsfällen (vgl. B 6) wegen Bestehens einer Familienversicherung kraft Gesetzes mit Wirkung vom 1. April 2003 in der Kranken- und Pflegeversicherung Versicherungsfreiheit eintrat (vgl. B 6.1.1) und in der Renten- und Arbeitslosenversicherung die Versicherungspflicht fortbestand (vgl. B 6.1.2 und B 6.1.3) und kein Antrag auf Befreiung von der Versicherungspflicht oder nur in der Renten- oder nur in der Arbeitslosenversicherung ein solcher Antrag gestellt wurde (vgl. B 6.2),

- in Übergangsfällen (vgl. B 6) die Versicherungspflicht in allen vier Versicherungszweigen fortbestand (vgl. B 6.1.1 bis B 6.1.3) und ein Antrag auf Befreiung von der Versicherungspflicht nicht in allen Versicherungszweigen gestellt wurde (vgl. B 6.2),

- ein freiwillig krankenversicherter Beamter neben seinem Beamtenverhältnis mehr als eine weitere Beschäftigung ausübt, von denen eine Beschäftigung geringfügig entlohnt ist (vgl. B 2.1.2.2) oder

- ein freiwillig oder privat krankenversicherter Arbeitnehmer neben seiner wegen Überschreitens der Jahresarbeitsentgeltgrenze krankenversicherungsfreien, aber renten- und arbeitslosenversicherungspflichtigen Hauptbeschäftigung mehr als eine weitere Beschäftigung ausübt, von denen eine Beschäftigung geringfügig entlohnt ist (vgl. B 2.1.2.2).

In den vorgenannten Fällen hat der Arbeitgeber für ein und dieselbe Beschäftigung Meldungen mit unterschiedlichen Beitragsgruppenschlüsseln an die Minijob-Zentrale einerseits und an die zuständige Krankenkasse andererseits zu erstatten. In beiden Meldungen ist der gleiche Personengruppenschlüssel zu verwenden, wobei sich die Verschlüsselung am Recht der Rentenversicherung orientiert.

Geringfügigkeits-Richtlinien

Anhang 16

Die Minijob-Zentrale erhält eine Meldung hinsichtlich der Pauschalbeiträge, während gegenüber der zuständigen Krankenkasse eine Meldung hinsichtlich der individuellen Beiträge abzugeben ist (vgl. Beispiel 17). Demzufolge müssen auch die Pauschalbeiträge sowie die individuellen Beiträge für eine solche Beschäftigung gegenüber der Minijob-Zentrale bzw. gegenüber der zuständigen Einzugsstelle in getrennten Beitragsnachweisen nachgewiesen werden.

F Entgeltunterlagen

Die Regelungen der Beitragsverfahrensverordnung über die Führung von Entgeltunterlagen gelten uneingeschränkt auch für geringfügig Beschäftigte. Der Arbeitgeber hat die für die Versicherungsfreiheit maßgebenden Angaben in den Entgeltunterlagen aufzuzeichnen und Nachweise, aus denen die erforderlichen Angaben ersichtlich sind, zu den Entgeltunterlagen zu nehmen. Hierzu gehören insbesondere Angaben und Unterlagen über

- das monatliche Arbeitsentgelt,
- die Beschäftigungsdauer,
- die regelmäßige wöchentliche Arbeitszeit und die tatsächlich geleisteten Arbeitsstunden,
- das Vorliegen weiterer Beschäftigungen (z. B. Erklärungen des Beschäftigten),
- die Feststellung der Minijob-Zentrale/des Rentenversicherungsträgers über das Vorliegen von Sozialversicherungspflicht,
- die Niederschrift nach § 2 NachwG, aus der u. a. hervorgeht, dass der Beschäftigte auf die Möglichkeit des Verzichts auf die Rentenversicherungsfreiheit hingewiesen wurde,
- die schriftliche Erklärung des Beschäftigten über den Verzicht auf die Rentenversicherungsfreiheit nach § 5 Abs. 2 Satz 2 SGB VI,
- Bescheide der zuständigen Einzugsstelle über die Feststellung des Bestehens oder Nichtbestehens von Versicherungspflicht,
- die Bescheinigung E 101 für Aushilfsbeschäftigungen von Saisonarbeitskräften aus einem EU-Mitgliedstaat (sowie der Schweiz und Norwegen),
- die Erklärung des Beschäftigten über die Befreiung von der Versicherungspflicht (vgl. B 6.2).

Bei kurzfristig Beschäftigten sind zusätzlich Nachweise oder Erklärungen über

- eventuelle weitere kurzfristige Beschäftigungen im Kalenderjahr vor Beginn der zu beurteilenden Beschäftigung,
- den Status (z. B. Hausfrau, Schüler, Student, Wehr- oder Zivildienstleistender, Arbeitsloser, Rentner) des Beschäftigten

den Entgeltunterlagen beizufügen.

G Verfahren zum Ausgleich der Arbeitgeberaufwendungen für Entgeltfortzahlung

Als Ausgleich für die Verpflichtung zur Entgeltfortzahlung bei Arbeitsunfähigkeit hat der Gesetzgeber für kleine bis mittlere Betriebe – bei Mutterschaftsleistungen für alle Betriebe – eine Erstattung der Arbeitgeberaufwendungen vorgesehen (§ 1 AAG). Für geringfügige Beschäftigungen ist die Deutsche Rentenversicherung Knappschaft-Bahn-See als Träger der knappschaftlichen Krankenversicherung grundsätzlich die zuständige Stelle für den Ausgleich der Arbeitgeberaufwendungen, unabhängig davon, ob und bei welcher Krankenkasse eine Krankenversicherung durchgeführt wird. Nähere Einzelheiten sind im gemeinsamen Rundschreiben der Spitzenverbände der Krankenkassen und der Deutschen Rentenversicherung Bund zum Gesetz über den Ausgleich der Arbeitgeberaufwendungen für Entgeltfortzahlung (Aufwendungsausgleichsgesetz – AAG) vom 21. Dezember 2005 sowie im Ergänzungsrundschreiben vom 13. Februar 2006 geregelt.

Die Mittel zur Durchführung des Ausgleichs der Arbeitgeberaufwendungen werden durch gesonderte Umlagen (für U1 und U2) von den am Ausgleich beteiligten Arbeitgebern aufgebracht. Der Umlagesatz für die U1 wird für die Entgeltzahlung bei Arbeitsunfähigkeit erhoben; für eine kurzfristige Beschäftigung fällt er nur dann an, wenn die Beschäftigung länger als vier Wochen dauert. Der Umlagesatz für die U2 wird für Mutterschaftsleistungen erhoben; kurzfristige Beschäftigungen sind hier uneingeschränkt umlagepflichtig. Der Umlagesatz für die U1 beträgt für geringfügig Beschäftigte 0,1 v. H. bei einem Erstattungssatz von 80 v. H. der erstattungsfähigen Aufwendungen. Der Umlagesatz für die U2 ist ausgesetzt, der Erstattungsbetrag für die erstattungsfähigen Aufwendungen beträgt hier 100 Prozent.

Für Personen, die aufgrund der Bestandsschutzregelung über den 31. März 2003 hinaus der Krankenversicherungspflicht unterliegen (vgl. B 6.1.1), ist die Krankenkasse zuständig, bei der der Beschäftigte versichert ist. Für diese Personen gelten die Umlage- und Erstattungssätze der zuständigen Krankenkasse und nicht die der Deutschen Rentenversicherung Knappschaft-Bahn-See als Träger der knappschaftlichen Krankenversicherung.

H Pauschsteuer

1 Besteuerung des Arbeitsentgelts aus geringfügig entlohnten Beschäftigungen

Aufgrund der Neuregelungen durch das Zweite Gesetz für moderne Dienstleistungen am Arbeitsmarkt wurde die Steuerfreiheit des Arbeitgebers aus geringfügig entlohnten Beschäftigungen nach § 3 Nr. 39 EStG mit Wirkung vom 1. April 2003 aufgehoben. Das Arbeitsentgelt für Lohnzahlungszeiträume ab 1. April 2003 ist damit stets steuerpflichtig. Eine Freistellungsbescheinigung wirkte letztmals für Arbeitsentgelte der vor dem 1. April 2003 endenden Entgeltzahlungszeiträume. Die Lohnsteuer vom Arbeitsentgelt für geringfügig entlohnte Beschäftigungen im Sinne des § 8 Abs. 1 Nr. 1 oder des § 8a SGB IV ist pauschal oder nach den Merkmalen der Lohnsteuerkarte zu erheben.

2 Lohnsteuerpauschalierung

Für die Lohnsteuerpauschalierung ist zu unterscheiden zwischen der einheitlichen Pauschsteuer in Höhe von 2 v. H. (§ 40a Abs. 2 EStG) und der pauschalen Lohnsteuer in Höhe von 20 v. H. des Arbeitsentgelts (§ 40a Abs. 2a EStG). In beiden Fällen der Lohnsteuerpauschalierung ist Voraussetzung, dass eine geringfügig entlohnte Beschäftigung im Sinne des § 8 Abs. 1 Nr. 1 oder des § 8a SGB IV vorliegt. Das Steuerrecht knüpft damit an die Voraussetzungen des Vierten Buchs Sozialgesetzbuch an.

2.1 Einheitliche Pauschsteuer in Höhe von 2 v. H.

Der Arbeitgeber kann unter Verzicht auf die Vorlage einer Lohnsteuerkarte die Lohnsteuer einschließlich Solidaritätszuschlag und Kirchensteuer für das Arbeitsentgelt aus einer geringfügigen Beschäftigung im Sinne des § 8 Abs. 1 Nr. 1 SGB IV (geringfügig entlohnte Beschäftigung) oder des § 8a SGB IV (geringfügig entlohnte Beschäftigung in Privathaushalten), für das er Beiträge zur gesetzlichen Rentenversicherung in Höhe von 15 v. H. oder 5 v. H. nach § 168 Abs. 1 Nr. 1b oder 1c SGB VI (geringfügig versicherungspflichtig Beschäftigte) oder nach § 172 Abs. 3 oder 3a SGB VI (geringfügig versicherungsfrei Beschäftigte) zu entrichten hat, mit einem einheitlichen Pauschsteuersatz in Höhe von insgesamt 2 v. H. des Arbeitsentgelts erheben (einheitliche Pauschsteuer, § 40a Abs. 2 EStG). Diese Regelung gilt auch für nach § 6 Abs. 1 Nr. 1 SGB VI von der Rentenversicherungspflicht befreite Mitglieder berufsständischer Versorgungswerke, die die Rentenversicherungsbeiträge für eine nicht berufsfremde geringfügig entlohnte Beschäftigung wegen Verzichts auf die Rentenversicherungsfreiheit nach § 5 Abs. 2 Satz 2 SGB VI an das berufsständische Versorgungswerk zahlen. In dieser einheitlichen Pauschsteuer ist neben der Lohnsteuer auch der Solidaritätszuschlag und die Kirchensteuer enthalten. Der einheitliche Pauschsteuersatz von 2 v. H. ist auch anzuwenden, wenn der Arbeitnehmer keiner erhebungsberechtigten Religionsgemeinschaft angehört.

2.2 Pauschaler Lohnsteuersatz in Höhe von 20 v. H.

Hat der Arbeitgeber für das Arbeitsentgelt aus einer geringfügig entlohnten Beschäftigung im Sinne des § 8 Abs. 1 Nr. 1 oder des § 8a SGB IV den (pauschalen) Beitrag zur gesetzlichen Rentenversicherung in Höhe von 15 v. H. oder 5 v. H. nicht zu entrichten, kann er die pauschale Lohnsteuer mit einem Steuersatz in Höhe von 20 v. H. des Arbeitsentgelts erheben. Hinzu kommen der Solidaritätszuschlag (5,5 v. H. der Lohnsteuer) und die Kirchensteuer nach dem jeweiligen Landesrecht.

573

Anhang 16 — Geringfügigkeits-Richtlinien

3 Besteuerung nach Lohnsteuerkarte

Wählt der Arbeitgeber für eine geringfügig entlohnte Beschäftigung im Sinne des § 8 Abs. 1 Nr. 1 oder des § 8a SGB IV nicht die pauschale Lohnsteuererhebung, ist die Lohnsteuer vom Arbeitsentgelt nach Maßgabe der vorgelegten Lohnsteuerkarte zu erheben. Die Höhe des Lohnsteuerabzugs hängt dann von der Lohnsteuerklasse ab. Bei den Lohnsteuerklassen I (Alleinstehende), II (bestimmte Alleinerziehende mit Kind) oder III und IV (verheiratete Arbeitnehmer/innen) fällt für das Arbeitsentgelt aus einer geringfügig entlohnten Beschäftigung keine Lohnsteuer an; etwas anderes gilt bei der Lohnsteuerklasse V oder VI.

4 Anmeldung und Abführung der Lohnsteuer

4.1 Einheitliche Pauschsteuer

Für den Einzug der einheitlichen Pauschsteuer in Höhe von 2 v. H. des Arbeitsentgelts ist stets die Minijob-Zentrale zuständig. Das gilt sowohl für Beschäftigte im Privathaushalt als auch für Beschäftigte bei anderen Arbeitgebern. Bei geringfügiger Beschäftigung in Privathaushalten – ausgenommen davon sind Beschäftigungen, die wegen Bestandsschutzes Versicherungspflicht begründen (vgl. B 6) – ist ausschließlich der Haushaltsscheck zu verwenden. In diesem Haushaltsscheck gibt der Arbeitgeber das Arbeitsentgelt an und teilt darüber hinaus mit, ob die Lohnsteuer mit der einheitlichen Pauschsteuer erhoben werden soll. Die Minijob-Zentrale berechnet die einheitliche Pauschsteuer und zieht sie zusammen mit den (pauschalen) Beiträgen zur Kranken- und Rentenversicherung jeweils am 15. Juli (für den Zeitraum vom 1. Januar bis zum 30. Juni) und am 15. Januar (für den Zeitraum vom 1. Juli bis zum 31. Dezember) vom Arbeitgeber ein.

Andere Arbeitgeber berechnen die einheitliche Pauschsteuer selbst und teilen der Minijob-Zentrale den Betrag im Beitragsnachweisverfahren mit.

4.2 Pauschale Lohnsteuer in Höhe von 20 v. H. und Lohnsteuer nach Lohnsteuerkarte

Für die Fälle der Lohnsteuerpauschalierung in Höhe von 20 v. H. des Arbeitsentgelts oder der Besteuerung nach Maßgabe der vorgelegten Lohnsteuerkarte ist stets das so genannte Betriebsstättenfinanzamt zuständig. Dies ist für den Privathaushalt als Arbeitgeber regelmäßig das für die Veranlagung zur Einkommensteuer zuständige Wohnsitzfinanzamt und für andere Arbeitgeber das Finanzamt, in dessen Bezirk sich der Betrieb befindet.

Die Lohnsteuer ist in der Lohnsteuer-Anmeldung anzugeben und an das Betriebsstättenfinanzamt abzuführen; gegebenenfalls ist eine so genannte Nullmeldung abzugeben. Der Arbeitgeber braucht keine weiteren Lohnsteuer-Anmeldungen abzugeben, wenn er dem Betriebsstättenfinanzamt mitteilt, dass er im Lohnsteuer-Anmeldungszeitraum keine Lohnsteuer einzubehalten oder zu übernehmen hat, weil der Arbeitslohn nicht steuerbelastet ist (zur Lohnsteuer-Anmeldung wird auf § 41a EStG bzw. R 133 LStR verwiesen).

I Beispiele

Beispiel 1 (zu B 2.1, C 1.1.1 und C 1.2.1):

Eine familienversicherte Raumpflegerin arbeitet gegen ein monatliches Arbeitsentgelt von 300 EUR.

Die Raumpflegerin ist versicherungsfrei, weil das Arbeitsentgelt 400 EUR nicht übersteigt. Der Arbeitgeber hat den Pauschalbeitrag zur Kranken- und Rentenversicherung zu zahlen.

Personengruppenschlüssel: 109
Beitragsgruppenschlüssel: 6 5 0 0

Beispiel 2 (zu B 2.1, B 2.2.3 und B 4):

Ein Bezieher von Arbeitslosengeld vereinbart eine auf zwei Tage (Samstag und Sonntag) befristete Beschäftigung als Kellner zu je sieben Stunden; das Arbeitsentgelt beträgt pro Tag 50 EUR.

Da der Arbeitnehmer als Bezieher von Arbeitslosengeld als berufsmäßig Beschäftigter anzusehen ist und das Arbeitsentgelt für den Beschäftigungszeitraum (100 EUR) die anteilige Arbeitsentgeltgrenze von (400 EUR × 2 : 30 =) 26,67 EUR übersteigt, besteht Versicherungspflicht in der Kranken-, Renten- und Pflegeversicherung. In der Arbeitslosenversicherung besteht Versicherungsfreiheit, weil die wöchentliche Arbeitszeit weniger als 15 Stunden beträgt.

Personengruppenschlüssel: 101
Beitragsgruppenschlüssel: 2 1 0 1

Beispiel 3 (zu B 2.1.1):

Eine Raumpflegerin arbeitet gegen ein monatliches Arbeitsentgelt von 390 EUR. Außerdem erhält sie jeweils im Dezember ein ihr vertraglich zugesichertes Weihnachtsgeld in Höhe von 180 EUR.

Das für die versicherungsrechtliche Beurteilung maßgebende Arbeitsentgelt ist wie folgt zu ermitteln:

Laufendes Arbeitsentgelt (390 EUR × 12 =)	4680 EUR
Weihnachtsgeld	180 EUR
zusammen	4860 EUR

Ein Zwölftel dieses Betrages beläuft sich auf (4860 EUR : 12 =) 405 EUR und übersteigt die Arbeitsentgeltgrenze von 400 EUR, so dass die Raumpflegerin versicherungspflichtig ist.

Personengruppenschlüssel: 101
Beitragsgruppenschlüssel: 1 1 1 1

Beispiel 4 (zu B 2.1.1):

Ein Heizer erzielt in den Monaten September bis April monatlich 460 EUR und in den Monaten Mai bis August monatlich 340 EUR.

Das für die versicherungsrechtliche Beurteilung maßgebende Arbeitsentgelt ist wie folgt zu ermitteln:

September bis April	(8 × 460 EUR =)	3680 EUR
Mai bis August	(4 × 340 EUR =)	1360 EUR
zusammen		5040 EUR

Ein Zwölftel dieses Betrages beläuft sich auf (5040 EUR : 12 =) 420 EUR und übersteigt die Arbeitsentgeltgrenze von 400 EUR, so dass der Heizer versicherungspflichtig ist.

Personengruppenschlüssel: 101
Beitragsgruppenschlüssel: 1 1 1 1

Beispiel 5 (zu B 2.1.1, C 1.1.1 und C 1.2.1):

Eine familienversicherte Hausfrau übt im Rahmen einer abhängigen Beschäftigung eine nebenberufliche Lehrtätigkeit aus. Sie arbeitet gegen ein monatliches Arbeitsentgelt von 550 EUR. Vom Arbeitsentgelt wird als Aufwandsentschädigung monatlich ein Betrag von 154 EUR in Abzug gebracht.

Die nebenberufliche Lehrerin ist versicherungsfrei, weil das Arbeitsentgelt unter Berücksichtigung eines monatlichen Abzugsbetrags von 154 EUR als Aufwandsentschädigung 400 EUR nicht übersteigt. Der Arbeitgeber hat den Pauschalbeitrag zur Kranken- und Rentenversicherung zu zahlen.

Personengruppenschlüssel: 109
Beitragsgruppenschlüssel: 6 5 0 0

Beispiel 6 (zu B 2.1.1 und C 1.1.1):

Eine privat krankenversicherte Hausfrau nimmt am 1.3. im Rahmen einer abhängigen Beschäftigung eine nebenberufliche Lehrtätigkeit auf. Sie arbeitet gegen ein monatliches Arbeitsentgelt von 616 EUR. Auf das Arbeitsentgelt wird zunächst der als Aufwandsentschädigung vorgesehene Steuerfreibetrag von jährlich 1848 EUR angewendet.

Die nebenberufliche Lehrerin ist für die Zeit vom 1.3. bis zum 31.5. wegen der vollen Ausschöpfung des Steuerfreibetrags von (3 × 616 EUR =) 1848 EUR nicht gegen Arbeitsentgelt beschäftigt. Für diese Zeit ist weder ein Pauschalbeitrag zu zahlen noch eine Meldung zu erstatten. Vom 1.6. an besteht Versicherungspflicht, weil das Arbeitsentgelt 400 EUR übersteigt.

Ab 1.6.
Personengruppenschlüssel: 101
Beitragsgruppenschlüssel: 1 1 1 1

Beispiel 7 (zu B 2.1.1):

Ein Arbeitgeber vereinbart mit seinem Arbeitnehmer die Zahlung eines Arbeitsentgelts von 350 EUR pro Monat. Dafür verpflichtet sich der Arbeitnehmer monatlich 40 Stunden (Stundenlohn: 8,75 EUR) zu arbeiten. Sollten in einzelnen Monaten mehr oder weniger Stunden anfallen, werden diese in anderen Monaten ausgeglichen. Im Monat Juli arbeitet der Arbeitnehmer 60 Stunden, vom Arbeitgeber werden ihm die vereinbarten 350 EUR gezahlt, die zusätzlichen 20 Stunden sollen in anderen Monaten ausgeglichen werden.

Aus sozialversicherungsrechtlicher Sicht steht dem Arbeitnehmer – unabhängig von der Höhe des tatsächlich gezahlten Arbeitsentgelts – ein Anspruch auf Arbeitsentgelt in Höhe von 525 EUR (Stundenlohn von 8,75 EUR × 60 Arbeitsstunden) zu. Dieser Betrag ist vom Arbeitgeber für die Beitragsberechnung zugrunde zu legen.

Beispiel 8 (zu B 2.1.2.1, C 1.1.1 und C 1.2.1):

Eine privat krankenversicherte Raumpflegerin arbeitet

beim Arbeitgeber A gegen ein monatliches Arbeitsentgelt von	170 EUR
beim Arbeitgeber B gegen ein monatliches Arbeitsentgelt von	150 EUR

Geringfügigkeits-Richtlinien

Anhang 16

Die Raumpflegerin ist in beiden Beschäftigungen versicherungsfrei, weil das Arbeitsentgelt aus diesen Beschäftigungen 400 EUR nicht übersteigt. Die Arbeitgeber haben Pauschalbeiträge zur Rentenversicherung zu zahlen.

Personengruppenschlüssel: 109
Beitragsgruppenschlüssel: 0 5 0 0

Beispiel 9 (zu B 2.1.2.1, C 1.1.1 und C 1.2.1):

Eine familienversicherte Raumpflegerin arbeitet befristet

beim Arbeitgeber A vom 2.5. bis zum 28.6. 58 Kalendertage
(Sechs-Tage-Woche)
gegen ein monatliches Arbeitsentgelt von 700 EUR

beim Arbeitgeber B vom 2.5. bis zum 3.8. 94 Kalendertage
gegen ein monatliches Arbeitsentgelt von 320 EUR

Die Beschäftigung beim Arbeitgeber A ist wegen ihrer Dauer und die Beschäftigung beim Arbeitgeber B wegen der Höhe des Arbeitsentgelts geringfügig. Mithin ist die Raumpflegerin in beiden Beschäftigungen versicherungsfrei. Eine Zusammenrechnung der beiden Beschäftigungen kann nicht vorgenommen werden, da es sich bei der Beschäftigung beim Arbeitgeber A um eine kurzfristige Beschäftigung (vgl. B 2.2) und bei der Beschäftigung beim Arbeitgeber B um eine geringfügig entlohnte Beschäftigung (vgl. B 2.1) handelt. Der Arbeitgeber B hat Pauschalbeiträge zur Kranken- und Rentenversicherung zu zahlen.

Arbeitgeber A   Personengruppenschlüssel: 110
                Beitragsgruppenschlüssel: 0 0 0 0

Arbeitgeber B   Personengruppenschlüssel: 109
                Beitragsgruppenschlüssel: 6 5 0 0

Beispiel 10 (zu B 2.1.2.1, C 1.1.1 und C 1.2.1):

Eine privat krankenversicherte Verkäuferin arbeitet beim Arbeitgeber A gegen ein monatliches Arbeitsentgelt von 350 EUR (Dauerbeschäftigung). Am 1.7. nimmt sie zusätzlich eine bis zum 20.8. befristete Beschäftigung beim Arbeitgeber B auf; dort arbeitet sie als Verkäuferin gegen ein monatliches Arbeitsentgelt von 200 EUR.

Die Verkäuferin bleibt auch in der Zeit vom 1.7. bis zum 20.8. weiterhin versicherungsfrei in der Kranken-, Renten-, Arbeitslosen- und Pflegeversicherung, weil es sich bei der Beschäftigung beim Arbeitgeber A um eine geringfügig entlohnte und bei der Beschäftigung beim Arbeitgeber B um eine kurzfristige Beschäftigung handelt und keine Zusammenrechnung vorzunehmen ist. Der Arbeitgeber A hat den Pauschalbeitrag zur Rentenversicherung zu zahlen.

Arbeitgeber A   Personengruppenschlüssel: 109
                Beitragsgruppenschlüssel: 0 5 0 0

Arbeitgeber B   Personengruppenschlüssel: 110
                Beitragsgruppenschlüssel: 0 0 0 0

Beispiel 11 (zu B 2.1.2.2, C 1.1.1 und C 1.2.1):

Eine Verkäuferin arbeitet regelmäßig

beim Arbeitgeber A gegen ein monatliches Arbeitsentgelt von 1800 EUR

beim Arbeitgeber B gegen ein monatliches Arbeitsentgelt von 300 EUR

Die Verkäuferin unterliegt in der (Haupt-)Beschäftigung beim Arbeitgeber A der Versicherungspflicht. Die Beschäftigung beim Arbeitgeber B bleibt als geringfügig entlohnte Beschäftigung in der Kranken-, Renten-, Arbeitslosen- und Pflegeversicherung versicherungsfrei, weil das Arbeitsentgelt 400 EUR nicht übersteigt. Eine Zusammenrechnung der geringfügig entlohnten Beschäftigung mit der versicherungspflichtigen (Haupt-)Beschäftigung findet nicht statt. Der Arbeitgeber B hat Pauschalbeiträge zur Kranken- und Rentenversicherung zu zahlen.

Arbeitgeber A   Personengruppenschlüssel: 101
                Beitragsgruppenschlüssel: 1 1 1 1

Arbeitgeber B   Personengruppenschlüssel: 109
                Beitragsgruppenschlüssel: 6 5 0 0

Beispiel 12 (zu B 2.1.2.2, C 1.1.1 und C 1.2.1):

Eine Raumpflegerin arbeitet regelmäßig

seit Jahren beim Arbeitgeber A gegen ein monatliches
Arbeitsentgelt von 600 EUR

seit 1.6.2006 beim Arbeitgeber B gegen ein monatliches
Arbeitsentgelt von 230 EUR

seit 1.8.2006 beim Arbeitgeber C gegen ein monatliches
Arbeitsentgelt von 200 EUR

Die Raumpflegerin unterliegt in der (Haupt-)Beschäftigung beim Arbeitgeber A der Versicherungspflicht. Bei den beiden übrigen Beschäftigungen handelt es sich jeweils um geringfügig entlohnte Beschäftigungen, weil das Arbeitsentgelt aus den einzelnen Beschäftigungen 400 EUR nicht übersteigt. Da die Beschäftigung beim Arbeitgeber B zeitlich zuerst aufgenommen wird, wird sie nicht mit der versicherungspflichtigen (Haupt-)Beschäftigung zusammengerechnet und bleibt in der Kranken-, Renten- und Pflegeversicherungsfrei. Die Beschäftigung beim Arbeitgeber C ist hingegen mit der versicherungspflichtigen (Haupt-)Beschäftigung zusammenzurechnen mit der Folge, dass sie Versicherungspflicht in der Kranken-, Renten- und Pflegeversicherung begründet. In der Arbeitslosenversicherung besteht in den Beschäftigungen beim Arbeitgeber B und beim Arbeitgeber C Versicherungsfreiheit, weil das Arbeitsentgelt aus diesen Beschäftigungen jeweils 400 EUR nicht überschreitet und geringfügig entlohnte Beschäftigungen mit versicherungspflichtigen Beschäftigungen nicht zusammengerechnet werden. Der Arbeitgeber B hat Pauschalbeiträge zur Kranken- und Rentenversicherung zu zahlen.

Arbeitgeber A   Personengruppenschlüssel: 101
                Beitragsgruppenschlüssel: 1 1 1 1

Arbeitgeber B   Personengruppenschlüssel: 109
                Beitragsgruppenschlüssel: 6 5 0 0

Arbeitgeber C   Personengruppenschlüssel: 101
                Beitragsgruppenschlüssel: 1 1 0 1

Beispiel 13 (zu B 2.1.2.2):

Ein privat krankenversicherter Beamter übt neben seiner Beamtenbeschäftigung beim Arbeitgeber A weitere Beschäftigungen beim Arbeitgeber B und C aus. Beim Arbeitgeber B arbeitet er als Programmierer gegen ein monatliches Arbeitsentgelt von 250 EUR; beim Arbeitgeber C arbeitet er als Buchhalter gegen ein monatliches Arbeitsentgelt von 200 EUR.

Der Beamte ist aufgrund der Beschäftigungen beim Arbeitgeber B und C in der Krankenversicherung und damit auch in der Pflegeversicherung versicherungsfrei. In der Renten- und Arbeitslosenversicherung besteht für den Beamten aufgrund der Beschäftigungen beim Arbeitgeber B und C Versicherungspflicht, weil das Arbeitsentgelt aus diesen Beschäftigungen 400 EUR übersteigt.

Arbeitgeber B   Personengruppenschlüssel: 101
                Beitragsgruppenschlüssel: 0 1 1 0

Arbeitgeber C   Personengruppenschlüssel: 101
                Beitragsgruppenschlüssel: 0 1 1 0

Beispiel 14 (zu B 2.1.2.2, C 1.1.1, C 1.1.2 und C 1.2.1):

Ein freiwillig krankenversicherter Beamter übt neben seiner Beamtenbeschäftigung beim Arbeitgeber A weitere Beschäftigungen beim Arbeitgeber B und C aus. Beim Arbeitgeber B arbeitet er als Programmierer gegen ein monatliches Arbeitsentgelt von 200 EUR; beim Arbeitgeber C arbeitet er als Buchhalter gegen ein monatliches Arbeitsentgelt von 150 EUR.

Bei den Beschäftigungen beim Arbeitgeber B und C handelt es sich jeweils um geringfügig entlohnte Beschäftigungen, weil das Arbeitsentgelt aus den einzelnen Beschäftigungen (auch insgesamt) 400 EUR nicht übersteigt; die Beschäftigungen sind deshalb versicherungsfrei. Eine Zusammenrechnung der zweiten geringfügig entlohnten Beschäftigung mit der Beamtenbeschäftigung kommt auch für den Bereich der Rentenversicherung nicht in Betracht, weil die Beamtenbeschäftigung keine Versicherungspflicht begründet. Die Arbeitgeber B und C haben Pauschalbeiträge zur Kranken- und Rentenversicherung zu zahlen.

Arbeitgeber B/C   Personengruppenschlüssel: 109
                  Beitragsgruppenschlüssel: 6 5 0 0

Beispiel 15 (zu B 2.1.2.2 und C 1.2.1):

Ein privat krankenversicherter Beamter übt neben seiner Beamtenbeschäftigung beim Arbeitgeber A weitere Beschäftigungen beim Arbeitgeber B und C aus. Beim Arbeitgeber B arbeitet er als Buchhalter gegen ein monatliches Arbeitsentgelt von 500 EUR; beim Arbeitgeber C arbeitet er als Taxifahrer gegen ein monatliches Arbeitsentgelt von 200 EUR.

Der Beamte ist aufgrund der Beschäftigungen beim Arbeitgeber B und C in der Krankenversicherung und damit auch in der Pflegeversicherung versicherungsfrei. In der Beschäftigung beim Arbeitgeber B unterliegt der Beamte der Versicherungspflicht in der Renten- und Arbeitslosenversicherung, weil das Arbeitsentgelt 400 EUR übersteigt. Die Beschäftigung beim Arbeitgeber C bleibt als (erste) geringfügig entlohnte Beschäftigung neben der versicherungspflichtigen (Haupt-)Beschäftigung beim Arbeitgeber B in der Rentenversicherung versicherungsfrei, weil das monatliche Arbeitsentgelt 400 EUR nicht übersteigt. In der Arbeitslosenversicherung besteht in der Beschäftigung beim Arbeitgeber C ebenfalls Versicherungsfreiheit, weil geringfügig entlohnte Beschäftigungen mit versicherungspflichtigen Beschäftigungen nicht zusammengerechnet werden.

Arbeitgeber B   Personengruppenschlüssel: 101
                Beitragsgruppenschlüssel: 0 1 1 0

Arbeitgeber C   Personengruppenschlüssel: 109
                Beitragsgruppenschlüssel: 0 5 0 0

Beispiel 16 (zu B 2.1.2.2, C 1.1.1, C 1.1.2 und C 1.2.1):

Ein freiwillig krankenversicherter Beamter übt neben seiner Beamtenbeschäftigung beim Arbeitgeber A weitere Beschäftigungen beim Arbeitgeber B

Anhang 16 — Geringfügigkeits-Richtlinien

und C aus. Beim Arbeitgeber B arbeitet er als Buchhalter gegen ein monatliches Arbeitsentgelt von 500 EUR; beim Arbeitgeber C arbeitet er als Taxifahrer gegen ein monatliches Arbeitsentgelt von 200 EUR.

Der Beamte ist aufgrund der Beschäftigungen beim Arbeitgeber B und C in der Krankenversicherung und damit auch in der Pflegeversicherung versicherungsfrei.

In der Beschäftigung beim Arbeitgeber B unterliegt der Beamte der Versicherungspflicht in der Renten- und Arbeitslosenversicherung, weil das Arbeitsentgelt 400 EUR übersteigt. Die Beschäftigung beim Arbeitgeber C bleibt als (erste) geringfügig entlohnte Beschäftigung neben der versicherungspflichtigen (Haupt-)Beschäftigung beim Arbeitgeber B in der Rentenversicherung versicherungsfrei, weil das monatliche Arbeitsentgelt 400 EUR nicht übersteigt. In der Arbeitslosenversicherung besteht in der Beschäftigung beim Arbeitgeber C ebenfalls Versicherungsfreiheit, weil geringfügig entlohnte Beschäftigungen mit versicherungspflichtigen Beschäftigungen nicht zusammengerechnet werden. Der Arbeitgeber B hat individuelle Beiträge zur Renten- und Arbeitslosenversicherung zu zahlen; Pauschalbeiträge zur Krankenversicherung fallen nicht an, weil es sich nicht um eine geringfügig entlohnte Beschäftigung handelt. Der Arbeitgeber C hat Pauschalbeiträge zur Kranken- und Rentenversicherung zu zahlen.

Arbeitgeber B	Personengruppenschlüssel:	101
	Beitragsgruppenschlüssel:	0 1 1 0
Arbeitgeber C	Personengruppenschlüssel:	109
	Beitragsgruppenschlüssel:	6 5 0 0

Beispiel 17 (zu B 2.1.2.2, C 1.1.1, C 1.1.2, C 1.2.1, D 6 und E):

Ein Programmierer arbeitet beim Arbeitgeber A gegen ein monatliches Arbeitsentgelt von 4200 EUR. Er ist wegen Überschreitens der Jahresarbeitsentgeltgrenze krankenversicherungsfrei und in der gesetzlichen Krankenversicherung freiwillig versichert. Die Beiträge zur Krankenversicherung werden vom Arbeitgeber im Rahmen des Gesamtsozialversicherungsbeitrags überwiesen (Firmenzahler). Am 1.7.2006 nimmt er eine zweite Beschäftigung als Programmierer beim Arbeitgeber B gegen ein monatliches Arbeitsentgelt von 200 EUR und am 1.9.2006 eine weitere Beschäftigung als Programmierer beim Arbeitgeber C gegen ein monatliches Arbeitsentgelt von 150 EUR auf.

Der Programmierer unterliegt aufgrund der (Haupt-)Beschäftigung beim Arbeitgeber A der Versicherungspflicht in der Renten- und Arbeitslosenversicherung. Bei den beiden übrigen Beschäftigungen handelt es sich jeweils um geringfügig entlohnte Beschäftigungen, weil das Arbeitsentgelt aus den einzelnen Beschäftigungen (auch insgesamt) 400 EUR nicht übersteigt. Da die Beschäftigung beim Arbeitgeber B zuerst aufgenommen wird, wird sie nicht mit der rentenversicherungspflichtigen (Haupt-)Beschäftigung zusammengerechnet und bleibt in der Rentenversicherung versicherungsfrei; der Arbeitgeber B hat Pauschalbeiträge zur Rentenversicherung zu zahlen. Die Beschäftigung beim Arbeitgeber C ist hingegen mit der rentenversicherungspflichtigen (Haupt-)Beschäftigung zusammenzurechnen mit der Folge, dass sie Versicherungspflicht in der Rentenversicherung begründet. In der Arbeitslosenversicherung besteht in den Beschäftigungen beim Arbeitgeber B und C Versicherungsfreiheit, weil das Arbeitsentgelt aus diesen Beschäftigungen jeweils 400 EUR nicht überschreitet und geringfügig entlohnte Beschäftigungen mit versicherungspflichtigen Beschäftigungen nicht zusammengerechnet werden. Eine Zusammenrechnung der zweiten geringfügig entlohnten Beschäftigung mit der (Haupt-)Beschäftigung beim Arbeitgeber A kommt für den Bereich der Krankenversicherung und damit auch für den Bereich der Pflegeversicherung nicht in Betracht, weil die (Haupt-)Beschäftigung keine Versicherungspflicht begründet. Da das Arbeitsentgelt aus den beiden geringfügig entlohnten Beschäftigungen insgesamt 400 EUR nicht übersteigt, haben die Arbeitgeber B und C Pauschalbeiträge zur Krankenversicherung zu zahlen.

Arbeitgeber A	Personengruppenschlüssel:	101
	Beitragsgruppenschlüssel:	9 1 1 1
Arbeitgeber B	Personengruppenschlüssel:	109
	Beitragsgruppenschlüssel:	6 5 0 0
Arbeitgeber C	a) an zuständige Krankenkasse	
	Personengruppenschlüssel:	101
	Beitragsgruppenschlüssel:	0 1 0 0
	b) an Minijob-Zentrale	
	Personengruppenschlüssel:	101
	Beitragsgruppenschlüssel:	6 0 0 0

Beispiel 18 (zu B 2.1.2.2, C 1.1.2 und C 1.2.1):

Ein Programmierer arbeitet beim Arbeitgeber A gegen ein monatliches Arbeitsentgelt von 4000 EUR. Er ist wegen Überschreitens der Jahresarbeitsentgeltgrenze krankenversicherungsfrei und in der gesetzlichen Krankenversicherung als Selbstzahler freiwillig versichert. Am 1.7.2006 nimmt er eine zweite Beschäftigung als Programmierer beim Arbeitgeber B gegen ein monatliches Arbeitsentgelt von 300 EUR und am 1.9.2006 eine weitere Beschäftigung als Programmierer beim Arbeitgeber C gegen ein monatliches Arbeitsentgelt von 200 EUR auf.

Der Programmierer unterliegt aufgrund der (Haupt-)Beschäftigung beim Arbeitgeber A der Versicherungspflicht in der Renten- und Arbeitslosenversicherung. Bei den beiden übrigen Beschäftigungen handelt es sich jeweils um geringfügig entlohnte Beschäftigungen, weil das Arbeitsentgelt aus den einzelnen Beschäftigungen 400 EUR nicht übersteigt. Da die Beschäftigung beim Arbeitgeber B zuerst aufgenommen wird, wird sie nicht mit der rentenversicherungspflichtigen (Haupt-)Beschäftigung zusammengerechnet und bleibt in der Rentenversicherung versicherungsfrei; der Arbeitgeber B hat Pauschalbeiträge zur Rentenversicherung zu zahlen. Die Beschäftigung beim Arbeitgeber C ist hingegen mit der rentenversicherungspflichtigen (Haupt-)Beschäftigung zusammenzurechnen mit der Folge, dass sie Versicherungspflicht in der Rentenversicherung begründet. In der Arbeitslosenversicherung besteht in den Beschäftigungen beim Arbeitgeber B und C Versicherungsfreiheit, weil das Arbeitsentgelt aus diesen Beschäftigungen jeweils 400 EUR nicht überschreitet und geringfügig entlohnte Beschäftigungen mit versicherungspflichtigen Beschäftigungen nicht zusammengerechnet werden. Eine Zusammenrechnung der zweiten geringfügig entlohnten Beschäftigung mit der (Haupt-)Beschäftigung beim Arbeitgeber A kommt für den Bereich der Krankenversicherung und damit auch für den Bereich der Pflegeversicherung nicht in Betracht, weil die (Haupt-)Beschäftigung keine Versicherungspflicht begründet. Da das Arbeitsentgelt aus den beiden geringfügig entlohnten Beschäftigungen insgesamt 400 EUR übersteigt, sind vom Arbeitgeber B und C keine Pauschalbeiträge zur Krankenversicherung zu zahlen. Da der Programmierer in der gesetzlichen Krankenversicherung freiwillig versichert und deshalb versicherungspflichtig in der Pflegeversicherung ist, haben die Arbeitgeber B und C jedoch anteilige Beitragszuschüsse zur Kranken- und Pflegeversicherung zu zahlen.

Ab 1.9.2006

Arbeitgeber A	Personengruppenschlüssel:	101
	Beitragsgruppenschlüssel:	0 1 1 1
Arbeitgeber B	a) an die zuständige Krankenkasse	
	Personengruppenschlüssel:	109
	Beitragsgruppenschlüssel:	0 0 0 1
	b) an Minijob-Zentrale	
	Personengruppenschlüssel:	109
	Beitragsgruppenschlüssel:	0 5 0 0
Arbeitgeber C	Personengruppenschlüssel:	101
	Beitragsgruppenschlüssel:	0 1 0 1

Beispiel 19 (zu B 2.1.2.2, B 2.1.2.6, C 1.1.1, C 1.1.2 und C 1.2.1):

Ein Programmierer arbeitet beim Arbeitgeber A gegen ein monatliches Arbeitsentgelt von 3900 EUR. Am 1.6.2006 nimmt er eine zweite Beschäftigung als Programmierer beim Arbeitgeber B gegen ein monatliches Arbeitsentgelt von 150 EUR und am 1.8.2006 eine weitere Beschäftigung als Programmierer beim Arbeitgeber C gegen ein monatliches Arbeitsentgelt von 240 EUR auf.

Der Programmierer unterliegt aufgrund der (Haupt-)Beschäftigung beim Arbeitgeber A der Versicherungspflicht in der Kranken-, Renten-, Arbeitslosen- und Pflegeversicherung. Bei den beiden übrigen Beschäftigungen handelt es sich jeweils um geringfügig entlohnte Beschäftigungen, weil das Arbeitsentgelt aus den einzelnen Beschäftigungen 400 EUR nicht übersteigt. Da die Beschäftigung beim Arbeitgeber B zuerst aufgenommen wird, wird sie nicht mit der versicherungspflichtigen (Haupt-)Beschäftigung zusammengerechnet und bleibt in der Kranken-, Renten- und Pflegeversicherung versicherungsfrei. Der Arbeitgeber B hat Pauschalbeiträge zur Kranken- und Rentenversicherung zu zahlen. Die Beschäftigung beim Arbeitgeber C ist hingegen mit der versicherungspflichtigen (Haupt-)Beschäftigung zusammenzurechnen mit der Folge, dass sie Versicherungspflicht in der Kranken-, Renten- und Pflegeversicherung begründet. Im Übrigen scheidet der Programmierer zum 31.12.2006 aus der Krankenversicherungspflicht aus, weil die Arbeitsentgelte aus der Beschäftigungen bei den Arbeitgebern A und C insgesamt die Jahresarbeitsentgeltgrenze überschreiten. Vom 1.1.2007 an besteht Versicherungsfreiheit in der Krankenversicherung und damit auch keine Versicherungspflicht mehr in der Pflegeversicherung aufgrund einer Beschäftigung. Der Programmierer ist vom 1.1.2007 an in der gesetzlichen Krankenversicherung als Selbstzahler freiwillig versichert und in dieser Eigenschaft versicherungspflichtig in der Pflegeversicherung. Die Beiträge zur Kranken- und Pflegeversicherung sind aus den Beschäftigungen bei den Arbeitgebern A und C vom 1.8.2006 an anteilig entsprechend der Höhe der Arbeitsentgelte zu zahlen; vom 1.1.2007 an sind anteilige Beitragszuschüsse zur Kranken- und Pflegeversicherung zu zahlen. In der Arbeitslosenversicherung besteht in den Beschäftigungen beim Arbeitgeber B und C Versicherungsfreiheit, weil das Arbeitsentgelt aus diesen Beschäftigungen jeweils 400 EUR nicht überschreitet und geringfügig entlohnte Beschäftigungen mit versicherungspflichtigen Beschäftigungen nicht zusammengerechnet werden.

Bis 31.12.2006

Arbeitgeber A	Personengruppenschlüssel:	101
	Beitragsgruppenschlüssel:	1 1 1 1
Arbeitgeber B	Personengruppenschlüssel:	109
	Beitragsgruppenschlüssel:	6 5 0 0

Geringfügigkeits-Richtlinien   Anhang 16

| Arbeitgeber C | Personengruppenschlüssel: | 101 |
| | Beitragsgruppenschlüssel: | 1 1 0 1 |

Ab 1.1.2007

Arbeitgeber A	Personengruppenschlüssel:	101
	Beitragsgruppenschlüssel:	0 1 1 1
Arbeitgeber B	Personengruppenschlüssel:	109
	Beitragsgruppenschlüssel:	6 5 0 0
Arbeitgeber C	Personengruppenschlüssel:	101
	Beitragsgruppenschlüssel:	0 1 0 1

Beispiel 20 (zu B 2.1.3, C 1.2.1, C 2 und C 2.2):

Eine privat krankenversicherte Raumpflegerin nimmt am 1.7.2006 eine Beschäftigung auf; sie arbeitet gegen ein monatliches Arbeitsentgelt von 200 EUR. Am 7.7.2006 gibt sie gegenüber ihrem Arbeitgeber eine schriftliche Erklärung ab, dass sie vom Beginn der Beschäftigung an auf die Rentenversicherungsfreiheit verzichtet.

Die Raumpflegerin ist in der Kranken-, Arbeitslosen- und Pflegeversicherung versicherungsfrei, weil das monatliche Arbeitsentgelt 400 EUR nicht übersteigt. Ein Pauschalbeitrag zur Krankenversicherung fällt nicht an, weil die Raumpflegerin privat krankenversichert ist. In der Rentenversicherung besteht durch den Verzicht auf die Versicherungsfreiheit vom Beginn der Beschäftigung an Versicherungspflicht.

Es sind folgende Beiträge zur Rentenversicherung zu zahlen:

| Arbeitgeber | (15 % von 200 EUR =) 30,00 EUR |
| Arbeitnehmer | (4,5 % von 200 EUR =) 9,00 EUR |

| Personengruppenschlüssel: | 109 |
| Beitragsgruppenschlüssel: | 0 1 0 0 |

Beispiel 21 (zu B 2.1.3, C 1.2.1, C 2, C 2.1 und C 2.2):

Eine privat krankenversicherte Raumpflegerin arbeitet in einem privaten Haushalt gegen ein monatliches Arbeitsentgelt von 90 EUR; sie hat auf die Rentenversicherungsfreiheit verzichtet. Das Beschäftigungsverhältnis endet am 20.6.2006; für den Monat Juni 2006 erhält sie ein Arbeitsentgelt von 60 EUR.

Für den Monat Juni 2006 ergibt sich für die Berechnung der Rentenversicherungsbeiträge eine monatliche Mindestbeitragsbemessungsgrundlage von (155 EUR × 20 : 30 =) 103,33 EUR, so dass der Mindestbeitrag 20,15 EUR beträgt. Dieser Mindestbeitrag ist wie folgt aufzubringen:

Mindestbeitrag	(19,5 % von 103,33 EUR =)	20,15 EUR
./. Arbeitgeberbeitragsanteil	(5 % von 60,00 EUR =)	3,00 EUR
Arbeitnehmerbeitragsanteil		17,15 EUR

| Personengruppenschlüssel: | 109 |
| Beitragsgruppenschlüssel: | 0 1 0 0 |

Beispiel 22 (zu B 2.1.3, C 1.2.1, C 2, C 2.1, C 2.2 und D 2):

Eine privat krankenversicherte Raumpflegerin arbeitet gegen ein monatliches Arbeitsentgelt von 100 EUR; sie hat auf die Rentenversicherungsfreiheit verzichtet. Vom 19.7.2006 bis zum 22.8.2006 nimmt die Raumpflegerin unbezahlten Urlaub und erzielt im Juli 2006 ein Arbeitsentgelt in Höhe von 65 EUR und im August 2006 ein Arbeitsentgelt in Höhe von 25 EUR.

Die monatliche Mindestbeitragsbemessungsgrundlage für Juli 2006 beträgt 155 EUR (30 SV-Tage); die Beiträge zur Rentenversicherung sind wie folgt aufzubringen:

Mindestbeitrag	(19,5 % von 155,00 EUR =)	30,23 EUR
./. Arbeitgeberbeitragsanteil	(15 % von 65,00 EUR =)	9,75 EUR
Arbeitnehmerbeitragsanteil		20,48 EUR

Die monatliche Mindestbeitragsbemessungsgrundlage für August 2006 beträgt 139,50 EUR (27 SV-Tage vom 1.8.2006 bis zum 18.8.2006 und vom 23.8.2006 bis zum 31.8.2006); die Beiträge zur Rentenversicherung sind wie folgt aufzubringen:

Mindestbeitrag	(19,5 % von 139,50 EUR =)	27,20 EUR
./. Arbeitgeberbeitragsanteil	(15 % von 25,00 EUR =)	3,75 EUR
Arbeitnehmerbeitragsanteil		23,45 EUR

| Personengruppenschlüssel: | 109 |
| Beitragsgruppenschlüssel: | 0 1 0 0 |

Beispiel 23 (zu B 2.1.3, C 1.1.1 und C 2.2):

Ein Apotheker arbeitet beim Arbeitgeber A gegen ein monatliches Arbeitsentgelt von 2800 EUR. Er ist wegen Mitgliedschaft in einem berufsständischen Versorgungswerk von der Rentenversicherungspflicht befreit. Am 1.7.2006 nimmt er eine weitere Beschäftigung als Apotheker beim Arbeitgeber B auf; dort arbeitet er gegen ein monatliches Arbeitsentgelt von 200 EUR. Am 7.7.2006 gibt er gegenüber seinem Arbeitgeber B eine schriftliche Erklärung ab, dass er vom Beginn der Beschäftigung an auf die Rentenversicherungsfreiheit verzichtet.

Der Apotheker ist aufgrund der Beschäftigung beim Arbeitgeber A versicherungspflichtig in der Kranken-, Arbeitslosen- und Pflegeversicherung. Die Beschäftigung beim Arbeitgeber B bleibt als geringfügig entlohnte Beschäftigung in der Kranken-, Arbeitslosen- und Pflegeversicherung versicherungsfrei, weil das monatliche Arbeitsentgelt 400 EUR nicht übersteigt. Die Befreiung von der Rentenversicherungspflicht aufgrund der Mitgliedschaft in einem berufsständischen Versorgungswerk wirkt sowohl für die Beschäftigung beim Arbeitgeber A als auch für die Beschäftigung beim Arbeitgeber B. Es sind aufgrund der Beschäftigung beim Arbeitgeber A individuelle Beiträge zur Kranken-, Arbeitslosen- und Pflegeversicherung und aufgrund der Beschäftigung beim Arbeitgeber B Pauschalbeiträge zur Krankenversicherung zu zahlen. Im Übrigen sind Beiträge zur berufsständischen Versorgung für die Beschäftigungen A und B zu leisten.

Arbeitgeber A	Personengruppenschlüssel:	101
	Beitragsgruppenschlüssel:	1 0 1 1
Arbeitgeber B	Personengruppenschlüssel:	109
	Beitragsgruppenschlüssel:	6 0 0 0

Beispiel 24 (zu B 2.1.3, C 1.1.1 und C 2.2):

Ein Architekt arbeitet beim Arbeitgeber A gegen ein monatliches Arbeitsentgelt von 2600 EUR. Er ist wegen Mitgliedschaft in einem berufsständischen Versorgungswerk von der Rentenversicherungspflicht befreit. Am 1.7.2006 nimmt er eine weitere Beschäftigung als Buchhalter beim Arbeitgeber B auf; dort arbeitet er gegen ein monatliches Arbeitsentgelt von 180 EUR. Am 7.7.2006 gibt er gegenüber seinem Arbeitgeber B eine schriftliche Erklärung ab, dass er vom Beginn der Beschäftigung an auf die Rentenversicherungsfreiheit verzichtet.

Der Architekt ist aufgrund der Beschäftigung beim Arbeitgeber A versicherungspflichtig in der Kranken-, Arbeitslosen- und Pflegeversicherung. Die Beschäftigung beim Arbeitgeber B bleibt als geringfügig entlohnte Beschäftigung in der Kranken-, Arbeitslosen- und Pflegeversicherung versicherungsfrei, weil das monatliche Arbeitsentgelt 400 EUR nicht übersteigt. Die Befreiung von der Rentenversicherungspflicht aufgrund der Mitgliedschaft in einem berufsständischen Versorgungswerk wirkt nur für die Beschäftigung beim Arbeitgeber A. Es sind aufgrund der Beschäftigung beim Arbeitgeber A individuelle Beiträge zur Kranken-, Arbeitslosen- und Pflegeversicherung und aufgrund der Beschäftigung beim Arbeitgeber B Pauschalbeiträge zur Krankenversicherung und individuelle Beiträge zur Rentenversicherung zu zahlen.

Arbeitgeber A	Personengruppenschlüssel:	101
	Beitragsgruppenschlüssel:	1 0 1 1
Arbeitgeber B	Personengruppenschlüssel:	109
	Beitragsgruppenschlüssel:	6 1 0 0

Beispiel 25 (zu B 2.2):

Eine Verkäuferin nimmt am 15.11. eine bis zum 15.2. des Folgejahres befristete Beschäftigung (Fünf-Tage-Woche) gegen ein monatliches Arbeitsentgelt von 1500 EUR auf.

Die Verkäuferin ist versicherungspflichtig, weil die Beschäftigung von vornherein auf mehr als zwei Monate befristet und deshalb nicht kurzfristig ist. Dem steht nicht entgegen, dass die Beschäftigungszeit in den beiden Kalenderjahren jeweils zwei Monate nicht überschreitet.

| Personengruppenschlüssel: | 101 |
| Beitragsgruppenschlüssel: | 1 1 1 1 |

Beispiel 26 (zu B 2.2 und B 3.2):

a) Eine Hausfrau nimmt am 1.5. eine Beschäftigung als Aushilfsverkäuferin (Sechs-Tage-Woche) gegen ein monatliches Arbeitsentgelt von 1800 EUR auf. Sie vertritt nacheinander drei Verkäuferinnen während des Urlaubs. Da die Urlaubsvertretung am 15.6. beendet sein soll, wird zunächst eine kurzfristige Beschäftigung angenommen, die versicherungsfrei bleibt.

Die zuletzt vertretene Verkäuferin teilt ihrem Arbeitgeber jedoch am 15.6. mit, dass sie die Arbeit nicht am 16.6., sondern erst am 1.7. aufnehmen werde. Damit verlängert sich die Urlaubsvertretung bis zum 30.6. Da aber auch durch diese Verlängerung die Beschäftigung nicht über zwei Monate ausgedehnt wird, gilt sie weiterhin als kurzfristige Beschäftigung und bleibt daher versicherungsfrei.

b) Es liegt der gleiche Sachverhalt wie zu a vor mit der Abweichung, dass die vertretene Verkäuferin entgegen der Mitteilung vom 15.6. ihre Beschäftigung nicht am 1.7., sondern erst am 5.7. wieder aufnimmt, so dass die Urlaubsvertretung bis zum 4.7. verlängert wird. Diese Beschäftigung ist vom 1.7. an nicht mehr als kurzfristige Beschäftigung anzusehen und unterliegt daher von diesem Zeitpunkt an der Versicherungspflicht.

Anhang 16 — Geringfügigkeits-Richtlinien

c) Es liegt der gleiche Sachverhalt wie zu a vor mit der Abweichung, dass die vertretene Verkäuferin ihrem Arbeitgeber bereits am 15.6. mitteilt, dass sie ihre Beschäftigung erst am 5.7. aufnehmen werde. In diesem Falle gilt die Urlaubsvertretung schon vom 15.6. an nicht mehr als kurzfristige Beschäftigung; die Versicherungsfreiheit endet daher am 14.6.

d) Es liegt der gleiche Sachverhalt wie zu a vor mit der Abweichung, dass die vertretene Verkäuferin ihrem Arbeitgeber bereits am 15.6. mitteilt, sie sei arbeitsunfähig geworden. Die Aushilfsverkäuferin erklärt sich am selben Tage bereit, die Vertretung für die Dauer der Arbeitsunfähigkeit weiter zu übernehmen. Da nunmehr das Ende dieser Beschäftigung ungewiss ist, liegt vom 15.6. an keine kurzfristige Beschäftigung mehr vor; die Versicherungsfreiheit endet daher am 14.6. Das gilt auch dann, wenn die Beschäftigung tatsächlich schon vor dem 1.7. beendet wird.

Zu a und b
Personengruppenschlüssel: 110
Beitragsgruppenschlüssel: 0 0 0 0

Zu b (ab 1.7.), c und d (jeweils ab 15.6.)
Personengruppenschlüssel: 101
Beitragsgruppenschlüssel: 1 1 1 1

Beispiel 27 (zu B 2.2 und B 2.2.3):

Ein Kraftfahrer übt beim Arbeitgeber A eine Dauerbeschäftigung gegen ein monatliches Arbeitsentgelt von 2300 EUR aus. Am 1.7. nimmt er zusätzlich eine Beschäftigung beim Arbeitgeber B als Kellner auf, die von vornherein bis zum 31.8. befristet ist; in dieser Beschäftigung erzielt er ein monatliches Arbeitsentgelt von 500 EUR.

Die Beschäftigung beim Arbeitgeber A unterliegt der Versicherungspflicht, weil es sich nicht um eine geringfügige Beschäftigung handelt. Dagegen bleibt die Beschäftigung beim Arbeitgeber B versicherungsfrei, weil sie von vornherein auf nicht mehr als zwei Monate befristet ist und auch nicht berufsmäßig ausgeübt wird.

Arbeitgeber A Personengruppenschlüssel: 101
               Beitragsgruppenschlüssel: 1 1 1 1

Arbeitgeber B Personengruppenschlüssel: 110
               Beitragsgruppenschlüssel: 0 0 0 0

Beispiel 28 (zu B 2.2 und B 2.2.3):

Ein Verkäufer übt seit Jahren beim Arbeitgeber A eine Beschäftigung gegen ein monatliches Arbeitsentgelt von 2200 EUR aus. Am 1.8. nimmt er zusätzlich eine Beschäftigung beim Arbeitgeber B als Taxifahrer auf, die von vornherein bis zum 20.9. befristet ist; in dieser Beschäftigung erzielt er ein monatliches Arbeitsentgelt von 650 EUR. Neben seiner Beschäftigung beim Arbeitgeber A war der Verkäufer im laufenden Kalenderjahr wie folgt beschäftigt:

a) vom 10.1. bis 31.1. (Sechs-Tage-Woche) = 22 Kalendertage
b) vom 1.4. bis 30.4. (Sechs-Tage-Woche) = 30 Kalendertage
c) vom 1.8. bis 20.9. (Sechs-Tage-Woche) = 51 Kalendertage
zusammen = 103 Kalendertage

Die Beschäftigung beim Arbeitgeber A unterliegt der Versicherungspflicht, weil es sich nicht um eine geringfügige Beschäftigung handelt. Das Gleiche gilt für die Beschäftigung beim Arbeitgeber B, weil zu ihrem Beginn feststeht, dass sie zusammen mit den – neben der Beschäftigung beim Arbeitgeber A – im laufenden Kalenderjahr bereits verrichteten Beschäftigungen die Grenze von zwei Monaten (60 Kalendertagen) überschreitet. Stehen bereits bei Aufnahme der ersten Beschäftigung (10.1.) die gesamten folgenden Beschäftigungszeiten fest, so unterliegen alle Beschäftigungen der Versicherungspflicht.

Arbeitgeber A Personengruppenschlüssel: 101
               Beitragsgruppenschlüssel: 1 1 1 1

Arbeitgeber B Personengruppenschlüssel: 101
               Beitragsgruppenschlüssel: 2 1 1 1

Beispiel 29 (zu B 2.2):

Eine Hausfrau arbeitet als Bankkauffrau bei einem Geldinstitut jeweils an den letzten vier Arbeitstagen im Kalendermonat gegen ein monatliches Arbeitsentgelt von 420 EUR.

Die Bankkauffrau ist versicherungspflichtig, weil das Arbeitsentgelt 400 EUR übersteigt. Dabei ist unerheblich, dass die für die Kurzfristigkeit einer Beschäftigung maßgebende Zeitdauer von 50 Arbeitstagen im Laufe eines Jahres nicht überschritten wird; die Tatsache, dass die Bankkauffrau eine Dauerbeschäftigung ausübt, schließt das Vorliegen einer kurzfristigen Beschäftigung aus.

Personengruppenschlüssel: 101
Beitragsgruppenschlüssel: 1 1 1 1

Beispiel 30 (zu B 2.2.1):

Ein Arbeitgeber stellt in seinem Betrieb für Saisonarbeiten mehrere Hausfrauen mit einer regelmäßigen Arbeitszeit an

a) sechs Tagen
b) fünf Tagen und
c) vier Tagen

in der Woche ein.

Da in den Fällen a und b die Beschäftigung an mindestens fünf Tagen in der Woche ausgeübt wird, ist bei der Feststellung, ob die unter B 2.2 genannte Zeitdauer (zwei Monate oder 50 Arbeitstage) überschritten wird, von der Zweimonatsfrist auszugehen; im Fall c hingegen ist auf den Zeitraum von 50 Arbeitstagen abzustellen, weil die Beschäftigung weniger als fünf Tage in der Woche in Anspruch nimmt.

Beispiel 31 (zu B 2.2.2):

Eine Hausfrau nimmt am 2.5. eine Beschäftigung als Aushilfsverkäuferin (Urlaubsvertretung) auf, die von vornherein bis zum 18.6. befristet ist und wöchentlich sechs Arbeitstage umfassen soll; Anspruch auf Entgeltfortzahlung im Krankheitsfall besteht vom Beginn der Beschäftigung an. Die Hausfrau war im laufenden Kalenderjahr wie folgt beschäftigt:

a) vom 2.1. bis 25.1. (Fünf-Tage-Woche) = 24 Kalendertage
b) vom 31.3. bis 15.4. (Sechs-Tage-Woche) = 16 Kalendertage
c) vom 2.5. bis 18.6. (Sechs-Tage-Woche) = 48 Kalendertage
zusammen = 88 Kalendertage

Die Beschäftigung zu c ist versicherungspflichtig, weil zu ihrem Beginn feststeht, dass sie zusammen mit den im laufenden Kalenderjahr bereits verrichteten Beschäftigungen die Grenze von zwei Monaten (60 Kalendertagen) überschreitet. Stehen bereits bei Aufnahme der ersten Beschäftigung (am 2.1.) die gesamten folgenden Beschäftigungszeiten fest, so unterliegen alle Beschäftigungen der Versicherungspflicht.

Personengruppenschlüssel: 101
Beitragsgruppenschlüssel: 1 1 1 1

Beispiel 32 (zu B 2.2.2, B 3.2, C 1.1.1 und C 1.2.1):

Eine familienversicherte Verkäuferin arbeitet befristet

vom 2.5. bis zum 28.6. (Sechs-Tage-Woche) 58 Kalendertage
gegen ein monatliches Arbeitsentgelt von 720 EUR

vom 3.8. bis zum 30.9. (Sechs-Tage-Woche) 59 Kalendertage
gegen ein monatliches Arbeitsentgelt von 310 EUR

Die zweite Beschäftigung ist keine kurzfristige Beschäftigung, weil zu ihrem Beginn feststeht, dass sie zusammen mit der ersten Beschäftigung die Grenze von zwei Monaten (60 Kalendertagen) überschreitet (vgl. B 2.2 und B 2.2.2). Sie ist aber eine geringfügig entlohnte Beschäftigung und damit versicherungsfrei, weil das monatliche Arbeitsentgelt 400 EUR nicht übersteigt (vgl. B 2.1). Der Arbeitgeber hat Pauschalbeiträge zur Kranken- und Rentenversicherung zu zahlen.

Personengruppenschlüssel: 109
Beitragsgruppenschlüssel: 6 5 0 0

Beispiel 33 (zu B 2.2.2 und B 3.2):

Eine (bis zum 2.8.) familienversicherte Verkäuferin arbeitet befristet

vom 2.5. bis zum 28.6. (Sechs-Tage-Woche) 58 Kalendertage
beim Arbeitgeber A gegen ein monatliches Arbeitsentgelt von 300 EUR

vom 3.8. bis zum 30.9. (Sechs-Tage-Woche) 59 Kalendertage
beim Arbeitgeber B gegen ein monatliches Arbeitsentgelt von 700 EUR

Anspruch auf Entgeltfortzahlung besteht jeweils vom Beginn der Beschäftigung an.

Die Beschäftigung beim Arbeitgeber A ist eine kurzfristige Beschäftigung, weil die Grenze von zwei Monaten (60 Kalendertagen) nicht überschritten wird. Die Beschäftigung beim Arbeitgeber B ist keine kurzfristige Beschäftigung, weil zu ihrem Beginn feststeht, dass sie zusammen mit der Beschäftigung beim Arbeitgeber A die Grenze von zwei Monaten (60 Kalendertagen) überschreitet (vgl. B 2.2 und B 2.2.2). Sie ist auch keine geringfügig entlohnte Beschäftigung (vgl. B 2.1), weil das monatliche Arbeitsentgelt mehr als 400 EUR beträgt, so dass die Beschäftigung beim Arbeitgeber B versicherungspflichtig ist. Der Arbeitgeber B hat keine Pauschalbeiträge, sondern individuelle Beiträge zu zahlen.

Arbeitgeber A Personengruppenschlüssel: 110
               Beitragsgruppenschlüssel: 0 0 0 0

Arbeitgeber B Personengruppenschlüssel: 101
               Beitragsgruppenschlüssel: 1 1 1 1

Beispiel 34 (zu B 2.2.2):

Eine Hausfrau nimmt am 1.12. eine Beschäftigung als Aushilfsverkäuferin gegen ein monatliches Arbeitsentgelt von 1000 EUR auf. Die Beschäftigung ist von vornherein bis zum 31.1. des Folgejahres befristet. Anspruch auf Entgeltfortzahlung im Krankheitsfall besteht vom Beginn der Beschäftigung an.

Geringfügigkeits-Richtlinien

Anhang 16

Die Hausfrau hat im laufenden Kalenderjahr bereits vom 1.7. bis zum 31.8. eine Beschäftigung ausgeübt.

Die am 1.12. aufgenommene Beschäftigung ist nicht kurzfristig und daher versicherungspflichtig, weil zu ihrem Beginn feststeht, dass die Beschäftigungsdauer im laufenden Kalenderjahr unter Berücksichtigung der Vorbeschäftigung mehr als zwei Monate beträgt. Die Beschäftigung bleibt auch über den Jahreswechsel hinaus weiterhin versicherungspflichtig, weil bei kalenderjahrüberschreitenden Beschäftigungen eine getrennte versicherungsrechtliche Beurteilung nicht in Betracht kommt.

Personengruppenschlüssel: 101
Beitragsgruppenschlüssel: 1 1 1 1

Beispiel 35 (zu B 2.2.2):

Eine Hausfrau nimmt am 1.12. eine Beschäftigung als Aushilfsverkäuferin gegen ein monatliches Arbeitsentgelt von 900 EUR auf. Die Beschäftigung ist von vornherein bis zum 31.1. des Folgejahres befristet. Die Hausfrau hat im laufenden Kalenderjahr bereits vom 1.8. bis zum 31.8. eine Beschäftigung ausgeübt.

Die am 1.12. aufgenommene Beschäftigung ist kurzfristig und damit versicherungsfrei, weil zu ihrem Beginn feststeht, dass die Beschäftigungsdauer im laufenden Kalenderjahr unter Berücksichtigung der Vorbeschäftigung nicht mehr als zwei Monate beträgt. Die Beschäftigung bleibt auch über den Jahreswechsel hinaus weiterhin versicherungsfrei, weil bei kalenderjahrüberschreitenden Beschäftigungen eine getrennte versicherungsrechtliche Beurteilung nicht in Betracht kommt.

Personengruppenschlüssel: 110
Beitragsgruppenschlüssel: 0 0 0 0

Beispiel 36 (zu B 2.2.3):

Eine Hausfrau nimmt am 13.8. eine Beschäftigung als Aushilfsverkäuferin gegen ein monatliches Arbeitsentgelt von 1400 EUR auf. Die Beschäftigung ist von vornherein bis zum 20.9. befristet. Im laufenden Kalenderjahr war die Hausfrau wie folgt beschäftigt (das Arbeitsentgelt betrug jeweils mehr als 400 EUR):

a) vom 2.3. bis zum 15.6. = 106 Kalendertage
b) vom 13.8. bis zum 20.9. = 39 Kalendertage
zusammen = 145 Kalendertage

Eine Zusammenrechnung der beiden Beschäftigungszeiten nach B 2.2.2 scheidet aus, da hiernach nur geringfügige (d. h. Beschäftigungen von einer Dauer von nicht mehr als zwei Monaten bzw. 50 Arbeitstagen) zusammengerechnet werden können. Für die Prüfung der Berufsmäßigkeit nach B 2.2.3 sind die Beschäftigungen jedoch in jedem Falle zusammenzurechnen. Da die Beschäftigungszeiten im laufenden Kalenderjahr insgesamt 145 Kalendertage, also mehr als zwei Monate, betragen, wird die Beschäftigung berufsmäßig ausgeübt; es besteht deshalb Versicherungspflicht.

Personengruppenschlüssel: 101
Beitragsgruppenschlüssel: 2 1 1 1

Beispiel 37 (zu B 2.2.3):

Eine Verkäuferin hatte ihre langjährige Beschäftigung (das Arbeitsentgelt betrug zuletzt 1800 EUR) wegen Altersrentenbezuges zum 31.3. aufgegeben. Am 1.8. nimmt sie eine Beschäftigung als Aushilfsverkäuferin auf, die von vornherein bis zum 31.8. befristet ist.

Bei der Prüfung der Berufsmäßigkeit bleibt die bis zum 31.3. ausgeübte Beschäftigung außer Betracht. Die am 1.8. aufgenommene Beschäftigung wird mithin nicht berufsmäßig ausgeübt und bleibt daher versicherungsfrei.

Personengruppenschlüssel: 110
Beitragsgruppenschlüssel: 0 0 0 0

Beispiel 38 (zu B 3.1):

Eine Raumpflegerin arbeitet gegen ein monatliches Arbeitsentgelt von 390 EUR. Am 15.5. wird eine Erhöhung des Arbeitsentgelts auf 410 EUR mit Wirkung vom 1.6. vereinbart.

Da das Arbeitsentgelt vom 1.6. an 400 EUR überschreitet, endet die Versicherungsfreiheit in der Kranken-, Renten-, Arbeitslosen- und Pflegeversicherung am 31.5.

Ab 1.6.
Personengruppenschlüssel: 101
Beitragsgruppenschlüssel: 1 1 1 1

Beispiel 39 (zu B 3.1, C 1.1.1, C 1.2.1 und C 3):

Eine familienversicherte Raumpflegerin arbeitet gegen ein monatliches Arbeitsentgelt von 240 EUR. Ende Juni bittet der Arbeitgeber sie wider Erwarten, vom 1.7. bis zum 31.8. zusätzlich eine Krankheitsvertretung zu übernehmen. Dadurch erhöht sich das Arbeitsentgelt vom 1.7. bis zum 31.8. auf monatlich 480 EUR.

Die Raumpflegerin bleibt auch für die Zeit vom 1.7. bis zum 31.8. weiterhin versicherungsfrei in der Kranken-, Renten-, Arbeitslosen- und Pflegeversicherung, da es sich nur um ein gelegentliches und nicht vorhersehbares Überschreiten der unter B 2.1 genannten Arbeitsentgeltgrenze handelt. Der Arbeitgeber hat (auch in der Zeit vom 1.7. bis zum 31.8.) Pauschalbeiträge zur Kranken- und Rentenversicherung zu zahlen.

Personengruppenschlüssel: 109
Beitragsgruppenschlüssel: 6 5 0 0

Beispiel 40 (zu B 3.1, C 1.1.1 und C 1.2.1):

Eine familienversicherte Raumpflegerin arbeitet gegen ein monatliches Arbeitsentgelt von 390 EUR. Durch Tarifvertrag vom 15.8. wird das Arbeitsentgelt rückwirkend vom 1.7. an auf 410 EUR erhöht.

Infolge der rückwirkenden Erhöhung des Arbeitsentgelts wird die Arbeitsentgeltgrenze zwar vom 1.7. an überschritten; Versicherungspflicht tritt jedoch erst mit dem 15.8. ein, weil an diesem Tage der Anspruch auf das erhöhte Arbeitsentgelt entstanden ist. Für die Zeit vom 1.7. bis zum 14.8. sind allerdings pauschale Beiträge zur Kranken- und Rentenversicherung aufgrund der Arbeitsentgelterhöhung nachzuzahlen. Vom 15.8. an sind individuelle Beiträge zur Kranken-, Renten, Arbeitslosen- und Pflegeversicherung zu zahlen.

Bis 14.8.:
Personengruppenschlüssel: 109
Beitragsgruppenschlüssel: 6 5 0 0

Ab 15.8.:
Personengruppenschlüssel: 101
Beitragsgruppenschlüssel: 1 1 1 1

Beispiel 41 (zu B 5.3):

Eine Raumpflegerin arbeitet beim Arbeitgeber A gegen ein monatliches Arbeitsentgelt von 250 EUR und wird als geringfügig entlohnte Beschäftigte bei der Minijob-Zentrale gemeldet.

Am 1.8. nimmt sie zusätzlich eine Beschäftigung als Raumpflegerin gegen ein monatliches Arbeitsentgelt von 300 EUR beim Arbeitgeber B auf. Die Raumpflegerin hat die Frage des Arbeitgebers B nach dem Vorliegen einer weiteren Beschäftigung verneint. Arbeitgeber B meldet die Arbeitnehmerin somit ebenfalls im Rahmen einer geringfügig entlohnten Beschäftigung bei der Minijob-Zentrale an.

Die Minijob-Zentrale stellt im Oktober desselben Jahres fest, dass die Raumpflegerin in beiden Beschäftigungen versicherungspflichtig ist, weil das Arbeitsentgelt aus beiden Beschäftigungen 400 EUR übersteigt. Mit Bescheid vom 15.10. informiert die Minijob-Zentrale die Arbeitgeber A und B darüber, dass die Arbeitnehmerin zum 17.10. als geringfügig Beschäftigte bei der Minijob-Zentrale ab- und zum 18.10. als versicherungspflichtig Beschäftigte bei der zuständigen Krankenkasse anzumelden ist.

579

Anhang 17
Verordnung über die elektronische Übermittlung von für das Besteuerungsverfahren erforderlichen Daten (Steuerdaten-Übermittlungsverordnung – StDÜV)

vom 28.1.2003 (BGBl. I S. 139),
geändert durch Verordnung zur Änderung der Steuerdaten-Übermittlungsverordnung vom ...12.2006 (BGBl. I S. ....)*)

§ 1
Allgemeines

(1) [1]Für das Besteuerungsverfahren erforderliche Daten mit Ausnahme solcher Daten, die für die Festsetzung von Verbrauchsteuern bestimmt sind, können durch Datenfernübertragung übermittelt werden (elektronische Übermittlung). [2]Mit der elektronischen Übermittlung können Dritte beauftragt werden.

(2) [1]Das Bundesministerium der Finanzen bestimmt in Abstimmung mit den obersten Finanzbehörden der Länder Art und Einschränkungen der elektronischen Übermittlung von Daten nach Absatz 1 Satz 1 durch ein im Bundessteuerblatt zu veröffentlichendes Schreiben. [2]In diesem Rahmen bestimmte Anforderungen an die Sicherheit der elektronischen Übermittlung sind im Benehmen mit dem Bundesamt für Sicherheit in der Informationstechnik festzulegen. [3]Einer Abstimmung mit den obersten Finanzbehörden der Länder bedarf es nicht, soweit ausschließlich die Übermittlung von Daten an Bundesfinanzbehörden betroffen ist.

(3) Bei der elektronischen Übermittlung sind dem jeweiligen Stand der Technik entsprechende Verfahren einzusetzen, die die Authentizität, Vertraulichkeit und Integrität der Daten gewährleisten; im Falle der Nutzung allgemein zugänglicher Netze sind Verschlüsselungsverfahren anzuwenden.

(4) Die in dieser Verordnung genannten Pflichten der Programmhersteller sind ausschließlich öffentlichrechtlicher Art.

§ 2
Schnittstellen

[1]Bei der elektronischen Übermittlung sind die hierfür aufgrund des § 1 Abs. 2 für den jeweiligen Besteuerungszeitraum oder -zeitpunkt bestimmten Schnittstellen ordnungsgemäß zu bedienen. [2]Die für die Übermittlung benötigten Schnittstellen werden über das Internet zur Verfügung gestellt.

§ 3
Anforderungen an die Programme

(1) Programme, die für die Verarbeitung von für das Besteuerungsverfahren erforderlichen Daten bestimmt sind, müssen im Rahmen des in der Programmbeschreibung angegebenen Programmumfangs die richtige und vollständige Verarbeitung der für das Besteuerungsverfahren erforderlichen Daten gewährleisten.

(2) Auf den Programmumfang sowie auf Fallgestaltungen, in denen eine richtige und vollständige Erhebung, Verarbeitung und Übermittlung ausnahmsweise nicht möglich ist (Ausschlussfälle), ist in der Programmbeschreibung an hervorgehobener Stelle hinzuweisen.

§ 4
Prüfung der Programme

(1) [1]Programme, die für die Verarbeitung von für das Besteuerungsverfahren erforderlichen Daten bestimmt sind, sind vom Hersteller vor der ersten Nutzung und nach jeder Änderung daraufhin zu prüfen, ob sie die Anforderungen nach § 3 Abs. 1 erfüllen. [2]Hierbei sind ein Protokoll über den letzten durchgeführten Testlauf und eine Programmauflistung zu erstellen, die fünf Jahre aufzubewahren sind. [3]Die Aufbewahrungsfrist nach Satz 2 beginnt mit Ablauf des Kalenderjahres der erstmaligen Nutzung zur Datenübermittlung. [4]Elektronische, magnetische und optische Speicherverfahren, die eine jederzeitige Wiederherstellung der eingesetzten Programmversion in Papierform ermöglichen, sind der Programmauflistung gleichgestellt. [5]Die Finanzbehörden sind befugt, die für die Erfassung, Verarbeitung oder elektronische Übermittlung der Daten bestimmten Programme und Dokumentationen zu überprüfen. [6]§ 200 der Abgabenordnung in der Fassung der Bekanntmachung vom 1. Oktober 2002 (BGBl. I S. 3866) in der jeweils geltenden Fassung gilt entsprechend. [7]Der Hersteller oder Vertreiber eines fehlerhaften Programms ist unverzüglich zur Nachbesserung oder Ablösung aufzufordern. [8]Soweit eine unverzügliche Nachbesserung bzw. [9]Ablösung nicht erfolgt, sind die Finanzbehörden berechtigt, die Programme des Herstellers von der elektronischen Übermittlung nach § 1 technisch auszuschließen. [10]Die Finanzbehörden sind nicht verpflichtet, die Programme zu prüfen.

(2) Sind Programme nach Absatz 1 zum allgemeinen Vertrieb vorgesehen, hat der Hersteller den Finanzbehörden auf Verlangen Muster zum Zwecke der Prüfung kostenfrei zur Verfügung zu stellen.

§ 5
Haftung

(1) [1]Der Hersteller von Programmen, die für die Verarbeitung von für das Besteuerungsverfahren erforderlichen Daten bestimmt sind, haftet, soweit die Daten infolge einer Verletzung einer Pflicht nach dieser Verordnung unrichtig oder unvollständig verarbeitet und dadurch Steuern verkürzt oder zu Unrecht steuerliche Vorteile erlangt werden. [2]Die Haftung entfällt, soweit der Hersteller nachweist, dass die Pflichtverletzung nicht auf grober Fahrlässigkeit oder Vorsatz beruht.

(2) [1]Wer Programme nach Absatz 1 zur elektronischen Übermittlung im Auftrag (§ 1 Abs. 1 Satz 2) einsetzt, haftet, soweit aufgrund unrichtiger oder unvollständiger Übermittlung Steuern verkürzt oder zu Unrecht steuerliche Vorteile erlangt werden. [2]Die Haftung entfällt, soweit er nachweist, dass die unrichtige oder unvollständige Übermittlung der Daten nicht auf grober Fahrlässigkeit oder Vorsatz beruht.

(3) Die Absätze 1 und 2 gelten nicht für Zusammenfassende Meldungen im Sinne von § 18a Abs. 1 des Umsatzsteuergesetzes.

§ 6
Authentifizierung, Datenübermittlung im Auftrag

(1) Abweichend von § 87a Abs. 3 Satz 2 der Abgabenordnung ist bei der elektronischen Übermittlung keine qualifizierte elektronische Signatur erforderlich, wenn ein anderes Verfahren eingesetzt wird, welches den Datenübermittler authentifiziert und die in § 1 Abs. 3 Satz 1 bestimmten Anforderungen an die Gewährleistung der Authentizität und Integrität der Daten erfüllt.

(2) Im Fall der Übermittlung im Auftrag (§ 1 Abs. 1 Satz 2) hat der Dritte die Daten dem Auftraggeber unverzüglich in leicht nachprüfbarer Form zur Überprüfung zur Verfügung zu stellen. Der Auftraggeber hat die Daten unverzüglich zu überprüfen.

§ 7

– weggefallen –

§ 8

– weggefallen –

---
*) Bei Redaktionsschluss noch nicht veröffentlicht.

Anhang 18
Einführungsschreiben Lohnsteuer zum Steueränderungsgesetz 2003 und Haushaltsbegleitgesetz 2004

BMF-Schreiben vom 27.1.2004 (BStBl. I S. 173)

Unter Bezugnahme auf das Ergebnis der Abstimmung mit den obersten Finanzbehörden der Länder nehme ich zu Änderungen im Bereich der Lohnsteuer durch das Steueränderungsgesetz 2003 (StÄndG 2003) vom 15.12.2003 (BGBl. I S. 2645, BStBl. I S. 710) und durch das Haushaltsbegleitgesetz 2004 (HBeglG 2004) vom 29.12.2003 (BGBl. I S. 3076, BStBl. 2004 I S. 120) wie folgt Stellung:

I. Betragsmäßige Änderungen

In den folgenden Vorschriften mit lohnsteuerlichem Bezug haben sich die Freibeträge bzw. Freigrenzen oder Steuersätze verändert; es betragen

- die steuerfreien Höchstbeträge für Abfindungen (§ 3 Nr. 9 EStG) 7200, 9000 und 11 000 Euro (bisher 8181, 10 226 und 12 271 Euro),
- der Steuerfreibetrag für Übergangsgelder und Übergangsbeihilfen wegen Entlassung aus einem Dienstverhältnis (§ 3 Nr. 10 EStG) 10 800 Euro (bisher 12 271 Euro),
- der Steuerfreibetrag für Heirats- und Geburtsbeihilfen (§ 3 Nr. 15 EStG) 315 Euro (bisher 358 Euro),
- der Steuerfreibetrag für Sachprämien aus Kundenbindungsprogrammen (§ 3 Nr. 38 EStG) 1080 Euro (bisher 1224 Euro),
- die Berechnungsbasis (Grundlohn je Stunde) für die Steuerfreiheit von Zuschlägen für Sonntags-, Feiertags- oder Nachtarbeit (§ 3b Abs. 2 EStG) 50 Euro (bisher unbegrenzt),
- die monatliche Freigrenze für bestimmte Sachbezüge (§ 8 Abs. 2 Satz 9 EStG) 44 Euro (bisher 50 Euro),
- der Steuerfreibetrag für Belegschaftsrabatte (§ 8 Abs. 3 EStG) 1080 Euro (bisher 1224 Euro),
- die Entfernungspauschale für Wege zwischen Wohnung und Arbeitsstätte und die Entfernungspauschale bei einer aus beruflichem Anlass begründeten doppelten Haushaltsführung (§ 9 Abs. 1 Satz 3 Nr. 4 und 5 EStG) für jeden vollen Kilometer der Entfernung 0,30 Euro (bisher 0,36 Euro für die ersten 10 Kilometer und 0,40 Euro für jeden weiteren Kilometer bzw. bei Familienheimfahrten 0,40 Euro für jeden vollen Kilometer); dazu auch Tz. II 1. und 2.,
- der Höchstbetrag der Entfernungspauschale für Wege zwischen Wohnung und Arbeitsstätte (§ 9 Abs. 1 Satz 3 Nr. 4 EStG) 4500 Euro (bisher 5112 Euro; bei Benutzung eines Kraftwagens wie bisher höhere Entfernungspauschale möglich),
- der Arbeitnehmer-Pauschbetrag (§ 9a Satz 1 Nr. 1 EStG) 920 Euro (bisher 1044 Euro),
- der Steuerfreibetrag für die unentgeltliche/verbilligte Überlassung von bestimmten Vermögensbeteiligungen (§ 19a Abs. 1 EStG) 135 Euro (bisher 154 Euro),
- der maßgebende Steuersatz bei der Pauschalierung der Einkommensteuer bei Prämien aus Kundenbindungsprogrammen (§ 37a Abs. 1 EStG) 2,25 % (bisher 2 %).

In den LStR 2004 genannte Beträge, die hiervon abweichen, da sie auf der Rechtslage vor den Änderungen des EStG durch das StÄndG 2003 und das HBeglG 2004 beruhen, sind ab 2004 nicht mehr anzuwenden.

II. Weitere Änderungen

1. Fahrtkostenzuschüsse, Job-Ticket (§ 3 Nr. 34 EStG) (Steuerpflicht, Pauschalierungsmöglichkeit, Bescheinigungspflichten)

Die Steuerfreiheit nach § 3 Nr. 34 EStG (Zuschüsse des Arbeitgebers zu den Aufwendungen des Arbeitnehmers für Fahrten zwischen Wohnung und Arbeitsstätte mit öffentlichen Verkehrsmitteln im Linienverkehr, auch entsprechende unentgeltliche oder verbilligte Nutzung und sog. Job-Ticket) ist weggefallen. R 21b LStR ist damit ab 2004 überholt.

Derartige Vorteile sind demnach grundsätzlich steuerpflichtig. Ein geldwerter Vorteil ist nicht anzunehmen, wenn der Arbeitgeber seinen Arbeitnehmern ein sog. Job-Ticket für Fahrten zwischen Wohnung und Arbeitsstätte mit öffentlichen Verkehrsmitteln zu dem mit dem Verkehrsträger vereinbarten Preis eines Job-Tickets überlässt (die Tarifermäßigung des Verkehrsträgers für das Job-Ticket gegenüber dem üblichen Endpreis ist also kein geldwerter Vorteil). Der zu versteuernde geldwerte Vorteil ist der Preis für das Job-Ticket abzüglich Zahlbetrag des Arbeitnehmers.

Überlässt der Arbeitgeber seinen Arbeitnehmern solche Job-Tickets für Fahrten zwischen Wohnung und Arbeitsstätte mit öffentlichen Verkehrsmitteln unentgeltlich oder verbilligt, so kommt die Anwendung von § 8 Abs. 2 Satz 9 EStG in Betracht. Danach bleiben Sachbezüge außer Ansatz, wenn die sich nach Anrechnung der vom Arbeitnehmer gezahlten Entgelte ergebenden Vorteile insgesamt 44 Euro im Kalendermonat nicht übersteigen (monatliche Freigrenze). Bei der Freigrenze sind andere Sachbezüge zu berücksichtigen; liegen solche nicht vor, so scheidet die Anwendung der Vorschrift gleichwohl aus, wenn der geldwerte Vorteil für den Sachbezug Job-Ticket allein 44 Euro überschreitet (dann ist also der gesamte Sachbezug Job-Ticket steuerpflichtig). Gilt das Job-Ticket für einen längeren Zeitraum (z. B. Jahresticket), so fließt der Vorteil insgesamt bei Überlassung des Job-Tickets zu.

Bei Arbeitnehmern eines Verkehrsträgers kann der Vorteil aus der Nutzung der öffentlichen Verkehrsmittel im Rahmen des § 8 Abs. 3 EStG (Rabattfreibetrag) steuerfrei bleiben.

Der Arbeitgeber kann die Lohnsteuer für diese nunmehr steuerpflichtigen – zusätzlich zum ohnehin geschuldeten Arbeitslohn geleisteten – Fahrtkostenzuschüsse für Fahrten zwischen Wohnung und Arbeitsstätte mit öffentlichen Verkehrsmitteln und etwaige geldwerten Vorteile bei Job-Tickets sowie etwaige den Rabattfreibetrag (§ 8 Abs. 3 EStG) übersteigende geldwerte Vorteile nach § 40 Abs. 2 Satz 2 EStG mit 15 % pauschal erheben. Die Regelung in R 127 Abs. 5 Satz 4 LStR, wonach bei Benutzung öffentlicher Verkehrsmittel im Linienverkehr eine Pauschalierung nicht in Betracht kommt, ist durch die Gesetzesänderung überholt. Die Pauschalierung ist auf den Betrag beschränkt, den der Arbeitnehmer als Werbungskosten geltend machen könnte, wenn die Bezüge nicht pauschal besteuert würden (§ 40 Abs. 2 Satz 2 EStG). Da die tatsächlichen Fahrtkosten für öffentliche Verkehrsmittel nach § 9 Abs. 2 Satz 2 EStG grundsätzlich in voller Höhe als Werbungskosten abziehbar sind, können sie in voller Höhe pauschaliert werden. Der Arbeitgeber braucht also die Höhe der Entfernungspauschale nicht zu ermitteln, da für Fahrtkosten öffentlicher Verkehrsmittel die Begrenzung durch die Entfernungspauschale für Fahrten zwischen Wohnung und Arbeitsstätte nach § 9 Abs. 1 Satz 3 Nr. 4 EStG nicht eingreift.

Die etwaigen steuerfreien Sachbezüge (§ 8 Abs. 2 Satz 9 EStG – Job-Ticket – oder § 8 Abs. 3 EStG – Verkehrsträger –) und die etwaigen pauschal besteuerten Arbeitgeberleistungen sind auf die Entfernungspauschale für Wege zwischen Wohnung und Arbeitsstätte anzurechnen (§ 3c EStG – Job-Ticket –, § 9 Abs. 1 Satz 3 Nr. 4 Satz 5 EStG – Verkehrsträger –, § 40 Abs. 2 Satz 3 EStG – pauschal besteuerte Beträge –). Daher sind die etwaigen steuerfreien Bezüge in der Lohnsteuerbescheinigung einzutragen (§ 41b Abs. 1 Nr. 6 EStG), ebenso die pauschal besteuerten Arbeitgeberleistungen (§ 41b Abs. 1 Nr. 7 EStG). Wenn der Arbeitnehmer bei einem Verkehrsträger beschäftigt ist, so ist der Sachbezug mit dem Preis anzusetzen, den ein dritter Arbeitgeber (Nichtverkehrsträger) an den Verkehrsträger (z. B. für ein Job-Ticket) zu entrichten hätte (§ 9 Abs. 1 Satz 3 Nr. 4 Satz 5 zweiter Halbsatz EStG).

2. Entfernungspauschalen (§ 9 Abs. 1 Satz 3 Nr. 4 und 5 EStG) (Absenkung, Sammelbeförderung, Bescheinigungspflichten)

Die Entfernungspauschale für Wege zwischen Wohnung und Arbeitsstätte und die Entfernungspauschale bei doppelter Haushaltsführung betragen einheitlich für jeden vollen Entfernungskilometer 0,30 Euro. Der jährliche Höchstbetrag der Entfernungspauschale für Fahrten zwischen Wohnung und Arbeitsstätte beträgt 4500 Euro. Wie bisher gilt dieser Höchstbetrag nicht, soweit der Arbeitnehmer einen eigenen oder ihm zur Nutzung überlassenen Kraftwagen benutzt.

Durch die Absenkung der Entfernungspauschale auf 0,30 Euro verringert sich auch der Betrag, der vom Arbeitgeber bei Zuschüssen zu den Aufwendungen des Arbeitnehmers für Fahrten zwischen Wohnung und Arbeitsstätte mit einem Kraftwagen pauschal versteuert werden kann (§ 40 Abs. 2 Satz 2 EStG).

Für Strecken mit einer steuerfreien Sammelbeförderung durch den Arbeitgeber für Fahrten zwischen Wohnung und Arbeitsstätte nach § 3 Nr. 32 EStG gilt die Entfernungspauschale nicht mehr (§ 9 Abs. 1 Satz 3 Nr. 4 Satz 3 EStG). Damit die Finanzverwaltung diesen Sachverhalt erkennen kann, hat der Arbeitgeber in der Lohnsteuerbescheinigung bei unentgeltlicher oder verbilligter Sammelbeförderung den Großbuchstaben F zu bescheinigen (§ 41b Abs. 1 Nr. 9 EStG). Flugstrecken sind bei den Entfernungspauschalen wie bisher ausgenommen (§ 9 Abs. 1 Satz 3 Nr. 4 Satz 3 EStG – Wege zwischen Wohnung und Arbeitsstätte – und § 9 Abs. 1 Satz 3 Nr. 5 EStG – doppelte Haushaltsführung –).

Auf die Entfernungspauschale für Wege zwischen Wohnung und Arbeitsstätte sind steuerfreie und pauschal besteuerte Arbeitgeberleistungen anzurechnen und zu bescheinigen (siehe Tz. II 1. letzter Absatz).

3. Streichung der Zweijahresfrist bei einer beruflich veranlassten doppelten Haushaltsführung (§ 9 Abs. 1 Satz 3 Nr. 5 EStG)

Die 1996 eingeführte gesetzliche Zweijahresfrist für die steuerliche Berücksichtigung von Mehraufwendungen wegen einer aus beruflichem Anlass begründeten doppelten Haushaltsführung ist bei Arbeitnehmer mit eigenem Hausstand ab 1.1.2003 weggefallen. Darüber hinaus gilt dies auch in Fällen, in denen die Einkommensteuer noch nicht formell bestandskräftig oder hinsichtlich der Aufwendungen für eine beruflich veranlasste doppelte Haushaltsführung vorläufig festgesetzt ist (§ 52 Abs. 23b EStG i. d. F. StÄndG 2003) oder unter einem wirksamen Nachprüfungsvorbehalt steht (BMF-Schreiben vom 22.12.2003, BStBl. 2004 I S. 36). Mit der Streichung der Zweijahresfrist ist die steuerliche Anerkennung von Mehraufwendungen wegen einer aus beruflichem Anlass begründeten doppelten Haushaltsführung nunmehr grundsätzlich zeitlich unbefristet möglich. Zu den Voraussetzungen der doppelten Haushaltsführung sind die LStR mit Ausnahme etwaiger Äußerungen zur Zweijahresfrist anzuwenden. Zu möglichen Folgerungen aus der Gesetzesänderung bei Arbeitnehmern ohne eigenen Hausstand (R 43 Abs. 5 LStR) wird in einem gesonderten BMF-Schreiben Stellung genommen.

Der Wegfall der Zweijahresfrist bei doppelter Haushaltsführung hat zur Folge, dass der Arbeitgeber steuerlich abziehbare Mehraufwendungen bei doppelter Haushaltsführung zeitlich unbefristet steuerfrei zahlen kann (§ 3 Nrn. 13, 16 EStG). Hat der Arbeitgeber die Vergütung bisher aufgrund der Zweijahresfrist versteuert, so kann er den Lohnsteuerabzug berichtigen, solange er (z. B. für 2003) noch keine Lohnsteuerbescheinigung ausgeschrieben hat (§ 41c Abs. 3 Satz 1 EStG).

4. Lohnsteuerklasse II (Entlastungsbetrag für Alleinerziehende, § 24b EStG)

Der Haushaltsfreibetrag (§ 32 Abs. 7 EStG a. F.) wurde aufgehoben und ein Entlastungsbetrag für Alleinerziehende in Höhe von 1308 Euro jährlich eingeführt (§ 24b EStG). Der Entlastungsbetrag für Alleinerziehende ermäßigt sich (anders als beim früheren Haushaltsfreibetrag) für jeden vollen Kalendermonat, in dem seine Voraussetzungen nicht vorgelegen haben, um je ein Zwölftel (109 Euro, § 24b Abs. 3 EStG).

Voraussetzung für den Entlastungsbetrag für Alleinerziehende ist, dass

– der Steuerpflichtige mit mindestens einem Kind i. S. d. § 32 Abs. 1 EStG eine Haushaltsgemeinschaft in einer gemeinsamen Wohnung bildet,

– das Kind das 18. Lebensjahr noch nicht vollendet hat und

– der Steuerpflichtige und sein Kind in der gemeinsamen Wohnung mit Hauptwohnsitz gemeldet sind.

Als alleinstehend i. S. d. Vorschrift gelten Steuerpflichtige, die

– nicht die Voraussetzungen für eine Ehegattenbesteuerung erfüllen und

– mit keiner anderen Person eine Haushaltsgemeinschaft bilden, es sei denn, für diese steht ihnen ein Freibetrag nach § 32 Abs. 6 EStG oder Kindergeld zu. Eine Haushaltsgemeinschaft mit einer anderen Person wird in der Regel angenommen, wenn die andere Person mit Haupt- oder Nebenwohnsitz in der Wohnung des Steuerpflichtigen gemeldet ist (§ 24b Abs. 2 EStG).

Der Entlastungsbetrag für Alleinerziehende wird – wie der frühere Haushaltsfreibetrag – beim Lohnsteuerabzug mit der Steuerklasse II berücksichtigt (§ 24b i. V. m. § 38b Satz 2 Nr. 2 EStG). Bei Ausstellung der Lohnsteuerkarten 2004 von Amts wegen durch die Gemeinden (im Herbst 2003) wurde die Steuerklasse II nach dem damals geltenden Recht (Haushaltsfreibetrag) eingetragen. Durch die Gesetzesänderung (Neuregelung Entlastungsbetrag für Alleinerziehende durch das Haushaltsbegleitgesetz 2004) ist die Steuerklasse II in einer Vielzahl von Fällen unzutreffend geworden, da die Voraussetzungen für den Entlastungsbetrag für Alleinerziehende enger sind als für den früheren Haushaltsfreibetrag. In diesen Fällen ist der Arbeitnehmer verpflichtet, die Lohnsteuerkarte berichtigen zu lassen (Gemeinde oder Finanzamt). Das gilt (aufgrund der neuen Zwölftelung – Monatsprinzip) auch dann, wenn sich die Verhältnisse erst im Laufe des Jahres zu seinen Ungunsten ändern (§ 39 Abs. 4 Satz 1 EStG). Der Arbeitgeber hat nicht zu überprüfen, ob die ihm vorliegende Lohnsteuerkarte 2004 zutreffend die Steuerklasse II ausweist.

Bei der Erstausstellung einer Lohnsteuerkarte 2004 im Laufe des Kalenderjahres 2004 haben die Gemeinden die Steuerklasse II zu bescheinigen, wenn die Voraussetzungen von § 24b EStG vorliegen. Bei Ausstellung der Lohnsteuerkarten 2005 von Amts wegen (Herbst 2004) dürfen die Gemeinden die Steuerklasse II nur in den Fällen bescheinigen, in denen der Arbeitnehmer gegenüber der Gemeinde (vor dem 20.9.2004) schriftlich versichert hat, dass die Voraussetzungen für die Berücksichtigung des Entlastungsbetrags für Alleinerziehende vorliegen und ihm seine Verpflichtung bekannt ist, die Eintragung der Steuerklasse umgehend ändern zu lassen, wenn diese Voraussetzungen (für einen vollen Kalendermonat) wegfallen (§ 52 Abs. 51 Satz 2 EStG). Gibt ein Arbeitnehmer, auf dessen Lohnsteuerkarte 2004 die Steuerklasse II bescheinigt worden ist, eine solche Versicherung nicht ab, so hat die Gemeinde dies dem Finanzamt mitzuteilen (§ 52 Abs. 51 Satz 3 EStG). Besteht (ganz oder teilweise) kein Anspruch auf den Entlastungsbetrag für Alleinerziehende für 2004, so kommt eine Lohnsteuernachforderung (§ 39 Abs. 4 Satz 4 EStG) oder die Berichtigung im Veranlagungsverfahren in Betracht.

III. Steuerabzugsverfahren

1. Steuerabzugsverpflichtung bei Arbeitnehmerentsendung (§ 38 Abs. 1 Satz 2 EStG)

Zwischen international verbundenen Gesellschaften werden regelmäßig Arbeitnehmer entsandt (s. a. BMF-Schreiben vom 9.11.2001, BStBl. 2001 I S. 796). Hat ein in Deutschland ansässiges Unternehmen einen vom ausländischen Unternehmen beschäftigten Arbeitnehmer aufgenommen (Entsendung vom Ausland in das Inland), so war im Allgemeinen das deutsche Unternehmen nicht zum Lohnsteuerabzug verpflichtet, obgleich das Besteuerungsrecht für die in Deutschland ausgeübte Tätigkeit nach Abkommensrecht regelmäßig Deutschland zusteht. Nunmehr ist bei internationaler Arbeitnehmerentsendung das in Deutschland ansässige aufnehmende Unternehmen, das den Arbeitslohn für die ihm geleistete Arbeit wirtschaftlich trägt, zum Steuerabzug verpflichtet (§ 38 Abs. 1 Satz 2 EStG). Hierfür ist es nicht erforderlich, dass das deutsche Unternehmen den Arbeitslohn im eigenen Namen und für eigene Rechnung auszahlt.

Durch diese Neuregelung kann auch ein deutsches Unternehmen, das lediglich wirtschaftlicher Arbeitgeber i. S. d. Doppelbesteuerungsabkommen, nicht aber arbeitsrechtlicher Arbeitgeber ist, zum Lohnsteuerabzug verpflichtet sein. Wirtschaftlicher Arbeitgeber nach Abkommensrecht ist derjenige, der einen Arbeitnehmer in seinen Geschäftsbetrieb integriert, weisungsbefugt ist und die Vergütungen für die ihm geleistete unselbständige Arbeit wirtschaftlich trägt, sei es, dass er die Vergütung unmittelbar dem betreffenden Arbeitnehmer auszahlt oder dass an ein anderes Unternehmen für ihn mit der Arbeitsvergütung in Vorlage tritt (BFH vom 21.8.1985, BStBl. 1986 II S. 4; BMF-Schreiben vom 9.11.2001 zu 2.2. „Arbeitgeber", BStBl. 2001 I S. 796). Die Voraussetzung des wirtschaftli-

Einführungsschreiben zum Haushaltsbegleitgesetz 2004

chen Tragens ist insbesondere auch dann erfüllt, wenn die von dem anderen Unternehmen gezahlte Arbeitsvergütung dem deutschen Unternehmen weiterbelastet wird.

Als inländischer Arbeitgeber ist das deutsche Unternehmen zur Einbehaltung und Abführung von Lohnsteuer verpflichtet. Die Höhe des Arbeitslohns hat es zu ermitteln.

2. Lohnsteuerabzug bei Lohnzahlungen Dritter (§ 38 Abs. 1 Satz 3 und Abs. 4 EStG)

Dem Lohnsteuerabzug unterliegt auch der im Rahmen des Dienstverhältnisses von einem Dritten gewährte Arbeitslohn, wenn der Arbeitgeber weiß oder erkennen kann, dass derartige Vergütungen erbracht werden. Hiervon wird insbesondere ausgegangen, wenn Arbeitgeber und Dritter verbundene Unternehmen im Sinne von § 15 AktG sind (§ 38 Abs. 1 Satz 3 EStG). Nach langjähriger Verwaltungsauffassung unterliegen Preisvorteile (Rabatte) von dritter Seite dem Lohnsteuerabzug, wenn der Arbeitgeber an der Verschaffung der Preisvorteile mitgewirkt hat (BMF-Schreiben vom 27. 9. 1993, BStBl. I S. 814). Die Gesetzesänderung dient im Wesentlichen der gesetzlichen Absicherung der bestehenden Verwaltungspraxis.

Der Arbeitnehmer hat dem Arbeitgeber die von einem Dritten gewährten Bezüge am Ende des jeweiligen Lohnzahlungszeitraums anzugeben (§ 38 Abs. 4 Satz 3 erster Halbsatz EStG). Wenn er der Angabepflicht nicht nachkommt, ist der objektive Tatbestand der Steuerverkürzung (§ 370 AO) erfüllt. Kann der Arbeitgeber erkennen, dass Drittvergütungen i. S. d. § 38 Abs. 1 Satz 3 EStG geleistet werden, ist er gehalten, seine Arbeitnehmer auf die Angabepflicht und die Folgen eines Pflichtverstoßes hinzuweisen.

Macht der Arbeitnehmer keine oder eine erkennbar unrichtige Angabe, hat der Arbeitgeber dies dem Betriebsstättenfinanzamt anzuzeigen (§ 38 Abs. 4 Satz 3 zweiter Halbsatz EStG). Eine solche Mitteilung an das Betriebsstättenfinanzamt hat unverzüglich zu erfolgen, wenn Drittvergütungen vorliegen und der Arbeitgeber bei der (sich aus seiner qualifizierten Mitwirkung oder der Unternehmensverbundenheit abzuleitenden) gebotenen Sorgfalt erkennen kann, dass die Angaben des Arbeitnehmers unzutreffend sind.

3. Lohnsteuerabzug durch einen Dritten (§ 38 Abs. 3a EStG)

3.1 Gesetzliche Verpflichtung bei Erfüllung tarifvertraglicher Geldansprüche (§ 38 Abs. 3a Satz 1, § 39c Abs. 5 EStG)

Ein Dritter, der unmittelbar gegen sich gerichtete tarifvertragliche Arbeitslohnansprüche erfüllt, ist zum Lohnsteuerabzug verpflichtet, wenn es sich um Geldleistungen handelt (§ 38 Abs. 3a Satz 1 EStG). Damit wird für Sonderfälle die Steuerabzugsverpflichtung eingeführt, in denen z. B. ein drittes Unternehmen zentral tarifliche Teilleistungen zahlt, die Arbeitslohn (aus gegenwärtigen oder früheren Dienstverhältnissen bei zahlreichen Arbeitgebern) sind (z. B. Sozialkassen des Baugewerbes). Die Neuregelung sichert die steuerliche Erfassung dieser Arbeitslöhne.

Der Dritte hat die Pflichten des Arbeitgebers. Die Lohnsteuer für sonstige Bezüge kann er mit einem festen Steuersatz von 20 % erheben. Voraussetzung ist, dass der von dem Dritten für den Arbeitnehmer gezahlte Jahresarbeitslohn einschließlich des sonstigen Bezugs 10 000 Euro nicht übersteigt (§ 39c Abs. 5 EStG). Der Dritte meldet die Lohnsteuer bei seinem Betriebsstättenfinanzamt an. Der Dritte hat die Lohnsteuerbescheinigung zu erteilen. In den Fällen des § 39c Abs. 5 EStG kommt es zu einer Pflichtveranlagung des Arbeitnehmers zur Einkommensteuer (§ 46 Abs. 2 Nr. 5 EStG), bei der die Abzugsbeträge angerechnet werden.

3.2 Erfüllung der Arbeitgeberpflichten auf Antrag (§ 38 Abs. 3a Sätze 2 ff. EStG)

Das Finanzamt kann auf (formlosen schriftlichen) Antrag zulassen, dass ein Dritter die Pflichten des Arbeitgebers im eigenen Namen erfüllt (§ 38 Abs. 3a Satz 2 EStG). Die Lohnsteuerabzugsverpflichtung kann damit vom Arbeitgeber auf einen Dritten übertragen werden, wenn der Dritte sich hierzu gegenüber dem Arbeitgeber verpflichtet hat, er den Lohn auszahlt oder er die Arbeitgeberpflichten für von ihm vermittelte Arbeitnehmer übernimmt und die Steuererhebung nicht beeinträchtigt wird (§ 38 Abs. 3a Satz 3 EStG). Voraussetzung für die Übertragung ist, dass das Betriebsstättenfinanzamt des Dritten im Einvernehmen mit dem Betriebsstättenfinanzamt des Arbeitgebers zustimmt. Diese Zustimmung wird nur erteilt, wenn der Dritte für den gesamten Arbeitslohn die Lohnsteuerabzugsverpflichtung übernimmt. Die das Lohnsteuerverfahren betreffenden Vorschriften (z. B. Lohnsteuer-Anmeldung, Lohnsteuerbescheinigung) sind dann auf den Dritten mit der Maßgabe anzuwenden, dass der Dritte an die Stelle des Arbeitgebers tritt (§ 38 Abs. 3a Satz 6 EStG). Die Regelung ermöglicht es, dass der Dritte die Arbeitslöhne zusammenfassen kann (§ 38 Abs. 3a letzter Satz EStG).

Diese Neuregelung dient im Wesentlichen dazu, eine gesetzliche Grundlage zu schaffen für die in bestimmten Fällen zum Teil seit langem geübte und den Finanzämtern bekannte Handhabung (z. B. zusammengefasste Lohnabrechnung von Mehrfacharbeitsverhältnissen eines Arbeitnehmers im Konzernverbund, studentische Arbeitsvermittlungen, zentrale Abrechnungsstellen bei den Kirchen, Arbeitnehmern von Wohneigentümergemeinschaften). In solchen bereits praktizierten Fällen der Übernahme der Arbeitgeberpflichten durch einen Dritten ist daher ein (neuer) Antrag nicht erforderlich. Die gesamte Neuregelung, insbesondere die Haftung, ist auch in diesen Altfällen anzuwenden.

Der Dritte haftet in beiden Fallgruppen neben dem Arbeitgeber gemäß § 42d Abs. 9 EStG. Es besteht eine Gesamtschuldnerschaft zwischen Arbeitgeber, dem Dritten und dem Arbeitnehmer. Eine Haftungsinanspruchnahme des Arbeitgebers unterbleibt, wenn beim Arbeitnehmer selbst eine Nachforderung unzulässig ist, weil der Mindestbetrag von 10 Euro nicht überschritten ist (§ 42d Abs. 5 EStG). Für die Lohnsteuer-Außenprüfung ist in Fällen des § 38 Abs. 3a EStG das Betriebsstättenfinanzamt des Dritten zuständig; eine Außenprüfung ist aber auch noch beim Arbeitgeber möglich (§ 42f Abs. 3 EStG).

4. Permanenter Lohnsteuer-Jahresausgleich (§ 39b Abs. 2 Satz 13 EStG)

Nach § 39b Abs. 2 Satz 13 EStG kann zugelassen werden, die Lohnsteuer nach dem voraussichtlichen Jahresarbeitslohn zu ermitteln (sog. permanenter Lohnsteuer-Jahresausgleich durch den Arbeitgeber). Die Zustimmung ist nicht mehr von der Oberfinanzdirektion, sondern vom Betriebsstättenfinanzamt einzuholen. Die Einzelheiten zum Verfahren ergeben sich aus R 121 LStR.

5. Freistellungsbescheinigung für ausländische Verleiher (§ 39b Abs. 6 EStG)

In § 39b Abs. 6 Satz 1 EStG wird nunmehr auf den Arbeitgeber (§ 38 EStG) verwiesen (bisher „inländischen Arbeitgeber"). Das bedeutet, dass das Betriebsstättenfinanzamt jedem zum Lohnsteuerabzug Verpflichteten (wie z. B. einem ausländischen Verleiher) die Freistellungsbescheinigung erteilen kann, wenn hierfür die Voraussetzungen nach einem Doppelbesteuerungsabkommen vorliegen. Es bestehen keine Bedenken, ggf. auch für Zeiträume vor 2004 dementsprechend zu verfahren.

6. Lohnsteuer-Anmeldung (§ 41a EStG)

Für nach dem 31. 12. 2004 endende Anmeldungszeiträume hat der Arbeitgeber die Lohnsteuer-Anmeldungen elektronisch zu übermitteln (§ 41a Abs. 1, § 52 Abs. 52b EStG i. d. F. StÄndG 2003). Zur Vermeidung von unbilligen Härtefällen kann das Betriebsstättenfinanzamt auf Antrag die Abgabe in Papierform weiterhin zulassen. Ein Härtefall kann vorliegen, wenn und solange es dem Arbeitgeber nicht zumutbar ist, die technischen Voraussetzungen einzurichten, die für die Übermittlung der elektronischen Lohnsteuer-Anmeldung nach der Steuerdaten-Übermittlungsverordnung vom 28. 1. 2003 (BGBl. I S. 139, BStBl. I S. 162) erforderlich sind.

Ab 1. 1. 2004 entfällt die bisher bei verspäteter Abgabe der Lohnsteuer-Anmeldung eingeräumte Abgabeschonfrist von 5 Tagen (BMF-Schreiben vom 1. 4. 2003, BStBl. I S. 239, derzeit noch abrufbar unter www.bundesfinanzministerium.de/Aktuelles/BMF-Schreiben).

Für alle Steuern, zurückzuzahlende Steuervergütungen und Haftungsschulden wurde die sog. Zahlungsschonfrist gem. § 240 Abs. 3 Satz 1 AO 1977 von bisher 5 auf nunmehr 3 Tage verkürzt. Danach werden Säumniszuschläge in Höhe von 1 v. H. des rückständigen Betrags erhoben, wenn die Abführung der Steuerabzugsbeträge nicht bis zum Ablauf von 3 Tagen nach Fälligkeit erfolgt. Bei Überweisung oder Einzahlung auf ein Konto des Finanzamts (Finanzkasse) gilt die Zahlung an dem Tag als wirksam geleistet, an dem der Betrag gutgeschrieben wird. Bei erteilter Einzugsermächtigung an das Finanzamt ist die Verkürzung der Zahlungs-Schonfrist ohne Bedeutung. Die Regelung, dass bei Zahlung durch Übersendung eines Schecks an das Finanzamt die Zahlungsschonfrist nicht gilt, behält weiterhin Gültigkeit, so dass auch zukünftig bei Verwendung dieses Zahlungsmittels sofort Säumniszuschläge anfallen, wenn der Eingang beim Finanzamt erst nach Ablauf des Fälligkeitstages erfolgt.

7. Bescheinigungspflichten (§ 41 b EStG)

In der Lohnsteuerbescheinigung gab es bisher Pflichtbescheinigungen und freiwillige Bescheinigungen (wie z. B. Arbeitnehmeranteil am Gesamtsozialversicherungsbeitrag, R 135 Abs. 7 LStR und die entsprechenden Vordrucke). Die Gruppe der freiwilligen Bescheinigungen ist weggefallen und – automationsgerecht – zu Pflichtbescheinigungen geworden (Erweiterung der Aufzählung in § 41 b Abs. 1 Satz 2 EStG). R 135 Abs. 7 LStR ist damit durch Gesetzesänderung überholt.

Auf folgende Änderungen wird besonders hingewiesen:
- amtlicher Schlüssel der Gemeinde, die die Lohnsteuerkarte ausgestellt hat (§ 41 b Abs. 1 Nr. 1 EStG). Der amtliche Gemeindeschlüssel ist auch im Lohnkonto einzutragen (§ 4 Abs. 1 Satz 2 Nr. 1 LStDV i. d. F. StÄndG 2003,
- der Großbuchstabe S, wenn der sonstige Bezug nach § 39 b Abs. 3 Satz 2 EStG versteuert wurde (§ 41 b Abs. 1 Satz 2 Nr. 3 EStG, Tz. IV 2.),
- die auf die Entfernungspauschale anzurechnenden steuerfreien Arbeitgeberleistungen für Fahrten zwischen Wohnung und Arbeitsstätte und die pauschal besteuerten Arbeitgeberleistungen für Fahrten zwischen Wohnung und Arbeitsstätte (§ 41 b Abs. 1 Satz 2 Nr. 6 und 7 EStG, Tz. II 1. und 2.),
- der Großbuchstabe F bei steuerfreier Sammelbeförderung (§ 41 b Abs. 1 Satz 2 Nr. 9 EStG, Tz. II 2.),
- die nach § 3 Nrn. 13 und 16 EStG steuerfrei gezahlten Verpflegungszuschüsse und Vergütungen bei doppelter Haushaltsführung (§ 41 b Abs. 1 Satz 2 Nr. 10 EStG; nach der Einleitung in § 41 b Abs. 1 Satz 2 EStG ist „Auf Grund der Eintragungen im Lohnkonto" zu bescheinigen, so dass eine Bescheinigung nicht zwingend ist, wenn das Betriebsstättenfinanzamt nach § 4 Abs. 2 Nr. 4 Satz 2 LStDV eine andere Aufzeichnung als im Lohnkonto zugelassen hat),
- die nach § 3 Nr. 62 steuerfrei gezahlten Zuschüsse zur freiwilligen Kranken- und Pflegeversicherung (§ 41 b Abs. 1 Satz 2 Nr. 11 EStG),
- der Arbeitnehmeranteil am Gesamtsozialversicherungsbeitrag (§ 41 b Abs. 1 Satz 2 Nr. 12 EStG).

Dabei ist der Großbuchstabe S in der Zeile 3 der Lohnsteuerbescheinigung vor dem Arbeitslohn zu vermerken, der Großbuchstabe F in der Zeile 17 (vgl. BMF-Schreiben vom 21. 10. 2003, BStBl. I S. 559 zur Besonderen Lohnsteuerbescheinigung für das Kalenderjahr 2004).

8. Betrieblicher Lohnsteuer-Jahresausgleich (§ 42 b Abs. 1 EStG)

Der Lohnsteuer-Jahresausgleich durch den Arbeitgeber darf nur für unbeschränkt einkommensteuerpflichtige Arbeitnehmer durchgeführt werden, die während des gesamten Ausgleichsjahrs in einem Dienstverhältnis gestanden (§ 42 b Abs. 1 Satz 1 EStG) und bei Arbeitgeberwechsel dem Arbeitgeber neben der Lohnsteuerkarte auch Lohnsteuerbescheinigungen aus vorangegangenen Dienstverhältnissen vorgelegt haben (§ 42 b Abs. 1 Satz 3 EStG). Verzichtet der Arbeitnehmer künftig bei elektronischer Lohnsteuerbescheinigung (Tz. V) auf die Vorlage des Ausdrucks der elektronischen Lohnsteuerbescheinigung, so ist ein betrieblicher Jahresausgleich nicht zulässig.

Der Lohnsteuer-Jahresausgleich durch den Arbeitgeber ist auch nicht mehr zulässig, wenn bei der Lohnsteuerberechnung ein auf der Lohnsteuerkarte eingetragener Freibetrag (§ 39 a EStG) zu berücksichtigen war (§ 42 b Abs. 1 Satz 4 Nr. 3a EStG); Gleiches gilt wie bisher für den Hinzurechnungsbetrag.

9. Abfindungsentschädigungen als beschränkt steuerpflichtige Einkünfte (§ 49 Abs. 1 Nr. 4 Buchstabe d EStG)

Entlassungsentschädigungen i. S. d. § 24 Nr. 1 EStG an beschränkt einkommensteuerpflichtige Arbeitnehmer sind inländische Einkünfte i. S. d. § 49 EStG, soweit die Einkünfte, die für die zuvor ausgeübte Tätigkeit bezogen werden, der inländischen Besteuerung unterlegen haben (§ 49 Abs. 1 Nr. 4 Buchstabe d EStG). Die Lohnsteuerabzugsverpflichtung hierfür ergibt sich aus § 39 d Abs. 3 EStG.

Beispiel:

Das Dienstverhältnis von Arbeitnehmer A (60 Jahre) wird nach einer Beschäftigung (über 20 Jahre) für den Arbeitgeber B in Deutschland zum 1. 4. 2004 vorzeitig gegen Abfindung aufgelöst. A zieht am 1. 3. 2004 in die Schweiz um. Am 10. 4. 2004 erhält er eine Abfindung wegen der Auflösung des Dienstverhältnisses von 36 000 Euro.

Die bisherigen Einkünfte (Arbeitslohn) haben der inländischen Besteuerung unterlegen, so dass die Abfindung als inländische Einkünfte gem. § 49 Abs. 1 Nr. 4 d EStG i. H. v. 25 000 Euro (36 000 Euro – 11 000 Euro höchster Freibetrag nach § 3 Nr. 9 EStG) der beschränkten Einkommensteuerpflicht unterliegt. Eine ermäßigte Besteuerung nach § 34 EStG im Lohnsteuerabzugsverfahren kommt nicht in Betracht (§ 39 d Abs. 2, § 50 Abs. 1 Sätze 3 und 4 EStG).

Ob der Bundesrepublik Deutschland für die inländischen Einkünfte das Besteuerungsrecht zusteht, ist dann im Weiteren unter Beachtung eines ggf. anzuwendenden Doppelbesteuerungsabkommen zu entscheiden (vgl. auch das BFH-Urteil vom 10. 7. 1996, BStBl. 1997 II S. 341 und das BMF-Schreiben vom 20. 5. 1997, BStBl. 1997 I S. 560).

10. Steuerfreistellung ausländischer Einkünfte (§ 50 d Abs. 8 EStG)

Nach § 50 d Abs. 8 EStG sind Einkünfte eines unbeschränkt Steuerpflichtigen aus nichtselbständiger Arbeit, für die das Besteuerungsrecht nach einem Doppelbesteuerungsabkommen einem anderen Staat zusteht, gleichwohl in Deutschland zu besteuern, soweit der Steuerpflichtige nicht nachweist, dass der (ausländische) Tätigkeitsstaat auf dieses Besteuerungsrecht verzichtet hat oder dass die in diesem Staat auf die Einkünfte festgesetzten Steuern tatsächlich entrichtet wurden. Dies gilt auch dann, wenn nach dem einschlägigen DBA eine Rückfallklausel nicht vorgesehen ist.

Diese Nachweispflicht betrifft das Veranlagungsverfahren; sie ist im Lohnsteuerabzugsverfahren nicht anzuwenden. Das Betriebsstättenfinanzamt kann daher weiterhin auf Antrag des Arbeitnehmers oder des Arbeitgebers eine Freistellungsbescheinigung erteilen (§ 39 b Abs. 6 Satz 1 EStG). Das Betriebsstättenfinanzamt soll dann in der Freistellungsbescheinigung auf die Nachweispflicht im Veranlagungsverfahren hinweisen. Hat der Arbeitgeber den Antrag auf Freistellungsbescheinigung gestellt, sollte er seinem Arbeitnehmer einen solchen Hinweis auf die Nachweispflicht im Veranlagungsverfahren weitergeben. Einen Einkommensteuerbescheid, in dem solche Einkünfte der deutschen Besteuerung unterworfen wurden, kann zu Gunsten des Steuerpflichtigen geändert werden, sobald dieser die tatsächliche Besteuerung im Ausland nachweist. Dadurch ist sichergestellt, dass eine Doppelbesteuerung vermieden wird. Da § 175 Abs. 1 Satz 2 AO anzuwenden ist, beginnt die Festsetzungsfrist mit Ablauf des Kalenderjahres, in dem das rückwirkende Ereignis (= Zahlung der festgesetzten Steuer im Ausland) eintritt (§ 50 d Abs. 8 Satz 3 EStG).

IV. Lohnsteuerberechnung, Programmablaufplan 2004

1. Wegfall der 150-Euro-Grenze (§ 39 b Abs. 3 Satz 2 EStG a. F.)

Bisher wurden sonstige Bezüge bis zu 150 Euro dem laufenden Arbeitslohn hinzugerechnet (§ 39 b Abs. 3 Satz 8 EStG). Diese Ausnahme wurde aufgehoben, weil sie bei der heute üblichen maschinellen Lohnabrechnung überholt ist. Die Änderung ist im Programmablaufplan 2004 (Tz. IV 4.) berücksichtigt.

Einführungsschreiben zum Haushaltsbegleitgesetz 2004

2. Berechnung bei sonstigem Bezug und Arbeitgeberwechsel (§ 39 b Abs. 3 Satz 2 EStG), Großbuchstabe S (§ 41 Abs. 1 Satz 7 EStG)

Die Versteuerung des sonstigen Bezugs richtet sich nach dem voraussichtlichen Jahresarbeitslohn (§ 39 b Abs. 3 Satz 1 EStG). Bei einem Arbeitgeberwechsel ist der für diese Ermittlung notwendige Arbeitslohn aus einem vorangegangenen Dienstverhältnis bzw. mehreren vorangegangenen Dienstverhältnissen dem neuen Arbeitgeber nicht mehr zwingend bekannt, wenn der Vorarbeitgeber eine elektronische Lohnsteuerbescheinigung übermittelt (vgl. dazu Tz. V) und der Arbeitnehmer dem neuen Arbeitgeber den früheren Arbeitslohn nicht mitteilt. In einem solchen Fall kann der neue Arbeitgeber den Arbeitslohn für die vom Arbeitnehmer anzugebenden früheren Beschäftigungszeiten des laufenden Kalenderjahres mit dem Betrag ansetzen, der sich aus der Hochrechnung des laufenden Arbeitslohns im Monat der Zahlung des sonstigen Bezugs entsprechend der Beschäftigungsdauer bei früheren Arbeitgebern ergibt (§ 39 b Abs. 3 Satz 2 EStG; R 119 Abs. 3 Satz 6 LStR i. d. F. LStÄR 2004 vom 8. 10. 2003, BStBl. I S. 455).

Da diese Hochrechnung zu einer ungenaueren Lohnsteuer für den sonstigen Bezug führen kann, hat der Arbeitgeber bei Anwendung dieser Methode im Lohnkonto den Großbuchstaben S einzutragen (§ 41 Abs. 1 Satz 7 EStG) und auch zu bescheinigen (§ 41 b Abs. 1 Satz 2 Nr. 3 EStG). Es kommt zu einer Pflichtveranlagung zur Einkommensteuer (§ 46 Abs. 2 Nr. 5 a EStG).

3. Fünftelungsregelung bei negativem Arbeitslohn (§ 39 b Abs. 3 Satz 9 EStG)

Bei der Ermittlung der Lohnsteuer für einen begünstigten sonstigen Bezug ist nunmehr § 34 Abs. 1 Satz 3 EStG sinngemäß anzuwenden (§ 39 b Abs. 3 Satz 9 zweiter Halbsatz EStG), damit Einkommensteuernachzahlungen vorgebeugt wird. Die Neuregelung betrifft die Sonderfälle, in denen bei Anwendung der Fünftelungsregelung das zu versteuernde Einkommen (= steuerpflichtiger Arbeitslohn) negativ ist (z. B. wegen eines Freibetrages auf der Lohnsteuerkarte) und erst durch Hinzurechnung der außerordentlichen Einkünfte (z. B. steuerpflichtiger Teil einer Abfindung) positiv wird.

Diese Gesetzesänderung ist in dem Programmablaufplan 2004 (Tz. IV 4.) noch nicht berücksichtigt. Es ist daher nicht zu beanstanden, wenn der Arbeitgeber mit maschineller Lohnabrechnung bis zur Veröffentlichung einer entsprechenden Ergänzung des Programmablaufplans die Gesetzesänderung nicht berücksichtigt.

4. Programmablaufplan 2004

Auf den aktuellen Programmablaufplan für die maschinelle Berechnung der vom Arbeitslohn einzubehaltenden Lohnsteuer, des Solidaritätszuschlags und der Maßstabsteuer für die Kirchenlohnsteuer in 2004 vom 18. 12. 2003 (BStBl. I S. 750) wird hingewiesen. Der Programmablaufplan steht unter http://www.bundesfinanzministerium.de/lohnsteuer;621/htm zur Verfügung. Zur (anstehenden) Ergänzung wegen der Fünftelungsregelung bei negativem Arbeitslohn siehe Tz. IV 3.

Die Änderung bei der Grenzgängerregelung nach dem Zusatzabkommen zum DBA-Belgien (BGBl. 2003 II S. 1615) ab 2004 wird in dem Programmablaufplan nicht berücksichtigt. Im Lohnsteuerabzugsverfahren ist in diesen Fällen die nach dem Programmablaufplan 2004 berechnete Lohnsteuer um 8 % zu mindern und die geminderte Lohnsteuer zu bescheinigen. Gleiches gilt für den Solidaritätszuschlag.

V. Elektronische Lohnsteuerbescheinigung (§ 41 b EStG), Übergangsregelung

1. Einführung, Übergangsregelung

Arbeitgeber mit maschineller Lohnabrechnung sind ab dem Kalenderjahr 2004 verpflichtet, die Lohnsteuerbescheinigung spätestens bis zum 28. 2. des Folgejahres nach amtlich vorgeschriebenem Datensatz durch Datenfernübertragung an die amtlich bestimmte Stelle elektronisch zu übermitteln (elektronische Lohnsteuerbescheinigung; § 41 b EStG), bei ganzjähriger Beschäftigung eines Arbeitnehmers also erstmals bis 28. 2. 2005. Das Verfahren (vgl. dazu Tz. V 2.) wird derzeit für die flächendeckende Anwendung vorbereitet (es soll dafür noch eine nach allgemeiner Automationspraxis gebotene „Anmeldung des Arbeitgebers" erarbeitet werden).

Dann soll ein BMF-Schreiben gemäß der Steuerdaten-Übermittlungsverordnung vom 28. 1. 2003 (BGBl. I S. 139, BStBl. I S. 162) veröffentlicht werden („Startschreiben" etwa Sommer 2004).

Daher und weil es einer gewissen Zeit bedarf, bis das neue Verfahren von den Arbeitgebern allgemein in den Lohnabrechnungsverfahren berücksichtigt werden kann, ist bei unterjähriger Beendigung des Dienstverhältnisses eines Arbeitnehmers im Jahr 2004 nicht zu beanstanden, wenn dabei nach bisheriger Praxis verfahren wird: Erteilung einer maschinellen Lohnsteuerbescheinigung und deren fester Verbindung mit der Lohnsteuerkarte. Die zusätzlichen Bescheinigungen aufgrund der Gesetzesänderungen (vgl. Tz. III 7.) sind dabei zu berücksichtigen, soweit sie sich nicht bereits (wie z. B. der amtliche Gemeindeschlüssel) aus der Lohnsteuerkarte ergeben.

Bei ganzjähriger Beschäftigung im Kalenderjahr 2004 ist bei maschineller Lohnabrechnung die Lohnsteuerbescheinigung elektronisch zu übermitteln. Auf Verlangen eines beschränkt einkommensteuerpflichtigen Arbeitnehmers ist auch die besondere Lohnsteuerbescheinigung als elektronische Lohnsteuerbescheinigung zu übermitteln (§ 39 d Abs. 3 Satz 5 EStG).

2. Verfahrensbeschreibung

Für die Datenfernübertragung hat der Arbeitgeber aus dem Namen, Vornamen und Geburtsdatum des Arbeitnehmers ein Ordnungsmerkmal nach amtlich festgelegter Regel für den Arbeitnehmer zu bilden und zu verwenden. Die Finanzverwaltung stellt die zur Bildung dieses lohnsteuerlichen Ordnungsmerkmals (sog. eTIN) notwendigen Informationen zur Verfügung. Dieses lohnsteuerliche Ordnungsmerkmal (sog. eTIN) ist in die elektronische Lohnsteuerbescheinigung aufzunehmen. (Die eTIN wird durch das einheitliche und dauerhafte steuerliche Ordnungsmerkmal – § 139 a ff. Abgabenordnung – nach dessen Einrichtung abgelöst werden.) Die Datenübermittlung an die Clearingstelle der Finanzverwaltung erfolgt auf Basis des vorgegebenen amtlichen Übermittlungssatzes unter Nutzung des amtlich vorgegebenen Verschlüsselungsverfahrens.

Die zur Datenfernübertragung der elektronischen Lohnsteuerbescheinigung notwendigen Informationen, insbesondere

- die Verfahrensbeschreibung,
- den Algorithmus für die Bildung des für die Datenübermittlung zu verwendenden amtlichen Ordnungsmerkmals nach dem Namen, Vornamen und Geburtsdatum des Arbeitnehmers,
- die Datensatzbeschreibung,
- das Muster für den Ausdruck der elektronischen Lohnsteuerbescheinigung für den Arbeitnehmer,
- die zur Übersendung an die Clearingstelle notwendigen IP-Adressen,
- die Vorgaben für die Verschlüsselung der Daten sowie
- Muster und Beispiele zur Einrichtung des Verfahrens

sind im Internet unter www.elsterlohn.de abrufbar.

Die Internetadresse lautet für bisher nicht registrierte Benutzer des ElsterLohn-Verfahrens: https://www.elster.de/ssl/main-ent-teil-01.htm und für bereits registrierte Benutzer: https://www.elster.de/ssl/secure/main-ent-mit-elo-down-01.htm.

(Für Privathaushalte soll ab dem Kalenderjahr 2005 im Rahmen des ELSTER-Konzepts ein kostenloses Übertragungsprogramm für die elektronische Übermittlung von Lohnsteuerbescheinigungen angeboten werden.)

Der Arbeitgeber hat die elektronische Lohnsteuerbescheinigung nach Ablauf des Kalenderjahres bis zum 28. 2. des Folgejahres zu übermitteln; bei unterjähriger Beendigung des Dienstverhältnisses ist die Übermittlung im Laufe des Kalenderjahres zulässig. Ab 2006 ist nur noch für Privathaushalte in bestimmten Fällen eine Ausnahme von der elektronischen Lohnsteuerbescheinigung vorgesehen (§ 52 Abs. 52 c Satz 3 EStG).

Dem Arbeitnehmer ist ein nach amtlich vorgeschriebenem Muster gefertigter Ausdruck der elektronischen Lohnsteuerbescheinigung mit Angabe des lohnsteuerlichen Ordnungsmerkmals auszuhändigen oder elektronisch bereitzustellen (§ 41 b Abs. 1 Satz 3 EStG). Das Muster soll mit dem „Startschreiben" (Tz. V 1.) veröffentlicht werden.

Hat der Arbeitgeber die elektronische Lohnsteuerbescheinigung übermittelt, ist eine Änderung des Lohnsteuerabzugs nicht mehr möglich (§ 41c Abs. 3 Satz 1 EStG). Dies gilt nicht für die bloße Korrektur eines zunächst unrichtig übermittelten Datensatzes. Die Anzeigeverpflichtung nach § 41c Abs. 4 Satz 1 Nr. 3 EStG bleibt unberührt.

3. Behandlung der Lohnsteuerkarten

Die Lohnsteuerkarten werden bis auf weiteres wie bisher ausgestellt (geprüft wird derzeit in Verbindung mit dem neuen steuerlichen Identifikationsmerkmal – § 139 a ff. Abgabenordnung – der mögliche Übergang auf eine zentrale Datenbank mit den Besteuerungsmerkmalen des Arbeitnehmers, sog. elektronische Lohnsteuerkarte). Der Arbeitnehmer muss seine Lohnsteuerkarte wie bisher dem Arbeitgeber vorlegen, dieser hat die Lohnsteuerkarte während des laufenden Kalenderjahres aufzubewahren (§ 39b Abs. 1 EStG, R 114 LStR). Wenn das Dienstverhältnis vor Ablauf des Kalenderjahres beendet wird (unterjähriges Dienstverhältnis), hat der Arbeitgeber dem Arbeitnehmer die Lohnsteuerkarte auszuhändigen (§ 41b Abs. 1 Satz 4 EStG). Der Ausdruck der elektronischen Lohnsteuerbescheinigung für den Arbeitnehmer ist nicht mit der Lohnsteuerkarte zu verbinden.

Nach Ablauf des Kalenderjahres hat der Arbeitgeber die Lohnsteuerkarten, die keine Lohnsteuerbescheinigungen enthalten, entweder aufzubewahren (§ 147 AO) oder zu vernichten (§ 41b Abs. 1 Satz 6 EStG).

Lohnsteuerkarten ohne Lohnsteuerbescheinigung dürfen vom Arbeitgeber nach Ablauf des Kalenderjahres nicht an seine Arbeitnehmer ausgegeben werden. Lohnsteuerkarten, die (künftig) ausnahmsweise eine Lohnsteuerbescheinigung enthalten (z. B. weil der Arbeitnehmer zu Beginn des Jahres bei einem Arbeitgeber ohne maschinelle Lohnabrechnung gearbeitet hat), sind den Arbeitnehmern auszuhändigen (§ 41b Abs. 1 Satz 5 EStG).

VI. Anwendung

Diese Änderungen sind nach den allgemeinen Regeln beim Steuerabzug vom laufenden Arbeitslohn erstmals für einen nach dem 31.12.2003 endenden Lohnzahlungszeitraum anzuwenden und beim Steuerabzug auf sonstige Bezüge, die nach dem 31.12.2003 zufließen. Handelt es sich danach um Arbeitslohn des Kalenderjahres 2004, sind z. B. bei den Abfindungen und Zuschlägen nach § 3b EStG die neuen Obergrenzen (Tz. I) maßgebend, auch wenn die Abfindung im Jahr 2003 vereinbart oder die zuschlagsbegünstigte Arbeit im Jahr 2003 geleistet wurde (§ 38 Abs. 1 Satz 2 und 3 EStG).

Anhang 19
Länderübersicht über die Auslandsreisekosten 2007

Land	Pauschbeträge*) für Verpflegungsmehraufwendungen bei einer Abwesenheitsdauer je Kalendertag von			Pauschbetrag*) für Übernachtungskosten
	mindestens 24 Stunden	weniger als 24 Stunden, aber mindestens 14 Stunden	weniger als 14 Stunden, aber mindestens 8 Stunden	
	Euro	Euro	Euro	Euro
Ägypten	30	20	10	50
Äquatorialguinea	39	26	13	87
Äthiopien	30	20	10	110
Afghanistan	30	20	10	95
Albanien	30	20	10	90
Algerien	48	32	16	80
Andorra	32	21	11	82
Angola	42	28	14	110
Antigua und Barbuda	42	28	14	85
Argentinien	42	28	14	90
Armenien	24	16	8	90
Aserbaidschan	30	20	10	140
Australien	39	26	13	90
Bahamas	39	26	13	100
Bahrain	42	28	14	75
Bangladesch	30	20	10	75
Barbados	42	28	14	110
Belgien	42	28	14	100
Benin	33	22	11	75
Bolivien	24	16	8	65
Bosnien-Herzegowina	24	16	8	70
Botsuana	33	22	11	105
Brasilien	30	20	10	70
– Rio de Janeiro	36	24	12	140
– Sao Paulo	36	24	12	90
Brunei (Darussalam)	36	24	12	85
Bulgarien	22	15	8	72
Burkina Faso	30	20	10	70
Burundi	41	28	14	93
Chile	35	24	12	67
China	36	24	12	80
– Hongkong	72	48	24	150
– Peking	42	28	14	90
– Shanghai	42	28	14	100
(China) Taiwan	42	28	14	120
Costa Rica	30	20	10	90
Côte d'Ivoire (Elfenbeinküste)	36	24	12	90
Dänemark	42	28	14	70
– Kopenhagen	42	28	14	140
Dominica	36	24	12	80
Dominikanische Republik	30	20	10	100
Dschibuti	39	26	13	120
Ecuador	39	26	13	70
El Salvador	36	24	12	100
Eritrea	27	18	9	130
Estland	27	18	9	85
Fidschi	32	21	11	57
Finnland	42	28	14	120
Frankreich	39	26	13	100
– Paris (einschließlich der Departements Haute-Seine, Seine-Saint Denis und Val-de-Marne)	48	32	16	100
– Straßburg	39	26	13	75
Gabun	48	32	16	100
Gambia	18	12	6	70
Georgien	30	20	10	140
Ghana	30	20	10	105
Griechenland	30	20	10	85
– Athen	36	24	12	135
Grenada	36	24	12	105
Guatemala	30	20	10	90
Guinea	24	16	8	90
Guinea-Bissau	30	20	10	60
Guyana	36	24	12	90
Haiti	42	28	14	90
Honduras	30	20	10	100
Indien	33	22	11	90
– Bombay	33	22	11	140
– Kalkutta	24	16	8	140
Indonesien	39	26	13	110
Irak	39	26	13	87
Iran, Islamische Republik	24	16	8	100
Irland	42	28	14	130
Island	72	48	24	190
Israel	33	22	11	75
– Tel Aviv	45	30	15	110
Italien	36	24	12	100
– Mailand	36	24	12	140
– Rom	36	24	12	108
Jamaika	48	32	16	110
Japan	42	28	14	90
– Tokio	72	48	24	140
Jemen	18	12	6	105
Jordanien	33	22	11	70
Jugoslawien (Serbien/Montenegro)	24	16	8	85
Kambodscha	33	22	11	70
Kamerun	33	22	11	60
– Duala	33	22	11	100
Kanada	36	24	12	100
Kap Verde	30	20	10	55
Kasachstan	30	20	10	110
Katar	45	30	15	100
Kenia	39	26	13	110
Kirgisistan	18	12	6	70
Kolumbien	24	16	8	55
Komoren	39	26	13	87
Kongo	57	38	19	113
Kongo, Demokratische Republik (früher: Zaire)	60	40	20	180
Korea, Demokratische Volksrepublik (Nordkorea)	42	28	14	90
Korea, Republik (Südkorea)	66	44	22	180
Kroatien	29	20	10	57
Kuba	42	28	14	90
Kuwait	39	26	13	130
Laotische Demokratische Volksrepublik	27	18	9	60
Lesotho	24	16	8	70
Lettland	18	12	6	80
Libanon	36	24	12	95
Liberia	39	26	13	87
Libyen	42	28	14	60
Liechtenstein	47	32	16	82
Litauen	27	18	9	100
Luxemburg	39	26	13	87
Madagaskar	30	20	10	65
Malawi	27	18	9	80
Malaysia	27	18	9	55
Malediven	38	25	12	93
Mali	39	26	13	80
Malta	30	20	10	90
Marokko	42	28	14	90
Mauretanien	36	24	12	85
Mauritius	48	32	16	140
Mazedonien	24	16	8	100
Mexiko	36	24	12	110
Moldau, Republik	18	12	6	90
Monaco	41	28	14	52
Mongolei	27	18	9	55
Mosambik	24	16	8	80
Myanmar (früher Burma)	39	26	13	75
Namibia	30	20	10	80
Nepal	32	21	11	72
Neuseeland	42	28	14	100
Nicaragua	30	20	10	100
Niederlande	39	26	13	100
Niger	30	20	10	55
Nigeria	42	28	14	100
– Lagos	42	28	14	180
Norwegen	66	44	22	155
Österreich	36	24	12	70
– Wien	36	24	12	93
Oman	36	24	12	90
Pakistan	24	16	8	70
– Islamabad	24	16	8	150
Panama	45	30	15	110
Papua-Neuguinea	36	24	12	90
Paraguay	24	16	8	50
Peru	36	24	12	90
Philippinen	30	20	10	90

*) Seit 1.1.2005 geltende Werte (BMF-Schreiben vom 9.11.2004, BStBl. I S. 1052).

Anhang 19 — Auslandsreisekosten 2007

Land	Pauschbeträge*) für Verpflegungsmehraufwendungen bei einer Abwesenheitsdauer je Kalendertag von			Pauschbetrag*) für Übernachtungskosten	Land	Pauschbeträge*) für Verpflegungsmehraufwendungen bei einer Abwesenheitsdauer je Kalendertag von			Pauschbetrag*) für Übernachtungskosten
	mindestens 24 Stunden	weniger als 24 Stunden, aber mindestens 14 Stunden	weniger als 14 Stunden, aber mindestens 8 Stunden			mindestens 24 Stunden	weniger als 24 Stunden, aber mindestens 14 Stunden	weniger als 14 Stunden, aber mindestens 8 Stunden	
	Euro	Euro	Euro	Euro		Euro	Euro	Euro	Euro
Polen	24	16	8	70	Tadschikistan	24	16	8	50
– Warschau, Krakau	30	20	10	90	Tansania	33	22	11	90
Portugal	33	22	11	95	Thailand	33	22	11	100
– Lissabon	36	24	12	95	Togo	33	22	11	80
Ruanda	27	18	9	70	Tonga	32	21	11	36
Rumänien	18	12	6	55	Trinidad und Tobago	36	24	12	100
– Bukarest	27	18	9	120	Tschad	42	28	14	110
Russische Föderation	36	24	12	80	Tschechische Republik	24	16	8	97
– Moskau	48	32	16	135	Türkei	30	20	10	60
– St. Petersburg	36	24	12	110	– Ankara, Izmir	30	20	10	70
Sambia	30	20	10	85	Tunesien	33	22	11	70
Samoa	29	20	10	57	Turkmenistan	24	16	8	60
San Marino	41	28	14	77	Uganda	30	20	10	95
São Tomé und Principe	42	28	14	75	Ukraine	30	20	10	120
Saudi-Arabien	48	32	16	80	Ungarn	24	16	8	80
– Riad	48	32	16	110	Uruguay	24	16	8	50
Schweden	60	40	20	160	Usbekistan	36	24	12	70
Schweiz	48	32	16	89					
Senegal	42	28	14	90	Vatikanstadt	36	24	12	108
Sierra Leone	33	22	11	90	Venezuela	30	20	10	120
Simbabwe	24	16	8	120	Vereinigte Arabische Emirate	48	32	16	70
Singapur	36	24	12	100	– Dubai	48	32	16	120
Slowakische Republik	18	12	6	110	Vereinigte Staaten von Amerika	36	24	12	110
Slowenien	30	20	10	95	– Boston, Washington	54	36	18	120
Somalia	39	26	13	100	– Houston, Miami	48	32	16	110
Spanien	36	24	12	105	– San Francisco	36	24	12	120
– Barcelona, Madrid	36	24	12	150	– New York Staat, Los Angeles	48	32	16	150
– Kanarische Inseln	36	24	12	90	Vereinigtes Königreich- Großbritannien und Nordirland	42	28	14	110
– Palma de Mallorca	36	24	12	125	– London	60	40	20	152
Sri Lanka	24	16	8	60	– Edinburgh	42	28	14	170
St. Kitts und Nevis	36	24	12	100	Vietnam	24	16	8	60
St. Lucia	45	30	15	105					
St. Vincent und die Grenadinen	36	24	12	110	Weißrussland	24	16	8	100
Sudan	33	22	11	110					
Südafrika	30	20	10	75	Zentralafrikanische Republik	29	20	10	52
Suriname	30	20	10	75	Zypern	36	24	12	110
Swasiland	39	26	13	87					
Syrien, Arabische Republik	27	18	9	100					

Für Länder, die in der Übersicht nicht aufgeführt sind, gelten die für **Luxemburg** ausgewiesenen Beträge.

*) Seit 1.1.2005 geltende Werte (BMF-Schreiben vom 9.11.2004, BStBl. I S. 1052).

Stichwortverzeichnis
(die Zahlen bedeuten die Seiten)

Abführung und Anmeldung der Lohnsteuer 369
Abschlagszahlungen 308
Abwälzung der Pauschalsteuer auf den Arbeitnehmer 361
Abwälzung von Annexsteuern 353
Aktienoptionsrecht 291
Aktienüberlassung zu einem Vorzugskurs 262
Allgemeine Lohnsteuertabelle 311
Allgemeine Vorsorgepauschale 311
Altersentlastungsbetrag 266, 307
Alterssicherung der Landwirte 127
Altersteilzeit 143
Altersteilzeitgesetz 485
Altersübergangsgeld 271
Altersübergangsgeld-Ausgleichsbetrag 128, 271
Altersversorgung, betriebliche 491
Altersvorsorgebeiträge 407
Altersvorsorgebeiträge als Sonderausgaben 229
Altersvorsorgevertrag 407
Altersvorsorgezulage 407
Amateursportler 237, 248
Amtliche Sachbezugswerte 171
Änderung des Lohnsteuerabzugs 383
Anmeldung der Lohnsteuer 369
Annehmlichkeiten 256
Annexsteuern 403
Anrechnung ausländischer Einkommensteuer (Lohnsteuer) 283
Anrufungsauskunft 393
Antrittsprämien 131
Anzeigepflichten des Arbeitgebers im Lohnsteuerverfahren 385
Apothekervertreter 237
Arbeitgeber 236
Arbeitgeberdarlehen 187
Arbeitgebermerkblatt 554
Arbeitgeberzuschuss zur Krankenversicherung 154
Arbeitgeberzuschuss zur Pflegeversicherung 154
Arbeitnehmer 236
Arbeitnehmerfinanzierte betriebliche Altersversorgung 291, 364
Arbeitnehmer-Sparzulage 421
Arbeitnehmerüberlassung 391
Arbeitsessen 254
Arbeitskleidung 146
Arbeitslohn 248, 415
Arbeitslohn für mehrere Jahre 282
Arbeitslohnbegriff 248
Arbeitslohnrückzahlung 232, 360
Arbeitslosengeld 271
Arbeitslosengeld, Arbeitslosenhilfe 128
Arbeitslosenhilfe 271
Arbeitsmittel 222
Arbeitsverhältnisse zwischen Ehegatten 243
Arbeitsverhältnisse zwischen Eltern und Kindern 243
Arbeitszeitkonto 291
Arbeitszimmer 224
Artist 237, 344
Arztvertreter 237

Aufbewahrung der Lohnsteuerkarte 307
Aufbewahrung des Lohnkontos 367
Aufmerksamkeiten 255
Aufstockungsbeträge 143
Aufstockungsbeträge bei Arbeitsunfähigkeit 145
Aufwandsentschädigungen 142
Aufwandsentschädigungen aus öffentlichen Kassen 137
Aufwandsentschädigungen sonstiger Art 142
Aufzeichnung des Großbuchstaben U 368
Aufzeichnungserleichterungen 367
Aufzeichnungspflichten beim Lohnsteuerabzug 367
Ausbilder 142
Ausbildungsbeihilfen 137
Ausbildungsdienstverhältnis 201
Ausbildungsfreibetrag 273
Ausbildungskosten 201
Aushilfskräfte 354
Aushilfskräfte in der Land- und Forstwirtschaft 354
Aushilfstätigkeit 242
Auskunft 393
Auslagenersatz 151
Ausländische Arbeitnehmer 124, 344
Ausländischer Verleiher 290
Auslandsbeamte 123
Auslandsdienstreisen 211, 587
Auslandspensionen 123
Auslandsreisekosten 587
Auslandstagegelder 587
Auslandstätigkeit, Auslandstätigkeitserlass 283
Auslandsübernachtungsgeld 587
Auslandsumzüge 455
Auslandsumzugskostenverordnung 455
Auslandszulagen 157
Auslösungen 141
Ausschreibung der Lohnsteuerbescheinigung 377
Außenprüfung 393
Außergewöhnliche Belastungen 272
Ausstellung der Lohnsteuerkarte 295

Badeeinrichtungen 248
Bahncard 210
Barablösung von typischer Berufskleidung 146
Barlohnumwandlung 149, 359
Baudarlehen 173
Baukostenzuschüsse 173
Befreiende Lebensversicherung 155
Behinderte 215
Behinderte Kinder 270
Behinderten-Pauschbetrag 281
Beihilfen 136
Beihilfen zur Förderung der Kunst 137
Beihilfeversicherung 136
Beiträge zu Berufsverbänden 204
Beitragszuschüsse zur privaten Krankenversicherung 154
Beitragszuschüsse zur privaten Pflegeversicherung 154
Bekleidungszuschüsse 146
Belegschaftsaktien 262

Belegschaftsrabatte 187
Belohnungen 250
Berechnung der Lohnsteuer 308
Bereitschaftsdienst 162
Bereitschaftspolizei 129
Bereitstellung von Aufenthalts- und Erholungsräumen 248
Berichtigung des Lohnsteuerabzugs 383
Berufsausbildung 228
Berufsausbildungskosten 201
Berufsbekleidung 146
Berufsfeuerwehr 129
Berufsgenossenschaften 141
Berufskraftfahrer 205
Berufssportler 344
Berufsverbände 204
Beschäftigung von Behinderten 242
Beschränkt steuerpflichtige Arbeitnehmer 123, 344
Beschränkt steuerpflichtige Künstler, Berufssportler, Schriftsteller, Journalisten 344
Besondere Lohnsteuertabelle 311
Besondere Vorsorgepauschale 311
Besteuerung des Nettolohns 312
Betreuer 142
Betriebliche Altersversorgung 156, 491
Betriebliche Altersversorgung durch Entgeltumwandlung 491
Betriebsausflug 254
Betriebserholungsheim 349
Betriebsprüfung 393
Betriebsrente 235
Betriebsstätte 367, 368
Betriebsstättenfinanzamt 367
Betriebsübergang 131
Betriebsveranstaltungen 254
Bewerbungskosten 204
Bewirtungskosten 199
Bildschirmarbeitsplatz 248
Blattgeld 146
Blockzeitmodell 145
Bodyguard 175
Buchhalter 237
Büffetier 237
Bühnenangehörige 238
Bundesgrenzschutz 129
Bundeskasse 137
Bundesumzugskostengesetz 445
Bundeswehr 129

Chorleiter 142, 243
Computer 222

Deputate 171
Diakonissen 237, 241
Diebstahl 213
Dienstbelohnungen 250
Diensterfindung 307
Dienstkleidung 146
Dienstkleidungszuschuss 152
Dienstreise 205
Dienstreise-Kaskoversicherung 210
Dienstwagen mit Fahrer 178
Dienstwagen zur privaten Benutzung 178

Stichwortverzeichnis

Dienstwohnung 417
Diplomaten 126
Direktversicherung 166, 358, 491
Direktversicherung für Gesellschafter-Geschäftsführer 363
Doppelbesteuerungsabkommen 313
Doppelte Haushaltsführung 219
Doppelte Haushaltsführung im Ausland 221
Dreimonatsfrist bei Dienstreisen 205
Dreimonatszeitraum 205
Durchlaufende Gelder 151
Duschraum 248

Ehegattenarbeitsverhältnis 243
Ehrenämter 137
Ehrensold 259
Eigener Hausstand 220
Eingliederungshilfe 128, 271
Einkleidungsbeihilfen 129
Einmalige Zuwendungen 307
Einsatzwechseltätigkeit 205
Eintrittskarten 256
Elektronisches Fahrtenbuch 179
Emeritenbezüge entpflichteter Hochschullehrer 260
Entgeltumwandlung 149, 359, 491
Entlassungsgeld 129
Entleiher 290
Entleiherhaftung 391
Entschädigungen für nicht gewährten Urlaub 248
Entschädigungen für Verdienstausfall 271
Entstehung der Lohnsteuerschuld 290
Entwicklungshelfer 270
Erbe 260
Erben als Arbeitnehmer 261
Erfindervergütungen 307
Erholungsbeihilfen 349
Erholungsheim 173
Erholungsraum 248
Erklärung zur Religionszugehörigkeit 356
Ersatzkassen 141
Ersatz-Lohnsteuerkarte 294
Erschwerniszuschläge 248
Erstattung von Lohnsteuer 383
Erweiterte unbeschränkte Einkommensteuerpflicht 342
Erweiterte unbeschränkte Steuerpflicht 123
Erzieher 142
Erziehungsbeihilfen 137
Essenmarken 175
Essenmarken und Barlohnverzicht 176
Essenmarkenemittent 175
Essensgutscheine 175
Europäische Union 124
Europäischer Wirtschaftsraum 124

Fachbücher 222
Fachkongresse 258
Fachzeitschriften 222
Fahrerbuch 179
Fahrergestellung bei Familienheimfahrten 179
Fahrgemeinschaft bei Ehegatten 216
Fahrgemeinschaften 216
Fahrlehrer 237
Fahrradgeld 209
Fahrtätigkeit 205

Fahrtenbuch 178, 182
Fahrtkosten als Reisekosten 208
Fahrtkostenzuschüsse 148, 351
Fälligkeit der Lohnsteuer 369
Familienleistungsausgleich 270
Fehlerhafte Pauschalversteuerung 355
Fehlgeldentschädigung 248
Feiertagszuschläge 160
Fernsehgerät 189
Fernsehkünstler 238
Festsetzungsverjährung 394
Filmkünstler 238
Firmenjubiläum 152
Firmenkreditkarte 213, 256
Firmenwagen zur privaten Nutzung 178
Fiskalische Verwaltung 138
Fitnessraum 248
Fondsgebundene Lebensversicherungen 228
Forderungsübergang 128
Forschungsbeihilfen 137
Fort- und Weiterbildungskosten 257
Fortbildungskosten 201
Fotomodell 237
Freibetrag für den Betreuungs- und Erziehungs- oder Ausbildungsbedarf 271
Freibetrag wegen negativer Einkünfte 304
Freibeträge auf der Lohnsteuerkarte 302
Freibrot 187
Freie Unterkunft und Verpflegung 418
Freifahrten 187
Freiflüge, verbilligte Flüge 190
Freimilch 255
Freistellungsbescheinigung 149
Freitabak, Freizigarren, Freizigaretten 187
Freitrunk 187
Freiwillige Krankenversicherung 154
Freiwillige Unfallversicherung 364
Freiwilliges ökologisches Jahr 270
Freiwilliges soziales Jahr 270
Frühstück als Teil der Übernachtungskosten 212
Fünftelregelung 306, 310
Fünftelregelung beim Lohnsteuerabzugsverfahren 282
Futtergeld 152

Gastarbeiter 124
Gastlehrkräfte 313
Gastschauspieler 238
Geburtsbeihilfen 141
Geburtstagsgeschenke 255
Gefahrenzulage 248
Gehaltsumwandlung 359
Gehaltsverzicht 250
Gekürzte Vorsorgepauschale 311
Geldbußen 166
Geldstrafen 166
Geldwerter Vorteil 170
Gelegenheitsarbeiter 237
Gelegenheitsgeschenk 255
Gemeindeunfallversicherungsverbände 141
Gemeinschaftsunterkunft 173, 418
Genussmittel 255
Gepanzertes Kraftfahrzeug 178
Gerätewart 142
Gerichtsreferendar 237
Geringfügige Beschäftigung 149

Geringwertige Wirtschaftsgüter als Arbeitsmittel 222
Gesamtbetrag der Einkünfte 127
Geschäftsjubiläum 152
Geschäftswagen zur privaten Nutzung 178
Geschenke 165, 255
Gesellschafter-Geschäftsführer 164, 363
Gestellung von Kraftfahrzeugen 178
Getränke 255
Getrennte Veranlagung von Ehegatten 269
Gratifikationen 235, 307
Grenzgänger 124
Grenzpendler 124, 342
Grundlohn 162
Grundwehrdienst 270
Gruppenunfallversicherung 360
Gutachter 237
Gutschrift von Arbeitslohn 232

Haftung des Arbeitgebers 388
Haftungsbescheid 389
Handelsvertreter 237
Handwerkzeuge 146
Haus- und Verpflegungsgemeinschaft 418
Hausgehilfin 273
Hausgewerbetreibender 237
Haushaltshilfe 273
Häusliches Arbeitszimmer 166, 224
Haustrunk 187
Hausverwalter 237
Heimarbeiterzuschläge 226
Heiratsbeihilfen 141
Hinterbliebenenbezüge 260
Hinterbliebenen-Freibetrag 281
Hinzurechnungsbetrag auf der Lohnsteuerkarte 302
Hitzezuschläge 248
Hochzeitsgeschenk 255
Hundegeld 151

Incentive-Reisen 258
Inländischer Arbeitgeber 290
Innungskrankenkassen 141
Insassenunfallversicherung 213
Insolvenzgeld 128, 271
Insolvenzsicherung 157, 158
Instrumentengeld 146
Internetnutzung 149
Interviewer 238
ISDN-Anschluss 351

Jagdaufwandsentschädigung 152
Journalisten 238, 344
Jubilarfeier 254
Jubiläumszuwendungen 152

Kaminkehrer 151
Kantinenmahlzeiten 175
Kaskoversicherung für Unfallschäden bei Dienstfahrten 210
Kassenverlustentschädigung 248
Kilometersätze bei Dienstreisen 209
Kinder 270
Kinderbegriff 270
Kinderbetreuungskosten 282
Kinderfreibeträge 270
Kindergartenzuschüsse 148

Stichwortverzeichnis

Kindergeld 403
Kinderzuschüsse 127
Kirchenbedienstete/Kirchenmusiker 243
Kirchensteuer bei Lohnsteuerpauschalierungen 356
Kirchensteuerabzug 296
Kleidergeld 147
Klimabedingte Kleidung 141
Konkursausfallgeld 128
Kontoführungsgebühren 248
Kraftwagenbenutzung 178
Krankengeld 271
Kreditkarte 256
Kriegsbeschädigte 129
Kriminalpolizei 129
Kundenbindungsprogramme 149, 289
Künstler 238, 344, 345
Kurzarbeitergeld 128, 271
Kurzfristig beschäftigte Arbeitnehmer 354

Land- und forstwirtschaftliche Fachkraft 355
Landeskasse 137
Landwirtschaftliche Krankenkassen 141
Laufende Bezüge 307
Lehr- und Vortragstätigkeit 142
Lehrabschlussprämie 255
Lehrtätigkeit 242
Liquidationspool 250
Lohnabrechnungszeitraum 308
Lohnkonto 415
Lohnsteuerabzug ohne Lohnsteuerkarte 342
Lohnsteuerabzugsbescheinigung 344
Lohnsteuer-Anmeldung 369
Lohnsteuer-Außenprüfung 393
Lohnsteuerberechnung 308
Lohnsteuerbescheinigung 377
Lohnsteuerbescheinigungen von öffentlichen Kassen 378
Lohnsteuer-Durchführungsverordnung 2002 415
Lohnsteuer-Ermäßigungsverfahren 302
Lohnsteuer-Jahresausgleich durch den Arbeitgeber 387
Lohnsteuerkarte 294
Lohnsteuerkartenmuster 296
Lohnsteuerklassen 293
Lohnsteuertabellen 293
Lohnumwandlung 149
Lohnverwendungsabrede 250
Lohnzahlungszeitraum 308
Lohnzuschläge für Mehrarbeit 248

Mahlzeiten 175, 177
Mankogelder 248
Maschinelle Lohnabrechnung 312
Maschinelle Lohnsteuer-Anmeldung 369
Mehrarbeitsvergütungen 307
Mehrarbeitszuschläge 161
Mehraufwands-Wintergeld 128
Mehrere Dienstverhältnisse 294
Mehrjährige Tätigkeit 282
Meisterprüfung 201
Metergeld im Möbeltransportgewerbe 292
Mietvorteile 173
Mietwert von Dienstwohnungen 174
Miles & More 289
Mischzuschläge 162

Mitarbeiterflüge 190
Mitnahmeentschädigung als Reisekosten 209
Mitunternehmer 236
Mobiltelefon 149
Montageerlass 283
Motorsägegeld 146
Musiker 237, 241
Musikinstrumente 146
Muster der Lohnsteuer-Anmeldung 370
Mutterschaftsgeld 127, 271

Nachforderung der Lohnsteuer 383, 385
Nachforderungsbescheid 389
Nachtarbeitszuschläge 160
Nachtarbeitszuschläge in der Druckindustrie 164
Nachzahlung von Arbeitslohn 307
Nachzahlung von laufendem Arbeitslohn 308
Nebenberufliche Lehrtätigkeit 142, 242
Nebenberufliche Prüfungstätigkeit 242
Nebenbeschäftigung für denselben Arbeitgeber 355
Nebentätigkeit 242
Nebentätigkeit bei demselben Arbeitgeber 243
Nettolöhne 312
Nettolohnvereinbarung 313
Nichteheliche Lebensgemeinschaft 237
Nichtselbständige Arbeit 235
Nichtvorlage der Lohnsteuerkarte 342
Notstandsbeihilfen 136

Öffentliche Kassen 141
Öffentliche Verkehrsmittel 148
Öffentlicher Dienst 125, 343
Option 291
Orchesterdirigent 142
Orchestermusiker 147, 243
Ordensangehörige 241
Ordnungsgelder 166
Ordnungsgemäßes Fahrtenbuch 170
Organe einer Kapitalgesellschaft 313
Organisten 243
Ortskrankenkassen 141

Park and ride 181
Parkgebühren 216
Parkplätze 256
Pauschale Kilometersätze bei Dienstreisen 210
Pauschaler Auslagenersatz 151
Pauschalierung der Lohnsteuer 349
Pauschalierung der Lohnsteuer bei Aushilfskräften und Teilzeitbeschäftigten 354
Pauschalierung der Lohnsteuer bei Direktversicherung 358
Pauschalversteuerung von Reisekosten 352
Pauschbeträge bei Auslandsdienstreisen 211
Pauschvergütung für sonstige Umzugsauslagen 446
Pensionärstreffen 254
Pensionsfonds 156, 158, 168, 491
Pensionskasse 156, 166, 358, 491
Permanenter Lohnsteuer-Jahresausgleich 312
Personalcomputer 146, 149, 351
Personalrabatte 187
Personalrabatte bei Kreditinstituten 190
Personalrabatte in der Automobilbranche 195

Pflegekind 270
Pflegepauschbetrag 281
Politische Parteien 230
Posthalter 152
Preisgelder 251
Preisnachlass 170
Privatfahrten mit dem Geschäftswagen 178
Privatforstbedienstete 147, 152
Programmablaufplan 306, 463
Progressionsvorbehalt 271
Provisionen 253
Prozentempfänger im Hotel- und Gaststättengewerbe 163
Prozesskosten 200
Prüfungsvergütungen 242

Rabatte, Rabattfreibetrag 187
Rabatte von dritter Seite 192
Realsplitting 124, 228
Rechtspraktikant 237
Rechtsschutzversicherungen 200
Regelmäßige Arbeitsstätte 205
Reisegepäckversicherung 213
Reisekosten 141
Reisekosten bei Dienstreisen 205
Reisekosten bei Verbandsprüfern 206
Reisekostenbegriff 204
Reisekostenvergütungen aus öffentlichen Kassen 140
Reisenebenkosten 212
Reiseunfallversicherung 213
Reisevertreter 237
Repräsentationskosten 198
Restaurantscheck 175
Rohrgeld 146
Rückdeckung 358
Rückzahlung von Arbeitslohn 232
Ruhegelder 235
Rundfunkermittler 237
Rundfunkgerät 189
Rundfunkmitarbeiter 238

Sachbezüge 170
Sachbezugsverordnung 417
Sachbezugswerte im Bereich der Seeschifffahrt und Fischerei 172
Saitengeld 146
Sammelbeförderung 351
Sammellohnkonto 415
Sanitätshelfer 237, 248
Schadenersatz 248
Schichtlohnzuschläge 164
Schichtzulage 164
Schmutzzulage 248
Schreibmaschinen 146
Schriftsteller 238, 344
Schulgeld 228
Schutzkleidung 146
Schwarzarbeiter 237
Selbständige Arbeit 234
Seuchenentschädigungen 271
Sicherheitseinrichtungen 175
Sicherheitsgefährdete Arbeitnehmer 175
Solidaritätszuschlag 419
Sonderausgaben 228
Sonderausgaben-Pauschbetrag 231
Sonntagszuschläge 160

591

Stichwortverzeichnis

Sonstige Bezüge 307, 308
Sozialversicherung 154
Sparzulage 421
Spätarbeitszuschlag 162
Spätschichtzulagen 163
Spenden 230
Sportanlagen 248
Sporttrainer 142
Ständiger Vertreter 291
Sterbegeld 259, 261
Sterbemonat 261
Steuerabzug bei Bauleistungen 397
Steuerfreier Betrag 302
Steuerkartenwechsel 307
Steuerklassen 293
Steuerklassenwahl 483
Steuerklassenwechsel 299
Steuerliche Lebensbescheinigung für Kinder 299
Steuertarif 271
Stiftungen 230
Stipendien 137
Störfälle 144
Strafgefangene 242
Strafverteidigungskosten 200
Stromableser 237
Studienbeihilfen 137
Studienreisen 258
Synchronsprecher 239

Tabakwaren 187
Tagegelder 211
Tantiemen 235, 307
Tarifaufbau 271
Taxi 148
Teilarbeitslosengeld 128, 271
Teillohnzahlungszeitraum 308
Teilzeitbeschäftigte 354
Telekommunikationsgerät 149
Theaterkarten 255, 256
Tod des Arbeitnehmers 260
Trennungsgelder aus öffentlichen Kassen 140
Trinkgelder 152
Tutoren 237
Typische Berufskleidung 146

Überbrückungsgeld 271
Übergangsgebührnisse 136
Übergangsgeld 128, 260, 271
Übergangsgeld an Wahlbeamte 136
Übernachtungsgelder 212
Übertragung eines Kinderfreibetrags 300
Übungsleiter 142
Umsatzsteuer 184, 551
Umsatzsteuerliche Behandlung von Sachbezügen 551
Umsetzung im Konzern 131
Umzugskosten 141, 213
Umzugskosten bei doppelter Haushaltsführung 221

Umzugskostenvergütungen aus öffentlichen Kassen 140
Unbeschränkt steuerpflichtige Arbeitnehmer 306
Unbeschränkte Steuerpflicht 123
Unfallkosten 216
Unfallversicherung 364
Ungekürzte Vorsorgepauschale 311
Unterbrechung des Arbeitsverhältnisses 368
Unterhaltsfreibetrag 273
Unterhaltsgeld 128, 271
Unterhaltszuschüsse an Beamte 137
Unterkunft 173
Unterstützungen 136
Unterstützungskasse 158, 167, 491
Unverfallbarkeit der betrieblichen Altersversorgung 491
Urlaubsabgeltung 307
Urlaubsgeld 307

Veranlagung von Arbeitnehmern 396
Veranlagung von Ehegatten 269
Verbesserung der betrieblichen Altersversorgung 491
Vereinskassierer 142
Vergütung für eine mehrjährige Tätigkeit 310
Verletztengeld 271
Verlosungsgewinne 255
Verlustabzug 231
Verlustrücktrag 231
Verlustvortrag 231
Vermittlungsprovisionen 253
Vermögensbeteiligungen 262
Vermögensbildung der Arbeitnehmer 421
Verpflegungsmehraufwand bei Dienstreisen 211
Versicherungsprovisionen 253
Versicherungsvertreter 237
Versorgungsanwartschaften 158
Versorgungsbezüge 259
Versorgungs-Freibetrag 307
Versorgungskrankengeld 271
Versorgungszuschlag für Beamte 251
Vertrauensleute einer Buchgemeinschaft 237
Vertreter 237
Verwarnungsgelder 166
Verwertungstatbestand 345
Videogerät 189
Voraussichtlicher Jahresarbeitslohn 308
Vorauszahlungen von Arbeitslohn 307
Vordruckmuster für die Lohnsteuer-Anmeldung 370
Vorruhestandsgeld 131
Vorschüsse 308
Vorsorgeaufwendungen 228
Vorsorgepauschale 231, 310
Vorsorgeuntersuchungen 248
Vorstandsmitglied 142
Vorsteuerabzug bei Reisekosten 206
Vorübergehende Auswärtstätigkeit 206
Vorweggenommene Werbungskosten 200
Vorzugsaktien 262

Wachhund 151
Waisengelder 235
Waldarbeiter, Transportentschädigung 146
Waschgeld 151
Wasserzuschläge 248
Wechsel zwischen Pauschalversteuerung und Regelbesteuerung 357
Wechselschichtzulage im Bankgewerbe 164
Wege zwischen Wohnung und Arbeitsstätte 215
Wehrdienstbeschädigte 129
Wehrpflichtige 129
Weihnachtsfeiern 254
Weihnachtszuwendung 307
Weisungsgebundenheit 237
Weiterbildung in einem nicht ausgeübten Beruf 228
Weiträumiges Arbeitsgebiet 206
Werbedamen 237
Werbegeschenke 200
Werbungskosten 198
Werbungskosten bei Heimarbeitern 226
Werkspensionäre 235
Werkstätten für Behinderte 242
Werkswohnung 173
Werkzeuggeld 146
Winterausfallgeld 128, 271
Winterausfallgeld-Vorausleistung 128
Wintergeld 128
Wissenschaftsbeihilfen 137
Witwengelder 235
Wochenendheimfahrten 209
Wohngeld 153
Wohnraumförderungsgesetz 153
Wohnsitz 123
Wohnungsbeschaffung 173
Wohnungsüberlassung 173

Zählgelder 248
Zeitungsausträger 243
Zertifizierung von Altersvorsorgeverträgen 499
Zinszuschüsse 174
Zivildienst 270
Zivildienstbeschädigte 129
Zu versteuerndes Einkommen 127
Zufluss von Arbeitslohn 232, 290
Zukunftssicherung 154
Zulagen 248
Zumutbare Belastung 303
Zusammenballung von Einkünften 133
Zusammenveranlagung von Ehegatten 269
Zusätzliche Altersvorsorge 229
Zusätzlichkeitsvoraussetzung 149
Zuschläge 307
Zuschläge für Sonntags-, Feiertags- und Nachtarbeit 160
Zuschuss zum Mutterschaftsgeld 271
Zuschuss-Wintergeld 128